公家事典

橋本政宣［編著］

新訂版

吉川弘文館

序

前近代において、天皇、朝廷に直接仕えていた貴族集団である公家（公家衆）は、その身分が生成された平安中期から江戸末期まで、約八百年にわたり特権階級として存続し続けた。公家という言葉は、すでに奈良時代から見えるが、「こうけ」あるいは「おほやけ」と読み、君主が政治をおこなう所の朝廷や国家のことを意味していた。それが国王である天皇自身を指す言葉ともなり、武士勢力が新しい公権力を樹立し、武家と呼ばれるにともない、朝廷の官人、とくに上層の廷臣の総称となり、公卿と同じ意味にも用いられるようになった。近世に廷臣の家格が固定してからは、昇殿を許される家柄である堂上家とほぼ同じ用語となった。

本事典は、大臣以下参議以上、三位以上の公卿の毎年の官員録を集成する『（新訂増補）公卿補任』に拠り、公家身分の家系が生成する平安末期、具体的な目安として、五摂家筆頭の近衛家の始祖・基実の元服の年（久安六年（一一五〇）、第一篇四二六頁）記載の公卿をはじめとし、明治元年（一八六八）に至る、すべての公卿を家別・時代順に纏めたものである。最初に総説を記し全般的に解説し、各家の系流、各家の前にはその略解説および略系図を載せた。

『公卿補任』は神武天皇の代から明治元年までが収録されている。文武天皇以降は一年ごとに別掲にし、順次書き継がれたものであり、記載の文中に若干の不備や誤脱がないわけではないが、わが国の国初以来の長大なる官員録がいまに伝存してきたことは、誠に類例のないことである。内容は、公卿をその官位の順に配列し、氏名の下にそれぞれ年齢、兼官、叙任の月日、薨去または出家の年月等を注記し、室町末期頃より以降のものには、さらにその年に奉仕した主要な行事や、在国その他の事柄などをも記載している。日本史の研究上、きわめて重要、かつ重宝なものである。

しかし大部なものであるから、家別にしたものがあったら至便であろうとして出来たのが『諸家伝』であろうし、この簡略本が『諸家知譜拙紀』といえる。ただ前者は全ての堂上家に及ばず、収載年代の末も諸家により一致しない。後者は貞享三年（一六八六）に初めて板行、天保九年（一八三八）まで改訂七版におよんだ。ことに第三版の『改正増補諸家知譜拙記』は、『（新刊増補）萬世雲上明鑑』の編者としても知られる速水房常が諸家系譜に新たな考索等を加え、また配列にも妙味がある。本事典においても、諸家の配列にはこれを准拠した。

戦後の歴史学研究のなかで、天皇・公家衆に関する研究は長い間低調で、ことに江戸時代はどこから見ても徳川将軍が絶対的な権力を有し、すべての根源が幕府や諸藩にあると見て、ほとんど無視されていたといってよい。中世の天皇制研究としては、昭和三十年代後半に出された学説「権門体制論」により、従来古代的とのみみなされていた天皇・公家衆や寺社勢力のもつ重要性が喚起され、天皇を国王と位置づけるかどうか等について、錯綜しながらも議論が進んできた。

近世の分野においても、公儀論や国家論とのからみで天皇の問題が重視されるようになり、天皇および朝廷は幕藩制国家の中に定置され、これとの一体的結合をはかることによって幕府は公儀権力ありえた、とする考え方も出されるに至った。かつて編者は、公武関係の基本法である慶長二十年（一六一五）発布の

「禁中并公家中諸法度」十七ヶ条の具体的検討を通し天皇の位置づけを明らかにした。第一条「天子諸芸能之事、第一御学問也」云々の本意は、天皇が君主であることを前提にして、君主として身につけておくべき学問を奨励していると見倣すべきこと、逆にいえばそれ以外の政治向きのこと、大政は朝廷から幕府へ委任することを意味するものであったこと、第十四条の僧官規定の末に「但、国王、大臣師範者、各別事」とあるのは、幕府が天皇を国王と位置づけていることを示すものであるとの説を呈示した。

古来より朝廷の公事において、「節会、官奏、叙位、除目」を「四箇の大事」として重視し、ことに「叙位・除目」は『貫首秘抄』に「公事中第一大事、只在于此」とあり、朝政の基幹にかかわるものとされ、天皇制が存続してきたことの要因でもあった筈である。本事典が拠る『公卿補任』はその具体的表象といえよう。

なお付録として、現行流布本の山科本の祖本である広橋本の、いま一つの別本である『異本公卿補任』(弘治四年～永禄十一年分、一冊、廣橋興光氏所蔵)を翻刻付載する。

平成二十二年正月

橋本政宣

新訂版の辞

本書の第一版が刊行されたのは、平成二十二年(二〇一〇)三月のことである。当初は『国史大辞典』の朝廷公家関係の諸項目を纏めた辞典が計画されていたようであるが、人名は『公卿補任』に記載の内容にとどまるものが多く、これをデータベース化し、その前に公家の詳細な概要を載せることとなり、全体の統一をはかるためにも、編者がその全文を執筆することとなった。

公家身分の家系が生成する平安末期から階層化が進み、摂家以下の家格・家職が形成され、家の分裂・中絶・再興などを経て江戸末期にまで及んだ家数は、都合一三八家を数える。各家関係史料の博捜・吟味、そして考証・執筆、夜を日に継いでの日々、丸二年の月日を要した。ために付載の「補注」には充分な校正が及ばず忸怩たるものがあり、再版の話があっても逡巡するばかりであった。新訂版を思い立ったのは、カリフォルニア大学バークレー校の東アジア図書館にて、幕末期官撰による編纂で三井家旧蔵の公家家伝九十九冊を実見したことによる。朝廷の局務職・大外記押小路家により集成されたものである。「補注」の記述にも反映させせえたことは幸いであった。第一版において『公卿補任』の膨大な記事を念入りに入力された川島慶子氏に改めて感謝するとともに、改訂に当たり助力を頂いた藤井悠成氏に謝意を表したい。

令和六年十月十五日

橋本政宣

目　次

序
新訂版の辞
凡　例
公家の制度と社会……一
摂　家　流……一五
近　衛　家（絶家　粟田口家／藤井家／衣笠家／北小路・室町家／近衛岡本家）……二〇
九　条　家（絶家　八条・外山家／月輪家／鎌倉将軍家）……四〇
二　条　家（絶家　今小路家）……五八
一　条　家（絶家　土佐一条家）……七二
鷹　司　家……八四
醍　醐　家……九四
摂家流絶家（絶家　松殿家／高野家）……九七
摂家流形成以前の絶家（絶家　式家／壬生家／小野宮家／小一条流姉小路家／世尊寺家／楊梅家／平松家／室町家／法性寺家／宇治家）……一〇三
閑　院　流……一一三
西園寺家（絶家　閑院家1／加賀家／閑院家2／清水谷家／洞院家／京極家／今出川家／大宮家／竹林院家／西園寺家）　一一三
三　条　家（絶家　知足院三条家／三条家1）　一四七
徳大寺家（絶家　徳大寺家／河原・大炊御門・近衛家／菩提院家）　一六〇
今出川家　一七四
正親町三条家（絶家　三条家2／九条家／三条家3）　一八二
三条西家　一九二
滋野井家　一九八
清水谷家　二〇五
姉小路家　二一〇
四　辻　家（絶家　室町家1／室町家2／四辻家）　二一四
橋　本　家　二二二
正親町家　二二七
河　鰭　家（絶家　八条家）　二三三
阿　野　家（絶家　阿野家）　二三九
小　倉　家（絶家　小倉家）　二四五
花　園　家　二五〇
裏　辻　家　二五二
山　本　家　二五三
梅　園　家　二五五
大　宮　家　二五七
武者小路家　二五八
風　早　家　二六一

押小路家　二六二
高松家　二六四
西四辻家　二六五
園池家　二六六
藪　家（絶家　成季裔／実兼裔／岡崎家／高倉家）　二六八
中園家　二八二
高丘家　二八三
花山院流……………………………………二八五
花山院家（絶家　五辻家／烏丸家／堀河家1／鷹司家1）　二八五
大炊御門家（絶家　堀河2・三条家／鷹司家2／大炊御門家）　三〇二
中山家　三一五
難波家　三二四
飛鳥井家（絶家　藤江家）　三二九
野宮家　三三六
今城家　三四〇
中御門流……………………………………三四四
松木家（絶家　坊門家／堀川家）　三四五
持明院家（絶家　一条家／持明院（正嫡）家／持明院家）　三五九
園　家（絶家　園家1／園家2）　三七二
東園家　三七八
壬生家　三八一
高野家　三八三
石野家　三八四
石山家　三八六
六角家　三八七
御子左流……………………………………三九〇
冷泉家（絶家　大炊御門家／御子左家1／御子左2・二条・五条家／京極家）　三九一
冷泉家（下冷泉）　四〇三
藤谷家　四〇七
入江家　四〇九
日野流……………………………………四一一
日野家（絶家　大福寺家／日野家1／日野家2／快楽院家／日野西家）　四一三
広橋家　四二八
烏丸家　四三八
柳原家（絶家　武者小路家／土御門家／日野町家）　四四三
竹屋家　四五三
日野西家　四五四
勘解由小路家　四五六
裏松家　四五八
三室戸家　四六〇
外山家　四六一
豊岡家　四六三
北小路家　四六四
勧修寺流……………………………………四六六
甘露寺家（絶家　松崎家／中山家／冷泉家1／四条家／霊山家／海住山家／吉田家1／中御

門家／冷泉家2） 四六七
葉室家（絶家 八条家／粟田口家／堀河・岩蔵・葉室家1／葉室家2／葉室家3） 四八九
勧修寺家（絶家 吉田家2／吉田家3／町家／勧修寺家） 五一一
万里小路家 五一三
清閑寺家 五二三
中御門家 五三七
坊城家 五四四
芝山家 五五一
岡崎家 五五三
池尻家 五五四
梅小路家 五五六
堤家 五五七
穂波家 五五九
四条流……五六一
四条家（絶家 八条家／六条・春日・九条・紙屋河家／大宮家／冷泉家1／四条家（嫡流）／四条家） 五六二
山科家（絶家 山科家1／冷泉家2／山科家2／山科家3／山科家4） 五八一
西大路家 五九〇
鷲尾家 五九五
油小路家 五九九
櫛笥家 六〇三
八条家 六〇五
水無瀬流……六〇八
水無瀬家（絶家 姉小路家／鷹司家／坊門家／丹波家／一条家） 六〇八
七条家 六二一
町尻家 六二三
桜井家 六二四
山井家 六二五
高倉流……六二七
高倉家（絶家 八条家／高倉家／高倉家（正嫡）／冷泉家） 六二八
堀河家 六三六
樋口家 六三九
准藤原氏……六四一
富小路家 六四一
村上源氏……六四四
久我家（絶家 堀川家1／京極家／坊城家／久我家／壬生家／唐橋家／堀川家2／土御門家1／土御門家2／中院家1／愛宕家） 六四四
中院家（絶家 中院家2／北畠・木造・大河内家／土御門家3／中院家3） 六七八
六条家（絶家 中院家4／千種家） 六九三
岩倉家 六九九
久世家 七〇二
東久世家 七〇四

千種家　七〇六
梅渓家　七〇八
愛宕家　七一〇
植松家　七一三
宇多源氏……………………………………七一五
庭田家（絶家　岡崎家／田向家）　七一五
綾小路家　七二五
五辻家（絶家　春日家）　七三〇
大原家　七三三
慈光寺家　七三五
花山源氏……………………………………七三八
白川家（絶家　王家／白川家）　七三八
清和源氏……………………………………七四八
竹内家（絶家　源家1／源家2／足利家）　七四八
正親町源氏…………………………………七五八
広幡家　七五八
醍醐源氏（絶家　醍醐源氏）……………七六一
順徳源氏（絶家　順徳源氏）……………七六二
後嵯峨源氏（絶家　後嵯峨源氏）………七六三
後深草源氏（絶家　後深草源氏）………七六四
菅原氏………………………………………七六五
高辻家（絶家　菅原家1／菅原家2／粟田口家）　七六六
五条家（絶家　坊城家）　七七八
唐橋家（絶家　菅原家3／壬生坊城家／唐橋家）　七八五
東坊城家（絶家　西坊城家）　七九二
清岡家　七九九
桑原家　八〇〇
平氏…………………………………………八〇三
西洞院家（絶家　平家1／平家2／平家3／平家4／平家5／烏丸家／平家6／安居院家）　八〇四
平松家　八二六
長谷家　八二八
交野家　八二九
石井家　八三一
清原氏………………………………………八三四
舟橋家　八三四
伏原家　八三八
澤家　八四〇
安倍氏………………………………………八四三
土御門家（絶家　安倍家1／安倍家2）　八四三
倉橋家　八四九
大中臣氏……………………………………八五二
藤波家（絶家　大中臣家1／大中臣家2／大中臣家3／大中臣家4）　八五二
卜部氏………………………………………八六二
吉田家　八六二
萩原家　八六七
錦織家　八七〇
藤井家　八七一
丹波氏………………………………………八七三

錦小路家（絶家　丹波家1／丹波家2／丹波家3）　八七三
小森家　八七六
大江氏……八七七
北小路家1　八七七
北小路家2　八七九
橘　氏（絶家　橘・薄家）……八八〇
高階氏（絶家　高階家）……八八三
賀茂氏（絶家　勘解由小路家／幸徳井家）……八八七
和気氏（絶家　和気1・半井家／和気家2）……八九一
中原氏……八九四
押小路家　八九六
小槻氏……八九七
壬生家　八九八
武　家……九〇一
畠山家　九〇一
赤松家　九〇一
大内家　九〇二
織田家　九〇二
豊臣家　九〇三
徳川家　九〇四
宇喜多家　九〇六
上杉家　九〇六
毛利家　九〇六
前田家　九〇七
細川家　九〇八
京極家　九〇八
丹羽家　九〇八
伊達家　九〇九
福島家　九〇九
島津家　九一〇
社　家……九一一
荒木田氏（伊勢内宮）　九一三
大中臣氏（伊勢内宮）　九一六
度会氏（伊勢外宮）　九一六
紀　氏（石清水神社）　九二〇
鴨県主泉亭・梨木家（鴨社）　九二〇
鴨県主鴨脚家（鴨社）1　九二三
鴨県主鴨脚家（鴨社）2　九二三
鴨県主鴨脚家（鴨社）3　九二三
賀茂県主（賀茂社）　九二三
秦氏松尾家（松尾神社）　九二八
伊藤家（平野神社）　九二九
中西家（平野神社）　九三〇
鈴鹿家（平野神社）　九三〇
秦氏諸家（稲荷神社）　九三〇
大中臣諸家（春日神社）　九三三
中臣諸家（春日神社）　九三七
中沢家（大原野神社）　九四二
津守家（住吉神社）　九四三
生源寺・樹下家（日吉神社）　九四三

橋本家(梅宮社) 九四五
鈴鹿家(吉田社) 九四五
上司家(南都八幡宮) 九四五
紀　家(日前国懸宮) 九四六
小野家(日御碕社) 九四六
到津家(宇佐八幡宮) 九四七
阿蘇家(阿蘇神社) 九四七
藤原家(薩摩国鹿児島諏方大明神) 九四七
諸大夫……………………………………………… 九四八
伏見宮家諸大夫田中家 九四八
桂宮家諸大夫生嶋家 九四八
桂宮家諸大夫尾崎家 九四九
有栖川宮家諸大夫粟津家 九四九
近衛家諸大夫進藤家 九四九
近衛家諸大夫斎藤家 九五〇
九条家諸大夫信濃小路家 九五〇
九条家諸大夫矢野家 九五〇
九条家諸大夫芝家 九五〇
九条家諸大夫朝山家1 九五一
九条家諸大夫朝山家2 九五一
二条家諸大夫北小路家 九五一
二条家諸大夫松波家 九五一
一条家諸大夫難波家 九五一
一条家諸大夫入江家 九五二
鷹司家諸大夫高橋家 九五二
醍醐家諸大夫高津家 九五二
三条家諸大夫森家 九五二
今出川家諸大夫山本家 九五二
花山院家諸大夫桧山家 九五三
久我家諸大夫春日家 九五三
広幡家諸大夫上田家(源氏) 九五三
付録……………………………………………… 九五五
異本公卿補任(広橋家本) 九五七
天皇 一〇三一
女院 一〇三三
摂政・関白 一〇三六
官位相当表 一〇四四
文久改正内裏御絵図 一〇四八
索引

凡　例

構　成

一　本事典は、公家の家の家名解説と、その家に属する公卿の官歴などを、『(新訂増補)国史大系』本の『公卿補任』五冊をもとに、これに収載される人物を対象に、その記述をそのまま年次を追って集成し、それが属する家ごとにまとめ、叙爵の年月日順に配列し、各家の略系図を併せ付した。

一　収載の年代は、五摂家筆頭の近衛家の家祖藤原基実(一一四三―六六)が元服した久安六年(一一五〇、『公卿補任』第一篇四二六頁)以降、明治元年(一八六八)に及ぶ。収載人物は都合三千百七十余人である。

配　列

一　家名の配列は、明治維新まで存続した家を、家の系流ごとに、嫡流ついで分流、おおむね支流・庶流・傍流の順で配列した。絶家は、分流した家の後ろに分流年代順に掲げ、江戸時代以降に創立した新家は、旧家の後ろに一括し、新家取立の時代順に配列した。なお、絶家の家名については適宜仮の家名を付し、同一系流に属する同名の絶家は便宜番号を付した。

一　家名の読みについては、多数知られるものがあっても、『平成新修旧華族家系大成』に拠り、絶家については読み慣わされている読み方を便宜付した。

一　系流の配列は、分流、家格、『諸家知譜拙記』などの流布本の順序も勘案し、藤原氏以下の堂上家、公卿を出しながら絶家となった系流、准堂上家の局務・官務の両局、公卿に加列の武家・社家・諸大夫の順に配列した。

一　藤原氏の絶家で、系流に結びつかない分は、摂家流絶家の後ろに一括して分流年代順に掲げた。

本　文

一　個人の官歴などは、『公卿補任』の原文通りとし、諸伝本との異同、校訂注なども省略せずに掲げた。

一　他の典拠から公卿になったことが知られる人物があっても、『公卿補任』に登載されていない限り採録していない。

一　個人の名前に付した読みについては、可能な限り『平成新修旧華族家系大成』や各家譜などの史料に拠り、典拠の得られないものについては読み慣わされている読み方を便宜記した。

一　本文中に、便宜以下の記号を用いた。

①　〈 〉　底本の闕脱箇所、分注箇所、諸本などの注記

②　本書が底本とする『(新訂増補)国史大系』本が校訂に用いた諸本および参考書の略称は次の通り。

あ＝内閣文庫所蔵浅草文庫本

く＝九条公爵家所蔵本

くイ＝九条公爵家所蔵本所引イ本

く追＝九条公爵家所蔵本所引イ本追記

さ＝三条西伯爵家及前田侯爵家分蔵三条西実隆本

さイ＝三条西伯爵家及前田侯爵家分蔵三条西実隆本所引イ本
し＝前田侯爵家所蔵新写一本
しイ＝前田侯爵家所蔵新写一本所引イ本
つ＝宮内省図書寮所蔵公卿補任補闕一本
ひ＝東洋文庫所蔵広橋伯爵家旧蔵本
ひイ＝東洋文庫所蔵広橋伯爵家旧蔵本所引イ本
ま＝宮内省図書寮所蔵松岡明義旧蔵本
み＝壬生伯爵家旧蔵公卿補任補闕
や＝前田侯爵家所蔵山科言継及言経自筆本
やイ＝前田侯爵家所蔵山科言継及言経自筆本所引イ本
旧＝旧輯国史大系本
拙記＝諸家知譜拙記
史＝続史愚抄
大補＝大臣補任

③　底本の校訂注の〔　〕のほかに、新たに本書で付した説明注には（　）を適宜用いた。和暦については初出年に西暦を補った。

④　☆　刊本の『諸家伝』と官歴・没年などに異説がある場合、該当個所に付した。

⑤　‐　年月日など底本に不記載の箇所に用いた。

⑥　❈　備考。尻付以外の本文に、年月日のない叙任記載について記した。

一　個人の官歴の後ろに、その補注として『公卿補任』『尊卑分脈』『諸家伝』および各家の家譜などにより要用の事項を〔　〕で囲み付した。

〔死没〕〔年齢〕〔父〕〔養父〕〔母〕〔幼名〕〔前名〕〔一字名〕〔雅号〕〔号〕〔法名〕〔日記〕〔公卿補任〕〔大日本史料〕など

なお、死没については、史実に近いと思われる方を採用して本文の記載と異なるものがあるほか、号および法名で区別がつかないものについては、号に一括して記載した。公卿に列した年次の『（新訂増補）国史大系』本の冊次と頁数を、『大日本史料』は卒伝など所載の編・冊・頁を示した。

系　図

一　系流の略系図は、嫡家の略系図に併せ掲げた。

一　系図は、『尊卑分脈』や各家の家譜などによったが、長幼の順はできるだけ訂正して掲げた。

一　公卿になった人物は太字で示し、養子関係は＝をもって表記した。

解　説

一　本書全体の理解のため、巻初に「公家の制度と社会」として総説を掲げた。

一　系流解説は、系流の起こり、称号、分派などの大筋を記した。

一　家名解説は、系流、嫡庶、家祖、称号、家格などを中心に解説した。なお、禁裏小番については江戸時代末期の状況を示す『孝明天皇紀』弘化四年（一八四七）十二月二十九日条に掲げる「長谷信成手録」により、家領については江戸時代中期の状況を示す『御所御領記』（内閣文庫蔵）によった。末尾に付載の家譜は、明治七年（一八七四）十二月に命ぜられ、翌年五月までに公家華族より太政官正院歴史課に提出された原本（東京大学史料編纂所蔵）を注した。

公家の制度と社会

公家の家の継承

公家社会を構成する公卿・殿上人以下の廷臣、公家の家は、平安時代中期から然るべき官職位階を持つ身分として生成され、官位の昇進が家例として子孫に及ぶようになり、鎌倉時代、更には室町時代に至る長い間に家の分流・廃絶ということを経ながら、次第に家格の形成がなされ、江戸時代に至ってその固定化をみた。そのような経違をふまえ、本書の構成その他も江戸時代のそれに依拠している。

古代より近世に至るまでには多くの家々の生成があり、また廃絶もあったが、江戸時代にも多くの家が堂上家として取立てられた。新家と称される家がこれである。これに対し江戸時代にまで至った家を旧家と称する。江戸時代末期における公家の家数は、旧家が六十七家、新家が七十一家、都合百三十八家であった。もっとも江戸時代に取立てられた新家はこれが全てではなく、他に一代、数代で絶家になったものが二十九家ほどあった。これら多数の新家の創出は、幕府の経済的措置、朝儀の復興、禁裏小番の問題などとのからみがその背景にあろう。七十一家の新家の成立時期については『禁中御定』（宮内庁書陵部所蔵、架番号二六五―一一九八）によって具体的に知られる。文禄期―櫛笥、慶長期―姉小路・今城・日野西・樋口・堀川・藤谷・平松・倉橋・萩原、元和期―花園・梅園・裏辻・山本・野宮・東園・七条・岩倉・久世、寛永期―園池・武者小路・藪・中園・大宮・裏松・芝山・岡崎・池尻・梅小路・堤・東久世・千種・梅溪・長谷・伏原、正保期―風早・勘解由小路・愛宕、慶安期―交野、万治期―壬生、寛文期―押小路・高野・外山・豊岡・三室戸・穂波・植松・石井、延宝期―高丘・町尻・桜井・清岡・桑原、天和期―石野・石山、貞享期―山井、元禄期―六角・北小路・入江、宝永期―高松・大原・澤・錦織・藤井、正徳期―

八条、享保期—錦小路、以上六十六家が記載されている。これに追加分として、宝暦期—慈光寺、天明期—西四辻、天保期—北小路（大江氏庶流）、弘化期—北小路（同氏嫡流）の四家を加え、更に清華家の広幡（寛文期）、醍醐（延宝期）の二家があり、以上七十二家となる。このうち姉小路家は室町時代初期に断絶し、二百余年を経て慶長十八年（一六一三）に再興され、新家扱いであったが、宝暦九年（一七五九）に至り勅旨により旧家扱いとされたので、この分を外し七十一家となるのである。江戸時代を通して徐々に新家が増え数の動きがあったことが知られる。

また、旧家といっても、姉小路家の例でも知られる如く安隠に近世に至った訳ではなく、家名断絶し再興された家も少なくなく、十数年以上に亘り中絶した家が旧家六十七家のうち実に二十三家にも及んでいる。摂家の鷹司家ですら戦国期より織豊期にかけ二十八年間も中絶している。また、清華家の三条家は戦国期に二十四年間の、今出川家は室町初期に十四年間の、同じ閑院流の清水谷家は戦国期より江戸時代にかけて八十七年間の中絶期間があった。同流の滋野井・橋本・河鰭・阿野・小倉・藪の各家、花山院流の大炊御門・難波家、勧修寺流の清閑寺・坊城の各家、四条流の西大路・鷲尾・油小路の各家、村上源氏の六条家、宇多源氏の綾小路家、菅原氏の高辻家も中絶数十年に及ぶ。難波家などは南北朝時代に断絶し、実に二百数十年にわたり中絶の末の再興であった。しかし、これらは幸いにも再興されたが、断絶したまま再興されなかった家も多い。本書には公卿を出し絶家となった分も略系図も掲げておいた。近衛・九条両家の摂籙争奪に脱落して絶家となった松殿家、閑院流西園寺家と一、二を争うほどの名家であった洞院家、水無瀬流の嫡流の坊門家など、ついに再興されなかった。長く家を存続することがいかに容易ならざることであったか、家名の継承がいかに重いことであったかを如実に窺わせるものといえよう。

公家の称号については、主としてその居住する第宅の所在に基づいたり、あるいは氏寺の名号にかかわり発生した。いわゆる婿取婚、父子別居の段階においては、父子兄弟など家族の近親でもその号を異にした。ここでは家号としての称号は後代のような家名とはなりえなかった。おおまかにいえば、親子同居の嫁取婚に移行していくなかで、親子同居などにより、家号が家系に付着して家名となりうることになる。花山院第を総領が相承け、これにより平安時代末期には家名の固定化をみていた花山院家などはいわば特例というべきで、一般的に家名が固定してくるのは大体は五摂家の分立のころ、鎌倉時代の中頃のこととされる。この時期の日記として『民経記』があり、普通は広橋兼光の日記として知られているが、この頃はまだ広橋の号はなく、勘解由小路と号していた。因みに、広橋の家名が定着するのは、室町時代初期の兼宣に至ってであった。このような事情から、本書の家名も便宜遡及したり、付与したところもある。

公家の家格と官位昇進次第

公家は律令官制の上級官僚であり、その官僚という身分をあらわすものが位階であり、その高下に応じて官職が授けられた。本書が対象とする公卿は、摂政・関白以下、大臣・納言・参議及び三位以上の人々をいい、四位の人も参議であれば公卿である。公は大臣以上、卿は納言以下をいい、現職にある公卿を現任公卿という。位階だけあって官職がないのを散位といい、三位以上ながらまだ現任公卿になったことがない者を非参議という。なお、おおむね南北朝時代以降は、納言や近衛の中少将などは権官を常体とした（但し、権中納言は中納言に転ずる、転正ということがある）。また、『公卿補任』に、叙任者の人名の後に細字で書かれた前官位・履歴等についての注があるが、これを尻付《しつけ》という。補任される官職や位階の昇進次第・先途などは、家の格式により大凡が定まっていた。それが家格である。平安時代の末期から室町時代にかけて漸次形成され、江戸時代に入って家格として固定した。公家の家格には、摂家《せっけ》、清華家《せいかけ》、大臣家《だいじんけ》、羽林《うりん》家《け》、名家《めいか》、半家《はんけ》があった。

摂家は、摂関家・摂籙家などともいい、鎌倉時代中期以降、藤原氏北家中、摂政・関白に就任する家。近衛・九条・二条・一条・鷹司の五家をいい、五摂家とも称される。この順で呼ぶのが慣例であるが、元来は近衛・九条の二流で、近衛よりの別れが鷹司、九条よりの別れが二条・一条である。嫡流は近衛家であるが、摂家としての五家に格差はない。官位昇進の次第は、たいがい五、七歳頃に元服し、叙爵して左権少将に任ぜられた。叙爵は叙五位のことで、通常は従五位下に叙せられることをいうが、摂家の場合は正五位下か従五位上である。次に越階して従四位上、左権中将に転じ、従三位に昇叙（これを上階という）、権中将元の如しで、いわゆる三位中将となる。次いで参議を経ずに権中納言に任ぜられ、権中将をも兼ね、権大納言に転じて近衛大将を兼ねた。多くの場合が左大将で、欠を待って内大臣・右大臣、あるいは左大臣となり、左大将を兼ねた。位階は人臣最高の従《じゆう》一位にまで昇り、時に太政大臣ともなった。摂政・関白は五摂家の廻り持ちで、本官として大臣を帯しているのが普通であるが、必ずしも大臣として最上位であるとは限らなかったから、その時はとくに最上位に着くべき由の一座宣旨《いちざのせんじ》というものを蒙って、三公（太政大臣・左大臣・右大臣）の上に列した。これにより摂関はその地位に因み、一《いち》の人《ひと》などと称され、また随身兵仗・牛車宣旨および藤氏長者となる氏長宣の宣旨を受けた。

清華家は、摂家に次ぐ家格で、太政大臣を先途とする家。『康富記』嘉吉二年（一四四二）九月十三日条に、清華・華族・公達はみな通用の号で、閑院・花山院・中院（のち久我）三家の大臣家が清華であることが見え、天正十三年（一五八五）に清原枝賢が関白豊臣秀吉に献じた『百官和秘抄』にも、これら三家を公達・花族あるいは清花というとし、三家の内訳として村上源氏の久我家、藤原北家閑院流の転法輪三条・西園寺・徳大寺・菊亭の四家、同花山院流の花山院・大炊御門の二家を列記している。この七家がいわゆる七清華であるが、この記載順は江戸時代に広く普及した板本の公家鑑『雲上明鑑』や『雲上明覧』も同様である。公家の家格については、江戸時代に著わされた有職故実書である『有職袖中抄』（一六八四年成立カ）・『官職知要』（一七〇二年成立）・『光台一覧』（十八世紀初期成立カ）・『故実拾要』（同中期成立カ）（いずれも『（新訂増補）故実叢書』一〇所収）などに、かなり詳細に記されているが、清華家の家名の記載順はみな相異し、『百官和秘抄』と同じなのは『官職知要』のみである。しかも『光台一覧』には「清華と申ハ、転法輪三条・菊亭・大炊御門・花山院・徳大寺・西園寺・醍醐・久我・広幡九軒なり、此中三条・菊亭・大炊御門三家ハ格高し、花山院・徳大寺・西園寺・醍醐ハ中也、此七軒ハ藤原也、久我・広幡ハ格ひきし、親王家の落の庶子にて源姓なり、生立《おいたち》ハ従四位下・侍従也」とあり、本書成立の宝永・正徳期頃の各家の状況が反映されていることによるとも考えられないわけではないが、七清華にこのような上中下の格差があるとの記載は妥当ではなく、生立は従四位下・侍従という記載も誤りである。上掲の故実書ともども所々に不適切な記載もあるので注意を要する。なお、清華家は新家の広幡・醍醐を加え、九清華とも称する。官位昇進次第は、家例により相違があるが、大凡、童形のとき叙爵、次いで従五位上・侍従、元服のとき権左少将、次いで中将に転じ、中将のまま上階、三位中将となり、参議を経ず権中納言に直任、前官せず権大納言に転じ、大将の欠を待ってこれを兼ね、さらに内大臣の欠を待って任槐し、やがて大将は辞し、節会の内弁など一つを勤めて内大臣を辞退、欠を待って右大臣に任じ、時によっては太政大臣にまで昇った。なお、大将・大臣は摂家と違い、大概は右大将・右大臣どまりであった。

大臣家は、清華家に次ぐ家格で、大臣にまで昇りえる家。ほぼ清華家と同様な昇進をするが、多く中将より参議、宰相中将となり、次いで従三位、権中納言、権大納言と昇進した。清華家の如く近衛大将を兼任することなく、欠を待って内大臣に昇った。右大臣を先途とする。もとは累代大臣に昇る家を清華家とも大臣家とも称したが、のち近衛大将の官歴をもつのを清華家、ないのを大臣家と称して区別されることになる。中院・正親町三条・三条西の三家であるが、前

表1　羽林家の系流別・旧新家別

系流	旧新	家名
閑院流 19家	旧家(9)	滋野井, 清水谷, 姉小路, 四辻, 橋本, 正親町, 河鰭, 阿野, 小倉
	新家(10)	花園, 裏辻, 山本, 梅園, 大宮, 武者小路, 風早, 押小路, 高松, 西四辻
閑院流属 4家	新家(4)	園池, 藪, 中園, 高丘
花山院流 5家	旧家(3)	中山, 難波, 飛鳥井
	新家(2)	野宮, 今城
中御門流 9家	旧家(3)	松木, 持明院, 園,
	新家(6)	東園, 壬生, 高野, 石野, 石山, 六角
御子左流 4家	旧家(2)	冷泉, 下冷泉
	新家(2)	藤谷, 入江
四条流 7家	旧家(5)	四条, 山科, 西大路, 鷲尾, 油小路
	新家(2)	櫛笥, 八条
水無瀬流 5家	旧家(1)	水無瀬
	新家(4)	七条, 町尻, 桜井, 山井
高倉流 2家	新家(2)	堀河, 樋口
村上源氏 8家	旧家(1)	六条
	新家(7)	岩倉, 久世, 東久世, 千種, 梅渓, 愛宕, 植松
宇多源氏 3家	旧家(2)	庭田, 綾小路
	新家(1)	大原
計66家	旧家26家　新家40家	

表2　名家の系流別・旧新家別

系流	旧新	家名
日野流 12家	旧家(5)	日野, 広橋, 烏丸, 柳原, 竹屋
	新家(7)	日野西, 裏松, 勘解由小路, 三室戸, 外山, 豊岡, 北小路
勧修寺流 13家	旧家(7)	甘露寺, 葉室, 勧修寺, 万里小路, 清閑寺, 中御門, 坊城
	新家(6)	芝山, 岡崎, 池尻, 梅小路, 堤, 穂波
平氏 4家	旧家(1)	西洞院
	新家(3)	平松, 長谷, 交野
計29家	旧家13家	新家16家

掲の故実書はいずれも三家の掲載順を異にする。『光台一覧』に、「三条西・中院・正親町三条也、此内にて三条西ハ家強く、清花に左而已不相替、中院ハ中、正親町三条は一弱く候」とあり、順序はこれに従うのが妥当であろう。

以上が公家家格の上層部であり、その下に数の上では大半を占める平公家《ひらくげ》とか諸家《しょけ》と呼ばれる、羽林家《うりんけ》以下、都合百二十一家があった。

羽林家は、近衛少中将を経て納言に至り、権大納言を先途とする家格。近衛府の唐名を羽林といい、五位侍従より左右近衛権少中将を経歴して次第に昇進するにより家格の称となったもので、いわゆる武官の家。『有職袖中鈔』には二十五家、『官職知要』は六十一家、『光台一覧』は二十七家、『故実拾要』は五十一家を掲げ、家名等に差異があるのは、それら故実書の成立時期・旧家のみの場合や新家も含む場合の違いのみならず、諸書により脱漏・誤入もあるためである。羽林家を系流別・旧家新家別に掲げれば表1の通り。旧家二十六家、新家四十家、都合六十六家。平公家の過半数を占める。官位昇進の次第は、童形のとき叙爵、元服のとき従五位上・侍従。ついで正五位下、権少将に進み、四位に昇って権中将に転じ、正四位下より上階し、中将元の如しで三位中将となり、ついで参議に任じ、中将元の如しで宰相中将、権中納言、権大納言に進む。正二位権大納言を先途とするが、邂逅に任槐し、准大臣(儀同三司)、内大臣となり、従一位にも昇った。家例により先途に相違があり、高松・七条・山井などは正三位を、町尻・堀河などは参議を、樋口・岩倉などは権中納言を先途とする。また、権大納言を先途とする家の中でも、滋野井・清水谷・姉小路・四辻・橋本・正親町・中山・松木・園・鷲尾・油小路・庭田・今城・東園・櫛笥の十五家は、中将のとき蔵人頭に補され、頭中将となりえた家である。

名家《めいか》は、羽林家の下、弁官を経て蔵人を兼ね累進し、権大納言を先途とする家格。名家の称は、広く名望ある者の意に用いられるが、谷川士清の『和訓栞』に、「名は功の意、有職才名をもって登庸あるをもて呼り」とある如く、より限定した用例で、代々故実を伝承し才識をもって名を得ている家の意である。家格としての名家の称は、平基親の『官職秘抄』に見えているから、鎌倉時代初期頃にはすでに弁官・蔵人から出身する家柄を形成していたことが知られる。いわゆる文官の家で、『有職袖中鈔』には十二家、『官職知要』は二十五家、『光台一覧』は十六家を揚げるが、これらの数の相違については羽林家の場合と同様なことがいえる。系流別・旧家新家別に掲げれば表2の通り。旧家十三家、新家十六家、都合二十九家である。官位昇進の次第は、童形のとき叙爵、元服のとき従五位上・侍従、ついで正五位下、左右少弁に進み、蔵人を兼ね、正五位上・左右中弁、四位に昇り蔵人頭、左右大弁、正四位上のとき参議に任じ、次いで従三位に昇り、権中納言、権大納言に進み、正二位権大納言を先途とするが、邂逅に任槐し、准大臣、内大臣となり、従一位にも昇った。以上は主に日野流の日野・広橋・烏丸などの例であるが、同じ日野流でも柳原、勧修寺流は侍従には任ぜられず、八省の左少輔あるいは四衛府の佐より弁官に至った。新家は多く弁官・蔵人を経ず、加階加級して上階した。従三位、あるいは参議、納言を先途とするなど、家により勝劣があった。蔵人や弁官は才なくば勤め難く、『職原鈔』の五位

表3　半家の系流別·旧新家別

高倉流 1家	旧家(1)	高倉
准藤原氏 1家	旧家(1)	富小路
宇多源氏 2家	旧家(1)	五辻
	新家(1)	慈光寺
花山源氏 1家	旧家(1)	白川
清和源氏 1家	旧家(1)	竹内
菅原氏 6家	旧家(4)	高辻, 五条, 唐橋, 東坊城
	新家(2)	清岡, 桑原
平氏 1家	新家(1)	石井
清原氏 3家	旧家(1)	舟橋
	新家(2)	伏原, 澤
安倍氏 2家	旧家(1)	土御門
	新家(1)	倉橋
大中臣氏 1家	旧家(1)	藤波
ト部氏 4家	旧家(1)	吉田
	新家(3)	萩原, 錦織, 藤井
丹波氏 1家	新家(1)	錦小路
大江氏 2家	新家(2)	北小路, 北小路
計26家	旧家13家　新家13家	

蔵人三人を説明し、「若雖稟其家、非其器者、去弁任他官也、是故以頭弁為規模、（中略）不錬習旧章、不稟受口伝者、尤可有斟酌也、至于今非其才補其職者、忽招恥辱、殆失出身者也」と述べ、才なく蔵人に補されれば恥辱を招くのみならず身をも滅ぼすとまで記す。しかも、平安時代中期以来、摂関家に仕え家政を差配した家歴もあったので、羽林家等よりは「名家輩」などと一段低く見られる傾向もあった。

半家は、羽林家と名家と半々の性格を持った家の意で、紀伝道・明経道・神祇道・陰陽道などの特殊な家業にたずさわった家その他をいう。『官職知要』では「羽林名家之外」とし、十六家を掲げ、『故実拾要』では三十家、『職原図解』では「半家」として十三家を掲げている。半家は表3の通り。旧家十三家、新家十三家、都合二十六家である。官位の昇進は、羽林家に准じあるいは名家に准じて昇進し、中・少将や弁官を経ないで参議・納言に進むが、他の家格の場合以上に、遅速・先途などに大きな格差があった。例えば、衣紋道の高倉などは、童形のとき叙爵、元服のとき従五位上・侍従となり、正二位権大納言を先途とし、医道の錦小路は正三位を先途とし、陰陽道の倉橋は、元服のとき正六位上・蔵人となり、従二位を先途とした。

官位昇進は、旧例に従い申請をし、摂家による官位勅問など諸吟味の手続きを経て勅許された。官位の申請は小折紙（申文）に例書を添えて差出した。堂上の場合は家格によって官位の昇進の方向・速度が決っていたから、その家の旧例に添って年齢・中置により、官職については欠員の具合を勘案しながら、小折紙を職事に差出し、内覧を経て披露された。旧例にもいくつかの段階があり、自家の先例である「家例」、同等の人の例を借りる「勘例」、一、二等上の所の例を借りる「傍例」があり、競望の場合は、家例、勘例、傍例の順で選考の参考にされた。申請の間隔にいう中置は、例えば中置二年とは三年目に加級の申文を提出できるということである。なお、別格の官位昇進をしたものに、禁中御児として天皇へ近侍する童形出仕がある。大体三歳から六歳頃までに叙爵した上で、十歳前後に童形出仕し、十五歳頃に元服昇殿し、従五位上に叙せられるのを例とし、その後は禁中ないし院に勤仕し、近習となるのを常とし、大体三十歳の中頃に上階した。また、童形勤仕が新家取立となったこともある。村上源氏の東久世家、宇多源氏の大原家がそれである。

禁裏小番と公家の家職

公家には勤むべき励むべきいくつかのことがあった。官職位階に応じ朝廷の公事儀式を勤めることがもっとも重要なことであった。そのためには学問に励み、家に相伝される職務・技能、いわゆる家職（家業）を継承し奉仕することも、大切な勤めであり、また禁裏小番を勤めることも公家として欠くべからざることであった。

禁裏小番は、摂家を除く総ての公家衆が、番編成のもとに禁裏・仙洞御所などに日勤・宿直するものである。これに類することは早くから存在したのであろうが、これを小番と称し、具体的な実体が知られるようになるのは室町時代以降のことである。早い事例として永享二年（一四三〇）四月の「禁裏小番条々」が『薩戒記』に見える。江戸時代の禁裏小番は、寛文三年（一六六三）に近習番が設置するまでは、中世後期に引続き内々番と外様番の二番編成であった。内々番を勤めるのを内々の家、外様番を勤めるのを外様の家と称した。天皇の居所近くの内々において小番するのが内々番、一定の場所より内々には立入れなかったのが外様番である。内々の家、外様の家がどのようにして分かれることになったかは明確でないが、後土御門天皇の文明初年（一四七〇年代）には既に内々・外様の別が生じていたとされる。ことに中世末から近世初めにかけてはしばしば異動もあり、江戸時代を通してみれば必ずしも固定化していたわけではなかった。本書の各家の解説では、家格の一つとして、内々の家、外様の家のいずれであるかも付したが、ほぼ固定化する江戸時代末期の状況、『孝明天皇紀』弘化四年（一八四七）十二月二十九日条に掲げる「長谷信成手録」に拠って記した。一括記載すれば次の通り。

〈内々の家〉　日野・山科・広橋・滋野井・平松・萩原・石井・八条・舟橋・水無瀬・七条・柳原・西洞院・難波・櫛笥・四辻・万里小路・高倉・富小路・勘解由小路・持明院・高野・正親町三条・芝山・鷲尾・綾小路・五辻・坊城・葉室・姉小路・山本・甘露寺・勧修寺・白川・中御門・醍醐・花山院・大炊御門・今出川・松木・清水谷・飛鳥井・野宮・烏丸・正親町・中山・今城・清閑寺・園・壬生・石山・

庭田・大原・岩倉・千種・植松・東園・西四辻・梅溪・久我・三条・徳大寺・広幡・中院・三条西・押小路・愛宕、以上六十七家。

〈外様の家〉　吉田・長谷・交野・錦小路・慈光寺・桜井・山井・錦織・町尻・阿野・竹屋・外山・園池・日野西・豊岡・北小路・三室戸・西大路・裏松・石野・土御門・裏辻・竹内・小倉・堀河・伏原・樋口・唐橋・油小路・澤・高松・下冷泉・風早・大宮・穂波・岡崎・花園・西園寺・四条・藪・橋本・梅園・中園・池尻・梅小路・六角・高辻・五条・東坊城・清岡・桑原・倉橋・藤波・上冷泉・藤谷・入江・高丘・藤井・堤・武者小路・六条・久世・東久世・河鰭・北小路、以上六十五家。

なお、これ以降に堂上家に列した北小路を加え、外様家は都合六十六家となる。また、天皇周辺において小番を勤める近習番は、内々・外様両番所から選出された(『雲上当時鈔』)。小番は十五歳の春より出番し、およそ六十歳で小番御免となる例であり、清華の大臣・武家伝奏・議奏もまた免除された。番編成は五番ないし六番で、各番は大体四人で、番頭のもとに番衆三人が配された。ときに編成替があり、これを小番の結改といった。番頭は多くは納言で、番頭・番衆は朝廷における一般的な連絡網ともなっていた。小番の勤惰は小番奉行六人が監し、その集計を小番の勘定といい、これには三月勘定、一年勘定、三年勘定があった。一年勘定は武家伝奏を通して幕府へも届けられ、三年勘定の成績により「不闕之輩」「准不闕之輩」には金品を賜わり、また褒詞があった。

公家の家職(家業)は、江戸幕府が慶長十八年(一六一三)六月十六日付で発布した「公家衆法度」五ヶ条の第一条に、「一、公家衆家々之学問、昼夜無油断様、可被仰付事」とある如く、公家衆にとって家学の勉励は肝要なこととされた。そしてその二年後の慶長二十年七月日付で発布される「禁中幷公家中諸法度」十七ヶ条のうち、第十条にも、諸家の官位昇進は旧例に従い申文を差出すべきこと、但し学問・有職・歌学を勤学し、その他奉公の労を積めば、旧例を超越して昇進することもあると令している。この但書は「公家衆法度」の第一条を前提とするもので、その功能を示したものとなっている。そして「家々之学問」とは、具体的には「学問・有職・歌道」を指している。その後も幕府はことある毎に公家衆の家業、学問の奨励を令していて、江戸中期、将軍吉宗が公家衆へ三ヶ条の条令を布しているが、それは公家衆が家々の家業を懈怠なきは勿論のこと、歌学の事は堂上全てが励むべきこと、何家を問わず儒学・有職を心掛るが肝要のこと、とある。第一の「家々家業」が家伝の学芸としての家業、第二条の「歌学」、第三条の「儒学・有職」は公家衆の全てが励むべきもの、さらに重要なことは公家衆として家格に応じた役として義務づけられた家業というべきものがあり、これらを含めたものが広義の家業といえよう。広義にしろ狭義にしろ公家衆の存在と一体のものであり、象徴であったのである。公家衆の家業については近世に纏められたものがいくつかあるが、その嚆矢は寛文八年(一六六八)七月の板行になる『諸家家業』である。内容は⑴~⒆の項目を立てて記し、⑴~⑻は家格毎のもの。⑴摂家、⑵親王、⑶清華、⑷大臣家、⑸羽林家、⑹名家、⑺羽林名家之外、⑻新家。これらの家名・官位昇進次第・先途・家業などを記す。ついで「別に家業アルトモカラ、サラニ左ニ記シ侍ルナリ」として、⑼~⒆分野ごとの家業、すなわち⑼神祇伯、⑽和歌、⑾文章博士、⑿明経、⒀能書、⒁神楽、⒂楽、⒃蹴踊、⒄装束、⒅陰陽道、⒆外記の分野を掲げ、これを家業とする諸家を掲げて由来等を記す。前者の家職について具体的に記しておくと、摂家の家職は、大嘗会天神地祇ヲロシ・神膳儀の大事及び即位灌頂の大事の天子への奉授、節会・官奏・叙位・除目四箇の大事の口決相伝。清華家及び大臣家の家職は、四箇の大事・有職故実。羽林家の家職は有職故実。名家の家職は儒学・有職故実とある。

摂家の家礼と公家の家領

公家社会において特殊な構造として存在したのが、摂家と清華家以下の堂上家の間に結ばれていた御家門・家礼の関係である。多くの公家衆は、五摂家のいずれかの家礼として付属していた。家礼は門流ともいい、被付属の摂家は御家門と称された。いずれの摂家の家礼ともならない公家衆もあり、「御門流之儀御断」ということもあったから、この関係はかなり自立性をもったものでもあった。家礼は御家門の元日参賀に扈従し、元服・嫁娶・養子などの際には御家門の同意を要し、御家門は家礼の官位叙任に便宜をはかり、公事儀式の指導・伝授などを行った。家礼の語はすでに平安時代から用いられているが、いわゆる公家社会の一つの構造として成立してくるのは室町時代の頃からとされる。古来、禁中の公事において、節会・官奏・叙位・除目を四箇の大事といって重視し、ことに叙位・除目は『貫首秘抄』に「公事中第一大事、只在于此、是人命之所繋、朝政之善悪只在此」とあり、朝政の基幹にかかわるものとされてきたのであった。四箇の大事の口決相伝は摂家の家職であり、口決相伝する摂家から公家衆が指南・伝授をうけるところから、いわゆる家礼関係が発生してきたのであろう。勢多章甫の『思の儘の記』には、「堂上は悉く摂家に付属せり、粗家人に同じ、是を門流といふ、皆其摂家の家風を守り、他の流を用ゆる事を許さず、此門流といふもの戸数平均にあらず、近衛家、一条家の付属殊に多く、皆古来の由緒により増減あるなり、然るに三条・久我の両家は、摂家に付属せず、独立の家なり、但し久我は近衛家弟子といふ名義を付くとぞ」とあり、家礼の性格を簡略に述べている。「粗家人に同じ」と微妙な表現をしているが、一般的な家来関係ではないから、公家社会独得のものという他はない。家礼となった時期・理由等はいろいろであろうが、五摂家の家礼の数には大きなばらつきがある。幕末にはほぼ固定化を見たようである。『(年々改正)雲上明覧大全』の慶応二年(一八六六)により御家礼御門流を掲げておく。但し、近衛殿については、四十八家を掲げるが、ほぼこれに相当する時期と推定される、五十家を掲げる「陽明家御門流」(陽明文庫所蔵)があるので、この分に差換える。

〈近衛殿家礼〉　広橋・柳原・西洞院・吉田・土御門・舟橋・滋野井・難波・持明院・山科・高倉・四辻・水無瀬・竹内・竹屋・裏辻・日野西・平松・長谷・交野・石井・萩原・七条・富小路・櫛笥・高野・裏松・石野・外山・小倉・八条・芝山・北小路・北小路・慈光寺・町尻・桜井・山井・錦小路・錦織・西大路・園池・豊岡・三室戸・北小路・阿野・万里小路・正親町三条・勘解由小路・日野、以上五十家。

〈九条殿家礼〉　鷲尾・綾小路・五辻・堀河・伏原・樋口・唐橋・油小路・澤・下冷泉・坊城・葉室・姉小路・高松・風早・山本・大宮・甘露寺・勧修寺・穂波、以上二十家。

〈二条殿家礼〉　白川・岡崎・中御門・花園、以上四家。

〈一条殿家礼〉　醍醐・西園寺・花山院・大炊御門・今出川・松木・清水谷・四条・飛鳥井・野宮・藪・烏丸・正親町・中山・今城・清閑寺・園・橋本・梅園・中園・壬生・池尻・梅小路・石山・六角・庭田・大原・岩倉・千種・植松・高辻・五条・東坊城・清

岡・桑原・倉橋・藤波、以上三十七家。

〈鷹司殿家礼〉　冷泉・藤谷・入江・西四辻・梅溪・高丘・藤井・堤、以上八家。

公家の経済的裏付けは、幕府から宛行われた家領及び禁裏御料の蔵入分から給された家禄であった。徳川家康が禁裏・女院などの御料を定め、宮家・公家・門跡などに初めて知行を宛行ったのは、慶長六年（一六〇一）五月のことである。このとき公家・門跡などに宛行われた各知行高は、『諸知行方』（醍醐理性院蔵）によって知られる。禁裏御料などについては進献であるから、これには記載されていないが、『禁中院中御領』（一六七五年、内閣文庫蔵）や『御所御領記』（同蔵）などによって家康進献の御料の総体が知られる。後者は江戸中期の状況を示すもので、宮・公家（百六家）の家領の総高は四万六千六百石余となっており、宮家では京極が三千石、伏見・有栖川・閑院の三家が各千石、公家は近衛の二千八百五十二石から蔵米取りの所謂三十石衆の小禄堂上衆さえあった。本書の各家の説明で記した家領は『御所御領記』に拠った。天下の直参・旗本御家人とほぼ同様な状態であり、「公家の位倒れ」の言は至当というべきであろう。家領の大小は、家格の高下、もしくは家々の新古、或いは幕府との関係の親疎度によって決定されており、領知状における判物・朱印状の区別は、諸大名の場合には一応十万石以上が判物、以下が朱印状であったのに対し、公家の場合はその家格・官位によって区別があり、清華家・大臣以上及び従一位には判物、それ以下には朱印状を以て発給された。ことに摂家・任槐の清華及び宮家・宮門跡に対しては将軍の諱と判とを据えるのを例とした。将軍の代替り毎にこれらの判物・朱印状が書替えられたことは諸大名などの場合と同様であるが、摂家・宮家などの大身は江戸参府のうえ授与され、小身の公家衆の家領安堵状は二条城において京都所司代より授与された。なお、禁裏御領は、慶長六年（一六〇一）に家康により進献された一万石余（本御料）、元和九年（一六二三）二代将軍秀忠のとき進献された一万石（新御領）、宝永二年（一七〇五）五代将軍綱吉のとき進献された一万石弱（増御領）、都合三万石で、他に仙洞御料、女院御料などがある。そしてこれらと公家領などを合せても、朝廷は十二万石を有する一大名の実質しかなかったといわれることが多い。しかし、これはあまりにも概念的な言い方であって、確かに禁裏御料の草高は三万石余であるが、実際のところはこの物成にては不足がちで、享保の頃から幕府よりかなりの補足がなされた。安永二年（一七七三）に御所付き役人の私曲事件があり、これにより同六年二月、「御賄御入用御定高」なるものが定められ、経済的安定が図られる。「禁裏御料沿革記」（勝海舟『吹塵録』二）では、宮方・摂家・堂上等の知行高および蔵米渡し高等を合算すれば、「草高にして凡そ四、五十万石ほどの御仕向きに相成り居りたるやに覚え候」とあり、また明治から昭和期にかけての歴史学者三浦周行の計算によれば、「総高凡そ四十五、六万石には達せるなるべし」としている。これはすでに明治期に明らかにされていることであり、朝廷十二万石という概念は妥当ではない。

主要参考文献

『国史大辞典』一～十五（吉川弘文館、一九七九―九六年）
その他、多くの著書・論文を参考にしたが、事典の性格上、出典は省略した。とくに依拠したもの若干を掲げれば次の通りである。
三浦周行「江戸幕府の朝廷に対する法制」（一九〇三年）（『続法制史の研究』、岩波書店、一九二五年）。
三浦周行『鎌倉時代史』（早稲田大学出版部、一九〇七年）（『日本史の研究』新輯一、岩波書店、一九八二年）
義江彰夫「摂関家領相続の研究序説」（『史学雑誌』七六―四、一九六七年）
井上宗雄『中世歌壇史の研究室町後期』（明治書院、一九七二年）
橋本義彦『平安貴族社会の研究』（吉川弘文館、一九七六年）
下橋敬長『幕末の宮廷』（東洋文庫三五三、平凡社、一九七九年）
平山敏治郎『日本中世家族の研究』（法政大学出版局、一九八〇年）
高群逸枝『平安鎌倉室町家族の研究』（国書刊行会、一九八五年）
本田慧子「近世の禁裏小番について」（『書陵部紀要』四、一九八九年）
橋本政宣『近世公家社会の研究』（吉川弘文館、二〇〇二年）
近世堂上和歌論集刊行会編『近世堂上和歌論集』（明治書院、二〇〇五年）
李元雨『幕末の公家社会』（吉川弘文館、二〇〇五年）

摂家流　せっけりゅう

藤原氏北家の嫡流。贈太政大臣藤原房前を始祖とする。摂家は摂政・関白を世職とした家で、摂関の職は、清和天皇の外祖父藤原良房が人臣にして初めて摂政に任ぜられ、ついでその養嗣子の基経が摂政および関白に任ぜられて以来、その職は藤原氏北家に伝えられたのである。鎌倉時代中期以降、北家の嫡流は近衛・九条・二条・一条・鷹司の五家に分かれ、五摂家となる。摂関家、摂籙家、執柄家ともいい、この流の絶家をも含め摂家流と総称する。遠祖は藤原鎌足。藤原の称は、天智天皇八年（六六九）中臣鎌足が病気危急の際にその功労により、大織冠・大臣の位と藤原の姓を賜ったのに始まる。また称号の由来は、鎌足の旧居、大和国高市郡の地名に因むという。文武天皇二年（六九八）詔して藤原朝臣の姓は鎌足の嗣子不比等（淡海公）にのみ継がせることとされた。不比等は『大宝律令』『養老律令』の編纂に主導的役割を果たすとともに皇室との縁戚関係を深め、女の宮子を文武天皇の夫人とし聖武天皇を産み、さらに宮子の妹光明子も聖武天皇の皇后となって孝謙天皇をもうけ、ここに藤原氏は二代の天皇の外戚の地位を得て、古代氏族の地位から律令官僚貴族への脱皮を遂げる。不比等の四子、武智麻呂、房前、宇合、麻呂はいずれも公卿に列して朝廷において重用され、それぞれ南家、北家、式家、京家の祖となった。そして各家は激しい盛衰を繰り広げながら平安時代に至り、北家が急速に家勢を上昇させた。北家の祖房前は不比等の第二子。兄武智麿の南家に対し、居宅が北方に位置したため北家と称された。元明・元正両天皇の信任あつく、内臣として朝廷に重きをなし、その曾孫冬嗣（閑院大臣）が嵯峨天皇の寵を得て、蔵人所が設置されるや初代の蔵人頭に就任、累進して左大臣に昇るとともに、その女順子を仁明天皇の後宮に入れ文徳天皇をもうけるなど、皇室との結びつきを強めた。藤原北家繁栄の基礎を固め、その嫡男良房（忠仁公）が嵯峨天皇の皇女を娶り、その所生の明子を文徳天皇の後宮に入れ、清和天皇の外祖父となって、人臣太政大臣・摂政の例を開き、北家が藤原氏の嫡流の位置を不動のものとするとともに、後世における摂関政治の基礎を確立した。さらに良房の甥でその養嗣子となった基経（昭宣公）は、伯父長良の外孫になる陽成天皇を廃し、すでに五十五歳の齢になっていた光孝天皇を擁立、元慶八年（八八三）六月、以後官庁に座して万政を領行し奏下のことはまず太政大臣藤原基経に諮稟《しりん》せよとの詔をうける。後の関白の職の濫觴である。次の宇多天皇の仁和三年（八八七）十一月、摂政太政大臣であった基経に、「それ万機巨細（中略）みな太政大臣に関白し、然る後に奏下すること一に旧の如くせよ」（原漢文）との詔が下される。「関白」の職の初見であり、いわゆる阿衡の紛議を通して基経は藤原家の立場を強化した。さらに基経の四男忠平（貞信公）の執政の間、摂政・関白の制も確立し、摂関の職は、忠平の後が実頼（清慎公）の小野宮流と師輔（九条右大臣）の九条家に分かれてからは、実頼とその子頼忠（廉義公）以外は九条流によって占められることになる。ことに師輔の三男兼家（法興院関白）は寛和二年（九八六）摂政になると間もなく右大臣を辞するにより、詔して摂政の座次を三公の上においたので、ここに摂関の地位は、本官の序列から離れた独自の最高官職との認識を深め、官位第一の者を氏長者とするという原則に違うことなく、摂関と氏長者の一体化をなし、摂関家が氏長者を独占する素地を築いた。ついでその五男道長が、関白・内覧の地位をめぐって兄弟等の間に生じた軋轢を脱し、その女彰子・妍子をそれぞれ一条・三条の二天皇の中宮に立て、さらに寛仁二年（一〇一八）十月威子を後一条天皇の中宮に立て、「一家立后未曾有」（『小右記』同年十月十六日条）の快挙をなし、この威子立后の宴で詠じた「望月の歌」に象徴されるが如き栄華を極め、摂関家の最盛期を築きあげた。そして摂関の座は道長（御堂関白）の子孫、御堂流が独占することになる。道長の後は長男の頼通が寛仁元年(一〇一七)三月父の譲を受けて後一条天皇の摂政(宇治摂政)、同三年には関白となる。後朱雀・後冷泉天皇の代の関白も勤め、治暦四年(一〇六八)四月弟教通の女歓子が後冷泉天皇の皇后に冊立されたのを機に、嫡子師実へやがて関白職を委譲することを前提として教通にこれを譲った。その後間もなく後冷泉天皇が崩じ、後三条天皇が践祚。天皇は藤原氏を外戚とせず積極的に親政を行ない、そのため摂関家は権威の低下を余儀なくされ、その後いくつかの起伏をたどりながら院政に移行していく。教通は頼通から早く関白を師実に譲るよう求められていたがこれを拒み、白河天皇の関白も勤めた(大二条関白)。承保二年(一〇七五)九月教通の死により、師実が白河天皇の関白となり、応徳三年(一〇八六)十一月堀河天皇の践祚とともに摂政(京極摂政)、ついで関白となり、嘉保元年(一〇九四)三月長男の師通に関白を譲った。師通(後二条関白)は白河上皇の院政に抗し摂関家の勢力維持に努めたが、康和元年(一〇九九)六月三十八歳の若さで病死した。以後六年間は摂関は置かれず、摂関家の後退と院政の躍進の契機になったとされる。父の急死によって後を嗣いだのは、長男の忠実で、時に二十二歳、権大納言。同年八月内覧、十月には氏長者となり、翌年右大臣、長治二年(一一〇五)十二月関白となる。嘉承二年(一一〇七)七月鳥羽天皇の践祚で摂政(知足院摂政)、永久元年(一一一三)正月関白となる。院の権力が増大するなかで白河天皇との関係を次第に悪化させ、女泰子(高陽院)の入内問題で法皇の不興を買って、保安元年(一一二〇)十一月内覧を停止された。翌年正月復したが、忠実は関白を上表。同月長男の忠通が内覧、三月関白となった(法性寺関白)。このことで忠通に不満を抱いた忠実は忠通舎弟の頼長を寵愛するようになる。大治四年(一一二九)白河法皇が崩じ、鳥羽院政が始まると、忠実の政界復帰がなり、長承元年(一一三二)には内覧の院宣をうけ、関白の忠通と親子で並立した。同二年泰子が上皇の後宮に入り、翌年皇后となり、忠実の政治力は一段と強化された。久安六年(一一五〇)近衛天皇が元服するや、忠通・頼長兄弟の養女が相ついで入内立后し、兄弟の抗争激化の因となる。忠実はすでに出家し宇治に隠居の身であったが、忠通に摂政を頼長に譲るよう求め、忠通はこれを拒否したので、同年九月これを義絶して頼長を氏長者になすとともに、仁平元年(一一五一)正月鳥羽法皇に奏して内覧とした。しかし久寿二年(一一五五)七月近衛天皇が崩じ、これが忠実・頼長による呪詛との風聞により一挙に権力を失い、保元元年(一一五六)七月鳥羽法皇が崩じ、その直後に政治の主導権をめぐって起された保元の乱で、崇徳上皇側についた頼長も敗死し、父忠実から義絶までされていた忠通は、摂関家領の保全を図らんとする忠実から一切の所領の処分をうけ、名実ともに摂関家の当主として安定的地位につく。忠通ののち摂関家は長男基実、二男基房、三男兼実、四男兼房の四流に分かれ、松殿と号した基房、高野と号した兼房の二流はやがて絶家となり、基実を祖とする近衛家、兼実を祖とする九条家の二流が摂関を独占し、近衛家は基実曾孫基経の舎弟兼平が鷹司家を起し、近衛・鷹司の二流となり、九条家は兼実の曾孫教実の舎弟良実、実経がそれぞれ二条家、一条家を起し、種々の経緯をえて鎌倉時代中期には摂関家は近衛、九条、二条、一条、鷹司の五家となり、ここに五摂家が成立する。近衛家を摂家の筆頭とするが、五家はいずれも同格である。摂関家の継承にあたって重要な意味をもったのは、経済的な基盤である摂関家領、家領の相続であった。摂関家が所有・管轄する所領である摂関家領は、氏長者の地位の移動とともに付随して移る所領である殿下渡領、勧学院・氏寺化した持仏堂に付属している所領である氏院寺領、および摂関家の日常生活・諸々の行事などの経済的な負担を荷うものとして全国各地に散在する家領から成るが、とくにここでは十一、二世紀の家領の相続の大まかな流れをみておくと、おおよそ次のようになる。御堂流の祖道長のもとに集積された厖大な家領は、道長が万寿四年(一〇二七)十二月六十二歳で没した翌年、政治的地位をうけついだ嫡男頼通により父遺言に従って、一部を持仏堂法成寺に寄進したほかは、すべてを道長後室倫子(鷹司殿)に処分された。そして天喜元年(一〇五三)の倫子一期ののちは、頼通が伝領した(『栄花物語』巻三十)。頼通は晩年にいたり、獲得した家領のうち九所を自己の持仏堂平等院に寄進し、のこりを正室隆子(高倉北政所)、嫡男師実(京極大殿)、女の寛子(四条宮)に処分した。隆子が伝領した家領は、寛治元年(一〇八七)の一期ののち(『中右記』同年十一月二十二日条)、夫妻の養女高倉一宮祐子内親王が伝領し、また長治二年(一一〇五)の祐子一期ののち(『中右記』同年十一月八日条)は師実の養子忠実がこれを入手すべく奏請し、嘉承元年(一一〇六)勅許を得て忠実の有に帰する(『殿暦』同年十二月四日条)。師実が伝領した分は建長五年(一二五三)十月の作成になる「近衛家所領目録」(陽明文庫所蔵)に「京極領」との記載がある分がそれで、五十ヵ所を数える。忠実が師実から処分を受けた分といえる。忠実の実父師通は嘉保元年(一〇九四)三月父師実の譲りを受けて関白・氏長者の地位についた。五年後の康和元年(一〇九九)六月に三十八歳で父に先立って夭逝したため、この地位は師実養子ともなった忠実に譲り渡され、この二年後の康和三年(一一〇一)師実は六十歳で没するが、この頃忠実への家領処分も行われたようである。また師実は伝領した家領の一部を生前に正室麗子に処分し、養女の堀河天皇中宮篤子にも一定の家領を処分したようである。なお麗子は養母の冷泉院宮儇子からおよそ二十五ヵ所にものぼる家領を伝領し、永久二年(一一一四)の麗子一期ののちは、これら所領のすべてが孫の忠実の有に帰している(『殿暦』同年六月十一日条)。また寛子領は量的には師実領とあまり格差はなかったようで、うち五所を保安五年(一一二四)養女にしていた白河天皇の皇女禎子内親王に分与し(『永昌記』同年十一月十九日条)、のこりの家領一切は大治二年(一一二七)の寛子一期ののちは忠実が伝領した。以上の伝領によって忠実のもとに集積された家領は、寄進などによる新領も含めて生存中に子女に順次処分し、長男忠通へは一定の家領を処分したが、のち親子間に深い溝を生じ代って次男頼長を寵愛するなかで、久安六年(一一五〇)忠通の氏長者の地位を頼長に交替させるとともに、一旦処分していた家領をも没収している。なおこれは鳥羽法皇に進献したが(『台記』同年十月十二日条)やがて忠実に戻されたようである(『中右記』保元元年七月二十日条)。忠通の姉で長承二年(一一三三)鳥羽上皇の女御、翌年皇后宮となり、保延五年(一一三九)高陽院の女院号をうけた泰子に処分された分は、かつて寛子一期ののち忠実が伝領した分に重なるようで、「近衛家所領目録」に見える「高陽院領」の総量は四十九ヵ所、『吾妻鏡』によれば五十余ヵ所と見えている(文治二年四月二十日条)。なおこれも久寿二年(一一五五)泰子が父に先立って没すると、忠実の手に戻された。頼長には久安四年(一一四七)十八ヵ所の家領を処分しているが(『台記』同年七月十七日条)、保元の乱で後白河天皇・忠通側が勝利し頼長が敗死すると、保元元年七月十七日の頼長領、忠通領・高陽院領を含む百余ヵ所におよぶ忠実領はともに没官すべきの宣旨が下され、朝廷に没収されることを憂慮した忠実が同二十日かつて家領没収まで行なった忠通に忠実領のすべての処分をしたことは(『兵範記』)、前述の通りである。なお頼長領は後院領にくみいれられ実際に没官された。忠通は以上の如き経緯で忠実領を伝領した他に、永久二年(一一一四)堀河天皇中宮篤子の一期ののち家領を伝領している。忠通が伝領した家領は生前、また没後に処分されるが、嫡男基実以外でもっとも多くを伝領したのは、妻宗子の間に生まれ、大治五年(一一五〇)崇徳天皇の中宮となり、皇嘉門院の女院号をうけた聖子で、その養和元年(一一八一)の一期ののちは、異母弟の兼実、その息良通に処分され、九条家領のもととなった。二男基房(松殿)・三男兼実(九条)らにも多少の家領を処分しているが問題になる

摂家流

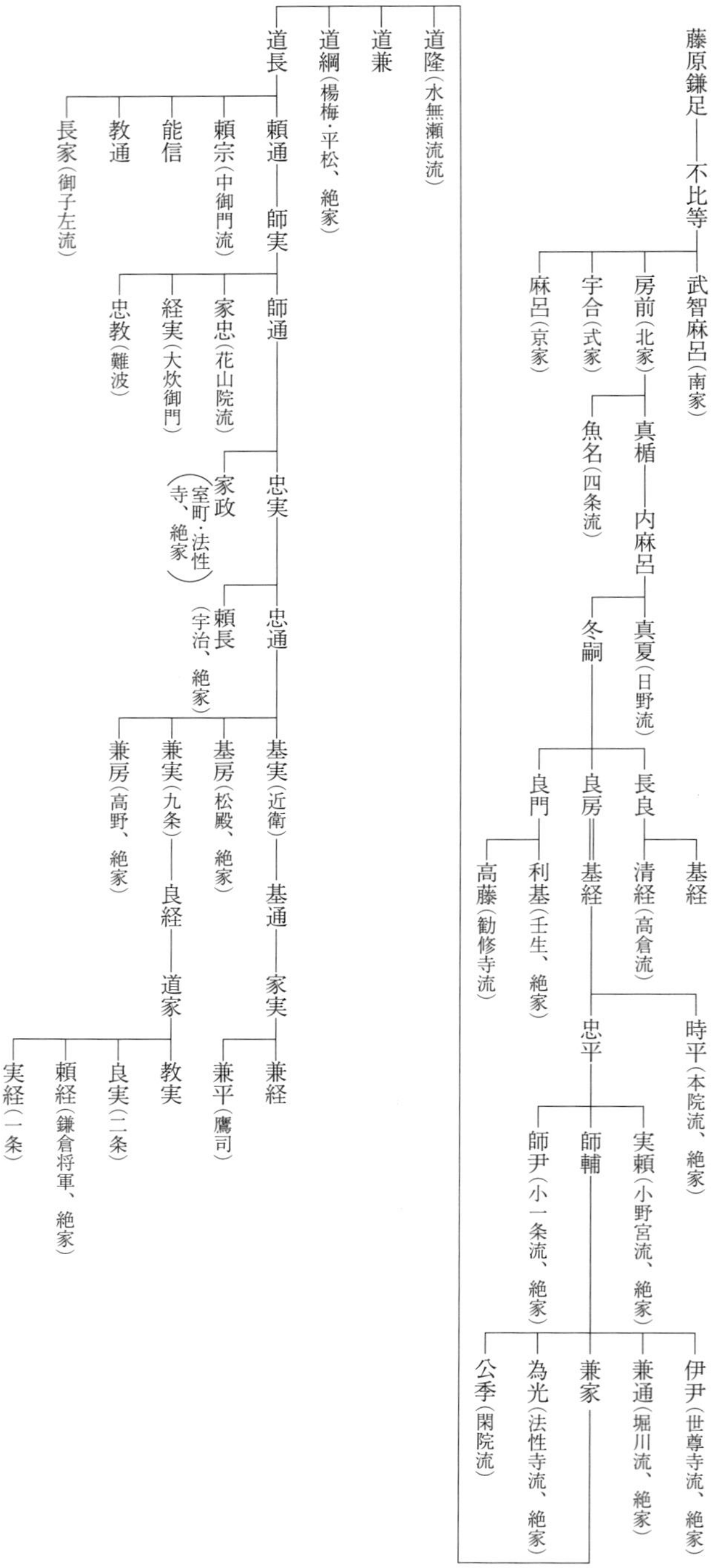

量ではなかった。嫡男基実へは保元三年（一一五八）関白氏長者を譲るとともに、生前に一定部分の家領を処分し、長寛二年（一一六四）の忠実死没とともに多くの遺領が基実に処分される。処分された家領の総数は「近衛家所領目録」によって算定すると一五八ヵ所にのぼり、当時の摂関家領の大半を占めるものであった。その後の家領の伝領については、五摂家の各家の項に譲る。五摂家の分化が家族研究にとって重大な時代区分的意味をもつことは、夙に高群逸枝が指摘し具体的な考証を行なっているところであり（『平安鎌倉室町家族の研究』図書刊行会、一九八五年刊）、近衛、九条、二条、一条、鷹司等の家名がこの期において初めて固成し、爾来永く子孫によって継承せられることとなるのである。このことは五摂家のみではなく藤原北家諸流家、その他村上源氏の諸家等いずれもこの時代に分化、家名の固成が見られるようになる。黒板勝美編『公卿補任』第二篇（『新訂増補国史大系』54）は、順徳院承元五年（一二一一）分より始まるが、各公

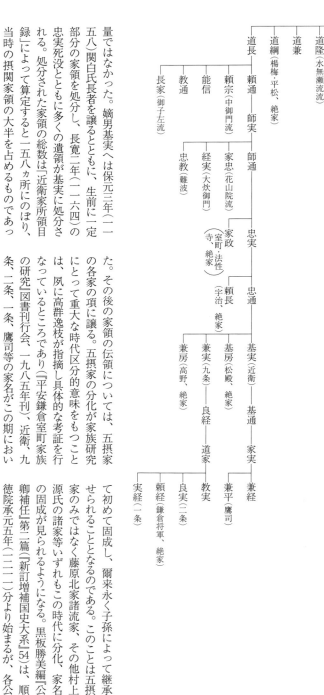

卿名はそれ以前にあってはただ単に藤某、源某、平某等と記されているのが、この冊からは特に近衛、九条、徳大寺等の家名が注されている。このことに関しては、凡例で「一、従来の諸本公卿の人名ただ藤原平等の姓を冠せり、今検索に便にせんが為めに新たに主なる家名を注したり、ただ鎌倉時代以降家名漸く定まると雖も父子その号を異にし、或は家名を同じくするも系流を別にせるものあり、」云々とするのは、時代の趨勢に対応するものである。なお、本摂家流には、五摂家の後に絶家分を収載するが、五摂家形成以前に絶家した分、つまり江戸時代末にまで及んだ閑院流、日野流などの各流絶家以外の北家の絶家は、便宜、北家嫡流の摂家流の絶家分の後に一括付載することとした。

近衛家　このえけ

藤原氏北家摂家流。平安時代末期の法性寺関白忠通の裔、摂家流の嫡流。忠通の一男六条摂政基実を家祖とする。近衛の称は、近衛北室町東に所在した近衛殿に由来する。この第宅は、もと藤原忠実室で忠通生母尼北政所、村上源氏の右大臣源顕房の女源師子が領し、顕房孫で忠通室となった源二位信子が伝領した。基通が若年の頃祖母信子の許に同居していたことは、『玉葉』嘉応二年(一一七〇)四月十八日条に、「逢邦綱(藤原)、示云、来廿三日故殿若君(藤原基通)可有首服事、為加冠可令渡御給之旨、相国入道(平清盛)所申也云々、咎可行向之由了、於近衛第(祖母家也)、可有此事云々」と見え、同二十三日条に、「雨降、此日、此摂政殿若君、於近衛第有元服事、(件家、祖母二品被坐、家躰頗無便宜)」とあることで知られる。これにより治承二年(一一七八)祖母信子が没すると、しぜん基通の伝領するところとなり、近衛家を発祥する邸宅となる。ただし、この段階にはいわば信子の隠居所で、持仏堂(近衛堂)を中心としたものであったようで、基通の元服式を挙げるにさえ便宜なきほどのものであったことが窺われる。基通はこの近衛殿で関白詔を受け、またこれを本第としたようであるが、これより数代は嫡妻との居宅を以て号することが多く、近衛殿に常住し近衛を家名とするようになるのは四代兼経のときからである。なお、近衛家の別称を陽明家ともいうのは、大内裏外郭十二門の一つ陽明門が近衛大路に通じていたことに因む。家祖基実は、久安六年(一一五〇)十二月に八歳で元服し、同月正五位下左少将に叙任し昇殿禁色を聴され、仁平二年(一一五二)三月従三位、保元元年(一一五六)正月権中納言、同九月権大納言となる。翌二年八月右大臣、同十二月皇太子傅となり、三年八月二条天皇践祚により父忠通の譲りを受け関白・氏長者となった。時に十六歳。二十歳未満の関白の初例である。翌平治元年(一一五九)七月藤原忠隆の女(信頼妹)と婚し、やがて妻家の六条東洞院第に常居したので、六条関白と称され、のち六条天皇の摂政となるにより六条摂政と称される。また基実は第二の妻、平清盛の女盛子と婚し、梅津第に住したので梅津殿ともいう。この婚姻は、『愚管抄』巻第五に「長寛二年四月十日関白中殿ヲバ清盛オサナキムスメニムコトリ中テ、北政所ニテアリケリ」とあるのによれば、長寛二年(一一六四)中殿基実が二十二歳のときであり、盛子は九歳のときの文字通りの幼い娘であった。清盛は基実を婿とすることで勢力の拡大を図ろうとしたものであったが、基実はその二年後、仁安元年(一一六六)七月、二十四歳の若さで没した。子息に基通・忠良等がいたが、まだ幼少のうえ盛子の所生ではなかったから、摂政の職および氏長者は異母弟の左大臣基房に移る。摂関家渡領等も基房に伝領される筋合のものであったが、忠通以来重用されてきた参議邦綱が清盛に秘策を献じてこれを阻んだことが、やはり『愚管抄』に見える。故殿基実伝領の摂関家領等のことは、必ずしも摂政関白に付帯するものではなく、あちこちに分れて伝えられていたものを忠実の頃に一つに纏められたもので、これにより忠通だけが全てを統轄領知していたわけであり、いま北政所殿(盛子)がおり、また故摂政殿の若君(基通)もこの所生ではないがおられることであるから、北政所殿が藤原氏の財産を管理されても筋道にはずれたことにはならないことである、と献策したというのである。清盛はこの策を以て、まず左大臣基房を一も二もなく摂政とし、摂政関白の付属とはっきりしているもの、藤原氏氏寺の興福寺、道長創建になる法成寺、頼通創建になる平等院、氏院の勧学院、さらに興福寺領の備前鹿田荘・越前方上荘などといったところだけを摂籙として基房につけ、「大方ノ家領鎮西ノシマヅ以下、鴨居殿ノ代々ノ日記・宝物、東三条ノ御所ニイタルマデ総領シテ」、すなわち島津荘をはじめとする家領の大部分、鴨居殿に伝えられた代々の日記や宝物、良房以来の歴代の本第である東三条殿に至るまで、藤原氏の財産の主要なものは全部、北政所の領有としたのである。そして邦綱はその後見役、幼少の若君の世話役となり、世の政事のことはすべて後白河上皇の指図によることとされた。基房は、基実の一歳下。母は基実母の妹で、源三位国子。その邸宅に因み松殿と号した。その位置は「中御門南、烏丸東角」で、承安三年（一一七三）十月に松殿跡に新造のこの第宅に移徙している（『玉葉』）。仁安三年（一一六八）高倉天皇の摂政となり、さらに関白となった。治承三年（一一七九）六月、盛子が没すると基房は摂関家の当主としてその遺領の相続を主張し、後白河法皇はこれを召上げようとしたようであり（『愚管抄』）、故基実・基房の舎弟右大臣兼実は、「為宗之所々被付氏長者、其外所々任理尤可被配分也、理之所当未処分之地也、故摂政（基実）男女子息有其数、尤可被配分、二品（基通）亜将已為成人息、為宗文書・庄薗（園）可被伝領之仁也、而此事更不可叶歟、必公家被伝領歟、是以万事沙汰之趣、所愚推也、更以不可違、努力々々悲哉、此時藤氏之家門滅尽了、末代之事、神明天道不可有沙汰之限歟」と日記している（『玉葉』同年六月十八日条）。宗たる家領は氏長者基房が領掌するのが当然であり、その他の所々は基実の子女に分配すべく、殊に二位中将基通は成人に達しているから相当の分配に預るのが然るべきである、しかしこのことは叶い難く、公家（実質的には後白河法皇）に召上げられ万事沙汰されることになるのではないか、こう推察することに間違いはなかろう、非常に悲しいことで、そうなっては摂家の家門も滅尽に至ろう、全く末代の有様である、と悲愴な想いをしたが、その翌々日の条に、「白川殿（平盛子）所領已下事、皆悉可為内御沙汰（高倉天皇）云々、愚推相叶了、可悲々々」とある如く、その推察は的中し、内裏の領掌するところに帰したことが知られる。それのみならず、同十月関白基房により、清盛の女婿従二位基通二十歳を超越してその息従三位師実八歳を権中納言に昇進させるという。古今例なきことが強行されたこと等があり、清盛の怒りを買って基房等は解官となり、法皇も幽閉された。ここに基通が非参議から直ちに内大臣に任槐し関白となり、一時は二分した摂関家領は再び併合され基通の有に帰した。そして基通は安徳天皇の摂政、後鳥羽天皇の摂政となったが、寿永二年（一一八三）七月木曾義仲の入京、平家一門の西国逃走により形勢は一変し、義仲と結んだ松殿入道基房が時をえて復活し、同十一月基通は摂政を停められ、基房息の権大納言師家が内大臣に任槐し摂政となった。時に十二歳。年少摂関もここに極まったといえる。また摂関家領の譲渡が問題となる。「近衛殿ヲイカニモ〱イトヲシキ（最愛）人ニ思ハセ給」う法皇は基実が養子として伝領した高陽院（忠通姉、泰子）の領だけは基通に領有させるようにとの仰せであったが、師家はこれをも諒解せず（『愚管抄』）、政所下文を以て摂関家領のうち八十余所を義仲に与えるとし（『玉葉』寿永二年十一月二十八日条）、その歓心を得て情勢を有利にしようとしたが、翌年正月義仲の敗死とともに忽ちに失脚し、基通が再び摂政となり、家領を回収しえた。松殿はここに摂関継承から脱落し、これより基通の政敵となって擡頭したのは叔父の右大臣兼実で、鎌倉幕府の覇権が確立する文治元年（一一八五）十二月に至り源頼朝の強い推輓によって兼実は内覧の宣下を受け、翌年三月摂政・氏長者となった。形式的な所領の譲渡はなされたが、根本の摂関家領はそのままであった。頼朝はこれを然るべからざることとし、院に上申する（『吾妻鏡』文治二年四月二十日条）。前摂政基通が白川殿盛子の所領と称して氏寺社領を除くの外はみな押領しているとのことは誠に不都合なことで、代々の家領は新摂政家の兼実が領掌すべきもの、ただ知足院殿（忠実）が高陽院に付属した荘園は五十余ヵ所ある由であるのでこの分は前摂政家で領掌あって然るべきもの、とにかく道理に従って仰せ下さるべきか、としたのである。後白河法皇は基通を「糸惜ク思召」し、「毎事不可見放」との意嚮から（『玉葉』同年五月十一日条）、忽に家領を分け取られることは前摂政のため不便なことで、入道関白基房の時も氏長者の外は摂籙には付けなかったことであり、今の摂政は皇嘉門院（忠通女、聖子）の所領等を知行している訳であるから入道関白の時とは違うことであるとして（『吾妻鏡』同年五月二十日条）、婉曲的に頼朝の意見を退け、結局摂関家領の大部分は基通所有のままとなった。その後いわゆる建久七年（一一九六）の政変により関白兼実は権大納言通親等反対派の人々に乗ぜられて失脚し、基通が三度摂関職に復し、摂関家領は改めて基通が領掌、その後裔に継承される。ここに摂関家は基実流の近衛家と兼実流の九条家の二流に分流し、摂関家流は保元の乱に始まる激動の政局のなかで分流が進行していたが、殿下渡領・氏院寺領以下、一般家領の大部分は近衛家に伝領され家産化された。近衛家領の概要は、建長五年（一二五三）十月作成になる「近衛家所領目録」（陽明文庫蔵）に見え、百五十三ヵ所の所領を載せる。その内訳は①相伝所々十四、②庄務無本所進退所々五十、③寄進神社仏寺所々五、④年貢寄神社仏寺所々四、⑤庄務本所進退所々六十、⑥請所二十から成る。またそのうち百三十二ヵ所に伝領の由緒を示す肩付が注されているが、その内訳は、冷泉宮（儇子内親王）領二十二、京極殿（摂政藤原師実）領四十四、京極殿堂（師実室源麗子持仏堂）領八、篤子中宮（堀河天皇中宮）領七、高陽院（鳥羽天皇皇后、知足院忠実女泰子）領四十六、知足院殿（忠実）新領等五で、大部分が十一世紀末までに成立したものである。この所領目録が作成されたのは兼経のときで、この目録の終りの方にある「庄々相承次第」の内、宇治殿領相承系図の最後にある「大殿」は兼経のことである。この前年十月に摂政を舎弟の左大臣兼平に譲っている。近衛家から鷹司家の分立、これが作成の契機となっているのであろう。兼経以降は歴代近衛を名乗り近衛殿に住し、基平、家基と次第した。家基は永仁四年（一二九六）三十六歳で没し、その後、近衛家は一男家平、二男経平の二流に分かれる。家平の生母は鷹司兼平の女、経平は亀山天皇皇女の所生。家基が没したとき、家平は従二位権大納言十五歳。経平は従三位右中将十歳。『虎関和尚紀年録』によれば、家基は没する際に経平を嗣としたという。家平は正和二年（一三一三）関白・氏長者となり、元亨四年（一三二四）五月四十三歳で没した。その跡を嗣いだ息経忠は文保元年（一三一七）十三歳で権大納言となり、正中元年（一三二四）右大臣となり、元徳二年（一三三〇）には従一位左大臣鷹司冬教を超越して二十九歳で関白となった。異例のことで、『公卿補任』には「希代例也」と注してある。またこの時、文保二年（一三一八）従一位左大臣まで昇り三十二歳で若死した経平の子である基嗣が右大臣となった。時に二十六歳。経忠は間もなく関白を止められるが、近衛家両流は相対する状況が続く。建武二年（一三三五）前右大臣経忠は左大臣・氏長者・内覧となり、翌三年八月には関白に還任する。官位とともに家領の争論となり、同年十一月基嗣が家領として北朝から安堵されたものが、「建武三年家門管領廿五所事」（陽明文庫蔵）であり、摂津国榎並荘以下二十五所であったことが知られる。これに関連するのであろう、『公卿補任』建武四年条に「関白従一位　近衛藤経忠（三十六）四月五日出奔吉野宮」とある如く、経忠は南朝方に出奔したので、同月十六日従弟の前左大臣近衛基嗣三十三歳が関白・氏長者となり、本第の近衛殿に移った。それより十五年後の文和元年（一三五二）、『園太暦』同年二月二十九日条には「伝聞、堀川前関白今日移住近衛第、元内府又移住北山第、〻〻両人所住所了」とあり、当時南朝方は好転し後村上天皇の住吉遷幸のことがあり、勢いに乗じて堀川関白近衛経忠、西園寺内府公重等が上洛して各自の本第を占拠したようである。しかし、経忠はのち南朝の本拠賀名生に移り、翌二年八月その地において五十一歳で没する。その間、近衛基嗣・道嗣父子は一時美濃に逃れていたが（『園太暦』）、結局基嗣系の勝利となり、近衛殿に還住のこととなる。『諸家伝』では家基の次に家平、経忠の官歴を掲げ、次いで経平を掲げているが、『近衛家譜』では家平も歴代に加えず、六代家基の次に経平を七代、基嗣を八代としている。『諸家知譜拙記』では絶家伝に「近衛正嫡」として、家平・経忠・経家の三代を掲げている。基嗣の後は父子相承して近世に至る。近衛家は幕末に至るまで時代の流れの中で節目々々に際立った活動をし、著名な人物も多く、歴代の多くが貴重な日記を遺している。室町時代の代表的な日記の一つである。『後法興院記』でも知られる政家は、後知足院関白房嗣の二男であったが、二十二歳年長の一男右大臣教基が寛正三年(一四六〇)四十歳で没したので、十八歳で嗣子となり、応仁元年(一四六七)二月権大納言に昇った。同五月応仁の乱が起り、七月宇治に世の乱を避けて移住した。このあと八月、京の近衛殿も遂に焼け落ちた。(『後法興院記』同月十六日条)。宇治仮居は文明元年(一四六九)頃まで足掛け三年に及び、更に南都興福寺の一乗院に寄留し、七年の冬帰京し、奇跡的に焼け残っていた御霊殿を宿所とした。『後法興院記』に頻出する御霊殿は、『山城名勝志』(巻第二、御霊辻子項)に「今謂御霊辻子在五辻新町東西、近衛殿桜御所南也」とあり、近衛殿の別第桜御所と共に五辻新町に在った近衛家歴代の御霊を祀る祭殿で、近衛家の嫡女が祭祀に当っていた。近衛名字家の始祖兼経の頃、付第に靡殿というのがあり、主として兼経の大北政所が住し仏事を修していたことが見えるが(『勘仲記』弘安三年五月四日条)、御霊殿及び桜御所はこの靡殿の跡に建立されたもののようである。桜御所はその庭に象徴的に立つ糸桜によって世に知られ、近世に至るまで近衛家の別第として存続し、本第の近衛殿は豊臣秀吉の時代に禁裏御所の北側に移され、今出川第、下御所といわれたのに対し、上の御所と称された。また、政家の時代に家領をはじめ到来物・遺物などの収支貸借を記載した、『雑事要録』『雑々記』という簿冊が遺されている(陽明文庫蔵)。前者は文明十年(一四七八)から永正二年(一五〇五)までの二十三冊、後者は文明七年から大永四年(一五二四)までの九冊から成り、房嗣・政家・尚通の三代に亘るもので、その中心は政家の筆録になり『後法興院記』と表裏一体の記録である。家領は屋地子銭等も含め一一五ヵ所を数える。収入の記載がなく空白となっている家領もあり、収入のある家領は年毎に変動していたとはいうものの、荘園解体期においても、畿内近国の家領が近衛家の財政に重要な役割を果していたことを示している。また、戦国期の近衛家は足利将軍家との関係も深く、政家が義政から諱の一字をもらったのを初め、尚通・稙家・晴嗣(前久)はそれぞれ義尚・義稙・義晴の偏諱を受けたものである。ことに稙家の妹(慶寿院)は義晴室で義輝の生母、義輝室は稙家女(大陽院)であったから、その晩年は将軍とともに京都の争乱を逃れて近江の朽木や坂本に流寓の生活を送ることもしばしばであった。前久は永禄二年(一五五九)越後から上洛した長尾景虎と意気投合し、その関東平定を援け上洛を促すため、固く盟約して翌年九月関白現職のまま越後に下向し、さらに上野・下総にまで赴いた。五年八月志を遂げず帰京した。戦国時代の公家の地方流寓は少くなく、経済的理由によることが多いが、政治的活動による地方流寓の代表的事例として知られる。前久はその後も近世統一政権の推進を図った織田信長、豊臣秀吉、徳川家康のそれぞれと深い関りをもち、節目々々に積極的な活動を展開した。ことに信長とは初め敵対したが、永禄十一年(一五六八)足利義昭と隙を生じ出奔、天正三年(一五七五)信長の奏請により足掛七年に及ぶ地方流寓から帰洛してからは、信長を「あたにしもたのみし人」と信頼し(大雲院蔵「近衛龍山懐旧和歌」)、信長の要請をうけ天正三年より五年にかけて薩摩に下向し、大友氏と島津氏との豊薩和睦を図り、八年には信長と大坂本願寺との和睦に奔走し成就させ、十年には信長の甲州征伐にも従軍したが、本能寺の変で信長が横死すると、逼塞を余儀なくされ、出家して龍山と号した。なお、信長よりは天正三年十一月に近衛殿へ新知三百石、御霊殿へ新知五十石が進覧され(『近衛家文書』)、六年六月近衛殿へ知行合せて千五百石が山城の内普賢寺にて進上されている(『信長公記』)。

近衛家

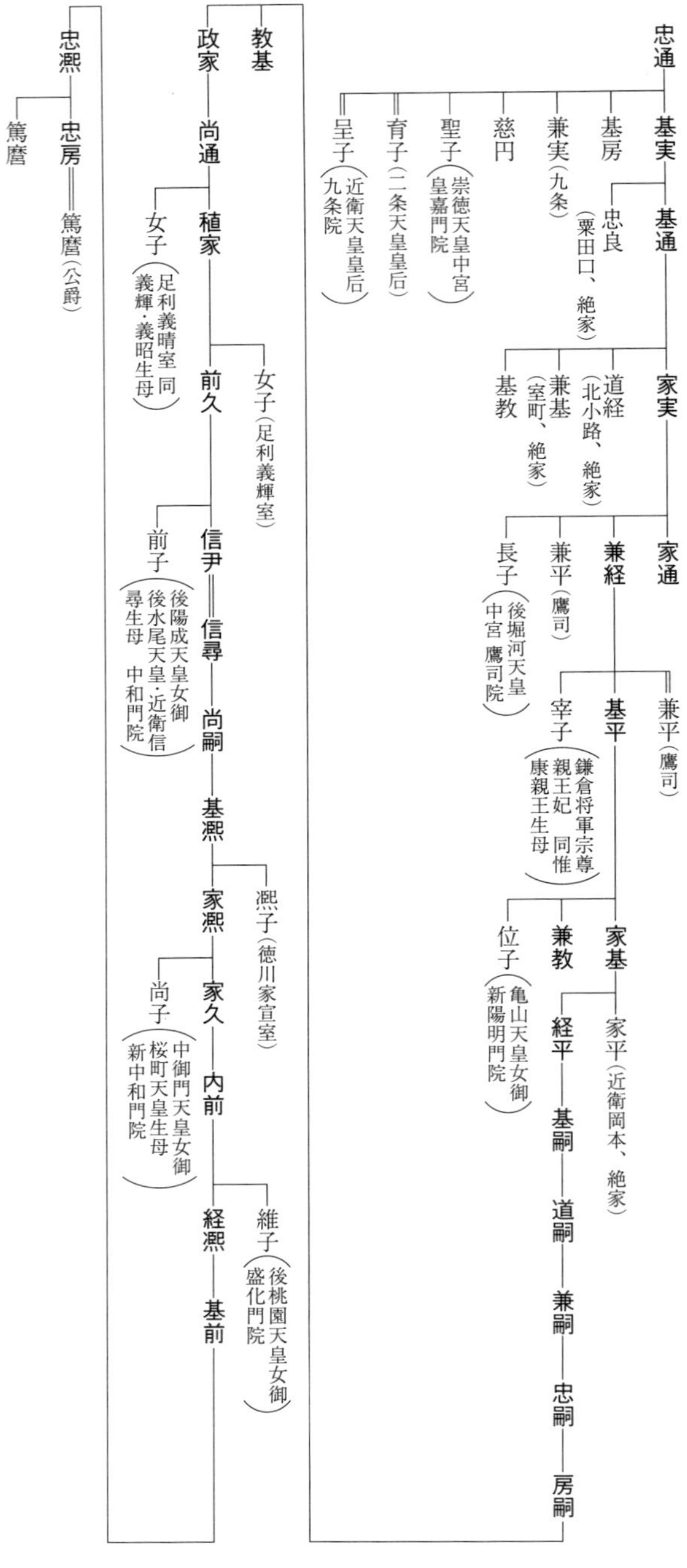

信尹は、初め天正五年七月織田信長の加冠により元服し、信基と名乗った。十三年左大臣となったが、ほどなく二条昭実と関白相論を起して羽柴秀吉に関白就任の口実を与える結果となった。秀吉についで秀次が関白となると、心中穏やかならず文禄元年(一五九二)正月左大臣を辞した。同十二月秀吉に従い朝鮮に渡ると称して京都を出奔し肥前名護屋に赴いたが、摂家にあるまじき行為と見做され、二年四月秀吉の上奏により勅勘を蒙り薩摩坊の津に配流された。島津氏の恩遇を受け当地にとどまること三年、その間の事情は『三藐院記』に詳しい。慶長元年(一五九六)九月赦されて帰京、六年左大臣に再任、十年関白・氏長者、左大臣を辞し准三宮となった。嗣子がなかったので、後陽成天皇女御近衛前子(信尹妹、中和門院)所生の信尋を養子とし、信尋はこの年八月元服した。甥とはいえ近衛家にとって初めての養子相続であった。信尹は名筆を以て知られ、その創出になる書風を三藐院流という。信尋もまたその名手として知られ、後水尾天皇を中心とする寛永文化の第一人者でもあった。信尋の孫基熈は、近世の公家日記の白眉ともいうべき『応円満院記』(基熈公記)の記主として著名。娘熈子の婿である将軍家宣の招請により、学問進講を兼ねて宝永七年(一七一〇)四月からまる二年間江戸城に寄寓

している。その息家熈も学問を好み、茶道・華道・香道にも精通して博学多識であったことは、侍医山科道安による家熈の言行録『槐記』に詳しい。古名筆を勉めて臨書蒐集し、独自の書風を生み豫楽院流と称される。また、内前は尊王論弾圧事件として著名な宝暦事件のときの関白で、処分の断行にあたり、忠熈は幕末に公武合体派の公家として活動した。江戸時代の家領は慶長六年に山城五ヶ庄等において千七百九十五石余、享保四年(一七一九)摂津伊丹村等において二千八百五十二石余を宛行われた。摂家として家職は、大嘗会天神地祇ヲロシ・神膳儀の大事及び即位灌頂の大事の天子への奉授、節会・官奏・叙任・除目四箇の大事の口決相伝である。日記に、『貞信公記』(忠平)、『九暦』(師輔)、『御堂関白記』(道長)、『京極関白記』(師実)、『後二条師通記』(師通)、『殿暦』(忠実)、『法性寺殿御記』(忠通)、『猪隈関白記』(家実)、『岡屋関白記』(兼経)、『深心院関白記』(基平)、『愚管記』(道嗣)、『後知足院殿記』(房嗣)、『後法興院記』(政家)、『後法成寺関白記』(尚通)、『三藐院記』(信尹)、『本源自性院記』(信尋)、『妙有真空院記』(尚嗣)、『應圓満院記』『應圓満院雑記』(基熈)、『无上法院日記』(基熈室常子内親王)、『豫楽院記』『豫楽院雑記』(家熈)、『如是観院記』(家久)、『大解脱院記』(内前)、『後豫楽院記』(経熈)、『證常楽院記』(基前)、『忠熈公記』、『忠房公記』がある。明治十七年(一八八四)篤麿のとき、叙爵内規により公爵を授けられた。菩提所は大徳寺。『近衛家譜』(東京大学史料編纂所架蔵、四一七五―一二一七)。

忠通　ただみち　一〇九七―一一六四

嘉承2(一一〇七)・4・26正五位下(元服日於枇杷亭)、禁色、6・18侍従、11・25遷右少将(「右権少将」〈く〉)、12・8転中将(「権中将」〈く〉)、12・9従四位下(行幸院賞)、嘉承3・1・－播磨権守、天仁1(一一〇八)・12・20正四位下(行幸院賞、二階)、天仁3・2・25従三位(行幸院賞)、右中将播磨権守如元、5・13正三位(法勝寺一切経供養行事賞)、天永2(一一一一)・1・23権中納言、2・1従二位、永久3(一一一五)・1・29権大納言、2・11帯剣、4・16任内大臣兼宣旨、4・28内大臣、元永2(一一一九)・2・6兼左大将、保安2(一一二一)・3・5関白詔、被譲渡氏長者、3・11被辞大将、－・－給随身兵仗、牛車、3・19勧学院学生参賀、10・13上表、保安3・12・17左大臣、従一位、保安4・1・28改関白為摂政、8・25賜内舎人随身二人、天治2(一一二五)・12・21上表返内舎人随身、大治3(一一二八)・12・17太政大臣、大治4・4・10上表、6・－〈7月1日カ〉辞摂政、－・－勅答為関白、永治1(一一四一)・12・7摂政、康治1(一一四二)・10・23賜内舎人二人為随身、天養1(一一四四)・12・28上表、－・－辞内舎人随身、久安5(一一四九)・10・25太政大臣、久安6・3・13上表謝大臣(勅許之)、9・26止氏長者〈くし〉、12・8上表辞摂政、12・9勅答許之、12・9蒙関白宣旨、久寿2(一一五五)・7・24詔関白如元、牛車帯剣兵仗等同前詔、久寿3・7・11依宣旨更為藤氏長者、保元3(一一五八)・8・11上表辞関白、応保2(一一六二)・6・8出家、長寛2(一一六四)・2・19薨去

［死没］長寛2(一一六四)・2・19　［年齢］68　［父］藤原忠実、一男　［母］源顕房女従一位師子　［号］法性寺殿　［法名］円観　［日記］法性寺殿御記(一一二九―六二)　［公卿補任］1―375下

基実　もとざね　一一四三―六六

康治2(一一四三)・－・－誕生、久安6(一一五〇)・12・25元服、12・30正五位下、即左少将(剰闕)、内院昇殿並禁色、久安7・1・6従四位下(皇嘉門院御給)、－・－・－近江介、2・2正四位下(二階、同院臨時御給)、仁平2(一一五二)・3・8従三位(院御賀賞、美福門院御給)、左少将如元、9・9左中将、仁平3・1・7正三位、1・21播磨権守、久寿3(一一五六)・1・27権中納言、兼左衛門督、保元1(一一五六)・9・13権大納言、9・17従二位、10・28橘氏是定〈く〉、11・－帯剣、保元2・1・24正二位、8・9蒙任大臣兼宣旨、8・19右大臣、12・17兼皇太子傅、保元3・8・11詔為関白・氏長者〈し〉、－・－止傅、12・5詔為関白、永暦1(一一六〇)・8・11転任左大臣、太政大臣左大臣右大臣内大臣可依官次之由被宣下、応保1(一一六一)・9・13関白左大臣右大臣内大臣不依

位次可列官次之由宣旨、応保2・10・1牛車宣旨、長寛2(一一六四)・閏10・7上表辞左大臣、永万1(一一六五)・6・25改関白為摂政、仁安1(一一六六)・7・26薨去、-・-贈太政大臣正一位

[死没]仁安1(一一六六)・7・26　[年齢]24　[父]藤原忠通、一男　[母]源国信女従一位信子　[号]六条殿・梅津殿・中殿　[公卿補任]1―430上

基通　もとみち　一一六〇―一二三三

嘉応2(一一七〇)・4・23正五位下(元服、昇殿禁色如元(「今日加首服即被聴禁色並昇殿」〈く〉))、4・29侍従、12・5右少将、嘉応3・1・18近江介(「近江権介」〈くし〉)、承安2(一一七二)・1・5従四位下(府労〈く〉)、1・23還(「更」〈く〉)任右少将、10・26〈「16日」イ〉右中将、承安3(一一七三)・10・21〈「11月」無恐衍〉従四位上(建春門院御堂供養日(「最勝光院供養日行幸賞」〈く〉)、院御給)、承安4・8・2従三位(越階〈く無〉)、行幸院賞、御覧七番相撲、建春門院御給)、元従四位上〈く〉、右中将如元、承安5・1・22美作守(「美作権守」〈く〉)、安元1(一一七五)・12・8正三位、安元2・3・6従二位、治承3(一一七九)・11・17内大臣、-・-正二位、-・-詔関白、-・-聴勅授(「帯剣」〈く〉)、牛車並可列左大臣上、-・-賜随身、治承4・2・21止関白為摂政、-・-勅授兵仗如故之由宣下、4・21従一位、養和2(一一八二)・4・26賜内舎人二人為随身兵仗〈く〉、寿永1(一一八二)・6・28辞内大臣、寿永2・4・27上表、-・-辞内舎人随身、8・20太上皇詔為摂政、11・21停摂政氏長者、寿永3・1・20〈「22日」く追〉如元為摂政氏長者、文治2(一一八六)・3・12〈13日ともあり〉停摂政並藤氏長者、文治3・3・1勅賜左右近衛府生各一人近衛各四人為随身兵仗、建久7(一一九六)・11・25関白、建久9・1・11止関白為摂政、10・3賜内舎人随身、建仁2(一二〇二)・11・27止氏長者〈く追〉、12・25止摂政、元久3(一二〇六)・3・19賜兵仗随身、承元2(一二〇八)・10・5〈「7月」明月記〉出家、天福1(一二三三)・5・29薨去〈く追〉

[死没]天福1(一二三三)・5・29　[年齢]74　[父]藤原基実、一男　[母]従三位藤原忠隆女　[号]普賢寺殿　[法名]行理　[公卿補任]1―480下　[大日本史料]5―9―44

家実　いえざね　一一七九―一二四二

治承3(一一七九)・-・-誕生〈く追〉、建久1(一一九〇)・12・22正五位下、今日蒙禁色宣(今日元服)、12・25右少将、建久2・2・1備前介、2・5右中将、6・4従四位下、12・5正四位下(越階)、12・28従三位、右中将如元、建久3・1・27美作権守、建久6・4・7正三位、建久8・1・30権中納言、10・10従二位、建久9・1・8蒙任大将兼宣旨、1・19左大将、1・30権大納言、正治1(一一九九)・6・13任大臣召仰、6・22右大臣、11・27正二位、建仁3(一二〇三)・3・1初出仕、為一上、建仁4・12・14左大臣、元久3(一二〇六)・3・10摂政、3・28辞大将、賜兵仗、-・-牛車、建永1(一二〇六)・12・8止摂政、建永2・1・5従一位、1・10〈「20日」くし〉〈30日カ〉辞表、承久3(一二二一)・4・20止関白、7・8詔、-・-更為摂政、12・-〈20日カ〉止之、太政大臣、承久4・3・-牛車、4・10上表辞太政大臣、貞応1(一二二二)・8・18賜内舎人随身、貞応2・4・18辞内舎人随身、12・14上表、安貞2(一二二八)・12・24止関白内覧、嘉禎4(一二三八)・3・25准三宮、-・-賜兵仗、4・10上表辞准后兵仗(勅答不許)、4・24又上表(同不許)、仁治2(一二四一)・11・28出家、仁治3・12・27薨去

❖建永元年(一二〇六)より「関白」

[死没]仁治3(一二四二)・12・27　[年齢]64　[父]藤原基通、一男　[母]正三位源顕信女　[号]猪熊殿　[法名]円心　[日記]猪隈関白記(一一九七―一二一五)　[公卿補任]1―524下　[大日本史料]5―16―12

家通　いえみち　一二〇四―一二二四

建保2(一二一四)・4・9正五位下(今日元服)、禁色、4・11侍従、7・27右少将、9・14転中将、10・28従四位下、11・16更聴禁色、12・1正四位下、建保3・1・5従三位、右中将如元、1・13兼美作権守、8・12権中納言、12・15正三位、建保4・7・16従二位、建保5・4・9正二位、建保6・1・13権大納言、3・1帯剣、12・2内大臣、建保7・閏2・25兼左大将、3・4右大臣、承久1(一二一九)・12・2〈「10月」や〉左馬寮御監、

承久3・閏10・10左大臣、貞応3(一二二四)・8・11薨去

〔死没〕貞応3(一二二四)・8・11　〔年齢〕21　〔父〕近衛家実、一男　〔母〕正四位下藤原修理権大夫季信女　〔号〕近衛左大臣　〔公卿補任〕2—18上　〔大日本史料〕5—2—381

兼経　かねつね　一二一〇—五九

承元4(一二一〇)・5・5誕生〈く追〉、貞応1(一二二二)・12・20正五位下(元服)、昇殿、禁色、12・21侍従、貞応2・4・10右少将、10・28中将、12・17四位、貞応3・1・23播磨権守、4・7従四位上、元仁1(一二二四)・12・17従三位、右中将如元、12・25権中納言、嘉禄1(一二二五)・7・6権大納言、9・7正三位、9・22勅授、嘉禄2・1・23従二位、7・29兼中宮大夫、8・23正二位、嘉禄3・4・2兼宣旨、4・9内大臣、寛喜3(一二三一)・4・26右大臣、4・29兼左大将、6・-為一上、貞永2(一二三三)・3・20辞大将、嘉禎1(一二三五)・10・2左大臣、嘉禎2・2・30従一位、嘉禎3・3・10摂政詔、為氏長者、随身兵仗一座牛車同日宣下、嘉禎4・6・18上表辞大臣、仁治1(一二四〇)・10・28牛車宣旨、12・14太政大臣、仁治2・12・20辞、仁治3・1・20詔為関白、3・25〈22日ともあり〉辞関白、4・25辞兵仗、寛元5(一二四七)・1・19詔為摂政氏長者、-・-賜随身兵仗、建長4(一二五二)・10・3〈13日ともあり〉辞摂政、10・20賜兵仗、康元2(一二五七)・3・8出家、正元1(一二五九)・5・4薨去

〔死没〕正元1(一二五九)・5・4　〔年齢〕50　〔父〕近衛家実、三男　〔母〕兵部大輔藤原季定女　〔号〕岡屋殿　〔法名〕真理　〔日記〕岡屋関白記(一二二二—一二五一)　〔公卿補任〕2—52下

基平　もとひら　一二四六—六八

建長7(一二五五)・1・13〔従三位〕、右中将如元、6・2権中納言、12・13兼左大将、建長8・1・21正三位、正嘉1(一二五七)・11・10権大納言、11・19従二位、正嘉2・1・13正二位、10・22任大臣召仰、11・1内大臣、文応2(一二六一)・1・-〈「23日」史愚〉辞大将、弘長1(一二六一)・3・27右大臣、弘長3・1・6従一位、4・2為一上、文永2(一二六五)・10・5左大臣、文永4・12・9関白詔、給随身兵杖、為氏長者、文永5・3・22牛車宣旨、11・9上表、11・19薨去

〔死没〕文永5(一二六八)・11・19　〔年齢〕23　〔父〕近衛兼経、一男　〔母〕九条道家女従一位仁子　〔号〕深心院殿、西谷　〔日記〕深心院関白記(一二五五—一二六八)　〔公卿補任〕2—166下

家基　いえもと　一二六一—九六

文永6(一二六九)・12・9正五位下(今日元服)、禁色、12・15右少将、12・25従四位下(少将如元)、文永7・1・5正四位下(院当年御給)、1・21兼播磨介、転右中将、3・20従三位、右中将如元、文永8・1・5正三位、2・1兼近江権守、3・27権中納言、-・-更兼右中将、10・13従二位、文永10・4・12右大将〈や〉、5・3権大納言、文永10・5・-右馬寮御監、文永11・1・5正二位、建治1(一二七五)・12・18兼宣旨、12・22内大臣、建治4・2・25左大将、弘安1(一二七八)・8・27御監宣下、8・23辞大将、8・29賜兵仗、弘安2・2・11辞兵仗、弘安4・1・5従一位、正応1(一二八八)・7・11右大臣、正応2・4・13関白、氏長者、4・18給随身兵仗、9・18〈28日ともあり〉辞右大臣、正応4・5・27止関白氏長者、正応6・2・25関白、-・-氏長者兵仗内覧牛車等同時宣下、永仁4(一二九六)・6・18辞申所職、6・19薨去

〔死没〕永仁4(一二九六)・6・19　〔年齢〕36　〔父〕近衛基平、一男　〔母〕家女房　〔号〕浄妙寺殿・高山寺殿　〔公卿補任〕2—225下

兼教　かねのり　一二六七—一三三六

弘安3(一二八〇)・7・3元服、従五位上、禁色、7・11右少将、10・1正五位下、12・7右中将、弘安4・1・5従四位下(新院当年御給)、1・7中将如元、3・26従四位上、7・29正四位下、弘安6・1・5従三位(新院当年御給)、右中将如元、3・28美作権守、弘安7・1・13正三位、弘安10・1・13参議、弘安11・2・10兼伊与権守、3・8従二位、正応1(一二八八)・7・11〈21日ともあり〉権中納言、兼右衛門督、12・20転左衛門督、正応2・1・5正二位、正応3・1・13権大納言、1・17帯剣、正安1(一二九九)・12・17辞退、正安2・3・

6還任、4・7辞権大納言、延慶3(一三一〇)・4・7従一位、4・28准大臣朝参宣下
❖嘉暦元年(一三二六)准大臣従一位〔以後不見〕
〔死没〕延元1(一三三六)・9・2　〔年齢〕70　〔父〕近衛基平、二男　〔母〕近衛兼経女　〔号〕猪熊一位入道　〔公卿補任〕2―272上　〔大日本史料〕6―3―718

経平　つねひら　一二八七―一三一八

永仁3(一二九五)・6・13正五位下(今日元服)、禁色、6・23右少将、従四位下、8・5中将、8・20正四位下(越階)、12・9従三位、右中将如元、永仁5・6・7正三位、永仁7・3・24兼美作権守、正安3(一三〇一)・5・10〈17日ともあり〉権中納言、嘉元3(一三〇五)・3・8権大納言、嘉元4・4・14正二位、徳治2(一三〇七)・4・3兼左大将、延慶2(一三〇九)・10・15内大臣、10・17左大将還宣旨、10・24辞大将、正和2(一三一三)・12・26右大臣、正和4・1・6従一位、正和5・10・22左大臣、文保2(一三一八)・3・9兼皇太子傅、6・24〈「25日」や〉薨去
〔死没〕文保2(一三一八)・6・24　〔年齢〕32　〔父〕近衛家基、二男　〔母〕北政所(亀山院皇女)　〔号〕後浄妙寺殿　〔公卿補任〕2―330上

基嗣　もとつぐ　一三〇五―五四

正和4(一三一五)・8・17従五位上(今日元服、禁色)、8・20右少将、正五位下、10・28従四位下(少将如元)、12・15従四位上、正和5・1・13近江介、転右中将、閏10・4従三位、右中将如元(二階、元従四位上)、文保1(一三一七)・3・27近江権守、文保2・1・5正三位、元応1(一三一九)・6・14権中納言、元応2・3・24権大納言、元応3・1・5従二位、嘉暦1(一三二六)・7・24兼春宮大夫、11・1内大臣、嘉暦2・3・24正二位、7・16兼左大将、元徳1(一三二九)・9・26辞大将、元徳2・2・26転右大臣、3・22兼東宮傅、11・20為一上、元徳3・2・1左大臣、9・20止東宮傅、正慶2〈元弘3〉(一三三三)・5・17停其職、建武4〈延元2〉(一三三七)・4・16詔(関白)、4・23牛車兵杖已下宣下、建武5・1・5従一位、5・19上表、文和3〈正平9〉(一三五四)・4・8薨去
〔死没〕文和3(一三五四)・4・8　〔年齢〕50　〔父〕近衛経平、一男　〔母〕従二位藤原公頼女　〔号〕後岡屋殿　〔公卿補任〕2―455上　〔大日本史料〕6―19―10

道嗣　みちつぐ　一三三二―八七

建武4〈延元2〉(一三三七)・8・25正五位下、元服、禁色、昇殿、10・8右少将、12・24従四位下、建武5・1・5正四位下(二階)、1・10少将如元、暦応1〈延元3〉(一三三八)・10・19従三位、転左中将(元少将)、暦応2〈延元4〉・1・13兼播磨権守、暦応4〈興国2〉・12・21〈「22日」イ〉権中納言、康永2〈興国4〉(一三四三)・1・5正三位、康永3〈興国5〉・7・29権大納言、10・23帯剣、貞和2〈正平1〉(一三四六)・10・16兼右大将〈やし〉、12・5従二位〈やし〉、貞和3年〈正平2年〉・9・16内大臣、貞和4〈正平3〉・4・12正二位、4・28転左大将、8・12辞大将、10・3帯剣、10・27兼東宮傅、貞和5〈正平4〉・9・13右大臣、観応3〈正平7〉(一三五二)・閏2・20止傅、文和4〈正平10〉(一三五五)・8・13従一位、延文5〈正平15〉(一三六〇)・9・30左大臣、康安1〈正平16〉(一三六一)・11・9詔為関白、氏長者随身兵仗牛車内覧等宣下、貞治1〈正平17〉(一三六二)・10・4上表、貞治2〈正平18〉・6・-辞退関白、至徳4〈元中4〉(一三八七)・3・17薨去
〔死没〕至徳4(一三八七)・3・17　〔年齢〕55　〔父〕近衛基嗣、一男　〔母〕参議正二位藤原嗣実女　〔号〕後深心院殿　〔日記〕愚管記(一三五二―八三)　〔公卿補任〕2―574下

兼嗣　かねつぐ　一三六〇―八八

延文5(一三六〇)・-・-誕生〈く追〉、貞治6〈正平22〉(一三六七)・3・17正五位下(今日元服)、禁色、3・23右近権少将、4・13従四位下、右近権少将(叙留)、5・15右中将、応安1〈正平23〉(一三六八)・2・21正四位下、播磨権介、4・19従三位、右近権中将(叙留)、応安2〈正平24〉・1・5正三位、12・19権中納言、応安4〈建徳2〉・1・5従二位、3・12権大納言、応安6〈文中2〉・1・6正二位、永和1〈天授1〉(一三七五)・11・18内大臣、永和2〈天授2〉・1・6兼左大将、永和3〈天

授3〉·5·22止大将、永和4〈天授4〉·8·27右大臣、永和5〈天授5〉·1·6従一位、至徳4〈元中4〉(一三八七)·2·7詔摂政、氏長者兵仗宣下、嘉慶2〈元中5〉(一三八八)·3·26薨去
[死没]嘉慶2(一三八八)·3·26 [年齢]29 [父]近衛道嗣 [母]洞院実夏女(実洞院実世女) [号]後六条殿 [公卿補任]2—697上

忠嗣　ただつぐ　一三八三—一四五四

康応1〈元中6〉(一三八九)·12·20元服、正五位下、禁色、昇殿、12·30右少将、康応2〈元中7〉·2·1従四位下、明徳1〈元中7〉(一三九〇)·4·1正四位下(越階)、4·21右少将如元之由宣下、12·30従三位、右中将今日任之、明徳2〈元中8〉·3·26兼播磨権守、明徳3〈元中9〉·1·6正三位、8·22権中納言、応永1(一三九四)·12·25権大納言、応永3·1·5従二位、応永4·3·29兼右大将、応永6·1·5正二位、2·22内大臣、左大将、4·-·-止大将、9·9兵杖宣下、応永9·8·22左大臣、応永10·1·6従一位、応永14·3·20兵杖宣下、応永15·3·-改忠嗣、4·20補(関白)、応永16·1·19辞退左大臣、2·21辞退関白、応永29·閏10·10出家、享徳3(一四五四)·6·29薨去〈く追〉
[死没]享徳3(一四五四)·6·29 [年齢]72 [父]近衛兼嗣 [母]家女房 [前名]良嗣 [号]後普賢寺殿 [法名]大賢 [公卿補任]3—24上

房嗣　ふさつぐ　一四〇二—八八

応永20(一四一三)·12·19元服、正五位下、禁色並昇殿宣下事、12·30右少将、応永21·1·5従四位下、3·16右中将、12·15従四位上、応永22·1·6従三位(越階)、右中将如元(「如元」や無)、3·28兼伊与権守、応永23·1·6正三位、11·4権中納言、応永24·1·5従二位、応永26·1·6正二位、12·5権大納言、応永27·3·26兼右近大将、応永28·1·6右馬寮御監、応永30·8·27転左大将、応永33·8·24〈「7月」史〉内大臣、正長2(一四二九)·3·29辞大将、8·4右大臣、永享10(一四三八)·9·4左大臣、12·-·従一位、文安2(一四四五)·11·23詔(関白)、文安3·4·13辞左大臣、文安4·6·15辞関白、寛正2(一四六一)·12·25太政大臣、文明6(一四七四)·6·29出家、長享2(一四八八)·10·19薨去〈く追〉
[死没]長享2(一四八八)·10·19 [年齢]87 [父]近衛忠嗣 [母]家女房 [号]後知足院殿 [法名]大通 [日記]後知足院殿記(一四五九—八四) [公卿補任]3—84上 [大日本史料]8—23—362

教基　のりもと　一四二三—六二

永享12(一四四〇)·10·-元服(加冠前左相府、理髪頭中将持季)、正五位下、禁色、11·3右少将、12·25正四位下(越階)、永享13·1·6従三位、右少将如元、2·13転任右中将、嘉吉2(一四四二)·2·3権中納言、兼左衛門督、嘉吉4·1·6正三位、文安1(一四四四)·11·23権大納言、文安3·1·5従二位、文安6·1·5正二位、宝徳4(一四五二)·3·24〈「2月」さ〉兼任、康正1(一四五五)·8·27内大臣、左大将、康正3·9·8右大臣、長禄3(一四五九)·1·5従一位、寛正3(一四六二)·8·1薨去
[死没]寛正3(一四六二)·8·1 [年齢]40 [父]近衛房嗣、一男 [母]家女房播磨局 [号]後九条殿 [公卿補任]3—142上

政家　まさいえ　一四四六—一五〇五

寛正4(一四六三)·3·28従三位、右中将、寛正5·7·5権中納言、兼左衛門督、寛正6·1·5正三位、寛正7·1·6従二位〈く〉、-·-還任左中将〈く〉、文正2(一四六七)·2·6権大納言、文明4(一四七二)·5·7正二位、文明7·3·10内大臣、文明8·8·28転右大臣、文明9·1·6兼任左近衛大将、文明10·3·20辞去大将〈諸家伝〉、文明11·2·30詔(関白)、氏長者、牛車兵仗内覧等事同宣下、3·23従一位、4·19転左、文明13·-·-〈「12月」く追〉辞左大臣、文明15·2·24辞(関白)、長享2(一四八八)·9·17太政大臣、延徳2(一四九〇)·4·2辞(太政大臣)、延徳3·11·28准三宮宣下、明応6(一四九七)·1·16准三宮、永正2(一五〇五)·6·19薨去
[死没]永正2(一五〇五)·6·19 [年齢]60 [父]近衛房嗣、二男 [母]家女房 [一字名]霞 [号]後法興院 [法名]大知 [日記]後法興院記(一四六六—一五

〇五）　[公卿補任]3—208下

尚通　ひさみち　一四七二—一五四四

文明15(一四八三)・2・25従三位、左近中(「左近少」やく」)将如元、文明16・12・21権中納言、文明17・3・29権大納言、10・4正三位、文明19・2・23兼左近衛大将、延徳2(一四九〇)・3・5右大臣、官次宣下、明応2(一四九三)・1・5正二位、3・28詔関白、氏長者牛車兵仗内覧等宣下、明応4・1・10従一位、明応5・12・3転任左大臣、明応6・4・26辞左大臣、6・7辞関白、永正10(一五一三)・10・7還補関白、内覧氏長者牛車兵仗等宣下、永正11・8・12太政大臣、8・24辞関白、永正13・12・27辞太政大臣、永正16・10・10可准三宮由宣下、天文2(一五三三)・4・27出家、天文13・8・26薨去

❖長享三年(一四八九)より「従二位」

[死没]天文13(一五四四)・8・26　[年齢]73　[父]近衛政家　[母]家女房大江俊宣養女　[一字名]形　[号]後法成寺殿　[法名]大証　[日記]後法成寺関白記(一五〇六—三六)　[公卿補任]3—264下

稙家　たねいえ　一五〇三—六六

永正11(一五一四)・8・12元服(父公加冠、理髪頭弁伊長朝臣)、正五位下、禁色昇殿事被仰之、10・13右近衛権少将、10・23従四位上、12・3転左近中将、12・29〈「27日」く追〉従三位、左近中将如元、永正12・8・19権中納言、12・18権大納言、永正13・4・13正三位、永正14・9・7従二位、永正16・12・27正二位、大永1(一五二一)・10・16兼左近大将、12・-御監宣下、大永3・3・9右大臣、大永4・12・25辞大将、大永5・4・5詔関白、内覧氏長者随身兵仗牛車一座等宣下、大永6・4・29更為関白氏長者、大永7・4・17従一位、享禄1(一五二八)・8・20転任左大臣、天文2(一五三三)・2・5止之、天文4・12・10辞左大臣、天文5・11・1詔(関白)、天文6・12・21太政大臣、-・-・-太政大臣辞退、天文11・2・25辞退(関白)、天文22・8・1大樹同道出奔、永禄9(一五六六)・7・10薨去

❖天文三年より「准三宮〈さ〉」

[死没]永禄9(一五六六)・7・10　[年齢]64　[父]近衛尚通　[母]太政大臣従一位徳大寺実淳女維子　[一字名]梅・盛　[号]恵雲院　[法名]覚天・大円　[公卿補任]3—337上

前久　さきひさ　一五三六—一六一二

天文5(一五三六)・-・-〈やひ〉誕生、天文9・12・30正五位下(直叙)、元服、禁色、昇殿、天文10・1・3左少将、1・5従四位上(越階)、2・24転中将、2・27従三位(中将如元)、3・3直衣始、3・27伊予権守、天文11・1・5正三位、2・2権中納言、天文13・1・6従二位、天文14・12・23権大納言、天文15・3・13右近大将、12・19転左、天文16・1・5正二位、2・17内大臣、天文22・1・26右大臣、1・30辞左大将、天文23・3・2関白、-・-・-藤氏長者、4・11左大臣、天文24・1・13従一位☆、-・-・-改名前嗣☆、弘治3(一五五七)・9・2辞左大臣、永禄3(一五六〇)・9・19下向越後国、永禄5・-・-改前久、-・-・-上洛、永禄11・-・-・-被違武命出奔☆、11・-〈12月16日ともあり〉止職☆、天正3(一五七五)・6・28上洛、9・20薩州下向、天正5・2・26上洛、閏7・20出仕、天正6・1・20准三宮、天正10・2・2太政大臣、5・-辞太政大臣、6・2出家〈くま〉、6・14出奔(依違武命也)〈やくま〉、慶長17(一六一二)・5・8薨去〈くま〉

[死没]慶長17(一六一二)・5・8　[年齢]77　[父]近衛稙家　[母]従一位右大臣久我通言女慶子　[前名]晴嗣・前嗣　[一字名]龍・山・春　[号]東求院　[法名]龍山　[公卿補任]3—405下　[大日本史料]12—9—755

信尹　のぶただ　一五六五—一六一四

天正5(一五七七)・閏7・12元服(加冠内大臣信長公、理髪頭右中弁兼勝朝臣)、正五位下(直叙)、禁色、昇殿、閏7・20左近少将、9・8従四位上(越階)、11・1転中将、11・11従三位、(年中三ケ度〈くま〉)、〈くま無〉中将如元、天正6・1・6正三位、3・27権中納言、11・2権大納言、天正8・2・9従二位、11・3内大臣、天正10・12・21〈「25日」くま〉正二位、-・-・-改信輔、天正13・3・10左大臣、7・11従一位、天正15・12・-辞大将、天正20・1・28辞左大臣、文禄3(一五九四)・3・

15依事子細在国〈「4月日左遷薩摩」く〉、慶長6(一六〇一)・1・28還任左大臣、慶長10・7・23関白、7・24辞左大臣、8・27准三宮、慶長11・11・11辞退関白、慶長19・11・25薨去

[死没]慶長19(一六一四)・11・25 [年齢]50 [父]近衛前久 [前名]信基・信輔 [一字名]杉 [号]三藐院・可因 [道号]同徹 [法名]大初 [日記]三藐院記(一五八五―一六一〇) [公卿補任]3―478上 [大日本史料]12―16―199

信尋　のぶひろ　一五九九―一六四九

慶長4(一五九九)・5・2誕生、慶長10・8・27元服、正五位下、禁色、雑袍、昇殿、8・30左少将、12・13従四位上、12・14転中将、慶長11・5・28従三位(越階)、中将如元、慶長12・5・17兼播磨権守、11・11権中納言、慶長16・5・11権大納言、12・15正三位〈く〉、慶長17・1・17兼左大将、3・2従二位、4・26内大臣、慶長19・1・11〈「14日」く家譜諸家伝〉右大臣☆、元和6(一六二〇)・1・7従一位、1・13左大臣、8・17辞大将☆、元和9・閏8・16関白、-・-・-宣下氏長者内覧牛車随身兵仗等、寛永6(一六二九)・7・1〈く〉辞関白・左大臣☆、正保2(一六四五)・3・11出家、慶安2(一六四九)・10・11薨去〈く〉

[死没]慶安2(一六四九)・10・11 [年齢]51 [父]近衛信尹(実後陽成天皇、四宮) [母]関白太政大臣従一位近衛前久女前子 [一字名]梧・桐 [号]本源自性院 [法名]応山・大云 [日記]本源自性院記(一六二一―一六四四) [公卿補任]3―526下

尚嗣　ひさつぐ　一六二二―一六五三

元和8(一六二二)・3・10誕生、寛永9(一六三二)・12・12元服、正五位下、禁色、雑袍、昇殿、12・14左少将、寛永10・1・5従四位上、1・6左中将☆、8・5権中納言、11・11従三位、寛永11・1・5正三位、3・26〈く〉権大納言☆、寛永12・1・5従二位、9・4兼右大将、寛永14・11・5左大将、12・9正二位、寛永17・11・3内大臣、寛永19・1・19〈賜去年12月2日宣旨〉右大臣、寛永20・7・6辞左大将、正保4(一六四七)・7・3左大臣、正保5・2・14〈賜去正月五日従一位々記〉従一位、慶安4(一六五一)・12・8関白、慶安5・8・3辞左大臣☆、承応2(一六五三)・7・17辞関白、7・19薨去

[死没]承応2(一六五三)・7・19 [年齢]32 [父]近衛信尋 [幼名]長君 [一字名]山 [号]妙有真空院 [法名]長山・大元 [日記]妙有真空院記(一六三四―五三) [公卿補任]3―576上

基熈　もとひろ　一六四八―一七二二

慶安1(一六四八)・3・6誕生、承応3(一六五四)・12・24元服、正五位下、左近権少将、禁色、雑袍、昇殿、承応4・1・5従四位上、1・11左権中将、明暦1(一六五五)・6・25従三位(越階)、左中将如元、明暦2・11・7権中納言、万治1(一六五八)・閏12・22権大納言、万治2・1・5正三位、万治4・1・5従二位、寛文1(一六六一)・12・24右近大将、寛文2・12・14正二位、寛文5・6・1内大臣、寛文8・12・28左大将、寛文11・5・25右大臣、延宝3(一六七五)・9・19辞左大将、延宝5・12・8左大臣、貞享3(一六八六)・5・29〈「11日」ま家譜〉従一位☆、元禄3(一六九〇)・1・13関白氏長者牛車兵仗☆、12・26辞左大臣、元禄16・1・14辞関白、宝永6(一七〇九)・10・25太政大臣、12・9辞太政大臣、享保7(一七二二)・6・15出家、9・14薨去

[死没]享保7(一七二二)・9・14 [年齢]75 [父]近衛尚嗣 [母]後水尾天皇皇女昭子内親王 [幼名]多治丸 [一字名]菊・悠 [道号]悠山・悠見子・應圓満院 [法名]証岳 [日記]應圓満院記(一六六五―一七二二) [公卿補任]3―641上

家熈　いえひろ　一六六七―一七三六

寛文7(一六六七)・6・4誕生、延宝1(一六七三)・11・15元服、従五位上、禁色、雑袍、昇殿、11・19右少将☆、延宝2・2・8〈去正五分〉従四位下、12・27〈「3年」ま〉従四位上、延宝3・7・10右中将、延宝4・1・25〈「29日」ま〉従三位(右中将如元)☆、12・23権中納言(中将如元)、延宝5・閏12・11権大納言、延宝6・12・19正三位、天和3(一六八三)・2・9春宮大夫、貞享1(一六八四)・9・1〈「10月」ま家譜〉左大将☆、貞享3・3・26内大臣、貞享4・3・13辞左大将、貞享5・2・1辞内大臣、2・16還任内大臣、元禄4(一六九一)・12・21正二位、元禄6・8・7右大臣、元禄16・11・28一上、元禄

17・1・11左大臣、宝永4（一七〇七）・11・27関白、氏長者内覧牛車兵仗等宣下、宝永5・1・6〈去五日分〉従一位、与奪一上於右大臣、1・21辞左大臣、宝永6・6・21摂政、宝永7・12・25太政大臣、正徳1（一七一一）・7・28辞太政大臣、正徳2・8・28辞摂政、享保10（一七二五）・12・21准三宮、12・24辞准三宮、出家

［死没］元文1（一七三六）・10・3 ［年齢］70 ［父］近衛基凞 ［母］後水尾天皇皇女常子内親王 ［一字名］己 ［号］吾楽軒・昭々堂・虚舟子・豫楽院 ［法名］真覚 ［日記］豫楽院記（一六八六―一七〇八） ［公卿補任］4―46下

家久 いえひさ 一六八七―一七三七

貞享4（一六八七）・5・8誕生、元禄6（一六九三）・11・25元服、昇殿、禁色、雑袍、従五位上、12・1右少将、元禄7・1・5従四位下、12・7従四位上、元禄8・2・14左中将、12・23従三位（左中将如元）、元禄9・12・28権中納言、元禄10・12・26権大納言☆、元禄12・1・23〈「22日」ま〉〈去五分〉正三位☆、元禄13・12・27帯剣、宝永3（一七〇六）・1・26従二位、11・25左大将、宝永5・2・16春宮大夫〈立坊日〉、宝永6・6・21止大夫、宝永8・2・25内大臣、正徳2（一七一二）・12・18辞左大将、12・25正二位、正徳5・8・12右大臣、享保7（一七二二）・1・25為一上、5・3左大臣、享保8・1・28従一位、享保11・6・1関白、6・2与奪一上於右大臣、－・－氏長者内覧牛車等宣下、9・15辞左大臣、享保18・1・25太政大臣、12・27辞太政大臣、元文1（一七三六）・8・27辞関白・随身兵仗〈ま〉、内覧如旧宣旨、元文2・8・16准三后宣旨、辞内覧〈ま〉、8・17薨去

［死没］元文2（一七三七）・8・17 ［年齢］51 ［父］近衛家凞 ［母］霊元天皇皇女憲子内親王 ［号］如是観院 ［法名］大寂 ［日記］如是観院記（一七二一―二七） ［公卿補任］4―123下

内前 うちさき 一七二八―八五

享保13（一七二八）・6・22誕生、享保19・4・21元服、禁色、雑袍、昇殿、正五位下、5・2右少将、6・4従四位上（越階）、10・2左中将、享保20・1・23従三位（左中将如旧、越階）、5・25権中納言（御推任、中将如旧）、元文1（一七三六）・12・21権大納言、元文3・12・4帯剣、元文4・2・5正三位、寛保1（一七四一）・12・2従二位、寛保3・6・29内大臣、右大将、6・30直衣、12・15左大将、12・27左馬寮御監、延享2（一七四五）・3・23正二位、閏12・24右大臣、閏12・25直衣始〈ま〉、延享3・10・9辞左大将、12・24随身兵仗、延享4・1・5為一上、寛延2（一七四九）・2・8左大臣、2・9直衣始〈ま〉、寛延3・1・10従一位、宝暦7（一七五七）・3・16関白、－・－氏長者牛車兵仗内覧等宣下、3・21与奪一上於右大臣、直衣始〈ま〉、宝暦9・11・26辞左大臣、宝暦12・7・27摂政、宝暦13・8・1賜内舎人両人、明和5（一七六八）・5・25太政大臣、5・28直衣始〈ま〉、12・19辞太政大臣（不許）〈ま〉、明和7・10・15辞太政大臣、明和8・11・15〈ま〉還任太政大臣、明和9・8・22改摂政詔関白、安永6（一七七七）・12・18准三后宣旨、12・22直衣始、安永7・2・8辞関白氏長者・辞太政大臣、天明5（一七八五）・3・20薨去

［死没］天明5（一七八五）・3・20 ［年齢］58 ［父］近衛家久 ［母］家女房 ［号］大解脱院 ［法名］黄中 ［日記］大解脱院記（一七五〇―七九） ［公卿補任］4―317下

経凞 つねひろ 一七六一―九九

宝暦11（一七六一）・2・22誕生、明和4（一七六七）・11・24元服、禁色、雑袍、昇殿、正五位下、12・1右権少将、12・25従四位上（越階）、明和5・1・5〔従三位〕（越階、少将如故）、1・9転左権中将、明和6・1・9権中納言☆、8・19権大納言、明和7・1・5正三位、8・20春宮大夫、8・26帯剣、11・24止春宮大夫、明和9・1・9従二位☆、安永2（一七七三）・1・9正二位、安永4・閏12・2左近衛大将、安永8・3・29内大臣、5・1直衣始、11・23改経凞、安永10・1・8辞左大将、賜随身兵仗、従一位、天明7（一七八七）・3・2院執事、5・26右大臣、6・1直衣始、寛政3（一七九一）・11・28辞右大臣随身兵仗、12・4辞執事、寛政11・6・25薨去

❖従三位叙位年に「右少将」の記載あり

［死没］寛政11（一七九九）・6・25 ［年齢］39 ［父］近衛内前、二男 ［母］家女房 ［前名］師久 ［号］後豫

楽院　〔日記〕後豫楽院記(一七八〇-八九)　〔公卿補任〕4—499下

基前　もとさき　一七八三—一八二〇

天明3(一七八三)・8・11誕生、寛政3(一七九一)・2・19童昇殿、2・25元服、還昇、禁色、雑袍、従五位上、拝賀、3・10左権少将(剰闕、推宣下〈ま〉)、3・24従四位下(越階〈ま〉)、寛政4・1・20転権中将(贅闕)、2・2正四位下(越階〈ま〉)、5・25〔従三位〕(左中将如元)、8・26拝賀着陣、9・1直衣始、寛政6・1・13権中納言、寛政8・4・24正三位、寛政9・2・22権大納言、3・27帯剣、3・25直衣始、寛政10・1・28左大将、左馬寮御監、2・24直衣始、6・23従二位、寛政11・3・16内大臣、3・22直衣始、寛政12・12・22正二位、文化2(一八〇五)・3・28辞左大将、・・・賜随身兵仗、従一位、5・18直衣始、文化11・9・18東宮傅、9・28右大臣、一上、9・30直衣始、文化12・1・4左大臣、1・8直衣始、文化14・3・22去傅、文政3(一八二〇)・4・18辞大臣随身兵仗、4・19薨去

〔死没〕文政3(一八二〇)・4・19　〔年齢〕38　〔父〕近衛経煕　〔母〕有栖川職仁親王四女子薫子女王　〔号〕證常楽院　〔日記〕證常楽院記(一七九八-一八一九)　〔公卿補任〕5—84下

忠煕　ただひろ　一八〇八—九八

文化5(一八〇八)・7・14誕生、文化13・2・26元服、従五位上、禁色、昇殿、拝賀、3・1左権少将(推任、剰闕)、3・28従四位下(越階)、8・23転権中将(推任)、12・28正四位下(越階)、文化14・3・7〔従三位〕(左中将如元)、12・21権中納言(中将如元、推任)、12・28直衣始、文政2(一八一九)・8・17権大納言、9・7帯剣、9・16直衣始、文政4・8・11正三位、文政6・3・16従二位、文政7・5・7左大将・左馬寮御監、6・2直衣始、6・4正二位、6・28内大臣、7・2直衣始、天保5(一八三四)・6・5従一位、9・22辞大将御監等、12・27賜随身兵仗、天保11・3・14兼東宮傅、弘化3(一八四六)・2・13去傅、7・23賜前新清和院御服、弘化4・6・15右大臣、6・16直衣始、11・12賜前新朔平門院御服、安政3(一八五六)・8・24為一上、安政4・1・4左大臣、1・5直衣始、安政5・9・4賜内覧宣旨、10・19辞内覧、安政6・3・28辞左大臣随身兵仗、5・3出家、文久2(一八六二)・6・7還俗、6・23内覧氏長者、随身兵仗聴牛車、6・28直衣始、9・3出家、文久3・1・23辞関白氏長者、3・25辞内覧随身兵仗、慶応3(一八六七)・12・10被廃関白、慶応4・2・12牛車

〔死没〕明治31(一八九八)・3・18　〔年齢〕91　〔父〕近衛基前　〔母〕徳川宗睦女静子　〔号〕九思堂・翠山・道隆・後三藐院　〔日記〕忠煕公記(一八二〇-七八)　〔公卿補任〕5—250下

忠房　ただふさ　一八三八—七三

天保9(一八三八)・8・6誕生、弘化4(一八四七)・3・29元服、昇殿禁色雑袍等、従五位上、拝賀、4・4左権少将(推任、剰闕)、5・9従四位下(越階、推叙)、12・17転権中将(推任、剰闕)、弘化5・2・9正四位下(越階)、嘉永1(一八四八)・7・28〔従三位〕(左権中将如旧)、12・19権中納言(推任、中将如故〈ま〉)、嘉永2・1・22直衣始、嘉永4・12・24権大納言、12・29帯剣、嘉永5・1・8直衣始、8・5正三位、安政2(一八五五)・11・21従二位、安政4・5・15正二位、文久2(一八六二)・5・12左大将・左馬寮御監、7・2直衣始、文久3・12・23内大臣、12・24直衣始、慶応2(一八六六)・1・18辞左大将・左馬寮御監、従一位、賜随身兵仗、1・30直衣始、慶応3・9・27左大臣、11・30辞大臣随身兵仗

〔死没〕明治6(一八七三)・7・16　〔年齢〕36　〔父〕近衛忠煕　〔母〕参議従三位島津齊興養女興子　〔号〕光山　〔日記〕忠房公記(一八五二-六八)　〔公卿補任〕5—452上

粟田口家(絶家)

忠良　ただよし　一一六四—一二二五

治承4(一一八〇)・11・10正五位下(元服日)、即禁色、6・16侍従、養和1(一一八一)・11・28従四位下、12・4左中将(元侍従)、養和2・3・8兼播磨権

粟田口家

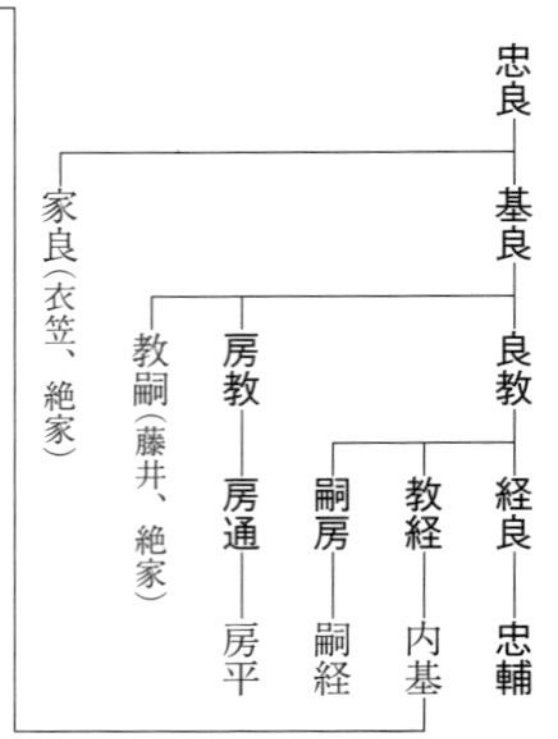

介(左中将)、寿永1(一一八二)・11・13〈23日カ〉従四位上(臨時、大嘗会)、寿永2・1・5従三位、元従四位上左中将播磨権介、4・9〈「5日」く〉右兵衛督、12・10遷右権中将、寿永3・3・27伊与権守、元暦1(一一八四)・7・24正三位、11・7遷兼丹波権守、11・17従二位、文治3(一一八七)・11・8正二位、12・4権中納言、文治5・7・10中納言〈くし〉、建久2(一一九一)・3・28権大納言、建仁2(一二〇二)・閏10・20大納言、建仁4・3・6辞退大納言、承久3(一二二一)・-・-出家、嘉禄1(一二二五)・5・16薨去
[死没]嘉禄1(一二二五)・5・16 [年齢]62 [父]藤原基実、二男 [母]正三位藤原顕輔女 [号]鳴滝大納言 [公卿補任]1—504上 [大日本史料]5—2—634

基良　もとよし　一一八七—?

建久8(一一九七)・4・23従五位上(元服日)、建久9・1・30侍従、正治1(一一九九)・7・23禁色、建仁2(一二〇二)・閏10・24左少将、建仁3・1・5正五位下(臨時)、元久1(一二〇四)・1・13美作権介、3・6従四位下、転中将、建永1(一二〇六)・1・6従四位上、承元3(一二〇九)・1・5正四位下(臨時)、建暦1(一二一一)・10・29従三位、元左中将、建保5(一二一七)・1・28遷左中将、建保7・1・5正三位、承久2(一二二〇)・3・22右中将、承久4・1・24越前権守、嘉禄3(一二二七)・4・20従二位、文暦1(一二三四)・12・21権中納言、文暦2・6・17正二位、嘉禎2(一二三六)・-・-帯剣、嘉禎3・12・25中納言、嘉禎4・7・20権大納言、延応1(一二三九)・10・28辞権大納言、建長3(一二五一)・9・1出家
[父]藤原忠良、一男 [母]従二位権大納言藤原実国女 [号]葉川 [法名]円空 [公卿補任]2—5下

良教　よしのり　一二二四—八七

安貞2(一二二八)・8・21叙爵、9・6侍従、12・9従五位上、12・14禁色、寛喜3(一二三一)・10・20正五位下、寛喜4・1・30遠江権介、12・24従四位下、侍従如元、天福1(一二三三)・12・12従四位上、嘉禎1(一二三五)・10・8正四位下、嘉禎2・6・13従三位、侍従如元、嘉禎3・1・29右中将、嘉禎4・1・5正三位、1・22駿河権守、仁治1(一二四〇)・11・12従二位、仁治2・6・7参議、10・13左衛門督、仁治3・3・7権中納言、6・15辞左衛門督、仁治4・2・2帯剣、寛元2(一二四四)・6・13中納言、宝治3(一二四九)・1・5正二位、建長1(一二四九)・12・24権大納言、建長3・1・22兼按察使、文永7(一二七〇)・1・21辞退(大納言)、弘安3(一二八〇)・3・28兵部卿、弘安8・3・6従一位、辞卿カ、弘安10・7・2出家、7・4薨去
[死没]弘安10(一二八七)・7・4 [年齢]64 [父]藤原基良、一男 [母]従三位藤原隆雅女 [号]粟田口 [公卿補任]2—94上
※正元二年(一二六〇)より「大納言」

経良　つねよし　一二五〇—八九

-・-・-叙爵、建長5(一二五三)・5・5従五位上、建長7・9・19侍従、建長8・6・9正五位下、正嘉1(一二五七)・11・10右少将、正嘉2・1・13美作権介、7・9従四位下、8・4還任右少将、8・30禁色、正元1(一二五九)・3・8従四位上(西園寺—)、正元2・5・5正四位下(仙華門院当年御給)、文応1(一二六〇)・9・8右中将、文永2(一二六五)・1・30兼上総権介、文永6・1・5従三位(元右中将)、3・27更左中将[右中将カ]、文永7・1・21参議、兼陸奥権守、文永8・1・25正三位、文永12・1・18兼播磨権守、建治2(一二七六)・1・5従二位、建治3・1・29権中納言、7・6帯剣、弘安4(一二八一)・1・5正二位、弘安10・1・13辞権中納言、正応1(一二八八)・8・16聴本座、正応2・

12・28薨去
〔死没〕正応2（一二八九）・12・28　〔年齢〕40　〔父〕二条良教、一男　〔母〕左中将公齊女　〔公卿補任〕2—221下

房教　ふさのり　一二三一—九九

正嘉2（一二五八）・1・15〔従三位〕、侍従如元、正元2（一二六〇）・3・－正三位、文永5（一二六八）・1・5従二位、弘安2（一二七九）・12・12正二位、正安1（一二九九）・6・6薨去
〔死没〕正安1（一二九九）・6・6　〔年齢〕69　〔父〕藤原基良、二男　〔母〕従三位藤原隆雅女　〔公卿補任〕2—175下

教経　のりつね　?—一二九二

正嘉3（一二五九）・1・21叙爵、正元2（一二六〇）・3・29従五位上、文応2（一二六一）・2・5侍従、弘長2（一二六二）・3・29従四位下（大納言良教卿御笙〔「笛」や〕師賞、越階）、4・17侍従如元、文永2（一二六五）・1・30左少将、文永3・2・1兼摂津権介、文永5・1・5従四位上、文永7・1・5正四位下（父卿御笛師匠賞譲）、閏9・4右中将3・25兼播磨権介、文永10・3・25兼播磨権介、弘安11（一二八八）・2・10復任、正応1（一二八八）・8・25従三位、去三月御即位叙位（新院御給）、元右中将、正応2・9・23左中将、正応3・11・22〈「21日」イ〉正三位、正応4・3・25兼越前権守、7・29参議、正応5・1・13依南都衆勘被放氏、閏6・16従二位、8・21薨去
〔死没〕正応5（一二九二）・8・21　〔父〕二条良教　〔号〕藤井　〔公卿補任〕2—294下

忠輔　ただすけ　一二七一—?

永仁2（一二九四）・4・13従三位、元左中将、永仁4・4・13正三位、永仁7・3・24左中将、延慶1（一三〇八）・10・12参議、12・10従二位、延慶2・3・23権中納言、11・23正二位、延慶3・3・9辞権中納言、正和4（一三一五）・－・－改忠輔、元弘1（一三三一）・8・7権大納言、10・28大納言、12・1辞、正慶2〈元弘3〉（一三三三）・5・17詔為前権大納言、建武4〈延元2〉（一三三七）・7・20兵部卿、暦応3〈興国1〉（一三四〇）・4・26止卿、文和2〈正平8〉（一三五三）・2・－出家
◈正安三年（一三〇一）より「土佐権守」
〔父〕二条経良　〔母〕石見守藤原重季女　〔前名〕経忠　〔公卿補任〕2—325下　〔大日本史料〕6—17—721

嗣房　つぐふさ　一二六九—一三〇七

正応1（一二八八）・5・5従五位下（臨時）、8・25侍従、正応3・4・17従五位上、正応4・1・3正五位下（従三位相子給、朝覲行幸日）、12・21左少将、永仁1（一二九三）・2・18従四位下、－・－・－還任左少将、永仁3・12・9従四位上、永仁5・12・17正四位下（朔旦新院御給）、正安2（一三〇〇）・3・6〈や〉兼尾張介、正安3・3・19〈「7月」イ〉左中将、嘉元2（一三〇四）・7・27〈や〉従三位、元左中将〈や〉、嘉元4・7・19左中将、徳治2（一三〇七）・1・29三河権守、7・11薨去
〔死没〕徳治2（一三〇七）・7・11　〔年齢〕39　〔父〕二条良教、三男　〔号〕藤井　〔公卿補任〕2—377上

房通　ふさみち　?—一三〇九

正安2（一三〇〇）・5・29正三位、延慶2（一三〇九）・6・－薨去
◈正安元年非参議従三位（初見）
〔死没〕延慶2（一三〇九）・6　〔父〕藤原房教　〔公卿補任〕2—349下

忠定　ただざだ　一三〇〇—四四

正和5（一三一六）・11・23正四位下、嘉暦2（一三二七）・10・29左兵衛督、嘉暦3・5・8従三位、6・13侍従、元弘2（一三三二）・3・12兼下総権守、建武2（一三三五）・1・13兼紀伊権守、康永3〈興国5〉（一三四四）・11・－薨去
〔死没〕康永3（一三四四）・11　〔年齢〕45　〔父〕藤原内基　〔号〕藤井　〔公卿補任〕2—518下　〔大日本史料〕6—8—524

藤井家（絶家）

嗣実　つぐざね

建治3(一二七七)·9·13叙爵、弘安6(一二八三)·3·28従五位上、4·18侍従、弘安8·3·8正五位下、弘安9·10·28従四位下、弘安10·11·10左近少将(元前侍従)、正応1(一二八八)·9·12従四位上、正応2·3·11転中将、正応3·12·30正四位下、永仁7(一二九九)·4·12従三位、元左中将、4·22右衛門督、正安2(一三〇〇)·4·7止督、5·10正三位、延慶2(一三〇九)·9·1従二位、延慶3·12·11兵部卿、正和1(一三一二)·5·28止卿、正和2·12·28参議、兼左中将〈右中将ともあり〉、正和3·9·8止三木、正和5·11·23正二位、正中2(一三二五)·10·-出家

［父］藤原房範、二男(実藤井教嗣)　［公卿補任］2—349下

嗣家　つぐいえ　一三一〇—四六

正和3(一三一四)·11·19従五位下、元亨4(一三二四)·3·14侍従、嘉暦2(一三二七)·8·1〈やしひ〉右少将、嘉暦3·1·5〈や〉従五位上、6·13正五位下、嘉暦4·1·5従四位下、元徳2(一三三〇)·11·16右中将、元弘4(一三三四)·1·5従四位上(加叙)、建武4〈延元2〉(一三三七)·5·8左中将、12·24正四位下、康永4〈興国6〉(一三四五)·3·19従三位、元左中将、貞和2〈正平1〉(一三四六)·9·22薨去

［死没］貞和2(一三四六)·9·22　［年齢］37　［父］藤原嗣実　［公卿補任］2—605上　［大日本史料］6—10—46

藤井家

教嗣—嗣実—嗣家—嗣定
　　　　└嗣長—嗣尹—嗣孝

嗣尹　つぐただ　?—一四〇六

康応1〈元中6〉(一三八九)·4·22参議、元左中将、康応2〈元中7〉·2·1兼加賀権守、明徳1〈元中7〉(一三九〇)·11·30従三位、12·24辞参議、明徳3〈元中9〉·12·15正三位、応永4(一三九七)·1·5従二位、応永13·5·6薨去〈やし〉

［死没］応永13(一四〇六)·5·6　［父］藤井嗣長　［公卿補任］3—19下　［大日本史料］7—7—964

嗣孝　つぐたか

応永18(一四一一)·2·21従三位、元右中将、応永24·1·5正三位、応永28·6·-出家

［父］藤井嗣尹　［前名］嗣志　［公卿補任］3—73上

嗣賢　つぐかた

明応5(一四九六)·8·1従三位

❖永正十七年(一五二〇)非参議従三位(以後不見)、系譜不明であるが、嗣孝の親族と推定されるので便宜ここに収む。

［公卿補任］3—294上

衣笠家（絶家）

家良　いえよし　一一九二—一二六四

正治2(一二〇〇)·4·3叙位、建仁1(一二〇一)·1·29侍従、建仁2·1·5従五位上、建仁3·10·29正五位下、元久1(一二〇四)·4·12左少将、元久2·1·29兼越前権介、建永9·1·5〈1年カ〉従四位下、1·13右中将、承元1(一二〇七)·1·13兼甲斐権介、承元2·12·9正四位下、承元5·1·5従三位、右中将如元、建暦3(一二一三)·1·13兼備中権守、建保2(一二一四)·1·3正三位、承久1(一二一九)·12·17従二位、承久4·1·6正二位、元仁1(一二二四)·12·25中納言、元仁2·3·8勅授、嘉禄3(一二二七)·4·9権大納言、嘉禎3(一二三七)·12·25大納言、仁治1(一二四〇)·10·9兼宣旨、10·20内大臣、仁治2·4·5上表、文永1(一二六四)·9·10薨去

［死没］文永1(一二六四)·9·10　［年齢］73　［父］藤原忠良、二男　［母］正二位権大納言藤原定能女　［公卿補任］2—4下

衣笠家

家良―経平―冬良―家輔

経平　つねひら　?―一二七四

康元2(一二五七)・1・22〔従三位〕、左〈「右」イ〉中将如元、正嘉2(一二五八)・7・9正三位、文永2(一二六五)・1・30復任、文永3・2・1参議、文永4・2・27従二位、文永5・1・29兼土左権守、12・2権中納言、文永6・8・16帯剣、文永7・1・5正二位、文永11・4・24補大嘗会装束司長官、-・-辞長官、5・7薨去

❖正嘉二年より「右中将」

〔死没〕文永11(一二七四)・5・7　〔父〕衣笠家良、一男　〔母〕従二位権中納言藤原親能女　〔公卿補任〕2―172下

冬良　ふゆよし　?―一三〇八

文永6(一二六九)・1・5叙爵、文永8・1・7従五位上、建治1(一二七五)・12・21元服、12・26侍従、建治2・1・5正五位下(新陽明門院御給)、弘安2(一二七九)・1・24兼伊与介、左少将、弘安3・12・7従四位下、弘安6・3・28右少将、弘安7・8・1転左中将、弘安8・1・5従四位上、弘安11・3・8正四位下、正応2(一二八九)・8・7従三位、左中将如元、正応3・8・23改名冬良、正応4・1・6正三位、12・21参議、正応5・2・1依南都衆勘被放氏、4・21神木御帰座後日衆勘優免令続氏之間出仕、11・5権中納言、12・2帯剣、永仁3(一二九五)・4・8従二位、永仁5・7・23正二位、10・16中納言、正安4(一三〇二)・3・23〈2月23日ともあり〉辞中納言、嘉元1(一三〇三)・10・-出家、徳治3(一三〇八)・6・4薨去

〔死没〕徳治3(一三〇八)・6・4　〔父〕衣笠経平　〔母〕右大臣正二位西園寺公基女　〔前名〕家平　〔公卿補任〕2―299下

北小路・室町家(絶家)

道経　みちつね　一一八四―一二三八

建久6(一一九五)・12・16従五位上(元服次)、12・30侍従、建久7・1・-禁色、建久8・12・15右少将〔「右権少将」く〕、正五位下(臨時)、建久9・1・30兼播磨権介、12・9左中将〔「左権中将」く〕、建久10・1・5従四位下(中将如元)、3・23従四位上、正治1(一一九九)・6・23従三位、左中将如元、9・23〈22日ともあり〉権中納言、建仁1(一二〇一)・1・6正三位、8・19権大納言、12・26従二位、建仁2・10・24〈閏10月カ〉正二位、建永2(一二〇七)・2・10内大臣、承元2(一二〇八)・7・9右大臣、承元3・3・26辞退右大臣、天福2(一二三四)・12・3出家、嘉禎4(一二三八)・7・29薨去

〔死没〕嘉禎4(一二三八)・7・29　〔年齢〕55　〔父〕藤原

北小路・室町家

基通─┬家実(近衛)
　　　├道経(北小路)─┬道嗣─道平─道景
　　　│　　　　　　　└基輔
　　　├兼基(室町)─兼忠─兼輔─冬兼
　　　└基教

基通、二男　〔母〕正三位平信範女　〔号〕近衛・北白河・知足院　〔公卿補任〕1―543下　〔大日本史料〕5―11―927

兼基　かねもと　一一八五―?

建久8(一一九七)・12・14〈30日カ〉従五位上(今日元服)、侍従、禁色、建久9・2・26正五位下(院御給)、正治1(一一九九)・1・22播磨権介、11・27従四位下、12・29右中将〔「右権中将」く〕、正治2・1・-〈5日カ〉従四位上、4・1正四位下、10・26従三位、右中将如元、建仁1(一二〇一)・1・29兼近江権守、建仁2・1・23正三位、10・19従二位、建仁4・3・6権中納言、元久2(一二〇五)・4・3正二位、11・24中納言、元久3・3・28権大納言、建保3(一二一五)・12・10大納言、建保6・1・13辞退大納言、建長3(一二五一)・1・30〔29日カ〕〈康元1年にもあり〉出家

〔父〕藤原基通、三男　〔母〕法印最舜女(家女房)　〔号〕室町・鷹司　〔法名〕顕恵　〔公卿補任〕1―546上

基教　もとのり　一一九六―一二一三

建永1(一二〇六)・-・-〈11月26日カ〉正五位下(今日元服)、12・5侍従、承元1(一二〇七)・1・5従四位下、4・10従四位上、10・29正四位下、承元2・1・20右近中将、4・7従三位(右中将如元)、承元3・1・5正三位、1・13兼讃岐権守、建暦2(一二一二)・1・5正二位(当作「従二位」)、建暦3・6・29薨去

[死没]建暦3(一二一三)・6・29　[年齢]18　[父]藤原基通、四男　[母]法印最舜女(家女房)　[公卿補任]1―570上　[大日本史料]4―12―604

基輔　もとすけ　一一九八―一二四五

承元4(一二一〇)・1・6従五位上(臨時)、1・14侍従、禁色、建暦2(一二一二)・3・22正五位下、建保1(一二一三)・3・18禁色、建保3・4・7(恐有誤)従四位下、建保2・1・13土左権介、建保3・1・13従四位上、12・15左中将、建保4・1・28正四位下(臨時)、建保6・1・5従三位、1・16左中将如元、承久3(一二二一)・11・16正三位、承久4・1・24肥後権守、安貞2(一二二八)・2・7従二位、寛元3(一二四五)・-・-薨去

[死没]寛元3(一二四五)　[年齢]48　[父]近衛道経、一男　[母]従五位下左衛門尉藤原以頼女　[公卿補任]2―28上　[大日本史料]5―19―205

兼忠　かねただ　一二〇五―六九

建保3(一二一五)・12・19従五位上、建保4・1・13侍従、3・30禁色、建保5・4・9正五位下、建保6・1・5四位、承久3(一二二一)・1・17従四位上、11・29正四位下、承久2・1・22讃岐介、承久4・1・20従三位(朝覲行幸)、1・24侍従如元、貞応2(一二二三)・4・10正三位、安貞2(一二二八)・3・20従二位、4・11左中将、安貞3・1・30兼美作権守、天福2(一二三四)・1・21越前権守、文永6(一二六九)・-・-薨去

※宝治元年(一二四七)より「正二位」

[死没]文永6(一二六九)　[年齢]65　[父]近衛家実(実藤原兼基、一男)　[母]家女房　[公卿補任]2―46下

道嗣　みちつぐ　一二一七?―四二

安貞2(一二二八)・10・27叙爵、12・9侍従、寛喜2(一二三〇)・4・14左少将、11・3禁色、寛喜3・1・6従五位上(府労)、1・29伊与介、寛喜4・1・5正五位下、貞永2(一二三三)・1・6従四位下(左少将如元)、天福1(一二三三)・12・15左中将、天福2・1・26従四位上、文暦2(一二三五)・1・23備前権介、10・1正四位下、嘉禎2(一二三六)・6・13従三位、左中将如元、嘉禎3・1・24越中権守、嘉禎4・1・5正三位、閏2・27参議、9・25復任、仁治1(一二四〇)・10・20権中納言、閏10・20従二位、11・20勅授、仁治3・7・13薨去

[死没]仁治3(一二四二)・7・13　[年齢]26カ　[父]近衛道経、二男　[母]右近衛中将某成定女　[号]北小路　[公卿補任]2―94上　[大日本史料]5―14―451

兼輔　かねすけ

文永6(一二六九)・8・9叙爵、永仁3(一二九五)・12・2右少将、永仁6・1・5従五位上、正安1(一二九九)・7・8正五位下、嘉元2(一三〇四)・3・22辞少将、延慶2(一三〇九)・9・26従四位下、延慶3・4・28左中将、応長1(一三一一)・閏6・29辞中将、以男輔房申任左少将、正和1(一三一二)・7・11〈や〉従四位上、正和3・11・19〈や〉正四位下、正和5・5・28従三位、7・23更任左中将、元応1(一三一九)・10・30解官、嘉暦2(一三二七)・-・-出家

[父]松殿兼嗣或鷹司兼忠(実光忠云々)　[母]左近衛中将某実春女　[公卿補任]2―454下

冬兼　ふゆかね

延慶1(一三〇八)・11・14従五位下(陽徳門院当年御給、于時持兼、或兼藤)、延慶2・12・30侍従、応長1(一三一一)・閏6・29右近少将(「左近少将」やし)、12・21従五位上、正和5(一三一六)・11・29正五位下、嘉暦3(一三二八)・1・5従四位下(加叙、于時冬兼)、元徳2(一三三〇)・1・5従四位上、2・1右近少将、6・7左近中将、11・7辞中将、建武2(一三三五)・1・5正四位下、暦応5〈興国3〉(一三四二)・1・5従三位、元前左中将、康永2〈興国

4〉(一三四三)・4・-出家
[父]藤原兼輔　[前名]持兼・兼藤・輔房　[法名]理性　[公卿補任]2―591下　[大日本史料]6―7―622

近衛岡本家(絶家)

近衛岡本家

家平―経忠―経家
　　　　　└冬実

家平　いえひら　一二八二―一三二四

正応3(一二九〇)・8・23正五位下、禁色(今日於院元服)、9・5右少将、正応4・1・3従四位上(右少将如元、越階)、2・25従三位、右少将如元、正応5・11・5権中納言、-・-転中将、正応6・1・5正三位、永仁2(一二九四)・3・27従二位、永仁3・6・23権大納言、8・5正二位、8・-〈「26日」く追〉帯剣、正安2(一三〇〇)・1・5右大将、1・7右馬寮御監、乾元2(一三〇三)・閏4・5左大将、嘉元3(一三〇五)・1・22任大臣召仰、1・29内大臣、閏12・21右大臣、嘉元4・1・5従一位、4・14止大将、4・29賜兵杖左右近衛番長各一人近衛各三人、延慶1(一三〇八)・11・27辞兵杖、11・-為一上、延慶2・10・15左大臣、正和2(一三一三)・7・12為関白氏長者、-・-19賜兵杖、正和4・9・21上表

※元亨三年(一三二三)前左大臣(前関白)従一位(正中二年(一三二五)条不見、正中元年薨)
[死没]正中1(一三二四)　[年齢]43　[父]近衛家基　[母]関白従一位鷹司兼平女　[日記]岡本関白記(一三二三)　[号]岡本殿　[公卿補任]2―311上

経忠　つねただ　一三〇二―五二

正和2(一三一三)・12・25正五位下、禁色並昇殿(今日御元服)、12・28右近少将、正和3・1・5従四位下(朝覲行幸日)、少将如元、3・1従四位上、11・19従三位(右少将如元、二階、元従四位上)、正和5・1・5正三位、11・18権中納言、右中将、文保1(一三一七)・12・22権大納言、文保2・1・22従二位、文保3・1・5正二位、元亨3(一三二三)・1・13兼左近大将、正中3(一三二六)・7・24兼皇太子傅、11・3辞大将、元徳2(一三三〇)・1・26関白、内覧兵杖宣下、2・9蒙一座宣旨、3・21〈や〉止傅、閏6・26従一位、8・25止関白、正慶2〈元弘3〉(一三三三)・5・17詔為右大臣、建武1(一三三四)・2・23還任、為氏長者、10・7辞所職幷氏長者、建武2・11・19左大臣、建武3〈延元1〉・8・15依新帝詔為関白、建武4〈延元2〉・4・5出奔吉野宮〈やし〉、文和1〈正平7〉(一三五二)・8・12出家、8・13薨去
※元亨四年より「右大臣」
[死没]文和1(一三五二)・8・13　[年齢]51　[父]近衛家平、一男　[母]家女房　[号]堀河殿　[公卿補任]2―441上　[大日本史料]6―16―725

経家　つねいえ　一三三三―八九

貞和2〈正平1〉(一三四六)・12・26正五位下、元服、禁色、昇殿、12・29右少将、貞和3〈正平2〉・1・5従四位上(二階)、11・16従三位(越階)、右少将如元、康応1〈元中6〉(一三八九)・-・-薨去
[死没]康応1(一三八九)　[年齢]57　[父]近衛経忠、一男　[母]従一位右大臣花山院家定女　[号]福園寺　[公卿補任]2―615上

冬実　ふゆざね　?―一三七四

貞治2〈正平18〉(一三六三)1・5〈「2月」やし〉従三位、貞治4〈正平20〉・4・19左中将、貞治6〈正平22〉・2・13兼近江権守、康暦2〈天授6〉(一三八〇)・-・-薨去☆
[死没]応安7(一三七四)・1・5　[父]近衛経忠　[公卿補任]2―680下　[大日本史料]6―40―5

九条家　くじょうけ

藤原氏北家摂家流。法性寺関白忠通三男の月輪摂政兼実を家祖とする。九条の称は、九条第に由来する。もと藤原民部卿宗通の別第で、宗通女宗子と婚した藤原忠通の本第となり、さらにその女皇嘉門院(聖子、崇徳天皇中宮)に伝領された。兼実は聖子の異母弟で、聖子の猶子となり、九条第の南殿に侍住して九条と号したのである。但し、兼実以後の数代はそれぞれの本第を以て号し、九条の称が固定した家名となるのは、建長二年(一二五〇)三代道家が「九条富小路亭」を孫の忠家に処分し、以後歴代相承け本第とするようになってからのことである。家祖兼実は、異母兄の基実(近衛)が十六歳で関白・氏長者となった保元三年(一一五八)十歳で元服した。権中納言従三位に昇った翌年の永暦二年(一一六一)、従三位藤原季行の女兼子と婚し、四条坊門東洞院の六角第に婿住した。長寛二年(一一六四)内大臣に任槐、仁安元年(一一六六)右大臣に転じ、翌年正月九条第に移住した(『玉葉』)。九条第は北殿と南殿から成り、主殿の前者は九条殿とも九条院とも称され、皇嘉門院および兼実女の宜秋門院(仁子、後鳥羽天皇中宮)の御所、兼実が侍居したのは後者。治承三年(一一七九)兄の関白松殿基房を初め朝官四十人が大相国平清盛の怒りを買い、官職を剝奪されるという一大事件が起る。右大臣兼実三十一歳の時で、後任の関白・氏長者となったのは十一歳下の基通(近衛)であり、二位中将より一挙に内大臣に昇進しての関白就任であった。この時の任官除目で長男の三位中将良通は従二位権中納言に昇進する。清盛よりこの内示をうけた兼実は、その驚きと不快を、驚き仰天の外ないことで、かの奏請により昇進するなど「生涯之恥辱、於諸身極了」とし、これは固辞すべきであるが、辞遁すれば厳罰は必至であるので、ただ悦恐の由を返報した云々と日記している(『玉葉』同年十一月二十日条)。下﨟で若年の基通が摂籙となったことの不満の一つの表現であるのかもしれない。『愚管抄』巻六によれば、治承三年の冬以来どうなるかとも判断もつかず、仏神に祈ったところ、将来かならず摂籙に昇進をするというお告げがあった云々、というのとも関連しよう。寿永二年(一一八三)軍勢を率いて上洛を遂げた木曾義仲の支援をえて、基房が復権をはかり、子息の十二歳の師家を摂政につけたが、義仲はいわゆる六十日天下で終り、松殿父子も忽に失脚する。このときも兼実は静観していたようであるが、後に後白河法皇が内々兼実に仰せられたところによると、基房が法皇に息師家の摂政就任を懇願するので、これを退けて兼実がその器であるというと、基実は、兼実ということになれば摂籙は永く彼の家にとどまり、我が雪辱を晴らすことが出来なくなるので、兼実では困ると、申したという(『玉葉』寿永三年正月十一日条)。こうして兼実は一定の評価をうけながらも、師家が摂政となり、その後は基通が摂政に還補された。兼実は右大臣のままで、兼実が摂籙として陽の目を見るのは、源頼朝の後援によってであった。寿永三年(一一八四)三月頼朝は兼実を摂政・氏長者とすることを院に推挙するが、法皇は基通を「贔屓」のあまり「此上頼朝不可及執中」とのことであったという(『玉葉』同三月二十三日条)。翌文治元年十二月、さらに頼朝は、源義経へ頼朝追討宣旨が下されたことに対する報復の意をも含め、院に対し十ヶ条に及ぶ朝廷の改造を要請する。議奏公卿を置き、右大臣兼実以下十人に朝政を執らすべきこと、摂籙事は内覧の宣旨を兼実に下すべきことなどであった(『吾妻鏡』)。兼実へも、この同文の書状を送付し、説得あるべきよう求めていて、「今度天下之草創也、尤可被究行淵源候、殊可令申沙汰給也、天之所令奉与也」云々とあり(『玉葉』)、兼実との協力に如何に多大の望みを抱いていたかを窺わせる。兼実は、内覧二人は禍乱の源であるとして一旦は固辞したようであるが、十二月二十八日内覧の宣旨を蒙り、翌二年の三月十二日、摂政・氏長者となった。法皇は、この頼朝からの空前絶後という べき朝政干渉・朝権侵害に忿怒やるかたなく、伏見御所へ隠居に及んだほどであったという（『玉葉』文治二年正月十九日条）。そしてこの怒りは頼朝に協力する兼実への覚えを一層悪くすると共に、前摂政基通を庇護する意を深めることにもなったようである。法皇の保護を背景に、摂関家領を領掌すべき、氏長者である兼実に対し基通より譲渡された所領は、氏寺社領等の若干のみであったから、同年四月、頼朝は「摂籙御家領等事」につき院に進言。摂関家領は新摂政家の兼実が領掌すべきことであり、忠実が女の高陽院（泰子、鳥羽上皇皇后）に処分の荘園五十余ヵ所がある由であるから、その分前摂政家の基通が領掌あるべきで、ともかくも道理に任せ仰せ下さるべきであろう、というものであった（『吾妻鏡』文治二年四月二十日条）。これに対する院の意嚮は、基通がたちまち家領を分け取られることはまことに気の毒なことであり、兼実には皇嘉門院の御領等も知行しているのであるから、入道関白（基房）の時とは事情が違うことであるとし、（同年五月十八日条）、体よく頼朝の言を退けるものであった。そこで頼朝は改めて高陽院領は基通、京極殿領は兼実が領有することを上奏させたようであるが（『玉葉』同七月三日条）、法皇は基通を「糸惜」むあまり聴許されず、「自関東申家領可被分之子細、依此事法皇逆鱗之趣也」という事態に及んだという（『玉葉』同七月十五日条）。京極殿領は、知足院殿（忠実）のもとに集積された摂関家領のうち祖父京極殿（師実）から伝領された所領で、「近衛家所領目録」によれば、山城国菱河庄等六十一ヵ所に及ぶ。頼朝としては摂関家領を大きく二分しようとしたのであろうが、法皇の反対によりこれ以上の旋策の余地を失ったようである。摂関家領をほぼ惣領した法性寺殿（忠通）は、その大部分を基実に譲り、一部を皇嘉門院（聖子）に譲ったのであったが、前者の高陽院領及び京極殿領を中心とする家領百五十余ヵ所が近衛家領、後者の皇嘉門院領約五十ヵ所が兼実に伝領され九条家領となるのである。兼実が聖子の養子となったのは所領の伝領のためであったろうが、それをより確実なものとするためであろう、仁安二年（一一六七）良通が兼実の第一子として生れると、良通もまた皇嘉門院の養子となる。女院はその没する前年の治承四年（一一八〇）五月十一日の日付で惣処分状を認めている（『平安遺文』三九一三号）。最勝金剛院領十一ヵ所、九条領三十五ヵ所、近江国寄人、和泉・摂津・近江三国の大番舎人等であり、皇嘉門院領の大部分が良通分である。兼実存命中は兼実がその沙汰をし、後には良通が知行すべしというものであったが、良通は父に先立って文治四年（一一八八）二十二歳の若さで頓死したので、兼実が知行するところとなった。兼実は五年太政大臣となり、翌建久元年（一一九〇）上表辞退。二年摂政より関白となり、四十八歳のときの七年十一月、いわゆる建久七年の政変により関白職を追われるまで、その職に在った。その後政界に復帰することなく、建仁二年（一二〇二）正月出家して圓證と号した。その二年後、元久元年（一二〇四）四月二十三日付で惣処分状を認めている。皇嘉門院領に新収分若干を含むもので、処分の対象は、女の宜秋門院、家嫡の摂政良経、故良通室の御堂御前、弟兼房の女竜姫御前の四人。宜秋門院への処分の分が大部分を占めているのは、家領の保護のためであろう。最勝金剛院領・同末寺領十ヵ所、九条堂ならびに家地の九条御所、女院庁分領三十六ヵ所その他であり、女院の没後は兼実の順孫道家に譲渡するよう定めてある。いわゆる一期知行であり、摂家において明確な一期規定がなされた初見とされる。良経は摂政当職中の元久三年（一二〇六）三月父に先立ち三十八歳で頓死し、その翌建永二年（一二〇七）四月兼実は五十九歳で没した。家を嗣いだ道家は時に十五歳、従二位権中納言であった。翌承元元年（一二〇八）当時朝幕間で大きな力を有していた西園寺権大納言公経の女綸子と婚し、一条室町第（東殿）に婚住し、同（西殿）に住した公経の後見を得て順調に出世を遂げ、建暦二年（一二一二）二十歳で任槐し、承久三年（一二二一)四月姉の立子(順徳天皇中宮)所生仲恭天皇践祚により、摂政となった。しかし間もなく起った承久の乱により、同七月幕府の沙汰により天皇は譲位し(九条廃帝)、道家も摂政を罷免された。しかし三男の頼経が外祖父公経の斡旋で関東に下り征夷大将軍となった頃から、再び政界に復帰し、安貞二年(一二二八)関白となり、寛喜三年(一二三一)長子教実にこれを譲ったが、その後も大殿として実権を握り、貞永元年(一二三二)女の竴子(後堀河天皇中宮)所生の四条天皇がわずか二歳で践祚により、その外祖父として権勢をも振うに至る。『増鏡』には道家の栄華を「我御身は大殿とて后宮の御おやなれば、思いなしもやむごとなきに、御子どもさへいみじう栄え給ふさま、ためしなきほどなり」云々記す。文暦二年(一二三五)教実が父に先立ち二十六歳で病没したので、希代の例ではあるが摂政に還任し、嘉禎三年(一二三七)には女婿の左大臣近衛兼経に摂政を譲り、翌四年四月出家した。しかし依然として権勢を振い続けたが、仁治三年(一二四二)四条天皇が俄かに崩御し、大きな痛手となった。道家が擁立しようとした皇嗣は、九条家とも縁のある順徳天皇の皇子であったが、幕府はこれを認めず、土御門天皇の皇子を擁立し践祚することになる。後嵯峨天皇である。この一連の動きのなかで道家は幕府の不信を蒙り、更にはかねてから不和であった二男の左大臣二条良家が外祖父の入道相国公経の推挙もあってであろう関白の詔をうけ、父子不和を深めていくことになる。公経が寛元二年(一二四四)没してのち道家は勢力の挽回を企て、四年後深草天皇践祚の際に、四男の右大臣一条実経を関白とし、自らも関東申次となって公武の枢要な地位についた。しかし関東では三男の将軍頼経が執権北条氏により反幕府の嫌疑をかけられ、同年京都に送還されてきて、道家は幕府との間に疎隔を来たし、申次の任を奪われ籠居するに至る。更には建長三年(一二五一)前将軍頼嗣の周辺に起った陰謀事件に道家も関わっているとの疑惑をうけ、四年二月不遇のなかに東山の峰殿において六十歳で没した。その前々年の二月十一日、九条家領家地等の処分を行っている。「九条道家物処分状」といわれるもので、家領は百五十二ヵ所、処分の対象は、寺院を除くと、①宣仁門院(彦子、教実女)、②近衛北政所(仁子、道家女)、③九条禅尼(教実室)、④尚侍殿(佺子、道家女)、⑤前摂政(一条実経)、⑥右大臣(九条忠家)、⑦姫君(粟生姫君)の七人で、③は一期の後は九条忠家の子息に、④は一期の後は一条実経の子息に譲るよう規定されている。中心をなすのは、⑤および⑥で、⑤は四男の実経に家地として一条室町第、家領としては相伝の所領十九ヵ所、新御領十七ヵ所、その他四ヵ所、都合四十ヵ所を譲ることを示し、⑥は一男教実の子忠家に家地として九条富小路第、家領としては相伝の所領十四ヵ所、新御領十二ヵ所、都合二十六ヵ所を譲ることを示す。邸宅に因み、実経が一条、忠家が九条を家名とすることになる。なお、二男の良実は「不義」の子として義絶排除され、処分状の対象からも外されているが、二条押小路に婚住し、二条を号したので、ここに、九条家は九条・二条・一条の三家に分流する。なお、九条・一条両家について『尊卑分脈』は、「以一条殿流為嫡家」とし、嫡庶相論は後に至るまで展開される。また、この頃近衛家からも鷹司家が分れたので、摂家は五流となり、近九二一鷹司の順で呼び慣わされた。九条家は忠家ののち、息忠教、孫師教が嗣ぎ、父子相承されたが、師教が元応二年(一三二〇)没したとき、息道教はまだ六歳であったので、師教の舎弟房実が家督を嗣ぎ、房実が三十八歳で頓死したのち、道教がその養子となり家督を相続した。なお、道教のときの建長三年(一二五一)八月二日付になる左大将家政所注進当知行目録案が伝存しており、それによれば当時の九条家領当知行分は四十ヵ所であり(『図書寮叢刊九条家文書』一、二三号)、道教の子経教のときの応永三年(一三九六)四月段階には十六ヵ所であった(同上、二八号)。経教は応永二年出家し、その翌年十二月二十五日付で遺誡を認めている(同上、二八号)。その中で後継について、息の前関白忠基を惣領とするが、実子なきにより、二男の内大臣教嗣を猶子として相続・出仕以下を一向に扶持を加うべきこととした。しかし、忠基は父経教に先立ち翌四年に没し、十一年八月教嗣は大和内山で横死したので、同年十二月三男の満教(のち満家)が家督を嗣いだ。満家のつぎも相続について一つの問題があり、そのためか諸書により異同がある。満教の次を、『九条家譜』では政基、尚経とし、『諸家伝』では政基、成家、尚経とあり、『諸家知譜拙記』では政基、尚経と次第する。また『尊卑分脈』では満教の子として政忠(元成家)、政基を繋げてある。文安六年(一四四九)五月満家は五十六歳で没するが、その直前において満家が次の家督相続者としたのは成家であったことが、その元服のことを記した『康富記』同年四月二十九日条に見える。この日「九条殿(前関白左大臣満家公)若公御元服(実御孫、御名字□)」が満家の加冠によりなされ、正五位下・禁色の事が宣下され、今夜参内とのこと、「御遺跡事」はまず「御孫」が相続し、後は「当腹御子」に相続させる由である云々と記されている。孫が成家、当腹子が政基を指す。実子の政基はこの時僅かに五歳であったので、まず孫の成家をして家督を相続させることとしたのであろう。『九条家譜』には成家は満家の孫で、父の名を加々丸と記し、「不及元服、号往生院」と注してある。成家は宝徳三年(一四五一)十二歳で上階し、『公卿補任』の尻付に「父入道関白従一位満家公」と注されているから、満家の養子になっていたことが確認される。享徳二年(一四五三)将軍義成が義政と改めるが、この年権大納言に昇進した成家は政忠と改名している。偏諱を受けてであろう。同年十二月には従二位に昇った。時に十六歳、めざましい昇進に目を引くものがあったのであろう。やはり『康富記』享徳三年正月十八日条に、九条家の相続に関する伝聞を記している。政忠は故関白満家の孫で、満家遺言には、政忠は三十歳までは昇進先途を遂げ、その後は今年十歳の満家実子の政基を執立て、元服・昇進以下先途まで遂げさせるべきこととし、家僕の者どもも起請文を差出した云々と見える。のち政忠と政基は「いろ〳〵の相論」をすることになるが(『親長卿記』明応五年正月二十四日条)、それも満家の遺言が徹底されなかったためであろう。政忠が十二歳で上階しているにもかかわらず、政基が元服するのが長禄三年(一四五九)十五歳に至ってであったことでもそれが窺われよう。政基は翌年には上階し、権中納言に昇り、翌々年の寛正二年(一四六一)八月には十七歳で権大納言、十月正三位というように急速な昇進を遂げ、正二位権大納言であった政忠と雁行する形となる。そして五年十月政忠は内大臣となり、翌六年三月まだ摂籙の職につかぬうち二十六歳で俄かに隠居した。『公卿補任』には「依家門事也」と注してある。故関白の遺命に従ったということであろう。政基は応仁二年(一四六八)二月、一挙に右大臣に昇り、文明七年左大臣に転じ、八年従一位、関白となった。隠居後も政忠は関白職を望み度々その働きかけを行ったようであるが、政基は「非家督之間、不可叶」として反対に徹したというが、隠居より二十二年も経た文明十九年(一四八七)二月前内大臣政忠は関白宣下を受ける(『長興宿禰記』同年二月九日条)。『公卿補任』に「関白初任前官例」と注するように希有のことであった。同書の頭書に「雖非摂家家督之人、於一代者可被補当職之由、後三縁満教公依被抑置、東山殿御執奏云々」との注によれば、前関白の遺命であるとし東山殿義政の強い推挙によって成就したものであろう。家督でなく、一代限りの摂籙ということで、歴代には数えられなかったのである。なお、明応五年(一四九六)正月政基・尚経父子は、自第において家司の唐橋在数を手打ちにするという事件を起し、勅勘を蒙り出仕停止の身となる。七年十二月に父子ともに勅免されるが、それを機に薙髪した政基は、文亀元年(一五〇一)三月から永正元年(一五〇四)十月に至る約三年九カ月間、家領和泉国日根野荘に下り、荘園支配に従事した。その時の日記が『政基公旅引付』と称されるもので、

九条家

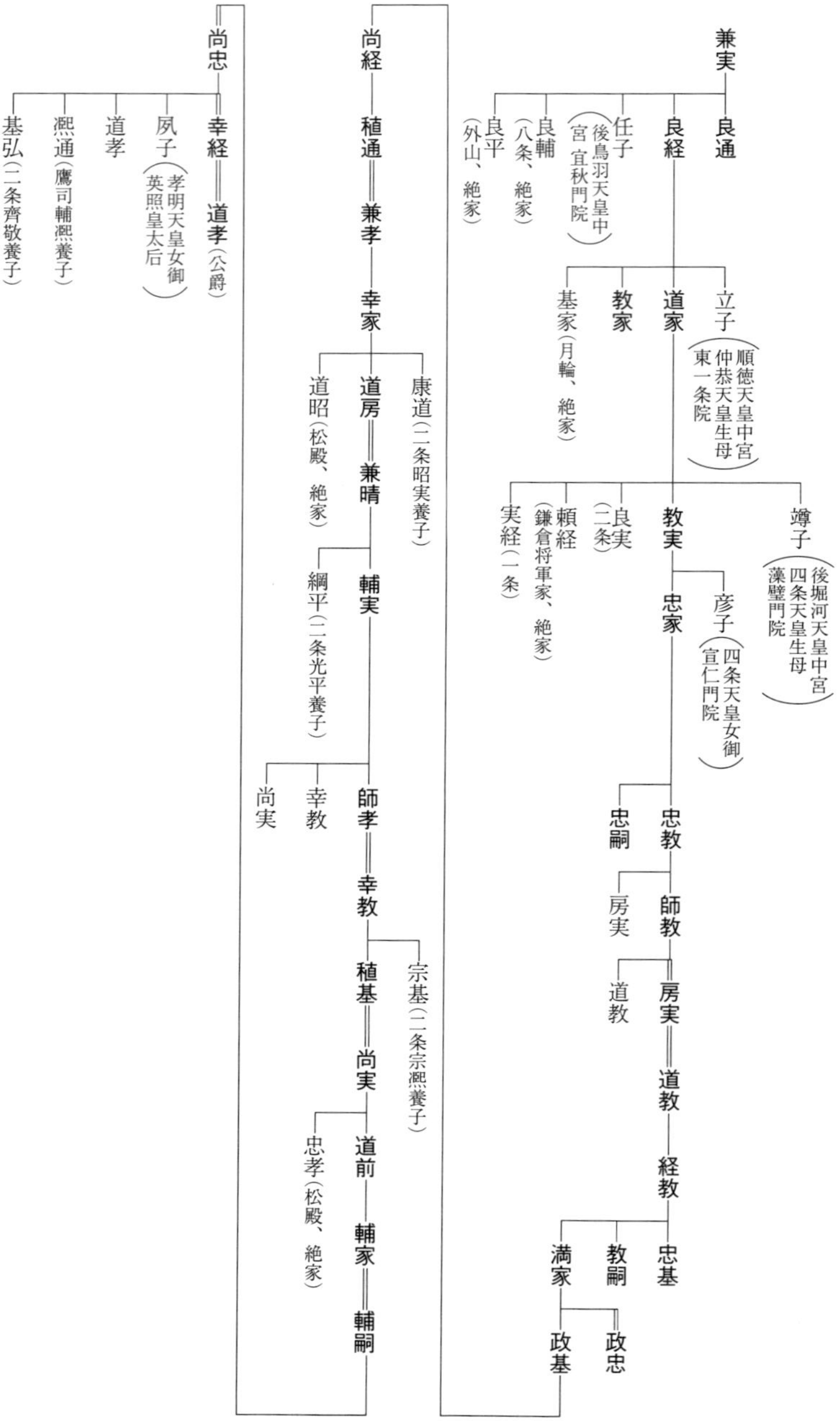

公家の在荘直務支配の実態を詳記するものとして著名である。尚経の子稙通には実子なく、前関白二条晴良一男の兼孝を養嗣子とした。その後も江戸時代の九条家は概して年若くして没した当主が多く、他の摂家から養子に入ったのが四代、兼晴・幸経が鷹司家より、輔嗣・尚忠が二条家より入った。また、稙基が内大臣の時の寛保三年（一七四三）十九歳で頓死したときは、然るべき嗣子なく、先々代の師孝舎弟で随心院門跡尭厳大僧正が別勅により還俗し、翌延享元年（一七四四）二十八歳で元服し、九条家の家督を相続した。尚実である。

幕末期、安政三年(一八五六)に関白・内覧となった尚忠は、佐幕派の代表的公家として知られる。条約勅許・将軍継嗣・和宮降嫁などの重要な政治問題に幕府に協力して公武合体策の推進をはかり、尊王攘夷派から強い非難を受け、文久二年(一八六二)関白内覧を辞して出家した。江戸時代の家領は元和三年(一六一七)に山城紀伊郡東九条村等において千四十三石余、寛文五年(一六六五)より二千四十三石余が宛行われたが、万延二年(一八六二)尚実の功に報いるため摂津豊嶋郡之内において千石が加増された。明治天皇の養母英照皇太后は尚忠の女、大正天皇の皇后貞明皇后は道孝の女である。摂家としての家職は、大嘗会天神地祇ヲロシ・神膳・即位灌頂大事の天子への奉授、節会・官奏・叙位・除目四箇の大事の口決相伝である。日記に、『玉葉』(兼実)、『後京極摂政記』(良経)、『玉蘂』(道家)、『洞院摂政記』(教実)、『後九記』(忠家)、『報恩院関白記』(忠教)、『後已心院殿御記』(忠基)、『九条満家公引付』、『政基公旅引付』、『後慈眼院殿御記』『後慈眼院殿雑筆』(尚経)、『稙通公記』、『兼孝公記別記』、『幸家公記』、『道房公記』、『兼晴公記』、『輔実公記』、『心華光院殿御日記』(輔実室益子内親王)、『尚実公記』、『尚忠公記』などがある。明治十七年(一八八四)道孝のとき、叙爵内規により公爵を授けられた。菩提所は東福寺。『九条家譜』(東京大学史料編纂所架蔵、四一七五—一二一一)。

兼実　かねざね　一一四九—一二〇七

久安5(一一四九)・-・-誕生〈く追〉、保元3(一一五八)・1・29正五位下(元服)、禁色、昇殿、3・13左少将(「左権少将」く)、10・21従四位下(宇治御幸賞)、保元4・2左中将(「左権中将」く)、4・1・3従四位上(朝覲行幸)、1・29播磨介、4・6正四位下(臨時)、永暦1(一一六〇)・2・28従三位、左中将如元、6・20正三位、8・11権中納言、10・11〈「11月」し無恐衍〉従二位(行幸院賞)、永暦2・8・19右大将、応保1(一一六一)・9・13権大納言、応保2・1・10正二位、2・19兼中宮大夫〈旧〉、長寛2(一一六四)・閏10・23内大臣、仁安1(一一六六)・8・27転左大将、10・10兼皇太子傅、10・21上状辞左大将、-・-以左右近衛番長各一人近衛各三人為随身〈くし〉、帯剣〈くし〉、11・11右大臣、仁安2・2・11宣旨云(右大臣内大臣宜任官次令列者)、仁安3・2・19止傅、8・10宣旨云(右大臣内大臣宜任官次令列者)、承安4(一一七四)・1・7従一位、安元3(一一七七)・-・-蒙梅宮社遷定(宮カ)事宣旨、5・23橘氏是定〈く追〉、文治1(一一八五)・12・28蒙内覧宣旨、文治2・3・12詔為摂政並氏長者、3・16賜随身、牛車10・17上表大臣、10・20以男権大納言良通卿申任内大臣、文治5・12・14太政大臣、建久1(一一九〇)・4・19上表辞退、建久2・12・17改摂政為関白万機(准摂政)、建久7・11・25止之(関白)、建仁2(一二〇二)・1・28出家、承元1(一二〇七)・4・5薨去

[死没]承元1(一二〇七)・4・5　[年齢]59　[父]藤原忠通、三男　[母]藤原仲光女加賀局　[号]後法性寺殿・月輪殿　[法名]圓證　[日記]玉葉(一一六四—一二〇五)　[公卿補任]1—449下　[大日本史料]4—9—621

良通　よしみち　一一六七—八八

承安5(一一七五)・3・7従五位上、4・7侍従(隆忠任右中将替)、安元1(一一七五)・12・10正五位下、安元2・12・5従四位下、治承1(一一七七)・11・15右中将(「右権中将」く)(元侍従)、治承2・1・5従四位上(臨時)、1・28播磨権介、6・7正四位下(臨時)、12・24従三位(右大臣坊官賞譲)、右中将如元、治承3・10・9正三位、11・17従二位、11・20〈「19日」玉葉〉権中納言、-・-右大将、寿永1(一一八二)・10・3権大納言、寿永2・1・5正二位、文治2(一一八六)・10・20任大臣兼宣旨、10・29内大臣、11・2蒙大将還宣旨〈旧〉、11・27〈旧〉兼左大将、文治4・2・20薨去

[死没]文治4(一一八八)・2・20　[年齢]22　[父]藤原兼実、一男　[母]従三位藤原季行女　[号]九条内大臣　[公卿補任]1—488上　[大日本史料]4—2—301、4—5—補7、4—16—補96

良経　よしつね　一一六九—一二〇六

治承3(一一七九)・4・17元服、従五位上、8・26禁色、

昇殿、10・9侍従(元散位)、治承4・4・21正五位下(御即位叙位之次)、養和1(一一八一)・12・4右少将(元侍従〈く〉)、寿永1(一一八二)・11・17左中将(「左権中将」〈く〉)、寿永2・1・7従四位下(府労)、8・25従四位上、元暦1(一一八四)・12・20正四位下(除目之次、臨時)、元暦2・1・6従三位(左中将如元)、1・20兼播磨権守、文治2(一一八六)・12・15正三位、文治3・1・23従二位、文治4・1・6正二位、文治5・閏4・8権中納言、7・10権大納言、12・30兼左大将、建久1(一一九〇)・7・18兼中宮大夫、建久6・11・4任大臣兼宣旨、11・10内大臣、建久9・1・19止大将、正治1(一一九九)・6・22左大臣、12・16賜兵仗、建仁2(一二〇二)・11・27蒙内覧宣旨、氏長者〈く追〉、12・25摂政、建仁4・1・5従一位、11・16上表辞左大臣、12・14太政大臣、元久2(一二〇五)・4・27辞相国、元久3・3・7薨去

〔死没〕元久3(一二〇六)・3・7 〔年齢〕38 〔父〕藤原兼実、二男 〔母〕従三位藤原季行女 〔号〕後京極殿・中御門殿 〔日記〕後京極摂政記(一一九〇—一二〇四) 〔公卿補任〕1—511上 〔大日本史料〕4—8—854

道家　みちいえ　一一九三—一二五二

建仁3(一二〇三)・2・13正五位下(元服、聴禁色)、3・2侍従、7・8左中将、12・20従四位下、元久1(一二〇四)・1・13播磨介、4・12従四位上、元久2・1・19従三位(朝覲行幸日、摂政息)、右(左カ)中将如元、3・9権中納言〈く〉、8・9正三位、元久3・1・6従二位、建永1(一二〇六)・5・30橘氏是定、6・16左近大将、建永2・1・5正二位、2・10中納言、承元2(一二〇八)・7・9権大納言、建暦2(一二一二)・6・29内大臣、建保3(一二一五)・12・10右大臣、建保6・2・26辞申左大将、11・22〈26日カ〉兼皇太子傅、12・2左大臣、承久3(一二二一)・4・20詔為摂政氏長者、4・26賜随身聴牛車、7・7〈8日ともあり〉止之、安貞2(一二二八)・12・24関白詔、12・27受氏長者印、寛喜3(一二三一)・7・5上表辞関白兵仗、従一位、文暦2(一二三五)・3・28詔、-・-内舎人随身、嘉禎2(一二三六)・-・-辞内舎人随身、嘉禎3・3・10上表、嘉禎4・4・25於法性寺別業出家、建長4(一二五二)・5・21〈2月カ〉薨去

〔死没〕建長4(一二五二)・2・21 〔年齢〕60 〔父〕藤原良経、一男 〔母〕従二位権中納言藤原能保女 〔号〕光明峯寺殿・峯殿・東山殿 〔法名〕行恵 〔日記〕玉蘂(一二〇九—四二) 〔公卿補任〕1—560下

教家　のりいえ　一一九四—一二五五

元久1(一二〇四)・4・1従五位上(今日元服)、4・4禁色、4・12侍従、10・26正五位下、元久2・1・5従四位下(一品内親王御給)、11・29右近中将、元久3・1・13兼播磨介、3・7服解(父)〈旧〉、4・25復任〈旧〉、建永2(一二〇七)・1・5従四位上(府労)、承元1(一二〇七)・10・29正四位下、11・29従三位(最勝四天王院供養、一品内親王給)、右中将如元、承元2・1・20兼尾張権守、承元3・1・5正三位、承元5・1・22兼中宮権大夫、建暦2(一二一二)・1・5正二位(「従二位」当作)、建保2(一二一四)・1・13権中納言、建保4・1・5正二位、建保6・1・13転大夫、12・9権大納言、建保7・12・9帯剣、承久2(一二二〇)・1・22春宮大夫、承久3・4・20止大夫、12・1皇后宮大夫、承久4・1・5橘氏是定、元仁1(一二二四)・8・4止大夫、嘉禄1(一二二五)・9・3出家、建長7(一二五五)・4・28薨去

〔死没〕建長7(一二五五)・4・28 〔年齢〕62 〔父〕九条良経、二男 〔養父〕藤原良輔 〔母〕従二位権中納言藤原能保女 〔号〕弘誓院大納言 〔法名〕慈観 〔公卿補任〕1—567下

教実　のりざね　一二一〇—一二三五

建保5(一二一七)・4・28侍従、正五位下、元服、-・-禁色、6・29右少将、建保6・1・5〈く追〉従四位下(中宮御給)、1・13近江介、1・16本官如元、4・9従四位上、建保7・1・5正四位下(春宮御給)、4・8従三位、右少将如元、承久2(一二二〇)・4・6正三位〈や〉、承久3・1・5従二位、承久4・1・24権中納言、-・-右中将、12・22正二位、元仁1(一二二四)・12・17兼左大将、元仁2・1・5左馬寮御監、嘉禄1(一二二五)・7・6権大納言、9・10橘氏是定、嘉禄3・4・2兼宣旨、4・9右大臣、寛喜2(一二三〇)・10・24表辞左大将、賜左右近衛番長以下為随身、寛喜3・4・26左

大臣、7・5詔関白、氏長者聴牛車、貞永1(一二三二)・10・4摂政、12・12従一位、貞永2・4・11以内舎人二人為随身、文暦2(一二三五)・2・28辞摂政大臣内舎人随身等、3・4勅答停大臣、3・28薨去

〔死没〕文暦2(一二三五)・3・28 〔年齢〕26 〔父〕九条道家、一男 〔母〕西園寺公経女従一位綸子 〔号〕洞院摂政 〔日記〕洞院摂政記(一二三〇—三二) 〔公卿補任〕2—32下 〔大日本史料〕5—9—938、5—10—補39

忠家 ただいえ 一二二九—七五

寛喜1(一二二九)・7・-誕生〈く追〉、嘉禎4(一二三八)・4・11正五位下、-・-禁色(元服)、4・18左少将、7・20左中将、8・28従四位下(中将如元)、暦仁1(一二三八)12・20従四位上、暦仁2・1・5従三位、左中将如元、延応1(一二三九)・4・13正三位、10・28権中納言、仁治1(一二四〇)・10・20権大納言、12・30帯剣、仁治2・1・5従二位、6・7正二位、仁治3・4・9兼左大将、12・23左馬寮御監、寛元2(一二四四)・6・13内大臣、寛元4・5・20辞大将、5・28賜随身兵仗、12・24右大臣、辞随身兵仗、建長4(一二五二)・7・20辞右大臣、文永10(一二七三)・5・5関白、氏長者、5・18聴〔「禁色」や無恐衍〕牛車、12・25従一位、文永11・1・26摂政、4・-聴牛車宣旨、6・20止摂政、建治1(一二七五)・6・9薨去

〔死没〕建治1(一二七五)・6・9 〔年齢〕47 〔父〕九条教実、一男 〔母〕藤原定季女従三位恩子(実家綱女) 〔号〕一音院・田中 〔日記〕後九記(一二五一—五八) 〔公卿補任〕2—108上

忠教 ただのり 一二四八—一三三二

正嘉2(一二五八)・12・27元服、従五位上、即聴禁色、正嘉3・1・21侍従、正元1(一二五九)・7・2正五位下、閏10・15右少将、従四位下、正元2・8・3従四位上、文応1(一二六〇)・3・2右中将〈く追〉、文応2・2・5兼美作介、弘長1(一二六一)・4・7正四位下、弘長2・1・-〈「5日」く〉従三位(臨時)、1・7右中将如元、弘長3・1・6正三位、文永3(一二六六)・2・1近江権守、文永6・1・5従二位、文永8・1・5正二位、文永10・12・8権中納言、兼右衛門督、文永11・4・5権大納言、9・10兼左大将、11・15左馬寮御監、建治1(一二七五)・12・18蒙任大臣兼宣旨、12・22右大臣、建治3・2・21献上大将辞状、3・8帯剣、弘安1(一二七八)・8・17橘氏是定、弘安2・1・7従一位、弘安10・8・27為一上、正応1(一二八八)・7・11左大臣、正応4・5・27関白、氏長者、6・17給随身兵仗、牛車、12・21上表三譲(第三度表之次)、正応6・2・25止関白氏長者、延慶2(一三〇九)・1・30出家、元弘2(一三三二)・12・6薨去〈く追〉

〔死没〕正慶1(一三三二)・5・6 〔年齢〕85 〔父〕九条忠家、一男 〔母〕太政大臣従一位三条公房女 〔号〕報恩院 〔法名〕円阿 〔日記〕報恩院関白記(一三〇八) 〔公卿補任〕2—193上

忠嗣 ただつぐ 一二五三—?

文永10(一二七三)・7・3元服、正五位下、禁色、7・11右少将、11・8従四位下(少将如元)、文永11・1・5従四位上、2・20兼備後介、4・5正四位下、建治1(一二七五)・6・9服解(父)、8・16復任、建治2・12・20従三位、右少将如元、備後権介、建治4・1・6正三位、弘安2(一二七九)・2・2右中将、弘安3・3・12兼伊予権守、弘安7・1・6従二位、弘安11・1・5正二位、永仁4(一二九六)・12・-出家

〔父〕九条忠家、二男 〔母〕太政大臣従一位三条公房女 〔公卿補任〕2—248下

師教 もろのり 一二七三—一三二〇

文永10(一二七三)・5・27誕生〈く追〉、弘安4(一二八一)・1・8従五位上、今日元服、2・1侍従、3・26正五位下、弘安5・12・25右少将、弘安6・1・5従四位下(右少将如元)、3・28兼近江介、12・20従四位上、弘安7・1・16左中将、10・27正四位下、弘安8・3・8従三位、左中将如元、弘安9・1・13正三位、弘安11・2・10播磨権守、正応1(一二八八)・9・12権中納言、11・21従二位、正応3・1・5正二位、1・13兼左衛門督、6・8権大納言、正応5・12・25被橘氏是定宣下、正応6・1・23任大臣召仰、1・28内大臣、永仁4(一二九六)・12・27右大臣、永仁5・12・17兼左大将、永仁6・1・6左馬寮御監、4・29辞大将、-・-給

兵仗、11・-辞兵仗、永仁7・1・11為一上、正安1（一二九九）・4・26左大臣、正安2・1・5従一位、正安3・8・24兼皇太子傅〈史〉、嘉元3（一三〇五）・4・12関白、為氏長者、5・3賜随身兵杖、7・29上表初度、8・30第二度上表、閏12・27〈「17日」当作〉第三度上表、閏12・-止大臣、嘉元4・12・22止傅、徳治3（一三〇八）・8・26改関白為摂政、延慶1（一三〇八）・11・10止摂政、元応2（一三二〇）・6・7薨去

[死没]元応2（一三二〇）・6・7　[年齢]48　[父]九条忠教　[母]西園寺公相女　[号]浄土寺・已心院　[公卿補任]2—280下

房実　ふさざね　一二九〇—一三二七

正応3（一二九〇）・-・-誕生〈く追〉、正安1（一二九九）・12・19従五位上、禁色昇殿元服、12・30侍従、正安2・1・5従四位下（越階）、3・6右中将、5・29正四位下（越階）、正安3・1・5従三位、右中将如元、11・18正三位、嘉元3（一三〇五）・1・22兼備後権守、12・30権中納言、嘉元4・4・14従二位、徳治2（一三〇七）・11・1権大納言、徳治3・2・-橘氏是定、9・17正二位、12・8帯剣、延慶2（一三〇九）・1・5被宣下橘氏是定、文保2（一三一八）・12・10兼右大将、元応1（一三一九）・6・14転左、閏7・16任大臣召仰、閏7・28右大臣、8・1宣、8・21止大将、10・29被下官次宣下、元亨2（一三二二）・4・5兼皇太子傅、8・11左大臣、元亨3・3・29関白、氏長者内覧牛車宣下、6・6初度表、6・14第二度表、止左大臣、9・28停傅、11・28太政大臣並前関白関白依位次可列之由宣下、12・15従一位、嘉暦2（一三二七）・3・13薨去

[死没]嘉暦2（一三二七）・3・13　[年齢]38　[父]九条師教（実九条忠教）　[母]家女房（大膳大夫有時女）　[号]後一音院関白　[公卿補任]2—359下

道教　みちのり　一三一五—四九

正和4（一三一五）・-・-誕生〈く追〉、元亨3（一三二三）・12・22正五位下、禁色（元服）、12・29侍従、元亨4・1・5従四位下、1・13右中将、4・27正四位下（越階）、正中2（一三二五）・1・29従三位、右中将如元、正中3・2・19兼伊与権守、嘉暦2（一三二七）・11・10権中納言、嘉暦3・1・5正三位、3・16権大納言、元徳2（一三三〇）・1・5従二位、3・22兼右大将、元弘1（一三三一）・11・5正二位、正慶2〈元弘3〉（一三三三）・5・17詔復従二位、元弘4（一三三四）・1・5正二位、建武3〈延元1〉（一三三六）・3・2転左、建武4・7・12右大臣、7・20大将還宣旨、建武5・8・13兼皇太子傅、暦応1〈延元3〉（一三三八）・8・30上表大将、9・12帯剣、暦応2〈延元4〉・12・27左大臣、暦応5〈興国3〉・1・27詔為関白氏長者、2・22辞左大臣、3・8賜兵杖、聴牛車、3・30止傅、康永1〈興国3〉（一三四二）・11・1辞大臣、11・8従一位、11・12辞関白、貞和2〈正平1〉（一三四六）・9・2出家、貞和5〈正平4〉・7・6薨去

[死没]貞和5（一三四九）・7・6　[年齢]35　[父]九条房実（実九条師教）　[母]兵部卿守良親王女　[号]三縁院　[法名]円恵　[公卿補任]2—504上　[大日本史料]6—12—785

経教　つねのり　一三三一—一四〇〇

建武2（一三三五）・2・27従五位上（元服、即昇殿禁色）、建武3〈延元1〉・11・25侍従、建武4〈延元2〉・5・7正五位下、10・8右少将、12・24従四位下、建武5〈延元3〉・1・5正四位下（一階）、1・10右少将如元、暦応1〈延元3〉（一三三八）・10・19従三位、転右中将（元少将）、暦応2〈延元4〉・1・13兼伊与権守、暦応4〈興国2〉・12・21〈「22日」イ〉権中納言、暦応5〈興国3〉・3・30兼左衛門督、康永1〈興国3〉（一三四二）・9・7兼春宮権大夫、12・-為橘氏是定、康永2〈興国4〉・1・5正三位、康永3〈興国5〉・7・29権大納言、貞和2〈正平1〉（一三四六）・10・16兼左大将、11・6為左馬寮御監、12・5従二位、貞和3〈正平2〉・9・16右大臣、貞和4〈正平3〉・3・28辞大将、4・12正二位、4・22帯剣、貞和5〈正平4〉・9・13左大臣、文和4〈正平10〉（一三五五）・8・13従一位、延文3〈正平13〉（一三五八）・12・29詔為関白氏長者、内覧、-・-牛車随身兵仗等宣下、延文5〈正平15〉・9・30辞退（左大臣）、康安1〈正平16〉（一三六一）・11・9辞関白、応永2（一三九五）・8・9出家、応永7・5・21薨去

[死没]応永7（一四〇〇）・5・21　[年齢]70　[父]九条道家（実二条道平）　[母]従一位右大臣大宮

季衡女　[号]後報恩院・大宮入道　[法名]祐円　[公卿補任]2―574下　[大日本史料]7―4―560

忠基　ただもと　一三四五―九七

貞和1(一三四五)・-・-誕生〈く追〉、文和3〈正平9〉(一三五四)・2・29従五位上、改教平為忠基〈直叙之、于時教平〉、10・25左中将、11・15正五位下、12・8従四位上〈越階〉、左中将如元、延文1〈正平11〉(一三五六)・4・21正四位下、延文2〈正平12〉・4・15従三位、左中将如元、本名教平、延文3〈正平13〉・3・30兼播磨権守、延文4〈正平14〉・1・5正三位、4・21権中納言、延文5〈正平15〉・4・16従二位、延文6〈正平16〉・3・27権大納言、康安2〈正平17〉(一三六二)・5・7正二位、貞治3〈正平19〉(一三六四)・1・6帯剣、貞治6〈正平22〉・2・13転右近大将、6・29左近大将、貞治7〈正平23〉・1・7為左馬寮御監、応安3〈建徳1〉(一三七〇)・3・16右大臣、3・20左大将還宣旨、11・19辞大将、永和1〈天授1〉(一三七五)・11・18左大臣、12・27詔関白、永和2〈天授2〉・1・6従一位、康暦1〈天授5〉(一三七九)・8・22辞関白、応永4(一三九七)・12・20薨去

[死没]応永4(一三九七)・12・20　[年齢]53　[父]九条経教、一男　[母]家女房　[前名]教平　[号]後已心院　[日記]後已心院殿御記(一三七七―八三)　[公卿補任]2―658上　[大日本史料]7―2―918

教嗣　のりつぐ　一三六二―一四〇四

応安2〈正平24〉(一三六九)・1・23正五位下、2・17侍従、6・7右近少将、11・12従四位下、応安3〈建徳1〉・1・6正四位下〈越階〉、3・27兼近江権介、4・13右近中将、応安4〈建徳2〉・1・5従三位、右近中将〈叙留〉、応安5〈文中1〉・4・18正三位、永和1〈天授1〉(一三七五)・3・29兼播磨権守、永和3〈天授3〉・1・5従二位、永徳1〈弘和1〉(一三八一)・12・24権大納言、永徳3〈弘和3〉・1・5正二位、応永3(一三九六)・4・20兼右大将、10・21内大臣、応永4・3・29渡左大将、応永6・1・-止大将、2・22右大臣、応永9・8・22還任〈右大臣〉、応永10・-・-辞右大臣、応永11・8・15薨去、於大和内山有此事云々

[死没]応永11(一四〇四)・8・15　[年齢]43　[父]九条経教、一男　[母]参議従三位冷泉定親女　[号]中山　[公卿補任]2―706下　[大日本史料]7―6―777

満家　みついえ　一三九四―一四四九

応永1(一三九四)・-・-誕生〈く追〉、応永11・12・15元服、正五位下、禁色、12・25侍従、応永12・1・6従四位下〈追被書入之〉、3・17左少将、12・15転右中将、応永13・1・6従三位、元従四位下〈越階〉、右中将如元、3・24権中納言、応永14・1・5正三位、応永16・7・23権大納言、応永17・1・5従二位、応永18・1・1帯剣、1・5正二位、応永19・7・29兼右大将、応永20・1・6御監宣下、応永21・12・15右大臣、12・18右大将還宣旨、12・21辞大将、応永25・12・2関白、左大臣、応永26・1・6従一位、9・-辞左大臣、応永28・11・21是定宣下、応永31・4・20辞関白、永享10(一四三八)・-・-改名満家、文安5(一四四八)・-・-出家、文安6・5・4薨去〈さし〉

[死没]文安6(一四四九)・5・4　[年齢]56　[父]九条経教、三男　[母]家女房　[前名]満教・満輔　[号]後三縁院　[日記]九条満家公引付(一四三〇―四九)　[公卿補任]3―63上

政忠　まさただ　一四四〇―八八

宝徳3(一四五一)・-・-賜去廿一日位記〈従三位〉、右中将如元、宝徳4・3・23兼近江権守、享徳1(一四五二)・10・18権中納言、享徳2・3・11正三位、10・8権大納言、12・-〈享徳3年にもあり〉従二位、康正2(一四五六)・7・20正二位、長禄4(一四六〇)・12・5兼左大将、寛正5(一四六四)・7・5内大臣、寛正6・3・24被止大将、9・-隠居〈籠居ともあり〉、文明19(一四八七)・2・9詔関白、長享2(一四八八)・9・23〈「8月」く〉薨去

※享徳三年より「政忠」、寛正五年より「橘氏是定」、長享二年に「氏長者牛車兵仗」(文明十九年宣下カ)の記載あり

[死没]長享2(一四八八)・9・23　[年齢]49　[父]九条加々丸　[養父]九条満教　[前名]成家　[号]普門

寺関白 〔公卿補任〕3―167下 〔大日本史料〕8―23―55

政基 まさもと 一四四五―一五一六

文安2(一四四五)・-・-誕生〈く追〉、長禄3(一四五九)・2・23元服〈く追〉、正五位下〈く追〉、禁色〈く追〉、昇殿〈く追〉、3・23右少将(正五下)〈し〉、元無官〈し〉、6・26従四位下〈く追〉、11・27正四位下(年中三度)〈く追〉、長禄4・1・6従三位、左少将、3・27転中将、6・6権中納言、-・-去中将、8・-〈「8日」く〉更兼中将、寛正2(一四六一)・8・11権大納言、10・23正三位、寛正3・1・6従二位、寛正5・7・16勅授〈く追〉、寛正7・1・6正二位〈く追〉、応仁1(一四六七)・5・22為橘氏是定〈く追〉、応仁2・1・11右大臣、文明2(一四七〇)・8・10兼任左近衛大将、文明7・-・-去大将、3・10転任(左大臣)、文明8・1・6従一位、5・15関白詔、氏長者兵杖、5・16辞左大臣、文明11・2・27辞(関白)、2・30内覧兵杖如元之由宣下、長享3(一四八九)・8・19更為橘氏是定〈く〉、延徳3(一四九一)・11・28准三宮宣下、永正13(一五一六)・4・4薨去

〔死没〕永正13(一五一六)・4・4 〔年齢〕72 〔父〕九条満教 〔母〕正二位権大納言唐橋在豊女 〔号〕慈眼院 〔日記〕政基公旅引付(一五〇一―〇四) 〔公卿補任〕3―199上 〔大日本史料〕9―6―257

尚経 なおつね 一四六八―一五三〇

応仁2(一四六八)・11・25誕生〈く追〉、文明16(一四八四)・8・29元服、-・-正五位下、禁色、昇殿、文明17・2・14従四位下、閏3・10従三位、左中将如元、9・17従四位上〈く追〉、文明18・-・-権中納言、文明19・2・9権大納言、7・19正三位、延徳3(一四九一)・11・28兼右近大将、12・29御監、橘氏是定宣下、明応3(一四九四)・1・6正二位、明応4・1・10転左大将、明応7・12・17勅免出仕、明応8・8・13内大臣、文亀1(一五〇一)・2・19〈29日ともあり〉右大臣、2・26大将還宣旨、6・29辞大将、宣下(関白)、永正3(一五〇六)・2・5転左大臣、永正6・12・25一座宣、永正10・10・5辞退官職、永正11・2・5従一位、大永4(一五二四)・6・11辞橘氏是定、享禄3(一五三〇)・7・8薨去

〔死没〕享禄3(一五三〇)・7・8 〔年齢〕63 〔父〕九条政基 〔母〕従三位智子 〔号〕後慈眼院 〔道号〕花渓 〔法名〕行智 〔日記〕後慈眼院殿御記(一四九四―一五一七)・後慈眼院殿雑集(一五〇一―〇四) 〔公卿補任〕3―269上

植通 たねみち 一五〇七―九四

永正4(一五〇七)・1・11誕生〈く追〉、永正11(一五一四)・8・27元服(父公加冠、理髪頭弁伊長朝臣)、-・-正五位下、禁色昇殿事被仰之、10・13右近衛少将、10・23従四位上、12・29〈「27日」く〉従三位、右近権少将如元、永正13・8・6正三位、永正14・9・9従二位、永正18・4・9権中納言、-・-兼右中将、大永2(一五二二)・1・5正二位、12・9〈「10日」さ〉権大納言、大永4・6・11為橘氏是定、12・29兼左大将、享禄1(一五二八)・8・20内大臣、天文2(一五三三)・2・5詔(関白)、-・-氏長者一座牛車兵仗等宣下、2・11辞左大将、天文3・11・21辞職(関白・内大臣)、天文24・12・5賜去天文十正五従一位位記、弘治1(一五五五)・12・8出家、文禄3(一五九四)・1・5薨去〈く追〉

❖大永七年より「御覧〈さ〉」

〔死没〕文禄3(一五九四)・1・5 〔年齢〕88 〔父〕九条政基 〔母〕三条西実隆女従三位保子 〔一字名〕玖・身 〔号〕東光院殿・玖山 〔法名〕行空・恵空 〔日記〕植通公記(一五二九―三三)・植通公記別記(一五八五) 〔公卿補任〕3―337下

兼孝 かねたか 一五五三―一六三六

天文22(一五五三)・11・20誕生、弘治3(一五五七)・4・5正五位下(直叙)、元服、禁色、雑袍、左少将(消息宣下)、12・27従四位下(少将如元)、永禄2(一五五九)・7・2正四位下、(「転」やくま)左中将、永禄3・1・15従三位、左中将如元、永禄4・-・-〈「3月28日」く追〉権中納言☆、永禄6・3・10正三位、永禄8・11・21権大納言、永禄10・12・21従二位、永禄12・11・27右大将、元亀4(一五七三)・2・7正二位、天正2(一五七四)・2・24右大臣、右大将還宣旨、天正3・11・4左大将、天正4・11・21左大臣、〈くま〉左大将還宣旨、天正5・3・

12辞左大将、11·19内覧、11·20辞左大臣、天正6·12·13関白、天正9·4·29辞関白、天正10·6·19従一位☆、天正16·2·18准三宮、慶長5（一六〇〇）·12·19再任関白、〈「15日」く〉還任左大臣、慶長6·1·27辞左大臣、慶長9·11·10辞関白、11·18出家、寛永13（一六三六）·1·17薨去〈く〉

〔死没〕寛永13（一六三六）·1·17　〔年齢〕84　〔父〕九条稙通（実二条晴良）　〔母〕貞敦親王女従三位淳子　〔号〕後月輪　〔法名〕円性·玖山　〔日記〕兼孝公記別記（一六〇〇）　〔公卿補任〕3―447下

❖天正八年より「氏長者」

幸家　ゆきいえ　一五八六―一六六五

天正14（一五八六）·2·19誕生、天正18·2·21〈く〉正五位下、元服、禁色、昇殿、2·22左少将、天正19·1·5従四位下、1·11左中将〈く〉、文禄2（一五九三）·11·11従四位上、慶長4（一五九九）·12·25従三位、権中納言、改名幸家、慶長6·1·6正三位、慶長7·1·6従二位、慶長9·8·1権大納言、10·28〈「10日」く〉正二位☆、慶長11·9·22左大将、慶長12·1·11右大臣、慶長13·1·7辞大将、12·26関白、慶長17·3·-〈「13日」く他「18日」く〉左大臣☆、7·25辞関白、慶長19·1·5従一位、1·11〈「14日」史〉辞左大臣☆、1·13為橘氏是定〈く〉、元和5（一六一九）·9·14還任関白、元和9·閏8·16辞関白、寛永8（一六三一）·閏10·21改名幸家〈く〉、慶安2（一六四九）·8·14更橘氏是定〈く〉、寛文5（一六六五）·8·21薨去〈旧〉

❖慶長十四年より「氏長者」

〔死没〕寛文5（一六六五）·8·21　〔年齢〕80　〔父〕九条兼孝　〔母〕高倉永家女従三位凞子　〔前名〕忠栄　〔一字名〕句·匂　〔号〕惟村院　〔日記〕幸家公記（一六二〇-二四）　〔公卿補任〕3―516上

道房　みちふさ　一六〇九―四七

慶長14（一六〇九）·8·13〈「14日」く〉誕生、慶長18·12·21正五位下、元服、禁色、昇殿、12·22左少将、慶長19·6·28従四位下、少将如元、元和1（一六一五）·12·18従三位、少将如元、12·23転左中将、元和3·8·6権中納言、元和5·12·27正三位、元和7·1·14権大納言、寛永3（一六二六）·8·27右大将、寛永5·2·10従二位、寛永6·9·23為橘氏是定〈く〉、寛永8·11·2改名道房〈く〉、12·11正二位、寛永9·12·28内大臣、寛永12·1·24左大将、寛永14·11·5辞大将、12·28一上（譲摂政）、寛永17·11·3右大臣、寛永19·1·19〈賜去年十二月二日宣旨〉左大臣、正保4（一六四七）·1·5摂政、1·10辞摂政·左大臣、薨去

〔死没〕正保4（一六四七）·1·10　〔年齢〕39　〔父〕九条幸家、二男　〔母〕豊臣秀勝女完子（徳川秀忠養女）　〔前名〕忠象　〔一字名〕旭·松　〔号〕後浄土寺　〔日記〕道房公記（一六三四-四七）　〔公卿補任〕3―544下

兼晴　かねはる　一六四一―七七

寛永18（一六四一）·2·6誕生、正保4（一六四七）·10·15左少将正五位下、元服、禁色、雑袍、昇殿、12·7従四位下、少将如元、正保5·閏1·20〈賜去正月十五日従三位々記〉従三位（越階）☆、左中将☆、承応1（一六五二）·10·12〈賜去年正月廿一日正三位口宣案〉正三位、11·30権中納言、承応3·12·18権大納言、承応4·1·5従二位、明暦2（一六五六）·12·26橘氏是定、万治2（一六五九）·1·13左近大将、12·22正二位、左馬寮御監、寛文4（一六六四）·5·2内大臣、寛文5·3·6右大臣、寛文8·12·28辞大将〈ま〉、寛文9·閏10·27随身兵仗、寛文11·5·7左大臣、延宝5（一六七七）·11·12辞左大臣、薨去

〔死没〕延宝5（一六七七）·11·12　〔年齢〕37　〔父〕九条道房（実鷹司教平）　〔母〕徳川家光女従三位長子（実冷泉為満女）　〔号〕後往生院　〔日記〕兼晴公記（一六六〇-七五）　〔公卿補任〕3―617下

輔実　すけざね　一六六九―一七二九

寛文9（一六六九）·6·16誕生、延宝3（一六七五）·11·15元服☆、従五位上☆、禁色☆、雑袍☆、昇殿☆、11·16右少将☆、12·25正五位下、延宝4·10·6〈「1月16日」家譜〉〈去五日分〉従四位下☆、12·5正四位下（越階）、12·23〔従三位〕（左少将如元）、延宝6·12·2権中納言、12·14橘氏是定、延宝7·12·17正三位、延宝8·12·25権大納言☆、天和1（一六八一）·11·21従二位☆、貞享4（一六八七）·3·13左大将☆、11·28為右馬寮御監☆、元禄6（一六九三）·12·18内大臣、元禄7·2·12〈去正月

五日分〉正二位、元禄12・1・22辞左大将、1・28随身兵仗、元禄17・2・5右大臣、宝永5（一七〇八）・1・6一上、1・21左大臣、正徳1（一七一一）・4・26従一位、正徳2・8・28摂政、正徳5・3・11辞左大臣、享保1（一七一六）・11・1改摂政詔関白、享保7・1・13辞関白、享保14・12・12薨去

※正徳二年より「氏長者」

［死没］享保14（一七二九）・12・12 ［年齢］61 ［父］九条兼晴、一男 ［母］摂政左大臣九条道房女 ［号］後洞院 ［日記］輔実公記（一六六六―一七一〇） ［公卿補任］4―46下

師孝 もろたか 一六八八―一七一三

元禄1（一六八八）・10・4誕生、元禄7・11・16元服、昇殿、禁色、雑袍、従五位上、11・17右少将、12・25正五位下、元禄8・5・8〈去正五分〉従四位下、12・23従四位上、元禄9・12・28〈去正五分〉正四位下、元禄10・2・8転左中将、従三位☆、12・26権中納言（左中将如元）、元禄12・12・28権大納言、元禄13・12・25正三位、宝永3（一七〇六）・4・13従二位、宝永5・閏1・13帯剣、宝永6・4・23右大将、5・25右馬寮御監、正徳2（一七一二）・12・18左大将、12・23左馬寮御監、正徳3・6・25辞両官

※正徳三年権大納言従二位（以後不見）

［死没］正徳3（一七一三）・6・25 ［年齢］26 ［父］九条輔実 ［母］後西天皇皇女益子内親王 ［号］如法光院 ［公卿補任］4―132上

幸教 ゆきのり 一七〇〇―二八

元禄13（一七〇〇）・5・16誕生、享保1（一七一六）・12・13元服、禁色、雑袍、昇殿、正五位下、12・14右少将、12・25従四位下、享保2・3・1右中将、3・25従四位上、7・13権中納言、従三位（中将如旧）、享保3・4・1権大納言、享保4・1・15帯剣、7・6正三位、享保5・1・12右大将、12・18為右馬寮御監、享保7・12・15従二位、享保9・2・8左大将、2・28左馬寮御監、享保11・9・21内大臣、享保12・12・12辞左大将、享保13・5・24辞内大臣、5・26薨去

［死没］享保13（一七二八）・5・26 ［年齢］29 ［父］九条輔実、二男 ［母］後西天皇皇女益子内親王（実家女房） ［号］無量心院 ［日記］幸教公記（一七一八―二七） ［公卿補任］4―227下

稙基 たねもと 一七二五―四三

享保10（一七二五）・10・13誕生、享保16・11・23元服、禁色、雑袍、昇殿、従五位上、11・24右少将、12・18従四位下（越階）、享保17・4・25左中将正四位下（越階）、11・23従三位（左中将如旧）、享保18・8・28権中納言、享保19・2・10正三位、享保20・2・26権大納言、元文2（一七三七）・1・7帯剣、元文3・3・7〈「1月」ま〉従二位、7・5右大将、10・15正二位、12・23右馬寮御監、元文4・2・3内大臣、寛保3（一七四三）・2・21辞内大臣、辞右大将、2・22薨去

［死没］寛保3（一七四三）・2・22 ［年齢］19 ［父］九条幸教 ［母］徳川継友女三千君（実徳川義通女） ［号］後東光院 ［公卿補任］4―302下

尚実 ひさざね 一七一七―八七

享保2（一七一七）・6・21誕生、寛保3（一七四三）・5・9還俗、九条家相続（旧随心院門跡）、5・10正五位下、延享1（一七四四）・3・15元服、禁色、雑袍、昇殿、従四位下、3・16右少将、4・13〈「12日」ま〉従三位☆（少将如故）、5・9権中納言、転左中将、10・10正三位☆、延享2・1・8権大納言、延享3・1・6帯剣〈ま〉、12・19従二位、12・24右大将、12・27右馬寮御監、延享4・3・14為橘氏是定、4・14左大将、4・19左馬寮御監、12・19正二位、寛延3（一七五〇）・12・21内大臣☆、宝暦4（一七五四）・1・26辞大将、宝暦5・1・29右大臣、3・2従一位、宝暦7・3・21一上、宝暦9・11・26左大臣、宝暦12・8・25賜桃園院御服〈ま〉、安永7（一七七八）・2・8関白氏長者、2・19与奪一上於右大臣、直衣始、12・10辞左大臣、安永8・11・25摂政、安永9・12・25太政大臣、賜内舎人随身、天明1（一七八一）・5・20辞太政大臣、天明4・11・25辞内舎人随身、天明5・2・19改摂政詔関白、天明7・3・1辞関白氏長者内覧兵仗等、9・18准三宮賜随身兵仗、9・22辞橘氏是定、〈「9月23日」大補〉薨去

［死没］天明7（一七八七）・9・22 ［年齢］71 ［父］九条輔実、二男 ［母］後西天皇皇女益子内親王

（実家女房）［号］遍照金剛寺［法名］尭巌［日記］尚実公記（一七四八―八五）［公卿補任］4―366下

道前　みちさき　一七四六―七〇

延享3（一七四六）・6・13誕生、宝暦2（一七五二）・9・27元服、禁色、従五位上、9・28右権少将、10・18右権中将、従四位下（越階）、11・28正四位下（越階）、宝暦3・1・22〔従三位〕（中将如故）、11・25権中納言（中将如故）、宝暦4・2・19正三位、5・1権大納言、宝暦5・3・27帯剣、宝暦6・1・8右近衛大将、1・14右馬寮御監、2・1従二位、5・14正二位、宝暦9・11・26内大臣、宝暦13・9・25左大将、9・27左馬寮御監、明和6（一七六九）・1・9辞大将、従一位、明和7・閏6・5辞内大臣随身兵仗、薨去

［死没］明和7（一七七〇）・閏6・5［年齢］25［父］九条尚実［母］家女房［号］盛光院［日記］道前公記（一七六二―七〇）［公卿補任］4―414上

輔家　すけいえ　一七六九―八五

明和6（一七六九）・9・12誕生、安永4（一七七五）・3・26元服、昇殿、従五位上、禁色、3・27右権少将、4・10従四位下（越階）、右権中将、10・17正四位下（越階、推叙）、安永5・2・11従三位、安永6・1・9正三位、6・16権中納言、安永7・6・23権大納言、安永8・3・14帯剣、5・4従二位☆、天明1（一七八一）・5・27正二位、天明5・6・19辞権大納言、薨去

［死没］天明5（一七八五）・6・19［年齢］17［父］九条道前［母］権中納言従三位徳川宗勝女恭姫［号］瑠璃光院［公卿補任］4―549下

輔嗣　すけつぐ　一七八四―一八〇七

天明4（一七八四）・9・15誕生、寛政4（一七九二）・10・15元服、従五位上、禁色、昇殿、10・19左権少将、11・10従四位下（越階）、寛政5・5・23転右権中将、寛政6・1・13正四位下（越階）、5・20〔従三位〕（中将如旧）、8・29服解（実母）、10・10〈「28日」ま〉除服出仕復任、寛政9・2・24権中納言、4・24直衣始、寛政11・2・3正三位、3・16権大納言、4・26帯剣、4・28直衣始、寛政12・12・8従二位、享和3（一八〇三）・12・19〔正二位〕☆、文化2（一八〇五）・4・1左大将・左馬寮御監、5・24直衣始、文化4・1・28辞両官左馬寮御監等、1・29薨去

［死没］文化4（一八〇七）・1・29［年齢］24［父］九条輔家（実二条治孝、二男）［母］参議従三位徳川宗翰女嘉姫［号］清浄観院［公卿補任］5―97上

尚忠　ひさただ　一七九八―一八七一

寛政10（一七九八）・7・15誕生、文化4（一八〇七）・-・-為輔嗣卿子〈ま〉、文化5・3・28元服、従五位上、禁色（別勅）、昇殿、拝賀〈ま〉、4・2左権少将（推任、剰闕）、4・24従四位下（越階）、6・25転権中将、文化6・2・3正四位下（越階）、10・3〔従三位〕（左中将如旧）、文化7・9・3権中納言、10・25直始衣、文化8・9・5権大納言、9・23帯剣、9・25直衣始、12・3正三位☆、文化10・11・24従二位、12・16賜後桜町院御服、文化12・2・26春宮大夫、正二位、文化14・3・22去大夫、文政3（一八二〇）・1・17左大将、左馬寮御監、2・28直衣始、文政4・4・7内大臣、4・10直衣始、文政7・1・5右大臣、1・6直衣始、5・6辞大将御監、5・7従一位、5・28直衣始、6・18橘氏是定、弘化3（一八四六）・3・4賜仁孝天皇御当色、3・7賜御素服、弘化4・6・15左大臣、6・16直衣始、安政3（一八五六）・8・8関白、内覧氏長者・賜随身兵仗聴牛車、8・9直衣始、8・24与奪一上於右大臣、安政4・1・4賜一座宣旨、辞左大臣、安政5・9・4辞内覧、10・19賜内覧宣旨、文久2（一八六二）・6・23辞関白氏長者、閏8・26辞橘氏是定、9・3出家、慶応3（一八六七）・12・10還俗

［死没］明治4（一八七一）・8・21［年齢］74［父］九条輔嗣（実二条治孝、二男）［母］正二位権大納言樋口基康女［号］陶化翁・後遍照金剛院［法名］円真・鶴台［日記］尚忠公記（一八〇四―六二）［公卿補任］5―195下

幸経　ゆきつね　一八二三―五九

文政6（一八二三）・4・26誕生、天保5（一八三四）・11・26元服、禁色、昇殿、従五位上、拝賀、11・27左近衛権少将（推任、剰闕）、12・12従四位下（越

階)、天保6・1・14転権中将(推任、剰闕)、6・29正四位下(越階、推叙)、10・14〔従三位〕、左中将如故、天保7・8・23権中納言、10・25直衣始、天保10・5・13正三位、天保11・12・20賜太上天皇御服、天保13・12・13権大納言、12・25帯剣、12・28直衣始、天保14・6・15従二位、弘化2(一八四五)・12・7正二位、安政6(一八五九)・8・4〈昨日分〉辞権大納言、薨去

[死没]安政6(一八五九)・8・4　[年齢]37　[父]九条尚忠(実鷹司政通)　[母]唐橋在熈女姪子　[号]平等心院　[公卿補任]5—369下

道孝　みちたか　一八四〇—一九〇六

天保11(一八四〇)・5・1誕生、安政1(一八五四)・12・9元服、禁色、昇殿、従五位上、賜御冠直衣、12・11左近衛権少将(推任、剰闕)、12・24従四位下(越階)、安政2・2・5転権中将(推任、剰闕)、9・27正四位下(越階)、安政3・1・25〔従三位〕(左権中将如旧)、安政4・2・27権中納言、左衛門督、4・22直衣始、安政5・9・16左中将、12・19正三位、万延1(一八六〇)・11・18従二位、文久2(一八六二)・1・5権大納言、5・17帯剣、5・22直衣始、10・16橘氏是定、文久3・11・28正二位、慶応3(一八六七)・1・27賜大行天皇御当色、2・2賜御素服、11・30左大臣、左大将・左馬寮御監、慶応4・2・2氏長者、閏4・22従一位、辞大将

[死没]明治39(一九〇六)・1・4　[年齢]67　[父]九条幸経(実九条尚忠、一男)　[母]左近衛少将従四位下酒井忠学妹肫子　[号]昭徳光院　[公卿補任]5—503上

八条・外山家(絶家)

良輔　よしすけ　一一八五—一二一八

建久5(一一九四)・4・23正五位下(元服)、禁色、6・13侍従、10・30右少将〔「右権少将」く〕(除目任左、下名改右)、建久6・2・2近江権介(少将労)、転中将、建久7・1・6従四位下、正治2(一二〇〇)・1・5従四位上、4・1正四位下、10・26従三位、右中将如元、建仁1(一二〇一)・1・29兼播磨権守、8・19正三位、建仁2・10・19従二位、建仁3・1・13権中納言、元久2(一二〇五)・3・9権大納言、4・3正二位、承元2(一二〇八)・7・9内大臣、承元3・4・10右大臣、建暦1(一二一一)・10・4左大臣、建保5(一二一七)・1・6従一位、建保6・11・11薨去

[死没]建保6(一二一八)・11・11　[年齢]34　[父]藤原兼実、四男　[母]遠江守高階盛章女　[公卿補任]1—546上　[大日本史料]4—14—823

良平　よしひら　一一八四—一二四〇

正治2(一二〇〇)・12・30〈20日カ〉従五位上(今日元服、聴禁色)、12・28侍従、建仁1(一二〇一)・1・6正五位下(宜秋門院建久九御給)、1・29右少将、建仁2・1・22土左権介、閏10・24左中将、兼春宮権亮、建仁3・1・5従四位下、10・24従四位上、12・8正四位下、建仁4・3・6参議、元左中将春宮権亮、中将如元、4・12従三位、元久2(一二〇五)・1・29備後権守、元久3・1・16正三位、4・25復任、承元2(一二〇八)・1・5従二位、7・9権中納言、7・19帯剣、8・8兼皇后宮権大夫、10・14正二位、承元3・4・25〔止権大夫脱カ〕、承元5・1・18権大納言、承久3(一二二一)・閏10・10大納言、元仁1(一二二四)・12・25内大臣、嘉禄3(一二二七)・4・9左大臣、寛喜2(一二三〇)・10・25兼左大将、11・17左馬寮御監、寛喜3・4・18上表、辞大臣並大将、嘉禎4(一二三八)・7・20太政大臣、従一位、暦仁2(一二三九)・1・19出家、延応2(一二四〇)・3・17薨去

[死没]延応2(一二四〇)・3・17　[年齢]57　[父]藤原良経(実藤原兼実、三男)　[母]従三位藤原頼輔女　[号]醍醐太政大臣　[公卿補任]1—555下　[大日本史料]5—12—808

高実　たかざね　一二一〇—四八

建保7(一二一九)・1・8従五位上、1・22侍従、4・

八条・外山家

良輔(八条)
良平(外山)—高実—忠基

8右少将、承久1(一二一九)・11・13正五位下(父卿松尾北野行幸行事)、春宮権亮、承久2・1・22転右中将、兼下野介、承久3・1・5四位、閏4・16従四位上、11・29正四位下(院御給)、承久4・1・20従三位(父卿院司賞)、1・24右中将如元、貞応2(一二二三)・1・27兼但馬権守、4・10正三位、嘉禄1(一二二五)・12・22従二位、嘉禄3・4・9権中納言、安貞2(一二二八)・2・1正二位、寛喜3(一二三一)・4・26権大納言、嘉禎4(一二三八)・1・7於仗座絶入(蘇生退出)、2・3辞権大納言、-・-民部卿、延応2(一二四〇)・1・22辞卿、仁治3(一二四二)・3・17出家、宝治2(一二四八)・8・1薨去

[死没]宝治2(一二四八)・8・1　[年齢]39　[父]九条良平、一男　[養父]九条道家　[母]従二位権中納言藤原範光女　[号]外山大納言入道　[公卿補任]2―46下　[大日本史料]5―26―304

忠基　ただもと　一二三〇―六三

寛元5(一二四七)・1・5〔従三位〕、1・7右中将如元、宝治2(一二四八)・1・23兼播磨権守、建長3(一二五一)・1・5正三位、弘長2(一二六二)・1・26参議、兼右中将、3・29従二位、7・16兼右衛門督別当、閏7・-辞別当、12・21辞退両職、弘長3・2・3出家、2・5薨去

[死没]弘長3(一二六三)・2・5　[年齢]34　[父]藤原高実　[母]正二位権大納言藤原経通女　[公卿補任]2―138上

月輪家(絶家)

基家　もといえ　一二〇三―八〇

建保3(一二一五)・1・9正五位下(今日元服、蔭子)、1・13侍従、4・11右少将、7・12転中将、12・16従四位下、建保4・1・13兼播磨介、12・14従四位上、建保5・1・6従三位、右中将如元、建保6・1・5正三位、12・12権中納言、承久2(一二二〇)・1・22権大納言、12・9帯剣、承久3・12・15正二位、寛喜3(一二三一)・4・-籠居、嘉禎2(一二三六)・6・9大納言、嘉禎3・12・17兼宣旨、12・25内大臣、嘉禎4・6・7上表辞内大臣、弘安3(一二八〇)・7・11薨去

[死没]弘安3(一二八〇)・7・11　[年齢]78　[父]藤原良経、三男　[母]関白太政大臣従一位藤原基房女　[号]鶴殿　[公卿補任]2―23上

経家　つねいえ　一二二七―?

暦仁1(一二三八)・12・1叙爵(今日元服)、禁色、12・20侍従、暦仁2・1・5正五位下、延応1(一二三九)・4・13右少将、4・28従四位下(少将如元、行幸東山殿賞)、10・18右中将、延応2・1・22讃岐権介、4・5従四位上(隣時)、仁治1(一二四〇)・11・12正四位下、仁治2・2・1従三位、右中将如元、仁治3・3・7播磨権守、4・9正三位、建長3(一二五一)・1・22正二位、弘長3(一二六三)・2・14出家

❖寛元二年(一二四四)より「従二位」

[父]藤原基家、一男　[母]従二位権中納言藤原能保女　[公卿補任]2―116上

良基　よしもと　一二三六―九二

文永2(一二六五)・1・30従五位上、3・9侍従、12・22右少将、文永3・2・1紀伊権介、3・2正五位下、文永4・11・8左中将、文永6・1・5従四位下(労)、1・7左中将如元、文永7・1・21美作介、文永8・1・5従四位上(労)、文永11・7・25正四位下、建治3(一二七七)・1・29従三位、左中将如元、12・26復任(母)、建治4・2・8丹波権守、弘安2(一二七九)・1・5正三位、正応1(一二八八)・5・8〈「閏5月」当衍〉従二位、正応5・1・10薨去

[死没]正応5(一二九二)・1・10　[年齢]57　[父]藤原基家、二男　[母]従三位藤原基定女　[公卿補任]2―252上

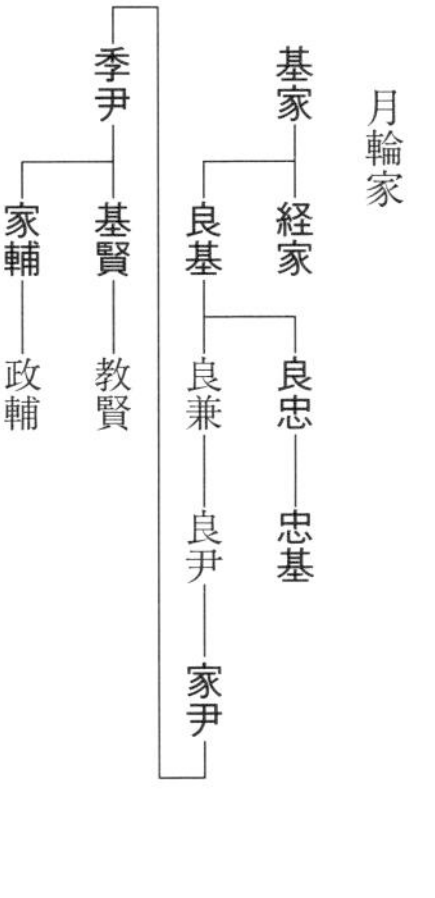

良忠　よしただ　?—一二九九

建治3(一二七七)·6·17叙爵、10·16侍従、弘安3(一二八〇)·1·5従五位上、弘安11·1·5正五位下、8·25右少将、正応3(一二九〇)·1·5従四位下、正応4·12·21転中将、正応5·3·30復任(父)、正応6·1·5従四位上、永仁2(一二九四)·3·27正四位下、永仁3·1·28従三位、右中将如元、永仁5·11·14正三位、正安1(一二九九)·10·23薨去

[死没]正安1(一二九九)·10·23　[父]藤原良基　[母]行資王女　[公卿補任]2—329下

忠基　ただもと　?—一三一九

正安3(一三〇一)·5·17叙爵、侍従(于時冬家)、乾元1(一三〇二)·7·21従五位上、嘉元1(一三〇三)·1·28右少将、8·28正五位下、嘉元4·1·5従四位下(少将如元)、徳治2(一三〇七)·1·27周防介、延慶2(一三〇九)·11·23従四位上、延慶4·3·20〈「30日」や〉〈29日カ〉正四位下、応長2(一三一二)·1·13右中将、正和6(一三一七)·1·6従三位、元前右中将、本名冬家、元応1(一三一九)·-·-薨去

[死没]元応1(一三一九)　[父]二条良忠　[養父]二条兼基　[前名]冬家　[公卿補任]2—461下

家尹　いえただ　?—一三八七

応安6〈文中2〉(一三七三)·12·26従三位、元前右衛門督〔「元前右兵衛督」や〕、応安8·1·8右衛門督、-·-〔正三位カ〕、永徳2〈弘和2〉(一三八二)·1·6従二位、嘉慶1〈元中4〉(一三八七)·-·-薨去

[死没]嘉慶1(一三八七)　[父]月輪良尹　[公卿補任]2—712下

季尹　すえただ

応永6(一三九九)·1·5従三位、元左中将、2·22参議、4·17出家

[父]藤原家尹　[前名]基尹　[公卿補任]3—47上　[大日本史料]7—3—914

基賢　もとかた

永享1(一四二九)·11·21参議、永享2·3·30備中権守、永享3·-·-改基賢、永享7·3·12兼相模権守、永享8·-·-出家

[父]月輪基尹　[前名]尹賢　[公卿補任]3—119上

家輔　いえすけ　?—一四五五

嘉吉2(一四四二)·1·5従三位、文安4(一四四七)·3·13参議、文安6·1·5正三位、宝徳1(一四四九)·8·27辞参議、享徳1(一四五二)·閏8·18従二位、享徳2·1·14権中納言、享徳4·3·26辞権中納言、4·1薨去、4·30贈大納言

※文安二年より「左兵衛督」、文安五年より「周防権守」

[死没]享徳4(一四五五)·4·1　[父]藤原家尹　[公卿補任]3—144上

鎌倉将軍家(絶家)

頼経　よりつね　一二一八—五六

嘉禄2(一二二六)·1·27正五位下、右少将、征夷大将軍、安貞1(一二二七)·1·26近江権介(府労)、寛喜3(一二三一)·2·5従四位上(少将如元)、3·25転左中将、4·8正四位下(中宮並皇子初入内賞、家子)、寛喜4·1·30兼任備後権守(府労)、2·27従三位、左中将如元、于時征夷大将軍、貞永2(一二三三)·1·28権中納言、文暦1(一二三四)·12·21辞権中納言、正三位、嘉禎1(一二三五)·10·8按察使、11·19従二位、嘉禎2·7·20正二位、11·22遷民部卿、嘉禎4·2·17初自関東入洛、2·24還任(権中納言)、-·-兼右衛門督、-·-別当、-·-去民部卿、3·7権大納言、4·6勅授、4·18辞権大納言、寛元2(一二四四)·4·28譲征夷大将軍於息右少将頼嗣、寛元3·7·5出家、建長8(一二五六)·8·11薨去

[死没]建長8(一二五六)·8·11　[年齢]39　[父]九条道家、三男　[母]太政大臣従一位西園寺公経女　[号]七条将軍　[法名]行智　[公卿補任]2—79下

頼嗣　よりつぐ　一二三九—五六

建長3(一二五一)·6·27〔従三位〕、建長4·4·1止

将軍〔「赴京師」つ〕、建長8・9・25薨去
❖建長四年に「左中将」・「征夷大将軍」の記載あり
〔死没〕建長8（一二五六）・9・25　〔年齢〕18　〔父〕藤原頼経　〔母〕正二位内大臣衣笠家良女　〔公卿補任〕2―157下

鎌倉将軍家

頼経――**頼嗣**

二条家　にじょうけ

藤原氏北家摂家流。光明峯寺摂政道家二男の普光園院関白良実を家祖とする。二条の称は、良実が住した二条富小路第に因む。その位置は富小路西、二条北である。のち押小路南、室町東の押小路第に移住するが、これも二条殿と号し、息師忠以降もこれを本第とし、二条の家名が定着した。父道家は西園寺太政大臣公経の女倫子と婚し、公経の一条第西殿に隣接する同東殿に婿住し、良実はその第において建保四年(一二一六)道家の二男として生れた。一男の九条教実、三男の鎌倉将軍頼経、四男の一条実経いずれも同腹の兄弟である。良実は幼にして父道家の意にかなわず疎外され、嘉禄二年(一二二六)に漸く元服するを得るが、当時道家が妻家の遠縁にあたる藤原定家に語ったところのことが『明月記』には「是依不当之心操、月来棄置之童也、(年十一)、此間雖不知将来、頗復尋常習手跡、已似能書、相国猶可令首服之由被示」と見える。これによれば、心がけが悪いとしてここ数ケ月以来棄置いた童であるが、素行も尋常に復し手跡も上達もし、外舅の太政大臣西園寺公経の元服慫慂もあるに依り、将来に疑念を抱きつつもこれを許したという。以来良実は累進して左大臣となり関白職にまでつくが、実にこの外祖父の有力な擁護があったからであろう。十七、八歳のころ、入道亜相四条隆衡の女灑子と婚し、冷泉第に婿住した。灑子の姉貞子は公経一男実氏の室で、実氏もまた一条第を出て妻家に婿住し、同じ境遇であったこともあり、二十二歳年長のこの相婿実氏とは強い協力関係を保つこととなる。道家が家嫡の教実を文暦二年(一二三五)二十六歳で亡くしたあと、後継者と目し鍾愛したのは実経で、教実が没したとき良実は正二位権大納言で二十歳、実経は散位従三位で十三歳であったが、父道家の肩入れにより実経は急速な昇進を遂げ、嘉禎四年(一二三八)良実が左大将を辞し左大臣となると、実経は左大将に、翌々仁治元年(一二四〇)権大納言から一挙に右大臣となった。しかし同三年(一二四二)女竴子所生の四条天皇が夭折したことは、道家にとって大きな痛手で、自らの意見は退けられ幕府の沙汰で擁立された後嵯峨天皇の代となり、三月関白の更迭があり、近衛兼経辞職の後をうけて左大臣の良実が関白・氏長者となった。この更迭は公経の意に出たものであろう。皇嗣問題で幕府の不信を買った道家に比し、公経の威望はますます盛んで、六月孫女の姞子を入内させ、翌寛元元年(一二四三)六月には皇子が出生し、八月には皇太子に立てられた。藤原能保の女婿として幕府との親縁を利用しながら、巧みに自家の勢力を朝廷に扶植してきた一条入道大相国公経を中心とする西園寺家にとって、この頃が全盛期であった。しかし、公経は孫の践祚を見ることなく、翌二年八月、七十四歳で没し、良実もまた大きな支援者を失い、父道家との不和がいよいよ表面化する。入道殿下として左大臣実経を関白とすべく、関白良実に辞退すべきことを公的に慫慂したことで、父子兄弟の確執は決定的となる。前関白近衛兼経の日記によれば、道家が参内して密々に実経を執柄にするよう執奏したのは、四年正月二十一日であった(『岡屋関白記』)。そして道家より使者を以て関白を辞任すべきことが良実に伝えられたのが、その翌々日の二十三日のことで、そのときの概要は『葉黄記』によって知られる。道家が従二位高階経雅を関白良実の許に遣し、「勅定之趣」として伝えしめたのは、昨年末に天皇は天変に託し位を皇太子に譲るという叡慮があり、その陰には「為改政務」に左大臣を以て摂政となすべく、これらのことを幕府へも伝えすでに一決もしたことであるが、譲位の前に左大臣実経が関白となるよう、関白を上表するべきである、というものであった。これに対して良実は「殿下令承此事給、種々被申子細、敢不可上表」という状況で、上表を拒み、勅定に背くということになろうとも「承諾」しがたいとの返答であったので、経雅は両者の間を両度往反して調整をはかったようであるが、「子細同然」であったという。この上は無理にでも宣下あるべしとして、道家は上書して奏聞し、良実もまた参内して伏奏するところがあったという。この表立った父子の確執に公家衆は驚き、「人以為奇、人口嗷々」と記されている。結論は翌二十四日に持ち越され、良実は道家をその一条第に訪ね、四月まで猶予あるべきを直接に請うたが、すでに事定っていることで、「自専」すべきに非ざることとの、道家返答であったという。『葉黄記』の記載によるが、良実が違勅になろうとも承諾しがたいとしたことには相応の理由があったであろうが、それについての記載はない。その意味でも『岡屋関白記』の二十四日条と二十八日の条の両記事は簡単ではあるが示唆に富む。兼経は道家へ書札を以て意見を述べたところ、「不可自専之由有返報、可謂虚言也」とあり、道家の云うところは真実とは考え難く、虚言をいっているとし、兼経は天皇にも直接に叡慮を窺ったのであろう、「又自内震筆有種々仰」と記し、それには「執柄間事、非御本意之由也」と注している。関白更迭のことは勅意より出でたるものではないということであろう。そして後者では、関白良実が辞表を出し実経が関白詔を蒙ったことを記し、「禅閤所申行也」と明記しており、「関白不堪愁緒云々」とも追記する。これらの記載によれば道家が諸事仕組んだものであったというのが実情であったのであろう。いずれにしても父子兄弟の不和を白日のもとに晒すことになった。同二十九日践祚により実経は関白を改め摂政となり、道家は禅閤・関東申次として並びない権勢を誇った。しかしこの三月関東では執権北条時経は病により執権が弟の時頼に代り、その間隙に乗じて名越光時らが前将軍頼経を擁して謀叛を謀ったとして処分される。頼経の父道家もこれに関ったとの嫌疑をうけ、八月関東申次を罷免され、太政大臣西園寺実氏がこれに代った。これより道家の威望は地に墜ち、翌五年正月幕府の奏請によって摂政の更迭が行われ、実経は上表を待たずして其職を罷められ、兼経がこれに代って摂政に還補され、同時に氏長者となった。道家が政治的に失脚してから四年後、建長二年（一二五〇）九条家一門の防護と再建のために作成されたのが、九条道家惣処分状である。教実の女宣仁門院を初め七人に処分されていて、実経・忠家（教実嫡子）みなそのうちに見え、二人の子孫のうち摂籙の大位に登らず凡庶に終れば相伝すべからず、家長に付すべしと規定されている。そして良実については、処分の対象に入れられなかったのみならず、実経・忠家二子への処分部分のそれぞれに「但於前関白子孫者、縦雖有其仁、莫交此家領」と明記され、前関白良実の子孫に縦い摂籙に登る者が出ても、一条家領あるいは九条家領からの伝領はなかるべし、との念押しもなされている。良実については、この惣処分状の末に記して、「先年受重病時、楚忽令書処分、未加再治、自然送数年、爰前関白有不慮事、大略如違背、向後之進退、堆而可量、家門之孤害、子孫之障難不可疑殆、仍所改直先度之処分也、偏守此状不可違犯、於彼状者、破却投火中既畢」とあり、先年重病のとき楚忽にも処分状を書いてしまったが、良実に「不慮」「違背」のことあるにつき、これは破棄するとし、家領の相続を許さなかったのである。それに対し、「右府既為嫡孫、前摂政亦為寵愛、器量尤足伝領之仁、仍所分与也」とし、忠家は嫡孫であり、実経は寵愛するのみならず器量も家領の相続に堪えうる仁であるので分与するとしていて、愛憎の差は明白である。良実に対してはすさまじいまでに疏嫌し、怨念に近いものさえあったようであるが、それについては別の九条道家遺誡の「一、前関白良実不孝事」と題して記す中に、原因らしき記載が見える。「欲堕入令父於坑、或構媒略、竊令達子細於関東、寛元之天下転変其随一也、泰村反逆之時、以無事又奏達仙朝」とあり、これによれば、良実は媒略を構え、いわゆる寛元四年の宮騒動、また宝治元年（一二四七）の三浦氏の乱の際、関東に密告し、道家の身を危くさせたという。道家は同遺誡の「一、諸子孫事」では「悪性関白」とも良実のことを云っており、道家はその政治的に失脚したことの一因は良実にあるとして怨むに至ったのかもしれない。道家に不信を抱き、道家に義絶され所領の分配にも預らなかった良実に対し、時頼が好意的で一定の同情を示したろうことは充分に考えられるところで、『吾妻鏡』建長三年二月十日条に「今日、相州(時頼)自染筆、被献御書於二条殿(良実)、向後御心安可存之由云々」とあるのはそれを示して余りあろう。しかし、時期的にいって道家の云うところを裏付けるものではない。

父子不和・確執については、後世種々の説がなされたようで、『続本朝通鑑』には、「初前摂政道家恚北条氏罷頼経将軍之職、而不満於関東、宝治年中、通謀于泰村・光村図滅北条氏、実経・忠家皆従之、独良実謂時運不至、難敵関東、屢諫道家、道家不聴、而怒其立異論、遂与良実絶父子之義、良実悲之、作願書祈神、欲道家之聴諫、而一家無為也、重時・時頼等潜聞之、故修好於良実、欲道家止密計、且日、自今以後可厚交義、然道家猶不改、而弥嫌忌良実、以実経擬嫡嗣、(側聞、良実祈神之願書、宝治年中之事也、可在三浦敗亡之前後、其願書、良実自筆案文、今猶伝在二条殿、然深秘不許他見、故無知之者)」と見え、これによれば、道家は幕府の頼経の将軍職を罷免したのを怒り、三浦氏と通謀して北条氏を滅ぼさんことを謀り、良実がこれを諫めたことを怒って父子の義を絶ち、良実は諫が成就するよう願文を作って神に祈り、このことは幕府に聞こえ、時頼は好みを良実に通じて道家の密計を罷めさせようとした、というのである。良実の位置は承久の乱における土御門院の姿を髣髴とさせるものがあるが確証はない。願文案のことなどは二条家に関わりなく知りえることではなく、父より義絶されたとする良実を家祖とする二条家側から吹聴された疑いもないわけではない。『二条家譜』では、「良実、舎兄洞院摂政(教実)先于父峯殿下(道家)早世、仍家文書・口決等悉相伝、於父殿下為家督、則洞院嫡子一音院摂政(忠家)者致猶子礼、同息女宣仁門院(彦子)亦以猶子号、有女御入内之儀、然而以後有不慮之子細、蒙父殿下之義絶、但公家・武家不許容」云々と記し、良実は教実早世につき家督を嗣ぎ、家文書や口決等を悉く相伝し、忠家や彦子は良実に猶子の礼をとり、不慮の事情あって父の義絶を蒙ったとしている。義絶のことは認めているにせよ、他のことは明らかに事実に反し、この場合も辻褄を合せるためこのような記載となったのであろう。良実の一男道良は左大臣まで昇進したが、正元元年(一二五九)二十六歳で父に先立って没し、二男の教良は母の出自の関係からであろう別家を起して権大納言で終わり、三男の師忠が家嫡となり、弘安十年(一二八七)左大臣のとき関白詔を蒙った。師忠の跡は舎弟兼基が養子となって相続し、兼基の跡は長男道平が嗣いだ。道平は前関白のとき元弘二年(一三三二)後醍醐天皇の討幕の密議に関与し、幕府から問責を受け、息権中納言良基も官職を停められた。翌三年幕府が滅び、道平は左大臣に還任し氏長者となり、四年内覧となった。良基も権中納言に復し、貞和二年(一三四六)右大臣として関白詔を蒙った。時に二十七歳。以来延文三年(一三五八)まで十二年間に亘り当職にあり、その後三度に亘り八年間、都合二十年に亘り摂籙の地位にあり、嘉慶二年(一三八八)六月に六十九歳で没した。南北朝統一が成る数年前のことで、任槐して四十余年に亘る長い政治要路にあった時期は、将軍足利尊氏より義詮・義満の三代に相応し、刻々と変動する公武間の政治情勢のなかで、北朝の重鎮として果した役割は極めて大きく、二条家は一貫して将軍家との関わりを深める。良基の一男師良、二男師嗣いずれも関白となり、三男経嗣は一条経通の養嗣子となった。兼良はその二男である。良基の孫道忠が応永五年(一三九八)三月に満基と改名したのは、前将軍義満の一字を申し請けたもの。室町時代に摂家においても将軍の偏諱を受けることが行われるようになるが、その嚆矢である。三光院内大臣の『三内口決』に「二条之一流ハ、南朝御出奔之後、光厳院被開聖運、当代之御一流被用正統之事者、二条(後普光院摂政良基公)一家之勲功也、依之至于今称天下御師範」

とあり、北朝正統のことに二条良基の功績は大きく、いまに二条家は「天下御師範」と称されているというのである。それは二条家が即位灌頂と深い関わりのある家であったことにもよる。即位灌頂は天皇の即位式において行う密教的秘儀であり、その秘儀を予め天皇に伝授するのが摂家の役割であった。即位灌頂の初めについては、平安後期にまで溯るとされるが、確実な史料によって連綿として行われるようになったことが知られるのは、鎌倉後期になってからのことで、弘安十一年（一二八八）三月即位の伏見天皇に関白二条師忠が伝授したのが最初である。そして良基は元弘二年（一三三二）三月の光厳天皇即位の時を初め、光明・崇光・後光厳・後小松五代の天皇へ即位灌頂を伝授している。良基以前には鷹司家・九条家で各一例があるが、この良基の例により即位灌頂は二条家が行うのが慣例となり、江戸時代の末に及ぶ。即位灌頂は摂家の家職で、天皇の即位の都度、伝授者の選考があったが、光厳天皇以降二十七例が確認されるが伝授者は全て二条家の人々で、納言の段階での伝授もあった。まさに二条家は即位灌頂の家であり、「天下御師範」であった。なお、二条家には秘して伝襲されてきた「即位灌頂文書」一括があり、平成十二年重要文化財に指定された。

二条家

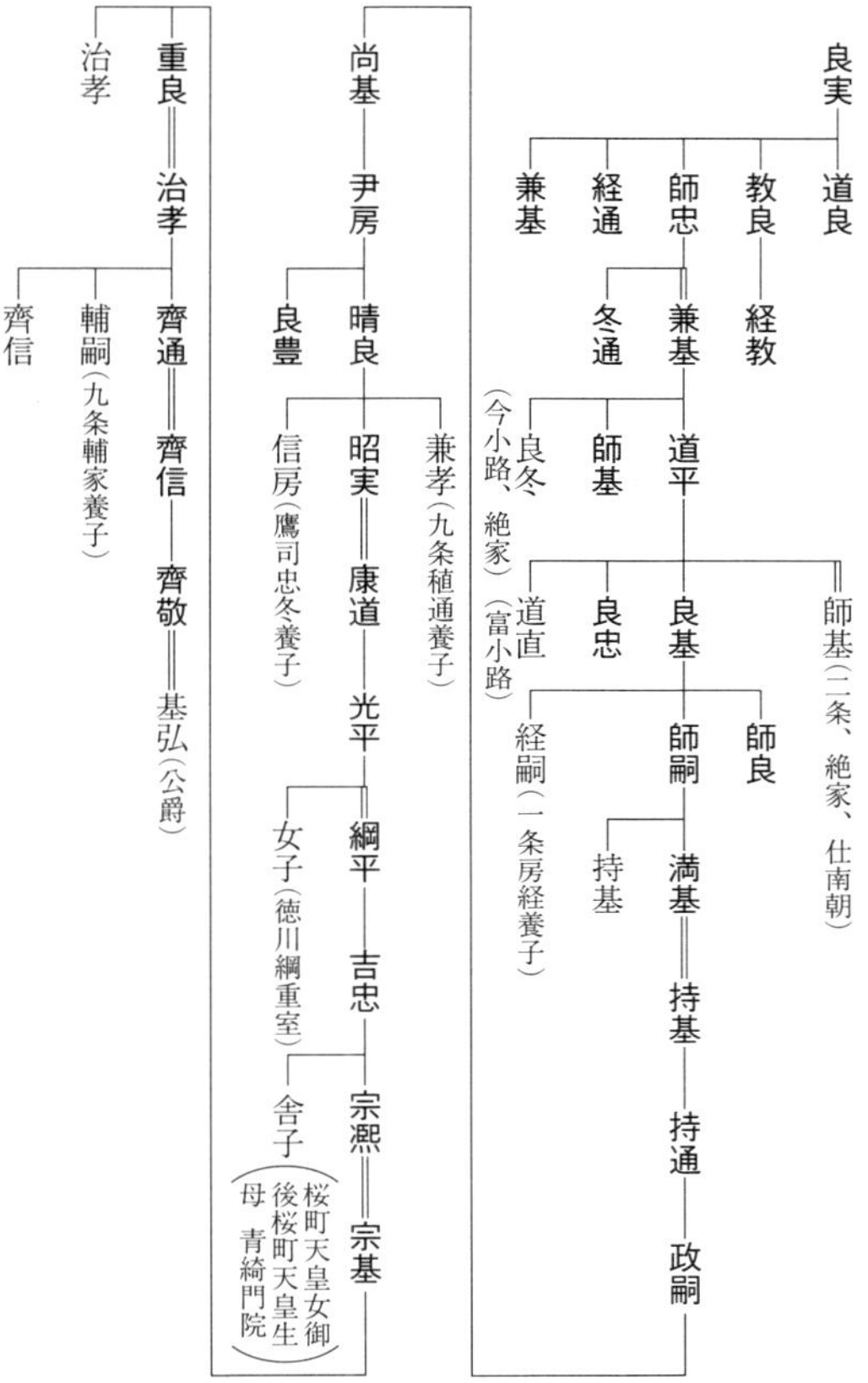

江戸時代の公家社会の規範となった「禁中并公家中諸法度」は、慶長二十年（一六〇五）七月日付で大御所徳川家康・将軍徳川忠秀・関白二条昭実連署して発布されたものであるが、昭実は連署に加ったのみならず、作成に深く関っていたことは「二条昭実覚書」など多くの関連文書によって知られる。昭実以降、江戸時代を通して将軍家と密接な間柄にあり、康道が家康の偏諱をうけ康道と称したのを初め、家嫡は将軍の猶子となり偏諱をうけ名乗るのを例とした。家領は千七百八石八斗。康道・宗基・基弘は九条家から養子に入った。幕末の齊敬は公武合体派の公家として知られる。文久三年（一八六三）前関白近衛忠熙らと八月十八日の政変を起し尊攘派勢力を一掃して公武合体派による朝権を確立し、十二月右大臣より左大臣に転じ、詔を受け関白となった。慶応三年（一八六七）正月睦仁親王（明治天皇）践祚により摂政となったが、十二月王政復古の大号令の発布で摂政・関白は廃職となり、参朝を停止された。齊敬は摂籙の最後となった。摂家としての家職は、大嘗会天神地祇ヲロシ・神膳・即位灌頂大事の天子への奉授、節会・官奏・叙位・除目四箇の大事の口決相伝である。日記に

は、『兼基公記』、『福照院関白記』(満基)、『持通公記』、『如法寿院関白記』(政嗣)、『康道公記』、『綱平公記』、『栄子内親王日記』(綱平室)、『治孝公記』、『二条摂政記』(齊敬)等がある。明治十七年(一八八四)基弘のとき、叙爵内規により公爵を授けられた。菩提所は二尊院。『二条家譜』(東京大学史料編纂所架蔵、四一七五—二七八)。

良実　よしざね　一二一六—七〇

嘉禄2(一二二六)・12・13正五位下(元服)、12・16侍従、安貞1(一二二七)・1・26右少将、12・25中将、安貞2・1・5四位、2・1兼播磨介、寛喜1(一二二九)・1・5正四位下(臨時)、右中将如元、10・9従三位、寛喜2・1・24兼伊与権守、2・8正三位、寛喜3・3・6従二位、3・25権中納言、4・29正二位、10・28春宮権大夫、貞永1(一二三二)・10・4止権大夫、貞永2・4・8〈天福2年にもあり〉左大将、文暦2(一二三五)・6・17権大納言、9・13〈30日ともあり〉兼宣旨、嘉禎1(一二三五)・10・2内大臣、嘉禎2・6・9右大臣、-・-・-従一位、嘉禎4・1・26上表辞大将、7・20左大臣、延応1(一二三九)・12・28上表辞兵仗、仁治3(一二四二)・3・25関白詔、氏長者、3・29随身兵仗牛車、寛元2(一二四四)・6・1辞左大臣、寛元4・1・28上表(辞関白・兵仗)、弘長1(一二六一)・4・29更移関白、文永2(一二六五)・4・18止(関白)、4・25兵杖如元宣下、7・16内覧宣下、文永5・12・27辞兵杖並内覧等、文永7・11・11出家、11・29薨去

[死没]文永7(一二七〇)・11・29　[年齢]55　[父]九条道家、二男　[母]太政大臣従一位西園寺公経女　[号]普光園院　[法名]行空　[公卿補任]2—69下

道良　みちなが　一二三四—?

仁治1(一二四〇)・12・29昇殿、寛元1(一二四三)・1・13正五位下(今日元服)、禁色、昇殿、2・2侍従、3・30右少将、4・9転中将、4・18従四位下(臨時)、6・12従四位上(臨時)、7・8従三位、右中将如元、元従四位上、9・9正三位、寛元2・1・23兼近江権守、6・13権中納言、6・22更兼右中将、8・25従二位、寛元4・1・5正二位、5・28左大将、宝治1(一二四七)・12・8権大納言、建長2(一二五〇)・12・15内大臣、12・23被上大将辞表、12・24賜随身兵仗、建長4・7・20右大臣、11・3左大臣、正嘉1(一二五七)・5・7従一位、正嘉3・11・8出家

[父]二条良実、一男　[母]四条隆衡女従一位儷子　[号]九条　[公卿補任]2—124下

教良　のりよし　一二三四—?

寛元2(一二四四)・2・11正五位下(今日元服)、禁色、2・16左少将、3・6従四位下(少将如元)、4・5正四位下、寛元3・1・5従三位(臨時)、1・7左少将如元、1・13兼伊与権守、宝治2(一二四八)・10・29正三位、建長7(一二五五)・2・13従二位、正嘉3(一二五九)・1・6正二位、文永10(一二七三)・11・28復任、文永11・9・10参議、文永12・1・18兼備前権守、建治1(一二七五)・12・22中納言、弘安2(一二七九)・12・12権大納言、12・29勅授帯剣、弘安6・3・28辞権大納言、正安2(一三〇〇)・1・5従一位、嘉元1(一三〇三)・-・-出家

※文応元年(一二六〇)より「播磨権守〈や〉」

[父]二条良実、二男　[母]四条隆保女(官仕女房)　[公卿補任]2—130下

師忠　もろただ　一二五四—一三四一

建長6(一二五四)・-・-誕生〈く追〉、文応1(一二六〇)・8・23元服、正五位下、即聴禁色、8・28侍従、10・10右少将、弘長1(一二六一)・1・5従四位下、1・7右少将如元、2・5備前権介、7・21従四位上、弘長2・1・5従三位(臨時)、右少将如元、3・29正三位(朝覲行幸、院司賞)、閏7・23転左中将、弘長3・2・19従二位、4・5権中納言、弘長4・1・5正二位、文永2(一二六五)・10・22権大納言、文永6・3・27兼右大将、6・1御監、11・16蒙任大臣兼宣旨、11・28内大臣、文永8・3・27右大臣、文永10・4・12辞大将、-・-・-賜兵仗、-・-・-勅授帯剣、建治1(一二七五)・8・21辞兵仗、11・5兼東宮傅、11・10一上宣、12・22左大臣、建治3・1・5従一位、弘安10(一二八七)・8・11関白詔、氏長者、8・20随身兵仗牛車等宣下、10・21止傅、弘安11・4・27上表(初度)、正応1(一二八八)・

6・17上表(第二度)、6・26上表(第三度)、正応2(一二八九)・4・13止関白、永仁2(一二九四)・11・29出家、暦応4(一三四一)・1・14薨去〈く追〉
[死没]暦応4(一三四一)・1・14 [年齢]88 [父]二条良実 [母]正二位権大納言四条隆衡女(実従三位坊門親仲女) [号]香園院 [法名]行證 [公卿補任]2—193上 [大日本史料]6—6—599

経通 つねみち 一二五五—?
弘長2(一二六二)・10・14正五位下、今日元服、禁色、10・17侍従、11・4右中将、12・26従四位下、中将如元、弘長3・1・28兼播磨介、2・19正四位下、文永2(一二六五)・6・27従三位、右中将如元、文永3・2・1兼讃岐権守、文永6・1・5正三位、文永7・9・4従二位、文永11・11・17兼任近江権守、11・18正二位、永仁4(一二九六)・11・- 出家
[父]二条良実、四男 [母]左中将有信女 [公卿補任]2—204下

兼基 かねもと 一二六七—一三三四
建治3(一二七七)・4・21元服、4・22従五位上、禁色、6・17正五位下、9・13侍従、弘安1(一二七八)・3・14右少将、弘安2・4・24近江介、転右中将、弘安3・1・5従四位下、12・21右中将、弘安4・7・29正四位下、弘安6・1・5従三位(院当年御給)、右中将如元、3・28播磨権守、弘安7・1・13正三位、弘安10・1・13参議、12・10権中納言、弘安11・3・8従二位、正応1(一二八八)・9・12権大納言、11・21正二位、正応3・11・21兼右大将、正応4・3・25転左大将、7・22蒙任大臣兼宣旨、7・29内大臣、12・25転右大臣、正応5・5・15辞大将、永仁2(一二九四)・1・6従一位、永仁4・8・28為一上(関白与奪)、12・27転左大臣、12・30宣旨、永仁6・8・10兼皇太子傅、12・- 摂政、氏長者、12・24牛車兵仗、永仁7・3・5宣可列前太政大臣上、正安1(一二九九)・11・16蒙兼宣旨、11・21太政大臣、正安2・4・19止太政大臣、12・16関白、嘉元3(一三〇五)・4・12上表、-・- 停関白並兵仗、4・26渡朱器台盤、5・3賜兵杖随身聴牛車、7・26氏院参賀、-・- 辞大臣後授一上例、徳治3(一三〇八)・7・20出家
[死没]建武1(一三三四)・8・25 [年齢]68 [父]二条師忠(実二条良実) [母]坊門基信女従一位祥子 [号]中院・光明照院 [法名]円空 [日記]兼基公記(一二七〇) [公卿補任]2—271下 [大日本史料]6—1—740

経教 つねのり 一二八六—?
正応1(一二八八)・12・22正五位下、禁色(今日元服)、12・29侍従、正応2・2・24右少将、3・26従四位下(少将如元)、12・15従四位上、正応4・7・17転中将、正応5・11・5正四位下、正応6・1・5従三位、右中将如元、永仁3(一二九五)・3・4正三位、永仁6・3・22兼伊与権守、永仁7・11・7正二位、徳治2(一三〇七)・1・29山城権守、元応1(一三一九)・10・30解官、元亨1(一三二一)・9・13出家
❖永仁六年より「従二位」
[父]九条教良 [養父]二条師忠 [公卿補任]2—321上

道平 みちひら 一二八七—一三三五
弘安10(一二八七)・-・- 誕生〈く追〉、永仁1(一二九三)・12・9正五位下、禁色(今日元服)、12・13侍従、永仁2・3・27左少将、永仁3・6・23従四位下(少将如元)、8・20正四位下(越階)、12・9従三位、左少将如元、永仁5・1・29正三位、永仁6・6・23従二位、-・- 転右中将、12・18権中納言、正安1(一二九九)・6・6権大納言、12・17正二位、乾元2(一三〇三)・閏4・5兼右大将、嘉元3(一三〇五)・閏12・21辞退両職閇門〈や〉、嘉元4・4・14還兼左大将、10・9任大臣召仰、12・6内大臣、徳治2(一三〇七)・4・3止大将、-・- 兵杖、延慶2(一三〇九)・10・15右大臣、正和2(一三一三)・12・5〈「11月や」〉為一上、11・7兼東宮傅、12・26左大臣、正和3・1・7従一位、正和5・8・23関白、内覧氏長者宣下、9・10牛車兵杖、10・21〈「22日」史〉初度上表、文保2(一三一八)・2・26止傅、3・- 賜小舎人随身、12・6内々辞申関白云々、12・19止之、12・29上表、元亨3(一三二三)・5・- 〈10月ともあり〉内覧、嘉暦2(一三二七)・2・12〈「15日」や〉〈「19日」ともあり〉関白、3・10直衣始、元徳2(一三三〇)・1・26止之、2・23辞兵杖、元弘2(一三三二)・4・10関東勘気被預之由、

正慶2〈元弘3〉（一三三三）・5・17詔命為左大臣、-・-氏長者、元弘4（一三三四）・1・23兼皇太子傅、建武1（一三三四）・2・12止氏長者、12・17兼兵部卿、建武2・2・4薨去
［死没］建武2（一三三五）・2・4　［年齢］49　［父］二条兼基　［母］従五位上侍従御子左為顕女　［号］後光明照院　［日記］後光明照院関白記（一三一四-三三）　［公卿補任］2—330上　［大日本史料］6—2—270

冬通　ふゆみち　一二八五—一三一六
正安3（一三〇一）・12・9元服、12・-禁色昇殿、正五位下、12・18左少将、正安4・1・5従四位下、-・20兼甲斐権介、3・23左中将、4・17正四位下、7・21従三位、右中将如元〈や〉、嘉元3（一三〇五）・1・5正三位、嘉元4・3・30兼播磨権守、延慶4（一三一一）・3・30兼但馬権守、正和2（一三一三）・7・2止権守、正和5・10・-薨去
※正和元年より「伊予権守」
［死没］正和5（一三一六）・10　［年齢］32　［父］二条師忠、二男　［母］正四位下右近衛少将源康成女　［公卿補任］2—366上

師基　もろもと　一三〇一—六五
応長1（一三一一）・6・15従五位上、6・-禁色並昇殿（今日御元服）、6・23侍従、閏6・9左少将、10・8正五位下、12・21従四位下（少将如元）、応長2・1・13兼近江介、3・15正四位下（二階）、正和1（一三一二）・7・11〈「10日」イ〉従三位、左少将如元、正和2・2・6正三位、11・7権中納言、兼右中将、正和3・1・2従二位、正和5・11・18権大納言、正和6・1・5正二位、文保2（一三一八）・3・12礼服宣下、元亨3（一三二三）・10・3辞権大納言、正慶2〈元弘3〉（一三三三）・5・17詔命為本職（権大納言）、建武3〈延元1〉（一三三六）・3・2遷任兵部卿、建武4〈延元2〉・7・20止卿、観応2（一三五一）・12・28関白（南山）、延文4〈正平14〉（一三五九）・6・17出家
※正慶二年より「大宰権帥」
［死没］正平20（一三六五）・1・26　［年齢］65　［父］二条道平（実二条兼基）　［母］内蔵権頭源兼任女　［号］光明台院　［公卿補任］2—428上　［大日本史料］6—26—703

良基　よしもと　一三二〇—八八
元応2（一三二〇）・-・-誕生〈く追〉、嘉暦2（一三二七）・8・9元服、禁色、正五位下、8・14侍従、9・21左少将、9・2〈22日カ〉従四位下、即叙留、9・28左中将、嘉暦3・1・5従四位上、3・16従三位、左中将如元、嘉暦4・6・28権中納言、元徳2（一三三〇）・1・5正三位、元弘2（一三三二）・4・15辞退（権中納言）、正慶2〈元弘3〉（一三三三）・5・17詔為本職、6・12従二位、建武3〈延元1〉（一三三六）・3・2権大納言、建武4〈延元2〉・8・8正二位、暦応1〈延元3〉（一三三八）・10・19兼左大将、暦応3〈興国1〉・7・19内大臣、暦応5〈興国3〉・3・30兼皇太子傅、康永1〈興国3〉（一三四二）・12・21辞大将、康永2〈興国4〉・4・10右大臣、貞和2〈正平1〉（一三四六）・2・29詔為関白氏長者、4・29牛車並兵仗宣下、貞和3〈正平2〉・1・5従一位、9・16左大臣、貞和4〈正平3〉・10・22可列太政大臣上由宣下、10・27依受禅止傅、貞和5〈正平4〉・9・13辞左大臣、観応3〈正平7〉（一三五二）・8・17関白如旧、延文3〈正平13〉（一三五八）・12・29止之（関白）、内覧、貞治2〈正平18〉（一三六三）・6・27詔為関白、氏長者、貞治6〈正平22〉・8・27内々辞、永和2〈天授2〉（一三七六）・1・1准三后、永徳1〈弘和1〉（一三八一）・7・23太政大臣、永徳2〈弘和2〉・4・11摂政、氏長者、永徳3〈弘和3〉・10・20賜内舎人随身、至徳4〈元中4〉（一三八七）・1・8辞太政大臣、-・-〈「2月7日」く追〉辞退摂政、嘉慶2〈元中5〉（一三八八）・4・8還補、6・-〈「13日」く追〉薨去
［死没］嘉慶2（一三八八）・6　［年齢］69　［父］二条道平、一男　［母］従一位右大臣西園寺公顕女　［号］後普光園院　［公卿補任］2—518下

良忠　よしただ　一三二一—?
嘉暦2（一三二七）・12・16元服、正五位下、禁色、3・16右少将、6・29従四位下、少将如元、嘉暦4・1・13兼備前権介、2・12従四位上、元徳1（一三二九）・9・26正四位下、元徳2・1・5従三位、右少将如元、元徳3・1・5正三位、元弘4（一三三四）・1・5従二位、暦応5〈興国3〉（一三四二）・3・30参議、兼左近中将、康永1〈興国3〉（一三四二）・12・

21権中納言、康永2〈興国4〉・1・19勅授帯剣、4・10中納言、8・27権大納言、11・16正二位、貞和3年〈正平2年〉(一三四七)・11・16辞権大納言、観応3〈正平7〉(一三五二)・9・2出家

❖元弘元年より「讃岐権守」

[父]二条道平、二男　[母]従一位前右大臣西園寺公顕女　[公卿補任]2—530上　[大日本史料]6—17—2

師良　もろよし　一三四五—八二

貞和5〈正平4〉(一三四九)・3・25正五位下、禁色(今日元服)、貞和4(恐衍)・4・24右少将、8・13従四位下(右少将如旧)、観応1〈正平5〉(一三五〇)・1・5従四位上(臨時)、観応2〈正平6〉・6・26左中将、文和2〈正平8〉(一三五三)・4・23従三位、左近中将如元、文和3〈正平9〉・3・28兼播磨権守、10・22権中納言、文和5〈正平11〉・1・6正三位、延文3〈正平13〉(一三五八)・8・12従二位、延文4〈正平14〉・3・25権大納言、延文5〈正平15〉・4・16正二位、貞治3〈正平19〉(一三六四)・3・29左大将、貞治5〈正平21〉・1・7左馬寮御監、8・29内大臣、貞治6〈正平22〉・3・26辞大将、9・29右大臣、応安2〈正平24〉(一三六九)・11・4詔為関白氏長者、内覧事宣下、応安3〈建徳1〉・3・16左大臣、応安4〈建徳2〉・1・5従一位、永和1〈天授1〉(一三七五)・11・18辞左大臣、12・27上表、永徳1〈弘和1〉(一三八一)・-・-出家

[死没]永徳2(一三八二)・5・1　[年齢]38　[父]二条良基　[号]是心院　[法名]明空　[公卿補任]2—643下

師嗣　もろつぐ　一三五六—一四〇〇

延文1(一三五六)・-・-誕生〈く追〉、貞治5〈正平21〉(一三六六)・8・29正五位下(今日元服)、禁色、9・26左近権中将、12・7右近権中将、貞治6〈正平22〉・1・5従四位下、右近中将(叙留)、2・13播磨介、7・22正四位下(越階)、応安1〈正平23〉(一三六八)・2・21従三位、右近権中将如元(「右近権中将叙留」し)、4・19権中納言、応安2〈正平24〉・1・5正三位、12・19兼右近大将、応安3〈建徳1〉・11・19転左大将、応安4〈建徳2〉・1・5従二位、3・12権大納言、応安6〈文中2〉・1・6正二位、閏10・28復任、永和1〈天授1〉(一三七五)・11・18右大臣、永和2〈天授2〉・1・-止大将、永和4〈天授4〉・8・27左大臣、永和5〈天授5〉・1・6従一位、8・25詔関白、永徳2〈弘和2〉(一三八二)・1・26辞左大臣〈やし〉、4・11辞退(関白)、嘉慶2〈元中5〉(一三八八)・6・12還補(関白)、応永1(一三九四)・11・6辞関白、応永5・3・9還補(関白)、応永6・4・17出家、応永7・11・23薨去〈く追〉

[死没]応永7(一四〇〇)・11・23　[年齢]45　[父]二条良基、二男　[母]土岐右馬頭頼康女　[号]後香園院　[法名]円誉　[公卿補任]2—697上　[大日本史料]7—4—721

満基　みつもと　一三八三—一四一〇

永徳3(一三八三)・-・-誕生〈く追〉、明徳4(一三九三)・12・23元服、正五位下、12・25左少将、明徳5・4・22従四位下、転左中将、禁色、昇殿、応永1(一三九四)・8・18正四位下(越階)、12・6従三位、左中将如元、12・25権中納言、応永2・4・17正三位、6・3権大納言、応永3・4・20従二位、応永5・3・-〈「22日」く追〉改満基、応永6・1・5正二位、2・22兼右大将、4・22転左大将、応永10・8・19内大臣、応永13・8・-〈「17日」く追〉辞大将、応永16・3・4補(関白)、3・16一座並牛車宣下、3・21転任宣下(左大臣)、応永17・1・5従一位、12・27薨去

[死没]応永17(一四一〇)・12・27　[年齢]28　[父]二条師嗣　[母]参議菅(足利義満猶子)　[前名]通(道)忠　[号]福照院　[日記]福照院関白記(一四〇二—〇九)　[公卿補任]3—34上　[大日本史料]7—13—486

持基　もちもと　一三九〇—一四四五

明徳1(一三九〇)・-・-誕生〈く追〉、応永16(一四〇九)・12・20正五位下(今日元服禁色昇殿)、12・29左近少将(元無官)、応永17・1・5従四位下、1・28兼備前権介、4・26正四位下(改持基)、8・5権中納言、従三位、左中将如元、本名基教、応永18・閏10・7正三位、閏10・9権大納言、応永19・1・5従二位、応永21・11・28正二位、応

永26・2・9左大将、12・5右大臣、12・8左大将還宣旨、応永27・1・-辞大将、閏1・13左大臣、応永28・1・5従一位、応永31・4・20詔関白、10・1兵杖牛車、応永32・-・-辞左大臣、応永35・1・8直衣始〈し〉、-・-随身独衣冠〈し〉、正長1(一四二八)・7・28摂政詔、正長2・8・-〈「4日」く追〉辞左大臣、永享4(一四三二)・7・25太政大臣、8・13辞摂政、10・17還詔、永享5・2・26辞太政大臣、3・22〈23日カ〉復辟為関白、文安2(一四四五)・11・3薨去

[死没]文安2(一四四五)・11・3 [年齢]56 [父]二条満基(実二条師嗣、二男) [母]参議正三位東坊城長綱女 [前名]基教 [号]後福照院 [公卿補任]3—69下

持通　もちみち　一四一六—九三

応永23(一四一六)・5・6誕生〈く追〉、応永34(一四二七)・12・29元服、正五位下、禁色昇殿宣下、応永35・1・16侍従、3・-左近少将、正長2(一四二九)・1・5従四位下、3・29左中将、兼近江介、永享2(一四三〇)・-・-従三位、左中将如元〈や無〉、永享4・6・23権中納言、永享5・1・5正三位、12・27権大納言、永享9・1・5従二位、永享10・11・19左大将、永享12・1・6正二位、文安3(一四四六)・4・29右大臣、文安4・3・23辞大将、文安6・-・-〈享徳2年1月5日にもあり〉従一位、享徳2(一四五三)・4・28詔関白、5・7可列左大臣上之由宣下、享徳3・3・17〈く追〉辞右大臣、7・-〈「6月29日」イし〉辞関白、享徳4・6・5詔関白、長禄2(一四五八)・7・25太政大臣、12・-辞関白、長禄3・1・16内覧兵杖、長禄4・6・27辞太政大臣、寛正4(一四六三)・4・3詔関白、応仁1(一四六七)・5・9辞退(関白)、長享3(一四八九)・4・5准三宮宣下、4・10出家、明応2(一四九三)・1・12薨去

※寛正四年より「氏長者」

[死没]明応2(一四九三)・1・12 [年齢]78 [父]二条持基 [号]大染金剛院 [法名]清空 [日記]持通公記・大染金剛院記(一四四五-八二) [公卿補任]3—121上

政嗣　まさつぐ　一四四三—八〇

嘉吉3(一四四三)・-・-誕生〈く追〉、康正1(一四五五)・12・8元服〈く追〉、禁色〈く追〉、昇殿〈く追〉、正五位下(陣宣下)〈く追〉、12・29侍従〈く追〉、康正2・4・20従四位下〈く追〉、康正3・1・5従三位、左中将如元、長禄2(一四五八)・3・24権中納言、長禄4・8・27権大納言、寛正2(一四六一)・1・5従二位、寛正3・1・16叙検〈し〉、寛正6・3・24兼左近衛大将、寛正7・1・6正二位、2・16右大臣、文正1(一四六六)・12・-辞大将、応仁2(一四六八)・1・11転任(左大臣)、文明2(一四七〇)・8・10詔関白、氏長者宣下、文明6・6・19従一位〈く追〉、文明7・2・11辞左大臣、文明8・5・13謙退(関白)、5・16内覧兵杖如元、文明12・9・2薨去

※長禄三年より「正三位」

[死没]文明12(一四八〇)・9・2 [年齢]38 [父]二条持通 [母]神祇伯雅兼王女 [号]如法寿院 [法名]覚円 [日記]如法寿院関白記(一四七六) [公卿補任]3—188上 [大日本史料]8—12—521

尚基　ひさもと　一四七一—九七

文明3(一四七一)・-・-誕生〈く追〉、文明14・4・17元服〈く追〉、7・30左少将(元侍従)〈く追〉、文明15・1・5従四位下(元正五位下)〈く追〉、2・25左中将〈く追〉、12・23従三位、左近中将如元、文明17・閏3・10権中納言、10・4正三位、文明18・8・-〈「9日」く追〉権大納言、延徳2(一四九〇)・1・16兼右近衛大将、延徳3・4・5内大臣、4・8大将還宣旨、12・28転左大将、明応2(一四九三)・12・26辞大将、明応6・5・10転任右大臣、6・18詔関白、氏長者内覧同時宣下、7・12関白宜列前左大臣左大臣上之由宣下、10・10薨去、不及牛車兵仗宣下

※長享三年(一四八九)より「従二位」、明応四年より「正二位」

[死没]明応6(一四九七)・10・10 [年齢]27 [父]二条政嗣 [母]水無瀬季兼女従三位兼子 [号]後如法寿院 [公卿補任]3—264下

尹房　ただふさ　一四九六—一五五一

明応5(一四九六)・10・12誕生〈く追〉、永正5(一五〇八)・12・27元服、正五位下(消息宣下)、禁色、昇殿、

永正6・1・16侍従、3・12左近権少将、永正7・1・6従四位下、3・4左近権中将、永正8・3・19従三位(越三階)、中将如元、永正9・6・6権中納言、永正10・7・18権大納言、永正11・6・5右近大将、11・26正三位、永正12・12・8従二位、12・9内大臣、永正13・4・30転左大将、永正14・1・6左馬寮御監宣下、9・7辞大将、永正15・3・29〈「30日」さ〉詔関白、氏長者牛車兵仗一座等宣下、5・28転右大臣、可列太政大臣上之由同宣下、8・30喪祖母軽服、10・6正二位、永正18・7・1転左大臣、大永2(一五二二)・1・5従一位、大永3・3・2辞退左大臣、大永5・4・3〈「4日」さ〉辞退関白、6・28内覧、享禄1(一五二八)・閏9・18下向備前国〈さ〉、12・16帰京〈さ〉、天文2(一五三三)・2・5准三宮、天文3・12・14詔(関白)、天文5・閏10・21上表、天文13・4・27在国(備前国)、天文20・8・29於周防国薨去

〔死没〕天文20(一五五一)・8・29　〔年齢〕56　〔父〕二条尚基　〔母〕家女房　〔号〕後大染金剛院　〔公卿補任〕3―329下

晴良　はれよし　一五二六―七九

大永6(一五二六)・4・16誕生(於二条押小路亭)〈く追〉、天文5(一五三六)・9・22正五位下、元服、禁色、昇殿、11・5侍従、天文6・2・16左少将、4・26従四位下、8・23転左中将、天文7・1・5従三位(越階)、左中将如元、3・8兼伊予権守、天文8・3・23権中納言、天文9・1・6正三位、天文10・3・19権大納言、従二位、天文11・1・5正二位、天文12・9・8左大将、天文14・6・2内大臣、天文15・3・13転任(右大臣)、天文16・2・17転任(左大臣)、天文17・12・27関白詔、-・-氏長者内覧随身兵仗牛車一座等宣下〈や〉、天文18・1・5従一位、天文21・12・28辞退左大臣、天文22・1・20辞退(関白)、永禄9(一五六六)・12・24准三宮、永禄11・11・16〈12月ともあり〉詔(関白)、-・-氏長者兵仗牛車等陣宣、天正6(一五七八)・4・-〈「4日」く追〉辞(関白)、天正7・4・29薨去

〔死没〕天正7(一五七九)・4・29　〔年齢〕54　〔父〕二条尹房　〔母〕関白従一位左大臣九条尚経女　〔号〕浄明珠院　〔法名〕円寂　〔公卿補任〕3―398上

良豊　よしとよ　一五三六―五一

天文5(一五三六)・-・-誕生、天文18・12・25正五位下(今日元服、直叙)、禁色、昇殿、12・28左少将、天文19・1・21転中将、6・28従四位上(越階)、7・21従三位、左中将如元、天文20・1・6正三位、9・2於長門国薨去

〔死没〕天文20(一五五一)・9・2　〔年齢〕16　〔父〕二条尹房、二男　〔公卿補任〕3―427下

昭実　あきざね　一五五六―一六一九

弘治2(一五五六)・11・1誕生〈く追〉、永禄11(一五六八)・12・16正五位下(直叙)、12・28元服(小叙位)、12・29侍従、永禄12・1・-左少将☆、4・28従四位上(越階)〔やくま無〕、12・27転中将、永禄13・1・10従三位(越階)、左中将如元、元亀2(一五七一)・2・14権中納言、元亀3・11・26正三位、12・16権大納言、元亀4・6・27従二位、天正2(一五七四)・1・5正二位、天正5・11・19左大将、11・20内大臣、天正7・1・20右大臣、天正12・12・-左大臣、天正13・2・12関白、3・10〈4月ともあり〉辞左大臣、7・10従一位、7・11辞関白、慶長10(一六〇五)・8・24准三宮、元和1(一六一五)・7・28還任関白、元和5・7・14辞関白、薨去

〔死没〕元和5(一六一九)・7・14　〔年齢〕64　〔父〕二条晴良、二男　〔母〕貞敦親王女従一位信子　〔二字名〕次・桐　〔号〕後中院　〔公卿補任〕3―464下　〔大日本史料〕12―31―30

康道　やすみち　一六〇七―六六

慶長12(一六〇七)・1・24誕生、慶長18・12・7正五位下、元服、禁色、昇殿、12・11左少将、慶長19・6・20従四位下、少将如元、慶長20・1・5従三位〈「越三階」く〉、少将如元、元和1(一六一五)・12・27転中将、元和2・7・4権中納言、元和5・3・29権大納言☆、12・25〈「11月」く〉正三位、元和6・1・5従二位、8・17右近衛大将、元和7・1・12内大臣、元和8・1・5正二位、元和9・1・5転左大将、寛永3(一六二六)・8・27辞大将、寛永6・9・13右大臣、寛永9・12・28左大臣、寛永12・10・10摂政、氏長者内覧牛車兵仗等宣下、寛永14・12・24辞左大臣、寛永16・1・5従一位、正保4(一六四七)・1・3辞摂政、寛文6(一六六六)・7・

28薨去

[死没]寛文6(一六六六)・7・28 [年齢]60 [父]二条昭実(実九条幸家、二男) [母]参議従四位下豊臣秀勝女完子(太政大臣徳川秀忠養女) [一字名]東・藤 [号]後浄明珠院 [別号]銅駄老人 [日記]寛永記(一六四三)・康道公記(一六三五—四四) [公卿補任]3—544下

光平　みつひら　一六二四—八二

寛永1(一六二四)・12・13誕生、寛永11・閏7・8正五位下☆、元服☆、禁色☆、昇殿☆、閏7・12左少将、8・2従四位下、10・28左中将、寛永12・1・5従三位、中将如元、7・16権中納言、寛永14・10・16権大納言☆、12・29〈30日ともあり〉正三位、寛永15・1・7兼右大将、12・23辞大将、寛永16・1・5従二位、1・14還補右大将、寛永17・1・5正二位、寛永19・1・19〈去年十二月二日分〉内大臣宣旨、寛永20・7・11左大将、正保4(一六四七)・7・3右大臣、慶安4(一六五一)・2・3辞大将、慶安5・2・9辞右大臣☆、2・21還任右大臣、9・15左大臣、承応2(一六五三)・9・21関白、氏長者内覧牛車随身兵仗、明暦3(一六五七)・3・8従一位、寛文3(一六六三)・1・26摂政☆、寛文4・9・17辞摂政、天和2(一六八二)・11・12薨去

[死没]天和2(一六八二)・11・12 [年齢]59 [父]二条康道 [母]後陽成天皇皇女貞子内親王 [一字名]東 [号]後是心院 [公卿補任]3—580下

綱平　つなひら　一六七二—一七三二

寛文12(一六七二)・4・13誕生、天和2(一六八二)・11・10元服、禁色、雑袍、昇殿、正五位下、11・11左少将、天和3・2・1従四位下☆、7・29従三位(越階)☆、12・15権中納言、左中将、貞享1(一六八四)・12・23権大納言、貞享2・9・14正三位、貞享3・12・28従二位〈ま〉、元禄6(一六九三)・11・12右大将、12・28右馬寮御監、元禄12・1・22左大将、1・24左馬寮御監、元禄17・2・26内大臣、12・26正二位、宝永3(一七〇六)・11・25辞左大将☆、宝永5・1・21右大臣、2・16東宮傅〈立坊日〉、宝永6・6・21止傅、正徳5(一七一五)・8・12左大臣、12・27従一位、享保7(一七二二)・1・13関白、1・25与奪一上於右大臣〈ま〉、-・-氏長者内覧牛車等宣下、5・3辞左大臣、享保11・6・1辞関白、享保14・4・29出家

[死没]享保17(一七三二)・2・6 [年齢]61 [父]二条光平(実九条兼晴) [母]後水尾天皇皇女賀子内親王 [号]敬信院 [法名]円覚 [日記]綱平公記(一七〇四—二六) [公卿補任]4—71下

吉忠　よしただ　一六八九—一七三七

元禄2(一六八九)・8・13誕生、元禄9・2・18元服、昇殿、禁色、雑袍、従五位上、2・27左少将、元禄10・12・26従四位下、元禄11・1・9従四位上☆、4・12左中将、正四位下、12・15従三位(左中将如元)、元禄12・10・28権中納言、元禄14・2・17〈去正月五日分〉正三位、元禄17・2・29権大納言、宝永4(一七〇七)・2・10〈去正月五日分〉従二位、宝永5・閏1・21帯剣、正徳2(一七一二)・12・21右大将、12・25右馬寮御監☆、正徳3・7・19左大将、正徳5・8・12内大臣、享保1(一七一六)・12・25正二位、享保3・1・28辞大将、享保4・11・30辞内大臣☆、12・1還任内大臣☆、享保7・5・3右大臣、享保11・6・2為一上☆、9・15左大臣、享保14・11・14従一位、元文1(一七三六)・8・27詔関白、8・28与奪一上於右大臣、直衣始〈ま〉、-・-氏長者内覧牛車等宣下、元文2・8・3辞関白、薨去

[死没]元文2(一七三七)・8・3 [年齢]49 [父]二条綱平 [母]霊元天皇皇女栄子内親王 [号]安祥院 [公卿補任]4—136下

宗熈　むねひろ　一七一八—三八

享保3(一七一八)・11・6誕生、享保13・11・18元服、禁色、雑袍、昇殿、従五位上、11・22左少将、12・21従四位下(越階)、享保14・2・28左中将、正四位下(越階)、12・4従三位(左中将如元)、享保15・5・28権中納言、9・18左大将、12・25左馬寮御監、享保16・12・18正三位、享保18・5・9権大納言、元文1(一七三六)・2・14従二位、元文2・6・29内大臣、元文3・1・24右大臣、6・18辞右大臣・左大将、薨去

[死没]元文3(一七三八)・6・18 [年齢]21 [父]二条吉忠 [母]参議従三位前田綱紀女 [号]常観喜院 [公卿補任]4—288上

宗基　むねもと　一七二七—五四

享保12(一七二七)・5・20誕生、元文3(一七三八)・8・13当家相続、元文4・9・19元服、禁色、雑袍昇殿、従五位上、9・23左少将、11・8従四位下(越階)、12・20左中将、元文5・1・28正四位下(越階)、元文5・5・28〔従三位〕(中将如元)、8・1権中納言(中将如旧)、寛保2(一七四二)・1・25正三位、7・2権大納言、寛保3・9・19勅授帯剣、9・27従二位、12・16右大将、12・27右馬寮御監、延享2(一七四五)・5・10正二位、閏12・24内大臣、閏12・25直衣始〈ま〉、延享3・12・24左大将、12・26左馬寮御監、延享4・3・16皇太子傅、4・7辞左大将、5・2止傅、寛延1(一七四八)・3・7辞内大臣、3・9還任内大臣、寛延2・11・15右大臣、-・-賜官次宣旨、宝暦2(一七五二)・1・10従一位、宝暦4・1・18辞右大臣、薨去

〔死没〕宝暦4(一七五四)・1・18　〔年齢〕28　〔父〕二条宗熙(実九条幸教、二男)　〔号〕後敬信院　〔公卿補任〕4—345下

重良　しげよし　一七五一—六八

宝暦1(一七五一)・11・3誕生、宝暦7・9・27元服、昇殿、禁色、雑袍、従五位上、9・30右権少将、12・22従四位下(越階)、宝暦8・1・11左権中将、2・10正四位下(越階)、宝暦9・1・9〔従三位〕(左中将如故)、1・29権中納言(左中将如故)、10・10拝賀着陣、宝暦10・2・17権大納言、11・16帯剣、11・24正三位、宝暦12・8・25賜桃園院御服〈ま〉、宝暦13・8・1従二位、9・27右大将、10・4右馬寮御監、明和3(一七六六)・2・11正二位、明和5・2・19春宮大夫、7・2辞三官、薨去

〔死没〕明和5(一七六八)・7・2　〔年齢〕18　〔父〕二条宗基、二男　〔母〕家女房　〔号〕維則院　〔公卿補任〕4—448上

治孝　はるたか　一七五四—一八二六

宝暦4(一七五四)・2・9誕生、明和6(一七六九)・12・16元服、昇殿、禁色、雑袍、従五位上、12・18左権少将、12・22従四位下(越階)☆、明和7・1・5正四位下(越階)、8・4転左権中将、〔従三位〕、明和8・4・18権中納言☆、明和9・1・9正三位、2・14権大納言、3・19帯剣☆、安永2(一七七三)・1・9従二位☆、安永4・1・6正二位、天明2(一七八二)・2・30兼右大将、3・23右馬寮御監、3・27直衣始、寛政1(一七八九)・8・19左大将、10・6左馬寮御監、寛政3・11・28右大臣、12・2直衣始、12・4執事、寛政4・1・6賜官次宣旨、1・14賜官次宣旨〈ま〉、2・6辞大将左馬寮御監、-・-賜随身兵仗、3・7直衣始、寛政7・11・28為一上、寛政8・2・4従一位、4・24左大臣、4・26直衣始☆、文化10(一八一三)・12・16賜後桜町院御服、文化11・4・2辞左大臣随身兵仗、文政9(一八二六)・10・6薨去

〔死没〕文政9(一八二六)・10・6　〔年齢〕73　〔父〕二条宗基、三男　〔母〕家女房　〔号〕法寿金剛院　〔日記〕治孝公記(一七七二—九一)　〔公卿補任〕4—511下

齊通　なりみち　一七八一—九八

天明1(一七八一)・閏5・9誕生、天明7・12・25元服、禁色、昇殿、従五位上、12・27右近衛権少将、天明8・1・15従四位下(越階)、天明9・1・14転権中将、12・1正四位下(越階)、寛政3(一七九一)・2・22〔従三位〕(右中将如元)、8・27権中納言(中将如元)、9・24直衣始、寛政6・1・13権大納言、2・16帯剣、2・19直衣始☆、寛政7・11・27正三位、寛政9・2・26従二位、3・27内大臣、3・30直衣始、-・-兼左大将、-・-左馬寮御監、寛政10・1・26辞大将、左馬寮御監、5・18随身兵仗、5・21辞内大臣随身兵仗、薨去

〔死没〕寛政10(一七九八)・5・21　〔年齢〕18　〔父〕二条治孝　〔母〕参議従三位徳川宗翰女　〔一字名〕藤　〔号〕恭徳院　〔公卿補任〕5—76下

齊信　なりのぶ　一七八八—一八四八

天明8(一七八八)・3・5誕生、享和1(一八〇一)・2・19元服、禁色、昇殿、従五位上、2・23左近衛権少将☆(推任)、4・7従四位下(越階〈ま〉)、8・8転左権中将(推任)、享和2・12・22正四位下(越階)☆、享和3・2・19〔従三位〕(中将如旧)、享和4・1・24権中納言、文化1(一八〇四)・5・3直衣始、文化3・12・19正三位、文化5・6・24権大納言、9・15帯剣☆、9・19直衣始、文化6・2・10従二位、文化10・10・27正二位、12・

16賜後桜町院御服、文化12・2・26内大臣、右大将、右馬寮御監、2・28直衣、12・4左大将、左馬寮御監、文政3(一八二〇)・1・17辞大将御監、随身兵仗、2・17直衣始、10・15転右大臣、10・19〈ま〉直衣始、文政6・3・21院執事、3・27一上、文政7・1・5左大臣、1・6直衣始、5・7従一位、天保11(一八四〇)・12・20賜太上天皇御服、弘化4(一八四七)・4・26辞左大臣・随身兵仗、薨去

[死没]弘化4(一八四七)・4・26　[年齢]61　[父]二条治孝、六男　[母]徳川宗翰女翰子　[号]成徳院　[日記]齊信公記(一八二六)　[公卿補任]5—157上

齊敬　なりゆき　一八一六—七八

文化13(一八一六)・9・12誕生、文政7(一八二四)・5・25元服、従五位上、禁色、昇殿、拝賀、5・28左権少将(推任、剰闕)、6・4従四位下(小除目、越階)、8・10転右権中将、10・19正四位下(越階)、文政8・1・25(従三位)(推叙)、右中将如故、文政10・12・19正三位、文政11・2・4権中納言、3・21直衣始、天保2(一八三一)・6・23権大納言、10・26帯剣、10・28直衣始、天保3・1・27従二位、天保9・10・28正二位、安政6(一八五九)・3・27左大将、3・28内大臣、3・30直衣始、文久2(一八六二)・1・4転右大臣、1・20直衣始、5・11辞左大将左馬寮御監、随身兵仗、9・28従一位、文久3・9・19内覧宣旨、12・23氏長者、左大臣、随身兵仗牛車、12・24直衣始、慶応3(一八六七)・1・9摂政、9・27辞左大臣、12・9辞摂政内覧氏長者随身兵仗、慶応4・2・2辞長者

[死没]明治11(一八七八)・12・5　[年齢]63　[父]二条齊信、二男　[母]徳川治紀女従子　[日記]齊敬公記(一八二三—六七)　[公卿補任]5—306上

今小路家(絶家)

良冬　よしふゆ

元弘3(一三三三)・12・13正五位下(今日元服)、12・20左中将、建武5(一三三八)・1・5従四位下(府労)、暦応2〈延元4〉(一三三九)・1・5従四位上、暦応3〈興国1〉・4・1正四位下、8・12従三位、左中将如元、貞和2〈正平1〉(一三四六)・2・21正三位、貞和3〈正平2〉・3・29兼下総権守、11・16権中納言、文和2〈正平8〉(一三五三)・5・23従二位、9・12還任、12・29権大納言、文和4〈正平10〉・12・8正二位、延文4〈正平14〉(一三五九)・3・25辞退権大納言、応安3〈建徳1〉(一三七〇)・6・21従一位、6・-出家

[父]二条兼基　[公卿補任]2—583上　[大日本史料]6—32—144

基冬　もとふゆ　一三四一—八二

延文1〈正平11〉(一三五六)・12・25従三位、左中将如元、延文3〈正平13〉・1・7正三位、3・30兼

今小路家

良冬—基冬—師冬—満冬—持冬—成冬

近江権守、貞治5〈正平21〉(一三六六)・4・19従二位、応安2〈正平24〉(一三六九)・12・19権中納言、応安4〈建徳2〉・1・5正二位、応安7〈文中3〉・12・13権大納言、応安8・2・7辞権大納言、永徳2〈弘和2〉(一三八二)・11・-従一位、11・21薨去

[死没]永徳2(一三八二)・11・21　[年齢]42　[父]二条良冬　[養父]二条良基　[公卿補任]2—654下

師冬　もろふゆ

応永2(一三九五)・6・3従三位、左中将(叙留)、応永3・1・28権中納言、応永6・1・5正三位、2・22権大納言、3・27辞権大納言、4・22還任(権大納言)、応永7・1・5従二位、応永8・3・24辞退(権大納言)、応永9・11・10正二位、応永11・4・7従一位、-・-出家

[父]二条基冬　[公卿補任]3—37下

満冬　みつふゆ

応永14(一四〇七)・3・5参議、右中将如元、1・5叙正四位下之由追被書入之、応永15・1・5従三位、応永16・閏3・23兼播磨権守、応永17・10・-権中納言、応永十七年権中納言従三位(以後不見)

〔父〕今小路師冬　〔公卿補任〕3―64上　〔大日本史料〕7―13―402

持冬　もちふゆ　?―一四三六

永享4(一四三二)・6・23従三位、左中将如元、永享5・12・29権中納言、永享8・12・-薨去

〔死没〕永享8(一四三六)・12　〔父〕今小路満冬　〔公卿補任〕3―125下

成冬　なりふゆ

宝徳3(一四五一)・3・26侍従(正五位下)〈し〉、長禄4(一四六〇)・1・6従三位、左中将如元、長享2(一四八八)・-・-正三位、永正2(一五〇五)・-・-出家

〔父〕今小路持冬　〔公卿補任〕3―199上

一条家　いちじょうけ

藤原氏北家摂家流。光明峯寺摂政道家の四男圓明寺摂政実経を家祖とする。一条の称は実経が父道家から処分された一条室町第に因み、実経以降もこれを本第とし、一条の家名が定着した。大内裏一条坊を桃華坊といったことに因み、別称を桃華坊という。父道家は西園寺太政大臣公経の女倫子と婚し、公経の一条第西殿に隣接する同東殿に婿住し、実経はその第において貞応元年(一二二二)道家の四男として生れた。一男の九条教実、二男の二条良実、三男の鎌倉将軍頼経いずれも同腹の兄弟である。一条第はもと公経の舅一条入道能保の領で、公経の修造により一条西殿(一条町第)、一条東殿(一条室町第)として整備され、公経は前者に、道家は後者に住した。道家の一男教実が成長すると、公経は末娘に教実を婿取り西殿に住まわせ、自らは北山西園寺の別亭に移った。教実は寛喜三年(一二三一)七月関白の詔をうけ、これを機に道家・教実の父子間で居所の取替がなされ、教実は東殿、西殿には道家が住した(『明月記』)。しかし文暦二年(一二三五)三月に至り摂政教実が二十六歳で没したので、異例のことながら道家が息に代って摂政に還任し、閏六月には東殿に還住した(『明日記』)。道家は嘉禎四年(一二三八)七月出家し、東山の光明峯寺第に退去する。権勢なお盛んであったが、四条天皇の皇嗣をめぐって幕府の不信を買い、しかもかねてより不和であった二男の良実が関白となるという事態をむかえる。実経は父道家から譲りをうけ寛元三年(一二四五)十月これに移徙しているが、これは実経が九条一流の嫡子とされたがためであろう。翌年正月、道家は後嵯峨天皇の譲位にあたり関白良実に対し、上表すべく迫る。これにより実経は関白、ついで摂政となったが、鎌倉で前将軍の頼経が反執権北条氏の勢力に関わったとして京都に送還され、父道家も裏で画策していたとして幕府から嫌疑を受け、八月関東申次を罷免されて失脚し、実経は五年正月幕府の奏請で摂政を罷免された。道家が実経を家嫡と見倣していたことは、建長二年(一二五〇)十一月日の九条道家惣処分状(『九条家文書』一)によって知られる。この処分状はまず「寺院」について記し、次いで「家地文書庄薗事」と題し宣仁門院(教実女)以下七人に対しての処分を記すが、「前摂政」及び「右大臣」に対する部分が大部分を占め、女性分の多くには一期規定がある。前摂政実経に対しては、家地として一条室町亭、家領は相伝の所領十九ヵ所、新御領十七ヵ所、その他四ヵ所の都合四十ヵ所、故洞院摂政教実息の右大臣忠家に対しては、家地として九条富小路亭、家領は旧殿の所領十四ヵ所、新御領十二ヵ所の都合二十六ヵ所とする。この二人への処分については、「洞院摂政者家嫡也、右府既為嫡孫、前摂政亦為寵愛、器量尤足伝領之仁、仍所分与也」とし、忠家は嫡孫であることによるとしか記していないが、実経は鍾愛すべき一子であり器量もまた伝領に足る者であるからとしていて、実経が格別の存在であったことが知られる。また処分後の扱いについては、それぞれに「抑子孫中、不経大位、混凡庶之時者、不可相伝、可附家長者、但於前関白子孫者、縦雖有其仁、莫交此家領」と規定し、惣処分を記した末尾にも「於摂政幷右府子孫、遂前途、為家長者相伝領掌勿論、若不登大位、混俗塵者、専不足其仁歟、早返付家長者、可令惣領、(中略)日記・文書子細又同前」との条件を付している。これらによれば、摂籙にまで登らず、相応しい仁でなければ家領を相伝させず、速やかに家長に返付すべきものであるとし、また前関白良実の子孫は縦い摂籙に登る者が出ようとも、この家領からの処分はさせないとの条件であった。注目すべきは、相続の資格に問題が生ずれば家長に付すべしということで、家長は実経・忠家両流子孫中の一門が押す長者のことであろうから、家領は両流の子々孫々にそのまま相伝されるとは想定されていなかったということになろう。しかし、この規定に拘わらず、実際には三家は明確に分立して、家長は三家門の各自がもつことになり、家領は二流の枠内での伝領にとどまることになる。また、後世と位置づけを異にしているのは、一条・九条両流の嫡庶の問題である。『尊卑分脈』の巻頭の摂家相続孫の標目で、法性寺関白忠通公息四人の内に、「三男月輪摂政兼実公流　九条殿　二条殿　一条殿等祖各摂籙」とあり、「又是一流之正統也」と傍書し、頭書に朱書して「摂家別流正嫡」と加えてあり、舎兄の正嫡近衛殿流に対して、舎弟の九条殿流も別流正嫡とされている。そしてこの九条殿流が道家以降、九条・二条・一条の三流となるのであるから、二条・一条は九条の別れと見做し、九条を嫡家と考えるのも無理からぬことである。しかし、実は道家が正嫡と位置づけたのは実経であった。『尊卑分脈』の実経の項でも、「一条殿流為嫡家」と注記されている。それは例の惣処分状でも窺われ、道家の本第である一条室町第が譲られたのが実経で、家領も最も多く処分されたのが実経であった。また、家伝の重要な日記原本も実経に伝えられた。一条兼良の『桃華蘂葉』に、「当家相伝正記事、玉葉、八合、月輪禅閤自筆御記、初写本也、二条家相伝写本号玉海、殿御記、一合、後京極摂政自筆御記、玉蘂、七合、光明峰寺禅閤自筆記、以上三代記真本、圓明寺殿為三家嫡流、而相伝給者也」とある如く、兼実の『玉葉』、良経の『殿御記』、道家の『玉蘂』、これら三代の正記が「三家嫡流」たるにより実経に相伝されたという。摂家の嫡流である近衛家に『御堂関白記』『後二条師実記』などの正記が伝襲されたことで明らかなように、九条流初期三代の正記が伝襲されたことは、一条家が九条流の嫡流であったことを端的に示すものである。しかし、時代が下るに従い、九条流の四カ寺院、（報恩院・光明峯寺・東福寺・普門寺）の管領をめぐって一条・九条両家で相論が展開され、嫡庶の位置づけにも深く関っていく。相論が起ったのは、寺院の管領は一条・九条両流の家長者が沙汰することになっていたからで、道家の建長四年二月十九日付処分状（『九条家文書』一）の中で、自らの終老寺である光明峯寺について規定して、「已上寺院者、為家之長者人可令管領、仍当時可為前摂政沙汰、其次右大臣可沙汰之、各専興隆之志可励修造之営、以此両人為家之棟梁、以彼子孫可令継予家之故也」と記し、当寺の管領は「家之長者人」がなすものとし、現在は実経、次は忠家が沙汰すべしとした。家長者は官位の上首によるのであろう。九条一流に付属した寺院の管領権は家長者として実経が沙汰し、弘安七年（一二八四）七月実経が没したとき、息の一条家経は前関白前左大臣、九条忠教は右大臣であったから、家経が家長者となったに相違ないが、家長者が没したときその子息が家長者であるとは限らなかったから、問題が起る要素を含んでいた。『桃華蘂葉』の「一、家門管領寺院事」の普門寺の条に次の如く見える。「右四ヶ寺院、中比与九条家相論事（後芬陀利華院与後報恩院関白殿時也）、而応永七年六月六日、鹿苑院大相国就一門長（指三流家督也）、可致管領之由被出書状（自筆也）、爾来于今無他妨」とあり、後芬陀利華院関白（一条経通）と後報恩院関白（九条経教）とがその管領権を争ったこと、応永七年（一四〇〇）六月云々の記載はこの前月に家長者の経教が没したことで、次の家長者につき鹿苑院大相国義満が裁断し、関白一条経嗣を「一門長」とし四ヵ寺院を管領すべき旨の書付が出されたことをいうのであろう。経嗣は経通の息で、経通と経教との相論とは、恐らく家長者であった前関白九条道教が貞和二年（一三四六）九月出家し、これに伴い当時前関白の経通と権大納言の経教が家長者を争い、経通が理運となったことを指しているのであろう。つまり、南北朝以降には、九条道教、一条経通、九条経教、一条経嗣というように次第したことが知られる。経嗣の息である兼良が「爾来于今無他妨」と記すように問題はなかったが、兼良が没して数年にして、文明十八年（一四八六）左大将一条冬良と前関白九条政基の間に、またまた東福寺の管領をめぐって相論が生じた。九条家からの競望で（『親長卿記』）、家長者は上﨟に属するという慣例からいって理があったが、一

一条家

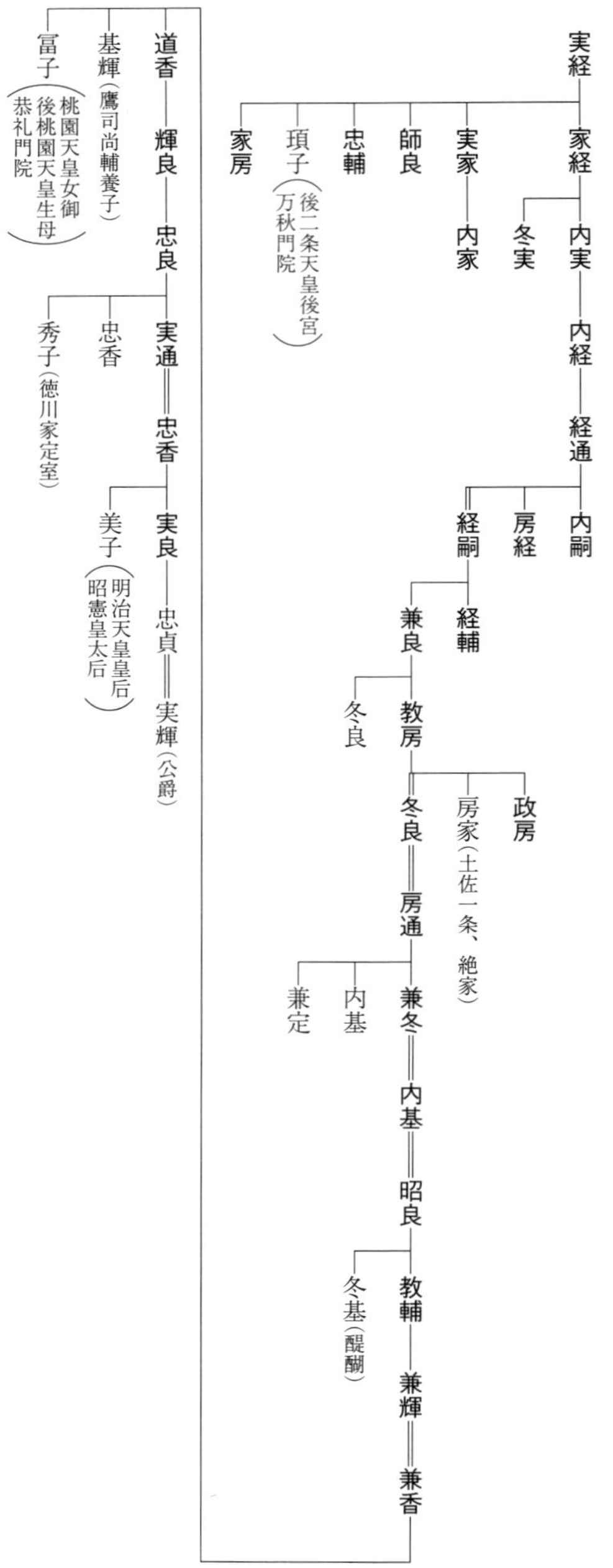

条家側が譲らず相論となったのは、嫡家についての相論でもあったからであろう。官位の上首ということであれば九条が理運、近年の先例によるならば、一条がもとのままたるべし、ということで、識者の見解も別れ相論は白熱化したが、同年六月この度は前左大臣東山殿義政の裁断により、近例に基づいて一条冬良が引き続き管領することが認められた（『蔭涼軒日録』）。しかし「為家之長者人可令管領」の古い原則はなお全く権威を失ったわけではなく、永正十一年（一五一四）三月前関白一条冬良が没すると、五月に今度は前関白九条尚経が東福寺管領のことを仰付けられた（『公卿補任』）。ついで享禄三年（一五三〇）七月に尚経が没したときにも、内大臣九条稙通と権大納言一条房通との間に同様の相論が繰り返され、この場合も上首理運の原則によって稙通に管領のことが安堵された（『公卿補任』）。このような相論の繰り返しは、家の長者の位置づけのみならず嫡庶のことがからんでいたからであろう。しかしその後、歴史的に際立った問題にならなくなっていく。両家ともに養子相続のことがあったことも関連しようが、一条家は九条流の嫡流であることをあえて主張しなくなったようである。恐らくこれは長子相続の慣行化、家格の固定化が進んだ時代的背景のなかで、五摂家には格差なしとする観念からも、ことあらだてることもなかったのであろう。近九二一鷹司の順で呼ぶのが一般化するが、摂籙についた順を考えれば違和感はない。一条家は南北朝時代の経通までは父子相続してきたが、経通ののち数代は若干複雑である。経通は太政大臣洞院公賢女の綸子を室とし、その腹に生まれた一男内嗣は権大納言まで進んだが、延文二年（一三五七）父と不和で出奔し、南朝に出仕、二

男房経も権大納言まで進んだところで、貞治五年（一三六六）二十歳で没したので、関白二条良基の三男経嗣が養嗣子として迎えられた。経嗣は応永元年（一三九四）に関白となり、還補されること三度、都合二十一年間、ほぼ将軍義持の時代、鹿苑院大相国義満の在世中にわたって関白に在職した。将軍家の厚い信任を受け、実父良基が公家の長老として、また当代随一の学識を以て将軍義満に参じたのに続いて、経嗣も当時学才随一と評され進んでこれに参じた。そしてこの好学の血筋は二男の兼良に伝わる。兼良は「日本無双之才人」（『十輪院内府記』）とも、「本朝五百年以来、此殿程之才人、不可有御座」（『長興宿禰記』）とも称えられた。その学識はいわゆる東山文化の醸成に貢献し、その研究は近世の和学の基となり、著書すこぶる多い。一条家は嫡家として実経が多くの貴重な文書・記録・典籍を譲られ伝襲されてきたうえ、兼良により和漢書等が大集蔵され、一条家の文庫、すなわち桃華坊文庫は天下に名をはせた。兼良は応仁の乱に際し、『玉葉』以下の一条家歴代の日記などの重書を奈良に疎開したが、その他の多くは一条第・文庫とともに戦火に焼かれたという。江戸前期、兼輝は書籍の集蔵に努め、文庫の復興を図った。兼良が応仁二年（一四六八）興福寺大乗院門跡に避難したとき、長男の前関白教房はその二男房家を伴い家領の土佐幡多荘に下向し、やがて同荘中村で没し、房家は国司を勅許され土佐一条家として大名化する。また教房の一男権大納言政房は摂津福原に下向しその地で横死したので、兼良は二男冬良を教房の養子として家督を嗣がせた。冬良は父兼良の学才をうけ、その右大将拝任に際し兼良から授けられた一条家有職書が『桃華蘂葉』である。冬良のあとは土佐の房家二男の房通が嗣いだ。房通の息兼冬は年若くて没したので舎弟の内基が養嗣子となったが、内基には子が無く、慶長十六年（一六一一）七月六十四歳で没する。ここに五摂家の祖法性寺関白忠通以来の血筋は絶える。後陽成天皇の九男兼遐が内基の没する二年前にその養嗣子として元服した。のち昭良と改名した。その二男冬基は一家を起し、醍醐家の祖となった。明治天皇の皇后美子（昭憲皇太后）は忠香の三女。江戸時代の家領は二千四十四石余。摂家としての家職は、大嘗会天神地祇ヲロシ・神膳・即位灌頂大事の天子への奉授、節会・官奏・叙位・除目四箇の大事の口決相伝である。日記に、『実経公記』、『玉英』（経通）、『荒暦』（経嗣）、『冬良公記』、『兼輝公記』、『玉明記』（兼香）、『輝良公記』、『忠良公記』、『璞記』（忠香）等がある。明治十七年（一八八四）実輝のとき、叙爵内規により公爵を授けられた。菩提所は東福寺。『一条家譜』（東京大学史料編纂所架蔵、四一七五―一六三）。

実経　さねつね　一二二三―八四

貞応1（一二二二）・-・-誕生〈く追〉、貞永1（一二三二）・1・21正五位下（今日元服）、禁色、1・30右少将、3・24転中将、4・7従四位下、12・2正四位下、貞永2・1・24兼播磨権守（府労）、天福1（一二三三）・8・8従三位、右中将如元、文暦1（一二三四）・12・26正三位、嘉禎1（一二三五）・10・2権中納言、10・8兼右中将、11・13従二位、嘉禎2・6・9権大納言、帯剣、11・22正二位、嘉禎4・1・26蒙大将兼宣旨、2・6兼左近大将、2・9左馬寮御監、仁治1（一二四〇）・9・27兼宣旨、10・20右大臣、仁治2・11・8〈や〉辞左大将、仁治3・6・24橘氏是定、寛元1（一二四三）・8・10兼東宮傅、寛元2・6・13左大臣、寛元4・1・28為関白、氏長者内覧随身兵仗等宣下、1・29止傅、2・1牛車宣旨、3・8従一位、10・-給内舎人随身、12・14上表大臣、寛元5・1・19罷摂政（無上表）、弘長3（一二六三）・8・12還任、12・19賜兵杖〈や〉、8・11還任左大臣、文永2（一二六五）・閏4・18関白、-・-為氏長者、10・5辞表、文永4・12・9上表、弘安7（一二八四）・5・19出家、7・18薨去

［死没］弘安7（一二八四）・7・18　［年齢］62　［父］九条道家、三男　［母］西園寺公経女従一位倫子　［号］圓明寺殿・後一条　［法名］行祚・行雅　［日記］実経公記（一二三七―四六）　［公卿補任］2―84上

家経　いえつね　一二四八—九三

正嘉1(一二五七)・11・10〔従三位〕、左中将如元、正嘉3・1・21権中納言、1・22正三位、閏10・15従二位、弘長2(一二六二)・1・20正二位、4・11帯剣、1・26権大納言、文永2(一二六五)・11・8兼左大将、12・2左馬寮御監、文永4・1・27任大臣兼宣旨、2・23〈13日ともあり〉内大臣、2・27左大将還宣旨、文永5・12・2右大臣、文永6・1・9一上宣下、4・23左大臣、4・27左大将還宣旨、文永7・1・5従一位、文永10・閏5・19兼東宮傅、文永11・1・26止傅、6・20摂政、氏長者、7・17辞大将、-・-賜兵仗、10・16賜内舎人随身、建治1(一二七五)・10・21〈や〉止職、辞左大臣、-・-〈「12月12日」く追〉辞随身内舎人、永仁1(一二九三)・12・11薨去

[死没]永仁1(一二九三)・12・11　[年齢]46　[父]一条実経　[母]大炊御門家嗣女(実坊門有信女)　[号]後光明峯寺殿・後一条摂政　[公卿補任]2—172下

実家　さねいえ　?—一三一四

文永2(一二六五)・6・1正五位下、-・-元服、-・-禁色、昇殿、6・27右少将、8・18転中将、文永3・1・5従四位下(府労)、1・7中将如元、2・1兼播磨権守、文永4・1・7従四位上、11・8従三位(元従四位上右中将播磨権守)、中将如元、文永6・12・7正三位、文永7・閏9・4〈や〉従二位、文永8・2・1丹波権守、文永10・5・3権中納言、兼左衛門督、文永11・1・5正二位、10・3兼按察使、建治1(一二七五)・12・22権大納言、建治3・12・26帯剣、弘安2(一二七九)・1・10辞権大納言(十二月十二日任替)、弘安10・1・13還任(権大納言)、正応1(一二八八)・11・8〈「10月」や〉辞退権大納言、正安4(一三〇二)・11・4従一位、嘉元3(一三〇五)・12・8准大臣可朝参由宣下、閏12・21内大臣、嘉元4・6・-上表、嘉元4・12・6太政大臣、延慶2(一三〇九)・10・15辞太政大臣、正和3(一三一四)・5・28薨〈花園院宸記〉

[死没]正和3(一三一四)・5・28　[父]一条実経、二男　[母]従四位上左近衛中将坊門有信女　[号]一条・町相国　[公卿補任]2—212下

師良　もろよし　一二五八—九三

文永10(一二七三)・6・25元服、従五位上、禁色、7・1侍従、正五位下、11・8従四位下、文永11・1・5従四位上、2・30正四位下(御即位、新院御給)、9・10左中将、11・17兼丹波権守(大嘗会国司)、11・18従三位(大嘗会国司)、左中将丹波権守等如元、建治1(一二七五)・10・8正三位、弘安1(一二七八)・12・18従二位、弘安6・3・28正二位、永仁1(一二九三)・9・29薨去

[死没]永仁1(一二九三)・9・29　[年齢]36　[父]一条実経、三男　[養父]一条家経　[母]家女房(良性法印女、大納言局)　[公卿補任]2—240下

忠輔　ただすけ　一二五三—?

建治3(一二七七)・12・28叙爵(臨時宣下)、12・30侍従、弘安1(一二七八)・4・18禁色、弘安2・1・5〈や〉正五位下、弘安3・7・11右少将、11・13従四位下、弘安4・7・29従四位上、弘安5・12・26正四位下、弘安6・3・28(下名)任左中将、7・20従三位、左中将如元、弘安8・1・6正三位、弘安11・2・10兼美作権守、正応1(一二八八)・5・27従二位、正応3・8・-出家

[父]一条実経、四男　[母]正二位権中納言藤原定高女　[公卿補任]2—273上

内実　うちざね　一二七六—一三〇四

弘安10(一二八七)・1・11正五位下、禁色(今日元服)、1・13右中将、8・5従四位下(中将如元)、弘安11・1・5正四位下(一階)、正応1(一二八八)・11・8従三位、右中将如元、11・16権中納言、12・20更任兼右中将、正応2・3・18正三位、正応3・1・5従二位、正応5・11・5権大納言、正応6・1・5正二位、永仁2(一二九四)・4・18〈「28日」イ〉復任、永仁6・9・25兼右大将、10・5右馬寮御監、正安2(一三〇〇)・1・5転左、乾元1(一三〇二)・11・16〈「13日」イ〉任大臣召仰、11・22内大臣、乾元2・閏4・5止大将、嘉元2(一三〇四)・12・17蒙内覧宣旨、12・17薨去

[死没]嘉元2(一三〇四)・12・17　[年齢]29　[父]一条家経　[母]従二位右近衛中将松殿良嗣女

[号]棲心院　[公卿補任]2—295上

家房　いえふさ

正応1(一二八八)・8・10正五位下、禁色(今日元服)、8・25左少将、正応2・1・5従四位下(少将如元)、8・7正四位下(越階)、12・29従三位、左少将如元、正応5・11・5正三位、永仁2(一二九四)・3・27転中将、永仁4・12・30従二位、永仁6・3・22兼近江権守、10・10正二位、徳治2(一三〇七)・1・29陸奥権守、元応1(一三一九)・10・30解官
※元亨三年(一三二三)非参議正二位(正中二年(一三二五)以後不見)
　[父]一条家経、二男　[母]参議正三位園基氏女　[公卿補任]2—300下

冬実　ふゆざね　一二七八—一三四二

正応6(一二九三)・4・17正五位下、-・-禁色昇殿(今日元服)、6・24侍従、永仁2(一二九四)・3・27従四位下、永仁3・8・5従四位上、8・20正四位下、永仁4・8・21左少将、10・24従三位(左少将如元)、永仁5・7・22正三位、正安3(一三〇一)・11・11従二位、正安4・1・20兼美作権守、嘉元3(一三〇五)・12・30参議、嘉元4・3・30兼伊与権守、徳治2(一三〇七)・11・1権中納言、徳治3・11・8正二位、延慶2(一三〇九)・10・15辞権中納言、暦応4〈興国2〉(一三四一)・12・26出家〈やし〉、康永1〈興国3〉(一三四二)・12・25薨去
　[死没]康永1(一三四二)・12・25　[年齢]65　[父]一条家経　[母]二位中将良嗣女　[公卿補任]2—334下　[大日本史料]6—7—474

内経　うちつね　一二九一—一三二五

永仁7(一二九九)・1・20従五位上(大納言息直叙従五位上事、先例不詳云々〈旧〉、-・-禁色昇殿〈旧〉、今夜元服、3・24右近少将〈旧〉、6・6正五位下〈旧〉、7・8転中将〈旧〉、7・27従四位下〈旧〉、11・4正四位下(越階)〈旧〉、正安2(一三〇〇)・1・5従三位、右中将如元、7・18正三位、乾元2(一三〇三)・5・18権中納言、兼左衛門督、嘉元3(一三〇五)・3・18遷兼右中将、嘉元4・1・5従二位、12・22権大納言、徳治3(一三〇八)・9・17正二位、文保1(一三一七)・8・24兼左大将、文保2・8・19召仰、兼宣旨、8・24内大臣、12・29為関白、氏長者、-・-牛車、文保3・1・5従一位、5・28〈「29日」イ〉辞大将、6・27依院仰辞内大臣、元亨3(一三二三)・3・29止之、正中2(一三二五)・12・2〈「10月1日」当作〉薨去
　[死没]正中2(一三二五)・10・1　[年齢]35　[父]一条内実　[母]一条家経女　[号]芬陀利華院　[公卿補任]2—354下

内家　うちいえ　一二八八—?

正安4(一三〇二)・11・13元服、従五位上、禁色、昇殿、11・16侍従、乾元1(一三〇二)・12・8正五位下、嘉元1(一三〇三)・1・28従四位下、2・30左中将、嘉元2・7・5正四位下、1・5従三位(院当年御給)、1・7左中将如元、嘉元4・3・30兼周防権守、徳治2(一三〇七)・7・-正三位、延慶2(一三〇九)・10・15権中納言、11・23従二位、延慶3・3・9辞権中納言、応長1(一三一一)・12・11正二位、貞和5〈正平4〉(一三四九)・10・-出家
　[父]一条実家　[養父]一条内実　[母]正二位中納言滋野井公光女カ　[公卿補任]2—376下　[大日本史料]6—12—1013

経通　つねみち　一三一七—一三六五

文保1(一三一七)・-・-誕生〈く追〉、元亨1(一三二一)・12・15正五位下(今日元服)、禁色、12・21右近権少将、元亨2・1・3従四位上(越階)、6・17左中将、元亨3・1・5正四位下(一院当年御給)、元亨4・1・13兼近江権守(中将兼国)、正中2(一三二五)・1・29従三位、左中将如元、近江権守如元、10・1服解(父)、12・18復任、嘉暦2(一三二七)・11・10権中納言、12・16兼左中将、嘉暦3・1・23〈「25日」やイ〉正三位、3・16権大納言、11・3帯剣、元徳2(一三三〇)・1・5従二位、3・5兼左大将、元弘1(一三三一)・10・18正二位、正慶2〈元弘3〉(一三三三)・5・17詔如元復従二位、元弘4(一三三四)・1・5正二位、建武2(一三三五)・2・16内大臣、建武3〈延元1〉・3・2上表大将、11・14兼皇太子傅、建武4〈延元2〉・-・-止傅、7・12左大臣、建武5・5・19詔関白、為氏長者、暦応2〈延元4〉(一三三九)・12・27去大臣(第二度表已前也)、暦応4〈興国2〉・1・16可列太政大臣

上之由宣下、暦応5〈興国3〉・1・5従一位、1・26辞職、貞治4〈正平20〉(一三六五)・3・10薨去
[死没]貞治4(一三六五)・3・10 [年齢]49 [父]一条内経 [母]従一位右大臣西園寺公顕女 [日記]玉英(一三三〇–六五) [号]後芬陀利華院 [公卿補任]2—504上 [大日本史料]6—26—747

内嗣　うちつぐ　一三三六—?
暦応3〈興国1〉(一三四〇)・1・10正五位下(于時内平、今日元服)、-・-禁色昇殿、康永1〈興国3〉(一三四二)・3・30右少将(于時内嗣)、9・7左中将、康永2〈興国4〉・1・5従四位上(越階)、1・26中将如元、5・17正四位下、康永3〈興国5〉・1・5従三位、左中将如元、1・24兼近江権守、3・11去権守、貞和3〈正平2〉(一三四七)・9・16権中納言、11・16兼左中将〈やし〉、貞和5〈正平4〉・1・5正三位、文和3〈正平9〉(一三五四)・10・22権大納言、文和4〈正平10〉・12・8従二位、文和5〈正平11〉・12・25正二位、延文2〈正平12〉(一三五七)・2・-逐電、延文3〈正平13〉・3・28止之、貞治1〈正平17〉(一三六二)・-・-出家
[父]一条経通、一男 [母]洞院太政大臣公賢女綸子 [前名]内平 [公卿補任]2—601下 [大日本史料]6—24—688

房経　ふさつね　一三四七—六六
貞和3〈正平2〉(一三四七)・-・-誕生〈く追〉、延文3〈正平13〉(一三五八)・2・11正五位下(元無位、今夜元服即位聴禁色)、禁色、3・30右少将、4・15従四位上(越階、少将如元)、8・12転左中将、延文4〈正平14〉・1・5正四位下、3・25兼播磨介(中将兼国〈やさ〉)、4・21従三位、左中将如元、延文5〈正平15〉・11・17正三位、康安1〈正平16〉(一三六一)・4・15権中納言、康安2〈正平17〉・4・21権大納言、貞治2〈正平18〉(一三六三)・1・5従二位、貞治5〈正平21〉・8・10帯剣、12・27薨去
[死没]貞治5(一三六六)・12・27 [年齢]20 [父]一条経通 [母]家女房 [号]後棲心院 [公卿補任]2—666下 [大日本史料]6—27—646

経嗣　つねつぐ　一三五八—一四一八
延文3〈正平13〉(一三五八)・-・-誕生〈く追〉、貞治6〈正平22〉(一三六七)・3・23正五位下(今日元服)、禁色、4・13右近権少将、5・15左近権中将、応安1〈正平23〉(一三六八)・2・21従四位下、左近中将(叙留)、今日兼播磨権介、4・19正四位下(越階)、8・13従三位、左近権中将(叙留)、応安2〈正平24〉・11・12正三位、応安3〈建徳1〉・3・29権中納言、兼左衛門督、応安4〈建徳2〉・1・5従二位、3・12兼左近権中将、-・-止督、応安6〈文中2〉・1・6正二位、〈文中2〉閏10・28復任、応安7〈文中3〉・9・28権大納言、至徳1〈元中1〉(一三八四)・3・23兼左大将、12・27御監事宣下、嘉慶2〈元中5〉(一三八八)・5・26内大臣、明徳1〈元中7〉(一三九〇)・4・1辞大将、明徳2〈元中8〉・1・6従一位、明徳5・6・5左大臣、応永1(一三九四)・11・6詔関白、応永2・4・-〈「7日」く追〉辞左大臣、応永5・3・9辞関白、応永6・4・19還補、応永15・4・20辞退関白、応永17・12・30還補、応永22・11・28准三宮〈く追〉、応永25・11・17薨去
[死没]応永25(一四一八)・11・17 [年齢]61 [父]一条経通(実二条良基、三男) [号]成恩寺 [日記]荒暦(一三八一–一四一五) [公卿補任]2—697上 [大日本史料]7—31—271

経輔　つねすけ
応永3(一三九六)・10・21権中納言、従三位、左中将如元、応永5・1・5正三位、応永8・1・5従二位、3・24権大納言、10・20為橘氏是定〈やし〉、応永10・1・6正二位、応永15・4・-改経輔、応永18・11・25辞権大納言、応永23・8・25出家
[父]一条経嗣 [母]鷹司冬道女 [前名]良忠 [号]後弘誓院 [公卿補任]3—38下 [大日本史料]7—25—35

兼良　かねよし　一四〇二—八一
応永9(一四〇二)・5・7誕生〈く追〉、応永19・11・28元服、正五位下、禁色昇殿事宣下、12・24右少将、応永20・1・5従四位上、右少将如元、1・14左中将、4・16従三位(越階)、左中将如元、応永21・1・5正三位、3・16権中納言、応永22・

1・6従二位、応永23・1・6正二位、4・5是定宣下、11・4権大納言、応永27・閏1・13〈や〉右近大将、3・26転左近、応永28・7・5内大臣、7・8大将還宣旨、応永30・6・－〈「8月27日」く追〉辞大将、応永31・4・20右大臣、応永32・1・5従一位、正長2（一四二九）・8・4左大臣、永享4（一四三二）・8・13詔摂政、8・28辞左大臣、10・27辞摂政、文安3（一四四六）・1・29太政大臣、文安4・6・15関白詔、宝徳2（一四五〇）・4・28辞太政大臣、享徳2（一四五三）・4・－〈「28日」く追〉辞関白、6・26准三宮宣下、応仁1（一四六七）・5・10詔関白、応仁3・－・－氏長者、文明2（一四七〇）・7・19謙退関白、文明5・6・25出家、文明13・4・2薨去〈く追〉

［死没］文明13（一四八一）・4・2　［年齢］80　［父］一条経嗣　［母］参議正二位東坊城秀長女　［二字名］花・槐・御　［号］後成恩寺・一条禅閣　［法名］覚恵　［別号］桃花老人・桃野人・三関老人　［公卿補任］3―79上　［大日本史料］8―13―170

教房　のりふさ　一四二三―八〇

応永30（一四二三）・－・－誕生〈く追〉、永享10（一四三八）・11・28元服〈く追〉、正五位下禁色昇殿〈く追〉、－・－・－従四位上〈く追〉、永享11・3・18権中納言、元従四位上左中将、中将如元、嘉吉2（一四四二）・1・5正三位、文安1（一四四四）・2・6権大納言、文安3・1・5従二位、文安6・1・5正二位、2・16兼左大将、宝徳4（一四五二）・10・10内大臣、康正1（一四五五）・8・27右大臣、辞大将、康正3・6・17左大臣、長禄2（一四五八）・12・5詔関白、長禄3・1・5従一位、－・－・－〈「12月8日」く追〉辞左大臣、寛正4（一四六三）・4・－辞関白、文明12（一四八〇）・10・5薨去

［死没］文明12（一四八〇）・10・5　［年齢］58　［父］一条兼良　［母］従二位権中納言中御門宣俊女　［号］妙華寺　［公卿補任］3―137上　［大日本史料］8―12―656

政房　まさふさ　？―一四六九

寛正3（一四六二）・1・5従四位上〈し〉、3・28従三位、左少将如元、寛正4・3・28権中納言、兼左衛門督、寛正5・7・5遷左中将、寛正6・1・5正三位、寛正7・1・6従二位、2・16権大納言、文明1（一四六九）・10・17薨於摂州福原

［死没］文明1（一四六九）・10・17　［父］一条教房　［母］藤原為之女　［号］東光院　［公卿補任］3―205上　［大日本史料］8―3―8

冬良　ふゆよし　一四六四―一五一四

寛正5（一四六四）・6・25誕生〔く朱〕、文明4（一四七二）・12・25元服、正五位下、左近衛権少将、禁色、文明5・4・13従四位上（越階）、9・30従三位、左少将如元、文明6・－・－転権中将、文明7・1・28播磨権守〈く追〉、3・10〈1月28日ともあり〉権中納言、文明8・6・10〈「16日」や〉正三位、文明10・4・10右大将、4・29右馬寮御監宣下〈く〉、文明11・2・30権大納言、4・19従二位、文明12・3・19転左、御監、文明17・5・4正二位、6・29橘氏是定宣下、文明18・12・19内大臣、大将還宣旨、文明19・2・－辞大将、長享2（一四八八）・8・28〈17日ともあり〉詔関白、牛車兵仗氏長者等同宣下、可列左大臣上之由宣下、9・17辞内大臣、延徳4（一四九二）・1・6従一位、明応2（一四九三）・1・6太政大臣、3・28辞退（関白）、－・－・－被仰内覧、明応6・7・12辞太政大臣、10・23詔関白、文亀1（一五〇一）・6・27辞関白、永正11（一五一四）・3・27薨去

［死没］永正11（一五一四）・3・27　［年齢］51　［父］一条教房（一条兼良、二男）　［母］正三位町顕郷女　［号］後妙華寺　［日記］冬良公記（一五〇〇）　［公卿補任］3―239上　［大日本史料］9―5―162

房通　ふさみち　一五〇九―五六

永正6（一五〇九）・－・－誕生〈く追〉、永正14（一五一七）・4・30元服〈く追〉、禁色〈く追〉、昇殿〈く追〉、正五位下〈く追〉、7・24右少将〈く追〉、11・28従四位上〈さく追〉、－・－・－左中将〈く追〉、永正15・12・13従三位、元従四位上（越階）、左中将如元、大永1（一五二一）・－・－正三位、大永2・3・29兼播磨権守、12・9権中納言、大永3・3・9権大納言、9・26従二位、大永6・1・23〈「21日」さ〉正二位、大永8・－・－下向兵庫〈さ〉、12・16帰京〈さ〉、12・20〈「21日」さ〉右大将、享禄4（一五三一）・2・16下向土左国〈さ〉、天文2（一五三三）・

2・13転左、天文8・7・11自土州御上洛、8・19内大臣、天文10・1・5従一位、1・12右大臣、天文11・3・12被仰内覧、閏3・3転任宣下、天文12・-・-下向土左国〈さ〉、天文14・3・26上洛、6・2関白詔、氏長者賜随身兵仗、6・21牛車宣旨、天文15・1・28辞退(左大臣)、天文17・12・27辞関白、天文20・9・3准三宮消息宣下、弘治2(一五五六)・1・6橘氏是定、10・30薨去

[死没]弘治2(一五五六)・10・30 [年齢]48 [父]一条冬良(実一条房家、三男) [母]民部少輔源惟氏女(家女房) [号]唯心院 [公卿補任]3―348上

兼冬 かねふゆ　一五二九―五四

享禄2(一五二九)・-・-誕生、天文8・12・19従五位上(直叙)、-・-元服、禁色、昇殿、12・25正五位下、右少将、天文9・1・23左中将、1・27従四位上(越階)、2・19従三位(越階)、左中将如元、3・24兼播磨権守、天文10・3・4正三位、11・4権中納言、天文11・1・5従二位、閏3・10権大納言、天文12・1・6正二位、天文15・1・6兼右大将、3・13転左、7・27内大臣、-・-左大将還宣旨、12・29辞大将、天文16・2・17転任(右大臣)、天文20・5・29従一位、天文22・1・22関白詔、-・-氏長者内覧随身兵仗等、1・26左大臣、牛車、天文23・2・1薨去

[死没]天文23(一五五四)・2・1 [年齢]26 [父]一条房通 [母]関白従一位一条冬良女 [号]後円明寺 [法名]天岳行春 [公卿補任]3―402下

内基 うちもと　一五四八―一六一一

天文17(一五四八)・-・-誕生、弘治4(一五五八)・1・6正五位下(直叙、陣宣)、禁色、1・7昇殿、右少将、6・20従四位下(少将如元)、永禄2(一五五九)・7・2正四位下、転左中将、永禄3・1・15従三位、左中将如元、永禄4・8・24権中納言、永禄6・6・7正三位、永禄7・3・5復任、永禄8・12・29権大納言、永禄10・12・27従二位、元亀4(一五七三)・6・16正二位、7・4在国(土州)、天正3(一五七五)・11・14内大臣、天正4・11・21右大臣、天正5・11・20左大臣、天正9・4・29関白、天正10・6・19(「10月11日」くま)従一位、-・-氏長者、天正12・12・-辞関白、辞左大臣、慶長16(一六一一)・7・2薨去

[死没]慶長16(一六一一)・7・2 [年齢]64 [父]一条兼冬(実一条房通、二男) [母]家女房 [一字名]杏 [号]自浄心院 [公卿補任]3―447下 [大日本史料]12―8―506

昭良 あきよし　一六〇五―七二

慶長10(一六〇五)・4・26誕生〈く〉、慶長14・12・17正五位下、元服禁色昇殿、12・19右少将、慶長17・-・-改昭良〈く〉、7・27従三位、右近中将如元、慶長18・11・21権中納言☆、慶長19・1・11権大納言、元和2(一六一六)・11・21正三位☆、元和3・1・5従二位、1・10〈「8日」く〉右近衛大将、元和5・1・6正二位、12・28内大臣、元和6・8・17左大将、元和7・1・12右大臣、元和9・1・5辞大将、寛永6(一六二九)・8・28関白〈く〉、11・8関白改為摂政、寛永9・12・24辞左大臣、寛永11・9・26辞摂政、正保4(一六四七)・3・28還補摂政、7・27関白、慶安4(一六五一)・9・27辞関白、慶安5・8・4出家、寛文12(一六七二)・3・12〈く〉薨去

[死没]寛文12(一六七二)・3・12 [年齢]68 [父]一条内基(実後陽成天皇、九宮) [母]近衛前久女中和門院近衛前子 [前名]兼遐 [一字名]冬・李 [号]智徳院 [法名]恵観 [公卿補任]3―537下

教輔 のりすけ　一六三三―一七〇七

寛永10(一六三三)・5・2誕生、寛永20・11・27正五位下、元服、禁色、昇殿、12・4左少将、寛永21・1・5従四位上(越階)、6・18左中将、9・17従三位(越階)、中将如元、正保2(一六四五)・5・18権中納言、正保3・3・13〈去正月五日正三位々記〉正三位、正保4・2・9権大納言従二位☆、正保5・1・7兼任右大将、閏1・20〈賜去正月十九日正二位々記〉正二位、慶安3(一六五〇)・12・21内大臣、慶安4・2・3左大将、2・10改名教良、承応3(一六五四)・12・10改名教輔、12・28辞左大将、承応4・1・25右大臣、万治2(一六五九)・12・22辞右大臣、宝永4(一七〇七)・1・6薨去

[死没]宝永4(一七〇七)・1・6 [年齢]75 [父]一条昭良 [母]西洞院時直女 [前名]伊実・教良

[号]後唯心院　[公卿補任]3—606上

兼輝　かねてる　一六五二—一七〇五

慶安5(一六五二)・4・13誕生、万治3(一六六〇)・3・22正五位下、3・23元服、3・27左少将、禁色、昇殿、12・24従四位上、万治4・1・11左中将、従三位、左中将如元、寛文1(一六六一)・12・24権中納言、寛文3・1・12〈去六日分〉正三位、権大納言、寛文7・12・22帯剣、寛文8・12・22従二位、寛文10・11・9兼右大将、12・25右馬寮御監、寛文12・閏6・29内大臣、寛文13・4・17正二位、延宝3(一六七五)・9・19左大将、延宝4・8・23辞大将、延宝5・12・24右大臣、延宝8・7・13改冬経、天和2(一六八二)・2・24関白、天和3・1・13辞右大臣、貞享4(一六八七)・3・21摂政、元禄2(一六八九)・3・27復辞為関白、元禄3・1・13辞関白、元禄7・2・19従一位、元禄11・12・4改兼輝、宝永2(一七〇五)・9・10薨去

※天和三年より「氏長者」

[死没]宝永2(一七〇五)・9・10　[年齢]54　[父]一条教輔　[母]池田光政女従三位輝子(徳川家光養女)　[前名]内房・冬経　[号]円成寺　[日記]兼輝公記(一六七〇—九九)　[公卿補任]3—662上

兼香　かねよし　一六九二—一七五一

元禄5(一六九二)・12・16誕生、元禄15・3・6元服、禁色、昇殿、正五位下、3・15右少将、5・5左中将、5・24喪母、7・17除服出仕復任、元禄16・6・1従四位下、11・19正四位下、宝永1(一七〇四)・1・8〈去五日分左中将如元〉従三位、9・21権中納言(中将如元)、宝永3・10・11正三位、宝永5・1・25権大納言、閏1・23帯剣、宝永6・5・25従二位、享保3(一七一八)・1・28左大将、2・18左馬寮御監、享保4・12・26正二位、享保7・5・3内大臣、享保8・2・1辞両官、2・8還任内大臣・左大将、享保9・2・8辞左大将、享保11・9・15右大臣、享保13・6・11東宮傅☆、享保14・12・22橘氏是定、享保17・12・27従一位、享保20・3・21止傅、元文1(一七三六)、8・28為一上、元文2・8・18賜内覧宣旨、8・29関白、9・11直衣始、11・7左大臣、11・18直衣始、元文4・1・5与奪一上於右大臣、延享2(一七四五)・2・13辞左大臣、2・29蒙一座宣旨、延享3・2・28太政大臣、12・12譲氏長者、12・15辞関白内覧等☆、12・26賜内舎人随身〈ま〉、延享4・3・10辞橘氏是定、4・29辞内舎人、寛延4(一七五一)・7・29辞太政大臣・辞随身兵仗、准三宮、随身兵仗、8・2薨去

※元文二年より「氏長者」

[死没]寛延4(一七五一)・8・2　[年齢]60　[父]一条兼輝(実鷹司房輔、末子)　[母]参議正三位山科言行女　[号]後円成寺　[日記]玉明記(一七〇六—五二)　[公卿補任]4—164下

道香　みちか　一七二二—六九

享保7(一七二二)・10・10誕生、享保14・9・27元服、禁色、昇殿、従五位上、閏9・1右少将、10・5左中将従四位下(越階)、享保15・1・5正四位下(越階)、6・28喪母、8・18除服出仕復任、9・21従三位(左中将如元)、享保16・2・13権中納言、享保17・11・27正三位、享保18・8・28権大納言、享保19・1・15帯剣、元文2(一七三七)・1・24右大将、閏11・8右馬寮御監☆、12・3従二位、元文3・1・24内大臣、7・5左大将、8・19右大臣、8・21左馬寮御監、10・15正二位、元文4・1・5為一上、5・19賜内覧宣旨、寛保3(一七四三)・12・12辞左大将、12・28従一位、延享2(一七四五)・3・23左大臣、延享3・12・12為氏長者、12・15関白、随身兵仗牛車等宣旨、12・16直衣始〈ま〉、延享4・1・5与奪一上於右大臣、5・2摂政、寛延1(一七四八)・12・12辞左大臣☆、寛延4・5・5賜内舎人両人、宝暦4(一七五四)・11・26辞内舎人、宝暦5・2・19復辟改摂政詔関白〈ま〉、宝暦7・3・16辞関白〈ま〉、明和6(一七六九)・9・4准三宮給年官年爵食邑三千戸内舎人兵仗等、9・5薨去

[死没]明和6(一七六九)・9・5　[年齢]48　[父]一条兼香　[母]家女房　[号]得成寺　[公卿補任]4—292下

輝良　てるよし　一七五六—九五

宝暦6(一七五六)・11・7〈「11月9日」ま、「9月17日」家譜〉誕生☆、宝暦12・2・14元服、禁色、昇殿、正五位下、2・16左少将(剰闕)、3・29従四位

上（越階）、左中将（剰闕）、10·10従三位（左中将如旧〈ま〉）、宝暦13·8·4正三位、明和1（一七六四）·3·24従二位、明和4·8·5権中納言、明和5·1·5正二位、1·9権大納言、帯剣、明和6·1·9左大将、明和8·4·18内大臣、4·19直衣始〈ま〉、安永4（一七七五）·閏12·2辞内大臣左近衛大将等、従一位、閏12·24還任内大臣、安永8·3·29右大臣、4·4直衣始、12·12賜後桃園院御服、天明7（一七八七）·3·13一上、5·26左大臣、6·1直衣始、9·26為橘氏是定、寛政3（一七九一）·8·20関白氏長者、8·22直衣始、11·28辞左大臣、寛政7·10·14辞関白氏長者随身兵仗内覧、橘氏是定、薨去

［死没］寛政7（一七九五）·10·14 ［年齢］40 ［父］一条道香 ［母］家女房 ［号］後得成寺 ［日記］輝良公記（一七六九—九五） ［公卿補任］4—464下

忠良　ただよし　一七七四—一八三七

安永3（一七七四）·3·22誕生、天明2（一七八二）·8·11元服、昇殿、禁色、従五位上、拝賀、8·16左権少将（剰闕）、9·17従四位下（越階）、左権中将（剰闕、推任）、12·14正四位下（越階）、天明3·1·5従三位（左中将如元）、天明4·12·19正三位、天明5·1·5従二位、8·17権中納言、12·4直衣始、寛政1（一七八九）·8·25権大納言、12·1帯剣、寛政4·2·6内大臣、左近大将·左馬寮御監、2·7直衣始、10·27正二位、寛政7·10·14為橘氏是定、寛政8·12·22右大臣、12·23直衣始、寛政9·3·11辞左大将·左馬寮御監、随身兵仗、5·28直衣始、寛政11·3·16従一位、文化6（一八〇九）·3·24東宮傅、文化11·4·2左大臣、4·5直衣始、9·16関白氏長者随身兵仗牛車内覧、9·18直衣始、辞傅、9·28与奪一上於右大臣、文化12·1·4辞左大臣、文化14·3·22関白、文政6（一八二三）·3·19辞関白氏長者随身兵仗内覧、文政7·6·9辞橘氏是定、文政11·9·29准三宮賜年官年爵食邑三千戸随身兵仗、天保8（一八三七）·6·3薨去

［死没］天保8（一八三七）·6·3 ［年齢］64 ［父］一条輝良 ［母］徳川重倫女（実家女房） ［号］大勝寺·台岳 ［日記］忠良公記（一七八八—一八二四） ［公卿補任］5—26下

実通　さねみち　一七八八—一八〇五

天明8（一七八八）·8·2誕生、享和1（一八〇一）·3·11〈ま〉内院童昇殿、3·26元服、従五位上、還昇、禁色、拝賀、3·30左近衛権少将（推任）、4·21従四位下（越階〈ま〉）、9·17転左権中将（剰闕、推任）、享和2·8·19服解（母）、10·11除服出仕復任、12·26正四位下（越階）、享和3·2·19〔従三位〕（中将如旧）、文化1（一八〇四）·2·7権中納言、左衛門督、5·22直衣始、文化2·5·25辞両官、薨去

［死没］文化2（一八〇五）·5·25 ［年齢］18 ［父］一条忠良 ［母］家女房 ［号］清源院 ［公卿補任］5—157下

忠香　ただか　一八一二—一八六三

文化9（一八一二）·2·13誕生、文政2（一八一九）·8·11童昇殿、8·28元服、禁色（昇殿如故）、正五位下、拝賀、9·1左近衛権少将（推任、剰闕）、9·15従四位上（越階、推叙）、12·10転権中将（推任、剰闕）、文政3·1·17〔従三位〕、左権中将如元、文政4·12·19正三位、文政5·8·16権中納言、11·17直衣始、文政11·2·4権大納言、3·6帯剣、3·11直衣始、4·3従二位、天保9（一八三八）·10·17正二位、天保11·12·20賜太上天皇御服、弘化3（一八四六）·3·4賜仁孝天皇御当色、3·7賜御素服、嘉永1（一八四八）·3·21右大将·右馬寮御監、5·8直衣始、嘉永2·1·14左大将·左馬寮御監、安政5（一八五八）·3·21内大臣、3·22直衣始、安政6·3·27辞左大将·左馬寮御監、随身兵仗、3·28左大臣、3·30直衣始、万延1（一八六〇）·4·5従一位、文久3（一八六三）·11·7辞大臣随身兵仗、薨去

［死没］文久3（一八六三）·11·7 ［年齢］52 ［父］一条忠良 ［母］細川齊茲長女従三位富子 ［号］後大勝寺·益斎 ［一字名］玄 ［日記］璞記（一八五四—一八六三） ［公卿補任］5—271上

実良　さねよし　一八三五—一八六八

天保6（一八三五）·2·28誕生、弘化4（一八四七）·4·7童昇殿、5·2元服、禁色（昇殿如旧）、従五位上、拝賀、5·9左権少将（推任、剰闕）、6·4

従四位下（越階）、12・23転権中将（推任、剰闕）、嘉永1（一八四八）・3・15正四位下（越階）、8・7〔従三位〕（左権中将如旧）、嘉永2・4・7権中納言、左衛門督、5・12直衣始、嘉永4・12・24左近衛権中将、嘉永5・8・28正三位、安政3（一八五六）・2・21従二位、安政5・9・14権大納言、10・7正二位、10・19帯剣、10・25直衣始、慶応2（一八六六）・1・18左大将、左馬寮御監、2・9直衣始、慶応3・1・27賜大行天皇御当色、2・2賜御素服、9・27右大臣、11・30辞両官御監等、従一位、明治1（一八六八）・4・24薨去

［死没］明治1（一八六八）・4・24　［年齢］34　［父］一条忠香　［母］伏見官邦家親王二女順子（実家女房）　［号］後華厳光寺　［公卿補任］5—452上

土佐一条家（絶家）

房家　ふさいえ　一四七七—一五三九

永正6（一五〇九）・1・26従四位上、永正7・3・4従三位、左中将如元、在土佐幡多、永正10・7・18権中納言、永正13・11・26自土佐入京〈さ〉、12・20公武出仕〈さ〉、12・27〈20日ともあり〉権大納言、永正15・5・28辞退権大納言、永正17・5・20正三位、永正18・5・14従二位、大永6（一五二六）・1・23〈「21日」さ〉正二位、天文8（一五三九）・11・13〈「10月」さ〉薨去（於土州）

土佐一条家

房家─┬─房通
　　　└─房冬──房基──兼定

［死没］天文8（一五三九）・11・13　［年齢］63　［父］一条教房、三男　［母］家女房　［公卿補任］3—327上

房冬　ふさふゆ　一四九八—一五四一

永正7（一五一〇）・12・29従五位上（直叙）、侍従、永正10・6・-左少将、7・18正五位下、永正14・4・18従四位下、永正17・3・20正四位下、-・-・-左中将、永正18・5・14従三位、元左中将、中将如元、其身在土左国、大永3（一五二三）・8・18権中納言、享禄2（一五二九）・10・-越州下向〈さ〉、11・25上洛〈さ〉、享禄3・9・12正三位、享禄5・6・19従二位、天文4（一五三五）・11・7左大将、天文6・-・-〈「12月9日」さ〉辞大将、天文8・8・23正二位、天文10・11・6〈「8月日」さ〉薨去（於土州）

［死没］天文10（一五四一）・11・6　［年齢］44　［父］一条房家　［母］参議従二位平松資冬女　［公卿補任］3—356上

房基　ふさもと　一五二二—四九

享禄3（一五三〇）・9・9従五位下、享禄5・5・19右中将、天文4（一五三五）・9・27正五位下、天文6・1・14従四位下（中将如元）、天文8・1・25従四位上、8・23正四位下、天文9・12・12従三位、右中将如元、天文10・3・27兼阿波権守（在土州）、天文18・4・12薨去

［死没］天文18（一五四九）・4・12　［年齢］28　［父］一条房冬　［母］邦高親王女　［公卿補任］3—403上

兼定　かねさだ　一五四三—八五

天文12（一五四三）・-・-誕生、天文20（一五五一）・11・28正五位下（直叙）、禁色、昇殿、左少将、12・28元服、従四位上（越階）、天文21・7・27従三位（越階）、左少将如元、元亀4（一五七三）・6・7転中将、6・19権中納言、天正1（一五七三）・9・16出家〈く追〉

❖永禄元年（一五五八）より「在土州」の記載あり

［死没］天正13（一五八五）7・1　［年齢］43　［父］一条房基（実一条房冬、二男）　［養父］一条房通　［母］従四位上修理大夫大友義鑑女　［法名］パウロ　［公卿補任］3—432上　［大日本史料］11—16—226

鷹司家　たかつかさけ

藤原氏北家摂家流。猪隈関白家実の四男照念院摂政兼平を家祖とする。鷹司の称は、鷹司北室町東に所在の鷹司第に由来する。近衛北室町東の近衛第の北に隣接し、家実の時、出家した父基通の隠居所として建てられ、のち家実の女鷹司院(長子、後堀河天皇中宮)の里第となったとされる。家実の二男兼平が鷹司第、および家実晩年の別業猪隈第、大宮第の譲りを受け、代々鷹司第を本第としたのでこれが家名となった。猪隈第は、家実の嫡子左大臣兼経と摂政九条道家の女仁子が結婚するに際し、その新居に近衛第を譲るべく、前年の嘉禎二年(一二三六)退居し移徙したのがこの第である(『玉蘂』)。兼平はこのとき九歳、四年二月元服し、この年中に、権中納言、権大納言、右大将、従二位という急速な官位昇進を遂げ、後世に、「年中四ヶ度加階例」の特異例とされる。そして十三歳の時の延応二年(一二四〇)正月、西園寺公経の二男一条権大納言実有の女と婚し、猪隈第を出て土御門堀川第に新居し、翌々年の仁治三年(一二四二)家実は猪隈第で没した。『平戸記』同年十二月二十七日条に、「入道殿今年六十四也、生涯無御遺恨歟、但無御処分云々、前博陸可令管領給歟、可在彼御計之由、去年被書置御遺言状之間、今度無沙汰」とある。今日家実は六十四歳で没したが、家領等の処分は無いようで、去年書置かれた遺言状により、前博陸つまり前関白兼経がすべて管領し、処分も計いあるべきとのことであるという。兼経はこのとき三十三歳であったが、まだ嗣子がなく、後嗣となる基平が生れるのはこれより四年後の寛元四年(一二四六)に至ってのことである。そのためもあってか、家領等の処分が行われなかったのかもしれない。また兼経は父家実の意嚮により舎弟の兼平を養って子とし、宝治二年(一二四八)十二月、兼経は摂籙に在職すること前後九年に及び、年また四十に近くにもなったとして、摂政を左大臣兼平に譲るべく、書状を鎌倉の将軍頼嗣に送って同意を求めたが(『岡屋関白記』)、幕府からは対九条家との関連もあって計い難しとして慰留された。兼平が兼経の譲りを受けて摂政・氏長者となるのは建長四年(一二五二)十月のことで、十一月には太政大臣となった。鷹司第等は実質的にはすでに兼平が領していたことであろうが、家領の処分はこの頃のことであったのであろう。建長五年十月二十一日に成る「近衛家所領目録」は家門分立の時期に当り家領を明確にしておく必要から纒められたものである。鷹司家領は、兼平が近衛家領から分与された所領、鷹司院が一期分として同領から処分を受けた所領が根幹となって形成されたようである。兼平の異母姉の鷹司院が処分を受けた分は「近衛家所領目録」に摂津国細河庄等三ヵ所で、女院が亡くなるのは文永十二年(一二七五)二月、五十八歳の時である。鷹司院領の総体は少し時代が下るが、正応六年(一二九三)四月の鷹司兼平譲状案(『鷹司家文書』)により和泉今泉庄以下十八ヵ所が知られる。兼平には基忠と兼忠の二子があり、一男基忠は父摂籙の例により文永五年十二月に二十二歳で関白・氏長者となった。二男兼忠は、同九年正月に上階(従三位)するが、それは『公卿補任』当該条の尻付に「前関白前太政大臣男(関白為子)」とある如く、舎兄の関白基忠の養子としてであり、永仁四年(一二九六)七月に三十五歳で関白・氏長者となった。基忠には実子として一男冬平、二男冬基、三男久教がいた。冬平は弘安八年(一二八五)三月に十一歳で上階するが、『尊卑分脈』の冬平条に頭注して「為摂政兼忠子」とある如く、兼忠の養子としてであり、延慶元年(一三〇八)十一月摂政・氏長者となった。そして冬基は正安二年(一三〇〇)二月に十六歳で上階するが、これも『公卿補任』当該条の尻付に「内大臣冬平公男(前関白基忠公二男)」とある如く、舎兄冬平の養子としてであり、延慶二年六月に二十五歳で没したので、同年十一月に冬教がやはり冬平の養子として五歳で上階した。同記に「摂政男(実者前関白太政大臣三男」とあるのはそれを示す。そして冬教は元徳二年（一三三〇）八月に関白・氏長者となった。冬教のあとには、冬教が摂政であった延慶三年に出生の冬平実子師平が養子となり、嘉暦二年（一三二七）六月に十八歳で上階し、康永元年（一三四二）十月に関白・氏長者となった。このように基忠の舎弟兼忠は兄の養子となり、基忠の三実子はいずれも嫡系の養子となり、これらは割合に早く没した冬基を除きいずれも関白・氏長者となった。師平の後は、実子冬通が暦応五年（一三四二）正月に十三歳で叙爵し、累進して関白に昇る。そしてこれ以降は歴代父子相続が通例となる。このように、鷹司家では鎌倉時代いっぱいは兄弟相続の相続法によったのであり、その都度、弟は兄の子となることが常例とされたのである。なお、兼忠には冬経・兼冬・基教の実子三人がいたが、このうち冬経は冬平の養子となっている（『尊卑分脈』）。永仁三年（一二九五）に十三歳で上階するのも嫡流相承のことが予定されていたからかもしれない。しかし冬経は、権大納言で終り任槐もしなかった。鷹司家の二流抑止の在り方によるようで、このことに関し、『続吉記』正安二年（一三〇〇）十二月九日条に、「参殿下（二条兼基）、入見参、亜相所望事、此間御沙汰何様候哉之由尋申、堀川大納言（具守）可辞申之由、委雖被仰下、難治之由申之、此上者猪熊大納言（冬経）謙退可然歟、故摂政（鷹司兼忠）以若君（同冬平）譲所領等、立家嫡歟、其上彼流不可有二流、旁背理改之旨有御命」と見える。吉田中納言経長の権大納言の望みが達せられるには猪熊大納言冬経の謙退が然るべきであるが、去る八月没した前摂政兼忠が冬平に所領等を譲ったのは、家嫡に立てたことによろうから、冬経が兼忠の実子といえども雁行昇進し鷹司流が二流となるのはありえなく、任槐の見込みもない冬経に辞退を諭すのは如何なものか、との意であろう。この兼忠が没した年の一家の公卿は、前関白基忠五十五歳、内大臣冬平二十七歳、権大納言冬経十九歳、正三位冬基十七歳がいたが、のち冬平は関白となり、冬基もその養子となり摂籙につくことが予定されていたが、頓死して果さなかった。このように鷹司家は兄弟相続により家嫡を継承することで摂籙についたが、それは一流相続し、家領の分散を抑止するということからといえよう。そしてこれを遂行するために鷹司家で慣行された、鷹司本第・付亭の居住方式である。鷹司第を本第とした兼平は、息基忠が文永五年関白となると、本第を譲り大殿と称され同宿して後見したが、その世帯は猪隈第に避居し、同十年基忠が関白を止めると大宮第に移り、基忠の舎弟で養子の権中納言兼忠十二歳が次代の家長予定者として鷹司第の主となるが、幼年につき兼平が引き続き後見し、翌々十二年には兼平自身が後宇多天皇の摂政に還任した。兼忠は永仁六年に関白を辞すと、鷹司第を養子の権大納言冬平に譲り、兼平跡の猪隈第に避居した。このように鷹司第の居住者は現任者、前官者は後見の場合を除き、他は原則として付亭である猪隈第、大宮第に交互に退居するという居住方式を通して一流相続を図ったといえる。南北朝時代より室町時代を通し父子相続して戦国時代の忠冬に至ったが、忠冬には嗣子なく、関白を辞した翌年の天文十五年（一五四六）四月に父准三宮入道貞覚（兼輔）に先立ち三十八歳で頓死し、この摂籙の家を相続する人が決まらぬまま、貞覚も二十一年九月に七十三歳で没した。ここに鷹司家は断絶することになる。それより二十七年を経た天正七年（一五七九）に至り、故鷹司忠冬の猶子として前関白二条晴良の三男信房を迎え、鷹司家が再興された。信房は十一月二十一日正五位下に叙せられ、同日元服し禁色昇殿を聴許、同二十四日右少将に任ぜられた。時に十五歳であった。この再興が織田信長の大きな支援によってなされたものであったことは、十一月廿二日付二条殿宛織田信長黒印状（宮内庁書陵部蔵『鷹司家判物類』）によって知られる。「家門御児所望申候て、鷹司殿御跡目始末、可然之様可取立申候」とあり、信長の猶子として相続したことも窺われる。信房は信長の偏諱を受けたとの説は妥当であろう。なお、この再興のこと

鷹司家

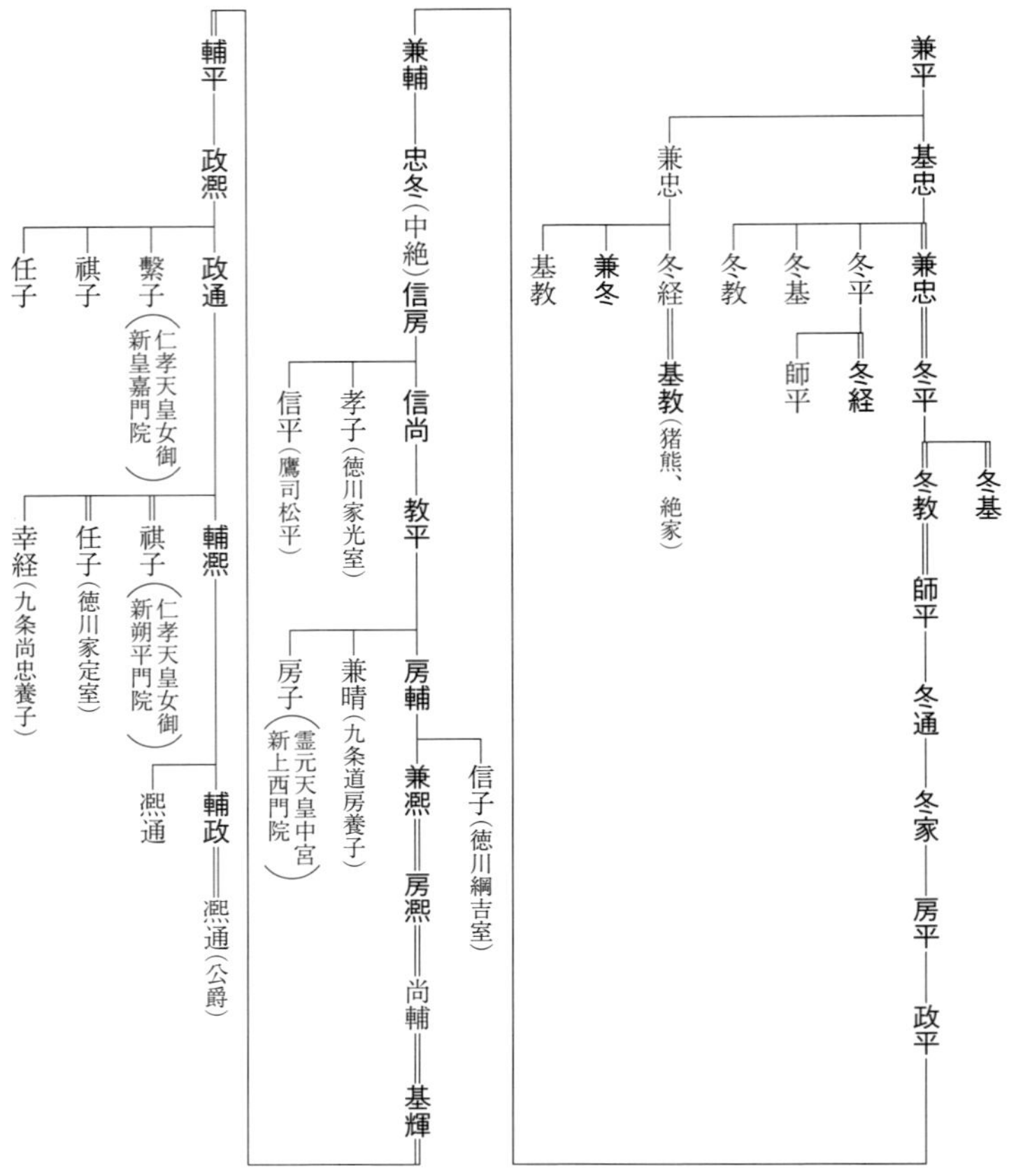

はかなり前から出ていたのであろう、天正五年十一月廿三日付で「吉祥院内参百石事」知行宛行の信長朱印状が「鷹司殿」宛に出されていること（同上）、『多聞院日記』天正七年九月二十七日条に「鷹司殿以外御願云々、御立願信読経千巻卅頌・祓百座御沙汰了」などと見える。信房の女孝子（本理院）は将軍徳川家光に入輿し、寛永二年（一六二五）二十四歳で御台所となる（『柳営婦女伝叢』巻九）。弟信平は十五歳の時の慶安三年（一六五〇）江戸に下り旗本となり、千俵・二百人扶持を給され、鷹司家を起し、承応二年（一六五三）徳川頼宣（紀伊）の女と結婚し、翌三年松平の称号を与えられ、のち知行七千石となる。その孫信清は一万石の大名となり上野矢田を居所とし（『寛政重修諸家譜』）、以後幕末に至る。明治に鷹司を吉井と改称し、子爵を授けられた。江戸中期から後期にかけては養子が続いた。幕末に活躍した政通は関白在職三十六年にも及んだ。輔平・政熈・政通・輔熈の四代はいずれも子女二十余人を超え、ことに政熈は子福者で三十五人の子女を数えた。家領は千石。天和二年（一六八二）三月五百石が加増された。摂家としての家職は、大嘗会天神地祇ヲロシ・神膳・即位灌頂大事の天子への奉授、節会・官奏・叙位・除目四箇の大事の口決相伝である。日記に、『照念院関白記』（兼平）、『後照念院関白記』（冬平）、『後円光院関白記』（冬教）、『房輔公記』、『房熈公記』、『政通公記』、『輔政卿記』等がある。明治十七年（一八八四）熈通のとき、叙爵内規により公爵を授けられた。菩提所は二尊院。『鷹司家譜』（東京大学史料編纂所架蔵、四一七五―二四四）。

兼平　かねひら　一二二八―九四

安貞2（一二二八）・-・-　誕生〈く追〉、嘉禎3（一二三七)・2・23正五位下(今日元服)、2・28右少将、7・17従四位下(鷹司院御入内賞、少将如元)、9・15右中将、10・15禁色、嘉禎4・1・5従四位上(臨時)、1・22兼播磨権守、1・27従三位(下名次)、右中将如元、閏2・15権中納言、4・18権大納言、9・1正三位、11・6兼右大将、-・-従二位、暦仁1(一二三八)・12・23右馬寮御監、延応1(一二三九)・4・23正二位、仁治2(一二四一)・4・6兼宣旨、4・17内大臣、10・10辞大将、兵仗、寛元2(一二四四)・6・13右大臣、寛元4・3・-為一上、11・15辞随身兵仗、12・24左大臣、宝治2(一二四八)・10・23従一位、建長4(一二五二)・10・3摂政氏長者、10・13勅賜随身兵仗、11・3太政大臣、建長5・11・8辞太政大臣、建長6・3・26牛車、12・3〈「2日」一代要記〉上表為関白、准摂政、正嘉3(一二五九)・11・26詔為摂政、弘長1(一二六一)・4・29止関白、文永5(一二六八)・12・29給随身兵杖、文永12・10・21〈22日ともあり〉摂政詔、氏長者、建治2(一二七六)・12・2太政大臣兼宣旨、12・14還任、建治3・4・26上表、弘安1(一二七八)・12・7関白、弘安9・閏12・12〈「11日」史〉辞兵仗、弘安10・8・11止之(関白)、正応2(一二八九)・6・1内覧、正応3・3・30出家

[死没]永仁2(一二九四)・8・8　[年齢]67　[父]近衛家実、四男　[母]従二位藤原忠行女　[号]称念院　[法名]覚理　[日記]称念院関白記(一二五九)　[公卿補任]2—103下

基忠　もとただ　一二四七—一三一三

康元2(一二五七)・1・21(従三位)、右中将如元、正嘉1(一二五七)・11・19正三位、11・26権中納言、正嘉2・11・1権大納言、正嘉3・1・6従二位、11・20正二位、文応2(一二六一)・2・5兼左大将、左馬寮御監、弘長2(一二六二)・1・20蒙任大臣兼宣旨、1・26内大臣、7・13辞大将、7・16給随身兵仗、弘長3・12・19辞兵杖、文永2(一二六五)・10・5右大臣、文永5・1・7従一位、8・25兼東宮傅、12・2左大臣、12・10関白、氏長者并兵杖宣下、文永6・3・1上表、文永8・10・14牛車、文永10・5・5止之(関白)、弘安8(一二八五)・4・25太政大臣、弘安10・8・13辞太政大臣、正和1(一三一二)・3・29出家、正和2・7・7薨去

[死没]正和2(一三一三)・7・7　[年齢]67　[父]鷹司兼平、一男　[母]正二位権大納言藤原実有女　[号]圓光院・近衛北殿・鷹司殿　[法名]理勝　[公卿補任]2—172上

兼忠　かねただ　一二六二—一三〇一

弘長2(一二六二)・-・-誕生〈く追〉、文永8(一二七一)・2・11元服、正五位下、禁色、2・17右少将、5・5従四位下(行幸新院御所六条賞)、7・2転右中将、10・13正四位下、文永9・1・5従三位、右中将如元、7・11兼近江権守、9・27正三位、文永10・5・3権中納言、文永11・1・5従二位、文永12・1・6正二位、建治1(一二七五)・12・22権大納言、12・24帯剣、弘安2(一二七九)・1・10兼左大将、正応1(一二八八)・10・24蒙任大臣兼宣旨、10・27内大臣、11・8辞大将、12・20従一位、正応2・4・25兼東宮傅、10・3辞兵仗、10・18右大臣、更兼東宮傅、正応4・6・-〈「7月」イ〉為一上、12・25左大臣、永仁4(一二九六)・7・24関白、氏長者、12・25上表、永仁6・7・22止傅、改関白為摂政、10・10賜内舎人随身、12・20止之(摂政)、正安3(一三〇一)・8・23出家〈く追〉、8・25薨去〈く追〉

[死没]正安3(一三〇一)・8・25　[年齢]40　[父]鷹司基忠(実鷹司兼平、二男)　[母]従三位平親継女(家女房弁局)　[号]歓喜園院摂政・歓喜園院殿　[公卿補任]2—232下

冬平　ふゆひら　一二七五—一三二七

建治1(一二七五)・-・-誕生〈く追〉、弘安7(一二八四)・2・25正五位下、今日元服、禁色、3・1右少将、6・23転中将、8・8従四位下、弘安8・1・5従四位上、3・8従三位、右中将如元、弘安9・1・13正三位、正応1(一二八八)・11・8権中納言、11・21従二位、正応2・4・25兼春宮権大夫、帯剣、正応3・1・5正二位、6・8左衛門督、11・21権大納言、-・-兼春宮権大夫〈や〉、-・-辞左衛門督、永仁5(一二九七)・8・25転大夫、永仁6・5・23兼左大将、6・12為左馬寮御監、7・22止大夫、永仁7・4・18任大臣兼宣旨、正安1(一二九九)・4・26内大臣、4・27左大将返宣旨、

8・29辞大将、〈「9月21日」イ〉賜兵仗、正安3・1・6従一位、乾元1(一三〇二)・11・22〈「27日」イ〉右大臣、嘉元3(一三〇五)・閏12・20為一上、閏12・21左大臣、嘉元4・12・22兼東宮傅、徳治3(一三〇八)・8・26止傅、9・19又春宮傅、延慶1(一三〇八)・11・11詔為摂政、延慶2・10・12給内舎人随身、12・9辞(摂政)、延慶3・12・15太政大臣、延慶4・3・15復辟為関白、4・20初度表、4・22第二度表、4・24辞太政大臣、応長1(一三一一)・10・30牛車宣旨、正和2(一三一三)・7・12止関白氏長者幷傅、正和4・9・22更為関白氏長者、正和5・8・23止関白並氏長者、元亨3(一三二三)・11・9還任、正中2(一三二五)・6・29第三度表、嘉暦2(一三二七)・1・19薨去

※正応元年より「讃岐権守」

〔死没〕嘉暦2(一三二七)・1・19　〔年齢〕53　〔父〕鷹司基忠　〔母〕正二位権中納言衣笠経平女　〔号〕後称念院　〔日記〕後称念関白記(一三〇三−二六)　〔公卿補任〕2—280下

冬経　ふゆつね　一二八三—一三一九

永仁2(一二九四)・4・22従五位上、禁色(今日元服)、4・30侍従、7・2右少将、永仁3・6・13正五位下、6・22転中将、従四位下、8・20正四位下(越階)、12・9従三位、右中将如元、永仁5・4・10正三位、永仁6・3・22兼播磨権守、12・18権中納言、永仁7・1・6従二位、正安2(一三〇〇)・1・11正二位、4・7権大納言、4・15帯剣、嘉元3(一三〇五)・1・22辞権大納言、元応1(一三一九)・6・18薨去

〔死没〕元応1(一三一九)・6・18　〔年齢〕37　〔父〕鷹司兼忠　〔養父〕鷹司冬平　〔母〕近衛基平女　〔公卿補任〕2—330上

冬基　ふゆもと　一二八五—一三〇九

正安1(一二九九)・6・29正五位下〈旧〉、禁色〈旧〉、昇殿〈旧〉、今夜元服〈旧〉、7・8右少将〈旧〉、7・27従四位下〈旧〉、11・4転中将〈旧〉、12・17従四位上〈旧〉、正安2・2・5従三位、右中将如元、7・11正三位、正安4・2・1兼播磨権守、嘉元1(一三〇三)・8・28〈23日ともあり〉参議、嘉元2・1・14兼春宮権大夫、嘉元3・3・4権中納言、4・5兼左衛門督、嘉元4・1・5従二位、徳治2(一三〇七)・11・1権大納言、12・12止督、徳治3・8・26止権大夫、9・17正二位、延慶2(一三〇九)・6・29薨去

〔死没〕延慶2(一三〇九)・6・29　〔年齢〕25　〔父〕鷹司冬平(実鷹司基忠、二男)　〔母〕正二位権中納言衣笠経平女　〔公卿補任〕2—354下

兼冬　かねふゆ　一二八九—一三〇八

乾元1(一三〇二)・12・10正五位下、元服、禁色、昇殿、12・30右少将、嘉元1(一三〇三)・12・17従四位下、嘉元2・1・5従四位上(遊義門院当年御給)、3・7右中将、嘉元3・1・5従三位(遊義門院当年御給)、元従四位上右中将、1・7更任右中将、徳治2(一三〇七)・1・29下総権守、徳治3・閏8・2薨去

〔死没〕徳治3(一三〇八)・閏8・2　〔年齢〕20　〔父〕鷹司兼忠、二男　〔母〕高階頼泰女(家女房)　〔号〕猪熊　〔公卿補任〕2—382上

冬教　ふゆのり　一三〇五—一三三七

延慶2(一三〇九)・4・20〈「5日」イ〉正五位下、禁色(今日元服)、4・27右少将、6・12転中将、8・10従四位下、10・12正四位下(越階)、11・23従三位(大嘗会叙位、院御給)、右近中将如元、延慶3・2・8権中納言、5・11正三位、応長1(一三一一)・閏6・26従二位、12・21権大納言、12・23帯剣、応長2・3・3正二位、元応2(一三二〇)・4・12兼左近大将、元亨2(一三二二)・8・11内大臣、8・12左大将還宣旨、元亨3・1・11辞大将、1・13賜左右近番長各一人近衛各三人為随身、9・28兼東宮傅、正中3(一三二六)・3・20止傅、嘉暦4(一三二九)・1・5従一位、元徳2(一三三〇)・1・27辞左大臣、8・25関白、内覧兵杖宣下、元徳3・1・30辞左大臣、正慶2〈元弘3〉(一三三三)・5・17伯州詔命到来、−・−停其職、建武1(一三三四)・10・9右大臣、氏長者、12・17兼治部卿、建武2・2・16左大臣、11・19辞所職並長者、建武4〈延元2〉・1・26薨去

※元亨三年より「皇太子傅」

〔死没〕建武4(一三三七)・1・26　〔年齢〕33　〔父〕鷹司冬平(実鷹司基忠、三男)　〔母〕正二位権中納

言衣笠経平女〔号〕後圓光院〔法名〕理空〔日記〕後圓光院関白記（一三三二）〔公卿補任〕2―408下〔大日本史料〕6―4―57

基教　もとのり　一二九九―？

正和3（一三一四）・12・26正五位下〈今日元服、禁色、昇殿〉、正和4・1・5右少将、7・21従四位上〈越階〉、少将如元、10・28正四位下、12・15転左中将、正和5・1・13兼播磨権守、閏10・4従三位、左中将如元、文保1（一三一七）・12・22正三位、嘉暦4（一三二九）・6・21従二位、元徳2（一三三〇）・-・-去中将、4・7右中将、10・21参議、元徳3・1・13辞参議、康永3〈興国5〉（一三四四）・2・-〈康永2年11月日ともあり〉出家

〔父〕鷹司兼忠、三男〔母〕高階頼泰女（家女房）〔公卿補任〕2―455上〔大日本史料〕6―8―126

師平　もろひら　一三一一―五三

応長1（一三一一）・-・-誕生〈く追〉、正中2（一三二五）・12・29正五位下〈今日元服禁色〉、12・30右少将、嘉暦1（一三二六）・1・5従四位下〈越階〉、少将如元、2・19右中将、嘉暦2・1・5正四位下、3・24兼播磨権守、6・11〈16日ともあり〉従三位〈越階〉、右中将如元、嘉暦3・3・16権中納言、5・5兼右中将、嘉暦4・6・28権大納言、元徳2（一三三〇）・1・5正三位、1・27辞、元徳3・1・5従二位、元弘2（一三三二）・3・18正二位、正慶2〈元弘3〉（一三三三）・5・17詔復従二位、元弘4（一三三四）・1・23兼春宮大夫、建武2（一三三五）・1・5正二位、建武3〈延元1〉・10・10本宮没落、-・-仍止大夫、3・2兼右大将、建武4〈延元2〉・7・12内大臣、7・20大将還宣旨、暦応1〈延元3〉（一三三八）・10・19辞大将、10・26賜兵杖、11・16辞兵杖、暦応2〈延元4〉・12・27右大臣、暦応5〈興国3〉（一三四二）・3・23為一上、康永1〈興国3〉（一三四二）・11・18詔為関白氏長者、賜兵杖、康永2〈興国4〉（一三四三）・3・27上右大臣表、4・10宣列前太政大臣並左大臣上之由宣下、康永3〈興国5〉・1・5従一位〈や〉、貞和2〈正平1〉（一三四六）・2・29辞退〈関白〉、文和2〈正平8〉（一三五三）・8・5出家、8・6薨去

〔死没〕文和2（一三五三）・8・6〔年齢〕43〔父〕鷹司冬教（実鷹司冬平）〔母〕中将長平女〔号〕昭光院（但此号不審、作名歟）〔法名〕禅理〔公卿補任〕2―513下〔大日本史料〕6―18―294

冬通　ふゆみち　一三三一―八六

元弘1（一三三一）・-・-誕生〈く追〉、暦応3〈興国1〉（一三四〇）・8・22〈し〉従五位上、禁色〈今日元服〉、11・20正五位下、11・27〈し〉〈「12月」く追〉左近中将、暦応4〈興国2〉・1・6従四位下〈臨時〉、暦応5〈興国3〉・5・26〈し〉正四位下〈越階〉、〔「伝所々破損仍如此」や〕、康永1〈興国3〉（一三四二）・1・5従三位、中将如元、3・30兼播磨権守、康永3〈興国5〉・7・29権中納言、9・23兼春宮権大夫、貞和2〈正平1〉（一三四六）・2・21正三位、貞和3〈正平2〉・11・16権大納言、貞和4〈正平3〉・6・22〈「24日」し〉帯剣、10・27依受禅止権大夫、貞和5〈正平4〉・1・5従二位、観応2〈正平6〉（一三五一）・4・16兼任左大将、文和4〈正平10〉（一三五五）・8・13正二位、延文5〈正平15〉（一三六〇）・9・30右大臣、11・-辞左大将、貞治1〈正平17〉（一三六二）・9・23為一上、12・27左大臣、貞治2〈正平18〉・4・20従一位、貞治6〈正平22〉・8・27詔為関白、随身兵杖宣下、11・25宣令列太政大臣上之由宣下、応安1〈正平23〉（一三六八）・2・17与奪一上於右大臣、応安2〈正平24〉・11・4辞退関白、至徳3〈元中3〉（一三八六）・6・19薨去

〔死没〕至徳3（一三八六）・6・19〔年齢〕56〔父〕鷹司師平〔母〕家女房〔号〕一心院〔公卿補任〕2―591下

冬家　ふゆいえ　一三六七―一四二八

永和4〈天授4〉（一三七八）・1・5従三位、右中将如元、3・24兼播磨権守、永徳1〈弘和1〉（一三八一）・1・6正三位、12・24権中納言、嘉慶2〈元中5〉（一三八八）・5・26権大納言、明徳1〈元中7〉（一三九〇）・4・14辞権大納言、12・24還任〈権大納言〉、明徳3〈元中9〉・1・6従二位、明徳4・1・5正二位、応永1（一三九四）・12・25辞権大納言、応永2・6・3還任〈権大納言〉、応永6・2・22辞権大納言、応永18・4・11右大臣、応永21・12・-辞右大臣、応永22・1・6従一位、応永32・5・10出家、

正長1(一四二八)・5・26薨去〈く追〉

[死没]正長1(一四二八)・5・26　[年齢]62　[父]鷹司冬通　[母]正二位権大納言洞院公敏女　[号]後一心院　[法名]冬雲　[公卿補任]2—729下

房平　ふさひら　一四一一—七二

応永33(一四二六)・1・6従三位、左中将(今日叙留)、播磨権守、応永35・3・30権中納言、正長2(一四二九)・1・5正三位、永享1(一四二九)・11・21権大納言、永享3・1・6従二位、永享4・1・5正二位、12・9兼任左近大将、永享5・10・20可有任大臣事也、永享7・4・22内大臣、永享9・10・20辞大将、永享10・9・4右大臣、嘉吉3(一四四三)・1・6従一位、文安3(一四四六)・4・29左大臣、享徳3(一四五四)・7・1詔関白、-・-・-氏長者兵仗宣下、享徳4・6・2辞関白、-・-・-辞左大臣、文明4(一四七二)・11・16薨去

[死没]文明4(一四七二)・11・16　[年齢]62　[父]鷹司冬家　[号]後照光院　[公卿補任]3—110下　[大日本史料]8—5—770

政平　まさひら　一四四五—一五一七

寛正2(一四六一)・8・8従三位、左中将如元、寛正3・-・-権中納言〈く追〉、寛正4・1・5正三位、寛正5・7・5権大納言、寛正6・1・5従二位、応仁2(一四六八)・12・-〈「29日」く追〉内大臣、文明4(一四七二)・5・7正二位、文明7・3・10右大臣、文明8・8・28転任左大臣、文明10・6・3内覧〈く追〉、文明11・3・23従一位、3・-〈「26日」く追〉辞左大臣、文明15・2・24〈25日ともあり〉詔(関白)、-・-・-氏長者兵杖等同宣下、3・22牛車一座等事宣下、文明17・3・20太政大臣、4・19辞太政大臣、文明19・2・9辞関白、永正13(一五一六)・5・16出家、永正14・閏10・18薨去

[死没]永正14(一五一七)・閏10・18　[年齢]73　[父]鷹司房平　[号]専称院　[道号]天理　[法名]上玄　[公卿補任]3—202上　[大日本史料]9—7—216

兼輔　かねすけ　一四八〇—一五五二

延徳4(一四九二)・-・-元服〈く追〉、正五位下〈く追〉、右少将〈く追〉、禁色〈く追〉、6・27右中将〈く追〉、明応2(一四九三)・1・6従四位上〈く追〉、3・25従三位、右近中将如元、本名兼敦改兼輔〈く追〉、明応3・3・10正三位、明応6・1・12権中納言、文亀1(一五〇一)・2・9権大納言、8・18従二位、文亀3・6・5正二位、永正1(一五〇四)・12・7兼任左近大将、永正3・4・16内大臣、永正4・4・6転右大臣、永正10・10・5〈くし〉辞大将、勅授、永正11・8・29詔関白、-・-・-氏長者牛車兵仗一座宣等同宣下、永正12・4・16転任(左大臣)、12・26従一位、永正15・3・27辞退関白、4・21〈29日ともあり〉辞退左大臣、天文11(一五四二)・1・7准三宮、天文13・10・-出家

[死没]天文21(一五五二)・9・9　[年齢]73　[父]鷹司政平　[母]関白太政大臣従一位一条兼良女　[前名]兼敦　[号]法音院　[法名]貞覚　[公卿補任]3—288上

忠冬　ただふゆ　一五〇九—四六

永正6(一五〇九)・-・-誕生〈く朱追〉、享禄2(一五二九)・9・5正五位下、元服(加冠父公、理髪右中弁兼秀朝臣)、禁色昇殿、(密々参内云々、消息宣下、違例カ〈さ〉)、9・6右近衛権中将、10・3〈やさ〉従四位上、11・23従三位、右中将如元、享禄3・1・20権中納言、4・10正三位、11・16従二位、享禄4・2・13正二位、6・22権大納言、天文2(一五三三)・3・23兼右大将、天文6・12・21右大臣、天文7・1・8辞大将、天文10・1・5従一位、1・12転左、天文11・3・26詔(関白)、閏3・2辞退(左大臣)、天文14・6・2止関白、天文15・4・12薨去

※天文十一年より「氏長者」「内覧」

[死没]天文15(一五四六)・4・12　[年齢]38　[父]鷹司兼輔　[母]正二位権大納言正親町三条公治女　[号]後専称院　[公卿補任]3—378上

信房　のぶふさ　一五六五—一六五七

永禄8(一五六五)・10・25誕生、天正7(一五七九)・11・22正五位下(直叙)☆、元服、禁色、雑袍、昇殿、11・24右少将、天正8・1・28従四位下、3・7転中将、6・-〈「9日」く〉従四位上、天正9・1・6従三位(越階)、中将如元、4・17権中納言、鷹司流相続〈くま〉、天正10・1・6権大納言、

7·20正三位、天正11·6·-〈くま〉従二位、天正15·12·17正二位〔く抹当衍〕、天正16·1·13左大将、12·17正二位、天正17·1·6従一位、慶長11(一六〇六)·9·22内大臣、辞大将、11·10左大臣、11·11関白、慶長13·12·26辞関白☆、辞退左大臣☆、明暦3(一六五七)·12·15薨去

［死没］明暦3(一六五七)·12·15 ［年齢］93 ［父］鷹司忠冬(実二条晴良、三男) ［母］伏見宮貞敦親王女 ［一字名］搗 ［号］後法音院 ［公卿補任］3—486上

信尚 のぶひさ 一五九〇—一六二一

天正18(一五九〇)·4·14誕生、文禄5(一五九六)·2·28正五位下、元服、禁色、雑袍、昇殿、3·1右少将、3·8従四位下、慶長2(一五九七)·12·29転中将、慶長6·1·6正四位下、3·19播磨権守、慶長7·1·6〈く〉従三位、右近中将如元、兼播磨権守、慶長11·1·11権中納言、慶長12·12·30正三位、慶長13·1·7権大納言、兼左大将、慶長16·2·9従二位、3·12内大臣、慶長17·1·17辞大将、2·2正二位、3·18右大臣〈く〉、7·25関白、氏長者内覧兵仗牛車随身一座等宣下〈くま〉、慶長19·1·5従一位〈くま〉☆、1·11〈「14日」く諸家伝〉転左☆、元和1(一六一五)·7·27〈「28日」く諸家伝〉辞退関白☆、元和6·1·13辞左大臣、元和7·11·19薨去

［死没］元和7(一六二一)·11·19 ［年齢］32 ［父］鷹司信房、一男 ［母］佐々成政女岳星院 ［号］景皓院 ［公卿補任］3—520上 ［大日本史料］12—39—49

教平 のりひら 一六〇九—六八

慶長14(一六〇九)·2·5誕生、慶長15·12·23正五位下、慶長18·12·15正五位下、元服、禁色、昇殿、12·22左少将☆、慶長19·6·20従四位下、慶長20·1·5従三位〔越二階〈く〉〕、少将如元、元和2(一六一六)·1·27〈く〉左中将、元和3·7·6権中納言、元和5·12·26正三位、12·28権大納言、元和9·1·6右近衛大将、寛永3(一六二六)·8·27左大将、寛永5·2·10従二位、寛永8·12·11正二位、寛永9·1·9内大臣、12·28右大臣、寛永12·1·24辞左大将、寛永17·3·21左大臣、寛永18·12·1辞左大臣、明暦1(一六五五)·1·29従一位、寛文8(一六六八)·10·3薨去

［死没］寛文8(一六六八)·10·3 ［年齢］60 ［父］鷹司信尚 ［母］後陽成天皇皇女大鑑院清子女王 ［一字名］雲·謙·公 ［号］一致院 ［公卿補任］3—544下

房輔 ふさすけ 一六三七—一七〇〇

寛永14(一六三七)·4·30誕生、寛永20·12·22元服、正五位下、禁色、昇殿、12·23左少将☆、寛永21·2·4従四位上、7·13転左中将、9·2播磨守、9·5正四位下、正保2(一六四五)·10·18〈去正月六日位記〉従三位、左中将如元、正保4·2·9権中納言、正保5·1·11権大納言、慶安1(一六四八)·12·22〈賜去正月五日位記〉正三位、慶安4·2·9右大将〈く〉、承応1(一六五二)·12·24従二位、承応3·12·22〈賜去正月五日口宣案〉正二位、承応4·1·25左大将、万治1(一六五八)·9·11内大臣、寛文1(一六六一)·5·23辞内大臣、6·8右大臣、寛文3·1·12左大臣、寛文4·9·27摂政、氏長者牛車兵仗内覧一座宣旨、寛文7·閏2·18辞左大臣、寛文8·3·16改摂政関白、寛文12·1·5従一位〈ま〉、天和2(一六八二)·2·18辞関白、元禄13(一七〇〇)·1·11薨去

［死没］元禄13(一七〇〇)·1·11 ［年齢］64 ［父］鷹司教平 ［母］権大納言正三位上冷泉為満女 ［一字名］楊·徯 ［号］後景皓院 ［日記］房輔公記(一六七四) ［公卿補任］3—608下

兼凞 かねひろ 一六五九—一七二五

万治2(一六五九)·12·5誕生、寛文5(一六六五)·3·1元服、昇殿、左少将、正五位下、禁色、雑袍、12·13従四位上〈越階〉☆、寛文6·12·17従三位〈左少将如旧〉、寛文9·12·18〈去年正月六日分〉正三位☆、寛文10·-·-権中納言〈旧〉、寛文11·12·21権大納言☆、延宝4(一六七六)·8·25左大将☆、延宝5·6·24従二位、延宝9·7·10内大臣、天和3(一六八三)·1·13右大臣、2·9東宮傅、天和4·2·15正二位、貞享4(一六八七)·3·21止傅、為院執事、元禄3(一六九〇)·12·26左大臣☆、元禄16·1·14関白氏長者☆、-·-牛車兵仗内覧等宣下、11·28与奪右大臣一上、元禄17·1·10

辞左大臣、宝永2(一七〇五)・1・23〈去5日分〉従一位☆、宝永4・11・27辞関白、享保10(一七二五)・11・20薨去

[死没]享保10(一七二五)・11・20　[年齢]67　[父]鷹司房輔　[母]大江竹子　[一字名]心　[号]心空華院　[公卿補任]4—14上

房煕　ふさひろ　一七一〇—三〇

宝永7(一七一〇)・8・13誕生、享保4(一七一九)・1・24元服、禁色、雑袍、昇殿、左少将、正五位下、3・20従四位上(越階)、4・16喪養母、6・18除服出仕復任、12・23左中将、享保5・5・19従三位(左中将如旧〈ま〉)、6・19権中納言(左中将如旧〈ま〉)、享保7・5・3権大納言、享保8・6・6正三位、享保9・1・16帯剣、享保10・2・18右大将、3・3右馬寮御監、享保12・5・15従二位、12・12左大将☆、享保13・1・6左馬寮御監☆、6・11春宮大夫、10・26内大臣、享保15・4・24辞内大臣・左大将、薨去

[死没]享保15(一七三〇)・4・24　[年齢]21　[父]鷹司兼煕(実近衛家煕、二男)　[母]従三位長子(実従二位権中納言町尻兼量女)　[号]清浄林院　[日記]房煕公記(一七二五—三〇)　[公卿補任]4—242下

基輝　もとてる　一七二七—四三

享保12(一七二七)・2・28誕生、享保20・11・16元服、昇殿、禁色、雑袍、従五位上、10・8左権少将、12・9従四位下(越階〈ま〉)、享保21・2・4転左権中将、3・2正四位下(越階)、元文1(一七三六)・9・13従三位(左中将如旧)、元文2・2・21権中納言、7・5権大納言、元文4・1・7帯剣、7・19正三位、元文6・12・8従二位、寛保3(一七四三)・5・12〈「11日」史〉内大臣、5・13〈ま〉辞内大臣、5・15薨去

[死没]寛保3(一七四三)・5・15　[年齢]17　[父]鷹司房煕(実一条兼香、二男)　[母]家女房　[号]常住心院　[公卿補任]4—324下

輔平　すけひら　一七三九—一八一三

元文4(一七三九)・2・8誕生、延享2(一七四五)・12・7元服、禁色、雑袍、昇殿、正五位下、12・23左少将、閏12・5従四位下、延享3・1・25転左中将、8・24〔従三位〕(中将如旧)、寛延1(一七四八)・5・24権中納言、12・27権大納言、寛延2・12・7帯剣、寛延3・11・20右大将、12・9〈「10日」ま〉右馬寮御監、寛延4・7・21正三位、宝暦4(一七五四)・1・26左大将、2・19従二位、12・26左馬寮御監、宝暦6・5・10内大臣、5・12正二位☆、宝暦9・11・26右大臣、宝暦13・8・1従一位、9・25辞左大将、明和5(一七六八)・2・19東宮傅、明和7・11・24止傅、院執事、安永7(一七七八)・2・19一上、12・10左大臣、12・11直衣始、天明7(一七八七)・3・1関白、氏長者随身兵仗牛車内覧等宣下、3・2直衣始、3・13与奪一上於右大臣、5・26辞左大臣、寛政3(一七九一)・8・20辞関白氏長者内覧随身兵仗等、寛政9・7・21出家

[死没]文化10(一八一三)・1・8　[年齢]75　[父]一条兼香(実閑院宮直仁親王、四男)　[母]家女房　[幼名]敦君　[号]後心空華院　[法名]理延　[公卿補任]4—376下

政煕　まさひろ　一七六一—一八四一

宝暦11(一七六一)・4・10誕生、明和5(一七六八)・3・5元服、禁色、雑袍、昇殿、従五位上、3・14左権少将、3・24従四位下(越階)、5・17〈ま〉正四位下(越階)、8・13左権中将、明和6・1・5〔従三位〕(中将如故)、1・18権中納言、-・-左衛門督、8・19左中将、明和7・8・4権大納言、正三位、10・9帯剣、安永2(一七七三)・1・9従二位、安永4・1・6正二位、閏12・2右近衛大将、安永10・1・10転左大将、1・20左馬寮御監、寛政1(一七八九)・5・22内大臣☆、5・26直衣始、8・19辞左大将、寛政3(一七九一)・8・18随身兵仗、9・28直衣始、11・28左大臣、12・2直衣始☆、寛政7・10・14為氏長者賜内覧宣旨、11・16関白、随身兵仗牛車、11・17直衣始、11・28与奪一上於右大臣、寛政8・2・4従一位、4・24辞左大臣、文化11(一八一四)・9・16辞関白内覧氏長者随身兵仗、文化12・2・17准三宮、随身兵仗、2・19直衣、文政6(一八二三)・7・5辞随身兵仗、出家

[死没]天保12(一八四一)・2・7　[年齢]81　[父]鷹司

輔平　[母]従四位下式部大輔毛利重就女文子　[幼名]鶴君　[号]文思恭院　[法名]楽山　[公卿補任]4―506上

政通　まさみち　一七八九―一八六八

寛政1(一七八九)・7・2誕生、寛政8・11・8内院童昇殿☆、11・16元服☆、正五位下☆、還昇☆、禁色☆、12・22左権少将(剰闕)☆、寛政9・1・4従四位上(越階、推叙)、3・1転左権中将、12・10[従三位](中将如元)、寛政11・8・16権中納言、9・26聴直衣、直衣始、寛政12・12・8正三位、享和1(一八〇一)・8・1権大納言、12・13帯剣、12・25直衣始、文化1(一八〇四)・12・11従二位☆、文化4・2・1(「5日」ま)左近衛大将、2・19左馬寮御監、3・8始直衣、文化6・3・24春宮大夫、文化7・10・28正二位、文化12・2・26右大臣、2・28直衣始、12・4従一位、辞大将御監等、賜随身兵仗、12・17直衣始、文化14・3・22院執事、文政3(一八二〇)・6・1左大臣、6・4直衣始、文政6・3・19氏長者随身兵仗聴牛車、関白、文政7・1・5一座宣旨、辞左大臣、天保13(一八四二)・8・22太政大臣、弘化3(一八四六)・1・26准摂政儀、2・13止准摂政、嘉永1(一八四八)・9・22辞大臣内舎人加員随身兵仗、安政3(一八五六)・8・8辞関白氏長者、准三宮賜年官年爵食邑三千戸随身兵仗、安政5・7・27辞内覧、安政6・4・27辞随身兵仗、出家

[死没]明治1(一八六八)・10・16　[年齢]80　[父]鷹司政熈　[母]蜂須賀重喜二女儀子　[幼名]為君　[日記]政通公記(一八〇八-四六)　[号]真誠院　[法名]拙山・田中准后　[公卿補任]5―117上

輔熈　すけひろ　一八〇七―七八

文化4(一八〇七)・11・7誕生、文化14・1・26童昇殿、2・13元服(昇殿如故)、従五位上、禁色、拝賀、2・21左権少将(推任、剰闕)、3・16従四位下(越階)、12・21転権中将(推任)、文化15・1・5正四位下(越階)、文政1(一八一八)・5・17[従三位](左権中将如故)、文政2・8・17権中納言、9・20直衣始、文政4・4・8権大納言、5・17帯剣、5・28直衣始、9・4正三位、文政6・7・25従二位、文政7・6・4右大将・右馬寮御監、6・26直衣始、文政8・12・16正二位、天保5(一八三四)・9・22左大将・左馬寮御監、天保11・3・14春宮大夫、弘化3(一八四六)・2・13去大夫、弘化4・11・12賜前新朔平門院御服、嘉永1(一八四八)・3・21内大臣、3・23直衣始、嘉永2・1・13(「12日」ま)辞大将御監、1・14従一位、2・21直衣始、安政4(一八五七)・2・8右大臣、安政6・3・28辞右大臣随身兵仗、5・3出家、文久2(一八六二)・6・5還俗、文久3・1・23関白、内覧氏長者、随身兵仗牛車、1・24直衣始、12・23辞関白内覧氏長者随身兵仗、慶応3(一八六七)・12・10被廃関白、慶応4・2・12牛車

[死没]明治11(一八七八)・7・9　[年齢]72　[父]鷹司政通　[母]徳川治紀女四女清子(実家女房)　[幼名]敬君　[号]一瓢　[法名]随楽　[公卿補任]5―257下

輔政　すけまさ　一八四九―六七

嘉永2(一八四九)・7・1誕生、安政3(一八五六)・11・21童昇殿、12・9元服、従五位上、即昇殿賜御衣聴禁色、12・15左権少将(推任、剰闕、安政4・1・11従四位下(越階)、3・5転権中将(推任)、12・8正四位下(越階)、安政5・1・5[従三位](権中将如故)、9・16権中納言(推任)、左衛門督、文久2(一八六二)・1・28左中将、3・11直衣始、文久3・2・29権大納言、12・4帯剣、12・9直衣始、文久4・2・12正三位、慶応2(一八六六)・8・16従二位、慶応3・8・14辞権大納言、薨去

[死没]慶応3(一八六七)・8・14　[年齢]19　[父]鷹司輔熈　[母]関白従一位左大臣一条忠良女崇子　[幼名]廸君　[号]敬寛信院　[日記]輔政卿記(一八六四-六七)　[公卿補任]5―517下

醍醐家　だいごけ

藤原氏北家摂家流。一条家の庶流。智徳院関白一条昭良の二男醍醐権大納言冬基を家祖とする。延宝六年(一六七八)三月二十七日、霊元天皇より新家創立、醍醐称号を勅許される。父昭良は、後陽成天皇の第九子で、自浄心院関白内基の養子となり、一条家を嗣ぎ、初め兼遐と称したが、摂政を辞した翌年の寛永十三年(一六三六)昭良と改名、二度目の関白を辞した翌年の慶安五年(一六五二)八月、出家し恵観と号し、二男の冬基を引連れて西賀茂の別荘に閑居した。冬基はここで育ち、寛文十二年(一六七二)二月昭良が没した後はこの山荘(恵観山荘)は冬基の第となる。延宝二年十一月、二十七歳にして正五位下に直叙され、元服し院昇殿を聴された。後水尾院の院近臣として取立てられ、次いで六年三月の新家取立となったのである。四月二日参内して御礼(『お湯殿の上の日記』)、清華家に列し、家領として山城乙訓郡神足村内三百石を宛行われた。醍醐の称は、九条流の祖兼実の末子良平が醍醐太政大臣と称された佳号に因む。内々の家。家職は、四箇の大事・有職故実。一条家の家礼。冬基の息冬熈が従一位左大臣に昇り、以後これを先途とした。その息経胤は初め兼潔と称したが、没する前々年の安永八年(一七七九)十一月に践祚の光格天皇の諱兼仁の兼の字を避け改名した。また、兼潔は長いあいだ実子がなく、三十四歳の時の寛延四年(一七五一)摂政一条兼香の末子五歳(兼純)を養子としたが、間もなく実子冬香が生まれ、兼純が宝暦八年(一七五八)十二歳で頓死し、冬香も明和九年(一七七二)二十二歳で病死したので、宝暦十年に生れた輝久が経胤の家督を相続した。幕末のころ、忠順は国事に奔走し、慶応四年(一八六八)参与職内国事務掛・大坂府知事、維新後は侍従番長を勤め、明治十七年(一八八四)、叙爵内規により侯爵を授けられた。菩提所は大徳寺内芳春院。『醍醐家譜』(東京大学史料編纂所架蔵四一七五—二四〇)。

醍醐家

冬基——冬熈——経胤——兼純
　　　　　　　　　　├冬香
　　　　　　　　　　└輝久——輝弘——忠順(侯爵)

冬基　ふゆもと　一六四八—九七

正保5(一六四八)・-・-〈「6月14日」家譜〉誕生、延宝2(一六七四)・11・21正五位下☆、元服☆、昇殿☆、延宝6・3・29右少将☆、従四位下☆、禁色☆、4・2内昇殿、11・3正四位下(越階)☆、延宝7・1・19従三位(左小将如旧)、5・21転左中将、号醍醐、延宝8・12・29権中納言☆、天和1(一六八一)・12・21正三位、左衛門督、天和3・2・9春宮権大夫☆、貞享1(一六八四)・12・23権大納言、貞享2・12・24〈去十一月七日分〉従二位、貞享4・3・21止権大夫、9・28為勝明親王家勅別当、元禄7(一六九四)・-・-〈「12月25日」家譜〉正二位〈旧〉☆、元禄10・7・13辞権大納言☆、7・14薨去

[死没]元禄10(一六九七)・7・14 [年齢]50 [父]一条昭良、二男 [母]家女房 [一字名]甘 [号]醍醐・花光院改真性普明寺 [公卿補任]4—57上

冬熈　ふゆひろ　一六七九—一七五六

延宝7(一六七九)・5・4誕生、貞享5(一六八八)・2・14従五位上、元禄3(一六九〇)・12・20改昭尹(元冬実)、12・26正五位下、元禄5・3・14従四位(去正五分)下、3・26〈「22日」家譜〉元服、昇殿、禁色、右少将、元禄7・2・12〈去正五分〉従四位上、12・25正四位下、元禄9・12・28従三位、転左中将、元禄13・11・8権中納言、12・25正三位、12・28帯剣、元禄15・12・23右兵衛督、元禄16・2・21貞良親王家勅別当、12・27遷任左衛門督、宝永1(一七〇四)・9・21権大納言、宝永3・1・26従二位、宝永5・2・16春宮権大夫、宝永6・6・21止権大夫、宝永8・3・1神宮伝奏、3・13辞伝奏、正徳2(一七一二)・12・25正二位、享保3(一七一八)・12・7神宮伝奏、享保4・4・17辞伝奏、

5・23神宮伝奏、11・29辞伝奏、享保5・5・26神宮伝奏、11・4改冬凞、享保9・7・21右大将、10・21右馬寮御監、享保10・2・18辞右大将、享保11・4・13辞伝奏、11・28為職仁親王家勅別当、享保13・7・27内大臣、8・18賜随身兵仗、10・26辞内大臣、享保14・11・14従一位、延享2(一七四五)・3・23右大臣、随身兵仗〈ま〉、5・9辞右大臣、辞随身兵仗、寛延1(一七四八)・12・27左大臣、随身兵仗〈ま〉、寛延2・2・2辞左大臣、宝暦6(一七五六)・10・9薨去

〔死没〕宝暦6(一七五六)・10・9 〔年齢〕78 〔父〕醍醐冬基 〔母〕家女房 〔前名〕冬実・昭尹 〔一字名〕召 〔号〕後真性普明寺 〔公卿補任〕4―128上

経胤　つねたね　一七一七―八一

享保2(一七一七)・7・15誕生、享保7・12・14従五位下、享保8・1・19〈去五分〉従五位上、享保9・1・14〈去六分〉正五位下、享保10・2・1従四位下、享保11・3・5従四位上、享保13・3・22侍従、正四位下、11・26元服、昇殿、禁色、左中将、享保14・2・16従三位(左中将如元)、享保16・6・8権中納言、11・25帯剣☆、享保21・3・8従二位、元文3(一七三八)・3・1権大納言、寛保3(一七四三)・10・25邦忠親王家別当、延享1(一七四四)・12・22正二位、延享4・12・15為敬典親王家勅別当、宝暦4(一七五四)・1・26右大将、12・26右馬寮御監、宝暦5・1・29内大臣、2・25辞大将、随身兵仗、11・18辞内大臣随身兵仗、宝暦10・1・27従一位、宝暦12・8・25賜桃園院御服〈ま〉、安永7(一七七八)・12・10右大臣、12・11直衣始、安永8・1・14辞右大臣・辞随身兵仗、11・25改経胤、安永10・1・21薨去

※享保十七年より「正三位」

〔死没〕安永10(一七八一)・1・21 〔年齢〕65 〔父〕醍醐冬凞 〔母〕対馬侍従宗義真女 〔前名〕兼潔 〔号〕妙観寺 〔公卿補任〕4―288上

兼純　かねいと　一七四七―五八

延享4(一七四七)・10・16誕生、寛延3(一七五〇)・12・26叙爵、寛延4・10・19為兼潔公子、12・22従五位上、宝暦2(一七五二)・1・22正五位下、11・29従四位下、宝暦3・3・4正四位下(越階)、宝暦4・3・15元服、禁色、昇殿、5・1左少将、5・26拝賀〈ま〉、宝暦5・1・8左中将、1・19拝賀〈ま〉、1・20従三位(左中将如旧)、宝暦8・4・19権中納言、4・21辞権中納言、薨去

〔死没〕宝暦8(一七五八)・4・21 〔年齢〕12 〔父〕醍醐経胤(実一条兼香) 〔母〕家女房 〔号〕大乗心院 〔公卿補任〕4―426上

冬香　ふゆか　一七五一―七二

寛延4(一七五一)・11・21誕生、宝暦8(一七五八)・12・28叙爵、宝暦9・1・24従五位上、宝暦10・1・5正五位下、宝暦11・1・5従四位下、9・28侍従、宝暦12・3・5元服、昇殿、禁色、従四位上、10・25左権少将、宝暦13・3・16拝賀、3・24正四位下、12・4左権中将、宝暦14・1・16拝賀、明和1(一七六四)・8・26(従三位)(中将如元)、明和4・11・30権中納言、12・22帯剣、12・25正三位、明和9・2・13辞権中納言、明和9・2・13薨去

〔死没〕安永1(一七七二)・2・13 〔年齢〕22 〔父〕醍醐経胤 〔母〕家女房 〔号〕温恭院 〔公卿補任〕4―478上

輝久　てるひさ　一七六〇―一八〇一

宝暦10(一七六〇)・6・13誕生、明和9(一七七二)・8・16従五位下、12・19従五位上、安永2(一七七三)・2・14侍従、8・16正五位下、安永3・1・5従四位下、2・29元服、昇殿、右権少将、禁色、3・10拝賀、9・28従四位上、安永4・2・3正四位下、2・14転左権中将、2・29拝賀、安永5・1・5従三位、安永6・1・9正三位、12・19権中納言、12・24帯剣、天明2(一七八二)・2・17従二位、天明6・2・17〈賜去正月十四日位記〉正二位、寛政1(一七八九)・5・22権大納言、6・27直衣始、享和1(一八〇一)・7・25辞権大納言、薨去

〔死没〕享和1(一八〇一)・7・25 〔年齢〕42 〔父〕醍醐経胤 〔母〕家女房 〔号〕裕徳院 〔公卿補任〕4―549上

輝弘　てるひろ　一七九一―一八五九

寛政3(一七九一)・4・27誕生、寛政5・12・19従五位下、寛政6・12・21従五位上、寛政7・4・8侍従、寛政8・8・7〈去十一廿七分〉正五位下、寛政

9・3・1〈去十二十九分〉従四位下、12・26従四位上、寛政10・12・19正四位下、寛政11・3・15元服、禁色、昇殿、3・16左権少将、拝賀、寛政12・8・7転左権中将、9・20〔従三位〕(中将如旧)、10・15拝賀、10・17直衣始、享和1(一八〇一)・12・18正三位、文化9(一八一二)・12・19権中納言、12・26帯剣、12・27聴直衣、文化10・4・7従二位、文化12・2・26権大納言、2・30正二位、3・19直衣始、弘化4(一八四七)・12・27内大臣、右大将、右馬寮御監、弘化5・1・17直衣始、2・11辞両官御監、嘉永2(一八四九)・1・5従一位、安政6(一八五九)・9・9薨去

〔死没〕安政6(一八五九)・9・9　〔年齢〕69　〔父〕醍醐輝久　〔養父〕一条輝良　〔母〕蜂須賀重喜三女幸子　〔号〕後妙観寺　〔公卿補任〕5—138下

忠順　ただおさ　一八三〇—一九〇〇

文政13(一八三〇)・-・-〈「3月17日」家譜〉誕生、天保2(一八三二)・5・19従五位下、天保3・12・19従五位上、天保4・2・13侍従、12・19正五位下、天保5・10・10従四位下、天保6・12・18従四位上、天保7・12・19正四位下、天保11・4・26元服、昇殿、拝賀、天保12・12・22左権少将、天保13・1・1拝賀、12・22転権中将、12・28拝賀、天保14・3・11〔従三位〕、左中将如故、天保15・11・25正三位、安政4(一八五七)・5・15権中納言、閏5・9帯剣、閏5・10聴直衣、12・19従二位、安政6・2・21正二位、文久3(一八六三)・12・27権大納言、元治2(一八六五)・1・5内教坊別当、明治1(一八六八)・12・28中宮大夫

〔死没〕明治33(一九〇〇)・7・4　〔年齢〕71　〔父〕醍醐輝弘　〔養父〕一条忠良　〔母〕鷹司政煕十三女辰子　〔公卿補任〕5—416上

摂家流絶家　せっけりゅうぜっけ

松殿家（絶家）

基房　もとふさ　一一四五―一二三〇

保元1（一一五六）・8・29正五位下（元服日［「元服次」〈く〉］）、9・8左近権少将、9・17左近権中将、11・28従四位下（臨時）、保元2・1・24従四位上、兼播磨権守［「介」〈く〉］、6・25正四位下（皇嘉門院去保元々年未給）、8・3禁色、8・9従三位、左中将如元、天皇自関白東三条亭還御高松殿賞〈し〉、8・19権中納言、8・21正三位、保元3・3・1従二位、保元4・1・2正二位、12・2蒙橘氏是定宣旨〈くし〉、永暦1（一一六〇）・2・28権大納言、3・24勅授、7・27大臣宣旨、8・11内大臣、8・14兼左大将、応保1（一一六一）・9・13右大臣、11・-蒙一上宣旨、長寛2（一一六四）・閏10・23左大臣、永万2（一一六六）・7・27詔為摂政氏長者、8・6請取朱器大盤、8・17〈7月17日ともあり〉上状辞大将、-・-勅以左右近衛府生以下為随身、牛車、仁安1（一一六六）・10・23勅加内舎人二人左右近衛各一人為随身、11・4上表辞左大臣、-・-即勅許、仁安2・2・11従一位、仁安3・-・-以内舎人二人左右近衛府生以下各六人為随身兵仗、嘉応2（一一七〇）・11・27上表、-・-辞内舎人随身、-・-即勅許、12・9蒙兼宣旨、12・14太政大臣、嘉応3・4・20辞大臣、承安2（一一七二）・12・27上表、-・-辞摂政、-・-即詔為関白、治承3（一一七九）・11・17解官、11・18大宰権帥、11・21出家、-・-改宰府配備前国

［死没］寛喜2（一二三〇）・12・28　［年齢］86　［父］藤原忠通、二男　［母］正二位権中納言源国信女　［号］菩提院・松殿・中山　［法名］普観　［公卿補任］1―440上　［大日本史料］5―5―984

隆忠　たかただ　一一六三―一二四五

承安4（一一七四）・11・10正五位下（元服日）、被聴禁色昇殿、12・4侍従、承安5・1・3従四位下（侍従如元、朝覲行幸賞、院御給）、4・7正四位下（一階）、任右中将［「右権中将」〈く〉］、安元2（一一七六）・1・30播磨権介、3・6〈2月6日ともあり〉従三位（御賀行幸賞、建春門院御給）、右中将如元、安元3・1・24近江権守、治承3（一一七九）・9・5正三位、11・17解官、寿永2（一一八三）・12・22〈12月21日ともあり〉権中納言、12・28勅授、元暦1（一一八四）・11・17従二位、文治1（一一八五）・12・25正二位、文治3・12・8兼左衛門督、文治5・閏4・8権大納言、建久5（一一九四）・1・30大納言、建仁2（一二〇二）・閏10・20内大臣、建仁4・12・14右大臣、建永2（一二〇七）・2・10左大臣、承元5（一二一一）・1・5従一位、-・-〈「9月22日」明月記〉辞職左大臣、承久2（一二二〇）・6・15出家

［死没］寛元3（一二四五）・5・22　［年齢］83　［父］藤原基房、一男　［母］内大臣正二位藤原公教女（上西門院女房）　［号］大覚寺　［公卿補任］1―484上　［大日本史料］5―19―13

師家　もろいえ　一一七二―一二三八

治承2（一一七八）・4・26童昇殿、今日参内次加元服、正五位下、禁色雑袍内一院昇殿〈くし〉、6・7左少将、-・-従四位下、-・-還昇、10・-左中将、治承3・1・19兼播磨権守、3・11正四位下（皇嘉門院御給、二階）、10・7従三位（左中将如元）、10・9権中納言、10・21正三位、11・17解官、寿永2（一一八三）・8・25権大納言、11・21詔為摂政並氏長者、〈22日ともあり〉内大臣、12・1帯剣、12・8従二位、-・-牛車、-・-賜兵杖、寿永3・1・6正二位、1・22〈1月20日ともあり〉止職、貞永1（一二三二）・9・6出家、嘉禎4（一二三八）・10・4薨去

［死没］嘉禎4（一二三八）・10・4　［年齢］67　［父］藤原基房、三男　［母］太政大臣従一位藤原忠雅女従三位忠子　［号］天王寺・中山　［法名］大心　［公卿補任］1―491上　［大日本史料］5―12―17

家房　いえふさ　一一六七―九六

寿永1（一一八二）・7・20元服（於上西門院、［「今日」〈く〉］無叙位並昇殿事）、寿永2・12・19正五位下

松殿家

基房─┬─家房
　　　├─隆忠─┬─教忠
　　　│　　　　└─基忠
　　　├─師家──基嗣──基定
　　　└─忠房─┬─良嗣──冬房──忠冬──忠隆
　　　　　　　　└─兼嗣──通輔──忠嗣──冬輔──忠行──基高──忠顕──家豊（中絶）道昭──（中絶）忠孝

（臨時）、寿永3・1・6従四位下、文治2（一一八六）・2・30侍従、4・6左中将〔「左権中将」く〕、5・28従四位上（上西門院治承二朝覲行幸賞）、12・15正四位下（重官除昇）、文治3・1・23従三位、左中将如元、文治4・1・23備前権守、建久1（一一九〇）・4・16〈26日カ〉中宮権大夫、6・19正三位、建久3・1・27兼伊与権守、10・26従二位、建久6・11・10権中納言、建久7・7・22薨去

［死没］建久7（一一九六）・7・22　［年齢］30　［父］藤原基房　［母］内大臣正二位藤原公教女　［公卿補任］1—514下　［大日本史料］4—5—252

基忠　もとただ　一一八四—？

-・-・-叙位、建久7（一一九六）・7・28侍従、建久8・1・5従五位上（臨時）、建久9・3・23右少将、正治1（一一九九）・3・23兼近江権介、正治2・1・5正五位下（臨時）、建仁1（一二〇一）・1・6従四位下、建仁2・1・21転中将〔「権中将」く〕、建仁3・1・5従四位上、建仁4・1・5正四位下（臨時）、1・13兼伊予介、元久2（一二〇五）・12・6従三位、左（右カ）中将如元、元久3・1・13兼播磨権守、承元2（一二〇八）・1・5正三位、貞応1（一二二二）・8・16従二位、嘉禄1（一二二五）・12・26出家

［父］藤原隆忠、一男　［母］正四位下左近衛少将源通家女　［公卿補任］1—561上　［大日本史料］5—2—954

忠房　ただふさ　一一九三—？

建仁2（一二〇二）・12・17従五位上、建仁3・1・5正五位下（臨時）、1・13侍従、10・24右少将、12・21禁色、建仁4（一二〇四）・1・5従四位下（臨時）、1・13兼近江権介、4・12転中将、元久2・1・5従四位上、11・29正四位下、承元1（一二〇七）・-・-〈「1月13日」旧〉従三位、左中将〔右中将カ〕如元カ、承元2・1・20兼備前権守、12・9正三位、承元3・10・30従二位、建暦1（一二一一）・10・12権中納言、建暦2・6・29中納言、建暦3・3・11正二位、-・-院別当、建保3（一二一五）・12・10権大納言、元仁1（一二二四）・12・25大納言、寛喜3（一二三一）・3・25辞大納言、宝治1（一二四七）・4・15出家

［父］藤原基房、八男　［母］正五位下皇太后宮権亮藤原行雅女　［公卿補任］1—567上

基嗣　もとつぐ　一一九三—？

元久1（一二〇四）・4・22従五位上、10・26侍従、元久2・1・29左少将、3・10禁色、8・9正五位下、11・29転中将、元久3・1・13兼伊与介、1・17従四位下（中将如元）、承元2（一二〇八）・1・5従四位上、承元5・1・18兼播磨介、1・23正四位下、建暦3（一二一三）・1・6従三位、左中将如元、建保3（一二一五）・1・5正三位、建保4・1・5従二位、建保6・12・9権中納言、建保7・4・8正二位、承久3（一二二一）・閏10・10中納言、元仁1（一二二四）・12・25権大納言、寛喜4（一二三二）・3・29解却、寛元1（一二四三）・2・-出家

［父］松殿師家、一男　［母］正二位権大納言藤原隆房女　［号］松殿　［公卿補任］2—11上　［大日本史料］5—16—201

教忠　のりただ　一一八九—？

元久1（一二〇四）・12・8叙位、建暦2（一二一二）・12・30侍従、建保1（一二一三）・3・5右少将、建保2・1・

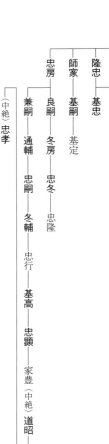

5従五位上(労)、建保5・1・6正五位下、承久1(一二一九)・1・5四位、少将如元、1・22兼周防介、元仁1(一二二四)・1・20従四位上(労)、寛喜1(一二二九)・10・9正四位下、寛喜2・1・5従三位(元右少将)、建長6(一二五四)・-・-出家
〔父〕藤原隆忠、二男　〔母〕正四位下左近衛少将通家女　〔公卿補任〕2—72下

良嗣　よしつぐ　一二二四—?

貞永1(一二三二)・12・10叙爵、12・15侍従、嘉禎2(一二三六)・2・30兼因幡介、4・14従五位上、嘉禎3・10・27右少将、12・7禁色、嘉禎3・8・28正五位下、延応1(一二三九)・11・6従四位下(羽林如元)、仁治1(一二四〇)・10・26右中将、仁治2・2・1兼土左介、仁治3・1・5従四位上(中将労)、11・12正四位下(安嘉門院御給)、寛元1(一二四三)・閏7・27従三位(臨時)、右中将如元、寛元2・1・23兼美乃権守、宝治2(一二四八)・11・2正三位、建長7(一二五五)・2・13従二位、正嘉3(一二五九)・1・6正二位、弘長3(一二六三)・10・23出家
〔父〕松殿忠房、一男　〔母〕従二位権中納言藤原保家女　〔法名〕円信　〔公卿補任〕2—124下

兼嗣　かねつぐ　一二三九—?

建長4(一二五二)・1・5叙爵(諄子内親王当年給)、8・18侍従、12・4従五位上、建長5・2・7禁色、2・19左少将、12・5正五位下、建長6・1・16甲斐介、9・6従四位下、9・9少将如元、建長7・4・12左中将、建長8・1・-従四位上、正嘉2(一二五八)・7・9正四位下、弘長1(一二六一)・12・21従三位、左中将如元、弘長2・1・19丹波権守、12・-止権守、弘長3・1・6正三位、文永6(一二六九)・3・27参議、12・7辞退参議、弘安6(一二八三)弘安9・2・3正二位、正応3(一二九〇)・1・-出家
〔父〕松殿忠房、二男　〔母〕正三位藤原雅隆女、或上総介藤原重隆女　〔公卿補任〕2—189上

通輔　みちすけ

弘安6(一二八三)・12・24叙爵〈旧〉、弘安7・1・16侍従〈旧〉、弘安10・2・12従五位上〈旧〉、8・7正五位下〈旧〉、弘安11・2・10左少将〈旧〉、正応2(一二八九)・1・19従四位下〈旧〉、正応5・12・25従四位上〈旧〉、永仁-・-・-〔恐有誤脱〕正四下、永仁-・12・24還任左少将、永仁3(一二九五)・12・29転左近中将(元左少)〈旧〉、正安2(一三〇〇)・1・5従三位(加叙)、元左中将、延慶1(一三〇八)・12・22正三位、延慶3・4・7左中将、正和2(一三一三)・4・10賜去年二月十三日従二位位記、8・7参議、更兼左中将、正和3・9・8止三木、文保1(一三一七)・2・5正二位
※元亨三年(一三二三)前参議正二位〔正中二年(一三二五)条不見〕
〔父〕松殿兼嗣　〔母〕左近衛中将某実春女　〔前名〕兼輔　〔公卿補任〕2—354上

冬房　ふゆふさ　一二七〇—一三四二

弘安11(一二八八)・3・8叙位(本名基定、改冬房)、正応3(一二九〇)・9・5侍従、11・27左少将、正応4・1・6従五位上、12・26復任、正応5・10・28正五位下、正応6・6・24従四位下、11・6還任左少将、永仁2(一二九四)・3・27兼備中権介、永仁4・1・5従四位上、永仁5・4・10左中将、永仁6・7・13正四位下、延慶1(一三〇八)・11・8従三位、左中将如元、延慶3・3・9正三位、延慶4・3・30兼美作権守、応長1(一三一一)・6・23止権守、正和2(一三一三)・9・6従二位、文保1(一三一七)・2・5参議、文保2・1・22辞退(参議)、10・6権中納言、12・10辞納言、正二位、建武3〈延元1〉(一三三六)・10・-出家、康永1〈興国3〉(一三四二)・6・26薨去
〔死没〕康永1(一三四二)・6・26　〔年齢〕73　〔父〕松殿良嗣　〔養父〕一条家経　〔母〕岩蔵宮女房按察局　〔前名〕基定　〔法名〕円成　〔公卿補任〕2—401上　〔大日本史料〕6—7—222

忠冬　ただふゆ　一二九六—一三四八

永仁6(一二九八)・1・5従五位下(春宮御給)、正安2(一三〇〇)・1・5従五位上、12・22正五位下、嘉元1(一三〇三)・12・30侍従、徳治1(一三〇六)・12・27〈「11月」や〉辞侍従、延慶2(一三〇九)・2・23従四位下、延慶3・8・2従四位上、延慶4・4・7左少将、正和1(一三一二)・4・10正四位下(于時忠

冬〉、正和5・2・1右中将、文保2(一三一八)・1・14渡左近(但左中将任日不詳)、正中2(一三二五)・1・29辞中将、12・-昇殿、嘉暦4(一三二九)・1・30還左中将、建武4〈延元2〉(一三三七)・7・20従三位(元左中将)、弾正大弼、暦応1〈延元3〉(一三三八)・10・19参議、11・13兼任右中将、暦応5〈興国3〉・1・7正三位、3・30権中納言、康永2〈興国4〉(一三四三)・8・19聴本座、貞和3〈正平2〉(一三四七)・11・16従二位、貞和4〈正平3〉・3・15薨去

❖康永二年(一三四三)より「前権中納言」

[死没]貞和4(一三四八)・3・15　[年齢]53　[父]松殿冬房　[前名]師基　[公卿補任]2—570上　[大日本史料]6—11—429

忠嗣　ただつぐ　一二九七—一三七七

嘉元2(一三〇四)・8・25従五位下(于時兼藤)、徳治3(一三〇八)・9・17侍従、延慶2(一三〇九)・9・26従五位上、延慶4・1・5正五位下、正和1(一三一二)・12・19従四位下、正和2・12・28左少将、正和4・3・13従四位上、正和5・2・29転右中将(于時忠嗣)、正和6・1・5正四位下、元亨2(一三二二)・12・24解却中将、元徳1(一三二九)・9・26還任中将、建武2(一三三五)・1・13兼越前権介、暦応3〈興国1〉(一三四〇)・7・19従三位、元左中将、貞和2〈正平1〉(一三四六)・12・5参議、貞和3〈正平2〉・1・5正三位、3・29兼遠江権守、貞和4〈正平3〉・12・24権中納言、観応2〈正平6〉(一三五一)・6・26中納言、文和2〈正平8〉(一三五三)・12・21従二位、文和3〈正平9〉・8・27大嘗会検校、延文2〈正平12〉(一三五七)・4・15権大納言、延文3〈正平13〉・1・6正二位、延文4〈正平14〉・4・21辞退権大納言、貞治4〈正平20〉(一三六五)・9・4出家

[死没]永和3(一三七七)・5・12　[父]松殿通輔　[前名]兼藤　[法名]観意　[日記]忠嗣公記(一三四九)　[公卿補任]2—582下　[大日本史料]6—49—330

冬輔　ふゆすけ　?—一三九二

永和1〈天授1〉(一三七五)・11・22従三位、明徳3(一三九二)・1・21薨去

[死没]明徳3(一三九二)・1・21　[父]松殿忠嗣　[公卿補任]2—719下

基高　もとたか　?—一四六三

寛正4(一四六三)・1・12従三位、1・17薨去

[死没]寛正4(一四六三)・1・17　[公卿補任]3—208下

忠顕　ただあき　一四五七—一五一九

永正5(一五〇八)・6・6従三位、永正7・2・28右衛門督、永正8・10・11参議、永正10・7・24正三位、永正15・12・30辞退参議、自去秋在国〈さ〉、永正16・-・-出家、6・3薨去(於越前国〈くしさ〉)

[死没]永正16(一五一九)・6・3　[年齢]63　[父]松殿基高　[公卿補任]3—322下　[大日本史料]9—9—235

道昭　みちあき　一六一五—四六

元和1(一六一五)・2・17誕生〈く〉、寛永11(一六三四)・閏7・8正五位下、元服、禁色、昇殿、寛永18・5・9左少将、6・3従四位下☆、少将如元、11・16正四位下☆、少将如元(越階)12・2左中将☆、寛永19・1・5従三位、中将如元、3・2権中納言、寛永20・1・11権大納言、6・2改道昭、9・7兼任右大将、9・16正三位、寛永21・1・10〈去五日従二位々記〉従二位、正保2(一六四五)・10・18〈去正月六日正二位々記〉正二位、正保3・6・12薨去

[死没]正保3(一六四六)・6・12　[年齢]32　[父]九条幸家、三男　[母]豊臣秀勝女従三位完子　[前名]道基　[公卿補任]3—598下

忠孝　ただたか　一七四八—六八

延享5(一七四八)・1・2誕生、明和2(一七六五)・10・29松殿家相続(元雖為摂関家今度可為華族之列旨被仰下)、12・19〈「29日」ま〉従五位上(推叙)、明和3・1・9正五位下、3・14元服、禁色、昇殿、従四位下、左権少将、明和4・1・16拝賀、2・4正四位下(越階、推叙)、11・22〔従三位〕(少将如元)、11・30転中将(推任)、12・18拝賀、12・22聴直衣、明和5・8・13権中納言、9・14辞権中納言、薨去

[死没]明和5(一七六八)・9・14　[年齢]21　[父]九条尚実、二男　[母]家女房　[号]松殿　[公卿補任]

4—493上

高野家(絶家)

兼房　かねふさ　一一五三—一二一七

応保2(一一六二)・2・19元服、2・21従五位上、昇殿、2・25正五位下(中宮入内賞、立后後)、閏2・8禁色、4・7侍従、応保3・1・24左少将(「右少将」くし)(剰闕)、長寛2(一一六四)・1・5従四位下、1・21中宮権亮、近江介、即転左中将、2・19服解(父)、3・29復任、永万1(一一六五)・7・25従四位上、12・30正四位下、仁安1(一一六六)・1・12従三位(臨時)、左中将如元(元中宮権亮)、仁安2・1・20正三位、1・30播磨権守、承安2(一一七二)・1・23備中権守、承安4・1・21従二位、治承3(一一七九)・1・19正二位、寿永2(一一八三)・8・25権中納言、元暦2(一一八五)・1・20権大納言、文治5(一一八九)・7・10大納言、建久1(一一九〇)・4・26中宮大夫、6・27大臣兼宣旨、7・17内大臣、建久2・3・28太政大臣、建久5・1・6従一位、建久7・11・28上表、正治1(一一九九)・6・18出家、建保5(一二一七)・2・26薨去

[死没]建保5(一二一七)・2・26　[年齢]65　[父]藤原忠通、四男　[母]従五位下太皇太后宮大進藤原仲光女加賀局　[号]禅林寺　[法名]定真　[公卿補任]1—461下　[大日本史料]4—14—293

高野家

兼房——兼良——兼長

兼良　かねよし

承安5(一一七五)・4・7従五位上(元服、関白猶子)、治承2(一一七八)・1・5正五位下(臨時)、文治2(一一八六)・2・30侍従、4・17禁色、12・15右少将、文治3・1・7従四位下、1・23兼近江介(少将兼国)、文治4・1・24転中将(「転権中将」く)、文治5・1・18従四位上、11・1正四位下(父卿春日行幸行事賞譲)、建久1(一一九〇)・4・26中宮権亮、6・19従三位(中宮入内賞、去権亮)、右中将如元、建久2・2・1兼丹波権守、建久4・4・14正三位、建久8・1・30兼美作権守、建久9・1・5従二位、正治1(一一九九)・6・22権中納言、-・-止中将、7・21帯剣、正治2・3・6兼中宮大夫、建仁2(一二〇二)・1・5正二位、閏10・20権大納言、元久2(一二〇五)・11・24大納言、承元5(一二一一)・1・18辞退大納言、承久2(一二二〇)・5・-出家〈「23日」玉葉〉

[父]藤原兼房、一男　[母]正二位権大納言藤原隆季女　[公卿補任]1—522下　[大日本史料]4—15—789

摂家流形成以前の絶家

せっけりゅうけいせいいぜんのぜっけ

式家(絶家)

長倫　ながとも　一一七三―?

建久7(一一九六)・5・27給穀倉院学問料、正治1(一一九九)・2・6文章得業生、正治2・1・-丹後掾、建仁1(一二〇一)・1・10献策、1・29大舎人権助、3・22式部少丞、建仁2・1・5従五位下(式部)、1・13越前権守、承元3(一二〇九)・1・5従五位上(策)、10・30民部少輔、建保3(一二一五)・1・5正五位下(策)、1・13兼越中権介、建保4・1・13式部少輔、建保5・1・28兼出雲権介、建保6・1・13従四位下(策)、承久1(一二一九)・4・28治部大輔(止式部巡任之)、承久3・4・16遷文章博士、11・-院昇殿、貞応1(一二二二)・1・6従四位上、1・24兼越中介、元仁2(一二二五)・1・17正四位下、嘉禄2(一二二六)・1・23兼左京権大夫、4・19罷文章博士(以光兼申任宮内少輔)、寛喜2(一二三〇)・2・8遷式部権大輔(与大輔相転)、寛喜3・10・28兼東宮学士、貞永1(一二三二)・12・2従三位(前坊学士労〈や〉)、式部大輔如元、天福1(一二三三)・12・22辞権大輔、延応1(一二三九)・-・-正三位、仁治3(一二四二)・7・27出家

[父]藤原光輔、二男　[法名]証阿　[公卿補任]2―80下　[大日本史料]5―14―496

光兼　みつかね　一一九二―一二六五?

-・-・-宜秋門院判官代、建暦1(一二一一)・5・24給氏院学問料、建保3(一二一五)・1・22秀才、建保5・1・4献策(分鹽鐵、明桑麻)、正四下行式部大輔藤原朝臣宗業問、十日判(中上、第年)、1・24式部大丞、4・5叙爵(罷式部巡年)、-・-・-従五位上、嘉禄2(一二二六)・4・19宮内少輔(長倫朝臣罷文章博士申任之)、安貞2(一二二八)・1・5正五位下(策労)、寛喜2(一二三〇)・閏1・4大内記、寛喜3・1・6従四位下(策労)、貞永2(一二三三)・12・22大学頭、文暦1(一二三四)・12・18遭母喪、嘉禎2(一二三六)・-・30兼讃岐権介、12・-文章博士、嘉禎3・1・5従四位上(策労七年)、暦仁2(一二三九)・1・5正四位下(超遠章朝臣)、仁治2(一二四一)・2・1兼越中介、寛元1(一二四三)・9・9東宮学士、寛元3・1・13兼武蔵権介、寛元4・11・23従三位(坊官賞、坊時学士、大嘗会叙位次)、建長5(一二五三)・12・5正三位、康元2(一二五七)・1・22式部大輔、弘長1(一二六一)・3・29従二位、-・-罷大輔、文永2(一二六五)・-・-カ〈文永3年にもあり〉薨去

※文応元年より「下総権守」、文永二、三年両年に「月日逝去歟」とあり

[死没]文永2(一二六五)カ　[年齢]79カ　[父]藤原長倫(実藤原成信)　[公卿補任]2―134上

基長　もとなが　?―一二八九

-・-・-直内御書所、嘉禎3(一二三七)・12・-氏院学頭、延応1(一二三九)・12・1給穀倉院料、仁治3(一二四二)・8・2文章得業生、仁治4・1・19越前大掾(于時頼綱)、寛元2(一二四四)・1・13内蔵人、3・26献策前長門守長成問、4・5式部丞(于時基長)、8・4叙爵(宣下)、寛元4・10・15兵部少輔、建長1(一二四九)・1・5従五位上(輔労)、1・24甲斐権介、建長3・3・16遷式部少輔、建長5・-・-院昇殿、建長6・1・13遷大内記、10・-昇殿(依宇佐使也)、建長7・1・5正五位下(策)、康元1(一二五六)・10・23辞所職、正元1(一二五九)・1・6従四位下、弘長2(一二六二)・12・2中務大輔、文永2(一二六五)・1・5従四位上(策労)、文永5・8・25東宮学士(立坊日浴殿儒)、文永6・10・-昇殿、文永7・1・21武蔵権介、文永11・1・26止学士(依践祚也)、4・5正四位下(坊学士労)、9・10宮内卿、弘安2(一二七九)・12・12刑部卿、弘安4・3・26兼文章博士、弘安6・-・-

兼美乃権守、4・5従三位、元刑部卿美乃守文章博士、弘安9・2・25正三位、正応2(一二八九)・12・2〈や〉薨去
[死没]正応2(一二八九)・12・2　[父]藤原保綱　[養父]藤原長倫　[前名]頼綱　[公卿補任]2—272下

兼倫　かねとも　一二二七—九九

宝治2(一二四八)・1・6叙爵(蔵人)、1・23壱岐守、建長2(一二五〇)・1・13去守、9・16弾正少弼、建長6・1・7罷少弼、叙従五位上、正嘉1(一二五七)・11・10民部大輔、正元1(一二五九)・11・21正五位下(策)、12・20大内記、文応2(一二六一)・2・5遷宮内少輔、弘長2(一二六二)・1・19遷式部少輔、弘長3・1・6従四位下(臨時)、12・24去少輔、文永8(一二七一)・1・7従四位上、文永9・12・20内蔵権頭、建治1(一二七五)・12・14東宮学士、建治2・12・30〈や〉正四位下(止権頭)、-・-止権頭、弘安8(一二八五)・6・26復任(母)、8・11兼文章博士、弘安10・1・13辞博士、弘安11・1・5従三位、元前壱岐権守前文章博士、正応3(一二九〇)・2・8式部権大輔、正応4・3・15駿河権守、正三位、正応5・4・13転大輔、永仁2(一二九四)・4・13従二位、永仁4・-・-正二位、正安1(一二九九)・8・-薨去
[死没]正安1(一二九九)・8　[年齢]73　[父]藤原光兼　[公卿補任]2—293下

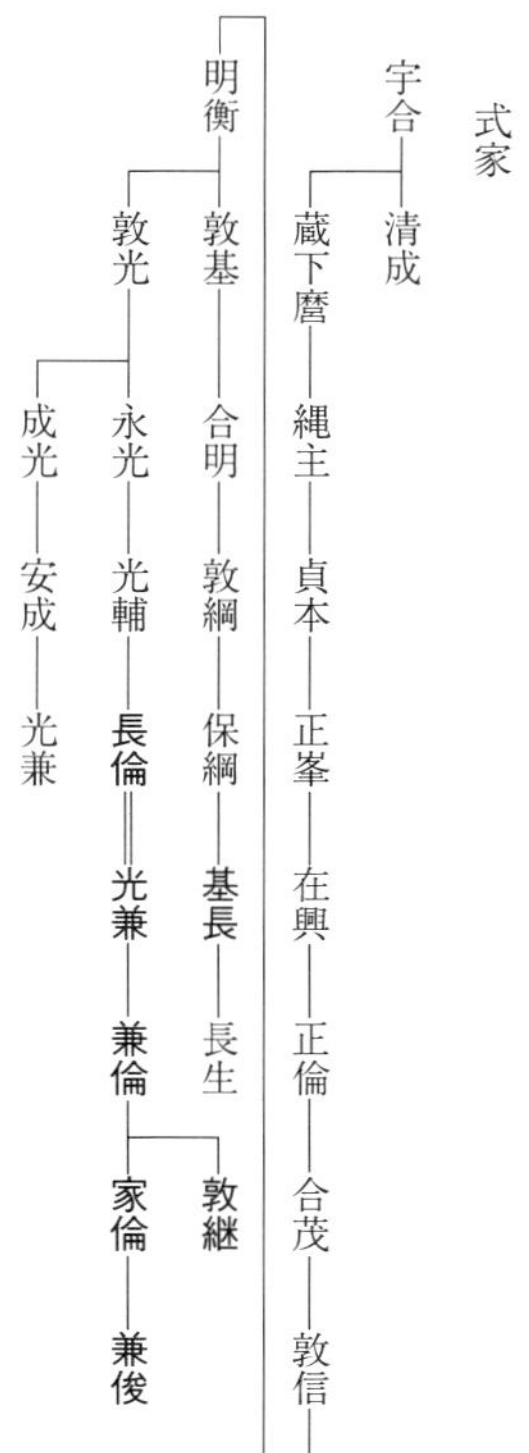

敦継　あつつぐ　?—一三一二

文永7(一二七〇)・4・9給穀倉院学問料、建治1(一二七五)・1・22〈「25日」やイ〉文章得業生、建治2・1・23丹波大掾(文章得業生)、建治3・5・10献策、題(次序禽虫、分別林谷)、従五位下、弘安6(一二八三)・1・5従五位上(策労)、弘安10・12・10大内記、正応1(一二八八)・9・27式部少輔、正応2・1・5正五位下、1・13安芸権介、7・22解却少輔、8・7辞大内記、正応5・2・27従四位下、永仁3(一二九五)・10・1昇殿(日吉臨時祭使勤仕)、永仁4・3・23〈賜去九日位記〉従四位上、永仁6・4・9文章博士、正安1(一二九九)・3・24越中介、4・12正四位下、嘉元2(一三〇四)・3・7越中介、延慶3(一三一〇)・1・5従三位、元文章博士、正和1(一三一二)・-・-薨去
[死没]正和1(一三一二)　[父]藤原則俊　[養父]藤原兼倫　[公卿補任]2—414下

家倫　いえとも　一二九四—一三五九

正和4(一三一五)・3・8春宮蔵人、不経文章生、4・17式部少丞、11・4大丞、嘉元4(一三〇六)・3・28給穀倉院学問料、徳治3(一三〇八)・2・14秀才、8・26内蔵人、延慶1(一三〇八)・12・30蒙策試宣旨、(超上﨟菅藤長、藤宣胤)、延慶2・1・3献策、題弁論年歳命明知信、正三位行式部大輔兼駿河権守菅原在輔、1・6判、1・12叙爵宣下、3・23兵部少輔、延慶3・2・8従五位上、応長1(一三一一)・閏6・29去少輔、正和3(一三一四)・閏3・25式部少輔、正和4・7・26右京権大夫、去少輔、正和5・2・29従四位下(策労)、11・18去権大夫、文保1(一三一七)・3・27少納言、元亨1(一三二一)・12・25中務少輔、元亨3・9・28去少輔、正中2(一三二五)・12・18文章博士、嘉暦1(一三二六)・2・19美乃権介、嘉暦2・1・7従四位上(策)、8・14辞博士、元弘1(一三三一)・11・8東宮学士、12・1去学士、依本宮事也、建武4〈延元2〉(一三三七)・3・29還任博士、10・8正四位下、暦応2〈延元4〉(一三

九)・1・13越中権介、康永2〈興国4〉(一三四三)・12・22従三位(元前文章博士前右京大夫)、文和3〈正平9〉(一三五四)・1・6正三位、閏10・25式部大輔、文和5〈正平11〉・1・28兼三河権守、延文3〈正平13〉(一三五八)・8・12従二位、延文4〈正平14〉・10・17薨去

※文和四年より「民部大輔」

[死没]延文4(一三五九)・10・17　[年齢]66　[父]藤原兼倫　[母]三位三条実平女　[公卿補任]2―597上　[大日本史料]6―22―718

兼俊　かねとし　?―一三九〇

応安6〈文中2〉(一三七三)・12・26従三位、元式部少輔、永和4〈天授4〉(一三七八)・4・27正三位、明徳1〈元中7〉(一三九〇)・-・-薨去

[死没]明徳1(一三九〇)　[父]藤原家倫　[公卿補任]2―712下

敦国　あつくに

寛正4(一四六三)・9・14従三位

※文明元年(一四六九)非参議従三位(以後不見)、系譜不明であるが、敦継の親族と推定されるので便宜ここに収む。

[公卿補任]3―208下

壬生家(絶家)

清隆　きよたか　一〇九一―一一六二

長治2(一一〇五)・12・19蔵人所雑色、嘉承1(一一〇六)・1・16蔵人、12・5右近将監(「左近将監」くし)、嘉承2・7・19止蔵人(晏駕)、嘉承3・1・24叙爵、天永2(一一一一)・1・3〈「26日」くし〉兵部権少輔、天永4・2・28従五位上(行幸院賞)、永久2(一一一四)・1・22左衛門佐、永久4・1・30紀伊守(院分)、永久5・3・8正五位下(行幸院賞〈「院未給」くし〉)、永久6・1・26中宮権大進(佐守如元)、11・25昇殿(勤宇佐使)、元永3(一一二〇)・1・6〈「7日」くし〉従四位下(佐)、保安2(一一二一)・4・5転大進、9・28兼丹波守、保安3・11・11昇殿、保安4・1・28新帝昇殿、4・5讃岐守(大進如元)、7・5還昇、天治1(一一二四)・11・24止大進、為待賢門院別当、大治1(一一二六)・1・2従四位上(行幸院日〈「同」くし〉、女院分)、大治3・1・2正四位下(行幸院)、大治4・12・25越後守、天承2(一一三二)・1・26内蔵頭(兼)、保延2(一一三六)・1・30播磨守(頭如元)、保延5・8・17春宮亮(兼)、10・26正四位上(造成勝寺功)、重任宣旨(同賞〈くし〉)、12・30伊予守(頭亮如元)、永治1(一一四一)・4・8〈「27日」くし〉辞内蔵頭、以藤長輔朝臣(聟)申任右馬頭、12・2辞伊予守、以男定隆任備中守、12・7止春宮亮(践祚〈旧〉)、12・13〈「12日」くし〉蔵人頭、永治2・1・5正三位(元蔵人頭、坊官亮労、二階)、康治1(一一四二)・12・21参議、康治2・1・27兼播磨権守、久安2(一一四六)・3・-辞参議(不詳)、久安4・1・28兼越前権守、久安5・3・18兼大弐、7・28権中納言、8・2兼大宰権帥、10・22従二位、仁平2(一一五二)・3・8正二位、仁平3・閏12・23辞権帥、久寿2(一一五五)・5・24出家、応保2(一一六二)・4・17薨去

壬生家

利基―兼輔―惟正―為頼―伊祐―頼成―清綱―隆時―**清隆**
　惟正―為時(五条、絶家)―惟規―貞職―盛綱―盛国―**邦綱**―**基行**
　清隆―**光隆**―**雅隆**
　　光隆―**家隆**―隆祐―冬隆―季隆
　清隆―**頼季**
　清隆―**定隆**―俊隆―資隆

[死没]応保2(一一六二)・4・17　[年齢]72　[父]藤原隆時　[母]紀伊守貞職女　[号]猶問中納言　[公卿補任]1—418上

光隆　みつたか　一一二七—?

長承2(一一三三)・11・19蔵人(元院判官代)、12・26五位(前二条院承保二大嘗会未給)、長承3・閏12・30淡路守、保延2(一一三六)・4・7安芸守、保延4・12・29出雲守、保延6・10・29〈「12月」く し恐衍〉従五位上(造春日御塔賞)、永治1(一一四一)・12・2兼左衛門佐、永治2・2・2正五位下(皇后宮入内、父譲)、康治2(一一四三)・1・3従四位下(朝覲行幸、院判官代)、久安2(一一四六)・12・29但馬守、久安3・1・2従四位上(朝覲行幸、一院)、久安5・2・13正四位下(朝覲)、久安6・1・29備中守、久寿1(一一五四)・12・28兼内蔵頭、保元2(一一五七)・1・24治部卿(兼備中守、去内蔵頭)、12・29越中守(兼卿)、平治1(一一五九)・12・27解官(卿守、依信頼卿縁坐也)、永暦1(一一六〇)・4・3還任治部卿、8・14従三位、治部卿如元、長寛2(一一六四)・1・21美作権守、1・26正三位、仁安1(一一六六)・8・27参議、仁安2・8・1権中納言、仁安3・1・6従二位、1・13〈11日ともあり〉辞権中納言、即許本座、承安5(一一七五)・1・4正二位、安元2(一一七六)・1・30止卿、建久3(一一九二)・10・26大宰権帥、建久9・1・30止権帥、5・7出家

[父]藤原清隆、一男　[母]参議正三位藤原家政女従二位家子(後鳥羽院乳母)　[公卿補任]1—450上　[大日本史料]4—7—79

邦綱　くにつな　一一二一—八一

長承4(一一三五)・2・8文章生、-・-・-蔵人所難色、久安4(一一四八)・1・7蔵人、久安5・4・9修理権亮、12・25右衛門少尉、久安6・1・29使宣旨、久安7・1・6従五位下、仁平3(一一五三)・2・2〈1年カ〉遠江権守、12・4中宮少進、〈「仁平4・1・25」旧〉壱岐守(「蔵人巡」旧)、〈「久寿2(一一五五)・12・25」旧〉中宮権大進云々(任日可勘之)、保元1(一一五六)・9・17和泉守、保元2・8・9従五位上(自東三条還御高松殿賞)、10・22正五位下(造襲芳舎賞)、10・29従四位下(造待賢門賞)、保元3・10・21従四位上(宇治御幸賞)、保元4・1・6正四位下(造八省廊賞)、永暦1(一一六〇)・1・21兼木工頭、2・28遷越後守、永暦2・4・3遷伊与守、8・12右京大夫、応保2(一一六二)・1・27遷播磨守(大夫如元)、1・29〈「19日」く〉中宮亮(大夫守如元)、永万1(一一六五)・7・18辞播磨守(任備前守〈「以男隆成申旧」〉)、7・25蔵人頭(于時亮大夫)、永万2・1・12参議(元蔵人頭中宮亮)、右京大夫如元(去亮)、6・6従三位(臨時)、仁安1(一一六六)・8・27辞職(参議)、以成頼(習)申任之(大夫如元)、10・6本座、10・10春宮権大夫、11・3〈11月21日ともあり〉正三位、仁安2(一一六七)・1・30周防権守、仁安3・2・19止権大夫、12・13権中納言、仁安4・1・6従二位、承安1(一一七一)・4・21正二位、安元1(一一七五)・11・28中納言、安元3・4・24〈1月カ〉権大納言、治承3(一一七九)・7・12辞退(権大納言)、養和1(一一八一)・閏2・3出家、閏2・23薨去

[死没]養和1(一一八一)・閏2・23　[年齢]60　[父]藤原盛国　[母]藤原公長女　[号]五条大納言・土御門　[公卿補任]1—460上

定隆　さだたか　一一三四—七〇

保延7(一一四一)・1・6叙爵(春宮御給)、永治1(一一四一)・12・2備中守(父清隆朝臣辞伊与守申任)、久安4(一一四八)・7・17従五位上(法性寺御堂供養賞、皇后宮)、久安6・1・29但馬守、仁平2(一一五二)・12・30加賀守、仁平3・1・2正五位下(行幸院、暲子内親王給)、久寿1(一一五四)・12・28右兵衛権佐、久寿2・9・23兼春宮権大進、保元2(一一五七)・1・24従四位下(去両官)、皇后宮亮(守如元)、10・22従四位上(造凝華舎功)、保元3・2・3皇太后宮亮(本宮転)、平治1(一一五九)・10・26遷丹波守(亮如元、成行服解之間可勤大嘗会主基也)、11・22正四位下(主基)、永暦1(一一六〇)・7・7遷三川守(亮如元)、応保2(一一六二)・10・28兼右馬頭、長寛2(一一六四)・1・21遷越中守(頭亮如元)、永万1(一一六五)・7・18遷伊与守(頭亮如元)、永万2・1・12左京大夫(亮守如元)、6・22備中守(大夫如元)、仁安1(一一六六)・10・21止備中、12・2辞皇太后宮亮、仁安3・3・20兼

皇太后宮亮（大夫如元）、立后、8・4従三位（行幸院、院司）、皇太后宮亮左京大夫等如元、仁安4・1・11周防権守、嘉応1（一一六九）・4・12止亮、嘉応2（一一七〇）・10・2〈「11月1日」く〉薨去

［死没］嘉応2（一一七〇）・10・2　［年齢］37　［父］藤原清隆　［母］参議正三位藤原家政女　［公卿補任］1―468下

頼季　よりすえ　?―一一八六

康治2（一一四三）・1・1蔵人（近衛院御宇）、元蔵人所雑色、2・22従五位下（臨時）、久安4（一一四八）・1・28宮内大輔、久安7・1・5従五位上（簡一）、仁平4（一一五四）・2・8遷任少納言、9・12遷任筑前守（兄清成卒去替）、久寿2（一一五五）・11・26正五位下、保元2（一一五七）・10・22従四位下（造宮賞、筑前守）、保元4・1・29得替、永暦1（一一六〇）・1・22越後守（但国務権大納言経宗卿也〈くし〉）、2・28停止（依経宗卿縁坐也）、長寛3（一一六五）・1・2従四位上（朝覲行幸賞、女御琮子給）、仁安2（一一六七）・2・21〈くし〉正四位下（鳥羽院大治二年御給）、寿永1（一一八二）・10・13従三位（皇后宮大夫実房卿以入内賞譲之）、元越後守、文治2（一一八六）・-・-薨去

［死没］文治2（一一八六）　［父］藤原清隆、三男　［母］参議正三位藤原家政女従二位家子（後鳥羽院乳母）　［公卿補任］1―500上　［大日本史料］4―1―736

雅隆　まさたか　一一四七―一二二四

久寿2（一一五五）・1・14蔵人（元院判官代）、4・8叙爵（中宮久寿元御給）、保元2（一一五七）・10・22従五位上（父備中守光隆譲、後涼殿）、永暦1（一一六〇）・6・20備後守、応保1（一一六一）・9・15左衛門佐（守如元）、長寛2（一一六四）・1・-備後守（重任）、永万1（一一六五）・12・30昇殿、永万2・1・12正五位下（佐労）、4・6従四位下（皇嘉門院長寛元未給）、仁安1（一一六六）・12・30昇殿、仁安3・8・4従四位上（朝覲行幸賞）、嘉応2（一一七〇）・1・18遷美作守（元備後守）、嘉応3・1・6正四位下（新院当年御給）、承安5（一一七五）・1・22美作重任、安元3（一一七七）・6・28越後守（親実解官替）、治承3（一一七九）・11・17大蔵卿（泰経朝臣今日解官替）、養和1（一一八一）・8・15以平助職令改任越後守（依勲功云々、彼国住人字城四郎）、養和2・3・8去卿、寿永2（一一八三）・8・16任内蔵頭（信基解官替）、還任越後守、元暦2（一一八五）・6・10従三位、元内蔵頭越後守、建久9（一一九八）・11・21正三位、建仁1（一二〇一）・1・29皇后宮権大夫、建永1（一二〇六）・9・2止権大夫〈旧〉、建暦3（一二一三）・9・5出家

［死没］元仁1（一二二四）　［年齢］78　［父］藤原光隆、一男　［母］参議従三位藤原信通女　［公卿補任］1―511上　［大日本史料］4―12―705

家隆　いえたか　一一五八―一二三七

安元1（一一七五）・1・5従五位下（女琮御子給、于時雅隆、後日改名）、安元2・1・30侍従（光隆卿辞治部卿任之）、治承4（一一八〇）・1・28阿波介、寿永2（一一八三）・1・7従五位上、文治1（一一八五）・12・29越中守（兼侍従、止平親季任之、前治部卿光隆卿給）、建久4（一一九三）・1・29正五位下（辞侍従叙之）、建久9・1・30遷上総介（前治部卿給）、正治3（一二〇一）・1・-従四位下（皇后宮当年御給）、建仁1（一二〇一）・12・22復任（父）、元久2（一二〇五）・1・5〈や〉従四位上（皇后宮当年御給）、元久3・1・13宮内卿（元前上総介）、建永2（一二〇七）・1・5正四位下、建保4（一二一六）・1・5従三位（臨時）、宮内卿如元、承久2（一二二〇）・3・22正三位、文暦2（一二三五）・9・10従二位、嘉禎2（一二三六）・12・23出家、嘉禎3・4・9薨去

［死没］嘉禎3（一二三七）・4・9　［年齢］80　［父］藤原光隆、二男　［母］皇太后宮実兼女或信通女　［前名］雅隆　［法名］仏性　［公卿補任］2―20上　［大日本史料］5―11―201

基行　もとゆき　一一八〇―一二二一

治承4（一一八〇）・1・5叙位（氏）、建久1（一一九〇）・1・24宮内大輔（改邦門為基能）、建久2・1・5〈くし〉従五位上、建久9・1・30右衛門佐、11・21正五位下（御即位、七条院御給、改基能為基行）、建仁1（一二〇一）・1・6従四位下、建仁2・

閏10・24春宮亮、建仁3・1・5従四位上(東宮御給)、元久2(一二〇五)・1・5正四位下、1・29兼内蔵頭、建永1(一二〇六)・1・13兼上野権介(亮労)、6・16従三位、承久3(一二二一)・8・13薨去
[死没]承久3(一二二一)・8・13 [年齢]42 [父]藤原邦綱 [母]右大臣正二位藤原公能女平盛子
[前名]邦門・基能 [公卿補任]1—564上 [大日本史料]5—1—185

小野宮家(絶家)

小野宮家

実頼—斉敏—懐平—資平—資仲
顕実—**資信**

資信　すけのぶ　一〇八二—一一五八

嘉保3(一〇九六)・1・24諸陵助(本名資懐)、康和4(一一〇二)・1・23式部丞、11・14叙爵、康和6・1・-春宮昇殿(改名資信)、長治1(一一〇四)・7・9越後権守、長治3・12・5中務大輔(「中務権大輔」くし)、嘉承2(一一〇七)・7・19太子践祚、即昇殿、嘉承3・1・22左衛門佐、天仁2(一一〇九)・1・7従五位上(簡一)、永久2(一一一四)・1・5正五位下(佐)、1・22兵部権少輔、元永2(一一一九)・1・24備後介、元永3・2・-転大輔、保安4(一一二三)・1・28御譲位〈旧〉、止昇殿〈旧〉、長承1(一一三二)・2・9昇殿、長承2・1・29蔵人、長承3・2・24右少弁、保延3(一一三七)・10・6権右中弁〈旧〉、保延4・1・5従四位下、1・22還昇、保延6・閏5・-従四位上(臨時)、永治1(一一四一)・12・2〈「17日」し〉左中弁、12・7新帝昇殿、永治2・1・7蔵人頭、1・23正四位下(臨時)、備中介〈権脱カ〉、6・28〈18日カ〉左宮城使(「右宮城使」し)、久安4(一一四八)・10・15右大弁、久安5・7・28参議、元蔵人頭右大弁〈くし〉、8・2〈くし〉右大弁如元、10・22勘長官、辞阿波権守申任男信忠、久安6・1・29周防権守、4・28左大弁、10・4勧学院別当、久寿2(一一五五)・1・6従三位、1・28越前権守、保元1(一一五六)・9・13権中納言、11・28正三位、兼治部卿、保元2・1・24遷兵部卿(止治部卿)、8・19中納言、保元3・8・10辞中納言、11・8出家、11・18薨去
[死没]保元3(一一五八)・11・18 [年齢]77 [父]藤原顕実、一男 [母]従四位上宮内卿藤原師仲女
[前名]資懐 [公卿補任]1—425下

小一条流姉小路家(絶家)

家時　いえとき　?—一二三六

建久1(一一九〇)・1・5従五位下(皇太后宮)、建久9・9・8出雲守(朝方卿申任之)、承元3(一二〇九)・7・23斎院長官、10・30兼少納言、建暦2(一二一二)・11・11従五位上(大嘗会、七条院)、建保3(一二一五)・1・5正五位下(嘉陽門)、建保5・6・29中務大輔、承久1(一二一九)・9・7越前守、承久2・1・7四位、承久3・11・16従四位上(御即位、嘉陽門)、貞応1(一二二二)・11・22正四位下、嘉禄1(一二二五)・12・22従三位(元越前守)、安貞2(一二二八)・3・20正三位、貞永1(一二三二)・9・8出家、嘉禎2(一二三六)・1・-薨去
[死没]嘉禎2(一二三六)・1 [父]親綱、一男 [母]法眼経尊女 [法名]蓮家 [公卿補任]2—57上 [大日本史料]5—10—584

信時　のぶとき　一二〇四—六六

承元4(一二一〇)・1・5叙爵(斎宮当年御給)、承久1(一二一九)・9・7中務大輔、承久4・1・6従五位上、1・24遷左衛門佐、嘉禄2(一二二六)・1・5正五位下、安貞1(一二二七)・1・26兼土左介(佐兼国)、安貞2・1・5従四位下(北白川院当年御給)、寛喜2(一二三〇)・2・25左馬頭、寛喜3・1・29従四位上(嘉陽門院安貞元未給)、嘉禎2(一二三六)・3・19正四位下、延応1(一二三九)・10・28内蔵頭、仁治1(一二四〇)・10・24従三位(元内蔵頭)、建長4(一二五二)・1・13正三位、文永3(一二六六)・-・-薨去
[死没]文永3(一二六六) [年齢]63 [父]藤原家時、一男 [母]従三位藤原信雅女 [公卿補任]2—

小一条流姉小路家

師尹―済時―通任―師成―師季―尹時―師綱―親綱―**家時**
―**信時**―**済家**―**済氏**―**師世**
―師平―**頼基**(坊門)―**高基**―**家綱**(姉小路)―**師言**
　　　　　　　　　　　　　　　　　　　　　　―**昌家**
　　　　　　　　　　　　　　―頼時(古川姉小路)―尹綱―**基綱**―**済継**(中絶)**良頼**
―自綱―秀綱

112上

頼基　よりもと

・・・・従五位下、正嘉1(一二五七)・11・21従五位上、文永1(一二六四)・1・30民部権少輔、文永3・4・21左兵衛佐、弘安1(一二七八)・4・11正五位下、弘安6・8・8従四位下、正応3(一二九〇)・10・29宮内卿、正応4・4・6従四位上(今日去宮内卿)、永仁3(一二九五)・12・9正四位下、永仁6・3・24内蔵頭、5・23可停召名之由有沙汰、武家申子細故也、嘉元2(一三〇四)・7・24従三位(元前内蔵頭)、嘉元3・8・22出家

[父]平師平男　[号]坊門　[公卿補任]2―377上

済家　なりいえ

康元2(一二五七)・1・6叙爵(氏)、正元1(一二五九)・8・7左衛門佐、11・21従五位上(簡一)、弘安3(一二八〇)・1・6正五位下(佐労)、文永1(一二六四)・1・13兼大和介、文永2・1・5従四位下(府労)、文永8・1・7従四位上、建治3(一二七七)・1・5正四位下(臨時)、弘安4(一二八一)・4・19治部卿、弘安7・10・27従三位(元治部卿)、正応3(一二九〇)・12・20正三位、永仁2(一二九四)・2・15出家

[父]藤原信時　[公卿補任]2―276下

済氏　なりうじ　一二六六―一三二七

文永7(一二七〇)・12・29従五位下、弘安5(一二八二)・8・11右兵衛権佐、弘安6・2・26従五位上、弘安9・1・5正五位下、正応1(一二八八)・6・28従四位下、正応2・12・15内蔵頭、正応3・4・17従四位上、正応5・12・30正四位下(辞頭叙之)、永仁2(一二九四)・4・13刑部卿、嘉元4(一三〇六)・1・5従三位、前刑部卿、延慶3(一三一〇)・2・8正三位、正和4(一三一五)・1・6従二位、嘉暦2(一三二七)・・・薨去

[死没]嘉暦2(一三二七)　[年齢]62　[父]藤原済家　[母]宮内卿正四位下藤原師平女　[公卿補任]2―387下

高基　たかもと　?―一三五八

・・・・従五位下、延慶2(一三〇九)・6・12従五位上、応長2(一三一二)・3・3正五位下(無官)、・・・・侍従、正和4(一三一五)・6・13辞侍従、建武3〈延元1〉(一三三六)・12・26左少将、建武4〈延元2〉・3・1従四位下、去少将、暦応2〈延元4〉(一三三九)・1・5従四位上、暦応5〈興国3〉・3・25正四位下、康永1〈興国3〉(一三四二)・9・7宮内卿、12・21去卿、貞和3〈正平2〉(一三四七)・4・23〈追賜今日位記〉従三位、前宮内卿、延文3〈正平13〉(一三五八)・3・2薨去

[死没]延文3(一三五八)・3・2　[父]坊門頼基　[前名]尹方　[公卿補任]2―614下　[大日本史料]6―21―754

師世　もろよ　?―一三六五

康安2〈正平17〉(一三六二)・5・7正三位、貞治4〈正平20〉(一三六五)・・・・薨去

※延文四年(一三五九)非参議従三位(初見)

[死没]貞治4(一三六五)　[父]藤原済氏、或藤原公雅　[公卿補任]2―665下　[大日本史料]6―27―102

家綱　いえつな　?―一三九〇

永和4〈天授4〉(一三七八)・8・17従三位、8・27参議、永和5〈天授5〉・1・6辞参議、明徳1〈元

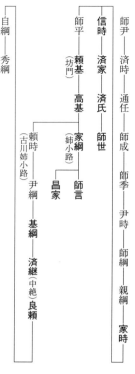

中7〉(一三九〇)・-・-薨去
〔死没〕明徳1(一三九〇)　〔父〕藤原高基　〔公卿補任〕2—730上

師言　もろこと

応永24(一四一七)・3・26参議(去年上階云々如何)、飛騨国司、応永25・3・27辞参議
❖永享六年(一四三四)前参議正三位〔以後不見〕
〔父〕藤原家綱　〔公卿補任〕3—88上

昌家　まさいえ

宝徳3(一四五一)・-・-従三位、元左少将、享徳4(一四五五)・1・5正三位、5・5〈4日ともあり〉〈「2日」イ〉参議、-・-出家
〔父〕藤原家綱　〔公卿補任〕3—167下

基綱　もとつな　一四四一—一五〇四

文明10(一四七八)・8・-賜去年十二月十三日叙従三位々記、元左近中将、文明12・3・29参議、文明17・5・-賜去四月十一日叙正三位々記、延徳2(一四九〇)・6・30辞参議、延徳4・6・6還任(参議)、明応3(一四九四)・1・6従二位、文亀2(一五〇二)・7・8辞参議、永正1(一五〇四)・閏3・16権中納言、4・23薨去於飛州
〔死没〕永正1(一五〇四)・4・23　〔年齢〕64　〔父〕姉小路昌家　〔法名〕常心　〔公卿補任〕3—252上

済継　なりつぐ　一四七〇—一五一八

明応5(一四九六)・1・15右中将、永正5(一五〇八)・1・6従三位(賜去年四月十七日位記)、永正6・1・27参議、永正9・1・7正三位、永正12・3・30辞参議、永正14・2・14下向飛州、永正15・5・30薨去於飛州
〔死没〕永正15(一五一八)・5・30　〔年齢〕49　〔父〕姉小路基綱　〔法名〕常済　〔公卿補任〕3—322下　〔大日本史料〕9—7—790

良頼　よしより　?—一五七二

弘治4(一五五八)・1・10叙爵、飛騨守、永禄3(一五六〇)・2・16従四位下(越階)、永禄5・2・11従三位(越階)、元飛騨守、元良頼、今日改名、永禄6・3・12参議、7・22被補闕、-・-止参議、元亀3(一五七二)・11・12薨去
❖〔頭書云〕飛州守護三ツ木飛〔ママ〕依武家御執奏直任参木、称古川国司、姉小路事也、希代例也
〔死没〕元亀3(一五七二)・11・12　〔父〕三木直頼　〔前名〕嗣頼　〔前名〕四郎二郎　〔号〕能石川国司　〔法名〕雲山　〔公卿補任〕3—451上　〔大日本史料〕10—10—314

世尊寺家(絶家)

行能　ゆきよし

建仁1(一二〇一)・1・6叙爵(臨時)、元久1(一二〇四)・10・26宮内権少輔、元久2・1・10従五位上、元久4・1・6正五位下(止少輔叙之)、承久2(一二二〇)・1・22従四位下、承久4・1・29従四位上、10・16修理大夫〔権大夫カ〕、嘉禄2(一二二六)・12・16去権大夫、嘉禄3・1・5正四位下(臨)、文暦2(一二三五)・9・10右京大夫、嘉禎2(一二三六)・6・13従三位(元右京大夫)、書左近府額賞、仁治1(一二四〇)・11・26出家
〔父〕藤原伊経、一男　〔母〕法橋増宗女　〔公卿補任〕2—94上　〔大日本史料〕5—13—139

経朝　つねとも　一二一五—七六

-・-・-叙爵、貞永1(一二三二)・8・21摂津守、

世尊寺家

伊尹—義孝—行成—行経—伊房—定実—定信—伊行—伊経—行能═経朝═経尹—有能・行尹—行忠—行俊—行豊—行康═行季

文暦2(一二三五)・1・23従五位上(住吉社功)、暦仁2(一二三九)・1・27正五位下(在頼朝臣巡譲)、仁治2(一二四一)・7・17従四位下、仁治3・11・6左京権大夫、寛元3(一二四五)・6・22淡路守、宝治2(一二四八)・1・6従四位上、建長7(一二五五)・1・5正四位下(仙華門院当年御給)、弘長1(一二六一)・9・26従三位〈や〉、元前左京権大夫〈や〉、文永6(一二六九)・3・27正三位、建治2(一二七六)・2・-薨去

[死没]建治2(一二七六)・2　[年齢]62　[父]世尊寺行能(実藤原頼資)　[号]勘解由小路　[法名]寂朝　[公卿補任]2—189上

経尹　つねただ　一二四七—?

正嘉2(一二五八)・9・7叙爵、但馬守、正元1(一二五九)・7・27止守、弘長2(一二六二)・1・5従五位上、文永3(一二六六)・12・27斎宮寮頭、文永7・12・4正五位下、文永10・12・8左馬権頭、建治2(一二七六)・7・10復任(父)、建治3・1・29従四位下(去権頭)、弘安1(一二七八)・12・25少納言、弘安3・12・7従四位上、弘安4・12・5辞少納言、弘安7・1・5正四位下、正応3(一二九〇)・10・27従三位(元前少納言)、永仁2(一二九四)・4・13正三位、正安3(一三〇一)・12・6宮内卿、嘉元3(一三〇五)・1・22去卿、嘉元4・2・5従二位、延慶3(一三一〇)・2・20出家

[父]世尊寺経朝　[法名]寂尹　[公卿補任]2—305下

有能　ありよし

正応4(一二九一)・12・21従五位下(于時経定)、若狭守、永仁3(一二九五)・3・4去守、永仁4・5・5従五位上、永仁6・10・19少納言、正安1(一二九九)・11・4去少納言、嘉元1(一三〇三)・1・20正五位下(于時伊朝)、12・30右京権大夫、嘉元2・12・29去権大夫、徳治1(一三〇六)・2・28従四位下、延慶3(一三一〇)・11・20従四位上、正和1(一三一二)・7・6正四位下、元応2(一三二〇)・9・5宮内卿(于時有能)、元亨1(一三二一)・4・6去卿、元弘2(一三三二)・3・18従三位、正慶2〈元弘3〉(一三三三)・5・17詔止上階

[父]世尊寺経尹　[前名]経定・伊朝　[公卿補任]2—543下

行尹　ゆきただ　?—一三五〇

-・-・-従五下、-・-・-従五上、-・-・-中務権少輔、延慶2(一三〇九)・12・16正五位下、去権少輔、延慶4・3・15左兵衛権佐、応長2(一三一二)・3・15去権佐、文保2(一三一八)・4・14従四位下、建武5(一三三八)・1・5従四位上、暦応2〈延元4〉(一三三九)・1・13宮内卿、5・7去卿、暦応3〈興国1〉・4・1正四位下、貞和2〈正平1〉(一三四六)・2・21従三位、前宮内卿、貞和6〈正平5〉・1・14薨去

[死没]貞和6(一三五〇)・1・14　[父]世尊寺経尹、三男　[公卿補任]2—610上　[大日本史料]6—13—395

行忠　ゆきただ　?—一三八一

延文3〈正平13〉(一三五八)・11・14従三位、康安1〈正平16〉(一三六一)・6・6正三位、貞治2〈正平18〉(一三六三)・11・1〈10月〉〔やし〕従二位、貞治4〈正平20〉・-・-侍従、貞治5〈正平21〉・12・30参議、貞治6〈正平22〉・2・13兼備中権守、3・26兼侍従、応安2〈正平24〉(一三六九)・11・12正二位、応安4〈建徳2〉・12・9辞退(参議)、永徳1〈弘和1〉(一三八一)・-・-薨去

[死没]永徳1(一三八一)　[父]藤原有能　[公卿補任]2—662下

行俊　ゆきとし　?—一四〇七

応永6(一三九九)・1・5従三位、元前宮内卿、応永9・3・28侍従、12・15正三位、応永12・1・6従二位、応永13・3・24参議、兼安芸権守、応永14・-・10薨去

[死没]応永14(一四〇七)　[父]世尊寺行忠(実世尊寺伊兼)　[公卿補任]3—47上　[大日本史料]7—9—408

行豊　ゆきとよ　?—一四五四

嘉吉2(一四四二)・1・5従三位、文安2(一四四五)・3・23侍従、文安5・1・29参議、〔月日正三位カ〕、文安6・3・28辞参議、享徳1(一四五二)・閏8・18〈享徳2年にもあり〉従二位、享徳3・-・-薨去〈く

追〉
［死没］享徳3（一四五四）［父］世尊寺行俊 ［公卿補任］3―144上

行康　ゆきやす　一四一二―七八
宝徳4（一四五二）・4・17従三位、康正2（一四五六）・4・9正三位、10・4参議、康正3・3・29兼出雲権守、-・-辞参議、長禄2（一四五八）・-・-改行高、寛正1（一四六〇）・10・2辞侍従、寛正6・1・5従二位、文明6（一四七四）・4・13正二位、-・-改行康、文明10・1・10薨去
※康正元年より「侍従」、文正元年（一四六六）より「侍従（再）」
［死没］文明10（一四七八）・1・10 ［年齢］67 ［父］世尊寺行豊 ［前名］伊忠・行高 ［公卿補任］3―171下 ［大日本史料］8―10―245

行季　ゆきすえ　一四七六―？
永正8（一五一一）・8・10正四位下〈くし〉、永正9・12・29従三位（書年中行事賞）、永正13・4・7正三位、6・24参議、永正15・6・23〈「22日」さ〉辞退参議、永正18・4・15従二位、大永4（一五二四）・3・1侍従、享禄2（一五二九）・9・27正二位、天文1（一五三二）・-・-出家〈さ〉
※永正十二年より「刑部卿」
［父］世尊寺行康（実清水谷実久） ［公卿補任］3―332上

楊梅家（絶家）

季行　すえゆき　一一一四―六二
天治2（一一二五）・1・6五位（待賢門院当年御給）、大治5（一一三〇）・4・3阿波守（父敦兼造進松尾社、未申履勘、被行其賞、辞但馬申任之）、長承2（一一三三）・5・24能登守（造春日社功）、保延5（一一三九）・1・4〈くし〉従五位上（前斎院御給、朝覲行幸）、1・24兼右兵衛権佐、保延6・4・7因幡守、康治1（一一四二）・12・30武蔵守、康治2・1・3正五位下（朝覲行幸、皇后御給）、久安1（一一四五）・11・18四位（朔旦、佐労）、久安3・1・2従四位上（朝覲行革、皇后御給）、久安5・3・20正四位下（一院御給、延勝寺供養-）、久安6・7・28土佐守、久寿2（一一五五）・1・28讃岐守、保元2（一一五七）・3・26去守、保元3・3・13〈くし〉大弐、8・10止大弐、以男隆行申任安芸守、保元4・1・6従三位（臨時）、前太宰大弐、2・21中宮亮、永暦2（一一六一）・8・19辞亮〈旧〉、応保2（一一六二）・8・2出家、8・23薨去
［死没］応保2（一一六二）・8・23 ［年齢］49 ［父］藤原敦兼、二男 ［母］修理大夫藤原顕季女 ［公卿補任］1―447上

楊梅家

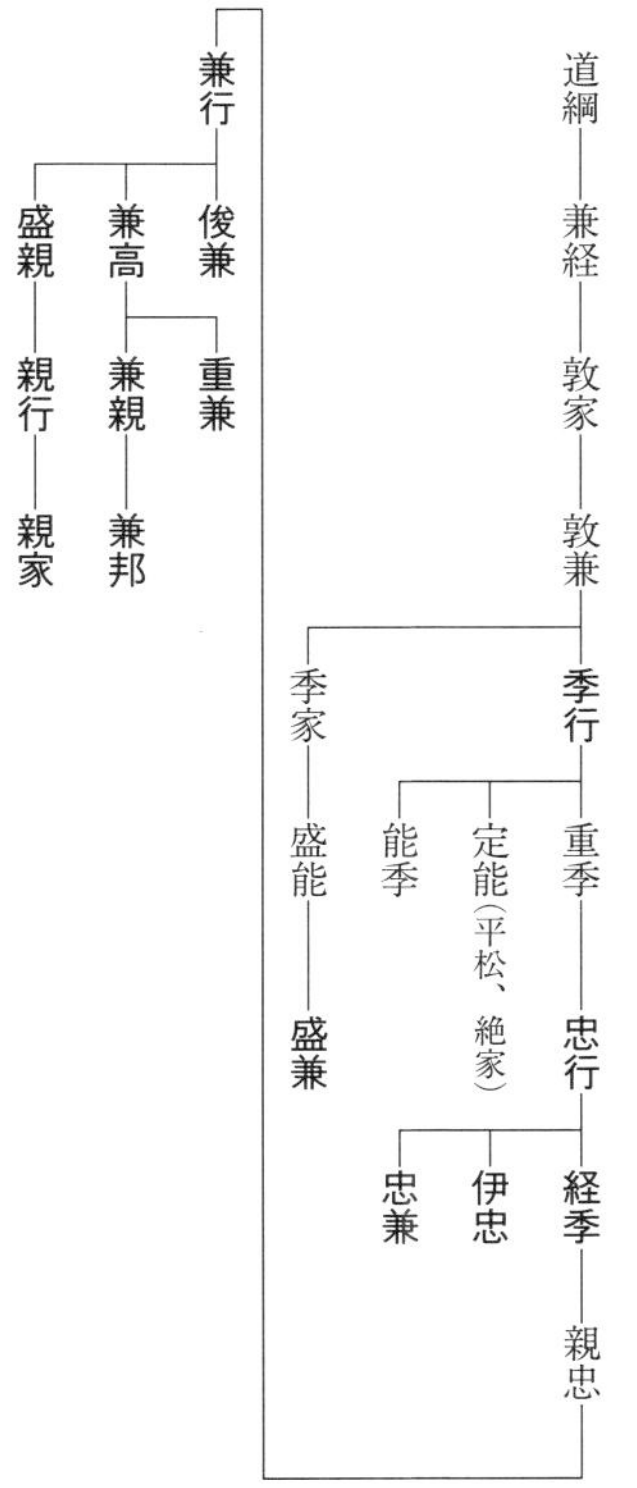

忠行　ただゆき　一一六六―一二三一
承安3（一一七三）・12・20叙位（上西門院合爵）、文治3（一一八七）・1・5従五位上（簡一）、3・1中務大輔、建久2（一一九一）・1・1〈2月カ〉正五位下、3・6右近権少将、建久3・1・27兼伊与介、建久7・1・5従四位下、建久9・11・21従四位上（宣陽門院御給）、建仁3（一二〇三）・1・5正四位下（宣

陽門院御給)、承元3(一二〇九)・7・21内蔵頭、承元4・12・17従三位、建保3(一二一五)・4・21兵部卿、建保4・12・17正三位、承久1(一二一九)・8・13去兵部卿、承久2・7・2恐懼、嘉禄2(一二二六)・12・16従二位、寛喜3(一二三一)・1・24出家、6・2薨去
[死没]寛喜3(一二三一)・6・2 [年齢]66 [父]藤原重季 [母]従五位上丹波守藤原成兼女 [公卿補任]1―576下 [大日本史料]5―6―626

盛兼 もりかね 一一九一―一二四五

建仁4(一二〇四)・1・7五位(殷富門院「院」や無)御給)、元久1(一二〇四)・4・12侍従、承元4(一二一〇)・1・6従五位上(簡一)、建保6(一二一八)・3・6左少将、12・12正五位下、建保7・1・22信乃介、承久2(一二二〇)・1・6四位、1・22更任少将、承久3・8・29播磨守、承久4・1・29従四位上、3・28左中将、貞応3(一二二四)・1・23正四位下、元仁1(一二二四)・12・17蔵人頭、元仁2・1・23止兼播磨守、嘉禄1(一二二五)・7・6参議(元蔵人頭)、左中将如元、11・7従三位(臨時)、嘉禄2・1・23兼播磨権守、嘉禄3・4・9権中納言、4・20兼中宮権大夫、安貞2(一二二八)・1・5正三位、寛喜1(一二二九)・4・18止権大夫、貞永1(一二三二)・1・5従二位、天福2(一二三四)・12・21辞権中納言、嘉禎3(一二三七)・4・24正二位、寛元2(一二四四)・12・21出家、寛元3・1・5薨去
[死没]寛元3(一二四五)・1・5 [年齢]55 [父]藤原盛能、一男 [母]正四位下宮内大輔藤季佐女 [公卿補任]2―54下 [大日本史料]5―18―330

経季 つねすえ 一二〇一―?

元久1(一二〇四)・10・26叙爵、建保4(一二一六)・6・20伯耆守、承元1(一二〇七)・8・13〈や〉刑部大輔、承久1(一二一九)・11・13得替、承久2・1・22従五位上(止大輔叙之)、貞応1(一二二二)・4・13正五位下、嘉禄2(一二二六)・1・5従四位下(宣陽門院御給)、安貞2(一二二八)・12・9三川守、安貞3・1・30従四位上(宣陽門院御給)、寛喜1(一二二九)・10・5得替、天福2(一二三四)・1・26正四位下、嘉禎4(一二三八)・閏2・27従三位、宮内卿如元、延応1(一二三九)・-・-正三位、仁治1(一二四〇)・12・18辞(宮内卿)、建長4(一二五二)・6・-出家
[父]藤原忠行、一男 [母]家女房 [公卿補任]2―103下

伊忠 これただ

-・-・-叙爵、嘉禄2(一二二六)・1・5従五位上(簡一)、-・-・-侍従、安貞3(一二二九)・1・30兼紀伊介、寛喜3(一二三一)・1・6正五位下、寛喜4・1・30兼尾張権介、貞永2(一二三三)・1・6従四位下、嘉禎1(一二三五)・11・19従四位上(鷹司院御給)、嘉禎3・1・29更任右少将、暦仁1(一二三八)・1・22正四位下(臨時)、仁治1(一二四〇)・閏10・28右中将、仁治2・2・1兼陸奥介、7・17辞中将、以男忠資申任少将、仁治4・2・2従三位(臨時)、元前右中将、建長4(一二五二)・12・9正三位、文応1(一二六〇)・12・16従二位、弘長1(一二六一)・-・-出家
[父]藤原忠行、二男 [母]正三位藤原伊輔女 [公卿補任]2―124上

忠兼 ただかね

承久3(一二二一)・1・5叙爵(氏)、嘉禄1(一二二五)・11・7侍従、安貞2(一二二八)・1・5従五位上、安貞3・1・30兼安芸介、寛喜4(一二三二)・1・30復任、文暦2(一二三五)・1・23正五位下(白川院承保元年御給)、嘉禎3(一二三七)・9・15左少将、嘉禎4・1・22兼下野権介、10・-遷右近少将、7・20従四位下(鷹司院嘉禎二年御給)、10・28更任左少将、建長3(一二五一)・1・22従三位、元右少将、建長5・-・-出家
[父]藤原忠行 [養父]楊梅盛豊 [公卿補任]2―154上

兼行 かねゆき 一二五四―?

正嘉2(一二五八)・11・6叙爵、弘長2(一二六二)・10・6侍従、文永2(一二六五)・1・5従五位上、文永3・11・2左少将、文永5・1・7正五位下、文永6・7・28復任(父)、文永8・1・5従四位下、2・1少将如元、建治2(一二七六)・1・5従四位上、建治4・2・10兼周防権介、弘安2(一二七九)・1・7正四位下、12・12転右中将、正応3(一二九〇)・10・29遷左兵衛督、正応5・3・29従三位(元左兵衛督)、4・1督如元、閏6・16止督、永仁2(一二九

四）・3・27正三位、永仁5・6・7民部卿、永仁6・10・19遷任民部卿、永仁7・3・24従二位、正安3（一三〇一）・3・14止卿、嘉元2（一三〇四）・9・－出家

⌘永仁六年より「兵部卿」

［父］藤原親忠　［養父］藤原忠兼　［母］某為経女

［号］楊梅　［公卿補任］2—316下

俊兼　としかね　一二七一—?

弘安3（一二八〇）・1・5従五位下（臨時）、正応1（一二八八）・12・29侍従、正応4・1・6従五位上、正応5・閏6・16左少将、12・30正五位下、永仁3（一二九五）・8・5従四位下、永仁5・10・12還任右少将、永仁6・9・25従四位上、正安1（一二九九）・6・6右中将、正安2・1・5正四位下（府労）、右兵衛督如元、嘉元2（一三〇四）・3・7兼美作介、延慶2（一三〇九）・3・29〈「2月」イ〉遷任右兵衛督、延慶3・11・20従三位、右兵衛督如元、応長1（一三一一）・5・1止督、応長2・1・13大宰大弐、正和1（一三一二）・12・30止大弐、正和2・9・6大宰大弐、正和4・2・21正三位、元弘1（一三三一）・10・28従二位〈や〉、正慶2〈元弘3〉（一三三三）・5・8出家

［父］藤原兼行　［公卿補任］2—415下

盛親　もりちか

弘安2（一二七九）・1・5叙爵（東二条院当年御給）、正安2（一三〇〇）・3・6出羽守、延慶2（一三〇九）・6・12従四位下、12・26刑部卿、延慶3・4・7去卿、延慶4・1・5従四位上、応長1（一三一一）・5・10左馬頭、正和2（一三一三）・3・9正四位下、正和5・4・8内蔵頭、文保2（一三一八）・1・22大蔵卿、文保5・3・26去卿、元弘3（一三三三）・1・5従三位（新院当年御給）、5・－復本位正四位下、正慶2〈元弘3〉（一三三三）・5・17詔止之〈や〉、建武2（一三三五）・1・5従三位、建武3〈延元1〉・4・6出家

［父］藤原兼行、三男　［公卿補任］2—559下

兼高　かねたか　一二八七—一三三八

正応6（一二九三）・1・5叙爵、永仁3（一二九五）・4・8従五位上、永仁5・5・20正五位下、12・17侍従、正安2（一三〇〇）・5・29従四位下、12・22左少将、嘉元3（一三〇五）・1・5従四位上、延慶1（一三〇八）・10・12左中将、延慶2・1・6正四位下、延慶3・12・28渡右、正和2（一三一三）・9・6遷任右兵衛督、正和4・1・5従三位、1・12督如元、6・27止督、7・21兵部卿、文保1（一三一七）・2・5遷右衛門督、4・16止督、元弘2（一三三二）・1・5従二位、正慶2〈元弘3〉（一三三三）・5・17詔復正三位、建武3〈延元1〉（一三三六）・－・－〈建武4年3月29日ともあり〉従二位、暦応1〈延元3〉（一三三八）・12・28薨去

⌘元亨三年（一三二三）より「正三位」

［死没］暦応1（一三三八）・12・28　［年齢］52　［父］藤原兼行、二男　［母］従三位平頼清女　［公卿補任］2—447上　［大日本史料］6—5—209

重兼　しげかね　一三〇二—?

延慶2（一三〇九）・9・1従五位下、延慶4・2・2従五位上、－・－・－侍従、正和3（一三一四）・3・1去侍従、正和5・5・28左少将、12・7去少将、文保1（一三一七）・3・27正五位下、元亨4（一三二四）・10・29播磨守、嘉暦1（一三二六）・8・6従四位下、元徳1（一三二九）・9・26去守、元弘1（一三三一）・10・5右京大夫、10・28従四位上、正慶1〈元弘2〉（一三三二）・10・15去大夫、元弘3（一三三三）・6・－停本位本官従四位下、建武3〈延元1〉（一三三六）・1・5正四位下（加叙）、建武4〈延元2〉・7・20右京大夫、暦応2〈延元4〉（一三三九）・1・13去大夫、暦応4〈興国2〉・4・16治部卿、暦応5〈興国3〉・3・30去卿、貞和3〈正平2〉（一三四七）・1・5従三位（一院当年御給）、前治部卿、観応3〈正平7〉（一三五二）・8・14出家

［父］藤原兼高　［前名］能行　［公卿補任］2—614上　［大日本史料］6—16—718

兼親　かねちか　?—一三八九

正和5（一三一六）・1・5従五位下（同名二人在之）、文保2（一三一八）・4・1従五位上、－・－・－正五位下、－・－・－従四位下、建武5（一三三八）・1・5従四位上（于時右中将）、暦応4〈興国2〉（一三四一）・1・6正四位下、延文2〈正平12〉（一三五七）・4・15従三位、延文3〈正平13〉・3・30兵部卿、延文5〈正平15〉・11・17正三位、応安1〈正平

23〉(一三六八)・8・13従三位〔従二位カ〕、康応1〈元中6〉(一三八九)・-・-薨去
[死没]康応1(一三八九)　[父]藤原兼高　[公卿補任]2—657下

親行　ちかゆき

応安6〈文中2〉(一三七三)・9・8従三位、元左中将、永和3〈天授3〉(一三七七)・-・-出家
[父]楊梅盛親　[公卿補任]2—712下

兼邦　かねくに　?—一四二〇

応永12(一四〇五)・2・21従三位、元右中将、5・18兵部卿、応永16・7・23止卿、応永17・1・28左兵衛督、11・28止督、応永19・1・5正三位、応永26・7・6従二位、7・-出家、応永27・2・25薨去
[死没]応永27(一四二〇)・2・25　[父]藤原兼親　[公卿補任]3—61上

親家　ちかいえ

応永23(一四一六)・1・6従三位、元右中将、応永26・-・-出家
[父]藤原親行　[公卿補任]3—86下

平松家(絶家)

定能　さだよし　一一四八—一二〇九

仁平2(一一五二)・1・5〈くし〉叙位(皇后宮当年御給)、保元2(一一五七)・1・-右兵衛権佐、3・-丹後守(父季行去讃岐守申任之)、10・22従五位上(造昭陽舎賞)、応保2(一一六二)・2・25正五位下(中宮立后之後行啓賞)、長寛3(一一六五)・1・2従四位下(朝覲行幸賞)、永万2(一一六六)・1・12従四位上(治国)、仁安2(一一六七)・1・30播磨権介(少将労)、正四位下(高松院当年御給)、嘉応3(一一七一)・1・18左中将、承安2(一一七二)・1・23加賀権介、安元2(一一七六)・12・5蔵人頭(中将如元)、治承3(一一七九)・1・19参議、左中将〔「左権中将」く〕如元、元蔵人頭、11・16停左中将、治承4・1・24被聴朝参、1・28任加賀権守、治承5・1・5従三位、養和2(一一八二)・3・8兼右近権中将、寿永2(一一八三)・1・7正三位、元暦1(一一八四)・9・18権中納言、11・-勅授、文治3(一一八七)・1・23従二位、文治5・1・7正二位、7・10中納言、-・-兼左衛門督〈くし〉、建久1(一一九〇)・7・18去督、建久5・1・30権大納言、建久9・1・30〈5月ともあり〉辞権大納言、建仁1(一二〇一)・2・21出家
[死没]承元3(一二〇九)・8・23　[年齢]62　[父]藤原季行、二男　[母]内大臣正二位藤原宗能女　[号]樋口大納言・清瀧　[法名]定阿　[日記]心記(一一五九-九三)　[公卿補任]1—489下　[大日本史料]4—10—616

親能　ちかよし　一一六九—一二〇七

承安2(一一七二)・1・5叙爵(氏)、治承2(一一七八)・1・5従五位上(皇嘉門院平治元年御給〈く〉)、3・19右兵衛権佐、寿永2(一一八三)・1・5正五位下(府労)、1・27遷任右少将〔「右権少将」く〕、寿永3・3・27美作介、10・6転左少将、元暦2(一一八五)・1・6従四位下(府労)、文治3(一一八七)・1・7従四位上(院当年御給)、文治5・1・5正四位下(院当年御給)、1・28転権中将、美作権介、建久4(一一九三)・1・28但馬介、建久8・2・5従三位(下名次)、元左中将、今日任侍従、建仁1(一二〇一)・1・6〈29日カ〉周防権守、建仁3・1・5正三位、4・25参議、元久2(一二〇五)・4・29〈1月カ〉兼加賀権守、元久3・4・3従二位、建永2(一二〇七)・2・10権中納言、10・22〈「11月」仲資王記〉薨去
[死没]建永2(一二〇七)・10・22　[年齢]39　[父]藤原定能、一男　[母]正四位下右近衛少将源通家女　[公卿補任]1—536下　[大日本史料]4—9—826

定季　さだすえ　一一七三—一二三四

治承1(一一七七)・1・29叙位(氏爵未給)、文治2(一一八六)・12・17従五位上(院嘉応元年御給)、文治

平松家

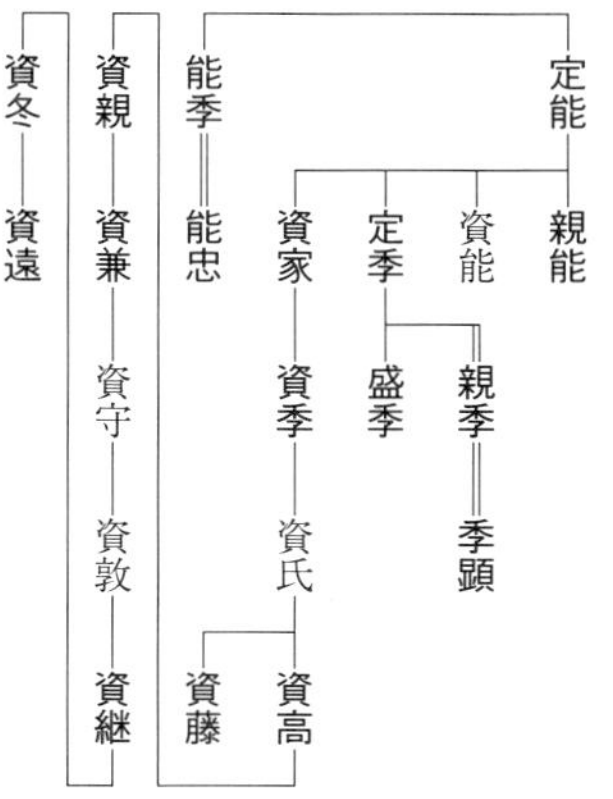

3・1・23右衛門権佐、文治5・1・28正五位下、建久3(一一九二)・1・5従四位下、建久7・11・5従四位上(改資能為定季)、建仁2(一二〇二)・11・19正四位下(殷富門院御給)、承元1(一二〇七)・11・29従三位(信清卿造最勝四天王院賞譲)、承久1(一二一九)・12・13正三位、文暦1(一二三四)・10・16薨去

［死没］文暦1(一二三四)・10・16　［年齢］62　［父］藤原定能、二男　［母］正四位下右近衛少将源通家女　［前名］資能　［公卿補任］1―567上　［大日本史料］5―9―667

能季　よしすえ　一一五四―?

応保2(一一六二)・1・5叙位(氏)、養和1(一一八一)・11・28兵部権大輔(季定譲)、文治1(一一八五)・1・6従五位上(労)、1・20備後介、文治4・10・14正五位下(辞輔叙之、改保能為能季)、文治5・11・13従四位下、建久5(一一九四)・1・6従四位上(中宮御給)、建久6・2・3伊与守、建久8・3・-止吏務、6・13止任、建仁2(一二〇二)・1・5正四位下(八条院御給)、12・25讃岐守、建永1(一二〇六)・4・3止任、承元5(一二一一)・1・22中宮亮、2・28従三位(中宮入内賞)、安貞2(一二二八)・5・25出家

［父］藤原季行、一男　［前名］保能　［法名］浄安　［公卿補任］2―5上　［大日本史料］5―4―601

資家　すけいえ　一一七七―?

文治5(一一八九)・1・5叙位(氏)、建久1(一一九〇)・1・24越中守、建久2・12・30従五位上、建久6・12・9侍従(兼)、建久8・1・20正五位下、建久9・1・30右少将(父大納言定能卿罷職申任)、建仁3(一二〇三)・1・5従四位下(少将如元)、元久1(一二〇四)・11・21大歌所別当、承元1(一二〇七)・1・5従四位上(元暦元大嘗会、八条院御給)、承元3・1・5正四位下(宜秋門院当年御給)、10・30復任(父)、承元4・1・14右中将、9・28遷左中将、承元5・4・9罷所帯中将、以男資季任侍従、建保6(一二一八)・3・6従三位(去中将)、貞応3(一二二四)・5・-出家

［父］藤原定能、三男　［母］正四位下右近衛少将源通家女　［公卿補任］2―28上

能忠　よしただ

承元1(一二〇七)・1・5従五位下、承元3・4・3土左守、建暦2(一二一二)・1・5従五位上(宜秋門院御給)、建保2(一二一四)・1・13得替、建保6・1・5正五位下(嘉陽門院御給)、承久2(一二二〇)・3・15侍従、貞応1(一二二二)・4・13従四位下(侍従如元、于時家行)、嘉禄1(一二二五)・1・5従四位上(于時改能忠)、安貞3(一二二九)・1・5正四位下(東一条院御給)、寛喜4(一二三二)・1・30右少将、嘉禎1(一二三五)・10・17右馬頭、嘉禎3・7・13去頭、9・13従三位(元前右馬頭)、暦仁1(一二三八)・11・23出家

［父］藤原能季(実源定忠)　［母］正二位権大納言藤原定能女　［前名］家行　［公卿補任］2―98上　［大日本史料］5―12―70

資季　すけすえ　一二〇七―?

建保4(一二一六)・7・19叙爵(嘉陽門院合爵)、建保5・2・3従五位上、4・9侍従(資家朝臣止中将任之)、建保7・1・22右少将、承久2(一二二〇)・1・22石見権介、承久3・1・13正五位下、貞応2(一二二三)・1・6従四位下、2・1更任右少将、元仁2(一二二五)・1・27出雲介(少将重兼国〈や〉)、嘉禄2(一二二六)・1・5従四位上、嘉禄3・1・26左中将、安貞2(一二二八)・1・5正四位下、寛喜2(一二三〇)・1・14備中介、文暦2(一二三五)・1・23近江介(中将重兼国)、嘉禎3(一二三七)・3・-〈「8日」職補〉蔵人頭、嘉禎4・閏2・27参議、兼侍従、元蔵人頭左中将、4・6従三位、延応1(一二三九)・4・26正三位、延応2・1・22丹波権守、寛元3(一

二四五)・1・13兼下野権守、1・17下名改任遠江権守(「近江権守」当作)、宝治2(一二四八)・10・29権中納言、建長2(一二五〇)・1・5正二位、5・17中納言、正嘉3(一二五九)・4・17権大納言、正元2(一二六〇)・3・29辞権大納言、4・2本座、文永5(一二六八)・10・5出家
[父]藤原資家、一男 [母]参議正三位藤原光長女 [法名]了心・信覚 [日記]荒涼記(一二三七―八一) [公卿補任]2—100下

親季 ちかすえ 一二〇一―?
建保4(一二一六)・7・25叙爵(粛子内親王給)、承久3(一二二一)・閏10・18侍従、貞応2(一二二三)・1・6従五位上(東一条院給)、元仁2(一二二五)・1・23信乃権介、嘉禄3(一二二七)・1・26左馬頭、安貞3(一二二九)・1・18正五位下(東一条院承久三御即位未給)、寛喜2(一二三〇)・1・23土左権介、閏2・8右少将、3・20転左、寛喜3・1・5従四位下、1・29更左少将、10・12兼備中守、貞永1(一二三二)・8・21得替、天福1(一二三三)・4・19従四位上(藻壁門院御入内、院司賞)、文暦2(一二三五)・1・23復任(養父定季卿逝去畢)、8・30播磨守、嘉禎1(一二三五)・9・25右中将(播磨守如元)、嘉禎2・2・30正四位下、嘉禎3・1・29得替、嘉禎4・閏2・27蔵人頭、閏2・29禁色、4・18参議、元蔵人頭、右中将如元、7・20従三位、暦仁2(一二三九)・1・24讃岐権守、延応1(一二三九)・9・9正三位、仁治2(一二四一)・2・1権中納言、4・23従二位、仁治3・3・7辞権中納言、建長4(一二五二)・2・22出家
[父]藤原定季(実藤原家綱) [公卿補任]2—100下

盛季 もりすえ 一二二六―?
宝治1(一二四七)・12・8(従三位)、元右馬頭、建長7(一二五五)・-・-出家
[父]藤原定季 [公卿補任]2—138上

資高 すけたか 一二六五―一三〇四
文永4(一二六七)・1・5叙爵(氏)、文永6・12・2従五位上、文永7・2・23侍従、文永8・10・15正五位下、文永11・12・20丹波介、3・20従四位下(父前権大納言藤原資季去文永三八幡御神楽宮人賞譲)、4・5還任侍従、建治2(一二七六)・12・20従四位上、建治3・1・29左少将、建治4・2・8兼上野権介、弘安2(一二七九)・7・18転中将、弘安3・10・1正四位下、正応2(一二八九)・1・13周防権介、正応3・9・21蔵人頭、正応4・3・25参議(元蔵人頭左中将〈や〉)、兼侍従、7・17従三位、正応5・1・13依南都衆勘被放氏、4・21神木御帰座後日被免衆勘令続氏之間出仕、正応6・6・24正三位、永仁2(一二九四)・3・27兼丹波権守、永仁4・1・15(5月ともあり)権中納言、永仁6・9・23兼右衛門督、11・19従二位、永仁7・4・26止督、正安2(一三〇〇)・5・29(「1月」イ)正二位、正安3・5・17辞権中納言、嘉元2(一三〇四)・6・22薨去
[死没]嘉元2(一三〇四)・6・22 [年齢]40 [父]二条資氏 [養父]二条資季 [日記]資高卿記(一二九一) [公卿補任]2—307下

資藤 すけふじ
文永7(一二七〇)・1・5叙爵(春宮坊当年御給)、文永8・12・19従五位上、弘安1(一二七八)・5・26侍従、弘安4・2・2(給去年十二月七日位記)正五位下、弘安6・1・5従四位下(去弘安四八幡御神楽資行朝臣宮人賞譲)、侍従如元、3・28兼越前介、弘安7・12・12左少将、弘安9・9・2従四位上、弘安10・1・13兼上総介、正応2(一二八九)・閏10・14転中将、正応3・1・5正四位下、永仁2(一二九四)・3・27従三位、元左中将、今日右兵衛督、永仁4・3・9正三位、永仁5・1・29転左兵衛督、正安2(一三〇〇)・4・3(7日ともあり)参議、12・22辞参議、嘉元2(一三〇四)・3・22従二位、延慶2(一三〇九)・10・12正二位、正和5(一三一六)・4・13権中納言、7・22辞退、元応2(一三二〇)・11・8出家
[父]二条資季、二男(実二条資氏) [母]正二位権中納言平成俊女 [公卿補任]2—325上

季顕 すえあき
建長7(一二五五)・1・5従五位下、正嘉1(一二五七)・1・6従五位上、正嘉2・12・14侍従、文永2(一二六五)・11・8右少将、文永4・2・1兼信濃権介、

正五位下、文永7・12・4従四位下、文永8・2・1還任左少将、文永11・2・20兼丹波権介、建治1(一二七五)・1・6従四位上、建治3・1・29左中将、弘安1(一二七八)・2・10正四位下、弘安7・1・29復任、正応-・-・22復任(母)、正安3(一三〇一)・4・5右兵衛督、正安4・1・20従三位(右兵衛督如元)、7・21止督、徳治2(一三〇七)・7・-出家

〔父〕藤原親季、二男(実藤原季実)　〔母〕正五位下駿河守三浦義村女　〔号〕山井　〔公卿補任〕2—366上

資親　すけちか　一二九三―一三四六

永仁2(一二九四)・1・6従五位下(春宮坊当年御給)、永仁3・3・4従五位上、永仁5・1・29正五位下、永仁6・7・21侍従、正安1(一二九九)・1・5従四位下、正安2・12・30〈や〉従四位上、(父権中納言去弘安四年日吉社御神楽宮人賞譲)、嘉元3(一三〇五)・11・16右少将、12・30正四位下、嘉元4・3・30下総介、9・28転左中将、延慶2(一三〇九)・3・23蔵人頭、延慶3・3・9参議、元蔵人頭左中将、12・1従三位、延慶4・3・30兼加賀権守、正和3(一三一四)・3・5止権守、正三位、正和4・12・15辞参議、元応1(一三一九)・8・21従二位、元徳2(一三三〇)・4・7正二位、7・17権中納言、10・21〈11月21日ともあり〉辞、貞和2〈正平1〉(一三四六)・9・23〈「19日」し〉薨去

〔死没〕貞和2(一三四六)・9・23　〔年齢〕54　〔父〕二条資高　〔母〕正二位大納言二条資季女　〔公卿補任〕2—410下　〔大日本史料〕6—10—46

資兼　すけかね　一三一四―八七

正和3(一三一四)・1・5従五位下、正和4・3・22従五位上、正中2(一三二五)・1・29侍従、嘉暦1(一三二六)・12・30正五位下、嘉暦2・8・1左少将(右カ)、嘉暦3・1・5従四位下、3・16遷左少将、元徳2(一三三〇)・1・5従四位上、10・21転中将、建武2(一三三五)・1・5正四位下、暦応2〈延元4〉(一三三九)・4・18蔵人頭、暦応3〈興国1〉・7・19参議、元蔵人頭左中将、暦応4〈興国2〉・12・22〈「21日」やし〉従三位、康永2〈興国4〉(一三四三)・12・22辞退(参議)、貞和5〈正平4〉(一三四九)・1・7正三位、観応1〈正平5〉(一三五〇)・8・16権中納言、文和3〈正平9〉(一三五四)・12・15従二位、文和4〈正平10〉・12・27辞退権中納言、延文4〈正平14〉(一三五九)・4・21正二位、嘉慶1〈元中4〉(一三八七)・-・-薨去〈く追〉

〔死没〕嘉慶1(一三八七)　〔年齢〕74　〔父〕二条資親　〔日記〕資兼卿記(一三三一)　〔公卿補任〕2—580上

資継　すけつぐ　一四一七―六四

宝徳4(一四五二)・3・23参議、元蔵人頭左中将、3・25従三位、-・-辞参議、康正2(一四五六)・4・9正三位、長禄2(一四五八)・2・18権中納言、-・-辞権中納言、寛正5(一四六四)・7・30〈「20日」しく〉薨去

〔死没〕寛正5(一四六四)・7・30　〔年齢〕48　〔父〕平松資敦　〔公卿補任〕3—169下

資冬　すけふゆ

文明1(一四六九)・6・-参議、元蔵人頭左中将、文明3・4・25辞退参議、文明7・-・-従三位〈く追〉、文明14・-・-正三位、永正2(一五〇五)・5・-出家

※長享二年(一四八八)より「従二位」

〔父〕平松資継　〔法名〕常心　〔公卿補任〕3—227下

資遠　すけとお

延徳3(一四九一)・7・18叙爵、永正2(一五〇五)・6・13従五位上、永正6・1・28正五位下、永正7・10・21左少将、永正13・11・23従四位下、左中将、永正18・5・18従四位上、大永5(一五二五)・1・6正四位下、天文8(一五三九)・8・13従三位、元左中将(や無)、天文11・-・-在国(土州)

※天文十三年非参議従三位(以後不見)

〔父〕平松資冬　〔公卿補任〕3—400下

室町家(絶家)

雅教　まさのり　一一一三―?

永久6(一一一八)・1・6従五位下(無品禎子内親

王給）、保安4（一一二三）・1・22〈「21日」く〉越後守（院分）、大治3（一一二八）・1・24兼侍従、大治4・12・25遠江守（元越後守（「兼越後守」し））、大治5・1・6従五位上（簡一）、保延2（一一三六）・4・7民部少輔（元侍従）、保延3・12・19加賀守、永治2（一一四二）・1・5正五位下（皇后宮御給）、天養2（一一四五）・4・15駿河守、久安6（一一五〇）・4・7民部権大輔（兼）、仁平2（一一五二）・12・30辞駿河守（申任忠弘）、仁平3・3・5従四位下（美福門院当年御給）、3・28刑部卿、仁平4・1・5従四位上（美福門院御給）、3・28正四位下（一院長承三年〈「二年」く〉未給）、久寿1（一一五四）・12・29右中弁、久寿3・3・17蔵人頭、4・6転左中弁、保元1（一一五六）・9・13参議、元蔵人頭左中弁（資信任中納言替）、9・17兼左大弁、11・28勘解由長官、保元2・1・24周防権守、10・22従三位、保元3・8・10権中納言、正三位、永暦1（一一六〇）・8・11中納言、応保3（一一六三）・1・24辞職、永万1（一一六五）・8・14出家

［父］藤原家政、一男　［母］正三位権中納言藤原顕隆女　［前名］政範　［公卿補任］1―437下

雅長　まさなが　一一四五―九六

久安4（一一四八）・1・5叙爵（皇后宮当年御給）、保元2（一一五七）・2・4昇殿、10・22従五位上（造宮賞、駿河守俊教譲之）、12・29民部権大輔、保元3・12・-昇殿（新帝）、保元4・4・16正五位下（中宮初入内賞）、平治1（一一五九）・8・14駿河守（兼）、永暦1（一一六〇）・7・-除籍（依不仕也）、応保3（一一六三）・1・24左少将（「左権少将」く）（兼、父雅教卿辞中納言申任之）、3・15昇殿（石清水臨時祭日即勤仕舞人）、長寛2（一一六四）・1・5従四位下（高松院御給）、1・21左少将（兼、去五日叙四品、今日遷任）、1・28還昇、永万1（一一六五）・6・25昇殿（新帝受禅日）、7・25従四位上（高松院御給）、仁安2（一一六七）・1・30正四位下（除目次、鳥羽院久安四-御給）、嘉応1（一一六九）・9・27昇殿（当今）、嘉応3・1・28左中将（「左権中将」く）（元権少将）、治承3（一一七九）・1・19従三位（除目次）、元右中将（「即」く）去之、寿永2（一一八三）・1・7正三位、元暦2（一一八五）・1・20参議、文治2（一一八六）・2・30兼越前権守、文治5・10・29従二位、建久2（一一九一）・2・1兼因幡権守〈く〉、建久7・7・26薨去

［死没］建久7（一一九六）・7・26　［年齢］52　［父］藤原雅教、一男　［母］正四位下右衛門権佐藤原顕能女　［公卿補任］1―490下　［大日本史料］4―5―253

家信　いえのぶ　一一八二―一二三六

仁安3（一一六八）・3・15従五位下（御即位、前女御琮子給）、文治4（一一八八）・11・27近江守、建久3（一一九二）・7・12遷伯耆守（相転近江、二位宰相給）、建久9・1・30民部少輔、正治1（一一九九）・11・27従五位上（七条院御給）、建仁3（一二〇三）・1・13右少将、12・20正五位下（東大寺供養、七条院御給）、建永1（一二〇六）・1・6従四位下（臨時）、1・13還右少将（左カや無）、承元4（一二一〇）・1・14従四位上（七条院当年御給）、建暦1（一二一一）・4・1右中将、建保1（一二一三）・1・5正四位下（陰明門院御給）、建保3・9・5解官見任、承久2（一二二〇）・4・6従三位、前右中将、安貞2（一二二八）・3・20正三位、嘉禎2（一二三六）・8・22薨去

［死没］嘉禎2（一二三六）・8・22　［年齢］55　［父］藤原雅長、三男　［母］従四位上但馬守源家長女（七条院女房堀川局）　［公卿補任］2―36下　［大日本史料］5―10―846

雅継　まさつぐ　一二一三―七七

建長7（一二五五）・1・7（従三位）、元前播磨守、弘長3（一二六三）・1・28正三位、建治3（一二七七）・6・16薨去

［死没］建治3（一二七七）・6・16　［年齢］65　［父］藤原家信　［母］浄雲僧都女　［前名］雅経　［号］室町　［公卿補任］2―166上

雅春　まさはる　一二八八―一三四五

延慶4（一三一一）・1・5正四位下、嘉暦2（一三二七）・11・10従三位、元前左中将、嘉暦4・9・26侍従、暦応3〈興国1〉（一三四〇）・11・20正三位、康永4〈興国6〉（一三四五）・9・25〈「15日」し〉薨去

［死没］康永4（一三四五）・9・25　［年齢］58　［父］室町雅持　［公卿補任］2―513下　［大日本史料］6―9―361

雅朝　まさとも　?―一三八〇
延文1〈正平11〉(一三五六)・12・25従三位、延文3〈正平13〉・11・5賜去八月十二日正三位々記、貞治3〈正平19〉(一三六四)・3・29〈し〉兼但馬権守、貞治5〈正平21〉・1・5従二位、康暦2〈天授6〉(一三八〇)・-・-薨去云々
［死没］康暦2(一三八〇)　［父］室町雅春　［公卿補任］2―654下

雅兼　まさかね
応安7〈文中3〉(一三七四)・12・20従三位、前右兵衛督
※至徳元年(一三八四)非参議従三位〔以後不見〕
［父］室町雅春　［公卿補任］2―716上

雅秋　まさあき
応永3(一三九六)・1・5従三位、応永16・4・5〈1月カ〉正三位、応永18・3・20従二位、応永21・4・-出家
［父］木幡雅兼　［号］木幡　［公卿補任］3―40上

雅藤　まさふじ　?―一四三五
永享7(一四三五)・1・2薨去
※永享四年非参議従三位(初見)
［死没］永享7(一四三五)・1・2　［父］木幡雅秋　［公卿補任］3―125下

室町家

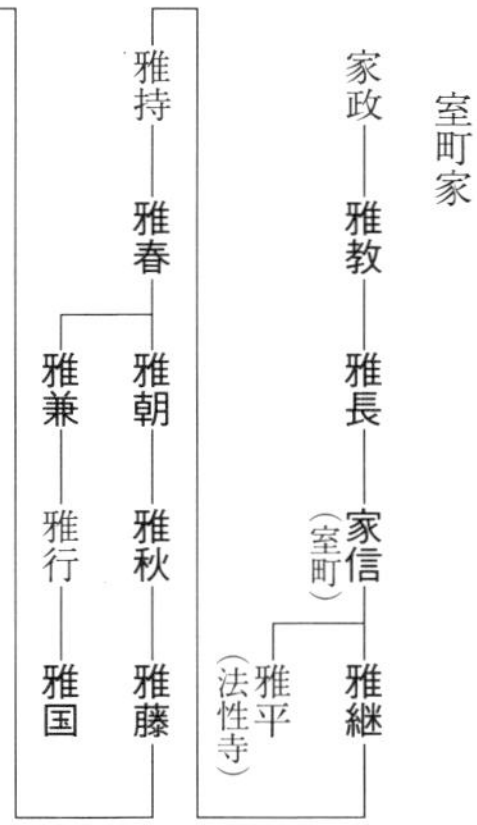

雅豊　まさとよ
宝徳4(一四五二)・2・4〈賜去年正月五日位記〉従三位、享徳3(一四五四)・1・5正三位、3・23侍従、長禄2(一四五八)・1・5従二位、文正1(一四六六)・-・-出家
［父］藤原雅藤　［公卿補任］3―171下

雅遠　まさとお
応仁1(一四六七)・10・19従三位、元左中将、文明3(一四七一)・-・-出家
［父］藤原雅豊　［公卿補任］3―223上

雅国　まさくに　?―一五〇〇
文明12(一四八〇)・-・-従三位、元左近中将、明応9(一五〇〇)・1・23薨去
［死没］明応9(一五〇〇)・1・23　［父］藤原雅行　［公卿補任］3―257下

法性寺家(絶家)

雅平　まさひら　一二一九―七八
安貞2(一二二八)・1・5叙爵、天福1(一二三三)・12・15右衛門佐、文暦2(一二三五)・1・23従五位上(府労、左兵衛佐本監云々)、6・17右兵衛権佐、暦仁2(一二三九)・1・5正五位下、仁治1(一二四〇)・1・29遷任右少将、11・12従四位下(臨時)、12・20更右少将、仁治2・2・1兼信乃権介、寛元3(一二四五)・1・5従四位上、宝治3(一二四九)・1・24出羽権介、建長5(一二五三)・1・17転左中将、建長6・1・13播磨権介、正四位下、弘長2(一二六二)・1・17兼美乃介、文永3(一二六六)・4・3従三位(元左中将)、5・2侍従、文永7・1・21兼紀伊権守、12・7正三位、弘安1(一二七八)・3・14従二位、8・29出家、9・2薨去
［死没］弘安1(一二七八)・9・2　［年齢］50　［父］藤原家信、二男　［母］右京大夫某信隆女　［法名］勝道　［公卿補任］2―208上

信平　のぶひら　?―一三一五
建長7(一二五五)・1・5叙爵、正嘉2(一二五八)・1・13侍従、文永2(一二六五)・1・5〈「文永6年」イ〉従五位上、弘安4(一二八一)・4・6〈「弘安1年」イ〉解却侍従、正応5(一二九二)・12・25正五位下、永

法性寺家

雅平─信平
　└親家─親康─親長─┬親春─親継─親宗─親世
　　　　　　　　　　└親忠─親信

仁1(一二九三)・9・12左少将、永仁2・7・2従四位下、永仁4・4・13宮内卿、永仁5・閏10・23従四位上、12・17去卿、正安1(一二九九)・12・30〈「29日」やイ〉正四位下、正安2・12・30〈「正安2年」やイ「20日」イ〉転左中将、嘉元2(一三〇四)・3・27止中将、応長2(一三一二)・2・13従三位、元前左中将〈やイ〉、元応1(一三一九)・8・21正三位、正中2(一三二五)・12・25薨去

[死没]正中2(一三二五)・12・25　[父]藤原雅平　[母]法印賢信女　[公卿補任]2─427上

親康　ちかやす　一二八四─一三三二

延慶2(一三〇九)・10・4正四位下、文保2(一三一八)・2・11従三位(下名、元前左中将)、元弘2(一三三二)・3・18正三位、正慶1〈元弘2〉(一三三二)・11・10薨去

[死没]正慶1(一三三二)・11・10　[年齢]49　[父]藤原親家　[母]大江忠成女　[公卿補任]2─469上

親長　ちかなが　一三〇九─?

延文1〈正平11〉(一三五六)・9・19従三位(宣下)、延文3〈正平13〉・8・12正三位、貞治4〈正平20〉(一三六五)・9・-出家

[父]藤原親康　[法名]観覚　[公卿補任]2─654下　[大日本史料]6─27─33

親春　ちかはる

永徳2〈弘和2〉(一三八二)・12・20従三位、元前左兵衛督、応永6(一三九九)・4・17出家

[父]法性寺親長　[公卿補任]2─743下　[大日本史料]7─3─914

親忠　ちかただ

明徳4(一三九三)・1・5従三位、元左中将、応永9(一四〇二)・-・-出家

[父]法性寺親長　[公卿補任]3─31上　[大日本史料]7─5─805

親信　ちかのぶ

応永21(一四一四)・12・15従三位、元左中将、応永29・1・5正三位、応永34・1・5従二位、永享2(一四三〇)・3・30兵部卿、嘉吉1(一四四一)・-・-出家

[父]法性寺親忠　[公卿補任]3─82上

親継　ちかつぐ

応永31(一四二四)・9・3従三位、元右中将、応永33・1・6正三位

※永享十二年(一四四〇)非参議正三位(以後不見)

[父]法性寺親春　[公卿補任]3─106上

親宗　ちかむね

応仁1(一四六七)・10・19従三位

※文明十三年(一四八一)非参議従三位(以後不見)

[父]法性寺親継　[公卿補任]3─223上

親世　ちかよ　一四九四─?

明応3(一四九四)・-・-誕生〈や〉、永正6(一五〇九)・3・25叙爵、3・26侍従、永正18・4・2従五位上、大永5(一五二五)・1・9正五位下、-・-・-左少将、享禄5(一五三二)・5・3従四位下、5・4右中将、天文8(一五三九)・1・5従四位上、3・23兼讃岐権守、天文12・1・6正四位下、天文14・3・25越後介、天文16・1・5〈や〉従三位(元右中将〈や〉)、天文19・7・21右兵衛督、天文20・9・-出家(於防州)

[公卿補任]3─420下

宇治家(絶家)

頼長　よりなが　一一二〇─五六

保安1(一一二〇)・5・-誕生、大治5(一一三〇)・1・3童殿上(一院女院同之)、4・19元服、-・-・-正五位下、-・-・-聴内並両院昇殿禁色等、6・23侍従、8・23右少将〔「右権少将」くし〕(剰闕)、

10・5転権中将、大治6・1・6〈2日カ〉従四位下（行幸院賞）、1・4還昇、1・22兼伊予権守、天承1（一一三一）・8・17正四位下（越階、大治二院未給）、12・24従三位、右中将如元、長承1（一一三二）・10・7正三位、12・25権中納言、長承2・1・2従二位、長承3・1・5正二位、2・22権大納言、3・19兼皇后宮大夫、-・-勅授、長承4・2・2蒙大将兼宣旨、2・8右大将、保延2（一一三六）・11・25蒙任大臣兼宣旨、12・9内大臣、保延5・8・17兼皇太子傅、12・16転左大将、保延6・2・22辞大将、永治1（一一四一）・12・7停傅、久安2（一一四六）・3・29宣旨、-・-可定行橘氏爵者、久安5・7・28左大臣、従一位、久安6・9・26請氏長者印、久安7・1・24賜左右府生各一人近衛各四人為随身兵仗者、仁平3（一一五三）・4・11上表辞兵仗、久寿2（一一五五）・5・3止兵仗、7・-止内覧、久寿3・2・2被下如元可為左大臣之宣旨、保元1（一一五六）・7・14薨去、治承1（一一七七）・8・3贈太政大臣、正一位

［死没］保元1（一一五六）・7・14　［年齢］37　［父］藤原忠実、二男　［母］土佐守藤原盛実女（前太政大臣家女房）　［号］宇治左大臣　［日記］台記（一一三六-五五）　［公卿補任］1―402上

兼長　かねなが　一一三八―五八

保延4（一一三八）・5・-誕生、久安2（一一四六）・10・-昇殿（童）、久安4・4・27元服、即従五位上（内院昇殿如元、並禁色）、6・15侍従（剰闕）、7・17正五位下（法性寺堂供養行幸賞）、10・8右少将（剰闕）、10・13右中将（剰闕）、11・20従四位下（院未給）、久安5・3・18播磨権守（兼〈くし〉）、3・20正四位下（二階、延勝寺供養行幸賞）、8・2従三位（臨時）、右中将如元、久安6・3・14皇后宮権大夫、10・2〈「12月」恐衍〉正三位、久安7・6・13従二位、仁平3（一一五三）・1・2正二位、9・14参議、閏12・23権中納言、仁平4・8・18兼右大将、保元1（一一五六）・8・3除名配流出雲国、保元3・1・-薨去

宇治家

頼長―┬―兼長
　　　└―師長

［死没］保元3（一一五八）・1　［年齢］21　［父］藤原頼長、一男　［母］権中納言従三位源師俊女　［公卿補任］1―426上

師長　もろなが　一一三八―九二

保延4（一一三八）・2・-誕生、久安5（一一四九）・10・16殿上小舎人、10・19元服、正五位下、内院昇殿禁色如元、久安6・1・29侍従、10・2従四位下（金泥一切経供養日）、-・-・-右少将〈くひし〉、仁平1（一一五一）・1・2正四位下（二階）、2・2伊与権守〈「伊予権介」くし〉、2・21参議（直物次）、右中将〈「右権中将」くし〉伊与権守（巳上如元）、7・20遷左中将、12・22〈「久安6年」世紀〉右中将〈「右権中将」くし〉、仁平2・1・28美作権守、3・8従三位、仁平3・1・2正三位、9・14従二位、仁平4・1・22遷阿波権守、11・12権中納言、保元1（一一五六）・8・3除名配流土佐国、長寛2（一一六四）・6・27辞土佐国被召返、閏10・13復本位従二位、永万1（一一六五）・8・17正二位、仁安1（一一六六）・11・3権大納言、11・11帯剣、仁安2・2・11大納言、仁安3・8・12皇太后宮大夫、9・4左大将、11・21解却所帯職、12・16還任宣旨、仁安4・1・2左馬寮御監、嘉応1（一一六九）・4・12止大夫、安元1（一一七五）・11・10蒙兼宣旨、11・28内大臣、安元3・1・24辞大将、3・5太政大臣、4・1従一位、治承3（一一七九）・11・17有事解官宣旨、12・11於尾張国出家

［死没］建久3（一一九二）・7・19　［年齢］55　［父］藤原頼長、二男　［母］正四位下左近衛少将源信雅女　［号］妙音院　［公卿補任］1―428下　［大日本史料］4―4―124、4―16―補365

閑院流　かんいんりゅう

藤原氏北家の一流。九条右大臣師輔の十一男閑院太政大臣公季を始祖とする。公季は、法興院摂政兼家の異母弟で、御堂関白道長の叔父にあたる。母は醍醐天皇皇女康子内親王。産褥期に母を、父を四歳のときに亡くし、姉の村上天皇中宮安子に養育され、皇子に等しい扱いをうけたと伝える。康保四年(九六七)冷泉天皇即位当日十二歳で元服し、摂家流同様初叙の正五位下に叙せられた。侍従・左中将・備前守等を経て天元四年(九八一)従三位となり、二年参議中将。東宮大夫・中納言等を経て、長徳元年(九九五)大納言。二年左近衛大将を兼ね、藤原伊周失脚後の三年に内大臣、寛仁元年(一〇一七)右大臣、東宮傅を兼ね、甥の藤原道長のあと治安元年(一〇二一)太政大臣、従一位に昇り、長元二年(一〇二九)十月、七十三歳で没した。贈正一位、諡号仁義公。閑院の称は、公季の邸宅が基経・兼家・朝光などの伝領を経て領有することになった閑院大臣冬嗣の邸であったことに因む。その位置は二条大路の南、西洞院大路の西。のち平安時代末期から鎌倉時代にかけて院御所・里御所として用いられ、閑院内裏と称された。閑院流は平安時代末期、公季四代孫の権大納言公実ののち六流に分かれ、そのうち三男実行、四男通季、五男実能の三流が栄え、歴代おおむね大臣に昇る名門の家となる。八条入道相国実行を家祖とする三条家、大宮権中納言通季を家祖とする西園寺家、徳大寺左大臣実能を家祖とする徳大寺家、これらが閑院流の嫡流三家である。三家同格であるが、正嫡については、『尊卑分脈』の「西園寺一流祖　通季」のところに「当流為閑院嫡家事」として、西園寺家を閑院正嫡であると注してある。天永二年(一一一一)正月二十三日実行・通季兄弟が相並び同日に蔵人頭に補されたとき、通季は舎弟であるが亡父公実の正嫡定めるところに依り上首、実行は次座の頭とされたこと、また『公実卿御記』に、先公実季が初めて用い公実に相伝された当家車文の鞆絵は、「当家正嫡一人」用うべきものとして通季に譲るところである、と見えること、これらにより明らかであるとする。通季は早世により権中納言で終わり、実行は長寿才翰を以て功労あり大臣となり太政大臣にまで昇ったが、通季が家嫡であり、西園寺家が閑院正嫡であるというのである。『改正増補諸家知譜拙記』や『諸家伝』などでは三条・西園寺の順で掲載し、かつ公季より公実にいたる系譜は三条に含めていて、三条を正嫡の如く扱っているが、『尊卑分脈』の記載は重視すべきであり、車文鞆絵のことは『愚管抄』巻六にも見え、父公実の正嫡定めるところに従い、本書では嫡流三家の配列は西園寺家を第一に掲げる。鎌倉時代になり、西園寺家から洞院家・今出川家(別号菊亭)が分流し、三条家からは正親町三条家が分流し、これら家々も代々大臣を出す名流となった。そしてこれらの諸家から鎌倉時代から江戸時代中期に至るまで多くの分流を生じ、閑院流は堂上諸家のうち最も多数を占める一群となった。江戸時代に確立する公家の家格でいえば、摂家に次ぐ。清華家七家のうち閑院流は西園寺・三条・徳大寺・今出川の四家、三大臣家のうち正親町三条家・三条西家が当流である。閑院流羽林家は二十三家存し、それらはやや特殊な性格の四家を除き、すべて閑院流の嫡流三家の支流・庶流・傍流である。西園寺家の支流に清水谷家・四辻家・橋本家、同支流洞院家庶流に正親町家・小倉家があり、三条家の支流に滋野井家・姉小路家、滋野井家庶流に河鰭家・阿野家がある。以上が旧家。近世に成立の新家には、西園寺家の庶流に大宮家、正親町三条家の庶流に花園家、三条西家庶流に武者小路家・押小路家、姉小路家の庶流に風早家、四辻家の庶流に西四辻家、橋本家の庶流に梅園家、正親町家の庶流に裏辻家、阿野家の庶流に山本家、そして武者小路家の傍流に高松家が分流した。「属閑院流」の四家とは、四辻家から出て高倉家を再興した藪家と、その傍流の中園家・高丘家、および櫛笥家から出て正親町三条家の猶子となり庶流となった園池家である。なお、『尊卑分脈』・『西園寺家譜』所収「断絶庶流各系系図」および各家家譜により、閑院流の絶家を次に掲げれば、閑院実季息保実流の二条、同息保実流の高松、閑院公実息の実隆流、同息季成流の加賀、西園寺通季息公重流の梢、西園寺公通息実明流の閑院、西園寺実宗息公定流の清水谷、西園寺公経息実雄流の洞院、西園寺実氏息公基流の京極、西園寺実兼息公顕流の今出河、西園寺公衡息季衡流の大宮、西園寺実衡息公重流の竹林院、三条実親息の公泰流、徳大寺実能息の公親流、同息の公保流、徳大寺公能息実家流の河原、同息実守流の菩提院、河原傍流の大炊御門・近衛、滋野井実国息公清流の八条、正親町三条実藤息公種流の三条、正親町三条公貫息実仲流の九条、四辻実藤息の公信流、四辻季顕息の季保流、阿野実直息の公寛流などがある。ことに実雄流の洞院家は、家祖山階左大臣実雄の女三人がいずれも天皇家の後宮に入り、三天皇の国母となり、息公守は太政大臣にまで昇ったのをはじめ、この一流は多くが左大臣・内大臣等の顕官に昇った。ことに公守の孫で南北朝時代第一の文化人としても知られるのが中園入道相国と称された公賢、その孫が後中園左大臣と称された公定で、『尊卑分脈』の編者として知られる。しかし文明八年（一四七六）二月に、権大納言公数が出家し、文書記録も散佚して、家名は一旦断絶した。洞院家の遺跡はのち同族西園寺左大臣実遠の二男公連が相続したが、三位中将公連は文亀元年（一五〇一）四月に遁世したので、またその生家の西園寺家から入って再興を企てたようであるが、まもなく廃絶した。なお、閑院一流の諸家は、例えば徳大寺家の代々が実能、公能、実定、三条西家が公時、実清、公保といったように、おおかた代々の名の字に公、実の二種を交互に用いる慣習があった。

西園寺家　さいおんじけ

藤原氏北家閑院流。九条右大臣師輔の十一男閑院太政大臣公季の裔。閑院西園寺流の嫡流。閑院三嫡流の正嫡。藤原権大納言公実の四男大宮権中納言通季を家祖とする。西園寺の称は、通季の曾孫公経が洛北の北山に建立した西園寺に因む。家格は清華家。外様の家。四箇の大事・有識故実および雅楽（琵琶）を家職とした。一条家の家礼。江戸時代には家領五百九十七石余。家祖通季は、鳥羽天皇の外舅公実を父とし、右中弁藤原隆方の女で堀河・鳥羽二代の御乳母従二位光子を母とし、寛治四年（一〇九〇）に生まれた。徳大寺家の家祖実能、鳥羽天皇の中宮璋子（崇徳・後白河天皇生母、待賢門院）は同復の弟および妹。承徳二年（一〇九八）九歳で叙爵。越中権守・左少将・左中将を経て、鳥羽天皇の天永二年（一一一一）蔵人頭に補された。永久三年（一一一五）参議に列し、保安二年（一一二二）権中納言に昇り左衛門督を兼ね、大同三年（一一二八）正三位に叙せられたが、同年六月三十九歳で没した。通季は三条家祖となる実行より十歳下の舎弟で、実行の叙爵も通季叙爵五年前の寛治七年（一〇九三）のことであったが、従五位上・正五位下・従四位下・従四位上の昇叙過程で次第にその年次を縮め、天永二年には弁官昇進の実行と将官昇進の通季とが同日に蔵人頭に補される。そしてこの座次において、亡父公実の正嫡定めるところに依り、通季が上首、実行が下臈とされた。『尊卑分脈』では、このことと公実が先代実季より受継いだ車文鞆絵を「当家正嫡一人」用うべきものとして通季に譲ると『公実卿御記』に見えることを以て、系図の実季のところに「当流為閑院嫡流事」と注記し、西園寺家を閑院正嫡とする。通季の鞆絵使用のことは、『愚管抄』巻六にも見え、通季曾孫の公経について、「大方コノ人ハ閑院ノ一家ノ中ニ、東宮大夫公実ノ嫡子ニタテ、トモエノ事ナドツタヘタリケル中納言左衛門督通季ノスジ也」と記し、通季の鞆絵使用は嫡子とされたことによるものであるとしている。この後実行・通季兄弟の官位は、通季が参議に列した同日に実行も参議になった以後は通季が先行昇進した。すなわち通季が永久五年十一月従三位に昇叙したが、実行は元永二年(一一一九)正月昇叙、通季は保安三年(一一二二)正月権中納言に昇任するが、実行は同年十二月に至り昇進するという具合であった。但し、この段階には実行よりも十一歳上の舎兄実隆というのがいて、通季が昇任した同日に転正して中納言になっていたが、大治二年(一一二七)十月に四十九歳で没したので、通季はいよいよ正嫡としての官位昇進を遂げたであろう。しかし権中納言のままで逝ったのに対し、実行は長生して太政大臣にまで昇ったのである。なお通季は大宮を号し、息公通は閑院、また二条と号し権大納言となったが、孫実宗は坊城、または大宮と号し内大臣に昇った。西園寺と号するのは、曾孫の公経のときであり、西園寺家の家勢を大きく伸ばすのも公経およびその息実氏の二代であった。公経は内大臣実宗の二男で、母は寺明院権中納言基家の女。後高倉太上天皇妃陳子(後堀河天皇生母、北白河院)とは姉妹で、これにより公経は朝廷においておおきな後楯を得たのみならず、将軍源頼朝との姻戚関係(公経室は頼朝同母妹と一条能保の間に生れた全子)によって勢力を伸張するを得た。安元二年(一一七六)六歳で叙爵。建久七年(一一九六)能保の聟との威光により上﨟の中将六人を超越して蔵人頭となり、九年正月参議に列し、十一月従三位となる。また摂関家との姻戚関係を鞏固にするため、承元二年(一二〇八)全子の姉と九条良経との間に生れた権中納言道家と女掄子を婚姻させている。承久元年(一二一九)将軍実朝横死後、道家四男で鎌倉に迎えられて将軍となった頼経は、掄子の所生であり公経が外祖父として養育したものであったから、ますます幕府との緊密さを増さしめた。そのため後鳥羽院が密かに討幕計画を進め、同三年五月執権北条義時追討の院宣を下したとき、関東申次でもあった公経は内応の恐れありとして男実氏とともに弓場殿に召し籠められた。しかし、この直前不穏な状況を察知した公経は家司を鎌倉に遣して京都の形勢を通報し、幕府方を勝利に導いた(承久の乱)。乱後、幕府によって擁立された後堀河天皇とは母どうしが姉妹であったから、この擁立は公経の進言によるものと推察される。かくて同年閏十月内大臣、翌貞応元年(一二二二)太政大臣、同二年従一位に昇進、同年太政大臣を罷めたが、なお前大相国として、その権勢は朝廷で並ぶものがなかった。これより先、承久二年、神祇伯仲資王所有の京都北山の地を家領尾張国松枝庄と交換領有していたが、ここに豪奢な別荘北山第と、祈願所として西園寺を建立し、元仁元年(一二二四)十二月に後堀河天皇生母北白河院・同准母安嘉門院を迎えて落慶式を挙行した。これにより公経は西園寺殿と呼ばれ、これが家名の起りとなった。寺の景観は御堂関白道長の法成寺にも勝ったというが、南北朝時代になると荒廃し、寺地はやがて足利義満の手に渡り、鹿苑寺が営まれることになる。西園寺は文和三年(一三五四)室町に移り、更に天正十八年(一五八〇)寺町通高徳寺町、現在地に移った。長男実氏もまた従一位太政大臣に昇り、女子を入内・立后させて皇室の外戚となる基礎を築いた。因に実氏の女嬉子は後嵯峨天皇中宮、後深草・亀山天皇の生母となり(大宮院)、同公子は後深草天皇中宮となる(東二条院)。また実氏舎弟実雄(洞院家の祖)の三人の女子もそれぞれ後宇多・伏見・花園三天皇の生母となる。天皇家との血縁関係は西園寺流の隆盛を支えた。実氏の子孫も関東申次の継承とともに、持明院・大覚寺両皇統にそれぞれ女子を入れて外戚となり、摂関家をしのぐ勢威を誇った。しかし、鎌倉幕府が滅亡し建武新政が始まると、西園寺家の権威は失墜し、公宗は頽勢挽回のため執権北条氏の遺臣と謀叛を企てたが、舎弟公重の密告により発覚して誅殺され、家は公重が継いだ。やがて公重が南朝に仕えたため、公宗の遺子実俊が継いだが、昔日の権勢はなくなった。江戸時代の前期には数代夭折が続き、また幕末期には養子が続いた。明治十七年(一八八四)徳大寺家から養子に入った公望のとき、叙爵内規によ

西園寺家

- 公季—実成—公成
  - 実季
    - 公実
      - 実隆（閑院、絶家）
      - 実行（三条）
      - 通季—**公通**
        - **実宗**
          - **公経**
            - **実氏**
              - 公基（京極、絶家）
              - **公相**—**実兼**
                - **公衡**
                  - 季衡（大宮、絶家）
                  - **実衡**
                    - **公宗**—**実俊**
                      - **公永**—**実永**—**公名**—**実遠**—**公藤**—**実宣**—**公朝**
                        - **実益**—**公益**
                          - **実晴**
                            - **公満**
                            - **公遂**═**実輔**—**致季**—**公晃**—**賞季**
                              - **実韶**
                              - **寛季**
                                - 治季—師季
                                - **公潔**═**師季**═**公望**（公爵）
                          - 季光（大宮）
                        - 実雅
                      - 公兼（西園寺、絶家）
                    - 公重（竹林院、絶家）
                  - 寧子（後伏見天皇後宮　光厳・光明天皇生母　広義門院）
                - 鏱子（後伏見天皇中宮　永福門院）
                - 瑛子（亀山天皇後宮　昭訓門院）
                - 公顕（今出川、絶家）
                - 兼季（今出川、菊亭）
                - 禧子（後醍醐天皇中宮　後京極院）
                - **実顕**
                - 嬉子（亀山天皇中宮　今出河院）
                - 実俊（橋本）
              - 姞子（嵯峨天皇中宮　後深草・亀山天皇生母　大宮院）
              - 公子（後深草天皇中宮　東二条院）
            - 実有（清水谷）
            - 実雄（洞院、絶家）
            - 実藤（四辻）
            - **実材**
          - 公定（清水谷、絶家）
        - 実明（閑院、絶家）
      - 実能（徳大寺）
      - 季成（加賀、絶家）
      - 璋子（鳥羽天皇中宮　崇徳・後白河天皇生母　待賢門院）
    - 苡子（堀河天皇女御　鳥羽天皇生母）
  - 茂子（後三条天皇女御　白河天皇生母）

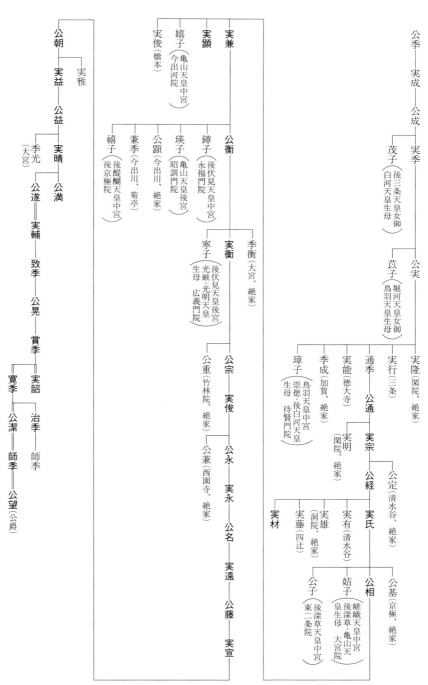

り侯爵を授けられ、同三十九年・四十四年の二度内閣総理大臣となり、大正九年(一九二〇)勲功により公爵に陞り、元老として重きをなした。なお公経の二男実有が清水谷家、三男実雄が洞院家(絶家)、四男実藤が四辻家、公相の四男実俊が橋本家、実兼の四男兼季が今出川家(菊亭家)、公益の二男季光が大宮家を起し、さらにそれらの分流を起し、多くの支流・庶流諸家が繁栄した。日記には、『通季卿記』、『公通卿記』、『坊槐記』(実宗)、『常盤井相国記』(実氏)、『今出川相国記』(公相)、『公衡公記』、『管見記』(公名)、『実遠公記』、『公藤公記』、『実宣公記』などがある。実季が初めて用いた鞆紋に由来する左三つ巴を家紋とする。なお、閑院流で巴文を用いる家に橋本・梅園・山本・大宮の諸家があるが、これらはいずれも右三つ巴である。菩提所は寺町西園寺。『西園寺家譜』上下(東京大学史料編纂所架蔵、四一七五—二一一九)。

公通　きんみち　一一一七—七三

保安3(一一二二)・1・7叙位(中宮)、大治2(一一二七)・1・19丹波守、11・15昇殿、12・20侍従、大治6・1・7従五位上(簡一)、長承3(一一三四)・2・24因幡守、保延2(一一三六)・1・5正五位下(行幸院賞)、12・26右少将、保延4・1・7従四位下(府)、4・5少将如元、4・19還昇、保延5・10・26従四位上(成勝寺供養日)、保延6・4・-辞守、永治1(一一四一)・12・2〈くひし〉右中将、12・7新帝昇殿、12・26正四位下(女院御給)、久安5(一一四九)・7・28蔵人頭、久安6・1・29参議、元蔵人頭右中将(去中将〈くし〉)、久安7・2・2備前権守、仁平4(一一五四)・1・5〈「7日」くし〉従三位、久寿3(一一五六)・1・27美作権守、保元2(一一五七)・10・27権中納言、保元3・1・10〈「13日」し無恐衍〉正三位〈くし〉、8・10辞職(権中納言)、永暦1(一一六〇)・2・28更任(権中納言)、8・11中納言、応保1(一一六一)・9・13権大納言、10・21従二位、応保2・1・27按察、5・22勅授、長寛2(一一六四)・1・5正二位、仁安2(一一六七)・2・11辞権大納言、承安3(一一七三)・9・9〈「4月9日」玉葉〉薨去

[死没]承安3(一一七三)・4・9　[年齢]57　[父]藤原通季、一男　[母]正二位権大納言藤原忠教女　[号]閑院・二条　[日記]公通卿記(一一四九—六四)　[公卿補任]1—427上

実宗　さねむね　一一四五—一二一三

久安4(一一四八)・1・7叙位、久寿2(一一五五)・11・12従五位上、保元2(一一五七)・1・24侍従、保元3・8・10右少将〈「右権少将」く〉(父卿辞中納言申任之)、保元4・1・3〈くし〉正五位下(朝覲行幸賞、皇后宮御給)、1・26兼備後介(少将労)、応保1(一一六一)・1・5従四位下(府労)、10・19右中将、応保3・1・5従四位上(府労)、1・21伊与権介(中将労)、永万1(一一六五)・7・25正四位下(御即位、上西門院御給)、仁安3(一一六八)・1・11讃岐介(中将労)、嘉応2(一一七〇)・12・30蔵人頭、承安3(一一七三)・4・8〈9日カ〉服解(父)、6・12復任、安元2(一一七六)・12・5参議(元蔵人頭右中将〈「右権中将」く〉)、12・8賜兼字(下名次)、安元3・1・24備前権守、治承1(一一七七)・12・17従三位、治承3・9・5正三位、養和2(一一八二)・3・8備後権守、寿永2(一一八三)・1・22権中納言、2・18帯剣、元暦1(一一八四)・7・24従二位、文治1(一一八五)・12・25正二位、文治5・7・10権大納言、建久2(一一九一)・3・28大納言、建久9・4・23大嘗会検校、元久2(一二〇五)・11・24内大臣、元久3・3・13辞退(内大臣)、建永1(一二〇六)・11・27出家

[死没]建保1(一二一三)・12・8　[年齢]69　[父]西園寺公通、二男　[母]大蔵卿正四位下藤原通基女　[日記]坊槐記(一一七一)　[号]大宮・坊城　[公卿補任]1—483上　[大日本史料]4—12—29

公経　きんつね　一一七一—一二四四

安元2(一一七六)・2・11叙爵、治承3(一一七九)・1・5従五位上(上西門院当年御給)、養和1(一一八一)・11・28侍従、寿永2(一一八三)・1・5正五位下(上西門院当年御給)、文治1(一一八五)・1・30〈20日カ〉越前権介、左少将、文治2・2・30備前介、文治3・1・5従四位下、文治5・1・18讃岐権介、建久1(一一九〇)・1・5従四位上、建久2・2・1正四位下(父卿去年大原野行幸賞)、建久4・1・18転左中将、建久7・12・25蔵人頭(超上臈六

人)、建久9・1・11新帝蔵人頭、新院別当、1・30参議(元蔵人頭)左中将如元、11・9従三位、正治2(一二〇〇)・1・23〈22日カ〉兼越前権守、建仁1(一二〇一)・1・23正三位、建仁2・7・23権中納言、8・23帯剣、建仁3・1・13従二位、10・24右衛門督、11・23遷左、元久2(一二〇五)・2・2辞督、元久3・3・28中納言、建永2(一二〇七)・1・5正二位、10・29権大納言、承元5(一二一一)・1・22兼中宮大夫、建暦1(一二一一)・10・2辞大夫、建保5(一二一七)・11・-依院勘籠居、建保6・1・13依院勘籠居云々、10・8大納言、11・26兼任春宮大夫、承久1(一二一九)・11・13兼右大将、11・18兼右馬寮御監、承久2・1・21去大夫、承久3・閏10・10内大臣、貞応1(一二二二)・8・13太政大臣、貞応2・1・27従一位、4・2上表、嘉禄3(一二二七)・3・10補後院別当、安貞2(一二二八)・10・11牛車宣旨、寛喜1(一二二九)・10・20賜左右近衛府生以下為随身、12・20上表辞兵仗、寛喜3・12・22出家、寛元2(一二四四)・8・29薨去

❖寛喜三年より「准三宮」

[死没]寛元2(一二四四)・8・29　[年齢]74　[父]藤原実宗　[母]正二位権中納言藤原基家女　[号]一条・西園寺　[法名]覚勝　[公卿補任]1—538下　[大日本史料]5—18—29

実氏　さねうじ　一一九四—一二六九

建久8(一一九七)・1・6叙位(女御琮子給)、建仁2(一二〇二)・1・21侍従、11・22従五位上、元久1(一二〇四)・1・5正五位下(臨時)、元久2・12・2従四位下(侍従如元)、建永1(一二〇六)・1・13兼遠江介、2・21左少将、承元1(一二〇七)・1・2従四位上(朝覲行幸賞)、1・13兼近江介、承元2・1・5正四位下(修明門院御給)、12・9遷左中将、承元5・1・5従三位(止中将叙之)、1・18参議〔や欠〕、建暦2(一二一二)・1・13兼近江権守、11・13正三位、建保5(一二一七)・1・28兼讃岐権守、建保6・10・9権中納言、12・9兼左衛門督、12・22帯剣、承久1(一二一九)・12・13従二位、承久2・1・22春宮権大夫、-・-・-〔辞督カ〕、承久3・4・20止権大夫、12・1兼皇后宮権大夫、承久4・1・5正二位、貞応1(一二二二)・8・16右大将、9・7為右馬寮御監、貞応3・8・4止権大夫、元仁1(一二二四)・12・25権大納言、寛喜2(一二三〇)・2・16兼中宮大夫、寛喜3・4・22蒙可任内大臣之兼宣旨、4・26内大臣、10・28為皇太子傅、寛喜4・2・29〈「1月9日」イ〉後院別当、貞永1(一二三二)・10・4止傅、10・24辞大将、天福2(一二三四)・10・6為後院別当、嘉禎1(一二三五)・10・2右大臣、嘉禎2・3・4従一位、4・18辞右大臣、寛元4(一二四六)・3・4太政大臣、-・-・-即蒙牛車宣旨、3・5給随身兵仗、3・9直衣始、12・9上表、文応1(一二六〇)・11・3出家、文永6(一二六九)・6・7薨去

[死没]文永6(一二六九)・6・7　[年齢]76　[父]西園寺公経、一男　[母]従二位権中納言藤原能保女　[号]常磐井入道　[法名]実空　[日記]常盤井相国記(一二三九-四七)　[公卿補任]2—4上

公相　きんすけ　一二二三—六七

嘉禄1(一二二五)・1・23叙爵(于時公輔)、安貞1(一二二七)・2・1従五位上(安嘉門院御給)、安貞3・1・30侍従、寛喜2(一二三〇)・1・24正五位下(安嘉門院御給)、寛喜3・3・6従四位下(天皇行幸中宮御産所、大夫賞譲〈や〉)、寛喜4・1・12従四位上(朝覲内大臣亭、院司賞譲)、貞永2(一二三三)・1・24左中将、天福1(一二三三)・3・7禁色、文暦2(一二三五)・1・23兼播磨介、6・17正四位下、嘉禎2(一二三六)・4・14従三位、左中将如元、嘉禎3・1・5正三位、嘉禎4・3・7権中納言、延応1(一二三九)・4・13従二位、10・28権大納言、仁治2(一二四一)・1・5正二位、仁治3・8・9兼中宮大夫、寛元1(一二四三)・8・10春宮大夫、寛元4・1・29止大夫、建長2(一二五〇)・12・24兼右近大将、12・29右馬寮御監、建長4・11・3蒙大臣兼宣旨、11・13内大臣、建長5・4・8転左大将、建長6・11・10辞左大将、12・25右大臣、建長7・8・11賜兵杖、11・14辞兵杖、正嘉1(一二五七)・5・7従一位、11・8辞右大臣、正嘉3・11・14左大臣、文応2(一二六一)・2・27辞左大臣、弘長1(一二六一)・12・15太政大臣、弘長2・7・2上表、文永4(一二六七)・10・12薨去

[死没]文永4(一二六七)・10・12　[年齢]45　[父]西園寺実氏、二男　[母]家女房　[前名]公輔　[号]今出河・冷泉　[日記]今出河相国記(一二三九-六二)

[公卿補任]2―93下

実材 さねき ?―一二六七

建長6(一二五四)・12・7(従三位)、左中将如元、康元2(一二五七)・1・6正三位、正嘉2(一二五八)・1・13参議、5・14兼右兵衛督、-・-補別当、11・1権中納言、正嘉3・4・17辞督別当、弘長2(一二六二)・3・29正二位、文永2(一二六五)・10・5中納言、文永3・10・24辞退(中納言)、文永4・2・9薨去

[死没]文永4(一二六七)・2・9 [父]西園寺公経、五男 [母]舞姫 [公卿補任]2―163下

実兼 さねかね 一二四九―一三二二

建長7(一二五五)・1・5叙爵、建長8・3・6従五位上(大宮院当年御給)、3・21侍従、正嘉1(一二五七)・閏3・27左少将、正嘉2・5・5正五位下(大宮院御給)、5・13兼讃岐介〈や〉、12・14左中将、正嘉3・3・8従四位上(於相国寺一切経供養行幸日、前右大臣御琵琶師賞譲、越階〈や〉)、正元2(一二六〇)・1・5正四位下(東三条院当年御給)、弘長1(一二六一)・1・5従三位(元左中将)、1・7中将如元、弘長2・1・19遠江権守、3・29正三位、文永3(一二六六)・10・24権中納言、11・16帯剣、文永4・1・5従二位、文永5・1・5正二位、文永6・12・7兼左衛門督、文永8・3・27権大納言、建治1(一二七五)・11・-兼春宮大夫、弘安10(一二八七)・10・21止大夫、正応1(一二八八)・10・27〈17日ともあり〉大納言、11・8兼右大将、11・25従一位、12・2右馬寮御監、正応2・10・1任大臣召仰、10・18内大臣、右大将還宣旨、正応3・1・26辞大将、4・25上表、正応4・12・21太政大臣兼宣旨、12・25太政大臣、正応5・6・24給随身兵仗、12・29〈28日ともあり〉辞退太政大臣、正安1(一二九九)・6・11蒙牛車宣旨、6・24出家、元亨2(一三二二)・9・10薨〈く追〉

[死没]元亨2(一三二二)・9・10 [年齢]74 [父]藤原公相、三男 [母]正五位上大外記中原師朝女 [号]後西園寺 [法名]空性・怡空 [公卿補任]2―188下

実顕 さねあき

建長5(一二五三)・2・19叙爵、建長6・1・10従五位上(行幸前太政大臣北山第賞)、建長8・1・26侍従、康元2(一二五七)・1・20左少将、正嘉1(一二五七)・3・29正五位下、正嘉2・1・13播磨権介、12・14従四位下、12・16少将如元、正嘉3・3・8従四位上(朝覲行幸、諄子内親王給)、正元2(一二六〇)・3・29転左中将、文応1(一二六〇)・11・15正四位下(大嘗会叙位、大宮院御給)、弘長3(一二六三)・4・5兼中宮権亮、文永4(一二六七)・2・1従三位(元左中将中宮権亮)、中将如元、10・12遭父喪、12・30復任、文永6・3・27兼伊与権守、文永7・1・21参議、9・4正三位、文永8・11・12出家

[父]藤原公相、三男 [母]正二位中納言藤原定家女 [公卿補任]2―212下

公衡 きんひら 一二六四―一三一五

文永2(一二六五)・1・5従五位下(中宮当年御給)、文永4・2・27従五位上、文永5・12・16〈「26日」イ〉侍従、文永6・1・5正五位下(大宮院当年御給)〈や〉、4・10左中将(元侍従)、4・25禁色、文永7・1・21讃岐介、9・4従四位下(中将如元)、文永8・5・7従四位上(行幸賞、六条殿)、文永9・1・5正四位下(東二条院当年御給)、建治2(一二七六)・1・5従三位、左中将如元、1・23兼伊与権守、建治3・1・29正三位、弘安6(一二八三)・2・26参議、3・28〈8日ともあり〉権中納言、9・8従二位、弘安7・-・-正二位カ、弘安8・8・19兼皇后宮権大夫、弘安10・1・13補別当、11・16辞督別当等、正応1(一二八八)・8・20遷任中宮大夫、10・27中納言、11・8権大納言、正応5・5・15兼右大将、6・25右馬寮御監、閏6・16止大将、辞権大納言・中宮大夫、閏6・29本座、永仁5(一二九七)・8・25還任(権大納言)、兼右大将、10・16大納言、10・29右馬寮御監、永仁6・6・12任大臣召仰、6・23内大臣、9・21辞大将、永仁7・4・26右大臣、12・20上表、正安3(一三〇一)・1・6従一位〈く追〉、嘉元3(一三〇五)・9・27賜御素服、閏12・22伊豆伊与両国左馬寮等被召放云々、嘉元4・2・20勅免、2・24始出仕云々、延慶2(一三〇九)・3・19左大臣、6・15上表、応長1(一三一一)・8・20出家、正

和4(一三一五)・9・25薨〈く追〉
[死没]正和4(一三一五)・9・25　[年齢]52　[父]西園寺実兼、一男　[母]中院通成女従一位顕子　[号]竹中・竹林院　[法名]静勝　[日記]公衡公記(一二六四-一三一五)　[公卿補任]2—248上

実衡　さねひら　一二九〇—一三二六

正応4(一二九一)・1・6従五位下(中宮当年御給)、正応5・8・14従五位上、永仁2(一二九四)・1・6正五位下(東二条院当年御給)、永仁3・3・4侍従、永仁4・1・5従四位下(中宮当年御給)、永仁5・3・20右中将、閏10・13従四位上(行幸前太政大臣北山第賞譲宣下〈や〉)、永仁6・7・21新帝昇殿(譲位日)、9・25左中将、10・10正四位下(新院御給、御即位叙位次)、正安2(一三〇〇)・1・21殿上(新帝譲位日)、8・24春宮昇殿(立坊日)、嘉元2(一三〇四)・1・7従三位(一院当年御給)、左中将如元、嘉元4・3・30兼美乃権守、延慶2(一三〇九)・2・19権中納言、3・6帯剣、9・1兼左衛門督、6・12正三位、11・23従二位、11・30止別当、延慶3・9・4止督、応長1(一三一一)・閏6・9正二位、正和5(一三一六)・9・12権大納言、元応1(一三一九)・8・7兼中宮大夫、元亨2(一三二二)・8・11大納言、元亨3・1・13兼右近大将、嘉暦1(一三二六)・10・-上表、11・18薨去
❖嘉暦元年四月二十七日「内大臣」〈増鏡〉
[死没]嘉暦1(一三二六)・11・18　[年齢]37　[父]西園寺公衡　[母]正二位権大納言中御門経任女　[号]竹中・今出河　[日記]今出河内府記　[公卿補任]2—376上

公宗　きんむね　一三〇九—一三三五

正中2(一三二五)・1・29兼丹波権守、12・18権中納言(越惟継卿)、嘉暦1(一三二六)・7・24兼春宮権大夫、11・4正三位、転大夫、嘉暦2・5・23従二位、元徳2(一三三〇)・2・22〈「26日」イ〉権大納言、3・29正二位、元弘1(一三三一)・9・20止大夫、正慶2〈元弘3〉(一三三三)・6・12辞権大納言、8・15還任(権大納言)、11・-兼中宮大夫、建武2(一三三五)・4・7兵部卿、6・22勘勅被召捕之、6・26勘罪名、8・2薨去
❖正中二年参議従三位(初見)、この年に「左中将」の記載あり
[死没]建武2(一三三五)・8・2　[年齢]27　[父]西園寺実衡　[母]正二位権大納言藤原為世女昭訓門院春日局　[号]北山・後常磐井　[公卿補任]2—500下　[大日本史料]6—2—514

実俊　さねとし　一三三五—八九

建武4〈延元2〉(一三三七)・10・8従五位下(于時実名)、-・-・-従五位上、暦応2〈延元4〉(一三三九)・1・5正五位下、暦応3〈興国1〉・8・2従四位下、暦応4〈興国2〉・12・22左中将、康永1〈興国3〉(一三四二)・1・5従四位上(院当年御給)、3・30播磨介、康永2〈興国4〉・1・5正四位下、康永3〈興国5〉・1・5従三位、左中将如元、1・24兼美作権守、康永4〈興国6〉・3・19去権守、貞和5〈正平4〉(一三四九)・1・5正三位、9・13〈3月25日ともあり〉権中納言、観応1〈正平5〉(一三五〇)・4・29補大嘗会検校、文和2〈正平8〉(一三五三)・8・6兼左衛門督、12・29権大納言、文和3〈正平9〉・1・6従二位、11・16補大歌所別当、文和4〈正平10〉・12・8正二位、延文5〈正平15〉(一三六〇)・11・17右近大将、12・23右馬寮御監宣下、貞治3〈正平19〉(一三六四)・3・14内大臣、貞治5〈正平21〉・8・29右大臣、9・9右近大将還宣旨、貞治6〈正平22〉・1・16辞大将、9・29辞退、永和1〈天授1〉(一三七五)・3・13従一位、康応1〈元中6〉(一三八九)・6・8出家、7・6薨去
[死没]康応1(一三八九)・7・6　[年齢]55　[父]西園寺公宗　[母]正二位権大納言日野資名女　[前名]実名　[号]後常磐井　[公卿補任]2—601上

公永　きんなが　一三五三—九〇

貞治2〈正平18〉(一三六三)・1・5従三位、元右近権中将、貞治5〈正平21〉・4・19権中納言、7・28帯剣、応安1〈正平23〉(一三六八)・2・21正三位、応安4〈建徳2〉・1・5従二位、応安6〈文中2〉・1・6正二位、応安8〈文中4〉・2・7権大納言、康応1〈元中6〉(一三八九)・8・13辞権大納言、明徳1〈元中7〉(一三九〇)・4・14還任(権大納言)、7・15薨去
❖貞治五年より「左近中将」

〔死没〕明徳1（一三九〇）・7・15 〔年齢〕38 〔父〕西園寺実俊 〔母〕従一位権大納言四条隆資女 〔公卿補任〕2—680下

実永 さねなが　一三七七—一四三一

明徳4（一三九三）・1・6参議、左近中将如元、応永2（一三九五）・1・5正四位下、3・29兼能登権守、4・-従三位、6・3権中納言、応永4・1・5正三位、応永6・4・22権大納言、応永8・1・5従二位、応永9・1・6正二位、応永22・11・28兼右大将、12・26御監宣下、応永23・8・11止大将、8・21還任右大将、12・-御監宣下、応永26・12・5内大臣、大将還宣旨、応永27・1・-辞大将、閏1・13右大臣、12・-辞右大臣、応永28・1・5従一位、永享3（一四三一）・10・9〈く追〉薨去

〔死没〕永享3（一四三一）・10・9 〔年齢〕55 〔父〕西園寺公永 〔前名〕実村 〔号〕慶寿院 〔公卿補任〕3—30上

公名 きんな　一四一〇—六八

応永27（一四二〇）・12・5参議、左近中将如元、応永28・1・5従四位上、3・24備中権守、応永29・1・5正四位下、-・-従三位、応永32・1・5正三位、1・30権中納言、応永35・3・30権大納言、永享2（一四三〇）・1・6従二位、-・-大嘗会検校、11・-補大歌所別当、永享5・8・25右近大将、12・15右馬寮御監宣下、永享9・11・-転左大将、永享10・9・4内大臣、10・13辞大将、永享11・1・5正二位、嘉吉1（一四四一）・11・-辞内大臣、宝徳2（一四五〇）・6・-可賜四月廿五日従一位位記之由宣下、享徳4（一四五五）・6・6太政大臣、康正3（一四五七）・8・28出家、応仁2（一四六八）・5・22薨去〈し〉

〔死没〕応仁2（一四六八）・5・22 〔年齢〕59 〔父〕西園寺実永 〔母〕正三位持明院基親女 〔号〕観音寺 〔道号〕菊畹 〔法名〕永存 〔日記〕公名公記（一四二八-五九） 〔公卿補任〕3—96上 〔大日本史料〕8—1—970

実遠 さねとお　一四三四—九五

-・-・-叙爵、嘉吉2（一四四二）・-・-従五位上、文安1（一四四四）・3・29左少将、正五位下、3・23〔或有誤〕兼讃岐介、左中将、11・-禁色、文安3・1・5従四位下、文安4・1・5従四位上、文安5・1・5正四位下、8・27従三位、左中将如元、文安6・3・27権中納言、宝徳3（一四五一）・-・-正三位、享徳2（一四五三）・8・28権大納言、享徳3・1・5従二位、康正2（一四五六）・7・20正二位、寛正6（一四六五）・12・30兼右近衛大将、文正1（一四六六）・閏2・5内大臣、12・-辞幕下、文正2・1・5従一位、応仁1（一四六七）・1・-辞内大臣、文明13（一四八一）・1・25右大臣、文明15・1・1転任左大臣、文明19・-・-辞左大臣、長享1（一四八七）・9・7本座〈く追〉、明応4（一四九五）・11・25薨去

〔死没〕明応4（一四九五）・11・25 〔年齢〕62 〔父〕西園寺公名 〔母〕伊勢国司北畠某女 〔号〕後竹林院 〔日記〕実遠公記（一四五三-八二） 〔公卿補任〕3—158下

公藤 きんふじ　一四五五—一五一二

文明14（一四八二）・12・30従三位、左中将如元、文明17・6・-権中納言、文明18・10・-辞権中納言、長享2（一四八八）・-・-正三位、長享3・7・8権大納言、明応2（一四九三）・1・5従二位、明応6・3・21兼右近大将、御監同宣下、文亀1（一五〇一）・3・18内大臣、閏6・1転左近大将、文亀2・3・22正二位、永正1（一五〇四）・11・-辞大将、永正3・2・5転右大臣、永正4・3・-辞右大臣、永正9・6・19薨去

〔死没〕永正9（一五一二）・6・19 〔年齢〕58 〔父〕西園寺実遠 〔号〕得生院 〔日記〕公藤公記（一五〇一-一二） 〔公卿補任〕3—262上 〔大日本史料〕9—4—154

実宣 さねのぶ　一四九六—一五四一

明応8（一四九九）・11・-叙爵、文亀1（一五〇一）・4・11侍従、文亀2・3・16〈「2月」くし〉従五位上、文亀3・2・9正五位下、文亀4・2・14左中将、永正3（一五〇六）・3・19従四位下、永正5・12・12従四位上、永正6・12・7正四位下、永正9・11・11参議、左中将如元、永正10・1・9従三位、永正11・2・27権中納言、永正13・6・12正三位、永正17・5・-下向伊与国、永正18・4・16権大納言、大永1（一五二一）・12・29従二位、大永6・1・19〈「3

月30日」さ〉正二位、天文4(一五三五)・12・4内大臣、天文6・12・13左大将、12・21左大臣、天文8・6・20辞大将、天文9・1・6従一位、11・23辞左大臣、天文10・9・12薨去

[死没]天文10(一五四一)・9・12 [年齢]46 [父]西園寺公藤 [号]後観音寺 [日記]実宣公記(一五三一―三三) [公卿補任]3―331上

公朝　きんとも　一五一五―九〇

永正12(一五一五)・-・-誕生〈や〉、享禄2(一五二九)・12・-従五位下〈や〉、12・28侍従〈や〉、-・-元服〈や〉、禁色〈や〉、昇殿〈や〉、享禄4・7・8従五位上〈や〉、享禄5・1・6正五位下〈や〉、天文3(一五三四)・1・-左少将〈や〉、4・30従四位下〈や〉、天文4・-・-正四位下〈や〉、-・-・-左中将〈や〉、天文5・1・5従三位(後日賜今日位記)、左中将如元、9・4権中納言、天文7・1・5正三位、天文9・1・25従二位、天文12・3・25権大納言、天文13・8・25正二位、天文19・10・9右大将、天文22・1・26内大臣、閏1・1転左大将、天文23・4・11転任右大臣、左大将還宣旨、天文24・10・14為一上、弘治3(一五五七)・9・2転任左大臣、永禄1(一五五八)・2・28辞大将、永禄2・1・6従一位、天正4(一五七六)・3・10辞左大臣、天正18・6・22薨去

[死没]天正18(一五九〇)・6・22 [年齢]76 [父]西園寺実宣 [母]内大臣正二位正親町三条実望女 [前名]公前 [号]慈広院 [公卿補任]3―393上

実益　さねます　一五六〇―一六三二

永禄4(一五六一)・2・13叙位、6・18侍従、永禄8・12・27従五位上、永禄11・1・5正五位下、元亀1(一五七〇)・12・21元服、禁色、昇殿、左中将、12・25従四位下、-・-正四位下(越階)、元亀3・10・14従三位、左中将如元、天正2(一五七四)・11・20権中納言、天正3・3・27正三位、天正5・12・23権大納言、天正6・1・6従二位、天正8・2・10正二位、11・8右大将、慶長4(一五九九)・-・-神宮伝奏、慶長8(一六〇三)・10・22辞大将、慶長16・3・21還任右大将、慶長19・1・11〈「14日」く家譜諸家伝〉内大臣☆、7・24辞大将、元和3(一六一七)・1・5従一位、元和4・11・14辞内大臣、元和6・8・17右大臣、元和7・1・2辞右大臣、寛永9(一六三二)・3・12薨去〈く〉

[死没]寛永9(一六三二)・3・12 [年齢]73 [父]西園寺公朝 [母]内大臣正二位万里小路秀房女 [号]一真院 [公卿補任]3―468上

公益　きんます　一五八二―一六四〇

天正10(一五八二)・4・20誕生、天正11・11・26叙位、侍従、天正16・9・19従五位上、天正17・1・13左中将、元服、禁色、昇殿、文禄6・6・28〈く〉正五位下、慶長2(一五九七)・1・5従四位下(中将如元)、慶長16・4・21従四位上、慶長17・1・5正四位下、慶長18・1・6従三位、左中将如元、慶長19・7・24権中納言、元和2(一六一六)・1・5正三位、元和3・1・11権大納言、元和5・3・25従二位☆、元和6・1・5正二位、寛永6(一六二九)・11・8御厩別当、寛永8・12・15内大臣、寛永9・1・-〈「5日」史〉辞内大臣、寛永12・1・5〈く〉従一位、寛永17・2・17薨去

※寛永六年より「神宮伝奏」

[死没]寛永17(一六四〇)・2・17 [年齢]59 [父]西園寺実益 [一字名]桜 [号]真空院 [公卿補任]3―540上

実晴　さねはれ　一六〇一―七三

慶長16(一六一一)・11・23叙位、慶長18・1・6従五位上、11・28侍従、慶長19・1・5正五位下、慶長20・1・13元服、禁色、昇殿、左中将、元和1(一六一五)・8・25従四位下、元和2・1・5従四位上、元和5・1・5正四位下、7・13参議、左中将如元、元和7・1・5従三位、寛永4(一六二七)・6・23〈「22日」く〉権中納言、寛永5・2・10正三位、寛永7・1・5従二位、寛永9・1・11権大納言、寛永11・1・6正二位、寛永14・12・17兼右大将、寛永15・1・7辞大将、寛永17・2・17辞伝奏、9・20辞権大納言、慶安2(一六四九)・7・28御厩別当、12・2内大臣、慶安3・閏10・23辞内大臣、承応3(一六五四)・6・17右大臣、12・28辞右大臣、万治3(一六六〇)・12・28従一位、寛文7(一六六七)・4・8左大臣、10・5随身兵仗☆、寛文8・5・27辞左大臣、寛文12・10・4出家☆、寛文13・1・11薨去〈ま〉

※寛永十二年より「神宮伝奏」、寛永二十一年より「幸教親王家勅別当」
[死没]寛文13(一六七三)・1・11 [年齢]73 [父]西園寺公益 [一字名]桜 [号]大忠院 [法名]性永 [公卿補任]3—551下

公満 きんみつ　一六二二—五一

寛永1(一六二四)・1・5叙爵、寛永4・1・5従五位上、寛永5・1・7正五位下、寛永8・12・9侍従、寛永9・1・7元服、禁色、昇殿、左中将、1・11従四位下、寛永12・1・5〈くま〉従四位上、寛永13・1・5正四位下、寛永16・12・29〈賜去年正月五日従三位々記〉従三位、中将如元〈くま〉、寛永18・1・11権中納言、慶安2(一六四九)・2・4辞権中納言、4・3〈賜去一日従二位々記〉従二位、慶安4・7・20薨去
[死没]慶安4(一六五一)・7・20 [年齢]30 [父]西園寺実晴 [母]酒井忠隆女 [法名]向有 [公卿補任]3—590上

公遂 きんすい　一六六三—七八

寛文3(一六六三)・2・23誕生、寛文11・8・29叙爵、12・1侍従、寛文12・1・30〈去六分〉従五位上、5・25左中将正五位下、禁色、雑袍、5・27元服、昇殿、延宝1(一六七三)・12・17従四位下、延宝2・12・27従四位上☆、延宝4・1・5正四位下、延宝5・閏12・11従三位(左中将如旧)、延宝6・8・10薨去☆
[死没]延宝6(一六七八)・8・10 [年齢]16 [父]西園寺実晴(実西園寺公宣) [母]家女房 [号]恵光院 [法名]了空 [公卿補任]4—50下

実輔 さねすけ　一六六一—八五

延宝9(一六八一)・8・11権中納言、-・-帯剣、天和2(一六八二)・11・30改実輔、天和3・2・14中宮権大夫、貞享2(一六八五)・1・5薨去
※延宝九年に「左中将」の記載あり
[死没]貞享2(一六八五)・1・5 [年齢]25 [父]西園寺公遂(鷹司房輔、二男) [母]毛利秀就女従三位竹子 [前名]兼敦 [号]円応院 [法名]春隆 [公卿補任]4—64上

致季 むねすえ　一六八三—一七五六

天和3(一六八三)・11・9誕生、貞享2(一六八五)・11・26叙爵、貞享4・3・7〈去二廿九経音同日分〉侍従、従五位上、元禄2(一六八九)・12・16〈去正七分〉正五位下、元禄4・1・6従四位下、11・27元服☆、昇殿☆、禁色☆、雑袍☆、左少将☆、元禄5・12・13左中将、元禄7・1・5従四位上、12・25正四位下、元禄9・12・28従三位(左中将如旧)、元禄12・10・7権中納言、10・28帯剣、元禄13・12・25正三位、元禄16・12・22権大納言、宝永3(一七〇六)・1・26従二位、9・8神宮伝奏、宝永4・3・29良邦親王家勅別当、宝永5・1・23辞伝奏、宝永6・4・7家仁親王家勅別当、5・17御厩別当、5・21貞建親王家勅別当、正徳2(一七一二)・11・22神宮伝奏、正徳3・9・26辞伝奏、12・25正二位、享保4(一七一九)・4・18神宮伝奏、5・23辞伝奏、享保9・2・11右大将、2・18右馬寮御監、7・18辞右大将、享保12・12・23神宮伝奏、享保13・7・1内大臣、7・22賜随身兵仗、7・27辞内大臣、享保14・11・14従一位、元文3(一七三八)・8・8右大臣、8・13随身兵仗、8・16辞右大臣・随身兵仗、延享2(一七四五)・2・29左大臣、随身兵仗〈ま〉、3・22辞左大臣、辞随身兵仗〈ま〉、宝暦6(一七五六)・7・4薨去
[死没]宝暦6(一七五六)・7・4 [年齢]74 [父]西園寺実輔 [母]家女房 [号]円寿光院 [公卿補任]4—127下

公晃 きんあき　一七〇二—七〇

元禄15(一七〇二)・7・11誕生、享保5(一七二〇)・6・3叙爵、12・28従五位上、享保6・10・12正五位下、12・24侍従、享保7・1・18〈去六分〉従四位下、享保8・1・21元服、禁色、雑袍、昇殿、左中将従四位上、8・28正四位下、享保10・12・25従三位(左中将如旧)、享保13・12・11権中納言、12・24帯剣、12・28直衣、享保14・12・24正三位、享保17・4・11権大納言、享保18・4・1従二位、元文3(一七三八)・2・16辞権大納言、寛延3(一七五〇)・8・10還任権大納言、寛延4・1・26正二位、宝暦3(一七五三)・10・25補大歌所別当、宝暦5・2・25右大将、11・15右馬寮御監、11・19内大臣、宝暦6・1・8辞大将、5・8辞内大臣随身兵仗〈ま〉

☆、宝暦10・1・27従一位、明和7(一七七〇)・8・21薨去
[死没]明和7(一七七〇)・8・21　[年齢]69　[父]西園寺致季　[母]家女房　[号]遍照光院　[公卿補任]4―268上

賞季　よしすえ　一七四三―九九

寛保3(一七四三)・8・12誕生、寛延1(一七四八)・6・28従五位下、12・26侍従、寛延2・10・21従五位上☆、寛延3・12・24正五位下、宝暦1(一七五一)・12・22従四位下、宝暦3・1・22従四位上、宝暦4・2・20正四位下☆、2・30元服、禁色、雑袍、昇殿、5・1左権少将、6・8拝賀〈ま〉、宝暦6・5・10転右権中将、5・16拝賀〈ま〉、6・19従三位(右中将如旧)、宝暦8・9・25権中納言、宝暦9・5・6帯剣、5・8聴直衣、12・24正三位、宝暦12・10・25権大納言、宝暦13・10・16為織仁親王家勅別当、11・28従二位☆、明和1(一七六四)・9・5補大歌所別当☆、明和3・12・19正二位、明和5・2・19春宮権大夫、7・5転大夫、明和7・8・20辞春宮別当、安永3(一七七四)・1・24補大歌所別当、12・25院執権、安永4・閏12・11内大臣、閏12・24辞内大臣・随身兵仗、安永8・12・12後桃園院御服、寛政2(一七九〇)・9・15〈ま〉従一位、寛政4・1・14還任内大臣、右近大将・右馬寮御監、1・15直衣始、2・6辞両官、寛政8・9・26右大臣、随身兵仗、9・27直衣始、12・22辞右大臣随身兵仗、寛政11・12・22薨去
[死没]寛政11(一七九九)・12・22　[年齢]57　[父]西園寺公晃　[母]内大臣正二位今出川伊季女　[号]後大忠院　[公卿補任]4―432下

実韶　さねつぐ　一七七七―八六

安永6(一七七七)・-・-〈「12月7日」家譜〉誕生、天明2(一七八二)・4・4為賞季公子、10・10叙爵、12・22侍従☆、従五位上☆、天明3・2・8正五位下、天明4・閏1・14従四位下、天明5・1・20従四位上、12・26正四位下、天明6・2・25元服、昇殿、禁色、8・8左権少将、11・23従三位(推宣下)、今日転左中将(推宣下)、薨去
[死没]天明6(一七八六)・11・23　[年齢]10　[父]西園寺賞季、二男(実一条輝良、二男)　[母]家女房　[法名]明覚　[公卿補任]5―45下

寛季　ひろすえ　一七八六―一八五六

天明6(一七八六)・12・5誕生、寛政6(一七九四)・閏11・30従五位下、12・21侍従、寛政7・1・20従五位上、寛政8・2・4正五位下、3・27元服、昇殿、禁色、従四位下、4・24右権少将(小除目)、8・16服解(養母)、10・7除服出仕復任、寛政9・1・22従四位上、9・24拝賀、10・30転左権中将、12・26正四位下(父前右大臣去五月御琵琶師賞譲)、寛政10・1・22拝賀、8・1〔従三位〕(左中将如旧)、享和1(一八〇一)・1・5正三位、文化3(一八〇六)・3・24権中納言、5・26帯剣、5・27聴直衣、直衣始、文化9・12・11辞権中納言、文政2(一八一九)・12・18従二位、文政3・12・5還任権中納言、12・28直衣始、文政4・12・19正二位、天保3(一八三二)・2・8辞権中納言、6・18出家
[死没]安政3(一八五六)・2・12　[年齢]71　[父]西園寺賞季(実二条治孝、三男)　[母]正二位権大納言広幡長忠女(実参議従三位徳川宗翰女)　[法名]覚道　[公卿補任]5―124下

治季　はるすえ　一八〇九―二六

文化6(一八〇九)・6・14誕生、文化9・2・21従五位下、文化11・1・27従五位上、文化12・2・30正五位下、文化13・2・13侍従、4・27従四位下、文政1(一八一八)・12・19従四位上、文政2・11・26正四位下、文政5・5・27元服、禁色、昇殿、7・25左権少将、10・23拝賀、文政7・6・19転権中将、8・21〔従三位〕、左中将如故、9・27拝賀、9・28直衣始、文政9・7・9薨去
[死没]文政9(一八二六)・7・9　[年齢]18　[父]西園寺寛季　[母]正二位権大納言正親町公明女八千子　[法名]大光　[公卿補任]5―299下

公潔　きんずみ　一八一八―三六

文化15(一八一八)・2・1誕生、天保3(一八三二)・1・27従五位下、3・13侍従、4・10元服、禁色、昇殿、7・8従五位上、天保4・1・5正五位下、6・11従四位下、10・28左近衛権少将、天保5・1・7拝賀、3・16従四位上、7・8転右権中将、8・23拝賀、天保6・1・5正四位下、天保7・1・4

〔従三位〕、右中将如故、5・30薨去
[死没]天保7(一八三六)・5・30 [年齢]19 [父]西園寺寛季(実有栖川宮韶仁親王、四男) [母]家女房(実閑院宮美仁親王女) [号]寂照光院 [法名]霊覚 [公卿補任]5―375上

師季　もろすえ　一八二六―五一

文政9(一八二六)・9・1誕生、天保7(一八三六)・7・20為公潔卿子、8・28従五位下、12・19従五位上、天保8・5・22正五位下、天保9・8・18侍従、9・17従四位下、10・21元服、昇殿、天保10・1・24従四位上、12・26左権少将、天保11・1・7拝賀、2・24正四位下、弘化1(一八四四)・12・22転右権中将、12・28拝賀、弘化2・1・5〔従三位〕、右中将如故、弘化3・4・4〔正三位〕、嘉永4(一八五一)・7・19薨去
[死没]嘉永4(一八五一)・7・19 [年齢]26 [父]西園寺公潔(実西園寺治季) [公卿補任]5―428下

公望　きんもち　一八四九―一九四〇

弘化4(一八四七)・10・22誕生☆、嘉永4(一八五一)・12・10従五位下、嘉永5・1・27従五位上、嘉永6・1・21正五位下、5・15侍従、嘉永7・1・22従四位下、安政2(一八五五)・1・22従四位上、安政3・2・5正四位下、安政4・10・7元服、昇殿、右権少将、拝賀、安政5・7・3服解(母)、8・24除服出仕復任、文久1(一八六一)・3・27転権中将、4・25〔従三位〕(権中将如元)、5・28拝賀、文久2・1・5正三位、慶応3(一八六七)・1・27賜大行天皇御当色、2・2賜御素服、慶応4・3・20権中納言
[死没]昭和15(一九四〇)・11・24 [年齢]92 [父]西園寺師季(実徳大寺公純、二男) [母]従一位内大臣徳大寺実堅女定君 [号]陶庵 [公卿補任]5―536下

閑院家(絶家)1

公隆　きんたか　一一〇三―五三

天仁2(一一〇九)・1・7〈くひし〉叙位、永久2(一一一四)・12・16因幡権守、永久4・1・30侍従、元永2(一一一九)・11・11昇殿、元永3・1・7従五位上(簡一)、1・28備前介、保安3(一一二二)・1・23右少将、保安4・1・22阿波権介、1・28新帝昇殿、天治2(一一二五)・1・6正五位下(府労)、天治3・11・22従四位下(府、朔旦)、大治4(一一二九)・1・24伊予権介、大治5・2・-還昇、大治6・1・-従四位上(府労)、12・24左中将、長承3(一一三四)・2・25近江権介、長承4・1・7正四位下(院御給)、保延2(一一三六)・12・9蔵人頭、保延4・11・17〈「8日」く〉参議、元蔵人頭左中将(「近江権介」く)、保延5・1・24兼丹波権守、永治1(一一四一)・12・12〈くし〉停任、康治1(一一四二)・7・6復本官、11・14従三位、久安2(一一四六)・11・23〈1月カ〉讃岐権守、久安5・10・22正三位、仁平2(一一五二)・1・28近江権守、仁平3・6・20薨去
[死没]仁平3(一一五三)・6・20 [年齢]51 [父]藤原実隆、一男 [母]正二位権大納言藤原仲実女 [公卿補任]1―412上

閑院家
実隆――**公隆**――実憲

加賀家(絶家)

季成　すえなり　一一〇二―六五

天永3(一一一二)・3・16昇殿(童、上皇御賀次)、4・-叙位、永久2(一一一四)・4・3尾張守、8・-昇殿、永久3・8・23侍従、永久6・1・7従五位上(院御給)、元永2(一一一九)・1・8蔵人、11・27左少将、元永3・1・28周防権介、保安2(一一二一)・閏4・11加賀守(止蔵人)、保安3・1・6正五位下(府労)、保安4・1・28新帝昇殿(受禅日)、保安5・7・-従四位下(府労)(「院御給」イ)、少将如元、7・11還昇、大治5(一一三〇)・4・3左中将、大治6・1・7従四位上(院御給)、長承3(一一三四)・1・7〈長承2年カ〉正四位下(白川院御給〔「御給」くし〕)、2・22補蔵人頭、保延2(一

加賀家

季成—公光—実俊—公茂
　　└成子（後白河天皇後宮 高倉宮以仁王生母）

一三六）・11・4参議、元蔵人頭、左中将（「左権中将」くし）如元、保延3・1・30兼伊予権守、保延6・1・2従三位、永治1（一一四一）・12・12停任、康治1（一一四二）・7・6復本官、12・21権中納言、康治2・1・6正三位、久安2（一一四六）・2・1従二位、久安5・3・20正二位、保元1（一一五六）・9・13中納言、11・28兼民部卿、保元2・8・19権大納言、9・9兼中宮大夫、保元4・2・21皇后宮大夫、永暦1（一一六〇）・4・2辞権大納言、長寛3（一一六五）・2・1薨去〈くし〉

❖康治元年より「御禊御後長官」

〔死没〕長寛3（一一六五）・2・1　〔年齢〕54　〔父〕藤原公実　〔母〕皇太后宮亮従四位上藤原通家女　〔公卿補任〕1—408上

公光　きんみつ　一一三〇—七八

-・-・-従五位下、天養1（一一四四）・12・18従五位上（高陽院当年御給、除目次）、久安4（一一四八）・11・13侍従（元散位）、久安5・2・13正五位下（暲子内親王給、朝覲行幸賞）、久安6・1・29左近権少将、仁平1（一一五一）・2・2備後権介（兼）、7・24遷右近権少将、仁平2・1・5従四位下（労）、久寿2（一一五五）・1・6従四位上（高陽院御給）、10・22正四位下（御即位次、父権中納言季成卿賀茂八幡行幸行事賞）、保元1（一一五六）・9・17転右近中将（「右近権中将」く）、保元2・10・17蔵人頭、保元3・4・2参議、元蔵人頭、左中将止之、8・10兼侍従、保元4・1・2従三位、1・29播磨権守、永暦1（一一六〇）・2・28右兵衛督、4・2権中納言、7・25別当、8・14左衛門督、永暦2・1・-辞別当、1・27正三位、応保3（一一六三）・1・2従二位、永万2（一一六六）・4・6解却両官、治承2（一一七八）・1・8出家、1・11薨去、依所労危急也

〔死没〕治承2（一一七八）・1・11　〔年齢〕49　〔父〕藤原季成、一男　〔母〕正二位権中納言藤原顕頼女　〔公卿補任〕1—442下

閑院家（絶家）2

閑院家

実明—公雅—実任
　　　　└実躬

実明　さねあき　？—一二二三

応保3（一一六三）・1・5叙爵（大宮仁平二-御給）、仁安1（一一六六）・8・21侍従、仁安3・1・6従五位上（上西門院当年御給）、嘉応2（一一七〇）・1・18兼土佐介、承安3（一一七三）・1・6正五位下（建春門院当年御給）、6・9復任、治承3（一一七九）・10・10右少将、治承4・1・28周防介、養和1（一一八一）・11・28従四位下（少将如元）、寿永1（一一八二）・11・28従四位上（大嘗会叙位、院臨時御給）、寿永2・8・20昇殿、元暦1（一一八四）・1・6正四位下（院当年御給）、9・18美乃守（院分、源義広解官替、少将如元）、元暦2・1・20遷備前守（院分、範季任木工頭替）、6・29遷播磨守（院分、雅賢解官替）、文治2（一一八六）・12・15転右中将（「右権中将」く）（守如元）、建久2（一一九一）・10・26蔵人頭（今日去任）、建久4・12・9参議、元蔵人頭右中将、建久5・1・30兼備後権守、建久6・4・7従三位、建久10・1・7正三位、3・23兼伊与権守、正治2（一二〇〇）・4・1任民部卿、-・-・-辞三木、元久2（一二〇五）・1・5辞卿、-・-・-従二位、承元3（一二〇九）・7・7出家

〔死没〕貞応2（一二二三）・8・16　〔父〕藤原公通、二男　〔母〕大蔵卿正四位下藤原通基女　〔公卿補任〕1—527下　〔大日本史料〕5—2—42

公雅　きんまさ　一一八三—一二四八

文治4（一一八八）・1・5従五位下、建久2（一一九一）・6・4従五位上、建久7・1・28侍従、正治2（一二〇〇）・1・22土左権介、4・1左少将、建仁1（一二〇一）・1・6正五位下（殷富門院当年御給）、1・29讃岐権介、建仁2・11・19従四位下、11・22左少将如元、元久2（一二〇五）・1・29右中将（公経卿辞

左衛門督申任之)、元久3・1・13備中権介、建永1(一二〇六)・9・13遷伊与守、建永2・1・5従四位上、承元3(一二〇九)・1・5正四位下(皇后宮承元元御給)、建保5(一二一七)・1・-止守、建保6・1・13蔵人頭(于時左(右カ)中将)、建保7・1・25〈22日カ〉従三位、元蔵人頭右中将、承久2(一二二〇)・12・18右兵衛督、承久4・1・24転左、貞応1(一二二二)・12・21右衛門督、嘉禄1(一二二五)・12・22参議、嘉禄2・1・23兼越前権守、8・-不出仕、12・16辞職、-・-正三位、文暦2(一二三五)・1・22従二位、嘉禎2(一二三六)・2・30還任(参議)、-・-更兼右衛門督、嘉禎3・1・24兼讃岐権守、4・24正二位、嘉禎4・2・23止督、4・18権中納言、7・20中納言、8・13勅授、9・1兼按察使、延応1(一二三九)・10・28権大納言、-・-去按察、仁治2(一二四一)・2・1辞(権大納言)、2・15本座、宝治1(一二四七)・12・25出家、宝治2・3・20薨去
[死没]宝治2(一二四八)・3・20　[年齢]66　[父]藤原実明　[母]権少僧都玄修女　[公卿補任]2―31下　[大日本史料]5―26―91

実任　さねとう　一二〇七―?
-・-・-叙爵、承久1(一二一九)・12・13侍従、承久4・1・24従五位上(陰明門院当年御給)、貞応2(一二二三)・1・27阿波介、嘉禄2(一二二六)・1・23正五位下、3・26左少将、嘉禄3・1・23播磨権介、安貞2(一二二八)・1・5従四位下、2・1還任左少将、寛喜4(一二三二)・1・20但馬権介、貞永1(一二三二)・12・2従四位上(陰明門院寛喜二未給)、文暦2(一二三五)・6・14左中将、嘉禎1(一二三五)・11・7丹波介、11・19正四位下、仁治1(一二四〇)・10・20蔵人頭、仁治2・2・1参議、元蔵人頭、右(「左」当作)中将如元、10・13従三位、仁治3・3・7加賀権守、寛元2(一二四四)・1・5正三位、建長1(一二四九)・12・24権中納言、建長2・1・13辞権中納言、建長5・2・18出家
❖宝治二年(一二四八)より「備中権守」
[父]藤原公雅　[母]法印忠恵女　[公卿補任]2―113下

実躬　さねみ　一二一一―?
-・-・-叙爵、元仁1(一二二四)・1・29侍従、嘉禄3(一二二七)・1・26美乃介、安貞2(一二二八)・1・5従五位上、寛喜3(一二三一)・1・6正五位下、4・30兼遠江介、貞永2(一二三三)・1・6従四位下、天福1(一二三三)・12・15左少将、暦仁1(一二三八)・1・5従四位上(府労)、仁治2(一二四一)・1・5正四位下(明義門院当年御給)、寛元1(一二四三)・4・9従三位(臨時)、元左少将、建長2(一二五〇)・-・-出家〈一代要記〉
❖建長三年(一二五一)非参議従三位〈以降不見〉
[父]藤原公雅、二男　[母]法印忠恵女　[公卿補任]2―124上

清水谷家(絶家)

公定　きんさだ　一一六三―一二二一
仁安2(一一六七)・1・5叙爵、寿永1(一一八二)・12・9従五位上(上西門院安元二年御給)、寿永2・8・25侍従、文治3(一一八七)・1・23阿波介、文治4・10・14正五位下(上西門院元暦元年大嘗会御給)、建久5(一一九四)・1・30左少将、4・13蔵人、建久6・2・2遠江介、12・9左少弁(止少将並介、蔵人如元)、建久8・1・6従四位下(八幡加茂行幸行事賞〈く〉)、建久9・12・9左中弁、正治1(一一九九)・9・23兼修理左宮城使、11・27従四位上(朝覲行幸賞)、建仁1(一二〇一)・1・6正四位下(故中納言資信卿久安四年平野大原野行幸賞)、8・29〈19日カ〉右大弁、蔵人頭、建仁2・1・21阿波権守、7・23参議(元蔵人頭)、右大弁如元、建仁3・10・24従三位、元久3(一二〇六)・1・6正三位、1・13兼備前権守、4・3転左大弁、建永1(一二〇六)・6・16兼勘解由次官(長官)カ、9・18解官、-・-配流佐渡国、承元5(一二一一)・1・21民部卿、建暦2(一二一二)・6・29還任(参議)、建保2(一二一四)・1・13兼左大弁並伊与権守、3・28従二位、12・1権中納言、建保4・1・27辞権中納言、建保6・6・4出家
[死没]承久3(一二二一)・6・25　[年齢]59　[父]藤原

清水谷家

公定―実持―公蔭―実時―季定
　　　　　|
　　　　　公兼―実秀―公広
　　　　　　　　|
　　　　　　　　長嗣―成経

実持　さねもち　一一九二―一二五六

実宗、一男　[母]従五位上中務少輔藤原教良女　[前名]実経　[日記]公定卿記・愚苑記　[公卿補任]1―550下　[大日本史料]4―16―377

建久9(一一九八)・2・26叙爵(女御琮子給)、建仁3(一二〇三)・3・2侍従、建永2(一二〇七)・1・13土左権介、承久1(一二一九)・12・13右少将、承久3・1・5従五位上(府労)、貞応2(一二二三)・1・6正五位下(皇后御給)、1・27備中権介、元仁2(一二二五)・2・5従四位下(府労)、2・23還任少将、寛喜2(一二三〇)・1・5従四位上、1・24左中将、寛喜3・1・29兼播磨権介、貞永1(一二三二)・12・2正四位下、文暦1(一二三四)・12・21従三位(元左中将)、皇后宮権大夫、嘉禎2(一二三六)・6・9参議、嘉禎3・1・5正三位、1・24備中権守、1・29兼左中将、嘉禎4・閏2・27止之、7・20権中納言、9・-勅授、暦仁2(一二三九)・1・5従二位、仁治1(一二四〇)・10・20中納言、10・24右衛門督別当、仁治2・7・17正二位、9・24止督別当、10・13権大納言、仁治3・3・7辞権大納言、寛元1(一二四三)・4・21本座、建長5(一二五三)・9・12出家、建長8・5・8薨去

[死没]建長8(一二五六)・5・8　[年齢]65　[父]藤原公定、一男　[母]正二位権大納言藤原成親女　[公卿補任]2―87上

公蔭　きんかげ　?―一二七一

嘉禎2(一二三六)・12・18従五位下、仁治1(一二四〇)・1・29侍従、仁治2・1・5従五位上、仁治3・3・8左少将、仁治4・2・2三川介、寛元3(一二四五)・1・5正五位下、宝治1(一二四七)・1・5従四位下、宝治2・1・27還任左少将、建長1(一二四九)・1・5従四位上(大宮院当年御給)、建長2・9・16転左中将、建長3・1・23三川権介[ママ]、建長6・1・5正四位下(仙華門院当年御給)、康元1(一二五六)・1・21周防介、7・14復任(父)、文永1(一二六四)・12・21従三位(元左中将)、12・24下名任皇后宮権大夫〈や〉、文永6・1・5正三位、文永8・3・4薨去

[死没]文永8(一二七一)・3・4　[父]藤原実持、一男　[母]宇佐大宮司公通女　[公卿補任]2―200下

公兼　きんかね　一二四〇―一三一二

寛元2(一二四四)・1・5叙爵(于時公遠)、宝治1(一二四七)・3・6侍従(于時公兼)、宝治2・1・6従五位上、建長4(一二五二)・1・5正五位下(承明門院当年御給)、建長5・1・13阿波権介、建長6・8・9左少将、建長7・1・7従四位下、1・27還任、建長8・5・8服解(父)、7・14復任、正嘉2(一二五八)・4・6従四位上、正元1(一二五九)・4・17正四位下、文応1(一二六〇)・4・8左中将、弘長1(一二六一)・2・5美乃権守、弘安1(一二七八)・3・14従三位(元左中将)、弘安7・1・6正三位、永仁6(一二九八)・6・23従二位、正安3(一三〇一)・1・6正二位、正和1(一三一二)・4・17薨去

[死没]正和1(一三一二)・4・17　[年齢]73　[父]藤原実持、二男　[母]宇佐大宮司公通女　[前名]公遠　[公卿補任]2―255下

実時　さねとき　一二五一―一三〇八

建長7(一二五五)・1・5叙爵、正嘉3(一二五九)・1・22従五位上、弘長2(一二六二)・1・5正五位下、文永1(一二六四)・12・22侍従、文永4・1・5従四位下、3・16右少将、文永5・1・29相模権介、文永7・1・5従四位上、12・4転中将、文永8・7・27復任、文永11・1・5正四位下、2・20兼信乃権介、正応2(一二八九)・4・2修理大夫、4・29従三位、修理大夫如元、正応4・1・3正三位、永仁2(一二九四)・1・6従二位、永仁4・5・15止大夫、12・30正二位、永仁5・12・17参議、永仁6・3・22兼備中権守、5・22正二位、11・14兼近江権守、正安2(一三〇〇)・4・7辞退参議、嘉元2(一三〇四)・11・5出家、徳治3(一三〇八)・5・17薨去

[死没]徳治3(一三〇八)・5・17　[年齢]58　[父]藤原公蔭　[母]従一位左大臣山階実雄女　[号]六条　[公卿補任]2―299下

実秀　さねひで　一二七一―一三三九

弘安4(一二八一)・1・5従五位下、弘安8・1・5従五位上、弘安11・2・10侍従、正応2(一二八九)・3・11正五位下、正応4・12・21右少将、正応6・1・5従四位下、永仁4(一二九六)・1・5従四位上、永仁5・10・15還任右少将、永仁7・3・24正四位下、嘉元4(一三〇六)・11・27右中将、延慶4(一三一一)・3・30兼備前権介、応長1(一三一一)・8・7従三位、元右中将前権介、正和2(一三一三)・10・11弾正大弼、正和5・1・5正三位、12・14止大弼、文保2(一三一八)・2・11参議、4・14辞参議、5・4本座、正慶1〈元弘2〉(一三三二)・1・5従二位、正慶2〈元弘3〉・5・17詔復本位、暦応2〈延元4〉(一三三九)・11・25薨去

※建武四年(一三三七)より「従二位」

［死没］暦応2(一三三九)・11・25　［年齢］69　［父］藤原公兼　［母］正二位藤原経家女　［公卿補任］2―422上　［大日本史料］6―5―813

成経　なりつね　一二九七―一三五一

延慶2(一三〇九)・11・23従五位下(章義門院御給)、12・26侍従、延慶3・8・2従五位上、12・11右少将、正和1(一三一二)・4・10正五位下、正和5・1・5従四位下(府労)、文保1(一三一七)・12・22右中将、元応1(一三一九)・1・5従四位上、元応2・5・15左中将、8・4辞中将、元亨3(一三二三)・1・5正四位下、元弘1(一三三一)・10・5還左中将、康永2〈興国4〉(一三四三)・7・20従三位、元前左中将、8・27弾正大弼、本名成雅、康永3〈興国5〉・7・29参議、12・29辞退(参議)、貞和4〈正平3〉(一三四八)・12・16出家、観応2〈正平6〉(一三五一)・6・-薨去

［死没］観応2(一三五一)・6　［年齢］55　［父］藤原長嗣　［母］正二位権中納言源資平女　［前名］成雅　［法名］紹顗　［公卿補任］2―596下　［大日本史料］6―15―99

公広　きんひろ　一三二七―七七

暦応5〈興国3〉(一三四二)・1・5従五位下(宣光門院〔「当年」し〕御給)、康永2〈興国4〉(一三四三)・3・19侍従、康永3〈興国5〉・9・23従五位上、12・24左近権少将、貞和5〈正平4〉(一三四九)・1・5正五位下、文和3〈正平9〉(一三五四)・閏10・25左近権中将、11・11丹波介、11・15従四位上、延文3〈正平13〉(一三五八)・4・15正四位下、貞治6〈正平22〉(一三六七)・1・5従三位、元左近中将、応安1〈正平23〉(一三六八)・8・13参議、応安2〈正平24〉・3・30兼駿河権守、応安4〈建徳2〉・1・5正三位、応安6〈文中2〉・11・25辞退(参議)、永和3〈天授3〉(一三七七)・6・16薨去

［死没］永和3(一三七七)・6・16　［年齢］51　［父］藤原実秀、二男　［母］検子内親王　［公卿補任］2―693下　［大日本史料］6―49―348

洞院家(絶家)

実雄　さねかつ　一二二七―七三

嘉禄3(一二二七)・2・1叙爵、4・20侍従、安貞3(一二二九)・1・30従五位上、寛喜1(一二二九)・4・18左少将、寛喜2・1・24備後介、寛喜3・1・5正五位下、貞永2(一二三三)・1・6従四位下、文暦1(一二三四)・12・21左中弁(少将如元)、文暦2・1・23加賀権介(少将重兼国)、1・28従四位上、2・6禁色、閏6・11左宮城使、嘉禎2(一二三六)・2・30左中将(去弁)、蔵人頭、5・6正四位下、12・18従三位(元蔵人頭)、左中将如元、嘉禎3・1・24兼土左権守、12・25参議、嘉禎4・3・7右衛門督別当、3・29正三位、7・20権中納言、8・28辞別当、暦仁2(一二三九)・1・24辞督、-・-皇后宮権大夫、延応1(一二三九)・11・-止権大夫、仁治1(一二四〇)・10・24従二位、仁治3・3・7権大納言、仁治4・2・2正二位、正嘉1(一二五七)・11・26内大臣、正嘉2・11・1右大臣、兼東宮傅、弘長1(一二六一)・3・27左大臣、弘長2・1・5従一位、弘長3・3・20上表、文永10(一二七三)・8・4出家、8・16薨去

［死没］文永10(一二七三)・8・16　［年齢］57　［父］西園寺公経、三男　［母］正二位中納言平親宗女　［法名］経学　［日記］山階左相府記(一二五九)　［公卿補

任2―94下

公宗 きんむね 一二四一―六三

正嘉2(一二五八)・1・5〔従三位〕、1・7左中将如元、8・7兼東宮大夫〔権大夫カ〕、正嘉3・3・8正三位、正元2(一二六〇)・3・29駿河権守、文応2(一二六一)・2・8兼中宮権大夫、弘長1(一二六一)・8・20可為皇后宮権大夫之由宣下、弘長2・7・16権中納言、10・13止権大夫、弘長3・2・19従二位、3・21薨去

〔死没〕弘長3(一二六三)・3・21 〔年齢〕23 〔父〕山階実雄、一男 〔母〕法印公審女 〔公卿補任〕2―175下

洞院家

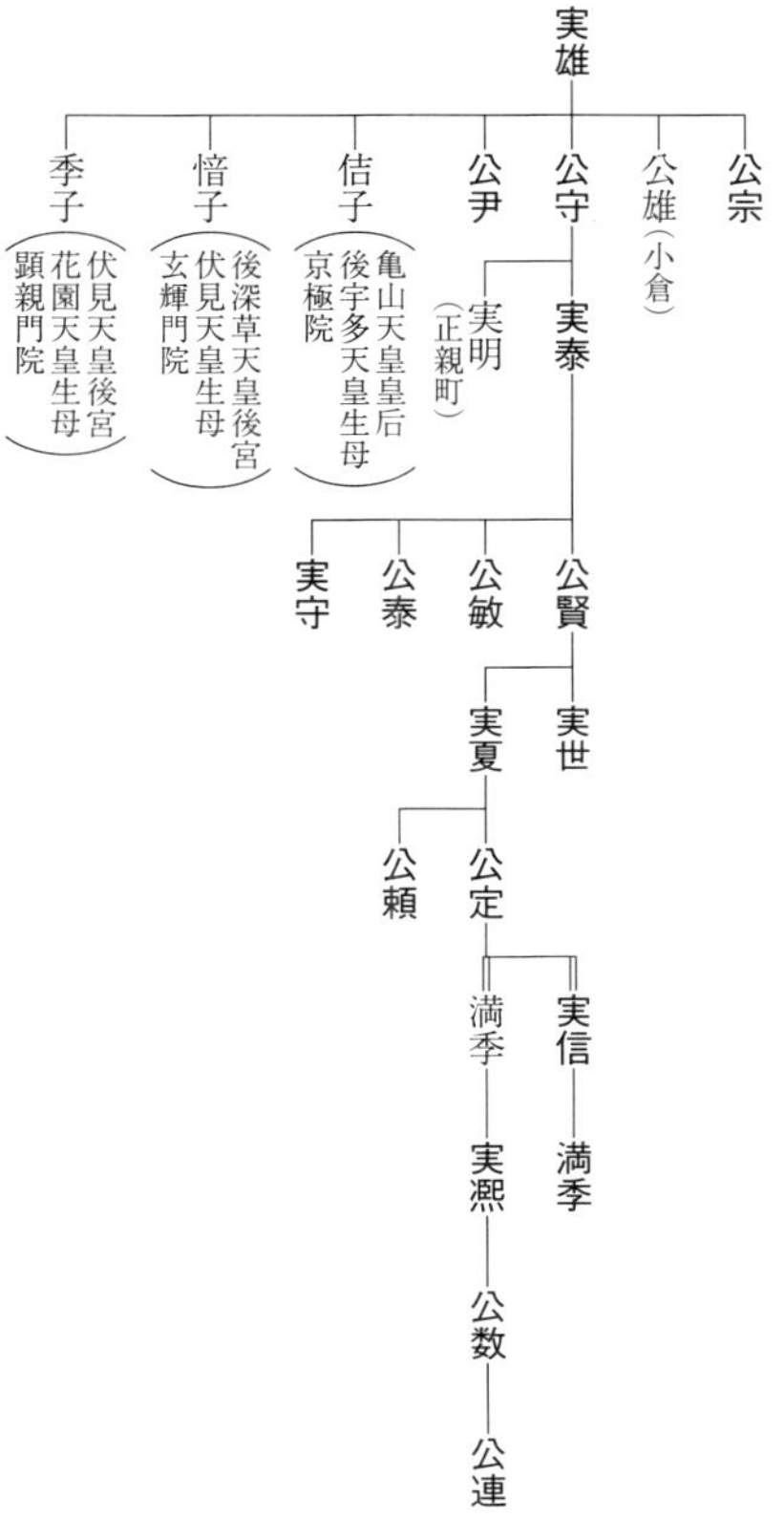

公守 きんもり 一二四九―一三一七

建長5(一二五三)・1・5叙爵、建長6・4・7従五位上、建長7・2・13侍従、正嘉1(一二五七)・3・29正五位下(父大納言実 建長七年亀山殿造営賞譲)、正嘉2・12・14右少将、正嘉3・3・8従四位下(朝覲行幸、大宮院御給)、正元1(一二五九)・11・21従四位上(御即位、東宮御給)、正元6・3・29右中将(前少将)、文応2(一二六一)・1・5正四位下(院御給)、兼讃岐介、1・8兼中宮権亮、弘長1(一二六一)・2・7禁色、8・20皇后宮権亮、文永2(一二六五)・9・4転左中将、文永3・2・1兼能登権守、文永4・2・1従三位(元左中将皇后宮権亮)、中将如元、文永7・1・21権中納言、3・11帯剣、9・4正三位、文永8・3・8兼皇后宮権大夫、文永9・8・9止権大夫、文永8・1・5従二位、建治4(一二七八)・1・6正二位、弘安6(一二八三)・3・28権大納言、正応3(一二九〇)・7・21兼左大将、12・20蒙任大臣兼宣旨、12・25内大臣、-・-・-左大将還宣旨、正応4・-・-〈「3月23日」く追〉辞大将、7・2上表、永仁4(一二九六)・1・5従一位、正安1(一二九九)・5・29蒙任太政大臣兼宣旨、6・2太政大臣、10・13上表、嘉元3(一三〇五)・-・-出家、文保1(一三一七)・7・10薨去

〔死没〕文保1(一三一七)・7・10 〔年齢〕69 〔父〕山階実雄、三男 〔母〕法印公審女 〔号〕洞院 〔日記〕山本相国記(一二九一) 〔公卿補任〕2―212下

実泰 さねやす 一二七〇―一三二七

文永7(一二七〇)・閏9・23叙爵、文永9・1・5従五位上(皇后宮当年御給)、文永11・1・5正五位下(大宮院当年御給)、文永12・1・18侍従、弘安1(一二七八)・4・25〈賜去十九日位記〉従四位下(臨時宣下)、侍従如元、8・13従四位上(父卿令造進万里小路殿賞)、弘安2・1・24兼遠江権介、弘安3・3・12任左少将、弘安5・1・14禁色、弘安6・1・5正四位下、3・23兼備後介、9・26転左中将、弘安7・1・13従三位、左中将如元、弘安9・2・25参議、弘安11・1・5正三位、正応1(一二八八)・7・11権中納言、12・20兼皇后宮大夫〔権大夫カ〕、10・25勅授、正応2・1・14従二位、

正応3・7・27転大夫、正応4・1・6正二位、7・29転中納言、8・12止大夫、正応5・5・15権大納言、永仁6(一二九八)・8・10兼春宮権大夫、8・25大嘗会検校、-・-辞検校、正安3(一三〇一)・1・21止大夫、乾元1(一三〇二)・12・30兼按察使、延慶2(一三〇九)・10・15転大納言、10・24兼右大将、11・22右馬寮御監、延慶3・3・9辞按察使、4・28転左大将、5・15左馬寮御監、正和4(一三一五)・3・13内大臣、7・23辞大将、正和5・10・22転右大臣、官次宣下、文保1(一三一七)・6・21止之(右大臣)、-・-従一位、文保2・8・15召仰、8・24左大臣、10・19召返、元応2(一三二〇)・3・22宣聴輦車之、元亨2(一三二二)・3・11宣聴牛車、8・11上表、元亨3・6・15還任、嘉暦2(一三二七)・8・15薨去

※弘安九年より「肥前権守」

[死没]嘉暦2(一三二七)・8・15　[年齢]58　[父]洞院公守　[母]従三位平親継女　[日記]後山本左府記・実泰公記(一二八八-一三〇九)　[公卿補任]2—276下

公尹　きんただ　?—一二九九

文永5(一二六八)・1・7叙爵(「従五位下」や)(皇后宮御給)、文永6・4・10従五位上、文永8・1・5正五位下(皇后宮御給)、文永9・12・20侍従、文永10・11・20復任(父)、文永11・9・10左少将、文永12・1・14兼下野権介、建治2(一二七六)・1・5従四位下、1・7少将如元、弘安3(一二八〇)・1・5従四位上(大宮院御給)、弘安6・4・5正四位下、弘安7・1・13転中将、正応1(一二八八)・11・8参議、左中将如元、11・10兼備中権守(大嘗会国司)、11・21従三位、正応3・11・25(12月ともあり)権中納言、12・8正三位、正応5・7・28従二位、正応6・12・13辞退(権中納言)、永仁2(一二九四)・1・6正二位、正安1(一二九九)・12・10薨去

[死没]正安1(一二九九)・12・10　[父]山階実雄、四男　[母]白拍子無量　[公卿補任]2—291下

公賢　きんかた　一二九一—一三六〇

正応-・-・-〈「4年9月」分脈〉従五下、永仁2(一二九四)・1・6従五位上、永仁4・1・7〈「5日」分脈〉正五位下(東二条院当年御給)、永仁5・12・17侍従、永仁6・1・5従四位下(玄輝門院当年御給)、4・9左少将、永仁7・3・24従四位上、正安2(一三〇〇)・1・11〈「8日」分脈〉正四位下(朝覲行幸、春宮権大夫藤原朝臣院司賞譲)、嘉元3(一三〇五)・1・22院奥権介、徳治1(一三〇六)・12・22左中弁、左少将如元、徳治2・3・2兼左宮城使、徳治3・閏8・8喪母、9・17止弁、9・20従三位、元左少将去八月八日依母喪、九月十七日止左中弁、被超越清雅朝臣叙之、禁色人也)、延慶1(一三〇八)・12・10左中将、延慶2・9・26兼左大弁、10・15参議、延慶3・1・5正三位、3・9権中納言、8・2兼左兵衛督、延慶4・4・15従二位、応長1(一三一一)・5・26転右衛門督、応長2・12・12〈「10月」やイ〉転左、正和3(一三一四)・1・2正二位、文保2(一三一八)・3・9兼春宮大夫、8・13止督、8・24権大納言、元応1(一三一九)・9・5帯剣、正中3(一三二六)・3・20止大夫、嘉暦1(一三二六)・11・4兼右大将、12・24右馬寮御監、元徳2(一三三〇)・3・5内大臣、3・22辞大将、元徳3・2・1辞内大臣、正慶2〈元弘3〉(一三三三)・6・12還任宣下、建武1(一三三四)・9・9上表、12・17兼式部卿、建武2・1・5従一位、2・16右大臣、3・5兼東宮傅、建武3〈延元1〉・10・10本宮没落北国、-・-仍止傅、建武4・6・9辞申之(右大臣)、康永2〈興国4〉(一三四三)・4・10左大臣、康永3〈興国5〉・2・21上表、2・22被返表、12・18上表、康永4〈興国6〉・9・6上表不許、貞和2〈正平1〉(一三四六)・6・11辞退、貞和4〈正平3〉・10・20任大臣兼宣旨、10・22太政大臣、貞和5〈正平4〉・12・14蒙輦車宣旨、12・25蒙牛車宣旨、観応1〈正平5〉(一三五〇)・3・18上表、観応2〈正平6〉・11・13任左大臣〈やしひ〉、延文4〈正平14〉(一三五九)・4・15出家、延文5〈正平15〉・4・6薨去〈く追〉

※正中二年より「大納言」

[死没]延文5(一三六〇)・4・6　[年齢]70　[父]洞院実泰　[母]正二位権中納言小倉公雄女　[号]中園入道相国　[法名]崇元(或空元)　[日記]園太暦(一三〇九-六〇)　[公卿補任]2—400下　[大日本史料]6—23—89

公敏　きんとし　一二九二—一三五二

正応5(一二九二)・10・26誕生、正応6・1・5叙爵、嘉元4(一三〇六)・11・27弾正少弼(此日加元服)、12・3院昇殿、徳治2(一三〇七)・1・5従五位上(殿上、簡一)、徳治3・8・13右少将(少弼如元)、閏8・7服解(母)、延慶2(一三〇九)・1・6正五位下(新院当年御給)、6・16復任(両官)、11・3宣旨聴禁色、11・19東宮昇殿、延慶3・3・9少納言、兼侍従(此日少将止之、少弼如元)、3・22正五位上、8・16内昇殿、9・4権左中弁9・5宣下、侍従少弼如元、9・13兼修理右宮城使、10・2従四位下止少弼、10・21宣下侍従如元、12・10還任右少将(去弁並侍従)、蔵人頭、延慶4・1・7従四位上、応長1(一三一一)・5・26参議(無兼官、元蔵人頭右少将、(「少将如元」イ))、6・23兼侍従、7・20兼修理大夫、正四位下、応長2・1・13兼備中権守、正和4(一三一五)・1・6正三位、7・21兼左中将、-・-去侍従、正和5・9・12権中納言、正和6・1・7従二位、文保2(一三一八)・3・12礼服宣下、8・13兼左衛門督、10・-大嘗会検校、11・-辞検校、文保3・3・27兼皇后宮権大夫、元応1(一三一九)・9・28正二位、12・15止権大夫、元亨2(一三二二)・8・11中納言、正中2(一三二五)・12・13帯剣、嘉暦1(一三二六)・2・19辞権大納言、-・-按察使、嘉暦3・5・8弾正尹、嘉暦4・9・26止尹、元弘1(一三三一)・8・24供奉笠置城臨幸、10・12出家

※正中二年より「権大納言」

[死没]文和元(一三五二)・2・4　[年齢]60　[父]洞院実泰、二男　[母]小倉公雄三女藤原季子　[法名]宗肇　[日記]公敏卿記(一三一八)　[公卿補任]2—417上　[大日本史料]6—16—65

公泰　きんやす　一三〇五—?

元応2(一三二〇)・-・-中宮権亮、5・10左中将(元侍従)、12・-蔵人頭、元亨1(一三二一)・6・6参議〈や〉、元蔵人頭左中将中宮権亮〈や〉、中将権亮如元〈や〉、8・6従三位〈や〉、元亨3・3・20止権亮、正中2(一三二五)・1・29兼左衛門督、4・2権中納言、嘉暦2(一三二七)・3・24従二位、9・21止権大夫、11・10辞権中納言、-・-改任左衛門督、12・16復任、嘉暦3・9・23還任、-・-兼左衛門督、元徳1(一三二九)・12・24止之(左衛門督)、元徳2・7・14〈17日ともあり〉辞権中納言、元弘1(一三三一)・8・10賜去年十一月廿二日正二位々記、元弘4・1・13還任、建武1(一三三四)・9・14権大納言、建武3〈延元1〉・5・25兼宮内卿、11・14兼春宮大夫、建武4〈延元2〉・-・-止大夫、暦応3〈興国1〉(一三四〇)・12・27辞退、暦応4〈興国2〉・2・4帯剣、貞和4〈正平3〉(一三四八)・10・7民部卿〈し〉、観応2〈正平6〉(一三五一)・12・-参南方任大納言、延文4〈正平14〉(一三五九)・5・2出家

※正中二年より「越前権守」

[父]洞院実泰、三男(法皇為御養子)　[母]家女房(従四位上中務大輔藤原兼頼女)　[法名]覚元　[公卿補任]2—485上　[大日本史料]6—22—568

実守　さねもり　一三一四—七二

元亨4(一三二四)・1・5従五位下、12・1侍従、正中1(一三二四)・12・30左少将、12・18罷少将、正中3・2・19兼土左介、嘉暦1(一三二六)・5・26従四位上、7・24春宮権亮、嘉暦2・7・16正四位下、嘉暦3・2・19左中将、6・13補蔵人頭、9・23参議、元蔵人頭、左中将春宮権亮等如元、11・27従三位(今日去権亮、父右大将藤原朝臣去元亨二朝覲行幸院司賞譲)、嘉暦4・1・13兼尾張権守、元徳2(一三三〇)・4・7正三位、6・7止権守、元弘1(一三三一)・1・13辞参議、元弘2・3・12権中納言、正慶2〈元弘3〉(一三三三)・5・17止本職、復前三木正三位、建武2(一三三五)・1・7従二位、建武4〈延元2〉・12・4〈11月4日ともあり〉権中納言、建武5・1・5正二位、暦応2〈延元4〉(一三三九)・12・27権大納言、暦応4〈興国2〉・8・19帯剣、貞和4〈正平3〉(一三四八)・10・7辞退(権大納言)、観応1〈正平5〉(一三五〇)・11・1本座、観応2〈正平6〉・12・-参南山、12・25被任権中納言、応安3〈建徳1〉(一三七〇)・3・16大納言、応安5〈文中1〉・4・11薨去

[死没]応安5(一三七二)・4・11　[年齢]59　[父]洞院公賢(実洞院実泰、四男)　[母]高倉永康女従三位康子　[号]加茂大納言　[公卿補任]2—515

下［大日本史料］6―35―304

実世　さねよ　一三〇八―五八

正和2（一三一三）・9・6叙爵、正和3・9・21従五位上、正和6・1・5正五位下、文保2（一三一八）・1・2元服、1・22侍従、11・21従四位下、元亨2（一三二二）・1・2従四位上、6・17右少将、正中2（一三二五）・1・20禁色、嘉暦2（一三二七）・7・23止四位々記、補蔵人、8・1弾正少弼（去少将、蔵人如元）、11・15権左中弁（蔵人少弼如元）、嘉暦3・1・5正五位上、6・13従四位下、9・23従四位上、11・27参議（元権左中弁）、嘉暦4・1・7正四位下、2・12兼右大弁、元徳1（一三二九）・9・26正四位上、11・9従三位、元徳2・1・13兼美作権守、3・1左大弁、3・22権中納言、3・27正三位、7・17兼右衛門督、10・5転左、12・14補使別当、元弘1（一三三一）・8・25〈20日ともあり〉出対武家、元弘2・4・10依関東奏聞止出仕、正慶2〈元弘3〉（一三三三）・5・17詔為本職、9・23兼修理大夫、－・－左衛門督使別当、元弘4・1・23兼春宮権大夫、建武1（一三三四）・10・9止修理大夫、12・17兼大学頭、建武3〈延元1〉・3・1（2日カ）正二位、5・25兼尾張守、－・－止権大夫、12・－解官、観応2〈正平6〉（一三五一）・－・－於南山従一位前権大納言、延文3〈正平13〉（一三五八）・8・19薨去

［死没］延文3（一三五八）・8・19　［年齢］51　［父］洞院公賢　［母］家女房（俊衡女従三位坊門局）　［公卿補任］2―515下　［大日本史料］6―21―975

実夏　さねなつ　一三一五―六七

元徳3（一三三一）・6・28〈「24日」し〉従五位下（未元服）、7・10侍従、元弘1（一三三一）・8・－禁色、8・15左近少将、元弘2・1・5従五位上、正慶1〈元弘2〉（一三三二）・9・27正五位下、正慶2〈元弘3〉・1・5従四位下（春宮当年御給）、1・11左近少将如元、元弘3（一三三三）・6・－還本位従五位下、6・12正五位下（越階）、8・5兼少納言、10・10〈やし〉従四位下、本官如元、元弘4・1・5従四位上、1・13兼因幡権守、建武1（一三三四）・3・15兼権右中弁、建武2・2・14正四位下（宣政門院御入内院司賞）、3・16記録所寄人、5・23転権左中弁、補右宮城使、建武3〈延元1〉・10・6辞権左中弁、建武4〈延元2〉・1・7更任左中弁（左少将如元）、7・12参議、元左中弁左近少将（今日父公辞右大臣申任之）、7・23兼右兵衛督、12・4従三位、暦応3〈興国1〉（一三四〇）・7・19権中納言、12・20〈11月カ〉遷兼左衛門督、暦応4〈興国2〉・3・19遷兼春宮権大夫、8・19帯剣、暦応5〈興国3〉・1・5正三位、9・7転大夫、貞和2〈正平1〉（一三四六）・2・21従二位、貞和3〈正平2〉・9・16権大納言、9・19更任春宮大夫、貞和4〈正平3〉・10・27依受禅止大夫、－・－依立太子更任春宮大夫、観応3〈正平7〉（一三五二）・閏2・20止大夫、文和3〈正平9〉（一三五四）・8・27補大嘗会検校、11・16補内教坊別当、文和4〈正平10〉・12・8正二位、延文5〈正平15〉（一三六〇）・11・17左大将、12・23左馬寮御監宣下、貞治2〈正平18〉（一三六三）・3・29内大臣、貞治3〈正平19〉・2・7辞大将、2・19辞内大臣、4・14従一位、貞治6〈正平22〉・6・1薨去

［死没］貞治6（一三六七）・6・1　［年齢］53　［父］洞院公賢　［母］従四位上右馬頭藤原光久女従三位光子　［号］後山科内大臣　［法名］崇実　［日記］後山階内相府記・実夏公記（一三三八―五二）　［公卿補任］2―566下　［大日本史料］6―28―75

公定　きんさだ　一三四〇―九九

暦応3〈興国1〉（一三四〇）・11・21叙爵（去正月廿六誕生）、康永1〈興国3〉（一三四二）・9・7従五位上、康永3〈興国5〉・1・5正五位下（春宮当年御給）、貞和1〈興国6〉（一三四五）・12・30侍従、貞和2〈正平1〉・2・2元服、12・－禁色、貞和3〈正平2〉・1・5従四位下（徽安門院当年御給）、12・27左近少将、貞和4〈正平3〉・10・7従四位上、貞和5〈正平4〉・1・5正四位下（春宮大夫藤原朝臣坊官賞譲）、（依坊官賞超藤信忠同実時等〈頭書〉）、2・15備後介（左少将兼国）、観応1〈正平5〉（一三五〇）・10・12左近中将、文和2〈正平8〉（一三五三）・4・23従三位、左近中将如元〔「如旧」ともあり〕、文和3〈正平9〉・3・28兼遠江権守、文和4〈正平10〉・8・13参議、延文2〈正平12〉（一三五七）・4・15権中納言、延文6〈正平16〉・1・5正三位、4・15辞退権中納言、応安

6〈文中2〉（一三七三）・1・6従二位、応安7〈文中3〉・12・13還任、永和2〈天授2〉（一三七六）・2・12権大納言、永和3〈天授3〉・1・5正二位、永徳2〈弘和2〉（一三八二）・10・-辞権大納言、至徳2〈元中2〉（一三八五）・3・27還任（権大納言）、至徳3〈元中3〉・11・27辞権大納言、嘉慶2〈元中5〉（一三八八）・5・26還任（権大納言）、応永2（一三九五）・1・7補内教坊別当、1・28兼左大将、3・24内大臣、7・2辞大将、8・16従一位、9・12右大臣、応永3・7・24左大臣、応永5・12・-辞左大臣、応永6・6・15薨去

〔死没〕応永6（一三九九）・6・15　〔年齢〕60　〔父〕洞院実夏、一男　〔母〕正二位権中納言持明院保藤女　〔号〕後中園左大臣　〔法名〕元貞　〔日記〕公定公記（一三七四-七七）　〔公卿補任〕2—643下　〔大日本史料〕7—3—970

公頼　きんより　一三五〇—六七

延文4〈正平14〉（一三五九）・1・5叙爵〈し〉、延文6〈正平16〉・1・5従五位上〈し〉、康安2〈正平17〉（一三六二）・4・21侍従〈し〉、貞治2〈正平18〉（一三六三）・1・5正五位下〈し〉、10・18従四位下〈し〉、貞治3〈正平19〉・3・18左中将〈し〉、貞治4〈正平20〉・4・23正四位下（越智）〈し〉、貞治5〈正平21〉・4・19参議、左近中将如元、貞治6〈正平22〉・1・5従三位、2・13兼美作権守、4・13権中納言、5・10薨去

〔死没〕貞治6（一三六七）・5・10　〔年齢〕18　〔父〕洞院実夏、三男　〔母〕従四位上丹波守藤原光遠女二条局　〔公卿補任〕2—688上　〔大日本史料〕6—28—13

実信　さねのぶ　?—一四一二

応永2（一三九五）・6・3参議、右中将如元応永3・1・28兼長門権守、8・12正四位下、応永4・1・5従三位、12・29〈19日ともあり〉権中納言、応永7・11・21正三位、11・27勅授、応永8・1・5従二位、応永9・3・28権大納言、応永10・1・6正二位、応永19・-・-出家、11・26薨去

〔死没〕応永19（一四一二）・11・26　〔父〕洞院公定（実正親町忠季）　〔母〕従三位藤原冬兼女　〔法名〕玄信　〔公卿補任〕3—35下　〔大日本史料〕7—17—118

満季　みつすえ　一三九〇—?

応永16（一四〇九）・12・25従三位、左中将如元、応永17・1・4左中将叙留被仰之、1・28兼肥前権守、応永18・1・5正三位、閏10・9参議、応永21・11・4権中納言、〔従二位カ〕、応永26・1・6正二位、12・5権大納言、応永30・8・27兼任右大将、11・27右馬寮御監、応永31・4・20内大臣、12・-辞大将、応永32・4・3従一位、応永33・8・17叙従一位（宣下）、8・24〈7月24日ともあり〉〈「7月18日」イ〉辞内大臣、永享3（一四三一）・-・-出家

〔父〕洞院公定（実洞院実信）　〔母〕法眼兼快女　〔法名〕聖覚・浄導　〔日記〕満季公記（一四〇八-一〇）　〔公卿補任〕3—68下

実凞　さねひろ　一四〇九—?

応永31（一四二四）・11・20従三位、左中将（叙留）、本名実博、応永33・1・6正三位、3・29兼伊与権守、応永35・3・30権中納言、正長2（一四二九）・3・29辞権中納言、永享2（一四三〇）・3・30還任（権中納言）、1・5従二位、永享4・1・20賜去々年正月六日従二位々記、7・25権大納言、永享5・1・5補内教坊別当、永享12・1・6正二位、嘉吉2（一四四二）・3・28右大将、12・25右馬寮御監、文安3（一四四六）・1・29内大臣、文安4・3・24左大将、12・27左馬寮御監、文安5・2・11辞大将、宝徳2（一四五〇）・4・25従一位、5・7辞職、享徳3（一四五四）・7・16右大臣、康正1（一四五五）・8・27左大臣、康正3・4・11辞左大臣、6・5出家

〔父〕洞院満季　〔母〕法印兼真女　〔前名〕実博　〔号〕東山左府　〔法名〕元鏡　〔日記〕実凞公記（一四二八-五三）　〔公卿補任〕3—106上

公数　きんかず

文安6（一四四九）・1・6正四位下（院御給）〈さし〉、宝徳3（一四五一）・3・26讃岐介（正四下、左中将兼—）〈さし〉、-・-従三位、左中将如元〔やさし無〕、宝徳4・3・23兼伊与権守、享徳3（一四五四）・1・5正三位、康正2（一四五六）・3・29従二位（去中将）、康正3・3・25還任左中将、長禄2（一四五八）・8・8権中納言、長禄4・8・15権大納言、寛

正6（一四六五）・1・5正二位、文正1（一四六六）・12・5兼左大将、文明2（一四七〇）・5・24辞両職、文明8・2・－出家
※長禄三年より「右衛門督」
［父］洞院実凞　［公卿補任］3－168上

公連　きんつら
延徳2（一四九〇）・1・27従三位、左中将如元、明応4（一四九五）・1・5正三位、文亀1（一五〇一）・4・－出家
［父］西園寺実遠、二男　［公卿補任］3－282上

京極家（絶家）

公基――**実平**

公基　きんもと　一二二〇－七四
元仁2（一二二五）・1・5叙爵（臨時）、4・26侍従、安貞1（一二二七）・1・5従五位上、安貞3・1・5正五位下（朝覲行幸、右大将藤原朝臣安嘉門院々司賞譲）、1・30丹後権介、10・9右少将、寛喜2（一二三〇）・1・23播磨介、寛喜3・1・6従四位下（少将如元）、寛喜4・1・5従四位上、貞永2（一二三三）・1・6正四位下（安嘉門院御給）、4・8右近権中将、嘉禎2（一二三六）・2・30参議、右中将如元、6・13従三位、嘉禎3・1・24左衛門督別当〈や〉備前権守、11・16正三位、12・25権中納言、兼左衛門督、－・－補別当、嘉禎4・2・26辞検別当、延応2（一二四〇）・2・20従二位、仁治1（一二四〇）・10・20中納言、10・24更兼左衛門督、仁治2・10・13権大納言、11・11帯剣、仁治3・10・12正二位、建長5（一二五三）・4・8兼右大将、建長6・12・13〈「17日」百錬抄〉蒙大臣兼宣旨、12・25内大臣、建長7・4・12転左大将、12・4大将上表、正嘉1（一二五七）・11・26右大臣、正嘉2・10・22辞右大臣、文永11（一二七四）・12・14薨去
［死没］文永11（一二七四）・12・14　［年齢］55　［父］西園寺実氏、一男　［母］参議正三位藤原親雅女幸子　［公卿補任］2－92上

実平　さねひら　一二五一－?
建長7（一二五五）・1・5叙爵（于時実時）、康元2（一二五七）・閏3・27侍従（于時実綱）、正嘉2（一二五八）・1・5従五位上、正嘉3・1・6正五位下（大宮院当年御給）、3・8従四位下、4・14左少将、正元1（一二五九）・11・6右中将、12・25従四位上（大宮院御給）、正元2・2・19禁色、3・19伊与権介、弘長2（一二六二）・1・5正四位下（新院当年御給）、文永3（一二六六）・2・1兼伊与介、文永6・1・5従三位（元右中将）、1・7中将如元、文永8・1・5正三位、文永11・1・8従二位、6・1更任左中将、建治2（一二七六）・12・20権中納言、建治3・1・21帯剣、9・7出家
［父］西園寺公基、一男　［母］四条隆衡女従二位親子　［前名］実時・実綱　［公卿補任］2－221下

今出川家（絶家）

公顕　きんあき　一二七四－一三二一
正応1（一二八八）・7・16叙爵、8・20左少将、中宮権亮、9・12従五位上、11・21正五位下、正応2・3・26従四位上（右大将藤原朝臣御琵琶師賞譲、越階）、少将如元、12・15転中将（権亮如元）、正応3・6・8参議、左中将如元、9・5正四位下、11・27兼皇后宮権大夫、正応4・1・6従三位、2・25遷左衛門督、－・－補別当、3・25兼伊与権守、8・12止権大夫、12・21〈22日ともあり〉権中納言、正応5・閏6・16兼中宮権大夫、正応6・1・5正三位、永仁2（一二九四）・4・29辞督並別当、永仁4・1・5従二位、永仁5・11・14正二位、永仁6・8・21止権大夫、12・18権大納言、嘉元3（一三〇五）・9・27賜御素服、徳治2（一三〇七）・11・1兼春宮権大夫、徳治3・8・26止大夫、延慶3（一三一〇）・4・28兼右大将、延慶4・1・6為右馬寮御監、応長2（一三一二）・2・13辞両職（権大納言・右大将）、正和2（一三一三）・9・28本座、正和4・3・22従一位、正和5・10・22内大臣、文保1（一

今出川家

公顕──実顕──公冬

三一七)・6・21右大臣、12・10上表、元応3(一三二一)・2・8薨去

[死没]元応3(一三二一)・2・8 [年齢]48 [父]西園寺実兼、三男 [母]内大臣正二位花山院師継女 [号]今出河 [公卿補任]2―302下

実顕　さねあき　?―一三三三

正和5(一三一六)・1・5叙爵(昭訓門院当年御給)、正和6・1・5従五位上(広義門院当年御給)、元応2(一三二〇)・12・24正五位下、正中3(一三二六)・2・19侍従、嘉暦2(一三二七)・閏9・2左少将、閏9・28従四位下(少将如元)、嘉暦3・1・5従四位上、5・8転左中将、9・23正四位下、嘉暦4・3・14中宮権亮、11・9去権亮、元徳1(一三二九)・11・9従三位、左中将如元、元徳2・8・4参議、元徳3・1・5正三位、1・13兼備中権守、11・5辞(参議)、正慶1〈元弘2〉(一三三二)・4・15権中納言、6・8辞(権中納言)、正慶2〈元弘3〉・5・17為本職、9・15薨去

[死没]正慶2(一三三三)・9・15 [父]西園寺公顕 [母]正四位下少納言菅原在綱女 [公卿補任]2―524上 [大日本史料]6―1―214

公冬　きんふゆ　?―一三八〇

嘉暦4(一三二九)・1・5従五位下(章義門院当年御給)、建武1(一三三四)・4・3侍従、建武4〈延元2〉・1・7従五位上、暦応2〈延元4〉(一三三九)・1・5正五位下(臨時)、暦応4〈興国2〉・1・6従四位下、康永2〈興国4〉(一三四三)・1・5従四位上(加叙)、3・19左少将、貞和2〈正平1〉(一三四六)・1・6正四位下、2・21美作権介、6・25左中将、貞和3〈正平2〉・7・10蔵人頭、11・6春宮権亮、12・27従三位、左中将如元、元蔵人頭春宮権亮美作権介、貞和4〈正平3〉・7・10参議、貞和5〈正平4〉・2・15兼土佐権守、観応1〈正平5〉(一三五〇)・4・29補大嘗会検校、観応2〈正平6〉・12・-参南方、文和2〈正平8〉(一三五三)・12・12止職、康暦2〈天授6〉(一三八〇)・-・-薨去

[死没]康暦2(一三八〇) [父]西園寺実顕 [母]家女房 [公卿補任]2―615上

大宮家(絶家)

大宮家

季衡┬氏衡
　　└公名──実尚

季衡　すえひら　一二八九―一三四六

正応2(一二八九)・12・15従五位下、正応3・1・5従五位上(中宮当年御給)、正応4・1・3正五位下(臨時)、正応5・11・5従四位下、永仁3(一二九五)・4・8従四位上、永仁5・4・10侍従、正安1(一二九九)・12・30左少将、正安2・3・6兼上野権介、嘉元3(一三〇五)・1・23兼播磨介、7・22〈分脈系于永正5年〉正四位下、徳治3(一三〇八)・9・20従三位、元左少将(去十七日清雅朝臣依前坊権亮補蔵人頭被超越之間叙之、禁色人也)、延慶2(一三〇九)・3・23左中将、9・26正三位、延慶3・4・7参議、8・2権中納言、9・4兼左衛門督、12・11従二位、延慶4・1・12辞両職、1・22帯剣、応長1(一三一一)・5・26辞中納言、閏6・25〈や〉本座、応長2・2・7〈「1月」や〉正二位、文保2(一三一八)・11・3権大納言、元亨3(一三二三)・1・13辞権大納言、嘉暦1(一三二六)・11・1大納言〈還任権大納言ともあり〉、11・4兼左大将、嘉暦2・2・23兼中宮大夫、3・21左馬寮御監、7・-辞左大将、7・16辞大納言大夫等、元徳2(一三三〇)・3・22従一位、元徳3・2・1内大臣、正慶2〈元弘3〉(一三三三)・3・12出家

❖正慶元年より右大臣

[死没]貞和2(一三四六)・5・25 [年齢]58 [父]西園寺公衡、一男 [母]正五位下左馬助藤原光保女侍従局 [法名]空勝 [公卿補任]2―400下 [大日本史料]6―9―938、6―11―補46

公名　きんな　一三一八―五二

元亨3(一三二三)・1・5従五位下(中宮当年御給)、

元亨4・1・5従五位上、正中3(一三二六)・1・5正五位下、嘉暦1(一三二六)・12・30侍従、嘉暦2・3・24従四位下、-・-侍従如元、嘉暦4・1・5従四位上、2・12左近少将、元徳2(一三三〇)・1・5正四位下(院当年御給)、元徳3・1・13兼備前権介、中宮権亮、2・21転左中将(権亮如元)、元弘1(一三三一)・10・28参議、元弘2・6・8従三位、3・12兼土左権守、正慶2〈元弘3〉(一三三三)・5・17止官位、建武2(一三三五)・1・13兼播磨介、建武4〈延元2〉・1・7参議、左中将如元、10・8従三位、暦応2〈延元4〉(一三三九)・1・5正三位、1・13兼加賀権守、8・12権中納言、暦応4〈興国2〉・3・19兼左衛門督、暦応5〈興国3〉・2・28辞督、3・3帯剣、康永1〈興国3〉(一三四二)・11・21権大納言、康永2〈興国4〉・4・12従二位、貞和5〈正平4〉(一三四九)・12・11(「21日」し)正二位、観応1〈正平5〉(一三五〇)・7・-補大嘗会検校〈や〉、観応2〈正平6〉・6・26大納言、観応3〈正平7〉・9・13薨去

[死没]観応3(一三五二)・9・13 [年齢]35 [父]大宮季衡、二男 [公卿補任]2—566上 [大日本史料]6—17—24

氏衡　うじひら　一三〇五—?

嘉暦1(一三二六)・2・19従五位下、左兵衛佐、4・22従五位上、6・14右近少将、8・6正五位下、嘉暦2・1・5従四位下、2・9右少将如元、3・24右中将、9・21従四位上、嘉暦3・1・5正四位下、正慶1〈元弘2〉(一三三二)・3・12兼伊与介、8・3従三位、8・4右近中将如元、元弘3(一三三三)・6・-還本位本官(正四下右中将)、建武1(一三三四)・1・13兼越中権介、建武4〈延元2〉・10・8従三位、右近中将如元、貞和1〈興国6〉(一三四五)・-・-〈「2月」し〉出家

[父]大宮季衡 [公卿補任]2—570下 [大日本史料]6—9—515

実尚　さねひさ　一三四四—九九

貞和2〈正平1〉(一三四六)・2・21叙爵、貞和6〈正平5〉・1・5従五位上(春宮当年御給)、観応1〈正平5〉(一三五〇)・3・29侍従、9・13服解(父)、未復任、文和2〈正平8〉(一三五三)・11・23右少将、12・21正五位下(臨時)、文和3〈正平9〉・6・29従四位下(元右少将)、-・-・-従四位上、文和4〈正平10〉・8・13左中将、正四位下、文和5〈正平11〉・1・6従三位、追賜今日位記、左中将如元、延文3〈正平13〉(一三五八)・3・30兼任遠江権守、延文4〈正平14〉・3・25参議、延文6〈正平16〉・3・27権中納言、康安2〈正平17〉(一三六二)・3・27帯剣、貞治2〈正平18〉(一三六三)・4・20正三位、貞治3〈正平19〉・1・5従二位、貞治6〈正平22〉・2・13権大納言、応安3〈建徳1〉(一三七〇)・1・6正二位、為内教坊別当、応安7〈文中3〉・12・13辞権大納言、永和2〈天授2〉(一三七六)・2・12還任権大納言、永和4〈天授4〉・3・24辞権大納言、応永6(一三九九)・-・-薨去

[死没]応永6(一三九九)・9・11 [年齢]56 [父]大宮公名 [公卿補任]2—654下 [大日本史料]7—4—35

竹林院家(絶家)

公重　きんしげ　一三一七—六七

嘉暦2(一三二七)・7・16正四位下、8・22転左中将、禁色宣下、嘉暦3・9・23従三位、左中将如元、元徳2(一三三〇)・4・7正三位、元徳3(一三三一)・1・13土左権守、2・1参議、左中将、10・5権中納言、元弘1(一三三一)・11・8兼春宮権大夫、元弘2(一三三二)・9・12従二位、10・15転大夫、正慶2〈元弘3〉(一三三三)・5・17詔復本職(参議)、-・-復正三位、止春宮大夫、建武1(一三三四)・2・23権中納言、12・17兼右兵衛督、建武2・1・5従二位、11・26転左、建武3〈延元1〉・5・25春宮権大夫、10・10止権大夫、建武4〈延元2〉・7・20止督、12・24正二位、暦応1〈延元3〉(一三三八)・8・4兼左衛門督、11・1(「12月」中院一品記)権大納言、貞和2〈正平1〉(一三四六)・2・18大納言、貞和4〈正平3〉・4・28兼右大将、10・7転左大将、貞和5〈正平4〉・9・13内大臣、観応1〈正平5〉(一三五〇)・11・8上大将表、観応2〈正平6〉・4・10辞申、貞治6〈正平22〉(一三六

竹林院家

公重――実長

七)・-・-薨去

[死没]貞治6(一三六七)・9・3　[年齢]51　[父]西園寺実衡、二男　[母]家女房　[号]竹林院　[公卿補任]2―519上　[大日本史料]6―28―415

実長　さねなが　?―一三五五

建武2(一三三五)・11・19従五位下(于時実茂)、暦応1〈延元3〉(一三三八)・1・5従五位上(臨時)、4・19侍従、暦応2〈延元4〉・1・5正五位下、暦応3〈興国1〉・1・18禁色、4・24従四位下、暦応4〈興国2〉・1・6従四位上(広義門院当年御給)、康永1〈興国3〉(一三四二)・1・5正四位下(春宮坊当年御給)、3・30信乃介、左中将、康永3〈興国5〉・1・5従三位、左中将如元、1・24兼讃岐権守、貞和4〈正平3〉(一三四八)・4・12参議、10・7渡右、10・27兼春宮権大夫、貞和5〈正平4〉・1・5正三位、9・13〈「2月15日」し〉権中納言、観応2〈正平6〉(一三五一)・12・-参南方、観応3〈正平7〉・閏2・20止権大夫、文和2〈正平8〉(一三五三)・9・12〈16日ともあり〉止職、文和4〈正平10〉・2・28薨去

[死没]文和4(一三五五)・2・28　[父]西園寺公重　[前名]実茂　[公卿補任]2―601上　[大日本史料]6―19―719

西園寺家(絶家)

公兼　きんかね　?―一四一七

貞治6〈正平22〉(一三六七)・1・5従三位、左近中将如元、応安2〈正平24〉(一三六九)・1・5正三位、応安4〈建徳2〉・1・14参議、応安6〈文中2〉・12・26従二位、応安7〈文中3〉・12・13権中納言、康暦1〈天授5〉(一三七九)・7・24権大納言、永徳1〈弘和1〉(一三八一)・7・23辞権大納言、応永24(一四一七)・6・-薨去

❖応永五年より「正二位」

[死没]応永24(一四一七)・6　[父]西園寺実俊、二男　[母]家女房　[公卿補任]2―694上　[大日本史料]7―27―230

実敦　さねあつ　?―一四〇一

応永1(一三九四)・12・9参議、右中将如元、応永2・3・29兼土左権守、4・-従三位、応永7・3・28兼備後権守、応永8・-・-薨去

[死没]応永8(一四〇一)　[父]西園寺公兼　[公卿補任]3―32下　[大日本史料]7―4―895

実種　さねたね　?―一四四八

応永25(一四一八)・8・4参議、左中将如元、12・-従四位上、応永26・1・6正四位下、3・7播磨

西園寺家

公兼―┬―実敦―実種
　　　└‖実種

権守、4・14従三位、応永27・12・5権中納言、応永28・7・15〈5日ともあり〉辞権中納言、永享1(一四二九)・10・-正三位、11・21還任(権中納言)、永享2・1・6従二位、永享3・-・-改実種、永享4・3・-辞権中納言、嘉吉1(一四四一)・10・9正二位、文安1(一四四四)・11・8権大納言、11・23辞権大納言、文安5・10・-〈「11月」く追〉薨去

[死没]文安5(一四四八)・10　[父]西園寺公兼(実西園寺実敦)　[前名]実光　[公卿補任]3―90下

三条家　さんじょうけ

藤原氏北家閑院流。九条右大臣師輔の十一男閑院太政大臣公季の裔。閑院三条流の嫡流。藤原権大納言公実の三男八条入道相国実行を家祖とする。実行は八条北・万里小路西にあった邸宅に因み、八条太政大臣と号し、また別の邸宅が三条高倉にあったことに因み、三条とも号した。この三条第がのち鳥羽天皇中宮の待賢門院御所になる。『親王御元服部類記』所収の「槐記」保延五年(一一三九)十二月二十

七日条に、「今日雅仁親王（仙洞第七子、今上御母弟也）於三条高倉待賢門院御所（元按察大納言実行卿家也）加元服、院并待賢門院同宿」と見え、雅仁親王（のち後白河天皇）の元服式が待賢門院御所、元は実行卿の屋敷であったところで行われたとする。待賢門院は実行妹の璋子で永久五年（一一一七）に入内、その頃から御所とされたのであろうが、実行の息内大臣公教も三条と号し、孫左大臣実房もまた三条入道左府と号したことを併せ考えれば、旧実行屋敷跡が全て御所となった訳ではないのかもしれない。いずれにせよこれが家名の起りとなったといえる。なお、嫡流のほか実房三男公氏の子孫もまた、三条と号したので、俗に公氏流を正親町三条と称し、嫡家を転法輪三条とよんで区別した。家格は清華家。内々の家。家職は四箇の大事・有職故実および雅楽（笛）・装束。江戸時代には家領四百六十九石五斗。三条家は、西園寺家・徳大寺家とともに閑院流の嫡流であるが、正嫡を三条家、西園寺家のいずれであるかについては異説がある。『尊卑分脈』は西園寺の系譜の通季のところに「当流為閑院嫡家事」として、考証の上、西園寺家を嫡家としている。『尊卑分脈』は同家支流の洞院家六代目、後中園左大臣公定の編纂になるが、その四代後の権大納言左大将公数は放埓な仁であったようで、文明二年（一四七〇）両職を辞し、同八年には三十六歳で出家、家伝の記録抄物なども悉く沽却した際、いわゆる『尊卑分脈』の原本は三条家の左大臣公敦の所有に帰した。公敦は例の閑院嫡家云々の記述を見て、「抑西園寺為閑院家嫡之由注之、言語道断事也」とこれを否認し、わが家三条流こそ嫡男家であり、閑院家嫡であるとして、文明十一年四月、その論拠と主張を原本に書込んでいる。鞆絵文のことの反論、一流の家嫡は官位昇進の高下により必ずしも兄弟の長幼によらぬとする主張等である。確かに後者はもっともなことであるが、この場合は兄実行が太政大臣となり弟通季が権中納言で終ったから、実行が家嫡であるとしている。これは時間差を無視した論外の申し分であり、十歳の長幼の差があり、蔵人頭、参議の昇進が同日ながら兄実行が下臈、権中納言昇進が弟通季が先行していたことは紛れもない事実であったから、反論は充分な説得力をもたない。すでに室町時代には『公武大躰略記』に見えるように三条家正嫡説も出されているが、やはり『尊卑分脈』の説は否定しがたいものがあろう。実行以降も代々近衛大将および大臣に任じ、時には太政大臣に至るのを先途とした。実行の息公教は、嘉承二年（一一〇七）五歳で叙爵、累進して長承二年（一一三三）参議に列し、従三位・権中納言を経て久安六年（一一五〇）権大納言、久寿三年（一一五六）左大将に昇る。同年十月に設置された記録所の上卿に任命され、弁・寄人らを指揮して荘園整理にあたり、翌二年大納言を経ずに一挙に内大臣に昇った。大臣在任中の永暦元年（一一六〇）七月、五十八歳にて没した。その息が『愚昧記』の記主として著名な実房で、永暦元年十四歳で従三位に叙せられ公卿に列し、文治五年（一一八九）には大納言より右大臣に昇り、翌建久元年（一一九〇）さらに左大臣に進んだ。この間、公事・政理に通ずる公卿として重んぜられ、源頼朝による文治元年の朝政改革に際しては議奏公卿の一人に指名され、また多年後白河院別当にも名を列ねた。建久七年病により上表、出家するが、その後も公事の師として世人に仰がれ、「大恩教主御房」と称されたという。また同腹の妹琮子は後白河天皇女御となった。実房の息太政大臣公房の女有子は後堀河天皇皇后となり安喜門院の女院号を受けた。南北朝時代、朝儀典例にくわしく朝廷で重きをなした公忠は、長期にわたる日記『後愚昧記』を遺し、その記主として一般にも知られる。女厳子が後円融天皇の後宮に入り、後小松天皇の生母となり、通陽門院の号を宣下された。しかし、戦国時代に名流三条家も一旦中絶している。天文二十年（一五五一）八月、周防国において大内義隆が没落したとき、当時大内氏の館に滞留していた三条前左大臣公頼は准三宮二条尹房らとともに難に遭って生害した。その子実教も同二十三年に四位中将で早世した。ここにおいて三条家の遺跡は一旦継ぐ人なく絶え、のちに天正三年(一五七五)七月、一族三条西権大納言実枝の四男公宣が入って相続するまで二十年ほど空しかった。翌々五年公頼の養子、公・実の名交互の家例により、実綱と改名した。しかし、実綱は権中納言、正三位に昇進して間もなく、同九年二月に二十歳で早世した。そこで実綱生家の兄三条西権大納言公国の二男公広が養子になり家が継承された。幕末維新の交、実万・実美父子が国事に奔走したことはよく知られている。ことに実美は維新の元勲として明治新政府の太政大臣となり、明治十七年(一八八四)偉勲により公爵を授けられた。実通(実治)・実萬・実美は議奏に補され、実万は武家伝奏にも補された。なお、公教の二男実国が滋野井家、実房の二男公宣が姉小路家、同三男公氏が正親町三条家を起し、さらにそれらの分流を起し、多くの支流・庶流諸家が繁栄した。日記には、『八条相国記』(実行)、『教業記』(公教)、『愚昧記』(実房)、『後三条内相府記』(公親)、『公茂公記』、『後愚昧記』(公忠)、『後三条太相国記』(実冬)、『実量公記』、『実治公記』、『公充卿記』、『実顕公記』、『季晴公記』、『実起公記』『公修公記』、『実萬公記』、『公睦卿記』、『実美公記』がある。菩提所は嵯峨の二尊院。

実行　さねゆき　一〇八〇―一一六二

寛治7(一〇九三)・1・5叙爵(氏)、2・5加賀権守、承徳2(一〇九八)・1・27左衛門権左、康和2(一一〇〇)・1・5従五位上(労)、1・14昇殿、1・28還少納言、康和4・7・21正五位下(尊勝寺供養賞)、康和5・8・17東宮昇殿、康和6・1・6従四位下(労)、天仁1(一一〇八)・12・6〈20日カ〉従四位上(行幸院賞、別当)、天仁2・1・22権右中弁、天永2(一一一一)・1・23蔵人頭(舎弟通季同日補頭)、2・14正四位下(行幸春日社行事賞)、永久3(一一一五)・4・28参議(宣命)、元蔵人頭、永久4・1・30兼伊予権守、12・22兼右兵衛督、元永2(一一一九)・1・7従三位、保安3(一一二二)・12・17権中納言、12・21転任右衛門督、-・-使別当、大治3(一一二八)・1・5正三位、大治4・10・9転左督、天承1(一一三一)・5・9辞大理、12・22権大納言、12・27勅授、長承1(一一三二)・12・25従二位、長承2・1・29兼按察使、長承3・1・5正二位、

三条家

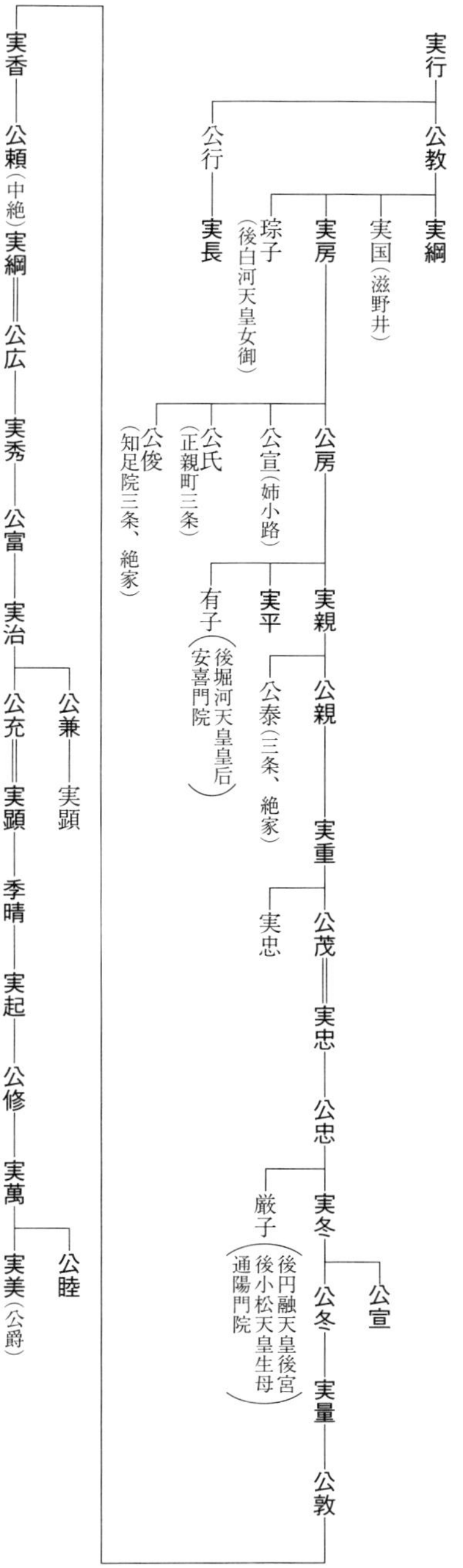

久安5（一一四九）・7・12兼宣旨、7・28右大臣、久安6・8・21太政大臣、従一位、仁平1（一一五一）・3・7宣旨、-・-宣聴乗輦車出入宮門者、仁平2・1・7宣旨（聴乗牛車出入宮門者）、保元2（一一五七）・8・9辞退太政大臣、永暦1（一一六〇）・1・30出家

［死没］応保2（一一六二）・7・28［年齢］83［父］藤原公実、一男［母］刑部卿正四位下藤原基貞女［号］八条太政大臣［法名］蓮覚［日記］八条相国記・実行公記（一一一一―一四）［公卿補任］1―381上

公教 きんのり　一一〇三―六〇

嘉承2（一一〇七）・11・29叙爵、永久3（一一一五）・12・16侍従、永久5・12・3昇殿、永久6・1・7従五位上（簡一）、元永2（一一一九）・1・24讃岐権介、保安2（一一二一）・4・5右少将（「右権少将」くし）、6・26蔵人、保安3・1・23備前権介、保安4・1・28新帝蔵人（受禅日）、保安5・1・7正五位（府）下、天治3（一一二六）・1・7従四位下（府）、1・8還昇、大治2（一一二七）・1・19美作介、大治4・1・20従四位上（御幸院賞、新院御給）、大治5・4・3転左中将、大治6・1・5正四位下（女院御給）、12・22蔵人頭、天承2（一一三二）・1・23兼備中権介、長承2（一一三三）・1・29参議（元蔵人頭、頭労三年）、左中将如元、長承3・2・22兼伊予権守、長承4・1・2従三位、保延2（一一三六）・12・9〈11月4日ともあり〉権中納言、保延3・12・19兼左兵衛督、保延6・12・7別当、保延7・1・29転左衛門督、永治1（一一四一）・12・26正三位、康治1（一一四二）・12・21従二位、天養2（一一四五）・1・4正二位、久安3（一一四七）・12・7辞別当、久安5・7・28中納言、久安6・8・21権大納言、久寿3（一一五六）・2・26蒙任大将兼宣旨、3・4左大将、保元1（一一五六）・10・27兼中宮大夫、保元2・8・9蒙任大臣兼宣旨、8・19内大臣、永暦1（一一六〇）・7・7辞大将、7・9薨去

※康治元年より「御禊御前次弟司長官」

［死没］永暦1（一一六〇）・7・9［年齢］58［父］藤原実行、一男［母］正三位藤原顕季三女［号］三条内大臣［日記］教業記・公教公記（一一二八―四八）［公卿補任］1―404上

実長 さねなが　一一二八―八二

保延6（一一四〇）・1・6従五位下（無品禎子内親王当年御給）、永治1（一一四一）・12・26従五位上（簡一）、康治3（一一四四）・1・24右兵衛佐、天養2（一一四五）・1・4正五位下（朝観行幸賞、皇后宮御給）、久安2（一一四六）・1・23〈「22日」し〉備中権介、1・26左少将（く無）、久安3・1・5従四位下（労）、久安5・10・11〈12日カ〉従四位上（日吉行幸上卿公教卿譲）、久安6・1・20正四位下（朝観行幸賞、暲子内親王給）、仁平1（一一五一）・2・2兼備前権介、7・24遷右近権少将、仁平4・8・18遷左少将、久寿3（一一五六）・4・6転右近権中将（し無）、保元1（一一五六）・9・13蔵人頭、-・-〈「11月28日」し〉参議、中将如元カ（兼右中将元蔵人頭（伊実任権中納言替）〈く〉、元蔵人頭右中将如元〈し〉）（朝観行幸賞、暲子内親王給）、保元2・1・24讃岐権守、10・22従三位、保元3・11・26正三位、永暦1（一一六〇）・1・21権中納言、3・2帯剣、永暦2・8・17中宮権大夫、永暦1・9・13中納言、応保2（一一六二）・2・5止中宮権大夫、2・19更中宮権大夫、2・23従二位、長寛2（一一六四）・閏10・23権大納言、11・25転大夫、永万2（一一六六）・7・15辞退、仁安2（一一六七）・閏7・19〈「17日」イ〉本座、仁安3・1・6正二位、承安2（一一七二）・2・10皇后宮大夫、承安3・8・15止之（大夫）、寿永1（一一八二）・10・11出家、12・27薨去

［死没］寿永1（一一八二）・12・27［年齢］55［父］藤原公行、一男［母］正四位下右京権大夫源顕親女［公卿補任］1―438上

実房 さねふさ　一一四七―一二二五

仁平2（一一五二）・1・9五位（女叙位次、禎子内親王当年給）、仁平4・1・7従五位上（院当年御給）、久寿3（一一五六）・1・27侍従、保元1（一一五六）・9・17左少将（「左権少将」く）、11・28正五位下（鳥羽院当年御給、除目次）、保元2・1・24美乃介、11・14禁色（父任大臣後）、保元3・1・6四位、3・13右中将、11・26従四位上（除目次）、保元4・1・3正四位下（朝観行幸、女院御給）、永暦1（一一六〇）・5・10蔵人頭、10・3従三位（元蔵人頭）、右中将如元、応保3（一一六三）・1・2正

三位、1・24但馬権守、永万2(一一六六)・6・6権中納言、仁安1(一一六六)・9・4帯剣、仁安2・1・28従二位、2・11中納言、仁安3・8・10権大納言、承安1(一一七一)・4・21正二位、寿永1(一一八二)・8・14兼皇后宮大夫、寿永2・4・5転大納言、文治2(一一八六)・11・28兼任右近大将、文治3・6・28止大夫、文治4・10・14転左、文治5・7・5蒙任大臣兼宣旨、7・10右大臣、12・-辞大将、建久1(一一九〇)・7・17左大臣、建久6・9・25上表、建久7・3・23上表、4・25出家

[死没]嘉禄1(一二二五)・8・17　[年齢]79　[父]藤原公教、三男　[母]正二位権中納言藤原清隆女　[号]三条左府入道・三条左大臣　[法名]静空　[日記]愚昧記(一一六六-九五)　[公卿補任]1—450下　[大日本史料]5—2—712

実綱　さねつな　一一二七—八〇

保延4(一一三八)・1・5叙爵(統子内親王給)、久安3(一一四七)・1・5従五位上(簡一)、久安6・1・29少納言、久安7・1・7正五位下(太政大臣譲、永久元年稲荷祇園行幸行事)、仁平2(一一五二)・1・28兼土佐権守(労)、保元1(一一五六)・10・27従四位下(労)、11・28皇太后宮権亮、保元3・2・3大宮権亮(宮転)、応保2(一一六二)・1・10従四位上(行幸院賞女御琮子給〈くし〉)、1・27兼備中権守(亮労)、長寛1(一一六三)・6・4改実経為実綱、長寛2・1・26正四位下(行幸院、院御給)、仁安1(一一六六)・11・17蔵人頭、仁安2・2・11参議、元蔵人頭大宮権亮〈くし〉、兼右大弁(直任)、本名実経、仁安3・1・11兼阿波権守、8・4従三位、嘉応2(一一七〇)・1・18左大弁、4・7勘長官、承安3(一一七三)・1・21伊与権守、承安4・1・5正三位、承安5・11・28権中納言、治承3(一一七九)・11・17解官、治承4・8・-恩免勅勘事、12・19薨去

[死没]治承4(一一八〇)・12・19　[年齢]54　[父]藤原公教、一男　[母]但馬公林覚女(花園左府家女房)　[前名]実経　[公卿補任]1—464上

公房　きんふさ　一一七九—一二四九

寿永2(一一八三)・1・5従五位下(女御琮子当年御給)、文治2(一一八六)・2・30従五位上(皇后宮入内、父卿大夫賞譲)、文治3・1・23侍従、10・21禁色、11・14正五位下(父卿石清水賀茂両社行幸事賞〈くし〉)、文治5・1・18右(「権」く)少将、12・30従四位下(臨時)、左中将、文治6・1・24播磨介(労)、建久2(一一九一)・12・13従四位上(曾祖父相国(「太政大臣」く)保安二春日行幸行事賞申請叙之〈くし〉)、建久4・4・14正四位下(臨時)、建久6・7・16中宮権亮(忠季辞替)、補蔵人頭(兼宗任三木替)、11・12従三位(元蔵人頭中宮亮)、左中将如元、建久10・1・5正三位、正治2(一二〇〇)・3・6権中納言、6・4帯剣、建仁1(一二〇一)・1・6従二位、建仁2・閏10・20中納言、11・19正二位、建仁4・3・6権大納言、元久2(一二〇五)・7・11兼中宮大夫、承元3(一二〇九)・4・10大納言、承元4・1・14兼右近大将、〔3月19日止中宮大夫カ〕、建保3(一二一五)・12・10内大臣、建保5・1・26辞大将、建保6・10・9太政大臣、承久3(一二二一)・1・5従一位、12・20上表、嘉禎1(一二三五)・9・16出家、建長1(一二四九)・8・16薨去

[死没]建長1(一二四九)・8・16　[年齢]71　[父]藤原実房、一男　[母]従一位左大臣藤原経宗女　[号]浄土寺　[法名]静空　[公卿補任]1—533上　[大日本史料]5—31—134

実親　さねちか　一一九五—一二六三

正治1(一一九九)・1・15叙位(女御琮子給)、建仁2(一二〇二)・1・5従五位上(皇后宮御給)、建仁3・1・13侍従、元久1(一二〇四)・1・5正五位下、元久2・4・10〈や〉右少将、建永1(一二〇六)・1・6従四位下(中宮御給)、1・13兼信乃権介、建永2・5・17禁色、承元1(一二〇七)・11・29従四位上(最勝四天王院供養賞)、12・9転中将、承元3・1・5正四位下(宣陽門院御給)、承元5・1・5従三位(修明門院御給)、右中将如元、建保2(一二一四)・1・3正三位、建保5・1・28兼土左権守、建保7・3・4権中納言、承久2(一二二〇)・1・3帯剣、1・6従二位、12・15中宮権大夫、承久4・1・6正二位、3・-止権大夫、元仁1(一二二四)・12・25中納言、嘉禄1(一二二五)・12・22権大納言、嘉禎4(一二三八)・7・2参陣、7・20右大臣、仁治1(一二四〇)・9・26従一位、9・27上表辞、建長5(一

二五三)・9・3〈「2日」分脈〉出家
❖建保二年より「越前権守」
[死没]弘長3(一二六三)・3・4 [年齢]69 [父]三条公房、一男 [母]内大臣正二位藤原忠親女 [号]白川入道右府 [法名]静月 [公卿補任]2―4下

実平 さねひら　一一九七―?

-・-・-五位、建保1(一二一三)・12・14侍従、建保4・1・5従五位上(宣陽門)、建保5・1・28兼安芸権介、建保6・1・5叙正五位下、承久3(一二二一)・1・5四位(宣陽門院〔や無〕)、貞応1(一二二二)・11・26従四位上、12・8禁色、貞応2・12・17正四位下、元仁2(一二二五)・1・5従三位(中宮御給)、1・7侍従如元、1・27左中将、嘉禄2(一二二六)・1・23兼越中権守、安貞2(一二二八)・3・20正三位、寛喜4(一二三二)・1・30兼尾張権守、正嘉1(一二五七)・2・-出家
[父]三条公房、二男 [母]内大臣正二位藤原忠親女 [公卿補任]2―57上

公親 きんちか　一二二二―八八

元仁2(一二二五)・1・5叙爵(女御琮子給)、安貞1(一二二七)・1・5従五位上(皇后宮御給)、寛喜2(一二三〇)・1・5正五位下、12・25侍従、寛喜3・1・29美作権介、左少将、10・12従四位下(少将如元)、寛喜4・1・30三川権介、天福2(一二三四)・10・29左中将、文暦2(一二三五)・1・23従四位上、嘉禎2(一二三六)・2・30正四位下、6・30復任(母)、嘉禎3・10・27従三位(父権大納言藤原朝臣寛喜二年平野大原野行幸行事賞譲)、左中将如元〔や無〕、嘉禎4・1・22兼下総権守、暦仁2(一二三九)・1・5正三位、延応1(一二三九)・11・6権中納言、仁治2(一二四一)・2・1従二位、仁治3・10・18帯剣、宝治1(一二四七)・7・16兼中宮大夫、宝治2・6・18止大夫、建長2(一二五〇)・1・5正二位、5・17権大納言、建長7・4・12兼右大将、弘長1(一二六一)・3・11蒙任大臣兼宣旨、3・27内大臣、9・-辞大将歟、弘長2・1・20上表、弘安9(一二八六)・3・10出家
❖正元二年(一二六〇)より「大納言」
[死没]正応1(一二八八)・7・12 [年齢]67 [父]三条実親、一男 [母]西園寺公経二女 [法名]親阿 [日記]後三条内相府記・公親公記(一二五七―九一) [公卿補任]2―98上

実重 さねしげ　一二六〇―一三二九

文応1(一二六〇)・11・15叙爵(臨時)、弘長3(一二六三)・1・6従五位上(皇后宮当年御給)、文永1(一二六四)・12・21侍従、文永4・1・5正五位下、12・30禁色、文永5・1・29兼甲斐権介、文永6・1・5従四位下、3・27左中将、文永7・12・4従四位上、文永9・1・5正四位下、7・11兼近江権介、文永11・1・7従三位(元左中将近江権介)、1・8中将如元、文永12・1・18尾張権守、建治3(一二七七)・1・5正三位、弘安1(一二七八)・11・18従二位、弘安2・12・12左中将、弘安6・3・28〈「4月5日」や〉正二位、弘安7・1・13権中納言、弘安8・2・20帯剣、正応1(一二八八)・7・11権大納言、正応4・3・25兼右大将、4・20右馬寮御監、正応5・5・15止大将、閏6・16更任左大将、7・5左馬寮御監、9・-大臣召仰、11・5内大臣、12・-辞大将、正応6・1・21上表、正安2(一三〇〇)・3・1従一位、文保2(一三一八)・8・15召仰、8・24太政大臣、元応1(一三一九)・10・18辞太政大臣、元応2・9・23出家
[死没]嘉暦4(一三二九)・6・26 [年齢]70 [父]三条公親、二男 [母]従一位左大臣山科実雄女 [号]押小路 [法名]覚空 [公卿補任]2―239下

公茂 きんしげ　一二八四―一三二四

弘安8(一二八五)・1・5叙爵(大宮院当年御給)、正応1(一二八八)・1・5従五位上(東二条院当年御給)、11・21正五位下、正応2・2・24従四位下、3・26従四位上(朝覲行幸、玄輝門院御給)、4・6侍従、12・29禁色、正応3・1・19左中将、10・29正四位下、永仁4(一二九六)・1・5従三位、左中将如元、永仁6・5・23正三位、正安3(一三〇一)・4・5参議、正安4・3・22〈23日ともあり〉権中納言、嘉元1(一三〇三)・9・24兼中宮権大夫、嘉元3・12・30権大納言、兼中宮大夫、徳治2(一三〇七)・1・5正二位、延慶3(一三一〇)・12・19止大夫、応長2(一三一二)・8・10兼右大将、正和4(一三一五)・7・21転左大将、文保1(一三一七)・6・21内大臣、

8・24止大将、文保2・8・15上表(内大臣)辞退、文保3・1・5従一位
❖元亨三年(一三二三)前内大臣従一位〔正中二年(一三二五)条不見、正中元年出家カ〕
[死没]元亨4(一三二四)・1・9　[年齢]41　[父]三条実重　[母]内大臣正二位中院通成女　[号]押小路前内大臣　[日記]公茂公記(一三〇三)　[公卿補任]2―334下

実忠　さねただ　一三〇四―四七

嘉元4(一三〇六)・1・5叙爵(于時公重、永子内親王当年御給)、延慶2(一三〇九)・2・19従五位上、延慶3・3・9正五位下、延慶4・1・5従四位下(于時実忠、無宮)、応長1(一三一一)・10・24従四位上、正和2(一三一三)・2・6正四位下、正和3・6・3侍従、10・21左中将(不経少将)、正和4・7・21渡右(父公茂卿転左大将之故也)、正和5・1・13兼美濃権介、12・23従三位、右中将如元、文保2(一三一八)・1・22兼下総権守、元応1(一三一九)・8・5参議、8・11転左中将、元応2・5・5正三位、12・9権中納言、元亨3(一三二三)・12・29帯剣、正中2(一三二五)・4・2従二位、嘉暦2(一三二七)・7・16権大納言、嘉暦3・1・5正二位、3・16兼中宮大夫、正慶1〈元弘2〉(一三三二)・5・20止大夫、正慶2〈元弘3〉・7・12為皇太后宮大夫、10・12止大夫、建武1(一三三四)・12・7宮内卿、建武3〈延元1〉・5・25治部卿、建武4〈延元2〉・7・20止卿、暦応2〈延元4〉(一三三九)・12・27大納言、暦応3〈興国1〉・7・19兼右大将、暦応5〈興国3〉・1・7為右馬寮御監、康永2〈興国4〉(一三四三)・3・19辞両職、4・10内大臣、康永4〈興国6〉・9・8辞退、貞和2〈正平1〉(一三四六)・1・6従一位、貞和3〈正平2〉(一三四七)・1・4薨去
[死没]貞和3(一三四七)・1・4　[年齢]44　[父]三条公茂　[母]家女房　[前名]公重　[号]後三条　[公卿補任]2―455下　[大日本史料]6―10―454

公忠　きんただ　一三二五―八三

元亨4(一三二四)・9・2従五位下、嘉暦1(一三二六)・9・4従五位上、嘉暦2・9・21正五位下、嘉暦3・9・30従四位下、嘉暦4・1・13侍従、元徳3(一三三一)・1・5従四位上、元弘2(一三三二)・1・5正四位下、元弘3・6・-還本位(従四位上)、6・12更叙正四位下、8・23左中将(元侍従、不経少将)、建武1(一三三四)・1・13兼播磨介、建武4〈延元2〉・12・4従三位、右(左カ)中将如元、暦応2〈延元4〉(一三三九)・1・13兼甲斐権守、暦応3〈興国1〉・12・27正三位、康永2〈興国4〉(一三四三)・3・19権中納言、貞和2〈正平1〉(一三四六)・2・21従二位、貞和3年〈正平2年〉・9・16権大納言、文和4〈正平10〉(一三五五)・8・13正二位、延文5〈正平15〉(一三六〇)・9・30内大臣、貞治1〈正平17〉(一三六二)・12・-辞退内大臣、12・27従一位、永徳3〈弘和3〉(一三八三)・12・24薨去
[死没]永徳3(一三八三)・12・24　[年齢]59　[父]三条実忠　[母]正四位下左近衛中将徳大寺公直女　[号]後押小路内大臣　[日記]後愚昧記(一三六一―八三)　[公卿補任]2―570下

実冬　さねふゆ　?―一四一一

文和4〈正平10〉(一三五五)・8・13叙爵、延文1〈正平11〉(一三五六)・4・21従五位上、延文3〈正平13〉・1・6正五位下、延文4〈正平14〉・4・21侍従、康安2〈正平17〉(一三六二)・5・7従四位下、貞治2〈正平18〉(一三六三)・1・28甲斐介、7・29従四位上、貞治3〈正平19〉・1・5正四位下、3・29左近権中将、貞治5・6・5元服〈し〉、貞治6〈正平22〉・1・5従三位、左近権中将(叙留)、応安1〈正平23〉(一三六八)・2・21兼下総権守、応安2〈正平24〉・1・5正三位、応安3〈建徳1〉・11・19〈し〉止権守、応安6〈文中2〉・12・26従二位、応安8〈文中4〉・2・7権中納言、永徳1〈弘和1〉(一三八一)・7・23権大納言、永徳3〈弘和3〉・1・5正二位、応永2(一三九五)・1・28兼右大将、12・27転左大将、内大臣、応永3・7・24右大臣、12・-辞大将、応永6・1・5従一位、2・22左大臣、応永9・8・22太政大臣、応永14・2・6出家
[死没]応永18(一四一一)・閏10・17　[年齢]58　[父]三条公忠　[母]従一位右大臣大宮季衡女　[号]後三条入道相国　[法名]常忠或常恩　[日記]後三条太相国記・実冬公記(一三七一―九五)　[公卿補任]2―694上　[大日本史料]7―14―544

公宣　きんのぶ　?—一四一〇

応永6(一三九九)・1・5従三位、元左中将(叙留)、応永7・1・5正三位、応永8・1・5従二位、3・24兼越中権守、応永9・3・28権中納言、応永10・1・6正二位、8・24権大納言、応永17・3・28薨去

[死没]応永17(一四一〇)・3・28 [父]三条実冬、一男 [公卿補任]3—47上 [大日本史料]7—13—131

公冬　きんふゆ　一三九一—一四五九?

応永19(一四一二)・1・5従三位、11・-正三位、左中将如元、応永20・1・5従二位、2・1権中納言、応永22・12・11権大納言、応永23・1・6正二位、応永24・11・-改公光、応永27・閏1・10左大将〈「左近大将」し〉、閏1・13内大臣、2・-辞大将、12・5右大臣、応永29・1・5従一位、応永30・8・-〈10月日ともあり〉〈「10月14日」イ〉辞右大臣、応永32・4・25本座、永享3(一四三一)・-・-改公冬、康正1(一四五五)・-・-出家、長禄3(一四五九)・5・17薨カ〈さし〉

※享徳二年(一四五三)・同三年条不見

[死没]長禄3(一四五九)・5・17カ [年齢]69カ [父]三条実冬、二男 [前名]公量・公光 [号]後白川入道前右大臣 [公卿補任]3—74下

実量　さねかず　一四一五—八三

正長2(一四二九)・8・30従三位、左中将如元、家賞也、父前右大臣公光公亭依為皇居也、永享2(一四三〇)・1・6従二位、永享4・3・-権中納言、7・25権大納言、永享12・1・6正二位、文安4(一四四七)・3・24右大将、宝徳2(一四五〇)・6・27内大臣、宝徳3・3・-辞大将、宝徳4・10・-辞内大臣、享徳2(一四五三)・1・5従一位、康正3(一四五七)・6・17右大臣、-・-辞退(右大臣)、長禄3(一四五九)・12・8左大臣、長禄4・7・27辞左大臣、応仁1(一四六七)・10・-出家

※永享三年より「越中権守」

[死没]文明15(一四八三)・12・19 [年齢]69 [父]三条公光 [母]水無瀬具景女 [前名]実尚・実教 [号]後三条入道左府 [法名]禅空 [日記]実量公記(一四四三) [公卿補任]3—119上 [大日本史料]8—15—733

公敦　きんあつ　一四三九—一五〇七

文安6(一四四九)・1・6正四位下〈さし〉、宝徳3(一四五一)・-・-従三位、左中将如元〈やさし無〉、宝徳4・3・23兼尾張権守、享徳3(一四五四)・1・5正三位、康正2(一四五六)・3・29権中納言、〈従二位カ〉、長禄2(一四五八)・7・25権大納言、寛正6(一四六五)・1・5正二位、文正1(一四六六)・12・5兼右大将、文明7(一四七五)・3・10転左、文明8・8・28内大臣、文明9・12・29従一位、文明11・4・19右大臣、文明12・3・-辞右大臣、文明13・2・15出家

[死没]永正4(一五〇七)・5・7 [年齢]69 [父]三条実量 [号]龍翔院 [法名]祥空 [公卿補任]3—168上

実香　さねか

長享1(一四八七)・7・29従三位、左近中将如元、長享3・7・8権中納言、延徳2(一四九〇)・10・23権大納言、延徳3・12・18正三位、文亀1(一五〇一)・閏6・1兼任右大将、8・18従二位、永正1(一五〇四)・3・15賜去年六月五日叙正二位位記、永正3・12・25御監宣下、永正4・4・9内大臣、永正10・11・9転左大将、永正12・4・16転(右大臣)、12・26従一位、永正13・3・29辞大将、永正15・5・28左大臣、永正18・7・1辞退左大臣、大永3(一五二三)・閏3・16本座、天文4(一五三五)・8・28太政大臣、天文5・6・25〈さ〉辞太政大臣、天文6・2・8〈「9日」さ〉出家

[死没]永禄2(一五五九)・2・25 [年齢]91 [父]三条公敦 [号]後浄土寺殿 [法名]諦空 [公卿補任]3—274下

公頼　きんより　一四九八—一五五一

永正7(一五一〇)・3・13叙爵、侍従、10・23正五位下(越階、年中両度)、永正8・5・7従四位下、永正9・2・23左近中将(不経少将)、12・14従四位上、永正10・7・26正四位下、11・10転右近中将(父公依転左大将也)、永正11・1・5従三位、右近中将如元、7・2権中納言、永正14・10・28正三位、永正18・7・1権大納言、大永2(一五二

三)・1・5従二位、大永6・1・19〈「3月30日」さ〉正二位、享禄2(一五二九)・4・3下向能州〈さ〉、5・25上洛〈さ〉、享禄5・8・11直衣参内〈さ〉、天文2(一五三三)・12・9補方仁親王家別当〈さ〉、天文3・10・-下向周防国〈さ〉、天文4・-・-下向周防国〈さ〉、天文5・5・29帰京〈さ〉、天文7・1・8〈「13日」さ〉右大将、天文8・6・20転左〈や〉、天文10・3・28内大臣、天文11・6・13辞大将、天文12・4・8在国、6・-・-上洛、7・28右大臣、天文13・9・-〈「5月」や〉在国、10・-上洛、天文14・4・5在国(越州)、6・2止職、7・9上洛、天文15・1・30左大臣、3・25辞退(左大臣)、天文16・1・5従一位、天文20(一五五一)・8・29薨去

[死没]天文20(一五五一)・8・29 [年齢]54 [父]三条実香 [号]後龍翔院左大臣 [公卿補任]3―336下

実綱 さねつな 一五六二―八一

永禄12(一五六九)・10・24叙爵(于時公宣)、元亀3(一五七二)・-・-従五位上、天正1(一五七三)・12・20侍従、12・21元服、禁色、昇殿、天正2・1・5正五位下、天正3・6・3従四位下、-・-侍従如元、12・26左中将、天正4・1・6従四位上、12・13正四位下(年中両度)、天正5・8・-改実綱、天正6・1・6従三位、左中将如元、天正7・7・4権中納言、天正8・12・7正三位、天正9・2・7薨去

[死没]天正9(一五八一)・2・7 [年齢]20 [父]三条公頼(実三条西実枝) [母]勧修寺尚顕女(実正親町三条公兄女) [前名]公宣 [公卿補任]3―480下

公広 きんひろ 一五七七―一六二六

天正5(一五七七)・-・-誕生、天正9・1・5叙爵☆、-・-・-従五位上〈く〉、-・-・-正五位下〈く〉、-・-・-従四位下〈く〉、天正10・4・12従四位上、中将、-・-・-正四位下〈く〉、慶長2(一五九七)・1・5従三位(中将如元〈く〉)、三条流相続〈く〉、左中将如元、慶長4・6・30改公広、慶長9・8・1正三位、慶長11・1・11権中納言、慶長14・1・6従二位、慶長17・12・8〈「7日」諸家伝〉権大納言☆、慶長19・1・5正二位、寛永3(一六二六)・10・-薨去

[死没]寛永3(一六二六)・10 [年齢]50 [父]三条実綱(実三条西公国、二男) [母]従一位左大臣西園寺公朝女(実贈中納言某実教女) [前名]公盛 [公卿補任]3―512上

実秀 さねひで 一五九八―一六七一

慶長3(一五九八)・4・12誕生、慶長9・8・1従五位下、慶長13・1・17従五位上、慶長17・1・5正五位下、慶長18・1・6従四位下、10・19従四位上(年中両度)、慶長20・1・5正四位下、元和1(一六一五)・11・27侍従、禁色、11・29元服、昇殿〈く〉、元和2・1・11左中将〈くま〉、元和5・7・13従三位、左中将如元、元和6・1・11権中納言、元和7・1・5正三位、寛永5(一六二八)・1・6従二位、寛永6・11・6権大納言、寛永8・12・11正二位、寛永12・2・6兼右大将、9・4辞大将、正保5(一六四八)・閏1・20内大臣、慶安1(一六四八)・12・13辞内大臣、慶安5・9・17右大臣、承応2(一六五三)・2・3辞右大臣、明暦3(一六五七)・1・5従一位、万治3(一六六〇)・1・13左大臣、万治4・4・1辞左大臣、寛文11(一六七一)・8・25薨去

[死没]寛文11(一六七一)・8・25 [年齢]74 [父]三条公広 [母]正三位権中納言正親町三条公仲女 [号]忌心院前左大臣 [公卿補任]3―552下

公富 きんとみ 一六二〇―七七

元和6(一六二〇)・1・2誕生、閏12・27叙爵、寛永4(一六二七)・1・5従五位上、寛永5・1・5正五位下☆、寛永8・11・6従四位下、寛永9・1・11〈く〉侍従、寛永12・1・5従四位上、寛永13・1・5正四位下、寛永14・12・21元服、禁色、左中将、寛永16・12・29〈去年正月五日従三位々記〉従三位、中将如元、権中納言、寛永18・1・5正三位〈く〉、慶安1(一六四八)・12・22権大納言、慶安2・4・3〈去一日従二位々記〉従二位、承応1(一六五二)・10・12正二位、承応4・1・25兼任右近大将、御監、12・5神宮伝奏、明暦2(一六五六)・12・26内大臣、明暦3・3・27止大将、万治1(一六五八)・9・6辞内大臣、寛文4(一六六四)・4・5右大臣、寛文5・1・11辞右大臣、寛文12・1・5従一位☆、延宝5(一

六七七)・6・12薨去

[死没]延宝5(一六七七)・6・12　[年齢]58　[父]三条実秀　[母]正二位権大納言日野資勝女　[号]唯心院前左大臣　[公卿補任]3—590上

実治　さねはる　一六五〇—一七二四

慶安3(一六五〇)・12・6誕生、明暦1(一六五五)・-・-叙爵、万治2(一六五九)・1・5従五位上、寛文3(一六六三)・2・16侍従・正五位下、寛文4・1・19従四位下、寛文5・12・23従四位上、寛文7・12・12元服、昇殿、左中将正四位下、禁色、改実通(元季房)、寛文8・1・6従三位☆(左中将如元)、寛文10・12・27権中納言、寛文11・1・6帯剣、寛文12・12・26権大納言☆、延宝1(一六七三)・7・11神宮伝奏、12・28〈去十一年十二月廿八日分〉正三位、延宝3・8・24辞伝奏、延宝6・12・19従二位、天和3(一六八三)・2・14中宮大夫、貞享2(一六八五)・7・23〈「24日」ま〉右大将、貞享4・4・25〈3月カ〉止大夫☆、元禄2(一六八九)・12・29改実治〈ま〉☆、元禄6・8・7内大臣、11・6辞大将、12・16辞内大臣、元禄7・2・12〈元禄4年十二月廿一日分〉正一位☆、元禄17・1・22右大臣、1・28随身兵仗、2・5辞右大臣、宝永2(一七〇五)・2・1〈去正五分〈ま〉〉従一位、正徳5(一七一五)・3・12左大臣、8・12辞左大臣、享保9(一七二四)・8・12薨去

[死没]享保9(一七二四)・8・12　[年齢]75　[父]三条公富　[前名]季房・実通　[号]暁心院　[法名]観照　[日記]実治公記(一六八一-一七三三)　[公卿補任]4—20上

公兼　きんかね　一六七九—?

延宝7(一六七九)・8・16誕生、元禄2(一六八九)・12・16叙爵、元禄4・2・24従五位上、元禄5・12・25侍従正五位下、元禄7・12・25従四位下、元禄8・11・4元服、昇殿、禁色、左中将従四位上、元禄9・12・28正四位下☆、元禄10・1・14〈「24日」ま〉〈去五日分〉従三位(左中将如元)、元禄13・12・29辞官、止位記

[父]三条実治　[公卿補任]4—132上

公充　きんあつ　一六九一—一七二六

元禄4(一六九一)・1・23誕生、元禄13・2・13叙爵☆、元禄14・2・17〈去正五分〉従五位上、12・23侍従、正五位下、元禄15・3・16従四位下、元禄16・1・8〈去五日分〉従四位上、1・26元服、禁色、昇殿、左中将、12・22正四位下、宝永2(一七〇五)・6・27従三位(左中将如元)、宝永6・6・2権中納言、6・6帯剣、宝永7・閏8・9〈去二月廿八日分〉正三位、正徳3(一七一三)・9・24為栄懐親王家勅別当☆、12・23従二位、享保2(一七一七)・7・4権大納言、享保4・1・22辞権大納言、享保11・9・17薨去☆

[死没]享保11(一七二六)・9・17　[年齢]36　[父]三条実治、二男　[母]家女房　[号]霊明院　[日記]公充卿記(一七二一-一七二六)　[公卿補任]4—169上

実顕　さねあき　一七〇八—七二

宝永5(一七〇八)・5・29誕生、正徳4(一七一四)・12・26叙爵、享保4(一七一九)・4・5為公充卿養子、6・1従五位上、12・26侍従、享保5・6・28正五位下、享保6・12・24従四位下〈去十二分〈ま〉〉、享保7・5・3元服、昇殿、禁色、左中将従四位上、享保8・4・2正四位下、享保9・3・25従三位(左中将如旧)、享保10・3・13権中納言、5・7帯剣、享保12・12・27正三位、享保15・8・9権大納言、享保16・12・25従二位、元文2(一七三七)・閏11・21正二位、元文3・8・28大嘗会検校〈ま〉、寛保3(一七四三)・9・4為音仁親王家別当、延享2(一七四五)・3・12改実顕、延享4・3・16春宮大夫、5・2止春宮大夫、寛延2(一七四九)・12・4右大将、12・8〈「13日」ま〉右馬寮御監、12・24内大臣、寛延3・1・9辞右大将、8・5辞内大臣、宝暦4(一七五四)・2・19右大臣、5・13辞右大臣随身兵仗〈ま〉、8・17従一位☆、安永1(一七七二)・12・19薨去

[死没]安永1(一七七二)・12・19　[年齢]65　[父]三条公充(実三条公兼、二男)　[母]井伊直興女(実広幡豊忠女)　[前名]利季　[一字名]満　[号]誠心院　[法名]円浄・閑空　[日記]実顕公記(一七二二-一七七二)・享保八年御記(一七二三)　[公卿補任]4—263下

季晴　すえはれ　一七三三―八一

享保18(一七三三)・10・22誕生☆、享保20・12・24叙爵、元文3(一七三八)・8・27従五位上、侍従、元文6・12・21〈「3月24日」ま〉正五位下、寛保3(一七四三)・6・28〈ま〉従四位下☆、寛保4・12・22従四位上、延享5(一七四八)・12・26正四位下、寛延3(一七五〇)・2・5元服、禁色、雑袍、昇殿、7・10左少将、8・26拝賀〈ま〉、9・24右中将、9・28拝賀〈ま〉、12・24従三位(右中将如故)、宝暦2(一七五二)・6・10権中納言☆、8・5帯剣、宝暦3・1・29正三位、宝暦5・6・4辞権中納言、6・5還任権中納言、宝暦6・12・21権大納言、宝暦8・12・28従二位、宝暦13・10・4為貞行親王家勅別当、11・28正二位、明和7(一七七〇)・8・4内大臣、明和8・4・16辞内大臣・辞随身兵仗、明和9・3・28従一位、安永8(一七七九)・1・14右大臣・随身兵仗、1・18直衣始、3・29辞右大臣・辞随身兵仗、天明1(一七八一)・11・28薨去

〔死没〕天明1(一七八一)・11・28　〔年齢〕49　〔父〕三条実顕　〔母〕従二位権大納言三条公充女　〔号〕後誠心院　〔日記〕季晴公記(一七五〇―八一)　〔公卿補任〕4―400上

実起　さねおき　一七五六―一八二三

宝暦6(一七五六)・11・14誕生、宝暦7・2・14従五位下、宝暦8・5・28従五位上、宝暦9・3・25正五位下、宝暦10・12・26従四位下、宝暦11・9・28侍従、宝暦12・1・28従四位上、宝暦13・3・24正四位下☆、10・24元服、昇殿、禁色、12・4左権少将、宝暦14・1・16拝賀、明和1(一七六四)・8・7左権中将、8・10拝賀、8・26〔従三位〕(中将如元)、明和4・12・25正三位☆、明和8・8・16権中納言、8・8〈「28日」旧〉帯剣、明和9・8・25従二位、安永4(一七七五)・閏12・19正二位、安永6・12・19権大納言、寛政4(一七九二)・2・6右近大将・右馬寮御監、2・27直衣始、寛政8・12・22内大臣、12・23直衣始、寛政9・3・27辞両官、寛政12・3・14〔従一位〕、文化11(一八一四)・4・2右大臣、賜随身兵仗、4・5直衣始、9・28辞右大臣随身兵仗、文政6(一八二三)・9・7薨去

〔死没〕文政6(一八二三)・9・7　〔年齢〕68　〔父〕三条季晴　〔母〕従四位上大監物井伊直定女　〔号〕後暁心院　〔法名〕観察　〔日記〕実起公記(一七九一―一八〇〇)　〔公卿補任〕4―477下

公修　きみおさ　一七七四―一八四〇

安永3(一七七四)・8・1誕生、安永4・10・28叙爵、安永5・5・27従五位上、安永7・5・1侍従、11・29正五位下、安永9・1・13従四位下、安永10・1・5従四位上、天明1(一七八一)・6・24元服、禁色、昇殿、天明2・2・7正四位下、天明3・9・15左権少将、9・26奏慶、天明4・1・28右権中将、2・16従三位(右中将如故)、3・14拝賀、天明6・1・14正三位、寛政3(一七九一)・11・28権中納言、12・10帯剣、12・11直衣始、寛政4・閏2・26従二位☆、寛政6・1・28正二位、3・7中宮権大夫、寛政10・7・22権大納言、中宮大夫、8・27直衣始、12・28補内教坊別当、寛政12・3・26為儲君親王勅別当☆、文化5(一八〇八)・3・4孝仁親王家別当、文化12・12・4右大将、右馬寮御監、12・19直衣始、文政3(一八二〇)・3・14転皇太后、10・15内大臣、10・19直衣始、文政4・4・7辞両官御監、文政5・12・21従一位、天保11(一八四〇)・9・7薨去

〔死没〕天保11(一八四〇)・9・7　〔年齢〕67　〔父〕三条実起　〔母〕井伊直幸女美子(実蜂須賀宗鎮女三女)　〔法名〕音空・観了　〔日記〕公修公記(一八〇四―三六)　〔公卿補任〕5―32上

実萬　さねつむ　一八〇二―五九

享和2(一八〇二)・2・15誕生、文化2(一八〇五)・2・15従五位下、文化3・4・28従五位上、文化4・1・21正五位下、文化5・1・17侍従、10・8従四位下、文化6・12・22従四位上、文化7・12・21〈22日カ〉〈ま〉正四位下、文化9・10・25元服、右近衛権少将、禁色、昇殿、拝賀、文化11・11・7転権中将、11・13拝賀、12・2〔従三位〕右中将如故、文化12・2・26正三位、文政1(一八一八)・9・13従二位、文政3・2・14権中納言、3・10帯剣、3・11聴直衣、直衣始、10・26皇太后宮権大夫、文政4・2・30正二位、文政7・6・4権大納言、6・26直衣始、天保12(一八四一)・閏1・22止権大夫、嘉永1(一八四八)・2・30内教坊別当、安政4(一八五七)・2・

8右大将・右馬寮御監、2・10直衣始、5・15内大臣、5・16直衣始、安政5・3・21辞両官御監、安政6・5・3出家

[死没]安政6(一八五九)・10・6　[年齢]58　[父]三条公修　[母]一条輝良三女和子　[号]澹堂　[日記]実萬公記(一八〇八-五九)・公式御用日記(一八四八-五六)　[公卿補任]5—229下

公睦　きんむつ　一八二八—五四

文政11(一八二八)・5・7誕生、文政12・4・5従五位下、文政13・1・21従五位上、天保2(一八三一)・8・12正五位下、10・28侍従、天保3・2・3従四位下、天保4・10・6従四位上、天保5・10・10正四位下、天保8・4・16元服、禁色、昇殿、右権少将、拝賀、天保12・12・9転権中将、12・22(従三位)、右中将如故、天保13・11・27正三位、嘉永5(一八五二)・5・8権中納言、5・28帯剣、6・1聴直衣、直衣始、10・9従二位、嘉永7・1・5(正二位)、2・11辞権中納言、薨去

[死没]嘉永7(一八五四)・2・11　[年齢]27　[父]三条実萬、三男　[母]山内豊策三女紀子　[日記]公睦卿記(一八四三)・天保十五年日記(一八四四)　[公卿補任]5—404上

実美　さねとみ　一八三七—九一

天保8(一八三七)・2・8誕生、嘉永2(一八四九)・12・19従五位下、嘉永7・6・10従五位上、8・8侍従、8・27元服、禁色、昇殿、12・18正五位下、安政2(一八五五)・4・7従四位下、安政3・2・5従四位上、9・17右近衛権少将、12・2拝賀、12・22正四位下、安政4・2・9着本陣、6・16服解(父)、11・27除服出仕復任、文久2(一八六二)・閏8・21転左近衛権中将、9・15(従三位)(権中将如元)、9・28権中納言(推任、今度攘夷之儀ニ付別勅使東武下向、以格別叡慮被推任)、文久3・4・10帯剣、8・24止官位、慶応3・12・8復位、慶応4(一八六八)・2・2権大納言、-・-・-〈4月22日任カ〉左大将、閏4・22従一位、5・24右大臣

[死没]明治24(一八九一)・2・18　[年齢]55　[父]三条実萬　[母]山内豊策三女紀子　[変名]梨木誠斎　[号]梨堂・香雪閣　[日記]実美公記(一八五九-六七)　[公卿補任]5—543下

知足院三条家(絶家)

公俊　きんとし　一一九四—?

正治2(一二〇〇)・1・5従五位下(式親〔「子」当作〕内親王当年御給)、建仁2(一二〇二)・1・12侍従、11・19従五位上(宜秋門院御給)、元久2(一二〇五)・1・5正五位下、8・9左少将、元久3・1・13下野権介、承元1(一二〇七)・1・5従四位下、建暦1(一二一一)・1・5従四位上(陰明門院去年御即位御給)、1・18加賀介、建暦2・1・13左中将、建暦3・1・13備前権介、4・26正四位下(脩明門院御給)、建保6(一二一八)・1・5従三位(去中将)、承久4(一二二二)・1・20正三位、建長3(一二五一)・9・23出家

知足院三条家
公俊——公為

❖寛元二年(一二四四)より「従二位」

[父]藤原実房、四男　[母]従一位左大臣藤原経宗女　[法名]真空　[公卿補任]2—27下

公為　きんため　一二一六—?

嘉禎2(一二三六)・2・30〈や〉叙爵、12・18従五位上、延応1(一二三九)・10・28侍従、仁治1(一二四〇)・12・18正五位下、仁治3・1・7従四位下(安嘉門院去年未給)、仁治4・2・2右少将、寛元4(一二四六)・11・9近江権介、11・23従四位上(大嘗会叙位、近江権介)、建長6(一二五四)・8・5辞少将、正嘉2(一二五八)・12・14正四位下、文応1(一二六〇)・12・9従三位、元前少将、建治3(一二七七)・-・-出家

[父]三条公俊　[養父]西園寺実氏　[公卿補任]2—184下

三条家（絶家）1

公泰 きんやす 一二二一—？

-・-・-叙爵、延応2（一二四〇）・1・22侍従、仁治1（一二四〇）・10・28従五位上、仁治2・2・8右近少将、仁治3・1・5正五位下（安嘉門院当年御給）、3・7兼出羽権介、仁治4・1・5従四位下（安嘉門院大嘗会御給）、寛元1（一二四三）・4・18更任右近少将、8・10兼春宮権亮、寛元2・4・5転任左少将〔中将カ〕、寛元3・1・5従四位上（春宮去年御給）、寛元4・2・23兼備前介、宝治2（一二四八）・1・7正四位下（中宮当年御給）、11・29補蔵人頭、建長2（一二五〇）・1・13参議、元蔵人頭右中将、中将〔や無〕如元、建仁2（一二〇二）・9・16従三位、建長3（一二五一）・1・22兼伊勢権守、建長4・12・4正三位、建長6・1・5従二位、1・13権中納言、正嘉2（一二五八）・11・2正二位、正嘉3・9・28解官、正応5（一二九二）・5・15出家

〔父〕三条実親、二男 〔母〕太政大臣従一位西園寺公経女 〔公卿補任〕2—147上

実盛 さねもり ？—一三〇四

建長5（一二五三）・9・2叙爵、建長7・12・24侍従、康元2（一二五七）・1・6従五位上、正嘉2（一二五八）・4・6右少将、文応1（一二六〇）・8・3正五位下、弘長2（一二六二）・1・19従四位下（府労）、文永1（一二六四）・1・17還任右少将、文永3・4・27従四位上（蓮華王院供養、院御給）、文永4・2・2転中将、6・23兼皇后宮権亮、文永5・1・29播磨権介、文永6・1・5正四位下、文永9・7・11出羽権介、弘安3（一二八〇）・3・16兼美乃介、弘安8・3・6補蔵人頭、-・-・-遭母喪、弘安9・1・13参議（元蔵人頭右中将）、中将如元、8・14従三位、弘安10・1・13辞参議、4・30本座、嘉元2（一三〇四）・7・22薨去

〔死没〕嘉元2（一三〇四）・7・22 〔父〕三条公泰 〔母〕正四位下左近衛中将徳大寺実忠女 〔号〕三条 〔公卿補任〕2—282上

実永 さねなが ？—一三一二

文永3（一二六六）・4・21叙爵、文永4・2・1侍従、文永5・1・5従五位上、文永6・3・27右少将、文永7・1・5正五位下、1・21出羽権介、文永8・1・5従四位下（大宮院御給）、2・1還任少将、11・13転中将、建治1（一二七五）・12・26従四位上、建治3・1・29兼但馬権介、建治4・2・10正四位下、弘安8（一二八五）・8・19兼皇后宮権亮、正応1（一二八八）・11・8補蔵人頭（右中将、皇后宮亮）、正応2・1・13参議（元蔵人頭）、右中将如元、正応3・1・13兼土左権守、1・29〈19日ともあり〉下名次辞退、正応4・2・-止権守、正応6・1・13正三位、永仁7（一二九九）・1・25従二位、嘉元3（一三〇五）・9・-出家、応長2（一三一二）・2・28薨去

〔死没〕応長2（一三一二）・2・28 〔父〕三条公泰、二男 〔母〕正四位下中務大輔橘知茂女 〔号〕三条 〔公卿補任〕2—297上

公雅 きんまさ 一二六四—一三四〇

建治1（一二七五）・10・8従五位下、建治2・1・22侍従、弘安3（一二八〇）・10・1左少将、弘安6・1・5従五位上、弘安8・1・5正五位下、10・-解官、弘安11・1・5従四位下、正応5（一二九二）・2・27従四位上、3・29還任左少将、11・23転中将、永仁1（一二九三）・9・12正四位下、永仁2・3・27備前介、正安1（一二九九）・12・17従三位、元左中将、嘉元4（一三〇六）・2・5左中将、徳治1（一三〇六）・12・22正三位、延慶3（一三一〇）・3・9参議、延慶4・3・20兼備前権守、応長2（一三一二）・2・13従二位、正和1（一三一二）・4・10権中納言、正和2・8・7止権中納言、元亨2（一三二二）・閏5・16賜文保元二五正二位々記、暦応3〈興国1〉（一三四〇）・8・-薨去

〔死没〕暦応3（一三四〇）・8 〔年齢〕77 〔父〕三条公泰、二男 〔養父〕参議従二位三条実永 〔前名〕

三条家

公泰—実盛
　　—実永
　　—公雅—実古

公夏　[公卿補任]2―350上　[大日本史料]6―6―329

実古　さねふる　?―一三六五

延慶1(一三〇八)・10・12従五位下、-・-・-侍従、元応1(一三一九)・8・21従五位上、元応2・9・5右少将、元亨1(一三二一)・7・27正五位下、正中2(一三二五)・1・29従四位下、嘉暦3(一三二八)・11・27右中将、嘉暦4・1・5従四位上、元徳2(一三三〇)・7・17正四位下、貞和2〈正平1〉(一三四六)・2・21従三位、元右中将本名実雅、貞和5〈正平4〉・2・15参議、3・25兼左中将、4・24辞(参議)、貞治2〈正平18〉(一三六三)・1・5正三位、貞治4〈正平20〉・-・-薨去

[死没]貞治4(一三六五)　[父]三条公雅　[前名]実雅　[公卿補任]2―610上　[大日本史料]6―27―102

徳大寺家　とくだいじけ

藤原氏北家閑院流。九条右大臣師輔の十一男閑院太政大臣公季の裔。閑院徳大寺流の嫡流。藤原大納言公実の五男徳大寺左大臣実能を家祖とする。徳大寺の称は、実能が衣笠山の西南麓に営んだ山荘の域内に建立した徳(得)大寺に因む。家格は清華家。内々の家。四箇の大事・有識故実・雅楽(笛)を家職とした。江戸時代には家領四百十石四斗。家祖実能は、鳥羽天皇の外舅公実を父とし、右中弁藤原隆方の女、堀河・鳥羽天皇の御乳母従二位光子を母とし、永長元年(一〇九六)に生まれた。西園寺家の家祖通季、鳥羽天皇の中宮璋子(崇徳・後白河天皇生母、待賢門院)は同腹の兄、および妹。長治元年(一一〇四)九歳で叙爵。美作守・左中将等を経て、保元二年(一一五七)従一位。権中納言・左衛門督・権大納言を経て、久安五年(一一四九)大納言。内大臣・左大将・東宮傅を経て、久寿三年(一一五六)左大臣。従一位に昇り、同年九月に六十二歳で没した。寺としての徳大寺については、後年に洞院公賢がその日記『園太暦』文和元年(一三五二)七月八日条に、かねて前内大臣徳大寺公清に尋ねた家号についての返答があったことを述べ、「先年、徳大寺号事、御尋候し、かう堂供養よりはるかに前より此号候けり、供養ハ久安ハ候歟、此号ハ保安之比文書ニ所見候、其以前も、いつ比よりにてか候つらん、いかにも供養以往より、仏閣候之条ハ勿論候歟」とある。徳大寺の号は保安(一一二〇―二四)頃の文書にはすでに見え、久安(一一四五―五一)頃に講堂の落慶供養が行われたとする。この供養は藤原頼長の『台記』久安三年六月五日条に、「今日、右大将実能卿供養徳大寺辺堂」とあることに該当するのであろう。また、『山槐記』永暦元年(一一六〇)九月十七日条に、「於得大寺馬場、又馳御馬云々、此所ハ右大将領也」とあり、徳大寺は音通として得大寺とも書かれたことが知られる。しかし、実能の亡後、早い時期に荒廃するに至ったようで、出家する前には実能の家人であった歌人西行は当寺を訪れ、「徳大寺の左大臣の堂に立ち入りて見侍りけるに、あらぬことになりてあはれなり」云々と詞書して、「なき人のかたみにたてし寺に入りて跡ありけりと見て帰ぬる」と詠じている(『山家集』)。代々徳大寺家領として伝領されたが、長禄二年(一四五八)公有のとき、管領細川勝元がこの地を譲り受け、龍安寺を開創、徳大寺は廃寺となった。実能は女育子を二条天皇の皇后に立て(六条天皇生母)、鳥羽上皇の信任も厚く、保元の乱を未然に防ごうと努めたが成就しなかった。また和歌にも堪能で、その息右大臣公能は音楽に秀でた。また、実娘の多子(藤原頼長養女)を近衛天皇の皇后に立て、同じく忻子を後白河天皇の皇后に立てるなど、皇室との間に外戚関係をもとりむすんだが、いずれも外孫には恵まれなかった。公能の息実定は寿永二年(一一八三)内大臣となったが、木曾義仲の強制により辞退、義仲滅亡後復任した。文治元年(一一八五)の平家滅亡後、源頼朝の奏請で議奏公卿の一人となり、翌二年に右大臣に転じ、同五年左大臣に進む。病により翌建久元年(一一九〇)上表、同二年閏十二月五十三歳で没した。頼朝は実定を重

んじ、その死をはなはだ惜しんだことは『吾妻鏡』に見える。その日記『庭槐抄』は治承―寿永期における朝廷の綱紀の弛廃を具体的に記述している。また有職故実の書『掌函補抄』十巻などの著作もあり、歌人としても知られる。実定息の左大臣公継は承久の乱に後鳥羽上皇が西園寺公経を処断せんとしたのを諫止したことで知られる。その次の実基・公孝父子はともに太政大臣従一位まで昇った。とくに実基は左右大臣を経ず内大臣より直に昇進した。公孝の息実孝は三十歳で若死し権中納言にとどまったが、女の忻子は後二条天皇中宮(長楽門院)となった。なお、『尊卑分脈』は忻子を実孝の子として公清などと横一線で結んでいるが、これは誤りで、『徳大寺家譜』『系図纂要』に見える如く実孝とは横線で連結されるべきもの。実孝の孫実時、曾孫公俊も太政大臣従一位に昇った。ただし公俊が家督を継ぐことについて、舎弟公朝が意中にあった足利義満の逆鱗に触れ、一時家の存続をも危ぶませるまでに至ったが、ことなきを得たことが『荒暦』に見える。江戸時代には養子相続も多く、また老年に及ばず他界したため納言で終ったものもあり、左大臣にまで昇ったのは公信のみで、実祖・公純が右大臣、実維・公全・実堅は内大臣となった。宝暦事件で知られる竹内式部は初め公城に仕えていた人物で、事件に連座して落飾を命ぜられた。公全が議奏・武家伝奏に補され、公純・実則が議奏に補された。文久三年(一八六三)の八月十八日の政変に実則は議奏当役で、遠慮を命ぜられ議奏を罷免されたが、明治元年(一八六八)参与、ついで議定となり、さらに内国事務局督を兼ね、権大納言に任ぜられた。十七年侍従長となり、明治天皇の信任を受けその崩御に至るまで側近に仕えた。日記には、『実能公記』、『庭槐記』(実定)、『野宮左府記』(公継)、『徳大寺相国記』(実基)、『公孝公記』、『野宮内大臣記』(公清)、『後野宮相国記』(公俊)、『永徳御譲位記』(実時)、『実淳公記』、『公胤公記』、『公維公記』、『公全公記』、『実憲卿記』、『公城卿記』、『公迪卿記』、『実堅公記』、『公純公記』がある。明治十七年実則のとき、叙爵内規により侯爵を授けられ、同四十四年には実則の偉勲を賞して公爵に陞った。菩提所は寺町 十念寺。『徳大寺家譜』(東京大学史料編纂所架蔵、四一七五―一一六〇)。

徳大寺家

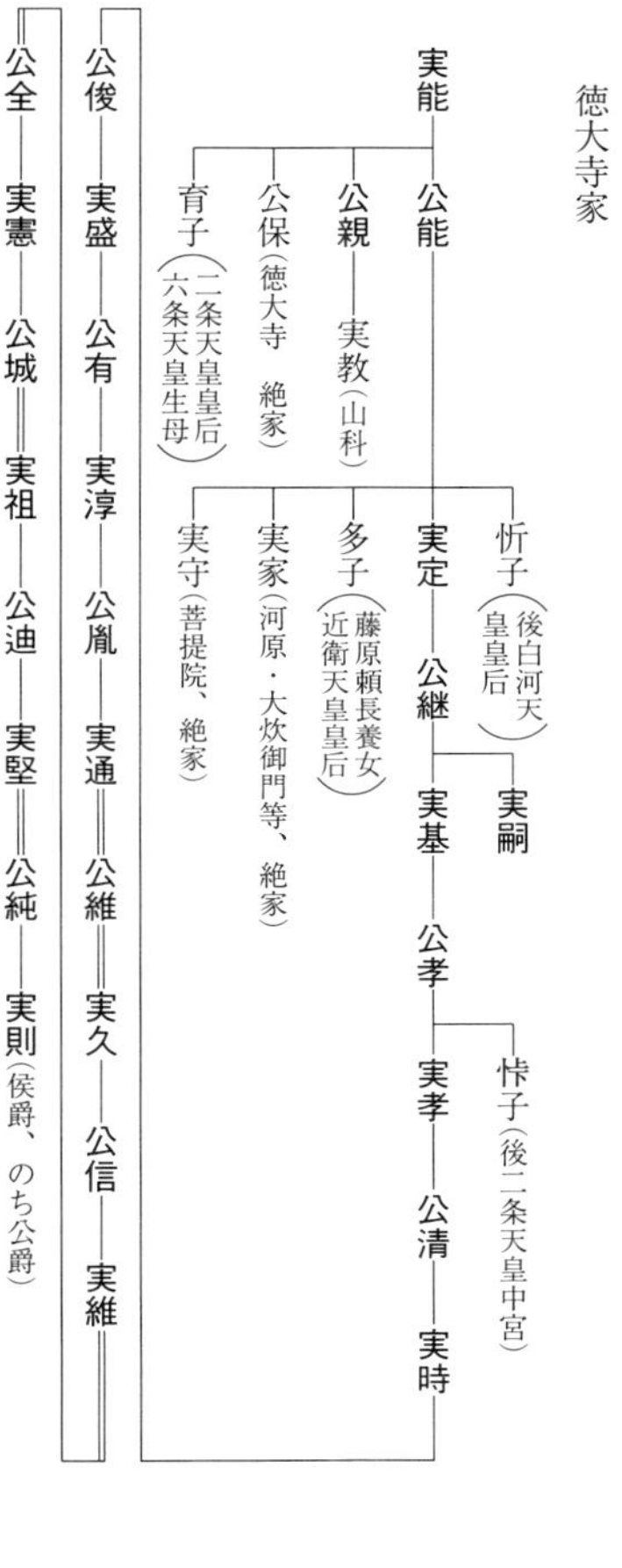

実能 さねよし 一〇九六―一一五七

長治1(一一〇四)・1・6叙爵(春宮御給)、天仁1(一一〇八)・1・23侍従(元散位)、天仁2・1・16〈くひし〉蔵人(侍従労)、天永1(一一一〇)・1・5従五位上(簡一、侍従)、天永2・1・23兼美作守(去蔵人、下名任之、御祈願所献万石万疋、除目雖任伊与介、下名兼当国守、仍削彼介畢)、永久3(一一一五)・1・5正五位下(院御給)、8・13左少将(「左権少将」く)(守如元)、永久5・1・5従四位下(府労)、1・19還昇、元永1(一一一八)・1・26兼中宮権亮(左少将守如元、今日待賢門院為中宮職)、12・17従四位上(造最勝寺賞)、12・28遷加賀守(元美作守、兼)、元永2・11・27転左中将(「左権中将」く)(権亮守等如元)、保安1(一一二〇)・2・2正四位下(行幸院、宮司賞、中宮権亮)、2・14遷右近(兼加賀守)、4・14禁色、保安2・2・29従三位(行幸院三条殿賞、中宮御給)中将如元、止権亮、保安3・1・23兼近江介〈くし〉、12・17権中納言、12・21兼任右兵衛督〔左カ〕、大治4(一一二九)・1・7正三位、天承2(一一三二)・1・23〈22日カ〉右衛門督、長承4(一一三五)・3・13検別当、保延2(一一三六)・1・27従二位、3・23正二位、11・4転左、12・9権大納言、保延5・12・16兼右大将、保延6・3・27〈「4月3日」イ〉春宮大夫、永治1(一一四一)・12・2転大夫、12・7停大夫〈「大夫」くひし〉、12・27改任皇大后大夫、久安2(一一四六)・11・23進大将辞状、久安5・7・28大納言、久安6・8・21内大臣、仁平4(一一五四)・8・18転左大将、久寿2(一一五五)・9・23東宮傅、保元1(一一五六)・9・13転左大臣、保元2・1・24従一位、5・26上表辞大臣並東宮傅、7・15出家、9・2薨去〈くし〉

〔死没〕保元2(一一五七)・9・2　〔年齢〕62　〔父〕藤原公実、四男　〔母〕正四位上右衛門権佐藤原隆方女従二位藤原光子　〔号〕徳大寺左大臣　〔法名〕真理　〔日記〕実能公記(一一三七)　〔公卿補任〕1—387下

公能　きんよし　一一一五—六一

元永3(一一二〇)・1・7叙位、大治1(一一二六)・2・24越中守(新院分)、大治2・1・19右兵衛権佐、11・15昇殿、大治3・3・14従五位上(円勝寺供養日、女院御給)、大治4・12・24辞守、大治5・10・5右少将、大治6・1・2正五位下(女院御給、行幸院日〔「日」くひし無〕)、4・19蔵人、長承2(一一三三)・1・7従四位下(府労)、1・16還昇、長承3・2・22〈「23日」く〉美作介、3・6従四位上(治国)、保延2(一一三六)・10・15正四位下(法金剛院供養日)、11・10〈「10日」くし無〉禁色、10・4〈12月カ〉左中将、保延3・10・6蔵人頭、保延4・11・8参議、元蔵人頭左中将、兼右大弁(依可献五節舞姫、越任上﨟頭公隆朝臣)、12・29兼侍従、保延5・1・24周防権守、永治1(一一四一)・12・2権中納言、-・-従三位、康治1(一一四二)・11・14正三位、天養2(一一四五)・1・4従二位、久安4(一一四八)・7・17正二位、11・13右兵衛督、久安6・3・14皇后宮大夫、8・21転中納言、8・30左兵衛督、仁平2(一一五二)・1・28右衛門督、2・13使別当、久寿2(一一五五)・2・25辞別当、7・-大夫辞之、保元1(一一五六)・8・29蒙兼大将宣旨、9・8右大将、保元2・8・19権大納言、永暦1(一一六〇)・7・27大臣宣旨、8・11右大臣、8・12被下大将如元宣旨、永暦2・8・11薨去

〔死没〕永暦2(一一六一)・8・11　〔年齢〕47　〔父〕藤原実能、一男　〔母〕正三位権中納言藤原顕隆女　〔号〕大炊御門　〔公卿補任〕1—411下

公親　きんちか　一一三一—五九

保延2(一一三六)・1・6従五位下(中宮御給)、保延3・2・5侍従、康治1(一一四二)・12・21右近権少将、康治2・1・6従五位上(右少将労)、1・27兼讃岐権介、4・18蒙禁色宣旨、康治3・1・7正五位下(新院去年御給)、久安1(一一四五)・11・19従四位下(朔旦)、久安4・1・28兼越前権介〔「権」し無〕、久安5・10・11〈「27日」く〉〈12日カ〉従四位上(前待賢門院未給)、久安6・1・20正四位下(朝覲行幸賞、縁子内親王給)、仁平1(一一五一)・7・24転左近権少将〔「権」し無〕、仁平4・8・18遷右少将〔「権右少将」くし〕、久寿3(一一五六)・4・6右近権中将〔「権」し無〕、蔵人頭、保元1(一一五六)・9・13参議、元蔵人頭、9・17右中将如元、10・27〈「11月」し恐衍〉中宮権大夫、保元2・1・24備前権守、10・22従三位、保元3・11・26正三位、保元4・2・21皇太后宮権大夫〔「太」恐衍〕、4・2解官、平治1(一一五九)・7・10薨去

〔死没〕平治1(一一五九)・7・10　〔年齢〕29　〔父〕藤原実能、二男　〔母〕中御門内大臣宗忠女　〔公卿補任〕1—437下

実定　さねさだ　一一三九—九一

永治1(一一四一)・12・26従五位下(無品禎子内親王給)、康治3(一一四四)・1・28元服〈く追〉、久安2(一一四六)・1・7従五位上(前待賢門院御給)、久安5・4・9左兵衛佐、久安7・1・2正五位下(朝覲行幸賞、暲子内親王給)、仁平2(一一五二)・1・28〈し〉左近権少将、仁平3・1・21兼伊与権介、仁平4・1・5従四位下(府労、于時無五位

将)、久寿2(一一五五)・1・6従四位上(前待賢門院未給、少将)、11・22正四位下(春宮御給)、保元1(一一五六)・9・17転左近権中将、10・27兼中宮権亮、11・3従三位、左中将如元(中宮立后後始入内賞、権亮、中宮同腹(六字し無))、保元2・1・24但馬権守、保元3・2・3兼任皇后宮権大夫、2・9正三位、2・21権中納言、8・1転大夫、保元4・2・13止大夫、永暦1(一一六〇)・1・21兼右衛門督、2・28別当、7・24辞督別当、8・11中納言、応保2(一一六二)・8・17従二位、長寛2(一一六四)・閏10・23権大納言、永万1(一一六五)・8・17辞権大納言、-・-正二位、永万2・1・18皇后宮大夫、嘉応2(一一七〇)・7・26辞大夫、安元3(一一七七)・3・5還任(大納言)、12・27左大将、寿永2(一一八三)・4・5内大臣、11・21被任替(停内大臣・左大将)、寿永3・1・22還任、(内大臣)文治2(一一八六)・10・29転右大臣、11・-辞大将、文治5・7・10左大臣、建久1(一一九〇)・7・17辞職(左大臣)、建久2・6・20出家、閏12・2〈「16日」しイ〉薨去

※建久二年に「東鏡曰、壬十二月十六日夜薨云々〈頭書〉」の記載あり

[死没]建久2(一一九一)・閏12・16　[年齢]53　[父]藤原公能、一男　[母]中納言従三位藤原俊忠女　[号]後徳大寺　[法名]如円　[日記]庭槐記(一一七一-八三)　[公卿補任]1-438下　[大日本史料]4-3-847、4-16-補306

公継　きんつぐ　一一七五―一二二七

寿永2(一一八三)・12・13叙爵(上西門院合爵、本名字公嗣)、12・19侍従、寿永3・1・6従五位上(上西門院治承四-御給)、文治2(一一八六)・1・5正五位下(皇后宮当年御給)、文治3・1・23備前介(侍従兼国)、右少将〈「右権少将」く〉(改名学於公継〈くし〉)、2・26〈「16日」イ〉禁色、文治4・3・22従四位下(臨時)、文治5・7・10従四位上、11・13〈「12月」く〉右中将〈「右権中将」く〉、建久1(一一九〇)・7・17参議(左大臣辞職申任之)、7・18右中将如元、10・26正四位下、建久2・2・1兼備中権守、12・30従三位、建久6・4・7正三位、11・12兼中宮権大夫、建久7・1・22兼伊与権守、建久9・1・30権中納言、3・14〈「24日」イ〉帯剣、建久10・1・5従二位、正治2(一二〇〇)・1・22兼左衛門督、-・-検別当、6・25辞督別当、建仁2(一二〇二)・1・27正二位、10・29兼春宮権大夫、閏10・20中納言、建仁3・8・21更兼右衛門督、-・-補検別当、10・24転左衛門督、11・23辞督別当等、建仁4・1・13権大納言、元久3(一二〇六)・3・28大納言、4・3兼春宮大夫、建永2(一二〇七)・4・10兼右近衛大将、承元3(一二〇九)・4・10内大臣、承元4・1・12〈「14日」イ〉辞大将、建暦1(一二一一)・10・4右大臣、建暦3・閏9・16上表、建保1(一二一三)・12・27返給表、建保3・10・9上表、承久3(一二二一)・閏10・10還任、貞応3(一二二四)・10・22為一上、元仁1(一二二四)・12・25左大臣、元仁2・1・5従一位、嘉禄3(一二二七)・1・23上表、1・30薨去

[死没]嘉禄3(一二二七)・1・30　[年齢]53　[父]藤原実定、三男　[母]上西門院家女房備後　[前名]公嗣　[号]野宮左大臣　[日記]野宮左府記・公継公記(一二〇九-二七)　[公卿補任]1-521下　[大日本史料]5-3-642

実基　さねもと　一二〇一―七三

建保1(一二一三)・1・13従五位下、12・14侍従、建保2・1・3従五位上(朝覲行幸、修明門院御給)、10・28右少将、建保3・1・13讃岐権介、5・6禁色、建保4・1・5正五位下(修明門院御給)、建保5・1・5従四位下(修明門院御給)、1・28右中将、左中将、建保6・1・5従四位上(修明門院当年御給)、承久1(一二一九)・1・5正四位下(院御給)、12・13従三位、左中将如元、承久3・1・13兼遠江権守、11・16正三位、元仁1(一二二四)・12・25権中納言、嘉禄1(一二二五)・11・19兼左衛門督、-・-補別当、12・22従二位、嘉禄2・7・29中宮権大夫、嘉禄3・4・20転大夫、安貞2(一二二八)・1・5正二位、3・18勅授、寛喜1(一二二九)・4・18止大夫、寛喜3・4・26〈「2日」イ〉中納言、嘉禎1(一二三五)・10・2権大納言、11・20大嘗会検校、延応1(一二三九)・5・-上辞状、10・28被下辞書(権大納言)、仁治2(一二四一)・4・17還任(大納言)、10・13兼右大将、寛元4(一二四六)・12・24内大臣、宝治2(一二四八)・3・9辞大将、宝

治3·4·30上辞表、11·1返給辞表、建長2(一二五〇)·4·27〈29日ともあり〉上表辞退(内大臣)、建長5·11·8太政大臣兼宣旨、11·24太政大臣、建長6·1·5〔従一位カ〕、2·11上表、文永2(一二六五)·9·15出家、文永10·2·14薨去
〔死没〕文永10(一二七三)·2·14　〔年齢〕73　〔父〕徳大寺公継、二男　〔母〕舞女(五条夜叉)　〔号〕水本　〔法名〕円覚·因性　〔日記〕徳大寺相国記·実基公記(一二三一―一二八)　〔公卿補任〕2―33上

実嗣　さねつぐ　一一九五―一二一三

建久7(一一九六)·1·6叙位(大宮治承元年御給)、建仁1(一二〇一)·1·6従五位上(宜秋門院御給)、建仁2·1·21右兵衛佐、元久1(一二〇四)·1·5正五位下(宜秋門院御給)、元久2·1·29右近少将、建永1(一二〇六)·1·6従四位下(院御給)、-·-·-信乃介、承元1(一二〇七)·1·2従四位上(朝覲行幸事賞)、3·10禁色、11·29正四位下(四天王院供養、脩明門院御給)、承元2·12·9転権中将、承元4·12·26従三位(脩明門院御給)、右中将如元、建暦2(一二一二)·1·5正三位、建暦3(一二一三)·7·21薨去
〔死没〕建暦3(一二一三)·7·21　〔年齢〕19　〔父〕徳大寺公継、一男　〔母〕左大臣正二位藤原実房女　〔公卿補任〕1―577下　〔大日本史料〕4―12―622

公孝　きんたか　一二五三―一三〇五

正嘉1(一二五七)·8·11従五位上(依為前太政大臣一男雖不叙爵五位云々)、11·10侍従、正嘉2·5·14〈「3月」イや〉正五位下、12·14右少将、正元1(一二五九)·3·8従四位下(西園寺行幸、院御給)、11·21〈「11日」イや〉従四位上(朔旦、院御給)、12·5禁色、文応1(一二六〇)·3·29〈「19日」イ〉兼下野権介(前少将去年叙四位之後未叙留)、左中将、弘長1(一二六一)·2·8正四位下(臨時宣下)、8·20兼中宮権亮、文永1(一二六四)·1·13相模権介、文永4·2·1参議、左中将如元、6·23遷兼左兵衛督、使別当、11·8従三位、文永5·1·29近江権守、文永6·3·27権中納言、3·30辞別当督、10·9帯剣、文永7·閏9·4正三位、文永8·3·27兼春宮権大夫、文永9·1·5従二位、文永11·1·26止権大夫、建治4(一二七八)·2·10正二位、弘安6(一二八三)·3·28権大納言、弘安8·8·19兼皇后宮大夫、正応3(一二九〇)·7·21兼右大将、11·21辞三職、正応4·12·25内大臣、正応5·5·7給随身兵仗、8·8上表、正安1(一二九九)·12·27右大臣、正安2·1·5従一位、正安4·11·22〈「27日」イ〉太政大臣、12·8賜左右近衛府生各一人番長各一人近衛各三人為随身、乾元2(一三〇三)·-·-賜兵杖、嘉元2(一三〇四)·3·13上表、嘉元3·7·8出家、7·12薨去
〔死没〕嘉元3(一三〇五)·7·12　〔年齢〕53　〔父〕徳大寺実基、一男　〔母〕正二位中納言藤原頼平女　〔号〕徳大寺　〔日記〕公孝公記(一二七八)　〔公卿補任〕2―209下

実孝　さねたか　一二九三―一三二二

永仁3(一二九五)·10·18従五位下、永仁4·3·13侍従(宣下)、正安2(一三〇〇)·3·6従五位上、正安4·1·5正五位下(于時父公右大臣)、9·25左中将、-·-·-禁色〈イ〉、嘉元1(一三〇三)·9·24兼中宮権亮〈や〉(立后日)、9·28従四位下(中宮御入内賞)、中将権亮如元、嘉元3·1·5従四位上(中宮御給)、12·22復任(父)、徳治2(一三〇七)·1·29近江権守〈「介」イ〉、徳治3·6·6禁色〔やイ無〕、8·13正四位下、9·19春宮権亮(去中宮権亮)、延慶2(一三〇九)·9·1従三位、左中将春宮権亮如元、10·24辞権亮、応長1(一三一一)·12·21権中納言、正和1(一三一二)·8·10正三位、正和2·12·7従二位、文保1(一三一七)·3·27正二位、元亨2(一三二二)·1·17薨去
〔死没〕元亨2(一三二二)·1·17　〔年齢〕30　〔父〕徳大寺公孝　〔母〕三条公親女(実二条良実女従三位喜子)　〔公卿補任〕2―408上

公清　きんきよ　一三一二―六〇

正和5(一三一六)·11·18従五位下、文保2(一三一八)·1·7従五位上、1·11正五位下、元亨1(一三二一)·9·1左少将(元侍従)、元亨2·1·11従四位下(一院当年御給)、少将如元、元亨3·3·20兼中宮権亮、正中1(一三二四)·1·5従四位上、1·13兼美作介、正中2·10·9左中将、正中3·3·8遷右中将〈ヤ〉、嘉暦2(一三二七)·1·5正四位

下(中宮当年御給)、6・16参議元右中将、嘉暦3・3・16兼近江権守、6・13権中納言、-・-従三位、11・24帯剣、元徳2(一三三〇)・1・5正三位、元徳3・3・18兼右衛門督、正慶1〈元弘2〉(一三三二)・5・20止権大夫、9・10従二位、10・21権大納言、正慶2〈元弘3〉・5・17詔止職(権大納言)、詔為本職(権中納言)、-・-復正三位、7・12為皇太后宮権大夫、10・12止権大夫、元弘4(一三三四)・1・5従二位、建武3〈延元1〉(一三三六)・11・14兼春宮権大夫、建武4〈延元2〉・-・-止大夫、12・24正二位、建武5・10・19権大納言、康永2〈興国4〉(一三四三)・3・19兼右大将、4・10大納言、5・1右馬寮御監、貞和2〈正平1〉(一三四六)・2・18内大臣、10・16辞大将、貞和3〈正平2〉・8・16辞内大臣、延文1〈正平11〉(一三五六)・12・25従一位、延文5〈正平15〉・6・8薨去

[死没]延文5(一三六〇)・6・8　[年齢]49　[父]徳大寺実孝　[前名]公蔭　[号]後野宮　[法名]円山、或円完　[日記]野宮内大臣記・公清公記(一三五〇)　[公卿補任]2―510下　[大日本史料]6―23―185

実時　さねとき　一三三八―一四〇四

暦応1〈延元3〉(一三三八)・11・18叙爵、暦応3〈興国1〉・4・1従五位上、暦応5〈興国3〉・1・5正五位下(徽安門院当年御給)、3・30侍従、康永4〈興国6〉(一三四五)・3・19従四位下(元侍従)、貞和3〈正平2〉(一三四七)・1・5従四位上(臨時)、貞和4〈正平3〉・12・30左近少将、貞和5〈正平4〉・11・17禁色、12・21正四位下、観応1〈正平5〉(一三五〇)・3・29兼讃岐権介、4・20兼春宮権亮、10・12転左中将、観応3〈正平7〉・閏2・20止権亮、文和3〈正平9〉(一三五四)・-・-去権介(秩満)、3・28兼相模権介、10・22〈「12日」やイ〉従三位(左中将如元、元相摸権介)、閏10・-止三位々記〈「月日被止位記カ、尊行可尋」ともあり〉、文和4〈正平10〉・11・3返賜去年十月廿二日位記(中将如元)、文和5〈正平11〉・1・15参議、延文2〈正平12〉(一三五七)・4・15権中納言、延文6〈正平16〉・1・5正三位、貞治2〈正平18〉(一三六三)・1・5従二位、貞治3〈正平19〉・3・29権大納言、貞治6〈正平22〉・1・5正二位、永和4〈天授4〉(一三七八)・4・27〈「17日」イ〉右大将、8・27転左大将、康暦1〈天授5〉(一三七九)・6・6〈1月カ〉御監、永徳2〈弘和2〉(一三八二)・1・26内大臣、永徳3〈弘和3〉・9・4従一位、至徳1〈元中1〉(一三八四)・3・-辞大将、嘉慶2〈元中5〉(一三八八)・5・26左大臣、明徳3〈元中9〉(一三九二)・12・26辞左大臣、明徳5・6・5太政大臣、応永1(一三九四)・12・25辞太政大臣、応永2・6・21出家、応永11・2・27薨去

[死没]応永11(一四〇四)・2・27　[年齢]67　[父]徳大寺公清　[母]家女房　[号]野宮太政大臣　[法名]常実或常寛　[日記]永徳御譲位記(一三八二)　[公卿補任]2―647上　[大日本史料]7―6―664

公俊　きんとし　一三七一―一四二八

応安4〈建徳2〉(一三七一)・1・7誕生、応安6〈文中2〉(一三七三)・1・5叙爵、応安7〈文中3〉・9・28左少将、-・-・-従五位上、永和4〈天授4〉(一三七八)・4・17正五位下、11・22従四位下(年中両度)、康暦3〈弘和1〉(一三八一)・1・6従四位上、永徳2〈弘和2〉(一三八二)・1・6正四位下、永徳3〈弘和3〉・4・22左中将、至徳1〈元中1〉(一三八四)・3・22周防介、至徳3〈元中3〉・11・27参議、左中将如元、至徳4〈元中4〉・1・6従三位、1・28兼備中権守、明徳3〈元中9〉(一三九二)・1・25兼阿波権守、明徳4・1・28権中納言、応永2(一三九五)・12・-〈11月日ともあり〉被止当職、応永3・1・5正三位、7・24権大納言、応永5・5・5従二位、応永9・1・6正二位、9・17兼右大将、応永10・3・16右馬寮御監、応永13・8・17転左大将、応永25・12・2右大臣、応永26・1・6従一位、2・22辞大将、12・5左大臣、応永27・閏1・13太政大臣、3・16辞太政大臣、6・6出家、正長1(一四二八)・6・19薨去

[死没]正長1(一四二八)・6・19　[年齢]58　[父]徳大寺実時　[法名]常俊　[号]野宮　[日記]後野宮相国記・公俊公記(一四一七)　[公卿補任]3―11上

実盛　さねもり　一四〇〇―二八

応永7(一四〇〇)・8・5誕生、応永11・12・4叙爵、応永12・3・27侍従、応永13・1・6従五位上、

-・-・-正五位下、-・-・-右少将、応永16・閏3・23加賀介、応永18・2・4従四位下、少将如元、応永19・1・5従四位上、-・-・-右中将〈や〉、応永20・1・5正四位下〈や〉、2・1播磨介、応永21・8・29〈「4月」しく追及やイ〉従三位、右中将如元、応永25・3・27権中納言、応永27・1・5正三位、応永28・1・5従二位、12・21権大納言、応永34・1・6正二位、応永35・4・23薨去

[死没]応永35(一四二八)・4・23　[年齢]29　[父]徳大寺公俊　[号]大機院　[公卿補任]3―81下

公有　きんあり　一四二二―八六

応永29(一四二二)・2・5誕生、応永31(一四二四)・1・5叙爵、3・17侍従、応永32・1・30左少将、応永33・1・6従五位上、3・29讃岐権介、正長2(一四二九)・1・5正五位下、永享2(一四三〇)・1・6従四位下、永享3・1・6従四位上、永享4・2・15正四位下、永享5・8・18左中将、永享7・3・12相模権介、永享9・8・28〈29日ともあり〉参議、左中将如元、永享11・3・18兼近江権守、嘉吉1(一四四一)・12・7権中納言、従三位、嘉吉4・1・6正三位、文安3(一四四六)・4・29権大納言、文安4・1・5従二位、享徳3(一四五四)・1・5正二位、康正2(一四五六)・1・5兼左大将、左馬寮御監、長禄4(一四六〇)・8・27内大臣、12・5辞大将、寛正2(一四六一)・7・23辞内大臣、寛正3・8・5右大臣、寛正5・9・2辞右大臣、11・30本座、寛正7・1・6従一位、文明4(一四七二)・6・17出家、文明18・1・26薨去〈く追〉

[死没]文明18(一四八六)・1・26　[年齢]65　[父]徳大寺実盛　[母]正三位持明院基親女　[号]後野宮　[法名]聖有　[公卿補任]3―133下　[大日本史料]8―18―125

実淳　さねあつ　一四四五―一五三三

文安2(一四四五)・5・17誕生、康正2(一四五六)・12・5叙爵、康正3・3・29侍従、7・25従五位上、長禄1(一四五七)・12・9右少将、-・-・-元服、長禄2・1・28禁色、3・24備後権介、6・13正五位下、12・5従四位下(年中両度)、長禄3・3・23〈「21日」し〉右中将、長禄4・1・6従四位上、寛正2(一四六一)・1・5正四位下、寛正3・8・5従三位、右中将如元、寛正4・3・28兼越前権守、寛正6・3・24権中納言、12・24勅授、文正2(一四六七)・1・5正三位、応仁2(一四六八)・12・6権大納言、文明8(一四七六)・1・6従二位、文明12・3・19兼右近衛大将、3・23御監宣下、文明13・6・8内大臣、大将還宣旨、文明14・12・2辞大将、8・3正二位、文明17・3・24辞内大臣、5・4従一位、長享1(一四八七)・8・29左大臣、長享3・7・8兵仗、明応2(一四九三)・4・26〈20日ともあり〉辞左大臣、12・13本座、永正6(一五〇九)・12・19太政大臣、永正8・2・19辞太政大臣、8・19〈「21日」イ〉出家、天文2(一五三三)・8・24薨去

[死没]天文2(一五三三)・8・24　[年齢]89　[父]徳大寺公有、二男　[母]高倉永豊女　[号]禅光院　[法名]継忍　[道号]月仙　[日記]実淳公記(一四九二)　[公卿補任]3―205上

公胤　きんたね　一四八七―一五二六

文明19(一四八七)・1・27誕生、長享2(一四八八)・4・17従五位上(直叙)、延徳2(一四九〇)・3・5侍従、延徳4・1・6正五位下、6・26従四位下(年中両度)、明応2(一四九三)・2・25左少将、明応6・3・26讃岐権介、左中将、明応7・7・3従四位上、明応8・12・12正四位下、12・17元服、禁色、昇殿、文亀1(一五〇一)・2・9従三位、左近中将如元、永正1(一五〇四)・6・9参議、永正2・2・1正三位、永正3・10・16権中納言、永正11・1・24〈「25日」さ〉勅授、2・19権大納言、12・16従二位、永正12・12・8辞権大納言、永正14・8・-本座、9・2正二位、9・8還任権大納言、9・17兼右大将、12・17御監、永正16・10・14転左、永正18・7・1内大臣、大永1(一五二一)・10・16〈「15日」さ〉辞大将、大永3・3・9転左大臣、大永6・3・30従一位、9・-辞退左大臣、9・29輦車宣下、10・4牛車、10・-本座、10・5出家、10・12薨去

[死没]大永6(一五二六)・10・12　[年齢]40　[父]徳大寺実淳　[号]後野宮　[法名]藤継　[日記]公胤公記(一五二六)　[公卿補任]3―305上

実通　さねみち　一五一三―四五

永正16(一五一九)・6・27従五位上(直叙、于時実

規〉、大永1(一五二一)·11·-正五位下、大永2·1·5従四位下、3·29侍従、大永4·12·13右少将〈く追〉、-·-·-〈「大永5年12月3日」さく追〉左中将、12·10元服〈く追〉、禁色〈く追〉、大永6·2·28従四位上、12·27正四位下、大永7·11·20〈「19日」さ〉従三位、左中将如元、享禄1(一五二八)·8·26権中納言、享禄4·11·7〈「12月」さ〉正三位、享禄5·5·-改実通、天文1(一五三二)·10·17権大納言、天文3·3·5北国下向〈さ〉、8·5帰京〈さ〉、天文5·2·21従二位、天文7·8·3正二位、天文11·6·13右大将、天文14·3·25在国(越中国)、4·9薨去(於国)

[死没]天文14(一五四五)·4·9　[年齢]33　[父]徳大寺公胤　[母]尾張守源尚順女(家女房)　[前名]実規　[公卿補任]3—373上

公維　きんこれ　一五三七—八八

天文6(一五三七)·-·-誕生、天文15·9·12叙爵☆、天文16·1·5従五位上、3·23侍従、閏10·23正五位下、天文17·1·5従四位下(侍従如元)、3·23相模介、天文18·1·5従四位上、天文19·1·5正四位下、天文20·12·29左近中将☆、昇殿(今日元服)☆、参内以後聴禁色〈や〉☆、天文21·1·5従三位、左中将如元、天文22·1·7正三位、天文24·4·26権中納言、永禄1(一五五八)·閏6·22従二位、永禄3·1·18勅授、4·19権大納言、元亀4(一五七三)·6·20〈賜去二月七日位記〉正二位、天正3(一五七五)·11·4辞権大納言、天正4·12·14還任権大納言、天正5·3·12左大将、11·19辞左大将、天正6·9·12神宮伝奏、天正8·2·21内大臣、7·8辞内大臣、天正13·-·-〔従一位カ〕、天正16·5·19薨去☆

[死没]天正16(一五八八)·5·19　[年齢]52　[父]徳大寺実通(実久我通言、二男)　[母]従三位吉田兼満女　[号]雲厳院　[法名]玄桂　[道号]月心　[日記]公維公記(一五七四-八五)　[公卿補任]3—431下

実久　さねひさ　一五八三—一六一六

天正11(一五八三)·8·16誕生、天正14·11·3従五位上(直叙)、天正15·4·23侍従、天正17·3·29元服禁色昇殿、天正18(一六一三)·12·29正五位下、文禄3(一五九四)·6·27従四位下、慶長3(一五九八)·1·5右少将、慶長5·1·5従四位上、慶長14·7·4勅勘、慶長16·4·1勅免、慶長17·1·5正四位下、1·11転右中将、慶長18·1·6従三位、左中将如元、慶長19·1·11権中納言、元和2(一六一六)·11·26薨去

[死没]元和2(一六一六)·11·26　[年齢]34　[父]徳大寺公維(実花山院定熈)　[母]右馬頭局　[号]晴雲院　[法名]月峯秀松　[公卿補任]3—539下　[大日本史料]12—25—721

公信　きんのぶ　一六〇六—八四

慶長11(一六〇六)·7·15誕生、慶長17·1·5叙爵、慶長18·1·6従五位上、10·27侍従、慶長19·1·5正五位下、慶長20·1·22元服、禁色、昇殿、元和2(一六一六)·1·5従四位下、元和5·7·13左中将、12·25従四位上、元和6·閏12·20正四位下、寛永3(一六二六)·12·23従三位、左中将如元、寛永4·9·4権中納言、寛永7·1·5正三位、寛永8·11·6従二位、寛永16·閏11·13権大納言、12·29正二位、寛永17·2·17神宮伝奏、寛永20·7·23兼任右大将、8·20辞大将、正保3(一六四六)·10·14伝奏辞退、承応4(一六五五)·1·25内大臣、明暦2(一六五六)·5·2辞内大臣、万治3(一六六〇)·1·13右大臣、万治4·1·5従一位、寛文1(一六六一)·5·26辞右大臣、寛文8·9·1左大臣、寛文9·12·12辞左大臣☆、延宝3(一六七五)·閏4·15出家

[死没]貞享1(一六八四)·7·21　[年齢]79　[父]徳大寺実久　[母]左大臣正二位織田信長女　[号]正桂院　[法名]心空·浄覚　[公卿補任]3—562上

実維　さねこれ　一六三六—八二

寛永13(一六三六)·3·1誕生、寛永14·12·21〈「22日」ま〉叙爵☆、寛永19·2·5従五位上☆、寛永21·1·20正五位下☆、正保2(一六四五)·2·3侍従☆、正保3·3·13従四位下☆、慶安1(一六四八)·12·8元服、左少将、禁色☆、慶安2·12·17〈「27日」くま〉中将、慶安4·1·5従四位上、承応1(一六五二)·12·22正四位下、承応3·12·28従三位、左中将如元、明暦3(一六五七)·8·26権中納言、明暦4·1·6正三位、6·9補常淳親王勅別当、寛文1(一六六一)·6·11権大納言、寛文

2・1・5従二位、寛文7・12・17〈去年正月五日分〉正二位☆、寛文9・12・18兼右大将、12・23右馬寮御監、寛文10・8・29辞権大納言☆、寛文11・8・5内大臣、寛文12・1・30辞内大臣、天和2(一六八二)・9・12〈「11日」家譜及大補〉薨去☆

[死没]天和2(一六八二)・9・12　[年齢]47　[父]徳大寺公信　[母]従四位下侍従吉川広家女　[一字名]佳・仕　[号]温潤院　[法名]理光　[公卿補任]3—636下

公全　きんとも　一六七八—一七一九

延宝6(一六七八)・7・10誕生、天和2(一六八二)・12・27叙爵、貞享1(一六八四)・10・3〈「13日」家譜〉従五位上、貞享2・12・24正五位下、貞享3・4・4侍従、11・15従四位下、12・16元服、昇殿、禁色、左少将、元禄2(一六八九)・1・7従四位上、元禄3・12・26左中将、元禄4・1・6正四位下、元禄5・12・13〈去正月五日分〉従三位☆〈左中将如元〉、元禄6・12・25権中納言、12・28帯剣、元禄9・12・28正三位、元禄12・10・1権大納言、元禄13・7・12神宮伝奏、元禄14・12・23従二位、宝永2(一七〇五)・9・11辞伝奏、宝永4・4・29儲君親王家勅別当、正徳1(一七一一)・12・23正二位、正徳3・7・30右大将、享保4(一七一九)・11・29辞両官、11・30推任内大臣、辞内大臣、12・2薨去

[死没]享保4(一七一九)・12・2　[年齢]42　[父]徳大寺実維(実醍醐冬基、一男)　[母]正二位権大納言藪嗣孝女　[号]天性院　[法名]解空　[日記]公全公記(一六八四—一七一九)　[公卿補任]4—111下

実憲　さねのり　一七一四—四〇

正徳4(一七一四)・1・18誕生、享保3(一七一八)・12・14叙爵、享保5・5・16従五位上、12・28正五位下、享保6・10・12従四位下、12・24侍従、享保7・12・13従四位上、享保8・3・24元服、禁色、雑袍、昇殿、左中将、6・5〈ま〉正四位下、享保9・閏4・21従三位〈左中将如旧〉、享保13・3・4権中納言、4・25帯剣、5・1直衣、6・11兼春宮権大夫、12・21正三位、享保16・2・28春宮大夫、9・30権大納言、享保17・12・27従二位、享保20・3・21止大夫、院御厩別当、―・―・―即位伝奏、元文1(一七三六)・1・26院執権、元文3・12・24正二位、元文5・7・16辞権大納言、薨去

[死没]元文5(一七四〇)・7・16　[年齢]27　[父]徳大寺公全　[母]摂政従一位近衛家熈女　[号]金剛心院　[日記]実憲卿記(一七二八—三九)　[公卿補任]4—263下

公城　きんむら　一七二九—八二

享保14(一七二九)・10・17誕生☆、元文5(一七四〇)・12・16叙爵、元文6・12・21従五位上、寛保2(一七四二)・12・24正五位下☆、寛保3・8・12侍従、12・8元服、禁色、雑袍、昇殿、従四位下、左少将、寛保4・12・22右中将、延享2(一七四五)・1・21兼相模権介、3・23従四位上、延享4・5・10正四位下、延享5・2・1従三位〈右中将如故〉、寛延3(一七五〇)・1・10権中納言、1・16帯剣、1・17直衣〈ま〉、宝暦2(一七五二)・12・22正三位、宝暦4・1・26権大納言、宝暦6・10・28大歌所別当、宝暦7・10・9従二位、宝暦8・7・24止権大納言・別当、永蟄居〈ま〉、宝暦10・6・8出家

[死没]天明2(一七八二)・7・11　[年齢]54　[父]徳大寺実憲　[母]遠江守従五位下加藤泰恒女　[号]後金剛心院　[法名]巒渓　[日記]公城卿記(一七四三—八二)・徳大寺公城手記(一七五七—六〇)　[公卿補任]4—389上

実祖　さねみ　一七五三—一八一九

宝暦3(一七五三)・1・6誕生、宝暦7・12・25叙爵、宝暦10・5・27為公城卿男、8・4従五位上、宝暦11・1・12正五位下、10・26侍従、宝暦12・1・28従四位下☆、5・28元服、禁色、雑袍、昇殿、12・19右権少将、宝暦13・5・24従四位上、12・19改実祖(元季繁〈ま〉)、宝暦14・1・10左権中将、3・27拝賀、5・15正四位下、明和2(一七六五)・1・5〈従三位〉、明和4・12・25正三位、安永2(一七七三)・2・2権中納言、10・6帯剣、10・7聴直衣、安永3・1・24院御厩別当、安永4・10・9従二位☆、安永6・1・9正二位、安永8・5・4権大納言、天明6(一七八六)・12・17大歌所別当、寛政6(一七九四)・3・7中宮大夫、寛政9・3・30右大将、右馬寮御監、5・14直衣始、寛政10・7・19内大臣、7・20直衣始、12・13辞両官右馬寮御監、寛政12・5・25従一位、文化12(一八一五)・1・4右大

臣、随身兵仗、1・8直衣始、2・26辞右大臣随身兵仗、文政2(一八一九)・1・28薨去

※従三位叙位年に「左中将」の記載あり

[死没]文政2(一八一九)・1・28　[年齢]67　[父]徳大寺公城(実西園寺公晃、二男)　[母]参議従四位下徳川頼恭女(実内大臣正二位今出川伊季女)　[前名]季繁　[号]摩尼珠院　[公卿補任]4―483下

公迪　きんなり　一七七一―一八一一

明和8(一七七一)・-・-〈「6月19日」家譜〉誕生、安永9(一七八〇)・12・27叙爵、天明1(一七八一)・6・4従五位上、天明2(一七八二)・1・18侍従、正五位下、天明3・1・13従四位下、天明4・閏1・14従四位上、12・1元服☆、昇殿☆、禁色☆、雑袍☆、天明5・1・14正四位下、1・26右権少将、8・17左権中将(小除目)、天明6・1・8〈ま〉従三位(左中将如旧)、1・16拝賀、天明7・1・25正三位、寛政8(一七九六)・4・24権中納言、4・26帯剣、5・18聴直衣、直衣始、寛政9・12・26従二位、寛政10・8・1中宮権大夫、8・27直衣始、寛政12・6・7権大納言、6・28直衣始、12・22正二位、享和4(一八〇四)・2・2院御厩別当、文化8(一八一一)・7・25辞両官、薨去

[死没]文化8(一八一一)・7・25　[年齢]41　[父]徳大寺実祖　[母]家女房阿沙子　[号]後大機院　[法名]伯空　[日記]公迪公記(一七八九―一八〇四)　[公卿補任]5―45上

実堅　さねみ　一七九〇―一八五八

寛政2(一七九〇)・5・23誕生、享和2(一八〇二)・8・23従五位下、10・5侍従、12・19〈ま〉従五位上、享和3・1・5元服、禁色、昇殿、1・17正五位下〈ま〉、8・25右近衛権少将、11・25拝賀、享和4・1・5従四位下、文化1(一八〇四)・2・18転左近衛権中将、5・15拝賀、12・18従四位上、文化2・6・11正四位下、文化3・1・4〔従三位〕(中将如旧)、文化4・1・4正三位、文化10・4・28従二位、文化11・5・28権中納言、6・23帯剣、6・24聴直衣、直衣始、文化12・2・30正二位、文化14・3・22院御厩別当、12・2権大納言、12・17直衣始、文政3(一八二〇)・10・26内教坊別当、文政4・6・7安仁親王家別当、文政7・6・4皇太后宮大夫、天保12(一八四一)・閏1・22止大夫、新清和院別当、天保13・1・14蓁子内親王家別当、天保14・10・26大歌所別当、弘化5(一八四八)・2・11内大臣、右大将・右馬寮御監、3・21辞両官御監、嘉永2(一八四九)・1・21従一位、4・7直衣始、安政5(一八五八)・11・11薨去

※従三位叙位年に「左中将」の記載あり

[死没]安政5(一八五八)・11・11　[年齢]69　[父]徳大寺公迪(実鷹司輔平、十一男)　[母]今出川実種女(実家女房)　[号]後正桂院　[日記]実堅公記(一八〇七―五八)　[公卿補任]5―175下

公純　きんいと　一八二一―八三

文政4(一八二一)・11・28誕生、文政5・11・25従五位下、12・21侍従、文政6・7・27従五位上、文政7・1・12正五位下、文政8・1・5従四位下、文政9・1・21従四位上、文政10・2・8〈去正廿一分〉正四位下、文政11・3・10元服、昇殿、左権少将、拝賀、文政12・12・21転権中将、文政13・1・16拝賀、天保1(一八三〇)・6・10〔従三位〕、左中将如故、天保3・1・5正三位、弘化2(一八四五)・3・5権中納言、3・23帯剣、3・24聴直衣、直衣始、12・17従二位、弘化3・3・4賜仁孝天皇御当色、3・7賜御素服、弘化4・1・23正二位、弘化5・2・30大歌所別当、嘉永3(一八五〇)・1・17権大納言、2・22直衣始、安政4(一八五七)・5・15内教坊別当、安政5・3・27嘉彰親王家別当、文久2(一八六二)・9・21内大臣、右大将・右馬寮御監、9・22直衣、文久3・12・23右大臣、随身兵仗、12・24直衣始、慶応2(一八六六)・1・15従一位、慶応3・1・27賜大行天皇御当色、2・3〈2日カ〉賜御素服、9・27辞大臣随身兵仗

[死没]明治16(一八八三)・11・5　[年齢]63　[父]徳大寺実堅(実鷹司輔凞)　[母]醍醐輝久女信子　[日記]公純公記(一八三七―八一)　[公卿補任]5―337下

実則　さねつね　一八三九―一九一九

天保10(一八三九)・12・6誕生、嘉永1(一八四八)・7・12従五位下、嘉永2・1・5従五位上、嘉永3・2・

3正五位下、嘉永4・3・22侍従、7・28従四位下、12・4元服、禁色、昇殿、嘉永5・1・27従四位上、嘉永6・5・8正四位下、嘉永7・3・7右権少将、3・23拝賀、安政4（一八五七）・12・8転左権中将、12・19（従三位）（権中将如故）、12・28拝賀、安政5・3・24正三位、文久2（一八六二）・4・25権中納言、5・21帯剣、5・22聴直衣、直衣始、12・24従二位、慶応3（一八六七）・2・28正二位、慶応4・2・2権大納言
[死没]大正8（一九一九）・6・4　[年齢]81　[父]徳大寺公純　[母]家女房　[号]翠巒　[日記]徳大寺実則日記　[公卿補任]5—511下

徳大寺家（絶家）

徳大寺家

公保——実保——公長——祐為——祐時

公保　きんやす　一一三二—七六

保延2（一一三六）・1・6〈「6年」く〉従五位下（無品統子内親王去年未給）、保延5・1・24〈「7年」く〉侍従（元散位、加下名）、康治3（一一四四）・1・5従五位上（簡一）、久安5（一一四九）・2・13正五位下（院御給）、4・15右近権少将（元侍従、剰闕為勤賀茂祭使俄任之云々〈くし〉）、（頭朱書云）右少将定房可勤之処、叔父定海卒軽服、仍俄任剰闕、十九人始、廿二日癸酉賀茂祭也）、久安6・1・29兼備中権介（兼右少将労）、3・14皇后宮権亮（兼）〈くし〉、久安7・1・6従四位下（右少将労）、仁平1（一一五一）・2・21辞権亮、7・27転左近権少将（元右）、仁平2・1・3従四位上（行幸院賞、統子内親王給）、仁平4・8・18転右近権少将（元左）、久寿2（一一五五）・1・6正四位下（新院御給）、保元1（一一五六）・9・17転右近権中将（兼、元少）、11・28兼皇太后宮権大夫、保元2・8・3禁色、10・27従三位（臨時、于時重服）、去右中将〈「左少将」くし〉、但皇后宮権大夫如元、保元3・2・3太皇大后宮権大夫、11・27兼右兵衛督、12・17正三位、永暦1（一一六〇）・2・28参議、左兵衛督、永暦2・1・23〈「25日」く〉兼伊予権守、応保2（一一六二）・10・28兼右衛門督、長寛3（一一六五）・1・23権中納言、4・1別当、8・17辞督別当〈くし〉、永万2（一一六六）・7・5勅授、仁安1（一一六六）・10・21転大夫、仁安2・1・28従二位、2・11権大納言、嘉応2（一一七〇）・1・7正二位、安元2（一一七六）・-・-辞退権大納言、8・13出家、9・27薨去
[死没]安元2（一一七六）・9・27　[年齢]45　[父]藤原実能、三男　[母]正三位権中納言藤原通季女　[公卿補任]1—440上

実保　さねやす　？—一二〇七

応保3（一一六三）・1・5従五位下（大皇太后宮当年御給）、永万1（一一六五）・8・17侍従（父公保卿辞検別当並右衛門督任之）、仁安2（一一六七）・1・20従五位上（上西門院当年御給）、嘉応2（一一七〇）・1・18兼播磨介（労）、承安2（一一七二）・1・5正五位下（臨時）、養和1（一一八一）・11・28右少将、養和2・3・8丹波権介（労）、3・11従四位下（労）、11・23従四位上（大嘗会国司賞）、文治3（一一八七）・1・23備後権介（労）、文治5・9・16正四位下（臨時）、建久2（一一九一）・12・30転任権中将、建久3・1・27播磨権介（労）、建久8・1・30播磨介（重之）、正治2（一二〇〇）・1・22従三位（去所帯中将叙之）、元右中将、承元1（一二〇七）・11・-薨去
[死没]承元1（一二〇七）・11・16　[父]藤原公保、一男　[母]参議正三位藤原忠能女　[公卿補任]1—545下　[大日本史料]4—9—820

河原・大炊御門・近衛家（絶家）

実家　さねいえ　一一四五—九三

久安7（一一五一）・1・6五位（統子内親王給）、久寿3（一一五六）・4・6侍従、保元1（一一五六）・9・17左少将、11・28兼中宮権亮、保元2・1・24従五位上（労）、讃岐権介、11・14禁色、保元3・12・17正五位下（中宮御給）、保元4・2・21皇后宮権

河原・大炊御門・近衛家

実家—**公国**—実重—公斉—実直—**公直**—**実茂**
　　　　　└**実光**（近衛、絶家）—**公敦**—**実香**—**公量**
　└**公明**（大炊御門、絶家）—実忠—公斉—公員—**実綱**—季綱—実江

亮〈宮転〉、平治2（一一六〇）・1・6従四位下（労）、永暦1（一一六〇）・8・14転中将〔「権中将」く〕、永暦2・1・23播磨介（中将労）、1・27従四位上（行幸院賞）、長寛3（一一六五）・1・2正四位下（行幸院、皇后宮御給）、1・23伊与介（亮労）〔「伊予権守」く〕、永万2（一一六六）・8・27蔵人頭、仁安1（一一六六）・11・16解却蔵人頭中将等（依不参五節也）、仁安2・2・11還任右中将（権亮如元）〈く〉、還補頭、仁安3・2・17従三位、〈「2月22日」原イ及く〉右中将伊与権守等如元、元蔵人頭皇后宮権亮、嘉応2（一一七〇）・1・18但馬権守、嘉応3・4・7正三位、承安4（一一七四）・1・21参議、4・26左中将、承安5・1・22讃岐権守、治承3（一一七九）・1・19権中納言、12・12兼中宮権大夫、12・17兼右衛門督、養和1（一一八一）・9・25別当、11・25止中宮権大夫、養和2・3・8従二位、寿永1（一一八二）・9・5大嘗会御禊御前次第司長官〈旧〉、寿永2・1・22転左衛門督、寿永3・1・6正二位、元暦1（一一八四）・9・18辞別当、文治1（一一八五）・12・24皇后宮権大夫、文治2・12・15権大納言、文治3・6・28止権大夫、建久1（一一九〇）・7・17大納言、建久4・3・16薨去

［死没］建久4（一一九三）・3・16　［年齢］49　［父］藤原公能、二男　［母］中納言従三位藤原俊忠女　［号］河原・八条　［公卿補任］1—467下　［大日本史料］4—4—323、4—17—補15

公国　きんくに　一一六三—一二一八

安元1（一一七五）・11・8従五位下（皇后宮令〔合カ〕爵）、安元2・1・30侍従、治承2（一一七八）・1・5従五位上（殷富門院当年御給）、寿永1（一一八二）・11・23正五位下（皇后宮当年御給）、寿永2・8・25左中将〔左少将カ〕、寿永3・3・27兼任伊与権介、元暦2（一一八五）・1・6従四位下（少将如元）、文治4（一一八八）・3・22従四位上（府労）、文治5・1・18兼任備中介、11・15転中将〔「権中将」く〕、建久2（一一九一）・1・7正四位下（臨時）、2・1兼任近江権介、建久8・1・30備中権介、建久9・-・-〈1月11日カ〉新帝昇殿、11・14蔵人頭、正治1（一一九九）・12・9参議（元蔵人頭左中将）、止中将、12・29更任左中将〔「左権中将」く〕、正治2・1・22兼讃岐権守、建仁1（一二〇一）・1・6従三位、建仁3・1・5正三位、建仁4・4・12権中納言、-・-帯剣、元久3（一二〇六）・1・17従二位、建永2（一二〇七）・4・12帯剣、承元2（一二〇八）・1・5正二位、承元3・4・10中納言、承元4・12・17辞中納言、建保6（一二一八）・9・5出家、9・10薨去

［死没］建保6（一二一八）・9・10　［年齢］56　［父］藤原実家、一男　［母］刑部卿正四位下藤原憲方女　［公卿補任］1—542上　［大日本史料］4—14—749

公明　きんあき　?—一二一八

養和2（一一八二）・3・11叙位（上西門院仁安三年未給）、寿永2（一一八三）・1・22従五位上、文治1（一一八五）・1・6正五位下（皇后宮御給）、12・29美作守、建久5（一一九四）・1・30侍従、建久7・1・28左少将、正治1（一一九九）・1・5従四位下（府労）、3・22更左少将、元久2（一二〇五）・1・5従四位上、承元2（一二〇八）・1・20転中将、承元3・1・13正四位下、建暦3（一二一三）・1・13従三位、元左中将、建保6（一二一八）・4・-出家、7・-薨去

［死没］建保6（一二一八）・7・6　［父］藤原実家、二男　［母］刑部卿正四位下藤原憲方女　［号］近衛　［公卿補任］2—11下　［大日本史料］4—14—718

実光　さねみつ　一二〇四—四七

建保5（一二一七）・1・6叙爵、建保6・12・9侍従、承久3（一二二一）・12・12左少将、承久4・1・20従五位上、貞応4（一二二四）・1・5正五位下（府労）、嘉禄3（一二二七）・1・5従四位下、1・26還任左少将、寛喜2（一二三〇）・10・25〈や〉尾張守、寛喜3・

1・7従四位上、貞永1(一二三二)・12・15〈や〉右中将、文暦2(一二三五)・1・23正四位下(臨時)、暦仁2(一二三九)・1・24蔵人頭、延応1(一二三九)・10・28参議(元蔵人頭)、右近中将止之、延応2・1・22備後権守、仁治1(一二四〇)・11・12従三位、仁治2・6・7辞参議、宝治1(一二四七)・3・-出家、9・12薨去

[死没]宝治1(一二四七)・9・12　[年齢]44　[父]藤原公国、三男　[母]大江広元女　[公卿補任]2—105下　[大日本史料]5—22—349

公直　きんなお　一二一九—?

康元1(一二五六)・12・17〔従三位〕、元右中将、正嘉3(一二五九)・1・21正三位、文永4(一二六七)・2・27従二位、弘安1(一二七八)・7・3出家

[父]藤原実忠、一男　[母]正二位中納言藤原家経女　[法名]道照　[公卿補任]2—169上

公敦　きんあつ　一二三五—八七

寛元4(一二四六)・1・5叙爵(于時公材)、宝治3(一二四九)・1・24侍従(于時公敦)、建長5(一二五三)・1・13右少将、建長6・1・5従五位上(府労)、1・13因幡介、康元2(一二五七)・1・6正五位下、正嘉3(一二五九)・1・6従四位下(府労)、文応1(一二六〇)・5・26左少将、9・8転中将、弘長1(一二六一)・11・4従四位上、文永5(一二六八)・11・9正四位下、弘安7(一二八四)・2・13補蔵人頭、弘安8・3・6参議(元蔵人頭左中将)、8・11従三位、11・11更兼左中将、弘安9・1・13辞参議、本座、2・3正三位、弘安10・12・6薨去

[死没]弘安10(一二八七)・12・6　[年齢]53　[父]藤原実光　[前名]公材　[公卿補任]2—278上

実香　さねか　一二六一—一三三五

文永7(一二七〇)・4・30叙爵(東二条院令爵宣下、于時実邦)〈旧〉、建治1(一二七五)・10・8侍従(于時実員)〈旧〉、弘安2(一二七九)・12・12従五位上〈旧〉、弘安5・4・8正五位下〈旧〉、弘安7・1・6従四位下〈旧〉、8・8右近少将〈旧〉、弘安8・11・3従四位上〈旧〉、弘安10・6・22転左近中将(于時実香)〈旧〉、12・6遭父喪〈旧〉、11・20復任〈旧〉、正応2(一二八九)・7・16正四位下〈旧〉、正安2(一三〇〇)・12・22補蔵人頭〈旧〉、正安3・4・5参議、元蔵人頭左中将、12・6更兼中将、本名実邦、又実員、正安4・1・20兼丹波権守、1・25〈9月ともあり〉辞参議、-・-従三位、嘉元3(一三〇五)・3・8還任、3・18兼右中将、11・-加評定衆、嘉元4・3・30備後権守、4・-恐懼、-・-〈や〉恩免、徳治2(一三〇七)・1・5正三位、11・1権中納言、延慶1(一三〇八)・12・10辞権中納言、延慶2・7・18本座、11・3従二位、応長2(一三一二)・3・15正二位、文保2(一三一八)・8・2大宰権帥、元亨1(一三二一)・6・6辞権帥、元亨2・1・26兵部卿、元亨3・6・16去卿、正中2(一三二五)・4・19薨去

[死没]正中2(一三二五)・4・19　[年齢]65　[父]藤原公敦　[前名]実邦・実員　[公卿補任]2—356下

実綱　さねつな

弘安7(一二八四)・1・6従五位下(今出川院当年御給)、10・27侍従、弘安8・8・27従五位上(皇后宮初度行啓賞、権大夫譲)、正応1(一二八八)・9・12遠江守(中宮御分国)、11・21正五位下、正応5・12・30従四位下、永仁2(一二九四)・4・13左少将、永仁3・3・4従四位上、永仁5・閏10・5正四位下、正安1(一二九九)・3・24左中将、8・12備前守、正安2・9・10去守、嘉元4(一三〇六)・9・5解却中将、延慶2(一三〇九)・9・26従三位、元左中将、正和3(一三一四)・1・5正三位、正和4・9・-出家

[父]藤原公直　[公卿補任]2—408上

公量　きんかず　?—一三六一

正応3(一二九〇)・9・21従五位下、永仁2(一二九四)・3・27従五位上、永仁5・6・14〈賜去正月廿九位記〉正五位下、永仁7・2・22〈賜去正月五位記〉従四位下、2・29侍従、正安3(一三〇一)・11・4兼備中介(大嘗会国司)、11・18従四位上(国司賞)、嘉元1(一三〇三)・12・24右少将、嘉元2・5・5正四位下、嘉元4・2・5転中将、徳治2(一三〇七)・1・29筑前介、延慶2(一三〇九)・6・12補蔵人頭、延慶3・3・9参議、元蔵人頭右中将、8・8還任右中将、9・4従三位、辞参議、正和3(一三一四)・1・5正三位、元応1(一三一九)・閏7・5従二

位、正慶1〈元弘2〉(一三三二)・8・13正二位、正慶2〈元弘3〉・5・17詔復本位、建武4〈延元2〉(一三三七)・2・21武家召捕之、観応2〈正平6〉(一三五一)・-・-於南山正二位前権大納言大宰権帥云々、康安1(一三六一)・-・-薨去
[死没]康安1(一三六一)　[父]近衛実香　[公卿補任]2―410上　[大日本史料]6―23―848

実茂　さねしげ
延慶1(一三〇八)・8・13従五位下、応長1(一三一一)・2・29侍従、正和2(一三一三)・9・20従五位上、文保2(一三一八)・1・22〈や〉正五位下、元応1(一三一九)・3・15右少将、元亨1(一三二一)・1・5従四位下、元亨3・4・25還任右少将、嘉暦2(一三二七)・1・5〈五月廿日賜今日位記〉従四位上、元徳1(一三二九)・6・28転右中将、元徳2・4・6正四位下、正慶1〈元弘2〉(一三三二)・9・27従三位、元右中将、10・21参議、12・26辞参議、正慶2〈元弘3〉・5・17詔止前三木従三位、-・-前右中将正四下
〔以後不見〕
[父]藤原公直　[公卿補任]2―544上

菩提院家(絶家)

実守　さねもり　一一四七―八五
保元1(一一五六)・9・8五位(皇后宮当年御給)、美作守、9・17兼侍従、保元2・10・22従五位上(造宣耀殿賞〔「造内裏国司宣耀殿」く〕)、保元3・5・21左少将〔「左権少将」く〕(守如元)、8・1兼皇后宮権亮、保元4・1・3正五位下(行幸院、中宮御給)、2・13止権亮(院号)、永暦1(一一六〇)・10・11従四位下(行幸院、皇后宮御給)、応保1(一一六一)・10・19右中将〔「右権中将」く〕(守如元、服之間也)、応保2・1・5従四位上(上西門院御給〈く〉)、長寛1(一一六三)・12・20止守、長寛3・1・23正四位下(故〔「祖父」く〕左大臣実能公〔「実能公」く無〕坊官賞、〔「但不逢践祚坊官賞也」く〕)、仁安1(一一六六)・10・7禁色、10・10兼春宮権亮、仁安3・2・19止権亮(践祚)、8・10蔵人頭〔「任大臣次」く〕、嘉応2(一一七〇)・12・30参議、右中将如元、元蔵人頭、嘉応3・1・18播万権守、4・7従三位、承安3(一一七三)・1・6〈「26日」くし恐衍〉正三位、安元2(一一七六)・1・30兼備中権守、養和2(一一八二)・3・8権中納言、寿永1(一一八二)・8・14兼皇后宮権大夫、10・13従二位、寿永2・12・21兼左兵衛督、元暦1(一一八四)・8・-辞納言並督、元暦2・4・25薨去
[死没]元暦2(一一八五)・4・25　[年齢]39　[父]藤原公能、三男　[母]中納言従三位藤原俊忠女　[公卿補任]1―471下

菩提院家
実守―**公衡**―公棟―実千―公深

公衡　きんひら　?―一一九三
仁安1(一一六六)・12・30従五位下(皇后宮未給〔「御給」し〕)、嘉応1(一一六九)・1・7従五位上(上西門院未給)、嘉応2・7・26侍従、承安4(一一七四)・1・21備前介、安元3(一一七七)・1・24正五位下、-・-・-右少将、寿永1(一一八二)・3・8近江介、8・14皇后宮権亮(立后日)、10・13従四位下(皇后宮入内賞)、寿永2・2・21従四位上(朝覲行幸、皇后宮御給)、元暦1(一一八四)・10・20禁色、文治2(一一八六)・12・15右中将、文治3・1・23美乃介、6・28止亮(依院号也)、文治4・12・19正四位下(大嘗会国司賞)、文治5・12・30従三位左中将如元、文治6・1・24兼周防権守、建久4(一一九三)・2・21薨去
[死没]建久4(一一九三)・2・21　[父]藤原公能、四男　[養父]藤原実守　[母]中納言従三位藤原俊忠女　[公卿補任]1―520上　[大日本史料]4―4―277

今出川家《いまでがわけ》

藤原氏北家閑院流。西園寺家の支流。後西園寺入道相国実兼の四男今出河右大臣兼季を家祖とする。別号を菊亭と称し、明治維新以後は専ら家名を菊亭とした。今出川(河)の称は、兼季が舎兄公顕の伝領した西園寺家領今出川殿を領有したことに由来する。菊亭の号は、兼季が菊を愛でて庭に植えるにより、今出川の別号を菊庭とし、後に庭を改め亭としたと『続本朝通鑑』には記す。しかし、菊亭もまた西園寺家領の殿邸の名の一つであったから、その邸を兼季が伝領したためと考えるのが妥当であろう。家格は清華家。内々の家。四箇の大事・有職故実・雅楽(琵琶)を家職とした。一条家の家礼。江戸時代には家領千三百五十五石八斗。家祖兼季は、弘安九年(一二八六)六歳で叙爵し、侍従・左中将・蔵人頭等を経て、永仁七年(一二九九)参議に列し、左衛門督・権中納言・権大納言・兼右大将・大納言を経て、元亨二年(一三二二)右大臣。その後、後院別当、従一位に昇り、元弘二年(一三三二)太政大臣となり、暦応二年(一三三九)正月、五十九歳で没した。西園寺の嫡家は兼季の長兄公衡が嗣ぎ、次兄公顕は別流を起していたが、正和四年(一三一五)前左大臣公衡が五十二歳で没したので、前権大納言公顕四十三歳が西園寺一流の長者としての位置に立った。しかし公顕はすでに齢四十を過ぎていたが然るべき嗣子なく、一流の行末を案じた父実兼は文保元年(一三一七)家督相続につき置文を認めている(『管見記』)。すなわち、公顕には三歳になる男子一人がある由であるので、これに実顕の名字を授け叙爵させるが、将来に不安があり、兼季(三十六歳)もまた今に一子無きにより、兼季を以て公顕の嫡子となし、実顕を以て兼季の子となし、両家を縮めて一流となすべし、というものであった。しかし、この翌年に兼季に実子(実尹)が生まれ、実顕もまた兼季に先立って没し、その子公冬も南朝に仕えたので、却って兼季が公顕家系を吸収することとなった。実尹は、元亨二年(一三二二)祖父実兼死去の直前、家職の琵琶秘曲の伝授を受けた。そしてその賞として嘉暦三年(一三二八)十一歳の若さで従三位に昇叙された。父兼季の没した暦応二年には権大納言に昇ったが、同五年八月二十五歳で没した。その後はその息公直が嗣ぎ、次の四代はその舎弟実直が嗣ぎ、五代は公直の息公行が嗣ぎ、いずれも左大臣・右大臣に昇り、従一位に叙せられた。しかし、公行の後、父子不和が基で、今出川家は一時中絶する。ことの詳細は、公直正室に幼稚の頃より三十年に亘って養育を受けたという、伏見宮貞成親王の『看聞御記』に見える。この記では菊亭のことは菊第と記す。これによれば、応永二十八年(一四二一)正月ごろ、前左大臣公行とその息権大納言実富とに不和を生じたが、それは旧冬に今出川家領の近江国衙領の代官職に改替があり、新補代官が入部したところ、本代官が新代官を殺害するという事件に関連する。実富が父公行の下知であるとして新代官を認めぬよう指示したことによるものであった。新代官は足利将軍家の恩寵の深かった裏松(烏丸)権中納言豊光の青侍であったから、これは父子の問題にとどまらず、豊光の立腹治まらず、この一件はたちまちに将軍義持の耳に入り、将軍を激怒させた。実富は官を辞し籠居謹慎し、かねて不快であった父子はついに絶交する。ここに実富の息権大納言公富が祖父公行の養子となり、実富を超えて家門を相続する地位に立った。ところが、応永二十八年夏初め頃から疫病が流行し、今出川家でも多くの死者を出したのみならず、前左府公行は六月に、新亜相公富も八月に同病のために没したのである。公行の死は家職の琵琶の道の危機でもあった。『看聞御記』応永二十八年六月十四日条に「灌頂忽断絶歎而有余、(中略)天下既四絃道断絶歟」と見え、公富が没した際の同八月九日条には、「亜相今日閉眼云々、非言語所覃、中々無是非事也、左府子孫忽断絶、家門已滅亡歟、本亜相雖相残、公武時宜不快之間、家門相続不審也、嚢祖之素意如何」と記している。嫡子を失い、残った実富は幕府との関りから相続の対象外であったから、家門たちまち没落することになった。家領もすべて幕府より新たな給主に付けられた。また伝来の文書記録も嫡家西園寺家へ引渡すよう下知されたが、この苛酷な処置は後小松上皇の恩召で中止された。相続のことも西園寺家の息を猶子とすることは子細なしとされたが、ことは容易に運び難く、ここに今出川家は中絶することになる。家門が再興されるのは、公行の死後十四年、永享六年(一四三四)のことで、この年実富の遺子菊寿丸十歳が将軍義教より本領を安堵され、翌年二月叙爵し、元服に際して将軍の偏諱を受け教季と名乗った。教季の玄孫の右大臣晴季は、豊臣政権期のいわゆる武家伝奏四人の筆頭として重きをなした。女を豊臣秀次の妾としたので、文禄四年(一五九五)秀次事件に連座して越後国に配流、翌年帰洛した。江戸時代の当主は、年若くして他界し納言で終ったものも多く、任槐したのは、経季・公規・伊季の三代と実種のみである。経季は武家伝奏に補され、公規・伊季・実種が議奏に補された。日記には、『実直卿記』、『公規公記』、『伊季公記』、『公詮卿記』、『誠季卿記』、『公言卿記』、『実種公記』、『尚季公記』、『公久卿記』、『実順卿記』がある。明治十七年(一八八四)脩季のとき、叙爵内規により侯爵を授けられた。菩提所は下京 本圀寺。『菊亭家譜』(東京大学史料編纂所架蔵、四一七五—二〇一)。

今出川家

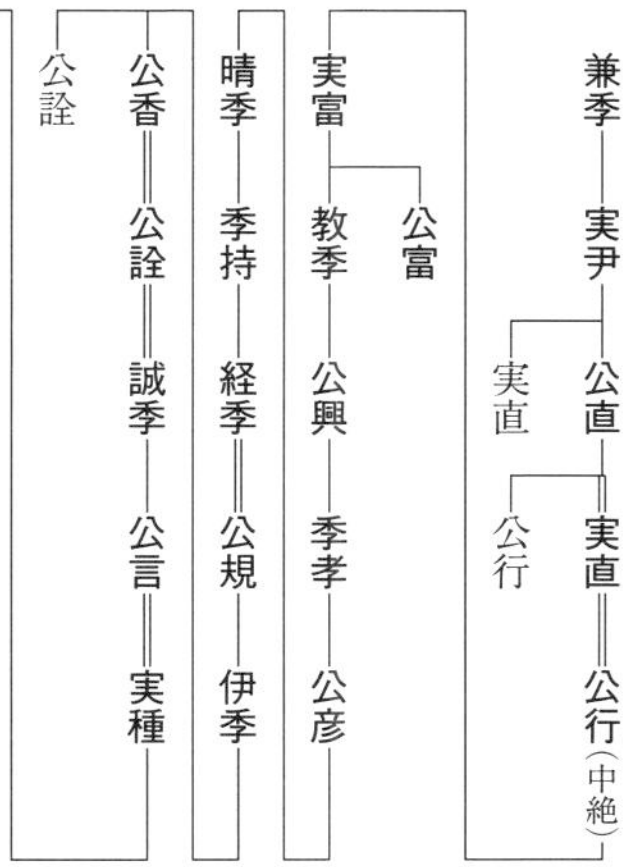

兼季　かねすえ　一二八一—一三三九

弘安9(一二八六)・1・13従五位下、4・3正五位下(越階、鳥羽殿修理本処(「本所」や)賞)、正応2(一二八九)・1・5従四位下(中宮当年御給)、4・26従四位上(朝覲行幸、中宮大夫藤原朝臣院司賞譲)、正応3・3・6侍従、10・27正四位下、永仁2(一二九四)・3・27左少将、5・11転中将、閏10・23兼中宮権亮、永仁6・6・23蔵人頭、8・10遷兼春宮権亮、8・21止中宮権亮(依本宮院号也)、正安1(一二九九)・4・26参議(元蔵人頭)、春宮権亮左中将如元、6・6従三位、止権亮、正安2・3・6正三位、正安3・4・5補使別当左衛門督等、正安4・2・28権中納言、12・14止別当、乾元2(一三〇三)・1・28止督、嘉元2(一三〇四)・1・14止大夫、嘉元3・1・5従二位、延慶2(一三〇九)・9・26正二位、正和4(一三一五)・3・13権大納言、正和5・7・22兼春宮権大夫、文保1(一三一七)・12・20還(復カ)任、文保2・2・26止之、元応1(一三一九)・8・21兼右近大将、10・18大納言、10・29為右馬寮御監、元亨1(一三二一)・3・-着服、元亨2・8・11右大臣、元亨3・7・-辞右大臣、嘉暦2(一三二七)・9・2後院別当、嘉暦4・1・5従一位、正慶1〈元弘2〉(一三三二)・11・8太政大臣、正慶2〈元弘3〉・5・17依同事停其職、暦応1〈延元3〉(一三三八)・12・12出家

※正安三年より「左中将」「備後権守」

[死没]暦応2(一三三九)・1・16　[年齢]59　[父]西園寺実兼、四男　[母]家女房　[号]菊亭・今出川　[法名]覚静　[公卿補任]2—346下　[大日本史料]6—5—364、6—11—補5

実尹　さねただ　一三一六—四二

嘉暦2(一三二七)・3・24近江介、7・16正四位下、嘉暦3・9・23従三位、左中将如元(祖父入道太政大臣去元亨二琵琶秘曲伝受賞譲)、元徳2(一三三〇)・4・7正三位、元弘1(一三三一)・10・5権中納言、正慶2〈元弘3〉(一三三三)・5・17復本職、9・16参議、兼左中将、11・7兼中宮権大夫、元弘4(一三三四)・1・13兼備前権守、建武1(一三三四)・9・14権中納言、12・17兼雅楽頭、建武2・1・5従二位、建武4〈延元2〉・1・16止権大夫、7・20

止頭、建武5・1・5正二位、8・12兼春宮権大夫、暦応2〈延元4〉(一三三九)・8・12権大納言、暦応4〈興国2〉・3・19正大夫、康永1〈興国3〉(一三四二)・8・-辞大夫、8・21薨去〈やし〉

[死没]康永1(一三四二)・8・21〈やし〉 [年齢]27 [父]今出川兼季 [母]従一位右大臣西園寺公顕女 [公卿補任]2—519上 [大日本史料]6—7—306、6—11—補23

公直 きんなお　一三三五—九六

建武4〈延元2〉(一三三七)・1・7叙爵、建武5・4・19従五位上、暦応2〈延元4〉(一三三九)・12・30正五位下、暦応3〈興国1〉・9・4侍従、暦応5〈興国3〉・1・5〈7日カ〉従四位下(加叙)、康永2〈興国4〉(一三四三)・1・5従四位上(院当年御給)、12・22左少将、康永3〈興国5〉・1・24兼備後介、康永4〈興国6〉・4・16転左中将、貞和2〈正平1〉(一三四六)・2・21〈や〉正四位下、貞和3〈正平2〉・12・27兼春宮権亮、貞和4〈正平3〉・-・-去介(秩満)、10・27去権亮(依受禅也)、更兼春宮権亮、貞和5〈正平4〉・11・25従三位、左中将如元、観応1〈正平5〉(一三五〇)・10・12参議、文和2〈正平8〉(一三五三)・12・29権中納言、文和3〈正平9〉・10・22兼左衛門督、為検非違使別当、文和4〈正平10〉・8・13正三位、延文3〈正平13〉(一三五八)・-・-辞別当、延文4〈正平14〉・1・5従二位、4・21権大納言、康安2〈正平17〉(一三六二)・5・7正二位、貞治5〈正平21〉(一三六六)・8・29大納言、貞治6〈正平22〉・1・7補内教坊別当、6・29右近大将、貞治7〈正平23〉・1・7為右馬寮御監、応安2〈正平24〉(一三六九)・12・19辞退両官、永和4〈天授4〉(一三七八)・8・27内大臣、永徳1〈弘和1〉(一三八一)・7・-辞内大臣、6・17従一位、永徳2〈弘和2〉・2・5〈「1月」し〉賜去年六月十七日従一位々記、明徳4(一三九三)・3・28右大臣、12・25辞右大臣、応永2(一三九五)・4・7左大臣、6・6辞左大臣、6・26出家、応永3(一三九六)・5・1薨〈く追〉

[死没]応永3(一三九六)・5・17 [年齢]62 [父]今出川実尹 [母]正四位下内蔵頭藤原為基女 [号]今出川左大臣 [法名]素懐・昌崇 [公卿補任]2—625下 [大日本史料]7—2—455

実直 さねなお　一三四二—九六

延文3〈正平13〉(一三五八)・4・15従三位、左中将如元、延文4〈正平14〉・3・25兼周防権守、康安2〈正平17〉(一三六二)・4・21参議、貞治2〈正平18〉(一三六三)・1・28兼近江権守、4・20権中納言、貞治3〈正平19〉・1・5正三位、応安4〈建徳2〉(一三七一)・1・5従二位、応安6〈文中2〉・1・6正二位、応安7〈文中3〉・12・13権大納言、永徳3〈弘和3〉(一三八三)・1・7内教坊別当、明徳1〈元中7〉(一三九〇)・4・1兼左大将、明徳5・12・25右大臣、大将還宣旨、応永2(一三九五)・1・28辞大将、3・24辞右大臣、6・19従一位、応永3・5・15薨去

[死没]応永3(一三九六)・5・15 [年齢]55 [父]今出川公直(実今出川実尹、二男) [号]今出川右大臣 [日記]実直卿記(一三七四—八七) [公卿補任]2—662上 [大日本史料]7—2—436

公行 きんゆき　?—一四二一

康暦3〈弘和1〉(一三八一)・1・6従三位、1・12左中将如元、永徳3〈弘和3〉(一三八三)・4・22〈12月ともあり〉参議、永徳4〈元中1〉・1・5従二位、至徳1〈元中1〉(一三八四)・3・23兼備後権守、嘉慶2〈元中5〉(一三八八)・5・26権中納言、応永2(一三九五)・1・5正二位、6・3権大納言、応永6・4・22兼右大将、応永9・8・22内大臣、9・17止大将、応永10・8・19右大臣、応永16・2・5従一位、応永18・4・11左大臣、応永25・12・2辞左大臣、応永28・6・13薨去

[死没]応永28(一四二一)・6・13 [父]今出川実直 [号]後今出川左大臣 [公卿補任]2—740上

実富 さねとみ　?—一四二八

応永9(一四〇二)・1・6従三位、左中将叙留、応永11・3・17参議、-・-兼越中権守、応永12・1・6正三位、応永13・3・24権中納言、応永14・1・5従二位、応永20・12・30〈く追〉権大納言、応永22・1・6正二位、応永28・-・-辞権大納言、正長1(一四二八)・-・-薨去

[死没]正長1(一四二八) [父]今出川公行 [公卿補任]3—54上

公富　きんとみ　一三九九—一四二一

応永20(一四一三)・8・28従三位、左中将如元、応永21・3・16兼遠江権守、11・4参議、応永22・11・20正三位、応永24・1・5従二位、6・7権中納言、応永27・12・5権大納言、応永28・8・9薨去

［死没］応永28(一四二一)・8・9　［年齢］23　［父］今出川実富　［公卿補任］3—79上

教季　のりすえ　一四二五—八三

永享8(一四三六)・3・15左少将(従五下)〈さし〉、文安1(一四四四)・7・24参議、左中将如元、文安2・3・23兼任美濃権守、文安3・1・5正四位下、文安4・1・5従三位、3・17権中納言、宝徳1(一四四九)・12・12正三位、宝徳2・1・16権内教坊別当、6・27権大納言、享徳3(一四五四)・1・5従二位、康正2(一四五六)・7・-正二位、長禄4(一四六〇)・8・5辞権大納言、寛正4(一四六三)・6・27〈24日ともあり〉還任(権大納言)、-・-・-兼任右近衛大将、寛正6・9・26内大臣、寛正7・2・8辞内大臣、文正2(一四六七)・1・5従一位、文明12(一四八〇)・3・11右大臣、文明13・1・-辞右大臣、12・17左大臣、文明14・12・-辞左大臣、文明15・-・-薨去

［死没］文明15(一四八三)・7・2(或12・9〈家譜〉)　［年齢］59　［父］今出川実富　［号］法雲院　［公卿補任］3—147下　［大日本史料］8—15—458

公興　きんおき　一四四六—一五一四

文明5(一四七三)・7・7従三位、左中将如元、文明6・-・-改公興、文明7・1・28権中納言、文明8・1・6正三位、文明12・3・29権大納言、長享3(一四八九)・5・20兼右近衛大将、7・8内大臣、大将還宣旨、延徳2(一四九〇)・-・-正二位〈く追〉、延徳3・3・15辞内大臣、明応2(一四九三)・-・-正二位、明応4・1・5従一位、明応5・12・3右大臣、明応6・4・26転任左大臣、文亀1(一五〇一)・2・29一上事為勅被仰右大臣畢、永正2(一五〇五)・2・23辞左大臣、永正11・2・4薨去

※長享三年より「従二位」

［死没］永正11(一五一四)・2・4　［年齢］69　［父］今出川致季、一男　［母］正二位権中納言高倉永豊女　［前名］公尚　［号］後法雲院　［公卿補任］3—239上　［大日本史料］9—5—86

季孝　すえたか　一四七九—一五一九

延徳1(一四八九)・12・26叙爵、侍従(于時季直)、延徳4・1・6正五位下、-・-・-左少将、明応2(一四九三)・-・-従四位下、-・-・-左中将〈くし〉、明応8・10・27従四位上(于時季孝)、文亀1(一五〇一)・4・-正四位下、文亀2・2・21従三位、忠輔卿同日之儀同前、左近中将如元、4・13参議、永正3(一五〇六)・10・19権中納言、永正5・2・8正三位、永正11・7・2権大納言、永正12・4・19従二位、永正14・10・4〈「14日」さ〉正二位、永正16・10・5薨去

［死没］永正16(一五一九)・10・5　［年齢］41　［父］今出川公興　［前名］季直　［号］是音院　［公卿補任］3—308上　［大日本史料］9—9—446

公彦　きんひこ　一五〇六—七八

永正4(一五〇七)・1・27叙爵、永正5・12・12従五位上、永正6・10・1正五位下、永正7・12・4従四位下、永正8・9・15従四位上、9・30〈「永正9年4月30日」さ〉侍従、永正10・1・-〈「11日」さ〉正四位下、永正11・1・29元服〈くしさ〉、禁色〈くしさ〉、3・29左中将、永正15・5・28参議、左近中将如元、6・26従三位、永正18・2・4〈「5月日」さ〉正三位、5・19〈「20日」さ〉権中納言、大永5(一五二五)・12・15権大納言、大永6・9・-〈さ〉神宮伝奏、大永7・6・28従二位、6・-大神宮大宮司改補〈さ〉、享禄5(一五三二)・1・7正二位、1・2辞申伝奏〈さ〉、天文8(一五三九)・6・20右大将、天文11・6・13転左大将、天文12・7・28内大臣、9・8辞大将、天文14・6・2右大臣、天文15・3・10辞退(右大臣)、3・26左大臣、天文16・2・14辞退、天文18・1・5従一位、永禄2(一五五九)・5・11出家、天正6(一五七八)・1・23薨去〈く追〉

［死没］天正6(一五七八)・1・23　［年齢］73　［父］今出川季孝　［号］上善院左大臣　［法名］龍空　［公卿補任］3—346下

晴季　はれすえ　一五三九―一六一七

天文8(一五三九)・-・-誕生、天文9・8・-叙爵(于時実維)、天文10・12・15従五位上、天文10・12・26侍従、天文11・-・-正五位下、天文12・-・-左少将、1・6従四位下、天文13・1・6従四位上、3・19兼美作介、天文14・1・5正四位下、11・16改名晴季、11・17転左中将(今日元服)、禁色、昇殿、天文17・1・5従三位(左中将如元)、天文20・1・6正三位、天文22・1・7権中納言、天文23・3・21勅授、8・22右大将、天文24・1・6従二位、7・9権大納言、弘治2(一五五六)・1・6右馬寮御監、弘治3・3・6復任、永禄1(一五五八)・3・8左大将、永禄3・1・15正二位、永禄8・8・2神宮伝奏、永禄9・2・15辞伝奏、天正2(一五七四)・7・7〈やくま〉直衣始、天正3・11・1辞大将、天正5・12・30内教坊別当〈くま〉、天正7・1・27内大臣、天正8・2・21辞内大臣、7・8還任内大臣、11・3辞内大臣、天正13・3・10〈4月ともあり〉右大臣☆、7・11従一位〈く〉、文禄4(一五九五)・8・25依事子細在国、就関白之事也、8・-辞配流越後国依武命也〈くま〉、8・-辞右大臣☆、文禄5・-・-帰京、慶長3(一五九八)・12・19〈「9日」く〉還任右大臣☆、慶長8・1・-辞退右大臣、元和3(一六一七)・3・28薨去

※天文二十一年より「備後権守」

[死没]元和3(一六一七)・3・28　[年齢]79　[父]今出川公彦　[前名]実維　[号]景光院　[法名]月叟　[公卿補任]3―423上　[大日本史料]12―26―657

季持　すえもち　一五七五―九六

天正4(一五七六)・12・6叙位☆、侍従如元、天正6・12・20従五位上☆、侍従☆、天正7・12・30〈「20日」ま〉正五位下☆、天正8・2・-従四位下☆、侍従如元、天正11・11・19元服、禁色、左中将、天正12・1・6正四位下、天正14・2・24〈天正13年ともあり〉従三位☆、左中将如元、天正15・1・16正三位、天正17・2・5権中納言、天正19・12・28従二位、文禄5(一五九六)・6・13薨去

[死没]文禄5(一五九六)・6・13　[年齢]22　[父]今出川晴季、一男　[号]桂雲院　[公卿補任]3―494下

経季　つねすえ　一五九四―一六五二

文禄3(一五九四)・11・20誕生、慶長3(一五九八)・12・24叙位、慶長9・4・23侍従、4・27元服、禁色、昇殿、従五位上、慶長12・5・13正五位下、慶長13・5・20従四位下、慶長16・4・21左少将、従四位上、慶長17・1・5正四位下、12・7転左中将、慶長18・1・6従三位、左中将如元、慶長19・1・11権中納言、元和2(一六一六)・1・5正三位、元和5・3・20権大納言、元和6・1・5従二位、寛永4(一六二七)・6・2辞権大納言、寛永5・1・6正二位、寛永6・-・-改名経季、寛永15・12・23還任権大納言、兼右大将、寛永16・1・14辞両職、慶安5(一六五二)・2・9右大臣、薨去

※正保元年(一六四四)より「武家伝奏」

[死没]慶安5(一六五二)・2・9　[年齢]59　[父]今出川季持　[母]正二位権大納言中山親綱女　[前名]宣季　[号]照一院　[法名]観月・映空　[日記]後陽成院御凶事記(一六一七)　[公卿補任]3―540上

公規　きんのり　一六三八―九七

寛永15(一六三八)・1・12誕生、正保2(一六四五)・1・6叙爵、承応1(一六五二)・10・12従五位上、11・12侍従、承応2・1・5正五位下、12・9従四位下、12・13元服、禁色、承応3・1・11左少将、12・26左中将、12・28従四位上☆、明暦1(一六五五)・7・25正四位下、万治2(一六五九)・1・5従三位、左中将如元、万治3・12・24権中納言、寛文3(一六六三)・1・12正三位、寛文4・5・11権大納言、寛文8・12・22従二位、延宝1(一六七三)・12・26正二位、延宝6・11・19右大将、延宝7・12・25〈「29日」ま家譜〉右馬寮御監☆、天和2(一六八二)・11・8転左大将〈家譜〉、天和3・1・13内大臣、貞享1(一六八四)・9・1〈「30日」ま「10月1日」家譜〉辞左大将☆、11・19辞内大臣☆、元禄5(一六九二)・12・13右大臣、12・25随身兵仗、元禄6・8・7辞右大臣、元禄7・10・23従一位☆、元禄10・10・25〈「26日」大補〉薨去

[死没]元禄10(一六九七)・10・26　[年齢]60　[父]今出川経季(実徳大寺公信、二男)　[母]吉川広正女　[号]一林院　[日記]公規公記(一六四九―七九)　[公卿補任]3―655下

伊季　これすえ　一六六〇―一七〇九

万治3（一六六〇）・5・29誕生、万治4・1・5叙爵、寛文4（一六六四）・1・6従五位上、寛文6・12・17侍従、正五位下、寛文7・1・5従四位下、寛文10・12・27従四位上、寛文12・12・16元服、禁色、昇殿、左少将、12・28正四位下、延宝2（一六七四）・2・8左中将、延宝3・11・18従三位（左中将如旧）☆、延宝6・9・16権中納言、延宝6・11・3神宮伝奏、延宝7・5・8辞伝奏、12・17正三位、天和1（一六八一）・11・21従二位、貞享1（一六八四）・12・23権大納言、貞享3・11・12〈「13日」ま「15日」あ〉春宮大夫、貞享4・3・21止大夫、為院御厩別当、元禄2（一六八九）・12・26辞権大納言、元禄6・12・25還任権大納言、12・28神宮伝奏、元禄7・2・12〈去正月五日分〉正二位☆、元禄12・10・1右大将☆、10・19右馬寮御監、宝永2（一七〇五）・9・11神宮伝奏、辞伝奏、宝永5（一七〇八）・1・21内大臣、12・17辞大将、12・21随身兵仗、宝永6・2・26薨去

［死没］宝永6（一七〇九）・2・26　［年齢］50　［父］今出川公規　［母］刑部少輔従五位下京極高知女　［一字名］尹・人・鳥　［号］深修院　［法名］空閑・定心　［日記］伊季公記（一六七四―一七〇四）　［公卿補任］4―43下

公香　きんよし　一六九一―一七三一

元禄4（一六九一）・5・1誕生、元禄5・1・5叙爵☆、元禄8・1・5従五位上☆、元禄10・1・5正五位下、1・11侍従、元禄11・1・5従四位下☆、元禄14・1・5従四位上☆、元禄16・12・26元服、禁色、昇殿、左少将、12・22正四位下、宝永1（一七〇四）・12・26左中将、宝永2・6・27従三位（左中将如元）、宝永3・12・2辞官

［死没］享保16（一七三一）・11・14　［年齢］41　［父］今出川伊季　［母］家女房　［公卿補任］4―169上

公詮　きんあき　一六九六―一七三一

元禄9（一六九六）・3・29誕生、宝永2（一七〇五）・2・4叙爵、宝永3・12・9改名公詮（元清季）、12・10従五位上、侍従、宝永4・11・11正五位下、宝永5・12・11従四位下、宝永7・12・21従四位上、正徳1（一七一一）・4・6元服、禁色、雑袍、昇殿、左少将、12・23左中将、正四位下、正徳2・12・18従三位（左中将如旧）、正徳5・11・25権中納言、正徳6・1・13帯剣、2・4直衣、享保1（一七一六）・12・25正三位、享保6・1・22〈去五日分〉従二位、享保8・11・18権大納言、12・26為内教坊別当、享保12・4・29為神宮伝奏、12・13辞伝奏、享保13・7・1神宮伝奏、10・26兼春宮大夫、享保14・12・24正二位、享保15・4・11辞伝奏、享保16・1・16〈2月10日ともあり〉辞三官☆、2・14薨去

［死没］享保16（一七三一）・2・14　［年齢］36　［父］今出川伊季、二男　［母］家女房　［幼名］忠丸　［前名］清季　［日記］公詮卿記（一七一七―三一）　［公卿補任］4―205上

誠季　のぶすえ　一七一三―四六

正徳3（一七一三）・9・17誕生、享保8（一七二三）・2・23叙爵、享保16・4・5〈ま〉当家相続、5・3侍従、従五位上、享保17・2・16〈去正五分〉正五位下、11・23元服、昇殿、禁色、雑袍、従四位下、12・27左少将、享保18・5・3左中将従四位上、享保19・2・11〈去正六分〉正四位下、享保20・1・10〈去六日分、左中将如旧〉従三位、元文1（一七三六）・1・25御厩別当、12・24権中納言、12・30帯剣、元文2・2・28聴直衣、元文3・12・24正三位、元文4・8・25権大納言、寛保2（一七四二）・8・25従二位、6・13辞権大納言、薨去

［死没］延享3（一七四六）・6・13　［年齢］34　［父］今出川公詮（実西園寺致季、四男）　［母］伏見宮邦永親王女（実家女房）　［幼名］富貴丸　［日記］誠季卿記（一七三一―四六）　［公卿補任］4―317上

公言　きんこと　一七三八―七六

元文3（一七三八）・8・1誕生、延享3（一七四六）・12・24従五位下、延享4・12・26侍従、延享5・12・26従五位上、寛延2（一七四九）・10・21正五位下、寛延3・3・4従四位下、寛延4・5・16従四位上、5・27元服、禁色、雑袍、昇殿、宝暦2（一七五二）・1・22正四位下、6・11左権少将、9・16拝賀、宝暦3・5・7右権中将、5・27拝賀、12・22〔従三位〕（右中将如旧〈ま〉）、宝暦6・5・10権中納

言、5・16帯剣、5・24聴直衣、12・21正三位、宝暦8・7・25辞権中納言、宝暦10・7・26出家
〔死没〕安永5(一七七六)・8・25　〔年齢〕39　〔父〕今出川誠季　〔母〕今出川公詮女(実家女房)　〔幼名〕春丸　〔法名〕松皐　〔日記〕『公言卿記』(一七五二－五八)　〔公卿補任〕4―414下

実種　さねたね　一七五四―一八〇一

宝暦4(一七五四)・6・4誕生、宝暦10・5・27為公言卿子、8・4従五位下、宝暦11・1・12従五位上、10・26侍従、宝暦12・2・13正五位下、宝暦13・3・1従四位下、8・19元服、禁色、昇殿、宝暦14・1・13左権少将、1・16拝賀、5・15従四位上、明和2(一七六五)・1・10正四位下、8・13右権中将、11・20拝賀、明和3・2・5〔従三位〕、明和5・1・9正三位、安永3(一七七四)・2・5権中納言、2・25帯剣、2・27聴直衣、安永4・10・9従二位、閏12・2権大納言、閏12・11補大歌所別当、安永5・8・25辞別当、安永6・1・9正二位、安永8・1・14内教坊別当、12・12賜後桃園院御服、天明2(一七八二)・2・26為神宮上卿、天明4・5・24辞上卿、寛政10(一七九八)・12・13内大臣、右大将、右馬寮御監、12・15直衣始、寛政11・3・16辞内大臣大将御監、寛政12・9・20従一位、享和1(一八〇一)・6・22薨去
〔死没〕享和1(一八〇一)・6・22　〔年齢〕48　〔父〕今出川公言(実西園寺公晃、三男)　〔母〕家女房　〔幼名〕八十丸　〔日記〕実種公記(一七七〇－一八〇一)　〔公卿補任〕4―488上

尚季　なおすえ　一七八二―一八一〇

天明2(一七八二)・9・18誕生、天明3・1・5従五位下、天明4・閏1・14従五位上、天明5・1・14正五位下、8・23侍従、天明6・1・14従四位下、天明7・1・25従四位上、天明8・10・24〈「12月」ま〉正四位下、寛政2(一七九〇)・5・19元服、雑袍、昇殿、寛政3・11・28左権少将、寛政4・1・16拝賀、10・19転右権中将、10・27〔従三位〕(右中将如旧、小除目)、12・7拝賀、12・8直衣始、寛政6・2・15正三位、寛政11・3・16権中納言、3・18聴直衣、直衣始、3・20帯剣、6・1従二位、享和3(一八〇三)・3・7正二位、享和4・2・2補大歌所別当、文化2(一八〇五)・8・23権大納言、9・17直衣始、文化3・3・24辞大歌所別当、文化7・8・29辞権大納言、薨去
〔死没〕文化7(一八一〇)・8・29　〔年齢〕29　〔父〕今出川実種　〔母〕徳川宗翰女禎子　〔幼名〕八十丸　〔日記〕尚季卿記(一八〇〇－〇七)　〔公卿補任〕5―85上

公久　きんひさ　一八〇六―三六

文化3(一八〇六)・5・22誕生、文化4・1・4従五位下、文化5・1・5従五位上、文化6・1・25正五位下、5・4侍従、文化7・1・4従四位下、文化8・2・1従四位上、文化9・1・4正四位下、文化11・3・23元服、禁色、昇殿、4・10右権少将、5・25拝賀、文政1(一八一八)・5・28転権中将(小除目)、7・24〔従三位〕(右権中将如旧)、8・13拝賀、8・16直衣始、文政2・1・25正三位、文政7・6・4権中納言、7・1帯剣、7・2聴直衣、直衣始、12・7従二位、文政10・5・21正二位、天保2(一八三一)・3・28大歌所別当、天保7・8・16辞権中納言、8・17薨去
〔死没〕天保7(一八三六)・8・17　〔年齢〕31　〔父〕今出川尚季　〔母〕鷹司輔平九女保子　〔日記〕公久卿記(一八三一－三五)　〔公卿補任〕5―257下

実順　さねあや　一八三二―六四

天保3(一八三二)・7・13誕生、天保7・12・7従五位下、天保8・2・18従五位上、天保9・1・5正五位下、天保11・3・4侍従、4・5従四位下、天保12・2・4従四位上、天保13・1・5正四位下、天保15・2・15元服、昇殿、弘化1(一八四四)・12・25左権少将、弘化2・1・1拝賀、嘉永2(一八四九)・6・11転右権中将、7・25拝賀、8・28〔従三位〕(右中将如旧)、嘉永3・1・17正三位、安政5(一八五八)・11・19改号菊亭、安政6・9・20権中納言、10・3帯剣、10・4聴直衣、直衣始、11・21従二位、万延2(一八六一)・1・23正二位、元治1(一八六四)・9・5薨去
〔死没〕元治1(一八六四)・9・5　〔年齢〕33　〔父〕今出川公久　〔母〕家女房　〔号〕菊亭　〔日記〕実順卿記(一八五三・五四)　〔公卿補任〕5―458下

正親町三条家　おおぎまちさんじょうけ

藤原氏北家閑院流。三条家の支流。三条入道左府実房の三男権大納言公氏を家祖とする。実房の一男公房が嫡流を嗣ぎ三条と号し、二男公宣は姉小路と号し、三男公氏も三条と号したので、公房流を転法輪三条、公氏流を正親町三条と区別される。但し、転法輪三条の号は公房から八代後の公光あたりからで、正親町三条の称も、公氏から六代目の公豊頃からのようである。転法輪は今出川より南、一条より北の東西の大路である転法輪大路に面して屋敷があったことに因み、正親町は正親町通り(今の中立売通)東洞院に屋敷が面していたことに因む。公氏はまた嵯峨、あるいは西郊とも称したので、明治三年(一八七〇)十二月、実愛のときに家名を嵯峨と改めた。また、五代公秀は正親町、八条とも号し、六代実継は後八条、七代公豊は後三条とも号した。家格は大臣家。内々の家。四箇の大事・有職故実を家職とした。近衛家の家礼。江戸時代には家領二百石。家祖公氏は寿永元年(一一八二)生まれ。左少将、越前権介などを経て、承元四年(一二一〇)蔵人頭。建暦元年(一二一一)参議に列し、翌二年従三位に昇叙。権中納言・中宮大夫・中納言などを経て、寛喜三年(一二三一)権大納言。嘉禎三年(一二三七)九月五十六歳で没した。二代実蔭は暦仁二年(一二三九)四十一歳でようやく参議、従三位に昇るという遅昇進であったため、官途を開くためであろう、その息公貫は山階(洞院)左大臣実雄の猶子とされ、延応元年(一二三九)二歳で叙爵し、文永十二年(一二七五)参議。権中納言、正二位、民部卿となり、永仁七年(一二九九)権大納言に昇った。公貫舎弟の公種は別流を起し三条と号した。公貫二男で四代となる実躬は『実躬卿記』の記主として著名。文永元年生まれ、生母は甘露寺中納言為経の女。舎兄の実仲の生母は藤原従三位経賢の女。実仲は正嘉元年(一二五七)生まれで実躬より七歳長じ、官位も先行していたが、生母、嫡庶の関係からであろう、叙従四位下の段階で実躬に超され、のち従二位まで昇った。別流を起し九条と号し、また三条をも称したが、六代の孫実文ののち絶家となった。実躬は永仁六年(一二九八)参議に列し、権中納言、正二位、民部卿などを経て、正和五年(一三一六)権大納言となり、翌文保元年(一三一七)二月五十四歳で出家した。以上四代は、早く他界した実蔭を除き正二位権大納言を先途としたが、五代公秀のとき、その女秀子が光厳天皇の後宮に入り、崇光天皇・後光厳天皇の生母となったことにより、内大臣にまで昇る。秀子は文和元年(一三五二)十月院号宣下あり、陽禄門院と称し、翌十一月四十二歳で他界、同月公秀は内大臣に任ぜられた。その息実継、孫の公豊もまた内大臣にまで昇り、ここに大臣家の家格が定まったといえる。実継の舎弟実音は別流を起したが二代で絶家となった。公豊の舎弟公時も別流を起す。三条西家である。公豊の曾孫実雅のときには、将軍義教に寵を受け大いに権勢をふるった。実雅は永享四年(一四三二)二十四歳のとき蔵人頭となり、同年参議に列し、翌五月には従三位、権中納言に進む。『看聞御記』永享五年十二月二十八日条には、「三条宰相中将任中納言、参議最末也、上首七人被超越、先例邂逅事歟、当時権門上様親昵、室町殿寵愛無双、傍若無人也、当年中大庄数ヶ所拝領、至国衙奉行職、御恩余身、驚耳事也」と見え、参議最末席より七人を超越しての昇進であったこと、将軍の寵愛双び無しと評され、大所領を数ヶ所拝領したことが知られる。実雅の妹尹子は義教の室、その下妹も義教妾となり、義視の生母となる。正親町三条家が正親町東洞院より武者小路今出川に邸宅を移すのも、義教の下命によるものであったことは、『実隆公記』永正六年(一五〇九)六月十三日条に「武者小路旧跡之事、(中略)依普広院殿仰、自正親町罷移」云々とあることによって知られる。これは義教が室町殿

正親町三条家

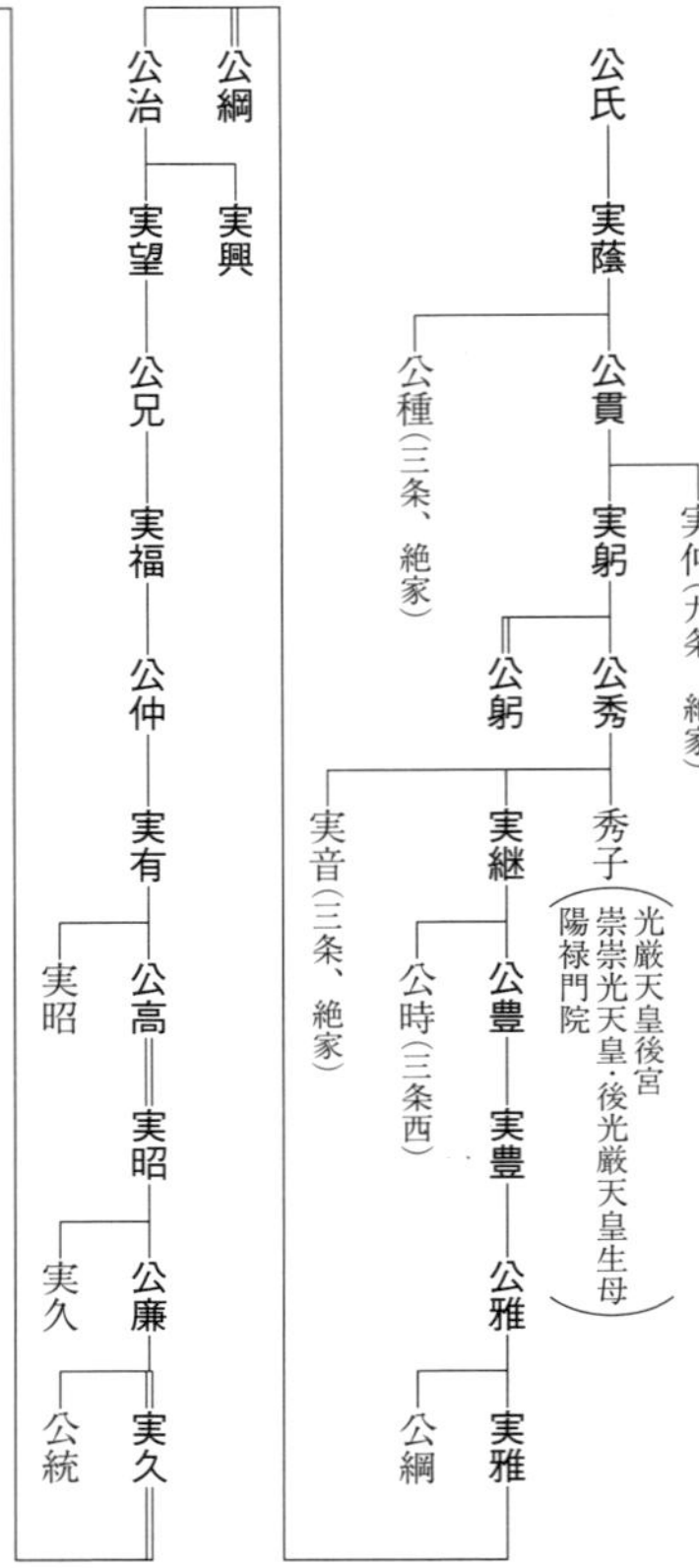

再築移居に際し、妻家をも室町殿南隣の今出川の所に引移させることにしたのであろう。そしてまた分家の三条西も相伴って移住し、正親町三条家は東面の今出川側に在り今出川殿と称され、三条西家は南面の武者小路側に在って武者小路殿とも称されたようである。義教が嘉吉元年(一四四一)赤松第で遭難したとき、実雅もこれに扈従していて傷を負った。のち官位は内大臣従一位に進んだが、かつて給された所領も大方は召返され、応仁元年(一四六七)九月五十三歳で没した。その息権中納言公躬は、同二年葉室前大納言教忠等の公家衆とともに「准朝敵」ということで解官された。その前年に兵乱により天皇・上皇が難を避け室町殿に臨幸した際、将軍義政の舎弟義視(義視と公躬は従兄弟)に加担したことにより罰された。そのため家督は実雅舎弟でその猶子として元服した経歴をもつ前権大納言公綱が嗣ぐことになった。しかし公綱は文明三年(一四七一)閏八月に俄かに五十歳で没したので、公躬息の侍従実興が公綱の猶子となり家督を相続したが、実興もまた宰相中将のとき、十三年正月二十五歳で没した。これより前十一年閏九月公躬は勅勘を免されていて、実興が没した直後には権大納言となっている。再び嫡家となったためであろう。ところが同年十月公躬は山城国田辺郷知行の件で問題を起し、興福寺から放氏の宣告をうけ、官職を辞し蟄居を余儀無くされた。十四年六月続氏の沙汰があり、復権して名を公治と改め、翌十五年権大納言に還任した。公治のあとは息の実望、孫の公兄が内大臣の先途を遂げた。ただ公兄は永正八年(一五一一)九月右少将十八歳のとき、将軍義尹の不興をうけ、危く一家断絶の関頭に立った。前月の八月義尹が細川政賢等の兵入京騒動で丹波に退去した際、これに随行しなかったことの怒りを受け、参賀しても面謁も許されず、所領没収の風聞さえ立った。庶流の三条西実隆が嫡家の危急を救うべく、将軍家の寵あつい同族の阿野参議季綱を介して赦免を乞うたことは、『実隆公記』永正八年九月六日条に見えるところである。公兄の息実福以後、実彦は別として他家よりの相続なく実子相続により明治維新を迎えた。ただ比較的若く没することが多かったこともあり、大臣に昇ることはなかった。実有、公統、実彦、公積、実愛は権大納言になったが、他は権中納言、参議にとどまった。公積は議奏に補され、宝暦事件においては桃園天皇の垂加流神道説御聴講に最も力を尽した首悩の一人で、そのため宝暦八年(一七五八)六月議奏を免ぜられ、翌七月辞官・永蟄居の処分を受け、同十年四月さらに落飾を命ぜられた。実愛は議奏・国事御用掛などを歴任し、薩長両藩の国事周旋の執奏につとめ、慶応三年(一八六七)十月討幕の密勅

を薩長両藩に伝え、ついで王政復古により新政府の議定となり、内国事務総督・刑部卿・教部卿などを歴任した。日記には、『西郊記』(公氏)、『実躬卿記』、『八条内相府記』(公秀)、『後八条内府記』(実継)『実豊公記』、『公豊公記』、『嵯峨実愛日記』がある。明治十七年(一八八四)公勝のとき、叙爵内規により伯爵を授けられ、同二十一年父実愛の勲功により特に侯爵に陞授された。菩提所は松林院。『嵯峨家譜』(東京大学史料編纂所架蔵、四一七五—二二〇)。

公氏　きんうじ　一一八二—一二三七

-・-・-叙位、建久3(一一九二)・10・26左兵衛権佐、建久6・1・6従五位上(労)、正治1(一一九九)・1・5正五位下、正治2・1・22右少将、建仁1(一二〇一)・1・29周防権介、12・22従四位下(少将如元)、建仁3・1・5従四位上(臨時)、10・3転中将、元久1(一二〇四)・11・1正四位下、元久2・1・29播磨権介、承元3(一二〇九)・1・13越前権介、承元4・12・17蔵人頭、建暦1(一二一一)・10・2参議(元蔵人頭)、右中将如元、建暦2・1・13土左権守、12・20従三位、建保5(一二一七)・1・6正三位、1・28兼備中権守、承久2(一二二〇)・1・22権中納言、承久3・10・12従二位、承久4・7・29帯剣、貞応2(一二二三)・2・25中宮権大夫、12・17正二位、元仁2(一二二五)・11・-〈5月カ〉辞中宮権大夫、嘉禄1(一二二五)・7・6更任大夫、嘉禄2・7・29皇后宮大夫、嘉禄3・2・20止大夫、4・9中納言、寛喜3(一二三一)・3・25権大納言、10・12辞退権大納言、嘉禎3(一二三七)・9・15薨去

[死没]嘉禎3(一二三七)・9・15　[年齢]56　[父]藤原実房、三男　[母]従一位左大臣藤原経宗女　[号]三条大納言・嵯峨・西郊　[日記]西郊記(一二三〇—三一)　[公卿補任]2—2下　[大日本史料]5—11—354

実蔭　さねかげ　一一九九—一二四一

-・-・-叙爵、建保3(一二一五)・2・15侍従、建保7・1・22遠江権介、承久3(一二二一)・8・29従五位上、12・12右少将、貞応1(一二二二)・11・22正五位下(宣陽門院当年御給〔や無〕)、元仁1(一二二四)・1・23従四位下(府労)、嘉禄3(一二二七)・1・26右中将、安貞2(一二二八)・1・5従四位上(安喜門院当年御給)、貞永1(一二三二)・1・5正四位下(安喜門院当年御給)、貞永2・1・24相模介、嘉禎4(一二三八)・1・22復任(父)、4・20蔵人頭(服假中)、暦仁2(一二三九)・1・24参議、元蔵人頭、右中将如元、延応1(一二三九)・10・28従三位、延応2・1・20備中権守、仁治2(一二四一)・5・5薨去

[死没]仁治2(一二四一)・5・5　[年齢]43　[父]三条公氏、一男　[母]正二位権大納言藤原泰通女　[前名]実茂　[公卿補任]2—105下　[大日本史料]5—13—542

公貫　きんつら　一二三八—一三一五

延応1(一二三九)・4・5従五位下、仁治4(一二四三)・2・9従五位上(臨時)、寛元4(一二四六)・12・18侍従、宝治2(一二四八)・4・8正五位下(安嘉門院当年御給)、建長4(一二五二)・1・13兼遠江権介、6・22兼讃岐守(権大納言実雄卿給、蓮華王院保国)、8・18左少将、建長5・1・5従四位下(臨時)、1・13還任少将、建長6・11・8遷右、建長7・1・5従四位上、康元1(一二五六)・12・13右中将、正嘉2(一二五八)・1・5〈や〉正四位下、文永11(一二七四)・4・5補蔵人頭、建治1(一二七五)・10・8参議(元頭右中将)、10・17賜中将兼字、建治2・1・5従三位、建治3・9・13正三位、弘安4(一二八一)・3・26讃岐権守、弘安7・1・6従二位、弘安9・1・13権中納言、弘安10・1・13辞権中納言、2・1本座、正応1(一二八八)・12・20正二位、正応5・4・13民部卿、永仁3(一二九五)・8・11辞退(民部卿)、正安1(一二九九)・12・27権大納言、正安2・3・6辞権大納言、嘉元1(一三〇三)・9・15出家、正和4(一三一五)・2・29薨去

[死没]正和4(一三一五)・2・29　[年齢]78　[父]三条実蔭　[母]法印道宣女　[号]空円　[公卿補任]2—242上

実躬　さねみ　一二六四—?

文永2(一二六五)・1・5叙爵(皇后宮当年給)、文永6・1・5従五位上、文永8・10・15正五位下、

文永10・閏5・19右兵衛佐、建治3（一二七七）・1・5従四位下、5・14左少将、弘安1（一二七八）・4・11渡右、弘安3・11・13従四位上、弘安6・8・8正四位下、弘安8・6・6兼下野権介、6・13転中将、正応4（一二九一）・3・25兼美作介、永仁3（一二九五）・6・23補蔵人頭、永仁5・6・7止蔵人頭、閏10・23還補蔵人頭、永仁6・6・23参議（元蔵人頭）、右中将如元、7・21従三位、永仁7・1・5正三位、3・24兼備中権守、乾元2（一三〇三）・閏4・5従二位、10・29権中納言、嘉元3（一三〇五）・3・8辞退（権中納言）、5・6本座、9・27賜御素服、延慶2（一三〇九）・4・14正二位、延慶3・3・9任按察使、正和4（一三一五）・12・25止按察使、正和5・1・13兼民部卿、7・3〈2日ともあり〉権大納言、7・22〈や〉止卿、9・16〈12日ともあり〉辞権大納言、文保1（一三一七）・2・24出家

［父］三条公貫、三男　［母］正二位権中納言藤原為経女　［法名］実円　［日記］実躬卿記（一二八三―一三一〇）　［公卿補任］2―340下

公秀　きんひで　一二八五―一三六三

弘安9（一二八六）・1・5従五位下（臨時）、正応3（一二九〇）・2・9和泉守（遊義門院御分国）、3・8従五位上（御即位叙位大宮院御給）、1・5正五位下、永仁2（一二九四）・1・6従四位下、8・5従四位上、永仁6・3・24右少将、7・13正四位下、7・23新帝昇殿（譲位日）、8・10春宮昇殿（立坊日）、正安3（一三〇一）・1・21新帝昇殿（譲位日）、8・24春宮昇殿（立坊日）、嘉元1（一三〇三）・3・30右中将、嘉元3・11・16補蔵人頭、徳治2（一三〇七）・4・3参議（元蔵人頭、右中将如元）、徳治3・9・27〈「17日」イ〉従三位、延慶2（一三〇九）・3・23兼備前権守、10・15権中納言、延慶3・1・5正三位、延慶4・4・15従二位、正和3（一三一四）・1・2正二位、正和4・2・21辞退権中納言、4・17還任（権中納言）、元応1（一三一九）・8・5〈「閏7月28日」イ〉転中納言、元応3・7・26権大納言、元亨2（一三二二）・1・26辞権大納言、2・25本座、正慶1〈元弘2〉（一三三二）・10・15陸奥出羽按察使、正慶2〈元弘3〉・5・17詔止使、建武3〈延元1〉（一三三六）・11・25大宰権帥、文和1〈正平7〉（一三五二）・11・27内大臣、文和2〈正平8〉・7・2出家、貞治2（一三六三）・8・2薨〈く追〉

［死没］貞治2（一三六三）・8・2　［年齢］79　［父］三条実躬　［母］聖海女　［号］八条・正親町三条　［法名］禅定・綽空　［日記］八条内相府記・公秀公記（一二九八―一三三九）　［公卿補任］2―389下　［大日本史料］6―25―159

公躬　きんみ　一二九〇―一三四二

永仁2（一二九四）・1・5叙爵（今出川院当年御給）、永仁4・5・15従五位上、乾元1（一三〇二）・7・21備前守、嘉元1（一三〇三）・10・29止守、嘉元2・1・5正五位下（新院当年御給）、延慶1（一三〇八）・11・8左馬権頭、延慶2・3・23従四位下（頭如元）、延慶3・8・2従四位上、応長1（一三一一）・6・23止権頭、閏6・9治部卿、10・8止頭、12・26左中将（不経少将）、応長2・1・13遷右中将、正和1（一三一二）・5・28正四位下、文保1（一三一七）・2・5補蔵人頭、12・22従三位、元蔵人頭右中将、今日右兵衛督、文保2・3・26止督、元弘1（一三三一）・10・28正三位、正慶1〈元弘2〉（一三三二）・9・27従二位、10・25〈や〉刑部卿、正慶2〈元弘3〉・5・17詔復従三位、建武2（一三三五）・1・5正三位、建武4〈延元2〉・7・20刑部卿、暦応3〈興国1〉（一三四〇）・4・26止卿、7・19還任刑部卿、暦応5〈興国3〉・2・21従二位、2・23出家、4・11薨去

［死没］暦応5（一三四二）・4・11　［年齢］53　［父］三条実躬（実三条実仲、二男）　［母］正二位中納言吉田経俊女　［法名］頓空　［公卿補任］2―462上　［大日本史料］6―7―112

実継　さねつぐ　一三一三―八八

正和3（一三一四）・1・5従五位下（従一位藤相子給、于時実世）、正和4・3・22従五位上（于時実継）、文保2（一三一八）・1・5正五位下（広義門院当年御給）、11・21従四位下（新院御給）、嘉暦2（一三二七）・2・23侍従、嘉暦4・1・5従四位上（臨時）、9・26右少将、元徳2（一三三〇）・1・5正四位下、1・13転中将、元弘1（一三三一）・12・1補蔵人頭、12・20正四位上、正慶1〈元弘2〉（一三三二）・3・12兼備中守〔「備前権守」や〕、10・21参議、正慶2〈元弘3〉・1・5〈6日ともあり〉従三位、

5・17〈6月ともあり〉止官位(参議)、還本階、為右中将、11・29兼近江介、建武4〈延元2〉(一三三七)・3・29補蔵人頭、暦応1〈延元3〉(一三三八)・12・1参議、元蔵人頭、右中将如元、暦応2〈延元4〉・1・5従三位、暦応5〈興国3〉・3・30権中納言、康永2〈興国4〉(一三四三)・1・5正三位、4・12兼左兵衛督之由宣下、4・23去督、5・12可為右兵衛督、康永3〈興国5〉・9・23還任右衛門督、貞和2〈正平1〉(一三四六)・12・29補検非違使別当、貞和3〈正平2〉・11・16転左衛門督、12・27従二位、貞和5〈正平4〉・1・15〈「2月」し〉転中納言、9・13転権大納言、文和2〈正平8〉(一三五三)・12・29兼按察使、文和3〈正平9〉・11・16補内膳司別当、文和4〈正平10〉・12・8正二位、貞治4〈正平20〉(一三六五)・12・30辞権大納言、貞治5〈正平21〉・2・2本座、貞治6〈正平22〉・9・29内大臣、応安3〈建徳1〉(一三七〇)・3・16辞退(内大臣)、応安4〈建徳2〉・1・5従一位、嘉慶1〈元中4〉(一三八七)・-・-出家、嘉慶2・6・24薨〈く追〉

［死没］嘉慶2(一三八八)・6・24　［年齢］76　［父］三条公秀　［前名］実世　［号］後八条内大臣　［日記］後八条内府記・実継公記(一三四一-四九)　［公卿補任］2—572上

公豊　きんとよ　一三三三—一四〇六

元弘4(一三三四)・1・5叙爵(従一位藤原朝臣相子給)、建武4〈延元2〉(一三三七)・12・24従五位上(宣政門院御給)、暦応4〈興国2〉(一三四一)・1・6正五位下(春宮当年御給〈さ〉)、康永4〈興国6〉(一三四五)・4・16侍従、貞和1〈興国6〉(一三四五)・12・30従四位下(元侍従、于時公豊)、貞和3〈正平2〉・3・29右近少将、貞和4〈正平3〉・12・30従四位上、貞和5〈正平4〉・3・15〈「2月」さ〉兼下野権介、観応2〈正平6〉(一三五一)・5・29転中将、文和2〈正平8〉(一三五三)・-・-去権介(秩満)、11・23正四位下、文和3〈正平9〉・3・28兼美濃介、9・23禁色、文和4〈正平10〉・8・13参議(右近中将如元、元美乃介)、本名公景、文和5〈正平11〉・1・7従三位、1・28兼備前権守、延文6〈正平16〉(一三六一)・3・27権中納言、康安2〈正平17〉(一三六二)・5・7正三位、貞治3〈正平19〉(一三六四)・1・5従二位、貞治4〈正平20〉・12・30権大納言、応安3〈正平24〉(一三七〇)・1・6正二位、永和1〈天授1〉(一三七五)・8・5辞権大納言、応永2(一三九五)・9・12内大臣、11・28出家

［死没］応永13(一四〇六)・6・24　［年齢］74　［父］三条実継　［母］正二位権大納言三条公明女　［前名］公景　［号］称名院・後三条内大臣　［法名］皎空　［日記］公豊公記(一三八〇-八七)　［公卿補任］2—649上　［大日本史料］7—8—64

実豊　さねとよ　?—一四〇四

至徳2〈元中2〉(一三八五)・3・27兼能登権守、-・-従三位、康応2〈元中7〉(一三九〇)・2・1兼相模権守、明徳3〈元中9〉(一三九二)・1・6正三位、応永2(一三九五)・4・7権中納言、応永4・12・19権大納言、応永7・1・5正二位、応永11・4・10薨去

⌘至徳二年参議従三位(初見)、この年に「右中将」の記載あり

［死没］応永11(一四〇四)・4・10　［父］三条公豊　［日記］実豊公記(一三七三)　［公卿補任］3—8上　［大日本史料］7—6—690

公雅　きんまさ　一三八四—一四二七

応永13(一四〇六)・3・24参議、右中将如元、応永14・1・5従三位、3・29兼近江権守、応永17・1・5正三位、応永18・閏10・9権中納言、11・24帯剣、11・25兼大宰権帥、応永19・1・5従二位、応永25・6・2〈5日ともあり〉権大納言、応永26・1・6正二位、応永34・8・12薨去

［死没］応永34(一四二七)・8・12　［年齢］44　［父］三条実豊　［号］紹宏院　［法名］祐戒　［公卿補任］3—62上

実雅　さねまさ　一四〇九—六七

応永20(一四一三)・1・5叙爵(院御給)、-・-侍従、応永21・12・15従五位上(御即位叙位)、応永22・1・6正五位下、応永25・3・27阿波権介、応永28・1・5従四位下、応永29・3・27左近少将、応永30・1・5従四位上、応永31・3・17兼尾張権介、10・13転右近中将、応永32・1・5正四位下、永享2(一四三〇)・3・30讃岐介、11・7近江介、永享

4・4・23補蔵人頭、7・25参議(中将如元)、元蔵人頭右中将、今日任大臣節会為貫首奉行之了、永享5・1・5従三位、12・27権中納言、永享9・10・10兼任左衛門督、-・-補検別当、12・26〈10月カ〉正三位、嘉吉1(一四四一)・12・7権大納言、嘉吉2・1・5従二位、嘉吉3・3・16兼任大宰権帥、宝徳1(一四四九)・12・12正二位、宝徳2・1・16補内膳別当、享徳2(一四五三)・12・29辞権大納言、康正3(一四五七)・9・8内大臣、長禄2(一四五八)・-・-〈「7月25日」く追〉辞内大臣、長禄3・1・5従一位、寛正2(一四六一)・7・29出家、応仁1(一四六七)・9・3薨去

[死没]応仁1(一四六七)・9・3　[年齢]59　[父]正親町三条公雅　[母]家女房　[号]青蓮華院　[法名]常禧　[公卿補任]3―124下　[大日本史料]8―1―389

公綱　きんつな　一四二一―七一

-・-・-叙爵〈さし〉、永享9(一四三七)・8・27侍従〈さし〉、10・16右近少将〈さし〉、永享10・3・30兼駿河権介〈さし〉、永享12・1・6従五位上〈さし〉、永享13・1・6正五位下〈さし〉、嘉吉2(一四四二)・1・5従四位下〈さし〉、10・-右近中将〈さし〉、嘉吉3・3・16播磨介〈さし〉、文安1(一四四四)・7・26補蔵人頭〈さし〉、文安3・1・29参議、元蔵人頭、右近中将如元、文安4・3・17兼土左権守、文安6・2・16権中納言、宝徳2(一四五〇)・1・7正三位、宝徳3・3・6為式部卿親王家勅別当、享徳2(一四五三)・12・29権大納言、享徳3・1・5従二位、康正2(一四五六)・7・20正二位、寛正3(一四六二)・8・21辞権大納言、文明3(一四七一)・閏8・10薨去、一品事以今日日付翌日宣下

❖文安五年より「従三位」、長禄三年(一四五九)より「大宰権帥」

[死没]文明3(一四七一)・閏8・10　[年齢]51　[父]正親町三条公雅　[養父]正親町三条実雅　[号]一心院　[公卿補任]3―152上　[大日本史料]8―4―770

公治　きんはる　一四四一―九五

-・-・-叙爵、文安3(一四四六)・1・5従五位上〈し〉、3・29侍従〈し〉、文安6・2・13正五位下〈し〉、宝徳2(一四五〇)・3・29兼甲斐権介〈し〉、宝徳4・1・5従四位下〈し〉、享徳3(一四五四)・1・5〈「康正2年」イ〉従四位上〈し〉、3・23右近少将〈し〉、享徳4・3・28右中将〈し〉、兼下野権介(右少(中カ)将兼-)〈し〉、康正3(一四五七)・6・25正四位下〈し〉、長禄2(一四五八)・5・4〈「14日」歴名土代〉補蔵人頭〈し〉、6・26正四位上〈し〉、7・25参議(房任辞替)、中将如元、元蔵人頭右中将、長禄3・3・23兼越前権守、長禄4・1・6従三位、寛正6(一四六五)・3・24兼讃岐権守、寛正7・2・16権中納言、文正2(一四六七)・1・5正三位、応仁2(一四六八)・12・-解却、文明11(一四七九)・閏9・-御免、上洛云々、文明12・3・4従二位、文明13・1・25権大納言、-・-放氏、10・8辞権大納言、文明14・6・-続氏、-・-〈同15年にもあり〉改公治、文明15・-・-還任(権大納言)、長享3(一四八九)・2・21辞権大納言、延徳3(一四九一)・1・25正二位、明応4(一四九五)・3・12薨去

[死没]明応4(一四九五)・3・12　[年齢]55　[父]正親町三条実雅　[前名]公真・公躬　[法名]頓空　[公卿補任]3―190上

実興　さねおき　一四五七―八一

長禄2(一四五八)・12・26叙爵-・-・-侍従、寛正6(一四六五)・1・5従五位上、文明5(一四七三)・12・3禁色、元服、文明6・1・28正五位下、8・1右近衛権少将〈く〉、文明7・1・24従四位下、1・28兼下野権介、12・30転中将、文明9・1・5従四位上、12・30補蔵人頭、文明10・4・28正四位下、文明11・1・5正四位上、文明12・3・29参議、元蔵人頭右近中将、中将如元〈く〉、文明13・1・3薨去

[死没]文明13(一四八一)・1・3　[年齢]25　[父]正親町三条公治　[公卿補任]3―256上　[大日本史料]8―12―963

実望　さねもち　一四六三―一五三〇

文明11(一四七九)・1・5叙爵(于時実統)、6・26侍従、元服、禁色、文明15・8・5従五位上、文明17・2・30右近少将、12・26正五位下、文明18・

7・20従四位下、文明19・7・10転右近権中将、長享2(一四八八)・9・17補蔵人頭、延徳1(一四八九)・12・11従四位上、延徳2・3・19正四位下(今日殿上管領事内々被仰之云々、于吃傍頭左中弁俊名朝臣也)、11・23正四位上、延徳4・1・21参議、元蔵人頭右中将、中将如元、明応3(一四九四)・‐・‐従三位、明応6・3・26権中納言、明応9・‐・‐〔正三位カ〕、文亀1(一五〇一)・8・18従二位、永正4・4・9権大納言、永正5・2・26在国、永正11・12・26上洛、永正12・4・16内大臣、7・26正二位、12・6辞内大臣、12・15下国、大永3(一五二三)・‐・‐出家、享禄3(一五三〇)・3・‐〈「5日」さ〉薨去(於駿河国)

[死没]享禄3(一五三〇)・3　[年齢]68　[父]正親町三条公治　[前名]実統　[号]慈光院内大臣　[法名]盛空　[公卿補任]3―285上

公兄　きんえ　一四九四―一五七八

明応3(一四九四)・8・10叙爵、明応6・3・26侍従、文亀2(一五〇二)・12・28従五位上、永正1(一五〇四)・12・23正五位下、‐・‐・‐右少将、永正3・7・11従四位下、少将如元、永正7・10・21従四位上、永正8・12・18右中将、永正9・9・30蔵人頭、12・20正四位下、永正10・7・24正四位上、永正15・12・22上洛〈さ〉、12・晦日参議、元蔵人頭右中将、中将如元、永正17・1・6〈「5日」さ〉従三位、永正18・5・23俄下国(駿州)、大永2(一五二二)・3・29兼備前権守、大永4・2・2辞退参議、天文13(一五四四)・2・16上洛、3・14還任(参議)、3・19備前権守、3・26正三位、5・18権中納言、9・17依大樹御執奏給去天文二十二十八正三位位記、天文14・1・5従二位、天文15・1・20権大納言、天文16・閏7・27下向甲州、天文19・12・22辞権大納言、天文20・7・20正二位、天文21・11・12兼大宰権統帥、天文23・4・11内大臣、4・28出家、天正6(一五七八)・1・20薨去〈く追〉

[死没]天正6(一五七八)・1・20　[年齢]85　[父]正親町三条実望　[号]廓然院内大臣　[法名]紹空　[公卿補任]3―346下

実福　さねとみ　一五三六―六八

天文9(一五四〇)・2・19従五位下、天文11・8・10侍従、天文13・1・6従五位上、3・19兼越前介、4・24元服、禁色、天文14・3・25右少将、天文15・3・24兼尾張権介、天文16・1・5正五位下、天文17・3・23従四位下、少将如元、天文19・2・5転中将、天文21・1・12従四位上、弘治3(一五五七)・4・15参議、右中将如元、不経蔵人頭、弘治4・‐・‐在甲州、永禄2(一五五九)・9・23自甲州上洛、永禄3・1・5従三位、永禄5・1・19権中納言、永禄7・5・13正三位、永禄8・10・11在国駿州、永禄9・6・2上洛、永禄10・12・10勅勘、永禄11・1・25薨去

❖永禄十一年より「従二位」

[死没]永禄11(一五六八)・1・25　[年齢]33　[父]正親町三条公兄、二男　[母]加賀介富樫某女　[公卿補任]3―441下

公仲　きんなか　一五五七―九四

弘治3(一五五七)・4・20誕生〈くま〉、永禄2(一五五九)・11・11叙位☆、永禄5・1・19侍従、永禄7・12・27従五位上、永禄12・2・10正五位下、8・17右近少将、元亀2(一五七一)・1・7従四位下(少将如元)、天正11(一五八三)・12・30従四位上、天正12・9・29〈「26日」くし〉右中将☆、天正13・1・5正四位下、7・13参議、右中将如元、天正14・1・5〈「7月12日」くま〉従三位☆、天正17・1・8〈「12日」く〉権中納言☆、天正19・1・11正三位、文禄3(一五九四)・6・26薨去、慶長5(一六〇〇)・6・26〈く〉贈准大臣

❖文禄三年より「神宮伝奏」

[死没]文禄3(一五九四)・6・26　[年齢]38　[父]正親町三条実福　[公卿補任]3―492上

実有　さねあり　一五八七―一六三三

文禄3(一五九四)・9・10叙爵、文禄5・4・27元服、侍従従五位上、昇殿、慶長2(一五九七)・1・5正五位下、慶長5・1・‐従四位下侍従如元、慶長6・‐・‐改名実有、慶長6・3・19右少将、兼阿波権介、慶長9・8・1従四位上、慶長11・1・11転右中将、慶長12・1・6正四位下、慶長15・12・5蔵人頭、慶長16・3・21正四位上、慶長17・1・11参議、中将如元、本名実助〈く〉、慶長18・1・6〈く〉従三位、11・1〈く〉権中納言、元和2

（一六二六）・1・5正三位、元和6・1・5従二位、元和10・1・5正二位、寛永3（一六二六）・8・9権大納言、寛永5・1・28大宰権帥、寛永10・7・13薨去
[死没]寛永10（一六三三）・7・13　[年齢]47　[父]正親町三条公仲　[母]正二位権大納言勧修寺晴秀女　[前名]実助　[号]恵心院　[法名]玄祥　[公卿補任]3—536上

公高　きんたか　一六一九—四八

元和5（一六一九）・8・27〈く〉誕生、元和6・1・5叙位、元和8・1・11侍従、元和9・1・5従五位上、寛永4（一六二七）・1・5正五位下、寛永9・1・8従四位下、右少将、2・5元服〈く〉、寛永12・1・5従四位上〈く〉、寛永13・11・5右中将、寛永16・1・5正四位下〈く〉、閏11・17参議、閏11・18中将如元、閏11・24辞参議、寛永17・1・5従三位、寛永21・8・12〈去年正月五日正三位々記〉正三位☆、慶安1（一六四八）・9・28薨去
[死没]慶安1（一六四八）・9・28　[年齢]30　[父]正親町三条実有　[母]兵部大輔源実康女　[号]月岑院　[法名]観入・道山　[公卿補任]3—589上

実昭　さねあき　一六二四—六八

寛永1（一六二四）・11・24誕生☆、寛永8・2・17叙爵☆、寛永14・7・22元服、従五位上、刑部大輔、禁色、寛永17・1・5正五位下、寛永20・1・5従四位下、正保4（一六四七）・1・5従四位上、慶安2（一六四九）・3・12三条相続、3・22右権少将、11・24正四位下、承応1（一六五二）・11・12右近衛権中将、承応4・2・8参議（俊広替）、右中将如元（本名季成）、4・10拝賀着陣、明暦1（一六五五）・12・5従三位、12・15辞参議、寛文8（一六六八）・5・7薨去
[死没]寛文8（一六六八）・5・7　[年齢]45　[父]正親町三条公高（実正親町三条実有）　[前名]季成　[院参号]押小路　[号]岑巌院　[法名]暉岳・源悟　[公卿補任]3—639上

公廉　きんかど　一六五〇—七一

慶安3（一六五〇）・3・17誕生☆、承応3（一六五四）・1・5叙爵、明暦3（一六五七）・11・18元服、昇殿、侍従従五位上、万治3（一六六〇）・12・24右少将、寛文1（一六六一）・1・5正五位下、寛文3・12・14従四位下、寛文5・12・23右中将従四位上、寛文7・12・7正四位下☆、寛文11・8・7参議（右中将如元）、8・8辞両官、8・28薨去
[死没]寛文11（一六七一）・8・28　[年齢]22　[父]正親町三条実昭　[母]左近衛中将下冷泉為景女　[一字名]篚・廉　[号]智岳院　[法名]燿天　[公卿補任]4—29上

実久　さねひさ　一六五六—九五

明暦2（一六五六）・6・21誕生、寛文11（一六七一）・12・28叙爵、寛文12・11・16侍従従五位上、11・18元服、昇殿、延宝2（一六七四）・2・8右少将、延宝4・1・5正五位下☆、延宝7・1・5従四位下☆、12・17左中将☆、天和3（一六八三）・1・5従四位上、貞享2（一六八五）・12・24正四位下、貞享4・2・25参議（中将如旧）、3・14拝賀着陣、3・21院御厩別当、10・7聴直衣、元禄1（一六八八）・1・28〈去六日分〉従三位、12・27権中納言、12・29帯剣☆、元禄4・12・21〈去正月六日分〉正三位、元禄8・11・11辞権中納言、薨去
[死没]元禄8（一六九五）・11・11　[年齢]40　[父]正親町三条公廉（実正親町三条実昭、三男）　[一字名]親・町　[号]恵光院　[法名]雲峰・泰岳　[公卿補任]4—87下

公統　きんおさ　一六六八—一七一九

寛文8（一六六八）・2・18誕生、寛文13・1・5叙爵、延宝8（一六八〇）・1・5従五位上☆、天和1（一六八一）・2・4元服、昇殿、侍従、天和2・12・24右少将、貞享1（一六八四）・1・5正五位下、貞享4・1・5従四位下、元禄2（一六八九）・1・7従四位上、1・27右中将、元禄4・1・6正四位下（右中将如元）、元禄6・12・25改公統（元公光）、元禄9・12・28参議、元禄10・2・4聴直衣、12・26従三位、元禄14・12・23権中納言、元禄15・12・5帯剣、12・23〈去正月五日分〉正三位、宝永4（一七〇七）・12・18従二位、宝永6・6・21新院御厩別当、宝永8・2・28権大納言、正徳2（一七一二）・7・7神宮伝奏、享保1（一七一六）・12・25正二位、享保4・1・22辞権大納言☆、8・16薨去
[死没]享保4（一七一九）・8・16　[年齢]52　[父]正親町三条実久（実正親町三条公廉）　[母]家女

房〔前名〕公光 〔号〕龍岳院 〔法名〕寂天・曜雲 〔公卿補任〕4―125上

公積 きんつむ 一七二一―七七

享保6(一七二一)・9・3誕生、享保10・12・25叙爵、享保13・2・16〈去正五分〉従五位上、侍従、享保14・9・25元服、昇殿、享保15・12・26正五位下、享保17・2・16従四位下、左少将、享保18・12・24兼春宮権亮、12・27拝賀〈ま〉、享保20・3・21止権亮(依受祚)、12・24従四位上、享保21・2・1〈「2日」ま〉左中将、元文2(一七三七)・1・24正四位下、寛保3(一七四三)・6・29参議(左中将如元)、同夜拝賀、9・10〈「15日」ま〉着陣、延享1(一七四四)・4・4従三位、延享2・9・27辞参議、10・1還任参議、延享3・1・28権中納言、2・23帯剣、2・25聴直衣、延享4・2・1正三位、5・2院御厩別当、寛延3(一七五〇)・1・10大宰権帥、宝暦4(一七五四)・2・19権大納言、宝暦6・2・5従二位☆、宝暦8・7・24止両官、〈ま〉永蟄居、宝暦10・5・22出家

〔死没〕安永6(一七七七)・6・2 〔年齢〕57 〔父〕正親町三条実彦 〔母〕家女房 〔号〕清浄観院 〔法名〕杯水 〔公卿補任〕4―358下

実同 さねとも 一七四八―八五

寛延1(一七四八)・9・3誕生、寛延3・1・5叙爵、宝暦3(一七五三)・12・22従五位上、宝暦5・7・29侍従、宝暦6・11・22元服、昇殿、正五位下、宝暦8・1・5従四位下、宝暦10・12・26従四位上、宝暦11・1・30右権少将、2・16拝賀、宝暦12・閏4・6正四位下、宝暦14・1・10右権中将、明和6(一七六九)・8・19参議(中将如故)、9・27拝賀着陣、9・28聴直衣、12・18従三位、明和7・11・24院別当、明和8・7・27辞参議、安永2(一七七三)・1・25正三位、安永4・閏12・19従二位、安永8・5・4還任参議、左近衛権中将、5・19直衣、天明5(一七八五)・1・14辞両官、1・15薨去

〔死没〕天明5(一七八五)・1・15 〔年齢〕38 〔父〕正親町三条公積 〔母〕正二位権大納言三条西公福女 〔号〕静廬院 〔公卿補任〕4―502下

公則 きんのり 一七七四―一八〇〇

安永3(一七七四)・6・16誕生、安永5・1・5従五位下、安永7・12・22従五位上、安永9・4・19侍従、12・27正五位下、天明6(一七八六)・5・26元服、昇殿、7・11従四位下、12・8左権少将、12・22拝賀、天明8・1・23従四位上、寛政2(一七九〇)・12・18正四位下、〈去六月廿四分〉兼美作権介(推任)、寛政4・3・4転左権中将、3・8美作権介如旧、7・26拝賀、寛政6・1・21秩満、寛政8・4・24参議(中将如旧)、4・28拝賀着陣、5・8聴直衣、直衣始、寛政9・1・22〈去四日分〉従三位、寛政11・8・24権中納言、9・18帯剣、9・19聴直衣、直衣始、12・22〈ま〉正三位☆、寛政12・9・1辞権中納言、薨去

〔死没〕寛政12(一八〇〇)・9・1 〔年齢〕27 〔父〕正親町三条実同 〔母〕家女房 〔号〕成功徳院 〔公卿補任〕5―106上

実義 さねよし 一七九八―一八二〇

寛政10(一七九八)・11・2誕生、寛政11・1・27従五位下、享和1(一八〇一)・12・23従五位上、享和3・2・3正五位下、文化1(一八〇四)・12・23侍従、文化2・8・26元服、昇殿、閏8・28従四位下、文化4・6・1従四位上、文化6・2・10正四位下、文化7・10・13右権少将、11・5拝賀、文化10・5・11転左権中将、文化12・5・8内教坊別当、文化14・12・27参議(左権中将如旧)、文政1(一八一八)・1・17聴直衣、直衣始、5・28従三位、文政3・1・4正三位、6・4辞参議、薨去

〔死没〕文政3(一八二〇)・6・4 〔年齢〕23 〔父〕正親町三条公則 〔母〕勧修寺経逸女真 〔法名〕諦観 〔公卿補任〕5―246下

実愛 さねなる 一八二〇―一九〇九

文政3(一八二〇)・12・5誕生、文政5・4・26従五位下、文政6・12・19従五位上、文政8・1・5正五位下、文政10・4・11侍従、5・21元服、昇殿、閏6・10従四位下、文政12・1・25従四位上、文政13・7・28右権少将、8・27拝賀、天保2(一八三一)・1・5正四位下、天保4・8・29服解(母)、10・28除服出仕復任、天保7・12・19転権中将、天保8・1・1拝賀、天保12・閏1・22新清和院別当(院号日)、閏1・27太上天皇諡号誄策命并奉幣使

次官、弘化3(一八四六)・7・23賜前新清和院御服、8・23除服宣下、嘉永1(一八四八)・3・9参議(右中将如旧)、3・24拝賀着陣、3・25聴直衣、直衣始、5・18兼丹波権守、従三位(小除目次)、嘉永2・5・30権中納言、6・27帯剣、6・28聴直衣、直衣始、嘉永3・6・28右衛門督補使別当、9・15直衣〈ま〉、11・29正三位、嘉永4・12・2辞督別当、嘉永5・1・27従二位、嘉永7・1・22正二位、安政6(一八五九)・8・23権大納言、11・5直衣始、文久3(一八六三)・2・14辞権大納言、元治1(一八六四)・10・22還任権大納言、慶応1(一八六五)・12・18辞権大納言

[死没]明治42(一九〇九)・10・20　[年齢]90　[父]正親町三条実義、二男　[母]戸田光年女長女松　[号]嵯峨　[日記]嵯峨実愛日記(一八六四―七一)　[公卿補任]5―448上

三条家(絶家)2

実任　さねとう　一二六四―一三三八

建長4(一二五二)・1・5〈「文永8年」イ〉従五位下(東二条院〔「皇后宮」イ〕当年御給、于時実名)、建長8・1・5従五位上、建長3・7・25〈「22日」や〉侍従、弘安8(一二八五)・1・7正五位下、弘安10・1・7従四位下(于時実任)、12・30左少将、正応1(一二八八)・9・27従四位上、正応3・1・13兼駿河介、正応4・1・6正四位下、永仁2(一二九四)・1・30兼任播磨守(源仲秋朝臣替、宣下)、永仁6・8・28止守、嘉元1(一三〇三)・10・29補蔵人頭、嘉元3・3・8参議(元蔵人頭右中将)、本名実名、嘉元4・2・5兼刑部卿、3・30兼丹波権守、12・30止卿、徳治3(一三〇八)・9・17〈「閏8月11日」イ〉辞参議〔「辞状」イ〕、10・12従三位、延慶2(一三〇九)・11・18止権守、文保2(一三一八)・3・22正三位、4・1左京大夫、元応2(一三二〇)・4・12申任男公綱朝臣大夫、9・5還任(参議)、12・9兼弾正大弼、元亨2(一三二二)・2・11兼刑部卿、嘉暦2(一三二七)・3・24中納言、嘉暦3・6・‐辞中納言、嘉暦4・7・7本座、元徳1(一三二九)・9・26治部卿、元徳2・11・7止卿、正二位、元徳3・1・13修理大夫、10・28還任(中納言)、正慶1〈元弘2〉(一三三二)・‐・‐為大嘗会検校、10・21辞職、民部卿、11・5止卿、正慶2〈元弘3〉・5・17詔止民部卿、9・23止大夫、建武2(一三三五)・1・13右京大夫、建武4〈延元2〉・7・‐〈「1月」し〉止大夫、暦応1〈延元3〉(一三三八)・12・3薨去

※元亨二年より「備後権守」、元亨四年より「権中納言」

[死没]暦応1(一三三八)・12・3　[年齢]75　[父]三条公種　[母]正二位権中納言藤原為継女安嘉門院女房大弐　[前名]実名　[日記]継塵記(一二八七―一三三四)　[公卿補任]2―378下　[大日本史料]6―5―165

三条家

公種――実任――公綱

公綱　きんつな

永仁2(一二九四)・1・6従五位下(久子内親王当年御給)、永仁5・閏10・23従五位上、正安1(一二九九)・3・28侍従、11・4正五位下、嘉元2(一三〇四)・3・7兼武蔵介、3・26右近少将、嘉元3・1・5加従四位下、1・22少将如元、徳治3(一三〇八)・2・7従四位上、延慶3(一三一〇)・3・9正四位下、4・28転中将、正和5(一三一六)・3・29改名宣下(改公長為公綱)、文保1(一三一七)・12・22辞左中将(右中将カ)、文保2・3・12少納言、10・22還任右中将、元応2(一三二〇)・2・9兼加賀介、4・12兼任左京大夫、元亨2(一三二二)・12・25去大夫、嘉暦1(一三二六)・11・22辞右中将、建武1(一三三四)・3・15右京大夫、建武2・1・13去大夫、4・7更任右中将、暦応3〈興国1〉(一三四〇)・4・1従三位(元前右中将)、貞和5〈正平4〉(一三四九)・10・17出家

[父]三条実任　[前名]公長　[法名]阿寂　[公卿補任]2―582下　[大日本史料]6―12―1007

九条家（絶家）

九条家

実仲─┬─公明═══実治
　　　└─実治

実仲　さねなか　一二五七—一三五二

正嘉1（一二五七）・2・2従五位下、文永4（一二六七）・12・19従五位上、文永5・11・17侍従、文永8・1・5正五位下、文永11・2・20阿波権介、建治2（一二七六）・5・26左少将、建治3・4・7従四位下、弘安4（一二八一）・2・1還任左少将、3・26兼播磨介、弘安6・1・5従四位上（府労）、弘安8・1・5正四位下、弘安11・2・10兼但馬権介、正応1（一二八八）・6・28〈「29日」や〉左中将、正応3・6・2可為右之由宣下、嘉元1（一三〇三）・10・29従三位、元右中将、延慶2（一三〇九）・3・29正三位、正和1（一三一二）・4・10従二位、元応2（一三二〇）・9・5民部卿、10・22止卿、元亨2（一三二二）・3・6出家

［死没］文和1（一三五二）・9・21　［年齢］95　［父］三条公貫、二男（実一男）　［母］従三位継賢女　［号］勝空　［公卿補任］2—372上　［大日本史料］6—17—40

公明　きんあき　一二八二—一三三六

弘安9（一二八六）・1・5従五位下（今出川院当年御給、于時公忠）、正応2（一二八九）・1・5従五位上、正応4・1・6正五位下、永仁4（一二九六）・1・7従四位下、10・27若狭権守（「権」や無）、永仁5・閏10・5左少将（但公忠、正五下云々）、永仁7・3・28従四位上（前少将）、正安2（一三〇〇）・9・10右少将（元前左少将、従四上）、正安3・11・18正四位下（右少将）、嘉元2（一三〇四）・3・22右中将、嘉元3・3・16兼讃岐権守、嘉元4・2・28止守、徳治3（一三〇八）・2・15補蔵人頭、9・17止頭、正和5（一三一六）・9・24修理大夫、文保2（一三一八）・2・29兼内蔵頭、8・24補蔵人頭、文保3・3・9参議、元蔵人頭、修理大夫如元、元応2（一三二〇）・2・9兼土左権守、従三位、3・24兼左大弁、元応3・3・11正三位、元亨2（一三二二）・4・5兼勘解由長官、元亨3・8・5辞大夫、嘉暦2（一三二七）・1・5従二位、元徳2（一三三〇）・2・26中納言、11・16正二位、元徳3・8・25出対武家（依公家事也）、元弘2（一三三二）・4・16武家放免帰宅、正慶1〈元弘2〉（一三三二）・6・8還任、6・12如元可兼侍従之由追被仰、10・-為大嘗会検校、11・10兼兵部卿、-・-去侍従、正慶2〈元弘3〉・5・17詔止兵部卿、-・-復侍従、建武1（一三三四）・12・17兼大判事、大蔵卿、建武2・1・12兼左京大夫、建武3〈延元1〉・5・25権大納言、9・11薨去

❖正中二年（一三二五）より「権中納言」、嘉暦元年より「侍従」

［死没］建武3（一三三六）・9・11　［年齢］55　［父］三条実仲　［母］正二位中納言吉田経俊女　［前名］公忠　［公卿補任］2—473上　［大日本史料］6—3—743

実治　さねはる　一二九二—一三五三

元応3（一三二一）・1・5正四位下、文保2（一三一八）・12・28内蔵頭、元亨1（一三二一）・6・6讃岐守、正中3（一三二六）・2・19左中弁、嘉暦2（一三二七）・7・16蔵人頭、嘉暦3・6・13参議〈や〉、元蔵人頭〈や〉、内蔵頭如元〈や〉、嘉暦4・1・5従三位、4・19宮内卿、9・26止卿、元徳2（一三三〇）・1・13兼信乃権守、6・7兼修理大夫、7・27〈「17日」イ〉止大夫、8・4正三位、12・14兼左大弁、元徳3・1・13〈10月28日ともあり〉辞参議、元弘1（一三三一）・8・13辞両職、正慶2〈元弘3〉（一三三三）・5・17詔為本職（参議）、建武1（一三三四）・12・17兼中務大輔、建武2・1・13兼備前権守、建武3〈延元1〉・5・25兼大判事、建武4〈延元2〉・1・7止大弁大輔等、建武5・4・28為大嘗会検校、暦応2〈延元4〉（一三三九）・4・18権中納言、暦応4〈興国2〉・3・19従二位、暦応5〈興国3〉・3・30辞権中納言、康永3〈興国5〉（一三四四）・3・20本座、文和2〈正平8〉（一三五三）・5・17〈「19日」園太暦〉薨去

［死没］文和2（一三五三）・5・19　［年齢］62　［父］三条公明（実三条実仲）　［公卿補任］2—515上　［大日本史料］6—18—85

三条家〈絶家〉3

実音 さねおと　一三二一―八六

正中2（一三二五）・10・26叙爵、嘉暦4（一三二九）・1・5従五位上〈新院当年御給〉、元徳2（一三三〇）・1・5正五位下〈加叙〉、建武4〈延元2〉（一三三七）・7・20侍従、暦応2〈延元4〉（一三三九）・1・5従四位下、暦応4〈興国2〉・1・22左少将、暦応5〈興国3〉・1・5従四位上、3・30兼遠江権介、康永1〈興国3〉（一三四二）・12・28渡右、康永2〈興国4〉・12・22転右中将、康永3〈興国5〉・1・5正四位下、貞和2〈正平1〉（一三四六）・-・-去権介〈秩満〉、観応1〈正平5〉（一三五〇）・6・19従三位、元左中将、右兵衛督、8・16参議、文和3〈正平9〉（一三五四）・3・28兼備中権守、-・-止督、9・11兼右近中将、文和4〈正平10〉・12・27権中納言、延文5〈正平15〉（一三六〇）・11・17従二位、貞治2〈正平18〉（一三六三）・4・20権大納言、貞治3〈正平19〉・4・14正二位、応安3〈建徳1〉（一三七〇）・4・13兼大宰権帥、応安7〈文中3〉・9・18辞権大納言、永和1〈天授1〉（一三七五）・2・15本座、永徳1〈弘和1〉（一三八一）・6・17従一位、永徳2〈弘和2〉・4・8准大臣宣旨、至徳3〈元中3〉（一三八六）・2・16薨去

［死没］至徳3（一三八六）・2・16　［父］三条公秀、二男　［母］従三位藤原家相女　［公卿補任］2―630下

公敦 きんあつ　?―一四〇九

応永2（一三九五）・6・25参議、左中将如元〔や無〕、応永3・1・28兼能登権守、9・12辞退〈参議〉、応永6・4・22権中納言、従三位、応永12・3・17権大納言、7・11辞退〈権大納言〉、応永13・1・6正三位、応永14・1・5従二位、応永16・-・-薨去

［死没］応永16（一四〇九）　［父］三条実音　［公卿補任］3―35下　［大日本史料］7―12―278

公頼 きんより

応永25（一四一八）・3・27参議、右中将如元、応永26・3・10兼近江権守、4・14従三位、応永27・閏1・13辞参議、応永33・1・6正三位

※嘉吉三年（一四四三）前参議正三位〈以後不見〉

［父］三条実音、二男　［公卿補任］3―90下

三条家

実音―**公敦**
　　└**公頼**

三条西家　さんじょうにしけ

藤原氏北家閑院流。正親町三条家の庶流。後八条内大臣実経の二男三条権大納言公時を家祖とする。嫡流三条家から別れて正親町東洞院に邸宅を構えた正親町三条家の西殿に住したことに因み家名となる。のち公保のとき、永享三年（一四三一）将軍義教室・故正親町三条権大納言公雅女尹子の縁で、実家の実雅が武者小路今出川に邸宅を移したので、これにともないその隣地に移り、本家をすぐ東面の今出川に即して今出川殿といい、分家の邸をその西であるところから西殿といい、南面の武者小路に即して武者小路殿ともいった。家格は大臣家。内々の家。四箇の大事・有職故実・和歌を家職とした。江戸時代には家領五百二石二斗。家祖公時は暦応二年（一三三九）生まれ。生母は同族九条権大納言公明女。応安三年（一三七〇）参議に列し、権中納言、従二位に昇り、永徳三年（一三八三）三月権大納言となり、翌四月四十五歳で没した。息実清は従三位権中納言まで昇り、応永十三年（一四〇六）二月二十四歳で没した。後嗣なく、正親町三条前内大臣公豊三男の公保が養嗣子に入り、同二十五年二十一歳で参議に列し、権中納言を経て、同三十五年権大納言となる。二

十二年在任の功を以て宝徳二年(一四五〇)五月家例にない内大臣に宣下された。翌六月に辞任し、翌三年正月には従一位に昇り、長禄四年(一四六〇)正月六十三歳で没した。公保によって開かれた家例を継承し、大臣家の家格として定着させたのは、次の実隆および息公条、孫実枝の三代であり、かつ和学の家としての家名を世にあらわした。実隆は、後土御門・後柏原・後奈良の三代の天皇に歴任し、和歌・連歌を能くし和漢の学・有職故実に通じ、その博識練達の才と温厚篤実な人柄から公武の間に厚い信任を受けて、中世和学興隆の中心となり近世の古典復興の土台を築いた。生母は甘露寺親長の姉。長禄二年十三歳上の同腹の舎兄である参議左中将実連の死去により四歳のとき嗣子となる。本名公世。同年公延と改名し叙爵。同四年父公保死去の後を受け家督を相続する。応仁元年(一四六七)の応仁の乱により武者小路今出川の自邸炎上し、母とともに鞍馬寺に避難。文明元年(一四六九)元服し実隆と改名した。同四年母を亡くし、乱も一時鎮静化したので、同五年帰洛した。死没する前年まで六十二年に亘り書き続けられた日記『実隆公記』がつけ始められるのは、その翌六年の正月、二十歳のときからである。同九年には参議となり公卿に列し、同十一年ころ勧修寺権大納言教秀の女と婚し、十二年長女保子が生まれている。同年権中納言となり、長享三年(一四八九)三十五歳のとき権大納言に昇った。邸宅は幾度か焼失し、明応九年(一五〇〇)七月にもまた炎上し、これを機に文亀元年(一五〇一)七十年来の邸宅であった武者小路邸より皇居土御門東洞院殿の陣外邸に移ったようである。これまでの邸は東隣に本家の正親町三条家、西隣に一門の滋野井家、南隣に嫡流の転法輪三条流の本家・分家等が隣接していたが、こんどの陣外邸では趣きが変って、妻家側と隣居することになり、妻の姉新大納言典侍房子が後土御門天皇崩御ののち寄留し、永正二年(一五〇五)嗣子公条が甘露寺元長の女と婚約すると邸内に新造を営んで与え、同七年には妻の妹藤子(後奈良天皇生母)が次代の国母として実隆邸の北隣に里亭をもった。一方、女婿である九条尚経は陣外邸に移居した文亀元年関白となり、それより十数年の長きに亘って留任し、当時悲運が重なり冴えない状況にあった転法輪三条家や正親町三条家に比し、三条一族のうちではひとり西殿の実隆のみが活発な活動を行っていた。家領も割合いと多く、それに淀の魚市や越後の青苧座などからも収入があった。息公条は文亀三年重陽御会に初めて懐紙を献じ、以後公宴の作者となり、また父から古典学を学び公家文化人としての素養を積んでいて、永正二年には蔵人頭ともなり公卿に列するのも遠くない年齢となっていた。こうした状況のなかで、父公保の例にならい内大臣に昇り、一身の名誉をかざり家の極官を確定的にすることを強く望んだからであろう、同三年正月、「大望事申状」を妻の姉新大納言典侍房子を介して奏請し、「生前の面目に、一日三台の名をけかし」たい、それさえかなえば「たとい一日その名をかけ候はゞ、(中略)いつにても辞し申候」云々と懇願し、同二十八日後柏原天皇

三条西家

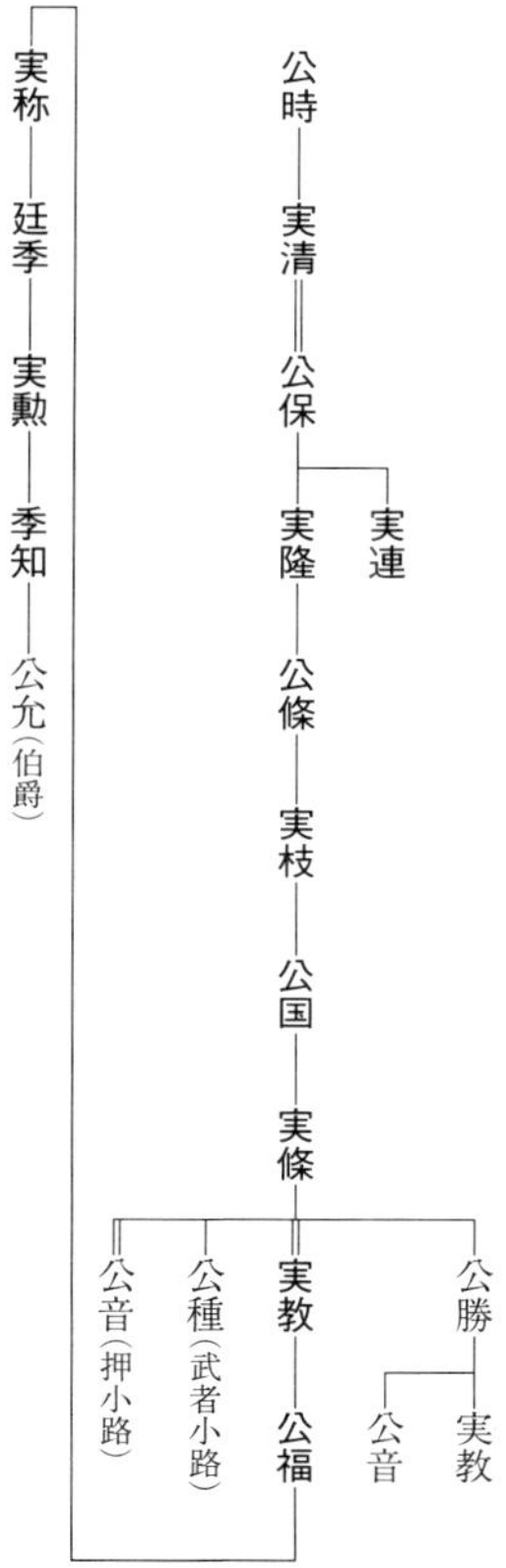

の勅許は相違ないであろうとの内示をうけ、「抃悦無極、我君之聖恩、生前面目不可過之者也、」と日記している。そして二月五日望んだ通りの陣宣下により内大臣となり、その日の感激を「誠朝恩之無涯、不堪抃舞者也、（中略）凡達先途之太望、雖知累家之余慶、吾君之深恩誠不知報酬之量、先公五十三歳昇進給、予一年早速、殊恐思給者也、」と日記している。父公保より一年早い五十二歳での内大臣昇進で、その翌々四月未拝賀のままこれを辞した。同十二年十二月には極位の従一位推叙の勅定があったが固辞し、翌十三年出家し、法名を堯空と号した。文化人としての名声は年を逐うて高くなり、歌壇においては飛鳥井雅俊・冷泉政為・同為広亡き後は歌道の最高権威者として後奈良新帝に古今伝授を行なった。家集に『再昌草』があり、他撰の家集に『雪玉集』がある。その他和学の興隆に力を尽くし、また香道の祖と仰がれるに至る。実隆（逍遥院）の歌人・古典学者としての蓄積は息公条（称名院）、孫実枝（三光院）に家学として継承された。ことに公条は後奈良天皇の信任極度に厚く、天文十一年（一五四二）三条西家として初例の右大臣に昇った。実枝の孫実条も従一位右大臣にまで昇った。また慶長十八年（一六一三）武家伝奏に補され、勤仕すること実に二十七年間、江戸時代を通じ最長の期間であった。公福も議奏・武家伝奏に補された。季知は尊攘派の中心として活動したことで知られる。文久三年（一八六三）の八月十八日の政変で三条実美等と共に長州へ下向することを余儀なくされた、いわゆる七卿落ちの一人。明治新政府の参与となり権大納言、麝香間祇候となる。また明治天皇の近習・侍従となって歌道の指導にもあたった。庶流に武者小路家がある。日記には、『実隆公記』、『称名院右府記』（公条）、『香雲院右府記』（実条）、『三条西実条自筆江戸下向記』、『三条西季知筆記』などがある。明治十七年（一八八四）公允のとき、叙爵内規により伯爵を授けられた。菩提所は浄華院。『三条西家譜』（東京大学史料編纂所架蔵、四一七五—二二四）。

公時 きんとき 一三三九—八三

応安3〈建徳1〉（一三七〇）・8・14参議、元蔵人頭右中将、右近中将如元、応安4〈建徳2〉・4・14従三位、応安6〈文中2〉・12・26正三位、応安7〈文中3〉・12・13権中納言、永和1〈天授1〉（一三七五）・3・29兼侍従、康暦3〈弘和1〉（一三八一）・1・6従二位、永徳3〈弘和3〉（一三八三）・3・3権大納言、3・11薨去

[死没]永徳3（一三八三）・3・11 [年齢]45 [父]三条実継、二男 [母]正二位権大納言三条公明女 [公卿補任]2—701上

実清 さねきよ 一三七三—一四〇六

応永10（一四〇三）・3・22参議、右中将如元、元蔵人頭、応永11・3・17兼美作権守、応永12・1・6従三位、3・17権中納言、応永13・2・16薨去

[死没]応永13（一四〇六）・2・16 [年齢]34 [父]三条西公時 [公卿補任]3—55下 [大日本史料]7—7—859

公保 きんやす 一三九八—一四六〇

応永25（一四一八）・12・2参議、左中将如元、元蔵人頭、応永26・3・10能登権守、4・14従三位、12・5権中納言、応永29・1・5正三位、応永32・1・5従二位、応永35・3・30権大納言、永享4（一四三二）・8・24兼陸奥出羽按察使、永享9・1・5正二位、永享12・1・6叙位執筆、文安5（一四四八）・1・29辞権大納言、宝徳2（一四五〇）・5・14内大臣、6・22辞内大臣、宝徳3・1・5従一位、康正1（一四五五）・-・-〈「8月7日」諸家伝〉出家、長禄4（一四六〇）・1・28薨去

[死没]長禄4（一四六〇）・1・28 [年齢]63 [父]三条西実清（実三条公豊） [号]後称名院 [法名]縁空 [公卿補任]3—90下

実連 さねつら 一四四二—五八

文安3（一四四六）・1・5叙爵〈し〉、文安6・1・7従五位上（本名実貫、改実連）〈し〉、宝徳2（一四五〇）・1・5正五位下〈し〉、3・29侍従〈し〉、享徳

3（一四五四）・3・23兼甲斐権介〈し〉、11・21〈「2月」イ〉従四位下〈し〉、11・25首服（聴禁色宣下）〈し〉、享徳4・3・28左近少将〈し〉、康正2（一四五六）・3・29左近中将〈し〉、康正3・4・6従四位上〈し〉、長禄1（一四五七）・10・－補親王家（成－）職事〈し〉、長禄2・－・－正四位下〈し〉、10・7参議（継長辞替）、左中将如元、10・20薨去

［死没］長禄2（一四五八）・10・20　［年齢］17　［父］三条西公保　［母］正四位上左大弁甘露寺房長女　［前名］実貫　［公卿補任］3―190上

実隆　さねたか　一四五五―一五三七

長禄2（一四五八）・12・26叙爵（于時公世）、12・28侍従（于時公延）、長禄3・3・28〈「26日」や〉兼備中権介、寛正6（一四六五）・1・5従五位上、文明1（一四六九）・6・23右少将、元服、禁色、9・18正五位下（于時改実隆）、文明2・3・18従四位下（少将如元）、文明4・10・14喪母、12・26除服、文明5・1・25従四位上、文明6・4・22転任右中将、4・29正四位下、文明7・1・28補蔵人頭、文明8・1・5正四位上、文明9・12・30参議、右中将如元、文明11・1・5従三位、文明12・3・29権中納言、4・17兼侍従、文明17・2・28正三位、長享3（一四八九）・2・23権大納言、6・16兼侍従、延徳1（一四八九）・12・26内膳別当〈く追〉、明応2（一四九三）・1・5従二位、文亀2（一五〇二）・1・23正二位、永正3（一五〇六）・2・5内大臣、4・5辞内大臣、永正13・4・13出家、天文6（一五三七）・10・3薨去〈く追〉

❖文亀二年より「神宮伝奏」

［死没］天文6（一五三七）・10・3　［年齢］83　［父］三条西公保、二男　［母］正四位上左大弁甘露寺房長女　［一字名］雪・西　［前名］公世・公延　［号］逍遙院　［道号］耕隠・大春・逃虚子・聴雪　［法名］堯空　［日記］実隆公記（一四七四―一五三六）　［公卿補任］3―248下

公條　きんえだ　一四八七―一五六三

文明19（一四八七）・5・21誕生、長享2（一四八八）・3・5叙爵、－・－侍従、明応2（一四九三）・3・25兼美作権介、明応3・1・6従五位上、明応6・12・15元服（父卿加冠、理髪少将季綱朝臣）、任右近少将禁色（則参内）、明応7・12・5正五位下、明応8・12・13従四位下、文亀1（一五〇一）・3・9従四位上、文亀2・3・10転右近中将、文亀3・2・14正四位下、永正2（一五〇五）・5・6蔵人頭、6・12拝賀、11・19殿上管領、12・5正四位上、永正4・4・26参議、右近中将如元、元蔵人頭、9・27従三位、永正6・12・15着直衣参内、永正8・10・5権中納言、永正9・2・6正三位、永正11・8・9兼大宰権帥、永正13・4・13被仰神宮伝奏事、永正15・1・5〈「6日」さ〉従二位、永正17・11・22補寛恒親王家別当、永正18・4・9権大納言、4・27二品親王家別当、6・30〈「27日」さ〉更兼大宰権帥、大永6（一五二六）・1・19正二位、－・－辞神宮伝奏、天文1（一五三二）・7・29補邦輔親王別当〈さ〉、天文4・12・29辞帥、－・－兼任陸奥出羽按察使〈さ〉、天文10・1・12内大臣、3・17〈「13日」さ〉辞退（内大臣）、天文11・閏3・3右大臣、天文12・7・16上表、天文13・2・27出家、永禄6（一五六三）・12・2薨去〈く追〉

［死没］永禄6（一五六三）・12・2　［年齢］77　［父］三条西実隆　［母］勧修寺教秀、三女　［一字名］雲・蒼・都　［号］称名院　［法名］仍覚　［日記］称名院右府記・公條公記（一五一三―四九）　［公卿補任］3―318下

実枝　さねき　一五一一―七九

永正8（一五一一）・－・－〈「8月4日」さ〉誕生、永正9（一五一二）・12・2叙爵、永正11・12・2侍従、永正12・2・5着袴〈さ〉、3・6従五位上、永正14・1・26正五位下、－・－・－右少将〔さ無く抹〕、大永1（一五二一）・12・17〈「19日」さ〉従四位下、12・20元服、禁色、昇殿、大永2・3・29右少将〈く追〉、美作介〈く追〉、12・27従四位上、大永5・3・13〔「転」さ〕右中将、大永6・3・29〈「20日」さ〉正四位下、－・－・－〈「大永8・4・17」く追「大永8・4・24」さ〉補蔵人頭、6・8被仰神宮奉行事〈さ〉、6・10拝賀〈さ〉、吉書奏聞〈さ〉、出御朝餉〈さ〉、6・12奏事始〈さ〉、－・－・－辞神宮奉行事、享禄2（一五二九）・2・14被仰殿上管領事（去月廿日頭弁頼継昇進〈さ〉、享禄3・1・20（小除目〈さ〉）正四位上〈下郎叙之間被付上之〈さ〉）、1・28参議（御推任之儀也〈さ〉）、元蔵人頭、右中将如元、享禄4・12・29聴直衣、

享禄5・1・6従三位、天文4(一五三五)・12・4権中納言、天文5・11・22正三位、天文9・1・25従二位、4・16神宮伝奏、天文10・3・28権大納言、天文12・10・29〈「12月日」さ〉辞神宮伝奏、天文13・6・2改実澄、8・25正二位、天文22・9・5復任(在駿州)、弘治4(一五五八)・8・21上洛、永禄2(一五五九)・5・25下向駿州、永禄12・6・26自甲州上洛、元亀2(一五七一)・8・20在国(伊勢)、12・4上洛、元亀3・閏1・6上表(辞権大納言)、元亀4・1・12本座、天正2(一五七四)・3・3還任(権大納言)、12・24改実枝、天正3・11・3兼陸奥出羽按察使、-・-・-辞使、天正5・11・20大納言、12・30為内膳別当〈くま〉、天正7・1・20内大臣、1・22辞(内大臣)、出家、1・24薨去

[死没]天正7(一五七九)・1・24　[年齢]69　[父]三条西公條、二男　[母]従一位権大納言甘露寺元長女　[前名]実世・実澄　[一字名]龍　[号]三光院　[法名]豪空・玄覚　[公卿補任]3―379上

公国　きんくに　一五五六―八七

永禄5(一五六二)・3・10叙爵(于時公光)、6・13侍従、永禄12・8・23〈賜去八年十二廿七位記〉従五位上、賜去十一年正五正五位下位記、正五位下、9・2右少将、-・-・-〈「10月24日」く〉改公明、元亀1(一五七〇)・12・27従四位下(少将如元)、元亀2・12・26転中将、元亀3・11・7従四位上、天正1(一五七三)・12・12参議、右中将如元、12・24正四位下〈く追〉、天正3・1・5従三位、7・7権中納言、12・29改公国、天正6・1・6正三位、天正7・11・17辞権中納言、天正8・1・7権大納言、天正9・1・1従二位、天正13・1・6正二位、12・21辞権大納言☆、12・晦日還任権大納言☆、天正15・11・9〈く〉内大臣、12・9〈「11月」史〉薨去

[死没]天正15(一五八七)・11・9　[年齢]32　[父]三条西実枝　[母]内大臣正二位正親町三条公兄女　[前名]公光・公明　[号]円智院　[公卿補任]3―469上

実條　さねえだ　一五七五―一六四〇

天正3(一五七五)・1・26誕生、天正4・1・5叙爵、8・11侍従☆、天正8・2・5従五位上、天正12・1・26正五位下、天正16・2・28従四位下、禁色、少将、天正17・1・6従四位上、天正19・1・10右中将〈く〉、文禄4(一五九五)・11・4正四位下☆、慶長2(一五九七)・2・2参議、右中将如元、慶長5・1・5従三位、慶長11・1・11権中納言、慶長14・1・6正三位、慶長18・1・11〈「12日」家譜〉権大納言☆、慶長19・1・5従二位、元和3(一六一七)・1・5正二位、元和10・11・28中宮大夫、寛永6(一六二九)・11・6内大臣、11・8為執事別当、寛永8・12・6辞内大臣☆、寛永12・1・5〈く〉〈寛永16年12月29日にもあり〉従一位、寛永17・6・24右大臣、10・4辞右大臣、10・9薨去

※慶長十九年より「武家伝奏」

[死没]寛永17(一六四〇)・10・9　[年齢]66　[父]三条西公国　[母]従一位左大臣西園寺公朝女　[号]香雲院　[法名]英獄　[日記]香雲院右府記(一五八八―一六四〇)・江戸下向記(一六三九)　[公卿補任]3―511下

実教　さねのり　一六一九―一七〇一

元和8(一六二二)・12・28叙爵、寛永2(一六二五)・1・5従五位上、寛永6・9・16侍従、寛永7・1・5正五位下、寛永12・12・14従四位下、-・-・-元服、禁色、左少将、寛永13・1・5従四位上、寛永14・11・11中将、寛永16・1・5正四位下、閏11・17参議、中将如元、寛永17・1・5従三位、1・11辞参議、寛永21・8・12〈去年正月五日正三位々記〉正三位☆、慶安1(一六四八)・12・22権中納言、慶安2・1・14帯剣、-・-・-賀茂伝奏、承応2(一六五三)-・-・-辞退伝奏、承応4(一六五五)・1・14〈賜去年正月五日位記〉正二位、1・25権大納言、10・14補穏仁親王勅別当、明暦3(一六五七)・11・24辞権大納言、元禄14(一七〇一)・10・19薨去☆

[死没]元禄14(一七〇一)・10・19　[年齢]83　[父]三条西実條(実従四位下侍従三条西公勝)　[公卿補任]3―589上

公福　きんとみ　一六九七―一七四五

元禄10(一六九七)・11・17誕生、元禄14・12・23叙爵、元禄15・9・27侍従(童形)、宝永1(一七〇四)・1・23従五位上、宝永3・1・10〈去五日分〉正五位下、

宝永4・2・11〈ま〉元服、昇殿、右少将、禁色、3・18改公福(旧公伊)、12・5従四位下、宝永5・2・16春宮権亮(立坊日)、宝永6・4・22〈去年十二廿一分〉従四位上、6・2右中将、6・21止権亮(依受禅也)、正徳3(一七一三)・12・23〈去年十二廿五分〉正四位下、享保3(一七一八)・6・4参議(中将如旧)、6・28拝賀着陣、享保4・2・12従三位、6・1権中納言、9・28帯剣、10・9直衣、享保9・閏4・2正三位、享保12・7・4権大納言、享保13・12・21従二位、享保15・12・2為保良親王家勅別当、享保16・9・3辞権大納言、元文1(一七三六)・12・12正二位、9・-為大嘗会伝奏、元文5・8・1還任権大納言、延享1(一七四四)・12・19辞権大納言、延享2・9・17薨去

[死没]延享2(一七四五)・9・17　[年齢]49　[父]三条西実教　[養父]三条実治　[母]家女房　[前名]公伊　[法名]円常　[公卿補任]4―229下

実称　さねよし　一七二七―九一

享保12(一七二七)・3・23誕生、享保16・12・25叙爵、享保18・12・27侍従、享保21・12・12従五位上、元文3(一七三八)・4・19正五位下、元文5・12・16元服、昇殿、右少将、元文6・6・15従四位下、寛保3(一七四三)・6・29従四位上、寛保4・12・19右中将、延享2(一七四五)・1・21兼美作権介、9・17服解(父〈ま〉)、延享3・4・2正四位下、延享4・3・16春宮権亮(立坊日)、5・2止権亮(依受禅)、院司、延享5・6・28参議(中将如故)、寛延1(一七四八)・8・21拝賀着陣、9・21兼丹波権守、寛延2・1・5従三位、宝暦2(一七五二)・2・20去権守、宝暦3・1・22正三位、宝暦4・1・26権中納言、2・13帯剣、2・14聴直衣、5・27為和義親王家別当、宝暦7・12・25権大納言、宝暦8・12・28従二位、宝暦10・12・2〈「3日」ま家譜〉辞権大納言、安永5(一七七六)・9・7正二位、寛政3(一七九一)・9・21〈ま〉薨去

[死没]寛政3(一七九一)・9・21　[年齢]65　[父]三条西公福　[母]家女房　[号]随誠院　[公卿補任]4―386上

廷季　のぶすえ　一七五〇―一八〇〇

寛延3(一七五〇)・11・14誕生、宝暦13(一七六三)・6・19叙爵、明和2(一七六五)・10・17従五位上、12・19侍従、明和3・2・14元服、昇殿、禁色、明和4・1・9正五位下、明和6・1・9従四位下、明和8・1・10右近衛権少将、1・22従四位上、5・9兼皇太后宮権亮、7・9止権亮(院号依宣下也)、9・8喪母、10・28除服復任、安永2(一七七三)・12・19正四位下、安永6・1・9転左近衛権中将、8・20参議〈ま〉、10・14拝賀着陣〈ま〉、安永7・1・10従三位、安永8・5・4正三位、天明7(一七八七)・5・26権中納言、帯剣、6・15聴直衣、寛政2(一七九〇)・12・18従二位、寛政4・2・14権大納言、12・15直衣始、寛政5・12・19〔正二位〕、寛政8・4・20辞権大納言、寛政12・1・20薨去

[死没]寛政12(一八〇〇)・1・20　[年齢]51　[父]三条西実称、二男　[養父]三条実顕　[母]正二位権大納言三条実顕女　[法名]恵空　[公卿補任]4―552下

実勲　さねいさ　一七八五―一八四五

天明5(一七八五)・12・17誕生、天明6・9・28〈ま〉従五位下、寛政2(一七九〇)・12・6従五位上、寛政4・12・2正五位下、寛政6・2・6侍従、寛政9・12・4元服、昇殿、12・26従四位下、寛政10・10・4左近衛権少将、10・24拝賀、寛政11・10・26従四位上、寛政12・1・20服解(父)、3・11除服出仕復任、享和1(一八〇一)・3・23正四位下、享和3・12・28転右権中将、享和4・1・7拝賀、文化6(一八〇九)・3・24兼春宮権亮(立坊日)、拝賀、文化11・11・7参議、右中将春宮権亮等如元〈ま〉、11・13拝賀着陣、11・24聴直衣、直衣始、文化12・1・14従三位、文化14・2・25正三位、文政1(一八一八)・5・28近江権守、文政7・6・4権中納言、6・18帯剣、6・19聴直衣、直衣始、文政8・1・5従二位、文政12・6・3正二位、文政13・8・24為弘保親王家別当、天保4(一八三三)・6・14辞権中納言、7・17出家

[死没]弘化2(一八四五)・7・22　[年齢]61　[父]三条西廷季　[養父]三条実起　[母]広幡前豊三女芳君　[法名]瑞空　[公卿補任]5―226上

季知　すえとも　一八一一―八〇

文化8(一八一一)・閏2・26誕生、文化9・1・20従五

位下、文化13・1・18従五位上、文政1(一八一八)・12・19正五位下、文政7・閏8・28侍従、11・26元服、昇殿、12・19従四位下、文政8・2・11右近衛権少将、2・27拝賀、文政9・1・21〈去五分〉従四位上、文政11・2・20〈去正二十分〉正四位下、文政13・6・10転権中将、8・8拝賀、天保5(一八三四)・6・7前内大臣公修公養子、天保9・5・18辞右近衛権中将、弘化2(一八四五)・3・23還任左近衛権中将、5・2拝賀、7・22服解(父)、9・20除服出仕復任、弘化4・3・14兼皇太后宮権亮、拝賀、10・13止皇太后宮権亮(依院号也)、嘉永1(一八四八)・12・25内教坊別当、嘉永3・6・27参議(権中納言如元)、8・16拝賀着陣、8・17聴直衣、直衣始、11・29従三位、嘉永5・1・17正三位、安政4(一八五七)・5・15権中納言、帯剣、5・27聴直衣、直衣始、12・8従二位、万延1(一八六〇)・11・29為博経親王家別当、万延2・1・23(正二位)、文久3(一八六三)・8・24止官位、慶応3(一八六七)・12・8復位、慶応4(一八六八)・2・2還任、3・18皇太后宮権大夫、8・22権大納言

[死没]明治13(一八八〇)・8・24　[年齢]70　[父]三条西実勲　[養父]三条公修　[母]三条実起長女　[幼名]銈丸　[日記]三条西季知筆記(一八六三―六七)　[公卿補任]5―462下

滋野井家　しげのいけ

藤原氏北家閑院流。三条家の支流。三条内大臣公教の二男三条権大納言実国を家祖とする。家格は羽林家。内々の家。有職故実・神楽を家職とした。近衛家の家礼。江戸時代には家領百八十石。家祖実国は久安三年(一一四七)八歳で叙爵。右中将、蔵人頭などを経て、永暦元年(一一六〇)参議となり、右衛門督、中納言などを経て、嘉応二年(一一七〇)権大納言。のち正二位、建礼門院別当などになり、寿永二年(一一八三)正月四十四歳で没した。実国が高倉天皇の笛の師匠であったことは『禁秘鈔』上の「御侍読事」に見え、また『尊卑分脈』の実国の注には「高倉院御笛師、申入秘曲之時、被下御箏洲流也」とも見える。道の執心深く、死去前年の寿永元年十一月清暑堂の御神楽の際、すでに病床にあったが、病を押して子息二人の肩にすがり参殿し、本拍子を奉仕したことが『古今著聞集』巻十五に見える。また歌人でもあり、「実国卿集」「左衛門督実国卿家歌合」が知られ、『古今著聞集』巻五に歌人実国のいくつかの逸話が記載されている。実国一男の公時は、保元三年(一一五八)二歳で叙爵し、左中将、蔵人頭などを経て、文治五年(一一八九)参議となり、のち従二位まで昇り、承元三年(一二〇九)八月五十三歳で出家した。二男の公清は別流を起し、八条と号した。公清一男の実俊の後は八条家を継承したが、室町時代初期に絶家となった。同二男実隆は更に別流を起す、河鰭家である。また実国の猶子に公佐がいる。四条流の藤原権大納言成親の四男で、他流から実国子となり閑院流として一家を起し、阿野と号した。公時の息、三世の実宣は養和元年(一一八一)五歳で叙爵し、承元二年参議に列し、権中納言、左衛門督を経て、貞応三年(一二二四)権大納言となり、安貞二年(一二二八)五十二歳で没した。その息公光は建長七年(一二五五)権中納言正二位まで昇ったところで三十三歳で没したが、その息実冬は弘安六年(一二八三)正二位、同十一年権大納言となり、乾元二年(一三〇三)六十一歳で没した。正二位、権大納言が当家の極位極官として定着したといえるが、その後の冬季、実前、公尚の三代は割合に早く他界し、権中納言、あるいは参議にとどまった。参議公尚は康永元年(一三四二)閏二月四十歳で没し、息実勝が家を継承したようであるが、文和元年(一三五二)五月八幡合戦のとき戦死した。正平六年(一三五一)十月足利尊氏・同義詮が南朝に帰順し、いわゆる正平一統となったが、翌七(文和元)年閏二月後村上天皇は北畠親房らと石清水八幡に入り、南軍は義詮を京都から追い、正平一統は破れ、三月に近江に

逃れていた足利義詮が京都を回復、五月官軍は後村上天皇の行宮となっていた八幡の地を守り難く、天皇は大和賀名生に遷幸し、これを遮る義詮軍と戦い、四条従一位隆資などと共に滋野井右中将実勝もまた戦死したのである。『園太暦』文和元年七月九日条に「入夜中御門前宰相宗重卿来、八幡祇候間事幷没落時分巳下事、委細談之、実勝朝臣其時分殞命了、一流滅亡不便之旨談之」とあり、実勝の横死が滋野井家の滅亡と認識されていたことが知られる。しかるに後年、文安三年(一四四六)十二月に至って、右中将実益が故参議公尚の猶子分として参議の列に加えられ、滋野井家を嗣ぐことになった。実益は同じく閑院流阿野家の庶流。公仲舎兄の従二位公寛五世の孫。実益に至って滋野井の家名は文和元年以後百余年を経て再興されることになった。しかし参議実益の曾孫権中納言公古が永禄八年(一五六五)十月に没する前、公古の舎弟五辻左衛門佐為仲の男実藤八歳を養嗣子とし、同年実藤は遺跡を相続したが、同十二年八月実家に復帰したため、またまた滋野井家は中絶することになる。なお、五辻家に復帰した実藤は逆退して六位蔵人に補され、名を源之仲と改めた。滋野井家はのち慶長五年(一六〇〇)になって、之仲の三男冬隆が故公古の猶子として十五歳で叙爵し、元服昇殿した。元和二年(一六一六)四月季吉と改名し、正二位権大納言にまで昇った。二度の中絶を経て継承復興され、官途も家例に復した。季吉の曾孫にあたるのが有職故実家として著名な公澄である。公澄は高倉権大納言永敦の末男。初め兼成、元禄元年(一六八八)四月公澄と改名。正二位権大納言に昇り、享保十六年(一七三一)落飾し良覚と号し、宝暦六年(一七五六)七月八十五歳で没した。そしてこの有職の学を踏まえ、孫の公麗は近世中期第一の有職学者となり、家学を形成する。正二位権大納言に昇り、安永十年(一七八一)九月四十八歳で没した。公澄には『羽林類葉抄』『松蔭拾葉』などの著があり、公麗には『禁秘抄階梯』『公事根源階梯』『滋草拾露』などの著の他、自家の家格などを考証した『滋野井一流之事』『滋野井家不断之証』があり、実勝は当家の人ではなく、したがって断絶していないという自説を展開している。実全は議奏に補された。日記には、『実宣卿記』、『公光卿記』、『実冬卿記』、『公尚卿記』、『公澄卿記』がある。明治十七年(一八八四)公寿のとき、叙爵内規により伯爵を授けられた。菩提所は鞍馬口 天寧寺。『滋野井家譜』(東京大学史料編纂所架蔵、四一七五―二三六)。

滋野井家

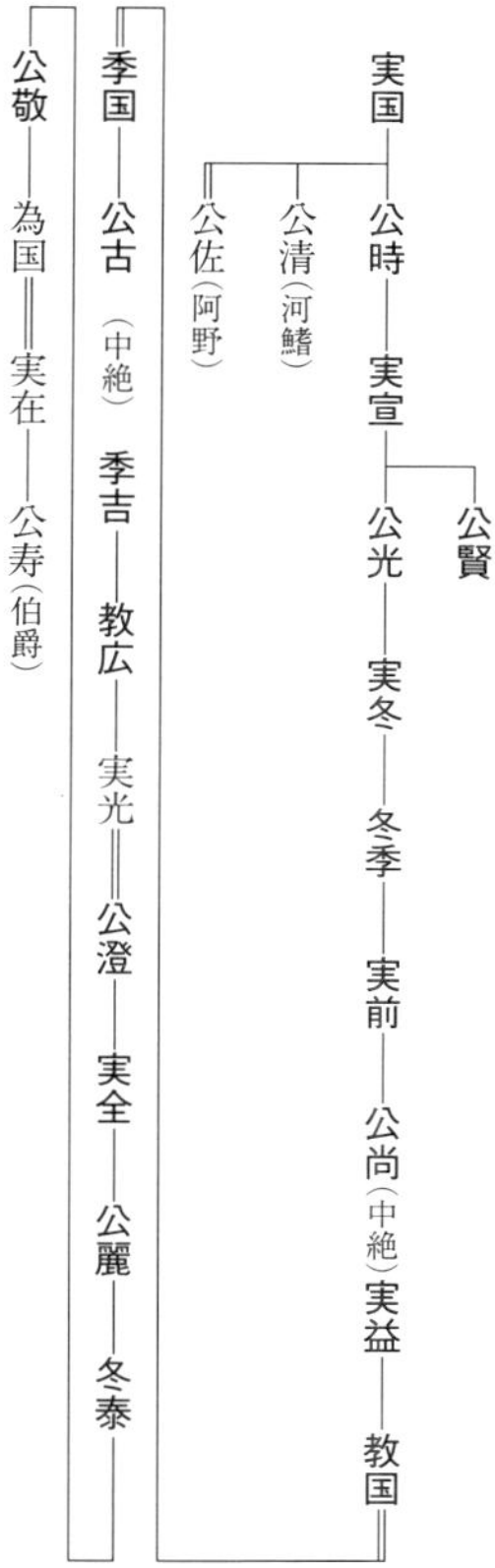

実国 さねくに 一一四〇―八三

久安3(一一四七)・1・5五位(統子内親王給)、仁平2(一一五二)・1・3従五位上(朝覲行幸、暲子内親王)、1・24左兵衛佐、3・8正五位下(院別当公教卿譲、還御之日追被仰下)、久寿2(一一五五)・4・14右少将(「右権少将」く)、保元1(一一五六)・閏9・14従四位下(府)、保元2・10・22従四位上(造宮臨時)、保元3・1・6正四位下(臨時)、1・27(「右権中将」く)、保元4・4・6蔵人頭、永暦1(一一六〇)・1・21但馬権守、4・2参議、元蔵人頭右中将、4・7中将如元、10・3復任(父喪)、永暦2・1・23播磨権守、応保2(一一六二)・

2・23従三位、長寛3(一一六五)・1・23権中納言、永万2(一一六六)・7・15左兵衛督、仁安1(一一六六)・11・14〈くし〉正三位、仁安2・2・11転右衛門督、仁安3・7・3左衛門督、8・10転中納言、嘉応2(一一七〇)・12・30権大納言、嘉応3・1・2聴帯剣、承安2(一一七二)・3・29従二位、承安5・1・4正二位、治承4(一一八〇)・2・21新院別当、養和1(一一八一)・12・4建礼門院別当、寿永2(一一八三)・1・2薨去

〔死没〕寿永2(一一八三)・1・2　〔年齢〕44　〔父〕藤原公教、二男　〔母〕家女房(半物阿古)　〔公卿補任〕1—449上

公時　きんとき　一一五七—一二二〇

保元3(一一五八)・12・17叙爵(御即位叙位、女御琮子給、本名公雅)〈くし〉、仁安3(一一六八)・3・11従五位上(天皇自摂政閑院第遷幸内裏、本家賞、改名公輔〈くし〉)、嘉応2(一一七〇)・7・26侍従(十五人例始之)、承安3(一一七三)・1・13正五位下(朝覲行幸賞、建春門院御給)、11・2復任侍従(服解、母)、安元1(一一七五)・1・22備中権介、12・8右少将〔「元侍従」く〕(御賀舞人賞、近衛次将及廿八人例)、安元2・1・30備中介、安元3・1・24従四位下(右少将労、抜出叙位)、養和1(一一八一)・1・5従四位上(臨時)、3・26備中権介、寿永2(一一八三)・2・11復任(右少将備中権介、父中陰内)、2・21正四位下(朝覲行幸次、臨時、父服五旬中叙之)、12・21左中将〔「左権中将」く〕、文治1(一一八五)・1・20伊与介、文治4・10・14蔵人頭〈くし〉、文治5・7・10参議、右中将如元(元蔵人頭)、-・-・-従三位、文治6・1・24備後権守、建久4(一一九三)・10・11〈「11月」く無恐衍〉正三位、建久6・2・2兼近江権守、4・7辞三木並中将、建久9・11・21従二位、承元3(一二〇九)・8・19出家

〔死没〕承久2(一二二〇)・4・23　〔年齢〕64　〔父〕藤原実国、一男　〔母〕正二位中納言藤原家成女　〔前名〕公雅・公輔　〔法名〕寂澄　〔公卿補任〕1—518下　〔大日本史料〕4—15—546

実宣　さねのぶ　一一七七—一二二八

養和1(一一八一)・1・5叙位(女御琮子去年給)〈くし〉、文治4(一一八八)・10・14侍従、建久3(一一九二)・1・27兼美濃権介、建久5・1・5従五位上(簡一)、建久6・1・5正五位下(六条院仁安三年大嘗会御給)、4・7左近少将、建久7・1・28兼美作権介、建久8・1・5従四位下、正治2(一二〇〇)・1・22従四位上(八条院建久九年大嘗会御給)、建仁1(一二〇一)・1・29兼播磨介、建仁2・11・19正四位下(春宮御給)、建久3(一一九二)・1・13転権中将、元久2(一二〇五)・1・29兼備前権介、建永2(一二〇七)・2・16蔵人頭、承元1(一二〇七)・10・29参議(元蔵人頭)、左中将如元、承元2・1・20兼但馬権守、12・9従三位、承元4・7・21正三位、建暦1(一二一一)・9・8右兵衛督、-・-・-為使別当、10・12権中納言、建暦3・1・6従二位、建保5(一二一七)・1・28正二位、建保7・3・4中納言、承久2(一二二〇)・4・6左衛門督、貞応1(一二二二)・11・15辞左衛門督、元仁1(一二二四)・12・25権大納言、嘉禄1(一二二五)・7・6辞職、嘉禄2・3・6本座、嘉禄3・10・4還任、安貞2(一二二八)・11・9辞権大納言、11・22薨去

〔死没〕安貞2(一二二八)・11・22　〔年齢〕52　〔父〕滋野井公時、一男　〔母〕正二位権大納言藤原経房女　〔前名〕実広　〔日記〕実宣卿記(一二〇八—一〇)　〔公卿補任〕1—565下　〔大日本史料〕5—4—807

公賢　きんかた　一二〇三—一二三六

承元3(一二〇九)・1・5従五位下(前女御琮子給)、建保2(一二一四)・1・13侍従、建保6・1・5従五位上、1・13越前介、承久1(一二一九)・11・13右少将、承久3・1・13正五位下(新院去年)、12・12四位(少将如元)、貞応1(一二二二)・11・15右中将(父卿辞右衛門督)、貞応2・1・27丹波介、2・25兼中宮権亮(立后日)、3・16従四位上(中宮入内)、嘉禄1(一二二五)・7・6蔵人頭(父卿辞大納言)、于時重服(母)、-・24復任、11・7正四位下、12・22参議(元蔵人頭)、右中将並中宮権亮如元、嘉禄2・1・23越中権守、1・28出家

〔死没〕嘉祥2(一二三六)・2・15　〔年齢〕24　〔父〕滋野井実宣、一男　〔母〕家女房　〔公卿補任〕2—54下　〔大日本史料〕5—3—146

公光　きんみつ　一二二三―五五

-・-・-叙爵、嘉禄3(一二二七)・1・5従五位上、安貞2(一二二八)・2・1侍従、寛喜2(一二三〇)・1・5正五位下、寛喜3・1・29右少将、10・12従四位下(少将如元)、寛喜4・1・12〈や〉従四位上(朝覲行幸、安喜門院院司賞)、1・30近江権介、天福1(一二三三)・6・20皇后宮権亮、文暦2(一二三五)・6・17右中将(止権亮)、11・19正四位下(大嘗会国司、近江権介)、嘉禎2(一二三六)・2・30美乃権介、延応1(一二三九)・11・6蔵人頭、仁治1(一二四〇)・10・20参議、元蔵人頭右中将、10・24更兼右中将、11・12従三位、仁治2・2・1備前権守、仁治3・7・15兼右衛門督、-・-・-補別当、9・10大嘗会御禊次第司御後長官、11・4兼近江権守、11・12正三位、寛元1(一二四三)・閏7・27権中納言、10・5辞別当、被返下辞状、10・25重上辞状、寛元2・2・23帯剣、寛元4・1・5従二位、建長1(一二四九)・12・24復任、建長2・12・15中納言、建長3・1・22正二位、建長6・1・13辞中納言、建長7・11・10薨去

[死没]建長7(一二五五)・11・10　[年齢]33　[父]滋野井実宣、二男　[母]従三位藤原基宗女従二位宗子　[日記]公光卿記(一二三九-五一)　[公卿補任]2―110上

実冬　さねふゆ　一二四三―一三〇三

寛元3(一二四五)・1・5叙爵(臨時)、宝治1(一二四七)・9・27従五位上(安喜門院当年御給)、12・12侍従、建長1(一二四九)・8・6左少将、建長2・4・9正五位下(室町院当年御給)、建長3・1・22美乃介、建長4・1・5従四位下、1・13還任、建長7・1・5従四位上(室町院当年御給)、11・10遭父喪、建長8・2・26、康元1(一二五六)・12・13左中将、正嘉1(一二五七)・1・22近江介、正嘉2・1・5正四位下、文応1(一二六〇)・11・7止介(依嘗会国司也)、文永8(一二七一)・4・7遷右中将、蔵人頭、文永10・12・8参議(元蔵人頭右中将)、中将如元、文永11・1・20兼但馬権守、4・5従三位、9・14補大嘗会御禊次第司御後長官、10・3兼右兵衛督、建治1(一二七五)・10・8左兵衛督、建治3・1・5正三位、1・29右衛門督、補検別当、9・13権中納言、弘安1(一二七八)・4・17従二位、12・25辞別当、弘安6・1・5正二位、弘安7・1・16辞督、弘安9・1・13辞職、1・17聴本座、弘安10・1・13還任(中納言)、正応1(一二八八)・7・11権大納言、10・27辞退、11・8本座、正応2・11・21出家

[死没]乾元2(一三〇三)・5・27　[年齢]61　[父]滋野井公光、一男　[母]正二位権大納言藤原実有女　[日記]実冬卿記(一二八五)　[公卿補任]2―234上

冬季　ふゆすえ　一二六四―一三〇二

文永8(一二七一)・5・1叙爵、文永10・4・12越中守、建治2(一二七六)・5・26従五位上、12・10去守、建治4・1・24正五位下、弘安2(一二七九)・7・18右少将、弘安4・1・5従四位下、1・7少将如元、弘安7・7・26従四位上、弘安9・1・13兼権右中弁、3・9正四位下、10・1辞少将、弘安10・12・10転右中弁、弘安11・2・21兼右宮城使、正応1(一二八八)・8・25兼皇后宮亮、10・27転左中弁、12・25兼左宮城使、正応2・1・13蔵人頭、-・-・-去弁、1・19遷右中将、-・-・-去亮、10・18参議(元蔵人頭右中将)、今日更兼右中将、正応3・1・5従三位、1・13兼播磨権守、正応4・1・6正三位、正応5・1・13依南都衆勘被放氏、12・30権中納言、永仁1(一二九三)・11・14帯剣、永仁2・4・30兼左衛門督、-・-・-補使別当、永仁3・6・13辞別当、6・23止督、永仁4・3・9従二位、永仁6・6・23正二位、8・25補大嘗会検校、-・-・-辞検校、正安1(一二九九)・4・26中納言、正安4・2・23〈「24日」イ〉薨去

[死没]正安4(一三〇二)・2・23　[年齢]39　[父]滋野井実冬　[母]鴨祐継女(家女房)　[公卿補任]2―297上

実前　さねさき　一二七八―一三三七

弘安9(一二八六)・1・5従五位下(室町院当年御給)、弘安11・1・7従五位上(臨時)、正応2(一二八九)・1・5正五位下(大嘗会叙位、皇后宮御給)、4・29侍従、正応4・3・25従四位下(東二条院当年御給)、即侍従如元、正応5・10・28復任(母)、正応6・1・5従四位上、10・2兼越前介、永仁4(一二九六)・1・7正四位下、永仁5・10・1右

少将〔「左少将」やイ〕、永仁6・3・24兼美作介、8・10春宮昇殿(立坊日)、12・5右中将(宣下)、正安3(一三〇一)・1・21新帝昇殿、乾元2(一三〇三)・5・28復任(父)、嘉元2(一三〇四)・6・2蔵人頭、11・2参議(元蔵人頭右中将)、右中将如元、嘉元3・1・22兼阿波権守、徳治3(一三〇八)・9・17辞参議、文保2(一三一八)・4・14還任、4・15兼右衛門督〔「右兵衛督」イ〕、-・-・-検非違使別当、8・28可賜去正和三十廿一従三位々記之由宣下、11・9兼近江権守、11・21正三位、文保3・3・9権中納言、-・-・-止別当右兵衛督、元応1(一三一九)・6・14辞官、閏7・5従二位、嘉暦2(一三二七)・3・-薨去

[死没]嘉暦2(一三二七)・3　[年齢]50　[父]滋野井冬季　[母]参議正三位藤原公敦女　[公卿補任]2—373下

公尚　きんひさ　一三〇五—四四

嘉元3(一三〇五)・8・25従五位下(于時冬成)、正和3(一三一四)・1・5従五位上(春宮当年御給、于時公尚)、文保3(一三一九)・3・26正五位下、8・2侍従、元亨2(一三二二)・1・26兼近江権介、嘉暦2(一三二七)・8・1従四位下、嘉暦3・6・13右少将、嘉暦4・1・5従四位上、6・18転中将、元徳3(一三三一)・1・5正四位下、暦応1〈延元3〉(一三三八)・12・1補蔵人頭、暦応2〈延元4〉・2・2従三位、元蔵人頭右中将、1・17〈「暦応1年10月」し〉喪母、本名冬成、暦応3〈興国1〉・7・19参議、更任右中将、暦応5〈興国3〉・3・30兼遠江権守、康永3〈興国5〉(一三四四)・閏2・8薨去

[死没]康永3(一三四四)・閏2・8　[年齢]40　[父]滋野井実前　[母]徳大寺公信女　[前名]冬成　[日記]公尚卿記(一三四一)　[公卿補任]2—578下　[大日本史料]6—8—131

実益　さねます　?—一四四七

-・-・-叙爵〈さし〉、応永25(一四一八)・2・-侍従〈さし〉、応永30・3・20兼遠江権介〈さし〉、永享5(一四三三)・1・5正五位下〈さし〉、3・29右少将〈さし〉、永享7・3・12常陸権介(少将兼国)〈さし〉、永享9・-・-従四位下〈さし〉、10・15右中将〈さし〉、永享12・1・6従四位上〈さし〉、-・-・-備前介〈さし〉、文安1(一四四四)・-・-正四位下〈さし〉、3・29越前権介〈さし〉、本名実勝、文安3・12・7参議、右近中将如元、文安4・3・17兼能登権守、4・29薨去

[死没]文安4(一四四七)・4・29　[父]滋野井公尚　[母]正親町三条公兄女　[前名]実勝　[公卿補任]3—152上

教国　のりくに　一四三五—一五〇〇

-・-・-叙爵〈し〉、嘉吉4(一四四四)・1・6従五位上〈し〉、-・-・-侍従〈し〉、文安5(一四四八)・1・13右少将(後日渡左)〈し〉、宝徳1(一四四九)・9・6従四位下〈し〉、宝徳4・1・5従四位上〈し〉、享徳1(一四五二)・10・16左中将〔右カ〕〈し〉、享徳2・9・5正四位下〈し〉、享徳4・1・15渡左〈し〉、康正2(一四五六)・3・29備前権介(右中将兼-)〈し〉、蔵人頭〈し〉、長禄2(一四五八)・5・14参議(周茂辞替)、元蔵人頭右中将、中将如元、7・20従三位、長禄3・3・23兼信乃権守、寛正4(一四六三)・-・-辞参議、寛正6・12・-還任(参議)、文正1(一四六六)・3・29兼遠江権守、9・23正三位、文正2・3・-辞参議、文明7(一四七五)・3・10従二位、長享1(一四八七)・10・28権中納言、延徳2(一四九〇)・6・5賜去三月七日正二位位記、明応2(一四九三)・3・25兼兵部卿、明応3・10・18辞権中納言、明応9・12・22薨去

❖文明三年より「左中将」

[死没]明応9(一五〇〇)・12・22　[年齢]66　[父]滋野井実益　[公卿補任]3—189下

季国　すえくに　一四九三—一五三五

明応3(一四九四)・8・10叙爵、永正3(一五〇六)・1・24従五位上、永正4・2・9侍従、永正7・3・26右少将、永正8・3・2正五位下、永正11・5・26従四位下、永正12・7・26転中将、永正15・9・12従四位上、永正18・7・-蔵人頭、禁色、7・27正四位下、大永2(一五二二)・1・5正四位上、3・29兼備前介〈備中介ともあり〉、大永4・2・2参議(公兄替)、元蔵人頭、右中将如元(備中介去之〈備前介ともあり〉)、10・13拝賀、12・27〈「28日」さ〉従三位、大永5・-・-下向但馬国、

大永6・5・－上洛、6・－又下国、享禄4（一五三一）・閏5・－上洛〈さ〉、天文4（一五三五）・4・7〈「3月日」さ〉正三位、6・9〈10日ともあり〉権中納言、6・18薨去

［死没］天文4（一五三五）・6・18　［年齢］43　［父］滋野井教国（実正親町三条公治、二男）　［公卿補任］3－363上

公古　きんふる　一五二〇―六五

永正17（一五二〇）・－・－誕生、大永2（一五二二）・12・27叙爵、天文4（一五三五）・12・23従五位上、侍従、元服、昇殿、天文7・3・8兼山城権介、天文11・10・－左少将、天文12・1・6正五位下、3・25越後権介、天文15・1・5従四位下、天文16・1・3右中将、天文17・3・23尾張権守、天文18・1・5従四位上、天文22・1・15正四位下、12・29参議、右中将如元、天文24・9・13従三位、永禄2（一五五九）・10・15正三位、永禄4・3・8権中納言、10・－辞（権中納言）、永禄6・1・27大蔵卿、永禄8・10・24薨去

［死没］永禄8（一五六五）・10・24　［年齢］46　［父］滋野井季国　［母］冷泉為和女　［公卿補任］3－433下

季吉　すえよし　一五八六―一六五五

天正14（一五八六）・9・－誕生、慶長5（一六〇〇）・1・11叙爵、4・－元服、昇殿、7・6侍従、慶長6・3・19兼越中権介、慶長9・8・1従五位上、慶長12・1・17右近少将、慶長13・1・6正五位下、慶長17・1・5従四位下、慶長18・1・6従四位上、11・1転任右中将〔「左中将」く〕、元和2（一六一六）・4・26改名季吉（元冬隆）、元和8・1・5正四位下、寛永4（一六二七）・2・2参議、元名冬隆〈く〉、右中将〔「左中将」く〕如元、4・22従三位（越元親）、寛永8・1・6正三位、寛永9・1・11〈15日ともあり〉権中納言☆、寛永12・1・5〈く〉〈寛政16年12月29日にもあり〉従二位、寛永19・1・5正二位、寛永20・1・11辞権中納言、10・8権大納言、正保4（一六四七）・12・28辞権大納言、明暦1（一六五五）・12・5薨去

［死没］明暦1（一六五五）・12・5　［年齢］70　［父］滋野井公古（実五辻之仲）　［母］葉室頼房女　［前名］冬隆　［一字名］土　［号］智光院　［法名］徹山・大通　［公卿補任］3－563下

教広　のりひろ　一六二〇―八九

元和6（一六二〇）・8・27誕生、寛永8（一六三一）・12・12従五位下、寛永14・2・6元服、寛永15・1・5従五位上、10・6侍従、寛永19・1・5正五位下、寛永20・1・11左少将、正保2（一六四五）・1・6従四位下、正保3・3・13左中将、慶安1（一六四八）・1・6従四位上☆、承応1（一六五二）・1・5正四位下、明暦3（一六五七）・1・5従三位、元右中将〈元左中将ともあり〉、寛文4（一六六四）・4・29配流安芸国

［死没］元禄2（一六八九）・6・21　［年齢］70　［父］滋野井季吉、三男　［母］家女房　［号］浄智院　［法名］宗秀　［公卿補任］3－648上

公澄　きんずみ　一六七〇―一七五六

寛文10（一六七〇）・11・21誕生、天和1（一六八一）・1・5叙爵、貞享3（一六八六）・11・9元服、昇殿、侍従従五位上、元禄1（一六八八）・4・2改公澄（元兼成）、12・26左少将、元禄2・1・7正五位下、元禄5・1・5従四位下、元禄6・10・25右中将☆、元禄7・12・25従四位上、元禄10・3・5〈「1月」ま〉〈去正五分〉正四位下、宝永1（一七〇四）・12・10参議（右中将如元）、10・18奏慶着陣、12・23直衣、宝永2・1・23従三位、宝永7・閏8・9〈去年九月廿八日分〉正三位、宝永8・3・6権中納言、4・18帯剣、4・22直衣、正徳3（一七一三）・12・23従二位、享保2（一七一七）・2・2辞権中納言、享保5・6・2権大納言、享保8・11・3辞権大納言、享保9・閏4・2正二位、享保16・5・6出家

［死没］宝暦6（一七五六）・7・25　［年齢］87　［父］滋野井実光（実高倉永敦）　［母］家女房　［前名］兼成　［法名］良覚　［日記］公澄卿記（一六九〇―一七三二）　［公卿補任］4－162上

実全　さねたけ　一七〇〇―三五

元禄13（一七〇〇）・4・5誕生、元禄15・1・5叙爵、宝永4（一七〇七）・11・23元服、昇殿、侍従従五位上、宝永7・10・24〈去二廿八分〉正五位下、正徳3（一七一三）・3・1〈〔去脱カ〕正六分〉従四位下、8・19

左少将、享保1(一七一六)・12・23従四位上、12・25右中将、享保4・2・12〈去正五分〉正四位下、享保13・6・11兼春宮亮(立坊日)、享保16・2・28蔵人頭(亮如元)、3・3禁色、4・7正四位上、享保18・12・21参議(右中将如元)、12・25拝賀着陣、享保19・1・21従三位、享保20・4・5権中納言、4・13〈ま〉帯剣、4・14聴直衣、10・19辞権中納言、10・20薨去

[死没]享保20(一七三五)・10・20　[年齢]36　[父]滋野井公澄　[母]家女房　[法名]良融・豊豊　[公卿補任]4―304下

公麗　きんかず　一七三三―八一

享保18(一七三三)・11・14誕生、享保20・1・10〈去六日分〉叙爵、元文4(一七三九)・3・21元服、昇殿、侍従、従五位上、寛保2(一七四二)・4・28〈去正五分〉正五位下、延享2(一七四五)・3・23従四位下(小除目次)、延享3・2・17左権少将☆、延享5・2・1従四位上☆、6・28左権中将☆、寛延3(一七五〇)・12・24兼因幡権介(推任)、寛延4・1・26正四位下、宝暦4・1・21秩満、宝暦6・7・25服解(祖父)、9・19〈「17日」ま〉除服出仕復任、宝暦8(一七五八)・10・2参議(中将如故)、10・8拝賀着陣、10・10聴直衣、12・28従三位、宝暦9・12・24美作権守、宝暦11・2・18〈「28日」ま〉右衛門督使別当、宝暦12・9・28正三位、宝暦13・2・11権中納言、3・1辞右衛門督使別当、帯剣、8・4聴直衣、明和2(一七六五)・8・1従二位、明和3・12・19大宰権帥、明和5・1・9正二位、8・2権大納言、8・27聴直衣、11・22辞権大納言、安永5(一七七六)・8・19辞権帥、天明1(一七八一)・9・7薨去

[死没]天明1(一七八一)・9・7　[年齢]49　[父]滋野井実全　[母]家女房　[一字名]入　[号]歓喜心院　[法名]徳厳　[公卿補任]4―440上

冬泰　ふゆやす　一七五一―八五

寛延4(一七五一)・9・22誕生、宝暦3(一七五三)・12・22従五位下、宝暦8・11・24元服、侍従従五位上、昇殿、宝暦11・5・16正五位下、宝暦12・2・26右権少将、宝暦13・12・19従四位下☆、明和2(一七六五)・1・5従四位上、明和4・1・9正四位下、11・30転左権中将、明和5・2・19兼春宮亮、明和7・11・24止亮(受禅日)、12・19兼備前権介、明和8・12・4遷任右権中将、蔵人頭、12・8拝賀従事、禁色、12・18正四位上、明和9・2・14参議(中将如元)、2・18拝賀着陣、2・19聴直衣〈ま〉、安永2(一七七三)・1・9従三位☆、安永4・閏12・2正三位、安永5・8・7改冬泰、安永6・9・14権中納言、10・23帯剣、10・26聴直衣、12・19〔従二位〕、安永7・8・16周翰親王家別当、安永8・5・4正二位、天明5(一七八五)・10・27辞権中納言、薨去

[死没]天明5(一七八五)・10・27　[年齢]35　[父]滋野井公麗　[母]家女房　[前名]実古　[公卿補任]4―522下

公敬　きんたか　一七六八―一八四三

明和5(一七六八)・2・4誕生、明和7・1・5従五位下、安永9(一七八〇)・12・16元服、昇殿、従五位上、安永10・3・26侍従、8・25右近衛権少将、天明2(一七八二)・2・26拝賀、天明3・1・13正五位下、天明5・8・17内教坊別当(小除目次)、10・27服解(父)、12・20除服出仕復任、天明6・3・26〈去年正月十四日分〉従四位下、天明7・12・19転右権中将(別当如旧)、天明8・1・7拝賀、1・23従四位上、寛政2(一七九〇)・12・18正四位下、寛政4・2・26着本陣、寛政6・1・22辞右権中将内教坊別当等、寛政10・5・7還任左権中将、5・16左近府年預、6・11拝賀、享和3(一八〇三)・12・4参議(中将如旧)、12・26拝賀、着陣、12・28聴直衣、直衣始、文化1(一八〇四)・2・18従三位、文化2・6・11権中納言、7・10帯剣、7・13聴直衣、文化3・6・17賀茂下上社伝奏、文化4・2・2正三位、文化6・2・10従二位、11・13辞伝奏、文化7・8・28権大納言、10・18直衣始、文化9・1・20正二位、12・18辞権大納言、文化10・12・16賜後桜町院御服、天保14(一八四三)・7・16薨去

❖参議叙任年に「左中将」の記載あり

[死没]天保14(一八四三)・7・16　[年齢]76　[父]滋野井冬泰　[母]興正寺常順女　[号]歓喜光院　[法名]良雄・英翁　[公卿補任]5―153下

清水谷家　しみずだにけ

藤原氏北家閑院流。西園寺家の支流。一条入道大相国公経の二男一条権大納言実有を家祖とする。家格は羽林家。内々の家。有識故実・能書・雅楽(笙)を家職とした。一条家の家礼。江戸時代には家領二百石。家祖実有は、建保二年(一二一四)十一歳で叙爵。左中将などを経て、元仁二年(一二二五)従三位に昇って公卿に列し、権中納言・右衛門督などを経て、嘉禎四年(一二三八)権大納言となり、仁治二年(一二四一)兼左大将。正元二年(一二六〇)四月五十七歳で没した。二代となる実有の一男公持は、寛喜二年(一二三〇)三歳で叙爵し、仁治三年(一二四二)正月十五歳で従三位に叙せられ公卿に列し、同四月には参議を経ず権中納言に任ぜられ、翌年には正三位に昇るという、破格の昇進を遂げた。そして建長四年(一二五二)権大納言に昇進したが、三十五歳のときの弘長二年(一二六二)七月二十三日突如辞任し、家伝の文書等を舎弟公藤に譲り、子息も仏門に入れ公家社会から身を引いた。『尊卑分脈』には「通雅卿任大将故云々」の注記があり、同年七月十六日花山院権大納言通雅が兼右大将となったことと関係があるようで、下﨟で四歳年少の者に超越されたことが、十五歳で公卿に列し立身を遂げてきた誇り高き公持としてはそうせざるを得ない程の口惜しきことであったのであろう。それより六年を生き、文永五年(一二六八)十月四十一歳で没した。舎兄の養嗣子となって家督を相続した公藤は、建長六年二十歳で従三位となり、参議・権中納言を経て、正二位・権大納言まで昇り、弘安四年(一二八一)五月四十七歳で没した。これら三代により正二位権大納言を先途とする家格となったようである。実有は清水谷とも号したというが、一条と号し、実秋の頃までは一条と号したようである。清水谷を称するのは西園寺入道大相国公経の舎兄三条権中納言公定の家系で、『尊卑分脈』は公定の条に「清水谷流」と注している。この公定流と実有流との関連で注目すべきは、公定の四世孫参議公広の息実次の条に「改実秋、実父公勝卿」とあり、実有六世孫の権中納言公勝とその三男実秋に符合する。これによって推定すれば、三男の実秋は清水谷家の公広の嗣となったが、実家一条家の嗣子たるべき一男実勝、二男季有が没したので、実秋が復帰して実父公勝の遺跡を嗣ぐことになったのであろう。そして実秋の後は亡兄季有の息公知が養嗣子となり相続し、その息実久に引継がれた。『尊卑分脈』の実秋の条に能書と注し、『清水谷家譜』の実秋・公知・実久の三代に能書と注している如く、清水谷家が入木道・能書を家職とする家となるのはこの頃からのようである。実秋は世尊寺家と深い関りをもった。能書の誉れ高い藤原行成の末裔で、世尊寺流の宗匠家である世尊寺参議行俊が応永十四年(一四〇七)四月没したとき、その息行豊はまだ幼少であったので、書の高弟であった関係からであろう実秋が世尊寺家の遺領・宗匠的地位を一時預るということがあったようである。そして文明十年(一四七九)正月、世尊寺前参議行康が六十七歳で没したとき、実久は祖父実秋のときの応永の例を以て、遺領を相続したい旨を甘露寺親長を通して上申したことなどが、『親長卿記』文明十一年六月十一日条に見える。「世尊寺一流相続之仁出来之時、可被渡」との断り付きで遺領相続のことが勅許されたようである。そこで実久は息行季四歳を世尊寺家の名跡に入れている。一方、自家の一条家は実子橋本公夏の息、つまり孫の公松を養嗣子として継承させた。明応七年(一四九八)十二月前権大納言実久が六十七歳で没してのち十四年を経て、永正八年(一五一一)に公松は叙爵し、同十二年に加級して従五位上に進んだ。以後の伝は不明である。『諸家伝』には「自永正十二年至慶長六年中絶八十四年」と注されている。慶長六年(一六〇一)になって、同じ閑院流の阿野左少将実顕の舎弟忠定が十五歳で叙爵して、この家名を再興した。忠定はのち実任と名を改め、正二位権大納言に昇り、寛文

清水谷家

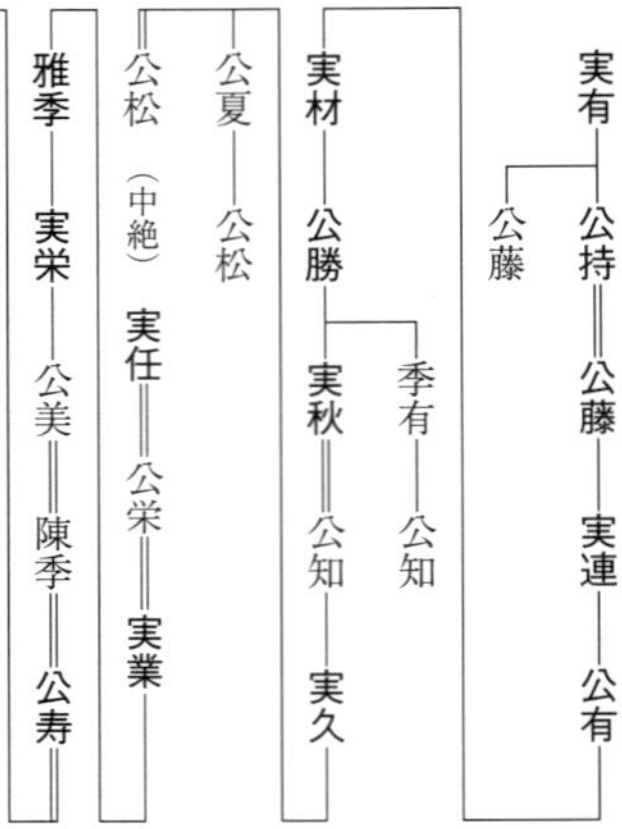

四年(一六六四)六月七十八歳で没した。実任には子なく、三条西権大納言実條の孫公栄が養嗣子となり、寛文三年三十五歳のとき左中将公栄は正四位下に昇叙。その後病気か別の事情があって廃嫡の扱いとなり、同十二年、やはり実條の孫にあたる実業が院参衆として特に創立を許された鳴滝家を廃家し、公栄の養嗣子となり家督を継承した。実業は霊元上皇の恩遇をうけ、元禄元年(一六八八)十月上皇より和歌天仁遠波の伝授を受け、また熊沢蕃山に師事し蕃山門下の堂上四天王の一人に数えられた。議奏にも補された。公考は、慶応四年(一八六八)箱館裁判所総督となり、ついで箱館府知事、青森口総督知事、開拓使次官などを歴任した。日記には、『公勝卿記』、『実揖卿記』、『清水谷公考日記』がある。明治十七年(一八八四)実英のとき、叙爵内規により伯爵を授けられた。菩提所は廬山寺。『清水谷家譜』(東京大学史料編纂所架蔵、四一七五—二三四)。

実有　さねあり　一二〇四—六〇

建保2(一二一四)・3・28五位、建保3・1・13侍従、建保4・1・5従五位上(臨時)、建保7・1・22左少将兼讃岐権介、承久2(一二二〇)・1・22兼上野権介、承久3・1・5正五位下(春宮御給)、閏10・29禁色、11・29四位(臨時)、12・1兼皇后宮権亮、承久4・1・12従四位上(宮入内)、1・24左中将、貞応1(一二二二)・11・22正四位下、貞応3・8・4止亮(院号)、元仁2(一二二五)・1・5従三位(安嘉門院御給)、1・7左中将如元、嘉禄2(一二二六)・1・23兼周防権守、嘉禄3・4・20正三位、寛喜3(一二三一)・4・26参議、4・29右衛門督、-・-別当、兼中宮権大夫、寛喜4・1・5従二位、1・30権中納言、貞永1(一二三二)・5・13辞別当、6・29辞督、9・7勅授、貞永2・4・1止之(中宮権大夫)、文暦2(一二三五)・6・17正二位、嘉禎4(一二三八)・2・24権大納言、仁治2(一二四一)・11・10兼左大将、11・11左馬寮御監宣下、仁治3・4・9辞両職(権大納言・左少将)、正元2(一二六〇)・2・15出家、文応1(一二六〇)・4・17薨去
[死没]文応1(一二六〇)・4・17　[年齢]57　[父]西園寺公経、二男　[母]権少僧都範雅女、或仲経女　[号]一条・大宮　[法名]源示　[公卿補任]2—56下

公持　きんもち　一二一八—六八

寛喜2(一二三〇)・1・5叙位、貞永2(一二三三)・1・28従五位上、嘉禎2(一二三六)・2・30侍従、11・22正五位下、嘉禎3・10・27左少将、嘉禎4・1・5従四位下(臨時、少将如元)、1・22美作権介、9・29禁色宣下、暦仁2(一二三九)・1・5従四位上、延応1(一二三九)・9・9左中将、仁治1(一二四〇)・10・24正四位下(臨時)、仁治3・1・5従三位、1・7左中将如元、4・9権中納言、寛元1(一二四三)・閏7・1正三位、宝治1(一二四七)・9・27中宮権大夫、宝治2・6・18止権大夫、10・29従二位、建長4(一二五二)・11・13権大納言、建長5・12・22正二位、康元2(一二五七)・1・29兼中宮大夫、弘長2(一二六二)・閏7・23辞退(権大納言)、文永5(一二六八)・10・28薨去
[死没]文永5(一二六八)・10・28　[年齢]41　[父]藤原実有、一男　[母]従四位下右京権大夫北条義時女　[号]柳原　[公卿補任]2—120上

公藤　きんふじ　一二三五—八一

建長6(一二五四)・12・7(従三位)、元右中将、康元1(一二五六)・12・13正三位、正嘉2(一二五八)・12・14従二位、正元2(一二六〇)・3・2参議、弘長2(一二六二)・1・5正二位、1・19兼播磨権守、文永2(一二六五)・閏4・25権中納言、6・27帯剣、10・5中納

言、文永5・1・29権大納言、8・24兼皇后宮大夫、文永9・8・9止大夫、文永10・12・8辞退、弘安4(一二八一)・4・28出家、5・21薨去

※文応元年(一二六〇)より「左中将」

[死没]弘安4(一二八一)・5・21 [年齢]47 [父]藤原実有 [母]従四位下陸奥守北条義時女 [公卿補任]2—163下

実連 さねつら ?—一三一四

文永11(一二七四)・1・5叙爵、建治4(一二七八)・2・8侍従、弘安8(一二八五)・2・20従五位上、弘安9・1・13右少将、3・9正五位下、10・28従四位下、11・1少将如元、弘安10・9・21転中将、弘安11・4・7転左、6・28従四位上、正応2(一二八九)・1・19兼皇后宮権亮、2・23禁色、11・5正四位下、正応4・3・23従三位、元左中将、皇后宮権亮如元、8・12止権亮、本宮院号、正応6・6・24正三位、永仁7(一二九九)・1・5従二位、正安3(一三〇一)・1・6正二位

※正和三年(一三一四)非参議正二位〈以後不見〉

[死没]正和3(一三一四)・3・15 [父]藤原公藤 [母]斎藤宗康女(家女房) [公卿補任]2—311上

公有 きんあり 一二九六—一三五二

永仁6(一二九八)・11・19従五位下、正安3(一三〇一)・11・24侍従、11・18従五位上、徳治2(一三〇七)・1・5正五位下、延慶2(一三〇九)・3・29従四位下(前侍従)、延慶3・3・9右少将(前侍従)、12・11従四位上、正和1(一三一二)・7・6正四位下(右少将)、正和4・6・27右中将、正和5・閏10・4左兵衛督(元右中将正四下〈や〉)、文保2(一三一八)・2・11(下名)従三位(元前左兵衛督)、4・25遷右衛門督(元前右兵衛督)、7・7止督、元応1(一三一九)・9・29任皇后宮権亮、10・18参議、11・15止権亮、元応2・2・9兼丹波権守、元応3・2・5正三位、4・6辞参議、元弘1(一三三一)・11・5還任、右兵衛督、12・1遷右中将、元弘2・3・12兼阿波権守、4・15権中納言、正慶1〈元弘2〉(一三三二)・8・3従二位、10・21辞(権中納言)、正慶2〈元弘3〉・5・17詔復前三木正三位、暦応1〈延元3〉(一三三八)・12・1権中納言、暦応3〈興国1〉・4・-〈1日カ〉従二位、7・19辞(権中納言)、康永1〈興国3〉(一三四二)・7・14聴本座、貞和2〈正平1〉(一三四六)・1・6正二位、観応3〈正平7〉(一三五二)・1・4薨去

[死没]観応3(一三五二)・1・4 [年齢]57 [父]藤原実連 [母]参議従二位室町公重女 [公卿補任]2—469上 [大日本史料]6—16—12

実材 さねえだ 一三〇九—七三

応長2(一三一二)・1・5従五位下(従三位藤季子朝臣当年御給)、正和5(一三一六)・1・-従五位上、文保2(一三一八)・1・22正五位下、12・28侍従、嘉暦3(一三二八)・11・18〈賜去正月五日位記〉従四位下、11・27右少将、12・8改名(改実勝為実材)、元徳1(一三二九)・11・5転左中将、11・9従四位上、元弘2(一三三二)・1・5正四位下、6・17解官、元弘3・6・-止正四位下、如元為従四上左中将、8・5更叙正四位下、元弘4・1・13兼備前権介、暦応3〈興国1〉(一三四〇)・7・19従三位、元左中将、貞和3〈正平2〉(一三四七)・1・5正三位、9・16参議、9・19兼右中将、貞和4〈正平3〉・3・20兼讃岐権守、貞和5〈正平4〉・9・13権中納言、観応1〈正平5〉(一三五〇)・8・16辞退、文和3〈正平9〉(一三五四)・1・7従二位、11・12聴本座、延文3〈正平13〉(一三五八)・1・6正二位、貞治6〈正平22〉(一三六七)・4・13権大納言、9・19辞退、応安2〈正平24〉(一三六九)・3・30出家

[死没]応安6(一三七三)・11・29 [年齢]65 [父]一条公有 [母]家女房 [前名]実勝 [法名]源覚 [公卿補任]2—583上 [大日本史料]6—38—376

公勝 きんかつ ?—一三八九

応安7〈文中3〉(一三七四)・11・1従三位、元左中将、永和1〈天授1〉(一三七五)・11・2参議、11・11兼備中権守、康暦3〈弘和1〉(一三八一)・1・6正三位、永徳2〈弘和2〉(一三八二)・1・26権中納言、永徳3〈弘和3〉・4・22辞権中納言、康応1〈元中6〉(一三八九)・-・-薨去

[死没]康応1(一三八九) [父]一条実材 [母]参議従二位中御門経宣女 [日記]公勝卿記(一三七四) [公卿補任]2—716上

実秋　さねあき　?—一四二〇

応永15(一四〇八)・1・24参議、右中将如元、応永16・閏3・23兼土佐権守、応永17・1・5従三位、応永18・-・14正三位、応永21・3・16兼備前権守、応永22・3・28権中納言、11・20従二位、応永26・3・10辞権中納言、応永27・閏1・13還任(権中納言)、4・20権大納言、4・21薨去

[死没]応永27(一四二〇)・4・21 [父]一条公勝 [母]三木経信女 [公卿補任]3—65下

実久　さねひさ　一四三二—九八

宝徳3(一四五一)・3・26下野介(正五下、左少将-)〈し〉、康正2(一四五六)・3・29下野介(左中将兼-、正四下)〈し〉、長禄2(一四五八)・7・20従三位、12・23参議(教親替)、元弾正大弼(今日止之)、長禄3・3・23兼土左権守、-・-辞(参議)、寛正7(一四六六)・2・22還任(参議)、文正1(一四六六)・7・7正三位、文正2・3・27権中納言、応仁2(一四六八)・12・-解却、文明2(一四七〇)・-・-勅免、9・27〈22日ともあり〉還任(権中納言)、文明8・1・6従二位、文明12・3・29辞権中納言、文明13・1・25権大納言、文明18・7・24辞退(権大納言)、長享3(一四八九)・4・18正二位、明応7(一四九八)・2・28出家、12・18薨去

※長禄三年より「右中将」

[死没]明応7(一四九八)・12・18 [年齢]67 [父]清水谷公知 [公卿補任]3—190上・192上

実任　さねとう　一五八七—一六六四

慶長6(一六〇一)・1・6叙爵、元和6(一六二〇)・閏12・23元服、昇殿、侍従、従五位上、元和9・1・5正五位下、寛永3(一六二六)・11・13左少将、寛永4・1・5従四位下、寛永5・1・5〈く〉左中将、2・10従四位上、寛永9・1・5正四位下、寛永13・1・5従三位、清水谷流相続、元忠定又改忠治〈く〉、寛永18・1・5〈正三位〉、3・12参議、寛永19・2・8辞参議、12・22権中納言、正保2(一六四五)・2・7辞権中納言、正保4・12・7権大納言、慶安2(一六四九)・3・3辞権大納言、4・3〈賜去年正月五日従二位々記〉従二位、承応1(一六五二)・-・-〈去十月十二日正二位口宣案〉正二位、寛文1(一六六一)・-・-出家〈寛文二年にもあり〉、寛文4・6・7薨去〈く〉

[死没]寛文4(一六六四)・6・7 [年齢]78 [父]清水谷公松(実阿野実顕舎弟、季時孫) [母]家女房 [前名]忠定・忠治 [号]慈順院 [法名]祖(素)快 [公卿補任]3—583上

実業　さねなり　一六四八—一七〇九

慶安1(一六四八)・3・4誕生、寛文1(一六六一)・7・16叙爵、-・-〈「7月18日」家譜〉元服、昇殿、右京大夫(于時号鳴瀧、院参)☆、寛文5・1・5従五位上☆、寛文9・1・5正五位下、寛文12・12・13為公栄朝臣子、12・22〈「17日」家譜〉左少将、寛文13・1・5従四位下、延宝3(一六七五)・1・5従四位上、延宝4・12・23〈「5年」家譜〉左中将、延宝6・9・16〈去正月五日分〉正四位下、天和1(一六八一)・11・21参議(左中将如元)、12・13拝賀着陣、天和2・12・24従三位☆、貞享1(一六八四)・12・23権中納言、貞享2・1・15帯剣、貞享4・12・23〈去々年正月六日分〉正三位☆、元禄2(一六八九)・12・26権大納言、元禄7・2・12〈去正月五日分〉従二位、元禄10・9・19神宮伝奏、12・29辞伝奏、12・24辞権大納言、宝永1(一七〇四)・12・26正二位、宝永6・9・10薨去

[死没]宝永6(一七〇九)・9・10 [年齢]62 [父]清水谷公栄(実三条西実条孫) [母]従一位右大臣三条西実条女(実正二位権大納言清水谷実任女) [号]醒泉院 [公卿補任]4—62上

雅季　まさすえ　一六八四—一七四七

貞享1(一六八四)・9・28誕生、元禄10(一六九七)・11・24叙爵☆、元禄11・1・11元服、昇殿、侍従、元禄13・2・13〈去正五分〉従五位上、元禄16・5・25〈去正五分〉正五位下、5・30左少将、宝永2(一七〇五)・1・23〈去五分〉従四位下、12・18左中将、宝永4・1・23〈去五分〉従四位上☆、宝永6・9・10喪父、11・4除服出仕復任、宝永7・12・25〈去二廿八分〉正四位下☆、享保4(一七一九)・6・6参議(左中将如旧〈ま〉)、8・27拝賀着陣、9・13直衣、享保5・6・21従三位、享保7・12・8〈12月18日ともあり〉権中納言、12・18帯剣、享保9・閏4・2正三位、享保10・2・19権大納言、享保12・1・

22栄貞親王家勅別当、享保13・12・21従二位☆、享保16・5・16辞権大納言、享保19・12・14正二位、延享4(一七四七)・10・7薨去

[死没]延享4(一七四七)・10・7　[年齢]64　[父]清水谷実業　[母]家女房　[号]無量光院　[公卿補任]4―235上

実栄　さねひで　一七一二―七七

享保7(一七二二)・1・22誕生、享保9・1・26〈去六日分〉叙爵、享保13・12・3元服、昇殿、侍従、従五位上、享保16・9・30正五位下、12・6左少将、享保19・1・15〈去六日分〉従四位下、元文2(一七三七)・1・14〈去六日分〉従四位上、元文3・12・24左中将、元文5・12・24正四位下、寛保3(一七四三)・10・1常陸権介、延享1(一七四四)10・29服解(母)、12・24除服出仕復任、延享3・12・24越前権介、延享4・5・27皇太后宮亮(冊命日)、10・7服解(父)、11・28除服出仕復任、寛延2(一七四九)・-・-去権介〈ま〉、寛延3・6・26〈ま〉止亮(依院号也)、宝暦2(一七五二)・5・13参議、6・4聴直衣、宝暦3・5・14辞両官、11・19勅免〈ま〉、12・22従三位、宝暦4・2・12改実栄、宝暦5・2・2還任参議、2・5右中将、宝暦6・5・10権中納言、5・18帯剣、12・21正三位、宝暦8・11・6為大歌所別当、宝暦9・12・11〔成美親王勅別当カ〕、12・24従二位、宝暦11・2・8権大納言、宝暦13・11・28正二位、明和1(一七六四)・9・5辞大歌所別当、明和4・11・15辞権大納言、安永6(一七七七)・7・3薨去〈ま〉

[死没]安永6(一七七七)・7・3　[年齢]56　[父]清水谷雅季　[母]正二位権大納言阿野公緒女　[前名]家季　[号]蓮華浄院　[公卿補任]4―407上

公寿　きんひさ　一七五九―一八〇一

宝暦9(一七五九)・10・14〈ま〉誕生、明和2(一七六五)・1・10従五位下(于時兼邦〈ま〉)、明和8・10・15為実栄卿養子、12・3改兼邦為公寿、12・14元服、昇殿、従五位上、安永1(一七七二)・11・26侍従、安永2・1・9正五位下、安永4・1・9従四位下、3・30服解(実母)、5・20除服出仕復任、安永6・1・29従四位上、7・3服解(父)、8・23除服出仕復任、安永7・閏7・4左権少将、12・10拝賀、安永8・2・1正四位下、5・4転左権中将(小除目)、5・15拝賀、安永10・3・15兼皇太后宮権亮(立后日)、拝賀、天明3(一七八三)・10・12止権亮(依院号也)、天明7・8・20服解(実父)、10・11除服出仕復任、寛政6(一七九四)・2・6参議、中将如旧、2・24拝賀着陣、2・25聴直衣、直衣始、寛政7・1・20従三位、寛政10・5・1権中納言、5・24帯剣、5・25聴直衣、9・23正三位、享和1(一八〇一)・7・4辞権中納言、薨去

[死没]享和1(一八〇一)・7・4　[年齢]43　[父]清水谷実栄(実吉田良延、二男)　[母]正二位吉田良延女(実伊与守従五位下本多忠統女)　[前名]兼邦　[号]普光院　[公卿補任]5―93上

実揖　さねおさ　一七八二―一八五一

天明2(一七八二)・5・10誕生、寛政4(一七九二)・7・8従五位下、9・18為公寿朝臣子、寛政8・3・27元服、昇殿、従五位上、寛政9・3・19侍従、寛政10・1・28正五位下、寛政12・3・14従四位下、享和1(一八〇一)・7・4服解(父)、8・25除服出仕復任、12・18左権少将、享和2・1・22従四位上、8・27拝賀、享和4・1・11正四位下、文化6(一八〇九)・1・17転権中将、2・22拝賀、8・7兼中宮権亮(推任)、9・28拝賀、文化13・3・1左近府年預、9・22参議(左権中将中宮権亮等如元)、10・27拝賀着陣、10・28聴直衣、直衣始、文化14・3・18従三位、文政1(一八一八)・5・28丹波権守、文政3・3・14皇太后宮権亮、文政4・5・10正三位、文政7・6・4権中納言、7・27聴直衣、文政8・4・27従二位、7・28帯剣、文政11・6・1賀茂下上社伝奏、文政12・6・3正二位、天保7(一八三六)・8・28大歌所別当、11・27権大納言、12・9直衣始、天保13・9・4辞伝奏、12・11辞権大納言、嘉永4(一八五一)・2・20薨去

[死没]嘉永4(一八五一)・2・20　[年齢]70　[父]清水谷公寿(実徳大寺実祖、二男)　[母]家女房　[号]普光明院　[日記]実揖卿記(一八二〇)　[公卿補任]5―239下

公正　きんなお　一八〇九―八三

文化6(一八〇九)・2・18誕生、文化12・12・19従五位

下、文政3(一八二〇)・12・14元服、昇殿、従五位上、文政5・1・5正五位下、文政11・2・20侍従、3・7従四位下、文政13・1・21従四位上、7・28遠江権介、12・25左近衛権少将(権介如元)、天保2(一八三一)・1・1拝賀、天保3・1・5正四位下、天保5・1・25転右近衛権中将、2・16拝賀、天保6・2・19兼上総権介、天保11・12・20賜太上天皇御服、天保12・1・20除服宣下、嘉永2(一八四九)・6・22右近府年預、嘉永4・2・20服解(父)、4・18除服出仕復任、安政4(一八五七)・2・9更為右近府年預、着本陣、安政5・12・10更為右近府年預、文久2(一八六二)・2・15参議(右中将如元)、3・11拝賀著陣、3・12聴直衣、直衣始、6・11従三位、元治2(一八六五)・1・5正三位、慶応1(一八六五)・8・25権中納言、9・25帯剣、9・27直衣、直衣始

[死没]明治16(一八八三)・3・2　[年齢]75　[父]清水谷実揖　[母]家女房　[公卿補任]5—539下

姉小路家　あねがこうじけ

藤原氏北家閑院流。三条家の支流。三条入道左府実房の二男姉小路権大納言公宣を家祖とする。家格は羽林家。内々の家。有職故実を家職とした。九条家の家礼。江戸時代には家領二百石。家祖公宣は文治元年(一一八一)五歳で叙爵し、左中将、蔵人頭などを経て、建仁四年(一二〇四)従三位。参議・権中納言・右衛門督・中納言・中宮大夫などを経て、永久三年(一二二一)権大納言に昇り、嘉禄元年(一二二五)五月四十五歳で没した。公宣が没したとき、一男左中将実世、二男侍従実文、三男侍従実尚がいた。いずれも生母は姉小路(広橋)権中納言兼光の女。実尚は嘉禎二年(一二三六)右近少将に昇任するが、これは舎兄実文を超越してのもので、また長兄の実世はすでに権中納言になっていたが、実尚が家督を嗣ぐ。その事情は明らかではない。仁治元年(一二四〇)九月の正二位権中納言実世は辞任するが、『公卿補任』は注して「実依不仕停任」とし、これが実世が家督を嗣がなかったことと関係があるのかもしれない。いずれにせよ、その後実尚は、建長二年(一二五〇)蔵人頭、翌年参議となり、正嘉二年(一二五八)権中納言、正二位に昇った。文永八年(一二七一)出家したとも、没したともいう。享年は不明。実尚の息公朝は六歳で叙爵し、右中将・蔵人頭を経て、正安二年(一三〇〇)参議に列し、その後権中納言、正二位まで昇り、文保元年(一三一七)三十八歳で没した。公朝の息実次は参議正三位まで昇り、建武二年(一三三五)八月三十六歳で没した。実次の後は詳細は不明である。『姉小路家譜』には、系図の部で実次の次に系線で繋いで公夏とし、実次男・母家女房と付記し、次いで実広とし、公夏男・母家女房と付記する。官歴部では公夏は右中将、正四位下、実広は右少将、早世と記すのみである。『諸家伝』に実広のところに「閑院血脈于茲絶了」とあるように、実広を最後として姉小路家は中絶する。実次・公夏・実広の父子関係は確証はないが、実次のあと二代続いたとして十四世紀中後期、室町初期には中絶したのであろう。ところが江戸時代に至ってこの家名が再興される。同じく閑院流である阿野左中将実顕の三男公景が慶長十八年(一六一三)十二歳で叙爵、元服して姉小路の家名を相続した。実広没後より実に二百余十年を経ていた。『姉小路家譜』には実広と公景との間に次の如く記す。「此間、凡弐百年余、今度旧家姉小路伝末、公景已後可書続旨、被仰出」、「弐百年余絶家ニ相成候次第何故ト申、旧記無之相分リ不申候、公景ヲ以三条家ヨリ再建可相成ト申書記無之、唯申伝ニテ承リ居候」とある。中絶の期間が長く実広までの系譜と公景からの系譜が書続けられていなかったこと、嫡家の三条家(慶長十八年時の当主は権大納言公広)よりの再興申入れがあったようであることが知られる。また、勅旨により書続けることになったことは、宝暦九年(一七五九)十二月のことであったことは、『八槐御記』同年十二月二十四日条によって明らかである。これは武家伝奏広橋権大納言兼胤の

日記で、役務上の日記とは別のもの。「姉小路家伝官本分、新旧二家(一家者実房公二男公宣卿為祖、一家者実顕卿二男公景卿為祖)、公景卿為中絶再興之間、不分両流可継公宣卿之家系之由、関白奉　勅被職事(左右両府・前博陸・内相府列座云々)蔵人弁資枝、書改官本云々、又召三条大納言、季晴、可伝此旨公文及一族之由、葉室大納言(頼要)議奏仰之」と見える。禁中に備用の諸家伝のうち姉小路家伝は公宣卿を祖とする家、公景卿を祖とする家の旧新二家となっているが、後者は中絶再興につき両流に分たず、前者の家系に書継ぐべしとの勅をうけたまわり、関白近衛内前が左右大臣等の列座のもと職事に仰せ渡し、蔵人弁の日野資枝が官本を書き改めた云々というのである。公景は慶安四年(一六五一)十二月五十歳で権大納言となり、同日没し、その息実道は若くして没し正四位上蔵人頭にとどまり、もう一人の息は一家を起し風早と号した。実道の息公量は正二位権大納言にまで昇り、これが当家の極位極官となるべきところ、その後若くして没した者も多く、権大納言にまで昇ったのは公文・公聡のみである。ことに公文は延享四年(一七四七)議奏に補され宝暦十年(一七六〇)に至るまで十三年間に亘りこれを務め、更に引続き武家伝奏に補され安永三年(一七七四)まで十四年務めるなど朝廷の重職をこなし、その功により従一位に叙せられた。また公知は幕末期に三条実美とともに少壮尊攘派公家として活躍したことで知られる。公知は右少将公前の息で、嘉永二年(一八四九)十一歳で叙爵、安政三年(一八五六)家督を相続。同五年十月侍従となり、文久二年(一八六二)九月攘夷別勅副使として関東に下向するに際し、右近衛権少将に推任され、翌十月正使の三条権中納言実美と共に江戸に下り、攘夷厳命の勅書を将軍家茂に伝え、かつ幕府をして勅使待遇の法を改めさせ、大いに皇威の恢弘に努め、帰京ののち国事御用掛に補され、翌年二月国事参政となり、四月には摂海防衛巡検の朝命を受け、軍艦奉行並勝海舟より摂海防禦策の報告を聞き、兵庫沿海の巡視をして帰京した。五月二十日夜、禁裏御所より退出の途次、朔平門外巽の角で刺客三人に襲われ横死した。年齢僅かに二十五。同二十五日生前の功を追賞され参議左近衛権中将を贈賜された。その口宣案には「為皇国忠誠苦心、依叡感不斜被垂愛憐」云々と記された。明治十七年(一八八四)公義のとき、叙爵内規により伯爵を授けられた。菩提所は松林院。『姉小路家譜』(東京大学史料編纂所架蔵、四一七五―一五三)。

姉小路家

公宣─┬─**実世**
　　　├─**実文**
　　　└─**実尚**─**公朝**─┬─**実次**─公夏
　　　　　　　　　　　└─**実富**

実広(中絶)　**公景**─┬─実道─**公量**
　　　　　　　　└─実種(風早)

─実紀═**実武**─**公文**─**公聡**─┬─公春═
　実武　　　　　　　　　　└─公遂

═**公遂**─公前─公知═公義(伯爵)

公宣　きんのぶ　一一八一―一二二五

文治1(一一八五)・1・6叙位(皇后宮臨時御給)、建久1(一一九〇)・1・27従五位上(朝覲行幸、殷富門院御給)、建久2・2・1侍従、建久5・10・23正五位下(上西門院承安三年御給)、建久6・2・2美濃権介、建久7・1・28右少将、建久8・1・6従四位下(殷富門院御給)、2・6禁色、建久9・3・5皇后宮権亮、正治1(一一九九)・3・29美乃介、正治2・1・5従四位上(皇后宮御給)、4・15春宮昇殿、10・26左中将、建仁2(一二〇二)・1・5正四位下(前殷富門院永暦元御給)、10・20蔵人頭、建仁3・1・13信乃権守、建仁4・4・12従三位(元蔵人頭)、左中将如元、元久2(一二〇五)・3・9遷右、建永2(一二〇七)・1・13兼美作権守、承元2(一二〇八)・1・5正三位、7・9参議、-・-・-更任中将、承元5・1・18権中納言、建暦1(一二一一)・7・28従二位、建保3(一二一五)・4・5正二位、建保6・10・9中納言、承久2（一二二〇）・1・27中宮大夫、承久3・閏10・10権大納言、閏10・18兼中宮大夫、承久4・3・25止大夫、貞応2（一二二三）・2・25兼中宮大夫、嘉禄1（一二二五）・5・27薨去
[死没]嘉禄1（一二二五）・5・27　[年齢]45　[父]藤原実房、二男　[母]従一位左大臣藤原経宗女　[前名]公信　[号]姉小路　[公卿補任]1―557下　[大日本史料]5―2―645

実世　さねよ　一二〇五―?

承元2（一二〇八）・11・14叙位、建保2（一二一四）・1・13侍従、建保5・1・-従五位上（宣陽門）、建保6・1・13阿波介、承久1（一二一九）・1・22左少将、承久3・1・13正五位下（臨時）、11・29四位（宣陽門）、12・12少将如元、貞応1（一二二二）・11・15中将、貞応2・1・27近江権介、3・15従四位上（中宮入内、父譲）、嘉禄1（一二二五）・7・24復任（父）、嘉禄2・8・14兼皇后宮権亮、安貞1（一二二七）・1・5正四位下（臨時）、4・7蔵人頭、安貞2・2・1兼相模権介、寛喜2（一二三〇）・閏1・4参議（元蔵人頭）、左中将如元、寛喜3・1・29兼阿波権守、寛喜4・1・5従三位、文暦2（一二三五）・1・30正三位、8・30権中納言、嘉禎3（一二三七）・1・30勅授、9・15従二位、暦仁2（一二三九）・1・5正二位、仁治1（一二四〇）・9・26辞権中納言、正嘉1（一二五七）・8・-出家
[父]姉小路公宣、一男　[母]日野兼光女　[公卿補任]2―70下

実文　さねふみ

建暦1（一二一一）・1・5叙爵（氏）、貞応1（一二二二）・1・24侍従、貞応2・1・27従五位上（実季卿寛治二春日行幸行事賞）、嘉禄1（一二二五）・7・14復任（父）、嘉禄2・1・23兼出雲介（出雲介依無闕也）、3・26改任備中介、寛喜2（一二三〇）・1・4正五位下、嘉禎2（一二三六）・12・19従四位下、嘉禎3・1・29更任侍従、嘉禎4・1・5従四位上（宣陽門院当年御給）、仁治1（一二四〇）・11・12正四位下、寛元1（一二四三）・2・2右近少将、寛元2・12・17転中将、宝治1（一二四七）・3・6兼美作介、建長2（一二五〇）・1・13従三位、元右中将、文永4（一二六七）・6・-出家
[父]姉小路公宣　[母]従二位権中納言藤原兼光女　[公卿補任]2―149下

実尚　さねなお

貞応2（一二二三）・12・17叙爵、貞応3・1・22侍従、嘉禄1（一二二五）・7・24復任（父）、嘉禄2・1・5従五位上、寛喜3（一二三一）・1・29正五位下（前上西門院仁安元年大嘗会御給）、嘉禎2（一二三六）・4・14右少将、12・29従四位下（嘉陽門院去年大嘗会御給）、少将如元、嘉禎3・1・24兼常陸権介、暦仁1（一二三八）・4・6従四位上（臨時）、11・16転右中将、仁治1（一二四〇）・11・12正四位下、仁治2・2・1兼甲斐介、宝治2（一二四八）・1・23兼土佐権介、建長2（一二五〇）・1・13補蔵人頭、1・20禁色、1・22参議、元蔵人頭左中将、建長3・-・-従三位、建長6・8・5兼左中将、建長7・10・21正三位、正嘉1（一二五七）・12・15従二位、正嘉2・1・13権中納言、11・1辞権中納言、-・-正二位、文永8（一二七一）・-・-出家
[父]姉小路公宣　[母]従二位権中納言藤原兼光女　[号]八条　[公卿補任]2―151下

公朝　きんとも　?―一三一七

正安2（一三〇〇）・12・22参議、元蔵人頭左中将、正安3・3・14兼伊与権守、4・5辞退参議、従三位、徳治2（一三〇七）・11・11〈1日カ〉正三位、延慶3（一三一〇）・5・11従二位、正和2（一三一三）・8・7権中納言、9・6辞退権中納言、9・10〈「20日」イ〉正二位、文保1（一三一七）・9・3出家、9・23薨去
[死没]文保1（一三一七）・9・23　[父]姉小路実尚　[母]家女房　[公卿補任]2―351上

実次　さねつぎ　一三〇〇―一三三五

延慶4（一三一一）・3・4左中将、正和1（一三一二）・5・28正四位下、文保2（一三一八）・1・22参議、元蔵人頭、2・14除服宣下（父）、4・14従三位、4・26〈「25日」イ〉辞参議（重服中任之、越俊実前上階）、嘉暦4（一三二九）・1・7正三位、建武2（一三三五）・8・11薨去
❖天応二年（一三三〇）より「但馬権守」
[死没]建武2（一三三五）・8・11　[年齢]36　[父]姉小

路公朝 [母]八条公尚女 [公卿補任]2―464上 [大日本史料]6―2―531

実富 さねとみ ?―一三五三

嘉元2(一三〇四)・1・5叙爵(中宮当年御給)、延慶3(一三一〇)・11・20侍従、12・1従五位上、正和1(一三一二)・12・19正五位下、正和5・8・12従四位下、11・18右少将、11・27渡左、文保1(一三一七)・9・23服解(父)、文保2・2・24復任、文保2・12・25解却見任、文保3・1・5従四位上、元亨3(一三二三)・8・7左馬頭、嘉暦1(一三二六)・12・28兼任右少将、12・30去頭、嘉暦2・2・23正四位下、3・24兼任相模権介、元徳2(一三三〇)・2・21解却見任、元弘1(一三三一)・-・-去権介(秩満)、建武1(一三三四)・4・13左少将、9・4転右中将、観応1〈正平5〉(一三五〇)・6・19従三位、文和2〈正平8〉(一三五三)・-・-薨去

[死没]文和2(一三五三) [父]姉小路公朝、二男 [公卿補任]2―630下 [大日本史料]6―18―528

公景 きんかげ 一六〇二―五一

慶長7(一六〇二)・9・12誕生、慶長18・7・26叙爵、8・2元服、侍従、元和3(一六一七)・1・5従五位上、1・11右少将、元和6・1・5正五位下、寛永2(一六二五)・1・5従四位下、寛永3・11・6右中将〈「左」く〉、寛永5・1・5〈くま〉従四位上、寛永8・1・5正四位下〈く〉、12・24蔵人頭〈く〉、12・27正四位下〈く〉、寛永18・12・27禁色〈く〉、寛永9・4・11〈く〉参議、姉小路流相続〈くま〉、寛永10・-・-従三位☆、寛永14・1・5正三位☆、寛永18・1・11権中納言、寛永19・1・5従二位、寛永21・1・28聴直衣、慶安2(一六四九)・3・6神宮伝奏、慶安4・12・11権大納言、薨去

[死没]慶安4(一六五一)・12・11 [年齢]50 [父]阿野実顕 [母]大蔵卿正四位下吉田兼治女 [法名]寂道 [公卿補任]3―573下

公量 きんかず 一六五一―一七二三

慶安4(一六五一)・3・20誕生、承応4(一六五五)・1・5叙爵、明暦3(一六五七)・12・18元服☆、昇殿☆、侍従☆、万治2(一六五九)・-・-〈「11月22日」家譜〉従五位上☆、寛文3(一六六三)・1・12正五位下☆、寛文5・3・6右少将☆、寛文7・1・5従四位下、寛文9・-・-〈「12月19日」家譜〉左中将☆、寛文10・1・5従四位上、寛文13・1・19蔵人頭☆、〈去正五分〉正四位下☆、禁色、延宝2(一六七四)・2・8正四位上、延宝5・閏12・11参議(左中将如旧)、閏12・21拝賀着陣、延宝6・9・16〈去正月五日分〉従三位、聴直衣、貞享1(一六八四)・12・23権中納言、貞享2・1・6帯剣〈ま〉、元禄4(一六九一)・12・21辞権中納言☆、元禄10・12・26〈去年十二月廿八日分〉従二位、元禄14・3・21権大納言☆、元禄16・1・22辞権大納言、宝永2(一七〇五)・10・29〈去正月五日分〉正二位、享保8(一七二三)・5・25薨去

⌘天和二年(一六八二)より「正三位」

[死没]享保8(一七二三)・5・25 [年齢]73 [父]姉小路実道 [母]参議正三位高辻遂長女 [一字名]甫 [法名]郭然 [公卿補任]4―48下

実武 さねたけ 一六九六―一七二六

元禄9(一六九六)・8・21〈8年カ〉誕生☆、宝永1(一七〇四)・12・26叙爵☆、宝永6・6・12元服、昇殿、侍従従五位上、正徳2(一七一二)・12・25正五位下、正徳4・6・8左少将、享保1(一七一六)・12・23〈去正五分〉従四位下☆、享保2・12・8左中将、享保4・12・26従四位上、享保7・1・18正四位下〈去六分〉、享保8・2・23蔵人頭、2・27正四位上、禁色、5・25喪父、7・16除服出仕復任、享保9・12・22参議(左中将如元)、享保11・2・22辞両官、卒去

[死没]享保11(一七二六)・2・22 [年齢]31 [父]姉小路公量、二男 [母]家女房 [号]敬徳院 [法名]截道 [公卿補任]4―260上

公文 きんふみ 一七一三―七七

正徳3(一七一三)・1・26誕生、享保2(一七一七)・12・10〈去正五分〉叙爵、享保10・11・8元服、昇殿、侍従従五位上、享保11・2・22喪父、4・24除服出仕復任、享保12・12・27右権少将、享保13・3・22正五位下、享保16・7・6従四位下、享保17・12・27転右権中将、享保19・1・28従四位上☆、元文2(一七三七)・2・19〈去正五分〉正四位下、元文5・2・2補蔵人頭、2・7禁色、拝賀従事、

5・10正四位上、元文6・2・10参議(中将如故)、6・2拝賀着陣、寛保2(一七四二)・12・24従三位、寛保3・11・1伊予権守、延享3(一七四六)・12・24遷近江権守、延享4・2・1正三位、延享5・5・24権中納言、寛延1(一七四八)・7・24帯剣、7・30聴直衣、寛延3・1・5賀茂伝奏、2・14辞伝奏、寛延4・12・16権大納言、宝暦2(一七五二)・7・13従二位、12・13為故輔親王家勅別当〈ま〉、宝暦6・1・15正二位、1・19辞権大納言、安永5(一七七六)・11・15従一位、安永6・11・29薨去

[死没]安永6(一七七七)・11・29 [年齢]65 [父]姉小路実武 [母]家女房 [公卿補任]4—348下

公聡　きんあき　一七四九—九四

寛延2(一七四九)・10・26〈「12月16日」家譜〉誕生、宝暦3(一七五三)・1・5叙爵、宝暦11・11・28〈ま〉元服、昇殿、侍従従五位上、宝暦12・2・26右権少将、5・28奏慶、8・25賜桃園院御服、9・24除服宣下、宝暦13・12・19正五位下、宝暦14・8・25兼丹波権介☆、明和2(一七六五)・1・5従四位下、明和4・1・9従四位上、明和5・1・13秩満、明和6・1・22左権中将、3・27奏慶、10・5正四位下、明和8・5・9兼皇太后宮亮(立后日)、拝賀、7・9止亮(依本宮院号)、安永6(一七七七)・11・29服解(父)、安永7・1・23除服出仕復任、安永9・4・18参議(左中将如旧)、8・2拝賀着陣、11・13聴直衣、安永10・1・5従三位、天明5(一七八五)・1・5正三位、天明6・8・13院別当、天明7・5・26権中納言☆、6・11帯剣☆、6・26聴直衣☆、直衣始、寛政2(一七九〇)・12・18従二位〈ま〉、寛政4・10・22辞権中納言、10・27権大納言、11・16聴直衣☆、直衣始、寛政6・1・6辞権大納言、薨去

[死没]寛政6(一七九四)・1・6 [年齢]46 [父]姉小路公文 [母]従五位下山城守毛利広豊女 [公卿補任]5—3上

公遂　きんかつ　一七九四—一八五七

寛政6(一七九四)・6・13誕生、享和2(一八〇二)・3・27従五位下、文化1(一八〇四)・5・8元服、昇殿、文化2・1・26従五位上、文化4・6・23正五位下、文化6・1・17侍従、文化7・1・11従四位下、文化9・12・23左近衛権少将、文化10・1・7拝賀、文化10・4・28従四位上、文化12・12・19正四位下、文化15・1・5内教坊別当、文政1(一八一八)・5・28兼近江介(小除目)、文政4・10・13転右権中将(介別当等如故〈ま〉)、10・28拝賀、文政5・12・14秩満、天保2(一八三一)・7・9参議、右中将如故、8・27拝賀着陣、8・30聴直衣、直衣始、天保3・1・11従三位、天保4・10・6権中納言、10・25帯剣、11・1聴直衣、天保5・8・26持勝親王家別当、天保7・12・7正三位、天保13・12・22従二位、弘化3(一八四六)・12・17正二位、嘉永1(一八四八)・4・24補大嘗会検校、安政4(一八五七)・1・29辞権中納言、薨去

[死没]安政4(一八五七)・1・29 [年齢]64 [父]姉小路公春 [母]家女房 [公卿補任]5—340下

四辻家　よつつじけ

藤原氏北家閑院流。西園寺家の支流。一条入道相国公経の四男室町権大納言実藤を家祖とする。実藤は室町とも、藪内とも号し、公重より実郷までは室町と号した。室町時代初期の季顕以後は将軍家を憚って四辻と号したが、明治十七年(一八八四)六月公康のとき、室町の家名に復した。家格は羽林家。内々の家。有職故実・神楽・雅楽(和琴・箏)を家職とした。近衛家の家礼。江戸時代には家領二百石。家祖実藤は舞女を母として安貞元年(一二二七)出生。侍従・左少将を経て、嘉禎四年(一二三八)左中将となり、暦仁二年(一二三九)十三歳で従三位に叙せられ、公卿に列した。翌々年の仁治二年(一二四一)には参議を経ず権中納言に昇任。中宮権大夫・左衛門督・検非違使別当等を兼ね、中納言に転正し、建長三年(一二五一)権大納言に昇進した。齢二十五、めざましい昇進ぶりであった。しかし、弘長四年(一二六四)家領丹波国小多田保において事件が起り、延暦寺僧徒の告訴を受けることになる。この前年院宣により天王寺別当職が園城寺に下されたことで延暦寺は騒動となっていた

が、加えて丹波国出雲社々領小田保において社預が預所の者に殺害されるということが僧徒を刺激し、領主である室町前大納言家藤を配流にすべし、と日吉の神輿を入京させるなどして朝廷に強訴したのである。ここに流人宣下が下され、四月六日実藤は位記を止められ淡路国に配流されたのである。同三年六月召返された。永仁六年（一二九八）十月七十二歳で没した。実藤には公行・公重・実為・公信等の子息がいたが、公行の生母は大外記師朝女、公重生母は一条（清水谷）権大納言実有の女。公行は建長三年（一二五一）九歳で叙爵し、累進して文永二年（一二六五）十月二十三歳のとき左少将となる。しかしこの年正月、舎弟の公重が十歳で左少将となっている。恐らく生母の関係で公重が家嫡とされていたからであろう。そして建治二年（一二七六）従三位に昇り、参議・従二位まで進んだが、弘安八年（一二八五）五月三十歳で若死したので、三男の実為が公重の養嗣子となり、正応五年（一二九二）には十八歳で従三位に昇り、ついで参議となったが、永仁六年（一二九八）二十四歳の若さで没した。また公信は一家を起し、やはり室町と号し、実彦・公彦・実勝と続いたが、その後断絶した。なお、実為の名であるが、実藤の息であるから家の慣習により公の字を冠するはずであるが、公重の養嗣子となるということで当初より称したか、のち改名したかのいずれかであろう。実為の曾孫季顕は応安五年（一三七二）従三位となるが、『公卿補任』ではこれより家名を四辻とする。参議・権中納言を経て、明徳五年（一三九四）権大納言に昇り、翌応永二年（一三九五）六月辞任、出家した。季顕ののち、四辻家は二流に分かれた。本流は従二位権中納言実茂、従三位権中納言季俊、正二位権大納言実仲と三伝、実仲には嗣子がなかった。別流は従二位権大納言季保、正二位権大納言季春、正二位権大納言季経とこれも三伝し、季経の一男公音が実仲の婿養子となって本流を相続した。『実隆公記』明応七年（一四九八）十二月二十一日条に「今日季経卿息公音□則可為彼卿跡相続之器云々、珍重々々」とあるのはそれを示す。公音は文明十七年（一四八五）五歳で叙爵、明応七年は十八歳のときで、実仲は七十二歳、季経は五十二歳であった。なお、季経の二男隆康が早く長享二年（一四八八）故鷲尾前参議隆頼の遺跡を嗣ぎ、同三男の範久が南家の高倉左少将範音の名跡を相続したので、季経が大永四年（一五二四）三月没したことで、この別流は断絶した。公音ののちは、正二位権大納言季遠、正二位権大納言公遠を経て参議季満が嗣いだが、天正十九年（一五九一）勅勘を蒙って出奔した。そこで南家高倉家を継承していた公遠の三男教遠が、同二十年実家に復帰して名を季継と改め、教遠のあとの高倉家は公遠五男

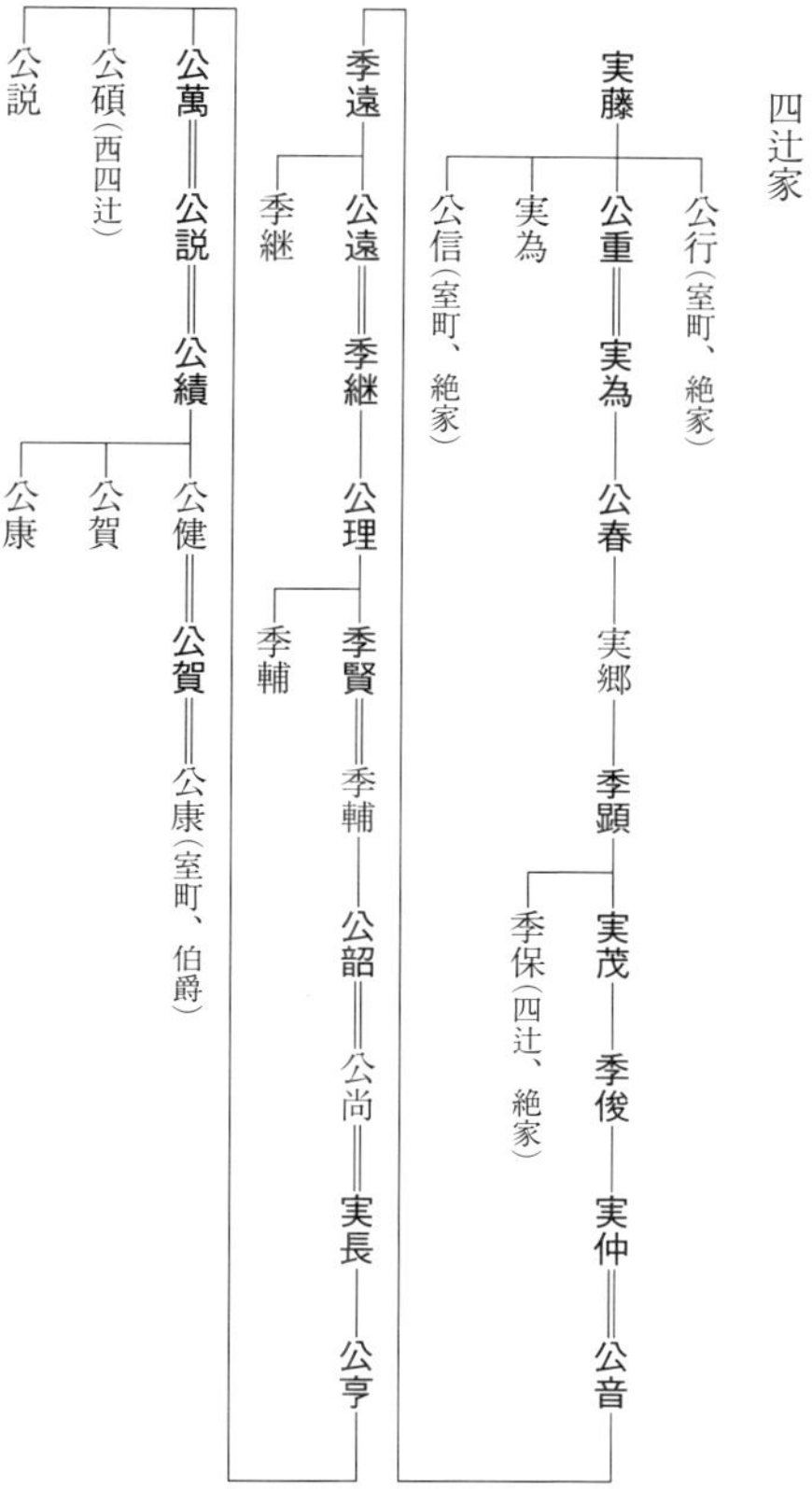

の嗣良が相続した。そして季満は慶長六年(一六〇一)勅免されたが、舎弟季継が四辻家を相続していたので、鷲尾権中納言が天文二年(一五三三)死去ののち中絶していた、鷲尾家を相続し、隆尚と改名、参議に還任した。権中納言公亭は明和二年(一七六五)内侍所三箇夜御神楽秘曲和琴再興に尽力し、その賞として三十八歳のとき正二位に推叙され、文久二年(一八六二)権中納言公績は春日社七箇夜御神楽大曲秘手勤仕の賞として、権大納言に推任され、元治元年(一八六四)五十四歳のとき辞任するが、孝明天皇の御箏師範勤仕の賞として本座を聴された。公亭の三男公碩は一家を起し、西四辻と称した。明治十七年(一八八四)公康のとき、叙爵内規により伯爵を授けられた。菩提所は鞍馬口 浄善寺。『四辻家譜』(東京大学史料編纂所架蔵、四一七五―三二六八)。

実藤　さねふじ　一二二七―九八

-・-・-叙爵、嘉禎2(一二三六)・2・30侍従、7・20従五位上、嘉禎3・1・5正五位下(皇后宮御給)、1・29左少将、嘉禎4・1・22左中将、相模権介、2・11従四位下(閑院遷宮賞〈や〉)、4・18従四位上(臨時)、11・16正四位下、暦仁2(一二三九)・1・5従三位(従一位藤子給)、左中将如元、仁治1(一二四〇)・-・-但馬権守、-・-〔正三位カ〕、仁治2・6・7従二位、10・13権中納言、仁治3・8・9中宮権大夫、3・19帯剣、寛元1(一二四三)・8・7辞権大夫、8・10兼春宮権大夫、10・25兼左衛門督、寛元2・12・8辞権大夫、建長2(一二五〇)・4・夕検非違使別当、5・17中納言、10・14正二位、建長3・1・22権大納言、正嘉3(一二五九)・11・25辞権大納言、文永1(一二六四)・4・6〈や〉配流〈く追〉、文永3・6・19召返、永仁6(一二九八)・8・22出家、10・13薨去

〔死没〕永仁6(一二九八)・10・13　〔年齢〕72　〔父〕西園寺公経、四男　〔母〕舞女　〔公卿補任〕2―108上

公重　きんしげ　一二五六―八五

弘長2(一二六二)・1・19叙爵、弘長3・7・17侍従、文永2(一二六五)・1・5従五位上、2・1左少将、文永4・2・1兼美作権介、8・29中宮権亮、12・19正五位下、12・30禁色、文永5・12・6止権亮(依院号也)、文永6・1・5従四位下、12・7左中将、文永8・1・5従四位上、文永9・1・5正四位下(新院当年御給)、文永11・2・20兼讃岐権介、建治1(一二七五)・11・5春宮権亮、建治2・1・26止権亮、12・20従三位、左中将如元、建治3・1・29越中権守、弘安1(一二七八)・11・18正三位、弘安6・3・28参議、弘安7・1・13越前権守、弘安8・1・5従二位、5・17出家、6・6薨去

〔死没〕弘安8(一二八五)・6・6　〔年齢〕30　〔父〕室町実藤　〔母〕正二位権大納言藤原実有女　〔公卿補任〕2―248上

実為　さねため　一二七五―九八

弘安3(一二八〇)・1・5叙爵(臨時)、弘安5・4・10侍従、弘安7・1・6従五位上、弘安8・8・11左少将、弘安9・9・2正五位下、弘安11・1・5従四位下(院当年御給)、少将如元、2・21転中将、正応2(一二八九)・1・5〈や〉従四位上、2・23禁色、4・25兼春宮権亮、正応3・6・18正四位下、正応4・4・6辞権亮、正応5・閏6・16従三位、左中将如元、永仁2(一二九四)・1・6正三位、永仁5・10・16参議、永仁6・3・22兼備前権守、10・29薨去

〔死没〕永仁6(一二九八)・10・29　〔年齢〕24　〔父〕室町公重(実室町実藤、三男)　〔公卿補任〕2―316下

公春　きんはる　一二九六―一三四〇

正安1(一二九九)・7・27叙爵、正安3・11・8従五位上(大嘗会叙位、昭訓門院御給)、乾元2(一三〇三)・3・8侍従、徳治2(一三〇七)・1・5正五位下(新院当年御給〈や〉)、徳治3・9・17左少将、延慶2(一三〇九)・3・29従四位下(左少将如元)、延慶3・2・8転中将、4・17禁色、12・11従四位上、応長2(一三一二)・1・5正四位下(永福門院御給)、正和3(一三一四)・10・21従三位、左中将如元、元応2(一三二〇)・5・15左中将、元応3・1・7正三位、正中2(一三二五)・1・29去中将、12・18左兵衛督、嘉暦1(一三二六)・6・14参議、12・22辞三木並督、嘉暦2・3・24止守、元徳2(一三三〇)・1・28本座

〈や〉、元弘2（一三三二）・4・15従二位、暦応2（一三三九）・1・5従二位、暦応3〈興国1〉・6・15薨去

※正中二年より「播磨権守」、建武元年（一三三四）より「正三位」

［死没］暦応3（一三四〇）・6・15　［年齢］45　［父］室町実為　［母］家女房　［公卿補任］2—440下　［大日本史料］6—6—186

季顕　すえあき

応安5〈文中1〉（一三七二）・4・18従三位、元右衛門〔「元右兵衛」やし〕督、応安6〈文中2〉・4・26左兵衛督、永和1〈天授1〉（一三七五）・11・18〈「28日」や〉参議、11・23兼右中将、永和2〈天授2〉・2・12兼土左権守、永和4〈天授4〉・8・27辞参議、康暦1〈天授5〉（一三七九）・6・17本座宣下、永徳1〈弘和1〉（一三八一）・3・16正三位、7・23権中納言、永徳2〈弘和2〉・1・6従二位、至徳4〈元中4〉（一三八七）・1・6正二位、嘉慶2〈元中5〉（一三八八）・5・26辞権中納言、明徳1〈元中7〉（一三九〇）・4・1還任権中納言、明徳4・1・28辞権中納言、応永1（一三九四）・12・25権大納言、応永2・6・3辞権大納言、6・20出家

［父］室町実郷　［母］内大臣正二位三条公秀女　［前名］公全　［法名］祐之・祐雅　［公卿補任］2—709下

実茂　さねしげ　？—一四〇五

応永2（一三九五）・6・3参議、応永3・9・14従三位、応永4・3・29兼但馬権守、応永6・1・5正三位、2・22権中納言、応永12・1・6従二位、応永12・3・5薨去

※参議叙任年に「右中将」の記載あり

［死没］応永12（一四〇五）・3・5　［父］四辻季顕　［公卿補任］3—35下　［大日本史料］7—7—32

季俊　すえとし　一三九三—一四八五

嘉吉1（一四四一）・8・19参議、右近中将如元、12・15従三位、嘉吉2・3・28兼任土左権守、文安1（一四四四）・7・3権中納言、7・5出家、文明17（一四八五）・1・22薨去

［死没］文明17（一四八五）・1・22　［年齢］93　［父］四辻実茂　［公卿補任］3—141上　［大日本史料］8—16—995

実仲　さねなか　一四二七—一五一一

長禄1（一四五七）・12・-〈「30日」く追〉参議、兼任左中将、長禄2・3・24兼丹波権守、7・20従三位、長禄4・10・-辞参議、寛正7（一四六六）・2・22還任（参議）、文正1（一四六六）・9・29正三位、文正2・2・6権中納言、応仁2（一四六八）・12・-解却、長享2（一四八八）・4・-従二位、延徳4（一四九二）・1・6正二位、文亀1（一五〇一）・12・29権大納言、永正7（一五一〇）・9・-辞権大納言、-・-出家、永正8・12・17薨去

［死没］永正8（一五一一）・12・17　［年齢］85　［父］四辻季俊　［法名］禅允　［公卿補任］3—186上　［大日本史料］9—3—651

公音　きんね　一四八一—一五四〇

文明13（一四八一）・-・-誕生、文明17（一四八五）・2・29叙爵、明応8（一四九九）・3・24従五位上、侍従、明応9・-・-左少将、文亀1（一五〇一）・12・25〈くし〉正五位下、永正2（一五〇五）・2・23従四位下、永正3・12・29左中将、永正5・2・4〈「24日」く追〉従四位上、7・16参議、左近中将如元、12・23拝賀、永正6・6・15正四位下、8・7直衣始、永正8・1・5従三位、永正12・2・10正三位、永正15・4・25権中納言、永正18・4・15従二位、大永6（一五二六）・1・19〈「3月30日」さ〉正二位、大永8・8・25権大納言、享禄3（一五三〇）・1・20〈「19日」さ〉辞退（権大納言）、天文9（一五四〇）・7・17薨去

［死没］天文9（一五四〇）・7・17　［年齢］60　［父］四辻実仲（実四辻季経、一男）　［公卿補任］3—321上

季遠　すえとお　一五一三—七五

永正10（一五一三）・7・7誕生、永正14（一五一七）・1・26叙爵（于時季規）、大永8（一五二八）・3・22侍従（于時季遠）、4・5従五位上、-・-・-左少将、享禄3（一五三〇）・8・18正五位下、天文2（一五三三）・4・17従四位下（少将如元）、天文4・1・3左中将、天文5・11・22従四位上、天文6・7・13参議（左中将如元）、12・12正四位下、天文7・3・8兼土佐権守、4・1直衣始、天文8・1・5従三位、天文9・2・14被止出仕〈や〉、3・12勅免〈や〉、

天文11・閏3・10正三位、5・－下向日向国、10・－上洛、天文12・－・－越前下向〈さ〉、12・24上洛〈さ〉、天文13・3・19権中納言、天文14・1・5従二位、天文16・－・－在国〈さ〉、天文18・1・5正二位、天文19・10・12権大納言、12・23勅授、弘治4（一五五八）・－・－在甲州、永禄2（一五五九）・10・27上洛（自甲州）、永禄9・6・－下向勢州、8・27上洛、天正3（一五七五）・1・26辞（権大納言）、本座、8・2薨去

［死没］天正3（一五七五）・8・2　［年齢］63　［父］四辻公音、二男　［母］正二位権大納言四辻実仲女　［前名］季規　［公卿補任］3―394下

公遠　きんとお　一五四〇―九五

天文9（一五四〇）・－・－誕生、天文10・12・13叙爵、天文14・3・25〈13年カ〉元服、侍従、天文15・3・24〈14年カ〉美作介、4・4従五位上、天文18・1・5正五位下、3・25左少将、天文20・3・27美作権介、天文23・2・23従四位下☆、天文24・7・22転中将、永禄1（一五五八）・12・28従四位上、永禄4・3・7正四位下、永禄6・7・22参議、左中将如元、永禄9・6・－下向勢州、8・27上洛、永禄10・1・5従三位、元亀1（一五七〇）・5・28〈6月2日ともあり〉権中納言、天正1（一五七三）・11・21正三位、天正2・7・7直衣始、天正5・1・5従二位、天正7・7・4権大納言、天正8・2・10正二位、天正15・8・8辞権大納言、文禄4（一五九五）・8・13薨去

［死没］文禄4（一五九五）・8・13　［年齢］56　［父］四辻季遠　［母］女官（得選）　［公卿補任］3―453上

季継　すえつぐ　一五八一―一六三九

天正13（一五八五）・11・20叙位（于時教遠）、天正16・12・16〈くま〉元服、侍従、昇殿、天正17・1・6従五位上、文禄3（一五九四）・6・28左少将、正五位下、改名季継、慶長5（一六〇〇）・2・10従四位下、少将如元、慶長6・3・19兼美作権介、慶長9・8・1従四位上、慶長11・1・11〈くま〉転任左中将、慶長14・1・6正四位下、慶長17・1・11参議、本名教遠〈く〉、左中将如元、慶長18・1・5〈「6日」く〉従三位☆、元和2（一六一六）・1・11権中納言、元和3・1・5正三位、元和6・8・15従二位、元和10・1・5正二位、寛永3（一六二六）・11・11権大納言、寛永16・5・20〈く〉薨去

［死没］寛永16（一六三九）・5・20　［年齢］59　［父］四辻公遠、二男　［前名］教遠　［一字名］禾　［公卿補任］3―536下

公理　きんまさ　一六一〇―七七

慶長17（一六一二）・12・16叙爵、元和3（一六一七）・12・29元服、侍従、昇殿〈く〉、元和4・1・8従五位上、元和6・8・15正五位下、寛永3（一六二六）・1・5従四位下、寛永7・1・5従四位上、11・11左少将、寛永8・12・24左中将、寛永9・1・5正四位下、寛永13・10・－参議☆、寛永16・12・29〈賜去十四年正月五日位記〉従三位、寛永18・1・11権中納言、正保4（一六四七）・12・7〈賜去正月十一日宣旨〉権大納言、慶安2（一六四九）・4・3〈去年正月五日従二位々記〉従二位、承応1（一六五二）・－・－〈去十月十二日正二位口宣案〉正二位、明暦2（一六五六）・12・－神宮伝奏、明暦3・6・26伝奏辞退〈くま〉、万治2（一六五九）・7・29辞権大納言、延宝5（一六七七）・6・27薨去

［死没］延宝5（一六七七）・6・27　［年齢］68　［父］四辻季継　［法名］崇空　［公卿補任］3―581下

季賢　すえかた　一六三〇―六八

寛永7（一六三〇）・5・12誕生、寛永9・1・5従五位下、寛永15・9・20元服、昇殿〈く〉、今日従五位上侍従、寛永18・1・5正五位下、寛永20・12・5左近少将、寛永21・1・5従四位下、正保4（一六四七）・1・5従四位上、12・7左権中将、慶安3（一六五〇）・1・5正四位下、明暦1（一六五五）・6・14参議（英親辞替）、今日左近中将如元、8・25拝賀着陣、12・1従三位（父公理卿譲、三ヶ夜御神楽賞）、万治3（一六六〇）・1・5正三位、12・24権中納言、寛文5（一六六五）・12・23聴直衣、寛文8・1・25薨去

［死没］寛文8（一六六八）・1・25　［年齢］39　［父］四辻公理　［母］従四位下侍従前田利政女　［法名］崇俊　［公卿補任］3―639下

公韶　きんあき　一六七〇―一七〇〇

寛文10（一六七〇）・8・4誕生、延宝2（一六七四）・1・5

叙爵、延宝4・12・9元服、昇殿、侍従、延宝5・1・5従五位上、延宝8・1・25正五位下、貞享1(一六八四)・1・16従四位下、右少将、貞享3・閏3・27左中将、11・12兼春宮権亮、貞享4・2・24〈去正五分〉従四位上、3・21止春宮権亮、元禄3(一六九〇)・3・12〈去正五分〉正四位下、元禄6・2・11参議(左中将如元)、6・11奏慶着陣、6・15聴直衣、12・25従三位、元禄11・12・27〈去正月五日分〉正三位、元禄13・7・12辞参議、薨去

[死没]元禄13(一七〇〇)・7・12 [年齢]31 [父]四辻季輔 [公卿補任]4—113下

実長 さねなが 一七〇八—七九

宝永5(一七〇八)・5・9誕生、享保3(一七一八)・5・1為秀藤朝臣子〈ま〉、8・22叙爵、享保4・2・21元服、昇殿、侍従、享保6・12・24従五位上、享保8・4・2正五位下、12・26左少将、享保10・1・6〈去五分〉従四位下、12・25左中将、享保12・1・21〈去五分〉従四位上、享保15・2・11正四位下、寛保3(一七四三)・7・1〈去廿八日分〉従三位、宝暦9(一七五九)・6・28出家、安永8(一七七九)・6・2薨去〈ま〉

[死没]安永8(一七七九)・6・2 [年齢]72 [父]四辻季秀(実高野保春、二男) [母]家女房 [法名]萊山 [公卿補任]4—361下

公亨 きんあき 一七二八—八八

享保13(一七二八)・4・11誕生、享保17・12・27従五位下、元文4(一七三九)・2・16元服、昇殿、侍従、従五位上、寛保2(一七四二)・4・28〈去正五分〉正五位下、寛保3・6・29右少将(小除目〈ま〉)、延享2(一七四五)・1・5従四位下、延享4・5・2院司(脱履日)、拝賀〈ま〉、5・27〔「兼」ま〕皇太后宮権亮(冊命日)、寛延1(一七四八)・3・29〈去二一分〉従四位上、寛延3・6・26〈ま〉止権亮(依院号)、宝暦1(一七五一)・12・24正四位下、宝暦2・5・13左中将、6・12拝賀〈ま〉、宝暦4・10・26参議(中将如故)、11・7拝賀着陣、11・9聴直衣、12・26従三位、宝暦6・12・21改公亨、宝暦9・9・25正三位、11・6権中納言、11・13帯剣、12・11〔維基親王家勅別当脱カ〕、宝暦12・3・24従二位、宝暦13・3・1右衛門督補使別当、8・4直衣、明和1(一七六四)・6・26辞督別当、明和2・11・15正二位、明和3・3・6権大納言、5・28聴直衣、明和5・10・10〈「11日」ま〉大歌所別当、明和7・11・24院御厩別当、安永3(一七七四)・2・5〈1月24日ともあり〉辞権大納言、辞両別当、天明8(一七八八)・4・25薨去

[死没]天明8(一七八八)・4・25 [年齢]61 [父]四辻実長 [母]家女房 [前名]実胤 [公卿補任]4—417上

公萬 きんまん 一七五七—一八二四

宝暦7(一七五七)・12・4誕生、宝暦10・1・5叙爵、明和3(一七六六)・11・22元服、昇殿、従五位上、明和5・9・20侍従、12・19正五位下、明和7・1・5従四位下、明和8・8・1右権少将、8・28奏慶、明和9・10・14従四位上、安永3(一七七四)・2・5右権少将、3・29奏慶、12・19正四位下、安永4・閏12・19大和権介、安永7・11・7服解(母)、12・28除服出仕復任、安永8・1・20秩満、天明7(一七八七)・5・26参議(右中将如旧、小除目)、6・8拝賀、6・11聴直衣、直衣始、6・27着陣、12・19従三位、天明8・9・16改名公万、寛政3(一七九一)・1・5正三位、寛政4・10・27権中納言、11・3帯剣、11・4聴直衣、直衣始、寛政6・1・28従二位、寛政9・4・1大歌所別当、寛政10・1・28正二位、7・19院御厩別当、12・16権大納言、12・21直衣始、享和4(一八〇四)・1・23辞権大納言、辞大歌所別当、文政7(一八二四)・7・6薨去

[死没]文政7(一八二四)・7・6 [年齢]68 [父]四辻公亨、二男 [母]山城守従五位下松平信通女 [前名]実駿 [公卿補任]5—48下

公説 きんとき 一七八〇—一八四九

安永9(一七八〇)・1・1誕生、天明8(一七八八)・12・24従五位下、寛政4(一七九二)・5・27元服、昇殿、従五位上、寛政5・4・5侍従、寛政6・2・6右

権少将、2・24拝賀、4・6〈去正五分〉正五位下、寛政8・7・11従四位下、寛政10・4・22従四位上、寛政12・5・25正四位下、享和1(一八〇一)・8・10転権中将、10・3拝賀、享和2・4・22兼中宮権亮、5・14拝賀、文化6(一八〇九)・6・8参議、右中将如故、9・22拝賀着陣、9・24聴直衣、直衣始、12・22従三位、文化11・4・28正三位、11・4権中納言、11・13帯剣、11・14聴直衣、直衣始、文化14・2・25従二位、3・22院別当、12・21大歌所別当、文政4(一八二一)・12・28正二位、文政7・4・7右衛門督補使別当、5・10直衣始、6・4権大納言、文政8・9・2直衣始、天保2(一八三一)・3・23辞権大納言、嘉永2(一八四九)・4・19薨去

[死没]嘉永2(一八四九)・4・19　[年齢]70　[父]四辻公萬(実四辻公亨)　[母]池田政直長女　[公卿補任]5―191上

公績　きんいさ　一八一一―六七

文化8(一八一一)・8・1誕生、文化13・12・21従五位下、文政5(一八二二)・9・22元服、昇殿、従五位上、文政6・12・19正五位下、文政8・4・27侍従、5・15従四位下、文政10・1・21従四位上、文政11・1・27右権少将、2・8拝賀、文政12・1・5正四位下、天保2(一八三一)・6・30転権中将、8・2拝賀、弘化2(一八四五)・10・8参議、右中将如故、10・27拝賀着陣、10・28聴直衣、直衣始、弘化3・1・5従三位、嘉永1(一八四八)・5・18近江権守、12・19正三位、嘉永4・7・28権中納言、9・16帯剣、9・17聴直衣、直衣始、11・27従二位、安政2(一八五五)・1・5正二位、文久2(一八六二)・9・28権大納言、12・10直衣始、元治1(一八六四)・10・17辞権大納言、慶応3(一八六七)・3・9薨去

[死没]慶応3(一八六七)・3・9　[年齢]57　[父]四辻公説(実徳大寺実堅、一男)　[母]正二位権大納言平松時章女　[公卿補任]5―425上

公賀　きんよし　一八四〇―八〇

天保11(一八四〇)・7・19誕生、嘉永5(一八五二)・12・19叙爵、嘉永6・3・27元服、昇殿、従五位上、安政2(一八五五)・2・17正五位下、万延2(一八六一)・1・23侍従、2・11従四位下、文久2(一八六二)・10・28右近衛権少将(去三月春日社七箇夜御神楽大曲勤仕之賞、以格別思召被推任)、12・9拝賀、文久3・1・5従四位上、9・20転右近衛権中将、9・27拝賀、元治1(一八六四)・3・23正四位下、慶応1(一八六五)・12・23参議(権中将如元)、慶応2・1・8聴直衣、直衣始、2・10従三位

[死没]明治13(一八八〇)・12・9　[年齢]41　[父]四辻公績、二男　[養父]四辻公健　[母]広橋胤定四女麗仙　[公卿補任]5―563下

室町家(絶家)1

公行　きんゆき　一二四三―?

建長3(一二五一)・10・24叙爵、建長6・閏5・15侍従、建長8(一二五六)・1・6従五位上、正元1(一二五九)・12・25正五位下(新院御給)、弘長3(一二六三)・1・6従四位下(中宮当年御給)、文永2(一二六五)・10・22左少将、文永3・2・1武蔵権介、文永5・1・5従四位上、11・9左中将、文永7・1・21備後権介、12・4正四位下、弘安1(一二七八)・9・23従三位(元左中将)、弘安7・5・6正三位、正応5(一二九二)・8・14従二位、永仁1(一二九三)・-・-出家

[父]室町実藤　[母]正五位上大外記中原師朝女　[公卿補任]2―256上

季行　すえゆき

建治3(一二七七)・1・5叙爵(今出川院当年御給、于時実為)、弘安7(一二八四)・10・27侍従(于時実綱)、正応1(一二八八)・12・25従五位上(于時実綱)、正応4・3・11左少将、9・9正五位下、正応6・1・13従四位下、永仁2(一二九四)・4・13〈「永仁3

室町家

公行――季行

年12月19日」イ〉還左少将、永仁6・1・5〈「6日」やイ〉従四位上(于時季行)、永仁7・3・24転中将、正安2(一三〇〇)・4・7正四位下、応長2(一三一二)・3・3従三位、元左中将、元徳1(一三二九)・-・-出家

[父]室町公行 [母]正三位藤原済家女 [前名]実為・実綱 [公卿補任]2―427下

室町家(絶家)2

公信 きんのぶ

弘安8(一二八五)・10・11叙爵、弘安9・3・9侍従、10・28従五位上、弘安11・6・23〈「弘安10年」イ〉右少将、正応2(一二八九)・1・13正五位下、8・7従四位下、正応5・3・29従四位上、永仁5(一二九七)・5・4正四位下、12・17左中将、嘉元1(一三〇三)・-・-辞中将、応長2(一三一二)・3・3従三位、元前左中将、正和5(一三一六)・11・18右近中将、元応1(一三一九)・10・30解官

※元亨三年(一三二三)非参議従三位〔以後不見〕

[父]室町実藤 [公卿補任]2―427上

公彦 きんひこ ?―一四〇〇

応安1〈正平23〉(一三六八)・5・13従三位、5・18弾正大弼、応安2〈正平24〉・9・11〈し〉止大弼、応安3〈建徳1〉・8・5〈「15日」し〉還任弾正大弼、9・19〈「11月」し〉止弼、応安4〈建徳2〉・3・12参議、応安6〈文中2〉・12・30辞退参議、永和4〈天授4〉(一三七八)・1・5正三位、応永4(一三九七)・10・8権中納言、応永5・3・24辞権中納言、応永7・4・13薨去

※至徳二〈元中二〉年(一三八五)より「従二位」

[死没]応永7(一四〇〇)・4・13 [父]室町実彦 [号]四辻 [公卿補任]2―697上 [大日本史料]7―4―544

室町家

公信―実彦―**公彦**―実勝

四辻家(絶家)

四辻家

季保―**季春**―**季経**―公音

季保 すえやす 一三八九―一四五二

応永30(一四二三)・8・27参議、左中将如元、応永31・1・5従三位、3・17兼土左権守、正長2(一四二九)・1・5正三位、3・29兼伊与権守、永享4(一四三二)・8・-勅勘、10・-出仕、永享9・8・28辞参議、永享10・3・30権中納言、10・-辞権中納言、嘉吉2(一四四二)・5・5従二位、文安2(一四四五)・10・25権大納言、10・-出家、享徳1(一四五二)・閏8・1薨去

[死没]享徳1(一四五二)・閏8・1 [年齢]64 [父]四辻季顕 [養父]今出川公彦 [法名]祐衡 [公卿補任]3―103上

季春 すえはる 一四二四―八三

嘉吉3(一四四三)・3・16下野権介(従五位上)〈し〉、享徳2(一四五三)・7・8参議、左中将如元、享徳3・2・11従三位、3・23兼美作権守、康正2(一四五六)・4・5辞参議、長禄2(一四五八)・1・5正三位、長禄4・8・25権中納言、寛正6(一四六五)・1・5従二位、文正1(一四六六)・11・13辞権中納言、文明2(一四七〇)・4・2右衛門督、文明5・3・18賜去年五月七日叙正二位位記、文明8・-・-辞督、8・28権大納言、文明11・-・-辞権大納言、文明12・7・14出家

[死没]文明15(一四八三)・2・6 [年齢]60 [養父]四辻季保 [法名]玄清 [公卿補任]3―173上 [大日本史料]8―15―197

季経 すえつね 一四四七―一五二四

文安6(一四四九)・1・5従五位下、長禄4(一四六〇)・3・24侍従(于時季凞)、文明7(一四七五)・1・28参議、左中将如元、文明9・6・19従三位、文明12・3・29兼土左権守、文明17・2・-正三位、8・28権中納言、文明18・7・17辞権中納言、8・

9右衛門督、明応2(一四九三)・1・5従二位、文亀1(一五〇一)・-・-正二位、文亀2・-・-本座、永正3(一五〇六)・10・21権大納言、永正11・3・25清彦親王勅別当、12・26辞権大納言、永正15・11・25筝当流御灌頂事申入之、大永3(一五二三)・8・12出家、大永4・3・29薨去

[死没]大永4(一五二四)・3・29　[年齢]78　[父]四辻季春　[前名]季凞　[法名]宗空　[公卿補任]3―243上　[大日本史料]9―27―1

橋本家　はしもとけ

藤原氏北家閑院流。西園寺家の支流。冷泉相国公相の四男橋本参議実俊を家祖とする。実俊は冷泉と号し、また橋本と号し、三代実澄のときより家名を橋本と号した。家格は羽林家。内々の家。有識故実・雅楽(笛)を家職とした。一条家の家礼。江戸時代には家領二百石。家祖実俊の生母は園参議基氏女。『尊卑分脈』によれば、舎兄には一男実兼、二男実康、三男実顕がいたことが知られ、実兼は西園寺家を相続し、実康は右中将まで進み出家した。実顕は文永七年(一二七〇)参議、正三位となるが、その翌年発心するところあり出家し、翌々年の同九年十二月没していて、冷泉と号し、また橋本と号したという。このすぐ下の舎弟が実俊で、文応元年(一二六〇)生まれ。文永六年十歳で叙爵し、同年侍従に任ぜられ禁色を聴され、正五位下に叙せられた。翌七年左中将・従四位下に任叙。この時期の急速な官位の昇進と称号の同一性から見て、実俊は舎兄実顕の遺跡を相続したのであろう。累進して建治三年(一二七七)には参議に列し、従三位に昇叙。正安三年(一三〇一)出家し入江と号し、暦応四年(一三四一)二月八十二歳で没した。なお、実俊の女は、後深草天皇皇女姈子内親王(遊義門院)に仕え一条と号し、のち後醍醐天皇の後宮に入り、世良親王等の生母となった。二代は実俊息の季経が嗣ぐが、右中将従四位下の官位が知られるのみで、官歴・没年等は不詳。『尊卑分脈』には記載されていないが、『橋本家譜』によれば季経には俊季という兄弟がいたことが知られ、『公卿補任』により、正慶二年(一三三三)正月に従三位に叙されたことも確認される。しかしその尻付の記載からも窺われる如く、その数ヶ月後に笠置遷幸以降の叙任を無効とするとの後醍醐天皇の勅命により、本位に還され正四位上となり公卿の列から外されたこともあって、これ以降のことは同記では知りえない。季経・俊季の長幼の順等も明らかでないため、いずれが嫡子であったかも不明であるが、季経の息により家の継承がなされた。季経息には公興・実澄がいて、公興は従三位右中将に昇り南朝に仕え、舎弟の実澄が季経の後を嗣ぎ、正三位権中納言にまで昇り、その息公音もまた正三位権中納言となった。しかし、次の五代実郷は家例にない正二位にまで昇り、長禄二年(一四五八)権大納言となり、家格を引上げることになる。なお、実郷は笛の名手であったようで、家譜には「応永十五年三月十四日北山第行幸(中略)舞楽御覧参仕笛」という記載を初めとして笛の奏者として参仕のことが多く見える。当家は笛を家職とする家であるが、実郷がとくにこの定着ないし発展に寄与したことを窺わせる。実郷の後を嗣いだ公国は、順調にいけば父の例にならい正二位権大納言にまで昇ったであろうが、従二位権中納言のとき応仁二年(一四六八)十二月将軍義政の舎弟義視に加担したことが「准朝敵」とされて解官され、不運な状況のなかで翌三年五十三歳で没した。ここに家は中絶することになる。後年、遺跡は同じ閑院流の清水谷権中納言実久の息公夏が相続することとなり、『諸家知譜拙記』では公国の次に公夏を系線で繋ぎ「中絶相続」と付記してある。『公卿補任』でも、公夏が文明十四年(一四八二)二十九歳で参議に昇ったところの尻付に、「故前権中納言公国卿男、母、実権大納言実久男」と記してあるが、公字と実字を交互に名に用いる三条流の通例からいえば、公夏を公国の養嗣子とするのは不審である。『尊卑分脈』には公国とならべて

実郷の子息の列にかけているが、これが妥当であろう。またこの公夏の相続により、実家の清水谷家ではその舎弟の行季が嗣ぐべきところ、行季もまた勅許を願って世尊寺家を相続させていたので、実久の後は公夏の息公松が嗣いだ。公夏は長享三年(一四八九)権中納言、延徳三年(一四九一)正三位となり、翌年辞官し、永正十七年(一五二〇)病により六十七歳で出家し友阿と号した。『橋本家譜』によれば、播磨国に下向、書及び和歌を能くし、天文七年(一五三八)八月六日没した。時に八十五歳。墓は同国揖東郡広山村に在り、後年村民がその所に小祠を造って祀り今に至るも絶えない、と記してある。広山荘は清水谷家が領家職を有していた有縁の地であった。公夏の出家により当家は再び中絶したが、半世紀ほどを経て清水谷公松の息実勝が祖父公夏の遺跡を相続し、天正元年(一五七三)叙爵、同十年左中将、翌十一年従四位下に昇ったが、同十六年八月に家人のために殺害される悲運にあった。『お湯殿の上の日記』同月十六日条に、「けふはしもとをうちの物ころして、しなれ候」と見える。ここにまたまた当家は中絶することになる。実村により家の再興をみるのは、それより三十余年後の元和五年(一六一九)のことで、この年二十一歳で叙爵、翌六年元服し、寛永十九年(一六四二)従三位に昇る。『公卿補任』の尻付には「父故左中将実勝朝臣男」とあるが、『橋本家譜』には公夏の息に公松と季宗を掲げ、季宗の子に季景と女子(東福門院侍女、権大納言局)を掲げ、季景の息に実村と実清(梅園祖)を掲げる。季宗・季景いずれも「履歴不詳、母姓氏不詳」と注されていて、考証の手がかりを欠くが、わざわざこれらの人物を掲げていることは重視されるべきで、実村および実清は実勝の猶子の可能性は否定しえない。季村の後を嗣いだ公綱は実村女、葉室頼業室の子で、実村の外孫。公綱の後は舎兄葉室頼孝二男の実松が嗣ぎ、実松一男の久俊は舎兄葉室頼重の養嗣となり頼胤と改名した。このように実村より実文に至る五代は葉室家との縁戚関係を深くした。実文は江戸時代に入って初めて正二位権大納言の極位極官に昇った。実文の嫡子実民は正五位下民部権大輔まで昇ったが、病により辞官位記返上し、翌々年の宝暦三年(一七五三)七月に十九歳で没したので、西園寺前左大臣致季五男の寿季が同二年に二十七歳で養嗣子に入り元服昇殿し、同四年実理と改名。のち正二位権大納言にまで昇った。孫の実久は寛政四年(一七九二)三歳で叙爵し、十年後桜町上皇に院中御児として近侍した。享和三年(一八〇三)元服してからも院に勤仕し、文化七年(一八一〇)右少将となり院別当に補され、同十年の院崩御まで功労を尽した。天保十二年(一八四一)議奏に補され長くこれを務めるが、これらの功により弘化五年(一八四八)権大納言に昇る。その仰詞に「家例不連綿、雖有理運之輩、故院中在役・当時議奏勤方被登用」と見える。その後、安政四年(一八五七)正月に六十八歳で没するまで議奏を勤めた。実久の後は実麗が嗣ぎ、この妹が仁孝天皇の後宮に入り、和宮親子内親王の生母となる経子

橋本家

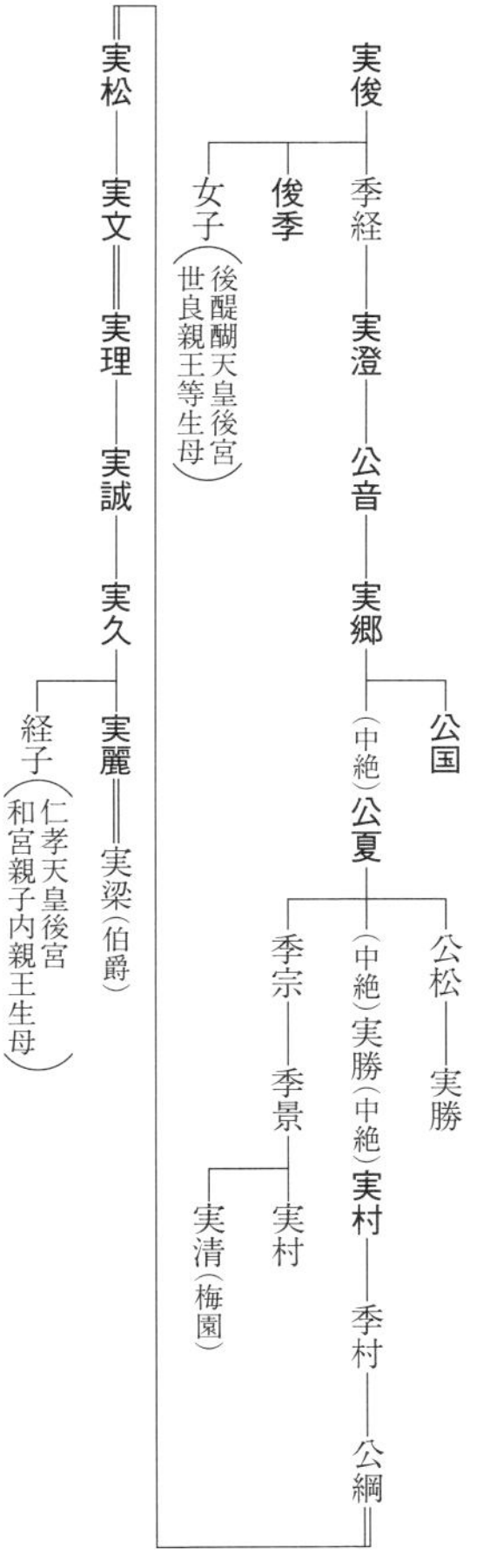

である。経子は文政九年(一八二九)に生まれ、典侍となり弘化三年(一八四六)和宮を出産。のち観行院と号した。和宮が将軍徳川家茂に降嫁のため京都を出発する直前の文久二年(一八六二)六月、実久は京都所司代酒井若狭守の役宅に呼ばれて「親子内親王御由緒ニ付、加増三百石下賜之事」を申渡されたが、すぐ参内し孝明天皇の叡慮を窺い辞退した。日記には、『実久卿記』、『実麗卿記』、『橋本実梁日記』がある。明治十七年(一八八四)実梁のとき、叙爵内規により伯爵を授けられた。菩提所は寺町 誓願寺。『橋本家譜』(東京大学史料編纂所架蔵、四一七五—一八三)。

実俊　さねとし　一二六〇—一三四一

文永6(一二六九)・1・5従五位下(春宮坊当年御給、5・1侍従、従五位上、5・4禁色、10・19正五位下(東宮御着袴賞)、文永7・閏9・4左中将、即従四位下、文永8・2・1兼美濃権介、7・2従四位上、文永9・1・5正四位下(大宮院当年御給)、文永10・3・25春宮権亮、文永11・1・26止権亮(依践祚也)、建治2(一二七六)・1・23兼因幡介(因幡守ともあり)(中将重兼国)、建治3・1・29参議、左中将如元、9・13従三位、建治4・2・8但馬権守、弘安2(一二七九)・1・5正三位、弘安6・3・8〈28日ともあり〉辞参議、3・28近江権守、正安3(一三〇一)・10・25出家、暦応4〈興国2〉(一三四一)・2・15薨去

[死没]暦応4(一三四一)・2・15　[年齢]82　[父]西園寺公相、四男　[母]参議正三位園基氏女　[号]入江・橋本・冷泉　[法名]空玄　[公卿補任]2—249下　[大日本史料]6—6—658

俊季　としすえ

元亨2(一三二二)・1・5従五位下(広義門院当年御給)、正中1(一三二四)・1・13侍従、嘉暦1(一三二六)・12・21〈同二年七月廿七日賜今日位記〉従五位上、嘉暦2・8・1正五位下、元徳1(一三二九)・9・26左少将、11・9従四位下、左少将如元、元徳2・1・9禁色、4・6転左中将、元弘1(一三三一)・11・8春宮権亮、正慶1〈元弘2〉(一三三二)・11・12正四位下、正慶2〈元弘3〉・1・5従三位(新院当年御給)、元左中将春宮亮、止之、-・-・-還本位、11・8正四位上、今日去左中将
※正慶二年非参議正四位下〔以後不見〕
[父]西園寺実俊　[公卿補任]2—549下

実澄　さねずみ　一三三一—七三

暦応4〈興国2〉(一三四一)・12・22従五位下、-・-・-左少将、貞和5〈正平4〉(一三四九)・1・5従五位上(于時少将)、観応3〈正平7〉(一三五二)・8・17昇殿、文和2〈正平8〉(一三五三)・11・23左中将、延文4〈正平14〉(一三五九)・1・5従三位、元左中将、4・21〈やさ〉左中将、延文6〈正平16〉・3・27兼伊与権守、康安2〈正平17〉(一三六二)・4・21参議、12・30辞参議、貞治2〈正平18〉(一三六三)・4・20還任(参議)、兼左中将、貞治3〈正平19〉・4・14正三位、貞治6〈正平22〉・2・13権中納言、応安2〈正平24〉(一三六九)・11・12辞退(権中納言)、応安6〈文中2〉・9・9薨去

[死没]応安6(一三七三)・9・9　[年齢]43　[父]橋本季経　[号]橋本　[公卿補任]2—666上　[大日本史料]6—38—139

公音　きんね　?—一四〇五

応永4(一三九七)・3・29参議、左中将如元、応永5・3・24兼出雲権守、応永6・1・5従三位、応永7・12・20権中納言、応永10・1・6正三位、応永12・7・-薨去

[死没]応永12(一四〇五)・7　[父]橋本実澄　[公卿補任]3—41下　[大日本史料]7—7—360

実郷　さねさと　一三八七—?

永享10(一四三八)・3・30参議、左中将如元、永享11・3・18兼播磨権守、永享12・1・6従三位、12・25辞参議、文安3(一四四六)・1・5正三位、1・29権中納言、宝徳2(一四五〇)・4・-辞権中納言、長禄2(一四五八)・12・2権大納言、12・21辞権大納言、寛正4(一四六三)・6・8出家
※享徳二年(一四五三)〔元年カ〕より「従二位」、長禄二年より「正二位」
[父]橋本公音　[公卿補任]3—135下

公国　きんくに　一四一七―六九

享徳1(一四五二)・12・14参議、享徳2・1・5正四位下、3・25兼出雲権守、享徳3・2・11従三位、-・-・-辞参議、康正3(一四五七)・1・5正三位、長禄4(一四六〇)・8・21〈27日ともあり〉権中納言、8・25〈29日ともあり〉辞権中納言、寛正6(一四六五)・1・5従二位、応仁2(一四六八)・12・-解却、文明1(一四六九)・-・-〈く追〉薨去

※享徳三年より「右中将」、康正元年より「左中将」

[死没]文明1(一四六九)　[年齢]53　[父]橋本実郷　[公卿補任]3―169下　[大日本史料]8―3―132

公夏　きんなつ　一四五四―?

文明14(一四八二)・-・-参議、左中将如元〔やく無〕、文明16・6・8従三位、長享3(一四八九)・5・10権中納言、延徳3(一四九一)・12・18正三位、延徳4・3・24辞権中納言、永正17(一五二〇)・3・-出家(在播州)

[父]橋本公国(実清水谷実久)　[法名]友阿　[公卿補任]3―261上

実村　さねむら　一五九八―一六六四

元和5(一六一九)・1・6叙位、元和6・6・29元服、侍従、元和9・1・5従五位上、1・11左少将、寛永4(一六二七)・1・5正五位下、寛永8・1・6従四位下、寛永10・1・12中将、寛永12・1・5従四位上、寛永17・1・5正四位下、寛永19・1・5従三位、寛永21・12・12参議、正保1(一六四四)・12・16兼任左中将、12・19辞参議、正保4・12・7〈賜去正月五日正三位々記〉正三位、慶安2(一六四九)・2・30権中納言、元前三木〈ま〉、4・24聴直衣帯剣、4・27辞権中納言、承応1(一六五二)・10・12〈賜去年正月五日従二位口宣案〉従二位、寛文4(一六六四)・11・11薨去

[死没]寛文4(一六六四)・11・11　[年齢]67　[父]橋本実勝(実某季景)　[号]雲岫院　[法名]空遂　[公卿補任]3―598上

実松　さねまつ　一六七二―一七三二

寛文12(一六七二)・9・5誕生、延宝4(一六七六)・3・5相続、3・29叙爵、貞享2(一六八五)・11・25〈「12月」家譜〉元服、昇殿、侍従従五位上、貞享4・2・24左少将、元禄2(一六八九)・閏1・5〈去正七分〉正五位下☆、元禄5・12・13〈去正五分〉従四位下、元禄6・12・25右中将、元禄10・2・17〈去正五分〉従四位上☆、元禄14・2・17〈去正五分〉正四位下、宝永6(一七〇九)8・4喪実父、10・17除服出仕復任、宝永8・1・10喪実母、2・30除服出仕復任、享保2(一七一七)・5・21参議(中将如旧)、7・1拝賀着陣、享保4・6・1権中納言、9・27帯剣、享保7・12・5辞権中納言、12・25正三位、享保14・2・16従二位、享保17・5・21薨去

[死没]享保17(一七三二)・5・21　[年齢]61　[父]橋本公綱(実葉室頼孝、二男)　[母]大炊御門経孝女(実毛利就孝女)　[法名]大圓　[公卿補任]4―224下

実文　さねふみ　一七〇四―七九

宝永1(一七〇四)・7・23誕生、宝永5・1・5叙爵、享保1(一七一六)・11・2元服、昇殿、侍従、12・11従五位上、享保4・2・12左権少将、享保5・1・5正五位下、享保8・1・23従四位下、享保10・12・25右権中将、享保11・12・24従四位上、享保15・2・11正四位下、享保16・8・12改実文、享保17・5・21喪父、6・12除服出仕復任、元文3(一七三八)・11・16転左権中将、寛保3(一七四三)・10・1兼上総権介、延享3(一七四六)・12・24去権介〈ま〉、延享4・4・7参議(左中将如旧〈ま〉)、4・23拝賀着陣、寛延1(一七四八)・1・5従三位、8・25大嘗会検校、寛延3・12・24周防権守、宝暦2(一七五二)・1・5正三位、5・1権中納言、6・3帯剣、6・4直衣、11・27辞権中納言、宝暦6・12・21従二位、宝暦10・12・26権大納言、12・30帯剣、宝暦11・1・8辞権大納言、宝暦13・8・4正二位、安永8(一七七九)・4・16薨去

[死没]安永8(一七七九)・4・16　[年齢]76　[父]橋本実松、二男　[母]参議正三位七条隆豊女　[前名]実照　[公卿補任]4―380上

実理　さねまさ　一七二六―九八

享保11(一七二六)・11・21誕生、享保16・8・12叙爵(寿季)、宝暦2(一七五二)・1・6為実文卿子、2・1元

服、昇殿、従五位上、6・13侍従、宝暦4・10・27改実理、宝暦5・3・16禁色、宝暦6・10・5正五位下、7・4服解(実父)、8・25除服出仕復任、宝暦7・8・7服解(実母)、同9・27除服出仕復任、宝暦8・1・18〈去五日宣〉従四位下、5・7右権少将、10・14拝賀、宝暦9・12・24兼但馬権介、宝暦11・12・24従四位上、宝暦12・10・25右権中将(推任)、11・11拝賀、宝暦13・12・4参議(中将如元)、12・19拝賀着陣、宝暦14・1・29聴直衣、5・15正四位下、8・25兼丹波権守、明和2(一七六五)・6・3辞中将、6・11右権中将、明和3・2・5従三位、明和6・1・18正三位、明和7・8・4近江権守、明和8・7・28院別当、明和9・2・14権中納言、安永1(一七七二)・8・9帯剣〈ま〉、拝賀着陣、8・16聴直衣〈ま〉、安永2・1・5従二位、11・13賀茂下上社伝奏、安永4・1・9正二位、寛永5・8・25辞伝奏、安永6・9・14権大納言、12・2辞権大納言、寛政10(一七九八)・2・12薨去

[死没]寛政10(一七九八)・2・12　[年齢]73　[父]橋本実文(実西園寺致季、五男)　[母]岡崎国久女(実家女房)　[前名]寿季　[公卿補任]4—468上

実誠　さねなり　一七五八—一八一七

宝暦8(一七五八)・3・2誕生、明和5(一七六八)・1・5従五位下、明和8・10・7元服、昇殿、従五位上、12・18侍従、安永3(一七七四)・1・8正五位下、安永6・1・19従四位下、安永8・8・13左権少将、安永9・12・25拝賀、12・27従四位上、天明3(一七八三)・8・22正四位下、9・15転左権中将、天明4・3・14拝賀、天明6・11・23辞左権中将、12・8還任左権中将、寛政7(一七九五)1・7拝賀、12・29賜前恭礼門院御服、寛政8・1・20宣下、寛政10・2・12服解(父)、4・16除服出仕復任、寛政12・7・1参議(中将如旧)、8・27拝賀着陣、8・28聴直衣〈ま〉、享和1(一八〇一)・3・30従三位、文化1(一八〇四)・2・18正三位、文化5・11・21従二位、文化7・9・17権中納言、10・22帯剣、10・23聴直衣、直衣始、文化12・3・22正二位、文化14・2・23辞権中納言、薨去

[死没]文化14(一八一七)・2・23　[年齢]60　[父]橋本実理　[母]家女房　[公卿補任]5—134上

実久　さねひさ　一七九〇—一八五七

寛政2(一七九〇)・4・25誕生、寛政4・6・13従五位下、享和3(一八〇三)・12・3元服、昇殿、従五位上、文化2(一八〇五)・12・23侍従、文化3・1・4正五位下、2・13院判官代、2・24院司慶、文化6・1・17従四位下、文化7・12・21右近衛権少将、12・22院別当、12・25拝賀、院司慶、文化8・10・11服解(母)、12・2除服出仕復任、文化9・2・28従四位上、文化10・12・16賜後桜町院御服、文化11・1・16除服宣下、文化11・4・28兼但馬権介、文化12・1・14〈去五分〉正四位下、文化14・2・23服解(父)、4・25除服出仕復任、文化15・4・12秩満、文政3(一八二〇)・3・19転権中将、3・28拝賀、文政4・4・26着本陣、10・3右近府年預、文政7・6・26〈ま〉去年預(大将依改易也)、文政10・7・25院別当、7・26右近府年預、8・7院司慶、天保2(一八三一)・3・28参議、右中将如故、5・8拝賀着陣、5・10聴直衣、直衣始、12・1従三位、天保3・5・20丹波権守、天保5・1・25正三位、天保7・12・7権中納言、12・17帯剣、12・27聴直衣、直衣始、天保9・1・5従二位、天保11・12・20賜太上天皇御服、天保14・6・18正二位、弘化3(一八四六)・1・18賀茂下上社伝奏、弘化5・2・19権大納言、嘉永1(一八四八)・2・30直衣、嘉永2・1・20辞権大納言、安政4(一八五七)・1・28辞伝奏、薨去

[死没]安政4(一八五七)・1・28　[年齢]68　[父]橋本実誠　[母]花山院常雅長女　[幼名]幸丸　[日記]実久卿記(一八二三—五六)　[公卿補任]5—340上

実麗　さねあきら　一八〇九—八二

文化6(一八〇九)・10・26誕生、文化12・12・19叙爵、文化15・3・19元服、昇殿、従五位上、文政4(一八二一)・1・4正五位下、文政11・4・5侍従、5・19従四位下、天保2(一八三一)・1・5従四位上、天保5・1・5正四位下、3・16左権少将、3・28拝賀、天保9・4・5兼但馬権介、天保11・12・20賜光格天皇御服、天保12・1・20除服宣下、12・9転右権中将(権介如故)、12・22拝賀、天保13・5・27秩満、嘉永1(一八四八)5・16着本陣、嘉永3・12・19内教坊別当、安政4(一八五七)1・28服解(父)、3・19除服出仕復任、5・15兼参議(小

除目）、10・29従三位、安政5・3・17聴直衣、直衣始、10・22兼丹波権守、安政7・1・5正三位、文久3（一八六三）・12・27権中納言、文久4・1・8聴直衣、直衣始、1・20従二位、2・3帯剣、慶応3（一八六七）・4・17賀茂下上社伝奏、11・20正二位、12・7権大納言、慶応4・1・17辞伝奏
［死没］明治15（一八八二）・10・8　［年齢］74　［父］橋本実久　［母］家女房　［幼名］幸丸　［日記］実麗卿記（一八六八―八二）　［公卿補任］5―506下

正親町家　おおぎまちけ

藤原氏北家閑院流。西園寺家支流洞院家の庶流。山本相国公守の二男正親町権大納言実明を家祖とする。初め洞院、又は裏築地と号した。家格は羽林家。内々の家。有職故実・雅楽（箏）を家職とした。一条家の家礼。江戸時代には家領三百五十二石六斗。家祖実明は、建治三年（一二七七）四歳で叙爵し、累進して正応四年（一二九一）従三位に昇叙。参議・権中納言を経て、正安四年（一三〇二）二十九歳で権大納言に昇った。元亨二年（一三二二）出家し、観応二年（一三五一）正月七十八歳で没した。その後を嗣いだのが歌人としても著名な公蔭である。鎌倉後期の歌壇の雄京極為兼が若年から西園寺実兼に家司として仕えた縁からであろう、公蔭は幼にして為兼の猶子となり歌道の薫陶を受け、嘉元三年（一三〇五）九歳で叙爵、忠兼と名乗った。しかし正和四年（一三一五）暮、蔵人頭・十九歳のとき、為兼が六波羅の役人に捕えられた際、連坐して官職を止められ辺土籠居に及ぶ。元徳二年（一三三〇）従三位に叙せられ、同三年参議に列し、ついで正三位、権中納言に昇ったが、正慶二年（一三三三）後醍醐天皇による叙任無効の勅旨により、非参議従三位に戻された。建武四年（一三三七）二月小倉入道中納言公雄の猶子となり実寛と改名、同月更に公蔭と改名した。これは京極家の猶子になっていた忠兼が、実父実明の嗣子となるにあたり、いったん同流の小倉家の猶子となる形をとったためであろう。そして同年参議、正三位となり、権中納言を経て、貞和二年（一三四六）権大納言に昇ったが、観応三年（一三五二）光厳上皇の落飾の報を受けて相伴出家し、延文五年（一三六〇）六十四歳で没した。康永・延文年間（一三四二―六一）にかけて詩歌合・歌合・百首の判者、作者として活躍し、『風雅和歌集』撰集の際には寄人の一人ともなった。実明の女で、公蔭と永仁五年（一二九七）同年生まれの実子は、花園天皇の後宮に入り、暦応元年（一三三八）院号宣下あり、宣光門院と号した。公蔭の息忠季は父の複雑な相続との関わりからか、祖父実明の子として官途につき、これも正二位権大納言まで昇ったが、忠季の息実綱は正三位権中納言のとき応安三年（一三七〇）に二十八歳で頓死した。実綱には舎弟実信があったが、この人は嫡流洞院家の後中園左大臣公定に養われ、正二位権大納言まで昇った。しかし洞院家家督は実信息満季が公定遺命により実信弟分として嗣いでいる。実信は家督の仁ではなかったからであろう。そのためか実綱の後は、叔父実文の息公仲が嗣ぎ、永徳二年（一三八二）には参議に列した。『公卿補任』には、ただ「父故権中納言実綱卿」とのみあるが、実綱と公仲とは血縁上は従兄弟になる。もっとも公仲は家は裏辻を用い、その子実秀、孫の持季も裏辻の号を用いた。実秀は権大納言となり、応永三十五年（一四二八）に出家に臨み家として例のない従一位に昇った。しかしその後、将軍義教の勘気によって所帯を没収されてしまう。『看聞御記』永享四年（一四三二）六月八日条に、「抑裏辻大納言入道一両日逝去云々、室町殿御意不快、家領等被召放令牢籠、不略餓死歟、不便々々」とあり、不遇な末路であったようである。しかし父入道の罪は子息には及ばず、持季は無事であったようで、官位も従一位権大納言にまで昇った。持季には舎弟が二人あり、一人は同流小倉家を相続した実右で、いま一人は持季の猶子となり正親町家の庶流家を起した公澄である。その起立等については、『康富記』

正親町家

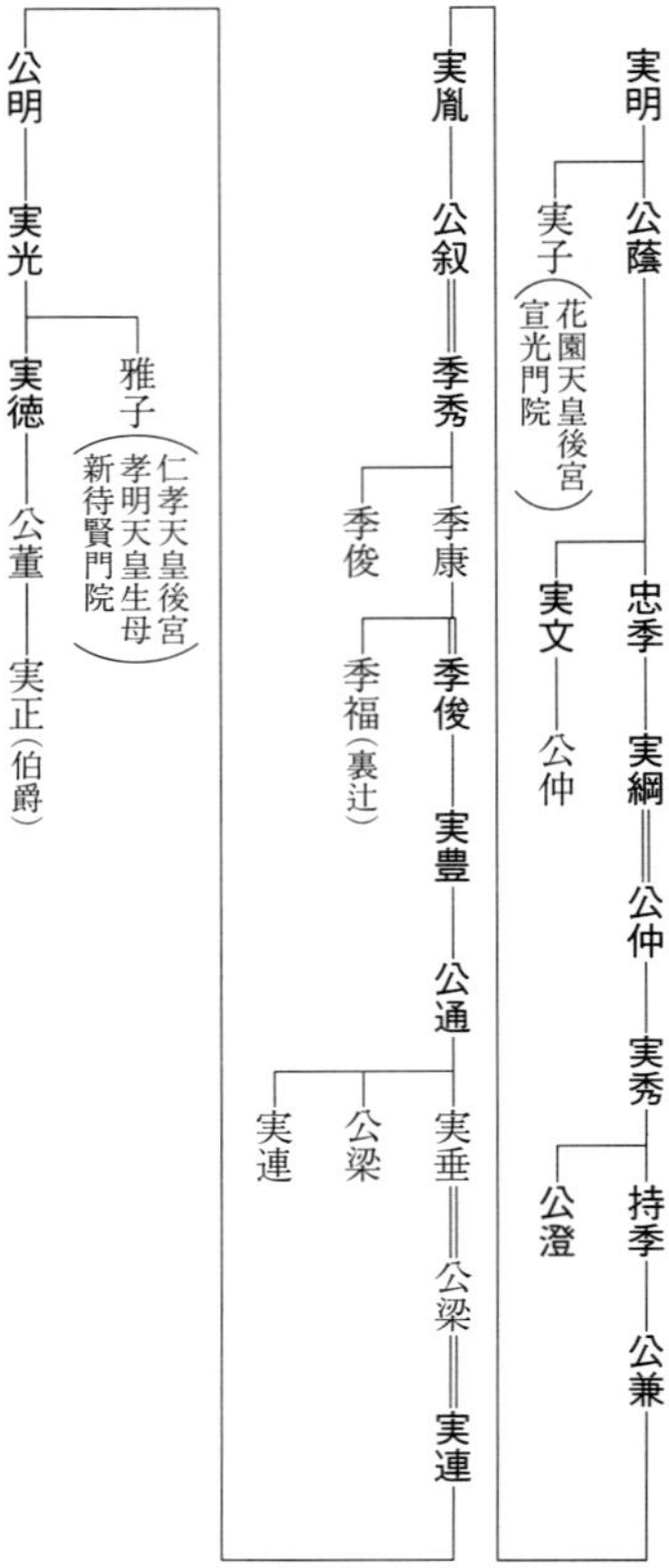

文安五年（一四四八）四月二日条に、「入夜参裏辻殿、度々依有招引也、近江国祇園保・越前国大蔵庄両所事者、去々年譲与侍従公澄之間、立彼一流、別而可令致奉公之由申請之間、即被下綸旨了、然而清閑寺前蘭臺（幸房朝臣）、免勅勘令一汲之間、如所帯、可為何様哉之由、尋申禁裏之処、於出頭者彼朝臣雖有御免、於所帯等者、已被充行侍従公澄之間、不可被返本人之旨、去月廿九日内々被下勅書之由、令語給之、去々年綸旨・一昨日之勅書等取出令見給之間、拝見了」とあり、裏辻殿の正親町権中納言持季が、去々年文安三年に舎弟の侍従公澄に近江祇園保・越前大蔵庄両所を譲与し、勅許を得て一家を起しているが、清閑寺前蔵人頭幸房が勅勘を免ぜられる状況があり、その場合所領も返還されることになるかどうか、そのことを禁裏に窺ったところ、所領はすでに公澄に充行われたのであるから、幸房本人に返還されるべきではないという勅書が一昨日下された、ということなどが知られる。これによれば、公澄の一家分立についての所領家領は、もと清閑寺幸房の知行であったことが推察される。因に『薩戒記』永享十一年（一四三九）正月十六日条に、蔵人頭幸房と頭中将持季が殿上淵酔において両貫首着座の次第について相論に及び、幸房が将軍義教の忌避に触れその官位を止められ、知行も没収され相手方の持季に与えられたことが見える。その所領が祇園保等であったのであろう。公澄は正親町西と号し、従二位権大納言まで進んだが、その子右中将実澄は上階を遂げず、永正四年（一五〇七）出家して、この庶流家は絶えた。持季の息公兼も従一位に昇り、従一位権大納言が当家の先途となるが、季康は三十五歳で横死し右少将で終る。その後は舎弟の季俊が嗣ぎ、季康の息季福は新家として裏辻家が取立てられた。正親町神道の創始者として著名な公通は、延宝八年（一六八〇）山崎闇斎の門に入って垂加神道を学び、二年後早くも高弟の列に入り、天和二年（一六八二）九月闇斎の死去に先立ち、同流の根本経典ともいうべき『中臣秡風水草』を闇斎より託され、かつ神道許可の権などを譲られた。尊号事件のとき武家伝奏として活躍したのが公明で、光格天皇の恩召を賛し、幕府との折衝に努めたが、幕府の強硬な反対によって成就せず、寛政五年（一七九三）幕命により議奏中山愛親とともに江戸に下向。訊問を受け事件の責任を負わせられて逼塞に処せられ、伝奏を免ぜられた。また実光の女、実徳の姉の雅子は仁孝天皇の後宮に入り、孝明天皇の生母となり、嘉永三年（一八五〇）院号宣下があり新待賢門院と号した。また、公董は尊攘派の公家として知られ、文久三年（一八六三）国事寄人となり、同年六月攘夷監察使となって萩藩に赴き、九月帰京。同十二月参与となり、戊辰戦争においては奥羽追討総督となった。実豊が議奏・武家伝奏に補され、公通も武家伝奏を勤めた。日記には、『公通卿記』、『正親町実連日記』、『公明卿記』、『公武御用日記』（公明）、『正親町実

徳記抄』、『正親町公董旅中日記』がある。明治十七年(一八八四)実正のとき、叙爵内規により伯爵を授けられた。菩提所は真如堂玉蔵院。『正親町家譜』(東京大学史料編纂所架蔵、四一七五―一七八)。

実明　さねあき　一二七四―一三五一

建治3(一二七七)・1・5叙爵(大宮院当年御給)、弘安2(一二七九)・1・5従五位上、弘安3・11・13侍従、弘安6・1・5正五位下、9・15従四位下(給去十二日位記)、弘安7・7・26左少将、弘安8・3・1従四位上、弘安9・4・13兼春宮権亮、11・1辞権亮、11・11右中将、弘安10・1・13兼播磨権介、正応2(一二八九)・1・5正四位下、4・17禁色、正応4・1・3従三位(朝覲行幸、臨時〔「玄輝門院御給」や〕)、右中将如旧〔「如元」や〕、正応6・1・5正三位、永仁4(一二九六)・5・15参議、永仁5・10・16権中納言、永仁6・1・5従二位、永仁7・1・5正二位、正安4(一三〇二)・3・23辞権中納言、乾元1(一三〇二)・11・22〈「27日」イ〉権大納言、乾元2・8・28辞権大納言、元亨2(一三二二)・2・15出家

〔死没〕観応2(一三五一)・1・17　〔年齢〕78　〔父〕洞院公守、二男　〔母〕法眼泰勝女　〔公卿補任〕2―310下　〔号〕裏辻　〔法名〕唯声　〔大日本史料〕6―14―450

公蔭　きんかげ　一二九七―一三六〇

嘉元3(一三〇五)・12・30叙爵、徳治2(一三〇七)・1・5従五位上(春宮当年御給)、延慶1(一三〇八)・11・14正五位下、延慶2・12・26侍従、延慶4・1・5従四位下、正和1(一三一二)・7・6左少将、正和2・9・6転左中将、正和3・1・2従四位上(玄輝門院御給)、正和4・2・21正四位下、8・26蔵人頭、12・28東使召取為兼卿之時同車、但即赦免云々、正和5・1・11止頭(宣下)、其後籠居辺土、元徳2(一三三〇)・1・5従三位、元前蔵人頭左中将、元弘1(一三三一)・10・5参議、11・5左中将、元弘2・1・5正三位、3・12兼越後権守、正慶1〈元弘2〉(一三三二)・10・21権中納言、10・24帯剣、正慶2〈元弘3〉・5・17止職、詔為非三木、建武2(一三三五)・11・26修理大夫、建武3・2・2〈3月カ〉修理大夫、建武4〈延元2〉・2・30改名為公蔭、7・20参議、12・24正三位、建武5・4・19兼左中将、暦応2〈延元4〉(一三三九)・1・13兼近江権守、8・12権中納言、暦応4〈興国2〉・8・19帯剣、暦応5〈興国3〉・1・5従二位、貞和2〈正平1〉(一三四六)・2・18権大納言、貞和3〈正平2〉・9・16辞権大納言、12・27正二位、観応3〈正平7〉(一三五二)・8・12出家

〔死没〕延文5(一三六〇)・10・19　〔年齢〕64　〔父〕正親町実明　〔養父〕京極為兼・小倉公雄　〔母〕参議正二位松殿兼嗣女　〔前名〕実寛・忠兼　〔法名〕空静　〔公卿補任〕2―530上　〔大日本史料〕6―23―277

忠季　ただすえ　一三二二―六六

嘉暦3(一三二八)・1・5従五位下(永陽院嘉暦元年御給)、元徳2(一三三〇)・2・11侍従、6・7従五位上、11・7左近少将、元徳3・1・5正五位下、元弘4(一三三四)・1・5従四位下(新院当年御給)、暦応2〈延元4〉(一三三九)・1・5従四位上、11・1左近中将、暦応4〈興国2〉・1・6正四位下(一院当年御給)、6・19禁色、12・22補蔵人頭、康永1〈興国3〉(一三四二)・12・21参議、左中将如元、元蔵人頭〈や朱〉、康永2〈興国4〉・4・12従三位、康永3〈興国5〉・1・24兼備中権守、康永4〈興国6〉・8・29止権守、貞和3〈正平2〉(一三四七)・9・16権中納言、11・16兼右衛門督、貞和5〈正平4〉・1・5正三位、文和3〈正平9〉(一三五四)・11・15従二位、延文2〈正平12〉(一三五七)・4・15権大納言、7・11帯剣、延文4〈正平14〉・4・21正二位、貞治2〈正平18〉(一三六三)・1・28辞退(権大納言)、2・4聴本座、貞治5〈正平21〉(一三六六)・2・22薨去

〔死没〕貞治5(一三六六)・2・22　〔年齢〕45　〔父〕正親町公蔭　〔養父〕正親町実明　〔母〕正五位下武蔵守北条久時女　〔公卿補任〕2―589上　〔大日本史料〕6―27―254

実文　さねふみ

-・-・-従五位下、暦応3〈興国1〉(一三四〇)・7・19従五位上、暦応5〈興国3〉・4・11侍従、

康永2〈興国4〉(一三四三)・1・5正五位下、-・-・-従四位下、貞和4〈正平3〉(一三四八)・12・30従四位上、貞和5〈正平4〉・2・15左中将(元少、阿波権介)、延文4〈正平14〉(一三五九)・1・5従三位(元左中将)、3・25弾正大弼、康安2〈正平17〉(一三六二)・3・25止大弼、応安2〈正平24〉(一三六九)・-・-出家

[父]正親町公蔭、二男 [母]北条久時女 [公卿補任]2—666上 [大日本史料]6—31—199

実綱　さねつな　一三四三—七〇

康安2〈正平17〉(一三六二)・5・7参議、元蔵人頭〈やし〉、左近中将如元、貞治2〈正平18〉(一三六三)・1・28兼讃岐権守、貞治3〈正平19〉・1・5従三位、貞治6〈正平22〉・4・13権中納言、貞治7〈正平23〉・1・7帯剣、応安3〈建徳1〉(一三七〇)・1・6正三位、1・23薨去

[死没]応安3(一三七〇)・1・23 [年齢]28 [父]正親町忠季、二男 [母]家女房 [公卿補任]2—675上 [大日本史料]6—31—395

公仲　きんなか　一三五八—一四〇三

永徳2〈弘和2〉(一三八二)・5・9参議、左中将如元、元蔵人頭、12・20従三位、永徳3〈弘和3〉・3・28兼備中権守、永徳4〈元中1〉・1・5正三位、嘉慶2〈元中5〉(一三八八)・12・30権中納言、康応1〈元中6〉(一三八九)・12・20帯剣、明徳4(一三九三)・1・5従二位、応永4(一三九七)・3・29権大納言、応永7・1・5正二位、応永9・3・28辞権大納言、12・27〈8日ともあり〉還任(権大納言)、応永10・6・7薨去〈やし〉

[死没]応永10(一四〇三)・6・7 [年齢]46 [父]正親町実綱(実正親町実文) [公卿補任]2—741上 [大日本史料]7—6—179

実秀　さねひで

応永18(一四一一)・11・25参議、元蔵人頭、右中将如元、応永19・1・5従三位、1・28兼備中権守、〔応永21年月日叙正三位カ〕、応永23・11・4権中納言、応永24・1・5従二位、応永28・6・12権大納言、応永31・1・5正二位、応永35・1・22従一位、応永35・1・23出家

※応永二十二年より「正三位」

[父]裏辻公仲 [法名]祐実 [公卿補任]3—72上

持季　もちすえ　一四一五—七二

永享10(一四三八)・3・30右中将(従四上、元右少将)〈さし〉、蔵人頭〈さし〉、嘉吉1(一四四一)・3・16参議、右近中将如元、元蔵人頭、12・11従三位、嘉吉3・3・16兼但馬権守、文安3(一四四六)・1・5正三位、1・29権中納言、文安5・1・18兼右衛門督、宝徳1(一四四九)・閏10・17転左、宝徳2・1・10従二位、宝徳3・3・26権大納言、享徳3(一四五四)・1・5正二位、8・16辞権大納言、長禄3(一四五九)・12・3従一位、応仁1(一四六七)・10・4出家

[死没]文明4(一四七二)・7・15 [年齢]58 [父]裏辻実秀 [法名]空慶 [公卿補任]3—141上 [大日本史料]8—5—624

公澄　きんずみ　一四三〇—七〇

享徳2(一四五三)・3・25参議、右近中将如元、元蔵人頭右中将、享徳3・2・11従三位、3・23兼備中権守、康正3(一四五七)・1・5正三位、6・17権中納言、長禄4(一四六〇)・6・6辞権中納言、8・19右衛門督、寛正6(一四六五)・1・5従二位、文明2(一四七〇)・4・2権大納言、11・4薨去

[死没]文明2(一四七〇)・11・4 [年齢]41 [父]裏辻実秀 [養父]正親町持季 [号]正親町西 [公卿補任]3—173上 [大日本史料]8—3—782

公兼　きんかね　一四五三—一五二五

享徳3(一四五四)・1・5従五位下、長禄3(一四五九)・3・23侍従、長禄4・1・6従五位上、寛正3(一四六二)・3・28兼讃岐介、12・13元服、寛正4・1・5正五位下、11・21改公遠為公兼(以父卿歎状宣下)、寛正6・12・7右近衛権少将、文正1(一四六六)・3・29兼相模介、文正2・1・5従四位下、応仁3(一四六九)・3・4転右近権中将、文明1(一四六九)・5・25従四位上、文明3・2・27蔵人頭、3・10禁色、3・27正四位下、文明4・2・21正四位上、文明7・1・28〈「6日」や〉兼因幡権守、参議(元蔵人頭)、右中将如元、本名公遠〈や無〉、文明9・1・6従三位、文明12・3・29兼備

中権守、文明13・12・23権中納言、文明17・2・28正三位、長享3(一四八九)・5・10辞(権中納言)、明応2(一四九三)・1・5従二位、文亀1(一五〇一)・-・-正二位、永正3(一五〇六)・2・1権大納言、永正4・2・-辞権大納言、2・28従一位、出家
[死没]大永5(一五二五)・8・13 [年齢]73 [父]正親町持季、一男 [前名]公遠 [法名]祥空 [公卿補任]3—242下

実胤 さねたね 一四九〇—一五六六
明応1(一四九二)・12・-叙爵(于時実枝)、明応5・12・5侍従、明応8・12・5従五位上、文亀2(一五〇二)・3・22正五位下、永正2(一五〇五)・1・17右少将、3・10従四位下、永正5・1・6蔵人頭(于時改名実胤)、1・11中将、2・4従四位上、永正6・1・16正四位下、12・27正四位上(年中両度)、永正9・9・30参議、元蔵人頭右中将、中将如元、永正10・7・5従三位、永正13・12・26正三位〈く追〉、永正15・5・28権中納言、永正16・10・13勅授、大永1(一五二一)・12・29従二位、大永5・8・23下向賀州〈さ〉、大永6・1・19〈「3月30日」さ〉正二位、享徳1(一五二八)・9・2権大納言、享禄5(一五三二)・2・5神宮伝奏〈さ〉、天文10(一五四一)・7・28従一位、辞退(権大納言)、8・13出家、永禄9(一五六六)・9・16薨去〈く追〉
[死没]永禄9(一五六六)・9・16 [年齢]77 [父]正親町公兼 [前名]実枝 [法名]空円又円空 [公卿補任]3—330下

公叙 きんのぶ 一五一四—四九
永正11(一五一四)・8・16誕生、永正12(一五一五)・2・23叙爵、永正15・12・13侍従、永正18・2・18従五位上、大永3(一五二三)・12・19首服、大永4・1・6正五位下、大永5・1・6右少将、大永8・3・27従四位下(少将如元)、享禄3(一五三〇)・1・5従四位上、享禄5・1・15転中将、天文1(一五三二)・8・10蔵人頭、9・22禁色(今日拝賀)、9・24正四位下、天文2・1・5正四位上、天文4・12・4参議、右中将如元、元頭中将、(陣儀、申沙汰事終則奏慶〈さ〉)、天文5・2・21従三位、天文7・3・8〈「3日」さ〉権中納言、天文9・1・6正三位、天文13・3・19従二位、天文15・1・19権大納言、10・2神宮伝奏、天文16・8・23辞伝奏、天文17・3・23正二位、12・29辞退(権大納言)、天文18・8・7薨去
[死没]天文18(一五四九)・8・7 [年齢]36 [父]正親町実胤 [母]正二位内大臣三条西実隆女 [法名]慈空 [公卿補任]3—390上

季秀 すえひで 一五四八—一六一二
天文17(一五四八)・-・-誕生、天文18・8・5叙爵、天文21・1・5侍従、天文22・3・21従五位上☆、永禄2(一五五九)・11・6正五位下、元服、11・11右少将、永禄6・1・5従四位下、9・1転中将、永禄9・6・15従四位上、永禄12・1・5正四位下、元亀3(一五七二)・12・28蔵人頭、元亀4・2・3正四位上、天正4(一五七六)・1・11参議、右中将如元(左中将如元ともあり)、元蔵人頭〈くま〉、5・23従三位☆、天正7・1・9改季秀、11・2権中納言、11・23正三位、天正9・3・26〈やくま〉辞権中納言、天正10・2・17還任権中納言、12・15従二位、天正15・12・29正二位、慶長16(一六一一)・4・21権大納言、慶長17・6・28従一位、7・1薨去
[死没]慶長17(一六一二)・7・1 [年齢]65 [父]正親町公叙(実庭田重保、二男) [母]内大臣従一位広橋兼秀女 [前名]実彦 [号]禅広院 [法名]守源・盈空 [公卿補任]3—474上 [大日本史料]12—9—956

季俊 すえとし 一五八六—一六二五
天正14(一五八六)・9・18誕生、慶長14(一六〇九)・4・16叙爵、元服、昇殿、慶長15・閏2・13侍従、慶長17・1・5従五位上、1・11右少将、慶長20・1・5正五位下、元和3(一六一七)・1・5従四位下、元和5・7・13補蔵人頭、右中将☆、禁色☆、12・25従四位上、元和6・1・5正四位下、閏12・27正四位上(年中両度)、元和9・1・11参議右中将如元、元頭中将、寛永2(一六二五)・11・29卒去
[死没]寛永2(一六二五)・11・29 [年齢]40 [父]正親町季秀、二男 [母]准大臣従一位烏丸光康女 [法名]澄空 [公卿補任]3—557下

実豊　さねとよ　一六一九—一七〇三

元和5(一六一九)・12・8誕生、元和7・1・5叙爵、寛永10(一六三三)・5・14元服、侍従・従五位上、寛永11・1・11右少将、寛永13・1・5正五位下、寛永17・3・5〈去年正月五日従四位下位記〉従四位下、寛永18・1・11右中将、寛永19・1・5従四位上、寛永20・1・5正四位下、10・16蔵人頭、10・18禁色☆、12・28正四位上、正保1(一六四四)・12・19参議、右中将如元、正保3・3・13〈賜正月五日位記〉従三位、慶安2(一六四九)・1・12〈賜去五日正三位々記〉正三位☆、承応1(一六五二)・11・12権中納言、承応4・1・5従二位☆、1・13聴直衣、明暦2(一六五六)・11・19権大納言、万治1(一六五八)・閏12・22辞権大納言、寛文2(一六六二)・2・11〈去万治二十二月廿二日分正二位々記〉正二位、元禄16(一七〇三)・2・3薨去

〔死没〕元禄16(一七〇三)・2・3　〔年齢〕85　〔父〕正親町季俊　〔母〕従五位下越前守木村勝盛女　〔二字名〕曲　〔法名〕理空　〔公卿補任〕3—604下

公通　きんみち　一六五三—一七三三

承応2(一六五三)閏・6・26誕生、万治1(一六五八)・閏12・8叙爵、寛文1(一六六一)・12・24従五位上、侍従、寛文5・1・16元服、昇殿、正五位下、寛文7・12・17〈去年十二月七日分〉右少将、従四位下、寛文10・11・21〈去十二日分〉右中将従四位上☆、延宝2(一六七四)・1・5正四位下、延宝5・閏12・11参議(右中将如旧)、閏12・23拝賀着陣、延宝6・2・12聴直衣、9・16〈去正月五日分〉従三位、天和1(一六八一)・11・21権中納言、12・21正三位、貞享2(一六八五)・12・24〈去十一月七日分〉従二位、元禄8(一六九五)・11・22権大納言、元禄9・12・28辞権大納言、宝永2(一七〇五)・4・1〈去年十二月廿六日分〉正二位、正徳2(一七一二)・12・25従一位、享保18(一七三三)・7・12薨去

〔死没〕享保18(一七三三)・7・12　〔年齢〕81　〔父〕正親町実豊　〔母〕従二位権中納言藤谷為賢女　〔二字名〕半・玉　〔号〕白玉翁・風水軒　〔俳号〕一止　〔法名〕石峯　〔日記〕公通卿記(一六七三—一七〇一)　〔公卿補任〕4—48下

実連　さねつら　一七二〇—一八〇二

享保5(一七二〇)・7・23誕生、享保17・2・16叙爵、5・18侍従、享保20・1・23従五位上、2・16元服、昇殿、4・28〈ま〉左少将、元文1(一七三六)・2・19正五位下、元文3・1・24〈去五分〉従四位下、5・28右中将、9・24兼丹波介、元文5・1・8〈去六分〉従四位上、寛保2(一七四二)・12・28止丹波介、寛保3・6・29正四位下、延享2(一七四五)・1・21兼播磨権介、10・19正四位上、延享3・2・18蔵人頭、2・24禁色拝賀従事〈ま〉、延享4・5・2新帝蔵人頭(受禅日)〈ま〉、禁色、拝賀従事〈ま〉、寛延3(一七五〇)・1・10参議(右中将如故)、1・16拝賀着陣、9・24従三位、12・24兼遠江権守、宝暦3(一七五三)・12・15権中納言、12・25帯剣、12・27聴直衣、宝暦4・2・19正三位、宝暦5・12・27賀茂下上社伝奏、宝暦6・5・10権大納言、宝暦8・12・28従二位、宝暦12・10・22正二位、10・25辞権大納言、安永8(一七七九)・4・16〈去十四日位記〉従一位、享和2(一八〇二)・9・29薨去

〔死没〕享和2(一八〇二)・9・29　〔年齢〕83　〔父〕正親町公通(実中山兼親、三男)　〔母〕家女房　〔法名〕映空　〔日記〕正親町実連日記(一七四四—一八〇二)　〔公卿補任〕4—396上

公明　きんあきら　一七四四—一八一三

延享1(一七四四)・3・25誕生、延享3・12・24(于時公功)、叙爵、寛延1(一七四八)・9・25侍従、寛延2・6・14従五位上、宝暦1(一七五一)・11・27元服、昇殿、12・22正五位下、宝暦3・3・29従四位下、9・2服解(母)、11・18除服出仕復任、宝暦5・1・22左権少将、2・5拝賀、12・24従四位上、宝暦7・12・25正四位下、宝暦8・9・25右権中将、10・5〈「6日」ま〉拝賀、宝暦9・12・24兼信濃権介(推任)、宝暦12・12・29秩満、宝暦13・11・4〈「14日」ま〉改公明、明和1(一七六四)・8・25兼近江介、明和2・6・19蔵人頭、6・22禁色拝賀従事、8・1正四位上、明和5・9・20参議(中将如元)、10・26拝賀着陣、10・27聴直衣、11・25従三位、明和7・8・4権中納言、10・9帯剣、10・11直衣〈ま〉、12・19正三位、安永1(一七七二)・10・17賀茂伝奏、安永2(一七七三)・1・5従二位、11・13辞伝奏、安永3・2・5補右衛門督使別当、安永5・8・29

辞督別当、9・7正二位、安永8・5・4権大納言、天明5(一七八五)・1・13辞権大納言大歌所別当、寛政2(一七九〇)・8・19院別当、寛政5・3・7依武命逼塞〈ま〉、4・28出仕〈ま〉、享和3(一八〇三)・10・22辞別当、10・29出家

[死没]文化10(一八一三)・10・13　[年齢]70　[父]正親町実連　[母]内大臣従一位広幡豊忠女　[前名]公功　[法名]玖厳・寛空　[日記]公明卿記(一七五五—一八一二)・公式御用日記(一七九一—九三)　[公卿補任]4—496上

実光　さねみつ　一七七七—一八一七

安永6(一七七七)・3・1誕生、安永7・11・29従五位下、安永9・4・18従五位上、天明1(一七八一)・9・14侍従、天明2・1・14正五位下、天明3・2・8〈ま〉兼美作権介、天明4・12・1元服、昇殿、12・19従四位下、天明5・1・13右権少将(権介如旧)、1・16拝賀、11・20服解(実母)、天明6・1・19復任、1・23除服出仕復任、天明6・2・3従四位上、天明7・1・21秩満、寛政1(一七八九)・9・16転左権中将、10・30正四位下〈ま〉、12・3拝賀、寛政2・12・18〈去六月廿四日宣〉兼播磨介(推任、去六月廿四日宣)、寛政4・2・17着本陣、寛政6・1・22秩満、寛政7・1・28補蔵人頭、2・1禁色、拝賀従事、2・4正四位下、寛政8・11・22辞蔵人頭、寛政10・5・7参議(左中将如旧)、5・24拝賀着陣、5・25聴直衣、直衣始、11・25従三位、寛政12・1・8正三位、享和3(一八〇三)・10・27権中納言、11・16帯剣、11・17聴直衣、直衣始、11・27左衛門督、12・13直衣始、12・24院別当、享和4・1・11従二位、2・7辞督、7・8賀茂下上社伝奏、文化3(一八〇六)・4・5大歌所別当、文化4・1・21正二位、2・15兼補右衛門督使別当、2・28直衣始〈ま〉、文化8・12・8辞右衛門督使別当、文化9・12・14権大納言、12・26直衣始、文化14・11・22辞別当権大納言、薨去

[死没]文化14(一八一七)・11・22　[年齢]41　[父]正親町公明　[母]鍋島治茂養女親(実家女房)　[法名]神如　[公卿補任]5—120上

実徳　さねあつ　一八一四—九六

文化11(一八一四)・9・29誕生、文政1(一八一八)・6・24従五位下、文政3・1・12従五位上、文政5・1・5正五位下、文政7・11・19侍従、12・7兼美作権介、12・16元服、昇殿、12・19従四位下、文政9・1・5従四位上、8・24左権少将、10・19拝賀、文政11・1・20正四位下、12・28秩満、天保2(一八三一)・5・19転右権中将、6・4補院別当、7・26拝賀、奏院司慶、天保3・8・8兼播磨権介、天保6・5・11服解(母)、7・2除服出仕復任、8・30秩満、天保11・3・14兼春宮権亮(立坊)、拝賀、4・15右近府年預、12・20賜太上天皇御服、天保12・1・20除服宣下、弘化4(一八四七)・12・27右近府年預、弘化5・1・16着本陣、5・2・11右近府年預、嘉永1(一八四八)・5・5更右近府年預、嘉永2・2・3更右近府年預、6・11参議(右中将如旧)、7・28拝賀着陣、7・29聴直衣、直衣始〈ま〉、嘉永3・1・5従三位、嘉永5・1・4正三位、嘉永7・2・11権中納言、3・17帯剣、3・18聴直衣、安政2(一八五五)・1・5従二位、安政4・5・15大歌所別当、安政5・1・5正二位、安政6・4・3権大納言、5・18直衣始、7・7賀茂下上社伝奏、元治1(一八六四)・8・9辞伝奏、慶応4(一八六八)・3・28兼皇太后宮大夫

[死没]明治29(一八九六)・10・31　[年齢]83　[父]正親町実光、三男　[母]家女房　[公卿補任]5—455上

河鰭家　かわばたけ

藤原氏北家閑院流。滋野井家の庶流。滋野井権大納言実国の二男風早二位公清を家祖とする。公清は風早、また八条と号し、その一男実俊は八条と号し、二男実隆は一条と号した。実俊流が嫡流で、戦国時代従三位実世のあと絶えた。実隆流が河鰭家である。家格は羽林家。外様の家。有職故実を家職とした。江戸時代には家領百五十石。家祖公清は嘉応二年(一一七〇)五歳で叙爵し、累進して建仁元年(一二〇一)左中将。同三年従三位に昇叙し公卿に列した。参議、従二位にまで昇り、貞応二年(一二二三)出家し、安貞二年(一二二八)

河鰭家

公清─┬─実俊（八条、絶家）
　　　└─実隆─公頼─┬─実豊
　　　　　　　　　　└─実益─公村─季村─公邦─実村─公益─実治─季富（中絶）公虎（中絶）基秀─実陳─季縁─実詮＝輝季─季満＝実祐─公陳＝実利─公辻＝実文（子爵）

十月六十三歳で没した。実隆は建長三年（一二五一）従三位に昇叙。舎兄実俊より十八年後の上階であった。従二位まで昇り、文永七年（一二七〇）九月六十八歳で没した。その息従二位公頼のあと、一男従二位参議実豊と従三位実益の二流に分かれ、ともに一条と号したが、前者はその孫中将実右で絶えた。後者が河鰭で、これを家名とするのは、実益の孫季村の頃からのようである。季村の履歴の詳細は不明であるが、応安七年（一三七四）上階し、正三位まで昇り康応二年（一三九〇）に没した。戦国時代、実治は家として初例の正二位に昇叙し、更に天文十五年（一五四六）には権中納言にまで昇ったが、数ヶ月で辞任、同十九年八月八十五歳で出家した。これより前に嫡子の左中将季富は天文五年に三十五歳で没していたので、河鰭家は中絶することになる。実治出家より十四年後の永禄七年（一五六四）に至って、飛鳥井一位入道雅綱の孫公虎が河鰭の家名を相続することになる。『言継卿記』同年十二月七日条に、「自近衛殿大閤御使（林与五郎）有之、御用之事候条可参云々、則参了、（中略）次被仰云、飛鳥井一位入道孫千代松当月末可被元服之間、官位以下諸事予に被任之間、可馳走之由被仰下、河鰭跡にと被仰、仍名字公虎、於御前切音勘之、切古也、叙爵之事可申沙汰之由被仰下」とあり、同十日条に「自大閤被申河鰭公虎叙爵之事、今日勅許也」と見える。山科権中納言言継が近衛大閤稙家に召され、飛鳥井入道雅綱の孫千代松を河鰭跡の相続者として当月元服し公虎と名乗らせるにつき、叙爵等につき手続きをとるよう不命され、十二月十日勅許されたことが知られる。言継が稙家の下命をうけたのは近衛家の家礼であったからで、また稙家が河鰭家再興に力を添えたのは、故実治がかつて近衛殿の殿上人として出仕していた（『宣胤卿記』永正元年（一五〇四）九月一日条）ことによるのであろう。なお、千代松の実父は雅綱の息、雅春の舎兄にあたる安居院僧正覚澄である。同月二十二日千代松は近衛殿で元服し公虎と名乗り、侍従に任ぜられ昇殿を聴された。そして天正二年（一五七四）三月左少将となったが、同三年四月これを辞し改めて右兵衛佐に任ぜられた。これは永禄九年四月に三十六歳で頓死した西洞院左兵衛督時当の遺跡を相続することになったためで、同月藤原姓を平姓に改め、平時通となった。時当は近衛殿の殿上人のような位置にあり、永禄四年（一五六一）近衛前嗣（久）が関白当職のまま越後に下国した際も扈従した程であった。時当が没してから九年目にしての後嗣の決定で、近衛家が世話して河鰭家に入れた公虎を引抜いての相続には相当の問題があったであろうが、西洞院家の相続を第一義としてこれを決断したのは、前久その人であったのであろう。そしてこれにより、河鰭家は再び絶家となる。公虎の転出から基秀により家名の再興がなされるのは、四十年近くを経てのことである。基秀は時明院左中将基久の息で、慶長十六年（一六一一）六歳で叙爵、同十九年元服した。舎弟基征は同十八年七歳で叙爵していることや名字からいって、嫡子であった基秀が出て河鰭家の養嗣子となったということになろう。寛永十五年（一六三八）従三位に叙せられるが、『公卿補任』の基秀の名を掲げた尻付に「父故左兵衛佐公庸朝臣男、実故左中将基久朝臣男」と注してある。公庸の記載に疑問があり、公虎のことか、あるいはその後嗣があったのかは不詳。正三位基秀の息実陳は寛文六年（一六六六）従三位に昇叙し、延宝七年（一六七九）には関白鷹司房輔の執奏により参議に列し、貞享四年（一六八七）家として初例の権中納言となり、晩年に至り元禄十四年（一七〇一)には権大納言にまで昇り、宝永三年(一七〇六)二月七十二歳で没した。その五代の孫にあたる実祐は転法輪三条右大臣実顕の息で、右少将季満の養子に入り、これも正二位権大納言にまで昇った。日記には、『恵仁親王(仁孝天皇)御用日記』(公陳)がある。明治十七年(一八八四)実文のとき、叙爵内規により子爵を授けられた。菩提所は松林寺。『河鰭家譜』(東京大学史料編纂所架蔵、四一七五—一四八)。

公清　きんきよ　一一六六—一二二八

嘉応2(一一七〇)・1・5叙位(女御琮子給)、治承4(一一八〇)・1・28左衛門佐、寿永1(一一八二)・3・8従五位上(府労)、寿永2・2・11復任(父)、文治1(一一八五)・1・20兼周防介、文治3・1・5正五位下(府労)、文治5・7・10左少将、建久1(一一九〇)・1・24兼近江権介、6・18従四位下(少将如元)、建久6・1・5従四位上、2・2兼駿河介、建久9・11・9兼近江介、11・21正四位下(大嘗会国司賞)、建仁1(一二〇一)・1・29転中将(「権中将」く)、建仁2・1・21兼加賀介、建仁3・10・24従三位(元左中将)、建永2(一二〇七)・1・5正三位、承元3(一二〇九)・4・10参議、建暦1(一二一一)・10・2辞職(参議)、-・-・-叙従二位、貞応2(一二二三)・12・-出家、安貞2(一二二八)・10・11薨去

[死没]安貞2(一二二八)・10・11　[年齢]63　[父]滋野井実国、二男　[母]従四位上右中弁源雅綱女　[号]風早二位・八条　[公卿補任]1—554下　[大日本史料]5—4—750

実隆　さねたか　一二〇三—七〇

-・-・-叙爵、貞応2(一二二三)・4・7侍従、安貞2(一二二八)・1・5従五位上、1・28兼讃岐権介、寛喜1(一二二九)・9・21復任、文暦1(一二三四)・12・26正五位下、嘉禎2(一二三六)・3・4右近少将、4・14転左、嘉禎4・1・5〈や〉従四位下(労)、1・27更還任右近少将、延応1(一二三九)・10・28従四位上、仁治2(一二四一)・2・1転中将、仁治3・3・5兼播磨権介、寛元3(一二四五)・10・29正四位下(臨時)、宝治2(一二四八)・1・23兼能登介、建長3(一二五一)・1・5従三位(元右中将)、建長4・12・4兵部卿、建長8・2・22罷卿、正嘉2(一二五八)・1・5正三位、文永4(一二六七)・2・1従二位、文永7・9・11出家、9・12薨去

[死没]文永7(一二七〇)・9・12　[年齢]68　[父]八条公清、三男　[母]家女房　[公卿補任]2—153下

公頼　きんより　一二四七—?

宝治2(一二四八)・1・6叙爵(氏、于時公盛)、建長4(一二五二)・1・13侍従、建長6・1・5従五位上(鷹司院寛元四年御給)、建長8・2・22右少将(父実隆卿辞兵部卿申之)、正嘉1(一二五七)・10・28転左、正嘉2・2・10渡右、正嘉3・1・6正五位下(府労)、弘長1(一二六一)・1・5従四位下(府労、于時公頼)、2・29還左(右カ)少将、文永3(一二六六)・1・5従四位上(府労)、文永4・10・23転左(右カ)中将、文永5・1・29兼越前権介、文永6・12・7正四位下、文永7・9・12遭父喪、文永8・2・8復任、建治4(一二七八)・3・19転左、弘安2(一二七九)・2・25復任(母)、8・25転右、-・-・-止中将、永仁4(一二九六)・1・5従三位、元前右中将、永仁6・1・5正三位、延慶1(一三〇八)・12・10兵部卿、延慶2・6・12従二位、延慶3・2・8止卿、正和1(一三一二)・3・29出家

[父]一条実隆　[前名]公盛　[法名]浄證　[公卿補任]2—334上

実豊　さねとよ　一二七六—一三四八

弘安11(一二八八)・3・8叙爵(臨時)、永仁2(一二九四)・7・2従五位上、永仁3・6・23侍従、永仁4・4・13正五位下、永仁5・12・17従四位下、永仁6・6・8還任侍従、正安1(一二九九)・7・27従四位上、正安3・11・4近江権介、11・18正四位下(大嘗会国司賞)、徳治2(一三〇七)・2・9右少将、延慶1(一三〇八)・11・10(「8日」やイ)転中将、延慶2・6・16復任(母)、正和5(一三一六)・8・12従三位、元右中将、右兵衛督、閏10・4止督、元弘1(一三三一)・8・7正三位、康永2〈興国4〉(一三四三)・8・12従二位、康永3〈興国5〉・3・4放氏、3・9続氏、貞和2〈正平1〉(一三四六)・4・22参議、8・12辞退(参議)、貞和4〈正平3〉・4・30出家、5・12薨去

[死没]貞和4(一三四八)・5・12　[年齢]73　[父]一条

公頼　[号]一条　[公卿補任]2—454下

実益　さねます　一二八四—一三五三

乾元1(一三〇二)・12・30従五位下、近江守、嘉元1(一三〇三)・5・18伯耆守、徳治1(一三〇六)・1・5従五位上、徳治2・12・12侍従、延慶2(一三〇九)・3・19正五位下、延慶3・2・8右馬権頭、閏12・11右少将、応長1(一三一一)・4・7従四位下、正和2(一三一三)・12・28還任右少将、正和4・1・6従四位上、正和5・11・26正四位下(臨時)、文保2(一三一八)・1・22左中将、-・-・-去中将、嘉暦1(一三二六)・11・4左中将、嘉暦2・閏9・2辞中将、閏9・25還任左中将、嘉暦3・6・13渡右、元徳2(一三三〇)・2・20・-中将、建武3〈延元1〉(一三三六)・11・2還任右中将、康永2〈興国4〉(一三四三)・1・5従三位、元左中将、5・17侍従、貞和4〈正平3〉(一三四八)・12・30兵部卿、貞和5〈正平4〉・4・24参議、9・13辞(参議)、文和2〈正平8〉(一三五三)・12・11薨去

[死没]文和2(一三五三)・12・11　[年齢]70　[父]一条公頼、二男　[号]一条　[公卿補任]2—596上　[大日本史料]6—18—491

季村　すえむら　?—一三九〇

応安7〈文中3〉(一三七四)・12・15従三位、前右兵衛督、永徳3〈弘和3〉(一三八三)・1・5正三位、明徳1〈元中7〉(一三九〇)・-・-薨去

[死没]明徳1(一三九〇)　[父]河鰭公村　[公卿補任]2—716上

公益　きんます

寛正5(一四六四)・2・15従三位、元左中将、寛正7・2・16参議、2・25兼左中将、文正1(一四六六)・閏2・-止中将、文正2・3・11兼左近権中将、3・27兼土左権守、応仁2(一四六八)・12・-辞参議、解却、文明14(一四八二)・-・-出家

❖寛正六年に「侍従」の記載あり

[父]河鰭実村　[公卿補任]3—211下

実治　さねはる　一四六六—?

文明11(一四七九)・1・5叙位、文明12・2・20侍従、文明13・12・-右少将、長享2(一四八八)・8・5従五位上、延徳2(一四九〇)・12・-正五位下、明応2(一四九三)・3・25従四位下、明応5・3・2右中将、明応6・8・28従四位上、12・9正四位下、永正8(一五一一)・-・-従三位、永正9・12・15侍従、永正11・12・29正三位、永正15・5・28参議、-・-・-兼左近中将、永正18・3・4辞退参議、4・30去十五日賜従二位位記、大永2(一五二二)・3・29兵部卿、享禄2(一五二九)・9・27正二位、天文15(一五四六)・3・24権中納言、12・27辞(権中納言)、天文19・8・17出家

[父]河鰭公益　[母]惟宗相豊女　[号]暁心院　[公卿補任]3—329下

基秀　もとひで　一六〇六—一六六四

慶長16(一六一一)・12・30叙爵、慶長19・2・16元服、侍従、元和2(一六一六)・1・5従五位上、元和6・1・5正五位下、元和7・1・11右少将、寛永2(一六二五)・1・5従四位下、寛永5・2・10右中将、寛永6・1・5従四位上、寛永10・1・6正四位下、寛永15・-・-河鰭流相続、1・5従三位、翌年条見賜位記事〈く〉、寛永19・1・5正三位〈賜去年正月五日位記〉、寛文3(一六六三)・11・10〈家譜〉出家〈ま〉、寛文4・2・11薨去〈家譜〉

[死没]寛文4(一六六四)・2・11　[年齢]59　[父]河鰭公庸(実持明院基久)　[法名]寿観　[公卿補任]3—587上

実陳　さねのぶ　一六三五—一七〇六

寛永12(一六三五)・12・11〈「11月」家譜〉誕生、寛永16・1・5叙爵、寛永20・11・9〈「8日」家譜〉元服、〈「8日」家譜〉昇殿、寛永21・1・5従五位上、慶安1(一六四八)・1・5正五位下、慶安3・1・5〈「11日」家譜〉右少将、慶安5・1・5従四位下、承応2(一六五三)・1・5〈「11日」家譜〉右中将☆、明暦2(一六五六)・1・-〈「5日」家譜〉従四位上、万治2(一六五九)・1・5正四位下、寛文6(一六六六)・12・17〈去年正月五日分〉〔従三位〕、寛文9・12・27正三位、延宝7(一六七九)・1・14参議、10・17改実陳、12・4左中将、12・17辞参議・左中将、直衣、貞享4(一六八七)・7・30権中納言、8・27帯剣、元

禄1(一六八八)・12・26辞権中納言、元禄8・12・23正二位、元禄14・2・27権大納言、3・6辞権大納言、宝永3(一七〇六)・2・22薨去
※天和元年(一六八二)より「従二位」
[死没]宝永3(一七〇六)・2・22 [年齢]72 [父]河鰭基秀 [母]従二位土御門泰重女 [前名]基共 [一字名]代・量 [法名]宗寛 [公卿補任]4―13下

輝季　てるすえ　一七〇四―五五
元禄17(一七〇四)・3・15誕生、正徳3(一七一三)・7・30叙爵、正徳5・11・2元服、昇殿、侍従、享保3(一七一八)・3・11従五位上、享保4・12・26左少将、享保6・12・24〈去十十二分〉正五位下、享保9・1・14〈去六分〉従四位下、12・26右中将、享保12・1・21〈去五分〉従四位上、享保15・4・6〈去廿一分〉正四位下、享保20・12・24従三位、元文4(一七三九)・3・30正三位、寛延1(一七四八)・12・27参議、宝暦2(一七五二)・5・1左中将、5・10聴直衣、5・13辞両官、7・13従二位、宝暦5・6・4権中納言、6・5辞権中納言、薨去
[死没]宝暦5(一七五五)・6・5 [年齢]52 [父]河鰭実詮(実三条公兼) [母]従五位下若狭守分部信政女 [公卿補任]4―317下

実祐　さねすけ　一七五八―一八三二
宝暦8(一七五八)・4・29誕生、宝暦13・5・17叙爵、明和3(一七六六)・11・28元服、昇殿、従五位上、明和6・2・11侍従、12・22正五位下☆、明和9・1・9従四位下、安永3(一七七四)・9・8右権少将10・26奏慶、安永4・1・9従四位上、安永6・4・15右権中将、5・16奏慶、安永7・2・18正四位下、安永8・5・4兼大和権介(小除目)、安永10・1・26従三位、天明5(一七八五)・1・14正三位、寛政12(一八〇〇)・12・22参議、享和1(一八〇一)・1・14右中将、1・18聴直衣、直衣始、2・11辞両官、享和2・2・11〔従二位〕、文化10(一八一三)・9・17権中納言、10・14帯剣、10・15聴直衣、直衣始、文化11・3・22辞権中納言、文化12・3・22正二位、天保2(一八三一)・3・28権大納言、4・22直衣始、4・28辞権大納言、天保3・12・28薨去
[死没]天保3(一八三二)・12・28 [年齢]75 [父]河鰭季満(実三条実顕) [母]家女房 [公卿補任]5―14上

公陳　きんつら　一七七三―一八一九
安永2(一七七三)・9・4誕生、天明6(一七八六)・2・3従五位下、9・7元服、昇殿、寛政1(一七八九)・2・2〈去正十分〉従五位上、5・22侍従、寛政4・2・2正五位下、10・27左近衛権少将、11・10拝賀〈ま〉、寛政7・1・5従四位下、寛政10・1・28従四位上、享和1(一八〇一)・3・7正四位下、文化2(一八〇五)・6・23左近衛権中将、7・10拝賀〈ま〉、12・8〔従三位〕、文化6・1・5正三位、文化12・9・17参議、12・22左中将、文化13・1・8聴直衣、直衣始、8・20辞左中将参議、文化14・2・25従二位、文政2(一八一九)・8・22薨去
[死没]文政2(一八一九)・8・22 [年齢]47 [父]河鰭実祐 [母]家女房 [日記]恵仁親王(仁孝天皇)御用日記(一八〇八―〇九) [公卿補任]5―170下

実利　さねとし　一八〇〇―五〇
寛政12(一八〇〇)・9・4誕生、文化8(一八一一)・9・28公陳卿子、10・18従五位下、文化9・10・25元服、昇殿、文化11・1・20従五位上、文化14・1・4正五位下、文政2(一八一九)・8・22喪養父、10・13除服出仕、文政5・8・10侍従、12・21従四位下、文政7・8・21右近衛権少将、閏8・15拝賀、文政8・1・25従四位上、文政11・2・20正四位下、天保3(一八三二)・12・28服解(祖父)、天保4・2・24除服出仕復任、天保7・4・16転権中将、4・18拝賀、12・19〔従三位〕、天保10・12・19正三位、嘉永3(一八五〇)・11・25薨去
[死没]嘉永3(一八五〇)・11・25 [年齢]51 [父]河鰭公陳(実持明院基敦、二男) [母]家女房(参議従二位今城定興女) [公卿補任]5―375下

八条家(絶家)

実俊　さねとし　?―一二三七
建仁3(一二〇三)・1・5叙爵(皇太后去年朔旦冬至御給)、元久2(一二〇五)・4・10侍従、建永1(一

絶家　八条家

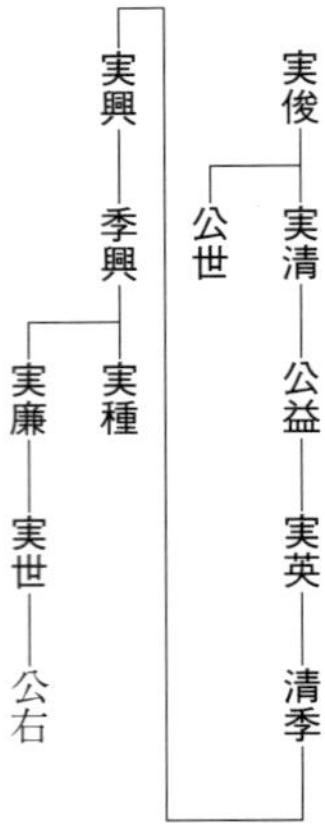

二〇六)・1・6従五位上(八条院御給)、承元2(一二〇八)・12・9左少将、承元3・1・13相模権介、建暦1(一二一一)・1・5正五位下、建保1(一二一三)・1・6従四位下、承久4・1・6従四位上、11・3右少将、貞応2(一二二三)・1・27播磨介、2・1正四位下、嘉禄1(一二二五)・11・7転中将、安貞2(一二二八)・2・1伊与介、寛喜1(一二二九)・9・24復任(父)、天福1(一二三三)・1・6従三位、元右中将、嘉禎3(一二三七)・12・18薨去

[死没]嘉禎3(一二三七)・12・18　[父]八条公清、一男　[母]庭田資賢女　[公卿補任]2—83下　[大日本史料]5—11—497

実清　さねきよ　一二〇七—九二

建保4(一二一六)・1・28叙爵(女御琮子承元四年御即位未給)、-・-・-任侍従、貞応1(一二二二)・12・21左少将、貞応2・1・27兼美乃権介、貞応3・1・23従五位上(府労)、安貞2(一二二八)・1・5従四位下、2・1更任左少将、貞永2(一二三三)・1・6従四位上、文暦2(一二三五)・8・20転左中将、嘉禎1(一二三五)・11・7兼近江介、11・19叙正四下(大嘗会国司賞)、嘉禎2(一二三六)・12・16正五位下、嘉禎4・1・24復任、宝治2(一二四八)・12・17従三位(元左中将)、建長2(一二五〇)・1・13更任侍従、建長6・1・16従三位、正嘉2(一二五八)・4・6従二位、正応1(一二八八)・11・8正二位、正応5・12・25薨去

[死没]正応5(一二九二)・12・25　[年齢]86　[父]八条公清　[母]従二位権中納言藤原親能女　[公卿補任]2—142上

公世　きんよ　?—一三〇一

嘉禄2(一二二六)・1・5叙爵、文暦2(一二三五)・9・10侍従、嘉禎4(一二三八)・1・22復任、暦仁2(一二三九)・1・5従五位上(安嘉門院当年御給)、仁治3(一二四二)・3・15正五位下(御即位叙位、式乾門院御給)、寛元4(一二四六)・3・8従四位下(御即位叙位、室町院御給)、建長6(一二五四)・12・17右少将、建長7・2・13相模介、建長8・1・6従四位上、正嘉3(一二五九)・1・21正四位下(罷右少将叙之)、文応1(一二六〇)・4・26左馬頭、弘長1(一二六一)・9・26遷任中将、文永2(一二六五)・11・8辞中将、弘安6(一二八三)・4・5従三位(元前左中将)、7・20侍従、弘安10・1・13兼周防権守、正応3(一二九〇)・1・5正三位、永仁1(一二九三)・9・12従二位、正安3(一三〇一)・4・6薨去

[死没]正安3(一三〇一)・4・6　[父]西園寺実俊、二男　[母]佐々木定綱女春花門院女房　[公卿補任]2—272上

公益　きんます

暦仁2(一二三九)・1・5叙爵、仁治3(一二四二)・1・5従五位上(臨時)、寛元1(一二四三)・4・9侍従、建長3(一二五一)・1・23左少将、建長4・1・13陸奥権介、建長5・1・7正五位下(臨時)、建長7・1・7従四位下、2・18還任左少将、康元2(一二五七)・1・26但馬権介、正元2(一二六〇)・1・5従四位上(臨時)、弘長2(一二六二)・12・26転中将、文永2(一二六五)・11・8辞中将、文永3・12・15還任中将、文永4・2・1正四位下、弘安9(一二八六)・1・13従三位(元前左中将(や))、正応4(一二九一)・12・21正三位、永仁4(一二九六)・4・5出家

[父]八条実清　[母]内大臣正二位藤原基家女(後堀河院女房中納言典侍)　[公卿補任]2—284下

実英　さねひで

文保1(一三一七)・2・5正四位下、元亨1(一三二一)・7・26従三位、元前左中将、号八條中将云々、元亨3・-・-出家

[父]八条公益　[号]八条中将　[公卿補任]2—489上

清季　きよすえ　一二九五—一三四九

正安2(一三〇〇)・12・22従五位下、徳治2(一三〇七)・1・5従五位上、3・2侍従、延慶2(一三〇九)・6・12正五位下、正和2(一三一三)・3・13解却見任(侍

従〉、正和4・6・13左近少将、正和5・閏10・10解却少将、文保2(一三一八)・1・5従四位下、3・26還任左近少将、元応3(一三二一)・1・5従四位上、1・13出羽守、元亨4(一三二四)・10・29去守、嘉暦1(一三二六)・5・26辞左少将、嘉暦3・2・1右近少将〈宣下〉、正四位下、11・27右近中将、嘉暦4・1・13兼播磨介、6・28辞中将、元弘1(一三三一)・10・28還任、元弘2・-・5兼弾正大弼、元弘3・6・-還本、為前右中将、建武4〈延元2〉(一三三七)・3・29従三位〈元前右中将〉、修理大夫、建武5・2・17修理大夫、暦応5〈興国3〉(一三四二)・1・15止大夫、4・11正三位、貞和4〈正平3〉(一三四八)・2・11侍従、貞和5〈正平4〉(一三四九)・8・28出家、9・12薨去

[死没]貞和5(一三四九)・9・12 [年齢]55 [父]八条実英 [公卿補任]2―569上 [大日本史料]6―12―927

実興　さねおき　?―一三六六

延文5〈正平15〉(一三六〇)・4・16従三位、元右中将、延文6〈正平16〉・3・27侍従、貞治5〈正平21〉(一三六六)・5・30正三位、-・-出家、8・5薨去

[死没]貞治5(一三六六)・8・5 [父]八条清季 [公卿補任]2―670上 [大日本史料]6―7―305

季興　すえおき

応永2(一三九五)・8・6出家

※永徳三年(一三八三)非参議従三位〈初見〉

[父]八条実興 [公卿補任]3―4上

実種　さねたね　?―一四一八

応永18(一四一一)・2・21従三位、元右中将、応永20・2・1侍従、応永22・1・6正三位、応永25・4・-薨去

[死没]応永25(一四一八)・4・4 [父]八条季興 [公卿補任]3―73上 [大日本史料]7―30―197

実廉　さねかど　一三六七―?

応永28(一四二一)・1・5従三位、元右中将

※永享六年(一四三四)非参議従三位〈以後不見〉

[父]八条季興 [公卿補任]3―99下

実世　さねよ

康正2(一四五六)・1・30〈「9月20日」イ〉従三位、

※長禄三年(一四五九)より「侍従」、文明1(一四六九)・10・20出家〈大乗院記〉

[父]八条実廉 [公卿補任]3―184下

阿野家　あのけ

藤原氏北家閑院流。滋野井家の庶流。滋野井権大納言実国の猶子藤原右馬頭公佐を家祖とする。阿野の称は、公佐の息実直が阿野と号し、また中御門と号したことに始まる。家格は羽林家。外様の家。有職故実を家職とした。近衛家の家礼。江戸時代には家領四百七十八石九斗余。家祖公佐は、四条流の藤原権大納言成親の四男。母は藤原三位俊成の女。成親は後白河院の寵臣として権勢を振るったが、治承元年(一一七七)鹿ヶ谷での平氏打倒の謀計が洩れ、備前国に流されて殺された。公佐は本名家国、次いで盛実と改名。公佐は実国の猶子となっての改名であろう。官歴・没年等は不詳。その息実直は承久三年(一二二一)十三歳で叙爵し、嘉禎四年(一二三八)右中将に任ぜられ、宝治三年(一二四九)従三位に上階し公卿に列し、建長三年(一二五一)九月四十三歳で没した。実直の子息に、従二位公寛と左中将公仲とがあり、家系はこの二流に分かれ、いずれも阿野の号を称した。近世末にまで至るのは後者である。公寛の子孫は、その息従二位実教以後は上階する者なく、少将季長、侍従実長、正四位下公具を経て実益に至った。実益はすでに廃絶した嫡家の滋野井家の遺跡を継承再興することになり、興国五年(一三四四)に没した参議公尚の猶子として出頭する。ここにおいて、公寛流の阿野家は断絶する。子孫が阿野家の嫡流となる公仲は、正四位下左中将で終る。官途を開くためであろう、その息実仲は嫡家の滋野井権大納言実冬の猶子となり、公廉と改名した。しかし、

阿野家系図

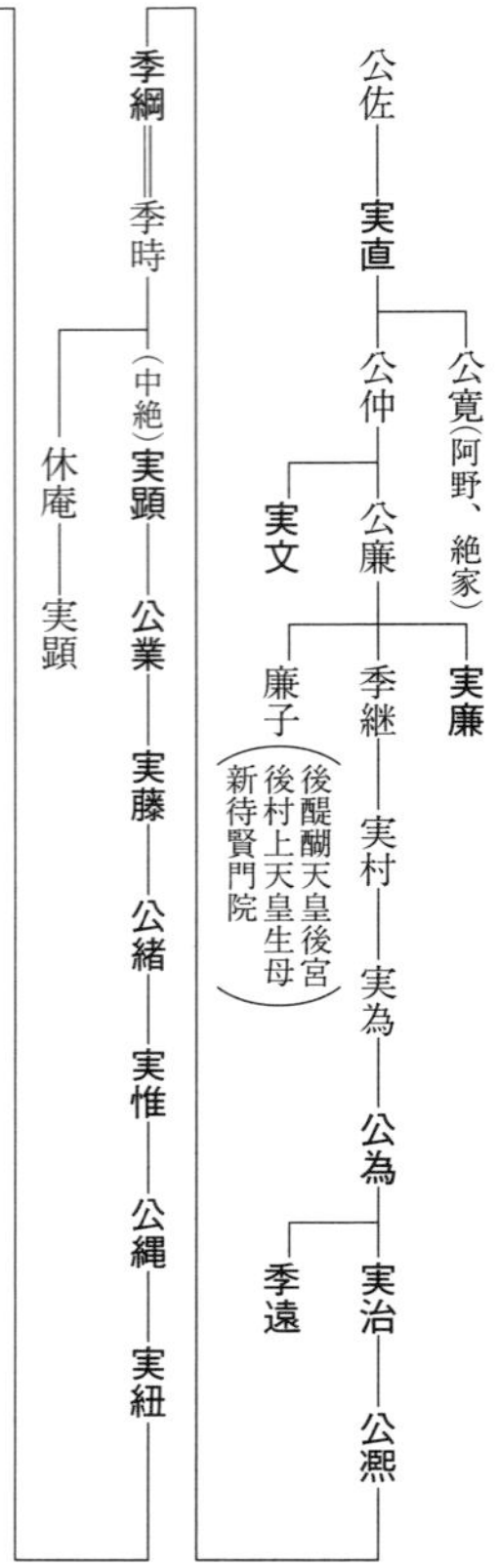

解官されることがあり、正四位下右中将で終る。のち左大臣を贈られた。舎弟実文の方が従三位にまで昇った。公廉の息実廉は元亨三年（一三二三）以前から鎌倉にあって、右中将として将軍守邦親王に仕え、嘉暦三年（一三二八）四十一歳のとき従三位に上階し、元徳元年（一三二九）右兵衛督、同二年宮内卿に進んだ。この間、引き続き鎌倉にあって、元弘元年（一三三一）光厳天皇即位に伴う更迭人事の際に宮内卿を罷めたようである。同三年五月北条氏の討手を逃れ、やがて鎌倉に攻め入った新田義貞の軍に加わり、鎌倉幕府滅亡後京都に帰ったが、同年十二月妹廉子の所生になる成良親王（後醍醐天皇皇子）に従って再び鎌倉に下り、建武二年（一三三五）七月中先代の乱が起ると、親王を護って三河の矢作宿まで逃れたという。同三年十月四十九歳で出家。その後は詳らかでない。なお、廉子は後村上天皇の生母でもあり、正平六年（一三五一）猶子となったのであろう。息の実村も南朝に仕え、正二位権大納言となり、実村の息実為も南朝の後亀山天皇に仕えた。吹上本『帝王系図』の付紙によれば、同天皇の生母は実為の女であるという。後村上天皇の女御嘉喜門院については諸説があるが、実為女の説もある。いずれにせよ実為は天皇より厚い信任を受け、天授三年（一三七七）七月のころ、大納言であったことは『嘉喜門院集』の袖書で知られるが、のちには内大臣に任ぜられた。明徳三年（一三九二）閏十月両朝合一にあたり、後亀山天皇に従って京都嵯峨に来たって隠棲し、出家して匡円と号し、終生同天皇に勤仕、応永六年（一三九九）ごろ没したという。実為の後、左中将公為、権中納言実治、権中納言公凞と父子相承し戦国時代に及び、公凞の息季賢、季綱が相継いで家督を相続したが、季綱が永正八年（一五一一）正月従三位に上階したところで、同年九月四十一歳で頓死。後嗣なく、故万里小路参議賢房の三男季時が養子に入って家督を嗣いだ。季時は永正八年（一五一一）五歳で叙爵し、右少将、従四位上まで昇ったが、『尊卑分脈』によれば天文元年（一五三二）八月二十二日に二十六歳で没したようである。後嗣なく、ここに阿野家は中絶することになる。それより約五十年後、季時の孫実顕が阿野の家名を再興した。父の名は実時。季時の息で、大和国内山上乗院の僧となったが、還俗して休庵と号したという。『阿野家譜』に拠れば、休庵の母は西園寺後観音寺左大臣実宣の女で、季時早世の後懐妊して、伊藤掃部頭へ嫁ぎ出産。家督となり甲斐守と号したとし、慶長十一年（一六〇六）四月二十二日没したとする。実顕は天正十三年（一五八五）五歳で元服し、実政と名乗り、同日従五位下侍従に叙任。同二十年正月実顕と改名。慶長十七年（一六一二）参議となり公卿に列し、権中納言を経て、寛永十年（一六三三）には権大納言に進んだ。同十九年に至り同八年に溯及しての正二位位記を賜った。正保二年（一六四五）十一月六十五歳で没した。実顕は後陽成院歌壇、後水尾院歌壇で活躍し、これ以後阿野家は正二位権大納言を極位極官とすることになる。但し、比較的早く没したことなどにより、これに達したのは公業・実藤・公緒の三代とその孫公縄

にとどまる。公誠が議奏に補された。日記には、『公緒卿記』、『実惟卿記』、『公縄卿記』、『実紐卿記』、『公倫卿記』、『実典卿記』、『公誠卿記』がある。明治十七年（一八八四）実允のとき、叙爵内規により子爵を授けられた。菩提所は松林院。『阿野家譜』（東京大学史料編纂所架蔵、四一七五—一五四）。

実直　さねなお　一二〇九—五一

承久3（一二二一）・12・22叙爵（前女御琮子令爵）、12・26侍従（于時名字実名也）、貞応3（一二二四）・1・23従五位上、嘉禄2（一二二六）・12・16左近少将、嘉禄3・1・26兼尾張介、安貞2（一二二八）・4・13正五位下、寛喜2（一二三〇）・1・5従四位下、貞永1（一二三二）・1・30兼出羽介、8・10復任、文暦2（一二三五）・1・23従四位上、嘉禎3（一二三七）・1・29正四位下、嘉禎4・2・15右中将、仁治2（一二四一）・2・1兼備中権介、宝治1（一二四七）・1・23兼常陸権介、建長1（一二四九）・11・10従三位、元左中将、建長3・-・-出家〈一代要記〉、9・10薨〈一代要記〉

［死没］建長3（一二五一）・9・10　［年齢］43　［父］阿野公佐　［母］岡禅師公暁女　［号］阿野・中御門　［公卿補任］2—145下

実文　さねふみ　?—一三一六

文永8（一二七一）・1・5叙爵（于時実連）、弘安1（一二七八）・4・17備後守、弘安6・4・18止守、正応3（一二九〇）・10・29〈「2年」やイ〉侍従、正応5・7・28従五位上、永仁2（一二九四）・3・7右少将、永仁3・3・4正五位下、永仁6・6・23従四位下（少将如元）、乾元2（一三〇三）・1・28兼備後権介、9・28賜去正安三十一十八従四位上位記、12・30転左中将、嘉元3（一三〇五）・12・30正四位下、応長1（一三一一）・閏6・9辞左中将、正和1（一三一二）・8・10従三位、元前〈や〉左中将、11・19兼侍従（其身在関東〈や〉）、11・19兼侍従、正和5・9・-薨去

［死没］正和5（一三一六）・9　［父］阿野公仲　［前名］実連　［公卿補任］2—428上

実廉　さねかど　一二八八—?

嘉暦3（一三二八）・3・16従三位、元右中将、〔参木一闕分〈さし〉〕、元徳1（一三二九）・12・12右兵衛督、元徳2・2・23止督、2・27督如元之由宣下、6・7止督、7・17宮内卿、延元1（一三三六）・10・-出家

［父］阿野公廉　［公卿補任］2—518下

公為　きんため

永徳2〈弘和2〉（一三八二）・12・20従三位、元左中将、本名公隆、明徳2〈元中8〉（一三九一）-・-〈や〉薨去-・-〈し〉出家

［父］阿野実為　［前名］公隆　［公卿補任］2—743下

実治　さねはる　?—一四四九

永享9（一四三七）・3・27左少将（正五位下）〈さし〉、永享10・3・30美乃介（従四位下、兼右中将）〈さし〉、文安3（一四四六）・3・29参議、元左中将、文安4・3・17兼伊与権守、3・24兼右中将、12・19従三位、文安5・-・-権中納言、文安6・2・11薨去

［死没］文安6（一四四九）・2・11　［父］阿野公為　［公卿補任］3—152上

季遠　すえとお　一四〇九—?

永享9（一四三七）・3・27侍従〈従五上〉〈さし〉、永享10・3・30出羽権介〈左少将兼任〉〈さし〉、宝徳3（一四五一）・3・6参議元、左中将、宝徳4・3・23播磨権守、享徳2（一四五三）・3・24〈25日ともあり〉辞参議、康正2（一四五六）・4・9正三位、康正3・4・23権中納言、-・-辞権中納言、長禄4（一四六〇）・9・3兵部卿、寛正6（一四六五）・1・5従二位、応仁2（一四六八）・12・-解却、文明5（一四七三）・-・-出家

※享徳二年より「従三位」

［父］阿野公為　［公卿補任］3—166上

公煕　きんひろ　一四一八—七二

永享9（一四三七）・3・27侍従（従五上）〈さし〉、永享10・3・30信乃権介（従五上、右少将）〈さし〉、享徳1（一四五二）・-・-参議、左中将如元、8・5

従三位、享徳2・3・25兼備後権守、享徳4・3・28権中納言、康正2(一四五六)・4・9正三位、康正3・4・23〈「22日」し〉辞権中納言、7・11還任権中納言、長禄2(一四五八)・3・24辞権中納言、寛正6(一四六五)・1・5従二位、応仁2(一四六八)・12・-解却、文明4(一四七二)・8・7薨去
[死没]文明4(一四七二)・8・7 [年齢]55 [父]阿野実治 [公卿補任]3—169下 [大日本史料]8—5—644

季綱　すえつな　一四七一—一五一一
永正5・7・16参議、元左近中将、7・19兼左中将、永正6・6・15正四位下、永正8・1・10従三位、9・16薨去
[死没]永正8(一五一一)・9・16 [年齢]41 [父]阿野公熈 [母]従二位権中納言勧修寺経興女 [前名]実千 [道号]中叟 [法名]道健 [公卿補任]3—321上 [大日本史料]9—3—532

実顕　さねあき　一五八一—一六四五
天正9(一五八一)・3・13〈く〉誕生、天正13・5・14叙爵、元服、侍従、天正17・1・6従五位上、天正20・1・21改実顕〈く〉、文禄3(一五九四)・6・28正五位下、左少将、慶長5(一六〇〇)・2・10従四位下、少将如元、慶長6・3・19兼信乃権介、慶長9・8・1従四位上、慶長12・1・12〈「11日」く〉転左中将☆、慶長16・3・21正四位下、慶長17・12・28参議、左少将如元、〔本名実政改実治又改実顕〈く〉〕、慶長19・1・5従三位、元和3(一六一七)・1・5正三位、元和5・1・12権中納言、元和6・8・15従二位、寛永10(一六三三)・12・22権大納言、寛永11・3・25〈く〉辞権大納言、寛永16・12・29〈賜去年正月五日正二位々記〉正二位、寛永19・2・5〈賜去八年十二十一正二位々記、共房同日也〉正二位、正保2(一六四五)・11・8薨去
[死没]正保2(一六四五)・11・8 [年齢]65 [父]大和内山上乗院僧休庵(阿野実時) [母]山名宗意女(家女房) [前名]実政・実治 [一字名]阿・頁・甫 [法名]道雄 [公卿補任]3—536下

公業　きんかず　一五九九—一六八三
元和5(一六一九)・9・2〈くま〉叙爵、12・30元服、元和6・6・17侍従、元和7・1・11左少将、元和9・1・5従五位上、寛永4(一六二七)・1・5正五位下、寛永8・1・6従四位下、寛永10・5・12左中将☆、寛永12・1・5従四位上、寛永17・1・5正四位下、寛永19・8・19〈去正月五日従三位々記〉従三位☆、寛永21・12・12参議、12・19中将、正保4(一六四七)・12・7〈賜去正月五日正三位々記〉正三位、慶安2(一六四九)・6・28権中納言☆、慶安3・1・12帯剣、12・20辞権中納言、承応1(一六五二)・-・-〈十月十二日賜去年正月五日従二位口宣案〉従二位、万治2(一六五九)・1・11権大納言☆、万治3・12・16正二位、12・24辞権大納言、天和3(一六八三)・12・-〈「6日」家譜〉薨去
[死没]天和3(一六八三)・12・6 [年齢]85 [父]阿野実顕、二男 [母]大蔵卿正四位下吉田兼治女 [一字名]也 [法名]恢超・廓誉・円可 [公卿補任]3—598下

実藤　さねふじ　一六三四—九三
寛永11(一六三四)・2・15誕生、寛永15・1・5叙爵、寛永18・12・23元服、昇殿、侍従、寛永19・1・5従五位上、正保3(一六四六)・1・5正五位下、慶安2(一六四九)・2・22左少将〈く〉、慶安3・1・5従四位下〈く〉、承応3(一六五四)・1・5従四位上、1・11左権中将、明暦4(一六五八)・1・6正四位下☆、寛文2(一六六二)・12・2従三位、中将去之、寛文6・1・5正三位☆、12・23参議、12・29兼任左中将、寛文7・1・27聴直衣、寛文12・12・28権中納言、寛文13・1・9帯剣、延宝1(一六七三)・12・17従二位、延宝3・8・24神宮伝奏、延宝8・12・29辞権中納言、元禄4(一六九一)・12・28〈去廿一日分〉正二位、元禄5・12・13権大納言、12・21改実藤、辞権大納言、元禄6・9・21薨去
[死没]元禄6(一六九三)・9・21 [年齢]60 [父]阿野公業 [母]木下勝俊女 [前名]季信 [一字名]言 [法名]了海 [公卿補任]3—665上

公緒　きんつぐ　一六六六—一七四一
寛文6(一六六六)・12・22誕生、寛文12・12・6叙爵☆、元禄3(一六九〇)・9・18元服、昇殿、侍従従

五位上、元禄4・12・22左少将☆、元禄7・12・25〈去正五分〉正五位下、元禄11・3・29〈去正五分〉従四位下、元禄13・12・25左中将、元禄15・1・22〈去五分〉従四位上☆、宝永3(一七〇六)・12・7正四位下、宝永6・9・20従三位、正徳5(一七一五)・11・25参議、12・2左中将、享保1(一七一六)・12・25正三位、享保2・4・21権中納言、8・23帯剣、享保5・12・28従二位、享保7・3・21辞権中納言、享保9・3・21権大納言〈旧〉、4・1聴直衣、享保10・2・1辞権大納言、11・6正二位、寛保1(一七四一)・9・3薨去

[死没]寛保1(一七四一)・9・3 [年齢]76 [父]阿野実藤、二男 [母]高力長方女 [法名]了空 [日記]公緒卿記(一七〇九) [公卿補任]4―190下

実惟 さねこれ 一七〇〇―四三

元禄13(一七〇〇)・2・7誕生、宝永1(一七〇四)・1・8〈去五分〉叙爵、宝永4・2・16元服、昇殿、侍従、宝永5・1・25従五位上、7・14喪母、11・25除服出仕復任、正徳2(一七一二)・1・20〈去五分〉正五位下、正徳4・12・26左少将、享保1(一七一六)・1・13〈去五分〉従四位下、12・23左中将、享保4・1・11〈去五日分〉従四位上、享保7・2・3〈去正六分〉正四位下、享保11・1・9〈去五日分〉従三位、3・1改実惟、12・5侍従、享保15・1・5正三位、享保18・4・7参議、5・3左中将、5・10聴直衣、享保20・3・21院別当、元文3(一七三八)・5・18権中納言、5・28帯剣、12・24従二位、寛保3(一七四三)・6・23辞権中納言、6・30薨去

[死没]寛保3(一七四三)・6・30 [年齢]44 [父]阿野公緒 [母]従二位権大納言鷲尾隆尹女 [前名]師季 [号]般若院 [法名]是空 [日記]実惟卿記(一七三三―四二) [公卿補任]4―272下

公縄 きんなわ 一七二八―八一

享保13(一七二八)・12・14誕生、享保17・1・9〈去五分〉叙爵、元文2(一七三七)・2・15元服、昇殿、侍従、従五位上、寛保1(一七四一)・12・21正五位下、寛保3・6・29左少将(小除目)、6・30服解(父〈ま〉)、8・21除服出仕復任、延享2(一七四五)・閏12・16〈去正五分〉従四位下、寛延1(一七四八)・2・1従四位上、寛延3・12・24左中将、寛永4・2・7拝賀〈ま〉、宝暦2(一七五二)・1・22〈去年十二廿二分〉正四位下、宝暦4・2・19越前権介〈ま〉、12・26従三位、宝暦8・1・18正三位、宝暦10・11・17参議、12・27左中将、宝暦11・1・6直衣〈ま〉、明和1(一七六四)・8・25近江権守、明和3・3・7権中納言、3・28帯剣、3・30聴直衣、5・3従二位、明和5・2・2辞権中納言、安永8(一七七九)・3・16権大納言、3・22聴直衣、4・27辞権大納言、安永10・1・26正二位、天明1(一七八一)・6・28薨去

[死没]天明1(一七八一)・6・28 [年齢]54 [父]阿野実惟 [母]正二位権中納言高辻総長女 [日記]公縄卿記(一七四四) [公卿補任]4―420下

実紐 さねひも 一七四六―八六

延享3(一七四六)・6・25誕生☆、寛延3(一七五〇)・3・4叙爵、宝暦5(一七五五)・12・15元服、昇殿、12・19従五位上、宝暦6・5・10侍従(小除目)、宝暦8・9・30右権少将、10・27拝賀、宝暦9・1・24正五位下、宝暦12・1・5従四位下、明和2(一七六五)・1・10従四位上、明和5・1・25正四位下、明和6・8・19右権中将、9・27拝賀、12・18〈従三位〉、明和7・8・4参議、12・19丹波権守☆、明和8・8・1右権中将、8・8聴直衣〈ま〉、明和9・1・5正三位、2・14院別当、安永10(一七八一)・1・12従二位、天明6(一七八六)・7・26辞両官、辞院司、薨去

[死没]天明6(一七八六)・7・26 [年齢]41 [父]阿野公縄 [母]永井直期女 [日記]実紐卿記(一七六七―八三) [公卿補任]4―506下

公倫 きんとも 一七七三―一八〇〇

安永2閏(一七七三)・閏3・10誕生、安永6・1・5従五位下、天明2(一七八二)・12・13元服、昇殿、従五位上、天明3・9・26侍従、天明5・8・17右権少将(小除目)、12・18拝賀、天明6・1・8正五位下7・26服解(父)、9・18除服出仕復任、天明9・1・10〈賜去五日位記〉従四位下、寛政2(一七九〇)・12・18備前権介(推任、去六月廿四日宣)、寛政4・1・5従四位上、2・26着本陣、寛政5・5・3院別当、6・27拝賀、寛政6・1・25秩満、

寛政6·1·28転右権中将、2·17拝賀、寛政7·1·5正四位下、寛政9·5·10着本陣、寛政10·2·30〈賜去正月廿八日位記〉〔従三位〕、寛政12·7·12薨去

［死没］寛政12(一八〇〇)·7·12　［年齢］28　［父］阿野実紐　［母］正二位吉田良延女　［日記］公倫卿記(一七六七-九七)　［公卿補任］5—124下

実典　さねのり　一七九九—一八三八

寛政11(一七九九)·7·1誕生、享和1(一八〇一)·5·4従五位下、文化1(一八〇四)·9·25元服、昇殿、文化2·1·5従五位上、文化6·1·5正五位下、文化8·12·21侍従、文化9·1·20従四位下、文化10·6·4右権少将、6·24拝賀、文化12·1·14〈去五分〉従四位上、12·18着本陣、文化15·1·5正四位下、文政7(一八二四)·10·16転左権中将、11·14拝賀、文政8·8·10〔従三位〕、文政12·1·25正三位、天保9(一八三八)·1·14薨去

［死没］天保9(一八三八)·1·14　［年齢］40　［父］阿野公倫　［母］家女房　［日記］実典卿記(一八〇四-三四)　［公卿補任］5—306下

公誠　きんみ　一八一八—七九

文化15(一八一八)·3·17誕生、文政4(一八二一)·10·14従五位下、文政10·3·22元服、昇殿、従五位上、天保2(一八三一)·1·5正五位下、天保9·1·14喪父、3·5除服出仕、天保14·1·14侍従、6·24従四位下、弘化2(一八四五)·12·17従四位上(中一年申従四位上之事、所引例旧雖不容易、願意之趣難被点止之間以格別叡慮被宥許、尤不可為後例)、弘化5·1·4正四位下、嘉永3(一八五〇)·12·19左近衛権少将、嘉永4·1·28拝賀、安政3(一八五六)·12·22転左近衛中将、12·30拝賀、安政4·5·15兼内教坊別当(小除目)、万延1(一八六〇)·9·28儲君親王家司、文久2(一八六二)·11·4参議(左中将如元)、11·20拝賀着陣、11·21聴直衣、直衣始、文久3·10·3従三位、慶応3(一八六七)·3·17〈去年十二月廿四日分〉正三位、慶応4·閏4·21権中納言

［死没］明治12(一八七九)·6·1　［年齢］62　［父］阿野実典　［日記］公誠卿記(一八四六-七〇)　［公卿補任］5—540上

阿野家(絶家)

公寛　きんひろ　一二三五—?

延応1(一二三九)·1·5叙爵、仁治3(一二四二)·11·12従五位上(大嘗会国司備中権介実直朝臣賞)、仁治4·5·5侍従、寛元3(一二四五)·4·15左少将、寛元4·5·21正五位下(安嘉門院寛元二年未給)、宝治2(一二四八)·1·6従四位下(府労)、3·10還任左少将、建長1(一二四九)·1·24備前権介、建長3·閏9·23復任(父)、建長5·1·5従四位上、建長6·1·13出羽介、12·12止介(依被任成務也)、建長7·9·19転左中将、建長8·1·6正四位下、文応1(一二六〇)·3·29兼上総権介、文永6(一二六九)·5·1従三位(元右中将)、弘安2(一二七九)·12·12正三位、正応2(一二八九)·11·5従二位、永仁5(一二九七)·-·-出家

［父］阿野実直、一男　［母］舞女若　［公卿補任］2—222上

阿野家

公寛——実敦

実敦　さねあつ

文永3(一二六六)·1·5叙爵(皇后宮当年御給、于時実名)、11·13侍従、文永7·1·21従五位上、12·4右少将、建治4(一二七八)·1·6正五位下、弘安3(一二八〇)·1·5従四位下、弘安11·3·8従四位上(于時実淳)、正応5(一二九二)·閏6·16正四位下、7·28賜去四月十三日位記、正応6·6·24還任右少将、12·13左中将、永仁6(一二九八)·-·-従三位、-·-改名実敦カ、嘉元3(一三〇五)·閏12·17正三位、延慶3(一三一〇)·1·5従二位

［父］阿野公寛　［前名］実名·実淳　［公卿補任］2—343下

小倉家　おぐらけ

藤原氏北家閑院流。西園寺家支流洞院家の庶流。山科左大臣実雄の二男小倉権中納言公雄を家祖とする。洞院家は実雄を家祖とし、その後を嗣いだのは公雄の舎弟山本相国公守で、この系統が嫡流となり、公雄流はその庶流となったが、嫡流が戦国時代に断絶したのちは唯一の洞院流となる。家格は羽林家。外様の家。有職故実を家職とした。近衛家の家礼。江戸時代には家領百五十石。家祖公雄は、宝治元年(一二四七)叙爵し、侍従を経て建長七年(一二五五)右中将となり、文応二年(一二六一)従三位に上階して公卿に列した。参議・権中納言等を経て、文永七年(一二七〇)正二位に昇叙。同九年二月出家し、顕覚と号した。没年は不明。その後を嗣いだ子息実教は、富小路を号した。文永三年二歳で叙爵し、正応元年(一二八八)上階を遂げ、参議・権中納言・正二位・中納言を経て正安元年(一二九九)権大納言に昇り、貞和五年(一三四九)九月八十六歳で没した。実教の後は二流に分かれ、二男季雄は小倉を号し、三男公脩も小倉を号した。官位も公脩の方が常に少し遅れて昇進、ともに正二位権大納言となり、没したのもほぼ同時代で、季雄は建武三年(一三三六)九月四十八歳、公脩は同四年二月四十四歳であった。しかし、前者はその息権中納言実遠の代で絶家となった。公脩の後は、子息従二位権大納言実名、孫正二位権大納言公種と父子相承されたが、公種(法名性脩)の後は同流の正親町参議持季の舎弟が養子に入って遺跡が相続された。『康富記』文安元年(一四四四)閏六月十日条に「小倉大納言入道性脩入滅、平生令坐正親町宰相中将持季卿第給、依病危急被移彼諸大夫飛驒守後室宅、羽林相公之弟実遠、為小倉禅門之養子、令相続遺跡給云々」と見える。養子実遠はのちの権中納言実右のことである。加賀国に家領が存したのであろう、文明二年(一四七〇)六月その地で没した。その次の季種も正親町持季の息で、養子に入って相続し、永正三年(一五〇六)権大納言にまで昇り、同九年四月現任のまま加賀国に下向したことが知られる。その後の状況は不詳であるが、同八年四月に至り辞退、享禄二年(一五二九)四月七十四歳で没した。この跡は息公右が嗣ぎ、享禄三年右中将に昇ったが、天文五年(一五三六)七月二十六歳で横死した。『公卿補任』天文五年の首書に「七月廿三日、為日蓮党発向、自山門出張、同廿七日、日蓮党没落、洛中過半焼亡」と記すように、いわゆる天文法華の乱があり、山門徒これに加担する近江六角勢が洛中に乱入し、法華寺院・寺僧・町衆を攻撃し、その激戦のあった二十七日、公家衆の三位神祇大副卜部兼永、そして小倉中将公右も乱民の手にかかり横死するのである。『尊卑分脈』に拠れば公右には季滋という子息がいて、同年九月二十日に叙爵したことが『歴名土代』に見えるが、その後は所見がなく、公右の横死によって堂上としての小倉家は中絶したということになろう。家名が再興されるのは、四十年近く経ってのことで、同流の四辻権中納言公遠の二男季藤が公右猶子となり継承することになった。季藤は『諸家伝』によると、天正元年(一五七三)五歳で叙爵し、同三年元服、昇殿。のち右少将となり、同十五年十九歳のとき従四位上に昇叙したが、その後勅勘を蒙って出仕を停められた。『四辻家譜』には季藤に注して「始号小倉、後武家」とある。勅勘、武家のことなど詳細は不明であるが、ここに再び家名を失ったと推定される。再び再興するのはそれより三十年程を経た元和年間に入ってからで、同流の正親町三条左中将実教の二男公根が季藤の猶子となって相続した。公根は元和五年(一六一九)叙爵。ときに三十六歳であった。家名再興によるもので、翌六年閏十二月昇殿を聴され侍従に任ぜられた。同七年には公根の息実為が十五歳で叙爵したが、正五位下右少将まで昇ったところで、寛永十四年(一六三七)六月三十一歳で没したので、公根は女の婿として養父季藤の舎弟藪参議嗣良の二男季雅を入れて養嗣子とした。

小倉家

公雄―実教―┬季雄(小倉、絶家)
　　　　　　├公脩―実名―公種＝実右＝季種―公右(中絶)季藤―(中絶)公根―実為＝実起┬公連
　　　　　　│　　　　　　　　　　　　　　　　　　　　　　　　　　　　　　　　　　└凞季＝季永＝宜季―貢季＝見季―豊季＝随季＝輔季＝長季―英季(子爵)
　　　　　　└季長

季雅は実起と改名した。同十六年十八歳で叙爵し、翌十七年元服。明暦二年(一六五六)参議に列し、寛文三年(一六六三)権中納言に昇った。女は霊元天皇の後宮に入り、中納言典侍と称された。同十一年八月にはその腹に皇子が生まれ、一宮と称された。後の寛清親王である。翌十二年には実起も極官の権大納言に昇り、延宝三年(一六九五)正二位に昇叙し、同六年には直衣をも聴された。小倉家にとって良きことが重なり、一宮が儲君となることも充分考えられていたことは、当時左大臣の重職にあり、小倉家の御家門でもあった近衛基凞の日記によって知られる。それによれば、中納言典侍は一宮降誕の頃、「御寵愛傍若無人」の状況で「疾妬深之間、悪事等少々出来」したので、基凞は種々主上に諫言し、小倉第に戻したこと、延宝五年七月霊元天皇生母新広義門院が崩御する前、前京都所司代永井伊賀守尚庸が関東へ下向するに際し、皇太子につき朝廷の意嚮を幕府に示す処置がとられたことが知られる。若い天皇の行く末を慮る後水尾法皇と新広義門院の意思が内勅という形となったのであろう。女御である鷹司教平の女房子(新上西門院)所生には当時姫宮のみであったからで、「継帝」については、もし女御に若宮の降誕がなければ「一宮」が「継躰」たるべきこと、女御に若宮の降誕があれば、「一宮」は「俗親王可有健立之由被願思召旨」とするという意嚮であり、このことは「以書付被仰出云々」ということであった、と『基凞公記』延宝九年九月十八日条に見える。この内勅によれば、条件つきながら「一宮」の「継躰」(儲君)はほぼ朝廷の了解事項であったといえる。なお、「俗親王」云々とは、親王家の創設を幕府に依頼することであったのかもしれない。この時期も明確ではないが、恐らくは延宝四、五年。

延宝三年九月松木前内府宗条の女宗子(大納言典侍、敬法門院)に「五宮」(東山天皇)が生まれた以降のことであろう。しかし、やがて天皇周辺で五宮擁立の動きが見られるようになり、同八年の法皇崩御の後はそれが急速に進展し、同九年九月いわゆる小倉事件が起きる。これは、天皇とその周辺が一宮を「継躰」候補から除くべく、「小倉前大納言ニ、以一宮大覚寺宮附弟之事可望申由言含」めたが、実起は「一向不承諾云、此事不可在綸言、於一宮者、既以前武家へ被仰遣子細承了、依之此宮御出家之事曾以不申勧、卒爾此事出来者、縦雖被斬罪難申御請」(同上)として、このようなことは綸言であるべからざることで、既に幕府へ手続きをとっていることにも悖り、たとえ斬罪となっても御請け申し難いといって承諾しなかったので、勅命に背くものであるとして、幕府の同意がとられその沙汰として実起らが流罪になったという事件である。翌十月幕府によって、権大納言実起及びその息の参議公連・竹淵刑部大輔季仲父子三人の流罪、舎兄藪前権大納言嗣孝・左中将嗣章父子二人、舎弟中園前参議季定、右中将季親・高丘図書頭季起父子三人の逼塞が治定し、同十二月実起等は佐渡国に遠流となった。基凞が「是偏儜(佞カ)人之所為歟」、「近比非道之御政務歟」と評しているように、所詮は儲君をめぐる政争であり小倉方の敗北、行き過ぎの処分であり、幕府の

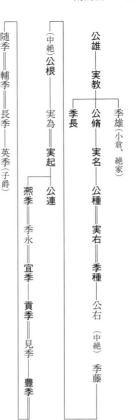

朝廷への内部介入を一層強める結果となる。なお、実起は貞享元年（一六八四）三月に六十三歳で、公連は同年九月に三十八歳で配所の佐渡で没し、凞季は元禄八年（一六九五）免されて帰洛し、同十二年閏九月小倉家を相続し季慶と改名。のち更に季通と改名し、正三位権中納言まで昇り、享保五年（一七二〇）十月七十歳で没した。凞季のあと八代ほどを経て幕末に到るが、養子相続が多く、上階を遂げなかったものも多いが、宜季·豊季が正二位権大納言、貢季が参議、輔季が従三位に昇った。明治十七年（一八八四）英季のとき、叙爵内規により子爵を授けられた。菩提所は西賀茂 正伝寺。『小倉家譜』（東京大学史料編纂所架蔵、四一七五—一八三）。

公雄　きんお

宝治3（一二四九）·2·8叙爵〈や〉、建長2（一二五〇）·5·20侍従〈や〉、建長3·4·3従五位上〈や〉、建長4·1·5正五位下（大宮院御給）〈や〉、12·4右少将〈や〉、建長5·1·13遠江権介〈や〉、建長6·1·6従四位下（府労）〈や〉、1·7叙留〈や〉、建長7·4·12転右中将〈や〉、建長8·1·6従四位上（臨時）〈や〉、7·2転左中将〈や〉、11·22中宮権亮〈や〉、康元2（一二五七）·1·22美濃権介〈や〉、正嘉2（一二五八）·2·26禁色〈や〉、5·14正四位下〈や〉、正元1（一二五九）·12·19中宮権亮（依本宮院号也）〈や〉、弘長1（一二六一）·5·25従三位〈や〉、左中将如元〈や〉、弘長2·1·19兼尾張権守、3·29正三位、10·13兼皇后宮権大夫、弘長4·12·24止権大夫、文永3（一二六六）·10·24参議、11·2遷兼左兵衛督、文永4·2·1備前権守、2·23権中納言、2·27更任左兵衛督、6·21辞督別当等、文永5·2·20従二位、文永6·6·7帯剣、文永7·1·5正二位、文永9·2·22出家

［父］山階実雄、二男　［母］従二位藤原頼氏女　［号］小倉　［法名］顕覚　［公卿補任］2—189上

実教　さねのり　一二六五—一三四九

文永3（一二六六）·1·5叙爵（従一位平棟子給）、文永6·6·5従五位上（皇后宮御給）、文永8·1·7正五位下、10·13侍従、文永11·11·17兼近江権介、11·18従四位下、11·20侍従如元、建治4（一二七八）·2·8讃岐権介、弘安3（一二八〇）·1·5従四位上、弘安6·4·5正四位下、弘安8·3·6左少将、弘安10·1·13遠江権介、9·21転中将、正応1（一二八八）·11·21従三位（元左中将遠江権介）、正応2·1·13左中将、正応3·11·21正三位、正応4·3·25遠江権守、正応5·12·30参議、正応6·2·18権中納言、永仁1（一二九三）·11·14帯剣、永仁2·1·6従二位、永仁4·1·5正二位、永仁5·10·16中納言、正安1（一二九九）·4·26権大納言、6·6辞退、正和2（一三一三）·12·8聴本座、文保3（一三一九）·3·9民部卿、元応2（一三二〇）·9·5去卿、正中3（一三二六）·3·8兵部卿、嘉暦1（一三二六）·11·4止卿、貞和4〈正平3〉（一三四八）·2·23出家、貞和5〈正平4〉·9·7薨去

［死没］貞和5（一三四九）·9·7　［年齢］85　［父］小倉公雄　［母］正二位権中納言姉小路実世女　［二字名］教·包　［号］富小路　［法名］空覚·阿覚　［公卿補任］2—295上　［大日本史料］6—12—915

公脩　きんなが　一二九四—一三三七

永仁6（一二九八）·1·5叙爵（延政門院御給）、永仁7·1·5従五位上、正安2（一三〇〇）·4·7正五位下、12·30侍従、正安3·12·6従四位下、12·11侍従如元、嘉元4（一三〇六）·3·30兼武蔵権介、12·22右少将、徳治2（一三〇七）·4·3従四位上、延慶2（一三〇九）·6·12正四位下、延慶3·4·7転右中将、12·28転左、正和3（一三一四）·10·21従三位、元左中将、正和4·2·21賜件日位記、6·27右兵衛督、正和5·8·12転左、9·12参議、―·―即兼左中将、文保1（一三一七）·3·27兼備中権守、4·16権中納言、文保2·1·5正三位、文保3·3·9辞権中納言、閏7·5従二位、嘉暦3（一三二八）·1·5正二位、元弘1（一三三一）·11·5弾正尹、正慶2〈元弘3〉（一三三三）·5·17詔止尹、建武4〈延元2〉（一三三七）·2·17薨去

［死没］建武4（一三三七）·2·17　［年齢］44　［父］小倉実教、二男　［母］正二位権中納言小倉季雄女　［公卿補任］2—440上　［大日本史料］6—4—81

季長　すえなが

延慶4(一三一一)・1・5正四位下、正和3(一三一四)・4・12左中将、文保2(一三一八)・2・11(下名)従三位(元左中将)

※暦応二年非参議従三位(以後不見)

[父]小倉実教　[公卿補任]2—469上

実名　さねな　一三一五—一四〇四

正和4(一三一五)・1・5従五位下、11・23従五位上、文保2(一三一八)・1・5正五位下、元応3(一三二一)・10・9侍従、元徳1(一三二九)・6・28従四位下、4・6右少将、正慶1〈元弘2〉(一三三二)・1・5従四位上(新院御給)、5・12右中将、正四位下(広義門院御給)、元弘3(一三三三)・6・-還本官本位、8・15右少将、建武1(一三三四)・1・5従四位上、建武2・1・13加賀介(右少将兼国)、11・19正四位下、康永2〈興国4〉(一三四三)・1・5従三位、元前左少将、今日改名為実名、本名季保、貞和5〈正平4〉(一三四九)・8・13参議、兼左中将、延文5〈正平15〉(一三六〇)・4・16正三位、貞治3〈正平19〉(一三六四)・1・5従二位、応永4(一三九七)・5・14〈やし〉権中納言、9・8辞退(権中納言)、応永9・11・9権大納言、-・-・-出家

[死没]応永11(一四〇四)・9・10　[年齢]90　[父]富小路公脩　[前名]季保　[公卿補任]2—595下

公種　きんたね　一三八四—一四四四

応永18(一四一一)・閏10・9参議、兼右中将、11・25辞参議、12・14従三位、応永23・1・6従二位、11・4権中納言、応永24・6・7辞権中納言、10・3民部卿、応永25・5・14権大納言、-・-・-正二位、-・-・-出家

[死没]文安1(一四四四)　[年齢]61　[父]小倉実名　[法名]性修　[公卿補任]3—72上　[大日本史料]7—30—273

実右　さねすけ　一四一八—七〇

享徳3(一四五四)・1・6参議、右中将如元、2・17従三位、享徳4・3・28兼備前権守、-・-・-辞(参議)〈く追〉、康正2(一四五六)・-・-右衛門督、長禄2(一四五八)・1・5正三位、長禄4・9・10権中納言、寛正6(一四六五)・1・5従二位、3・24辞権中納言、文明2(一四七〇)・6・9薨去(於加賀国)

[死没]文明2(一四七〇)・6・9　[年齢]53　[父]小倉公種(実裏辻実秀)　[公卿補任]3—176上　[大日本史料]8—3—603

季種　すえたね　一四五六—一五二九

文明13(一四八一)・6・30参議、右近中将如元、文明16・-・-従三位、長享2(一四八八)・-・-改季種、延徳2(一四九〇)・5・23権中納言、延徳3・12・18正三位、文亀1(一五〇一)・2・29従二位、永正3(一五〇六)・10・21任権大納言、永正8・3・20正二位、永正9・4・10下向賀州、永正18・4・14辞退権大納言、-・-・-聴本座、享禄2(一五二九)・2・11出家、4・17薨去

[死没]享禄2(一五二九)・4・17　[年齢]74　[父]小倉実右(実正親町持季、二男)　[前名]季凞　[法名]空恵　[公卿補任]3—258下

公根　きんね　一五八四—一六四四

元和5(一六一九)・1・6叙爵、元和6・閏12・23昇殿、侍従、元和8・1・11右少将、元和9・1・5従五位上、寛永4(一六二七)・1・5正五位下、寛永7・1・5従四位下、寛永8・11・27右中将、寛永10・5・6従四位上、寛永12・1・5正四位下、寛永17・1・5従三位、寛永18・3・12参議、11・14辞参議、寛永21・3・1薨去

[死没]寛永21(一六四四)・3・1　[年齢]61　[父]小倉季藤(実三条西実教)　[公卿補任]3—593上

実起　さねおき　一六二二—八四

元和8(一六二二)・2・8誕生、寛永16(一六三九)・1・5叙位、寛永17・4・5元服、侍従、寛永19・1・5従五位上、11・26右近少将、正保2(一六四五)・1・6正五位下、正保5・2・4従四位下、慶安2(一六四九)・1・12右近中将、慶安5・1・5従四位上、承応4(一六五五)・1・5正四位下、明暦2(一六五六)・12・26参議、中将如元、本季雅、万治1(一六五八)・閏12・22辞参議、万治3・1・5従三位、寛文3(一六六三)・1・12権中納言、1・13帯剣、寛文5・12・

23正三位、寛文12・12・5従二位☆、12・28権大納言、延宝3(一六七五)・2・22正二位、延宝6・9・16聴直衣、延宝8・-・-〈「4月24日」家譜〉賀茂伝奏、天和1(一六八一)・12・22解官遠流佐渡嶋
[死没]貞享1(一六八四)・3・18 [年齢]63 [父]小倉公根(実藪嗣良、二男) [前名]季雅 [号]義孝院 [公卿補任]3—643上

公連　きんつら　一六四七—八四

正保4(一六四七)・9・27誕生、承応1(一六五二)・11・5叙爵、明暦3(一六五七)・11・28元服、昇殿、侍従、従五位上、万治4(一六六一)・1・5正五位下、1・11右少将、寛文5(一六六五)・2・27〈去正五分〉従四位下、寛文6・12・17右中将、寛文8・2・27〈去正五分〈「去正六分」家譜〉〉従四位上、寛文10・11・9〈「12月」家譜〉正四位下、寛文12・6・27改公連(元公代)、延宝3(一六七五)・10・18参議(右中将如旧)、11・3拝賀、延宝4・5・23〈去年十一月十八日伊季卿同日分〉従三位、天和1(一六八一)・12・22解官流罪佐渡嶋☆
[死没]貞享1(一六八四)・9・22 [年齢]38 [父]小倉実起 [母]参議従三位小倉公根女 [前名]公代 [号]堅良院 [公卿補任]4—42上

凞季　ひろすえ　一六五一—一七二〇

慶安4(一六五一)・7・7誕生、元禄12(一六九九)・閏9・5相続(元竹淵)、閏9・13〈「14日」家譜〉昇殿☆、侍従☆、従五位下☆、元禄13・11・23従五位上、元禄14・10・16〈「10月16日」家譜〉左少将、元禄15・11・26正五位下、宝永1(一七〇四)・1・23〈去五分〉従四位下、12・26左中将、宝永3・1・21〈去五日分〉従四位上、宝永4・5・1改季通(元季慶)、9・29改凞季(元季通)、宝永5・1・24〈去五日分〉正四位下、正徳1(一七一一)・3・25参議、(左中将如元)、4・28拝賀着陣、5・2直衣、正徳2・12・18〈去正月廿日分〉従三位、享保2(一七一七)・2・25権中納言、享保3・3・26辞権中納言、12・26正三位、享保5・10・23従二位、10・25薨去
[死没]享保5(一七二〇)・10・25 [年齢]70 [父]小倉実起、二男 [母]参議従三位小倉公根女 [前名]竹淵・季慶・季通 [公卿補任]4—198上

宜季　よしすえ　一七一〇—六六

宝永7(一七一〇)・9・1誕生、正徳2(一七一二)・12・18叙爵、享保3(一七一八)・12・23元服、昇殿、侍従、従五位上、享保5・10・25喪養父、12・19除服出仕復任、享保6・10・12正五位下、享保7・6・6左権少将、享保9・1・26従四位下、享保11・1・12左権中将、享保12・1・5従四位上、享保15・2・11正四位下、元文3(一七三八)・11・16右権中将、寛保3(一七四三)・10・1加賀権介、延享1・12・29喪養母、延享2・2・21除服出仕復任、延享3(一七四六)・12・24去権介〈ま〉、延享4・4・7参議(右中将如旧〈ま〉)、4・23拝賀着陣、6・12聴直衣、延享5・2・1従三位、宝暦2(一七五二)・1・5正三位、10・16右中将、宝暦4・1・26右中将、5・1権中納言、5・26帯剣、5・27聴直衣、宝暦6・12・21従二位〈ま〉、宝暦8・9・28辞権中納言、宝暦11・1・12権大納言、宝暦12・10・17正二位、10・25辞権大納言、明和3(一七六六)・3・29薨去
[死没]明和3(一七六六)・3・29 [年齢]57 [父]小倉凞季(実西園寺致季) [母]家女房 [公卿補任]4—380上

貢季　みつすえ　一七三四—六三

享保19(一七三四)・11・13誕生、元文3(一七三八)・1・6〈去五分〉叙爵、延享4(一七四七)・8・29元服、昇殿、侍従、従五位上、寛延3(一七五〇)・3・4正五位下、9・24左少将(推任)、9・30拝賀、12・24美作権介(推任)、宝暦3(一七五三)・1・5従四位下、宝暦5・12・19秩満、宝暦6・2・5〈去正五分〉従四位上、宝暦8・9・30右中将、10・14拝賀、宝暦9・2・27〈去正五分〉正四位下、宝暦12・11・5参議(中将如故)、宝暦13・4・7辞参議・辞右中将、卒去
[死没]宝暦13(一七六三)・4・7 [年齢]30 [父]小倉宜季 [母]内大臣従一位広幡豊忠女 [公卿補任]4—461下

豊季　とよすえ　一七八一—一八三〇

天明1(一七八一)・4・23誕生、天明3・8・27従五位下、寛政4(一七九二)・2・3元服、昇殿、従五位上、

10・27侍従(小除目)、寛政7・1・20正五位下、寛政10・1・28従四位下、寛政12・5・7左権少将、6・27拝賀、寛政13・1・5従四位上、享和4(一八〇四)・1・5正四位下、文化2(一八〇五)・9・23右権中将、12・10拝賀、文化4・9・22儲君親王家司、文化9・6・15参議(右権中将如元)、8・8拝賀着陣、8・10聴直衣、直衣始、12・19従三位、文化12・12・19正三位、文政1(一八一八)・5・28権中納言、6・17帯剣、6・18聴直衣、直衣始、10・25従二位、文政6・12・19[正二位]、文政7・6・4辞権中納言、文政13・6・28薨去
[死没]文政13(一八三〇)・6・28 [年齢]50 [父]見季 [母]家女房 [公卿補任]5—211上

小倉家(絶家)

季雄　すえお　一二八九—一三三六
正応6(一二九三)・6・24従五位下、永仁2(一二九四)・1・7従五位上、永仁5・4・10正五位下、永仁6・7・21従四位下、正安1(一二九九)・12・30侍従、正安3・1・6従四位上、正安4・2・28左少将、嘉元4(一三〇六)・1・5正四位下、4・14左中将、徳治2(一三〇七)・1・29兼肥後権介、延慶1(一三〇八)・11・14従三位(玄輝門院御給)、12・10更任左中将、延慶3・5・11正三位、延慶4・3・30兼山城権守〈や〉、応長1(一三一一)・10・8参議、応長2・3・15遷左兵衛督、正和1(一三一二)・10・13転右衛門督、-・-従二位、正和2・9・6権中納言、11・24辞督別当〈や〉、正和5・11・18正二位、文保1(一三一七)・2・5辞権中納言、建武3(一三三六)・9・9薨去
[死没]建武3(一三三六)・9・9 [年齢]48 [父]小倉実教 [公卿補任]2—401下 [大日本史料]6—3—740

富小路家
季雄——**実遠**

実遠　さねとお　一三一一—一三八四
-・-・-従五位下、正中2(一三二五)・12・30従五位上、嘉暦2(一三二七)・12・16侍従、嘉暦3・11・27正五位下、元徳3(一三三一)・1・5従四位下、1・13左少将、還任云々、建武2(一三三五)・1・5従四位上、建武3〈延元1〉・1・5正四位下、暦応5〈興国3〉(一三四二)・4・11左中将(元前少将)、延文4〈正平14〉(一三五九)・1・5従三位、元前左中将〈さ〉、貞治5〈正平21〉(一三六六)・8・10参議、-・-兼左近中将、12・30辞(参議)、貞治6〈正平22〉・1・5正三位、応安2〈正平24〉(一三六九)・8・13権中納言、12・19辞退(権中納言)、応安3〈建徳1〉3・3・聴本座、永和1〈天授1〉(一三七五)・3・29民部卿〈やし〉、至徳1〈元中1〉(一三八四)・5・-薨去
※応安七年より「従二位」
[死没]至徳1(一三八四)・5 [年齢]64 [父]小倉季雄 [公卿補任]2—666上

花園家　はなぞのけ

藤原氏北家閑院流。正親町三条家の庶流。正親町三条内大臣公兄孫花園右中将公久を家祖とする。家格は羽林家、新家。元和期に創立。外様の家。有職故実を家職とした。二条家の家礼。家領百五十石。家祖公久は左中将実教の息。元和五年(一六一九)二十九歳で叙爵。翌六年元服、昇殿。従四位下・右中将まで昇り、寛永十二年(一六三五)十月四十五歳で没した。その息実満は寛永八年三歳で叙爵し、明暦三年(一六五九)従三位に昇り公卿に列し、のち参議、従二位まで昇進し、その息公晴は権中納言・正二位、さらにその息の実廉が従二位・権大納言にまで昇ったが、それ以降は公卿に列したのは公燕、実路の二代のみであ

花園家
公久——**実満**——**公晴**——**実廉**——公諸
‖公純‖季文‖**実章**——**公燕**‖**実路**
公総——実延——公季(子爵)

る。明治十七年(一八八四)公季のとき、叙爵内規により、子爵を授けられた。菩提所は廬山寺。『花園家譜』(東京大学史料編纂所架蔵、四一七五―二八五)。

実満　さねみつ　一六二九―八四

寛永6(一六二九)・3・22誕生、寛永8・11・6従五位下、寛永12・1・5従五位上(童形〈く〉)、寛永13・9・21元服、侍従、寛永16・6・5〈去年正五分〈く〉〉正五位下☆、寛永19・12・22右少将、寛永20・1・5従四位下、正保4(一六四七)・1・5従四位上、1・11右中将、慶安5(一六五二)・1・5〈去年正五分〈く〉〉正五位下、明暦3(一六五七)・1・5従三位☆、万治4(一六六一)・1・5正三位〔誤カ〕☆、寛文3(一六六三)・1・12〈去六日分〉正三位☆、寛文6・12・29参議☆、寛文7・閏2・12辞参議、寛文12・12・26〈ま〉〈去八年十二月廿二日分〉従二位☆、貞享1(一六八四)・3・16〈ま〉薨去

[死没]貞享1(一六八四)・3・16　[年齢]56　[父]花園公久　[母]中院通勝女　[一字名]情　[法名]英空　[公卿補任]3―648上

公晴　きんはる　一六六一―一七三六

寛文1(一六六一)・11・29誕生、寛文5・12・23〈去正月五日分〈ま〉〉叙爵☆、寛文10・12・10〈「11年」家譜〉元服☆、昇殿☆、侍従従五位上☆、延宝3(一六七五)・10・2右少将、延宝4・1・5正五位下、延宝9・1・5従四位下、8・16右中将、貞享2(一六八五)・1・6従四位上、元禄2(一六八九)・1・7正四位下☆、元禄6・12・25従三位、元禄12・12・28〈去正月五日分〉正三位、宝永3(一七〇六)・12・16参議、12・23兼右中将、12・26拝賀着陣、12・29聴直衣、直衣始、宝永4・4・20〈去正月五日分〉従二位、6・26辞両官、享保2(一七一七)・9・23権中納言、10・2辞権中納言、享保9・12・26正二位、元文1(一七三六)・3・12薨去

[死没]元文1(一七三六)・3・12　[年齢]76　[父]花園実満　[母]家女房　[号]無量寿院　[法名]観嶺　[公卿補任]4―115下

実廉　さねかど　一六九〇―一七六一

元禄3(一六九〇)・12・29誕生、元禄7・1・5叙爵、元禄15・2・29元服、昇殿、侍従従五位上、宝永3(一七〇六)・1・26〈去五分〉正五位下、宝永4・9・29左少将、宝永6・3・16〈去正五分〉従四位下、6・1右中将、正徳3(一七一三)・1・14〈去六分〉従四位上、享保2(一七一七)・4・3正四位下、享保4・7・20改実廉(元実仲)、享保6・5・21従三位、享保10・2・1正三位、享保14・11・10参議、11・14〈去十日参議同日分〉右中将、享保20・5・17辞両官、6・6従二位、宝暦3(一七五三)・3・6権中納言、3・12辞権中納言、12・22正二位、宝暦9・9・25権大納言、10・4辞権大納言、宝暦11・10・20薨去

[死没]宝暦11(一七六一)・10・20　[年齢]72　[父]花園公晴　[母]従二位権中納言五条為成女　[前名]実仲　[公卿補任]4―246下

実章　さねぶみ　一七六七―一八一〇

明和4(一七六七)・5・23誕生、明和7・9・14花園家相続、12・19従五位下、安永10(一七八一)・2・17元服、昇殿、従五位上、12・19近江権守、天明5(一七八五)・1・5正五位下、天明7・5・26左権少将(小除目)、6・28拝賀、寛政1(一七八九)・4・5〈去正五分〉従四位下、寛政2・2・22賜前青綺門院御服、3・23〈「22日」ま〉除服宣下、寛政5・9・25〈去正廿分〉従四位上、寛政9・1・4正四位下、寛政11・9・7転右権中将、11・4拝賀、享和1(一八〇一)・3・7〈賜去正月五日位記〉〔従三位〕、文化4(一八〇七)・2・15出家

[死没]文化7(一八一〇)・12・6　[年齢]44　[父]正親町三条公積　[母]家女房　[法名]得法・三楽・順心　[公卿補任]5―145下

公燕　きんなる　一七八一―一八四〇

天明1(一七八一)・6・3誕生、寛政3(一七九一)・12・21従五位下、寛政7・2・5元服、昇殿、従五位上、寛政8・4・24美作権介(小除目)、寛政11・1・5正五位下、享和3(一八〇三)・1・5従四位下、文化5(一八〇八)・10・28〈去正五分〉従四位上、文化7・12・2服解(父)、文化8・1・23除服出仕復任、文化9・1・4正四位下、2・28侍従、文政1(一八一八)・12・28右近衛権少将、文政2・1・17拝賀、文政3・2・20転権中将、〔従三位〕、文政7・1・

20正三位、天保9(一八三八)・5・6参議、5・29右中将、7・12辞両官、天保10・11・27従二位、天保11・9・19薨去

[死没]天保11(一八四〇)・9・19 [年齢]60 [父]従三位花園実章 [母]家女房 [公卿補任]5—271上

実路 さねみち 一八〇〇—三七

寛政12(一八〇〇)・7・19誕生、文化6(一八〇九)・12・22従五位下、文化10・9・4為公燕朝臣養子、文化11・2・7改名実路、2・21元服、昇殿、従五位上、文化12・2・26美作権介(小除目)、10・7・服解(実父)、11・27除服出仕復任、文化15・1・22(去五分)正五位下、文政5(一八二二)・1・5従四位下、8・22明道親王家司、文政7・6・4侍従(小除目)、文政9・1・5従四位上、文政13・1・5正四位下、天保2(一八三一)・6・1右近衛権少将、6・5拝賀、天保5・8・28転権中将、9・25拝賀、天保7・4・11(従三位)、元脩茂、天保8・3・25薨去

[死没]天保8(一八三七)・3・25 [年齢]38 [父]花園公燕(実園基理、二男) [母]家女房 [前名]脩茂 [公卿補任]5—375上

裏辻家 うらつじけ

藤原氏北家閑院流。正親町家の傍流。正親町権大納言季秀の孫裏辻参議季福を家祖とする。『裏辻家譜』の巻初に「裏築地系譜〈今専用裏辻ノ字ニ候得共、本字如此〉」とあるごとく、裏辻の称は裏築地に因む。裏築地の称は正親町家の祖実明が用い、また権大納言公仲、権大納言実秀父子もこの号を称したことは『公卿補任』にも見える。家格は羽林家、新家。元和期に創立。外様の家。有職故実を家職とした。近衛家の家礼。家領百五十石。家祖季福は右少将季康の息。元和五年(一六一九)十五歳で叙爵。翌六年元服、昇殿。左中将を経て寛永十九年(一六四二)参議、公卿の列に昇った。のち従三位に昇叙し、同二十一年九月四十歳で没した。二代実景、三代季盛、四代公視、六代公理、九代実孚はいずれも養嗣子で、万里小路、正親町家などから入って家督を相続した。先途は参議、従三位。但し公理は正三位にまで昇った。明治十七年(一八八四)彦六郎のとき、叙爵内規により子爵を授けられた。菩提所は本満寺。『裏辻家譜』(東京大学史料編纂所架蔵、四一七五—一七五)。

裏辻家

季福═**実景**═季盛═公視—**実本**═**公理**—実和—公周═実孚—公愛—彦六郎(子爵)

季福 すえとみ 一六〇五—四四

元和5(一六一九)・1・6叙位〈く〉、元和6・閏12・27元服、昇殿、侍従、元和9・1・5従五位上、寛永3(一六二六)・10・15左少将、寛永4・1・5正五位下、寛永8・1・6従四位下、寛永9・1・11転中将、寛永12・1・5従四位上、寛永17・1・5正四位下、寛永19・12・23参議、寛永20・1・14中将如元、10・22従三位、寛永21・9・2薨去

[死没]寛永21(一六四四)・9・2 [年齢]40 [父]正親町季康 [母]家女房 [公卿補任]3—600上

実景 さねかげ 一六二七—六九

寛永14(一六三七)・9・24誕生、寛永18・1・5叙爵(于時業房)、正保2(一六四五)・11・25元服、昇殿、侍従従五位上(于時実景)、慶安2(一六四九)・1・5正五位下、承応1(一六五二)・11・12右少将、承応3・1・5従四位下、明暦2(一六五六)・4・24右中将、明暦4・1・6従四位上、寛文2(一六六二)・1・5正四位下、寛文6・12・17(従三位)、寛文9・5・21薨去

[死没]寛文9(一六六九)・5・21 [年齢]33 [父]裏辻季福(実万里小路綱房、二男) [母]広橋兼勝女(実清水谷実材女) [前名]業房 [公卿補任]4—13下

実本 さねもと 一七三〇—六五

享保15(一七三〇)・10・1誕生、元文4(一七三九)・3・6

為公視朝臣子、3・10叙爵（実将）、元文5・8・28元服、昇殿、中務権少輔、寛保3（一七四三）・1・12〈去六日宣〉従五位上、8・29右馬権頭（推任）、延享4（一七四七）・1・5正五位下、寛延4（一七五一）・1・5従四位下、8・12服解（父）、10・3除服出仕復任、宝暦5（一七五五）・1・9右権少将、1・14拝賀、2・20従四位上、宝暦9・1・5正四位下、宝暦12・2・13右権中将、2・28拝賀、12・19改実本、宝暦13・10・22（従三位）、12・4参議、明和1（一七六四）・8・24為大嘗会検校〈ま〉、明和2・6・3右権中将、6・11辞参議・中将、7・21薨去

［死没］明和2（一七六五）・7・21 ［年齢］36 ［父］裏辻公視（実正親町公梁） ［幼名］福丸 ［前名］実将 ［公卿補任］4－471上

公理 きんあや 一七五六－一八〇五

宝暦6（一七五六）・5・19誕生、宝暦10・10・1従五位下、明和2（一七六五）・8・16為故実本卿子、明和3・11・28〈「10日」ま〉元服、昇殿、従五位上、12・3改公理（元言功）、12・19出羽権介（推任）、明和7・1・10正五位下、明和9・2・24侍従、安永2（一七七三）・1・25従四位下、安永3・9・25左権少将、10・28拝賀、安永4・閏12・19兼相模権介、安永5・1・9従四位上、安永8・1・19〈「20日」ま〉秩満、天明2（一七八二）・1・14転左権中将、1・24拝賀、天明3・1・10補院別当、1・19拝賀、天明5・8・17兼近江介（小除目）、天明9・1・24秩満、天明9・5・22正四位下（小除目）、寛政8・4・13服解（母）、6・4除服出仕復任、寛政8（一七九六）・12・18為左近府年預、3・5着本陣、寛政10・5・15参議（左中将如旧）、5・28拝賀着陣、5・30聴直衣、直衣始、7・22従三位、9・13辞両官、享和3（一八〇三）・12・19正三位、文化2（一八〇五）・1・13薨去

［死没］文化2（一八〇五）・1・13 ［年齢］50 ［父］裏辻実本（実正親町実連、二男） ［母］従五位下安藤次由女（実家女房） ［幼名］庸丸 ［公卿補任］5－120下

山本家　やまもとけ

藤原氏北家閑院流。阿野家の傍流。阿野権大納言実顕の四男山本参議勝忠を家祖とする。山本の称は閑院流のうち三条一流には見られないが、西園寺流に由緒があり、洞院太政大臣公守が山本相国と号し、その息左大臣実泰も後山本左府と号した。家格は羽林家、新家。

山本家

勝忠＝**実富**－**公尹**－**実観**－**公達**－**実福**－公弘＝実城－実政－実庸（子爵）

実福－実城

公弘－真弘（玉松）

元和期に創立。内々の家。有職故実を家職とした。九条家の家礼。家領百五十石。家祖勝忠は元和四年（一六一八）十一歳で叙爵し、同八年元服。正保元年（一六四四）左中将、同三年従三位。慶安元年（一六四八）参議に列した。同三年甥にあたる姉小路権中納言公景の三男実富を養嗣子とする。このため翌年舎兄の阿野権中納言公業と絶交。『山本家譜』には「同四年、阿野家絶交有事故、依後光明帝　勅定、為左大臣藤原実晴之猶子而、列西園寺家庶流」とある。養子のことで阿野家と絶交し、後光明天皇の勅許をえて西園寺家の庶流となる。承応三年（一六五四）九月四十七歳で没し、翌明暦元年（一六五五）実富は西園寺前右大臣実晴の加冠により元服し、のち権中納言従二位まで昇り、その息公尹は従二位権中納言のとき議奏に補され、権大納言正二位となった。明治十七年（一八八四）実庸のとき、叙爵内規により、子爵を授けられた。幕末維新期の国学者で、岩倉具視を輔けて王政復古に尽力した玉松操（真弘、山本毅軒）は公弘の二男。菩提所は松林院。『山本家譜』（東京大学史料編纂所架蔵、四一七五－三三四）。

勝忠 かつただ 一六〇八－五四

慶長13（一六〇八）・11・1誕生、元和4（一六一八）・1・－叙爵、元和8・3・20元服、従五位上、左京大夫、寛永3（一六二六）・1・5正五位下、寛永8・

1・5従四位下、寛永12・1・5従四位上、寛永17・1・5正四位下、寛永20・11・-左少将☆、正保1(一六四四)・12・24中将、正保3(一六四六)・12・18〈賜去正月五日位記〉従三位☆、慶安1(一六四八)・12・22参議、承応1(一六五二)・10・12〈賜去年正月五日正三位口宣案〉正三位、承応3・9・14辞参議、9・16薨去

[死没]承応3(一六五四)・9・16 [年齢]47 [父]阿野実顕、四男 [母]大蔵卿正四位下吉田兼治女 [一字名]力 [法名]文成 [公卿補任]3—611上

実富 さねとみ　一六四五—一七〇三

正保2(一六四五)・9・7誕生、慶安2(一六四九)・5・14叙爵、明暦1(一六五五)・11・5元服、昇殿、侍従従五位上☆、万治2(一六五九)・1・5正五位下、1・11右少将、寛文3(一六六三)・1・6従四位下、寛文5・3・6右中将、寛文7・1・7従四位上☆、寛文10・11・9正四位下、延宝3(一六七五)・10・18参議、10・21兼右中将、11・9拝賀、天和1(一六八一)・11・21辞参議、元禄12(一六九九)・12・29権中納言、元禄13・1・11帯剣、12・25〈去十一年正月五日分〉従二位、元禄14・10・23辞権中納言、元禄16・12・3薨去

※従三位叙位年不明

[死没]元禄16(一七〇三)・12・3 [年齢]59 [父]山本勝忠(実姉小路公景、三男) [母]彦山僧正忠有女(実西洞院時慶女) [一字名]秀・田 [号]常足院 [法名]守黒 [公卿補任]4—41下

公尹 きんまさ　一六七五—一七四七

延宝3(一六七五)・7・4〈「7日」家譜〉誕生、延宝9・1・5叙爵☆、貞享1(一六八四)・12・2元服、昇殿、侍従、貞享2・1・6従五位上☆、元禄2(一六八九)・1・7正五位下☆、1・27右少将、元禄6・1・5従四位下☆、元禄7・12・25右中将、元禄11・1・5従四位上☆、元禄14・2・17〈去正月五日分〉正四位下、元禄16・12・3喪父、元禄17・1・25除服出仕復任、享保2(一七一七)・12・18従三位、12・19参議、右中将、享保7・7・23正三位、享保10・2・1辞両官、享保13・12・16権中納言、12・24帯剣、享保14・2・16〈去年十二月廿一日分〉従二位、享保15・5・26辞権中納言、延享1(一七四四)・7・26権大納言、7・29辞権大納言、延享3・12・24正二位、延享4・9・13薨去

[死没]延享4(一七四七)・9・13 [年齢]73 [父]山本実富 [母]家女房 [法名]恭靖・圓明 [公卿補任]4—227下

実観 さねみ　一七一九—八八

享保4(一七一九)・1・18誕生、享保8・1・23〈去五分〉叙爵、享保11・3・11元服、昇殿、侍従、享保12・1・21〈去五分〉従五位上、享保16・1・25〈去五分〉正五位下、享保17・2・16〈「11日」ま〉右少将、享保19・12・24〈去正六分〉従四位下、元文3(一七三八)・7・10〈去二六分〉右中将従四位上、寛保2(一七四二)・4・28〈去正五分〈ま〉〉正四位下、延享2(一七四五)・1・21兼伊予権介〈ま〉、延享4・9・13服解(父)〈ま〉、11・19除服出仕復任〈ま〉、寛延3(一七五〇)・9・26〈「24日」ま〉従三位、宝暦4(一七五四)・11・24参議、宝暦6・5・10右近衛権中将、5・15聴直衣、12・21正三位、宝暦8・9・29辞参議・右中将、安永4(一七七五)・閏12・2従二位、閏12・19権中納言、閏12・24帯剣、安永8・1・9辞権中納言、安永10・2・16〈賜去正月廿六日位記〉正二位、天明8(一七八八)・9・19薨去

[死没]天明8(一七八八)・9・19 [年齢]70 [父]山本公尹 [母]家女房 [法名]敬徳 [公卿補任]4—399下

公達 きんみち　一七四五—九七

延享2(一七四五)・10・21誕生、寛延2(一七四九)・10・21従五位下、宝暦5(一七五五)・12・18元服、昇殿、12・19従五位上、宝暦8・5・7民部権大輔、10・2左権少将、5・21拝賀、宝暦9・1・24正五位下、12・24兼伊予権介(推任)、宝暦12・12・19秩満、宝暦13・1・5従四位下、明和4(一七六七)・1・9従四位上、明和8・1・5正四位下、明和9・2・16転右権中将、3・19拝賀、安永5(一七七六)・1・9〈従三位〉(推叙)、天明5(一七八五)・8・17正三位、寛政9(一七九七)・12・8薨去

[死没]寛政9(一七九七)・12・8 [年齢]53 [父]山本実観 [母]左京亮従五位下分部光忠女 [公卿補任]4—549上

実福　さねたる　一七七〇—一八三七

明和7(一七七〇)・10・8誕生、安永2(一七七三)・12・19従五位下、天明5(一七八五)・2・7元服、昇殿、従五位上、天明6・12・19侍従、天明9・1・5正五位下、寛政5(一七九三)・1・20従四位下、寛政6・2・6右近衛権少将、3・5拝賀、寛政9・1・4従四位上、閏7・1服解(母)、8・24除服出仕復任、12・8服解(父)、寛政10・1・28除服出仕復任、寛政13・1・5正四位下、享和2(一八〇二)・12・19転右権中将、12・27拝賀、享和3・7・24〔従三位〕、文化5(一八〇八)・12・19正三位、文化7・9・23参議、12・21〈「22日」ま〉右権中将、12・27聴直衣、直衣始、文化10・10・10辞両官、文化12・9・17従二位、天保8(一八三七)・6・9薨去

［死没］天保8(一八三七)・6・9　［年齢］68　［父］山本公達　［母］橋本実理養女(家女房)　［号］良山　［公卿補任］5—157下

梅園家　うめぞのけ

藤原氏北家閑院流。橋本家の庶流。橋本左中将実勝の二男梅園左兵衛督実清を家祖とする。家格は羽林家、新家。元和期に創立。外様の家。有職故実を家職とした。一条家の家礼。家領百五十石。家祖実清は実勝の二男と

梅園家

実清—季保—実邦＝久季—実縄—成季—実兄—実好—実矩—実紀(子爵)

（実邦の女）邦子(桜町・桃園天皇勾当内侍)

されているが、実勝には子息なく甥季景の息実村を養嗣子としており、実清は実村の舎弟で、実勝の猶子として新家が創出されたのであろう。元和九年(一六二三)十五歳で叙爵、同日元服した。寛永三年(一六二六)侍従となり、累進して同十七年左中将。慶安五年(一六五二)従三位に昇り公卿に列した。のち右兵衛督、正三位となり、寛文二年(一六六二)六月五十四歳で没した。息友清は寛永十四年七歳で叙爵し、左少将、従四位下まで昇ったが、承応二年(一六五三)二十三歳で没したので、その舎弟の季保が実清の家督を嗣ぎ、明暦三年(一六五七)十二歳で元服。延宝五年(一六七七)には従三位に昇り、のち正三位、参議となり元禄四年(一六九一)閏八月四十六歳で没した。季保の息実邦は元禄十四年三十二歳で従三位に昇り、享保三年(一七一八)参議、翌四年家例のない従二位に昇叙した。元文二年(一七三七)閏十一月十九日には権中納言に昇任し、同二十一日辞した。女の邦子は桜町天皇の掌侍となり、寛保三年(一七四三)八月勾当内侍に就任し、次の桃園天皇の代にも引続き勾当内侍を勤めた。実邦の後は伯父の池尻前権大納言勝房二男の久季が婿に入り家督が相続された。明治十七年(一八八四)実紀のとき、叙爵内規により子爵を授けられた。菩提所は洛東 要法寺。『梅園家譜』(東京大学史料編纂所架蔵、四一七五—一七三)。

実清　さねきよ　一六〇九—六二

慶長14(一六〇九)・9・16誕生、元和9(一六二三)・2・13叙爵、寛永3(一六二六)・9・3侍従、寛永5・2・10従五位上、寛永8・1・12左少将☆、寛永11・1・6正五位下、寛永15・1・5従四位下、寛永17・1・11左中将、寛永19・1・5従四位上、正保3(一六四六)・1・5正四位下、承応1(一六五二)・10・12〈賜去年正月五日正(従カ)三位口宣案〉従三位、号梅園、承応4・10・26右兵衛督、明暦3(一六五七)・1・5正三位、寛文2(一六六二)・6・25〈く〉薨去

［死没］寛文2(一六六二)・6・25　［年齢］54　［父］橋本実勝、二男　［号］雲晴院　［公卿補任］3—630上

季保　すえやす　一六四六—九一

正保3(一六四六)・6・15誕生、慶安5(一六五二)・1・5叙爵、明暦3(一六五七)・12・13元服、昇殿、侍従従五位上、万治4(一六六一)・1・5正五位下、1・11左少将、寛文5(一六六五)・1・5従四位下、12・23左中将、寛文8・2・27従四位上、寛文12・1・

6正四位下、延宝4(一六七六)・12・30〈去正月五日分〉従三位☆、延宝5・6・24右兵衛督、天和4(一六八四)・1・12参議、貞享4(一六八七)・2・24辞両官、元禄4(一六九一)・閏8・19薨去

[死没]元禄4(一六九一)・閏8・19　[年齢]46　[父]梅園実清、二男　[一字名]久　[公卿補任]4—46下

実邦　さねくに　一六七〇—一七四五

寛文10(一六七〇)・6・22誕生、延宝2(一六七四)・7・10叙爵、延宝7・11・23〈「22日」ま〉元服、昇殿、侍従、12・25従五位上、貞享1(一六八四)・12・14左少将、12・23〈去正五分〉正五位下、貞享5・8・23〈「28日」ま〉〈去正五分〉従四位下、元禄3(一六九〇)・3・12左中将、元禄4・閏8・19喪父、10・13除服出仕復任、元禄5・12・13〈去正五分〉従四位上、元禄10・1・5正四位下、元禄14・2・17〈去正月五日分〉従三位、宝永3(一七〇六)・1・21〈去五日分〉正三位、享保3(一七一八)・5・6参議、5・11辞参議、享保4・12・26従二位、元文2(一七三七)・閏11・19権中納言、閏11・21辞権中納言(未拝賀)、延享2(一七四五)・12・18薨去

[死没]延享2(一七四五)・12・18　[年齢]76　[父]梅園季保　[母]正二位権大納言池尻共孝女　[公卿補任]4—150上

久季　ひさすえ　一六八九—一七四九

元禄2(一六八九)・7・6誕生、元禄8・1・5叙爵、宝永2(一七〇五)・2・22当家相続☆、10・13改久季(元孝俊)、11・7元服、昇殿、侍従従五位上、宝永4・12・18左少将、宝永5・11・26喪養母、宝永6・1・21〈「22日」ま〉除服出仕復任、宝永6・3・16正五位下、正徳1(一七一一)・2・7喪実父、4・16除服出仕復任、正徳2・8・20喪実母、10・16除服出仕復任、正徳3・2・18〈去正六分〉従四位下、7・23左中将、享保1(一七一六)・1・25〈去五分〉従四位上、享保5・1・12〈去年六一尚賢朝臣同日分〉正四位下、享保8・1・19〈去五日分〉従三位、享保13・2・1正三位、享保14・10・25左兵衛督、元文4(一七三九)・1・17参議、寛保2(一七四二)・7・1辞参議、延享4(一七四七)・2・1従二位、寛延2(一七四九)・3・10薨去

[死没]寛延2(一七四九)・3・10　[年齢]61　[父]梅園実邦(実池尻勝房、二男)　[母]内大臣従一位中御門宗条女　[前名]孝俊　[公卿補任]4—257上

実縄　さねのり　一七二七—九四

享保12(一七二七)・3・5誕生、享保19・12・25〈「24日」ま〉叙爵☆、元文3(一七三八)・12・7元服、昇殿、侍従、従五位上、元文5・2・2主税頭、12・24改実視(元勝久〈ま〉)、寛保2(一七四二)・1・10〈去五分〉正五位下、寛保3・8・29左京権大夫(推任)、延享2(一七四五)・10・17〈「16日」ま〉左兵衛権佐、延享3・2・17従四位下、寛延2(一七四九)・3・10服解(父)、5・1〈「2日」ま〉除服出仕復任、寛延3・3・4従四位上、5・18賜桜町院御服、6・18除服宣下、9・10服解(母)、10・30除服出仕復任、宝暦3(一七五三)・12・18右権少将、12・25拝賀、宝暦4・1・5正四位下、宝暦6・12・21改実縄、宝暦8・9・18右権中将、10・14拝賀、宝暦9・1・5〔従三位〕、宝暦12・9・28左兵衛督、宝暦13・9・14正三位、明和4(一七六七)・11・30参議、12・25辞左兵衛督、明和8・12・4辞参議、安永2(一七七三)・閏3・26従二位、寛政3(一七九一)・8・4権中納言、8・13帯剣〈ま〉、8・16聴直衣、直衣始、8・18辞権中納言、寛政4・10・27正二位、寛政6・3・18薨去

[死没]寛政6(一七九四)・3・18　[年齢]68　[父]梅園久季、二男　[母]従二位権中納言梅園実邦女　[前名]勝久・実視　[公卿補任]4—448上

実兄　さねあに　一七六五—一八三六

明和2(一七六五)・9・11誕生、明和5・1・9従五位下、明和9・12・1元服、昇殿、侍従、従五位上、安永5(一七七六)・1・9正五位下、安永9・1・13従四位下、安永10・3・18左権少将、閏5・24拝賀、天明4(一七八四)・1・8従四位上、天明7・5・26兼丹波介(小除目)、天明8・1・5正四位下、寛政3(一七九一)・1・23〈「22日」ま〉秩満、11・28転権中将(小除目)、12・8拝賀、寛政4・閏2・26〈去正月五日分〉〔従三位〕、寛政8・2・4正三位、寛政12・9・27右兵衛督、文化9(一八一二)・12・19参議、文化10・4・28従二位、5・2辞督、文化13・2・16辞参議、天保2(一八三一)・6・1権中納言、6・24帯剣、6・30聴直衣、直衣始、

8・24辞権中納言、12・19〔正二位〕、天保7・9・21薨去
〔死没〕天保7（一八三六）・9・21 〔年齢〕72 〔父〕梅園成季 〔母〕家女房 〔公卿補任〕5―84上

実好 さねすみ 一七九八―一八七一
寛政10（一七九八）・6・26誕生、享和2（一八〇二）・7・27従五位下、文化8（一八一一）・5・15〈ま〉元服、昇殿、従五位上、文化12・1・5正五位下、2・26丹波権介（小除目）、文政2（一八一九）・1・4従四位下、文政6・1・5従四位上、文政10・1・21〈去五分〉正四位下、文政11・9・15侍従、天保2（一八三一）・10・21左近衛権少将、11・2拝賀、天保7・6・14転右権中将、7・27拝賀、9・21服解（祖父）、11・26除服出仕復任、12・7〔従三位〕、天保11・6・24正三位、嘉永2（一八四九）・10・3右兵衛督、万延2（一八六一）・2・12辞
〔死没〕明治4（一八七一）・1・11 〔年齢〕74 〔父〕梅園実矩（実梅園実兄） 〔母〕家女房 〔公卿補任〕5―375下

実紀 さねこと 一八二七―一九〇七
文政10（一八二七）・2・9誕生、天保2（一八三一）・5・19従五位下、天保13・1・22元服、昇殿、従五位上、弘化3（一八四六）・1・18〈去五日分〉正五位下、弘化4・12・23侍従、嘉永3（一八五〇）・1・5従四位下、嘉永7・1・5従四位上、安政4（一八五七）・12・19右近衛権少将、安政5・1・1拝賀、1・5正四位下、万延1（一八六〇）・3・11儲君親王家司、元治1（一八六四）・3・11転左近衛権中将、4・9拝賀、5・4〔従三位〕、慶応4（一八六八）・3・20正三位
〔死没〕明治40（一九〇七）・1・27 〔年齢〕81 〔父〕梅園実好 〔母〕家女房 〔継母〕愛宕通典女 〔公卿補任〕5―560上

大宮家 おおみやけ

藤原氏北家閑院流。西園寺家の庶流。西園寺内大臣公益の二男左中将季光を家祖とする。大宮の称号は西園寺家の家祖権中納言通季が早く用いていた。また竹林院左大臣公衡の男季衡も大宮右大臣と称し、その末流も大宮の称を用いた。これら先例により佳名としてこれを家名に用いたのであろう。家格は羽林家、新家。寛永期に創立。外様の家。有職故実を家職とした。九条家の家礼。家領百三十石。家祖季光は寛永五年（一六二八）五歳で叙爵、同十四年元服、同日従五位上に昇叙し、禁色を聴された。累進して左中将となり、慶安元年（一六四八）には正四位下に昇り、のち蟄居し、貞享元年（一六八四）九月六十一歳で没した。嫡子季勝は万治二年（一六五九）四歳で叙爵したが翌三年十月早世したので、閑院一流の姉小路権大納言公景の四男実勝が養嗣子となった。左中将実勝の孫昌季は正三位にまで昇り、初めて公卿に列し、その後嗣には宝暦七年（一七五七）西園寺前左大臣致季の六男貞季が入って家督を相続し、参議従二位にまで昇った。その息盛季は明和八年（一七六七）四歳で叙爵し、安永四年（一七七五）禁中御児として近侍し、同十年元服・昇殿、従五位上に昇叙した。禁中御児の功もあって、累進して権中納言正二位にまで昇り、天保六年（一八三五）七月六十八歳で没した。明治十七年（一八八四）以季のとき、叙爵内規により子爵を授けられた。菩提所は西園寺。『大宮家譜』（東京大学史料編纂所架蔵、四一七五―一八一）。

大宮家
季光═実勝―公央―**昌季**═**貞季**
盛季═**良季**―**政季**―公典═以季

昌季 まさすえ 一七一四―六〇
正徳4（一七一四）・9・27誕生、享保5（一七二〇）・12・11〈ま〉叙爵、享保7・11・23元服、昇殿、侍従、享保9・閏4・21〈去正六分〉従五位上、享保12・12・27正五位下、享保14・2・16左少将、享保15・1・5従四位下、享保17・12・27左中将、享保18・1・5従四位上、元文2（一七三七）・2・19〈去正六分〉正四位下、寛保3（一七四三）・6・29従三位、宝暦6（一七五六）・12・21正三位、宝暦9・5・15改昌季（儲

君依御諱也）、宝暦10・9・24薨去
［死没］宝暦10（一七六〇）・9・24 ［年齢］47 ［父］大宮公英 ［母］家女房 ［前名］英季 ［公卿補任］4—361下

貞季 さだすえ 一七四三—一八〇四

寛保3（一七四三）・6・4誕生、宝暦6（一七五六）・12・24従五位下、宝暦7・7・26為昌季卿養子、宝暦9・9・28元服、昇殿、民部権大輔、宝暦10・1・27従五位上、宝暦14・1・10正五位下、明和2（一七六五）・8・16左権少将、明和3・3・22拝賀、12・19尾張権介（推任）、明和4・1・5従四位下、明和6・1・17秩満、明和7・1・29従四位上、明和9・12・19上総権介（推任）、安永2（一七七三）・1・9正四位下、安永3・9・20右権中将、10・26拝賀、安永4・3・26〔従三位〕、天明5（一七八五）・8・17正三位、寛政8（一七九六）・5・24参議、6・13辞参議、寛政9・1・22従二位、享和4（一八〇四）・1・17薨去
［死没］享和4（一八〇四）・1・17 ［年齢］62 ［父］大宮昌季（実西園寺致季） ［母］家女房（越智宿禰稲葉正時） ［公卿補任］4—543上

盛季 もりすえ 一七六八—一八三五

明和5（一七六八）・12・3誕生、明和8・1・22従五位下、明和10（一七七三）・3・10〈同当作安永〉元服、昇殿、従五位上、天明4（一七八四）・1・15〈ま〉正五位下、閏1・1侍従、天明7・1・25従四位下、寛政1（一七八九）・5・22右権少将（小除目）、6・6拝賀、寛政2・1・28従四位上、寛政6・1・23右権少将、11・21拝賀、12・14着本陣、寛政9・12・26正四位下、寛政10・9・23右権少将、寛政12・7・27服解（母）、9・19除服出仕復任、享和2（一八〇二）・4・17右権中将、4・19拝賀、12・19〔従三位〕、文化4（一八〇七）・12・19正三位、文政9（一八二六）・12・29参議、文政10・3・10〈1月30日ともあり〉辞参議、閏6・10従二位、天保2（一八三一）・12・10権中納言、12・22帯剣、12・23聴直衣、直衣始、12・26辞権中納言、天保4・10・28〔正二位〕、天保6・7・21薨去
［死没］天保6（一八三五）・7・21 ［年齢］68 ［父］大宮貞季 ［母］家女房 ［号］蓮上院・薫国 ［公卿補任］5—151上

良季 よしすえ 一七八二—一八三〇

天明2（一七八二）・4・11誕生、天明6・12・19従五位下、寛政9（一七九七）・9・28盛季朝臣養子、11・19元服、昇殿、従五位上、寛政10・12・19改名良季、寛政13・1・14〈去五日分〉正五位下、文化4（一八〇七）・9・22儲君親王家司、文化5・1・17侍従、3・10従四位下、文化8・9・23左近衛権少将10・13拝賀、文化9・1・20従四位上、2・28兼讃岐権介、文化12・12・17着本陣、12・19正四位下、文化13・1・13〈ま〉秩満、文政1（一八一八）・5・28兼丹波介（小除目）、文政4・3・21権中将（介如旧）、4・7拝賀、文政5・1・25秩満、4・26〔従三位〕、文政9・2・29正三位、文政13・8・7薨去
［死没］文政13（一八三〇）・8・7 ［年齢］49 ［父］大宮盛季（実日野資矩、二男） ［母］家女房 ［前名］良資 ［公卿補任］5—284上

政季 まさすえ 一八〇六—六二

文化3（一八〇六）・10・18誕生、文政2（一八一九）・12・14元服、昇殿、従五位下、文政5・7・25従五位上、文政7・6・4上総権介（小除目）、文政8・12・19正五位下、文政12・2・14従四位下、文政13・7・8服解〈7月9日カ〉喪実祖父、8・7喪父、9・27除服出仕復任、天保2（一八三一）・12・28侍従、天保4・1・23〈去五日分〉従四位上、天保6・7・21服解（養祖父〈盛季〉）、8・13除服出仕復任、天保8・1・21正四位下、天保9・8・8左近衛権少将、10・2拝賀、嘉永4（一八五一）・12・24転権中将、嘉永5・1・7拝賀、嘉永5・1・17〔従三位〕、安政3（一八五六）・2・5正三位、文久2（一八六二）・閏8・1薨去
［死没］文久2（一八六二）・閏8・1 ［年齢］57 ［父］大宮良季 ［母］正二位権中納言外山光実女 ［公卿補任］5—479下

武者小路家 むしゃのこうじけ

藤原氏北家閑院流。三条西家の傍流。三条西

武者小路家

公種＝実陰―公野―実岳―公陰＝実純―公隆―実建―公香＝実世（子爵）

（実陰の子）重季（高松）

（実建の子）実世

実条の二男従四位下侍従公種を家祖とする。家格は羽林家、新家。寛永期に創立。外様の家。有職故実・和歌を家職とした。家領百三十石。家祖公種は、寛永二十年（一六四三）十三歳のとき元服、侍従に任ぜられ昇殿禁色を聴された。正保四年（一六四七）十二月叙従五位上（去寛永二十一年正月分として勅許される）。正五位下を経て、慶安四年（一六五一）従四位下に昇叙したが、この後長病により出仕せず、元禄五年（一六九二）三月六十二歳で没した。その後を嗣いだのが、幼若より霊元天皇に仕え、早くから歌才を発揮して霊元院歌壇の中心的位置を占めた実陰である。実陰は実は公種の甥。後水尾院々参西郊備前守実信の息。寛文八年（一六六八）八歳で叙爵し、禁中御児として霊元天皇に近侍した。延宝二年（一六七四）十四歳で元服、侍従に任ぜられ昇殿を聴され、異例の昇進を遂げ、元禄八年（一六九五）には三十五歳で従三位に昇り公卿に列し、同十二年議奏に補され、同十五年には「依専勤奉公之功」により参議を勅許された。宝永六年（一七〇九）十年間勤めた議奏を免ぜられると、小番等をも免ずるという殊遇をもうけた。正徳五年（一七一五）異例の権中納言に昇進し、更に享保九年（一七二四）には権大納言という破格の昇進をする。これは霊元院の思召によるものであったことは、『光栄卿記』享保九年二月十一日条に、「実陰卿去年以来依所労（腫物）、無出仕、併老年固疾間、出仕程難計、殊無家例間、不可望申、今世歌道無双間、以御憐愍可有御推任由、是亦従院被仰進、及勅許云々、召子息公野卿被仰出、尤不及拝賀云々、依和歌堪能、雖新家如此、聖恩誠道冥加也、於余深嘉之、」とあることで明らかで、実陰は当時所労により出仕不能のところ、「今世歌道無双」「和歌堪能」により院の思召により新家といえども、推任あって権大納言が勅許されたというのである。それのみならず、死の直前の元文三年（一七三八）九月には准大臣従一位に推叙任。没したのは同月三十日のこと、七十八歳であった。『諸家伝』の同年頭書に「以歌道登庸初例」と注するごとく、歌道を以て准大臣にまでのぼりつめたのである。新家の任槐も江戸時代を通じて他に例を見ない。このように実陰が歌名を揚げたのは霊元天皇の薫陶によることも大きく、元禄二年（一六八九）二十九歳のとき、霊元院より和歌天仁遠波の伝授を授かったのをはじめ、同十五年には和歌三部抄、宝永六年（一七〇九）伊勢物語・源氏物語三ヶ大事等、正徳四年（一七一四）古今伝（歌道之灌頂二条家流）を授けられている。当時、院より伝受を授かった人としては、三部抄伝受の中院通躬、天仁遠波伝受の烏丸光栄の両人がいたが、四種の伝受をすべて院より受けたのは、実陰一人であり、院は実に四半世紀の長きをかけて、実陰に和歌伝受を授け続けてきたのであり、実陰に対する期待の大きさが知られよう。そして実陰が天仁遠波伝を享保十八年に中御門天皇に、元文三年には桜町天皇にそれぞれ伝授しているのは、返し伝授の意からであろう。少し時代は下るが、速水宗達著の『喫茶指掌編』のなかに、「霊元帝の勅言に、古昔より和歌の人と云は、人麻呂、貫之、定家、逍遥院、其余朕か弟子の実陰なとにや有んとの叡慮也」と見え、実陰は武者小路家の家督を嗣いだときから、霊元院の熱い期待もあって逍遥院実隆の再誕としての生涯を運命付けられていたかのようであった。この歌道の蓄積と伝統は息公野、孫実岳に引継がれ、公陰以降は比較的早く没したこともあり、公隆を除き和歌の家として目立った活躍は見られなくなる。公野も禁中御児として近侍し、また議奏にも補された。実陰の二男重孝は一家を起し、高松を称した。明治十七年（一八八四）実世のとき、叙爵内規により子爵を授けられた。菩提所は廬山寺。『武者小路家譜』（東京大学史料編纂所架蔵、四一七五―三三〇）。

実陰　さねかげ　一六六一—一七三八

寛文1(一六六一)・11・1誕生、寛文8・9・28叙爵、延宝2(一六七四)・5・21元服、昇殿、侍従、11・10従五位上、延宝6・8・21〈去正五分〉正五位下☆、11・10右少将☆、天和3(一六八三)・3・8〈去正五分〉従四位下、貞享1(一六八四)・11・27右中将、貞享4・3・14〈去正五分〉従四位上、元禄4(一六九一)・12・21〈去正五分〉正四位下☆、元禄5・3・29喪父、5・20除服出仕復任、元禄8・12・23従三位、元禄15・12・23参議、右中将、元禄16・12・23正三位☆、宝永4(一七〇七)・10・2辞両官、宝永5・1・6〈去五日分〉従二位☆、正徳5(一七一五)・8・28権中納言、11・7帯剣、11・9直衣、11・13辞権中納言、享保9(一七二四)・2・11権大納言、2・16直衣、3・7辞権大納言、閏4・2正二位、元文3(一七三八)・9・26准大臣従一位、9・30薨去

［死没］元文3(一七三八)・9・30　［年齢］78　［父］武者小路公種(実藤原実信)　［母］家女房　［一字名］胤・芳(公辞)　［号］超嶽院　［公卿補任］4—123上

公野　きんの　一六八八—一七四三

元禄1(一六八八)・10・3誕生、元禄6・12・25〈去正五分〉叙爵、元禄14・2・13元服、昇殿、侍従、従五位上、宝永2(一七〇五)・1・20〈去五分〉正五位下、宝永3・12・23右少将、宝永6・1・9〈去五分〉従四位下、6・1右中将、正徳3(一七一三)・1・14〈去六分〉従四位上、享保2(一七一七)・1・21正四位下☆、享保6・5・21〈去二月六日季顕卿同日分〉従三位、享保11・12・24正三位、享保16・12・25参議、12・26右中将、12・28聴直衣、享保18・12・19辞参議・右中将、元文1(一七三六)・12・12権中納言、12・25帯剣、元文3・12・16辞権中納言、寛保3(一七四三)・6・29従二位、〈「12月6日」ま「12月2日」家譜〉薨去☆

［死没］寛保3(一七四三)・12・2　［年齢］56　［父］武者小路実陰　［母］家女房　［公卿補任］4—246下

実岳　さねおか　一七二一—六〇

享保6(一七二一)・10・20誕生、享保10・1・6〈去五分〉従五位下、享保19・2・4元服、昇殿、侍従、従五位上、元文2(一七三七)・5・8賜院素服、6・9除服宣下、元文3・12・24〈去七十分〉正五位下、元文4・12・30左馬頭、寛保1(一七四一)・12・28左少将、寛保2・1・10〈去五分〉従四位下、延享3(一七四六)・2・17従四位上、寛保3・12・6服解(父〈ま〉)、寛保4・1・27除服出仕復任、寛延3(一七五〇)・3・4正四位下、寛延4・5・3禁色、宝暦4(一七五四)・9・20左中将、10・1拝賀〈ま〉、宝暦5・1・20従三位、宝暦10・8・12薨去

［死没］宝暦10(一七六〇)・8・12　［年齢］40　［父］武者小路公野、二男　［母］従一位権大納言坊城俊清女　［法名］映覚　［公卿補任］4—426上

公隆　きんなが　一七八五—一八五五

天明5(一七八五)・6・17誕生、寛政3(一七九一)・9・13従五位下、寛政9・12・4元服、昇殿、従五位上、寛政11・3・16兵部大輔(小除目)、寛政13・1・5正五位下、文化2(一八〇五)・1・26従四位下、文化3・12・19左近衛権少将、12・26拝賀、文化6・1・5従四位上、文化10・1・5正四位下、文政4(一八二一)・4・12権中将、5・10拝賀、文政5・3・10〔従三位〕、文政9・2・29正三位、天保11(一八四〇)・12・20賜太上天皇御服、嘉永2(一八四九)・6・24参議、12・27左中将、嘉永3・1・9聴直衣、直衣始、2・3従二位、6・21辞参議、9・25権中納言、10・27帯剣、10・28聴直衣、直衣始、12・9辞権中納言、嘉永5・9・24権大納言、9・30辞権大納言、安政2(一八五五)・4・19正二位、4・20薨去

［死没］安政2(一八五五)・4・20　［年齢］71　［父］武者小路実純(実三条西実称)　［母］家女房　［公卿補任］5—284上

実建　さねたけ　一八一〇—六三

文化7(一八一〇)・2・30誕生、文化10・7・4従五位下、文化14・8・24元服、昇殿、従五位上、文政4(一八二一)・1・4正五位下、文政7・6・4尾張権介(小除目)、文政8・1・5従四位下、文政12・1・25〈去五分〉従四位上、天保4(一八三三)・1・23〈去五分〉正四位下、天保12・12・22侍従、天保13・12・24左近衛権少将、12・29拝賀、天保14・8・6兼但馬権介、弘化4(一八四七)・3・1秩満、嘉永1(一八四八)・5・18兼近江介(小除目)、嘉永

4・1・18転権中将、1・29拝賀、6・18左近府年預、11・27〈従三位〉、安政2（一八五五）・1・22〈正三位〉、文久3（一八六三）・6・24薨去
[死没]文久3（一八六三）・6・24 [年齢]54 [父]武者小路公隆、一男 [母]家女房 [公卿補任]5—472下

風早家 かざはやけ

藤原氏北家閑院流。姉小路家の庶流。姉小路権大納言公景の一男風早権中納言実種を家祖とする。風早の称号は、閑院一流の滋野井権大納言実国二男の八条参議公清が風早二位と号した先例に因むのであろう。家格は羽林家、新家。寛永期に創立。外様の家。有職故実を家職とした。九条家の家礼。家禄三十石三人扶持。家祖実種は、寛永九年（一六三二）八月十七日生まれ。生母は西洞院参議時慶の女。姉小路家を嗣いだ実道は同腹の弟で、『諸家伝』に寛永九年十一月十五日生れとするのは寛永十年の誤り。同十一年に二歳で叙爵し、嫡子と位置づけられた。実種は同十二年四歳で叙爵し、同十四年後水尾院に童形近侍。正保二年（一六四五）十四歳のとき元服し、昇殿を聴され左京大夫従五位上に任叙。同年新家に取立てられ、風早号を賜う。寛文六年（一六六六）従三位に叙され、参議を経て、元禄十二年（一六九九）権中納言に昇った。のち正二位に進み、宝永七年（一七一〇）十二月七十歳で没した。霊元院歌壇において活躍した。また俳諧を能くし、茶事を千宗旦に学び数寄者としても知られる。香を烏丸光広に師事し、やがて一家の説を唱え、実種を流祖とする香道御家流の一分派は風早流と称される。曾孫の公雄および玄孫の実秋が権中納言に昇った。実秋は享和三年（一八〇三）十二月議奏に補された。公元は寛政七年（一七九五）五歳で叙爵し、享和元年禁中御児となり、文化二年（一八〇五）に元服するまで光格天皇に近侍した。明治十七年（一八八四）公紀のとき、叙爵内規により子爵を授けられた。菩提所は松林院。『風早家譜』（東京大学史料編纂所架蔵、四一七五—一八九）。

風早家

実種—**公長**—**実積**—**公雄**—**実秋**
—**公元**—実豊—公紀（子爵）

実種 さねたね 一六三二—一七一〇

寛永9（一六三二）・8・17誕生、寛永12・1・5叙爵、正保2（一六四五）・4・28元服、昇殿、左京大夫、従五位上、慶安2（一六四九）・1・5正五位下、承応3（一六五四）・12・21〈去正五分〉従四位下、明暦4（一六五八）・1・6従四位上☆、寛文2（一六六二）・1・5正四位下☆、寛文6・12・17〈去正月五日分〉従三位☆、号風早、寛文12・12・26〈去十年正月六日分〉正三位、延宝2（一六七四）・2・4参議、2・7辞参議、元禄12（一六九九）・10・7権中納言、10・19帯剣、10・24聴直衣、10・25辞権中納言、元禄14・12・23正二位、宝永7（一七一〇）・12・24薨去
[死没]宝永7（一七一〇）・12・24 [年齢]79 [父]姉小路公景、一男 [母]参議従二位西洞院時慶女 [一字名]禾・貫・種・末 [号]風早 [公卿補任]4—13下

公長 きんなが 一六六五—一七二三

寛文5（一六六五）・8・9〈「6年」家譜〉誕生、寛文9・1・5〈「10年」家譜〉叙爵、延宝6（一六七八）・2・16元服、昇殿、左京権大夫、8・21従五位上、天和1（一六八一）・12・21改公前（元公寛）、天和3・12・27〈去正五分〉正五位下、侍従、貞享1（一六八四）・12・23右少将、貞享4・2・29〈去正五分〉従四位下、元禄1（一六八八）・7・13左中将、元禄4・2・24〈去正五分〉従四位上、元禄8・3・29〈去正五分〉正四位下、元禄11・4・12改公長（元公前）、元禄13・12・25従三位、宝永3（一七〇六）・1・26正三位、正徳1（一七一一）・7・25参議、享保2（一七一七）・2・2辞参議、享保4・12・26従二位、享保8・1・28薨去☆
[死没]享保8（一七二三）・1・28 [年齢]59 [父]風早実種 [母]家女房 [前名]公寛・公前 [一字名]刀・風・力 [公卿補任]4—145上

実積　さねつむ　一六九一—一七五三

元禄4（一六九一）・閏8・29誕生、元禄8・3・29〈去正五分〉叙爵、元禄15・12・2元服、昇殿、侍従従五位上、宝永3（一七〇六）・1・26〈去五分〉正五位下、12・23右少将、宝永7・2・30〈去廿八分〉従四位下、正徳2（一七一二）・12・25右中将、正徳4・5・12〈去二六分〉従四位上、享保3（一七一八）・1・20〈去五分〉正四位下、享保7・10・28従三位、享保12・12・27正三位、元文4（一七三九）・1・17参議、11・14伊予権守、元文5・12・15辞参議、寛保2（一七四二）・12・28止権守、寛保3・12・27従二位、宝暦2（一七五二）・12・11出家

［死没］宝暦3（一七五三）・7・19　［年齢］63　［父］風早公長　［母］家女房　［法名］暁山為空　［公卿補任］4—251下

公雄　きんお　一七二一—一七八七

享保6（一七二一）・1・22誕生、享保10・3・25〈去正五分〉叙爵、享保19・2・4元服、昇殿、侍従、従五位上、元文3（一七三八）・12・24右少将、〈去七十分〉正五位下、寛保2（一七四二）・1・10〈去五分〉従四位下、延享3（一七四六）・2・17従四位上、延享4・1・17改公雄（元公金）、寛延3（一七五〇）・4・5〈去三四分〉正四位下、宝暦3・7・19服解（父〈ま〉）、9・21除服出仕復任、宝暦5（一七五五）・1・8左中将、1・20従三位、宝暦10・12・26正三位☆、宝暦13・4・24参議、明和2（一七六五）・6・11辞参議、明和7・11・27従二位☆、安永8（一七七九）・2・15権中納言、3・14帯剣、3・16直衣、5・4辞権中納言、天明7（一七八七）・5・26正二位、8・14薨去

［死没］天明7（一七八七）・8・14　［年齢］67　［父］風早実積　［母］家女房　［前名］公金　［公卿補任］4—426上

実秋　さねなる　一七五九—一八一六

宝暦9（一七五九）・12・8〈ま〉誕生☆、明和2（一七六五）・9・28従五位下、明和9・1・29元服、昇殿、上野権介、従五位上、安永5（一七七六）・5・25〈去正月九日分〉正五位下、安永6・5・16右権少将☆、安永8・1・5従四位下、11・26賜後桃園院御服☆、天明2（一七八二）・1・14従四位上、天明3・11・17賜倚廬素服〈為装束司〉、天明5・1・20正四位下、天明7・8・14服解（父）、10・5除服出仕復任、天明8・10・27転右権中将、12・16拝賀、天明9・1・10従三位〈ま〉、寛政5（一七九三）・1・20〈去五日分〉正三位〈ま〉、享和3（一八〇三）・11・3参議、享和4・1・23従二位、文化2（一八〇五）・12・18辞参議、文化10・4・28権中納言、5・3辞権中納言、文化12・8・2正二位、文化13・7・1薨去

［死没］文化13（一八一六）・7・1　［年齢］58　［父］風早公雄、二男　［母］従四位下雅楽頭酒井親本女　［公卿補任］5—64下

公元　きんもと　一七九一—一八五三

寛政3（一七九一）・3・11誕生、寛政7・1・5従五位下、文化2（一八〇五）・12・15元服、昇殿、越前権介、従五位上、文化5・1・17正五位下、文化8・1・18従四位下、文化11・1・27従四位上、文化13・7・1服解（父）、8・22除服出仕復任、文化14・4・1服解（母）、5・22除服出仕復任、6・17正四位下、文政3（一八二〇）・3・8右権少将、3・17拝賀、文政5・7・11転左権中将、9・16拝賀、文政7・8・27止官、蟄居、文政11・3・11免蟄居、文政12・6・20左権中将、7・4拝賀、文政13・3・24〔従三位〕、天保5（一八三四）・1・5正三位、天保11・12・20賜太上天皇御服、嘉永6（一八五三）・8・10薨去

［死没］嘉永6（一八五三）・8・10　［年齢］63　［父］風早実秋　［母］柳沢信昌女　［公卿補任］5—337上

押小路家　おしこうじけ

藤原氏北家閑院流。三条西家の傍流。三条西右大臣実条の孫押小路権大納言公音を家祖とする。押小路の称号は、嫡家転法輪三条家において内大臣公茂がこれを称し、その孫内大臣公忠も後押小路と号した先例に因むのであろう。家格は羽林家、新家。寛文期に創立。内々

押小路家

公音―実岑＝従季―実富＝実茂―
―公連―実潔―公亮（子爵）

の家。有職故実を家職とした。家領百三十石。家祖公音の父は実条一男侍従公勝となっているが、公勝が三十歳で没したのは寛永三年（一六二六）、公音の出生は慶安三年（一六五一）であるから明らかに不合理である。『諸家伝』では実条の「四男公紀男」、「実父武家」とも注している。いずれにせよ公音が実条の孫として一家を創立したことは疑いない。明暦元年（一六五五）六歳で叙爵し、寛文三年（一六六三）元服し昇殿を聴され、同日侍従従五位下に任叙。右中将を経て、貞享元年（一六八四）従三位に昇叙され公卿に列す。参議を経て、宝永八年（一七一一）権中納言に昇り、正徳三年（一七一三）七月辞したが、翌八月には権大納言昇任の殊遇を受けた。同月辞退。同十二月霊元院落飾相伴して出家し、享保元年（一七一六）七月六十七歳で没した。その息実岑は貞享二年（一六八五）七歳で叙爵し、正徳二年従三位に上階すると同時に霊元院の院宣により三条前右大臣実治の猶子となり、参議・権中納言を経て、寛保四年（一七四四）権大納言にまで昇る。「雖新家非理運一家之輩、望申、且先々依勤労、暫時被　許旨、被　仰下」という特旨によるものであった。寛延三年（一七五〇）二月七十二歳で没した。実岑以降はその孫実富が正二位権大納言に昇ったほかは、上階せずに終った。日記には、『押小路実岑卿記』がある。明治十七年（一八八四）公亮のとき、叙爵内規により子爵を授けられた。菩提所は報恩院。『押小路家譜』（東京大学史料編纂所架蔵、四一七五―一八五）。

公音　きんおと　一六五〇―一七一六

慶安3（一六五〇）・1・19誕生、明暦1（一六五五）・10・16叙爵、寛文3（一六六三）・1・18元服、昇殿、侍従従五位上、寛文8・1・5〈「7年」家譜〉正五位下☆、1・11右少将、寛文11・12・28従四位下、延宝1（一六七三）・12・26右中将、延宝4・1・5従四位上☆、延宝8・1・5正四位下☆、貞享1（一六八四）・12・23〈去正月五日分〉〔従三位〕、元禄2（一六八九）・12・26改公音、元禄6・12・25〈去々年正月六日分〉正三位☆、元禄13・12・25参議、12・27右中将、元禄14・12・23辞参議、元禄15・12・23従二位、正徳1（一七一一）・2・19権中納言、4・16帯剣、4・22直衣、正徳3・7・21辞権中納言、7・30権大納言、8・19辞権大納言、12・12出家☆

[死没]享保1（一七一六）・7・3　[年齢]67　[父]三条西公勝　[母]家女房　[前名]公起　[法名]思順　[公卿補任]4―77上

実岑　さねみね　一六七九―一七五〇

延宝7（一六七九）・4・25誕生、貞享2（一六八五）・12・24叙爵、元禄5（一六九二）・12・10元服、昇殿、侍従従五位上、元禄9・12・28正五位下、元禄10・12・26右少将、元禄13・1・28〈去五日分〉従四位下、12・29遷左（依父子同府〔「同官」ま〕也）、元禄15・12・23左中将、宝永1（一七〇四）・2・13従四位上、宝永5・1・20〈去五日分〉正四位下、正徳2（一七一二）・1・20従三位、享保3（一七一八）・6・24〈去三月十六日分〉正三位、享保10・11・6参議、11・25〈去六日参議同日分〉右中将、享保13・8・21辞両官、11・27従二位、元文2（一七三七）・2・21権中納言、3・9帯剣、3・14聴直衣、元文3・12・16辞権中納言、延享1（一七四四）・7・23権大納言、7・26辞権大納言、延享3・12・24正二位、寛延3（一七五〇）・2・11薨去

[死没]寛延3（一七五〇）・2・11　[年齢]72　[父]押小路公音　[養父]三条実治　[母]正二位権大納言河鰭実陳女　[号]見進院　[日記]押小路実岑卿記（一七三七）　[公卿補任]4―205上

実富　さねとみ　一七四九―一八二六

寛延2（一七四九）・10・27誕生、宝暦3（一七五三）・12・22従五位下、宝暦8・11・26元服、従五位上、右馬権頭、昇殿、宝暦12・12・19正五位下、明和3（一七六六）・1・5従四位下、明和7・1・10従四位上、8・4左近衛権少将、安永3（一七七四）・1・5正四位下、安永5・8・24右近衛権中将、9・27拝賀、安永6・9・14〔従三位〕、天明2（一七八二）・9・17正三位、寛政9（一七九七）・3・19参議、9・25

左権中将、10・16聴直衣、直衣始、10・26辞両官、11・18従二位、文化10(一八一三)・5・11権中納言、5・25帯剣、5・26聴直衣、直衣始、9・8辞権中納言、12・16賜後桜町院御服、文化11・10・10権大納言、10・22直衣始、10・24辞権大納言、文化12・2・26正二位、文政9(一八二六)・12・7薨去

[死没]文政9(一八二六)・12・7 [年齢]78 [父]押小路従季 [母]正三位五辻盛仲女 [幼名]孟丸 [法名]翫月 [公卿補任]4―557上

高松家　たかまつけ

藤原氏北家閑院流。三条西家庶流武者小路家の傍流。武者小路准大臣実陰の二男高松参議重季を家祖とする。高松の称号は、嫡家転法輪三条家において後閑院贈太相実季の三男権大納言仲実、その子公頼などが高松第に住しこれを称した先例に因むのであろう。家格は羽林家、新家。宝永期に創立。外様の家。多く近習となった。有職故実・和歌を家職とした。九条家の家礼。家禄三十石三人扶持。『高松家譜』に拠れば、重季は西郊備前守実信の孫。西郊は三条西右大臣実条の三男実号が慶長年間(一五九六―一六一五)に叙爵して起した新家のようで、実号は後水尾院々参となり、左近衛権中将となり、寛文二年(一六六二)六月に没した。その息実信は寛永十一年(一六三四)生まれ、某年叙爵し元服昇殿を聴され、備前守に任ぜられ、従四位下左近衛権中将まで昇った。実信の息が叔父武者小路公種の養嗣子となった実陰である。実陰が他家の養子となったことで西郊家は二代で廃絶したのである。なお、実号の名は『系図纂要』では実名としてある。重季は実陰の二男で、宝永三年(一七〇六)九歳で叙爵し、禁中御児として東山天皇に近侍した。同八年元服し、昇殿を聴され、近習に召された。累進して享保四年(一七一九)任右中将。同十六年従三位に昇叙。のち正三位に昇り、死の直前の延享二年(一七四五)参議に列し、一日でこれを辞し、翌十月四十八歳で没した。霊元院の信任を受け、享保十年には西郊高松系譜を書続けるべきの院の仰せを受け、同十九年には院が宝永の末年より編纂を下命していた『新類題和歌集』の撰者にも加列された。公祐は光格院の院評定となり、正二位権中納言に昇ったほかは、正三位を先途とした。明治十七年(一八八四)実村のとき、叙爵内規により子爵を授けられた。菩提所は廬山寺。『高松家譜』(東京大学史料編纂所架蔵、四一七五―四二三)。

高松家

実号―実信―実陰―**重季**―実逸
季昵―**公祐**―**季実**＝**保実**―実村(子爵)
(公祐)―保実

重季　しげすえ　一六九八―一七四五

元禄11(一六九八)・12・24誕生、宝永3(一七〇六)・2・8叙爵、宝永8・2・13元服、昇殿、侍従従五位上、正徳5(一七一五)・9・15〈去正五分〉正五位下、正徳6・2・16右少将☆、享保4(一七一九)・1・11〈去正五分〉従四位下、12・26右中将、享保8・2・13従四位上、享保12・1・8〈去五分〉正四位下、享保16・4・27従三位、号高松、元文3(一七三八)・7・21正三位、延享2(一七四五)・9・27参議、9・28辞参議、10・8薨去

[死没]延享2(一七四五)・10・8 [年齢]48 [父]武者小路実陰 [母]家女房 [号]高松 [公卿補任]4―297下

季昵　すえちか　一七五五―九五

宝暦5(一七五五)・9・26誕生、宝暦9・1・5叙爵、明和2(一七六五)・2・28元服、昇殿、上野権介、従五位上、明和6・1・29右兵衛権佐、3・25正五位下、明和7・8・4兼近江権介、安永2(一七七三)・2・22〈去正九分〉従四位下、安永3・1・9秩満、安永5・9・1右権少将、9・17奏慶、安永6・1・9従四位上、安永8・12・12〈ま〉賜後桃園院御服、12・28除服宣下、安永10・1・26〈去五分〉正四位下、天明5(一七八五)・1・13右権中将、

1・16奏慶、8・17従三位（小除目次）、寛政4（一七九二）・12・19〈去正月五日分〉正三位、寛政7・9・8薨去

［死没］寛政7（一七九五）・9・8　［年齢］41　［父］高松実逸　［母］従三位水無瀬経業女　［公卿補任］5—39上

公祐　きんさち　一七七四—一八五一

安永3（一七七四）・10・9誕生、安永7・1・28従五位下、天明7（一七八七）・12・19元服、昇殿、従五位上、寛政1（一七八九）・5・22刑部大輔（小除目）、寛政7・9・8服解（父）、10・28除服出仕復任、寛政8・4・24正五位下（小目）、寛政11・2・30従四位下、寛政12・3・26儲君親王家司、拝賀、享和1（一八〇一）・8・10右近衛権少将、9・20拝賀、享和2・10・5〈「15日」ま〉従四位上、文化2（一八〇五）・1・26正四位下、文化7・9・23転左権中将、10・17拝賀、12・21［従三位］、文化12・2・30〈去正月五日分〉正三位、天保2（一八三一）・9・20参議、天保3・1・20辞参議、天保6・12・18従二位、嘉永2（一八四九）・5・9権中納言、5・18辞権中納言、嘉永3・12・12正二位、嘉永4・7・18薨去

［死没］嘉永4（一八五一）・7・18　［年齢］78　［父］高松季昵　［母］家女房　［号］月心院　［公卿補任］5—202下

季実　すえざね　一八〇六—五六

文化3（一八〇六）・5・18誕生、文化11・12・19従五位下、文化13・12・16元服、昇殿、備中権守、文政1（一八一八）・5・28遷近江権介（小除目）、12・19従五位上、文政5・1・5正五位下、文政9・1・21〈去五日分〉従四位下、12・27左京権大夫、文政13・1・5従四位上、天保5（一八三四）・3・16〈去正五分〉正四位下、天保7・12・19左近衛権少将、天保8・1・16拝賀、天保13・12・22転権中将、12・29拝賀、天保14・6・14服解（母）、8・6除服出仕復任、弘化1（一八四四）・12・22［従三位］、嘉永2（一八四九）・10・24正三位、安政3（一八五六）・7・29薨去

［死没］安政3（一八五六）・7・29　［年齢］51　［父］高松公祐、二男　［母］正二位権中納言滋野井冬泰養女（実正二位権大納言滋野井公麗女）　［公卿補任］5—422下

保実　やすざね　一八一七—七八

文化14（一八一七）・12・1誕生、文政12（一八二九）・12・21叙爵、文政13・3・27元服、昇殿、備中権守、天保3（一八三二）・7・15院判官代、7・28院司慶、天保4・1・5従五位上、天保8・1・5正五位下、天保11・11・19去院判官代（依崩御）、12・20賜光格天皇御服、天保12・1・20除服宣下、12・6従四位下、弘化2（一八四五）・1・18従四位上、弘化4・12・27止官永蟄居（不正之行状専陥奸曲、殊於歌道被定置旨有之処、軽其儀不容易事候、依之可被処厳科之処、以格別之御憐愍、止官永蟄居被仰出候、自今以後従父祖之教訓相励孝道可有謹慎之事）、嘉永4（一八五一）・4・8免永蟄居、嘉永5・3・27〈去正四分〉正四位下、嘉永6・3・25大膳権大夫、安政3・7・29服解（父）、9・20除服出仕復任、安政5（一八五八）・12・19［従三位］、文久2（一八六二）・12・7正三位

［死没］明治11（一八七八）・9・24　［年齢］62　［父］高松公祐、四男　［母］家女房　［公卿補任］5—518上

西四辻家　にしよつつじけ

藤原氏北家閑院流。四辻家の庶流。四辻権大納言公亨の三男左衛門佐公碩を家祖とする。家格は羽林家、新家。新家としてはごく新しく天明期の創立。内々の家。有職故実・雅楽（箏）を家職とした。鷹司家の家礼。家禄三十石三人扶持。家祖公碩は、安永二年（一七七三）七歳で叙爵し、天明元年（一七八一）元服し昇殿を聴され、西四辻と称する。同年大和権介従五位上に任叙。同八年院別当となり、寛政二年（一七九〇）従四位上左衛門佐に叙任、同五年四月二十七歳で没した。息公尹は寛政五年五歳で叙爵し、文政五年（一八二二）左近衛権中将従三位に任叙。のち正三位に昇り、嘉

西四辻家

公碩══公尹——公恪══公業（子爵）

永四年(一八五一)六十三歳で没した。その息公恪も正三位まで昇り、その後は高松前権中納言公祐四男が入って養子となる。公業である。嘉永四年(一八五一)十四歳で叙爵、同六年元服し、安政七年(一八六〇)には正五位下に昇叙された。早くから尊王攘夷の大義を唱え有志と謀って討幕運動を起し、慶応二年(一八六六)中御門経之など二十二卿が列参し、朝彦親王ら親幕派の弾劾などを行ったことにも加わり、勅勘を蒙り解官蟄居を命ぜられた。同三年三月勅免あり、同十二月王政復古の大号令が発せられ新政府が樹立されると、参与助役となり、翌四年正月さらに参与職に任じ、続いて会計事務総督に補せられた。戊辰の役に際しては大総督参謀となり、江戸に出張、六月末に帰京するまで民政裁判所総督を兼務するなど関東地方の平定に尽力した。日記に、『侍従西四辻公業日記』がある。明治十七年(一八八四)公業のとき、叙爵内規により子爵を授けられた。菩提所は鞍馬口 浄善寺。『西四辻家譜』(東京大学史料編纂所架蔵、四一七五—二七七)。

公尹　きみただ　一七八九—一八五一

寛政1(一七八九)・閏6・19誕生、寛政5・4・5従五位下、寛政10・12・22元服、昇殿、丹波権守、従五位上、享和2(一八〇二)・1・14正五位下、文化3(一八〇六)・1・18従四位下、文化7・1・10従四位上、文化10・5・18右近衛権少将、6・13拝賀、文化11・1・20正四位下、3・14兼常陸権介、文化15・1・17秩満、文政5(一八二二)・5・4転左権中将、5・20拝賀、6・12〔従三位〕、文政9・2・29正三位、嘉永4(一八五一)・12・25薨去

〔死没〕嘉永4(一八五一)・12・25　〔年齢〕63　〔父〕西四辻公碩(実四辻公萬)　〔母〕梅小路定福女　〔法名〕通誉　〔公卿補任〕5—284上

公恪　きみつむ　一八一二—七三

文化9(一八一二)・12・4誕生、文化12・1・14叙爵、文政5(一八二二)・3・15元服、昇殿、従五位上、文政7・6・4右兵衛佐(小除目)、文政9・1・21正五位下、文政13・1・21従四位下、天保5(一八三四)・1・13(去五分)従四位上、天保9・1・5正四位下、天保11・12・20賜太上天皇御服、天保12・1・20除服宣下、12・22右権少将、天保13・1・1拝賀、嘉永1(一八四八)・5・18兼丹波介(小除目)、嘉永3・12・19転左権中将(介如旧)、嘉永4・1・1拝賀、嘉永4・6・14〔従三位〕、12・25喪父、安政2(一八五五)・1・22〔正三位〕

〔死没〕明治6(一八七三)・10・18　〔年齢〕62　〔父〕西四辻公尹　〔母〕蔵人正五位下裏松光世女　〔公卿補任〕5—472下

園池家　そのいけけ

園池家

宗朝—実卿＝公屋—実守—房季＝実徳—公翰—実達—公宜＝公静(子爵)
（宗朝—公屋）
（実達—公静）

藤原氏北家閑院流に属す。もと北家四条流。正親町三条家の傍流。櫛笥贈内大臣隆致の二男権中納言宗朝を家祖とする。家格は羽林家、新家。寛永期に創立。外様の家。有職故実を家職とした。近衛家の家礼。家禄は三十石三人扶持。家祖宗朝は、元和二年(一六一六)六歳で叙爵し、寛永元年(一六二四)元服し昇殿を聴され、治部大輔・従五位上に任叙。正保三年(一六四六)従三位に上階、公卿に列した。参議を経て明暦二年(一六五六)権中納言に昇任、のち従二位に昇り直衣を聴され、寛文元年(一六六一)十二月五十一歳で没した。宗朝の四歳上の舎兄隆朝が慶長十八年に没した父左少将隆致の跡を嗣いだ。慶長九年生れで七歳上の姉は隆子といい、後水尾天皇の後宮に入り、寛永八年二十八歳で皇子を出産、正保四年の皇子出産に至るまで、この腹に五皇子五姫宮が生まれた。寛永十四年出生の良仁親王、のちの後西天皇もこの腹で、貞享二年(一六八五)五月院号宣下があり、逢春門院と号

し、同月八十二歳で亡くなった。宗朝の息実卿は寛永十九年五歳で叙爵し、刑部大輔・従四位下まで進んだが、寛文三年十一月二十七歳で頓死したので、舎弟季豊がその猶子として後を嗣ぐことになる。同八年正月に正親町三条前参議実昭の猶子として二十四歳で叙爵し、大炊頭に任ぜられ、同日元服し、昇殿を聴され、また従五位上に叙せられた。園池家は、川辺大臣魚名を始祖とする四条流の櫛笥家の分流として起ったが、ここに属閑院流となる。その息実守は、享保十二年(一七二七)三十四歳、正三位で没したが、この後を嗣いだ息房季は延享元年(一七四四)三十二歳で従三位に上階し、その後参議を経て明和五年(一七六八)には家として例のない権中納言に昇り、勅授帯剣、直衣を聴され、更には正二位を経て安永八年(一七七九)権大納言にまで昇り、寛政七年(一七九五)九月八十三歳で没した。房季には子息がなく、故水無瀬権中納言氏孝の四男氏精を養子となす。宝暦五年二十歳で元服し、翌々七年実徳と改名。累進して安永三年(一七七四)従三位、同四年宮内卿に叙任したが、同五年十月水無瀬家に帰家し、これを相続した。園池は同三年に叙爵していた息公翰が嗣ぎ、同五年十二歳で元服し昇殿を聴された。累進して寛政八年(一七九六)従三位に上階し、三十二歳で公卿に列した。文化四年(一八〇七)儲君三卿となり、同九年参議に列し、同十四年には議奏に列した。文政六年(一八二三)権中納言に昇り、勅授帯剣、直衣を聴され、同八年正二位を推叙された。『園池家譜』には「立親王以来御用勤仕、年齢中置雖不満家例、勤労之賞推叙之旨被　仰下」と見える。そして天保二年(一八三一)五月には「多年有勤労之間、被宣下」として権大納言に任ぜられたが、翌月辞し、翌三年四月議奏役を辞し申したが、五月召止められ、八月に再び辞し申し、十月免された。「当今自御幼稚三卿議奏等永々勤仕、苦労被思召、於此度猶又可被召留候得共、持病為難渋之趣残念被思食候得共、被免、寛々可保養、且多年勤仕為恩賞、黄金弐枚真綿等賜之、」と見える。仁孝天皇に長年に亘って勤仕し、議奏を勤めること二十五年にも及んだのである。天保七年九月七十二歳で没した。公翰の孫公静のとき、明治十七年(一八八四)叙爵内規により子爵を授けられた。菩提所は北野文軒町宝幢寺。『園池家譜』(東京大学史料編纂所架蔵、四一七五—二三九)。

宗朝　むねとも　一六二一—一六一

慶長16(一六二一)・6・29誕生、元和2(一六一六)・8・26叙爵、寛永1(一六二四)・12・10元服、従五位上、治部大輔、寛永5・2・ｰ正五位下、寛永10・1・6従四位下、寛永14・1・5従四位上、寛永18・1・5正四位下、正保3(一六四六)・12・18〈賜去正月五日位記〉従三位、正保4・6・21治部卿、承応1(一六五二)・12・7〈賜去年正月五日正三位口宣案〉正三位☆、承応3・12・24参議、承応4・1・11辞参議、明暦2(一六五六)・12・1権中納言、12・14従二位、明暦3・8・9辞権中納言、寛文1(一六六一)・12・6薨去

[死没]寛文1(一六六一)・12・6　[年齢]51　[父]櫛笥隆致、二男　[母]家女房　[公卿補任]3—611上

公屋　きんや　一六四五—一七〇一

正保2(一六四五)・7・23誕生、寛文8(一六六八)・1・18叙爵(于時季豊)、元服、昇殿、大炊頭、従五位上、寛文12・1・6正五位下、延宝4(一六七六)・1・5従四位下、延宝9・1・5従四位上、天和1(一六八一)・12・24左少将、天和3・12・27左中将、天和4・1・6正四位下、貞享5(一六八八)・1・13〈去六日分〉従三位、元禄14(一七〇一)・8・6薨去

[死没]元禄14(一七〇一)・8・6　[年齢]57　[父]園池実卿　[母]家女房　[前名]季豊　[法名]月桂　[公卿補任]4—95上

実守　さねもり　一六八四—一七二七

貞享1(一六八四)・6・23誕生、貞享4・1・6叙爵、元禄10(一六九七)・1・26元服、昇殿、侍従、閏2・12従五位上、元禄14・2・17〈去正五分〉正五位下☆、12・23右少将☆、元禄17・2・13〈去正五分〉従四位下、宝永1(一七〇四)・12・26左中将、宝永4・2・6〈去正五分〉従四位上、宝永7・12・21正

四位下、正徳5（一七一五）・2・14〈去年十二廿六分〈ま〉〉従三位、享保4（一七一九）・1・11〈去五日分〉正三位、享保12・4・22薨去

[死没]享保12（一七二七）・4・22　[年齢]44　[父]園池公屋　[母]家女房　[法名]禅空　[公卿補任]4—217下

房季　ふさすえ　一七一三—九五

正徳3（一七一三）・3・14誕生、享保2（一七一七）・1・21〈去五分〈ま〉〉叙爵（于時昭季）、享保5・11・4改房季、享保11・11・23元服、昇殿、侍従、従五位上、享保12・4・22喪父、6・18除服出仕復任、享保14・3・28〈去正五分〉正五位下、享保16・3・27右少将、享保17・3・16〈「2月」ま〉〈去正五分〉従四位下☆、享保19・12・24〈「14日」ま〉右中将☆、享保20・11・9従四位上、元文4（一七三九）・2・1正四位下、延享1（一七四四）・4・4従三位、寛延2（一七四九）・12・24正三位、宝暦9（一七五九）・11・12参議、宝暦10・10・3辞参議、11・20〈「30日」ま〉左兵衛督、12・26従二位、宝暦12・9・28辞左兵衛督、明和5（一七六八）・1・9権中納言、1・15帯剣、1・19聴直衣、明和6・1・8辞権中納言、安永5（一七七六）・1・9正二位、安永8・3・9権大納言、3・16辞権大納言、寛政7（一七九五）・9・7薨去

[死没]寛政7（一七九五）・9・7　[年齢]83　[父]園池実守　[母]家女房　[前名]昭季　[公卿補任]4—366下

公翰　きんふみ　一七六五—一八三六

明和2（一七六五）・2・13誕生、安永3（一七七四）・12・19従五位下、安永5・12・8元服、昇殿、右京権大夫、従五位上、安永8・12・12賜後桃園院御服、12・28除服宣下、安永9・11・27正五位下、天明4（一七八四）・1・15従四位下、天明8・9・22〈去正十分〉従四位上、11・4権少将、12・16拝賀、寛政2（一七九〇）・2・22賜前青綺門院御服、3・23除服宣下、寛政4・2・2正四位下、5・15服解（父）、7・5除服出仕復任、寛政5・6・27服解（母）、8・18除服出仕復任、寛政7・9・7服解（祖父、依受家督〈ま〉）、10・27除服出仕復任、寛政8・4・24転右権中将（小除目）、10・25拝賀、12・19〔従三位〕、寛政13（一八〇一）・1・5正三位、文化9（一八一二）・12・19参議、文化11・1・27従二位、2・26辞参議、文政6（一八二三）・12・19権中納言、12・28帯剣、12・29聴直衣、直衣始、文政8・1・17辞権中納言、5・24正二位、天保2（一八三一）・5・19権大納言、6・8直衣始、6・18辞権大納言、天保7・9・28薨去

[死没]天保7（一八三六）・9・28　[年齢]72　[父]園池房季　[母]家女房　[法名]是空　[公卿補任]5—110上

実達　さねたつ　一七九二—一八五〇

寛政4（一七九二）・7・26〈ま〉誕生、寛政8・3・15従五位下、享和2（一八〇二）・4・24元服、昇殿、近江権介、従五位上、文化3（一八〇六）・1・26正五位下、文化7・1・10従四位下、文化11・2・20従四位上、文化15・1・5正四位下、文政1（一八一八）・5・28左権少将（小除目）、8・28拝賀、文政7・6・4着本陣、閏8・11転権中将、8・26拝賀、12・24〔従三位〕、文政11・1・27正三位、嘉永3（一八五〇）・1・23薨去

[死没]嘉永3（一八五〇）・1・23　[年齢]59　[父]園池公翰　[母]櫛笥隆久長女　[公卿補任]5—300上

藪家　やぶけ

藤原氏北家閑院流に属す。もと藤原氏南家左大臣武智麿孫中納言貞嗣流。もと高倉家。高倉侍従範遠養嗣子藪権大納言嗣良を家祖とする。家格は羽林家、新家。寛永期に創立。外様の家。有職故実を家職とした。一条家の家礼。家領百八十石。高倉家は藤原従三位刑部卿範兼猶子贈従一位左大臣範季を家祖とする。保元三年（一一五八）叙爵し、累進して建久七年（一一九六）正四位下に昇叙、翌八年後鳥羽天皇の侍読となり、その功労により従三位に叙せられ、建仁元年（一二〇一）正三位、同三年従二位に昇り、元久二年（一二〇五）七十六歳で没した。女範子（のち重子）は後鳥羽天皇の後宮に入り、順徳天皇を産み国母となり、承元

元年(一二〇七)院号宣下あり脩明門院と号した。範季は外祖父となるにより左大臣を贈られた。範季の孫範藤および範春、範資の三代いずれも上階を遂げたが、それ以降は歴代の詳細は不明で、室町時代中期の範音に至り、左少将範音が文明二年(一四七〇)正四位下に叙せられた以降は記録が途絶え、絶家となったようである。この家名を再興したのは、四辻家別流の四辻前権中納言季経の四男範久で、文亀元年(一五〇一)九歳で叙爵し、永正六年(一五〇九)元服、任侍従。『実隆公記』同年六月二十一日条に、「今日阿古丸(名字範久)、加首服云々、実父季経卿加冠歟、其間之儀可尋問之、是南家高倉跡相続也、故民部卿典侍実之里方継之也、可令遂儒業歟之由内々有叡旨、珍重事也」とあり、幼名阿古丸といい儒業を期待されての南家高倉跡式の相続であった。同十六年左少将より少納言に遷任し、事務吏僚を長く勤め、天文二年(一五三三)五代中絶していた上階を遂げ公卿に列し、正三位を経て同十三年には八代も中絶していた参議に昇ったが、同十五年五月大中風のため五十四歳で没した。範久の遺跡は冷泉左中将為豊の二男鶴寿丸が相続することになる。『言継卿記』天文十七年五月一日条に、禁裏御番の結改により言継と同じ一番の番衆となった者のことを記して「鶴寿は高倉故宰相相続云々、下冷泉為豊朝臣次男云々、十四才云々」とあるのによって知られる。鶴寿丸は、天文十五年十二歳で叙爵し、同十八年元服。初名の範家を範信と改名し、同二十年三月少納言に任ぜられたが、同九月、後奈良天皇の勅により三年前の十七年十二月に没した甘露寺権大納言伊長の遺跡を相続し、経元と改めた。経元が初め高倉家を相続していたことは、『藪家譜』『甘露寺家譜』『諸家伝』等には記載を見ないが、『冷泉家譜』の記載および範家・範信の名乗りによっても確認される。範信の後の嗣子については、勧修寺権中納言晴季の二男が決まったようで、範将と名付けられ、弘治二年(一五五六)正月六日に叙爵したことが『言継卿記』および『歴名土代』によって知られるが、この範将については他に知るところがない。相続不成就か、早世によるのであろう。これより五年後の元亀二年(一五七一)になって、日野流の柳原権中納言淳光二男の相続が決まり、範国と名乗った。『お湯殿の上の日記』同年四月二十九日条に、「たかくらあと、やなきはら中納言こあとめとて、ちこおれい申さる丶」とある。そしてこの翌五月二十一日に叙爵し、天正八年(一五八〇)には正五位下に昇った。しかしその四年後、範国は事故により横死する。『兼見卿記』天正十二年七月五日条に、「昨夜、唱門師村之旧屋敷之近辺ニ於テ、高倉少将範国合賊徒、散々手負、今朝死去云々、此人柳原亜相実子也、連々別而令入魂也、驚入」と見える如く、賊徒に遭遇し深手を負わされ落命している。この後は、四辻権大納言公遠の男教遠が同十三年十一月に五歳で叙爵し、十六年十二月元服し、高倉の家を相続した。しかし、十九年、嫡子である舎兄の季満が勅勘を蒙り出奔したため、生家に復帰して、二十年に四辻の家名を継承した。名も季継と改めた。これにより、またまた中絶することになるが、慶長五年(一六〇〇)に至って季継の舎弟嗣良が八歳で叙爵し、高倉家を相続した。十三年七月勅勘を蒙り、それより丸四年ほど謹慎したが、その後の官位の昇進は順調で、寛永五年(一六二八)上階し、十四年十二月参議に任ぜられた。ここに当たり、高倉を改め藪と号する。当時、高倉の号は枇杷中納言長良の裔が称していて、同号併立により改めたのであろう。家の称号に藪を用いた由来は明らかでないが、戦国時代に絶家となった高倉家を初めて再興した範久が四辻家の出身であることと関りがあろう。応永頃、四辻季顕の後は実茂が家督を相続するが、舎弟の季保は庶流家を起し、一時藪内とも号した。『康富記』応永三十年(一四二三)九月三日条に「藪内宰相中将季保朝臣」、同月十日条に「藪内新宰相季保朝臣」とあるのはそれを示す。範久の実父権中納言季経はこの季保の孫であり、四辻家より入って高倉家が再興されたことを佳例とし、藪内から藪の号を用いたのであろう。なお、藪家が属閑院

藪家系図

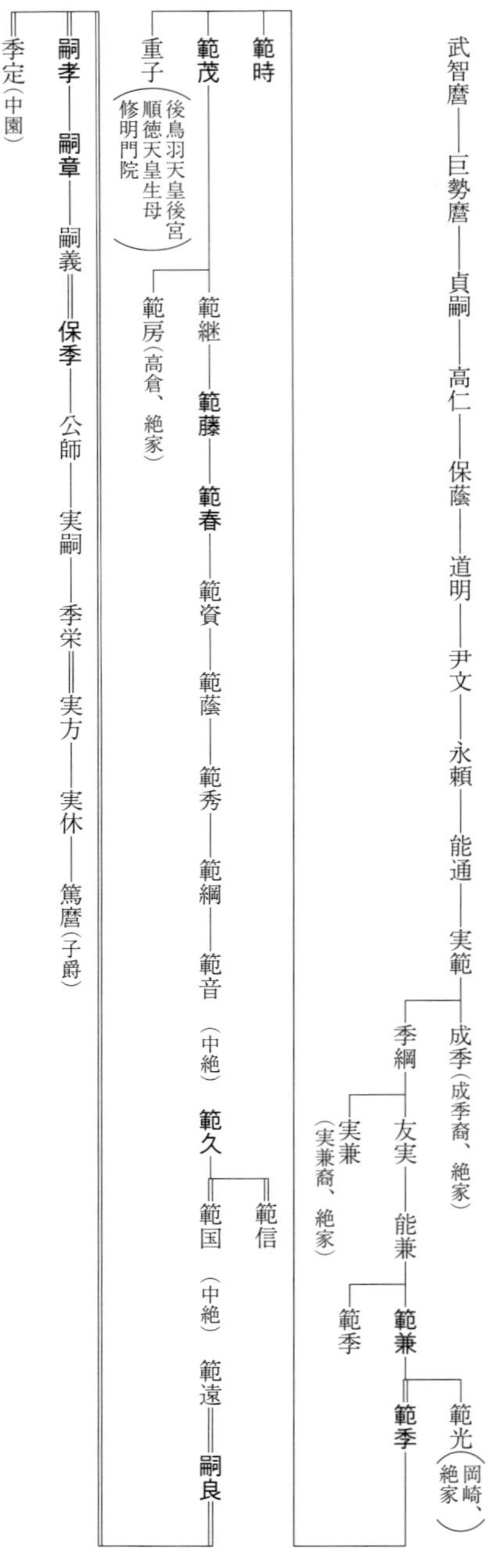

流となるのは、嗣良が四辻家の出身であったからである。その後、嗣良は権中納言を経て、寛永十九年権大納言にまで昇り、承応二年(一六五三)四月六十三歳で没した。この後を嗣いだ嗣孝は参議正三位、その孫の保季が権中納言従二位に昇った他は、いずれも上階を遂げなかった。嗣孝は議奏に補された。またその舎弟季定は寛永期に一家を起し、中園と号した。明治十七年(一八八四)篤麿のとき、叙爵内規により子爵を授けられた。菩提所は鞍馬口浄善寺。なお、昭和十一年(一九三六)藪を高倉の家名に復した。『藪家譜』(東京大学史料編纂所架蔵、四一七五—三三一)。

範兼　のりかね　一一〇七—六五

天治2(一一二五)・9・‐院昇殿、大治1(一一二六)・4・‐新院蔵人〈くし〉、大治3・8・1穀倉院学問料、12・29秀才、大治4・1・21越後少掾、大治5・1・8蔵人、大治6・1・11策試(褒揚明時以序賢才)、宗光朝臣問、1・12判、1・22左衛門少尉、使宣旨、天承1(一一三一)・8・7〈9日カ〉従五位下(無品善子内親王未給)、保延3(一一三七)・1・5従五位上(策)、康治2(一一四三)・1・6正五位下(策)、康治3・1・24式部少輔、天養2(一一四五)・1・26出雲権守、久寿2(一一五五)・11・27東宮学士、久寿3・2・2兼大学頭、保元2(一一五七)・1・24兼越前介、12・17四位(策)、保元3・1・6従四位上(申請修造大学寮廥倉)、12・17正四位下(坊官)、保元4・1・29佐渡守(使巡)、永暦1(一一六〇)・1・21兼近江守、永暦2・1・23以近江守譲弟範季、応保2(一一六二)・7・17刑部卿(元大学頭)、応保3・1・5従三位、刑部卿如元(坊官賞、両度希代例也)、長寛3(一一六五)・2・11出家、4・26薨去

[死没]長寛3(一一六五)・4・26 [年齢]59 [父]藤原能兼、一男 [母]高階為賢女 [公卿補任]1—454下

範季　のりすえ　一一三〇—一二〇五

久安6(一一五〇)・12・30給穀倉院学問料、仁平2(一一五二)・12・30秀才、仁平3・1・21越後大掾、久寿

1(一一五四)・4・20策試(題流鱗水石飛(「飛沈評水石」くし))、久寿2・1・28大膳亮、久寿3・2・2左衛門少尉、即蒙使宣旨、保元2(一一五七)・2・20蔵人、保元3・1・7従五位下(策)、応保1(一一六一)・1・26近江守、9・15遷常陸介、応保3・2・-院昇殿、長寛2(一一六四)・1・5従五位上(策)、4・21昇殿、長寛3・10・7遷上野介、嘉応2(一一七〇)・1・5正五位下(前待賢門院未給〔「御給」し〕)、承安3(一一七三)・7・7辞介以猶子範光任紀伊守〈くし〉、承安5・1・25式部権少輔〈くし〉、安元2(一一七六)・1・30陸奥守(院分)、3・30鎮守府将軍、治承3(一一七九)・11・17止守、養和2(一一八二)・3・8従四位下(権少輔如元)、6・16昇殿、寿永2(一一八三)・1・5従四位上、元暦1(一一八四)・9・18備前守(院分)、元暦2・1・20木工頭(去守)、12・24兼皇太后宮亮、文治2(一一八六)・11・1解却両官、建久7(一一九六)・1・6正四位下(臨時)、建久8・-・-御侍読、12・15従三位(御侍読労)、建仁2(一二〇二)・閏10・24正三位、建仁3・1・5従二位、元久2(一二〇五)・5・10〈旧〉薨去、-・-贈左大臣〈く追〉

［死没］元久2(一二〇五)・5・10　［年齢］76　［父］藤原範兼(実藤原能兼、三男)　［母］散位従五位下高階為賢女　［号］高倉　［公卿補任］1―537上　［大日本史料］4―8―551

範時　のりとき　一一六五―?

嘉応3(一一七一)・4・6院非蔵人、養和2(一一八二)・2・3給穀倉院学問料、元暦1(一一八四)・1・29文章得業生、文治2(一一八六)・2・30但馬大掾、文治5・10・20献策(詳西北、叙符)、正五位下行大内記兼安芸権介菅長守問、依父勅勘五年間被抑献冊也、10・25判、11・13修理亮、11・19二宮蔵人、親王始日也、建久3(一一九二)・7・26蔵人(大業)、10・26転左衛門少尉、12・30使宣旨、建久4・2・1従五位下(策労)、建久7・1・28淡路守(範季卿給)、建久2・4・15〈正治2年カ〉兼東宮学士(立坊日)、建仁3(一二〇三)・1・7正五位下(臨時)、1・13兼式部権少輔、元久1(一二〇四)・1・17去任国補範周(舎弟)、元久2・1・10服解(父)、8・16復任、承元4(一二一〇)・11・25止学士(依受禅也)、今夜即聴昇殿、12・22右少弁(坊官賞)、承元5・1・18左少弁、4・10耆儒(盛経卿替)、9・8権右中弁、10・12右中弁、10・29従四位下、建暦2(一二一二)・5・29右宮城使、建保2(一二一四)・1・5従四位上(建暦二八幡賀茂行幸行事賞)、12・1左中弁、建保3・12・15正四位下、建保6・1・13右大弁、建保7・1・22従三位、元右大弁、貞応2(一二二三)・8・-出家

［父］藤原範季、一男　［母］従三位藤原範能女　［公卿補任］2―32上　［大日本史料］5―2―53

範茂　のりしげ　一一八五―一二二一

建久9(一一九八)・1・11蔵人(蔭子)、1・24叙爵、正治3(一二〇一)・1・29肥前守、建仁2(一二〇二)・閏10・24左衛門佐、建仁3・10・24従五位上、元久2(一二〇五)・1・5正五位下(春宮御給)、1・29遷左兵衛佐、8・17復任、承元1(一二〇七)・10・29左少将、12・9兼越後守、承元3・1・5従四位下(修明門院御給)、建暦1(一二一一)・1・21従四位上、建暦2・1・13右中将、建保2(一二一四)・2・14正四位下(修明門院御給)、建保6・4・21転左、建久7(一一九六)・1・22蔵人頭、承久2(一二二〇)・1・22参議(元蔵人頭)、4・6従三位(左中将如元)、承久3・1・13丹波権守、6・24武士申請、7・-下向関東、-・-出家、-・-薨去

［死没］承久3(一二二一)・7・18　［年齢］37　［父］藤原範季、二男　［母］平教盛女従三位能子　［号］甲斐宰相　［公卿補任］2―34下　［大日本史料］5―1―87

範藤　のりふじ

建長2(一二五〇)・2・13叙爵、康元1(一二五六)・12・13侍従、正嘉3(一二五九)・1・6正五位下(神仙門院御給)、弘長4(一二六四)・1・17備中権介、文永5(一二六八)・8・1右少将、文永6・1・5従四位下、5・17還任少将、文永8・1・5従四位上(新院御給)、10・13転左中将、文永11・4・5辞中将、弘安1(一二七八)・5・26還任中将、閏10・11復任、弘安10・6・23辞中将、正応2(一二八九)・7・16左兵衛督、12・15従三位、左兵衛督如旧〔「如元」や〕、正応3・10・19止督、正応5・3・-出家

［父］藤原範継　［母］正五位下兵庫頭平信繁女

［公卿補任］2—300上

範春　のりはる

文永5（一二六八）・1・－従五位下（安嘉門院当年御給）、弘安7（一二八四）・5・6参河守、弘安8・10・27辞守、正応1（一二八八）・1・5従五位上、6・1侍従、正応3・7・21正五位下、10・29右少将（父範藤卿辞左兵衛督任之）、正応5・11・23従四位下、正応6・1・13還任右少将、永仁2（一二九四）・4・13従四位上、永仁4・12・30右中将、永仁5・7・23正四位下、－・－・－辞中将、延慶3（一三一〇）・6・1従三位、元前中将、正和5（一三一六）・1・13正三位、嘉暦2（一三二七）・－・－出家

［父］藤原範藤　［公卿補任］2—415上

範久　のりひさ　一四九三—一五四六

明応2（一四九三）・－・－誕生、文亀1（一五〇一）・6・25叙爵、永正6（一五〇九）・6・21〈や〉侍従、永正7・1・27従五位上、永正10・4・1正五位下、9・6左少将、永正16・7・26遷任少納言、7・27兼侍従、永正18・3・26従四位下、少納言侍従等如元〈や〉、大永2（一五二二）・3・29兼周防権守、大永5・12・30従四位上、大永6・4・29新帝昇殿、大永8・1・28正四位下、天文2（一五三三）・2・27従三位、元(「正四位下」さ)少納言（五代中絶）、天文7・1・5正三位、天文13・1・4参議、3・19伊与権守、天文15・5・5薨去

［死没］天文15（一五四六）・5・5　［年齢］54　［父］藤原範音（実藤原季経、四男）　［公卿補任］3—386上

嗣良　つぐよし　一五九三—一六五三

文禄2（一五九三）・1・16誕生、慶長5（一六〇〇）・7・6叙爵、侍従、慶長9・8・1従五位上、慶長13・7・17勅勘、慶長16・6・16〈くま〉勅免☆、慶長18・1・6正五位下、7・19左少将、元和1（一六一五）・8・25従四位下、元和3・1・11転中将、元和5・1・6従四位上、元和9・1・5〈くま〉正四位下、寛永5（一六二八）・2・10従三位、寛永14・12・27参議、寛永16・1・11右兵衛督、9・15権中納言、12・29〈賜去十二年正月五日叙正三位位記〉正三位☆、〈賜去正月五日叙従二位位記〉従二位、寛永19・2・6権大納言、正保2（一六四五）・10・18〈去々年正月五日正二位々記〉正二位、正保3・10・14神宮伝奏、正保4・6・5辞伝奏、権大納言、6・6出家

［死没］承応2（一六五三）・4・17　［年齢］61　［父］高倉範国（実四辻公遠、八男）　［一字名］司・良　［法名］崇音　［公卿補任］3—565下

嗣孝　つぐたか　一六一九—八二

元和5（一六一九）・9・6誕生、元和8・1・5叙爵、寛永3（一六二六）・3・17元服、昇殿、侍従、寛永5・2・10従五位上、寛永10・1・11左少将、寛永11・1・6正五位下、寛永14・12・27高倉改藪、寛永15・1・5従四位下、寛永17・1・11左中将、寛永19・1・5従四位上、正保2（一六四五）・1・5正四位下、慶安1（一六四八）・6・28〈く〉参議、中将如元〈く〉、慶安2・1・12〈賜去五日従三位々記〉従三位☆、承応4（一六五五）・1・5正三位、1・14辞参議、1・28権中納言☆、3・18帯剣〈ま〉、明暦1（一六五五）・8・25聴直衣、万治3（一六六〇）・1・27辞権中納言、寛文2（一六六二）・1・5従二位☆、寛文10・9・29権大納言、寛文12・12・22辞権大納言、延宝2（一六七四）・6・1〈去年十二月廿六日分〉正二位☆、天和2（一六八二）・5・27薨去

［死没］天和2（一六八二）・5・27　［年齢］64　［父］藪嗣良　［母］家女房　［号］高倉・藪　［公卿補任］3—616上

嗣章　つぐあき　一六五〇—九八

慶安3（一六五〇）・閏10・20誕生、承応3（一六五四）・1・5叙爵☆、寛文1（一六六一）・11・28元服、昇殿、侍従従五位上、寛文5・1・6正五位下、寛文6・12・17〈「18日」家譜〉左少将、寛文9・1・5従四位下、寛文11・12・21左中将、延宝2（一六七四）・10・7従四位上☆、延宝5・1・5正四位下、貞享1（一六八四）・12・30参議（中将如旧）、貞享2・7・13直衣、11・23〈去正月五日分〉従三位☆、元禄3（一六九〇）・3・13〈「12日」ま〉〈去年正月七日分〉正三位☆、元禄5・12・25辞両官、元禄11・7・3薨去

［死没］元禄11（一六九八）・7・3　［年齢］49　［父］藪嗣孝、二男　［母］甲斐守山崎家治女　［一字名］数　［公卿補任］4—75上

保季　やすすえ　一七三一―九九

享保16(一七三一)・11・20誕生、享保21・12・29従五位下、寛保2(一七四二)・4・7為嗣義朝臣子、延享1(一七四四)・9・18元服、昇殿、侍従、従五位上、延享2・5・18服解(父)、7・9除服出仕復任、延享4・10・7服解(実父)、11・28除服出仕復任、寛延1(一七四八)・7・21正五位下、宝暦2(一七五二)・1・22従四位下、宝暦5・1・9左権少将、10・4拝賀、宝暦6・1・6〈昨五日分〉従四位上、宝暦10・1・5正四位下、宝暦11・12・24尾張権介、宝暦12・9・28右権中将、9・29尾張権介如元、宝暦13・2・6拝賀、宝暦14・1・5〔従三位〕、明和1(一七六四)・10・6参議、明和5・12・19正三位、明和6・1・9右中将、1・17聴直衣、8・19辞両官、安永5(一七七六)・12・19従二位、天明7(一七八七)・7・13権中納言、8・27帯剣〈ま〉、8・28聴直衣〈ま〉、直衣始〈ま〉、寛政1(一七八九)・4・3辞権中納言、寛政8・4・24正二位、寛政11・4・2薨去

〔死没〕寛政11(一七九九)・4・2　〔年齢〕69　〔父〕藪嗣義(実清水谷雅季、五男)　〔母〕家女房　〔公卿補任〕4―477上

成季裔(絶家)

成季裔

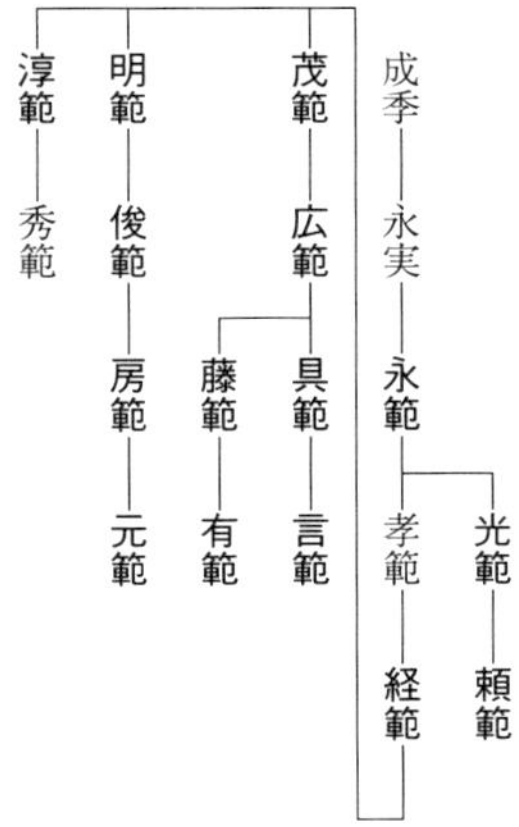

永範　ながのり　一〇九六―一一八〇

永久2(一一一四)・12・30給勧学院学問料(去十九日於中納言亭被試、申料之状等所被抽補也〈く〉)、元永1(一一一八)・12・30文章得業生、元永2・1・22〈「24日」くし〉加賀少掾、11・1服解(父)、保安3(一一二二)・2・2策試、12・20大学権助、保安5・1・22左衛門尉、即使宣旨、12・20叙爵(皇后宮合爵)、大治5(一一三〇)・1・6従五位上(策)、長承4(一一三五)・4・1大宮少進、保延2(一一三六)・1・6正五位下(策)、保延5・1・5従四位下(策)、12・16文章博士、保延7・1・29越中介、天養2(一一四五)・1・5従四位上(策)、久安3(一一四七)・1・28式部大輔、仁平4・1・23加賀介、久寿2(一一五五)・11・17昇殿、12・17御侍読、保元2(一一五七)・1・24兼石見守(使巡)、10・23正四位下(造陰明門陣屋功)、保元4・1・21昇殿(依可勤内宴序也)、永暦2(一一六一)・1・23去守(秩満)、3・6御侍読、長寛2(一一六四)・2・8兼大弐、永万2(一一六六)・7・15止大弐、10・10兼東宮学士(践祚)、仁安3(一一六八)・2・19止東宮学士〈くし〉、3・15従三位(御即位叙位、坊学士)、式部大輔如元、嘉応1(一一六九)・4・16宮内卿、承安3(一一七三)・1・5正三位(坊官)、承安5・1・23播磨権守、治承4(一一八〇)・10・11出家、11・10薨去

※(頭朱書云)明月記今年十一月十三日曰、九条三品夜前已入滅云々、今年八十五

〔死没〕治承4(一一八〇)・11・13　〔年齢〕85　〔父〕藤原永実、二男　〔母〕肥後守中原師平女　〔公卿補任〕1―468上

光範　みつのり　一一二六―?

仁平3(一一五三)・5・27給穀倉院学問料、久寿1(一一五四)・10・27妹子内親王蔵人、12・24文章得業生、久寿2・1・28越中少掾、久寿3・3・27策試、保元1(一一五六)・11・28式部少丞(前文章得業生)、保元3・1・27転大丞、5・24蔵人、8・1叙爵(妹子内親王令〔合カ〕爵)、長寛1(一一六三)・8・-八条院昇殿、長寛2・1・5従五位上(策)、長寛3・1・23治部権少輔(元散位大業、行隆任権左少弁替)、仁安2(一一六七)・2・8大内

記(元治部少輔、二月十一日小除目給兼字、敦周去年四品替)、嘉応1(一一六九)・1・11兼因幡権介、嘉応1・1・5〈2年カ〉正五位下(策)、承安3(一一七三)・1・5従四位下(七日節会止位記畢)、承安4・4・26遷文章博士(去大内記〈く〉、少輔如元)、承安5・1・5従四位下(策)、-・-去少輔、1・22美作権介、-・-・-院昇殿、安元3(一一七七)・1・24従四位上(策、依三労一年叙之〈く〉)、治承2(一一七八)・12・15東宮学士、治承3・1・19美乃介、治承4・2・21止学士(践祚)、即昇殿、4・21正四位下(前坊学士)、11・9服解(父)、治承5・3・26復任、元暦2(一一八五)・6・10式部大輔(藤俊経出家替)、文治2(一一八六)・2・30安芸権守、文治3・2・8内昇殿、2・19御侍読、建久4(一一九三)・1・28従三位式部大輔如元、建久9・12・9正三位、元久2(一二〇五)・4・10従二位、建永2(一二〇七)・4・10民部卿、承元3(一二〇九)・2・2出家

[父]藤原永範、二男　[母]従五位上隠岐守大江行重女　[公卿補任]1―528上　[大日本史料]4―10―513

頼範　よりのり　一一六二―?

治承2(一一七八)・1・26賜学問料、治承4・1・29秀才、養和1(一一八一)・3・27越前大掾、寿永1(一一八二)・3・8主殿権助、寿永2・1・22遷式部少丞、2・7従五位下、文治5(一一八九)・1・5〈くし〉従五位上(策)、建久6(一一九五)・1・5正五位下(策)、12・10民部権大輔、建久8・12・15肥後守、建仁1(一二〇一)・12・22東宮学士、12・26下名賜民部権大輔兼字、建仁2・11・19従四位下、元久1(一二〇四)・1・13従四位上(止民部大輔叙之)、承元3(一二〇九)・1・5正四位下(父卿辞民部卿申叙之)、承元4・12・26従三位(前坊学士)、承久1(一二一九)・10・3式部大輔、承久2・1・22安芸権守、承久3・1・5正三位、10・-出家

[父]藤原光範　[母]正五位上越中権守清原頼業女　[公卿補任]1―577下　[大日本史料]5―1―249

経範　つねのり　一一八七―一二五七

建久8(一一九七)・5・16文章生、建仁2(一二〇二)・1・21加賀少掾、8・20宿直内御書所、承元2(一二〇八)・3・16非蔵人、承元4・11・25新院非蔵人、承元5・1・5判官代、建暦3(一二一三)・1・12給穀倉院学問料、建保3(一二一五)・1・23秀才、建保5・1・4献冊(従四位下行治部大輔菅原朝臣淳高問、同十日判)、1・28左衛門少尉、蒙使宣旨、12・25叙爵(前八条院令爵)、承久1(一二一九)・5・12七条院昇殿、貞応1(一二二二)・12・22従五位上(罷検非違使巡叙之)、嘉禄1(一二二五)・4・20嘉陽門院昇殿、嘉禄2・1・7刑部権少輔、嘉禄3・5・15安嘉門院昇殿、安貞2(一二二八)・1・5正五位下(策労)、寛喜2(一二三〇)・4・14大学頭(父孝範朝臣譲之)、寛喜3・1・6従四位下(策労)、1・29兼土佐介、貞永1(一二三二)・12・30列耆儒、貞永2・12・15・復任(父)、12・22遷任文章博士、文暦2(一二三五)・1・23兼越中介、嘉禎3(一二三七)・1・5従四位上(策労)、暦仁-・1・5正四位下(嘉陽門院嘉禎二年未給)、仁治1(一二四〇)・1・22兼越後権介、11・-昇殿、宝治3(一二四九)・1・24従三位、建長2(一二五〇)・9・16式部大輔、建長3・1・22安芸権守、康元1(一二五六)・12・15出家、康元2・1・14薨去

[死没]康元2(一二五七)・1・14　[年齢]71　[父]藤原孝範、一男　[公卿補任]2―145上

茂範　しげのり　一二三六―?

建保4(一二一六)・12・28文章生、承久4(一二二二)・1・24越後権守、貞永1(一二三二)・8・7直内御書所、11・25後堀河院蔵人、天福2(一二三四)・9・1北白河院判官代(上皇之後依先例被補云々)、嘉禎1(一二三五)・9・5被下方略宣旨、10・4献策、題(―井、叙李梅)、正五位下行式部権少輔菅原朝臣良頼問、10・5判(中上)、12・27叙爵(宣陽門院合爵)、仁治1(一二四〇)・11・12従五位上(策労、朔旦叙位)、仁治3・3・8式部権少輔、寛元1(一二四三)・2・2越後権守、寛元4・1・5正五位下(策労)、建長1(一二四九)・1・24大内記、建長2・1・5従四位下(策)、建長7・2・13右京権大夫、康元1(一二五六)・1・6従四位上、正元1(一二五九)・1・21越前権介、文永1(一二六四)・1・13文章博士、文永2・1・30越後権介、

文永6・12・7正四位下、文永9・7・11讃岐権介〈権守カ〉、文永11・1・5従三位(元文章博士讃岐権守、越上臈博士在公朝臣)、弘安1(一二七八)・12・25式部権大輔、弘安2・1・24安芸権守、弘安4・3・26転大輔、弘安6・1・5正三位、弘安8・1・5従二位、正応4(一二九一)・3・25備後権守、正応5・4・13辞大輔、永仁2(一二九四)・3・29出家

[父]藤原経範、一男　[公卿補任]2—239上

明範　あきのり　一二二七—一三〇一

-・-・-文章得業生、建長3(一二五一)・1・22因幡大掾、12・29課試、建長4・1・13左近将監、3・27叙爵(将監如元)、正嘉1(一二五七)・9・22復任(父)、正嘉2・1・5従五位上、正嘉3・2・21宮内少輔(去将監)、文応2(一二六一)・2・5遷大内記、弘長2(一二六二)・12・26正五位下、弘長3・1・28兼因幡権介、文永2(一二六五)・1・5従四位下(策、去大内記)、文永5・11・9右京権大夫、文永8・1・5従四位上(策)、文永9・7・11兼大和権守、弘安3(一二八〇)・3・12正四位下、弘安6・4・5遷文章博士、弘安7・1・13越後権介、弘安8・7・10遷式部権大輔、弘安10・6・23遷大学頭、弘安11・2・10兼土佐介、正応1(一二八八)・6・1従三位(元大学頭)、正応5・8・14正三位、永仁3(一二九五)・3・4従二位、永仁4・12・30式部大輔、正安1(一二九九)・12・17兼左京大夫、正安2・-・-辞大輔、正安3・7・13兼任式部大輔、正安3・-・-〈「9月23日」要記〉薨去

[死没]正安3(一三〇一)・9・23　[年齢]75　[父]藤原経範、二男　[公卿補任]2—294上

広範　ひろのり　?—一三〇三

正安1(一二九九)・7・8従三位、元治部卿、去之、東宮学士、11・27止学士、正安4・7・21式部大輔、嘉元1(一三〇三)・-・-薨去

[死没]嘉元1(一三〇三)　[父]藤原茂範　[前名]広通　[公卿補任]2—349下

具範　とものり　?—一三二一

弘安4(一二八一)・7・12左近将監、弘安9・1・13大内記、弘安10・1・5従五位上(策)、正応2(一二八九)・8・7辞内記、正応3・6・8宮内少輔、正応5・3・29右京権大夫〈や〉、永仁1(一二九三)・1・5従四位下(策)、永仁4・3・26〈賜去九日位記、季長同日〉従四位上、正安-・6・-正四位下(追加)、長門守、徳治2(一三〇七)・3・2宮内卿、徳治3・2・7従三位、元前宮内卿(本名尚範)、延慶3(一三一〇)・1・5正三位、応長1(一三一一)・-・-改具範、正和1(一三一二)・5・28従二位、文保2(一三一八)・2・11大宰大弐、8・2止大弐、元亨1(一三二一)・-・-薨去

[死没]元亨1(一三二一)　[父]藤原広範　[前名]冬範・尚範　[公卿補任]2—400上

淳範　あつのり　?—一三一五

建長5(一二五三)・12・1文章生、建長6・3・13越前掾、文永1(一二六四)・8・29蔵人、文永2・2・-内御書所衆、文永4・10・13蒙方略宣旨、11・7献策(台省両佩)、在匡朝臣問、11・14判、12・23皇后宮権少進、12・19兼式部少丞、文永5・1・5叙爵(蔵人巡爵)、1・29下総権守(蔵人宿官)、文永11・6・1大内記、11・10従五位上(大嘗会叙位、策)、建治1(一二七五)・12・14辞大内記、弘安2(一二七九)・2・7〈賜在綱同日位記〉正五位下、弘安4・4・6式部少輔、弘安6・1・5従四位下(策労)、正応2(一二八九)・1・5従四位上、11・25加判儒、6・-御書所覆勘、永仁1(一二九三)・12・13文章博士、永仁4・4・13正四位下、嘉元1(一三〇三)・1・28越前介、延慶2(一三〇九)・2・19従三位、元文章博士、応長1(一三一一)・12・26正三位、正和1(一三一二)・4・10宮内卿、正和2・3・9止卿、正和4・9・7薨去

[死没]正和4(一三一五)・9・7　[父]藤原経範、四男　[母]筑後守従五位下平有範法師女　[公卿補任]2—407上

俊範　としのり　?—一三一七

正応2(一二八九)・2・3給学問料、正応4・5・8文章得業生、正応6・2・-献策、10・15叙爵(于時伊範)、永仁1(一二九三)・12・13治部少輔(于時清範)、永仁5・7・27従五位上(今日止少輔)、

正安1(一二九九)・12・17大内記、正安3・10・24止大内記(于時為範)、嘉元1(一三〇三)・8・28東宮学士、嘉元2・1・5正五位下(策労)、嘉元3・1・22兼相模権介、嘉元4・4・5兼左京権大夫(学士如元)、徳治2(一三〇七)・1・5従四位下(于時俊範)、徳治3・4・5止権大夫、8・26止学士(依受禅也〈や〉)、9・17左京大夫、延慶2(一三〇九)・12・26大蔵卿(去大夫)、延慶3・4・28従四位上、10・2止卿、応長1(一三一一)・7・27内御書所別当、8・7刑部卿、応長2・2・13正四位下、正和1(一三一二)・10・12右京大夫、正和2・4・10止卿、正和5・1・5従三位、右京大夫如元、嘉暦2(一三二七)・5・20薨去

※正中二年(一三二五)より「正三位」

[死没]嘉暦2(一三二七)・5・20　[父]藤原明範　[前名]伊範・清範・為範　[公卿補任]2—454上

藤範　ふじのり　?—一三三七

永仁1(一二九三)・3・20文章生、3・27〈「永仁2年」やイ〉出雲権大掾、12・21課試、永仁3・1・5献策、2・18〈や〉叙爵、3・4少納言、永仁4・1・16辞少納言、永仁7・4・12従五位上、嘉元3(一三〇五)・1・5正五位下(策)、徳治2(一三〇七)・3・2東宮学士、徳治3・3・4遷権大進(元学士)、8・26止権大進(依践祚也)、9・20従四位下、応長1(一三一一)・10・8治部卿、正和1(一三一二)・4・10去卿、7・6従四位上、11・18還任治部卿、正和2・2・6遷大蔵卿、7・12止卿、正和3・閏3・25正四位下、正和5・8・12従三位、元前大蔵卿、閏10・4近江守、文保2(一三一八)・1・20止守、元亨3(一三二三)・6・16兼民部卿、正中2(一三二五)・1・29正三位、正中3・2・19兼長門権守、嘉暦3(一三二八)・3・16去大輔、元弘1(一三三一)・6・13〈1月カ〉止権守、元弘2・2・26従二位、正慶2〈元弘3〉(一三三三)・5・17復正三位、建武2(一三三五)・1・13文章博士、建武4〈延元2〉・7・20止博士、従二位、-・-薨去

※元亨二年より「式部大輔」

[死没]建武4(一三三七)　[父]藤原広範　[公卿補任]2—455上

房範　ふさのり　一三〇二—?

徳治3(一三〇八)・3・7文章生、延慶2(一三〇九)・6・1蒙方略宣旨、7・8献策、詳松柏叙父師、問題少納言菅原家高、9・18判、10・15従五位下、延慶3・4・7治部大輔、正和2(一三一三)・4・10従五位上、9・6去大輔、正和5・閏10・19少納言、文保1(一三一七)・3・27去少納言、文保3・1・5正五位下(策)、正中2(一三二五)・1・29従四位下(策)、元徳3(一三三一)・1・5従四位上、建武4〈延元2〉(一三三七)・7・20文章博士、暦応2〈延元4〉(一三三九)・1・5正四位下、1・13越後介、暦応4〈興国2〉・4・16去博士、5・26右京大夫、12・22去大夫、暦応5〈興国3〉・1・10刑部卿、康永2〈興国4〉(一三四三)・-・-去越後介(秩満)、1・28去卿、貞和1〈興国6〉(一三四五)・4・16従三位、前刑部卿、延文3〈正平13〉(一三五八)・8・17出家

[父]藤原俊範　[公卿補任]2—605下　[大日本史料]6—21—973

言範　ときのり　一三〇三—五二

正和2(一三一三)・9・6叙爵、9・20少納言、正和3・4・12従五位上、9・21辞少納言、元応2(一三二〇)・3・24正五位下、嘉暦3(一三二八)・1・5従四位下(策)、建武1(一三三四)・2・23東宮学士、建武2・1・5従四位上(策)、建武3〈延元1〉・10・10止学士、暦応3〈興国1〉(一三四〇)・4・1正四位下、暦応4〈興国2〉・12・22右京大夫、康永2〈興国4〉(一三四三)・8・12去大夫、貞和3〈正平2〉(一三四七)・3・29刑部卿、貞和5〈正平4〉・11・25去卿、観応1〈正平5〉(一三五〇)・3・29従三位、改季範、又還言範、元刑部卿、観応3〈正平7〉・6・23薨去

[死没]観応3(一三五二)・6・23　[年齢]50　[父]藤原具範　[前名]季範　[公卿補任]2—629下　[大日本史料]6—16—593

有範　ありのり　一三〇二—六三

-・-・-文章生、正和5(一三一六)・12・4従五位下、-・-・-右兵衛権佐、文保2(一三一八)・3・22従五位上、正中3(一三二六)・1・5正五位下、元徳2(一三三〇)・1・5従四位下(于時前佐)、元弘4(一三三四)・1・13大学頭、建武3〈延元1〉(一三三六)・11・

14東宮学士(立坊日)、建武4〈延元2〉・3・29少納言、12・4辞少納言、-・-・-従四位上、暦応1〈延元3〉(一三三八)・12・1弾正大弼、貞和2〈正平1〉(一三四六)・2・21大学頭、貞和3〈正平2〉・1・5正四位下、貞和4〈正平3〉・12・24治部卿、貞和5〈正平4〉・2・15兼讃岐介(大学頭如旧[「兼国」や])、文和2〈正平8〉(一三五三)・10・29止大学頭、12・29止卿、延文2〈正平12〉(一三五七)・11・13従三位(宣下)、康安2〈正平17〉(一三六二)・5・7正三位、9・9式部大輔、貞治2〈正平18〉(一三六三)・1・28兼任駿河権守、12・1〈し〉薨去

[死没]貞治2(一三六三)・12・1 [年齢]62 [父]藤原藤範 [公卿補任]2—658上

元範 もとのり 一三三〇—一四〇一

応永2(一三九五)・1・5従三位、元文章博士、応永6・1・28式部権大輔、応永7・3・18〈28日カ〉兼安芸権守、応永8・8・3薨去

[死没]応永8(一四〇一)・8・3 [年齢]72 [父]藤原房範 [公卿補任]3—37上 [大日本史料]7—5—74

実兼裔(絶家)

実兼裔

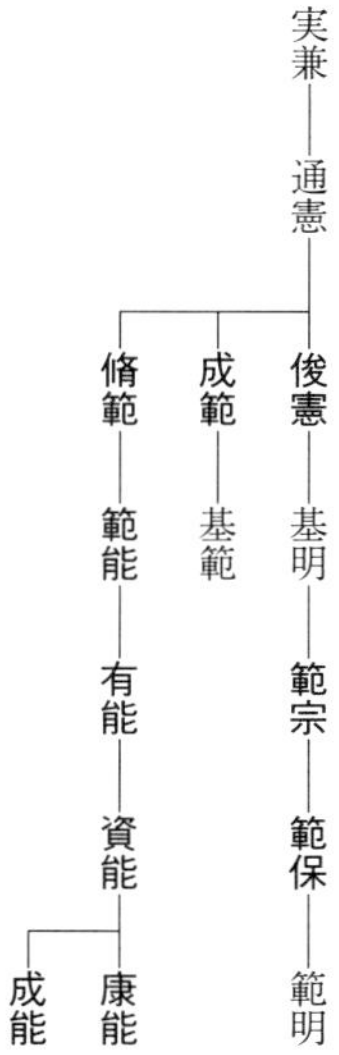

俊憲 としのり

保延6(一一四〇)・5・24給勧学院学問料、康治1(一一四二)・7・24文章得業生、康治2・1・27能登大掾、康治3・2・26献策(暁夜景色、隣里土俗)、文章博士茂明問、2・28判、天養1(一一四四)・12・18大学権助、久安2(一一四六)・12・21式部少丞、久安3・1・7蔵人、仁平3(一一五三)・閏12・23刑部大輔、仁平4・1・5従五位下(策)、従五位上(策)、久寿2(一一五五)・12・27兼東宮学士、保元1(一一五六)・9・17右少弁、保元2・1・24美乃権介(学士労)、3・26正五位下(臨時)、4・26兼右衛門権佐、蒙使宣旨、8・21左少弁、10・24蔵人、保元3・2・21転権右中弁、5・6四位(春日行幸)、8・10右中弁、従四位上(鳥羽御堂[「御塔」くし]行事賞)、蔵人頭、11・26権左中弁、12・17正四位下(学士、御即位)、保元4・4・6参議、元蔵人頭権左中弁、平治1(一一五九)・11・10近江権守、11・22〔従三位カ〕、12・10解官、12・22配流越後国、12・30出家、平治2・1・-改越後国配流阿波国〈く〉、2・-召返

[父]藤原通憲(法名信西)、一男 [母]正四位下近江守高階重仲女 [公卿補任]1—446下

成範 なりのり 一一三五—八七

仁平3(一一五三)・閏12・23右近将監(府奏、元院判官代)、久寿1(一一五四)・8・20五位(将監如元)、久寿3・4・10左衛門佐、保元1(一一五六)・閏9・26兼遠江守、保元2・1・24従五位上(臨時)、10・22正五位下(造蔵人宿所屋)、10・27左少将(守如元)、保元3・1・27四位(臨時)、8・10遷播磨守、転左中将、11・27従四位上(造大極殿賞)、保元4・1・3正四位下(行幸院賞、別当)、平治1(一一五九)・12・10解官、12・23配流下野国、永暦1(一一六〇)・2・22召返、12・21復本位、12・29任大宰大弐、今日改成憲為成範、応保2(一一六二)・4・7辞大弐、永万2(一一六六)・1・10遭喪、4・6右兵衛督(祭除目次)、仁安1(一一六六)・8・27従

三位、右兵衛督如元(重服内)、本名成憲〈く〉、仁安2・1・28正三位、2・11左兵衛督〈くし〉、承安4(一一七四)・7・8参議、承安5・1・22兼備前権守、安元2(一一七六)・12・5権中納言、治承3(一一七九)・1・19右衛門督、10・9辞督、治承4・4・21従二位、養和1(一一八一)・12・4民部卿、寿永2(一一八三)・2・21正二位、4・5転中納言、12・21辞中納言、文治3(一一八七)・2・18出家、3・16〈「17日」玉葉〉薨去

[死没]文治3(一一八七)・3・16　[年齢]53　[父]藤原通憲、三男　[母]紀伊守従五位下藤原兼永女従二位朝子　[前名]成憲　[号]桜町　[公卿補任]1―462上　[大日本史料]4―1―877

脩範　ながのり　一一四三―八三?

保元1(一一五六)・9・24昇殿(本名脩憲)〈く〉、9・28〈く〉蔵人(去廿日非蔵人)、閏9・-五位(縁〔統カ〕子内親王合-)、保元2・1・24美乃守、10・22従五位上(造宮、弘徽殿〔「造内裏国司賞」く〕)、10・27左兵衛佐(美乃如元)、保元3・12・17正五位下(御即位叙位、皇后宮御給)、保元4・4・6左少将〔「右少将」イ〕(守如元)、平治1(一一五九)・12・10解官〔「依父縁坐解却両官」く〕、12・22除名配流隠岐国〈く〉、永暦1(一一六〇)・2・2召返復本位〔「原免帰京」く〕、2・29〈「12月」く〉還任左少将〔「左権少将」く〕、改脩憲為脩範、永暦2・8・25従四位下(鳥羽院大治三-御給、叙留)〔「少将如元」く〕、応保1(一一六一)・10・29〈「19日」原イ及くし〉美濃(院分、更兼)、長寛2(一一六四)・1・5従四位上(院御給)、永万2(一一六六)・2・29復任(母)、仁安2(一一六七)・1・5正四位下(院御給)、嘉応1(一一六九)・12・30辞守、嘉応2・12・5遷左京大夫(止少将)、承安4(一一七四)・8・2従三位(依相撲行幸院、院分《院司》)、左京大夫如元、承安5・1・22越前権守、寿永2(一一八三)・1・5正三位、4・5参議、4・9更任左京大夫、-・-薨カ

[死没]寿永2(一一八三)カ　[年齢]41カ　[父]藤原通憲、五男　[母]紀伊守従五位下藤原兼永女従二位朝子　[前名]脩憲　[公卿補任]1―480上

範能　のりよし

仁安2(一一六七)・1・5従五位下(前女御琮子年給)、嘉応1(一一六九)・12・30尾張守(院分)、嘉応2・12・30治部大輔(止守、平行範辞替)、承安3(一一七三)・1・5従五位上(臨時)、治承3(一一七九)・1・7正五位下(臨時)、1・19左兵衛佐、寿永1(一一八二)・12・30右少将(守如元)、寿永2・8・16遷但馬守、8・20新帝昇殿、元暦1(一一八四)・11・12従四位下(大嘗会叙位、臨時、少将如元)、文治3(一一八七)・1・7従四位上(臨時)、文治4・1・23重任(但馬)、12・30正四位下(辞少将叙之)、文治5・7・10内蔵頭、文治6・1・24従三位(元内蔵頭但馬守)、大宰大二(太宰大弐)、建久2(一一九一)・10・-献大弐辞状、建久3・10・26得替、建久7・10・15出家

[父]藤原脩範、一男　[母]従三位平範家女　[公卿補任]1―522下　[大日本史料]4―5―261

有能　ありよし

文治4(一一八八)・10・14叙位、建久1(一一九〇)・10・22従五位上、建久2・11・5右兵衛佐、建久6・1・5正五位下、建久9・1・5従四位下、正治2(一二〇〇)・1・24従四位上、建仁1(一二〇一)・1・6正四位下(宣陽門院御給)、元久1(一二〇四)・1・13右京大夫、承元4(一二一〇)・8・22従三位(公房卿春日行幸行事賞譲)、右京大夫如元、建保4(一二一六)・12・17〔正三位カ〕、承久2(一二二〇)・7・2恐懼、建長4(一二五二)・6・-出家

[父]藤原範能、一男　[母]正五位下相模守平業房女従二位栄子　[公卿補任]1―576下

範宗　のりむね　一一七一―一二三三

寿永2(一一八三)・8・20蔵人、8・26五位(八条院令)、寿永3・1・20〈「元暦2年」イ〉安芸守(巡)、文治2(一一八六)・3・-止守、建久5(一一九四)・1・11従五位上(殷富門院〔や無〕)、12・23治部権大輔、建仁2(一二〇二)・11・19正五位下(止輔)、元久2(一二〇五)・8・9斎宮頭、元久3・1・13四位、承元5(一二一一)・1・21丹後守(範光卿申任之)、建暦2(一二一二)・1・5従四位上(春花門院〔や無〕)、建保5(一二一七)・1・6正四位下、建保7・1・26中宮亮、承久4(一二二二)・3・25止亮(院号)、嘉禄1(一二二五)・4・26従三位、元前丹後守、天

福1(一二三三)・-・-〈「6月18日」明月記〉薨去
[死没]天福1(一二三三)・6・18 [年齢]63 [父]藤原基明、一男 [母]民部少輔源延俊女 [公卿補任]2―57上 [大日本史料]5―9―116

資能 すけよし
貞応3(一二二四)・1・23叙爵、嘉禄2(一二二六)・12・16右衛門佐、安貞2(一二二八)・1・5従五位上、寛喜3(一二三一)・1・29兼越前権介、寛喜4・1・5正五位下、天福1(一二三三)・12・15従四位下、暦仁2(一二三九)・1・5従四位上(臨時)、寛元3(一二四五)・1・17正四位下(鷹司院仁治三年御給)、建長3(一二五一)・1・23〈22日カ〉従三位、文永7(一二七〇)・3・2従二位、文永11・-・-出家
※文応元年(一二六〇)より「正三位」
[父]藤原有能 [母]舞女牛玉 [公卿補任]2―154上

範保 のりやす 一一九九―?
建暦1(一二一一)・3・-非蔵人(于時範仲)、6・-改名宗仲、建保1(一二一三)・12・-左兵衛尉、建保6・3・-蔵人(于時範保)、11・21従五位下、安貞3(一二二九)・2・3従五位上(東一条院当年御給)、寛喜3(一二三一)・4・-刑部大輔、貞永1(一二三二)・12・2正五位下(陰明門院御給)、文暦1(一二三四)・6・23復任、文暦(一二三五)・2・8・30従四位下(東一条院去貞永元御即位叙位御給)、嘉禎2(一二三六)・12・18従四位上(罷所帯刑部大輔叙之)、嘉禎4・1・22正四位下(北白河院去年御給)、弘安1(一二七八)・5・11従三位(前刑部大輔)、8・29出家(依素懐也)、法名如何、号烏丸、本名範仲、後宗仲
[父]藤原範宗 [母]従二位藤原範季女 [前名]範仲・宗仲 [号]烏丸 [法名]如阿 [公卿補任]2―256上

康能 やすよし ?―一二九五
寛元1(一二四三)・12・29叙爵、建長7(一二五五)・9・19侍従、建長8・1・21従五位上、文応1(一二六〇)・12・9正五位下、弘長1(一二六一)・8・13右少将、弘長2・3・1従四位下(府労)、3・18少将如元、弘長3・4・21辞少将、文永4(一二六七)・5・5従四位上(府労)、文永7・12・4正四位下、文永8・3・8転中将、文永10・12・8辞中将、弘安11(一二八八)・2・10兵部卿、正応3(一二九〇)・1・19参議、従三位、兵部卿如元、6・18辞卿、正応4・1・6正三位、民部卿、3・25辞退(参議)、3・28本座、5・28解官、永仁3(一二九五)・12・3薨去
[死没]永仁3(一二九五)・12・3 [父]藤原資能 [公卿補任]2―302上

成能 なりよし
建長7(一二五五)・5・1叙位(于時重能)、文永3(一二六六)・2・1右兵衛佐(于時成能)、文永4・1・5従五位上(簡一)、文永6・12・7止佐、弘安1(一二七八)・1・6正五位下、正応1(一二八八)・1・5従四位下、正応2・7・16従四位上、正応3・7・21右京大夫、正応5・2・27正四位下、3・27兼摂津権守、8・28止大夫、永仁6(一二九八)・10・19還任右京大夫、12・18従三位(元右京大夫)、〔摂津権守如元脱カ〕、正安3(一三〇一)・1・6正三位、延慶2(一三〇九)・12・16従二位、正和2(一三一三)・11・17出家
[父]藤原資能、二男 [前名]重能 [公卿補任]2―344上

岡崎家(絶家)

範光裔

範光―範朝(岡崎)―範氏―範長―範雄
　　　└範基
範嗣―範国―範輔

範光 のりみつ 一一五四―一二一三
長寛1(一一六三)・2・19給学問料、長寛2・2・2文章得業生、永万1(一一六五)・1・23丹波大掾、仁安1(一一六六)・-・-献策、12・2掃部助、承安1(一一七一)・5・29蔵人、12・8式部少丞、承安2・1・5叙爵(策労)、承安3・7・7紀伊守(範季辞上

野介申任之)、安元1(一一七五)・12・8遷下野守(日前国県社造宮之間依祖母服改任之)、治承4(一一八〇)・1・28重任、寿永1(一一八二)・3・8従五位上、11・23正五位下、寿永2・8・16遷紀伊守、12・-昇殿、元暦1(一一八四)・9・18兼式部権少輔(範季譲之)、文治1(一一八五)・6・10転少輔、文治2・11・21解守、建久6(一一九五)・12・9遷勘解由次官、建久8・3・9加着儒、7・4辞官(依病也)、12・17丹後守、建久9・1・11新帝昇殿、補院司、12・9右少弁(守如元)、正治1(一一九九)・11・27従四位下、正治2・1・5従四位上(中宮御給)、3・6権右中弁、4・1遷大蔵卿(守如元、去弁カ)、4・15兼春宮亮、12・29正四位下、建仁1(一二〇一)・1・29従三位、3・17〈「21日」く〉大宰大弐、止春宮亮、建仁2・7・23参議、11・19正三位、建仁3・1・13兼能登権守並右衛門督、-・-検別当、4・25権中納言、9・-辞督並別当、11・-帯剣、建仁4・3・6辞退権中納言、3・20許本座、元久2(一二〇五)・1・29民部卿、3・26従二位、元久3・4・3春宮権大夫、建永2(一二〇七)・3・15出家

[死没]建暦3(一二一三)・4・5　[年齢]60　[父]藤原範兼、一男　[母]従五位上式部大輔源俊重女
[公卿補任]1―548下　[大日本史料]4―12―420

範朝　のりとも　一一七八―一二三七

建久8(一一九七)・5・-給学問料(勧学院)、正治1(一一九九)・2・-文章得業生、正治2・1・22出雲大掾、建仁1(一二〇一)・1・6献策、1・5従五位下、1・29春宮少進、建仁2・1・5従五位上(春宮御給)、建仁3・12・24内並院昇殿、元久1(一二〇四)・4・12右衛門権佐(停少進)、即蒙使宣旨、11・1正五位下、元久2・4・10従四位下、美濃守、建永1(一二〇六)・4・3権右中弁(守如元)、6・16兼春宮亮、10・20右中弁、10・23従四位上、12・5兼修理左宮城使〈くし〉、承元1(一二〇七)・11・3正四位下(辞右中弁叙之)、承元3・1・5従三位、承元5・1・18参議、1・19正三位、建暦2(一二一二)・1・13兼尾張権守、建保2(一二一四)・11・1〈12月カ〉兼右兵衛督、建保3・4・11検別当、8・11転左、12・10権中納言、建保4・1・13辞別当、3・28兼右衛門督、建保5・1・28従二位、-・-辞督、建保6・1・5正二位、-・-辞権中納言、承久2(一二二〇)・2・18聴本座、寛喜2(一二三〇)・2・14出家、嘉禎3(一二三七)・6・22薨去

[死没]嘉禎3(一二三七)・6・22　[年齢]60　[父]藤原範光、一男　[母]従二位藤原範季女　[公卿補任]1―573下　[大日本史料]5―11―305

範基　のりもと　一一七九―一二二六

-・-・-文章生、建久9(一一九八)・1・10蔵人、1・24従五位下、正治1(一一九九)・3・23刑部少輔(元蔵人大夫)、元久2(一二〇五)・1・7従五位上、1・29右馬権頭、11・29丹波守、承元1(一二〇七)・11・29正五位下(春宮御給)、建暦1(一二一一)・1・26播磨守(院)、閏1・14従四位下、10・29従四位上、建暦3・1・22復任播磨守、建保4(一二一六)・1・5正四位下(右兵衛督藤原朝臣坊官賞譲)、建保6・10・11治部卿、建保7・4・8従三位(範朝卿建暦二八幡行幸事賞譲)、嘉禄2(一二二六)・6・20〈「5月」イ〉薨去

[死没]嘉禄2(一二二六)・6・20　[年齢]48　[父]藤原範光、二男　[母]従二位藤原範季女　[公卿補任]2―32下　[大日本史料]5―3―265

範氏　のりうじ　一二一一―?

康元2(一二五七)・1・22〔従三位〕、元宮内卿、正嘉1(一二五七)・10・-出家

[父]藤原範朝　[公卿補任]2―172上

範雄　のりお　?―一三一二

文永12(一二七五)・1・26給穀倉院学問料、建治2(一二七六)・6・8文章得業生、弘安2(一二七九)・1・9献策、題(叙草柳、詳硯席)、従四位下行東宮学子菅原在兼朝臣問、1・11判(一科)、2・2従五位下、3・2中務少輔、弘安6・1・5従五位上(簡一〈や〉)、弘安8・1・5正五位下(罷少輔叙之)、弘安9・4・13皇后宮権大進、弘安10・1・13辞権大進、永仁4(一二九六)・8・21従四位下、永仁6・4・9従四位上、12・18左馬頭、正安1(一二九九)・12・4辞頭、正安2・1・5正四位下、徳治3(一三〇八)・8・13刑部卿、延慶2(一三〇九)・2・19辞卿、延慶3・1・5従三位、元前左馬頭、正和1

(一三一一)・4・10正三位、正和4・3・22大宰大弐、11・8止大弐、正和5・2・2従二位、元亨2(一三二二)・-・-薨去

［死没］元亨2(一三二二)　［父］藤原範長　［公卿補任］2―414下

範嗣　のりつぐ　一二八三―一三五一

永仁3(一二九五)・3・28補文章生、永仁4・4・6蒙方略宣、永仁5・2・29献策、題(振智守信)、問左京大夫在公朝臣、3・2判、3・20従五位下、正安1(一二九九)・11・4治部大輔、正安2・閏7・14従五位上、正安3・3・6去大輔、徳治1(一三〇六)・1・5正五位下、正和1(一三一二)・3・3従四位下(于時範嗣)、文保1(一三一七)・1・5従四位上(臨時)、-・-・-右馬頭、文保2・3・12去頭、元応1(一三一九)・9・28正四位下、建武2(一三三五)・2・-従三位(宣下、去元徳三正五行氏同日位記)、元前右馬頭、本名-改範冬次範嗣、暦応3〈興国1〉(一三四〇)・4・1正三位、貞和3年〈正平2年〉(一三四七)・11・16従二位、観応2〈正平6〉(一三五一)・3・3薨去

［死没］観応2(一三五一)・3・3　［年齢］69　［父］岡崎範雄　［前名］範忠・範冬　［公卿補任］2―559下　［大日本史料］6―14―861

範国　のりくに　一三一八?―六三

延文3〈正平13〉(一三五八)・1・7従三位、前右少弁、貞治2〈正平18〉(一三六三)・-・-薨去

［死没］貞治2(一三六三)・閏1・12　［年齢］46カ　［父］岡崎範嗣　［公卿補任］2―661下　［大日本史料］6―24―919

範輔　のりすけ

応永13(一四〇六)・4・21従三位、元前少納言、応永15・5・-出家

［父］岡崎範国　［公卿補任］3―63上

周茂　ちかしげ　一四〇九―六一

長禄2(一四五八)・1・5正三位、4・19参議、5・14辞参議、寛正2(一四六一)・4・30薨去

※享徳二年(一四五三)非参議従三位(初見)

［死没］寛正2(一四六一)・4・30　［年齢］53　［父］岡崎範輔　［公卿補任］3―175上

高倉家(絶家)

高倉家

範房――範世

範房　のりふさ　一二一二―七八

承久2(一二二〇)・12・15叙爵、寛喜1(一二二九)・10・9三河守、宝治2(一二四八)・1・6従五位上(安嘉門院当年御給)、建長8(一二五六)・1・6正五位下(安嘉門院当年御給)、康元2(一二五七)・2・22従四位下、正嘉2(一二五八)・1・13従四位上(安嘉門院当年御給)、弘長1(一二六一)・4・7宮内卿、7・21正四位下(宮内卿辞之)、文永3(一二六六)・4・3従三位(元前宮内卿)、建治3(一二七七)・-・-出家、弘安1(一二七八)・10・6薨去

［死没］弘安1(一二七八)・10・6　［年齢］67　［父］高倉範茂　［公卿補任］2―208上

範世　のりよ　?―一三〇八

建長1(一二四九)・2・8叙爵、正元1(一二五九)・1・22侍従、弘長1(一二六一)・9・26従五位上(永安門院去々年朔旦御給)、文永1(一二六四)・1・17兼加賀守、10・15得替、12・24右少将、文永5・1・5正五位下、文永8・1・5従四位下、11・14遷左少将、文永11・9・10辞退、弘安3(一二八〇)・4・6従四位上、弘安8・1・5正四位下、正応3(一二九〇)・2・7転中将、正応4・3・25辞中将、以子息範定申任左少将、永仁6(一二九八)・11・19従三位、元前左中将、徳治3(一三〇八)・1・1薨去

［死没］徳治3(一三〇八)・1・1　［父］藤原範房　［号］法性寺・木津　［公卿補任］2―344上

中園家　なかぞのけ

藤原氏北家閑院流に属す。藪家の庶流。藪権大納言嗣良の四男中園参議季定を家祖とする。藪家は南家藤原氏から出、もと高倉の称を家名とした。室町時代末ころ一旦断絶したが、四辻権大納言公遠の息範遠、ついで嗣良が入って相続再興し、嗣良のとき改称して藪を家名としたのである。また、四辻の縁で、属閑院流となった。中園の称号は、閑院流の西園寺一門の洞院太政大臣公賢が用い、中園入道相国とよばれ、その日記を『園太暦』と称するのはその故である。またこの人の孫公定も後中園左大臣と号した。これらの佳例に拠るのであろう。外様の家。家格は羽林家、新家。寛永期に創立。一条家の家礼。家領百三十石。家祖季定は、寛永十六年（一六二九）十三歳で叙爵し、同二十年元服、昇殿を聴され、任侍従・加級。累進し、寛文三年（一六六三）従三位に上階し公卿に列した。のち従二位に昇り、貞享三年（一六八六）十月六十歳で没した。五代実綱が正二位権中納言に昇ったほかは、おおむね正三位参議にとどまった。明治十七年（一八八四）実受のとき、叙爵内規により子爵を授けられた。菩提所は鞍馬口 浄善寺。『中園家譜』（東京大学史料編纂所架蔵、四一七五―二六五）。

中園家

季定─┬─季親─季顕─季豊─実綱─┐
　　　└季起（高丘）　　　　　　　│
┌─────────────────┘
└季隆＝実暉─公利─実知─実受（子爵）

季定　すえさだ　一六二七―八六

承応4（一六五五）・1・5従四位上〈ま〉、1・11左中将〈ま〉、万治2（一六五九）・1・5正四位下〈ま〉、寛文3（一六六三）・6・13従三位（中将去之）〈ま〉、寛文7・1・5正三位、寛文10・11・21参議、11・28兼右兵衛督☆、延宝5（一六七七）・5・12辞参議、6・24従二位、貞享3（一六八六）・10・12薨去

［死没］貞享3（一六八六）・10・12　［年齢］60　［父］藪嗣良、四男　［母］家女房　［法名］檀定　［公卿補任］4―4下

季親　すえちか　一六五四―一七〇六

承応3（一六五四）・3・11誕生、万治1（一六五八）・10・19叙爵、寛文5（一六六五）・3・19元服、昇殿、侍従、従五位上、寛文9・1・5正五位下、寛文11・12・22左少将☆、寛文13・2・19〈「3月19日」ま〉〈去正五分〉従四位下☆、延宝3（一六七五）・11・6左中将、延宝6・8・21従四位上、貞享1（一六八四）・12・29正四位下、貞享3・10・12喪父、12・3除服出仕復任、元禄1（一六八八）・2・2〈去正月六日分〉従三位、元禄8・12・23〈去正月五日分〉正三位、宝永3（一七〇六）・5・13薨去

［死没］宝永3（一七〇六）・5・13　［年齢］53　［父］中園季定　［母］家女房　［号］馨園院　［法名］宗中　［公卿補任］4―96上

季顕　すえあき　一六八九―一七五一

元禄2（一六八九）・1・29誕生、元禄6・12・25叙爵、元禄14・2・23元服、昇殿、侍従、従五位上、宝永2（一七〇五）・1・20〈去五分〉正五位下☆、12・18左少将、宝永3・5・13喪父、7・6除服出仕復任、宝永6・3・16〈去正五分〉従四位下、9・26右中将、正徳3（一七一三）・3・1〈去正六分〉従四位上、享保2（一七一七）・4・3正四位下、享保6・2・6従三位、享保10・2・1正三位、元文2（一七三七）・7・28参議、8・3辞参議、寛保3（一七四三）・12・27従二位、寛延4（一七五一）・6・29薨去

［死没］寛延4（一七五一）・6・29　［年齢］63　［父］中園季親　［母］家女房　［公卿補任］4―246下

季豊　すえとよ　一七三〇―八六

享保15（一七三〇）・1・1誕生、享保19・1・7〈去六日分〉叙爵、寛保2（一七四二）・2・23元服、昇殿、兵部権大輔、従五位上、延享3（一七四六）・2・17正五位下、寛延3（一七五〇）・1・10従四位下、寛延4・6・29服解（父）、7・20除服出仕復任、宝暦4（一七五四）・1・5従四位上、宝暦6・5・10左権

少将（小除目）、拝賀、宝暦8・1・18正四位下、宝暦9・11・12左権中将、11・15拝賀、宝暦13・1・16〔従三位〕、明和4（一七六七）・1・9正三位、天明6（一七八六）・8・4参議、8・6辞参議、8・7薨去

〔死没〕天明6（一七八六）・8・7　〔年齢〕57　〔父〕中園季顕　〔母〕家女房　〔公卿補任〕4—470下

実綱　さねつな　一七五八—一八三九

宝暦8（一七五八）・7・5誕生、明和2（一七六五）・10・29従五位下、明和8・3・15元服、昇殿、従五位上、9・27右馬権頭、安永4（一七七五）・1・19正五位下、安永8・1・5従四位下、安永10・3・18右権少将、5・6拝賀、天明3（一七八三）・1・5従四位上、天明6・8・7服解（父）、9・28除服出仕復任、天明7・1・25正四位下、寛政4（一七九二）・5・25転権中将、10・18拝賀、10・27〔従三位〕（小除目次）、寛政8・2・4正三位、享和3（一八〇三）・12・28参議、享和4・1・11辞参議、文化3（一八〇六）・1・18〔従二位〕、文化10・12・16賜後桜町院御服、文政7（一八二四）・12・19権中納言、12・29帯剣、文政8・1・8聴直衣、直衣始、1・9辞権中納言、12・19正二位、天保10（一八三九）・8・26薨去

〔死没〕天保10（一八三九）・8・26　〔年齢〕82　〔父〕中園季豊　〔母〕仏光寺院家大善院覚証女　〔公卿補任〕5—85上

季隆　すえなが　一七七七—一八二六

安永6（一七七七）・7・25誕生、天明1（一七八一）・12・19〈「20日」ま〉従五位下、天明5・12・7元服、昇殿、近江権介〔「近江権守」ま〕、従五位上、天明9・1・18正五位下、寛政5（一七九三）・1・20従四位下、寛政9・1・12〈「20日」ま〉従四位上、寛政11・9・17左近衛権少将、10・18拝賀、寛政13・1・14正四位下、文化2（一八〇五）5・28着本陣、12・19転左近衛権中将、12・26拝賀、文化3・11・26〔従三位〕、文化7・1・10正三位、文政9（一八二六）・2・23薨去

〔死没〕文政9（一八二六）・2・23　〔年齢〕50　〔父〕中園実綱　〔母〕家女房　〔法名〕了照　〔公卿補任〕5—176下

実暉　さねてる　一七九三—一八四五

寛政5（一七九三）・12・28誕生、文化3（一八〇六）・12・19従五位下、文化4・1・25元服、昇殿、上総権介、文化5・7・11儲君親王家司、文化7・3・26従五位上、文化11・2・20正五位下、文化15・1・12〈「22日」ま〉従四位下、文政5（一八二二）・1・5従四位上、5・15右近衛権少将、8・11拝賀、文政6・6・7服解（母）、7・28除服出仕復任、文政9・1・5正四位下、2・23服解（父）、4・24除服出仕復任、文政11・1・20転左権中将、2・8拝賀、文政12・12・21〔従三位〕、天保4（一八三三）・1・23〈去五日分〉正三位、弘化2（一八四五）・5・7薨去

〔死没〕弘化2（一八四五）・5・7　〔年齢〕53　〔父〕中園季隆（実甘露寺篤長、三男）　〔母〕正四位下左近衛権中将櫛笥隆久女　〔公卿補任〕5—331上

高丘家　たかおかけ

藤原氏北家閑院流に属す。藪家庶流中園家の傍流。中園前参議季定の三男高丘正三位季起を家祖とする。家格は羽林家、新家。延宝期に創立。外様の家。有職故実を家職とした。家禄三十石三人扶持。家祖季起は、延宝四年（一六七六）十三歳で叙爵、元服し昇殿を聴され、任図書頭。高丘と号した。累進して元禄十五年（一七〇二）従三位に上階し、公卿に列した。のち正三位に昇り、正徳五年（一六九一）正月五十二歳で没した。四代紹季が正二位権中納言に昇ったほかは、おおむね従二位参議にとどまった。明治十七年（一八八四）紀季のとき、叙爵内規により子爵を授けられた。菩

高丘家

季起—季敦＝**敬季**—**紹季**—**永季**
＝益季＝基季—紀季（子爵）
基季

提所は鞍馬の上海寺。『高丘家譜』(東京大学史料編纂所架蔵、四一七五—二四二)。

季起　すえおき　一六六四—一七一五

寛文4(一六六四)・7・27誕生、寛文12・8・15叙爵☆、延宝4(一六七六)・4・15元服☆、昇殿☆、図書頭☆、延宝6・8・21従五位上、貞享1(一六八四)・12・29正五位下、元禄1(一六八八)・12・26〈去正六分〉従四位下☆、元禄6・12・25〈去正五分〉従四位上、元禄11・12・27〈ま〉正四位下、元禄15・12・23従三位、宝永4(一七〇七)・1・23〈去五日分〉正三位、正徳5(一七一五)・1・6薨去

〔死没〕正徳5(一七一五)・1・6　〔年齢〕52　〔父〕中園季定、二男　〔母〕家女房　〔法名〕了知　〔公卿補任〕4—154下

敬季　たかすえ　一七二一—八九

享保6(一七二一)・7・10誕生、享保10・9・23為季敦朝臣子、享保11・2・14叙爵、享保19・12・3元服、昇殿、侍従、12・24従五位上、元文3(一七三八)・1・6〈昨五分〉正五位下、元文5・2・2治部大輔、寛保2(一七四二)・4・28〈去正五分〉従四位下、延享2(一七四五)・12・18服解(実父〈ま〉)、延享3・1・16除服出仕復任、12・24従四位上、寛延3(一七五〇)・1・10左少将、1・15拝賀〈ま〉、3・4正四位下、宝暦2(一七五二)・11・29左中将、12・22拝賀〈ま〉、宝暦5・1・5従三位、宝暦10・1・27正三位、明和2(一七六五)・6・19参議、6・28辞参議、明和7・12・19従二位、寛政1(一七八九)・11・19薨去

〔死没〕寛政1(一七八九)・11・19　〔年齢〕69　〔父〕高岳季敦(実梅園実邦、二男)　〔母〕家女房　〔法名〕励誉　〔公卿補任〕4—425下

紹季　つぐすえ　一七四四—一八一四

寛保4(一七四四)・1・29誕生、寛延2(一七四九)・1・5従五位下、宝暦7(一七五七)・3・1〈「10日」ま〉元服、昇殿、大蔵大輔、従五位上、宝暦11・1・6正五位下、宝暦14・1・13右権少将、1・16拝賀、明和2(一七六五)・1・5従四位下、明和6・1・5従四位上、安永1(一七七二)・12・19兼大和権介(推任)、安永2・1・9正四位下、安永3・9・6転左権中将(権介如故)、9・14拝賀、安永4・11・9〔従三位〕、安永9・12・13正三位、寛政10(一七九八)・2・30参議、5・13辞参議、寛政11・3・16〔従二位〕、文化7(一八一〇)・10・28権中納言、11・5帯剣、11・7聴直衣、直衣始、11・8辞権中納言、文化9・4・26正二位、文化11・1・10薨去

〔死没〕文化11(一八一四)・1・10　〔年齢〕71　〔父〕高丘敬季　〔母〕家女房　〔公卿補任〕4—543下

永季　とおすえ　一七七五—一八三二

安永4(一七七五)・10・20誕生、安永9・12・27従五位下、天明6(一七八六)・3・14元服、昇殿、尾張権介、従五位上、寛政2(一七九〇)・12・18正五位下、寛政5・5・23左兵衛佐、寛政6・1・5従四位下、寛政10・1・5従四位上、享和1(一八〇一)・3・7右権少将、3・24拝賀、享和2・1・5正四位下、文化3(一八〇六)・4・5転左権中将、5・26拝賀、文化4・3・13着本陣、文化4・10・24〔従三位〕、文化6・10・25大宰大弐、文化8・閏2・19正三位、文政7(一八二四)・11・19参議、文政8・1・25従二位、12・17辞参議、天保3(一八三二)・12・27薨去

〔死没〕天保3(一八三二)・12・27　〔年齢〕58　〔父〕高丘紹季　〔母〕正二位権大納言樋口基康女　〔法名〕温誉　〔公卿補任〕5—182上

花山院流 かさんのいんりゅう

藤原氏北家の一流。京極摂政師実を始祖とする。師実嫡流は後二条関白師通が継承。庶流は主に四つに分流。二男左大臣家忠に創る花山院家、三男権大納言経実に創る大炊御門家、四男権大納言能実に創る小野宮家、五男権大納言忠教に創る難波家であり、このうち小野宮家は数伝して平安時代末期に断絶した。花山院家から中山・五辻・烏丸の各家が分流し、大炊御門家から堀河・鷹司・三条の各家が分流し、難波家からは飛鳥井家が分流したが、中山家・飛鳥井家以外はいずれも鎌倉時代末期から南北朝時代に絶家となった。江戸時代に入り花山院家から野宮家、その庶流として今城家が新家として分流した。花山院・大炊御門・中山・難波・飛鳥井・野宮・今城の七家を花山院流という。花山院・大炊御門の両家が嫡流で、清華家。他は羽林家である。難波は飛鳥井の本家であるが、南北朝時代に中絶し、江戸時代に飛鳥井家から入って家が再興され、飛鳥井家が本家筋の如くになる。なお難波家は創立の当初より花山院・大炊御門両家とは格差があったようである。『中右記』寛治五年(一〇九一)十一月十二日条に「春日祭也、使左少将藤忠教、依為新大納言之養子、自花山院被出立」とあり、忠教が兄の新大納言家忠の養子であるため、花山院第から春日使に出立したと見える。養子関係が家格の差を生じさせたのであろう。南朝の忠臣として著名な花山院師賢は、家忠五代の孫右大臣定雅舎弟で堀河とも号した。花山院内大臣師継の孫にあたる。後醍醐天皇のために忠勤を励んだが、元弘二年(一三三二)十月鎌倉幕府の命により下総に流罪となり、同地で三十二歳で病死した。太政大臣を追贈され、文貞公と諡《おくりな》された。花山院流、花山院家の称は、始祖京極摂政師実の所有していた邸宅を、家祖家忠がこれに住し伝領されたことに因む。その位置は『拾芥抄』によって知られ、近衛大路の南、東洞院大路の東の方一町。もと清和天皇の皇子貞保親王の第であり、藤原忠平・師輔へと伝領。東洞院大路をはさんで西隣は小一条第で、花山院は東一条殿などとも呼ばれた。いくどか居住の主が変り師実の有に帰して、師実が邸宅を造営し康平四年(一〇六一)八月に上棟したことが『百練抄』に見える。花山の称については諸説があるが、『古今著聞集』巻十九には「四面のついぢのうへには瞿麦(なでしこ)をひしとうへられたりければ、花のさかりには、色々さま〴〵にて、錦を山におほへるに似たり、これによりて、花山の号はありと申める、まことにや」と見える。この花山院第を家忠が得たのは、父の師実からの譲与によるのではなく、家忠の舅、妻の父である橘播磨守定綱が譲り受け、自分の女夫婦とその所生の料に充てたものであることは、『愚管抄』巻四に見える。当時の習俗により父子二世帯同居することはなく、息忠宗もこの第を出て他所に婚住したが、孫忠雅が家忠の没後を承けて花山院に住んだようである。『尊卑分脈』に忠雅のところに「花山院太政大臣」と記しているのはそれを示す。またその息兼雅には「後花山院左大臣」と記してある。このように家忠以後、花山院第は歴代その統が相承けることとなる。従って花山院という家号もこの家の苗氏として固定することになり、一門の名称ともなるのである。師実の建造した邸宅は、その後火災にもあわず、少くとも鎌倉時代初めごろまで存続したようである。建武三年(一三三六)後醍醐天皇は花山院家定の花山院第を仮皇居ともしたが、応仁元年(一四六七)八月兵火により焼失した。家紋は、花山院・中山・野宮の三家が同一で、上下対い杜若菱紋。今城が丸に杜若を使用。

花山院家 かさんのいんけ

藤原氏北家花山院流。京極摂政師実の二男左大臣家忠を家祖とする。花山院流の嫡流。花山院の称は、家忠が父師実の旧宅、近衛大路の南、東洞院大路の東の方一町、花山院第(あるいは東一条殿とも)に住したことに因む。家格は清華家。内々の家。四箇の大事・有職故実・雅楽(笙)を家職とした。一条家の家礼。江戸時代には家領七百十五石二斗余。家忠は、延久四年(一〇七二)十一歳で叙爵し、承暦五年(一〇八一)叙従三位、永保二年(一〇八二)参議に列し、寛治五年(一〇九一)三十歳のとき任権大納言、右大将、左大将、右大臣を経て、大治六年(一一三一)従一位左大臣に叙任、保延二年(一一三六)牛車宣旨を蒙り、同年五月七十五歳で没した。世に花山院左大臣と称された。保安元年(一一二〇)関白藤原忠実が内覧を停められて失脚したとき、その後任に擬せられたことが『愚管抄』巻四に見える。その息、二代の忠宗は、永長二年(一〇九七)七歳で叙爵。長ずるに及び小野宮大納言能実の女と婚し、当時の慣習に従い父子同居を避け、妻方の新居に移り、一男忠光が出生、次いで藤原修理大夫家保の女と婚し、その所生の二男忠雅がのち三代となる。忠宗は従三位権中納言まで昇ったところで、父家忠に先立って長承二年(一一三三)九月に四十七歳で没した。従って、忠宗は花山院第に住することはなかったが、忠雅は祖父家忠の没後を承けて花山院第に住んだようである。中山家を創立する忠親は忠雅と同腹の七歳違いの舎弟で、その日記『山槐記』仁平二年(一一五二)正月二十九日条に、当時「督殿」(左兵衛督)なる忠雅が花山院第に在住のことが見える。二十九歳である。三十七歳のときの永暦元年(一一六〇)権大納言、仁安元年(一一六六)には右近衛大将、二年内大臣、三年太政大臣と昇進し、建久四年(一一九三)八月に七十歳で没した。花山院太政大臣と号した。そして、四代兼雅は花山院左大臣、五代忠経は花山院右大臣、六代定雅は後花山院、七代通雅は後花山院太政大臣と『尊卑分脈』に見えるように、花山院第は総領が相承け、これにより他に先駆けて家名の固定化を見た。忠経の舎弟家継が五辻、定雅の舎弟師継が堀河、通雅の舎弟長雅が鷹司の各家を分流しながらも、花山院本流は実子相続を以って室町時代に至ったが、権大納言兼右大将忠定が応永二十三年(一四一六)八月に三十八歳で没して、相続の子息がなかった。そこで継家の猶子を求め相続させたことが『看聞御記』同年十一月九日条に見える。花山院忠定遺跡は相続の子がないので、「南方近衛息(十二歳)」を「花山一族僧(耕雲、此僧元南方祇候、当時花頂辺居住)」の猶子として相続させることになったこと、この御所に小上臈として祇候していた女房の舎弟で、果報なことであると記している。耕雲は『耕雲千首』『耕雲口伝』などの著で知られる歌人で、実は花山院師賢の孫。師賢は定雅の舎弟で一家を起し堀河とも花山院とも号した師継の孫であるから、耕雲は師継四世孫。南方近衛息とは、近衛家の正嫡であったが南朝に仕え、南朝近衛家の祖となる岡本関白家平の末裔であろう。多分家平孫経家の子息か孫であろう。いまは京の白河の東に隠棲しているが、花山院の流れを引く者ということで、この耕雲の猶子として相続させたのである。これが持忠で、翌々年の二十五年二月二十四日に元服した。同記の二月二十五日条に「抑夜前、花山院元服、加冠室町殿、事儀厳重云々」とあり、加冠は将軍義持で、持忠の諱はその偏諱を受けたもの。持忠の長男定嗣は正二位権大納言まで昇ったが、享徳三年(一四五四)出家、その跡は舎弟政長が嗣いだ。八歳で正五位下に叙せられたとき忠漑といい、応仁元年(一四六七)左中将に任ぜられ、翌年には十八歳で従三位に昇叙するが、その時は政長と名乗っている。改名の時期は明らかでないが、父の例に倣い将軍義政の偏諱を受けたのかもしれない。姉妹の兼子は後土御門天皇の後宮に入り若上臈と称され、文明五年(一四七三)には皇女出産、仁悟親王などの生母として従三位に叙せられた。このような公武の縁もあってか官位の昇進めざましく、同八年二十六歳で権大納言、十四年右大将、十七年内大臣、長享元年(一四八七)右大臣、二年には従一位に叙せられた。摂家の一条内大臣を超越してのもので、三十八歳での昇叙は花山院家で初めてのこと。明応二年(一四九三)左大臣、永正十五年(一五一八)太政大臣に昇り、大永五年(一五二五)三月七十六歳で没した。鳳柄院太政大臣と称される。江戸時代を通じ花山院家で太政大臣にまで昇ったのは、忠雅・通雅とこの政長のみである。政長の後は息忠輔が嗣いだが、忠輔息の兼雄は永正十三年十八歳で従三位に叙せられ、翌年には参議を経ることなく権中納言、正三位となり順調な官位の昇進を遂げるかに見えたが、十六年六月突如出家し、しかも十一月頃に殺害されたともいう。他に後嗣が無かったので、前関白九条尚経二男が猶子とされ、前権大納言忠輔が六十歳で没した年、二十四歳で元服昇殿して跡を継承した。家輔がこれで、弘治三年(一五五七)に正二位に叙せられ、同年内に内大臣、右大臣に昇り、天正六年(一五七八)出家し、翌々八年十月六十二歳で没した。家輔にも子息なく、西園寺左大臣公朝男家雅が養子に入り跡を嗣いだ。慶長七年(一六〇二)定凞と改名した。定凞の長男実久は徳大寺家の養子となり、二男忠長が家を嗣ぐべく官位も昇進していたが、慶長十四年左少将、二十二歳のとき宮中女官密通事件(猪熊事件)の関係者として勅勘を蒙り蝦夷に流罪となり、五男定好が定凞の後嗣となった。忠長は寛永十三年(一六三六)勅免になり、武州に住していたが、承応元年(一六五二)上洛、寛文二年(一六六二)九月七十五歳で没した。この息定逸が元和年間(一六一五―二四)に新家創立を許されてできたのが野宮家である。江戸時代後期になり、権大納言長凞が明和六年(一七六九)八月三十四歳で没するが、嗣子なく同族の中山権大納言栄親三男愛徳が跡を嗣いだ。定誠が武家伝奏、常雅・愛徳が議奏に補された。日記には、『妙槐記』(師継)、『通雅公記』、『家教

花山院家

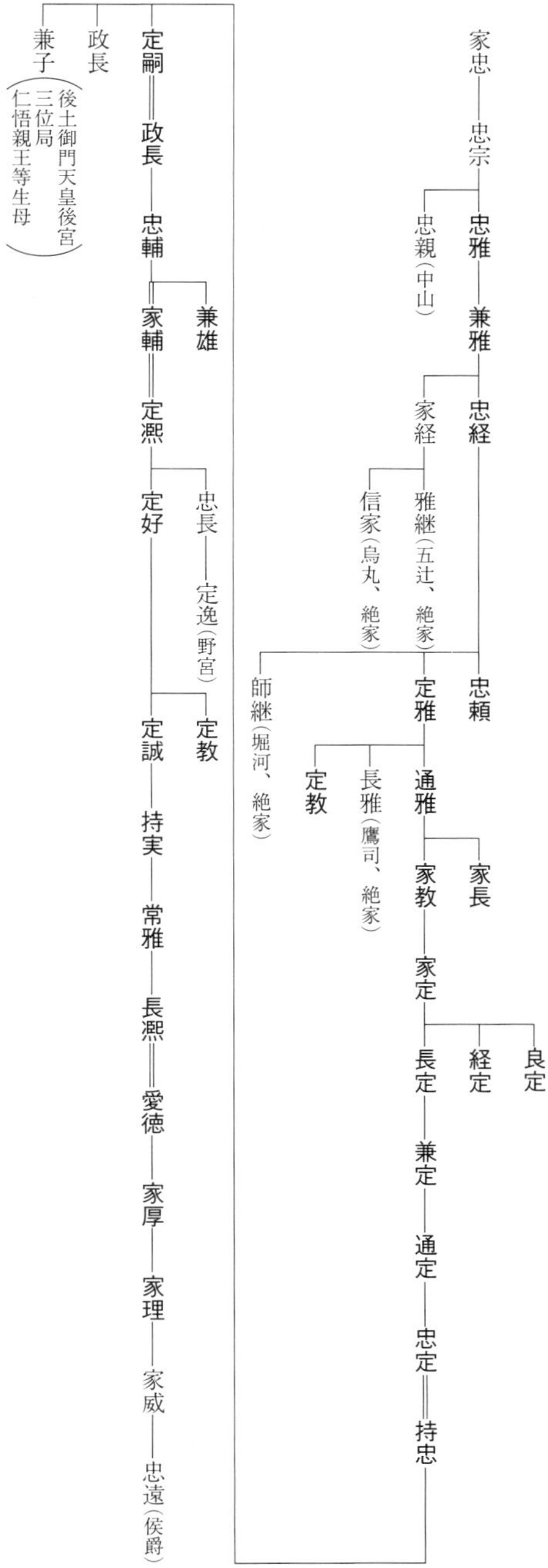

卿記』、『師賢卿記』、『忠定卿記』、『花山院常雅記』がある。明治十七年(一八八四)忠遠のとき、叙爵内規により侯爵を授けられた。菩提所は小塩上羽の十輪寺。『花山院家譜』(東京大学史料編纂所架蔵、四一七五—一九〇)。

忠雅　ただまさ　一一二四—九三

大治4(一一二九)・1・7叙位(氏)、長承2(一一三三)・1・16昇殿、保延1(一一三五)・12・24土佐権守、保延2・1・27右少将、外祖父辞三木申之、4・7遷左近、6・5兼美乃守〈「美作守」く〉、保延3・1・7従五位上(女院未給)、4・3正五位下(院未給)、9・22〈「5月」くし〉禁色、12・17従四位下、12・19還昇、保延5・1・4従四位上(行幸院賞)、1・24権中将、2・5辞守、8・17兼春宮権亮、8・27正四位下(春宮還入禁中賞)、-・-・-讃岐介、保延7・12・2正四位上(東宮入内賞)、12・6蔵人頭、12・7止権亮、新帝頭、永治2(一一四二)・1・5従三位、前坊権亮賞(元蔵人頭〈「坊権亮讃岐介」くし〉)、左中将如元、康治2(一一四三)・1・27兼美作権守、久安1(一一四五)・11・17参議、久安3・1・28播磨権守、久安4・8・22正三位、11・13権中納言、久安5・5・22〈「23日」世紀〉帯剣、久安6・8・30右兵衛督、仁平2(一一五二)・1・28転左、久寿2(一一五五)・2・25別当、保元1(一一五六)・9・13中納言、9・17転左衛門督、保元2・3・-辞退別当、保元3・5・21辞左衛門督、保元4・1・2従二位、永暦1(一一六〇)・4・2権大納言、永暦2・1・27正二位、応保1(一一六一)・9・13大納言、仁安1(一一六六)・8・27兼右大将、11・25〈く〉右馬寮御監、仁安2・2・11内大臣、仁安3・8・10太政大臣、従一位、嘉応2(一一七〇)・6・6上表辞退太政大臣、元暦2(一一八五)・2・15出家、建久4(一一九三)・8・26薨去〈く追〉

[死没]建久4(一一九三)・8・26　[年齢]70　[父]花山院忠宗、二男　[母]参議従三位藤原家保女　[号]花山院入道太政大臣・粟田口　[法名]理智覚　[公卿補任]1—418上　[大日本史料]4—4—432、4—17—補29

兼雅　かねまさ　一一四九—一二〇〇

久安7(一一五一)・1・6従五位下(暲子給)、保元1(一一五六)・9・17侍従、保元2・1・24右少将(剰任)、保元3・1・6従五位上(労)、1・27備中権介、永暦1(一一六〇)・-・-禁色、10・3中宮権亮(兼)、応保1(一一六一)・1・5正五位下、8・25従四位下(父卿平野大原野行幸行事)、9・15左中将、応保2・1・27伊与介(兼)、2・5止権亮(院号)、長寛1(一一六三)・1・5従四位上(労)、長寛3・1・23蔵人頭、永万1(一一六五)・6・25又頭、7・22〈25日カ〉正四位下(臨時)、7・27従三位(臨時叙位、御即位)、元蔵人頭、左中将如元(超上臈〈「上首」く〉頭右中将家通)、仁安1(一一六六)・1・12丹波権守、11・14正三位、仁安3・2・17権中納言、3・23帯剣、12・13右兵衛督、嘉応2(一一七〇)・1・5右衛門督、7・26辞督、承安4(一一七四)・1・5従二位、治承2(一一七八)・12・15兼春宮権大夫、治承3・1・7正二位、1・19転大夫、11・17止大夫、治承4・1・23被聴朝参、養和1(一一八一)・12・1建礼門院別当、養和2・3・3〈8日ともあり〉権大納言、寿永2(一一八三)・11・8〈28日カ〉被停出仕、12・-聴出仕、寿永3・1・-初出仕、元暦1(一一八四)・12・30辞(権大納言)、元暦2・6・15本座宣旨、文治3(一一八七)・11・4還任、文治4・10・14兼右大将、文治5・7・5任大臣兼宣旨〈く〉、7・10内大臣、建久1(一一九〇)・7・17右大臣、11・-辞大将、建久9・1・5従一位、11・14左大臣、正治1(一一九九)・6・22辞左大臣、正治2・7・14出家、7・18薨去

[死没]正治2(一二〇〇)・7・18　[年齢]52　[父]花山院忠雅、一男　[母]正二位中納言藤原家成女　[号]後花山院左大臣　[公卿補任]1—458下　[大日本史料]4—6—623

忠経　ただつね　一一七三—一二二九

安元1(一一七五)・4・7叙爵、治承1(一一七七)・12・29侍従(今夜元服、又聴昇殿)、治承3・4・11従五位上、禁色、治承5・3・26兼土左権介(侍従兼国)、寿永2(一一八三)・1・7正五位下(建礼門院治承四年未給)、文治1(一一八五)・1・6従四位下(院御給、侍従如元)、文治3・1・23右中将〈「右権中将」く〉(元侍従、超少将十三人)、文治4・1・6従四位上(院御給)、10・14遷左中将

〔「右権中将」く〕(元右、今日父卿依任右大将転左云云)、文治5・1・5正四位下(高祖父左大臣承久五年八幡賀茂行幸行事賞譲)、1・18伊与介(左中将兼国)、7・10従三位、左中将如元(超上臈中将〔「中将」く無〕七人、公時・成経・実明・公衡・兼宗・説〔範カ〕能)、文治6・1・24兼越中権守、建久2(一一九一)・1・5正三位、建久4・12・9参議、建久5・1・30兼讃岐権守、建久6・4・7従二位、建久8・1・30権中納言、2・17帯剣、建久9・4・23補大嘗会検校、12・9皇后宮大夫、正治1(一一九九)・6・22中納言、正治2・3・6権大納言、4・15兼春宮大夫、建仁1(一二〇一)・1・29正二位、建仁2・11・3右大将、12・25右馬寮御監、元久2(一二〇五)・11・24大納言、元久3・3・28内大臣、建永2(一二〇七)・2・10右大臣、4・10辞大将、承元2(一二〇八)・5・28上表、建保1(一二一三)・12・22出家、寛喜1(一二二九)・8・5薨去

〔死没〕寛喜1(一二二九)・8・5　〔年齢〕57　〔父〕花山院兼雅、一男　〔母〕太政大臣従一位平清盛女　〔号〕花山院入道前右大臣　〔公卿補任〕1―520上　〔大日本史料〕5―5―232

忠頼　ただより　一一九九―一二一二

建仁1(一二〇一)・1・6従五位下(一品内親王建久九年大嘗会未給)、建久3(一一九二)・1・5従五位上(臨時)、1・13侍従、元久2(一二〇五)・1・5正五位下、建永1(一二〇六)・1・17従四位下、承元1(一二〇七)・1・13備前介、承元2・1・5従四位上(臨時)、12・9右中将、承元3・1・13播磨権介、承元5・1・5正四位下(院当年御給)、建暦2(一二一二)・1・5従三位、右中将如元〔「如元」や無〕、12・19薨去

〔死没〕建暦2(一二一二)・12・19　〔年齢〕14　〔父〕花山院忠経、一男　〔母〕従二位権中納言藤原能保女　〔公卿補任〕2―8上　〔大日本史料〕4―12―75

定雅　さだまさ　一二一八―九四

元仁2(一二二五)・1・23従五位下、嘉禄2(一二二六)・1・23侍従、7・29中宮権亮、10・19禁色、12・21従五位上、嘉禄3・10・4正五位下、安貞2(一二二八)・2・1従四位下、寛喜1(一二二九)8・5喪父〈く追〉、9・21復任(父)、寛喜3(一二三一)・1・29兼阿波介、左近衛権中将、10・28兼東宮権亮、貞永1(一二三二)・1・5従四位上(東宮御給)、10・4補蔵人頭、12・2正四位下、文暦1(一二三四)・12・21参議、元蔵人頭、左中将如元、文暦2・1・23讃岐権守、8・30従三位、嘉禎1(一二三五)・11・7兼近江権守〈や〉、嘉禎2・6・9権中納言、6・24勅授、嘉禎3・12・25従二位、暦仁2(一二三九)・1・27正二位、延応1(一二三九)・10・28権大納言、建長2(一二五〇)・12・15大納言、12・24兼左大将、12・29〈建長3年1月6日にもあり〉兼左馬寮御監、建長4・7・5蒙大臣兼宣旨、7・20内大臣、11・3右大臣、建長5・3・24辞左大将、建長6・11・17辞右大臣、康元1(一二五六)・11・27〈「12月」百錬抄〉出家

〔死没〕永仁2(一二九四)・2・30　〔年齢〕77　〔父〕花山院忠経、三男　〔母〕正三位権中納言藤原宗行女又従二位権中納言藤原能保女　〔号〕粟田口入道右大臣・後花山　〔公卿補任〕2―85上

通雅　みちまさ　一二三一―七六

寛元5(一二四七)・1・5〔従三位〕、1・7左中将如元、宝治2(一二四八)・1・23兼越前権守、建長2(一二五〇)・5・17参議、5・20更兼左中将、－・－正三位、12・24右中将、建長3・1・22権中納言、2・13帯剣、康元2(一二五七)・1・2正二位、正嘉1(一二五七)・11・26権大納言、弘長2(一二六二)・7・16兼右大将、7・28為右馬寮御監、文永2(一二六五)・3・9復任、文永5・11・9内大臣兼宣旨、12・2内大臣、文永6・1・19辞大将、4・23右大臣、官次宣下、文永8・3・10上表、建治1(一二七五)・8・27太政大臣、従一位、建治2・3・29上表、4・30出家、5・5〈4日ともあり〉薨去

❖文永八年に「同廿七日以男家長(三位中将)中任権中納言」の記載あり

〔死没〕建治2(一二七六)・5・5　〔年齢〕45　〔父〕花山院定雅、一男　〔母〕正二位権中納言藤原定高女　〔号〕後花山院入道太政大臣　〔法名〕空理　〔日記〕通雅公記(一二四八―七五)　〔公卿補任〕2―138上

家長　いえなが　一二五三―七四

建長7(一二五五)・1・5叙爵、正嘉1(一二五七)・12・30

侍従、正嘉2・1・5従五位上、正嘉3・1・6正五位下、3・8従四位下、正元1（一二五九）・11・16左中将（元侍従）、12・25従四位上（院御分）、正元2・3・29武蔵権介、弘長2（一二六二）・1・5正四位下（臨時）、文永3（一二六六）・2・1兼土佐介、文永5・8・25兼春宮権亮、文永6・1・5従三位（元左中将、春宮権亮）、1・7中将如元、文永8・1・5正三位、3・27権中納言、4・8帯剣、文永11・1・7従二位、7・2薨去

[死没]文永11（一二七四）・7・2 [年齢]22 [父]花山院通雅、一男 [母]従二位中納言藤原国通女 [公卿補任]2—221下

家教 いえのり　一二六一—九七

弘長2（一二六二）・1・5叙爵（大宮院当年御給）、3・29従五位上（朝覲行幸、権大納言藤通雅院司賞）、弘長3・2・19正五位下（朝覲行幸、右大将藤通雅卿賞譲）、文永3（一二六六）・3・-侍従、文永5・1・5従四位下、1・29還任侍従、文永7・1・21兼阿波権介、12・4従四位上、文永9・1・5正四位下、文永10・12・30右少将、禁色、文永11・1・25左中将、建治2（一二七六）・1・5従三位（新院当年御給）、1・7左中将如元、1・23備中権守、4・14〈13日ともあり〉参議、建治3・1・29正三位、弘安1（一二七八）・11・18従二位、弘安2・12・12権中納言、弘安6・2・26〈3月26日ともあり〉辞権中納言、12・20還任、弘安7・1・6正二位、正応1（一二八八）・7・11中納言、10・27権大納言、正応2・4・25兼春宮大夫、正応5・5・15兼左大将、閏6・16遷任右大将、永仁5（一二九七）・8・12〈13日ともあり〉依病三職辞退、8・21出家、8・26薨去

[死没]永仁5（一二九七）・8・26 [年齢]37 [父]花山院通雅、二男 [母]正二位大納言中院通方女 [日記]家教卿記（一二九一） [公卿補任]2—248上

定教 さだのり　?—一三二六

弘安4（一二八一）・7・29叙爵、12・29侍従、弘安5・1・14禁色、4・8従五位上、10・16右少将、弘安6・1・5正五位下、9・12従四位下（少将如元）、12・16転中将、弘安7・6・23従四位上、11・25正四位下、弘安8・3・6兼豊後介、6・13従三位、右中将如元、弘安11・4・7正三位、正応1（一二八八）・9・13〈7日ともあり〉参議、正応2・1・13兼讃岐権守、8・7従二位、10・18権中納言、10・27帯剣、正応4・10・29正二位、正応6・1・28権大納言、永仁3（一二九五）・6・23辞退（権大納言）、嘉暦1（一三二六）・-・-薨去

[死没]嘉暦1（一三二六） [父]花山院定雅、三男 [公卿補任]2—280下

家定 いえさだ　一二八三—一三四二

弘安8（一二八五）・8・11叙爵、弘安10・12・9侍従、正応1（一二八八）・1・5従五位上、11・21正五位下、12・24禁色、正応2・2・24従四位下（侍従如元）、3・26従四位上、正応3・1・13左中将、10・29正四位下、正応5・5・15渡右（父家教卿転左、依同府也）、兼春宮権亮、永仁4（一二九六）・1・5従三位、右中将如元、永仁6・5・23正三位、正安4（一三〇二）・1・20兼伊与権守、3・22〈23日ともあり〉権中納言、嘉元3（一三〇五）・12・30権大納言、徳治3（一三〇八）・9・17正二位、9・30賜去十七日位記、正和4（一三一五）・7・21兼右大将、文保2（一三一八）・8・15召仰、兼宣旨、8・24右大臣、12・10辞右大将、文保3・1・5従一位、元応1（一三一九）・4・10辞大臣、元亨3（一三二三）・8・20出家

[死没]康永1（一三四二）・4・28 [年齢]60 [父]花山院家教 [母]従二位藤原雅平女 [号]金光院入道右大臣 [法名]理円 [公卿補任]2—334下 [大日本史料]6—7—146

良定 よしさだ　?—一三一二

正安3（一三〇一）・12・30従五位下、乾元2（一三〇三）・2・6従五位上（越源顕実）、嘉元3（一三〇五）・12・30侍従、嘉元4・1・5正五位下、徳治2（一三〇七）・1・5従四位下（侍従如元、遊義門院当年御給）、延慶1（一三〇八）・11・14従四位上（新院御給、御即位叙位）、11・29禁色、延慶2・3・29左中将、11・23正四位下（新院御給）、延慶4・3・30従三位、左中将如元、正和1（一三一二）・7・13薨去

[死没]正和1（一三一二）・7・13 [父]花山院家定、三男 [母]正二位権中納言中御門為方女 [公卿補任]2—421上

経定　つねさだ　一三〇〇—二六

嘉元4(一三〇六)・6・12叙爵、正和2(一三一三)・8・7従五位上(十二月一日陽今日位記、公定)、11・7侍従、正和3・1・5正五位下(新院当年御給)、9・21左中将(不経少将)、正和5・1・5従四位下、1・7左中将如元、文保1(一三一七)・3・27陸奥介、文保2・1・5従四位上(府労)、3・9為春宮権亮、4・1正四位下、元応1(一三一九)・8・5参議(左中将如元、春宮権亮)、-・21従三位(越三木公明)、元応2・2・9兼讃岐権守、1・10〈5月カ〉〈や〉左中将、元応3・3・11正三位、元亨1(一三二一)・7・26任権中納言、元亨3・6・15恐懼、6・26宜可出仕者、正中3(一三二六)・1・29薨去

[死没]正中3(一三二六)・1・29　[年齢]27　[父]花山院家定、二男　[母]内大臣従一位六条有房女　[号]護法院　[公卿補任]2—473下

長定　ながさだ　一三一八—五一

嘉暦1(一三二六)・8・9左中将、嘉暦3・3・24兼伊与介、9・21正四位下、11・27従三位、左中将如元、元徳2(一三三〇)・4・7権中納言、8・4正三位、建武2(一三三五)・1・5従二位、建武3〈延元1〉・11・25兼左兵衛督、建武4〈延元2〉・7・20転左衛門督、建武5・4・28為大嘗会検校、正二位、8・4止督、暦応2〈延元4〉(一三三九)・12・27権大納言、康永1〈興国3〉(一三四二)・9・7復任、貞和4〈正平3〉(一三四八)・10・7兼右大将、貞和5〈正平4〉・3・14直衣始〈し〉、9・13大納言、観応2〈正平6〉(一三五一)・6・26内大臣、9・19素懐、出家

[死没]観応2(一三五一)・9・19　[年齢]34　[父]花山院家定、三男　[母]正二位大納言花山院長雅女　[号]後花山院内大臣・護法院入道　[法名]静円　[公卿補任]2—519上　[大日本史料]6—15—292

兼定　かねさだ　一三三八—七八

建武5(一三三八)・1・5叙爵(陽禄門院当年御給)、暦応2〈延元4〉(一三三九)・1・5従五位上(加叙)、暦応4〈興国2〉・1・6正五位下(臨時)、12・22侍従、暦応5〈興国3〉・1・5従四位下、康永2〈興国4〉(一三四三)・1・5従四位上(加叙)、1・28右中将、康永3〈興国5〉・1・24兼紀伊介、貞和2〈正平1〉(一三四六)・2・21正四位下、貞和4〈正平3〉・-・-去介(秩満)、10・7転左中将、貞和5〈正平4〉・11・25従三位、左中将如元、文和3〈正平9〉(一三五四)・4・15権中納言、文和5〈正平11〉・1・16帯剣、延文2〈正平12〉(一三五七)・4・15正三位、延文4〈正平14〉・4・21従二位、延文5〈正平15〉・4・16権大納言、康安2〈正平17〉(一三六二)・5・7正二位、応安3〈建徳1〉(一三七〇)・11・19兼右近大将、永和4〈天授4〉(一三七八)・4・27転左大将、11・30〈「7月」イ〉薨去

[死没]永和4(一三七八)・11・30　[年齢]41　[父]花山院長定、一男　[公卿補任]2—625下

通定　みちさだ　一三六二—一四〇〇

貞治2〈正平18〉(一三六三)・1・5従五位下、貞治3〈正平19〉・4・14従五位上、貞治5〈正平21〉・1・5正五位下、貞治6〈正平22〉・12・22元服、12・24侍従、応安1〈正平23〉(一三六八)・2・22従四位下、4・20従四位上、応安2〈正平24〉・1・27禁色、3・30左近中将、応安3〈建徳1〉・1・6正四位下、3・27兼伊与介、12・30従三位、左中将如元、永和1〈天授1〉(一三七五)・-・-正三位、永和2〈天授2〉・2・12権中納言、永和3〈天授3〉・1・5従二位、永徳1〈弘和1〉(一三八一)・7・23権大納言、永徳3〈弘和3〉・1・5正二位、明徳1〈元中7〉(一三九〇)・4・1兼右大将、明徳5・12・25内大臣、大将還宣旨、応永2(一三九五)・1・28辞大将、3・27右大臣、6・19従一位、6・21出家、応永7(一四〇〇)・4・14薨去〈く追〉

[死没]応永7(一四〇〇)・4・14　[年齢]39　[父]花山院兼定　[母]正二位権大納言藤原光経女　[号]如住院右大臣　[法名]信円　[公卿補任]2—703下　[大日本史料]7—4—545

忠定　たださだ　一三七九—一四一六

-・-・-叙爵、明徳4(一三九三)・1・5従五位上、3・22元服、12・25正五位下、-・-侍従、応永2(一三九五)・1・5従四位下、3・29左中将、応永3・1・5従三位、左中将如元、1・28兼尾張権守、

7・24権中納言、応永5・1・5正三位、応永7・12・20止之(権中納言)、応永8・3・24還任(権中納言)、応永9・1・6従二位、3・28権大納言、-・-・-改忠定、応永10・1・6正二位、応永23・8・11兼右大将、8・15薨去
[死没]応永23(一四一六)・8・15 [年齢]38 [父]花山院通定 [前名]忠俊 [日記]忠定卿記(一四〇六―一〇) [公卿補任]3―40上 [大日本史料]7―25―14

持忠 もちただ 一四〇五―六七
応永29(一四二二)・3・27参議、左中将如元、従三位、応永30・3・20兼任伊与権守、応永32・1・30権中納言、応永33・1・6正三位、応永35・3・30権大納言、永享2(一四三〇)・1・6従二位、永享9・11・-右大将、永享11・1・5正二位、嘉吉1(一四四一)・12・7内大臣、嘉吉2・3・23辞大将、嘉吉3・6・-辞内大臣、文安5(一四四八)・4・26出家、文正2(一四六七)・1・7薨去
※文安五年に「贈太政大臣」の記載あり
[死没]文正2(一四六七)・1・7 [年齢]63 [養父]花山院忠定 [号]鳳栖院 [公卿補任]3―100下 [大日本史料]8―1―21

定嗣 さだつぐ ?―一四五四
永享-・-・-叙爵、嘉吉2(一四四二)・1・5従五位上、嘉吉3・1・5正五位下、文安2(一四四五)・1・5従四位下、3・23左近中将、兼備中介、文安3・1・5従四位上、-・-・-正四位下、文安4・1・5従三位、右近中将如元、3・17兼讃岐権守、文安5・4・7権中納言、宝徳2(一四五〇)・1・7正三位〈く追〉、享徳1(一四五二)・12・29権大納言、享徳2・8・28辞権大納言、享徳3・-・-出家
[死没]享徳3(一四五四)・2・20 [父]花山院持忠 [公卿補任]3―155下

政長 まさなが 一四五一―一五二五
応仁2(一四六八)・2・27従三位、左中将如元、本名忠熙、文明2(一四七〇)・6・1権中納言、文明4・4・30正三位、文明8・3・21権大納言、文明14・12・11兼右近衛大将、文明17・閏3・10内大臣、大将還宣旨、4・2正二位、文明18・12・-辞内大臣、文明19・8・29〈く追〉右大臣、長享2(一四八八)・1・10従一位、延徳2(一四九〇)・3・5辞右大臣、明応2(一四九三)・4・30任左大臣、明応5・11・15辞左大臣、永正15(一五一八)・5・28太政大臣、8・8輦車、8・11牛車、永正18・3・-〈「27日」さく追〉辞退太政大臣、大永5(一五二五)・3・17出家、3・18薨去
[死没]大永5(一五二五)・3・18 [年齢]75 [父]花山院持忠、二男(実花山院定嗣) [前名]忠熙 [号]後鳳栖院前太政大臣 [法名]覚円 [公卿補任]3―226下

忠輔 ただすけ 一四八三―一五四二
延徳4(一四九二)・1・6従五位下、6・26〈く追〉左中将、明応7(一四九八)・2・28従四位下(越階)、元服、中将如元、明応8・10・27従四位上、文亀1(一五〇一)・4・-正四位下、文亀2・2・21従三位、左近中将如元、永正3(一五〇六)・11・27権中納言、永正5・2・8正三位、永正6・10・9辞権中納言、永正14・-・-賜去年十一月十三日従二位位記、永正15・3・25〈1日ともあり〉権大納言、10・6正二位、永正17・7・-下向若州、大永4(一五二四)・12・29兼右近衛大将、大永5・3・10下向北国、4・2上洛、大永8・8・-〈「9月日」さ〉辞両職、天文11(一五四二)・1・20薨去
[死没]天文11(一五四二)・1・20 [年齢]60 [父]花山院政長 [一字名]忠 [公卿補任]3―308上

兼雄 かねお 一四九九―一五一九
永正10(一五一三)・1・-正四位下、永正13・7・-従三位、永正14・3・3権中納言、10・30正三位、永正16・6・25出家、-・-薨去
※従三位叙位年に「中将カ」の記載あり
[死没]永正16(一五一九) [年齢]21 [父]花山院忠輔 [法名]盛輔 [公卿補任]3―342下 [大日本史料]9―9―287

家輔 いえすけ 一五一九―八〇
大永7(一五二七)・3・26叙爵、侍従、享禄4(一五三一)・6・22正五位下(越階)、天文1(一五三二)・12・20従四位下(侍従如元)、天文6・9・27正四位下(越

階)、天文11・3・28元服、禁色、昇殿、閏3・9左近中将〈や〉、閏3・10従三位、左中将如元、天文12・7・28権中納言、天文16・1・5正三位、天文20・1・6従二位、天文23・8・23辞権中納言、9・22権大納言、弘治3(一五五七)・1・23正二位、3・23内大臣、9・2転任右大臣、天正2(一五七四)・2・24辞(右大臣)、天正6・3・20出家、天正8・10・27薨去

[死没]天正8(一五八〇)・10・27 [年齢]62 [父]花山院忠輔(実九条尚経、二男) [母]三条西実隆女従二位保子 [号]法雲院右大臣 [公卿補任]3—408下

定煕 さだひろ 一五五八—一六三四

永禄1(一五五八)・11・12誕生〈くま〉、天正4(一五七六)・10・23叙位、侍従〈くま〉、元服〈くま〉、天正5・11・4従五位上、天正6・1・6従四位下(越階)、侍従如元、6・1〈くま〉左少将、天正7・-・-転中将、11・-・-参議、左中将如元、天正8・2・10正四位下、天正13・7・12従三位、天正16・1・13正三位、天正17・1・8〈「12日」く〉権中納言、慶長2(一五九七)・12・28従二位、慶長4・1・11権大納言、慶長7・1・6正二位、12・28改定煕、慶長20・6・4兼右大将、元和3(一六一七)・1・8辞大将〈くま〉、元和5・2・17内大臣、12・28辞内大臣、元和6・閏12・13従一位、元和7・1・2右大臣、1・12辞右大臣、寛永9(一六三二)・12・24左大臣、12・28辞左大臣、寛永11・10・12〈「11月」く及史無恐衍〉薨去

❖慶長二十年より「神宮伝奏」

[死没]寛永11(一六三四)・10・12 [年齢]77 [父]花山院家輔(実西園寺公朝) [母]大炊御門経名女(実家女房) [前名]家雅 [一字名]李 [号]霜松院左大臣 [公卿補任]3—481下

定好 さだよし 一五九九—一六七三

慶長16(一六一一)・4・28〈「21日」く〉叙位、元服、侍従、禁色、昇殿、慶長17・1・5従五位上、12・28正五位下(年中両度)、慶長18・11・1従四位下、慶長19・1・11左中将、慶長20・1・5〈「6日」く〉従四位上☆、元和2(一六一六)・1・5正四位下、元和5・7・13参議、左中将如元、元和6・1・5従三位、元和7・1・14権中納言、元和10・1・5正三位、寛永5(一六二八)・2・10従二位、寛永8・12・16権大納言、寛永11・1・6正二位、寛永14・11・5兼右大将、12・17辞大将、寛永20・12・28辞権大納言、慶安2(一六四九)・2・25内大臣、9・30辞内大臣、承応2(一六五三)・11・14右大臣、承応3・6・12辞右大臣、万治3(一六六〇)・12・24従一位、寛文1(一六六一)・5・24左大臣、寛文3・1・12辞左大臣、寛文13・7・4薨去

[死没]寛文13(一六七三)・7・4 [年齢]75 [父]花山院定煕、五男 [母]朝倉義景女(或忠長女) [号]淳貞院 [公卿補任]3—551下

定教 さだのり 一六二九—五三

寛永6(一六二九)・10・1誕生、寛永16・12・29叙爵、寛永17・3・28従五位上、寛永20・3・18従四位下、3・22侍従、3・24元服、禁色、昇殿、12・28左中将、寛永21・12・12従四位上、正保2(一六四五)・12・12正四位下、正保3・3・13〈賜去正月五日位記〉従三位、中将如元、12・4除服宣下、承応2(一六五三)・12・12薨去

[死没]承応2(一六五三)・12・12 [年齢]25 [父]花山院定好 [母]関白従一位鷹司信尚女 [号]円通院 [公卿補任]3—611上

定誠 さだのぶ 一六四〇—一七〇四

寛永17(一六四〇)・2・26誕生、慶安5(一六五二)・1・5叙爵、承応2(一六五三)・12・20従五位上、侍従、承応3・1・5正五位下、12・22従四位下、元服〈く〉、左中将〈く〉、禁色〈く〉、承応4・1・5従四位上〈く〉、万治1(一六五八)・閏11・22正四位下〈く〉、万治4・1・5従三位、左中将如元、寛文3(一六六三)・1・12権中納言、3・7直衣☆、8・10正三位☆、寛文5・8・10権大納言、寛文6・5・10為神宮伝奏、10・1辞伝奏、寛文8・12・22従二位、寛文13・9・13為幸智親王家勅別当、延宝2(一六七四)・12・29〈「28日」ま〉正二位、延宝3・2・9武家伝奏、2・19辞権大納言、天和2(一六八二)・11・8還任大納言〈ま〉、右大将〈ま〉、貞享1(一六八四)・12・12内大臣、貞享2・7・

12辞右大将☆、貞享3・3・24辞内大臣、元禄5(一六九二)・2・26出家

[死没]宝永1(一七〇四)・10・21 [年齢]65 [父]花山院定好、四男 [母]鷹司関白内大臣信尚女(或忠広女) [号]文恭院 [法名]自寛 [公卿補任]3—662上

持実 もちざね 一六七〇—一七二八

寛文10(一六七〇)・10・17誕生、寛文11・2・13〈「3月」あ〉〈去正五分〉叙爵、寛文12・5・26従五位上、延宝4(一六七六)・1・5〈旧〉正五位下、1・11侍従、延宝6・2・13元服、禁色、昇殿、従四位下、延宝8・12・22従四位上、天和2(一六八二)・2・10右中将、12・29正四位下、天和3・2・9春宮権亮、貞享1(一六八四)・11・26改持重(元持房)、12・23〈従三位〉(左中将権亮等如旧)、貞享3・6・25権中納言☆、9・30為福子内親王家勅別当、貞享4・12・23正三位、元禄6(一六九三)・8・13権大納言、元禄7・2・12〈去正月五日分〉従二位☆、5・19神宮伝奏、元禄8・10・19辞伝奏、12・23改持実、元禄16・1・20辞権大納言、享保13(一七二八)・10・20薨去

[死没]享保13(一七二八)・10・20 [年齢]59 [父]花山院定誠、二男 [母]従一位左大臣大炊御門経孝女 [前名]持房・持重 [号]靖共院 [公卿補任]4—77下

常雅 つねまさ 一七〇〇—一七七一

元禄13(一七〇〇)・2・3誕生、元禄16・11・19叙爵、宝永1(一七〇四)・5・18侍従従五位上、宝永2・12・28正五位下、宝永4・11・20従四位下、宝永7・12・11従四位上、正徳1(一七一一)・4・16元服、左中将、禁色、雑袍、昇殿、12・23正四位下、正徳2・12・18従三位(左中将如旧)、正徳5・11・25権中納言、正徳6・1・13帯剣、3・27直衣、享保1(一七一六)・12・25正三位、享保4・12・1為神宮伝奏、享保5・5・25辞伝奏、享保6・1・22〈去五日分〉従二位、享保8・11・18権大納言、享保11・11・28為吉子内親王家勅別当、享保14・12・24正二位、享保15・10・3右大将、12・25右馬寮御監、享保17・3・25忠篤親王家別当、享保20・3・21院執権、元文1(一七三六)・1・23内大臣、1・24辞院執権、元文2・1・21辞右大将、6・29辞内大臣、元文3・8・19還任内大臣、8・25随身兵仗、元文4・2・3辞内大臣、延享4(一七四七)・2・1従一位、寛延2(一七四九)・2・23右大臣、2・24直衣始〈ま〉、11・9辞右大臣、明和8(一七七一)・2・16〈「11日」史家譜〉薨去

❖享保十三年より「立坊伝奏」

[死没]明和8(一七七一)・2・16 [年齢]72 [父]花山院持実、二男 [母]家女房 [一字名]坤 [号]順正院 [日記]花山院常雅記(一七四〇—四五) [公卿補任]4—205上

長熈 ながひろ 一七三六—六九

元文1(一七三六)・1・21誕生、元文5・12・26従五位下、寛保2(一七四二)・10・29従五位上、寛保3・12・27正五位下、延享1(一七四四)・12・22侍従(童形)、延享2・閏12・16従四位下、延享4・8・12従四位上、9・13元服☆、禁色☆、昇殿☆、寛延1(一七四八)・2・1左権少将、12・26正四位下、寛延2・1・22左権中将☆、1・29拝賀、12・24従三位(左中将如故)、宝暦2(一七五二)・3・18権中納言、7・20聴直衣、宝暦3・1・29正三位、宝暦4・1・14帯剣、2・19右兵衛督、宝暦5・3・10転左兵衛督、宝暦6・1・15辞左兵衛督使別当等、6・19権大納言、宝暦8・12・28従二位、宝暦9・5・15儲君親王家勅別当、宝暦12・11・6改長熈、宝暦13・11・28正二位、明和5(一七六八)・8・2右大将、11・22右馬寮御監、明和6・8・14辞両官、薨去

[死没]明和6(一七六九)・8・14 [年齢]34 [父]花山院常雅 [母]鷹司輔信女 [前名]兼済 [公卿補任]4—393下

愛徳 あいとく 一七五五—一八二九

宝暦5(一七五五)・3・3誕生、宝暦9・2・27従五位下、明和6(一七六九)・9・25為故長熈卿子、12・18従五位上、明和7・2・28正五位下、12・19侍従、明和8・1・10従四位下、明和9・1・9従四位上、6・15元服、禁色、昇殿、11・26右権少将、12・25拝賀、安永2(一七七三)・1・9正四位下☆、2・

4転左権中将、3・18拝賀、安永3・1・5〔従三位〕（中将如旧〈ま〉）、9・6権中納言、9・26帯剣、9・28聴直衣、安永4・閏12・2正三位、安永7・1・5従二位、安永8・5・29正二位、天明5〔一七八五〕・8・17権大納言、9・20直衣始、天明7・5・17補大嘗会検校、寛政3〔一七九一〕・6・1礼仁親王家別当、寛政11・3・16右大将、3・22右馬寮御監、3・30直衣始、文化11〔一八一四〕・9・28内大臣、9・30直衣始、文化12・2・26辞両官御監、従一位、文政3〔一八二〇〕・6・1右大臣、6・4直衣始、10・15辞大臣随身兵仗、文政12・3・16薨去

〔死没〕文政12〔一八二九〕・3・16　〔年齢〕75　〔父〕花山院長熈（実中山栄親、二男）　〔母〕家女房　〔号〕温恭院・通斎　〔公卿補任〕4―536下

家厚　いえあつ　一七八九―一八六六

寛政1〔一七八九〕・3・28誕生、寛政4・11・3従五位下、寛政5・7・4侍従、12・19従五位上、寛政6・閏11・30正五位下、寛政7・2・4従四位下、寛政8・12・7従四位上、寛政9・10・30正四位下、11・19元服、昇殿、右権少将、拝賀、12・15転右権中将、寛政10・8・1〔従三位〕（右中将如旧）、9・26拝賀、10・3直衣始、寛政12・12・22正三位、文化2〔一八〇五〕・閏8・28権中納言、9・27帯剣、9・28聴直衣、直衣始、文化3・9・25従二位、文化6・3・24春宮権大夫、文化9・6・15正二位、文化11・10・30権大納言、12・13直衣始、文化14・3・22去権大夫、院執権、文政4〔一八二一〕・2・9悦仁親王家別当、文政6・9・23幟仁親王家別当、文政11・8・23〈ま〉為愛仁親王家別当、天保5〔一八三四〕・10・10右大将・右馬寮御監、10・30直衣始、天保11・12・20賜太上天皇御服、弘化4〔一八四七〕・6・15内大臣、6・16直衣始、12・27辞両官御監、嘉永1〔一八四八〕・5・18従一位、安政6〔一八五九〕・3・28右大臣、随身兵仗、3・30直衣始、文久2〔一八六二〕・1・4辞右大臣、慶応2〔一八六六〕・8・20薨去

〔死没〕慶応2〔一八六六〕・8・20　〔年齢〕78　〔父〕花山院愛徳　〔母〕蜂須賀重隆女静子（実家女房）　〔公卿補任〕5―124下

家理　いえさと　一八三九―一九〇二

天保10〔一八三九〕・9・7誕生、弘化1〔一八四四〕・12・22従五位下、弘化2・5・6従五位上、6・24侍従、弘化3・11・7正五位下、弘化4・5・16従四位下、嘉永1〔一八四八〕・10・21従四位上、嘉永2・10・3正四位下、嘉永4・5・4元服、禁色、昇殿等、右権少将、拝賀、安政4〔一八五七〕・5・15転左権中将（小除目）、閏5・20〔従三位〕（権中将如元）、6・2拝賀、6・3直衣始、安政5・1・21正三位、万延1〔一八六〇〕・12・19辞、文久3〔一八六三〕・1・22返上位記

〔死没〕明治35〔一九〇二〕・4・21　〔年齢〕64　〔父〕花山院家厚、三男　〔母〕家女房　〔公卿補任〕5―511上

五辻家（絶家）

家経　いえつね　一一七四―一二一六

治承4〔一一八〇〕・1・5従五位下（臨時）、4・21従五位上（御即位、新院御給）、養和2〔一一八二〕・3・8侍従、寿永2〔一一八三〕・1・7正五位下（臨時）、文治1〔一一八五〕・1・20右少将、文治2・2・30備中権介、文治3・1・5従四位下（少将如元）、文治5・9・14禁色、建久1〔一一九〇〕・1・5従四位上（院当年御給）、建久2・2・5転中将〔「権中将」く〕、11・5正四位下（臨時）、建久3・1・27備中介、建久8・1・30伊与介、正治1〔一一九九〕・6・22参議、元左中将、〔中将如元カ〕、正治2・1・5従三位、1・22兼美作権守、建仁2〔一二〇二〕・閏10・20権中納言、11・19正三位、元久2〔一二〇五〕・4・16従二位、建永2〔一二〇七〕・2・16兼中宮権大夫、承元2〔一二〇八〕・1・5正二位、7・9中納言、承元3・4・14中宮権大夫、建暦1〔一二一一〕・1・18辞職、建保3〔一二一五〕・8・22出家

〔死没〕建保4〔一二一六〕・6・10　〔年齢〕43　〔父〕花山院兼雅、二男　〔母〕太政大臣従一位平清盛女　〔公卿補任〕1―542上　〔大日本史料〕4―14―53

宣経　のぶつね　一二〇三―？

建永2〔一二〇七〕・1・22五位、承元5〔一二一一〕・1・5

絶家　五辻家

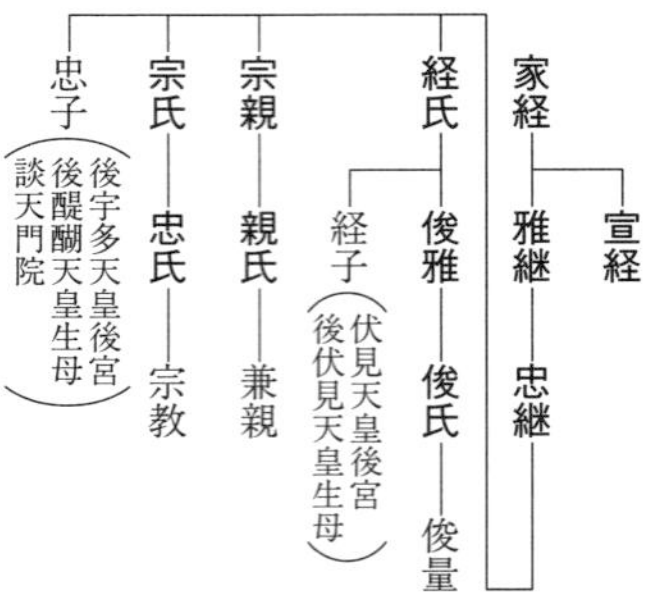

従五位上(承明門)、11・3侍従、建保2(一二一四)・1・5正五位下(殷富門)、建保3・1・13兼越後権介、建保6・12・12左少将(少将如元)、承久1(一二一九)・1・22近江権介、11・13四位、承久3・1・5禁色、1・13従四位上(中宮当年)、貞応1(一二二二)・11・22正四位下(大嘗会叙位)、貞応2・1・27左中将、嘉禄2(一二二六)・4・19蔵人頭、嘉禄3・4・9参議(元蔵人頭左中将)、4・20兼中将、安貞2(一二二八)・2・1播磨権守、2・7従三位、寛喜3(一二三一)・8・-依不仕恐懼、天福1(一二三三)・1・24越後権守、4・8停任、建長3(一二五一)・9・3出家

[父]五辻家経　[養父]花山院忠経、三男　[母]高階泰経女(殷富門院女房)　[公卿補任]2—62上

雅継　まさつぐ　一一九八—?

建保3(一二一五)・1・5叙爵、建保5・9・8少納言、建保6・1・13安芸権介、承久1(一二一九)・1・5従五位上、承久3・7・19正五位下、貞応1(一二二二)・8・18右少将、貞応2・1・6従四位下、1・17更右少将、貞応3・1・23加賀介、安貞1(一二二七)・1・5従四位上(東一条院貞応元御給)、安貞3・1・30出雲介、寛喜2(一二三〇)・1・5正四位下、6・26進怠状(去十九日行幸還御不供奉之故也)、8・2返下怠状(元右中将)、嘉禎4(一二三八)・1・5従三位、天福1(一二三三)7・25復任(父)、暦仁2(一二三九)・1・7正三位、宝治1(一二四七)・4・28出家

[父]五辻家経、二男　[母]正二位権大納言藤原成親女　[公卿補任]2—103上　[大日本史料]5—21—470

忠継　ただつぐ　?—一二七七

-・-・-叙爵、-・9・10侍従、嘉禎3(一二三七)・11・3従五位上、暦仁2(一二三九)・1・24能登権介、仁治1(一二四〇)・10・24左少将、12・12正五位下(臨時)、仁治3・1・5従四位下、10・3紀伊守、還任左少将〈や〉、寛元4(一二四六)・1・7従四位上(安嘉門院去寛元三年御給)、建長3(一二五一)・1・22転中将、建長6・1・7正四位下(止中将叙之)、閏5・15還任左中将、弘長1(一二六一)・3・27蔵人頭、文永2(一二六五)・10・22参議(元蔵人頭左中将)、文永3・1・6従三位、2・1美乃権守、辞三木、3・3本座、文永5・10・5出家、建治3(一二七七)・7・20薨去

[死没]建治3(一二七七)・7・20　[父]五辻雅継　[母]参議従三位藤原家保女　[法名]了恵　[公卿補任]2—202上

宗親　むねちか　一二四二—一三〇二

寛元2(一二四四)・12・21叙爵(于時宗親)、建長8(一二五六)・4・5侍従(于時家繁)、正嘉1(一二五七)・12・15従五位上(于時宗親)、正元1(一二五九)・閏10・15正五位下、正元2・3・29筑前守、弘長2(一二六二)・12・2従四位下(侍従如元)、弘長3・12・24少納言、文永2(一二六五)・3・9従四位上、文永3・2・1兼摂津権守、4・3左少将、文永5・5・13転中将、文永6・5・1正四位下、文永10・3・25讃岐守、弘安1(一二七八)・9・23得替、弘安3・12・7遷任内蔵頭、弘安9・9・2蔵人頭、弘安10・1・13従三位(元蔵人頭内蔵頭)、左兵衛督、正応1(一二八八)・8・25止督、正応3・2・8正三位、正応5・11・13従二位、永仁6(一二九八)・12・18正二位、正安4(一三〇二)・2・28参議、9・25辞参議、乾元1(一三〇二)・12・25薨去

[死没]乾元1(一三〇二)・12・25　[年齢]61　[父]五辻忠継、二男　[前名]家繁　[公卿補任]2—288上

経氏　つねうじ　?—一二八五

寛元3(一二四五)・1・5叙爵(氏)、建長1(一二四九)・

8・25従五位上(安嘉門院去寛元四大嘗会叙位御給)、建長2・9・16侍従、建長6・1・13讃岐介、建長7・1・5正五位下、康元1(一二五六)・12・13左少将、正嘉2(一二五八)・1・5従四位下、5・14還任右少将、文応1(一二六〇)・11・7近江介(大嘗会国司)、11・15従四位上、文永2(一二六五)・12・25左中将、文永4・1・5正四位下、文永11・2・16美乃介、弘安4(一二八一)・2・1蔵人頭、弘安7・1・13参議(元蔵人頭左中将)、5・6従三位、弘安8・3・6兼武蔵権守、辞退(参議)、4・9出家、薨去

[死没]弘安8(一二八五)・4・9　[父]五辻忠継　[母]正四位上神祇大副卜部兼直女　[公卿補任]2—274上

宗氏　むねうじ　一二四八—一三一五

建長8(一二五六)・1・6叙爵(臨時)、正嘉1(一二五七)・9・8大膳大夫、正嘉2・8・20従五位上、文応1(一二六〇)・6・14兼侍従、文永2(一二六五)・1・30兼備中介、文永4・2・1正五位下、文永5・11・17遷右少将(去大夫)、文永7・12・4従四位下、12・29遷任左少将、文永8・2・1兼下野介、建治2(一二七六)・1・5従四位上、1・23兼出雲権介、弘安2(一二七九)・1・7正四位下、弘安4・3・26転中将、弘安10・1・13遷内蔵頭、12・10辞頭、永仁3(一二九五)・12・29従三位(元前内蔵頭)、永仁5・7・22正三位、正安3(一三〇一)・4・17左兵衛督、嘉元2(一三〇四)・3・21従二位、止督、嘉元3・9・17出家、9・27賜御素服、正和4(一三一五)・4・24薨去

[死没]正和4(一三一五)・4・24　[年齢]68　[父]五辻忠継、三男　[母]正四位上神祇大副卜部兼直女　[法名]覚恵　[公卿補任]2—330上

親氏　ちかうじ　?—一三一二

文永7(一二七〇)・3・30従五位下(于時経頼)、弘安3(一二八〇)・3・12安芸守、弘安4・3・26従五位上、弘安6・7・20〈「3月12日」イ〉少納言(于時親氏)、弘安7・1・6正五位下、弘安9・1・5従四位下、1・7少納言如元、10・-辞退、正応1(一二八八)・6・28従四位上、正応3・4・25辞少納言、6・8左少将、10・29正四位下、正応4・10・29左中将、嘉元1(一三〇三)・10・29補蔵人頭、嘉元2・6・2従三位、元蔵人頭左中将、右兵衛督、10・21遷任左兵衛督、本名経頼、嘉元3・3・8止督、9・27賜御素服、延慶2(一三〇九)・10・15正三位、正和1(一三一二)・11・29薨去

[死没]正和1(一三一二)・11・29　[父]五辻宗親　[前名]経頼　[公卿補任]2—376下

俊雅　としまさ　一二七二—一三一一

建治1(一二七五)・10・8叙爵(于時俊経)、弘安2(一二七九)・1・5従五位上、12・14侍従、弘安5・9・9正五位下、弘安6・4・5左少将、弘安7・1・6従四位下、1・13還任少将、弘安8・3・6従四位上、3・9遭父喪、6・26復任、正応1(一二八八)・6・29解官、9・12還任少将、正応2・1・13正四位下、4・29転中将、正安2(一三〇〇)・4・7蔵人頭、12・22参議、元蔵人頭左中将、元俊経、正安3・4・5辞参議、従三位、正安4・11・4右衛門督、嘉元2(一三〇四)・6・6止督、徳治2(一三〇七)・11・1還任、延慶3(一三一〇)・5・11従二位、応長1(一三一一)・5・22薨去

※延慶元年より「正三位」

[死没]応長1(一三一一)・5・22　[年齢]40　[父]藤原経氏　[母]惟宗行経女　[前名]俊経　[公卿補任]2—351下

忠氏　ただうじ

建治2(一二七六)・5・26従五位下(大宮院文永七年未給)、弘安6(一二八三)・1・5従五位上、8・8侍従、弘安8・1・5正五位下、弘安9・2・3左少将、弘安11・1・5従四位下、正応3(一二九〇)・1・13従四位上、正応5・8・14正四位下、正安3(一三〇一)・5・17還任左少将、6・12左中将、徳治3(一三〇八)・2・7従三位、元左中将、応長1(一三一一)・7・20正三位、文保2(一三一八)・7・7従二位、元応1(一三一九)・11・15出家

[父]藤原宗氏　[母]伊予守藤原佐村女　[公卿補任]2—399下

俊氏　としうじ

元応3(一三二一)・1・5正四位下、文保1(一三一七)・12・23左中将、嘉暦2(一三二七)・7・16補蔵人頭、

11・10従三位、即任右兵衛督、元蔵人頭左中将、元実雅、改家宗、嘉暦4・5・26止之(右兵衛督)、元徳2(一三三〇)・3・22参議、3・29正三位、4・7辞、建武3〈延元1〉(一三三六)・-・-出家
[父]藤原俊雅　[前名]実雅・家宗　[法名]了覚
[公卿補任]2—514上　[大日本史料]6—3—946

烏丸家(絶家)

兼頼　かねより　?—一二六九
貞応2(一二二三)・4・10叙爵、嘉禄1(一二二五)・7・6侍従、安貞3(一二二九)・1・30信乃介、寛喜4(一二三二)・1・5従五位上(侍従労)、嘉禎3(一二三七)・5・5正五位下(宣陽門院当年御給)、9・6左少将、暦仁1(一二三八)・12・27還右、暦仁2・1・5従四位下、1・24右少将(ママ)、仁治2(一二四一)・10・3転右中将、10・24可為左之由宣下、仁治3・3・7讃岐権介、3・15従四位上(鷹司院御給)、寛元5(一二四七)・1・7正四位下(室町院大嘗会未給)、宝治2(一二四八)・1・23加賀介〈や〉、建長(一二四九)・6・23改名為兼頼〈や〉、長元3・8・24復任、建長5・12・7辞中将、以男侍従長忠申任少将〈や〉、文応1(一二六〇)・11・10従三位、元前左中将、文永6(一二六九)・3・28〈文永4年にもあり〉薨去

絶家　烏丸家

信家—**兼頼**—**長忠**
長頼—定頼—定継
定氏—兼氏
長基
忠朝

[死没]文永6(一二六九)・3・28　[父]花山院家経(実烏丸信家)　[公卿補任]2—184上

長忠　ながただ
嘉禎3(一二三七)・10・27従五位下(臨時)、延応2(一二四〇)・6・12侍従、仁治3(一二四二)・1・7従五位上、寛元3(一二四五)・1・13周防権介、建長5(一二五三)・1・7正五位下(前北白川院寛喜三未給)、12・7右少将(父朝臣罷左中将任之)、建長6・1・13兼筑前権介、建長7・1・7従四位下(府労)、文応1(一二六〇)・1・5従四位上(府労)、3・29越後介、文永2(一二六五)・10・25転左中将、文永4・2・1正四位下、文永5・1・29兼周防介、弘安1(一二七八)・2・8信乃権介、弘安3・1・7辞中将、以男長基申叙正五下、12・7従三位、弘安8・1・5正三位、正応2(一二八九)・9・7出家
[父]藤原兼頼　[公卿補任]2—262上

長基　ながもと
文永2(一二六五)・1・5叙爵(氏)、文永7・閏9・4侍従、文永11・2・20〈「16日」イ〉兼近江介、文永12・4・13従五位上(大嘗会国司賞)、建治4(一二七八)・3・14還任侍従、弘安3(一二八〇)・1・7正五位下、弘安4・4・6解却見任、弘安6・1・5従四位下、弘安9・9・2従四位上、12・18左少将、正応2(一二八九)・7・16正四位下、正応3・6・18転中将、永仁5・1・16復任(父)、正安2(一三〇〇)・10・27渡右中将、12・2転左、嘉元3(一三〇五)・1・2長門介、正和1(一三一二)・4・10遷治部卿、蔵人頭(賀茂祭近衛使沙汰之)、10・12従三位(賀茂祭近衛使沙汰之)、11・18止卿、元応1(一三一九)・8・21正三位
❖元亨三年(一三二三)非参議正三位(以後不見)
[父]烏丸長忠　[日記]長基卿記(一三〇九)　[公卿補任]2—428上

忠朝　ただとも　一二八二—?
永仁2(一二九四)・12・24叙爵、永仁3・1・28備中権守、12・9止守(光良任之)、正安4(一三〇二)・11・18少納言、-・-従五上(不見聞書不審)、乾元2(一三〇三)・7・5正五位下(少納言)、12・24辞少納言、嘉元3(一三〇五)・11・29左少将、延慶2(一三〇九)・4・14従四位下、4・26還任左少将宣下、延慶3・3・9左中将、12・28従四位上、正和1(一三一二)・10・12兼弾正大弼、正和2・10・11止大弼、正和5・11・18解官、文保1(一三一七)・2・5還任左中将〈や〉、文保2・1・22蔵人頭、2・26譲国、可渡新帝頭之由雖被仰申子細不補之云々、元

応1(一二三九)・6・14左兵衛督、閏7・5従三位、左兵衛督如元(追被仰之)、元応2・3・24止督、元亨3(一三二三)・4・24出家
[父]烏丸長忠、二男　[公卿補任]2—477下

堀河家(絶家)1

師継　もろつぐ　一二二二—八一

-・-・-叙爵、安貞3(一二二九)・1・5従五位上(臨時加叙)、寛喜3(一二三一)・3・3侍従、貞永1(一二三二)・12・2正五位下(北白河院御即位御給〈や〉)、文暦2(一二三五)・1・23兼阿波権介、8・30右少将、嘉禎2(一二三六)・12・18従四位下、12・19少将如元、嘉禎3・1・5従四位上(東一条院当年御給)、4・24正四位下(八幡行幸賞次、臨時)、7・13右中将、仁治2(一二四一)・2・1兼長門介、仁治3・12・25補蔵人頭、寛元3(一二四五)・6・26従三位、元頭右中将、中将如元、寛元4・2・23兼但馬権守、宝治1(一二四七)・12・8参議、宝治2・8・8兼皇后宮権大夫、8・25正三位、建長2(一二五〇)・1・13兼備中権守、5・17権中納言、5・20更兼皇后宮権大夫、11・24帯剣、建長3・1・5従二位、1・22転大夫、3・26止大夫、建長7・6・2権大納言、建長8・1・26正二位、文応2(一二六一)・2・8兼中宮大夫、11・25止大夫、弘長2(一二六二)・7・16兼皇后宮大夫、文永4(一二六七)・8・29辞大夫、文永5・8・25兼春宮大夫、文永8・3・14蒙任大臣兼宣旨、3・27内大臣、建治1(一二七五)・12・8上表、弘安4(一二八一)・4・9薨去
[死没]弘安4(一二八一)・4・9　[年齢]60　[父]花山院忠経、四男　[母]正三位権中納言葉室宗行女　[日記]妙槐記・花山院内大臣記(一二四三—七四)
[公卿補任]2—130下

堀河家

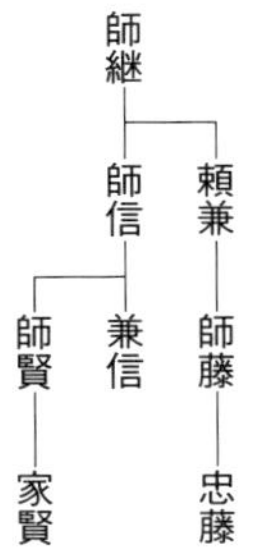

頼兼　よりかね

建長2(一二五〇)・12・25叙爵、建長3・1・23侍従、4・3従五位上、建長4・1・5正五位下(仙華門院当年御給)、8・18右少将、建長5・1・13相模権介、建長6・1・6従四位下(府労)、1・7少将如元、4・7転中将、建長7・10・21転左中将、康元1(一二五六)・1・6従四位上、正嘉2(一二五八)・1・13伊与介、5・14正四位下、文永1(一二六四)・1・13加賀介、文永4・1・4聴禁色、1・5従三位(元左中将加賀介)、1・7中将如元、文永6・11・28参議、12・2更任左中将、文永7・1・5正三位、1・21兼播磨権守、兼左衛門督(「右衛門督」当作)、-・-補使別当、8・14辞別当、文永8・4・7辞両職、文永10・-・-出家
[父]花山院師継　[公卿補任]2—212上

師藤　もろふじ　一二六六—?

文永8(一二七一)・5・4爵(室町院文永三年御給)、7・27従五位上、12・29侍従、文永9・1・5正五位下、12・20左少将、文永10・3・25加賀権介、文永11・1・5従四位下、1・7少将如元、1・21禁色、4・5右中将、建治1(一二七五)・10・8従四位上、建治2・12・20正四位下、建治3・1・29播磨権介、12・4兼春宮権亮、弘安1(一二七八)・5・26従三位、右中将如元(元春給権亮播磨権介)、弘安2・1・24尾張権守、弘安3・1・5正三位、弘安8・8・11参議、弘安9・1・13兼越前権守、弘安10・1・13辞参議、正応4(一二九一)・10・9本座、12・25還任参議、更任右中将、正応5・5・15権中納言、閏6・16従二位、正応6・4・8正二位、永仁5(一二九七)・10・16権大納言、永仁6・5・23辞退(権大納言)、正和1(一三一二)・4・9出家
[父]花山院師継(実花山院頼兼)　[母]法眼玄経女　[法名]法覚・顕信　[公卿補任]2—256上

師信　もろのぶ　一二七四—一三二一

弘安4(一二八一)・12・25叙爵、弘安5・8・6侍従、弘安6・2・26従五位上、弘安7・6・6正五位下、6・23左少将、弘安8・4・10従四位下(給去月

八日位記)、4・18還任左少将、弘安9・1・13兼播磨介、6・3転中将、弘安11・1・5〈や〉従四位上、3・12禁色、正応2(一二八九)・1・5正四位下、正応4・3・25補蔵人頭、7・29参議(元蔵人頭春宮権亮)、左中将如元、12・21従三位、正応6・1・13兼讃岐権守、永仁2(一二九四)・1・6正三位、永仁6・3・22兼阿波権守、正安1(一二九九)・1・5従二位、6・6権中納言、正安4・1・5正二位、嘉元1(一三〇三)・10・29権大納言、嘉元3・5・-初而伝奏、徳治3(一三〇八)・1・5辞権大納言、-・-兵部卿、1・25本座、8・2還任、9・19兼春宮大夫、延慶1(一三〇八)・11・24恐懼、11・29免除、12・10辞兵部卿、正和5(一三一六)・閏10・4大納言、文保1(一三一七)・5・30依和泉国宮里保事興福寺訴放氏、6・12続氏、6・21従一位、文保2・2・26依受禅止大夫、4・-補大嘗会検校、8・2為皇太子傅、元応1(一三一九)・10・18内大臣、元亨1(一三二一)・11・1薨去
[死没]元亨1(一三二一)・11・1 [年齢]48 [父]花山院師継、二男 [母]家女房 [号]後花山院内大臣 [公卿補任]2—308上

忠藤　ただふじ　?—一三一九
正応5(一二九二)・3・29従五位下、永仁3(一二九五)・1・28従五位上、永仁4・5・4正五位下、永仁5・1・29侍従、7・22従四位下、永仁6・5・23左少将(元侍従)、9・25右中将、11・19従四位上(院御給)、正安1(一二九九)・12・17正四位下、徳治3(一三〇八)・3・4従三位、右中将如元、正和2(一三一三)・4・10辞中将、文保2(一三一八)・3・12正三位、9・26右中将還任、元応1(一三一九)・10・30解官、11・-薨去
[死没]元応1(一三一九)・11 [父]花山院師藤 [母]正二位権中納言日野資宣女 [公卿補任]2—400上

兼信　かねのぶ
永仁6(一二九八)・1・5従五位下、永仁7・1・23従五位上、正安4(一三〇二)・2・1侍従、嘉元2(一三〇四)・12・20〈「3年」や〉正五位下、嘉元4・4・14左少将、徳治2(一三〇七)・1・5従四位下(中宮当年御給)、1・29還任少将、延慶1(一三〇八)・11・14従四位上、延慶2・3・23播磨介、3・29転左中将、10・24兼春宮権亮、11・23正四位下(御即位叙位)、延慶3・3・9補蔵人頭、9・4参議、元蔵人頭、左中将如元、延慶4・1・5従三位、3・30兼越後権守、正和2(一三一三)・11・24兼右衛門督、正和3・1・2正三位、正和4・1・6従二位、2・21権中納言、3・13去督幷別当、正和6・4・19正二位、康永2〈興国4〉(一三四三)・2・3出家
[父]花山院師信、一男 [母]参議従三位三条実盛女 [法名]覚円 [公卿補任]2—410下 [大日本史料]6—7—560

師賢　もろかた　一三〇一—一三三二
乾元1(一三〇二)・1・28叙爵、嘉元4(一三〇六)・1・5従五位上、徳治1(一三〇六)・12・22侍従、徳治2・2・9正五位下、延慶2(一三〇九)・9・1従四位下、9・4侍従如元、12・26右少将、延慶3・12・28従四位上、延慶4・3・4転左中将、応長2(一三一二)・1・13播磨介、正和1(一三一二)・10・12正四位下、正和5・11・23従三位、左中将如元、文保1(一三一七)・4・6兼左大弁、12・22参議、文保2・1・22兼土左権守、7・7権中納言、10・9帯剣、元応1(一三一九)・8・7兼中宮権大夫、8・16正三位、元応3・1・5従二位、元亨2(一三二二)・2・26復任両官、元亨3・1・13兼右衛門督、正中2(一三二五)・1・29兼弾正尹、正中3・2・9〈「19日」ともあり〉権大納言、嘉暦2(一三二七)・11・10正二位、嘉暦3・5・8辞尹、嘉暦4・6・28大納言、元弘1(一三三一)・9・29出家
[死没]元弘2(一三三二)・10 [年齢]32 [父]花山院師信、二男 [母]僧都叡智カ長女(忠継孫女) [法名]素貞 [日記]師賢卿記(一三二一) [公卿補任]2—455下

家賢　いえかた　一三〇〇—六六
嘉暦3(一三二八)・5・8従五位下、嘉暦4・1・5従五位上、元徳2(一三三〇)・8・4正五位下、建武2(一三三五)・4・7侍従、暦応2〈延元4〉(一三三九)・8・12左少将、暦応3〈興国1〉・12・27従四位下(少将如元)、暦応4〈興国2〉・12・22右中将、春宮権亮、康永2〈興国4〉(一三四三)・1・5従四位上、8・27正四位下、貞和3〈正平2〉(一三四七)・

11·16従三位、右中将如元、貞和4〈正平3〉·4·12参議、貞和5〈正平4〉·2·15兼備中権守、観応1〈正平5〉(一三五〇)·10·12止職、観応2〈正平6〉·6·26還任、文和2〈正平8〉(一三五三)·12·29権中納言、文和3〈正平9〉·4·15兼左衛門督、10·22止督、閏10·25辞退止職、貞治5〈正平21〉(一三六六)·-·-薨去

[死没]貞治5(一三六六)·6·23 [年齢]67 [父]花山院師賢 [母]従一位右大臣花山院家定女 [号]妙光寺 [公卿補任]2—615上 [大日本史料]6—27—320

鷹司家（絶家）1

長雅　ながまさ　一二三六—八七

建長6(一二五四)·12·25参議、右中将如元、建長7·1·5従三位、康元2(一二五七)·1·26正三位、正嘉3(一二五九)·9·28権中納言、文応1(一二六〇)·3·29従二位、弘長3(一二六三)·1·6正二位、文永2(一二六五)·3·9復任、文永5·12·2権大納言、弘安6(一二八三)·2·26辞権大納言、弘安7·5·6大納言、弘安8·3·6辞大納言、3·10聴本座、弘安10·12·16薨去

鷹司家

長雅┬定長—清雅—定煕
　　└家雅—冬雅—宗雅—具雅

[死没]弘安10(一二八七)·12·16 [年齢]52 [父]花山院定雅 [母]正二位権中納言藤原定高女又従二位権中納言藤原能保女 [公卿補任]2—161下

定長　さだなが　一二五九—八一

文応1(一二六〇)·12·29叙爵、弘長2(一二六二)·1·19従五位上、12·2侍従、弘長3·2·19正五位下(朝覲行幸、従一位平朝臣棟子給)、文永3(一二六六)·2·1出雲権介、文永4·2·27左少将、文永5·1·5従四位下、1·7左少将如元、文永7·1·20禁色、1·21伊与介、9·4転左中将、12·4従四位上、文永8·10·5正四位下、文永11·12·16兼尾張介、4·5従三位(元左中将尾張介)、中将如元、文永12·1·18陸奥権守、建治1(一二七五)·12·22参議、建治3·1·27正三位、建治4·4·19従二位、弘安3(一二八〇)·3·12兼讃岐権守、弘安4·1·10薨去

[死没]弘安4(一二八一)·1·10 [年齢]23 [父]花山院長雅 [母]正二位権大納言藤原実持女 [公卿補任]2—240上

家雅　いえまさ　一二七七—一三〇八

弘安4(一二八一)·12·5叙爵、弘安6·1·5従五位上、12·16侍従、弘安7·1·6正五位下(春宮当年御給)、弘安8·1·5従四位下、弘安9·10·28左中将(元少将)、11·1兼春宮権亮、弘安10·1·13伊与介、10·21止権亮(依践祚也)、12·10従四位上、禁色、正応2(一二八九)·1·5正四位下、正応4·1·3従三位(朝覲行幸、東二条院御給)、左中将如元、正応6·1·7正三位、永仁4(一二九六)·10·24参議、永仁5·8·25兼春宮権大夫、永仁6·1·5従二位、3·22兼讃岐権守、6·23権中納言、7·23止権大夫、-·-補大嘗会検校、永仁7·1·5正二位、正安4(一三〇二)·3·21中納言、11·22権大納言、乾元2(一三〇三)·1·28辞権大納言、徳治3(一三〇八)·8·14薨去

[死没]徳治3(一三〇八)·8·14 [年齢]32 [父]花山院長雅、二男 [母]正二位権大納言藤原実持女 [公卿補任]2—310下

清雅　きよまさ　一二八四—?

弘安10(一二八七)·1·7従五位下(院御給)、永仁4(一二九六)·9·3侍従(宣下)、10·24従五位上、永仁5·4·10左少将、7·22正五位下、永仁6·1·5従四位下(院当年御給)、1·16還任左少将、7·13左中将、永仁7·3·24従四位上、正安2(一三〇〇)·1·11正四位下(院御給)、正安3·8·24春宮権亮、徳治3(一三〇八)·8·26止権亮(依受禅也)、即新帝昇殿、9·17補蔵人頭、延慶1(一三〇八)·12·10従三位(元蔵人頭右中将)、12·22参議、即兼右中将、延慶2·3·23兼讃岐権守、延慶4·5·10辞参議、応長2(一三一二)·1·17正三

位、正和2(一三一三)・4・10従二位、7・22本座、正和5・12・21権中納言、文保1(一三一七)・2・5辞権中納言、正二位、正慶2〈元弘3〉(一三三三)・2・19出家

[父]花山院定長　[母]右近衛中将藤原忠雅女(院女房宰相局)　[公卿補任]2—402上

冬雅　ふゆまさ　?—一三二五

嘉元4(一三〇六)・1・5叙爵、(東宮当年御給)、延慶1(一三〇八)・10・12侍従、延慶2・2・19従五位上、11・19右少将、延3・3・9正五位下、延慶4・1・5従四位下(新院当年御給)、1・14少将如元(但左少将如元云々)、正和1(一三一二)・4・10右中将、正和3・1・2従四位上(朝覲行幸、従三位藤原朝臣経子給)、正和4・1・13正四位下、8・20転左中将、正和6・1・5従三位、左中将如元、元応1(一三一九)・10・24〈27日カ〉渡右、元亨3(一三二三)・1・5正三位、正中2(一三二五)・1・29止中将、6・7薨去

[死没]正中2(一三二五)・6・7　[父]花山院家雅　[母]日野俊光女(中納言典侍)　[公卿補任]2—461下

宗雅　むねまさ　一三一九—八九

正中2(一三二五)・10・14叙爵、元弘1(一三三一)・10・28侍従(不被用)、元弘2・2・26従五位上(不被用)、正慶1〈元弘2〉(一三三二)・12・26左少将(不被用)、・・・・従五位上、建武2(一三三五)・4・7正五位下、建武4〈延元2〉・1・7左少将、3・29従四位下、12・27左中将、暦応2〈延元4〉(一三三九)・1・5従四位上、暦応5〈興国3〉・10・11正四位下、貞和4〈正平3〉(一三四八)・12・24補蔵人頭、貞和5〈正平4〉・1・28渡右、9・13参議(元蔵人頭)、右中将如元、観応1〈正平5〉(一三五〇)・3・29兼播磨権守、6・19従三位、観応2〈正平6〉・6・26辞退(参議)、延文5〈正平15〉(一三六〇)・11・17正三位、貞治5〈正平21〉(一三六六)・1・5従二位、応安1〈正平23〉(一三六八)・2・21権中納言、応安2〈正平24〉・12・19辞退(権中納言)、応安4〈建徳2〉・4・14正二位、康応1〈元中6〉(一三八九)・・・・薨去

[死没]康応1(一三八九)　[年齢]71　[父]花山院冬雅　[母]正二位権大納言日野資名女　[公卿補任]2—623上

具雅　ともまさ　?—一三九三

明徳1〈元中7〉・4・1参議、元右中将、明徳2〈元中8〉・6・6辞参議、明徳4・5・・薨去

※参議叙任時正四位下

[死没]明徳4(一三九三)・5　[父]花山院宗雅(実藤原定氏)　[公卿補任]3—22下

大炊御門家　おおいのみかどけ

藤原氏北家花山院流。京極摂政師実の三男権大納言経実を家祖とする。花山院流の嫡流。大炊御門の称は二代左大臣経宗の邸宅があった場所に因む。この第は大炊御門富小路第と称され、文治二年(一一八六)四月七日に後鳥羽天皇が左大臣経宗の第に方違行幸をしたことが、当時摂政であった九条兼実の日記『玉葉』に見え、行事の行路を記して「其路、自洞院西大路北行、自二条大路東行、自洞院東大路北行、自大炊御門大路東行、富小路ヲ北ニ折テ、至左大臣亭東面四足門」とあり、その位置は、大炊御門大路の北、富小路通の西であったことが確認される。平安京の大炊御門大路はいまの竹屋町通にほぼ該当し(丸太町通の南)、富小路通は現在の同名通りより少し東に位置した。家格は清華家。内々の家。四箇の大事・有職故実・装束・雅楽(和琴・笛)を家職とした。一条家の家礼。江戸時代には家領四百石。経実は、承保二年(一〇七五)八歳で叙爵、右中将を経て応徳元年(一〇八四)従三位、康和四年(一一〇二)三十五歳のとき権大納言となり、天承元年(一一三一)十月に六十四歳で没した。経実の後は経宗が継承。『諸家伝』では経実の四男とし、『尊卑分脈』でも四番目に掲げてあ

るが、その後に記す光忠・経定は、没年次の年齢から逆算するといずれも舎弟となり、経宗は六男とするのが妥当であろう。なお、四男経定の後は嫡流が堀河を号し、支流が三条を号したが、いずれも数伝して断絶した。経宗の生母は三条権大納言公実の女、従三位公子。後白河天皇女御、二条天皇生母となる懿子は、経宗の同腹の妹。保安四年（一一二三）五歳で叙爵し、久安五年（一一四九）参議に進み、久寿二年（一一五五）外甥守仁親王（二条天皇）が東宮となると春宮権大夫を兼任。三年権中納言、正三位に昇り、保元三年（一一五八）二月権大納言となり、八月二条天皇が践祚すると外戚として信任を得、天皇親政派の中心となる。平治元年（一一五九）の平治の乱の際、院政派の中心信西を除くことに成功したが、永暦元年（一一六〇）二月後白河上皇のため解官、三月阿波国に配流された。応保二年（一一六二）召還。長寛二年（一一六四）右大臣となり、仁安元年（一一六六）左大臣に転じ、翌年大将を辞したが、大臣は文治五年（一一八九）まで二十四年在任し、同年二月に七十一歳で没した。経宗の嗣子頼実は、建久元年（一一九〇）三十六歳で権大納言となり、二年右大将、九年三月皇后宮大夫を兼ね、十一月には内大臣良経を超越して右大将のまま右大臣となり、十年、四十五歳で太政大臣となる。元久二年（一二〇五）四月には女の麗子二十一歳が土御門天皇の女御として入内し、同七月中宮に冊立された（のち院号宣下あり、陰明門院）。承元二年（一二〇八）東宮守成親王（順徳天皇）元服に際し太政大臣に還任。嘉禄元年（一二二五）七月に七十一歳で没した。懿子・麗子の入内、頼実の太政大臣就任により清華家としての家格が定まった。頼実には家宗・頼平等の実子がいたが、舎弟師経が家を継承し、頼平は別流を起こし鷹司と号した。師経の後は家嗣・冬忠・信嗣と継承された。信嗣は当家の二人目の太政大臣就任で、嵯峨太政大臣と称された。信嗣の後は息良宗、孫冬氏と継承された。冬氏の嗣子は初め一男氏忠とされていたようであるが、二男冬信が嗣いだ。氏忠は嘉元二年（一三〇四）叙爵し、正和五年（一三一六）従三位に叙せられ、内大臣従一位冬氏が元亨四年（一三二四）八月に四十三歳で没したとき、氏忠は二十五歳、正三位権中納言で、冬信は十五歳。『公卿補任』は元亨四年分を欠くが、その翌年の正中二年（一三二五）には冬信は参議、正四位下のところに掲げてあるから、多分元亨四年に参議に列し、それまでの官歴を記した尻付もあったのであろう。冬氏没を承けて冬信が家を嗣いだのは氏忠が廃嫡とされていたからであろう。室町時代、内大臣従一位信宗は嗣子なく、三条内大臣実量男信量を養子とし、享

大炊御門家

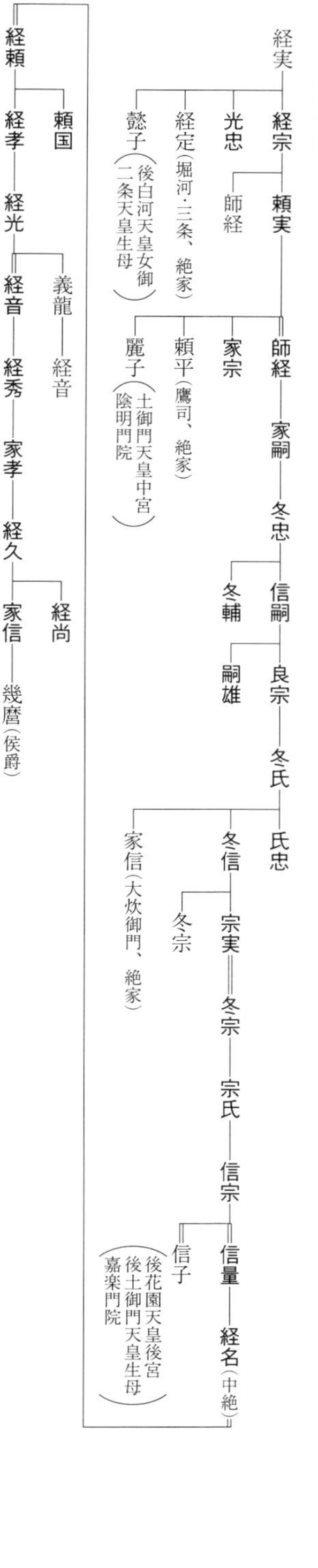

徳二年(一四五三)六十三歳で出家した。信量は長禄元年(一四五七)従三位に昇り、寛正三年(一四六二)には十八人を超越して二十一歳で権大納言となった。文明十五年(一四八三)右大臣となり、十九年八月に四十六歳で没した。また後花園天皇の後宮に入り、後土御門天皇の生母となる伊予局と称された信子は信宗の猶子で、文明十三年嘉楽門院の号が宣下された。信宗は贈太政大臣となった。信量息の従一位前右大臣経名は、天文十一年(一五四二)四月後継のないまま六十三歳で出家したので一時中絶するが、同族の中山権大納言孝親二男経頼により家が継承された。経頼が生まれたのは経名が没して十三年を経た弘治元年(一五五五)のこと。叙爵の年は不明であるが、永禄四年(一五六一)従五位上、元亀四年(一五七三)十九歳で元服し禁色昇殿を聴されている。権大納言経頼の後は頼国が嗣子たるべきところ、慶長十四年(一六〇九)正三位左中将、三十三歳のとき猪熊事件に連座し勅勘を蒙り硫黄島に流罪となり、十八年五月同地で没したので、舎弟の経孝が家を継いだ。経光が武家伝奏に補された。日記には、『信嗣公記』がある。明治十七年(一八八四)幾磨のとき、叙爵内規により侯爵を授けられた。菩提所は北門前町の西方寺。『大炊御門家譜』(東京大学史料編纂所架蔵、四一七五—一七七)。

経宗　つねむね　一一一九—八九

元永2(一一一九)・-・-生、保安4(一一二三)・2・19叙爵(中宮御給)、大治3(一一二八)・1・24〈「大治4年」くし〉左兵衛佐、12・20昇殿、大治5・1・5従五位上(労)、天承1(一一三一)・12・24右少将、天承2・1・22備中介、長承2(一一三三)・1・2正五位下(行幸院賞)、4・-禁色、長承4・1・5従四位下(府)、保延3(一一三七)・1・5従四位上(院御給)、1・20美作介、9・25正四位下(行幸法金剛院賞)、保延4・11・17左中将、永治1(一一四一)・12・7新帝昇殿、康治1(一一四二)・1・7蔵人頭、1・23備前権介、久安3(一一四七)・1・28播磨介、久安5・7・28参議(労八年中将如元〈くし〉)、元蔵人頭播磨介、8・2左中将如元、久安6・1・29備中権守、仁平2(一一五二)・3・8従三位、仁平4・8・28転右、久寿2(一一五五)・1・28讃岐権守、9・23春宮権大夫、久寿3・4・6権中納言、保元1(一一五六)・9・17兼右衛門督、正三位、保元2・4・2検非違使別当、8・19中納言、保元3・1・10従二位、2・21権大納言、8・11止春宮権大夫、12・17正二位、永暦1(一一六〇)・2・28解官、3・12〈11日カ〉配流阿波国、応保2(一一六二)・3・7召返〈く〉、長寛2(一一六四)・1・21復本位並還任、2・18帯剣、閏10・23右大臣、仁安1(一一六六)・10・27〈21日カ〉兼左大将、11・11左大臣、11・25〈5日ともあり〉左馬寮御監、仁安3・8・9辞大将、承安4(一一七四)・1・7従一位、治承2(一一七八)・12・5〈15日カ〉春宮傅、治承4・2・21止傅、寿永1(一一八二)・11・23輦車、11・25牛車、文治1(一一八五)・12・-上表、文治5・2・13出家、2・28薨去〈く追〉

[死没]文治5(一一八九)・2・28　[年齢]71　[父]京極経実、四男　[母]正二位権大納言藤原公実従三位公子　[号]法性院・中御門・大炊御門入道　[公卿補任]1—425上　[大日本史料]4—2—551、4—16—補155

光忠　みつただ　一一一六—七一

天治3(一一二六)・1・5従五位下(無品禧子内親王御給、本名重家)、大治5(一一三〇)・10・5侍従(下名加、元散位)、長承3(一一三四)・2・17従五位上(皇后宮御給、一切経供養賞)、保延2(一一三六)・3・23正五位下(大宮御給、鳥羽勝光明院供養行幸〔「事」く〕賞)、保延4・11・17右近権少将、保延5・1・24兼隠岐権介〔「讃岐権介」原イ及し〕、保延6・1・6従四位下(労)、4・3転左近少将、永治1(一一四一)・12・2兼丹波介、康治1(一一四二)・11・14従四位上(主基)、久安3(一一四七)・1・28美作介(兼重兼国)、久安4・7・17〈「10月」イ〉正四位下(行幸関白法性寺亭賞、皇太后宮御給)、久安6・1・29左近権中将〔「権」し無〕、仁平1(一一五一)・2・2兼備中介、7・24還右近権中将〔「権」し無〕、保元1(一一五六)・9・13参議元右中将、不歴〔「不経」し〕蔵人頭、保元2・1・24丹波権守、保元3・12・17従三位、平治1(一一五九)·11·22正三位、応保2(一一六二)·1·27兼備前権守、仁安1(一一六六)·8·27権中納言、仁安2·2·11中納言、8·1辞中納言、-·-従二位、民部卿、仁安3·1·14本座、嘉応3(一一七一)·1·18辞民部卿、承安1(一一七一)·6·5出家、6·7〈「9日」イ〉薨去

[死没]承安1(一一七一)·6·7　[年齢]56　[父]京極経実、三男　[母]参議正三位藤原為房女　[前名]重家　[公卿補任]1―437上

頼実　よりざね　一一五五―一二二五

長寛1(一一六三)·12·27従五位下(高松院応保元年未給)、-·-·-禁色、長寛2·1·21侍従(元散位)、長寛3·1·23右少将〔「右権少将」く〕(元侍従〈く〉)、永万1(一一六五)·7·18右中将〔「右権中将」く〕(元右少将〈く〉)、7·25従五位上(新院御給)、永万2·1·12兼播磨介(府労)、仁安1(一一六六)9·22復任(母)、仁安2·2·11正五位下(府労)、仁安3·1·6従四位下(中将労)、3·20兼皇太后宮権亮(止中将介)、3·28従四位上(皇后宮初入内賞、権亮右中将)、8·4正四位下(権亮右中将)、嘉応3(一一七一)·1·18兼美作権介〈「権」くし〉(右中将重兼国)、治承3(一一七九)·11·7従三位、右中将如元、治承4·4·21正三位、寿永2(一一八三)·4·5権中納言、11·17帯剣、元暦1(一一八四)·10·6兼左兵衛督、11·17従二位、文治1(一一八五)·12·25正二位、文治2·12·15右衛門督、補検別当、文治3·9·19辞別当〈く追〉、文治5·7·10中納言、辞督、建久1(一一九〇)·7·17権大納言、建久2·3·6右大将、建久9·3·5兼皇后宮大夫、11·7蒙任大臣兼宣旨、11·14右大臣、右大将、建久10·1·20進大将辞状、正治1(一一九九)·6·22太政大臣、建仁2(一二〇二)·12·25兼東宮傅、建仁4·1·5従一位、12·7上表、建永1(一二〇六)·12·5〈旧〉賜兵仗、承元2(一二〇八)·12·17還任、承元3·1·21上表、承元4·11·25止傅、建保4(一二一六)·1·28出家、嘉禄1(一二二五)·7·5薨去

[死没]嘉禄1(一二二五)·7·5　[年齢]71　[父]大炊御門経宗、一男　[母]正二位権中納言藤原清隆女　[号]六条·中山太政大臣　[法名]顕性　[公卿補任]1―491上　[大日本史料]5―2―679

師経　もろつね　一一七五―一二五九

文治2(一一八六)·6·29叙爵(皇后宮臨時御給)、文治4·10·14侍従、文治5·7·12復任(父)、建久1(一一九〇)·10·26左少将、建久2·1·5従五位上、2·1加賀権介、建久5·1·5正五位下、建久6·12·5中宮権亮、建久7·1·6従四位下、建久8·1·21禁色、建久9·2·26従四位上(七條院御給)、正治1(一一九九)·3·23正四位下、正治2·1·22〈くし〉長門権守(亮労)、11·26右中将〔「権右中将」く〕、建仁2(一二〇二)·7·23従三位、建仁3·10·24正三位、建仁4·1·13右中将〔左カ〕、元久2(一二〇五)·1·29丹波権守、7·11中宮権大夫、11·24権中納言、11·29更兼中宮権大夫、元久3·1·17従二位、12·2帯剣、建永2(一二〇七)·1·5正二位、2·16兼春宮権大夫、承元2(一二〇八)·7·9中納言、承元3·5·26〈4月14日カ〉転大夫、〔承元4年11月25日止大夫カ〕、承元5·1·18権大納言、承久1(一二一九)·3·4大納言、貞応1(一二二二)·8·23内大臣、元仁1(一二二四)·12·25右大臣、嘉禄3(一二二七)·4·2上表辞退、建長8(一二五六)·9·-出家

[死没]正元1(一二五九)·8·15　[年齢]85　[父]大炊御門経宗、二男　[母]雅楽助橘政光女　[号]大炊御門入道　[法名]顕空　[公卿補任]1―551下

家宗　いえむね　?―一二一一

文治5(一一八九)·1·5叙位(式子内親王給)、建久2(一一九一)·12·28侍従、建久6·2·3備前介、建久7·1·6従五位上(後白川〔「後白河」く〕院平治元年御給)、元久1(一二〇四)·1·5正五位下(東宮御給)、元久2·2·2従四位下(罷所帯叙之)、承元2(一二〇八)·1·5従四位上(臨時)、12·9正四位下、承元4·12·26従三位(前坊傅賞譲〈くし〉)、承元5·1·18兵部卿、建暦1(一二一一)·10·10薨去

[死没]建暦1(一二一一)·10·10　[父]大炊御門頼実、一男　[母]宮内権少輔藤原伊行女　[公卿補任]1―577下　[大日本史料]4―11―253

家嗣　いえつぐ　一一九七―一二七一

元久2(一二〇五)・1・5叙位(氏)、4・10侍従、承元1(一二〇七)・2・16右少将、10・29従五位上、承元2・1・7正五位下、1・10禁色、1・20遠江権介、承元3・1・5従四位下(皇后宮御給、少将如元)、建暦2(一二一二)・1・13伊与権介、建保1(一二一三)・4・26正四位下(父卿法勝寺供養上卿賞譲)、建保2・12・13従三位、右中将如元、建保3・1・23兼越前権守、建保4・1・11正三位、建保7・3・4権中納言、承久2(一二二〇)・1・2勅授、元仁1(一二二四)・12・25中納言、嘉禄3(一二二七)・4・9権大納言、寛喜3(一二三一)・10・28兼春宮大夫、貞永1(一二三二)・10・4止大夫、10・24兼右大将、天福1(一二三三)・6・20兼皇后宮大夫、嘉禎4(一二三八)・7・2任大臣兼宣旨、7・20内大臣、仁治1(一二四〇)・10・9上表辞、建長1(一二四九)・10・17出家、文永8(一二七一)・7・8薨去

[死没]文永8(一二七一)・7・8　[年齢]75　[父]大炊御門師経、一男　[母]従二位権中納言藤原光雅女　[号]嵯峨　[公卿補任]2―15上

冬忠　ふゆただ　一二一八―六八

寛喜3(一二三一)・1・29叙爵、侍従、寛喜4・1・5従五位上、文暦2(一二三五)・1・23周防介、1・28正五位下、嘉禎2(一二三六)・2・30左少将、11・9禁色、12・18従四位下、12・19少将如元(同日被仰四品還昇)、嘉禎3・1・5従四位上(明義門院当年御給)、1・7参叙列、4・24正四位下(八幡行幸行事上卿右大将藤原朝臣賞譲)、7・13左中将、暦仁2(一二三九)・1・5従三位(臨時)、1・7〈く追〉中将如元、仁治1(一二四〇)・-・-正三位、9・16権中納言、建長2(一二五〇)・5・17中納言、10・14正二位、12・15権大納言、弘長1(一二六一)・3・27大納言、9・26右大将、12・17為右馬寮御監、弘長2・7・16左大将、7・23左馬寮御監、文永2(一二六五)・9・18蒙任大臣兼宣旨、10・5内大臣、依官次可列之由宣下、11・-辞大将、文永4・1・19上表、文永5(一二六八)・8・11出家、9・9薨去

[死没]文永5(一二六八)・9・9　[年齢]51　[父]大炊御門家嗣、一男　[母]従三位藤原基宗女　[号]香隆寺・大炊御門　[公卿補任]2―108上

信嗣　のぶつぐ　一二三六―一三一一

正嘉3(一二五九)・7・27〔従三位〕、左中将如元、正元2(一二六〇)・3・29陸奥権守、文応1(一二六〇)・8・28正三位、弘長2(一二六二)・7・3渡右中将、文永3(一二六六)・10・24権中納言、文永4・1・5従二位、4・8帯剣、文永5・1・5正二位、文永7・1・21権大納言、正応1(一二八八)・7・11大納言、11・8兼左大将、正応2・閏10・14従一位、正応3・4・27蒙任大臣兼宣旨、6・8内大臣、-・-左大将今日還宣旨、7・21辞大将、12・20上表、延慶2(一三〇九)・10・15太政大臣、延慶3・12・13上表、延慶4・-・-出家、3・20薨去

[死没]延慶4(一三一一)・3・20　[年齢]76　[父]大炊御門冬忠　[母]正五位下中宮権大進藤原長宗女　[法名]行智　[日記]信嗣公記(一二七〇)　[号]嵯峨　[公卿補任]2―179上

冬輔　ふゆすけ

建長5(一二五三)・1・5叙爵、建長6・1・5従五位上(嘉陽門院当年御給)、建長8・1・26侍従、7・20正五位下、正嘉1(一二五七)・9・8左少将、正嘉2・1・13〔「兼」や〕加賀権介、正元1(一二五九)・1・6従四位下(府労)、1・21還任、11・21従四位上、(臨時)、文応1(一二六〇)・6・14右中将、11・15正四位下、弘長1(一二六一)・10・11左中将(冬忠公依任右大将也)、弘長2・7・23渡右中将(父転〔「任」や〕左大将之故也)、12・-禁色、文永7(一二七〇)・11・17従三位、右中将如元、文永8・2・1兼美乃権守、文永9・1・5正三位、文永11・4・5参議、文永12・1・18兼周防権守、建治3(一二七七)・1・5従二位、9・13権中納言、弘安1(一二七八)・3・23帯剣、弘安4・1・5正二位、弘安9・9・2辞権中納言

❖延慶二年(一三〇九)以降不見

[父]大炊御門冬忠、二男　[母]正二位権大納言二条資季女　[公卿補任]2―225下

良宗　よしむね　一二六〇―一三〇七

文永5(一二六八)・1・29従五位下、文永6・12・25侍

従、文永7・2・1従五位上、文永8・10・15正五位下、文永10・3・25土左権介、4・12左少将、文永11・1・5従四位下、建治1(一二七五)・10・8従四位上、建治2・9・28左中将、12・20正四位下、建治3・1・29陸奥権介、4・11禁色、弘安1(一二七八)・4・19従三位(父卿賀茂行幸上卿賞譲)、4・21左中将如元、弘安2・1・24美乃権守、3・2正三位、弘安9・9・2権中納言、正応2(一二八九)・12・22正二位、正応3・6・8〈1月8日ともあり〉中納言、12・25権大納言、乾元1(一三〇二)・11・22〈「27日」イ〉大納言、乾元2・9・24〈「14日」や〉兼中宮大夫、嘉元3(一三〇五)・12・30辞大夫、徳治2(一三〇七)・8・23薨去

[死没]徳治2(一三〇七)・8・23　[年齢]48　[父]大炊御門信嗣、二男　[母]正四位下左近衛中将堀河頼俊女　[号]大炊御門　[公卿補任]2―255下

嗣雄　つぐお　?―一三二五

文永2(一二六五)・11・8〈や〉従五位下、文永3・2・1〈「4月8日」イ〉侍従、文永4・2・27従五位上、文永6・1・5正五位下、文永7・1・21伊予権介、閏9・4従四位下(侍従如元)、文永8・7・2従四位上(去五月六条殿行幸院司、兵部卿藤原朝臣賞譲)、文永11・2・20右少将、10・3転左中将、建治1(一二七五)・1・6正四位下(院当年御給)、建治2・1・23播磨介、5・26兼春宮権亮、建治3・12・4辞権亮、弘安9(一二八六)・閏12・16辞中将(于時冬実)、-・-・-改名嗣雄、延慶2(一三〇九)・12・30従三位、元前左中将、于時嗣雄、本名冬実、正和3(一三一四)・1・5正三位、正和5・11・23従二位、正中2(一三二五)・9・-出家、10・23薨去

[死没]正中2(一三二五)・10・23　[父]大炊御門信嗣、二男　[母]惟宗昌俊女　[前名]冬実　[公卿補任]2―409上

冬氏　ふゆうじ　一二八二―一三二四

弘安8(一二八五)・12・29叙爵、正応1(一二八八)・11・21従五位上、正応3・9・5侍従、正応4・1・6正五位下、7・29右少将、正応5・11・5従四位下(少将如元)、永仁6(一二九八)・2・-本如比(「以下落丁カ」や)、7・13従三位、左中将如元、正安1(一二九九)・6・6正三位、乾元1(一三〇二)・11・27〈22日ともあり〉参議、嘉元1(一三〇三)・1・28兼備後権守、閏4・5従二位、8・28権中納言、嘉元3・12・30兼中宮権大夫、徳治2(一三〇七)・12・2止権大夫、延慶2(一三〇九)・3・23正二位、10・15中納言、正和2(一三一三)・11・7権大納言、元応1(一三一九)・6・27兼皇后宮大夫、閏7・28大納言、8・21兼左大将、12・15止大夫、元応2・-・-止大将、従一位、非所存之間閇門蟄居云々、元亨2(一三二二)・6・29内大臣、官次宣下、7・9給左右近番長各一人近衛各三人為随身、8・8解大臣兵仗、8・-上表、〔正中二年条不見、正中元年薨〕

[死没]元亨4(一三二四)・8・16　[年齢]43　[父]大炊御門良宗、一男　[母]修理亮朝氏女　[号]光福寺　[法名]覚智　[公卿補任]2―343下

氏忠　うじただ

嘉元2(一三〇四)・1・5叙爵、12・29侍従、嘉元3・4・5従五位上、12・30正五位下、嘉元4・4・5右少将、延慶1(一三〇八)・11・14従四位下(御即位叙位次)、延慶2・11・13還任右少将、延慶3・2・8〈「2月」や〉転中将、延慶4・1・17従四位上、正和2(一三一三)・2・6正四位下、正和4・8・20従三位、右中将如元、転左、文保2(一三一八)・1・22兼備中権守、元亨2(一三二二)・1・26参議、元亨3・1・13権中納言、正中2(一三二五)・4・2辞権中納言、-・-・-従二位、嘉暦4(一三二九)・7・28本座、元弘1(一三三一)・10・5正二位、正慶2〈元弘3〉(一三三三)・5・17詔復従二位、建武2(一三三五)・1・5正二位、暦応5〈興国3〉(一三四二)・3・30権大納言、康永1〈興国3〉(一三四二)・11・21〈12月21日ともあり〉辞権大納言、康永2〈興国4〉・2・12聴本座、文和1〈正平7〉(一三五二)・8・19出家

❖元亨元年より「正三位」

[父]大炊御門冬氏　[母]若狭守藤原景依女(遊義門院美濃)　[法名]紹済　[公卿補任]2―447下

冬信　ふゆのぶ　一三〇九―五〇

正中3(一三二六)・2・19従三位、11・4兼春宮権大夫、嘉暦2(一三二七)・7・16権中納言、嘉暦4・1・5正三位、元徳1(一三二九)・12・24兼左衛門督、

元徳2・10・5去之(左衛門督)、元徳3・1・5従二位、元弘1(一三三一)・9・20止権大夫、12・7〈「1日」イ〉権大納言、元弘2・3・18正二位、元弘3・5・17詔止大納言、-・-・-復従二位、建武2(一三三五)・1・5正二位、建武4〈延元2〉・7・12〈「12日」や〉権大納言、建武5・4・28為大嘗会検校、8・3兼春宮大夫〈や〉、暦応4〈興国2〉(一三四一)・3・19止大夫、康永2〈興国4〉(一三四三)・4・10大納言、3・19兼左大将、9・18為左馬寮御監、貞和1〈興国6〉(一三四五)・9・8〈し〉内大臣、貞和2〈正平1〉・2・18止職、貞和5〈正平4〉・12・21従一位、観応1〈正平5〉(一三五〇)・6・28薨去

❖正中二年参議正四位下右中将(初見)

［死没］観応1(一三五〇)・6・28　［年齢］42　［父］大炊御門冬氏　［母］正二位権大納言吉田経長女　［前名］徳元・元為　［号］随心自在院　［公卿補任］2―500下　［大日本史料］6―13―717

宗実　むねざね　一三四三―一四〇五

-・-・-従五位下、-・-・-侍従、貞和3〈正平2〉(一三四七)・1・5従五位上、貞和5〈正平4〉・3・13正五位下、-・-・-左中将、文和3〈正平9〉(一三五四)・11・15従四位下、文和5〈正平11〉・1・6従四位上、延文2〈正平12〉(一三五七)・8・17正四位下、延文3〈正平13〉・1・6従三位、左中将如元、3・30兼任越後権守、貞治2〈正平18〉(一三六三)・12・26権中納言、貞治3・1・5正三位、貞治6〈正平22〉・4・13従二位、12・24権大納言、応安4〈建徳2〉(一三七一)・1・5正二位、康応1〈元中6〉(一三八九)・4・20兼任右大将〈「右」し〉、康応2〈元中7〉・1・22御監事宣下、4・1辞大将並権大納言、応永9(一四〇二)・9・-出家

［死没］応永12(一四〇五)・5・5　［年齢］63　［父］大炊御門冬信　［母］内大臣正二位西園寺実衡女　［公卿補任］2―661下　［大日本史料］7―7―197

冬宗　ふゆむね　一三五七―一四〇五

応安1〈正平23〉(一三六八)・2・21従三位、右近権中将(叙留)、応安2〈正平24〉・3・30兼陸奥権守、応安4〈建徳2〉・1・5正三位、応安7〈文中3〉・12・13参議、永和1〈天授1〉(一三七五)・3・29兼備後権守、11・18権中納言、永和3〈天授3〉・1・5従二位、永徳2〈弘和2〉(一三八二)・1・26権大納言、永徳3〈弘和3〉・1・5正二位、至徳2〈元中2〉(一三八五)・3・27辞権大納言、応永9(一四〇二)・3・28還任(権大納言)、応永10・12・3辞退権大納言、応永12・3・8従一位、5・5薨去

［死没］応永12(一四〇五)・5・5　［年齢］49　［父］大炊御門宗実(実大炊御門冬信、二男)　［号］瑞慶院　［公卿補任］2―697上　［大日本史料］7―7―197

宗氏　むねうじ　一三七五―一四二一

応永5(一三九八)・1・5従三位、左中将如元、3・24兼肥前権守、応永8・3・24参議、応永10・1・6正三位、3・23〈22日カ〉兼播磨権守、8・24権中納言、応永14・1・5従二位、応永20・2・-〈11月ともあり〉権大納言、応永21・6・9正二位、応永27・12・5内大臣、官次宣下、応永28・4・6薨去

［死没］応永28(一四二一)・4・6　［年齢］47　［父］大炊御門冬宗　［法名］常暹　［公卿補任］3―44下

信宗　のぶむね　一三九一―?

応永25(一四一八)・1・5従三位、右中将如元、応永26・3・10兼陸奥権守、応永28・1・5正三位、7・5権中納言、応永32・1・5従二位、6・7権大納言、正長2(一四二九)・3・29右大将、8・4左大将、永享2(一四三〇)・1・6左馬寮御監宣下、永享4・1・5正二位、8・28内大臣、11・28辞大将、永享5・10・4辞退内大臣、嘉吉2(一四四二)・1・5従一位、享徳2(一四五三)・-・-出家

❖応永二十六年より「左中将」

［父］大炊御門宗氏　［号］後瑞慶院　［公卿補任］3―91下

信量　のぶかず　一四四二―八七

康正3(一四五七)・1・5従三位、左中将如元、長禄2(一四五八)・7・25権中納言、長禄4・1・6正三位、寛正3(一四六二)・5・27権大納言、寛正6・1・5従二位、文明5(一四七三)・3・18賜去年五月七日叙正二位々記〈く〉、文明7・3・10右近衛大将、文明10・3・28転左大将、文明11・4・19内大

臣、文明12・1・13従一位、3・14辞大将、文明13・5・23辞内大臣、文明15・1・1〈「5日」く〉右大臣、長享1（一四八七）・8・4薨去

[死没]長享1（一四八七）・8・4　[年齢]46　[父]大炊御門信宗（実三条実量）　[母]正親町三条実雅猶子（旧院上臈）　[前名]信氏　[号]深草右大臣　[公卿補任]3―188上　[大日本史料]8―20―468

経名　つねな　一四八〇―一五五三

文明16（一四八四）・6・29叙爵〔「叙位」や〕、文明18・12・－従五位上、－・－・－左少将、延徳4（一四九二）・1・6正五位下、6・12従四位下（年中両度〔四字や無〕）、明応7（一四九八）・3・23従四位上、10・29禁色、12・30正四位下（年中両度〈や無〉）、－・－・－少将如元〈や無〉、－・－・－左中将〈や無〉、明応8・6・20従三位、左近中将如元、永正1（一五〇四）・3・－参議、永正2・2・1正三位、5・3権中納言、永正3・2・6着直衣参内、永正7・4・25権大納言、永正8・11・4従二位、永正9・4・10下向賀州、永正13・2・－自賀州〔「加州」くしさ〕上洛、4・30右大将、永正14・1・6御監、4・18正二位、9・17転左、永正15・5・28内大臣、永正16・10・－辞大将、永正18・7・1右大臣、8・－〈「8月8日」さ〉為一上、大永2（一五二二）・1・7従一位、大永3・3・2辞退右大臣、天文11（一五四二）・4・10出家

[死没]天文22（一五五三）・3・24　[年齢]74　[父]大炊御門信量　[母]従一位権大納言正親町持季女　[号]自性院　[法名]心源　[公卿補任]3―300下

経頼　つねより　一五五五―一六一七

－・－・－叙位、永禄4（一五六一）・12・27従五位上、元亀4（一五七三）・2・15元服、禁色、昇殿、侍従〈く〉、天正1（一五七三）・－・－賜去永禄八正六正五下位記、正五位下、11・28従四位下、侍従如元、天正3・4・14左少将、5・19従四位上、天正4・1・11正四位下、5・14左中将、12・30従三位（年中両度〈くま〉）、左中将如元、天正5・12・26権中納言、天正7・11・23正三位、天正9・4・17〈「27日」くま〉権大納言、11・22〈「12月」くま〉従二位☆、天正13・1・19辞権大納言、天正14・1・6〈「5日」くま〉正二位☆、天正16・12・－〈天正17年ともあり〉還任権大納言☆、元和3（一六一七）・7・18薨去

⌘慶長十三年（一六〇八）より「神宮伝奏」

[死没]元和3（一六一七）・7・18　[年齢]63　[父]大炊御門経名（実中山孝親、二男）　[母]従三位五辻諸仲女　[号]浜南院　[公卿補任]3―475下　[大日本史料]12―27―427

頼国　よりくに　一五七七―一六一三

天正6（一五七八）・1・6〈「12月23日」く〉叙位、天正7・12・23〈「12月23日」く〉侍従、天正8・1・5従五位上、天正9・11・23正五位下、天正10・12・15左少将、天正11・12・30従四位下、天正12・1・6正四位下（越階〈く無〉）、天正15・12・14左中将、12・29従三位、左中将如元、慶長3（一五九八）・1・5正三位、慶長14・7・4勅勘、11・9流罪硫黄嶋、慶長18・5・－薨去（於嶋）

[死没]慶長18（一六一三）・5・11　[年齢]37　[父]正二位権大納言大炊御門経頼、一男　[公卿補任]3―496下

経孝　つねたか　一六一三―八二

慶長18（一六一三）・12・14誕生、慶長19・1・5叙位、慶長20・1・5従五位上、元和2（一六一六）・1・5正五位下、元和3・7・3元服、侍従、禁色、昇殿、元和6・1・5従四位下、元和9・1・5従四位上、1・11左少将、寛永3（一六二六）・12・29正四位下、左中将、寛永8・1・6従三位、左中将如元、寛永10・10・1〈「11月」恐衍〉権中納言、寛永12・1・5〈く〉正三位、寛永16・12・29〈賜去12年1月5日正三位々記〉正三位、寛永17・1・5従二位、11・20改名経孝、12・25権大納言、寛永20・8・23兼任右大将、9・7辞権大納言・右大将、正保4（一六四七）・12・7〈賜去正月五日正二位々記〉正二位☆、明暦2（一六五六）・6・1内大臣、12・1辞内大臣、寛文3（一六六三）・2・6右大臣、寛文4・2・22辞右大臣、寛文5・12・23従一位☆、寛文10・4・7左大臣、寛文11・5・4〈「1日」史〉辞左大臣☆、天和2（一六八二）・6・26薨去

⌘寛永十三年より「従三位」

[死没]天和2（一六八二）・6・26　[年齢]70　[父]大炊

御門経頼、二男 〔母〕吉良義安女 〔前名〕経敦 〔号〕後光福寺 〔公卿補任〕3—572上

経光 つねみつ 一六三八—一七〇四

寛永15(一六三八)・8・8誕生、正保2(一六四五)・1・6叙爵、正保4・3・5従五位上、慶安3(一六五〇)・7・25正五位下、侍従、慶安5・5・14従四位下、左少将、禁色、承応3(一六五四)・1・5従四位上、1・11左中将、明暦1(一六五五)・6・25正四位下、万治2(一六五九)・1・5従三位、左中将如元、万治3・12・24権中納言、寛文3(一六六三)・1・12〈去六日分〉正三位☆、権大納言、寛永3・7・19〈「6月」ま〉神宮伝奏、寛文8・12・22従二位、延宝1(一六七三)・12・26正二位、延宝3・10・17右大将、延宝5・12・26内大臣、延宝6・11・19辞大将、随身兵仗、延宝9・7・10辞内大臣、元禄3(一六九〇)・12・26右大臣、12・29随身兵仗、元禄5・12・13辞右大臣、元禄7・10・23従一位、元禄17・1・10左大臣、1・11辞左大臣、宝永1(一七〇四)・9・6薨去

〔死没〕宝永1(一七〇四)・9・6 〔年齢〕67 〔父〕大炊御門経孝 〔母〕家女房 〔号〕後香隆寺 〔公卿補任〕3—655上

経音 つねおと 一六八二—一七一四

天和2(一六八二)・12・7誕生、貞享3(一六八六)・5・23叙爵、貞享4・2・29従五位上☆、侍従☆、元禄2(一六八九)・1・5正五位下、元禄4・1・6従四位下、元禄5・1・21元服、昇殿、禁色、左少将、6・26喪母、8・22除服出仕復任、元禄7・1・5従四位上、2・19左中将、12・25正四位下、元禄9・12・28従三位、左中将如元、元禄12・12・29権中納言、元禄13・11・9帯剣、12・25正三位、宝永3(一七〇六)・1・26従二位、宝永5・2・27中宮権大夫(立后日)☆、宝永6・6・1権大納言、中宮大夫、宝永7・2・11神宮伝奏、3・21止大夫、正徳2・12・25正二位、正徳4(一七一四)・4・23辞権大納言☆、薨去

〔死没〕正徳4(一七一四)・4・23 〔年齢〕33 〔父〕大炊御門経光(実内藤義龍) 〔母〕中務大輔細川立孝女 〔公卿補任〕4—128上

経秀 つねひで 一七一一—五二

正徳1(一七一一)・3・1誕生、正徳2・1・20〈去六分〉叙爵、9・19侍従、正徳3・7・23従五位上、享保1(一七一六)・12・23正五位下、享保4・1・28〈去五分〉従四位下、享保5・11・13元服、禁色、昇殿、左少将、享保6・2・20〈去正五分〉従四位上、享保7・12・13左中将正四位下、享保9・3・25従三位(左中将如旧)、享保11・1・12権中納言、1・15帯剣、11・23直衣、享保12・12・27正三位、享保16・5・21権大納言、12・25従二位、元文2(一七三七)・1・14正二位、延享4(一七四七)・4・14右大将、7・12右馬寮御監、寛延2(一七四九)・11・15内大臣、11・18辞右大将、随身兵仗、12・19辞内大臣、宝暦2(一七五二)・11・15薨去

〔死没〕宝暦2(一七五二)・11・15 〔年齢〕42 〔父〕大炊御門経音 〔母〕民部大輔上杉吉憲女 〔号〕法台寺 〔公卿補任〕4—263上

家孝 いえたか 一七四七—九九

延享4(一七四七)・1・25誕生、寛延1(一七四八)・1・5従五位下、寛延2・1・25従五位上、寛延3・9・24正五位下、宝暦1(一七五一)・12・22従四位下、宝暦3・1・22従四位上、10・22侍従、12・19元服、禁色、昇殿、宝暦4・2・19正四位下(小除目〈ま〉)、9・22左権少将、10・26拝賀〈ま〉、宝暦5・6・22右権中将、6・29拝賀〈ま〉、宝暦6・3・27従三位(右中将如旧)、宝暦9・12・24正三位、宝暦10・3・10権中納言、3・22帯剣、5・7聴直衣、宝暦12・10・25権大納言、宝暦13・11・28従二位、明和3(一七六六)・12・19正二位、安永10(一七八一)・1・12右近衛大将、1・17直衣始、1・20右馬寮御監、3・15皇太后宮大夫、天明2(一七八二)・2・30辞大将、天明3・10・12止大夫、天明7・5・26内大臣、随身兵仗、6・1直衣始、寛政1(一七八九)・5・22辞内大臣随身兵仗、7・1〔従一位〕、寛政4・1・6還任内大臣、右近大将、左馬寮御監、1・8直衣始、1・14辞両官御監、寛政8・4・24右大臣、随身兵仗、4・26直衣始、9・26辞右大臣随身兵仗、寛政11・5・13薨去

〔死没〕寛政11(一七九九)・5・13 〔年齢〕53 〔父〕大炊御門経秀 〔母〕従一位左大臣醍醐冬熈女

〔号〕遥台寺　〔公卿補任〕4—432上

経久　つねひさ　一七八一—一八五九

天明1(一七八一)·9·16誕生、天明2·12·23従五位下、天明3·4·25従五位上、6·22侍従、天明4·1·15正五位下、天明5·1·14従四位下、天明6·1·14従四位上、天明7·1·5正四位下、2·27元服、禁色、昇殿、12·19右権少将、天明8·1·16拝賀、寛政1(一七八九)·5·22〈「右」ま〉権中将(小除目)、6·28従三位、寛政3·8·10正三位〈ま〉、寛政10·8·1権中納言、9·18帯剣、9·19聴直衣、直衣始、12·19従二位、享和1(一八〇一)·4·25正二位、享和2·3·27権大納言、4·26直衣、文政1(一八一八)·4·24大嘗会検校、文政4(一八二一)·4·12右大将、4·18右馬寮御監、4·28直衣始、文政7·1·5内大臣、1·6直衣始、5·18辞大臣大将御監、6·4従一位、天保11(一八四〇)·12·20賜太上天皇御服、弘化3(一八四六)·3·4賜仁孝天皇御当色、3·7賜御素服、安政4(一八五七)·1·4右大臣、2·8辞大臣随人兵仗、安政6·7·10薨去

〔死没〕安政6(一八五九)·7·10　〔年齢〕79　〔父〕大炊御門家孝　〔母〕三条季晴女(瑞光院)　〔号〕後遥台寺　〔公卿補任〕5—65上

経尚　つねなお　一八〇五—一二二

文化2(一八〇五)·3·21誕生、文化3·11·26従五位下、文化4·6·23従五位上、文化5·4·5正五位下、文化6·2·10侍従、8·27従四位下、文化7·8·28従四位上、文化8·8·3正四位下、文化9·12·19元服、禁色、昇殿、12·23左近衛権少将、文化12·2·26右権中将(小除目)、3·22〔従三位〕、右中将如故、4·5拝賀、文化14·2·25正三位、文政5(一八二二)·4·7薨去

〔死没〕文政5(一八二二)·4·7　〔年齢〕18　〔父〕大炊御門経久　〔母〕中山忠尹六女尹子　〔号〕逍遥寺　〔公卿補任〕5—236下

家信　いえこと　一八一八—八五

文政1(一八一八)·6·8誕生、文政5·12·21従五位下、文政6·8·28従五位上、文政7·2·13正五位下、6·4侍従(小除目)、文政8·1·25従四位下、文政9·3·15従四位上、文政10·1·21正四位下、文政11·3·16元服、禁色、昇殿、12·18右近衛権少将、文政12·1·1拝賀、天保2(一八三一)·5·19左権中将、6·14〔従三位〕、左中将如故、6·29拝賀、天保4·1·5正三位、嘉永1(一八四八)·5·18権中納言、6·7帯剣、6·8聴直衣、直衣始、8·28従二位、嘉永3·5·15正二位、9·16止官、嘉永7·4·5権大納言、6·19直衣始、文久2(一八六二)·12·24内教坊別当、12·23右大将·右馬寮御監、12·25直衣始、元治2(一八六五)·1·5辞別当、慶応3(一八六七)·9·27内大臣、11·30右大臣、随身兵仗、慶応4·5·24辞大臣随身兵仗

※慶応四年より「従一位」

〔死没〕明治18年(一八八五)·8·30　〔年齢〕68　〔父〕大炊御門経尚　〔母〕家女房　〔公卿補任〕5—345上

堀河2·三条家(絶家)

経定　つねさだ　一一〇〇—五六

天仁2(一一〇九)·1·6叙位(氏)、永久4(一一一六)·1·30加賀権介、保安3(一一二二)·8·27昇殿、9·8右兵衛佐、12·22右少将〈「右権少将」し〉、保安4·1·22加賀権介、1·28昇殿(新帝受禅日)、11·6改備中介、11·17従五位上(大嘗会叙位、国司賞〈「主基」し〉)、天治3(一一二六)·1·5〈「7日」し〉正五位下(府労)、大治3(一一二八)·1·5従四位下、1·24更右少将、4·7遷左少将〈「左権少将」く〉、大治4·-·24〈「4月」くひ「1月」し〉肥後介〈「備後介」し〉、大治5·1·-還昇〈し〉、長承2(一一三三)·1·5〈「7日」し〉従四位上(府〈し〉)、長承3·2·22備中権介、3·7〈「6日」し〉右中将〈「右権中将」く〉、兼中宮権亮、保延2(一一三六)·11·4正四位下(臨時〈し〉)、保延4·11·17蔵人頭、保延6·3·27兼美作権守(亮労)、永治1(一一四一)·12·2参議(元蔵人頭中宮権亮美作権守)、左中将如元、永治2·1·23兼讃岐権守、久安3(一一四七)·1·5従三位、1·28伊予権守、久安5·3·28伊予権守、10·22正

堀河・三条家

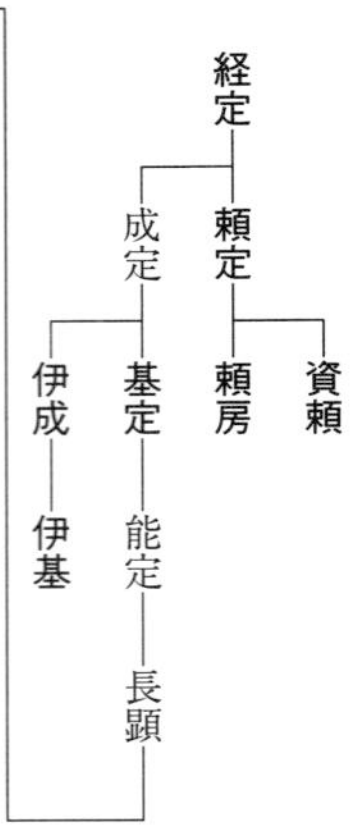

三位、久安6・10・20権中納言、久寿3(一一五六)・‐・‐出家、1・28〈「29日」山槐記〉薨去
[死没]久寿3(一一五六)・1・28 [年齢]57 [父]京極経実、一男 [母]従二位権中納言藤原通俊女 [号]堀河 [公卿補任]1—415上

頼定 よりさだ　一一二五—八一

保延2(一一三六)・1・22〈「27日」く〉大膳亮(故信通卿元永二年給二合〈く〉)、保延6・12・16式部少丞、保延7・1・29大丞、永治2(一一四二)・1・5叙爵、1・23相模権守(式部労〈く〉)、仁平2(一一五二)・1・5従五位上(簡一)、久寿3(一一五六)・1・27右兵衛佐、保元2(一一五七)・1・24左少将〈「左権少将」く〉、10・22正五位下(白河院大治二朔旦未給〈「御給」く〉)、保元3・1・27遠江権介、保元4・1・6従四位下(府〈「少将労」く〉)、永暦1(一一六〇)・1・21右中将〈「右権中将」く〉、2・28解官、応保3(一一六三)・1・5従四位上(高松院去年未給〈「御給」く〉)、1・24還任左中将、長寛2(一一六四)・1・21加賀権介〈「権」く無〉(中将労〈く〉)、長寛3・1・23正四位下(右馬頭定隆朝臣造延勝寺五大堂賞譲〈く〉)、仁安4(一一六九)・1・11備後権介(中将重兼国〈く〉)、嘉応2(一一七〇)・1・5蔵人頭、12・30参議、元蔵人頭左中将備後権介、嘉応3・1・18周防権守、承安3(一一七三)・1・13従三位、安元2(一一七六)・1・30出雲権守、治承2(一一七八)・4・5正三位、治承5・3・18〈「5月19日」明月記〉薨去
[死没]治承5(一一八一)・3・18 [年齢]57 [父]藤原経定 [母]家女房 [前名]憲定 [号]堀河宰相 [公卿補任]1—471下

資頼 すけより　一一四八—?

長寛1(一一六三)・1・24叙位任丹波〈「丹後」く〉守、永万1(一一六五)・6・24伊与守、7・18遷越中守、仁安1(一一六六)・8・27止任〈く〉、10・21備中守、仁安3・11・21従五位上(大嘗会国司賞)、承安1(一一七一)・4・21遷土左守、寿永2(一一八三)・8・16更任土左守、文治3(一一八七)・11・8正五位下(朝覲行幸、院司)、建久2(一一九一)・2・1延任二ケ年、12・13従四位下(頼実卿松尾北野行幸行事賞譲)、建久4・5・29兼斎宮頭、元久1(一二〇四)・3・6〈くし〉皇太后宮権大夫、建永1(一二〇六)・1・6従四位上(宜秋門院後給)、承元1(一二〇七)・1・5正四位下(中宮御給)、承元4・1・5従三位、建暦3(一二一三)・11・‐〈「4日」明月記〉出家
[父]堀河頼定 [母]祝部成仲女 [公卿補任]1—576上

頼房 よりふさ　一一七六—一二五三?

治承3(一一七九)・1・5従五位下(前女御琮子給)、文治6(一一九〇)・1・24越後守、建久4(一一九三)・1・29侍従(兼守)、建久5・1・6従五位上(簡一)、正治1(一一九九)・6・23止守、正治3・1・6正五位下(七条院当年御給)、元久1(一二〇四)・3・6右少将、建永1(一二〇六)・1・6従四位下(臨時)、承元1・13還任右少将、4・11斎院長官(兼)、承元3(一二〇九)・7・22止長官、承元4・1・6従四位上(七条院当年〈「去年」や〉御給)、建保2(一二一四)・1・5正四位下(陰明門院建暦二大嘗会御給)、建保3・1・13右中将、建保6・1・5従三位(去右中将)、寛喜3(一二三一)・2・19出家
[死没]建長5(一二五三)・7・8カ [年齢]78カ [父]堀河頼定、二男 [母]正五位下但馬守藤原親弘女 [公卿補任]2—27下 [大日本史料]5—6—306

基定 もとさだ　一一七一—一二三七

‐・‐・‐叙位、建仁3(一二〇三)・8・21侍従、建仁4・1・5従五位上(簡一)、承元1(一二〇七)・2・13兼阿波権介、右少将、承元4・1・5正五位下(労)、建保1(一二一三)・1・6四位、建保7・1・5従四位上(陰明門)、承久3(一二二一)・1・13正四位下(臨時)、嘉禄2(一二二六)・8・14皇后宮亮、嘉禄3・2・20止亮(院号)、10・4修理大夫、安

貞2(一二二八)・3・20従三位、修理大夫如元(行幸左大臣譲)、寛喜3(一二三一)・4・14止大夫、嘉禎2(一二三六)・9・26出家、嘉禎3・11・1薨去

[死没]嘉禎3(一二三七)・11・1　[年齢]67　[父]三条成定、一男　[母]法眼行仁女　[法名]真願　[公卿補任]2—67上　[大日本史料]5—11—482

伊成　これなり　一一九四—?

承元2(一二〇八)・4・7叙爵、建保7(一二一九)・1・5従五位上(簡一)、承久1(一二一九)・12・13讃岐守、承久3・1・13侍従、貞応1(一二二二)・12・22正五位下、嘉禄3(一二二七)・10・4右少将、安貞2(一二二八)・1・5従四位下、4・13右少将、寛喜3(一二三一)・1・5従四位上(鷹司院御給)、嘉禎1(一二三五)・12・26復任、嘉禎2・1・19正四位下、嘉禎4・2・6右中将、仁治2(一二四一)・10・13従三位、侍従、元右中将、仁治4・1・11出家、依猪熊禅閤御事発心

[父]三条成定、二男　[前名]資定カ　[公卿補任]2—116下　[大日本史料]5—16—129

伊基　これもと

寛喜4(一二三二)・2・27叙爵(宣陽門院合爵)〈や〉、暦仁2(一二三九)・1・24侍従〈や〉、仁治2(一二四一)・1・5従五位上(前殷富門院元暦元大嘗会未給)〈や〉、寛元1(一二四三)・閏7・27右少将〈や〉、寛元2・1・5正五位下(臨時)〈や〉、1・23甲斐権介〈や〉、寛元4・1・5従四位下〈や〉、1・15少将如元〈や〉、建長1(一二四九)・11・10従四位上〈や〉、建長2・1・13播磨介〈や〉、建長6・4・8右中将〈や〉、建長7・1・5正四位下〈や〉、9・13復任(父)〈や〉、文応2(一二六一)・2・5従三位(元右中将)、文永7(一二七〇)・-・-出家

[父]三条伊成、一男　[公卿補任]2—188下

教顕　のりあき

正安2(一三〇〇)・4・7右兵衛督、5・29止督、-・-正三位、嘉元2(一三〇四)・7・16出家

※正安元年非参議従三位(初見)

[父]三条長顕　[母]正四位下左近衛中将飛鳥井教雅女　[公卿補任]2—349下

鷹司家(絶家)2

頼平　よりひら　一一八〇—一二三〇

建久6(一一九五)・1・6叙位(式子内親王給)、建久7・12・25侍従、建仁1(一二〇一)・1・29兼因幡権介、建仁3・1・5従五位上、元久1(一二〇四)・1・13右近衛権少将、3・6兼春宮権亮、3・17禁色、8・8正五位下、10・26従四位下、建永1(一二〇六)・1・6従四位上、1・13転中将、承元1(一二〇七)・1・2正四位下(朝覲行幸賞)、承元2・1・20兼播磨介、承元4・11・29〈25日カ〉補蔵人頭、12・17参議(元蔵人頭)、右中将如元、承元5・1・5従三位、1・18兼丹波権守、建暦2(一二一二)・11・11正三位、建保4(一二一六)・1・13兼播磨権守、建保6・1・13権中納言、11・26兼春宮権大夫、12・5帯剣、建保7・1・5従二位、承久2(一二二〇)・-・-〔辞春宮権大夫カ〕、承久3・1・5正二位、閏10・10中納言、貞応1(一二二二)・8・16辞(中納言)、貞応2・9・-出家、寛喜2(一二三〇)・8・15薨去

[死没]寛喜2(一二三〇)・8・15　[年齢]51　[父]大炊御門頼実、二男　[母]正二位権大納言平時忠女(建春門院女房)　[日記]頼平卿記(一二〇七—一〇)　[号]鷹司　[公卿補任]1—574下　[大日本史料]5—5—825

伊平　これひら　一一九九—?

建暦1(一二一一)・10・12五位、11・3侍従、建暦2・11・12従五位上(簡一)、建保3(一二一五)・1・5正五位下(陰明門院)、1・13加賀権介、建保4・12・14右少将、建保5・1・28丹波権介、建保6・1・5四位、少将如元、承久2(一二二〇)・4・6転左中将、承久3・1・6従四位上(宣陽門院)、1・13播磨介、8・29蔵人頭、左中将11・29正四位下(陰明門院)、貞応1(一二二二)・8・16参議、左中将如元、蔵人頭、貞応2・1・27美乃権守、貞応3・1・23従三位、嘉禄1(一二二五)・11・7兼中宮権大夫、嘉禄2・7・-〈29日カ〉皇后宮権大

鷹司家

頼平—伊平—伊頼—宗嗣—宗平
　　　伊平—頼基—藤輔—通輔
宗平—忠頼—頼継

夫、8・5正三位、嘉禄3・2・-〈20日カ〉止権大夫、安貞2(一二二八)・2・1備後権守、3・20従二位、貞永1(一二三二)・12・15権中納言、天福1(一二三三)・4・19正二位、嘉禎2(一二三六)・6・9中納言、嘉禎4・7・20権大納言、延応1(一二三九)・10・28辞権大納言、12・21本座、仁治2(一二四一)・2・1按察使、建長2(一二五〇)・1・13得替按察使、建長3・2・-出家〈一代要記〉 [父]鷹司頼平、一男 [母]法眼秦宗女 [公卿補任]2—44上

伊頼　これより　一二二二—八三

建長4(一二五二)・12・4補蔵人頭〈つ〉、元正四位下右中将〈つ〉、建長7・2・2参議、元蔵人頭右中将、12・13従三位、建長8・1・21正三位、正元2(一二六〇)・3・29兼相模権守、文応1(一二六〇)・11・15従二位、弘長4・1・5正二位、文永2(一二六五)・10・22権中納言、文永3・12・21帯剣、文永8・3・27中納言、文永10・12・8権大納言、文永11・4・2辞退〔権大納言〕、6・1民部卿、12・1本座、弘安5(一二八二)・4・8辞退卿、弘安6・6・4薨去 [死没]弘安6(一二八三)・6・4 [年齢]62 [父]鷹司伊平 [母]従一位権大納言日野資実女 [公卿補任]2—164下

頼基　よりもと　?—一二七〇?

建長7(一二五五)・2・24〔従三位〕、元右中将、文永4(一二六七)・11・-出家〈イ〉、文永7・-・-薨去歟 [死没]文永7(一二七〇)カ [父]鷹司頼平 [公卿補任]2—166下

宗嗣　むねつぐ　?—一三二六

正嘉2(一二五八)・1・5叙爵、文応2(一二六一)・1・5従五位上、弘長1(一二六一)・12・21侍従、文永4(一二六七)・11・8正五位下、文永7・閏9・4従四位下、文永10・3・25還侍従、文永12・1・6従四位上、建治2(一二七六)・2・26復任〔母〕、12・15左少将、建治3・1・29兼備中権介、建治4・2・10正四位下、弘安1(一二七八)・9・23転中将、弘安7・1・29復任、正応2(一二八九)・1・13兼丹波介、9・21補蔵人頭〔左中将〕、正応3・11・21参議〔元蔵人頭右〔「左」当作〕中将〕、正応4・1・6従三位、1・25兼美乃権守、正応5・2・1依南都衆勘被放氏、4・21神木御皈座後日被免衆勘令続氏之間出仕、正応6・4・8正三位、永仁2(一二九四)・12・24辞退〔参議〕、永仁6・11・19従二位、正安2(一三〇〇)・5・29正二位、延慶3(一三一〇)・8・2還任参議、兼右中将、応長1(一三一一)・3・30兼周防権守、閏6・9権中納言、7・18帯剣、12・26辞権中納言、正中2(一三二五)・8・1兵部卿、嘉暦1(一三二六)・3・8止卿、5・4薨去 [死没]嘉暦1(一三二六)・5・4 [父]鷹司伊頼、一男 [母]従二位藤原頼氏女 [公卿補任]2—302下

宗平　むねひら　一二八七—一三四六

正中2(一三二五)・1・29兼周防権守、12・18止督、正中3・1・5従三位、6・14辞参議、嘉暦4(一三二九)・1・5正三位、貞和2〈正平1〉(一三四六)・3・24薨去 ⌘正中二年参議正四位下(初見)、この年に「右衛門督」の記載あり [死没]貞和2(一三四六)・3・24 [年齢]60 [父]鷹司宗嗣 [公卿補任]2—500下 [大日本史料]6—9—872

頼継　よりつぐ

応永33(一四二六)・1・6従三位、元右中将、応永34・7・22右兵衛督、永享1(一四二九)・12・13正三位〈や〉 ⌘永享四年非参議正三位〔以後不見〕 [父]鷹司忠頼 [公卿補任]3—110下

大炊御門家（絶家）

家信　いえのぶ

正中2（一三二五）・4・2従五位下、嘉暦3（一三二八）・6・13従五位上、元徳1（一三二九）・9・26正五位下、元徳2・7・17侍従、11・7従四位下、元徳3・1・13右少将、元弘2（一三三二）・1・5従四位上、4・21左中将、元弘3・6・-停従四位上、停中将、-・-・-為従四位下、為少将、10・8禁色、元弘4・1・5更従四位上、1・13兼遠江権介、建武2（一三三五）・5・23正四位下、暦応2〈延元4〉（一三三九）・11・1左中将、暦応4〈興国2〉・4・12〈16日ともあり〉従三位、左中将如元、貞和3〈正平2〉（一三四七）・9・16参議、9・19更任左中将、貞和4〈正平3〉・3・20兼越前権守、貞和5〈正平4〉・9・13権中納言、1・5正三位、観応2〈正平6〉（一三五一）・6・26中納言、文和3〈正平9〉（一三五四）・1・6従二位、延文3〈正平13〉（一三五八）・1・6正二位、延文4〈正平14〉・3・25権大納言、延文5〈正平15〉・4・16辞退（権大納言）、貞治5〈正平21〉（一三六六）・3・16出家

［父］大炊御門冬氏、二男　［母］正二位権大納言吉田経長女　［法名］空覚　［公卿補任］2—587上　［大日本史料］6—27—261

信経　のぶつね　一三五五—？

応永5（一三九八）・1・5従三位、元右中将、応永17・1・5正三位、11・26〈10月ともあり〉参議、兼左中将、応永18・1・28兼伊世権守、11・25辞参議、12・20本座、応永22・12・11権中納言、応永23・11・4辞権中納言、応永26・1・6正二位、応永27・閏1・13権大納言、4・21辞権大納言、応永32・6・27従一位、6・28出家

［父］大炊御門家信　［公卿補任］3—44下

中山家　なかやまけ

藤原氏北家花山院流。花山院家の支流。花山院権中納言忠宗の二男内大臣忠親を家祖とする。中山の称は忠親が晩年洛東中山の別邸に住したので、中山内府と称されたことに因む。家格は羽林家。外様の家。有職故実を家職とした。一条家の家礼。江戸時代には家領二百石。忠親は、保延六年（一一四〇）十歳で叙爵し、保元三年（一一五八）左中将、長寛二年（一一六四）三十四歳で参議。仁安二年（一一六七）従三位・権中納言。治承二年（一一七八）平相国清盛女徳子に言仁親王（安徳天皇）が生まれ、兼中宮権大夫、三年春宮大夫に転じ、四年安徳天皇践祚により春宮大夫をやめ、養和元年（一一八一）中宮徳子の院号宣下により建礼門院別当に補された。これらの功により二年には転正。権大納言・大納言を経て、建久二年（一一九一）内大臣となった。五年上表し出家、六年三月に六十五歳で没した。内大臣となったとき、摂政兼実はその日記『玉葉』に、内大臣忠親は「才漢」なく、また「英華」ではないが、年来礼儀作法の道を営み、大変評判を得ていて、相承する者の無いのが惜しまれる、また甚だ学問を好むとの噂もあり、かつ年久しく奉公する労効も大きい、そこで自分は子息の権大納言左大将良経を措き推挙したが、いわばこれは極めて「攘災之計」であったと記している。災いをはらい除くとは意味深重であるが、恐らく大臣の官職の絡み、九条良経の上臈の大炊御門頼実との関連があろう。良経は忠親のあと頼実を超し内大臣となるが、三年後には良経を超し右大臣に進んでいる。忠親の日記は『山槐記』といい、平安時代末期より鎌倉時代初頭にかけての目まぐるしい平家興亡時代の好史料として知られる。山は中山、槐は大臣の意。忠親の後は長男兼宗が継承。仁安二年（一一六七）五歳で叙爵。治承三年（一一七九）左少将、文治三年（一一八七）右権中将、建久四年（一一九三）蔵人頭、六年参議。

中山家

忠親─兼宗─忠定─基雅─家親─定宗─親雅─満親─定親─親通
　├忠明
　└兼季

宣親─康親─孝親─親綱─慶親─元親─英親＝篤親─兼親─栄親
　　　　　　　　　├為親（今城）
　　　　　　　　　└親子（後陽成天皇後宮　覚深親王等生母）

愛親─忠尹─忠頼─忠能（侯爵）─忠愛
　　　　　　　　　　　　└慶子（孝明天皇後宮　明治天皇生母）

権中納言、従二位を経て建仁四年(一二〇四)四十二歳のときに正二位、翌年権大納言。建暦元年(一二一一)大納言、兼中宮大夫。仁治三年(一二四二)八十歳で中山の別邸で没した。長男忠定が家を嗣ぎ、その後も父子相承し、おおむね正二位権大納言に昇る家例が定まった。官位昇進の遅速は諸状況の絡みがあろうが、親通が永享三年(一四三一)八歳で従五位上に昇叙、文安三年(一四四六)二十一歳で左中将、蔵人頭に昇任、享徳四年(一四五五)三十歳で任権大納言、長禄四年(一四六〇)三十五歳で叙正二位というのは、多くが家例のない年齢での叙任であった。寛正三年(一四六二)五月に三十七歳で没した。また戦国時代から織田時代にかけて当主であった孝親は初めて准大臣従一位となった。孝親の叙爵は永正十一年(一五一四)三歳のとき。天文十八年(一五四九)三十八歳で正二位権大納言に昇り、それより永禄八年(一五六五)五十四歳で辞官するまで十六年間に亘り在任。その後も正親町天皇の信任を得、十一年織田信長上洛後はもっぱら公武の交渉にあたった。天正元年(一五七三)十二月には譲位につき勅旨をうけ、勧修寺右大弁晴豊と共にこの旨を関白二条晴良に伝え、勅書を奉じ勅使に従い信長旅宅を訪ね、信長は勅定の趣は来春中沙汰すべき旨を奉答したことは、その日記『孝親公記』に見えるところである。天皇の譲位の望み、信長の実行延引のことはよく知られているところである。その後も、孝親は権大納言勧修寺晴右・庭田権中納言重保・甘露寺参議経元と共に信長との交渉役(のちの武家伝奏)となり、「四人之衆」と称された。六年正月十六日に六十七歳で没する。十三日付で「推任」により准大臣従一位となっているのは、長年の功労、ことに譲位の勅意を体して信長との交渉にあたってきたことに対する褒賞であろう。息親綱も信長、豊臣秀吉と関りが深く、二男為親は一家を起し、今城家の祖となる。また女の親子は、後陽成天皇の後宮に入り大典侍局と称され、天正十六年(一五八八)第一皇子覚深親王を産み、慶長十三年(一六〇八)二月没した。英親には息親量がいて、寛文四年(一六六四)四歳で叙爵したが七年正月夭死し、後嗣がなかったので、正親町権大納言三男で一条家殿上人であった凞季を養子とし、凞季は十年四月篤親と改名した。正二位権大納言に昇り、宝永五年(一七〇八)より八年間に亘り議奏を勤め、その功により享保元年(一七一六)九月に六十一歳で没したとき、同日付で従一位に叙せられた。その後、兼親・栄親・愛親・忠尹と実子相承されるが、いずれも議奏に補され、ことに兼親は議奏三年ののち武家伝奏を十五年間も勤め、准大臣従一位に昇った。愛親は議奏のとき尊号事件が起り、寛政五年(一七九三)武家伝奏正親町公明とともに幕命により江戸に召換され、訊問を受け蟄居を命ぜられた。孝明天皇の典侍で、『中山積子日記』で知

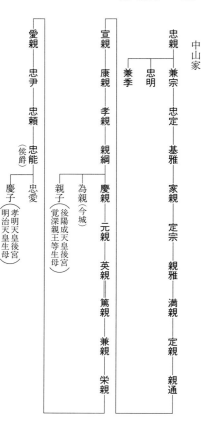

られる積子は、忠尹の妹、愛親十四女である。忠能は幕末の王政復古派の公家として知られ、その二女慶子は孝明天皇の典侍となり、明治天皇の生母となる。忠能は万延元年(一八六〇)和宮御用掛を命ぜられ、翌文久元年和宮の東下に供奉した。二年国事御用掛が設けられると、これに列し朝議に与った。翌年子息の忠光が大和五条の乱の首領に推されている。慶応四年(一八六八)王政復古に際し、議定に任ぜられた。日記には、『山槐記』(忠親)、『薩戒記』(定親)、『宣親卿記』、『孝親公記』、『親綱卿記』、『蝉冕魚同記』(孝親・親綱)、『中山家記』(孝親・親綱)、『康親卿記』、『忠能卿記』がある。明治十七年(一八八四)忠能のとき、勲功により侯爵を授けられた。菩提所は廬山寺。『中山家譜』(東京大学史料編纂所架蔵、四一七五—二六九)。

忠親　ただちか　一一三一—九五

保延6(一一四〇)・1・6五位(無品叡子内親王給)、久安5(一一四九)・4・9左衛門佐、久安6・5・24蔵人、久安7・1・6従五位上(労)、仁平1(一一五一)・4・22解官(並止蔵人、依不勤〔「不仕」く〕斎院御禊前御前駈也)、9・4更補蔵人(還任)、仁平2・9・9正五位下(美福門院未給)、仁平4・1・23播磨権介、久寿2(一一五五)・7・23止蔵人、8・25更蔵人〈くし〉、久寿3・4・6右少将、保元2(一一五七)・1・24尾張権介、四位(労)、保元3・5・21左中将(兄忠雅卿辞左衛門督申之)、保元4・1・6従四位上(下名加、祖父左大臣春日行幸行事)、平治2(一一六〇)・1・5正四位下(中宮御給)、永暦1(一一六〇)・10・3蔵人頭、応保2(一一六二)・2・19中宮権亮、応保3・1・24兼因幡権守、長寛2(一一六四)・1・21参議、元蔵人頭、左中将〔「権亮」し〕因幡権守等如元〈くし〉、仁安2(一一六七)・1・28従三位、1・30備前権守、2・11権中納言、仁安3・3・11正三位、安元2(一一七六)・1・3従二位、安元3・1・24兼任右衛門督、-・-使別当、治承2(一一七八)・7・26兼中宮権大夫、治承3・1・19辞督並別当、11・17兼春宮権大夫(止大夫)、治承4・1・20正二位、2・21止大夫、養和1(一一八一)・11・25建礼門院別当、寿永1(一一八二)・10・3中納言、寿永2・1・22権大納言、文治5(一一八九)・7・10大納言、建久2(一一九一)・3・28内大臣、建久5・7・26上表、12・15出家、建久6・3・12薨去

❖治承四年より「春宮大夫」

[死没]建久6(一一九五)・3・12 [年齢]65 [父]花山院忠宗、二男 [母]参議従三位藤原家保女 [号]堀川・三条 [法名]静如 [日記]山槐記(一一五〇—一一九四) [公卿補任]1—456上 [大日本史料]4—4—734、4—17—補141

兼宗　かねむね　一一六三—一二四二

仁安2(一一六七)・1・5叙爵(皇太后宮当年御給)、嘉応3(一一七一)・4・7侍従、承安2(一一七二)・1・5従五位上(殿上簡一)、安元2(一一七六)・1・30阿波介、安元3・1・24正五位下(臨時)、治承3(一一七九)・1・29〈19日カ〉左少将(父卿辞右督〔「右衛門督」く〕申任之)、治承4・1・28伊与権介、寿永1(一一八二)・11・23従四位下(府労、少将如元)、寿永3・1・6従四位上(労)、文治2(一一八六)・2・30播磨権介、文治3・12・4〈くし〉遷右中将〔「右権中将」く〕(超少将上臈四〔「五」く〕)、文治4・10・16遷左中将、12・19正四位下(内大臣亭法皇御幸賞、亭主譲叙之)、文治6・1・24備中権介、建久4(一一九三)・12・9蔵人頭、建久6・2・2美乃介、3・12服解(父)、5・4復任、7・16参議(重服中、元蔵人頭)、左中将如元、建久8・1・30兼加賀権守〈く〉、従三位〈く〉、建久9・9・12大嘗会御禊次第司御後長官、正治1(一一九九)・11・27正三位、正治2・3・6権中納言、建仁1(一二〇一)・1・6従二位、4・5帯剣、建仁4・1・5正二位、元久2(一二〇五)・11・24権大納言、建暦1(一二一一)・9・20辞退権大納言、10・4大納言、11・2兼中宮大夫、建保6(一二一八)・1・13止職、嘉禄2(一二二六)・3・10本座、安貞2(一二二八)・10・-最勝講出仕、安貞3(一二二九)・1・30按察使、嘉禎1(一二三五)・10・8辞按察賜大隅国、仁治3(一二四二)・9・3薨去

[死没]仁治3(一二四二)・9・3 [年齢]80 [父]中山忠親、一男 [養父]藤原兼雅 [母]正四位下権右中弁藤原光房女 [号]中山 [公卿補任]1—531下 [大日本史料]5—15—26

兼季　かねすえ　一一七九―？

養和1（一一八一）・12・22従五位下（前九条院去安元々御給）、文治2（一一八六）・12・15侍従、文治6・1・5従五位上、1・24兼越前権介、建久5（一一九四）・1・30右少将、10・23正五位下（後白河院治承四御即位御給）、建久6・2・2出羽介、5・4復任（父）、建久8・1・6従四位下、正治2（一二〇〇）・1・7従四位上（崇徳院康治二未給）、1・22出雲権介、建仁1（一二〇一）・6・23復任（母）、元久2（一二〇五）・1・5正四位下、元久3・1・13中将、建永2（一二〇七）・1・13備中介、建暦2（一二一二）・1・13丹波介、建保6（一二一八）・1・5従三位、元右中将、寛元1（一二四三）5・1出家〈一代要記〉

[父]中山忠親、三男　[母]正四位下権右中弁藤原光房女　[公卿補任]2―27上　[大日本史料]5―16―249

忠明　ただあき　一一八三―？

－・－・－叙爵、建久3（一一九二）・7・12尾張守、10・26従五位上（前皇嘉門院久安三御給）、建久6・5・4復任、6・3得替、建久10・1・20少納言、建仁1（一二〇一）・6・23復任、建仁3・1・5正五位下、元久1（一二〇四）・4・12遷左少将、元久3・1・13従四位下（少将如元）、建暦1（一二一一）・10・12右中将、10・16転左、建暦2・11・11従四位上（院御給）、－・－・－辞中将、延応1（一二三九）・10・28正四位下（于時無官）、仁治2（一二四一）・1・5従三位、建長3（一二五一）・－・－〈「建長5年2月日」一代要記〉出家

[父]中山忠親　[公卿補任]2―116上

忠定　たださだ　一一八八―一二五六

文治6（一一九〇）・1・5叙位（臨時、于時忠房也）、正治1（一一九九）・6・23侍従（于時忠定）、建仁2（一二〇二）・1・5従五位上（簡一）、建仁3・1・13阿波権介、建仁4・1・13左少将、元久2（一二〇五）・1・5正五下、7・11兼中宮権亮、元久3・4・11従四位下、承元2（一二〇八）・12・9従四位上（中宮当年御給）、承元3・1・13能登権介、10・30左中将、建暦1（一二一一）・1・18正四位下、建保1（一二一三）・1・13備中介、建保6・1・5従三位（止中将叙之）、1・13三木、1・16兼中宮権大夫、7・9更任左中将、建保7・1・22近江権守、承久2（一二二〇）・1・6正三位、12・25〈15日ともあり〉解官三官、嘉禄3（一二二七）・4・20従二位、嘉禎3（一二三七）・1・29正二位、康元1（一二五六）・11・－薨去

[死没]康元1（一二五六）・11　[年齢]69　[父]中山兼宗、一男　[母]従三位藤原重家女藤原参子　[前名]忠房　[公卿補任]2―27上

基雅　もとまさ

建長6（一二五四）・1・13蔵人頭〈つ〉、元正四位下左中将〈つ〉、建長7・12・13[従三位]、元蔵人頭、正嘉2（一二五八）・4・6正三位、正嘉2（一二五八）・11・－〈「8日」百錬抄〉出家

[父]中山忠定　[母]家女房　[公卿補任]2―166下

家親　いえちか

弘長3（一二六三）・1・6叙爵、建治1（一二七五）・12・26侍従、建治2・1・23遷任右兵衛権佐、建治3・1・5従五位上（臨時）、10・23遷任右少将、弘安3（一二八〇）・1・5正五位下、弘安6・1・5従四位下（府労）、弘安7・10・27左少将、従四位上、正応2（一二八九）・6・2転中将、閏10・14正四位下、正安2（一三〇〇）・12・22蔵人頭、正安3・1・25〈「23日」イ〉止蔵人頭依（譲位也）、徳治2（一三〇七）・4・3辞中将、延慶1（一三〇八）・12・10還補蔵人頭、還任左中将、延慶2・3・23参議、元蔵人頭右中将、9・26従三位、延慶3・12・11辞参議、延慶4・2・2〈「3月」ともあり〉本座、正和1（一三一二）・12・30正三位、正和3・8・11宮内卿、9・11可止召名之由被仰、11・19従二位、文保1（一三一七）・5・4出家

[父]中山基雅　[母]正二位権中納言藤原実世女　[法名]証信・覚如　[公卿補任]2―403下

定宗　さだむね　一三一七―七一

元亨2（一三二二）・1・5叙爵、正中1（一三二四）・12・－侍従、嘉暦2（一三二七）・3・24従五位上、嘉暦4・8・4正五位下、元徳2（一三三〇）・7・17左少将、元弘4（一三三四）・1・5従四位下、暦応1〈延元3〉（一三三八）・9・29還任左少将、9・30遷右少将、

11・13兼近江介（大嘗祭会国司）、11・18従四位上、暦応2〈延元4〉・8・12転右中将、暦応4〈興国2〉・1・6正四位下（臨時）、暦応5〈興国3〉・－・－去介（秩満）、貞和4〈正平3〉（一三四八）・10・7補蔵人頭、10・27更補新帝頭、貞和5〈正平4〉・9・13参議元蔵人頭左（「右」尻付）中将、貞和6〈正平5〉・1・5従三位、観応1〈正平5〉（一三五〇）・3・29兼讃岐権守、文和5〈正平11〉（一三五六）・1・28辞退参議、延文5〈正平15〉（一三六〇）・4・17正三位、貞治3〈正平19〉（一三六四）・3・6従二位、貞治6〈正平22〉・6・29権中納言、応安1〈正平23〉（一三六八）・2・21辞退（権中納言）、応安4〈建徳2〉・3・15薨去

[死没]応安4（一三七一）・3・15　[年齢]55　[父]中山家親　[母]備中守源頼綱女　[公卿補任]2－622下　[大日本史料]6－33－365

親雅　ちかまさ　一三五三－一四〇二

－・－・－叙爵、－・－・－侍従、貞治2〈正平18〉（一三六三）・1・5従五位上、貞治－・－・－正五位下、貞治6〈正平22〉・4・13左少将、応安1〈正平23〉（一三六八）・2・21兼出羽介、同－・－・－従四位下、応安2〈正平24〉・4・19左中将、－・－・－従四位上、永和1〈天授1〉（一三七五）・11・22正四位下、永和2〈天授2〉・2・12備後介、永和4〈天授4〉・12・13蔵人頭、永和5〈天授5〉・1・6正四位上、康暦1〈天授5〉（一三七九）・閏4・5被止官職、12・7還補、宮内卿、康暦－・－・－更任左中将、康暦2〈天授6〉・12・14参議、左中将如元、元蔵人頭、永徳1〈弘和1〉（一三八一）・3・10従三位、3・13〈6日カ〉正三位、永徳3〈弘和3〉・3・28兼土佐権守、4・22権中納言、10・16兼右衛門督、12・15従二位、嘉慶1〈元中4〉（一三八七）・－・－辞退権中納言、12・11民部卿、本座、明徳1〈元中7〉（一三九〇）・4・1還任権中納言、兼左衛門督、明徳3〈元中9〉・12・15正二位、明徳4・12・29辞権中納言、応永1（一三九四）・12・23還任権中納言、12・25権大納言、12・30兼弾正尹、応永2・1・－止尹、6・3辞権大納言、6・20出家、応永9・5・27薨去

[死没]応永9（一四〇二）・5・27　[年齢]50　[父]中山定宗　[法名]祐元・宗雅　[公卿補任]2－734下　[大日本史料]7－5－557

満親　みつちか　一三七一－一四二一

応安6〈文中2〉（一三七三）・11・1叙位（于時親兼）、永和1〈天授1〉（一三七五）・4・17侍従、永和4〈天授4〉・1・5〈や〉従五位上、至徳3〈元中3〉（一三八六）・1・6正五位下（于時満親）、至徳4〈元中4〉・1・28左少将、嘉慶2〈元中5〉（一三八八）・1・16従四位下、康応1〈元中6〉（一三八九）・4・20左中将、康応2〈元中7〉・3・－信乃権介、明徳2〈元中8〉（一三九一）・1・6従四位上、明徳4・4・23正四位下、応永2（一三九五）・6・3蔵人頭、9・－・－正四位上、応永9・5・27喪父、－・－・－復任、8・22参議（父服中也）、応永10・1・6従三位、3・22兼加賀権守、応永15・1・5正三位、応永17・1・28兼因幡権守、応永18・1・5従二位、12・20兼左中将、応永21・3・16権中納言、4・11帯剣、応永24・1・5正二位、応永25・3・27権大納言、5・14辞権大納言、12・2還任（権大納言）、応永28・4・16出家、4・26薨去

[死没]応永28（一四二一）・4・26　[年齢]51　[父]中山親雅、一男　[母]益井局　[前名]親兼　[法名]祐親　[公卿補任]3－53上

定親　さだちか　一四〇一－五九

応永10（一四〇三）・11・13叙爵、応永13・3・24侍従、応永15・3・4従五位上、応永16・1・5正五位下、応永17・－・－阿波権介、応永20・4・21左少将、元服、12・20従四位下、応永23・11・4左中将、応永24・12・19従四位上、応永25・3・27三川権介、応永27・1・5正四位下、閏1・13蔵人頭、2・5正四位上、応永28・3・－辞頭（依病）、4・25喪父、6・－復任中将、還補蔵人頭、12・21参議、元蔵人頭左中将、左中将如元、応永29・3・－出雲権守〈応永30年3月20日ともあり〉、12・18従三位、応永34・1・6〈「5日」イ〉正三位、正長2（一四二九）・3・29兼近江権守、永享9（一四三七）・10・26従二位、嘉吉1（一四四一）・12・7権中納言、嘉吉3・3・16権大納言、6・15兼弾正尹、文安3（一四四六）・1・29正二位、4・29辞権大納言、文安5・6・23出家、長禄3（一四五九）・9・17薨去

〔死没〕長禄3(一四五九)・9・17　〔年齢〕59　〔父〕中山満親　〔母〕入道伊予守満定女　〔法名〕祐繁　〔日記〕薩戒記(一四〇一―五六)　〔公卿補任〕3―98下

親通　ちかみち　一四二六―六二

正長1(一四二八)・11・18叙爵(于時教親)、永享5(一四三三)・1・5従五位上(于時親通)、永享12・1・6正五位下、嘉吉2(一四四二)・12・3元服、嘉吉3・1・26侍従、嘉吉4・1・6従四位下、文安1(一四四四)・3・20左少将、文安2・3・-伊予権介、文安3・1・29左中将、4・23従四位上、文安-・-・-正四位下、文安-・-・-蔵人頭、文安4・3・17参議、左中将如元、元蔵人頭、文安5・1・29兼加賀権守、7・20従三位、宝徳1(一四四九)・10・-権中納言、宝徳2・4・8正三位、宝徳3・7・4辞権中納言、7・6本座、7・16民部卿、享徳3(一四五四)・1・5〈享徳4年にもあり〉従二位、享徳4・5・29権大納言、長禄2(一四五八)・12・2辞権大納言、長禄4・1・6正二位、12・14還任(権大納言)、寛正3(一四六二)・5・25薨去

〔死没〕寛正3(一四六二)・5・25　〔年齢〕37　〔父〕中山定親　〔前名〕教親　〔公卿補任〕3―154下

宣親　のぶちか　一四五八―一五一七

長禄4(一四六〇)・11・-叙爵、文明6(一四七四)・4・13従五位上、-・-・-侍従、文明8・6・21正五位下、-・-・-左少将、文明9・12・13従四位下、12・30蔵人頭、左中将、文明10・5・23従四位上、文明11・1・5正四位下、文明12・8・28正四位上、文明13・8・29参議、元蔵人頭左中将、中将如元、文明15・-・-従三位、長享2(一四八八)・9・17権中納言、延徳3(一四九一)・7・4正三位、明応4(一四九五)・1・5従二位、永正3(一五〇六)・2・3正二位、9・-出家、永正14・10・4薨去〈く追〉

〔死没〕永正14(一五一七)・10・4　〔年齢〕60　〔父〕中山親通　〔法名〕祐什　〔日記〕宣親卿記(一四八〇)　〔公卿補任〕3―258下　〔大日本史料〕9―7―106

康親　やすちか　一四八五―一五三八

長享1(一四八七)・閏11・-叙爵、明応6(一四九七)・12・1従五位上、明応-・-・-侍従、元服〈く追〉、文亀1(一五〇一)・12・25正五位上、文亀2・11・18左少将、永正2(一五〇五)・2・23従四位下、-・-・-〈「永正3年」く追〉左中将、5・23従四位上、12・28正四位下(年中両度)、永正4・4・30蔵人頭〈「任職人頭」く在「左中将」次、し在「左中将」上〉、永正5・7・18正四位上、永正8・10・11参議元蔵人頭左中将、左中将如元、永正9・4・13〈くし〉従三位、永正12・6・-正三位、永正13・5・13権中納言、永正14・3・4下向賀州、永正15・10・3上洛、永正18・4・15従二位、大永6(一五二六)・1・19正二位、3・29権大納言、享禄1(一五二八)・9・-〈「2日」さ〉辞退権大納言、9・4下向賀州〈さ〉、天文2(一五三三)・-・-〈「11月25日」く追〉出家〈天文1年にもあり〉、天文7・8・14薨去〈く追〉

※永正十二年より「左近権中将」

〔死没〕天文7(一五三八)・8・14　〔年齢〕54　〔父〕中山宣親　〔母〕法印権大僧都蓮如光寿女　〔法名〕祐全・祐清　〔日記〕康親卿記(一五〇七―一一)　〔公卿補任〕3―328上

孝親　たかちか　一五一二―七八

永正9(一五一二)・12・18誕生、永正11・12・26叙爵、侍従、永正18・2・28従五位上、大永2(一五二二)・3・29兼阿波権介、大永4・12・30正五位下、大永5・12・14左少将、大永8・6・8従四位下、享禄2(一五二九)・12・23左中将、天文3(一五三四)・7・19従四位上、天文4・12・19蔵人頭、天文5・1・26正四位下、2・21〈「22日」さ〉正四位上、天文7・3・8兼出雲権守、4・28参議、左中将如元、元蔵人頭、8・14服暇(父)、10・-除服復任、天文8・1・5〈「7日」さ〉従三位、天文9・3・24因幡権守、天文10・4・3〈「3月25日」さ〉辞退(参議)、天文11・閏3・10正三位、天文13・4・20在国(関東)、9・21上洛、天文14・1・5従二位、3・15還任(参議)、3・25権中納言、天文18・1・5正二位、1・9権大納言、8・16為神宮伝奏、永禄8(一五六五)・6・-辞神宮伝奏、12・20〈27日ともあり〉辞退(権大納言)、天正4(一五七六)・6・-蟄居、-・-出仕、12・-賀茂伝奏、天正6・1・13准大臣、従一位、1・16薨去

〔死没〕天正6(一五七八)・1・16　〔年齢〕67　〔父〕中山康親　〔母〕従一位権大納言正親町公兼女

〔号〕光恩院　〔法名〕臨空　〔日記〕孝親公記（一五三八–一五七七）・蟬冕魚同記・中山家記　〔公卿補任〕3—397上

親綱　ちかつな　一五四四—九八

天文13（一五四四）・11・23誕生〈くま〉☆、永禄1（一五五八）・4・24叙爵、侍従、4・25元服、永禄3・1・15従五位上、1・22左少将、永禄6・1・5正五位下、永禄9・1・6従四位下、永禄12・1・5従四位上、元亀2（一五七一）・12・19正四位下、元亀4・1・5転中将☆、蔵人頭☆、2・3正四位上、天正4（一五七六）・1・11参議、左中将如元〈くま無〉、元蔵人頭〈くま〉、5・25従三位、6・-蟄居（依武命也）、天正6・7・1直衣始☆、天正7・11・17権中納言、11・23正三位、天正8・11・-賀茂伝奏、天正10・12・15従二位、天正13・1・19権大納言☆、天正14・1・6正二位、慶長3（一五九八）・11・28薨去

〔死没〕慶長3（一五九八）・11・28　〔年齢〕55　〔父〕中山孝親　〔母〕従三位五辻諸仲女　〔号〕常照院　〔法名〕相空　〔日記〕親綱卿記（一五八七–九六）・蟬冕魚同記・中山家記　〔公卿補任〕3—474下

慶親　のりちか　一五六六—一六一八

永禄9（一五六六）・11・29誕生、永禄13・1・13叙爵、侍従、天正3（一五七五）・4・14従五位上、天正4・11・28元服〈く〉、昇殿〈く〉、天正6・1・6正五位下、1・14禁色、天正7・1・11少将、天正9・2・26従四位下、3・13蔵人頭、3・27左中将、3・-従四位上、天正10・1・6正四位下、天正11・1・5正四位上、天正17・1・6参議、左中将如元（元蔵人頭〈く〉）、5・30従三位、慶長2（一五九七）・1・13権中納言、慶長16・4・21正三位、慶長17・12・8〈「29日」く諸家伝〉権大納言☆、慶長19・1・5従二位、慶長20・-・-辞権大納言、元和4（一六一八）・4・10薨去

〔死没〕元和4（一六一八）・4・10　〔年齢〕53　〔父〕中山親綱　〔母〕神祇伯雅業王女　〔法名〕向空　〔公卿補任〕3—499上　〔大日本史料〕12—29—247

元親　もとちか　一五九三—一六三九

文禄2（一五九三）・12・12誕生、慶長2（一五九七）・1・5叙爵、慶長16・4・29元服、昇殿、侍従、従五位上、慶長18・12・2左近少将、慶長20・1・5正五位下、元和3（一六一七）・1・5従四位下、元和5・12・25従四位上、元和9・1・5正四位下、寛永3（一六二六）・8・10蔵人頭、転任左中将、12・9正四位上、寛永4・1・18頭辞、1・29参議、左中将如元、元前蔵人頭、寛永5・1・6従三位、寛永8・1・6正三位、12・24権中納言、寛永11・-・-従二位〈ま〉、寛永16・8・23権大納言、8・26薨去

〔死没〕寛永16（一六三九）・8・26　〔年齢〕47　〔父〕中山慶親　〔母〕有馬則頼女　〔公卿補任〕3—563上

英親　ひでちか　一六二七—七四

寛永4（一六二七）・4・15誕生、寛永8・1・6叙爵、寛永11・5・19元服、従五位上、侍従、昇殿、寛永14・1・5正五位下、寛永19・1・5従四位下、1・11左近衛権少将、正保2（一六四五）・5・6従四位上、正保5・1・5正四位下、承応3（一六五四）・12・19蔵人頭、左近衛権中将、承応4・1・5正四位上、1・19去頭、明暦1（一六五五）・5・22参議（季通辞替）☆、中将如元、元前蔵人頭、6・11辞退（未拝賀）、明暦2・1・5従三位、寛文1（一六六一）・1・5正三位、12・24権中納言、寛文3・12・2辞権中納言、寛文6・6・2聴直衣、12・23権大納言、寛文8・12・22従二位、12・24辞権大納言、延宝1（一六七三）・12・26正二位、延宝2・2・18薨去☆

〔死没〕延宝2（一六七四）・2・18　〔年齢〕48　〔父〕中山元親　〔母〕別所豊後守女（実家女房）　〔公卿補任〕3—639上

篤親　あつちか　一六五六—一七一六

明暦2（一六五六）・11・25誕生、寛文6（一六六六）・11・17叙爵、11・21元服、11・22右京権大夫（于時一条家殿上人）、寛文10・4・27改篤親（元熙季）、5・12昇殿、侍従、従五位上、寛文11・12・21左少将、寛文12・1・6正五位下、延宝3（一六七五）・10・2〈去正月五日分〉従四位下、延宝5・閏11・29左中将、延宝6・8・21〈去正五分〉従四位上、

延宝9・1・25〈去正五分〉正四位下、天和3(一六八三)・1・13〈「12日」あ〉蔵人頭、1・15禁色、2・1正四位上、貞享1(一六八四)・10・23参議(左中将如旧)、貞享2・1・7〈去六日分〉従三位☆、7・13聴直衣、貞享4・12・29権中納言、貞享5・1・6帯剣、2・26正三位、元禄9(一六九六)・12・28権大納言、従二位、元禄11・12・12賀茂伝奏、元禄16・2・3辞伝奏、12・22辞権大納言、宝永2(一七〇五)・10・29正二位☆、享保1(一七一六)・9・6従一位、薨去

※宝永五年より「立后伝奏」、宝永七年より「即位伝奏」

〔死没〕享保1(一七一六)・9・6　〔年齢〕61　〔父〕中山英親(実正親町実豊、三男)　〔母〕家女房　〔前名〕凞季　〔号〕敬徳院　〔公卿補任〕4—74下

兼親　かねちか　一六八四—一七三四

貞享1(一六八四)・12・9誕生、貞享4・12・23叙爵、元禄1(一六八八)・9・19侍従、元禄4・1・6従五位上、元禄7・2・14元服、昇殿、元禄10・2・25正五位下☆、12・26右少将、元禄11・1・5従四位下(少将如元)、元禄13・12・25右中将、元禄14・1・5従四位上☆、元禄16・12・23蔵人頭、12・25禁色、宝永1(一七〇四)・1・8〈去五日分〉正四位下☆、宝永2・10・3正四位上、宝永3・2・11参議(右中将如元)、3・28拝賀着陣、10・9従三位(去五月廿九日基顕卿同日分)、宝永8・2・11正三位☆、正徳2(一七一二)・12・18権中納言、12・26帯剣、正徳6・1・25従二位、享保4(一七一九)・3・2権大納言、11・26辞権大納言、享保9・閏4・2正二位、享保11・9・21還任権大納言、享保12・5・27辞権大納言、享保19・10・24従一位、准大臣宣旨、10・25薨去

〔死没〕享保19(一七三四)・10・25　〔年齢〕51　〔父〕中山篤親　〔母〕家女房　〔号〕後光恩院　〔公卿補任〕4—171上

栄親　ひでちか　一七〇九—七一

宝永6(一七〇九)・11・9誕生、宝永7・12・21叙爵、宝永8・12・23侍従、正徳4(一七一四)・1・11〈去五分〉従五位上、享保5(一七二〇)・11・27元服、昇殿、正五位下、12・14左少将☆、享保8・1・23従四位下、享保10・12・25左中将、享保11・5・28従四位上、享保13・6・11兼春宮権亮(立坊日)、享保15・2・11正四位下、12・26蔵人頭、12・28禁色、享保16・1・11正四位上、享保17・4・20参議(左中将如旧)、12・27拝賀着陣、享保18・2・11従三位、享保19・1・15権中納言、2・5帯剣、2・7直衣、元文1(一七三六)・12・29正三位、元文3・7・25右衛門督、元文4・3・30左衛門督、寛保1(一七四一)・3・24従二位、寛保3・3・10賀茂伝奏、12・1寛全親王家別当、延享1(一七四四)・7・29権大納言、延享2・8・4辞伝奏、延享4・2・1正二位、宝暦3(一七五三)・6・7弾正尹、宝暦4・1・27辞権大納言、11・20弾正尹、宝暦12・8・25賜桃園院御服〈ま〉、明和8(一七七一)・5・22薨去

※元文五年より「新嘗祭伝奏〈ま〉」

〔死没〕明和8(一七七一)・5・22　〔年齢〕63　〔父〕中山兼親　〔母〕正二位権大納言庭田重条女　〔公卿補任〕4—299下

愛親　なるちか　一七四一—一八一四

寛保1(一七四一)・5・25誕生、延享2(一七四五)・閏12・16叙爵、延享3・2・17侍従☆、延享5・3・29従五位上、寛延2(一七四九)・2・27元服、昇殿、寛延3・9・24正五位下、寛延4・5・3禁色、12・16従四位下、宝暦2(一七五二)・11・29左少将、12・19拝賀、宝暦3・1・22従四位上、宝暦4・5・1右中将、5・21拝賀、宝暦5・12・24正四位下、宝暦6・5・10蔵人頭、拝賀従事、6・19正四位上、宝暦7・2・3神宮奉行、3・18辞神宮奉行、宝暦9・1・16神宮奉行、2・21辞神宮奉行、宝暦11・2・18参議(中将如元)、3・16拝賀、3・21〈ま〉着陣、3・22直衣〈ま〉、12・24従三位、宝暦12・10・25権中納言、宝暦13・12・22正三位、明和3(一七六六)・1・18従二位、明和4・11・30左衛門督、明和6・1・18右衛門督使別当、明和7・8・4正二位、安永3(一七七四)・2・5権大納言、2・19帯剣☆、安永4・12・27辞権大納言、天明4(一七八四)・12・3還任権大納言、天明5・1・25辞権大納言、寛政5(一七九三)・3・7依武命閉門〈ま〉、6・19出仕〈ま〉、文化11(一八一四)・8・18薨去

[死没]文化11(一八一四)・8・18 [年齢]74 [父]中山栄親 [母]従二位権大納言勧修寺高顕女 [法名]神巌 [公卿補任]4—456上

忠尹 ただまさ　一七五六—一八〇九

宝暦6(一七五六)・9・15誕生、宝暦7・1・6叙爵、宝暦10・1・5従五位上、宝暦12・1・26侍従☆、宝暦13・8・4正五位下、12・3元服、昇殿、明和2(一七六五)・1・5従四位下、明和3・9・16左権少将、9・28奏慶、明和4・1・9従四位上、明和5・2・19兼春宮権亮(立坊日)、拝賀、明和6・1・9正四位下、12・18右権中将(権亮如旧)、明和7・1・16奏慶、11・24去権亮(依受禅)、安永4(一七七五)・閏12・2正四位上(小除目次)、安永8・5・4蔵人頭(小除目次)、禁色、拝賀従事、5・13申行宿侍後朝之儀、11・25新帝頭(践祚日)、禁色、拝賀従事、天明1(一七八一)・12・14参議(右中将如旧)、12・25拝賀着陣、12・26聴直衣、天明2・2・7従三位、天明4・1・15正三位、天明5・1・13権中納言、2・1聴直衣、2・2直衣始、天明6・2・3従二位、寛政1(一七八九)・5・22左衛門督・検非違使別当、5・28直衣始、寛政2・1・5正二位、1・15賀茂下上社伝奏、寛政3・11・28権大納言、12・3帯剣、12・6直衣始、寛政6・9・6辞伝奏、9・10賀茂伝奏、寛政8・7・3辞伝奏、寛政10・4・28辞権大納言、文化6(一八〇九)・10・20薨去

[死没]文化6(一八〇九)・10・20 [年齢]54 [父]中山愛親 [母]従二位権中納言今城定種女 [公卿補任]5—9下

忠頼 ただより　一七七八—一八二五

安永7(一七七八)・閏7・22誕生、安永8・1・5従五位下、安永10・1・12従五位上、10・3侍従、天明3(一七八三)・2・8正五位下、阿波権介、天明4・12・1元服、昇殿、天明5・2・25従四位下、8・17左権少将(権介如旧、小除目)、9・18拝賀、天明7・1・21秩満、1・25従四位上☆、寛政1(一七八九)・11・19正四位下、寛政4・2・17着本陣、10・27転右権中将、11・15拝賀、寛政8・11・28蔵人頭、12・1禁色、12・2拝賀従事、12・19正四位上、寛政10・5・7参議(右中将如旧)、5・24拝賀着陣、5・25聴直衣、直衣始、11・25従三位、寛政12・1・8正三位、享和3(一八〇三)・12・26権中納言、享和4・1・8聴直衣、直衣始、1・11従二位、文化4(一八〇七)・2・2正二位、2・16帯剣、文化12・2・26権大納言、9・23直衣始、文政3(一八二〇)・1・29辞権大納言、文政8・5・21薨去

[死没]文政8(一八二五)・5・21 [年齢]48 [父]中山忠尹 [母]従一位右大臣三条実顕女楢君 [公卿補任]5—120上

忠能 ただやす　一八〇九—八八

文化6(一八〇九)・11・11誕生、文化7・1・10従五位下、文化9・1・20従五位上、文化10・2・7侍従、文化11・1・27正五位下、兼阿波権介、文化13・3・7元服、昇殿、拝賀、3・19従四位下、文化15・1・5従四位上、3・28秩満、文政3(一八二〇)・1・4正四位下、文政4・5・10左権少将、5・28拝賀、文政5・4・3兼伊予権介、文政7・6・19転右権中将(権介如故)、兼皇太后宮権亮(推任)、7・21拝賀、文政8・5・21服解(父)、7・12除服出仕復任、文政13・2・2秩満、天保2(一八三一)・12・19内教坊別当、天保5・6・28右近府年預、7・8補蔵人頭(権亮如故)、8・4禁色、8・5拝賀従事、8・7申行宿侍後朝之儀、8・28正四位上、10・22更右近府年預、10・28着本陣、天保6・8・5神宮奉行、天保7・8・25辞神宮奉行、10・4神宮奉行、天保11・2・15辞神宮奉行、天保11・3・27参議、右中将皇太后宮権亮等如故、4・15拝賀着陣、4・16聴直衣、直衣始、天保12・閏1・22止権亮、新清和院別当、2・4従三位、天保14・1・14正三位、弘化1(一八四四)・12・22権中納言、12・30聴直衣、直衣始、弘化2・2・18従二位、2・25帯剣、弘化4・3・14皇太后宮権大夫、10・13止権大夫、12・27権大納言、弘化5・1・4直衣始、1・27正二位、安政4(一八五七)・1・29賀茂下上社伝奏、5・24辞伝奏、5・25賀茂下上社伝奏、安政5・9・9辞伝奏、文久1(一八六一)・4・19親子内親王家別当、文久3・2・14辞権大納言、慶応4(一八六八)・閏4・26従一位、8・4准大臣

[死没]明治21(一八八八)・6・12 [年齢]80 [父]中山

忠頼　[母]参議従二位正親町三条実同女綱子　[日記]中山忠能日記(一八四〇―六七)　[公卿補任]5―395上

難波家　なんばけ

藤原氏北家花山院流。花山院家の支流。京極摂政師実の五男権大納言忠教を家祖とする。家格は羽林家。内々の家。蹴鞠・有職故実を家職とした。近衛家の家礼。江戸時代には家領三百石。忠教は花山院家の家祖家忠、大炊御門家の家祖経実の実弟であるが、創立の当初より両家とは家格の差があった。『中右記』寛治五年(一〇九一)十一月十二日条に、左少将忠教が兄の新大納言花山院家忠の養子であるため、花山院第から春日使に出立したと見え、忠教が舎兄家忠の養子となることで一家が創立されたためであろう。忠教は、応徳三年(一〇八六)十一歳で叙爵、寛治五年(一〇九一)左少将。斎院長官・尾張守・左中将・蔵人頭を経て、康和二年(一一〇〇)二十五歳で参議・従三位。権中納言・左兵衛督を経て、保安三年(一一二二)権大納言。大治五年(一一三〇)正二位。中宮大夫を経て、保延二年(一一三六)転正して、大納言。七年十一月六十五歳で没した。忠教の長男忠基は、天永二年(一一一一)十一歳で叙爵、保延二年(一一三六)三十六歳で参議、久安五年(一一四九)権中納言・正三位、保元元年(一一五六)七月五十八歳で没した。二男教長は、元永二年(一一一九)叙爵、蔵人頭を経て、永治元年(一一四一)三十三歳で左中将のまま参議に昇った。崇徳天皇の譲位後、新院別当となり、正三位に進んだが、保元元年正月参議・中将両官を辞し左京大夫に遷った。しかし同七月、崇徳上皇の挙兵に随従し(保元の乱)、敗走して出家し観蓮と号したが、捕えられて常陸国に配流された。能書の誉れ高く、晩年書道の口伝『才葉抄』を著わし、また和歌にも長じ『古今集註』を述作した。忠教が没したとき、忠基は四十一歳、教長は三十三歳であったが、跡を嗣いだのは時に三十歳であった頼輔。『尊卑分脈』の記載順でいえば、十四男中の七男。頼輔は、天治二年(一一二五)に十三歳で叙爵。但し『尊卑分脈』では保安三年(一一二二)のこととする。寿永元年(一一八二)七十一歳にしてようやく従三位に昇り、文治二年(一一八六)四月七十五歳で没した。藤原頼長の日記『台記』康治二年(一一四三)正月十二日条に、山城前司頼輔が少尉成雅朝臣なる者と闘諍に及び、相共に髻をとる取っ組み合いをし、成雅は剣を抜き頼輔に切りつけ流血させた、時に白昼の申のとき、殿上人は群をなしてこれを見物、古今未曾有のことで、切られた頼輔は二度成雅に取付きその面を掻き傷つけ、相共に渠中に落込み、ともに髻を乱し童の如き有様であったという。このような品格人・刃傷人はわが朝未曾有のことである、と記されている。また、『平家物語』には「鼻ふんこ」といわれたこと、「ふんこの国司刑部卿三位頼輔卿はきはめてはな大きなりければ、かやうにはの給ひけるなれ」と記されている。このように宜しからぬ面も伝えられているが、実はこの頼輔は、『尊卑分脈』に「藤原蹴鞠祖、本朝蹴鞠一道之長」「難波飛鳥井祖」と注記してあるように蹴鞠の名手で、蹴鞠の祖と仰がれ、難波家、飛鳥井家が蹴鞠を家職とする基となった。頼輔の後を嗣いだ頼経は、文治元年(一一八五)刑部卿となったが同年源義経に同心したことで解官され、同五年子息宗長ともども伊豆国に配流された。宗長はその後許され帰京し、建仁元年(一二〇一)従四位下に叙せられ、建保二年(一二一四)には従三位に昇り、元仁二年八月六十二歳で没した。宗長の六歳下の舎弟で五男雅経は飛鳥井家を起した。宗教は刑部卿に任ぜられ、建長五年(一二五三)従三位となり、文永五年(一二六八)には従二位に昇った。翌六年七十歳となるのを機に刑部卿を辞し、孫宗継の任左少将を申し、弘安元年(一二七八)七十九歳で出家した。次は教継が嗣いだが、早世するにより舎弟教俊の子宗継が教継の養嗣子となった。宗継の子宗緒は早くより蹴鞠で名を挙げ、『実躬卿記』正安四年(一三〇二)二月七日条に、今日、後深草法皇仙洞蹴鞠御会があり、亀山法皇・後宇多上皇も臨幸あり、難波侍従宗緒が初めて参仕、十三歳ということであるが、「頗堪能」であったので、鞠が終ったのち御前に召され、褒美として御剣を賜ったことが見え、同十三日条にも、同御所で蹴鞠御会があり、宗緒十四歳が召され後二条天皇の師範を命じられたことが見える。十三歳とも、十四歳とも見えるが、元亨元年(一三二一)従三位に叙されたときの『公卿補任』の記載では三十四歳となっており、逆算すると、十五歳となろう。安芸権守・正三位となり建武三年(一三三六)四十七歳で没した。その後嗣の宗清は、貞和五年(一三四九)三十二歳で従三位に昇り、康安元年(一三六一)四月四十四歳で没した。その後は宗仲・宗相・宗興と次第するようであるが、履歴は殆んど不明。その後は、宗緒の舎弟宗春四代孫の宗富が宗興の跡を嗣いだとされ、『諸家伝』等には叙従三位の年月日、没年月日・享年も記されているが、これらは宗清の記載と全く同じで信じ難い。いずれにせよ、宗富の代で中絶したようであり、難波家の再興は、飛鳥井右衛門督雅枝(雅庸)二男宗勝によってなされ、飛鳥井家の庶流同然となる。宗勝は慶長五年(一六〇〇)十五歳で叙爵、元服・任侍従。十四年左少将のとき猪熊事件で勅勘を蒙り、伊豆に配流された。十七年勅免となり、翌年八月三日雅胤と改名し飛鳥井家を相続した。その後は息宗種が嗣ぎ、権中納言まで昇り、万治二年(一六五九)二月五十歳で没した。その後の宗量・宗尚いずれも飛鳥井雅章息で、養子に入り嗣いだ。次の宗建は元禄十四年(一七〇一)五歳で叙爵、享保八年(一七二三)従三位に昇り、参議・中納言を経て宝暦三年(一七五三)正二位に叙せられ、八年権大納言に昇進。蹴鞠の技に長じ世にその絶妙を称せられ、また学識も豊かで、『御鞠場之記』『蹴鞠問答』といった家業の蹴鞠に関するものの他にも、黒川道祐の著作を編纂した『遠碧軒記分類抄』や『年中御祝次第』などの編著書がある。日記に『宗建卿記』がある。官位も家祖以来初めての正二位権大納言に昇り、議奏を長年に亘り勤め、次いで院伝奏になるなど、難波家の家名を高めた。歴代の多くが非参議従三位にとどまったが、宗種・宗量が権中納言・従二位、忠教・宗建・宗城・宗弘が正二位権大納言に昇った。日記には、『教長卿記』、『宗建卿記』がある。明治十七年(一八八四)宗美のとき、叙爵内規により子爵を授けられた。菩提所は大徳寺真珠庵。『難波家譜』(東京大学史料編纂所架蔵、四一七五—二七二)。

難波家

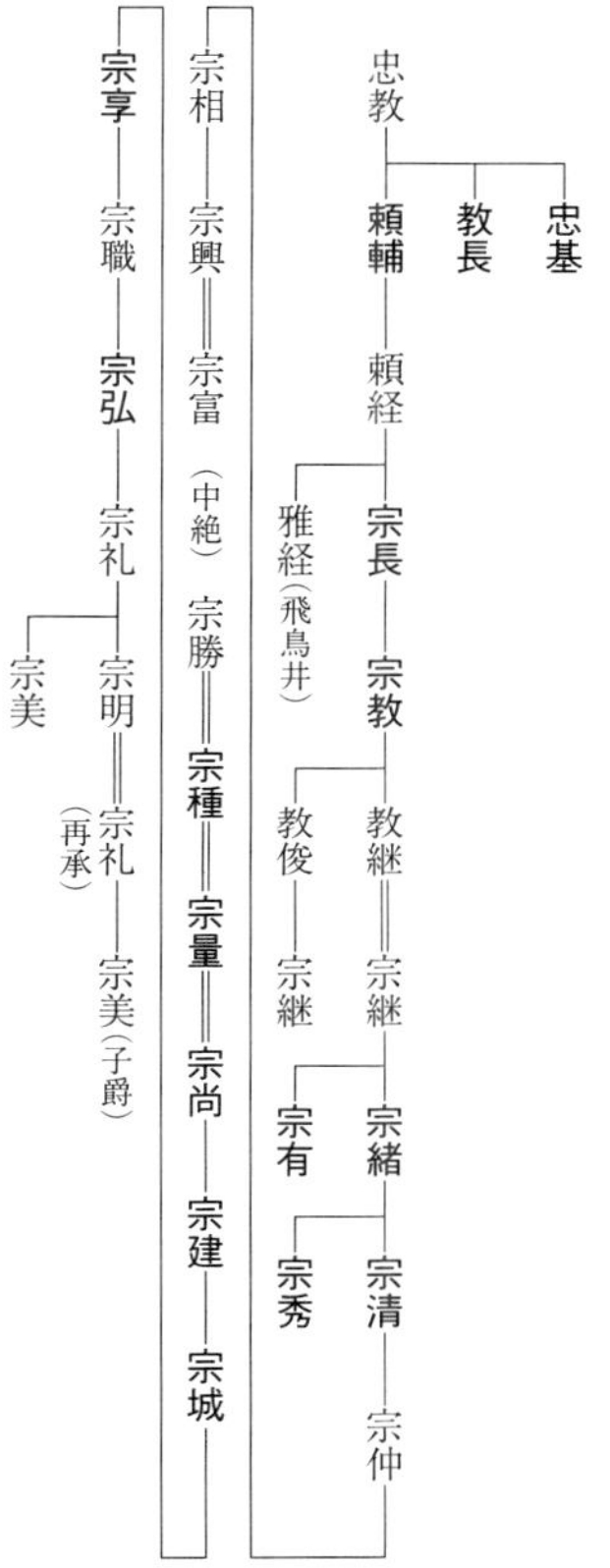

忠基　ただもと　一〇九九—一一五六

天永2(一一一一)・8・29叙位(氏爵未給)、天永3・1・26加賀権守、元永2・11・9(「12月」く)昇殿、保安2(一一二一)・1・7従五位上(簡一)、保安3・1・23侍従、9・8右少将、保安4・1・24周防介、1・28新帝昇殿、保安5・4・5蔵人、天治2(一一二五)・1・6正五位下(府労)、大治1(一一二六)・11・21従四位下(府労、朔旦叙位次)、少将如元、11・28還昇、大治2・1・21讃岐介、大治6・1・5

従四位上(府労)、天承2(一一三二)・1・26美作権介、長承2(一一三三)・1・5正四位下(院御給)、長承3・2・22〈「23日」くし・24日カ〉権中将、3・19皇后宮権亮、保延2(一一三六)・11・4蔵人頭、12・9参議(元蔵人頭、歴卅五日、右中将〔「右権中将」くし〕皇后宮権亮、美作権守)、12・21兼左中将、保延3・1・30兼備中権守、永治2(一一四二)・1・5従三位、康治2(一一四三)・1・27備後権守、天養1(一一四四)・4・21止大夫、久安5(一一四九)・3・18近江権守、7・28権中納言、10・22正三位、仁平3(一一五三)・閏12・23辞権中納言、-・-・-大宰権帥、保元1(一一五六)・7・-薨去

〔死没〕保元1(一一五六)・7　〔年齢〕58　〔父〕藤原忠教、一男　〔母〕従三位源季宗女　〔公卿補任〕1—408下

教長　のりなが　一一〇九—?

-・-・-聴童昇殿(童名文殊)〈し〉、元永2(一一一九)・12・25叙位(元服日〈し〉)、保安3(一一二二)・6・20昇殿〈し〉、9・8〈し〉侍従、保安4・1・22左少将〔「左権少将」し〕、1・28昇殿(新帝受禅日)、11・6兼備中権介、11・17従五位上(大嘗会叙位、国司賞〔「主基」し〕)、天治3(一一二六)・1・5〈「7日」し〉正五位下(府〈し〉)、大治1(一一二六)・11・27蔵人、大治3・1・5従四位下(府労)、1・8還昇、大治4・1・24兼加賀権介、長承2(一一三三)・1・5従四位上(府)、長承3・2・22近江権介、保延2(一一三六)・11・4正四位下(臨時)、12・21転右中将〔「右権中将」く〕、保延4・7・-除籍、11・-還昇、11・17蔵人頭、保延5・1・24兼伊予介〔「伊予権介」し〕、永治1(一一四一)・永治11・1・-〈10月カ・「25日」し〉遭喪(父)、12・2参議、元蔵人頭、右中将如元、復任(四十九日中)(父卿遭喪闕所任也)、康治2(一一四三)・1・27丹波権守、久安3(一一四七)・1・5従三位、久安4・11・28〈1月カ〉丹波権守、久安5・11・25〈くし〉正三位、仁平3(一一五三)・1・21〈くし〉越前権守〔「阿波権守」くし〕、久寿2(一一五五)・1・28阿波権守、12・22辞之云々、久寿3・1・27辞両官、-・-・-左京大夫、保元1(一一五六)・-・-出家、8・3配流常陸国、応保2(一一六二)3・7召返〈し朱〉

〔父〕藤原忠教、二男　〔母〕正二位大納言源俊明女　〔法名〕観蓮　〔日記〕教長卿記(一一四七)　〔公卿補任〕1—415下

頼輔　よりすけ　一一一二—八六

天治2(一一二五)・1・5従五位下(氏爵)、大治2(一一二七)・1・28〈19日カ〉山城守(本名親忠)、保延2(一一三六)・1・5従五位上(治国賞)、久寿3(一一五六)・1・6正五位下(新院当年御給)、永暦1(一一六〇)・1・21豊後守(任中)、永万2(一一六六)・2・1辞豊後守、以男頼経任壱岐守(国務、猶豊後国也)、仁安1(一一六六)・11・14従四位下(大嘗会叙位次、前待賢門院御給)、12・2皇后宮亮〔太脱カ〕、仁安3・3・13止亮、即補別当、8・4従四位上、嘉応2(一一七〇)・12・30刑部卿、承安1(一一七一)・12・8正四位下(除目下名次、臨時)、養和2(一一八二)・4・13従三位、刑部卿如元(越上﨟五人源俊光藤季経同泰通同雅隆同信経)、寿永2(一一八三)・1・22周防権守、元暦2(一一八五)・6・10譲任刑部卿於男頼経、文治2(一一八六)・2・-出家、4・5薨去〈く〉

〔死没〕文治2(一一八六)・4・5　〔年齢〕75　〔父〕藤原忠教、四男　〔母〕賀茂成継女　〔前名〕親忠　〔公卿補任〕1—500上　〔大日本史料〕4—1—267、4—16—補7

宗長　むねなが　一一六四—一二二五

治承4(一一八〇)・1・28叙位、豊後守(父頼経秩満替)、寿永2(一一八三)・4・9右少将、元暦1(一一八四)・1・6従五位上(簡一)、10・6陸奥守(院分)、文治1(一一八五)・12・29得替、文治4・10・14正五位下、文治5・3・11解官(依父頼経有罪科配流也)、建仁1(一二〇一)・1・6従四位下(臨時)、元久3(一二〇六)・1・6従四位上(臨時)、承元2(一二〇八)・12・9刑部卿、承元3・1・13正四位下、建保2(一二一四)・3・28従三位、刑部卿如元、嘉禄1(一二二五)・8・22出家、8・26薨去、

〔死没〕嘉禄1(一二二五)・8・26　〔年齢〕62　〔父〕難波頼輔(実難波頼経、一男)　〔母〕正二位権大納言源顕雅女　〔公卿補任〕2—15上　〔大日本史料〕5—2—721

宗教 むねのり 一二〇一―?

建長5(一二五三)・12・5〔従三位〕、刑部卿如元、正元1(一二五九)・-・-正三位、文永5(一二六八)・2・30従二位、文永6・7・19辞卿、弘安1(一二七八)・-・-出家

※建長六年より「兵部卿」

〔父〕藤原宗長 〔公卿補任〕2―160下

宗緒 むねつぐ 一二八八―?

元亨1(一三二一)・8・6従三位(元左中将)、在関東、元亨3・9・28侍従、元徳3(一三三一)・1・13安芸権守、8・7正三位、建武3〈延元1〉(一三三六)・-・-出家

〔父〕難波宗継 〔公卿補任〕2―489下 〔大日本史料〕6―3―946

宗有 むねあり

嘉元1(一三〇三)・12・17従五位下、嘉元2・10・7侍従、正和5(一三一六)・2・29辞侍従、12・7従五位上、文保2(一三一八)・7・7〈やし〉左少将、元応1(一三一九)・閏7・5正五位下、元応3・1・5従四位下、嘉暦1(一三二六)・5・26右少将、8・12渡左、嘉暦3・1・5従四位上(加叙)、元徳2(一三三〇)・6・7正四位下、12・1左中将、建武2(一三三五)・5・23去中将、貞和2〈正平1〉(一三四六)・10・16従三位、前左中将、貞治2〈正平18〉(一三六三)・-・-出家

〔父〕難波宗継、三男 〔公卿補任〕2―610上 〔大日本史料〕6―25―302

宗清 むねきよ 一三一八―六一

-・-・-叙爵、元亨4(一三二四)・5・26侍従、正中2(一三二五)・5・5従五位上、嘉暦4(一三二九)・1・7正五位下(加叙)、元徳1(一三二九)・12・13左少将、元徳2・1・5従四位下、建武4〈延元2〉(一三三七)・1・7従四位上(于時宗清)、3・17左中将、暦応2〈延元4〉(一三三九)・1・5正四位下、貞和5〈正平4〉(一三四九)・3・25従三位、元左中将、本名高教、康安1〈正平16〉(一三六一)・4・11薨去

〔死没〕康安1(一三六一)・4・11 〔年齢〕44 〔父〕難波宗緒 〔前名〕高教 〔公卿補任〕2―625下 〔大日本史料〕6―23―550

宗秀 むねひで

-・-・-従五位下、-・-・-正五位下、建武4〈延元2〉(一三三七)・12・4右少将、-・-・-従四位下、康永3〈興国5〉(一三四四)・閏2・17従四位上、貞和5〈正平4〉(一三四九)・1・5正四位下、貞和6〈正平5〉・1・10左中将、延文3〈正平13〉(一三五八)・1・6〈さ〉従三位、貞治2〈正平18〉(一三六三)・5・-出家

〔父〕難波宗緒、二男 〔法名〕道宗 〔公卿補任〕2―661上 〔大日本史料〕6―25―97

宗種 むねたね 一六一〇―五九

元和3(一六一七)・1・5叙位、元和5・6・10元服、従五位上、侍従、寛永4(一六二七)・1・5正五位下、寛永5・2・10左少将、寛永8・11・6従四位下、寛永9・1・11転中将、寛永11・1・6従四位上、寛永14・1・5正四位下、寛永17・1・5従三位、寛永21・8・12〈去年正月五日正三位々記〉正三位☆、正保2(一六四五)・10・25参議、慶安1(一六四八)・12・22辞参議、承応1(一六五二)・10・12〈賜去年正月五日従二位口宣案〉従二位☆、承応3・4・7権中納言、承応4・4・7聴直衣、明暦2(一六五六)・7・3辞権中納言、万治2(一六五九)・2・14薨去

〔死没〕万治2(一六五九)・2・14 〔年齢〕50 〔父〕飛鳥井雅宣 〔法名〕因宗 〔公卿補任〕3―593上

宗量 むねかず 一六四二―一七〇四

寛永19(一六四二)・9・-誕生☆、正保4(一六四七)・12・7叙爵、慶安3(一六五〇)・11・14元服、昇殿、侍従、慶安4・1・14従五位上、承応3(一六五四)・1・5正五位下、明暦3(一六五七)・1・11左少将、万治2(一六五九)・1・5従四位下、万治4・1・11左中将、寛文2(一六六二)・2・11従四位上☆、寛文5・12・23正四位下☆、寛文9・12・27〈去正月五日分〉従三位☆、延宝3(一六七五)・2・22〈去正月五日分〉正三位☆、延宝4・10・23参議、延宝7・5・21左衛門督、天和1(一六八一)・11・21権中納言、

――〈去十一月廿一日分〉従二位、貞享1（一六八四）・9・1〈「10月」ま〉辞権中納言☆、元禄3（一六九〇）・12・29還任権中納言☆、元禄5・12・29辞権中納言☆、宝永1（一七〇四）・4・25薨去
〔死没〕宝永1（一七〇四）・4・25　〔年齢〕63　〔父〕難波宗種（実飛鳥井雅章、三男）　〔母〕正二位権大納言四辻公遠女　〔一字名〕示　〔公卿補任〕4―24上

宗尚　むねひさ　一六六八―九九
寛文8（一六六八）・7・16誕生、延宝3（一六七五）・7・10叙爵、延宝8・8・13元服☆、昇殿☆、侍従、従五位上☆、改宗尚（元雅広）☆、天和2（一六八二）・4・27左少将、天和3・12・27〈去正五分〉正五位下☆、貞享2（一六八五）・12・24〈去六日分〉従四位下☆、貞享5・1・22〈去六日分〉従四位上、2・7左中将、元禄4（一六九一）・12・21〈去正六分〉正四位下、元禄10・12・26従三位、元禄12・11・12薨去
〔死没〕元禄12（一六九九）・11・12　〔年齢〕32　〔父〕宗量（実飛鳥井雅章）　〔母〕家女房　〔前名〕雅広　〔公卿補任〕4―132下

宗建　むねたけ　一六九七―一七六八
元禄10（一六九七）・7・15誕生、元禄14・2・17叙爵、宝永2（一七〇五）・11・16元服、昇殿、侍従、従五位上、宝永6・3・16正五位下、正徳1（一七一一）・10・3左少将、正徳3・1・14〈去六分〉従四位下、12・23左中将、享保1（一七一六）・12・25従四位上、享保3・3・15喪母、5・6除服出仕復任、享保4・6・1正四位下、享保8・1・19〈去五日分〉従三位、享保10・5・16侍従、享保12・閏1・15正三位、享保15・10・3参議、11・27兼侍従、享保18・2・19聴直衣、享保19・6・19権中納言、8・11帯剣、8・23聴直衣、元文1（一七三六）・12・12従二位、元文2・11・30辞権中納言、宝暦3（一七五三）・12・22正二位、宝暦8・9・14権大納言、宝暦9・1・14辞権大納言、宝暦12・8・25賜桃園院御服〈ま〉、明和5（一七六八）・11・5薨去
〔死没〕明和5（一七六八）・11・5　〔年齢〕72　〔父〕難波宗尚　〔母〕従五位下飛騨守本多重昭女　〔日記〕宗建卿記（一七二八―三九）　〔公卿補任〕4―257上

宗城　むねき　一七二四―一八〇五
享保9（一七二四）・8・7誕生、享保13・1・5叙爵☆、享保19・2・7元服、昇殿、侍従、従五位上、元文2（一七三七）・1・6正五位下☆、元文3・12・24右権少将、寛保1（一七四一）・6・15従四位下、寛保3・6・28遷左近衛府、延享1（一七四四）・4・4従四位上、延享2・3・23転左権中将、延享4・2・1正四位下、寛延4（一七五一）・6・22従三位、宝暦2（一七五二）・12・22侍従、宝暦5・10・14正三位、宝暦8・1・12参議、1・18更兼侍従〈ま〉、宝暦12・10・25権中納言、12・3帯剣、宝暦13・8・4聴直衣、明和1（一七六四）・8・7従二位、明和4・11・30辞権中納言、安永4（一七七五）・1・9正二位、閏12・14権大納言☆、閏12・19辞権大納言、文化2（一八〇五）・2・22薨去
〔死没〕文化2（一八〇五）・2・22　〔年齢〕82　〔父〕難波宗建　〔母〕正二位権大納言鷲尾隆長女　〔公卿補任〕4―404下

宗享　むねたか　一七七〇―一八〇八
明和7（一七七〇）・3・4誕生、安永5（一七七六）・1・19従五位下、安永9・12・16元服、昇殿、従五位上、安永10・3・26侍従、天明2（一七八二）・1・15左権少将、1・26拝賀、天明3・4・25正五位下、天明6・1・14従四位下、天明8・7・11服解（母）、9・13除服出仕復任、寛政1（一七八九）・2・2従四位上、寛政4・2・14正四位下、寛政8・4・24転左権中将（小除目）、拝賀、8・28改名宗享（元宗功〈ま〉）、寛政9・2・7〔従三位〕、寛政11・3・16侍従、享和1（一八〇一）・2・20〈「22日」ま〉辞侍従、10・28正三位、文化5（一八〇八）・5・14薨去
〔死没〕文化5（一八〇八）・5・14　〔年齢〕39　〔父〕難波宗城、二男　〔母〕家女房　〔前名〕宗功　〔公卿補任〕5―116下

宗弘　むねひろ　一八〇七―六八
文化4（一八〇七）・7・9誕生、文化11・5・25従五位下、文化12・11・28元服、昇殿、文政1（一八一八）・4・26〈去正五分〉従五位上、文政4・3・21〈去正四分〉正五位下、文政7・7・5侍従、閏8・11従四位下、文政10・1・21〈去五分〉従四位上、

6・1左近衛権少将、6・12拝賀、文政13・1・21正四位下、天保4(一八三三)・10・18転右権中将、10・28拝賀、天保5・1・13(従三位)、天保9・1・5正三位、12・22侍従、嘉永1(一八四八)・5・18参議、嘉永2・閏4・27侍従、6・24従二位、嘉永5・12・5聴直衣、嘉永6・5・8権中納言、5・27帯剣、5・28聴直衣、直衣始、安政4(一八五七)・4・22辞権中納言、文久2(一八六二)・10・16(去正月五日分)正二位、慶応3(一八六七)・12・7権大納言、慶応4・1・17直衣始、閏4・21辞権大納言、7・28薨去

[死没]慶応4(一八六八)・7・28　[年齢]62　[父]難波宗職　[母]家女房　[公卿補任]5―363下

飛鳥井家　あすかいけ

藤原氏北家花山院流。難波家の庶流。難波従四位下刑部卿頼経の五男参議雅経を家祖とする。母は正二位権大納言源顕雅の女。本来、難波家の分流であるが、難波家が南北朝時代に中絶、江戸時代に再興される過程で本末逆転し、飛鳥井が本流、難波が分流の格付けとなる。家格は羽林家。内々の家。蹴鞠・和歌・有職故実を家職とした。一条家の家礼。江戸時代には家領九百二十八石四斗余。雅経は、治承四年(一一八〇)叙爵。文治五年(一一八九)父の前刑部卿頼経が源義経に同心の罪科により伊豆に配流されたのち、鎌倉に下り、源頼朝に厚遇され、重臣大江広元の女を室とした。建久八年(一一九七)二月後鳥羽天皇の内裏蹴鞠会に召されて上洛、同十二月侍従に任ぜられた。越前介・右少将・左中将・右兵衛督を経て、建保六年(一二一八)従三位、承久二年(一二二〇)参議に任ぜられた。翌三年三月五十二歳で没した。二条、また明日香井と号した。建久八年上洛後は歌人としての活動目ざましく、正治二年(一二〇〇)以降は後鳥羽院歌壇の中枢にあって活躍し、『仙洞十人歌合』『千五百番歌合』などの作成となり、建仁元年(一二〇一)七月の和歌所設置とともに寄人の一人に加えられ、元久二年(一二〇五)源通具・藤原定家らと『新古今和歌集』を撰進した。その後も関東に下向して歌鞠の師範をした。その歌才は僧寂蓮や定家らと並び称され、後鳥羽院から「雅経は、ことに案じかへりて歌よみしものなり」と評された。歌集を『明日香井和歌集』という。家職の蹴鞠および和歌を以ての京都・鎌倉に及ぶ活躍は、飛鳥井家が後代に和歌・蹴鞠の師範家として公武に重用される基礎を確立した。雅経には教雅・教定等の子息があったが、教定が後を嗣いだ。教定の母は大膳大夫大江広元の女。侍従・少将・中将・右兵衛督を経て、建長五年(一二五三)従三位に昇り、正嘉二年(一二五八)正三位、文永三年(一二六六)四月瘡を煩い鎌倉で没した。関東祗候の廷臣として藤原頼経・同頼嗣・宗尊親王の三代に仕え、鞠の名手・歌人として重んぜられた。二条・石山とも号し、『吾妻鏡』では二条侍従・石山侍従・二条三位などと記され、関東で多くの年月を過した。教定の女は中央歌壇の主流であった御子左家の嫡流二条為氏の室となり、為世等を産む。教定の後を嗣いだ雅有も鎌倉に本拠をもち、母は北条実時の女。『吾妻鏡』に二条侍従雅有・二条少将雅有朝臣などと散見する。特に和歌に名高く、永仁元年(一二九三)に為世らとともに勅撰集の撰者に指名されていたが、中絶して果さなかった。家集に『隣女和歌集』がある。官位は正二位参議・民部卿となり、正安三年(一三〇一)正月六十一歳で没した。雅有の甥で養嗣子となった雅孝も関東祗候の廷臣であった。累代の関東祗候の時に足利氏と関係を深くしていたのであろう、武家推挙によって康永四年(一三四五)家例のない権中納言に任ぜられた。雅孝には多くの子息があったが、末子の雅家が家を嗣ぎ、従三位まで昇り至徳二年(一三八五)没した。その後を嗣いだのが雅縁である。応永四年(一三九七)従三位、右衛門督、参議に叙任。五年正月正三位、同年三月従二位権中納言に昇進し、同日出家した。法名は宋雅。『公卿補任』には年齢の記載がないが、『新続古今和歌集』巻十六―一六〇一の詞書に「鹿苑院入道前太政大臣十三回

飛鳥井家

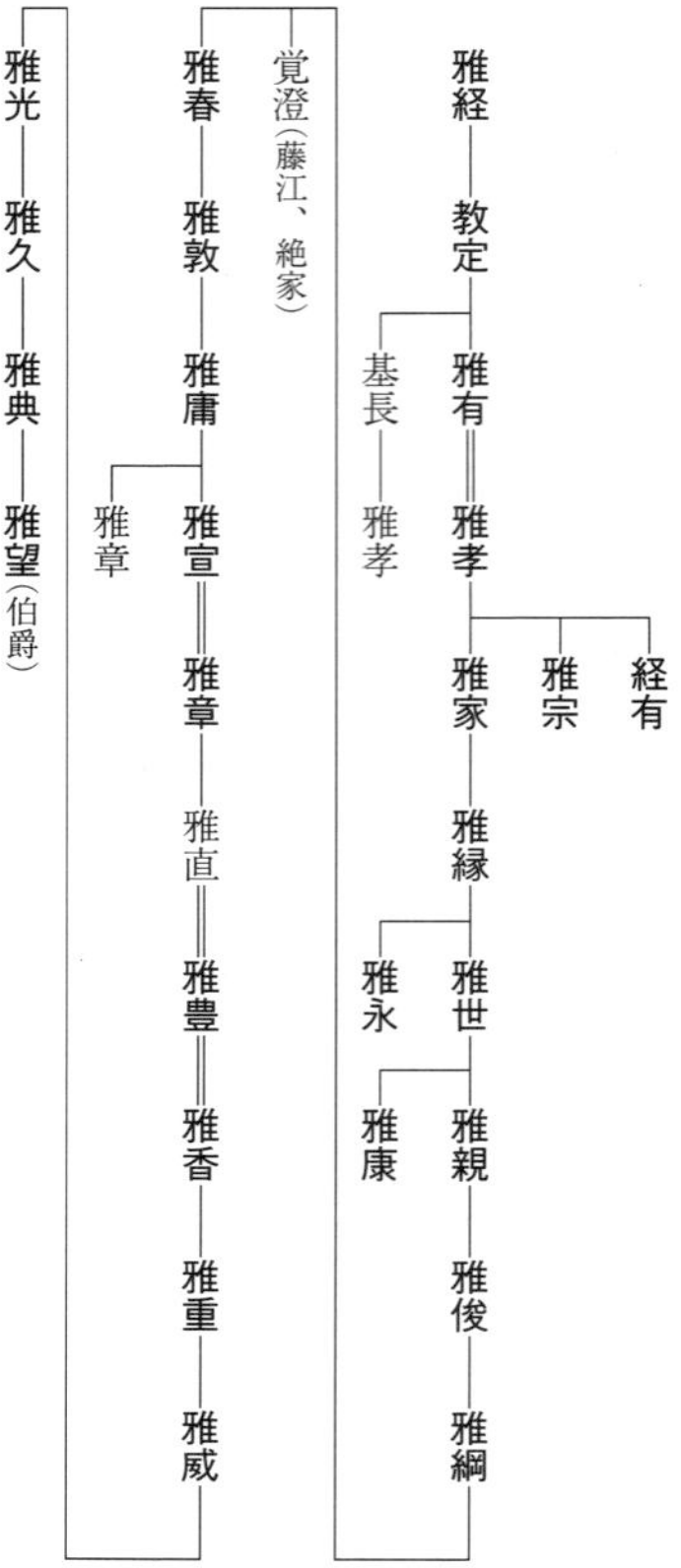

の遠忌に（中略）おなじよはひにてとし比なれむつび侍りける事などおもひいでられ侍りて」とあるのによれば、義満と雅縁とは同年齢で、若い頃から親しかったようであり、生年は延文三年（一三五八）、出家は四十一歳のときとなる。雅縁の急速な官位の昇進も義満の信寵を背景としたものであったろう。出家後も宋雅は歌道に怠りなく、内裏歌会に参じ、自邸ではもちろん他家で催される歌会でも指導的役割を果し、応永二十四年に二条為尹が没した後は堂上歌人の大御所となり、正長元年（一四二八）十月、七十一歳で没した。『今川了俊書札礼』に「歌の事、是は或は為定、或は為秀、又者飛鳥井方なとと一道を立てられ候間」などとあり、二条・冷泉と並んで飛鳥井家は歌道の一流と目されるに至っているが、この歌壇的地位の向上は、主としてこの雅縁の時期になされたものであった。宋雅が没した時、息雅世は正三位参議、三十九歳の壮年であったが、冷泉家の為之・持和兄弟は共に年少で名実共に歌壇の中心人物となった。将軍義教の家司であった舎弟雅永も歌人として名をあげ、雅世・雅永兄弟は義教の信任を得て大きな勢力を持った。義教の発意によって勅撰集撰集の議が幕府において起り、永享五年（一四三三）後花園天皇の綸旨が撰者の権中納言雅世に下り、十年奏覧を終えた。十三年七月正二位に昇り、同月五十二歳で出家、法名祐雅。享徳元年（一四五二）六十三歳で没した。大納言を追贈された。祐雅が没した時、息雅親は正三位権中納言、三十七歳。寛正元年（一四六〇）正二位、文正元年（一四六六）権大納言。文明五年（一四七三）十二月、五十八歳で出家、法名栄雅。延徳二年（一四九〇）十二月、七十四歳で没した。康正元年（一四五五）の内裏歌合にはじめて判者となり、以後堂上歌壇の中心となった。寛正六年（一四六五）二月に勅撰集撰者の院宣を受けたが、応仁の乱の勃発により和歌所等焼失し選集の業は中絶した。乱を近江柏木郷に避けたので、柏木と号した。将軍義政・義尚の歌鞠師範で、三条西実隆や姉小路基綱などの歌道師範として文明・長享ごろの歌壇の中心的存在であった。舎弟雅康も歌人として著名で、文明十一年権中納言まで昇り、十三年出家し、法名は宗世、二楽軒と号した。雅親より二十歳下、雅親に子が無かったので、早くから養子になっていたが、寛正三年雅親に実子雅俊が生まれたので身を引き、雅俊が嗣子となった。雅親以来、飛鳥井家は正二位権大納言を先途としたが、雅綱は従一位まで昇った。また、雅宣は数代中絶していた同族の難波家を再興し宗勝といったが、慶長十八年（一六一三）帰家して飛鳥井家を相続し雅胤と改名し、次いで雅宣と改名した。雅宣の舎弟雅章がその後を嗣ぎ、家学の和歌を能くし、同家では雅親以来の名手と評されている。雅宣・雅章が武家伝奏に、雅香・雅久・雅典が議奏に補された。日記には、『雅経卿記』、『飛鳥井教定卿記』、『飛鳥井雅有日記』、『室町第行幸記』（雅世）『雅継卿記』（雅

庸)、『飛鳥井雅豊日記』、『飛鳥井雅典日記』がある。明治十七年(一八八四)雅望のとき、叙爵内規により伯爵を授けられた。菩提所は京極北の遺迎院。『飛鳥井家譜』(東京大学史料編纂所架蔵、四一七五—一五一)。

雅経　まさつね　一一七〇—一二二一

治承4(一一八〇)・11・11叙位(故従一位藤言子後家令爵)、建久8(一一九七)・12・15侍従、建久9・1・5従五位上(簡一)、建仁1(一二〇一)・1・29兼越前介、右少将、建仁2・1・5正五位下(従三位源朝臣給)、元久2(一二〇五)・1・29加賀権介、建永1(一二〇六)・1・6従四位下、1・13還任左少将、承元2(一二〇八)・12・9左中将、承元3・1・13周防権介、承元4・1・6従四位上、建保2(一二一四)・1・5正四位下(臨時)、1・13伊与介、建保4・3・28右兵衛督、12・1服解(父)、建保5・8・27復任、建保6・1・5従三位、右兵衛督如元、承久2(一二二〇)・12・18参議、承久3・1・13兼美作権守、3・11薨去

[死没]承久3(一二二一)・3・11　[年齢]52　[父]難波頼経、二男　[母]正二位権大納言源顕雅女　[日記]雅経卿記(一一九七—一二一四)　[号]二条・明日香井　[公卿補任]2—27下　[大日本史料]4—15—853

教定　のりさだ　?—一二六六

建長5(一二五三)・4・8〔従三位〕、右兵衛督如元、建長6・6・1〈「10月」要記〉辞右兵衛督、正嘉2(一二五八)・1・5正三位、文応1(一二六〇)・8・28左兵衛督、弘長3(一二六三)・8・13止督、文永3(一二六六)・4・8薨去

[死没]文永3(一二六六)・4・8　[父]飛鳥井雅経　[母]正四位下陸奥守大江広元女　[日記]飛鳥井教定卿記(一二四四)　[号]二条　[公卿補任]2—160下

雅有　まさあり　一二四一—一三〇一

仁治3(一二四二)・12・25叙爵(于時雅名)、建長3(一二五一)・3・16侍従(于時雅有)、12・22従五位上、建長8・1・21駿河介、正嘉2(一二五八)・7・9正五位下、12・14左少将、正元1(一二五九)・11・21従四位下、12・16還任、弘長4(一二六四)・1・5従四位上、1・17〈「13日」や〉兼下総介、文永3(一二六六)・4・8服解、10・19復任(父)、文永5・11・9正四位下、文永11・9・10右中将、建治4(一二七八)・1・6従三位(元右中将)、3・14侍従、本名雅名、弘安6(一二八三)・3・28紀伊権守、弘安7・1・6正三位、正応1(一二八八)・8・25左兵衛督、正応2・4・29従二位、7・16止督、正応4・7・17参議、12・25辞退、正応5・1・19本座、永仁3(一二九五)・4・4兵部卿、8・5民部卿、永仁6・10・19止卿、5・23正二位、正安3(一三〇一)・1・11薨去

[死没]正安3(一三〇一)・1・11　[年齢]61　[父]飛鳥井教定　[母]従五位上越後守北条実時女　[前名]雅名　[日記]飛鳥井雅有日記　[号]二条　[公卿補任]2—255上

雅孝　まさたか　一二八一—一三五三

正応1(一二八八)・5・5叙爵、正応2・1・13従五位上、6・25侍従、正応5・3・29〈「5月」イ〉正五位下、8・14右衛門佐、正応6・4・8遷右少将、6・24止佐、永仁2(一二九四)・3・27〈「永仁6年」イ〉兼丹後介、4・30従四位下、永仁5・7・22左中将、永仁7・1・5従四位上(府労)、正安2(一三〇〇)・5・29正四位下(七月十四〈「十七日」や〉被止位記歟)、応長1(一三一一)・閏6・29遷右兵衛督、応長2・3・15〈「3日」イ〉従三位、右兵衛督如元、正和1(一三一二)・10・12転左、正和2・9・6止督、正和5・7・22参議、文保1(一三一七)・3・27兼出雲権守、文保2・2・11辞参議、7・7止権守、文保3・1・5正三位、嘉暦3(一三二八)・3・16従二位、正慶1〈元弘2〉(一三三二)・8・3正二位、正慶2〈元弘3〉・5・17詔復従二位、建武5(一三三八)・1・7正二位、康永4〈興国6〉(一三四五)・8・25権中納言、貞和1〈興国6〉(一三四五)・12・-辞退(権中納言)、観応2〈正平6〉(一三五一)・6・25出家、文和2〈正平8〉(一三五三)・5・17〈「7月13日云々」や〉薨去

[死没]文和2(一三五三)・5・17　[年齢]73　[父]飛鳥井雅有(実飛鳥井基長子)　[号]二条　[法名]妙恵　[公卿補任]2—427下　[大日本史料]6—18—78

経有 つねあり　?—一三四三

徳治2(一三〇七)・4・3従五位下(于時経孝)、延慶2(一三〇九)・7・15従五位上、応長2(一三一二)・1・13侍従、正和5(一三一六)・11・3右近少将、正和6・1・5正五位下、文保3(一三一九)・1・5従四位下(名字教親)、元亨4(一三二四)・3・14還任右少将(于時経有)、正中3(一三二六)・1・5従四位上、2・19兼備後権介、嘉暦1(一三二六)・11・22転中将、-・-・-辞中将、嘉暦4・8・4正四位下、元徳2(一三三〇)・2・19還任右近中将、4・6辞中将、暦応4〈興国2〉(一三四一)・4・16従三位、元前右中将、康永2〈興国4〉(一三四三)・5・4薨去

[死没]康永2(一三四三)・5・4 [父]飛鳥井雅孝 [母]正二位権大納言平経親女 [前名]経孝・教親 [公卿補任]2—587上 [大日本史料]6—7—630

雅宗 まさむね　?—一三四三

元亨3(一三二三)・1・5従五位下(昭慶門院当年御給〈や〉)、8・7従五位上(于時雅光)、-・-・-正五位下、正中2(一三二五)・1・29従四位下、5・13賜今日位記、嘉暦2(一三二七)・5・23右少将、嘉暦4・1・5従四位上、1・13弾正大弼、3・14右中将、元徳2(一三三〇)・7・17正四位下、元弘1(一三三一)・8・7去大弼、暦応3〈興国1〉(一三四〇)・5・20右兵衛督、康永2〈興国4〉(一三四三)・1・5従三位、1・19右兵衛督如元、5・12止督、8・30薨去、改名雅光、後還本名

[死没]康永2(一三四三)・8・30 [父]飛鳥井雅孝 [前名]雅光 [公卿補任]2—595下 [大日本史料]6—7—714

雅家 まさいえ　?—一三八五

永和4〈天授4〉(一三七八)・6・11従三位、元左中将

※至徳元年非参議従三位〔以後不見〕

[死没]至徳2(一三八五) [父]飛鳥井雅孝 [公卿補任]2—730上

雅縁 まさより　一三五八—一四二八

応永4(一三九七)・4・15従三位、元左中将、4・22右衛門督、12・19参議、応永5・1・5正三位、3・24権中納言、従二位、-・-・-出家

[死没]正長1(一四二八)・11 [年齢]71 [父]飛鳥井雅家 [法名]宋雅 [公卿補任]3—42下

雅世 まさよ　一三九〇—一四五二

応永29(一四二二)・2・17従三位、元左中将、応永30・3・20右衛門督、-・-・-改雅世、応永32・1・30参議、-・-・-止督、応永33・1・6正三位、3・29兼出雲権守、永享2(一四三〇)・12・30権中納言、永享9・10・26従二位、嘉吉1(一四四一)・7・8正二位、7・10出家

[死没]享徳1(一四五二)・2・2 [年齢]63 [父]飛鳥井雅縁 [前名]雅氏・雅幸・雅清 [法名]祐雅 [日記]室町第行幸記(一三八一) [公卿補任]3—101下

雅永 まさなが

嘉吉1(一四四一)・8・19従三位、元左中将、嘉吉2・1・-右衛門督〈やさし〉、文安3(一四四六)・1・5正三位、3・29参議、文安4・3・17兼播磨権守、文安6・3・27権中納言、宝徳1(一四四九)・10・-辞権中納言、宝徳元年前権中納言正三位〔以後不見〕

[父]飛鳥井雅縁 [法名]浄空 [公卿補任]3—142下

雅親 まさちか　一四一七—九〇

永享2(一四三〇)・3・30丹後権介(少将兼任)〈さし〉、嘉吉3(一四四三)・3・16周防権介(左中将兼任、従四下)〈さし〉、文安5(一四四八)・6・11従三位、元左中将、文安6・閏10・-右衛門督、宝徳2(一四五〇)・5・14参議、宝徳3・3・12〈「1月5日」さし〉正三位、3・26兼丹波権守、8・4権中納言、享徳3(一四五四)・7・14辞権中納言、享徳4・3・29左衛門督、康正1(一四五五)・8・1従二位、長禄4(一四六〇)・1・6正二位、寛正4(一四六三)・3・28辞督、文正1(一四六六)・閏2・5権大納言、文正2・2・6辞権大納言、文明5(一四七三)・12・17出家

[死没]延徳2(一四九〇)・12・22 [年齢]74 [父]飛鳥井雅世 [一字名]猿 [法名]栄雅 [号]柏木 [公卿補任]3—158下 [大日本史料]8—40—240

雅康　まさやす　一四三六—一五〇九

応仁1（一四六七）·10·19従三位、応仁2·4·15参議、文明2（一四七〇）·9·-兼右兵衛督、文明3·3·16正三位、文明7·1·28兼出雲権守、文明11·4·7権中納言、文明13·-·-辞退（権中納言）

[死没]永正6（一五〇九）·10·26　[年齢]74　[父]飛鳥井雅親（実飛鳥井雅世）　[号]二楽軒　[法名]宋世　[公卿補任]3—223上　[大日本史料]9—2—34

雅俊　まさとし　一四六二—一五二三

文明9（一四七七）·10·18叙爵、-·-·-侍従、文明12·3·29左少将、文明14·12·30従五位上、文明17·3·18正五位下、文明18·7·20従四位下、-·-·-左中将、延徳1（一四八九）·12·-従四位上、明応3（一四九四）·1·6正四位下、1·8可賜去年十二月卅日位記之由宣下（従三位、12·26参議、文亀2（一五〇二）·7·-正三位、文亀3·9·9権中納言、永正9（一五一二）·10·-辞権中納言、11·5従二位、永正12·1·28権大納言、永正14·9·2正二位、永正15·3·25〈「2月」さ〉辞退権大納言、永正17·3·16下向周防国、大永3（一五二三）·4·11薨去於九州

[死没]大永3（一五二三）·4·11　[年齢]62　[父]飛鳥井雅親　[号]清雲院　[法名]敬雅　[公卿補任]3—298上　[大日本史料]9—19—312

雅綱　まさつな　一四八九—一五六三

明応4（一四九五）·1·5叙爵、-·-·-侍従、文亀4（一五〇四）·2·9左少将、永正1（一五〇四）·10·13従五位上、永正6·1·28正五位下、永正9·2·17従四位下、-·-·-転中将、永正13·3·21従四位上、永正17·12·23正四位下、大永2（一五二二）·3·29兼駿河介、大永4·2·3従三位、元左近中将駿河介、今日両官去之、3·3左衛門督（基春卿辞替）、11·20参議、4·1喪母、-·-除服出仕、大永6·5·29補准后家別当、6·-下国、7·-上洛、大永8·5·27権中納言、12·13正三位、享禄4（一五三一）·閏5·-下国〈さ〉、享禄5·1·-自駿州上洛〈さ〉、天文3（一五三四）·4·9従二位、天文7·3·16権大納言、8·7給去三日正二位位記、天文11·11·-辞退（権大納言）、本座宣下〈や〉、天文13·9·3下向越州、11·20上洛、永禄2（一五五九）·6·-在国、永禄3·-·-在東国、永禄5·-·-従一位、永禄6·8·21出家

[死没]永禄6（一五六三）·8·21　[年齢]75　[父]飛鳥井雅俊　[母]准大臣従一位広橋綱光女（実八幡検校生清女）　[法名]高雅　[公卿補任]3—364下

雅春　まさはる　一五二〇—九四

永正17（一五二〇）·9·22誕生、大永4（一五二四）·12·12従五位下、天文1（一五三二）·12·20従五位上（今日元服）、12·21侍従、天文4·6·26左少将、天文5·2·21正五位下、天文7·3·8兼駿河介、天文8·1·19従四位下（少将如元）、2·4転中将〈や〉、天文11·1·5従四位上、天文12·5·17服解（母）、7·-除服復任、天文13·3·19兼丹後介、天文14·1·5正四位下、天文17·1·5従三位（元左中将）、3·23左兵衛督、天文18·2·25参議、3·9左衛門督、3·25丹後権守、天文21·1·9正三位、弘治3（一五五七）·6·-従二位、永禄2（一五五九）·1·18権中納言、永禄4·-·-辞督（左衛門督）、6·-在国、永禄11·-·-上洛、天正2（一五七四）·1·5正二位、天正3·2·19権大納言、天正10·-·-改雅春、天正12·10·22辞権大納言、文禄3（一五九四）·1·12薨去

[死没]文禄3（一五九四）·1·12　[年齢]75　[父]飛鳥井雅綱　[母]従三位丹波親康女　[前名]雅教　[一字名]秀　[法名]了雅　[公卿補任]3—423上

雅敦　まさあつ　一五四八—七八

天文18（一五四九）·2·25叙位、永禄1（一五五八）·6·27元服、昇殿、6·28従五位上、侍従、永禄3·2·6左少将、永禄4·6·28正五位下、永禄7·7·5従四位下、永禄9·1·18左中将、永禄12·7·3従四位上、天正2（一五七四）·1·5正四位下、天正5·1·5従三位、元左中将、4·22兼右兵衛督、天正6·1·11参議、8·7薨去

[死没]天正6（一五七八）·8·7　[年齢]31　[父]飛鳥井雅春　[母]一色五郎女　[法名]隆雅　[公卿補

任〕3—478上

雅庸　まさつね　一五六九—一六一五

永禄12(一五六九)・10・20〈く〉誕生、元亀1(一五七〇)・6・28叙爵、天正5(一五七七)・7・4従五位上、元服、侍従、天正7・1・19左少将、天正9・4・9正五位下☆、天正11・1・5〈く〉従四位下☆、天正14・1・12左中将☆、11・21従四位上☆、左中将如元、天正17・1・6正四位下、慶長2(一五九七)・1・5従三位、6・15改雅庸、又改雅継〔元名雅継、改雅枝、又改雅庸〈く〉〕、慶長3・1・18右衛門督、慶長6・10・5改雅庸、慶長8・1・11参議、慶長9・8・1正三位、慶長17・1・11権中納言、慶長18・1・6従二位、元和1(一六一五)・12・16権大納言、12・22薨去

〔死没〕元和1(一六一五)・12・22　〔年齢〕47　〔父〕飛鳥井雅敦　〔前名〕雅継・雅枝　〔一字名〕菊・蘭・匊　〔日記〕雅継卿記(一五八六—八七)　〔法名〕尊雅　〔公卿補任〕3—512上　〔大日本史料〕12—23—191

雅宣　まさのぶ　一五八六—一六五一

慶長5(一六〇〇)・1・5叙爵(于時宗勝)☆、12・28元服、昇殿、侍従、慶長9・12・27従五位上、慶長12・1・11左少将、慶長13・1・6正五位下、慶長14・7・4勅勘、11・9配流、慶長17・-・-勅免、慶長18・8・3改名雅胤、慶長19・1・5従四位下、慶長20・1・11左中将、元和4(一六一八)・11・24従四位上、元和6・1・5正四位下、元和9・1・5従三位、〔元名宗勝〈く〉〕、寛永3(一六二六)・12・3参議、寛永5・1・28左衛門督、2・10正三位、寛永7・1・11権中納言、寛永8・11・6従二位、寛永16・閏11・13〈くま〉権大納言、12・29〈賜去年正月五日位記〉正二位☆、寛永17・11・5辞権大納言、寛永21・-・-武家伝奏、慶安1(一六四八)・2・21直衣、慶安4・3・16従一位、3・21薨去

〔死没〕慶安4(一六五一)・3・21　〔年齢〕66　〔父〕飛鳥井雅庸、二男　〔前名〕宗勝・雅胤　〔公卿補任〕3—558上

雅章　まさあき　一六一一—七九

慶長16(一六一一)・3・1誕生、慶長17・1・5叙位、元和5(一六一九)・6・10元服、従五位上、侍従、元和9・1・5正五位下、寛永3(一六二六)・12・19左少将、寛永4・1・5従四位下、寛永7・1・11中将、寛永8・11・6従四位上、寛永12・1・5正四位下、寛永17・1・5従三位、寛永20・11・7参議、寛永21・8・12〈去年正月五日正三位々記〉正三位、9・27兼任左衛門督、正保2(一六四五)・8・11辞参議、慶安2(一六四九)・6・28権中納言、慶安3・1・5従二位、承応1(一六五二)・11・26権大納言、承応3・4・4〈「8日」ま〉賀茂伝奏、12・24賜去正月五日正二位口宣案、正二位☆、承応4・1・25辞権大納言、寛文1(一六六一)・-・-武家伝奏、延宝5(一六七七)・閏12・11従一位、延宝7・12・12〈「10月」あ家譜〉薨去

〔死没〕延宝7(一六七九)・10・12　〔年齢〕69　〔父〕飛鳥井雅宣(実飛鳥井雅庸、三男)　〔号〕究竟院　〔公卿補任〕3—592下

雅豊　まさとよ　一六六四—一七一二

寛文4(一六六四)・5・30誕生、寛文5・12・23叙爵☆、寛文10・12・21元服、昇殿、侍従、従五位上、延宝2(一六七四)・1・5正五位下、延宝4・12・23左少将、延宝6・1・5従四位下、延宝8・12・23左中将、天和2(一六八二)・2・10従四位上☆、貞享2(一六八五)・7・10正四位下、元禄1(一六八八)・1・22〈去六日分〉従三位、元禄2・-・-左衛門督、元禄11・12・27〈去正月五日分〉正三位☆、元禄14・10・24参議、元禄16・12・25権中納言☆、12・28帯剣、元禄17・1・12直衣、9・16賀茂伝奏、宝永2(一七〇五)・2・1辞伝奏、8・30従二位、正徳1(一七一一)・6・29辞権中納言、正徳2・7・22薨去

〔死没〕正徳2(一七一二)・7・22　〔年齢〕49　〔父〕飛鳥井雅章　〔母〕越前守松平忠昌女　〔日記〕飛鳥井雅豊日記(一六八九—一七一一)　〔法名〕円雅　〔公卿補任〕4—96上

雅香　まさか　一七〇三—六五

元禄16(一七〇三)・8・7誕生、正徳1(一七一一)・10・3叙爵、正徳3・11・7元服、昇殿、侍従、従五位上、正徳4・12・26左少将、享保1(一七一六)・12・25正五位下、享保4・1・28従四位下、12・26左中将、

享保7・2・3〈去正六分〉従四位上、享保10・1・15〈去五分〉正四位下、享保13・2・1〈去正月五日分〉従三位、3・22左衛門督、享保17・2・16〈去正月五日分〉正三位、元文1(一七三六)・1・16参議、元文4・1・10権中納言、3・24帯剣、3・27聴直衣、元文5・12・24従二位、寛保3(一七四三)・6・29民部卿、延享4(一七四七)・3・10辞民部卿、寛延3(一七五〇)・1・10権大納言、寛延4・6・22正二位、宝暦3(一七五三)・12・22辞権大納言、明和2(一七六五)・12・19従一位、薨去

[死没]明和2(一七六五)・12・19　[年齢]63　[父]飛鳥井雅豊(実西園寺致季、一男)　[養父]花山院時実　[母]興正寺寂永妹(実家女房)　[公卿補任]4—283上

雅重　まさしげ　一七二一—七九

享保6(一七二一)・6・6誕生、享保10・12・13従五位下☆、享保15・9・26元服、昇殿、侍従従五位上、享保17・12・27左近権少将、享保18・4・1正五位下、享保21・6・1従四位下、元文2(一七三七)・2・7左近衛権中将、元文5・1・8〈去年十二廿八分〉従四位上、寛保2(一七四二)・12・24正四位下、寛保3・10・1周防権介、延享2(一七四五)・閏12・16〔従三位〕、延享4・3・10侍従、寛延3(一七五〇)・3・4正三位、9・24右衛門督、宝暦2(一七五二)・11・29参議、宝暦4・2・19近江権守、宝暦5・7・29左衛門督、宝暦6・5・10権中納言、5・14帯剣、5・19直衣〈ま〉、12・21従二位、宝暦8・4・19辞権中納言、4・24還任権中納言、宝暦12・8・25賜桃園院御服〈ま〉、宝暦13・8・4正二位、明和5(一七六八)・11・25権大納言、明和9・2・13辞権大納言☆、安永8(一七七九)・4・14従一位、6・3薨去

[死没]安永8(一七七九)・6・3　[年齢]59　[父]飛鳥井雅香　[母]従二位権中納言飛鳥井雅豊女　[公卿補任]4—372上

雅威　まさたけ　一七五八—一八一〇

宝暦8(一七五八)・12・16誕生、宝暦10・3・29叙爵、明和7(一七七〇)・5・13元服、昇殿、従五位上、明和8・8・1侍従、安永2(一七七三)・1・25〈去九宣〉正五位下、安永5・1・5従四位下、安永6・1・5院別当、1・8拝賀、1・13右権少将、1・30奏慶、安永7・12・22〈ま〉従四位上、安永8・6・3服解(父)、7.24除服出仕復任、安永9・2・5正四位下、安永10・1・26左権中将、天明1(一七八一)・5・6奏慶、天明3(一七八三)・1・5従三位〈ま〉、1・13侍従〈ま〉、3・27拝賀〈ま〉、6・4聴直衣〈ま〉、天明6・3・6正三位、寛政1(一七八九)・5・22右衛門督、寛政3・11・28参議、12・23聴直衣、寛政4・1・5従二位、10・27権中納言、10・28聴直衣、直衣始寛政5・1・5帯剣、寛政10・1・5正二位、12・19民部卿、12・28直衣、享和3(一八〇三)・8・10辞民部卿、文化3(一八〇六)・3・16権大納言、9・25直衣、文化7・1・8辞権大納言、7・27薨去

[死没]文化7(一八一〇)・7・27　[年齢]53　[父]飛鳥井雅重　[母]従五位下飛彈守永井直期女　[公卿補任]5—26下

雅光　まさみつ　一七八二—一八五一

天明2(一七八二)・10・6誕生、寛政1(一七八九)・3・16従五位下、寛政4・12・14元服、昇殿、従五位上、寛政6・2・15侍従、寛政8・5・10〈去年十一廿七宣〉正五位下、寛政9・3・1右近衛権少将、4・17拝賀、5・10着本陣、12・15〈去正廿八宣〉従四位下、寛政13・1・5従四位上、享和3(一八〇三)・2・3〈去正十七宣〉正四位下、8・10転右近衛権中将、9・27拝賀、文化2(一八〇五)・6・11〈「17日」ま〉遷左兵衛督、9・17拝賀、文化3・1・18〔従三位〕(督如旧)、文化6・1・5正三位、文化7・2・14聴直衣、文化10・7・11左衛門督、文化11・3・2参議、3・28直衣、直衣始、12・19従二位、文政7(一八二四)・4・7権中納言、5・10直衣、直衣始、文政8・1・28辞督、3・27正二位、9・14帯剣、天保2(一八三一)・5・19権大納言、6・20直衣始、天保7・11・13辞権大納言、嘉永2(一八四九)・12・19従一位、嘉永4・9・18薨去

[死没]嘉永4(一八五一)・9・18　[年齢]70　[父]飛鳥井雅威　[母]本多康伴養女俊子　[公卿補任]5—176上

雅久　まさひさ　一八〇〇—五七

寛政12（一八〇〇）・11・4誕生、文化5（一八〇八）・12・19従五位下、文化8・12・7元服、昇殿、従五位上、文化9・12・19侍従、文化11・4・10正五位下、10・27服解（母）、12・19除服出仕復任、文化13・1・18従四位下、文政1（一八一八）・12・19従四位上、文政3・1・12正四位下、文政4・5・10右権少将、5・28拝賀、文政7・6・4転権中将（小除目）、6・19拝賀、8・6〔従三位〕、文政8・1・29左兵衛督、文政10・1・21正三位、3・10直衣、天保4（一八三三）・11・27参議、12・24聴直衣、直衣始、天保5・1・25従二位、天保14・6・18権中納言、閏9・12聴直衣、直衣始、天保15・9・15正二位、9・28辞督、10・16帯剣、嘉永5（一八五二）・10・9権大納言、12・17直衣始、嘉永7・1・9辞権大納言、安政4（一八五七）・7・4従一位、薨去

〔死没〕安政4（一八五七）・7・4　〔年齢〕58　〔父〕飛鳥井雅光　〔母〕家女房　〔公卿補任〕5—299下

雅典　まさのり　一八二五—八三

文政8（一八二五）・10・25誕生、文政12・3・4従五位下、天保4（一八三三）・10・19元服、昇殿、従五位上、天保7・5・10〈去正十五分〉正五位下、天保9・閏4・10侍従、8・18従四位下、天保11・8・13従四位上、天保13・3・16正四位下、弘化4（一八四七）・12・23左権少将、12・29拝賀、嘉永2（一八四九）・2・7着本陣、4・14転権中将、4・20拝賀、10・7〔従三位〕、嘉永5・3・8正三位、7・20侍従、12・5聴直衣、安政6（一八五九）・9・20参議、10・21聴直衣、直衣始、12・19従二位、文久1（一八六一）・12・5権中納言、12・29帯剣、12・30聴直衣、直衣始、元治1（一八六四）・12・4正二位、慶応3（一八六七）・9・27権大納言、慶応4・1・17辞権大納言

〔死没〕明治16（一八八三）・2・23　〔年齢〕59　〔父〕飛鳥井雅久　〔母〕家女房　〔日記〕飛鳥井雅典日記（一八六三—六七）　〔公卿補任〕5—458下

雅望　まさもち　一八四二—一九〇六

天保13（一八四二）・5・5誕生、嘉永6（一八五三）・12・19叙爵、安政2（一八五五）・12・23元服、昇殿、従五位上、安政4・12・19侍従（新内裏両殿障子色紙和歌題撰進申沙汰等、父卿勤仕格別出精賞譲）安政5・1・21正五位下、安政7・1・5従四位下、文久1（一八六一）・4・5右少将、10・28拝賀、文久2・1・5従四位上、文久3・12・24正四位下、着本陣、元治1（一八六四）・5・18転左中将、9・29拝賀、慶応3（一八六七）・3・17〈去年十二月廿四日分〉〔従三位〕、4・8侍従

〔死没〕明治39（一九〇六）・4・21　〔年齢〕65　〔父〕飛鳥井雅典　〔母〕花山院家厚長女梅　〔公卿補任〕5—582下

藤江家（絶家）

雅良　まさよし　一六〇三—？

元和8（一六二二）・12・11叙爵、右京大夫、寛永9（一六三二）・1・5従五位上、寛永13・1・5正五位下、寛永16・3・18改雅良（元定時）、寛永17・1・5従四位下、寛永21・1・5従四位上、正保5（一六四八）・1・5正四位下、承応1（一六五二）・12・7従三位、号藤江、承応2・3・6出家

〔父〕飛鳥井覚澄（雅綱孫）　〔前名〕定時　〔号〕藤江　〔公卿補任〕3—630上

藤江家

覚澄——**雅良**

野宮家　ののみやけ

藤原氏北家花山院流。花山院家の庶流。花山院左大臣定凞の孫権大納言定逸を家祖とする。家格は羽林家、新家。内々の家。有職故実を家職とした。一条家の家礼。家禄百五十

石、合力米百五十俵。実父の花山院左少将忠長は慶長十四年(一六〇九)の猪熊事件で勅勘を蒙って、十一月蝦夷島へ配流された。そのため花山院の家門は、忠長の舎弟定好が相続した。のち寛永十三年(一六三六)に至って勅免によって島を出て、しばらく東武に住したが、四十九歳で落飾し、浄屋と号した。その息二男定逸は、父配流ののち慶長十五年五月に出生、犬丸と称し、禁中御児として後水尾天皇に近侍していた。元和六年(一六二〇)十一歳で叙爵、八年八月には勅旨により祖父前右大臣定凞の養子となり、別に一家を起し野宮と称し、従五位下・兵部大輔に叙任され、禁色・昇殿を聴された。寛永十四年左中将、十七年従三位に昇った。正保三年(一六四六)家禄百五十石を宛行われた。四年に参議を経ずに権中納言に任ぜられ、慶安五年(一六五二)二月武家伝奏に補された。同十一月権大納言、承応三年(一六五四)正二位に昇進し、明暦四年(一六五八)二月、四十九歳で没した。定逸は子息が無かったので、中院前大納言通純の二男雅広を女に妻合わせ養嗣子とした。雅広は五歳で叙爵し、禁中御児として後水尾天皇に近侍していたが、慶安四年十二月元服に際し勅旨によって中院庶流として別に一家を興し澤と称し、兵部大輔に任ぜられた。明暦元年正五位下、二年九月源雅広を藤原定輔と改め野宮家を相続した。万治二年(一六五九)六月父の故定逸伝奏役勤労に付き家禄に指加え現米百五十俵を合力米として賜り、以後代々拝領することとなる。定逸が慶安五年より明暦四年没するまで七年間に亘り武家伝奏役を勤めたことの労に対して、ということであるが、実は正保三年に宛行れた家領百五十石は、山城相楽郡千童子村の内百石・同菅井村の内五十石であった。前者は内三十八石一斗九合が永荒、後者は内十五石五斗五升六合が永荒というものであったので、その補塡というべきものであった。寛文四年(一六六四)十二月定縁と改名。九年参議に列し、のち正三位権中納言に昇り、延宝五年(一六七七)九月四十一歳で没した。定縁には長男定雄がおり、寛文三年に三歳で叙爵したが、六歳で夭折して他に嗣なく、また中院家から養子をとった。定基である。定基は初名は親茂、松堂と号し、江戸時代における屈指の有職家として知られる。寛文九年七月十七日、中院権大納言通茂の二男として出生。延宝三年七歳で叙爵、同五年叔父定縁の他界により野宮家を嗣ぎ、定基と改名。同七年元服し、昇殿を聴され従五位上侍従に叙任。累進して元禄元年(一六八八)左中将となり、ついで宝永元年(一七〇四)参議、同二年従三位、同六年正三位に昇進した。正徳元年(一七一一)六月二十九日病気危急により権中納言となり、同日没。四十三歳。若年より生家である中院家に親近した。有職故実に秀でた御厨子所預高橋宗恒の教導を受け、また野宮家が一条家の家礼であった関係から前関白一条兼輝の厚い支援を受け、世に有職をもって知られるに至り、当時の世評に、東園基量・平松時方・滋野井公澄と並んで有職の四天王と称された。元禄七年、応仁以来断絶していた賀茂祭の再興に尽力し、四月十八日近衛使として参向した。そのとき『加茂祭記』一冊を著わしているが、その後も賀茂社関係の史料蒐集に励み、賀茂社史料集成というべき『群記類鑑』二百十冊を編纂した。その他の著に、『玉食供進抄』一冊、『一条兼香冠礼記』一冊、『装束温故抄』一冊、『厳訓秘抄』四冊、『平家物語考証』十二冊などがあり、新井白石の質疑に応えた『新野問答』(『黄門白石問答』)、小宮山昌世に応えた『本朝故実記』も著名である。定基は子息に恵まれず、正徳元年七月、正親町権大納言公通四男の公透十歳が養子となり野宮家を嗣いだ。公透は宝永五年七歳で叙爵、正徳三年九月元服し、従五位上・侍従に叙任、同十月定俊と改名した。元文二年(一七三七)参議に列し、権中納言を経て、宝暦三年(一七五三)権大納言となり、七年三月五十六歳で没した。その後を嗣いだ定之以降は実子相続により継承され定功に至った。定功が議奏・武家伝奏、定和・定祥が議奏に補された。定功の息定平夭死により、竹屋従二位光有四男の定穀が家を嗣いだ。日記には、『定基卿

野宮家

定逸═定縁═定基═定俊─定之
定晴═定業─定静─定祥─定功
定業
═定穀(子爵)
═定允

記』、『定之卿記』、『定晴卿記』、『定業卿記』、『定静朝臣記』、『定祥卿記』、『定功卿記』、『野宮定允日記』がある。明治十七年(一八八四)定穀のとき、叙爵内規により子爵を授けられた。菩提所は廬山寺。『野宮家譜』(東京大学史料編纂所架蔵、四一七五—二八一)。

定逸　さだはや　一六一〇—五八

慶長15(一六一〇)・-・-誕生、元和6(一六二〇)・3・-叙爵、元和8・8・21従五位上(童形)、8・23元服、昇殿、禁色、兵部大輔、寛永3(一六二六)・1・5正五位下、寛永6・1・5従四位下、寛永10・1・6従四位上、寛永13・1・5正四位下、寛永17・1・5従三位、寛永21・8・12〈去年正月五日正三位々記〉正三位、正保4(一六四七)・12・28権中納言、正保5・2・10帯剣、承応1(一六五二)・-・-武家伝奏、10・12〈去正月五日従二位口宣案〉従二位、11・26〈「12月」くま〉権大納言☆、承応2・2・3辞権大納言、承応3・12・-〈賜去正月五日正二位口宣案〉正二位、万治1(一六五八)・2・15薨去

[死没]万治1(一六五八)・2・15　[年齢]49　[父]花山院忠長　[養父]花山院定凞　[母]東本願寺教如女　[法名]覚了　[公卿補任]3—593上

定縁　さだより　一六三七—七七

寛永14(一六三七)・11・12誕生、寛永19・1・5叙爵、慶安4(一六五一)・12・3元服、昇殿、兵部大輔、慶安5・1・5従五位上、承応4(一六五五)・1・5正五位下、明暦2(一六五六)・9・23〈「18日」家譜〉改定輔(元雅広、改源姓為藤原)☆、左少将、万治2(一六五九)・1・5従四位下、万治3・12・24禁色、万治4・1・11左中将、寛文2(一六六二)・12・14〈去正五分〉従四位上、寛文4・12・30改定縁(元定輔)、寛文5・12・23正四位下、寛文9・12・18参議(左中将如元)、寛文10・11・9従三位、延宝1(一六七三)・12・26権中納言、延宝2・1・17帯剣、延宝3・2・26〈去正月五日分〉正三位、延宝5・9・15薨去

[死没]延宝5(一六七七)・9・15　[年齢]41　[父]野宮定逸(実中院通純、二男)　[母]正三位河鰭基秀女(実正二位権大納言高倉永慶女)　[前名]源雅広・藤定輔　[号]恵光院・松の舎　[法名]因空　[公卿補任]4—22下

定基　さだもと　一六六九—一七一一

寛文9(一六六九)・7・14誕生、延宝3(一六七五)・1・16叙爵、延宝5・11・26依当家相続改藤原定基(元源親茂)、延宝7・2・18元服、昇殿、侍従、従五位上、天和3(一六八三)・1・5正五位下、貞享2(一六八五)・2・8従四位下、12・24左少将、貞享5・1・6従四位上、元禄1(一六八八)・12・26左中将、元禄4・12・21〈去正五分〉正四位下、宝永1(一七〇四)・12・10参議(左中将如元)、12・16奏慶着陣、宝永2・1・20〈去五日分〉従三位☆、宝永7・閏8・9〈去年九月廿八日分〉正三位☆、正徳1(一七一一)・6・29権中納言、辞権中納言、薨去

[死没]正徳1(一七一一)・6・29　[年齢]43　[父]野宮定縁(実中院通茂、二男)　[母]正二位権大納言野宮定逸女(実小笠原左衛門佐政信女)　[前名]親茂　[日記]松暦・定基卿記(一六八三—一七一一)　[号]松堂・四酔　[公卿補任]4—161下

定俊　さだとし　一七〇二—五七

元禄15(一七〇二)・5・25誕生、宝永5(一七〇八)・12・21叙爵(于時公透)、正徳1(一七一一)・7・22当家相続、正徳3・9・26元服、昇殿、侍従従五位上、10・6改定俊、正徳5・10・23左少将☆、享保2(一七一七)・12・8〈去年十二廿五分〉正五位下、享保4・1・28〈去五日分〉従四位下、12・26左中将、享保7・6・11〈去正六分〉従四位上、享保10・1・14〈去五日分〉正四位下〈ま〉、享保18・7・12喪実父、9・14除服復任、元文2(一七三七)・12・12参議(中将如旧)、12・25拝賀着陣、元文3・12・24従三位、寛保3(一七四三)・6・29権中納言、

7·15〈「28日」ま〉勅授帯剣☆、10·1直衣、延享1(一七四四)·12·22正三位、延享2·閏12·16辞権中納言、宝暦3(一七五三)·12·22権大納言、宝暦4·1·12従二位、1·26辞権大納言、宝暦7·3·30薨去

[死没]宝暦7(一七五七)·3·30 [年齢]56 [父]野宮定基(実正親通公通) [母]清閑寺熙房女(実堀尾泰長女) [前名]公透 [号]是性院 [公卿補任]4—327上

定之 さだゆき 一七二一—八二

享保6(一七二一)·7·23誕生、享保10·12·13従五位下、享保15·2·11元服、昇殿、侍従、従五位上、享保18·1·8〈去五分〉正五位下、享保20·3·7服解(母)、閏3·27除服出仕復任、元文1(一七三六)·5·19従四位下、元文3·5·28右少将、元文5·1·8〈去十二月廿八分〉従四位上、延享2(一七四五)·3·23正四位下、延享3·12·24右中将☆、寛延1(一七四八)·9·21近江介、宝暦2(一七五二)·1·21秩満、宝暦4·5·16参議(中将如故)、5·27〈ま〉拝賀着陣、6·6聴直衣、12·26従三位、宝暦8·9·18権中納言☆、10·6〈「8日」ま〉帯剣、宝暦9·5·20正二位、宝暦12·10·25辞権中納言、明和2(一七六五)·2·14従二位、明和4·11·15権大納言、11·26聴直衣、辞権大納言、明和5·1·9正二位、天明2(一七八二)·2·26薨去

[死没]天明2(一七八二)·2·26 [年齢]62 [父]野宮定俊 [母]正三位権中納言野宮定基女 [日記]梅暦·定之卿記(一七二八-八二) [公卿補任]4—417上

定晴 さだはる 一七四二—八一

寛保2(一七四二)·5·11誕生、延享4(一七四七)·12·26従五位下、宝暦5(一七五五)·5·16元服、昇殿、従五位上、5·30侍従、宝暦8·5·7兵部権大輔、宝暦9·1·24正五位下、宝暦10·3·19左権少将、3·22拝賀、宝暦13·1·5従四位下、明和3(一七六六)·1·5従四位上☆、9·14転左権中将、9·28拝賀、明和6·1·9正四位下☆、安永1(一七七二)·12·19参議(中将如故)、12·25拝賀着陣、12·27聴直衣〈ま〉、安永2·1·25従三位、安永5·1·19〈正三位〉、8·29右衛門督使別当、安永6·8·20権中納言、9·22帯剣、9·23聴直衣、安永8·5·4従二位、安永9·2·5辞権中納言、天明1(一七八一)·6·11改定晴、9·3薨去

[死没]天明1(一七八一)·9·3 [年齢]40 [父]野宮定之 [母]家女房 [前名]定和 [日記]定晴卿記(一七五四-九五) [公卿補任]4—522下

定業 さだなり 一七五九—一八一六

宝暦9(一七五九)·9·23誕生、明和4(一七六七)·3·16従五位下、天明7(一七八七)·12·2為定晴卿子、天明8·12·18元服、昇殿、従五位上、寛政3(一七九一)·1·25侍従、8·4正五位下、寛政4·10·27左権少将(小除目)、11·10拝賀、寛政6·1·28従四位下、寛政9·1·22従四位上、寛政12·5·7正四位下、享和1(一八〇一)·2·23転右権中将、4·19拝賀、文化1(一八〇四)·9·13参議(右中将如旧)、9·24拝賀着陣、9·25聴直衣、直衣始、文化2·1·26従三位、文化5·1·5正三位、文化11·3·28権中納言、4·2帯剣、4·5聴直衣、直衣始、12·2従二位、文化13·6·23辞権中納言、6·22薨去

[死没]文化13(一八一六)·6·22 [年齢]58 [父]野宮定晴(実野宮定之、二男) [母]家女房(実大久保忠興女) [日記]定業卿記(一七七一-一八一六) [公卿補任]5—161上

定祥 さだなか 一八〇〇—五八

寛政12(一八〇〇)·1·15誕生、文化7(一八一〇)·12·21従五位下、文化8·9·28元服、昇殿、文化10·10·11従五位上、文化12·6·5喪母、7·26除服出仕、文化13·1·28正五位下、文政4(一八二一)·1·20侍従、4·21服解(父)、6·13除服出仕復任、8·26〈去正二十分〉従四位下、文政7·1·20〈去正五分〉従四位上、閏8·17左近衛権少将、9·18拝賀、文政10·1·21〈去五分〉正四位下、天保1(一八三〇)·12·19転権中将、天保6·12·18参議、左中将如故、12·27拝賀着陣、12·28聴直衣、直衣始、天保7·2·11従三位、天保10·1·4正三位、弘化2(一八四五)·2·18〈去正月十八日分〉従二位、嘉永1(一八四八)·2·27権中納言、3·23帯剣、3·24聴直衣、直衣始、5·15正二位、嘉永7·

1・22権大納言、2・17直衣始、3・29辞権大納言、安政5(一八五八)・9・2薨去
[死没]安政5(一八五八)・9・2　[年齢]59　[父]野宮定静　[母]中山愛親十三女千枝　[日記]定祥卿記(一八二一-五八)　[公卿補任]5―365下

定功　さだいさ　一八一五―八一

文化12(一八一五)・7・26誕生、文政11(一八二八)・12・18叙爵、文政12・2・2元服、昇殿、天保2(一八三一)・1・17〈去五日分〉従五位上、天保3・4・6侍従、天保5・1・5正五位下、天保7・12・19従四位下(雖不容易今度加年齢、格別以御憐愍被宥許、不可為後例)、天保9・9・17右権少将、11・4拝賀、12・29従四位上、10・11兼加賀権介、天保13・1・5正四位下、12・23女院別当、天保14・閏9・18秩満、弘化3(一八四六)・6・20去女院別当(依崩)、弘化5・1・16着本陣、嘉永4(一八五一)・4・25転左権中将、4・30拝賀、安政4(一八五七)・9・18参議(権中将如元)、10・24拝賀着陣、10・25聴直衣、直衣始、11・20従三位、安政7・1・5正三位、文久3(一八六三)・12・27従二位、元治1(一八六四)・3・4権中納言、3・21帯剣、3・23聴直衣、直衣始、慶応1(一八六五)・閏5・12(正二位)、慶応2・2・9智成親王家別当、慶応4・1・17辞権中納言
[死没]明治14(一八八一)・1・10　[年齢]67　[父]野宮定祥　[母]家女房(実難波宗享養女)　[日記]定功卿記(一八二九-八〇)・公武御用日記(一八六三-六六)　[公卿補任]5―507上

今城家　いまきけ

藤原氏北家花山院流。中山家の庶流。中山権大納言親綱の二男従四位下右少将為親を家祖とする。家格は羽林家、新家。内々の家。和歌・有職故実を家職とした。一条家の家礼。家領百八十一石二斗余。為親ははじめ冷泉右中将為満の養子となった。為満は天正十三年(一五八五)六月勅勘を蒙り、姉婿山科言経・四条隆昌とともに京都を出奔し、摂津大坂に移った。中山の息が冷泉の養子となったのは、歌道の由緒深い冷泉家の存続が図られ、恐らくこれに深く関ったであろう豊臣政権における公武交渉の要にあった四伝奏の一人、中山親綱の息が目されて為満の養嗣子とされたのであろう。為親は天正三年(一五七五)生まれ、十年三月八歳で叙爵。十三年十二月元服し、昇殿を聴され、従五位上・侍従に叙任。十四年右少将に任ぜられ、正五位下を経て、慶長二年(一五九七)従四位下に昇叙。十五年七月三十六歳で没した。為満は長年に亘り摂津に在国し、勅免出仕するのは慶長三年十二月のことで、その間、天正二十年に長男為頼、文禄二年(一五九三)に二男為賢をもうけている。為満父子の帰京により、為親の立場は微妙なものとなる。『冷泉正統記』によれば、「大祖以来実子にして、今更歌道の誉ある俊成卿・定家卿血脈の正統たりしに、別胤をして家を続事、いかにも惜」しい、ということであったという。ここに為親には別に一家を起させ、冷泉家は為頼が相続することを奏請するに至ったのであろう。慶長十年二月、為頼は十四歳で叙爵し、元服して昇殿を聴されるが、これは為頼の冷泉家相続、為親の新家冷泉家の創立を前提としたものであったといえよう。また、同年八月には二男為賢が一家を興し、藤谷家を創立している。為親が起した新家の家名は冷泉、或いは中山冷泉と号し、俗に上冷泉、下冷泉に対し、中冷泉と称されたようである。息の為尚は、慶長十六年八歳で叙爵。十八年元服し、昇殿を聴され侍従に任ぜられた。のち右少将となり、寛永十二年(一六三五)従三位に上階し、公卿に列した。『公卿補任』には「中山冷泉　藤為尚　三十二」と見える。参議を経て、慶安二年(一六四九)権中納言に昇り、寛文二年(一六六二)五十九歳で没した。本家の冷泉為頼が寛永四年に三十六歳で没した後、これに代わって寛永年間を中心に後水尾歌壇で活動したのが下冷泉為景とこの中山冷泉為尚であったとされる。為尚の後を嗣いだ為継は、寛永十七年六歳で叙爵、正保二年(一六四五)元服・昇殿、従五位下・侍従叙任。

寛文二年正四位下に叙せられた年、二十八歳のとき定淳と改名。九年参議に列するが、『公卿補任』の記載は今城の家名となっている。延宝二年(一六七四)権中納言に昇任し、のち従二位に叙せられ、貞享五年(一六八八)五十四歳で没した。為継は後西院歌壇で活動し、万治元年(一六五八)頃から禁中御会に参加し始め、改名後も新院御会の一員として詠作活動を続けている。しかし、為の字を用いず定淳と改め、中山冷泉を今城の家名に改めていることから窺われるように、冷泉家との関わりを薄めていったようである。為尚・定淳の二代の例により、おおむね従二位権中納言を先途とした。明治十七年(一八八四)定徳のとき、叙爵内規により子爵を授けられた。菩提所は鳴滝 三宝寺。『今城家譜』(東京大学史料編纂所架蔵、四一七五—一六五)。

為尚　ためなお　一六〇四—六二

慶長9(一六〇四)・2・20誕生、慶長16・12・29叙爵、慶長18・11・8元服、侍従、慶長20・1・5従五位上、元和4(一六一八)・1・5正五位下、元和5・12・15右少将、元和9・1・5従四位下、寛永3(一六二六)・12・1右中将、寛永5・1・7従四位上、寛永8・1・5正四位下〈く〉、寛永12・1・5〈く〉従三位、寛永18・1・5〔正三位〕、12・28参議、12・29辞参議、慶安2(一六四九)・2・30権中納言、帯剣、4・3〈賜去一日従二位位記〉従二位、4・24辞権中納言、寛文2(一六六二)・7・5薨去〈く〉

[死没]寛文2(一六六二)・7・5　[年齢]59　[父]中山冷泉為親　[母]家女房(実五条為経女)　[号]一行院　[公卿補任]3—580下

今城家

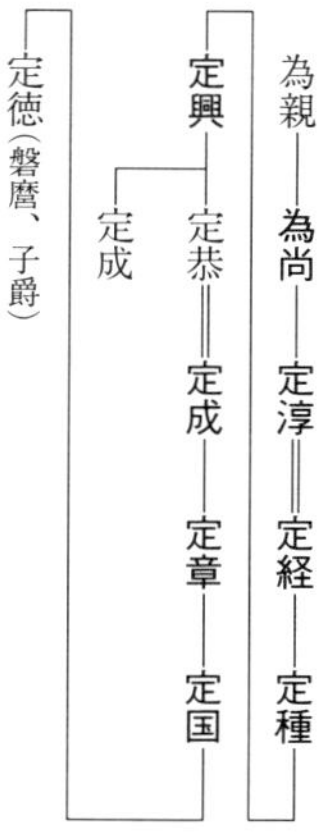

定淳　さだすみ　一六三五—八九

寛永12(一六三五)・2・24誕生、寛永17・12・9叙爵、正保2(一六四五)・11・21元服☆、昇殿☆、侍従・従五位上☆、慶安2(一六四九)・1・5正五位下、11・13左少将、承応3(一六五四)・1・5従四位下、承応4・1・11右中将、明暦4(一六五八)・1・6従四位上、寛文2(一六六二)・1・5正四位下、12・26改定淳(元為継)、寛文6・10・22蔵人頭、11・2禁色☆、11・17正四位上、寛文9・12・18参議(去十一月廿六日分、右〔「左」史〕中将如元)、寛文10・11・9〈去正月五日分〉従三位☆、延宝2(一六七四)・7・5権中納言、12・17帯剣、延宝3・2・26〈去五日分〉正三位☆、延宝6・9・16辞権中納言、貞享1(一六八四)・12・28蟄居、元禄2(一六八九)・5・27薨去☆

⌘天和三年(一六八三)より「新院伝奏〈ま〉」

[死没]元禄2(一六八九)・5・27　[年齢]55　[父]中山冷泉為尚　[母]家女房　[前名]為継　[一字名]理　[公卿補任]4—22上

定経　さだつね　一六五六—一七〇二

明暦2(一六五六)・6・24誕生、万治3(一六六〇)・1・5叙爵、寛文4(一六六四)・11・9元服☆、昇殿☆、侍従従五位上☆、寛文8・1・6正五位下、寛文10・11・3右少将、寛文12・1・6従四位下☆、延宝1(一六七三)・2・23右中将、延宝5・1・5従四位上☆、延宝9・1・5正四位下、貞享5(一六八八)・2・14蔵人頭、2・16禁色、3・4正四位上、元禄2(一六八九)・12・27参議、右中将如元、12・29奏慶着陣、元禄6・1・15聴直衣、2・11従三位、元禄8・12・10権中納言☆、元禄11・12・27〈去正月五日分〉正三位、元禄14・3・4辞権中納言、元禄15・2・26薨去

[死没]元禄15(一七〇二)・2・26　[年齢]47　[父]今城定淳　[母]戸田光重女　[公卿補任]4—109上

定種　さだたね　一六九六—一七四八

元禄9(一六九六)・5・15誕生、元禄13・1・5従五位下、宝永2(一七〇五)・6・4元服、昇殿、侍従従五位上、宝永5・12・21正五位下、宝永7・10・24右少将、正徳2(一七一二)・1・20〈去六分〉従四位下(少将如元)、正徳3・2・18右中将、享保1(一七一六)・1・13〈去五分〉従四位上、享保4・12・26〈去正五分〉正四位下、享保13・10・5蔵人頭、10・9

禁色、12・21正四位上、享保15・12・26参議（右中将如元）、享保16・12・25従三位、享保20・11・9権中納言、12・9帯剣、12・10聴直衣、元文1（一七三六）・12・29正三位、元文2・8・18賀茂伝奏、元文5・閏7・30辞権中納言、寛保1（一七四一）・12・21従二位、延享5（一七四八）・6・29薨去

〔死没〕延享5（一七四八）・6・29　〔年齢〕53　〔父〕今城定経　〔母〕家女房（実池尻勝房女）　〔公卿補任〕4―290上

定興　さだおき　一七三二―七六

享保17（一七三二）・9・4誕生、享保21・1・5叙爵、元文5（一七四〇）・2・9元服、昇殿、侍従、従五位上、寛保3（一七四三）・6・28〈去五〈「正月」ま〉六宣〉正五位下、延享2（一七四五）・1・21兼出羽介、延享3・12・24左権少将、延享4・1・5従四位下、延享5・6・29服解（父）、寛延1（一七四八）・8・20除服出仕復任、寛延3・7・10左権中将、7・25拝賀、寛延4・1・5従四位上、宝暦4（一七五四）・1・5正四位下、宝暦6・7・27服解（母）、9・18除服出仕復任、宝暦13・11・28遷右権中将〈ま〉、12・4蔵人頭、12・7禁色、拝賀従事、12・19正四位上、明和2（一七六五）・6・19参議（中将如元）、8・24拝賀着陣、8・26聴直衣、明和3・1・9〈「5日」ま〉従三位☆、明和6・1・18正三位、明和8・7・29辞参議、安永2（一七七三）・1・25従二位、安永5・5・12薨去

〔死没〕安永5（一七七六）・5・12　〔年齢〕45　〔父〕今城定種　〔母〕丹波守従五位下戸田光凞女　〔公卿補任〕4―480下

定成　さだしげ　一七七四―一八二八

安永3（一七七四）・12・17誕生、天明3（一七八三）・12・3為定恭朝臣養子、12・22従五位下、天明4・12・1元服、昇殿、天明6・1・14従五位上、天明9・1・10侍従、2・2正五位下、寛政2（一七九〇）・9・11〈「3年」ま〉服解（母）、11・2除服出仕復任、寛政4・2・6従四位下、6・13右近衛権少将、寛政7・1・25従四位上、寛政10・1・28正四位下、8・27転権中将、9・18拝賀、11・14着本陣、寛政12・3・26温仁親王家司、文化10（一八一三）・5・18補蔵人頭、5・21禁色、5・23拝賀従事、5・25宿侍始、6・4正四位上、6・8院別当、6・27拝賀（院司奏〈ま〉）、文化12・2・26辞蔵人頭（依病）、3・2右近府年預、文政3（一八二〇）・12・21参議、右権中将如故、文政4・1・10聴直衣、直衣始、1・20従三位、文政7・1・12正三位、6・4権中納言、7・2帯剣、7・5聴直衣、直衣始、文政8・11・18賀茂伝奏、文政11・6・10辞伝奏、6・19辞権中納言、薨去

〔死没〕文政11（一八二八）・6・19　〔年齢〕55　〔父〕今城定恭（実今城定興、二男）　〔母〕丹波守従五位下戸田光雄女　〔号〕栄樹院　〔公卿補任〕5―267上

定章　さだふみ　一七九七―一八七一

寛政9（一七九七）・11・18誕生、寛政11・1・27叙爵、文化3（一八〇六）・8・24元服、昇殿、従五位上、文化6・12・22正五位下、文化9・11・7侍従、文化10・4・28〈去正五分〉従四位下、文化13・1・5従四位上、文政2（一八一九）・1・25〈去四日分〉正四位下、文政5・5・4左近衛権少将、5・27拝賀、文政8・3・27転権中将、6・5拝賀、文政11・6・19服解（父）、8・11除服出仕復任、天保3（一八三二）・2・2左近府年預、天保5・9・22去年預（大将依改易也）、天保9・閏4・3服解（母）、5・24除服出仕復任、天保9・7・20止官蟄居、天保11・2・28免蟄居、嘉永4（一八五一）・7・3還任左近衛権中将、8・4拝賀、12・29左近府年預、嘉永7・2・23参議（権中将如元）、3・23拝賀着陣、3・25聴直衣、直衣始、8・25従三位、安政2（一八五五）・9・24権中納言、10・15帯剣、10・17聴直衣、直衣始、12・3辞権中納言、安政4・1・4正三位、万延2（一八六一）・1・5従二位、慶応2（一八六六）・11・27正二位、慶応3・9・23権大納言、9・26辞権大納言

〔死没〕明治4（一八七一）・4・19　〔年齢〕75　〔父〕今城定成、二男　〔母〕中山愛親六女喜久　〔公卿補任〕5―488上

定国　さだくに　一八二〇―七五

文政3（一八二〇）・3・19誕生、文政5・7・11叙爵、

文政10・3・15元服、昇殿、従五位上、文政13・1・21正五位下、弘化2（一八四五）・7・8侍従、8・8従四位下、弘化5（一八四八）・1・4従四位上、嘉永4（一八五一）・2・4〈去正十八分〉正四位下、3・10右近衛権少将、3・17拝賀、安政5（一八五八）・9・19転左近衛権中将、10・22拝賀、元治1（一八六四）・9・28参議（左中将如元、推任、去四月東照宮奉幣使下向之砌、有彼是紛擾之儀焦慮不少、依是被推任）、10・27拝賀着陣、10・28聴直衣、直衣始、12・19従三位、慶応3（一八六七）・2・28正三位、慶応4・閏4・22権中納言

［死没］明治8（一八七五）・11・29　［年齢］56　［父］今城定章　［母］戸田光行長女浜　［公卿補任］5―557上

中御門流　なかみかどりゅう

藤原氏北家の一流。法成寺関白(御堂関白)道長の二男堀河右大臣頼宗を始祖とする。中御門の称は、嫡流の中御門家の家祖宗俊の息宗忠のときより始まる。その邸宅が中御門通に面していたことに因み、宗忠は中御門右大臣と称された。中御門とは、大内裏の諸門のうち東大宮大路に面する陽明門と郁芳門の中間にあった待賢門の異称で、中御門通は中御門を西正面にする、勘解由小路(下立売通)と春日通(丸太町)の間にあった通りである。当時、貴族は多く東の京に住し、参内も東の諸門、ことに中御門が用いられていた。『枕草子』第三段にも、「白馬みにとて、里人は車きよげにしたてみに行く、中御門のとじきみ引きすぐる程、かしら一所にゆるぎあひて、さぐしもおち、用意せねばをれなどしてわらふもまたをかし」と見える。但し、この門は「なかのみかど」、通りの名や家名等はのちには「なかみかど」の訓。宗忠の中御門亭については、その日記『中右記』長治二年(一一〇五)二月二十日条に、「今日依吉日、五条烏丸地相博頼仲入道中御門亭、互券文渡了、使為信」とあり、同月二十八日条に、「今朝行向中御門富小路亭初見之、令始造作、是五条烏丸地相博土左入道頼仲了也」とあって、宗忠がこれまで居住の五条烏丸亭の地を土佐入道源頼仲の中御門富小路亭と交換し、造作を始めたことが知られる。その位置は、同記の大治五年(一一三〇)七月十日条によれば、春日北、中御門南のようである。始祖頼宗は、宇治摂政頼通の舎弟、母は四品盛明親王女。寛弘元年(一〇〇四)十一歳で初叙従五位上、元服。翌二年侍従・右兵衛権佐。寛弘八年(一〇一一)には従三位に上階して公卿に列し、長和三年(一〇一四)参議を経ず任権中納言。右衛門督・検非違使別当・皇太后権大夫等を経て、治安元年(一〇二一)権大納言。春宮大夫・按察使・右大将を経て、永承二年(一〇四七)任槐して内大臣。康平元年(一〇五八)従一位、同三年右大臣に昇り、同八年正月出家し、翌二月七十三歳で没した。堀河右大臣と称された。摂関となった異母兄の頼通に比すと、官は右大臣にとどまり、女延子を後朱雀天皇の、女昭子を後三条天皇の女御に入れたが、ともに皇子の出生はなかった。歌人としての声望は高く、藤原公任に次ぐと讃えられた。『後拾遺和歌集』の十八首を初め、勅撰集に四十二首が入集し、家集に『入道右大臣集』がある。また、『続本朝往生伝』に「堀川入道右大臣」の伝を載せ、「及病之大漸、落餝入道、(中略)遂以入滅、没後見其手、作弥陀迎接之印、平生不知密教、自然如此、決定往生之相也」と見える。頼宗の後は五流に分れ、うち四流が上階を遂げた。一男兼頼、二男俊家、三男能長の三子生母はいずれも内大臣伊周女。兼頼は、万寿三年(一〇二六)十三歳で初叙正五位下、元服。長元三年(一〇三〇)には従三位、翌四年に参議に昇る。長久三年(一〇四二)権中納言、正二位となり、康平六年(一〇六三)一月五十歳で没した。この兼頼は、後小野宮右大臣実資の猶子となり、小野宮と号し、実子相承して曾孫の代、平安時代末期に絶家となった。俊家は兼頼より五歳下の弟で、長元四年初叙従五位上、元服。長暦二年(一〇三八)に参議・従三位に昇り、権中納言・正二位・検非違使別当等を経て、康平八年(一〇六五)権大納言となり、承暦四年(一〇八〇)には右大臣に昇った。永保二年(一〇八二)十月病により出家、在官すること三年、同日六十四歳で没した。催馬楽の名手で、『古事談』『古今著聞集』などに逸話がみえる。日記『大右記』がある。大宮と号し、また壬生と号した。この後が中御門流の嫡流中御門家で、室町時代に至り家号を松木と改めた。俊家より三歳下の弟能長は、長元八年十四歳で叙爵、元服。長久四年参議、寛徳二年(一〇四五)従三位に昇り、権中納言・正二位・東宮大夫等を経て、治暦四年(一〇六八)権大納言となり、承暦四年内大臣に昇った。永保二年十一月六十一歳で没した。この能長は、父頼宗舎弟の権大納言能信養子となり、三条と号した。能信養女の茂子は白河天皇の生母。この縁により能信、能長いずれも太政大臣を贈られた。能長の後は、一男権中納言基長が三条家を嗣いだが、その息の代で絶家となる。三男権中納言長忠は別流を起し石山と号したが、これも孫の代で絶家となった。頼宗の息で上階を遂げたいま一人は五男の能季で、この流は伊勢と号した。能季は永承三年(一〇四八)十歳で初叙従五位下。侍従を経て天喜二年(一〇五三)少納言、康平二年(一〇五九)正四位上、同四年蔵人頭となり、同六年左中将に転じた。四位侍従から蔵人頭に補され、のち左中将に遷任の特異な例である。康平七年参議となり、権中納言・正二位まで昇ったが、承暦元年(一〇七七)八月二十九歳で没した。子孫相承して南北朝時代に及んだが、十二世の左衛門尉景康を最後に絶家となった。俊家の子息には、一男権大納言宗俊、二男参議師兼、三男左衛門佐基俊、四男鎮守府将軍基頼、五男権大納言宗通があり、宗俊の末が嫡流の中御門家。師兼の流は息右少将家輔で絶えた。基俊は従五位上左衛門佐の微官にとどまり不遇に終ったが、歌人として名高く、鳥羽天皇歌壇において源俊頼と並び指導的位置にあった。『尊卑分脈』に「詞仙一流元祖、和漢秀才、新和漢朗詠撰者」の注が見える。この流はついに上階を遂げることなく、曾孫の代で絶えた。基頼の末が持明院家。この流から一条、持明院(庶流)、園の各家が分流するが、園家以外は絶えた。宗通の流は坊門家となる。宗通は、応徳元年(一〇八四)十四歳で叙爵して以来、白河天皇の寵を蒙って、加階任官ごとに超越して昇進し、寛治八年(一〇九四)蔵人頭より参議となり、権中納言・右衛門督を経て、天永二年(一一一一)権大納言に至った。その間、白河院別当となり、「上皇被仰合万事、仍天下之権威傍若無人也」(『中右記』保安元年(一一二〇)七月二十二日条)と評された。位は正二位に昇り、官は権大納言・民部卿・中宮大夫の三官を一身に帯し、威勢を振ったが、保安元年(一一二〇)七月五十歳の壮齢で没した。坊門と号した。この後は、一男参議信通、二男太政大臣伊通(九条)、三男左少将季通、四男大納言成通(坊門)、五男大納言重通(高倉)の五流に分れ、伊通の流よりは二男権中納言伊通(白河)が分れたが、いずれも南北朝時代頃までに絶家となった。このうち伊通は、天皇の心得を説いた意見書である『大槐秘抄』の著者としても知られる。康和二年(一一〇〇)八歳で叙爵し、保安三年(一一二二)蔵人頭を経て参議となり、累進して永治元年(一一四一)権大納言に至り、その後正二位に昇る。保元元年(一一五六)任槐し、翌二年内大臣より左大臣に転じ、永暦元年(一一六〇)太政大臣に昇った。永万元年(一一六五)二月七十三歳で没した。大宮と号し、また九条と号し、九条大相国と称される。

なお、中関白道隆の裔にも坊門家があり、水無瀬流はこの分流であるが、戦国時代に断絶した。江戸時代に入り、この中御門流から更にいくつかの分流が生じる。持明院家の庶流園家から東園家および壬生家、持明院家から高野家および石野家、園家の傍流壬生家から石山家および六角家が分れた。中御門流諸家の多くは、家紋に立茗荷、あるいは丸に立茗荷を用いた。

松木家　まつのきけ

藤原氏北家中御門流。法成寺関白道長の二男堀河右大臣頼宗の裔。中御門流の嫡流。大宮右大臣俊家の一男権大納言宗俊を家祖とする。中御門の称は、宗俊の息宗忠のときからで、その邸宅中御門富小路亭に因む。室町時代初め宗宣のときより、家名に松木の通称を多く用いた。家格は羽林家。内々の家。有職故実・雅楽(笙)を家職とした。一条家の家礼。江戸時代には家領三百四十一石四斗二升。家祖宗俊の生母は説話集編者としても知られる宇治大納言源隆国の女。宗俊は、天喜五年(一〇五七)十三歳で叙爵し、侍従・右権少将等を経て治暦三年(一〇六七)蔵人頭より参議となり、承暦四年(一〇八〇)権中納言、同五年正二位、寛治六年(一〇九二)権大納言に昇り、承徳元年(一〇九七)五月五十二歳で没した。宗俊の後を嗣ぎ中御門家の礎を築いたのが、『中右記』の記主としても知られる宗忠。この日記の称は中御門右大臣の家名・官名の各一字をとったもの。康平五年(一〇六二)宗俊十七歳のとき、母の実家日野実綱の日野亭で出生。延久元年(一〇六九)八歳のとき母は没したが、引続き七条尼公と称せられた外祖母の許で養育された。藤原美濃守行房の女と婚したのは二十歳少し過ぎた頃のようで、応徳二年(一〇八五)一男宗能が出生。新亭は五条烏丸因幡堂南隣に在ったが、康和五年(一一〇三)焼亡したので東五条亭に移った。家名の起りとなる中御門富小路に新亭を築きそこに移るのは、長治二年(一一〇五)四十四歳のときである。『中右記』同年二月二十日・同二十八日・十月三日条に関連記事が見え、五条烏丸の地を土佐入道源頼仲の中御門富小路の地と交換し、二月に中御門亭の造営を始め、十月三日より移徙したことなどが知られる。叔母の全子は後二条関白師実の北政所、知足院関白忠実の生母。この後援等もあって宗忠は急速な官位の昇進を遂げた。承保元年(一〇七四)十三歳で叙爵し、累進して康和元年(一〇九九)蔵人頭より参議に昇り、権中納言・検非違使別当等を経て保安三年(一一二二)権大納言。天承元年(一一三一)大納言兼春宮大夫より内大臣に任槐、保延二年(一一三六)右大臣に転じ、同四年正月従一位に昇叙。同二月病により出家し、同七年四月八十歳で没した。外祖母七条尼公の弟で、当時公事に通暁していたことで知られる源俊明を厳親のごとく慕い教えを受け、小野宮流の有職家として名高い藤原通俊に故実を学び、有職家としての名を高めた宗忠であったから、その日記『中右記』は後世に故実典礼の典拠として重用され、部類記も作られた。舎弟の宗輔の母は堀川左大臣源俊房の女。因に、俊房は文筆・政理ともに勝れ、大臣在職四十年に及び村上源氏の最盛期を築き、『水左記』の記主としても知られる。宗輔は俊房庇護のもとに立身し、寛治元年(一〇八七)十一歳で叙爵し、累進して保延六年(一一四〇)権大納言に昇り、久安五年(一一四九)転正し、藤氏で初めて淳和院別当に補された。保元元年(一一五六)右大臣、同二年太政大臣、同三年従一位に昇り、応保二年(一一六二)正月八十六歳で没した。堀川、また京極と号し、蜂を飼って愛玩したことで蜂飼大臣とあだ名された。堀川家は、その息権中納言俊通が治承二年(一一七八)出家し、絶家となる。宗忠の息宗能は内大臣正二位まで昇ったが、その息宗家は正二位権大納言にとどまり、以後鎌倉時代の宗経より南北朝時代の宗重に至る六代は、おおむね権中納言か参議にとどまった。宗重より室町時代中期に至る歴代は『諸家伝』『諸家知譜拙記』などでは、宗重―宗泰―宗量(宣)―宗継となっているが、『尊卑分脈』は宗泰は宗重舎弟宗兼の子のところにも見え、『諸家伝』では宗泰は宗重男、宗量も宗重男とも注し、種々矛盾がある。問題は宗泰の親子関係にある。ただ明らかなのは、宗重・宗兼兄弟のうち家嫡であったのは舎弟の宗兼で、叙爵も官位も宗兼が先んじていたが、従三位に上階した翌年の延元二年(一三三七)事情あって三十歳で横死し、舎兄の左少将宗重が家嫡となり、建武四年(一三三七)前権中納言冬定没するにより家督を嗣いだ。そのようなことが系図にも反映しているようであり、宗泰は宗兼の子、宗量は宗重の子であるとするのが妥当なのであろう。なお、宗量(宣)の時代に、中御門の称を松木の通称としたが、これは勧修寺流の支流に同名の家があり、その方が当時朝廷で重きをなしていたこともあって、繁雑を避けるための対処であったのであろう。宗宣の次ぎの宗継は権大納言に昇り、「凡八代中絶」の先途に復し、その息宗綱は、永正十五年(一五一八)前権大納言より准大臣従一位にまで昇った。時に七十四歳。『公卿補任』に「八月廿四日、武家執奏、准大臣、未曾有事歟」とある如く、将軍義稙の執奏によるもので、時に七十七歳であった従一位前権大納言中御門宣胤はその日記『宣胤卿記』に、「准大臣事、依武家之御執奏、雖無御庶幾　勅許云々、(中略)数年在伊勢国、近日為此望上洛歟、無忠無労無宿所、不可説之、借家之小屋也、為朝為官尤聊尒也」(同年八月三十日条)と記し、准大臣勅許とのこと、数年来在国していて、忠もなく労もなく宿所も無い者を、何をか云わん、朝廷のため官職のため聊爾なことであると、口を極めて批判している。宗綱は永正・大永年間しばしば伊勢に下向・在国し、大永五年(一五二五)八月に八十一歳で没するのも伊勢国であった。経済的理由等により公家衆の在国は多々あることではあるが、官位昇進の望みは持ち続けていたこと、超越を極端に嫌う公家社会の一班を窺わせる好個の事例でもあろう。戦国時代から江戸時代初めにかけて養子相続が続き、上階をも遂げないことも数代続いたが、宗条の時に至り、その女宗子が霊元天皇の後宮に入り東山天皇の生母となり敬法門院と号し、外祖父として家運を開き、宗条は正二位権大納言に昇り、貞享五年(一六八八)内大臣に推任された。その息宗顕は、寛文二年(一六六二)五歳で叙爵し、同五年童形で従五位上、同十年元服し、昇殿を聴され、侍従・正五位下、翌十一年左権少将となる。天和元年(一六八一)蔵人頭より参議となり、同三年正月には二十六歳で権中納言に昇った。上臈六人を超越しての昇進であった。左大臣近衛基熈はその日記に、「抑松木中納言事、年齢云、家例云、共以希有歟、頗当時寵臣旁若無人歟、為後代如何云々」(『基熈公記』同年正月十三日条)と云わしめていて、いかに霊元天皇の寵愛が深かったことが知られる。元禄元年(一六八八)権大納言となり、正徳五年(一七一五)東山院外戚を以て准大臣従一位に推任され、享保十一年(一七二六)内大臣に推任された。また、宗顕二男の宗長も安永七年(一七八七)没する直前、准大臣従一位に推任された。宗条は議奏、次いで武家伝奏に補された。日記には、『大右記』(俊家)、『中右記』(宗忠)、『中内記』(宗能)、『宗雅卿記』、『宗冬卿記』、『冬定卿記』、『宗綱公記』、『宗藤卿記』、『後中内記』(宗顕)がある。明治十七年(一八八四)宗隆のとき、叙爵内規により伯爵を授けられた。菩提所は浄華院松林院。『松木家譜』(東京大学史料編纂所架蔵、四一七五—三〇五)。

宗能　むねよし　一〇八五—一一七〇

永長2(一〇九七)・1・5叙爵(中宮御給、本名宗隆)、康和2(一一〇〇)・12・-越前守、康和3・2・

松木家

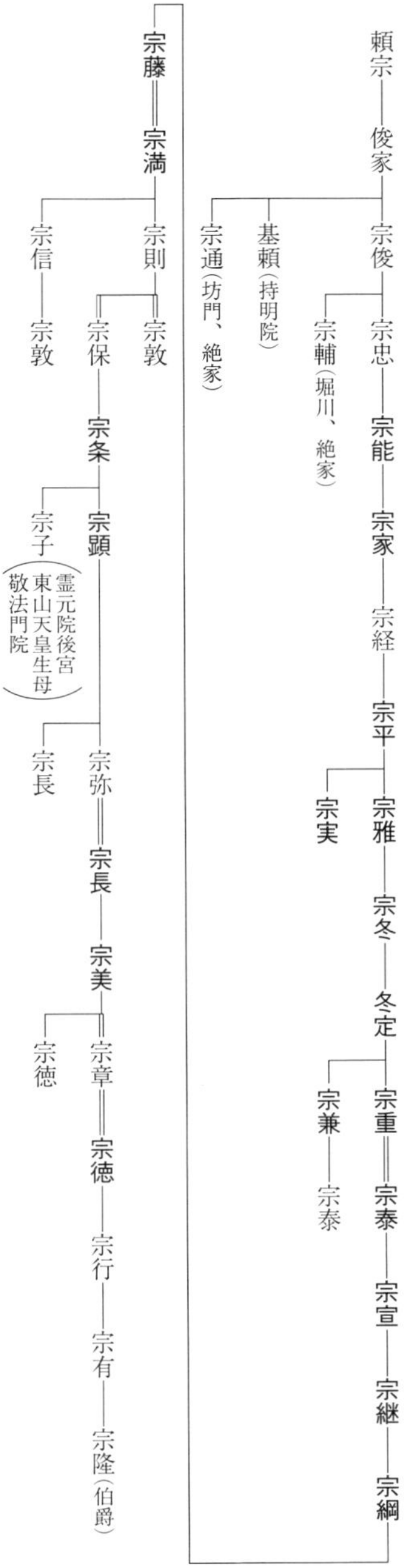

9昇殿、康和4・1・23左兵衛佐、康和5・1・6従五位上（簡一）、12・23正五位下（東宮行啓高陽院賞）、長治1（一一〇四）・2・‐東宮殿上、長治2・1・16蔵人、長治3・3・11右少将、嘉承2（一一〇七）・1・16近江権介、7・19止蔵人（天皇晏駕）、10・13新帝蔵人、11・29従四位下（御即位）、12・9還昇、天仁1（一一〇八）・11・20従四位上（大嘗会国司）、永久2（一一一四）・1・22備中権介、元永3（一一二〇）・1・28近江介、保安3（一一二二）・1・23転右中将、保安4・1・28〈22日カ〉近江権介、御譲位昇殿、11・17正四位下（大嘗会国司）、大治3（一一二八）・1・24備前介（「備仲介」く）、5・15蔵人、天承1（一一三一）・12・22参議（元蔵人頭、労二ケ年）、12・24除目、中将如元、天承2・1・5従三位、1・25兼丹波権守、長承2（一一三三）・9・21兼中宮権大夫、長承3・2・22権中納言、長承4・3・14兼右兵衛督、保延2（一一三六）・11・4転左、保延3・12・16〈19日カ〉転右衛門督、保延5・1・5正三位、10・26〈「11月」恐衍〉従二位、保延6・7・3辞督、7・10被返辞状畢、11・30辞督別当等〈し〉、永治1（一一四一）・12・2転大夫、12・27改皇大后宮大夫、康治2（一一四三）・1・3正二位、久安5（一一四九）・7・28権大納言、8・2皇大后宮大夫、久安6・2・27止大夫、久寿2（一一五五）・9・23春宮大夫、保元1（一一五六）・9・13大納言、保元3・8・11止之（春宮大夫）、永暦2（一一六一）・8・19兼宣旨、9・13内大臣、応保2（一一六二）・9・8蒙輦車宣旨〈旧〉、長寛2（一一六四）・閏10・13上表辞内大臣、仁安3（一一六八）・6・12出家、嘉応2（一一七〇）・2・11薨去

⌘保延四年より「別当」、康治元年より「御禊装束司長官」

［死没］嘉応2（一一七〇）・2・11 ［年齢］86 ［父］中御門宗忠、一男 ［母］正四位下美濃守藤原行房女 ［前名］宗隆 ［号］中御門内大臣 ［日記］中内記（一一三一‐四九） ［公卿補任］1—400下

宗家　むねいえ　一一三九—八九

永治1（一一四一）・12・26従五位下（御即位次）、久安5（一一四九）・2・13従五位上（朝覲行幸、皇后宮御給〈く〉）、6・6侍従、久安7・1・6正五位下（父宗能（「権大納言宗能卿」く）卿平野大原野行幸行事賞追叙）、久寿2（一一五五）・4・4右少将（「右権少将」く）、久寿3・1・27転左、4・6従四位下（院久安三‐御給、除目次）、保元1（一一五六）・11・28従四位上（皇嘉門院去年未給（「未」く無）、除目次）、保元2・1・24尾張介、保元3・1・6正四位下（美福門院御給）、1・27左中将（「右権中将」く）、保元4・2・21中宮権亮（兼）、4・6蔵人頭、永暦1（一一六〇）・4・2参議、元蔵人頭左中将中宮権亮、永暦2・1・23丹波権守、応保2（一一六二）・8・17従三位、長寛2（一一六四）・6・15改信能為宗家、閏10・13正三位、長寛3・1・23右中将、永万2（一一六六）・1・13〈「12日」く〉越前権守、仁安1（一一六六）・8・27権中納言、仁安3・8・10中納言、承安2（一一七二）・3・29従二位、安元2（一一七六）・3・6正二位、治承1（一一七七）・12・22〈「12日」くし〉勅使（勅授カ）、治承3・10・9権大納言、文治5（一一八九）・‐・‐出家、閏4・22薨去

［死没］文治5（一一八九）・閏4・22 ［年齢］51 ［父］中御門宗能、一男 ［母］正三位権中納言藤原長実女 ［前名］信能 ［公卿補任］1—448下 ［大日本史料］4—2—607、4—16—補177

宗平　むねひら　一一九七—一二七一

建永2（一二〇七）・1・5叙爵（氏）、承元4（一二一〇）・12・17侍従、建暦2（一二一二）・3・22右少将（宗経朝臣罷中将申任之）、建暦3・1・13尾張介、建保2（一二一四）・1・5従五位上、建保5・1・6正五位下、建保6・1・13備前介、承久1（一二一九）・12・13従四位下、承久2・1・23更任右少将、承久4・1・6従四位上（臨時）、元仁2（一二二五）・1・5正四位下、嘉禄2（一二二六）・4・19右中将、嘉禄3・1・26伊予介、寛喜4（一二三二）・1・30美作介（中将重兼国）、文暦1（一二三四）・12・21蔵人頭、嘉禎2（一二三六）・2・30参議（元蔵人頭右中将）、7・20従三位〈や〉、嘉禎3・1・24美作権守、嘉禎4・1・23正三位、4・20辞参議、7・19本座、仁治1（一二四〇）・閏10・28〈「12月」当衍〉従二位、仁治4・1・9出家〈く追〉、文永8（一二七一）・4・1薨〈く追〉

［死没］文永8（一二七一）・4・1 ［年齢］75 ［父］中御門宗経、一男 ［母］太皇太后宮大進某仲頼女

〔法名〕智空　〔公卿補任〕2—91下

宗雅　むねまさ　一二一七—六九

天福2(一二三四)・1・26叙爵(于時宗基)、10・29侍従、嘉禎2(一二三六)・2・4従五位上、嘉禎3・10・27正五位下、暦仁1(一二三八)・4・20蔵人(父辞三木申之)、寛元4(一二四六)・2・23還補蔵人、宝治2(一二四八)・-・-改名宗雅、建長3(一二五一)・1・22右少弁、建長4・12・4転左少弁、建長6・1・13右(左カ)中弁、従四位下、1・16兼左宮城使、3・8従四位上、建長7・2・13紀伊権守、10・21正四位下(春日行幸行事賞)、正嘉1(一二五七)・11・9右大弁、文応1(一二六〇)・3・29備後権守、弘長1(一二六一)・3・27還任右中将、-・-蔵人頭、4・7辞中将蔵人頭等、弘長2・1・26左大弁、3・1従三位、左大弁如元、兼造東大寺長官、本名宗基、文永2(一二六五)・3・20美作権守、閏4・25参議、文永4・1・5正三位、文永6・1・28出家、-・-薨去

〔死没〕文永6(一二六九)　〔年齢〕53　〔父〕中御門宗平　〔前名〕宗基　〔日記〕宗雅卿記(一二四一-五七)　〔公卿補任〕2—193上

宗実　むねざね　?—一二八九

-・-・-叙爵、暦仁2(一二三九)・1・27侍従(名字宗世)、延応2(一二四〇)・1・29従五位上(去嘉禎二前北白川院御給)、仁治3(一二四二)・1・5正五位下、正嘉1(一二五七)・11・19従四位下、正嘉3・1・22右少将、文応2(一二六一)・1・5従四位上、弘長2(一二六二)・1・19兼備後介、文永5(一二六八)・1・5正四位下、文永6・5・17転中将、文永8・7・27復任、文永10・3・25兼加賀介、11・6転左中将、11・26如元渡右、正応1(一二八八)・7・11蔵人頭右中将、11・8従三位(元蔵人頭左中将)、正応2・12・21薨去

〔死没〕正応2(一二八九)・12・21　〔父〕中御門宗平、二男　〔前名〕宗世　〔公卿補任〕2—295上

宗冬　むねふゆ　?—一三一一

建長8(一二五六)・1・21叙爵、正嘉3(一二五九)・1・6従五位上、文永2(一二六五)・10・22侍従、文永4・1・7正五位下、文永6・7・28復任(父)、文永7・1・5従四位下、6・18左少将、文永9・1・5従四位上、7・11兼土左介、建治2(一二七六)・1・23転中将、建治3・1・7正四位下、弘安2(一二七九)・1・24兼加賀権介、弘安11・2・10美乃権介、正応3(一二九〇)・6・8蔵人頭(左中将)、9・21従三位(元蔵人頭左中将)、12・25参議、正応4・3・25兼美作権守、正応5・1・13依南都衆勘被放氏、2・5辞退、7・13本座、正応6・2・18正三位、永仁6(一二九八)・9・29従二位、11・14還任、永仁7・3・24兼播磨権守、正安1(一二九九)・4・26辞参議、正安2・3・6正二位、7・28止権守、正安3・-・-〔還任カ〕、正安4・4・20兼備前権守、嘉元1(一三〇三)・10・29権中納言、嘉元3・12・30辞権中納言、徳治2(一三〇七)・2・17出家、延慶4(一三一一)・1・19薨去

〔死没〕延慶4(一三一一)・1・19　〔父〕中御門宗雅　〔母〕参議正二位藤原信盛女　〔号〕中御門　〔日記〕宗冬卿記(一二八五-九一)　〔公卿補任〕2—305下

冬定　ふゆさだ　一二八〇—一三三七

弘安8(一二八五)・12・29叙爵、正応1(一二八八)・11・21従五位上、正応6・4・8侍従(于時冬氏)、6・24正五位下、永仁7(一二九九)・3・24兼讃岐介、正安2(一三〇〇)・3・24復任(母)、乾元2(一三〇三)・1・28補蔵人、7・23左少将、嘉元3(一三〇五)・11・16右少弁(去蔵人少将)、徳治2(一三〇七)・11・1左少弁、徳治3・2・7従四位下、10・18可行最勝寺事、延慶2(一三〇九)・1・6従四位上、2・19権右中弁、延慶3・1・5正四位下、3・9左中弁、4・7装束使並正蔵率分所勾当、4・15兼左宮城使、9・4右大弁、9・13兼造東大寺長官、10・2正四位上、12・11左大弁、応長1(一三一一)6・30復任(父)、閏6・9止大弁、12・21還左大弁、正和1(一三一二)・10・12〈や〉遷右兵衛督、補蔵人頭、正和2・8・7従三位、元蔵人頭、但雖不叙留帯督云々、9・6止督、11・24三木、正和3・11・19辞参議、正和4・1・25本座、文保2(一三一八)・8・24正三位、10・6還任(参議)、文保3・3・9兼能登権守、元応2(一三二〇)・9・10兼大蔵卿、元亨2(一三二二)・1・26止卿、2・11兼宮内卿、元亨3・5・5被止出仕、6・15〈16日ともあり〉辞(参議)、正中2(一三二五)・12・18還任(参議)、

正中3・2・19兼大蔵卿、兼備後権守、嘉暦2(一三二七)・7・16兼左大弁、11・10兼侍従、嘉暦3・3・16権中納言、9・13〈9月23日ともあり〉辞権中納言、11・27従二位、元徳1(一三二九)・12・13還任(権中納言)、元徳2・4・7辞権中納言、元徳3・2・21治部卿、8・7正二位、建武4〈延元2〉(一三三七)・8・17薨去

[死没]建武4(一三三七)・8・17　[年齢]58　[父]中御門宗冬、一男　[前名]冬氏　[日記]冬定卿記(一二七六−一三二九)　[公卿補任]2—434上　[大日本史料]6—4—360

宗重　むねしげ　一三〇四—六七

徳治2(一三〇七)・1・5叙爵、応長2(一三一二)・3・3従五位上、文保2(一三一八)・2・11正五位下、元応1(一三一九)・6・23〈やし〉侍従、元亨3(一三二三)・3・20大膳大夫、9・28去大夫、嘉暦2(一三二七)・5・21少納言、嘉暦4・1・13兼土左権守、元徳2(一三三〇)・3・1辞少納言、8・4右少将、元徳3・1・13〈やし〉去権守、元弘1(一三三一)・11・5更兼任少納言[「不被用之」し]、元弘3・7・7又兼任少納言、8・5兼任越前守、去少納言、建武1(一三三四)・3・25去守、10・9従四位下、延元1(一三三六)・3・24右少将、暦応1〈延元3〉(一三三八)・12・5転左少将、暦応2〈延元4〉・1・5従四位上、1・13転左中将[右中将カ]、暦応5〈興国3〉・1・5正四位下、貞和4〈正平3〉(一三四八)・3・20左大弁、6・22為造東大寺長官、7・10正四位上、9・27為勧学院別当、貞和5〈正平4〉・9・13遷左中将、蔵人頭、観応1〈正平5〉(一三五〇)・6・19従三位、元蔵人頭左中将、8・16参議、観応2〈正平6〉・8・13罷職、12・‐参南方、‐・‐従四位下、左京大夫、12・28侍従、‐・‐従三位云々、延文5〈正平15〉(一三六〇)・11・17正三位、貞治2〈正平18〉(一三六三)・11・18権中納言、12・26辞退(権中納言)、貞治5〈正平21〉・1・5従二位、貞治6〈正平22〉・12・22薨去

[死没]貞治6(一三六七)・12・22　[年齢]64　[父]中御門冬定　[公卿補任]2—630上　[大日本史料]6—28—616

宗兼　むねかね　?—一三三六?

延慶2(一三〇九)・12・26叙爵、延慶3・2・8従五位上、応長1(一三一一)・12・26正五位下、文保2(一三一八)・3・12侍従、嘉暦1(一三二六)・4・22左少将、嘉暦2・4・8中宮権大進、6・8遷右少将、嘉暦3・6・13左衛門佐、蔵人、7・8禁色、元徳2(一三三〇)・2・11転中宮大進、3・1右少将、11・16右少弁、元弘1(一三三一)・1・5正五位上、1・13転左少弁、2・21記録所寄人、3・18従四位下、7・17転右中弁、10・5転左中弁、10・25為装束司[「装束使」イ]、10・28転右大弁、11・8春宮亮、11・20補造東大寺長官、元亨2(一三二二)・3・15兼三川権守、正慶1〈元弘2〉(一三三二)・10・21蔵人頭、正慶2〈元弘3〉・6・8従四位上、元弘3(一三三三)・6・‐還本官、9・10左中弁、左宮城使、建武1(一三三四)・2・23左中将[右中将カ]、蔵人頭、3・1禁色、9・4右中将[左中将カ]、建武3〈延元1〉・3・2参議、元蔵人頭、5・16兼侍従、8・15辞(参議)、正四位下、12・‐〈建武4年2月17日にもあり〉被誅、薨去

[死没]延元1(一三三六)・12カ　[年齢]26カ　[父]中御門冬定　[公卿補任]2—561上　[大日本史料]6—3—929

宗泰　むねやす　?—一三八〇

応安6〈文中2〉(一三七三)・4・26参議、元蔵人頭左中将、応安7〈文中3〉・8・16従三位、永和1〈天授1〉(一三七五)・3・29兼備前権守、永和2〈天授2〉・2・12兼左大弁、永和3〈天授3〉・8・14権中納言、永和4〈天授4〉・12・13辞(権中納言)、正三位、康暦1〈天授5〉(一三七九)・6・24本座、康暦2〈天授6〉・1・‐薨去

[死没]康暦2(一三八〇)・1　[父]中御門宗重　[公卿補任]2—710下

宗宣　むねのぶ　一三七二—一四二八

応永16(一四〇九)・7・23参議、元蔵人頭右中将、兼右大弁、応永17・1・5従三位、1・28兼美作権守、応永18・1・5正三位、閏10・9転左大弁、11・25権中納言、11・28帯剣、応永20・2・1辞権中納言、6・29被仰伝奏事、応永24・11・‐改宗教、‐・‐又改宗宣、応永30・2・29出家

⌘応永二十三年より「従二位」

［死没］応永35（一四二八）・2・29　［年齢］57　［父］中御門宗重　［前名］宗量・宗定　［法名］常祐　［公卿補任］3—67下

宗継　むねつぐ　一四〇〇—五二

応永30（一四二三）・3・20参議、元蔵人頭中将、8・27右大弁、応永31・1・5従三位、3・17兼能登権守、10・13〈11日ともあり〉辞参議、応永32・1・30還任（参議）、正長2（一四二九）・1・5正三位、3・29兼周防権守、永享2（一四三〇）・12・30兼任左大弁、-・-・-大嘗会検校、永享4・6・23権中納言、嘉吉2（一四四二）・1・5従二位、文安3（一四四六）・1・29権大納言、宝徳1（一四四九）・12・12正二位、享徳1（一四五二）・12・27薨去

［死没］享徳1（一四五二）・12・27　［年齢］53　［父］松木宗宣　［公卿補任］3—103上

宗綱　むねつな　一四四五—一五二五

文安6（一四四九）・1・5叙爵、-・-・-従五位上、-・-・-侍従、康正2（一四五六）・6・30正五位下、-・-・-左少将、長禄2（一四五八）・1・5従四位下、-・-・-左中将、寛正2（一四六一）・7・17従四位上、-・-・-正四位下、-・-・-蔵人頭〈「寛正4年12月15日」職補〉、-・-・-正四位上、文正1（一四六六）・10・23参議（元蔵人頭左中将）、12・13兼左大弁、文正2・2・6従三位、応仁1（一四六七）・3・27兼周防権守、9・-辞両職、応仁2・10・5権中納言、文明2（一四七〇）・6・7正三位、9・-兵部卿、文明8・1・6従二位、長享2（一四八八）・9・17権大納言、延徳3（一四九一）・1・25正二位、永正7（一五一〇）・8・19下向勢州、永正12・12・-辞権大納言（在国）、永正15・4・19出仕〈さ〉、近日自勢州上洛〈さ〉、8・24准大臣、-・-・-従一位、-・-・-出家、10・28下国〈さ〉、大永5（一五二五）・6・3薨去（於勢州）

［死没］大永5（一五二五）・6・3　［年齢］81　［父］松木宗継　［母］従二位権中納言月輪家輔女　［号］陽照院　［法名］玄空　［日記］宗綱公記（一四八四—一五二四）　［公卿補任］3—217下

宗藤　むねふじ　一四九〇—？

延徳2（一四九〇）・-・-誕生、明応4（一四九五）・1・5従五位下、永正4（一五〇七）・1・11侍従、永正5・7・25従五位上、永正6・4・27左少将、永正10・4・1正五位下、永正13・2・9従四位下、永正14・1・6転中将、永正15・8・20禁色〈く追〉、永正16・12・13〈く〉従四位上、大永2（一五二二）・1・5正四位下、3・29相模介、大永4・3・20〈く〉蔵人頭、7・21正四位上、大永5・6・-〈やさ〉服解（父、在国）、天文3（一五三四）・4・9従三位、元前蔵人頭左中将、天文5・2・2参議、3・1兼左大弁、天文6・10・8辞退両官、天文8・-・-在国〈さ〉、天文13・4・10上洛、8・10権中納言、8・23辞権中納言、正三位、9・7下向勢州、天文17・-・-出家（在国）〈さ〉

［父］松木宗綱　［日記］宗藤卿記（一五二二）　［公卿補任］3—388上

宗満　むねみつ　一五三七—九三

天文13（一五四四）・7・17叙爵、天文18・12・19従五位上、侍従〈くま〉、（「今日」くま）元服、天文20・3・27土佐介、弘治2（一五五六）・6・13正五位下、-・-・-左少将、永禄2（一五五九）・11・16従四位下、永禄3・2・3左中将、永禄10・8・14従四位上、天正2（一五七四）・7・18正四位下、天正3・7・21参議、天正5・4・7〈賜去年十二月卅日位記〉従三位、左大弁、5・3辞弁〈やくま〉、天正8・閏3・25〈賜去年十一月廿三日正三位位記〉正三位、天正9・3・27権中納言、天正12・12・20従二位、天正14・-・-改宗満、-・-・-辞権中納言、天正15・12・29正二位、文禄2（一五九三）・1・5出家☆、6・7薨去☆

［死没］文禄2（一五九三）・6・7　［年齢］57　［父］松木宗藤（実飛鳥井雅教）　［前名］宗房　［法名］栄運　［公卿補任］3—472下

宗条　むねえだ　一六二五—一七〇〇

寛永2（一六二五）・3・28誕生、寛永7・1・5〈く〉叙爵（于時宗良）☆、寛永10・12・29元服、侍従従五位上、寛永14・1・5正五位下、寛永18・12・25左少将、寛永19・1・5従四位下、正保2（一六四五）・1・6従四位上、正保4・4・3左中将、正保5・1・5正四位下、承応1（一六五二）・11・26蔵人頭、12・8禁色〈く〉、12・21正四位上、承応3・12・18

参議、中将如元、元蔵人頭、12·26改為宗条☆、承応4·5·24〈賜去二月八日従三位位記〉従三位、明暦2（一六五六）·12·26権中納言、万治2（一六五九）·1·5正三位、寛文1（一六六一）·12·24権大納言、寛文2·12·1辞権大納言、寛文8·12·22従二位、延宝3（一六七五）·2·26〈「22日」ま〉〈去去年十二月廿二日分〈「廿六日」ま〉〉正二位☆、貞享5（一六八八）·2·1内大臣、2·16辞内大臣、元禄13（一七〇〇）·6·24薨去

〔死没〕元禄13（一七〇〇）·6·24　〔年齢〕76　〔父〕松木宗保　〔母〕内大臣従一位広橋兼勝女　〔前名〕宗良　〔一字名〕丹·尹·京·春　〔号〕後浩沙院　〔公卿補任〕3—634下

宗顕　むねあき　一六五八—一七二八

万治1（一六五八）·12·10誕生、寛文2（一六六二）·1·5叙爵、寛文5·3·18従五位上☆、寛文10·3·6元服☆、昇殿☆、侍従☆、正五位下☆、寛文11·1·30〈去正五〉従四位下☆、延宝3（一六七五）·1·22〈正十一分〉左中将☆、延宝4·1·5従四位上、延宝7·5·21〈正五分〉正四位下☆、12·17蔵人頭、12·23禁色、12·25正四位上、天和1（一六八一）·12·21参議☆、兼左大弁☆、天和2·12·24従三位☆、天和3·1·13権中納言、貞享1（一六八四）·8·20神宮伝奏〈ま〉、貞享2·6·21辞伝奏、貞享4·2·29〈去々年正月六日分〉正三位☆、元禄1（一六八八）·12·26権大納言、元禄7·2·12〈去正月五日分〉従二位、元禄12·12·28辞権大納言、宝永1（一七〇四）·12·26正二位☆、正徳5（一七一五）·12·28准大臣従一位、享保11（一七二六）·9·15内大臣、9·18辞内大臣、享保13·4·28薨去☆

〔死没〕享保13（一七二八）·4·28　〔年齢〕71　〔父〕松木宗条　〔母〕正三位河鰭基秀女　〔一字名〕顕　〔号〕九品院　〔日記〕後中内記·宗顕公記（一六七九-一七二八）　〔公卿補任〕4—62上

宗長　むねなが　一七一〇—七八

宝永7（一七一〇）·9·1誕生、正徳3（一七一三）·3·1〈「2年」ま〉叙爵、享保7（一七二二）·11·23為宗弥子相続、12·14侍従従五位上、享保8·2·13元服、昇殿、禁色、享保9·12·26正五位下、享保11·1·26左少将、10·19喪養父、12·10除服復任、享保12·7·4従四位下、享保13·3·22左中将、4·27喪実父、6·18除服復任、享保15·2·11従四位上、享保18·1·8〈去五日宣〉正四位下、元文3（一七三八）·5·25参議（左中将如元）、6·18拝賀着陣、12·24従三位、元文4·12·9権中納言、12·25帯剣、12·26聴直衣、元文6·1·14正三位、延享3（一七四六）·1·25権大納言☆、延享4·5·10従二位、5·27皇太后宮大夫、寛延1（一七四八）·8·25大嘗会検校、寛延2·6·14辞権大納言、寛延3·1·10還任権大納言、6·26止大夫、寛延4·7·21正二位、宝暦3（一七五三）·3·4辞権大納言、安永7（一七七八）·1·15従一位、蒙准大臣宣旨、1·19薨去

〔死没〕安永7（一七七八）·1·19　〔年齢〕69　〔父〕松木宗弥（実松木宗顕、二男）　〔母〕正三位権中納言広橋貞光女　〔号〕後陽照院　〔公卿補任〕4—333上

宗美　むねよし　一七四〇—八八

元文5（一七四〇）·10·12誕生、寛保3（一七四三）·6·28叙爵、延享3（一七四六）·12·24侍従、延享4·12·26従五位上、寛延2（一七四九）·6·4元服、昇殿、寛延3·9·24正五位下、12·24左少将、寛延4·2·8拝賀、宝暦2（一七五二）·1·22従四位下☆、宝暦4·1·26従四位上、5·1右中将、5·21拝賀、宝暦6·3·27正四位下、宝暦9·5·16服解（母〈ま〉）、7·9除服出仕復任、宝暦11·2·19〈昨日分宣〉蔵人頭、2·22禁色、拝賀、従事、4·24正四位上、宝暦12·1·28従三位、宝暦13·2·13参議、4·24右権中将、明和2（一七六五）·10·11改宗美、10·29正三位、明和5·3·14右大弁☆、6·6聴直衣、9·15権中納言、10·26帯剣、10·27聴直衣、明和8·10·10従二位、安永6（一七七七）·2·6正二位、天明1（一七八一）·9·28嘉種親王家別当、天明5·1·13権大納言、1·20直衣始、天明7·4·28大嘗会検校、5·17辞大嘗会検校、5·20辞権大納言、天明8·10·14薨去

〔死没〕天明8（一七八八）·10·14　〔年齢〕49　〔父〕松木宗長　〔母〕正二位権大納言久世通夏女　〔前名〕宗済　〔公卿補任〕4—463下

宗徳　むねのり　一七八二—一八二七

天明2(一七八二)·9·20誕生、天明6·12·19従五位下、天明9·1·5従五位上、寛政1(一七八九)·1·5従五位上、寛政9·12·26元服、昇殿、正五位下、寛政10·10·25〈「15日」ま〉侍従、寛政11·1·27従四位下、寛政12·8·21左権少将、11·14拝賀、寛政13·1·14従四位上、享和3(一八〇三)·1·17正四位下、文化3(一八〇六)·12·5転権中将、文化4·1·7拝賀、文化5·4·24左近府年預、12·6服解(母)、文化6·1·27除服出仕復任、文化12·10·24更為年預、文化13·2·24参議(左権中将如元)、4·15拝賀着陣、4·17聴直衣、直衣始、12·21従三位、文政2(一八一九)·1·4正三位、文政10·5·21辞両官、薨去

[死没]文政10(一八二七)·5·21　[年齢]46　[父]松木宗章(実松木宗美、末子)　[母]家女房　[公卿補任]5—239上

坊門家(絶家)

伊通　これみち　一〇九三—一一六五

康和2(一一〇〇)·1·5叙爵(斎宮給)、康和5·3·15従五位上(行幸高陽院賞)、長治2(一一〇五)·1·27三川守(院分、判官代、元散位)、4·10侍従(兼守)、嘉承1(一一〇六)·1·7正五位下(中宮行啓右衛門督藤原朝臣宗通賞(家脱カ))、12·5備中守(兼侍従、元三川守)、嘉承2·12·20計歴、天永1(一一一〇)·1·23〈天永2年カ〉左少将(元侍従)、1·27遷右、10·20重任、永久2(一一一四)·1·-辞備中守、永久3·8·13権右中弁(元右少将、備中公文)、永久4·1·5従四位下(弁労)、12·22従四位上(院去天永二年御給)、元永1(一一一八)·12·17正四位下(最勝寺供養行事賞)、保安1(一一二〇)·1·13補蔵人頭、7·22遭喪(父)、保安2·6·27復任、保安3·1·23参議(元蔵人頭権右中弁)、12·21兼右兵衛督、保安4·1·22兼美作権守、1·27停督、5·-督如元、大治3(一一二八)·1·24兼備中権守、大治4·1·7従三位、大治5·2·-〈21日カ〉中宮権大夫、天承1(一一三一)·12·5止三職、12·16被下辞状、長承2(一一三三)·9·21権中納言、12·5勅授、長承4·1·28正三位、保延2(一一三六)·12·9転中納言、12·27〈21日カ〉兼右衛門督、-·-検別当、保延3·12·16辞督別当、保延4·1·5従二位、保延7·12·2権大納言、康治2(一一四三)·1·3正二位、久安6(一一五〇)·8·21大納言、保元1(一一五六)·8·24蒙可任大臣宣旨〈く〉、9·13内大臣、保元2·8·19左大臣、10·26輦車、永暦1(一一六〇)·7·27蒙宣旨、8·11太政大臣、長寛3(一一六五)·2·3上表辞職、2·11出家、2·15薨去

[死没]長寛3(一一六五)·2·15　[年齢]73　[父]藤原宗通、二男　[母]正三位藤原顕季女　[公卿補任]

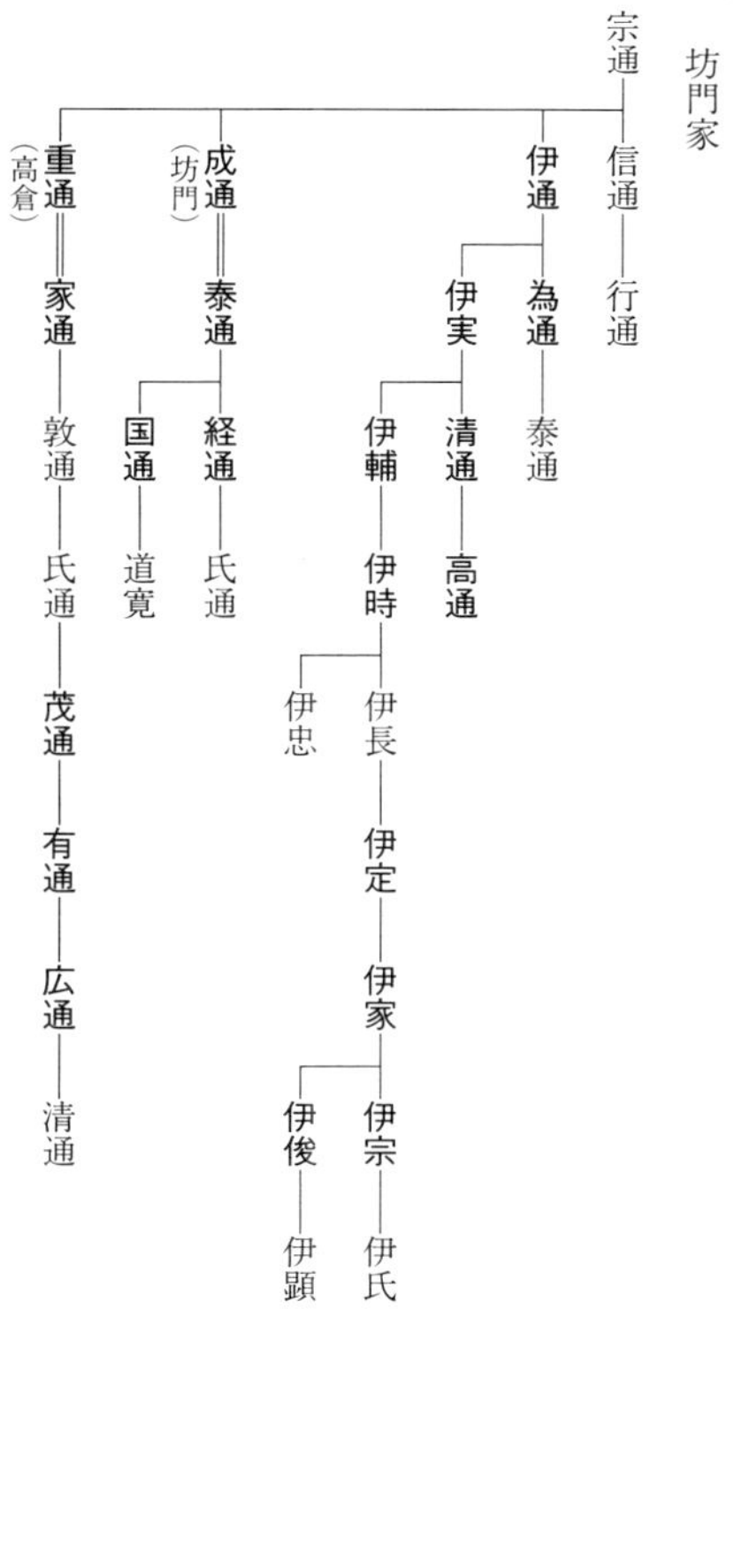

1—389上

成通　なりみち　一〇九七—？

長治3(一一〇六)・1・5叙爵(春宮御給、本名宗房)、嘉承2(一一〇七)・12・8侍従、天仁3(一一一〇)・2・25従五位上(行幸院)、天永2(一一一一)・1・－備後介、8・20昇殿、天永3・1・10蔵人、永久3(一一一五)・8・13右少将、永久4・1・5正五位下(少将如元)、1・11還昇、1・30兼備前介、永久6・1・7従四位下、保安1(一一二〇)・12・14復任(父)、保安2・1・24備中介、保安3・1・6従四位上(院御給)、1・23左中将、保安4・1・－兼播磨介、1・28御譲位、－・－新帝昇殿、大治2(一一二七)・1・3正四位下(行幸院賞)、12・－禁色、大治3・1・24兼美作権介、天承1(一一三一)・12・22参議、元左中将美作権介、不経蔵人頭、12・24除目、中将如元、天承2・1・22備中権守、長承3(一一三四)・2・17従三位、2・24転左中将、保延2(一一三六)・11・4権中納言、保延3・1・30兼侍従、永治1(一一四一)・12・26正三位、12・27兼皇后宮権大夫、永治2・2・3従二位、康治2(一一四三)・1・3正二位、久安5(一一四九)・7・28権大納言、8・2皇后宮権大夫、8・3止大夫、保元1(一一五六)・9・13転大納言、9・17辞侍従、保元3・1・21〈し〉辞退(大納言)、2・21被下辞状、平治1(一一五九)・10・15出家

[父]宗通、四男　[母]正三位藤原顕季女　[前名]宗房　[法名]栖蓮　[公卿補任]1—401下

重通　しげみち　一〇九九—一一六一

天永1(一一一〇)・12・13叙位(善子内親王未給)、永久2(一一一四)・1・22備中守(院分、判官代)、2・11従五位上(行幸院賞)、永久5・1・19左兵衛佐、永久6・3・－昇殿、4・3左少将〔「右少将」く〕(剰闕)、元永3(一一二〇)・2・14右少将〔「左少将」く〕(守如元)、保安1(一一二一)・12・14復任(父)、保安3・1・6正五位下、1・23得替、保安4・1・7従四位下(院御給)、1・8還昇〔「昇殿」く〕、1・22転右中将、1・28新帝昇殿、天治1(一一二四)・11・24初聴女院殿上、大治5(一一三〇)・2・21中宮権亮、4・3従四位上(中宮還入内賞)、天承2(一一三二)・1・2正四位下(行幸院賞)、長承2(一一三三)・1・29蔵人頭、長承3・2・22参議(元蔵人頭中宮権亮)、右中将如元、長承4・1・28兼播磨権守、保延5(一一三九)・10・26従三位、保延6・3・－讃岐権守、永治1(一一四一)・12・2権中納言、兼中宮権大夫、12・27皇太后権大夫、康治1(一一四二)・11・14正三位、天養2(一一四五)・1・4従二位、久安3(一一四七)・12・22別当、久安4・7・17正二位、久安5・7・28中納言、久安6・2・－止権大夫、6・22中宮大夫、8・30右衛門督、仁平2(一一五二)・1・28〔「29日」く〕転左衛門督、2・12〈13日カ〉辞別当、久寿3(一一五六)・1・27辞左衛門督、保元1(一一五六)・9・13権大納言、10・27皇后宮大夫、12・9淳和院別当、保元3・2・3皇太后宮大夫、保元4・2・21中宮大夫、永暦1(一一六〇)・8・11転大納言、永暦2・3・25出家、6・5薨去

※永治元年より「左兵衛督」、保元元年より「按察使」

[死没]永暦2(一一六一)・6・5　[年齢]63　[父]宗通、五男　[母]正三位藤原顕季女　[公卿補任]1—405下

為通　ためみち　一一一二—五四

大治5(一一三〇)・5・7〈正月カ〉叙爵、天承1(一一三一)・1・7従五位上(中宮御給)、11・10昇殿、長承1(一一三二)・12・25侍従、保延2(一一三六)・1・5正五位下(院行幸賞)、12・24右少将、保延3・1・3備中介、4・16遷左、保延4・1・6従四位下(府)、4・5〈「20日」くし〉少将如元、4・19還昇、保延6・1・22従四位上(行幸院賞)、永治1(一一四一)・12・2中宮権亮、12・7新帝昇殿、12・27皇太后宮権亮(本宮転)、永治2・1・7正四位下(本宮給)、1・23備後権介、12・21左中将、久安2(一一四六)・1・－備前権介、久安5・7・28蔵人頭、久安6・1・29参議、蔵人頭〔「元蔵人頭」くし〕、(去中将〈くし〉)、6・22中宮権大夫、9・20服解(祖母)、11・30復任、仁平2(一一五二)・1・28丹波権守、仁平4・6・13薨去

[死没]仁平4(一一五四)・6・13　[年齢]43　[父]藤原伊通、一男　[母]従四位上右京大夫藤原定実女(前大宮女房大夫)　[公卿補任]1—427下

伊実　これざね　一一二四—六〇

大治5(一一三〇)・1・6従五位下(一品禎子内親王給)、保延2(一一三六)・12・21侍従(朝覲行幸賞)、保延4・1・2従五位上(元散位)、1・22右近権少将(元侍従)、叙目任左、下名還任、保延6・3・26〈「27日」く〉備前介〔「備中介」し〕(兼)、保延7・1・6正五位下(少将労)、康治2(一一四三)・1・6従四位下(少将重兼国〔「同労」し〕)、天養2(一一四五)・1・4従四位上(朝覲行幸賞)、久安3(一一四七)・1・28讃岐介(少将重兼国)、8・11正四位下(皇后宮御給、鳥羽御堂供養日行事賞)、久安4・11・13転左近権中将(元右少、越成雅)、久安5・8・2蒙禁色宣旨、久安6・1・29蔵人頭(越右中将師仲左中将成雅等)、6・22兼中宮権亮(宮同胞兄〈し〉)、仁平1(一一五一)・2・-播磨介(兼)、久寿2(一一五五)・7・23止頭(天皇晏駕)、7・24新帝頭、久寿3・1・27参議、元蔵人頭左中将中宮権亮、下名賜左中将兼字、備前権守、保元1(一一五六)・9・13権中納言、従三位〔く作即従三位而在上文兼字下〕、11・28皇后宮権大夫、保元2・8・21正三位、保元3・2・3皇太后宮権大夫〈し〉、保元4・4・2解官、永暦1(一一六〇)・2・14〈「8月14日」くイ〉兼皇后宮権大夫、2・28還任(権中納言)、8・11中納言、9・2薨去

〔死没〕永暦1(一一六〇)・9・2　〔年齢〕37　〔父〕藤原伊通、二男　〔母〕正三位権中納言藤原顕隆、三女　〔公卿補任〕1—436下

家通　いえみち　一一四三—八七

久安1(一一四五)・11・18従五位下、仁平4(一一五四)・1・23従五位上(皇嘉門院仁平二年御給)、久寿3(一一五六)・1・27左兵衛佐(重通卿辞左衛門督申)、保元1(一一五六)・9・17左少将〔「左権少将」く〕、保元2・1・24備前介、10・22正五位下(造宮賞、上卿重通譲)、保元4・1・7従四位下(府労)、永暦1(一一六〇)・2・28右中将、8・27従四位上(重通卿賀茂行幸行事)、永暦2・1・23備前介(兼)、応保3(一一六三)・1・5正四位下(大嘗会、美福門院御給)〈くし〉、長寛2(一一六四)・1・21蔵人頭、永万1(一一六五)・6・25更新帝頭、永万2・6・6参議(元蔵人頭右中将止之)、本基重、仁安2(一一六七)・1・30加賀権守、仁安3・8・4従三位、承安2(一一七二)・1・23出雲権守、10・23正三位、治承3(一一七九)・11・17兼右兵衛督、養和2(一一八二)・3・8遷左兵衛督、寿永1(一一八二)・10・13従二位、寿永2・1・22権中納言、12・21転右衛門督、元暦1(一一八四)・9・18別当、9・28大嘗会御禊御前長官、11・17正二位、文治2(一一八六)・12・15転左督、辞別当、文治3・10・23辞督、11・1辞権中納言、薨去

〔死没〕文治3(一一八七)・11・1　〔年齢〕45　〔父〕藤原重通(実忠基、二男)　〔母〕正二位大納言源師頼女　〔前名〕基重　〔号〕六角中納言　〔日記〕家通卿記(一一五八-七七)　〔公卿補任〕1—460下　〔大日本史料〕4—2—100、4—16—補73

清通　きよみち　一一四一—?

久安4(一一四八)・10・17従五位下、信濃守(本名伊保)、保元2(一一五七)・1・24侍従(今日去信乃守)、保元3・1・6従五位上(祖父左大臣松尾北野行幸行事賞)、永暦1(一一六〇)・8・14右近権少将、応保2(一一六二)・7・17兼皇太后宮権亮、長寛2(一一六四)・8・9昇殿、11・16正五位下(朔旦叙位次、少将労)、永万2(一一六六)・1・12従四位下(八条院長寛二年御給)、3・9昇殿、仁安3(一一六八)・2・13〈3月14日カ〉止皇大后宮権亮、九条院別当、2・15従四位上(御即位叙位、臨時)、8・4正四位下(天皇始行幸院賞、臨時)、嘉応2(一一七〇)・-・-改名字於清通、安元3(一一七七)・1・24転任権中将、治承2(一一七八)・4・5遷任左近権中将、養和1(一一八一)・12・4従三位、止左中将、即日侍従、寿永2(一一八三)・12・21左京大夫、文治2(一一八六)・2・30備後権守、文治4・10・14〈「11月」し恐衍〉辞大夫、建久1(一一九〇)・9・14出家

〔父〕藤原伊実、一男　〔母〕相模権守某公長女　〔前名〕伊保　〔法名〕念阿　〔公卿補任〕1—497下　〔大日本史料〕4—3—196

泰通　やすみち　?—一二一〇

久寿3(一一五六)・1・6従五位下(春宮当年御給)、保元1(一一五六)・9・17侍従(成通卿譲之)、永暦1(一一六〇)・1・21兼阿波権介(侍従)、応保1(一一六一)・10・19左少将(元侍従)、遷右少将、10・28

如元可為左之由被仰下、応保2・1・5従五位上(少将労)、長寛2(一一六四)・1・21兼美作介(右〔左カ〕少将労、経四年)、11・16正五位下(府労)、永万2(一一六六)・1・12従四位下(右少将)、仁安3(一一六八)・8・4従四位上(朝覲行幸、臨時)、仁安4・1・11兼伊与介(少将重兼国)、嘉応2(一一七〇)・1・5正四位下(皇嘉門院当年御給)、承安4(一一七四)・12・1右権中将(元権少将)、承安5・1・22兼伊与介(右中将)、今日転左中将、治承4(一一八〇)・1・28兼美作介(中将重兼国)、養和1(一一八一)・12・4蔵人頭、寿永2(一一八三)・1・22参議、元蔵人頭、左中将如元、12・22従三位(臨時)、寿永3・3・27兼讃岐権守、元暦1(一一八四)・11・7遷近江権守、文治2(一一八六)・12・15権中納言、文治3・5・25帯剣、文治5・4・5正三位、建久2(一一九一)・12・28従二位、建久6・11・10中納言、建久8・1・30正二位、正治1(一一九九)・6・22権大納言、12・16為長仁親王勅別当、建仁2(一二〇二)・7・23辞退(権大納言)、7・26許本座、-・-按察使、承元2(一二〇八)・6・20出家

〔死没〕承元4(一二一〇)・9・30　〔父〕藤原成通(実藤原為通)　〔母〕正二位大納言師頼女　〔公卿補任〕1―502上　〔大日本史料〕4―10―854

伊輔　これすけ　?―一二一八

平治1(一一五九)・1・6五位(皇太后宮当年御給)、永暦1(一一六〇)・1・21信乃守(祖父左大臣給)、長寛1(一一六三)・12・30重任、長寛2・1・21侍従(守如元)、仁安3(一一六八)・3・15従五位上(簡一、御即位叙位)、治承3(一一七九)・1・5正五位下、養和1(一一八一)・11・28右少将〔「右権少将」く〕(平資盛辞替)、元暦1(一一八四)・10・6従四位下(超左少将隆保)、文治3(一一八七)・1・5従四位上(前皇嘉門院安元三-未給)、文治5・7・10転右中将〔「右権中将」く〕、建久2(一一九一)・1・5正四位下(去文治二-院御給)、建久9・1・11新帝昇殿、1・30蔵人頭(超実保成定)、11・9従三位(元蔵人頭左中将)、〈14日カ〉右兵衛督、建仁2(一二〇二)・1・21辞督、元久3(一二〇六)・1・13正三位、建永2(一二〇七)・4・29出家

〔死没〕建保6(一二一八)・3　〔父〕藤原伊実　〔母〕従三位藤原範兼女　〔公卿補任〕1―540上　〔大日本史料〕4―14―664

高通　たかみち　一一六九―一二三三

承安1(一一七一)・1・6叙位(九条院御給)、養和1(一一八一)・11・28従五位上、寿永2(一一八三)・12・21侍従、文治3(一一八七)・1・5正五位下(祖父太政大臣久安五年松尾北野行幸行事賞)、1・23兼出雲介、文治4・10・14左近少将(父清通卿辞左京大夫申任申任之)、文治5・1・18兼備中権介、建久1(一一九〇)・1・5従四位下、建久5・1・30兼備中介、建久6・1・6従四位上、建久9・11・21正四位下(加叙)、正治1(一一九九)・12・9転権中将、正治2・1・25兼美作介、元久2(一二〇五)・1・29兼備後介、承元1(一二〇七)・10・29蔵人頭、承元2・7・9従三位(元蔵人頭右中将)、今日任侍従、承元4・1・6正三位、建暦2(一二一二)・1・13安芸権守、建保5(一二一七)・6・29従二位、-・-去侍従、承久4(一二二二)・2・8出家、貞応1(一二二二)・8・16薨去

〔死没〕承久4(一二二二)・8・16　〔年齢〕54　〔父〕藤原清通、一男　〔母〕正二位権大納言藤原公通女(皇后宮育子女房坊門)　〔公卿補任〕1―570下　〔大日本史料〕5―1―598

経通　つねみち　一一七六―一二三九

治承2(一一七八)・1・15叙位(氏)、文治5(一一八九)・1・18従五位上(殷富門院元暦元大嘗会御給)、7・10侍従、建久4(一一九三)・1・29加賀介、建久5・10・13右近少将、建久6・1・5正五位下(中宮御給)、2・2越後権介、建久8・1・6従四位下(府労、少将如元)、正治2(一二〇〇)・1・7従四位上(前皇太后宮長寛二朔旦御給)、1・22伊与介、建仁2(一二〇二)・7・23転中将、8・13遷左、11・19正四位下(臨時)、元久2(一二〇五)・1・29土左介、建永1(一二〇六)・-・-服解(母)、12・30復任、承元2(一二〇八)・7・8蔵人頭、承元3・1・13尾張介、承元4・9・30服解(父)、11・25止蔵人頭、建暦1(一二一一)・閏6・-〈1月カ〉復任、建暦2・5・11還補蔵人頭、建保2(一二一四)・1・13参議(元蔵人頭)、左中将如元〈や〉、建保3・1・5従三位、1・13兼備前権守、承久

2(一二二〇)・1・6正三位、1・22伊与権守、4・6左衛門督(「右衛門督」当作)、検別当、貞応1(一二二二)・8・16権中納言、12・17辞別当督等、貞応3・1・23従二位、5・20勅授、嘉禄3(一二二七)・1・5正二位、4・9中納言、嘉禎1(一二三五)・10・8権大納言、-・-大嘗会検校、12・9辞権大納言、嘉禎2・4・8出家、延応1(一二三九)・10・13薨去

[死没]延応1(一二三九)・10・13　[年齢]64　[父]藤原秦通、一男　[母]正二位権大納言藤原隆季女　[号]高倉大納言　[公卿補任]2—12下

伊時　これとき　一一七八—一二三七

養和2(一一八二)・3・8従五位下、文治3(一一八七)・12・4侍従、文治6・1・26従五位上、建久2(一一九一)・2・1兼伊与介、建久6・12・10正五位下(高松院永万元御給)、建仁2(一二〇二)・1・21右少将(父卿辞右兵衛督申任之)、8・13遷左少将、建仁3・1・5従四位下、1・13備中介、元久2(一二〇五)・1・5従四位上(七条院当年御給)、承元1(一二〇七)・10・29左中将、承元2・1・20讃岐介、承元3・1・5正四位下(殷富門院建仁二朔旦御給)、建暦1(一二一一)・10・17美乃守(兼院分)、建暦2・12・10止守、建保6(一二一八)・1・13蔵人頭、3・-服解(父)、5・18復任、建保7・1・22従三位、元頭左中将、嘉禄3(一二二七)・11・-出家、嘉禎3(一二三七)・4・-薨去

[死没]嘉禎3(一二三七)・4　[年齢]60　[父]藤原伊輔、二男　[母]法勝寺執行章玄法印女　[公卿補任]2—31下　[大日本史料]5—11—250

国通　くにみち　一一七六—一二五九

寿永2(一一八三)・1・5従五位下(氏)、建久5(一一九四)・1・30侍従、建久6・12・9従五位上(鳥羽院仁平三御給)、建久9・1・30兼阿波介、正治3(一二〇一)・1・23正五位下(七条院御給)、建仁1(一二〇一)・12・22右少将、建仁2・1・21備中権介、11・19従四位下、11・22右少将如元、元久2(一二〇五)・1・5従四位上(権大納言兼良東大寺供養行事賞譲)、元久3・1・13正四位下(故大納言師頼卿寛治八興福寺北円堂供養行事賞譲)、建永2(一二〇七)・1・13美乃介(重兼国)、左中将、建暦1(一二一一)・閏1・-復任、建保2(一二一四)・1・13蔵人頭、1・18禁色、建保6・1・13参議(元蔵人頭)、右中将(「左中将」当作)如元、建保7・1・5従三位、1・22美乃権守、貞応1(一二二二)・8・16正三位、元仁2(一二二五)・1・23播磨権守、嘉禄1(一二二五)・7・6権中納言、嘉禄3・12・10勅授、安貞2(一二二八)・2・7従二位、寛喜3(一二三一)・4・26中納言、寛喜4・1・30辞退中納言、貞永1(一二三二)・8・26出家、正元1(一二五九)・4・-薨去

[死没]正元1(一二五九)・4　[年齢]84　[父]秦通、二男　[母]中務少輔某教長女(高倉院女房新中納言)　[公卿補任]2—25上

茂通　しげみち　一二三二—九三

延応2(一二四〇)・6・12叙爵(于時光通)、仁治1(一二四〇)・12・18侍従、寛元3(一二四五)・1・13従五位上(于時茂通、承明門院御給)、7・30復任、宝治2(一二四八)・1・6正五位下、10・29左少将、建長1(一二四九)・1・24兼信乃権介、建長2・1・5従四位下、9・16還任左少将、建長5・1・5従四位上(正親町院御給)、建長6・1・13兼伊与介、9・6転右中将、康元1(一二五六)・1・6正四位下、12・16復任、正嘉1(一二五七)・11・22転左中将、文永7(一二七〇)・11・17蔵人頭、文永8・11・29参議(元蔵人頭左中将)、本名光通、文永9・1・5従三位、2・11備後権守、文永10・12・8辞退、文永11・1・19本座、建治3(一二七七)・1・5正三位、弘安3(一二八〇)・12・7従二位、正応4(一二九一)・2・25正二位、永仁1(一二九三)・12・11出家、12・12薨去

[死没]永仁1(一二九三)・12・12　[年齢]62　[父]氏通、一男　[母]正二位中納言藤原公国女　[前名]光通　[号]高倉　[公卿補任]2—227下

伊定　これさだ　一二四七—一三〇〇

建長4(一二五二)・1・5叙爵(氏)、建長5・2・19侍従、建長7・1・5従五位上、正嘉1(一二五七)・12・30左少将、正嘉2・6・13復任(父)、正元2(一二六〇)・1・5正五位下(府労)、3・29兼越中権介、弘長2(一二六二)・1・7従四位下(府労)、文

永3(一二六六)・2・1兼紀伊介、4・27従四位上(従一位平棟子給)、文永4・2・1転中将、文永7・1・5正四位下、建治4(一二七八)・2・8兼美乃介、正応2(一二八九)・10・18蔵人頭(左中将)、正応3・9・21従三位(元蔵人頭左中将)、正応6・2・28正三位、永仁6(一二九八)・9・25従二位、正安2(一三〇〇)・4・4出家、4・10薨去

[死没]正安2(一三〇〇)・4・10 [年齢]54 [父]藤原伊長 [公卿補任]2―305上

有通 ありみち　一二五八―一三三三

正元2(一二六〇)・3・2従五位下、弘長3(一二六三)・4・5侍従、4・21右少将、文永1(一二六四)・1・5従五位上(府労)、文永4・1・5正五位下(府労)、文永5・1・29兼近江権介、文永6・-・5〈「7年1月」イ〉従四位下(府労)、5・3右少将還任、文永8・2・8復任、文永11・2・20兼越中介、文永12・1・6従四位上、建治3(一二七七)・10・16右中将、建治4・1・6正四位下、弘安7(一二八四)・1・13兼任備後権介、弘安10・-・-解官、正応1(一二八八)・9・12右中将還任、正応2・1・13兼備前介、乾元2(一三〇三)・1・28蔵人頭、7・5従三位(元蔵人頭)、右中将、延慶2(一三〇九)・1・6正三位、延慶3・2・8参議、4・7辞参議、4・20本座、正和2(一三一三)・8・7従二位、正慶2〈元弘3〉(一三三三)・11・3薨去

[死没]正慶2(一三三三)・11・3 [年齢]76 [父]藤原茂通 [母]従五位下美濃守大江忠茂女 [公卿補任]2―371下 [大日本史料]6―1―270

伊家 これいえ　?―一三一六

正応3(一二九〇)・1・5叙爵、永仁4(一二九六)・5・15侍従、永仁5・1・29従五位上、永仁6・11・14右少将、永仁7・1・5正五位下、正安2(一三〇〇)・4・5従四位下、10・24還任右少将〔「左少将」や〕、嘉元4(一三〇六)・1・5従四位上、4・14右中将、徳治2(一三〇七)・1・29兼摂津介、延慶2(一三〇九)・4・14正四位下、5・7解却見任、5・16還任右中将、正和2(一三一三)・9・21〈や〉蔵人頭、正和4・2・21従三位、元蔵人頭右中将、正和5・7・21薨去

[死没]正和5(一三一六)・7・21 [父]藤原伊定、二男 [母]某忠成女 [公卿補任]2―447上

広通 ひろみち　?―一三五八

正安3(一三〇一)・3・16従五位下、正和5(一三一六)・1・5従五位上、9・24侍従、文保1(一三一七)・3・27左少将、文保2・1・5正五位下、11・9備中権介(大嘗会国司)、11・21従四位下、正中2(一三二五)・1・29従四位上、嘉暦3(一三二八)・3・16正四位下、7・20還任左少将、康永1〈興国3〉(一三四二)・8・11左中将、康永4〈興国6〉・4・26蔵人頭、貞和1〈興国6〉(一三四五)・11・14従三位(元蔵人頭左中将)、貞和5〈正平4〉・11・25参議、観応1〈正平5〉(一三五〇)・3・29兼周防権守、4・20辞退、延文3〈正平13〉(一三五八)・8・8薨去

[死没]延文3(一三五八)・8・8 [父]藤原有通 [公卿補任]2―606上 [大日本史料]6―21―945

伊宗 これむね　一三〇四―五一

応長2(一三一二)・1・17従五位下〈し〉、正和2(一三一三)・10・11従五位上〈し〉、文保2(一三一八)・2・10正五位下〈し〉、-・-侍従、12・19従四位下(侍従如元)、元応2(一三二〇)・12・29右少将〈し〉、元亨3(一三二三)・4・26転左少将〈し〉、正中2(一三二五)・1・29従四位上〈し〉、嘉暦4(一三二九)・1・5正四位下〈し〉、6・28転左中将〈し〉、建武2(一三三五)・5・23辞中将〈し〉、建武3〈延元1〉・11・25還任左中将〈し〉、貞和4〈正平3〉(一三四八)・4・17従三位(元左中将)、観応2〈正平6〉(一三五一)・6・26薨去

[死没]観応2(一三五一)・6・26 [年齢]48 [父]藤原伊家、一男 [公卿補任]2―619下 [大日本史料]6―15―92

伊俊 これとし　一三〇二?―五九

正和5(一三一六)・閏10・4叙爵、文保1(一三一七)・3・27従五位上、12・22侍従、文保2・3・26〈や〉右少将、5・11正五位下、文保3・3・9兼尾張守、元応1(一三一九)・8・18従四位下、8・27右少将如旧、元応2・9・5止右少将、元亨4(一三二四)・1・13止尾張守、正中2・1・29少納言、4・2還任右少将、正中3・1・5従四位上(加叙)、嘉暦4(一三二九)・6・28正四位下、元徳2(一三三〇)・2・11

右中将、元弘2(一三三二)・3・12近江介(中将兼国)、観応1〈正平5〉(一三五〇)・6・18還任右中将、6・19蔵人頭、観応2〈正平6〉・8・13従三位、宣下、元蔵人頭右中将、延文4〈正平14〉(一三五九)・-・-薨去

[死没]延文4(一三五九)　[年齢]58カ　[父]藤原伊家、二男　[公卿補任]2—635上　[大日本史料]6—22—793

堀川家(絶家)

堀川家

宗輔——俊通

宗輔　むねすけ　一〇七七—一一六二

寛治1(一〇八七)・11・18叙爵(大嘗会叙位)、寛治4・12・14侍従、寛治5・8・8従五位上(中宮従左大臣上御門宅還御六条殿賞)、寛治6・11・8右中将(本定)、嘉保1(一〇九四)・2・5兼備前権介、嘉保2・1・5正五位下(労)、永長1(一〇九六)・1・14蔵人、承徳1(一〇九七)・1・5従四位下(右少将)、1・29更任右少将(四位之後院去年給)、承徳2・1・27兼近江権介(府労)、承徳3・1・22従四位上(右少将)、康和4(一一〇二)・1・23左中将、2・1遷右、康和5・2・30美作権介(兼中将)〈くひし〉、長治2(一一〇五)・6・8正四位下(自堀川院還御内裏之時、中宮職事賞)、天仁1(一一〇八)・1・24兼備前介、天永4(一一一三)・1・28兼美作介、永久3(一一一五)・8・13遷左中将、保安3(一一二二)・1・23参議(元蔵人頭)、左中将如元、保安4・1・22兼近江権守、天治2(一一二五)・10・21従三位、大治3(一一二八)・1・24兼播磨権守、大治5・10・5権中納言、天承1(一一三一)・12・24兼右兵衛督、天承2・1・22転左、長承4(一一三五)・1・28正三位、保延2(一一三六)・11・4転左衛門督[「右衛門督」当作]、12・9中納言、12・21転左〈くし〉、保延4・1・2従二位、保延6・3・27権大納言、閏5・1正二位、久安5(一一四九)・7・28大納言、9・22淳和院別当、久安7・2・2民部卿、保元1(一一五六)・8・24蒙可任大臣宣旨、9・13右大臣、保元2・8・9蒙兼宣旨、8・19太政大臣、保元3・1・6従一位、永暦1(一一六〇)・7・20上表、応保2(一一六二)・1・27出家、1・30薨去

[死没]応保2(一一六二)・1・30　[年齢]86　[父]藤原宗俊、一男　[母]従一位左大臣源俊房女　[号]京極太政大臣・蜂飼大臣　[公卿補任]1—389上

俊通　としみち　一一一七—?

天承2(一一三二)・-・-叙位、永治2(一一四二)・1・5従五位上(簡一)、康治1(一一四二)・12・21侍従、康治3・1・24右少将[「右権少将」く]、天養2(一一四五)・1・26備中介、久安3(一一四七)・1・5正五位下(労)、久安5・8・2転左、従四位下(右少将労、去正月入外記勘文、依無叙位訴申叙之)、久安6・10・2従四位上(金泥一切経供養、美福門院御給)、仁平1(一一五一)・2・2近江権介、仁平4・1・5正四位下(高陽院当年御給)、8・18左少将、保元2(一一五七)・1・24右中将[「右権中将」く]、讃岐介、保元4・4・6参議、元右中将[「元左中将」く]止之、不歴頭、永暦1(一一六〇)・1・21備前権守、8・14兼右中将、8・27従三位、応保1(一一六一)・9・15権中納言、応保2・1・16依不仕恐懼、2・30被免恐懼、長寛2(一一六四)・閏10・13正三位、永万2(一一六六)・6・6辞権中納言、-・-民部卿、仁安2(一一六七)・1・30遷兵部卿、承安2(一一七二)・閏12・26辞兵部卿、承安3・1・-依病辞卿〈く〉、治承2(一一七八)・6・29出家

[父]藤原宗輔、一男　[母]従五位上備後守橘俊基女　[公卿補任]1—446上

持明院家　じみょういんけ

藤原氏北家中御門流。松木家の支流。大宮右大臣俊家の四男中務大輔基頼を家祖とする。持明院の称は、基頼が康和年中(一〇九九—一一〇四)邸内に持仏堂を建立し持明院と称したことに因む。その息通基は天治年中(一一二四—一一二六)さらに堂宇を構えて九品の阿弥陀

仏を安置し、大治五年（一一三〇）供養を行ない、そしてこの通基のときに仏閣の寺号は安楽光院と改め、持明院の号を以て家名としたのである（『尊卑分脈』）。その位置は京の北郊、西洞院大路の北の末東西南北六丁余（現在の上京区新町通寺之内下ル安楽小路町、光照院の地域）。家格は羽林家。内々の家。有職故実・能書・神楽を家職とした。近衛家の家礼。江戸時代には家領二百石。家祖基頼は、『尊卑分脈』には「達武略、討出羽常陸并北国凶賊、蒙将軍宣旨」「嗜弓馬、好鷹犬」などと注し、位は正五位下、官は鎮守府将軍・越前守・中務大輔等に叙任され、保安三年（一一二二）三月八十三歳で没したとある。その息通基は正四位下大蔵卿に叙任、久安四年（一一四八）五十九歳で没した。持明院と号した。通基の後、丹波守通重と権中納言基家の二流に分かれる。通重は一条と号し、従四位上まで昇ったところで没したが、この流はその息能保が正二位権中納言となり、この後裔も数代上階を遂げ、多くの分流を起したが、いずれも鎌倉時代の末頃には絶家となり、基家流が本流として次代に継承される。基家は久安元年（一一四五）十四歳で叙爵し、承安二年（一一七二）左中将より従三位に上階。参議を経て文治四年（一一八八）に権中納言、同六年正二位に昇り、建仁元年（一二〇一）出家し、建保二年（一二一四）二月八十三歳で没した。基家の女陳子は、高倉天皇の子守貞親王（後高倉院）の妃となり、その関係で親王は持明院殿を御在所とし、持明院宮と称される。そして陳子は後堀河天皇の生母となり、貞応元年（一二二二）には女院宣下をうけ、北白河院と号し、嘉禎四年（一二三八）十月に六十六歳で他界。後堀河天皇は譲位後、この持明院殿を仙洞とし、のち後深草上皇も持明院殿を仙洞としたので、世にこの系統を亀山天皇系の大覚寺統に対し持明院統と称されることになる。伏見・後伏見・花園・光厳・光明の各上皇いずれも持明院殿を仙洞とし、また崇光天皇は一時持明院殿を皇居としたのである。しかし、文和二年（一三五三）二月に炎上し、安楽光院が一宇残ったという。なお安楽光院もその後荒廃したので、伏見の深草の地に移された。陳子の兄弟には、舎兄に基宗・保家、舎弟に基氏がいて、基宗の後が江戸時代に至る持明院家で、基氏は園家の祖となる。基宗は永暦二年（一一六一）七歳で叙爵し、建久六年（一一九五）従三位に上階、建仁二年（一二〇二）二月に四十八歳で没した。保家は建仁二年に上階、参議・左衛門督等を経て承元二年（一二〇八）権中納言に昇り、同四年三月四十四歳で没した。この兄弟は官位昇進の具合からも明らかなように、基宗は嫡子であったが従三位で終り、保家が中納言まで昇り、子孫繁栄して嫡庶逆転することになる。妹陳子の後援もあったからであろうが、保家の子息基保・俊保・家任等は各一家を起こし、いずれも持明院と号した。とりわけ基保の後は持明院家の正嫡として代々権中納言等に昇った。これに比し、基宗流はその息家行が正三位権中納言まで昇ったが、その後四代は上階をも遂げえず、南北朝時代になり基清のとき再び公卿に列するようになる。基清は応安六年（一三七三）従三位に昇り、永徳二年（一三八二）八月没する。その後の基親・基繁・基信の三代、官歴の不明なところも目立つが、一応上階を遂げ、保家流の諸家はいずれも室町時代初め頃には絶家となってしまうなかで、基宗流のみが子孫継承される。ことに戦国時代、基春により能書が持明院家の家職に加えられることになる。基春は文明元年（一四六九）十六歳で叙爵、明応六年（一四九七）従三位に上階し、のち正三位参議にまで昇ったが、永正三年（一五〇六）参議を辞し、それよりは以前にも増してしばしば美濃に在国し、天文四年（一五三五）八十二歳で没するのも美濃国に於いてであった。基春は書を能くし、世尊寺参議行高の門人であった。藤原行成以来の書風は世尊寺流として代々世尊寺家によって相伝され、朝廷の書役を勤め来っていたが、天文元年の参議行季の死によって断絶したので、基春に白羽の矢が立ち世尊寺流を相承することになる。『持明院廿八箇条口伝』に、「後奈良院、入木道絶ナンコトヲ惜マセ玉ヒ、勅シテ持明院参議基春へ相承ナサシメ玉フ、持明院代々能書家タルニ依テ也」と見える。ここに基春は持明院流の祖となり、持明院家は入木道伝授の宗家として江戸時代末に至るまで君臨する。基春の息権中納言基規は、周防等八ヶ国の大守大内義隆を頼って周防下国中、天文二十年九月陶隆房の乱に遭い前関白二条尹房などと共に横死し、その息中納言基孝は老年に至るも嗣子がなく、天正十六年（一五八八）正親町権中納言季秀の男基久が養子に入った。慶長十六年（一六一一）五月に基孝は九十二歳で没した。左中将基久はその後数年ならずして豊臣氏の大坂城に入り、同二十年五月、いわゆる夏の陣において戦死を遂げた。『諸家伝』等には息基征の略歴には叙爵・元服・侍従の記載しかないが、『持明院家譜』には「従五位上侍従、元和元年五月卒、十歳」とある。これによれば、父子ともども横死したのであろう。大坂方に一味したことは徳川家に弓を引いたも同然であったから、家名断絶も罷むなきことであったろう。『孝亮宿祢日次記』元和元年七月二十四日条には、「持明院中将今度大坂秀頼公就一味、彼家断絶之処、自長橋局被申大樹、以大沢少将次男持明院家被相続云々、彼息明日就元服、忠利可理髪之由、自長橋局被頼仰、令申御請、習礼有之」とある。断絶するところであったが、長橋局より将軍秀忠に願い申し、幕府高家大沢少将基宿の二男を以て持明院家が相続されることになり、壬生左大史孝亮は長橋局より理髪役を頼まれ御請けし、明日元服ということで習礼をしたという。この長橋局というのは、基孝の女基子で、後陽成天皇に仕え、のち典侍となる。尭然親王の生母。寛永二十一年（一六四四）没し、了性院と号した。基久の姉か妹の勾当内侍からのたっての願いで、幕府もこれをいれ、大沢基宿の二男基久を養子として家名を相続させた。『寛永諸家系図伝』辛一では大沢は初祖を頼宗とし、持明院基世の舎兄基長から続くとしている。大沢が持明院の流れであることは、一般にも知られていたようで、例えば『泰重卿記』同年七月二十五日条にも、「持明院跡継ニ大沢二番目男元服、持明院一門之由承及候」とあるが、事実関係は不明である。幕府の政治的配慮による処置であったと考えられる。いずれにせよ、さらに持明院の家名は存続し、しかも基定は家の例として初めて権大納言に昇り、正二位権大納言を先途とする家格の家となる。基時の舎弟保春、基輔の舎弟基顕が一家を起し、家名を高野、石野と号した。基時は議奏・武家伝奏に補された。日記には、『基春卿記』がある。

持明院家

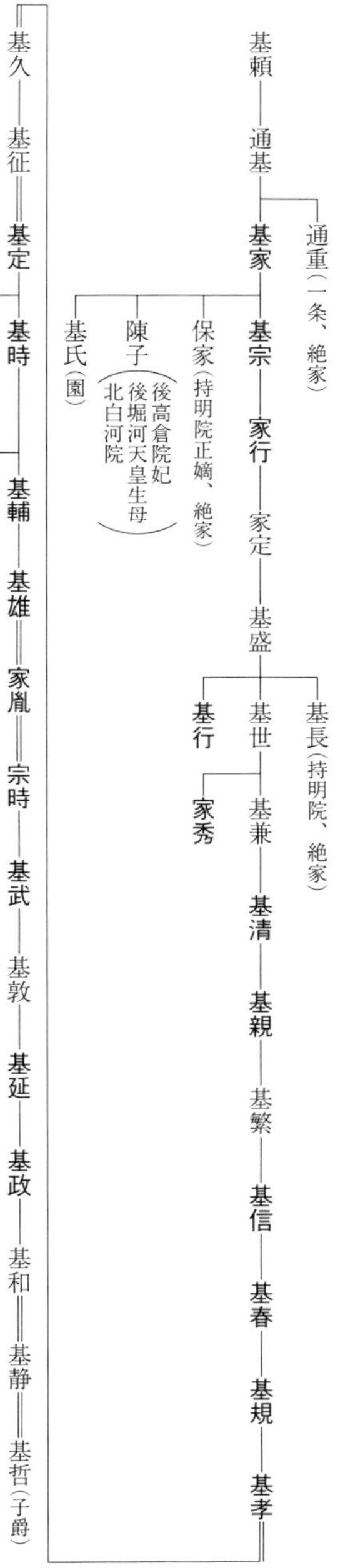

明治十七年(一八八四)基哲のとき、叙爵内規により子爵を授けられた。菩提所は廬山寺。『持明院家譜』(東京大学史料編纂所架蔵、四一七五—二五六)。

基家　もといえ　一一三二—一二一四

久安1(一一四五)・11・23叙爵(天治二ー氏爵未叙)、久安4・1・28能登守、久安7・1・2従五位上(行幸院、縁〔統カ〕子内親王給〈く〉)、久寿3(一一五六)・1・27(美作守〈「美乃守」原イ及く〉)、保元1(一一五六)・9・8能登守、保元2・10・22正五位下(造北廊功〔「造内裏国司賞」く〕)、10・27右兵衛権佐〔権く無〕(守如元)、保元4・4・6右少将(守如元)、永暦1(一一六〇)・10・11従四位下(行幸院、院御給)、応保1(一一六一)・1・5従四位下(少将如元)〈く〉、9・28解官両職〔「坐事解却所帯両官」く〕、応保3・1・5従四位上(上西門院御給〈く〉)、永万2(一一六六)・6・6還任左少将、仁安2(一一六七)・1・5正四位下(上西門院御給〈く〉)、嘉応2(一一七〇)・7・26左中将〔「左権中将」く〕、承安2(一一七二)・1・23従三位(元左中将)、安元2(一一七六)・3・6正三位、治承3(一一七九)・11・19右京大夫、養和2(一一八二)・3・8兼越前権守、寿永1(一一八二)・10・3参議、10・7更任右京大夫、寿永2・1・22兼讃岐権守、11・28解却、元暦1(一一八四)・9・18還任、元暦2・1・20兼伊与権守、文治3(一一八七)・11・14従二位、文治4・10・14権中納言、文治5・7・10辞所帯、9・16聴本座、建久1(一一九〇)・8・7正二位、建仁1(一二〇一)・8・13出家、建保2(一二一四)・2・26薨去〈く〉

〔死没〕建保2(一二一四)・2・26　〔年齢〕83　〔父〕持明院通基、二男　〔母〕大蔵卿正四位下源師隆女(侍賢門院女房、上西門院家母)　〔前名〕長基　〔法名〕真智　〔公卿補任〕1—476下　〔大日本史料〕4—13—66

基宗　もとむね　一一五五—一二〇二

永暦2(一一六一)・1・23叙爵(上西門院当年御給)、8・27加賀守(上西門院御分、停済綱任之)、仁安2(一一六七)・11・13昇殿、12・30従五位上(上西門院去年大嘗会御給)、嘉応2(一一七〇)・1・18重任、承安1(一一七一)・1・18侍従、承安2・1・5正五位下(上西門院当年御給)、治承3(一一七九)・1・19左少将、治承5・11・28従四位下、寿永1(一一八二)・11・23従四位上(上西門院大嘗会御給)、元暦1(一一八四)・7・24正四位下(上西門院御即位御給)、文治4(一一八八)・1・23左中将〔「右権中将」く〕(超上﨟顕家)、建久6(一一九五)・4・7従三位(元左中将)、建仁2(一二〇二)・2・25薨去

〔死没〕建仁2(一二〇二)・2・25　〔年齢〕48　〔父〕持明院基家、一男　〔母〕右馬助源長時女(上西門院女房因幡)或散位隆量女　〔号〕持明院　〔公卿補任〕1—532下　〔大日本史料〕4—7—378

家行　いえゆき　一一七五—一二二六

養和1(一一八一)・11・30叙位(于時家能、後改家行、上西門院平治元未給)、文治2(一一八六)・12・14備後守(上西門院御給、舎兄基能卒替、今日従五下載召名如何〈や〉)、建久4(一一九三)・1・29淡路守(祖父基家卿申任之)、建久6・3・11従五位上(東大寺供養、七条院院司賞)、建久7・1・28遷備後守、正治1(一一九九)・12・9紀伊守、正治2・1・22侍従(兼守)、10・26止守、元久1(一二〇四)・1・5正五位下(前皇后仁安三大嘗会御給)、元久2・1・29左少将(改家行)、元久3・1・17従四位下(少将如元)、建暦1(一二一一)・1・5従四位上(七条院当年御給)、11・3左中将、建保2(一二一四)・1・13正四位下、建保6・12・9従三位(去中将)、承久3(一二二一)・12・12参議、承久4・1・24備前権守、貞応1(一二二二)・8・2正三位、12・21兼左衛門督別当、貞応2・5・ー辞別当、ー・ー・ー還補別当、嘉禄1(一二二五)・7・6権中納言、11・19依病辞督別当、12・22辞納言、嘉禄2・2・13出家、2・17〈「15日」イ〉薨去

〔死没〕嘉禄2(一二二六)・2・17　〔年齢〕52　〔父〕持明院基宗、一男　〔母〕民部大輔忠成女(上西門院帥局)或昌玄僧正女　〔前名〕家能　〔公卿補任〕2—28下　〔大日本史料〕5—3—156

基行　もとゆき

弘安11(一二八八)・1・5従五位下(室町院当年御給、于時基範)、正応5(一二九二)・3・29侍従、正応6・3・14従五位上、永仁3(一二九五)・4・8正五位下、正安2(一三〇〇)・3・6加賀権介、嘉元4(一

三〇六)・2・5右少将、徳治1(一三〇六)・12・22従四位下、正和1(一三一二)・12・19従四位上、正和5・2・1正四位下、元応2(一三二〇)・9・5右中将(元前右少将)、嘉暦4(一三二九)・5・26遷任右兵衛督、12・13止督、元徳2(一三三〇)・3・22従三位(元前右兵衛督)

※正慶二年(一三三三)非参議従三位〔以後不見〕

[父]持明院基盛　[前名]基範　[公卿補任]2—531上

家秀　いえひで

貞治3〈正平19〉(一三六四)・2・15従三位(元左中将)、応安3〈建徳1〉(一三七〇)・-・-出家

[父]持明院基世　[公卿補任]2—683下　[大日本史料]6—33—6

基清　もときよ　?—一三八二

応安6〈文中2〉(一三七三)・12・26従三位、元左中将、永和3〈天授3〉(一三七七)・3・-左兵衛督、康暦1〈天授5〉(一三七九)・7・-止督、永徳2〈弘和2〉(一三八二)・8・10薨去

[死没]永徳2(一三八二)・8・10　[父]持明院基兼　[母]家女房　[公卿補任]2—712下

基親　もとちか　?—一四一九

応永17(一四一〇)・1・-従三位、元右中将、12・30右兵衛督、応永19・1・5正三位、応永21・3・16止督、応永26・6・21出家〈や〉、7・23薨去〈や〉

[死没]応永26(一四一九)・7・23　[父]藤原基清　[母]讃岐守持則女　[号]一忍軒　[法名]一定紹忍　[公卿補任]3—70下

基信　もとのぶ　?—一四七〇

文明1(一四六九)・9・18従三位、文明2・7・1薨去

[死没]文明2(一四七〇)・7・1　[父]持明院基繁　[母]家女房　[公卿補任]3—229下　[大日本史料]8—3—633

基春　もとはる　一四五三—一五三五

文明1(一四六九)・6・8従五位下(「叙爵」や)、7・5侍従、文明12・8・25従五位上、12・23左近衛権少将〈く〉、文明15・12・16正五位下、文明18・3・26従四位下、文明19・3・10転任権中将、長享2(一四八八)・12・19従四位上、明応2(一四九三)・1・6正四位下、3・25兼周防介、明応6・10・14従三位、元左中将、明応7・7・5右兵衛督、文亀2(一五〇二)・1・-辞督、文亀3・7・2正三位、9・-参議、永正3(一五〇六)・1・16辞参議、10・26本座、11・19左衛門督、大永4(一五二四)・3・3辞督、天文4(一五三五)・7・26薨去

[死没]天文4(一五三五)・7・26　[年齢]83　[父]持明院基信　[母]家女房　[日記]基春卿記(一五三一)　[公卿補任]3—296下

基規　もとのり　一四九二—一五五六

明応4(一四九五)・12・26従五位下(于時家親)、文亀2(一五〇二)・3・10改家親為基規、文亀3・7・29元服、従五位上、侍従、永正3(一五〇六)・閏11・14正五位下、永正4・8・28左近少将、永正7・12・27従四位下、永正9・2・23転中将、永正11・5・25従四位上、永正15・1・19正四位下、大永2(一五二二)・3・29兼周防権介、大永3・12・30従三位、元左近中将、去之、大永4・3・3大蔵卿、大永5・12・24参議、-・-去之(大蔵卿)、享禄5(一五三二)・1・20下向濃州〈さ〉、天文2(一五三三)・12・18正三位、天文6・1・23下向周防国、天文7・3・8兼播磨権守〈やさ〉、11・29上洛〈やさ〉、天文8・12・25辞退(参議)、天文9・-・-下向濃州〈さ〉、天文10・6・-上洛、7・22右衛門督、天文11・-・-在国(防州)、天文12・12・8上洛、天文14・3・25転左、天文16・-・-在国〈さ〉、天文18・3・12権中納言、天文20・8・-出家

[死没]弘治2(一五五六)・8　[年齢]63　[父]持明院基春　[母]家女房　[前名]家親　[公卿補任]3—361下

基孝　もとたか　一五一〇—一六一一

永正17(一五二〇)・8・21誕生、大永3(一五二三)・10・1叙爵、天文1(一五三二)・12・25侍従(元服)、12・28従五位上、天文4・12・4左少将、天文5・2・21正五位下、天文7・3・8兼丹後介、天文8・12・30従四位下、天文9・3・24転中将、天文11・1・

5従四位上、天文13・3・19兼越中介、天文15・1・5正四位下、天文18・10・27服解（母）、12・－除服復任、天文21・12・23従三位、12・24大蔵卿、永禄1（一五五八）・12・23参議、永禄2・1・6正三位、天正1（一五七三）・10・9権中納言、天正2・12・14従二位、天正5・－・－〈やくま〉勅授、11・20中納言、天正13・1・6正二位、慶長16（一六一一）・5・28薨去

[死没]慶長16（一六一一）・5・28　[年齢]92　[父]持明院基規　[母]参議従二位水無瀬季兼女　[号]永寿院　[法名]如空　[公卿補任]3―432上　[大日本史料]12―8―237

基定　もとさだ　一六〇七―六七

慶長12（一六〇七）・4・10誕生、元和1（一六一五）・7・23叙爵、7・25元服、侍従、元和6・1・5従五位上、1・11左少将、元和9・1・5正五位下、寛永3（一六二六）・1・5従四位下☆、1・11左中将☆、寛永8・11・6従四位上、寛永12・1・5正四位下、寛永17・1・5従三位、寛永21・8・12〈去年正月五日正三位々記〉正三位、正保2（一六四五）・5・17参議、承応1（一六五二）・10・12〈賜去年正月五日従二位口宣案〉従二位、11・30権中納言、承応3・7・12辞権中納言、万治4（一六六一）・1・5正二位、寛文2（一六六二）・12・2〈同月日辞カ〉権大納言☆、寛文3・1・12辞権大納言、寛文7・10・17薨去〈家譜〉

[死没]寛文7（一六六七）・10・17　[年齢]61　[父]持明院基久、二男（実持明院基宥）　[母]家女房　[一字名]守　[法名]桂雲　[公卿補任]3―592下

基時　もととき　一六三五―一七〇四

寛永12（一六三五）・9・5誕生、寛永16・1・5叙爵、寛永21・5・29元服、昇殿、侍従、従五位上、正保5（一六四八）・1・5正五位下、慶安3（一六五〇）・1・11左少将、慶安5・1・5従四位下、承応4（一六五五）・1・11左中将、明暦1（一六五五）・12・1従四位上（御代始三个夜御神楽賞）、万治2（一六五九）・1・5正四位下、寛文3（一六六三）・2・24従三位（父卿御神楽秘曲賞譲）、寛文7・1・5正三位、延宝1（一六七三）・12・27参議、延宝3・2・22〈「21日」ま〉右衛門督、延宝5・6・24従二位、延宝7・1・24辞参議・右衛門督、元禄2（一六八九）・12・28権中納言☆、元禄3・12・26辞権中納言、元禄4・12・21正二位☆、元禄12・12・28権大納言、12・29辞権大納言、元禄17・3・10薨去

[死没]元禄17（一七〇四）・3・10　[年齢]70　[父]持明院基定　[母]左近衛中将従四位下持明院基久女　[一字名]為・俊・是　[公卿補任]4―4下

基輔　もとすけ　一六五八―一七一四

明暦4（一六五八）・3・11誕生、寛文5（一六六五）・1・6叙爵、寛文9・11・10元服、昇殿、侍従、従五位上、寛文11・12・21正五位下（賢聖障子銘清書基時卿賞譲）、寛文12・1・30左少将、延宝5（一六七七）・1・15従四位下、閏12・11左中将、延宝9・1・5従四位上、貞享2（一六八五）・1・6正四位下、貞享4・5・21従三位（三个夜御神楽秘曲賞）、元禄7（一六九四）・12・25〈去年正月五日時方卿同日分〉正三位☆、元禄10・12・26参議、元禄11・1・11左兵衛督、元禄16・12・22辞参議・左兵衛督、宝永3（一七〇六）・12・23〈去正月五日分〉従二位☆、正徳2（一七一二）・1・21権中納言、7・4辞権中納言☆、正徳4・6・5薨去

[死没]正徳4（一七一四）・6・5　[年齢]57　[父]持明院基時　[母]家女房　[一字名]兼・有　[法名]看月　[公卿補任]4―90上

基雄　もとお　一六八七―一七四〇

貞享4（一六八七）・1・21誕生、元禄6（一六九三）・1・5叙爵、元禄13・2・16元服、昇殿、侍従、従五位上、宝永1（一七〇四）・12・26〈去正五分〉正五位下、宝永2・12・18左少将、宝永4・1・23〈去五分〉従四位下、2・25左中将、宝永7・12・29〈去二廿八分〉従四位上、正徳4・6・5喪父、7・30除服出仕復任、正徳5（一七一五）・12・27〈去年二六分〉正四位下、享保3（一七一八）・2・13従三位、享保8・1・23左兵衛督、享保9・2・8〈去正月六日分〉正三位、12・22参議☆、享保14・10・11辞参議・左兵衛督、享保19・10・24権中納言、11・27帯剣☆、12・4直衣、享保20・3・24従二位、元文1（一七三六）・12・12辞権中納言、元文5・11・16〈ま〉薨去

[死没]元文5（一七四〇）・11・16　[年齢]54　[父]持明

院基輔　〔母〕家女房　〔公卿補任〕4―232下

家胤　いえたね　一七〇五―四七

宝永2(一七〇五)・8・27誕生、正徳4(一七一四)・1・11〈去五分〉叙爵、享保8(一七二三)・3・26当家相続、5・24元服、昇殿、侍従、従五位上、享保11・12・24〈去正五分〉正五位下、享保13・2・16左権少将、享保14・1・9〈去五分〉従四位下、享保16・5・16転左権中将、享保18・1・8〈去正五分〉従四位上☆、元文2(一七三七)・3・19〈去正六分〉正四位下、元文5・11・16喪父、元文6・1・16除服出仕復任、寛保1(一七四一)・1・26喪実父、3・17除服出仕復任、12・21〔従三位〕、寛保3・6・29参議、11・1播磨権守、延享2(一七四五)・3・23左兵衛督、延享3・12・24讃岐権守、延享4・2・1正三位、4・7辞参議・左兵衛督・讃岐守、8・6薨去

〔死没〕延享4(一七四七)・8・6　〔年齢〕43　〔父〕持明院基雄(実石野基顕、二男)　〔母〕家女房　〔公卿補任〕4―351下

宗時　むねとき　一七三二―九五

享保17(一七三二)・1・3誕生、享保21・12・29叙爵(永武)、延享3(一七四六)・9・27為家胤卿養子、10・27元服、昇殿、侍従、従五位上、延亭4・8・6服解(養父〈ま〉)、9・27除服出仕復任、延享5・7・21左少将、12・26改宗時、寛延2(一七四九)・1・25正五位下、寛延3・12・14豊前権介、宝暦2(一七五二)・1・22従四位下、6・11右中将、6・28拝賀、宝暦3・4・25辞右中将、宝暦4・1・26還任右中将、宝暦4・2・13拝賀、宝暦5・2・20従四位上、宝暦5・5・11服解(父〈ま〉)、7・3除服出仕復任、宝暦8・10・30正四位下、宝暦12・1・28従三位、明和3(一七六六)・12・19正三位、明和6・9・25右兵衛督、明和8・8・1参議、安永4(一七七五)・4・13辞参議、安永6・7・13従二位、安永10・2・22聴直衣、寛政1(一七八九)・9・16権中納言、寛政3・1・24直衣聴、7・23辞権中納言、寛政5・12・19正二位、寛政7・6・27薨去

〔死没〕寛政7(一七九五)・6・27　〔年齢〕64　〔父〕持明院家胤(実高倉永房、二男)　〔母〕持明院基雄女(実家女房)　〔前名〕永武　〔公卿補任〕4―464上

基武　もとたけ　一七五七―八九

宝暦7(一七五七)・10・27誕生、宝暦10・1・5叙爵、明和3(一七六六)・2・25元服、昇殿、従五位上、9・20侍従、明和6・1・22正五位下、明和8・9・7従四位下(父卿賞譲)、明和9・2・19左権少将、安永3(一七七四)・12・19従四位上、安永5・7・13服解(母)、9・13除服出仕復任、安永6・12・19正四位下、安永9・1・23右権中将、5・26奏慶、天明1(一七八一)・1・12従三位、天明5・1・26〈賜去十四日位記〉正三位、寛政1(一七八九)・8・4薨去

〔死没〕寛政1(一七八九)・8・4　〔年齢〕33　〔父〕持明院宗時　〔母〕参議正三位持明院家胤女　〔法名〕観応　〔公卿補任〕5―14上

基延　もとのぶ　一七九二―一八五五

寛政4(一七九二)・6・1誕生、寛政7・3・19従五位下、寛政12・11・16元服、昇殿、従五位上、享和2(一八〇二)・5・25侍従、享和3・2・3正五位下、文化3(一八〇六)・1・26従四位下、文化4・1・5服解(父)、2・25除服出仕復任、文化6・2・10従四位上、4・28右権少将、5・19拝賀、文化9・1・4正四位下、文政1(一八一八)・12・19転権中将、12・22拝賀、文政2・4・5〈去正月四日分〉〔従三位〕、文政6・1・5正三位、文政10・2・27左京大夫、天保7(一八三六)・12・7参議、天保8・2・18従二位、5・22右兵衛督、弘化3(一八四六)・7・23賜前新清和院御服、弘化4・11・12賜前新朔平門院御服、嘉永1(一八四八)・12・1〈ま〉聴直衣、嘉永2・6・4辞両官、嘉永7・2・11権中納言、3・18帯剣、3・19聴直衣、直衣始、安政2(一八五五)・9・9薨去

〔死没〕安政2(一八五五)・9・9　〔年齢〕64　〔父〕持明院基敦　〔母〕参議従二位今城定興女　〔公卿補任〕5―264上

基政　もとまさ　一八一〇―六八

文化7(一八一〇)・9・27誕生、文化10・4・7従五位下、文化14・11・20元服、昇殿、従五位上、文政3(一八二〇)・1・28正五位下、文政6・12・19侍従、

文政7・10・28右近衛権少将、11・7拝賀、12・19従四位下、文政10・1・5従四位上、文政13・1・21正四位下、天保9(一八三八)・4・5転権中将、4・14拝賀、7・16〔従三位〕、天保13・1・5〈1月21日ともあり〉〈「22日」ま〉正三位、文久1(一八六一)・2・27右兵衛督、慶応4(一八六八)・1・25辞督、薨去

[死没]慶応4(一八六八)・1・25 [年齢]59 [父]持明院基延 [母]従一位権大納言唐橋胤定二女定子 [法名]罷山 [公卿補任]5—387下

一条家(絶家)

一条家

通重—能保—高能—頼氏—能基—公仲—能親—能氏—能頼
　　　　　　　　　　　　—能清—公冬—実遠—公綱
　　　　　—信能—忠俊—雅俊
　　　　　—実雅

能保 よしやす 一一四七—九七

仁平3(一一五三)・1・5叙爵(統子内親王給)、保元2(一一五七)・12・17丹波守(申請可造章善門之由)、保元3・10・6止守、仁安2(一一六七)・12・13大宮権亮、仁安3・1・6従五位上(上西門院当年御給)、承安3(一一七三)・11・21〈「12月」くし「10月」カ〉正五位下(最勝光院供養日行幸院賞、上西門院御給)、元暦1(一一八四)・3・27兼左馬頭(去年秋〔「秋」く無〕下向相模国鎌倉、未上洛之間也)、6・5讃岐守(兼大宮権亮、止藤忠季任之)、7・13以権亮譲任藤長経、12・17従四位下、元暦2・6・28以讃岐守譲任治部少輔源隆保、12・15任右兵衛督(今日以左馬頭譲任男高能)、元暦3・1・5従四位上(臨時)、元暦4・1・-正四位下、文治4(一一八八)・10・14〈くし〉従三位、右兵衛督如元〈くし〉、文治5・7・10参議、文治6・1・24伊与権守、7・18左兵衛督、12・14正三位、建久2(一一九一)・2・1為別当、3・28権中納言、4・1更任左兵衛督為別当、12・-辞別当、建久3・7・28止両職辞状、8・8被下辞状、8・9本座並勅授宣旨、建久4・1・28従二位、建久5・閏8・2出家

[死没]建久8(一一九七)・10・13 [年齢]51 [父]藤原通重、一男 [母]右大臣正二位洞院公能女 [号]一条二位入道 [法名]法蓮 [公卿補任]1—517上 [大日本史料]4—5—482

高能 たかよし 一一七六—九八

元暦1(一一八四)・11・17叙爵(皇太后宮御給)、文治2(一一八六)・12・15左馬頭(父朝臣譲之、〔「能保」く〕今日任右兵衛督)、文治3・12・4従五位上(臨時)、文治5・1・5正五位下(上西門院当年御給)、1・18兼但馬介(頭労)、文治6・1・24従四位下(臨時)、建久3(一一九二)・10・26従四位上(前上西門院文治元御給)、建久4・4・14兼右兵衛督(父卿辞左兵衛督申任之)、建久5・1・30辞左馬頭、以源隆保任之、10・13〈「23日」く〉正四位下(臨時)、建久7・1・28蔵人頭(左中将忠季朝臣卒去替)、12・25参議(元蔵人頭)、右兵衛督如元、建久8・1・30従三位〈く〉、丹波権守〈く〉、転左衛門(左兵衛カ)督、建久9・9・17薨去

[死没]建久9(一一九八)・9・17 [年齢]23 [父]藤原能保、一男 [母]従四位下左馬頭源義朝女 [公卿補任]1—534上 [大日本史料]4—5—864

信能 のぶよし 一一九〇—一二二一

建久4(一一九三)・1・26叙爵(大皇太后宮文治二御給)、建久6・3・3侍従、建久7・1・6従五位上(七条院当年御給)、建久8・12・15復任(父)、正治1(一一九九)・3・23遠江介、元久2(一二〇五)・4・20左少将、12・6正五位下、建永1(一二〇六)・1・13備後権介、建永2・1・5従四位下、承元4(一二一〇)・1・14従四位上(殷富門院当年御給)、建暦1(一二一一)・1・18美乃介、左中将、閏1・28中宮権亮、8・16解官、12・-還任、建保1(一二一三)・12・14播磨守、建保2・1・5正四位下(中宮御給)、建保7・1・22蔵人頭、承久2(一二二〇)・1・22参議(元蔵人頭)、左中将如元、承久3・1・7従三位、1・13備中権守、7・-薨去

〔死没〕承久3(一二二一)・7・5 〔年齢〕32 〔父〕藤原能保、二男 〔母〕江口遊女(慈氏) 〔公卿補任〕2—34下 〔大日本史料〕4—16—411

実雅 さねまさ　一一九六—一二二八

建仁3(一二〇三)・1・5五位(皇太后朔旦)、建永1(一二〇六)・4・3侍従、承元4(一二一〇)・1・5従五位上(宜秋門院)、1・14越前介、建保5(一二一七)・1・28兼伊与守、12・12止守、建保6・3・6還任守、4・9兼左少将、承久1(一二一九)・1・5正五位下、承久2・1・6四位(春宮御給、少将如元)、4・6右中将、承久3・7・28遷兼讃岐守、11・29従四位上(臨時)、貞応1(一二二二)・8・16参議、右中将如元(元讃岐守、在関東)、11・22正四位下、貞応2・1・27美作権守、10・28従三位、貞応3・8・10入洛、9・20止所職、10・1(「29日」イ)遣越前国、安貞2(一二二八)・4・1薨去

〔死没〕安貞2(一二二八)・4・1 〔年齢〕33 〔父〕藤原能保、三男 〔母〕家女房 〔号〕伊与宰相 〔公卿補任〕2—44上 〔大日本史料〕5—4—591

頼氏 よりうじ　一一九八—一二四八

建保3(一二一五)・1・17叙爵、建保5・12・12侍従、貞応2(一二二三)・1・27右兵衛権佐、元仁1(一二二四)・1・23従五位上、12・17右少将、元仁2・1・23兼越後介、嘉禄2(一二二六)・12・16正五位下、安貞2(一二二八)・1・5従四位下、2・1更右少将、6・24進怠状(去十九日依行幸還御不供奉也)、8・2返給怠状、寛喜2(一二三〇)・1・24兼周防権介、貞永2(一二三三)・1・6従四位上、文暦2(一二三五)・8・30右兵衛督、嘉禎1(一二三五)11・19正四位下(三品曄子内親王給)、嘉禎2・12・18従三位、右兵衛督如元、嘉禎4・閏2・27皇后宮権大夫、-・-去督、正三位、暦仁2(一二三九)・1・-〔止皇后宮大夫カ〕、-・-〔左兵衛督カ〕、宝治1(一二四七)・12・8従二位、-・-罷左兵衛督、宝治2・4・5薨去

〔死没〕宝治2(一二四八)・4・5 〔年齢〕51 〔父〕藤原高能、三男 〔母〕関白太政大臣従一位藤原基房女 〔公卿補任〕2—94下 〔大日本史料〕5—26—119

能基 よしもと　一二二〇—八五

嘉禄1(一二二五)・4・26叙爵、天福2(一二三四)・1・21侍従、嘉禎3(一二三七)・1・5従五位上、嘉禎4・閏2・27右少将、6・7正五位下、仁治1(一二四〇)・11・12従四位下、12・18更右少将、仁治3・3・17兼上総権介、寛元2(一二四四)・1・7従四位上、宝治2(一二四八)・1・23下総権介、7・1復任、建長5(一二五三)・12・5正四位下、建長6・12・17転右中将、建長7・2・13兼美作介、文永5(一二六八)・1・5従三位、元右中将、文永9・1・5正三位、弘安2(一二七九)・12・12従二位、弘安8・1・21薨去

〔死没〕弘安8(一二八五)・1・21 〔年齢〕66 〔父〕藤原頼氏、一男 〔母〕正四位下相模守北条時房女 〔公卿補任〕2—217上

能清 よしきよ　一二二六—九五

天福2(一二三四)・10・29叙爵、嘉禎3(一二三七)・3・27侍従、仁治1(一二四〇)・1・6従五位上、仁治2・4・23左少将、12・30正五位下、寛元1(一二四三)・1・7従四位下(府労)、9・9還任左少将、宝治1(一二四七)・1・5従四位上(正親町院寛元三年未給)、建長6(一二五四)・9・6正四位下、正嘉2(一二五八)・7・9左中将(元前左少将)、文応1(一二六〇)・3・29兼出羽権介、文永6(一二六九)・5・1従三位(元前左中将)、建治3(一二七七)・9・13侍従、弘安2(一二七九)・3・2正三位、弘安4・3・26土左権守、弘安8・8・11従二位、正応4(一二九一)・12・21正二位、永仁1(一二九三)・12・13参議、永仁2・3・27辞退(参議)、-・-伊与権守、永仁3・9・1薨去

〔死没〕永仁3(一二九五)・9・1 〔年齢〕70 〔父〕藤原頼氏、二男 〔母〕正四位下修理権大夫北条時房女 〔公卿補任〕2—222上

公冬 きんふゆ

建長3(一二五一)・1・5叙爵(臨時)、建長7・12・20従五位上、正嘉3(一二五九)・1・21侍従、正元1(一二五九)・7・2正五位下、弘長2(一二六二)・1・5従四位下(皇后宮御給)、文永1(一二六四)・12・24左少将、文永3・2・1河内権介、4・27従四位上(大宮院当年御給)、文永6・7・7転中将、文永7・

1・5正四位下（皇后宮給）、10・26兼丹後守、文永8・7・2去守、正応2（一二八九）・8・7従三位（元前左中将）、永仁1（一二九三）・9・12正三位、永仁6・-・-出家
［父］藤原能清　［養父］洞院実雄　［公卿補任］2―299下

公仲　きんなか　?―一三一〇

文永5（一二六八）・8・24従五位下（于時能藤）、文永7・2・23侍従、文永11・1・5従五位上（簡一、于時公遠）、弘安3（一二八〇）・12・12左少将、弘安6・1・5正五位下（府労）、弘安8・1・5従四位下、弘安9・11・1左少将還任、弘安11・5・21従四位上、正応1（一二八八）・7・24復任（母）、正応3・12・30正四位下、正応4・3・25左中将、-・-解官、-・-・-改公俊、嘉元4（一三〇六）・1・5従三位（元前左中将、能藤）、延慶2（一三〇九）・12・26正三位、改名為公仲、延慶3・6・5薨去
［死没］延慶3（一三一〇）・6・5　［父］藤原能基、二男　［養父］洞院実雄　［前名］能藤・公遠・公俊　［公卿補任］2―387下

実遠　さねとお　一二七一―一三〇八

正安1（一二九九）・10・24侍従、12・30正三位、嘉元4（一三〇六）・2・5左兵衛督、徳治2（一三〇七）・1・29止督、徳治3・2・15薨去
※正安元年非参議従三位（初見）
［死没］徳治3（一三〇八）・2・15　［年齢］38　［父］藤原公冬　［号］一条前左兵衛督　［公卿補任］2―349上

持明院（正嫡）家（絶家）

保家　やすいえ　一一六七―一二一〇

嘉応3（一一七一）・1・6叙爵（上西門院久寿元年御給）、承安4（一一七四）・1・21加賀守（父基家秩満替）、8・2従五位上（上西門院御給、朝覲行幸賞〈旧〉）、安元1（一一七五）・12・12侍従、（去守）治承3（一一七九）・11・16重任、養和1（一一八一）・7・2紀伊守、12・4正五位下（造日前国県社賞）、文治1（一一八五）・6・29淡路守、文治5・7・10右少将（父基家卿辞権中納言任之〈く〉）、建久1（一一九〇）・1・5従四位下、建久6・1・5従四位上、建久9・2・26正四位下（殷富門院御即位御給）、12・9転中将〔「権中将」〈く〉〕、建仁2（一二〇二）・10・29従三位、元右中将、建仁3・10・24侍従、建仁4・10・26正三位、元久3（一二〇六）・3・28参議、承元1（一二〇七）・1・13兼讃岐権守、2・16兼左衛門督、検別当、承元2・4・7別当〈旧〉、7・9権中納言、7・23辞督別当〈旧〉、承元3・4・14辞権中納言、-・-・-従二位、10・30按察使、承元4・3・19〔「2月17日」玉蘂〕出家
［死没］承元4（一二一〇）・2・29　［年齢］44　［父］持明院基家、二男　［母］正二位権大納言平頼盛女　［公卿補任］1―552上　［大日本史料］4―10―759

持明院（正嫡）家

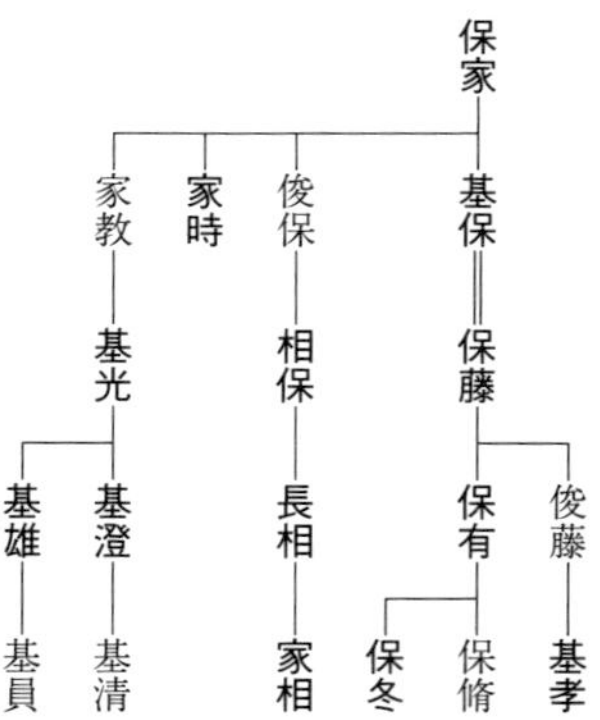

基保　もとやす　一一九二―一二六三

建久10（一一九九）・1・19従五位下、建仁3（一二〇三）・1・13侍従、元久2（一二〇五）・1・29従五位上、承元2（一二〇八）・7・23左少将、承元4・1・6正五位下（崇徳院康治元未給）、6・17復任（父）、建保2（一二一四）・1・5四位（止少将）、建保4・1・5従四位上（殷富門院建暦三）、承久3（一二二一）・1・13正四位下、7・28兼美乃守内蔵頭、承久4・1・24右兵衛督、貞応1（一二二二）・11・22従三位（大嘗会院御給）、右兵衛督如元、12・21転左兵衛督、嘉禄2（一二二六）・12・16正三位、貞永2（一二三三）・4・8参議、天福1（一二三三）・12・15従二位、天福2・1・21備前権守、文暦2（一二三五）・8・30権中納言、-・-・-止督、嘉禎2（一二三六）・2・30被下辞書、

8·16本座、嘉禎4·1·5正二位、正元1（一二五九）·-·-出家
［死没］弘長3（一二六三）·5·26　［年齢］72　［父］持明院保家、一男　［母］高階経仲女或泰経女　［公卿補任］2—46下

家時　いえとき　一一九四—一二八二

建仁4（一二〇四）·1·13叙爵、元久2（一二〇五）·5·24得替、承久1（一二一九）·8·7若狭守、承久3·8·29従五位上、貞応1（一二二二）·12·21右馬頭、貞応2·1·6正五位下、嘉禄2（一二二六）·7·24従四位下（頭如元）、安貞2（一二二八）·3·20従四位上（朝覲行幸、院司賞）、寛喜4（一二三二）·1·7正四位下（北白河院御給）、嘉禎1（一二三五）·10·17従三位（元右馬頭）、嘉禎3·10·27侍従、嘉禎4·閏2·27正三位、仁治2（一二四一）·2·1備中権守、仁治3·11·4止備中権守、寛元1（一二四三）·11·4止権守、正元1（一二五九）·閏10·13従二位、弘安5（一二八二）·7·20薨去
※文応元年（一二六〇）より「正三位」
［死没］弘安5（一二八二）·7·20　［年齢］89　［父］持明院保家、二男　［母］正三位高階経仲女　［公卿補任］2—90下

相保　すけやす　一二二四—？

-·-·-叙爵、仁治1（一二四〇）·1·29侍従、12·20従五位上、仁治3·1·7正五位下（臨時）、10·3左馬頭、寛元1（一二四三）·11·6還任左少将、寛元2·1·3従四位下、3·6還任左少将、寛元3·1·13備前守、宝治2（一二四八）·1·6従四位上（臨時）、宝治3·1·24止守、建長3（一二五一）·12·22転左中将、建長6·1·5正四位下、康元1（一二五六）·12·29伊与守、弘長3（一二六三）·12·21去守、文永1（一二六四）·12·24従三位（元左中将）、文永6·3·27正三位、建治4（一二七八）·1·6従二位、正応3（一二九〇）·2·15出家
［父］持明院俊保　［母］法勝寺執行親尊女　［公卿補任］2—200下

基光　もとみつ　一二二五—？

嘉禎2（一二三六）·1·5叙爵（于時家長）、仁治1（一二四〇）·12·18侍従、-·-·-解却侍従、寛元1（一二四三）·4·5従五位上（室町院当年御給）、建長7（一二五五）·1·7正五位下（安嘉門院去建長二御給）、6·7還任侍従、弘長1（一二六一）·1·5従四位下（室町院当年御給、于時基光）、弘長3·3·2左少将（元侍従）、文永3（一二六六）·1·5従四位上、文永4·10·23辞少将（推辞カ）、文永7·12·4正四位下、弘安3（一二八〇）·12·7従三位（元前左少将）、本名家長、弘安8·6·6正三位、正応2（一二八九）·7·16従二位、徳治2（一三〇七）·7·2治部卿、7·17出家
［父］持明院家教　［母］宇佐大宮司公宗女　［前名］家長　［号］持明院　［法名］親空　［公卿補任］2—262上

長相　ながすけ

建長4（一二五二）·1·5叙爵（臨時）、弘長2（一二六二）·7·16侍従、弘長3·1·6従五位上（東二条院御給）、文永6（一二六九）·7·19正五位下、文永7·3·2右少将、文永8·10·13従四位下、建治3（一二七七）·1·7従四位上、弘安1（一二七八）·11·6遷左、弘安3·11·13正四位下、弘安6·2·26転中将、正応3（一二九〇）·10·19従三位（元左中将）、11·27右兵衛督、正応6·4·8正三位、永仁6（一二九八）·12·18従二位、正安1（一二九九）·4·26参議、6·6辞参議、正安2·11·7正二位、応長1（一三一一）·6·-〈や〉出家
［父］持明院相保　［法名］相真　［公卿補任］2—305下

保藤　やすふじ　一二五四—一三四二

正嘉2（一二五八）·12·16叙爵、正元1（一二五九）·7·27侍従、弘長2（一二六二）·1·19従五位上（室町建長四年未給）、文永6（一二六九）·3·27正五位下、文永7·閏9·4〈や〉復任、文永9·1·5従四位下、文永11·6·1右少将、建治1（一二七五）·11·2転左、建治2·1·23兼備前権介、建治3·1·5従四位上、弘安3（一二八〇）·7·11転中将、弘安4·3·26正四、正応5（一二九二）·閏6·16遷左兵衛督、12·30従三位（元左兵衛督）、正応6·1·7左兵衛督、永仁4（一二九六）·1·5正三位、永仁5·1·29止之（左兵衛督）、正安1（一二九九）·6·6従二位、

正安2・12・22参議、正安3・3・14兼遠江権守、4・5辞参議、徳治2（一三〇七）・11・1還任、延慶1（一三〇八）・11・24恐懼、11・29免除、12・22権中納言、延慶2・2・19正二位、3・23辞権中納言、7・20本座、嘉暦1（一三二六）・6・29出家

［死没］康永1（一三四二）・9・26　［年齢］89　［父］持明院基保（実松殿良嗣）　［法名］法円カ　［公卿補任］2—317上　［大日本史料］6—7—349

基澄　もとずみ　？—一三二二

建治2（一二七六）・1・5従五位下（室町院当年御給、朔旦叙位）、建治3・3・28侍従（宣下）、弘安1（一二七八）・11・18〈「20日」イ〉従五位上（新陽明門院御給）、弘安9・1・13近江権介（侍従兼国）、弘安10・1・5正五位下、正応2（一二八九）・2・24左少将、正応3・1・5従四位下（加叙）、正応6・6・24従四位上、永仁3（一二九五）・12・9還任右少将、永仁4・10・24正四位下、永仁6・5・14解却少将、正安1（一二九九）・4・26還任少将、7・8転左中将、正安3・3・14駿河権介、嘉元3（一三〇五）・4・5辞中将、以男基清申任左近少将、延慶2（一三〇九）・11・23従三位、元前左中将、正和4（一三一五）・2・21正三位、元亨2（一三二二）・8・-出家、薨去

［死没］元亨2（一三二二）・8　［父］持明院基光　［母］民部大輔平親成女　［公卿補任］2—408下

基雄　もとお　？—一三三四

建治2（一二七六）・1・5叙爵、弘安4（一二八一）・3・9侍従、弘安9・閏12・16辞侍従、弘安11・4・16従五位上、正応5（一二九二）・8・14正五位下、永仁3（一二九五）・3・4左少将、永仁4・1・5従四位下、永仁6・12・18従四位上、正安1（一二九九）・4・16還右少将、12・17転右中将、正安2・閏7・14正四位下、11・8解却見任、正和2（一三一三）・3・9従三位、元前右中将、元弘2（一三三二）・3・18正三位、正慶2〈元弘3〉（一三三三）・5・17復本位、建武1（一三三四）・-・-薨去

［死没］建武1（一三三四）　［父］持明院基光、二男　［公卿補任］2—434上　［大日本史料］6—2—216

基孝　もとたか　？—一三二二

永仁5（一二九七）・11・14叙爵（室町院御給）、正安2（一三〇〇）・7・-〈賜去年十二月卅位記〉従五位上、正安3・1・6正五位下、徳治2（一三〇七）・2・9侍従、延慶2（一三〇九）・3・23従四位下、延慶3・3・9〈但去二月八日位記云々〉従四位上、延慶4・4・15左少将、正和1（一三一二）・4・10正四位下、正和4・4・10従三位、元左少将、正和5・4・13参議、文保1（一三一七）・3・27辞参議、元応2（一三二〇）・2・9正三位、元亨2（一三二二）・10・19薨去

［死没］元亨2（一三二二）・10・19　［父］持明院俊藤　［母］従三位藤原伊家女　［公卿補任］2—447下

家相　いえすけ　？—一三一五

文永11（一二七四）・1・5叙爵（于時長基、東二条院当年御給）、弘安10（一二八七）・1・5従五位上（簡一）、12・30侍従、正応1（一二八八）・9・12右少将（于時家相）、11・21正五位下、正応3・1・5従四位下（府労）、1・19還任左少将、正応5・12・25従四位上、永仁1（一二九三）・3・14内蔵頭（去少将）、永仁2・12・24正四位下、永仁3・3・4春宮亮（兼官）、永仁6・3・24〈や〉止両職、左中将、5・23還任内蔵頭（去中将）、6・23兼春宮亮、7・22止亮（依受禅也）、正安3（一三〇一）・2・1止内蔵頭、乾元2（一三〇三）・5・16左中将、徳治2（一三〇七）・1・29兼伊予守、応長1（一三一一）・閏6・9止守、正和4（一三一五）・7・21〈賜去四月十日位記云々〉従三位、元左中将、8・15薨去

［死没］正和4（一三一五）・8・15　［父］持明院長相　［前名］長基　［公卿補任］2—447下

保有　やすあり　一二八八—？

-・-・-叙従五下（于時保俊）、延慶1（一三〇八）・12・10従五位上、延慶3・1・5正五位下、延慶4・3・30侍従、応長1（一三一一）・閏6・9右馬権頭、7・20従四位下（去権頭）、正和2（一三一三）・2・6右近少将、正和4・1・6従四位上、正和5・1・13転左中将、11・23正四位下（臨時）、文保1（一三一七）・7・4解却左中将、元亨3（一三二三）・9・28更任左中将（于時保有）、元亨4・11・11兼弾正大

弼、正中2(一三二五)・2・2解却弾正大弼並左中将、元徳2(一三三〇)・2・12還任左中将、元徳3・1・13辞中将、暦応2〈延元4〉(一三三九)・4・18従三位、暦応3〈興国1〉・8・13参議、暦応5〈興国3〉・3・30兼丹波権守、康永3〈興国5〉(一三四四)・4・12去権守、貞和2〈正平1〉(一三四六)・1・6正三位、延文5〈正平15〉(一三六〇)・4・16権中納言、11・17辞退(権中納言)、貞治2〈正平18〉(一三六三)・4・30従二位、6・5出家

[父]持明院保藤　[母]従三位藤原光成女(室町院別当局)　[前名]保俊　[法名]聖保　[公卿補任]2—578下　[大日本史料]6—25—101

保冬　やすふゆ　一三二九—九二

応安7〈文中3〉(一三七四)・8・16従三位、元左中将、9・28右衛門督、12・13参議、永和1〈天授1〉(一三七五)・3・29兼出雲権守、12・2辞(参議)、康暦1(一三七九)・7・24左兵衛督、永徳2〈弘和2〉(一三八二)・12・27還任(参議)、永徳3〈弘和3〉・1・5正三位、3・28兼丹波権守、至徳1(一三八四)・4・-(辞参議カ)、嘉慶1〈元中4〉(一三八七)・-・-権中納言、康応1〈元中6〉(一三八九)・6・18辞権中納言、明徳3〈元中9〉(一三九二)・10・16薨去

[死没]明徳3(一三九二)・10・16　[年齢]64　[父]持明院保有、三男　[公卿補任]2—716上

基保　もとやす　一四二五—九〇

文明4(一四七二)・9・2従三位、元右中将

※文明十三年非参議従三位(以後不見)

[死没]延徳2(一四九〇)・7・13　[年齢]66　[父]持明院保家　[公卿補任]3—236下　[大日本史料]8—37—395

持明院家(絶家)

基長　もとなが　?—一三三五

文永6(一二六九)・3・27従五位下(于時基嗣)、7・19侍従(于時基継)、健治2(一二七六)・2・26復任(母)、弘安8(一二八五)・9・2従五位上、弘安9・9・2右少将、正応1(一二八八)・11・16近江権介(大嘗会国司)、11・21正四位下(国司賞)、正応2・閏10・14復任、正応3・1・19従四位下、11・11還任少将、永仁2(一二九四)・1・5従四位上(加叙)、永仁5・1・29正四位下、永仁7・3・24備後権介、嘉元2(一三〇四)・10・21辞少将、徳治3(一三〇八)・9・17左中将、延慶3(一三一〇)・1・5従三位、元右中将、正和5(一三一六)・1・13正三位、-・-改基兼、正慶1〈元弘2〉(一三三二)・8・3従二位、正慶2〈元弘3〉・5・17復正三位、建武2(一三三五)・6・11出家、6・21薨去

[死没]建武2(一三三五)・6・21　[父]持明院基盛　[母]信繁女　[前名]基嗣・基継・基兼　[公卿補任]2—414上　[大日本史料]6—2—429

家藤　いえふじ　?—一三四八

嘉元3(一三〇五)・1・5従五位下(陽徳門院当年御給)、12・30侍従、嘉暦4(一三二九)・9・28左近少将、11・27従五位上、徳治3(一三〇八)・5・9正五位下、延慶3(一三一〇)・1・5従四位下(加叙、院御給)、正和5(一三一六)・閏10・19遷任左少将、文保3(一三一九)・1・5従四位上、元徳2(一三三〇)・1・24〈賜去嘉暦三年三月十一日位記〉正四位下、1・29右少将、元徳3・1・23転任左中将、元弘4(一三三四)・1・13辞中将、暦応1〈延元3〉(一三三八)・10・2右近中将、暦応3〈興国1〉・9・4従三位、元前右中将、貞和4〈正平3〉(一三四八)・11・6薨去

[死没]貞和4(一三四八)・11・6　[父]持明院基長　[公卿補任]2—583下　[大日本史料]6—12—71

持明院家

基長——**家藤**

園家　そのけ

藤原氏北家中御門流。持明院家の庶流。持明院基家の三男園参議基氏を家祖とする。家格は羽林家。内々の家。有職故実・雅楽（琵琶）を家職とした。一条家の家礼。江戸時代には家領百八十六石九斗余。家祖基氏は舞女阿古を母として建暦元年（一二一一）に出生。後堀河天皇の生母北白河院（陳子）は四十歳上の姉。建保二年（一二一四）四歳で叙爵。承久三年（一二二一）従五位上・左兵衛佐、貞応二年（一二二三）右権少将、寛禄元年（一二二五）従四位下・左権中将、同二年蔵人頭と急速な昇進を遂げ、同三年には二十一歳で参議・従三位に昇った。更に同四年讃岐権守・右兵衛督を兼ね、検非違使別当に補され、貞永二年（一二三三）正三位に昇った。天福二年（一二三四）八月別当・督等を辞したが、同九月別当に還補され、十月には皇后宮権大夫を兼ねた。翌十一月辞状を出し、後堀川院清華堂に於いて出家し、法名を円空と号した。時に二十四歳。弘安五年（一二八二）十一月七十二歳で没した。十一歳のときの左兵衛佐の任官からほぼ毎年の如く官位を進め、二十代の中葉での突然の出家がいかなる事情によるかは不明であるが、多くの子女を儲け、園家繁栄の基を礎いた。息参議基顕が家督を嗣ぎ、舎弟従三位基重は一家を起し四代続いたが、南北朝時代頃に絶家となった。基顕の息基藤は従二位権中納言に昇り、これが園家の先途となった。戦国時代、基有・基富・基国の三代はしばしば加賀国に下向し、長期に亘って在国した。ことに基富の下向は頻繁で、文明十二年（一四八〇）二十四歳のときにはすでに加賀に在国していて、『実隆公記』同年九月二十三日条に、園少将が今度加州上洛以後初めて入来した記事が見え、更に十八年七月六日条にも、「頭中将基富朝臣入来、自加州知行近日上洛云々」とあり、加賀にある家領の直務支配のための下向であったことが知られる。しかし、蔵人頭の重職にありながら在国し、しかも御暇日数を守らず帰洛遅延したことで、後土御門天皇の逆鱗をかい解官され、同月七月二十九日に行われた将軍足利義尚の右大将拝賀の供奉人数にも予定されていたが、急拠これも取り罷めざるを得なかった。『長興宿祢記』同日条に、「今日供奉雲客内□頭中将出立用意之処、叡慮不快之間、臨期不参、去頃家領加賀国下向、御暇日数外、上洛遅引、為貫首人久在国、自由儀逆鱗云々」と見える。それでもその翌々年の長享二年（一四八八）には参議となり、延徳元年従三位、同三年正三位、文亀元年（一五〇一）には権中納言、従二位に昇った。永正元年（一五〇四）春から秋にかけては月次楽御会に出席して、家職の琵琶の所役を勤めたことが『二水記』などに見え、在京が確認されるが、次第に在国することが多くなっていったようで、永正三年（一五〇六）四月辞職するが、この時も在国中であった。『二水記』大永二年（一五二二）八月二十六日条に、「御月次御楽有之、平調也、園前中納言及十七八年在国、去月上洛、今日御楽令参勤云々」とあり、永正二年頃から加賀に在国していたことが知られる。天文二年（一五三三）に七十七歳で没するが、それも加賀国に於いてであった。因みに、家領は山代荘忌浪郷に在った。基富の子基国、孫基継いずれも上階を遂げなかったが、曾孫基任はその女光子が後水尾天皇の後宮に入り国母となり、その縁もあって公卿に復した。光子は慶長七年（一六〇二）生まれ、某年後宮に入り、京極局と称し、従三位に叙せられた。寛永十年（一六三三）三月第三皇子紹仁親王を産む。のちの後光明天皇である。そして、十一年閏七月第五皇子守澄親王、十四年九月第十一皇女元昌女王、十六年二月第十二皇女宗澄女王、十八年六月第十四皇女桂宮を産み、承応三年（一六五四）八月准三宮となり、壬生院と称した。明暦二年（一六五六）二月死去。五十五歳。基任は、天正十二年（一五八四）十二歳で叙爵、慶長十三年左権中将。同十七年蔵人頭より参議、翌十八年正月従三位に昇り、同月四十一歳で没した。後光明天皇即位の翌々年、正保二年（一六四五)正月贈左大臣。基任の後を嗣いだ一男基音は慶長九年生れで、光子の舎弟。同十三年五歳で叙爵、累進して寛永三年蔵人頭。同八年参議、同十五年権中納言となり、慶安元年(一六四八)権大納言に昇った。これは家として初例で、後光明天皇の外戚によってであった。のち正二位に昇り、承応四年二月五十二歳で没した。寛文七年(一六六七)霊元天皇の外祖父により贈左大臣。二男の基教は元和元年(一六一五)に新家の東園家を起した。基音の女基子はやはり後水尾天皇の後宮に入り国母となった。基子は寛永元年生まれ、その後後宮に入り新中納言局と称し、典侍となり、従三位に叙せられた。同十七年十月第九皇子尭恕親王を産み、次いで十九年三月第十六皇女常子内親王、正保二年六月第十七皇女涼雲院、四年正月第十三皇子梅窓院、慶安二年四月第十五皇子真敬親王、四年二月第十六皇子尊證親王を産む。そして承応三年五月第十八皇子識仁親王を産む。のちの霊元天皇である。明暦三年八月には第十九皇女永亨女王を産み、延宝五年(一六七七)七月准三宮となり、新広義門院と称した。同月五十四歳で死去した。基音の一男、国子舎兄の基福は、寛永三年五歳で叙爵、同二十一年左権中将。慶安二年蔵人頭より参議、承応二年権中納言、万治三年三十九歳で権大納言となり、貞享三年五月霊元天皇の外戚により家として初例の従一位准大臣に推任された。元禄十二年(一六九九)十一月七十八歳で没した。三男の基起は万治二年(一六五九)に新家の葉川家(のち壬生と改名)を起した。基福の後を嗣いだ基勝は権大納言・正二位に昇り、これが園家の先途となった。基福が議奏、基香が議奏・武家伝奏に補された。日記には、『神宮奏事始記』(基勝)、『基香公記』、『能御覧催雑誌』(基香)、『園基香関東下向記』、『内侍所仮殿木造始記』(基理)などがある。明治十七年(一八八四)基祥のとき、叙爵内規により伯爵を授けられた。菩提所は寺町 誓願寺。『園家譜』(東京大学史料編纂所架蔵、四一七五—一三三八)。

基氏 もとうじ 一二一一—八二

建保2(一二一四)・1・5叙位(斎宮給、于時家教)、承久3(一二二一)・11・29従五位上、12・12左兵衛佐、貞応2(一二二三)・1・27右少将、元仁1(一二二四)・1・5正五位下(臨時)、嘉禄1(一二二五)・12・22四位、転中将、安貞2(一二二八)・1・5従四位上、2・1兼能登介、寛喜1(一二二九)・1・30正四位下、寛喜2・3・26蔵人頭、寛喜3・3・25参議(元蔵人頭)、左中将如元、10・12従三位(臨時、超実世)、寛喜4・1・30兼讃岐権守、貞永1(一二三二)・6・29兼右兵衛督、-・-・- 補別当、貞永2・1・6正三位、天福2(一二三四)・8・- 辞別当督、9・- 還補、

園家

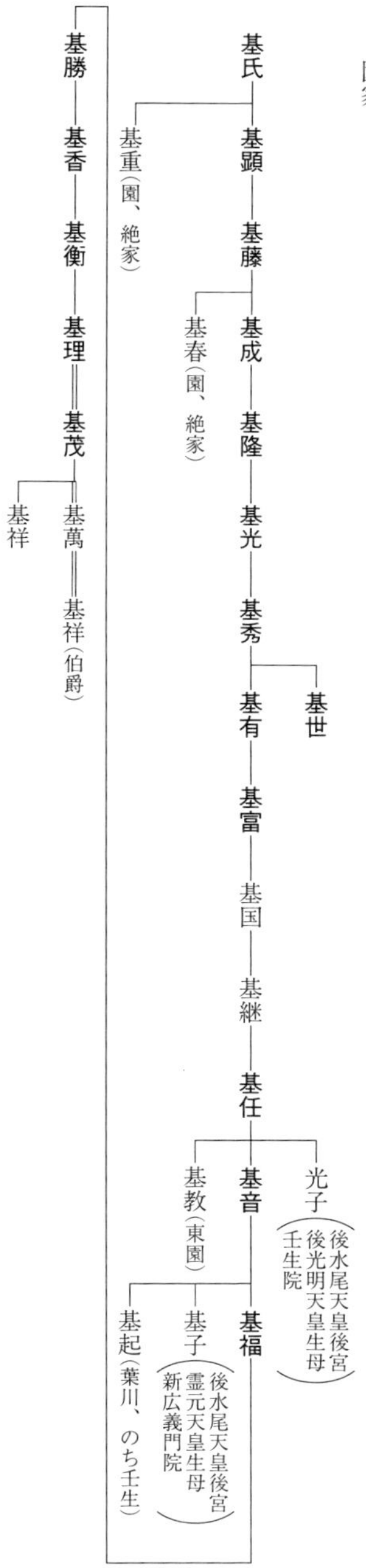

10・29兼皇后宮権大夫、11・17上辞状出家

[死没]弘安5(一二八二)・11・18 [年齢]72 [父]持明院基家、三男 [母]舞女阿古 [前名]家教 [号]楽山 [法名]円空 [公卿補任]2—74下

基顕 もとあき 一二三八—一三一八

寛元4(一二四六)・3・8叙爵(于時基世)、建長4(一二五二)・1・23従五位上(于時基顕)、4・9侍従、建長5・12・5左少将、建長6・1・13常陸権介、建長7・1・5正五位下(安嘉門院当年御給)、康元1(一二五六)・1・26従四位下(室町院建長六御給)、2・6還任左少将、正嘉1(一二五七)・閏3・27転右中将、4・11転左、正嘉2・4・6従四位上、7・21備前守(大宮院御分)、正元1(一二五九)・1・6正四位下(室町院当年御給)、1・21兼播磨守(院御分)、弘長2(一二六二)・11・4得替、建治1(一二七五)・12・26蔵人頭、禁色、弘安1(一二七八)・3・1服解(母)、3・14止蔵人頭(石清水賀茂両社行幸雨貫首頭弁兼頼朝臣自元服解無出仕之故也)、8・7復任、弘安3・3・8還補蔵人頭、3・13禁色、弘安4・2・1参議(元蔵人頭左中将)、弘安5・4・8従三位、弘安6・3・28復任、弘安7・1・13辞参議、1・16右衛門督、1・19本座、5・6正三位、正応1(一二八八)・7・11止督、7・16従二位、正応4・3・25正二位、永仁2(一二九四)・11・18出家

[死没]文保2(一三一八)・12・26 [年齢]81 [父]園基氏 [母]正二位権大納言西大路隆忠女 [前名]基世 [法名]寂信・舜信 [公卿補任]2—263下

基藤 もとふじ 一二七六—一三一六

弘安4(一二八一)・1・5従五位下(安嘉門院御給、于時基定)、正応3(一二九〇)・4・17従五位上(于時改基藤)、6・8左衛門佐、正応4・3・11左少将、正応5・2・27正五位下、正応6・3・14従四位下、6・19還任左少将、永仁2(一二九四)・3・27兼近江介、7・2転左中将、永仁3・8・5従四位上、永仁5・閏10・23正四位下、嘉元2(一三〇四)・11・2蔵人頭、嘉元3・3・8従三位、左兵衛督、元蔵人頭左中将、嘉元4・2・5止督、徳治2(一三〇七)・12・12兼右衛門督、徳治3・9・17参議、延慶2(一三〇九)・2・28為使別当、3・23兼但馬権守、8・10権中納言、8・28辞別当、9・1辞督、10・13正三位、延慶3・2・8辞権中納言、延慶4・1・5従二位、正和1(一三一二)・5・4〈や〉出家

[死没]正和5(一三一六)・7・4 [年齢]41 [父]園基顕 [母]八幡明清法印女 [前名]基定 [法名]寂玄 [公卿補任]2—382下

基成 もとなり 一二九七—一三四一

永仁6(一二九八)・1・5叙爵(媖子内親王当年御給)、正安1(一二九九)・12・30従五位上、正安3・1・6正五位下、徳治3(一三〇八)・4・5左兵衛佐、延慶2(一三〇九)・3・23従四位下、6・12右少将、延慶3・2・8従四位上、応長1(一三一一)・12・26右中将、正和1(一三一二)・4・10正四位下、正和4・4・10蔵人頭、8・26従三位、元蔵人頭左中将、右衛門督、正和5・8・13止督、文保2(一三一八)・1・22参議、文保3・3・9兼越後権守、元応1(一三一九)・8・5辞参議、元応2・2・9正三位、元応3・4・6止権守、正慶1〈元弘2〉(一三三二)・1・5従二位、暦応2〈延元4〉(一三三九)・8・12還任、12・27権中納言、暦応4〈興国2〉・12・20〈「19日」やイ〉出家、12・23薨去

[死没]暦応4(一三四一)・12・23 [年齢]45 [父]園基藤 [母]昭訓門院官女大夫局 [公卿補任]2—448上 [大日本史料]6—6—999

基隆 もとたか 一三一四—七四

元亨4(一三二四)・11・11従五位下、-・-・-従五位上、正中3(一三二六)・2・19出雲守、嘉暦2(一三二七)・4・8右兵衛佐、可為左之由追被仰、6・16正五位下、元徳2(一三三〇)・3・1左少将、元徳3・1・5従四位下、元弘1(一三三一)・11・5右少将、元弘3・6・-罷少将、8・5還任右少将、8・23播磨守、11・29去守、建武2(一三三五)・1・5従四位上、建武3〈延元1〉・3・2右中将、暦応2〈延元4〉(一三三九)・1・5正四位下、康永2〈興国4〉(一三四三)・9・13蔵人頭、康永3〈興国5〉・7・29参議元蔵人頭右中将、9・23従三位、本名—宣、貞和2〈正平1〉(一三四六)・2・21兼信乃権守、貞和4〈正平3〉・4・12辞参議、8・11本座、貞和5〈正平4〉・10・16右兵衛督、観応

1〈正平5〉(一三五〇)・6・19止督、延文3〈正平13〉(一三五八)・3・30右衛門督、延文4〈正平14〉・1・5正三位、3・25権中納言、延文5〈正平15〉・1・16帯剣、3・13辞権中納言、閏4・7本座、貞治3〈正平19〉(一三六四)・1・5従二位、貞治6〈正平22〉・4・13正二位、応安7〈文中3〉(一三七四)・5・7薨去
[死没]応安7(一三七四)・5・7 [年齢]61 [父]園基成、二男 [母]正二位権中納言小倉実教女 [前名]基宣 [公卿補任]2—598下 [大日本史料]6—40—413

基光 もとみつ ?—一四〇二
応安6(一三七三)・4・26参議、元蔵人頭右中将、応安7〈文中3〉・8・16従三位、永和1〈天授1〉(一三七五)・11・11〈「3月29日」し〉兼近江権守、永和2〈天授2〉・2・12辞参議、永和4〈天授4〉・8・17右衛門督、永徳2〈弘和2〉(一三八二)・1・6正三位、明徳1〈元中7〉(一三九〇)・4・1権中納言、明徳3〈元中9〉・8・22辞退(権中納言)、応永9(一四〇二)・5・6薨去
❖明徳元年より「従二位」
[死没]応永9(一四〇二)・5・6 [父]園基隆、二男 [公卿補任]2—710下 [大日本史料]7—5—528

基秀 もとひで 一三六九—一四四五
応永21(一四一四)・3・16参議、元蔵人頭左中将、10・29従三位、応永22・3・28兼美乃権守、応永23・11・4辞参議、応永24・1・5正三位、応永27・1・5従二位、応永28・3・24権中納言、7・20辞権中納言、永享2(一四三〇)・1・6正二位、永享4・12・26〈22日ともあり〉還任(権中納言)、永享10・10・-辞権中納言、嘉吉1(一四四一)・7・-出家
[死没]文安2(一四四五)・4・18 [年齢]77 [父]園基光 [法名]常観 [公卿補任]3—80下

基世 もとよ 一四〇三—二九
正長1(一四二八)・11・3参議、元蔵人頭右中将、正長2・3・29兼加賀権守、永享1(一四二九)・10・28従三位、10・29薨去
[死没]永享1(一四二九)・10・29 [年齢]27 [父]園基秀 [公卿補任]3—113下

基有 もとあり 一四二三—八七
永享3(一四三一)・3・29侍従(従五下)〈さし〉、宝徳3(一四五一)・-・-参議、元蔵人頭左中将、宝徳4・3・25従三位、康正2(一四五六)・4・9正三位、康正3・7・10〈9日ともあり〉権中納言、長禄2(一四五八)・8・8辞権中納言、寛正3(一四六二)・9・2還任(権中納言)、寛正6・1・5従二位、寛正7・2・5辞権中納言、文明5(一四七三)・3・18賜去年五月七日叙正二位々記、文明19・7・10薨去
❖享徳二年(一四五三)より「信乃権守」
[死没]文明19(一四八七)・7・10 [年齢]65 [父]園基秀 [公卿補任]3—166上 [大日本史料]8—20—281

基富 もととみ 一四五七—一五三三
長享2(一四八八)・9・17参議、元前蔵人頭中将、長享3・4・4従三位、延徳3(一四九一)・12・18正三位、文亀1(一五〇一)・3・9権中納言、-・-賜去年八月十八日従二位位記、永正3(一五〇六)・4・5辞権中納言(于時在国)、大永2(一五二二)・10・8正二位(十九年在国云々)、7・16〈さ〉自賀州上洛、大永3・3・24下向賀州、天文2(一五三三)・2・28〈やさ〉薨去云々
[死没]天文2(一五三三)・2・28 [年齢]77 [父]園基有 [公卿補任]3—275下

基任 もととう 一五七三—一六一三
元亀4(一五七三)・1・11〈く〉誕生、天正12(一五八四)・12・29叙位、12・30元服、侍従、昇殿、天正17・1・6従五位上、1・11左少将、慶長5(一六〇〇)・2・10正五位下、慶長11・1・6従四位下、慶長13・1・12転左中将、慶長16・2・9補蔵人頭、3・21従四位上、4・21正四位下(年中両度)、慶長17・1・5正四位上、1・11参議、止中将〈く〉、元頭中将、慶長18・1・6従三位、1・14薨去☆
[死没]慶長18(一六一三)・1・14 [年齢]41 [父]園基継 [号]春松院 [法名]曽岸 [公卿補任]3—536上 [大日本史料]12—10—594

基音　もとね　一六〇四―五五

慶長9(一六〇四)・8・23誕生、慶長13・1・7叙位、慶長17・12・13元服、侍従、慶長18・1・6従五位上、慶長20・1・6正五位下☆、元和2(一六一六)・-・-左少将☆、元和5・12・25従四位下、元和9・1・5従四位上、寛永3(一六二六)・8・13蔵人頭正四位下、12・19正四位上、寛永8・1・12参議、寛永9・1・5従三位、寛永15・12・23権中納言、寛永16・12・29〈賜去十三年正月五日位記〉正三位、寛永17・12・15辞権中納言、寛永18・1・5従二位、慶安1(一六四八)・7・6権大納言、慶安3・5・14〈賜去正月五日正二位々記〉正二位、12・22辞権大納言、承応4(一六五五)・2・17薨去　[死没]承応4(一六五五)・2・17　[年齢]52　[父]園基任　[号]南宗院　[法名]文明　[公卿補任]3―571下

基福　もととみ　一六二二―九九

元和8(一六二二)・2・16誕生、寛永3(一六二六)・1・5叙爵、寛永8・3・24元服、昇殿、侍従、寛永9・1・5従五位上、寛永13・1・5正五位下、寛永15・12・23左少将、寛永18・1・5従四位下、寛永21・1・11左中将、正保2(一六四五)・1・6従四位上、正保4・10・21正四位下、12・19蔵人頭、正保5・1・5正四位上、慶安2(一六四九)・7・13参議、元蔵人頭、承応1(一六五二)・10・12〈賜去年正月五日従三位口宣案〉従三位、承応4・1・28権中納言、明暦2(一六五六)・1・5正三位、万治3(一六六〇)・1・5従二位、12・24権大納言、寛文7(一六六七)・12・17正二位、寛文9・12・24辞権大納言、貞享3(一六八六)・5・16准大臣、従一位、元禄12(一六九九)・11・10薨去　[死没]元禄12(一六九九)・11・10　[年齢]78　[父]園基音　[母]谷出羽守従五位下衛長女　[一字名]宗・仁　[号]後南宗院　[公卿補任]3―619下

基勝　もとかつ　一六六三―一七三八

寛文3(一六六三)・10・14誕生、寛文7・12・12叙爵、延宝1(一六七三)・12・8元服、昇殿、侍従、従五位上、延宝4・12・23〈去正月五日分〉正五位下☆、延宝7・5・21左少将、12・23従四位下☆、天和2(一六八二)・2・10左中将、天和3・12・7〈去正五分〉従四位上☆、貞享1(一六八四)・11・1蔵人頭☆、11・22禁色、11・27正四位下、12・24正四位上、貞享4・12・29参議(中将如旧)、貞享5・1・28従三位、9・15〈「19日」ま〉聴直衣☆、元禄5(一六九二)・12・27権中納言、12・29帯剣、元禄6・12・25正三位、元禄14・12・23従二位、元禄16・1・22権大納言、宝永2(一七〇五)・11・28神宮伝奏、宝永3・9・8辞伝奏、宝永4・3・28為勝子内親王家勅別当、宝永5・7・28神宮伝奏、宝永6・12・22〈「25日」ま〉止伝奏、宝永7・6・25辞権大納言、正徳1(一七一一)・7・24正二位、正徳3・8・28出家　[死没]元文3(一七三八)・9・22　[年齢]76　[父]園基福　[母]正二位権大納言中御門宣衡女　[法名]義観・常忍　[日記]神宮奏事始記(一六八六)・御譲位私記(一六八七)　[公卿補任]4―87下

基香　もとか　一六九一―一七四五

元禄4(一六九一)・7・19誕生、元禄8・1・29叙爵☆、元禄10・12・12元服、昇殿、〈ま〉侍従、〈ま〉禁色、元禄11・3・29〈去正五分〉従五位上、元禄14・12・23〈去正五分〉正五位下、宝永1(一七〇四)・2・29左少将従四位下、宝永4・1・23〈去五分〉従四位上、12・26左中将、宝永5・2・27兼中宮権亮(立后日)、宝永7・3・21止権亮(依院号定也)、正徳1(一七一一)・2・28蔵人頭、3・25正四位下、4・23正四位上、正徳5・11・25参議(中将如旧)、正徳6・2・16従三位、享保2(一七一七)・12・8権中納言、12・26帯剣、享保4・1・6賀茂伝奏、2・11辞伝奏、享保6・10・12正三位☆、享保9・9・7権大納言、享保12・5・27辞権大納言、12・19従二位、享保19・6・11正二位、延享2(一七四五)・5・17薨去☆　[死没]延享2(一七四五)・5・17　[年齢]55　[父]園基勝　[母]雅喬王女　[日記]基香卿記(一七一三―二八)・能御覧催雑誌(一七一六―一七三三)・園基香関東下向記(一七二九)　[公卿補任]4―215上

基衡　もとひら　一七二一―九四

享保6(一七二一)・閏7・8誕生、享保8・1・5叙爵☆、享保12・11・27元服、昇殿、侍従、従五位上、享保15・12・26正五位下、享保18・12・27左少

将従四位下、享保21·5·2従四位上、8·13左中将、元文4(一七三九)·11·14兼越中介、12·28正四位下、寛保2(一七四二)·10·5蔵人頭、10·9禁色拝賀従事、12·24正四位上、寛保3·10·1兼讃岐権守、延享1(一七四四)·8·13参議(左中将讃岐権守等如元)、8·18拝賀着陣、延享2·閏12·16〈ま〉従三位、延享3·10·9遷但馬権守、延享5·3·29正三位、寛延1(一七四八)·9·21近江権守、寛延3·6·20辞左中将、11·28改基衡、寛延4·6·22左権中将、宝暦2(一七五二)·11·27権中納言、12·4帯剣、宝暦3·4·15賀茂伝奏、宝暦4·4·28聴直衣、11·19止伝奏、11·20〈昨日分〉辞権中納言、宝暦6·12·21従二位、宝暦9·1·25権大納言、宝暦11·2·5辞権大納言☆、宝暦12·10·17〈去九月廿四日分〉正二位、天明6(一七八六)·9·2出家、寛政6(一七九四)·5·10薨去

[死没]寛政6(一七九四)·5·10　[年齢]74　[父]園基香　[母]従四位下兵部大輔高倉永重女　[前名]基望　[法名]澄観　[公卿補任]4—364上

基理　もとあや　一七五八—一八一五

宝暦8(一七五八)·1·26誕生、明和8(一七七一)·3·24叙爵、9·27元服、昇殿、安永2(一七七三)·1·9従五位上、安永3·9·15〈「16日」ま〉侍従☆、安永4·1·19正五位下、安永6·1·29従四位下、9·20右権少将、10·24拝賀、安永8·3·22従四位上、5·4兼下野権介、安永9·12·27内教坊別当、安永10·1·5正四位下、3·17転右権中将(別当権介等如元)、3·22拝賀、天明3(一七八三)·1·20秩満、天明5·8·17補蔵人頭(去別当、小除目次)、禁色、拝賀従事、8·26申行宿侍後朝之儀、天明6·7·22神宮奉行、8·24辞神宮奉行、寛政1(一七八九)·5·22参議(中将如旧)、拝賀着陣、5·26聴直衣、直衣始、10·30従三位、寛政3·12·21正三位、寛政4·10·19権中納言、12·18帯剣、12·19聴直衣☆、寛政6·1·28従二位、寛政11·3·16権大納言、3·30直衣始、寛政12·1·5正二位、享和3(一八〇三)·2·16辞権大納言、文化12(一八一五)·10·7薨去

[死没]文化12(一八一五)·10·7　[年齢]58　[父]園基衡　[母]正二位権大納言高倉永房女　[日記]内侍所仮殿木造始記(一七八七)　[公卿補任]5—60下

基茂　もとしげ　一七九三—一八四〇

寛政5(一七九三)·5·13誕生、寛政6·閏11·30従五位下、寛政12·2·3元服、昇殿、従五位上、5·25侍従、享和2(一八〇二)·1·14正五位下、享和4·1·11従四位下、文化3(一八〇六)·2·25従四位上、文化5·1·17正四位下、12·19右権少将、享和6·1·1拝賀、文化11·4·5転権中将、4·15拝賀、享保12·3·2着本陣、10·7服解(父)、11·27除服出仕復任、文政4(一八二一)·3·27補蔵人頭、4·1禁色、4·2拝賀従事、4·8正四位上、4·11宿侍始、文政6·6·3神宮奉行、右中将如故、7·4拝賀着陣、文政7·6·19参議、右中将如故、7·4拝賀着陣、7·5聴直衣、直衣始、文政8·1·5従三位、文政10·1·21正三位、天保2(一八三一)·8·28権中納言、9·26帯剣、9·27聴直衣、12·19従二位、天保4·4·8守脩親王家別当、天保7·12·7〈去十月廿八日分〉〔正二位〕、天保8·12·10成憲親王家別当、天保11·6·14〈昨日分〉辞権中納言、薨去

[死没]天保11(一八四〇)·6·14　[年齢]48　[父]園基理(実中山忠尹、三男)　[母]家女房　[法名]観月　[公卿補任]5—295上

園家(絶家)1

基重　もとしげ

弘安6(一二八三)·12·24叙爵、弘安7·11·25石見守、弘安10·1·13止守、正応4(一二九一)·7·17〈や〉右兵衛佐、10·29従五位上、正応5·閏6·16右少将〔「左少将」イ〕(去佐)、正応6·1·5正五位下、永仁3(一二九五)·12·9従四位下、永仁5·閏10·5還任右少将、永仁6·11·23従四位上(大嘗会叙位加叙次)、永仁7·3·24転中将、正安2(一三〇〇)·1·5正四位下、嘉元2(一三〇四)·3·22止中将、正和1(一三一二)·1·5従三位、元前右

園家
基重——基冬——基敦——基定

中将、正和2・10・11出家
［父］園基顕或園基氏、三男　［母］家女房　［法名］真玄・貞玄　［公卿補任］2—426下

基冬　もとふゆ　一二九〇—一三四四
正安2（一三〇〇）・9・10従五位下（本名基定）、正安3・10・24従五位上、嘉元2（一三〇四）・4・1左兵衛権佐、10・7左少将（于時基冬）、-・-・-正五位下、延慶2（一三〇九）・6・7従四位下、延慶4・1・7従四位上、正和2（一三一三）・3・9正四位下、正和4・4・10渡右近、6・27転中将、正和5・閏10・19辞中将、暦応4〈興国2〉（一三四一）・3・19従三位、元前右中将、康永3〈興国5〉（一三四四）・8・15薨去
［死没］康永3（一三四四）・8・15　［年齢］55　［父］園基重　［母］家女房　［前名］基定　［法名］寂阿　［公卿補任］2—586下　［大日本史料］6—8—359

基定　もとさだ
応永2（一三九五）・1・5従三位、元前左兵衛督、応永13・-・-出家
［父］園基敦　［公卿補任］3—37上　［大日本史料］7—8—328

園家（絶家）2

園家
基春——基賢

基春　もとはる　一三〇四—？
延慶1（一三〇八）・11・14従五位下（照訓門院御給）、延慶4・1・17従五位上、正和1（一三一二）・11・18侍従、正和3・閏3・25正五位下、正和5閏10・19復任（父）、文保2（一三一八）・4・14従四位下、12・28左少将、文保3・3・9兼伯耆権介、元応2（一三二〇）・6・23渡右、元応3・1・5従四位上、嘉暦2（一三二七）・4・8正四位下、閏9・2左中将、10・26渡右近、12・-昇殿、暦応2〈延元4〉（一三三九）・1・13兼能登介、暦応3〈興国1〉・9・4従三位（追賜今日位記、元右中将）、貞和4〈正平3〉（一三四八）・4・12参議、7・10辞参議、貞和5〈正平4〉・1・7正三位、観応2〈正平6〉（一三五一）・9・4出家
［父］園基藤　［母］昭訓門院大夫局　［公卿補任］2—583上　［大日本史料］6—15—250

基賢　もとかた　？—一三七五
元亨3（一三二三）・1・5叙爵、建武4〈延元2〉（一三三七）・7・20侍従、建武5・1・5従五位上、康永1〈興国3〉（一三四二）・1・5〈貞和二年四月十四日賜此位記〉正五位下、12・21左近権少将、康永2〈興国4〉・1・28常陸権介、貞和2〈正平1〉（一三四六）・2・21従四位下（元叙留）、貞和6〈正平5〉・1・5従四位上、延文1〈正平11〉（一三五六）・12・25正四位下、延文4〈正平14〉・3・25左近権中将、貞治6〈正平22〉（一三六七）・1・5従三位、元左中将、応安2〈正平24〉（一三六九）・4・19右衛門督、応安4〈建徳2〉・1・5正三位、応安6〈文中2〉・1・10止督、永和1〈天授1〉（一三七五）・-・-薨去
［死没］永和1（一三七五）　［父］園基春　［母］式部卿恒明親王家女房　［公卿補任］2—693下　［大日本史料］6—45—39

東園家　ひがしぞのけ

藤原氏北家中御門流。持明院家庶流園家の傍流。園贈左大臣基任の二男東園左権中将基教を家祖とする。家格は羽林家、新家。元和期に創立。内々の家。有職故実・雅楽（琵琶）を家職とした。一条家の家礼。家領百八十石。家祖基教は、慶長十八年（一六一三）七歳で叙爵。元和元年（一六一五）十二月元服し、昇殿を聴され、同七年右権少将。寛永九年（一六三二）従四位上、左権中将に昇ったが、同十三年十月三十歳で頓死した。嗣子がなく、園参議基

音の二男基賢が養子に入り遺跡を相続した。基賢は、寛永十年八歳で叙爵し、同十五年元服し昇殿を聴され、同二十一年左権少将となる。明暦二年(一六五六)蔵人頭より参議。寛文元年(一六六一)権中納言、同九年権大納言となり、同十二年辞任。延宝元年(一六七三)正二位に昇ったが、同五年三月、幕府から咎められるところあって、出仕を止められ閉門に処せられた。『諸家伝』には、「依武命、止出仕閉門、追而家領・東園号等被下于基量朝臣、方領可指上之由、為関東沙汰、武家伝奏花山院前大納言・千種前大納言等計申也」と見える。閉門に処すが、家領及び東園の家名は子息基量に安堵し、基量受給の方領は返上すべしというのである。この幕府の処置は、当月初め武家伝奏両名が年頭勅使・院使として江戸に下向した際、書付三ヶ状を以って伝えられた。その内容のおおまかな事は『基熙公記』同月三十日条に見え、「惣而主上仰之筋、能々被加御吟味、被仰出可然事」「東園前大納言蟄居之事被仰付、御尤存」「何事も公武ノ御為ニ宜事ハ両伝奏被達叡聞可然事」などとあり、霊元天皇への幕府の要望をも含み、武家伝奏の権限とも関るもので、基賢が当時天皇の近臣の一人であったことに絡んでのことであろう。寛文三年(一六六三)霊元天皇践祚直前の一月に、後水尾法皇が葉室頼業・園基福・正親町実豊・東園基賢の四名に天皇の近侍を命じたのが、いわゆる「議奏」の淵源で、貞享三年(一六八六)に正式の役職名が定まる迄は「年寄衆」「近習老臣」などと称された。基福・基賢の両名はこの延宝五年段階まで在任していたが、二月十四日を以て辞しているのは引責辞任とすれば、基福も同様であったはずであるが、霊元天皇生母国子の舎兄の名誉を守るため表沙汰にすることが避けられたのかもしれない。いずれにせよ、基賢の正二位権大納言の先途は東園家の家格として定着する。権大納言基量は宝永七年(一七一〇)正月五十八歳で没するが、稀代の有識家で、円成寺関白一条兼輝の殊遇を受けた。やはり学識を以て知られる野宮定基はその死を嘆き、「末代英才也、嘗学故円成寺閣下、受彼一流秘説、無等倫比肩之人、可惜可恨、予年来相交甚厚」と日記している(『定基卿記』同月二十九日条)。幕末の右中将基敬は尊攘派の堂上として国事に奔走し、文久三年(一八六三)二月国事寄人となり、同七月には攘夷監察使として紀伊藩に赴いたが、八月十八日の政変により差控に処せられた。基賢が議奏、基量が議奏・院伝奏、基雅が院伝奏に補された。日記には、『基賢卿記』、『基量卿記』、『基長卿記』、『基禎卿記』がある。明治十七年(一八八四)基愛のとき、叙爵内規により、子爵を授けられた。菩提所は松林院。『東園家譜』(東京大学史料編纂所架蔵、四一七五―一八九)。

東園家

基教═基賢―基量―基雅―基禎
基辰―基仲―基貞―基敬(子爵)

基賢　もとかた　一六二六―一七〇四

寛永3(一六二六)・9・23誕生☆、寛永10・9・10従五位下、寛永15・9・15元服、従五位上、侍従、寛永19・1・5正五位下、寛永21・1・11左近少将、正保2(一六四五)・1・5従四位下、慶安3(一六五〇)・1・5従四位上、1・11中将、承応3(一六五四)・1・5正四位下、承応4・1・20蔵人頭、1・23禁色、1・30正四位上、明暦2(一六五六)・1・11参議、元蔵人頭左中将、明暦3・1・5従三位、寛文1(一六六一)・1・5正三位、12・24権中納言、寛文2・10・29帯剣、12・14直衣、寛文9・12・27権大納言、寛文12・12・5従二位、12・22辞権大納言、延宝1(一六七三)・12・26正二位、貞享3(一六八六)・10・19〈「8月」ま〉出家☆
［死没］宝永1(一七〇四)・7・21　［年齢］79　［父］園基教(実園基音、一男)　［母］谷出羽守従五位下衛友長女　［法名］常算　［日記］基賢卿記(一六五二―五五)　［公卿補任］3―643上

基量　もとかず　一六五三―一七一〇

承応2(一六五三)・2・16誕生、明暦3(一六五七)・1・5叙爵、寛文1(一六六一)・11・24元服、昇殿、侍従、従五位上、寛文5・12・23正五位下、寛文7・12・17従四位下、左少将、寛文11・12・21従四位上、

左中将、延宝3(一六七五)・1・5正四位下☆、延宝5・閏12・12蔵人頭☆、閏12・16禁色、閏12・26正四位上、延宝7・12・17参議、12・25兼左中将、延宝8・11・30従三位、天和3(一六八三)・12・27〈去正月五日分〉正三位☆、貞享1(一六八四)・9・22辞参議☆、12・23権中納言、貞享3・7・23益子内親王家勅別当、9・30周慶親王家勅別当、貞享4・12・29辞権中納言、元禄7(一六九四)・2・12〈去正月五日分〉従二位、元禄10・8・25権大納言、12・25神宮伝奏、元禄12・7・22〈「23日」ま〉辞伝奏、12・28辞権大納言、宝永1(一七〇四)・12・26正二位、宝永7・1・26薨去

[死没]宝永7(一七一〇)・1・26 [年齢]58 [父]東園基賢 [母]家女房 [一字名]園・基 [日記]基量卿記(一六七一―一七〇四) [公卿補任]4―55下

基雅 もとまさ 一六七五―一七二八

延宝3(一六七五)・1・5誕生、延宝7・1・6叙爵☆、天和3(一六八三)・11・23元服☆、昇殿☆、侍従従五位上☆、貞享3(一六八六)・12・28正五位下、元禄1(一六八八)・12・26左少将、元禄2・1・7従四位下、8・2改基長(元基茂)、元禄4・12・21〈「11月」ま〉左中将、元禄6・1・5〈「6日」ま〉従四位上、元禄10・2・8〈去正五分〉正四位下、元禄11・8・27蔵人頭、8・30禁色、9・9正四位上、元禄13・8・7参議、左中将如元、12・14奏慶着陣、12・22聴直衣、元禄14・2・27従三位、宝永1(一七〇四)・-・-正三位〈旧〉〈12月26日カ〉、宝永3・2・11権中納言、8・27帯剣、宝永6・3・22庶賢親王家勅別当、宝永8・2・28〈去々年八月廿七日分〉従二位、正徳3(一七一三)・9・13辞権中納言、享保4(一七一九)・1・24権大納言、享保6・2・20〈去正月五日分〉正二位、享保8・11・3辞権大納言、享保11・2・14改基雅、享保13・6・11薨去

[死没]享保13(一七二八)・6・11 [年齢]54 [父]東園基量 [母]正二位権大納言高倉永敦女 [前名]基茂・基長 [日記]基長卿記(一六九一―一七一七) [公卿補任]4―142下

基楨 もとえだ 一七〇六―四四

宝永3(一七〇六)・1・19誕生、宝永5・1・6〈去五分〉叙爵☆、正徳5(一七一五)・11・1元服、昇殿、侍従従五位上、享保3(一七一八)・3・16左中将、〈去正五分〉正五位下、享保6・12・24従四位下、享保11・5・28〈去年十二廿五分〉左中将従四位上☆、享保13・6・11喪父、8・3除服出仕復任、享保14・2・16〈去正五分〉正四位下、享保16・7・22喪母、9・25除服出仕復任、享保18・3・5改基楨(元基廉)、12・22蔵人頭、12・24禁色、12・27正四位上、享保20・3・21新帝蔵人頭、4・8参議(左中将如旧)、5・24拝賀着陣、元文1(一七三六)・1・5従三位、元文2・12・7権中納言、12・29〈「25日」ま〉帯剣☆、元文3・4・24直衣、元文5・12・15有頼親王家勅別当、12・24正三位、延享1(一七四四)・4・1辞権中納言、6・24薨去

[死没]延享1(一七四四)・6・24 [年齢]39 [父]東園基雅、二男 [母]従二位権大納言藤谷為茂女 [前名]基廉 [日記]基楨卿記(一七一七―三九) [公卿補任]4―314下

基辰 もととき 一七四三―九七

寛保3(一七四三)・2・24誕生、延享2(一七四五)・閏12・16従五位下、寛延4(一七五一)・6・10元服、昇殿、近江権介、従五位上、宝暦2(一七五二)・2・26侍従(権介如故)、宝暦3・12・22近江権介、宝暦5・3・20〈去二月廿日宣〉正五位下、宝暦8・5・7大蔵権大輔、9・18左権少将、10・6拝賀、宝暦9・1・5従四位下、宝暦13・2・19従四位上、明和3(一七六六)・3・8転左権中将、3・14拝賀、明和4・1・9〈去五日宣〉正四位下、12・19兼常陸権介、明和8・1・16辞常陸権介、12・4蔵人頭、正四位上、12・8拝賀従事聴禁色、安永1(一七七二)・2・14参議(中将如故)、3・28拝賀着陣、3・30聴直衣〈ま〉、安永2・1・9従三位、安永4・閏12・2正三位、安永8・5・4権中納言、5・28帯剣、5・29聴直衣、安永9・12・11辞権中納言、天明5(一七八五)・4・26従二位、寛政8(一七九六)・4・24正二位、寛政9・9・3薨去

[死没]寛政9(一七九七)・9・3 [年齢]55 [父]東園基楨、三男 [母]家女房 [公卿補任]4―522上

基仲 もとなか 一七八〇―一八二二

安永9(一七八〇)・3・18誕生、天明2(一七八二)・12・22

従五位下、寛政5（一七九三）・12・13元服、昇殿、従五位上、寛政8・2・10正五位下、寛政9・3喪父、10・24除服出仕、寛政10・5・1侍従、寛政11・1・21従四位下、寛政12・閏4・24服解（母）、6・15除服出仕復任、享和3（一八〇三）・1・5従四位上、享和4・1・11左近衛権少将、1・16拝賀、文化3（一八〇六）・3・16〈去正十八分〉正四位下、文化9・12・19転権中将、文化10・1・1拝賀、文化14・1・25左近府年預、11・22蔵人頭、11・27禁色、11・28拝賀従事、11・29宿侍始、12・8正四位上、文政1（一八一八）・12・8辞蔵人頭（依所労）、文政3・2・27更為左近府年預、6・15参議、左権中将如故、7・1拝賀着陣、7・2聴直衣、直衣始、文政4・2・30従三位、3・1辞両官、3・2薨去

[死没]文政4（一八二一）・3・2　[年齢]42　[父]東園基辰、二男　[母]従一位右大臣花山院常雅女　[号]雲巌院　[公卿補任]5—267上

基貞　もとさだ　一八〇〇—五七

寛政12（一八〇〇）・6・24誕生、享和2（一八〇二）・1・14従五位下、文化5（一八〇八）・11・25元服、昇殿、従五位上、文化8・1・18正五位下、文政2（一八一九）・9・21侍従、10・26従四位下、文政4・3・2服解（父）、4・24除服出仕復任、文政6・1・12従四位上、文政7・7・1左権少将、文政9・1・5正四位下、文政11・2・20転権中将、3・15拝賀、天保5（一八三四）・9・26左近府年預、10・18着本陣、12・22内教坊別当、嘉永1（一八四八）・5・18参議（左中将如旧、小除目）、6・12拝賀着陣、6・14聴直衣、直衣始、嘉永2・1・22従三位、嘉永5・1・17正三位、安政4（一八五七）・9・12辞両官、薨去

[死没]安政4（一八五七）・9・12　[年齢]58　[父]東園基仲、一男　[母]正二位権大納言松木宗美女　[公卿補任]5—448下

基敬　もとゆき　一八二〇—八三

文政3（一八二〇）・10・23（庚辰）誕生、文政5・4・26叙爵、文政10・3・15元服、昇殿、従五位上、文政13・1・5正五位下、弘化2（一八四五）・1・18侍従、3・23従四位下、嘉永1（一八四八）・8・9〈去正四分〉従四位上、嘉永4・1・18正四位下、12・24左権少将、12・28拝賀、安政4（一八五七）・9・12服解（父）、11・16除服出仕復任、安政6・9・27転右権中将、10・18拝賀、文久2（一八六二）・12・24内教坊別当、文久3・8・16正四位上（為監察使下向、尽力苦心之段叡感不斜、依之被推叙）、元治2（一八六五）・1・5辞内教坊別当、慶応4（一八六八）・8・22参議（中将如元）、明治1（一八六八）・9・14従三位

[死没]明治16（一八八三）・5・24　[年齢]64　[父]東園基貞、一男　[母]正三位芝山国豊女国子　[公卿補任]5—587下

壬生家　みぶけ

藤原氏北家中御門流。持明院家庶流園家の傍流。園贈左大臣基音の四男葉川従三位基起を家祖とする。四代俊平のとき宝永七年（一七一〇）十二月葉川の家名を壬生に改める。家格は羽林家、新家。万治期に創立。内々の家。有職故実・雅楽（琵琶）を家職とした。一条家の家礼。家領百三十石。家祖基起は、万治二年（一六五九）四月、十四歳で元服し、昇殿を聴された。同年従五位下・大炊頭、寛文十一年（一六七一）従四位下、左権中将、延宝三年（一六七五）正四位下となり、同七年正月従三位に上階する。重病による推叙という。同二月三十四歳で没した。その息基淳は寛文十一年五歳で叙爵し、左権少将、従四位下に昇ったが、貞享三年（一六八六）九月二十歳で没した。次の基章も左権少将、従四位下で終ったが、基章息で家名を壬生と改めた俊平は、享保十二年（一七二七）左権中将を経て従三位に昇り、同十四年五月三十六歳で没した。俊平には嗣がなく、同年六月園前大納言基香の二男基貫五歳が養子に入って相続することになり、同十二月叙爵。十八年元服し、昇殿を聴され、任侍従。累進して宝暦四年（一七五四）左権中将より従三位に上階し、明和二年（一七六五）参議。天

壬生家

基起─┬─基淳═基章─**俊平**═**基貫**─┐
　　　　└─基章
┌──────────────────────┘
├─師基═**家尹**─道吉═基修（子爵、伯爵陞授）
└─家尹

明四年(一七八四)には正二位に昇り、寛政三年(一七九一)七月に死に臨み、家の例として初めての権中納言となり、翌々日の二十六日六十七歳で没した。幕末期の基修は庭田参議重基の二男で、尊攘派の堂上として国事に奔走し、文久三年(一八六三)二月国事寄人となり、八月十八日の政変により三条実美らとともに長州へ下る七卿落ちとなった。戊辰戦争では会津征討越後口総督府参謀となって功あり、東京府知事・元老院議官等になり、明治十七年(一八八四)叙爵内規により子爵を授けられ、同二十四年特に勲功により伯爵に陞った。菩提所は松林院。『壬生家譜』(東京大学史料編纂所架蔵、四一七五—三二五)。

基起　もとおき　一六四六—七九

正保3(一六四六)・11・7〈「1月9日」ま〉誕生☆、―・―・―叙爵、万治2(一六五九)・4・27元服、昇殿、大炊頭、従四位上、寛文3(一六六三)・1・12正五位下、寛文6・12・17左少将、寛文7・1・12従四位下☆、寛文11・12・21〈去正五分〉従四位上、左中将、延宝3(一六七五)・10・2〈去正五分〉正四位下☆、延宝7・1・27従三位(号葉川)、2・24薨去

[死没]延宝7(一六七九)・2・24　[年齢]34　[父]園基音、三男　[母]家女房　[号]葉川　[公卿補任]4—57上

俊平　としひら　一六九四—一七二九

元禄7(一六九四)・11・4誕生、元禄14・5・13叙爵、元禄15・11・16元服、昇殿、侍従、宝永2(一七〇五)・1・23〈去五分〉従五位上、宝永6・3・16正五位下、宝永7・12・21以葉川号改壬生、正徳1(一七一一)・3・6改俊平(元家房)、12・21左少将、正徳3・2・18〈去正六分〉従四位下、正徳4・1・15左中将、享保2(一七一七)・4・3従四位上、享保6・12・24正四位下、享保12・4・7〈去年正月五日晴宣卿同日分〉従三位、享保14・5・26薨去

[死没]享保14(一七二九)・5・26　[年齢]36　[父]葉川基章　[母]家女房　[前名]家房　[号]葉川・壬生　[公卿補任]4—277下

基貫　もとつら　一七二五—九一

享保10(一七二五)・7・27誕生、享保14・6・27為俊平卿子、12・24叙爵、享保18・11・16元服、昇殿、侍従、従五位上、享保19・10・17服解(養母〈ま〉)、12・8除服出仕復任、元文2(一七三七)・2・19〈去正六分〉正五位下、元文5・2・2宮内大輔、寛保1(一七四一)・6・15従四位下、延享2(一七四五)・3・23兼尾張介(小除目)、5・17服解(実父〈ま〉)、7・8除服出仕復任、閏12・16従四位上、延享4・4・27右少将(介如故)、寛延1(一七四八)・12・21兼常陸権介☆、寛延2・1・25正四位下、寛延3・6・20弾正大弼(権介如故)、宝暦1(一七五一)・12・22兼上野権介、宝暦2・3・18左中将(権介如故)、5・9拝賀〈ま〉、宝暦4・9・20従三位、宝暦8・2・8正三位、明和2(一七六五)・6・11参議、6・19辞参議、明和5・1・25従二位、天明4(一七八四)・12・19正二位、寛政3(一七九一)・7・24権中納言、7・26辞権中納言、薨去

[死没]寛政3(一七九一)・7・26　[年齢]67　[父]壬生俊平(実園基香、二男)　[母]家女房(従四位下兵部大輔高倉永重女)　[公卿補任]4—420上

家尹　いえただ　一七七六—一八三四

安永5(一七七六)・6・15誕生、天明6(一七八六)・12・19従五位下、寛政9(一七九七)・9・21為師基朝臣養子、寛政10・6・5元服、昇殿、尾張権介、従五位上、文化1(一八〇四)・12・18〈去正十一分〉正五位下、文化5・1・5従四位下、文化8・4・25服解(実母)、6・17除服出仕復任、文化9・1・20従四位上、文化13・1・5正四位下、文政2(一八一九)・閏4・7右近衛権少将、6・1拝賀、文政4・4・26着本陣、文政5・3・22転左権中将、5・15拝賀、6・12〔従三位〕、文政9・1・5正三位、天保2(一八三一)・5・19参議、8・27辞参議、天保5・1・10薨去

〔死没〕天保5（一八三四）・1・10　〔年齢〕59　〔父〕壬生師基（実壬生基貫）　〔母〕家女房　〔公卿補任〕5—284下

高野家　たかのけ

藤原氏北家中御門流。持明院家の庶流。持明院権大納言基定の三男高野権大納言保春を家祖とする。家格は羽林家、新家。寛文期に創立。近衛内々の家。有職故実・神楽を家職とした。近衛家の家礼。家領百五十石。家祖保春は、万治元年（一六五八）九歳で叙爵、寛文元年（一六六一）十二月元服し、昇殿を聴される。天和三年（一六八三）従三位に上階し、元禄五年（一六九二）参議となる。同十年八月議奏に補され、十二月参議を辞す。十三年六月議奏より武家伝奏に転じ、八月推任により権中納言に昇ったが、十月辞任。宝永五年（一七〇八）権大納言、翌年辞任。正徳二年（一七一二）五月六十三歳で没するまで、十三年間に亘り武家伝奏を勤めた。息の保光も病気危急により権大納言に昇る。それ以降はおおむね四位にとどまったが、保香は正三位に昇った。明治十七年（一八八四）保建のとき、叙爵内規により子爵を授けられた。菩提所は廬山寺。『高野家譜』（東京大学史料編纂所架蔵、四一七五—二四八）。

高野家

保春—保光＝隆古＝保香—保忠＝

＝保右—保美—保建（子爵）

保春　やすはる　一六五〇—一七一二

慶安3（一六五〇）・3・3誕生、明暦4（一六五八）・8・10叙爵、寛文1（一六六一）・12・6元服、昇殿、修理権大夫、寛文2・2・11〈去正五分〉従五位上、寛文5・12・23正五位下、寛文9・1・5従四位下、延宝2（一六七四）・12・27〈去年正五分〉従四位上、延宝6・1・5正四位下、天和3（一六八三）・12・27〈去正月五日分〉従三位☆、－・－宮内卿〈ま〉、号高野、元禄3（一六九〇）・3・12〈去年正月七日分〉正三位☆、元禄5・12・29参議、元禄10・12・14辞参議、元禄11・12・27〈去正月五日分〉従二位、元禄13・8・29権中納言、9・27帯剣、聴直衣、10・24辞権中納言、宝永5（一七〇八）・12・21権大納言、宝永6・5・27辞権大納言、正徳1（一七一一）・7・24正二位、正徳2・5・26薨去

〔死没〕正徳2（一七一二）・5・26　〔年齢〕63　〔父〕持明院基定、二男　〔母〕左近衛中将従四位下持明院基久女　〔一字名〕保　〔号〕高野　〔公卿補任〕4—72上

保光　やすみつ　一六七四—一七四〇

延宝2（一六七四）・10・15誕生、延宝7・8・－叙爵、貞享4（一六八七）・9・29元服、昇殿、侍従、従五位上、元禄4（一六九一）・1・6正五位下、元禄5・12・13右少将、元禄8・7・13従四位下、元禄10・11・27〈「12月」あ〉右中将、元禄12・12・25従四位上、元禄16・5・25〈去正五分〉正四位下、宝永4（一七〇七）・1・6〈去五日分〉従三位、宝永8・10・3宮内卿、正徳3（一七一三）・8・19〈去二月十八日通晴卿同日分〉正三位、享保5（一七二〇）・12・28参議、享保10・2・1辞参議、12・25従二位、享保14・6・18権中納言、享保15・6・26辞権中納言、元文5（一七四〇）・閏7・19〈20日ともあり〉権大納言、閏7・21辞権大納言、薨去

〔死没〕元文5（一七四〇）・閏7・21　〔年齢〕67　〔父〕高野保春　〔母〕家女房　〔一字名〕保　〔号〕恵乗院　〔法名〕唯称　〔公卿補任〕4—179上

保香　やすか　一七四七—九〇

延享4（一七四七）・10・20誕生、宝暦8（一七五八）・1・5叙爵（于時忠祐）、宝暦10・5・27為隆古朝臣子〈ま〉、9・29元服、昇殿、宮内大輔、12・26改保香、宝暦12・12・19〈ま〉従五位上、明和3（一七六六）・1・9正五位下、明和7・11・27従四位下、安永3（一七七四）・1・5従四位上、安永7・1・5正四位下、閏7・4左権少将、10・9奏慶、安永9・4・18左権中将、12・13奏慶、天明2（一七八二）・1・5従三位、天明5・8・17大蔵卿、天明6・2・30〈「10日」ま〉〈賜去正月十四日位記〉正三位、寛政2（一七九〇）・9・17辞、薨去

〔死没〕寛政2（一七九〇）・9・17　〔年齢〕44　〔父〕高野

隆古（実園基衡、二男）［母］松前邦広女（実家女房）［前名］忠祐 ［公卿補任］5―20上

保右 やすすけ 一七九五―一八五九

寛政7（一七九五）・10・24誕生、寛政12・9・20従五位下、享和3（一八〇三）・3・19元服、昇殿、享和4・1・5従五位上、文化5（一八〇八）・2・21正五位下、10・8刑部大輔、文化9・1・4従四位下、文化13・1・5従四位上、文政3（一八二〇）・1・4正四位下、3・29右権少将、4・13拝賀、文政12・6・19院別当（院宣）、7・1院司慶、文政13・閏3・24左権中将、5・10拝賀、天保1（一八三〇）・12・15［従三位］、天保5・1・13正三位、天保11・12・20賜太上天皇御服、安政6（一八五九）・8・22薨去

［死没］安政6（一八五九）・8・22 ［年齢］65 ［父］高野保忠 ［母］家女房 ［公卿補任］5―337下

保美 やすよし 一八一七―六九

文化14（一八一七）・11・16誕生、天保2（一八三一）・10・28叙爵、12・1元服、昇殿、天保3・1・11左衛門佐、8・24服解（母）、10・15除服出仕復任、天保6・1・14従五位上、7・16院判官代（院宣）、閏7・23院司慶、天保10・1・24〈去四日分〉正五位下、天保11・11・19去院判官代（依崩御）、12・20賜故院御服、天保12・1・20除服宣下、天保13・1・14秦子内親王職事、天保14・1・5従四位下、弘化3（一八四六）・7・23賜前新清和院御服、8・23除服宣下、弘化4・1・13従四位上、嘉永4（一八五一）・1・5正四位下、12・10左権少将、12・29拝賀、安政6（一八五九）・8・22服解（父）、10・14除服出仕復任、文久3（一八六三）・3・1転左権中将、元治1（一八六四）・12・14拝賀、慶応1（一八六五）・12・23［従三位］

［死没］明治2（一八六九）・3・13 ［年齢］53 ［父］高野保右 ［母］従五位下若狭守松前章広女梁子 ［公卿補任］5―566下

石野家 いわのけ

藤原氏北家中御門流。持明院家の庶流。持明院権大納言基時の二男石野権中納言基顕を家祖とする。家格は羽林家、新家。天和期に創立。外様の家。有職故実・神楽を家職とした。近衛家の家礼。家禄三十石三人扶持。家祖基顕は、天和元年（一六八一）十一月後西院により新家取立、同二十七日新院御所にて元服し、昇殿を聴され、石野と号す。同日従五位下・縫殿頭に叙任。宝永三年（一七〇六）左権中将より従三位に上階。同六年議奏に補され、正徳四年（一七一四）参議となり、享保三年（一七一八）権中納言に転じ、翌年辞したが、翌四年従二位に昇った。同十七年二十三年間に亘り勤仕した議奏を辞した。同十二月正二位に推叙され、元文六年（一七四一）正月七十二歳で没した。孫の基棟、曾孫の基綱も正二位権中納言にまで昇った。明治十七年（一八八四）基佑のとき、叙爵内規により子爵を授けられた。菩提所は廬山寺。『石野家譜』（東京大学史料編纂所架蔵、四一七五―一六〇）。

石野家

基顕―基幸―基棟―基綱―┬基憲
　　　　　　　　　　　　└基標

＝基標―基安―基佑（子爵）

基顕 もとあき 一六七〇―一七四一

寛文10（一六七〇）・11・24誕生、天和1（一六八一）・11・27元服、昇殿、縫殿頭、従五位下、貞享2（一六八五）・1・6従五位上☆、元禄1（一六八八）・12・26左少将、元禄2・1・7正五位下、元禄6・1・5従四位下、元禄8・12・25左中将、元禄11・12・27〈去正五分〉従四位上、元禄15・1・28〈去五分〉正四位下☆、宝永1（一七〇四）・3・10喪父、5・6除服出仕復任、宝永3・5・29従三位、号石野、宝永8・2・28正三位、正徳1（一七一一）・10・3治部卿、正徳4・6・26参議、享保2（一七一七）・11・25刑部卿、享保3・5・7権中納言、12・18辞権中納言、享保4・6・6直衣、12・26従二位、享保17・12・27正二位（御推叙）、元文6（一七四一）・1・26薨去

［死没］元文6（一七四一）・1・26 ［年齢］72 ［父］持明

院基時、二男　〔母〕家女房　〔号〕石野　〔公卿補任〕4―174下

基幸　もとゆき　一六九九―一七三九

元禄12（一六九九）・9・9誕生、宝永2（一七〇五）・1・5叙爵、正徳2（一七一二）・12・21元服、昇殿、侍従、12・25従五位上、正徳6・2・28〈去正五分〉正五位下、享保2（一七一七）・12・8左少将、享保5・1・12〈去五分〉従四位下、6・28左中将、享保8・6・5〈去四二分〉従四位上、享保12・1・8〈去五分〉正四位下、享保16・4・27従三位、元文3（一七三八）・7・21正三位、元文4・6・2薨去

〔死没〕元文4（一七三九）・6・2　〔年齢〕41　〔父〕石野基顕　〔母〕家女房　〔公卿補任〕4―297下

基棟　もとむね　一七二〇―九三

享保5（一七二〇）・10・24誕生、享保17・12・27叙爵、享保18・11・16元服、昇殿、侍従、元文1（一七三六）・5・19〈去正五分〉従五位上、元文2・5・8賜院素服、6・9除服宣下、元文4・6・2服解（父）〈ま〉、7・23除服出仕復任、元文5・2・2雅楽頭、7・24〈去六十分〉正五位下、寛保3（一七四三）・8・29左京大夫（御推任）〈ま〉、延享1（一七四四）・2・15〈去正五分〉従四位下、延享3・10・27〈「11月22日」ま〉服解（母）〈ま〉、延享4・1・17除服出仕復任、寛延1（一七四八）・2・1従四位上、寛延3・1・10左少将、1・16拝賀〈ま〉、宝暦2（一七五二）・1・22〈去五分〉正四位下、宝暦5・1・21左中将、2・3拝賀〈ま〉、宝暦7・1・20従三位、宝暦12・10・17正三位、明和3（一七六六）・9・14参議、明和7・6・1辞参議、明和8・12・11従二位、安永2（一七七三）・1・25権中納言、1・27帯剣、1・28聴直衣、2・2辞権中納言、天明4（一七八四）・12・19正二位、寛政5（一七九三）・9・21薨去

〔死没〕寛政5（一七九三）・9・21　〔年齢〕74　〔父〕石野基幸　〔母〕家女房　〔公卿補任〕4―437上

基綱　もとつな　一七五一―一八一五

寛延4（一七五一）・5・21誕生、宝暦7（一七五七）・8・19叙爵、宝暦10・2・15元服、昇殿、治部大輔、宝暦11・2・28従五位上、11・16服解（母）、宝暦12・1・16除服出仕復任、明和2（一七六五）・2・8正五位下、明和6・1・9従四位下、安永2（一七七三）・10・18従四位上、安永6・12・19右権少将正四位下、安永7・1・16奏慶、安永9・1・23左権中将、安永9・3・16〈「2月」ま〉奏慶、安永10・1・12従三位、天明5（一七八五）・1・26〈賜去十四日位記〉正三位、寛政8（一七九六）・4・24大蔵卿、寛政11・9・7参議、12・17辞参議、12・22〔従二位〕、文化9（一八一二）・4・5権中納言、5・3帯剣、5・4聴直衣、直衣始、〈ま〉、5・28辞権中納言、12・19正二位、文化12・9・5薨去

〔死没〕文化12（一八一五）・9・5　〔年齢〕65　〔父〕石野基棟　〔母〕正二位権大納言園基香女　〔公卿補任〕5―13下

基標　もとえた　一七八九―一八四九

寛政1（一七八九）・8・15誕生、寛政8・2・10従五位下、寛政10・5・3元服、昇殿、右馬権頭、寛政12・1・5従五位上、享和4（一八〇四）・1・11正五位下、文化5（一八〇八）・1・5従四位下、文化9・1・20従四位上、文化12・9・5服解（祖父）、10・27除服出仕復任、文化13・1・18正四位下、文政4（一八二一）・3・27左近衛権少将、4・24拝賀、文政5・11・30転権中将、12・15拝賀、文政6・1・28〔従三位〕、文政10・1・21正三位、嘉永2（一八四九）・6・11参議、6・17辞参議、9・23従二位、9・24薨去

〔死没〕嘉永2（一八四九）・9・24　〔年齢〕61　〔父〕石野基憲　〔母〕家女房　〔公卿補任〕5―290下

基安　もとやす　一八一八―八五

文政1（一八一八）・7・25誕生、文政5・10・28従五位下、天保2（一八三一）・12・16元服、昇殿、従五位上、天保5・1・13正五位下、天保7・10・28右京大夫、天保8・1・21従四位下、天保11・1・22従四位上、天保14・1・14正四位下、弘化3（一八四六）・3・4賜仁孝天皇御当色、3・7賜同素服、4・4除服宣下、嘉永2（一八四九）・9・24服解（父）、11・23除服出仕復任、嘉永5・1・17左近衛権少将、1・29拝賀、安政3（一八五六）・10・17転権中将、11・14拝賀、12・22〔従三位〕、安政7・

1・5正三位
[死没]明治18(一八八五)・8・25 [年齢]68 [父]石野基標 [母]堤敬長長女与志 [公卿補任]5—503上

石山家　いしやまけ

藤原氏北家中御門流。持明院家庶流園家傍流壬生家の又傍流。葉川従三位基起の二男石山権中納言師香を家祖とする。家格は羽林家、新家。天和期に創立。内々の家。有職故実・能書を家職とした。一条家の家礼。家禄三十石三人扶持。家祖師香は、延宝五年(一六七七)九歳で叙爵し、天和二年(一六八二)十二月元服し昇殿を聴され、貞享四年(一六八七)正五位下、左権少将。累進して元禄十六年(一七〇三)左権中将より従三位に上階、享保七年(一七二二)参議に昇り、翌年辞退。のち従二位、同十九年十月死に臨み暫時権中納言、六十六歳で没した。その息基武は宝永二年(一七〇五)四歳で叙爵したが、まもなく夭折し、次いで直宗、更に利香、叙爵の後数年にして父に先立って若死にしたので、享保十八年に姉小路右権中将実武の二男公城十四歳を養子とする。公城は元文元年(一七三六)基名と改名、宝暦二年(一七五二)従三位に上階し、参議・権中納言を経て寛政元年暫時権大納言、同四年閏二月七十三歳で没した。その息基陳も正二位権大納言に昇り、その後を嗣いだ篤凞は壬生権中納言基貫の二男で、正二位権中納言にまで昇った。明治十七年(一八八四)基文のとき、叙爵内規により子爵を授けられた。菩提所は阿弥陀寺。『石山家譜』(東京大学史料編纂所架蔵、四一七五—一六一)。

石山家

師香═基名─基陳┬篤凞═基逸═基文(子爵)
　　　　　　　　└基逸

師香　もろか　一六六九—一七三四

寛文9(一六六九)・5・13誕生、延宝5(一六七七)・-・-〈家譜〉叙爵、天和2(一六八二)・12・29元服、昇殿、侍従、天和3・1・5従五位上、貞享4(一六八七)・1・5正五位下、2・29左少将、貞享5・5・6喪母、6・-除服出仕復任、元禄4(一六九一)・1・6従四位下、12・21左中将、12・25改基董(元基信)、元禄8・3・29〈去正五分〉〈ま〉従四位上、元禄12・1・22〈去五分〉正四位下、元禄16・1・8〈去五日分〉従三位、号石山、元禄17・1・23大蔵卿、宝永2(一七〇五)・6・27左兵衛督、宝永4・1・23〈去五日分〉正三位、正徳3(一七一三)・3・5改師香、享保4(一七一九)・12・26辞督、享保7・12・18参議、享保8・1・27辞参議、5・11従二位☆、享保19・10・12権中納言、10・13辞権中納言、薨去
[死没]享保19(一七三四)・10・13 [年齢]66 [父]葉川基起、二男 [母]家女房 [前名]基信・基董 [二字名]董 [号]石山 [法名]茂林 [公卿補任]4—159上

基名　もとな　一七二〇—九二

享保5(一七二〇)・11・11誕生☆、享保11・12・24叙爵、享保18・4・3為師香卿子、11・9元服、昇殿、侍従、従五位上、享保19・10・13服解(養父〈ま〉)、12・4除服出仕復任、元文1(一七三六)・7・24改基名(元公城)〈ま〉、元文2・1・14〈去六分〉正五位下、4・2左少将、寛保1(一七四一)・6・15従四位下、延享1(一七四四)・9・8服解(養母〈ま〉)、11・22除服出仕復任、延享2・4・12従四位上、寛延1(一七四八)・9・21丹波介、寛延2・1・25正四位下、寛延3・1・10右中将(介如故)、10・6拝賀〈ま〉、宝暦2(一七五二)・1・21去介、宝暦4・1・5従三位、宝暦8・1・18正三位、9・18右兵衛督、宝暦12・11・5参議、宝暦13・12・3辞参議、明和5(一七六八)・1・25従二位、安永1(一七七二)・10・20権中納言、10・29帯剣、10・30聴直衣〈ま〉、11・18辞権中納言、安永6・7・30正二位〈ま〉、寛政1(一七八九)・3・22権大納言、4・1辞権大納言、寛政4・閏2・27薨去
[死没]寛政4(一七九二)・閏2・27 [年齢]73 [父]石山師香(実姉小路実武、二男) [母]家女房

〔前名〕公城　〔公卿補任〕4―419下

基陳　もとつら　一七四四―一八二〇

延享1(一七四四)・6・23誕生、延享4・12・24従五位下☆、宝暦7(一七五七)・11・26元服、昇殿、右京大夫、従五位上、宝暦8・7・3復任、宝暦11・6・13〈昨十二分〉正五位下、明和2(一七六五)・1・5従四位下、8・26左近衛権少将、11・20拝賀、明和6・1・9従四位上、明和7・11・24補院別当、拝賀、安永2(一七七三)・1・9転左近衛権中将、1・16拝賀、3・2正四位下、安永6・1・5〔従三位〕、安永8・12・12賜後桃園院御服、天明1(一七八一)・5・22〈賜去正月十二日位記〉正三位、寛政2・9・25任大蔵卿、寛政8(一七九六)・4・24参議、寛政9・1・4従二位、3・7辞参議、享和3(一八〇三)・11・27権中納言、12・17帯剣、12・19聴直衣、直衣始、12・26辞権中納言、文化3(一八〇六)・1・4〔正二位〕、文化10・4・28権大納言、5・16直衣始、5・17辞権大納言、文政3(一八二〇)・8・24薨去

〔死没〕文政3(一八二〇)・8・24　〔年齢〕77　〔父〕石山基名　〔母〕従二位権中納言石山師香女　〔公卿補任〕4―556下

篤凞　あつひろ　一七六二―一八三七

宝暦12(一七六二)・9・5誕生、明和8(一七七一)・12・18従五位下、寛政3(一七九一)・9・20為基陳卿子、12・24元服、昇殿、従五位上、寛政7・1・20正五位下、寛政10・5・7左衛門佐、寛政11・1・5従四位下、享和3(一八〇三)・1・5従四位上、文化2(一八〇五)・6・27左権少将、9・18拝賀、文化4・1・4正四位下、文化9・2・2転左権中将、4・24拝賀、9・26〔従三位〕、文化13・1・5正三位、文政7(一八二四)・6・4参議、10・22辞参議、文政9・1・5従二位、天保2(一八三一)・6・1権中納言、6・23帯剣、6・-〈25日カ〉聴直衣、直衣始、12・3辞権中納言、天保6・1・21〔正二位〕、天保8・9・24薨去

〔死没〕天保8(一八三七)・9・24　〔年齢〕76　〔父〕石山基陳(実壬生基貫、二男)　〔母〕正二位権大納言難波宗城女(実某)　〔前名〕輔房　〔公卿補任〕5―215下

基文　もとふみ　一八二七―九一

文政10(一八二七)(丁亥)・1・7誕生、天保3(一八三二)・閏11・21従五位下、天保12・12・13元服、昇殿、左京権大夫、従五位上、弘化2(一八四五)・3・23正五位下、嘉永2(一八四九)・2・14従四位下、嘉永6・1・4従四位上、安政4(一八五七)・1・4正四位下、文政6・12・21服解(父)、安政7・2・11除服出仕復任、文久3(一八六三)・10・3左少将、10・28拝賀、慶応3(一八六七)・3・23転左中将、4・15拝賀、慶応4・3・20〔従三位〕、明治1(一八六八)・9・14左兵衛督(推任)

〔死没〕明治24(一八九一)・11・4　〔年齢〕65　〔父〕石山基逸(実姉小路公遂、二男)　〔母〕家女房　〔公卿補任〕5―591下

六角家　ろっかくけ

藤原氏北家中御門流。持明院家庶流園家の傍流。葉山従三位基起の三男波多右権少将基維を家祖とする。二代基親のとき元禄十三年(一七〇〇)二月波多の家名を六角に改める。家格は羽林家、新家。元禄期に創立。外様の家。有職故実・能書を家職とした。一条家の家礼。家禄三十石三人扶持。家祖基維は、延宝三年(一六七五)生れで、園准大臣基福の猶子となり、元禄二年(一六八九)十二月十五歳で元服し、昇殿を聴され従五位下侍従に叙任。同六年従五位上、七年右権少将に進み、八年三月二十二歳で没した。嗣子がなかったので、園前中納言基量の四男久丸が同年五月養子に入り相続し、翌九年二月元服した。基親である。そして、十三年二月七日霊元院の仰せにより家名の波多を六角と改める。その事情は実父の『基量卿記』同日条に見える。「一、基親称号波多、有俗難訓ナミタト云々、其上基顕卿子基兼、号波多中将一代而断絶、其後故基維、号波多早世、依之六角号数代連続之間改申度旨、以藤谷相公・竹内三位言上処、遂一尤ニ思召之間、自今日可改由仰也、誠以畏入了、冥

六角家

基維═益通─孝通═知通─光通
　└和通─能通─博通(子爵)

加相計幾久可相勤由仰也、依召参院於御前被仰付也」。波多(はた)の称号は、ナミタと訓まれたり、園基顕の一男基兼は波多中将と号したが一代で断絶、先代の基維は早世、宜しくないので改めたき旨を院司を以て言上し、院の聴しを得たというのである。同年八月基親の名も益通と改め、累進して参議従二位にまで昇り、これが六角家の先途となる。明治十七年(一八八四)博通のとき、叙爵内規により子爵を授けられた。菩提所は松林院。『六角家譜』(東京大学史料編纂所架蔵、四一七五―三三一七)。

益通　ますみち　一六八三―一七四八

天和3(一六八三)·8·3誕生、元禄2(一六八九)·1·7叙爵、元禄9·2·13元服、昇殿、侍従、3·18従五位上、元禄11·12·27左少将、元禄13·1·28〈去五日分〉正五位下、2·6改六角、8·13改益通(元基親)、宝永1(一七〇四)·1·23〈去五日分〉従四位下、5·12左中将、宝永4·2·17〈去正五分〉従四位上、宝永7·1·26喪実父、3·20除服出仕復任、12·29〈去廿一分〉正四位下、正徳5(一七一五)·2·14〈去年十二廿六分〉従三位、号六角、享保4(一七一九)·12·26〈去正月五日分〉正三位、元文4(一七三九)·1·17参議、1·26辞参議、元文5·12·24従二位、寛延1(一七四八)·7·30薨去

[死没]寛延1(一七四八)·7·30　[年齢]66　[父]波多基維(実東園基量、二男)　[母]家女房(実高倉永敦女)　[前名]基親　[号]六角　[公卿補任]4―217下

知通　ともみち　一七三八―八六

元文3(一七三八)·11·5誕生、寛延1(一七四八)·8·19為益通子、閏10·19従五位下(于時基風)、寛延2·10·6元服、昇殿、兵部大輔、宝暦2·1·22従五位上、宝暦6(一七五六)·2·5正五位下、宝暦7·2·24改名知通、宝暦10·1·9従四位下、宝暦14·1·5従四位上、1·13右権少将、明和5(一七六八)·1·9正四位下、明和6·6·21服解(母)、8·13除服出仕復任、明和7·8·4転右権中将(小除目)、明和9·1·9〔従三位〕、安永6(一七七七)·12·19正三位、天明6(一七八六)·4·7薨去

[死没]天明6(一七八六)·4·7　[年齢]49　[父]六角益通(実園基香、三男)　[母]家女房(従四位下兵部大輔高倉永重女)　[前名]基風　[公卿補任]4―525下

光通　みつみち　一七五六―一八〇九

宝暦6(一七五六)·8·7誕生、宝暦10·12·26叙爵、明和4(一七六七)·3·14元服、昇殿、左京大夫、従五位上、明和8·2·22正五位下、安永3(一七七四)·12·19左馬権頭、安永4·1·9従四位下、安永8·2·1〈「2日」ま〉〈去正十一宣〉従四位上、安永9·2·5左権少将、12·15奏慶、天明3(一七八三)·1·5正四位下、天明6·4·7服解(父)、5·27除服出仕復任、8·4右権中将、天明7·5·26奏慶、12·19従三位〈ま〉、寛政1(一七八九)·5·22右京権大夫、寛政4·1·5正三位、文化6(一八〇九)·5·20参議、5·21辞参議、薨去

[死没]文化6(一八〇九)·5·21　[年齢]54　[父]六角知通　[母]朽木朝綱妹　[公卿補任]5―52上

和通　かずみち　一七七八―一八三七

安永7(一七七八)·7·7誕生、安永10·1·26従五位下、天明5(一七八五)·5·27元服、昇殿、上総権介、従五位上、天明9·1·5正五位下、寛政5(一七九三)·1·20従四位下、寛政9·1·22従四位上、寛政13·1·5正四位下、享和1(一八〇一)·9·26左近衛権少将〔「右近衛権少将」ま〕、10·18拝賀、文化4(一八〇七)·11·5転権中将、11·19拝賀、文化5·1·17〔従三位〕、文化9·12·19正三位、文化10·12·16賜後桜町院御服、文化12·2·26左京権大夫、文政9(一八二六)·12·19参議、12·28辞参議、文政10·7·29従二位、天保8(一八三七)·8·14薨去

[死没]天保8(一八三七)·8·14　[年齢]60　[父]六角光通　[母]正二位権大納言園基衡女　[公卿補任]5―188上

能通　よしみち　一八〇四—一八六八

文化1(一八〇四)・3・14誕生、文化4・2・28従五位下、文化13・11・19元服、昇殿、備後権介、従五位上、文化14・12・22右馬頭、文政3(一八二〇)・12・21正五位下、文政7・1・5従四位下、文政11・1・20〈去五分〉従四位上、天保3(一八三二)・1・11右権少将、1・16拝賀、2・3正四位下、天保6・9・18儲君親王家司、天保8・8・14服解(父)、10・6除服出仕復任、天保9・12・22転権中将、天保10・1・1拝賀、12・19〔従三位〕、天保14・11・25正三位、弘化3(一八四六)・7・23賜新清和院御服、慶応4(一八六八)・9・1薨去

〔死没〕慶応4(一八六八)・9・1　〔年齢〕65　〔父〕六角和通　〔母〕唐橋在熈長女嫁子　〔公卿補任〕5—392下

御子左流　みこひだりりゅう

藤原氏北家の一流。法成寺関白道長六男権大納言長家を始祖とする。長家は治安二年（一〇二二）従三位に昇って公卿に列し、長元元年（一〇二八）権大納言となり、康平七年（一〇六四）十一月六十歳で没した。母は醍醐天皇の皇子盛明親王の女で、その縁から同親王舎弟兼明親王の御子左の邸宅を譲り受け住したことにより、この長家流を御子左と称する。その邸宅は左京三条二坊十三町に所在し、御子左の号は、兼明親王が源姓を賜わり臣籍降下し左大臣となり、醍醐帝の御子の左大臣ということに因む。長家は大宮、又は三条と号し、息忠家は正二位大納言に昇り、いずれも和歌を能くした。孫俊忠は二条と号し、従三位権中納言で終ったが、一廉の歌人として世に知られた。この俊忠を父とし幼少から和歌の感化を受けて育ち、後白河法皇の院宣により『千載和歌集』の撰者となって歌道師範家の地位を確立したのが俊成である。俊成は四男で、初め葉室権右中弁顕頼の養子となり、顕広といったが、叙爵したのが十四歳の大治二年（一一二七）正月のことであるから、養子となったのはこの頃であろう。仁安元年（一一六六）八月に五十三歳で従三位に叙せられ公卿に列し、翌年正月正三位に昇叙、同十二月養家から本流に復し、名を俊成と改めた。邸宅が五条にあり五条三位と称した。早くから歌人源俊頼に私淑し、二十五歳のとき藤原基俊に入門し歌学を学んだ。久安六年（一一五〇）崇徳院主催の『久安百首』の作者に加えられてから歌人としての声望が高まり、次第に歌壇の指導者としての地位を獲得し、安元三年（一一七七）歌界の長老藤原清輔が七十四歳で没したのちは、十歳若い俊成が摂関家歌壇の指導者の位置にすわる。『千載和歌集』の撰集を下命されたのは、俊成七十歳のとき、奏覧は七十五歳のときであった。その後も旺盛な作歌・著述活動をし、『新古今和歌集』の成立直前まで長寿を保ち、子息の定家や新古今時代の新進歌人達を育成し、元久元年（一二〇四）十一月に九十一歳で没した。定家は、仁安元年（一一六六）五歳で叙爵、安元元年（一一七五）侍従、文治五年（一一八九）二十八歳で左少将となり、建仁二年（一二〇二）四十一歳で左中将に昇任するまでその任にあった。建暦元年（一二一一）五十歳で従三位に叙せられ、建保二年（一二一四）参議に列したが、承久三年（一二二一）六十歳のとき、権中納言を望み申文を草している。待望の権中納言に昇ったのは、寛喜四年（一二三二）正月七十一歳のときであった。同十二月これを辞し、翌天福元年（一二三三）十月出家し、京極中納言入道といった。仁治二年（一二四一）八月に八十歳で没した。早くから九条家の家司として摂家の庇護を受けながら旺盛な作歌活動を展開し、後鳥羽院の歌壇支配の端緒となった正治二年（一二〇〇）『院初度百首』ではからずも院の知遇を得て、一躍歌壇の主流に直り、建仁元年（一二〇一）勅撰集の編纂のため和歌所が設置されると寄人の一人とされ、ついで他の五人と共に『新古今和歌集』の撰進を下命され、元久二年（一二〇五）に一応の終功をみた。承元四年（一二一〇）順徳天皇が即位し中心が内裏に移ったいわゆる建保歌壇期では師範家的位置に就き、晩年には後堀河天皇の勅命で単独『新勅撰和歌集』の撰集にあたり、嘉禎元年（一二三五）終功している。多くの歌学書を述作し、『伊勢物語』『源氏物語』『土左日記』などの古典を書写校勘して正本を作り、後代に伝えた功績は大きい。為家は定家の二男で、母は西園寺内大臣実宗の女。建仁二年（一二〇二）五歳で叙爵、父と共に後鳥羽院・東宮（順徳院）へ初参した。母の縁で叔父西園寺公経（太政大臣）の猶子となり官途を開き、嘉禄二年（一二二六）参議に列し、累進して嘉禎四年（一二三八）正二位に昇叙、仁治二年（一二四一）二月には四十四歳で権大納言に昇った。同年八月に没した父定家の後をうけて歌壇に君臨し、建長三年（一二五一）には後嵯峨院の院宣を奉じて『続後撰和歌集』を単独で奏覧、さらに文永二年（一二六五）藤原基家・同行家・同光俊とともに『続古今和歌集』を撰進した。晩年は嵯峨中院に阿仏と隠居し、建治元年（一二七五）五月に七十八歳で没した。俊成・定家・為家の三代の活動により、御子左流は子孫永く和歌宗匠家として歌壇に君臨することになる。『尊卑分脈』の始祖長家の左傍注に「本朝哥仙正統大祖」とする所以である。為家の後は、宇都宮頼綱（蓮生）の女所生の長男為氏・二男為教、阿仏尼所生の四男為相の三流に分かれ、御子左家（二条家）・京極家・冷泉家が分流する。御子左の嫡流二条家の祖となる為氏は、祖父定家に鍾愛され、また父為家の訓説を受けて歌道家の後継者として成長し、建長三年（一二五一）三十歳で参議に列し、文応元年（一二六〇）には正二位、文永四年（一二六七）には四十六歳で権大納言に昇った。しかし、異母弟為相の成長とともに父との間柄が悪化し、譲られていた細川庄を初めとする所領を取返され為相に譲与され、為家没後に二条家と冷泉家が対立抗争し、歌論・歌風のみならず、両皇統の問題、勅撰集の撰進ともからんで、二条家・京極家の対立が顕在化した。為氏が亀山院の院宣を奉じて弘安元年（一二七八）『続拾遺和歌集』を撰進、その子為世も後宇多院の命により嘉元元年（一三〇三）『新後撰和歌集』を撰進するなど大覚寺統に用いられ、持明院統に用いられた京極家の為兼やその歌風と烈しく対立した。花園天皇の延慶三年（一三一〇）に至り、為兼が伏見院より勅撰集撰進の院宣を受けそうになると、為世は激しくこれに異を唱えて、いわゆる「延慶両卿訴陳状」の論争ののち、正和二年（一三一三）『玉葉和歌集』が為兼により撰集された。その後は、元応二年（一三二〇）為世撰進の『続千載和歌集』、嘉暦元年（一三二六）為世二男為藤・為世嫡男為道息為定撰進の『続後拾遺和歌集』と、大覚寺統朝廷での勅撰集が相続いた。建武の新政瓦解後の『風雅和歌集』撰の頃は二条家は冷遇されるが、観応の擾乱時に践祚した後光厳天皇以降は二条家の人々や伝統的な優美典雅な歌風が尊重され、為定、為藤男の為明、為定男の為遠、為世末子為冬の男為重ら一族の人々によって、『新千載和歌集』『新拾遺和歌集』『新後拾遺和歌集』の三勅撰集が撰進された。しかし為世の子孫が三流に分れたことが二条家自身の力を弱め、血脈の上でも為世の玄孫為衡の頃、南北朝末期に途絶するに至った。京極家も為兼には子がなく、正親町実明の息忠兼などを猶子としたが、元弘二年（一三三二）三月に七十九歳で没し、忠兼も建武四年（一三三七）二月実家に取戻され公蔭と改名し、その後も京極派生存の代表者であったが、延文五年（一三六〇）十月、六十四歳で没し、ここに京極家も南北朝中期頃に名実ともに断絶した。御子左流として江戸時代にまで続くのは、為家四男為相の流れ冷泉家である。

冷泉家　れいぜいけ

藤原氏北家御子左流。法成寺関白道長の六男権大納言長家の裔。御子左家の支流。藤原権大納言為家の四男権中納言為相を家祖とする。冷泉の称は、為相が祖父定家旧宅の二条京極北・冷泉小路に住したことに因む。家格は羽林家。外様の家。和歌・有識故実を家職とした。鷹司家の家礼。江戸時代には家領三百石。為相の母は、初め安嘉門院に仕え右衛門佐と呼ばれ、のち正二位権大納言為家後妻となる。法名阿仏。為家は建長八年（一二五六）二月五十九歳で出家、法名を融覚と号し阿仏と嵯峨中院に閑居した。弘長三年（一二六三）為相が生まれるとこれを溺愛し、文永九年（一二七二）八月「相伝和歌・文書等、皆悉」を譲渡の、十一年六月には中院の古家・明月記・細川庄を譲渡する旨の譲状を為相に与え、翌十二年五月に七十八歳で没した。ときに為相十三歳。細川庄は一旦嫡男為氏に与えたものを悔返したものであったが、為氏より細川庄（地頭職）が譲渡されなかったので、阿仏は訴訟を起し、弘仁二年（一二七九）十月鎌倉に下向し幕府へ訴えた。その際の東海道紀行文及び鎌倉での生活を綴ったものが『十六夜日記』である。書名は出京の日が十六日夜であったことに因る。この訴訟は為氏・阿仏の死後、為氏息為世と為相の間に持ち越され、正和二年(一三一三)為相五十一歳のときにようやく勝訴が確定した。冷泉家と二条家のこの抗争は、和歌の考え方が二条家と対立していた京極家の為教・為兼父子との連携をもたらし、また訴訟のため為相はしばしば関東に下向し滞在したので、鎌倉武士との関係を深くし、冷泉家は鎌倉歌壇の有力な指導者となった。将軍久明親王の和歌所にも祇候し、為相の女は親王妾となり久良親王の生母ともなっている。為相は嘉暦三年(一三二八)六十六歳で没し、息為成が家督を継ぎ、従三位左兵衛督まで昇ったが、元徳二年(一三三〇)九月没したので、舎弟為秀が後を継ぎ、延文三年(一三五八)従三位に昇り、貞治五年(一三六六)権中納言となった。この前々年二条家では中心人物であった為明が没し、嫡流の為遠はまだ若輩でもあったので、為秀が歌壇の大御所となり、関白二条良基の信任も受け、また将軍義詮の歌道師範となった。応安五年(一三七二)六月没するが、息四位中将為邦はすでに遁世していたので、五歳の幼孫が為秀の遺跡を継承する。為尹であり、『後深心院関白記』同年六月十一日条に、幼少の孫が相続のこと、家伝の文書・典籍は紛失無いようにすべて門弟随一の佐々木治部少輔高秀が預ることになった由の記載が見える。為尹は応永六年(一三九九)三十九歳で従三位に昇って公卿に列し、めざましい昇進をして九年には権中納言、十五年兼民部卿、二十一年正二位、二十二年権大納言に昇った。民部卿は定家以来の伝統的な官職で、御子左の嫡流以外初めてのもの。為尹が定家の正統と見做されたためであろう。権大納言も初任であり、これ以後冷泉家の極官となる。二十四年正月五十七歳で没した。嫡男為之は将軍義教から忌避され、公卿にも列しえず永享十一年(一四三九)閏正月没した。ときに嫡男為富は十四歳で、家伝の文書類はこれに継承されたが、為尹は他界の前年応永二十三年十月に伝来の家領である播磨細川庄の地頭職はその庄本文書と共に為之舎弟亀若丸(為和)に譲り、為之には同庄の得分三十石を譲っていたので、冷泉家は為之と為和の二流に分流することになる。いずれも冷泉を家名とするが、俗称して前者を上冷泉家、後者を下冷泉家という。為富の息為広は、文明九年(一四七七)従三位に昇り公卿に列し、将軍義澄の信任を得て文亀二年(一五〇二)には武家執奏により和歌所宗匠・公武歌師範の勅許を受け、永正三年(一五〇六)武家執奏により権大納言となり、民部卿を兼ねたが、五年義澄が前将軍義尹の上洛を恐れ近江に逃れると、これに殉じ出家した。たびたび地方に流寓し、大永六年(一五二六)七月能登国に於て七十七歳で没した。ときに息為和は従二位権中納言。将軍義晴の信任を得、大永八年義晴が近江坂本に奔ったときもこれに随従した。在京の時は歌道師範としての職を果したが、天文期四十歳後半頃からは殆んど在国した。大部分を駿府に居し、運よく権大納言民部卿にまで昇り、天文十八年(一五四九)七月六十四歳で没した。ときに息為益は参議従三位、多くは京に居り歌道家として認められ、九歳年長の山科権中納言言継とはことのほか親しく、『言継卿記』にも関連記事が頻出し、のち為益女は言継息言経の室となる。正二位権中納言まで昇り、永禄十三年(一五七〇)八月五十四歳で没した。長子家賢は四条家を継ぎ(のち隆昌)、十二歳の侍従為満が家督を継いだ。天正十三年(一五八五)六月為満の姉婿山科言経とともに為満・隆昌は勅勘を蒙り、京都を出奔し本願寺の庇護をうけ摂津大坂に寓し、のち堺北庄に転居した。十五年間を在国し、内大臣徳川家康の執奏により勅勘宥免あり京都に帰住するのは慶長五年(一六〇〇)四月のことであった。為満は養子に中山権大納言親綱の二男為親を迎えたが、その後実子為頼が出生したので、為親は冷泉家の別家を起し(俗に中冷泉、のち今城と改称)、二男為賢が慶長十年八月新家創出を許され、藤谷を称した。為満の後三代、為頼・為治・為清はいずれも若年で没し公卿にまで昇進しえず、しかも権大納言為満が元和五年(一六一九)二月六十一歳で没した後、後水尾天皇勅により武家伝奏・京都所司代を以て、冷泉家の文書蔵が封されるという処分を受けた。この勅封については種々の考えがなされているが、貴重な文書典籍の流出を防ぐための一面があったことは否定しがたい。勅封解除は約百年後の享保六年(一七二一)八月のこと、権中納言為綱死去の前年、霊元院の院宣によってである。為綱の努力と信用の賜物で、堂上歌壇における冷泉家の地位を確固たるものとし、その息為久により関東の冷泉門流の形成が推進され、孫為村は枝葉を全国に広げ、和歌の天分を称揚されて和歌宗匠家としての位置を不動のものとした。為久以降、正二位権大納言を先途とし、為久は武家伝奏にも補された。明治十七年(一八八四)為紀のとき、叙爵内規により伯爵を授けられた。菩提所は真如堂。『冷泉家譜』(東京大学史料編纂所架蔵、四一七五—三三〇)

冷泉家

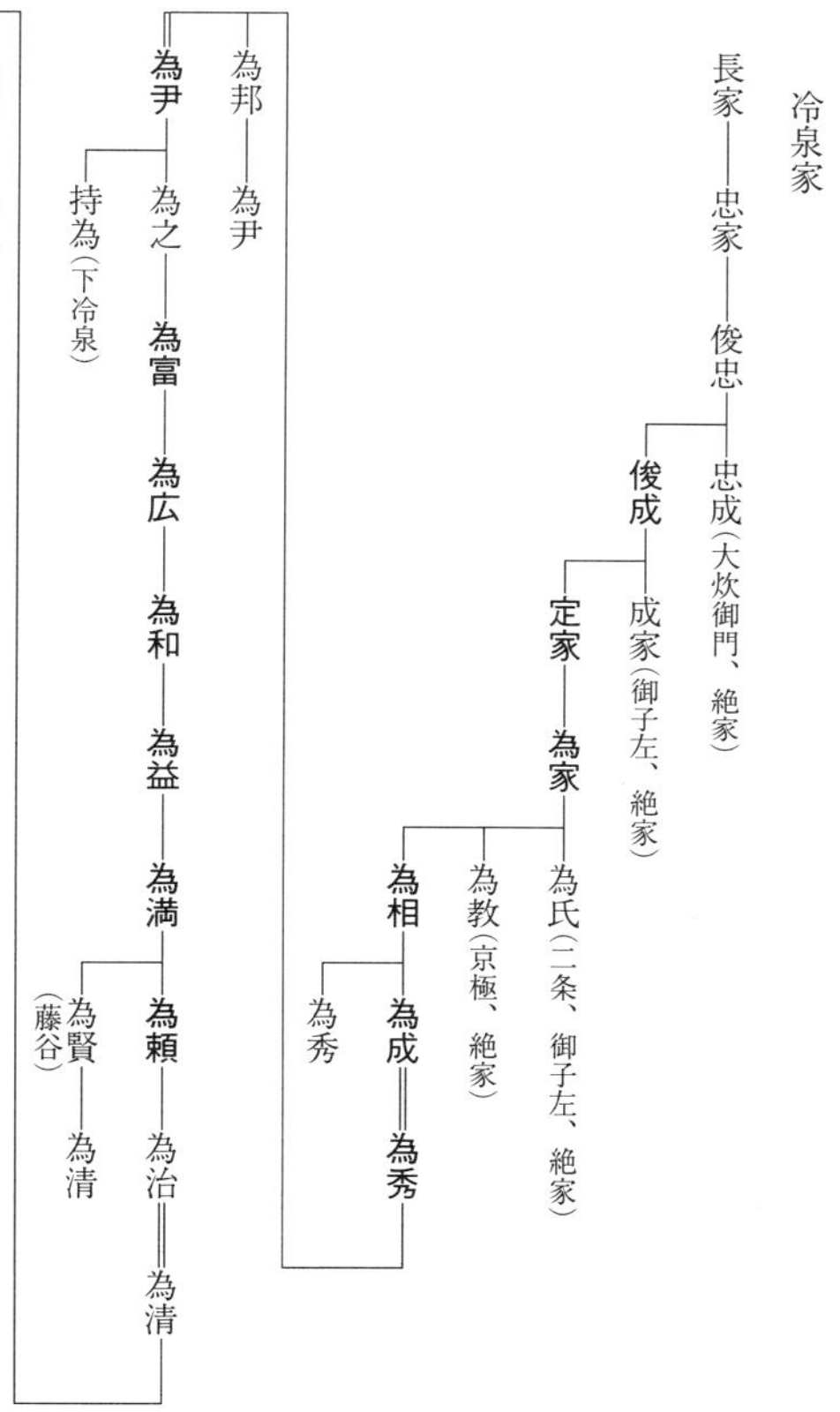

俊成　としなり　一一一四—一二〇四

大治2(一一二七)・1・19従五位下(無品禧子内親王給)、美作守(院分、鳥羽御塔修理功)、長承1(一一三二)・閏4・4遷加賀守(功)、保延3(一一三七)・12・16遷遠江守(下名加)、永治2(一一四二)・1・23重任、久安1(一一四五)・11・23従五位上(皇后宮御給、朔旦)、12・30遷三川守、久安5・4・9遷丹後守、久安6・1・6正五位下(美福門院当年御給)、久安7・1・6従四位下(美福門院当年御給)、仁平2(一一五二)・12・30左京権大夫(去守)、久寿2(一一五五)・10・23従四位上(御即位、美福門院)、保元2(一一五七)・10・22正四位下(臨時)、応保1(一一六一)・9・19転左京大夫、永万2(一一六六)・1・12辞大夫〈くし〉、以男成家申任侍従、仁安1(一一六六)・8・27従三位、仁安2・1・28正三位、12・24改顕広為俊成、仁安3・12・13右京大夫、嘉応2(一一七〇)・7・26兼皇后宮大夫、嘉応3・1・18備前権守、承安2(一一七二)・2・10皇太后宮大夫〈く〉、安元1(一一七五)・12・8止右京大夫、安元2・9・28出家、元久1(一二〇四)・11・30薨去〈く追〉

[死没]元久1(一二〇四)・11・30　[年齢]91　[父]藤原俊忠、三男　[母]正四位下伊予守藤原敦家女　[前名]顕広　[号]慈雲寺・五条　[道号]花渓　[法名]釈阿　[公卿補任]1—462上　[大日本史料]4—8—275

定家　さだいえ　一一六二—一二四一

仁安1(一一六六)・12・30叙位(改定家為光季)(「改光季為季光」く追)、仁安2・12・30紀伊守(改光季為季光(「改季光為定家」く追))、安元1(一一七五)・12・-〈「8日」く追〉侍従(父俊成卿辞左

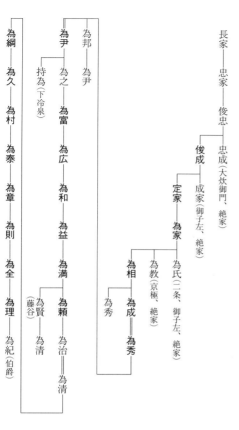

京大夫任之)、治承4(一一八〇)・1・5従五位上(簡一)、寿永2(一一八三)・12・19正五位下(八条院御給)、文治5(一一八九)・11・13左少将、建久1(一一九〇)・1・5従四位下(少将如元)、建久2・2・10因幡権介建久4・6・27復任(母)、建久6・1・5従四位上、正治1(一一九九)・1・30安藤権介、正治2・10・26正四位下、建仁2(一二〇二)・閏10・24転中将、建仁3・1・13美濃介、元久2(一二〇五)・1・3・25復任(父)、承元4(一二一〇)・1・14讃岐権介、1・21辞中将以男為家申任左少将、12・17内蔵頭、建暦1(一二一一)・9・8従三位、今日侍従、建保2(一二一四)・2・11参議、建保3・1・13兼伊予権守、建保4・1・13治部卿、3・28辞侍従、12・14正三位、建保6・7・9民部卿、承久2(一二二〇)・1・22兼播磨権守、貞応1(一二二二)・8・16辞三木、-・-従二位、嘉禄3(一二二七)・10・21罷民部卿、-・-正二位、寛喜4(一二三二)・1・30権中納言、貞永1(一二三二)・9・7帯剣、12・15罷官、天福1(一二三三)・10・11出家、仁治2(一二四一)・8・20薨去

[死没]仁治2(一二四一)・8・20 [年齢]80 [父]藤原俊成、二男 [母]若狭守藤原親忠女(美福門院女房加賀) [前名]光季・季光 [号]京極・花光寺 [道号]以清 [法名]明静 [日記]明月記(一一八〇—一二三五) [公卿補任]2—5上 [大日本史料]5—13—692

為家　ためいえ　一一九八—一二七五

建仁2(一二〇二)・11・19従五位下(一品昇子内親王朔旦)、建永1(一二〇六)・1・17従五位上(下名次、臨時)、承元3(一二〇九)・4・14侍従、5・28脩明門院春宮昇殿、承元4・7・21左少将(定家朝臣[「卿」や]罷中将)、11・30昇殿、承元5・1・13兼伯耆介、建暦2(一二一二)・11・9近江権介、11・11正五位下(悠紀)、建保2(一二一四)・1・5従四位下(府)、1・7少将如元、還昇、建保4・1・13従四位上(臨時)、建保5・1・28兼美作介、12・12転中将、建保6・11・26東宮昇殿、建保7・1・5正四位下(中宮御給)、承久3(一二二一)・4・20新帝昇殿、7・20止出仕、閏10・-又新帝昇殿、貞応1(一二二二)・1・24兼美作権介、嘉禄1(一二二五)・12・26蔵人頭、嘉禄2・4・19参議(元蔵人頭、左中将)、今日兼侍従、11・4従三位(臨時)、嘉禄3・1・26兼阿波権守、寛喜3(一二三一)・1・6正三位、4・14兼右兵衛督、寛喜4・1・30伊与権守、貞永1(一二三二)・6・29転右衛門督、文暦2(一二三五)・1・23従二位、10・-御禊次第司御後長官、11・19検校、嘉禎2(一二三六)・2・30権中納言、-・-止督、8・14勅授、嘉禎4・1・5正二位、7・20中納言、仁治2(一二四一)・2・1権大納言、寛元1(一二四三)・4・20本座、建長2(一二五〇)・9・16兼民部卿、建長8・2・29出家

❖仁治二年より「前権大納言」

[死没]建治1(一二七五)・5・1 [年齢]78 [父]藤原定家、二男 [養父]西園寺公経 [母]内大臣正二位藤原実宗女 [号]中院 [法名]融覚 [公卿補任]2—58下

為相　ためすけ　一二六三—一三二八

文永2(一二六五)・4・13従五位下、文永5・8・24従五位上、文永8・4・-侍従、文永12・1・18兼美作権守、建治1(一二七五)・8・16復任、弘安2(一二七九)・8・11正五位下(元為輔、改為相[「為輔云々後日改之」や])、弘安6・5・29復任、正応1(一二八八)・12・20従四位下、正応3・1・13左少将還任、正応5・3・29右中将、11・5従四位上、永仁2(一二九四)・3・27正四位下、正安2(一三〇〇)・4・7右兵衛督、正安3・4・5止督、徳治3(一三〇八)・2・7従三位、元前右兵衛督、5・9参議、延慶1(一三〇八)・12・10兼侍従、延慶2・3・23兼阿波権守、11・23正三位、延慶3・3・9辞参議、還任右衛門督、応長1(一三一一)・5・26辞督、正和1(一三一二)・7・5従二位、文保1(一三一七)・6・1権中納言、12・22辞権中納言、正二位、嘉暦3(一三二八)・7・17薨

[死没]嘉暦3(一三二八)・7・17 [年齢]66 [父]藤原為家、三男 [母]正五位下佐渡守平度繁女(安嘉門院右衛門督) [前名]為輔 [号]冷泉・鎌倉・藤谷・高倉 [法名]阿仙 [公卿補任]2—399下

為成　ためなり　?—一三三〇

正和5(一三一六)・11・23正四位下、正中2(一三二五)・1・29越前権守、嘉暦3(一三二八)・3・16従三位、前右兵衛督、4・3左兵衛督、7・17服解、9・

23止督、元徳2(一三三〇)・9・9薨去

[死没]元徳2(一三三〇)・9・9　[父]冷泉為相　[公卿補任]2—518下

為秀　ためひで　?—一三七二

-・-・-従五位下、-・-・-従五位上、暦応2〈延元4〉(一三三九)・1・5正五位下(追賜今日位記、康永二十一廿四)、康永3〈興国5〉(一三四四)・1・5従四位下、貞和2〈正平1〉(一三四六)・10・16従四位上、貞和3〈正平2〉・3・29右中将、貞和4〈正平3〉・3・20土左介(中将兼国)、文和5〈正平11〉(一三五六)・1・28左兵衛督(去中将)、延文3〈正平13〉(一三五八)・1・6従三位、左兵衛督如元、延文4〈正平14〉・1・26止督、延文5〈正平15〉・12・27〈11月ともあり〉参議、延文6〈正平16〉・3・27阿波権守、康安2〈正平17〉(一三六二)・9・9辞退参議、貞治5〈正平21〉(一三六六)・12・7権中納言、貞治6〈正平22〉・1・5正三位、応安1〈正平23〉(一三六八)・4・19辞退権中納言、応安4〈建徳2〉・4・-従二位、応安5〈文中1〉・6・11〈「16日」し〉薨去

❖延文六年〈正平16〉より「侍従」

[死没]応安5(一三七二)・6・11　[父]冷泉為相、二男　[道号]松峯　[法名]秀宅　[公卿補任]2—661下　[大日本史料]6—35—330

為尹　ためまさ　一三六一—一四一七

応永6(一三九九)・4・2従三位、元右中将、応永8・3・24参議、応永9・3・28権中納言、応永13・1・6正三位、応永15・1・5従二位、2・24兼民部卿、応永21・6・9正二位、応永22・3・28権大納言、応永23・11・8辞権大納言、応永24・1・25〈「15日」し〉薨去

[死没]応永24(一四一七)・1・25　[年齢]57　[父]冷泉為秀　[号]村雲　[法名]大雲・又玄或大玄　[公卿補任]3—47下　[大日本史料]7—26—532

為富　ためとみ　一四二五—九七

享徳1(一四五二)・8・15従三位、8・25右兵衛督如元、享徳4・3・28参議、康正2(一四五六)・3・29兼任阿波権守、4・9正三位、康正3・3・29権中納言、寛正4(一四六三)・3・22兼民部卿、3・28辞権中納言、寛正6・1・5従二位、応仁2(一四六八)・1・18権大納言、文明1(一四六九)・9・26正二位、文明7・1・28辞権大納言、3・10還任権大納言、文明12・3・29辞権大納言、明応6(一四九七)・8・15出家、11・20薨去

❖康正三年より「侍従」

[死没]明応6(一四九七)・11・20　[年齢]73　[父]冷泉為之　[法名]月海仙空　[公卿補任]3—171下

為広　ためひろ　一四五〇—一五二六

享徳1(一四五二)・11・22従五位下、享徳4・閏4・27侍従、康正3(一四五七)・1・5従五位上、長禄3(一四五九)・3・21〈やく〉兼出雲権介、寛正-・-・-正五位下〈く追〉、寛正5(一四六四)・6・3左近衛権少将、12・5従四位下、寛正6・3・24兼因幡介、応仁1(一四六七)・3・27〈やく〉転任権中将、応仁2・1・18〈やく〉従四位上、文明3(一四七一)・1・25正四位下、文明9・12・13従三位、元左中将、文明11・2・30右衛門督、文明13・12・23参議、文明17・4・11賜去二月廿八日叙正三位々記、文明18・12・26権中納言、明応1(一四九二)・9・21辞権中納言、明応2・1・5従二位、6・24左衛門督、文亀1(一五〇一)・-・-正二位、永正3(一五〇六)・9・2〈3日ともあり〉権大納言、11・-兼民部卿、永正5・4・17出家〈くし〉、大永6(一五二六)・7・23薨去〈く追〉

[死没]大永6(一五二六)・7・23　[年齢]77　[父]冷泉為富　[母]丹波重長女　[法名]宗清　[公卿補任]3—250上

為和　ためかず　一四八六—一五四九

長享2(一四八八)・3・10叙爵、文亀1(一五〇一)・4・11従五位上、-・-・-侍従、文亀3・12・12正五位下、-・-・-左少将、永正3(一五〇六)・1・22従四位下、-・-・-左中将、永正7・10・3従四位上、永正9・12・27正四位下、永正12・1・21従三位、7・26右衛門督、永正15・4・25〈「9月日」さ〉参議、永正17・8・21正三位、永正18・8・14権中納言、大永4(一五二四)・12・2従二位、大永8・5・24辞退権中納言、-・-・-正二位、天文9(一五四〇)・10・-〈「11月」さ〉自駿州上洛〈さ〉、天文10・3・1民部卿、10・26権大納言、10・30民部卿更任、

11・3辞退(権大納言)、本座、天文17・2・-出家、天文18・7・10薨去〈く追〉

[死没]天文18(一五四九)・7・10　[年齢]64　[父]冷泉為広　[母]重長女　[法名]静清　[公卿補任]3―340上

為益　ためます　一五一六―七〇

永正13(一五一六)・-・-誕生、-・-・-叙爵、永正18(一五二一)・8・23従五位上、大永4(一五二四)・12・12〈や〉侍従、-・-・-正五位下、-・-・-左少将、天文5(一五三六)・4・3〈や〉従四位下(少将如元)、天文8・8・23左中将、天文9・1・6従四位上、天文12・5・-正四位下、天文13・3・19長門介、天文15・1・5従三位、1・9右衛門督、8・10参議、天文16・3・23兼阿波権守、天文19・8・-給去年八月十四日正三位位記、天文20・3・27権中納言、天文22・1・13従二位、弘治2(一五五六)・7・12兼任民部卿、永禄2(一五五九)・1・6正二位、永禄5・12・18辞退(権中納言)、永禄8・9・15在国駿州(「摂州」イ)、永禄10・3・17上洛、元亀1(一五七〇)・8・23薨去

[死没]元亀1(一五七〇)・8・23　[年齢]55　[父]冷泉為和　[法名]秀覚　[公卿補任]3―418上　[大日本史料]10―4―803

為満　ためみつ　一五五九―一六一九

永禄2(一五五九)・4・25誕生〈く〉、永禄11・10・21〈く〉叙位(于時為房)、元亀1(一五七〇)・7・-侍従(于時改為満)、元亀2・11・9従五位上、12・2元服、昇殿、天正2(一五七四)・1・5〈くま〉正五位下、12・30右少将、天正4・12・26従四位下☆、天少将如元、正5・11・30転右中将、天正7・1・5従四位上、勅勘、慶長3(一五九八)・12・7勅免、慶長16・4・21正四位下、中将如元、慶長17・1・5従三位、12・29参議、慶長19・1・5正三位、1・11権中納言、元和4(一六一八)・12・27権大納言、元和5・2・14薨去

[死没]元和5(一六一九)・2・14　[年齢]61　[父]冷泉為益　[前名]為房　[公卿補任]3―537下　[大日本史料]12―30―481

為頼　ためちか　一五九二―一六二七

天正20(一五九二)・4・18誕生、慶長10(一六〇五)・2・15叙爵、2・18元服☆、昇殿☆、3・2侍従、慶長16・4・21従五位上、慶長18・1・6正五位下、11・17左少将、元和1(一六一五)・8・25従四位下、元和3・1・11中将、元和5・1・6従四位上、元和8・1・5正四位下、寛永4(一六二七)・1・5従三位、4・26〈く〉薨去

[死没]寛永4(一六二七)・4・26　[年齢]36　[父]冷泉為満　[公卿補任]3―564上

為綱　ためつな　一六六四―一七二二

寛文4(一六六四)・5・25誕生、寛文9・1・5叙爵、寛文10・5・25元服、昇殿☆、侍従、寛文13・1・5従五位上、延宝5(一六七七)・1・5正五位下、4・12左少将、延宝9・8・16従四位下、天和2(一六八二)・12・24左中将☆、貞享2(一六八五)・1・6従四位上☆、元禄2(一六八九)・1・7正四位下☆、元禄6・12・25従三位、元禄7・2・19治部卿、元禄16・12・27左兵衛督、宝永1(一七〇四)・9・22参議、12・26正三位、宝永2・6・19左衛門督、宝永8・2・18辞両官、正徳1(一七一一)・10・3従二位、正徳3・7・23権中納言、10・18帯剣、10・22直衣、享保2(一七一七)・2・2辞権中納言、享保7・3・6薨去

[死没]享保7(一七二二)・3・6　[年齢]59　[父]冷泉為清　[母]正二位権大納言園基音女　[一字名]糸・身・也　[公卿補任]4―115下

為久　ためひさ　一六八六―一七四一

貞享3(一六八六)・1・11誕生、元禄3(一六九〇)・11・11叙爵、元禄6・5・16元服、昇殿、侍従、元禄7・12・25従五位上、元禄12・2・24〈去年正五分〉正五位下☆、元禄13・12・25左少将、元禄14・12・23従四位下、元禄15・12・23左中将、宝永1(一七〇四)・12・26従四位上、宝永5・閏1・9〈去正五分〉正四位下、正徳3(一七一三)・1・19従三位、享保3(一七一八)・6・4〈去三月十六日光和卿同日分〉正三位、享保5・12・28右兵衛督、享保7・12・25右衛門督、享保8・2・13参議、享保9・12・18権中納言、享保10・1・8帯剣、1・15〈「25日」ま〉直衣、享保13・11・27辞権中納言、享保14・2・28〈去年十二月廿一日分〉従二位、閏9・19民部

卿、元文1（一七三六）・1・23権大納言、8・11帯剣、12・12辞権大納言、元文5・12・16正二位、寛保1（一七四一）・8・29薨去

〔死没〕寛保1（一七四一）・8・29　〔年齢〕56　〔父〕冷泉為綱　〔母〕家女房　〔号〕平等心院　〔法名〕了覚　〔公卿補任〕4—209下

為村　ためむら　一七一二—七四

正徳2（一七一二）・1・28誕生、正徳5・1・11〈去五日分〉叙爵、享保5（一七二〇）・8・23元服☆、昇殿☆、侍従従五位上☆、享保8・10・10喪母、12・3除服出仕復任、享保9・閏4・21〈去正六分〉正五位下、享保12・11・11〈去正五分〉従四位下、享保13・5・22〈「26日」ま〉左少将、享保15・4・6左中将、〈去二十一分〉従四位上、享保19・1・7〈去六日分〉正四位下、元文3（一七三八）・1・24従三位、寛保3（一七四三）・6・29右兵衛督、12・27正三位、延享1（一七四四）・8・13参議、延享2・1・21阿波権守、寛延1（一七四八）・9・25右衛門督、寛延3・1・13権中納言、1・22帯剣☆、1・23聴直衣、宝暦2（一七五二）・2・26従二位、4・29辞権中納言、宝暦7・11・25民部卿、宝暦8・12・28正二位、宝暦9・10・10権大納言、10・28民部卿、宝暦10・2・15辞権大納言、明和6（一七六九）・12・12辞民部卿、明和7・2・29落餝〈拙記〉

〔死没〕安永3（一七七四）・7・27　〔年齢〕63　〔父〕冷泉為久　〔母〕富本照寺寂恩女　〔法名〕澄覚　〔公卿補任〕4—336上

為泰　ためやす　一七三五—一八一六

享保20（一七三五）・12・6誕生、元文4（一七三九）・1・8〈去五日分〉叙爵、寛保2（一七四二）・9・26元服、昇殿、侍従、寛保3・1・12〈去六日分〉従五位上、延享4（一七四七）・5・10正五位下、寛延3（一七五〇）・5・18賜桜町院御服、6・18除服宣下、6・3拝賀、宝暦1（一七五一）・4・28従四位下、宝暦2・5・13右権少将、宝暦4・1・5従四位上、宝暦6・7・28服解（母）、9・20除服出仕復任、宝暦7・10・28〈去七十六分〉正四位下、宝暦8・9・25右権中将、10・14拝賀、宝暦10・3・10従三位、宝暦12・12・19右兵衛督、明和1（一七六四）・閏12・19正三位、明和3・3・8参議、明和4・12・19阿波権守、明和6・8・19左衛門督、明和9・2・14権中納言、3・10帯剣〈ま〉、3・11聴直衣〈ま〉、8・10従二位、安永1（一七七二）・12・7辞権中納言、安永5・12・19正二位、天明3（一七八三）・5・13民部卿、天明7・10・13権大納言、10・27直衣始、10・28民部卿、寛政1（一七八九）・3・19辞権大納言☆、寛政10・12・13辞民部卿、寛政11・2・25〈「29日」ま〉出家☆

〔死没〕文化13（一八一六）・4・7　〔年齢〕82　〔父〕冷泉為村　〔母〕従二位権中納言藤谷為信女　〔法名〕等覚　〔公卿補任〕4—453下

為章　ためふみ　一七五二—一八二二

宝暦2（一七五二）・4・27誕生、宝暦4・閏2・24従五位下、宝暦8・3・16元服、昇殿、侍従従五位上、宝暦11・5・16正五位下、宝暦14・1・13従四位下、明和4（一七六七）・1・19従四位上、12・1左権少将、12・18拝賀、明和7・1・5正四位下、明和8・8・16転左権中将、8・18拝賀、安永2（一七七三）・1・5従三位、安永6・1・5正三位、8・28右衛門督、安永8・12・12賜後桃園院御服、天明5（一七八五）・8・17参議、天明6・12・19阿波権守、寛政1（一七八九）・5・22権中納言、9・16帯剣、9・19聴直衣、12・19従二位、寛政4・10・25辞権中納言、寛政5・9・25正二位、享和3（一八〇三）・8・25民部卿、文化4（一八〇七）・2・2権大納言、2・28直衣始、文化6・8・3辞権大納言、文政5（一八二二）・3・19薨去

〔死没〕文政5（一八二二）・3・19　〔年齢〕71　〔父〕冷泉為泰　〔母〕今城定種女種子　〔法名〕霊源　〔公卿補任〕4—531上

為則　ためのり　一七七七—一八四八

安永6（一七七七）・10・27誕生、安永8・1・5従五位下、天明3（一七八三）・3・14元服、昇殿、従五位上、天明5・1・20侍従、天明6・1・8正五位下、天明9・1・5従四位下、寛政4（一七九二）・1・5従四位上、7・22左権少将、9・16拝賀、寛政7・1・5正四位下、寛政8・12・24右権中将、12・28拝賀、寛政10・1・28〔従三位〕、寛政12・8・21左兵衛督、享和2（一八〇二）・3・27正三位、文化2（一八〇五）・5・28左衛門督、文化7・

12・1参議、文化10・7・4権中納言、8・10帯剣、8・11聴直衣、直衣始、11・27従二位、文化12・2・26民部卿、3・2直衣始、文化14・1・4(正二位)、文政3(一八二〇)・11・25権大納言、12・11直衣始、12・18辞権大納言、嘉永1(一八四八)・7・23辞、薨去

[死没]嘉永1(一八四八)・7・23 [年齢]72 [父]冷泉為章 [母]吉田良延五女清子 [公卿補任]5—124上

為全　ためたけ　一八〇二—四五

享和2(一八〇二)・5・2誕生、文化1(一八〇四)・6・24従五位下、文化5・12・3元服、昇殿、従五位上、文化8・2・1正五位下、12・21侍従、文化11・2・5従四位下、文化14・3・17従四位上、文政2(一八一九)・1・18院別当、3・2拝賀、文政3・1・4正四位下、文政4・4・18左権少将、5・14拝賀、文政7・6・4転権中将(小除目)、6・13拝賀、10・7〈去八月六日分〉(従三位)、文政8・1・29左衛門督、文政11・1・5正三位、天保11(一八四〇)・2・24参議、12・20賜太上天皇御服、弘化2(一八四五)・9・28辞両官、薨去

[死没]弘化2(一八四五)・9・28 [年齢]44 [父]冷泉為則 [母]阿野実紐二女宣子 [法名]光環 [公卿補任]5—299下

為理　ためただ　一八二四—八五

文政7(一八二四)・7・1誕生、文政9・1・21従五位下、文政13・11・28元服、昇殿、従五位上、天保4(一八三三)・1・5正五位下、天保5・10・10侍従、天保7・1・4従四位下、天保10・1・4従四位上、天保13・1・5正四位下、弘化2(一八四五)・6・14左権少将、8・5拝賀、9・28服解(父)、11・24除服出仕復任、弘化4・11・12賜前新朔平門院御服、12・14除服宣下、嘉永1(一八四八)・7・23服解(祖父)、9・14除服出仕復任、嘉永2・12・4転権中将、12・18拝賀、12・27(従三位)、嘉永4・12・24左衛門督、嘉永6・1・4正三位、安政3(一八五六)・2・5参議、安政4・2・25辞督、12・19聴直衣、安政6・8・29権中納言、10・18帯剣、10・21聴直衣、直衣始、万延2(一八六一)・1・5従二位、元治2(一八六五)・1・5(正二位)、慶応3(一八六七)・1・27賜大行天皇御当色、2・2賜御素服

[死没]明治18(一八八五)・4・25 [年齢]62 [父]冷泉為全 [母]仏光寺僧正真乗女松子 [公卿補任]5—459上

大炊御門家(絶家)

光能　みつよし　一一三二—八三

久安2(一一四六)・1・5叙爵(統子内親王未給)、長寛2(一一六四)・11・16従五位上(院未給〔「御給」く〕)、永万1(一一六五)・12・-下野守(元散位、懐遠辞替)、仁安2(一一六七)・1・28正五位下(朝覲行幸賞、院司、下野守)、1・20〈30日カ〉右少将〔「右権少将」く〕(兼下野守)、12・13従四位下(臨時、下野守右少将)、仁安3・3・23皇后宮権亮、3・28従四位上(皇太后入内賞)、8・4正四位下(朝覲行幸賞、右少将皇太后宮権亮)、承安1(一一七一)・12・8右中将(元少将)、安元2(一一七六)・12・5蔵人頭(右中将如元)、治承1(一一七七)・9・6皇太后宮権大夫、治承3・10・9右兵衛督(蔵人頭権大夫如元)、10・10参議(元蔵人頭)、皇太后宮権大夫右兵衛督如元、-・-勅勘解官カ〔く無〕、治承4・7・8被免勅勘、治承5・3・-被聴朝参、養和1(一一八一)・9・23〈12日ともあり〉還任(参議)、12・4従三位、養和2・3・8兼左兵衛督、丹波権守、寿永1(一一八二)・9・3〈5日カ〉大嘗会御禊御後次第使長官、寿永2・2・21正三位、2・27解所職〔「辞所職」く〕、-・-出家、薨去

[死没]寿永2(一一八三) [年齢]52 [父]大炊御門忠成 [母]従四位下筑前守源季忠女 [公卿補任]1—489下

光俊　みつとし　一一七九—?

建久1(一一九〇)・12・29五位、建久5・7・30讃岐守

大炊御門家

忠成——光能——光俊——光成——光氏

(高能卿申任之)、9・2重任、建久10・3・-停任、承元1(一二〇七)・12・9宮内少輔、承元2・2・13従五位上(止輔)、承元5・1・21左京権大夫、建暦2(一二一二)・12・10正五位下(止権大夫)、建保3(一二一五)・12・15従四位下、承久3(一二二一)・7・28丹波守(院分)、8・29兼右馬頭、11・16従四位上(臨時、朔旦)、承久4・1・20正四位下(朝覲行幸)、貞応1(一二二二)・12・21右兵衛督、守如元〈や〉、元仁1(一二二四)・12・17従三位、右兵衛督如元、安貞2(一二二八)・3・20正三位、寛喜3(一二三一)・4・14遷大宰大弐、-・-・-辞督、嘉禎2(一二三六)・2・30止大弐、-・-・-給下総国、12・18従二位、建長1(一二四九)・8・16出家
[父]大炊御門光能、三男　[母]左衛門尉遠元女　[法名]静空或浄空　[公卿補任]2—52下　[大日本史料]5—31—134

光成　みつなり
承久3(一二二一)・閏10・18叙位、貞応1(一二二二)・5・26丹後守、元仁1(一二二四)・12・21止守、元仁2・4・26侍従、嘉禄3(一二二七)・4・20従五位上、安貞3(一二二九)・1・30左兵衛権佐、寛喜3(一二三一)・1・6正五位下(北白河院当年御給)、1・28右少将、嘉禎1(一二三五)・11・7近江権介、11・19従四位上(大嘗会叙位近江権介〈や〉)、暦仁1(一二三八)・12・20左中将、仁治1(一二四〇)・10・24正四位下(安嘉門院去嘉禎二御給)、正元2(一二六〇)・4・8辞中将、文応1(一二六〇)・11・15従三位、元前左中将、文永11(一二七四)・3・5出家
[父]大炊御門光俊　[母]従五位下河内守平繁雅女　[公卿補任]2—184下

御子左家(絶家)1

成家　なりいえ　一一五五—一二二〇
保元2(一一五七)・3・26叙位(暲子内親王久寿二年大嘗会御給〈くし〉)、仁安1(一一六六)・1・12侍従仁安3・-・-従五上、嘉応2(一一七〇)・1・18備後介、治承1(一一七七)・1・5正五位下(八条院御給)、文治1(一一八五)・6・10右少将、文治2・2・30近江権介、文治3・1・5従四位下(府労)、建久1(一一九〇)・1・5従四位上、建久2・2・1正四位下、建久3・1・27兼安芸介、文治4・6・27復任(母)、正治1(一一九九)・12・9転中将(「権中将」く)、正治2・1・22兼美濃権介、建仁3(一二〇三)・10・24従三位、元右中将、承元4(一二一〇)・12・26正三位、建暦1(一二一一)・10・2兵部卿、建保3(一二一五)・3・30出家
[死没]承久2(一二二〇)・6・4　[年齢]66　[父]藤原俊成、一男　[母]正五位下若狭守藤原親忠女　[公卿補任]1—554上　[大日本史料]4—15—575

御子左家
成家——**言家**

言家　ことい え　?—一二三九
建保4(一二一六)・1・13侍従、承久1(一二一九)・1・26従五位上、承久2・1・22周防介、9・15復任、貞応1(一二二二)・11・15備中介(大嘗会国司)、11・22正五位下(大嘗会)、寛喜2(一二三〇)・閏1・4従四位下(故右兵衛督光能卿寿永元大嘗会国司賞)、文暦2(一二三五)・1・23治部卿、8・30従四位上、嘉禎2(一二三六)・6・13正四位下、嘉禎4・3・18従三位、治部卿如元、暦仁1(一二三八)・12・30出家、暦仁2・2・2〈1月カ〉薨去
[死没]暦仁2(一二三九)・2・2　[父]藤原成家、二男　[母]家女房　[公卿補任]2—104上　[大日本史料]5—12—218

御子左2・二条・五条家(絶家)

為氏　ためうじ　一二二二—八六
嘉禄2(一二二六)・1・5叙爵(氏)、安貞3(一二二九)・1・5従五位上、寛喜2(一二三〇)・1・24侍従、天福2(一二三四)・1・21兼安芸介、正五位下(臨時)、4・12左少将、嘉禎3(一二三七)・1・5従四位下、嘉禎4・1・22兼美濃介、4・6従四位上(臨時)、11・16転中将、仁治2(一二四一)・1・5正四位下(臨

御子左・二条・五条家

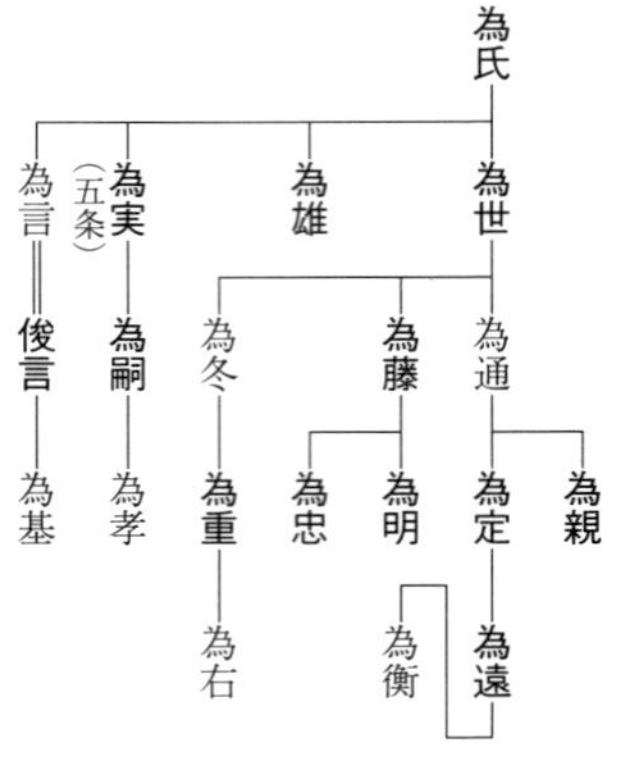

時)、仁治3・3・7兼美作権介、宝治2(一二四八)・1・22兼美乃権介、建長2(一二五〇)・1・13蔵人頭、1・15禁色、建長3・1・22参議、元蔵人頭左中将、建長4・12・4右衛門督、建長8・1・6正三位、正嘉2(一二五八)・1・5従二位、11・1権中納言、文応1(一二六〇)・9・8正二位、弘長1(一二六一)・3・27中納言、文永4(一二六七)・2・23権大納言、文永5・1・29辞退(権大納言)、1・30聴本座、弘安8(一二八五)・8・20出家、弘安9・9・14薨去〈く追〉

[死没]弘安9(一二八六)・9・14　[年齢]65　[父]藤原為家　[母]越中守従五位下宇都宮頼綱女　[法名]覚阿　[日記]為氏卿記(一二七〇)　[公卿補任]2—151下

為世　ためよ　一二五〇—一三三八

建長3(一二五一)・1・5叙爵(氏)、建長7・12・13従五位上、正嘉1(一二五七)・4・11侍従、正元1(一二五九)・1・11正五位下、7・2右少将、文応1(一二六〇)・3・29丹後権介、弘長1(一二六一)・2・29従四位下(府労)、4・7還任右少将、弘長2・3・18転左中将、文永1(一二六四)・1・5〈や〉従四位上(労)、文永3・2・1上野権介、文永5・1・5正四位下、文永6・7・19遷任右兵衛督、文永10・12・8還任左中将(去督)、建治1(一二七五)・1・18美乃権介、建治3・1・28還任右兵衛督(去中将)、弘安1(一二七八)・3・14蔵人頭、弘安6・3・28参議(元頭右兵衛督、依補日労超上首経氏朝臣)、左兵衛督如元、9・8従三位、弘安7・1・13兼丹波権守、弘安9・4・1正三位、正応2(一二八九)・1・13兼備後権守、6・2従二位、正応3・6・8権中納言、6・18帯剣、10・27兼侍従、正応4・10・29正二位、正応5・11・5転権大納言、12・25辞権大納言、嘉元4(一三〇六)・4・5民部卿、正和4(一三一五)・7・21去卿、嘉暦4(一三二九)・8・25出家、延元3(一三三八)・8・5薨去〈く追〉

[死没]暦応1(一三三八)・8・5　[年齢]89　[父]藤原為氏　[母]正三位左兵衛督藤原教定女　[法名]明尺　[公卿補任]2—269下　[大日本史料]6—5—3

為雄　ためお　一二五五—?

正嘉3(一二五九)・1・6叙爵、文永2(一二六五)・1・30侍従、文永3・4・3従五位上、文永6・3・27兼越前介、文永7・閏9・4左少将、文永8・1・5正五位下、文永11・2・20兼信乃介、3・20従四位下、文永12・4・13還任左少将、建治2(一二七六)・12・20従四位上、弘安1(一二七八)・7・17転中将、弘安3・1・5正四位下、弘安9・閏12・8復任(中将)、正応2(一二八九)・1・13加賀権介、正応5・6・30復任(母)、12・30遷内蔵頭、正応6・3・14遷右兵衛督、永仁2(一二九四)・3・27右中将蔵人頭、4・7禁色、永仁3・6・23右衛門督、従三位(元蔵人頭左中将)、永仁4・4・13正三位、永仁6・9・22止督、正安2(一三〇〇)・11・2参議、-・-辞退参議、嘉元2(一三〇四)・3・22従二位、嘉元3・9・17出家、9・27賜御素服

[父]藤原為氏、二男　[法名]覚心　[公卿補任]2—329下

為実　ためざね　?—一三三三

文永3(一二六六)・1・5叙爵(氏)、文永6・1・5従五位上、文永8・7・2正五位下、文永11・2・20左兵衛権佐、11・14〈「17日」や〉近江守(大嘗会国司)、建治2(一二七六)・1・5従四位(止権佐)、弘安1(一二七八)・12・27右少将、弘安4・1・5従四位上(府労)、弘安6・10・30正四位下、正応1(一二八八)・5・5左中将、嘉元2(一三〇四)・10・7辞中将、延慶2(一三〇九)・3・29従三位、元前左中将、文保2(一三一八)・1・5正三位、正中2(一三二五)・1・29侍従、4・2参議、9・9辞参議、11・22本座、嘉暦3(一三二八)・3・16従二位、正慶1〈元弘2〉(一

三二)·8·3正二位、正慶2〈元弘3〉·5·17復従二位、7·2薨去
〔死没〕正慶2(一三三三)·7·2 〔父〕藤原為氏、四男 〔母〕正四位下右京権大夫藤原重名女 〔公卿補任〕2—407下 〔大日本史料〕6—1—131

為藤 ためふじ 一二七五—一三二四
弘安9(一二八六)·1·5従五位下、正応2(一二八九)·7·16侍従、正応3·6·18従五位上、正応6·1·5正五位下、4·8左少将、永仁2(一二九四)·7·2従四位下、12·24還任左少将、永仁6·11·14兼丹波介、11·19従四位上、永仁7·4·12右中将〔「左中将」や〕、正安2(一三〇〇)·1·5正四位下、徳治2(一三〇七)·4·3遷右兵衛督、蔵人頭、延慶1(一三〇八)·12·10参議、元蔵人頭、右兵衛督如元、12·22〈「20日」イ〉〈賜去十日位記〉従三位、延慶2·3·23左中将、10·15遷右中将、延慶4·3·30兼駿河権守、正和2(一三一三)·8·7辞退(参議)、文保1(一三一七)·2·5正三位、3·27還任(参議)、12·22権中納言、文保2·1·6帯剣、3·22従二位、8·2兼侍従、11·-大嘗会検校、元応3(一三二一)·1·5正二位、元亨3(一三二三)·6·15恐懼、6·22宜可出仕者、〔正中二年以後不見、正中元年出家或薨カ〕
〔死没〕正中1(一三二四)·7·17 〔年齢〕50 〔父〕藤原為世、二男 〔母〕賀茂氏久女(官女カ) 〔公卿補任〕2—396下

俊言 としこと
正応1(一二八八)·11·16叙爵(于時俊実)、正応4·2·25侍従、正応5·4·13従五位上、永仁7(一二九九)·1·7正五位下、6·6左少将、正安2(一三〇〇)·3·6従四位下、4·7還任少将、正安3·11·4兼備中守(大嘗会国司)、11·18従四位上(大嘗会国司賞)、正安4·3·23去守、乾元2(一三〇三)·1·28転中将〈や〉、閏4·18渡右中将、徳治3(一三〇八)·9·17内蔵頭(去中将)、延慶1(一三〇八)·10·12正四位下、応長1(一三一一)·閏6·9蔵人頭、10·8更兼右中将、応長2·3·3去内蔵頭(譲舎弟為基)、正和2(一三一三)·9·6参議(元蔵人頭右中将)、11·14従三位、12·21〈28日ともあり〉辞退(参議)、文保1(一三一七)·-·-出家
〔父〕藤原為言(藤原為雄) 〔前名〕俊実 〔公卿補任〕2—429下

為親 ためちか ?—一三四一
正応5(一二九二)·閏6·16叙爵、永仁7(一二九九)·4·12侍従、正安2(一三〇〇)·12·22左少将、正安3·3·16従五位上、嘉元4(一三〇六)·1·5正五位下、徳治2(一三〇七)·1·29〈や〉兼備後介、延慶2(一三〇九)·10·24還任左少将、元応3(一三二一)·1·5正四位下、元亨2(一三二二)·4·5右馬頭、元亨3·1·13去頭、元亨4(一三二四)·4·27右中将、嘉暦2(一三二七)·3·24兼但馬権介、嘉暦4·6·28去中将、建武2(一三三五)·1·5従三位(追被書入)、1·13侍従、暦応4〈興国2〉(一三四一)·6·4薨去
〔死没〕暦応4(一三四一)·6·4 〔父〕御子左為通 〔養父〕藤原為世 〔母〕参議正二位飛鳥井雅有女 〔公卿補任〕2—559上 〔大日本史料〕6—6—815

為明 ためあき 一二九五—一三六四
永仁4(一二九六)·1·5従五位下(誉子内親王当年御給)、徳治3(一三〇八)·8·2侍従、-·-·-従五位上、-·-·-正五下、延慶4(一三一一)·1·5従四位下、文保2(一三一八)·11·21従四位上、文保3·3·9左少将、元応3(一三二一)·1·5正四位下、元亨2(一三二二)·12·24解却見任、正中3(一三二六)·3·8左中将、嘉暦2(一三二七)·2·24〈「3月」し〉辞中将、元徳2(一三三〇)·2·22右兵衛督、2·27去督、貞和3〈正平2〉(一三四七)·1·5従三位、前右兵衛督、観応2〈正平6〉(一三五一)·-·-〈「4月日」園太暦〉参南山(三木云々)、延文1〈正平11〉(一三五六)·12·25参議、延文3〈正平13〉·3·30兼讃岐権守、延文4〈正平14〉·8·11権中納言、8·25侍従宣下、延文5〈正平15〉·4·16正三位、延文6〈正平16〉·3·27辞退権中納言、貞治2〈正平18〉(一三六三)·2·4本座、貞治3〈正平19〉·4·14民部卿、10·27薨去
〔死没〕貞治3(一三六四)·10·27 〔年齢〕70 〔父〕御子左為藤 〔公卿補任〕2—614上 〔大日本史料〕6—26—358

為嗣　ためつぐ　一二九一—一三五五

-・-・-叙爵、-・-・-従五位上、正和5(一三一六)・8・12正五位下、-・-・-侍従、文保3(一三一九)・3・9従四位下、元亨4(一三二四)・6・13左少将、嘉暦1(一三二六)・8・6従四位上(罷少将叙之)、元徳1(一三二九)・9・26正四位下、暦応3〈興国1〉(一三四〇)・8・12左中将、貞和5〈正平4〉(一三四九)・2・15兼下野介、12・21従三位、文和2〈正平8〉(一三五三)・12・15〈12月13日ともあり〉参議、文和3〈正平9〉・3・28兼備前権守、閏10・25辞退、文和4〈正平10〉・3・-薨去

[死没]文和4(一三五五)・3　[年齢]65　[父]五条為実　[公卿補任]2—626上　[大日本史料]6—19—767

為定　ためさだ　一二九三?—一三六〇

文保1(一三一七)・3・17正四位下、元亨1(一三二一)・6・6蔵人頭、元亨2・6・17右兵衛督(元右中将)、元亨3・1・13参議(元蔵人頭)、右兵衛督如元、正中3(一三二六)・2・19従三位、嘉暦2(一三二七)・3・24兼丹波権守、7・16権中納言、嘉暦3・1・7正三位、元徳1(一三二九)・9・26従二位、元弘2(一三三二)・4・15辞職(権中納言)、正慶2〈元弘3〉(一三三三)・5・17詔為本職(権中納言)、元弘4(一三三四)・1・5正二位、建武4〈延元2〉(一三三七)・7・20兼民部卿、-・-・-止権中納言、暦応2〈延元4〉(一三三九)・8・29復任民部卿、貞和2〈正平1〉(一三四六)・12・5権大納言、貞和3〈正平2〉・11・16辞権大納言、文和4〈正平10〉(一三五五)・8・17出家、延文5〈正平15〉(一三六〇)・5・-薨去〈く追〉

[死没]延文5(一三六〇)・3・14　[年齢]68カ　[父]御子左為通　[養父]御子左為藤　[母]参議正二位飛鳥井雅有女　[法名]釈空　[公卿補任]2—496上　[大日本史料]6—23—68

為忠　ためただ　一三一〇—七三

応長2(一三一二)・1・5叙爵(春宮御給)、文保2(一三一八)・4・14従五位上、11・3侍従、元応1(一三一九)・8・25正五位下、元応2・6・6左少将、-・-・-従四位下、嘉暦2(一三二七)・1・5従四位上、嘉暦3・3・16〈や〉転左中将、嘉暦4・6・28正四位下、観応1〈正平5〉(一三五〇)・6・19従三位、元左中将、追被書入今日除書、観応2〈正平6〉・-・-参南山(蔵人頭、三木云々)、延文5〈正平15〉(一三六〇)・11・17正三位、貞治2〈正平18〉(一三六三)・7・29参議、貞治3〈正平19〉・3・29兼駿河権守、貞治4〈正平20〉・12・30辞退(参議)、貞治6〈正平22〉・4・13従二位、12・24権中納言、応安1〈正平23〉(一三六八)・8・13辞退(権中納言)、応安6〈文中2〉・12・18薨去〈やし〉

[死没]応安6(一三七三)・12・18　[年齢]64　[父]御子左為藤　[公卿補任]2—630下　[大日本史料]6—38—397

為遠　ためとお　一三四二—八一

貞治3〈正平19〉(一三六四)・4・14参議、元蔵人頭、右兵衛督如元、貞治5〈正平21〉・1・5従三位、貞治6〈正平22〉・2・13兼丹波権守、応安1〈正平23〉(一三六八)・2・21転左兵衛督〈やし〉、応安2〈正平24〉・11・12権中納言、応安4〈建徳2〉・1・5正三位、応安6〈文中2〉・12・26従二位、永和4〈天授4〉(一三七八)・8・27権大納言、永徳1〈弘和1〉(一三八一)・8・27薨去

[死没]永徳1(一三八一)・8・27　[年齢]40　[父]御子左為定　[公卿補任]2—682上

為重　ためしげ　?—一三八五

応安4〈建徳2〉(一三七一)・1・5従三位、永和2〈天授2〉(一三七六)・1・6正三位、永和4〈天授4〉・1・16参議、永徳1〈弘和1〉(一三八一)・7・23権中納言、永徳2〈弘和2〉・1・6従二位、永徳3〈弘和3〉・12・29辞権中納言、至徳2〈元中2〉(一三八五)・2・15薨去

[死没]至徳2(一三八五)・2・15　[父]御子左為冬　[公卿補任]2—706下

京極家（絶家）

京極家
為教―為兼―┬忠兼
　　　　　　└為仲

為教　ためのり　一二二七―七九
正嘉3(一二五九)・7・2従三位、補右兵衛督、元右中将蔵人頭、弘長2(一二六二)・1・5正三位、文永5(一二六八)・1・5従二位、文永6・7・19辞督、弘安2(一二七九)・5・24薨去
[死没]弘安2(一二七九)・5・24　[年齢]53　[父]藤原為家、二男　[母]越中守従五位下宇都宮頼綱女　[号]毘沙門堂兵衛督　[公卿補任]2―178下

為兼　ためかね　一二五四―一三三二
建長8(一二五六)・1・7叙爵、正嘉2(一二五八)・2・27従五位上、正嘉3・1・21侍従、文永4(一二六七)・1・5正五位下、文永5・12・2右少将、文永7・1・6従四位下、文永12・1・6従四位上、建治1(一二七五)・10・8左少将、4・6正四下、2・8土左介、4・11転中将、正応1(一二八八)・7・11補蔵人頭、正応2・1・13参議(元蔵人頭左中将)、4・29従三位、正応3・1・13兼讃岐権守〈や〉、6・8兼右兵衛督、11・27転右衛門督、12・8正三位、正応4・7・29権中納言、正応5・7・28従二位、6・14帯剣、永仁2(一二九四)・1・6正二位、永仁4・5・15辞権中納言、永仁6・3・16坐事、嘉元1(一三〇三)・閏4・－自関東蒙免除、延慶3(一三一〇)・12・28権大納言、応長1(一三一一)・12・21辞権大納言、正和1(一三一二)・8・23聴本座、正和2・10・17出家
[死没]元弘2(一三三二)・3・21　[年齢]79　[父]京極為教　[母]修理権大夫三善雅衡女　[法名]蓮覚・静覚　[日記]為兼卿記(一三〇三)　[公卿補任]2―296下

冷泉家（下冷泉）　れいぜいけ

藤原氏北家御子左流。冷泉家の庶流。冷泉権大納言為尹の二男権大納言持為を家祖とする。俗に冷泉家の嫡流を上冷泉家というのに対し、下冷泉家という。家格は羽林家。外様の家。和歌・有職故実を家職とした。九条家の家礼。江戸時代には家領百五十石。持為は冷泉権大納言為尹の二男で、応永九年(一四〇二)生れ。長男為之は『諸家伝』によれば明徳四年(一三九三)生れ、九歳の違いである。いずれも叙爵の年次は不明であるが、官位昇進を比較すると、為之は応永十五年(一四〇八)十六歳で従五位下より従五位上に昇叙、二十七年叙従四位下、三十三年叙正四位下、永享十一年(一四三九)閏正月に四十七歳で没した。これに対し、持為は応永二十九年二十一歳で従五位下より正五位下に昇叙、嘉吉二年(一四四二)叙従四位上、文安五年(一四四八)従三位に昇り、参議・権中納言を経て従二位に昇り、享徳三年(一四五四)八月に権大納言となり、翌九月五十四歳で没した。両者の官歴をみると、為尹は早くから持為を歌道の後継者と考えていたことを窺わせる。為尹他界の前年応永二十三年十月冷泉家伝来の家領の一つ播磨国細川庄地頭職及び関連文書を亀若丸に譲り、同庄の得分三十石を為之に譲っている。亀若丸が後の持為で、時に十五歳であり、ここに事実上、下冷泉家が成立したといえる。持為は幼より英敏、将軍義持から偏諱を与えられ後小松上皇からも目をかけられていたようであるが、永享五年頃将軍義教から忌避され歌壇から全く疎外された時期が続いたが、義教の弑殺後に歌壇に復帰、その力量は次第に人々に重んぜられ、特に関白一条兼良に信任され、和歌宗匠家としての位置を確固たるものにした。息政為は文安五年三歳で叙爵し、将軍義政の偏諱を受け、文明七年(一四七五)三十歳で従三位に昇り、永正三年(一五〇六)権大納言に任ぜられ、大永三年(一五二三)九月七十八歳で没した。政為は文亀・永正期の代表的歌人として知られ、後柏原天皇・三条西実隆・冷泉為広・

冷泉家

持為―政為―為孝―為豊―為純―惺窩(藤原)―為景
　　　　　　　　　　　　　　└為将＝為景―為元＝為経―為俊＝宗家―為栄＝為訓＝為起―為行―為柔(子爵)
　　　　　　　　　　　　　　　　　　　　　　　　　　　　└宗家

冷泉政為を総称して一人三臣和歌といわれた。政為の家集を『碧玉集』といい、後柏原天皇の『柏玉集』、実隆の『雪玉集』とともに三玉集と称され、江戸期二条派歌人たちに珍重された。政為の息為孝は正二位権中納言まで昇り、享禄四年(一五三一)所領のある播磨細川庄(兵庫県三木市細川町)で出家して後、十年余を生きて天文十二年(一五四三)二月六十九歳で没した。その息為豊も播州に居ることが多く、昇進も遅々たるもので、天文二十年(一五五一)四十八歳で漸く従三位となり、永禄元年(一五五八)播州に下向し、三年同地において五十七歳で出家し、同地で没したようである。その息為純・孫為勝いずれも細川庄に住するのが常態で、冷泉家の歌壇的地位は無きに等しくなり、天正六年(一五七八)四月一日、参議従三位為純四十九歳・正五位下左近衛権少将為勝父子は播磨三木城主別所長治に攻められ戦死した。為純の後は五男為将が継ぎ、六年八月叙爵し、九年元服し侍従に任ぜられた。慶長三年(一五九八)に至り漸く従四位下に叙せられたが、その後出奔したようで没日も不明である。ここに下冷泉家は中絶する。なお、近世日本朱子学の開祖とされる藤原惺窩は為純の三男で、永禄四年(一五六一)細川荘に生まれ、七、八歳のころ仏門に入り、父戦死後叔父清叔寿泉を頼って上洛、相国寺で禅学に励むと共に儒学を学び、やがて文禄二年(一五九三)三十三歳には、徳川家康に招かれて『貞観政要』を講ずるまでになった。のちに冷泉家を再興する為景は惺窩の息で、慶長十七年(一六一二)出生。寛永七年(一六三〇)十九歳で叙爵し、同日元服・任図書頭、一家を起し細野家を称した。累進して正保四年(一六四七)正月従四位上に叙せられ、五月二十六日勅により冷泉家再興を仰せ付けられた。『徳川実紀』同年五月七日条に「下冷泉の家は慶長より今年まで四十余年中絶せしを、今度惺窩の子をもて継せられたり、惺窩は播磨国にて大内の戦に討死せし為純が子なり」とあるように、再興は惺窩の功労によるものであった。為景は寛永年間を中心に後水尾院歌壇で活動し、正四位下左中将で承応元年(一六五二)四十一歳で没した。その息為元は病気がちで従四位下まで昇ったところで官位の昇進もなく、元禄十五年(一七〇二)八月六十二歳で没した。その跡は養子為経(葉室権大納言頼業三男)が継ぎ、正二位権大納言兼民部卿まで昇る。その後、為俊・宗家・為栄・為訓・為起・為行・為柔と相承して幕末に及んだ。為経は『惺窩文集』の編者として知られるが、歌壇ではあまり目立たぬ存在に終始した。その後下冷泉は上冷泉家の人々とは裏腹に活動の場を著しく狭めて行き、歌壇における地位も徐々に低下し、上冷泉家が宗匠家の立場を不動のものとした江戸中期には両家の差は歴然となった。但し、和歌宗匠家としての立場は同格であって、御子左家の伝統的な官職である民部卿に任じられることもあった。為栄・為訓は議奏に補された。明治十七年(一八八四)為柔のとき、叙爵内規により子爵を授けられた。菩提所は南禅寺。『冷泉家譜』(東京大学史料編纂所架蔵、四一七五—一四九)。

持為　もちため　一四〇一—五四

永享3(一四三一)・3・29信乃介(于時持和、従四下、左中将兼任)〈さし〉、文安5(一四四八)・1・11従三位、元左中将、文安6・2・16参議、宝徳1(一四四九)・閏10・27兼侍従、宝徳2・3・29兼播磨権守、7・12〈さし〉正三位、宝徳3・3・26権中納言、宝徳4・2・17辞権中納言、-・-治部卿、享徳

3(一四五四)・8・16、権大納言、8・17出家、9・1薨去
※享徳三年より「従二位」
[死没]享徳3(一四五四)・9・1 [年齢]54 [父]冷泉為尹、二男 [前名]持和 [法名]暁雲 [公卿補任]3—158上

政為 まさため 一四四五—一五二三

-・-・-叙爵、-・-・-従五位上、-・-・-侍従〈や在于叙爵次〉、康正2(一四五六)・3・29兼美作権介〈く追〉、10・22正五位下、-・-・-左少将、寛正2(一四六一)・1・5従四位下、-・-・-左中将、寛正7・1・6従四位上、文明2(一四七〇)・3・10正四位下、文明7・1・28従三位、元左中将、3・10喪母、文明9・1・17参議、閏1・2兼侍従、文明12・3・29兼播磨権守、文明14・6・7正三位、文明17・2・2〈く追〉権中納言、延徳2(一四九〇)・10・23辞権中納言、延徳3・-・-民部卿、明応2(一四九三)・1・5従二位、明応7・2・2正二位、永正3(一五〇六)・10・16権大納言、永正7・3・-下向播州、12・-上洛、永正10・8・8出家、大永3(一五二三)・9・21薨去
[死没]大永3(一五二三)・9・21 [年齢]79 [父]冷泉持為 [前名]成為 [一字名]碧 [法名]暁覺 [公卿補任]3—244下 [大日本史料]9—20—394

為孝 ためたか 一四七五—一五四三

-・-・-叙爵、延徳3(一四九一)・12・6侍従〈く追〉、延徳4・1・6従四位上、明応2(一四九三)・12・26左少将、明応4・1・5正五位下、明応8・3・17従四位下、明応9・12・29左中将、文亀2(一五〇二)・1・28従四位上、永正1(一五〇四)・12・25正四位下、永正5・2・8従三位、永正10・7・7〈く追〉正三位、-・-・-当月上旬自播州上洛、永正11・2・27参議、7・7兼侍従、永正14・4・1上洛、永正15・5・28権中納言、永正17・11・6〈「12月日」さ〉従二位、大永1(一五二一)・9・-辞退権中納言、大永6・1・19正二位、享禄4(一五三一)・12・6出家、天文12(一五四三)・2・18薨去
[死没]天文12(一五四三)・2・18 [年齢]69 [父]冷泉政為 [母]正二位権大納言中山親通女 [法名]宗円 [公卿補任]3—322下

為豊 ためとよ 一五〇四—?

永正1(一五〇四)・-・-誕生、永正7(一五一〇)・3・6〈や〉叙爵(于時為名)、永正14・4・9侍従(今日元服)〔「改為豊」く追〕、5・3従五位上、永正18・3・17正五位下、10・28左少将、大永2(一五二二)・3・29信乃介、大永6・6・26従四位下(少将如元)、-・-・-服解(父)、天文13(一五四四)・9・1〈給去十一年正月五日位記〉従四位上、9・3転中将、天文14・3・25美乃権介、天文20・7・-〈給去十五正五位記〉正四位下、7・27従三位、8・-侍従、永禄3(一五六〇)・-・-出家
[父]冷泉為孝 [前名]為名 [公卿補任]3—429下

為純 ためすみ 一五三〇—七八

天文7(一五三八)・3・7叙位(于時為房、改為能)、天文13・8・26従五位上、侍従、今日元服、天文14・3・25因幡権介、天文18・1・5正五位下、天文20・7・9右少将、天文23・1・-改名俊右、永禄6(一五六三)・7・1従四位下、7・6右中将〔「左中将」やく〕、永禄11・7・1従四位上、元亀2(一五七一)・11・11正四位下、-・-・-改名為純、天正4(一五七六)・5・25従三位、本名為能改俊右〈くま〉、12・29侍従、天正5・3・1参議、天正6・4・1薨去
[死没]天正6(一五七八)・4・1 [年齢]49 [父]冷泉為豊 [母]別所中務女 [前名]為房・為能・俊右 [公卿補任]3—475上

為経 ためつね 一六五四—一七二二

承応3(一六五四)・9・21誕生、万治3(一六六〇)・1・5叙爵(于時頼広)、寛文10(一六七〇)・8・23改名為直、8・28元服、昇殿、侍従、従五位上、寛文13・2・19改名為経、延宝2(一六七四)・1・5正五位下、延宝5・2・12〈去年十二月廿九日分〉右少将、閏12・26従四位下、延宝6・8・21右中将、延宝9・1・5従四位上☆、貞享2(一六八五)・5・22〈去正六分〉正四位下、貞享5・1・15〈去六日分〉従三位、元禄12(一六九九)・12・28〈去年正月五日分〉正三位、元禄14・10・24参議、宝永1(一七〇四)・10・11権中納言、12・10帯剣、12・18直衣、宝永2・

8・30従二位、正徳2(一七一二)・12・25民部卿、正徳5・11・25辞権中納言、12・2正二位、享保4(一七一九)・2・20権大納言、2・26民部卿、3・2辞両官、享保7・10・4薨去

[死没]享保7(一七二二)・10・4　[年齢]69　[父]冷泉為元(実葉室頼業、二男)　[前名]頼広・為直　[一字名]糸　[公卿補任]4—95下

宗家　むねいえ　一七〇二—六九

元禄15(一七〇二)・7・23誕生☆、宝永3(一七〇六)・5・29〈去正五分〉従五位下、正徳4(一七一四)・12・25元服、昇殿、侍従、従五位上、享保2(一七一七)・4・3正五位下、享保5・5・16従四位下、享保6・2・20左少将、享保7・10・4喪父、11・25除服出仕復任、享保8・4・2従四位上、享保11・5・12正四位下、7・19〈「12年」脱カ〉右中将、享保15・1・5従三位、享保19・7・24参議、享保20・12・24正三位、元文4(一七三九)・12・25辞参議、延享3(一七四六)・1・28権中納言、2・12帯剣☆、3・1〈「21日」ま〉聴直衣、延享4・2・1従二位、12・26民部卿、寛延1(一七四八)・7・21辞権中納言、宝暦3(一七五三)・12・22正二位、宝暦7・11・12権大納言、11・25辞権大納言、明和2(一七六五)・11・23出家

[死没]明和6(一七六九)・8・18　[年齢]68　[父]冷泉為経、二男　[母]家女房　[法名]寂静　[公卿補任]4—292下

為栄　ためひで　一七三八—八二

元文3(一七三八)・7・5誕生、寛保2(一七四二)・12・24叙爵(于時為名)、寛保3・12・27改為栄、寛延2(一七四九)・12・1元服、昇殿、侍従、従五位上、宝暦2(一七五二)・2・26〈去正廿二分〉正五位下、宝暦5・3・3従四位下、宝暦6・5・10左権少将(小除目)、拝賀、宝暦8・12・28従四位上、宝暦10・3・19右権中将☆、3・24拝賀、宝暦11・1・5正四位下、明和1(一七六四)・1・5〔従三位〕、明和2・10・17侍従、明和5・1・5正三位☆、明和8・8・1参議、8・16侍従、安永4(一七七五)・閏12・2権中納言、閏12・14帯剣、閏12・16聴直衣、安永5・12・19従二位、安永8・5・4正二位、天明1(一七八一)・8・14賀茂下上社伝奏、12・2辞権中納言、天明2・1・25辞伝奏、2・2賀茂下上社伝奏、9・3辞伝奏、9・3薨去

[死没]天明2(一七八二)・9・3　[年齢]45　[父]冷泉宗家　[母]従二位権大納言清閑寺凞定女　[前名]為名　[日記]為栄卿記(一七八二)　[公卿補任]4—477下

為訓　ためさと　一七六四—一八二七

明和1(一七六四)・10・19誕生、安永5(一七七六)・9・22従五位下(于時季韶)、安永6・2・7為為栄卿子、10・14改季韶為為訓、10・22元服、昇殿、侍従、安永7・1・5院判官代、1・8拝賀、安永8・3・19従五位上、安永9・2・5右権少将、12・16拝賀、天明2(一七八二)・1・14正五位下、9・3服解(父)、10・24除復出仕復任、天明5・1・14従四位下、8・17転右権中将(小除目)、12・2拝賀、天明7・8・14服解(実父)、10・5除服出仕復任、天明8・1・23従四位上、寛政3(一七九一)・1・5正四位下、寛政6・1・13〔従三位〕、寛政9・3・19侍従、寛政10・2・15〈賜去正月廿八日位記〉正三位、享和1(一八〇一)・2・23参議、3・7侍従、文化9(一八一二)・12・19権中納言、12・25帯剣、12・26直衣、文化10・11・27従二位、12・16賜後桜町院御服、文化14・1・4〔正二位〕、文政1(一八一八)・5・28辞権中納言、文政4・12・19民部卿、文政6・8・28権大納言、10・8直衣始、11・11辞権大納言、文政10・4・13薨去

[死没]文政10(一八二七)・4・13　[年齢]64　[父]冷泉為栄(実風早公雄、二男)　[母]相模守従五位下加藤明凞女(実従四位下雅楽頭酒井親本女)　[前名]季韶　[法名]良陰　[公卿補任]5—96下

為起　ためおき　一七九〇—一八三二

寛政2(一七九〇)・6・12誕生、享和4(一八〇四)・1・5為訓卿子、1・23従五位下、6・26元服、昇殿、文化2・9・16喪実父、11・20除服出仕、文化4(一八〇七)・1・4従五位上、文化7・1・4正五位下、文化10・2・7侍従、7・11従四位下、12・16賜後桜町院御服、文化11・1・16除服宣下、文化11・

11・7右権少将、11・13拝賀、文化13・1・5従四位上、文政2(一八一九)・1・4正四位下、文政5・1・7服解(実母)、閏1・27除服出仕復任、文政7・6・4転権中将(小除目)、6・13拝賀、8・6(従三位)、文政8・2・25侍従、文政11・1・20(正三位)、天保2(一八三一)・6・1薨去
[死没]天保2(一八三一)・6・1 [年齢]42 [父]冷泉為訓(実勧修寺経逸) [母]家女房(摂津守従五位下池田仲庸女) [法名]温湖 [公卿補任]5—299上

藤谷家　ふじたにけ

藤原氏北家御子左流。上冷泉家の庶流。冷泉権大納言為満の二男藤谷権中納言為賢を家祖とする。藤谷の家名は冷泉為相が藤谷(ふじがやつ)中納言と号したことに因む。家格は羽林家、新家。外様の家。和歌・有職故実を家職とした。鷹司家の家礼。家領二百石。為賢は冷泉権大納言為満の二男で、文禄二年(一五九三)に生まれた。藤谷家の創立については、『言経卿記』慶長十年(一六〇五)八月十六日条に、山科内蔵頭言緒が親族の冷泉為頼・四条隆昌・冷泉御藤と同道し二条城に赴き、御藤(のち為賢)が堂上家に取立てられ藤谷の号を賜ったので、徳川家康へ礼参したことが見える。このように公武の許可を得て、翌十一年六月に十四歳で叙爵・元服・昇殿。寛永九年(一六三二)従三位に叙せられ、従二位権中納言まで昇り、承応二年(一六五三)七月六十一歳で没した。為賢の長男為条が家督を継ぎ、二男為清は本家の為治夭折の後をうけ冷泉家を継いだ。為条の二男相尚が貞享四年(一六八七)三十三歳のとき別家し、入江家を起した。従二位権中納言を先途としたが、為茂は権大納言まで昇った。明治十七年(一八八四)為寛のとき、叙爵内規により子爵を授けられた。菩提所は真如堂。『藤谷家譜』(東京大学史料編纂所架蔵、四一七五—二九八)。

藤谷家

為賢—**為条**—**為茂**—**為信**—**為香**
　　　　　　└相尚(入江)
為時—**為敦**—**為脩**—**為知**—**為兄**
為遂—為寛(子爵)

為賢　ためかた　一五九三—一六五三
文禄2(一五九三)・8・13誕生、慶長11(一六〇六)・6・5叙爵、元服、昇殿、慶長15・閏2・13侍従、慶長17・1・5従五位上、慶長19・1・5左少将、慶長20・1・5〈くま〉正五位下、元和5(一六一九)・1・6従四位下、元和6・1・11左中将、元和10・1・5従四位上、寛永5(一六二八)・1・7正四位下、寛永9・1・5従三位、寛永11・3・26民部卿、寛永14・1・5〈寛永16年にもあり〉正三位、寛永15・12・23参議、寛永19・1・5従二位、12・22権中納言、寛永20・1・5帯剣、正保2(一六四五)・5・15辞権中納言☆、承応2(一六五三)・7・11薨去
[死没]承応2(一六五三)・7・11 [年齢]61 [父]冷泉為満 [公卿補任]3—574下

為条　ためえだ　一六二〇—八〇
元和6(一六二〇)・3・21誕生、寛永3(一六二六)・1・5叙爵、寛永7・12・22元服、昇殿、侍従、寛永8・11・6従五位上、寛永13・1・5正五位下、寛永14・9・1左少将、寛永17・1・5従四位下、寛永18・1・11中将、寛永21・1・5従四位上、正保5(一六四八)・1・5〈くま〉正四位下、承応3(一六五四)・12・21〈賜去年正月五日口宣案〉従三位、明暦1(一六五五)・10・5右衛門督、明暦4・1・6正三位、7・9参議、万治4(一六六一)・4・2辞両職、寛文9(一六六九)・12・18権中納言、12・24従二位、12・27帯剣、延宝1(一六七三)・12・26正二位、延宝2・7・5辞権中納言
❖延宝八年前権中納言正二位(以後不見)
[死没]延宝8(一六八〇)・9・15 [年齢]61 [父]藤谷為賢 [母]左中将四条隆昌女 [前名]為永・為顕 [公卿補任]3—636上

為茂　ためしげ　一六五四—一七一三
承応3(一六五四)・6・23誕生、万治2(一六五九)・12・22

叙爵☆、寛文4(一六六四)・3・16元服、昇殿、侍従従五位上、寛文8・1・5正五位下、寛文10・9・29左少将☆、寛文12・1・6従四位下、12・22左中将、延宝5(一六七七)・1・5従四位上、延宝9・1・5正四位下、貞享1(一六八四)・11・29為茂(旧為教)、貞享2(一六八五)・1・6〈「5日」ま〉従三位、10・24民部卿、元禄6(一六九三)・12・25〈去々年正月六日分〉正三位☆、元禄8・12・24参議、元禄13・12・21辞参議、元禄14・10・23権中納言、11・28帯剣、12・13聴直衣、12・21辞権中納言、12・23従二位、正徳3(一七一三)・6・7権大納言、6・12辞権大納言、6・13薨去

[死没]正徳3(一七一三)・6・13　[年齢]60　[父]藤谷為条　[前名]為教　[一字名]不　[号]円通院　[法名]恵覚　[公卿補任]4—81上

為信　ためのぶ　一六七五—一七四〇

延宝3(一六七五)・11・21誕生☆、延宝7・1・5叙爵、貞享4(一六八七)・9・28元服、昇殿、侍従従五位上、元禄4(一六九一)・1・5正五位下☆、元禄5・12・18右少将☆、元禄8・1・5従四位下☆、12・23左中将、元禄12・1・5従四位上☆、元禄16・3・21〈去正五分〉正四位下☆、宝永4(一七〇七)・1・6〈去五日分〉従三位☆、正徳3(一七一三)・8・19〈去二月十八日分〉正三位、正徳4・6・26右兵衛督、享保2(一七一七)・7・4参議、享保5・12・19辞両官、享保8・11・26権中納言、12・8帯剣、12・24直衣、享保9・11・13辞権中納言、享保10・5・16従二位、元文5(一七四〇)・10・7薨去

[死没]元文5(一七四〇)・10・7　[年齢]66　[父]藤谷為茂　[母]家女房　[法名]宗林　[公卿補任]4—179上

為香　ためか　一七〇六—五七

宝永3(一七〇六)・2・26誕生、正徳4(一七一四)・12・26〈去正五分〉叙爵、享保3(一七一八)・12・23元服、昇殿、侍従従五位上、享保7・4・14〈去正六分〉正五位下、享保11・2・14〈去正五分〉従四位下、左少将、享保15・3・12左中将、〈去正五分〉従四位上、享保19・1・7〈去六日分〉正四位下、元文3(一七三八)・1・6〈昨五日宣〉従三位、寛保4(一七四四)・1・5正三位、寛延3(一七五〇)・8・7参議、寛延4・6・22辞参議、宝暦5(一七五五)・6・30権中納言、7・9辞権中納言、8・2聴直衣、宝暦6・3・27〈公積卿同日分〉従二位、宝暦7・9・5薨去

[死没]宝暦7(一七五七)・9・5　[年齢]52　[父]藤谷為信　[母]家女房　[法名]通桂・円証　[公卿補任]4—336上

為敦　ためあつ　一七五一—一八〇六

寛延4(一七五一)・7・13誕生、宝暦5(一七五五)・1・6従五位下、宝暦9・11・18元服、昇殿、従五位上、弾正少弼、宝暦13・1・16正五位下、明和2(一七六五)・9・13除服出仕復任、明和4・1・5従四位下、明和7・8・4右近衛権少将、8・26拝賀、明和8・1・22〈去十日分〉従四位上、安永1(一七七二)・11・26転右近衛権中将、12・25拝賀、安永3・12・19正四位下、安永6・5・16〔従三位〕、9・14右兵衛督、11・13拝賀、安永10・1・12正三位、寛政8(一七九六)・6・19参議、寛政9・1・22従二位、寛政11・3・8辞参議督、享和1(一八〇一)・8・10権中納言、9・14帯剣、9・15聴直衣、直衣始、享和3・11・26辞権中納言、12・19正二位、文化3(一八〇六)・6・7薨去

[死没]文化3(一八〇六)・6・7　[年齢]56　[父]藤谷為香　[母]家女房　[公卿補任]4—557上

為脩　ためなお　一七八四—一八四三

天明4(一七八四)・1・6誕生、天明8・1・10従五位下、寛政3(一七九一)・5・24元服、昇殿、大和権介、寛政4・3・4〈去閏二廿六分〉従五位上、寛政8・2・4正五位下、寛政10・5・27院判官代、6・10拝賀、寛政12・1・5従四位下、享和3・7・16服解(母)、9・13除服出仕復任、文化1(一八〇四)・2・18〈去正五分〉従四位上、文化2・10・10左近衛権少将、10・26拝賀、文化3・6・7服解(父)、7・28除服出仕復任、文化4・3・26正四位下、文化8・9・17転権中将、10・17拝賀、12・5〔従三位〕、文化10・12・16賜後桜町院御服、文化12・1・5正三位、2・26右兵衛督、天保2(一八三一)・5・19参議、12・19従二位、天保8・5・2辞両官、天保11・6・24権中納言、7・28帯剣、8・2聴直

衣、直衣始、12・20賜太上天皇御服、天保12・12・22正二位、天保13・12・12辞権中納言、天保14・8・15薨去

〔死没〕天保14（一八四三）・8・15　〔年齢〕60　〔父〕藤谷為敦　〔母〕興正寺前大僧正常順女　〔公卿補任〕5―208下

為知　ためつぐ　一八〇七―四九

文化4（一八〇七）・6・10誕生、文政3（一八二〇）・8・8従五位下、9・14元服、昇殿、大和権介、文政7・1・5従五位上、8・21院判官代、閏8・15院司慶、文政11・1・20〈去五分〉正五位下、天保2（一八三一）・10・21右近衛権少将、11・8拝賀、天保3・1・11〈去五分〉従四位下、天保7・1・15従四位上、天保9・8・25転左権中将、9・13拝賀、天保10・1・4正四位下、天保11・12・20賜光格天皇御服、天保12・1・20除服宣下、天保13・12・22〔従三位〕、弘化3（一八四六）・1・5正三位、嘉永2（一八四九）・6・11右兵衛督、9・29〈「18日」ま〉辞、薨去

〔死没〕嘉永2（一八四九）・9・29　〔年齢〕43　〔父〕藤谷為脩　〔母〕参議従二位北小路祥光女　〔公卿補任〕5―410下

為兄　ためさき　一八三〇―五八

文政13（一八三〇）・8・11誕生、天保5（一八三四）・12・22叙爵、天保8・10・27元服、昇殿、越前権介、天保9・5・6従五位上、天保13・2・20〈去正廿二分〉正五位下、9・15淑子内親王家司、弘化3（一八四六）・1・25従四位下、嘉永2（一八四九）・9・29服解〈父〉、11・23除服出仕復任、嘉永3・2・21〈去正五分〉従四位上、嘉永5・2・21右近衛権少将、3・27拝賀、11・18服解〈母〉、嘉永6・1・18除服出仕復任、1・21正四位下、安政4（一八五七）・9・18転左近衛権中将、10・18拝賀、11・20〔従三位〕、安政5・9・3薨去

〔死没〕安政5（一八五八）・9・3　〔年齢〕29　〔父〕藤谷為知　〔母〕従三位竹内惟徳女　〔公卿補任〕5―511上

入江家　いりえけ

藤原氏北家御子左流。上冷泉家庶流藤谷家の傍流。藤谷権中納言為条の二男入江従三位相尚を家祖とする。入江の家名は冷泉為相の舎兄為教息為兼が京極、また入江と号したことに因むか。家格は羽林家、新家。外様の家。和歌・有職故実を家職とした。鷹司家の家礼。家禄三十石三人扶持。相尚は藤谷権中納言為条の二男で、明暦元年（一六五五）生まれ。貞享四年（一六八七）堂上家に取立てられ、三十六歳で叙正六位上。同日元服し、蔵人・式部大丞に任ぜられ、禁色昇殿を聴され、入江家を起した。正徳六年（一七一六）二月従三位に叙せられ、翌二月六十二歳で没した。その息相敬以降は初叙は従五位下。歴代実子相承されたが、正三位為昌の息従四位上出羽権介為積が天保十二年（一八四一）事故あり止官により、柳原権大納言隆光四男為遂を養子とした。安政五年（一八五八）本家藤谷家を相続するにより、柳原参議光愛四男為福を養子とした。非参議正三位を先途としたが、相敬・相茂・家誠・相康・為逸などは夭折することなどにより公卿に列することなく終った。明治十七年（一八八四）為守のとき、叙爵内規により子爵を授けられた。菩提所は真如堂。『入江家譜』（東京大学史料編纂所架蔵、四一七五―一六七）。

入江家

相尚―相敬―相茂―家誠―相康
相永―為逸＝**為良**―**為善**＝為遂
＝為福＝為守（子爵）

相尚　すけひさ　一六五五―一七一六

明暦1（一六五五）・3・24誕生、貞享4（一六八七）・4・25〈家譜〉正六位上、元服、昇殿、蔵人、式部大丞、禁色、元禄11（一六九八）・12・28叙爵☆、民部権少輔、元禄12・10・1従五位上、元禄13・12・25正五位下、元禄15・12・16従四位下、正徳2（一七一二）・12・25従四位上、正徳3・12・23正四位下、正徳6・2・16従三位☆、享保1（一七一六）・閏2・28〈「29日」家譜〉

薨去☆、号入江

〔死没〕享保1（一七一六）・閏2・28　〔年齢〕62　〔父〕藤谷為条　〔母〕家女房　〔号〕入江　〔法名〕恵海　〔公卿補任〕4―222上

相永　すけなが　一七二九―九〇

享保14（一七二九）・9・29誕生、享保21・10・12為相康子、元文3（一七三八）・7・25叙爵、寛保2（一七四二）・2・9元服、昇殿、民部少輔、寛保3・6・29従五位上、8・29縫殿頭（推任）、寛延4（一七五一）・10・1正五位下、宝暦4（一七五四）・2・19民部大輔、6・26服解（実父）、8・17除服出仕復任、宝暦5・2・20従四位下、宝暦9・1・24従四位上、宝暦13・2・19正四位下、明和5（一七六八）・1・9〔従三位〕、寛政1（一七八九）・5・22正三位、寛政2・4・15薨去

〔死没〕寛政2（一七九〇）・4・15　〔年齢〕62　〔父〕入江相康（実竹内惟永）　〔母〕家房　〔法名〕観海　〔公卿補任〕4―500上

為良　ためよし　一七六五―一八〇七

明和2（一七六五）・12・19誕生、明和8・3・24従五位下、安永5（一七七六）・3・24元服、昇殿、大膳大夫、従五位上、安永9・12・27正五位下、天明4（一七八四）・閏1・14従四位下、天明8・1・10従四位上、寛政2（一七九〇）・4・15服解（祖父〈ま〉）、6・6除服出仕復任、寛政4・2・6正四位下、寛政9・2・7〔従三位〕、文化2（一八〇五）・5・17正三位、文化4・10・27薨去

〔死没〕文化4（一八〇七）・10・27　〔年齢〕43　〔父〕入江為逸　〔母〕家女房　〔法名〕観月　〔公卿補任〕5―116上

為善　ためたる　一七八八―一八四四

天明8（一七八八）・6・21誕生、寛政5（一七九三）・9・25従五位下、寛政8・12・10元服、昇殿、出羽権介、寛政9・6・8従五位上、寛政11・12・4服解（母）、寛政12・1・25除服出仕復任、寛政13・1・23正五位下、享和2（一八〇二）・1・14中務権少輔、文化2（一八〇五）・1・26従四位下、文化4・10・27服解（父）、12・18除服出仕復任、文化6・4・8転少輔、12・22従四位上、文化10・3・2辞少輔、文政4（一八二一）・12・19正四位下、文政7・6・4大蔵大輔（小除目）、文政8・8・17改名為善（元為昌）、文政11・2・20（去正二十分）〔従三位〕、天保7（一八三六）・1・15〔正三位〕、弘化1（一八四四）・11・18薨去

〔死没〕弘化1（一八四四）・11・18　〔年齢〕57　〔父〕入江為良　〔母〕藤谷為敦長女谷　〔前名〕為昌　〔公卿補任〕5―325上

日野流　ひのりゅう

藤原氏北家の一流。摂家流の祖閑院大臣冬嗣の舎兄参議真夏を始祖とする。数伝して参議有国の息文章博士広業・同資業兄弟のころからようやく一流を形成する態勢となる。この一族の結合の中心は日野の法界寺であった。その草創は真夏の孫参議家宗のときで、『尊卑分脈』の「式部卿大納言真楯子右大臣内麿」流系図の家宗の項に「日野法界寺草創也」とあり、さらに資業の項には「建立日野法界寺薬師堂」とあり、その子実綱に「日野観音堂本願」、同良覚に「日野上乗院本願、日野別当始」の注記がみえ、これ以後別当も一族をもって補任する例となったようである。また資業は「号日野三位、永承六、二、十五出家、(六十四)、法名素舜」と注され、『日野家譜』に「出家(法名素寂、隠居日野山荘)」とあるごとく、日野の称号はこの地名に由来し、のちに嫡流の家名となった。法界寺薬師の本尊仏は伝教大師の作と伝えられ、これは日野流の長である日野長者に伝領されたことは、『続古事談』に、「日野薬師仏ハ、伝教大師ノツクリ給ヘルト申、マコトニヤ、有国宰相ガ家ニツタハリタル仏也、正家朝臣ガ時ニ、家ノ長ツタフベシト、実綱朝臣申ニヨリテ、後冷泉院ノ御時、実綱給タルナリ」とあることによって窺われる。正家は有国子広業の孫、実綱は広業弟資業の子であり、これら一族の多くが儒業にたずさわり、その主たる者は文章博士、式部大輔を経て公卿に列している。実綱が正家から薬師仏を受け管領したのは、日野長者の地位についたがためであった。長者がどのように次第相承されたのかは判然としないが、一家の父子直系の相承ではなく、同世代の長幼もしくは官位の上臈より次序をもって受け継がれたようである。この長者が氏人を率いて法界寺で執り行なった祖先祭祀は氏八講と呼ばれる。日野流末裔の柳原紀光編になる『続史愚抄』弘安七年(一二八四)九月二十三日条に、「日野寺(法界寺是也)八講始、(入道三位(資業卿)忌日今日正当、○兼仲卿記)」とみえる。資業が八十三歳で没したのは延久二年(一〇七〇)九月二十四日のことで、氏八講が資業の忌日に合わせて営まれていることは、これがいつのことより創まったかは不明ながら、資業が日野一流の中興の祖と仰がれていたことを示すものであろう。そして日野流は鎌倉時代になると、大きく二流に分流する。姉小路権中納言兼光子の中納言資実の後が日野家となり、資実舎弟の権中納言頼資は四辻、勘解由小路の号を用い、のちこの流は広橋家を称することになる。ただ頼資四代孫の兼綱までは日野家の家督の者とほぼ交互に日野長者となるなど、日野・広橋両家の嫡庶の差は大きくはなかった。しかも兼綱は女仲子が後光厳天皇後宮となる縁により准大臣を宣下され、その佳例をもって孫の従一位前大納言兼宣も応永三十二年(一四二五)四月二十七日准大臣の宣下を蒙り、素懐を遂げ同夜落飾する。六十歳であった。この昇進に不快であったのは日野資教であった。資教はすでに二十年も前に従一位前権大納言を最後に出家していた身ではあったが、十歳も年下で下臈でもあった兼宣への宣下を肯んじえなく、種々の方策をもって申請したのであろう、出家同日付に遡っての准大臣宣下を受けている。この間の事情を、『続史愚抄』には、「此日、一位入道(資教、前権大納言)以去応永十二年七月十一日落餝已前日時、宜准大臣預朝参由宣下、(口宣)上卿(中略)、是一位入道(資教)為嫡家被超越庶家人(一位大納言、兼宣)事、依申所存也云」と記されている。すでに日野は嫡流、広橋は庶流と認められていたことを示している。日野家からは烏丸家、柳原家が分流し、さらに外山、豊岡の諸家が分流した。広橋家からは竹屋・日野西の諸家が分流し、烏丸家からは勘解由小路・裏松の諸家が分流し、柳原家からは三室戸・北小路の諸家が分流した。以上、江戸時代の日野流は十一家で、家紋は鶴の丸、対い鶴の類を用いた。

日野家　ひのけ

藤原氏北家日野流。閑院大臣冬嗣の舎兄参議真夏の裔。日野流の嫡流。姉小路権中納言兼光の一男日野後帥権中納言資実を家祖とする。日野の称号は一族の結合の中心である日野法界寺の地名に由来するが、家名として定着するまでには、姉小路、烏丸、裏松などの称が用いられた。家格は名家。内々の家。儒学・有職故実を家職とした。近衛家の家礼。江戸時代には家領千百五十三石七斗。始祖真夏以来有信まではまま参議に昇るにとどまったが、実光が権中納言になって以来これを家例とし、俊光以降は権大納言を先途とした。重光・内光は贈左大臣に、重政は贈内大臣になり、勝光は左大臣にまで昇進し、資愛は准大臣に至った。家系は、資実の舎弟頼資が分流広橋家の祖となり、資名のとき舎弟資朝が分流し南朝日野家の祖となり、同資明が分流し柳原家の祖となる。また、時光のとき息資教が舎兄資康についでともに参議に任ぜられ、日野家の家督となり、ここに嫡家はこの系統に引き継がれ、兄の資康は家名を裏松また烏丸と号した。しかし資教数代ののち権中納言家秀が永享四年(一四三二)六月に没し、子息がなかったので、日野家の家督は将軍足利義教の命により広橋権中納言兼郷の息で八歳の小童春龍丸がこれを継承し、日野家領代々管領の地である能登若山荘以下も相続する。その三カ月後、春龍丸が夭折するにより、幕府はその父兼郷に日野家督を与えて日野の称号を用いさせ、広橋家の所帯その他は二歳の子息、のちの准大臣綱光に相続させた。将軍義教の恩寵によったものであったが、四年後の永享八年兼郷は義教の忌諱に触れて、所領・家宅を召上げられ、日野の家督は文安五年(一四四八)に同族の裏松右少弁勝光に与えられた。勝光はかつて家督を舎弟資教に替えられた権大納言資康の一流である。資康に創まる裏松の家督はその子重光、孫の義資と継承され、資康の妹業子が三代将軍義満の室になって以来、資康の一流から代々将軍家の御台所を出し、九代義尚のときまで武家と重縁を結ぶ。六代義教の正室、側室も資康の孫義資の妹宗子・重子であり、とくに深い縁戚にはあったが、義教の独断専制の気風は義資に対しても埒外ではなく、強い憎しみを買い、悲運は続いて、ついには暗殺されて首まで奪われるということになる。そのため義資の息右少弁重政(初め政光)は恐怖のあまり出家してしまう。例の兼郷ののち日野の家督を継いだ勝光は、義資の次子で、重政の養嗣子となって家を継承し、将軍義政の室富子の舎兄という間柄になる。勝光は累進して左大臣にまで昇り、若山荘以下の日野家の所領も返還され、この一流家系がのち長く日野の家名を相承することになる。ただ、その後も紆余曲折があり、勝光ののち息政資が家督となり、二十七歳で権中納言に昇ったところで、明応四年(一四九五)没した。ときに嗣承の男子なく、生前の契約によって前左大臣徳大寺実淳の次男内光がその遺跡を継ぐ。この権大納言内光の息権大納言晴光が天文二十四年(一五五五)に没したときにも、すでに嫡子右中弁晴資は没していたので、一族広橋前権大納言国光の息兼保(のち輝資)が養子となり日野の遺跡を継承した。江戸時代に入り、弘資の息資茂の舎弟二人が別家する。光顕の一流が外山家、有尚の一流が豊岡家である。権大納言輝光の跡を豊岡有尚の孫資時が継承し、前権大納言資時の跡を烏丸前権大納言光栄の末子資枝が、准大臣資愛の跡を広橋前権大納言胤定の七男資宗が、家督継承した。資教、および資勝・弘資・資愛・資宗が武家伝奏に補されて公武間の周旋等に尽くしたほか、資矩は議奏に補された。日野家は代々和歌で聞こえ、『後拾遺和歌集』の資業以下、重光まで歴代勅撰集歌人を輩出し、江戸時代の資枝も歌人として著名である。多くの日記を遺しており、平安時代の『資長卿記』、『姉言記』(兼光)、鎌倉時代の『都玉記』(資実)、『仁部記』(資宣)、『家光卿記』、南北朝時代の『時光卿記』、江戸時代の『輝資卿記』、『資勝卿記』、『弘資卿記』、『資茂卿記』、『輝光卿記』、『資時卿記』、『資枝卿記』、『資矩卿記』、『日野資愛公武御用日記』、『日野資宗公武御用日記』などがある。明治十七年（一八八四）資秀のとき叙爵内規により伯爵を授けられた。菩提所は百万遍 知恩寺。『日野家譜』（東京大学史料編纂所架蔵、四一七五—二九二）。

日野家

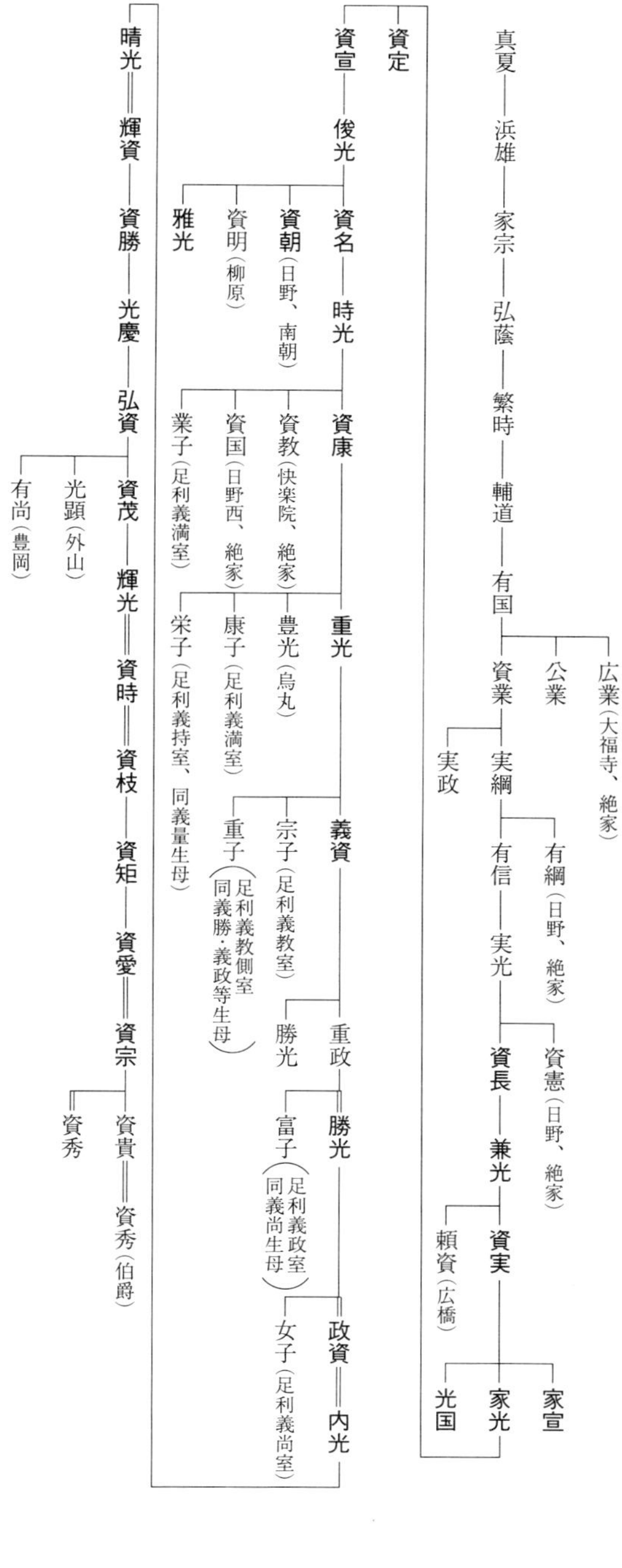

資長　すけなが　一一一九—九五

長承2（一一三三）・9・2給穀倉院学問料、保延1（一一三五）・7・30秀才、保延2・1・27但馬少掾、保延3・2・2〈「2日」く無〉蔵人、6・26対冊、敦光朝臣問、判、保延4・1・26右衛門尉、即使宣旨、4・5従五位下（中宮臨時御給）、保延6・4・7中宮権大進、康治3（一一四四）・1・6従五位上（策）、久安4（一一四八）・7・17正五位下（法性寺行幸）、久安6・2・27止皇太后宮権大進（院号）、4・28右少弁、久寿2（一一五五）・8・22蔵人、保元1（一一五六）・9・17右中弁、閏9・14従四位下（策労）、保元2・1・24阿波権介（装束使労）、4・26兼右宮城使〈「修理右宮城使」く〉、8・21左中弁、10・21従四位上（造宮賞次、皇嘉門院久寿元‐未給）、保元3・3・1正四位下（春日行幸行事）、8・10右大弁、永暦1（一一六〇）・4・3〈「4月」くし無当衍〉蔵人頭、12・3〈「10月」くし恐衍〉参議、元蔵人頭右大弁、左大弁、11・30勘解由長官、応保3（一一六三）・1・24周防権守、永万1(一一六五)・7・25従三位、8・17権中納言、仁安1(一一六六)・9・15大嘗会御禊装束司長官、仁安2・1・28正三位、仁安3・9・7大嘗会御禊装束司長官、承安5(一一七五)・4・16従二位、治承3(一一七九)・1・19辞権中納言、-・-民部卿、-・-正二位、治承5・2・25出家、建久6(一一九五)・10・26薨去〈く追〉

[死没]建久6(一一九五)・10・6　[年齢]77　[父]従二位権中納言日野実光、二男　[母]正四位下近江守高階重仲女　[号]日野民部卿　[法名]如寂　[日記]資長卿記(一一六七)　[公卿補任]1—449上　[大日本史料]4—5—13、4—17—補215

兼光　かねみつ　一一四六—一一九六

保元1(一一五六)・8・27給勧学院学問料、保元3・4・9文章得業生、保元4・1・29但馬掾、永暦1(一一六〇)・1・20献策(次序師友、分別綾羅)、問文章博士長光朝臣、1・21判、及第、1・22修理亮(前文章得業生)、6・20右衛門少尉(元修理亮蔵人)、7・27蒙使宣旨、9・15従五位下、応保3(一一六三)・1・24治部少輔(元散位)、長寛2(一一六四)・11・21昇殿、永万2(一一六六)・1・12従五位上(策)、仁安1(一一六六)・12・2兼東宮学士、仁安2・1・28正五位下(朝覲行幸賞)、仁安3・1・11兼備中権介(学士労)、2・19止学士(依践祚也)、3・17蔵人、嘉応2(一一七〇)・1・18右少弁(蔵人如元、備中権介、無〔「給」く〕兼字、元治部少輔、先坊学士)、承安2(一一七二)・2・23転左少弁(蔵人)、治承3(一一七九)・10・9転権右中弁、即従四位下、10・21〈くし〉兼造東大寺長官、11・17転右中弁、-・-氏院別当、治承5・1・5従四位上(仁安三年大嘗会国司賞)、6・15造興福寺長官、養和1(一一八一)・12・4転左中弁(長官如元)、率分勾当並装束使、養和2・3・8兼近江権介(装束使労)、寿永1(一一八二)・11・23正四位下(大嘗会国司賞)、寿永2・7・3蔵人頭、8・24更補新帝蔵人頭、12・10参議、元蔵人頭左中弁近江権守造興福寺長官、〈く〉今日転右大弁、寿永3・3・27近江権守、元暦1(一一八四)・7・24従三位、9・8〈18日カ〉転左大弁、文治1(一一八五)・12・24勘解由長官、文治2・3・-去氏院別当並寺長官、12・15権中納言、文治5・1・6正三位、文治6・7・18右兵衛督、建久2(一一九一)・12・28使別当、建久4・4・14遷任左、12・9右衛門督、建久5・8・11去督別当等、建久6・3・12従二位、建久7・3・28〈「20日」くし〉進辞状、4・12出家、4・23薨去

※文治元年より「遠江権守」

[死没]建久7(一一九六)・4・23　[年齢]51　[父]藤原資長、一男　[母]正四位下木工頭源季兼女　[号]姉小路　[法号]玄寂　[日記]兼光卿記(一一七一-一一九一)　[公卿補任]1—502下　[大日本史料]4—5—185、4—17—補229

資実　すけざね　一一六二—一二二三

承安2(一一七二)・3・24賜学問料、承安4・1・-秀才、承安5・1・22越後大掾、治承1(一一七七)・11・15左衛門少尉、治承2・1・-蔵人、11・24蒙使宣旨、治承3・7・16叙爵、寿永1(一一八二)・8・14〈くし〉皇后宮少進、10・-昇殿、寿永2・1・22転権大進、元暦1(一一八四)・3・23昇殿、7・2従五位上(宮入内賞)、文治3(一一八七)・6・28停大進(依院号也)、文治4・1・7正五位下(殷富門院御給)、10・14蔵人、12・30宮内大輔、建久1(一一九〇)・1・24左衛門権佐、8・13兼防鴨河使、10・27右少弁、12・28辞蔵人弁佐〔辞蔵人並佐カ〕、建久3・4・29〈「1月」く〉止防鴨河使、建久5・9・17左少弁、建久6・12・9右中弁、従四位下、12・17率分勾当〈く追〉、建久7・2・1兼修理右宮城使、建久9・1・11新帝昇殿、院別当、2・26従四位上(御即位、宣陽門院御給)、11・9兼近江権介、11・21正四位下(大嘗会国司賞)、12・9右大弁、正治1(一一九九)・12・9蔵人頭、建仁1(一二〇一)・8・19参議(元蔵人頭右大弁)、今日転左大弁、建仁2・10・29従三位、閏10・24勘解由長官、建仁3・12・20正三位、建仁4・3・6権中納言、元久3(一二〇六)・4・3従二位、承元3(一二〇九)・5・14〔4月カ〕春宮権大夫、承元4・11・25〔止権大夫脱カ〕、12・26正二位、建暦1(一二一一)・10・2大宰権帥、-・-〔辞脱カ〕、建保5(一二一七)・-・-〔辞権帥脱カ〕、承久2(一二二〇)・7・3出家

※建保三年より「前中納言」

[死没]貞応2(一二二三)・2・20　[年齢]62　[父]姉小

路兼光、一男 [母]正五位下上野介源家時女 [前名]家実 [日記]都玉記・資実卿記(一一九〇—一二一二) [号]日野律師 [法名]知寂 [公卿補任]1—547上 [大日本史料]5—1—772

家宣 いえのぶ 一一八五—一二二二

建久9(一一九八)・6・14給穀倉院学問料、正治3(一二〇一)・1・30文章得業生、建仁2(一二〇二)・1・-兼但馬少掾、建仁3・1・9献策(-任勝趣帝王佳猷)、1・10蔵人、1・13右衛門尉、即蒙使宣旨、3・10叙爵、元久1(一二〇四)・3・5兵部権大輔、12・29従五位上(父卿造内裡行事賞譲)、建仁1(一二〇六)・2・26内昇殿、承元1(一二〇七)・1・13武蔵権介、承元4・1・6正五位下(策労)、建暦1(一二一一)・1・18蔵人、禁色、9・8右少弁(止蔵人)、10・13左少弁、建保1(一二一三)・1・16正五位上(策労)、建保2・12・1権右中弁、建保3・1・5従四位下、建保6・1・13右中弁、12・13右宮城使、承久1(一二一九)・1・5従四位上、1・22左中弁、10・5正四位下(稲荷祇園行幸事賞)、承久2・1・22左大弁、承久3・1・5従三位、左大弁如元、1・13長門権守、8・29参議、-・-氏院別当、貞応1(一二二二)・10・27出家、薨去

[死没]貞応1(一二二二)・10・27 [年齢]38 [父]日野資実、一男 [母]上西門院播磨局 [号]日野 [公卿補任]2—40下 [大日本史料]5—1—623

家光 いえみつ 一一九九—一二三六

元久2(一二〇五)・4・5文章生、承元2(一二〇八)・2・-院非蔵人、承元3・1・-秀才、承元4・1・-越中大掾、建暦1(一二一一)・3・4策(題褒賢崇礼)、成信問、4・1右衛門尉、建暦2・1・-蔵人、4・9使、建保1(一二一三)・1・16従五位下(「五位」や)、-・-昇殿、4・7宮内権大輔、建保3・1・6従五位上、建保5・1・28大隅守(蔵人巡、輔如元)、建保6・12・16学士(立坊)、承久1(一二一九)・1・22止守、閏2・25蔵人、承久2・1・26正五位下、承久3・4・20止学士(践祚)、更蔵人、8・-新帝昇殿、-・-服解(母)、閏10・18右少弁、貞応1(一二二二)・4・13左少弁、12・21権右中弁、12・26四位(宣陽門院〈や無〉)、貞応3・10・16右中弁、10・-右宮城使、10・29(「嘉禄1年」イ)従四位上、7・6蔵人頭、今日転左中弁(超右大弁成長)、嘉禄1(一二二五)・12・22参議(元蔵人頭左中弁)、今日転左大弁、嘉禄2・1・23丹波権守、1・27造東大寺長官、4・19正四位下、11・4従三位、寛喜2(一二三〇)・1・24兼周防権守、寛喜3・1・6正三位、4・26権中納言文暦2(一二三五)・4・16辞(権中納言)、9・-本座、嘉禎2(一二三六)・2・30従二位、12・9出家、12・14薨去

[死没]嘉禎2(一二三六)・12・14 [年齢]38 [父]日野資実、三男 [母]正四位下右大弁平棟範女従三位棟子 [法名]光寂 [日記]家光卿記(一二一一—三) [公卿補任]2—55上 [大日本史料]5—11—5

資定 すけさだ

正嘉2(一二五八)・1・13〔従三位〕、元右中弁、12・-出家

[父]藤原経光(実日野家光) [母]正四位下播磨守藤原忠綱女 [号]西宮三位 [公卿補任]2—175下

光国 みつくに 一二〇六—七〇

貞応3(一二二四)・4・13給勧学院学問料、嘉禄1(一二二五)・8・1文章得業生、嘉禄2・1・23因幡権守〔介カ〕、安貞1(一二二七)・1・4献策(次序文兄、分別銅銀)、正四位下左京権大夫藤原長倫問〈や〉、1・8判、1・26右衛門尉、3・5叙爵、安貞2・-・8佐渡守、寛喜2(一二三〇)・2・11中宮少進〈や〉、10・20転権大進、寛喜4・2・7従五位上、11・-昇殿、貞永2(一二三三)・4・5止権大進(依院号也)、嘉禎3(一二三七)・1・5正五位下、寛元1(一二四三)・8・7美作守、9・9春宮権大進、寛元3・6・26蔵人、寛元4・4・10民部大輔、建長1(一二四九)・5・28皇子始読書、建長4・12・4権左少弁、建長6・1・13右中弁、1・21従四位下、1・16右宮城使、建長7・10・21従四位上、康元1(一二五六)・1・6正四位下、正嘉1(一二五七)・11・19左中弁、勧学院別当、正嘉2・8・7東宮学士、8・20転左宮城使、弘長1(一二六一)・3・27転左大弁、弘長2・12・21蔵人頭(学士賞、去弁)、弘

長3・1・26大蔵卿、文永1(一二六四)・6・2従三位(元蔵人頭)、大蔵卿如元、文永2・1・30兼越後権守、文永7・10・13薨去
[死没]文永7(一二七〇)・10・13 [年齢]65 [父]日野資実、四男 [養父]日野家光 [母]正四位下右大弁平棟範女従三位棟子 [公卿補任]2―200上

資宣 すけのぶ 一二二四―九二

天福2(一二三四)・3・-給氏院学問料、嘉禎3(一二三七)・1・27文章得業生、嘉禎4・1・23加賀権掾、延応1(一二三九)・3・7献策、題(次序為〔「将」イ〕吏、分別珠鏡)、正四位下行文章博士兼讃岐権守〔「介」イ〕、藤原朝臣光兼問、3・28判(中上第)、4・13修理権亮、4・25叙爵、仁治1(一二四〇)・4・5治部権大輔、閏10・28従五位上(実光保安二〔「三」イ〕八幡賀茂行幸行事賞)、仁治3・11・8昇殿、寛元1(一二四三)・9・9中宮権大進〔イ無〕、寛元3・10・29正五位下(臨時)、寛元4・10・20兼中宮権大進、12・21辞権大輔、建長6(一二五四)・1・13蔵人(前中宮権大進)、1・16宮内大輔〔「権大輔」イ〕、正嘉2(一二五八)・8・7兼春宮大進、正元1(一二五九)・11・26新帝蔵人(止大進、依受禅也)、文応1(一二六〇)・5・-服解(母)、8・3復任、弘長1(一二六一)・3・27右少弁(去蔵人大輔、服解中)、弘長2・12・21転権右中弁、従四位下、12・26兼皇后宮亮、文永1(一二六四)・6・18従四位上、文永2・閏4・25右中弁、5・26兼右宮城使、9・4止亮、文永4・1・5正四位下、文永5・12・2左中弁、蔵人頭、補装束使正蔵率分所勾当、文永6・3・27長門権守、4・10転左宮城使、文永7・1・21転左大弁、3・30兼造東大寺長官、閏9・23正四位上、文永8・4・7参議(元蔵人頭左大弁造東大寺長官長門権守)、大弁長官権守等如元、10・13従三位、文永10・3・25兼美作権守、文永11・1・5正三位、4・28大嘗会検校、9・10権中納言、10・1御禊装束司長官、建治3(一二七七)・9・13辞職(権中納言)、従二位、9・21本座、弘安6(一二八三)・1・5正二位、弘安8・3・8兵部卿、10・11遷民部卿、正応4(一二九一)・3・25止卿、7・17更任民部卿、正応5・3・20出家、4・7薨去
[死没]正応5(一二九二)・4・7 [年齢]69 [父]日野家光、二男 [母]正四位下播磨守藤原忠綱女 [法名]空寂 [日記]仁部記(一二四六―七九) [公卿補任]2―227上

俊光 としみつ 一二六〇―一三二六

文永9(一二七二)・6・8叙爵、7・11宮内権大輔、文永10・11・8従五位上、建治2(一二七六)・5・26兼春宮権大進、建治3・1・29正五位下、弘安6(一二八三)・3・28遷右権佐、弘安10・1・13兼文章博士、12・10〈や〉蔵人、12・14禁色、弘安11・2・10兼越中介(去博士)、8・30中宮大進、正応2(一二八九)・4・25兼春宮大進(去中宮大進)、10・18兼右少弁、12・15辞蔵人権佐、正応3・1・5正五位上、6・8転左少弁、11・21右中弁、11・27従四位下、正応4・1・3従四位上、4・11補右宮城使、7・29左中弁正四位下、正応5・6・30復任(父)、正応6・6・24蔵人頭、12・13右大弁、永仁2(一二九四)・3・27左大弁、4・13為造東大寺長官、4・30正四位上、永仁3・6・23参議(元蔵人頭)、造東大寺長官左大弁中宮亮等如元、12・9従三位、永仁4・4・13止亮、8・21兼修理大夫、永仁5・1・29正三位、10・16権中納言、永仁6・9・23御禊装束司長官、永仁7・1・13止大夫、正安1(一二九九)・6・6兼右兵衛督、-・-使別当、9・30従二位、正安2・5・29辞別当、9・10止督、正安3・10・24辞退権中納言、正安4・3・8本座、延慶2(一三〇九)・4・14正二位、延慶3・3・10被止出仕、4・8勅免、正和4(一三一五)・10・28大宰権帥、-・-勅勘籠居、11・29有法皇御勘気云々〈イ〉、12・15止帥、正和5・閏10・19按察使、文保1(一三一七)・6・21権大納言、12・22辞退、文保2・1・17本座、元亨3(一三二三)・6・12〈「6日」イ〉兵部卿、正中2(一三二五)・6・-下向関東、嘉暦1(一三二六)・4・28為勅使下向関東、5・15薨去
[死没]嘉暦1(一三二六)・5・15 [年齢]67 [父]日野資宣 [母]賀茂能継女 [法名]澄寂 [日記]俊光卿記(一三一七) [公卿補任]2―327上

資名 すけな 一二八七―一三三八

永仁4(一二九六)・2・7叙爵、3・13左兵衛佐、永仁5・3・20従五位上、永仁7・1・5正五位下、

嘉元2（一三〇四）・12・29兼春宮権大進、徳治2（一三〇七）・12・2止佐、延慶2（一三〇九）・2・19右衛門権佐、蒙使宣旨、3・23蔵人、延慶3・4・7兼文章博士、12・11兼右少弁（三事）、延慶4・1・17去蔵人権佐等、2・3正五位上、3・30兼越中権介、5・10辞文章博士、正和1（一三一二）・10・12転左少弁、従四位下、正和2・8・7転権右中弁、9・6従四位上、正和3・1・2正四位下（朝覲院司賞）、9・21転右中弁、10・21右宮城使、11・19転左中弁、12・2転左宮城使、12・12装束使並正蔵率分所勾当、正和4・2・21転右大弁、蔵人頭、3・22正四位上、4・10転左大弁、4・17補造東大寺長官、8・26参議（元蔵人頭、左大弁東大寺長官如元）、正和5・5・28従三位、文保1（一三一七）・3・27兼越中権守、4・6左兵衛督、使別当、4・16転右衛門督、12・22権中納言、文保2・4・22辞督別当、7・7辞納言、正三位、元応3（一三二一）・1・5従二位、嘉暦1（一三二六）・5・－馳下関東、元徳2（一三三〇）・10・21正二位、11・7治部卿、元弘1（一三三一）・10・28按察使、正慶1〈元弘2〉（一三三二）・10・15〈16日ともあり〉権大納言、正慶2〈元弘3〉・5・－於江州馬場宿出家、暦応1（一三三八）・5・2薨去〈く追〉

［死没］暦応1（一三三八）・5・2　［年齢］52　［父］日野俊光、二男　［母］阿野公寛女従三位寛子　［日記］資名卿記（一三一九）　［公卿補任］2―442下　［大日本史料］6―4―797、6―11―補2

資朝　すけとも　一二九〇―一三三二

元応2（一三二〇）・3・24蔵人頭、元亨1（一三二一）・4・6参議、元蔵人頭、左兵衛督賜兼字、元亨2・1・6正四位上、1・26兼山城権守、6・17止文章博士、元亨3・1・5従三位、1・13使別当、11・5辞別当、11・6下向関東勅使云々、正中2（一三二五）・－・－配流佐渡国、元弘2（一三三二）・6・2薨去

❖元亨二年より「文章博士」、正中二年より「前権中納言」

［死没］元弘2（一三三二）・6・2　［年齢］43　［父］日野俊光、二男　［日記］資朝卿記（一三一八）　［公卿補任］2―485上

雅光　まさみつ

－・－・－従五位下、元亨3（一三二三）・4・14従五位上、元徳2（一三三〇）・1・5正五位下（追被書入、同名有之、一人元亨三八七叙）、康永1〈興国3〉（一三四二）・9・7従四位下（追仰之、于時前木工頭）、貞和4〈正平3〉（一三四八）・7・10従四位上、12・24宮内卿、文和3〈正平9〉（一三五四）・1・6正四位下（于時前宮内卿）、延文3〈正平13〉（一三五八）・4・15従三位、－・－出家

［父］日野俊光　［公卿補任］2―662上

時光　ときみつ　一三二八―六七

延文3〈正平13〉（一三五八）・8・12参議、元蔵人頭左中弁、転右大弁、延文4〈正平14〉・1・－〈「5日」さ〉従三位、3・15〈「25日」さ〉転左大弁、兼越前権守、4・21遷右衛門督、－・－使別当、延文5〈正平15〉・11・17権中納言、延文6〈正平16〉・4・15転左衛門督、7・8〈さ〉辞別当、康安2〈正平17〉（一三六二）・4・－辞退督、貞治3〈正平19〉（一三六四）・1・5正三位、貞治6〈正平22〉・6・29辞退権中納言、9・19権大納言、貞治6〈正平22〉（一三六七）・9・25薨去

［死没］貞治6（一三六七）・9・25　［年齢］40　［父］日野資名、三男　［前名］栄光　［日記］時光卿記（一三四九―五六）　［公卿補任］2―659下　［大日本史料］6―28―462

資康　すけやす　一三四八―九〇

永和4〈天授4〉（一三七八）・3・24参議、元蔵人頭、左大弁如元、12・13従三位、権中納言、康暦2〈天授6〉（一三八〇）・2・18兼按察使、康暦3〈弘和1〉・1・6正三位、永徳1〈弘和1〉（一三八一）・3・16従二位、永徳2〈弘和2〉・4・21為院執権、永徳3〈弘和3〉・10・16兼左衛門督、－・－止按察使、補検非違使別当、永徳4〈元中1〉・1・5正二位、至徳3〈元中3〉（一三八六）・1・23辞別当、11・27権大納言、嘉慶2〈元中5〉（一三八八）・12・7辞職権大納言、明徳1〈元中7〉（一三九〇）・4・1還任権大納言、8・9従一位、8・10薨去

［死没］明徳1（一三九〇）・8・10　［年齢］43　［父］日野時光、一男　［母］家女房　［号］烏丸一位　［公卿

補任]2—727下

重光　しげみつ　一三七〇—一四一三

明徳3(一三九二)・12・26参議〈や〉、元蔵人頭〈や〉、右大弁如元〈や〉、造興福寺長官〈や〉、遠江権守〈や〉、明徳4・11・25従三位、応永1(一三九四)・12・25権中納言、12・30兼左衛門督、補検非違使別当、応永2・1・5正三位、応永3・1・5従二位、7・24権大納言、9・12還任左衛門督、応永4・3・29辞退権大納言、応永6・2・22還任(権大納言)、9・8兼左衛門督、応永8・3・24辞退権大納言、応永9・8・28還任(権大納言)、11・9辞退(権大納言)、応永10・1・6正二位、応永11・5・13還任(権大納言)、応永14・3・5兼左衛門督、応永15・2・‐辞督、3・28従一位、応永18・閏10・9大納言、応永20・3・6辞大納言、3・16薨去、大納言、従一位、文安2(一四四五)・3・9贈左大臣

[死没]応永20(一四一三)・3・16　[年齢]44　[父]烏丸資康　[一字名]桜　[号]裏松・北小路・広寿院　[法名]亀年善永　[公卿補任]3—27下　[大日本史料]7—18—6

義資　よしすけ　一三九七—一四三四

応永26(一四一九)・3・10参議、兼左大弁、元蔵人頭左中弁、4・26〈「14日」イ〉従三位、8・7補使別当、左衛門督、12・5権中納言、12・15辞別当、応永27・‐・‐止別当、応永28・8・‐止督、応永31・1・5正三位、応永32・7・22補院執権、永享4(一四三二)・6・23辞権中納言、永享6・6・9薨去

[死没]永享6(一四三四)・6・9　[年齢]38　[父]裏松重光、一男　[公卿補任]3—93上

勝光　かつみつ　一四二九—七六

嘉吉1(一四四一)・11・28元服〈く追〉、於実雅亭〈く追〉、文安3(一四四六)・12・7右少弁〈く追〉、文安4・3・17蔵人〈く追〉、文安5・1・5正五位下〈く追〉、宝徳2(一四五〇)・3・29従四位下〈く追〉、蔵人頭〈く追〉、右中弁〈く追〉、4・‐従四位上〈く追〉、4・26右大弁〈く追〉、6・29正四位下(年中三ケ度)〈く追〉、10・7参議、右大弁如元、元蔵人頭、宝徳3・1・5従三位、‐・‐転左大弁、3・26権中納言、享徳1(一四五二)・8・11正三位、康正1(一四五五)・8・27権大納言、従二位、長禄3(一四五九)・12・14正二位、寛正6(一四六五)・7・25従一位、文正2(一四六七)・2・6内大臣、応仁1(一四六七)・‐・‐辞院執権、応仁2・11・‐〈12月ともあり〉辞内大臣、文明8(一四七六)・5・16左大臣、6・14辞左大臣、6・15薨去

❖寛正七年より「院執権」

[死没]文明8(一四七六)・6・15　[年齢]48　[父]裏松義資、二男(実日野重政)　[母]従三位北小路苗子　[号]唯称院　[公卿補任]3—163下　[大日本史料]8—8—888

政資　まさすけ　一四六九—九五

長享2(一四八八)・9・17参議、元蔵人頭左中弁、転右大弁、長享3・12・22従三位、延徳2(一四九〇)・10・23権中納言、延徳3・12・18正三位、明応4(一四九五)・9・7薨去

[死没]明応4(一四九五)・9・7　[年齢]27　[父]日野勝光、二男　[道号]天輪　[法名]邦車　[公卿補任]3—275下

内光　うちみつ　一四八九—一五二七

明応4(一四九五)・3・1従五位下〈く追〉、明応8・7・8従五位上(童形)〈く追〉、‐・‐・‐侍従〈く追〉、文亀2(一五〇二)・3・10正五位下〈く追〉、4・5蔵人〈く追〉、永正2(一五〇五)・1・16従四位下〈く追〉、‐・‐・‐改内光〈く追〉、永正6・1・16従四位上〈く追〉、永正8・10・4権右中弁〈く追〉、12・21正四位下〈く追〉、永正15・1・9右大弁〈く追〉、6・23蔵人頭〈く追〉、10・15正四位上〈く追〉、永正18・6・4参議、元蔵人頭右大弁、大弁如元、7・1左大弁、大永1(一五二一)・10・7従三位、大永2・3・29兼越中権守、‐・‐補造東大寺長官、大永3・3・9権中納言、10・9正三位、大永4・7・16帯剣、大永6・9・19権大納言、大永7(一五二七)・2・13薨去、永禄2(一五五九)・2・12贈左大臣贈従一位〈く追〉

[死没]大永7(一五二七)・2・13　[年齢]39　[父]日野政資(実徳大寺実淳、二男)　[母]下野守教春

女〔前名〕高光・澄光　〔道号〕花谷　〔法号〕後広寿院　〔法名〕道栄　〔公卿補任〕3―354下

晴光　はれみつ　一五一八―五五

永正15(一五一八)・1・1誕生、大永4(一五二四)・12・3叙爵、大永5・12・30侍従、大永7・2・13喪父、-・-・-除服復任、大永8・4・23従五位上、元服〈く追〉、5・2権右少弁、享禄2(一五二九)・1・10正五位下、8・27左少弁、享禄3・6・17正五位上、享禄4・3・21右中弁、天文4(一五三五)・6・3従四位下(不経五位蔵人)、12・4右宮城使、天文5・11・30従四位上、12・29左中弁、天文6・1・8正四位下、3・14蔵人頭、6・5正四位上、10・8右大弁、天文7・3・8兼美作権守、7・1母喪、10・22除服復任、12・19左大弁、天文8・2・10参議、元蔵人頭、左大弁如元、3・23造東大寺長官、6・13従三位、天文10・3・27権中納言、天文11・閏3・10正三位、天文13・3・3辞退(権中納言)、天文14・1・5従二位、天文15・2・16還任(権中納言)、天文16・2・18権大納言、天文18・1・5正二位、天文22・12・28勅勘、天文23・3・10勅免、天文24・9・18薨去

〔死没〕天文24(一五五五)・9・18　〔年齢〕38　〔父〕日野内光、一男　〔母〕尾張守従五位下畠山尚順女　〔法名〕照岳　〔公卿補任〕3―399下

輝資　てるすけ　一五五五―一六二三

弘治2(一五五六)・1・6叙位、永禄2(一五五九)・4・23侍従(于時兼保)、永禄-・-・-故晴光卿為子〈く〉、改輝資☆、永禄5・11・28従五位上、元服、昇殿、永禄6・1・5正五位下、永禄7・1・2権左少弁、永禄8・1・6正五位上、永禄12・1・10左少弁、12・13蔵人☆、元亀4(一五七三)・1・16右中弁、天正2(一五七四)・3・28左中弁、天正3・10・28従四位下、11・5従四位上、天正4・2・27蔵人頭、4・27正四位下、11・28正四位上、天正5・1・5参議、本名兼保〈くま〉、従三位(去弁)、5・10右大弁、12・26奏慶(元頭左中弁)、天正7・11・17権中納言、天正8・12・7正三位、天正11・1・5従二位、天正15・12・21権大納言、12・29正二位、慶長7(一六〇二)・1・7被止出仕〈く〉、4・10出仕〈く〉、慶長8・11・-辞退権大納言、慶長12・5・20出家

〔死没〕元和9(一六二三)・閏8・2　〔年齢〕69　〔父〕日野晴光(実広橋国光、一男)　〔母〕正二位権大納言高倉永家女　〔前名〕兼保　〔一字名〕生　〔法名〕知云・唯心　〔日記〕輝資卿記(一五七八―一六二三)　〔公卿補任〕3―477上

資勝　すけかつ　一五七七―一六三九

天正6(一五七八)・11・25〈く〉叙爵、天正9・1・15元服☆、昇殿、従五位上、侍従、天正13・1・6正五位下、天正14・11・4左少弁、天正17・3・30転任右中弁☆、天正18・1・16蔵人〈く〉、7・25〈く〉正五位上☆、文禄3(一五九四)・8・19左中弁〈く〉☆、文禄4・11・4〈く〉従四位下、辞蔵人、11・26従四位上、12・28〈く〉正四位下(年中三ヶ度)、慶長2(一五九七)・1・16正四位上、蔵人頭、慶長4・12・16〈「11月」く〉左大弁☆、12・17〈「11月」く〉参議☆(左大弁如元)、慶長5・1・5従三位、慶長6・3・19兼美作権守、慶長7・1・7被止出仕〈く〉、4・10出仕〈く〉、慶長13・8・13辞参議、去大弁、慶長16・4・21権中納言、正三位、慶長19・1・11権大納言、慶長20・1・5従二位、元和5(一六一九)・1・6正二位、寛永16(一六三九)・6・15薨去

〔死没〕寛永16(一六三九)・6・15　〔年齢〕63　〔父〕日野輝資　〔母〕津守国繁女　〔一字名〕貝　〔日記〕資勝卿記(一五九九―一六四〇)　〔公卿補任〕3―515上

光慶　みつよし　一五九一―一六三〇

天正19(一五九一)・8・-誕生、天正-・-・-〈「文禄2年12月26日」く〉叙位、慶長3(一五九八)・1・29従五位上、元服、昇殿、侍従、慶長16・4・21正五位下、慶長17・1・5従四位下(不経五位蔵人〈く〉)、1・19権左中弁(直任〈く〉)、8・1従四位上(年中両度)、慶長18・1・6正四位下☆、7・2蔵人頭☆、10・19〈「8月16日」く〉正四位上、11・21左中弁〈く〉☆、慶長19・7・24参議☆、去弁〈く〉、7・27右大弁〈く〉☆、元和1(一六一五)・1・5従三位〈く〉、12・28左大弁〈く〉、元和3・

1・5正三位、元和5・3・21権中納言、元和6・8・15従二位、寛永7(一六三〇)・1・－〈「2日」く〉薨去

[死没]寛永7(一六三〇)・1・2　[年齢]40　[父]日野資勝　[母]准大臣従一位烏丸光宣女　[一字名]生・精　[公卿補任]3―541下

弘資　ひろすけ　一六一七―八七

元和3(一六一七)・1・29誕生、元和4・1・8叙爵、元和7・1・23元服、昇殿、侍従、従五位上、寛永4(一六二七)・1・5正五位下、寛永9・6・5権右少弁、蔵人、寛永10・1・6正五位上、寛永12・1・11右少弁、寛永14・12・20左少弁、寛永17・12・20従四位下、寛永18・1・5従四位上、8・23転右中弁、11・13正四位下(年中両度)、寛永19・1・21〈「22日」ま〉転左中弁、7・12蔵人頭、8・14正四位上、寛永20・10・16参議、転右大弁、元蔵人頭左中弁、11・15従三位、正保1(一六四四)・12・26左大弁、正保2・12・28去大弁、正保4・12・19辞参議、慶安1(一六四八)・12・22〈賜去正月五日正三位々記〉正三位、慶安5・9・11権中納言、承応4(一六五五)・1・5従二位、明暦2(一六五六)・9・27権大納言、明暦4・2・－神宮伝奏、万治2(一六五九)・12・2伝奏辞退、万治3・12・16正二位、12・26辞権大納言、貞享4(一六八七)・8・29薨去☆

[死没]貞享4(一六八七)・8・29　[年齢]71　[父]日野光慶　[母]従四位下侍従加藤嘉明女　[一字名]弘　[法名]舜雅　[日記]弘資卿記(一六四〇―八〇)　[公卿補任]3―600下

資茂　すけしげ　一六五〇―八七

慶安3(一六五〇)・4・27誕生、承応3(一六五四)・1・5叙爵、万治2(一六五九)・3・12元服、昇殿、侍従、従五位上、寛文3(一六六三)・1・12正五位下、寛文5・12・23権右少弁、蔵人、12・27禁色、寛文6・1・5正五位上、11・15右少弁、寛文9・11・23左少弁、寛文10・1・25右中弁、寛文11・9・29従四位下(去蔵人)、寛文12・1・6従四位上、5・26正四位下、12・28正四位上、寛文13・2・19蔵人頭、左中弁、延宝2(一六七四)・2・8参議、転右大弁、延宝3・10・2〈去正月五日分〉従三位、延宝4・9・29左大弁、延宝5・閏12・11権中納言、延宝8・12・23〈去年正月五日分〉正三位〈家譜〉、天和1(一六八一)・11・21従二位、天和2・2・10賀茂伝奏、9・19辞伝奏、天和4・1・23賀茂伝奏、貞享2(一六八五)・5・15辞伝奏、貞享3・7・23誠子内親王家勅別当、貞享4・7・29辞権中納言、薨去

[死没]貞享4(一六八七)・7・29　[年齢]38　[父]日野弘資　[母]家女房　[法名]知覚　[日記]資茂卿記(一六六五―八七)　[公卿補任]4―38下

輝光　てるみつ　一六七〇―一七一七

寛文13(一六七三)・2・21〈「10年」家譜〉誕生☆、延宝4(一六七六)・5・23叙爵、貞享5(一六八八)・1・16元服、昇殿、侍従、従五位上、4・9権右少弁、元禄6(一六九三)・2・9改輝光(元有富)、2・15蔵人、右少弁、2・21禁色、4・15正五位下、7・3正五位上、元禄7・12・21左少弁☆、12・24左衛門権佐、元禄10・5・12右中弁(権佐如元)、元禄12・9・17左中弁(権佐如元)、元禄13・8・9蔵人頭、従四位下、8・24従四位上、9・20正四位下、元禄14・1・13〈去五分〉正四位上☆、10・24右大弁、元禄16・12・22参議(右大弁如元)、12・28奏慶着陣、12・29直衣、宝永1(一七〇四)・4・3〈去二月十三日分〉従三位、9・22左大弁、宝永2・7・28権中納言、11・5帯剣、宝永3・12・23正三位、正徳1(一七一一)・12・23従二位、正徳5・8・28権大納言、享保(一七一六)・6・27賀茂伝奏、享保2・1・4辞伝奏、1・5辞権大納言、薨去

[死没]享保2(一七一七)・1・5　[年齢]48　[父]日野資茂　[母]家女房　[前名]有富　[日記]輝光卿記(一六八八―一七一六)　[公卿補任]4―156下

資時　すけとき　一六九〇―一七四二

元禄3(一六九〇)・8・1誕生、元禄7・12・25叙爵、元禄14・11・14元服、昇殿、侍従、従五位上、宝永3(一七〇六)・1・10〈去五分〉正五位下、2・21宮内少輔、宝永4・1・24右兵衛佐、宝永7・2・30〈去廿八分〉従四位下、正徳5(一七一五)・7・7〈去年十二廿六分〉従四位上、享保3(一七一八)・12・18日野家相続(元豊岡)、享保4・4・27左中弁(直

任）、9・15蔵人頭、9・25禁色、10・4正四位下、12・5右大弁、12・26正四位上、享保7・4・21左大弁、6・7参議（左大弁如旧〈ま〉）、6・28拝賀着陣、7・9直衣、享保8・1・23従三位、享保9・2・18権中納言、4・21帯剣、享保10・1・6〈去五日分〉正三位、享保13・8・7権大納言、享保14・10・21賀茂伝奏、11・26従二位、享保18・5・3辞権大納言、5・7辞伝奏、享保20・閏3・27正二位、寛保2（一七四二）・10・25〈去廿四分〉〈ま〉従一位、〈「26日」ま家譜〉薨去

❖享保十八年より「東宮御元服伝奏」

［死没］寛保2（一七四二）・10・25　［年齢］53　［父］日野輝光（実豊岡弘昌）　［母］家女房　［日記］資時卿記（一六九五―一七四二）　［公卿補任］4―248下

資枝　すけき　一七三七―一八〇一

元文2（一七三七）・11・1誕生、寛保2（一七四二）・2・16為資時卿子、12・24叙爵、延享3（一七四六）・2・7元服、昇殿、侍従、従五位上、12・19権右少弁、12・27拝賀従事、延享4・5・5院判官代、5・10拝賀、延享5・3・14服解（実父）、5・6除服出仕復任、8・22右少弁、寛延2（一七四九）・12・24正五位下、寛延3・5・18賜桜町院御服、6・18除服宣下、宝暦2（一七五二）・5・2蔵人、5・8禁色、拝賀従事、5・9右衛門権佐、蒙使宣旨、5・12拝賀従事、6・10正五位上、宝暦3・6・8賀茂社奉行、6・16辞御祈奉行、7・19神宮弁、10・9被免神宮弁、宝暦4・1・26左少弁（権佐使等如元）、7・18氏院別当、宝暦5・2・5権右中弁（権佐使等如元）、2・8拝賀従事、8・9被免氏院別当、8・10被免賀茂社奉行、神宮弁、9・26辞神宮弁、賀茂社奉行、12・21御祈奉行、宝暦6・4・27神宮弁、5・12被免賀茂社奉行、被免御祈奉行、5・18賀茂社奉行、御祈奉行、氏院別当、5・25辞賀茂社奉行、辞御祈奉行、8・11右中弁（権佐使等如元）、8・18辞神宮弁、8・22辞氏院別当、閏11・21神宮弁、宝暦7・2・3辞神宮弁、3・28神宮弁、宝暦8・9・18左中弁（権佐使等如元）、9・22辞神宮弁、10・23服解（養母）、12・15除服出仕復任、宝暦9・11・3賀茂社奉行、宝暦10・8・20神宮弁、宝暦11・1・5被免賀茂社奉行、宝暦11・2・19〈昨日分宣〉従四位下、〈昨日分宣〉補蔵人頭、2・24拝賀従事、3・5従四位上、3・25正四位下（年中三ヶ度）、宝暦12・1・5正四位上（連年）、7・27新帝蔵人頭（践昨日）、拝賀従事〈ま〉、11・5左大弁、宝暦13・12・4参議（佐大弁如元）、12・24拝賀着陣、12・25聴直衣、明和1（一七六四）・2・8従三位、9・25権中納言、10・28帯剣、10・29聴直衣、明和4・3・26賀茂伝奏、12・19免伝奏、明和5・12・19正三位、明和9・8・25従二位、安永3（一七七四）・9・6辞権中納言、安永7・12・22正二位、天明5（一七八五）・1・25権大納言、1・28直衣始、8・17辞権大納言、寛政5（一七九三）・6・11従一位、享和1（一八〇一）・10・10薨去

［死没］享和1（一八〇一）・10・10　［年齢］65　［父］日野資時（実烏丸光栄、七男）　［母］鍋島吉茂女（実烏丸家女房）　［一字名］久　［日記］資枝卿記（一七四七―六四）　［公卿補任］4―467下

資矩　すけつね　一七五六―一八三〇

宝暦6（一七五六）・8・22誕生、宝暦8・1・5従五位下、宝暦13・10・28元服、昇殿、侍従、12・19従五位上、宝暦14・12・15右少弁、閏12・16拝賀従事、明和2（一七六五）・5・19正五位下、明和5・10・1〈去九月廿日宣〉正五位上、明和6・8・20転右中弁、8・22拝賀従事、明和7・11・7蔵人、兼左衛門権佐、蒙使宣旨、11・10禁色、拝賀従事、11・24新帝蔵人（譲位日）、拝賀従事〈ま〉、明和8・9・19神宮弁、明和9・2・14蔵人頭、従四位下、免神宮弁、2・19拝賀従事、5・15従四位上、11・18転左中弁、12・19正四位下、安永2（一七七三）・1・5正四位上、安永4・4・13転右大弁、4・16拝賀従事、12・25転左大弁、安永7・1・10参議（大弁如元）、2・13拝賀、1・14聴直衣、1・19従三位、安永8・5・4左衛門督、－・－検非違使別当、5・14直衣始、安永9・1・13正三位、天明3（一七八三）・12・22従二位、天明5・8・17権中納言、8・24聴直衣、天明6・1・14正二位、2・3帯剣、天明7・4・28大嘗会検校、寛政1（一七八九）・1・28賀茂下上社伝奏、寛政2・1・14辞伝奏、寛政8・4・24権大納言、5・11直衣始、寛政11・3・16辞権大納言、文政3（一八二〇）・6・15従一位、文政10・閏6・25出家

[死没]天保1(一八三〇)・7・9　[年齢]75　[父]日野資枝　[母]准大臣従一位広橋兼胤女　[法名]祐寂　[日記]資矩卿記(一七九二―一八一一)　[公卿補任]4―559下

資愛　すけなる　一七八〇―一八四六

安永9(一七八〇)・11・22誕生、天明2(一七八二)・10・25従五位下、寛政4(一七九二)・12・24元服、昇殿、従五位上、拝賀、寛政6・1・5正五位下、2・6侍従、2・17拝賀、寛政11・3・16中宮権大進、蔵人、兼右衛門権佐、正五位上(小除目)、蒙使宣旨、禁色、3・22拝賀従事、3・27宿侍始、享和2(一八〇二)・2・20転大進、文化1(一八〇四)・4・16左少弁(大進権佐使等如元)、4・20〈ま〉拝賀従事、7・2神宮弁、7・3氏院別当、9・18転権右中弁(大進権佐使等如元)、9・22拝賀従事、文化2・6・27蔵人頭、従四位下、7・2拝賀従事、7・11宿侍始、7・22従四位上、8・23正四位下、文化3・1・4正四位上、2・20免神宮弁、文化5・3・11神宮弁、閏6・13転右中弁、文化6・3・24兼春宮亮(立坊日)、拝賀、4・28転右大弁(亮如旧)、5・2拝賀従事、文化7・2・1参議、右大弁春宮亮等如元、2・13拝賀着陣、2・15聴直衣、直衣始、12・1転左大弁(亮如元)、12・13拝賀着陣、12・21従三位(亮如元)、文化8・12・17右衛門督、12・‐使別当、12・27直衣始、文化9・12・14権中納言、12・27聴直衣、直衣始、文化10・8・10正三位、文化11・12・30賀茂下上社伝奏、文化12・1・30辞督別当、2・19帯剣、3・23免伝奏、文化13・1・5従二位、文政2(一八一九)・10・26正二位、文政3・2・2権大納言、2・11直衣始、文政7・6・4辞権大納言、弘化2(一八四五)・8・8〔従一位〕、10・28准大臣蒙宣旨、弘化3・3・2薨去

[死没]弘化3(一八四六)・3・2　[年齢]67　[父]日野資矩、三男　[母]壬生基貫女(実家女房)　[号]南洞・儀同　[日記]日野資愛公式御用日記(一八三六―四四)　[公卿補任]5―198下

資宗　すけむね　一八一五―七九

文化12(一八一五)・5・19誕生、文化14・12・21従五位下、文政3(一八二〇)・11・27元服、昇殿、従五位上、拝賀、文政5・12・21正五位下、文政13・1・21侍従、閏3・26拝賀、天保6(一八三五)・9・18改名資宗(元資統)、天保8・12・4右少弁、12・28拝賀従事、天保11・3・15兼皇太后宮権大進、4・5蔵人(権大進如旧)、5・7春宮大進、兼右衛門権佐、蒙使宣旨、5・10禁色、拝賀従事、5・19申行宿侍後朝儀、6・5正五位上、天保12・12・22造興福寺長官、天保13・1・22転左少弁(大進権佐使長官等如旧)、1・24拝賀従事、1・26氏院別当、2・29辞氏院別当、天保14・3・22除服出仕(別勅)、6・21御祈奉行、天保15・6・30辞御祈奉行(昨日分)、12・26賀茂下上社奉行、弘化2(一八四五)・6・14転権右中弁(大進権佐使長官等如旧)、6・20拝賀従事、弘化3・2・13新帝蔵人(践祚日)、3・2辞賀茂下上社奉行、服解(父)、4・25除服出仕復任、弘化4・12・17蔵人頭(長官如故)、従四位下、12・18拝賀従事、12・30申行宿侍後朝儀、弘化5・1・5従四位上、2・19正四位下、2・27正四位上、嘉永1(一八四八)・3・6賀茂下上社奉行、5・18転右中弁(小除目)、8・1辞賀茂下上社奉行、8・7賀茂下上社奉行、9・27免賀茂下上社奉行、神宮弁、嘉永2・5・18辞神宮弁、弘化3(一八四六)・3・4氏院別当、神宮弁、弘化4・1・14辞神宮弁、辞氏院別当、1・15神宮弁、氏院別当、12・16転左中弁(長官如旧)、12・17拝賀従事、弘化5・9・24転右大弁(長官如故)、9・27拝賀従事、嘉永5(一八五二)・10・9参議(大弁長官等如旧)、10・23拝賀着陣、10・24聴直衣、直衣始、12・19従三位、嘉永7・12・18正三位、安政4(一八五七)・5・15右衛門督補使別当、5・25直衣始、安政5・10・22権中納言、12・19聴直衣、直衣始、安政6・1・5従二位、12・16辞督別当、12・17帯剣、文久2(一八六二)・1・5正二位、文久3・3・1権大納言、3・19直衣始、慶応4(一八六八)・1・17辞権大納言

[死没]明治12(一八七九)・8・25　[年齢]65　[父]日野資愛(実広橋胤定、七男)　[母]正二位権大納言勧修寺経逸女秀　[前名]資統　[日記]日野資宗公式御用日記(一八六七)　[公卿補任]5―476上

大福寺家(絶家)

俊経　としつね　一一一四—九一

長承3(一一三四)·5·8給勧学院学問料、保延3(一一三七)·8·-文章得業生〔「秀才」く〕、保延4·1·22兼伯耆掾、保延5·3·13献冊(備貢献、酬恩徳)、茂明問、12·16典薬助、康治1(一一四二)·1·16蔵人、1·22式部少丞〔八字く無〕〔「23日大丞」世紀〕、1·27大丞〔「式部丞」く〕、5·2〈1日カ〉従五位下(臨時)、久安2(一一四六)·12·21〈く〉治部権少輔、久安3·12·10昇殿、12·12為天皇御読書初尚復、久安4·1·7従五位上(策〔「策労」く〕)、仁平3(一一五三)·4·6摂津守(蔵人巡)、久寿1(一一五四)·1·5正五位下(策〔「策労」く〕)、保元2(一一五七)·4·26蔵人(去守)、保元3·8·11去蔵人(御譲位〔「太子受禅日」く〕)、11·26文章博士(兼)、永暦1(一一六〇)·1·21権右少弁(去少輔、博士如元)、10·3左少弁、応保2(一一六二)·2·19中宮大進(育子立后日)、永万1(一一六五)·8·17右中弁、9·-氏院別当、仁安1(一一六六)·1·14従四位下(応保元〔去年〈く〉〕平野大原行幸行事賞〈く〉)、6·6左中弁、7·12兼左宮城使〔「修理左宮城使」く〕、仁安2·1·28従四位上(行幸院賞、止進〔く無〕、中宮御給)、4·8辞中宮大進〈く〉、仁安3·1·6正四位下(長寛元-八幡加茂行幸行事〔「臨時」く〕)、12·-御侍読、12·17補御書所別当、嘉応2(一一七〇)·1·18右大弁、1·26給文章博士兼字(下名)、承安4(一一七四)·3·-辞文章博士(列判儒)、4·26従三位(臨時、嘉応元石清水行幸行事賞)、右大弁如元、承安5·1·22周防権守、安元1(一一七五)·12·8転左大弁、安元2·1·30兼勘長官、治承3(一一七九)·10·9辞大弁、治承4·12·22式部大輔、治承5·3·26兼備後権守、寿永2(一一八三)·12·10参議、寿永3·1·6正三位、元暦2(一一八五)·1·20兼阿波権守、文治1(一一八五)·5·8出家

[死没]建久2(一一九一)1·22　[年齢]78　[父]藤原顕業、二男　[母]散位大江有経女　[号]六角·大福寺本願　[法名]證心　[公卿補任]1—479下　[大日本史料]4—3—382、4—16—補259

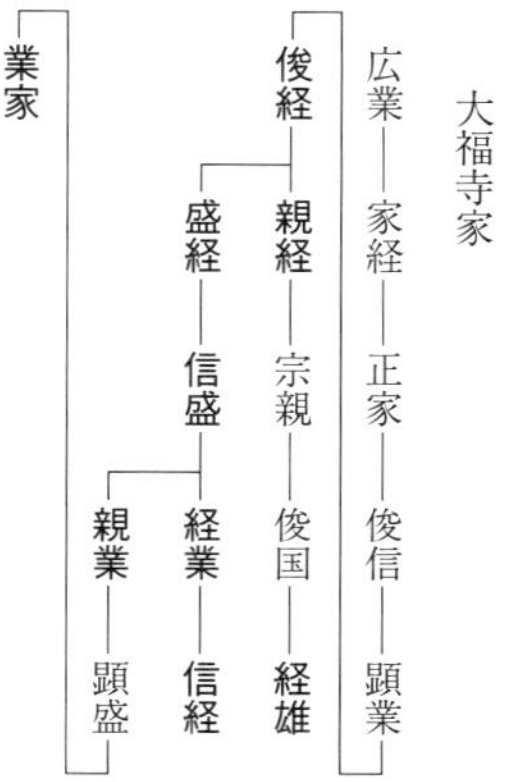

親経　ちかつね　一一五〇—一二一〇

永万1(一一六五)·3·-〈くし〉給氏院学問料、仁安3(一一六八)·3·2秀才、嘉応2(一一七〇)·1·18因幡掾、2·9献策、8·28蔵人、12·5大学助、承安1(一一七一)·5·24叙爵、承安2·6·26宮内権少輔、治承1(一一七七)·1·24従五位上(策労)、治承2·12·15兼東宮学士、治承3·10·10蔵人、治承4·1·29越前権介、2·21止学士(依践祚也)、4·21正五位下、文治1(一一八五)·12·29右少弁、文治3·12·4辞蔵人、文治4·10·14転権右中弁、文治5·1·5従四位下(策労)、7·10転右中弁、11·1従四位上(父俊経卿去久寿元住吉造宮国司賞)、建久1(一一九〇)·4·11加判儒、8·13右宮城使、8·26侍読、10·27転左中弁、12·14正四位下(平野大原野行幸行事賞)、12·22装束司、建久2·5·2復任(父卿)、建久3·1·29〈くし〉転左宮城使、建久4·1·29備後介(装束司兼国)、2·1兼造興福寺長官、2·-御書所別当、建久5·11·27文章博士、建久6·12·-転右大弁、建久7·1·28能登権守、建久9·1·19〈11日カ〉新帝昇殿、補院別当、12·9左京権大夫、補蔵人頭(去右大弁文章博士)、正治2(一二〇〇)·3·6参議、元蔵人頭左京権大夫、建仁1(一二〇一)·1·6従三位、1·29備前権守、建仁3·1·5正三位、建仁4·3·6兼左大弁、3·29造東大寺長官、4·12兼勘解由長官、元久2(一二〇五)·1·29兼周防権守、4·16兼式部大輔、元久3·3·28権中納言、承元2(一二〇八)·7·9辞退権中納言、12·9従二位、承元4·11·11薨去

[死没]承元4(一二一〇)·11·11　[年齢]61　[父]藤原

俊経、二男 [母]参議従三位平実親女 [号]六角 [日記]親経卿記（一一八〇—一二〇一） [公卿補任]1—544下 [大日本史料]4—10—871

盛経 もりつね　一一六一—一二三五

治承4（一一八〇）・2・14文章生、12・21式部丞、元暦1（一一八四）・1・6従五位下、3・27美乃権守、文治1（一一八五）・4・3伊与守、文治2・2・30宮内権少輔（辞任国任之）、5・2復任、文治3・12・4従五位上（父卿嘉応元八幡賀茂行幸行事賞譲）、建久5（一一九四）・1・6正五位下（辞所帯叙之）、建久6・2・2薩摩守、正治1（一一九九）・12・9治部権少輔、元久1（一二〇四）・4・12右少弁、承元1（一二〇七）・10・29権右中弁、10・30従四位下、承元2・7・9左中弁、承元3・1・13右大弁、4・14左大弁、10・30従四位上、承元4・12・17正四位下、承元5・1・5従三位（元左大弁）、勘解由長官如元、安貞2（一二二八）・7・11出家
[死没]嘉禎1（一二三五） [年齢]74 [父]藤原俊経、二男 [母]有盛女 [号]四条 [公卿補任]2—4下 [大日本史料]5—10—432

信盛 のぶもり　一一九三—一二七〇

承元2（一二〇八）・6・26献策、7・10文章生（去五月廿九日方略宣旨）、10・29任大膳亮、建暦2（一二一二）・7・10叙爵（去亮）、建保2（一二一四）・1・5従五位上（七条院御給）、建保4・3・28中宮権大進、承久2（一二二〇）・1・6正五位下、承久4・3・25止権大進、貞応2（一二二三）・4・20蔵人、4・27宮内少輔、嘉禄2（一二二六）・1・27遷右衛門権佐（蔵人如元）、11・4転左、安貞2（一二二八）・1・5正五位上（策労）、寛喜3（一二三一）・1・29兼出羽介、3・25遷右少弁、4・29左少弁、貞永1（一二三二）・1・30兼文章博士、貞永2・1・28権右中弁、2・18賜博士兼字、4・8従四位下、12・22辞博士、文暦1（一二三四）・12・21右中弁、文暦2・1・28従四位上、閏7・11右宮城使、嘉禎2（一二三六）・2・30左中弁、嘉禎3・1・5正四位下、1・24右大弁、嘉禎4・1・22遠江権守、閏2・27転左大弁、3・7内蔵頭、4・18辞弁、補蔵人頭（内蔵頭如元）、暦仁2（一二三九）・1・24止権守（譲人）、延応1（一二三九）・10・28参議（元蔵人頭内蔵頭）、延応2・1・20〈22日カ〉伊与権守、仁治1（一二四〇）・11・12従三位、寛元1（一二四三）・12・5正三位、寛元3・1・13兼越中権守、宝治2（一二四八）・12・7兼勘解由長官、建長2（一二五〇）・1・13兼伊与権守、建長3・1・5従二位、建長7・12・13正二位、-・-兼大宰大弐、正嘉1（一二五七）・11・19〈9日ともあり〉辞参議、文永7（一二七〇）・8・-薨去
[死没]文永7（一二七〇）・8 [年齢]78 [父]藤原盛経、一男 [母]正五位下河内守小槻広房女 [号]大堀池宰相 [公卿補任]2—106上

経業 つねなり　一二二六—八九

嘉禎1（一二三五）・12・27給穀倉院学問料、嘉禎3・1・21文章得業生、嘉禎4・1・23越後権少掾、3・27献策題（序継嗣、弁恩窺）、正四位下行文章博士藤原朝臣経範問、3・28（丁判）、延応1（一二三九）・4・13大膳権亮、4・25従五位下、11・5昇殿、11・6近江守、仁治1（一二四〇）・閏10・28遷任甲斐守（左府分国）、仁治2・1・5従五位上（簡一〈や〉）、仁治3・4・9得替、寛元1（一二四三）・9・9中宮権大進、寛元2・7・6辞権大進、12・17美作守、宝治2（一二四八）・6・18停権大進（依院号也）、8・8兼皇后宮権大進（守如元）、建長1（一二四九）・1・5正五位下（正親町院御給）、建長2・1・13〈「建長4年1月7日」イ〉得替、建長3・3・27停権大進（依院号也）、建長6・1・13讃岐守（院御分）、正嘉1（一二五七）・10・19蔵人（父信盛卿辞三木申任之）、10・22治部大輔、12・2中宮権大進、正嘉2・1・13止守、8・4辞権大進、8・7東宮学士、正元1（一二五九）・11・26止学士（依受禅也）、弘長1（一二六一）・2・8中宮大進、2・29辞大輔、8・20転皇后宮大進（依本宮也）、弘長2・1・-辞蔵人、4・8還補蔵人、6・7辞大進、10・6左京権大夫、弘長3・1・28左衛門権佐、-・-即蒙使宣旨、文永2（一二六五）・12・23服解（母）、文永3・3・27復任、・12・15右少弁、文永5・12・2左少弁、即従四下、文永6・5・1権右中弁、-・-給摂津国（造住吉社料、八月廿日以男顕経申任守）、文永7・1・5従四位上、1・21左中弁、3・15正四位下（春日行幸行事賞）、3・30左宮城使、8・1服解（父）、閏9・4復任、

文永8・11・29右大弁、文永10・12・8内蔵頭、補蔵人頭〈や〉、文永11・7・12解却両職(依住吉社訴也、去比停播州吏務〈や〉)、建治1(一二七五)・-・-被免勅勘、10・8従三位(元前蔵人頭前内蔵頭)、式部大輔、建治2・1・23備後権守、建治3・2・14宮内卿、2・16大輔兼字之事被仰下之、9・13参議、弘安1(一二七八)・12・18〈「11月」イ〉正三位、12・25辞退参議、弘安4・3・26辞大輔、弘安6・3・28兼阿波権守、弘安7・1・6従二位、弘安8・3・6遷大蔵卿、弘安10・1・13加賀権守、正応2(一二八九)・10・18出家、10・19薨去

[死没]正応2(一二八九)・10・19　[年齢]64　[父]藤原信盛　[公卿補任]2—244下

親業　ちかなり　一二二八—?

寛元1(一二四三)・6・28親王侍者(今日立坊日(「親王」や))、8・10文章生、寛元2・-・-除籍(依不仕也)、寛元3・1・13讃岐大掾、5・-・-蒙方略宣旨、12・29献策(王公礼儀、忝本〔ママ〕豊穣)、正五位下行式部権少輔茂範問、閏12・7木工権助、閏12・6判、閏12・18爵、宝治3(一二四九)・4・10宮内権大輔、建長4(一二五二)・1・5従五位上(臨時)、建長5・-・-昇殿、建長8・1・6正五位下(臨時)、正嘉2(一二五八)・4・-辞大輔、8・4中宮権大進、弘長2(一二六二)・12・4修理大夫、文永12(一二七五)・1・6従四位下(策)、弘安1(一二七八)・10・14辞権大夫、弘安2・3・2右京大夫、弘安3・1・5従四位上、弘安5・4・8正四位下、弘安9・2・3〈や〉従三位、右京大夫如元〈や〉、正応1(一二八八)・5・5止大夫、正応2・9・15出家

[父]藤原信盛、二男　[公卿補任]2—284下

信経　のぶつね　一二六二—一三〇四

正安2(一三〇〇)・4・10参議、元蔵人頭治部卿、7・1従三位、12・2辞退参議、嘉元2(一三〇四)・7・13薨去

[死没]嘉元2(一三〇四)・7・13　[年齢]43　[父]藤原経業　[号]坊門　[公卿補任]2—351上

経雄　つねお　一二四九—一三二三

文永6(一二六九)・3・27因幡大掾、文章得業生、文永7・2・10献策、問題基長朝臣、3・23判、3・7〔マヽ〕大学助〈や〉、5・3従五位下、12・7皇后宮大進、文永9・7・11刑部権少輔、文永10・10・1〈賜之同日位記〉従五位上、建治3(一二七七)・1・29正五位下、弘安1(一二七八)・4・21〈「11日」イ〉刑部権大輔、弘安9・3・9宮内大輔、弘安11・11・5去職、永仁6(一二九八)・8・15春宮追加昇殿、9・25東宮学士、正安1(一二九九)・6・6右少弁、9・30従四位下(去弁、学士如元)、正安2・3・6兼相模介、正安3・1・6従四位上、追加、1・21新帝昇殿(譲位日)、正安4・7・21更任権右中弁、嘉元1(一三〇三)・1・28右中弁、2・6右宮城使、3・7兼備前権守、7・5正四位下、8・28左中弁、左宮城使、嘉元3・4・5従三位、元左中弁、去三月八日宣房朝臣補蔵人頭依超儀辞職籠居、仍叙之云々、12・30右大弁、嘉元4・3・30兼長門権守、徳治1(一三〇六)・12・22参議、徳治2・4・3辞参議、延慶2(一三〇九)・11・27正三位、文保3(一三一九)・3・15従二位、元亨3(一三二三)・-・-薨去

[死没]元亨3(一三二三)　[年齢]75　[父]藤原俊国　[母]左大史小槻季継女　[公卿補任]2—382下

業家　なりいえ　?—一三八三

永和4〈天授4〉(一三七八)・4・17〈やし〉従三位、元前大膳大夫〈やし〉、永徳3〈弘和3〉(一三八三)・2・24薨去

[死没]永徳3(一三八三)・2・24　[父]藤原顕盛　[号]冷泉　[公卿補任]2—729下

日野家(絶家)1

宗業　むねなり

保元4(一一五九)・3・10文章生(九条院判官代)、承安3(一一七三)・5・14蒙方略宣旨、5・19被召返宣旨、非満堂並儒挙之故云々、寿永1(一一八二)・11・7給穀倉院学問料(季光方略替)、寿永2・1・28文章得業生、元暦1(一一八四)・3・27能登掾(文章得業生)、文治1(一一八五)・1・15献策、-・

日野家

有綱—実義—実重—宗業

7右衛門少尉(前文章得業生能登掾)、4・3蒙使宣旨、10・17従五位下(大宮令爵)、建久2(一一九一)・1・5従五位上(策)、建久3・1・27大内記、7・27内御書所開闔、建久5・1・30兼出雲権介(大内記兼国)、建久8・1・5正五位下(策労)、正治2(一二〇〇)・10・26遷文章博士(元大内記)、建仁1(一二〇一)・1・6従四位下(策労)、1・29備前将介、建仁2・2・28御書所覆勘、承元1(一二〇七)・1・5従四位上(策)、1・13越後権介、7・19宣陽門院昇、殿依封戸御辞状草進也、9・12院昇殿、承元3・10・30正四位下(坊門院建永二御給)、承元4・12・20遷式部大輔、建暦2(一二一二)・1・13兼長門権守、12・26昇殿(今日御書所作文)、建保1(一二一三)・10・28七条院昇殿、建保5・1・6従三位、式部大輔如元、承久1(一二一九)・9・29出家

[父]藤原実重(実藤原経尹) [公卿補任]2—23上 [大日本史料]4—15—224

日野家(絶家)2

日野家

資憲—基光—基定—邦俊—邦行—種範—行氏
種範—俊基
種範—行光—氏種

種範 たねのり ?—一三二一

徳治2(一三〇七)・2・7正四位下、正和3(一三一四)・閏3・22刑部卿、文保2(一三一八)・1・5従三位(元前刑部卿)、元応2(一三二〇)・3・24治部卿、元亨1(一三二一)・-・-薨去

[死没]元亨1(一三二一) [父]藤原邦行 [公卿補任]2—469上

行氏 ゆきうじ ?—一三四〇

永仁4(一二九六)・2・12〈「11月」やイ〉給穀倉院料、正安1(一二九九)・5・19得業生、正安3・1・18献策題〈や〉(賀政猷、弘学道)、1・19判、3・19宮内少丞、10・24左近将監、従五位下(将監如元)、徳治2(一三〇七)・1・5従五位上(策)、徳治3・9・17大内記、延慶4(一三一一)・2・3〈家高同日位記〉正五位下、3・29長門介、正和3(一三一四)・1・-仙籍、正和4・1・6従四位下(策)、大内記如元、文保2(一三一八)・8・2大学頭、文保3・1・5従四位上、元応2(一三二〇)・2・6讃岐介、元亨1(一三二一)・4・18遭父喪、6・6止頭、元亨2・6・17文章博士(元前大学頭)、正中2(一三二五)・1・27備前権介、嘉暦3(一三二八)・1・5正四位下(超菅在雅藤遠範菅是仲同公時等)、9・23兼左京大夫、元徳1(一三二九)・9・26兼東宮学士、元徳3・1・5従三位、元左京大夫、本名行範後改邦氏、元弘4(一三三四)・1・13式部権大輔、兼丹波権守、暦応1〈延元3〉(一三三八)・-・-止権大輔、暦応3〈興国1〉・2・19正三位、2・22薨去

[死没]暦応3(一三四〇)・2・22 [父]日野種範 [前名]行範・邦氏 [公卿補任]2—537下 [大日本史料]6—6—49

行光 ゆきみつ

正中3(一三二六)・2・19従五位下〈やさ〉、嘉暦1(一三二六)・12・21任大内記〈やさ〉、嘉暦3・3・16兼長門介〈やさ〉、元徳2(一三三〇)・1・5従五位上(簡一)〈やさ〉、建武3〈延元1〉(一三三六)・1・5正五位下(于時大内記)〈やさ〉、暦応2〈延元4〉(一三三九)・1・5従四位下〈やさ〉、延文3〈正平13〉(一三五八)・1・7従三位、本名光種〈やさ〉、又高光〈やさ〉、延文5〈正平15〉・11・17式部権大輔、延文6〈正平16〉・3・17兼下総権守、応安1〈正平23〉(一三六八)・2・21正三位、応安4〈建

徳2〉・8・14従二位、応安7〈文中3〉・2・-出家
[父]日野種範、二男　[前名]光種・高光　[公卿補任]2—661下　[大日本史料]6—40—242

氏種　うじたね　一三二九—八五
永和3〈天授3〉(一三七七)・1・5従三位、元文章博士、康暦1〈天授5〉(一三七九)・4・23大蔵卿、至徳2〈元中2〉(一三八五)・2・24薨去
[死没]至徳2(一三八五)・2・24　[年齢]57　[父]従二位日野行光　[公卿補任]2—726上

快楽院家(絶家)

資教　すけのり　一三五六—一四二八
永和4〈天授4〉(一三七八)・12・13参議、元蔵人頭、大弁如元、永和5〈天授5〉・1・6従三位、康暦1〈天授5〉(一三七九)・6・5兼右衛門督、6・6使別当、康暦2〈天授6〉・12・20転左衛門督、永徳1〈弘和1〉(一三八一)・3・10権中納言、3・16正三位、永徳2〈弘和2〉・-・-止督、永徳3〈弘和3〉・12・15従二位、明徳2〈元中8〉(一三九一)・1・6正二位、明徳3〈元中9〉・閏10・3権大納言、応永9(一四〇二)・3・28辞権大納言、応永12・11・11〈や〉従一位、応永32・4・27出家、被宣下准大臣
[死没]正長1(一四二八)　[年齢]73　[父]日野時光、二男　[法名]性光　[公卿補任]2—727下

有光　ありみつ　一三八七—一四四三
応永18(一四一一)・11・25参議、元蔵人頭、転左大弁、応永19・1・5従三位、1・28兼美作権守、応永20・2・1辞参議、12・30権中納言、応永21・1・2帯剣、12・15正三位、応永22・9・23兼右衛門督補別当、応永23・3・2止督別当等、応永24・1・5従二位、9・9被仰執権、応永28・7・5権大納言、応永31・12・20正二位、応永32・2・29従一位、3・3辞退(権大納言)(以後不見)
[死没]嘉吉3(一四四三)・9・26　[年齢]57　[父]日野資教　[公卿補任]3—72上

家秀　いえひで　一四〇一—三二
応永32(一四二五)・6・7参議、紀伊権守、蔵人頭左大弁、兼任大弁、応永33・3・29兼讃岐権守、応永35・-・-従三位、正長1(一四二八)・11・3権中納言、永享2(一四三〇)・4・-院執権、7・16検非違使別当、-・-兼左衛門督、永享3・7・12止別当、永享4・6・1権大納言、薨去
[死没]永享4(一四三二)・6・1　[年齢]32　[父]日野資教　[前名]秀光　[公卿補任]3—107下

快楽院家
資教—┬—有光—資親
　　　└—家秀

資親　すけちか　?—一四四三
永享10(一四三八)・3・30参議、元蔵人頭右大弁、大弁如元、永享11・3・18兼美作権守、永享12・1・6従三位、嘉吉3(一四四三)・9・28遠流〈さし〉、-・-薨去〈さし〉
[死没]嘉吉3(一四四三)・9・28　[父]日野有光　[公卿補任]3—135下

日野西家(絶家)

資国　すけくに　一三六五—一四二八
応永1(一三九四)・12・25参議、元蔵人頭左中弁、任右大弁、応永2・1・5従三位、3・29兼備中権守、-・-被止職(参議)、応永6・8・24還任(参議)、応永7・3・28兼能登権守、応永10・3・22権中納言、12・3帯剣、応永12・1・6正三位、7・11権大納言、7・13出家、応永35・3・25被仰准大臣、薨去
[死没]応永35(一四二八)・3・25　[年齢]64　[父]日野時光、三男　[法名]恒祐　[公卿補任]3—32下

国盛　くにもり　?—一四四九
応永28(一四二一)・7・5参議、元蔵人頭右大弁、

日野西家

資国━┳━国盛━━資宗━━朝光
　　　┗━資子(後小松天皇後宮 称光天皇生母 光範門院)

長門守如元〈やし〉、12・6左大弁、応永29・1・5従三位、応永30・8・27権中納言、応永32・1・5正三位、正長1(一四二八)・12・21院執権、永享2(一四三〇)・4・-辞之(院執権)、永享3・-・-改国盛、永享10・-・-辞権中納言、永享13・1・-賜去五日従二位々記、文安3(一四四六)・-・29正二位、文安6・2・15権大納言、2・25出家、宝徳1(一四四九)・-・-薨去

[死没]宝徳1(一四四九)　[父]日野西資国　[前名]盛光　[公卿補任]3—98下

資宗　すけむね　?—一四六六

文安6(一四四九)・3・15参議、宝徳2(一四五〇)・3・21従三位、3・29兼出雲権守、辞参議、宝徳4・4・16権中納言、4・-辞権中納言、康正1(一四五五)・8・1従二位、寛正6(一四六五)・1・5正二位、11・28権大納言、-・-辞権大納言、文正1(一四六六)・7・11薨去

[死没]文正1(一四六六)・7・11　[父]日野西国盛　[公卿補任]3—160上

広橋家　ひろはしけ

藤原氏北家日野流。日野家の支流。姉小路権中納言兼光の五男権中納言頼資を家祖とする。頼資は四辻、あるいは勘解由小路と号し、その子経光、孫兼仲、曾孫光業も勘解由小路の称を踏襲した。室町時代初期、兼宣のころから広橋の称号が定着する。『建内記』嘉吉元年(一四四一)十月九日条に、広橋中納言兼郷について次のように記す。公家の称号一般についても示唆に富む。「此人事、本来勘解由小路、又異名広橋也、近代一向号広橋也、(中略)広橋之流、初者号日野(誰人哉、不審)、其後姉小路・勘解由小路等称之、所詮公家称号、只依時多号在所歟」。家格は名家。内々の家。儒学・有職故実を家職とした。近衛家の家礼。江戸時代には家領八百五十石。鎌倉時代初期の創立より江戸時代末期に至るまでほとんど父子相承を以て家督が継承され、同族からの養子相続があったのは守光のみである。文明十一年(一四七九)五月に権中納言兼顕が三十歳で没し相続人がなかったので、この遺跡は当初は同族柳原家庶流の日野町権中納言広光の息六歳小童(兼継)が相続することが考えられたが、幼少如何ということで同息九歳小童(守光)が相続することに治定した。これに対し故兼顕の舎弟で興福寺修南院に入っていた光慶二十六歳が還俗して家督となることを競望し、一条禅閤兼良の還俗如何との意見もあり、足利将軍義尚の命により、守光が広橋家の家督を相続したのである。また、貞光は一旦分流の日野西家を相続したが、兄兼茂の病気蟄居により、万治三年(一六六〇)帰家して家督を相続した。広橋家は始祖以来四代は権中納言を先途としたが、次の兼綱は女仲子が後光厳天皇後宮に入り後円融天皇生母(崇賢門院)となり、准大臣従一位に昇進(贈左大臣)した。兼宣・綱光・守光の女も後花園天皇以下三代の乳母となり、いずれも准大臣に昇進し(贈内大臣)、兼秀は内大臣に昇った。さらに江戸時代の兼勝は内大臣に、兼賢・兼胤(勝胤)・伊光・光成は准大臣となった。また光業の子兼綱までの代々は、頼資の兄資実の流れである日野家の家督とほぼ交互に日野長者となるなど、両家の嫡庶の差は大きくはなかったようである。江戸時代の初期、総光の二男光長が竹屋家、同四男総盛が日野西家を再興し、庶流家となった。兼綱から国光までは天子に事を奏上する敷奏(ふそう)に補されたのみならず、兼顕・守光・兼秀の三代は武家伝奏に補された。兼勝は江戸時代の最初の武家伝奏で、その後も兼胤・伊光・胤定・光成がこれを勤め朝政に重きをなした。また、兼胤は有栖川宮職仁親王より入木道等の伝授を受け、

桃園天皇の手習御用も勤め、以後広橋家は書の家としても世に知られ、幕末の胤保は祐宮（明治天皇）の習字に候した。文筆の家として代々の日記を遺しており、とりわけ鎌倉時代の『民経記』（経光）、『勘仲記』（兼仲）、『光業卿記』、南北朝時代の『兼綱公記』『仲光卿記』、室町時代の『宣記』（兼宣）、『兼郷卿記』、『接綱御記』（綱光）・『兼顕卿記』・『守光公記』、『兼秀公記』、『国光卿記』、江戸時代の『兼賢公記』・『兼茂記』・『貞光卿記』・『兼廉卿記』、『八槐御記』（兼胤）、『広橋兼胤公武御用日記』、『勁槐御記』・『千羊御記』（伊光）、『日申御記』・『公武御用日記』（胤定）、『後勁槐御記』・『議奏御用留』（光成）、『胤保卿記』などは、各時代の枢要な日記である。明治十七年（一八八四）賢光のとき、叙爵内規により伯爵を授けられた。

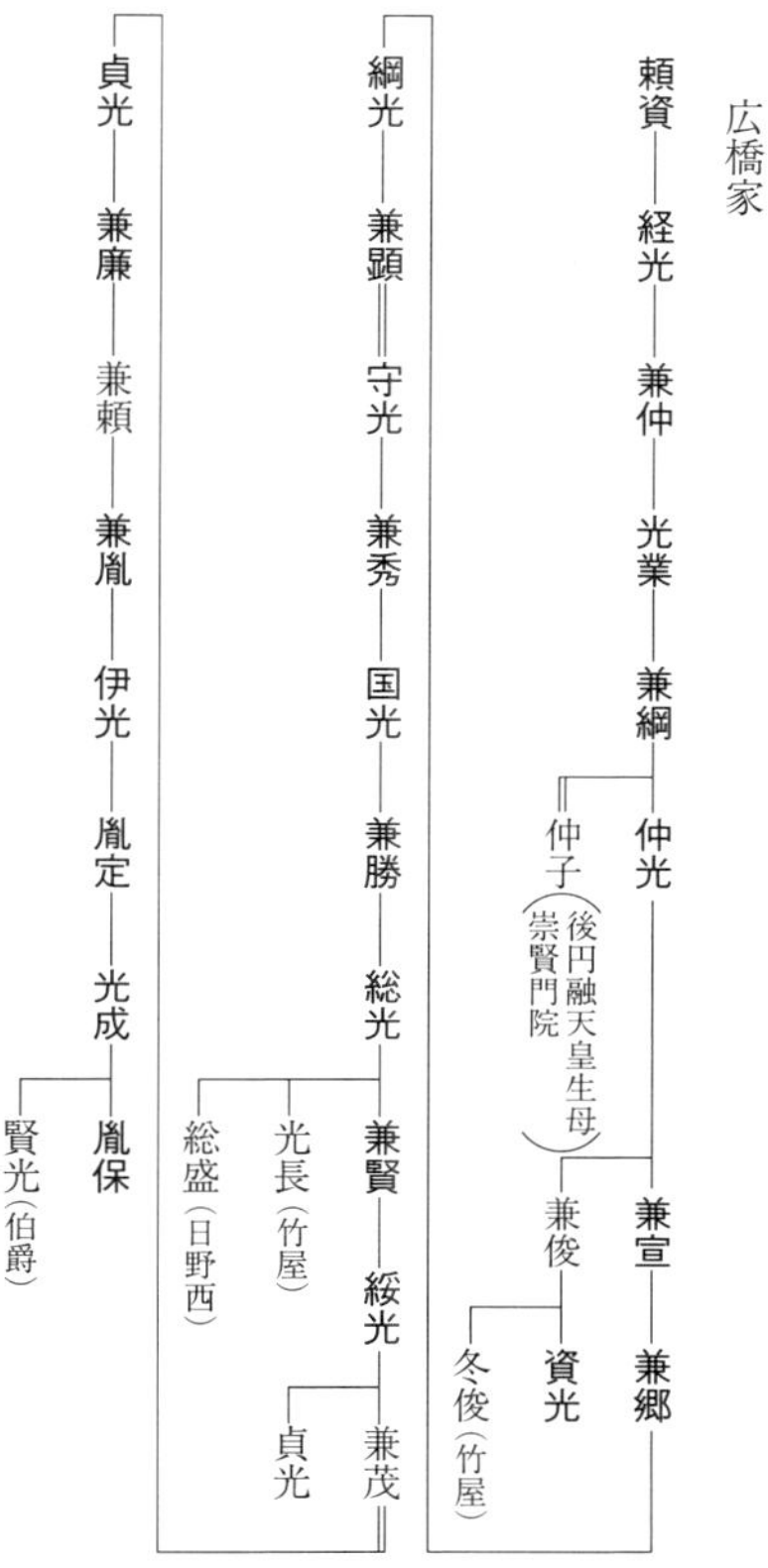

菩提所は黒谷　龍光寺。『広橋家譜』（東京大学史料編纂所架蔵、四一七五―五〇九）。

頼資　よりすけ　一一八二―一二三六

建仁1（一二〇一）·9·29登省、建仁2·12·-方略、12·17策、10·24縫殿助、12·28五位、元久1（一二〇四）·4·12皇后宮権大進、建永1（一二〇六）·10·20少納言、承元1（一二〇七）·1·13兼紀伊権守、9·-院昇殿、承元2·1·5従五位上（少納言労）、-·-昇殿（宇佐使勤仕）、承元4·12·7木工頭、承元5·1·18兼但馬守（陽明門院［「院」や無］御分）、建暦1（一二一一）·9·8正五位下（止頭叙之）、建保2（一二一四）·1·13止守、建保3·7·12右衛門権佐（即使）、建保5·12·27蔵人、建保7·1·22右少弁（止佐）、2·25止蔵人、承久1（一二一九）·11·13左少弁、承久2·1·23右中弁、四位、還昇、承久3·11·19従四位上、承久4·4·13左中弁、貞応1（一二二二）·11·3蔵人頭、11·22正四位下、12·21右大弁、貞応3·10·17左大弁、10·29造東大寺長官、元仁1（一二二四）·12·17参議（元蔵人頭）、造東大寺長官左大弁如元、元仁2·1·23遠江権守、嘉禄1（一二二五）·7·6従三位、12·22権中納言、安貞2（一二二八）·3·20正三位、貞永1（一二三二）·12·15従二位、貞永2·1·28辞権中納言、4·1本座、嘉禎1（一二三五）·11·7出家、嘉禎2·2·30薨去

［死没］嘉禎2（一二三六）·2·30　［年齢］55　［父］姉小路兼光、四男　［養父］藤原光範　［母］法印院尚女　［号］勘解由小路·四辻　［法名］信寂　［日記］頼資卿記（一二一八―三五）　［公卿補任］2―50下　［大日本史料］5―10―611

経光　つねみつ　一二一三―七四

建保6（一二一八）·11·16東宮蔵人（今日懐成親王立坊）、承久3（一二二一）·1·9穀倉院学問料、4·20蔵人（今日太子受禅）、7·9止蔵人（依廃帝也）、承久4·1·6文章得業生（超上臈給料二人範氏俊資）、貞応2（一二二三）·1·27因幡少掾、2·7献策（次序墻壁、弁論多少）、式部大輔忠倫問、2·9判、3·1叙爵、4·7治部権少輔、嘉禄2（一二二六）·7·7昇殿、安貞2（一二二八）·4·20従五位上、9·16補蔵人、寛喜1（一二二九）·10·5正五位下（北白川院御給）、寛喜3·10·28兼東宮権大進、貞永1（一二三二）·10·4蔵人（先帝蔵人、

今日止権大進)、天福1(一二三三)・1・28右少弁(父頼資卿権中納言止之申任、去少輔、蔵人如元)、12・15右衛門権佐(蔵人弁如元、募坊官賞申之)、天福2・4・2去蔵人弁権佐、嘉禎2(一二三六)2・30遭父喪、5・6復任、12・19左少弁、嘉禎3・1・24権右中弁、従四位下、嘉禎4・閏2・27右中弁、3・29従四位上、(春日行幸行事賞)、4・6造東大寺長官、4・20転左中弁、4・29率分所勾当、5・23左宮城使、7・20右大弁(長官宮城使如元)、延応1(一二三九)・1・24兼阿波権守(大弁兼国)、1・27正四位下、11・6補蔵人頭、仁治2(一二四一)・2・1参議、元蔵人頭、転左大弁、2・8勘解由長官(下名次)、10・13従三位、仁治4・2・2兼讃岐権守、寛元2(一二四四)・1・5正三位、宝治1(一二四七)・12・8権中納言、宝治2・10・29辞権中納言、-・-従二位、建長7(一二五五)・1・5正二位、文応1(一二六〇)・9・8民部卿、文永11(一二七四)・4・15薨去

[死没]文永11(一二七四)・4・15　[年齢]62　[父]勘解由小路頼資、一男　[母]伊予守従五位下源兼資女　[法名]蓮寂　[日記]民経記(一二二六―七〇)　[公卿補任]2―114上

兼仲　かねなか　一二四四―一三〇八

正嘉1(一二五七)・4・28叙爵、正元1(一二五九)・閏10・15治部少輔、11・21従五位上(室町院御給)、弘長2(一二六二)・1・5正五位下、弘安7(一二八四)・1・13蔵人、弘安10・12・10右少弁(元蔵人)、正応1(一二八八)・10・27左少弁、11・8従四位下、正応2・1・13右中弁、従四位上、2・24右宮城使、6・2正四位下、10・18左中弁、閏10・14造興福寺長官、左宮城使、正応3・1・13備前権守、6・8右大弁、兼春宮亮、11・21左大弁、正応4・7・29蔵人頭、8・2禁色、正応5・11・5参議(元蔵人頭春宮亮)、正応6・2・18兼右大弁、3・14従三位、永仁1(一二九三)・12・13権中納言、永仁2・12・24正三位、12・-辞退、永仁3・1・-本座、正安1(一二九九)・4・12従二位、徳治3(一三〇八)・1・20薨去

[死没]徳治3(一三〇八)・1・20　[年齢]65　[父]勘解由小路経光、二男　[母]正三位藤原親実女　[号]勘解由小路　[法名]兼寂　[日記]勘仲記(一二七四―一三〇〇)　[公卿補任]2―313下

光業　みつなり　一二八七―一三六一

永仁1(一二九三)・5・8賜勧学院学問料、永仁3・9・28文章生、永仁5・2・23叙爵、5・4宮内少輔、6・25治部権少輔、永仁6・1・5従五位上、正安2(一三〇〇)・1・5正五位下、応長-・1・17〈1年カ〉右衛門権佐、即使宣旨、正和1(一三一二)・10・12転左衛門権佐、正和2・9・6治部大輔、補蔵人、正和4・2・21右少弁、去蔵人、正和5・1・5正五位上、7・22左少弁、8・12従四位下、文保1(一三一七)・2・5権右中弁、4・6従四位上、6・1右中弁、文保2・4・14右宮城使、7・7正四位下、10・2去弁、元応1(一三一九)・3・9遷任左中将、4・5為率分所勾当装束使左宮城使、元応2・2・9兼近江権守、3・24遷任修理権大夫、補蔵人頭、12・9参議、元蔵人頭、修理権大夫如元(元近江権介)、元亨1(一三二一)・3・11辞参議、4・6去之、従三位、元徳2(一三三〇)・3・22正三位、康永2〈興国4〉(一三四三)・1・5従二位、貞和2〈正平1〉(一三四六)・8・12還任(参議)、12・5権中納言、貞和4〈正平3〉・2・11辞権中納言、観応3〈正平7〉(一三五二)・5・4出家

[死没]康安1(一三六一)・4・22　[年齢]75　[父]勘解由小路兼仲、二男　[母]下総守源親時女　[号]勘解由小路　[法名]慈寂　[日記]光業卿記(一三八―二六)　[公卿補任]2―479下　[大日本史料]6―23―552

兼綱　かねつな　一三一五―八一

正中1(一三二四)・12・29補文章得業生〈さ〉、正中3・3・14叙爵(元文章生)、4・22治部権少輔、嘉暦3(一三二八)・6・13去権少輔、11・27治部権大輔、元徳2(一三三〇)・1・13従五位上、3・22遷兵部権大輔、元弘3(一三三三)・11・8遷任近江守、建武1(一三三四)・7・9兼治部少輔、建武2・5・23去守、建武4〈延元2〉・1・7去少輔、3・29治部権少輔、10・8正五位下、暦応1〈延元3〉(一三三八)・12・20兼春宮権大進、暦応4〈興国2〉・3・19補蔵人、4・16権大進、-・-去権少輔、12・22東宮学士、康永2〈興国4〉(一三四三)・1・28兼相模権介、康永3・12・11服解(母)、未復任、

貞和2〈正平1〉(一三四六)・2・23還補五位蔵人、3・22治部少輔、貞和3〈正平2〉・7・10権右少弁、12・27転権左少弁、貞和4〈正平3〉・8・10従四位下、転権右中弁、10・27兼東宮学士、12・30転右中弁、貞和5〈正平4〉・9・－補氏院別当、12・21従四位上(臨時)、観応1〈正平5〉(一三五〇)・6・19転左中弁、8・16転右大弁、10・12正四位下、観応2〈正平6〉・8・13補蔵人頭、去大弁、観応3〈正平7〉・閏2・20止学士、8・17補新帝頭、8・29大蔵卿、文和2〈正平8〉(一三五三)・11・23正四位上、文和4〈正平10〉・8・13参議、兼左大弁(大蔵卿如元、元蔵人頭)、文和5〈正平11〉・1・7従三位、1・28兼阿波権守、延文3〈正平13〉(一三五八)・8・12権中納言、延文4〈正平14〉・3・25辞退、貞治2〈正平18〉(一三六三)・4・20正三位、貞治6〈正平22〉・1・5従二位、応安6〈文中2〉(一三七三)・1・6正二位、永和1〈天授1〉(一三七五)・8・5権大納言、永和2〈天授2〉・2・12辞退(権大納言)、按察使、永和5〈天授5〉・1・19従一位、永徳1〈弘和1〉(一三八一)・9・4准大臣、9・5出家、9・26薨去、10・10薨奏、廃朝三ヶ日云々、－・－・－贈左大臣〈く追〉

[死没]永徳1(一三八一)・9・26　[年齢]67　[父]勘解由小路光業　[母]正四位下左近衛中将坊門俊輔女　[号]瑞雲院　[法名]忠寂　[日記]兼綱公記(一三四二－七一)　[公卿補任]2－648下

仲光　なかみつ　一三四二－一四〇六

延文3〈正平13〉(一三五八)・11・26元服〈く追〉、12・23対策〈く追〉、12・26従五位下〈く追〉、延文4〈正平14〉・1・5従五位上〈く追〉、1・24治部少輔〈く追〉、延文5〈正平15〉・4・15蔵人〈く追〉、貞治2〈正平18〉(一三六三)・1・5正五位下〈く追〉、4・20右少弁〈く追〉、貞治5〈正平21〉・1・5正五位上〈く追〉、4・19左少弁〈く追〉、応安2〈正平24〉(一三六九)・12・25服解(母)、止蔵人、応安3〈建徳1〉・12・28還補蔵人〈く追〉、応安7〈文中3〉・9・28権右中弁〈く追〉、1・13従四位下〈く追〉、3・29従四位上〈く追〉、11・11正四位下(三ヶ度)〈く追〉、－・－・－左中弁〈く追〉、永和2〈天授2〉(一三七六)・2・12蔵人頭〈く追〉、永和3〈天授3〉・1・5正四位上〈く追〉、永和4〈天授4〉・3・24参議、元蔵人頭、右大弁如元、12・13従三位、権中納言、康暦3〈弘和1〉(一三八一)・1・6正三位、永徳1〈弘和1〉(一三八一)・3・16従二位、6・29兼大宰権帥、至徳3〈元中3〉(一三八六)・1・6正二位、嘉慶2〈元中5〉(一三八八)・12・30権大納言、応永2(一三九五)・6・3辞権大納言、応永3・10・20従一位、10・21出家

[死没]応永13(一四〇六)・2・12　[年齢]65　[父]勘解由小路兼綱　[道号]昭庵　[法名]曇寂・豊寂　[日記]仲光卿記(一三六三－七四)　[公卿補任]2－727下　[大日本史料]7－7－842

兼宣　かねのぶ　一三六六－一四二九

貞治7(一三六八)・1・25給学問料〈く追〉、応安3(一三七〇)・12・25元服〈く追〉、応安6・8・19対策〈く追〉、7・8[ママ]従五位下、11・25治部権少輔〈く追〉、－・－・－従五位上〈く追〉、－・－・－右兵衛佐〈く追〉、永徳1(一三八一)・－・－禁色〈く追〉、永徳3・10・16蔵人〈く追〉、11・13侍従〈く追〉、至徳2(一三八五)・1・6正五位上〈く追〉、嘉慶2(一三八八)・5・26右少弁〈く追〉、－・－文章博士〈く追〉、11・4左少弁〈く追〉、明徳1(一三九〇)・12・24右中弁(博士如元)〈く追〉、明徳4・4・25従四位下〈く追〉、12・25従四位上〈く追〉、応永1(一三九四)・12・19正四位下〈く追〉、12・30蔵人頭〈く追〉、左中弁〈く追〉、応永2・6・5正四位上〈く追〉、6・13右大弁〈く追〉、応永4・3・29左大弁〈く追〉、応永7・12・20参議、左大弁造東大寺長官等如元、元蔵人頭、応永8・3・24権中納言、5・10帯剣、応永9・1・6正三位、応永12・1・6従二位、応永14・3・5兼左兵衛督、－・－補別当、11・9止別当、応永15・2・24止督、－・－兼大宰権帥、応永17・1・5正二位、8・5権大納言、8・10帯剣、－・－止帥、応永30・1・5従一位、3・20大納言、応永32・1・30辞大納言、4・27准大臣、出家

[死没]永享1(一四二九)・9・14　[年齢]64　[父]勘解由小路仲光、一男　[母]家女房　[号]勘解由小路・広橋・後瑞雲院　[道号]悟空　[法名]常寂

[日記]宣記・兼宣公記(一三八七—一四二八)　[公卿補任]3—48下

資光　すけみつ　一三九二—一四二〇

応永23(一四一六)・11・4参議、元蔵人頭、兼右大弁山城権守、応永25・1・5従三位、応永26・3・10権中納言、4・25勅授、11・5〈12月5日ともあり〉辞権中納言、応永27・閏1・14薨去

[死没]応永27(一四二〇)・閏1・14　[年齢]29　[父]広橋兼宣、二男(実竹屋兼俊、一男)　[公卿補任]3—85下

兼郷　かねさと　一四〇一—四六

応永8(一四〇一)・-・-誕生、応永16(一四〇九)・閏3・23文章生、美乃大掾、応永17・2・3方略、策、3・3従五位下、応永18・11・8首服、12・30治部少輔、応永19・8・23侍従、応永22・9・23右衛門権佐、使宣旨、応永23・1・7従五位上(加叙)、1・30左衛門権佐、応永24・1・5正五位下、応永25・3・28蔵人、6・24宿待、応永26・3・15権右少弁、4・-辞廷尉、11・27正五位上、応永27・閏1・13転左少弁、応永28・12・21右中弁、応永29・3・26従四位下(今日去蔵人)、12・18従四位上、応永30・1・20蔵人頭(右中弁如元)、応永31・8・5正四位上、応永32・1・30転左中弁(蔵人頭如元)、6・7参議、元蔵人頭左中弁、兼任右大弁、応永35・3・-改親光、正長1(一四二八)・10・-従三位、11・3権中納言、永享3(一四三一)・-・-改兼郷、永享4・6・3検別当、-・-右兵衛督、止之、院執権、永享5・10・-止之(院執権)、嘉吉1(一四四一)・11・9正三位、文安2(一四四五)・1・5従二位、6・-辞権中納言、文安3・4・12薨去

[死没]文安3(一四四六)・4・12　[年齢]46　[父]広橋兼宣　[母]家女房　[前名]宣光・親光　[日記]兼郷卿記(一四三三)　[号]日野　[道号]道齊　[法名]観寂　[公卿補任]3—107下

綱光　つなみつ　一四三一—七七

永享3(一四三一)・6・13誕生、文安2(一四四五)・11・25従五位下(今日禁色元服)、12・3治部少輔、文安3・6・13侍従、除服出仕、文安4・3・17右兵衛佐、-・-従五位上、文安5・1・5正五位下、1・19蔵人、文安6・1・5正五位上、宝徳2(一四五〇)・3・29右少弁、4・11左少弁、宝徳4・3・23右中弁、享徳2(一四五三)・1・5従四位下(去蔵人)、1・29従四位上、3・5正四位下、3・14献策(当流四品之後献冊例)、3・24左中弁〈や〉、〈や〉左宮城使、〈や〉蔵人頭、〈や〉南曹、10・8右大弁、享徳3・1・5正四位上、3・23参議、元蔵人頭右大弁、大弁如元、享徳4・1・7従三位、3・28兼越中権守、康正1(一四五五)・9・5転左大弁、康正2・3・29権中納言、-・-検別当右兵衛督、長禄2(一四五八)・2・18辞(権中納言)、還任(権中納言)、寛正6(一四六五)・1・5従二位、応仁1(一四六七)・-・-辞権中納言、文明2(一四七〇)・6・3権大納言、文明5・3・18賜去年五月七日叙正二位々記、文明9・閏1・3従一位、閏1・5准大臣宣下、2・14薨去、贈内大臣

❖長禄二年より「正三位」

[死没]文明9(一四七七)・2・14　[年齢]47　[父]広橋兼郷　[母]正二位神祇伯資忠王女豊子　[号]引接院　[道号]心空　[法名]秀寂　[日記]接綱御記・綱光公記(一四四六—六七)　[公卿補任]3—176上　[大日本史料]8—9—489

兼顕　かねあき　一四四九—七九

享徳4(一四五五)・1・5従五位下、寛正4(一四六三)・12・-治部大輔、従五位上(今日元服)、寛正5・4・28右兵衛佐、11・3正五位下、文正1(一四六六)・9・24左衛門権佐蒙使宣旨、12・29〈「11月」や〉蔵人、文正2・1・5正五位上、1・30右少弁(権佐如元)、応仁1(一四六七)・-・-転左少弁、文明1(一四六九)・11・2転権右中弁、文明3・8・28転任右中弁、文明6・1・26従四位下(夕郎九ヶ年〔や無〕)、2・4従四位上、4・20正四位下(年中三ヶ度加階例)〔や無〕)、文明7・1・28転任左中弁、修理左宮城使、蔵人頭、文明8・1・6正四位上、文明9・閏1・18被仰敷奏(弁官敷奏例〔や無〕)、2・14喪父、8・15転任右大弁、12・30参議、元蔵人頭、右大弁如元、文明11・1・5従三位、2・30権中納言、5・14薨去

[死没]文明11(一四七九)・5・14　[年齢]31　[父]広橋綱光、一男　[母]従四位下藤原満親女、或掃

部助之朝女 [道号]照雲 [法名]恵寂 [日記]兼顕卿記（一四七六–七九） [公卿補任]3—248上 [大日本史料]8—11—475

守光 もりみつ 一四七一—一五二六

文明3（一四七一）・3・5誕生、文明11（一四七九）・8・27叙爵、8・28加首服、治部少輔、禁色、文明15・3・10侍従、文明18・7・11従五位上、7・24右衛門権佐〈くし〉、使宣旨、長享1（一四八七）・8・11転任佐（去延尉）、長享2・9・17蔵人、12・21正五位下、長享3・3・11右少弁、延徳2（一四九〇）・1・5権左少弁、延徳4・1・6正五位上、明応4（一四九五）・3・10右中弁、明応5・1・11〈「10日」くし〉従四位下（避侍中）、8・17蔵人頭、12・9従四位上、明応8・2・11正四位下、5・2左中弁、明応9・10・30〈「20日」し〉正四位上、永正2（一五〇五）・5・6転任右大弁、兼任参議、6・14従三位、元蔵人頭左中弁、10・7転左大弁、永正5・7・24正三位、永正6・4・－被仰敷奏、6・21被仰武家伝奏事、10・10任権中納言、永正13・4・－神宮伝奏事辞退、11・13従二位、永正14・－・－勅授、永正15・5・28権大納言、大永4（一五二四）・12・30〈「20日」さ〉正二位、大永6・3・8辞退権大納言、3・14従一位、4・1准大臣宣下、薨去、天文7（一五三八）・3・30贈内大臣

※永正十年より「神宮伝奏」、大永元年より「御即位伝奏」

[死没]大永6（一五二六）・4・1 [年齢]56 [父]広橋兼顕（実町広光） [母]正二位権中納言園基有女 [号]是称院 [道号]廓室 [法名]祐寂 [日記]守光公記（一五〇一–二二） [公卿補任]3—313下

兼秀 かねひで 一五〇六—六七

永正3（一五〇六）・4・29誕生、永正7（一五一〇）・12・5叙爵、永正14・6・11喪母、12・28侍従、元服、昇殿、12・29従五位上、永正18・5・20正五位下、11・21五位蔵人、12・29正五位上（年中両度）、大永2（一五二二）・1・19右少弁、大永4・7・4権左少弁、大永5・4・5氏院別当、12・25右中弁、大永6・4・1服解（父）、5・27除服復任、禁色、更補新帝五位蔵人、新帝昇殿、9・23被加敷奏、武家伝奏、享禄2（一五二九）・8・27左中弁、11・25従四位下、11・30従四位上、12・7造興福寺長官、12・29正四位下（年中三ヶ度）、享禄3・1・20修理左宮城使、5・1蔵人頭、7・9正四位上、天文2（一五三三）・2・5止氏院別当（依関白改易也）、天文4・3・21右大弁、10・26参議、元頭右大弁〈さ〉、右大弁如元、11・30従三位、天文5・3・1権中納言、天文6・1・18直衣始、2・8正三位、天文8・11・－神宮伝奏、天文9・1・25従二位、3・8向大坂〈さ〉、3・17上洛〈さ〉、4・12辞神宮伝奏、天文11・閏3・10権大納言、天文13・8・28賀茂伝奏、12・29給去八月廿五日正二位位記、天文15・1・19辞（権大納言）、1・24本座宣下、3・24兵部卿、12・8還任（権大納言）、天文17・2・4辞賀茂伝奏、天文20・12・28従一位、天文22・1・22大納言、天文23・4・9辞退（大納言）、弘治3（一五五七）9・2内大臣、－・－・－従一位逆退為正二位、9・5出家、永禄10（一五六七）・8・15薨去〈く追〉

[死没]永禄10（一五六七）・8・15 [年齢]62 [父]広橋守光 [母]広橋兼顕女（実広橋綱光女） [号]如雲院 [道号]楽浦 [法名]鈞寂 [日記]兼秀公記（一五〇四–六六） [公卿補任]3—389下

国光 くにみつ 一五二七—六八

大永6（一五二六）・5・19〈「7年」広橋家譜〉誕生、大永8（一五二八）・1・9叙爵、天文3（一五三四）・12・22従五位上、元服、治部権少輔、禁色、昇殿、天文4・1・7侍従、天文5・2・21正五位下、12・29右少弁、天文6・10・8左少弁、12・26正五位上、天文7・3・24権右中弁、天文9・1・13蔵人、天文10・3・24右中弁、天文11・閏3・10左中弁、造興福寺長官修理左宮城使、12・29装束使、天文12・3・25近江権介、天文13・1・13従四位下、2・3従四位上、2・24蔵人頭、12・18正四位下（年中三ヶ度）、天文15・7・25敷奏、天文16・3・23参議（元蔵人頭左中弁）、転右大弁、7・9従三位、天文17・3・23転左大弁、天文18・3・25権中納言、8・14正三位、天文22・1・13従二位、天文23・4・9権大納言、永禄2（一五五九）・1・6正二位、永禄9・－・－在南都入城、永禄11・10・14上洛、永禄11・11・12薨去

[死没]永禄11（一五六八）・11・12 [年齢]42 [父]広橋

兼秀　[母]従二位権中納言勧修寺政顕女　[号]後引接院　[法名]尊寂　[日記]国光卿記（一五四六）　[公卿補任]3—419下　[大日本史料]10—1—285

兼勝　かねかつ　一五五八—一六二二

永禄2（一五五九）・8・27叙位、永禄5・12・6〈「5日」くま〉従五位上☆、侍従、禁色、昇殿、元服、永禄8・1・6正五位下、永禄12・1・10右少弁、元亀4（一五七三）・1・16権左少弁、天正2（一五七四）・3・28左少弁、天正3・12・11五位蔵人、天正4・12・18正五位上、天正5・1・18右中弁〈くま〉、1・28従四位下〈くま〉、2・8〈くま〉従四位上、蔵人頭、11・20正四位下（年中三ヶ度）、天正6・1・6正四位上、天正8・1・5参議、左大弁、元右中弁、1・20〈給去五日従三位位記〉従三位、天正10・1・19権中納言、天正11・1・5正三位、天正14・1・5従二位、慶長2（一五九七）・1・11権大納言、慶長3・10・13正二位、慶長8・2・12武家伝奏、元和4（一六一八）・11・14内大臣、元和5・2・17〈「16日」く〉辞内大臣☆、元和6・閏12・11従一位、元和8・12・18薨去

❖元和元年より「賀茂伝奏」

[死没]元和8（一六二二）・12・18　[年齢]65　[父]広橋国光　[母]正二位権大納言高倉永家女　[一字名]貢・喬　[号]後是称院　[道号]照月　[法名]快寂　[公卿補任]3—483下　[大日本史料]12—50—146

総光　ふさみつ　一五八〇—一六二九

天正8（一五八〇）・8・7誕生、天正10・1・6叙爵、天正12・12・25元服、昇殿、侍従、従五位上、天正15・1・10正五位下、慶長1（一五九六）・11・9権右少弁、〈「16日」く〉蔵人☆、慶長3・1・5正五位上、慶長4・11・16転左少弁、慶長6・3・19兼造興福寺長官〈く〉、慶長7・8・4〈「9月」く〉権右中弁☆、慶長9・8・1〈「21日」く〉左中弁、従四位下、8・21蔵人頭、8・30従四位上、12・18正四位下（年中三ヶ度〈く〉）、慶長10・1・6正四位上、慶長14・1・9右大弁、1・11参議（大弁如元）、右大弁如元〈く〉、慶長16・4・21従三位、慶長17・1・11権中納言、慶長18・1・6正三位、元和4（一六一八）・12・27権大納言、元和5・3・25従二位、元和6・1・5正二位、寛永6（一六二九）・9・14薨去

[死没]寛永6（一六二九）・9・14　[年齢]50　[父]広橋兼勝、一男　[母]准大臣従一位烏丸光康女　[道号]静月　[法名]光寂　[公卿補任]3—530上

兼賢　かねかた　一五九五—一六六九

文禄4（一五九五）・7・26〈「24日」くイ〉誕生、慶長2（一五九七）・1・5叙位、慶長7・12・21元服、昇殿、侍従、慶長9・8・1従五位上、慶長14・1・6正五位下、1・11権右中弁（直任）、慶長16・4・21蔵人、慶長17・1・5正五位上、1・19右中弁、慶長18・7・22従四位下、8・28〈くま〉従四位上、12・2正四位下（年中三ヶ度）、慶長19・1・5正四位上、1・11〈「14日」くイ〉蔵人頭☆、7・27左中弁、元和1（一六一五）・12・28右大弁、元和5・7・13〈「10日」く〉左大弁、7・13参議、左大弁如元、元和6・1・5従三位、元和7・1・11権中納言、元和10・1・5正三位、寛永5（一六二八）・2・10従二位、寛永10・8・2権大納言、寛永11・1・6正二位、正保4（一六四七）・12・28辞権大納言、万治3（一六六〇）・12・24従一位、寛文1（一六六一）・12・24准大臣、寛文9・5・26薨去

❖正保元年より「改元伝奏」

[死没]寛文9（一六六九）・5・26　[年齢]75　[父]広橋総光　[母]杉若越後守某女　[一字名]喬　[号]後如雲院　[法名]円誉・照寂　[日記]兼賢公記（一六一七—六九）　[公卿補任]3—551上

綏光　やすみつ　一六一六—五四

元和2（一六一六）・1・23誕生、元和3・1・5叙爵、元和6・5・17元服、昇殿、侍従、従五位上、寛永1（一六二四）・11・28中宮権大進、寛永4・1・5正五位下、寛永6・11・9権大進去、寛永8・11・20権右少弁、寛永9・5・2蔵人、寛永10・1・6正五位上、6・5転右少弁、但職事勅許、11・26−、12・6奏慶、禁色、寛永12・1・11転左少弁、寛永13・6・30南曹、寛永14・12・20転右中弁、寛永16・閏11・21従四位下☆、去侍中、閏11・29従四位上、12・20正四位下（年中三ヶ度）、寛永18・8・23左中弁、寛永19・1・21転右大弁、2・6

蔵人頭、2・11奏慶、6・10正四位上〈越宗保朝臣秀相朝臣等〉、7・8神宮奉行、寛永20・10・16参議、転左大弁、元蔵人頭、大弁如元、11・15従三位、正保1(一六四四)・12・24去大弁、正保4・12・28辞参議、慶安1(一六四八)・12・22〈賜去正月五日位記〉正三位、慶安3・12・21権中納言、承応2(一六五三)・-・-賀茂伝奏、3・22聴直衣〈く〉、承応3・3・4薨去

[死没]承応3(一六五四)・3・4　[年齢]39　[父]広橋兼賢　[母]正親町季康女　[法名]恭安綏寂門　[日記]綏光卿記(一六三四—五四)　[公卿補任]3—600下

貞光　さだみつ　一六四三—九九

寛永20(一六四三)・12・15誕生、慶安2(一六四九)・11・11叙爵(日野西相続)、承応2(一六五三)・11・19元服☆、昇殿☆、侍従☆、従五位上(本家相続)、明暦3(一六五七)・2・6権右少弁、明暦4・1・6正五位下、万治1(一六五八)・閏12・22右少弁、万治2・12・25左少弁、万治3・4・13蔵人、禁色、改貞光(元国宣)、4・25正五位上、寛文2(一六六二)・12・14右中弁、従四位下、寛文3・5・20蔵人頭、8・7左中弁、11・20従四位上、12・9正四位下、12・26正四位上、寛文6・10・17参議(去弁)、12・7〈17日ともあり〉辞参議(未拝賀)☆、延宝1(一六七三)・12・27従三位、延宝3・2・22〈去正月五日分〉正三位、延宝5・閏12・11権中納言、延宝9・8・8〈11月29日ともあり〉辞権中納言☆、元禄12(一六九九)・7・21薨去

[死没]元禄12(一六九九)・7・21　[年齢]57　[父]広橋綏光、二男　[母]従四位下侍従三条西公勝女　[前名]国宣　[法名]金覚誉性寂　[日記]貞光卿記(一六六二—九九)　[公卿補任]4—11下

兼廉　かねかど　一六七八—一七二四

延宝6(一六七八)・3・3誕生、元禄3(一六九〇)・1・5叙爵、元禄5・12・10元服、昇殿、侍従、従五位上、元禄6・4・15権右少弁、元禄7・12・22右少弁、12・24蔵人、12・29禁色、元禄8・3・29正五位下、5・26正五位上、元禄10・5・12左少弁、元禄12・7・21喪父、9・17除服出仕復任、右中弁、元禄14・10・24左中弁、元禄16・12・23蔵人頭、従四位下、宝永1(一七〇四)・1・8〈去五日分〉従四位上、1・23正四位下、2・13正四位上、2・18右大弁☆、宝永2・8・26左大弁、宝永3・2・12参議(左大弁如元)、12・23〈去五月廿九日分〉従三位、宝永4・2・13聴直衣、宝永8(一七一一)・2・11正三位、正徳1(一七一一)・7・24権中納言、9・23帯剣、9・27直衣、正徳6・1・25従二位、享保3(一七一八)・6・28周典親王家勅別当、享保4・3・2権大納言、享保9・2・22辞権大納言、2・23薨去

[死没]享保9(一七二四)・2・23　[年齢]47　[父]広橋貞光　[母]家女房　[法名]心誉定寂　[日記]兼廉卿記(一六九五—一七二四)　[公卿補任]4—171上

兼胤　かねたね　一七一五—八一

正徳5(一七一五)・11・18誕生、享保2(一七一七)・12・8叙爵、享保5・11・27元服、昇殿、侍従、従五位上、享保7・10・10喪母、12・1除服復任、享保9・1・14〈去六日宣〉正五位下、享保15・10・3右少弁、10・13拝賀従事、享保17・4・23蔵人、氏院別当、4・25左少弁、4・26禁色、拝賀従事、6・1正五位上、10・1辞氏院別当、11・7氏院別当、享保19・12・2権左中弁、12・4拝賀従事、12・30神宮弁、享保20・2・26春宮権大進☆、3・3辞神宮弁、3・21止権大進(受禅日)、新帝蔵人、禁色、拝賀従事、院判官代年預、拝賀、3・22氏院別当如元、11・14従四位下、蔵人頭、11・15辞氏院別当判官代等、11・18拝賀従事、12・5従四位上、12・24正四位下、享保21・1・23正四位上、元文2(一七三七)・8・21左中弁、9・22右大弁、9・24拝賀従事、元文3・5・25参議、転左大弁、6・18拝賀着陣、6・19聴直衣、9・24兼丹波権守、12・24従三位、元文4・1・10権中納言、3・21帯剣、元文6・1・14正三位、寛保1(一七四一)・8・29賀茂伝奏、寛保2・10・29大宰権帥、寛保3・3・9辞伝奏、延享2(一七四五)・3・23従二位、延享4・5・2院司(執権)、寛延2(一七四九)・10・21権大納言、寛延4・6・22正二位、宝暦5(一七五五)・6・24辞権大納言、宝暦8・9・21還任権大納言、12・1兵部卿、宝暦9・2・7辞権大納言、宝暦

10・12・26還任権大納言、安永4(一七七五)・10・28従一位、12・28辞権大納言、安永5・12・25准大臣宣旨、天明1(一七八一)・8・9薨去
[死没]天明1(一七八一)・8・9　[年齢]67　[父]広橋兼頼　[母]従五位下玄蕃頭松平忠周女　[後名]勝胤　[号]恭徳院　[法名]温誉・良寂　[日記]八槐御記(一七三二—八一)・広橋兼胤公武御用日記(一七五〇—七六)　[公卿補任]4—332下

伊光　これみつ　一七四五—一八二三

延享2(一七四五)・6・16誕生、延享3・2・17叙爵、宝暦4(一七五四)・10・19元服、昇殿、侍従、従五位上、宝暦6・1・9正五位下(父卿賞譲〈ま〉)、宝暦8・4・2右少弁、4・16拝賀従事、9・18左少弁、蔵人、9・26禁色、拝賀従事、9・28御祈奉行、氏院別当、12・28正五位上、宝暦9・1・16賀茂奉行、2・21神宮弁、4・19辞神宮弁、11・3免賀茂奉行、宝暦11・2・28兼右衛門権佐補検非違使、3・4拝賀従事、10・1辞御祈奉行、宝暦12・7・27新帝蔵人(践祚日)拝賀従事〈ま〉、9・24賀茂奉行如元、10・25造興福寺長官、11・5権左中弁(権佐使長官等如元)、11・7拝賀従事、宝暦13・10・14神宮弁、宝暦14・1・22免神宮弁、8・7免賀茂奉行、神宮弁、明和1(一七六四)・12・5左中弁(権佐使長官等如元)〈ま〉、明和2・6・28従四位下、蔵人頭(長官如故)、免神宮弁、6・30拝賀従事、7・27神宮弁、8・1従四位上、11・2免神宮弁、12・19正四位下、明和3・1・5正四位上、8・22免氏院別当、明和5・9・20右大弁(長官如元)〈ま〉、9・25拝賀〈ま〉、12・4左大弁(長官如元)〔参議〕、12・13拝賀着陣、12・16聴直衣、明和6・1・14従三位、8・19権中納言、11・18帯剣、11・20聴直衣、明和9・1・5正三位、安永4(一七七五)・10・9従二位、閏12・19権大納言、安永6・7・30正二位、8・22保業親王家別当、9・14賀茂上下社伝奏〈ま〉、天明1(一七八一)・8・8辞伝奏、天明4・12・3辞権大納言、寛政5(一七九三)・3・11依武命止出仕〈ま〉、4・2出仕〈ま〉、享和1(一八〇一)・4・25還任権大納言、5・20直衣始、享和2・1・10辞権大納言、文化9(一八一二)・4・26従一位、文化10・9・20准大臣蒙宣旨、文政6(一八二三)・4・4薨去
[死没]文政6(一八二三)・4・4　[年齢]79　[父]広橋兼胤　[母]従五位下隼人正成瀬正幸女　[号]勁松院　[日記]勁槐御記(一七五八—六八)・千羊御記(一八〇二—〇六)　[公卿補任]4—496下

胤定　たねさだ　一七七〇—一八三二

明和7(一七七〇)・10・15誕生、安永3(一七七四)・1・5従五位下、安永4・5・15元服、昇殿、侍従、安永5・1・9従五位上、12・25禁色、安永7・1・5正五位下、安永8・11・25改勝陳(元兼陳)、天明2(一七八二)・8・30服解(母)、10・21除服出仕復任、天明3・6・12右少弁、7・20兼皇太后宮権大進、10・12止権大進(依院号也)、12・25拝賀従事、天明4・1・12改名(元勝陳)、天明5・8・17蔵人(小除目次)、拝賀、8・20従事、9・13宿侍始、12・6正五位上、12・28賀茂下上社奉行、御祈奉行、天明6・2・25転権右中弁、2・27拝賀従事、10・3辞賀茂下上社奉行、辞御祈奉行、天明7・3・1氏院別当、4・27御祈奉行、9・16神宮弁、賀茂下上社奉行、免御祈奉行、12・19辞神宮弁、天明8・1・26辞賀茂下上社奉行、辞氏院別当、5・22氏院別当、5・23賀茂下上社奉行、御祈奉行、寛政1(一七八九)・5・22兼左衛門権佐(小除目)、蒙使宣旨、拝賀、5・24院判官代年預、5・26初着緋袍出仕、神宮弁、5・27辞御祈奉行、6・2拝賀(院司慶)、閏6・16辞氏院別当、閏6・17辞神宮弁、辞賀茂下上社奉行、寛政4・8・23神宮弁、寛政4・10・27転左中弁(小除目)、従四位下(臨時叙任)、蔵人頭、拝賀従事、11・2院別当、11・7申行宿侍後朝儀、11・13拝賀(院司慶)、11・23従四位上、12・2正四位下、寛政5・1・5正四位上、寛政6・3・7兼中宮亮(立后日)、拝賀、7・6止神宮弁(依宮中触穢也)、寛政8・2・13拝賀従事、2・20転右大弁(亮如旧)、4・24参議(亮如旧)、転左大弁、5・10拝賀着陣、5・11聴直衣、直衣始、11・28従三位(亮如旧)、寛政10・5・1権中納言、5・21聴直衣、直衣始、6・22帯剣、寛政11・1・5正三位、9・13賀茂下上社伝奏、享和2(一八〇二)・1・5従二位、1・22左衛門督補使別当、2・18聴直衣、直衣始、8・13辞伝奏、

享和3・1・10辞使別当、6・18賀茂下上社伝奏、10・25権大納言、11・10直衣始、12・24院執権、文化1(一八〇四)・7・6辞伝奏、文化2・11・23正二位、文化6・6・20脩道親王家別当、11・13賀茂下上社伝奏、文化8・4・28辞伝奏、9・24有道親王家別当、文化9・7・13賀茂下上社伝奏、文化10・4・26辞権大納言、辞伝奏、文政2(一八一九)・12・22〔従一位〕、天保3(一八三二)・閏11・11薨去

[死没]天保3(一八三二)・閏11・11　[年齢]63　[父]広橋伊光　[母]黒田継高女代々(実家女房)　[前名]兼陳・勝陳　[日記]日申御記(一七七〇―一八〇九)・公式御用日記(一八一四―一七)　[公卿補任]5―105下

光成　みつしげ　一七九七―一八六二

寛政9(一七九七)・1・26誕生、寛政10・1・5従五位下、享和2(一八〇二)・5・28元服、昇殿、従五位上、拝賀、8・13喪母、10・3除服出仕、文化2(一八〇五)・2・15侍従、5・16拝賀、5・28正五位下、文化7・2・20中宮権大進(侍従如故)、3・28拝賀、12・8右少弁(権大進如故)、12・26拝賀従事、文化8・12・21転左少弁(権大進如故)、12・26拝賀従事、文化10・9・20禁色、文化11・4・14蔵人(権大進如故)、9・15氏院別当、4・20拝賀従事、5・7宿侍始、9・16更為氏院別当、10・10正五位上、文化12・2・26転大進(小除目)、兼左衛門権佐、蒙使宣旨、拝賀、2・27出仕始、3・23賀茂下上社奉行、8・30転権右中弁(大進権佐使等如旧)、造興福寺長官、9・8拝賀従事、文化13・8・17辞賀茂下上社奉行氏院別当等、12・28神宮弁、文化14・3・22新帝蔵人、拝賀従事、3・23神宮弁如旧、5・28辞神宮弁、11・22転右中弁(長官大進権佐使等如故)、文政1(一八一八)・11・25賀茂下上社奉行、文政2・8・22蔵人頭(長官如故)、従四位下、8・25拝賀従事、8・27宿侍始、9・21従四位上、10・26正四位下、文政3・2・14正四位上、文政4・1・20転左中弁(長官如故)、兼皇太后宮亮、1・23拝賀従事、3・25神宮弁、3・27院別当、4・20拝賀、6・9止神宮弁(依触穢也)、7・23神宮弁、文政6・4・4(去二日分)辞神宮弁、文政7・4・26参議、転右大弁、皇太后宮亮造興福寺長官等如元、5・8拝賀着陣、5・10聴直衣、直衣始、6・4転左大弁(小除目)、拝賀着陣、11・19従三位、文政9・10・28正三位、文政11・6・28権中納言、7・28聴直衣、直衣始、8・1帯剣、文政12・1・5従二位、12・21右衛門督補使別当、12・28直衣始、天保2(一八三一)・8・2辞督別当、12・19院別当、天保3・1・11正二位、天保13・9・6賀茂下上社伝奏、弘化2(一八四五)・2・18権大納言、2・28直衣、弘化3・1・16辞伝奏、嘉永5(一八五二)・9・19辞権大納言、安政5(一八五八)・5・11還任権大納言、7・10直衣始、9・30辞権大納言、万延1(一八六〇)・11・23従一位、文久2(一八六二)・閏8・5准大臣蒙宣旨、閏8・6薨去

[死没]文久2(一八六二)・閏8・6　[年齢]66　[父]広橋胤定　[母]葉室頼凞女岩姫　[日記]後勁槐御記(一八一〇―六二)・議奏御用留(一八三五―五三)　[号]後勁松院　[法名]誠誉・忠寂　[公卿補任]5―294上

胤保　たねやす　一八一九―七六

文政2(一八一九)・2・1誕生、文政3・1・4叙爵、文政7・5・24元服、昇殿、従五位上、文政9・5・10正五位下、文政11・9・7喪母、10・28除服出仕、天保4(一八三三)・10・28侍従、12・23拝賀、天保11・3・14兼春宮権大進(立坊日)、拝賀、弘化3(一八四六)・2・13去権大進(依践祚)、弘化4・3・14兼皇太后宮権大進(立太后日)、拝賀、10・13去権大進(依門号)、蔵人(推補)、禁色、10・14拝賀従事、12・15宿侍始、12・17右少弁、兼右衛門権佐、蒙使宣旨、正五位上、12・18拝賀従事、嘉永1(一八四八)・5・18転左少弁(小除目、権佐使等如旧)、拝賀従事、9・20御祈奉行、9・28氏院別当、嘉永3・1・5辞御祈奉行氏院別当等、嘉永4・12・16転権右中弁(権佐使等如旧)、12・17拝賀従事、嘉永5・9・24転右中弁(権佐使等如旧)、10・11氏院別当、嘉永6・5・21蔵人頭、従四位下、5・25拝賀従事、5・28宿侍始、6・11従四位上、7・20正四位下、嘉永7・1・22正四位上、8・11賀茂下上社奉行、9・8神宮弁、9・14免神宮弁、安政2(一八五五)・1・13辞賀茂下上社奉行氏院別当等、安政3・11・29神宮弁、安政4(一八五七)・5・15転右大弁(小除目)、兼造

興福寺長官、拝賀従事、10・19転左大弁(長官如旧)、安政5・9・9辞神宮弁、安政6・2・19神宮弁、9・20参議(大弁長官等如旧)、10・21拝賀着陣、10・24聴直衣、直衣始、11・21従三位、文久1(一八六一)・9・17正三位、文久3・5・21右衛門督・使別当、9・28直衣始、12・29〈28日ともあり〉従二位、元治1(一八六四)・9・23権中納言、11・7聴直衣、直衣始、慶応1(一八六五)・5・12辞督別当、閏5・12〈去年十二月十九日分〉正二位、閏5・25帯剣、8・9権大納言、9・27直衣始、慶応4・1・17辞権大納言

[死没]明治9(一八七六)・11・14　[年齢]58　[父]広橋光成　[母]久世通理長女理子　[日記]胤保卿記(一八三五—四二)　[公卿補任]5—521下

烏丸家　からすまるけ

藤原氏北家日野流。日野家の支流。日野権大納言資康の三男権中納言豊光を家祖とする。家格は名家。内々の家。儒学・有職故実を家職とした。近衛家の家礼。江戸時代には家領九百五十四石五斗。豊光は足利将軍家の恩寵のもとに累進し、応永十五年(一四〇八)四月に蔵人頭となり、同十二月には参議に昇り公卿に列し、十八年正月に正三位、同閏十月には上首三人を超越して権中納言に任ぜられ、

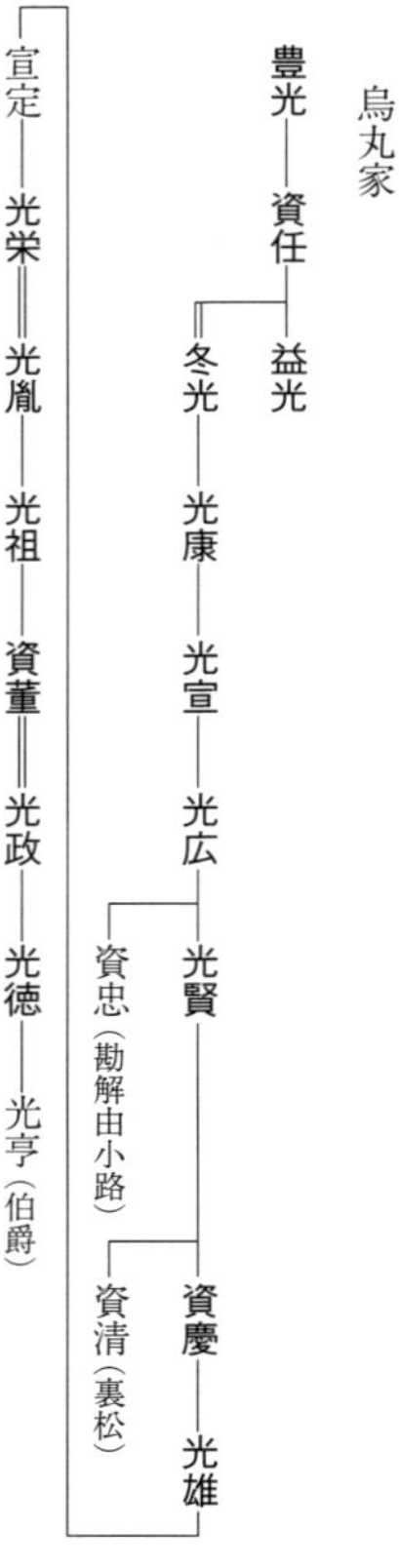

二十年には裏松大納言重光に替わって後小松院執権となり、院の実権を掌握した。のち贈内大臣従一位となる。二代は准大臣資任、三代は孫の権中納言益光であるが、益光は文明七年(一四七五)十二月に三十六歳で没し、子息が幼少であったため、同族嫡流の故日野左大臣勝光の二男冬光が資任の子となって烏丸の家督を継いだ。ところが後年になって、故益光の男資敦が成人し、長享二年(一四八八)元服し禁色を申すにより、烏丸家は嫡流冬光と庶流資敦とが対立することになり、家領知行割分の相論とも絡まり侍従資敦は暗殺され、ここに冬光の一流相続に帰した。光広の二男資忠が新家を起こし勘解由小路と号し、光賢の二男資清が新家を起こし裏松と号した。また、光栄の養嗣子には中御門権中納言宣賢の二男光賢が入り、資董の跡は分流の勘解由小路正三位資善の男光政が家督を継承した。従二位権大納言を先途としたが、豊光は贈内大臣従一位、資任・光康・光宣が准大臣従一位に昇り、光栄が内大臣正二位に昇った。

資董・光政二代にわたり議奏を勤めた。烏丸家は和歌の名門として知られ、光広が細川幽斎より古今伝授を受けて以来、古今伝授は家伝として代々秘伝された。ことに光栄は傑出した歌人で、霊元天皇から「いみじき歌よみ」と評され、世人から「今人丸」とも仰がれたほどで、まだ老齢期にも入らない時期、歌道の口授秘訣を伝うべきため中御門権中納言宣顕の二男光胤を見込んで養嗣子としている。時に享保十八年(一七三三)十月光栄四十五歳のときである。光栄には、一族勘解由小路音資の養子となる資望、裏松益光の養子となる光世、日野資時の養子となる資枝など多くの子息に恵まれるが、これらはいずれも光胤が入婿後の出生である。また、光栄は享保六年七月霊元天皇より和哥天仁遠波の伝授を受けた。元文四年(一七三九)五月中院通躬より三部抄および伊勢物語の伝授を受け、同年桜町天皇に古今伝授を授け、五年五月に有栖川職仁親王に天仁遠波を伝授したのを初め、三部抄・伊勢物語を伝授した。そして職仁親王よ

り天仁遠波等の伝授が桃園天皇・後桜町天皇等に授けられることになる。日記には、『光雄卿記』、『宣定記』、『光栄公記』、『光胤卿記』、『光祖卿記』がある。明治十七年(一八八四)光亨のとき、叙爵内規により伯爵を授けられた。菩提所は常磐の法雲院。『烏丸家譜』(東京大学史料編纂所架蔵、四一七五―一九五)。

豊光　とよみつ　一三七八―一四二九

応永15(一四〇八)・12・30参議、兼任左大弁遠江権守〈やし〉、元蔵人頭〈やし〉、応永17・1・5従三位、応永18・1・5正三位、1・28兼丹後権守、閏10・9権中納言、11・25兼左衛門督為使別当、応永19・－・－辞別当、応永20・5・16院執権、応永21・12・－還補別当、応永22・－・－〈「8月7日」く追〉止別当、応永24・5・－止執権、応永26・8・7〈「7月22日」イ〉止督、応永27・1・5正二位、応永30・4・25出家

［死没］永享1(一四二九)・2・18　［年齢］52　［父］烏丸資康、二男　［号］乗林院　［法名］祐通　［公卿補任］3―66上

資任　すけとう　一四一七―八二

文安1(一四四四)・7・10参議、元蔵人頭右〈やさし無〉大弁、右大弁如元、文安2・3・23兼丹波権守〈やさし〉、文安3・5・2従三位、12・7権中納言、宝徳1(一四四九)・12・12正三位、宝徳4・2・9権大納言、享徳1(一四五二)・閏8・12従二位、享徳2・10・8辞権大納言、長禄2(一四五八)・9・11従一位、長禄3・3・12准槐〈し〉、応仁1(一四六七)・9・－出家

※康正二年(一四五六)より「正二位」

［死没］文明14(一四八二)・12・16　［年齢］66　［父］烏丸豊光　［号］蓮光院　［法名］西誉　［公卿補任］3―147下　［大日本史料］8―14―752

益光　ますみつ　一四四〇―七五

寛正4(一四六三)・12・－参議(弁官如元)、元蔵人頭右大弁、寛正6・1・5従三位、3・24兼丹波権守、文正1(一四六六)・9・24左衛門督、補検非違使別当、11・13権中納言、応仁1(一四六七)・3・27辞別当、応仁2・6・－正三位、文明5(一四七三)・12・18兼大宰権帥、文明7・12・30薨去〈親長卿記〉

［死没］文明7(一四七五)・12・30　［年齢］36　［父］烏丸資任、一男　［母］家女房　［前名］氏光　［公卿補任］3―206下　［大日本史料］8―8―490

冬光　ふゆみつ　一四七三―一五一六

永正5(一五〇八)・7・19参議、元前頭右中弁、永正6・8・7正四位下、永正7・11・13兼右大弁、永正8・1・－従三位、永正10・12・－転左大弁、永正11・2・27権中納言、永正12・2・10正三位〈くし〉、永正13・5・5薨去

［死没］永正13(一五一六)・5・5　［年齢］44　［父］烏丸資任(実日野勝光、三男)　［号］後乗林院　［法名］宗賢　［公卿補任］3―321下　［大日本史料］9―6―298

光康　みつやす　一五一三―七九

永正10(一五一三)・10・13誕生、永正13(一五一六)・5・2叙爵、6・2侍従、永正16・12・21元服、禁色、昇殿、12・23従五位上、大永2(一五二二)・3・29兼美作権介、7・22左衛門佐(権介如元)、大永4・1・6正五位下、大永6・1・10右少弁、5・2新帝昇殿、大永7・3・17正五位上、享禄2(一五二九)・8・27権右中弁、天文2(一五三三)・8・17右中弁、天文3・2・5従四位下(不経五位蔵人)、11・17従四位上、天文4・3・21左中弁、10・23正四位下、11・4蔵人頭、12・4左宮城使、天文5・1・5正四位上、12・29右大弁、天文6・2・19参議、元蔵人頭、右大弁如元、3・8〈「9日」さ〉従三位、10・8転左大弁、天文7・3・8兼丹波権守、3・18権中納言、天文9・1・6正三位、天文13・3・19従二位、9・23在国(西国)、天文14・4・20上洛、天文15・1・19権大納言、天文17・3・23正二位、天文18・7・26辞神宮伝奏、永禄9(一五六六)・12・24上洛、永禄11・1・5従一位、元亀2(一五七一)・2・2違武命出奔、－・－出仕、元亀3・9・－従一位位記返上、天正3(一五七五)・4・5辞(権大納言)、本座、天正7・4・27准大臣可預朝参宣下、従一位、薨去

※天文十七年に「神宮伝奏」の記載あり

［死没］天正7(一五七九)・4・27　［年齢］67　［父］烏丸

冬光、二男 [母]鴨信祐女 [号]後蓮光院 [法名]了覚 [公卿補任]3―394下

光宣 みつのぶ 一五四九―一六一一

天文19(一五五〇)・1・5叙位、天文20・3・27〈「21日」くま〉侍従、天文24・6・27従五位上、元服、昇殿、弘治3(一五五七)・8・10正五位下、8・16左衛門佐、永禄3(一五六〇)・-・-権右少弁、7・8権左少弁、永禄6・6・27左少弁、永禄8・1・6正五位上、永禄11・12・13五位蔵人、永禄12・1・10右中弁、元亀4(一五七三)・1・16左中弁、天正2(一五七四)・1・5従四位下、3・28右大弁、6・5従四位上、12・9正四位下(年中三ケ度)、天正4・2・27蔵人頭、4・29正四位上、天正5・1・5参議(元頭右大弁)、大弁如元、従三位、5・10転左大弁、12・29奏慶、天正7・11・17権中納言、天正8・12・7正三位、天正11・1・5従二位、天正15・7・12権大納言、12・29正二位、慶長16(一六一一)・11・17准大臣従一位、11・21〈く〉薨去

※慶長七年より「賀茂伝奏」

[死没]慶長16(一六一一)・11・21 [年齢]63 [父]烏丸光康、二男 [一字名]丁 [号]顕性院 [公卿補任]3―477上 [大日本史料]12―9―71

光広 みつひろ 一五七九―一六三八

天正7(一五七九)・-・-誕生、天正9・1・5従五位下、天正11・11・12元服昇殿☆、侍従従五位上☆、天正14・1・6正五位下☆、天正17・3・30右少弁、文禄3(一五九四)・7・-〈「8月19日」く〉左少弁☆、文禄4・11・10正五位上〈く〉☆、補蔵人、慶長4(一五九九)・11・16左中弁、12・11従四位下、蔵人頭、12・26従四位上、慶長5・1・5正四位下、2・10正四位上、慶長6・3・19左宮城使〈く〉、慶長9・8・1右大弁、慶長11・1・11参議(右大弁如元)、慶長13・1・6従三位、慶長14・1・9左大弁、7・4勅勘、慶長16・4・1勅免、還任参議・左大弁、慶長17・1・11権中納言、慶長18・1・6正三位、元和2(一六一六)・2・13権大納言、元和3・1・5〈「6日」く〉従二位☆、元和6・1・5正二位、寛永4(一六二七)・-・-賀茂伝奏、寛永15(一六三八)・7・13薨去、(慶長十五年条依勅勘不見)

[死没]寛永15(一六三八)・7・13 [年齢]60 [父]烏丸光宣、一男 [一字名]黄 [号]法雲院・烏有子 [法名]泰翁・宗山 [公卿補任]3―525下

光賢 みつかた 一六〇〇―三八

慶長5(一六〇〇)・5・14誕生、慶長7・1・6叙位〈く〉、慶長13・1・12元服、昇殿、侍従、従五位上、慶長16・12・29禁色、慶長17・1・5正五位下、1・19右少弁、慶長18・6・4補蔵人、11・27〈「21日」く〉正五位上☆、慶長19・7・24〈「27日」く〉転左少弁☆、元和1(一六一五)・12・28転右中弁、元和5・3・20従四位下、7・10左中弁転、12・25〈「26日」く〉従四位上、元和6・1・5正四位下、6・17補蔵人頭、閏12・27正四位上(年中両度〈く〉)、寛永3(一六二六)・8・10辞蔵人頭、8・23参議、元頭〔「去弁」く〕、12・13更任左大弁、寛永4・1・5従三位、寛永7・1・11権中納言、寛永8・1・6正三位、寛永15・9・9薨去

※寛永十一年より「従二位」

[死没]寛永15(一六三八)・9・9 [年齢]39 [父]烏丸光広 [母]周防守村上頼勝女 [一字名]和 [号]清源院 [公卿補任]3―561下

資慶 すけよし 一六二二―六九

元和8(一六二二)・5・11誕生、元和10・1・5従五位下、寛永3(一六二六)・2・14元服、侍従、寛永5・2・10従五位上、寛永9・1・5正五位下、寛永16・1・11左衛門佐、寛永17・12・26蔵人、正五位上、寛永18・8・23権右少弁、寛永19・1・21右少弁、寛永20・10・16左少弁、寛永21・8・11従四位下、12・12従四位上(年中二ケ度〔「両度」ま〕)、正保1(一六四四)・12・26右中弁、正保2・10・18〈賜去正月六日正四位下位記〉正四位下、蔵人頭、正四位上☆、12・28左中弁、正保4・12・29参議☆、元蔵人頭左中弁、12・30転右大弁、慶安2(一六四九)・1・12左大弁、承応1(一六五二)・12・7正三位☆、承応3・12・12〈「13日」くま〉辞大弁☆、12・21権中納言☆、承応4・2・18聴直衣、明暦2(一六五六)・12・14従二位〈くま〉、万治1(一六五八)・10・19権大納言☆、万治4・1・5正二位、2・4神宮伝奏、-・-伝奏辞退、寛文2(一六六二)・10・

10〈く〉辞権大納言、寛文9・11・28薨去
[死没]寛文9(一六六九)・11・28 [年齢]48 [父]烏丸光賢 [母]参議従三位細川忠興女 [号]天通院 [法名]素芳 [公卿補任]3—613上

光雄 みつお 一六四七—九〇

正保4(一六四七)・3・12誕生、慶安4(一六五一)・1・5叙爵、明暦2(一六五六)・4・25元服、昇殿、侍従、従五位上、万治1(一六五八)・閏12・26権右少弁、万治2・12・25右少弁、万治3・1・5正五位下、10・27蔵人、禁色、寛文1(一六六一)・12・24正五位上、寛文2・12・14左少弁、寛文3・8・7右中弁、8・10蔵人頭、従四位下、11・20従四位上、12・14正四位下、寛文4・閏5・3正四位上、寛文6・11・15左中弁、寛文9・12・18〈去十一廿三日分〉右大弁、〈去十一月廿三日分〉参議☆、右大弁如旧、寛文10・11・9〈去正月五日分〉従三位、寛文13・2・19去弁、延宝2(一六七四)・1・19〈去年十二月十七日分〉辞参議、2・8権中納言、延宝3・2・26〈「22日」ま「19日」家譜〉〈去正月五日分〉正三位☆、3・22帯剣☆、延宝5・5・27賀茂伝奏、延宝6・8・7辞伝奏、延宝8・1・5従二位、-・-神宮伝奏、延宝9・11・21権大納言、天和4(一六八四)・1・27神宮伝奏、貞享1(一六八四)・8・20辞伝奏、貞享2・5・18〈家譜〉賀茂伝奏、元禄1(一六八八)・12・26辞権大納言、辞伝奏、元禄3・10・17薨去☆
[死没]元禄3(一六九〇)・10・17 [年齢]44 [父]烏丸資慶 [母]内大臣従一位清閑寺共房女 [号]大光院 [法名]真性 [日記]光雄卿記(一六六二—一六九〇) [公卿補任]4—22上

光栄 みつひで 一六八九—一七四八

元禄2(一六八九)・8・3誕生、元禄6・5・6叙爵、元禄10・11・29元服、昇殿、侍従、従五位上、元禄14・12・23〈去正五分〉正五位下、宝永1(一七〇四)・10・25権右少弁、宝永3・2・20右少弁、宝永5・12・21蔵人、12・27禁色、宝永6・1・9〈去五分〉正五位上、正徳1(一七一一)・7・24左少弁、正徳4・7・26右中弁、享保3(一七一八)・6・4蔵人頭、従四位下、6・14右大弁、6・24従四位上、7・13正四位下、享保4・1・9〈去五分〉正四位上、9・15参議〈右大弁如旧〈ま〉〉、11・25拝賀着陣、12・5転左大弁、12・11直衣、享保5・6・21従三位、享保7・4・14権中納言、5・27帯剣、享保9・閏4・2正三位、閏4・21権大納言、享保12・1・25久嘉親王家勅別当、享保13・12・21従二位、享保16・4・7辞権大納言☆、享保19・12・14正二位、延享1(一七四四)・5・1還任権大納言、5・4帯剣、6・16辞権大納言☆、寛延1(一七四八)・3・7内大臣、3・9辞内大臣、3・14薨去
[死没]寛延1(一七四八)・3・14 [年齢]60 [父]烏丸宣定 [母]家女房 [一字名]栄 [号]不昧真院 [日記]光栄公記(一七〇八—三八) [公卿補任]4—235上

光胤 みつたね 一七二一—八〇

享保6(一七二一)・6・1誕生、享保16・11・23叙爵、享保18・10・5為光栄卿子、享保19・2・4元服☆、昇殿☆、侍従☆、6・11従五位上、元文2(一七三七)・10・23右少弁、10・26拝賀従事〈ま〉、12・23正五位下☆、元文3・7・2転左少弁、7・4蔵人、7・9禁色〈ま〉、拝賀従事〈ま〉、7・25正五位上、12・8氏院別当〈ま〉☆、12・24兼造興福寺長官、元文5・6・10権右中弁〈長官如旧〉、6・15拝賀従事〈ま〉、8・5辞氏院別当〈ま〉、寛保3(一七四三)・6・29転右中弁、6・30長官如旧、寛保4・8・13蔵人頭、従四位下〈長官如旧〉、8・14拝賀従事〈ま〉、8・23従四位上、9・14転右大弁〈長官如旧〉☆、9・16拝賀従事〈ま〉、9・28正四位下、12・22改光胤〈元清胤〉、延享2(一七四五)・1・5正四位上、延享3・10・9参議、12・22聴直衣☆、延享4・2・1従三位〈右大弁長官等如旧〉、12・10拝賀着陣、5・2院司、寛延1(一七四八)・8・22左大弁☆、12・26辞大弁、12・27権中納言、寛延2・5・16帯剣、寛延3・3・28智子内親王家別当、寛延4・10・1正三位、宝暦1(一七五一)・12・5賀茂伝奏、宝暦3・4・15辞伝奏、宝暦6・5・10権大納言、12・21従二位、宝暦8・7・24止権大納言、永蟄居〈ま〉、宝暦10・5・10出家
[死没]安永9(一七八〇)・9・18 [年齢]60 [父]烏丸光栄(実中御門宣顕、二男、真実中御門宣誠)

[母]家女房　[前名]清胤　[号]龍泉院　[法名]卜山　[日記]光胤卿記(一七三八-四五)　[公卿補任]4—374下

光祖　みつのり　一七四六—一八〇六

延享3(一七四六)・7・22誕生、宝暦1(一七五一)・12・22従五位下、宝暦5・10・18元服、禁色、昇殿、侍従、宝暦6・閏11・25従五位上、宝暦10・11・26正五位下、宝暦12・12・19右少弁、12・24拝賀従事、明和1(一七六四)・8・7補蔵人、為御祈奉行、8・11拝賀従事、8・26正五位上、10・2転左少弁、12・15転権右中弁、12・16拝賀従事、明和2・6・28神宮弁、7・27免神宮弁、8・1兼右衛門権佐、豪使宣旨、8・10拝賀、明和3・8・22氏院別当、明和5・2・19兼春宮大進、拝賀、9・15賀茂下上社奉行、9・20転右中弁(兼官如故)、12・8免賀茂下上社奉行、明和6・6・3賀茂下上社奉行、8・19造興福寺長官、明和6・8・20転左中弁(兼官如故)、明和7・2・18辞賀茂下上奉行、明和7・11・24補新帝蔵人、補院判官代(年預)、拝賀従事、止大進、明和8・9・9免御祈奉行、神宮弁、9・19辞神宮弁、10・3従四位下、明和9・2・14補蔵人頭(去造寺長官)、従四位上、2・19拝賀従事、5・15正四位下、9・13正四位上、安永1(一七七二)・11・18〈2年カ〉左大弁、11・20拝賀従事、安永4・閏12・2参議(大弁如故)、閏12・6拝賀着陣、閏12・25辞参議・左大弁、安永7・閏7・4従三位〈ま〉、安永8・5・4正三位、12・12賜後桃園院御服、安永9・2・6権中納言、天明1(一七八一)・12・13帯剣、天明2・2・26聴直衣、3・8従二位、11・24賀茂伝奏、天明3・10・12免賀茂伝奏、天明5・1・5正二位、天明7・5・26権大納言、6・27直衣始、7・1辞権大納言、文化3(一八〇六)・8・19薨去

[死没]文化3(一八〇六)・8・19　[年齢]61　[父]烏丸光胤　[母]内大臣正二位烏丸光栄女　[幼名]常丸　[号]孝徳院　[法名]悦山　[日記]光祖卿記(一七六六-六八)　[公卿補任]4—539上

資董　すけきよ　一七七二—一八一四

安永1(一七七二)・9・15誕生、安永3・1・5従五位下、天明3(一七八三)・6・27元服、昇殿、従五位上、奏昇殿慶、8・5侍従、天明6・1・14正五位下、寛政4(一七九二)・10・27右少弁(小叙目)、正五位上、補蔵人、禁色、拝賀従事、11・13申行宿侍後朝儀、寛政5・1・8御祈奉行、5・9賀茂下上社奉行、氏院別当、8・11辞賀茂下上社奉行、辞御祈奉行、辞氏院別当、8・12賀茂下上社奉行、御祈奉行、氏院別当、寛政6・3・7兼中宮大進(立后日)、拝賀従事、8・21辞賀茂下上社奉行、辞御祈奉行、辞氏院別当、12・4御祈奉行、氏院別当、寛政7・10・22氏院別当、11・30辞氏院別当、寛政8・2・10転左少弁(大進如旧)、4・24兼右衛門権佐、蒙使宣旨、拝賀、4・28初着緋袍出仕、寛政9・3・21氏院別当、7・14賀茂下上社奉行、寛政10・5・7転右中弁(大進権佐如元〈ま〉)、5・10拝賀従事、寛政11・3・16従四位下(小除目)、補蔵人頭、拝賀、去賀茂御祈等奉行〈ま〉、3・20従事、3・22院別当、3・26申行宿侍後朝儀、申院司慶、4・5従四位上、5・8正四位下、寛政12・1・5正四位上、4・23神宮弁、5・7転左中弁、5・13拝賀従事、8・27賀茂下上社奉行、12・23免賀茂下上社奉行、享和1(一八〇一)・12・8辞神宮弁、辞氏院別当、12・9氏院別当、享和2・12・24辞氏院別当〈ま〉、文化1(一八〇四)3・4兼造興福寺長官、4・1参議、転右大弁(造興福寺長官如旧)、5・7拝賀着陣、5・8聴直衣、直衣始、9・13転左大弁(長官如旧)、9・28拝賀着陣、12・18従三位、文化4・12・19正三位、文化5・閏6・8権中納言、9・21聴直衣、直衣始、11・2帯剣、文化7・11・22従二位、文化8・4・30賀茂伝奏、文化9・7・10辞賀茂伝奏、文化10・6・4権大納言、6・26直衣始、文化11・1・27正二位、5・20〈昨日分〉辞権大納言、薨去

[死没]文化11(一八一四)・5・20　[年齢]43　[父]烏丸光祖、二男　[母]権大納言広橋兼胤女　[幼名]象丸　[号]清浄院　[公卿補任]5—160下

光政　みつまさ　一八一二—六三

文化9(一八一二)・5・22誕生、文化11・10・10従五位下、文化14・11・26元服、昇殿、従五位上、

文政3(一八二〇)・1・4正五位下、文政4・3・27侍従、文政7・6・4右少弁(小除目)、6・22拝賀従事、文政10・6・10補蔵人、6・12兼右衛門権佐、使宣旨、6・18禁色、拝賀従事、6・23申行宿侍後朝之儀、12・19正五位上、文化11・4・19御祈奉行、文政13・6・15辞御祈奉行、天保2(一八三一)・5・16辞蔵人、辞右衛門権佐検非違使等、天保6・2・22服解(母)、4・21除服出仕復任、天保6・12・28転右中弁(推任)、天保7・4・28拝賀従事、天保8・11・28転左中弁、12・1拝賀従事、天保9・7・24従四位下、補蔵人頭(推補)、8・2拝賀従事、8・6申行宿侍後朝之儀、9・27従四位上、12・3正四位下、12・19院別当(院宣)、12・26院司慶、天保10・1・4正四位上、天保11・2・17為神宮弁(昨日分)、3・14兼春宮亮(立坊日)、拝賀、11・3辞神宮弁、11・5為神宮弁、11・19辞神宮弁、除服出仕(別勅)、天保13・1・22転左大弁(亮如故)、1・24拝賀従事、天保14・8・17神宮弁、弘化1(一八四四)・12・22参議、左大弁春宮亮等如故、12・28拝賀着陣、12・29聴直衣、直衣始、弘化2・2・18従三位、弘化3・2・13去亮、3・4賜仁孝天皇御当色、3・7賜御素服、嘉永1(一八四八)・5・18右衛門督補使別当、5・25直衣始、嘉永2・2・14正三位、嘉永3・2・3権中納言、3・4聴直衣、直衣始、6・18辞督別当、10・12帯剣、嘉永5・1・4従二位、安政2(一八五五)・1・22正二位、安政5・10・7権大納言、12・18直衣始、文久2(一八六二)・3・4辞権大納言、文久3・9・20従一位、9・21薨去

[死没]文久3(一八六三)・9・21　[年齢]52　[父]烏丸資董　[母]飛鳥井雅威二女田鶴子(実斎藤氏女家女房)　[幼名]慶丸　[号]清諿院　[公卿補任]5—418下

光徳　みつえ　一八三二—七三

天保3(一八三二)・7・20誕生、天保5・12・22従五位下、弘化2(一八四五)・10・27元服、昇殿、従五位上、拝賀、弘化4・12・17正五位下、安政7(一八六〇)・1・12侍従、2・17拝賀、文久3(一八六三)・8・16従四位下(五位侍中雖連綿経歴、方今国務多端之間被採用度、依思食被推叙)、慶応3(一八六七)・2・28(去文久三年九月廿一日父薨、其節依御咎中今日服解)、4・27除服出仕復任、慶応4・閏4・22参議

[死没]明治6(一八七三)・8・15　[年齢]42　[父]烏丸光政　[母]家女房(実生間氏)　[養母]山内登三郎豊敬女　[幼名]代々丸　[公卿補任]5—587下

柳原家　やなぎわらけ

藤原氏北家日野流。日野家の支流。日野権大納言俊光の四男権大納言資明を家祖とする。家格は名家。内々の家。儒学・有職故実を家職とした。近衛家の家礼。江戸時代には家領二百二石六斗余。資明の二男権中納言教光が庶流武者小路家(断絶)、三男権大納言保光が庶流土御門家(断絶)を起こし、四男権大納言忠光が嫡流を継承し、忠光の二男権大納言資藤が庶流日野町家を起こした。しかし、忠光の一男参議資衡に子息がなかったので、資藤二男行光(忠秀)が資衡の跡を相続した。それより三代後の資定のときも、町権中納言資将の男将光が柳原家の資定の家督を相続し、淳光と改名する。天文二十年(一五五一)九月のことであるが、その翌月資将が伯耆国で没し、町家の遺跡を継ぐ者がいなかったため、翌々年の弘治三年(一五五七)仰せにより資定が町家の家領を管領し家門再興を図ることになる。そして淳光の四男英光が町家の相続者として、天正十五年(一五八七)四歳で叙爵、文禄三年(一五九四)に元服したが、柳原本流の淳光嗣子の権右少弁資淳が同五年に早世するにより、急遽英光が実家に復帰し、資俊と改名し柳原家の後継者となる。これにより庶流日野町家は断絶する。家例は従一位権大納言を先途としたが、淳光は准大臣を贈られた。量光・資定が敷奏に補され、資廉・光綱が武家伝奏に補された。幕末には光愛が公武合体派の公卿として活躍し、その女愛子は明治天皇の典侍となり、大正天皇の生母となる。柳原家は代々紀伝道をもって出身し、文章博士に

柳原家

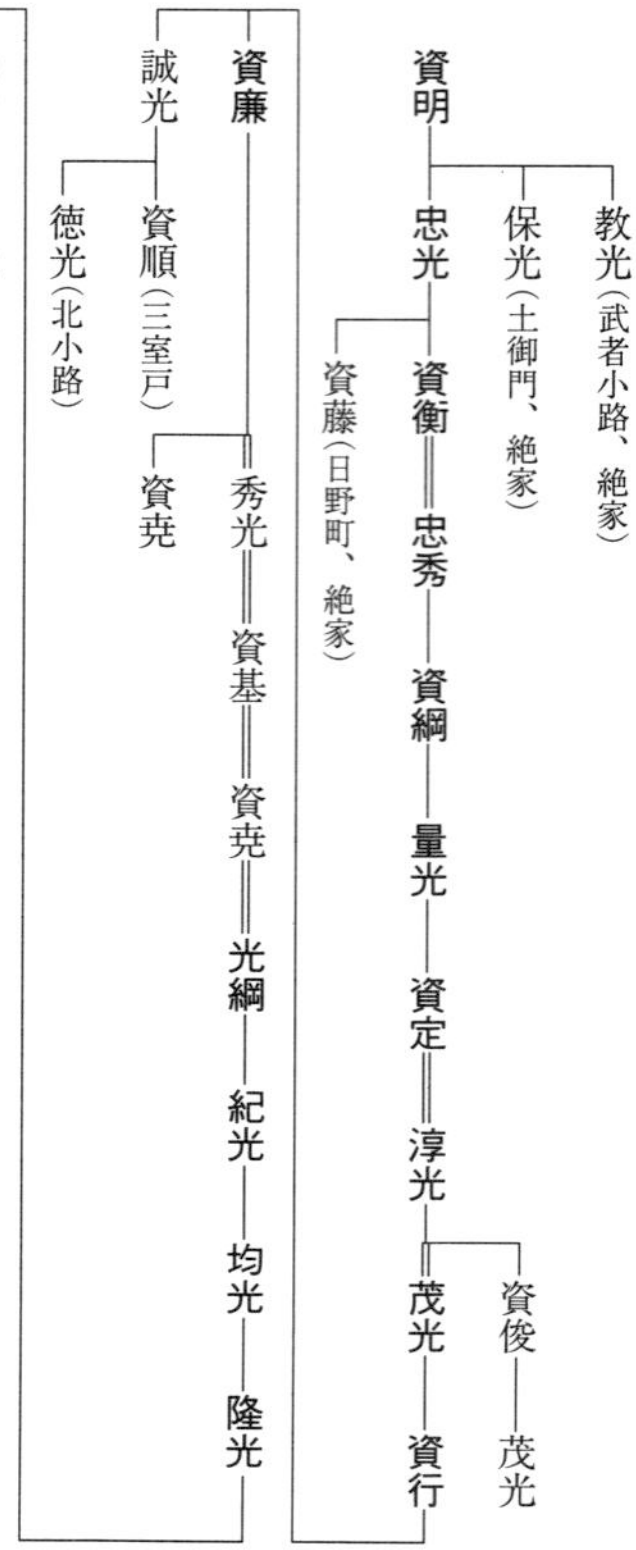

任ぜられる者も少なくなかったが、応仁の乱以後その伝統が途絶えていたことをかねてより慨嘆していた光綱は、それを回復すべく『日本三代実録』に続く国史編纂の志を持ったが、それを実現することなく没した。その子紀光が亡父の遺志を継いで実現させたのが『続史愚抄』である。この編纂は安永六年（一七七七）から着手、寛政三年（一七九一）に一応の稿本が出来上がっているが、さらに中清書本の作成を進め、同十二年にその生涯を終えるまで完璧が期された。この過程で諸家の秘記の探索、借覧・謄写された厖大な記録は『柳原家記録』と総称され、宮内庁書陵部と愛知県西尾市立図書館にその大部分が所蔵されている。日記には、『永和一品記』（忠光）、『永禄一品記』（資定）、『資行卿記』、『資廉卿記』、『資堯卿記』、『光綱卿記』、『愚紳』（紀光）、『均光日次記』、『隆光卿記』、『光愛卿記』、『前光卿記』などがある。明治十七年（一八八四）前光のとき、叙爵内規により伯爵を授けられた。菩提所は寺町 浄福寺。『柳原家譜』（東京大学史料編纂所架蔵、二〇七五－一二七五）。

資明　すけあきら　一二九七－一三五三

正安3（一三〇一）・1・6従五位下（不遂業）、延慶1（一三〇八）・11・8従五位上、延慶4・1・5正五位下、正和2（一三一三）・4・10右馬権頭、文保1（一三一七）・12・22少納言（去頭）、補蔵人、文保2・1・20摂津権守、2・26止蔵人、5・28〈「6月」ヤイ〉還補蔵人、7・7右兵衛権佐、10・22左衛門権佐、元応1（一三一九）・8・7中宮権大進、・・止権大進、元応2・2・6還任権大進、3・24権左少弁、9・5転左少弁、9・23転大進、元応3・1・5従四位下、3・19止佐、6・6転権右中弁、元亨1（一三二一）・9・17従四位上、元亨2・8・1止大進、元亨3・8・7権弁、正中3（一三二六）・1・5正四位下（新院当年御給）、嘉暦1（一三二六）・5・13遭父喪、元徳1（一三二九）・11・24従三位、元前権右中弁、元徳2・3・1右大弁、3・22転左、補造東大寺長官、10・21参議、止長官並大弁、元徳3・1・5兼宮内卿、7・17改任、10・5還任（参議）〈や〉、元弘2（一三三二）・1・5正三位、4・15還任（参議）、正慶1〈元弘2〉（一三三二）・10・21権中納言、正慶2〈元弘3〉・5・17止職、詔為前三木従三位、建武1（一三三四）・3・15正三位、建武3・8・15還任（参議）、建武4〈延元2〉・1・7権中納言、7・20兼左兵衛督、建武5・8・11遷右衛門督、暦応1〈延元3〉（一三三八）・9・16使別当、暦応5〈興国3〉・1・5従二位、康永1〈興国3〉（一三四二）・12・26辞督別当、康永2〈興国4〉・1・29〈2月1

日カ〉帯剣、4・10中納言、康永3〈興国5〉・1・5正二位、康永4〈興国6〉・7・19神木帰座日於宇治御旅所放氏、7・24続氏、9・8権大納言、貞和2〈正平1〉(一三四六)・12・5辞退(権大納言)、貞和4〈正平3〉・10・7兼按察使、文和2〈正平8〉(一三五三)・7・27薨去

[死没]文和2(一三五三)・7・27　[年齢]57　[父]日野俊光、四男　[母]阿野公寛女従三位藤原寛子(亀山院女房)　[公卿補任]2―524上　[大日本史料]6―18―271

忠光　ただみつ　一三三四―七九

康永2〈興国4〉(一三四三)・3・27文章生、6・25蒙方略宣、7・8献策、7・11判、7・20叙爵、康永3〈興国5〉・7・29春宮権大進、康永4〈興国6〉・4・16従五位上、貞和3〈正平2〉(一三四七)・1・11正五位下、貞和4〈正平3〉・10・27遷左兵衛権佐、観応3〈正平7〉(一三五二)・8・17五位蔵人、文和2〈正平8〉(一三五三)・7・25遷左衛門権佐、7・27服暇(父)、10・28復任宣下、11・21除服、12・29兼文章博士、文和3〈正平9〉・6・29右少弁、防鴨河使、11・15正五位上、文和4〈正平10〉・12・29〈「28日」やイ〉転左少弁、12・23辞佐(河使如元)、文和5〈正平11〉・1・28兼越中介、延文1〈正平11〉(一三五六)・6・24服解、9・5復任、去博士、12・25従四位下、延文3〈正平13〉・8・12転右中弁、蔵人頭、〈「同日」さ〉従四位上、延文4〈正平14〉・1・5正四位下、4・21転左中弁、兼左宮城使、延文6〈正平16〉・3・27参議、元蔵人頭左中将、転左大弁、康安1〈正平16〉(一三六一)・4・15兼造東大寺長官、康安2〈正平17〉・4・-還補勧学院別当、5・7従三位、貞治2〈正平18〉(一三六三)・1・28兼周防権守、4・20権中納言、8・18帯剣、貞治3〈正平19〉・4・14右衛門督、貞治5〈正平21〉・8・11〈「10日」やし〉使別当、応安1〈正平23〉(一三六八)・2・21正三位、7・16辞別当並督、応安4〈建徳2〉・8・17従二位、12・-放氏、永和1〈天授1〉(一三七五)・3・29正二位、11・18権大納言、永和5〈天授5〉・1・19従一位、-・-薨去

[死没]永和5(一三七九)　[年齢]46　[父]柳原資明、四男　[日記]永和一品記・忠光卿記(一三五四-七五)　[公卿補任]2―671上

資衡　すけひら　一三六二―一四〇四

嘉慶2〈元中5〉(一三八八)・5・26参議、元蔵人頭、佐大弁如元、明徳1〈元中7〉(一三九〇)・4・1従三位、4・9兼右衛門督、4・14検非違使別当〈し〉、明徳3〈元中9〉・1・25兼美作権守、8・22権中納言、-・-兼任右衛門督別当、11・-辞督並別当、明徳4・1・5正三位、応永4(一三九七)・1・5従二位、応永10・6・14権大納言、応永11・1・6正二位、1・19出家

[死没]応永11(一四〇四)・12　[年齢]42　[父]柳原忠光　[母]日吉禰宜祝部成国女　[法名]清寂　[公卿補任]3―17上　[大日本史料]7―6―619

忠秀　ただひで　一三九三―一四四三

応永27(一四二〇)・閏1・10参議、元蔵人頭右大弁、転左、12・30正四位下、応永28・3・24兼周防権守、12・21権中納言、-・-従三位、応永32・1・5正三位、永享10(一四三八)・9・4権大納言、永享11・1・5従二位、嘉吉3(一四四三)・3・6正二位、3・12薨去

[死没]嘉吉3(一四四三)・3・12　[年齢]51　[父]柳原資衡(実日野町資藤、二男)　[母]従三位紀俊長妹(実因幡守平詮定女)　[前名]行光　[公卿補任]3―95下

資綱　すけつな　一四一七―一五〇〇

文安6(一四四九)・3・28参議、右大弁如元、元蔵人頭、宝徳2(一四五〇)・-・-従三位、4・-権中納言、宝徳3・3・12正三位、宝徳4・4・26辞権中納言、4・28還任(権中納言)、康正1(一四五五)・8・1従二位、11・18可賜去八月一日位記之由宣下云々、長禄2(一四五八)・-・-検非違使別当右衛門督、12・22〔権大納言脱カ〕、長禄4・1・6正二位、4・2辞権大納言、4・5還任(権大納言)、12・-辞権大納言、文正2(一四六七)・2・6還任(権大納言)、-・-被仰院執権、応仁3(一四六九)・11・-被仰神宮伝奏、文明11(一四七九)・-・-辞権大納言、文明14・-・-従一位、明応9(一五〇〇)〈又文亀1年にもあり〉・閏6・27薨去

[死没]明応9(一五〇〇)・閏6・27　[年齢]84　[父]柳

原忠秀 [母]権大納言正三位日野西資国女 [前名]資重 [公卿補任]3—160上

量光 かずみつ 一四四八—一五一〇

享徳3(一四五四)・1・5叙爵(「叙位」や)(于時尚光)、康正3(一四五七)・1・5従五位上、寛正2(一四六一)・3・28右兵衛佐、寛正4・1・5正五位下、12・5右少弁、12・20〈く〉正五位上、寛正5・12・19蔵人、文正1(一四六六)・3・29転左少弁、4・28為大嘗会悠紀所行事、10・-兼近江守(大嘗会国司)、応仁1(一四六七)・11・1転右中弁、文明1(一四六九)・11・2転左中弁、12・20従四位下、文明2・3・27従四位上、12・18蔵人頭、文明3・4・11正四位下、9・6兼文章博士、文明4・1・21正四位上、改量光、文明7・1・28参議(元蔵人頭)、右大弁如元、文明8・12・29被仰敷奏、文明9・1・6従三位、8・15転左大弁、補造東大寺長官、12・30権中納言、文明16・12・21辞権中納言、文明18・7・23還任(権中納言)、兼右衛門督検別当、8・7辞諸職、永正7(一五一〇)・8・18薨去

[死没]永正7(一五一〇)・8・18 [年齢]63 [父]柳原資綱 [前名]尚光 [法名]明寂 [日記]量光卿記(一四七五—一五〇九) [公卿補任]3—242下 [大日本史料]9—2—832

資定 すけさだ 一四九五—一五七八

明応4(一四九五)・11・6誕生、明応5(一四九六)・11・2従五位下、永正4(一五〇七)・12・21右兵衛佐、永正5・7・26従五位上、12・9喪母、永正7・8・18服解(父)、10・9復任、永正7・11・4左少弁(超越右〈さ〉)、11・20蔵人、永正9・11・22正五位下、永正13・12・3〈やさ〉禁色、奏慶(依在国遅々)〈さ〉、永正14・2・8〈賜去永正十四十二位記〉(「頼継同日宣下」〈さ〉)正五位上(蔵人右少弁頼継依超越也)、永正16・1・17右中弁、大永1(一五二一)・11・13従四位下、12・7従四位上、12・26左中弁、大永2・1・5正四位下、3・29左宮城使、大永3・8・23正四位上、大永4・1・28蔵人頭、2・19奏慶〈さ〉、12・30右大弁、大永5・12・25左大弁、大永6・4・29新帝蔵人頭〈やさ〉、大永8・4・13参議、元蔵人頭、左大弁如元、4・27従三位〈さ〉、11・22下向因州〈さ〉、天文4(一五三五)・3・6権中納言、4・7正三位、6・-敷奏(御即位伝奏)、天文5・3・1従二位、-・-神宮伝奏〈さ〉、天文8・8・10権大納言、11・13下向因幡国、-・-神宮伝奏上表、天文11・2・13辞退(権大納言)、天文13・5・4上洛、5・20本座宣下、5・24陸奥出羽按察使、8・21正二位、12・29還任(権大納言)(去按察使)、天文14・3・3在国(防州)、天文15・1・19辞退(権大納言)、天文19・7・21民部卿、弘治2(一五五六)・7・12賜去天文廿十二廿八従一位位記(去卿)〈や〉、永禄2(一五五九)・9・-賀茂伝奏、永禄5・-・-賀伝辞、永禄9・2・-神宮伝奏、天正3(一五七五)・6・-勅勘、7・14勅免、天正6・3・27出家、3・30薨去

❖永禄二年より「御即位伝奏」

[死没]天正6(一五七八)・3・30 [年齢]84 [父]柳原量光 [法名]紹寂 [日記]永禄一品記・資定卿記(一五二六—七六) [公卿補任]3—374下

淳光 あつみつ 一五四一—九七

天文10(一五四一)・7・30誕生、天文11・閏3・10叙爵(于時将光)、天文16・6・26元服、宮内権大輔、昇殿、従五位上、閏7・3左兵衛権佐、天文17・3・23越中介、天文19・2・19右少弁、2・20権左少弁、正五位下、12・19正五位上、12・20左少弁、天文20・9・19改名淳光、天文23・1・4五位蔵人、1・17右中弁、天文24・9・28左中弁、永禄2(一五五九)・10・11従四位下、蔵人頭、12・22従四位上、永禄3・1・15正四位下、2・6正四位上、2・13右大弁、永禄6・7・1左大弁、7・6参議、左大弁如元、元蔵人頭、12・6奏慶、永禄9・-・-在南都入城、7・-上洛、9・3従三位、11・-又下向、永禄11・-・-上洛、12・18権中納言、永禄13・-・-賀茂伝奏、元亀2(一五七一)・1・6正三位(在阿州)、天正3(一五七五)・11・23辞伝奏、天正4・2・25上洛、-・-賀茂伝奏、12・30従二位、天正5・4・-辞権中納言☆、4・4逐電、8・-出仕、11・20還任権中納言、天正6・3・27辞権中納言、天正7・11・17権大納言、天正8・1・20辞権大納言、2・10正二位、5・1〈「5日」くま〉神官伝奏、天正10・2・17還任権大納言、12・27辞権大納言、天正13・

5・9還任権大納言、天正15・8・8辞権大納言、文禄3(一五九四)・7・23神宮伝奏、慶長2(一五九七)・8・6従一位、8・11薨去、慶長18・8・11贈准大臣〈く〉

[死没]慶長2(一五九七)・8・11 [年齢]57 [父]柳原資定(実町資将) [母]正三位竹屋光継女 [前名]将光 [号]瑞光院 [法名]心寂 [公卿補任]3—452下

茂光 しげみつ 一五九五—一六五四

慶長8(一六〇三)・1・6叙位、慶長10・11・1〈く〉元服、昇殿、春宮権大進、慶長11・1・6従五位上、慶長13・1・12左兵衛権佐〈くま〉、慶長14・1・11〈「13日」くイ〉右少弁、慶長15・7・19正五位下、慶長16・4・21蔵人、慶長17・1・5正五位上、1・19左少弁、慶長18・12・26従四位下、12・30従四位上(年中〔「一ヶ月」く〕両度)、慶長19・1・5正四位下、7・24蔵人頭、7・27〈くま〉右中弁、10・8正四位上(年中両度)、元和1(一六一五)・12・28左中弁、元和5・7・10右大弁、7・13参議、右大弁如元、元和6・1・5従三位、元和10・1・5正三位、寛永3(一六二六)・8・13権中納言、寛永5・2・10従二位、1・28按察使、寛永11・1・6正二位、寛永16・2・23権大納言、寛永20・10・14辞権大納言、慶安1(一六四八)・12・26辞伝奏、慶安3・12・27改茂光、承応3(一六五四)・10・6薨去

❖寛永十五年より「賀茂伝奏」

[死没]承応3(一六五四)・10・6 [年齢]60 [父]柳原淳光(実柳原資俊) [前名]業光 [公卿補任]3—551下

資行 すけゆき 一六二〇—七九

元和6(一六二〇)・12・16誕生、元和9・1・5叙爵、寛永3(一六二六)・3・27元服☆、従五位上☆、左兵衛佐☆、寛永9・1・5正五位下、寛永14・12・20権右少弁、寛永16・閏11・22蔵人、禁色、閏11・29正五位上、寛永18・8・23右少弁、寛永19・1・21左少弁、寛永20・10・16右中弁、10・26従四位下、11・17従四位上(年中両度)、寛永21・1・5正四位下、正保1(一六四四)・12・19蔵人頭、12・26左中弁、正保2・2・19〈賜去正月六日正四位上位記〉正四位上、12・28右大弁、正保4・12・19参議、元蔵人頭右大弁、12・30転左大弁、慶安1(一六四八)・12・22〈賜去正月五日従三位〉従三位、慶安2・1・12辞大弁、承応1(一六五二)・12・7正三位、承応3・12・21権中納言、明暦1(一六五五)・7・25聴直衣、明暦2・12・14従二位、明暦3・12・6権大納言、万治2(一六五九)・12・3神宮伝奏、万治4・1・5正二位、-・-・-辞退(伝奏)、4・1辞権大納言、延宝2(一六七四)・12・-賀茂伝奏、延宝7(一六七九)・8・11従一位、8・12薨去

[死没]延宝7・8・12 [年齢]60 [父]柳原業光 [母]参議従三位園基任女 [法名]円證・秀誉 [日記]資行卿記(一六四四-七九) [公卿補任]3—613上

資廉 すけかど 一六四四—一七一二

寛永21(一六四四)・6・30誕生、慶安3(一六五〇)・1・5叙爵、明暦3(一六五七)・12・19元服、昇殿、侍従、従五位上、寛文1(一六六一)・1・5正五位下、寛文2・12・14権右少弁、蔵人、禁色、寛文3・1・12正五位上、8・7右少弁、寛文6・12・15左少弁☆、寛文9・11・23右中弁☆、12・28従四位下、寛文10・1・5従四位上、1・25左中弁☆、11・9正四位下、寛文12・6・8蔵人頭、〈去々年十二廿八分〉正四位上、寛文13・2・19参議、更兼右大弁、11・11聴直衣、延宝2(一六七四)・2・8左大弁、従三位、延宝4・9・29権中納言☆、延宝6・8・21〈去正月五日分〉正三位、延宝7・5・8神宮伝奏、8・11辞伝奏、8・11伝奏、延宝8・-・-〔従二位脱カ〕、天和1(一六八一)・11・21権大納言、貞享1(一六八四)・1・27辞伝奏、12・27武家伝奏、貞享4・2・29辞権大納言☆、元禄7(一六九四)・2・12〈去正月五日分〉正二位☆、宝永5(一七〇八)・12・13従一位、正徳2(一七一二)・9・25薨去

❖天和三年より「神宮伝奏〈ま〉」

[死没]正徳2(一七一二)・9・25 [年齢]69 [父]柳原資行 [母]正二位権大納言園基音女 [一字名]公・述 [法名]堅誉 [日記]資廉卿記(一六六二-一七一一) [公卿補任]4—35下

光綱　みつつな　一七一一―六〇

正徳1(一七一一)・11・29誕生、享保1(一七一六)・10・27叙爵、享保4・9・16元服、昇殿、侍従、9・18従五位上、享保8・2・13正五位下☆、享保12・7・25権右少弁、8・8拝賀従事、享保13・6・11春宮権大進〈ま〉(立坊日)、7・3氏院別当、10・7蔵人、10・11禁色、拝賀従事、12・21正五位上、享保14・4・1造興福寺長官、10・21神宮弁、10・28辞神宮弁、享保15・9・18左少弁(権大進長官等如旧)、9・21拝賀従事、享保17・4・20神宮弁、免別当、4・25右中弁(権大進長官等如旧)、4・26〈「28日」ま〉拝賀従事、享保18・2・16辞神宮弁、5・1神宮弁、享保19・12・2左中弁(権大進長官等如旧)、12・4拝賀従事、12・30辞神宮弁(依所労也)、享保20・2・24辞蔵人春宮権大進〈ま〉(長官如旧、依所労也〈ま〉)、従四位下、閏3・7院司別当、閏3・9拝賀、4・8蔵人頭(長官如旧)、4・13拝賀従事、5・5従四位上、5・24正四位下、享保21・1・5正四位上、元文2(一七三七)・8・21右大弁(去長官)、8・23拝賀従事、9・13造興福寺長官、9・22参議、転左大弁(長官如旧)、9・28拝賀着陣、元文3・1・6〈昨五日宣〉従三位、4・19聴直衣、5・18権中納言、6・1帯剣、元文4・3・30左兵衛督、元文5・閏7・30賀茂伝奏、元文6・1・14正三位、8・29辞伝奏、寛保3(一七四三)・12・2寛義親王家別当、延享1(一七四四)・8・3遷左衛門督、8・29〈ま〉使別当、延享2・3・23従二位、寛延1(一七四八)・5・24権大納言☆、寛延4・6・22正二位、宝暦3(一七五三)・12・13辞権大納言、宝暦5・1・29還任権大納言、宝暦6・12・18辞権大納言、宝暦9・12・1弾正尹、宝暦10・9・28従一位、辞弾正尹、薨去

[死没]宝暦10(一七六〇)・9・28　[年齢]50　[父]柳原資堯(実上冷泉為綱、三男)　[母]家女房(実中山篤親女)　[前名]秀潤　[日記]光綱卿記(一七二七―六〇)　[公卿補任]4―327上

紀光　もとみつ　一七四六―一八〇〇

延享3(一七四六)・11・14誕生☆、延享5・12・26従五位下、宝暦6(一七五六)・11・28元服、昇殿、侍従従五位上、宝暦8・9・25右少弁、10・8拝賀従事、宝暦10・8・4正五位下、9・28服解(父)、11・20除服出仕復任、宝暦11・2・20蔵人、2・26拝賀従事、10・1御祈奉行、10・26正五位上、宝暦12・7・27新帝蔵人(践祚日)、拝賀従事〈ま〉、9・24免御祈奉行為神宮弁、11・5転左少弁、宝暦13・1・16免神宮弁、御祈奉行、7・13神宮弁、10・14免神宮弁、御祈奉行、明和1(一七六四)・8・7左衛門権佐、蒙使宣旨、賀茂下上社奉行、免御祈奉行、8・11拝賀従事、11・2転右中弁(権佐使等如故)、11・9拝賀従事、11・21辞蔵人(権佐使等如故)、辞賀茂下上社奉行、服解(母)、12・12除服出仕復任、明和2・6・28還補蔵人(推補)、6・30拝賀従事、12・2〈「11月」ま〉神宮弁、明和4・6・4改紀光(元光房)、明和5・9・20転左中弁、蔵人頭・従四位下、10・1従四位上、10・20正四位下、明和6・1・5正四位上、8・20転左大弁、8・22拝賀従事、11・24〈7年カ〉新帝蔵人頭(受禅日)、明和8・12・4参議(大弁如故)、12・18拝賀、12・22聴直衣〈ま〉、明和9・3・20従三位、安永1(一七七二)・11・18権中納言、11・23聴直衣〈ま〉、安永2・1・16帯剣、安永4・1・5正三位、閏12・2権大納言、安永6・1・5従二位、安永7・6・23止権大納言、安永10・1・26正二位、寛政9(一七九七)・8・10出家

[死没]寛政12(一八〇〇)・1・12　[年齢]55　[父]柳原光綱　[母]織田信恒女或織田信休女郁子　[幼名]綱丸　[前名]光房　[法名]暁寂　[日記]愚紳・紀光卿記(一七五六―九九)　[公卿補任]4―516上

均光　なおみつ　一七七二―一八一二

明和9(一七七二)・6・8誕生、安永3・1・5従五位下、安永6・5・14元服、昇殿、侍従、従五位上、安永7・1・5正五位下、天明3(一七八三)・7・20権右中弁、12・25拝賀従事、天明6・2・25転左少弁、寛政1(一七八九)・5・22蔵人兼右衛門権佐蒙使宣旨聴禁色(小除目)、5・27拝賀従事、御祈奉行、6・3申行宿侍後朝儀、6・28正五位上、閏6・17賀茂下上社奉行、氏院別当、寛政3・8・20去氏院別当(依長者辞退也)、寛政4・8・23辞賀茂下上社奉行、辞御祈奉行、10・

27転右中弁(小除目)、拝賀従事、11・2院判官代年預、11・13拝賀、寛政6・8・22神宮弁、賀茂下上社奉行、寛政7・11・30氏院別当、12・12止神宮弁(依宮中触穢也)、寛政8・2・1神宮弁、2・10転左中弁(権佐使等如旧)、4・24蔵人頭叙従四位下、造興福寺長官(小除目)、拝賀、5・8従事、5・10従四位上、5・11院別当、5・14申行宿侍後朝儀、5・17拝賀、5・24正四位下、寛政9・1・4正四位上、3・21辞神宮弁、辞氏院別当、7・14神宮弁、寛政10・2・18辞神宮弁、5・7転左大弁(長官如旧)、5・10拝賀従事、寛政11・3・16参議(左大弁造興福寺長官等如旧)、4・27拝賀着陣、4・30聴直衣、直衣始、享和1(一八〇一)・2・23従三位、文化1(一八〇四)・1・5正三位、3・1権中納言、3・15帯剣、直衣始、11・16帯剣(恐有誤)、文化2・1・15・賀茂上下社伝奏、9・16辞伝奏、文化4・1・21従二位、文化7・10・23権大納言、11・14直衣始、文化8・2・1正二位、文化9・3・13辞権大納言、薨去

[死没]文化9(一八一二)・3・13 [年齢]41 [父]柳原紀光 [母]勧修寺顕道女道子(実勧修寺経逸女) [日記]均光日次記(一七八四―一八〇四) [公卿補任]5―127下

隆光 たかみつ　一七九三―一八五一

寛政5(一七九三)・4・23誕生、文化1(一八〇四)・7・28従五位下、文化2・12・5元服、昇殿、拝賀、文化4・9・15従五位上、文化7・1・10正五位下、文化8・12・21侍従、文化9・1・7拝賀、3・13服解(父)、5・5除服出仕復任、文化14・11・27右少弁、12・17拝賀従事、文政1(一八一八)・5・11氏院別当、文政2・5・17辞氏院別当、8・29蔵人、兼中宮権大進、9・5禁色、拝賀従事、9・14賀茂下上社奉行、9・23宿仕(侍カ)始、10・26正五位上、文政3・3・14転皇太后権大進(冊命日〈ま〉)、8・8御祈奉行、文政4・2・30転左少弁(権大進如故)、3・7拝賀従事、6・10(昨日分)免賀茂下上社奉行、文政5・2・4辞御祈奉行、2・10氏院別当、文政6・3・19去氏院別当(依関白改易也)、8・4賀茂下上社奉行、御祈奉行、氏院別当、文政7・5・7転権右中弁、5・18院判官代年預、5・21拝賀従事、院司慶、6・4転右中弁(小除目)、兼右衛門権佐、蒙使宣旨、拝賀、6・5出仕始、8・11転大進、12・19免御祈奉行、文政10・6・1従四位下、蔵人頭、6・5拝賀従事、6・11申行宿侍後朝儀、6・19別当(院宣)、6・24院司慶、閏6・10従四位上、閏6・25正四位下、12・19神宮弁、文政11・1・5正四位上、5・26辞神宮弁、辞氏院別当、7・26兼皇太后宮亮(推任)、8・5拝賀、文政12・3・16神宮弁、天保2(一八三一)・12・10参議、転左大弁、皇太后宮亮如故、12・23拝賀着陣、12・26聴直衣、直衣始、天保3・1・11従三位、3・4権中納言、3・27聴直衣、直衣始、11・8帯剣、天保5・4・16正三位、天保7・12・19従二位、天保10・11・25右衛門督補使別当、12・18直衣始、天保11・1・4正二位、天保12・12・10辞督別当、弘化5(一八四八)・2・19権大納言、嘉永1(一八四八)・2・29直衣始、嘉永4・7・9辞権大納言、薨去

[死没]嘉永4(一八五一)・7・9 [年齢]59 [父]柳原均光 [母]正親町三条実同女安子 [日記]隆光卿記(一八〇九―三三) [公卿補任]5―341上

光愛 みつなる　一八一八―八五

文政1(一八一八)・5・18誕生、文政2・1・25叙爵、文政7・5・18元服、昇殿、従五位上、拝賀、文政9・5・10正五位下、天保2(一八三一)・6・14侍従、8・8拝賀、弘化1(一八四四)・12・25蔵人、12・28禁色、拝賀従事、弘化2・1・4宿侍始、1・18正五位上、6・24右少弁、7・1拝賀従事、10・9御祈奉行、弘化3・4・4賀茂下上社奉行、弘化4・10・13兼左衛門権佐蒙使宣旨、10・14拝賀、12・17転左少弁(権佐使等如故)、12・18拝賀従事、嘉永1(一八四八)・3・6辞賀茂下上社御祈等奉行、5・18兼権右中弁(小除目)、拝賀従事、9・27賀茂下上社奉行、嘉永3・1・5御祈奉行、氏院別当、2・1辞賀茂下上社御祈等奉行、辞氏院別当、嘉永4・7・9服解(父)、9・14除服出仕復任、12・16転右中弁(権佐使等如故)、嘉永5・9・24転左中弁(権佐使等如故)、9・27拝賀従事、10・11蔵人頭、従四位下、神宮弁、10・15拝賀従事、10・24宿侍始、11・24従四位上、

12・14正四位下、嘉永6・1・21正四位上、嘉永7・9・8〈昨日分〉辞神宮弁、9・14神宮弁、安正2(一八五五)・1・16賀茂下上社奉行、安正3・11・28辞神宮弁、辞賀茂下上社等奉行、安政4・5・15参議(小除目)、兼左大弁、拝賀着陣、5・17聴直衣、直衣始、9・30止両官、安政5・10・28還任参議、12・19従三位、安政6・12・19右衛門督補使別当、万延1(一八六〇)・3・19直衣始、12・4正三位、文久2(一八六二)・12・24従二位、文久3・2・30権中納言、3・2帯剣、6・21聴直衣、直衣始、文久4・12・4正二位、慶応1(一八六五)・6・11免伝奏、12・23権大納言、慶応2・1・5直衣始、慶応4・1・17辞権大納言

❖慶応元年より「賀茂下上社伝奏」

[死没]明治18(一八八五)・6・28　[年齢]68　[父]柳原隆光　[母]正三位権中納言正親町三条公則女則子　[日記]光愛卿記(一八二四—六九)　[公卿補任]5—506上

武者小路家(絶家)

教光　のりみつ　一三三五—七八

元弘2(一三三二)・1・5叙爵、元弘4・1・23春宮少進、建武4〈延元2〉(一三三七)・3・29尾張守、12・24従五位上(簡一)、建武5・3・15去守、暦応

武者小路家

教光—資俊—俊宗—資世—縁光
　└資茂

2〈延元4〉(一三三九)・9・23左兵衛佐、暦応3〈興国1〉・7・19正五位下、貞和3〈正平2〉(一三四七)・11・16遷任右衛門佐、蔵人、貞和4〈正平3〉・8・10還任右少弁、10・27更補蔵人(依受禅也)、12・30転左少弁、貞和5〈正平4〉・12・21正五位上(臨時)、貞和6〈正平5〉・2・6辞蔵人、6・19転権右中弁、従四位下、8・10転右中弁、観応2〈正平6〉(一三五一)・8・13転左中弁、文和2〈正平8〉(一三五三)・1・16装束使並正蔵率分所勾当〈やさ〉、4・23従四位上、7・27服解(父)、12・12復任、文和3〈正平9〉・1・6正四位下、6・29左宮城使、11・11兼近江守(大嘗会国司)、文和4〈正平10〉・8・13遷任左兵衛督、8・-蔵人頭、文和5〈正平11〉・1・28参議、元蔵人頭左兵衛督、今日去督、6・29喪(母)、服解、9・5復任宣下、延文3〈正平13〉(一三五八)・1・6従三位、康安2〈正平17〉(一三六二)・4・21権中納言、貞治2〈正平18〉(一三六三)・1・13帯剣、11・15〈18日ともあり〉辞退、貞治3〈正平19〉・1・5正三位、1・23聴本座、貞治6〈正平22〉・1・5従二位、永和4〈天授4〉(一三七八)・7・24薨去

❖延文四年より「丹波権守」

[死没]永和4(一三七八)・7・24　[年齢]54　[父]柳原資明　[公卿補任]2—652上

資俊　すけとし　?—一三九八

至徳2〈元中2〉(一三八五)・3・27参議、従三位、元右兵衛督、至徳3〈元中3〉・3・23兼讃岐権守、明徳2〈元中8〉(一三九一)・1・6正三位、3・26兼備中権守、明徳4・12・29権中納言、明徳5・7・4帯剣、応永2(一三九五)・12・30兼大宰権帥、応永3・1・5従二位、応永4・1・5正二位、5・14権大納言、5・15出家、応永5・2・-薨去

[死没]応永5(一三九八)・2・27　[父]武者小路教光(実藤原房光)　[法名]真寂　[公卿補任]3—8上　[大日本史料]7—3—208

俊宗　としむね　一三八七—一四四八

応永21(一四一四)・11・4参議、元前右兵衛督、応永22・1・6従三位、3・28兼美作権守、応永24・1・5正三位、応永28・7・5〈「7日」や〉権中納言、応永29・1・5従二位、応永31・3・17権大納言、永享3(一四三一)・1・6正二位、-・-改俊宗、文安1(一四四四)・8・-辞権大納言、文安5・-・-薨去〈尊卑分脈〉

❖文安四年前権大納言正二位〈以後不見〉

[死没]文安5(一四四八)　[年齢]62　[父]武者小路資俊　[前名]隆光　[公卿補任]3—80下

資世　すけよ　一四一八—九〇

康正2(一四五六)・3・29参議(去弁官〈やし〉)、元

蔵人頭左中弁、7・20〈「20日」や〉従三位、康正3・3・29兼讃岐権守、寛正3(一四六二)・3・28兼備後権守、寛正4・12・-辞参議、寛正5・2・15還任(参議)、寛正6・12・14正三位、寛正7・2・5権中納言、文明5(一四七三)・12・14従二位、文明6・6・21権大納言、文明9・9・6正二位、文明12・3・-辞権大納言、文明18・7・24還任(権大納言)、8・9辞(権大納言)、長享1(一四八七)・7・22従一位、7・26出家、延徳2(一四九〇)・6・12薨去

[死没]延徳2(一四九〇)・6・12 [年齢]73 [父]武者小路俊宗 [公卿補任]3—182下 [大日本史料]8—37—72

縁光　よりみつ　一四四一—一五二四

文明2(一四七〇)・12・24参議、元蔵人頭右中弁、文明5・1・25従三位、6・28改名字於縁光、文明7・1・28兼讃岐権守、文明8・1・6正三位、文明11・11・6権中納言、文明12・3・15勅授、延徳2(一四九〇)・5・21〈22日ともあり〉辞権中納言、延徳4・1・6正二位、永正10(一五一三)・10・5〈7日ともあり〉権大納言、永正12・1・26辞権大納言、10・21従一位、大永4(一五二四)・8・24薨去

※長享三年(一四八九)より「従二位」、大永四年「長講堂伝奏」

[死没]大永4(一五二四)・8・24 [年齢]84 [父]武者小路資世、一男 [母]家女房 [前名]種光 [公卿補任]3—230下 [大日本史料]9—28—309

土御門家(絶家)

保光　やすみつ　一三三四—一四〇二

延文6〈正平16〉(一三六一)・3・27従三位(元左大弁)、治部卿、康安2〈正平17〉(一三六二)・9・9参議、貞治2〈正平18〉(一三六三)・1・28兼土左権守、貞治5〈正平21〉・8・11〈「10日」やし〉辞退(参議)、貞治6〈正平22〉・5・15還任(参議)、応安1〈正平23〉(一三六八)・2・21正三位、応安3〈建徳1〉・3・27兼越後権守、応安6〈文中2〉・4・26権中納言、12・26従二位、永和2〈天授2〉(一三七六)・4・22辞権中納言、康暦1〈天授5〉(一三七九)・7・24還任(権中納言)、8・24辞退(権中納言)、永徳2〈弘和2〉(一三八二)・11・6権大納言、永徳3〈弘和3〉・3・3辞権大納言、6・15本座、10・16按察使、12・15正二位、応永2(一三九五)・6・3従一位、6・21出家

[死没]応永9(一四〇二)・8・13 [年齢]69 [父]柳原資明、三男 [法名]阿寂 [日記]保光卿記(一三七四) [公卿補任]2—673下 [大日本史料]7—5—626

土御門家

保光——**資家**——長淳

資家　すけいえ　一三七一—一四三八

応永12(一四〇五)・3・17参議、元蔵人頭、左大弁如元、長門権守、応永13・1・6従三位、3・24兼美作権守、8・17権中納言、応永15・1・5正三位、応永18・1・5従二位、応永25・6・17辞権中納言、応永27・1・5正二位、12・5権大納言、応永31・3・17兼按察使、永享2(一四三〇)・7・-辞権大納言、永享3・3・24出家

[死没]永享10(一四三八)・3・3 [年齢]68 [父]土御門保光 [法名]峯寂 [公卿補任]3—60上

日野町家(絶家)

資藤　すけふじ　一三六六—一四〇九

明徳3〈元中9〉(一三九二)・12・22参議(元蔵人頭)、左大弁如元、造東大寺長官、長門権守、明徳4・11・25従三位、応永2(一三九五)・3・29兼丹波権守、6・3権中納言、応永3・4・20正三位、応永5・1・5従二位、応永6・2・22兼右衛門督〈やし〉、-・-使別当〈やし〉、応永8・11・20辞別当右衛門督云々、11・27兼大宰権帥、応永13・8・17権大納言、応永15・1・5正二位、応永16・6・5薨去

[死没]応永16(一四〇九)・6・5 [年齢]44 [父]柳原

日野町家

資藤—資広—広光═資将

忠光、二男 ［母］日吉祝部成国女 ［号］町 ［公卿補任］3—27下 ［大日本史料］7—11—476

資広 すけひろ 一三九〇—一四六九

応永26（一四一九）・3・10参議、兼右大弁、元蔵人頭右中弁、応永27・1・5正四位下、3・26兼美作権守、応永28・1・5従三位、応永31・3・17兼左大弁、応永32・1・5正三位、6・7権中納言、応永33・3・29大宰権帥、正長1（一四二八）・11・3辞権中納言、永享3（一四三一）・-・-改資広、永享9・1・5従二位、永享10・3・30権大納言、-・--去権帥、永享12・6・27辞権大納言、12・25還任（権大納言）、文安1（一四四四）・2・6辞権大納言、文安2・1・5正二位、康正2（一四五六）・1・5従一位、文明1（一四六九）・11・12薨去

［死没］文明1（一四六九）・11・12 ［年齢］80 ［父］町資藤、一男 ［母］因幡守平詮定女 ［前名］藤光 ［法名］情寂 ［公卿補任］3—93上 ［大日本史料］8—3—43

広光 ひろみつ 一四四四—一五〇四

文安3（一四四六）・1・5従五位下（不遂業）、文安5・12・27宮内大輔（今日元服）、宝徳4（一四五二）・4・23従五位上、康正2（一四五六）・10・22正五位下、長禄4（一四六〇）・8・22右兵衛佐、11・3〈「12月」職補」〈や〉五位蔵人、11・21権右少弁（辞武衛）、寛正2（一四六一）・1・5正五位上、3・28転右少弁、4・13転左少弁、寛正4・12・6転右中弁、文正1（一四六六）・12・29従四位下（夕郎七ヶ年）、12・30転左中弁、文正2・1・5従四位上、2・15正四位下、応仁1（一四六七）・3・27蔵人頭、11・1転右大弁、文明1（一四六九）・11・2参議（元蔵人頭右大弁）、大弁如元、今日転左、11・12喪父、文明2・12・14従三位、文明7・1・28兼周防権守、3・10正三位、文明9・1・6権中納言、長享3（一四八九）・7・6兼大宰権帥、7・8辞退権中納言、延徳3（一四九一）・1・25正二位、永正1（一五〇四）・6・14権大納言、6・15薨去

❖長享三年より「従二位」

［死没］永正1（一五〇四）・6・15 ［年齢］61 ［父］町資広 ［母］宮内少輔一色満直女 ［法名］忍寂 ［日記］広光卿記（一四六三—七五） ［公卿補任］3—227下

資将 すけまさ 一五一八—五五

永正15（一五一八）・3・9誕生、永正16（一五一九）・1・30従五位下（于時資雄）、享禄2（一五二九）・12・27従五位上、元服、宮内大輔、昇殿、享禄3・1・20左兵衛佐、享禄5・3・-正五位下、天文2（一五三三）・9・20五位蔵人、9・26〈「24日」ひ〉右少弁、11・5改資将、11・16禁色（今日侍中拝賀）、天文3・1・5正五位上、天文4・3・21左少弁、天文5・11・1氏院別当、12・29権右中弁、天文6・10・8右中弁、天文7・3・8修理右宮城使、12・19左中弁、天文8・2・10従四位下、蔵人頭、3・1従四位上、3・23左宮城使、天文9・1・9正四位下、3・24造興福寺長官、天文10・12・29左大弁（于時為勅使在関東）、天文11・3・26去氏院別当、閏3・13正四位上、閏3・20造東大寺長官、丹波権守、天文13・2・24参議（元蔵人頭）、左大弁丹波権守等如元、3・16拝賀、3・19従三位、4・26直衣始、7・27被仰敷奏、11・2在国（西国豊州〈や〉）、天文14・12・-上洛〈や〉、天文15・1・5正三位〈や〉、3・24権中納言、天文17・2・4賀茂伝奏、天文18・4・-逐電、天文21・12・6辞退（権中納言）、弘治1（一五五五）・10・24薨去（於伯州）

［死没］弘治1（一五五五）・10・24 ［年齢］38 ［父］町広光（実高辻章長、二男） ［母］正二位権大納言町広光女 ［前名］資雄 ［法名］宗寂 ［公卿補任］3—412上

竹屋家 たけやけ

藤原氏北家日野流。広橋家の庶流。勘解由小路権大納言仲光の三男右衛門督兼俊を家祖とする。室町時代中頃に創立。四代の正三位光継が天文九年（一五四〇）七月没してのち中絶したが、江戸時代初期に広橋権大納言総光の二男光長が再興相続した。光長は慶長十三年

竹屋家

兼俊―冬俊―治光―光継（中絶）
　光長―光久＝光忠―光兼―光豫
　勝孟＝光棣―俊康＝光有―光昭（子爵）
　　　　　　　└光有

(一六〇八)十三歳で元服昇殿し、十八年蔵人、権右少弁となり、累進して寛永九年(一六三二)正月従三位に昇り公卿に列した。家格は名家、旧家。外様の家。近衛家の家礼。江戸時代の家領百八十石。光久、勝孟、光棣の各跡、いずれも本流広橋家から養子に入って家督相続された。歴代の多くが散位にとどまったなかで、光久が参議、光忠が権中納言に昇った。明治十七年(一八八四)光昭のとき、叙爵内規により子爵を授けられた。菩提所は黒谷 龍光院。『竹屋家譜』(東京大学史料編纂所架蔵、四一七五―二五一)

冬俊 ふゆとし　?―一四六四

康正2(一四五六)・1・30従三位、宮内卿、本名冬光、寛正5(一四六四)・10・-薨去

[死没]寛正5(一四六四)・10・晦日 [父]竹屋兼俊 [前名]冬光 [公卿補任]3―184下

光継 みつつぐ　一四七七―一五四〇

文明9(一四七七)・-・-誕生、-・-・-叙爵、-・-・-従五上、文亀3(一五〇三)・2・9正五位下、永正7(一五一〇)・3・24従四位下、永正11・12・29従四位上、永正15・1・19正四位下、享禄1(一五二八)・9・12従三位、大蔵卿如元、天文5(一五三六)・4・3正三位、天文7・3・8兼越中権守、天文9・6・28〈「7月5日」さ〉出家、7・10薨去

[死没]天文9(一五四〇)・7・10 [年齢]64 [父]竹屋治光 [法名]寂栄 [公卿補任]3―375下

光長 みつなが　一五九六―一六五九

慶長1(一五九六)・11・9誕生、慶長7・1・6叙位(二品親王御給)、慶長13・1・20元服、昇殿、慶長14・2・11右衛門権佐〈くま〉、慶長16・3・21右兵衛権佐、4・21従五位上☆、慶長18・11・11蔵人、権佐如元、11・21権右少弁、慶長19・1・5正五位下、7・7右少弁、元和1(一六一五)・12・28左少弁、元和2・1・5正五位上、元和5・7・10右中弁、元和9・1・5従四位下、寛永3(一六二六)・8・2従四位上、寛永5・2・10正四位下、寛永9・1・5従三位、竹屋流相続、寛永16・12・29〈去年正月五日正三位々記〉正三位、寛永19・12・22参議、寛永20・1・11辞参議、慶安2(一六四九)・4・24従二位、明暦3(一六五七)・12・6権中納言、12・19辞納言、万治2(一六五九)・2・21薨去

※寛永十二年より「宮内卿」

[死没]万治2(一六五九)・2・21 [年齢]64 [父]広橋総光、二男 [母]杉若越後守 [法名]相寂 [公卿補任]3―575上

光久 みつひさ　一六二五―八六

寛永2(一六二五)・9・14誕生、寛永9・12・5叙爵、寛永10・5・4元服、右衛門権佐、寛永14・1・5従五位上、寛永19・1・5正五位下、正保3(一六四六)・1・5従四位下、慶安3(一六五〇)・1・5従四位上、承応3(一六五四)・1・5正四位下、明暦4(一六五八)・1・6従三位、寛文3(一六六三)・1・12正三位、寛文4・9・30参議、寛文7・12・17辞参議、寛文12・12・26〈去八年十二月廿二日分〉従二位☆、貞享3(一六八六)・8・26〈「9月19日」ま家譜〉薨去☆

[死没]貞享3(一六八六)・8・26 [年齢]62 [父]竹屋光長 [号]永久院 [公卿補任]3―651下

光忠 みつただ　一六六二―一七二五

寛文2(一六六二)・10・12誕生、寛文6・12・17叙爵、延宝2(一六七四)・12・14元服、昇殿、侍従従五位上、延宝5・12・27正五位下、延宝8・12・23右衛門佐、天和1(一六八一)・11・21従四位下☆、天和2・12・24禁色☆、貞享2(一六八五)・11・23〈去正月六「五ま」日分〉従四位上☆、貞享3・9・19喪養父、11・13除服出仕復任、元禄2(一六八九)・1・27〈去正七分〉正四位下、元禄6・12・25従三位、宝永2(一七〇五)・12・28〈去正月五日分〉正三位、宝永4・7・8参議、12・6辞参議、正徳1(一七一一)・12・23〈去十月三日〉従二位、享保2(一七一七)・11・

25権中納言、11·28辞権中納言、享保10·9·4薨去

[死没]享保10(一七二五)·9·4　[年齢]64　[父]竹屋光久(実広橋兼賢)　[母]家女房　[一字名]山·忠　[公卿補任]4—116上

光兼　みつかね　一六八二—一七四七

天和2(一六八二)·11·25誕生、貞享3(一六八六)·閏3·28〈去正七分〉叙爵、元禄1(一六八八)·11·9元服、昇殿、侍従、禁色、元禄3·3·12〈去正五分〉従五位上、元禄7·12·25〈去正五分〉正五位下、元禄10·12·26左衛門佐、元禄12·12·28従四位下、元禄16·2·22〈去正五分〉従四位上、宝永4(一七〇七)·12·18正四位下、正徳1(一七一一)·12·23〈去正五分〉従三位、享保3(一七一八)·4·24〈去三月十六日分〉正三位、延享4(一七四七)·7·27薨去

[死没]延享4(一七四七)·7·27　[年齢]66　[父]竹屋光忠　[母]家女房　[公卿補任]4—200下

光豫　みつよ　一七三六—七九

享保21(一七三六)·3·21誕生、元文5(一七四〇)·1·6〈「8日」ま〉〈去五日分〈ま〉〉叙爵☆、寛延2(一七四九)·5·28元服、昇殿、治部権大輔、従五位上、宝暦3(一七五三)·2·20正五位下、12·22右衛門佐、宝暦7·1·6従四位下、宝暦8·9·25権右中弁、10·6〈「8日」ま〉拝賀従事、宝暦9·12·24兼越中権介、宝暦11·1·5従四位上、宝暦12·11·5右中弁(権介如故)、12·19秩満、明和1(一七六四)·10·2左中弁、12·15右大弁、12·24拝賀、明和2·1·10正四位下、明和5·3·14非参議〈従三位〉、12·4治部卿、12·15拝賀、安永3(一七七四)·12·19正三位、安永6·12·3辞治部卿、安永8·4·9薨去

[死没]安永8(一七七九)·4·9　[年齢]44　[父]竹屋光兼　[母]家女房　[公卿補任]4—500上

光棣　みつとみ　一七八一—一八三七

安永10(一七八一)·2·2誕生、天明4(一七八四)·1·18為故勝孟朝臣子、天明5·1·14従五位下、寛政3(一七九一)·9·14元服、昇殿、従五位上、9·25右兵衛佐、寛政4·8·26拝賀、寛政7·1·5正五位下、寛政11·1·27従四位下、享和3(一八〇三)·8·4辞右兵衛佐、文政6·4·4喪実父、6·3除服出仕、文政7(一八二四)·12·19従四位上(在病体碩学上皇御幸〔御幸監典籍之賞〈ま〉〕)、文政12·1·28正四位下(連々旧典勘進之賞)、天保8(一八三七)·2·9〔従三位〕(累年碩学之賞)、2·18薨去

[死没]天保8(一八三七)·2·18　[年齢]57　[父]竹屋勝孟(実広橋伊光、二男)　[母]家女房(実家女房)　[公卿補任]5—381上

光有　みつあり　一八一一—八三

文化8(一八一一)·10·1誕生、文化14·4·12従五位下、文政1(一八一八)·5·11元服、昇殿、民部大輔、文政4·1·4従五位上、文政8·1·25正五位下、文政9·9·22左馬頭、文政10·3·25彰信親王家司、文政12·2·14従四位下、天保4(一八三三)·10·18〈去正五分〉従四位上、天保8·2·18服解(父)、4·15除服出仕復任、10·24〈去正廿一分〉正四位下、天保12·12·22〔従三位〕、弘化2(一八四五)·3·23正三位、元治1(一八六四)·3·11参議、8·21辞参議、8·29従二位

[死没]明治16(一八八三)·6·26　[年齢]73　[父]竹屋光棣　[母]家女房　[公卿補任]5—404上

日野西家　ひのにしけ

藤原氏北家日野流。広橋家の庶流。広橋権大納言総光の四男従四位上右兵衛佐総盛を家祖とする。総盛は慶長十八年(一六一三)九月に九歳で元服昇殿し侍従、翌年七月右少弁となった。日野西の家名は室町時代にもあり、日野権大納言時光の三子権大納言資国が日野西と号し、四代知光に至って早世、断絶した。総盛の家名継承はこれの再興を意図してのことであったろうが、同族の竹屋家が復活して旧家の格を保ったのに対し、旧家の扱いとはならなかった。家格は名家、新家。外様の家。近衛家の家礼。家領二百石。二代光氏、三代

国宣、四代国豊、五代資敬、いずれも本流広橋家から養子に入り家督相続した。なお、国宣は広橋権中納言綏光五男で、右衛門権佐光氏が寛永二十一年(一六四四)八月二十九歳で没した跡を継承したが、万治三年(一六六〇)広橋家当主で綏光一男の蔵人頭右大弁兼茂が病気蟄居したので、帰家して広橋家の家督を相続し貞光と改名した。また、七代資興は石井権中納言行康の二男で、享保二十一年(一七三六)正月に、九代延光は樋口正二位基康の末子で、天明元年(一七八一)に養子に入った。国豊・延光・光暉が権中納言、資敬が参議に昇った。また、延光は議奏に補され、延栄は睦仁親王(明治天皇)家職事となった。日記には、『国豊卿記』、『日野西資敬日記』、『資興朝臣記』、『勝貫朝臣記』、『日野西延光日記』、『日野西光暉日記』、『日野西延栄日記』、『日野西光善日記』がある。明治十七年(一八八四)光善のとき、叙爵内規により子爵を授けられた。菩提所は黒谷 龍光院。『日野西家譜』(東京大学史料編纂所架蔵、四一七五—一四五)。

日野西家

総盛═光氏═国宣═**国豊**─┬─国賢
　　　　　　　　　　　　└═**資敬**═資興─勝貫═**延光**─**光暉**─延栄─光善(子爵)

国豊　くにとよ　一六五三—一七一〇

承応2(一六五三)・7・10誕生、万治2(一六五九)・12・22叙爵、万治3・4・25元服、昇殿、侍従、寛文2(一六六二)・1・5禁色、寛文3・1・6従五位上、寛文7・閏12・17正五位下☆、寛文9・12・28蔵人、正五位上、権右少弁、寛文10・1・25右少弁、寛文13・1・19左少弁、延宝2(一六七四)・2・8右中弁、延宝4・12・12従四位下(去蔵人)、延宝6・8・21従四位上、延宝7・5・21〈去正五分〉正四位下、天和1(一六八一)・12・14左中弁、天和2・4・27〈去正月五日分〉従三位、貞享5(一六八八)・1・15〈去年正月六日分〉正三位、元禄1(一六八八)・12・27参議、元禄9・12・28辞参議、元禄12・4・27〈去年正月五日分〉従二位、宝永1(一七〇四)・11・27権中納言、11・28直衣、11・29辞権中納言、宝永3・12・23正二位、宝永7・7・17薨去

[死没]宝永7(一七一〇)・7・17　[年齢]58　[父]日野西国宣(実広橋兼賢)　[母]家女房　[前名]庸光　[一字名]善　[法名]靖寂　[日記]国豊卿記(一六九〇—一七〇〇)　[公卿補任]4—67下

資敬　すけたけ　一六九五—一七三六

元禄8(一六九五)・10・18誕生、元禄12・3・6〈ま〉叙爵、宝永4(一七〇七)・4・6元服、昇殿、侍従、従五位上、宝永8・12・23正五位下、正徳6(一七一六)・5・28右少弁、享保4(一七一九)・6・4蔵人、正五位上、12・8左少弁、享保9・4・1右中弁、7・18左中弁、11・25〈家譜〉従四位下、12・25従四位上、享保11・5・12正四位下、享保12・7・23右大弁、享保13・6・11兼東宮学士(立坊日)、享保14・2・18正四位上、享保16・12・25左大弁(学士如元)、享保19・11・24従三位(左大弁如元、御推叙)、11・27参議、元文1(一七三六)・1・9辞参議、1・10薨去

[死没]元文1(一七三六)・1・10　[年齢]42　[父]日野西国豊、二男　[母]藤森神主春原時命女　[前名]兼栄　[法名]照寂　[日記]日野西資敬日記(一七一一—三五)　[公卿補任]4—312上

延光　とおみつ　一七七一—一八四六

明和8(一七七一)・9・26誕生、安永5(一七七六)・12・19従五位下、天明1(一七八一)・9・16為勝貫朝臣子、天明2・12・5元服、昇殿、民部権少輔、従五位上、12・22〈ま〉改名延光(元豊康)、天明6・1・14正五位下、6・8服解(母)、7・29除服出仕復任、9・30院判官代、10・5拝賀、天明9・2・7勘解由次官、寛政4(一七九二)・10・27左少弁(小除目)、拝賀従事、寛政8・2・10転権右中弁、2・28拝賀従事、寛政10・5・15蔵人、5・16判官代如旧為年預、5・25禁色、拝賀従事、7・22正五位上、寛政11・3・16御祈奉行、寛政12・3・26儲君親王家職事、5・7転右中弁、7・9辞御祈奉行、10・3御祈奉行、享和2(一八〇二)・2・17従四位下、3・27従四位上、享和3・1・17正四位下、文化1(一八〇四)・4・1転左中弁、4・20拝

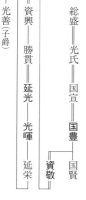

賀従事〈ま〉、文化3・1・18正四位上、文化5・閏6・13転右大弁、7・10拝賀、文化6・2・10〔従三位〕(右大弁如故)、4・22辞右大弁、文化10・10・22参議、文化11・1・27正三位、文政1(一八一八)・4・24大嘗会検校、文政2・8・17辞参議、文政3・1・28従二位、文政7・8・11権中納言、閏8・10帯剣、閏8・11聴直衣、直衣始、12・6辞権中納言、文政13・12・25〔正二位〕、弘化3(一八四六)・11・2薨去

[死没]弘化3(一八四六)・11・2　[年齢]76　[父]日野西勝貫(実樋口基康、十男)　[母]志水菅原忠如女(実家女房)　[前名]豊康　[日記]日野西延光日記(一七九四―一八四六)　[公卿補任]5―194下

光暉　みつてる　一七九七―一八六四

寛政9(一七九七)・10・22誕生、寛政13・1・5従五位下、文化8(一八一一)・12・25元服、昇殿、越後権介、従五位上、拝賀、文化10・2・7勘解由次官、文化11・4・10正五位下、文化14・3・22院判官代(譲位日)、院司慶、文政2(一八一九)・1・25兼右兵衛佐、文政4・2・9悦仁親王家職事、文政5・8・28服解(母)、10・18除服出仕復任、文政7・6・4権右少弁(小除目)、6・24拝賀従事、7・5蔵人(不去院判官代)、7・11禁色、拝賀従事、閏8・11正五位上、文政10・6・7賀茂下上社奉行、6・12兼皇太后宮権大進、6・17拝賀、6・19年預(院宣)、6・24院司慶、文政11・4・22辞賀茂下上社奉行、5・5賀茂下上社奉行、天保2(一八三一)・6・2御祈奉行、氏院別当、11・1辞賀茂下上社奉行御祈奉行等、辞氏院別当、11・8賀茂下上社奉行、12・19転権右中弁(権大進如故)、12・22拝賀従事、天保3・3・13転叙右中弁、従四位下、4・6従四位上、天保4・1・5正四位下、12・19正四位上(加級未満例雖不容易、職中永労且従童形勤仕之賞、年令漸及初老之間被宥許、必不可為後例)、天保6・12・24辞右中弁、弘化2(一八四五)・12・17〔従三位〕、勘解由長官、12・28拝賀、嘉永2(一八四九)・12・19正三位、安政2(一八五五)・10・11参議、12・7辞両官、12・22従二位、安政6・4・24権中納言、5・17帯剣、5・18聴直衣、直衣始、8・27辞権中納言、文久3(一八六三)・11・28〔正二位〕、文久4・2・1薨去

[死没]文久4(一八六四)・2・1　[年齢]68　[父]日野延光　[母]日野西勝貫女芳子　[法名]空寂　[日記]日野西光暉日記(一八一一―六四)　[公卿補任]5―429上

勘解由小路家　かでのこうじけ

藤原氏北家日野流。烏丸家の庶流。烏丸権大納言光広の二男参議資忠を家祖とする。資忠は正保元年(一六四四)十二月元服し、一家創立をゆるされ、勘解由小路と号した。家格は名家、新家。内々の家。近衛家の家礼。家領百三十石。歴代のうち、資忠の跡に烏丸権中納言光雄一男韶光、音資の跡に烏丸前権大納言光栄五男資望、資善の跡に広橋従一位胤定五男光宙、光宙の跡に裏松前権中納言恭光四男が養子に入って家督相続した。多くは散位にとどまったが、韶光は霊元上皇から詩文の才を高く評価され、東宮学士となり東山天皇幼時の修学に与るなどにより、累進して権大納言に昇った。資善は議奏に補され、侍講・学習院学頭の功をもって権大納言に昇った。資生もまた学習院有識となり、明治天皇幼時の修学にも与った。日記には、『韶光卿記』・『資善卿記』がある。明治十七年(一八八四)資生のとき、叙爵内規により子爵を授けられた。菩提所は常磐 法雲院。『勘解由小路家譜』(東京大学史料編纂所架蔵、四一七五―一八八)。

勘解由小路家

資忠═**韶光**┬**光潔**═音資═資望
　　　　　　└音資
近光─**資善**═**光宙**═資生(子爵)

資忠　すけただ　一六三二―七九

寛永9(一六三二)・1・6誕生、寛永15・3・13叙爵、正保1(一六四四)・12・22元服、昇殿、侍従、従五位上☆、禁色、慶安2(一六四九)・1・5正五位下、

承応3(一六五四)・1・5従四位下、承応4・1・17治部大輔、10・26左衛門佐、明暦4(一六五八)・1・6従四位上、寛文2(一六六二)・1・5正四位下、寛文6・12・17〈去正月五日分〉〔従三位〕☆、号勘解由小路、寛文12・12・26正三位、延宝6(一六七八)・12・19参議、延宝7・1・12辞参議、薨去

〔死没〕延宝7(一六七九)・1・12　〔年齢〕48　〔父〕烏丸光広、二男　〔母〕家女房　〔号〕天真院　〔公卿補任〕4―13下

韶光　あきみつ　一六六三―一七二九

寛文3(一六六三)・2・8誕生、寛文7・1・5叙爵、12・7元服、昇殿、侍従、寛文11・11・3従五位上、延宝3(一六七五)・1・5正五位下、延宝7・1・5従四位下、1・12喪養父、3・13除服出仕復任、天和3(一六八三)・1・5従四位上、2・9東宮学士、貞享1(一六八四)・1・27権右中弁☆、12・18左中弁、貞享3・1・7正四位下、3・21止東宮学士、元禄3(一六九〇)・4・3喪母、5・23除服出仕復任、元禄4・2・24従三位☆、元禄11・12・27〈去正月五日分〉正三位☆、宝永2(一七〇五)・9・4参議、宝永3・2・8辞参議、4・30〈去正月五日分〉従二位、享保2(一七一七)・11・1権中納言、11・11辞権中納言☆、12・21直衣〈ま〉、享保9・3・9権大納言、3・21辞権大納言、12・1正二位、享保14・5・11薨去

〔死没〕享保14(一七二九)・5・11　〔年齢〕67　〔父〕勘解由小路資忠(実烏丸光雄)　〔母〕家女房　〔号〕天光院　〔日記〕韶光卿記(一七〇五―一一)　〔公卿補任〕4―107下

光潔　みつきよ　一六九八―一七三二

元禄11(一六九八)・2・21誕生、元禄15・11・11〈去正五分〉叙爵、宝永7(一七一〇)・12・23元服、昇殿、侍従従五位上、正徳5(一七一五)・2・14〈去年十二月廿六分〉正五位下、享保3(一七一八)・7・28喪母、8・14除服復任、享保4・6・1〈去年十一三分〉従四位下、享保7・8・9権右中弁、12・25従四位上、享保11・12・24〈去五十二分〉正四位下、享保12・7・23右中弁、享保14・5・11喪父、7・2除服復任、享保15・9・16式部権大輔☆、享保16・1・5従三位☆、享保17・1・5薨去

〔死没〕享保17(一七三二)・1・5　〔年齢〕35　〔父〕勘解由小路韶光、二男　〔母〕家女房　〔号〕天源院　〔公卿補任〕4―297上

資善　すけよし　一七七八―一八四八

安永7(一七七八)・5・28誕生、天明2(一七八二)・11・24従五位下、寛政2(一七九〇)・5・24元服、昇殿、左京権大夫、従五位上、寛政6・1・13正五位下、3・7兼中宮少進(立后日)、拝賀、寛政10・3・27〈去正五分〉従四位下、享和2(一八〇二)・1・5従四位上、文化2(一八〇五)・1・5正四位下、文化6・5・4権右中弁、5・14拝賀従事、5・19辞権右中弁、10・10〔従三位〕、文化7・2・1任左京大夫、文化11・1・27正三位、文政10(一八二七)・2・8〈閏6月10日ともあり〉参議、閏6・10従二位、天保2(一八三一)・3・8辞参議、天保13・12・22権中納言、12・28帯剣、天保14・1・10聴直衣、直衣始、6・11辞権中納言、天保15・6・10〔正二位〕、弘化4(一八四七)・6・15権大納言、7・3辞権大納言、嘉永1(一八四八)・11・25薨去

〔死没〕嘉永1(一八四八)・11・25　〔年齢〕71　〔父〕勘解由小路近光　〔母〕家女房(実座田維則女)　〔号〕照徳院　〔日記〕資善卿記(一八一七―四六)　〔公卿補任〕5―195下

光宙　みつおき　一八〇八―六二

文化5(一八〇八)・9・26誕生、文政1(一八一八)・6・7為資善卿子、7・24従五位下、文政2・11・5元服、昇殿、遠江権介、文政5・1・5従五位上、文政8・1・25中務権大輔、文政9・1・21正五位下、2・6兼皇太后宮少進、3・14拝賀、文政13・1・5従四位下、天保3(一八三二)・閏11・11服解(実父)、天保4・1・18除服出仕復任、天保5・1・13〈去五分〉従四位上、天保8・12・26正四位下、天保12・12・22〔従三位〕、弘化2(一八四五)・12・3正三位、文久2(一八六二)・6・28薨去

〔死没〕文久2(一八六二)・6・28　〔年齢〕55　〔父〕勘解由小路資善(広橋胤定、二男)　〔母〕日野資矩女(実藤波寛忠女)　〔号〕寛静院　〔公卿補任〕5―404下

裏松家　うらまつけ

藤原氏北家日野流。烏丸家の庶流。烏丸権中納言光顕の二男参議資清を家祖とする。資清は寛永十六年(一六三九)六月元服、昇殿を聴され、従五位上弾正大弼に叙任、蔵人・権右少弁・左中弁等を歴任し、万治元年(一六五八)従三位に昇り公卿に列した。家格は名家、新家。外様の家。近衛家の家礼。家領百三十石。歴代のうち、益光のあと嗣子祐光が夭死したので、烏丸前権大納言光栄七男光世(固禅)が家督を相続し、光世の跡に四辻従三位実長の三男公英が謙光と改名して相続、明光の跡は光世の末男恭光が相続した。権中納言を先途としたが、恭光は禁中御児として光格天皇に近侍し、議奏を勤めた功労により、特に権大納言に昇った。光世は宝暦八年(一七五八)に宝暦事件に坐して出仕を止められ永く蟄居の身となり、その間、平安内裏の研究を志して『大内裏図考証』の著作に従事した。あたかも天明八年(一七八八)正月二十九日内裏炎上のため、参内を聴されて再建の諮問に接し建言に努めた。造営担当の老中松平定信より造詣の深さを激賞され、光世の説に従って新造の紫宸殿・清涼殿等が保元内裏の規模のままに復原され、再興の朝儀を展開するにふさわしい平安内裏の様式が再現された。安政造営内裏がこれである。寛政十年(一七九八)落飾して固禅といい、内裏造営の業績と『大内裏図考証』五十冊の献上を嘉納されて生涯三十金下賜の恩命を拝した。明治十七年(一八八四)良光のとき、叙爵内規により子爵を授けられた。菩提所は常磐 法雲院。『裏松家譜』(東京大学史料編纂所架蔵、四一七五—一七六)。

裏松家

資清—意光—益光＝光世＝謙光

明光＝恭光—勲光—良光(子爵)

資清　すけきよ　一六二六—一六六七

寛永3(一六二六)・10・17誕生、寛永10・1・6叙爵、寛永16・6・28元服、従五位上、弾正大弼、寛永20・1・5正五位下☆、9・29左衛門権佐☆、10・3蔵人☆、禁色☆、正五位上☆、正保1(一六四四)・12・30権右少弁☆、正保2・12・28右少弁、正保4・12・30左少弁、慶安2(一六四九)・1・12〈「3年」ま〉右中弁、11・8左中弁、10・3去蔵人、12・22従四位下、慶安4・1・5従四位上☆、-・-・-正四位下、明暦4(一六五八)・1・6従三位☆、寛文2(一六六二)・8・26参議、寛文3・1・12正三位☆、寛文6・7・2辞参議、寛文7・8・13薨去☆

[死没]寛文7(一六六七)・8・13　[年齢]42　[父]烏丸光賢、二男　[母]参議従三位細川忠興女　[二字名]青　[法名]性白　[公卿補任]3—651下

意光　よしみつ　一六五二—一七〇七

慶安5(一六五二)・2・26誕生、明暦3(一六五七)・5・15元服、昇殿、従五位下、侍従、万治4(一六六一)・1・5従五位上、寛文5(一六六五)・12・23正五位下、寛文7・11・17権右少弁、寛文9・12・27蔵人、正五位上、12・28右少弁、寛永10(一六三三)・1・25左少弁、寛永13・1・19右中弁、延宝2(一六七四)・2・8左中弁、従四位下、延宝4・1・5従四位上、延宝6・8・21〈去年正五分〉〈「5年」家譜〉正四位下☆、天和1(一六八一)・11・21従三位、貞享1(一六八四)・12・29参議、貞享2・10・24〈去正月六日分〉正三位☆、元禄4(一六九一)・12・28権中納言、12・30帯剣、元禄5・1・18〈ま〉聴直衣☆、元禄7・2・12〈去正月五日分〉従二位☆、元禄10・12・14辞権中納言、宝永2(一七〇五)・12・18〈去正月五日分〉正二位☆、宝永4・7・17薨去

[死没]宝永4(一七〇七)・7・17　[年齢]56　[父]裏松資清　[母]家女房　[号]恵月　[法名]玄智　[公卿補任]4—64上

益光　ますみつ　一六八五—一七五八

貞享2(一六八五)・3・8誕生、元禄2(一六八九)・1・7叙爵、元禄6・12・13元服、昇殿、侍従、従五位上、元禄10・1・5正五位下、元禄12・閏9・11権右少弁、元禄14・10・24右少弁、元禄16・12・25蔵人、禁色、宝永1(一七〇四)・1・8〈去五分〉正五

位上、10・19左少弁、宝永3・2・20右中弁、宝永4・7・17喪父、9・14除服出仕復任、宝永5・12・21春宮大進、宝永6・6・21止大進(依受禅也)、正徳1(一七一一)・7・24左中弁、12・26〈「5年」家譜〉辞蔵人(不去弁)、従四位下、享保3(一七一八)・4・24従四位上、享保4・2・12左衛門佐、4・24辞左中弁、12・26正四位下、享保8・1・19〈去五日分〉従三位、7・28参議、享保9・12・18権中納言、12・25帯剣、12・30直衣、享保12・閏1・15〈去正月五日分〉正三位、享保13・11・27辞権中納言、享保18・2・24従二位、延享1(一七四四)・12・22正二位、宝暦8(一七五八)・12・9薨去

[死没]宝暦8(一七五八)・12・9　[年齢]74　[父]裏松意光　[母]家女房(実長岡佐渡守康之女)　[二字名]谷　[法名]唯心　[公卿補任]4―257下

謙光　かねみつ　一七四一―一八一二

元文6(一七四一)・7・29誕生、延享5(一七四八)・12・26叙爵、于時公英、宝暦9(一七五九)・5・15改公圭、宝暦10・5・27為光世子、8・13元服、昇殿、左兵衛佐、従五位上、12・26改謙光、宝暦14・2・8正五位下、10・3右少弁、12・27拝賀従事、12・15左少弁、明和5(一七六八)・9・20蔵人、9・25禁色、拝賀従事、9・26神宮弁、11・1正五位上、6・5・16辞神宮弁、6・17神宮弁、7・3・30賀茂奉行、11・7兼春宮権大進、11・10拝賀、11・24新帝蔵人(受禅日)、拝賀従事、神宮弁、賀茂奉行等如元、止権大進(依受禅也)、明和8・5・9兼皇太后宮大進、拝賀、7・9止大進(本宮依院号也)、9・9免神宮弁、御祈奉行、10・3氏院別当、兼右衛門権佐、蒙使宣旨、補院判官代年預、10・8拝賀、明和9・2・14免御祈奉行、神宮弁、11・18権右中弁(権佐使等如元)、11・20〈ま〉拝賀従事、安永3(一七七四)・1・22辞神宮弁賀茂奉行氏院別当等、安永4・1・7神宮弁賀茂奉行等、1・17氏院別当、4・13右中弁(権佐使等如元)、9・26従四位下、閏12・25左中弁、安永6・6・16従四位上、安永7・2・3正四位下、安永8・5・4正四位上(小除目次)、6・2服解(実父)、7・23除服出仕復任、安永10・3・15兼皇太后宮亮、(立后日)、拝賀、天明1(一七八一)・12・13右大弁(亮如元)、天明2・2・24拝賀、5・8従三位、天明6・1・14正三位、寛政4(一七九二)・10・27参議、寛政6・1・22辞参議、寛政10・3・27従二位、寛政11・3・16権中納言、4・15帯剣、4・16聴直衣、直衣始、8・16辞権中納言、文化6(一八〇九)・1・17正二位、文化9・4・20薨去

[死没]文化9(一八一二)・4・20　[年齢]72　[父]裏松光世(実四辻実長、二男)　[母]家女房　[前名]公英・公圭　[法名]唯念　[公卿補任]5―20上

明光　ひろみつ　一七七一―一八二五

明和8(一七七一)・8・7誕生、安永4(一七七五)・1・5従五位下、天明4(一七八四)・12・6元服、昇殿、兵部権少輔、従五位上、拝賀、天明7・4・7正五位下、寛政4(一七九二)・10・27勘解由次官(小除目)、11・13拝賀、寛政10・5・13右少弁、6・3拝賀従事、寛政12・5・7左少弁、5・13拝賀従事、享和2(一八〇二)・2・20補蔵人、兼中宮権大進、2・24禁色、拝賀従事、賀茂下上社御祈等奉行、3・27正五位上、文化1(一八〇四)・4・1権右中弁(権大進如旧)、4・8拝賀従事、7・26辞賀茂下上社御祈等奉行、9・18右中弁(権大進如旧)、文化2・5・11賀茂下上社御祈等奉行、文化3・2・20神宮弁、免御祈奉行、文化4・1・23辞神宮弁賀茂下上社奉行等(昨日分)、文化5・4・5従四位下(去権大進)、閏6・13左中弁、閏6・20拝賀従事、文化7・2・1従四位上、文化8・1・5正四位下、12・21右大弁、12・27拝賀、文化9・4・20服解(父)、6・11除服出仕復任、文化10・10・22正四位上、文化13・1・28〔従三位〕(右大弁如元)、5・13辞右大弁、文政1(一八一八)・5・28参議、文政3・1・4正三位、文政7・10・23辞参議、文政8・4・20薨去

[死没]文政8(一八二五)・4・20　[年齢]55　[父]裏松謙光　[母]左中弁裏松祐光女　[公卿補任]5―243上

恭光　ゆきみつ　一八〇〇―七二

寛政12(一八〇〇)・6・16誕生、文化1(一八〇四)・5・13従五位下、文化11・3・15元服、昇殿、宮内大輔、従五位上、拝賀、文化12・2・26左兵衛

権佐（小除目）、文化14・3・22院判官代（譲位日）、拝賀、文化15・1・5正五位下、文政8・4・20服解（父）、6・11除服出仕復任、天保3（一八三二）・3・22補蔵人、3・28禁色、拝賀、5・20正五位上、7・15判官代如故為年預、7・22院司慶、天保4・8・11御祈奉行、天保5・6・3辞御祈奉行、天保6・4・23御祈奉行、12・28右少弁（推任）、12・30拝賀従事、天保7・12・29賀茂下上社奉行、天保8・3・9辞賀茂下上社奉行御祈奉行等、6・19賀茂下上社奉行、11・28左少弁、12・1拝賀、天保9・12・10氏院別当、天保11・11・22免賀茂下上社奉行（昨日分）、天保13・1・22権右中弁、1・24拝賀、1・25辞氏院別当、2・29氏院別当、7・30辞氏院別当、天保14・3・21賀茂下上社奉行、御祈奉行、4・25辞賀茂下上社奉行御祈奉行等、4・29御祈奉行、5・4賀茂下上社奉行、6・18従四位下、9・20従四位上、天保15・5・6正四位下、弘化2（一八四五）・6・14右中弁、弘化3・1・5正四位上、弘化4・3・14兼皇太后宮亮、拝賀、10・13止皇太后宮亮（依院号）、嘉永1（一八四八）・5・18左中弁（小除目）、拝賀従事、嘉永4・12・16右大弁、12・17拝賀、12・24（従三位）（大弁如旧）、嘉永5・4・30辞、安政2（一八五五）・1・22（正三位）、12・22参議、安政4・5・15大蔵卿、安政6・8・29権中納言、9・27帯剣、9・28聴直衣、直衣始、文久1（一八六一）・2・27従二位、12・2辞権中納言、慶応3（一八六七）・8・26権大納言、9・13辞権大納言

［死没］明治5（一八七二）・2・9　［年齢］73　［父］裏松明光（実裏松光世）　［母］家女房　［公卿補任］5―473上

三室戸家　みむろどけ

藤原氏北家日野流。柳原家の庶流。柳原権大納言資行の三男従三位誠光を家祖とする。初め北小路と号したが、寛文五年（一六六五）七月三室戸に改めた。家格は名家、新家。外様の家。近衛家の家礼。家領百三十石。散位の堂上家であるが、光村は参議、能光は権大納言に昇った。日記には、『資方朝臣記』がある。明治十七年（一八八四）雄光のとき、叙爵内規により子爵を授けられた。菩提所は寺町浄福寺。『三室戸家譜』（東京大学史料編纂所架蔵、四一七五―三一八）。

三室戸家

誠光―**資順**＝資方＝**光村**―**能光**
＝緝光＝**陳光**―**雄光**（子爵）
―陳光

誠光　のぶみつ　一六五二―八九

承応－〈元脱カ〉2・－誕生、寛文3（一六六三）・1・21叙爵、寛文5・7・10元服、昇殿（于時号北小路）、右兵衛権佐、従五位上、7・26改称号三室戸、寛文9・1・5正五位下、寛文13・1・5従四位下、延宝6（一六七八）・1・5従四位上、天和2（一六八二）・1・5正四位下、貞享1（一六八四）・11・20中務大輔☆、貞享3・9・8〈「9日」ま〉従三位、元禄2（一六八九）・11・5薨去

［死没］元禄2（一六八九）・11・5　［年齢］38　［父］柳原資行、三男　［母］従二位権大納言園基音女　［一字名］念　［号］北小路・三室戸　［法名］忠空　［公卿補任］4―85上

資順　すけまさ　一六七一―一七一八

寛文11（一六七一）・8・11〈「12日」ま〉誕生、延宝6（一六七八）・1・5叙爵、貞享1（一六八四）・2・2元服☆、昇殿☆、侍従従五位上☆、元禄1（一六八八）・12・26正五位下、元禄5・12・13従四位下☆、右衛門権佐、元禄9・12・28従四位上、元禄12・12・29中務大輔、元禄13・12・25正四位下、宝永2（一七〇五）・2・4〈去正月五日分〉従三位、宝永7・6・4〈去2月28日〉正三位、享保3（一七一八）・8・6薨去

［死没］享保3（一七一八）・8・6　［年齢］48　［父］三室戸誠光　［母］彦山座主権僧正亮有女　［公卿補任］4―169上

光村　みつむら　一七三九—八二

元文4(一七三九)・10・5誕生☆、延享1(一七四四)・12・22従五位下(于時相秀)、寛延1(一七四八)・10・12為資方子、寛延4・7・26元服、昇殿、宮内大輔、従五位上、宝暦2(一七五二)・12・5改光村、宝暦3・12・22左兵衛権佐、宝暦5・2・20正五位下、宝暦6・7・28喪実母、9・20除服出仕復任、宝暦8・1・12中務権大輔、宝暦9・1・5従四位下、宝暦12・8・25賜桃園院御服、9・24除服宣下、宝暦13・8・4従四位上、12・19転中務大輔、明和1(一七六四)・8・7喪養父、9・27除服出仕復任、明和4・1・9正四位下、明和9・9・25〔従三位〕、12・7宮内卿、12・25拝賀〈ま〉、安永4(一七七五)・閏12・2参議、安永5・12・19正三位、安永6・7・30辞参議、安永8・12・12賜後桃園院御服、天明2(一七八二)・9・8薨去

[死没]天明2(一七八二)・9・8　[年齢]44　[父]三室戸資方(実上冷泉為村、二男)　[母]家女房(従二位権中納言藤谷為信女)　[前名]相秀　[公卿補任]4—526上

能光　やすみつ　一七六九—一八五〇

明和6(一七六九)・2・24誕生、安永2(一七七三)・6・5従五位下、安永6・6・8元服、昇殿、大蔵大輔、従五位上、安永10・2・28正五位下、天明2(一七八二)・9・8服解(父)、10・29叙服出仕復任、天明5・1・14従四位下、天明9・1・10従四位上、寛政5(一七九三)・1・20正四位下、寛政9・2・7〔従三位〕、寛政12・7・1宮内卿、享和2(一八〇二)・1・5正三位、文化9(一八一二)・11・27差控〈ま〉、12・18勅免仕出〈ま〉、文政7(一八二四)・6・4参議、文政8・1・25従二位、文政9・12・2辞参議、天保3(一八三二)・2・3権中納言、2・17帯剣、2・18〈ま〉聴直衣、直衣始、2・21辞権中納言、天保14・12・22〔正二位〕、弘化5(一八四八)・1・27権大納言、2・9辞権大納言、嘉永3(一八五〇)・1・2薨去

[死没]嘉永3(一八五〇)・1・2　[年齢]82　[父]三室戸光村　[母]本願寺大僧都静如女　[公卿補任]5—116下

陳光　かたみつ　一八〇五—八六

文化2(一八〇五)・9・29誕生、文政1(一八一八)・12・19従五位下、文政2・3・17元服、昇殿、越中権介、文政5・1・5従五位上、文政9・1・21正五位下、文政13・1・5従四位下、天保5(一八三四)・1・13〈去五分〉従四位上、9・25大蔵大輔、天保9・1・5正四位下、天保13・1・5〔従三位〕、弘化3(一八四六)・1・5正三位、慶応2(一八六六)・2・10参議、5・29従二位、慶応4・閏4・22辞参議

[死没]明治19(一八八六)・5・12　[年齢]82　[父]三室戸能光(実藤波寛忠、三男)　[母]家女房　[公卿補任]5—410下

雄光　たけみつ　一八二二—一九〇一

文政5(一八二二)・12・10誕生、文政13・2・28従五位下、天保6(一八三五)・12・10元服、昇殿、筑前権介、従五位上、天保9・1・21右衛門佐、9・27正五位下、天保11・12・20太上天皇御服、天保12・1・20除服宣下、12・22従四位下、弘化1(一八四四)・12・22従四位上、弘化4・12・23正四位下、嘉永4(一八五一)・2・4〔従三位〕、安政2(一八五五)・1・22〈去五日分〉正三位、慶応3(一八六七)・1・27賜大行天皇御当色、2・2賜御素服

[死没]明治34(一九〇一)・8・3　[年齢]80　[父]三室戸陳光(実三室戸能光、三男)　[母]家女房　[公卿補任]5—472上

外山家　とやまけ

藤原氏北家日野流。日野家の庶流。日野権大納言弘資の二男権大納言光顕を家祖とする。光顕は後西上皇に院中祗候して累進し、一家を創立した。家格は名家、新家。外様の家。近衛家の家礼。蔵米三十石三人扶持。光顕以外は正二位権中納言を先途とした。光任の跡に竹屋三位光兼二男光時、ついで烏丸前権中納言光胤の末男光実が養子に入り、家督相続した。光輔のとき明治維新を迎えるが、光輔

外山家

光顕―光和―光任―光時
　　　　　　　‖光実―光施
光親―光輔―光暨(子爵)

は愛宕通旭らとともに、新政府の政治方針は宜しからずとして反政府陰謀計画をはかり、捕縛され自刃を命ぜられた(愛宕通旭事件)。明治十七年(一八八四)光暨のとき、叙爵内規により子爵を授けられた。菩提所は寺町 妙満寺内成就院。『外山家譜』(東京大学史料編纂所架蔵、四一七五―二六二)。

光顕 みつあき　一六五二―一七三八

承応1(一六五二)・7・7誕生、万治3(一六六〇)・1・5叙爵、寛文4(一六六四)・11・23元服、昇殿、左兵衛権佐、従五位上、寛文9・10・25〈去年正六分〉正五位下☆、寛文12・1・6従四位下、延宝5(一六七七)・1・5従四位上、天和2(一六八二)・2・10〈去年正五分〉正四位下、貞享2(一六八五)・12・24〈去正月六日分〉〔従三位〕☆、元禄7(一六九四)・12・19改光顕、12・25〈去年正月五日分〉正三位、元禄14・12・23参議、元禄16・12・22辞参議、宝永1(一七〇四)・1・23〈去五日分〉従二位☆、宝永8・3・1権中納言、3・2辞権中納言、3・13直衣、正徳5(一七一五)・12・22正二位、享保16(一七三一)・5・19権大納言、5・21辞権大納言、元文3(一七三八)・4・13薨去

[死没]元文3(一七三八)・4・13 [年齢]87 [父]日野弘資、二男 [母]家女房 [前名]宣勝 [一字名]仙 [公卿補任]4―81下

光和 みつかず　一六八〇―一七四三

延宝8(一六八〇)・10・10誕生、貞享2(一六八五)・12・24〈去正六分〉叙爵、元禄6(一六九三)・12・18元服、昇殿、侍従、従五位上、元禄10・12・24〈去正五分〉〈「22日」ま家譜〉正五位下☆、元禄13・11・9左衛門権佐、元禄14・1・12〈去五分〉従四位下、宝永2(一七〇五)・1・10改光和(元勝守)、1・23〈去五分〉従四位上、宝永5・2・27兼中宮亮(立后日)、宝永6・1・9〈去五分〉正四位下、宝永7・3・21止亮(依院号定也)、正徳3(一七一三)・1・19従三位、享保3(一七一八)・3・16正三位、6・4刑部卿、享保11・3・5参議、享保18・4・1辞参議・刑部卿、12・27従二位、元文2(一七三七)・閏11・21権中納言、閏11・29帯剣、12・3辞権中納言、元文3・9・23聴直衣、寛保3(一七四三)・7・16〈「28日」ま「17日」家譜〉薨去☆

[死没]寛保3(一七四三)・7・16 [年齢]64 [父]外山光顕 [母]家女房 [前名]勝守 [公卿補任]4―209下

光実 みつざね　一七五六―一八二一

宝暦6(一七五六)・5・19誕生、明和2(一七六五)・12・19従五位下(于時資幹)、明和3・9・22為光任朝臣養子、明和5・11・3元服、昇殿、宮内権大輔、明和6・1・9従五位上、9・25服解(父)、11・16除服出仕復任、明和8・3・24為院判官代3・29拝賀、明和9・10・14中務権大輔、安永2(一七七三)・1・9正五位下、安永5・11・25刑部大輔、12・11服解(実母)、安永6・2・2〈ま〉除服出仕復任、安永7・1・5従四位下、12・22改光実、安永9・9・18服解(実父)、11・10除服出仕復任、天明2(一七八二)・1・5従四位上、天明4・閏1・14勘解由次官、天明5・9・29正四位下、寛政1(一七八九)・2・2従三位〈ま〉、5・22修理権大夫、6・26拝賀、寛政5・1・5正三位、享和4(一八〇四)・1・11参議、文化3(一八〇六)・1・26〈去十八日宣〉従二位、文化4・2・7辞参議修理権大夫、文化10・12・16賜後桜町院御服、文化12・2・26権中納言、3・16帯剣、3・17聴直衣、直衣始、6・8辞権中納言文化14・1・4〔正二位〕、文政4(一八二一)・8・7薨去

[死没]文政4(一八二一)・8・7 [年齢]66 [父]外山光任(実烏丸光胤) [母]家女房(実東本願寺大僧正光性女) [前名]資幹 [公卿補任]5―64下

光施 みつはる　一七八四―一八三九

天明4(一七八四)・1・23誕生、天明8・12・24従五位下、寛政9(一七九七)・11・26元服、昇殿、大蔵大輔、従五位上、拝賀、寛政10・6・4勘解由次官、寛政12・1・8正五位下、寛政10・2・10兼中宮少

進、2・17拝賀、寛政12・3・26為儲君親王職事、享和3(一八〇三)・閏1・8従四位下、文化3(一八〇六)・1・4従四位上、文化4・6・2服解(養母)、8・28除服出仕復任、文化6・1・5正四位下、6・20為脩道親王家司、文化8・9・24為有道親王家司、文化10・1・5〔従三位〕、文化14・2・7正三位、文政1(一八一八)・5・28修理権大夫、天保10(一八三九)・8・6辞、薨去

[死没]天保10(一八三九)・8・6 [年齢]56 [父]外山光実 [母]柳沢保光従父妹(実家女) [公卿補任]5―222下

光親 みつより 一八〇七―五〇

文化4(一八〇七)・12・2誕生、文化8・12・21従五位下、文政3(一八二〇)・12・8元服、昇殿、越後権介、従五位上、拝賀、文政4・6・7安仁親王家職事、文政6・1・5正五位下、文政7・6・4勘解由次官(小除目)、文政9・1・21従四位下、文政12・11・27従四位上、天保3(一八三二)・2・11正四位下、天保7・1・4〔従三位〕、天保11・1・22正三位、弘化3(一八四六)・3・4賜仁孝天皇御当色、3・7賜御素服、嘉永3(一八五〇)・10・3薨去

[死没]嘉永3(一八五〇)・10・3 [年齢]44 [父]外山光施 [母]従四位下甲斐守柳沢保光女 [号]心性院 [法名]一妙 [公卿補任]5―374下

豊岡家 とよおかけ

藤原氏北家日野流。日野家の庶流。日野権大納言弘資の三男従四位上大蔵権大輔有尚を家祖とする。有尚は寛文六年(一六六六)正月元服し、一家創立を聴され、豊岡と号した。家格は名家、新家。外様の家。近衛家の家礼。蔵米三十石三人扶持。尚資が権中納言に昇ったほかは、参議を先途とした。享保二年(一七一七)日野権大納言輝光が没し、息光繁も翌年没するにつき、資時が輝光の養子となり日野家を相続し、豊岡の家督は外山前中納言光顕の末子光全が相続した。明治十七年(一八八四)健資のとき、叙爵内規により子爵を授けられた。菩提所は寺町 妙満寺内大慈院。『豊岡家譜』(東京大学史料編纂所架蔵、四一七五―二六三)。

豊岡家

有尚═弘昌―資時═光全―尚資
和資―治資―随資(子爵)

光全 みつたけ 一七一一―四五

宝永8(一七一一)・3・4誕生、正徳6(一七一六)・1・25〈去五日分〉叙爵、享保3(一七一八)・12・18当家相続、享保6・5・26元服、昇殿、侍従、従五位上、享保9・5・11左衛門佐、享保10・3・14〈ま〉〈去五日分〉正五位下☆、享保14・1・9〈去五日分〉従四位下、享保16・1・25中務権大輔、享保18・1・5従四位上、享保20・3・12〈16日〉〈ま〉兼美濃権守、享保21・1・6転中務大輔(権守如旧〈ま〉)、元文2(一七三七)・1・6正四位下、天文3・4・13喪父、6・4除服出仕復任、寛保2(一七四二)・4・28従三位、延享2(一七四五)・11・29薨去

[死没]延享2(一七四五)・11・29 [年齢]35 [父]豊岡資時(実外山光顕、三男) [母]家女房 [公卿補任]4―356上

尚資 なをすけ 一七三九―一八〇九

元文4(一七三九)・7・13誕生、寛保3(一七四三)・1・12〈去六日宣〉叙爵、寛延2(一七四九)・6・23元服、昇殿、治部少輔、従五位上、宝暦3(一七五三)・2・20正五位下、宝暦7・1・6従四位下、宝暦11・1・5従四位上、明和2(一七六五)・1・10正四位下、明和6・1・5〔従三位〕、安永3(一七七四)・12・19正三位、安永4・閏12・2右京大夫、寛政8(一七九六)・2・10参議、2・27辞参議、12・19〔従二位〕、文化5(一八〇八)・閏6・1権中納言、閏6・2辞権中納言、文化6・7・20薨去

[死没]文化6(一八〇九)・7・20 [年齢]71 [父]豊岡光全 [母]家女房 [公卿補任]4―506上

和資 かづすけ 一七六四―一八一九

明和1(一七六四)・8・29誕生、明和5・1・5従五位

下、安永6(一七七七)・11・22元服、昇殿、中務権大輔、従五位上、安永8・12・12賜後桃園院御服、12・28除服宣下、安永9・12・27正五位下、天明3(一七八三)・1・13従四位下、天明6・2・30〈去十七分〉従四位上、天明7・5・26転中務大輔(小除目)、天明9・1・10正四位下、寛政6(一七九四)・5・20〈去正月十三日分〉(従三位)、寛政10・12・19正三位、寛政11・9・17大蔵卿、文化12(一八一五)・2・26参議、3・25辞参議、文化14・2・25従二位、文政2(一八一九)・4・13薨去

[死没]文政2(一八一九)・4・13 [年齢]56 [父]豊岡尚資、一男 [母]家女房 [公卿補任]5—97上

治資 はるすけ　一七八九—一八五四

寛政1(一七八九)・11・11誕生、寛政5・1・5従五位下、享和3(一八〇三)・12・17元服、昇殿、左馬権頭、従五位上、拝賀、文化3(一八〇六)・1・18正五位下、文化4・9・22儲君親王職事、文化6・3・24兼春宮少進(立坊日)、拝賀、12・22従四位下、文化9・2・2右兵衛佐、12・19従四位上、文化12・12・19正四位下、文化14・3・22院別当(譲位日)、拝賀、文政2(一八一九)・1・4(従三位)、4・13喪父、5・4除服出仕、文政4・12・19大蔵卿、文政6・12・19正三位、天保11(一八四〇)・12・20賜太上天皇御服、嘉永7(一八五四)・4・11辞大蔵卿、薨去

[死没]嘉永7(一八五四)・4・11 [年齢]66 [父]豊岡和資、一男 [母]参議従二位高丘敬季女 [号]渓雲院 [公卿補任]5—263下

随資 あやすけ　一八一四—八六

文化11(一八一四)・2・18誕生、文化15・1・5従五位下、文政10(一八二七)・12・14元服、昇殿、遠江権介、従五位上、拝賀、文政13・1・21中務権少輔、12・19正五位下、天保4(一八三三)・9・18従四位下、天保5・12・27転少輔、天保7・12・19従四位上、天保10・12・19正四位下、天保14・12・22(従三位)、弘化3(一八四六)・3・4賜仁孝天皇御当色、3・7賜御素服、弘化4・12・23正三位、安政6(一八五九)・9・20大蔵卿、慶応4(一八六八)・1・17辞卿

[死没]明治19(一八八六)・9・12 [年齢]73 [父]豊岡治資 [母]舟橋則賢三女貞子 [公卿補任]5—416下

北小路家　きたこうじけ

藤原氏北家日野流。柳原家の庶流。三室戸従三位誠光二男の正三位徳光を家祖とする。東山天皇取立の新家。徳光八歳のとき、元禄十年(一六九七)二月十三日小御所御遊始に出仕した翌日、柳原前権大納言資廉の猶子とされ、北小路の称号を賜る。家格は名家、新家。外様の家。近衛家の家礼。蔵米三十石三人扶持。

北小路家

徳光═資福(中絶)　光香—光教═
║祥光—師光—説光—随光(子爵)

享保十二年(一七二七)資福夭折後に中絶。同十八年日野家庶流の外山前参議光和男光香(実従三位澤忠量二男)が家名を再興し、更めて柳原家の庶流とされた。明治十七年(一八八四)随光のとき、叙爵内規により子爵を授けられた。菩提所は寺町 浄福寺。『北小路家譜』(東京大学史料編纂所架蔵、四一七五—一〇五)。

徳光 のりみつ　一六八三—一七二六

天和3(一六八三)・11・6誕生、元禄2(一六八九)・1・7叙爵、元禄10・2・16元服、昇殿、侍従、閏2・14従五位上、元禄14・1・5正五位下、宝永2(一七〇五)・2・5〈去正五分〉従四位下、中務大輔、宝永7・6・4〈去二廿八分〉従四位上、正徳5(一七一五)・2・15〈去年二六分〉正四位下、享保3(一七一八)・12・26従三位、号北小路、享保9・2・8〈去正月六日分〉正三位、享保11・4・18薨去

[死没]享保11(一七二六)・4・18 [年齢]44 [父]三室戸誠光、二男 [母]彦山僧正亮有女 [幼名]友丸 [号]寿照院 [公卿補任]4—233上

光香 みつか　一七二〇—八四

享保5(一七二〇)・6・18誕生、享保15・5・20叙爵、享保18・12・1賜北小路旧号柳原家庶流、12・21

元服、昇殿、左兵衛権佐、享保19・12・24従五位上、元文3(一七三八)・12・24正五位下、寛保3(一七四三)・6・29従四位下(小除目次〈ま〉)、7・17服解(父〈ま〉)、9・13除服出仕復任、延享2(一七四五)・10・12刑部権大輔、延享3・3・16為儲君親王家司〈ま〉、延享4・2・1中務権大輔、12・26従四位上、延享5・2・7服解(母〈ま〉)、3・27除服出仕復任、寛延2(一七四九)・4・1中務大輔、宝暦1(一七五一)・3・12正四位下、宝暦7・12・25従三位、宝暦13・12・19正三位、安永2(一七七三)・8・29返上位記

〔死没〕天明4(一七八四)・4・13 〔年齢〕65 〔父〕外山光和、二男(実澤忠量、二男) 〔母〕家女房 〔公卿補任〕4—437下

祥光 さちみつ 一七六三—一八一九

宝暦13(一七六三)・9・28誕生、明和6(一七六九)・12・18従五位下、安永1(一七七二)・11・15為光教子、安永2・閏3・27元服、昇殿、民部権大輔、従五位上、安永4・1・28〈「29日」ま〉〈ま〉服解(母)、3・20除服出仕復任、安永6・1・9正五位下、天明1(一七八一)・12・11従四位下、天明2・8・12服解(実母)、10・3除服出仕復任、天明4・1・15弾正少弼、天明5・8・17従四位上(小除目次)、12・27服解(父)、天明6・2・18除服出仕復任、天明9・1・5正四位下、寛政5(一七九三)・1・20〈賜去五日位記〉〔従三位〕〈ま〉、寛政8・2・16右京大夫、寛政9・2・7正三位、文化10(一八一三)・12・16賜後桜町院御服、文化12・8・21参議、9・2辞参議、文化14・2・7従二位、文政2(一八一九)・7・7薨去

〔死没〕文政2(一八一九)・7・7 〔年齢〕57 〔父〕北小路光教(実日野資枝、二男) 〔母〕家女房(実家女房) 〔号〕恭順院 〔公卿補任〕5—90下

師光 もろみつ 一七九二—一八四三

寛政4(一七九二)・5・4誕生、寛政8・5・10従五位下、寛政12・11・22元服、昇殿、従五位上、拝賀、享和4(一八〇四)・1・11正五位下、文化1(一八〇四)・12・4中務権大輔、文化5・1・17従四位下、文化8・1・18転大輔、文化9・1・20従四位上、文化13・10・15正四位下、文政2(一八一九)・7・7服解(父)、8・28除服出仕復任、文政4・1・4〔従三位〕、文政7・6・4右京権大夫、文政8・1・25正三位、天保14(一八四三)・5・20〈昨日分〉辞権大夫、薨去

〔死没〕天保14(一八四三)・5・20 〔年齢〕52 〔父〕北小路祥光 〔母〕石清水八幡宮前検校大僧正正清女 〔幼名〕忠丸 〔号〕寂定院 〔公卿補任〕5—277下

説光 ことみつ 一八一二—五六

文化9(一八一二)・7・27誕生、文化13・1・18従五位下、文政5(一八二二)・5・26元服、昇殿、兵部大輔、従五位上、文政9・1・21正五位下、文政10・4・1服解(母)、6・2除服出仕復任、文政13・1・21従四位下、天保5(一八三四)・1・13従四位上、天保8・5・22勘解由次官、天保9・1・21正四位下、天保12・閏1・22新清和院別当(院号日)、天保13・12・5〔従三位〕、弘化3(一八四六)・1・18〈去五日分〉正三位、安政3(一八五六)・7・8薨去

〔死没〕安政3(一八五六)・7・8 〔年齢〕45 〔父〕北小路師光 〔母〕従一位准大臣日野資愛女与志 〔幼名〕忠丸 〔号〕鳳雲院 〔公卿補任〕5—410下

随光 よりみつ 一八三二—一九一六

天保3(一八三二)・3・1誕生、天保7・1・15従五位下、弘化2(一八四五)・12・5元服、昇殿、越後権介、従五位上、弘化3・3・4賜仁孝天皇御当色、3・7賜仁孝天皇御素服、4・4除服宣下、嘉永1(一八四八)・12・19正五位下、嘉永4・1・18従四位下、嘉永7・1・23従四位上、安政3(一八五六)・7・8服解(父)、8・29除服出仕復任、安政4・12・19正四位下、安政7・2・18勘解由次官、万延2(一八六一)・1・5〔従三位〕、元治2(一八六五)・1・5正三位、慶応1(一八六五)・5・2左京権大夫、11・16帯剣

〔死没〕大正5(一九一六)・11・22 〔年齢〕85 〔父〕北小路説光 〔母〕家女房 〔幼名〕忠丸 〔公卿補任〕5—536上

勧修寺流　かじゅうじりゅう

藤原氏北家の一流。摂家流の祖閑院大臣冬嗣六男贈太政大臣藤原良門二男の小一条内大臣高藤を始祖とする。勧修寺の称号は、勧修寺流の結合の中心である氏寺、山科勧修寺に由来する。その縁起は、始祖高藤が若年のころ鷹狩に出て宇治郡大領宮道弥益の宅に立ち寄り、その女列子を妻問いし、胤子が生まれた。この胤子がのちに入内して宇多天皇の女御となり、醍醐天皇の生母となった。天皇は母后の追善のために昌泰三年(九〇〇)高藤の子の定方をして宮道氏の宅址に伽藍を創建させ、その菩提所としたのに創まると伝える。高藤が没したのが同年三月のことであり、追号を勧修寺といった。三条右大臣と号した定方は承平二年(九三二)八月四日に没し、その一周忌に際して子息らが西堂において八講を修した。八月朔日より始めて正忌日の四日に至って結願する、いわゆる勧修寺八講または氏八講といわれるもので、以来年ごとに同族一門の人々が集会して大祀が営まれることになる。西堂は、定方が延喜年中、母である高藤室の列子のために建立したという。勧修寺流の一門長者は西堂長者とも呼ばれ、氏八講は西堂長者が一門を率いて入寺司祭する例であった。一門長者の相承次第は、一家の父子が世襲し直系相続するものではなく、一族のうち年長の者あるいは官位の上首たる者が推任されることになっていたようである。定方の孫為輔は甘露寺と号し、蔵人・弁官を経て参議に列する、いわゆる名家の家例を開き、その四代孫で坊城大蔵卿と号し、勧修寺とも号した参議為房のときに、一門繁栄の基礎を確立した。為房は実務処理の才能に優れ、延久三年(一〇七一)蔵人に補されて以来、後三条・白河・堀河・鳥羽の四朝の側近に仕え、摂関藤原師実・師通二代の家司として家務をとるとともに、白河院中における別当として重きをなした。為房ののちは、主に参議大蔵卿為隆、権中納言顕隆、権中納言朝隆、参議親隆の四つに分流し、後二者の家系は鎌倉時代初めごろに中絶し、前二者が近世にまで家系を継承させた。為隆の子孫は坊城・吉田・勧修寺・甘露寺などと称し、顕隆の子孫は葉室と号した。為隆・顕隆両人の嫡庶の事は、『尊卑分脈』の葉室一流の顕隆の条に、「葉室流称嫡家事」とあり、為隆は舎兄であるが、父為房が顕隆をもって家嫡となしたので、為房が永久三年(一一一五)四月に没し、重服中の同年八月に顕隆は蔵人頭に補された。為隆が貫首に補されたのは保安三年(一一二二)三月のことで、舎兄ではあるが後進であり、嫡庶は年歯に依らないこと、古今に所見することである、と注されている。

葉室中納言顕隆ののちは、子息顕頼・顕長ともに権中納言に、孫光頼、曾孫宗頼いずれも権大納言に昇進して、葉室一流の基礎を固めた。これに対して為隆の一流は、子息光房は権右中弁で終わり、孫の経房に至って初めて権大納言に昇った。吉田と号した。経房は、『吉記』の記主としても著名で、源頼朝が院御所に推薦した議奏公卿十人のうちの一人。文治二年(一一八六)以来頼朝の後援にて摂政としてまた関白として政治の枢機に関与した九条兼実ですら、頼朝が院に奏し、もしくは院宣を頼朝に伝えるには、議奏であり院の別当であった経房の手を借りなければ始まらない程であった。経房は実に幕府の「京の申次」的な存在であった。経房の舎弟参議定長・参議光長は別流を起こし、前者は霊山と号したが数代で断絶した。後者は海住山と号したが、海住山権大納言高清が長享二年(一四八八)に没し、子なく家は絶えた。経房ののちは子孫諸家に分流し、甘露寺・勧修寺・万里小路・清閑寺・中御門・坊城などを称し、室町時代には葉室家よりもこの一流の方が栄えた。経房の息定経は参議にまで昇ったが、正治元年(一一九九)十一月に菩提心を起こして出家したので、経房はこの定経を義絶し、孫の資経をもって子となし家領の処分を決定する。正治二年二月二十八日付吉田経房処分状案(勧修寺家伝来「遺言条々」)がこれであり、その二日後に自らも出家した。この処分状は、経房が伝来した所領および屋敷ならびに文書等を、その嫡子とした資経以下に処分したもので、そのうち「文書事」として記した部分では、資経が家嫡であるからすべてをこれに与えるべきであるけれども、多少考えるところがあるから、家記・秘書等はそれぞれ孫たちに分け与えておく、各櫃に銘を書いておくから、それに従って分け取るとよい、などとしている。遺領の大部分を得た資経は、建長二年(一二五〇)六月二日に処分状を書いて七月十三日に他界した。処分状は十ヵ条から成り、所領を資経母および為経・経俊・高経・資通・資継の五人の子息とその他の二人に処分しており、文書は子息五人に分与している。為経には為房の日記である『大府記』以下の先祖日記の正本、雑文書は経房処分状にみえるごとく吉田倉に伝来安置してきたものを「長者」として付属させ、経俊には資経の書写になる家記等の大略を付属させ、資通には経房書写になる為隆の日記『永昌記』などを譲ると記されている。為経は吉田と号し、この流れが甘露寺家・清閑寺家であり、経俊は坊城と号し、この流れが勧修寺家・中御門家・坊城家であり、資通の後が万里小路家である。勧修寺流の諸家のうち嫡流は甘露寺家で、『諸家知譜拙記』『雲上明鑑』ではそうなっているが、経俊の曾孫経顕が勧修寺と号し、それが家名として定着し、戦国時代から織豊時代にかけて勧修寺家の女が後奈良天皇・後陽成天皇の生母となるなど、家が繁栄をみたこともあって嫡流のごとく見られ、『諸家伝』などは勧修寺家を嫡流扱いにしている。勧修寺流は竹の丸に三羽飛雀紋を用いる家が多い。

甘露寺家　かんろじけ

藤原氏北家勧修寺流。贈太政大臣藤原良門二男の小一条内大臣高藤の裔。勧修寺流の嫡流。吉田参議資経の一男吉田正二位権中納言為経を家祖とする。家格は名家。内々の家。儒学・有職故実・雅楽(笛)を家職とした。九条家の家礼。江戸時代には家領二百石。始祖小一条内大臣高藤の追号が勧修寺。高藤の曾孫の権中納言為輔が甘露寺を建立し、また甘露寺とも、松崎とも号した。その後、坊城・勧修寺・吉田などと号し、甘露寺の号が家名として定着するのは、南北朝時代の藤長のときからである。参議藤長は貞和四年(一三四八)四月三十歳で権中納言に任ぜられ、同日に一門の前参議吉田国房の男参議国俊もまた権中納言に進む。新中納言国俊の方が上﨟、かつ年長で称号に吉田を用いたため、藤長は同号を避けて新たに家名を選び、甘露寺と称することになったのである。甘露寺の称号は勧修寺流一門において由緒ある号であり、それだけに当時一門の長老勧修寺前大納言経顕ならびに葉室前中納言長光らの意見を求める要があったのであろう。それらの了解を得て称したことが『園太暦』に記事がみえる。しかもこれは藤長一代のみならず、以来家名として一系流の子孫に長く踏襲慣用されることになる。息兼長は家職の弁官を勤仕し、永徳二年(一三八二)五月蔵人頭に補され、同十一月には参議となり公卿に列し、のち権大納言に昇り、応永二十九年(一四二二)二月従一位に叙せられた。甘露寺家においての従一位の極位の初例である。孫の清長も弁官として順調な昇進を遂げ、二十年三月三十三歳で蔵人頭から参議に昇り左大弁を兼ね、同五月には従三位に叙せられ、武家伝奏にも補されたが、翌六月にわかに譴責され出仕を停められた。やがて免され、翌年八月病のため特に権中納言に昇進し、その翌日没した。清長没後は舎弟房長が代わって出仕し弁官を勤め、三十二年(一四二五)六月には左中弁になったが、十一月になって図らずも緩怠のことありとて、勅勘除籍のうえ甥の忠長に替代されようとした。この時は厳重の沙汰を免れ、のち頭左大弁に進み、やがて公卿に入るはずのところ、永享二年(一四三〇)二月に官職を止められた。四年六月上階を見ずに没し、房長も舎兄清長と同じく不遇のうちに世を去った。時に房長の子

甘露寺家

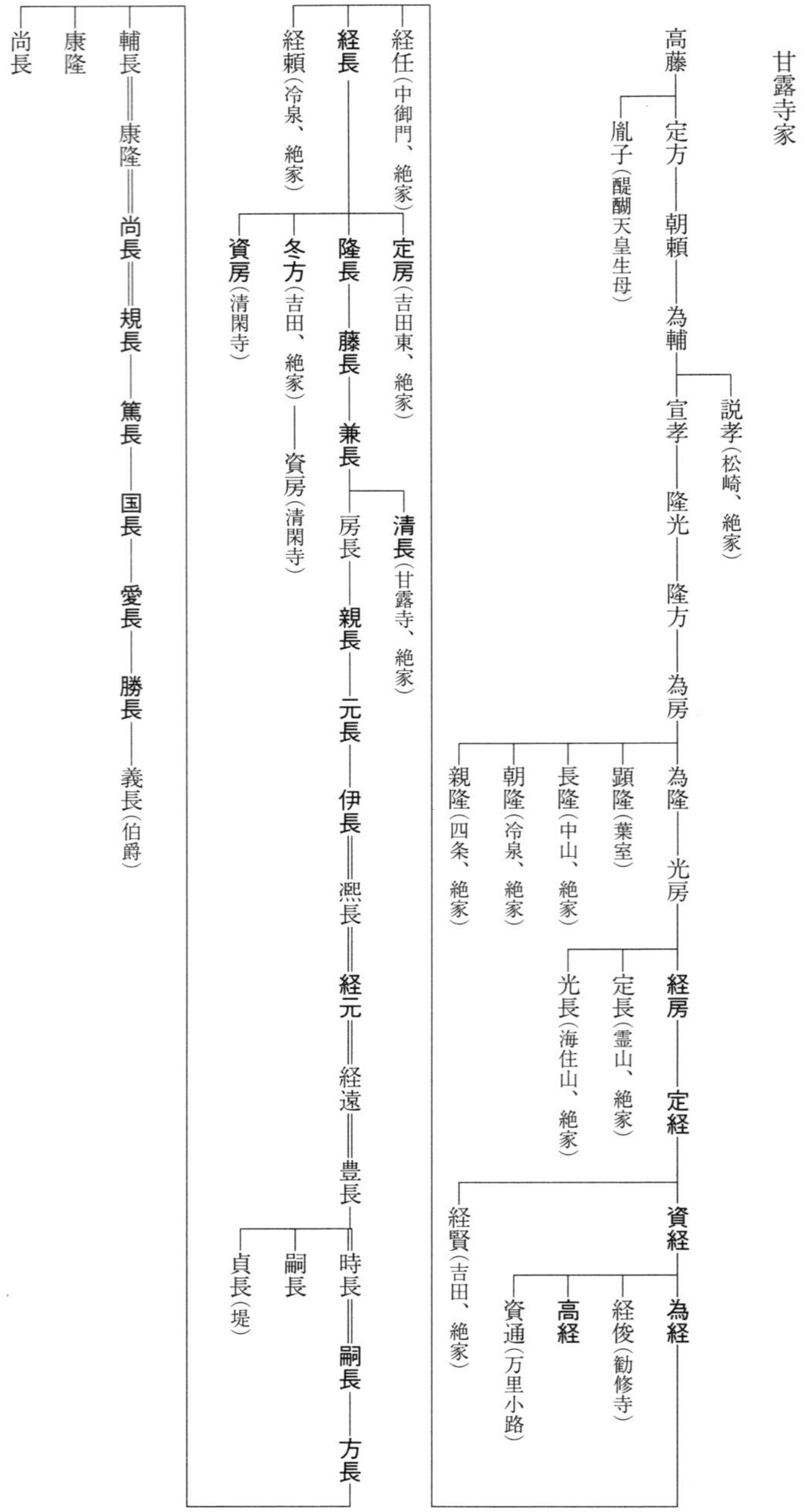

息親長は九歳で、家職の弁官は嫡流清長の男忠長が出頭した。この人も頭右大弁に至ったとき、永享六年二月将軍足利義教の逆鱗に触れることがあり、たちまち失脚し、所帯を召放たれ従兄弟の親長に与えられることになり、ここに再び親長の家系が嫡家の座を占め、忠長の子息らは五位で出家し、この流れは絶えた。親長は、同時代の三条西実隆は甥、中御門宣胤は女婿といったように、当時の実務的廷臣の中心的存在であり、甘露寺家の代表的人物でもある。親長の跡は息元長が継承し、さらに孫伊長が継いだが、伊長には子息がなく、同族中御門権中納言宣忠の長子俊長を養って嗣子とした。しかし俊長は養父に先立って天文十七年（一五四八）二月に十一歳で早世したので、中山権中納言孝親の長子宗親が迎えられて、同年十二月に叙爵し、名を凞長と改めた。同月従一位権大納言伊長は六十五歳で没し、遺跡は凞長に継承されたが、凞長もまた二十年七月に十五歳で早世し、甘露寺家は遺跡相続の人を失った。かくて九月、朝廷

は職事の家職が欠くことを危惧して高倉少納言範信をもって凞長の遺跡を継承させる。範信はもと下冷泉従三位為豊の二男で、南家高倉参議範久の遺跡を継いでいたのであるが、仰せによって甘露寺家相続に転身した。経元である。江戸時代に入っても、たびたび勧修寺一流ないし舎弟による養子相続があった。従一位権大納言を先途とし、親長・伊長が敷奏、経元・方長・国長が武家伝奏、篤長・国長が議奏に補された。日記には、『但記』(隆方)、『大府記』(為房)、『永昌記』(為隆)、『吉記』(経房)、『自暦記』(資経)、『為経卿記』、『吉続記』(経長)、『吉槐記』(定房)など初期の名記があり、また室町時代の『親長卿記』、『元長卿記』、江戸時代のものでは『方長卿記』、『輔長朝臣記』、『尚長卿記』、『篤長卿記』、『国長卿記』、『勝長卿記』がある。明治十七年(一八八四)義長のとき、叙爵内規により伯爵を授けられた。菩提所は伏見 松林院。『甘露寺家譜』(東京大学史料編纂所架蔵、四一七五—一九九)。

経房　つねふさ　一一四二—一二〇〇

久安6(一一五〇)・6・9蔵人(元摂政家勾当)、7・8叙爵(氏爵未叙)、仁平1(一一五一)・7・24伊豆守(兄信方死替)、保元2(一一五七)・8・21兼任勘解由次官(平親範任右少弁替)、10・21従五位上(造宮賞)、保元3・2・3兼任皇后宮権大進(統子内親王立后日)、11・26遷任安房守(与平義範相転名替)、保元4・2・13止皇后宮権大進(依院号也)、即為上西門院判官代、永暦2(一一六一)・4・1正五位下(祖父為隆卿去天永二年春日行幸賞)、長寛2(一一六四)・2・28辞安房守、以猶子有経申任之、永万2(一一六六)・3・9昇殿、8・27蔵人(平時忠四位替)、仁安2(一一六七)・1・30遷任右衛門権佐(長方転左佐替)、8・1転左佐(長方辞退替)、仁安3・2・19〈くし〉新帝蔵人、3・20兼皇太后宮大進(滋子立后日)〈旧〉、嘉応1(一一六九)・4・12止皇太后宮大進為建春門院判官代、嘉応2・1・18兼任左少弁(三事)、7・26辞蔵人並左衛門権佐、承安2(一一七二)・2・23従四位下、転権右中弁、承安3・11・21従四位上(最勝光院供養日、造寺行事賞)、承安5・4・16正四位下(石清水加茂行幸行事賞)、安元1(一一七五)・12・8転右中弁、治承1(一一七七)・12・5兼内蔵頭(藤原実清朝臣叙三品替)、治承2・12・5春宮昇殿、治承3・10・9転左中弁、10・10(下名)蔵人頭(藤原光能朝臣任三木替)、10・21兼修理左宮城使、12・7後院別当、12・10辞内蔵頭、正蔵率分所勾当並装束使、治承4・2・21新帝頭、新院別当、養和1(一一八一)・9・23転右大弁(藤原重方朝臣出家替)、12・4(下名)転左大弁(長方朝臣任中納言替)、参議、元蔵人頭右大弁、転任左大弁、養和2・3・8近江権守、寿永2(一一八三)・1・5従三位、元暦1(一一八四)・9・18権中納言、9・28大嘗会御禊装束司長官、11・17正三位、文治1(一一八五)・10・11兼権帥、文治4・1・6従二位、文治6・1・24辞帥、建久1(一一九〇)・8・13民部卿、建久2・1・7正二位、建久6・11・10中納言、建久9・11・14権大納言、11・15大嘗会検校、12・29帯剣、正治2(一二〇〇)・2・30進辞状出家、閏2・11〈「3月」イ〉薨去

[死没]正治2(一二〇〇)・閏2・11　[年齢]59　[父]藤原光房、二男　[母]中納言従三位藤原俊忠女　[号]吉田　[法名]経蓮　[日記]吉記(一一六六—九二)　[公卿補任]1—496上　[大日本史料]4—6—512、4—17—補433

定経　さだつね　一一五八—一二三一

仁安2(一一六七)・閏7・12蔵人(元院判官代)、9・10叙爵(臨時)、仁安3・1・11安房守、安元2(一一七六)・2・5遷美乃守(院分)、3・6従五位上(御賀行事賞、父経房朝臣譲叙之)、治承3(一一七九)・1・5正五位下(父蓮花(「蓮華」くし)王院造営行事賞譲叙之)、10・9兼勘次官、11・17止守、寿永1(一一八二)・8・14兼皇后宮権大進(亮子内親王冊命日)、元暦2(一一八五)・1・20蔵人、文治2(一一八六)・12・15右衛門権佐(蔵人大進如元、去次官)、文治3・6・28止大進(院号日)、文治4・10・14兼右少弁、今日転左衛門権佐、文治5・4・13兼防鴨河使、6・2辞蔵人並権佐、7・10転左少弁、文治6・1・5従四位下(弁官如元)、10・27転権右中弁、建久2(一一九一)・12・13従四位上(松尾北野両社行幸事賞)、建久5・9・17転右中弁、建久6・2・2兼右宮城使(「修理右宮

城使」〈く〉、3・12正四位下（東大寺供養行幸行事賞）、11・12去弁官、任中宮亮、補蔵人頭、建久8・1・30参議、元蔵人頭中宮亮〈くし〉、建久9・1・30兼越前権守、建久10・1・5従三位、1・15出家、寛喜3（一二三一）・2・14薨去

［死没］寛喜3（一二三一）・2・14　［年齢］74　［父］吉田経房、一男　［母］従三位平範家女　［法名］蓮位・住蓮　［日記］西記　［公卿補任］1―535下　［大日本史料］5―6―298

資経　すけつね　一一八一―一二五一

文治4（一一八八）・10・19五位（上西門院）、建久1（一一九〇）・1・24信乃守、建久4・8・25遷三川（熊野神宝用途功）、建久6・3・12従五位上（祖父東大寺供養行事）、建仁3（一二〇三）・1・7正五位下、元久3（一二〇六）・7・11中宮権大進、承元3（一二〇九）・4・4左衛門権佐、建暦2（一二一二）・5・29防鴨河使、建保2（一二一四）・12・15蔵人、建保6・1・13兼右少弁、2・17辞蔵人佐、11・26兼春宮大進、承久1（一二一九）・1・21左少弁、11・13権右中弁、従四位下（去年日吉行幸行事）、承久2・1・22左中弁、承久3・8・20蔵人頭、11・16従四位上、12・1兼皇后宮亮、承久4・1・7〈「10日」イ〉正四位下（皇后宮入内）、貞応1（一二二二）・4・13右大弁、11・3参議、右大弁皇后宮亮如元（元蔵人頭）、12・21転左大弁〈や〉、貞応2・1・27近江権守、2・1造東大寺長官、4・10止亮、貞応3・1・23従三位、10・16遷兼大宰大弐、-・-止大弁長官権守、嘉禄1（一二二五）・12・22辞三木、安貞2（一二二八）・3・20正三位、寛喜1（一二二九）・10・9罷大弐、-・-辞肥前国、天福2（一二三四）・6・23出家、建長3（一二五一）・7・15薨去

［死没］建長3（一二五一）・7・15　［年齢］71　［父］吉田定経、一男　［養父］吉田経房　［母］参議従三位平親範女　［号］吉田大弐　［法名］乗願　［日記］自暦記・資経卿記（一一九八―一二三二）　［公卿補任］2―44下　［大日本史料］5―35―366

為経　ためつね　一二一〇―五六

建保5（一二一七）・4・28叙爵、建保6・12・9肥前守、承久3（一二二一）・11・16従五位上（修明門院朔旦御給）、貞応1（一二二二）・4・13皇后宮権大進、嘉禄1（一二二五）・7・6勘解由次官、12・22右少弁、嘉禄2・1・5正五位下、12・17従四位下（春日行幸行事賞）、嘉禄3・10・4権右中弁、安貞2（一二二八）・3・20従四位上（朝覲行幸、院司賞）、12・-氏院別当、寛喜3（一二三一）・3・25右中弁、4・29左中弁、10・21左宮城使、文暦1（一二三四）・12・21転左大弁、蔵人頭、文暦2・1・25正四位下（臨）、閏6・11造東大寺長官、嘉禎2（一二三六）・2・30参議、元蔵人頭、大弁長官如元、7・20従三位、嘉禎3・1・24近江権守、嘉禎4・1・23正三位、閏2・27権中納言、延応1（一二三九）・9・11勅授、仁治1（一二四〇）・閏10・28従二位、寛元2（一二四四）・6・13中納言、宝治2（一二四八）・1・7正二位、建長1（一二四九）・12・24辞退中納言、12・29本座、建長2・1・13按察使、建長3・1・22大宰権帥、5・22出家〈百錬抄〉、建長8・6・9薨去

［死没］建長8（一二五六）・6・9　［年齢］47　［父］藤原資経、一男　［母］従四位上宮内卿藤原親綱女　［号］吉田　［日記］為経卿記（一二四六）　［公卿補任］2―92上

経長　つねなが　一二三九―一三〇九

寛元2（一二四四）・1・23叙爵、建長3（一二五一）・1・5従五位上、1・22和泉守、建長7・1・5正五位下、建長8・6・9服解、7・14復任（父）、康元1（一二五六）・12・13得替、正嘉3（一二五九）・2・29兵部権少輔、正元1（一二五九）・12・13辞権少輔、弘長1（一二六一）・9・26中宮権大進、弘長3・8・13美乃守（中宮御給）、12・21得替、文永3（一二六六）・12・15蔵人、文永5・12・6〈や〉止権大進（依本宮院号也）、12・16春宮権大進（于時三人剰任例始之）、文永6・3・27転大進、文永7・1・21左少弁（蔵人如元）、2・1下名給大進兼字、去蔵人、文永8・2・1従四位下、2・17大進如元、7・2辞大進、11・29権右中弁、文永9・1・5従四位上、12・20正四位下、文永10・4・12右中弁、7・1右宮城使、文永11・4・5左中弁、6・-服解（母）、7・29復任、9・10右大弁（重服中）、建治1（一二七五）・10・8蔵人頭、12・26左大弁、建治2・1・23兼東大寺長官、建治3・9・13参議（元蔵人頭左大弁造東大寺長官）、左大弁如元、建治4・2・

8近江権守、弘安1(一二七八)・7・17従三位、弘安4・1・5正三位、弘安6・3・28権中納言、弘安8・1・5従二位、7・17帯剣、弘安9・閏12・16兼兵部卿、弘安11・2・10辞卿、正応1(一二八八)・10・27中納言、11・26〈16日ともあり〉辞退(中納言)、12・20正二位、正応2・8・2聴本座、正安3(一三〇一)・5・-南院衆徒放氏、7・-続氏、10・24還任(中納言)、乾元2(一三〇三)・1・28権大納言、嘉元1(一三〇三)・10・29〈14日ともあり〉辞権大納言、10・-被召院執権、11・18出家、延慶2(一三〇九)・6・8薨去

[死没]延慶2(一三〇九)・6・8 [年齢]71 [父]吉田為経、三男 [母]正二位権中納言藤原定高女 [号]吉田 [日記]吉続記(一二六七―一三〇二) [公卿補任]2―250上

高経 たかつね 一二一八―八五

寛喜1(一二二九)・10・9従五位下(下名加)、越中守(父卿給)、寛喜3・4・14〈や〉得替、文暦2(一二三五)・9・10民部権少輔、嘉禎3(一二三七)・1・24従五位上、延応1(一二三九)・11・6正五位下、仁治1(一二四〇)・12・18遷任少納言、仁治3・8・9兼中宮権大進、仁治4・2・2辞少納言、宝治2(一二四八)・6・18止権大進(依院号也)、正嘉2(一二五八)・1・13中宮亮(兄経俊譲)、即叙従四下、正嘉3・1・6従四位上(中宮当年御給)、正元1(一二五九)・12・19止亮(依院号也)、12・25正四位下(東二条院御給)、弘長1(一二六一)・7・21任宮内卿、弘長2・1・19止卿、建治3(一二七七)・4・7従三位(元前宮内卿)、弘安6(一二八三)・4・5正三位、弘安8・6・5薨去

[死没]弘安8(一二八五)・6・5 [年齢]68 [父]藤原資経、三男 [公卿補任]2―252上

定房 さだふさ 一二七四―一三三八

建仁2(一二〇二)・1・5従五位下(臨時)、弘安3(一二八〇)・3・12従五位上(翌日可書入之被仰下)、弘安6・4・5讃岐守、弘安7・10・27正五位下、弘安8・8・19皇后宮権大進、弘安10・8・20止権大進、正応4(一二九一)・10・10中宮権大進、蔵人、永仁3(一二九五)・6・23兼右少弁、9・1止蔵人、永仁4・4・13遷兼春宮大進、永仁5・7・7左少弁、7・22従四位下、7・29大進如元、永仁6・3・12喪母、4・27復任、永仁6・5・23止大進(依服解也)、6・8転権右中弁、正安1(一二九九)・4・26従四位上、6・6右中弁、6・29修理右宮城使、正安2・1・5正四位下、4・7左中弁、5・29左宮城使、正安3・4・5蔵人頭(左中弁如元、越右大弁雅俊朝臣)、正安4・3・23参議(元蔵人頭)、7・21兼右兵衛督、12・14使別当、乾元2(一三〇三)・1・28兼伊与権守、嘉元1(一三〇三)・8・28従三位、辞伊与権守、嘉元2・6・2兼右衛門督、-・-伊予権守、嘉元3・12・30権中納言、嘉元4・6・21被仰執権、徳治2(一三〇七)・1・5正三位、1・29止別当〈や〉、4・24止督〈や〉、延慶2(一三〇九)・3・23辞権中納言、延慶3・4・7従二位、文保2(一三一八)・3・2賜去正和二九廿正二位々記、3・12本座宣下、元応1(一三一九)・10・27権大納言、元亨1(一三二一)・7・26辞権大納言、元亨2・1・26還任(権大納言)、元亨3・11・30辞権大納言、元徳2(一三三〇)・1・13従一位、建武1(一三三四)・6・26宣准大臣令朝参、9・9内大臣、12・17兼民部卿、建武2・2・16上表、建武4〈延元2〉・7・20止卿、-・-逐電、建武5・1・23薨去

[死没]建武5(一三三八)・1・23 [年齢]65 [父]吉田経長、一男 [母]正三位権中納言葉室定嗣女 [号]吉田 [日記]吉槐記(一二九三―一三〇六) [公卿補任]2―362下 [大日本史料]6―4―691

隆長 たかなが 一二七七―一三五〇

嘉元1(一三〇三)・8・19蔵人、嘉元3・3・8左少弁、嘉元4・9・28従四位下、徳治1(一三〇六)・12・22権右中弁、徳治2・4・3従四位上、徳治3・4・25内蔵頭、5・17左中弁、9・19春宮亮(立坊日)〈イ〉〔や無〕、延慶1(一三〇八)・10・12左宮城使、11・21装束使並率分所勾当、12・10右大弁、蔵人頭、延慶2・2・19左大弁、正四位下、造東大寺長官、6・8服解、8・10正四位上、9・26止弁、文保2(一三一八)・2・26蔵人頭(受禅日〈イ〉)〈や無〉、7・7右大弁、8・24参議、元蔵人頭、右大弁如元、10・22補造東大寺長官、12・25従三位、可賜去正和二年九月廿二日位記之由宣下、12・27被召返之、文保3・3・9去弁、-・-

兼右兵衛督、－·－使別当、3·15従三位、元応2（一三二〇）·2·9兼近江権守、3·24権中納言、左兵衛督、9·10依山門訴訟止両職、－·－配流阿波国、－·－阿波権守、12·－被召返之由宣下、元応3·1·5正三位、7·26民部卿、元亨3（一三二三）·6·16去卿、正中2（一三二五）·6·23出家

[死没]貞和6（一三五〇）·2·22 [年齢]74 [父]吉田経長、二男 [母]正三位権中納言葉室定嗣女 [号]吉田·池房 [法名]覚源 [日記]隆長卿記（一三〇八） [公卿補任]2—464下 [大日本史料]6—13—442

冬方　ふゆかた　一二八五—？

元亨1（一三二一）·4·6蔵人頭、修理権大夫、6·6正四位上、元亨2·1·26大蔵卿、元亨3·1·13参議（元蔵人頭、大蔵卿如元）、兼右大弁、正中2（一三二五）·12·18右衛門督、正中3·2·19権中納言、嘉暦2（一三二七）·1·5正三位、3·－辞（権中納言）、嘉暦3·2·2本座、嘉暦4·1·5従二位、元徳1（一三二九）·9·10出家

[父]吉田経長、三男 [母]正三位権中納言葉室定嗣女 [法名]端昭 [公卿補任]2—496上

藤長　ふじなが　一三一九—六一

元応3（一三二一）·2·3従五位下、正中3（一三二六）·1·5従五位上（無官）、2·19中宮権大進、嘉暦2（一三二七）·3·24正五位下、元徳1（一三二九）·10·10勘解由次官、元徳2·3·1右衛門権佐、元徳3·3·18転左、元弘3（一三三三）·7·5〈「6月」イ〉右少弁、7·11皇太后宮権大進、9·16防鴨河使、10·12停権大進、依本宮御事也、11·8蔵人（三事）、11·29〈「28日」や〉去左衛門権佐、元弘4·1·23春宮大進、5·－〈「10日」イ〉去蔵人、建武2（一三三五）·1·5正五位上、1·13中判事、5·23〈「13日」イ〉左少弁、還補蔵人、建武3〈延元1〉·3·－去蔵人、11·2従四位下、－·－〈「今日」し〉去中判事春宮大進、11·14春宮亮、建武5·2·17去左少弁、暦応4〈興国2〉（一三四一）·1·6従四位上、3·19右中弁、12·12権左中弁、康永1〈興国3〉（一三四二）·9·7正四位下、12·21左中弁、康永2〈興国4〉·1·22装束司〈イ〉、1·28〈「修理」し〉左宮城使、8·12右大弁、9·23正四位上、12·22〈「21日」イ〉蔵人頭、康永3·1·24山城守〈イ〉、造興福寺長官〈イ〉、9·23正四位上〈イ〉、貞和1〈興国6〉（一三四五）·4·16参議元蔵人頭、－·－遷補造東大寺長官、貞和2〈正平1〉·1·6従三位、貞和4〈正平3〉·4·12権中納言、11·19服解、不復任、貞和5〈正平4〉·6·13本座、文和4〈正平10〉（一三五五）·8·13正三位、延文3〈正平13〉（一三五八）·1·7従二位、延文5〈正平15〉·11·17正二位、康安1〈正平16〉（一三六一）·5·4薨去

[死没]康安1（一三六一）·5·4 [年齢]43 [父]吉田隆長、三男 [号]甘露寺 [公卿補任]2—603上 [大日本史料]6—23—558

兼長　かねなが　一三五七—一四二二

－·－·－·－叙爵、貞治3〈正平19〉（一三六四）·1·5従五位上、－·－·－·－右兵衛佐、永和4〈天授4〉（一三七八）·12·13右少弁、永和5〈天授5〉·3·21正五位上、康暦2〈天授6〉（一三八〇）·12·2左少弁、永徳1〈弘和1〉（一三八一）·8·14右中弁、－·－·－·－権左中弁、－·－·－·－従四位下、不経五位蔵人、永徳2〈弘和2〉·5·23蔵人頭、－·－·－·－従四位上、11·6〈15日ともあり〉参議、元蔵人頭権左中辨、永徳3〈弘和3〉·1·15兼右兵衛督、3·28兼左大弁、兼近江権守、11·15従三位、至徳3〈元中3〉（一三八六）·1·6正三位、8·27権中納言、明徳3〈元中9〉（一三九二）·8·22辞退権中納言、明徳4·1·5従二位、応永8（一四〇一）·1·5正二位、応永16·7·23権大納言、応永17·8·10帯剣、応永18·－·－以勧修寺長者与奪経豊卿、10·24辞退（権大納言）、12·20本座、応永19·12·28按察使、応永29·2·7従一位、2·8薨去

[死没]応永29（一四二二）·2·8 [年齢]66 [父]甘露寺藤長、一男 [公卿補任]2—741上

清長　きよなが　一三八一—一四一四

応永20（一四一三）·2·1参議、元蔵人頭、兼左大弁、5·1従三位、5·20被仰伝奏、6·24被止出仕、応永21·3·16兼近江権守、8·28権中納言、8·29薨去

[死没]応永21(一四一四)・8・29 [年齢]34 [父]甘露寺兼長 [母]正二位権大納言日野時光女 [公卿補任]3—78上 [大日本史料]7—20—323

親長 ちかなが 一四二四—一五〇〇

永享-・-・-叙爵、永享13(一四四一)・1・6従五位上、文安1(一四四四)・3・29右少弁、文安3・1・29蔵人、-・-正五位上、12・7権右中弁、文安5・1・5従四位下、11・6従四位上、宝徳2(一四五〇)・3・29権左中弁、4・12左中弁、10・9正四位下、蔵人頭、宝徳3・2・7正四位上、3・26伊勢権守(正四位上頭左中弁装束司兼任)〈さし〉、宝徳4・3・23参議、転右大弁、元蔵人頭左中弁、3・25従三位、-・-左大弁、享徳2(一四五三)・10・8権中納言、康正2(一四五六)・3・29兼任按察使、4・9正三位、長禄2(一四五八)・7・22辞使、8・-更兼之、長禄3・7・2辞権中納言、7・3還任(権中納言)、寛正6(一四六五)・1・5従二位、3・24辞権中納言、文明1(一四六九)・9・26正二位、延徳4(一四九二)・1・12権大納言、明応2(一四九三)・-・-辞使、-・-辞権大納言、6・15本座、8・27出家

[死没]明応9(一五〇〇)・8・7 [年齢]77 [父]甘露寺房長 [法名]蓮空 [日記]親長卿記(一四六八—九九) [公卿補任]3—169下

元長 もとなが 一四五六—一五二七

文正1(一四六六)・4・8叙爵、文明-・-・-右兵衛佐、文明4(一四七二)・2・27蔵人、3・2右少弁、文明5・10・3従五位上、文明6・閏5・9正五位下、6・19正五位上、文明7・1・28左少弁、文明13・9・5右中弁、9・20従四位下、12・3蔵人頭〈職事補任〉、文明14・-・-従四位上、-・-左中弁、8・14正四位下、文明15・2・9正四位上、文明18・8・9参議、元蔵人頭中弁、転右大弁、文明19・7・17従三位、長享2(一四八八)・9・17権中納言、延徳3(一四九一)・12・18正三位、文亀1(一五〇一)・8・18従二位、文亀4・8・19賀茂伝奏事被仰之、永正14(一五一七)・1・2権大納言、4・18正二位、永正16・9・27兼民部卿、永正18・4・4辞退権大納言、-・-本座、大永4(一五二四)・7・-御八講伝奏、大永6・5・-〈「8日」さ〉従一位、大永7・8・17薨去

[死没]大永7(一五二七)・8・17 [年齢]72 [父]甘露寺親長、二男 [道号]古月 [法名]清空 [日記]元長卿記(一四九〇—一五二五) [公卿補任]3—271上

伊長 これなが 一四八四—一五四八

長享1(一四八七)・12・20叙爵、明応-・-・-〈「1年12月21日」く追〉左衛門佐、明応2・3・25従五位上、明応9・6・13蔵人、-・-権右少弁、12・26正五位下、明応10・1・19右少弁、永正5(一五〇八)・8・19正五位上、永正7・12・13左中弁、永正8・11・11従四位下、蔵人頭、11・28従四位上、永正9・-・-正四位下、4・30正四位上、永正15・6・23参議(行季替)、元蔵人頭左中弁、転左大弁、永正16・12・28従三位、永正18・4・21権中納言、7・7着直衣参内〈さ〉、大永2(一五二二)・1・5正三位、享禄2(一五二九)・2・17従二位、天文3(一五三四)・5・-能州下向〈さ〉、8・-上洛〈さ〉、9・2権大納言、天文5・2・21正二位、天文12・11・3〈「12月」さ〉神宮伝奏、天文13・12・29辞退(権大納言)、陸奥出羽按察使、天文15・10・1神宮伝奏辞、天文17・12・26従一位、12・30薨去

[死没]天文17(一五四八)・12・30 [年齢]65 [父]甘露寺元長 [母]従二位権中納言高倉永継女 [前名]敦長 [公卿補任]3—346下

経元 つねもと 一五三五—八五

天文15(一五四六)・12・-叙爵(于時範家、改範信、故三木範久卿猶子)、天文18・12・23侍従、元服、12・27従五位上、天文20・3・27少納言、9・21改名経元(依勅為伊長卿子)、11・13権右少弁、11・14補蔵人、11・16拝賀、12・3正五位下、天文21・1・5正五位上☆、天文23・1・17右少弁、天文24・9・28権右中弁、永禄3(一五六〇)・2・13右中弁、永禄6・1・25従四位下、2・1従四位上☆(年中両度)、6・27左中弁、7・6蔵人頭、12・25正四位下(年中三ケ度)、永禄12・1・10右大弁、6・1正四位上、元亀1(一五七〇)・5・23参議(元蔵人頭)、右大弁如元、5・25従三位、天正1(一五七三)・12・19権中納言☆、天正2・1・5正三位☆、天正4・6・-蟄居、11・-出仕、天正

5・11・26従二位☆、天正7・11・17権大納言、天正8・2・10正二位、天正13・5・8薨去
［死没］天正13（一五八五）・5・8 ［年齢］51 ［父］甘露寺伊長（実冷泉為豊、二男） ［前名］範家・範信 ［法名］圓空 ［公卿補任］3―464上 ［大日本史料］11―15―180

嗣長 つぐなが 一六一一―五〇

慶長16（一六一一）・8・2誕生、元和9（一六二三）・2・13叙爵☆、寛永6（一六二九）・9・28元服☆、寛永10・12・26従五位上、左衛門権佐、寛永13・1・5正五位下、寛永19・1・21権右少弁、7・16蔵人、7・25正五位上、禁色、寛永20・10・16右少弁、正保1（一六四四）・12・26左少弁、正保2・12・28右中弁、正保3・12・21従四位下、正保4・6・16〈賜去二月九日従四位上位記〉従四位上、10・22正四位下、12・30左中弁、正保5・1・5正四位上、慶安2（一六四九）・1・12右大弁☆、7・17参議、元蔵人頭、弁如元、10・4参議右大弁辞退（依病）、慶安3・2・9薨去
［死没］慶安3（一六五〇）・2・9 ［年齢］40 ［父］甘露寺時長（実甘露寺豊長） ［法名］道徹 ［公卿補任］3―619下

方長 かたなが 一六四八―九四

慶安1（一六四八）・12・3誕生、承応1（一六五二）・11・16叙爵、明暦2（一六五六）・12・23元服、昇殿、勘解由次官、従五位上、万治3（一六六〇）・1・5正五位下、11・13権右少弁、寛文2（一六六二）・12・14蔵人、右少弁、禁色、寛文3・1・12正五位上、8・7左少弁、寛文6・11・15右中弁、寛文9・12・27蔵人頭従四位下、12・28〈去十一廿三分〉左中弁、寛文10・9・29〈去正五分〉従四位上、9・30〈去正廿五分〉右大弁、11・9正四位下、12・28正四位上、寛文12・6・8参議（大弁如元）、12・23拝賀、寛文13・2・19左大弁、11・11聴直衣、12・17従三位、延宝2（一六七四）・2・8辞左大弁、延宝3・3・18民部卿☆、10・2権中納言、延宝5・1・5正三位☆、延宝6・8・8為賀茂伝奏、延宝8・4・24〈家譜〉辞伝奏、12・23従二位〈家譜〉、天和1（一六八一）・11・21権大納言☆、天和3・1・25還任権大納言、11・27武家伝奏、貞享1（一六八四）・12・26辞伝奏〈ま〉、12・26〈「27日」ま〉辞権大納言☆、元禄1（一六八八）・12・26還任権大納言、元禄4・2・24聴直衣、元禄7・2・12正二位、2・20辞権大納言、薨去
［死没］元禄7（一六九四）・2・20 ［年齢］47 ［父］甘露寺嗣長 ［母］家女房 ［法名］寂圓 ［日記］方長卿記（一六七三―九三） ［公卿補任］4―32上

尚長 ひさなが 一六八五―一七一八

貞享2（一六八五）・12・4〈「2月4日」家譜〉誕生、元禄8（一六九五）・12・16叙爵、12・26〈「28日」家譜〉元服、昇殿、左衛門佐、元禄10・11・19権右少弁、元禄11・12・15〈去正五分〉従五位上、元禄12・9・17右少弁、10・20正五位下、元禄13・8・13蔵人、8・17禁色、10・21正五位上、元禄14・10・24左少弁、宝永1（一七〇四）・10・19右中弁、宝永3・2・20左中弁、宝永5・2・16兼春宮大進（立坊日）、12・21従四位下、蔵人頭、宝永6・1・9〈去五日分〉従四位上、3・16正四位下、4・5正四位上、正徳1（一七一一）・7・24右大弁、正徳4・6・24左大弁、6・26参議（左大弁如旧）、8・25拝賀着陣、12・24直衣☆、正徳5・2・15従三位、享保2（一七一七）・6・21辞両官、享保3・5・2権中納言、辞権中納言、薨去
［死没］享保3（一七一八）・5・2 ［年齢］34 ［父］甘露寺方長、三男 ［母］家女房 ［法名］一閑 ［日記］尚長卿記（一七〇八―一四） ［公卿補任］4―211上

規長 のりなが 一七一三―八三

正徳3（一七一三）・6・23誕生、享保3（一七一八）・5・27当家相続、8・22叙爵、享保4・9・24元服、昇殿、民部少輔、享保6・12・24従五位上、享保9・9・4喪父、10・24除服復任、享保10・1・15〈去五分〈ま〉〉正五位下、享保13・3・4右衛門権佐、7・2喪実母、8・24除服復任、享保15・10・3権右少弁（権佐如旧）、10・13拝賀従事、享保17・4・25右少弁（権佐如旧）、享保19・1・24蔵人（権佐如旧）、1・27禁色、拝賀従事、2・16正五位上、10・21辞権佐、12・2右中弁、12・4拝賀従事、享保20・3・3神宮弁、3・21新帝蔵人、拝賀従事、神宮弁如旧、11・19院判官代、11・28拝賀、元文2（一七三七）4・12止神宮弁、8・18神宮弁、10・23

左中弁、10·25拝賀従事、元文3·5·27従四位下、蔵人頭、5·28右大弁、6·1拝賀従事、7·25従四位上、12·24正四位下、元文4·1·8〈去五日分〉正四位上、元文5·2·2参議、左大弁、3·28拝賀着陣、3·29聴直衣、寛保2(一七四二)·1·10〈去五日宣〉従三位、寛保3·6·29権中納言、8·24帯剣、11·1直衣〈ま〉、延享3(一七四六)·5·8為種徳親王勅別当、延享4·2·1正三位、寛延1(一七四八)·8·25大嘗会検校、寛延3·12·24権大納言、寛延4·10·1従二位、宝暦4(一七五四)·4·29辞権大納言、宝暦6·閏11·25正二位、安永4(一七七五)·閏12·2従一位、天明3(一七八三)·12·22薨去

[死没]天明3(一七八三)·12·22 [年齢]71 [父]甘露寺尚長(実万里小路尚房、二男) [母]従二位吉田兼敬女 [法名]浄性 [公卿補任]4—343上

篤長 かずなが 一七四九—一八一二

寛延2(一七四九)·5·3誕生、宝暦1(一七五一)·12·22叙爵、宝暦12·10·10改訓(以阿津奈賀為加寿奈賀)、明和1(一七六四)·閏12·25元服、昇殿、侍従、従五位上、明和4·2·16正五位下、明和6·8·20右少弁、8·29拝賀従事、明和8·10·3蔵人、〈「8日」ま家譜〉禁色、拝賀従事、12·11正五位上、安永1(一七七二)·2·14兼左衛門権佐、補検非違使、為造興福寺長官、為御祈奉行、2·19拝賀従事、7·16辞御祈奉行、11·18左少弁(権佐使等如旧)、11·20拝賀従事、12·19〈「9日」ま〉辞長官、安永3·1·22氏院別当神宮弁賀茂下上社奉行等、安永4·1·7辞神宮弁賀茂下上社奉行等、1·17辞氏院別当、4·13権右中弁(権佐使等如旧)、4·16拝賀従事、9·26神宮弁賀茂下上社奉行等、11·2辞神宮弁賀茂下上社奉行等、閏12·25右中弁(権佐使等如旧)、安永5·1·14氏院別当、為御祈奉行、安永6·5·11神宮弁、6·17辞神宮弁、安永7·1·10従四位下、蔵人頭、1·13拝賀従事、1·15免御祈奉行、1·25従四位上、2·18正四位下、安永8·1·5正四位上、3·7辞氏院別当、5·4右大弁(小除目)、拝賀従事、11·25新帝頭(践祚日)、禁色、拝賀従事、安永9·3·10為神宮奉行、6·28辞神宮奉行、7·19氏院別当、天明1(一七八一)·12·13左大弁、12·14参議(大弁如旧〈ま〉)、12·26拝賀着陣〈ま〉、天明2·1·18聴直衣、2·7従三位、天明5·1·5正三位、12·6権中納言、天明6·1·19聴直衣、1·20直衣始、天明8·1·10従二位、寛政1(一七八九)·5·22按察使、9·17直衣始、寛政3·11·28権大納言、12·11直衣始、12·14帯剣、寛政4·1·5正二位、寛政8·4·24〈ま〉辞権大納言、文化9(一八一二)·2·28従一位、2·29薨去

[死没]文化9(一八一二)·2·29 [年齢]64 [父]甘露寺規長 [母]甲斐守従五位下黒田長貞女 [幼名]菊丸 [法名]修善 [日記]篤長卿記(一七六七—一八一二) [公卿補任]5—10上

国長 くになが 一七七一—一八三七

明和8(一七七一)·9·10誕生、天明4(一七八四)·6·27従五位下、天明5·1·28元服、昇殿、拝賀、8·17侍従(小除目)、9·25拝賀、天明7·1·25従五位上、寛政2(一七九〇)·1·28正五位下、寛政6·3·7兼中宮権大進(立后日)、寛政8·2·16右少弁(権大進如旧)、2·28拝賀従事、4·24補蔵人(小除目)、正五位上、禁色、拝賀、5·8従事、5·18申行宿侍後朝儀、9·2服解(母)、10·23除服出仕復任、寛政10·5·7転左少弁(権大進如旧)、5·13兼左衛門権佐、蒙使宣旨、中宮権大進如旧、10·9拝賀従事、寛政11·3·16転中宮大進(小除日)、拝賀、為賀茂下上社奉行、3·25神宮弁(昨日分)、寛政12·4·5止神宮弁(依宮中触穢也)、5·7転権右中弁(大進権佐使等如旧)、5·13拝賀従事、7·10御祈奉行、8·20辞賀茂下上社奉行、辞御祈奉行、12·23賀茂下上社奉行、享和1(一八〇一)、12·8神宮弁、享和2(一八〇二)·2·17〈ま〉従四位下、補蔵人頭、2·20免賀茂下上社奉行、2·22拝賀従事、2·24申行宿侍後朝儀、3·6従四位上(昨日分)、3·27正四位下、12·25氏院別当、享和3·1·5正四位上、文化1(一八〇四)·4·1転右中弁、7·1辞氏院別当、7·2辞神宮弁、9·13転右大弁、9·14兼中宮亮(昨日分)、9·17拝賀従事、文化2·6·23参議(大弁亮等如旧)、7·27〈「26日」ま〉拝賀、着陣、7·28聴

直衣、直衣始、12·19従三位、文化5·2·21正三位、閏6·13左大弁、文化7·11·22権中納言、12·15聴直衣、12·30帯剣、文化8·8·17従二位、文化10·4·28賀茂伝奏、文化11·5·25権大納言、6·16直衣始、12·19正二位、文政2(一八一九)·8·16辞権大納言、文政7·12·19従一位(推叙)、天保8(一八三七)·6·18薨去

[死没]天保8(一八三七)·6·18 [年齢]67 [父]甘露寺篤長 [母]家女房 [号]惟心院 [法名]謙受
[日記]国長卿記(一七八五—一八三四) [公卿補任]5—167上

愛長 なるなが 一八〇七—五九

文化4(一八〇七)·12·8誕生、文化12·7·10従五位下、文化14·12·14元服、昇殿、拝賀、文化15·1·5従五位上、文政4(一八二一)·1·4正五位下、5·16侍従、8·11拝賀、天保2(一八三一)·5·19補蔵人、5·22兼右衛門権佐蒙使宣旨、6·1禁色、拝賀従事、6·7宿侍始、6·14正五位上、12·19左少弁(権佐使等如故)、12·22拝賀従事、天保3·2·21兼皇太后宮大進(権佐使等如故)、為御祈奉行、2·23拝賀、3·13転権右中弁(大進権佐使等如故)、3·17拝賀従事、天保4·8·8為神宮弁(昨日分)、氏院別当(長者宣)、8·11免御祈奉行、10·7辞神宮弁氏院別当、天保5·2·29神宮弁、天保6·3·30賀茂下上社奉行、8·4辞神宮弁賀茂下上社奉行等、天保7·12·28氏院別当(長者宣)、天保8·1·20辞氏院別当、3·11賀茂下上社奉行、5·2辞賀茂下上社奉行、6·1賀茂下上社奉行、6·18服解(父)、辞賀茂下上社奉行(昨日分)、8·11除服出仕復任、11·28転右中弁(大進権佐使等如故)、天保9·12·9御祈奉行、天保10·10·26辞御祈奉行、11·27御祈奉行、天保11·3·14兼春宮大進(立坊日)、拝賀、4·5従四位下、蔵人頭、4·10拝賀従事、4·15宿侍始、4·17従四位上、7·21正四位下、天保12·1·20神宮弁、閏1·4正四位上、10·26辞神宮弁、11·25神宮弁(昨日分)、天保13·1·22転左中弁、1·24拝賀従事、天保14·3·24氏院別当、8·15辞神宮弁辞氏院別当、弘化1(一八四四)12·26神宮弁、弘化2·5·7辞神宮弁、6·14転右大弁、6·20拝賀従事、弘化4(一八四七)·12·17参議、右大弁如故、12·27拝賀着陣、12·29聴直衣、直衣始、弘化5·1·11従三位、嘉永1(一八四八)·5·18左大弁、嘉永3·12·19正三位、嘉永4·12·10右衛門督補使別当、12·28直衣始、安政2(一八五五)·7·10〔従二位〕、安政4·5·15権中納言、閏5·9帯剣、閏5·10聴直衣、安政5·2·22〔正二位〕、安政6·2·17賀茂伝奏、7·6辞権中納言賀茂伝奏、薨去

[死没]安政6(一八五九)·7·6 [年齢]53 [父]甘露寺国長、一男 [母]正二位権大納言冷泉為章女初子 [法名]鞅心 [公卿補任]5—439下

勝長 かつなが 一八二八—七〇

文政11(一八二八)·3·20誕生、文政13·1·5叙爵、天保6(一八三五)·12·16元服、昇殿、従五位上、拝賀、天保9·12·22正五位下、安政3(一八五六)·10·17侍従、安政5·10·17補蔵人、禁色(推補)、10·9拝賀従事、10·1申行宿侍後朝儀、11·22正五位上、安政6·7·6服解(父)、8·27除服出仕復任、万延1(一八六〇)8·2御祈奉行、8·29辞御祈奉行(昨日分)、12·4右少弁、12·9拝賀従事、万延2·1·23転左少弁、文久1(一八六一)·10·16氏院別当、12·5兼左衛門権佐蒙使宣旨、12·8拝賀、文久2·6·23氏院別当、7·1為御祈奉行、閏8·1神宮弁、閏8·3免御祈奉行、閏8·16辞氏院別当、閏8·17辞神宮弁、服解(母)、10·8除服出仕復任、文久3·5·29転権右中弁(権佐使等如元)、6·1拝賀従事、9·1加茂下上社奉行、御祈奉行、元治1(一八六四)·3·25補蔵人頭、従四位下、3·29拝賀従事、5·4従四位上、5·18正四位下、元治2·1·30神宮弁、3·25氏院別当、閏5·12正四位上、閏5·15転左中弁、6·1免賀茂下上社奉行(昨日分)、慶応2(一八六六)·12·29止神宮弁、慶応3·2·28神宮弁、7·24辞氏院別当辞氏院別当、慶応4·3·18兼皇太后宮亮、閏4·21参議、転左大弁(推任)、明治1(一八六八)·9·14従三位

[死没]明治3(一八七〇)·3·2 [年齢]43 [父]甘露寺愛長 [母]今城定成六女忠子 [法名]譲運

[日記]勝長卿記(一八四五―六七)　[公卿補任]5―587上

松崎家(絶家)

孝重　たかしげ　?―一三四三

徳治2(一三〇七)・1・29右兵衛尉(新院去年御給)、延慶1(一三〇八)・12・22左衛門尉、延慶2・4・14右馬権助、従五位下、8・10左馬権助、延慶3・12・28従五位上(玄象修理賞)、正和1(一三一二)・3・2木工権頭、正和2・8・7正五位下、正和3・1・22従四位下(正二位藤原朝臣新院御琵琶師賞譲)、正和5・3・25去木工権頭、文保2(一三一八)・1・22従四位上、元応1(一三一九)・8・21正四位下(玄象修理賞)、元徳2(一三三〇)・4・6修理大夫(権脱カ)、正慶〈北朝〉3(一三三四)・10・24去大夫、康永2〈興国4〉(一三四三)・2・14従三位、元前―(修理カ)権大夫、薨去

[死没]康永2(一三四三)・2・14　[父]藤原孝秀　[公卿補任]2―596上　[大日本史料]6―7―564

絶家　松崎家

説孝―定輔―利定―知定―博定
孝博―孝定―孝道―孝時―孝頼
孝秀―**孝重**

中山家(絶家)

顕時　あきとき　一一一〇―六七

大治4(一一二九)・10・9左近将監、天承1(一一三一)・1・14蔵人(院判官代)、天承2・1・5従五位下、長承3(一一三四)・3・19皇后宮少進、11・26兼摂津守(御祈物進納功)、保延1(一一三五)・12・24転皇后宮権大進(無闕、加任之)、保延5・7・28止権大進(院号)、永治1(一一四一)・12・26従五位上(院御給)、12・27皇后宮権大進、永治2・1・23甲斐守、康治2(一一四三)・1・3正五位下(院判官代、朝覲行幸)、久安5(一一四九)・4・9勘次官(兼)、久安6・1・29去守、10・20蔵人(次官)、仁平2(一一五二)・8・29右衛門権佐、久寿1(一一五四)・12・28左少弁(三事兼、超右少弁資長直任、依位次上臈也〈く〉)、久寿2・2・25辞権佐、7・23止蔵人(晏駕)、保元1(一一五六)・8・22改顕遠為顕時、9・17左中弁(元左少)、閏9・14従四位下(久安六鳥羽院御給(「未給」く))、保元2・4・26兼左宮城使(「修理」く)、8・21右大弁、10・22従四位上(造宮叙位、白川院天治二―未給)、保元3・1・6正四位下(臨時)、8・10左大弁、蔵人頭、保元4・―・―兼勘長官(下名次)、4・6参議、元蔵人頭、左大弁勘長官如元、平治1(一一五九)・11・22従三位(大嘗会臨時、超俊通)、永暦1(一一六〇)・1・21近江権守、10・3権中納言、応保2(一一六二)・1・5〈「10日」く〉正三位、4・7大宰権帥、長寛2(一一六四)・1・21辞帥、仁安1(一一六六)・8・27辞権中納言、12・30本座、仁安2・1・28従二位、1・30民部卿、―・―出家、3・14薨去

[死没]仁安2(一一六七)・3・14　[年齢]58　[父]藤原長隆、一男　[母]正四位下近江守高階重仲女　[前名]顕遠　[号]粟田口帥・中山中納言　[日記]中民記(一一四三―六六)　[公卿補任]1―446上

中山家

長隆―**顕時**―行隆―**宗行**

宗行　むねゆき　一一七四―一二二一

建久5(一一九四)・1・30叙爵、安芸守(宗頼朝臣申任之)、建久6・7・16兼中宮少進、建久9・1・5従五位上(中宮御給)、12・9遷和泉守、正治1(一一九九)・7・13土左守、建仁1(一二〇一)・1・29兼刑部権大輔、建仁2・12・22出雲守、10・29伊与守、建仁3・1・5正五位下(罷大輔叙之)、元久1(一二〇四)・1・13少納言、4・24蔵人、元久2・7・11中宮権大進、建永1(一二〇六)・10・21辞少納言、承元3(一二〇九)・1・13左少弁(蔵人大進如元〈や〉)、4・14権右中弁、4・27兼造東大寺長官、承元4・1・14従四位下、5・4率分所勾当、建暦1(一二一一)・1・5従四位上、1・18右中弁、9・8左中弁、10・13右大弁、建暦2・12・30蔵人

頭、建保2(一二一四)・1・13正四位下、12・1参議(元蔵人頭右大弁)、今日転左大弁、建保3・1・11美作権守〔美乃権守カ〕、-・-〔従三位カ〕、建保6・1・13権中納言、建保7・3・4辞退権中納言、承久2(一二二〇)・1・6正三位、承久3・6・-出家、7・-被召下関東、-・-薨去

［死没］承久3(一二二一)・7・14　［年齢］48　［父］藤原行隆、五男　［母］典薬助行兼女(美福門院女房越前)　［前名］行光　［号］葉室　［公卿補任］2—13上　［大日本史料］5—1—70

冷泉家(絶家)1

朝隆—朝方—朝定—朝基—朝快

朝隆　あさたか　一〇九七—一一五九

天仁3(一一一〇)・3・19文章生(字藤器)、天永4(一一一三)・1・28修理亮、2・3蔵人、永久3(一一一五)・1・29左近将監、4・2服解(父)、永久4・7・27叙位、保安4(一一二三)・12・4〈「30日」くし〉弾正少弼、大治1(一一二六)・12・5刑部大輔、大治5・1・7従五位上、10・5勘次官、長承2(一一三三)・1・3左衛門権佐、8・24〈保延2年カ〉蔵人、長承3・3・19皇后宮大進、10・6〈保延3年カ〉右少弁、保延4(一一三八)・1・22播磨守、保延5・1・24信乃守(止権佐)、7・28止大進(院号)、8・17内東宮昇殿、保延7・5・17除籍(依不勤最勝講堂童子也)、10・20還昇、永治1(一一四一)・12・2御即位、新帝昇殿、即転権右中弁、永治2・1・7従四位下(弁労)、11・14従四位上(高陽院御給)、康治2(一一四三)・1・3還昇、1・27辞信乃守、以男朝方申任淡路守、久安1(一一四五)・8・-造東大寺長官、11・21正四位下(高陽院御給)、久安3・1・28右中弁、久安4・10・15左中弁、久安6・1・29蔵人頭、4・28右大弁、6・22中宮亮、仁平1(一一五一)・3・-辞亮、正五位下所不見如何、仁平3・閏12・23参議(元蔵人頭)、右大弁如元、仁平4・1・22〈「21日」くし〉備中権守、久寿3(一一五六)・2・2従三位、保元1(一一五六)・9・13権中納言、保元2・8・21正三位、保元3・2・21辞職、平治1(一一五九)・10・3薨去

［死没］平治1(一一五九)・10・3　［年齢］63　［父］藤原為房、六男　［養父］藤原為隆　［母］法橋隆尊女　［号］冷泉中納言　［日記］朝隆卿記(一一三三-五八)　［公卿補任］1—431上

朝方　あさかた　一一三五—一二〇一

永治1(一一四一)・11・27蔵人(元院判官代)、12・2叙爵(高陽院臨時御給)、康治2(一一四三)・1・27淡路守、久安3(一一四七)・12・29〈「2年」くし〉重任、久安4・1・5従五位上(高陽院当年御給)、仁平1(一一五一)・2・2近江守、仁平3・1・2正五位下(行幸院賞、判官代〈く〉)、1・23重任、保元2(一一五七)・1・24〈くし〉兼春宮権大進(守如元)、3・26左少弁(大進如元)〔3・26転大進、保元3・2・21兼右少弁、8・10左少弁(大進如元)〕、止守以弟朝雅任之、10・1止大進(践祚)、新帝蔵人、平治1(一一五九)・10・3服解(父)、12・15復任、永暦1(一一六〇)・10・3右中弁、10・4従四位下(大嘗会悠紀国司賞)、永暦2・2・18〈28日カ〉従四位上(春日行幸行事)、7・23兼造東大寺長官、応保2(一一六二)・2・23正四位下(日吉行幸行事賞、超成頼)、長寛3(一一六五)・1・23左中弁、永万1(一一六五)・8・17右大弁、永万2・6・6蔵人頭、仁安1(一一六六)・11・16解右大弁、-・-停蔵人頭(依五節不参也)、仁安2・2・11従三位(待賢門院保延三-御給)、元前蔵人頭前右大弁、12・13皇后宮権大夫、仁安3・8・4正三位、承安2(一一七二)・2・10兼皇太后宮権大夫、安元1(一一七五)・11・28参議、安元2・1・30阿波権守、安元3・9・6転大夫、治承3(一一七九)・10・10権中納言、治承5・2・24辞大夫、11・28従二位、寿永2(一一八三)・1・21〈2月カ〉正二位、4・5中納言、11・21〈28日ともあり〉辞退(中納言)、寿永3・3・27本座、元暦1(一一八四)・9・18還任(権中納言)、文治2(一一八六)・12・15按察使、文治4・10・14権大納言、11・-帯剣、文治5・4・13解却見任、閏4・5被聴出仕、9・3聴本座、建久2(一一九一)・12・30還任按察使、建仁1(一二〇一)・2・15

出家、2·16薨去
[死没]建仁1(一二〇一)·2·16 [年齢]67 [父]藤原朝隆、一男 [母]正三位権中納言藤原顕隆女 [号]三条·堤大納言 [公卿補任]1—465上 [大日本史料]4—6—954、4—17—補533

四条家(絶家)

四条家

親隆—親雅—親房—顕雅—雅藤
　　　　　　　　　├雅俊—親藤
　　　　　　　　　└雅任—顕藤

親隆 ちかたか　一〇九八—一一六五
永久2(一一一四)·1·22大膳亮(大蔵卿為房二合)、保安4(一一二三)·1·28蔵人(摂政家勾当)、4·5右衛門少尉、11·17従五位下(大嘗会叙位)、天治2(一一二五)·3·28上総介(申請修理斎院並調進女房装束等功〈「由」く〉)、4·7斎院長官、大治5(一一三〇)·10·1従五位上(行幸院賞)、長承1(一一三二)·12·25信乃守、長承2·10·26兼勘解由次官、長承4·1·5正五位下(待賢門院当年御給)、保延5(一一三九)·1·24左衛門権佐(玄次官信乃守)、蒙使宣旨、康治1(一一四二)·6·18兼防鴨河使、久安2(一一四六)·12·21民部権大輔(去左衛門権佐、下名加任)、久安3·12·21尾張守(元民部大輔、今夜被定上総信乃両国功過、即叙四品、一院御給)、従四位下(一院康治二年御給)、久安4·10·13〈「12日」し〉従四位上(治国)、久安5·3·20正四位下(延勝寺供養行事賞、一院御給)、仁平1(一一五一)·12·30重任、久寿2(一一五五)·9·23兼春宮亮、久寿3·3·6伊与守(元尾張前司、未得解由去尾張、経数日任之)、保元3(一一五八)·5·6従三位(臨時)、元伊与守、春宮亮如元、8·11止亮(依践祚也)、12·17正三位(御即位叙位、坊亮、越範家〈し〉)、応保1(一一六一)·9·15参議、応保2·1·27近江権守、2·30被免恐懼、応保3·1·24近江権守、長寛1(一一六三)·8·22出家、永万1(一一六五)·-·-〈「8月23日」顕広王記〉薨去
[死没]永万1(一一六五) [年齢]68 [父]藤原為房、七男 [母]法橋隆尊女 [号]四条 [法名]大覚 [公卿補任]1—443下

親雅 ちかまさ　一一四五—一二一〇
保元3(一一五八)·5·6叙爵、長門守、長寛3(一一六五)·1·23得替、応保2(一一六二)·8·22従五位上(父卿〈「父参木親隆卿」く〉稲荷祇園両社行幸行事賞譲)、仁安2(一一六七)·8·1木工頭(盛経任右衛門権佐替〈くし〉)、仁安3·8·4正五位下(朝覲行幸、院司賞)、安元3(一一七七)·1·28右衛門権佐、安元3·9·-〈「9日」し〉遭母喪、寿永1(一一八二)·8·14皇后宮大進(亮子内親王立后日)、12·7左権佐(藤光永辞退替)、12·10蔵人、寿永2·8·20新帝蔵人、文治2(一一八六)·12·15左少弁(蔵人左権佐大進如元、無兼字、右少弁親経依位次下臈不転任)、文治3·6·28止大進(依院号也)、文治4·10·14転右中弁、氏院別当、11·28補造興福寺長官、12·30従四位下、文治5·4·13右宮城使〈「修理右宮城使」く〉、4·-為正蔵率分所勾当、11·1従四位上(春日行幸行事賞)、建久1(一一九〇)·8·13左宮城使〈「修理左宮城使」く〉、10·26正四位下(臨時)、10·27転右大弁(長官別当等如元)、建久4·1·8〈28日カ〉従三位、今日大蔵卿(元右大弁)、建久6·2·2兼長門権守、建久10·1·5正三位、正治2(一二〇〇)·4·1参議、建仁1(一二〇一)·1·29丹波権守、8·19辞退(参議)、建仁2·閏10·24大宰大弐、承元2(一二〇八)·4·7皇太后宮大夫〈旧〉、承元3·8·12止大夫〈旧〉、承元4·9·16出家、9·23薨去
[死没]承元4(一二一〇)·9·23 [年齢]66 [父]四条親隆、三男 [母]従四位下出羽守平知信女 [号]五条宰相 [公卿補任]1—528下 [大日本史料]4—10—840

親房 ちかふさ
文治2(一一八六)·10·11従五位下、豊前守(親雅朝臣共〈「共」や無〉可修造閑院申沙給之)、12·15遷筑前守、建久4(一一九三)·4·14遷上総介、建

久5・1・30従五位上（上西門院文治四未給）、建久9・1・20遷下野守、正治2（一二〇〇）・3・6中宮権大進（兼）、建仁1（一二〇一）・8・19右衛門権佐（父卿辞三木）、建仁2・11・22正五位下、元久1（一二〇四）・4・12転左権佐、元久2・3・9防鴨河使、7・11転兼大進、承元1（一二〇七）・11・3蔵人、承元3・4・14右少弁（兼）、承元4・5・23服解（父）、12・12止弁、建暦1（一二一一）・10・29四位、建保2（一二一四）・1・5従四位上（中宮建暦四）、建保4・1・5正四位下、建保6・12・9右京大夫、寛喜2（一二三〇）・閏1・4蔵人頭、2・12〈16日カ〉中宮亮、3・14従三位、元蔵人頭中宮亮（中宮初入内賞）、右京大夫如元、寛喜3・1・29兼備前権守、文暦2（一二三五）・1・23大蔵卿、8・30参議、嘉禎1（一二三五）・11・7丹波権守、11・19正三位、嘉禎2・2・30辞参議、-・-従二位、嘉禎3・12・25辞卿、嘉禎4・5・8出家

［父］藤原親雅、二男　［母］大膳大夫平信業女　或藤原定隆女　［日記］見戸記　［公卿補任］2―73上　［大日本史料］5―11―857

顕雅　あきまさ　一二〇七―八一

建長6（一二五四）・1・13蔵人頭〈つ〉、元正四位下治部卿〈つ〉、建長7・12・3〔従三位〕、元蔵人頭、治部卿如元、正嘉2（一二五八）・4・6正三位、11・1参議、正元2（一二六〇）・3・2辞参議、文応1（一二六〇）・10・16本座、11・15従二位、文永3（一二六六）・4・27正二位、文永7・10・26大蔵卿、文永9・7・11兼越前権守〔越中権守ともあり〕、弘安4（一二八一）・4・6止卿、8・9出家、9・18薨去

❖文応元年より「備中権守」

［死没］弘安4（一二八一）・9・18　［年齢］75　［父］五条親房　［母］石清水社別当成清女　［号］法性寺　［法名］准心　［公卿補任］2―166下

雅藤　まさふじ　?―一三一五

正嘉3（一二五九）・1・21叙爵、佐渡守、文応1（一二六〇）・12・16去守、文応2・1・5従五位上、弘長3（一二六三）・2・2正五位下、弘長4・1・17兵部権少輔、文永5（一二六八）・8・25兼春宮少進、文永6・5・1転権大進、文永11・1・-止権大進（依受禅也）、2・20民部少輔（坊官賞）、10・3遷左衛門権佐、使宣旨、文永12・2・1兼防鴨川使、建治3（一二七七）・5・14遷勘次官、蔵人、弘安7（一二八四）・1・13右少弁（去蔵人次官等、超位階上臈定光）、弘安8・3・6転左少弁、11・19補造興福寺長官、弘安10・1・7正五位上（朝覲行幸、院司賞）、12・10転権右中弁、従四位下、弘安11・2・10従四位上、正応1（一二八八）・10・27転右中弁、11・21正四位下、12・25兼右宮城使、正応2・1・13転右大弁（元右中弁）、3・26正四位上（朝覲行幸、院司賞）、10・18遷春宮亮、蔵人頭、正応3・6・8参議（元蔵人頭春宮亮）、9・22従三位、正応4・3・25兼周防権守、7・17辞退（参議）、7・29正三位、8・2本座、永仁4（一二九六）・4・13従二位、永仁7・1・5正二位、正安2（一三〇〇）・11・28権中納言、12・22辞退権中納言、12・28本座、乾元2（一三〇三）・1・28大宰権帥、嘉元2（一三〇四）・3・3辞権帥、徳治1（一三〇六）・-・-評定衆、徳治2・10・1伝奏、正和4（一三一五）・7・-薨去、

［死没］正和4（一三一五）・7　［父］法性寺顕雅、一男　［母］正五位下兵庫頭平信繁女　［公卿補任］2―302上

雅俊　まさとし　一二六九―一三三二

文永12（一二七五）・1・6従五位下（氏）、弘安1（一二七八）・11・18従五位上、弘安2・10・19三川守、弘安6・7・20正五位下、弘安9・12・18飛騨守、弘安10・12・30皇后宮権大進、-・-・-止大進、正応4（一二九一）・10・15治部大輔、即補蔵人、正応5・2・2放氏、依御斎会-行也、永仁3（一二九五）・6・23左少弁、永仁5・6・7権右中弁、6・25従四位下、永仁6・1・5従四位上、6・8右中弁、7・21右宮城使、7・26新帝昇殿（譲位日）、8・10兼春宮亮、正安1（一二九九）・1・5正四位下、6・6左中弁、亮如元、造興福寺長官、-・-左宮城使、正安2・4・7右大弁（亮如元）、7・21正四位上、正安3・1・21新帝昇殿（譲位日）、8・22兼春宮亮、乾元1（一三〇二）・3・23蔵人頭（去弁）、嘉元1（一三〇三）・10・29〈「12月」や〉参議（元蔵人頭）、春宮亮如元、嘉元2・2・3兼大宰大弐、10・7従三位、11・2辞参議、徳治2（一三〇七）・

5・15止大弐、徳治3・9・17還任大宰大弐、延慶2(一三〇九)・8・10正三位、延慶3・11・20従二位、9・4止大弐、正和3(一三一四)・-・-正二位、元亨2(一三二二)・12・17薨去
［死没］元亨2(一三二二)・12・17　［年齢］54　［父］法性寺雅藤(実藤原定雄)　［日記］雅俊卿記(一二九九)　［公卿補任］2—368上

雅任　まさとう　一二七七—一三二九

弘安6(一二八三)・1・5叙爵(氏)、弘安8・8・11佐渡守、弘安10・3・2止位記、9・10蔵人、9・21大膳亮、弘安11・1・5叙位(蔵人)、9・12従五位上、正応2(一二八九)・1・13信乃守、8・7正五位下、12・22止守、永仁4(一二九六)・3・9春宮権大進、永仁6・7・23〈「22日」や〉止権大進(依受禅也)、永仁7・3・24春宮権大進、正安2(一三〇〇)・11・24隠岐守(権大進如元)、正安3・1・21止権大進(依受禅也〈「践祚日」イ〉)、3・14遷尾張守、12・30春宮大進(守如元)、正安4・3・23止守、嘉元2(一三〇四)・12・29転大進、嘉元3・11・16蔵人、徳治2(一三〇七)・11・1右少弁(大進如元、去蔵人)、徳治3・2・7〈「9月17日」イ〉去大進(依受禅也)、10・18可行最勝寺事、延慶2(一三〇九)・2・19左少弁、延慶3・1・5従四位下、3・9右中弁、4・15兼修理右宮城使、9・4左中弁、9・13従四位上、兼左宮城使、10・25装束使並率分所勾当、12・11右大弁、延慶4・1・5正四位下、2・3兼造東大寺長官、8・7正四位上、正和1(一三一二)・10・12左大弁、正和2・9・20従三位、造東大寺長官、左大弁如元、正和3・12・19参議、正和4・4・10辞参議、文保3(一三一九)・1・5正三位、元徳1(一三二九)・9・2薨去
［死没］元徳1(一三二九)・9・2　［年齢］53　［父］法性寺雅藤、二男　［公卿補任］2—434下

霊山家(絶家)

定長　さだなが　一一四九—九五

応保2(一一六二)・10・28大膳権亮、永万1(一一六五)・6・25蔵人(践祚日)、7・25叙爵(御即位)、仁安1(一一六六)・1・12日向守(蔵人巡、重頼去年任左渡守替)、仁安3・3・11従五位上(天皇自摂政閑院第遷幸内裏、本家賞)、承安-・-・-重任、安元2(一一七六)・1・5正五位下(院御給)、1・30安房守(元日向守〈く〉)、治承4(一一八〇)・1・28重任、養和1(一一八一)・11・28兵部権少輔(元安房守〈く〉)、寿永1(一一八二)・9・4転大輔、12・7右衛門権佐(蔵人)、蒙使宣旨、元暦1(一一八四)・10・8右少弁(右衛門権佐蔵人如元、与兄光長相並)、文治1(一一八五)・1・20辞蔵人並権佐、12・29転左少弁、文治2・12・15転権右中弁、従四位下(京官除目之次)、文治3・5・29造東大寺長官、文治4・1・5従四位上、1・23備前権守(権弁兼国)、10・14転左中弁、-・-蔵人頭、文治5・1・5正四位下、-・-兼左宮城使〈「修理左宮城使」く〉、7・10参議(元蔵人頭左中弁、今日転右大弁)、-・-転右大弁、12・30従三位、文治6・1・24讃岐権守、建久1(一一九〇)・10・27左大弁、建久6・1・5正三位、2・2兼勘長官、播磨権守、11・11薨去
［死没］建久6(一一九五)・11・11　［年齢］47　［父］藤原光房、五男　［母］従四位下丹後守藤原為忠女(官女)　［日記］定長卿記(一一七六-九一)　［公卿補任］1—518下　［大日本史料］4—5—55、4—別1—217

霊山家

定長┬清長―清忠
　　└成長

清長　きよなが　一一七一—一二一四

-・-・-叙位、寿永2(一一八三)・8・16河内守、元暦1(一一八四)・10・6淡路守、文治1(一一八五)・6・29更任河内守、文治3・1・5従五位上(院養和元年御給)、文治5・7・10兼勘解由次官、建久1(一一九〇)・7・18正五位下、建久6・12・15復任、建久8・12・17蔵人、正治2(一二〇〇)・4・1右衛門権佐(止光親任之、蔵人如元)、建仁1(一二〇一)・8・19右少弁、元久1(一二〇四)・4・12転権右中弁、11・14従四位下(八幡加茂行幸行事賞)、建永1(一二〇六)・4・3転右中弁、10・20転左中弁、10・23

従四位上、承元2(一二〇八)・7・9転右大弁、12・9正四位下、承元3・1・13去弁、蔵人頭、10・7下名次中宮亮、承元4・3・19〈くし〉止亮、依院号也、6・17左京大夫、12・17従三位(元蔵人頭)、左京大夫如元、建暦3(一二一三)・1・13兼能登権守、建保2(一二一四)・11・10出家、12・-薨去

[死没]建保2(一二一四)・12・12 [年齢]44 [父]霊山定長 [母]安芸守能盛女 [法名]乗蓮 [公卿補任]1—576下 [大日本史料]4—13—306

成長 なりなが 一一八一—一二三三

文治4(一一八八)・3・22大膳亮、建久1(一一九〇)・1・24備後守、五位、建久6・12・15復任(父)、建仁2(一二〇二)・1・5従五位上(宣陽門)、建永2(一二〇七)・1・5正五位下(鳥羽院永治二大嘗会)、承元2(一二〇八)・8・8皇后宮権大進、承元3・1・17転大進、4・14兼右衛門権佐、即使、建保2(一二一四)・12・30蔵人、建保3・7・12遷刑部少輔、建保6・1・13木工頭、建保7・1・23還補蔵人、承久1(一二一九)・10・13右少弁、承久2・1・21権右中弁(去蔵人)、承久3・1・5四位(臨時)、貞応1(一二二二)・1・29従四位上、4・13右中弁、12・21左中弁、貞応2・2・1正四位下、元仁1(一二二四)・12・16右大弁、嘉禄1(一二二五)・12・22従三位、元右大弁、今日去之、天福1(一二三三)・5・15出家、7・3薨去

[死没]天福1(一二三三)・7・3 [年齢]53 [父]霊山定長、三男 [母]正三位平信範女 [法名]成阿 [公卿補任]2—57下 [大日本史料]5—9—172

海住山家(絶家)

光長 みつなが 一一四四—九五

久安6(一一五〇)・7・8蔵人(元皇嘉門院判官代〈くし〉)、8・6叙爵(臨時、蔵人)、保元3(一一五八)・1・6従五位上(皇嘉門院御給)、永暦2(一一六一)・8・12兵部権少輔(元散位)、応保2(一一六二)・2・19兼中宮権大進(育子立后日)、長寛1(一一六三)・12・20〈くし〉譲任少輔於舎弟光綱、永万2(一一六六)・1・12正五位下(皇嘉門院御給)、仁安3(一一六八)・4・3転大進、承安2(一一七二)・2・10為皇后宮大進、8・15止大進(本宮崩)、安元1(一一七五)・12・8右衛門権佐、蒙使宣旨、治承1(一一七七)・1・24転左衛門権佐(藤原光雅辞替)、治承2・12・15兼春宮大進(安徳天皇立坊日)、治承3・10・21防鴨河使、治承4・1・20播磨介(佐兼国)、2・21止大進(践祚日)、2・28五位蔵人、養和1(一一八一)・11・28左少弁(蔵人左権佐等如元、依位次越右少弁兼忠直任之)、寿永1(一一八二)・12・7辞蔵人並権佐、寿永2・12・10転権右中弁、12・21従四位下、元暦1(一一八四)・9・18転右中弁、装束使(光雅朝臣転大弁替)、率分所勾当、10・6左宮城使、元暦2・1・6従四位上、1・20阿波介(装束使兼国)、12・29〈文治1年カ〉転左中弁、補蔵人頭、文治3・3・-〈2年カ〉為氏院別当、6・28補興福寺長官、文治2(一一八六)・12・15参議(元蔵人頭左中弁)、今日転右大弁、文治3・1・13兼勘長官並遠江権守、-・-・-正四位下、文治4・10・14辞三木右大弁、-・-・-従三位、建久6(一一九五)・1・5正三位、-・-・-辞長官、5・18出家

[死没]建久6(一一九五)・6・2 [年齢]52 [父]藤原光房、三男 [母]中納言従三位藤原利忠女 [号]九条三位 [日記]光長卿記(一一六四-八三) [公卿補任]1—512下 [大日本史料]4—4—923、4—17—補207

長房 ながふさ 一一六八—一二四三

治承3(一一七九)・1・19大膳権亮、寿永2(一一八三)・1・5叙位(臨時)、元暦1(一一八四)・12・20民部少輔、文治1(一一八五)・12・29兼和泉守、文治3・1・5従五位上、文治4・10・14右衛門権佐(父光長朝臣辞三木右大弁申任之、守如元)、建久1(一

海住山家

光長—長房—定高—忠高—高俊
　　　　　　　　　　　└定光
光経—朝房—氏房—清房—高清
忠長—宣経

九〇)・1・5正五位下、4・16兼中宮大進、建久2・12・28蔵人、建久5・9・17右少弁(蔵人佐如元)、建久6・7・27復任(父)、11・12辞蔵人佐等、12・9左少弁、建久9・12・9右中弁、正治1(一一九九)・9・23兼修理右宮城使、11・27従四位下、正治2・4・15春宮昇殿、建仁1(一二〇一)・1・23従四位上(朝覲行幸、東宮御給)、8・19左中弁、建仁2・10・29蔵人頭、閏10・24左宮城使、11・19正四位下(臨時)、元久1(一二〇四)・4・12参議、元蔵人頭左中弁、12・28〈くし〉従三位、元久2・1・29兼近江権守、承元3(一二〇九)・1・13遷民部卿、辞三木、2・5許本座、4・14〈同4年にもあり〉正三位、承元4・9・22出家

[死没]仁治4(一二四三)・1・16　[年齢]76　[父]九条光長、一男　[母]参議正三位藤原俊経女　[号]海住山民部卿入道　[法名]覚心　[公卿補任]1—556上

定高　さだたか　一一九〇—一二三八

建久9(一一九八)・1・11蔵人(名字為定)、1・24従五位下、建仁2(一二〇二)・1・21近江守(蔵人巡、名字経光)、建仁4・1・5従五位上(白川院応徳三御即位給)、元久2(一二〇五)・8・9伊賀守(前近江守三木長房卿給)、元久3・4・3越後守(止源兼時任之、元伊賀守之給)、建永2(一二〇七)・1・5正五位下(後白川院嘉応元御給)、承元1(一二〇七)・12・9肥前守(前越後守)、承元2・8・8皇后宮権大進(兼)、承元3・1・13右少弁(長房卿辞三木申任之、大進如元、藤宣房転権右中弁替〈や〉)、4・14転左少弁(兼)、正五位上、建暦1(一二一一)・1・18権右中弁(元左少弁)、1・19従四位下(宗行朝臣院司賞譲)、9・8右中弁、10・13左中弁〈や〉、建暦2・5・29修理左宮城使〈や〉、建保1(一二一三)・3・15従四位上(賀茂行幸行事賞)〈や〉、建保2・12・1右大弁〈や〉、蔵人頭、12・4禁色、建保3・1・5正四位下(法勝寺御塔供養行事賞)、建保4・3・28兼中宮亮、建保6・1・13参議、転左大弁、元蔵人頭、建保7・1・5従三位、1・22讃岐権守、承久2(一二二〇)・1・22権中納言、貞応1(一二二二)・11・22正三位、安貞2(一二二八)・3・20従二位、寛喜4(一二三二)・1・30辞権中納言、-・-正二位、貞永2(一二三三)・4・-聴本座、嘉禎2(一二三六)・12・19按察使、嘉禎4・1・21出家、1・22薨去

[死没]嘉禎4(一二三八)・1・22　[年齢]49　[父]海住山長房、一男(実藤原光長、三男)　[母]兵部大輔朝親女　[前名]忠長・経光　[号]一条　[日記]定高卿記(一二一四—一八)　[公卿補任]2—25上　[大日本史料]5—11—602

忠高　ただたか　一二一一—?

承久1(一二一九)・1・5叙爵(斎宮〱〱)、元仁2(一二二五)・1・23伊賀守、12・22遷勘解由次官、安貞1(一二二七)・1・5従五位上(東一条院御給)、安貞2・1・5正五位下(臨)、寛喜2(一二三〇)・2・16中宮大進、寛喜3・3・25左衛門権佐(大進如元、去次官)、4・25右少弁(佐大進如元)、10・20防鴨河使、10・28春宮大進(去中宮大進)、貞永1(一二三二)・10・4止大進(受禅日)、12・14補蔵人、貞永2・1・28左少弁、12・2去佐並蔵人、文暦1(一二三四)・12・21正五位上、文暦2・6・17権右中弁、従四位下、嘉禎2(一二三六)・2・30右中弁、12・18従四位上、-・-補蔵人頭、嘉禎3・1・24左中弁、2・21左宮城使、4・24正四位下(石清水賀茂行幸行事賞)、嘉禎4・1・22喪父、-・15〈「4月」職補〉喪母、閏2・6復任(父)、嘉禎4・閏2・27右大弁、4・20参議、左大弁、元蔵人頭、4・23勘解由長官、暦仁2(一二三九)・1・24従三位、延応2(一二四〇)・1・22播磨権守、仁治2(一二四一)・2・1権中納言、仁治3・9・10大嘗会御禊装束司長官、11・12正三位、寛元2(一二四四)・6・13辞退権中納言、寛元4・1・5従二位、建長6(一二五四)・9・6正二位、建長8・4・5民部卿、文応1(一二六〇)・8・28中納言、文応2・3・27辞中納言、文永9(一二七二)・-・-出家

[父]海住山定高、一男　[母]参議正三位藤原親雅女　[法名]専信　[日記]忠高卿記(一二三九)　[公卿補任]2—100下

忠長　ただなが

文永2(一二六五)・1・5叙爵(和徳門院御給)、文永5・11・9土左守(于時忠長)、文永6・5・1従五位上、文永8・2・-止守、建治3(一二七七)・

2・14正五位下、永仁5(一二九七)・4・10従四位下(于時忠藤)、正安1(一二九九)・12・30従四位上、嘉元4(一三〇六)・4・14正四位下、正和3(一三一四)・10・21従三位、前土佐守、文保1(一三一七)・4・6出家

[父]海住山高俊　[母]藤原知家女　[前名]忠藤
[公卿補任]2—440上

光経　みつつね

弘安11(一二八八)・1・5叙爵(今出川院御給)、正応1(一二八八)・6・1治部権少輔、9・12従五位上、正応2・11・5正五位下、正応4・12・21遷春宮権大進(去少輔)、永仁-・6・1解却見任、7・21還任、永仁6・7・22止権大進(依受禅也)、8・28勘解由次官、正安4(一三〇二)・1・20兼讃岐介、嘉元1(一三〇三)・9・24兼中宮権大進(次官如元)、嘉元3・11・16左衛門権佐(去次官並権大進〈や〉)、即蒙使宣旨、-・-・-去権佐、閏12・17補防鴨川使、徳治2(一三〇七)・10・1補蔵人、徳治3・9・19兼春宮大進(立坊日〈や〉)、延慶2(一三〇九)・2・19右少弁(去権佐、大進如元〈や〉)、3・23去蔵人、延慶3・3・9転左少弁〈や〉、12・11転右中弁、従四位下、延慶4・2・3兼修理右宮城使、応長2(一三一二)・1・5従四位上、正和1(一三一二)・10・12転左中弁、12・19正四位下、兼左宮城使、12・30補装束使並率分所勾当、正和2・8・7転右大弁、正和3・閏3・25正四位上、9・21補蔵人頭、11・19転左大弁、12・21補造東大寺長官、正和4・2・21参議(元蔵人頭)、8・26辞退、従三位、文保1(一三一七)・12・22還任、文保2・1・22兼越中権守〈や〉、3・12礼服宣下〈や〉、文保3・1・5正三位、元応1(一三一九)・10・18辞(参議)、元亨3(一三二三)・11・30〈「晦」や〉権中納言、正中2(一三二五)・1・29従二位、正中3・4・22還任(権中納言)、嘉暦1(一三二六)・5・8兼右衛門督、-・-・-為使別当、11・4民部卿如元、嘉暦2・7・-辞別当、11・10辞権中納言、11・11辞督、元徳2(一三三〇)・11・7正二位、元弘1(一三三一)・10・5止卿、正慶2〈元弘3〉(一三三三)・5・17詔民部卿如元、建武1(一三三四)・10・9還任(中納言)、兼右衛門督、-・-・-補使別当、12・14止卿、建武2・11・26権大納言、建武3〈延元1〉(一三三六)・6・-出家

[父]九条定光　[養父]海住山忠長　[号]九条・海住山
[公卿補任]2—442上　[大日本史料]6—3—585

氏房　うじふさ　?—一四〇三

永徳2〈弘和2〉(一三八二)・8・14参議、元蔵人頭右兵衛督、10・15正四位下、永徳3〈弘和3〉・1・5従三位、3・28兼美作権守、至徳3〈元中3〉(一三八六)・1・6正三位、康応2〈元中7〉(一三九〇)・2・1兼伊与権守、応永2(一三九五)・11・-被止当職、12・30還任(参議)、応永3・1・5従二位、1・28兼備前権守、7・24権中納言、応永4・1・7帯剣、応永10・3・22辞権中納言、11・24薨去

[死没]応永10(一四〇三)・11・24　[父]海住山朝房
[公卿補任]2—741上　[大日本史料]7—6—387

清房　きよふさ　?—一四四八

応永31(一四二四)・3・17参議、前頭右兵衛督、8・9従三位、応永32・1・30兼近江権守、正長2(一四二九)・1・5正三位、永享2(一四三〇)・3・30兼相模権守、永享4・6・23兼左大弁宣下、永享11・3・18辞両職、嘉吉1(一四四一)・8・19権中納言、嘉吉3・-・-兼任民部卿、嘉吉4・1・6従二位、文安4(一四四七)・3・17権大納言、文安5・1・29兼任民部卿、6・18薨去

[死没]文安5(一四四八)・6・18　[父]海住山氏房
[公卿補任]3—105上

高清　たかきよ　一四三五—八八

康正3(一四五七)・3・29越後権守(正四上、蔵人頭、左大弁兼-)〈し〉、長禄2(一四五八)・5・14参議(為賢辞替)、弁官如元、元蔵人頭左大弁、7・20従三位、長禄4・8・28権中納言、9・7辞権中納言、9・13左兵衛督、寛正5(一四六四)・12・2辞左兵衛督、文正1(一四六六)・9・29正三位、文明7(一四七五)・3・10〈「14日」や〉従二位、文明12・3・11権大納言、長享2(一四八八)・-・-薨去

❖寛正六年より「大蔵卿」の記載あり

[死没]長享2(一四八八)　[年齢]54　[父]海住山清房
[号]勘解由小路・海住山　[日記]糟粕記(一四六九)
[公卿補任]3—189下　[大日本史料]8—22—334

吉田家(絶家)1

吉田家
経賢——宗経

経賢　つねかた　?—一二四六

建久7(一一九六)・1・6叙爵(式子内親王当年御給)、承元1(一二〇七)・11・29従五位上(最勝四天王院供養、光親卿譲)、承元5・1・22中宮権大進、2・28正五位下、建保3(一二一五)・1・13転大進、建保4・1・13兵部権大輔、建保6・3・6左衛門権佐、12・12兼防鴨河使、貞応1(一二二二)・8・2従四位下(佐如元)、貞応2・4・10従四位上(宣陽門院御給)、嘉禄2(一二二六)・1・13兵部卿(去佐)、嘉禄3・1・5正四位下(陰明門院御給)、寛喜3(一二三一)・3・25去卿、嘉禎3(一二三七)・7・13従三位(元前兵部卿)、本名経兼、寛元4(一二四六)・7・27出家、10・7薨去

[死没]寛元4(一二四六)・10・7　[父]吉田定経、二男　[母]正二位大納言源定房長女　[前名]経兼　[法名]阿寂　[公卿補任]2—98上　[大日本史料]5—20—427

宗経　むねつね

貞応3(一二二四)・10・16叙爵(于時俊兼)、寛喜3(一二三一)・3・25民部大輔、嘉禎2(一二三六)・3・4従五位上、嘉禎4・4・20正五位下(大輔辞之)、仁治3(一二四二)・10・3中宮権大進、宝治2(一二四八)・4・8中宮大進(元前権大進)、11・2宮内大輔〈や〉、建長3(一二五一)・3・6右衛門権佐、蒙使宣旨、建長4・12・4〈や〉蔵人(去佐)、12・9兵部権少輔、康元1(一二五六)・12・13従四位下、康元2・1・22宮内卿、正嘉1(一二五七)・11・10従四位上、正嘉3・-・6正四位下、正元1(一二五九)・閏10・15左京大夫、弘長3(一二六三)・1・28因幡権守、文永1(一二六四)・12・21従三位(元左京大夫、今日去大夫)、文永9・-・-出家

[父]吉田経賢、一男　[母]舟橋業忠女　[前名]俊兼　[法名]経舜　[公卿補任]2—200下

中御門家(絶家)

中御門家
経任—為方—為行—為宗—為治
　　　　経邦—経成—経保
　　　　経仲—為仲
　　為俊—光方—光任—経高(候南朝)
　　経守—経躬—為継

経任　つねとう　一二三一—九七

寛元5(一二四七)・1・5叙爵(臨時、于時経嗣)、宝治2(一二四八)・10・29民部権少輔、宝治3・1・24従五位上(于時経任)、建長3(一二五一)・4・3若狭守(院御給)、建長4・12・4正五位下、建長8・7・14復任(父)、正嘉1(一二五七)・11・19勘次官、正嘉2・8・7兼春宮権大進、正元1(一二五九)・12・-止大進、弘長2(一二六二)・4・8左衛門権佐(超舎兄右衛門権佐経藤直任之)、5・16兼防鴨河使、6・7皇后宮大進、12・21右少弁(大進権佐等如元)、弘長3・1・28蔵人(三事兼帯)、10・26辞蔵人並佐等、文永2(一二六五)・1・6正五位上、閏4・25左少弁、文永3・12・15権右中弁、従四位下、文永4・1・5従四位上、5・7正四位下、12・-勧学院別当、文永5・12・2右中弁、蔵人頭(別当如元)、文永6・4・20兼右宮城使、5・1参議(元蔵人頭右中弁)、転右大弁、本名経嗣、7・19従三位、文永7・1・21権中納言、閏9・28帯剣、12・4正三位、文永8・2・1兼大宰権帥、3・27従二位、辞権中納言、3・28本座、10・13還任権中納言、文永10・12・8兼左兵衛督、-・-補別当〈や〉、文永11・4・5遷右衛門督、9・14大嘗会次第司御前長官、文永12・1・6正二位、建治3(一二七七)・1・29権大納言、弘安6(一二八三)・3・28辞権大納言、4・1本座、4・5大宰権帥、弘安8・11・11還任、弘安9・9・2辞権大納言、正応4(一二九一)・9・16重任宣下(大宰権帥)、永仁3(一二九五)・1・28辞帥、永仁5・1・18

出家、1・19薨去
[死没]永仁5(一二九七)・1・19 [年齢]65 [父]藤原為経、二男 [母]官仕女 [前名]経嗣 [号]中御門大納言 [日記]経任卿記(一二八三) [公卿補任]2—219上

為方　ためかた　一二五五—一三〇六

正嘉2(一二五八)・1・5叙爵、弘長1(一二六一)・4・7和泉守、弘長2・3・29従五位上、文永3(一二六六)・4・27正五位下、文永6・12・7右兵衛佐、文永10・5・3勘解由次官、文永11・9・10右衛門権佐、蒙使宣旨、建治1(一二七五)・12・26蔵人、建治2・12・20兼春宮大進、弘安3(一二八〇)・2・16兼右少弁、弘安4・5・6正五位上、弘安6・3・26左少弁、12・24従四位下、12・30権右中弁、弘安7・1・13右中弁、5・6従四位上、弘安8・1・5正四位下、8・19兼皇后宮亮、8・27正四位上、弘安9・1・13右大弁、蔵人頭、9・2参議(元蔵人頭右大弁皇后宮亮)、弁亮等如元、-・-従三位、弘安10・1・13兼近江権守、12・10左大弁〈や〉、正応1(一二八八)・8・25転兼皇后宮権大夫、10・27権中納言、11・21正三位、12・20兼右衛門督、12・-為別当、正応3・1・5従二位、6・7辞督並別当、6・8帯剣、正応5・3・29正二位、永仁2(一二九四)・11・12依南都衆徒勘被放氏、12・26続氏、永仁5・6・7辞退、永仁6・-・-本座、正安2(一三〇〇)・12・22大宰権帥、乾元2(一三〇三)・1・28止権帥、嘉元4(一三〇六)・12・8出家、12・11薨去
[死没]嘉元4(一三〇六)・12・11 [年齢]52 [父]中御門経任 [母]正二位権大納言藤原公雅女 [号]中御門 [日記]為方卿記(一二九一) [公卿補任]2—282下

為俊　ためとし　?—一二八九

弘長3(一二六三)・1・6叙爵、文永3(一二六六)・4・3民部少輔、文永5・1・5従五位上、文永7・1・5正五位下、文永9・7・11備後介、文永11・1・17遷木工頭、建治2(一二七六)・12・15遷美乃守、弘安2(一二七九)・3・2止守、弘安3・7・11勘次官、弘安6・3・28遷権右少弁、12・30転右少弁、弘安7・1・13左少弁、7・26正五位上、弘安8・3・6権右中弁、7・10従四位下、弘安9・1・5従四位上、1・13転右中弁、2・5可行御祈願所事、2・25兼右宮城使、4・1正四位下(春日行幸行事賞)、弘安10・12・10左中弁、弘安11・2・21左宮城使、10・27右大弁、正応2(一二八九)・1・13蔵人頭、去弁、1・19皇后宮亮、10・18従三位(元蔵人頭皇后宮亮)、10・20薨去
[死没]正応2(一二八九)・10・20 [父]中御門経任、二男 [母]正二位権大納言藤原公雅女 [公卿補任]2—300上

経守　つねもり　?—一三一七

文永11(一二七四)・1・5叙爵(春宮当年御給)、建治1(一二七五)・10・8従五位上、弘安1(一二七八)・11・20正五位下(朔旦叙位、大宮院御給)、弘安2・2・14加下名和泉守、(父経任卿知行)、弘安6・3・12遷左衛門佐、正応2(一二八九)・12・15遷右衛門権佐、蒙使宣旨、正応3・6・8転左、6・18補防鴨河使、7・21兼皇后宮大進、11・21補蔵人、正応4・2・25止権佐、3・25兼右少弁、6・6更兼左衛門権佐、-・-〈や〉補勧学院別当、7・17補造興福寺長官、7・29転左少弁、8・12止大進(依本宮院号也)、9・9更補防鴨河使、10・15去蔵人権佐、従四位下、正応5・-・-母喪、11・23去弁(服解之間也云々)、正応6・1・13従四位上、12・13権右中弁、永仁2(一二九四)・3・27右中弁、4・13修理右宮城使、4・30正四位下、永仁3・6・23転左中弁、8・5補左宮城使、永仁5・1・19父喪、5・16復任、6・7転右大弁、補蔵人頭、閏10・23正四位上、止頭(服暇之間五節出仕不可叶、暫被改補)、永仁6・3・24還補蔵人頭、兼春宮亮(賀茂祭供奉料)、6・9転左大弁、7・22止亮(依受禅也)、造東大寺長官、正安1(一二九九)・6・6参議(元蔵人頭)、今日去左大弁、9・19従三位、正安2・3・6正三位、嘉元3(一三〇五)・1・22兼越後権守、3・8辞(参議)、9・27賜素服、嘉元4・12・29〈30日ともあり〉参議、延慶1(一三〇八)・12・22従二位、延慶2・3・23権中納言、10・15辞(権中納言)、11・3本座、延慶3・11・20正二位、文保1(一三一七)・2・22薨去
※正安三年より「讃岐権守」

[死没]文保1(一三一七)・2・22 [父]中御門経任、三男 [母]正二位権大納言藤原公雅女 [号]高倉 [公卿補任]2―346下

為行 ためゆき 一二七六―一三三二

文永12(一二七五)・1・6叙爵〈旧〉、弘安1(一二七八)・11・20従五位上(朔旦叙位、東宮御給)〈旧〉、弘安6・4・5和泉守(祖父経任卿分国)〈旧〉、7・20正五位下〈旧〉、弘安9・閏12・29兼任春宮権大進〈旧〉、弘安10・10・22止権大進(依受禅也)〈旧〉、正応1(一二八八)・9・12止守〈旧〉、正応2・6・2兼任春宮権大進〈旧〉、正応3・6・8兼任右衛門権佐〈旧〉、蒙使宣旨〈旧〉、正応4・7・29右少弁、去権佐〈旧〉、正応5・4・12辞春宮権大進、勧学院別当〈旧〉、11・23左少弁、12・25造興福寺長官、永仁2(一二九四)・10・2南都衆徒放氏〈旧〉、12・22続氏〈旧〉、永仁3・6・23〈旧〉権右中弁、8・5従四位下、永仁5・6・7右中弁、7・22従四位上、右宮城使、永仁6・6・8左中弁、6・22正四位下、7・21左宮城使、永仁7・6・6転右大弁、正安2(一三〇〇)・1・5従三位、元右大弁、3・9兼越後権守、4・7転左大弁、5・29補造東大寺長官、正安3・3・18止弁、-・-民部卿、乾元1(一三〇二)・12・30止卿、嘉元1(一三〇三)・8・28参議、嘉元2・3・7兼讃岐権守、嘉元3・9・27賜御素服、徳治1(一三〇六)・12・29辞参議、徳治3・9・17還任(参議)、延慶1(一三〇八)・11・24恐懼、11・29免除、延慶2・1・6正三位、3・23兼越後権守、12・9兼左兵衛督、-・-為使別当、延慶3・3・9権中納言、7・25辞別当、8・2従二位、辞退(権中納言)、正和2(一三一三)・9・20正二位、正慶1〈元弘2〉(一三三二)・9・10薨去

[死没]正慶1(一三三二)・9・10 [年齢]57 [父]中御門為方 [公卿補任]2―354上

光方 みつかた ?―一三二二

弘安4(一二八一)・1・5叙爵(于時為定)、弘安7・8・8従五位上(于時光方)、弘安11・3・8正五位下(御即位叙位、東二条院御給)、正応2(一二八九)・10・18勘解由次官(父為俊朝臣所労之間止蔵人頭被任)、12・29復任(父)、正応3・4・17辞勘解由次官、正応4・2・25還次官、正応6・4・8兼春宮権大進、永仁4(一二九六)・2・9辞権大進、永仁5・6・7遷右衛門権佐(去次官、使宣〈や〉)、永仁6・8・28〈「21日」イ〉転左衛門権佐、補蔵人、-・-兼防鴨河使、正安1(一二九九)・9・30右少弁、止蔵人並権佐、正安2・1・11〈「21日」イ〉正五位上(朝覲行幸、院司賞、越藤光定平惟輔朝臣)、正安3・4・5転左少弁、乾元2(一三〇三)・1・28〈「1年」イ〉転権右中弁、8・28従四位下、去弁、延慶1(一三〇八)・10・12従四位上、延慶3・1・5正四位下(新院当年御給)、正和1(一三一二)・4・10従三位、元前権右中弁、元亨2(一三二二)・閏5・-薨去

[死没]元亨2(一三二二)・閏5 [父]中御門為俊 [養父]中御門為方 [母]賀茂神主康家女 [前名]為定 [号]中御門 [公卿補任]2―427下

為治 ためはる 一三一五―?

正和4(一三一五)・1・6従五位下、正和5・1・5従五位上(玄輝門院当年御給)、元亨1(一三二一)・3・11甲斐守、3・19遷右兵衛権佐(去守)、9・28去権佐、元亨4・1・13木工頭、3・14正五位下、嘉暦1(一三二六)・12・30去木工頭、嘉暦2・2・23中宮権大進、11・10兼左衛門権佐、即蒙使宣旨、嘉暦3・6・13〈やし〉防鴨河使、元徳2(一三三〇)・2・21蔵人(左衛門権佐、中宮権大進)、2・27禁色、3・1兼任勘解由次官(去権佐)、10・5転大進、元徳3・1・1宮内権大輔、1・13権左少弁(去蔵人次官)、元弘2(一三三二)・3・12転左少弁、10・15従四位下(去弁)、元弘3・6・-止四品、6・-返権左少弁、6・12更従四位下、7・5止権弁、11・-兼皇太后宮亮、11・8〈「12月」し〉左京権大夫、建武2(一三三五)・5・23去権大夫、建武3〈延元1〉・8・15右中弁、建武4〈延元2〉・1・7従四位上、7・20転左中弁、建武5・1・21正四位下(臨時)、暦応1〈延元3〉(一三三八)・12・12転右大弁、暦応2〈延元4〉・2・2〈や〉蔵人頭(右大弁)、4・18遷春宮亮、去弁、5・7遷宮内卿、暦応3〈興国1〉・7・19参議(元蔵人頭右大弁)、暦応4〈興国2〉・12・22従三位、康永2〈興国4〉(一三四三)・10・18本座、貞和5〈正平4〉(一三四九)・1・7正三位、観応2〈正平6〉(一三五一)・4・

16権中納言、文和3〈正平9〉(一三五四)・4・15辞退権中納言、延文5〈正平15〉(一三六〇)・3・-出家
[父]中御門為宗 [養父]中御門為行 [公卿補任]2—580上 [大日本史料]6—23—85

冷泉家(絶家)2

経頼 つねより ?—一二九三
宝治1(一二四七)・12・12叙爵、建長8(一二五六)・1・26兵部少輔、正嘉2(一二五八)・4・6従五位上、正元1(一二五九)・4・17正五位下、正元2・3・29能登介、弘長1(一二六一)・12・21丹波守、文永3(一二六六)・12・15兵部権大輔(「兵部権少輔」イ)、文永6・6・17勘解由次官、文永7・4・7春宮権大進、文永8・7・2転大進、11・29蔵人、建治1(一二七五)・12・26右少弁、建治3・1・23正五位上(朝覲行幸、院司賞)、5・14左少弁、8・10補造興福寺長官、弘安2(一二七九)・1・5従四位下、弘安3・2・16権右中弁、3・12従四位上、弘安4・4・6正四位下、弘安6・3・26左中弁、5・29左宮城使、弘安7・1・13右大弁、弘安8・3・6遷任宮内卿〈や〉、蔵人頭、弘安9・1・13参議(元蔵人頭宮内卿)、5・6従三位、弘安10・1・13兼出雲権守、正応1(一二八八)・6・1正三位、正応2・10・14従二位、正応4・7・29権中納言、12・21辞退(権中納言)、正応5・2・4本座、4・13正二位、永仁1(一二九三)・8・16薨去
[死没]永仁1(一二九三)・8・16 [父]吉田為経、四男 [母]正五位下勘解由次官平棟基女 [号]冷泉 [公卿補任]2—282上

冷泉家

経頼—**頼隆**—経隆
　└**頼定**—**定親**—兼頼

頼定 よりさだ ?—一三四六
弘安4(一二八一)・4・19叙爵、弘安9・9・2〈や〉豊後守、弘安10・1・13止守、3・2止位記、6・20〈「18日」イ〉六位蔵人、6・23左衛門少尉、12・10従五位下、弘安11・4・7従五位上、5・5安芸守、正応2(一二八九)・4・25兼春宮少進、7・16正五位下、正応3・11・21転権大進(権大進五人例)、正応4・3・27去守、永仁1(一二九三)・8・16喪父、9・12止権大進、正安3(一三〇一)・1・21新帝昇殿(践祚日)、嘉元1(一三〇三)・11・17中宮権大進、徳治1(一三〇六)・12・22転大進、延慶3(一三一〇)・8・2蔵人(大進如元)、10・2遷兵部権大輔(去中宮大進)、正和1(一三一二)・10・2右少弁(去蔵人権大輔)、12・12可行成勝寺最勝寺等事、正和2・8・7転左少弁、11・7従四位下、正和3・1・5従四位上、2・20勧学院別当、9・21転権右中弁、11・19転右中弁、正和4・1・6正四位下、2・21転左中弁、3・22兼左宮城使、3・28装束使並正蔵率分所勾当、4・10転右大弁、5・18氏院別当如元(執柄辞退、然而栖不相替)、5・25被放氏、6・3続氏出仕、6・13正四位上(越頼隆朝臣)、7・9可行蓮花王院事、8・26蔵人頭(今日去右大弁)、9・22修理権大夫、12・15参議、元蔵人頭修理権大夫、正和5・7・22従三位、文保1(一三一七)・3・27兼但馬権守、文保2・2・11辞参議、元応2(一三二〇)・2・9正三位、元弘1(一三三一)・10・5〈28日ともあり〉権中納言、元弘2・1・5従二位、3・12辞所職(権中納言)、正慶2〈元弘3〉(一三三三)・5・-出家
[死没]貞和2(一三四六)・7・28 [父]冷泉経頼 [母]祇園執行盛晴法印女 [号]冷泉 [日記]頼定卿記(一三三一) [公卿補任]2—443上 [大日本史料]6—9—1058

頼隆 よりたか ?—一三三九
文永7(一二七〇)・1・5叙爵(于時頼俊)、建治1(一二七五)・10・8豊後守、建治3・4・7従五位上(守如元)、弘安6(一二八三)・3・28正五位下(守如元)、弘安8・12・17去守、弘安9・6・3兵部大甫、正応5(一二九二)・12・25従四位下(去大輔)、永仁3(一二九五)・12・9従四位上、永仁5・11・14正四位下、徳治2(一三〇七)・8・4大蔵卿、9・17右大弁(止卿)、徳治3・9・17左大弁、延慶1(一三〇八)・10・12補造東大寺長官、12・10遷治部卿、延慶2・9・26去治部卿〈や〉、正和4(一三一五)・9・22従三

位、元前左大弁、于時頼隆、文保3（一三一九）・3・9参議、5・15止之（参議）、6・18正三位、元応2（一三二〇）・3・6本座、嘉暦4（一三二九）・4・13薨去

［死没］嘉暦4（一三二九）・4・13　［父］冷泉経頼、二男　［母］祇園執行盛晴法印女　［前名］頼俊　［号］冷泉　［公卿補任］2—448上

定親　さだちか　一三二一—？

・・・・叙爵、元応2（一三二〇）・12・21和泉守、元応3・1・5従五位上、元亨3（一三二三）・9・28右兵衛権佐、去守、正中2（一三二五）・10・26去権佐、12・30中宮権大進、嘉暦1（一三二六）・11・22右衛門佐、12・11正五位下、元徳1（一三二九）・10・10勘解由次官、元徳2・3・1去佐、元弘1（一三三一）・3・18蔵人（于時中宮権大進、今日去次官）、8・7左衛門佐、10・28去佐、11・5勘解由次官、元弘2・3・12右少弁、正慶1〈元弘2〉（一三三二）・10・12権左少弁、10・21左少弁、10・25従四位下、元弘3（一三三三）・6・－還本位本官（前左衛門佐、正五位下）、8・5皇太后宮大進、建武3・1・7〈1年カ〉還補蔵人、禁色、1・13民部権大輔、8・10越前権守、9・11少納言（去大輔）、10・30〈1年カ〉宮内権大輔、建武2（一三三五）・1・13去少納言、5・23従四位下、去権守、建武3〈延元1〉・10・6権右中弁、建武4〈延元2〉・3・29従四位上、7・20右宮城使、建武5・1・5正四位下、暦応1〈延元3〉（一三三八）・12・12左中弁、暦応2〈延元4〉・2・2左宮城使、4・10左大弁、5・7東大寺長官、康永1〈興国3〉（一三四二）・12・－蔵人頭、今日去大弁、任宮内卿、康永2〈興国4〉・8・13参議、元蔵人頭宮内卿、康永3〈興国5〉・1・5従三位、1・24兼伊与権守、7・29改任（参議）、貞和2〈正平1〉（一三四六）・7・13聴本座、観応2〈正平6〉（一三五一）・12・－参南方、－・－従四位下、刑部卿云々、康暦2〈天授6〉（一三八〇）・－・－出家

［父］冷泉頼定　［号］冷泉　［公卿補任］2—593上

経隆　つねたか　？—一三八〇

正和2（一三一三）・2・6従五位下、文保2（一三一八）・3・26従五位上、文保3・4・22兵部少輔、元応2（一三二〇）・12・24去少輔、元亨4（一三二四）・1・13還任兵部少輔（于時経隆）、正中3（一三二六）・4・22去少輔、建武2（一三三五）・1・5正五位下、暦応2〈延元4〉（一三三九）・5・5兵部権大輔、－・－〈「－年」し〉勧学院別当、暦応5〈興国3〉・1・5従四位上、康永1〈興国3〉（一三四二）・12・21右中弁、康永2〈興国4〉・11・16正四位下、康永3〈興国5〉・1・24右宮城使、貞和1〈興国6〉（一三四五）・11・14宮内卿、去右中弁右宮城使、蔵人頭、貞和3〈正平2〉・12・27従三位、元宮内卿蔵人頭、本名頼国〈やし〉、貞和5〈正平4〉・9・13参議、観応1〈正平5〉（一三五〇）・3・29兼出雲権守、8・22辞退（参議）、康暦2〈天授6〉（一三八〇）・－・－薨云々

［死没］康暦2（一三八〇）　［父］冷泉頼隆　［母］正二位権大納言中御門経継女　［前名］頼国　［号］冷泉　［公卿補任］2—615上

葉室家　はむろけ

藤原氏北家勧修寺流。贈太政大臣藤原良門二男の小一条内大臣高藤の裔。葉室諸流の嫡流。坊城参議大蔵卿為房の二男権中納言顕隆を家祖とする。顕隆が洛西葉室（京都市西京区山田）に別業を営み、葉室中納言と号し、その子顕頼は九条民部卿と号したが、孫光頼のとき葉室に堂を設け、葉室山常住寺とし、葉室大納言入道と号したのが、家名の起こりである。この一流は多くの分流を生じ、山科勧修寺を中心とする氏八講は勧修寺流同族の結合の場であったのみならず、葉室一流の同族意識を高めたのが常住寺であった。家格は名家。内々の家。儒学・有職故実を家職とした。九条家の家礼。江戸時代には家領百八十三石。顕隆は、勧修寺流一門繁栄の基礎を固めたとされる為房の二男であり、甘露寺・勧修寺・万里小路・清閑寺・中御門・坊城の諸家の家祖となる為隆より二歳年少であったが、父為房が家嫡としたのは顕隆であった。『尊卑分脈』の顕隆の条に「葉室流称嫡家事」と注しているのはそれを示

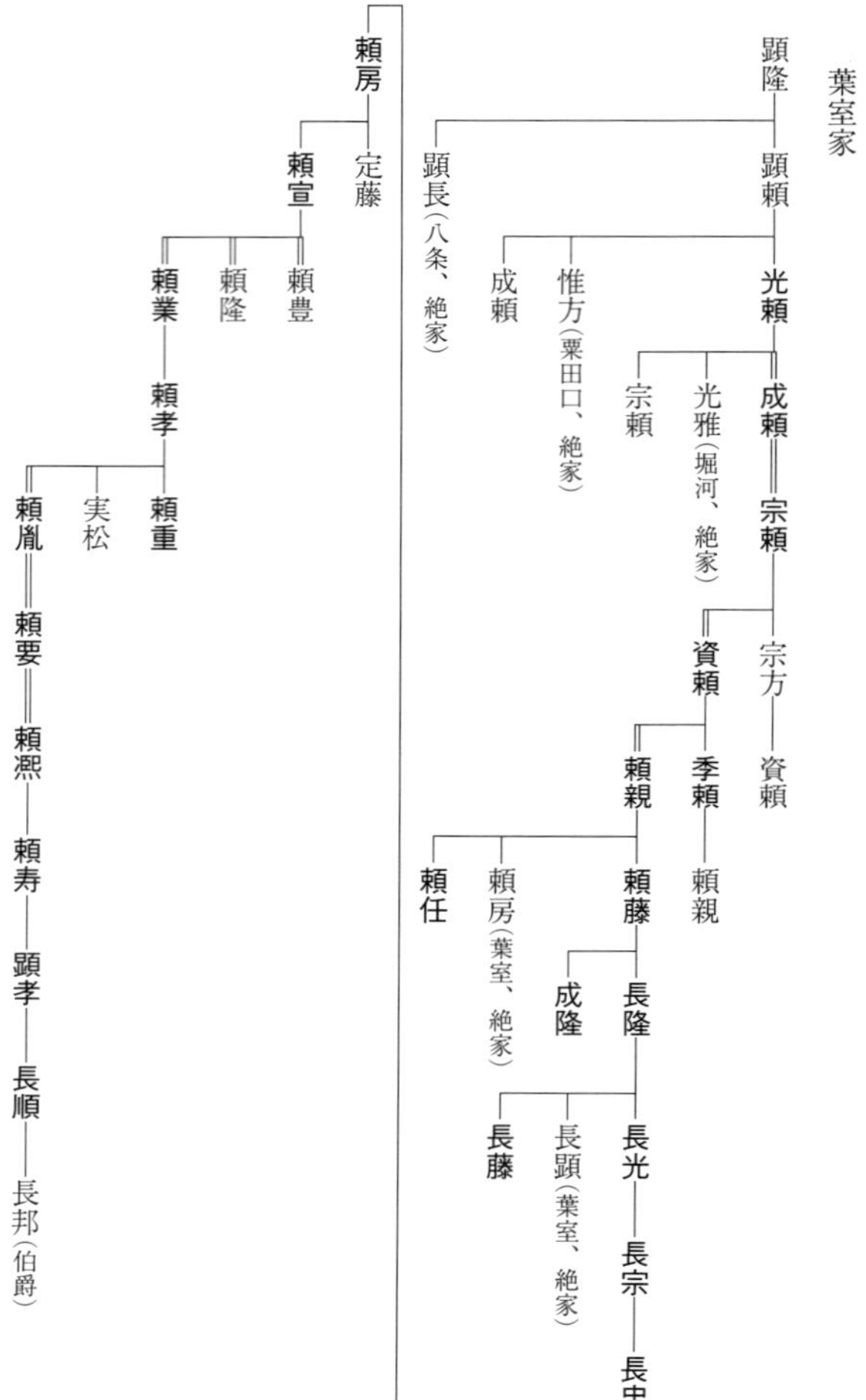

す。官位昇進はその反映で、為隆が蔵人になったのは応徳三年（一〇八六）、叙爵は寛治元年（一〇八七）十八歳のとき、顕隆が院蔵人になったのは寛治元年、内蔵人・叙爵は同二年十七歳のときで、その後大きな差を生じ、従五位上、右少弁の叙任にしても為隆は二十三歳、三十七歳のときであったが、為顕は十八歳、二十七歳のときの昇進で、家職としての弁官の勤仕も、顕隆は舎兄為隆の上﨟であり続け、蔵人頭となったのも、顕隆は永久三年（一一一五）四十四歳のとき、為隆は保安三年（一一二二）五十三歳に至ってからで、この年参議に昇るが、顕隆もまた権中納言に昇るという具合であった。顕隆がこのようなめざましい昇進を遂げたのも、白河法皇の近臣として信任を得たからで、「夜の関白」と称されるほどの権勢を有した。一門長者も年長により為隆が父に次いでこれに就いたが、やがて顕隆に譲ったようである。しかし顕隆が大治四年（一一二九）正月に没すると、為隆が再び長者を勤めた。顕隆の流れから多くの長者も出したが、勧修寺流伝来の所領や為房の日記『大府記』などをはじめとする家伝の文書記録を多く伝領した為隆の流れが、嫡流として甘露寺家等の家々となっていく。顕隆の孫権大納言光頼は大剛の人といわれ、平治の乱（一一五九年）では平氏方につき、内裏の黒戸御所に幽閉されていた二条天皇を平清盛の六波羅邸に遷すことなどに粉骨した。光頼には光雅・宗頼二人の実子があったが、長寛二年（一一

六四)家伝の文書記録とともに家督を舎弟の権右中弁成頼に譲り出家した。そして成頼は承安三年(一一七三)に至り参議正二位を辞し、舎弟光頼が最愛していたのは宗頼であったとしてこれに家督を譲る。宗頼の上臈でもあり顕官にあった光雅は、のち堀河中納言と号する。この流れは、さらに権中納言光親・権中納言顕俊の二流となる。光親の後が堀河、顕俊の後が岩倉と号し数代を重ねるが、南北朝時代ごろに断絶する。光親の二男が後嵯峨院政の執権を勤め、『葉黄記』の記主として知られる権中納言定嗣である。なお、成頼は江戸時代中頃までは葉室家の家督に数えられていなかったが、元文三年(一七三八)に『諸家伝』の追加注進のとき、委細を関白に申し、命により家伝に加え献上された。宗頼の跡は息宗方が父に先立ちて没したので、孫の資頼が家督を嗣いだ。次が権大納言頼親で、伏見院政の執権を勤めた。それより六代後の権大納言教忠は、延徳二年(一四九〇)八月、将軍足利義材の後援によるのであろう、家として初例の従一位に昇った。息の権中納言光忠も義材に寵用され、明応二年(一四九三)二月義材の奏請により権大納言となった。権大納言四条隆量の辞退、上臈の九人を超越しての昇進であった。同月、義材が畠山政長の意見を容れて畠山義就の子基家の討伐をこころざし、河内正覚寺に出陣したとき、光忠も政長等武将とともに従い、四月細川政元の手の者に殺害された。父教忠は翌年十月に美濃国において没した。光忠曾孫の左中弁定藤は天正八年(一五八〇)十月に二十三歳で没して嗣なく、その舎弟で甘露寺権中納言経元の養子になっていた経家が帰家し、頼宣と改名して葉室家を相続した。権中納言頼宣は慶長十五年(一六一〇)八月に四十歳で没し、嗣がなかったので坊城参議俊昌二男頼豊を養子としたが、頼豊の舎兄俊直が二十年十月経広と改名して勧修寺家を相続することになり、頼豊は帰家して俊完と改名して坊城家を相続した。そこで滋野井左中将冬隆(季吉)二男の頼隆を養子としたが、元和三年(一六一七)十二月に十二歳で夭折するにつき、今度は万里小路参議共房二男を養子としたのが頼業である。数代ぶりに正二位権大納言にまで昇進した。その孫権中納言頼重も宝永二年(一七〇五)七月に嗣なく没したので、舎弟で橋本左中将公綱の養子となり橋本家を相続していた、右権中将実松の一男久俊が養子となり、頼胤と改名した。その次の頼要(俊範)は坊城権大納言俊清の二男、頼煕(栄行)は堤権中納言代長の二男で、葉室家の養嗣子となった。正二位権大納言を先途としたが、教忠・頼孝・頼要は従一位に昇り、頼胤は従一位准大臣に昇った。頼胤が武家伝奏に、頼業・頼孝・頼胤・頼要・長順が議奏に補された。日記には、『顕隆卿記』、『成頼卿記』、『後中記』(資頼)、『頼親卿記』、『頼藤卿記』、『教忠卿記』、『頼継卿記』、『葉室頼業記』、『葉室頼重記』、『葉室頼胤記』、『葉室頼要記』、『葉室顕孝記』がある。明治十七年(一八八四)長邦のとき、叙爵内規により伯爵を授けられた。菩提所は洛西 浄住寺。『葉室家譜』(東京大学史料編纂所架蔵、四一七五―二八七)。

光頼　みつより　一一二四―七三

大治5(一一三〇)・10・10修理亮(待賢門院未給)、長承1(一一三二)・9・30蔵人、12・16従五位下(白河院保安元未給、蔵人)、保延2(一一三六)・1・22伯耆守、保延5・1・24兼勘解由次官〈くし〉、12・30遷備中守(次官如元)〈くし〉、保延6・11・4〈くし〉叙従五位上(自小六条行幸土御門皇后日、暲子内親王職事)、保延7・2・21正五位下(歓喜光院供養日、造作賞)、12・2右少弁(元伯耆爵守)、天養1(一一四四)・3・3昇殿、久安2(一一四六)・12・27兼左衛門権佐〈くし〉、12・29蒙使宣旨、久安3・1・28転左少弁、久安4・4・27五位蔵人(于時重服)、10・13転権右中弁、久安5・8・22従四位下(松尾北野行幸行事賞、左衛門権佐如元)、8・28還昇、10・12従四位上(日吉行幸行事賞)、久安6・4・28転右中弁、10・‐辞左衛門権佐、久安7・1・7正四位下(院御給〔「院未給」く〕)、仁平1(一一五一)・10・10修理右宮城使、仁平2・4・13兼内蔵頭、仁平3・閏12・23蔵人頭(越左中弁師能)、仁平4・3・28辞内蔵頭、久寿1(一一五四)・12・28転左中弁、久寿2・7・24新帝頭、保元1(一一五六)・3・6参議(元蔵人頭左中弁修理右宮城使(十三字朱抹))、9・13従三位(春宮大進惟方四条亭為春宮御所之時賞、惟方譲)、9・17兼右兵衛督、保元2・1・24兼近江権守、保元3・2・9〈1月10日ともあり〉正三位、2・21権中納言、4・2補左兵衛督、5・21転右衛門督、11・26転左衛門督、保元4・3・27使別当、10・-辞之、永暦1(一一六〇)・8・11権大納言、9・2帯剣、10・11従二位、永暦2・2・28正二位、長寛1(一一六三)・-・-上辞状、長寛2・1・21被下辞書、8・14出家、承安3(一一七三)・1・5薨去

[死没]承安3(一一七三)・1・5　[年齢]50　[父]九条顕頼、一男　[母]中納言従三位藤原俊忠女　[号]葉室大納言入道・桂大納言・六条　[法名]光然・理光　[公卿補任]1—436下

成頼　なりより　一一三六—一二〇二

康治3(一一四四)・1・24従五位下(去保延六十一四自小六条殿遷御土御門殿、本家別当賞、父譲)、周防守(重任)、久安3(一一四七)・8・12従五位上(造鳥羽御堂国司賞)、仁平2(一一五二)・1・28遷阿波守、3・8正五位下(御賀行幸賞、暲子内親王給)、久寿3(一一五六)・1・27勘解由次官(去阿波守、下名)、保元2(一一五七)・9・21解官(闕怠初斎宮野宮御禊御前之故也)、12・29還任、保元3・8・1蔵人、皇后宮権大進(去次官)、8・11新帝蔵人、保元4・2・13止大進(院号)、2・21中宮大進、平治1(一一五九)・1・1〈5月カ〉右少弁(蔵人大進如元)、永暦1(一一六〇)・4・7辞大進〈くし〉、10・3権右中弁、10・4従四位下(臨時)、永暦2・2・29従四位上(春日行幸行事)、応保2(一一六二)・8・20正四位下(稲荷祇園行幸行事)、永万1(一一六五)・1・23右中弁、8・17左中弁、-・-補装束司、永万2・1・12蔵人頭(超右大弁朝方)、6・6従三位(元蔵人頭左中弁、行幸六条亭賞)、上首参木忠親(中将)雅頼(左大弁)親範蔵人頭家通(中将)〈く〉、仁安1(一一六六)・8・27参議、仁安2・1・28正三位、1・30兼越後権守、仁安3・8・12宮内卿、10・18辞参議、修理大夫、12・13更任三木、-・-止卿、12・16給大夫兼字、仁安4・1・11〈「21日」原イ及く〉伊与権守、承安1(一一七一)・12・8辞大夫、承安4・1・5出家、建仁2(一二〇二)・閏10・-薨去

[死没]建仁2(一二〇二)・閏10月　[年齢]67　[父]葉室光頼(実九条顕頼、四男)　[母]中納言従三位藤原俊忠女　[号]高野宰相入道　[法名]知成・成蓮・空親(イ)　[日記]成頼卿記(一一五九-八二)　[公卿補任]1—461下　[大日本史料]4—7—623、4—17—補622

宗頼　むねより　一一五四—一二〇三

長寛2(一一六四)・10・26〈くし〉叙爵(八条院合爵)、仁安2(一一六七)・8・1参河守(兄光雅今日補五位蔵人替)、仁安3・11・20従五位上(大嘗会、新院御給)、仁安4・1・11遷伯耆守、嘉応3(一一七一)・1・6正五位下(春日行幸行事賞、三木成頼卿賞譲叙之)、承安2(一一七二)・1・26〈「22日」くし〉得替、2・10中宮権大進(冊命日)、4・23兼勘次官(平親宗今日任右少弁替)、治承4(一一八〇)・1・24転大進、養和1(一一八一)・11・25止大進(依院号也〈くし〉)、養和2・3・8〈くし〉従四位下(去次官)、-・-去次官、寿永2(一一八三)・1・5従四位上(臨時)、元暦2(一一八五)・1・20正四位下(治国賞)、文治1(一一八五)・12・29大蔵卿(高階泰経停任替)、文治3・1・23備中権守(卿労)、文治5・7・10蔵人頭(藤定長任三木替)、建久1(一一九〇)・4・28〈26日カ〉兼中宮亮(冊命日)、建久4・1・29右大弁(不経中少弁)、建久5・1・30越前権守(亮労)、建久6・7・16従三位(元蔵人頭)、右大弁中宮亮越前権守如元、11・12去亮、12・9参議、左大弁、-・-兼勘長官、建久9・1・30兼讃岐守(「讃岐権守」くし)、4・23大嘗会検校、12・9権中納言、建久10・1・5正三位、正治1(一一九九)・6・22兼左衛門督、-・-検別当、11・27従二位、12・16守成親王勅別当、正治2・1・22辞別当督、4・1兼大宰権帥、4・15兼春宮権大夫、建仁1(一二〇一)・3・11〈「5日」イ〉辞権帥、建仁2・1・27正二位、7・23権大納言、建仁3・1・21出家、1・29薨去

❖正治元年(一一九九)より「皇后宮権大夫」

[死没]建仁3(一二〇三)・1・29　[年齢]50　[父]高野

成頼(実葉室光頼、五男)　[母]参議正三位藤原親隆女　[号]町口　[公卿補任]1―532下　[大日本史料]4―7―759、4―17―補667

資頼　すけより　一一九四―一二五五

正治2(一二〇〇)・9・14叙爵(八条院合-)、建仁1(一二〇一)・1・23従五位上(朝覲行幸、一品内親王給)、1・29土左守、建仁2・1・5正五位下(祖父権大納言去建仁元朝覲行幸院司賞譲)、元久1(一二〇四)・1・13止守、承元3(一二〇九)・1・13春宮権大進、承元4・11・25蔵人(受禅日)、12・27〈や〉民部権少輔、建保2(一二一四)・12・1左少弁、建保6・1・13権右中弁〈や〉、従四位下(平野大原野行幸行事)、11・26兼春宮亮、承久1(一二一九)・1・23右中弁、亮如元、9・7兼内蔵頭、12・13止頭〈イ〉、承久2・1・22右大弁(余官如元)、12・15従四位上(坊官)、承久3・4・17蔵人頭、7・28止内蔵頭、8・29止蔵人頭、貞応1(一二二二)・1・24解右大弁、安貞1(一二二七)・1・7正四位下、寛喜2(一二三〇)・閏1・4還補蔵人頭、4・24中宮亮、寛喜3・4・14兼修理大夫、寛喜4・1・30参議(元蔵人頭)、修理大夫並中宮亮如元、貞永1(一二三二)・12・2従三位(院御給、御即位)、貞永2・4・1止之(中宮亮)、1・24美作権守、文暦1(一二三四)・12・21兼右兵衛督、文暦2・8・30権中納言、転左兵衛督、9・9辞督別当〈や〉、嘉禎1(一二三五)・11・29正三位、嘉禎3・10・27従二位、嘉禎4・閏2・27辞権中納言、-・-正二位、延応1(一二三九)・11・6〈「10月28日」イ〉按察使、仁治1(一二四〇)・12・18大宰権帥、仁治2・10・13還任権中納言、10・25勅授、寛元2(一二四四)・6・13中納言、寛元4・1・-止帥、宝治2(一二四八)・10・29辞中納言、建長7(一二五五)・10・18薨去

[死没]建長7(一二五五)・10・18　[年齢]62　[父]葉室宗頼(実藤原宗方、一男)　[母]参議正三位藤原光長女　[号]押小路・葉室　[日記]後中記(一二三〇―四二)　[公卿補任]2―77下

季頼　すえより　一二一三―九三

承久2(一二二〇)・1・6叙爵(氏)、承久3・4・16備前守、寛喜2(一二三〇)・1・24従五位上、寛喜3・4・29兵部大輔、10・30春宮権大進、貞永1(一二三二)・12・5正五位下(中宮御給)、文暦2(一二三五)・8・12蔵人、禁色、嘉禎2(一二三六)・2・30左少弁、4・14兼左衛門権佐、12・19転権右中弁、従四位下、嘉禎3・1・24転右中弁、2・21補修理右宮城使、暦仁1(一二三八)・閏2・27転左中弁、3・29従四位上(春日行幸行事賞)、4・20転右大弁、7・20止大弁、仁治2(一二四一)・2・8正四位下、宝治2(一二四八)・10・29還任右大弁、建長2(一二五〇)・1・13従三位、転左大弁(元右)、建長6・1・13罷左大弁、文永7(一二七〇)・-・-出家

[死没]永仁1(一二九三)・11・14　[年齢]81　[父]葉室資頼、一男　[母]正二位権中納言藤原光親女　[法名]推覚　[公卿補任]2―149下

頼親　よりちか　一二三六―一三〇六

-・-・-叙爵、仁治2(一二四一)・1・5従五位上(加叙、于時時頼)、宝治2(一二四八)・11・2丹波守(院御分、于時頼親)、建長1(一二四九)・1・5正五位下(承明門院御給)、建長4・12・4右衛門権佐(元前丹波守)、康元1(一二五六)・2・26復任(祖父資頼卿、依為子也)、正嘉1(一二五七)・11・19転左衛門権佐、正嘉2・8・20防鴨河使、弘長1(一二六一)・4・7蔵人、8・20兼中宮大進、弘長3・10・26辞権佐、文永3(一二六六)・12・15左少将(止蔵人)、文永5・12・2転権右中弁、従四位下、文永6・5・1転右中弁、12・9兼右宮城使、文永7・1・5従四位上、1・21右大弁、3・15正四位下、文永8・11・29蔵人頭(去弁)、12・19皇后宮亮、文永9・9・27内蔵頭、文永10・12・8還任右大弁(去内蔵頭)、文永11・3・20正四位上、4・5参議(元蔵人頭右大弁)、今日去大弁、9・10兼宮内卿、11・8従三位、文永12・1・18兼美乃権守、建治3(一二七七)・1・29正三位、2・29辞卿、弘安1(一二七八)・7・13解官、7・27配流安芸国、弘安2・6・2復正三位(帰京)、12・12還任(参議)、弘安3・3・12兼備中権守、弘安6・3・28権中納言、12・20辞権中納言、12・24従二位、12・25本座、弘安7・10・27按察使、弘安9・1・5正二位、永仁6(一二九八)・6・23権大納言、12・18辞退、正安1(一二九九)・6・18出家、嘉元4(一三〇六)・2・5薨去

※参議叙任以前の履歴部分に「叙爵」の記載あり

〔死没〕嘉元4(一三〇六)・2・5　〔年齢〕71　〔父〕葉室資頼(実葉室季頼)　〔母〕正三位藤原家時女　〔前名〕時頼　〔法名〕圓親　〔日記〕頼親卿記(一二五九-七〇)　〔公卿補任〕2—237上

頼藤　よりふじ　一二五四—一三三六

文永7(一二七〇)・1・21叙爵、1・17元服、2・23三川守、文永9・1・5従五位上、文永11・1・5正五位下、12・20民部少輔(去守)、建治2(一二七六)・1・23転大輔、弘安8(一二八五)・3・6左権佐、蒙古宣旨、4・10防鴨河使、7・25蔵人、8・19兼皇后宮大進、10・27去権佐、正応2(一二八九)・1・13右少弁、3・26正五位上、10・18左少弁、正応3・6・8権右中弁、従四位下、6・19従四位上(還幸富小路殿、本家玄輝門院々司賞)、11・21権左中弁、11・28正蔵率分所勾当、行記録所並装束使事、12・8正四位下(両社行幸行事賞)、正応4・3・25左中弁、4・11左宮城使、7・29右大弁、10・15正四位上、正応5・2・5左大弁、2・16為造東大寺長官、11・5蔵人頭、12・25兼中宮亮、永仁2(一二九四)・3・27参議〈や〉、元蔵人頭〈や〉、左大弁去之〈や〉、4・13止之(中宮権亮)、永仁3・1・28従三位、永仁4・1・5正三位、永仁6・3・22兼美乃権守、正安1(一二九九)・9・19従二位、正安2・5・29使別当左兵衛督、12・22権中納言、正安3・1・-止別当、4・5止督、10・5勅授、10・15辞権中納言、-・-按察使、正安4・12・30民部卿、嘉元3(一三〇五)・9・27賜素服、嘉元4・4・5止卿、延慶1(一三〇八)・9・8伝奏、延慶2・2・19正二位、延慶3・9・4大宰権帥、応長2(一三一二)・1・13止帥、正和1(一三一二)・12・30還任帥、正和2・9・6止権帥、正和4・12・15按察使、正和5・閏10・4権大納言、11・18辞権大納言、11・27聴本座、文保2(一三一八)・6・4〈「7月」ヤイ〉出家、嘉暦2(一三〇七)・8・-改円然、建武3〈延元1〉(一三三六)・5・14薨去、嘉暦2年8月改円然

〔死没〕建武3(一三三六)・5・14　〔年齢〕83　〔父〕葉室頼親　〔母〕江口遊女　〔号〕葉室・二条　〔法名〕円照・因照　〔日記〕頼藤卿記(一二九九)　〔公卿補任〕2—322下　〔大日本史料〕6—3—364

頼任　よりとう

文永11(一二七四)・1・5従五位下(氏)、弘安6(一二八三)・4・5美乃守、弘安7・8・8従五位上、正応1(一二八八)・2・21正五位下、正応2・閏10・14遷任春宮権大進、正応6・4・8去権大進、永仁3(一二九五)・6・23中宮権大進、永仁4・6・7〈「5月」イ〉兼勘解由次官、永仁6・8・21止権大進(依本宮院号也)、正安2(一三〇〇)・3・6従四位下、辞次官、正安3・1・6従四位上(玄輝門院御給)、徳治3(一三〇八)・5・9正四位下、延慶3(一三一〇)・3・9従三位、元勘解由次官、正和5(一三一六)・-・-出家

〔父〕葉室頼親、三男　〔公卿補任〕2—415上

長隆　ながたか　一二八六—一三四四

弘安11(一二八八)・1・5叙爵(和徳門院御給)、正応2(一二八九)・12・15従五位上、正応3・10・29正五位下、永仁1(一二九三)・11・22参河守、永仁3・10・7止守、永仁4・8・21民部大輔、永仁5・閏10・23兼能登守(有兼字)、12・17止守、徳治2(一三〇七)・8・4右衛門権佐、去大輔、蒙使宣旨、徳治3・9・17補蔵人、12・10〈「延慶1年」イ〉治部大輔、去権佐、延慶3(一三一〇)・3・9右少弁(蔵人如元)、4・7止大輔、8・2去蔵人、12・11転権右中弁、従四位下、応長1(一三一一)・10・27復任(母)、応長2・1・17従四位上、正和1(一三一二)・10・12転右中弁、12・19修理右宮城使、12・24正四位下、正和2・3・7可行延勝寺事、8・7転左中弁、8・27装束使並正蔵率分所勾当、9・6蔵人頭、9・17禁色、9・20左宮城使、正和3・9・21参議、元蔵人頭、正和4・1・7従三位、正和5・1・13兼美濃権守、12・7兼左兵衛督、-・-使別当、文保1(一三一七)、2・5権中納言、4・6止督別当、正三位、6・1辞権中納言、12・22按察使、元応2(一三二〇)・9・5従二位、元亨3(一三二三)・6・16止使、嘉暦3(一三二八)・1・5正二位、元弘1(一三三一)・10・5民部卿、12・7〈1日ともあり〉権大納言、正慶1〈元弘2〉(一三三二)・12・-辞(権大納言)、正慶2〈元弘3〉・5・17詔如元為前権中納言、10・10還任(権中納言)、元

弘4(一三三四)・1・13権大納言、建武1(一三三四)・2・23辞(権大納言)、10・9按察使、延元1(一三三六)・5・28出家

[死没]康永3(一三四四)・3・8 [年齢]59 [父]葉室頼藤 [母]按察二位女 [法名]理照・理円 [公卿補任]2―436上 [大日本史料]6―8―162

成隆 なりたか　一二八九―一三三〇

永仁3(一二九五)・6・23叙爵、永仁4・10・24従五位上、正安2(一三〇〇)・1・5正五位下、嘉元3(一三〇五)・1・22三川守、延慶2(一三〇九)・11・19〈や〉民部大輔、応長1(一三一一)・1・17左衛門権佐、使宣旨、2・3兼防鴨河使、正和1(一三一二)・11・12蔵人、民部少輔、正和3・11・19右少弁、正和4・2・21左少弁、10・28従四位下、正和5・1・5従四位上、7・22権右中弁、11・24正四位下、文保1(一三一七)・2・5右中弁、4・6右宮城使、6・1左中弁、6・21正四位上、12・16装束使率分所勾当、文保2・4・14左宮城使、元応1(一三一九)・3・9宮内卿、蔵人頭、8・7兼中宮亮、8・25止卿、元応2・3・24〈「2月」や〉参議、元蔵人頭中宮亮、5・23従三位、8・27〈9月5日ともあり〉辞退(九月五日辞退本定不審)、11・17本座、元徳2(一三三〇)・1・13正三位、・・・薨去

[死没]元徳2(一三三〇) [年齢]42 [父]葉室頼藤、二男 [公卿補任]2―479上

長光 ながみつ　一三〇九―六五

応長1(一三一一)・1・5従五位下(昭訓門院当年御給)、正和3(一三一四)・1・5従五位上(廣義門院当年御給)、正和4・1・14正五位下、元弘1(一三三一)・12・21治部少輔、正中1(一三二四)・1・13右衛門権佐、使宣旨、4・27遷左権佐、防鴨河使、9・2兼中宮権大進、正中2・10・26蔵人、嘉暦1(一三二六)・6・23右少弁、8・3記録所寄人、12・21加賀守(今日去権佐)、嘉暦2・7・16転中宮大進、嘉暦3・3・16去加賀守、9・23正五位上、11・27転左少弁、元徳1(一三二九)・6・28転権右中弁、9・26従四位下、元徳2・1・5従四位上、4・6転右中弁、右宮城使、元弘1(一三三一)・1・5正四位下(新院当年御給)、1・13兼中宮亮(後日止召致名)、蔵人頭、1・23禁色宣下、2・21右兵衛督、10・5右大弁(今日去督)、10・28転左大弁、12・20正四位上、正慶1〈元弘2〉(一三三二)・10・21参議、兼左兵衛督〈右兵衛督ともあり〉、正慶2〈元弘3〉・5・17止官位、6・・遷本位本官、12・7中宮亮、建武1(一三三四)・3・23参議、中宮亮如元、建武2・1・5従三位、1・13兼周防権守、建武4〈延元2〉・1・16止亮、建武5・1・5正三位、暦応2〈延元4〉(一三三九)・1・13兼備中権守、暦応3〈興国1〉・7・19権中納言、暦応5〈興国3〉・3・30辞権中納言、康永1〈興国3〉(一三四二)・7・27〈「21日」し〉本座、貞和2〈正平1〉(一三四六)・1・6従二位、貞和6〈正平5〉・1・5正二位、文和3〈正平9〉(一三五四)・4・15権大納言、延文4〈正平14〉(一三五九)・2・26帯剣、康安2〈正平17〉(一三六二)・4・21辞退権大納言、貞治4〈正平20〉(一三六五)・閏9・7薨去

[死没]貞治4(一三六五)・閏9・7 [年齢]57 [父]葉室長隆 [公卿補任]2―552上 [大日本史料]6―27―40

長宗 ながむね

暦応2〈延元4〉(一三三九)・1・5叙爵、暦応5〈興国3〉・1・5従五位上、康永・・・・〈8月16日カ〉正五位下、永和1〈天授1〉(一三七五)・11・11参議、元蔵人頭、永和2〈天授2〉・1・6従三位、康暦1〈天授5〉(一三七九)・12・7辞退参議、康暦3〈弘和1〉・1・6正三位、嘉慶1〈元中4〉(一三八七)・・・24〈「2月」く追〉出家

[父]葉室長光 [公卿補任]2―717下

長藤 ながふじ

延文1〈正平11〉(一三五六)・12・25従三位、貞治3〈正平19〉(一三六四)・1・5正三位、貞治6〈正平22〉・5・15参議、応安1〈正平23〉(一三六八)・2・21兼加賀権守、8・13辞退(参議)、応安3〈建徳1〉・12・22止督、永和3〈天授3〉(一三七七)・・・出家

[父]葉室長隆 [公卿補任]2―654下

長忠 ながただ

応永23(一四一六)・12・2従三位、前大蔵卿、応永

28・12・21参議、応永29・3・27辞参議、7・5正三位、正長2（一四二九）・3・29権中納言、永享2（一四三〇）・7・19権大納言、7・25従二位、-・-辞権大納言、永享7・-・-出家〈や〉
［父］葉室長宗　［公卿補任］3―87上

教忠　のりただ　一四二三―九四
宝徳2（一四五〇）・3・29参議、元蔵人頭左中弁、宝徳3・1・5従三位、3・26兼右大弁、兼近江権守、宝徳4・2・17権中納言、享徳1（一四五二）・8・11正三位、享徳4・3・28辞権中納言、康正1（一四五五）・8・1従二位、寛正3（一四六二）・6・-還任（権中納言）、寛正6・1・5正二位、9・27権大納言、11・28辞権大納言、応仁2（一四六八）・12・-解却、文明9（一四七七）・5・-自敵陣参入勅免、文明10・6・22大宰権帥、延徳2（一四九〇）・8・19従一位、12・15出家、明応3（一四九四）・10・13薨去
［死没］明応3（一四九四）・10・13　［年齢］72　［父］葉室長宗　［一字名］帥　［日記］教忠卿記（一四四五）　［公卿補任］3―163上

光忠　みつただ　一四四一―九三
寛正6（一四六五）・3・29右少弁、文正2（一四六七）・1・-解官、2・21〈「12月」や〉正五位下、6・26蔵人、文明12（一四八〇）・10・9右中弁、文明13・9・5左中弁、11・28正五位上、文明15・10・9従四位下、文明16・6・8従四位上、6・29右大弁、文明18・4・29正四位下、8・9蔵人頭、左大弁、文明19・1・17〈や〉正四位上、長享2（一四八八）・9・17参議、元蔵人頭左大弁、今日去大弁、9・18更兼大弁、長享3・12・22従三位、延徳2（一四九〇）・10・23権中納言、延徳3・12・18正三位、明応2（一四九三）・2・1権大納言、-・-薨去
［死没］明応2（一四九三）　［年齢］53　［父］葉室教忠　［母］葉室頼時女　［法名］理水・理氷（イ）　［公卿補任］3―275下

頼継　よりつぐ　一四九二―一五二九
永正5（一五〇八）・6・6叙爵、右兵衛権佐、11・22従五位上、永正7・11・13右少弁、永正8・-・-五位蔵人、永正9・11・22正五位下、永正10・4・13〈く追〉正五位上、-・-氏院別当、永正16・8・8左少弁、大永2（一五二二）・1・19右中弁、3・29修理右宮城使、大永4・1・12従四位下、大永5・2・16従四位上、4・5去氏院別当、12・26〈「25日」さ〉右大弁、大永6・2・10正四位下、6・6正四位上、蔵人頭、享禄2（一五二九）・2・5〈「1月20日」さ〉参議、元蔵人頭、右大弁如元、6・20従三位、7・30薨去
［死没］享禄2（一五二九）・7・30　［年齢］38　［父］葉室光忠　［母］従二位権中納言阿野季遠女　［法名］理永　［日記］頼継卿記（一五二二―三三）　［公卿補任］3―376下

頼房　よりふさ　一五二七―七六
大永7（一五二七）・4・7誕生、享禄2（一五二九）・6・30叙爵、天文4（一五三五）・1・20従五位上、元服、昇殿、兵部権少輔、3・21右衛門佐、天文6・1・6正五位下、天文7・2・8信乃権介、12・19権右少弁、天文8・1・10正五位上、天文10・3・27五位蔵人、12・29左少弁、天文16・3・23右中弁、右宮城使、天文17・3・9装束使、天文18・3・25備中権介、天文19・10・23従四位下、10・29従四位上、12・23正四位下（年中三ヶ度）、12・30左中弁、天文20・1・6正四位上、3・27左宮城使、9・16蔵人頭、天文24・9・28右大弁、10・14左大弁、永禄3（一五六〇）・2・5参議（元蔵人頭）、左大弁如元、2・6従三位、永禄6・6・27権中納言、永禄7・12・27正三位、元亀3（一五七二）・11・7従二位、天正4（一五七六）・6・24薨去
［死没］天正4（一五七六）・6・24　［年齢］50　［父］葉室頼継　［母］従一位権大納言中御門宣秀女　［号］見性院　［法名］清心　［公卿補任］3―446下

頼宣　よりのぶ　一五七一―一六一〇
元亀2（一五七一）・-・-誕生、天正3（一五七五）・6・26叙爵（于時経家）、天正5・6・6従五位上、元服☆、昇殿☆、左衛門佐☆、右少弁〈く〉☆、天正8・1・5正五位下、天正9・11・11右中弁〈く〉、天正11・12・7正五位上、天正14・11・4左中弁、-・-・-〈「天正12年11月16日」く〉蔵人、

天正17・1・5従四位下、3・30蔵人頭、右大弁〈く〉4・1従四位上、4・28正四位下(年中三ケ度〈く〉)、天正18・1・5正四位上、文禄3(一五九四)・8・19左大弁、慶長2(一五九七)・1・14参議、左大弁如元、元名経家葉室流相続〈く〉、慶長3・1・5従三位、慶長4・1・11権中納言、慶長15・8・4薨去

[死没]慶長15(一六一〇)・8・4 [年齢]40 [父]葉室頼房、二男 [養父]甘露寺経元(後帰当家) [前名]経家 [法名]行意 [公卿補任]3—511上 [大日本史料]12—7—439

頼業 よりなり 一六一五—七五

元和1(一六一五)・4・24誕生、元和9・9・25叙位、寛永4(一六二七)・9・13元服、従五位上、兵部少輔、寛永9・1・5正五位下、寛永12・1・11権右少弁、寛永14・12・20右少弁、寛永16・3・2蔵人、正五位上、寛永18・8・23転左少弁、寛永19・1・21転右中弁、7・8従四位下去職、11・26従四位上、寛永20・1・5正四位下、10・16蔵人頭、転左中弁、12・28正四位上、正保1(一六四四)・12・26転右大弁、正保2・10・18参議、大弁如元、元蔵人頭右大弁、12・28転左大弁、正保3・3・13〈賜去正月五日位記〉〔従三位〕、正保4・12・30去大弁、慶安2(一六四九)・2・4〈賜去正月五日正三位位記〉正三位、7・17辞参議、承応1(一六五二)・11・12権中納言、承応3・-・-神宮伝奏、承応4・1・5従二位、2・6賀茂伝奏、明暦2(一六五六)・12・26権大納言、万治3(一六六〇)・12・16正二位☆、寛文6(一六六六)・12・22辞権大納言、延宝3(一六七五)・6・24薨去

[死没]延宝3(一六七五)・6・24 [年齢]61 [父]葉室頼宣(実万里小路孝房、二男) [母]長谷川重吉女 [法名]理空・雲晴 [日記]葉室頼業記(一六五四—七四) [公卿補任]3—607上

頼孝 よりたか 一六四四—一七〇九

寛永21(一六四四)・9・28誕生、正保3(一六四六)・1・5叙爵、承応1(一六五二)・11・13元服、昇殿、治部大輔従五位上、承応3・12・21右少弁☆、明暦1(一六五五)・1・29左少弁、12・16蔵人、禁色、12・25正五位下、明暦2・1・5正五位上、明暦3・1・27右中弁、万治1(一六五八)・閏12・22左中弁、万治3・9・24蔵人頭従四位下、11・13右大弁、寛文1(一六六一)・1・5従四位上、5・2正四位下、12・24正四位上、寛文3・5・19参議(大弁如元)、8・5左大弁、寛文4・9・3従三位、寛文9・12・18権中納言☆、寛文10・1・7〈「11日」ま〉帯剣☆、9・29〈去二月五日分〉聴直衣、寛文11・8・30辞賀茂伝奏、寛文12・12・22正三位、延宝2(一六七四)・12・4辞賀茂伝奏〈「3日」ま〉、延宝5・閏12・11〈去六月二十四日分〉従二位、延宝6・9・16権大納言、天和3(一六八三)・2・22辞神宮伝奏、12・3孝子内親王家勅別当、天和4・1・20〈「21日」ま〉辞権大納言☆、蟄居☆、貞享2(一六八五)・6・24〈「7月」ま〉出仕☆、貞享4・3・15還任権大納言☆、〈「22日」ま〉院執権☆、10・7辞権大納言、元禄4(一六九一)・12・21正二位、宝永2(一七〇五)・11・28従一位、宝永6・8・4薨去

[死没]宝永6(一七〇九)・8・4 [年齢]66 [父]葉室頼業 [母]従二位権中納言橋本実村女 [法名]照見 [公卿補任]4—2下

※寛文十一年・同十三年より「賀茂伝奏」、天和三年より「神宮伝奏」

頼重 よりしげ 一六六九—一七〇五

寛文9(一六六九)・3・19誕生、寛文11・2・13〈去正五分〉叙爵、延宝3(一六七五)・3・19元服、昇殿、右衛門権佐、従五位上、延宝4・12・22左衛門権佐、延宝7・5・21〈去正五分〉正五位下、延宝8・12・29権右少弁、天和1(一六八一)・1・25蔵人、2・3禁色、11・21正五位上、12・14右少弁、天和2・4・27左少弁、天和3・1・26右中弁、2・9兼春宮大進、貞享4(一六八七)・3・21止大進、12・30蔵人頭従四位下、右大弁、貞享5・1・13〈去六分〉従四位上、1・22正四位下、2・2正四位上、元禄4(一六九一)・3・2参議(大弁如元)、3・6転左大弁、3・28拝賀着陣、10・5聴直衣、12・21従三位、元禄8・5・8権中納言、5・19賀茂伝奏、6・3帯剣、12・23〈正月五日分〉正三位、元禄9・6・17辞伝奏、元禄14・12・23従二位、宝永2(一七〇五)・7・21辞権中納言、薨去

[死没]宝永2(一七〇五)・7・21 [年齢]37 [父]葉室

頼孝　〔母〕従五位下日向守毛利就隆女　〔号〕冷光院　〔法名〕照源　〔日記〕葉室頼重記（一六八一-九五）・尊号宣下記（一六八七）　〔公卿補任〕4―105下

頼胤　よりたね　一六九七―一七七六

元禄10（一六九七）・9・2誕生、元禄14・1・9〈去五分〉叙爵、宝永3（一七〇六）・3・27当家相続、6・3改頼胤（元久俊）、宝永4・12・16元服、昇殿、侍従従五位上、宝永6・8・4喪養父、10・17除服出仕復任、宝永7・閏8・9〈去二廿八分〉正五位下、正徳1（一七一一）・1・10喪養母、2・30除服出仕復任、正徳4・7・30権右少弁、正徳6・4・28蔵人、5・3禁色、5・6左少弁、5・28正五位上、享保2（一七一七）・12・8兼左衛門権佐、享保3・6・19権右中弁（権佐如旧）、享保4・12・5右中弁（権佐如旧）、享保7・6・11従四位下蔵人頭、6・27従四位上、7・23正四位下、7・27左中弁、享保8・1・23正四位上、享保9・3・25参議、更兼右大弁、4・7拝賀着陣、4・19直衣、7・18転左大弁、7・22拝賀着陣、享保12・12・24正三位、享保10・2・1従三位、2・26勘解由長官、享保12・7・21権中納言、11・2帯剣、享保16・5・3大宰権帥、享保18・6・11御八講伝奏、享保19・1・8権大納言、享保20・5・17辞権大納言、元文1（一七三六）・1・23従二位、延享2（一七四五）・1・21〈去年十二月廿二日宣〉正二位、延享4・2・1還任権大納言、2・18帯剣、12・12辞権大納言、宝暦5（一七五五）・6・15〈「19日」ま〉従一位、宝暦12・8・25賜桃園院御服〈ま〉、明和8（一七七一）・8・1准大臣宣旨、安永5（一七七六）・5・2薨去〈「4月26日」史〉

〔死没〕安永5（一七七六）・5・2　〔年齢〕80　〔父〕葉室頼孝、二男（実葉室実松）　〔母〕従五位下日向守毛利就隆女　〔前名〕久俊　〔一字名〕育　〔号〕順正院　〔日記〕葉室頼胤記（一七三三-六四）・公武御用日記（一七三三-四一）　〔公卿補任〕4―260上

頼要　よりやす　一七一五―九四

正徳5（一七一五）・4・23誕生☆、享保4（一七一九）・1・5叙爵☆、享保15・6・19為頼胤卿子☆、11・28元服、昇殿、侍従、従五位上、12・26改頼要（元俊範）、享保16・2・8左衛門佐、享保20・3・24正五位下、元文2（一七三七）・8・24権右少弁（権佐如旧）、8・27拝賀従事〈ま〉、10・23転左少弁（権佐如旧）、10・25拝賀従事〈ま〉、元文3・3・9氏院別当〈ま〉☆、5・28蔵人（権佐如旧）、6・1禁色〈ま〉、拝賀従事〈ま〉、7・2転権右中弁（権佐如旧）、7・4拝賀従事〈ま〉、7・21正五位上、8・27止氏院別当〈ま〉、元文5・6・10転右中弁（権佐如旧）、10・7辞左衛門権佐、寛保2（一七四二）・10・5蔵人頭、従四位下、10・9拝賀従事〈ま〉、10・29従四位上、12・24正四位下、寛保3・1・6正四位上☆、6・29転右大弁、拝賀〈ま〉、6・30服解（実父）〈ま〉、9・13除服出仕復任〈ま〉、寛保4・8・23転左大弁、8・25拝賀従事〈ま〉、延享3（一七四六）・2・17参議（左大弁如旧）、2・27拝賀着陣、3・1聴直衣、延享4・1・5従三位、寛延1（一七四八）・7・21権中納言、8・23帯剣☆、寛延2・11・12賀茂伝奏、寛延3・1・5辞伝奏、4・24賀茂伝奏、寛延4・7・26正三位、12・5辞伝奏、宝暦2（一七五二）・1・8左衛門督補使別当、宝暦4・11・29賀茂下上社伝奏、宝暦5・6・27権大納言、12・27免伝奏、宝暦6・12・21従二位☆、宝暦12・9・24正二位、宝暦13・12・4辞権大納言、安永5（一七七六）・12・19従一位、安永8・12・12賜後桃園院御服、寛政6（一七九四）・6・3薨去

〔死没〕寛政6（一七九四）・6・3　〔年齢〕80　〔父〕葉室頼胤（実坊城俊清、二男）　〔母〕葉室頼重女（実家女房）　〔前名〕俊範　〔号〕遠塵院　〔日記〕葉室頼要記（一七三四-四一）　〔公卿補任〕4―374上

頼凞　よりひろ　一七五〇―一八〇四

寛延3（一七五〇）・2・7誕生、明和2（一七六五）・9・13叙爵（于時栄行）、11・11為頼要卿子、12・19改名頼熙、明和3・2・17元服、昇殿、侍従従五位上、5・19服解（実母）、11・30除服出仕復任、明和7・1・5正五位下、明和8・8・18禁色、明和9・2・14蔵人、2・19拝賀従事、11・18右少弁（推宣下）、11・20拝賀従事、12・19造興福寺長官、安永4（一七七五）・4・13左少弁、4・16拝賀従事、5・26氏院別当、院判官代、10・1拝賀、10・9兼右衛門権佐、蒙使宣旨、10・11拝賀、11・2神宮弁、11・25正五位上、安永5・1・14辞神宮弁

氏院別当御祈奉行等、11・17神宮弁賀茂下上社奉行等、安永6・5・12辞神宮弁賀茂下上社奉行等、安永8・5・4右中弁(長官権佐使判官代等如旧)、拝賀従事、11・9止神宮弁、11・25新帝蔵人、禁色、拝賀従事、安永9・2・26神宮弁、3・20辞神宮弁賀茂下上社奉行等、6・28神宮弁、7・19賀茂下上社奉行等、天明1(一七八一)・12・13左中弁(長官権佐使判官代等如旧)、12・14従四位下蔵人頭、免賀茂下上社奉行、12・16拝賀従事、12・19従四位上、天明2・1・5正四位下、1・14正四位上、5・20兼皇太后亮、5・26拝賀、7・24辞神宮弁、天明3・6・10右大弁(亮長官等如旧)、6・14拝賀従事、10・12止亮(本宮依院号)、11・28服解(実父)、天明4・1・19除服出仕復任、天明5・8・17参議(右大弁造興福寺長官等如旧、小除目〈ま〉)、9・25拝賀着陣、9・26聴直衣、直衣始、12・10転左大弁、天明6・2・17従三位、2・25勘解由長官、天明7・5・26丹波権守、寛政1(一七八九)・1・10正三位、5・22権中納言、5・23直衣、寛政3・11・28兼左衛門督、―・―検非違使別当、12・11拝賀着陣、12・13直衣始、寛政4・3・4従二位、寛政8・5・10正二位、5・23直衣、5・26帯剣、寛政12・12・22大宰権帥、享和1(一八〇一)・1・8直衣始、享和2・3・20辞権大納言、文化1(一八〇四)・9・19薨去

[死没]文化1(一八〇四)・9・19　[年齢]55　[父]葉室頼要(実堤代長、二男)　[母]従一位権大納言日野資時女(実従二位竹内惟永女)　[前名]栄行　[公卿補任]5—35上

頼寿　よりひさ　一七七七—一八〇四

安永6(一七七七)・9・7誕生、安永7・1・5従五位下、天明2(一七八二)・9・28元服、昇殿、従五位上、12・22侍従、天明4・閏1・14正五位下、寛政2(一七九〇)・10・21蔵人、10・28禁色、11・3拝賀従事、11・10申行宿侍後朝儀、12・18正五位上、12・26右少弁、12・28拝賀従事、寛政3・8・20〈「9日」ま〉氏院別当、寛政4・8・23御祈奉行、賀茂下上社奉行、10・27転権右中弁、兼左衛門権佐(小除目)、蒙使宣旨、10・28拝賀従事、寛政5・1・8辞御祈奉行、5・9免賀茂下上社奉行、免氏院別当、寛政6・8・22為御祈奉行、氏院別当、12・4免御祈奉行、免氏院別当、寛政8・2・10転右中弁(権佐使等如旧)、4・24〈ま〉賀茂下上社奉行、5・11院判官代年預、5・17拝賀、寛政9・3・21神宮弁、7・14辞神宮弁、辞賀茂下上社奉行、寛政10・2・18神宮弁、5・7転左中弁(権佐使等如旧)、5・13従四位下、蔵人頭、兼中宮亮、5・19拝賀従事、5・25申行宿侍後朝儀、6・4従四位上、6・27正四位下、寛政11・1・5正四位上、寛政12・5・7右大弁〈ま〉、享和2(一八〇二)・2・11参議(大弁亮等如旧)、3・8拝賀着陣、3・10聴直衣、直衣始、享和3・1・5従三位、文化1(一八〇四)・3・4左大弁、8・29辞参議左大弁中宮亮、薨去

[死没]文化1(一八〇四)・8・29　[年齢]28　[父]葉室頼熙　[母]従二位権大納言勧修寺顕道女　[公卿補任]5—148上

顕孝　あきたか　一七九六—一八五八

寛政8(一七九六)・9・4誕生、享和1(一八〇一)・12・18従五位下、享和2・12・18元服、昇殿、拝賀、享和3・12・19従五位上、文化1(一八〇四)・8・29喪父、9・19喪祖父(依家督相承也)、11・20除服出仕、文化3・1・4正五位下、文化4・12・19侍従、文化5・3・16拝賀、文化8・12・21右少弁、12・26拝賀従事、文化11・4・14兼春宮権大進、文化12・2・26蔵人(小除目)、禁色、拝賀、2・28従事、3・2宿侍始、3・22正五位上、8・30転左少弁(権大進如故)、9・8拝賀従事、11・27為御祈奉行、文化13・8・17賀茂下上社奉行、氏院別当、文化14・3・22去春宮権大進(依践祚也)、新帝蔵人、拝賀従事、3・23賀茂下上社奉行御祈奉行等如故、5・2辞賀茂下上社奉行御祈奉行等、辞氏院別当、5・28服解(祖母)、7・19除服出仕復任、11・22転権右中弁、11・27拝賀従事、文政1(一八一八)・6・1御祈奉行、12・18院判官代年預、12・19兼右衛門権佐、蒙使宣旨、12・22拝賀従事、院司慶、文政3・8・6〈昨日分〉辞御祈奉行〈ま〉、文政4・1・20転右中弁(権佐使等如故)、6・10賀茂下上社奉行、文政5・2・4御祈奉行、10・2辞賀茂下上社奉行御祈奉行等、

11・2服解(母)、12・24除服出仕復任、文政7・5・7転左中弁、従四位下、蔵人頭、5・18院別当、5・21拝賀従事、院司慶、5・23宿侍始、6・4転右大弁、従四位上、兼造興福寺長官(小除目)、拝賀従事、6・19正四位下、文政8・1・5正四位上、11・6神宮弁、文政9・5・13辞神宮弁、6・5神宮弁、文政10・5・27参議、右大弁造興福寺長官等如故、6・22拝賀着陣、6・23聴直衣、直衣始、11・26従三位、文政11・7・11左大弁、文政13・10・22正三位、天保2(一八三一)・12・1権中納言、12・25帯剣、拝賀着陣、12・26聴直衣、直衣始、天保4・12・19従二位、天保7・3・8兼右衛門督補使別当、4・27直衣始、10・28正二位、天保8・10・18辞督別当、弘化4(一八四七)・7・9権大納言、8・24辞権大納言、安政5(一八五八)・6・9薨去

[死没]安政5(一八五八)・6・9　[年齢]63　[父]葉室頼寿　[母]家女房　[日記]葉室顕孝記(一八一四-四二)　[公卿補任]5—314下

長順　ながとし　一八二〇—七九

文政3(一八二〇)・4・14誕生、文政6・6・7叙爵、文政10・3・15元服、昇殿、従五位上、拝賀、文政12・10・29正五位下、天保5(一八三四)・8・28侍従、9・25拝賀、弘化2(一八四五)・12・18女院判官代、弘化3・6・20去女院判官代(依崩)、7・23賜前新清和院御服、8・23除服宣下、弘化4・12・23補蔵人、12・27禁色、拝賀従事、弘化5・1・11正五位上、3・6御祈奉行、5・18右少弁(小除目)、拝賀従事、9・19辞御祈奉行、10・25辞蔵人、12・14還補蔵人、12・17拝賀従事、嘉永3(一八五〇)・2・1賀茂下上社御祈等奉行、嘉永4・12・16転左少弁、12・17拝賀従事、嘉永5・9・24転権右中弁、9・27拝賀従事、10・24兼補左衛門権佐検非違使、10・27拝賀、嘉永7・8・11辞賀茂下上社奉行、安政2(一八五五)・1・15氏院別当、8・25辞氏院別当、安政3・2・10御祈奉行、5・24辞御祈奉行、7・24御祈奉行、安政3・8・8氏院別当、安政4・1・2賀茂下上社奉行、安政4・5・15従四位下(小除目)、蔵人、転左中弁、拝賀従事、5・22申行宿侍後朝儀、閏5・20従四位上、6・24正四位下、10・19転右大弁、10・24拝賀従事、安政5・1・5正四位上、6・9辞賀茂下上社奉行氏院別当等、服解(父)、8・1除服出仕復任、9・26辞蔵人頭、安政6・9・27還補蔵人頭、10・3拝賀従事、10・5申行宿侍後朝儀、10・22神宮弁、12・1賀茂下上社奉行、万延1(一八六〇)・7・23〈昨日分〉辞神宮弁賀茂下上社奉行等、8・29神宮弁、10・9賀茂下上社奉行氏院別当等、文久1(一八六一)・10・14免神宮弁、免賀茂下上社奉行、10・16免氏院別当、文久2・5・3神宮弁、6・30辞神宮弁、閏8・25神宮弁、9・12賀茂下上社奉行、氏院別当、文久3・3・25参議(大弁如元)、4・1拝賀着陣、4・2聴直衣、直衣始、5・29左大弁、9・20従三位、元治2(一八六五)・1・25正三位、慶応1(一八六五)・閏5・12兼右衛門督補使別当、8・23拝賀着陣、8・24直衣始、12・23権中納言、慶応2・1・8聴直衣、直衣始、慶応3・3・23従二位、9・27権大納言、11・3帯剣、慶応4・1・17辞権大納言

[死没]明治12(一八七九)・10・17　[年齢]60　[父]葉室顕孝、三男　[母]家女房　[公卿補任]5—548下

八条家(絶家)

顕長　あきなが　一一一八—六七

保安4(一一二三)・2・16従五位下(中宮御給、本名顕教)、本頼教次顕教〈し朱傍〉、天治2(一一二五)・1・28紀伊守(本院分)、大治4(一一二九)・12・29越中守、大治5・3・4従五位上(造中宮御所賞、行幸次)、10・5兼右兵衛佐、長承3(一一三四)・1・5〈「2年」し〉正五位下(兵衛佐労)、2・22遷任兵部大輔(兼)、越中守如元〈し〉、保延2(一一三六)・12・16〈「3年」イ及し〉遷三河守(下名加、大輔如元)、久安1(一一四五)・12・30遠江守(明年〔「正月」くし〕除目、被仰下大輔兼字事)、久安5・4・9三川守、久寿2(一一五五)・12・25辞三川守、以男長方任丹波守、保元1(一一五六)・10・27兼中宮亮、従四位下(前待賢門院長承三御給〔「未給」し〕)、保元2・10・22従四位上(造宮叙位次、三河守隆能譲、造東廊賞)、10・27木工頭(兼中

宮亮)、以兵部大輔譲猶子皇后宮権大進藤原顕方、保元3・1・6正四位下(中宮御給)、4・2蔵人頭(兼中宮亮木工頭)、8・10参議、元蔵人頭中宮亮木工頭、後日中宮亮如元之由被仰下、保元4・1・2従三位、1・29周防権守、2・21皇后宮亮(本宮)、4・6転権大夫、永暦1(一一六〇)・8・14兼右兵衛督、応保2(一一六二)・1・10正三位、1・16依不仕恐懼、2・30被免、9・23別当、10・28転左兵衛督、長寛2(一一六四)・1・21権中納言、長寛3・1・-辞別当、永万1(一一六五)・8・17転右衛門督、永万2・4・6左衛門督、6・6辞督、仁安1(一一六六)・8・27辞権中納言、12・30本座、仁安2・1・28従二位、-・-出家、10・18薨去

[死没]仁安2(一一六七)・10・18 [年齢]50 [父]葉室顕隆、三男 [母]従一位右大臣源顕房女 [前名]頼教・顕教 [号]八条中納言 [日記]顕長卿記(一一六一) [公卿補任]1―442下

八条家

顕長―長方―宗隆―宗房―顕朝―忠方―忠顕
　　　　　　　　　└長宗―定頼―為頼―為任
　　　　├長兼―長朝―顕兼
　　　　└兼高―顕嗣―兼頼―定兼

長方　ながかた　一一三九―九一

久安2(一一四六)・7・10蔵人(本名憲頼、元一院判官代)、8・2従五位下(前女御道子未給)、久寿2(一一五五)・9・13丹波守、11・21従五位上(大嘗会丹波国司)、保元1(一一五六)・10・27兼中宮権大進(冊命日)、保元2・10・22正五位下(造内裏丹波国賞)、12・7遷三川守、保元3・2・13皇后宮権大進(本宮居上)、10・12止守、以舎弟顕朝申任常陸介、平治1(一一五九)・5・1蔵人、11・10丹波権守(大嘗会国司除目)、応保1(一一六一)・9・15右少弁、長寛1(一一六三)・4・19辞権大進、永万1(一一六五)・6・25更新帝蔵人、8・17転権左少弁、仁安1(一一六六)・6・6左少弁、8・27兼右衛門権佐(父卿辞権中納言申任之)、9・1使宣旨、仁安2・1・30左中弁、左衛門権佐、閏7・12従四位下(院平治元御給)、10・18服解(父卿)、12・13復任、嘉応1(一一六九)・4・28従四位上(行幸院、院司)、嘉応2・1・18左中弁、2・3〈「13日」く〉率分所勾当並装束使、3・24正四位下(春日行幸行事賞)、12・30蔵人頭、嘉応3・4・7左宮城使(「修理左宮城使」く)、安元1(一一七五)・12・8右大弁、安元2・12・5参議(元蔵人頭右大弁、大弁如元)、安元3・1・24備後権守、治承1(一一七七)・12・17従三位、治承3・9・5正三位、10・9転左大弁、治承4・2・21新院別当、養和1(一一八一)・3・26兼近江権守、12・4権中納言、寿永2(一一八三)・12・22従二位、元暦2(一一八五)・6・-〈「25日」玉葉〉出家

❖元暦二年より「正二位」

[死没]建久2(一一九一)・3・10 [年齢]53 [父]八条顕長、一男 [母]権中納言従三位藤原俊忠女 [前名]憲頼 [号]八条・三条 [日記]禅中記(一一六一―七五) [公卿補任]1―483上 [大日本史料]4―3―419、4―16―補262

宗隆　むねたか　一一六六―一二〇五

嘉応2(一一七〇)・12・5叙爵(皇后宮嘉応元―未給)、承安4(一一七四)・1・24甲斐権守(「甲斐守」く)、治承2(一一七八)・1・28備後守(元甲斐守、今年秩満)、治承3・12・12甲斐守(藤為明解官替)、治承5・3・26従五位上(長方譲、平治元大嘗会国司賞)、寿永2(一一八三)・8・16淡路守(平清房解官替)、元暦1(一一八四)・1・6正五位下(八条院承安元年御給(「未給」くし))、12・15〈文治2年カ〉蔵人、勘次官、文治5(一一八九)・7・10右少弁、兼左衛門権佐(蔵人弁官如元)、9・17蒙使宣旨、建久1(一一九〇)・1・24転左少弁(今日辞蔵人佐)、建久2・2・-服解(父)、〈「5月2日」弁官補佐〉復任、建久5・9・17転権右中弁〈くし〉、従四位下、建久6・4・7従四位上(稲荷祇園行幸賞)、5・29除籍(依不仕也)、11・12転右中弁、12・9転左中弁、建久7・2・1兼左

宮城使〈「修理左宮城使」く〉、12・5氏院別当、建久9・1・30蔵人頭(超右大弁親経)、2・26正四位下(臨時)、12・9参議(元蔵人頭)、転左大弁、建久10・3・23兼勘解由長官備後権守、正治2(一二〇〇)・1・5従三位、建仁1(一二〇一)・8・19権中納言、建仁2・11・19正三位、元久2(一二〇五)・3・29薨去

[死没]元久2(一二〇五)・3・28　[年齢]40　[父]八条長方、一男　[母]正五位下少納言藤原通憲女　[号]梅小路中納言　[公卿補任]1—539上　[大日本史料]4—8—529

長兼　ながかね

安元2(一一七六)・2・18叙位(本名頼房)、文治2(一一八六)・11・27甲斐守、文治3・11・8従五位上(朝覲行幸、院司賞)、建久1(一一九〇)・4・26兼中宮大進〈権脱カ〉、建久2・1・5正五位下(殷富門院御給)、5・2復任(父)、建久6・11・12蔵人、正治2(一二〇〇)・3・6中宮大進〈旧〉、4・1権左少弁(蔵人大進如元)、4・15兼春宮権大進、建仁1(一二〇一)・8・19転左少弁、建仁2・閏10・24転権右中弁、11・19従四位下、建仁3・11・30従四位上、元久1(一二〇四)・4・12転左中弁、補蔵人頭、元久2・1・29正四位下、3・9兼修理左宮城使、元久3・4・3転右大弁、建永1(一二〇六)・10・20参議(元蔵人頭右大弁)、今日任左大弁、建永2・1・13兼伊与権守、4・10兼勘解由長官、10・29従三位、承元3(一二〇九)・4・16権中納言、承元4・1・6正三位、建暦1(一二一一)・10・2辞職、建保2(一二一四)・2・8出家

[父]八条長方、二男　[母]正五位下少納言八条通憲女　[前名]頼房　[号]三条大納言入道　[法名]覚阿　[日記]三長記(一一九一—一二一一)　[公卿補任]1—562下　[大日本史料]4—13—33

兼高　かねたか　一一七七—一二三九

建久5(一一九四)・1・22叙爵(太皇太后宮建久三未給)、建久9・4・21従五位上(皇后宮御入内賞)、建仁4(一二〇四)・1・5正五位下(皇后宮御給)〈や〉、承元2(一二〇八)・12・9宮内権大輔、承元4・7・21転大輔、承元5・1・22中宮大進、建保2(一二一四)・12・29於殿上与勘解由次官宗宣有闘諍事、12・30配流土左国、依打宗宣之科也、寛喜1(一二二九)・12・29復本位、寛喜3・3・25更任宮内権大輔、蔵人、3・28禁色、10・30兼中宮大進、貞永1(一二三二)・12・4更補蔵人(受禅日)、文暦1(一二三四)・12・21権右少弁、文暦2・6・17左少弁、8・30従四位下、嘉禎2(一二三六)・2・30権右中弁、12・18従四位上、12・19辞権弁、以男勘解由次官顕嗣申補蔵人、嘉禎3・9・15正四位下、10・27従三位、嘉禎4・4・20正三位、7・20参議、暦仁2(一二三九)・1・24備中権守、延応1(一二三九)・11・6薨去

[死没]延応1(一二三九)・11・6　[年齢]63　[父]八条長方、四男　[母]江口遊女木姫又隠岐守師高女　[公卿補任]2—98下　[大日本史料]5—12—561

宗房　むねふさ　一一八九—一二三〇

建久10(一一九九)・2・17五位(皇太后宮給〈「令」や〉)、3・23甲斐守、元久1(一二〇四)・12・27従五位上(臨時)、元久3・-・-〈「元久2年4月日」イ〉去守、承元1(一二〇七)・10・29中宮権大進、承元4・1・6正五位下(中宮)、建保5(一二一七)・1・28蔵人、即任民部権少輔承久2(一二二〇)・1・22右少弁(止蔵人)、承久3・12・1皇后宮大進、貞応1(一二二二)・1・20四位(朝覲行幸)、4・13権右中弁、11・15兼近江介、11・22従四位上(卜食国司)、-・-氏院別当、12・21右中弁、12・29右宮城使、貞応2・4・10皇后宮亮、元仁1(一二二四)・8・4止亮、10・16左中弁、12・17蔵人頭(超右大弁成長)、嘉禄1(一二二五)・4・26正四位下、7・6参議(元蔵人頭左中弁)、-・-停任(見任一年)、寛喜2(一二三〇)・3・7薨去

[死没]寛喜2(一二三〇)・3・7　[年齢]42　[父]藤原宗隆、一男　[母]正五位下左衛門佐平業房女　[号]姉小路・北山　[公卿補任]2—54下　[大日本史料]5—5—667

長朝　ながとも　一一九七—一二五一

承元5(一二一一)・閏1・10従五位下(春華門院合爵)、建保4(一二一六)・12・17中宮少進、承久2(一二二〇)・12・15従五位上、元仁2(一二二五)・1・5正五位下(安嘉門院当年御給)、天福2(一二三四)・4・2蔵人、10・29皇后宮大進、嘉禎2(一二三六)・12・

19右少弁、止蔵人、嘉禎3・1・24転左少弁、叙従四位下、嘉禎4・閏2・27転権右中弁、3・28従四位上、4・20右中弁、7・20左中弁、暦仁2（一二三九）・1・24播磨権介、1・27正四位下、仁治2（一二四一）・2・1転右大弁、補蔵人頭、仁治3・3・7兼但馬権守、従三位、元蔵人頭、右大弁如元、兼但馬権守、宝治1（一二四七）・12・8左大弁、12・12兼勘解由長官、宝治2・7・-辞大弁、10・29参議、宝治3・1・24兼美作権守、4・7正三位、建長2（一二五〇）・1・13辞参議、建長3・8・2出家、8・8〈「7日」イ〉薨去

［死没］建長3（一二五一）・8・8　［年齢］55　［父］八条長兼、二男　［公卿補任］2—120上

顕嗣　あきつぐ

宝治1（一二四七）・12・8〔従三位〕、元宮内卿、建長1（一二四九）・8・18出家

［父］八条兼高　［母］従五位下藤原信定女　［公卿補任］2—138上　［大日本史料］5—31—103

顕朝　あきとも　一二一二—六六

承久3（一二二一）・閏10・18従五位下、貞応3（一二二四）・10・16安芸守（父卿知行）、寛喜2（一二三〇）・2・16中宮権大進、寛喜3・4・29従五位上（先之辞守）、11・28中宮権大進〔本ノママ〕、天福1（一二三三）・4・19正五位下（院司）、嘉禎2（一二三六）・8・16補五位蔵人、-・-禁色、12・19宮内権大輔、嘉禎3・2・28左衛門権佐、嘉禎4・4・20右少弁、7・20転左少弁、延応1（一二三九）・4・28正五位上（行幸東山従一位藤原朝臣第、家司賞）、仁治2（一二四一）・2・1右中弁〔権脱カ〕、従四位下、仁治3・1・5従四位上、3・7〈や〉右中弁、寛元1（一二四三）・閏7・27修理右宮城使、11・5正四位下（八幡加茂行幸行事賞）、寛元3・6・26転左中弁、-・-補蔵人頭、-・-為装束司為率分所勾当、8・11兼中宮亮、9・7転左宮城使、宝治1（一二四七）・12・8転右大弁、宝治2・10・29参議、今日転左大弁、元蔵人頭、12・17兼造東大寺長官、宝治3・1・5従三位、1・24兼近江権守、建長2（一二五〇）・1・13権中納言、建長3・1・25正三位、建長5・1・28従二位、建長6・8・5補左衛門督別当、建長7・9・13辞督別当、正嘉1（一二五七）・5・7正二位、正嘉2・1・13辞権中納言、7・9按察使、弘長2（一二六二）・12・21還任中納言、弘長3・8・13兼左兵衛督、還補使別当、文永2（一二六五）・3・20辞督別当等、閏4・25権大納言、文永3・9・17出家、9・20薨去

［死没］文永3（一二六六）・9・20　［年齢］55　［父］姉小路宗房、一男　［母］従三位藤原清長女　［号］姉小路　［日記］顕朝卿記（一二四六—四八）　［公卿補任］2—139上

定頼　さだより　?—一二七〇

-・-・-叙爵、嘉禎2（一二三六）・2・30兵部大輔、3・19従五位上、嘉禎3・1・5正五位下（従一位藤原朝臣去年給）、1・29右兵衛権佐、7・12転、嘉禎4・2・10兼皇后宮権大進、4・20兼右衛門権佐、蒙使宣旨、7・20右少弁（権佐如元）、延応1（一二三九）・4・27正五位上（行幸入道摂政東山家、家司賞）、8・29兼備後守、仁治2（一二四一）・2・1転左少弁、蔵人（権佐如元）、4・23辞権佐、仁治3・3・7止蔵人、12・25転権右中弁、従四位下（臨時）、寛元2（一二四四）・1・5従四位上（宣仁門院当年御給）、寛元3・6・20転右中弁、9・7修理右宮城使、寛元4・1・5正四位下（臨時）、宝治1（一二四七）・12・8転左中弁、宝治2・12・17転左宮城使、建長2（一二五〇）・1・13転右大弁、11・9兼造東大寺長官、建長3・1・22従三位、元右大弁造東大寺長官、文永7（一二七〇）・-・-薨去

［死没］文永7（一二七〇）　［父］藤原長宗　［公卿補任］2—154上

忠方　ただかた　一二四一—八二

嘉禎1（一二三五）・11・19叙爵、寛元3（一二四五）・8・5備中守、寛元4・1・5従五位上（簡一）、宝治3（一二四九）・1・24備前守、建長2（一二五〇）・1・5正五位下（大宮院当年御給）、正嘉2（一二五八）・1・13右少弁（父顕朝卿辞権中納言申任之）、7・9正五位上、弘長1（一二六一）・3・27左少弁、-・-補勧学院別当、8・-補蔵人（与経業和与）、9・26兼左衛門権佐、蒙使宣旨（三事兼帯）、弘長2・3・1兼防鴨河使、4・8辞退蔵人左衛門

権佐、12・21右中弁、-・-従四位下、弘長3・1・28従四位上、2・2補右宮城使、文永2(一二六五)・1・30正四位下、閏4・23左中弁、5・21装束使並正蔵率分所勾当等事宣下、5・26左宮城使、文永3・2・1補蔵人頭、9・20遭父喪、10・19復任、文永5・12・2参議(元蔵人頭左中弁)、-・-転左大弁、12・30為造東大寺長官、文永6・5・1従三位、文永7・1・21権中納言、12・4正三位、12・11帯剣、文永8・4・7辞退、弘安5(一二八二)・12・19薨去

[死没]弘安5(一二八二)・12・19 [年齢]42 [父]姉小路顕朝、一男 [母]正二位権中納言藤原定高女 [公卿補任]2—214下

栗田口家(絶家)

惟方 これかた

保延2(一一三六)・1・27蔵人(元院判官代)、4・7従五位下(祭除目次、蔵人)、永治1(一一四一)・12・2越前守、12・27兼皇后宮権大進、康治2(一一四三)・1・3従五位上(朝覲行幸賞、皇后宮権大進)、8・6正五位下(修造蓮華王院賞)、天養1(一一四四)・12・30任丹波守(「丹後守」く)、久安5(一一四九)・4・9遠江守、8・3止権大進(依院号也)、仁平1(一一五一)・2・2兼勘解由次官、久寿2(一一五五)・2・25兼右衛門権佐、蒙使宣旨、9・23兼春宮大進、久寿3・4・6兼権右少弁、保元1(一一五六)・5・26辞遠江守、以男惟綱申任尾張守、9・17転権右中弁、転左衛門権佐、閏9・14蔵人、保元2・3・26辞大進、以男為頼申任権大進、5・17従四位下(白河院去永久五年未給)、8・21転右中弁、10・22従四位上(造宮行事弁)、保元3・1・6正四位下(男摂津守惟定造宮賞、越左中弁資長)、2・21辞退右中弁、蔵人頭、4・2右兵衛督、8・10参議、元蔵人頭、右兵衛督如元、11・26転左兵衛督、保元4・1・2従三位、1・29出雲権守、10・10使別当、永暦1(一一六〇)・2・28解官、3・11配流長門国、出家

[父]藤原顕頼、二男 [母]中納言従三位藤原俊忠女 [号]栗田口別当 [法名]寂信 [日記]惟方卿記(一一四九) [公卿補任]1—443上

栗田口家

惟方—為頼—仲房—光資—資能
宣方—宣国

宣方 のぶかた

正嘉3(一二五九)・1・30従五位下、文永4(一二六七)・2・1美作守(藤基範死去替)、文永7・9・4辞守、弘安11(一二八八)・4・16従五位上、正応4(一二九一)・12・21(「10日」イ)正五位下、永仁2(一二九四)・4・13従四位下、正安1(一二九九)・7・27従四位上、正安4・11・4治部卿、乾元2(一三〇三)・3・8(「28日」イ)正四位下、去卿、延慶3(一三一〇)・1・5従三位、元前治部卿、延慶4・2・-出家

[父]藤原資能或惟顕(イ) [公卿補任]2—414下

堀河・岩蔵・葉室1家(絶家)

光雅 みつまさ　一一四九—一二〇〇

保元4(一一五九)・1・14叙爵(無品暲子内親王合爵)、永暦1(一一六〇)・1・21越中守、長寛2(一一六四)・1・21遷参河守、仁安1(一一六六)・10・10兼春宮権大進(高倉院立坊日)、11・14従五位上、仁安2・1・28正五位下(朝覲行幸、院司賞)、2・11転大進(兼守)、8・1蔵人、以三河守申任舎弟宗頼、仁安3・2・19止大進、更補蔵人(践祚日)、3・20皇太后宮権大進(建春門院立后日)、嘉応1(一一六九)・4・12止権大進(院号)、4・16兵部権大輔(停兄光宣(「光定」く)任之)、嘉応2・7・26右衛門権佐蒙使宣旨、承安3(一一七三)・4・26復任、8・18遷左衛門権佐(停盛隆任之、使如元)、安元1(一一七五)・12・8任右少弁(蔵人佐(「蔵人佐等」し)如元)、安元3・1・18辞権佐、治承3(一一七九)・10・9転左少弁、11・17権右中弁、従四位下、治承4・2・21新帝昇殿、治承5・1・5従四位上(石清水賀茂行幸行事賞)、養和1

堀河・岩蔵・葉室家

- 光雅
  - 光親（堀河）
    - 光俊
      - 高定 ─ 顕世 ─ 光藤 ─ 顕経
      - 光朝 ─ 光泰 ─ 光継 ─ 光季
      - 俊嗣 ─ 親方
    - 定嗣（葉室） ─ 定藤 ─ 光定 ─ 光顕 ─ 光資
  - 顕俊（岩蔵）
    - 頼隆 ─ 頼俊
    - 親俊
      - 親頼 ─ 顕家 ─ 房高 ─ 顕宣
      - 親朝 ─ 藤朝

（一一八一）・11・28転右中弁、養和2・4・9左宮城使〔「右宮城使」く〕、寿永2（一一八三）・1・5正四位下（高倉院坊時大進賞）、4・9兼皇后宮亮、12・10左中弁（兼亮）、蔵人頭、装束使並率分所勾当、元暦1（一一八四）・9・18転右大弁（兼亮）、文治1（一一八五）・12・29止頭、解官弁、但不止亮、文治2（一一八六）・4・-被聴出仕、文治3・5・4従三位、元蔵人頭右大弁、皇后宮亮如元、12・8兼太皇太后宮権大夫、建久2（一一九一）・3・28参議、4・1更任大宮権大夫、12・13正三位、建久3・1・27兼美乃権守、建久5・9・17右衛門督、使別当、建久8・1・30転左督、10・10権中納言、12・15辞督別当等、建久9・10・20補大嘗会御禊装束司長官、11・21従二位、正治2（一二〇〇）・1・22転大夫、3・6辞（権中納言）、3・8出家、3・9薨去

[死没]正治2（一二〇〇）・3・9 [年齢]52 [父]葉室光頼、三男 [母]参議正三位藤原親隆女 [号]堀河中納言 [公卿補任]1—514下 [大日本史料]4—6—537、4—17—補435

光親 みつちか 一一七六—一二二一

寿永2（一一八三）・8・20蔵人、8・25叙位、文治3（一一八七）・1・23豊前守、文治4・10・14兼兵部権大輔、建久1（一一九〇）・1・5従五位上、建久2・2・1正五位下（辞任国叙之）、建久8・12・15兼左衛門権佐、正治1（一一九九）・9・23兼防鴨河使、正治2・3・6右少弁（父卿去権中納言任之）、4・1止権佐（左右佐同時為重服仮、有儀〔議カ〕改任〈く〉）、5・16復任、建仁1（一二〇一）・8・19転権左少弁、蔵人、建仁2・閏10・24転左少弁、建仁3・12・24正五位上（東大寺供養行事賞）〈くし〉、元久1（一二〇四）・3・6遷任左衛門権佐（蔵人弁如元、止親長任之）、4・12転右中弁、従四位下、元久2・1・19従四位上（朝覲行幸、院司）、3・9兼修理右宮城使、7・11兼中宮亮、7・20正四位下（中宮入内賞）、建永1（一二〇六）・4・3転左中弁、10・20右大弁〈旧〉、蔵人頭、承元2（一二〇八）・7・9参議、元蔵人頭右大弁、今日更任中宮亮、12・9従三位、承元3・1・13兼近江権守、11・4兼右兵衛督、-・-検別当、承元5・1・18権中納言、1・19正三位、建暦3（一二一三）・1・13〈建保2年にもあり〉兼按察使、3・27従二位、建保2（一二一四）・-・-辞納言、建保4・1・27〈21日ともあり〉権中納言、6・28〈20日ともあり〉辞退、建保5・1・6正二位、建保6・1・18聴本座、承久3（一二二一）・7・-被招下関東、-・-出家、-・-薨去

[死没]承久3（一二二一）・7・12 [年齢]46 [父]堀河光雅、一男 [母]右大弁藤原重方女 [法名]西親 [日記]光親卿記（一一九八—一二〇九） [公卿補任]1—568下 [大日本史料]5—1—17

顕俊 あきとし 一一八二—一二二九

文治2（一一八六）・5・28叙位、佐渡守、建久4（一一九三）・1・29遷安房守（改忠方為顕俊）、建久5・1・30従五位上（宗頼朝臣治国賞）、建久8・1・30重任、建久9・3・5皇后宮権大進（守如元）、正治2（一二〇〇）・1・5正五位下（八条院御給）、建仁1（一二〇一）・3・11出雲守、12・22蔵人（止守）、建仁2・2・11転大進、元久1（一二〇四）・4・12遷春宮大進、建永1（一二〇六）・10・20右少弁（大進如

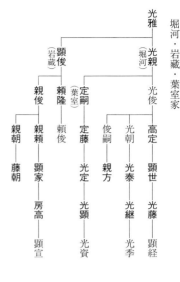

元）、承元1（一二〇七）・10・29左少弁（大進如元）、承元2・7・9権右中弁（大進如元）、12・9従四位下、承元3・1・13左中弁、4・14右大弁、承元4・1・5従四位上（臨時）、12・17蔵人頭、建暦1（一二一一）・9・8参議、元蔵人頭右大弁、10・17正四位下、建暦2・1・13兼播磨権守、12・20従三位、建保3（一二一五）・8・12兼右兵衛督、建保4・1・13検別当、3・28転左、建保5・1・28転右衛門督、近江権守、11・8正三位、建保6・1・13権中納言、建保7・4・8辞督並別当、承久2（一二二〇）・1・22辞退権中納言、承久4・3・24聴本座、貞応3（一二二四）・1・23従二位、嘉禄3（一二二七）・1・5正二位、2・18出家、寛喜1（一二二九）・6・-薨去

［死没］寛喜1（一二二九）・6・21　［年齢］48　［父］堀河光雅　［母］右大弁藤原重方女　［前名］忠方・光成　［号］岩蔵・四条　［日記］顕俊卿記（一二〇一―一二）　［公卿補任］2―2下　［大日本史料］5―5―171

頼隆　よりたか　一二〇二―？

承元4（一二一〇）・1・6五位（斎宮御給、于時忠宗）、建保6（一二一八）・3・6兵部権大輔、承久2（一二二〇）・1・7従五位上（父坊官譲）、承久3・8・28蔵人、貞応1（一二二二）・11・12正五位下、貞応2・2・25兼中宮大進、元仁1（一二二四）・10・17右少弁（兼）、嘉禄1（一二二五）・4・27去蔵人、7・6左少弁、8・14氏院別当、9・17正五位上、12・22右中弁、従四位下、嘉禄2・1・27右宮城使、7・24従四位上、12・16蔵人頭（超左中弁成長）、嘉禄3・1・5正四位下（中宮御給）、10・4参議（元蔵人頭右中弁）、安貞2（一二二八）・2・1近江権守、2・7従三位、寛喜2（一二三〇）・閏1・4辞退（参議）、文暦2（一二三五）・8・7出家

［父］岩蔵顕俊、一男　［母］正五位下石見守藤原能頼女　［前名］忠宗　［公卿補任］2―62下　［大日本史料］5―10―205

親俊　ちかとし　一二〇七―？

承元4（一二一〇）・1・6従五位下（氏）、建保6（一二一八）・12・9淡路守、承久3（一二二一）・8・29遷備後守、11・19従五位上、12・1兼皇后宮権大進、貞応2（一二二三）・1・27右衛門権佐、兼使宣旨、元仁1（一二二四）・4・7正五位下、8・4止権大進（依院号也）、嘉禄1（一二二五）・4・26蔵人（止守）、12・22左少弁（蔵人佐等如元）、嘉禄2・1・23遷左権佐、1・27防鴨河使、10・-勧学院別当、11・-辞蔵人佐等、嘉禄3・10・4右中弁、従四位下、安貞2（一二二八）・2・7修理右宮城使、3・20従四位上（臨時）、12・-止氏院別当、寛喜1（一二二九）・9・21復任（父）、寛喜3・3・25転左中弁、4・29右大弁、貞永1（一二三二）・12・2正四位下（鷹司院御給）、12・15蔵人頭、12・21禁色、文暦1（一二三四）・12・21参議、元蔵人頭右大弁、本名成俊、文暦2・1・23美乃権守、8・3停任、8・28還任、嘉禎1（一二三五）・10・8従三位、嘉禎4・1・5正三位、8・28左兵衛督別当、暦仁2（一二三九）・1・24権中納言、-・-右衛門督、延応1（一二三九）・8・28辞督並別当、9・9勅授、仁治1（一二四〇）・10・24従二位、仁治2・2・1辞権中納言、宝治2（一二四八）・1・6正二位、建長4（一二五二）・12・8出家

［父］岩蔵顕俊、二男　［母］従二位権中納言藤原実守女　［前名］成俊　［公卿補任］2―85上

定嗣　さだつぐ　一二〇八―七二

建保2（一二一四）・7・13叙爵（于時光嗣）、建保5・11・13但馬守（于時高嗣）、建保6・1・16遷美乃守、安貞3（一二二九）・2・3従五位上（皇嘉門院康治元年未給）、寛喜2（一二三〇）・10・20中宮権大進、寛喜3・4・14正五位下、天福2（一二三四）・1・21得替、4・2右衛門権佐、12・21蔵人、嘉禎2（一二三六）・4・14左権佐、嘉禎3・1・24右少弁（三事）、2・28正五位上（今日去権佐）、嘉禎4・2・27左少弁、4・20権右中弁、従四位下、7・20右中弁、暦仁1（一二三八）・12・25従四位上、延応1（一二三九）・4・28正四位下（行幸東山亭、家司賞）、仁治2（一二四一）・2・1転左中弁、蔵人頭（于時改名定嗣）、2・18補修理左宮城使、仁治3・3・7参議〈や〉、元蔵人頭左中弁〈や〉、11・4備中権守〈や〉、11・12従三位（大嘗会国司賞）〈や〉、寛元4（一二四六）・4・10兼大蔵卿、宝治1（一二四七）・12・8兼左兵衛督、-・-補使別当、宝治2・7・13正三位、10・29権中納言、宝治3・1・20辞別当並督〈やく〉、建長2（一二五〇）・1・13辞退権中納言、

8・14出家
［死没］文永9(一二七二)・6・26　［年齢］65　［父］堀河光親、二男　［母］参議従三位藤原定経女　［前名］光嗣・高嗣　［号］葉室宰相入道　［法名］定然　［日記］葉黄記(一二三〇-四九)　［公卿補任］2—117下

親頼　ちかより　一二二五—?

建長3(一二五一)・1・22蔵人頭〈つ〉、元正四位下右大弁造東大寺長官〈つ〉、建長4・12・4参議(元蔵人頭)、建長5・12・5従三位、正嘉1(一二五七)・閏3・27正三位、10・-止出仕、正嘉2・1・13辞参議、正元2(一二六〇)・2・12本座、文永7(一二七〇)・1・21正二位、正応3(一二九〇)・1・13権中納言、1・23帯剣、6・8辞退権中納言、6・18聴本座、永仁6(一二九八)・2・8出家
［父］岩蔵親俊　［母］日吉神主祝部成茂女　［公卿補任］2—156上

高定　たかさだ　一二三三—八〇

正嘉3(一二五九)・4・17参議、元右大弁蔵人頭、閏10・15従三位、正元2(一二六〇)・3・29伊与権守、弘長2(一二六二)・1・5正三位、文永2(一二六五)・1・30兼伊与権守、3・20左兵衛督、-・-使別当-・-従二位歟、文永3・12・2停督別当等、文永5・1・7従二位、文永6・11・28権中納言、文永7・1・21正二位、辞退(権中納言)、建治3(一二七七)・9・13按察使〈や〉、弘安3(一二八〇)・8・23薨去
※(頭書云)高定、今歳始任三木、至弘安三年卒年、共作高定、按職事補任、顕世権中納言高定子、系図諸本顕世父作高雅、母大納言顕朝女、下日高定室、顕世母、公卿補任顕世、正応五年任三木、下作高里子、高雄、高里或初名乎、始記子此、以備考(「後」み)索
［死没］弘安3(一二八〇)・8・23　［年齢］48　［父］堀河光俊　［母］従五位上侍従藤原盛季女　［公卿補任］2—176下

親朝　ちかとも　一二三六—八一

-・-・-掃部権助、嘉禎4(一二三八)・1・5〈や〉叙爵、仁治3(一二四二)・3・15従五位上(臨時)、仁治4・9・2左兵衛佐、建長1(一二四九)・1・5正五位下(佐労)、正嘉1(一二五七)・1・29兼中宮権大進、弘長3(一二六三)・10・26左衛門権佐(于時位次上臈蔵人右権佐経業不転)、即蒙使宣旨、12・24防鴨河使、文永2(一二六五)・閏4・25蔵人、文永3・12・15兼皇后宮大進、文永5・8・25遷兼春宮大進、12・2右少弁(蔵人権佐如元)、文永6・3・2辞蔵人佐、3・27辞大進、正五位上、5・1左少弁、文永7・1・21右中弁、従四位下、3・15従四位上(春日行幸賞、頓宮行事)、3・30右宮城使、文永8・1・5正四位下、2・1兼美作権介(装束使兼国)、11・29左中弁、12・9左宮城使、文永9・12・-賜伊勢国、12・20以男親忠申任、文永11・4・5右大弁、7・25遷内蔵頭補蔵人頭〈や〉、建治1(一二七五)・10・8遷任右兵衛督(去内蔵頭)、12・22参議(元頭左兵衛督)、建治2・1・23兼出雲権守、12・20従三位、弘安1(一二七八)・11・18正三位、12・25兼左兵衛督、-・-検別当、弘安2・5・7止大理、8・25還補、弘安4・3・26備前権守、12・23薨去
［死没］弘安4(一二八一)・12・23　［年齢］46　［父］岩蔵親俊、二男　［母］祝部成茂女　［公卿補任］2—242下

定藤　さだふじ　?—一三一五

建長2(一二五〇)・4・9叙爵(于時為雄)、建長6・9・6〈や〉従五位上(于時定藤)、康元1(一二五六)・12・17丹波守、正嘉1(一二五七)・10・15遷阿波守、11・10〈や〉正五位下、正嘉2・1・15遷豊後守、正元2(一二六〇)・4・8讃岐守、弘長2(一二六二)・4・17勘次官、文永5(一二六八)・8・24春宮権大進、文永6・5・1蔵人、文永7・2・1右衛門権佐、蒙使宣旨、文永8・11・29転左衛門権佐、12・9防鴨河使、文永10・3・25権右少弁(蔵人権佐等如元)、文永11・4・5転左少弁、9・10権右中弁、建治1(一二七五)・10・8右中弁、従四位下、建治2・1・23補右宮城使同、建治3・5・14転左中弁、従四位上、9・13補左宮城使、弘安1(一二七八)・4・19正四位下、弘安3・2・16転右大弁、弘安6・3・28蔵人頭(去弁)、4・5春宮亮、弘安7・1・13参議(元蔵人頭春宮亮)、弘安8・1・5従三位、3・6兼信乃権守、弘安10・1・13辞退参議、4・30本座、弘安11・3・8正三位、正応2(一二八九)・閏10・14従二位、正応6・1・7正二位、正和4(一

三一五)・11・8薨去
［死没］正和4(一三一五)・11・8 ［父］葉室定嗣 ［母］春日神主時継女 ［前名］為雄 ［号］葉室 ［公卿補任］2—274上

顕世 あきよ 一二五一—一三〇九
正嘉2(一二五八)・1・5叙爵(氏)、文応2(一二六一)・1・5従五位上、弘長3(一二六三)・1・28正五位下、文永6(一二六九)・3・27兵部権大輔、文永9・7・11常陸権介、建治1(一二七五)・12・14兼春宮権大進、弘安3(一二八〇)・7・11兼右衛門権佐、-・-蒙使宣旨(辞権大夫)、12・26復任(父)、弘安4・4・6辞権大進、弘安6・3・28遷左衛門権佐、5・29防鴨河使、弘安8・3・6遷兵部権大輔、補蔵人、正応1(一二八八)・10・27右少弁(去蔵人権大輔)、正応2・1・13権右中弁、従四位下、4・2従四位上、10・18右中弁、兼皇后宮亮、閏10・14右宮城使、正応3・1・13正四位下、6・8左中弁、6・18左宮城使、11・21右大弁(皇后宮亮)、11・27為造東大寺長官、正応4・3・25正四位上、7・29左大弁、8・12止亮(本宮院号)、正応5・2・5蔵人頭(辞大弁)、3・12禁色、11・5参議(元蔵人頭宮内卿)、正応6・3・14従三位、永仁2(一二九四)・3・27兼加賀権守、永仁4・1・5正三位、永仁5・11・19止権守、12・17兼右兵衛督、-・-使別当、永仁6・3・22遷任左衛門督、6・23権中納言、7・13辞督並別当、12・18辞権中納言、大蔵卿、正安1(一二九九)・7・27従二位、正安2・3・6止卿、延慶2(一三〇九)・1・6正二位、4・21薨去
［死没］延慶2(一三〇九)・4・21 ［年齢］59 ［父］堀河高定 ［母］正二位権大納言姉小路顕朝女 ［号］堀川 ［公卿補任］2—313下

光泰 みつやす 一二五四—一三〇五
建長8(一二五六)・1・6叙爵、文永4(一二六七)・12・19従五位上、文永5・8・11宮内少輔、文永7・1・5正五位下、文永10・3・-遭父喪、8・27復任、文永11・11・17止少輔、建治3(一二七七)・9・13民部少輔、弘安6(一二八三)・3・28越中権介、正応2(一二八九)・1・13蔵人、4・29遷中宮大進、正応3・6・8兼右少弁(元蔵人)、11・21左少弁、正応4・3・25権右中弁(去大進)、4・6従四位下、7・29右中弁、9・9右宮城使、永仁1(一二九三)・1・5従四位上、12・13左中弁、永仁2・1・6正四位下、3・27右大弁、兼越中権介、永仁3・6・23蔵人頭(去弁)、8・5兵部卿、永仁5・10・16参議(元蔵人頭兵部卿)、11・1従三位、12・27辞退、永仁7・3・24正三位、嘉元3(一三〇五)・3・-〈「6月」やイ〉薨去
［死没］嘉元3(一三〇五)・3 ［年齢］52 ［父］岩蔵光朝 ［母］丹波守藤原惟清女 ［公卿補任］2—336上

顕家 あきいえ ?—一三〇六
弘長4(一二六四)・1・5叙爵(従一位平朝臣当年給)、文永4(一二六七)・2・1出雲守(于時顕家、本名光家)、文永5・閏1・6従五位上、文永7・12・4正五位下、文永10・12・30出雲守得替、文永11・6・1左衛門佐、弘安6(一二八三)・3・13止佐、12・30春宮権大進、弘安8・8・11転大進、弘安10・10・22止大進(依譲位也)、正応1(一二八八)・11・1兵部権大輔、五位蔵人、正応2・8・7止蔵人、12・15還補蔵人、正応3・11・22右少弁、正応4・3・25左少弁、4・6正五位上、7・29権右中弁、従四位下、正応5・5・5遭母喪、6・30復任、永仁1(一二九三)・1・13従四位上、12・13右中弁、永仁2・1・6正四位下、3・27左中弁、4・13左宮城使、永仁3・6・23右大弁、12・29正四位上、永仁5・6・7転左、蔵人頭、7・1造東大寺長官、永仁6・2・10遭父喪、3・24止蔵人頭、6・8止弁、従三位(元左大弁蔵人頭)、永仁7・3・24正三位、正安1(一二九九)・6・6参議、正安3・-・-〔辞参議カ〕、徳治1(一三〇六)・3・10薨去
❖正安三年より「阿波権守」
［死没］徳治1(一三〇六)・3・10 ［父］岩蔵親頼 ［母］法印棟清女 ［前名］光家 ［号］堀川・四条 ［公卿補任］2—343上

光定 みつさだ 一二七四—一三〇五
建治3(一二七七)・1・5従五位下(氏)、弘安6(一二八三)・1・5従五位上、弘安8・3・1正五位下(従一位藤原朝臣九十賀、大宮院御給)、正応2(一二八九)・12・22備後守、正応3・7・21止守、永仁5(一

(一二九七)・7・22治部少輔、蔵人、8・10〔永仁六年脱カ〕春宮昇殿(立坊日)、9・30為光方弁被超越云々、正安2(一三〇〇)・1・22正五位上(賜去五日位記)、4・7権右少弁(蔵人如元)、5・29止蔵人、12・5従四位下(興福寺供養宣下、行事賞被仰之)、正安3・1・21新帝昇殿(譲位日)、4・5権右中弁、乾元1(一三〇二)・3・23右中弁、4・17右宮城使、12・14従四位上、乾元2・1・28左中弁、2・6左宮城使、7・5正四位下、蔵人頭、嘉元1(一三〇三)・8・28遷治部卿(去弁)、12・30参議(元蔵人頭治部卿)、嘉元2・3・7兼周防権守、嘉元3・1・22兼治部卿、7・3薨去

〔死没〕嘉元3(一三〇五)・7・3 〔年齢〕32 〔父〕葉室定藤 〔母〕右馬頭従五位上北条時親女 〔号〕葉室 〔公卿補任〕2—368下

藤朝 ふじとも

弘安5(一二八二)・10・29従五位下、弘安10・3・2被止位記(為被補侍中云々)、弘安11・1・5〈や〉従五位下(氏)、7・16豊後守、正応2(一二八九)・4・7〈「8月27日」イ〉従五位上、7・16去守、8・7正五位下、閏10・14〈「6月」イ〉備後守、12・15右兵衛権佐(去守)、正応4・12・21治部少輔(去佐)、正応6・1・13宮内大輔、永仁3(一二九五)・8・5遷任治部大輔、正安1(一二九九)・9・30右衛門権佐、蒙使宣旨(去大輔)、正安2・5・29転左衛門権佐、嘉元3(一三〇五)・11・16従四位下、嘉元4・9・28東宮亮、徳治3(一三〇八)・5・9従四位上、9・17権右中弁、延慶2(一三〇九)・2・19〈「12月19日」やイ〉右中弁、3・9兼修理右宮城使、10・12正四位下、延慶3・3・9右大弁、4・28造東大寺長官、8・2正四位上、9・4遷任治部卿、蔵人頭、9・21禁色、応長1(一三一一)・閏6・9参議、元蔵人頭治部卿、8・7従三位、10・8辞参議、10・17宣下本座、正和5(一三一六)・1・5正三位

※元亨三年(一三二三)前参議正三位〔以後不見〕

〔父〕岩蔵親朝 〔公卿補任〕2—417上

親方 ちかかた ?—一三一七

文永8(一二七一)・1・5叙爵、弘安1(一二七八)・閏10・21兵部権大輔、弘安3・7・11従五位上(罷権大輔叙之)、弘安11・2・10正五位下、永仁6(一二九八)・9・13越中守、9・16止守、10・19民部権少輔、嘉元4(一三〇六)・6・12止権少輔、延慶1(一三〇八)・12・22従四位下、延慶2・12・26左京大夫、延慶4・1・17止大夫、2・29従四位上、正和1(一三一二)・7・6正四位下、正和4・10・28治部卿、正和5・11・23従三位、元治部卿、文保1(一三一七)・6・-薨去

〔死没〕文保1(一三一七)・6 〔父〕堀河俊嗣 〔公卿補任〕2—455下

光藤 みつふじ ?—一三二五

弘安8(一二八五)・1・5叙爵(東三条院御給)、弘安11・3・8従五位上、正応3(一二九〇)・11・23正五位下、永仁1(一二九三)・9・12和泉守、永仁3・12・9止守、正安2(一三〇〇)・3・6勘解由次官、嘉元2(一三〇四)・1・19止次官、徳治2(一三〇七)・7・28蔵人、8・4中宮権大進、徳治3・2・15止蔵人(依母喪也)、5・9復任(母)、延慶3(一三一〇)・3・9権右中弁、去権大進、9・4転右中弁、10・2従四位下、12・11転左中弁、応長1(一三一一)・2・3正蔵率分所勾当、修理左宮城使、閏6・29従四位上、正和1(一三一二)・10・12転右大弁、11・18正四位下、正和2・8・7蔵人頭、去大弁、9・6宮内卿、正和3・-・-〈「壬3月25日」職補〉従三位、9・21参議〈や〉、正和4・3・13兼左兵衛督、-・-検別当、正和5・8・12転右衛門督、11・18権中納言、12・7止別当、12・21辞退中納言並督、文保1(一三一七)・3・27正三位、元応2(一三二〇)・9・5従二位、元応3・1・5宣下、正中2(一三二五)・11・9〈や〉薨去

〔死没〕正中2(一三二五)・11・9 〔父〕堀河顕世 〔号〕堀河 〔公卿補任〕2—439下

房高 ふさたか 一二八四—一三四三

弘安8(一二八五)・1・5叙爵(氏)、弘安11・3・8従五位上、正応2(一二八九)・閏10・14正五位下、正安2(一三〇〇)・9・10備前守、正安3・6・22止守、延慶4(一三一一)・1・17蔵人、民部大輔、正和2(一三一三)・8・7右少弁、9・6辞蔵人、正和3・9・21転左少弁、11・19転権右中弁、3・22補修理右宮城使、7・21従四位上、9・8補勧学院別当、

9・22氏院別当如元、正和5・1・11蔵人頭、5・28正四位下、7・22止左中弁、9・12宮内卿、閏10・19還任左中弁、文保1（一三一七）・2・5従三位（元蔵人頭左中弁）、転右大弁、6・1止右大弁、元亨1（一三二一）・-・-改房高、康永2〈興国4〉（一三四三）・-・-薨去

［死没］康永2（一三四三）　［年齢］60　［父］岩蔵顕家　［前名］顕親・顕高　［公卿補任］2—462上　［大日本史料］6—7—874

光顕　みつあき　?—一三三六

延慶2（一三〇九）・11・23従五位下（臨時、于時為嗣）、応長2（一三一二）・1・13尾張守、2・13従五位上、正和3（一三一四）・12・29正五位下、-・-・-去守、正和4・4・17春宮権大進、文保1（一三一七）・4・23辞権大進、文保2・11・3右兵衛佐（于時光顕）、文保3・8・21去佐、元応2（一三二〇）・6・17更春宮権大進、-・-止大進、元亨3（一三二三）・8・17勘解由次官、元亨4・4・27蔵人、12・1大膳大夫、正中2（一三二五）・12・18右衛門権佐、蒙使宣旨、正中3・4・22右少弁、6・14去権佐、6・23転左少弁（大夫如元）、嘉暦2（一三二七）・閏9・2去大夫、嘉暦3・4・3正五位上、7・20更任大膳大夫（弁如元）、9・23従四位下、11・24権右中弁、嘉暦4・1・13転正、2・12従四位上、右宮城使、5・26止大夫、右京大夫、8・4左中弁、9・26左宮城使、11・9正四位下、元徳2（一三三〇）・3・22止大夫、4・6蔵人頭（弁如元）、10・5左兵衛督、元徳3・1・13参議〈や〉、元蔵人頭〈や〉、左兵衛督如元〈や〉、本名為嗣〈や〉元弘1（一三三一）・12・1辞（参議）、元弘2・2・6被召取武家、正慶1〈元弘2〉（一三三二）・6・25配流出羽国、正慶2〈元弘3〉・5・17詔為本職（参議）、8・15兼出羽守、-・-宜為秋田城務之由宣下、11・8辞職、-・-従三位、建武2（一三三五）・11・19正三位、延元〈南朝〉1（一三三六）・5・21薨去

［死没］延元1（一三三六）・5・21　［父］葉室光定　［前名］為嗣　［公卿補任］2—533下　［大日本史料］6—3—396

光継　みつつぐ　?—一三三八

正中3（一三二六）・1・5正四位下、嘉暦2（一三二七）・11・10蔵人頭、即任宮内卿、嘉暦3・9・23参議、元蔵人頭宮内卿、11・27辞参議、嘉暦4・1・5従三位、4・19止卿、元弘2（一三三二）・1・5正三位、正慶2〈元弘3〉（一三三三）・5・17従三位、建武1（一三三四）・3・15正三位、建武2・8・30信乃守、建武3〈延元1〉・3・2従二位、5・25権中納言、12・-解官、暦応1〈延元3〉（一三三八）・2・-薨去

［死没］暦応1（一三三八）・2　［父］堀河光泰　［号］堀川　［公卿補任］2—515上　［大日本史料］6—4—722

葉室家（絶家）2

頼房　よりふさ

文永3（一二六六）・1・5叙爵（中宮御給）、文永7・12・4従五位上、文永9・7・11日向守（父頼親朝臣知行）、建治2（一二七六）・9・28得替、建治3・2・14正五位下、弘安8（一二八五）・4・18宮内大輔、弘安9・3・9止大輔、正応4（一二九一）・3・23中宮権大進、正応5・6・2兼勘解由次官、永仁2（一二九四）・9・1〈「3年」イ〉蔵人、永仁3・6・23辞権大進、永仁5・3・20遷中宮大進、永仁6・7・21右少弁（大進如元）、去蔵人、8・21止大進（依本宮院号也）、正安1（一二九九）・6・6左少将、7・8従四位下、正安2・7・11従四位上、正安3・4・5止弁、嘉元3（一三〇五）・12・30治部卿、徳治2（一三〇七）・1・29正四位下、7・2止卿、延慶2（一三〇九）・6・12従三位、元前治部卿、文保2（一三一八）・-・-出家

［父］葉室頼親、二男　［公卿補任］2—407下

頼教　よりのり　?—一三五二

正応6（一二九三）・1・5従五位下、永仁4（一二九六）・

葉室家

頼房——**頼教**——頼為——光教

4・13従五位上、永仁6・3・24備後権守、正安1（一二九九）・11・4正五位下、正安2・4・7去守、徳治1（一三〇六）・6・12民部権少輔、延慶2（一三〇九）・12・26去権少輔、正和2（一三一三）・3・9兵部少輔、正和4・6・27蔵人（于時兵部少輔）、文保1（一三一七）・12・22遷任右少弁、去蔵人、文保2・2・29去弁、3・22従四位下、元亨3（一三二三）・4・14備中守、9・28遷任左京権大夫、去守、元亨4・1・5従四位上、元徳2（一三三〇）・8・4正四位下、元弘1（一三三一）・10・5右中弁、10・28左中弁、12・16正蔵率分所勾当、12・17装束司、元弘2・3・12左宮城使、正慶1〈元弘2〉（一三三二）・10・21蔵人頭、遷刑部卿、止左中弁、10・24遷修理大夫、建武1（一三三四）・6・－還本官左京権大夫、止蔵人頭、修理大夫、2・23右中弁、3・15去中弁（依服解也）、建武3〈延元1〉・8・15蔵人頭（新帝践祚）、9・5禁色、11・24左京権大夫、建武4〈延元2〉・3・29従三位（元蔵人頭左京大夫）、左大弁、暦応1〈延元3〉（一三三八）・12・12参議、－・－去大弁、暦応3〈興国1〉・8・12〈13日ともあり〉辞（参議）、貞和2〈正平1〉（一三四六）・1・6正三位、9・2出家、観応3〈正平7〉（一三五二）・6・30薨去

［死没］観応3（一三五二）・6・30　［父］葉室頼房　［公卿補任］2―569下　［大日本史料］6―16―620

葉室家（絶家）3

葉室家
長顕―宗顕―長親―頼時

長顕　ながあき　一三二一―九〇

元亨3（一三二三）・1・5従五位下（廣義門院御給、加叙）〈し〉、元徳2（一三三〇）・4・6出雲権守〈し〉、8・25夫守〈し〉、元徳3・3・26兵部権少輔〈し〉、4・3従五位上〈し〉、8・7去少輔〈し〉、元弘3（一三三三）・11・7中宮権大進〈し〉、11・9兼任左兵衛佐〈し〉、元弘4・1・23兼任春宮権大進〈し〉、建武1（一三三四）・8・10去佐〈し〉、10・2遷任中宮権大進〈し〉、建武3〈延元1〉・1・5正五位下〈し〉、3・2兼任右衛門権佐〈し〉、蒙使宣旨〈し〉、11・14兼任春宮大進〈し〉、12・－止大進〈し〉、暦応1〈延元3〉（一三三八）・12・12五位蔵人〈し〉、暦応2〈延元4〉・8・12権右少弁〈し〉、暦応4〈興国2〉・3・19転〈権脱カ〉左少弁〈し〉、暦応5〈興国3〉・1・5正五位上〈し〉、康永1〈興国3〉（一三四二）・12・21転左少弁〈し〉、康永3・3・8服解（父）、8・23復任、貞和1〈興国6〉（一三四五）・11・24転右中弁〈し〉、従四位下〈し〉、貞和2〈正平1〉・12・5従四位上〈し〉、貞和3〈正平2〉・7・10兼任春宮亮〈し〉、12・27左中弁〈し〉、蔵人頭〈し〉、貞和4〈正平3〉・4・12転右大弁〈し〉、7・10正四位下〈し〉、8・10去大弁〈し〉、10・26治部卿〈し〉、10・27新帝頭〈し〉、11・10正四位下〈し〉、12・24参議、元蔵人頭治部卿、今日去卿〈し〉、貞和5〈正平4〉・2・15兼備前権守、12・21従三位、観応1〈正平5〉（一三五〇）・6・20大嘗会検校、9・－依軽服止検校、文和3〈正平9〉（一三五四）・3・28兼越後権守、文和4〈正平10〉・12・27権中納言、延文4〈正平14〉（一三五九）・4・26賜去年正月六正三位々記、8・11辞退（権中納言）、12・26従二位、康安1〈正平16〉（一三六一）・10・10本座、康安2〈正平17〉・5・7正二位、永和1〈天授1〉（一三七五）・11・18権大納言、永和2〈天授2〉・2・12辞（権大納言）、2・24本座、康応2〈元中7〉（一三九〇）・2・21薨去

［死没］康応2（一三九〇）・2・21　［年齢］70　［父］葉室長隆、二男　［公卿補任］2―616下

宗顕　むねあき　一三四七―一四〇九

永和4〈天授4〉（一三七八）・12・13参議、元蔵人頭、永和5〈天授5〉・1・6従三位、康暦2〈天授6〉（一三八〇）・12・14辞参議、康暦3〈弘和1〉・9・5正三位、明徳1〈元中7〉（一三九〇）・4・14権中納言、11・12従二位、応永1（一三九四）・12・23辞権中納言、応永6・2・22還任（権中納言）、3・27権大納言、4・10正二位、4・21出家

［死没］応永16（一四〇九）・11・3　［年齢］63　［父］葉室

長顕　〔法名〕紹寂　〔日記〕宗顕卿記　〔公卿補任〕2—727下　〔大日本史料〕7—12—236
応永16(一四〇九)・7・23参議、元蔵人頭右大弁、本名定顕、11・3喪父、応永18・1・5従三位、1・28兼播磨権守、応永19・4・14辞参議、応永21・2・-薨去

長親　ながちか　?—一四一四
〔死没〕応永21(一四一四)・2　〔父〕葉室宗顕　〔前名〕定顕　〔公卿補任〕3—68上　〔大日本史料〕7—19—396

頼時　よりとき
応永29(一四二二)・10・28参議(宣下)、元蔵人頭大弁、12・18従三位、応永30・3・20兼美乃権守、8・27転左大弁、応永31・3・17権中納言、応永32・1・5正三位、永享13(一四四一)・1・6従二位、文安1(一四四四)・7・3辞権中納言、文安3・1・29権大納言、-・28正二位、11・-辞権大納言
※永享十二年に「自去年改名定藤、又改頼時」の記載あり、宝徳二年(一四五〇)前権大納言正二位〔以後不見〕
〔父〕葉室長親　〔前名〕宗豊・定藤　〔公卿補任〕3—101上

勧修寺家　かじゅうじけ

藤原氏北家勧修寺流。甘露寺家の支流。吉田参議資経の二男坊城中納言経俊を家祖とする。始祖高藤の追号であり、氏寺の名である勧修寺の号を初めて用いたのは坊城大蔵卿為房で、その曾孫経房は吉田と号し、その孫吉田大弐資経の後は、為経・経俊・資通等に分流し、経俊の流れが勧修寺等であるが、経俊は坊城と号し、勧修寺と号するのは南北朝時代、経顕のときからである。家格は名家。内々の家。儒学・有職故実を家職とした。九条家の家礼。江戸時代には家領七百八石。経房以来の家領の伝領については、勧修寺家伝来の「遺言条々」によって詳細に知られる。経房には息定経があり、定経は蔵人頭を経て参議に列し、正治元年(一一九九)正月従三位にも昇ったが、その十日後に菩提心を起こして四十四歳で突如出家する。父権大納言経房はこれを義絶し、孫の資経を子となし、二年二月二十八日にその伝領の所領・屋敷・文書等を資経等に譲与すべき処分状を認め、その二日後に他界する。これにみえる人名は多数に及ぶが、資経には近江国湯次荘などの五カ所および吉田南亭を伝領させている。文書については、資経が家嫡であるからすべてをこれに与えるべきであるが、多少考えるところがあるから、家記・秘書等はそれぞれ孫たちに分け与えておく、各櫃に銘を書いて置くから分け取るがよい、とかく不和のことが起こるのは、この文書等の伝領の事によるものであるから、各自お互いに必要があれば写し置くがよい、などと書かれている。かくて遺領の大部分を得た吉田大弐参議資経は、その最晩年の建長二年(一二五〇)六月二日、所領・文書等を子息等、為経・経俊・資継等に分与するとの処分状を認め、翌月十五日他界した。為経には近江国湯次上荘ほか二所、経俊には同湯次下荘ほか三所、資通には安芸国能美荘内別府方の所領を譲与し、文書については次のように記す。為経には『大府記』(為房)・『永昌記』(為隆)・『吉記』(経房)の家伝の日記が皆伝えられ、雑文書等吉田の蔵にあるものも、経房の譲状に任せて長者として付属させ、経俊には資経の代に写した家記・諸家記および自らの日記・雑文書を付属させ、資通には『嘉気抄』『永昌記』の経房代の写および『中右記』等の写本を、頗る器量の者であるので取り計らい譲る、とある。為経は勧修寺流の長者、嫡流と位置づけられ、この流れが甘露寺家であり、経俊の後が勧修寺家・中御門家、資通の後が万里小路家である。経俊が父資経の日記等を譲られたのは、家職の後継者としての深い信頼によるものであろうし、資通もまた新家を起こすほどの器量の者であったと

いえよう。かくて前中納言経俊が伝領した分は、その他界前日に処分されている。建治二年(一二七六)十月十七日付の処分状で、息の俊定・経継(中御門家の祖)等に分与され、その大半が俊定に譲与された。ついで俊定より定資に家督が引き継がれ、前権中納言定資は嘉暦三年(一三二八)十一月八日に至り処分状を認め、所領等を息の俊実(坊城家の祖)・経顕・経量(町家の祖、断絶)等に分与し、そのうち主たるものは二男経顕に譲り、家記・文書・雑具等も経顕が一切を管領すべしとしている。このように処分するのは、経顕は祖父俊定の見込んだものでもあるし、官位も昇進しており、また父定資の見るところも、最も家を継ぐに足る器量であるからである、と記しており、この経顕はのちに内大臣従一位にも昇り、勧修寺と号し、勧修寺家中興の祖とされる。なお、経顕が長者となり、長者一代の号として勧修寺を称することを、時の一族の長老である葉室長隆の了解を求めたこと、一代限りのところ曾孫の経興(経成)にいたるもこれを称していることは謂われないことで、世間ではこの一家が惣領かと思い誤ってしまうとの批判が出ていることを、同族の万里小路時房の日記『建内記』(正長元年(一四二八)三月二十三日条)に書かれている。経顕は主に両度にわたり処分状を認め、観応二年(一三五一)正月十四日には一男経方が主要な所領を管領し、代々の家記以下もことごとく経方が伝領し朝廷の要に立つべしとしたが、延文三年(一三五八)八月前権大納言のまま従一位に昇り、家門未曾有の栄位を得たころから、舎弟経重に対する信頼が増大していったようで、五年七月二十九日に新たに処分状を認めている。経顕は二男経重をもって経方の嫡子と定め、家督を継がしめ、経方に譲り与えた文書・所領以下をことごとく相続すべきであることとした。経方は貞治元年(一三六二)十二月従三位権中納言の身をもって二十八歳で出家した。経重の孫経成は一時将軍足利義教の不興を買って籠居したこともあったが、永享九年(一四三七)十月子息阿賀丸は無事に家名を相続して元服し、義教の偏諱をうけ教秀と名乗る。以来、勧修寺家は代々将軍家の偏諱を申し請けている。教秀の女藤子は後柏原天皇の後宮に入り、後奈良天皇の生母となる故をもって、左大臣が贈られ、晴右はその女晴子が誠仁親王妃となり、後陽成天皇の外祖父となるなど、戦国から安土桃山時代にかけ華やかな公家の一家となり、勧修寺流が嫡流のごとき呈をなすに至った。この家は正二位権大納言を先途としたが、経顕・尹豊が内大臣従一位に昇ったほか、教秀・晴豊が准大臣従一位となり、教秀・晴右が贈左大臣、尹豊が贈右大臣、晴豊・光豊

勧修寺家

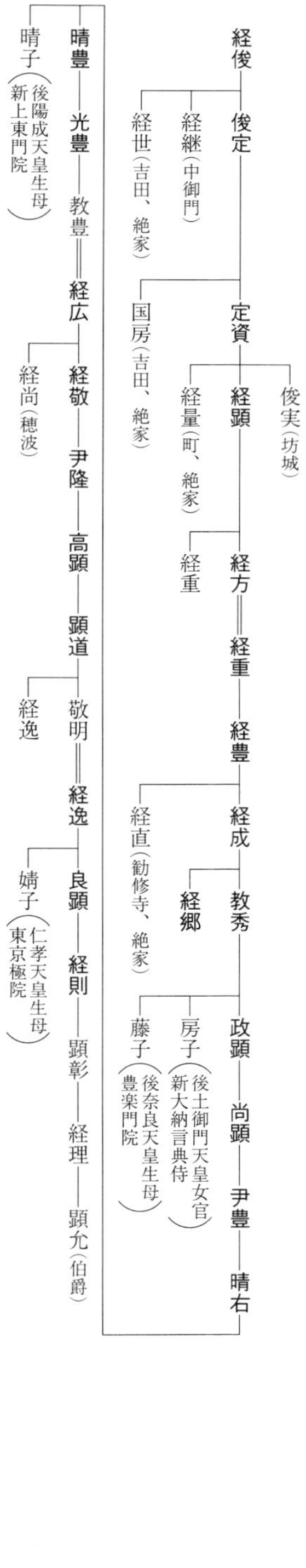

が贈内大臣となり、経敬が従一位権大納言となった。教秀・政顕・尚顕・尹豊・晴右・晴豊、江戸時代に入って光豊・経広・経逸が武家伝奏に補された。また、教秀・尚顕・尹豊が敷奏に、経慶・経逸が議奏に補された。日記には、『経俊卿記』、『尹豊公記』、『晴右公記』、『晴豊公記』、『光豊公記』、『経広卿記』、『経慶卿記』、『勧修寺高顕日記』、『経逸卿記』、『顕彰朝臣記』、『勧修寺経理日記』がある。明治十七年(一八八四)顕允のとき、叙爵内規により伯爵を授けられた。菩提所は寺町 誓願寺。『勧修寺家譜』(東京大学史料編纂所架蔵、四一七五―一九一)。

経俊　つねとし　一二一四―七六

正嘉2(一二五八)・11・1参議、左大弁如元、正嘉3・1・6従三位、文応1(一二六〇)・9・2〈や〉正三位、弘長2(一二六二)・1・26権中納言、弘長3・2・27復任、3・25兼大宰権帥、文永4(一二六七)・1・5従二位、文永5・1・7正二位、文永8・3・27中納言、文永11・4・28大嘗会検校、5・-辞検校、9・10兼治部卿、建治2(一二七六)・10・18薨去

[死没]建治2(一二七六)・10・18　[年齢]63　[父]吉田資経、二男　[母]宮内卿藤原親綱女　[号]坊城・勧修寺　[日記]経俊卿記(一二三七―七六)　[公卿補任]2―173下

俊定　としさだ　一二五二―一三一〇

建長8(一二五六)・1・6叙爵、正元1(一二五九)・11・21従五位上、12・16右衛門佐、文応2(一二六一)・1・5正五位下(左大弁藤原朝臣去建長五年法勝寺阿弥陀堂供養行事賞譲)、弘長1(一二六一)・8・20兼中宮権大進、弘長4・1・17兼豊前権介、文永5(一二六八)・9・1兼春宮権大進、文永11・1・-止権大進(依受禅也)、9・10蔵人、建治1(一二七五)・11・5春宮大進、建治2・12・20止大進(依重服也)、12・29復任(父)、弘安6(一二八三)・3・28右少弁(去蔵人佐)、7・20正五位上、12・30左少弁、弘安7・1・13権右中弁、1・16従四位下、5・6春宮亮、7・26従四位上、弘安8・3・1〈や〉正四位下(院御給)、3・6右中弁、4・10兼右宮城使、弘安9・1・13左中弁、2・5正蔵率分所勾当、2・7装束使、記録所弁、2・25兼左宮城使、弘安10・1・2正四位上(朝覲行幸院司賞)、1・13兼紀伊権守、蔵人頭、12・10転右大弁〈や〉、正応1(一二八八)・7・11参議(元蔵人頭右大弁)、今日更仕右大弁、10・27転左大弁、11・8従三位、12・25兼造東大寺長官、正応3・6・8兼右衛門督、-・-使別当、止大弁、10・27正三位、11・21権中納言、11・27転左、正応4・2・-辞督別当等、12・21従二位、正応6・1・5正二位、永仁3(一二九五)・12・19辞退(権中納言)、嘉元1(一三〇三)・10・23被仰院執権、徳治2(一三〇七)・9・1権大納言、11・1辞退(権大納言)、徳治3・8・28出家、延慶3(一三一〇)・12・4薨去

[死没]延慶3(一三一〇)・12・4　[年齢]59　[父]吉田経俊　[母]侍従平業光女　[号]坊城　[公卿補任]2―291上

定資　さだすけ　一二七五―一三三〇

建治4(一二七八)・1・6従五位下(東二条院御給、于時俊隆)、弘安2(一二七九)・3・12〈「弘安3年」や〉従五位上、弘安8・1・5正五位下、8・11左兵衛佐、正応1(一二八八)・8・20兼中宮権大進(于時定資)、正応4・10・15左衛門権佐(権大進如元)、即使宣旨、10・29〈「30日」やイ〉兼防鴨河使、正応5・11・23蔵人、永仁4(一二九六)・4・13辞権大進、7・17奉庁事、7・24庁始也、永仁5・6・7兼右少弁(蔵人佐如元)、7・20去佐蔵人等、永仁6・1・5正五位上(去応安四朝覲行幸行事賞)、6・4〈「8日」や〉転左少弁、7・22新帝昇殿(譲位日)、8・10兼春宮大進、正安1(一二九九)・6・6権右中弁(去大進)、即叙従四位下、正安2・1・11従四位上(朝覲行幸日院司賞)、4・7右中弁、5・29兼右宮城使、12・23正四位下、正安3・1・21新帝昇殿(譲位日)、2・1兼内蔵頭、8・24春宮昇殿(立坊日)、乾元1(一三〇二)・2・20止頭、3・23左中弁、即補蔵人頭、4・17左宮城使、5・17装束司、11・18又兼内蔵頭〈や〉、乾元2・1・28参議(元蔵人頭左中弁)、転右大弁、嘉元2(一三〇四)・3・7兼近江権守、

10・21従三位、嘉元3・12・30転左、兼修理大夫、閏12・17兼造東大寺長官、嘉元4・6・10評定衆、徳治1(一三〇六)・12・22権中納言
※諸家伝「勧修寺」、徳治2・1・29左兵衛督、別当、4・24遷右衛門督、12・12転左、徳治3・2・7辞大夫、7・11被返下大理辞状、9・17辞別当、延慶1(一三〇八)・11・30帯剣、延慶2・8・10正三位、延慶3・11・20従二位、12・11辞権中納言、応長1(一三一一)・5・15宣下本座、正和1(一三一二)・5・28兼兵部卿、正和2・9・20正二位、正和4・7・27遷民部卿、12・15遷大宰権帥、文保2(一三一八)・2・11止帥、元徳2(一三三〇)・7・11薨去
※従三位叙位年に「首里大夫」の記載あり、徳治二年以前「坊城定資」の項参照
[死没]元徳2(一三三〇)・7・11 [年齢]56 [父]坊城俊定 [母]弁内侍 [前名]俊隆 [公卿補任]2—389上

経顕　つねあき　一二九八—一三七三
正安4(一三〇二)・1・5従五位下(昭訓門院御給)、延慶2(一三〇九)・8・10従五位上(為経躬被超越之間追被書入之)、正和2(一三一三)・9・6右兵衛佐(于時経顕)、文保1(一三一七)・2・5遷右衛門佐、使宣旨、文保2・1・22転左衛門権佐、3・9兼春宮大進、4・14防鴨河使、11・5補蔵人、元応1(一三一九)・8・21止大進、9・20止蔵人、元応2・3・24左少弁、5・23止弁、元亨2(一三二二)・1・5従四位下(新院当年御給)、正中3(一三二六)・1・5従四位上(院当年御給)、嘉暦1(一三二六)・7・24春宮亮、嘉暦3・1・5正四位下(春宮当年御給)、元徳1(一三二九)・11・9補蔵人頭(平範高上階替)、12・24修理大夫、12・25辞大夫、元徳2・4・7参議、元蔵人頭春宮亮、去亮、7・11喪父、10・21従三位、辞職、元弘1(一三三一)・10・5還任(参議)、右衛門督、正慶1〈元弘2〉(一三三二)・1・5正三位、3・12兼出雲権守、10・21権中納言、正慶2〈元弘3〉・5・17止職並右衛門督、詔為前三木、元弘4(一三三四)・1・5正三位、建武1(一三三四)・12・17〈7日ともあり〉還任、建武2・1・13加賀権守、11・26兼右衛門督、-・-為使別当、建武3〈延元1〉・2・4止別当、-・-重為別当、5・25兼左京大夫、建武4〈延元2〉・1・7権中納言、7・20従二位、12・4兼按察使、暦応1〈延元3〉(一三三八)・10・24帯剣、11・18正二位、暦応2〈延元4〉・12・27中納言、暦応3〈興国1〉・7・19権大納言、-・-辞按察使、暦応5〈興国3〉・1・16辞権大納言、2・23聴本座、延文3〈正平13〉(一三五八)・8・13従一位、応安3〈建徳1〉(一三七〇)・3・16内大臣、応安4〈建徳2〉・7・-〈「12日」史〉辞退(内大臣)、応安6〈文中2〉・1・5薨去
[死没]応安6(一三七三)・1・5 [年齢]76 [父]坊城定資、一男 [母]右近衛少将四条隆氏女 [前名]忠定 [号]芝山内大臣・後勧修寺内大臣 [公卿補任]2—526上 [大日本史料]6—36—310

経方　つねかた　一三五五—?
建武3〈延元1〉(一三三六)・1・5叙爵(延明門院御給、于時宗定)、建武5・1・5叙従五位上〈や〉(臨時于時経直〈や〉)、暦応3〈興国1〉(一三四〇)・11・20正五位下、康永2〈興国4〉(一三四三)・3・19右兵衛権佐、貞和4〈正平3〉(一三四八)・10・27兼春宮権大進(于時経方)、12・30兼右少弁、去権佐、貞和5〈正平4〉・2・15兼左衛門権佐、蒙使宣旨、貞和6〈正平5〉・2・6補蔵人、観応1〈正平5〉(一三五〇)・3・29正五位上、6・19転左少弁、防鴨河使、8・16転権右中弁、10・28辞蔵人並権佐、観応2〈正平6〉・3・21従四位下、8・13転右中弁、文和2〈正平8〉(一三五三)・4・23従四位上、文和3〈正平9〉・1・6正四位下、6・29補右宮城使、文和4〈正平10〉・8・13補蔵人頭、転左中弁、12・8転右大弁、文和5〈正平11〉・1・28参議(右大弁如元、元蔵人頭)、兼備後権守、延文1〈正平11〉(一三五六)・12・25従三位、本名宗定、又経直、延文3〈正平13〉・8・12左大弁、延文4〈正平14〉・3・25権中納言、貞治1〈正平17〉(一三六二)・12・24出家
[父]勧修寺経顕、一男 [前名]宗定・経直 [公卿補任]2—652下 [大日本史料]6—24—658

経重　つねしげ　一三五五—八九
延文4(一三五九)・1・5従五位下〈く追〉、応安7〈文中3〉(一三七四)・12・19左衛門権佐、使宣、応

安8・1・13蔵人、永和1〈天授1〉(一三七五)・10・2右少弁、永和2〈天授2〉・1・5正五位上、3・-記録所寄人、永和3〈天授3〉・3・26左少弁、永和4〈天授4〉・-・-去佐、4・14従四位下、-・-従四位上、12・13左中弁、永和5〈天授5〉・1・6正四位下、5・-蔵人頭、康暦2〈天授6〉(一三八〇)・1・-正四位上、12・2右大弁、永徳1〈弘和1〉(一三八一)・8・14参議、元蔵人頭、右大弁如元、永徳2〈弘和2〉・1・5〈6日カ〉従三位、永徳3〈弘和3〉・1・5正三位、3・28権中納言、8・27帯剣、永徳4〈元中1〉・1・5従二位、康応1〈元中6〉(一三八九)・12・14権大納言、薨去
❖康応元年より「院執権」
[死没]康応1(一三八九)・12・14 [年齢]35 [父]勧修寺経顕、三男カ [養父]勧修寺権中納言従三位経方 [公卿補任]2—738上

経豊 つねとよ ?—一四一一
明徳1〈元中7〉(一三九〇)・4・14右衛門権佐、12・24権右少弁、明徳3〈元中9〉・10・2〈や〉左佐、12・30蔵人、明徳4・-・-正五位上、応永1(一三九四)・12・30右少弁、応永2・6・3左少弁、応永4・3・29右中弁、応永6・3・11従四位下応永-・-・-従四位上、応永8・1・5正四位下、-・-左中弁、応永9・11・-正四位上、応永11・3・17右大弁、蔵人頭兼伊勢権守、応永12・3・17参議、弁如元、元蔵人頭、応永13・1・6従三位、8・17権中納言、帯剣、応永15・1・5正三位、応永18・1・5従二位、10・24権大納言、10・25薨去
[死没]応永18(一四一一)・10・25 [父]勧修寺経重 [公卿補任]3—60上 [大日本史料]7—14—527

経成 つねなり 一三九六—一四三七
応永7(一四〇〇)・5・5叙爵、応永-・-・-右衛門佐、応永19・7・29蔵人、8・29新帝蔵人、応永21・11・4左衛門権佐、使宣旨、権右少弁、応永22・3・18右少弁、応永-・-・-左少弁、応永26・3・10右中弁、従四位下、蔵人頭、8・7左中弁、応永-・-・-従四位上、応永27・閏1・10参議、元蔵人頭左中弁、転右大弁、閏1・13右衛門督補使別当止右大弁、12・30正四位下、応永28・3・24兼伊与権守、7・12従三位、7・20権中納言、上階、8・12止督並大理、応永31・1・5正三位、応永32・6・7辞権中納言、応永35・3・11還任(権中納言)、-・-改経成、永享2(一四三〇)・-・-補大嘗会検校、永享9・1・5従二位、3・24薨去
[死没]永享9(一四三七)・3・24 [年齢]42 [父]勧修寺経豊 [母]藤原隆冬女 [前名]経興 [公卿補任]3—96上

教秀 のりひで 一四二六—九六
永享-・-・-叙爵、-・-・-左兵衛佐、永享13(一四四一)・2・6従五位上、永享-・-・-正五位下、文安3(一四四六)・12・7左少弁、文安4・3・17蔵人、文安5・1・5正五位上、宝徳1(一四四九)・8・-従四位下、宝徳2・4・12権右中弁、4・29右中弁、11・24従四位上、12・29正四位下、宝徳4・3・25蔵人頭、-・-正四位上、享徳2(一四五三)・3・25右大弁、参議、元蔵人頭左中弁、10・8転左大弁、享徳3・2・11従三位、3・23兼近江権守、享徳4・3・28権中納言、康正3(一四五七)・1・5正三位、長禄3(一四五九)・4・13辞権中納言、寛正6(一四六五)・1・5従二位、文明3(一四七一)・4・25任権大納言、文明5・3・18賜去年五月七日叙正二位々記、延徳2(一四九〇)・10・23辞退権大納言、12・22本座、明応5(一四九六)・6・5従一位、准大臣可預朝参之由宣下、6・7出家、7・11薨去、大永8(一五二八)・7・-贈左大臣
[死没]明応5(一四九六)・7・11 [年齢]71 [父]勧修寺経成 [公卿補任]3—173上

政顕 まさあき 一四五四—一五二二
寛正3(一四六二)・11・10叙爵、文明-・-・-〈1年カ〉右兵衛佐、文明2(一四七〇)・7・2従五位上、文明3・8・29蔵人、左少弁、文明6・閏5・-正五位下、6・19正五位上、文明7・1・28右中弁、文明9・-・-左中弁、文明12・6・26従四位下、文明13・8・19蔵人頭、9・5右大弁、文明14・-・-従四位上、8・10正四位下、文明15・2・9正四位上、10・11参議、元蔵人頭右大弁、大弁

如元、文明16・6・8従三位、文明18・8・6権中納言、延徳3(一四九一)・12・6正二位、明応9(一五〇〇)・9・26従一位、永正1(一五〇四)・3・27辞退権中納言、閏3・3本座、大永2(一五二二)・7・28薨去

※永正十五年・十六年に「武家伝奏」の記載あり

[死没]大永2(一五二二)・7・28　[年齢]69　[父]勧修寺教秀　[母]正三位権中納言飛鳥井雅永女　[法名]真顗　[公卿補任]3―263上　[大日本史料]9―16―223

経郷　つねさと　一四三三―一五〇四

文明17(一四八五)・2・24従三位、大宰大弐如元、延徳3(一四九一)・1・19参議、12・18正三位、明応2(一四九三)・3・25権中納言、明応10・-・-〔従二位カ〕、文亀2(一五〇二)・8・23辞権中納言、永正1(一五〇四)・2・17薨去

※長享三年より「経郷」

[死没]永正1(一五〇四)・2・17　[年齢]73　[父]勧修寺経成　[前名]経凞　[公卿補任]3―269下

尚顕　ひさあき　一四七八―一五五九

長享1(一四八七)・-・-叙爵、-・-・-左衛門佐、明応2(一四九三)・3・25蔵人、右少弁、明応3・1・6従五位上、明応4・1・5正五位下、明応7・-・-正五位上、明応10・1・19左少弁、永正2(一五〇五)・10・19右中弁、11・19従四位下、蔵人頭、永正3・1・7従四位上、4・18正四位下、10・18正四位上、永正5・1・5転右大弁、参議、元蔵人頭、6・20被仰敷奏、6・24被仰武家伝奏事、7・16従三位、永正7・1・-転左、永正9・10・23権中納言、永正11・12・20〈「29日」さ〉正三位、永正14・12・28勅授、永正17・8・22下向加州、永正18・4・15従二位、4・-下向、大永3(一五二三)・3・9権大納言、-・-〈「4月10日」さ〉賀州下向、大永4・11・-〈「12月」さ〉上洛、大永6・1・19〈「3月30日」さ〉正二位、天文1(一五三二)・-・-〈享禄4年カ〈さ〉〉於能州出家、永禄2(一五五九)・8・28薨去

※大永八年より「賀茂伝奏〈さ〉」

[死没]永禄2(一五五九)・8・28　[年齢]82　[父]勧修寺政顕　[母]家女房　[法名]泰龍・栄空　[公卿補任]3―321上

尹豊　ただとよ　一五〇三―九四

永正5(一五〇八)・12・27叙爵、永正11・12・21元服、12・23左衛門佐、永正13・12・10従五位上、永正16・8・8補五位蔵人、右少弁(職事弁官同日補任例)、12・27正五位下、永正18・1・20正五位上、大永2(一五二二)・1・19左少弁、大永5・12・26左中弁、大永6・4・29補新帝蔵人(依践祚也)、享禄2(一五二九)・2・27従四位下、補蔵人頭(叙四品日補蔵人頭例)、6・3従四位上、8・27右大弁、12・17正四位下(年中三ケ度加級例)、享禄3・1・20正四位上、天文1(一五三二)・8・8参議元蔵人頭、右大弁如元、8・9従三位、8・10賀茂社為伝奏〈や〉、天文2・6・-下向相模国〈さ〉、10・-上洛〈さ〉、天文4・3・-転左大弁〈さ〉、天文5・2・5権中納言、11・22正三位、天文7・3・27直衣始、天文9・1・25従二位、天文10・11・13権大納言、天文13・4・20在国(関東)〔「在関東」ひ〕、8・25正二位、9・21上洛〈やひ〉、天文18・6・16賀茂伝奏、天文21・9・29去年十二月廿八日賜従一位々記、10・8辞退(権大納言)、天文22・1・25本座、永禄5(一五六二)・-・-賀茂伝奏、永禄8・-・-在国芸州、永禄9・閏8・27上洛、永禄10・10・16在国芸州、元亀1(一五七〇)・-・-辞伝奏、元亀2・12・22上洛、元亀3・閏1・7〈「6日」史〉内大臣、閏1・13辞内大臣、-・-一位位記返上之、2・3出家

※永禄二年・三年に「御即位伝奏」の記載あり

[死没]文禄3(一五九四)・11・1　[年齢]92　[父]勧修寺尚顕　[母]八幡検校澄清女　[号]長寿院　[法名]紹可　[日記]尹豊公記(一五三五―六二)　[公卿補任]3―383下

晴右　はれすけ　一五二三―七七

大永3(一五二三)・-・-誕生、大永4(一五二四)・12・30叙爵、天文3(一五三四)・12・26左衛門佐(今日元服)、昇殿、天文4・1・20従五位上、天文5・12・7補蔵人、天文6・1・6正五位上、10・8右少弁、12・26正五位上(年中両度)、天文7・3・24左少弁、天文10・12・29権右中弁、天文11・閏

3・10右中弁、右宮城使、天文13・7・8従四位下、8・1従四位上(連月)、12・18正四位下(年中三ケ度)、天文14・7・20補蔵人頭、天文16・3・23左中弁、左宮城使、7・9正四位上、天文19・11・26参議、転右大弁(元蔵人頭左中弁)、12・22従三位、天文22・1・7正三位、天文24・2・16権中納言、永禄1(一五五八)・閏6・22従二位、永禄10・12・-〈「21日」く追〉改晴右、永禄11・9・-違武命蟄居、永禄12・1・21出仕、天正1(一五七三)・12・25権大納言、天正2・1・5正二位、天正4・6・-蟄居、11・21出仕、天正5・1・1薨去、天正14・12・-贈内大臣〈くま〉

❖天文二十二年より「加賀権守」

[死没]天正5(一五七七)・1・1　[年齢]55　[父]勧修寺尹豊　[母]右京亮伊勢貞遠女　[前名]晴秀　[号]高寿院　[道号]松国　[法名]天勁　[日記]晴右公記(一五五五-七〇)　[公卿補任]3—426下

晴豊　はれとよ　一五四四—一六〇二

天文13(一五四四)・2・24誕生、天文14・12・22叙爵、天文22・12・17元服、従五位上、左兵衛佐、昇殿、天文24・9・28右少弁、弘治2(一五五六)・1・6正五位下、永禄2(一五五九)・12・5蔵人☆、永禄3・7・8左少弁、永禄5・1・5正五位上、永禄6・6・27右中弁、永禄11・12・13従四位下、12・27従四位上、永禄12・1・5正四位下、1・10左中弁、6・1正四位上、元亀1(一五七〇)・6・9蔵人頭、元亀3・12・28参議(元蔵人頭)、転右大弁、天正2(一五七四)・1・5従三位、3・28転左、天正4・6・-蟄居、12・28権中納言、天正5・11・16勅授、11・17正三位、天正6・6・1直衣始、9・7賀茂伝奏、天正8・11・-辞任奏、12・22従二位、天正10・12・27権大納言、天正13・1・6正二位、慶長6(一六〇一)・1・6従一位、1・11准大臣、慶長7・12・8薨去、慶長19・12・3贈内大臣〈く〉☆

[死没]慶長7(一六〇二)・12・8　[年齢]59　[父]勧修寺晴右　[母]右京亮栗屋元澄女　[号]清雲院　[道号]孤月　[法名]円清　[日記]晴豊公記(一五七八-九四)　[公卿補任]3—467下

光豊　みつとよ　一五七五—一六一二

天正3(一五七五)・-・-誕生☆、天正4・2・18叙爵、天正11・11・10〈「9日」く〉元服☆、昇殿、左衛門佐、従五位上、天正13・4・13右少弁、天正14・1・5正五位下、天正16・12・15蔵人、禁色、天正17・3・30左少弁、天正18・7・25正五位上、文禄3(一五九四)・7・-右中弁、文禄4・11・4従四位下、文禄4・11・4辞蔵人〈く〉、11・26従四位上、12・28正四位下(年中三ケ度)、慶長2(一五九七)・1・16正四位上、蔵人頭、慶長4・11・16右大弁、12・17〈11月17日ともあり〉参議(右大弁如元)☆、慶長5・1・5従三位、慶長6・3・19兼近江権守、慶長8・2・12武家伝奏、慶長9・6・26〈「27日」く〉権中納言、慶長11・1・21正三位、慶長17・1・5従二位〈く〉、10・25〈「26日」言緒卿記〉権大納言、10・26〈「27日」言緒卿記及家譜〉薨去☆、元和4(一六一八)・10・27贈内大臣〈く〉

[死没]慶長17(一六一二)・10・26　[年齢]38　[父]勧修寺晴豊　[母]従三位土御門有脩女　[一字名]芳　[法名]真徴　[日記]光豊公記(一五九〇-一六一二)　[公卿補任]3—515上　[大日本史料]12—10—172

経広　つねひろ　一六〇六—八八

慶長11(一六〇六)・11・27誕生、慶長16・4・29叙爵、慶長18・11・21〈くま〉元服、昇殿☆、左兵衛佐☆、慶長19・1・5従五位上、元和1(一六一五)・10・12改名経広、元和5・1・6正五位下、7・13蔵人、8・14権左少弁、元和6・1・5正五位上、寛永1(一六二四)・11・28中宮大進、寛永4・6・21従四位下、9・7左中弁、9・20従四位上、寛永5・2・10正四位下、寛永6・10・11蔵人頭、9・21〔ママ〕正四位上、11・6右大弁、寛永8・1・12参議、元名俊直、右大弁如元、12・18転左大弁、寛永9・1・5従三位、寛永12・1・11権中納言、寛永16・12・29〈去十三年一月五日正三位々記〉正三位、寛永18・1・5従二位、1・11権大納言、正保5(一六四八)・閏1・7辞権大納言、慶安2(一六四九)・7・28執事、慶安3・5・14〈賜去正月五日正二位々記〉正二位、明暦4(一六五八)・-・-武家伝奏、寛文12(一六七二)・閏6・8出家

[死没]貞享5(一六八八)・9・13　[年齢]83　[父]勧修寺光豊(実坊城俊昌)　[母]松倉重政女　[前名]俊直　[一字名]千　[法名]紹光・鳳山　[日記]経広

卿記（一六三一—六三）　〔公卿補任〕3—571下

経敬　つねよし　一六四四—一七〇九

正保1（一六四四）・12・18誕生、慶安2（一六四九）・1・5叙爵、承応1（一六五二）・12・4元服、昇殿、勘解由次官従五位上、承応3・12・21権右少弁、承応4・1・25右少弁、明暦2（一六五六）・1・5正五位下、7・18蔵人、8・10禁色、12・2正五位上、明暦3・1・27左少弁、万治1（一六五八）・閏12・22右中弁、万治3・10・13左中弁、寛文2（一六六二）・12・14蔵人頭従四位下、寛文3・1・6従四位上、1・27正四位下、5・17正四位上、8・7右大弁、8・8〈「9日」ま〉参議（大弁如元）、12・17拝賀、寛文4・9・3従三位、寛文9・12・18左大弁、寛文10・9・29権中納言、寛文11・12・-帯剣〈ま〉、寛文12・12・22正三位、延宝5（一六七七）・6・24従二位、閏12・11権大納言、天和3（一六八三）・12・3為憲子内親王家勅別当、貞享1（一六八四）・12・23辞権大納言、元禄7（一六九四）・2・12〈去正月五日分〉正二位☆、宝永4（一七〇七）・4・29改経敬、宝永5・11・27従一位、宝永6・1・10薨去

❖貞享四年に「即位伝奏」の記載あり

〔死没〕宝永6（一七〇九）・1・10　〔年齢〕66　〔父〕勧修寺経広　〔母〕旗本徳永昌純女　〔前名〕経慶　〔日記〕経慶卿記（一六六〇—七四）　〔公卿補任〕4—2下

尹隆　ただたか　一六七六—一七二二

延宝4（一六七六）・8・10誕生、延宝5・1・14〈去五分〉叙爵☆、貞享1（一六八四）・11・13元服、昇殿、右兵衛佐、従五位上、貞享4・12・12権右少弁☆、12・30右少弁、貞享5・1・6正五位下、元禄1（一六八八）・12・27〔「兼」ま〕左衛門権佐、元禄3・2・21蔵人、2・26禁色、拝賀〈ま〉、7・10正五位上、12・26辞左衛門権佐、元禄4・3・2左少弁、4・13右中弁、元禄5・12・13左中弁、12・28蔵人頭、従四位下、12・29拝賀〈ま〉、元禄6・2・15〈去正五分〉従四位上☆、4・15正四位下、7・3正四位下☆、元禄7・12・21右大弁、元禄9・12・28参議（右大弁如元）☆、元禄10・5・12左大弁、11・24聴直衣、12・26従三位、元禄14・1・12〈去五日分〉正三位、10・23権中納言☆、元禄15・1・8帯剣、宝永1（一七〇四）・9・27辞権中納言、享保7（一七二二）・4・9薨去

〔死没〕享保7（一七二二）・4・9　〔年齢〕47　〔父〕勧修寺経敬　〔母〕従五位下日向守水野勝貞女　〔公卿補任〕4—125上

高顕　たかあき　一六九五—一七三七

元禄8（一六九五）・7・21誕生☆、元禄9・12・28叙爵☆、宝永2（一七〇五）・11・18元服、昇殿、侍従従五位上、宝永6・8・27正五位下、宝永7・5・1左兵衛権佐、正徳2（一七一二）・2・16権右少弁、正徳3・3・1左衛門権佐、正徳4・7・26右少弁（権佐如旧）、正徳5・12・27蔵人（権佐如旧）、禁色、享保1（一七一六）・1・13〈ま〉〈去五分〉正五位上、5・6権右中弁（権佐如旧）、享保2・11・25左衛門権佐、享保3・6・24右中弁、享保4・1・10改高顕（元敬孝）、6・2蔵人頭従四位下、12・5左中弁、12・8従四位上、12・26正四位下、享保5・1・12〈去五分〉正四位上、享保7・4・9喪父、6・3除服出仕復任、7・27右大弁、享保8・2・13参議（右大弁如旧）、5・4拝賀着陣、5・7直衣、12・26従三位、享保9・2・24左大弁、5・11権中納言、8・18帯剣、享保12・1・8〈去五日分〉正三位、享保13・8・7権大納言、享保16・1・25従二位、享保17・4・4辞権大納言、元文2（一七三七）・8・18薨去

❖享保二十一年に「改元伝奏〈ま〉」の記載あり

〔死没〕元文2（一七三七）・8・18　〔年齢〕43　〔父〕勧修寺尹隆　〔母〕清閑寺凞房女或家女房　〔前名〕敬孝　〔日記〕勧修寺高顕日記（一七一一—三五）　〔公卿補任〕4—254上

顕道　あきみち　一七一七—五六

享保2（一七一七）・9・13誕生、享保10・12・7叙爵、享保12・1・26元服、昇殿、勘解由次官、享保14・1・9〈去五日分〉従五位上、享保18・2・24正五位下、享保19・12・14右少弁、享保20・2・25蔵人☆、3・1禁色、拝賀従事〈ま〉、3・21新帝蔵人（受禅日〈ま〉）、拝賀従事〈ま〉、3・24正五位上、元文2（一七三七）8・18服解（父）、10・10除服出仕復任、10・23権右中弁、10・25拝賀従事〈ま〉、元文3・6・8右中弁、元文5・2・2蔵人頭従四位下、2・7拝賀従事〈ま〉、3・22従四

位上、5・23右大弁、5・29拝賀従事〈ま〉、12・24正四位下、元文6・2・6〈「2月16日」ま〉正四位上、寛保2(一七四二)・10・4参議(右大弁如旧)、10・27拝賀着陣、12・24従三位、12・28聴直衣、寛保3・6・29左大弁、延享1(一七四四)・8・12権中納言、8・26帯剣、延享4・2・1正三位、4・14左兵衛督、寛延3(一七五〇)・2・14賀茂伝奏、4・24止伝奏、宝暦3(一七五三)・12・15権大納言、宝暦4・12・26従二位、宝暦6・5・18辞権大納言、薨去

〔死没〕宝暦6(一七五六)・5・18　〔年齢〕40　〔父〕勧修寺高顕　〔母〕従二位権大納言万里小路尚房女　〔公卿補任〕4—353下

経逸　つねはや　一七四八—一八〇五

延享5(一七四八)・10・6誕生、宝暦8(一七五八)・6・20叙爵、宝暦9・6・15元服、昇殿、侍従、宝暦13・12・19従五位上、宝暦14・10・22補蔵人、賀茂下上社奉行、10・28禁色、拝賀従事、明和2(一七六五)・5・19正五位下、明和5・2・19兼春宮権大進(立坊日)、拝賀、9・15辞賀茂下上社奉行、9・20権右少弁(権大進如旧)、正五位上、9・25拝賀従事、10・1兼左衛門権佐蒙使宣旨(権大進如旧)、10・6従事、12・8賀茂下上社奉行、明和6・5・16為神宮弁、6・2辞神宮弁賀茂下上社奉行等(産穢)、8・20転権右中弁、8・29拝賀従事、明和7・2・18賀茂下上社奉行、3・30下上社奉行(依病)、11・7従四位下(去蔵人)、12・19従四位上、明和8・1・10正四位下、明和9・11・18転右中弁、安永2(一七七三)・3・2正四位上、安永4・4・13転左中弁、4・16拝賀、閏12・2補蔵人頭、12・6拝賀従事、閏12・25転右大弁、12・28拝賀従事、安永8・5・4参議、転左大弁〈ま〉、拝賀着陣、5・6着陣〈ま〉、5・7直衣始〈ま〉、安永9・1・13従三位、天明1(一七八一)・11・26権中納言、天明2・1・15聴直衣、12・22正三位、天明5・2・25従二位、8・17左衛門督、補検非違使別当、8・26直衣始、寛政1(一七八九)・5・22権大納言、6・15直衣始、6・21帯剣、12・19正二位、寛政3・11・28按察使、12・4院執権、12・16直衣始、寛政4・10・27辞権大納言、寛政8・4・21辞按察使、享和3(一八〇三)・2・23還任、4・17直衣始、10・16辞権大納言、文化2(一八〇五)・9・16薨去

〔死没〕文化2(一八〇五)・9・16　〔年齢〕58　〔父〕勧修寺敬明(実勧修寺顕道、二男)　〔母〕伊与守従五位下稲葉恒通女　〔号〕温恭院　〔日記〕経逸卿記(一七六二—一八〇一)・公武御用日記(一八〇〇—〇一)　〔公卿補任〕4—566下

良顕　よしあき　一七六五—九五

明和2(一七六五)・12・15誕生、明和6・12・18従五位下、安永3(一七七四)・11・27元服、昇殿、従五位上、安永4・4・14侍従、安永5・2・15正五位下、安永10・3・15兼皇太后宮権大進(立后日)、拝賀、天明1(一七八一)・12・15〈「14日」ま〉右少弁(権大進如元)、12・16拝賀、12・17従事、天明2・2・17正五位上、天明3・6・10転左少弁(権大進如元)、6・14拝賀従事、7・20補蔵人、皇太后宮大進、7・25禁色、7・28拝賀従事、9・30申行宿侍後朝儀、10・12止皇太后宮大進(院号日)、12・22為神宮弁、氏院別当、天明4・7・6辞神宮弁氏院別当等、天明5・1・21賀茂下上社奉行、御祈奉行、8・29兼左衛門権佐、蒙使宣旨、9・13拝賀、12・28辞賀茂下上社奉行御祈奉行等、天明6・2・25転右中弁(権佐使等如旧)、2・30拝賀従事、5・12〈去十日分〉為神宮弁、〈去十日分〉氏院別当、7・22辞神宮弁、10・3賀茂下上社奉行、御祈奉行、天明7・3・1去氏院別当(依長者辞退也)、4・27辞御祈奉行、8・15神宮弁、9・15辞神宮弁賀茂下上社奉行等、10・23御祈奉行、天明8・1・26賀茂下上社奉行氏院別当等、5・22辞賀茂下上社奉行御祈奉行氏院別当等、寛政1(一七八九)・5・22従四位下(小除日)、補蔵人頭、拝賀従事、6・2申行宿侍後朝儀、6・5従四位上、6・28正四位下、寛政2・1・5正四位上、8・19院別当8・25〈「20日」ま〉拝賀、12・24神宮弁、寛政4・8・24〈「23日」ま〉辞神宮弁、10・27参議(小除日)11・27拝賀着陣、兼右大弁、11・28聴直衣、直衣始、寛政5・12・19従三位、寛政7・12・1辞両官、薨去

〔死没〕寛政7(一七九五)・12・1　〔年齢〕31　〔父〕勧修寺経逸　〔母〕従一位権大納言飛鳥井雅重女

[公卿補任]5—80上

経則 つねのり 一七八七?—一八三六

天明8(一七八八)・11・10〈7年カ〉誕生、寛政3(一七九一)・11・21従五位下、寛政9・6・28元服、昇殿、従五位上、拝賀、寛政12・11・24正五位下、享和4(一八〇四)・1・23侍従、2・17拝賀、文化2(一八〇五)・9・16服解(祖父)、11・20除服出仕復任、文化6・3・24兼春宮権大進(立坊日)、拝賀、8・7右少弁(権大進如故)、8・13拝賀従事、文化7・2・8補蔵人(権大進如故)、2・19禁色、拝賀従事、2・20宿侍始、3・26正五位上、12・1転左少弁(権大進如故)、12・5拝賀従事、閏2・13御所奉行、3・20賀茂下上社奉行、・12・21転権右中弁(権大進如故)、12・24拝賀従事、文化10・閏11・6免賀茂下上社奉行、文化11・4・14転大進、兼右衛門権佐蒙使宣旨、4・22拝賀、9・2辞御所奉行、9・3御祈奉行、9・20賀茂下上社奉行、文化12・3・23免賀茂下上社奉行、8・30転右中弁(大進権佐使等如故)、11・27為神宮弁、免御祈奉行、文化13・8・28辞神宮弁、文化14・3・22去春宮大進(依受禅也)、5・3氏院別当、5・4賀茂下上社御祈等奉行、11・22転左中弁(権佐使等如故)、11・27拝賀従事、文政1(一八一八)・4・26止御祈奉行(依悠紀行事)、5・1免氏院別当、11・24辞賀茂下上社奉行、12・9従四位下、補蔵人頭、12・14拝賀従事、12・15宿始、12・19従四位上、文政2・1・4正四位下、4・19正四位上、8・20為神宮弁、8・21院別当9・22拝賀、文政4・1・20転左大弁、1・23拝賀従事、3・21参議、左大弁如故、4・2拝賀着陣、4・8聴直衣、直衣始、文政5・3・22従三位、文政7・6・4右衛門督補使別当、7・17直衣始、12・19正三位、文政8・1・25権中納言、2・14聴直衣、直衣始、文政10・2・27従二位、文政12・12・9辞督別当、天保2(一八三一)・1・5正二位、1・11帯剣、天保3・2・3嘉言親王家別当、天保4・7・30辞権中納言、天保7・11・19薨去

[死没]天保7(一八三六)・11・19 [年齢]50 [父]勧修寺良顕 [母]正三位権中納言今出川公言女忠子 [公卿補任]5—274上

吉田家(絶家)2

資顕 すけあき ?—一三九一

永和2〈天授2〉(一三七六)・-・-従三位、明徳2〈元中8〉・-・-薨去

[死没]明徳2(一三九一) [公卿補任]2—723上

吉田家

経世—俊顕—**資顕**—俊宗

吉田家(絶家)3

国房 くにふさ 一二七七—一三三〇

弘安8(一二八五)・1・5叙爵(延政門院当年御給)、弘安10・3・2止位記、3・10蔵人、4・7左近将監、弘安11・1・5従五位下(皇后宮当年御給)、4・7越前守、9・12従五位上、正応2(一二八九)・7・16辞守、正応3・1・19正五位下、4・7皇后宮権大進、正応4・8・12止権大進(依院号也)、正安4(一三〇二)・11・18従四位下、乾元2(一三〇三)・1・28内蔵頭(舎兄定資朝臣任三木替)、嘉元1(一三〇三)・12・17遷任左馬頭、12・24従四位上、徳治2(一三〇七)・12・12辞頭、徳治3・9・17右中弁、10・12兼修理右宮城使、延慶2(一三〇九)・1・6正四位下、2・19転左中弁、3・29兼修理左宮城使、延慶3・3・9遷宮内卿、蔵人頭、3・20禁色、8・2正四位上、12・11止蔵人頭、依服暇也(父)、応長1(一三一一)・5・26従三位、元前宮内卿前蔵人頭、左兵衛督、7・20止督、正和2(一三一三)・10・11参議、11・24辞退参議、大蔵卿、正和5・1・5正三位、1・13兼長門権守、文保2(一三一八)・1・22止卿、2・11止権守、元徳2(一三三〇)・5・18

吉田家

国房—国俊—俊藤

薨去
［死没］元徳2(一三三〇)・5・18　［年齢］54　［父］坊城俊定、三男　［号］吉田　［公卿補任］2—421下

国俊　くにとし　一三〇八—?
正和4(一三一五)・5・6従五位下(昭訓門院当年御給)、正和5・11・23従五位上、元応1(一三一九)・3・9美乃守、元応2・2・9民部少輔(去守)、元亨3(一三二三)・1・13去少輔、嘉暦1(一三二六)・7・27春宮権大進、嘉暦2・1・5正五位下(院当年御給)、元弘1(一三三一)・7・17還任春宮権大進(服暇巳後)、9・20蔵人、10・6兵部少輔、正慶1〈元弘2〉(一三三二)・10・15右少弁(去蔵人兵部少輔)、11・12正五位上、超蔵人清経、顕藤、親名等、元弘3(一三三三)・6・-還本官本位、建武2(一三三五)・3・3春宮権大進、建武3〈延元1〉・8・15蔵人(践祚日)、-・-・-右少弁、建武4〈延元2〉・4・25止蔵人、7・20正五位上、建武5・1・5従四位下、権左少弁、2・17権右中弁、暦応1〈延元3〉(一三三八)・11・18従四位上、12・12右中弁、暦応2〈延元4〉・4・18右大弁、5・7造興福寺長官、10・2〈「11月1日」や〉正四位下、康永1〈興国3〉(一三四二)・12・21左大弁、蔵人頭、康永2〈興国4〉・1・28造東大寺長官、8・12右京大夫、去大弁、12・22参議、元蔵人頭右京大夫、康永3〈興国5〉・9・23従三位、康永4〈興国6〉・4・16兼左大弁、貞和2〈正平1〉(一三四六)・2・21兼筑後権守、貞和4〈正平3〉・4・12権中納言、観応1〈正平5〉(一三五〇)・8・16辞退、延文3〈正平13〉(一三五八)・-・-出家
［父］吉田国房　［公卿補任］2—593上　［大日本史料］6—21—788

町家(絶家)

町家
経量—定量—経秀—経時—**顕郷**
顕基—顕量—経光

経量　つねかず　一三一二—七七
正和4(一三一五)・1・6従五位下、文保2(一三一八)・1・5従五位上、-・-・-正五位下、-・-・-和泉守、元徳2(一三三〇)・4・6春宮権大進(元和泉守)、建武5(一三三八)・8・11従四位下、暦応1〈延元3〉(一三三八)・10・19治部卿(菅茂長替〈さ〉)、-・-卿辞、暦応4〈興国2〉・5・26従四位上、康永2〈興国4〉(一三四三)・7・20正四位下、延文2〈正平12〉(一三五七)・4・15従三位、前治部卿、康暦2〈天授6〉(一三八〇)・-・-〈「3月10日」追〉薨去
［死没］永和3(一三七七)・3・10　［年齢］66　［父］坊城定資、三男　［号］忍乗　［公卿補任］2—658上　［大日本史料］6—49—269

顕郷　あきさと　?—一四七九
寛正5(一四六四)・5・2従三位、文明11(一四七九)・-・-薨去
※従三位叙位年に「治部卿」の記載あり、文明十一年より「正三位」
［死没］文明11(一四七九)・5・26　［父］町経時　［前名］経清　［号］町　［公卿補任］3—211下　［大日本史料］8—11—503

顕基　あきもと
文亀1(一五〇一)・12・25正四位下〈くし〉、永正5(一五〇八)・9・-従三位、10・3左兵衛督、永正17・3・27出家
※永正十四年より「右兵衛督」
［父］町顕郷　［法名］宗顕　［公卿補任］3—322下

勧修寺家(絶家)

経直　つねなお　?—一四四九
文安6(一四四九)・3・10参議、元前左少弁、宝徳1(一四四九)・-・-出家、-・-薨去
※参議叙任時は「正四位下」
［死没］宝徳1(一四四九)　［父］勧修寺経豊　［公卿補任］3—160上

勧修寺家

経直――経茂

経茂 つねしげ　一四三〇―一五〇〇

長禄4(一四六〇)・12・5参議(弁官如元)、元蔵人頭左大弁、寛正2(一四六一)・1・5従三位、－・－山城権守、寛正3・3・28周防権守、文正1(一四六六)・7・22権中納言、文正2・1・5正三位、文明8(一四七六)・1・6従二位、文明16・12・21辞権中納言、延徳2(一四九〇)・3・5正二位、明応9(一五〇〇)・5・21薨去

※参議叙任時は「正四位上」、寛正七年に「因幡権守」の記載あり、文明十四年より「大蔵卿」

[死没]明応9(一五〇〇)・5・21　[年齢]71　[父]勧修寺経直　[日記]経茂卿記(一四七九)　[公卿補任]3―197上

万里小路家 までのこうじけ

藤原氏北家勧修寺流。甘露寺家の支流。吉田参議正三位資経の四男万里小路従三位資通を家祖とする。家格は名家。内々の家。儒学・有職故実を家職とした。近衛家の家礼。江戸時代には家領三百九十石九斗余。資経は天福元年(一二三三)五月二十八日に文書・記録等を一男為経等に分与する処分状(勧修寺家伝来「遺言条々」)を認め、資通等は成人の後、器量に従い一男為経・二男経俊に譲与の日記・文書等が少々与えられることとされた。そして建長二年(一二五〇)六月二日、資経が他界する前日に認めた処分状で、資通は安芸国能美荘内別府方の所領と、文書として『嘉気抄』『永昌記』(以上、経房代の写)、『中右記日並』『定長卿記』『重方朝臣記』等を譲ることとされた。これは資通が頗る器量の者であるので決めたことである、と記されていて、一家の家祖となる事情が知られる。資通は、仁治元年(一二四〇)六月に叙爵し、累進して弘安三年(一二八〇)正月従三位に叙せられ、邸宅地に因み吉田三位と号し、また万里小路と号した。資通男の宣房は、後二条天皇即位の正安三年(一三〇一)蔵人となり、弁官を歴任し、嘉元三年(一三〇五)三月蔵人頭、十一月参議となる。徳治三年(一三〇八)天皇崩御により官職を辞したが、再び大覚寺党の後醍醐天皇即位の文保二年(一三一八)権中納言となり、正中二年(一三二五)後醍醐天皇討幕の謀が露見し、いわゆる正中の変が起こった際、宣房は勅使として鎌倉に下向、釈明に努めた。この年、権大納言に昇り、辞任・還任を二度繰り返し、元弘元年(一三三一)二月大納言に昇った。同八月、天皇が再び討幕を企て笠置山に籠もった際、息藤房・季房がこれに加担、そのため宣房は六波羅に出頭し預かりの身となったが、翌二年四月許されて帰宅、幕府の命により新帝の持明院統光厳天皇の許に出仕させられた。『太平記』巻五所載の「宣房卿歴仕両朝事」は、これら一連の状況を記したもの。建武新政では、同流の吉田定房とともに活躍し、建武元年(一三三四)七月大納言を辞したが、従一位に昇り、翌年還任・辞任を繰り返し、三年正月出家した。後醍醐天皇の親政下では、吉田定房・北畠親房とともに重用され、「後三房」と称えられた。宣房の息藤房・季房、ともに弁官として勤仕し、藤房は累進して元亨元年(一三二一)四月右大弁となり、季房は三年八月右権少弁となったので、「兄弟弁官例」として注目を受ける。兄弟ともに後醍醐天皇の近臣として活躍し、元弘元年天皇が討幕を企てた際、六波羅の軍勢に捕らえられ、藤房は常陸国に配流となり、季房は下総国に配流され、鎌倉幕府滅亡の数日前の元弘三年五月二十日誅された。藤房は幕府滅亡後、京に戻り建武の新政府に出仕したが、翌年の建武元年十月の出家により、季房の息仲房が祖父宣房の子として万里小路の家督を継いだ。仲房の息嗣房は、はじめ子に恵まれず、同流の甘露寺兼長の子豊房を嗣子に迎えたが、時房が生まれたので家督は時房に移った。時房の息冬房は昇進めざましく、応仁元年(一四六七)には准大臣従一位に昇進したが、子なく同流甘露寺前中納言親長の一

万里小路家

資通―宣房―藤房＝仲房―嗣房―豊房
　　　　└季房―仲房
　　　　　　　　└頼房
　　　　　　　　　　　└時房―冬房＝春房
　　　　　　　　　　　　　　　└賢房―秀房
　　　　　　　　　　　　　　　　　　└栄子（正親町天皇生母 吉徳門院）
秀房―惟房―輔房＝充房―孝房―綱房―雅房―淳房＝尚房―稙房＝政房
　　└房子（陽光院太上天皇生母 贈准三宮）
＝文房―建房―正房―博房―通房（伯爵）

男氏長を子となし出家した。氏長は春房と改名し家督を相続したが、文明三年（一四七一）五月にわかに隠遁出家してしまう。ここに同流諸家の公卿が協議し、勧修寺権大納言教秀の二男賢房を養子に迎えて相続させた。しかし蔵人右少弁賢房は、二十四歳の時の長享三年（一四八九）二月、夫ある女性と密通逐電するという事件を起こし、勅勘を蒙り、家名は実父勧修寺教秀の舎弟従三位経郷が名代として継承することとなった。実家の叔父が甥の名代となったことになる。明応四年（一四九五）になって賢房はようやく勅免を得、その二月に出仕する。その後、万里小路家は二代にわたり天皇の外祖父として、勧修寺家とともに華やかな家系の様相を呈することになる。賢房の女栄子が後奈良天皇の後宮に入り、正親町天皇の生母となり、秀房の女房子が正親町天皇の後宮に入り、誠仁親王の生母となる。従一位権大納言を先途としたが、嗣房・時房・秀房・惟房が内大臣まで昇ったほか、仲房・冬房が准大臣となった。嗣房・時房・冬房・惟房が武家伝奏、惟房・輔房が敷奏に補され、江戸時代には政房・定房が議奏・武家伝奏、建房が議奏に補された。日記には、『万一記』（宣房）、『藤房卿記』、『建内記』（時房）、『賢房卿記』、『秀房公記』、『惟房公記』、『淳房卿記』、『尚房卿記』、『稙房卿記』、『韶房卿記』、『万里小路文房記』、『建房卿記』、『正房卿記』、『博房卿記』がある。明治十七年（一八八四）通房のとき、叙爵内規により伯爵を授けられた。菩提所は伏見　松林院。『万里小路家譜』（東京大学史料編纂所、架蔵四一七五―二〇九）。

資通　すけみち　一二二五―一三〇六
仁治1（一二四〇）・6・12従五位下、10・24伯耆守、寛元3（一二四五）・6・26従五位上、宝治2（一二四八）・1・23宮内少輔、8・8兼皇后宮権大進、5・20辞権大進、宝治3・1・22正五位下（罷少輔叙之）、文永3（一二六六）・10・24従四位下、10・26（下名次）皇太后宮亮、文永4・5・7従四位上、文永6・7・19正四位下（辞亮申之）、弘安3（一二八〇）・1・5従三位（元前皇太后宮亮、前伯耆守）、弘安7・9・4出家、嘉元4（一三〇六）・7・6薨去
［死没］嘉元4（一三〇六）・7・6　［年齢］82　［父］吉田資経、四男　［号］万里小路・吉田　［法名］如願
［公卿補任］2―261下

宣房　のぶふさ　一二五八―一三四八？
文永8（一二七一）・1・5従五位下（安嘉門院当年御給、于時通俊）、文永11・3・22兵部少輔、3・24可為権少輔之由宣下、建治3（一二七七）・1・29従五位上、弘安2（一二七九）・1・24兼越後介、10・23飛騨守、弘安6・3・28正五位下（于時宣房）、永仁6（一二九八）・8・28春宮権大進、正安1（一二九九）・6・6転大進、正安3・1・21（や）新帝昇殿（譲位日、即（や無）止大進）、4・5兵部少輔、即補蔵人、正安4・1・28右少弁、乾元1（一三〇二）・8・28権右中弁、9・29従四位下、12・30兼大蔵卿、-・-・-従四上（越経世）、嘉元3（一三〇五）・3・8補蔵人頭（大蔵卿如元）、3・18権左中弁（卿頭如元）、4・5左中弁、4・19兼左宮城使、11・16参議、本名通俊、元蔵人頭左中弁、大蔵卿如元（越惟輔）、11・26拝賀着陣、元伝奏、聴新衆也、12・1始加評定衆、嘉元4・1・5正四位下、

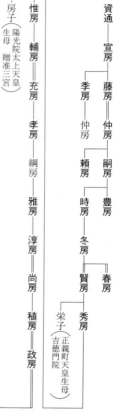

3・30兼出雲権守、11・27兼弾正大弼、12・12兼左大弁、徳治2(一三〇七)・8・4止卿、11・1止大弼、徳治3・9・17辞参議、11・14従三位、文保2(一三一八)・4・2賜去正和五年正月五日叙正三位々記、11・3〈12月3日ともあり〉権中納言、文保3・3・9止之〈権中納言〉、3・15従二位、元亨1(一三二一)・6・6兼任大宰権帥、元亨2・1・3正二位、3・-辞権帥、4・5還任権中納言、正中2(一三二五)・12・12帯剣、嘉暦1(一三二六)・2・19辞権大納言、嘉暦3・7・20還任(権大納言)、嘉暦4・6・28辞権大納言、元徳2(一三三〇)・10・21還任(権大納言)、元徳3・2・1大納言、元弘1(一三三一)・8・25出対武家、元弘2・4・10武家放免帰宅、正慶2〈元弘3〉(一三三三)・5・17詔命為本職、建武1(一三三四)・7・9辞大納言、-・-従一位、建武2・4・7還任〈大納言〉、7・-辞大納言、建武3〈延元1〉・1・-出家
⌘正中二年より「権大納言」、元弘四年より「按察使」
[死没]貞和4(一三四八)・10・18カ　[年齢]91カ　[父]万里小路資通　[母]八幡法印宗清女　[前名]通俊　[日記]万一記(一三〇一-三四)　[公卿補任]2―379上　[大日本史料]6―3―46

藤房　ふじふさ　一二九五―?
正中3(一三二六)・1・5従三位、2・19権中納言、嘉暦2(一三二七)・7・16兼左兵衛督、-・-使別当、11・10右衛門督〈や〉、嘉暦3・1・7正三位、元徳1(一三二九)・9・26従二位、元徳2・5・22止別当、7・17止督、元徳3・2・1中納言、8・7正二位、元弘1(一三三一)・8・24主上臨幸笠置城供奉、-・-止中納言、-・-被召捕武家畢〈や〉、正慶1〈元弘2〉(一三三二)・5・-配流下総国、正慶2〈元弘3〉・5・17復本職(中納言)、建武1(一三三四)・10・5出家
⌘正中二年(一三二五)参議正四位上(初見)、同年に「造東大寺長官」「左大弁」「相模権守」の記載あり
[父]万里小路宣房、一男　[前名]惟房　[日記]藤房卿記(一三二六)　[公卿補任]2―500下　[大日本史料]6―2―1

季房　すえふさ　?―一三三三
正安3(一三〇一)・11・18叙爵、徳治3(一三〇八)・9・19春宮権少進、-・-転少進、応長1(一三一一)・10・8従五位上、正和2(一三一三)・4・10止少進、正和3・6・3正五位下、正和4・4・17春宮権大進、文保2(一三一八)・2・26止権大進(依御譲位也)、3・26還任権大進、10・26伊世守、元応1(一三一九)・8・21転大進、元応2・3・24蔵人(今日止守)、元亨2(一三二二)・6・17木工頭、8・1止大進、12・25遷任勘解由次官、12・29兼少納言、元亨3・1・13能登権守(少納言兼国)、8・7権右少弁、12・13転右少弁、12・29止少納言、元亨4・4・27兼中宮権大進、正中2(一三二五)・1・27転左少弁、2・16兼中宮大進(宣下)、嘉暦1(一三二六)・6・14止蔵人、6・23転右中弁、嘉暦2・1・5正五位上、3・24兼備前守、去能登権守、5・23従四位下、7・16兼中宮亮、8・1止守、11・10転左中弁、12・11装束使、12・16左宮城使、嘉暦3・1・5従四位上(中宮当年御給)、9・23蔵人頭(光継朝臣昇進替)、9・25禁色、嘉暦4・1・5正四位下、1・13兼阿波権介(装束使兼国)、8・4去弁、元徳2(一三三〇)・3・22転右大弁、4・7参議、元蔵人頭、右大弁中宮亮如元、10・21補造東大寺長官、元弘1(一三三一)・10・5辞(参議)、10・16出家、10・17出対武家、元弘3・5・20薨去
[死没]元弘3(一三三三)・5・20　[父]万里小路宣房、二男　[公卿補任]2―526下

仲房　なかふさ　一三二三―八八
嘉暦3(一三二八)・5・8中宮権少進、6・23去権少進、嘉暦4・2・10叙爵、元徳2(一三三〇)・5・26民部権少輔、元弘3(一三三三)・11・8従五位上、元弘4・1・13兼備前守、8・10遷春宮権大進、9・14兼民部権大輔、建武2(一三三五)・1・27去権大輔、11・12兼右兵衛佐、建武3〈延元1〉・1・5正五位下(春宮当年御給)、10・10去権大進、建武4〈延元2〉・1・18去守、12・4去佐、暦応3〈興国1〉(一三四〇)・12・6五位蔵人、12・27右衛門督、康永1〈興国3〉(一三四二)・12・21遷任右少弁、康永2〈興国4〉・1・20去蔵人、康永3〈興国5〉・1・5正五位上、貞和1〈興国6〉(一三四五)・11・14

転左少弁、貞和3〈正平2〉・12・27転右中弁、従四位下、貞和4〈正平3〉・3・20転左中弁、8・10転右大弁、10・27兼春宮亮、-・-叙従四位上、貞和5〈正平4〉・1・5正四位下、9・13蔵人頭、貞和6〈正平5〉・1・5正四位上(臨時)、観応1〈正平5〉(一三五〇)・4・14為造東大寺長官、8・16転左大弁、観応2〈正平6〉・閏2・20止亮、観応3〈正平7〉・8・17新帝蔵人頭、文和2〈正平8〉(一三五三)・7・23参議、元蔵人頭、賜左大弁兼字(造東大寺長官如元)、文和3〈正平9〉・1・7従三位、3・28兼出雲権守、8・27大嘗会検校、文和4〈正平10〉・8・13権中納言、12・28帯剣、延文6〈正平16〉(一三六一)・1・5正三位、康安2〈正平17〉(一三六二)・5・7兼大宰権帥、貞治2〈正平18〉(一三六三)・1・5従二位、4・20辞退、4・27本座、貞治4〈正平20〉・6・28権大納言、貞治6〈正平22〉・1・5正二位、1・28記録所上卿、応安1〈正平23〉(一三六八)・2・21兼按察使、応安4〈建徳2〉・3・11辞退(権大納言)、4・25〈「13日」し〉聴本座、永和2〈天授2〉(一三七六)・-・-止使、1・6従一位、永徳2〈弘和2〉(一三八二)・4・19准大臣宣旨、嘉慶2〈元中5〉(一三八八)・6・2薨去

[死没]嘉慶2(一三八八)・6・2　[年齢]66　[父]万里小路藤房(実万里小路季房)　[母]宮内卿正四位下藤原顕相女　[公卿補任]2―641上

嗣房　つぐふさ　一三四一―一四〇一

貞和3〈正平2〉(一三四七)・1・5叙爵、観応1〈正平5〉(一三五〇)・4・20従五位上、8・16美作守、文和3〈正平9〉(一三五四)・3・28民部少輔、文和4〈正平10〉・8・13正五位下、文和5〈正平11〉・1・28右兵衛佐、延文2〈正平12〉(一三五七)・4・15蔵人、延文6〈正平16〉・3・27右少弁、康安2〈正平17〉(一三六二)・5・7正五位上、9・30記録所寄人、貞治2〈正平18〉(一三六三)・4・20右中弁、9・-南曹、貞治5〈正平21〉・4・19転左中弁、従四位下、貞治6〈正平22〉・4・6従四位上、3・13蔵人頭、兼紀伊権守、4・13転右大弁、12・19喪母、応安1〈正平23〉(一三六八)・4・19復任、8・13正四位下、応安2〈正平24〉・1・5正四位上、応安3〈建徳1〉・8・14参議、元蔵人頭右大弁、転左大弁、12・-〈「22日」し〉兼造東大寺長官、応安4〈建徳2〉・4・14従三位〈やし〉、応安7〈文中3〉・9・28権中納言、11・28兼右衛門督、12・13別当、永和1〈天授1〉(一三七五)・11・22正三位、永和2〈天授2〉・7・13辞別当、永和3〈天授3〉・3・24止督、永和5〈天授5〉・1・30記録所上卿事宣下、康暦3〈弘和1〉(一三八一)・1・6従二位、永徳3〈弘和3〉(一三八三)・3・28権大納言、12・15正二位、嘉慶2〈元中5〉(一三八八)・12・-辞権大納言、明徳1〈元中7〉(一三九〇)・4・1還任権大納言、応永2(一三九五)・閏7・2従一位、-・-辞権大納言、応永3・7・24内大臣、10・5出家

[死没]応永8(一四〇一)・9・6　[年齢]61　[父]万里小路仲房　[号]冷誉院　[法名]道房　[公卿補任]2―701下　[大日本史料]7―3―516

頼房　よりふさ　?―一三八九

嘉慶2〈元中5〉(一三八八)・5・26参議、元蔵人頭、右大弁如元、康応1〈元中6〉(一三八九)・4・26薨去

※参議叙任年に「遠江権守」の記載あり

[死没]康応1(一三八九)・4・26　[父]万里小路仲房、二男　[公卿補任]3―17上

豊房　とよふさ

応永13(一四〇六)・8・17参議、元蔵人頭左中将、紀伊権守、転左大弁、応永14・1・5正四位下、応永152・23従三位、2・24止大弁兼左衛門督補別当、12・30権中納言、応永16・1・8止別当、4・26辞督、4・28帯剣、12・29正三位、応永18・1・5従二位、応永20・2・1辞権中納言、応永27・12・23出家

[父]万里小路嗣房(実甘露寺兼長男)　[母]権大納言正三位日野時光女　[前名]重房　[法名]妙房　[公卿補任]3―62上

時房　ときふさ　一三九四―一四五七

応永8(一四〇一)・1・5叙爵、-・-・-従五上、-・-・-右兵衛佐、応永18・1・-蔵人、-・-

正五位下、11・25右少弁、応永19・1・-正五位上、8・29新帝蔵人、-・・-左少弁、応永21・3・16右中弁、従四位下、4・16左中弁、-・・-左大弁、11・4蔵人頭、応永22・-・-従四位上、正四位下、-・・-正四位上、応永23・11・4参議、左大弁如元、応永25・1・5従三位、応永26・3・10権中納言、応永27・12・2正三位、応永30・1・5従二位、応永32・6・7権大納言、永享8(一四三六)・1・5正二位、文安2(一四四五)・12・29内大臣、文安3・1・16辞退(内大臣)、3・-聴本座、宝徳2(一四五〇)・4・11従一位、長禄1(一四五七)・11・20薨去

❖応永二十四年より「長門権守」

[死没]長禄1(一四五七)・11・20　[年齢]64　[父]万里小路嗣房　[母]家女房　[号]建聖院　[日記]建内記(一四一四-五五)　[公卿補任]3—85下

冬房　ふゆふさ　一四二三—八五

-・・-叙爵、文安1(一四四四)・3・29左少弁、-・・-正五位上、文安3・1・29蔵人、12・20右中弁、文安4・4・29従四位下、12・26従四位上、文安6・3・28蔵人頭、文安-・・-正四位下、文安-・・-正四位上、宝徳2(一四五〇)・3・29左中弁、4・12参議、元蔵人頭右中弁、転右大弁、4・26転左大弁、宝徳3・1・5従三位、2・6権中納言、12・12辞権中納言、-・・-左衛門督、享徳1(一四五二)・8・11正三位、享徳3・1・5権中納言、康正1(一四五五)・8・1従二位、康正3・6・29辞権中納言、長禄2(一四五八)・-・-大宰権帥、6・12権大納言、寛正5(一四六四)・1・13辞権大納言、寛正6・1・5正二位、応仁1(一四六七)・9・20准大臣宣下、従一位、10・5出家〈「く追」〉

❖寛正六年より「御即位伝奏」

[死没]文明17(一四八五)・12・21　[年齢]63　[父]万里小路時房　[前名]成房　[号]菩提院　[法名]弘房・弘円　[公卿補任]3—163上

春房　はるふさ　一四四九—？

文明2(一四七〇)・12・18参議(元蔵人頭右大弁)、弁官如元、文明3・5・1出家

❖参議叙任時「正四位上」

[父]万里小路冬房(実甘露寺親長)　[母]従二位権中納言広橋兼郷女　[前名]氏長　[号]楽邦庵・蓮誉坊　[法名]寂誉・春誉　[公卿補任]3—230下　[大日本史料]8—4—549

賢房　かたふさ　一四六六—一五〇七

文明4(一四七二)・8・18叙爵、文明10・12・29左兵衛権佐、文明13・1・19従五位上、文明17・2・30正五位下、8・18右少弁、文明18・7・23蔵人、長享3(一四八九)・3・-解官、明応4(一四九五)・12・10〈「3月」くし〉権左少弁、明応5・1・11蔵人、12・9正五位上、-・・-左少弁、-・・-〈「9年」く〉右中弁、明応9・6・8従四位下、12・28蔵人頭(永正二年六月十六日被仰殿上管領事)、明応10・2・15従四位上、文亀2(一五〇二)・1・13正四位下、2・-〈「13日」し〉正四位上、永正2(一五〇五)・10・7右大弁、参議、元蔵人頭右中弁、12・26従三位、永正4(一五〇七)・10・19薨去

[死没]永正4(一五〇七)・10・19　[年齢]42　[父]万里小路冬房(実勧修寺教秀)　[母]正三位権中納言飛鳥井雅永女　[法名]真賢　[日記]賢房卿記(一五〇六)　[公卿補任]3—313下

秀房　ひでふさ　一四九二—一五六三

明応3(一四九四)・12・30叙爵(于時量房)、永正3(一五〇六)・2・16右兵衛佐、禁色、永正4・9・6右少弁、-・・-五位〔く無〕蔵人、永正5・1・6従五位上〈くし〉、-・・-正五位下〈くし〉、永正6・12・23正五位上、永正7・11・13転右中弁、永正14・1・16従四位下、2・10従四位上、12・19正四位下(年中三ヶ度加級例)、永正15・-・-転左中弁、8・5〈く〉蔵人頭、永正17・閏6・25正四位上、永正18・7・1転右大弁、兼任参議、元蔵人頭左中弁、転右大弁、8・23拝賀着陣〈さ〉、条事定改元勘文読申〈さ〉、大永2(一五二二)・1・5従三位、3・29兼近江権守、大永4・7・11正三位、12・30転左大弁、大永5・12・15権中納言、享禄3(一五三〇)・12・28従二位、享禄5・3・24勅授、天文5(一五三六)・2・21正二位、3・1権大納言、天文11・3・12辞退(権大納言)、天文15・3・13内大臣、7・27辞退(内大臣)、天文20・3・9出家

［死没］永禄6(一五六三)・11・12　［年齢］72　［父］万里小路賢房　［前名］量房　［号］龍證院　［法名］等祺　［日記］秀房公記(一五一五-四〇)　［公卿補任］3—354下

惟房　これふさ　一五一三—七三

永正10(一五一三)・-・-誕生、永正12・12・21〈やさ〉従五位下、大永8(一五二八)・6・28左兵衛佐、7・10従五位上、享禄2(一五二九)・8・27右少弁、12・15正五位下、享禄3・12・29正五位上、天文2(一五三三)・9・18権左少弁、天文4・3・21権右中弁、天文5・11・22従四位下、12・1従四位上、12・29右中弁、天文6・1・8正四位下、10・8左中弁、天文7・12・15蔵人頭、12・19転右大弁、12・25正四位上、天文8・2・13管領頭、12・25参議、右大弁如元、元蔵人頭、天文9・1・6従三位、天文10・3・28権中納言、天文11・閏3・10正三位、天文12・8・-賀茂伝奏、天文13・8・25辞賀茂伝奏、天文14・1・5従二位、天文17・4・29勅勘云々、7・8勅免、天文18・1・5正二位、天文19・12・22権大納言、弘治2(一五五六)・3・7辞退(権大納言)、永禄2(一五五九)・12・2還任(権大納言)、元亀4(一五七三)・6・9内大臣、薨去

❖天文9年より「近江権守」、永禄二年より「御即位伝奏」

［死没］天正1(一五七三)・6・9　［年齢］61　［父］万里小路秀房　［母］畠山政凞女　［号］崇恩院　［法名］文渓智玄　［日記］惟房公記(一五三三-六四)　［公卿補任］3—399下　［大日本史料］10—16—181

輔房　すけふさ　一五四二—七三

天文11(一五四二)・-・-誕生、天文13・1・6叙爵、天文16・6・27元服、禁色、昇殿、6・28右兵衛佐、従五位上、天文17・3・23加賀介、天文19・12・30正五位下、天文20・8・1右少弁、9・9正五位上、天文23・1・17左少弁、天文24・9・28右中弁、永禄3(一五六〇)・-・-従四位下〈やくま〉、2・6蔵人頭〈やくま〉、3・1従四位上〈やくま〉、-・-正四位下〈やくま〉、2・13左中弁〈やくま〉、永禄4・1・5正四位上、永禄6・6・27右大弁、7・6参議、右大弁如元、元蔵人頭、11・12軽服、12・26除服、永禄9・9・3従三位、9・-下向勢州実蓮寺、永禄10・4・4上洛、永禄11・12・18権中納言、永禄12・6・22勅授、元亀1(一五七〇)・-・-賀茂伝奏、-・-辞之(伝奏)、元亀2・1・6正三位、元亀4・8・5薨去〈やくま〉

［死没］元亀4(一五七三)・8・5　［年齢］32　［父］万里小路惟房　［母］大隅守畠山家俊女　［前名］頼房　［公卿補任］3—452下　［大日本史料］10—17—50

充房　あつふさ　一五六二—一六二六

永禄5(一五六二)・6・24誕生☆、天正1(一五七三)・11・21叙爵、12・18元服、禁色、昇殿、左兵衛佐、天正2・3・28権右少弁、12・30従五位上、天正4・12・13正五位下、天正5・12・2蔵人、右少弁、天正6・1・6正五位下☆、-・-左少弁〈く〉☆、天正9・11・11右中弁、11・-〈「1日」ま〉従四位下☆、12・24蔵人頭、従四位上、12・29正四位下(年中三ケ度〈く〉)、天正10・1・6正四位上、天正14・11・4右大弁〈く〉、天正17・1・6参議、右大弁如元(元蔵人頭〈く〉)、1・22〈「5月30日」く〉転左☆、5・30従三位、文禄3(一五九四)・7・7〈く〉権中納言、慶長2(一五九七)・1・5〈「2月2日」く〉正三位☆、慶長4・1・11権大納言、慶長7・1・6従二位、慶長10・10・13出家

［死没］寛永3(一六二六)・9・12　［年齢］65　［父］万里小路輔房(実勧修寺晴右、三男)　［母］右京亮粟屋元澄女　［号］総観院桂哲等利　［法名］桂哲・等利　［公卿補任］3—499上

孝房　たかふさ　一五九二—一六一七

文禄1(一五九二)・10・10誕生〈く〉、文禄2・1・5〈く〉叙位、慶長6(一六〇一)・3・17元服、侍従、昇殿、慶長7・1・6従五位上、慶長9・8・1左少弁、12・17改孝房〈く〉、慶長11・1・6正五位下、1・21蔵人、慶長12・1・17正五位上、慶長14・1・9右中弁、1・13左中弁、慶長16・4・21従四位下、7・3従四位上、11・11正四位下(年中三ケ度)、慶長17・1・19転任左大弁、2・-蔵人頭、12・7正四位上、慶長18・1・15〈「12日」く〉参議☆、元頭左大弁〈く無〉、左大弁如元、本名兼房〈く〉、慶長19・1・5従三位、7・-止大弁〈く〉☆、元和3(一六一七)・4・1薨去

［死没］元和3(一六一七)・4・1　［年齢］26　［父］万里小路充房　［母］右大臣正二位織田信長女　［前名］兼房　［公卿補任］3—538下　［大日本史料］12—27—1

雅房　まさふさ　一六三四—七九

寛永11(一六三四)・3・29誕生、寛永13・1・5従五位下、寛永18・12・13元服、従五位上、左衛門佐、正保2(一六四五)・1・6正五位下、正保4・12・30権右少弁、慶安2(一六四九)・1・12右少弁、7・20蔵人、正五位上、7・23禁色、11・8左少弁、承応3(一六五四)・12・13従四位下、12・18左中弁、承応4・1・5従四位上、1・15蔵人頭、1・25正四位下、1・29右大弁、3・23正四位上、明暦2(一六五六)・7・14参議(有能辞替)、右大弁如元、元蔵人頭、12・19拝賀、明暦3・1・5従三位、1・27転左、万治1(一六五八)・閏12・22去大弁、万治4・1・5正三位、寛文2(一六六二)・12・14権中納言、寛文3・1・18帯剣、2・16聴直衣〈ま〉、寛文10・9・29権大納言、寛文12・12・5従二位、延宝1(一六七三)・12・26正二位、延宝3・11・27賀茂伝奏、延宝5・5・27辞伝奏、壬12・11按察使、延宝7・5・21辞権大納言、6・23薨去☆

［死没］延宝7(一六七九)・6・23　［年齢］46　［父］万里小路綱房　［母］従一位権中納言橋本実村女　［法名］性立　［公卿補任］3—643上

淳房　あつふさ　一六五二—一七〇九

承応1(一六五二)・12・27誕生、明暦2(一六五六)・1・5叙爵、寛文3(一六六三)・1・18元服、昇殿、左衛門権佐、従五位上、寛文7・2・17〈去正五分〉正五位下、寛文10・9・30権右少弁、寛文11・9・29蔵人、10・7禁色、正五位上、寛文13・2・19右少弁、延宝2(一六七四)・2・8権右中弁、2・15〈「16日」家譜〉従四位下、蔵人頭、6・1従四位上、6・28正四位下、延宝3・2・22〈去正五分〉正四位上、延宝4・10・2右大弁☆、延宝5・閏12・11参議(右大弁如元)、延宝6・4・13左大弁、9・16〈去正月五日分〉従三位、天和1(一六八一)・11・21権中納言、12・21正三位、天和2・10・25寛清親王家別当、天和3・–・–賀茂伝奏〈ま〉、貞享1(一六八四)・1・21辞伝奏、12・11昌隆親王家勅別当、貞享2・11・23〈去七日分〉従二位☆、貞享3・閏3・21〈「22日」ま家譜〉権大納言☆、貞享4・8・23大嘗会検校、元禄4(一六九一)・4・13辞権大納言☆、元禄7・2・12〈去正月五日分〉正二位☆、宝永6(一七〇九)・9・16従一位、11・10薨去

［死没］宝永6(一七〇九)・11・10　［年齢］58　［父］万里小路雅房　［母］前大僧正光従女　［号］観妙院　［日記］淳房卿記(一六七三-一七〇九)　［公卿補任］4—48下

尚房　ひさふさ　一六八二—一七二四

天和2(一六八二)・6・26誕生、元禄4(一六九一)・12・21〈去正六分〉叙爵、元禄9・12・26〈「28日」ま家譜〉改尚房(元熈輔)☆、元禄10・1・18元服、昇殿、侍従、従五位上、2・14蔵人、2・15禁色、6・10右少弁、12・26正五位下、元禄11・1・9〈去五日分〉正五位上、9・17左少弁☆、元禄14・10・24右中弁☆、宝永1(一七〇四)・8・27喪養母、10・17除服出仕復任、10・19左中弁、宝永3・2・12従四位下、蔵人頭、2・20右大弁、5・6従四位上、5・29正四位下、宝永4・2・17正四位上、11・10喪養母、12・22除服出仕復任、宝永8・2・28参議(右大弁如元)、3・25拝賀着陣、3・30直衣、7・24転左大弁、正徳2・12・18〈去正月廿日分〉従三位、正徳4・5・22権中納言、6・28〈「26日」ま家譜〉帯剣☆、享保1(一七一六)・12・25正三位、享保2・2・27賀茂伝奏、享保4・1・5辞伝奏、2・11賀茂伝奏、享保5・12・28従二位、享保7・12・2権大納言、享保9・5・12辞伝奏、9・4辞権大納言、薨去

［死没］享保9(一七二四)・9・4　［年齢］43　［父］万里小路淳房(実清閑寺熈房)　［母］家女房(正二位権大納言高倉永敦女)　［前名］熈輔　［日記］尚房卿記(一七〇七-二一)　［公卿補任］4—197下

稙房　たねふさ　一七〇五—六四

宝永2(一七〇五)・1・27誕生、宝永3・12・23叙爵、

正徳3(一七一三)・11・26元服、昇殿、兵部大輔従五位上、享保2(一七一七)・12・25正五位下、享保9・4・9蔵人、8・7左少弁、9・4喪父、10・24除服出仕復任、享保10・2・18正五位上、享保13・6・11兼春宮大進(立坊日)、7・2喪母、8・24除服出仕復任、享保15・9・18左中弁(大進如元)、享保17・4・20蔵人頭従四位下、4・23転右大弁、9・25従四位上、12・27正四位下、享保18・2・24正四位上、享保19・1・21参議(右大弁如元)、1・27拝賀着陣、1・28直衣、12・2転左大弁、12・18拝賀着陣、享保20・2・12従三位、元文2(一七三七)・7・12権中納言、9・22帯剣、元文3・8・28大嘗会検校〈ま〉、元文4・3・30右衛門督、元文5・1・8〈去六日分〉正三位、寛保3(一七四三)・6・29権大納言、延享2(一七四五)・1・5従二位、8・4賀茂伝奏、延享4・9・24辞伝奏、寛延1(一七四八)・12・18辞権大納言、寛延4・6・22正二位、宝暦8(一七五八)・9・25按察使、宝暦13・6・19〔従一位〕、明和1(一七六四)・10・10薨去

[死没]明和1(一七六四)・10・10　[年齢]60　[父]万里小路尚房　[母]正二位吉田兼敬女　[号]無量仏院　[日記]稙房卿記(一七一六－六二)　[公卿補任]4—309上

政房　まさふさ　一七二九—一八〇一

享保14(一七二九)・3・5誕生、元文3(一七三八)・12・24叙爵(于時説道)☆、延享1(一七四四)・11・13稙房卿子☆、12・7〈「27日」ま〉元服、昇殿、民部権少輔、従五位上、延享2・3・23権右少弁(小除目〈ま〉)、3・25拝賀従事、6・9蔵人、6・13禁色、拝賀従事、7・1左少弁、7・3拝賀従事、延享3・2・17正五位下、延享4・2・1正五位上、4・7左衛門権佐、5・2新帝蔵人(受禅日〈ま〉)、5・27皇太后宮大進(立后日)、延享5・5・24蒙使宣旨、5・28拝賀従事、寛延2(一七四九)・4・4賀茂奉行、4・23辞賀茂奉行、5・12改韶房、10・21神宮弁、10・22賀茂奉行、11・23辞神宮弁、寛延3・2・14被免賀茂奉行、神宮弁、6・26止皇太后宮大進(依院号)、寛延4・4・3被免神宮弁、4・28神宮弁、宝暦3(一七五三)・7・19辞神宮弁、神宮弁、宝暦4(一七五四)・1・26権右中弁(権佐使等如故)、1・30拝賀従事、宝暦5・2・2右中弁(権佐使等如故)、8・10辞神宮弁、賀茂奉行、9・26辞賀茂奉行、神宮弁、宝暦6・4・27辞神宮弁、宝暦6・5・9従四位下(推叙)、5・10蔵人頭、拝賀従事、7・4従四位上(推叙〈ま〉)、7・22正四位下、8・10右大弁、8・16拝賀従事、宝暦7・3・10正四位上、12・25造興福寺長官、宝暦9・12・26神宮奉行、宝暦10・4・24辞神宮奉行、宝暦11・1・24左大弁(長官如故)、1・26拝賀従事、2・18参議(弁長官如故)、5・9〈「6月」ま「8月」家譜〉拝賀着陣、5・27直衣〈ま〉、12・24従三位、宝暦12・10・25権中納言、宝暦13・8・4聴直衣、12・4権大納言、明和3(一七六六)・1・5正三位、3・6辞権大納言、8・28改政房、明和6・1・9従二位、明和9・1・9正二位、寛政5(一七九三)・3・11依武命止出仕〈ま〉、4・13出仕〈ま〉、寛政9・12・26従一位、享和1(一八〇一)・11・26薨去

[死没]享和1(一八〇一)・11・26　[年齢]73　[父]万里小路稙房(実勧修寺高顕、二男)　[母]正二位権大納言阿野公緒女(実従二位権大納言万里小路尚房女)　[前名]説道・韶房　[日記]韶房卿記(一七四四－一八〇一)　[公卿補任]4—456上

建房　たけふさ　一七八〇—一八四六

安永9(一七八〇)・11・28誕生、天明2(一七八二)・12・22従五位下、寛政3(一七九一)・12・14元服、昇殿、従五位上、寛政4・10・27侍従(小除目)、寛政6・2・15〈去正五日分〉正五位下、寛政12・5・25右少弁、6・27拝賀従事、享和1(一八〇一)・11・26(祖父)、享和2・1・17除服出仕復任、2・20蔵人、兼左衛門権佐蒙使宣旨、2・24院判官代年預〈ま〉、2・30禁色、拝賀従事、3・5宿侍始、3・27正五位上、文化1(一八〇四)・7・27賀茂下上社奉行御祈奉行等、9・18左少弁(権佐使等如故)、9・22拝賀従事、文化2・5・11辞賀茂下上社御祈等奉行、7・13兼中宮大進(推任)、7・19拝賀、文化3・2・20御祈奉行、文化4・1・25賀茂下上社奉行、文化5・閏6・13権右中弁(大進権佐使等如故)、閏6・20拝賀従事、7・2辞賀茂下上社奉行、7・3辞御祈奉行、7・11造興福寺長官、文化6・4・28右中

弁(大進権佐使長官等如故)、文化7·2·2神宮弁、2·5従四位下、蔵人頭(長官如故)、2·10氏院別当、2·11拝賀従事、2·13宿侍始、3·26従四位上、4·24正四位下、12·1転右大弁(長官如故)、拝賀従事、12·11兼中宮亮(推任)、12·14拝賀、文化8·1·5正四位上、12·21左大弁(亮長官等如元)、12·24拝賀従事、文化10·閏11·6止神宮弁(依触穢)、文化11·1·16神宮弁、4·5参議、左大弁中宮亮造興福寺長官等如故、5·1拝賀着陣、5·4聴直衣、直衣始、12·19従三位(亮如故)、文化12·8·11権中納言、8·27帯剣、8·28聴直衣、直衣始、文化13·3·7賀茂伝奏、12·26正三位、文政1(一八一八)·9·26右衛門督使別当、10·14直衣始、文政2·1·4従二位、文政4·8·11辞伝奏、文政5·1·25正二位、10·25賀茂下上社伝奏、文政7·3·24権大納言、4·8直衣始、文政8·2·11按察使、3·16直衣始、11·16辞伝奏、天保2(一八三一)·4·17辞権大納言、弘化3(一八四六)·9·13従一位、9·14薨去

［死没］弘化3(一八四六)·9·14 ［年齢］67 ［父］万里小路文房 ［母］家女房 ［日記］建房卿記(一八〇〇-〇三) ［公卿補任］5—225下

正房　なおふさ　一八〇二—五九

享和2(一八〇二)·12·1誕生、文化5(一八〇八)·2·21従五位下、文化6·2·19元服、昇殿、拝賀、文化8·12·5従五位上、文化11·1·20正五位下、文政2(一八一九)·6·2改正房(元寿房)、文政3·10·2侍従、10·16拝賀、文政4·2·9悦仁親王家司、3·21右少弁、4·2拝賀従事、文政7·5·7転左少弁、5·13蔵人、5·21禁色、拝賀従事、5·26宿侍始、6·4正五位上(小除目次)、8·11兼皇太后宮権大進、左衛門権佐(推任)、蒙使宣旨、8·16拝賀、12·19為御祈奉行、文政8·11·16辞御祈奉行、11·18御祈奉行、文政10·6·12転大進、文政11·4·17辞御祈奉行、文政11·5·26氏院別当、文政13·6·15為御祈奉行、天保2(一八三一)·6·1辞御祈奉行氏院別当等、11·8為御祈奉行、11·9氏院別当、12·19転右中弁(大進権佐使等如故)、造興福寺長官、12·22拝賀従事、天保3·2·3従四位下、蔵人頭(長官如故)、2·11拝賀従事、2·14由行宿侍後朝儀、2·18院別当、2·21神宮弁、2·22院司慶、3·4従四位上、3·13転左中弁(長官如故)、正四位下、3·17拝賀従事、天保4·1·5正四位上、8·7辞神宮弁氏院別当等、10·7神宮弁、天保5·2·25辞神宮弁、11·27兼皇太后宮亮、12·7拝賀、天保6·4·27氏院別当、天保7·12·27辞氏院別当、12·29除服出仕(別勅)、天保8·11·25左大弁(亮長官等如故)、11·27拝賀従事、天保9·7·16参議、左大弁皇太后宮亮造興福寺長官等如故、8·7拝賀着陣、8·8聴直衣、直衣始、12·3従三位、天保11·12·20賜太上天皇御服、天保12·閏1·22止亮、進清和院別当、6·14正三位、12·22右衛門督補使別当、12·28直衣始、弘化2(一八四五)·1·18従二位、嘉永1(一八四八)·5·18権中納言、5·23帯剣、5·24聴直衣、直衣始、10·9正二位、安政4(一八五七)·5·15権大納言、安政5·3·29直衣始、9·11〈昨日分〉辞権大納言、安政6·10·22薨去

［死没］安政6(一八五九)·10·22 ［年齢］58 ［父］万里小路建房 ［母］正二位権大納言勧修寺経逸女 ［前名］寿房 ［日記］正房卿記(一八二〇-五四) ［公卿補任］5—383下

博房　ひろふさ　一八二四—八四

文政7(一八二四)·6·25誕生、文政9·12·19叙爵、天保4(一八三三)·3·28元服、昇殿、従五位上、拝賀、天保7·1·4正五位下、嘉永4(一八五一)·12·24侍従、安政4(一八五七)·5·15右少弁(小除目)、蔵人、正五位上、禁色、拝賀従事、–·25〈5月カ〉申行宿侍後朝儀、10·19転左少弁、安政5·10·7兼右衛門権佐、蒙使宣旨、5·20拝賀、安政6·2·19賀茂下上社奉行、氏院別当、9·20御祈奉行、10·22辞賀茂下上社奉行御祈奉行氏院別当、服解(父)、12·14除服出仕復任、万延1(一八六〇)·11·7御祈奉行、万延2·1·23転権右中弁(権佐使等如元)、1·25拝賀従事、文久2(一八六二)·5·3賀茂下上社奉行、7·1神宮弁、免御祈奉行、7·16免神宮弁、閏8·3御祈奉行、閏8·17神宮弁、氏院別当、免御祈奉行、閏8·25御祈奉行、免神宮弁、9·12辞賀茂下

上社奉行御祈奉行氏院別当等、文久3・1・23氏院別当、3・25賀茂下上社奉行、5・29転右中弁(権佐使等如元)、7・2辞賀茂下上社奉行、辞氏院別当、-・-・-〈7月30日カ〉従四位下(方今国勢多端之間、被採用度有思食被止侍中、推叙)、慶応1(一八六五)・12・10辞右中弁、慶応3・4・8従四位上、8・2正四位下、9・27右大弁蔵人頭(小除目)、拝賀従事、神宮弁、11・4参議(大弁如元、推任)、慶応4・-・-〔正四位上カ〕、2・2権中納言、従三位

[死没]明治17(一八八四)・2・22　[年齢]61　[父]万里小路正房、一男　[母]正二位神祇大副藤波寛忠女実　[日記]博房卿記(一八四四-六七)　[公卿補任]5―579上

清閑寺家　せいかんじけ

藤原氏北家勧修寺流。甘露寺家の支流。吉田東大納言経長の五男清閑寺参議資房を家祖とする。家格は名家。内々の家。儒学・有職故実を家職とした。一条家の家礼。江戸時代には家領百八十石。資房は、吉田東権大納言経長の五男で、元応二年(一三二〇)に右少弁に任ぜられて以来、弁官として累進し、正中三年(一三二六)左大弁・蔵人頭となり、嘉暦二年(一三二七)参議に昇り公卿に列し、元徳二年(一三三〇)には正三位に昇った。このころ長兄吉田内大臣定房は南朝に出仕していて、延元三年(一三三八)正月に吉野で没した。子息には宗房・守房等があったが、京都の朝廷では定房の遺跡をこれらの子息には認めず、康永三年(一三四四)に至り、院評定により定房舎弟の前参議資房に譲与することに治定することが『園太暦』同年閏二月一日条にみえる。つまり資房は定房の家督を継承することとされたのであり、『清閑寺家譜』および『諸家伝』が定房より始まっているのはその事情によるものであろう。しかし、資房はこの年十一月に頓死してしまう。その後、家督は資定・家房・家俊・幸房と継承されたが、幸房が頭弁のときの永享十一年(一四三六)正月、正親町頭中将持季と殿上淵酔において両貫首首座の次第について相論に及び、その科によって将軍足利義教の忌避に触れて、幸房の位階官職は止められ、かつ知行は没収されてしまう。『薩戒記』同年正月十六日条には、幸房知行分は相手方の持季に与えるとの沙汰であるが、これは台命をも恐れず相論に及んだことによるのであろう、と記されている。かくて幸房は牢籠不遇の境涯となったが、それでも文安六年(一四四九)に参議に加えられ、康正三年(一四五七)には権中納言にも昇って、寛正二年(一四六一)に三十六歳で没した。しかし、その息藤寿丸は父の憚りによってか、翌三年に二十歳になってようやく叙爵するが、元服までは及ばず宇治に潜居して多年を経る。世間ではこの一流はほとんど断絶したかに思われる状態に至っていた。ところが同流の長老の一人である海住山高清は、権大納言に昇った翌月の文明十二年(一四八〇)四月、同流の誼をもって藤寿丸を推挙し、四月十七日には元服して家幸と称させ、翌日には参内して拝顔を遂げさせた。ときに家幸は三十九歳、希代のことであった。ここに知行こそなかったが、内の番衆に加えられ、清閑寺の家名を再興することになる。それより八年後の長享二年(一四八八)六月海住山権大納言高清が没した。この人にも相続の子息がなくて、家門断絶かと取り沙汰されたが、高清は存生の間に家幸と猶子の契約をしていたようで、延徳二年(一四九〇)二月に至って、家幸は高清の猶子として、その遺跡遠江国河村荘・近江国勅旨田等を拝領相続することになる。ただし、家幸はこの以後も清閑寺の号を称し、海住山の号を称することはなかった。ここに高清の知行分は家幸に引き継がれたが、その家督相続の座にはつかずに終わったので、甘露寺権右中弁光長三男の九条参議光長を家祖とする海住山家は断絶することになる。その後、家幸は右中弁を経て、明応十年(一五〇一)十二月に刑部卿になったが、ついに三位に昇ることはなかった。また、その後の状況も明らかではない。かく

て相続の人なく再び断絶することになった。清閑寺家の再興は、同流中御門権中納言資胤の男共房によって、約百年ののちに実現した。舟橋秀賢の『慶長日件録』慶長五年(一六〇〇)正月二十七日条に、前関白二条昭実より、中御門一流の男子をもって清閑寺を相続あるべきにつき、名字撰進の下命あり、持参進上したということがみえる。共房は、天正十七年(一五八九)に生まれ、慶長七年に叙爵、元服・昇殿し、同十一年権右少弁、翌々年蔵人となり、十八年に蔵人頭・右大弁、翌十九年に参議に昇り公卿に列した。超越を重ねての昇進で、その後もめざましい昇進を遂げ、寛永十二年(一六三五)には権大納言となり、承応三年(一六五四)に従一位、寛文元年(一六六一)には内大臣にまで昇った。清閑寺家には官位とも前例のないことであった。共房の清閑寺家相続再興は慶長七年であろうが、共房の出生については次のごとき風聞があった。『嘉良喜随筆』に所引の「遠碧軒随筆」に、清閑寺内府従一位は実は二条昭実の子で、公表しがたい事情

清閑寺家

資房―資定―家房―家俊―幸房
―家幸(中絶)共房―共綱―凞房
―凞定―治房―秀定―益房―祀定
―共福―豊房―盛房(伯爵)

があって康道を嫡子となし、清閑寺という新家を取り立て名家とし継がしめた、と書かれている。事の真偽は明らかでないが、共房の猶子相続に昭実が関連していること、共房が異例の昇進を遂げ、家例のない内大臣にまで昇ったことなどを併せ考えると、蓋然性は高いのかも知れない。以来、江戸時代を通じ養子相続のことなく幕末に至った。共綱・凞房・益房・祀定が従一位権大納言に昇り、家房・共房が武家伝奏に補され、治定・祀定が議奏に補された。日記には、『共房卿記』、『共綱卿記』、『凞房卿記』、『凞定卿記』、『祀定卿記』がある。明治十七年(一八八四)盛房のとき、叙爵内規により伯爵を授けられた。菩提所は鳴虎　光王院。『清閑寺家譜』(東京大学史料編纂所架蔵、四一七五—二三七)。

資房　すけふさ　一三〇四—四四

正中2(一三二五)・12・18左中弁、正中3・1・5正四位下、2・19左大弁、中宮亮、即補蔵人頭、嘉暦2(一三二七)・7・16参議、元蔵人頭左大弁、嘉暦3・3・16兼伊予権守、9・23従三位、辞参議、元徳2(一三三〇)・3・22止権守、元徳3・3・18正三位、康永3〈興国5〉(一三四四)・11・4〈3日ともあり〉薨去

[死没]康永3(一三四四)・11・4　[年齢]41　[父]吉田定房(実吉田経長五男)　[母]正二位権中納言冷泉経頼女　[前名]雅房　[公卿補任]2—510下　[大日本史料]6—8—503

資定　すけさだ　?—一三六五

貞治2〈正平18〉(一三六三)・4・20参議、元蔵人頭右(「左」し)大弁、造興福寺長官、貞治3〈正平19〉・3・29兼近江権守、4・14従三位、貞治4〈正平20〉・7・18薨去

[死没]貞治4(一三六五)・7・18　[父]清閑寺資房　[公卿補任]2—678下　[大日本史料]6—26—970

家房　いえふさ　一三五五—一四二三

明徳4(一三九三)・11・-参議、元前蔵人頭、応永2(一三九五)・1・5従三位、応永3・1・28兼丹波権守、応永6・1・5正三位、応永9・3・28兼相模権守、応永13・3・24権中納言、8・17辞権中納言、応永20・1・5正二位、7・23被仰伝奏事、応永30・4・8出家、7・21薨去

[死没]応永30(一四二三)・7・21　[年齢]69　[父]清閑寺資定　[号]清閑寺　[公卿補任]3—30上

家俊　いえとし　一三七八—一四三三

応永21(一四一四)・3・16参議、元蔵人頭右大弁、10・20従三位、応永22・3・28兼播磨権守、11・20正三位、応永24・1・5従二位、応永25・12・2権中納言、応永26・3・10辞権中納言、応永28・7・5〈6月日ともあり〉還任権中納言、応永31・3・14辞権中納言、応永32・6・7権大納言、応永33・1・6正二位、正長2(一四二九)・3・29辞権大

納言

※永享三年(一四三一)前権大納言正二位(以後不見)

[死没]永享5(一四三三)　[年齢]56　[父]清閑寺家房　[公卿補任]3—80下

幸房　ゆきふさ　?—一四六一

宝徳1(一四四九)・10・-〈やさし〉参議、-・-・-辞参議、宝徳2・3・21従三位、宝徳3・3・20〈享徳2年にもあり〉正三位、康正1(一四五五)・8・1従二位、康正3・6・29権中納言、7・9辞権中納言、寛正2(一四六一)・6・-薨去

[死没]寛正2(一四六一)・6　[父]清閑寺家俊　[公卿補任]3—160下

共房　ともふさ　一五八九—一六六一

天正17(一五八九)・5・27誕生〈く〉、慶長7(一六〇二)・1・6叙位、1・12元服〈く〉、昇殿〈く〉、慶長9・8・1左衛門権佐、慶長11・1・6〈くま〉従五位上、1・11権右少弁、慶長13・2・17蔵人、慶長14・1・6正五位下、1・9右少弁、1・13転左少弁、慶長16・3・21正五位上、慶長17・1・5従四位下、1・19転左中弁、8・1従四位上、12・11正四位下(年中三ヶ度)、慶長18・1・6正四位上、1・23蔵人頭、12・21転任右大弁、慶長19・1・11参議、元頭右大弁(く無)右大弁如元、7・27転左、慶長20・1・5従三位〈く〉、元和1(一六一五)・12・28辞大弁〈く〉、元和3・1・5正三位、元和5・1・12権中納言、元和6・8・15従二位、寛永8(一六三一)・12・11正二位、寛永9・12・29権大納言☆、寛永14・10・16辞権大納言、承応1(一六五二)・-・-武家伝奏、承応3(一六五四)・12・28従一位、寛文1(一六六一)・5・23内大臣、7・24辞内大臣、7・28薨去

[死没]寛文1(一六六一)・7・28　[年齢]73　[父]清閑寺家幸(実中御門資胤、一男)　[母]家女房　[号]清徳院　[日記]共房卿記(一六三一)　[公卿補任]3—541下

共綱　ともつな　一六一二—七五

慶長17(一六一二)・10・21誕生、慶長18・7・22叙位、元和2(一六一六)・12・17元服、昇殿、左衛門権佐〈くま〉、元和3・1・5従五位上、元和6・1・5正五位下、寛永1(一六二四)・11・28中宮権大進☆、佐如元、寛永4・7・27蔵人、9・7左少弁、権大進如元、11・17正五位上、寛永6・11・6〈くま〉右中弁、11・9去権大進、寛永8・12・18左中弁、寛永9・5・2従四位下、蔵人頭、9・8従四位上、12・11正四位下(年中三ケ度)、寛永10・1・6〈くま〉正四位上、寛永12・1・11右大弁、寛永14・12・20左大弁、寛永16・9・15〈く〉参議、大弁如元、閏11・28従三位、寛永18・8・23去弁、寛永19・1・5正三位、寛永20・9・12権中納言、9・15帯剣、寛永21・1・28聴直衣、慶安2(一六四九)・4・3〈賜去一日従二位々記〉従二位、承応3(一六五四)・12・-〈賜去正月五日正二位口宣案〉正二位、承応4・1・25権大納言、万治1(一六五八)・閏12・21辞権大納言☆、延宝3(一六七五)・8・13従一位、8・26薨去

※明暦元年(一六五五)より「改元定伝奏」、明暦二年より「御即位伝奏」

[死没]延宝3(一六七五)・8・26　[年齢]64　[父]清閑寺共房　[母]平野光源寺智祐女　[日記]共綱卿記(一六五一)　[公卿補任]3—588下

凞房　ひろふさ　一六三三—八六

寛永10(一六三三)・3・29誕生、寛永11・1・6従五位下☆、寛永17・12・24元服、従五位上、左兵衛権佐、昇殿、寛永21・1・5正五位下、正保2(一六四五)・12・28権右少弁、正保3・12・22蔵人、12・27正五位上、正保4・12・30右少弁、慶安1(一六四八)・12・14改凞房、慶安2・1・12左少弁、11・8右中弁、承応1(一六五二)・11・26従四位下、12・10蔵人頭、承応2・1・5従四位上、2・11正四位下、7・11正四位上(年中三ケ度)、承応3・12・18右大弁、承応4・1・11参議(宣豊辞替)、右大弁如元、元蔵人頭(本保房)、1・29転左、4・3拝賀着陣、明暦1(一六五五)・5・24〈賜去二月八日従三位々記(「口宣案」ま)〉(有和同日)従三位☆、明暦3・1・26辞大弁、万治1(一六五八)・10・19権中納言、12・16帯剣、閏12・22聴直衣、万治2・1・5正三位、寛文9(一六六九)・1・23神宮伝奏、寛文12・12・5従二位、延宝1(一六七三)・7・11辞伝奏、12・26正二位、延宝4・9・27〈「26日」あ〉権大納言、延宝5・4・21神宮伝奏、延宝6・10・2辞伝

奏、延宝7・8・22神宮伝奏、延宝8・5・27辞伝奏、天和2(一六八二)・9・22賀茂伝奏、-・-辞伝奏、天和3・9・2辞権大納言☆、貞享1(一六八四)・12・29還任権大納言、貞享3・10・10辞権大納言、従一位、薨去

[死没]貞享3(一六八六)・10・10　[年齢]54　[父]清閑寺共綱　[母]内大臣正二位中院通村女　[前名]保房　[一字名]賢　[日記]凞房卿記(一六六四-六五)　[公卿補任]3—638下

凞定　ひろさだ　一六六二―一七〇七

寛文2(一六六二)・7・13誕生、寛文3・1・6叙爵、寛文8・12・10元服、昇殿、治部大輔、従五位上、寛文10・11・9右衛門権佐、寛文11・1・6正五位下、延宝2(一六七四)・2・8右少弁、2・15蔵人、2・21禁色、6・1正五位上、延宝8・12・29左少弁、天和1(一六八一)・12・14右中弁、天和2・4・27左中弁、天和3・1・13蔵人頭従四位下、1・26右大弁、2・3従四位上、8・2正四位下、天和4・1・16〈去五分〉正四位上、貞享1(一六八四)・11・1参議(右大弁如旧)、-・-左大弁〈ま〉、貞享2・1・7〈去六日分〉従三位、7・13聴直衣、貞享4・12・29権中納言☆、貞享5・1・15帯剣、3・9〈去正月六日分〉正三位☆、元禄6(一六九三)・12・26賀茂伝奏、元禄8・5・29辞伝奏、元禄9・6・17賀茂伝奏、元禄11・12・12辞伝奏、12・27〈去正月五日分〉従二位☆、元禄12・12・29権大納言、元禄14・2・21辞権大納言、宝永4(一七〇七)・1・10薨去

[死没]宝永4(一七〇七)・1・10　[年齢]46　[父]清閑寺凞房　[母]正二位権大納言高倉永敦女　[日記]凞定卿記(一六八四)　[公卿補任]4—74下

治房　はるふさ　一六九〇―一七三三

元禄3(一六九〇)・8・4誕生、元禄6・12・25〈去正五分〉叙爵、元禄10・11・29元服、昇殿、右兵衛権佐、従五位上、元禄14・10・25権右少弁、12・23〈去正五分〉正五位下、宝永1(一七〇四)・11・9〈「10月19日」ま〉右少弁☆、宝永3・2・12蔵人☆、2・17禁色、2・20左少弁、5・6正五位上、宝永4・1・10喪父、3・4除服出仕復任、宝永5・2・27兼中宮大進(立后日)、宝永7・3・21止大進(依院号定也)、正徳1(一七一一)・7・24右中弁、正徳4・7・13従四位下蔵人頭、7・26右大弁、8・24従四位上、11・9正四位下、正徳5・1・11〈去五分〉正四位上、享保2(一七一七)・2・25参議(右大弁如旧)、9・13拝賀着陣、10・30直衣、享保3・2・13従三位、4・24権中納言、閏10・3帯剣、享保7・7・23正三位、享保11・3・18賀茂伝奏、享保12・7・4権大納言、享保13・12・21従二位、享保14・10・21辞伝奏、享保15・4・12神宮伝奏、享保16・12・25辞権大納言、享保18・9・29薨去

❖享保三年より「左大弁」

[死没]享保18(一七三三)・9・29　[年齢]44　[父]清閑寺凞定　[母]家女房　[公卿補任]4—224下

秀定　ひでさだ　一七〇九―五九

宝永6(一七〇九)・6・7誕生、宝永8・12・23叙爵、正徳6(一七一六)・12・27元服、昇殿、右衛門権佐、従五位上、享保5(一七二〇)・12・28正五位下、享保9・閏4・21右少弁(権佐如旧)、享保10・11・26蔵人、11・28禁色、享保11・7・24正五位上、享保13・2・23辞右衛門権佐、享保15・9・18右中弁、享保17・4・25左中弁、享保18・9・29喪父、11・30除服出仕復任、享保19・1・24蔵人頭従四位下、5・24従四位上、12・2右大弁☆、12・24正四位下、享保20・2・12正四位上、3・21新帝蔵人頭、11・12参議(右大弁如旧)、12・9拝賀着陣、元文1(一七三六)・12・29従三位、元文2・8・21左大弁、9・19権中納言、9・28帯剣、元文5・12・24正三位、延享2(一七四五)・3・23従二位、延享3・5・8為徳明親王勅別当、延享4・7・12権大納言、9・24賀茂伝奏、寛延2(一七四九)・11・12辞伝奏、寛延4(一七五一)・6・22正二位、12・11辞権大納言、宝暦5(一七五五)・11・19還任権大納言、宝暦7・10・27辞権大納言、宝暦9・10・23薨去

[死没]宝暦9(一七五九)・10・23　[年齢]51　[父]清閑寺治房　[母]従一位右大臣中院通躬女　[公卿補任]4—314下

益房　ますふさ　一七三六―一八〇三

元文1(一七三六)・9・27誕生、元文3・1・6〈去五日宣〉従五位下、寛保3(一七四三)・9・21元服、昇

殿、兵部少輔、従五位上、延享2(一七四五)・7・28右少弁、10・12右衛門権佐、延享3・2・17正五位下、12・24蔵人、12・26禁色、拝賀従事〈ま〉、12・29神宮弁、延享4・2・1正五位上、5・2新帝蔵人(受禅日、神宮弁如旧)、更聴禁色拝賀従事〈ま〉、寛延1(一七四八)・5・24検非違使、5・28拝賀従事〈ま〉、8・22転右中弁(権佐如旧)、8・24拝賀従事〈ま〉、寛延2・10・21辞神宮弁、11・23神宮弁、寛延3・2・14賀茂奉行、被免神宮弁、3・4氏院別当、4・9辞氏院別当、辞賀茂奉行、9・14賀茂奉行、10・15氏院別当、12・21為御祈奉行〈ま〉、宝暦1(一七五一)・3・6辞御祈奉行〈ま〉、4・3神宮弁〈ま〉、9・28〈「29日」ま〉辞神宮弁、宝暦2・5・2従四位下、蔵人頭、辞賀茂奉行、氏院別当如旧、5・8拝賀従事〈ま〉、6・13従四位上、11・29正四位下、宝暦3・1・5正四位上、宝暦4・1・26転右大弁、1・30拝賀従事〈ま〉、7・17辞氏院別当、宝暦5・2・2転左大弁、2・5拝賀従事〈ま〉、宝暦6・5・10参議(小除目〈ま〉)、兼任左大弁、拝賀着陣、5・13聴直衣、6・13服解(母〈ま〉)、8・3除服出仕復任、宝暦7・12・25従三位、宝暦11・1・12権中納言、1・16帯剣〈ま〉、宝暦12・9・24正三位、明和1(一七六四)・6・27右衛門督使別当、8・24大嘗会検校、明和2・8・1従二位、明和5・1・9正二位、明和6・1・18辞右衛門督使別当、明和8・5・9皇太后宮権大夫、7・9止皇太后宮権大夫、安永6(一七七七)・6・16辞権中納言、天明6(一七八六)・8・27権大納言、9・30直衣始、天明7・10・11辞権大納言、寛政5(一七九三)・6・11従一位、享和3(一八〇三)・7・15薨去

[死没]享和3(一八〇三)・7・15　[年齢]68　[父]清閑寺秀定　[母]興正寺大僧正常勤女　[公卿補任]4—429下

昶定　とおさだ　一七六二—一八一七

宝暦12(一七六二)閏・4・25誕生、宝暦14・1・5従五位下、明和6(一七六九)・3・5〈「2月」ま〉元服、昇殿、従五位上、明和1・6・3喪母、10・24除服出仕、明和8・1・10侍従、明和9・8・25正五位下、安永10(一七八一)・9・28権右少弁、10・14蔵人、12・15禁色、12・16拝賀従事、12・19正五位上、天明2(一七八二)・7・25御祈奉行、天明3・5・27神宮弁、止御祈奉行、天明3・6・10転権右中弁、6・14拝賀従事、6・16氏院別当、7・20転中弁、兼右衛門権佐(推任)、蒙使宣旨、7・24拝賀、10・12止神宮弁、10・25辞氏院別当、天明4・7・6神宮弁、天明5・1・21氏院別当、8・22院判官代年預、8・26申院司慶、天明6・2・25転左中弁(権佐使等如旧)、2・30拝賀従事、5・12〈去十日分〉辞神宮弁、〈去十日分〉辞氏院別当、8・24神宮弁、9・18辞神宮弁、閏10・21神宮弁、天明7・4・28大嘗会悠紀所行事、8・15辞悠紀行事、辞神宮弁、12・29神宮弁、寛政1(一七八九)・5・22従四位下(小除目)、蔵人、兼造興福寺長官、拝賀従事、5・26免神宮弁、5・28申行宿侍後朝儀、6・5従四位上、6・28正四位下、閏6・17神宮弁、10・14辞神宮弁、寛政2・1・5正四位上、1・30神宮弁、2・10止神宮弁、3・23神宮弁、12・24辞神宮弁、寛政4・10・27参議(造興福寺長官如元、小除目)、兼左大弁、拝賀着陣、10・28聴直衣、直衣始、寛政5・1・5従三位、寛政8・4・24権中納言、4・26聴直衣、12・19正三位、寛政11・1・5従二位、3・16左衛門督、補検非違使別当、3・25直衣始、享和2(一八〇二)・1・5正二位、1・14権大納言、2・27直衣始、2・30帯剣、8・13賀茂下上社伝奏、享和3・6・18辞伝奏、文化3(一八〇六)・3・10辞権大納言、文化14・11・27(従一位)、11・28薨去

[死没]文化14(一八一七)・11・28　[年齢]56　[父]清閑寺益房　[母]正二位吉田良延女　[日記]昶定卿記(一七八八—八九)　[公卿補任]5—79下

共福　ともさち　一七九三—一八三九

寛政5(一七九三)・11・22誕生、寛政9・11・18従五位下、文化2(一八〇五)・5・15〈「19日」ま〉元服、昇殿、従五位上、拝賀、文化5・1・5正五位下、文化6・8・27侍従、11・17拝賀、文化12・2・26兼中宮権大進(小除目)、3・14拝賀、9・17右少弁(権大進如故)、9・21拝賀従事、文化14・11・22転左少弁(権大進如故)、11・28服解

（父）、文化15・1・20除服出仕復任、12・10拝賀従事、12・19補蔵人、12・22禁色、拝賀従事、12・26宿侍始、12・28正五位上、文政2（一八一九）・5・7氏院別当、8・29転大進、兼左衛門権佐、蒙使宣旨、9・5拝賀従事、文政3・3・14転皇太后宮大進、文政4・1・20転権右中弁（大進権佐使等如故）、1・23拝賀従事、文政5・2・9辞氏院別当、文政5・10・2賀茂下上社奉行御祈奉行等、文政6・3・19氏院別当、8・4辞賀茂下上社奉行御祈奉行氏院別当等、文政7・5・7転右中弁（大進権佐使等如故）、6・4転左中弁（小除目、大進権佐使等如故）、拝賀従事、7・2〈「1日」ま〉従四位下、蔵人頭、7・5拝賀従事、7・9申行宿侍後朝之儀、7・17神宮弁、8・6従四位上、8・11正四位下、文政8・1・5正四位上、8・9〈昨日分〉辞神宮弁、8・23神宮弁、10・21辞神宮弁、文政10・6・7神宮弁、12・19辞蔵人頭神宮弁等、天保3（一八三二）・3・12〈「13日」ま〉転左大弁、3・25拝賀従事、天保4・7・9参議、左大弁如故、9・16拝賀着陣、9・17聴直衣、直衣始、天保5・1・5従三位、天保8・11・24右衛門督補使別当、12・13直衣始、12・26正三位、天保10・11・3辞参議、薨去

［死没］天保10（一八三九）・11・3　［年齢］47　［父］清閑寺昶定、三男　［母］英彦山座主僧正高千穂孝助女　［公卿補任］5—353下

豊房　とよふさ　一八二二—七二

文政5（一八二二）・9・20誕生、文政6・12・19叙爵、天保2（一八三一）・12・8元服、昇殿、従五位上、拝賀、天保5・11・27正五位下、天保10・11・3喪父、12・23除服出仕、嘉永1（一八四八）・10・25民部大輔蔵人（推任補、依大嘗会御用中）、10・28禁色、拝賀従事、12・14辞蔵人、嘉永2・7・5侍従、8・29拝賀、嘉永3・5・13服解（母）、7・5除服出仕復任、嘉永5・10・9右少弁、10・23拝賀従事、嘉永6・5・27還補蔵人、6・2拝賀従事、6・12宿侍始、8・21正五位上、安政2（一八五五）・8・25氏院別当、安政3・8・8去氏院別当（依関白改易也）、安政4・5・15転左少弁（小除目）、兼左衛門権佐、蒙使宣旨、拝賀、5・17出仕始、10・19転権右中弁（権佐使等如元）、10・24拝賀従事、安政5・10・7御祈奉行、安政6・9・20神宮弁、免御祈奉行、10・22免神宮弁、御祈奉行、安政6・12・1氏院別当、万延1（一八六〇）・7・23〈昨日分〉神宮弁賀茂下上社奉行、8・2免御祈奉行、8・29御祈奉行、免神宮弁、10・9辞御祈奉行賀茂下上社奉行氏院別当、万延2・1・23転右中弁（権佐使等如元）、文久1（一八六一）・10・14神宮弁賀茂下上社奉行等、11・23蔵人頭従四位下、-・25〈1月カ〉拝賀従事、12・5従四位上、12・9宿侍始、12・19正四位下、文久2・1・23正四位上、5・3止神宮弁賀茂下上社奉行等、7・16神宮弁、閏8・1辞神宮弁、文久3・5・29転左中弁、5・30造興福寺長官、8・22氏院別当、8・23〈昨日分〉神宮弁、〈昨日分〉賀茂下上社奉行、9・1免賀茂下上社奉行、元治2（一八六五）・1・30辞神宮弁、閏5・15転右大弁（長官如元）、閏5・21拝賀従事、6・11〈昨日分〉賀茂下上社奉行、10・26辞賀茂下上社奉行、慶応3（一八六七）・9・27参議（大弁長官如元）、12・6拝賀着陣、12・7従三位、慶応4・2・2権中納言、明治1（一八六八）・12・28中宮権大夫

［死没］明治5（一八七二）・3・24　［年齢］51　［父］清閑寺共福、二男　［母］従二位権中納言野宮定業、二女　［公卿補任］5—578上

中御門家　なかのみかどけ

藤原氏北家勧修寺流。甘露寺家の支流。坊城権中納言経俊の四男中御門参議経継を家祖とする。家格は名家。内々の家。儒学・有職故実を家職とした。二条家の家礼。江戸時代には家領二百石。経俊は、建治二年（一二七六）十月十七日、他界の前日に家伝の所領・文書を息俊定等に分与する処分状（勧修寺家伝来「遺言条々」）を認めているが、経継には備中国両法華堂等二所が与えられた。これより前、経継は弘長二年（一二六二）六歳にて叙爵。中少弁・五位職事を経ずに正安四年（一三〇二）三

中御門家

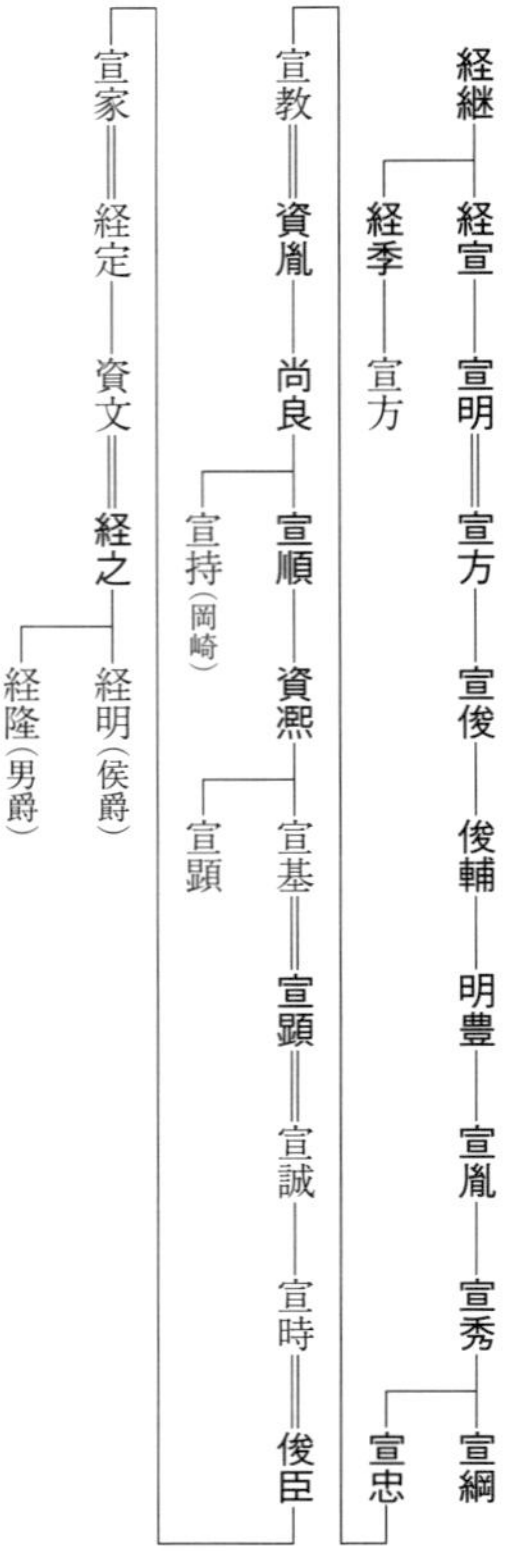

月参議となり、同七月ただちに右大弁となり、文保三年(一三一九)権大納言に昇進した。孫の宣明は南朝・北朝の両朝に仕えた。延慶二年(一三〇九)に叙爵し、後醍醐天皇の蔵人として元弘・建武から延元にわたり再々綸旨を奉じており、記録所寄人にもなった。延元元年(一三三六)足利尊氏が九州から攻めのぼり入京するにより、天皇が東坂本に難を避け幸した際にはこれに随従した。しかし南北朝の時代になると、北朝の廷臣となったので、正平六年(一三五一)南朝後村上天皇の一統の世になると、立場は苦しくなり、同年十二月南朝の賀名生行宮に参候する。しかし時勢が急変し、翌年七月足利氏によって北朝の再興がはかられ後光厳天皇の擁立ということになると、宣明はその議にもあずかった。貞治四年(一三六五)六月に六十四歳で没するが、子息なく叔父経兼の息宣方が養子に入り家督を継いだ。宣方・宣俊・宣輔・宣豊の四代いずれも四十歳中葉で他界した。宣豊の息が宣胤である。宣胤は嘉吉三年(一四四三)二歳にて叙爵、寛正二年(一四六一)には後花園天皇の蔵人頭、同五年に後土御門天皇の蔵人頭に補任され、文正元年(一四六六)参議となり、長享二年(一四八八)には権大納言に昇進した。大永五年(一五二五)十一月に八十四歳で没した。宣胤は学識豊かで、応仁の乱による朝儀の荒廃を嘆きその復興を志し、後進の指導にもあたった。その子が宣秀で、文明十六年(一四八四)から明応八年(一四九九)までの蔵人・蔵人頭在任期中に奉じた綸旨・口宣案などの控簿『宣秀卿御教書案』は、当時の朝廷の政務の実態を知る上の貴重な史料となっている。宣衡は寛永四年(一六二七)に権大納言に昇進し、六年には院執権となった。十八年に五十二歳で没するが、この宣衡の時代に二男の宣持が一家を起し、岡崎家を立てる。宣衡の孫宣凞は、寛永十四年に三歳にて叙爵し、万治元年(一六五八)二十四歳にて参議に任ぜられ、寛文十二年(一六七二)には権大納言に昇進した。その後辞したが、元禄元年(一六八八)還任し、同六年には議奏に補された。宣凞は霊元上皇の信任厚く、朝廷内でも勢威をふるったため東山天皇の嫌忌を受け、十二年議奏を罷免され、幕命により逼塞に処せられた。宝永三年(一七〇六)免され、翌四年八月に七十三歳で没した。資凞の息宣基は延宝八年(一六八〇)二十二歳にて没し、舎弟宣顕が後を継ぎ、宣顕もまた嗣なく、故烏丸左少弁宣定三男幸丸が宝永八年(一七一一)養子に入って相続し、宣誠と名乗った。宣誠息の宣時も延享二年(一七四五)十九歳で没し、嗣なく坊城前権大納言俊将の二男俊臣が養子に入った。俊臣息の宣家も寛政二年(一七九〇)二十六歳で没し、嗣なく堤前参議栄長末子経定が養子に入り、経定息の資文もまた嗣ないまま文政四年(一八二一)落飾したので、坊城権中納言俊明の三男が養子に入り家督を継ぐ。幕末・維新期に活躍した経之である。慶応二年(一八六六)八月、参議経之・正三位大原重徳等二十三人が天皇の御前に列参して時事危殆の状勢を奏し、朝政の改革など国事につき建言したことは有名。しかし勅勘を蒙り、十月経之は重徳とともに首謀者として閉門に処せられ

た。翌三年三月免されたのちは、大久保利通らと王政復古について画策し、討幕の密勅降下などに尽力した。歴代のうち、宣秀・宣忠が敷奏に補され、資熈が議奏に補された。日記には、『宣明卿記』、『宣胤卿記』、『中黄記』(宣秀)、『宣忠卿記』、『宣教卿記』、『宣順卿記』、『資熈卿記』がある。明治十七年(一八八四)経明のとき、叙爵内規より伯爵を授けられ、ついで二十一年に経之の勲功により侯爵に陞った。また経之の三男経隆は明治十三年分家して一家を起し、十七年男爵を授けられた。菩提所は百万遍 知恩寺。『中御門家譜』(東京大学史料編纂所架蔵、四一七五―一一六八)。

経継　つねつぐ　一二五八―?

弘長2(一二六二)・1・5従五位下、文永5(一二六八)・1・5従五位上、文永7・1・5正五位下、文永8・7・2治部大輔、建治2(一二七六)10・18喪父、12・29本復、弘安7(一二八四)・1・13勘解由次官、弘安8・3・8従四位下、5・21〈「9月」やイ〉従四位上、弘安11・2・10正四位下(去弘安九三春日行幸、俊定朝臣)、永仁6(一二九八)・8・10春宮亮、正安3(一三〇一)・1・21〈「22日」イ〉蔵人頭、3・14大蔵卿、正安4・3・23参議、元蔵人頭、大蔵卿如元、7・21右大弁、-・-止卿、乾元2(一三〇三)・1・28転左大弁、備中権守、嘉元1(一三〇三)・8・28従三位、嘉元3・12・30権中納言、徳治2(一三〇七)・1・5正三位、5・15兼大宰権帥、徳治3・9・17辞帥、延慶1(一三〇八)・12・22辞権中納言、延慶3・2・8従二位、2・12本座、文保2(一三一八)・3・2賜去正和二九廿正二位々記、3・12本座、元応1(一三一九)・10・27権大納言、元応2・3・24辞権大納言、4・6本座、正中3(一三二六)・3・22出家

[父]坊城経俊、四男　[母]宮内卿正四位下平業光女　[法名]乗性　[日記]経継朝臣記(一二九二)
[公卿補任]2―362下

経宣　つねのぶ　一二七九―一三四〇

弘安9(一二八六)・1・5従五位下、正応1(一二八八)・9・12和泉守、従五位上、永仁2(一二九四)・3・27正五位下、永仁3・4・8越前守、正安4(一三〇二)・2・1兼左衛門佐、嘉元1(一三〇三)・9・24兼中宮権大進、嘉元2・10・11復任(母、左衛門佐)、延慶2(一三〇九)・11・19兼春宮大進、正和4(一三一五)・7・21従四位下(春宮前大進)、文保2(一三一八)・1・5従四位上、3・9春宮亮、7・7正四位下、10・2右中弁(兼春宮亮)、11・9兼近江権介、11・21兼近江守、元応1(一三一九)・3・9右大弁(兼春宮亮近江守)、正四位上(越左中弁光業)、4・21兼造東大寺長官、5・15蔵人頭(右大弁春宮亮近江守如元)、8・5止春宮亮、元応2・3・24参議(元蔵人頭右大弁)、今日去弁(兼任右兵衛督)、使別当(隆長解官替)、元応3・1・5従三位、元亨2(一三二二)・4・5止別当、辞三木督、元徳2(一三三〇)・1・5〈1月カ〉正三位、建武2(一三三五)・1・7従二位、建武5(一三三八)・8・3出家、暦応3〈興国1〉(一三四〇)・5・6薨去

※元亨二年より「周防権守」

[死没]暦応3(一三四〇)・5・6　[年齢]62　[父]中御門経継　[母]正二位九条隆教女　[法名]乗信
[公卿補任]2―479下　[大日本史料]6―6―143

経季　つねすえ　一二九九―一三四六

正安2(一三〇〇)・10・30叙爵(于時高継)、正和4(一三一五)・1・5従五位上(于時経季)、12・15正五位下、正和5・閏10・19右兵衛佐、文保2(一三一八)・12・22春宮権大進、元徳2(一三三〇)・3・24右衛門権佐、蒙使宣旨、元亨2(一三二二)・8・1転大進、嘉暦2(一三二七)・2・14上総介、5・23兵部少輔(今日去介)、補蔵人、蔵人、嘉暦3・11・27右少弁、元徳1(一三二九)・2・23転権左少弁、4・1補造興福寺長官、6・28転左少弁(今日去蔵人)、9・26正五位上、元徳2・3・27従四位下(延暦寺講堂供養行事賞)、元弘1(一三三一)・3・18従四位上、10・28転右中弁、元弘3・6・12転左中弁、9・10宮内卿、蔵人頭、9・22禁色、建武1(一三三四)・1・5正四位下、建武3〈延元1〉・3・2参議(元蔵人頭大膳大夫)、建武4〈延元2〉・7・20辞参議、建武5・1・5従三位、暦応2〈延元4〉(一三三九)・2・21本座、康永2〈興国4〉(一三四三)・4・12正三位、貞和2〈正平1〉(一三四六)・9・2出家、9・8〈「6日」し〉薨去

[死没]貞和2(一三四六)・9・8　[年齢]48　[父]中御

門経継、二男 [前名]高継 [公卿補任]2—561上 [大日本史料]6—10—32

宣明 のぶあき 一三〇二—六五

延慶2(一三〇九)・9・26従五位下(于時宣藤)、正和4(一三一五)・6・13従五位上、正和5・2・10宮内権少輔、文保2(一三一八)・9・26正五位下、文保3・3・15木工頭、元応2(一三二〇)・12・21遷勘解由次官(改名宣明)、正中2(一三二五)・1・29去次官、元徳3(一三三一)・1・13更任勘解由次官、補蔵人、7・17左少弁、元徳2・3・12従四位下、去弁、6・-止四品位記、如元為蔵人左少弁、6・12正五位上、9・10転右中弁(蔵人如元)、9・16補右宮城使、12・7兼中宮大進、元徳4〈元弘1〉・1・7従四位下、1・23兼春宮亮、2・23転左中弁、3・17補記録所勾当、7・9補左宮城使、8・10補鋳銭長官、9・28従四位上(石清水賀茂行幸行事賞)、建武2(一三三五)・11・19正四位下(春宮御給)、延元1(一三三六)・3・2蔵人頭、5・27止蔵人頭(依今上臨幸山門)、建武3〈延元1〉(一三三六)・10・10止春宮亮(依本宮事)、建武4〈延元2〉・1・7転右大弁、3・29還補蔵人頭、暦応1〈延元3〉(一三三八)・12・12転左大弁、暦応2〈延元4〉・4・18参議(元蔵人頭左大弁)、暦応3〈興国1〉・4・1従三位、暦応4〈興国2〉・6・7帯剣、貞和2〈正平1〉(一三四六)・1・6正三位、貞和4〈正平3〉・2・11権中納言、貞和5〈正平4〉・3・-辞権中納言、6・13本座、12・21従二位、延文1〈正平11〉(一三五六)・1・6正二位、康安2〈正平17〉(一三六二)・4・21権大納言、貞治4〈正平20〉(一三六五)・6・3薨去

[死没]貞治4(一三六五)・6・3 [年齢]64 [父]中御門経宣 [母]肥後守進藤長成女 [前名]宣藤 [日記]宣明卿記(一三二九) [公卿補任]2—576上 [大日本史料]6—26—909

宣方 のぶかた

-・-・-叙爵、-・-・-兵部少輔、-・-・-従五位上、-・-・-正五位下、康安2〈正平17〉(一三六二)・9・-右少弁(元前兵部少輔)、貞治2〈正平18〉(一三六三)・4・20転権右中弁、7・29正五位上、12・24為記録所寄人、貞治4・6・3喪父、貞治5〈正平21〉・4・19転右中弁、7・25補蔵人、貞治7〈正平23〉・-・-氏院別当、応安3〈建徳1〉(一三七〇)・8・14転右中弁、応安4〈建徳2〉・3・22左宮城使、10・24従四位下、応安6〈文中2〉・1・6従四位上、6・24補蔵人頭、7・-実父入道経兼夭亡、三十ケ日籠居、10・2転左中弁、12・26正四位下、応安7〈文中3〉・12・20正四位上、永和1〈天授1〉(一三七五)・10・2左大弁、永和2〈天授2〉・3・12〈「2月カ」し〉参議、元蔵人頭左大弁、永和3〈天授3〉・1・5従三位、3・26兼能登権守、康暦3〈弘和1〉(一三八一)・1・6正三位、永徳3〈弘和3〉(一三八三)・3・28兼相模権守、永徳4〈元中1〉・1・5従二位、嘉慶2〈元中5〉(一三八八)・5・26権中納言、明徳1〈元中7〉(一三九〇)・4・1辞権中納言、明徳4・6・-出家

[父]中御門宣明(実中御門経兼、二男) [公卿補任]2—720下 [大日本史料]7—1—240

宣俊 のぶとし 一三七一—一四一四

永和3〈天授3〉(一三七七)・1・5従五位下(「正五位下」や)、3・26兵部権大輔、-・-・-右兵衛佐、嘉慶2(一三八八)・12・4右少弁、〈元中5〉12・6蔵人、明徳1〈元中7〉(一三九〇)・12・24左少弁、応永1(一三九四)・12・19右中弁、応永2・3・-右宮城使、6・-左中弁、応永3・3・-左宮城使、8・25従四位下、-・-・-従四位上、応永4・3・29右大弁、-・-・-正四位下、-・-・-正四位上、応永8・3・-左大弁、応永9・7・22蔵人頭、応永11・3・17〈12月17日ともあり〉参議、元蔵人頭左大弁、応永12・1・6従三位、3・17兼播磨権守、応永17・1・5正三位、応永18・1・28兼伊与権守、応永20・1・-従二位、応永21・9・6権中納言、9・13薨去

[死没]応永21(一四一四)・9・13 [年齢]44 [父]中御門宣方、一男 [公卿補任]3—57下 [大日本史料]7—20—375

俊輔 としすけ 一三九二—一四三九

応永-・-・-叙爵、応永13(一四〇六)・4・23蔵人、応永14・-・-正五位上、応永15・2・24右少弁、応永18・11・25左少弁、11・-右中弁、応永19・

7・27従四位下、7・-従四位〔従四位上カ〕、応永21・3・16左中弁、蔵人頭、3・-正四位下、4・16右大弁、9・13服解〈父〉、応永22・3・28参議、元右大弁前蔵人頭、11・7兼近江権守、11・20従三位、応永28・1・5正三位、12・21権中納言、応永32・1・5従二位、1・30辞〈権中納言〉、6・7還任、応永35・1・8直衣始〈し〉、2・-改名俊輔、永享2(一四三〇)・3・30権大納言、永享9・1・5正二位、10・-辞権大納言、永享11・2・6薨去

〔死没〕永享11(一四三九)・2・6　〔年齢〕48　〔父〕中御門宣俊、一男　〔前名〕宣資・宣輔　〔公卿補任〕3―83上

明豊　あきとよ　一四一四―五九

応永-・-・-叙爵、応永-・-・-従五位上、応永32(一四二五)・1・30治部少輔、正長1(一四二八)・11・3蔵人〈や〉、右少弁〈や〉、永享1(一四二九)・11・21左少弁〈や〉、11・-正五位下〈や〉、永享-・-・-正五位上〈や〉、永享9・10・19右中弁〈や〉、永享10・12・24従四位下〈や〉、永享11・1・-左中弁〈や〉、蔵人頭〈や〉、1・-従四位上〈や〉、永享-・-・-正四位下〈や〉、永享-・-・-左宮城使〈や〉、永享-・-・-正四位上〈や〉、文安1(一四四四)・3・29参議、元蔵人頭左中弁、文安2・1・-従三位、3・23兼任讃岐権守、文安3・12・7権中納言、文安6・7・1正三位、宝徳2(一四五〇)・4・26辞権中納言、6・27還任〈権中納言〉、享徳1(一四五二)・閏8・18従二位、10・8辞権中納言、12・14〈21日ともあり〉権大納言、享徳4・6・5正二位、康正2(一四五六)・10・4辞権大納言、長禄3(一四五九)・10・1〈「11月」しく追〉従一位、10・2出家、10・3薨去

〔死没〕長禄3(一四五九)・10・3　〔年齢〕46　〔父〕中御門俊輔　〔母〕法印尭経女　〔前名〕宣豊　〔公卿補任〕3―147上

宣胤　のぶたね　一四四二―一五二五

嘉吉3(一四四三)・-・-叙爵、文安5(一四四八)・-・-従五位上、-・-・-右衛門佐、康正1(一四五五)・12・23正五位下、康正2・3・29右少弁、4・-蔵人、11・25左少弁、康正3・6・25右中弁、長禄2(一四五八)・3・14右宮城使、長禄3・1・5正五位上、長禄4・9・13左中弁、9・15装束司、寛正2(一四六一)・1・5従四位下、1・10蔵人頭、3・5従四位上、-・-・-左宮城使、1・28伊勢権守、6・13正四位下、寛正3・1・5正四位上、寛正5・7・19新帝蔵人頭〈やく〉、文正1(一四六六)・3・29参議、元蔵人頭左中弁、10・3従三位〈く〉、応仁1(一四六七)・3・27兼美乃権守、応仁2・10・15権中納言、文明2(一四七〇)・6・7正三位、文明8・1・6従二位、長享2(一四八八)・9・17権大納言、延徳2(一四九〇)・3・7正二位、永正8(一五一一)・11・10従一位、11・15出家、大永5(一五二五)・11・17薨去

❖永正三年より「神宮伝奏」

〔死没〕大永5(一五二五)・11・17　〔年齢〕84　〔父〕中御門明豊　〔母〕法印慶覚女　〔法名〕乗光　〔日記〕宣胤卿記(一四八〇―一五二二)　〔公卿補任〕3―217下

宣秀　のぶひで　一四六九―一五三一

文明1(一四六九)・8・17誕生、文明3(一四七一)・11・20叙爵、文明10・12・29右衛門佐、文明13・1・19従五位上、文明15・1・6権右少弁、11・9蔵人、文明16・12・15正五位下、文明18・8・9左少弁、11・15正五位上、明応2(一四九三)・3・25右中弁、右宮城使、従四位下、明応3・1・6従四位上、明応4・2・9蔵人頭、3・10左中弁、7・26正四位下、12・26正四位上、明応6・3・26左宮城使、明応8・4・26参議、去弁〔や無〕、元蔵人頭左中弁、文亀1(一五〇一)・2・16従三位、2・27兼右大弁、永正1(一五〇四)・3・29権中納言、永正2・2・1正三位、永正11・12・23従二位、永正14・9・17正二位、永正15・5・28権大納言、大永5(一五二五)・11・9辞退〈権大納言〉、本座宣下、大永7・4・-下向駿州〈さ〉、享禄2(一五二九)・4・26上洛〈さ〉、10・-越前下向〈さ〉、11・23上洛〈さ〉、享禄4・7・6従一位、7・9薨去

〔死没〕享禄4(一五三一)・7・9　〔年齢〕63　〔父〕中御門宣胤　〔母〕正二位権大納言甘露寺親長女　〔法名〕乗円　〔日記〕中黄記・宣秀卿記(一四九一―一五三一)　〔公卿補任〕3―299下

宣忠　のぶただ　一五一七―五五

永正14(一五一七)・5・8誕生、享禄2(一五二九)・6・2叙爵、享禄4・7・9服解(父)、12・27従五位上、享禄2・11・20右衛門権佐、享禄5・1・26転正佐、天文2(一五三三)・8・2正五位下、天文3・4・20正五位上、天文4・3・21右少弁、12・4造興福寺長官、天文5・12・29左少弁、天文6・10・8権右中弁、天文7・12・19右中弁、天文8・3・23右宮城使、12・30従四位下、蔵人頭、天文9・1・6従四位上、2・3正四位下、天文10・12・29左中弁、天文11・閏3・10右大弁、閏3・13正四位上、服解(母)、天文12・3・25備中権守、天文14・7・20参議、元蔵人頭、右大弁如元、8・9被仰敷奏、10・13従三位、天文15・3・24権中納言、12・25勅授、天文16・1・5正三位、4・9改宣忠、天文20・1・6従二位、天文21・10・8権大納言、天文24・7・2薨去

[死没]天文24(一五五五)・7・2　[年齢]39　[父]中御門宣秀、二男　[母]従二位吉田兼倶女　[前名]宣治　[法名]乗察　[日記]宣忠卿記(一五二九)　[公卿補任]3―414下

宣綱　のぶつな　一五一一―六九

永正8(一五一一)・-・-誕生、永正9(一五一二)・3・2叙爵、永正16・11・17右衛門佐、-・-・-元服、昇殿、12・18従五位上、大永3(一五二三)・1・6正五位下、大永4・7・4右少弁、大永5・12・25左少弁、大永6・12・17正五位上、大永7・4・-下向駿州、享禄2(一五二九)・8・27右中弁、天文2(一五三三)・7・5侍従(去弁〈や〉)、天文11・3・9従四位下、天文15・3・24伊予権介、天文18・2・7従四位上、3・9参議(元侍従)、天文19・11・26辞参議、-・-・-正四位下、天文23・3・9従三位、天文24・9・13〈11日ともあり〉権中納言、永禄12(一五六九)・4・-薨去(於遠州)

❖永禄元年より「在国」、永禄十二年より「従二位」

[死没]永禄12(一五六九)・4・4　[年齢]59　[父]中御門宣秀、一男　[母]従二位吉田兼倶女　[公卿補任]3―424下　[大日本史料]10―2―470

資胤　すけたね　一五六九―一六二六

永禄12(一五六九)・5・14〈く〉誕生、天正6(一五七八)・3・5叙爵、3・18元服、左衛門権佐、天正7・1・14権右少弁、天正9・1・5〈く〉従五位上、11・11左少弁、12・27蔵人、天正10・1・5正五位下、天正11・12・28正五位上、天正14・11・4右中弁、11・7新帝蔵人、天正15・3・13改〔「改名」く〕宣泰、天正17・1・15従四位下、蔵人頭、3・30左中弁、4・1従四位上、4・28正四位下(年中三ケ度〈くま〉)、天正18・1・5正四位上、天正20・2・11改名資胤、文禄3(一五九四)・8・19右大弁、慶長2(一五九七)・1・14参議、右大弁如元、中御門流相続本名宣光改宣泰又改資胤〈く〉、慶長3・1・5従三位、慶長4・1・11権中納言、慶長16・4・21正三位、慶長17・1・11権大納言、慶長19・1・5従二位、元和3(一六一七)・1・5正二位、寛永2(一六二五)・3・12伝奏辞退、寛永3・1・17薨去

❖元和三年より「神宮伝奏」

[死没]寛永3(一六二六)・1・17　[年齢]58　[父]中御門宣教(実庭田重保)　[母]内大臣従一位広橋兼秀女　[前名]宣光・宣泰　[法名]乗蓮　[公卿補任]3―511上

尚良　ひさよし　一五九〇―一六四一

天正18(一五九〇)・8・7誕生、慶長3(一五九八)・12・14叙位((于時宣隆)、慶長5・11・19元服、昇殿、右衛門佐(于時宣衡)、慶長7・1・6従五位上、慶長9・8・1右少弁、慶長10・9・10蔵人、慶長11・1・6正五位下、越光慶〈く〉、慶長12・1・17正五位上、慶長14・1・9転任左少弁、1・13転任右中弁、慶長16・4・21従四位下、7・3従四位上、11・11正四位下(年中三ヶ度)、慶長17・1・19転右大弁、7・25蔵人頭、12・7正四位上、慶長18・7・19参議、元頭右大弁〔く無〕、去大弁、本名宣隆改宣衡改成良又改尚良〈く〉、慶長19・1・5従三位、元和2(一六一六)・12・26権中納言、元和3・1・5正三位、元和6・8・15従二位、寛永1(一六二四)・6・23賀茂伝奏、寛永3・1・17辞退伝奏、寛永3・1・17辞退伝奏、寛永4・7・4権大納言、寛永7・1・6正二位、寛永10・12・23辞権大納言、寛永12・9・13改名成良、寛永14・12・

21改尚良、寛永18・8・23薨去
[死没]寛永18(一六四一)・8・23 [年齢]52 [父]中御門資胤、二男 [母]正四位上左中弁中御門宣教女 [前名]宣隆・宣衡・成良 [法名]乗空 [公卿補任]3—539上

宣順 のぶまさ 一六一三—六四

慶長18(一六一三)・10・27誕生、慶長19・1・5叙位、元和6(一六二〇)・12・27元服、昇殿、左兵衛佐、従五位上(于時宣順)、元和9・1・5正五位下、寛永4(一六二七)・9・7権右少弁、11・24蔵人、寛永5・3・12正五位上、寛永6・11・6左少弁、寛永8・12・18右中弁、寛永9・6・5従四位下、去蔵人、10・2従四位上、12・11正四位下、寛永10・4・6正四位上、寛永12・1・11左中弁、寛永14・12・20右大弁、寛永16・閏11・18蔵人頭、寛永18・8・23左大弁、寛永19・2・6参議、左大弁如元、元蔵人、7・19従三位、寛永20・10・16辞大弁、正保2(一六四五)・2・7権中納言、2・19帯剣、正保4・12・7〈賜去正月五日正三位々記〉正三位、承応1(一六五二)・11・26権大納言、承応3・12・21〈賜去慶安四年正月五日口宣案〉従二位、12・28〈賜去正月五日口宣案〉正二位、万治1(一六五八)・閏12・22辞権大納言、寛文4(一六六四)・5・3薨去
[死没]寛文4(一六六四)・5・3 [年齢]52 [父]中御門尚良 [前名]宣繁 [法名]乗喜 [日記]宣順卿記(一六五一—六二)・承応四年記(一六五五) [公卿補任]3—597上

資凞 すけひろ 一六三五—一七〇七

寛永12(一六三五)・12・26誕生、寛永14・1・5叙爵、万治1(一六五八)・10・19参議、右大弁如元、元蔵人頭、12・21〈「22日」ま〉奏慶、則着陣、閏12・22転左大弁、万治2・1・5従三位、3・18聴直衣、寛文3(一六六三)・1・12正三位☆、8・6権中納言、12・21帯剣、寛文8・6・10賀茂伝奏、7・17辞伝奏、寛文11・10・23賀茂伝奏、寛文12・8・19辞伝奏、12・5従二位、12・26権大納言☆、延宝1(一六七三)・12・26正二位、延宝6・12・19辞権大納言、元禄1(一六八八)・12・26還任権大納言、賀茂伝奏、元禄6・12・1〈「20日」ま〉〔26日カ〕辞伝奏、元禄8・10・19神宮伝奏、元禄9・2・3辞伝奏、元禄12・8・16辞権大納言、宝永4(一七〇七)・8・21薨去
[死没]宝永4(一七〇七)・8・21 [年齢]73 [父]中御門宣順 [母]正二位権大納言阿野実顕女 [二字名]平 [号]恵光院 [法名]乗安 [日記]資凞卿記(一六七二—七三) [公卿補任]3—650上

宣顕 のぶあき 一六六二—一七四〇

寛文2(一六六二)・12・2〈「1日」ま〉誕生、貞享5(一六八八)・6・17〈「27日」ま〉叙爵、8・6元服、昇殿、右兵衛佐、元禄3(一六九〇)・12・26〈「11月」ま〉〈去正五分〉従五位上、元禄4・3・17蔵人☆、4・2禁色、7・28正五位下、7・30右少弁、12・21正五位上、元禄5・12・23〈「22日」ま〉左少弁、元禄7・12・21右中弁、元禄9・12・28従四位下☆、蔵人頭☆、元禄10・1・24従四位上、5・6正四位下、5・12左中弁、6・10正四位上、元禄12・8・16止出仕(依父資凞卿逼塞也)、9・4辞蔵人頭左中弁等、宝永5(一七〇八)・12・21〈「去五分」ま〉従三位、享保4(一七一九)・12・26〈去正月五日分〉正三位、享保7・12・18参議、享保8・1・27辞参議、享保16・2・10権中納言、2・13辞権中納言、元文3(一七三八)・3・1権大納言、3・9辞権大納言☆、12・24従二位、元文5・8・22薨去
[死没]元文5(一七四〇)・8・22 [年齢]79 [父]中御門資凞、三男 [母]家女房 [号]映岳院 [法名]円弘 [公卿補任]4—185上

俊臣 としおみ 一七四〇—七一

元文5(一七四〇)・11・20誕生、寛保4(一七四四)・9・14叙爵、延享2(一七四五)・6・25為宣時子〈ま〉、宝暦3(一七五三)・10・10〈「19日」ま〉元服、昇殿、左兵衛権佐、従五位上、宝暦5・2・5右少弁、2・14拝賀従事、8・9氏院別当、宝暦6・5・10蔵人、禁色、拝賀従事、5・12賀茂奉行御祈奉行、5・18辞賀茂奉行御祈奉行等、辞氏院別当、5・25賀茂奉行御祈奉行、7・21正五位下、8・11左少弁、8・16拝賀従事、8・18神宮弁、8・22氏院別当、10・29正五位上(年中両度)、閏11・18辞神宮弁、宝暦7・3・15止氏院別当、3・16氏院別当、6・4辞賀茂奉行、宝暦8・3・29

左衛門権佐、検非違使、4・1権右中弁（権佐使等如元）、辞御祈奉行氏院別当、4・4拝賀従事、7・25氏院別当、7・27御祈奉行、9・18右中弁（権佐使等如元）、9・22神宮弁、9・28辞御祈奉行、辞氏院別当、宝暦9・1・16辞神宮弁賀茂奉行等、4・19神宮弁、12・26辞神宮弁、宝暦10・4・24神宮弁、8・20辞神宮弁、宝暦11・1・5賀茂奉行、宝暦12・7・27新帝蔵人（践祚日）、9・24御祈奉行、11・5左中弁（権佐使等如元）、宝暦13・1・16神宮弁、免御祈奉行、7・10辞神宮弁、宝暦14・1・22神宮弁、明和1（一七六四）・8・7従四位下、蔵人頭、免神宮弁、8・11拝賀従事、8・26従四位上、9・25正四位下、10・2左大弁、10・9拝賀従事、明和2・1・5正四位上、6・28参議（大弁如元）、8・26拝賀従事、8・28聴直衣、明和3・2・5従三位、12・19近江権守、明和5・12・4権中納言、12・18帯剣、明和6・1・9正三位、明和8・8・13辞権中納言、薨去

［死没］明和8（一七七一）・8・13　［年齢］32　［父］中御門宣時（実坊城俊将、二男）　［母］家女房（従一位権大納言坊城俊清女）　［法名］乗雲　［公卿補任］4―480下

経之　つねゆき　一八二〇―九一

文政3（一八二〇）・12・17誕生、文政6・7・27叙爵、天保2（一八三一）・12・5元服、昇殿、従五位上、天保5・1・5正五位下、嘉永1（一八四八）・5・18侍従、嘉永2・閏4・29服解（父）、6・27除服出仕復任、嘉永4・12・24右少弁、嘉永5・9・24左少弁、9・27拝賀従事、10・17蔵人、10・23禁色、拝賀従事、12・14正五位上、嘉永6・6・11兼右衛門権佐、蒙使宣旨、6・15拝賀、嘉永7・8・11御祈奉行、安政2（一八五五）・6・4辞御祈奉行、6・12御祈奉行、安政3・2・9辞御祈奉行、5・24御祈奉行、7・24辞御祈奉行、11・29賀茂下上社奉行、安政4・1・2辞賀茂下上社奉行、5・15権右中弁（小除目）、拝賀従事、5・20御祈奉行、10・19転右中弁（権佐使等如旧）、安政5・6・10賀茂下上社奉行、氏院別当、9・9神宮弁、10・7従四位下、蔵人頭、10・9拝賀従事、10・10宿侍始、10・22従四位上、11・22正四位下、安政6・1・5正四位上、2・19辞神宮弁賀茂下上社奉行氏院別当等、10・22賀茂下上社奉行、氏院別当、万延1（一八六〇）・10・14辞蔵人頭、万延2・1・23転左中弁、文久1（一八六一）・3・27還補蔵人頭、3・30拝賀従事、4・18宿侍始、11・22（昨日分）辞蔵人頭、文久3・3・25還補蔵人頭（推補）、神宮弁、3・28拝賀従事、5・29転右大弁、6・1拝賀従事、8・22辞神宮弁、元治1（一八六四）・3・23参議（大弁如元）、10・4拝賀着陣、10・5聴直衣、直衣始、10・22従三位、慶応1（一八六五）・閏5・15左大弁、慶応2・1・4正三位、慶応3・9・27権中納言、慶応4・2・2権大納言、閏4・22従二位

［死没］明治24（一八九一）・8・27　［年齢］72　［父］中御門資文、二男（実坊城俊明、五男）　［母］家女房　［公卿補任］5―556上

坊城家　ぼうじょうけ

藤原氏北家勧修寺流。甘露寺家の支流。坊城権中納言定資の一男坊城権中納言俊実を家祖とする。小川（こかわ）坊城ともいう。家格は名家。内々の家。儒学・有職故実を家職とした。九条家の家礼。江戸時代には家領百八十石。坊城は勧修寺流の由緒ある号で、これを初めて用いたのは始祖高藤七世孫の為房で、その息為隆もまた坊城と号した。為隆四世孫の吉田大弐資経ののち、為経（甘露寺家・清閑寺家等の祖）、経俊（勧修寺家・中御門家・坊城家等の祖）、資通（万里小路家の祖）の三つに大きく分流し、経俊もまた坊城と号した。そして、その孫定資に至り、坊城を家号とする俊実、勧修寺を家号とする経顕、町を家号とする経量の三つに分流したのである。定資の遺産の分譲については、他界する二年前の嘉暦三年（一三二八）十一月八日に認めた、文書・家地・荘園以下の処分状（勧修寺家伝来「遺言条々」）に明らかである。一男俊実・二男経顕・三男経量・妹・姫・妻・妾の都合七名に分譲することを決めているが、俊実分としては、所領は越前

国蕗野保等の四ヵ所および家地として吉田第が与えられた。所領の大半を管領することとされ、芝山第および家記・文書・雑具等事の一切を譲られたのは経顕であり、俊実に与えられた吉田第にしても、一代限りとし死後は経顕が管領すべし、とされた。勧修寺流の由緒ある勧修寺の号をもっぱら家号として用いるのはこの経顕のときからであり、ここに定資の後は俊実の舎弟経顕の流が嫡流となる。俊実は、正和四年(一三一五)二十歳で権右少弁となり、翌々年には右大弁・蔵人頭に昇進し、翌文保二年(一三一八)には参議に列し、その後、従二位・権中納言にまで昇った。その後、父子相承して家督が継承されたが、俊実六世孫の権中納言俊顕が文明三年(一四七一)五月に二十九歳で没して息男がなく、養子相続の人を迎えることになった。『親長卿記』同年五月十一日条等によれば、はじめ甘露寺親長の息男からという案があったが、応じられがたいということで、勧修寺権大納言教秀の従兄弟権中納言経茂の息で十歳ばかりが田舎にいるのでそれか、教秀の舎弟で大弐経凞朝臣ではどうか、ということになったが、時に経凞は歳三十六で、俊顕よりも年長であるから如何、ということであった。以上のような種々のいきさつがあったが、経茂の息俊名が俊顕の遺跡を継承する。俊名は、同年七月叙爵(九歳)、十一年に右少弁・蔵人となり、明徳三年(一三九二)右大弁となり、翌年参議に昇り、正二位権中納言まで昇進したが、天文九年(一五四〇)六月に七十八歳で没した。このときも継家の人を得られず、家名は一旦中絶する。もっとも俊名は生前に勧修寺権中納言尚顕の舎弟(顕量)を養子に望んだが、俊名の家はあまりに窮困であるとして、勧修寺町従三位顕基の養子になったことが『宣胤卿記』永正十四年(一五一七)九月七日条にみえる。坊城の家名が再興されるのは、俊名没後六十年ばかり後のことで、勧修寺権大納言晴豊の四男俊房が再興初代となる。俊房は文禄三年(一五九四)十二月に十三歳で叙爵し、翌々五年四月に元服した。のち俊昌と改名し、慶長十四年(一六〇九)七月参議に任ぜられ、翌月に二十八歳で没した。俊昌には二子あり、一男俊直は勧修寺権中納言光豊の養子となり勧修寺家を継いだ経広。二男は慶長十五年八月に没した葉室権中納言頼宣の遺跡を継ぎ、三歳で叙爵、十九年三月元服して頼豊と名乗っていたが、俊昌の急死により坊城家に帰家して遺跡を継承する。改名して俊完という。その孫俊清は舎兄俊方の家督を相続したが、俊清も子息なく、宝永七年(一七一〇)に勧修寺前権中納言尹隆の三男を養嗣子とした。俊将である。その曾孫俊明ののち三代、俊克・俊政・俊章はいずれも舎兄の家督を継いだ。正二位権大納言を先途としたが、俊任・俊広・俊清・俊明・俊克は従一位に昇った。俊明・俊克は議奏、武家伝奏に補された。日記には、『坊城俊広日次記』、『俊清卿記』、『俊将卿記』、『俊親卿記』、『坊城俊克記』等がある。明治十七年(一八八四)俊章のとき、叙爵内規により伯爵を授けられた。また俊政の四男俊延は明治十六年分家して一家を起し、十七年男爵を授けられた。菩提所は寺町 浄華院。『坊城家譜』(東京大学史料編纂所架蔵、四一七五—三〇一)。

坊城家

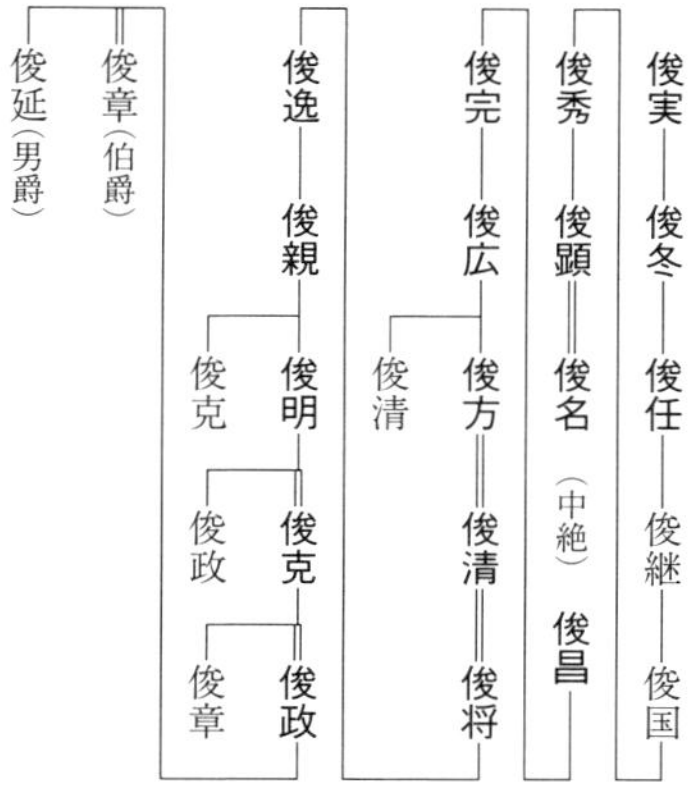

俊実　としざね　一二九六—一三五〇

-・-・-叙位、-・-・-従五上、-・-・-民部大輔、-・-・-正五下、-・-・-従四下、正和4(一三一五)・4・10権右中弁、4・21従四上、正和5・7・22右中弁、正四位下、10・6装束司率分所勾当、文保1(一三一七)・2・5左中弁、3・

27紀伊権守、4・6左宮城使〈越蔵人頭隆長〉、6・1右大弁、6・21正四位上、12・12蔵人頭、文保2・2・11参議、元蔵人頭、右大弁如元、4・-大嘗会検校、5・11従三位、7・7転左大弁、8・2造東大寺長官、10・22止長官〈依病辞〉、元応2(一三二〇)・3・24止三木大弁両職、元応3・1・5正三位、元弘1(一三三一)・10・5大弐、12・1権中納言、兼権帥、元弘2・2・26従二位、正慶2〈元弘3〉(一三三三)・5・-出家、貞和6〈正平5〉(一三五〇)・2・23薨去

[死没]貞和6(一三五〇)・2・23 [年齢]55 [父]坊城定資 [母]参議正二位四条隆康女 [公卿補任]2—464下 [大日本史料]6—13—446

俊冬　としふゆ　一三一〇—六七

-・-・-叙爵、元徳2(一三三〇)・11・16和泉守、元弘1(一三三一)・5・1去守、建武4〈延元2〉(一三三七)・1・7従五位上、建武5・1・5正五位下〈院当年御給〉、8・13春宮権大進、暦応4〈興国2〉(一三四一)・12・22転大進、康永2〈興国4〉(一三四三)・1・20補蔵人、貞和3〈正平2〉(一三四七)・12・27兼右少弁、貞和4〈正平3〉・8・1〈「10」さ〉転左少弁、10・27更補蔵人〈依受禅也〉、今日去大進、12・30転権右中弁、貞和5〈正平4〉・3・25正五位上、11・25従四位下、去蔵人、貞和6〈正平5〉・2・23服解〈父〉、観応1〈正平5〉(一三五〇)・6・19復任、転右中弁、8・16転左中弁、観応2〈正平6〉・8・13転右大弁、観応3〈正平7〉・8・29従四位上、文和2〈正平8〉(一三五三)・4・23正四位下、7・2蔵人頭、11・23正四位上、文和4〈正平10〉・8・13参議、元蔵人頭、右大弁如元、10・24喪母、辞参議、不復任、延文3〈正平13〉(一三五八)・10・5賜去延文元年十二月廿五日従三位々記、延文4〈正平14〉・3・25権中納言、延文5〈正平15〉・1・16帯剣、貞治2〈正平18〉(一三六三)・4・20正三位、11・18〈15日ともあり〉辞退、12・26還任〈権中納言〉、貞治6〈正平22〉・1・5従二位、3・23薨去

[死没]貞治6(一三六七)・3・23 [年齢]48 [父]坊城俊実 [母]正三位権中納言吉田隆長女 [号]坊城 [公卿補任]2—648下 [大日本史料]6—27—879

俊任　としとう　一三四六—?

-・-・-叙位、-・-・-従五上、-・-・-右佐、-・-・-正五下、応安1〈正平23〉(一三六八)・12・30蔵人、応安2〈正平24〉・4・-兵部大輔、応安3〈建徳1〉・8・14権右少弁、応安4〈建徳2〉・1・5〈や〉正五位上、応安7〈文中3〉・5・28右少弁、永和1〈天授1〉(一三七五)・10・2左少弁、永和3〈天授3〉・3・16権右中弁、従四位下、永和4〈天授4〉・1・5従四位上、3・27右中弁〈左中弁カ〉、4・17正四位下、12・13右大弁、蔵人頭、永和5〈天授5〉・1・6正四位上、康暦1〈天授5〉(一三七九)・12・7参議、元蔵人頭〈やし〉、康暦2〈天授6〉・12・2転左大弁、康暦3〈弘和1〉・6・17従三位、永徳2〈弘和2〉(一三八二)・12・20正三位、永徳3〈弘和3〉・3・28権中納言、至徳1〈元中1〉(一三八四)・1・5従二位、応永2(一三九五)・1・5正二位、4・7権大納言、応永9・3・28辞権大納言、応永14・6・11従一位、6・-出家

[父]坊城俊冬 [法名]祐高 [公卿補任]2—731上 [大日本史料]7—9—122

俊秀　としひで　一四二三—六五

-・-・-叙位、従五上、永享9(一四三七)・11・27右少弁、永享10・12・24蔵人、永享-・-・-正五下、永享11・3・18左少弁、永享-・-・-正五上、永享13・12・7〈や〉権右中弁、文安1(一四四四)・3・29左中弁、文安3・1・29従四位下、12・7左大弁、文安4・3・17蔵人頭、造東大寺長官、文安-・-・-従四位上、文安-・-・-正四位下、文安5・-・-正四位上、文安6・3・28参議、左大弁如元、元蔵人頭、宝徳2(一四五〇)・-・-従三位、3・29兼近江権守、4・26権中納言、宝徳3・2・6辞〈権中納言〉、3・13〈22日カ〉正三位、9・4弾正尹、12・12還任〈権中納言〉、享徳2(一四五三)・12・-辞権中納言、康正1(一四五五)・8・1従二位、寛正6(一四六五)・6・5権大納言、6・6薨去

[死没]寛正6(一四六五)・6・6 [年齢]43 [父]坊城俊国 [公卿補任]3—160上

俊顕　としあき　一四四三—七一

宝徳2(一四五〇)・1・6叙爵、-・-・-従五位上、康正3(一四五七)・2・17蔵人、右少弁、6・25左少弁、長禄3(一四五九)・1・5正五位下、長禄4・1・6正五位上、寛正2(一四六一)・3・28右中弁、寛正4・12・6権左中弁、寛正5・7・19新帝蔵人、11・24従四位下、文正1(一四六六)・-・-従四位上、3・29左中弁、蔵人頭、文正-・-・-〈「3年」や〉正四位下、文正-・-・-〈「3年」や〉右大弁、文正-・-・-正四位上、応仁1(一四六七)・3・27参議、右大弁如元、元蔵人頭、9・-転左大弁、10・19従三位、応仁3・11・2権中納言、文明3(一四七一)・3・16正三位、5・10薨去

[死没]文明3(一四七一)・5・10　[年齢]29　[父]坊城俊秀　[母]宮内卿卜部兼尚女　[公卿補任]3—221上　[大日本史料]8—4—559

俊名　としな　一四六三—一五四〇

文明3(一四七一)・7・19叙位、文明-・-・-左兵衛佐、文明11・2・30右少弁、6・1蔵人、9・23従五位上、文明12・3・30正五位下、文明18・7・23従四位下、8・9右中弁、長享2(一四八八)・9・17左中弁、長享3・3・11従四位上、延徳2(一四九〇)・3・11蔵人頭、3・19正四位下、延徳3・11・29正四位上、明応2(一四九三)・3・25右大弁、明応4・2・9参議、元蔵人頭右大弁、大弁如元、-・-・-〈「3月10日」く追〉転左大弁、明応6・1・10従三位、文亀1(一五〇一)・2・29正三位、文亀2・8・23権中納言、永正3(一五〇六)・11・27辞権中納言、永正9・11・5従二位、永正14・9・2正二位、天文9(一五四〇)・6・23薨去

[死没]天文9(一五四〇)・6・23　[年齢]78　[父]坊城俊顕(実勧修寺経茂)　[公卿補任]3—291上

俊昌　としあき　一五八二—一六〇九

天正-・-・-〈く〉誕生、文禄3(一五九四)・12・7叙爵、文禄5・4・18元服〈く〉、〈く〉左兵衛佐、慶長3(一五九八)・1・5従五位上(于時俊昌〈く〉)、慶長4・11・16権右少弁〈く〉、慶長5・2・10正五位下〈く〉、8・28蔵人〈く〉、11・14〈く〉正五位上、慶長7・9・4左少弁、12・4近臣、慶長9・8・1右中弁、慶長11・1・21従四位下、蔵人頭、3・10従四位上、慶長14・7・19参議、8・17薨去、本名俊房〈く〉

[死没]慶長14(一六〇九)・8・17　[年齢]28　[父]坊城俊名(実勧修寺晴豊、三男)　[母]従三位土御門有脩女　[前名]俊房　[公卿補任]3—530下

俊完　としさだ　一六〇九—六二

慶長14(一六〇九)・11・27誕生、慶長16・3・21叙爵、慶長19・3・5元服、従五位上、兵部少輔、元和2(一六一六)・5・2改名俊完、元和5・1・6正五位下、寛永3(一六二六)・12・3蔵人、禁色、12・19正五位上、寛永4・9・7右中弁、寛永6・11・6左中弁、寛永8・12・15従四位下、蔵人頭、12・18右大弁、寛永9・1・5従四位上、2・29正四位下、4・11正四位上、5・2参議、右大弁、元名頼豊、寛永10・1・6〈「16日」くま無恐衍〉左大弁☆、-・-・-従三位カ、寛永14・1・5正三位、12・20辞左大弁、寛永16・2・23権中納言、寛永19・1・5従二位、寛永21・1・28聴直衣、正保1(一六四四)・12・20辞権中納言、正保5・閏1・19権大納言、慶安3(一六五〇)・12・22辞権大納言、承応1(一六五二)・-・-〈去十月十二日正二位口宣案〉正二位、明暦3(一六五七)・8・20出家☆

[死没]寛文2(一六六二)・1・2　[年齢]54　[父]坊城俊昌、二男　[母]豊後守従五位下毛利重政女　[前名]頼豊　[号]青雲院　[法名]常空　[公卿補任]3—574上

俊広　としひろ　一六二六—一七〇二

寛永6(一六二九)・1・5叙爵、寛永11・5・9元服、従五位上、右兵衛権佐、寛永15・1・5正五位下、寛永20・10・16権右少弁、11・3蔵人、11・13正五位上、正保1(一六四四)・12・26右少弁〈くま〉、正保2・12・28左少弁〈くま〉、正保4・12・30右中弁〈くま〉、慶安2(一六四九)・1・12左中弁〈くま〉、7・20〈くま〉従四位下、蔵人頭、8・14従四位上、10・8右大弁、12・27正四位下(年中三ヶ度)、慶安3・5・14〈賜去正月五日正四位上口宣案〉正四位上、承応1(一六五二)・11・30参議、元蔵人頭、右大弁如元、承応3・12・18転〔左脱カ〕、12・21〈賜去年正月五日口宣案〉従三位、

承応4・1・28権中納言、2・27聴直衣、3・24帯剣、明暦3（一六五七）・1・5正三位、万治3（一六六〇）・1・5従二位、12・24権大納言、寛文1（一六六一）・3・6神宮伝奏、伝奏辞退、寛文6・10・1神宮伝奏、寛文7・12・17〈去年正月五日分〉正二位、寛文9・-・-〈「2月17日」家譜〉伝奏、寛文12・12・22辞権大納言、貞享1（一六八四）・12・2本院伝奏〈ま〉、貞享4・12・23従一位、元禄15（一七〇二）・3・3薨去

[死没]元禄15（一七〇二）・3・3　[年齢]77　[父]坊城俊完　[母]正四位下木工頭岩倉具堯女　[号]恵光院　[日記]坊城俊広日次記（一六四九－一七〇二）　[公卿補任]3－628下

俊方　としかた　一六六二－一七三四

寛文2（一六六二）・10・3誕生、寛文6・12・17叙爵☆、寛文10・11・13〈「12日」家譜〉元服☆、昇殿、勘解由次官☆、従五位上☆、寛文11・12・24右兵衛佐、延宝1（一六七三）・12・17〈去年正六分〉正五位下、延宝2・7・10左衛門権佐、延宝4・10・2権右少弁、12・13蔵人、12・18禁色、正五位上、延宝8・12・29右少弁、天和1（一六八一）・12・14左少弁、天和2・4・27右中弁、天和3・1・26左中弁、2・14兼中宮大進、貞享1（一六八四）・10・29蔵人頭従四位下☆、11・29〈家譜〉従四位上、12・2正四位下☆、12・18右大弁、貞享2・1・6正四位上、貞享4・3・21止大進、12・29参議（大弁如旧）☆、転左大弁、貞享5・1・28〈去六日分〉従三位☆、2・26聴直衣、6・23辞参議☆、出奔

[死没]享保19（一七三四）・12・7　[年齢]73　[父]坊城俊広　[母]家女房　[公卿補任]4－88上

俊清　としきよ　一六六七－一七四三

寛文7（一六六七）・1・3誕生、寛文11・12・21叙爵、元禄1（一六八八）・11・12当家相続、元禄2・1・7元服、昇殿、兵部大輔、従五位上（于時俊清元俊安）、閏1・5蔵人、閏1・11禁色、元禄3・1・5正五位下、12・26正五位上、12・28左衛門権佐、元禄4・3・6右少弁（権佐如元）、4・13左少弁（権佐如元）、元禄5・12・13右中弁（権佐如元）、元禄7・12・21左中弁、12・23蔵人頭従四位下☆、元禄8・1・5従四位上☆、5・8正四位下、5・26正四位上、元禄10・5・12〈「12月」家譜〉右大弁、元禄11・8・10参議（右大弁如元）、12・3奏慶着陣、12・28聴直衣、元禄12・2・13従三位、元禄14・10・24左大弁、宝永1（一七〇四）・9・21権中納言、12・11帯剣、12・26正三位、宝永2・2・1賀茂伝奏、宝永4・12・18従二位、宝永8・2・28権大納言、正徳3（一七一三）・5・11伝奏、6・7辞権大納言、6・12還任権大納言、享保1（一七一六）・12・25正二位、享保3・3・26按察使、享保4・3・2辞権大納言、元文1（一七三六）・6・1従一位、寛保3（一七四三）・6・30薨去

[死没]寛保3（一七四三）・6・30　[年齢]77　[父]坊城俊方（実坊城俊広、二男）　[母]家女房　[前名]俊安　[日記]俊清卿記（一七三一－三二）　[公卿補任]4－134上

俊将　としまさ　一六九九－一七四九

元禄12（一六九九）・10・23誕生、宝永3（一七〇六）・12・23従五位下、宝永7・9・11当家相続、10・1改俊将（元忠康）、正徳1（一七一一）・3・26元服、昇殿、侍従、従五位上、正徳3・5・1喪養母、7・3除服出仕復任、正徳4・12・2正五位下、享保3（一七一八）・6・9蔵人、6・16正五位上、禁色、6・24左少弁、享保4・12・8権右中弁、享保7・6・22兼左衛門権佐、7・27右中弁（権佐如旧）、享保9・4・1従四位下、蔵人頭、左中弁、5・11従四位上、7・18右大弁、享保10・1・6〈去五分〉正四位下、2・18正四位上、享保12・7・23左大弁、享保13・10・3参議（左大弁如元）、11・6拝賀着陣、12・4直衣、享保14・2・28従三位、享保15・8・10権中納言、10・4帯剣、10・5直衣、享保18・5・7賀茂伝奏、享保19・1・21正三位、元文2（一七三七）8・18辞伝奏、元文3（一七三八）・3・23権大納言、12・24従二位、元文5・6・28盛子内親王家勅別当、寛保2（一七四二）・7・1辞権大納言、延享2（一七四五）・3・23正二位、寛延2（一七四九）・1・2薨去

[死没]寛延2（一七四九）・1・2　[年齢]51　[父]坊城俊清（実勧修寺尹隆、三男）　[母]家女房　[前名]忠康　[一字名]旦　[日記]俊将卿記（一七一八－二六）・享保御幸記（一七二三）　[公卿補任]4－280下

俊逸　としはや　一七二七―七三

享保12（一七二七）・2・23〈「12月」「家譜」〉誕生、享保14・1・9〈去五日分〉叙爵、元文5（一七四〇）・10・19元服、昇殿、左衛門権佐、従五位上、寛保2（一七四二）・10・6蔵人（権佐如元〈ま〉）、10・12禁色、拝賀従事、10・29正五位下、12・24正五位上、寛保3・6・29左少弁、（権佐如故、小除目）、拝賀、8・13申吉書、寛保4・8・13賀茂奉行、8・29検非違使、9・6拝賀従事、延享2（一七四五）・4・8辞賀茂奉行、6・5賀茂奉行、7・1右中弁（権佐使等如故）、7・3拝賀従事、8・4辞賀茂奉行、8・22賀茂奉行、延享3・10・13従四位下、蔵人頭、辞賀茂奉行、10・6拝賀従事、11・16従四位上（年中二ヶ度）、12・24正四位下（年中三ヶ度）、延享4・1・5正四位上（連年）、3・16春宮亮（立坊日）、5・2止亮（依受禅也）、新帝頭（受禅日）、禁色〈ま〉、拝賀従事〈ま〉、院別当（脱履日）、寛延1（一七四八）・8・22右大弁、8・24拝賀従事、12・27左大弁（小除目）、拝賀、12・29従事、寛延2・1・2服解（父）、2・22除服出仕復任、宝暦2（一七五二）・5・1参議（大弁如故）、5・12拝賀着陣、5・14聴直衣、12・24従三位、宝暦4・12・26正三位、宝暦5・1・28権中納言、1・29帯剣、宝暦6・8・29賀茂伝奏、宝暦8・7・24止権中納言、止賀茂伝奏、永蟄居〈ま〉、宝暦10・5・12出家

［死没］安永2（一七七三）・1・20　［年齢］47　［父］坊城俊将　［母］従一位権大納言坊城俊清女　［法名］常徹　［公卿補任］4―406下

俊親　としちか　一七五七―一八〇〇

宝暦7（一七五七）・8・24誕生、宝暦10・7・21叙爵、明和1（一七六四）・9・26元服、昇殿、侍従、明和2・1・10従五位上、明和6・1・9正五位下、安永2（一七七三）・1・27〈「22日」ま〉服解（父）、3・20〈「12日」ま〉除服出仕復任、安永4・4・14右少弁、4・24拝賀従事、11・30正五位上、安永7・1・10蔵人、兼左衛門権佐賜使宣旨、1・13〈ま〉禁色、拝賀従事、1・15御祈奉行、安永8・3・7氏院別当、5・4転左少弁（小除目、権佐使等如元）、拝賀従事、7・27辞御祈奉行（昨日宣）、辞氏院別当、11・25蔵人（践祚日）、安永9・1・13神宮弁、2・26辞神宮弁、服解（喪出（生カ）母）、4・17除服出仕復任、天明1（一七八一）・12・13転右中弁（権佐使等如元）、拝賀従事、12・14賀茂下上社奉行、天明2・7・24辞賀茂下上社奉行、天明3・5・27御社奉行、天明3・6・10転左中弁（権佐使等如元）、6・14拝賀従事、7・22院判官代（年預）、7・25中院司慶、8・3賀茂下上社奉行、天明4・7・7氏院別当、天明5・1・21辞賀茂下上社奉行御祈奉行等、辞氏院別当、8・17従四位下（小除目日）、蔵人頭、拝賀従事、8・23従四位上、8・28申行宿侍後朝之儀、12・6正四位下、天明6・1・8正四位上、2・25転右大弁、2・30拝賀従事、9・18神宮奉行、閏10・21免神宮奉行、寛政1（一七八九）・5・22参議、転左大弁、拝賀着陣、5・26聴直衣、直衣始、12・1従三位、寛政3・12・21正三位、寛政4・10・27権中納言、10・28聴直衣、直衣始、寛政6・4・6従二位、寛政8・4・24按察使、4・26直衣始、7・7賛茂下上社奏、寛政10・5・1権大納言、5・28直衣始、6・3帯剣、寛政11・9・13辞伝奏、寛政12・5・27辞権大納言、12・22薨去

［死没］寛政12（一八〇〇）・12・22　［年齢］44　［父］坊城俊逸　［母］正三位町尻説久女　［日記］俊親卿記（一七七五―九八）　［公卿補任］5―60下

俊明　としあきら　一七八二―一八六〇

天明2（一七八二）・1・19誕生、寛政2（一七九〇）・12・18従五位下、寛政4・3・7元服、昇殿、寛政5・1・5従五位上、寛政6・閏11・4侍従、寛政8・5・10〈去二十分〉正五位下、寛政12・12・22服解（父）、享和1（一八〇一）・2・13除服出仕服任、文化1（一八〇四）・10・8右少弁、10・25拝賀従事、文化2・7・8蔵人、兼右衛門権佐（推任）、蒙使宣旨、7・18禁色、拝賀従事、7・19宿侍始、閏8・28正五位上、文化4・1・23神宮弁（昨日分）、11・5辞神宮弁、文化5・4・24兼中宮権大進、5・1拝賀、閏6・13転左少弁（権大進権佐使等如元）、閏6・20拝賀従事、7・4賀茂下上社奉行、文化6・3・24兼春宮大進（立坊日、去宮司）、拝賀、5・20転権右中弁（大進権佐使等如故）、5・25拝賀従事、文化7・2・2氏院別当、2・9

辞賀茂下上社奉行氏院別当等、12・1転右中弁(大進権佐使等如故)、文化8・閏2・13賀茂下上社奉行、3・20辞賀茂下上社奉行、12・21転左中弁(大進権佐使等如元)、12・24拝賀従事、文化11・4・10蔵人頭、従四位下、神宮弁、4・18拝賀従事、4・23宿侍始、4・28従四位上、9・2辞神宮弁、10・30正四位下、文化12・1・4神宮弁、1・5正四位上、8・2兼春宮亮、8・21転左大弁(亮如旧)、8・24拝賀従事、11・24辞神宮弁、文化13・8・28神宮弁、12・27辞神宮弁、文化14・3・22去亮(受禅日)、新帝頭、院別当(譲位日)、拝賀、11・15神宮弁、12・21兼中宮亮、12・26拝賀、文政2(一八一九)・8・19参議(左大弁中宮亮等如元)、10・13拝賀着陣、10・14聴直衣、直衣始、11・26従三位(亮如旧)、文政3・3・14転皇太后、12・21権中納言、文政4・3・21(正三位)、4・2帯剣、4・8聴直衣、直衣始、8・11賀茂下上社伝奏、9・28辞伝奏、文政7・6・7院別当、8・6権大納言、閏8・21直衣始、12・19従二位、文政10・11・26正二位、天保2(一八三一)・3・29辞権大納言、嘉永7(一八五四)・6・30従一位、万延1(一八六〇)・5・26薨去

［死没］万延1(一八六〇)・5・26　［年齢］79　［父］坊城俊親(実勧修寺経逸、五男)　［母］家女房　［公卿補任］5―260上

俊克　としかつ　一八〇二―六五

享和2(一八〇二)・9・11誕生、文化12(一八一五)・10・27従五位下、文化13・2・28元服、昇殿、拝賀、文化15・1・5従五位上、文政4(一八二一)・4・26正五位下、文政5・12・21侍従、文政6・2・23拝賀、文政7・4・7服解(母)、5・28除服仕復任、天保3(一八三二)・2・11蔵人、2・18兼左衛門権佐、蒙使宣旨、2・23禁色、拝賀従事、3・25申行宿侍後朝儀、3・4正五位上、3・9賀茂下上社奉行、3・22左少弁(権佐使等如旧)、3・27兼皇太后権大進、3・28拝賀従事、天保4・8・7辞賀茂下上社奉行、9・10賀茂下上社奉行、10・7氏院別当、天保5・6・23御祈奉行、天保6・3・30辞賀茂下上社奉行御祈奉行氏院別当等、8・5賀茂下上社奉行、天保7・12・27辞賀茂下上社奉行、12・29除服出仕(別勅)、天保8・1・20氏院別当、3・11御祈奉行、11・28転権右中弁(権大進権佐使等如旧)、12・1拝賀従事、天保9・12・9辞御祈奉行氏院別当、天保11・3・15転大進、4・25御祈奉行、11・22賀茂下上社奉行(昨日分)、天保12・閏1・22止皇太后宮大進(依院号也)、新清和院判官代、拝賀(院司慶)、閏11・27太上天皇諡号宣下並臨時諸陵奉幣発遣参陣、天保13・1・22転右中弁(権佐使等如旧)、6・17辞賀茂下上社奉行御祈奉行等(昨日分)、6・20賀茂下上社奉行御祈奉行等、7・30氏院別当、天保14・3・21辞賀茂下上社奉行御祈奉行氏院別当等、6・21賀茂下上社奉行、8・17氏院別当、弘化1(一八四四)・12・25従四位下、蔵人頭、12・28拝賀従事、12・30申行宿侍後朝儀、弘化2・1・5従四位上、1・18正四位下、2・18正四位上、5・7神宮弁、6・14転左中弁、6・20拝賀従事、弘化3・2・6止神宮弁(依触穢也)、2・13新帝頭(践祚日)、4・-神宮弁、7・2止神宮弁(依触穢也)、8・23神宮弁、弘化4・10・18止神宮弁(依触穢也)、12・14神宮弁、嘉永1(一八四八)・5・18転右大弁(小除目)、拝賀従事、9・26辞神宮弁氏院別当等、嘉永2・5・18神宮弁、9・26辞氏院別当、嘉永3・2・1氏院別当、3・4参議(大弁如旧)、3・30拝賀着陣、4・1聴直衣、直衣始、11・29従三位、嘉永4・12・16左大弁、嘉永5・1・4正三位、安政2(一八五五)・7・10従二位、安政4・5・15権中納言、帯剣、5・16聴直衣、直衣始、安政5・3・24正二位、9・10賀茂下上社伝奏、安政6・2・17免伝奏、文久2(一八六二)・3・24権大納言、4・24直衣始、文久4・1・27晃親王家別当、2・8大宰権帥、慶応1(一八六五)・7・20薨去

［死没］慶応1(一八六五)・7・20　［年齢］64　［父］坊城俊明(実坊城俊親、五男)　［母］正二位権大納言勧修寺経逸女　［日記］坊城俊克記(一八三二―六五)・『公武御用日記』(一八四五―六三)　［公卿補任］5―462上

俊政　としただ　一八二六―八一

文政9(一八二六)・-・-〈「8月22日」家譜〉誕生、天保5(一八三四)・1・13叙爵、天保8・3・28元服、昇殿、従五位上、拝賀、天保10・5・30正五位下、

安政4(一八五七)・5・15侍従(小除目)、万延2(一八六一)・2・11右少弁、文久1(一八六一)・2・20拝賀従事、12・19蔵人、12・28禁色、拝賀従事、12・30宿侍始、文久2・1・23正五位上、9・20御祈奉行、文久3・5・29転左少弁、7・2賀茂下上社奉行、7・3氏院別当、7・30兼右衛門権佐、蒙使宣旨、8・8拝賀、8・22辞氏院別当辞賀茂下上社奉行、辞御祈奉行、12・23氏院別当、元治1(一八六四)・3・25御祈奉行、元治2・3・12免御祈奉行、3・25免氏院別当、慶応1(一八六五)・7・20服解(父)、9・14除服出仕復任、12・10転右中弁(権佐使等如元)、12・23拝賀従事、慶応4(一八六八)・4・3参議、転右大弁、明治1(一八六八)・9・14従三位(推叙)

[死没]明治14(一八八一)・9・16　[年齢]56　[父]坊城俊克(実坊城俊明、六男)　[母]家女房　[公卿補任]5―586下

芝山家　しばやまけ

藤原氏北家勧修寺流。勧修寺家の庶流。勧修寺贈内大臣光豊の男権大納言宣豊を家祖とする。家格は名家、新家。内々の家。近衛家の家礼。家禄百石。正二位権大納言を先途とした。宣豊は、慶長十七年(一六一二)三月に生まれ、寛永三年(一六二六)六月元服・昇殿し、慶安元年(一六四八)十二月従三位に叙せられ公卿に列し、のち正二位権大納言にまで昇進した。芝山の号は、勧修寺の号を初めて用いた経顕が当初用いたもの。宣豊は、『諸家伝』に「実致康男」とみえるごとく、実は光豊の舎弟致康の男であった。致康は『勧修寺家譜』に「候家康、号安倍右京」とあり、『諸家知譜拙記』に「致康在関東、為武士云々」とあるごとく、武士となって徳川家康に仕官していた者の子が光豊男として一家が創立されたことは、特別の事情があったのであろう。宣豊が生まれた慶長十七年の十月、勧修寺権大納言光豊が三十八歳で没し、その相続者教豊も二十年六月に六歳で没し、勧修寺家はいったん家名断絶するが、同年十月一門の小川坊城参議俊房の男が入って遺跡が相続される。芝山家の創立もこれと深い関わりがあろう。明治十七年(一八八四)祐豊のとき、叙爵内規により子爵を授けられた。菩提所は寺町 浄華院内光雲院。『芝山家譜』(東京大学史料編纂所架蔵、四一七五―一二三二)

芝山家

宣豊―定豊＝広豊＝重豊―持豊＝
＝国豊―国典―敬豊＝慶豊＝益子＝
＝祐豊(子爵)

宣豊　のぶとよ　一六一二―九〇

慶長17(一六一二)・3・25誕生、元和5(一六一九)・1・6叙爵、寛永3(一六二六)・6・15元服、従五位上、大膳大夫、寛永9・1・5正五位下、寛永13・1・5従四位下、寛永17・1・5従四位上、寛永21・1・5正四位下、慶安1(一六四八)・12・16〈賜去正月五日位記〉従三位、大蔵卿、号芝山、承応1(一六五二)・12・7正三位、承応3・12・24参議、承応4・1・11辞参議、明暦2(一六五六)・12・2権中納言☆、明暦3・8・9辞権中納言、12・12従二位、貞享5(一六八八)・5・17権大納言、5・25辞権大納言☆、元禄3(一六九〇)・2・13薨去

[死没]元禄3(一六九〇)・2・13　[年齢]79　[父]勧修寺光豊(実阿部致康)　[号]芝山　[公卿補任]3―617下

定豊　さだとよ　一六三八―一七〇七

寛永15(一六三八)・4・10誕生、寛永19・1・5叙爵、承応1(一六五二)・12・8元服、昇殿、弾正大弼、従五位上、明暦2(一六五六)・1・11正五位下、万治3(一六六〇)・12・24従四位下☆、寛文4(一六六四)・12・14従四位上、寛文8・12・24正四位下、寛文12・1・6従三位、5・26左兵衛督、延宝7(一六七九)・12・7〈去正五分〉正三位〈ま〉、天和2(一六八二)・12・24辞左兵衛督、貞享1(一六八四)・12・23参議、12・29辞参議、元禄10(一六九七)・12・26権中納言、12・29辞権中納言、元禄11・3・29〈去年〔去々年

カ」十二月廿六日〔廿八日カ〕〉従二位☆、宝永4(一七〇七)・5・2薨去

［死没］宝永4(一七〇七)・5・2　［年齢］70　［父］芝山宣豊　［公卿補任］4―34上

広豊　ひろとよ　一六七四―一七二三

延宝2(一六七四)・2・23誕生、延宝7・12・24叙爵、元禄1(一六八八)・11・26〈「12月28日」ま〉元服、昇殿、勘解由次官、12・26従五位上、元禄2・3・8改広豊〈元季寿〉、元禄5・1・5正五位下、元禄10・1・5従四位下、元禄12・12・29右衛門権佐、元禄14・1・5従四位上、宝永1(一七〇四)・2・29〈去正五分〉正四位下、宝永5・1・20〈去五日分〉従三位、正徳4(一七一四)・2・6〈去年十二月廿三日〉正三位、享保4(一七一九)・6・6参議、10・3右衛門督、享保7・12・18辞両官、享保8・2・13〈「12日」家譜〉薨去

［死没］享保8(一七二三)・2・13　［年齢］50　［父］芝山定豊(実四辻季輔、二男)　［母］久我広通女　［前名］季寿　［公卿補任］4―184下

重豊　しげとよ　一七〇三―六六

元禄16(一七〇三)・1・25誕生、宝永8(一七一一)・2・11〈去正五日分〉従五位下、正徳6(一七一六)・11・24当家相続、享保2(一七一七)・2・4元服、昇殿、侍従、従五位上、享保5・12・28正五位下、享保8・2・12喪養父、4・3除服出仕復任、享保9・1・26〈去六日分〉従四位下、8・30兵部大輔、享保11・12・18改重豊(元季憲)、享保13・12・21従四位上、享保17・12・27正四位下、享保20・3・21補院別当(譲位日〈ま〉)、元文1(一七三六)・12・29従三位、寛保1(一七四一)・12・21正三位、寛保3・6・29大蔵卿、寛延1(一七四八)・9・25参議、寛延2・12・24辞参議、宝暦1(一七五一)・12・16権中納言、宝暦2・3・25辞権中納言、宝暦3・1・22聴直衣、宝暦4・閏2・24従二位、宝暦12・8・25賜桃園院御服〈ま〉、明和3(一七六六)・7・19正二位、8・6薨去

［死没］明和3(一七六六)・8・6　［年齢］64　［父］芝山広豊(実高丘季起、二男)　［母］家女房　［前名］季憲　［公卿補任］4―324下

持豊　もちとよ　一七四二―一八一五

寛保2(一七四二)・6・5誕生、延享4(一七四七)・12・26従五位下、宝暦5(一七五五)・3・26元服、昇殿、治部権大輔、従五位上、宝暦8・9・4服解(母)11・22除服出仕復任、宝暦9・2・27〈去正月廿四日宣〉正五位下、宝暦10・3・29右馬頭、宝暦13・1・5従四位下、12・19中務権大輔、明和3(一七六六)・8・6服解(父)、9・28除服出仕復任、明和4(一七六七)・1・9従四位上、明和6・12・18兼近江介、明和7・11・24補院別当、拝賀、明和8・1・10〈去正月廿四日宣〉正四位下、明和9・10・9左兵衛督、秩満、安永4(一七七五)・1・5〔従三位〕、安永9・1・19正三位、天明5(一七八五)・1・20参議、8・17辞参議、寛政5(一七九三)・12・19従二位、寛政11・3・16権中納言、5・26帯剣、5・28聴直衣、直衣始、8・13辞権中納言、文化6(一八〇九)・1・5〔正二位〕、文化11・10・26権大納言、10・28辞権大納言、文化12・2・20薨去

［死没］文化12(一八一五)・2・20　［年齢］74　［父］芝山重豊　［母］正三位山井兼仍女　［公卿補任］4―542下

国豊　くにとよ　一七八一―一八二二

天明1(一七八一)・7・19誕生、天明3・1・13従五位下、寛政4(一七九二)・3・8元服、昇殿、宮内大輔、従五位上、寛政8・3・1〈去二四分〉正五位下、寛政10・5・13兼中宮少進、6・10拝賀、寛政11・8・18服解(養母)、10・13除服出仕復任、寛政12・2・5〈去正五分〉従四位下、享和4(一八〇四)・1・5従四位上、文化2(一八〇五)・9・16服解(実父)、11・20除服出仕復任、文化4(一八〇七)・9・22儲君親王家司、文化5・1・5正四位下、文化9・1・4〔従三位〕、文化13・12・21正三位、文政4(一八二一)・9・28薨去

［死没］文政4(一八二一)・9・28　［年齢］41　［父］芝山持豊(実勧修寺経逸、二男)　［母］従一位権大納言万里小路政房女(実池田仲庸女)　［公卿補任］5―215上

岡崎家　おかざきけ

藤原氏北家勧修寺流。中御門家の庶流。中御門権大納言尚良の二男従三位宣持を家祖とする。家格は名家、新家。外様の家。二条家の家礼。家禄三十石三人扶持。宣持は元和二年(一六一六)に生まれ、寛永八年(一六三一)四月、元服・昇殿し、承応二年(一六五三)八月従三位に叙せられ公卿に列し、寛文十二年(一六七二)十二月に五十六歳で没した。一男昭房は同新家(桂、絶家)を起し、嗣子の二男宗房は同七年正月に父に先立ち没していたので、本家の中御門権大納言資熈の二男国久が宣持の養子となり、岡崎家の家督を相続した。正二位権大納言を先途とした。明治十七年(一八八四)国長のとき、叙爵内規により子爵を授けられた。菩提所は洛東 知恩院末報土寺。『岡崎家譜』(東京大学史料編纂所架蔵、四一七五—一八二)

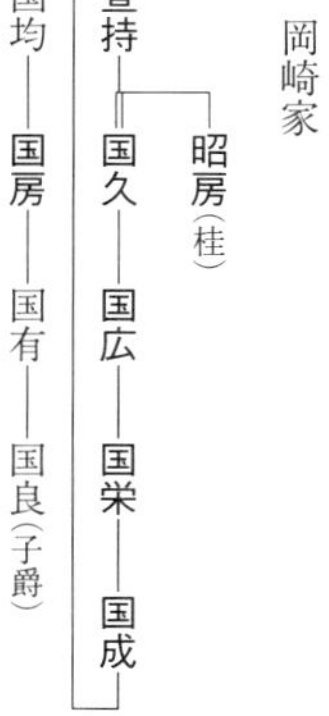

宣持　のぶもち　一六二〇—七二

寛永8(一六三一)・4・24叙爵、元服、内匠頭、寛永12・1・5従五位上、寛永17・3・5〈賜去年正五口宣案〉正五位下、寛永20・1・5従四位下、正保4(一六四七)・1・5従四位上、慶安4(一六五一)・1・5正四位下、承応2(一六五三)・8・21従三位、8・22出家法名琢翁、号岡崎 [死没]寛文12(一六七二)・12・24 [年齢]53 [父]中御門尚良、二男 [母]家女房 [号]岡崎 [法名]琢翁 [公卿補任]3—632下

昭房　あきふさ　一六三八—?

承応3(一六五四)・1・5正五位下、12・21五位蔵人、12・24禁色、承応4・1・29権右少弁、明暦1(一六五五)・7・25正五位上、明暦3・1・27右少弁、万治1(一六五八)・閏12・22左少弁、寛文2(一六六二)・12・24参議、元蔵人頭権右中弁、寛文4・9・3従三位、寛文8・6・28辞参議 ◈寛文八年前参議従三位〔以後不見〕 [父]岡崎宣持 [母]権中納言従三位四辻季俊女 [号]桂 [公卿補任]3—663上

国久　くにひさ　一六五九—一七五二

万治2(一六五九)・10・21〈「23日」家譜〉誕生、寛文10(一六七〇)・11・9〈去正五分〉叙爵、寛文13・6・1元服、昇殿、右京大夫、延宝2(一六七四)・7・10〈去正六〈「五」ま系譜〉分〉従五位上、延宝7・12・17〈去正五分〉正五位下、貞享1(一六八四)・11・27右兵衛権佐、貞享2・12・24〈去正六分〉従四位下、貞享5・2・2〈去正六分〈「五日」ま〉〉従四位上、元禄5(一六九二)・12・13〈去正五分〉正四位下、元禄9・12・29右兵衛督、元禄10・12・26従三位(右兵衛督如元)、元禄12・9・4辞督、宝永4(一七〇七)・2・6〈正月五日分〉正三位、享保3(一七一八)・5・9参議、5・15辞参議、享保4・12・26従二位、享保10・12・25権中納言、12・30直衣、辞権中納言、寛保2(一七四二)・12・24正二位、寛延1(一七四八)・2・7権大納言、2・9辞権大納言、宝暦2(一七五二)・6・21薨去 [死没]宝暦2(一七五二)・6・21 [年齢]94 [父]岡崎宣持(実中御門資熈、二男) [母]権中納言従三位四辻季俊女 [一字名]子 [公卿補任]4—132下

国広　くにひろ　一六九一—一七三八

元禄3(一六九〇)・11・24〈「4年」家譜〉誕生、元禄7・1・5叙爵、宝永3(一七〇六)・12・15元服、昇殿、右京大夫、宝永6・5・25右衛門佐、宝永7・閏8・9正五位下、正徳2(一七一二)・2・16左衛門佐、正徳4・5・12〈去正五分〉従四位下、享保3(一七一八)・6・4〈去正五分〉従四位上、享保4・1・28中務権大輔、6・1中務大輔、享保7・1・18〈去正五分〉正四位下、享保16・1・5従三位、10・7大蔵卿、元文3(一七三八)・4・5辞大蔵卿〈ま〉、4・6薨去

［死没］元文3(一七三八)・4・6　［年齢］48　［父］岡崎国久　［母］家女房　［公卿補任］4—297上

国栄　くにひで　一七二六—八三

享保11(一七二六)・10・28誕生、享保15・12・26叙爵、元文4(一七三九)・6・28元服、昇殿、備中権介、12・25兵部少輔、元文5・12・24従五位上、寛保3(一七四三)・8・29大宰少弐(推任)、寛保4・1・5正五位下、延享2(一七四五)・3・23中務少輔(小除目)、延享5・8・22〈去二一分〉従四位下、寛延2(一七四九)・4・29中務権大輔、宝暦2(一七五二)・1・22従四位上、宝暦6・1・6〈昨五分〉正四位下、宝暦7・12・25中務大輔、宝暦13・12・19(従三位)、明和5(一七六八)・1・9宮内卿、12・19正三位、安永1(一七七二)・12・6参議、12・19辞参議、安永5・12・19従二位、安永8・12・12賜後桃園院御服、天明3(一七八三)・2・27薨去

［死没］天明3(一七八三)・2・27　［年齢］58　［父］岡崎国広　［母］家女房　［公卿補任］4—471上

国成　くになり　一七六四—一八二七

明和1(一七六四)・11・9誕生、明和5・1・5従五位下、安永3(一七七四)・5・26元服、昇殿、兵部権少輔、10・8従五位上、安永6・3・13中務権少輔、安永7・1・10正五位下、天明2(一七八二)・1・14従四位下、12・22転少輔、天明3・2・27服解(父)、4・18除服出仕復任、天明6・1・14従四位上、天明7・5・26転権大輔、寛政2(一七九〇)・1・28正四位下、寛政7・1・20(従三位)、寛政12・6・7正三位、文化13(一八一六)・9・4参議、9・8辞参議、文化14・1・4従二位、文政10(一八二七)・11・7薨去

［死没］文政10(一八二七)・11・7　［年齢］64　［父］岡崎国栄　［母］正二位伏原宣通女　［公卿補任］5—102下

国房　くにふさ　一八一九—六一

文政2(一八一九)・6・28誕生、文政6・12・19叙爵、天保2(一八三一)・12・16元服、昇殿、勘解由次官、従五位上、天保6・5・29正五位下、天保10・2・29従四位下、天保14・5・12〈去正五分〉従四位上、弘化4(一八四七)・7・9〈去二十三分〉正四位下、嘉永4(一八五一)・5・22(従三位)、安政3(一八五六)・4・7正三位、文久1(一八六一)・8・22薨去

［死没］文久1(一八六一)・8・22　［年齢］43　［父］岡崎国均　［母］池尻暉房女　［公卿補任］5—472下

池尻家　いけがみけ

藤原氏北家勧修寺流。清閑寺家の庶流。清閑寺内大臣共房の二男権大納言共孝を家祖とする。池尻の号は清閑寺家の祖参議資房の兄権中納言吉田隆長の別号であった。家格は名家、新家。外様の家。一条家の家礼。家禄五十石三人扶持。共孝は慶長十八年(一六一三)に生まれ、寛永五年(一六二八)十月、元服・昇殿し、慶安二年(一六四九)正月従三位に叙せられ公卿に列し、のち正二位権大納言を先途とした。勝房・暉房が議奏に補された。明治十七年(一八八四)知房のとき叙爵内規により子爵を授けられた。菩提所は鳴虎 報恩寺。『池尻家譜』(東京大学史料編纂所架蔵、四一七五—一五八)

池尻家

共孝—**勝房**—**共条**═**栄房**—定治
暉房—**定孝**—**延房**—**胤房**—知房(子爵)

共孝　ともたか　一六一三—八三

慶長18(一六一三)・11・24誕生、元和3(一六一七)・1・5従五位下、寛永5(一六二八)・10・29元服、従五位上、宮内少輔☆、寛永10・1・6正五位下、寛永14・1・5従四位下、寛永18・1・5従四位上、正保2(一六四五)・10・18正四位下☆、慶安2(一六四九)・1・12〈去五日位記〉従三位☆、号池尻、1・27宮内卿、承応4(一六五五)・1・5正三位、万治3(一六六〇)・12・25参議、寛文1(一六六一)・11・24〈「12月」下文〉辞参議、寛文5・9・11権中納言、12・12帯剣、寛文6・10・27辞権中納言、12・17従二位、天和3(一六八三)・9・2権大納言、9・4辞権大納言、9・14薨去☆

〔死没〕天和3（一六八三）·9·14 〔年齢〕71 〔父〕清閑寺共房、二男 〔母〕平野光源寺智祐女 〔号〕池尻 〔公卿補任〕3—621上

勝房 かつふさ　一六五〇—一七一一

慶安3（一六五〇）·8·10誕生、承応3（一六五四）·11·22〈正五分〉叙爵、寛文5（一六六五）·12·14元服、昇殿、宮内大輔従五位上、寛文9·1·5正五位下、寛文13·1·5従四位下、12·17禁色、延宝6（一六七八）·8·21〈去年正五分〉従四位上☆、延宝9·1·5正四位下、貞享2（一六八五）·3·4〈「2月」ま〉〈去正月六日〈「五日」ま〉分〉〔従三位〕☆、元禄3（一六九〇）·12·30参議、元禄4·2·24〈去正月六日分〉正三位、元禄8·12·24辞参議、12·26権中納言、元禄9·4·1帯剣、6·28聴直衣、元禄13·8·29辞権中納言、元禄14·12·23従二位、宝永8（一七一一）·2·4権大納言、2·7辞権大納言☆、薨去

〔死没〕宝永8（一七一一）·2·7 〔年齢〕62 〔父〕池尻共孝 〔母〕五条為適女 〔公卿補任〕4—80下

共条 ともえだ　一六八七—一七二七

貞享4（一六八七）·6·16誕生、元禄4（一六九一）·1·6叙爵、元禄11·12·4元服、昇殿、右京大夫従五位上、元禄14·10·29右兵衛権佐、元禄15·1·5正五位下、宝永3（一七〇六）·1·10〈去五分〉従四位下☆、宝永7·閏8·9〈去二廿八分〉従四位上、正徳1（一七一一）·2·7喪父、3·30除服出仕復任、正徳2·8·20喪母、10·16除服出仕復任、正徳4·2·6正四位下、享保3（一七一八）·2·13従三位、享保7·2·16宮内卿、享保9·2·8〈去正月六日分〉正三位☆、享保12·7·19薨去

〔死没〕享保12（一七二七）·7·19 〔年齢〕41 〔父〕池尻勝房 〔母〕内大臣正二位松木宗条女 〔公卿補任〕4—232上

栄房 しげふさ　一七二二—八八

享保7（一七二二）·1·2誕生、享保12·8·19為共条卿子、享保13·2·1〈去年十二廿七分〉叙爵、享保19·3·27元服、昇殿、侍従、従五位上、享保20·3·12〈「7日」ま〉兼近江介、元文1（一七三六）·2·19右衛門権佐（介如元）、元文3·1·6〈昨五日分〉正五位下、寛保2（一七四二）·7·1〈去正五分〉従四位下、12月28日止介、寛保3·8·29弾正少弼、延享3（一七四六）·1·12〈去五分〉従四位上、延享4·4·21兼伊勢権介、寛延2（一七四九）·3·10服解（実父〈ま〉）、5·1除服出仕復任、寛延2（一七四九）·12·28止権介〈ま〉、寛延3·3·4正四位下、宝暦5（一七五五）·1·5従三位、宝暦9·12·24正三位、宝暦10·1·29〈「27日」ま〉宮内卿、宝暦12·9·28参議、明和1（一七六四）·10·6辞参議、明和5·1·25従二位、安永8（一七七九）·1·11権中納言、1·16帯剣、1·17聴直衣、2·14辞権中納言、安永10·2·16正二位、天明7（一七八七）·7·6権大納言、7·10辞権大納言、天明8·1·14薨去

〔死没〕天明8（一七八八）·1·14 〔年齢〕67 〔父〕池尻共条（実梅園久季、二男） 〔母〕家女房（実東大寺八幡宮祠官紀延親女） 〔公卿補任〕4—425下

暉房 てるふさ　一七六二—一八五二

宝暦12（一七六二）·7·5誕生、明和3（一七六六）·12·19従五位下、安永3（一七七四）·9·27元服、昇殿、勘解由次官、従五位上、安永7·1·10正五位下、天明2（一七八二）·1·5従四位下、天明6·1·14従四位上、天明7·12·19兼伊予権守、天明8·1·14服解（祖父）、3·5除服出仕復任、10·16服解（祖母）、12·8除服出仕復任、寛政2（一七九〇）·1·5正四位下、寛政2·12·21秩満、寛政6·3·19〔従三位〕、寛政8·10·25治部卿、寛政10·1·28正三位、文化2（一八〇五）·12·19参議、文化4·2·13従二位、文化5·2·30辞参議、文化10·12·16賜後桜町院御服、文化13·7·2権中納言、8·27帯剣、8·28聴直衣、文政1（一八一八）·5·28辞権中納言、正二位、文政7·1·12権大納言、1·28聴直衣、2·29辞権大納言、弘化3（一八四六）·3·4賜仁孝天皇御当色、3·7賜御素服、嘉永5（一八五二）·8·17薨去

〔死没〕嘉永5（一八五二）·8·17 〔年齢〕91 〔父〕池尻定治 〔母〕家女房 〔公卿補任〕5—96下

定孝　さだたか　一七八八—一八二六

天明8(一七八八)・11・17誕生、寛政6(一七九四)・12・21従五位下、寛政12・9・27元服、昇殿、伊予権守、従五位上、享和2(一八〇二)・1・14弾正少弼(権守如元)、2・26拝賀、享和3・2・23正五位下12・19秩満、文化3(一八〇六)・1・22院判官代、1・25拝賀、文化4・1・4従四位下、文化8・1・5従四位上、文化10・10・26賜後桜町院御服、文化11・1・16除服宣下、文化12・2・26兼讃岐権守(小除目)、3・22正四位下、文政2(一八一九)3・20秩満、9・21〈去正月四日分〉(従三位)、文政6・1・12正三位、文政9・10・14薨去

[死没]文政9(一八二六)・10・14　[年齢]39　[父]池尻暉房　[母]山科敬言二女　[公卿補任]5—264上

延房　のぶふさ　一八〇六—六四

文化3(一八〇六)・11・21誕生、文化13・4・27従五位下、文化14・5・26元服、昇殿、伊勢権介、文政3(一八二〇)・10・2〈去六十五分〉従五位上、文政4・1・20右兵衛権佐(権介如故)、12・19秩満、文政7・閏8・28正五位下、文政9・10・14服解(父)、12・5除服出仕復任、文政11・2・20従四位下、天保3(一八三二)・1・11従四位上、天保6・9・18儲君親王家司、天保7・1・4正四位下、天保11・3・27(従三位)、天保15・1・5正三位、元治1(一八六四)・6・2薨去

[死没]元治1(一八六四)・6・2　[年齢]59　[父]池尻定孝　[母]家女房　[公卿補任]5—398下

胤房　たねふさ　一八三〇—七〇

文政13(一八三〇)・6・11誕生、天保4(一八三三)・11・27叙爵、天保9・9・28元服、昇殿、伊勢権介、従五位上、天保12・12・22兼春宮少進、天保13・3・16〈去廿二分〉正五位下、8・22拝賀(坊官慶)、12・22兼讃岐権守、弘化3(一八四六)・2・13去春宮少進(依践祚)、4・4従四位下、弘化4・12・17左兵衛権佐、嘉永3(一八五〇)・1・17〈去五分〉従四位上、嘉永7・1・5正四位下、安政6(一八五九)・5・25(従三位)、文久1(一八六一)・9・17宮内卿、文久3・4・25正三位

[死没]明治3(一八七〇)・4・23　[年齢]41　[父]池尻延房　[母]清閑寺昶定四女　[公卿補任]5—525上

梅小路家　うめこうじけ

藤原氏北家勧修寺流。清閑寺家の庶流。清閑寺内大臣共房の三男権大納言定矩を家祖とする。家格は名家、新家。外様の家。一条家の家礼。家禄五十石三人扶持。定矩は元和五年(一六一九)に生まれ、寛永十年(一六三三)十二月、元服・昇殿し、明暦元年(一六五五)十月従三位に叙せられ公卿に列し、のち正二位権大納言まで昇進した。梅小路の号は、清閑寺家などを分流した参議為隆の舎弟権中納言顕隆の葉室流に先例があり、顕隆三男の八条中納言顕長の孫宗隆が梅小路中納言と号した。正二位権大納言を先途とした。明治十七年(一八八四)定行のとき、叙爵内規により子爵を授けらた。菩提所は小川 報恩寺。『梅小路家譜』(東京大学史料編纂所架蔵、四一七五—一七二)

梅小路家

定矩—**共方**—**定喬**—共経═**定福**
—共之═**定肖**—定徳—定輯═定明
—定行(子爵)

定矩　さだかね　一六一九—九五

元和5(一六一九)・11・6誕生、元和9・2・28叙爵、寛永10(一六三三)・12・24元服、従五位上、左兵衛佐、寛永14・1・5正五位下、寛永18・1・5従四位下、正保2(一六四五)・1・6従四位上☆、慶安3(一六五〇)・1・5正四位下、明暦1(一六五五)・10・26従三位、転任左兵衛督(泰重辞替)、元左兵衛佐、号梅小路、万治3(一六六〇)・1・5正三位☆、寛文9(一六六九)・12・27参議、寛文10・7・22辞参議、寛文12・1・14権中納言、1・16帯剣、5・26辞権中納言、12・22従二位、貞享5(一六八八)・5・17権大納言、5・18辞権大納言、5・19出家

[死没]元禄8(一六九五)・11・28　[年齢]77　[父]清閑

寺共房、三男 [母]平野光源寺智祐女 [号]梅小路 [法名]常道 [公卿補任]3—641上

共方 ともかた　一六五三—一七二七

承応2(一六五三)・12・14誕生、明暦3(一六五七)・1・25〈去五日分〉叙爵☆、寛文6(一六六六)・11・14元服、昇殿、民部大輔、従五位上、寛文10・9・29〈去正五分〉正五位下、延宝2(一六七四)・2・8従四位下☆、延宝6・1・5従四位上、閏12・11改共方(元共益)、11・21禁色、天和2(一六八二)・1・5正四位下、天和3・2・14兼中宮亮、貞享3(一六八六)・9・8〈「9日」ま〉従三位(亮如旧)、貞享4・4・25止亮☆、元禄5(一六九二)・12・28〈去正月五日分〉正三位、元禄10・12・26参議、元禄12・9・17右兵衛督、元禄15・12・21辞参議、宝永2(一七〇五)・12・18〈去年正月五日分〉従二位、宝永5・1・25権中納言、閏1・25帯剣、2・4聴直衣、宝永8・2・18辞権中納言、享保1(一七一六)・12・25正二位、享保4・1・24〈14日との記載もあり〉権大納言、2・14辞権大納言、享保12・7・3薨去☆

[死没]享保12(一七二七)・7・3 [年齢]75 [父]梅小路定矩 [母]家女房 [前名]共益 [公卿補任]4—85上

定喬 さだたか　一六九〇—一七二七

元禄3(一六九〇)・9・2誕生、元禄10・12・26叙爵、元禄15・11・25元服、昇殿、右京大夫従五位上、宝永2(一七〇五)・10・9左兵衛佐、宝永3・1・26〈去五日分〉正五位下、宝永7・2・30〈去廿八分〉従四位下☆、正徳4(一七一四)・2・24〈去隆兼朝臣同日分〉従四位上、享保3(一七一八)・1・20〈去五分〉正四位下、享保6・12・29改定喬(元定代)、享保7・10・28従三位、享保12・7・15薨去☆

[死没]享保12(一七二七)・7・15 [年齢]38 [父]梅小路共方、二男 [母]家女房 [前名]定代 [公卿補任]4—251下

定福 さだとみ　一七四三—一八一三

寛保3(一七四三)・1・16誕生、延享2(一七四五)・5・18為共経朝臣子、延享4・2・1従五位下、宝暦4(一七五四)・12・7元服、昇殿、兵部権少輔、従五位上、宝暦8・12・28正五位下、宝暦9・10・23服解(実父)、12・14除服出仕復任、宝暦11・12・24兼近江権介、宝暦12・1・5従四位下、宝暦14・8・25兼伊予権守、明和3(一七六六)・12・19従四位上、明和5・1・20秩満、明和7・1・5正四位下、8・4兼丹波介、安永3(一七七四)・1・2秩満、1・5〔従三位〕、安永4・閏12・25参議、安永7・1・9辞参議、安永9・1・18〈「19日」ま〉正三位、天明8(一七八八)・12・24従二位、寛政8(一七九六)・4・24権中納言、5・20帯剣、5・22聴直衣、直衣始、寛政10・4・26辞権中納言、寛政11・12・22正二位、文化2(一八〇五)・4・16権大納言、4・26直衣、5・28辞権大納言、文化10・2・14薨去

[死没]文化10(一八一三)・2・14 [年齢]71 [父]梅小路共経(実清閑寺秀定、二男) [母]家女房(実家女房) [公卿補任]4—536上

定肖 さだゆき　一七七七—一八三七

安永6(一七七七)・7・19誕生、天明6(一七八六)・12・19従五位下、寛政1(一七八九)・閏6・2為定福卿子、寛政2・12・16元服、昇殿、讃岐権守、従五位上、寛政3・3・10民部大輔(権守如元)、寛政6・1・8院判官代、2・20拝賀、4・5秩満、4・6勘解由次官、12・20〈「21日」ま〉正五位下、寛政10・1・5従四位下、5・27院別当、6・10拝賀、享和2(一八〇二)・1・5従四位上、享和3・7・15服解(実父)、9・13除服出仕復任、文化3(一八〇六)・1・4正四位下、文化7・1・4〔従三位〕、文化10・12・16賜後桜町院御服、文化11・4・14正三位、文政7(一八二四)・6・4宮内卿、天保2(一八三一)・8・28参議、10・28従二位、天保6・12・16辞両官、天保8・6・18薨去

[死没]天保8(一八三七)・6・18 [年齢]61 [父]梅小路定福(実清閑寺益房、二男) [母]家女房 [公卿補任]5—202上

堤家　つつみけ

藤原氏北家勧修寺流。甘露寺家の庶流。甘露

堤家

貞長―輝長―為任＝為量＝晴長＝代長―栄長―敬長―広長＝維長＝言長＝哲長＝功長（子爵）
敬長―維長
広長―言長
維長―哲長

寺参議嗣長弟の正四位下貞長を家祖とする。家格は名家、新家。外様の家。鷹司家の家礼。家禄三十石三人扶持。貞長は、元和元年（一六一五）に生まれ、寛永八年（一六三一）二月叙爵、元服・昇殿を聴され縫殿頭に任ぜられ、新家を創立し中川と号した。のちに正四位下に叙せられ、延宝五年（一六七七）十月に六十三歳で没した。その子輝長は延宝六年十二月に二十六歳で叙爵し、元服・昇殿を聴され、このとき家名を堤に改めた。正二位権中納言を先途とした。明治十七年（一八八四）功長のとき、叙爵内規により子爵を授けられた。菩提所は伏見 松林院。『堤家譜』（東京大学史料編纂所架蔵、四一七五―二五五）

代長　としなが　一七一六―八三

享保1(一七一六)・2・20誕生、享保7・12・25叙爵(于時俊幸)、享保14・7・11為晴長朝臣子、11・18元服、昇殿、侍従、従五位上、享保18・12・2〈去四一分〉正五位下☆、元文2(一七三七)・1・24〈去六分〉従四位下、元文3・12・27改代長☆、元文4・4・14服解(養母)〈ま〉12・6、除服出仕復任〈ま〉、12・30〈ま〉左京権大夫、寛保1(一七四一)・1・14〈去五分〉従四位上、寛保3・6・30服解(実父)〈ま〉、8・21除服出仕復任〈ま〉、8・29大膳大夫、延享2(一七四五)・閏12・16正四位下、寛延2・9・12服解(養父)〈ま〉、11・24除服出仕復任〈ま〉、寛延3(一七五〇)・3・4従三位、宝暦2(一七五二)・7・13刑部卿、宝暦7・12・25正三位、明和1(一七六四)・9・25参議、10・22辞参議、明和5・1・9従二位、明和9・10・17権中納言、10・20聴直衣〈ま〉、辞権中納言、安永8(一七七九)・1・5正二位、天明3(一七八三)・11・28薨去

〔死没〕天明3(一七八三)・11・28　〔年齢〕68　〔父〕堤晴長(実坊城俊清、二男)　〔母〕家女房(実堤輝長女)　〔前名〕俊幸　〔号〕円徳院　〔公卿補任〕4―399上

栄長　よしなが　一七三五―九五

享保20(一七三五)・10・4誕生、元文4(一七三九)・12・28従五位下、延享4(一七四七)・9・17元服、昇殿、勘解由次官、従五位上、寛延4(一七五一)・6・22〈去正廿六分〈「廿」ま無〉〉正五位下、宝暦5(一七五五)・2・20従四位下、宝暦9・1・5従四位上、宝暦13・2・11正四位下、明和4(一七六七)・12・19〔従三位〕、明和6・12・18大蔵卿、明和9・11・17正三位、天明5(一七八五)・1・20参議、8・17辞参議、12・22従二位、寛政7(一七九五)・8・8正二位、薨去

〔死没〕寛政7(一七九五)・8・8　〔年齢〕61　〔父〕堤代長　〔母〕従二位竹内惟永女　〔号〕慈徳院　〔公卿補任〕4―493下

敬長　ゆきなが　一七五五―一八〇〇

宝暦5(一七五五)・6・14誕生、宝暦9・12・24叙爵、明和2(一七六五)・12・13元服、昇殿、民部権大輔、従五位上、明和6・1・9正五位下、明和7・8・4兼丹波権介、明和9・10・14中務権少輔(権介如元)、安永2(一七七三)・1・9従四位下、安永3・1・9秩満、安永6・3・13少輔、12・19従四位上、安永10・1・5正四位下、天明2(一七八二)・12・22大輔、天明7・5・26従三位(小除目)、寛政4(一七九二)・2・2〈去正月五日分〉正三位、寛政12・8・21参議、8・23辞参議、薨去

〔死没〕寛政12(一八〇〇)・8・23　〔年齢〕46　〔父〕堤栄長　〔母〕甲斐守従五位下黒田長貞女　〔公卿補任〕5―52上

広長　ひろなが　一七七三―一八四八

安永2(一七七三)・2・9誕生、安永5・1・14従五位下、安永8・5・13元服、昇殿、左兵衛権佐、安永9・12・27従五位上、天明4(一七八四)・12・19正五位下、天明8・1・15従四位下、寛政1(一七八九)・6・5服解(母)、閏6・26除服出仕復任、寛政4・3・26従四位上、寛政8・2・4正四位下、寛政12・1・5〔従三位〕、8・23喪父、10・14

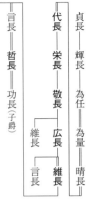

除服出仕、文化2(一八〇五)・1・26正三位、文化10・12・16賜後桜町院御服、文政7(一八二四)・10・28参議、12・19従二位、文政8・1・9辞参議、天保2(一八三一)・12・28権中納言、天保3・1・6帯剣、1・8聴直衣、直衣始、1・26辞権中納言、天保5・10・27〔正二位〕、嘉永1(一八四八)・1・5薨去

[死没]嘉永1(一八四八)・1・5　[年齢]76　[父]堤敬長　[母]正二位権大納言冷泉為村女　[幼名]辰千代麿　[号]成功徳院　[公卿補任]5—138下

維長　つなが　一八〇〇—五九

寛政12(一八〇〇)・1・11〔5月カ〕誕生、文化2(一八〇五)・4・7従五位下、11・26元服、昇殿、宮内権少輔、文化4・9・22儲君親王職事、文化6・2・10従五位上、4・8遷中務権少輔、12・25兼春宮少進、文化7・1・2拝賀、文化10・3・4転少輔(少進如故)、5・18正五位下、文化14・3・22去春宮少進〈依受禅也〉、3・28従四位下、文政4(一八二一)・2・30〈去正二十分〉従四位上、文政8・1・5正四位下、文政12・12・21〔従三位〕、天保4(一八三三)・2・13〈去正月五日分〉〔正三位〕、嘉永2(一八四九)・6・11民部卿、安政6(一八五九)・8・10〈昨日分〉辞民部卿、薨去

[死没]安政6(一八五九)・8・10　[年齢]60　[父]堤広長〈実堤敬長、十二男〉　[母]家女房　[幼名]易丸・辰千代麿　[公卿補任]5—331上

哲長　あきなが　一八二七—六九

文政10(一八二七)・12・22誕生、天保4(一八三三)・11・27従五位下、天保12・12・14元服、昇殿、大和権介、従五位上、天保13・9・15淑子内親王職事、弘化2(一八四五)・1・18〈去五日分〉正五位下、弘化4・3・14兼皇太后宮少進〈立太后日〉、拝賀、10・13去少進〈依門号〉、11・12賜前新朔平門院御服、12・14除服宣下、嘉永2(一八四九)・1・5従四位下、嘉永6・1・21大膳大夫、3・25従四位上、安政4(一八五七)・3・11正四位下、安政6・8・10服解(祖父)、10・1除服出仕復任、万延2(一八六一)・1・5〔従三位〕、元治1(一八六四)・7・10右京大夫、10・27帯剣、慶応1(一八六五)・1・5正三位

[死没]明治2(一八六九)・4・4　[年齢]43　[父]堤維長　[母]家女房　[幼名]初麿　[公卿補任]5—536上

穂波家　ほなみけ

藤原氏北家勧修寺流。勧修寺家の庶流。勧修寺権大納言経広の二男経尚を家祖とする。家格は名家、新家。外様の家。九条家の家礼。家禄三十石三人扶持。経尚は、正保三年(一六四六)に生まれ、明暦四年(一六五八)四月、元服・昇殿し、左兵衛権佐・従五位下に任叙。海住山と号した。海住山の号は、平安時代の末、甘露寺・勧修寺等流の祖参議大蔵卿為隆の孫九条三位光長が起こした家系が海住山を号したが、室町時代後期に権大納言高清を最後に家名断絶した。寛文三年(一六六三)八月右少弁・蔵人となり、同五年十二月蔵人を辞すとともに、家名を穂波と改めた。天和二年(一六八二)正月従三位に叙せられ公卿に列し、のち従二位権中納言まで昇進した。従二位権中納言を先途とした。明治十七年(一八八四)経藤のとき叙爵内規により子爵を授けられた。菩提所は聚楽内野 立本寺内享保院。『穂波家譜』(東京大学史料編纂所架蔵、四一七五—三〇四)

穂波家

経尚═**晴宣**═**尚明**—尚孝—**経條**
└経訓═経治═**経度**—経藤(子爵)

経尚　つねかさ　一六四六—一七〇六

正保3(一六四六)・8・14誕生、承応1(一六五二)・10・26叙爵、明暦4(一六五八)・4・23〈家譜〉元服、〈家譜〉昇殿、〈家譜〉左兵衛権佐、〈家譜〉従五位上、寛文2(一六六二)・1・5正五位下、寛文3・8・7権右少弁、10・4蔵人☆、10・25禁色、12・2正五位上、寛文5・12・17去蔵人辞弁、〈家譜〉改海住山為穂波、12・27筑前守、寛文7・1・5従四位下、寛文10・1・5従四位上、延宝3(一六七五)・

1・5正四位下、天和2(一六八二)・1・5〔従三位〕、号穂波、貞享5(一六八八)・7・25〈去年正月六日分〉正三位☆、元禄2(一六八九)・1・27参議、元禄4・2・24辞参議、元禄11・12・27〈去正月五日分〉従二位、宝永2(一七〇五)・12・18権中納言、12・21辞権中納言、宝永3・6・12薨去☆

[死没]宝永3(一七〇六)・6・12 [年齢]61 [父]勧修寺経広、二男 [母]徳永昌純女 [一字名]弓・柳 [号]海住山・穂波 [公卿補任]4—67下

晴宣　はれのぶ　一六九七—一七六八

元禄10(一六九七)・7・12誕生、元禄15・12・23〈ま〉叙爵、宝永2(一七〇五)・11・18元服、昇殿、勘解由次官、宝永3・6・6〈去正五分〉従五位上、6・12喪養父、8・13除服出仕復任、宝永7・閏8・9〈去二廿八分〉正五位下、正徳4(一七一四)・5・12〈去正五分〉従四位下、享保3(一七一八)・6・4〈去正五分〉従四位上、享保7・1・18〈去六分〉正四位下、享保11・1・9〈去五日分〉従三位、享保12・3・21治部卿、享保20・3・24正三位、延享4(一七四七)・12・26辞治部卿、明和5(一七六八)・1・12薨去

[死没]明和5(一七六八)・1・12 [年齢]72 [父]穂波経尚(実勧修寺尹隆、二男) [母]清閑寺凞房女(実家女房) [公卿補任]4—272下

尚明　ひさあき　一七二九—七六

享保14(一七二九)・6・20誕生、享保20・12・24叙爵(実盈)☆、寛保2(一七四二)・2・16為晴宣卿子、12・24改名尚明、寛保3・2・1元服、昇殿、大蔵少輔(「権少輔」ま)、6・29従五位上(小除目次)、延享4(一七四七)・12・26正五位下、寛延3(一七五〇)・1・4服解(実母)、2・25除服出復任、寛延4(一七五一)・6・22従四位下、宝暦5(一七五五)・4・6従四位上、宝暦9・1・24正四位下、宝暦13・12・19〔従三位〕、明和5(一七六八)・12・19正三位、安永5(一七七六)・4・20薨去

[死没]安永5(一七七六)・4・20 [年齢]48 [父]穂波晴宣(実風早実松、二男) [母]参議正三位七条隆豊女 [前名]実盈 [公卿補任]4—471上

経條　つねえだ　一七七四—一八三六

安永3(一七七四)・6・5誕生、安永7・6・5従五位下、天明6(一七八六)・12・13元服、昇殿、筑前守、従五位上、寛政2(一七九〇)・12・18正五位下、寛政4・2・6治部大輔、3・6拝賀、寛政6・1・13従四位下、寛政7・1・25中務権大輔、寛政8・4・24拝賀、寛政10・1・28従四位上、寛政11・1・27中務大輔、2・11拝賀、享和2(一八〇二)・1・14〈去五宣〉正四位下、文化1(一八〇四)・10・18弾正大弼、文化3・1・18〔従三位〕、3・6喪母、4・27除服出仕、文化7・1・10〈去四日分〉正三位、天保2(一八三一)・3・28参議、8・28従二位、天保4・11・23辞参議、天保7・12・18薨去

[死没]天保7(一八三六)・12・18 [年齢]63 [父]穂波尚孝 [母]家女房 [公卿補任]5—175下

経度　つねのり　一八三七—一九一五

天保8(一八三七)・11・12誕生、弘化2(一八四五)・1・5従五位下、嘉永3(一八五〇)・12・17元服、昇殿、伊勢権介、従五位上、嘉永4・1・18左京大夫、嘉永6・5・8正五位下、安政3(一八五六)・2・5従四位下、安政6・10・21従四位上、文久2(一八六二)・12・24正四位下、慶応2(一八六六)・1・4〔従三位〕、明治1(一八六八)・12・19民部卿

[死没]大正4(一九一五)・10 [年齢]79 [父]穂波経治(実勧修寺顕彰、二男) [母]家女房 [公卿補任]5—572下

四条流　しじょうりゅう

藤原氏北家の一流。参議藤原房前の五男川辺大臣魚名を始祖とする。平安時代末期に魚名の三男末茂八世の孫顕季が正三位に叙せられて以来、子孫代々公卿に列するようになり、その曾孫隆季からは権大納言にまで昇るようになった。顕季は六条烏丸の邸宅に住し、六条と号した。その子家保は三条、孫家成は中御門と号したが、曾孫隆季は四条大宮に住し、四条と号し、また大宮とも号した。そして隆季の子隆房は冷泉万里小路を宿所とし冷泉と号し、孫隆衡は東山鷲尾の住居に因み鷲尾と号したが、鎌倉時代中期、隆季曾孫の隆親から以後は四条を家名として称するようになる。嫡流が四条家で、山科・西大路・鷲尾・油小路・櫛笥などの諸家はこの庶流である。また櫛笥家の支流に八条家がある。四条流の同族結合の中心となったのは、洛東白河にある氏寺の善勝寺である。その祭祀のことと一門のことを掌握管領したのが、善勝寺長者であった。善勝寺の創建は、当流の実質的祖と仰がれている正三位修理大夫顕季とされる。顕季は『尊卑分脈』によると、無官師隆の子で、師隆の項に注して「或本曰、真実者顕季卿父也云々、無官之間、顕季卿為祖父隆経子」とあるように、父無官により祖父美濃守隆経の子となったという。母は大舎人頭藤原親国の女親子で、白河天皇の乳母となり、のち従二位にまで叙せられた人である。天皇の生母は閑院流の藤原大納言実季の妹茂子であり、顕季が官途を開くため実季の猶子となっているのも、母の縁故によるものであろう。『中右記』寛治七年(一〇九三)十月四日条に、白河上皇がにわかに白河に御幸あって乳母の二位尼公の病を見舞ったことがみえ、同二十四日条には、親子尼が七十三歳で死没のこと、尼公は白河天皇の発願によって創建された法勝寺の東南近くにあった私宅に堂を営んで、念仏三昧の晩年を過ごしたことが記されている。この二位尼親子発願の堂をその息顕季等子孫の人々が整備し発展させたというのが善勝寺であろう。顕季が善勝寺長者第一とされている。長者は同族の中から、年長または官位の上﨟の者がなったようで、後には勅許を得て補されるようになる。また当流第一の公卿が長者となることになっていたものに金山寺長者があり、金山寺は顕季孫の中納言家成の建立にかかることなどは、『薩戒記』応永三十二年(一四二五)閏六月十五日条などによって知られる。なお、善勝寺長者と金山寺長者は兼帯されたようである。顕季の後、公卿に列する者も多く、また多くの分流を形成し、善勝寺長者も一系に集中することはなかったが、次第に四条家の嫡流中心に継承されていく。分流について触れておくと、顕季には権中納言長実(号八条)・参議家保(号三条)・左京大夫顕輔(号六条)等があり、家保の流れが四条家嫡流となる。長実の二男修理大夫顕盛が父の後を継承し八条家となり、三男右京大夫長輔が別流を起こした。また女の得子は、鳥羽天皇の皇后となり近衛天皇の生母となり、美福門院の名で知られる。また顕輔は歌道一流祖と知られ、この後もいくつかに分流し、六条・春日・九条・紙屋河等の諸家となる。家保の後は、播磨守顕保・中納言家成・刑部卿家長・肥前守保説・左衛門佐家房・左衛門佐宗保・中宮大進頼保の諸家に分流したが、嫡流の家成以外はいずれも上階せず、また数代で中絶した。家成の後は、権大納言隆季・従三位家明・権大納言成親・権中納言実教等の諸家に分流する。実教が山科家の祖である。隆季の後も、嫡流大納言隆房のほかに右京大夫隆保・皇太后宮権大夫隆雅等の系流に分かれ、隆房の後は、嫡流権大納言隆衡のほかに従三位隆宗・従三位隆仲等の系流に分かれる。そして隆衡の後、右京大夫隆綱・権大納言隆親の二流に分かれ、前者がのち西大路家を称し、その孫隆有の舎弟隆蔭が油小路家の祖となる。隆親の後は、権大納言隆顕・大納言房名・権中納言隆良の三流に大きく分かれ、四条嫡流の隆顕の流れは南朝の四条家となり、房名が隆親の家督を継承し、隆良が起こした家が鷲尾家である。善勝寺長者は庶流家でも補されることがあり、西大路家では隆持、油小路家では隆蔭・隆信・隆夏が、鷲尾家では隆良・隆職・隆右・隆敦が、四条家で時代が下ったところでは隆盛・隆量・隆永が補されたことが知られる。ただ山科家は善勝寺長者については初めから別格におかれたらしく、この流れからはかつて長者を出したことがない。長者の権限・得分等については明らかではないが、相伝文書等があったようである。『公卿補任』大永四年（一五二四）の権中納言従二位のところに、「四条同隆永四十七　善勝寺長者、三月廿日火事、文書等悉焼失」とあり、相伝の文書を烏有に帰していて、その地位も有名無実となったのであろう。隆永の後は長者について知るところがない。ちなみに、隆永は従一位権大納言にまで昇り、天文七年（一五三八）四月に六十一歳で没した。四条流は多くが田字草紋を用いた。

四条家　しじょうけ

藤原氏北家四条流。参議藤原房前の五男川辺大臣魚名の裔。四条流の嫡流。平安時代末期の正三位修理大夫顕季を家祖とする。初め六条、三条などと号したが、四条を家名として称するようになるのは、顕季の曾孫隆季のときからである。家格は羽林家。外様の家。有職故実。包丁道・雅楽（笙）を家職とした。一条家の家礼。江戸時代には家領百八十石。顕季は延久元年（一〇六九）十五歳で左兵衛尉となり、ついで讃岐守等の受領をいくつか勤めたが、官途を開くため母親子が白河天皇の乳母であった縁で天皇の生母茂子（贈皇太后）の舎兄大納言実季の猶子となり、康和四年（一一〇二）に白河上皇の院司として家例のない正四位上に叙せられ、翌年皇太子宗仁親王（のち鳥羽天皇）春宮亮兼修理大夫美作守に任ぜられるとともに、院別当に補され、同六年には従三位に叙せられ公卿に列した。その後、正三位・大宰大弐となり、保安四年（一一二三）六十九歳で没した。顕季はまた洛東白河に氏寺として善勝寺を創建し、四条流の結合の場をつくり、善勝寺長者の創始者となった。一男長実・二男家保・三男顕輔いずれも公卿に列し、家保が家督を継ぎ、長実・顕輔ともに別流を起こし、堂上家としての四条流繁栄のもとを礎いた。家保の息家成のとき、いま一つの氏寺金山寺が建立され、家保の長男隆季は四条大宮に住み、四条または大宮と号し、これが四条の家名を称した初めである。隆季は正二位権大納言まで昇り、元暦三年（一一八六）六十九歳で没した。この隆季の極位極官がその後の四条家の先途となる。なお、七男実教が起こした家が山科家である。隆季の子隆房は冷泉と号し、正二位権大納言まで昇り、その子隆衡は鷲尾と号し、同じく正二位権大納言となった。隆衡には右京大夫隆綱・権大納言隆親・内蔵頭隆盛等の子息があったが、隆衡は一男隆綱をさしおいて二男隆親を嫡子に立てた。隆綱は西大路家の家祖となり、その曾孫隆蔭が油小路家の家祖となる。隆親の二男隆顕は寛元元年（一二四三）に生まれ。十四歳年長の房名はすでに従四位上に叙されていて、宝治二年（一二四八）には従三位に昇り公卿に列し、累進して正嘉元年（一二五七）九月正二位に叙せられた。しかし、同十一月正四位下左中将の舎弟隆顕が十五歳で参議に任ぜられた。父隆親が隆顕を家嫡としたことによる。そして隆顕は弘長二年（一二六二）権中納言、文永三年（一二六六）には位階も舎兄と同じ正二位となり、同六年に二十七歳で権大納言に昇った。しかし、建治三年（一二七七）三十五歳で突如出家した。『公卿補任』には、「五月四日出家（法名顕空）、与父卿不和不調之所行等之故云々」とあり、父隆親の不興をかったことによる。これによって長い間非参議であった舎兄房名が弟に代わって家嫡となり、翌弘安元年（一二七八）に参議に任ぜられ、のちに大納言に昇った。父子不和の原因については明らかでないが、前年の建治二年十二月に父隆親が七十四歳にして大納言に還任するにより、隆顕が権大納言を辞していることも関連があろう。また、『尊卑分脈』では隆親の子息を隆顕・房名・隆良の順で系線で繋いでいるが、房名が最年長であるから、一般的記載方式でいえば、房名を最右に記すべきところであろう。なお、『諸家知譜拙記』の絶家伝では、隆顕の系譜を「四条四条家嫡流」として掲げ、隆顕の孫隆資は南朝に仕え正二位大納言まで昇り、正平七年（一三五二）五月十日討死したことが注されている。隆良を家祖とするのが鷲尾家である。『尊卑分脈』によると、房名には正三位治部卿房衡等の子息があったが、嫡家は一門諸家からの養子隆名によって相続された。正応元年（一二八八）六月に房名が六十歳で没したとき、隆名はまだ正五位下であった。正和四年（一三一五）正三位まで昇り、元亨二年（一三二二）に没した。したがって一門の上臈が勤める善勝寺長者にもならずに終わった。また房名の実子である房衡は、隆名に後れて文保元年（一三一七）に上階し、以来これも非参議のまま、延文二年（一三五七）に正三位で終わった。七十四歳であった。隆名五世の孫隆量も子息が早世し、嗣子なく老年に至るにより、養嗣子を迎えている。隆永がこれである。中御門権大納言宣胤の二男で、実母は甘露寺権大納言親長の女。養子となった時期は不明であるが、『四条家譜』および『諸家伝』には文明十五年（一四八三）六歳で叙爵、翌年任侍従等のことを記すが、改名のこと等は記されていない。叙爵以前に養子となっていて、初めから隆永の名で官途についたからであろう。なお、室は隆量の女であった。隆永の孫隆益の後も後継で大

四条家

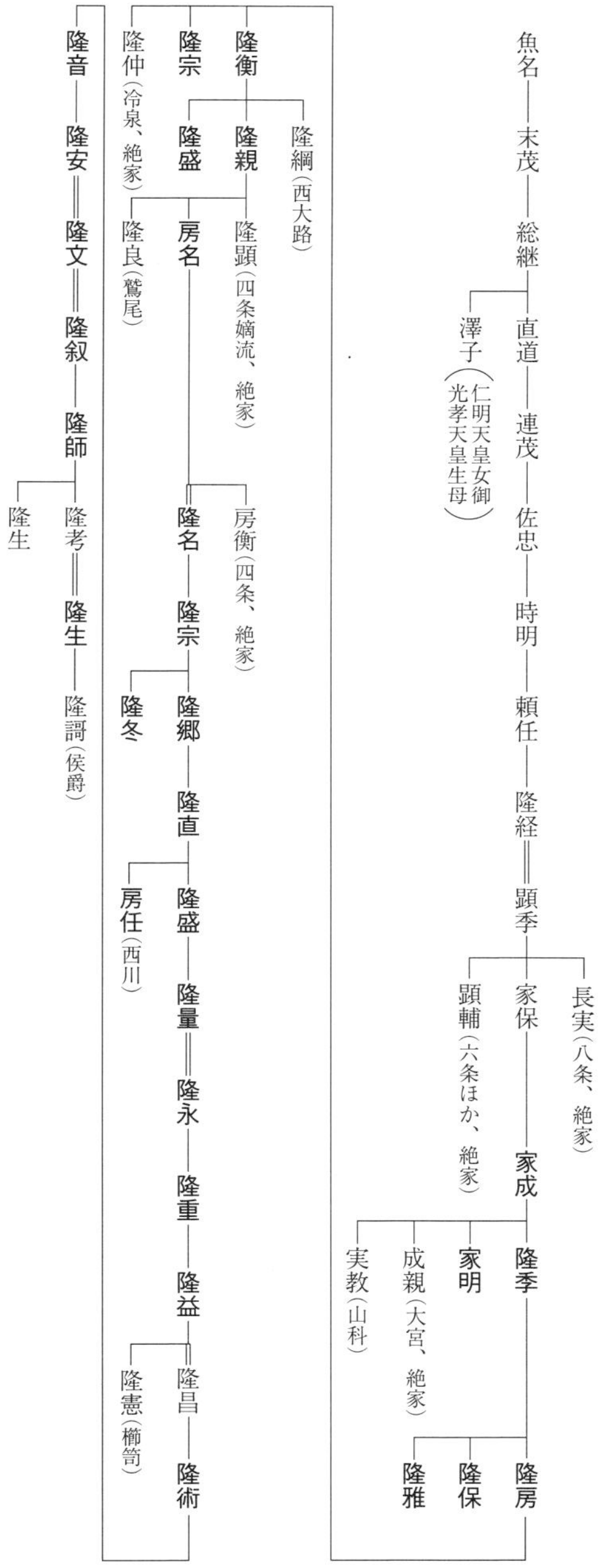

きな問題があった。隆益は永禄十年(一五六七)九月に没して家名を継承する者がなく、いったん中絶することになった。『言継卿記』同年九月九日条に、昨日隆益卿が三十七歳で遠行の由で、「一家断絶歎入者也、不可説々々」と記している。言継は四条流の同族で、遺族より四条跡取立につき依頼を受けて尽力し、ようやく翌年十一月に至り四条知行分・柳原犂鼻敷地・一条堀川敷地・粟田口角社等につき、当知行に任せ室町殿より安堵の下知あるべきの女房奉書を頂戴し、幕府への働きかけに奔走している。しかし、中絶していた隆益の後が再興されるのは、他界後八年ののち天正三年(一五七五)三月に至ってのことである。四条家の家名を継承したのは、故冷泉権中納言為益の子。はじめ二条家諸大夫月輪家を相続して家賢と称していたが、隆益猶子となり、隆昌と改名し家門を再興したのである。この隆昌は、八年に従四位下に昇ったが、その後勅勘を蒙って出奔し、慶長六年(一六〇一)五月、内大臣徳川家康の奏請により勅免出仕するまで、長い間摂津堺に在った。四条家は、正二位権大納言を先途としたが、隆郷および隆盛・隆量・隆永の三代、隆叙が従一位に昇った。四条流包丁の家として知られる。『古今著聞集』巻十八(飲食第二十八)にも記載がある。保延六年(一一四〇)十月、崇徳天皇が白河上皇の許に行幸の際、御前において盃酌のことあり、家成卿は右兵衛督として侍していたが、包丁すべきよしの沙汰があった。辞退したが、ある殿上人が鯉を同卿の前に置いていき、主上の下命あるにより、家成卿は技を披露し、群臣を大いに感動させたという。家成は家祖顕季の孫で、平安時代の末の人、その技が家職として継承され四条流包丁道を形成していったのであろう。日記には、『隆叙卿記』がある。明治十七年(一八八四)隆謌のとき、叙爵内規により伯爵を授けられ、同二十四年特に勲功により侯爵に陞った。菩提所は鞍馬口浄善寺。『四条家譜』(東京大学史料編纂所架蔵、四一七五―二二八)。

家成　いえなり　一一〇七―五四

保安2(一一二一)・1・24中宮権少進、保安3・1・13蔵人、1・23左権将監、5・25〈くひし〉叙爵(祐子「聡子」くし)内親王未給)、天治2(一一二五)・1・28若狭守(新院給)、兼左兵衛権佐〈くひし〉、大治1(一一二六)・1・2従五位上(行幸院「賞」く傍)、新院御給)、大治2・1・19遷加賀守(院分)、大治3・1・14従四位下(行幸院賞、新院御給)、大治4・1・20従四位上(行幸院賞、新院御給)、10・9正四位下(院未給)、10・13左馬頭、12・26遷讃岐守、大治5・4・21昇殿、10・27遷播磨守、長承3(一一三四)・2・22兼左京大夫、長承4・1・2正四位上(行幸院賞)、保延2(一一三六)・10・15従三位(法金剛院御塔供養賞、院御給)、左京大夫如元、11・4右兵衛督(去大夫)、12・21兼皇后宮権大夫、保延3・10・6参議、保延4・11・17権中納言、保延5・7・28停権大夫、8・17兼春宮権大夫、保延7・1・29転右衛門督、永治1(一一四一)・12・7止権大夫、12・26正三位、康治2(一一四三)・1・3従二位、2・10〈「8日」くし〉辞督、3・15被返辞書、久安3(一一四七)・8・11正二位、久安5・7・28中納言、久安6・8・30転左督、仁平2(一一五二)・1・29辞督、仁平4・5・7出家、5・29薨去

[死没]仁平4(一一五四)・5・29　[年齢]48　[父]三条家保、三男　[母]正四位下近衛少将藤原隆宗女典侍従三位悦子　[号]中御門　[公卿補任]1―409下

隆季　たかすえ　一一二七―八五

長承2(一一三三)・9・18蔵人(元院判官代〈くし〉)、9・20従五位下(中宮御給)、9・21但馬守、長承3・2・22兼右兵衛佐、閏12・5従五位上(除目次、女院御給)、保延2(一一三六)・4・7正五位下(祭除目次)、保延3・1・4従四位下(院御給)、1・30兼左馬頭、保延4・12・29兼讃岐守、保延6・2・26正四位下(春宮行啓入内家賞)、久安2(一一四六)・12・29兼越後守、久寿1(一一五四)・3・11停左馬頭(依不参勤去五日石清水臨時祭陪従役也〈くし〉)、5・6還任〈くし〉、久寿2・1・28土佐守、保元1(一一五六)・7・11左京大夫(以義朝被任左馬頭、仍雖無所望遷任)、保元3・

11·26従三位(除目次、造宮賞)、元土佐守、左京大夫如元、永暦2(一一六一)·1·23讃岐権守、正三位〈くし〉、応保1·9·13参議、応保2(一一六二)·1·27兼讃岐権守、長寛3(一一六五)·8·17左兵衛督、-·-·-別当、永万2(一一六六)·4·6転右衛門督、6·6権中納言、7·15転左督、仁安2(一一六七)·1·28従二位、2·11中納言、仁安3·7·3辞督別当等、7·30帯剣、12·13権大納言、嘉応3(一一七一)·1·6正二位、承安2(一一七二)·2·10兼中宮大夫、治承2(一一七八)·7·4辞大夫、治承3·11·20〈「19日」玉葉〉兼大宰権帥(「太宰帥」く)、治承4·2·21新院別当、養和2(一一八二)·3·-進権大納言並大宰権帥辞状、4·9大宰帥得替之、5·24出家

[死没]文治1(一一八五)·1·11　[年齢]59　[父]中御門家成、一男　[母]正四位下加賀守高階宗章女　[号]四条·大宮　[公卿補任]1—444上

家明　いえあきら　一一二八—七二

長承3(一一三四)·8·24〈「27日」くし〉主殿権助、長承4·1·15蔵人(元院判官代)、保延1(一一三五)·5·24〈「14日」くし〉従五位下、保延3·1·30越後守、保延4·1·22兼左兵衛権佐(「権」し無)、保延5·12·16重任、保延6·1·6従五位上(労)、永治1(一一四一)·12·2兼左少将、康治2(一一四三)·1·6正五位下(無品暲子内親王給、朝覲行幸)、天養1(一一四四)·12·18美乃守、久安1(一一四五)·11·18四位(朔旦、少将如元)、久安3·1·2従四位上(朝覲-·-·-、暲子内親王-〈く〉)、久安5·3·20正四位下(暲子内親王-、延勝寺供養〈く〉)、仁平2(一一五二)·9·9備後守(兼〈くし〉)、保元2(一一五七)·4·24内蔵頭(兼備後、去少将)、永暦1(一一六〇)·1·21播磨守、応保2(一一六二)·1·30従三位(臨時〈くし〉)、元播磨守〈くし〉、仁安3(一一六八)·4·3出家、承安2(一一七二)·12·24薨去

[死没]承安2(一一七二)·12·24　[年齢]45　[父]中御門家成、二男　[母]正四位下加賀守高階宗章女　[公卿補任]1—453上

隆房　たかふさ　一一四八—?

-·-·-従五位下、永暦1(一一六〇)·2·28加賀守(元散位)、応保1(一一六一)·10·19遷因幡守(元加賀守)、応保3·1·5従五位上(中宮当年御給)、長寛3(一一六五)·1·23兼左兵衛権佐、仁安1(一一六六)·6·6右少将(守如元)、仁安3·1·6正五位下、11·20従四位下(父隆季卿応保三年(「去応保三年」く)石清水行幸事賞譲)、嘉応2(一一七〇)·1·18秩満得替、承安2(一一七二)·1·19従四位上(行幸院賞、院御給)、承安4·1·5正四位下(中宮御給)、治承3(一一七九)·11·17転右中将(元少将)、寿永2(一一八三)·1·22遷左中将(元右)、今日補蔵人頭、8·20新帝蔵人頭、12·10参議、元蔵人頭左中将、今日兼右兵衛督、寿永3·3·27加賀権守、元暦1(一一八四)·7·24従三位、9·28大嘗会御禊御後長官、文治2(一一八六)·12·15転左兵衛督、文治3·9·24別当、文治5·1·6正三位、1·18伊与権守、7·10権中納言、文治6·7·18右衛門督、去別当、建久4(一一九三)·12·9左督、建久6·1·5従二位、建久8·1·30辞督、3·1勅授、正治1(一一九九)·6·22中納言、11·27正二位、正治2·3·6辞退(中納言)、建仁4(一二〇四)·1·13還任(中納言)、3·6権大納言、元久2(一二〇五)·1·29辞退(権大納言)、建永1(一二〇六)·6·23出家

[父]四条隆季　[母]従三位藤原忠隆女　[号]冷泉　[法名]寂恵　[公卿補任]1—502下　[大日本史料]4—9—122

隆保　たかやす　一一五〇—?

長寛3(一一六五)·3·28叙爵(当年氏爵未叙)、仁安3(一一六八)·1·11備前権守(介カ)、嘉応2(一一七〇)·1·18因幡守(元(兄カ)隆房秩満替)、承安2(一一七二)·1·23従五位上(臨時)、承安4·12·1侍従、安元2(一一七六)·3·6正五位下(御賀行幸賞(「御賀行事賞」く)、父卿譲)、治承2(一一七八)·1·28去守(秩満、次(以カ)弟隆清任之)、寿永2(一一八三)·12·21左少将、元暦2(一一八五)·1·6従四位下(父卿造進仏頂堂賞譲之)、文治4(一一八八)·1·23従四位上(臨時)、建久2(一一九一)·1·7正四位下(臨時)、建久4·12·9右京大夫(去少将)、建久7·3·20能登守(申可造進七条院御所之由)、建久8·3·20従三位(今日造進御所御移徙也、仍被行賞)(造進七条院御所三条殿

賞)、右京大夫如元、止能登守、以源具親申任之、建久10・3・25土左権守、建仁4(一二〇四)・1・5正三位、建保4(一二一六)・9・13出家
[父]藤原隆季、二男 [母]従三位藤原忠隆女
[公卿補任]1—537上 [大日本史料]4—14—158

隆雅　たかまさ

仁安3(一一六八)・7・3〈くし〉叙位(去三月御即位氏爵未給)、嘉応2(一一七〇)・7・26宮内権少輔、承安2(一一七二)・6・22刑部少輔、安元2(一一七六)・1・5従五位上(簡一)、治承4(一一八〇)・1・28右衛門佐、寿永2(一一八三)・1・5正五位下(父隆季卿長寛元八幡賀茂行幸行事賞)、文治1(一一八五)・5・2復任(父)、文治2・2・30能登権介、文治3・1・5従四位下(府労)、建久1(一一九〇)・1・10従四位上(殷富門院御給)、建久6・1・5正四位下(殷富門院御給)、建仁2(一二〇二)・閏10・24皇太后宮権大夫、元久1(一二〇四)・1・5従三位、3・6転大夫、建永2(一二〇七)・4・4出家
[父]四条隆季、三男 [母]従三位藤原忠隆女
[公卿補任]1—557上 [大日本史料]4—9—620上

隆衡　たかひら　一一七二—一二五四

安元2(一一七六)・1・5叙爵(于時名長雅云々〈く〉)、元暦1(一一八四)・10・6従五位上(皇后宮御即位御給)、文治3(一一八七)・5・4侍従、建久1(一一九〇)・1・6正五位下、建久2・2・1阿波権介、建久5・-・-止侍従、建久6・3・7従四位下(去侍従)、7・16右馬頭、建久8・4・22従四位上(朝覲行幸賞)、建久9・11・25正四位下(殷富門院大嘗会御給)、建久10・3・23兼但馬介、遷左馬頭、正治1(一一九九)・10・15服解、正治2・1・22復任(母)、建仁1(一二〇一)・1・29兼内蔵頭、8・19蔵人頭(内蔵頭如元、去佐馬頭)、建仁2・7・23参議(元蔵人頭内蔵頭)、建仁3・1・13兼伊与権守、10・24従三位、元久2(一二〇五)・1・19正三位、元久3・2・22兼右衛門督、-・-検別当〈く〉、承元1(一二〇七)・10・29権中納言、承元2・4・7辞別当〈旧〉、承元3・1・13辞督〈旧〉、承元5・3・23従二位、建暦2(一二一二)・6・29中納言、建保2(一二一四)・2・14正二位、建保5・1・28大宰権帥、建保7・3・4権大納言〈や〉、承久2(一二二〇)・1・25〈22日ともあり〉辞退権大納言、承久3・11・29聴本座、貞応1(一二二二)・4・13按察使、嘉禄3(一二二七)・9・-出家、建長6(一二五四)・12・-薨去
[死没]建長6(一二五四)・12・18 [年齢]83 [父]藤原隆房、一男 [母]太政大臣従一位平清盛女
[前名]長雅 [号]鷲尾大納言 [公卿補任]1—550上

隆宗　たかむね　一一八一—一二二九

文治3(一一八七)・1・5従五位下(皇后宮臨時被申)、5・5遠江守、文治5・4・13長門守(三木隆房卿給、停藤範行任之)、建久2(一一九一)・6・4能登守(兼任)、建久4・12・9従五位上(八条院仁安二御給)、建久6・6・3尾張守、正治1(一一九九)・1・7正五位下(殷富門院御給)、12・9阿波守、建仁4(一二〇四)・1・13重任、元久2(一二〇五)・1・5従四位下(殷富門院建仁二御給)、承元3(一二〇九)・1・5従四位上(承明門院当年御給)、1・13内蔵頭、承元4・1・-止頭、建暦2(一二一二)・1・5正四位下(新院当年御給)、建保6(一二一八)・1・5従三位、元前内蔵頭、寛喜1(一二二九)・8・21薨去
[死没]寛喜1(一二二九)・8・21 [年齢]49 [父]藤原隆房、二男 [母]太政大臣従一位平清盛女
[号]四条 [公卿補任]2—27上 [大日本史料]5—5—255

隆親　たかちか　一二〇二—一二七九

元久2(一二〇五)・1・5五位、建暦2(一二一二)・1・5従五位上、建保3(一二一五)・1・13右兵衛佐、建保5・1・6正五位下(院御給)、6・19左馬頭、承久1(一二一九)・2・2四位、承久2・1・20但馬権介、4・16左少将、承久3・1・5従四位上(院御給)、4・16左中将、承久4・2・28正四位下、貞応1(一二二二)・8・16蔵人頭、元仁1(一二二四)・12・17参議(元蔵人頭左中将)、元仁2・1・5従三位、1・23讃岐権守、嘉禄1(一二二五)・12・22兼右衛門督、嘉禄2・8・5正三位、嘉禄3・2・8別当宣旨、安貞2(一二二八)・3・20従二位、寛喜2(一二三〇)・1・24丹波権守、寛喜3・3・25権中納言、4・23辞督別当、9・20勅授、貞永1(一二三二)・12・15正

二位、文暦2(一二三五)・-・-中納言、嘉禎2(一二三六)・2・30兼大宰権帥、嘉禎4・閏2・15権大納言、仁治1(一二四〇)・12・18辞帥並薩摩国等、寛元1(一二四三)・9・9兼中宮大夫、宝治1(一二四七)・7・-罷中宮大夫、宝治2・8・8兼皇后宮大夫、建長2(一二五〇)・5・17大納言、建長3・1・22辞(皇后宮大夫)、正嘉1(一二五七)・11・10辞職(大納言)、正嘉3・11・25還任大納言、文応1(一二六〇)・8・28辞大納言、文永1(一二六四)・9・20兵部卿、文永8・6・3聴烏帽子直衣、建治2(一二七六)・12・20還任、12・27賜兵部卿兼字、建治3・1・3御元服上寿、2・2〈2月6日辞退ともあり〉〈「1月29日」イ〉辞退之由被仰下之、弘安2(一二七九)・9・6薨去

［死没］弘安2(一二七九)・9・6　［年齢］78　［父］四条隆衡、二男　［母］内大臣正二位坊門信清女　［号］四条・大宮　［公卿補任］2—50下

隆盛　たかもり　一二一一—五一

建暦3(一二一三)・1・6叙爵(粛子内親王給)、承久1(一二一九)・12・13侍従(于時隆宣)、承久3・11・29従五位上(于時隆盛)、貞応2(一二二三)・1・6正五位下(北白川院御給)、1・26備前介、嘉禄2(一二二六)・1・23左少将、嘉禄3・1・5従四位下(臨時)、1・26備中権介、6・26進怠状(去十九日行幸還御不供養故也)、8・2返給怠状、寛喜1(一二二九)・4・18遷任右少将、寛喜3・1・6従四位上、寛喜4・1・29越前介(少将重兼国)、貞永2(一二三三)・1・27美乃守、天福2(一二三四)・1・28正四位下(今日守得替)、文暦2(一二三五)・9・10内蔵頭、嘉禎2(一二三六)・12・18従三位(元内蔵頭)、建長3(一二五一)・8・13薨去

［死没］建長3(一二五一)・8・13　［年齢］41　［父］四条隆衡、三男　［母］内大臣正二位坊門信清女　［前名］隆宣　［公卿補任］2—94下

房名　ふさな　一二二九—八八

嘉禎3(一二三七)・1・24叙爵、仁治1(一二四〇)・11・12従五位上(臨時)、12・18参河守、仁治2・3・26止守、10・16正五位下、仁治3・1・5従四位下(臨時)、寛元2(一二四四)・1・5従四位上(中宮当年御給)、寛元4・1・5正四位下(中宮当年御給)、1・29更任三河守、院年預別当、宝治1(一二四七)・12・8左馬頭〈右馬頭ともあり〉、宝治2・12・17従三位、元右馬頭三河守〈元左馬頭ともあり〉、宝治3・12・24右兵衛督、建長2(一二五〇)・12・24転左、建長3・1・22兼皇后宮権大夫、3・26止権大夫、12・23正三位、建長6・1・5従二位、正嘉1(一二五七)・9・8正二位、弘安1(一二七八)・12・25参議、弘安2・1・24兼加賀権守、弘安3・7・20復任、弘安5・1・5解却見任、1・17還任、弘安6・3・28兼左兵衛督、-・-補使別当、弘安7・1・13権中納言、弘安8・3・6大納言、8・11辞大納言、8・25本座、正応1(一二八八)・6・15薨去

［死没］正応1(一二八八)・6・15　［年齢］60　［父］四条隆親　［母］正三位坊門信家女　［号］四条　［公卿補任］2—142上

隆名　たかな　?—一三二二

正嘉2(一二五八)・1・13従五位下、文永5(一二六八)・12・16因幡守(改隆能為隆右)、文永7・1・21去守、文永11・3・20除爵東二条院御給〈イ〉、弘安6(一二八三)・8・8従五位上(于時隆名)、弘安11・3・8〈「正応1年10月1日」イ〉正五位下(御即位叙位)、正応2(一二八九)・12・15左衛門佐、正応3・6・8従四位下(去佐)、正応6・4・8従四位上、永仁4(一二九六)・1・5正四位下、延慶2(一三〇九)・10・15従三位、元前左衛門佐、正和4(一三一五)・6・13正三位、元亨2(一三二二)・7・-薨去

［死没］元亨2(一三二二)・7　［父］四条房名(実九条隆朝)　［母］家女房(実法眼増賀女)　［前名］隆能・隆右　［公卿補任］2—408上

隆宗　たかむね　?—一三五八

延慶1(一三〇八)・9・17叙爵(于時隆基)、正和1(一三一二)・4・10従五位上、正和4・8・20正五位下、10・28侍従、元弘2(一三三二)・1・5従四位下(于時隆宗、永陽門院当年御給)、3・12丹後守、10・21左少将、暦応2〈延元4〉(一三三九)・1・5従四位上、暦応4〈興国2〉・5・26内蔵頭、暦応5〈興国3〉・1・5正四位下、貞和2〈正平1〉(一三四六)・11・22止内蔵頭、観応2年〈正平6年〉(一三

五二)・4・16従三位、元前内蔵頭、延文3〈正平13〉(一三五八)・8・12正三位、10・6薨去
[死没]延文3(一三五八)・10・6 [父]四条隆名 [前名]隆基 [公卿補任]2—634下 [大日本史料]6—22—57

隆郷　たかさと　一三三六—一四一〇
延文5〈正平15〉(一三六〇)・4・17従三位、貞治6〈正平22〉(一三六七)・1・5正三位、応安3〈建徳1〉(一三七〇)・4・13左兵衛督、応安4〈建徳2〉・3・12止督、4・14従二位、応安6〈文中2〉・1・11賜去々年四月十四日従二位位記、永和1〈天授1〉(一三七五)・11・22正二位、康暦1〈天授5〉(一三七九)・4・23参議、永徳1〈弘和1〉(一三八一)・8・14辞参議、至徳3〈元中3〉(一三八六)・12・27〈11月カ〉権中納言、至徳4〈元中4〉・1・5賜去永和元年十一月廿二日正二位々記、嘉慶2〈元中5〉(一三八八)・12・30権大納言、明徳3〈元中9〉(一三九二)・閏10・3辞退(権大納言)、応永2(一三九五)・1・28従一位、6・21出家
[死没]応永17(一四一〇)・2・12 [年齢]85 [父]四条隆宗(実四条隆名、二男) [法名]宗怡・宗昭 [公卿補任]2—670上 [大日本史料]7—13—74

隆冬　たかふゆ
明徳3(一三九二)・12・15正三位、応永4(一三九七)・1・5従二位、応永11・-・-〈応永10年ともあり〉出家
[父]四条隆宗 [公卿補任]3—31上

隆直　たかなお　一三五七—一四三六
応永9(一四〇二)・10・3従三位、応永13・8・17参議、応永14・1・5正三位、3・29伊予権守、応永16・7・23辞参議、応永17・1・5従二位、応永20・2・1権中納言、2・16帯剣、応永21・3・16辞権中納言、4・5聴本座、応永24・1・5正二位、応永27・3・26権大納言、応永30・12・19出家、永享8(一四三六)・8・-薨去
[死没]永享8(一四三六)・8 [年齢]80 [父]四条隆郷 [法名]浄喜 [公卿補任]3—54上

隆盛　たかもり　一三九七—一四六六
応永31(一四二四)・3・6従三位、元左中将、応永32・1・30参議、応永33・3・29兼越前権守、応永34・6・-辞参議、正長2(一四二九)・1・5正三位、永享9(一四三七)・3・27還任参議、永享10・3・30権中納言、止督、6・9勅授、嘉吉2(一四四二)・1・5従二位、文安3(一四四六)・4・29権大納言、文安5・1・29辞権大納言、宝徳1(一四四九)・12・12正二位、宝徳2・5・-兼按察使、康正2(一四五六)・3・29辞使、長禄3(一四五九)・11・27従一位、文正1(一四六六)・2・21薨去
⌘正長元年より「右衛門督」、嘉吉二年より「善勝寺長者」
[死没]文正1(一四六六)・2・21 [年齢]70 [父]四条隆直 [母]正二位権中納言西大路隆仲女 [公卿補任]3—106上

房任　ふさとう　一四一七—八五
康正1(一四五五)・10・13従三位、長禄2(一四五八)・7・20参議、7・25辞参議、寛正6(一四六五)・12・14正三位、寛正7・1・12被下去年十二月十四日正三位々記、応仁2(一四六八)・12・-解却、文明9(一四七七)・12・-勅免、文明14・12・9〈やく〉従二位、文明17・1・19薨去
⌘長禄元年より「刑部卿」、文明十三年より「善勝寺長者」
[死没]文明17(一四八五)・1・19 [年齢]69 [養父]四条隆直 [公卿補任]3—181下 [大日本史料]8—16—984

隆量　たかさと　一四二九—?
康正1(一四五五)・-・-従三位、康正3・6・17参議、長禄2(一四五八)・7・20辞参議、長禄3・11・27還任(参議)、寛正2(一四六一)・8・11権中納言、寛正3・9・1辞権中納言、寛正6・6・12正三位、応仁2(一四六八)・8・-為善勝寺長者、延徳2(一四九〇)・5・11権大納言、延徳3・4・5賜去文明十二年三月四日叙従二位々記、延徳4・1・6正二位、明応2(一四九三)・2・1辞権大納言、7・18還任権大納言、明応6・8・15辞退権大納言、9・29従一位、明応7・8・21出家
⌘長禄三年より「加賀権守」
[父]四条隆盛、二男 [前名]房郷 [法名]常泰

〔公卿補任〕3—181下

隆永　たかなが　一四七八—一五三八

文明15(一四八三)・12・20叙爵、文明16・11・27侍従、延徳2(一四九〇)・8・28従五位上、明応2(一四九三)・-・-正五位下、-・-・-右少将、明応6・1・6従四位下、3・26下野介、-・-・-中将、明応10・1・28従四位上、永正2(一五〇五)・2・4正四位下、永正7・6・27従三位、-・-・-右兵衛督、永正11・2・27参議、永正16・6・24辞退参議、6・29権中納言、永正18・4・15従二位、大永2(一五二二)・-・-聴直衣、大永6・1・19正二位、大永7・2・29〈「3月日」さ〉権大納言、天文3(一五三四)・7・23〈「8月日」さ〉辞(権大納言)、天文7・4・14従一位、4・16薨去

※永正十二年より「正三位」、大永四年より「善勝寺長者〈さ〉」

〔死没〕天文7(一五三八)・4・16　〔年齢〕61　〔父〕四条隆量(実中御門宣胤、二男)　〔母〕甘露寺親長女典侍朝子　〔公卿補任〕3—327上

隆重　たかしげ　一五〇七—三九

永正4(一五〇七)・10・-誕生、永正7(一五一〇)・6・9叙爵、永正14・2・16〈やさ〉従五位上、-・-侍従、永正17・6・15正五位下、8・14右少将、大永2(一五二二)・3・29兼任下野権介、大永6・6・26従四位下、12・2右中将、享禄2(一五二九)・2・2従四位上、享禄5・2・11正四位下、天文5(一五三六)・3・1従三位、元右中将、天文6・1・9参議、-・-下向駿州、天文7・3・8兼美乃権守、5・4上洛、天文8・11・19薨去

〔死没〕天文8(一五三九)・11・19　〔年齢〕33　〔父〕四条隆永　〔母〕従一位権大納言四条隆量女　〔公卿補任〕3—393上

隆益　たかます　一五三一—六七

享禄4(一五三一)・1・19誕生、天文5(一五三六)・2・21叙爵、天文12・11・8従五位上、元服、侍従、天文13・3・19兼甲斐介、天文15・1・5正五位下、天文16・3・23〈やくま〉兼下野介、3・29左少将、天文17・3・14従四位下、天文21・1・5従四位上、7・1転中将、弘治2(一五五六)・1・6正四位下、永禄4(一五六一)・12・5従三位、元左中将、永禄6・7・22参議、8・6兼右衛門督、永禄10・9・8薨去

〔死没〕永禄10(一五六七)・9・8　〔年齢〕37　〔父〕四条隆重　〔母〕従三位吉田兼満女　〔公卿補任〕3—449下

隆術　たかみち　一六一一—四七

慶長16(一六一一)・5・25誕生、慶長18・9・3叙爵、元和4(一六一八)・3・7元服、侍従、従五位上、元和7・1・5正五位下、寛永1(一六二四)・1・11左少将、寛永4・1・5従四位下、寛永5・2・10左中将、寛永8・1・6従四位上、寛永12・1・5正四位下、寛永17・1・5従三位、寛永20・10・10参議、10・14辞参議、寛永21・8・12〈去年一月五日正三位々記〉正三位☆、正保4(一六四七)・11・28薨去

〔死没〕正保4(一六四七)・11・28　〔年齢〕37　〔父〕四条隆昌　〔公卿補任〕3—592下

隆音　たかおと　一六三七—七〇

寛永14(一六三七)・-・-〈「3月14日」家譜〉誕生、正保3(一六四六)・12・22叙爵、慶安1(一六四八)・2・19元服、昇殿、侍従、慶安3・1・5従五位上、慶安4・2・5左少将、承応2(一六五三)・1・5〈「3年」家譜〉正五位下、明暦2(一六五六)・-・27〈「3月」家譜〉従四位下☆、明暦4・1・14左中将、万治3(一六六〇)・1・5従四位上、寛文4(一六六四)・1・5正四位下、寛文8・1・6従三位☆、寛文10・7・22参議、辞参議、薨去

〔死没〕寛文10(一六七〇)・7・22　〔年齢〕34　〔父〕四条隆術　〔母〕家女房(実松平清匡女)　〔公卿補任〕4—20上

隆安　たかやす　一六六三—一七二〇

寛文3(一六六三)・5・14誕生、寛文9・12・18叙爵(于時言通)、寛文11・12・3改隆盈☆、元服、昇殿、侍従、従五位上、延宝3(一六七五)・12・27正五位下、延宝4・12・23左少将、延宝7・1・5従四位下☆、12・27左中将☆、天和3(一六八三)・1・5従四位上、貞享3(一六八六)・1・23改隆安、11・12兼春宮亮☆、貞享4・2・29〈去年正七分〉

正四位下、3・21止亮、元禄5(一六九二)・12・13〈去正月五日分〉従三位、正徳2(一七一二)・12・21参議、正徳5・8・6辞参議、享保2(一七一七)・2・25権中納言、3・7辞権中納言、3・25直衣、享保5・1・26薨去

[死没]享保5(一七二〇)・1・23 [年齢]58 [父]四条隆音(実山科言行、二男) [母]松平忠弘女(実家女房) [前名]言通・隆盈 [法名]覚照 [公卿補任]4―111下

隆文 たかとも 一六八九―一七三八

元禄2(一六八九)・6・22誕生、元禄15・11・19〈去正五分〉叙爵、12・11元服昇殿、侍従、正徳2(一七一二)・12・25従五位上、正徳5・6・6正五位下、享保1(一七一六)・12・25左少将、享保3・11・3従四位下、享保4・12・26左中将、享保5・1・23喪父、3・18除服出仕復任、享保6・5・21従四位上、享保8・4・2正四位下(去二十三実彦朝臣同日分)、享保11・5・15従三位、享保12・12・27改隆文、享保20・5・24参議、12・24正三位、元文3(一七三八)・8・9辞参議、薨去

[死没]元文3(一七三八)・8・9 [年齢]50 [父]四条隆安 [母]家女房 [前名]隆春 [法名]鎮照 [公卿補任]4―273上

隆叙 たかのぶ 一七三〇―一八〇一

享保15(一七三〇)・11・9誕生☆、元文1(一七三六)・12・29叙爵、元文3・9・13為隆文卿子、元文5・3・22元服、昇殿、侍従、従五位上、12・24改隆叙(元季栄)、寛保3(一七四三)・1・12〈去六分〉正五位下、10・1兼筑前権介、延享1(一七四四)・12・22右少将、延享3・1・12従四位下(去五分)、1・19兼播磨権介、寛延1(一七四八)・6・28右中将(介如旧〈ま〉)、寛延2・1・5従四位上、12・20止権介〈ま〉、宝暦2(一七五二)・1・5正四位下、宝暦3・5・29服解(実母〈ま〉)、7・21除服出仕復任、宝暦5・1・28従三位、宝暦12・11・5参議、12・19正三位、明和1(一七六四)・8・1権中納言、10・2聴直衣〈ま〉、10・22〈ま〉帯剣、明和2・8・10従二位、明和4・11・28権大納言、明和5・1・8辞権大納言、1・9正二位、寛政9(一七九七)・12・26従一位、享和1(一八〇一)・10・22薨去

[死没]享和1(一八〇一)・10・22 [年齢]72 [父]四条隆文(実正親町公通、七男) [母]家女房 [前名]季栄 [日記]隆叙卿記(一七四八―八九) [公卿補任]4―426下

隆師 たかかず 一七五六―一八一一

宝暦6(一七五六)・8・3誕生、宝暦8・10・30叙爵☆、宝暦13・9・28元服、昇殿、侍従、従五位上、明和3(一七六六)・1・9正五位下、明和6・1・9従四位下、8・20右近衛権少将、11・4拝賀、明和9・1・9兼従四位上、安永1(一七七二)・12・19兼出羽権介(推任)、安永4・1・9正四位下、安永5・1・14去権介(秩満)、1・15転右近衛権中将、1・19拝賀、安永6・4・15〔従三位〕、安永8・5・4正三位、寛政1(一七八九)・9・16参議、寛政2・7・1従二位、寛政4・10・27右衛門督、寛政8・4・24左衛門督、-・-補使別当、5・10出仕始、5・11聴直衣、直衣始、寛政9・4・24権中納言、5・19聴直衣、直衣始、寛政10・2・15〔正二位〕、寛政11・3・14辞督別当、12・28帯剣、文化1(一八〇四)・2・2権大納言、2・13直衣始、文化2・4・11辞権大納言、文化8・2・2薨去

[死没]文化8(一八一一)・2・2 [年齢]56 [父]四条隆叙 [母]家女房 [公卿補任]4―556下

隆生 たかあり 一七九二―一八五七

寛政4(一七九二)・12・1誕生、文化2(一八〇五)・7・22従五位下、11・26元服、昇殿、文化4・3・26従五位上、文化7・1・4正五位下、文化8・1・18侍従、2・2服解(父)、閏2・23除服出仕復任、文化10・1・5従四位下、文化13・1・18〈去五分〉従四位上、文政1(一八一八)・12・19正四位下、文政5・4・3右権少将、5・20拝賀、文政8・4・27転権中将、5・28〔従三位〕、文政10・11・26正三位、文政11・7・11参議、文政13・10・22従二位、天保4(一八三三)・6・26権中納言、9・18帯剣、9・19聴直衣、天保5・10・27正二位、嘉永2(一八四九)・閏4・27権大納言、5・28直衣始、嘉永3・1・7辞権大納言、安政4(一八五七)・1・13薨去

[死没]安政4(一八五七)・1・13 [年齢]66 [父]四条

隆師(実醍醐輝久、二男)　[母]家女房(従四位上大炊頭蜂須賀重喜三女幸子)　[公卿補任]5―306下

八条家(絶家)

長輔　ながすけ　一一〇三―五六

永久3(一一一五)・1・14叙位(一品聡子内親王年々内外官代)、1・29甲斐守(院分)、元永3(一一二〇)・4・2左兵衛佐、保安1(一一二〇)・12・24丹後守、保安3・1・7従五位上(府労)、天治1(一一二四)・9・30昇殿、11・1宇佐使、天治3・1・7従四位上(治国)、長承3(一一三四)・2・17正四位下(金泥一切経供養賞)、保延6(一一四〇)・11・21昇殿、保延7・4・8右馬頭、永治1(一一四一)・12・2譲位、止昇殿、久安4(一一四八)・1・28右京大夫(止頭)、仁平3(一一五三)・1・5昇殿、1・21備後介、仁平4・3・28内蔵頭(正五下従四下不見)、久寿1(一一五四)・12・28従三位、元内蔵頭、右京大夫如元(白河院大治四年朝覲行幸賞)、久寿3・1・14薨去

[死没]久寿3(一一五六)・1・14　[年齢]54　[父]八条長実、一男　[母]郁芳門院女房(大法師文賛女)　[公卿補任]1―432下

俊盛　としもり　一一二〇―?

長承3(一一三四)・1・5従五位下(無品恂子内親王給当年)、保延2(一一三六)・5・22〈1月カ〉備後守、5・10遷丹後守、康治1(一一四二)・11・14従五位上(皇后御給〈くし〉)、康治2・4・3正五位下(皇后宮行啓押小路殿賞、造作功)〈くし〉、康治3・1・24左兵衛佐〈くし〉、天養1(一一四四)・12・30〈くし〉遷越前守、久安3(一一四七)・1・5従四位下(兵衛佐労)、久安5・2・13従四位上(皇后宮御給)、久安6・1・20正四位下(朝覲行幸、美福門院御給)、仁平3(一一五三)・12・30丹後守、保元2(一一五七)・3・26讃岐守、永暦1(一一六〇)・4・7辞守、以男季能申任越前守、応保2(一一六二)・10・28兼内蔵頭、長寛2(一一六四)・1・26従三位(行幸院、院司)、仁安1(一一六六)・10・21太皇太后宮権大夫〈くし〉、仁安2・1・20正三位、治承1(一一七七)・9・-出家

[父]八条顕盛、一男　[母]正四位下刑部卿藤原敦兼女　[公卿補任]1―456下

八条家

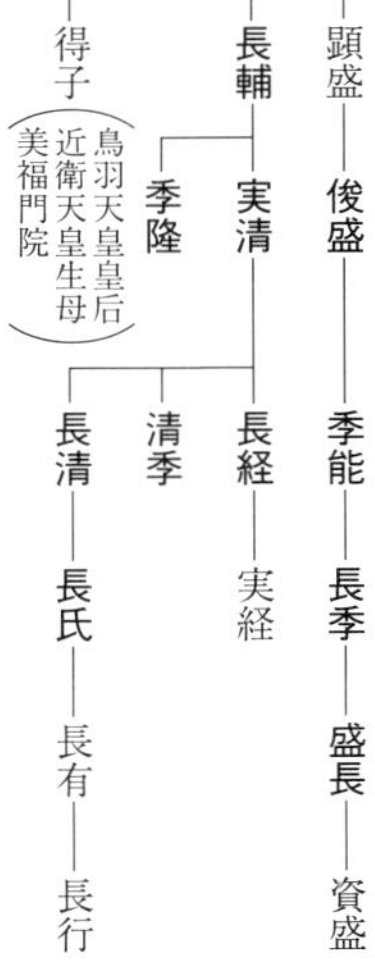

季隆　すえたか　一一二九―九〇

康治1(一一四二)・11・26蔵人、12・22〈21日カ〉従五位(大宮去永治元御給、本名季長、後日改隆長)、久安3(一一四七)・8・11従五位上(鳥羽御堂供養行幸、暲子内親王)、久安4・1・28左兵衛権佐(父長輔辞右馬頭申任之)、仁平1(一一五一)・-・-改隆長為隆輔(左大臣息同名故也)、仁平2・1・5正五位下(府労〈く〉)、久寿2(一一五五)・1・6従四位下(佐労〈く〉)、10・22中務大輔、保元2(一一五七)・5・21周防守、止大輔、10・22従四位上(周防守長明造宜陽殿功〔「造内裏国司賞」く〕)、保元3・5・6正四位下(行幸鳥羽殿賞)、5・21周防守〔く無〕、永暦2(一一六一)・8・19中宮亮、応保2(一一六二)・2・-〈5日カ〉止亮(依院号也)、1・27得替〔く無〕、長寛3(一一六五)・1・23長門守、仁安2(一一六七)・1・30停守〔「解任」くし〕、承安3(一一七三)・10・21〈「11月」く恐衍〉従三位(最勝光院供養〔「日」く〕、高松院分〔「御給」く〕)、元前長門守、治承5(一一八一)・3・26皇太

后宮権大夫、6・‐改名字於季隆、建久1(一一九〇)・5・19薨去

[死没]建久1(一一九〇)・5・19 [年齢]62 [父]八条長輔、一男 [母]正二位権中納言藤原清隆女 [前名]季長・隆長・隆輔 [公卿補任]1—478上 [大日本史料]4—3—151

実清　さねきよ　一一三九—八五

仁平1(一一五一)・1・10蔵人(元美福門院判官代)、1・25叙爵(臨時)、仁平3・4・6越前守(功)、保元1(一一五六)・9・17左兵衛権佐(守如元)、保元2・10・22従五位上(造宮賞、承明門)、保元4・1・6正五位下(美福門院御給)、永暦1(一一六〇)・4・7遷丹後守(佐如元)、12・29止守、応保1(一一六一)・9・15近江守(「前丹後守」〈く〉)(佐如元)、応保2・1・10四位(朝覲行幸、八条院御給)、仁安1(一一六六)・8・27止守、12・14従四位上(大嘗会、八条院御給)、仁安3・1・6正四位下(八条院御給)、安元3(一一七七)・1・24内蔵頭、治承1(一一七七)・11・12従三位(行幸八条院御給家賞〈く〉)、元内蔵頭、寿永1(一一八二)・4・9大宰大弐、寿永2・1・5正三位、11・18〈28日カ〉解官、寿永3・3・27遷大宰大弐、元暦1(一一八四)・12・21出家、元暦2・1・8薨去

[死没]元暦2(一一八五)・1・8 [年齢]47 [父]八条長輔、三男 [母]正二位権中納言藤原清隆女 [公卿補任]1—486下

季能　すえよし　一一五三—一二一一

保元3(一一五八)・12・17従五位下(御即位、暲子内親王御給)、永暦1(一一六〇)・4・7越前守、12・29丹後守(元越前守)、応保3(一一六三)・1・24讃岐守(元丹後守)、仁安1(一一六六)・11・14従五位上、仁安2・1・28正五位下(行幸院賞)、仁安3・8・12兼左兵衛佐、嘉応1(一一六九)・12・30兼遠江守、嘉応3・1・6従四位下(佐労)、承安2(一一七二)・1・5従四位上(臨時)、安元3(一一七七)・1・28周防守(元遠江守、院分)、4・5正四位下、6・28讃岐守(元周防、院分)、治承3(一一七九)・10・9越前守(元讃岐、院分)、11・17解却越前守、12・16内蔵頭、寿永2(一一八三)・4・9従三位、元内蔵頭、12・21右京大夫、文治3(一一八七)・1・23周防権守、文治4・1・23因幡権守、建久4(一一九三)・12・9正三位、去大夫、建久9・1・30大宰大弐〈くし〉、正治2(一二〇〇)・4・1遷大皇太后宮大夫、建仁1(一二〇一)・12・24止大夫、承元1(一二〇七)・10・29兵部卿、承元4・1・19出家

[死没]建暦1(一二一一)6・21 [年齢]59 [父]八条俊盛 [母]従三位藤原雅兼女 [公卿補任]1—505上 [大日本史料]4—11—151

長経　ながつね

安元1(一一七五)・1・5叙爵、養和1(一一八一)・12・4左兵衛佐、寿永1(一一八二)・8・14〈くし〉皇后宮権大進、10・23従五位上(皇后宮入内賞)、寿永2・8・16丹波守、元暦1(一一八四)・7・24正五位下(八条院御即位御給)、文治1(一一八五)・4・3従四位下、文治4・10・16従四位上、建久2(一一九一)・2・5正四位下(八条院治承二年御給)、閏12・4止任、建久3・1・27更任丹後守(「丹波守」〈く〉)、正治3(一二〇一)・1・29大蔵卿、3・11兼春宮亮、建仁2(一二〇二)7・23兼内蔵頭(去卿)、・閏10・24従三位(元内蔵頭)、建永2(一二〇七)・1・2正三位、承元2(一二〇八)・10・6出家

[父]八条実清、一男 [母]高階清章女(典侍、院乳母) [公卿補任]1—552上 [大日本史料]4—10—238

清季　きよすえ　一一七八—一二三七

寿永1(一一八二)・11・16従五位下(八条院去平治元未給)、建久1(一一九〇)・10・27中務大輔、建久3・1・5従五位上(八条院当年御給)、建仁3(一二〇三)・1・5正五位下(八条院御給)、元久2(一二〇五)・1・29従四位下(止大輔叙之)、承元1(一二〇七)・1・5従四位上(一品昇子内親王当年御給)、承元2・8・8皇后宮亮、建暦1(一二一一)・1・5正四位下(八条院当年御給)、承久3(一二二一)・4・16従三位(元前皇后宮亮)、嘉禄3(一二二七)・6・1薨去

[死没]嘉禄3(一二二七)・6・1 [年齢]50 [父]八条実清、二男 [母]高階清季女 [公卿補任]2—40下 [大日本史料]5—3—837

長清　ながきよ　一一八〇―一二三八

建久4(一一九三)・12・4五位(女御琮子元暦元御給)、建久5・10・23遠江権守、正治2(一二〇〇)・1・22中務少輔、1・24消召名、建仁3(一二〇三)・1・5従五位上(宜秋門院)、1・23兵部大輔、元久3(一二〇六)・1・5正五位下(一品宮)、1・13常陸権介(除目任備前介、下名改常陸権介)、承元1(一二〇七)・12・19復任、承元3・1・6四位、建暦2(一二一二)・1・5従四位上(八条院)、建保5(一二一七)・9・22斎宮頭、建保6・1・5正四位下、安貞2(一二二八)・2・1従三位(元前斎宮寮頭)、嘉禎3(一二三七)・1・5正三位、嘉禎4・8・8薨去〈「出家」や〉

[死没]嘉禎4(一二三八)・8・8　[年齢]59　[父]八条実清、三男　[母]正四位下皇后宮大進高階清章女　[公卿補任]2―66下　[大日本史料]5―11―933

長季　ながすえ　一一八七―?

-・-・-従五位下、建久10(一一九九)・1・5従五位上(八条院御給、于時名字成能)、正治2(一二〇〇)・4・1伊豆守(改成能為長季、大弐季能息)、元久1(一二〇四)・4・13少納言(元伊豆守)、元久2・1・5正五位下、承元3(一二〇九)・10・30周防守、従四位下、建暦1(一二一一)・4・1中宮亮、建暦2・1・13復任(父)、11・11従四位上(中宮御給)、建保1(一二一三)・4・26正四位下(法勝寺九重塔供養、造国司賞)、建保4・3・28従三位、嘉禄2(一二二六)・6・6恐懼、寛元2(一二四四)・-・-出家

[父]八条季能、二男　[母]平基盛女　[前名]成能　[公卿補任]2―20下　[大日本史料]5―18―195

長氏　ながうじ　?―一二六〇

正嘉1(一二五七)・11・19(従三位)(下名)、元前備前守、正元2(一二六〇)・2・-出家、文応1(一二六〇)・10・-薨去

[死没]文応1(一二六〇)・10　[父]八条長清　[公卿補任]2―172下

盛長　もりなが　一二二五―九四

寛喜4(一二三二)・3・24叙爵、嘉禎2(一二三六)・2・30遠江守、建長3(一二五一)・12・22右兵衛権佐、建長4・12・4従五位上、建長7・4・12正五位下、建長8・1・21従四位下(去権佐)、文応1(一二六〇)・12・16従四位上(安嘉門院大嘗会御給)、文永8(一二七一)・3・27正四位下、弘安4(一二八一)・5・6従三位(元前右兵衛佐)、正応2(一二八九)・8・7正三位、永仁2(一二九四)・-・-薨去

[死没]永仁2(一二九四)　[年齢]70　[父]八条長季　[公卿補任]2―265下

六条・春日・九条・紙屋河家(絶家)

顕輔　あきすけ　一〇九〇―一一五五

康和2(一一〇〇)・1・-一院判官代、1・14蔵人、1・28叙爵、12・26備後権守、康和3・4・25従五位上(行幸鳥羽殿賞)、康和4・1・2正五位下(行幸院賞)、康和6・1・28越後守(院分)、長治2(一一〇五)・10・27従四位下(東宮御着袴、行幸院賞)、天仁2(一一〇九)・8・16従四位上、天永2(一一一一)・10・25遷加賀守、永久2(一一一四)・9・27兼中務権大輔、元永1(一一一八)・12・17正四位下(最勝寺供養日、院御給〈くひし〉)、12・28美作守、-・-・-辞顕大輔、保安3(一一二二)・1・-昇殿、-・-・28〈保安4年1月脱カ〉御譲位、-・-・-止昇殿、新院別当、7・5新帝昇殿、9・6服解(父)、-・-・-復任、大治2(一一二七)・1・-得替、止昇殿〈くひし〉、大治5・2・21中宮亮(立后日)、8・23昇殿、大治6・2・20近江守、保延1(一一三五)・12・24辞守、以男重家申任周防守、保延3・12・16〈く〉従三位、中宮亮如元、保延5・1・24兼左京大夫、保延7・1・29兼近江権守、永治1(一一四一)・12・27改為皇太后宮亮、久安2(一一四六)・1・23備中権守、久安4・7・17正三位、久安6・2・27止亮、久寿2(一一五五)・5・6出家、5・7薨去

六条・春日・九条・紙屋河家

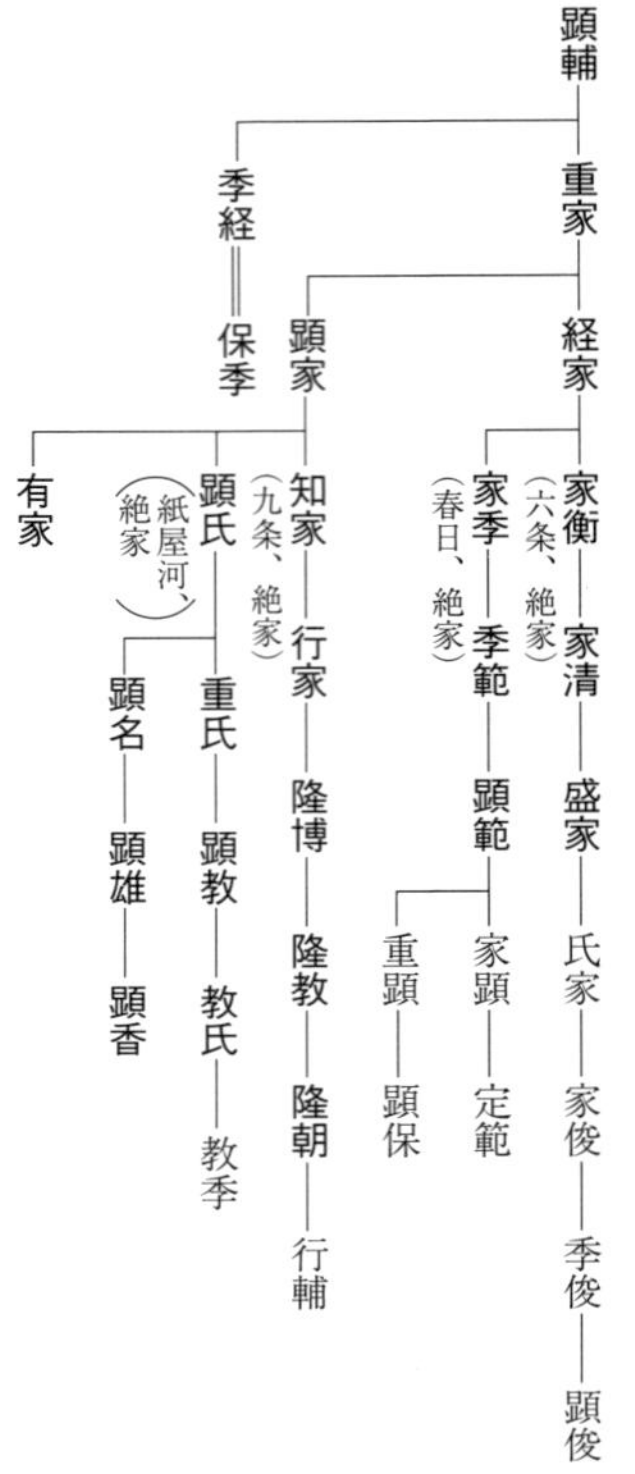

[死没]久寿2(一一五五)・5・7　[年齢]66　[父]六条顕季、三男　[母]大宰大弐従二位藤原経平女　[公卿補任]1―410下

重家　しげいえ　一一二八―八〇

長承3(一一三四)・1・11蔵人(元待賢門院判官代)、1・27叙爵(前太皇大后宮未給)、2・22尾張権守、改本名光輔為重家、保延1(一一三五)・12・24周防守(父(顕輔〈く〉)辞近江守申任之)、保延5・12・30重任、康治1(一一四二)・11・14従五位上(父卿大嘗会国司賞譲〔「顕輔卿悠紀賞」〈く〉〕)、康治3・1・24筑前守、久安1(一一四五)・1・5正五位下(皇太后宮春日御塔造国司賞〔「造皇大后宮御願寺賞」〈く〉〕)、久安3・2・1〈「1月28日」〈く〉〉左兵衛佐(兼)、久安4・11・5摂津守(佐如元)、久安5・2・13四位(行幸院〔「朝観行幸賞」〈く〉〕、従一位宗子給)、9・11服解(母)、久安6・1・29復任、仁平2(一一五二)・12・30重任(造住吉社〈く〉)、仁平3・4・6上野介、久寿2(一一五五)・5・7喪父、12・25従四位上(皇嘉門院去十月御即位御給)、保元1(一一五六)・12・2重任〈く〉、保元2・10・22正四位下(造日華門賞)、永暦2(一一六一)・1・23若狭守、応保1(一一六一)・10・19能登守、応保2・1・7〈「5月」〈く〉「5月8日」百練抄〉解官、長寛2(一一六四)・12・-昇殿(為取内侍所御神楽拍子也)、永万1(一一六五)・7・22刑部卿、永万2・4・6兼中宮亮、仁安3(一一六八)・12・-昇殿(内侍所御神楽)、嘉応1(一一六九)・1・11辞中宮亮、譲弟季経朝臣、嘉応2・1・3従三位(行幸院賞、院別当)、刑部卿如元、1・18備中権守、-・-・-辞卿、承安1(一一七一)・12・8大宰大弐、安元2(一一七六)・6・25出家

[死没]治承4(一一八〇)・12・21　[年齢]53　[父]六条顕輔　[母]家女房　[前名]光輔　[号]六条　[公卿補任]1―472下

季経　すえつね　一一三一―一二二一

保延6(一一四〇)・12・16主殿権助(春宮御給)、久安2(一一四六)・6・25蔵人(権助如元)、7・1叙爵(去天仁二藤氏未叙〔「未給」〈く〉〕、蔵人主殿助)、久安4・1・28山城守(別功募申)、7・17従五位上(行幸最勝金剛院賞、皇太后宮御給)、10・13中務権少輔(下名、十月廿六日賜山城守兼国)、仁平2(一一五二)・-・-守秩満、平治1(一一五九)・1・6正五位下(臨時、辞少輔叙之)、応保1(一一六一)・1・27四品(朝覲行幸、本家賞)、永万1(一一六五)・7・25従四位上(治国)、仁安3(一一六八)・12・16正四位下(皇嘉門院御給、大嘗会)、嘉応1(一一六九)・1・11中宮亮(兄重家朝臣譲)、文治1(一一八五)・6・10宮内卿、文治5・7・10従三位(任大臣後除目次)、宮内卿如元、建久9(一一九八)・12・9正三位、建仁1(一二〇一)・12・15出家

[死没]承久3(一二二一)・閏10・4　[年齢]91　[父]藤原顕輔　[母]家女房(同重家)　[公卿補任]1―519下　[大日本史料]5―1―252

経家　つねいえ　一一四九―一二〇九

久寿1(一一五四)・12・28叙爵(皇嘉門院返上〔「返上」〈く〉無〕年々未給叙之)、永暦1(一一六〇)・4・3右衛門佐、応保2(一一六二)・1・5従五位上(佐労)、永万1(一一六五)・1・23兼阿波権介、12・30昇殿、永万2・5・19〈仁安2年カ〉中務権大輔(以

佐相転平忠度)、従四下(臨時)、仁安3(一一六八)・11・13賜近江介兼字(去年任中務権大輔之時無兼字)、11・20従四上(大嘗会国司)、承安4(一一七四)・1・5正四位下(皇嘉門院当年御給)、治承5(一一八一)・3・26復任、仁安1(一一六六)・4・6〈養和1年カ〉近江介(兼右衛門佐)、11・14正四下、寿永1(一一八二)・12・10宮内卿(元中務権大輔、信行辞替)〈く〉、元暦2(一一八五)・6・10内蔵頭(元宮内卿、藤雅隆叙三位替)、文治5(一一八九)・7・10従三位(元内蔵頭)、建久9(一一九八)・11・21正三位、承元2(一二〇八)・9・7出家

[死没]承元3(一二〇九)・9・19　[年齢]61　[父]六条重家、一男　[母]正二位中納言藤原家成女

[公卿補任]1—519下　[大日本史料]4—10—631

顕家　あきいえ　一一五三—?

永万1(一一六五)・6・25蔵人(元皇嘉門院判官代)、8・22叙爵(前高陽門院令(合カ)爵)、仁安1(一一六六)・1・12尾張権守、承安1(一一七一)・1・18民部少輔、承安2・10・26少納言、承安4・1・5従五位上、安元2(一一七六)・-・-兼三河守、12・-右少将(守如元)、治承1(一一七七)・1・24正五位下(中宮御給)、11・15従四位下(行幸閑院賞)、治承3・11・17解両官、寿永1(一一八二)・10・7還任右少将、11・23従四位上、寿永2・12・19正四位下、文治1(一一八五)・6・10兼能登守、文治4・10・14遷左京大夫、建仁1(一二〇一)・12・26従三位元左京大夫、承元2(一二〇八)・4・7正三位、建保3(一二一五)・8・16出家

[父]六条重家、二男　[母]正二位中納言藤原家成女　[公卿補任]1—549上　[大日本史料]4—13—779

有家　ありいえ　一一五五—一二一六

仁安2(一一六七)・1・5叙位(去年大嘗会氏爵未給)、承安2(一一七二)・1・23相模権守、治承2(一一七八)・1・28少納言(于時名仲家)、治承3・1・19讃岐権守(名字尚仲家、以後改名カ)、治承4・1・5従五位上(少納言労)、養和1(一一八一)・3・26復任、元暦1(一一八四)・1・6正五位下、12・20従四位下(辞少納言叙之)、建久3(一一九二)・10・26従四位上(八条院元暦元年御給)、建久7・1・28中務権大輔、正治1(一一九九)・3・23正四位下(辞大輔叙之)、建仁2(一二〇二)・7・23大蔵卿、承元2(一二〇八)・12・9従三位、大蔵卿如元、建保3(一二一五)・2・5出家

[死没]建保4(一二一六)・4・11　[年齢]62　[父]藤原重家、三男　[母]正二位中納言藤原家成女

[前名]仲家　[公卿補任]1—570下　[大日本史料]4—14—15

保季　やすすえ

承安4(一一七四)・1・5叙位(長寛元令爵)、元暦1(一一八四)・11・17従五位上(父季経朝臣治国賞譲)、文治5(一一八九)・12・13正五位下(父卿罷宮内卿申叙之)、建久3(一一九二)・10・26中務権大輔、建久6・2・2左馬権頭、正治1(一一九九)・1・5従四位下(権頭労)、建仁1(一二〇一)・1・29従四位上、元久1(一二〇四)・10・26正四位下(前皇后宮仁安三御即位御給)、建保6(一二一八)・1・13従三位、元前左馬権頭、承久3(一二二一)・閏10・15出家

[父]藤原季経(実藤原重家、四男)　[母]正二位中納言藤原家成女　[公卿補任]2—28上

家衡　いえひら　一一八〇—一二四五

寿永2(一一八三)・2・19叙位(皇嘉門院令(合カ)爵)、建久1(一一九〇)・10・26従五位上、建久9・1・30右兵衛佐、11・21正五位下(前高松院久寿二年御即位御給)、正治2(一二〇〇)・4・15春宮権大進、建仁1(一二〇一)・1・6従四位下(府労)、建仁3・10・29従四位上、元久2(一二〇五)・1・5正四位下(宣陽門院御給)、承元3(一二〇九)・1・13春宮亮〈旧〉、承元4・2・17復任〈旧〉、12・26従三位(坊亮)、承久2(一二二〇)・3・22正三位、7・20恐懼、12・19恩免、嘉禄1(一二二五)・8・14出家

[死没]寛元3(一二四五)・6・2　[年齢]66　[父]六条経家　[母]正四位下修理権大夫藤原頼輔女

[公卿補任]1—577上　[大日本史料]5—19—21

知家　ともいえ　一一八二—一二五八

建久4(一一九三)・12・9従五位下(女御琮子治承元給)、建久6・2・2美作守(入道関白給)、正治1(一一九九)・1・5従五位上(簡一)、建仁3(一二〇三)・1・5正五位下(宜秋門院去年朔旦給)、

1・13中務少輔、元久1(一二〇四)・3・6左兵衛佐、建永2(一二〇七)・1・5従四位下、承元4(一二一〇)・1・14丹波守(院分)、建暦1(一二一一)・1・5従四位上(宜秋門院去年御即位御給)、7・-止守(「去守」や)、建暦3・4・26正四位下(法勝寺塔供養、七条院御給)、建保6(一二一八)・1・13中宮亮、建保7・1・22従三位、元中宮亮、寛喜1(一二二九)・10・5正三位、嘉禎4(一二三八)・8・17出家

[死没]正嘉2(一二五八)・1　[年齢]77　[父]四条顕家　[母]従四位下伊予守源師兼女(院女房新大夫局)　[公卿補任]2—32上

家季　いえすえ　一一九二—一二五〇

建久8(一一九七)・1・6叙爵(氏)、建永2(一二〇七)・1・13左衛門佐、承元3(一二〇九)・1・5従五位上(簡一)、建暦2(一二一二)・1・13阿波介、建暦3・1・5正五位下、建保4(一二一六)・1・5従四位下(去佐)、承久1(一二一九)・8・4越後守、承久3・8・29得替、貞応3(一二二四)・4・7従四位上、安貞2(一二二八)・1・5正四位下(臨時)、嘉禎4(一二三八)・閏2・15従三位、元前越後守、建長2(一二五〇)・-・-出家、6・-薨去

❖宝治元年(一二四七)に「去年寛元四年補任家季位在信時下、宝治三年補任家季位在信時上」の記載あり

[死没]建長2(一二五〇)・6　[年齢]59　[父]藤原経家、二男　[母]藤原光忠或定房女　[号]六条　[公卿補任]2—103下　[大日本史料]5—33—211

家清　いえきよ　一二一五—四七

承久1(一二一九)・1・5叙爵(氏)、貞応1(一二二二)・1・20従五位上、元仁2(一二二五)・12・17右兵衛佐、嘉禄2(一二二六)・3・26正五位下、安貞3(一二二九)・1・5従四位下、天福1(一二三三)・7・8従四位上(宣陽門院御給)、文暦2(一二三五)・閏6・11紀伊守、嘉禎2(一二三六)・6・13正四位下(造日前国県賞)、12・19内蔵頭、嘉禎4・閏2・27従三位(元内蔵頭)、宝治1(一二四七)・1・18薨去

[死没]宝治1(一二四七)・1・18　[年齢]33　[父]藤原家衡、一男　[母]修理大夫為頼女　[公卿補任]2—104上　[大日本史料]5—21—338

顕氏　あきうじ　一二〇七—七四

-・-・-叙爵、承久3(一二二一)・8・29左兵衛権佐、貞応2(一二二三)・1・5従五位上、10・28兼中宮権大進、嘉禄2(一二二六)・4・19正五位下、安貞2(一二二八)・1・5従四位下、貞永2(一二三三)・6・20皇后宮亮、7・13従四位上(皇后宮初入門賞)、嘉禎2(一二三六)・11・22正四位下、仁治1(一二四〇)・10・24内蔵頭、仁治3・3・7去頭、仁治4・1・5従三位(元内蔵頭)、建長4(一二五二)・1・5正三位、正嘉1(一二五七)・11・10従二位、文永11(一二七四)・11・8薨去

[死没]文永11(一二七四)・11・8　[年齢]68　[父]四条顕家、二男　[公卿補任]2—124上

行家　ゆきいえ　一二二三—七五

建長7(一二五五)・4・12〔従三位〕、左京大夫如元、正嘉3(一二五九)・閏10・15正三位、弘長1(一二六一)・9・23侍従、文永2(一二六五)・1・30兼安芸権守、文永3・2・1右京大夫、文永4・11・8従二位、文永8・10・13転左大夫〈や〉、文永11・2・20以大夫譲任子息隆博、文永12・1・11薨去

[死没]文永12(一二七五)・1・11　[年齢]53　[父]九条知家　[号]九条　[公卿補任]2—166下

重氏　しげうじ　一二三五—七七

正嘉3(一二五九)・8・7〔従三位〕、文永2(一二六五)・1・30宮内卿、文永6・1・5正三位、文永7・12・4止卿、建治3(一二七七)・12・1出家、12・9薨去

[死没]建治3(一二七七)・12・9　[年齢]43　[父]藤原顕氏　[公卿補任]2—179上

季範　すえのり　一二二五—八一

暦仁2(一二三九)・1・5叙爵(臨時)、仁治2(一二四一)・7・17左衛門佐、寛元2(一二四四)・1・5従五位上、寛元4・2・23土佐介、宝治2(一二四八)・1・6正五位下、建長3(一二五一)・3・16従四位下、正嘉1(一二五七)・5・7従四位上、正元1(一二五九)・7・2正四位下、文永2(一二六五)・8・18中宮亮、文永4・7・9治部卿、文永5・3・10従三位、元治部卿、文永9・1・5正三位、弘安4(一二八一)・7・

24薨去
[死没]弘安4(一二八一)・7・14 [年齢]57 [父]藤原家季 [母]家女房 [公卿補任]2—217上

顕名 あきな ?—一二八二
-・-・-従五下、建長2(一二五〇)・1・5従五位上(宣仁門院当年御給)、建長3・3・16左衛門佐、建長4・12・4正五位下、建長6・8・5遷左兵衛権佐、正元1(一二五九)・9・15右少将(元前左兵衛権佐)、文応1(一二六〇)・4・15転左少将、11・7備中権介(大嘗会国司)、11・15従四位下(国司賞)、弘長1(一二六一)・4・7還任左少将、文永2(一二六五)・1・5従四位上(府労)、1・30相模権介、11・8辞少将(推而辞カ)、文永6・8・9正四位下、弘安2(一二七九)・4・6従三位(元前左少将)、弘安5・12・15出家、12・16薨去
[死没]弘安5(一二八二)・12・16 [父]藤原顕氏 [公卿補任]2—259上

盛家 もりいえ
建長1(一二四九)・1・5爵(氏、于時盛長)、建長6・1・5従五位上(臨時)、康元1(一二五六)・12・13左兵衛権佐(于時盛家)、正嘉1(一二五七)・1・26渡右権佐、正元1(一二五九)・4・14正五位下、弘長2(一二六二)・1・5従四位下(府労)、文永6(一二六九)・5・1従四位上、文永8・3・27正四位下、弘安4(一二八一)・4・19従三位、元前右兵衛佐、本名盛長、弘安9・1・5正三位、正応2(一二八九)・4・5出家
[父]藤原家清、一男 [前名]盛長 [公卿補任]2—265上

隆博 たかひろ ?—一二九八
宝治1(一二四七)・1・5爵(氏、于時博家)、建長7(一二五五)・9・29侍従、文応1(一二六〇)・3・29讃岐権介、弘長1(一二六一)・2・5左少将、8・13従五位上、文永2(一二六五)・1・5正五位下(府労)、文永4・1・5従四位下(府労)、文永6・4・10還任右少将、文永9・7・10兼河内介、文永11・2・20遷任左京大夫(父行家卿譲)、文永12・1・6正四位下、3・5復任(父)、建治3(一二七七)・1・29因幡権守、弘安1(一二七八)・10・1復任、弘安4・-・-従三位(元左京大夫)、本名博家、弘安7・5・6侍従、弘安9・1・5正三位、弘安10・1・13刑部卿、正応3(一二九〇)・1・13従二位、永仁2(一二九四)・4・13宮内卿、永仁4・4・13大蔵卿、永仁6・3・22但馬権守、永仁6・-・5薨去
[死没]永仁6(一二九八) [父]藤原行家 [前名]博家 [公卿補任]2—265上

顕教 あきのり
建長6(一二五四)・1・5叙爵、弘長2(一二六二)・3・1侍従、文永3(一二六六)・2・1兼美作介、文永4・3・16従五位上、文永5・4・7左少将、9・14兼遠江守、文永7・閏9・23去守、文永8・1・5正五位下、文永11・10・20従四位下、弘安6(一二八三)・1・5従四位上、弘安8・1・5正四位下、正応3(一二九〇)・12・30従三位(元前左少将)、正応5・6・2侍従、永仁2(一二九四)・4・13正三位、永仁6・3・22出雲権守、正安1(一二九九)・6・6従二位、正和4(一三一五)・-・-出家
[父]藤原重氏 [公卿補任]2—306上

顕雄 あきお 一二六八—?
文永6(一二六九)・12・9従五位下(東二条院去叙位未給)、弘安2(一二七九)・1・26侍従、弘安3・1・5従五位上(従下一)、弘安6・5・29復任、弘安9・1・13正五位下、正応2(一二八九)・1・11兼近江権介、正応4・3・29右少将、正応5・3・29従四位下、永仁2(一二九四)・4・13従四位上、6・8還位右少将、-・-・-止少将、永仁6・6・23還任右少将、11・14兼近江介、11・19正四位下、永仁7・2・12可解却見任由宣下(子息同前)、5・18還任左少将、正安2(一三〇〇)・10・27解却左少将、乾元2(一三〇三)・7・5〈や〉従三位、元前左少将〈や〉、徳治2(一三〇七)・4・14侍従、延慶1(一三〇八)・12・10正三位、延慶3・12・28従二位、延慶4・3・30兼相模権守、-・-・-出家
[父]藤原顕名 [法名]顕暁 [公卿補任]2—371下

顕範 あきのり
永仁2(一二九四)・12・24従三位(元前宮内卿)、永仁4・12・30正三位、嘉元3(一三〇五)・1・22兼但馬

権守、延慶2(一三〇九)・3・23従二位、元応1(一三一九)・9・-出家
※正安元年(一二九九)より「侍従」
[父]藤原季範　[法名]顕是　[公卿補任]2―325下

隆教　たかのり　?―一三四八

建治3(一二七七)・1・5従五位下(臨)、建治6・8・8〈弘安6年カ〉侍従、弘安8(一二八五)・9・14従五位上、弘安9・3・9左少将、弘安11・3・8正五位下、正応2(一二八九)・4・2〈や〉従四位下、正応3・4・28還任左少将、正応5・11・5従四位上、永仁2(一二九四)・4・13正四位下、永仁5・閏10・21解官、正安2(一三〇〇)・12・22右中将、正安4・1・5従三位、元右中将、徳治2(一三〇七)・11・1正三位、延慶1(一三〇八)・11・8大蔵卿、延慶2・12・26止卿、延慶3・10・2従二位、応長1(一三一一)・閏6・29大蔵卿、正和2(一三一三)・2・6止卿、元応1(一三一九)・6・14侍従、元徳1(一三二九)・12・24止之(侍従)、正慶1〈元弘2〉(一三三二)・8・3正二位、元弘2(一三三二)・2・26民部卿、10・21改任、正慶2〈元弘3〉(一三三三)・5・17詔復従二位、建武5(一三三八)・1・7正二位、貞和4〈正平3〉(一三四八)・10・15薨去
[死没]貞和4(一三四八)・10・15　[父]九条隆博　[母]従五位下弾正大弼藤原行経女　[公卿補任]2―366上　[大日本史料]6―11―908

教氏　のりうじ　一二八七―一三五二

正応1(一二八八)・6・28叙爵、正応4・2・12侍従、正応6・1・13従五位上、永仁5(一二九七)・閏10・23正五位下、永仁6・4・9右少将、永仁7・1・5従四位下、正安4(一三〇二)・1・20従四位上、嘉元4(一三〇六)・2・5正四位下、延慶2(一三〇九)・12・26右中将、正和1(一三一二)・4・10辞中将、正和5・1・5従三位、元前右中将、元弘2(一三三二)・2・26正三位、3・12侍従、正慶2〈元弘3〉(一三三三)・5・17詔復本位、暦応5〈興国3〉(一三四二)・4・2〈11日カ〉正三位、文和1〈正平7〉(一三五二)・-・-薨去
[死没]文和1(一三五二)　[年齢]66　[父]藤原顕教　[公卿補任]2―454上　[大日本史料]6―17―366

顕香　あきか

延慶2(一三〇九)・6・12正四位下、文保2(一三一八)・1・5従三位(元前右中将)、元亨1(一三二一)・-・-出家
※元応元年(一三一九)より「侍従」
[父]藤原顕雄　[公卿補任]2―469上

隆朝　たかとも　一二九〇―一三五五

文保2(一三一八)・11・-賜去年十二月廿二日従三位位記、嘉暦4(一三二九)・2・12侍従、元弘4(一三三四)・1・13兼近江権守、文和3〈正平9〉(一三五四)・10・22兵部卿、文和4〈正平10〉・12・14薨去
※元徳二年(一三三〇)正月十三日叙正三位カ
[死没]文和4(一三五五)・12・14　[年齢]66　[父]九条隆教(実九条高博)　[公卿補任]2―469下　[大日本史料]6―20―93

大宮家(絶家)

成親　なりちか　一一三八―七七

永治2(一一四二)・1・5五位(無品叡子内親王当年御給〈し〉)、天養1(一一四四)・12・18越後守、天養2・1・4従五位上(行幸院賞)、久安2(一一四六)・12・29遷讃岐守、久安6・1・6正五位下(家成卿稲荷祇園行幸行事)、仁平2(一一五二)・1・28侍従(父卿辞左衛門督)、久寿2(一一五五)・1・28遷越後守(造鳥羽御堂功)、久寿3・4・6左少将越後守如元、保元2(一一五七)・1・24従四位下(造金剛心院賞)、10・22従四位上(造春興殿功)、保元3・11・26右中将、保元4・1・3正四位下(行幸院、信頼卿譲)、2・3更越後守(重任)、平治1(一一五九)・12・27解官(依信頼卿縁坐也)、永暦2(一一六一)・4・1還任右中将〈くし〉、応保1(一一六一)・9・28又解官、永万2(一一六六)・1・12左中将(「左権中将」く)、6・6蔵人頭、仁安1(一一六六)・-・-　〈「8月27日」くし〉参議(中将如元歟)(「元蔵人頭左中将如元」くし)、今日

大宮家

成親─┬─成経
　　　└─親実──成実

従三位〈くし〉、9・15大嘗会御禊御後長官〈くし〉、12・23〈くし〉正三位(正三位日、超資長兼房成頼顕広成範等)(「東宮御着袴日」くし)、越権中納言資長左中将兼房参木成頼従三位顕広右兵衛督成範等〈く〉、仁安2・1・30越前権守、2・11権中納言、10・19帯剣、嘉応1(一一六九)・12・24解却見任、－・－配流備中国、12・28召返、12・30復本位、－・－還任、嘉応2・1・5兼右兵衛督〈くし〉、－・－別当〈「1月5日」く〉、2・6解却三職、4・21還任、7・26右衛門督、12・30転左、承安2(一一七二)・7・21従二位、承安3・4・13正二位、安元1(一一七五)・11・28権大納言、安元3・6・2配流備前国、－・－出家、7・13薨去

[死没]安元3(一一七七)・7・13　[年齢]40　[父]中御門家成、三男　[母]正三位中納言藤原経忠女　[公卿補任]1―460下

成経　なりつね　一一五四―一二〇二

嘉応2(一一七〇)・11・9〈「12月」く〉叙爵、丹波守、嘉応3・1・18従五位上(臨時)、承安1(一一七一)・9・9右少将、承安2・1・5正五位下(院御給)、承安3・10・21従四位下(最勝光院供養、院御給)、承安4・1・21丹波重任、安元3(一一七七)・6・18解却所帯両官(依父縁申〔縁座カ〕)赴遠島)、－・－・－・－帰京、寿永1(一一八二)・11・13従四位上(大嘗会叙位、院御給)、寿永2・8・25還任右少将、12・19正四位下(朔旦叙位、院御給)、元暦2(一一八五)・6・10右中将(「右権中将」く)、文治5(一一八九)・7・10蔵人頭、建久1(一一九〇)・10・26参議、元蔵人頭〈くし〉、右中将如元、建久2・2・1兼近江権守、12・28従三位、建久4・12・9辞参議、皇太后宮大夫、正三位、建仁2(一二〇二)・3・18〈「19日」明月記〉薨去

[死没]建仁2(一二〇二)・3・18　[年齢]49　[父]大宮成親、一男　[母]参議正三位藤原親隆女　[公卿補任]1―521下　[大日本史料]4―7―388、4―17―補572

親実　ちかざね　一一六八―一二一五

嘉応3(一一七一)・1・6叙位(皇后宮御給)、承安3(一一七三)・1・－越後守、治承1(一一七七)・1・28重任、4・4解官、文治5(一一八九)・9・16左衛門佐、建久1(一一九〇)・1・5従五位上(簡一)、建久7・1・5正五位下(府労)、建久8・4・11従四位下、正治2(一二〇〇)・1・24従四位上、建仁1(一二〇一)・12・22左京大夫、建仁2・閏10・24内蔵頭、11・19正四位下、元久2(一二〇五)・1・5従三位(元内蔵頭)、承元2(一二〇八)・1・20大宰大弐、承元3・4・10正三位、承元5・－・－〔止大宰大弐カ〕、建保3(一二一五)・8・－薨去

[死没]建保3(一二一五)・8・10　[年齢]48　[父]大宮成親　[母]宮内大輔正五位下源忠房女　[公卿補任]1―560下　[大日本史料]4―13―773

成実　なりざね　一一九一―?

建仁3(一二〇三)・10・24五位(皇太后宮)、元久2(一二〇五)・1・5従五位上(父治国)、承元1(一二〇七)・10・29右兵衛佐、承元3・1・17正五位下、建暦1(一二一一)・12・30復任(父)、建保1(一二一三)・1・6四位(労)、承久1(一二一九)・1・26従四位上、5・3丹後守、8・4遷備中守、9・20兼左馬権頭、承久3・1・13正四位下(止権頭)、嘉禄2(一二二六)・1・23宮内卿、4・19従三位、宮内卿如元、寛喜1(一二二九)・10・5正三位、10・9任大弐、寛喜3・3・25遷兼兵部卿、4・14辞大弐、嘉禎2(一二三六)・7・20辞卿、建長6(一二五四)・3・8従二位、建長8・9・19出家

[父]大宮親実、一男　[公卿補任]2―61上

冷泉家(絶家)1

隆仲　たかなか　一一八三―一二四五

建久2(一一九一)・5・2叙位(殷富門院令爵)、建久7・1・6従五位上(簡一)、建久8・4・11左衛門佐、正治2(一二〇〇)・2・5正五位下(臨時)、建仁2(一二〇二)・2・21紀伊介、閏10・24右少将、

冷泉家

隆仲—隆兼—隆茂—隆賢
　　　　└顕成

元久2(一二〇五)・1・29従四位下、建永1(一二〇六)・1・13土左権介、承元3(一二〇九)・-・-服解(父)、4・27復任、建暦1(一二一一)・1・5従四位上、4・1正四位下(罷少将叙之)、9・8内蔵頭、建保2(一二一四)・1・13従三位、元内蔵頭、寛喜1(一二二九)・12・21出家

[死没]寛元3(一二四五)・2・15　[年齢]63　[父]冷泉隆房、四男　[母]後鳥羽院女房右衛門佐　[公卿補任]2—14下　[大日本史料]5—5—412、5—18—391

隆兼　たかかね

建長5(一二五三)・12・5(従三位)、元右中将、建長8・1・26侍従

※正元元年(一二五九)非参議従三位(以後不見)

[父]冷泉隆仲　[公卿補任]2—160下

顕成　あきなり　?—一二九六

-・-・-叙爵、建長4(一二五二)・1・5従五位上、建長5・4・8侍従、建長7・12・13正五位下(内大臣去々年両社行幸行事賞譲)、文永3(一二六六)・11・13従四位下(元侍従)、文永4・11・8左少将〈や〉、文永7・1・5従四位上、12・15転中将、文永8・10・13正四位下、文永11・9・10辞中将、弘安1(一二七八)・9・22還任左中将、弘安9・閏12・16辞中将、正応6(一二九三)・6・24従三位(元前左中将)、永仁4(一二九六)・-・-薨去

[死没]永仁4(一二九六)　[父]四条隆兼　[公卿補任]2—321上

隆賢　たかかた

文永1(一二六四)・6・2従五位下、文永6・10・28侍従、文永8・4・7従五位上、正応2(一二八九)・12・15右少将、正応3・7・27正五位下、正応5・閏10・16従四位下、12・25還任左少将(右少将カ)、永仁2(一二九四)・3・27従四位上、永仁6・7・13正四位下、12・18転右中将、嘉元3(一三〇五)・閏12・17従三位(元右中将)、祗候関東、延慶2(一三〇九)・12・26正三位

※正和三年(一三一四)に「正和元年五月薨之由有其説、可尋決」の記載あり、正和五年非参議正三位(以後不見)

[父]冷泉隆茂　[公卿補任]2—383上

四条(嫡流)家(絶家)

隆顕　たかあき　一二四三—?

正嘉1(一二五七)・11・10参議、左中将如元、正嘉2・1・5従三位、正嘉3・3・8正三位、4・17補右兵衛督使別当(左兵衛督ともあり)、文応1(一二六〇)・8・28遷兼右衛門督、弘長1(一二六一)・3・27権中納言、-・-更任右衛門督、8・20兼中宮権大夫、弘長2・3・29従二位、7・16辞督並別当〈や〉、文永3(一二六六)・1・5正二位、文永5・12・6止大夫、文永6・5・1兼左衛門督、11・28権大納言、文永11・10・9補大嘗会検校、建治2(一二七六)・12・20辞退(権大納言)、12・30本座、建治3・5・4出家

※文応元年より「加賀権守」

[父]四条隆親　[母]従四位下左馬頭足利義氏女　[号]四条　[法名]顕空　[公卿補任]2—170下

四条(嫡流)家

隆顕—隆実—隆資—隆定

隆資　たかすけ　一二九二—一三五二

文保2(一三一八)・1・5正五位下(春宮当年御給)、4・14右少将(元侍従)、11・3従四位下、元応2(一三二〇)・3・24従四位上、12・21左中将、12・24遷右、元亨3(一三二三)・12・29兼因幡守、11・11兼中宮亮、正中2(一三二五)・1・29正四位下、正中3・2・29補蔵人頭、嘉暦2(一三二七)・3・24参議、元蔵人頭右中将、嘉暦3・1・5従三位、1・16兼大蔵卿、兼加賀権守、9・23兼左兵衛督、嘉暦4・1・13止卿、元徳2(一三三〇)・1・5正三位、5・22〈や〉補使別当、10・5右衛門督、10・21権中納言、12・14止別当、元弘1(一三三一)・3・18止

右衛門督、正慶1〈元弘2〉(一三三二)・-・-逐電、正慶2〈元弘3〉・5・17詔為本職、元弘4(一三三四)・1・5従二位、建武1(一三三四)・2・23辞職(権中納言)、10・9修理大夫、建武2・11・26還任、去大夫、建武3〈延元1〉・3・2正二位、12・-解官、観応2〈正平6〉(一三五一)・-・-於南山従一位前権大納言云々、観応3〈正平7〉・5・12薨去
[死没]観応3(一三五二)・5・11 [年齢]61 [父]四条隆実(実四条隆顕) [公卿補任]2—510上 [大日本史料]6—16—516

四条家(絶家)

房衡 ふさひら 一二八四—一三五七
弘安9(一二八六)・2・3叙爵、弘安11・1・5従五位上、3・6右馬頭、正応1(一二八八)6・25服解(父)、7・16止頭、正応3・9・23正五位下(東宮御着袴賞)、正安1(一二九九)・6・6従四位下、徳治3(一三〇八)・9・17従四位上、延慶3(一三一〇)・3・9正四位下、正和6(一三一七)・1・5従三位、元前右馬頭、文保3(一三一九)・4・21治部卿、元応2(一三二〇)・2・9正三位、辞卿カ、延文2〈正平12〉(一三五七)・6・18薨去
[死没]延文2(一三五七)・6・18 [年齢]74 [父]四条房名 [号]四条 [公卿補任]2—461下 [大日本史料]6—21—311

四条家
房衡——**隆通**

隆通 たかみち ?—一三九二
応安6〈文中2〉(一三七三)・10・9従三位、元侍従、明徳3〈元中9〉(一三九二)・-・- 〈応永2年にもあり〉薨去
[死没]明徳3(一三九二) [父]四条房衡 [公卿補任]2—712下

山科家 やましなけ

藤原氏北家四条流。四条家の支流。中御門中納言家成の猶子権中納言実教(実徳大寺参議公親男)を家祖とする。初め冷泉と号し、家名として山科を称するようになるのは、南北朝時代の中ごろ、教行からのこと。家格は羽林家。内々の家。有職故実ことに装束、雅楽(笙)を家職とした。近衛家の家礼。江戸時代には家領三百石。実教を家祖とするが、室町時代初期の当主教言がその日記に「曩祖中納言教成卿」と記しているように、正二位権中納言冷泉教成が事実上の祖である。教成の実父は後白河院の近臣相模守平業房で、母は高階栄子である。この栄子は、業房の没後は後白河院に仕え、法皇無双の寵女と呼ばれ権勢を振るった丹後局で、教成も童名金毗羅丸と称したころから院の北面に候し、勅命によって正二位権中納言実教の猶子となり、侍子ながら卿相一流を相続した。建久三年(一一九二)法皇が崩ぜられると、教成は丹後局から伝領した法皇山荘の地山科の御所の傍に御影堂を建て、御真影を安置して相伝の所領をことごとく寄進し、文暦二年(一二三五)には子孫のために置文を作成して、寺役用途を怠らざるよう定めたという。これが山科の法住寺殿御影堂で、山科家は代々その祭祀をつとめた。法皇は丹後局に賜った所領に将来の牢籠を憂いて御起請符を下されたが、これらの所領は教成がことごとく相続して山科家の根本所領となった。山城国山科東荘・美濃国尼寺荘・信濃国住吉荘・播磨国下揖保荘・備前国居都荘・備中国水田郷・同呰部郷がそれである。教成の後は嫡子教房がつぎ、資成・資行・教行・教言と相伝する。しかし教房の嫡子資成は正嘉二年(一二五八)に父に先だって没し、幼年の資行が相続したため、弘長元年(一二六一)に教房が没すると、資成の舎弟教頼が所領を競望して両家の相論となり、以後南北朝時代まで両流の争いが絶えなかった。資行は後深草院に頼って所領の安全をはかり、教頼は亀山院に依って所領獲得を策したため、両流の浮沈は治世の

山科家

実教―公頼
　├公長（山科、絶家）
　├＝教成―教房―資成―資行＝教行―教言―教興―家豊―顕言＝言国―言綱―言継―言経―言緒―言総＝言行―持言―堯言―頼言―敬言―忠言―言知＝言成―言縄（伯爵）
　└＝宗明
教房―忠成（冷泉、絶家）
資成―教頼（山科、絶家）
教行―教繁（山科、絶家）
教言―教冬（山科、絶家）
教言―教藤

君が持明院統、大覚寺統と替わる度ごとに転変し、後醍醐天皇の南遷後、教行・教言のころに至ってようやく安定をみた。この一流が山科を称するのは、『尊卑分脈』には教房に注して「号山科」とあり、『山科家礼記』にも教房のころとしているが、文書・記録によれば資行・教頼等はいずれも冷泉を称していて、教行末年の貞和二年(一三四六)に勅許を得て山科を家号としたことが『山科系譜』の書き込みによって知られる。両流の紛争もようやく終息し、惣領管領が確立した時点で、御影堂を祀る根本領山科を「名字之地」「称号之地」としたものであろう。実教・教成が正二位権中納言に昇ったが、教房から教行に至るまで、いずれも四位の中将止まりに終わった。教行は実は飛鳥井兵衛督教定の男で山科家に養子に入り、正四位左中将となり内蔵頭を兼ね、元弘三年(一三三三)出家して行覚と称したが、後伏見院の法名理覚を憚って行盛と改め、応安五年(一三七二)八月七十五歳で没した。当流から初めて内蔵頭に任ぜられたのは資成舎弟の教頼で、教定・教宗と伝えられたが、ここに資成の孫にあたる教行がこれを襲い、さらに嫡子教言に伝えられる。教言は建武二年(一三三五)八歳で叙爵し、その後右少将となり、貞和二年(一三四六)十九歳で内蔵頭を兼ね、累進して六十二歳にして権中納言にまで昇ったが、これより内蔵頭は山科家の独占的官職となる。内蔵頭は天皇の御服・祭使の装束等を職掌し、御厨子所別当を兼官する慣例から、供御と節会の酒肴等の調進を司り、供御人を管轄下においたのみならず、公領である内蔵寮領と御厨子所の得分をも管理支配することになる。こうして山科家は装束、衣紋が家職となっていくのである。また、室町時代には四条家とならんで楽所別当に補せられたので、管弦を家職とするようになり、特に笙をよくした。言継は戦国時代の代表的公家の一人で、日記が多く伝存されている家としても著名である。正二位権大納言を先途とし、頼言が議奏、忠言が議奏・武家伝奏に補された。日記には、『教言卿記』、『教興卿記』、『言国卿記』、『言継卿記』、『言経卿記』、『言緒卿記』、『言行卿記』、『堯言卿記』、『頼言卿記』、『忠言卿記』、『公武御用日記』(忠言)、『言知卿記』、『言成卿記』、『言縄卿記』がある。明治十七年(一八八四)言縄のとき、叙爵内規により伯爵を授けられた。菩提所は伏見 松林院。『山科家譜』(東京大学史料編纂所架蔵、四一七五―三三三)。

実教　さねのり　一一五〇―一二二七

保元1(一一五六)・1・6叙爵(統子内親王給)、仁安3(一一六八)・1・6従五位上、12・13近江守(下名次)、嘉応3(一一七一)・1・18兼右衛門佐、承安2(一一七二)・1・23被下近江国計歴宣旨、10・26兼左少将〔「右少将」く〕(兼近江守、元右衛門佐)、閏12・7遷信乃守(元近江守、左少将〔「右少将」く〕如元)、承安3・1・5〈くし〉正五位下(院当年御給)、承安4・1・11従四位下(朝覲行幸、院御給、左少将〔「右少将」く〕信乃守)、治承1(一一七七)・12・17従四位上(蓮花〔「華」くし〕王院供養日行幸賞、院御給)、治承4・4・1兼斎

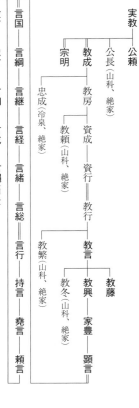

2〈延元4〉(一三三九)・12・30正五位下、暦応3〈興国1〉・10・3右少将、暦応4〈興国2〉・12・9従四位下(少将如元)、貞和2〈正平1〉(一三四六)・1・6従四位上、12・12内蔵頭、貞和5〈正平4〉・2・15〈や〉豊後権守、貞和6〈正平5〉・1・5正四位下、文和3〈正平9〉(一三五四)・3・2右中将、延文4〈正平14〉(一三五九)・4・21従三位、元内蔵頭、康安2〈正平17〉(一三六二)・4・21右衛門督、貞治2〈正平18〉(一三六三)・11・28去督、貞治6〈正平22〉・1・5正三位、応安4〈建徳2〉(一三七一)・4・14従二位、応安6〈文中2〉・1・24賜去々年四月十四日従二位位記、永和4〈天授4〉(一三七八)・3・24民部卿、永徳1〈弘和1〉(一三八一)・3・10参議、永徳2〈弘和2〉・11・6辞参議、永徳3〈弘和3〉・1・5正二位、4・8本座宣下、康応1〈元中6〉(一三八九)・6・18権中納言、明徳1〈元中7〉(一三九〇)・4・16辞権中納言、応永2(一三九五)・6・26出家、応永16・12・5薨去☆

[死没]応永17(一四一〇)・12・5　[年齢]83　[父]山科教行　[号]祥雲院　[法名]常言　[日記]教言卿記(一四〇五－一〇)　[公卿補任]2—666下　[大日本史料]7—13—451

教藤　のりふじ　?—一三九五

観応2〈正平6〉(一三五一)・4・16従五位下、延文1〈正平11〉(一三五六)・12・25従五位上、貞治2〈正平18〉(一三六三)・1・20右兵衛権佐、貞治4〈正平20〉・閏9・17正五位下、貞治5〈正平21〉・4・19右少将、応安1〈正平23〉(一三六八)・2・21従四位下、応安4〈建徳2〉・8・14従四位上(于時教長)、応安5〈文中1〉・12・14内蔵頭、応安7〈文中3〉・12・27右中将、永和1〈天授1〉(一三七五)・11・－正四位下、永和2〈天授2〉・2・12肥前権守(内蔵頭兼国)、至徳3〈元中3〉(一三八六)・1・6従三位、元内蔵頭右中将、3・23右衛門督、明徳1〈元中7〉(一三九〇)・4・9止督、明徳2〈元中8〉・1・6正三位、明徳5・6・5参議、応永1(一三九四)・12・9辞参議、応永2・2・6薨去

[死没]応永2(一三九五)・2・6　[父]山科教言　[母]従三位橘知任女　[前名]教長　[公卿補任]3—13上　[大日本史料]7—1—958

教興　のりおき　?—一四一八

応永18(一四一一)・2・21従三位、右衛門督叙留(重服中)、去十三日除服、11・25参議、応永19・1・28兼加賀権守、応永20・1・5正三位、応永23・1・6従二位、応永24・3・26兼備前権守、応永25・6・17権中納言、7・19薨去

[死没]応永25(一四一八)・7・19　[父]山科教言、三男　[母]従三位橘知任女　[前名]教清　[日記]教興卿記(一四一〇－一七)　[公卿補任]3—72下　[大日本史料]7—30—326

家豊　いえとよ　?—一四三一

応永32(一四二五)・1・5従三位、2・6右衛門督、応永34・6・21〈20日ともあり〉参議、正長2(一四二九)・1・5正三位、3・29兼土左権守、永享1(一四二九)・－・－改家豊、永享3(一四三一)・1・4薨去

[死没]永享3(一四三一)・1・4　[父]山科教興、一男　[前名]教豊　[公卿補任]3—108下

顕言　あきとき　一四二八—六二

宝徳4(一四五二)・4・17従三位、4・29右衛門督、享徳3(一四五四)・1・6参議、享徳4・3・28兼周防権守、康正2(一四五六)・4・9正三位、10・4権中納言、長禄2(一四五八)・8・14辞権中納言、8・15還任権中納言、寛正3(一四六二)・5・8薨去

[死没]寛正3(一四六二)・5・8　[年齢]35　[父]山科家豊　[前名]成任　[法名]常継　[公卿補任]3—171下

言国　ときくに　一四五二—一五〇三

享徳1(一四五二)・－・23誕生、－・－・－〈「康正2年」く追〉叙爵〈「叙位」や〉、－・－・－〈「康正3年」く追〉従五上、寛正3(一四六二)・12・15内蔵頭、寛正5・11・3正五位下、－・－・－〈「6月」く追〉兼右少将、応仁1(一四六七)・4・26従四位下、応仁2・12・29転右中将、文明2(一四七〇)・5・6従四位上、文明8・1・6正四位下、文明12・3・29兼加賀権介、文明16・10・11従三位、元内蔵頭右中将、文明17・8・28参議、延徳3(一四九一)・12・18正三位、延徳4・3・24権中納言、文亀1(一五〇一)・3・9従二位、文亀3・2・9辞権中納言、2・28薨去

[死没]文亀3(一五〇三)・2・28　[年齢]52　[父]山科

顕言（実山科保宗）　［道号］説堂　［法名］盛言　［日記］言国卿記（一四七四―一五〇二）　［公卿補任］3―266下

言綱　ときつな　一四八六―一五三〇

文明18（一四八六）・4・1誕生、明応1（一四九二）・12・24従五位下、明応9・12・26内蔵頭、文亀1（一五〇一）・7・29従五位上、文亀3・4・25服解（父）、永正3（一五〇六）・閏11・9正五位下、永正4・4・23兼右近権少将、永正6・1・28従四位下、永正8・12・29転任中将、永正9・4・30従四位上、永正12・1・24正四位下、永正15・6・26従三位、元右中将内蔵頭〈くしさ〉、両官去之〈くしさ〉、永正18・3・4参議、大永2（一五二二）・1・5正三位、3・29兼越前権守、大永6・6・12権中納言、享禄1（一五二八）・12・17勅授、享禄2・2・5聴着直衣参内、2・17従二位、享禄3・1・20兼民部卿、9・12薨去

［死没］享禄3（一五三〇）・9・12　［年齢］45　［父］山科言国　［母］従二位権中納言高倉永継女　［法名］宗言　［公卿補任］3―348上

言継　ときつぐ　一五〇七―七九

永正4（一五〇七）・4・26誕生、永正14（一五一七）・11・25叙爵、永正17・1・1内蔵頭（今日元服）、1・5従五位上、大永2（一五二二）・3・26右少将（頭如元）、大永4・1・6正五位下、大永8・3・14従四位下（頭少将如元）、享禄3（一五三〇）・1・5従四位上、9・12服暇（父）、11・5除服復任、天文3（一五三四）・1・6正四位下、天文4・1・2転中将（頭如元）、天文6・5・22従三位（元右中将内蔵頭）、5・24左兵衛督、天文7・3・8参議、4・25転左衛門督〈やさ〉、天文8・2・3聴着直衣参内、3・23兼加賀権守、天文10・1・5正三位、天文13・3・19権中納言、－・－止督、8・10辞権中納言、8・13本座、8・25還任（権中納言）、12・25勅授、天文14・1・5従二位、天文17・3・23正二位、天文18・10・25献辞状（不許）、天文19・3・2兼陸奥出羽按察使、弘治2（一五五六）・9・5両職辞退、本座宣下、永禄1（一五五八）・7・13大宰権帥、永禄5・11・3還任（権中納言）、永禄12・1・22権大納言、元亀2（一五七一）・3・7辞権帥、天正2（一五七四）・1・9正二位、天正7・3・2薨去

［死没］天正7（一五七九）・3・2　［年齢］73　［父］山科言綱　［母］女嬬　［一字名］仙　［号］花岳院　［道号］月岑　［法名］照言　［日記］言継卿記（一五二七―七六）　［公卿補任］3―395下

言経　ときつね　一五四三―一六一一

天文12（一五四三）・7・2誕生、天文18・1・19叙爵、天文22・12・25従五位上、元服、昇殿、内蔵頭、弘治2（一五五六）・1・6正五位下、弘治3・3・3右少将、永禄2（一五五九）・1・6従四位下、少将如元、永禄5・1・5従四位上、永禄8・1・6正四位下、永禄9・1・6中将、元亀1（一五七〇）・5・26従三位、左兵衛督、（元内蔵頭〈やくま〉）元亀2・3・7参議、4・3左衛門督、天正2（一五七四）・4・15直衣始、6・1正三位、天正5・1・5権中納言、天正7・9・5辞督、11・17辞権中納言、12・19従二位、天正13・6・24出奔、在国、天正15・－・－依勅勘在国、慶長3（一五九八）・12・7〈慶長4年にもあり〉出仕勅免、慶長7・1・6正二位☆、慶長16・2・27薨去

⌘天正十六年至慶長二年迄不見

［死没］慶長16（一六一一）・2・27　［年齢］69　［父］山科言継、一男　［母］参議従三位葉室頼継女　［法名］白言・唯月　［日記］言経卿記（一五七六―一六〇八）　［公卿補任］3―464下　［大日本史料］12―7―1097

言緒　ときお　一五七七―一六二〇

天正5（一五七七）・2・21誕生、天正7・1・5叙位、慶長4（一五九九）・12・15内蔵頭、慶長6・1・6従五位上（簡一）、10・30右少将、慶長11・1・6正五位下、慶長16・5・6従四位下、慶長18・1・6従四位上、8・28右中将、慶長20・1・5正四位下、元和3（一六一七）・1・5従三位、元和5・7・13参議、元和6・2・25薨去

［死没］元和6（一六二〇）・2・25　［年齢］44　［父］山科言経　［母］正二位権中納言上冷泉為益女　［幼名］阿茶丸　［法名］空言　［日記］言緒卿記（一六〇一―一九）　［公卿補任］3―548上　［大日本史料］12―33―306

言総　ときふさ　一六〇三―六一

慶長19(一六一四)・6・9叙爵、元服、右少将、元和3(一六一七)・1・5従五位上、元和5・1・12〈くま〉内蔵頭、元和6・1・5正五位下、寛永2(一六二五)・1・5従四位下、寛永-・-・-右中将、寛永5・2・10従四位上、寛永9・1・5正四位下、寛永13・1・5従三位、寛永18・1・5(正三位)、寛永20・9・15参議、10・10辞参議、正保1(一六四四)・12・20権中納言、12・28帯剣、慶安2(一六四九)・4・3〈賜去一日従二位々記〉従二位、承応1(一六五二)・11・26権大納言☆、承応3・12・24〈賜去正月五日正二位口宣案〉正二位☆、明暦2(一六五六)・11・6辞権大納言☆、寛文1(一六六一)・11・27薨去

[死没]寛文1(一六六一)・11・27　[年齢]59　[父]山科言緒　[公卿補任]3―582下

言行　ときゆき　一六三二―六五

寛永9(一六三二)・10・22誕生、寛永13・1・5叙爵、寛永17・12・13元服、昇殿、従五位上、左少将、寛永20・1・5正五位下、10・15内蔵頭、正保5(一六四八)・2・4従四位下、慶安4(一六五一)・1・5〈くま〉従四位上、承応2(一六五三)・1・11右中将、承応4・1・5正四位下、万治2(一六五九)・1・5従三位、元内蔵頭、万治3・12・24参議、万治4・1・11左衛門督、寛文3(一六六三)・1・12正三位☆、寛文5・4・25薨去

[死没]寛文5(一六六五)・4・25　[年齢]34　[父]山科言総(実藤谷為賢)　[母]家女房(実中御門資胤女)　[法名]覚了　[日記]言行卿記(一六四九―五二)　[公卿補任]3―655上

持言　もちとき　一六五七―一七三七

明暦3(一六五七)・11・22誕生、万治4(一六六一)・1・5〈去正五分〉叙爵、寛文5(一六六五)・1・22元服☆、昇殿☆、内蔵頭従五位上☆、寛文9・12・15右少将(頭如元)☆、12・25正五位下、寛文12・1・6従四位下、延宝1(一六七三)・12・17右中将(頭如元)、延宝5・1・5従四位上、延宝9・1・5正四位下☆、天和3(一六八三)・2・9兼春宮亮(立坊日)☆、貞享2(一六八五)・7・10〈去正月六日分〈「五日」ま〉従三位☆、7・19亮如元、貞享3・11・11辞亮、享保3(一七一八)・5・12参議、5・26辞参議☆、元文2(一七三七)・8・7薨去

[死没]元文2(一七三七)・8・7　[年齢]81　[父]山科言行　[母]家女房　[一字名]言・明　[公卿補任]4―81上

堯言　たかとき　一六八六―一七五一

貞享3(一六八六)・2・3誕生、元禄11(一六九八)・9・10叙爵、12・3元服、昇殿、内蔵頭、元禄14・2・17〈去正五分〉従五位上、宝永1(一七〇四)・12・26〈去正五分〉正五位下、宝永3・2・21左少将(頭如旧)、宝永4・1・23〈去五分〉従四位下、宝永5・12・21左中将(頭如旧)、宝永7・6・4〈去二廿八分〉従四位上、正徳3(一七一三)・3・1正四位下、享保3(一七一八)・6・4従三位、享保9・12・26右衛門督、享保12・8・8参議、享保19・10・8辞参議、享保20・3・13聴直衣、元文2(一七三七)・閏11・8権中納言、閏11・18辞権中納言、元文3・2・9正三位、延享2(一七四五)・3・23従二位、寛延1(一七四八)・2・1権大納言、2・4辞権大納言、宝暦1(一七五一)・12・5正二位、薨去

[死没]宝暦1(一七五一)・12・5　[年齢]66　[父]山科持言　[母]家女房　[日記]堯言卿記(一七〇六―五〇)　[公卿補任]4―232下

頼言　よりとき　一七二二―七〇

享保7(一七二二)・1・6誕生、享保10・3・25〈去正五分〉叙爵、享保19・11・13元服、昇殿、内蔵頭、従五位上、元文2(一七三七)・2・7〈去正六分〉正五位下、元文4・12・25右少将、12・28内蔵頭、元文6・12・21従四位下、寛保3(一七四三)・6・28転左、寛保4・7・13従四位上、延享4(一七四七)・2・1〈ま〉正四位下、寛延2(一七四九)・9・18辞内蔵頭、寛延3・1・10右中将、1・16拝賀〈ま〉、10・26従三位、寛延4・7・20改頼言、宝暦4(一七五四)・2・19参議、5・1聴直衣、12・26正三位、宝暦5・8・17〈「14日」ま〉右衛門督、宝暦6・1・15使別当、宝暦7・4・17権中納言、宝暦8・9・30大宰権帥、10・1帯剣、宝暦9・12・24従二位、宝暦13・2・10辞権中納言、明和2(一七

六五)・2・8正二位、明和3・8・30辞権帥、明和5・2・13出家

[死没]明和7(一七七〇)・12・22 [年齢]49 [父]山科堯言 [母]家女房 [前名]師言 [号]安養院 [法名]徹紹 [日記]頼言卿記(一七三四―六九) [公卿補任]4―399下

敬言 たかとき 一七四二―七八

寛保2(一七四二)・3・19誕生、延享2(一七四五)・3・22従五位下、寛延2(一七四九)・9・24元服、昇殿、内蔵頭、従五位上、宝暦2(一七五二)・3・17〈去正廿二宣〉正五位下、宝暦5・3・3従四位下、宝暦8・1・12右権少将(頭如元)、1・16拝賀、5・7従四位上、宝暦11・1・24左権中将(頭如元)、2・8拝賀〈ま〉、3・15〈去正五宣〉正四位下、宝暦14・1・5〔従三位〕(頭如元)、明和3(一七六六)・8・30辞内蔵頭、明和5・12・19正三位、明和7・6・3参議、安永1(一七七二)・2・14左衛門督、2・19直衣〈ま〉、安永4・閏12・2権中納言、閏12・24帯剣、安永6・1・9従二位、1・26辞権中納言、安永7・2・3薨去

[死没]安永7(一七七八)・2・3 [年齢]37 [父]山科頼言 [母]参議従二位梅園久季女 [公卿補任]4―477下

忠言 ただとき 一七六二―一八三三

宝暦12(一七六二)・閏4・19誕生、宝暦14・12・15叙爵、安永3(一七七四)・11・25元服、昇殿、内蔵頭、従五位上、安永6・12・19正五位下、安永7・2・3服解(父)、3・23除服出仕復任、安永8・3・22従四位下、5・4左権少将(内蔵頭如旧、小除目)、6・1奏慶、安永10・3・17右権中将(内蔵頭如旧)、4・26奏慶、天明1(一七八一)・12・19従四位上、天明4・1・8正四位下、天明7・12・19従三位(内蔵頭如旧)〈ま〉、寛政3(一七九一)・1・25正三位、寛政9・10・30参議、11・8聴直衣、直衣始、寛政10・6・4従二位、寛政11・3・16右兵衛督☆、3・30聴直衣、寛政12・9・20権中納言、10・17帯剣、10・19聴直衣、直衣始、享和2(一八〇二)・2・11右衛門督、3・15直衣始、享和3・1・17使別当、享和4・1・23正二位、文化4(一八〇七)・2・13辞督別当、文化9・3・23権大納言、4・25直衣始、12・13辞権大納言、天保4(一八三三)・2・26〔従一位〕、薨去

[死没]天保4(一八三三)・2・26 [年齢]72 [父]山科敬言 [母]正二位権大納言冷泉為村女 [号]邁種穂院 [日記]忠言卿記(一七八一―一八三三)・公武御用日記(一八三一―三三) [公卿補任]5―52上

言知 ときとも 一七九〇―一八六七

寛政2(一七九〇)・2・26誕生、寛政4・3・4従五位下、寛政8・1・26元服、昇殿、従五位上、寛政9・12・26内蔵頭、寛政11・1・27正五位下、享和2(一八〇二)・1・5従四位下、文化1(一八〇四)・3・1右権少将(頭如元)、4・27拝賀、文化2・1・5従四位上、文化5・1・17正四位下、文化8・12・21転左権中将(頭如元)、12・27拝賀、文化9・12・19従三位(内蔵頭如元)、文化12・6・24正三位、文政8(一八二五)・1・29参議、2・28聴直衣、直衣始、文政13・10・22従二位、天保2(一八三一)・6・30権中納言、8・8右衛門督補使別当、8・18聴直衣、直衣始、天保3・5・2守貴親王家別当、天保5・10・27正二位、天保7・2・29辞督別当、9・4帯剣、弘化3(一八四六)・7・23賜前新清和院御服、嘉永2(一八四九)・4・2権大納言、閏4・18辞権大納言、慶応3(一八六七)・10・27薨去

[死没]慶応3(一八六七)・10・27 [年齢]78 [父]山科忠言 [母]家女房 [日記]言知卿記(一八〇四―五六) [公卿補任]5―216上

言成 ときなり 一八一一―七〇

文化8(一八一一)・6・28誕生、文政5(一八二二)・11・25従五位下、文政7・1・23元服、昇殿、従五位上、文政10・1・5正五位下、天保1(一八三〇)・12・25左権少将、天保2・1・1拝賀、天保2・1・17従四位下、8・28内蔵頭、天保5・1・5従四位上、11・18着本陣、天保6・9・18儲君親王家司、天保8・1・5正四位下、天保10・12・19転権中将(頭如故)、天保11・1・1拝賀、天保12・12・6〔従三位〕、内蔵頭如故、天保15・1・14正三位、弘化2(一八四五)・10・8左衛門督、嘉永2(一八四九)・4・5辞督〈ま〉、文久3(一八六三)・9・20参議、10・22聴直衣、直衣始、文久4・1・

8従二位、慶応3(一八六七)・9・27権中納言、右衛門督使別当、慶応4・閏4・22辞両官、明治1(一八六八)・9・14正二位

[死没]明治3(一八七〇)・閏10・3　[年齢]60　[父]山科言知(実徳大寺公迪、二男)　[母]家女房　[日記]言成卿記(一八三〇―六八)　[公卿補任]5―404上

言縄　ときなお　一八三五―一九一六

天保6(一八三五)・6・20誕生、天保14・11・25従五位下、天保15・9・17元服、昇殿、弘化2(一八四五)・12・3内蔵頭、弘化3・1・18従五位上、嘉永2(一八四九)・1・5正五位下、嘉永5・1・4従四位下、安政2(一八五五)・1・5従四位上、安政4・5・15兼左少将(小除目)、5・29拝賀、安政5・1・5正四位下、文久2(一八六二)・10・8着本陣、慶応2(一八六六)・2・10転右中将(頭如旧)、2・14拝賀、3・10〔従三位〕、内蔵頭如旧

[死没]大正5(一九一六)・11・6　[年齢]82　[父]山科言成　[母]家女房　[日記]言縄卿記(一八四九―七七)　[公卿補任]5―573下

山科家(絶家)1

公長　きんなが　一一八四―?

文治2(一一八六)・11・17叙爵(大宮未給)、建久2(一一九一)・6・4従五位上、建久5・1・30丹波守、建久9・1・30越中守(実教卿給丹波替)、正治1(一一九九)・1・5正五位下(皇后宮御給)、12・9右兵衛佐(越中守)、建仁2(一二〇二)・1・21復任、従四位下(依未復任去五日不叙、兵衛佐労)、元久2(一二〇五)・1・5従四位上(承明門院当年御給)、建永2(一二〇七)・1・5正四位下(宣陽門院御給)、建保7(一二一九)・1・5従三位、前越中守、元右兵衛佐カ、嘉禄2(一二二六)・7・24治部卿、嘉禄3・10・21民部卿、寛喜1(一二二九)・10・5正三位、嘉禎2(一二三六)・11・22止卿、仁治1(一二四〇)・10・20出家

[父]藤原実教、三男　[母]正二位権中納言藤原光隆女　[法名]尊仏　[公卿補任]2―31下　[大日本史料]5―13―40

教氏　のりうじ　?―一二六九

承久3(一二二一)・3・8従五位下、安貞3(一二二九)・2・3従五位上(崇徳院久安二大嘗会御給)、寛喜3(一二三一)・4・14右兵衛権佐、嘉禎1(一二三五)・1・23正五位下、嘉禎3・1・24従四位下、仁治2(一二四一)・2・8従四位上、宝治2(一二四八)・1・-正四位下、弘長3(一二六三)・1・6従三位、文永6(一二六九)・-・-薨去

[死没]文永6(一二六九)　[父]藤原公長　[母]隠岐守師高女　[公卿補任]2―197上

冷泉家(絶家)2

頼成　よりなり　?―一三一六

正元1(一二五九)・12・25叙爵(諄子給)、文永3(一二六六)・9・26侍従、文永4・12・30従五位上、建治3(一二七七)・1・29正五位下、正応1(一二八八)・1・5従四位下、4・7右中将(「右少将」や)、11・10近江介(大嘗会国司)、11・21従四位上大嘗会叙位、国司賞)、正応4・4・6正四位下、永仁2(一二九四)・4・13左中将、永仁3・9・26復任(母)、永仁4・6・12辞中将、以男維成申任左少将、延慶2(一三〇九)・3・23従三位、元前左中将、正和1(一三一二)・4・10正三位、正和3・-・-従二位カ、正和5・6・-薨去

[死没]正和5(一三一六)・6　[父]正四位下左近衛少将藤原忠成　[公卿補任]2―407上

維成　これなり

永仁2(一二九四)・1・6従五位下(臨時)、永仁4・12・30従五位上、永仁6・6・23左兵衛権佐、正安1(一二九九)・3・16去権佐、4・12正五位下、-・-・-従四位下、徳治1(一三〇六)・6・12左少将、延慶2(一三〇九)・1・6従四位上、応長1(一三一一)・

冷泉家

忠成—頼成—惟成—清実—守教
└朝成—家右

1・5正四位下、3・30兼陸奥介、12・21転左中将、正和5・閏10・19左中将復任（父）、元応2（一三二〇）・5・10去中将、正慶1〈元弘2〉（一三三二）・11・10還任左中将、12・26従三位、元前左中将、正慶2〈元弘3〉・5・-復本官本位、5・17詔止上階

〔父〕藤原頼成 〔公卿補任〕2—544上

山科家（絶家）2

山科家

教頼—教定—教賢

教定 のりさだ 一二七一—一三三〇

弘安6（一二八三）・4・5従五位下、弘安8・1・5従五位上（簡一）、正応1（一二八八）・11・10兼備中守、11・21正五位下、正応3・1・7従四位下、正応4・4・6左少将（元前左兵衛権佐〔本ノマヽ〕）、正応5・6・30復任、正応6・4・8従四位上、永仁4（一二九六）・1・5正四位下、永仁6・3・24右中将、正安4（一三〇二）・4・17転左（祭使）、乾元2（一三〇三）・12・17内蔵頭、後日兼中将、嘉元2（一三〇四）・10・21右兵衛督（頭如元）、徳治2（一三〇七）・7・2止頭（譲舎弟教宜朝臣）、6・2止督、徳治3・4・24更左兵衛督、延慶1（一三〇八）・2・7従三位、元左兵衛督、2・17如元可為左兵衛督之由宣下、延慶2・9・1止督、延慶3・8・8正三位、延慶4・3・30弾正大弼、正和1（一三一二）・12・12止弼、正和5・11・18従二位、文保2（一三一八）・7・7右衛門督、元応2（一三二〇）・9・5止督、元徳2（一三三〇）・2・11薨去

〔死没〕元徳2（一三三〇）・2・11 〔年齢〕60 〔父〕山科教頼 〔公卿補任〕2—399下

山科家（絶家）3

山梨家

教繁—教遠—保宗
└繁右

教繁 のりしげ ？—一三九一

永和4〈天授4〉（一三七八）・4・17従三位、徳永2〈弘和2〉（一三八二）・-・-〔正三位脱カ〕、至徳4〈元中4〉（一三八七）・1・6従二位、明徳2〈元中8〉（一三九一）・6・6参議、薨去

〔死没〕明徳2（一三九一）・6・6 〔父〕山科教行、二男 〔公卿補任〕2—729下

教遠 のりとお 一三六一—一四二一

応永11（一四〇四）・3・3従三位、元左中将、応永13・3・24右衛門督、応永15・2・24治部卿、応永17・8・5止卿、応永19・1・5正三位、応永22・3・28民部卿、応永24・-・-止卿、応永28・6・29薨去

〔死没〕応永28（一四二一）・6・29 〔年齢〕61 〔父〕山科教繁 〔公卿補任〕3—58下

繁右 しげみぎ ？—一四六一

永享10（一四三八）・9・4従三位、元内蔵頭、嘉吉2（一四四二）・4・22正三位、文安3（一四四六）・3・29治部卿、文安4・-・-改家右、6・30従二位、享徳2（一四五三）・-・-出家云々、寛正2（一四六一）・-・-薨云々

〔死没〕寛正2（一四六一） 〔父〕山科教繁 〔前名〕繁右 〔公卿補任〕3—136下

保宗 やすむね 一四一一—六三

文安5（一四四八）・6・11従三位、元右中将、賜雅親同日位記（超越之故也）、宝徳1（一四四九）・閏10・-右兵衛督、享徳2（一四五三）・4・25従二位、享徳4・3・28参議、康正2（一四五六）・3・29伊与権守、辞参議、長禄4（一四六〇）・1・6正二位、寛正4（一四六三）・8・26薨去

※宝徳四年より「正三位」

〔死没〕寛正4（一四六三）・8・26 〔年齢〕53 〔父〕山科

教繁　〔公卿補任〕3―158下

山科家（絶家）4

教冬　のりふゆ　一三六三―一四〇九
応永11（一四〇四）・1・6従三位、元右中将、11・1右兵衛督、応永14・1・5正三位、応永15・2・-止督、応永16・7・12薨去
〔死没〕応永16（一四〇九）・7・16　〔年齢〕47　〔父〕山科教言、二男　〔母〕従三位橘知任女　〔法名〕羽林郎将藤公居士・心実　〔道号〕賢仲　〔公卿補任〕3―58下　〔大日本史料〕7―11―495

行有　ゆきあり　?―一四三〇
応永30（一四二三）・1・5従三位、応永33・1・6正三位、正長2（一四二九）・1・5従二位〈や〉、-・-・-改行有、永享2（一四三〇）・4・2薨去
※応永三十三年より「民部卿」
〔死没〕永享2（一四三〇）・4・2　〔父〕山科教冬　〔前名〕教有　〔公卿補任〕3―106上

持俊　もちとし
文安3（一四四六）・2・-従三位、元前内蔵頭、文安5・8・7民部卿、宝徳1（一四四九）・-・-〔正三位脱カ〕、宝徳3・3・26参議、-・-辞（参議）、享徳2（一四五三）・3・11従二位、享徳4・3・28権中納言、3・29辞権中納言、長禄4（一四六〇）・1・6正二位
※文明元年（一四六九）前権中納言正二位〔以後不見〕
〔父〕山科教冬　〔幼名〕福菊丸カ　〔公卿補任〕3―153下

山科家

教冬┬行有――有経
　　└持俊――俊藤

西大路家　にしおおじけ

藤原氏北家四条流。四条家の支流。四条権大納言隆衡の一男従二位右京大夫隆綱を家祖とする。初め四条、また大宮と号し、西大路の家号を称するのは隆仲のころからである。家格は羽林家。外様の家。有職故実を家職とした。近衛家の家礼。江戸時代には家領百石。

家祖隆綱には十三歳下の舎弟隆親がいたが、すでに叙爵の時から差を生じていて、元久二年（一二〇五）、正月に隆親は四歳で、隆綱は六月に十七歳で叙爵するという具合であった。隆親の生母は坊門内大臣信清女、隆綱母は高階三位経仲女であったというから、これら生母との関係で隆親が四条家の嫡子とされ、隆綱は新たに一家を興すことになったのであろう。隆綱は文暦二年（一二三五）従三位に昇り公卿に列し、従二位まで昇進したが、その息隆行が蔵人頭・内蔵頭を経て参議に昇った翌年の建長五年（一二五三）出家した。隆行は弘安七年（一二八四）権大納言となり、翌年六十二歳で出家した。『尊卑分脈』によれば、隆行には隆康・隆久・隆政等の子息がいて、隆行の家督を相続した一男隆康は文永十一年（一二七四）に従三位となり、のち参議正二位まで昇り、正応四年（一二九一）四十三歳で没した。二男隆久は文永二年に叙爵し、正応五年に従三位となり、参議正二位まで昇ったが、嘉暦二年（一三二七）出家した。三男隆政は文永四年に生まれ、同十二年に叙爵し、延慶元年（一三〇八）従三位となり、正和二年（一三一三）従二位に昇った年に出家した。『諸家伝』では、隆綱、隆行、隆政と次第し、『諸家知譜拙記』は隆政が本系の初めに書かれ、隆綱、隆行の二代は一本として脇に付記されている。また『西大路家譜』は、隆綱、隆行、隆政、隆有を罫線で繋いである。以上、諸書一致しないが、相続関係からいえば隆康・隆久いずれも家督に入れるのが妥当と考えられる。隆行の後は隆康が継承し、隆康の後は隆久を経て隆政に至るか、隆政がすぐに継承しているかのいずれかであろう。隆政の後、隆有、隆持、隆仲

と家督が継承され、隆仲は正二位権大納言まで昇り、応永四年（一三九七）五十六歳で没した。その後は、隆躬、隆富、隆範と父子による家督の継承がなされる。この三代はいずれも享年は不明であるが、隆躬は左中将で没し、隆富は宝徳二年（一四五〇）参議正四位下で没した。隆富は窮逼して、伏見宮貞成親王の扶持を仰いだことが、親王の日記『看聞御記』にみえる。同書永享三年（一四三一）四月十九日条に、隆富朝臣の極めて窮困し、西大路にある屋敷を沽却してしまったとのことで、そのため当所に移住し、御所に勤仕したいことを申す云々とある。隆富の息隆範は参議従三位まで昇るが、文明五年（一四七三）遁世するのも、経済的事情によってであろう。家門継承の嗣子なく、ここに西大路家は中絶する。この文明五年から約百五十年を経て、元和六年（一六二〇）に家名再興される。ときに武家伝奏であった広橋兼勝の息、権大納言総光の五男が入って中絶の家を継ぐことが治定した。この年十三歳で叙爵、元服して隆郷と名乗り、昇殿を聴され侍従に任ぜられた。寛永五年（一六二八）左少将に昇進したが、病身であったためか、貞享元年（一六八四）七十五歳で没するまで左少将で終わった。嗣子がなく、再び広橋家から権中納言綏光の六男が迎えられた。隆平がこれで、慶安四年（一六五一）叙爵、明暦三年（一六五七）元服・昇殿し、任侍従。のち左少将・従四位下となったが、そのまま官位昇進なく、貞享四年（一六八七）四十一歳で没した。次の隆栄は宝永五年（一七〇八）三十九歳で従三位となるが、嗣子なく、また広橋家から権中納言貞光の二男が迎えられ、隆業と改名して家督を継いだ。隆業はもと兼業と称し、京極宮殿上人であったが、宝永三年に当家を相続した。この時隆栄には四歳の実子がいたが、これを後嗣とすることが約束されていたのであろう、隆業の後は隆廉が継ぐ。隆廉の息隆共は、宝暦三年（一七五三）従四位下左権中将に進み、同七年近習となり桃園天皇の側近に仕えたが、竹内式部事件に連座し、近習を解かれ遠慮を命ぜられ、同十年七月に二十三歳で落飾し孤雲と号した。家督は同十三年に嫡流の四条参議隆叙猶子として山科権中納言頼言の二男が相続し、隆良と称する。正二位権大納言を先途とする家であるが、隆仲が極位極官に昇ったほかは、おおむね参議までにとどまった。隆郷が広橋家から入った縁により、隆平、隆業の二代もまた同家から養嗣子に入った。菩提所が黒谷の龍光院であるのも、広橋家の縁であろう。日記には『隆行卿記』、『隆有卿記』、『隆仲卿記』がある。明治十七年（一八八四）隆修のとき、叙爵内規により子爵を授けられた。『西大路家譜』（東京大学史料編纂所架蔵、四一七五—二七三）。

西大路家

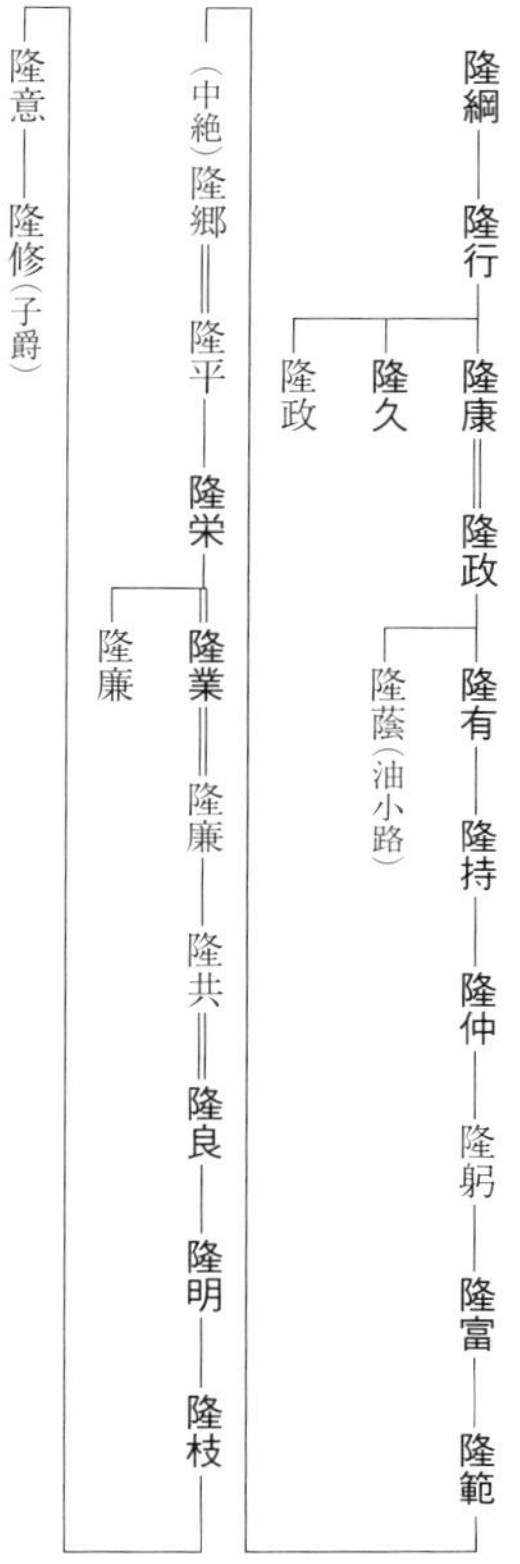

隆綱　たかつな　一一八九—?

元久2（一二〇五）・6・12叙爵（去寿永二氏）、承元4（一二一〇）・3・19信乃守、建暦2（一二一二）・1・6従五位上（新院御給）、1・13得替、建保4（一二一六）・12・28民部少輔、承久1（一二一九）・1・5正五位下（承明門院御給）、承久2・1・16阿波権守、貞応1（一二二二）・4・13従四位下、嘉禄3（一二二七）・4・20従四位上、寛喜1（一二二九）・7・13内蔵頭、寛喜3・1・29正四位下、3・30宮内卿(去頭)、貞永1(一二三二)・1・30去卿、8・21備中守、貞永2・4・8得替、天福1(一二三三)・12・15治部卿、文暦2(一二三五)・1・23従三位(元治部卿、今日去之)、嘉禎4(一二三八)・2・17正三位、建長1(一二四九)・6・14右京大夫、建長5・1・13止右京大夫、2・-出家

※寛元二年(一二四四)より「従二位」、宝治元年(一二四七)より「右京大夫」

[父]四条隆衡、一男　[母]家女房(実正三位高階経仲女)　[号]四条・大宮　[公卿補任]2—90上

隆行　たかゆき　一二二四—?

建長3(一二五一)・1・-蔵人頭〈つ〉、元正四位内蔵頭〈つ〉、建長4・12・4参議、元蔵人頭内蔵頭、建長5・9・2従三位、12・5兼修理大夫、建長7・9・19使別当、正嘉1(一二五七)・11・10権中納言、正嘉2・4・25辞督別当、12・14従二位、正嘉3・1・21辞権中納言、大宰権帥、弘長1(一二六一)・11・4還任、弘長2・1・5正二位、7・16辞退(権中納言)、弘長3・3・25辞権帥、賜備後国、文永3(一二六六)・2・1譲大夫於男隆保、弘安7(一二八四)・1・13権大納言、5・6辞権大納言、5・25本座、弘安8・8・6出家

[父]四条隆綱　[母]正四位下修理権大夫大内惟義女　[号]四条　[法名]行乗　[日記]隆行卿記(一二四七—七二)　[公卿補任]2—156上

隆康　たかやす　一二四九—一二九一

建長3(一二五一)・1・5叙爵(臨時)、建長7・10・21従五位上(父三木隆行卿春日行幸行事賞譲)、康元1(一二五六)・1・21右兵衛権佐、正嘉1(一二五七)・1・26転左、3・29右少将、正嘉6・1・13兼下野介、8・4正五位下、正元1(一二五九)・10・16従四位下、文応1(一二六〇)・11・10還任右少将、弘長1(一二六一)・5・25転左中将、8・20兼中宮亮、弘長2・1・5従四位上(中宮当年御給)、文永1(一二六四)・9・20還任内蔵頭(去中将)、賜中宮亮兼之字、文永3・2・1兼修理大夫(父隆行卿譲)、文永4・-・-正四位下、文永11・9・10従三位、修理大夫如元、建治3(一二七七)・1・14正三位、2・14兼左兵衛督、弘安1(一二七八)・12・25参議、弘安2・1・24美作権守、弘安6・1・5従二位、弘安7・1・13伊与権守、辞大夫、弘安9・1・30辞参議、2・3正二位、正応4(一二九一)・2・24薨去

[死没]正応4(一二九一)・2・24　[年齢]43　[父]四条隆行、一男　[母]官仕女房(式軽門院播磨局、入道河内女)　[公卿補任]2—240上

隆久　たかひさ

文永2(一二六五)・1・5叙爵(安嘉門院当年御給)、文永5・1・5従五位上、文永6・3・27侍従、文永8・1・5正五位下、12・29左少将、文永11・3・20従四位下(御即位、府労)、文永12・4・13遷右、建治2(一二七六)・12・20従四位上、弘安2(一二七九)・4・6転中将、弘安3・1・5正四位下、正応2(一二八九)・7・22止中将、正応4・4・11更右中将、正応5・12・30従三位、元右中将、永仁4(一二九六)・10・14正三位、延慶2(一三〇九)・1・6従二位、元応2(一三二〇)・4・12正二位、元応3・7・26参議、元亨2(一三二二)・1・26辞参議、嘉暦2(一三二七)・-・-出家

[父]四条隆行、二男　[母]参議正二位高辻長成女　[公卿補任]2—317上

隆政　たかまさ　一二五七—一三二二

文永12(一二七五)・1・6叙爵(神仙門院御給)、弘安2(一二七九)・10・19右馬頭、弘安4・1・7従五位上、弘安6・3・28兼但馬介、弘安7・1・6正五位下、弘安11・1・5従四位下(三月六頭房衡任之)、2・10播磨守、正応1(一二八八)・7・16内蔵頭、7・27賜守兼字、正応2・4・2従四位上(頭守如元)、4・25兼春宮亮(頭守如元、立坊日)、12・15止頭、12・22兼左京大夫(守如元)、正応3・1・13止守、9・5中宮亮(止大夫)、9・20正四位下(止亮)、正応5・11・5春宮亮、永仁3(一二九五)・2・2服解(母、不復任、三月四日家相朝臣任亮)、永仁5・閏10・23左京大夫、永仁7・7・8止大夫、延慶1(一三〇八)・10・12従三位(元前左京大夫)、延慶3・4・7正三位、正和2(一三一三)・9・6従二位、10・17出家、元弘2(一三三二)・5・12薨〈く追〉

〔死没〕正慶1(一三三二)・5・12　〔年齢〕66　〔父〕四条隆行、三男　〔母〕参議正二位高辻長成女　〔法名〕覚乗　〔公卿補任〕2―401上

隆有　たかあり　一二九二―一三三九

正応6(一二九三)・1・5叙爵(于時隆頼)、永仁5(一二九七)・6・7従五位上、12・17伯耆守、永仁6・6・23止守、正安1(一二九九)・7・8正五位下、正安2・11・24侍従、嘉元3(一三〇五)・1・5従四位下(春宮当年御給)、徳治3(一三〇八)・5・9左少将、延慶1(一三〇八)・10・12右少将、延慶2・1・6従四位上、12・30転右中将、延慶4・1・29兼左京大夫、2・3〈や〉転(「遷」や)左中将、2・29正四位下、正和3(一三一四)・4・12辞大夫(改隆有)、正和4・12・15補蔵人頭、文保1(一三一七)・2・5参議、元蔵人頭左中将、3・20従三位、文保2・1・22兼加賀権守、10・6辞(参議)、10・8聴本座、元応2(一三二〇)・2・9正三位、嘉暦4(一三二九)・6・27薨去

〔死没〕嘉暦4(一三二九)・6・27　〔年齢〕38　〔父〕四条隆政　〔母〕家女房　〔前名〕隆頼　〔日記〕隆有卿記(一三一三)　〔公卿補任〕2―457上

隆持　たかもち　一三一八―八三

文保3(一三一九)・1・5従五位下(従三位藤経子大嘗会叙位未給)、元亨3(一三二三)・-・-石見守、元亨4・1・5従五位上、3・14侍従、嘉暦1(一三二六)・8・6春宮権大進(侍従、石見守)、12・21正五位下、嘉暦3・3・26従四位下、4・3還任侍従、元徳2(一三三〇)・2・6去守、元徳3・1・5従四位上(春宮当年御給)、元弘3(一三三三)・11・19左少将、建武3〈延元1〉(一三三六)・1・5正四位下(臨時)、建武4〈延元2〉・1・7右中将、3・29遷内蔵頭、暦応1〈延元3〉(一三三八)・8・20〈「13日」し〉兼春宮亮、暦応2〈延元4〉・4・18還任右中将(去亮)、5・7更兼春宮亮(内蔵頭中将如元)、暦応3〈興国1〉・7・19補蔵人頭(頭亮)、8・-禁色、暦応4〈興国2〉・5・26右近中将、去蔵人頭並亮、康永1〈興国3〉(一三四二)・12・21参議、元蔵人頭右中将〈や朱〉、康永2〈興国4〉・1・28美乃権守、4・12従三位、貞和5〈正平4〉(一三四九)・1・5正三位、2・15兼相模権守、観応1〈正平5〉(一三五〇)・8・16権中納言、文和3〈正平9〉(一三五四)・11・15従二位、延文2〈正平12〉(一三五七)・4・-辞退権中納言、12・20本座、延文4〈正平14〉・4・21正二位、永徳3〈弘和3〉(一三八三)・3・19〈く追〉薨去

〔死没〕永徳3(一三八三)・3・19　〔年齢〕66　〔父〕四条隆有　〔母〕正二位権中納言綾小路信有女　〔公卿補任〕2―588下

隆仲　たかなか　一三四二―九七

貞和3〈正平2〉(一三四七)・12・27叙爵〈し〉、観応2〈正平6〉(一三五一)・6・26従五位上〈し〉、文和4〈正平10〉(一三五五)・8・13正五位下〈し〉、12・8侍従〈し〉、-・-・-左少将〈し〉、延文3〈正平13〉(一三五八)・1・6従四位下〈し〉、延文4〈正平14〉・3・25下総権介〈し〉、延文5〈正平15〉・4・16左近中将〈し〉、貞治2〈正平18〉(一三六三)・4・20従四位上〈し〉、貞治3〈正平19〉・4・14蔵人頭〈し〉、貞治5〈正平21〉・1・5正四位下〈し〉、貞治6年〈正平22年〉・2・13参議、元蔵人頭、応安1〈正平23〉(一三六八)・2・21兼美濃権守、4・19従三位、応安6〈文中2〉・1・6正三位、永和1〈天授1〉(一三七五)・3・29兼備後権守、11・11辞参議、永和2〈天授2〉・5・29本座、至徳2〈元中2〉(一三八五)・1・6従二位、明徳1〈元中7〉(一三九〇)・4・14還任(参議)、明徳2〈元中8〉・3・26兼能登権守、明徳3〈元中9〉・9・1賜去永徳四年正月五日位記、11・3権中納言、応永2(一三九五)・1・5正二位、応永3・10・21権大納言、応永4・11・11薨去

〔死没〕応永4(一三九七)・11・11　〔年齢〕56　〔父〕四条隆持　〔号〕西大路　〔日記〕隆仲卿記(一三八三)　〔公卿補任〕2―691下　〔大日本史料〕7―2―894

隆富　たかとみ　?―一四五〇

文安3(一四四六)・3・29参議(長資任権中替)、元前蔵人頭中将、文安4・-・-辞参議、宝徳2(一四五〇)・2・-薨去

※参議叙任年に「正四位下」の記載あり

〔死没〕宝徳2(一四五〇)・2　〔父〕西大路隆躬　〔公卿補任〕3―152上

隆範　たかのり

寛正6(一四六五)・3・20従三位、元左近権中将、不経蔵人頭、文明3(一四七一)・8・28参議、文明5(一四七三)・-・-出家

[父]西大路隆富　[公卿補任]3―216上

隆栄　たかひで　一六七〇―一七一七

寛文10(一六七〇)・8・28誕生☆、天和1(一六八一)・11・21〈去正五分〉叙爵、天和3・12・13元服、昇殿、侍従、貞享2(一六八五)・11・7〈去正六〈「五」ま〉分〉従五位上、貞享3・閏3・27左少将、元禄2(一六八九)・1・27〈去七分〉正五位下、元禄5・12・13〈去正五分〉従四位下、元禄6・12・25左中将、元禄9・12・28〈去正五分〉従四位上、元禄13・12・25〈去正五分〉正四位下、宝永5(一七〇八)・10・18〈去正月五日分〉従三位、享保2(一七一七)・11・8薨去

[死没]享保2(一七一七)・11・8　[年齢]48　[父]西大路隆平　[母]家女房　[家名]八条　[公卿補任]4―184下

隆業　たかなり　一六八一―一七三二

天和1(一六八一)・12・26誕生、元禄6(一六九三)・12・25〈去正五分〉叙爵、元禄10・5・11元服、民部権大輔(于時候京極宮)、元禄15・1・28従五位上、宝永3(一七〇六)・3・27当家相続、12・16昇殿☆、侍従☆、12・23改隆業(元兼業)、宝永4・12・18〈去正五分〉正五位下、宝永5・2・3左少将、宝永7・12・21〈去二廿八分〉従四位下、正徳2(一七一二)・12・25左中将、正徳3・7・30喪実母、9・22除服出仕復任、正徳4・12・26従四位上、享保2(一七一七)・11・8喪養父、12・28除服出仕復任、享保4・12・26〈去正五分〉正四位下、享保8・10・19従三位、享保14・10・25参議、11・4辞参議、享保17・2・21薨去

[死没]享保17(一七三二)・2・21　[年齢]52　[父]西大路隆栄(実広橋貞光、二男)　[母]家女房　[前名]兼業　[号]西大路　[公卿補任]4―258上

隆良　たかよし　一七五六―九六

宝暦6(一七五六)・9・8誕生、宝暦12・5・15叙爵(于時敬之)、宝暦13・7・18為隆叙卿次男当家相続、12・19改名隆良、明和2(一七六五)・9・24元服、昇殿、侍従、従五位上、明和5・1・9正五位下、明和7・12・23〈「22日」ま〉服解(実父)、明和8・2・15除服出仕復任、5・22従四位下、安永2(一七七三)・2・24左権少将、安永3・1・16奏慶、4・17従四位上、安永4・閏12・19兼近江権介、安永6・12・19正四位下、安永7・6・25〈「15日」ま〉右権少将(権介如旧)、8・7奏慶、安永8・1・20秩満、安永10・2・3〈賜去正月十二日位記〈ま〉〉従三位、天明4(一七八四)・1・8正三位、寛政8(一七九六)・9・22薨去

[死没]寛政8(一七九六)・9・22　[年齢]41　[父]西大路隆叙(実山科頼言、三男)　[母]家女房(実法印禅深女)　[前名]敬之　[公卿補任]5―14下

隆明　たかあき　一七八〇―一八四六

安永9(一七八〇)・11・14誕生、安永10・閏5・15従五位下、天明5(一七八五)・9・27元服、昇殿、従五位上、天明8・1・5正五位下、寛政1(一七八九)・5・22侍従(小除目)、寛政3・1・5従四位下、寛政6・1・13従四位上、寛政8・4・24左権少将(小除目)、5・27拝賀、9・22服解(父)、11・16除服出仕復任、寛政9・1・22〈去四日分〉正四位下、寛政12・閏4・28転右権中将、8・26拝賀、享和1(一八〇一)・1・5〈ま〉〔従三位〕、文化1(一八〇四)・1・11正三位、文政8(一八二五)・2・25参議、4・8辞参議、12・19従二位、弘化3(一八四六)・6・10薨去

[死没]弘化3(一八四六)・6・10　[年齢]67　[父]西大路隆良　[母]家女房　[公卿補任]5―145下

隆枝　たかえだ　一八〇六―六二

文化3(一八〇六)・11・7誕生、文化4・12・19従五位下、文化12・11・28元服、昇殿、従五位上、文化15・2・5〈去正廿八分〉正五位下、文政7(一八二四)・7・5侍従、10・7〈去後八十一分〉従四位下、文政10・1・5従四位上、4・7兼常陸権介、文政13・1・5正四位下、天保2(一八三一)・12・19秩満、天保4・12・24左権少将、天保5・3・16拝賀、天保9・7・24転右権中将、9・17拝賀、天保12・12・6〔従三位〕、天保15・1・14正三位、文久2(一八六二)・8・9薨去

〔死没〕文久2(一八六二)・8・9　〔年齢〕57　〔父〕西大路隆明　〔母〕家女房　〔公卿補任〕5—403下

鷲尾家　わしおけ

藤原氏北家四条流。四条家の支流。四条権大納言隆親の三男権中納言隆良を家祖とする。家名は宿所があった東山鷲尾に由来。また四条とも号す。家格は羽林家。内々の家。有職故実・神楽を家職とした。九条家の家礼。江戸時代には家領百八十石。家祖隆良は康元二年(一二五七)に叙爵、文永八年(一二七一)右少将となり、弘安十一年(一二八八)従三位に昇り公卿に列し、そののち従二位、権中納言まで昇進し、永仁四年(一二九六)十二月没した。当家は室町時代の末に、一度ならず中絶の不運に遭った。文明三年(一四七一)に前参議隆頼が没した。『公卿補任』には「於城外」と注してあり、『親長卿記』文明四年八月二十五日条には、去々年遠江国において死去の由を記す。また同記には、隆頼の遺跡は、猶子隆治に継承させることになり、叙爵の申沙汰されたき意向が出されているが、故隆頼の進退不可の事あるにより勅許は難しいとのことであった。しかし、何とか奏聞のことあり、叙爵の事の勅許があったこと、隆治は後醍醐院御諱の通字につき隆久とすることがみえる。『歴名土代』にも、八月二十四日に隆久が従五位下に叙せられたとあり、それが確認できるが、その後のことは不明である。何らかの事情があって、家名の継承は不首尾に終わったのであろう。長享二年(一四八八)に至り、やはり『親長卿記』同年六月十一日条に鷲尾遺跡事云々の記載がみえ、『お湯殿の上の日記』同月二十四日条に、太閤九条政基が鷲尾相続のことを執奏し、始終相違なく奉公することを約定するのであれば、爵のことは勅許ある旨を伝えるべき由、武家伝奏勧修寺権大納言教秀へ仰せ出されたとみえる。『歴名土代』により藤隆康が長享二年六月二十六日従五位下に叙せられたことが確認できる。隆康は四辻前権中納言季経の二男で、ときに四歳。文明三年以来中絶していた家名が十八年ぶりに再興された。隆康は天文二年(一五三三)四十九歳で没し、嗣はなく、またまた鷲尾の家名は中絶することになる。同族の山科言継の日記『言継卿記』同年三月六日条に、今日暮々に鷲尾前中納言が逝去とのことで、言語道断の次第であり、去月末より疫病の由、一跡断絶いよいよ一家の零落、愁傷なことであると記している。隆康の名跡はそれより七十年ほどを経て慶長六年(一六〇一)に至り、隆尚が継承再興した。隆尚は故四辻権大納言公遠の一男で、嫡子として永禄十年(一五六七)二歳で叙爵し、季満と称し参議中将まで昇進したが、天正十九年(一五九一)に二十六歳のとき勅勘を蒙って出奔した。慶長六年になって勅免を得て還任し、再び出仕することになるが、四辻家の名跡は高倉家の猶子となっていた舎弟の教遠が帰家して相続していたので(季継)、季満は廃絶していた鷲尾の家名を襲い、隆尚と改名したのである。十三年三月に四十三歳で没するが、これまた子息なく、広橋権大納言兼勝の六男が養嗣子となり相続したのが隆量である。その後、他家からの養子相続があったのは、隆長および隆建の跡で、隆長には嫡子隆冬がいたが、叙爵した翌年の享保三年(一七一八)八歳で亡くなったので、大炊御門権

鷲尾家

隆良—隆嗣—隆職—隆右—┬隆広
　　　　　　　　　　　└隆敦—隆豊—隆遠—隆頼(中絶)　隆康(中絶)

隆尚═隆量—隆尹—隆長═隆熈—隆建═隆純—┬隆敬═隆賢—隆聚(伯爵)
　　　　　　　　　　　　　　　　　　　└隆賢

大納言経音の男経全が八年十二月に隆長の養子となり、十一年に隆濈と改名した。隆建にも嫡子隆仲がいたが、天明元年（一七八一）右権少将のとき十七歳で没したので、油小路前権大納言隆前の男八歳が二年六月に隆建の養子となり叙爵し、五年元服して隆純と名乗った。権大納言、正二位を先途としたが、隆純は従一位に昇った。隆長・隆建・隆純が議奏に補された。日記には、『隆遠卿記』、『二水記』（隆康）がある。明治十七年（一八八四）隆聚のとき、叙爵内規により伯爵を授けられた。菩提所は鞍馬 上海寺。『鷲尾家譜』（東京大学史料編纂所架蔵、四一七五—三二九）。

隆良　たかよし　?—一二九六

康元2（一二五七）・2・22叙爵、安芸守（名字師保）、正嘉2（一二五八）・8・4従五位上、正嘉3・1・21侍従、6・10去守、11・25兼土左守、正元2（一二六〇）・1・5正五位下（新院御給）、弘長1（一二六一）・4・7去守、弘長3・1・28右馬頭、文永1（一二六四）・10・15兼出雲守、文永2・1・5従四位下（新院御給）、1・30還任右馬頭、6・27還兼越前守、文永4・1・5従四位上（新院御給）、文永6・1・5正四位下（新院御給）、文永8・10・15右少将、文永10・4・12去守、文永11・6・1左兵衛督、建治1（一二七五）・10・8遷内蔵頭、11・5兼春宮亮、建治2・2・2止頭、12・20左中将、弘安3（一二八〇）・7・20復任、弘安10・10・－止亮（依受禅也）、正応1（一二八八）・7・16従三位（元左中将）、正応4・1・3正三位、7・29右衛門督、正応5・12・30参議、正応6・1・13侍従、兼越前権守、永仁2（一二九四）・1・6従二位、永仁3・6・23権中納言、12・29辞退（権中納言）、永仁4・12・5薨去

［死没］永仁4（一二九六）・12・5　［父］四条隆親　［前名］師保　［号］四条　［公卿補任］2—294下

隆嗣　たかつぐ　?—一三二五

正和1（一三一二）・7・11正四位下、文保1（一三一七）・4・19還任左中将、文保2・4・14従三位（元左中将）、正中2（一三二五）・9・4薨去

［死没］正中2（一三二五）・9・4　［父］鷲尾隆良　［公卿補任］2—469下

隆職　たかもと　一三〇五—四七

延慶4（一三一一）・1・5従五位下（章善門院当年御給、于時隆職〔マヽ〕）、3・4侍従、応長2（一三一二）・2・13従五位上（于時隆職）、正和4（一三一五）・2・21正五位下、正和5・8・12従四位下（元侍従）、文保1（一三一七）・5・22左少将、文保3・3・15従四位上、元応3（一三二一）・1・5正四位下、建武4〈延元2〉（一三三七）・7・20左近中将、暦応3〈興国1〉（一三四〇）・7・19蔵人頭、暦応4〈興国2〉・12・21〈22日カ〉参議（元蔵人頭左中将）、暦応5〈興国3〉・1・5従三位、康永2〈興国4〉（一三四三）・1・28兼備後権守、貞和3〈正平2〉（一三四七）・1・11権中納言、2・4薨去

［死没］貞和3〈正平2〉（一三四七）・2・4　［年齢］43　［父］鷲尾隆嗣　［号］鷲尾・大宮　［公卿補任］2—584下　［大日本史料］6—10—514

隆右　たかすけ　一三三四—一四〇四

延文6〈正平16〉（一三六一）・3・27参議、元蔵〈頭左中将、康安2〈正平17〉（一三六二）・5・7従三位、貞治2〈正平18〉（一三六三）・1・28兼加賀権守、応安1〈正平23〉（一三六八）・2・21正三位、8・13権中納言、応安2〈正平24〉・8・13辞退（権中納言）、応安3〈建徳1〉・12・11聴本座、応安4〈建徳2〉・4・14従二位、永和1〈天授1〉（一三七五）・11・22正二位、応永9（一四〇二）・8・22権大納言、出家

［死没］応永11（一四〇四）・11・17　［年齢］81　［父］鷲尾隆職　［公卿補任］2—671上　［大日本史料］7—6—846

隆広　たかひろ　?—一三八七

永和2〈天授2〉（一三七六）・2・12参議、元蔵人頭右中将、永和3〈天授3〉・1・5従三位、3・26兼美作権守、康暦1（一三七九）・4・23辞参議、至徳2〈元中2〉（一三八五）・1・6正三位、至徳4〈元中4〉・3・19薨去

［死没］至徳4（一三八七）・3・19　［父］鷲尾隆右　［公卿補任］2—721上

隆敦　たかあつ　?—一四一七

応永6（一三九九）・4・22参議、元左中将、今日叙

従三位云々、応永7・3・28兼丹波権守、応永8・1・5正三位、応永10・12・27権中納言、応永13・1・6従二位、応永15・12・30辞権中納言、応永24・6・－薨去
［死没］応永24(一四一七)・6　［父］鷲尾隆右、二男　［公卿補任］3―46上　［大日本史料］7―27―230

隆遠　たかとお　一四〇八―五七

永享3(一四三一)・3・29蔵人頭〈し〉、従四位下〈し〉、永享10・3・30参議、元蔵人頭左中将(今日去中将)、永享11・1・5従三位、3・18兼丹波権守、嘉吉3(一四四三)・1・6正三位、文安1(一四四四)・3・29兼伊与権守、7・10権中納言、文安4・1・5従二位、宝徳3(一四五一)・3・26権大納言、宝徳4・2・9辞権大納言、2・14兵部卿、享徳2(一四五三)・1・5正二位、長禄1(一四五七)・10・9薨去
［死没］長禄1(一四五七)・10・9　［年齢］50　［父］鷲尾隆豊　［日記］隆遠卿記(一四三一)　［公卿補任］3―135下

隆頼　たかより　?―一四七一

宝徳4(一四五二)・6・25従四位下〈し〉、康正2(一四五六)・1・5従四位上(左中将、信乃介)〈し〉、長禄3(一四五九)・3・23越中権守(正四上、左中将兼－)〈し〉、寛正1(一四六〇)・12・29参議(去中将)、元蔵人頭左中将、寛正2・－・－兼越中権守、11・22従三位、寛正6・3・24兼加賀権守、文正2(一四六七)・1・5正三位、－・－辞参議、文明3(一四七一)・－・－薨去
［死没］文明3(一四七一)　［父］鷲尾隆遠　［公卿補任］3―197上　［大日本史料］8―5―146

隆康　たかやす　一四八五―一五三三

長享2(一四八八)・6・－叙爵、明応10(一五〇一)・2・12従五位上、文亀2(一五〇二)・11・21左少将、文亀3・12・12正五位下、永正3(一五〇六)・1・22従四位下、永正5・－・－転左中将、永正6・1・16従四位上、永正8・12・21正四位下、永正11・1・6従三位、元左近中将、永正12・4・1参議、永正15・2・13正三位、6・20聴直衣、永正18・7・1権中納言、大永3(一五二三)・1・13従二位、8・17〈さ〉辞退権中納言、大永7・1・8正二位、天文2(一五三三)・3・6薨去
［死没］天文2(一五三三)・3・6　［年齢］49　［父］鷲尾隆頼(実四辻季経)　［法名］盛重　［日記］二水記(一五〇四―三三)　［公卿補任］3―336下

隆尚　たかなお　一五六六―一六〇八

永禄9(一五六六)・3・15誕生、永禄10・12・29叙位、元亀1(一五七〇)・12・27侍従、元亀3・9・30元服、従五位上、昇殿、天正2(一五七四)・1・5正五位下、天正5・3・28左少将☆、天正8・1・5従四位下、天正9・1・11左中将、天正12・1・6従四位上、天正14・1・5正四位下、天正17・1・6参議、中将如元、始四辻家相続後鷲尾相続〈く〉、天正19・－・－勅勘出奔、慶長6(一六〇一)・5・11出仕勅免、還任参議、改名隆尚、慶長9・8・1従三位、慶長13・3・13薨去
［死没］慶長13(一六〇八)・3・13　［年齢］43　［父］鷲尾隆康(実四辻公遠、三男)　［前名］季満　［号］四辻・鷲尾　［公卿補任］3―499下　［大日本史料］12―5―479

隆量　たかかず　一六〇六―六二

慶長17(一六一二)・12・7叙爵、慶長18・11・21元服、侍従、昇殿、元和1(一六一五)・12・16従五位上、元和6・1・5正五位下、元和7・1・11左少将、寛永2(一六二五)・1・5従四位下、寛永5・2・10従四位上、2・11左中将、寛永9・1・5正四位下、4・23蔵人頭、寛永10・1・6正四位上、寛永16・9・15参議、閏11・21従三位☆、12・29兼右兵衛督、元蔵人頭、寛永19・1・5正三位、寛永20・9・12権中納言、去督、9・15帯剣、寛永21・1・28聴直衣、正保4(一六四七)・6・9神宮伝奏、慶安1(一六四八)・12・22権大納言、慶安2・3・6辞退伝奏、4・27〈賜去一日従二位位記〉従二位☆、慶安4・2・24神宮伝奏、承応3(一六五四)・5・29辞伝奏、12・1神宮伝奏、12・24〈賜去正月五日正二位口宣案〉正二位、明暦1(一六五五)・12・2伝奏辞退、明暦2(一六五六)・9・15辞権大納言☆、寛文2(一六六二)・－・－薨去
［死没］寛文2(一六六二)・8・20　［年齢］57　［父］鷲尾隆尚(実広橋兼勝、二男)　［母］家女房　［公卿

補任〕3―588下

隆尹　たかただ　一六四五―八四

正保2(一六四五)・6・16誕生、承応3(一六五四)・12・18叙爵、明暦1(一六五五)・4・21元服、昇殿、侍従、明暦4・1・5従五位上、寛文2(一六六二)・1・5正五位下、-・-・-左少将、寛文5・1・5従四位下、9・15左中将、寛文8・1・5従四位上、寛文9・12・30蔵人頭、寛文10・1・5正四位下、寛文12・6・8〈去年正六分〉正四位上☆、寛文13・2・19参議☆、7・18兼左衛門督、7・19拝賀、延宝2(一六七四)・2・8従三位☆、延宝6・8・21〈去正月五日分〉正三位、9・16権中納言、延宝8・-・-〔従二位脱カ〕、延宝9・2・27賀茂伝奏、天和2(一六八二)・2・10辞伝奏、天和3・9・8権大納言、貞享1(一六八四)・9・1正二位、辞権大納言、薨去

※貞享元年より「本院伝奏〈ま〉」

〔死没〕貞享1(一六八四)・9・1　〔年齢〕40　〔父〕鷲尾隆量、二男　〔母〕家女房　〔公卿補任〕4―35下

隆長　たかなが　一六七二―一七三六

寛文12(一六七二)・12・19誕生、延宝4(一六七六)・1・5叙爵、天和1(一六八一)・12・1元服、昇殿、侍従従五位上、貞享3(一六八六)・2・15〈「2年」ま〉左少将、4・4〈去年正五分〉正五位下、貞享5・1・15〈去六日分〉従四位下☆、元禄1(一六八八)・12・26左中将、元禄4・2・24〈去正五分〉従四位上、元禄7・12・25正四位下、元禄12・9・6蔵人頭、9・9禁色、9・17正四位上、元禄16・12・22参議(左中将如元)、12・28奏慶着陣、12・29直衣、宝永1(一七〇四)・4・3従三位☆、12・10権中納言、12・15帯剣、宝永3・12・23正三位、正徳1(一七一一)・12・23従二位、正徳3・5・12賀茂伝奏、正徳4・5・12権大納言、享保1(一七一六)・6・27辞伝奏、享保2・1・11賀茂伝奏、2・25辞伝奏、6・21辞権大納言、享保6・2・20〈去正月五日分〉正二位、元文1(一七三六)・9・19薨去

〔死没〕元文1(一七三六)・9・19　〔年齢〕65　〔父〕鷲尾隆尹　〔母〕従二位権中納言園宗朝女　〔公卿補任〕4―156上

隆凞　たかひろ　一七一三―七四

正徳3(一七一三)・6・5誕生、享保3(一七一八)・12・13叙爵(于時経全)、享保8・12・18為隆長卿子相続、享保11・11・11改隆凞、11・28元服、昇殿、侍従従五位上、享保14・2・28〈去正五分〈ま〉〉正五位下、7・13左少将、享保17・1・9〈去五日分〉従四位下、享保18・3・5左中将、享保20・1・10〈去六日分〉従四位上、享保21・9・19服解(父)、11・11除服出仕復任、元文2(一七三七)・2・7〈去正廿四日分〉正四位下、元文6・2・12蔵人頭、2・16禁色、拝賀従事〈ま〉、寛保2(一七四二)・10・4参議、10・27兼右兵衛督、10・28拝賀着陣、12・24従三位、寛保3・6・29右衛門督、延享4(一七四七)・2・1正三位、寛延1(一七四八)・8・21辞両官、寛延4・6・22還任参議、宝暦4(一七五四)・2・19権中納言、閏2・4帯剣、3・4聴直衣、宝暦6・6・19従二位、6・20賀茂伝奏、8・29辞伝奏、宝暦8・7・25賀茂伝奏、宝暦9・1・25権大納言、宝暦13・8・4正二位、明和1(一七六四)・9・14辞権大納言☆、安永3(一七七四)・10・20薨去☆

〔死没〕安永3(一七七四)・10・20　〔年齢〕62　〔父〕鷲尾隆長(実大炊御門経音、二男)　〔母〕大炊御門経光女(実家女房)　〔前名〕経全　〔公卿補任〕4―354上

隆建　たかたけ　一七四一―一八〇四

寛保1(一七四一)・12・29誕生、延享1(一七四四)・2・29従五位下、宝暦1(一七五一)・12・15元服、昇殿、従五位上、宝暦2・6・10侍従、宝暦4・10・26正五位下、7・24左権少将、7・28拝賀、宝暦8・2・8〈去年十二月廿五日宣〉従四位下、宝暦9・8・30服解(母)、10・20除服出仕復任、宝暦10・3・19転右権中将☆、10・21拝賀、12・26従四位上、宝暦13・12・19正四位下、明和5(一七六八)・12・4蔵人頭、12・7禁色、拝賀従事、12・19正四位上、明和8・12・4参議、兼右兵衛督、12・18拝賀、12・22聴直衣〈ま〉、明和9・1・9従三位、安永4(一七七五)・2・13正三位、閏12・2左衛門督、安永6・8・20使別当、9・18聴直衣、安永8・5・4権中納言、従二位、5・25帯剣、5・27聴直衣、天明2(一七八二)・9・4賀茂下

上社伝奏、11・29辞伝奏、天明3・10・12賀茂下上社伝奏、天明5・8・17正二位、天明7・7・11権大納言、8・1直衣始、寛政1（一七八九）・1・28辞伝奏、4・27辞権大納言、文化1（一八〇四）・2・13薨去

［死没］文化1（一八〇四）・2・13　［年齢］64　［父］鷲尾隆煕　［母］従三位津守国輝女　［公卿補任］4―515下

隆純　たかすみ　一七七五―一八五七

安永4（一七七五）・8・28誕生、天明2（一七八二）・6・15為養子、12・22従五位下、天明5・1・27元服、昇殿、従五位上、1・28侍従、天明8・1・10〈去五日分〉正五位下、寛政3（一七九一）・1・5従四位下、11・28右権少将（小除目）、拝賀、寛政6・1・5従四位上、寛政9・1・4正四位下、寛政10・3・27転権中将、4・3拝賀、文化1（一八〇四）・2・13服解（養父）、4・15除服出仕復任、文化5・3・14蔵人頭、3・22禁色、拝賀従事、3・27宿侍始、4・5正四位上、4・7院別当、4・26拝賀、文化9・12・19兼春宮亮（推任）、文化10・5・11参議、兼右兵衛督（推任）、春宮亮如元、6・3拝賀着陣、11・27従三位、文化12・2・26右衛門督使別当、3・10聴直衣、直衣始、6・24権中納言、8・28直衣、文化13・1・18正三位、文政1（一八一八）・9・19辞右衛門督使別当、12・8帯剣、文政2・1・25〈去四日分〉〔従二位〕、文政3・12・21権大納言、文政4・1・17直衣始、10・3賀茂下上社伝奏、文政5・10・25辞伝奏、文政6・7・27〈去年正月廿五日分〉正二位、8・26辞権大納言、天保11（一八四〇）・12・20賜太上天皇御服、安政4（一八五七）・2・12従一位、2・13薨去

［死没］安政4（一八五七）・2・13　［年齢］83　［父］鷲尾隆建（実油小路隆前、末男）　［母］従一位権大納言正親町実連女脩子（実従二位権大納言久世栄通女）　［公卿補任］5―218下

油小路家　あぶらのこうじけ

藤原氏北家四条流。西大路家の庶流。四条従二位左京大夫隆政の二男権大納言隆蔭を家祖とする。隆蔭は四条と号し、また大宮とも号した。『油小路家譜』によれば、隆継の天文四年（一五三五）死没より隆基叙爵元和五年（一六一九）まで中絶八十五年、油小路と号したのは再興後のこととする。家格は羽林家。外様の家。有職故実を家職とした。九条家の家礼。江戸時代には家領百五十石。隆蔭は永仁六年（一二九八）二歳で叙爵。侍従、左少将、左中将、内蔵頭、蔵人頭を経て、元弘元年（一三三一）参議、従三位となったが、後醍醐天皇の笠置遷幸以後の叙位無効令により、隆蔭の官位も止められ、建武元年（一三三四）改めて従三位、参議となり、翌年権中納言、貞和二年（一三四六）転正、翌年には権大納言に昇進した。四代の隆夏は正二位権大納言まで昇った。嗣子なく、嫡流四条権大納言隆直から分流の西川参議房任男を養嗣子とした。隆継である。隆継は十代の後半から四十六年間も在国したが、帰京して従四位上に昇り、累進して従二位権中納言まで昇り、天文四年（一五三五）美濃において八十七歳で没した。『尊卑分脈』によれば、隆継の息に隆秀がいたことを記し、左中将、従四位上、早世と注されていて、隆秀の卒去をもって事実上断絶するのであろうが、『油小路家譜』では隆継の死没をもって絶家の旨を記している。天文四年より八十五年中絶し、江戸時代の初め元和五年に油小路家が再興される。その事情の一端が『義演准后日記』慶長十二年（一六〇七）十二月十三日条に広橋権大納言兼勝の息十四歳が理性院附弟として今月得度することになっていたが、にわかに後陽成天皇の勅命として取返され、公家衆になされることになったこと、その代わりに舎弟の六歳の児が入室することになったことの風聞が書かれている。兼勝の十四歳息が隆基で、六歳息が観助である。にわかに勅定によって中絶家の再興がなされたこと、また養子が四条流からではなく日野流の広橋家から迎えられたことは、この五年後に同族鷲尾隆尚の養嗣子も兼勝息が迎えられ

油小路家

隆蔭—隆家═隆信═隆夏═隆継
　　　顕保—隆信
隆秀(中絶)　隆基—隆貞—隆真—隆典
隆前—隆彰═隆道—隆晃(伯爵)

たことと共通していて、兼勝がこの時期には武家伝奏に補されていたこととも関連もあろう。隆彰は従二位権中納言にまで昇ったところで、寛政四年(一七九二)十月に三十四歳で没し、嗣子なく、山科正三位内蔵頭忠言二男の隆道が養嗣子となる。正二位権大納言を先途としたが、隆前は議奏、武家伝奏に補され、従一位に昇った。日記には、『隆蔭卿記』、『隆前卿記』、『公武御用日記』(隆前)がある。明治十七年(一八八四)隆晃のとき、叙爵内規により伯爵を授けられた。菩提所は誓願寺。『油小路家譜』(東京大学史料編纂所架蔵、四一七五—一五五)。

隆蔭　たかかげ　一二九七—一三六四

永仁6(一二九八)・11・19従五位下(永陽門院御給)、延慶1(一三〇八)・11・14(御即位)従五位上、延慶2・6・12侍従、延慶3・9・4正五位下、正和1(一三一二)・1・7従四位下(玄輝門院当年御給)、正和2・4・10左少将(元前侍従)、正和4・3・21従四位上、正和6・1・5正四位下(玄輝門院当年御給)、文保1(一三一七)・2・5辞少将、3・10更任右少将、12・22転左中将、文保2・1・20内蔵頭(元左中将)、2・29止頭、元徳2(一三三〇)・4・6春宮亮、元弘1(一三三一)・9・20(践祚日)補蔵人頭(宣下)、10・5更任内蔵頭、12・1参議、兼右兵衛督、12・20従三位(可書入之由後日被仰)、元弘2・3・12兼美作権守、5・12喪父、其身為勅使在関東、正慶2〈元弘3〉(一三三三)・1・17止職(参議)、元弘3(一三三三)・6・-復本位正四位下(前内蔵頭)、元弘4・1・5従三位(新院当年御給)、元前内蔵頭、建武3〈延元1〉(一三三六)・11・25参議、建武4〈延元2〉・7・12権中納言、12・24正三位、暦応2〈延元4〉(一三三九)・12・1兼侍従、暦応5〈興国3〉・1・5従二位、康永1〈興国3〉(一三四二)・12・29遷任右衛門督、-・-・-為検非違使別当、康永3〈興国5〉・7・10放氏、7・28続氏、9・23転左衛門督別当、貞和2〈正平1〉(一三四六)・2・18中納言、12・29辞別当、貞和3年〈正平2年〉・7・12放氏、9・5続氏、11・16権大納言、貞和4〈正平3〉・1・18〈「16日」し〉帯剣、貞和5〈正平4〉・1・5正二位、観応1〈正平5〉(一三五〇)・4・29補大嘗会検校、8・23辞退(権大納言)、11・-本座、貞治3〈正平19〉(一三六四)・2・21出家、3・14薨去

[死没]貞治3(一三六四)・3・14　[年齢]68　[父]四条隆政、二男　[母]家女房　[法名]頼祭　[日記]隆蔭卿記(一三一八—三一)　[公卿補任]2—534上・555上　[大日本史料]6—25—648

隆家　たかいえ　一三三八—六七

延文3〈正平13〉(一三五八)・8・12参議、兼右兵衛督、元蔵人頭、左中将、延文4〈正平14〉・1・5従三位、3・25兼加賀権守、貞治1〈正平17〉(一三六二)・11・15為検非違使別当、貞治2〈正平18〉・4・20権中納言、11・18兼右衛門督、貞治3〈正平19〉・1・5正三位、4・14止督、貞治5〈正平21〉・8・11帯剣〈やし〉、貞治6〈正平22〉・4・3薨去

[死没]貞治6(一三六七)・4・3　[年齢]30　[父]油小路隆蔭　[母]左衛門尉源康世女　[公卿補任]2—659下　[大日本史料]6—27—930

顕保　あきやす　?—一三九五

応安6〈文中2〉(一三七三)・1・6従三位、元左中将、1・10右衛門督、応安7〈文中3〉・12・13(23日ともあり)参議、永和1〈天授1〉(一三七五)・3・29兼加賀権守、12・4兼右衛門督、永和4〈天授4〉・3・24辞参議、8・-止督、12・-正三位〈永徳元年にもあり〉、明徳1〈元中7〉(一三九〇)・12・24権中納言、明徳3〈元中9〉・2・6帯剣、明徳4・1・28辞権中納言、応永2(一三九五)・11・-薨去

※至徳二年(一三八五)より「従二位」

[死没]応永2(一三九五)・11　[父]油小路隆蔭　[母]左衛門尉源康世女　[公卿補任]2—712下　[大日本史料]7—2—159

隆信　たかのぶ　一三六五―一四一九
応永2(一三九五)・6・3参議、元蔵人頭右中将、12・30辞退(参議)、応永3・7・24還任(参議)、応永4・3・29兼周防権守、応永5・1・5従三位、応永7・1・5正三位、応永9・3・28兼讃岐権守、応永15・1・5従二位、4・25辞退(参議)、応永20・2・1権中納言、4・29帯剣、応永21・6・9正二位、8・28辞(権中納言)、応永26・8・28薨去
[死没]応永26(一四一九)・8・28　[年齢]55　[父]油小路隆家(実油小路隆保)　[公卿補任]3―35下

隆夏　たかなつ　一四〇四―六八
正長1(一四二八)・11・3参議、元蔵人頭左中将、正長2・3・15辞参議、8・4還任(参議)、永享1(一四二九)・12・13従三位、永享2・3・30加賀権守、永享7・3・12兼伊与権守、永享9・10・26正三位、永享10・9・4権中納言、嘉吉4(一四四四)・1・6従二位、文安5(一四四八)・1・29権大納言、宝徳3(一四五一)・1・5正二位、3・26辞権大納言、4・25本座、寛正4(一四六三)・3・22止卿(民部卿)、文正1(一四六六)・-・-　補善勝寺長者、応仁2(一四六八)・6・-　薨去
※康正二年(一四五六)より「民部卿」
[死没]応仁2(一四六八)・6・4　[年齢]65　[父]油小路隆信(実油小路顕保)　[公卿補任]3―113下　[大日本史料]8―1―988

隆継　たかつぐ　一四四九―一五三五
永正17(一五二〇)・12・13従三位、元左中将、去之、不経蔵人頭、永正18・5・20参議、大永2(一五二二)・1・13正三位、3・29兼伊与権守、10・2辞退(参議)、10・18本座、大永6・3・30権中納言、6・12辞退(権中納言)、享禄2(一五二九)・2・20従二位、天文4(一五三五)・-・-　(「7月」さ)薨去(於濃州)
[死没]天文4(一五三五)・7　[年齢]87　[父]四条隆夏(実西川房任)　[公卿補任]3―352下

隆基　たかもと　一五九五―一六五五
元和5(一六一九)・1・6叙爵、元和6・閏12・23元服、侍従、昇殿、元和9・1・5従五位上、寛永3(一六二六)・11・1左少将、寛永4・1・5正五位下、寛永8・1・6従四位下、左中将、寛永12・1・5従四位上、寛永16・1・5正四位下、寛永19・2・6蔵人頭、禁色、6・10正四位上、7・8辞蔵人頭、寛永21・8・12賜去年正月五日位記従三位☆、12・12参議、12・19辞参議、慶安1(一六四八)・12・22〈賜去正月五日位記〉正三位、慶安2・1・12権中納言、1・21帯剣、2・19聴直衣、辞権中納言、承応4(一六五五)・1・5従二位、明暦1(一六五五)・12・2薨去
[死没]明暦1(一六五五)・12・2　[年齢]61　[父]油小路隆継(実広橋兼勝、二男)　[母]准大臣従一位烏丸光康女　[前名]隆良・隆経　[法名]惟聡　[公卿補任]3―605下

隆貞　たかさだ　一六二一―九九
寛永4(一六二七)・1・5叙爵、寛永8・3・12元服、侍従、寛永10・12・24従五位上、寛永14・1・5正五位下、1・11左少将、寛永18・1・5従四位下、正保2(一六四五)・1・6従四位上、1・12左中将、正保5・1・5正四位下、慶安2(一六四九)・7・20蔵人頭、8・2正四位上、承応1(一六五二)・11・12参議、元蔵人頭、承応3・12・21〈賜去年正月五日口宣案〉従三位、承応4・10・26兼任左衛門督、補検非違使別当、明暦2(一六五六)・11・7権中納言、明暦3・1・5正三位、万治3(一六六〇)・1・5従二位、12・24権大納言、寛文1(一六六一)・2・20神宮伝奏、-・-　伝奏辞退、寛文7(一六六七)・12・17正二位☆、寛文12・12・22辞権大納言、天和3(一六八三)・9・21被止出仕、貞享3(一六八六)・-・-　蟄居〈ま〉、元禄12(一六九九)・9・3薨去
[死没]元禄12(一六九九)・9・3　[年齢]78　[父]油小路隆基　[母]広橋兼秀女　[前名]隆親　[公卿補任]3―628上

隆真　たかざね　一六六〇―一七二九
万治3(一六六〇)・5・3誕生、寛文2(一六六二)・-・-叙爵、寛文6・12・6元服☆、昇殿☆、侍従☆、従五位上☆、寛文9・12・27右少将、〈去正五分〉正五位下☆、寛文12・1・5従四位下☆、延宝3(一六七五)・11・6右中将☆、延宝5・1・5従四位

上、延宝9・1・5正四位下、1・25蔵人頭、2・9禁色、天和2（一六八二）・1・5正四位上、天和3・1・13参議、貞享1（一六八四）・12・23〈去年八月三日分〉従三位☆、12・29左衛門督〈ま〉、貞享5・1・13正三位☆、元禄1（一六八八）・12・26権中納言、元禄3・1・26帯剣、3・21聴直衣☆、元禄7・12・25従二位、元禄14・10・23辞権中納言☆、元禄16・1・22権大納言、元禄17・4・25賀茂伝奏、9・15〈16日ともあり〉辞権大納言、辞伝奏、宝永2（一七〇五）・10・29〈去正月五日分〉正二位☆、享保5（一七二〇）・12・26民部卿☆、享保14・閏9・6辞民部卿、閏9・7薨去

[死没]享保14（一七二九）・閏9・7　[年齢]70　[父]油小路隆貞　[母]谷衛利女　[号]東坊城　[公卿補任]4—70上

隆典　たかのり　一六八四—一七四六

貞享1（一六八四）・2・17誕生、貞享3・1・5叙爵、元禄3（一六九〇）・11・13元服、昇殿、侍従従五位上、元禄6・12・25左少将、元禄7・1・5正五位下、元禄11・3・29従四位下、元禄13・12・25右中将、元禄14・1・5従四位上、宝永1（一七〇四）・2・13〈去正五分〉正四位下、宝永3・12・25蔵人頭、12・28禁色、宝永4・1・6〈去五日分〉正四位上☆、宝永5・12・21〈去正五分〉参議、12・23兼右衛門督、宝永6・6・18従三位、宝永8・2・28左衛門督、正徳3（一七一三）・12・23正三位、正徳5・11・25権中納言、12・27聴直衣、享保1（一七一六）・12・23従二位、享保9・5・14賀茂伝奏、享保11・3・18辞伝奏、享保13・3・4辞両官、11・12権大納言、12・11帯剣、享保14・12・24正二位、享保18・8・28辞権大納言、延享3（一七四六）・8・22薨去

[死没]延享3（一七四六）・8・22　[年齢]63　[父]油小路隆真　[母]賀茂県主兼英女　[公卿補任]4—181下

隆前　たかさき　一七三〇—一八一七

享保15（一七三〇）・9・21誕生、享保17・閏5・18従五位下、元文3（一七三八）・12・9元服、昇殿、侍従、従五位上、寛保1（一七四一）・12・21正五位下、3・11兼丹波権介、延享1（一七四四）・12・22左権少将（権介如故）、延享2・3・22〈去正六分〉従四位下、延享3・8・22服解（父〈ま〉）、10・13除服出仕復任、延享3・12・24近江権介、寛延1（一七四八）・2・1転左権中将、2・2権介如故、7・21〈去二一分〉従四位上寛延2・－・－秩満、寛延3・1・10蔵人頭、1・15禁色、拝賀従事、3・4正四位下、宝暦1（一七五一）・1・26正四位上、宝暦3・12・15改名隆前（元隆義〈ま〉）、宝暦6・5・10参議、左衛門督（小除目〈ま〉）、12・21従三位、宝暦7・4・17補検非違使別当、5・9聴直衣、宝暦8・9・30権中納言、宝暦9・8・30為賀茂伝奏、宝暦10・12・26正三位、宝暦11・2・14〈「24日」ま〉辞使別当、宝暦13・12・4従二位、明和1（一七六四）・8・7辞左衛門督☆、帯剣☆、9・25権大納言、明和4・3・26辞賀茂伝奏、明和5・1・5正二位、明和6・12・18〈「19日」ま〉民部卿☆、安永8（一七七九）・1・11辞権大納言、天明3（一七八三）・5・10辞民部卿、文化5（一八〇八）・12・19〔従一位〕、文化7・12・21免状、文化14・11・29薨去

[死没]文化14（一八一七）・11・29　[年齢]88　[父]油小路隆典、三男　[母]家女房　[前名]隆義　[日記]隆前卿記（一七四四—八八）・公武御用日記（一七六六—八八）　[公卿補任]4—429上

隆彭　たかみち　一七五九—九二

宝暦9（一七五九）・9・8誕生、宝暦11・1・5叙爵、明和3（一七六六）・3・16元服、昇殿、従五位上、明和4・12・10侍従、明和6・1・29正五位下、明和8・8・16左権少将、10・20奏慶、明和9・1・5従四位下、12・19兼筑前権介、安永4（一七七五）・1・5従四位上、閏12・2左権中将（権介如故、小除目）、12・8拝賀、安永7・1・5正四位下、天明1（一七八一）・12・14蔵人頭、12・15禁色、12・16拝賀従事、12・19正四位上、天明5・8・17参議（小除目）、兼左兵衛督、拝賀、9・5着陣、天明6・1・14従三位、天明7・5・26近江権守、寛政1（一七八九）・1・5正三位、5・22権中納言、寛政2・8・13帯剣、8・19聴直衣、寛政4・1・5従二位、10・8辞権中納言、薨去

[死没]寛政4（一七九二）・10・8　[年齢]34　[父]油小路隆前　[母]高辻家長二女　[公卿補任]5—34

櫛笥家　くしげけ

藤原氏北家四条流。四条家の庶流。四条参議隆益養子左少将隆憲（実は正親町三条内大臣公兄の孫）を家祖とする。家格は羽林家。新家。内々の家。有職故実を家職とした。近衛家の家礼。江戸時代には家領百八十三石六斗余。隆憲については、『諸家伝』および『櫛笥家譜』には隆益男とし、『諸家知譜拙記』では隆昌男とし、養父の比定を異にしている。従三位参議隆益は永禄十年（一五六七）九月に痢疾により三十七歳で没するが、家督を相続する子息なく、一旦断絶する。天正三年（一五七五）三月に至り、冷泉権中納言為益の息が四条家の養子に入り、隆昌と改名した。隆昌は翌年左少将となり、八年正月従四位下まで昇ったが、その後勅勘を蒙り出奔することになる。勅勘は容易に解かれず、このままでは四条家は再び断絶するということで養子に迎えられたのが、隆憲であったのであろう。隆昌は勅勘中でもあり、隆益の養子ということとされたはずであるが、隆益が他界してすでに久しく、時代は隆昌の時であったとのことで、隆憲の養父隆昌説が生じたのであろう。隆憲は、天正十三年に叙爵、元服し、侍従となり、十六年に従五位上・左少将に昇進し、十九年六月に没した。家を継ぐべき子息なく、再び正親町三条公兄孫を養子に迎える。二代の隆致である。隆致は天正十年に生まれ、慶長十六年に左少将となり、翌々年には従四位上・左中将に昇進したが、同年三十二歳にて没した。その後を継いだのが隆朝で、十八年九月に三歳にて叙爵した。長らく勅勘を蒙っていた隆昌が、内大臣徳川家康の奏請によって勅免出仕するのは、慶長六年（一六〇一）五月のことである。ここに四条家を継いでいた隆朝は一家を起すことになる。隆致が隆憲の後を相続したのは恐らく隆昌勅免の前のことであろう。『諸家伝』が四条家の伝の中に櫛笥家の初代・二代の隆憲・隆致を入れているのは、その故であろう。新家として櫛笥を号するのは隆朝からである。隆致の女隆子が後水尾天皇の後宮に入り、後西天皇の生母となり（逢春門院）、隆致は後西天皇外祖父として寛文七年（一六六七）贈左大臣となり、また隆朝舎弟の宗朝は園池家を起す。ただし、この家は三代の季豊のときより正親町三条家の庶流となる。隆朝の嫡子隆方は夭死し、その後を舎弟隆胤が継ぎ、隆胤もまた寛文二年夭死し子息なく、従兄弟にあたる園池権中納言宗朝四男の隆賀が養子に入った。その女賀子は東山天皇の後宮に入り、中御門天皇の生母となり（新崇賢門院）、隆賀は中御門天皇外祖父の縁をもって、元禄元年（一六八八）に三十七歳で参議になり、享保八年（一七二三）には内大臣、翌年従一位まで昇進した。しかし子息に恵まれず、元禄五年に同族鷹尾権大納言隆尹三男の隆成を養子とした。隆成も権大納言まで昇り、寛保四年（一七四四）九月、中御門天皇奉公の労をもって死去前日付で特旨をもって従一位に叙された。隆成の後は、元禄九年に至って出生した隆賀の息隆兼が継ぎ、隆兼舎弟

櫛笥家

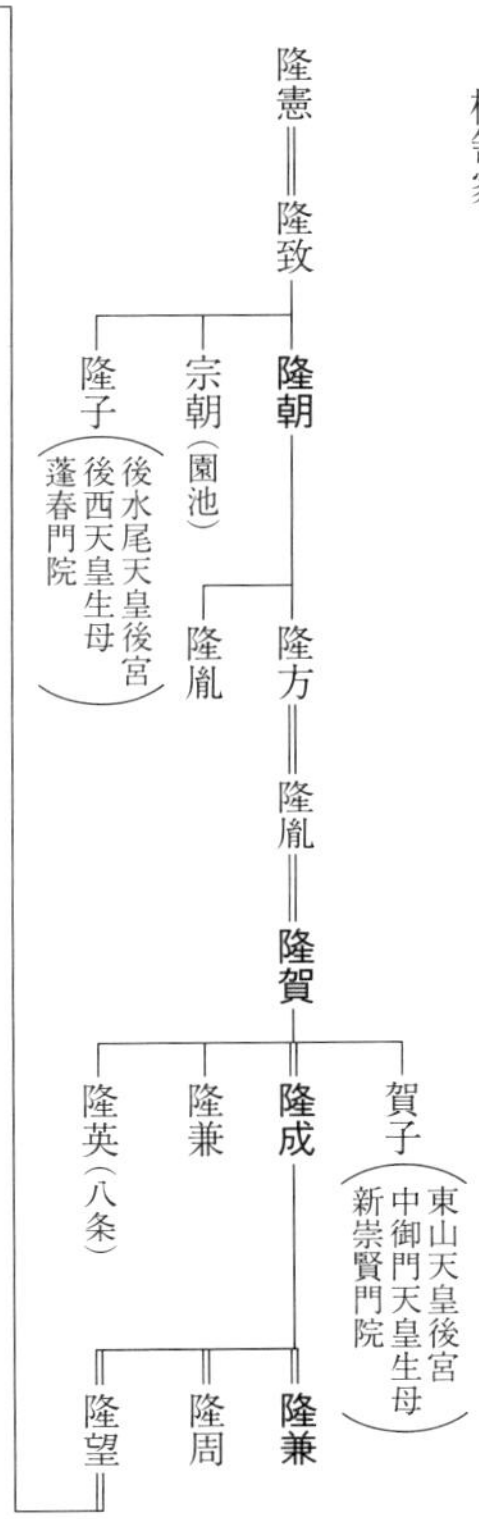

の隆英は一家を起し、八条を称する。隆兼は正三位権中納言まで昇るが、隆成より早く元文二年（一七三七）九月に四十二歳にて没する。隆兼の息隆秀も父の後を追うように十六歳で没したので、隆英の息隆周が隆成の養子になったが、翌三年にこれまた十七歳で没する。そこで、六条権中納言有藤二男が養嗣子となる。隆望がこれであり、隆望にまた子息なく、明和六年（一七六九）二月石井前中納言行忠の二男康基が養嗣子となり、隆久と名を改めた。隆成・隆望は議奏に補された。櫛笥家では世代を距ててはいるが二代の国母をもち、家名を高めた。後西天皇生母の隆子は、後水尾天皇の後宮に入り、初め御匣局と称した。貞享二年（一六八五）五月従三位、准三后となり、同二十二日に八十二歳で死去、追号を逢春門院という。中御門天皇生母の賀子は、東山天皇の掌侍、典侍となり、新大典侍、四条局と称した。宝永六年（一七〇九）九月従三位、同十二月二十九日に三十五歳で死去した。翌年三月贈准三后、追号を新崇賢門院という。日記には、『隆望朝臣記』がある。明治十七年（一八八四）隆督のとき、叙爵内規により子爵を授けられた。菩提所は廬山寺。『櫛笥家譜』（東京大学史料編纂所架蔵、四一七五―一二〇）。

隆朝　たかとも　一六〇七―四八

慶長12（一六〇七）・1・12〈く〉誕生、慶長18・2・7叙爵、慶長19・1・18元服☆、侍従☆、元和3（一六一七）・1・5従五位上、元和6・1・5正五位下、元和8・1・11左少将、寛永2（一六二五）・1・5従四位下、寛永5・1・5従四位上、2・10左中将、寛永9・1・5正四位下〈く〉、寛永13・1・5従三位〈く〉、寛永18・1・5〔正三位〕、寛永19・8・19参議、寛永20・11・7辞参議、正保2（一六四五）・5・15権中納言、5・18辞権中納言、直衣、慶安1（一六四八）・1・7帯剣〈ま〉、10・1薨去〈くま〉

［死没］慶安1（一六四八）・10・1　［年齢］42　［父］櫛笥隆致　［母］家女房　［号］櫛笥　［公卿補任］3―582下

隆賀　たかよし　一六五二―一七三三

承応1（一六五二）・10・14誕生、明暦4（一六五八）・1・6叙爵☆、寛文2（一六六二）・12・27元服、昇殿、侍従、従五位上、寛文6・1・5正五位下☆、12・17左少将、寛文10・1・5従四位下、1・11左中将、延宝3（一六七五）・1・5従四位上☆、延宝7・1・5正四位下、天和3（一六八三）・8・23〔従三位〕☆、貞享4（一六八七）・2・29右兵衛督、元禄1（一六八八）・12・27参議☆、12・29右兵衛督、元禄3・3・13〈「12日」ま〉〈去年正月七日分〉正三位☆、元禄9・12・28辞参議、元禄10・12・26権中納言、元禄11・1・11帯剣、1・15聴直衣、12・27〈去正月五日分〉従二位、元禄14・10・16辞権中納言、宝永4（一七〇七）・5・1改隆賀、宝永6・3・19権大納言、宝永8・2・4辞権大納言、正徳1（一七一一）・7・24正二位、享保8（一七二三）・2・1内大臣、2・4辞内大臣、享保9・6・6従一位（御推叙）、享保13・12・5出家

［死没］享保18（一七三三）・7・11　［年齢］82　［父］櫛笥隆胤（実園宗朝、二男）　［母］家女房　［前名］実廉・隆慶　［一字名］尚・青・木　［号］成足院是空　［公卿補任］4―71下

隆成　たかなり　一六七六―一七四四

延宝4（一六七六）・11・21誕生、天和2（一六八二）・1・5叙爵、元禄5（一六九二）・1・18為隆慶卿養子相続☆、11・9元服、昇殿、侍従従五位上、元禄9・12・28〈去正五分〉正五位下☆、元禄10・12・26右少将☆、12・29改隆実（元隆幸）☆、元禄13・1・28〈去五日分〉従四位下、元禄15・1・28左中将、元禄16・12・22〈去正五分〉従四位上☆、宝永3（一七〇六）・12・23〈去正五分〉正四位下☆、12・28改隆成（元隆実）☆、享保2（一七一七）・2・25蔵人頭、3・2禁色、3・4正四位上、享保4・6・1参議（中将如旧）、11・8直衣☆、11・15拝賀着陣、享保5・6・21従三位、享保7・12・5権中納言☆、12・7帯剣、12・8直衣、享保9・閏4・2正三位、12・26辞権中納言、享保14・12・24〈去十一月廿六日資時卿同日分〉従二位、享保16・4・20権大納言、6・2帯剣、享保17・3・28良視親王家

別当、享保18·12·27辞権大納言、享保20·3·18正二位☆、延享1(一七四四)·9·6従一位、9·7薨去

[死没]延享1(一七四四)·9·7 [年齢]69 [父]櫛笥隆賀(実鷲尾隆尹、二男) [母]正二位権大納言西洞院時成女(実園宗朝女) [前名]隆幸・隆実 [公卿補任]4—234下

隆兼　たかかね　一六九六—一七三七

元禄9(一六九六)·6·3誕生、元禄13·12·25従五位下、宝永1(一七〇四)·12·18元服、昇殿、侍従従五位上、宝永4(一七〇七)·2·25〈去正五分〉正五位下、宝永6·3·16左少将、正徳1(一七一一)·2·11〈去正五分〉従四位下、正徳4·2·6従四位上、享保2(一七一七)·12·8正四位下、享保4·12·26右中将、享保8·4·24禁色、享保9·12·23蔵人頭、12·25正四位上、享保13·10·3参議(右中将如元)、10·28拝賀着陣、11·4直衣、享保14·2·28従三位、享保17·4·16権中納言、閏5·2帯剣、閏5·3聴直衣、享保19·1·21正三位、元文2(一七三七)·2·19辞権中納言、9·10薨去

[死没]元文2(一七三七)·9·10 [年齢]42 [父]櫛笥隆成(実櫛笥隆賀) [母]綾小路俊景女(実西洞院時成女) [一字名]音 [公卿補任]4—280下

隆望　たかもち　一七二五—九五

享保10(一七二五)·1·16誕生、元文5(一七四〇)·5·27為隆成卿子、7·1叙爵、9·18元服、昇殿、禁色、侍従、寛保3(一七四三)·12·12従五位上、延享1(一七四四)·9·7服解(養父)、10·29除服出仕復任、延享3(一七四六)·2·17〈「27日」ま〉正五位下、12·24右権少将、寛延2(一七四九)·1·5従四位下、宝暦2(一七五二)·1·22従四位上、宝暦5·3·3正四位下、宝暦8·4·25左権中将、5·19拝賀、宝暦12·2·1蔵人頭、2·5拝賀従事、6·14正四位上、7·27新帝蔵人頭(践祚日)、拝賀従事〈ま〉、宝暦14·4·24〈「23日」ま〉服解(実母)、明和1(一七六四)·6·15除服出仕復任、8·7参議、兼左衛門督、明和2·6·28従三位、明和4·11·30権中納言、12·15帯剣、12·19聴直衣、賀茂伝奏、明和6·1·9正三位、明和9·8·25従二位、10·17辞権中納言、賀茂伝奏、安永4(一七七五)·1·9正二位、閏12·2権大納言、閏12·7帯剣、安永5·10·16賀茂伝奏、安永6·9·14辞権大納言、賀茂伝奏、寛政7(一七九五)·1·24薨去

[死没]寛政7(一七九五)·1·24 [年齢]71 [父]櫛笥隆成(実六条有藤、二男) [母]家女房(実綾小路俊景女) [日記]隆望朝臣記(一七六二—六三) [公卿補任]4—474上

八条家　はちじょうけ

藤原氏北家四条流。四条家庶流櫛笥家の傍流。櫛笥内大臣隆賀の二男権中納言隆英を家祖とする。家格は羽林家。正徳五年(一七一五)に新興の家であるが、旧家の格。内々の家。有職故実を家職とした。近衛家の家礼。家領百五十石。隆英の父隆賀は、その女賀子が東山天皇の後宮に入り中御門天皇の生母となり、天皇外祖父の縁をもって、天和三年(一六八三)に従三位に昇り公卿に列し、元禄元年(一六八八)には参議となるが、子息に恵まれず、元禄五年に同族鷹尾権大納言隆尹三男の隆成を養子とした。四十一歳のときである。しかしその後、九年になって実子が出生する。隆成の後を相続する隆兼である。そして、六年後の十五年に出生した第二の実子が隆英であり、賀子からすれば二十九歳も下の舎弟ということになる。隆英が一家を起すのも賀子の存在による。宝永三年(一七〇六)に五歳で叙爵。正徳五年(一七一五)に元服し、昇殿を聴され、侍従・従五位上に任叙されるとともに、八条の号を賜った。享保十一年(一七二六)右中将、同十四年正四位下に昇進し、二十年三月に桜町天皇が譲位すると、院司別当となり、元文四年(一七三九)従三位に叙せられ、公卿

八条家

隆英──隆輔──隆礼──隆祐──隆声
└隆吉（子爵）

に列した。翌五年議奏に、延享四年（一七四七）には院伝奏に補され、桜町院の恩顧を受けて威勢を振った。一男隆周は元文二年（一七三七）本家の櫛笥権大納言隆成の養嗣子となったが、翌年没し、二男隆輔が隆英の後を継いだ。その孫隆祐は、安政五年（一八五八）幕府より日米通商条約調印につき勅許奏請があった際、現任の参議として勅問にあたり、断乎米使の要求を拒絶すべしとするなど、攘夷の急先鋒の一人として国事行為に奔走し、また、慶応三年（一八六七）隆祐が勘進し孝明天皇の諡号が治定された。隆声は万延元年（一八六〇）に祐宮（明治天皇）が儲君と治定された際に、野宮参議定功等四名とともに儲君祇候を命じられた。正二位権中納言を先途としたが、隆祐は権大納言に昇った。日記には、『八条隆祐卿手録』がある。明治十七年（一八八四）隆吉のとき、叙爵内規により子爵を授けられた。菩提所は廬山寺。『八条家譜』（東京大学史料編纂所架蔵、四一七五―二八四）。

隆英　たかひで　一七〇二―五六

元禄15（一七〇二）・4・5誕生、宝永3（一七〇六）・1・10〈「11日」ま〉〈去五分〉叙爵、正徳5（一七一五）・2・27元服、昇殿、侍従、従五位上、号八条〔「賜八条号」ま〕、享保3（一七一八）・5・6〈去正五分〉正五位下、享保5・12・28左少将、享保6・12・24従四位下、享保8・7・2禁色、享保10・3・25従四位上、享保11・12・24右中将、享保14・2・18〈去正五恒具朝臣同日分〉正四位下、享保18・7・14喪父、9・16除服復任、享保20・3・21院司別当〈ま〉、4・15喪母、6・8除服復任、元文4（一七三九）・1・22従三位、2・5参議、寛保3（一七四三）・6・23辞参議、延享2（一七四五）・3・23正三位、延享3・12・24直衣、延享4・7・12権中納言、7・23〈「22日」ま家譜〉帯剣☆、9・27直衣、延享5・5・24辞権中納言、宝暦4（一七五四）・2・19従二位、宝暦6・10・2正二位、10・10薨去

〔死没〕宝暦6（一七五六）・10・10　〔年齢〕55　〔父〕櫛笥隆賀、二男　〔母〕西洞院時成女（六条局）　〔号〕八条　〔法名〕久央院　〔公卿補任〕4―340下

隆輔　たかすけ　一七三六―九〇

享保21（一七三六）・8・7誕生、元文5（一七四〇）・12・24叙爵、寛延2（一七四九）・11・27元服、昇殿、侍従従五位上、禁色、寛延3・-・-〔5月18日脱カ〕賜桜町御服、6・18除服宣下、宝暦3（一七五三）・3・4〈去正廿二分〉正五位下、宝暦5・7・29刑部大輔、宝暦6・10・10服解（父）、閏11・1除服出仕復任、宝暦7・1・26〈去六分〉従四位下、宝暦11・6・12〈去正五〈「六」ま〉分〉従四位上、明和1（一七六四）・8・26左権少将、9・13拝賀、明和2・1・10正四位下、明和5・3・14右権中将、3・24拝賀、明和6・1・5〔従三位〕、安永9（一七八〇）・11・27正三位、寛政1（一七八九）・5・22参議、9・14辞参議、9・16従二位、寛政2・2・29薨去

〔死没〕寛政2（一七九〇）・2・29　〔年齢〕55　〔父〕八条隆英　〔母〕家女房　〔号〕生車院　〔公卿補任〕4―505下

隆礼　たかあや　一七六四―一八一九

宝暦14（一七六四）・6・22誕生、明和5（一七六八）・1・5従五位下、明和9・8・9元服、昇殿、修理権大夫、従五位上、安永5（一七七六）・3・20正五位下、安永9・1・19従四位下、天明3（一七八三）・11・13賜前盛化門院御服、12・13除服宣下、天明4・閏1・14〈去正十五分〉従四位上、天明8・1・15右権少将、7・28拝賀、9・18〈去五〈「正五」ま〉日分〉正四位下、寛政2（一七九〇）・2・29服解（父）、4・24除服出仕復任、寛政3・11・28転権中将（小除目）、拝賀、寛政4・5・1〔従三位〕、寛政10・1・5正三位、文化5（一八〇八）・閏6・13参議、文化6・1・5従二位、5・16辞参議、文政2（一八一九）・6・2薨去

〔死没〕文政2（一八一九）・6・2　〔年齢〕56　〔父〕八条隆輔　〔母〕家女房（実毛利広豊女）　〔号〕歓喜院　〔公卿補任〕5―84下

隆祐　たかさち　一七九五―一八七二

寛政7(一七九五)・1・7誕生、寛政11・1・27従五位下、享和3(一八〇三)・3・19元服、昇殿、近江権守、従五位上、文化4(一八〇七)・1・4正五位下、文化8・1・18従四位下、文化12・1・5従四位上、文政1(一八一八)・5・28右権少将(小除目)、6・5拝賀、文政2・1・4正四位下、6・2服解(父)、7・22除服出仕復任、文政8・1・29転左権中将、2・17拝賀、3・16〔従三位〕、文政12・12・21正三位、安政4(一八五七)・10・19参議、11・20従二位、安政6・2・3辞参議、文久3(一八六三)・3・25権中納言、4・28帯剣、5・2聴直衣、直衣始、元治1(一八六四)・2・28辞権中納言、慶応3(一八六七)・10・13正二位、慶応4・閏4・21権大納言、閏4・22辞権大納言

〔死没〕明治5(一八七二)・5・24　〔年齢〕78　〔父〕八条隆礼　〔母〕家女房　〔号〕冷修院　〔日記〕八条隆祐卿手録(一八五八―六四)　〔公卿補任〕5―306上

隆声　たかな　一八二六―六二

文政9(一八二六)・12・4誕生、文政13・1・5従五位下、天保10(一八三九)・12・5元服、昇殿、近江権介、従五位上、天保13・1・22正五位下、天保14・1・14侍従(雖有理運輩日参之労永格別精勤以御憐愍被任、以後不可為例)、弘化2(一八四五)・3・23従四位下、弘化3・3・4賜仁孝天皇御当色、3・7賜同御素服、4・4除服宣下、弘化5・1・11従四位上、嘉永4(一八五一)・1・18正四位下、嘉永5・10・24右近衛権少将、11・14拝賀、万延1(一八六〇)・12・19転左権中将、万延2・1・1拝賀、1・23〔従三位〕、文久2(一八六二)・6・12薨去

〔死没〕文久2(一八六二)・6・12　〔年齢〕37　〔父〕八条隆祐　〔母〕家女房　〔号〕政順院　〔公卿補任〕5―536下

水無瀬流　みなせりゅう

藤原氏北家の一流。法興院摂政兼家の一男中関白道隆を始祖とする。道隆は御堂関白道長の舎兄で、左右大臣にならずに摂政関白となった初例として知られる。一男は内大臣伊周、二男権大納言道頼、三男中納言隆家の三流に大きく分流し、前二流は楊梅・山井と号したが数代で断絶、隆家の流が更にいくつかに分流し、姉小路・鷹司・坊門・丹波・水無瀬などの各家に分流する。水無瀬家は坊門家の分流にあたるが、坊門家の嫡流・庶流いずれも戦国時代には断絶し、江戸時代にまで存続したのは水無瀬家のみであるので、中関白道隆の流を水無瀬流というのである。坊門家は、隆家の曾孫堀川中納言経忠息の一男参議忠能・三男右京大夫信輔の二流に大きく分流し、前者の後が鷹司と号し、後者の後が坊門と称する。信輔の後は信隆・信保・信行・親信に四分流し、一男信隆は正三位修理大夫に叙任、その邸宅が七条坊門小路に在ったことに因み、坊門と号し、七条修理大夫とも号した。その女の殖子は、高倉天皇の妃となり、のちの後鳥羽天皇・後高倉院の両天皇を産み国母となり、七条院と号した。これによって舎弟である一男信清は内大臣にまで昇り大秦内府と号し、四男隆清は参議に列し、また父信隆は従一位左大臣を贈られた。信清の女には、後鳥羽天皇女房の坊門局・順徳天皇女房の従三位位子・鎌倉将軍右大臣実朝室信子などがおり、後鳥羽院政期に坊門家一門は院近臣として隆盛を極めた。そして信輔の三男正四位下右京大夫信行の流は丹波を称し、四男親信の後が水無瀬家となるのである。親信は久安四年(一一四八)十一歳で叙爵し、治承元年(一一七七)従三位に叙せられ、権中納言まで昇り、坊門中納言と号した。建久八年(一一九七)十一月六十一歳で没した。その子親兼と孫信成は後鳥羽上皇に仕えた。承久の乱(一二二一年)後、親兼は上皇の後をおって出家し、信成とその子親成は上皇の離宮水無瀬殿を守り、上皇の崩御に先立って、摂津国水無瀬の地を与えられ、かつ上皇の後生を弔うことを命ぜられた。これにより、延応元年(一二三九)二月に上皇が隠岐で崩ずると、信成・親成父子は離宮跡に居住して御影堂を建て、上皇の菩提を末永く弔うこととし、水無瀬氏を称したのである。御影堂には上皇の遺告である暦仁二年(一二三九)二月九日付の「後鳥羽法皇宸翰御手印置文」(国宝)、上皇の後宮修明門院藤原重子より寄せられた上皇の俗体・法体の御影が祀られた。俗体像(国宝)は上皇の配流前に藤原信実が画いたとされる似絵であり、法体像は隠岐で上皇自身が画いたものという。明応三年(一四九四)八月後土御門天皇の勅旨により隠岐より上皇の霊璽が迎えられ、水無瀬宮の神号が奉られた。親成以降水無瀬氏が祭祀を継承し、堂上家として朝廷に仕えた。江戸時代には、七条・町尻・桜井・山井が水無瀬の庶流家として分流した。なお、水無瀬宮は明治六年(一八七三)土御門天皇・順徳天皇の神霊も合祀し、官幣中社に列し、昭和十四年(一九三九)後鳥羽上皇の七百年遠忌に際し官幣大社に昇格し、水無瀬神宮と改称された。明治以降も水無瀬家が宮司家を勤める。水無瀬家嫡流・支流いずれも家紋は後鳥羽上皇にちなみ十六葉八重表菊形を用いた。

水無瀬家　みなせけ

藤原氏北家水無瀬流。法興院摂政兼家の一男中関白道隆の裔。水無瀬流の嫡流。藤原大秦入道信輔の四男坊門中納言親信を家祖とする。水無瀬家の称は信成・親成父子が後鳥羽上皇より摂津国水無瀬の離宮跡を与えられ、上皇の菩提を弔うことを命ぜられ、御影堂を建てこの地に住し祭祀を務めたことに因む。信成が実質的な水無瀬家の初代である。家格は羽林家。内々の家。有職故実を家職とした。近衛家の家礼。江戸時代には家領六百三十一石五斗。親信は文治四年(一一八八)任権中納言。建久八年(一一九七)七月六十一歳で没し、二男親兼は後鳥羽天皇生母七条院と従兄弟、急速に官位の昇進を遂げ、元久元年(一二〇四)三十三歳で従三位に叙され公卿に列し、四十三歳の時の建保二年(一二一四)従二位権中納言に叙任された。後鳥羽上皇に重用され、その息信成は上皇の下命により一門の嫡流で上皇の寵臣坊門権中納言忠信の養子となり、建保二年従五位上に昇叙、侍従・左少将に任ぜられ、四年仙洞において上皇の御前にて元服、六年二十二歳で参議に列した。承久三年(一二二一)上皇が鎌倉幕府の討滅を図って敗れた際、前権中納言親兼も参議左中将信成もともに八月八日幕府の手の者に召取られたが、将軍実朝の縁者であったがためか、やがて共に免ぜられ僅かに出仕を停止されただけであった。上皇は七月六日鳥羽殿において剃髪し、ここにおいて当時似絵の名手といわれた藤原信実朝臣を召し、生母七条院のために自身の肖像を描かしめた。隠岐に流されて十九年、延応元

水無瀬家

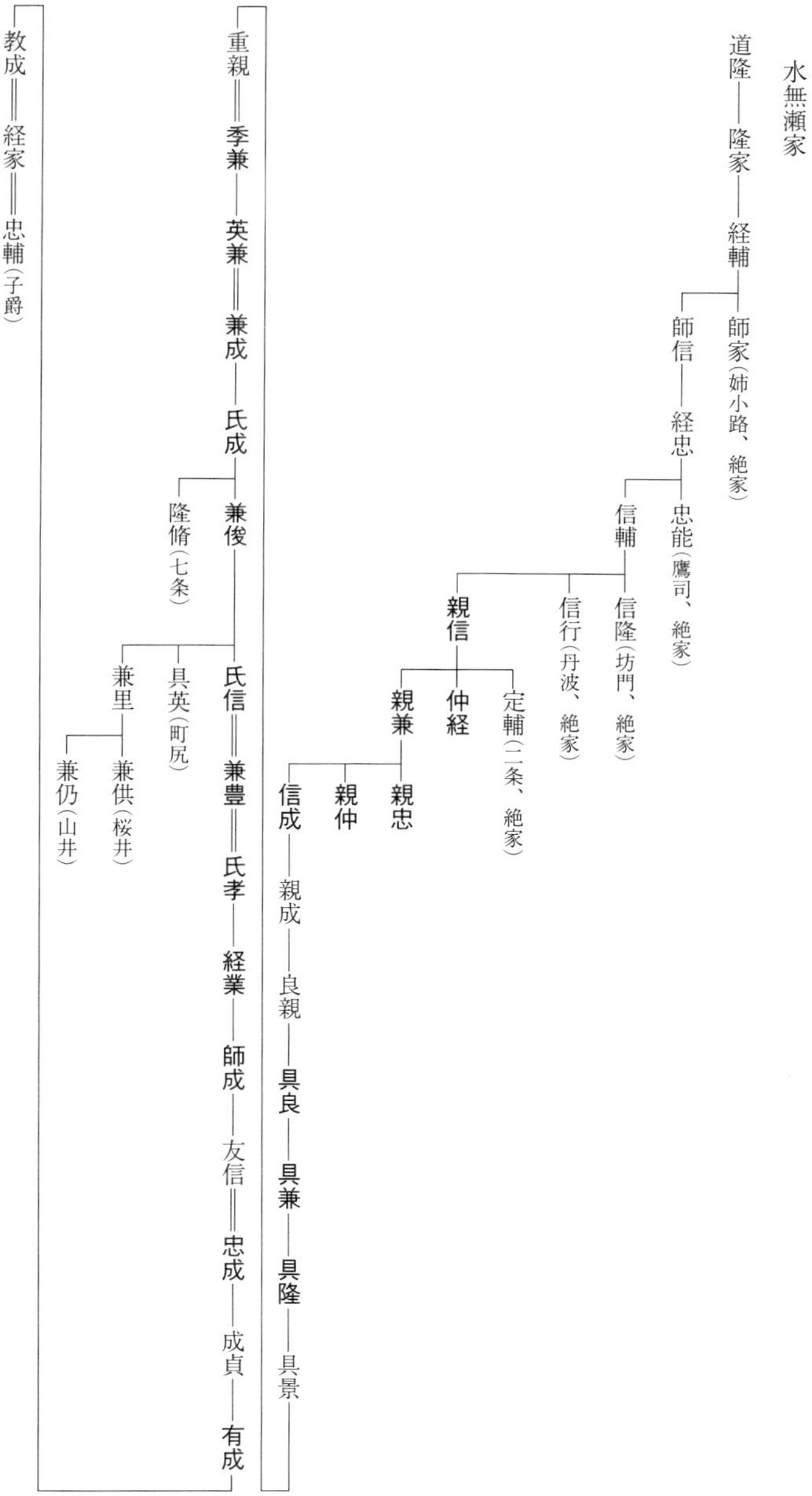

年(一二三九)二月六十歳で崩御した。崩御の十四日前に暦仁二年二月九日付の置文を遺す。最後まで奉公に勤めた信成・親成父子を不憫に思召し、水無瀬・井内両荘を付与し、我もし亡き後はこの所領を以て後生を弔うべきを命じ、蓮華王院領であった出雲の持田及び加賀の両地をも管領させたものである。紙面の中央部に朱肉の色も赤々と印する左右の掌印はこの内容と共に凄みのある稀有なもの(国宝)。水無瀬は後鳥羽院の離宮の一つで、水無瀬殿の在った所。言語に絶する程の風雅な御所であったことは『増鏡』に記載されており、この地を詠んだ「見渡せば山もと霞むみなせ川夕べは秋と何思ひけん」(『新古今集』巻一)の後鳥羽院の和歌はあまりにも著名。後鳥羽院配流の後、水無瀬信成・親成父子がこれを守護し、院崩御の後はこの地を遺領として賜り、院の思召に従って御所跡に宮殿を建てて菩提を弔うこととし、生前院が信実をして描かしめた俗体並びに法体の肖像を后修明門院から頂戴し本尊として崇め祀ったのが、水無瀬御影堂である。のち水無瀬宮の神号が奉られた。院の託宣・願文等は『後鳥羽院御霊託記』に見える。怨霊祟を恐れられ、また公武の篤い信仰を受けた。水無瀬家は歴代この祭祀を勤め、堂上家として朝廷に仕えた。江戸時代には堂上は禁中の非常の際の参勤場所・所役として、内侍所・剣璽・御前・供奉・御文庫などが割り振られ、禁中非常参勤といったが、水無瀬家は禁中に馳けつけることは除外され、水無瀬宮を守護することが第一義とされた。親成は無官、次の良親は従四位下侍従にとどまり、その息具良は延慶三年(一三一〇)従三位に叙せられ公卿に列した。具良の息具兼は参議従二位まで昇ったが、その後『諸家伝』には具隆・具景・重親を列記するが、いずれも官歴の詳細は不明。重親の跡は三条右大臣公冬男季兼が養子に入り、またその息英兼、いずれも参議従二位まで昇った。英兼は天文二十一年(一五五二)出家、二十四年正月七十一歳で没するが、この跡は養子の三条西権中納言公条二男親氏が相続した。三条西家から養子を迎えたことで官途をひらき、天文十六年三十四歳で従三位に叙せられ、天正三年(一五七五)四月兼成と改名、八年には権中納言、十三年正二位に昇り、慶長七年(一六〇二)九月八十九歳で没した。以来、水無瀬家は正二位権中納言を先途としたが、有成は権大納言にまで昇った。江戸時代に水無瀬家から四家の新家が分流した。氏成二男隆脩が七条家、兼俊二男具英が町尻家、同三男兼里が桜井家を起し、桜井家より山井家が分流した。明治十七年(一八八四)忠輔のとき、叙爵内規により子爵を授けられた。菩提所は摂津広瀬の阿弥陀寺。『水無瀬家譜』(東京大学史料編纂所架蔵、四一七五―三一二)。

親信　ちかのぶ　一一三七―九七

久安4(一一四八)・1・7叙爵(氏爵、本名実輔)、仁平3(一一五三)・3・－一院昇殿、保元2(一一五七)・－・－昇殿、永暦1(一一六〇)・2・28右兵衛佐、応保1(一一六一)・1・5従五位上、応保2・1・10正五位下(行幸院賞、院御給)、4・7備中守、永万1(一一六五)・1・5従四位下(佐労)、仁安1(一一六六)・6・22右馬頭(止守)、仁安2・1・5従四位上(鳥羽院大治二－未給)、仁安3・1・6正四位下(春日〈宮カ〉行啓院賞、院御給)、8・12伊与守(院分)、嘉応2(一一七〇)・12・30兼内蔵頭、安元2(一一七六)・12・5大弐、12・8(下名)内蔵頭右馬頭兼字(去守)、安元3・1・24以男散位従五上定輔申任右馬頭、治承1(一一七七)・1・24従三位(抜出叙位次)、大弐如元、治承3・11・17解官、治承4・1・24被聴朝参、寿永2(一一八三)・1・5正三位、8・16修理大夫、8・25〈15日ともあり〉参議、寿永3・3・27備前権守、文治3(一一八七)・5・4辞大夫、文治4・1・6従二位、文治5・1・18美作権守、7・10権中納言、建久1(一一九〇)・8・17正二位、建久2・3・28中納言、建久8・7・8出家、7・12薨去

[死没]建久8(一一九七)・7・12　[年齢]61　[父]大秦信輔、四男　[母]正四位下伯耆守藤原家光女　[前名]実輔・親房　[号]坊門中納言　[公卿補任]1―486上　[大日本史料]4―5―444、4―17―補302

親兼　ちかかね　一一七二―一二四六

養和1（一一八一）・12・29叙位、寿永2（一一八三）・8・16阿波守、文治3（一一八七）・1・23右兵衛佐、文治5・1・5従五位上、建久2（一一九一）・2・1延任二年〈くし〉、建久3・1・5正五位下、建久4・12・9遷左佐〈くし〉、建久7・1・6従四位下（臨時）〈くし〉、正治1（一一九九）・1・5〈くし〉従四位上（七条院御給）、3・23右馬頭、建仁1（一二〇一）・1・6正四位下（院御給）、建仁4・10・26従三位、元右馬頭、承元2（一二〇八）・12・9正三位、承元3・1・13右衛門督、承元5・1・18参議、建暦2（一二一二）・1・13兼備前権守、建保2（一二一四）・1・13権中納言、－・－・－従二位、12・1辞両職、建保5・1・6正二位、承久1（一二一九）・10・9本座、承久3・8・－出家

［死没］寛元4（一二四六）・5・27　［年齢］75　［父］藤原親信、三男　［母］官女阿古丸　［公卿補任］1―558上　［大日本史料］5―1―179

仲経　なかつね　一一六七―一二三六

承安4（一一七四）・1・5叙爵（氏）、寿永1（一一八二）・10・7従五位上、寿永2・1・22右兵衛権佐、元暦1（一一八四）・7・24正五位下、文治3（一一八七）・1・5従四位下、文治4・10・14備前守、建久1（一一九〇）・1・24従四位上、建久2・閏12・4遷丹後守、建久3・1・27止任、建久6・1・5正四位下（七条院御給）、建久7・12・25伯耆、守建久8・9・20復任（父）、正治1（一一九九）・1・20内蔵頭（守如元）、6・23辞守、以済基申任之、建仁1（一二〇一）・1・6従三位、建仁4・1・5正三位、元久2（一二〇五）・1・29修理大夫、4・10参議、元久3・1・13兼備中権守、承元2（一二〇八）・7・9辞大夫、承元4・12・17権中納言、建暦1（一二一一）・3・23従二位、9・8辞職権中納言、正二位、承久1（一二一九）・11・24聴本座、承久2・6・15出家

［死没］嘉禎2（一二三六）・12・27　［年齢］70　［父］藤原親信、二男　［母］官女阿古丸　［公卿補任］1―548下　［大日本史料］5―11―27

親忠　ちかただ　一一九二―一二四三

－・－・－叙爵、元久1（一二〇四）・3・6右馬頭、元久2・1・5従五位上、承元2（一二〇八）・1・5正五位下（東宮当年御給）、承元4・1・6従四位下（右馬頭如元）、建保4（一二一六）・1・5従四位上、建保6・12・9修理大夫（止頭）、承久1（一二一九）・1・5正四位下、承久2・8・29止大夫、嘉禎4（一二三八）・閏2・27従三位、元前修理大夫、寛元1（一二四三）・1・5薨去

［死没］寛元1（一二四三）・1・5　［年齢］52　［父］水無瀬親兼、一男　［母］従三位平基親女　［公卿補任］2―103下　［大日本史料］5―16―124

親仲　ちかなか　一一九四―一二五四

元久3（一二〇六）・1・13叙爵（臨時）、1・17侍従、承元1（一二〇七）・12・9従五位上（院御分）、承元4・1・14兼阿波介、建暦2（一二一二）・11・11〈や〉正五位下（修明門院去年御給）、建保4（一二一六）・12・14左少将、建保5・1・28兼備前権介、建保6・1・5従四位下（府労）、承久2（一二二〇）・1・26兼備前権介、承久3・1・17従四位上、1・22左少将、仁治3（一二四二）・1・5正四位下（臨時）、寛元2（一二四四）・6・22従三位（臨時）、後堀川四条院二代不出仕之人也、元前左少将、建長3（一二五一）・5・－〈建長5年ともあり〉出家、建長6・－・－薨去

［死没］建長6（一二五四）　［年齢］61　［父］水無瀬親兼、二男　［母］従三位平基親女　［号］坊門　［公卿補任］2―127下

信成　のぶなり　一一九七―一二六二

－・－・－叙位、建保2（一二一四）・4・9侍従、従五位上、7・13左少将、建保3・1・5正五位下（院御給）、1・13兼美作権介、4・11左中将、従四位下、7・12従四位上、建保6・1・5正四位下（院当年御給）、12・9参議、左中将如元、建保7・1・22備前権守、承久1（一二一九）・4・28従三位、承久3・1・5正三位、－・－・－辞参議〈く追〉、延応1（一二三九）・3・9出家

［死没］弘長2（一二六二）　［年齢］66　［父］水無瀬親兼　［養父］藤原忠信　［母］散位源盛親女又散位源盛信女　［公卿補任］2―25下

具良　ともよし　一二六九—一三三一

弘安5(一二八二)・10・29叙爵(于時親藤)〈イ〉、建治3(一二七七)・1・5従五位下(神仙門院御給、于時親藤)、弘安8(一二八五)・8・11侍従(于時具良)、弘安11・2・10従五位上、正応3(一二九〇)・1・13出雲介(侍従兼国)、10・29左少将、正応4・1・6〈「7日」イ〉正五位下、正応5・11・23〈「永仁3年8月5日」イ〉従四位下、正応6・3・14〈「永仁1年」イ〉還任左少将、永仁6・9・28〈「永仁3年」イ〉従四位上、永仁5(一二九七)・1・29左中将、10・1正四位下、延慶3(一三一〇)・9・4従三位、元右中将、文保2(一三一八)・1・22治部卿、12・10正三位、元徳3(一三三一)・4・16薨去

[死没]元徳3(一三三一)・4・16　[年齢]63　[父]水無瀬良親　[前名]親藤　[公卿補任]2—415上

具兼　ともかね　一二九四—一三六二

-・-・-従五下、永仁6(一二九八)・7・21従五位上、正安2(一三〇〇)・3・6正五位下、延慶2(一三〇九)・12・30侍従、延慶3・4・7従四位下、正和2(一三一三)・9・20従四位上、正和3・12・29左少将、正和5・9・12正四位下、正慶1〈元弘2〉(一三三二)・8・17左中将、建武4〈延元2〉(一三三七)・7・20従三位、元前左中将、貞和2〈正平1〉(一三四六)・2・21正三位、観応2〈正平6〉(一三五一)・8・13参議、文和1〈正平7〉(一三五二)・12・30辞退参議、康安2〈正平17〉(一三六二)・5・7従二位、-・-出家

[死没]貞治1(一三六二)・5・7　[年齢]69　[父]水無瀬具良　[公卿補任]2—570上　[大日本史料]6—24—121、6—24—689

具隆　ともたか　?—一三九九

応永5(一三九八)・8・16従三位、応永6・7・-出家

[死没]応永6(一三九九)・7・-　[父]水無瀬具兼　[公卿補任]3—44下

季兼　すえかね

永享10(一四三八)・3・30因幡権介(従五位下、右少将)〈し〉、康正1(一四五五)・8・24従三位、寛正4(一四六三)・12・21〈11月ともあり〉参議、-・-辞参議、応仁1(一四六七)・-・-正三位、文明16(一四八四)・9・15従二位、明応4(一四九五)・-・-出家

[父]水無瀬重親(実三条公冬)　[公卿補任]3—181下

英兼　ひでかね　一四八五—一五五五

延徳4(一四九二)・1・6叙位、文亀1(一五〇一)・3・9従五位上、永正3(一五〇六)・2・15正五位下、永正4・2・16侍従〔「左少将」く〕、永正6・8・26従四位下、永正9・2・22左中将、永正10・2・1従四位上、永正13・12・3正四位下、永正18・3・17従三位(御即位叙位日)、元左中将、去之、大永1(一五二一)・12・23〈「21日」さ〉参議、大永2・3・29兼能登権守、大永4・11・20辞退(参議)、享禄3(一五三〇)・1・28〈「27日」さ〉正三位、天文8(一五三九)・1・5従二位、天文21(一五五二)・11・-出家、天文24・1・12薨去〈く追〉

[死没]天文24(一五五五)・1・12　[年齢]71　[父]水無瀬季兼　[母]従一位左大臣三条実量女　[公卿補任]3—356上

兼成　かねなり　一五一四—一六〇二

永正11(一五一四)・-・-誕生、永正15・1・6叙爵、大永4(一五二四)・11・19侍従(今日元服)、大永8・2・11〈や〉従五位上、享禄4(一五三一)・1・5正五位下、享禄-・-・-左少将、天文3(一五三四)・1・6従四位下、9・17転中将、天文7・1・5従四位上、3・8兼但馬権守〔「権介」や〕、天文10・1・5正四位下、天文13・3・19兼阿波介、天文16・1・5従三位(元左中将)、天文21・3・1正三位、天文24・10・19参議、弘治3(一五五七)・6・-従二位、永禄11(一五六八)・9・-富田武家供奉阿州下向云々、天正1(一五七三)・-・-上洛、天正3・4・2〈やくま〉改親氏為兼成☆、-・-辞参議(先年在国刻辞之云々)、天正7・7・24治部卿☆、天正8・1・17権中納言、天正13・1・6正二位☆、慶長5(一六〇〇)・8・21出家☆、慶長7・9・18薨去

[死没]慶長7(一六〇二)・9・18　[年齢]89　[父]水無瀬英兼(実三条西公条、二男)　[母]従一位権大納言甘露寺元長女　[前名]親氏　[一字名]水　[法名]慈興　[公卿補任]3—420下

氏成　うじなり　一五七一―一六四四

元亀2(一五七一)・10・27誕生、天正4(一五七六)・6・26叙位、天正7・4・19侍従、4・29〈「27日」く〉従五位上☆、天正8・-・-〈「天正10年1月19日」く〉左少将☆、天正11・5・27正五位下〈く〉、天正14・9・21〈く〉従四位下、天正19・1・25左中将、文禄4(一五九五)・12・30〈く〉従四位上、慶長6(一六〇一)・3・19河内権介、慶長7・1・6正四位下、慶長12・1・6従三位☆、慶長16・3・21兼左兵衛督、慶長17・12・8〈「7日」く〉正三位☆、止督、慶長18・1・11〈「12日」く諸家伝〉参議☆、慶長19・12・30辞参議、寛永3(一六二六)・1・5従二位、-・-・-権中納言☆、寛永4・6・10〈く〉辞権中納言☆、寛永19・10・22出家☆、寛永21・9・17薨去〈く〉

[死没]寛永21(一六四四)・9・17　[年齢]74　[父]水無瀬兼成　[母]阿州足利某女　[法名]是空　[公卿補任]3―528上

兼俊　かねとし　一五九三―一六五六

文禄2(一五九三)・9・1誕生、慶長2(一五九七)・1・5叙爵、慶長8・11・24〈「14日」ま〉元服、昇殿、侍従、慶長13・1・7従五位上、慶長16・3・21右兵衛佐、慶長17・1・5正五位下、慶長19・1・11左少将、元和1(一六一五)・8・25従四位下、元和2・1・11転中将、元和5・1・6従四位上、元和8・1・5正四位下、寛永5(一六二八)・1・6従三位〈叙位〉、1・28兼左兵衛督〈除目〉、寛永8・1・12参議、寛永11・1・5正三位〈く〉☆、寛永16・閏11・17辞参議、寛永17・1・11復任参議、3・6〈去年正月五日従二位々記〉〈寛永16年にもあり〉従二位☆、寛永21・8・19辞参議、慶安1(一六四八)・12・22権中納言、慶安2・1・12辞権中納言、明暦2(一六五六)・1・1薨去

[死没]明暦2(一六五六)・1・1　[年齢]64　[父]水無瀬氏成　[母]高倉永相女　[公卿補任]3―565下

氏信　うじのぶ　一六一九―九〇

元和5(一六一九)・8・6誕生、元和7・1・5叙爵、寛永3(一六二六)・5・19元服、侍従、寛永9・1・5従五位上、寛永13・1・5正五位下、寛永15・1・11左少将、寛永17・1・5従四位下、寛永21・1・5従四位上、正保2(一六四五)・1・12中将、正保5・1・5正四位下、承応3(一六五四)・12・21従三位(賜去年正月五日口宣案)、明暦4(一六五八)・1・6正三位、寛文1(一六六一)・12・24参議、寛文2・12・14辞参議、寛文9・12・27〈去正月五日分〉従二位☆、延宝1(一六七三)・12・26権中納言、延宝2・2・5辞権中納言、貞享1(一六八四)・2・28正二位、元禄3(一六九〇)・7・15薨去

[死没]元禄3(一六九〇)・7・15　[年齢]72　[父]水無瀬兼俊　[公卿補任]3―636上

兼豊　かねとよ　一六五三―一七〇五

承応2(一六五三)・12・14誕生、万治3(一六六〇)・12・22叙爵、寛文1(一六六一)・12・11元服、昇殿、侍従、寛文5・12・14従五位上、寛文8・12・24正五位下、寛文9・1・12左少将☆、寛文12・1・5従四位下、12・22左中将☆、延宝4(一六七六)・1・5従四位上、延宝8・1・5正四位下☆、貞享2(一六八五)・5・6〈去正月六日分〈「5日」ま〉〉従三位☆、元禄4(一六九一)・12・21〈去正月六日分〉正三位、元禄8・12・23参議、元禄11・7・21辞参議、元禄15・12・23〈去正月五日分〉従二位、宝永2(一七〇五)・3・7薨去☆

[死没]宝永2(一七〇五)・3・7　[年齢]53　[父]水無瀬氏信(実閑斎則俊男)　[幼名]助丸　[公卿補任]4―81上

氏孝　うじたか　一六七五―一七四一

延宝3(一六七五)・10・23誕生、延宝7・5・21叙爵☆、天和3(一六八三)・12・17元服、昇殿、侍従、貞享1(一六八四)・12・23従五位上、元禄1(一六八八)・12・26正五位下、元禄3・12・26右少将、元禄4・1・6従四位下、元禄5・12・25右中将、元禄8・1・5従四位上、元禄12・1・5正四位下、元禄16・1・8〈去五日分〉従三位、宝永1(一七〇四)・9・17治部卿、正徳1(一七一一)・7・25参議、8・16刑部卿、正徳2・12・25正三位、享保2(一七一七)・11・12辞両官、享保3・12・26権中納言、享保4・1・11帯剣〈ま〉、7・4直衣、享保5・6・16辞権中納言、10・23従二位、元文1(一七三六)・8・5正二位、寛保1(一七四一)・12・7薨去

[死没]寛保1(一七四一)・12・7 [年齢]67 [父]水無瀬兼豊(実水無瀬氏信) [母]堀河則康養女 [公卿補任]4―159上

経業 つねなり 一七〇四―六二

元禄17(一七〇四)・7・10誕生、正徳1(一七一一)・12・23叙爵、正徳6・5・23当家相続(元為芝山家養子)、11・27元服、昇殿、侍従、享保2(一七一七)・12・8従五位上、享保5・12・28正五位下、享保7・3・21右少将、享保8・12・26従四位下、享保10・12・7右中将、享保11・12・24従四位上、享保14・2・16正四位下、享保18・1・8〈去五日分〉従三位、宝暦10(一七六〇)・5・4出家

[死没]宝暦12(一七六二)・8・10 [年齢]59 [父]水無瀬氏孝 [養父]芝山広豊 [母]家女房 [幼名]多賀丸 [法名]寿山 [公卿補任]4―307下

師成 もろなり 一七三四―六二

享保19(一七三四)・5・26誕生、元文1(一七三六)・12・3叙爵、延享2(一七四五)・3・27元服、昇殿、侍従、従五位上、寛延1(一七四八)・12・26正五位下、寛延3・1・10左権少将、1・16拝賀、宝暦1(一七五一)・10・30従四位下、宝暦4・2・19従四位上、宝暦7・1・26左権中将、2・6拝賀、8・19正四位下、宝暦10・12・26従三位、宝暦12・2・5薨去

[死没]宝暦12(一七六二)・2・5 [年齢]29 [父]水無瀬経業 [母]家女房(実櫛笥隆賀女) [幼名]寅丸 [公卿補任]4―454上

忠成 ただなり 一七三六―九二

享保21(一七三六)・10・1誕生、寛保3(一七四三)・6・28従五位下、宝暦5(一七五五)・6・16為房季卿子、10・27元服、昇殿、上野権介、従五位上、宝暦7・8・9改実徳(元氏精)、宝暦9・1・24正五位下、宝暦10・3・29右兵衛権佐、宝暦13・2・11〈去正月五日分〉従四位下、12・4左権少将、12・24拝賀、明和4(一七六七)・1・9従四位上、宝暦7(一七五七)・8・4兼越前権介、宝暦8・1・5正四位下、宝暦9・1・13転右権中将(権介如故)、2・28拝賀、安永3(一七七四)・1・8秩満、9・20〈従三位〉、安永4・閏12・2宮内卿、安永5・10・27〈「11月」ま〉改成徳、安永7・6・22正三位、天明5(一七八五)・12・10改忠成、天明7・5・26参議、9・23〈「11日」ま〉大宰大弐、天明8・9・18従二位、寛政4(一七九二)・5・15辞両官、薨去

[死没]寛政4(一七九二)・5・15 [年齢]57 [父]園池房季(実水無瀬氏孝) [母]家女房(実紀延信女) [幼名]槌丸 [前名]氏精・実徳 [号]園池 [公卿補任]4―536下

有成 ありしげ 一七八九―一八六四

寛政1(一七八九)・10・26誕生、寛政3・1・25従五位下、享和1(一八〇一)・4・26元服、昇殿、従五位上、享和2・1・14侍従、享和4・1・23正五位下、文化2(一八〇五)・12・19左権少将、12・26拝賀、文化4・1・4従四位下、3・13着本陣、文化7・1・10従四位上、文化10・1・5正四位下、文政2(一八一九)・8・22転権中将、10・27拝賀、12・18〈従三位〉、文政6・12・19正三位、嘉永1(一八四八)・3・9参議、4・24大嘗会検校、12・19従二位、嘉永5・10・5辞参議、10・11権中納言、11・4帯剣、11・5聴直衣、直衣始、嘉永6・4・29辞権中納言、文久2(一八六二)・1・23正二位、文久3・12・24権大納言、12・27辞権大納言、元治1(一八六四)・8・28薨去

[死没]元治1(一八六四)・8・28 [年齢]76 [父]水無瀬成貞 [母]従一位権大納言油小路隆前女 [公卿補任]5―264下

姉小路家(絶家)

忠隆 ただたか 一一〇二―五〇

嘉承2(一一〇七)・1・5叙爵、天永2(一一一一)・10・25丹波守、天永3・10・19昇殿(造大炊殿賞)、永久2(一一一四)・1・7従五位上(院御給)、永久4・1・30右兵衛佐(兼)、元永1(一一一八)・11・19但馬守(相転)、12・17正五位下(最勝寺供養日)、保安3(一一二二)・1・22〈「23日」くし〉右少将、1・27遷左、保安4・1・28新帝昇殿、保安5・1・6従四位下(少将如元)、天治2(一一二五)・10・4〈10

姉小路家

師家―家範―基隆―忠隆―┬信頼
　　　　　　　　　　　└信親

月5日」くひし〉還昇、大治1（一一二六）・1・7従四位上（院）、12・4備中守（相転）、大治2・12・-辞少将、大治3・2・-〈「1月」くし・3月カ〉供養行幸行事賞（院未給）、3・14正四位下（円勝寺供養賞）、12・24兼大膳大夫、天承1（一一三一）・12・14伊予守、保延5（一一三九）・12・30播磨守（相転）、永治1（一一四一）・12・27伊予守（相転）〈くひし〉、12・-御譲位昇殿、皇后宮亮、康治2（一一四三）・4・-辞大夫、以男基成申任陸奥守、天養2（一一四五）・1・24兼内蔵頭、10・17正四位上（造孔雀明王堂賞〈くし〉）、久安4（一一四八）・2・1従三位（円勝寺供養行幸、院御給、追賞）、元内蔵頭亮伊予守、10・26大蔵卿（通基出家替）、皇后宮亮如元、久安5・3・18美作権守、8・2転皇后宮権大夫、8・3止之（権大夫）、10・19師卿、久安6・8・3薨去

［死没］久安6（一一五〇）・8・3　［年齢］49　［父］藤原基隆、一男　［母］正三位藤原長忠女　［公卿補任］1―424上

信頼　のぶより　一一三三―五九

康治3（一一四四）・1・6従五位下（皇后宮御給）、久安2（一一四六）・2・1従五位上（小六条行幸賞、暉子内親王給）、久安4・1・28土佐守（下名加、父忠隆叙三品、以男信頼申任之）、久安6・7・28武蔵守、仁平1（一一五一）・9・28正五位下（院当年御給）、仁平2・1・28兼右兵衛佐、久寿2（一一五五）・1・6従四位下（右兵衛佐労）、1・28武蔵守（重任、今年秩満）、保元2（一一五七）・3・26兼右近権中将、武蔵守如元（譲之行通朝臣）、4・26従四位上（父忠隆造園城寺賞）、8・23正四位下（父忠隆卿三井寺造功賞）、今日去武蔵守、9・19転左近権中将、10・27蔵人頭、保元3・2・3兼皇后宮権亮、2・9正四位上（皇后宮立后後入内賞）、2・21参議、左中将皇后宮権亮如元、元蔵人頭、5・6従三位（陸奥守雅隆造宮賞）、5・21左兵衛督、8・1転権大夫（元権亮）、8・10権中納言、正三位、11・8検非違使別当、11・26転右衛門督、保元4・2・13止之（権大夫）、2・21中宮権大夫、3・-辞別当、平治1（一一五九）・12・26被下追討宣旨、12・27伏誅

［死没］平治1（一一五九）・12・27　［年齢］27　［父］藤原忠隆、三男　［母］正二位権中納言藤原顕頼女　［公卿補任］1―442上

鷹司家（絶家）

忠能　ただよし　一〇九四―一一五八

康治3（一一四四）・1・5従三位（朝覲行幸賞〈くひし〉、院分、別当）、元内蔵頭、修理大夫如元、久寿3（一一五六）・3・6参議、保元1（一一五六）・9・17兼大宰大弐、11・28兼皇太后宮大夫、保元2・10・22正三位、保元3・3・5出家、3・6薨去

［死没］保元3（一一五八）・3・6　［年齢］65　［父］堀川経忠、一男　［母］藤原公実女従三位実子（鳥羽院乳母）　［公卿補任］1―420下

能成　よしなり　一一六三―一二三八

仁安2（一一六七）・1・5従五位下（皇太后宮御給）、寿永2（一一八三）・1・22信乃権守、元暦1（一一八四）・3・27止権守（元散位）、文治1（一一八五）・1・20侍従、-・-・-止侍従、承元2（一二〇八）・12・9修理権大夫、承元4・1・14従五位上、承元5・1・18正五位下、建暦2（一二一二）・1・13従四位下（止権大夫）、建保1（一二一三）・1・6従四位上（七条院御給）、建保4・1・5正四位下（男兼成罷兵部権少輔叙之）、建保6・12・9従三位、前修理

鷹司家

忠能―長成―**能成**―兼成―経季

大夫、嘉禄1(一二二五)・10・- 出家、嘉禎4(一二三八)・7・5薨去
[死没]嘉禎4(一二三八)・7・5 [年齢]76 [父]鷹司長成、一男 [母]常盤(同源義経母) [公卿補任]2—28下 [大日本史料]5—11—907

坊門家(絶家)

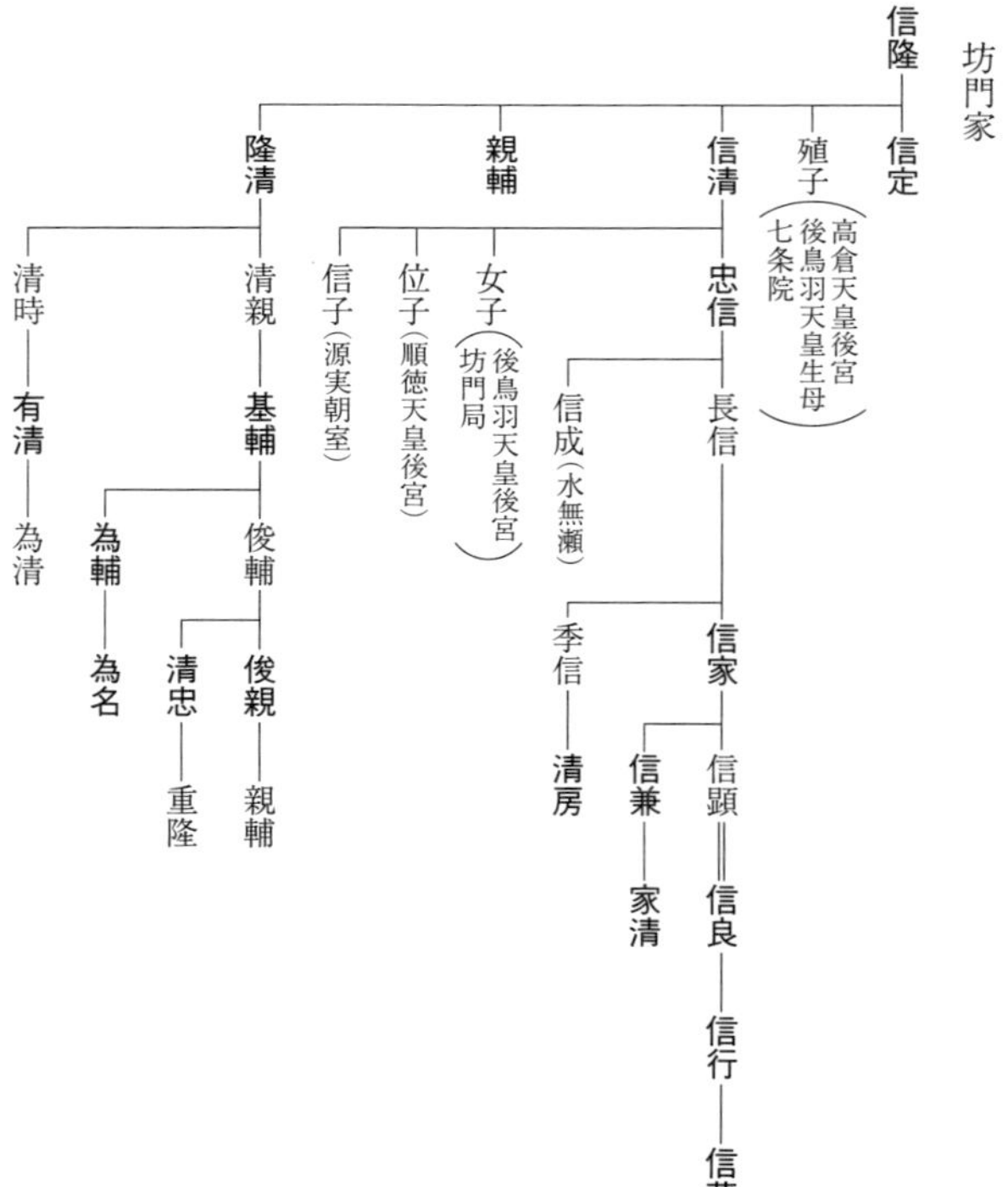

信隆　のぶたか　一一二六—七九
長承2(一一三三)・1・5叙爵(斎院御給)、久安3(一一四七)・4・11右衛門佐、久安4・1・7従五位上(院御給)、仁平2(一一五二)・1・5正五位下(院御給)、1・28兼土左介、仁平4・1・22兼因幡守、久寿2(一一五五)・1・6従四位下(労)、久寿3・1・27右馬頭(守如元)、保元2(一一五七)・10・22従四位上(造登華殿功)、保元3・8・5正四位下、応保1(一一六一)・9・28解官、永万2(一一六六)・1・12還任右馬頭、6・22遷伊与守、仁安3(一一六八)・8・4従三位(行幸院賞、院司)、元伊与守、12・13大弐、承安1(一一七一)・12・8修理大夫、安元2(一一七六)・1・3正三位、治承3(一一七九)・10・- 依病辞大夫、11・-〈「8日」山槐記〉出家、11・16〈「17日」山槐記〉薨去
[死没]治承3(一一七九)・11・16 [年齢]54 [父]大秦信輔、一男 [母]正五位下伯耆守藤原家光女
[号]七条修理大輔 [公卿補任]1—468上

信清　のぶきよ　一一五九—一二一六
長寛1(一一六三)・4・11叙爵、(上西門院康治二—御給)、承安1(一一七一)・4・7侍従、承安5・1・5従五位上(上西門院当年御給)、安元2(一一七六)・1・30兼出雲介、治承3(一一七九)・1・5正五位下(上西門院当年御給)、文治3(一一八七)・3・1右少将〔「右権少将」く〕、文治4・1・23伊与権介、文治5・1・5従四位下(府労)、建久3(一一九二)・1・5従四位上(七条院当年御給)、建久4・1・28備前権介、4・14正四位下(後白河院治承元—御給)、12・9遷右馬頭(去少将)、建久6・7・16辞頭、以娘夫前侍従従四下藤隆衡申任之、建久8・1・30右兵衛督、2・5従三位(下名次)、右兵衛督如元、建久9・11・9参議、11・14転左、建久10・3・23兼播磨権守、正治1(一一九九)・6・23兼右衛門督、11・27正三位、正治2・4・1権中納言、6・25別当、建仁1(一二〇一)・1・6従二位、-・-〔辞別当カ〕、建仁3・1・13

〈23日ともあり〉権大納言、2・8帯剣、建仁4・1・5正二位、1・13辞退権大納言、3・20許本座、建暦1(一二一一)・9・20還任、10・4内大臣、建暦2・6・20上表、建保3(一二一五)・2・18出家

[死没]建保4(一二一六)・3・14 [年齢]58 [父]大秦信隆、一男 [母]大蔵卿正四位下藤原通基女 [号]大秦内府 [公卿補任]1―536下 [大日本史料]4―13―998

信定 のぶさだ 一一四四?―一二二六

長寛2(一一六四)・1・5叙位(氏)、仁安1(一一六六)・1・12甲斐権守、建久3(一一九二)・7・12長門守、建久4・1・29越前守、建久6・1・5従五位上(前殷富門院応保元御給)、建久8・2・5重任、12・15正五位下、正治1(一一九九)・3・13従四位下、建仁1(一二〇一)・1・29得替、建仁2・閏10・24左京大夫、建仁3・10・24従四位上、元久1(一二〇四)・1・5正四位下(七条院御給)、元久2・1・29従三位、左京大夫如元、元久3・1・13兼因幡権守、承元4(一二一〇)・-・- 〔止左京大夫カ〕、建暦1(一二一一)・1・25出家

[死没]嘉禄2(一二二六)・3 [年齢]83カ [父]七条信隆 [母]家女房 [公卿補任]1―561上 [大日本史料]5―3―188

隆清 たかきよ 一一六八―一二一四

嘉応1(一一六九)・12・21叙位、建久3(一一九二)・1・5従五位上(七条院御給)、10・26右衛門佐、建久4・3・15雑袍、建久8・1・6正五位下、1・30美作介、建久9・1・30左少将、正治1(一一九九)・1・5従四位下(臨時)、3・23播磨介、正治2・1・24従四位上(院御給)、正治3・-・-左中将、建仁1(一二〇一)・1・6正四位下(春宮御給)、建仁3・1・13右兵衛督、建仁4・10・26従三位、承元3(一二〇九)・1・13正三位、11・4転左、建暦1(一二一一)・10・2参議、建暦2・1・13兼駿河権守、建保2(一二一四)・2・7薨去

[死没]建保2(一二一四)・2・7 [年齢]47 [父]七条信隆、五男 [母]太政大臣従一位平清盛女 [公卿補任]1―558上 [大日本史料]4―13―31

親輔 ちかすけ 一一六三―一二三四

承安2(一一七二)・1・5従五位下(氏)、建久5(一一九四)・1・30宮内権少輔、建久6・6・6罷権少輔、従五上、建久8・6・13対馬守、正治2(一二〇〇)・3・6遷三川守、建仁2(一二〇二)・11・19正五位下(七条院御給)、元久3(一二〇六)・1・5従四位下(七条院御給)、4・11修理権大夫、承元2(一二〇八)・1・5従四位上(七条院去年御給)、12・9罷権大夫、正四位下、建暦2(一二一二)・1・13従三位、建保2(一二一四)・10・28左京大夫、建保5・1・28信乃権守、6・29以男兼輔申任右兵衛佐辞左京大夫、承久3(一二二一)・12・12大宰大弐、貞応1(一二二二)・11・26正三位、貞応3・7・26薨去

[死没]貞応3(一二二四)・7・26 [年齢]62 [父]七条信隆 [母]家女房 [公卿補任]2―8下 [大日本史料]5―2―356

忠信 ただのぶ 一一八七―?

文治5(一一八九)・1・5叙位(大宮給)、建久8(一一九七)・1・6従五位上(七条院御給)、10・10侍従、正治1(一一九九)・1・5正五位下(七条院御給)、正治2・1・22左近衛少将、建仁1(一二〇一)・1・29兼土左介、12・22従四位下、建仁3・1・5従四位上(院御給)、1・13右近中将、元久1(一二〇四)・8・8正四位下(父卿造五辻殿賞)、10・26兼播磨守、建永1(一二〇六)・10・20蔵人頭、建永2・2・10参議(元蔵人頭右中将)、2・16更任右中将、承元1(一二〇七)・10・29従三位、承元2・1・13兼美作権守、承元3・4・14正三位、承元5・1・18権中納言、-・-右兵衛督、建暦1(一二一一)・9・8左衛門督、建暦2・1・5従二位、建保5(一二一七)・1・6正二位、建保6・12・9権大納言、12・16帯剣、承久3(一二二一)・6・-被招下関東、7・26出家

※承久三年に「八月三日武家移越後国、無流罪宣旨」の記載あり

[父]七条信清、一男 [母]正二位権大納言藤原定能女 [前名]信能 [公卿補任]1―565下 [大日本史料]5―1―121

基輔 もとすけ ?―一二七〇

建保5(一二一七)・1・6従五位下(-内親王御給)、承久3(一二二一)・1・13侍従、安貞3(一二二九)・1・5

従五位上、嘉禎4(一二三八)・閏2・27右少将(父清親辞右中将申任之)、8・28正五位下、暦仁2(一二三九)・5・24近江介、仁治1(一二四〇)・11・12従四位下、12・18左少将(于時清基)、寛元2(一二四四)・1・5従四位上(嘉陽門院去大嘗会御給)、建長2(一二五〇)・1・13兼長門介、建長6・12・17正四位下、建長7・9・13復任、正嘉1(一二五七)・3・29左中将(于時清基)、文応1(一二六〇)・6・14従三位(元左中将)〈や〉、本名清基、文永7(一二七〇)・-・-薨去

[死没]文永7(一二七〇)　[父]坊門清親　[母]正三位高階経仲女　[前名]清基　[公卿補任]2—184上

信家　のぶいえ　?—一二七四

-・-・-叙爵、仁治1(一二四〇)・4・5侍従、仁治2・2・1従五位上、仁治3・1・5〔マ、〕、10・3正五位下、寛元1(一二四三)・4・9右少将、寛元3・1・5従四位下、1・13還任右少将、宝治1(一二四七)・3・6兼駿河権介、宝治2・1・6従四位上、10・29転右中将、建長4(一二五二)・1・13肥前介、建長6・1・5正四位下(嘉陽門院当年御給)、建長7・12・-服解(父)、建長8・2・26復任、文応1(一二六〇)・3・29甲斐介、文永1(一二六四)・12・21従三位(元右中将)、文永6・1・5正三位、文永7・8・14止督、文永8・4・7左兵衛督、文永10・12・8渡右、文永11・6・1薨去

※文永七年より「左兵衛督」

[死没]文永11(一二七四)・6・1　[父]坊門長信　[養父]坊門忠信　[公卿補任]2—200上

有清　ありきよ　?—一三一〇

建長1(一二四九)・5・17〈「3月」やイ〉従五位下(于時時隆)、建長3・5・25越中守、正元1(一二五九)・5・21従五位上、-・4・6侍従、文永9(一二七二)・12・20正五位下、文永11・2・10兼但馬介、正応2(一二八九)・12・29従四位下(于時有時)、正応3・12・30従四位上、正応6・1・5正四位下、永仁5(一二九七)・6・25左少将、永仁6・3・24兼近江権介、11・14止権介、12・18左中将、-・-・-解官、嘉元4(一三〇六)・1・5従三位(元前左中将、本名時隆)、延慶3(一三一〇)・2・8正三位、4・26薨去

※正和五年(一三一六)非参議正三位〔以後不見〕

[死没]延慶3(一三一〇)・4・26　[父]坊門清親、二男　[前名]時隆・有時　[公卿補任]2—388上

信良　のぶよし　一二六九—一三三〇

建治1(一二七五)・1・6〈「文永3年」イ〉叙爵(于時信行)、弘安5(一二八二)・10・29侍従(于時信良)、弘安8・3・8従五位上、弘安9・1・13美作介、永仁2(一二九四)・1・6正五位下、4・30右少将、永仁5・5・4従四位下、永仁6・12・18還任右少将、永仁7・2・6従四位上、正安1(一二九九)・11・4転左中将、正安2・閏7・14正四位下、嘉元2(一三〇四)・6・6止中将、正和5(一三一六)・閏10・19従三位、元前右中将、文保1(一三一七)・3・27右兵衛督〔「右衛門督」や〕、-・-〔止之カ〕、元徳2(一三三〇)・6・23薨去

[死没]元徳2(一三三〇)・6・23　[年齢]62　[父]坊門信顕(実坊門信宗)　[前名]信行　[公卿補任]2—455下

為輔　ためすけ　一二五八—?

建治2(一二七六)・4・14従五位下、弘安1(一二七八)・閏10・21侍従、弘安2・12・12〈や〉従五位上、弘安8・6・26復任、弘安9・1・5正五位下、正応2(一二八九)・1・11兼土佐権介、正応4・3・25左少将、正応5・2・27従四位下、永仁2(一二九四)・1・6従四位上、8・5還任左少将、12・9転左中将、永仁4・10・24正四位下、永仁5・閏10・23解却左中将、嘉元3(一三〇五)・閏12・17従三位、元前左中将、在関東、延慶2(一三〇九)・10・15正三位、応長1(一三一一)・5・10右兵衛督、閏6・29止督、正和1(一三一二)・10・12従二位、正中2(一三二五)・10・5出家

[父]坊門基輔、二男　[公卿補任]2—383上

信兼　のぶかね　?—一三三〇

弘安4(一二八一)・1・5叙爵(于時信隆)、正応2(一二八九)・1・13侍従、正応4・7・17従五位上(改信兼)、永仁4(一二九六)・3・9右少将、永仁5・11・14正五位下、永仁7・1・5従四位下、正安1(一二九九)・11・4還任右少将、嘉元2(一三〇四)・3・7従四位上、6・3解却少将、延応2(一三〇九)・

1・6正四位下、11・19左中将、正和5(一三一六)・2・2従三位、元左中将、元応2(一三二〇)・-・-薨去

[死没]元応2(一三二〇) [父]坊門信家、三男 [前名]信隆 [公卿補任]2―454下

俊親 としちか

弘安8(一二八五)・1・5叙爵(神仙門院御給、于時隆輔)、正応2(一二八九)・1・19侍従、正応3・7・21右少将(于時俊親)、正応4・1・5従五位上(府労)、永仁2(一二九四)・3・27兼伊与権介、6・1解却、7・20右少将如元、12・24正五位下、永仁5・3・30〈「20日」イ〉従四位下、永仁6・6・23還右少将、永仁7・2・6従四位上、正安2(一三〇〇)・閏7・14正四位下、乾元1(一三〇二)・11・7解却見任、嘉元2(一三〇四)・3・22〈「27日」イ〉右中将、正和1(一三一二)・4・10従三位、元右中将、元応1(一三一九)・3・9侍従、元亨2(一三二二)・3・-出家

[父]坊門俊輔 [前名]隆輔 [公卿補任]2―427下

清房 きよふさ

弘安8(一二八五)・3・6従五位下(于時信俊)、伊世守、正応1(一二八八)・7・16止守、正応3・3・6侍従、正安3(一三〇一)・3・16従五位上(但同名一人永仁七正五叙従五下)、6・22少納言(于時信雅)、12・30辞少納言、正安4・8・11正五位下、徳治2(一三〇七)・1・29還任少納言、延慶1(一三〇八)・10・12辞少納言、正和3(一三一四)・6・3辞侍従、文保2(一三一八)・3・12還任少納言宣下、7・7従四位下、8・13更任少納言(宣下)、文保3・3・9兼駿河権守、元応3(一三二一)・2・3辞少納言、-・-従四位上、元亨1(一三二一)・3・11正四位下、元徳2(一三三〇)・3・1従三位(元前少納言)

❖暦応二年(一三三九)非参議従三位〔以後不見〕

[父]坊門季信 [養父]藤原信顕 [前名]信俊・信雅 [公卿補任]2―530下

家清 いえきよ 一二九一―一三五四

正安1(一二九九)・7・8叙爵、徳治3(一三〇八)・3・4侍従、延慶2(一三〇九)・2・8〈「延慶3年」し〉従五位上、延慶4・1・17正五位下、正和1(一三一二)・11・18辞侍従、正和3・1・5従四位下、正和5・閏10・4左少将、-・-・-辞将、建武4〈延元2〉(一三三七)・1・7従四位上(于時家清)、12・4右中将、暦応2〈延元4〉(一三三九)・1・5正四位下、貞和5〈正平4〉(一三四九)・2・15兼陸奥介、3・25従三位、元左中将、本名信世、文和3〈正平9〉(一三五四)・4・11薨去

[死没]文和3(一三五四)・4・11 [年齢]64 [父]坊門信兼 [前名]信世 [公卿補任]2―625上 [大日本史料]6―19―21

信行 のぶゆき 一三〇四―?

嘉元2(一三〇四)・1・5叙爵(氏)、延慶2(一三〇九)・12・30従五位上、文保1(一三一七)・12・22侍従、元亨4(一三二四)・3・14辞侍従、元徳2(一三三〇)・2・11正五位下、元弘3(一三三三)・6・12左衛門佐、8・5従四位下(左衛門佐如元)、11・8右少将、暦応1〈延元3〉(一三三八)・11・18従四位上、暦応3〈興国1〉・7・19転左中将、暦応4〈興国2〉・3・19正四位下、暦応5〈興国3〉・3・30兼弾正大弼、康永1〈興国3〉(一三四二)・7・28去大弼、観応1〈正平5〉(一三五〇)・3・29従三位(元左中将)、文和1〈正平7〉(一三五二)・12・30参議、文和2〈正平8〉・6・29出家

[父]坊門信良 [法名]能蓮 [公卿補任]2―630上 [大日本史料]6―18―179

清忠 きよただ ?―一三三八

正中3(一三二六)・2・19右大弁、嘉暦2(一三二七)・1・5正四位上、7・16従三位、元右大弁正四位上、閏9・20造興福寺長官、嘉暦3・3・16参議、9・23兼左京大夫〔右京大夫ともあり〕、嘉暦4・1・13兼周防権守、2・12辞参議、止大弁、-・-正三位、3・14止之(右京大夫)、元徳2(一三三〇)・11・7還任(参議)、元徳3・1・13辞(参議)、正慶2〈元弘3〉(一三三三)・6・12還任(参議)、兼右大弁、9・23補造興福寺長官、元弘4(一三三四)・1・13兼信乃権守、建武1(一三三四)・9・4兼大蔵卿、9・28従二位、12・17止卿、建武4〈延元2〉・1・7左大弁、3・29辞(参議)、建武5・3・21於吉野離宮薨去

[死没]建武5(一三三八)・3・21　[父]坊門俊輔　[公卿補任]2—513下　[大日本史料]6—4—769

為名　ためな　?—一三九五

貞治2〈正平18〉(一三六三)・1・5〈「6日」やし〉従三位、元右中将、永和3〈天授3〉(一三七七)・1・5正三位、応永2(一三九五)・-・-薨去

[死没]応永2(一三九五)　[父]坊門為輔　[公卿補任]2—680下　[大日本史料]7—2—189

信藤　のぶふじ

応永6(一三九九)・1・5〈やし〉従三位、元左中将〈や〉、応永20・1・5正三位、応永21・4・5出家

[父]坊門信行　[公卿補任]3—47上　[大日本史料]7—20—28

丹波家(絶家)

信雅　のぶまさ

仁安3(一一六八)・1・12叙位(皇太后宮保元三年御即位御給)、文治3(一一八七)・1・5従五位上(加叙、待賢門院康治元年御給)、寿永1(一一八二)・12・10治部大輔(父信行朝臣辞宮内卿申任之)、建久1(一一九〇)・1・5正五位下、建久2・12・28美乃守従四下、建久6・3・12従四位上(東大寺供養、七条院御給)、建久9・1・20〈くし〉丹波守、11・21正四位下(前高松院永万元年御給)、承元4(一二一〇)・1・5従三位、建暦2(一二一二)・5・25出家

[父]大秦信行　[母]正三位権中納言藤原忠基女　[号]丹波二位　[公卿補任]1—576上　[大日本史料]4—11—770

丹波家

信行——**信雅**——**経行**

経行　つねゆき

-・-・-叙爵、建永2(一二〇七)・1・13治部権大輔、建保2(一二一四)・1・5従五位上、建保5・12・12左兵衛権佐、承久3(一二二一)・1・5正五位下、貞応1(一二二二)・4・13従四位下(止佐叙之)、安貞2(一二二八)・3・20従四位上(朝覲行幸、院司賞)、貞永1(一二三二)・11・29正四位下(嘉陽門院寛喜二年御給)、嘉禎2(一二三六)・6・13右京大夫、暦仁2(一二三九)・1・24従三位、元右京大夫、延応2(一二四〇)・2・23出家

[父]丹波信雅、一男　[公卿補任]2—108下　[大日本史料]5—12—789

二条家(絶家)

定輔　さだすけ　一一六三—一二二七

承安2(一一七二)・1・5叙爵(氏、本名親輔)、承安3・11・2従五位上(臨時)、安元3(一一七七)・1・24右馬頭(父朝臣今日叙従三位替)、治承3(一一七九)・1・5正五位下(右馬頭労)、11・17停任(入道太政大臣訴也)、治承5・3・26周防守、養和1(一一八一)・12・4従四位下、寿永1(一一八二)・11・23従四位上(院臨時御給)、元暦2(一一八五)・1・20正四位下、6・10去守、文治3(一一八七)・5・4遷任修理大夫(去少将、父卿譲之)、文治6・1・24内蔵頭、建久2(一一九一)・12・30従三位(内蔵頭去之)、修理大夫如元、建久9・11・25正三位、正治1(一一九九)・6・23左兵衛督、正治2・4・1参議、建仁1(一二〇一)・1・29兼能登守〔「能登権守」くし〕、-・-・-〔別当カ〕、建仁2・7・23権中納言、建仁3・1・5従二位、1・13辞督別当等、5・27帯剣、元久2(一二〇五)・7・18正二位、11・24中納言、承元3(一二〇九)・4・10権大納言、承元5・1・18辞退(権大納言)、建保5(一二一七)・6・29大宰権帥、承久3(一

二条家

定輔——**親定**——経定——隆経

二二一)・12・10去師、貞応2(一二二三)・2・17出家、安貞1(一二二七)・7・9薨去
[死没]安貞1(一二二七)・7・9　[年齢]65　[父]二条親信、一男　[母]官女阿古丸　[前名]親輔　[号]二条師入道　[公卿補任]1—525上　[大日本史料]5—4—37

親定　ちかさだ　一一八三—一二三八

―・―・―叙位、建久9(一一九八)・1・5従五位上(七条院御給)、正治1(一一九九)・1・30中務大輔、9・23兼常陸介、正治2・1・22遷左兵衛権佐、建仁1(一二〇一)・8・19左馬頭、建仁2・11・22正五位下、元久1(一二〇四)・11・1従四位下、建永1(一二〇六)・1・13従四位上(臨時)、6・16兼内蔵頭、建永2・1・2正四位下(朝覲行幸日、院御給)、承元3(一二〇九)・1・13従三位、承元5・1・19正三位、建保5(一二一七)・1・28左兵衛督、承久2(一二二〇)・12・18参議、承久3・1・13兼備後権守、承久4・1・24止督、嘉禄1(一二二五)・12・8従二位、嘉禄2・1・23兼伊与権守、嘉禄3・10・4辞職(参議)、安貞2(一二二八)・11・2本座、嘉禎4(一二三八)・6・12薨去
[死没]嘉禎4(一二三八)・6・12　[年齢]56　[父]二条定輔、一男　[母]日吉祝部輔定女　[公卿補任]1—573下　[大日本史料]5—11—880

七条家　しちじょうけ

藤原氏北家水無瀬流。水無瀬家の庶流。水無瀬権中納言氏成の二男左近衛権中将隆脩を家祖とする。羽林家、新家。内々の家。有職故実を家職とした。近衛家の家礼。家領二百石。隆脩は堂上家に取立てられ、元和六年(一六二〇)九歳で叙爵、元服・昇殿・侍従。寛永十四年(一六三七)左権中将、十八年従四位上。寛文九年(一六六九)十月五十八歳で没した。養子継承が目立つが、信方・隆則は本家水無瀬家から、隆房・成信の二代は同族町尻家から養嗣子となった。非参議従三位を先途としたが、隆豊が参議正三位、信元が参議従二位まで昇った。明治十七年(一八八四)七月、華族令の制定により旧堂上家一斉授爵の際、信義が五月に病により隠居し、母寿賀子が戸主となっていたので、授爵から除外されたが、二十年三月信義が再び家督を相続したことをもって、翌月子爵を授けられた。菩提所は真如堂。『七条家譜』(東京大学史料編纂所架蔵、四一七五—二二九)。

七条家

隆脩―**隆豊**―匡信＝**信方**―**信全**
＝隆房＝成信＝隆則―**信元**
＝信祖―信義＝寿賀子＝信義(子爵、再承)
寿賀子

隆豊　たかとよ　一六四〇—八六

寛永17(一六四〇)・3・26誕生、正保2(一六四五)・1・6叙爵(于時隆良)、慶安4(一六五一)・3・13元服、昇殿、侍従、従五位上、承応4(一六五五)・1・5正五位下、3・23改隆豊(依御諱字也)、4・7左少将、万治2(一六五九)・1・5従四位下、万治3・1・11左中将、寛文3(一六六三)・1・6従四位上、寛文6・12・17正四位下☆、寛文10・1・5従三位、号七条、延宝4(一六七六)・12・23〈去年正月五日分〉正三位☆、天和1(一六八一)・11・21参議、天和3・―・―左兵衛督、貞享1(一六八四)・10・20辞両官、薨去〈貞享3年2月28日〈ま〉にもあり〉
[死没]貞享3(一六八六)・2・28　[年齢]47　[父]七条隆脩　[母]明正院乳母　[前名]隆良　[一字名]曲　[号]七条　[公卿補任]4—27下

信方　のぶかた　一六七七—一七二九

延宝5(一六七七)・1・12誕生、天和3(一六八三)・12・27叙爵、宝永3(一七〇六)・4・16当家相続☆、4・30元服☆、昇殿☆、侍従☆、5・6従五位上☆、8・9改信方(元氏秀)☆、宝永5・1・20左少将、2・27兼中宮少進(立后日)、宝永6・3・16正五位下、宝永7・3・21止少進(依院号定也)、正徳3(一七一三)・1・14〈去六分〉従四位下、7・23左

中将、正徳5・2・20喪養父、4・22除服出仕復任、享保2(一七一七)・4・3従四位上、享保5・10・23正四位下、享保8・5・11従三位、享保14・3・7薨去
［死没］享保14(一七二九)・3・7 ［年齢］53 ［父］七条匡信(実水無瀬兼豊、二男) ［母］家女房(実烏丸資慶女)(実水無瀬家女房) ［前名］氏秀 ［公卿補任］4―257下

信全 のぶたけ　一七一四―四八
正徳4(一七一四)・12・15誕生、享保3(一七一八)・1・5叙爵☆、享保13・4・28元服、昇殿、侍従、従五位上、享保14・3・7服解(父)〈ま〉、4・28除服出仕復任〈ま〉、享保16・3・27左少将、9・30正五位下☆、享保19・1・6従四位下、享保20・2・18転左中将、元文3(一七三八)・2・6従四位上、寛保2(一七四二)・4・28正四位下、延享3(一七四六)・10・9［従三位］、寛延1(一七四八)・9・25薨去
［死没］寛延1(一七四八)・9・25 ［年齢］35 ［父］七条信方 ［母］正二位権中納言綾小路俊景女 ［公卿補任］4―377上

信元 のぶはる　一七九二―一八六九
寛政4(一七九二)・3・16誕生、寛政8・10・25従五位下、享和1(一八〇一)・5・7元服、昇殿、備中権介、従五位上、文化2(一八〇五)・1・26〈去五分〉正五位下、文化5・4・7院判官代、4・26拝賀、文化6・1・5従四位下、文化10・1・5従四位上、12・16賜後桜町院御服、文化11・1・16除服宣下、文化14・1・4正四位下、文政6(一八二三)・3・8左権少将、7・27拝賀、文政7・6・4着本陣、12・19転権中将、文政8・1・1拝賀、1・25(従三位)、文政13・1・5正三位、慶応3(一八六七)・10・13参議、11・1辞参議、12・7従二位
［死没］明治2(一八六九)・4・11 ［年齢］78 ［父］七条隆則(実樋口宣康、二男) ［母］従四位下刑部権大輔桜井氏福女綱 ［公卿補任］5―306上

町尻家 まちじりけ

藤原氏北家水無瀬流。水無瀬家の支流。水無瀬権中納言兼俊の二男従四位上大蔵大輔具英を家祖とする。羽林家、新家。外様の家。有職故実を家職とした。近衛家の家礼。家禄三十石三人扶持。具英は寛永八年(一六三一)九歳のとき叙爵。十四年元服、任大蔵大輔。正保三年(一六四六)叙従四位下。慶安年中(一六四八―五二)病により出家し閑斎と号し、寛文十一年(一六七一)四月に四十九歳で没した。息兼豊が家督を継いだが、後水尾院の仰せにより、兼豊は本家の水無瀬氏信養子とし、氏信の二男兼量を兼豊養子として町尻家を継がさせ、兼量は延宝四年(一六七六)十五歳で元服・昇殿。堂上家として延宝元年十二月分で叙爵、元禄十三年(一七〇〇)四十歳で従三位に叙せられ公卿に列し、従二位権中納言まで昇り、享保二十一年(一七三六)落飾、寛保二年(一七四二)九月八十一歳で没した。以後は参議従二位を先途としたが、量輔は老年に及びしばらく権中納言に任ぜられた。兼重は議奏に補され、兼久・兼望は宝暦事件に坐して遠慮落飾を命ぜられた。明治十七年(一八八四)量衡のとき、叙爵内規により子爵を授けられた。菩提所は妙心寺。『町尻家譜』(東京大学史料編纂所架蔵、四一七五―三一〇)。

町尻家
具英―┬―兼豊＝兼量―┬―兼重＝説久―┐
　　　└―兼量　　　　└―兼久
┌―――――――――――――――――――┘
└―兼望＝量原―量聡―量輔―兼衡(子爵)

兼量 かねかず　一六六二―一七四二
寛文2(一六六二)・11・4誕生、延宝1(一六七三)・12・11叙爵、延宝4・1・28元服、昇殿、勘解由次官、延宝6・12・19従五位上、天和3(一六八三)・1・5正五位下、貞享3(一六八六)・12・9左少将、貞享4・3・11〈去正五分〉従四位下、元禄3(一六九〇)・3・12左中将、元禄5・12・13〈去年正六分〉従四位上、元禄9・12・28〈去正五分〉正四位下、元禄13・12・25従三位、宝永3(一七〇六)・12・

23正三位、正徳5(一七一五)・8・6参議、8・28辞参議、享保9(一七二四)・12・1権中納言、12・7辞権中納言、享保20・12・24従二位、元文1(一七三六)・4・8出家

[死没]寛保2(一七四二)・9・26　[年齢]81　[父]町尻具英(実水無瀬氏信)　[養父]町尻兼豊　[母]家女房　[幼名]久馬丸　[法名]是誰　[公卿補任]4―145上

兼重　かねしげ　一六八四―一七四〇

貞享1(一六八四)・10・28〈「2月」ま〉誕生、元禄1(一六八八)・12・26〈去正六分〉叙爵、元禄7・12・13元服、昇殿、侍従、元禄8・1・29〈「19日」ま〉〈去正五分〉従五位上、元禄12・12・28正五位下、元禄13・12・25左少将、元禄16・1・8〈去五分〉従四位下☆、宝永2(一七〇五)・12・18左中将、宝永4・2・13〈去正五分〉従四位上☆、宝永5・2・16兼春宮亮(立后日)、宝永6・6・11止亮(依受禅也)、正徳1(一七一一)・2・28〈去正五分〉正四位下、正徳5・12・27従三位、享保7(一七二二)・12・25正三位、享保18・12・21参議、享保19・9・19辞参議、元文5(一七四〇)・7・4従二位、7・17薨去

[死没]元文5(一七四〇)・7・17　[年齢]57　[父]町尻兼量　[母]家女房　[幼名]久馬丸　[公卿補任]4―218上

説久　ことひさ　一七一五―八三

正徳5(一七一五)・4・24誕生、享保4(一七一九)・12・26叙爵、享保12・3・5為兼重卿子、享保13・11・27元服、昇殿、侍従、従五位上、享保16・12・25右少将、享保17・閏5・4正五位下、享保21・1・27従四位下☆、元文1(一七三六)・12・29右中将、元文5・7・17服解(養父)〈ま〉、8・8除服出仕復任〈ま〉、寛保1(一七四一)・12・21〈去正五分〈ま〉〉従四位上、寛保2・10・9服解(実父)〈ま〉、10・2除服出仕復任〈ま〉、延享2(一七四五)・閏12・18〈去十六分〈ま〉〉正四位下、寛延3(一七五〇)・1・10従三位、宝暦8(一七五八)・1・18〈去十二月廿五日分〉正三位、宝暦10・6・21出家

[死没]天明3(一七八三)・4・25　[年齢]69　[父]町尻兼重(実町尻兼量、二男)　[母]家女房(実高野保春女)　[幼名]久馬丸　[前名]兼久　[法名]如水　[公卿補任]4―398下

量原　かずはら　一七四一―九九

寛保1(一七四一)・11・21誕生、延享4(一七四七)・2・1叙爵(于時兼原)、宝暦10(一七六〇)・7・1為説望子、11・26元服、昇殿、兵部権大輔、従五位上、宝暦14・1・10正五位下、明和5(一七六八)・1・9従四位下、明和8・1・10〈「7日」ま〉右権少将、1・16奏慶、明和9・1・5従四位上、安永2(一七七三)・12・19兼備後権介、安永4・3・29服解(実母)、5・20除服出仕復任、安永5・1・9正四位下、安永6・1・5秩満、12・19左権中将、安永7・1・16奏慶、安永8・11・25改量原、安永9・1・19従三位、天明5(一七八五)・1・14正三位、寛政9(一七九七)・5・2参議、寛政10・2・26辞参議、4・22従二位、寛政11・6・23薨去

[死没]寛政11(一七九九)・6・23　[年齢]59　[父]町尻兼望(実吉田良延、二男)　[母]従三位水無瀬経業女(実伊予守従五位下本多忠統女)　[幼名]鎗丸　[前名]兼原　[公卿補任]5―6下

量聡　かずふさ　一七六七―一八〇五

明和4(一七六七)・5・10誕生、明和8・1・5従五位下、安永5(一七七六)・2・16〈「5月2日」ま〉元服、昇殿、出羽権介、従五位上、安永8・11・25改名量聡(元兼聡)、安永9・2・5正五位下、天明4(一七八四)・1・8従四位下、天明8・1・5従四位上、寛政1(一七八九)・10・6右権少将、12・4拝賀、寛政2・2・22賜前青綺門院御服〈ま〉、3・13除服宣下、寛政3・1・25兼備中権介、寛政4・2・2正四位下、寛政7・1・13秩満、2・26転右権中将、5・8拝賀、寛政8・4・24〔従三位〕、寛政9・3・30大宰大弐、寛政12・9・20刑部卿、享和1(一八〇一)・1・5正三位、文化2(一八〇五)・7・29辞卿〈ま〉、薨去

[死没]文化2(一八〇五)・7・29　[年齢]39　[父]町尻量原　[母]冷泉為村三女寿子(豊姫)　[幼名]憙久丸　[前名]兼聡　[公卿補任]5―110上

量輔　かずすけ　一八〇二―七四

享和2(一八〇二)・3・1誕生、文化3(一八〇六)・1・18従五位下、文化13・10・17元服、昇殿、出羽権介、

従五位上、文政2(一八一九)・1・25正五位下、文政5・1・5従四位下、文政7・6・4右近衛権少将(小除目)、8・8拝賀、文政8・1・25従四位上、文政11・1・20正四位下、天保7(一八三六)・12・19転権中将、天保8・1・1〈ま〉拝賀、3・11〔従三位〕、天保13・6・14正三位、弘化2(一八四五)・3・5大宰大弐、弘化3・3・4賜仁孝天皇御当色、3・7賜御素服、文久3(一八六三)・12・29参議、文久4・1・20従二位、慶応3(一八六七)・1・27賜大行天皇御当色、2・2賜御素服、9・26辞参議、慶応4・3・20権中納言、8・19辞権中納言
[死没]明治7(一八七四)・6・19 [年齢]73 [父]町尻量聡 [母]正二位権大納言冷泉為泰女 [幼名]久馬丸 [公卿補任]5—381上

桜井家　さくらいけ

藤原氏北家水無瀬流。水無瀬家の庶流。水無瀬権中納言兼俊の三男桜井従四位下縫殿助兼里を家祖とする。羽林家、新家。外様の家。有職故実を家職とした。近衛家の家礼。家禄三十石三人扶持。兼里は寛永六年(一六二九)生まれ。近衛家諸大夫。従四位下縫殿助。天和三年(一六八三)七月に五十五歳で没した。息兼供は堂上家に取立てられ、延宝元年(一六七三)十六歳で叙爵。元禄十三年(一七〇〇)四十三歳で上階し、宝永二年(一七〇五)正三位に昇叙。正徳三年(一七一三)八月霊元院の落飾に相伴し出家。享保十五年(一七三〇)正月に七十三歳で没した。兼供の舎弟兼仍が堂上家に取立てられ、山井と号した。氏敦以降、非参議正三位を先途とした。明治十七年(一八八四)供義のときに、叙爵内規により子爵を授けられた。菩提所は浄華院。『桜井家譜』(東京大学史料編纂所架蔵、四一七五—二二三)。

桜井家

兼里┬**兼供**─**氏敦**┬氏福＝**供敦**─**氏全**─**供秀**─**供文**─供愛＝供義(子爵)
　　│　　　　　　　└供敦
　　└兼仍(山井)

兼供　かねとも　一六五八—一七三〇

万治1(一六五八)・12・16誕生、延宝1(一六七三)・11・13叙爵、主計頭☆、延宝6・1・22昇殿(院)、昇殿(内)、1・29刑部権少輔☆、延宝7・12・25〈去年十二十九兼量同日分〉従五位上、天和3(一六八三)・1・5正五位下☆、貞享4(一六八七)・1・5従四位下☆、元禄4(一六九一)・1・6〈「5日」家譜〉従四位上☆、元禄9・1・5正四位下☆、元禄13・12・25従三位☆、号桜井、宝永3(一七〇六)・2・15〈去年正月五日分〉正三位☆、正徳3(一七一三)・8・28出家
[死没]享保15(一七三〇)・1・4 [年齢]73 [父]桜井兼里 [母]近衛尚嗣母円珠院養女 [幼名]友丸 [号]桜井 [法名]窮底徹源 [公卿補任]4—145上

氏敦　うじあつ　一六九〇—一七四一

元禄3(一六九〇)・3・23誕生、元禄7・12・25〈去正五分〉叙爵、元禄15・3・23元服、昇殿、侍従従五位上、宝永3(一七〇六)・1・21〈去五分〉正五位下、宝永5・1・25右少将、宝永7・2・30〈去廿八分〉従四位下、正徳2(一七一二)・12・25左中将、正徳5・7・7〈去年十二廿六分〉従四位上、享保3(一七一八)・12・23正四位下、享保7・11・30従三位、享保13・2・1〈去年十二月廿七日分〉正三位、寛保1(一七四一)・12・20薨去☆
[死没]寛保1(一七四一)・12・20 [年齢]52 [父]桜井兼供 [母]水無瀬兼豊養女(実足利義辰女) [幼名]政丸 [公卿補任]4—252上

供敦　ともあつ　一七四二—九四

寛保2(一七四二)・2・18誕生、宝暦5(一七五五)・6・15叙爵(于時兼文)、宝暦10・5・27為氏福朝臣子、9・26元服、昇殿、大膳大夫、12・26従五位上、宝暦13・12・22右馬頭、宝暦14・1・10〈ま〉正五位下、明和5(一七六八)・1・9従四位下、明和9・1・9従四位上、安永5(一七七六)・1・9正四位下、8・24左権少将、12・2奏慶、安永7・6・25右権中将、8・7奏慶、安永8・11・25改供敦、安永9・1・19従三位、天明5(一

六五)・1・20〈賜去十四日位記〉正三位、寛政6(一七九四)・10・4薨去
［死没］寛政6(一七九四)・10・4　［年齢］53　［父］桜井氏福(実桜井氏敦、二男)　［母］正三位西洞院範篤女(実正二位権大納言勘解由小路韶光女)　［幼名］貞丸　［前名］兼文　［公卿補任］5―6下

氏全　うじたけ　一七六五―九七

明和2(一七六五)・5・18誕生、明和8・12・18従五位下、安永4(一七七五)・5・26元服、昇殿、大蔵権大輔、従五位上、安永5・11・25兵部大輔、安永8・2・1正五位下、天明3(一七八三)・1・13従四位下、天明7・1・5従四位上、天明9・1・18右権少将、3・18拝賀、寛政3(一七九一)・1・4服解(母)、2・27除服出仕復任、5・13正四位下、寛政6・1・28転権中将、2・16拝賀、10・4服解(父)、11・25除服出仕復任、寛政7・1・28〔従三位〕、寛政9・6・13薨去
［死没］寛政9(一七九七)・6・13　［年齢］33　［父］桜井供敦　［母］従五位下若狭守間部詮方女　［幼名］虎丸　［公卿補任］5―103上

供秀　ともひで　一七八一―一八五三

天明1(一七八一)・4・2誕生、天明5・1・13従五位下、寛政1(一七八九)・9・26元服、昇殿、上野権介、12・19従五位上、寛政5・1・20正五位下、寛政9・1・22従四位下、6・13服解(父)、閏7・5除服出仕復任、寛政13・1・5従四位上、文化2(一八〇五)・1・5正四位下、文化3・4・28右近衛権少将、8・2拝賀、文化4・3・26兼但馬権介、文化7・12・21転左権中将(権介如故)、文化8・1・1拝賀、12・21〔従三位〕、文化13・1・5正三位、嘉永6(一八五三)・1・6薨去
［死没］嘉永6(一八五三)・1・6　［年齢］73　［父］桜井氏全　［母］家女房　［幼名］寿丸　［公卿補任］5―208下

供文　ともふみ　一八〇三―四七

享和3(一八〇三)・9・14誕生、文化4(一八〇七)・1・21従五位下、文化9・12・3元服、昇殿、上野権介、従五位上、文化10・11・10服解(母)、文化11・1・16除服出仕復任、8・16拝賀、文化13・1・18正五位下、文政3(一八二〇)・1・12従四位下、文政7・1・5従四位上、文政11・1・5正四位下、天保2(一八三一)・7・9右近衛権少将、8・16拝賀、天保3・4・6兼但馬権介、天保8・3・22転権中将、5・18拝賀、天保9・3・21〔従三位〕、天保14・12・22正三位、弘化4(一八四七)・6・26薨去
［死没］弘化4(一八四七)・6・26　［年齢］45　［父］桜井供秀　［母］家女房　［幼名］徳丸　［公卿補任］5―387上

山井家　やまのいけ

藤原氏北家水無瀬流。水無瀬家庶流桜井家の傍流。桜井従四位下縫殿助兼里の二男山井正三位治部卿兼仍を家祖とする。羽林家、新家。外様の家。有職故実を家職とした。近衛家の家礼。家禄三十石三人扶持。兼仍は貞享四年(一六八七)二月十七歳で元服、補蔵人。三月正六位上・左近衛将監叙任。同日、堂上家として禁色昇殿を聴される。元禄二年(一六八九)叙従五位下。宝永五年(一七〇八)従三位に叙せられ公卿に列する。正三位治部卿に昇り、享保四年(一七一九)八月に四十九歳で没した。兼仍以降、非参議正三位を先途とした。明治十七年(一八八四)兼文のとき、叙爵内規により子爵を授けられた。菩提所は千本 大超寺。『山井家譜』(東京大学史料編纂所架蔵、四一七五―二二二)。

山井家

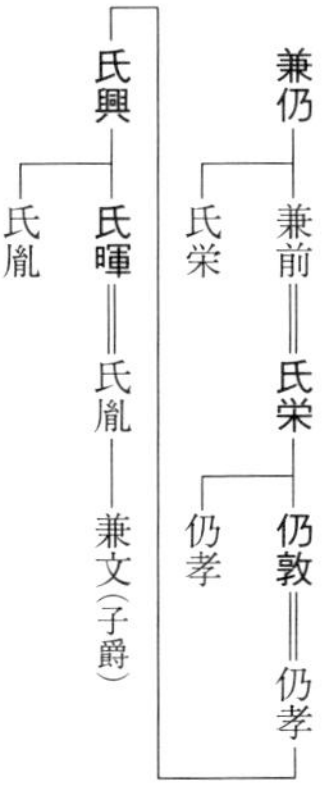

兼仍 かねなお　一六七一—一七一九

寛文11(一六七一)・9・13(「1月」ま)誕生、貞享4(一六八七)・3・12元服、昇殿、蔵人、左近衛将監、正六位上、禁色、元禄2(一六八九)・12・16叙爵、12・19修理権大夫(「権」ま無)、元禄3・12・21従五位上☆、元禄4・2・6正五位下☆、元禄9・12・28従四位下、元禄13・12・25従四位上、元禄17・1・23〈去五分〉正四位下、宝永5(一七〇八)・1・20〈去五日分〉従三位、号山井、享保1(一七一六)・12・25正三位、享保2・4・13治部卿☆、享保4・8・14薨去

[死没]享保4(一七一九)・8・14　[年齢]49　[父]桜井兼里、二男　[母]家女房　[号]山井　[公卿補任]4—184下

氏栄 うじひで　一七一五—?

正徳5(一七一五)・12・24誕生、享保10(一七二五)・12・13叙爵、享保12・3・28元服、昇殿、弾正少弼、享保14・5・8従五位上、享保18・5・24正五位下、元文2(一七三七)・2・7従四位下、寛保1(一七四一)・3・24従四位上、寛保3・8・29転大弼〈ま〉、延享2(一七四五)・閏12・16正四位下、寛延3(一七五〇)・1・10従三位、寛延4・1・26大蔵卿、宝暦8(一七五八)・1・18〈去十二月廿五日分〉正三位、明和4(一七六七)・3・27辞大蔵卿〈ま〉、明和5・2・12出家

[父]山井兼前(実山井兼仍、三男)　[母]家女房　[法名]道一　[公卿補任]4—399上

仍敦 なおあつ　一七三九—八九

元文4(一七三九)・5・25誕生、延享4(一七四七)・12・26従五位下、寛延3(一七五〇)・3・28元服、昇殿、中務権少輔、寛延4・6・22従五位上、宝暦5(一七五五)・3・20〈去二月廿日宣〉正五位下、宝暦9・1・24〈去正月五日宣〉従四位下、宝暦10・12・27中務少輔、宝暦13・2・19〈去正月五日宣〉従四位上、明和4(一七六七)・1・14正四位下、3・27辞中務少輔、5・1勘解由次官、明和8・1・5〈従三位〉、安永5(一七七六)・1・15正三位、安永8・11・25改仍敦、天明2(一七八二)・12・22左京権大夫、寛政1(一七八九)・10・5辞(権大夫)、薨去

[死没]寛政1(一七八九)・10・5　[年齢]51　[父]山井氏栄　[母]家女房　[前名]兼敦　[公卿補任]4—519上

氏興 うじおき　一七八八—一八五七

天明8(一七八八)・1・3誕生、寛政4(一七九二)・10・19従五位下、享和1(一八〇一)・11・26元服、昇殿、周防権介、従五位上、享和2・4・27服解(母)、6・18除服出仕復任、享和4・1・23正五位下、文化4(一八〇七)・1・21従四位下、文化7・1・10従四位上、文化10・2・7正四位下、文化14・1・4〈従三位〉、文政5(一八二二)・1・25正三位、嘉永7(一八五四)・8・8大蔵卿、安政4(一八五七)・2・16辞(卿)、薨去

[死没]安政4(一八五七)・2・16　[年齢]70　[父]山井仍孝　[母]家女房　[公卿補任]5—250下

氏暉 うじてる　一八二一—九四

文政4(一八二一)・7・29誕生、文政8・12・19従五位下、天保5(一八三四)・5・2元服、昇殿、周防権介、従五位上、天保9・12・22正五位下、天保13・12・22従四位下、弘化3(一八四六)・12・17従四位上、嘉永5(一八五二)・1・4正四位下、安政3(一八五六)・12・1〈従三位〉、文久1(一八六一)・6・2正三位

[死没]明治27(一八九四)・10・12　[年齢]74　[父]山井氏興　[母]藤井行福二女福子　[公卿補任]5—503上

高倉流　たかくらりゅう

藤原氏北家の一流。閑院左大臣冬嗣の一男贈太政大臣枇杷中納言長良を始祖とする。長良は、延暦二十一年(八〇二)に生まれ、弘仁十四年(八二三)蔵人に補され、天長元年(八二四)叙爵、累進して承和十年(八四三)蔵人頭より参議に進み、同十五年左衛門督を兼ね、嘉祥三年(八五〇)正四位下、従三位、同四年正三位、仁寿四年(八五四)参議労十年により権中納言、斉衡三年(八五七)従二位というように、急速な昇進を遂げ、同年七月五十五歳で没した。女高子が清和天皇女御となり、陽成天皇の外威として元慶元年(八七七)贈正一位左大臣、同三年重ねて太政大臣を贈られた。長良の息には一男国経、二男遠経、三男基経、四男高経、五男弘経、六男清経があり、六男清経が高倉の祖である。また三男基経は叔父良房の養嗣子となり、堀川太政大臣と号し、初めての関白として世に知られ、謚号を昭宣公という。国経・遠経・高経・弘経いずれも多くの分流を作り子孫繁多。国経流は、初代国経が八条と号し、正三位大納言に昇った。息忠幹は正四位上勘解由長官で終り上階を遂げず、数代四位どまりであったが、多くの歌人を輩出し、文筆等に優れ、ことに九代為経は『今鏡』の作者に擬す説もあり、十代隆信および十一代信実の父子は歌人・似絵の名手として知られる。信実の息為経は従三位中務大輔に昇り、その孫為信も上階し、以降多くが公卿に列したが、二十代の従三位為保が文明十八年(一四八六)出家し、断絶したようである。二男右大弁遠経流は、息の筑前守良範・大蔵大輔茂範・上野介尚範等がいずれも分流し、子孫の多くは国司などの地方官人や北面の武士となったが、各流とも南北朝頃までには絶家となったようである。この流で上階したのは尚範の息季平のみである。また、伊予掾を勤め瀬戸内海で反乱をおこしたことで知られる藤原純友は良範の三男である。四男右兵衛督高経流は八代明俊まで続き、平安時代末頃に絶家となった。なお、『蜻蛉日記』の作者・歌人として知られる藤原道綱母は、高経の孫伊勢守倫寧の女で、『尊卑分脈』には、「歌人、本朝第一美人三人内也」と注してある。五男越前守弘経流は、その息の代で終った。六男参議清経流が、江戸時代末に至るまで継承される高倉家であるが、そこに至るまでには幾流にも分流した。まず、清経の後に三流、二代参議元名の後に四流、三代権中納言文範の後に三流、六代尾張守範永の後、阿波守良綱とその舎弟伊賀守清家の二流に分れた。範永までに分れた各流は二、三代、あるいは、五、六代で絶家となる。阿波守良綱の系流は良綱五代の孫の大蔵少輔範昌の後、一男播磨守永康と四男左近将監永経の大きく二流に分かれ、前者は高倉と号し、後者は冷泉と号した。高倉と号する初めである。高倉流は永康・永定父子ともに上階したが、三代永世は上階を遂げず、以降も四位どまりで終り、六代永俊を最後に家が絶えたようである。冷泉流は永経四代の孫の左近将監範康のとき、舎弟の参議永季がさらに新たに家を起した。この系流が高倉流として唯一江戸時代にまで継承される。範康の系流が高倉家の嫡流であるが、戦国時代に範康の五代の孫の範遠が天文二十年(一五五一)没し、断絶した。なお、良綱舎弟の伊賀守清家の系流は、その息従五位下永雅と信濃守永実の二流に分かれ、これらはさらに多くの分流を作ったが、いずれも家名の相続は明らかではない。また、上階したのも鎌倉時代の末に重清が一人いるのみである。高倉家は衣紋の家として知られるが、これは後嵯峨院のころから永康・永経の兄弟が奉仕したことに始まるという。江戸時代に高倉家の庶流として創立した新家に、堀河・樋口の二家がある。高倉家の家格は半家であるが、この二家は羽林家である。

高倉家　たかくらけ

藤原氏北家高倉流。閑院左大臣冬嗣の一男贈太政大臣枇杷中納言長良の六男藤原参議清経を家祖とする。清経十一代の孫の肥前権守範昌の後、一男従三位永康、四男従三位永経の二流に大きく分かれ、前者は高倉と号し、後者は冷泉と号した。鎌倉時代末のころである。そして後者の流れから、永経曾孫の長門守範賢の子息の代、南北朝時代の末ころに、左近将監範康が冷泉の家を継承したのに対し、舎弟の弾正少弼永季は分家して、高倉の号を用いた。他に高倉を号し絶家したのも多いが、この永季流が衣紋の家として江戸時代に続く高倉家である。なお、高倉の号の起りは、当初その邸宅が高倉通りに面していたことに因むのであろう。家格は半家。内々の家。装束・有職故実を家職とした。高倉流故実の家、衣紋の家として知られる。近衛家の家礼。江戸時代には家領八百十二石七斗余。家祖清経は、承和十三年(八四六)に生まれ、初任は右衛門小尉、右権少将・左中将などの武官の官職を歴任し、延喜十五年(九一五)正月従三位に上階、同五月七十歳で没し、その息元名は能登守を皮切りに各国の国司を歴任し、天徳二年(九五八)七十四歳の老齢に及び大宰大弐のまま参議に任ぜられ、さらに讃岐権守・宮内卿などになり、康保二年(九六五)四月八十一歳で没した。その次の文範は、天慶三年(九四〇)三十二歳のとき昇殿を聴され文章生となったのを初めに、右中弁・左中弁等の文官の官職を歴任し、康保四年(九六七)蔵人頭より参議に昇り、さらに左大弁・民部卿・権中納言を歴任し従二位にまで昇り、長徳二年(九九六)十二月八十八歳で没した。以上三代の官歴は特異なものがあり、後世に家により官位昇進の次第、遅速が一定化し家格として定まっていくなかで、高倉家は半家と位置づけられる。羽林家でもなく名家でもない、特異な官位昇進次第の片鱗が窺われる。四代備中守為雅より十二代肥前権守範昌までの、おおよそ平安時代末期に至る歴代は蔵人所に属し四、五位どまりで、かつ官歴等は明らかでない。範昌の四男で冷泉と号した永経については上階したこともあってか官歴が知られる。宝治元年(一二四七)筑後守となり、官はのち尾張守・中務大輔・修理権大夫を歴任。位は宝治三年(一二四九)従五位上に叙されたところから知られ、次第の昇進をして弘安八年(一二八五)正四位下に昇る。正応四年(一二九一)には宮内卿となり、翌五年辞したが、永仁二年(一二九四)従三位に叙せられ公卿に列し、同五年九月に没した。後世、高倉家は山科家とともに衣紋の家と並び称され、公家装束の着装と調製を家職としたが、高倉家の衣紋は、後嵯峨院のころから永康・永経の兄弟が奉仕したことに始まるという。もとは九条流の故実を継承する徳大寺と大炊御門の両家が家職として衣紋を相伝したが、冬信以降不振となった大炊御門家の衣鉢を継承したのが高倉家で、『薩戒記』正長二年(一四二九)正月一日条に、「凡徳大寺・大炊御門等家相伝此事、近代皆以断絶了、而永藤卿一流不失故実」とある。なおこの永藤は永経六代の孫で、この父が『装束雑事抄』『法体装束抄』で著名な永行である。高倉流としては永康の後裔が嫡流で、数代上階もしたが、南北朝時代のころに断絶した。『諸家知譜拙記』の絶家伝では、「高倉(高倉家嫡流)」と注して略系を掲げている。永康舎弟で冷泉と号した永経の後は、永賢・永忠の二代はいずれも四位にとどまり、その次の蔵人範賢の後、さらにその息左近将監範康と舎弟の参議永季との二流に分かれ、前者が嫡子で冷泉の号を用い、後者は高倉と号した。冷泉流はその息範定が正三位にまで昇り堂上家となり、永基・永親・永宣の三代いずれも権中納言、あるいは参議となったが、権中納言永宣の息左兵衛佐範遠が大内義隆を頼って周防に在国中の天文二十年(一五五一)九月、陶晴賢の乱に遭遇して横死し、これにより冷泉流は断絶した。ここに、永季の高倉家が高倉流の本流となる。永季は、永和四年(一三七八)前弾正少弼より従三位に昇り公卿に列し、永徳元年(一三八一)宮内卿、同三年正三位、同四年兵部卿となり、至徳四年(一三八七)には従二位に昇叙されるとともに直衣を聴され、明徳三年(一三九二)二月参議に任ぜられ、その数日後に没した。直衣の勅許は希代のこととして万人の耳目を驚かすものであったことは、一条経嗣の『荒暦』至徳四年二月十六日条に、「後日或人云、兵部卿永季被聴直衣、希代抽賞万人驚耳目、不能左右、莫言」とあるのによって知られる。直衣は三位以上、雑袍の宣下をうけ着するものであるが、家によって差があって、羽林家や名家でも参議や納言になってからで、半家の永季が参議以前に聴許されたのであるから、まさに希代のことであった。これは天皇(後小松天皇)の御装束師としての恩遇によってであろう。のち家例となり、また一族の冷泉永基もこの例により上階した翌年に直衣勅許のことが、『建内記』嘉吉二年(一四四二)四月十二日条に、「永基卿参会、直衣御免之間、近日可遂直衣始云々、依御装師近習之間、先々上階以後参議已前御免事、有一門之例云々、所詮永季卿・永行卿・永俊卿・永藤卿等参議以前皆御免云々、仍中山中納言定親卿、中沙汰云々」とあり、高倉一流・一族は天皇の衣紋奉仕者として参議以前の直衣聴許が流例となっていて、室町時代の初めには衣紋の家として押しも押されぬ存在であったことが知られる。そしてまた、高倉家は足利将軍家に昵近し、永季の後嗣永行は若年から義満に近侍した。義満は至徳三年(一三八六)以来、公卿殿上人を扈従させ何度か石清水八幡宮に参詣しているが、永行は毎度同行した殿上人の一人である(『建内記』永享二年二月二十五日条)。その息永藤は義持に気に入られ、義持が万里小路豊房を罪科に処しその所領を没収したとき、永藤は長講堂領尾張国科野郷を宛行われたりもし(同上、正長元年(一四二八)五月二十一日条)、正長元年正月、義持が病により急死すると、永藤もあと追いの出家

高倉家

長良
- 国経(八条、絶家)
- 基経
- 清経―元名―文範―為雅―中清―範永
  - 良綱―孝清―範孝―宗隆―実隆―範昌
    - 永康(高倉正嫡、絶家)
    - **永経**
      - 永賢―永忠―範賢
      - ‖経康
  - 清家(高倉、絶家)

範賢
- 範康(冷泉、絶家)
- **永季**
  - **永行**―**永藤**―**永豊**―**永継**―**永康**―**永家**
    - **永相**―**永孝**―**永慶**―**永敦**
      - 永重
        - **永福**‖**永房**―**永秀**―**永範**
        - 永房
      - 永福
    - 親具
      - 康胤(堀河)
      - 信孝(樋口)
  - **永俊**

永範
- 永彰‖**永雅**―**永胤**―**永祜**―永則(子爵)
- 永雅

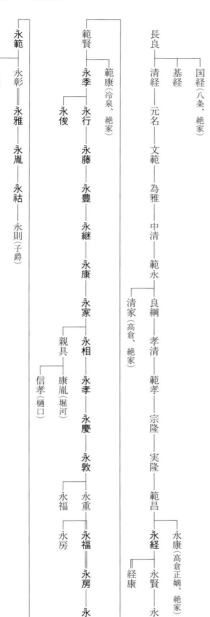

をした。しかし義持の後継義教の元服の際には、法体を顧みず別命を受けてその装束の調製に当った。息永豊も義教に昵近し、永藤同様に淳和院の代官職を宛行われ(同上、永享元年八月十日条)、この永豊のときに官位も正二位権中納言にまで昇り、その曾孫永家は正二位権大納言となり、これが高倉家の先途となる。将軍家に近侍し、半ばその家司化し永相の代に至るが、永相は永禄元年(一五五八)の三好長慶と将軍義輝の交戦のさいには長慶に好を通じ、三好政権の擁立した義栄側に立ち、ために永禄十一年九月、織田信長に擁され義昭が上洛すると、難を避けて摂津大坂に出奔した。『公卿補任』には「九月日、違武命在摂州大坂云々」と見える。参議正三位、三十八歳のときである。同十三年帰洛・出仕したようで、天正四年(一五七六)従二位、権中納言となり、のち正二位に昇り、同十三年十二月臨終にあたり権大納言となり、五十五歳で没した。永相舎弟の右兵衛督親具は早くから徳川家康の知遇をえ、その息康胤・信孝は慶長期に堀河家・樋口家の新家を起した。永相孫の永慶は江戸に宅地を得、稟米二百俵を給され江戸に滞在した。主に江戸時代の衣紋道は禁中は山科家、院中と将軍家・武家方は高倉家がたずさわるを例とした。永房は議奏に補され、幕末維新期に活躍する永祜は、慶応四年(一八六八)正月北陸道鎮撫総督となり進発し、奥州征討越後口総督等となったが、六月これを辞し、翌七月高田の営に没した。正三位・参議が追贈された。日記には、『常永入道記』(実行)、『永豊卿記』等がある。明治十七年(一八八四)永則のとき、叙爵内規により子爵を授けられた。菩提所は黒谷 浄源院。『高倉家譜』(東京大学史料編纂所架蔵、四一七五—二四二)。

永経　ながつね　?—一二九七

-・-・-叙爵、宝治1(一二四七)・3・6筑後守(蔵人巡)、宝治3・1・24従五位上(罷守叙之)、正嘉1(一二五七)・11・19正五位下、文永7(一二七〇)・12・4従四位下、文永9・12・20尾張守、文永11・1・25止守、弘安4(一二八一)・1・7従四位上、弘安8・8・11正四位下、弘安9・3・23中務大輔、弘安10・1・13辞大輔、正応1(一二八八)・7・16修理権大夫、正応4・4・6遷任宮内卿、正応5・5・15辞卿、永仁2(一二九四)・4・13従三位(元前宮内卿)、永仁5・9・2薨去

［死没］永仁5(一二九七)・9・2　［父］高倉範昌、四男　［号］冷泉　［公卿補任］2—325下

永季　ながすえ　?—一三九二

永和4〈天授4〉(一三七八)・5・2従三位、元前弾正少弼、永徳1〈弘和1〉(一三八一)・12・24宮内卿〈やし〉、永徳3〈弘和3〉・1・5正三位、至徳1〈元中1〉(一三八四)・3・23兵部卿、嘉慶1〈元中4〉(一三八七)・1・6従二位、明徳3〈元中9〉(一三九二)・2・5参議、2・8出家、2・18薨去

［死没］明徳3(一三九二)・2・18　［父］高倉範賢、二男　［号］高倉　［公卿補任］2—730上

永行　ながゆき　?—一四一六

応永5(一三九八)・5・24従三位、兵部卿、12・11参議、応永6・1・5正三位、3・27兼備中権守、6・18出家

［死没］応永23(一四一六)・8・3　［父］高倉永季　［母］従四位下大膳大夫三津淵光綱女　［法名］常永・浄光　［日記］常永入道記(一四一二)　［公卿補任］3—44下　［大日本史料］7—25—2

永俊　ながとし

応永24(一四一七)・1・5従三位、宮内卿、3・26兵部卿、応永26・1・6正三位、応永29・3・27参議、12・18従二位、応永30・3・20辞参議、7・13出家

［父］高倉永季、二男　［母］従四位下大膳大夫三津淵光綱女　［公卿補任］3—89上

永藤　ながふじ　一三八五—?

応永29(一四二二)・1・5従三位、右兵衛督如元、応永31・3・17参議、応永32・1・5正三位、1・30辞参議、応永35・3・-出家

［父］高倉永行　［法名］常交　［公卿補任］3—101下

永豊　ながとよ　一四〇七―七八

文安1(一四四四)・1・6従三位、元右兵衛督、文安6・1・5正三位、宝徳1(一四四九)・10・-〈閏10月日ともあり〉参議、宝徳2・3・29兼備中権守、宝徳3・-・-辞参議、享徳1(一四五二)・閏8・18従二位、享徳3・7・14権中納言、康正1(一四五五)・-・-正二位、康正3・6・17辞退(権中納言)、長禄1(一四五七)・6・19出家、文明10(一四七八)・6・19薨

[死没]文明10(一四七八)・6・19　[年齢]72　[父]高倉永藤　[法名]常慶或浄光　[日記]永豊卿記(一四五一―六二)　[公卿補任]3―148下　[大日本史料]8―10―514

永継　ながつぐ　一四二七―一五一〇

長禄2(一四五八)・2・13正四位下〈や無〉、応仁1(一四六七)・4・26従三位、応仁2・4・15参議、文明2(一四七〇)・6・7正三位、文明8・1・6従二位、文明9・12・30辞参議、文明11・-・-還任(参議)、文明12・3・29兼備前権守、文明14・7・18権中納言、文明17・6・-〈「8日」く追〉辞権中納言

※長享元年(一四八七)前権中納言従二位〔以後不見〕

[死没]永正7(一五一〇)・10・12　[年齢]84　[父]高倉永豊　[法名]常祐　[公卿補任]3―223上　[大日本史料]9―2―904

永康　ながやす　一四六四―一五一二

-・-・-〈「応仁-・-」〈く追〉〉叙爵、文明9(一四七七)・1・6従五位上、-・-・-侍従、文明15・12・26〈や無〉正五位下、文明-・-・-〈「文明13年9月8日」く追〉左兵衛佐、文明18・3・26〈やく〉従四位上、延徳2(一四九〇)・7・-右兵衛督〔左兵衛督カ〕、明応3(一四九四)・1・6正四位下、明応7・-・-従三位、賜去年十二月卅日位記〈く〉、元左兵衛督、後日又任之、12・26参議、文亀2(一五〇二)・7・-正三位、永正4(一五〇七)・6・24出家、永正9・4・16薨去

[死没]永正9(一五一二)・4・16　[年齢]49　[父]高倉永継　[母]正二位権大納言東坊城益長女　[法名]常玄　[公卿補任]3―298下　[大日本史料]9―4―30

永家　ながいえ　一四九六―一五七八

明応5(一四九六)・1・1誕生、明応8(一四九九)・12・17叙爵、永正1(一五〇四)・-・-侍従、永正3・10・13従五位上、永正7・1・21正五位下、永正8・12・30右兵衛佐、永正11・2・27従四位下、永正15・8・8左兵衛督、9・12従四位上、大永2(一五二二)・8・11正四位下、大永8・4・28従三位、左兵衛督如元、天文2(一五三三)・12・19参議、天文4・5・22正三位、天文8・1・5従二位、3・23兼備中権守〈や〉、天文9・1・3権中納言、天文13・8・25正二位、天文22・閏1・15権大納言、8・1大樹供奉出奔、8・13上洛、弘治3(一五五七)・9・5出家〈や〉、天正6(一五七八)・11・23薨去〈や〉

[死没]天正6(一五七八)・11・23　[年齢]83　[父]高倉永康　[法名]常昭　[公卿補任]3―375下

永相　ながすけ　一五三一―八五

享禄4(一五三一)・-・-誕生、天文7(一五三八)・6・7叙爵、天文8・12・27元服、昇殿、侍従、天文9・1・6従五位上、8・29右衛門佐、3・24筑前介、天文13・3・19正五位下、天文17・1・5従四位下(佐如元)、天文21・1・5従四位上、天文22・閏1・9転督、弘治2(一五五六)・1・6正四位下、永禄3(一五六〇)・2・6従三位、督如元、永禄4・2・1参議、永禄9・-・-在八幡、10・-上洛、永禄10・1・5正三位、永禄11・9・-違武命在摂州大坂云々、永禄13・-・-出仕、天正4(一五七六)・12・16従二位、12・24権中納言、天正7・11・17辞権中納言、天正8・1・5正二位、天正13・12・21権大納言、12・23薨去

[死没]天正13(一五八五)・12・23　[年齢]55　[父]高倉永家、二男　[母]従四位上伊勢守伊勢貞陸女　[前名]永綱　[法名]常清　[公卿補任]3―447下　[大日本史料]11―24―107

永孝　ながたか　一五六〇―一六〇七

永禄5(一五六二)・1・5叙位、永禄11・2・8元服、昇殿、侍従、元亀1(一五七〇)・12・29従五位上、

天正2(一五七四)・1・5正五位下、2・3右衛門佐、天正5・1・5従四位下、佐如元、天正9・1・6従四位上、天正11・1・6正四位下、-・-右衛門督〈くま〉、天正14・12・24従三位、右衛門督如元〈くま〉、文禄3(一五九四)・7・26参議、慶長3(一五九八)・1・5正三位、慶長11・1・11権中納言、慶長12・閏4・11薨去

[死没]慶長12(一六〇七)・閏4・11　[年齢]48　[父]高倉永相、一男　[一字名]子　[法名]常専　[公卿補任]3―494下　[大日本史料]12―4―867

永慶　ながよし　一五九一―一六六四

天正19(一五九一)・12・2誕生☆、文禄3(一五九四)・12・7叙爵、慶長3(一五九八)・2・16元服、昇殿、侍従、慶長7・1・6従五位上(簡一)、慶長11・1・11右衛門佐、慶長13・1・6正五位下、慶長16・12・30従四位下、慶長20・1・5従四位上、元和5(一六一九)・1・6正四位下、元和9・1・5従三位、寛永1(一六二四)・11・28中宮亮(立后)(当係于翌年条)☆、寛永3・11・21参議、寛永5・1・28兼右兵衛督☆、越中権守〈く〉☆、2・10正三位、寛永6・11・9止中宮亮、寛永8・11・6従二位、寛永11・6・26〈く〉権中納言、寛永16・12・29賜去年正月五日正二位々記、寛永19・閏9・8辞権中納言、12・22権大納言、正保2(一六四五)・12・27辞権大納言、寛文2(一六六二)・12・27出家〈く〉、-・-〈「9月5日」ま〉薨去

[死没]寛文4(一六六四)・9・5　[年齢]74　[父]高倉永孝　[一字名]必　[法名]常恵　[公卿補任]3―558上

永敦　ながあつ　一六一五―八一

慶長20(一六一五)・4・9誕生、元和3(一六一七)・1・5叙爵、元和9・2・14元服、侍従、寛永1(一六二四)・4・5従五位上、寛永3・6・5〈「9月」く〉右衛門佐、寛永5・2・10正五位下、寛永9・1・5従四位下、寛永13・1・5従四位上、寛永17・1・5正四位下、寛永20・9・15右兵衛督、正保3(一六四六)・12・18〈賜去正月五日位記〉従三位、承応1(一六五二)・10・12〈賜去年正月五日正三位口宣案〉正三位、承応4・1・11参議、明暦2(一六五六)・1・5従二位、明暦3・12・22権中納言、万治1(一六五八)・9・28改永敦、万治2・7・23辞権中納言、寛文2(一六六二)・1・5正二位、寛文9・12・18権大納言、寛文10・2・22辞権大納言☆、天和1(一六八一)・11・15〈ま〉薨去

[死没]天和1(一六八一)・11・15　[年齢]67　[父]高倉永慶　[母]常陸介佐竹義重女　[前名]永将　[公卿補任]3―611上

永福　ながよし　一六五七―一七二五

明暦3(一六五七)・6・20誕生、寛文5(一六六五)・12・23叙爵、(于時季任)、寛文10・12・14元服☆、昇殿、侍従、従五位上、延宝2(一六七四)・2・8〈去正五分〉正五位下、延宝5・5・24民部権大輔、改名永福、閏12・26従四位下☆、延宝9・1・5従四位上☆、貞享2(一六八五)・5・6〈去正六分〉正四位下☆、貞享5・1・14〈去六日分〉従三位、元禄8(一六九五)・6・13参議、12・23聴直衣、元禄9・12・28正三位、元禄10・12・26辞参議、元禄16・1・23権中納言、2・15帯剣、宝永2(一七〇五)・9・11神宮伝奏、11・28辞権中納言、辞伝奏、12・18〈去八月三十日分〉従二位、正徳5(一七一五)・12・22〈去二日分〉正二位、享保2(一七一七)・2・25権大納言、享保3・3・26辞権大納言、享保10・4・4薨去

[死没]享保10(一七二五)・4・4　[年齢]69　[父]高倉永敦、三男　[母]正二位権大納言持明院基定女　[前名]季任　[一字名]光・高　[公卿補任]4―95下

永房　ながふさ　一六八八―一七五五

貞享5(一六八八)・4・24誕生、元禄11(一六九八)・9・10叙爵、12・1元服、昇殿、侍従、元禄14・2・17従五位上、宝永1(一七〇四)・12・26〈去正五分〉正五位下、宝永3・12・23民部権大輔、宝永4・1・23〈去五分〉従四位下、宝永5・1・25右衛門権佐、宝永7・6・4〈去二廿八分〉従四位上、正徳3(一七一三)・3・2正四位下☆、享保1(一七一六)・2・16従三位、享保5・1・12左兵衛督☆、享保7・12・23参議、享保8・4・2直衣、享保9・1・26〈去六日分〉正三位、享保12・6・18辞参議、享保16・10・7〈10月10日ともあり〉権中納言☆、11・25帯剣、享保17・12・27従二位、享保19・5・24

辞権中納言、寛保2(一七四二)・12・24正二位、寛保3・6・29権大納言、延享1(一七四四)・3・23辞権大納言、宝暦5(一七五五)・5・11薨去
[死没]宝暦5(一七五五)・5・11 [年齢]68 [父]高倉永福(実高倉永重) [母]家女房 [公卿補任]4—222上

永秀 ながひで 一七二八—九九
享保13(一七二八)・5・1誕生、享保16・12・25従五位下、享保21・5・9元服、昇殿、侍従、従五位上、5・22民部権大輔、〈去年十二廿八分〉正五位下、寛保3(一七四三)・8・29従四位下、延享3(一七四六)・12・24従四位上、延享4・2・1右兵衛佐、寛延3(一七五〇)・1・10正四位下、宝暦3(一七五三)・1・22従三位、12・22左兵衛督、12・25拝賀、宝暦5・3・10右兵衛督、宝暦8・2・8〈去正十八分〉正三位、7・25辞右兵衛督、宝暦10・5・29出家
[死没]寛政11(一七九九)・6・11 [年齢]72 [父]高倉永房 [母]家女房 [法名]常山 [公卿補任]4—413下

永範 ながのり 一七五三—一八〇五
宝暦3(一七五三)・2・9誕生、宝暦5・10・24従五位下、宝暦10・11・24元服、昇殿、侍従、従五位上、宝暦13・2・13正五位下、12・19右兵衛権佐、明和3(一七六六)・1・5従四位下、明和6・1・9従四位上、1・22左衛門佐、明和9・1・9正四位下、安永4(一七七五)・1・5従三位、安永6・6・16正三位、安永7・12・22大宰大弐、天明7(一七八七)・8・28刑部卿、寛政1(一七八九)・5・22参議、8・18聴直衣、寛政8・4・18辞参議、文化2(一八〇五)・8・4薨去
[死没]文化2(一八〇五)・8・4 [年齢]53 [父]高倉永秀、二男 [母]正三位西洞院範篤女 [公卿補任]4—543上

永雅 ながまさ 一七八四—一八五五
天明4(一七八四)・10・28誕生、天明8・12・24従五位下、寛政5(一七九三)・11・19元服、昇殿、従五位上、寛政8・2・10正五位下、3・1侍従、寛政11・1・27従四位下、享和2(一八〇二)・1・14従四位上、文化2(一八〇五)・1・26正四位下、8・4服解(父)、閏8・25除服出仕復任〈ま〉、文化5・1・5〈従三位〉、文化9・12・19正三位、文化10・8・10左兵衛督、文化12・7・10参議、8・27聴直衣、直衣始、文化13・3・2〈従二位〉、文政8(一八二五)・1・25権中納言、3・2〈「1日」ま〉帯剣、3・5聴直衣、直衣始、3・27正二位、天保2(一八三一)・11・27〈11月24日ともあり〉辞権中納言、弘化1(一八四四)・12・22権大納言、弘化2・1・17直衣始、2・12辞権大納言、安政2(一八五五)・2・16薨去
[死没]安政2(一八五五)・2・16 [年齢]72 [父]高倉永範、二男 [母]冷泉為村二女 [公卿補任]5—188上

永胤 ながたね 一八一一—四五
文化8(一八一一)・10・24誕生、文政1(一八一八)・12・19従五位下、文政6・9・23元服、昇殿、従五位上、文政9・1・5正五位下、文政10・8・29侍従、文政12・1・25従四位下、天保3(一八三二)・1・5従四位上、天保6・1・5正四位下、天保9・1・21〈従三位〉、天保11・12・20賜太上天皇御服、天保13・1・5正三位、弘化2(一八四五)・2・15薨去
[死没]弘化2(一八四五)・2・15 [年齢]35 [父]高倉永雅 [母]家女房 [公卿補任]5—387上

永祜 ながさち 一八三八—六八
天保9(一八三八)・11・16誕生、12・12〈恐有誤脱〉叙従五位下弘化4(一八四七)・3・23元服、昇殿、従五位上、嘉永3(一八五〇)・1・5正五位下、安政2・2・16喪祖父、4・7除服出仕、安政4(一八五七)・5・15侍従(小除目)、閏5・20従四位下、安政7・1・5従四位上、文久3(一八六三)・1・5正四位下、慶応2(一八六六)・1・4〈従三位〉、慶応4・7・29薨去
[死没]慶応4(一八六八)・7・29 [年齢]31 [父]高倉永胤 [母]飛鳥井雅光二女存子 [公卿補任]5—572下

八条家（絶家）

為継　ためつぐ　一二〇六—六五
正嘉2（一二五八）・1・13〔従三位〕、元左京権大夫、文永2（一二六五）・‐・‐〈文永3年ともあり〉薨去
※文応元年（一二六〇）より「大和権守」
［死没］文永2（一二六五）［年齢］60［父］八条信実［前名］為忠［公卿補任］2—175下

為信　ためのぶ　一二四八—?
文応2（一二六一）・1・5従五位下（于時為行）、文永3（一二六六）・9・26中務権少輔、文永8・1・5従五位上、9・27復任、弘安4（一二八一）・4・6正五位下、弘安8・1・5従四位下、弘安11・2・21従四位上（于時為信）、正応2（一二八九）・8・1左馬権頭（平貞時解替）、4・17左京権大夫、正応4・2・25正四位下、止権大夫、正安2（一三〇〇）・11・2刑部卿、嘉元2（一三〇四）・3・22従三位（元前刑部卿）、本名為行、嘉元4・5・7出家
［父］藤原伊信［前名］為行［号］法性寺［法名］寂融［公卿補任］2—376下

為理　ためまさ　?—一三一六
弘安4（一二八一）・1・5叙爵（于時為藤）、正応2（一二八九）・3・11中務権少輔、11・5止権少輔、12・15従五位上、正応6・1・5正五位下（于時為景）、2・18中務少輔、永仁4（一二九六）・6・15止少輔、正安1（一二九九）・1・5従四位下、正安2・11・10少納言、正安3・3・14〈や〉還中務大輔、正安4・1・5従四位上、3・23遷右馬頭、嘉元1（一三〇三）・12・17止右馬頭、12・18正四位下、正和3（一三一四）・10・21従三位、元中務大輔、正和5・12・15薨去
［死没］正和5（一三一六）・12・15［父］八条為信［前名］為藤・為景［公卿補任］2—440上

八条家

国経—忠幹—文信—惟風—惟経—知綱—知信—為忠—為経—隆信—信実—**為継**—伊信—**為信**—**為理**—為量—**為敦**—**為盛**—**為季**—**為保**—為益

為敦　ためあつ　?—一四〇二
応永9（一四〇二）・‐・‐薨去
※至徳元年（一三八四）非参議従三位（初見）、応永二年より「侍従」
［死没］応永9（一四〇二）［父］八条為量［公卿補任］3—7上［大日本史料］7—5—805

為盛　ためもり　一三六六—?
応永23（一四一六）・6・6従三位、元侍従、応永24・3・26兼相模権守、応永25・7・27右衛門督、応永27・1・5正三位、閏1・10止督、応永32・4・27出家
［父］八条為敦［法名］寂元［公卿補任］3—87上

為季　ためすえ　一四一四—七四
永享3（一四三一）・3・29侍従（正五位下、元兵部大輔）〈さし〉、宝徳3（一四五一）・5・25従三位、元刑部卿、享徳4（一四五五）・1・5正三位、長禄2（一四五八）・‐・‐賜去年十二月十三日従二位々記、応仁2（一四六八）・10・28正二位、文明6（一四七四）・3・29薨去
※寛正六年（一四六五）より「侍従」
［死没］文明6（一四七四）・3・29［年齢］61［父］八条為盛［公卿補任］3—167下［大日本史料］8—7—414

為保　ためやす
文明11（一四七九）・4・28従三位、文明18・‐・‐〈く〉出家
［父］八条為季［公卿補任］3—255上

高倉家（絶家）

重清　しげきよ

弘安9（一二八六）・1・5正四位下〈イ〉、元応2（一三二〇）・5・23従三位（元前左馬権頭）

※元亨二年（一三二二）非参議従三位〔以後不見〕

〔父〕高倉重名　〔公卿補任〕2―483下

高倉家

清家―永雅―範綱―家輔―重名

重清―清継―重永

高倉（正嫡）家（絶家）

永康　ながやす　?―一三〇二

-・-・-宣陽門院判官代、左兵衛尉、寛元1（一二四三）・7・24補蔵人、寛元2・1・13被止出仕恐懼、2・7恩免、寛元3・1・13左衛門少尉、寛元4・1・5叙爵、宝治2（一二四八）・10・29従五位上、建長5（一二五三）・9・2刑部少輔、建長6・9・6正五位下、建長7・4・12左馬権頭、正嘉2（一二五八）・4・13従四位下（権頭如元）、文応2（一二六一）・1・17〈や〉右京権大夫、11・4播磨守、文永5（一二六八）・1・5正四位下、弘安6（一二八三）・4・5従三位（元播磨守）、正応3（一二九〇）・1・13右京大夫、7・22止大夫、永仁4（一二九六）・12・30正三位、永仁5・10・17出家

〔死没〕正安4（一三〇二）・5・1　〔父〕大蔵少輔範昌　〔号〕高倉　〔公卿補任〕2―272上

永定　ながさだ　一二五二―一三〇六

文永5（一二六八）・8・24左兵衛尉（重服中）、文永11・1・7転左衛門尉、1・27補坊蔵人、3・20従五位下、建治1（一二七五）・1・18右馬権頭（坊蔵人巡、但三尻付）、建治3・11・5遷任左馬権頭、建治4・1・6従五位上（臨時）、2・10兼越前介、弘安3（一二八〇）・7・20復任、弘安4・1・5正五位下、弘安5・8・6左京権大夫、弘安7・10・27〈賜去廿日位記〉従四位下、弘安10・1・13兼因幡権守、正応2（一二八九）・3・11従四位上（罷権大夫）、永仁5（一二九七）・12・17正四位下、乾元2（一三〇三）・3・8治部卿、嘉元1（一三〇三）・8・28止卿、12・30従三位、元前ジブ卿、元3・9・27賜御素服、嘉元4・1・21薨去

〔死没〕嘉元4（一三〇六）・1・21　〔年齢〕55　〔父〕高倉永康　〔号〕高倉　〔公卿補任〕2―372上

経康　つねやす　一二五〇―一三三九

弘安5（一二八二）・2・-補大宮院蔵人、弘安8・3・8叙爵、正応2（一二八九）・1・13従五位上、正応5・4・13〈や〉正五位下、8・14薩摩守、正応6・4・8止守、永仁3（一二九五）・12・29兵部権大輔、永仁4・10・24止権大輔、正安3（一三〇一）・10・24従四位下、嘉元3（一三〇五）・11・16従四位上、12・-院昇殿、2・-内昇殿〈や〉、3・4正四位下、延慶2（一三〇九）・6・-新帝昇殿、延慶3・11・20越中守、12・21去守、正和2（一三一三）・3・9宮内卿、9・6止卿、正和5・2・29従三位、元前宮内卿、元亨1（一三二一）・4・6正三位、元徳2（一三三〇）・7・17右京大夫、元弘1（一三三一）・10・5止大夫、元弘4・1・13河内権守、建武2（一三三五）・1・13止大夫、建武3〈延元1〉・1・1従二位、暦応2〈延元4〉（一三三九）・1・28出家、2・4薨去

〔死没〕暦応2（一三三九）・2・4　〔年齢〕90　〔父〕高倉永康（実藤原範昌、三男）　〔養父〕藤原永経、三男　〔公卿補任〕2―454下　〔大日本史料〕6―5―412

高倉（正嫡）家

永康―**経康**

永定―永清―永宗―永資

永俊

冷泉家（絶家）

範定　のりさだ　？—一四一九

応永14（一四〇七）・6・8従三位、元治部卿、応永16・7・23兵部卿、応永19・1・5正三位、1・28止卿、応永22・11・-出家

［死没］応永26（一四一九）・12・21　［父］冷泉範康、一男　［法名］定恵　［公卿補任］3—64下　［大日本史料］7—23—159

永基　ながもと　一三七七—一四六〇

嘉吉1（一四四一）・1・6従三位、嘉吉2・3・28兵部卿、文安2（一四四五）・1・5正三位、文安4・1・5従二位、文安5・1・29参議、-・-・-去卿、文安6・3・27辞参議、長禄3（一四五九）・7・2権中納言、7・3辞権中納言、-・-・-出家、長禄2・1・4〈4年カ〉薨去

［死没］長禄4（一四六〇）・1・4　［年齢］84　［父］冷泉範定　［公卿補任］3—142上

冷泉家

範康——範定——永基——永親——永宣
範遠

永親　ながちか　一四一九？—七三

康正1（一四五五）・-・-従三位、長禄4（一四六〇）・9・3参議、寛正1（一四六〇）・12・29辞参議、寛正6・1・16正三位、文明5（一四七三）・10・15薨去

※長禄三年より「兵部卿」

［死没］文明5（一四七三）・10・15　［年齢］55カ（或57）　［父］冷泉永基　［法名］常照　［公卿補任］3—181上　［大日本史料］8—7—28

永宣　ながのぶ　一四六四—？

文明11（一四七九）・12・21叙爵、文明12・3・29侍従、文明16・12・30従五位上、文明19・3・-正五位下、明応2（一四九三）・1・6従四位下、-・-・-左兵衛佐、明応6・8・26従四位上、明応9・11・23正四位下〈くし〉、文亀3（一五〇三）・1・13従三位、4・21右兵衛督、永正3（一五〇六）・1・16参議、永正5・2・8正三位、永正9・9・20辞参議、永正12・8・17権中納言、8・19辞権中納言、9・1本座、永正13・12・-賜去月十三日従二位位記カ〔「従二位」さ〕、大永5（一五二五）・4・24正二位（一流初例）、大永6・6・25〈「25日」さ〉出家

［父］冷泉永親　［法名］宗倫　［公卿補任］3—310下

堀河家　ほりかわけ

藤原氏北家高倉流。高倉家の庶流。高倉左権中将親具の一男堀河権中納言康胤を家祖とする。家格は羽林家、新家。慶長期に創立。外様の家。有職故実を家職とした。九条家の家礼。家領百八十石。堀河の号を称するのは康胤の父親具のときより。親具は、高倉権大納言永家の四男で、天文十九年（一五五〇）水無瀬従三位親氏（のち兼成）の養嗣子となり、翌二十年三歳で叙爵、永禄六年（一五六三）元服し、従五位上・侍従に叙任。累進して天正三年（一五七五）左権中将、同八年右兵衛督となり、翌九年には正四位下に昇ったが、その後、父子義絶する。『水無瀬家譜』に拠れば、親具は天正十年三月養父兼成と義絶し、水無瀬の家を出て嵯峨に住居、ついで関東に下向。同十

堀河家

康胤——則康——康綱＝康致——康行＝
＝冬輔——康実——忠順＝親実＝康親＝
——親賀——康隆（子爵）
——具視（岩倉具慶嗣）
——紀子（孝明天皇後宮）

三年帰京し、堀河と改称。文禄四年(一五九五)十二月出家して一斎と号し、養父とも和睦し氏成とは兄弟を約した、とする。堀河改称については『堀河家譜』に「天正十三年、家康公依挙奏改号堀河、賜家領」とあり、徳川家康の支援を得てのもので、家領まで給されたようである。慶長年間に高倉流より堀河・樋口二家の新家が創立するのも、親具の早くからの家康との関りによるのであろう。なお、親具は寛永八年(一六三一)十二月八十三歳で没した。家祖の康胤は、慶長七年(一六〇二)十一歳で叙爵し、翌年元服し昇殿を聴され、侍従。左権少将・左権中将を歴て、寛永七年従三位。同十一年参議となり、寛文三年(一六六一)暫時の権中納言、同十三年正月八十二歳で没した。息の則康は参議従二位に昇り、これを堀河家の先途としたが、康親は従二位権中納言に昇った。康行および親実は禁中御児に近侍した。幕末期の親賀の舎弟で岩倉具慶の嗣となったのが、岩倉具視である。また妹の紀子は孝明天皇の掌侍となり、皇女寿満宮および理宮の生母となった。佐幕派のいわゆる四奸二嬪の一人とされて尊攘派から敵視され、文久二年(一八六二)九月辞職・隠居を余儀無くされ、大原野村に閑居した。明治十七年(一八八四)康隆のとき、叙爵内規により子爵を授けられた。菩提所は真如堂。『堀河家譜』(東京大学史料編纂所架蔵、四一七五―三〇三)。

康胤　やすたね　一五九二―一六七三

文禄1(一五九二)・9・9誕生〈く〉、慶長7(一六〇二)・1・6叙位〈く〉、慶長8・3・1元服〈く〉、侍従〈く〉、慶長11・4・22従五位上〈く〉☆、慶長16・3・21左兵衛権佐〈く〉、9・20左少将〈く〉、元和1(一六一五)・8・25従四位下〈く〉、12・2改名康胤〈く〉、12・15左中将〈く〉、元和5・1・6従四位上〈く〉、元和8・1・5正四位下〈く〉、寛永7(一六三〇)・1・5〈く〉従三位、11・25〈く〉兼左衛門督、本名康満、寛永11・6・26参議、-・-・-去督、寛永12・1・5正三位〈く〉、寛永16・閏11・17〈24日ともあり〉辞参議☆、12・4還任参議☆、寛永17・1・5従二位、寛永21・9・17辞参議督、寛文3(一六六三)・12・14権中納言、12・21辞権中納言、-・-・-〈「12月26日」家譜〉出家〈ま〉

[死没]寛文13(一六七三)・1・27　[年齢]82　[父]堀河親具　[母]中条持胤女　[前名]康満　[号]休山

[公卿補任]3―570上

則康　のりやす　一六二二―八六

元和8(一六二二)・5・13誕生、寛永9(一六三二)・12・5叙爵、寛永17・3・11元服、従五位上、侍従、寛永19・1・11左少将、寛永20・1・5正五位下、正保4(一六四七)・1・5従四位下、慶安4(一六五一)・1・5従四位上、承応4(一六五五)・1・5正四位下、万治2(一六五九)・1・5従三位、寛文5(一六六五)・12・23〈去年正月六日分〉正三位☆、延宝2(一六七四)・7・11〈「13日」ま〉参議☆、12・27辞参議、延宝3・10・2〈「12月」ま〉〈去正月五日分〉従二位☆、貞享3(一六八六)・5・25薨去

[死没]貞享3(一六八六)・5・25　[年齢]65　[父]堀河康胤、二男　[母]堀備中守女　[一字名]季・孝

[公卿補任]3―655上

康綱　やすつな　一六五五―一七〇五

明暦1(一六五五)・5・13誕生、寛文2(一六六二)・1・5叙爵、寛文8・2・19元服、昇殿、侍従、従五位上、寛文12・1・6正五位下、延宝3(一六七五)・11・6左兵衛佐、延宝5・1・5従四位下、延宝9・1・5従四位上、貞享2(一六八五)・1・6正四位下、元禄2(一六八九)・1・27〈去七日分〉従三位、元禄11・12・27〈去正月五日分〉正三位、元禄16・12・25参議、宝永1(一七〇四)・10・1〈「2日」ま〉左衛門督、宝永2・6・11辞両官、6・12薨去

[死没]宝永2(一七〇五)・6・12　[年齢]51　[父]堀河康俊(実堀河則康、二男)　[母]家女房　[一字名]木

[公卿補任]4―100上

康実　やすざね　一七四一―九六

元文6(一七四一)・10・30誕生、延享2(一七四五)・1・5叙爵、寛延2(一七四九)・11・24元服、昇殿、刑部少輔、従五位上、宝暦3(一七五三)・1・22正五位下、宝暦4・2・19兼伊予権介(小除目)、宝暦5・7・29侍従、8・1権介如故、10・20宮内大輔(権介

如故)、宝暦7・1・6従四位下、宝暦10・3・29左衛門佐、宝暦11・1・5従四位上、明和2(一七六五)・1・10正四位下、明和6・1・5(従三位)、安永3(一七七四)・12・19正三位、安永4・1・9左京大夫、1・15帯剣、寛政4(一七九二)・閏2・26参議、10・19従二位、寛政8・1・4辞両官、薨去
[死没]寛政8(一七九六)・1・4　[年齢]56　[父]堀河冬輔　[母]正二位権大納言滋野井公澄女　[公卿補任]4―505下

忠順　ただまさ　一七六五―九八
明和2(一七六五)・5・7誕生、明和4・12・19従五位下、安永1(一七七二)・12・18元服、昇殿、左兵衛権佐、従五位上、安永4・1・19正五位下、閏12・2侍従、安永7・1・10〈ま〉従四位下、天明2(一七八二)・1・14従四位上、天明5・1・5正四位下、天明9・1・5〈ま〉従三位、寛政4(一七九二)・5・25大宰大弐、12・19改忠順、寛政5・1・20〈去五日分〉正三位、寛政10(一七九八)・12・16薨去
[死没]寛政10(一七九八)・12・16　[年齢]34　[父]堀河康実　[母]松平重茂女(実鍋島直恒女)　[前名]康暁　[公卿補任]5―64下

親実　ちかざね　一七七七―一八三四
安永6(一七七七)・8・13誕生、天明7(一七八七)・2・27従五位下、寛政4(一七九二)・2・1為康暁卿子、2・7元服、昇殿、従五位上、拝賀、寛政5・12・19改名親実(元和光)、寛政6・2・15侍従、2・24拝賀、寛政7・1・28正五位下、寛政10・1・28従四位下、12・16服解(父)、寛政11・2・10除服出仕復任、享和2(一八〇二)・1・14〈去五分〉従四位上、文化2(一八〇五)・1・26正四位下、文化6・1・5(従三位)、文化10・2・7正三位、文政8(一八二五)・12・19参議、文政11・12・18従二位、天保2(一八三一)・3・22辞参議、天保5・6・3薨去
[死没]天保5(一八三四)・6・3　[年齢]58　[父]堀河忠順(実裏松謙光、二男)　[母]家女房　[前名]和光　[公卿補任]5―194下

康親　やすちか　一七九七―一八五九
寛政9(一七九七)・2・20誕生、文化7(一八一〇)・5・11従五位下、12・11元服、昇殿、文化11・3・2従五位上、文化14・1・4正五位下、文政2(一八一九)・12・18改名康親(元親孝)、文政5・4・26侍従、5・15従四位下、文政9・1・21従四位上、文政12・1・25正四位下、天保1(一八三〇)・12・18服解(母)、天保2・2・20除服出仕復任、天保4・1・23(従三位)、天保8・2・18正三位、安政2(一八五五)・12・22参議、安政3・1・25辞参議、4・7従二位、安政6・7・22〈17日ともあり〉権中納言、9・3辞権中納言、薨去
[死没]安政6(一八五九)・9・3　[年齢]63　[父]堀河親実(実萩原員幹、二男)　[母]家女房　[前名]親孝　[公卿補任]5―357下

親賀　ちかよし　一八二二―八三
文政5(一八二二)・7・20誕生、文政9・12・19叙爵、天保6(一八三五)・12・1元服、昇殿、従五位上、天保10・1・24正五位下、弘化3(一八四六)・1・25右兵衛権佐、4・4従四位下、嘉永3(一八五〇)・1・5従四位上、嘉永6・1・21〈去正四分〉正四位下、安政4(一八五七)・1・25(従三位)、万延2(一八六一)・2・11正三位
[死没]明治16(一八八三)・4・13　[年齢]62　[父]堀河康親　[母]勧修寺経逸十三女吉子　[公卿補任]5―510下

康隆　やすたか　一八三六―九六
天保7(一八三六)・2・15誕生、天保9・12・22従五位下、弘化4(一八四七)・12・23元服、昇殿、従五位上、嘉永1(一八四八)・5・18刑部大輔(小除目)、嘉永3・2・3正五位下、嘉永6・3・25従四位下、安政4(一八五七)・3・11従四位上、安政7・2・9正四位下、元治1(一八六四)・3・25侍従、7・10(従三位)、明治1(一八六八)・9・14正三位
[死没]明治29(一八九六)・1・2　[年齢]61　[父]堀河親賀　[母]正二位権中納言勧修寺経則女則子　[公卿補任]5―560上

樋口家　ひぐちけ

藤原氏北家高倉流。高倉家の庶流。高倉左権中将親具の二男樋口参議信孝を家祖とする。家格は羽林家、新家。慶長期に創立。外様の家。有職故実を家職とした。九条家の家礼。家領二百石。家祖信孝は、慶長十七年（一六一二）十四歳で叙爵。同年元服し昇殿を聴され、侍従。右権少将・右権中将を歴て、寛永十四年（一六三七）従三位。慶安四年（一六五一）には従二位、明暦四年（一六五八）正月参議に昇り、同七月辞退して間もなく、六十歳で没した。息の信康は従二位権中納言にまで昇り、以後老年に及んでの暫時の参議、権中納言を先途とした。明治十七年（一八八四）誠康のとき、叙爵内規により子爵を授けられた。菩提所は黒谷 龍光院。『樋口家譜』（東京大学史料編纂所架蔵、四一七五―二九一）。

樋口家

信孝―信康―康凞―基康―冬康
宜康―寿康＝保康―静康＝誠康（子爵）
　　　保康

信孝　のぶたか　一五九九―一六五八

慶長4(一五九九)・12・24誕生、慶長17・8・21叙爵、8・22元服、侍従、慶長20・1・5従五位上、元和2(一六一六)・1・11右少将、元和4・1・5正五位下、元和9・1・5従四位下、寛永3(一六二六)・11・27右中将、寛永5・1・7従四位上、寛永14・1・5〈く〉従三位、寛永19・1・5正三位、承応1(一六五二)・10・12〈賜去年正月五日従二位口宣案〉従二位、明暦4(一六五八)・1・12参議、7・6辞参議、万治1(一六五八)・7・20薨去

[死没]万治1(一六五八)・7・20　[年齢]60　[父]高倉親具、二男　[一字名]平　[号]本光院　[法名]日心・慈空　[公卿補任]3―585上

信康　のぶやす　一六二三―九一

元和9(一六二三)・11・10誕生、寛永6(一六二九)・1・5従五位下、寛永11・1・5従五位上、寛永14・1・11右少将、寛永15・1・5正五位下、寛永19・12・22従四位下、正保3(一六四六)・1・5従四位下、1・11右中将、慶安3(一六五〇)・1・5正四位上、明暦3(一六五七)・11・25従三位、元右中将、寛文3(一六六三)・1・12〈去六日分〉正三位☆、延宝3(一六七五)・2・22〈去正月五日分〉従二位、貞享1(一六八四)・9・28〈「27日」ま〉参議、10・29辞参議、貞享4・7・30権中納言、9・3辞権中納言、元禄4(一六九一)・6・21薨去

[死没]元禄4(一六九一)・6・21　[年齢]69　[父]樋口信孝　[母]内大臣従一位広橋兼勝女　[一字名]木　[号]崇厳院　[法名]看山　[公卿補任]3―648下

康凞　やすひろ　一六七七―一七二三

延宝5(一六七七)・11・30誕生、天和1(一六八一)・11・21叙爵☆、貞享4(一六八七)・6・23元服☆、昇殿☆、侍従☆、12・23従五位上、元禄4(一六九一)・1・6正五位下、12・21右兵衛佐、元禄6・12・25改康熙(元永康)、元禄8・12・23従四位下、元禄12・1・22〈去五分〉従四位上、元禄16・2・22〈去正五日分〉〈「23日」ま〉正四位下、宝永4(一七〇七)・1・23〈去五日分〉従三位、正徳3(一七一三)・8・19正三位、享保8(一七二三)・6・5薨去

[死没]享保8(一七二三)・6・5　[年齢]47　[父]樋口信康、三男　[母]従二位堀河康胤女　[前名]永康　[号]瑞善院　[法名]良照　[公卿補任]4―179上

基康　もとやす　一七〇六―八〇

宝永3(一七〇六)・7・11誕生、宝永7・2・30〈去廿八日分〉叙爵、正徳6(一七一六)・11・3元服、侍従、昇殿、12・11従五位上、享保5(一七二〇)・1・12〈去五日分〉正五位下、享保7・2・3右兵衛佐、享保8・6・5喪父、7・25除服出仕復任、享保9・1・26〈去六日分〉従四位下☆、享保13・1・9〈去五日分〉従四位上☆、享保16・1・25中務大輔、享保17・1・9〈去五日分〉正四位下、元文1(一七三六)・1・5従三位、寛保2(一七四二)・1・10〈去五日宣〉正三位、延享4(一七四七)・4・14宮

内卿、宝暦10(一七六〇)・1・8従二位、3・19参議、10・7辞参議、明和5(一七六八)・8・2権中納言、8・7帯剣、拝賀着陣、8・8聴直衣、8・13辞権中納言、明和6・12・18正二位、安永4(一七七五)・閏12・11権大納言、閏12・14辞権大納言、安永9・6・27薨去

〔死没〕安永9(一七八〇)・6・27　〔年齢〕75　〔父〕樋口康熈、二男　〔母〕正二位吉田兼敬女　〔号〕無量院　〔法名〕苔巌　〔公卿補任〕4—323下

冬康　ふゆやす　一七二七—六八

享保12(一七二七)・12・15誕生、享保16・1・9〈去五日分〉叙爵、9・30改冬康(元方康〈ま〉)、元文5(一七四〇)・12・3元服、昇殿、刑部権少輔、12・24従五位上、寛保3(一七四三)・8・29転少輔(推任)、延享1(一七四四)・1・5正五位下、寛延1(一七四八)・2・1従四位下、寛延2・6・14中務少輔、宝暦2(一七五二)・1・22従四位上、宝暦6・1・6〈昨五日分〉正四位下、宝暦10・12・26従三位、宝暦12・9・28治部卿、明和1(一七六四)・閏12・19正三位、明和5・11・28辞治部卿、薨去

〔死没〕明和5(一七六八)・11・28　〔年齢〕42　〔父〕樋口基康　〔母〕家女房　〔幼名〕世々丸　〔前名〕方康　〔法名〕文岸　〔公卿補任〕4—454上

宜康　よしやす　一七五四—一八二二

宝暦4(一七五四)・5・19誕生、宝暦8・12・28叙爵、明和4(一七六七)・12・15元服、昇殿、従五位上、12・25中務権少輔、明和5・11・28服解(父)、明和6・1・18除服出仕復任、明和7・1・10正五位下、8・4兼春宮少進、9・26拝賀、11・24止少進(依受禅也)、院判官代、明和9・10・8中務少輔、安永2(一七七三)・1・9従四位下、安永5・1・9従四位上、安永6・3・10中務大輔、安永8・1・5正四位下、安永9・6・27服解(祖父)、8・19除服出仕復任、天明2(一七八二)・12・22従三位、弾正大弼、12・26拝賀、天明3・1・16帯剣、天明6・1・14正三位、享和3(一八〇三)・2・3参議、12・4辞参議、12・19従二位、文化10(一八一三)・6・10権中納言、6・25拝賀着陣、6・26聴直衣、直衣始、7・3辞権中納言、12・16賜後桜町院御服、文化11・10・26正二位、文政5(一八二二)・3・22薨去

〔死没〕文政5(一八二二)・3・22　〔年齢〕69　〔父〕樋口冬康　〔母〕家女房　〔幼名〕孝丸・友丸　〔号〕観無量院　〔公卿補任〕5—21上

寿康　ひさやす　一七九〇—一八三九

寛政2(一七九〇)・3・11誕生、寛政4・2・2従五位下、寛政9・12・26元服、昇殿、従五位上、〈ま〉拝賀、寛政11・3・16大蔵権大輔(小除目)、寛政13・1・5正五位下、文化2(一八〇五)・1・26従四位下、文化6・1・25〈去五日分〉従四位上、文化8・5・16盛仁親王家司、文化10・3・4〈去五日分〉正四位下、12・16賜後桜町院御服〈ま〉、文化11・1・16〈ま〉除服宣下、4・14侍従、6・19拝賀、文化13・1・28〈ま〉〔従三位〕、文政3(一八二〇)・1・4正三位、文政7・12・7大宰大弐、天保7(一八三六)・3・13止官、天保10・5・23薨去

〔死没〕天保10(一八三九)・5・23　〔年齢〕50　〔父〕樋口宜康　〔母〕従二位権大納言姉小路公聴女　〔公卿補任〕5—243下

静康　すみやす　一八三五—七四

天保6(一八三五)・3・16誕生、弘化2(一八四五)・10・8従五位下、嘉永1(一八四八)・12・17元服、昇殿、嘉永2・1・22従五位上、嘉永5・1・17正五位下、安政2(一八五五)・12・22伊予権守、安政3・1・5従四位下、安政4・9・18右馬権頭、安政7・1・5従四位上、文久3(一八六三)・1・22正四位下、慶応2(一八六六)・1・4〔従三位〕

〔死没〕明治7(一八七四)・5・17　〔年齢〕40　〔父〕樋口保康　〔母〕正二位権大納言高倉永雅女　〔幼名〕徳丸　〔公卿補任〕5—572下

准藤原氏　じゅんふじわらし

富小路家　とみのこうじけ

藤原氏北家摂家流。二条家の傍流。後光照院関白二条道平の男とする藤原左衛門佐道直を家祖とする。道直五世の孫と伝える富小路宮内卿俊通より堂上家となる。家格は半家。内々の家。歌俳詩文を家職とした。近衛家の家礼。江戸時代には家領二百石。戦国時代、俊通はもと九条家諸大夫であったが、累進して延徳四年(一四九二)従四位下に叙せられ、従四位上、正四位上と昇進し、ついに上階をとげ、堂上初代となった。『公卿補任』には俊通が従

富小路家

道直―通則―永職―永則―則氏―
通治―俊通―**資直**―氏直―種直―
秀直＝**頼直**―**永貞**―**重直**―**総直**―
（**永貞**―**貞維**）
良直―**貞直**―**貞随**―**政直**―永忠―
敬直(子爵)

三位に叙せられた記事は見えないが、その息資直が大永六年(一五二六)に従三位に叙せられたときの、同記の尻付に「富小路藤資直三月廿三日叙、元前弾正少弼、故従三位俊通子、母、」とあるにより、上階したことが知られる。しかし、この上階は容易に勅許されたものではなかったことが、現任の権大納言であった中御門宣胤の『宣胤卿記』文亀二年(一五〇二)三月五日条に見える。「俊通朝臣上階事申之、近例請《〔誰カ〕》人哉事、彼朝臣九条殿諸大夫也、父祖無知其名人、始ハ源《叙三位》康俊(一条殿諸大夫)為猶子、近改姓為藤氏、是誰子分哉、系図令新作、出於二条殿御流云々、此儀以外事也、根本自異国来候由又申之、上階事尤過分歟、以子極臈藤原資直労申之歟、被補六位蔵人事、非分之朝奨也、不足為労畢」とある。俊通は上階を申すが、いかなる近例によってであるか、彼は九条家諸大夫で、父祖の名は全く知られない、初めは一条家諸大夫源康俊(文明二年(一四七〇)叙従三位)の猶子となり、更に誰かの猶子となり藤原氏に改姓し、系図を新作して二条殿の末流とするとか、以ての外のことである、もとは異国より来たる者との噂さえ聞く、この度上階を申すは分に過ぎたことというべきか、子の極臈である資直の多年の労を以ての申請であろうが、六位蔵人でさえ分不相応な朝奨であり、従って功労とするには足らない、と極言している。家祖道直は二条道平の男とするが、『尊卑分脈』などの正統系図には道平の子にはそのような人物は見当らなく、その他の記載も、上階申請に際しての現任公卿の見解であるから、ほぼ妥当なところであろう。にもかかわらず勅許に到ったことは、何か深い事情があったからであろう。そして息資直以降も上階し、堂上家として二条家傍流ということも定着していったのであろう。俊通より四代後の秀直も従三位にまで昇り、その後は息良直が嗣ぐはずのところ、慶長二十年(一六一五)の大坂役で横死したので、やはりこのとき横死した持明院左権中将基久の三男頼直を養子に迎えている。頼直は元和六年(一六二〇)八歳で叙爵、寛永十二年(一六三五)元服し、昇殿を聴され、従五位上・右兵衛佐に叙任。累進して明暦二年(一六五六)従三位に昇り、同四年三月四十六歳で没した。頼直の後嗣永貞は正三位まで昇る。舎弟の二男員従は萩原兼従の嗣となる。三男行直は後水尾院の院参衆として、寛文四年(一六六四)元服し、新家の木辻家を起し、従五位上・雅楽頭に叙任し、さらに従四位下に昇ったが、延宝五年(一六七七)六月三十歳のとき解官し、木辻家は一代で絶家となった。また四男利直も新家の相楽家を起し、院参衆となり、延宝五年正五位下に昇ったが、天和三年(一六八三)三月二十七歳のとき処罰されることあり隠岐国に配流され、息重直は永貞の養嗣子となったので、相

楽の家名は絶えた。永貞の息貞継は従三位に昇る。これ以降も正従三位を先途としたが、良直は従二位、政直は正二位に昇った。幕末期の敬直は公武合体派の堂上として活躍し、尊攘派からは四奸の一人として天誅の対象ともされ、文久二年（一八六二）八月朝議により岩倉具視などと共に辞官・落飾を余儀なくされ、敲雲と号し、氷室、のち一乗寺村に閑居。慶応三年（一八六七）正月入京を許され、同十二月太政復古の前日に蟄居宥免、還俗し、明治二年（一八六九）八月には侍従となった。日記には、『永貞卿記』がある。明治十七年（一八八四）叙爵内規により子爵を授けられた。菩提所は松林院。『富小路家譜』（東京大学史料編纂所架蔵、四一七五―二六一）。

資直　すけなお

大永6（一五二六）・3・23従三位、元前弾正少弼

※大永六年非参議従三位〔以後不見〕

［父］富小路俊通　［公卿補任］3―369下

秀直　ひでなお　一五六四―一六二一

永禄7（一五六四）・11・26誕生、天正4（一五七六）・11・28補蔵人、左近将監、天正8・12・22中務大丞☆、天正16・1・28従五位下☆、1・30右衛門佐☆、天正17・1・6従五位上（連年）、文禄3（一五九四）・6・28正五位下、9・10転左、慶長5（一六〇〇）・2・10従四位下、慶長9・8・1従四位上、慶長16・4・21正四位下、慶長18・1・5〈6日ともあり〉従三位、元和7（一六二一）・1・19薨去

［死没］元和7（一六二一）・1・19　［年齢］58　［父］富小路種直　［法名］春照院正翁宗本　［公卿補任］3―539下　［大日本史料］12―37―49

頼直　よりなお　一六一三―五八

慶長18（一六一三）・10・1誕生、元和6（一六二〇）・6・5従五位下、寛永12（一六三五）・9・14元服、従五位上、右兵衛佐、寛永16・1・5正五位下、寛永20・10・7従四位下、正保4（一六四七）・1・5従四位上、慶安4（一六五一）・1・5正四位下、明暦2（一六五六）・1・5従三位、元右兵衛佐、明暦4・3・12薨去

［死没］明暦4（一六五八）・3・12　［年齢］46　［父］富小路秀直（実持明院基久）　［法名］光清　［公卿補任］3―645上

永貞　ながさだ　一六四〇―一七一二

寛永17（一六四〇）・7・12誕生、寛永21・1・5叙爵☆、慶安2（一六四九）・12・18元服、兵部少輔、昇殿、慶安4・1・5従五位上、承応4（一六五五）・1・5正五位下、万治2（一六五九）・1・5従四位下、寛文4（一六六四）・1・5従四位上☆、寛文8・1・5正四位下、延宝6（一六七八）・9・16従三位、元禄14（一七〇一）・10・24正三位、正徳2（一七一二）・12・25薨去

［死没］正徳2（一七一二）・12・25　［年齢］73　［父］富小路頼直　［母］内大臣従一位清閑寺共房女　［一字名］栄　［日記］永貞卿記（一六六一―一七一一）　［公卿補任］4―53下

貞維　さだこれ　一六六八―一七一一

寛文8（一六六八）・4・30〈「21日」ま〉誕生、延宝5（一六七七）・閏12・11叙爵、天和1（一六八一）・11・21〈「22日」ま〉元服☆、昇殿☆、兵部権少輔〔「兵部権大輔」ま家譜〕☆、天和3・1・5従五位上☆、貞享4（一六八七）・1・5正五位下☆、1・14兼春宮少進、2・29改貞維（元貞俊）、元禄4（一六九一）・1・6従四位下☆、12・21兵部大輔、元禄9・1・5従四位上☆、元禄13・1・5正四位下☆、宝永3（一七〇六）・12・25刑部卿、宝永5・12・21従三位（刑部卿如旧）、正徳1（一七一一）・5・9薨去

［死没］正徳1（一七一一）・5・9　［年齢］44　［父］富小路永貞　［母］家女房　［前名］貞俊　［公卿補任］4―185上

重直　しげなお　一六九二―一七四三

元禄5（一六九二）・2・25誕生、正徳3（一七一三）・12・23〈「22日」ま〉叙爵、正徳4・1・28元服、昇殿、右京大夫、享保2（一七一七）・12・8従五位上、享保6・1・5正五位下☆、享保10・1・5従四位下☆、享保14・1・5従四位上☆、享保18・1・5正四位下、元文2（一七三七）・2・19〈去正五分〉従三位、寛保3（一七四三）・9・9薨去

［死没］寛保3（一七四三）・9・9　［年齢］52　［父］富小

路永貞(実富小路藤原利直)　[母]家女房　[公卿補任]4―330上

総直　ふさなお　一七一九―八一

享保4(一七一九)·11·9誕生、享保11·12·5〈ま〉叙爵、享保17·12·18元服、昇殿、修理大夫、享保18·7·19従五位上、元文2(一七三七)·閏11·8〈去正六分〉正五位下、元文3·7·10右京大夫、寛保1(一七四一)·6·15従四位下、寛保3·8·29刑部大輔、9·9服解(父〈ま〉)、10·30除服出仕復任、延享2(一七四五)·4·12従四位上、寛延2(一七四九)·1·5正四位下、宝暦3(一七五三)·6·4服解(「母」〈ま〉)、7·27除服出仕復任、宝暦4·1·26従三位、宝暦10·6·21正三位、明和1(一七六四)·10·2刑部卿、安永5(一七七六)·9·7従二位、天明2(一七八二)·11·10正二位、薨去

[死没]天明2(一七八二)·11·10　[年齢]64　[父]富小路重直　[母]家女房　[公卿補任]4―420上

良直　よしなお　一七四五―一八〇二

延享2(一七四五)·8·17(「6日」ま家譜)誕生、寛延3(一七五〇)·1·5叙爵、宝暦5(一七五五)·10·26元服、昇殿、刑部少輔、宝暦6·2·5従五位上、宝暦10·1·5正五位下、宝暦12·11·5左兵衛権佐、宝暦14·1·10従四位下、明和5(一七六八)·1·5従四位上、明和9·1·5正四位下、10·30辞官、天明1(一七八一)·12·19〔従三位〕、天明4·4·14改良直、天明7·1·5正三位、享和2(一八〇二)·5·1従二位、5·2薨去

[死没]享和2(一八〇二)·5·2　[年齢]58　[父]富小路総直　[母]唯念寺巧雅女　[前名]与直　[公卿補任]5―14下

貞直　さだなお　一七六一―一八三七

宝暦11(一七六一)·12·24誕生、安永2(一七七三)·1·5従五位下、安永3·2·29元服、昇殿、大膳権大夫、11·10民部大輔、安永6·1·13従五位上、安永10·1·26〈去年十二廿七分〉正五位下、天明3(一七八三)·2·8従四位下、12·25左衛門佐、天明6·2·17従四位上、天明8·7·27服解(実母)、9·18除服出仕復任、寛政1(一七八九)·2·2正四位下、寛政3·9·17服解(実父)、11·21除服出仕復任、寛政5·1·5〔従三位〕、寛政11·1·27正三位、文化2(一八〇五)·8·23刑部卿、文化9·11·27止官、文化10·12·16賜後桜町院御服、文化13·9·4治部卿、天保8(一八三七)·8·3辞、薨去

[死没]天保8(一八三七)·8·3　[年齢]77　[父]富小路良直(実伏原宣条、二男)　[母]従一位権大納言柳原光綱女　[公卿補任]5―90上

貞随　さだゆき　一七八三―一八二七

天明3(一七八三)·6·14誕生、寛政5(一七九三)·12·19従五位下、寛政8·11·19元服、昇殿、左馬権頭、寛政10·1·28従五位上、享和2(一八〇二)·1·5正五位下、享和3·1·21左兵衛佐、文化3(一八〇六)·1·4従四位下、文化7·1·4従四位上、文化11·1·20正四位下、文化15·1·5〔従三位〕、文政7(一八二四)·1·5正三位、文政10·7·16薨去

[死没]文政10(一八二七)·7·16　[年齢]45　[父]富小路貞直　[母]家女房　[公卿補任]5―256下

政直　まさなお　一七九九―一八六三

寛政11(一七九九)·1·21誕生、文化5(一八〇八)·12·19従五位下、文化6·2·19元服、昇殿、民部大輔、文化9·2·21従五位上、文化13·1·5正五位下、文化15·2·5左衛門佐、文政3(一八二〇)·1·12〈ま〉〈去四分〉従四位下、文政7·1·12従四位上、文政10·7·16服解(父)、9·12除服出仕復任、文政11·1·20正四位下、天保3(一八三二)·1·5〔従三位〕、天保9·2·24〈去正月五日分〉〔正三位〕、嘉永6(一八五三)·12·19従二位、文久2(一八六二)·2·15正二位、文久3·4·28薨去

[死没]文久3(一八六三)·4·28　[年齢]65　[父]富小路貞随(実富小路貞直、三男)　[母]家女房　[公卿補任]5―351下

村上源氏　むらかみげんじ

源朝臣の姓を皇族に与え臣下に降した賜姓源氏は、弘仁五年(八一四)嵯峨天皇が信《まこと》以下の皇子女に与えた嵯峨源氏を初めとする。これに続き仁明・文徳・清和・陽成・光孝・宇多・醍醐・村上・花山・三条らの各天皇の皇子女が源姓を賜わり、呼称にその名を冠する源氏の諸流を生じた。このうち大臣まで出したのは嵯峨・文徳・宇多・醍醐・村上の諸流で、ことに村上源氏は任槐したもの最も多く、一時は摂関家を圧倒するほどの勢力を持った。村上天皇の孫に始まる二世賜姓源氏の一流で、中務卿具平親王の王子土御門右大臣師房を村上源氏、中院流の祖とする。師房は寛弘五年(一〇〇八)式部卿為平親王女を母として生まれ、僅か二歳で父を亡くしたが、姉の隆姫女王が宇治関白頼通室となっていたことにより、頼通の猶子として養育され(『尊卑分脈』)、寛仁四年(一〇二〇)十二月二十六日、十三歳で元服し(『小右記』)、同日源朝臣の姓を賜り、名を師房と改めた。万寿元年(一〇二四)九月従三位に叙せられ、累進して延久元年(一〇六九)右大臣、同六年従一位に昇り、承暦元年(一〇七七)二月に七十歳で没した。号は土御門右大臣。和漢の才を以て世に知られ、『後拾遺和歌集』等勅撰集への入集も多い。その室は法成寺関白道長の女尊子。摂関家とも結び、村上源氏の政界進出の基礎を築いた。日記を『土右記』という。この師房の子息、一男俊房・二男顕房はいずれも尊子の腹で、二歳年長の俊房は、寛徳二年(一〇四五)関白藤原頼通の養子として従五位上に直叙、累進して四十八歳の時の永保二年(一〇八二)大納言から右大臣に昇り、翌年左大臣に転じ、以来保安二年(一一二一)正月に八十七歳で没するまで、大臣在職三十九年にも及んだ。舎弟の顕房も、十一歳の時の永承二年(一〇四七)叙爵、累進して四十七歳の時の永保三年(一〇八三)右大臣に昇り、兄弟で左右大臣を占め、村上源氏の最盛期が築かれる。俊房は長く政務に携わって朝儀の先例に通じ、才学と能書を以て世に知られる。その日記が『水左記』である。平安時代の代表的日記で、現存する自筆原本としては、『御堂関白記』について古いものとして知られる。その第宅に因み、号を堀川左大臣といい、この後を堀川家というが、鎌倉時代の末頃に絶家となる。顕房は六条第に住し、六条右大臣と称された。また父師房の時から関わりのある鳥羽離宮の西方、鴨川と桂川が合流する久我の地に別荘を営み、嫡子雅実はこれを伝領し、久我太政大臣と称されたのである。そしてその四代孫通光の時、久我を家名とする。顕房は舎兄俊房よりも遅く昇進し、没するのは早く、嘉保元年(一〇九四)九月に五十八歳で没したが、顕房裔の久我家が村上源氏の主流の座を占め、やがて嫡流として定着していくのは、顕房が堀河天皇の外祖父となり、藤原摂関家との親密な関係を背景として舎兄を凌ぐことになったからであろう。因みに、女の賢子が白河天皇の中宮となり、その所生の堀河天皇が践祚したのは応徳三年(一〇八六)のこと、いま一人の女師子が藤原忠実の室となり、嫡子忠通の生母となるのは承徳元年(一〇九七)のことである。名字の地である久我の地は、江戸時代にも幕府により安堵され、幕末にまで伝領された。江戸時代の村上源氏は十家である。嫡流は久我家、清華家。その支流は大臣家の中院家、羽林家の六条家の二家。以上が旧家で、新家として、久我家の庶流が岩倉家、久世家、東久世家、梅溪家の四家、岩倉家傍流の千種家、中院家庶流の愛宕家、千種家傍流の植松家である。なお、村上源氏一流は龍胆《りんどう》紋を用い、ことに久我家は五つ龍胆車紋、中院家は六つ花龍胆紋、六条家および新家の岩倉家等七家は龍胆紋を家紋とした。

久我家　こがけ

村上源氏の嫡流。村上天皇の皇子中務卿具平親王の息土御門右大臣師房裔。中院流の嫡流。六条右大臣顕房の一男久我太政大臣雅実を家祖とする。久我の称は、始祖師房以来、京西南郊の地久我に営んだ別業「久我水閣」「久我山荘」（『中右記』『殿暦』）に因む。雅実は「久我太政大臣」と称されたが、その子雅定が中務入道右府と称され、孫の雅通が久我内大臣、曾孫の通親が土御門内大臣などと号された如く、家の称号としては定まっていなく、久我の号が家名として定着するのは、鎌倉前期、通親の子で後久我太政大臣と称された通光以降のことである。家格は清華家。内々の家。四箇の大事・有職故実および雅楽（笛）を家職とした。江戸時代にも名字の地である山城国乙訓郡久我村二百石を領し、寛文四年（一六六四）河内国志賀郡弓削村五百石加増、都合七百石を家領とした。雅実は承暦元年（一〇七七）十九歳のとき従三位に昇り、累進して康和二年（一一〇〇）権大納言より内大臣に進み、保安三年（一一二二）、ついに従一位右大臣より太政大臣に昇った。藤原氏以外で大相国に任ぜられた最初である。このように急速な昇進を遂げ太政大臣にまで昇ったのは、雅実祖母が藤原道長の女尊子、御堂関白の血筋を引き摂関家の庇護を受け、且つ姉賢子が白河天皇の中宮となり、堀河天皇の外叔となったことが大いに力あった。賢子は顕房の女であるが、左大臣師実の養女として延久三年（一〇七一）に十五歳で御息所となり、四年白河天皇践祚により女御となり、承保元年（一〇七四）立后した（『今鏡』）。雅実は舞楽を能くし、舞人多資忠の遺子忠方に胡飲酒《こんじゅ》を返し伝授をしたことが『古今著聞集』巻六に見える。雅実の息雅定も幼にして雅楽に長じ、長治二年（一一〇五）正月朝覲行幸の際、胡飲酒を童舞し叡感あり堀河天皇御手づから紅の衵《あこめ》を賜ったことが、やはり同記に見える。この二代にわたる楽の伝統は家職として継承され、近世にも笛の家として知られることになる。雅実の舎弟は多く堂上に列し、顕仲（久我）、雅俊（京極）、国信（坊城）、信雅（久我）、顕雅（楊梅）、雅兼（壬生）などが分流を起したが、坊城家が南北朝時代まで続いた他はいずれも鎌倉時代末期には断絶した。なお、国信は歌人として著名で、源俊頼とともに和歌史上画期的な『堀河百首』成立にも深くかかわり、堀河院歌壇の指導者として重きをなした。雅兼も歌人として薄雲中納言の称で知られ、才学秀れて藤原通俊・大江匡房にも劣らずと評されたという。雅実の後は、一男顕通が嫡子として官位も順調に昇進したが、元永元年（一一一八）四月権中納言として公卿勅使を務めた際、宸筆の宣命をどこかに取落したまま出立、途中気付いて人を返して入手し得たが、日程に不都合を生じるという失態をして、父の右大臣雅実をして「家継ぐまじきもの」と嘆かしめたという。保安三年（一一二二）権大納言に昇って間もなく、病にかかり父に先立って没し、雅実の予想通りとなり、ときに宰相中将であった二男雅定が家を継ぐことになったという（『古今著聞集』巻一）。雅定には子息なく、舎兄の顕通二男雅通が養嗣子となった。なお、この雅通舎兄が後白河天皇出家の際の戒師で、寿永二年（一一八三）に法皇の法住寺殿に参殿中に源義仲の襲撃を受け殺害された、天台座主の明雲である。そして、雅通の長子が、後白河法皇、更には後鳥羽上皇の側近として辣腕をふるったことで知られる土御門内大臣通親である。通親の生母は典薬助藤原行兼の女。鳥羽天皇の皇后で、莫大な所領を伝領したことで知られる八条院（暲子内親王）、近衛天皇の生母として当時の政界に隠然たる勢威を有した美福門院（得子）に仕え、父雅通も皇后宮権亮や八条院の別当を勤め、後年、通親自身も八条院庁の別当となった。通親が頭角を現わしていく背景には美福門院や八条院の存在が大きかったといわれる。保元三年（一一五八）十歳で叙爵、治承三年（一一七九）高倉天皇の側近として蔵人頭に補され、中宮権亮を兼ね、翌年参議に列し、譲位に伴ない新院別当の任についた。室は花山院大納言忠雅の女で、一男通宗はこの所生。次いで平参議教盛（清盛舎弟）の女との間に二男通具を儲けていて、平氏との関わりも深くしていた。治承四年、以仁王が出した平氏追討の令旨に応じた園城寺・興福寺に対する処分の朝議がなされた際、十三人の公卿のうち最も強硬な意見をはいて平氏に肩入れしたのは最下﨟の参議通親で、右大臣九条兼実から「只察権門之素意、不知朝家の巨害」と酷評されている(『玉葉』同年五月二十七日条)。両者の意見の対立は次第に増長し、政敵として抜き差しならぬものとなる。寿永二年(一一八三)平氏が西国に奔り政治情勢の変化するなかで、通親は後鳥羽天皇乳母の高倉範子を室に迎え、後白河天皇の近臣の列に加わる。通親の朝務における力量と熱心は、政敵の兼実さえも、「奉公之至、無比肩之人」「奉公勝等倫、其身為才卿」と評されるほどであったし(『玉葉』文治二年六月一日、十月三日条)、また文治元年(一一八五)十二月源頼朝が上奏した議奏公卿十人の内にも入れられていること(『吾妻鏡』)などからも知られる如く、関東からも信頼を受けた。建久元年(一一九〇)後鳥羽天皇が元服し摂政九条兼実の女任子の入内があったが、頼朝はその長女大姫入門の望みを持ち続け、この入内工作を依頼したのも通親に対してであった。通親は、後白河法皇の愛妾で「近日朝務偏在彼唇吻」(『玉葉』文治元年十二月二十八日条)とまで言われるほどの発言力を有した丹後局(高階栄子)とこの工作にあたる中で局と共存関係を深かめ、建久二年(一一九一)局所生の覲子内親王が院号宣下(宣陽門院)されると、女院庁別当に補され、翌年三月の法皇崩後もこれに拠って勢力の温存をはかる。同六年十二月、通親室の範子の連れ子(実父は前夫の能円)で養女として後鳥羽天皇の後宮に入っていた在子(のち承明門院)が為仁親王を出産したことで、更に強力な立場に立つことになる。翌年十一月、通親は仇敵兼実一派を廟堂から追放することに成功する。建久七年の政変である。また、例の頼朝女の入内計画は、八年七月の大姫病死により自然消滅し、九年正月には幕府の反対を排して為仁親王四歳の践祚を実現し、土御門天皇の外祖父となり、後鳥羽院庁の別当にも補されて朝政を掌握した。更に十年正月頼朝急死の政情不安のなか、残余の親幕派堂上等の一掃をはかり、同年六月の任大臣節会において内大臣に任ぜられ、元のごとく右大将を兼ねその権勢他に並ぶ者なきに至る。摂籙と同じの意から、世に源博陸《げんはくりく》と称された(『玉葉』同年正月七日条)。建仁二年(一二〇二)十月、五十四歳で没し、正一位を贈られた。曹洞宗の開祖道元は、正治二年(一二〇〇)通親を父とし、摂政松殿基房の女を母として生まれた、といわれている。通親の後は、一男通宗(土御門)、二男通具(堀川)、三男通光(久我)、四男定通(土御門)、五男通方(中院)、六男通行(土御門)の六流に分かれた。嫡子通宗は安元二年(一一七六)十歳で叙爵、建久九年正月には参議に列したが、同年五月に三十一歳で没した。その女通子は、土御門天皇の典侍となり、後嵯峨天皇を産み、皇太后となる。これにより通宗は正一位左大臣を贈られた。通宗の亡きあと家嫡となったのは三男通光で、五男通方は中院家を起し、この二流が後々にまで栄えた。二男の堀川通具は歌人でもあり、『新古今和歌集』の撰者五人の筆頭として知られる。通光は歌人として著名で、建保七年(一二一九)内大臣に昇ったが、承久三年(一二二一)七月、承久の乱の責めを負い辞官し籠居した。仁治三年(一二四二)承明門院のもとで育った邦仁親王が鎌倉幕府の推挙により即位すると(後嵯峨天皇)、舎弟の土御門前内大臣とともに西園寺相国公経・同前右大臣実氏父子と結んで活躍し、寛元四年(一二四六)実氏のあとを受けて前内大臣から異例の太政大臣に昇り、従一位となった。そしてその翌年十二月、通光は遺産の相続に関して置文を遺している(『久我家文書』第一巻三〇(一)号)。その文中に、「久我をハしめとして庄々・家之宝物・日記・文書にいたるまて、一向女房のさたにてあるへし、たゝし、子とおもひたるハ大納言(通忠)・三位中将(雅忠)・中将(雅光)・姫御前(如月)、これそこと思て候、そのほかの子ハあまたあると申せと、子のきにてなき也」と記し、久我荘を初めとする荘園・宝物以下遺産の全てを女房に譲渡し、処分の対象となるであろう子供としては、二男通忠、四男雅忠、五男雅光、姫御前如月の四人のみとし、他は子と認めないとした。女房とは三条と号し法名を西蓮と称することになる家女房で、通光はこれに後事を託し、翌年の宝治二年(一二四八)正月没した。置文は遺産相続の争いが起ることを防ぐべく認められた筈であったが、没後半年も経たぬ内に遺領をめぐって相論となる。『百錬抄』同年五月二十七日条に「右大将通忠卿与故久我相国之後室有遺跡相論争」と見える如く、嫡子通忠が遺領割譲を求めて起きた相論であった。この相論は同年十一月二十六日の院評定にものぼり(『葉黄記』)、翌々閏十二月後嵯峨上皇院宣により久我荘は通忠が、この他の荘園は、通光後室三条が沙汰すべき旨が命ぜられた。これによりほとんどの久我家領が他家へと流失してしまう。しかもこの二年後の建長二年(一二五〇)十二月、ただ一つ残された久我家領、久我荘のみを遺産として通忠は三十五歳の若さで没してしまう。ときに嫡子の通基はわずかに十一歳。経済的・社会的に久我家は苦境に立たされるが、この経済的危機を救ったのが通忠の後室であった。すなわちこの後室の才腕により池大納言家領の一部が久我家領に流入されることになる。この女性は平忠盛と池禅尼の間に生まれた頼盛(清盛の異母弟)の孫。そして池大納言家領とは、平治の乱(一一五九)の際、池禅尼に命を救われた源頼朝がその恩に報いるため、寿永三年(一一八四)四月、禅尼の実子池大納言平頼盛に返還したところの頼盛の没官所領のことで、三十四ヵ所に及ぶ(『久我家文書』第一巻二八(一〜三)号)。その子光盛は頼盛から譲り受けた所領の内十五ヵ所を七人の女達に処分し、更に姉妹間での譲渡等があり、正応二年(一二八九)二月、通忠後室より前内大臣通基へ譲与されたのは、河内国大和田荘、伊勢国木造荘、尾張国海東上・中荘の四荘であった(同第一巻二八(一七)号)。その後も家領の回復が推進され、孫の長通の時には山城国東久世荘の譲り受け等にも成功しているのが(同第一巻一六七(一六)号)、その第一歩である。前年の正応元年内大臣に昇進したのに引続いての慶事であった。すなわち通基は七月十一日大納言より内大臣となり、九月十二日には奨学院別当幷に氏長者となった。『公卿補任』当該条に注し「源氏長者事始被仰之」とある如く、勅旨を以ての初めての源氏長者の補任であった。奨学院別当は源氏の公卿第一の人、つまり源氏長者が補され、多く奨学・淳和の両院別当を兼ね、大臣に任ずる日淳和院を以て次の人に与奪する慣例になっていた。近くは、文永九年(一二七二)八月、堀川大納言基具が同月に没した中院大納言雅忠の後をうけて淳和奨学院別当に補され、弘安七年(一二八四)正月基具が大納言を辞し准大臣となったので、慣例により淳和院別当は次の人に与奪して土御門大納言定実が就任した。両院別当は別々で数年を経るが、正応元年(一二八八)二月基具から奨学院別当が与奪されたのであろう、定実は両院別当となるが、同年七月十七日、基具・定実の下﨟であった久我大納言右大将通基がこれを超越して内大臣に昇る。慣例からすれば通基は奨学院別当に補される筈のものであったが、九月八日付で堀川権大納言具守が淳和奨学院別当に補される(『公卿補任』)という異例の人事がなされる。この事情は不明であるが、具守は基具の嫡子で、基具がこの翌年八月准大臣から太政大臣となるほどの実力者であったことからすれば、これらの方面からの強い力が働いた可能性はある。通基も異例不都合等のことを申請したに相違ない。その結果であろう、九月十二日、具守は奨学院別当を止められ、通基が奨学院別当ならびに氏長者に補されるのである。これを執行した右少弁広橋兼仲の日記には、「今日、為洞院中納言奉行、被下源氏長者幷奨学院別当宣旨、源氏長者宣旨事、先例不然、今度内府頻請申之故也、且准藤氏長者宣下云々」とあり(『勘仲記』同日条)、通基がことさらに源氏長者の宣旨の下附をも申請したことが知られる。同記には源氏長者と奨学院別当の両通の補任の状を載せているが、後者は宣旨、前者は口宣案様式であり、これまで源氏長者たるべき者に両院別当の宣旨が下され、源氏長者の宣旨が下される例はなく、口宣案を以

久我家

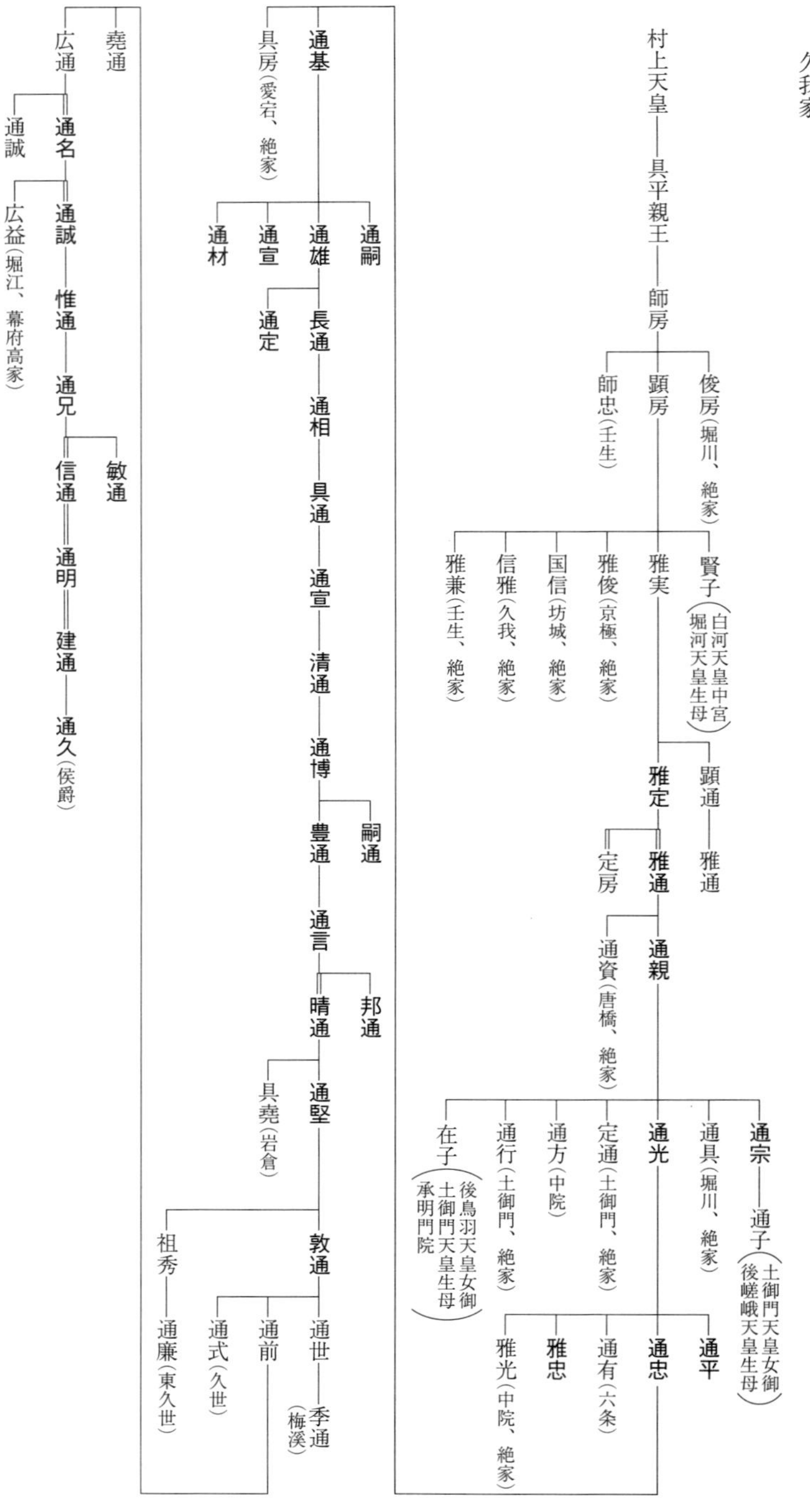

て下付されたといえる。久我家にとって、奨学院別当の補任は通光以来実に七十七年ぶりのことで、村上源氏の正嫡、中院流の嫡流であることを内外に主張するためにも源氏長者たるべきことの補任が極めて重要なことであったに相違ない。のちも淳和院奨学院別当は村上源氏の公卿第一の者が補任される原則であったが、前官補任の例もあり、久我家の場合は源氏長者の補任を伴うこともあった。永享十三年（一四四〇）前内大臣久我清通は十二月二日氏長者、十二月二十三日奨学院別当の補任ということもあった。なお室町時代には足利将軍も淳和奨学両院別当に補されることが起ってきて、村上源氏では久我家により独占される。また江戸時代には淳和奨学両院別

当、源氏長者は征夷大将軍と一体のものとして宣旨を以て補された。久我家は家領の回復を図ると共に、南北朝期の長通の頃からは嫡子単独相続がなされていくが、所領支配は次第に困難になっていき、常に源氏長者たることは得なかった。また戦国期、通博が太政大臣にまで昇った以降は、その子豊通、孫の通言が右大臣となった他は江戸時代の初め頃まで納言どまりで終った。ことに通言の時には、嫡子邦通が享禄四年(一五三一)権大納言現任の二十五歳で頓死し、他に実子がなかったので、前関白近衛尚通の六男晴通を養嗣子に迎える。久我家にとって他家よりの養子は初めてであった。江戸時代には、通誠、惟通が議奏に補され、通兄、信通が議奏及び武家伝奏に補され、建通は議奏に補された。ことに通誠は役務十六年間、信通は両役継続して十八年間に及んだ。敏通は竹内式部について垂加神道を学び、その尊王思想に感化されて徳大寺公城・烏丸光胤などとともに朝権の回復を志し、宝暦事件を惹起させることになるが、宝暦六年(一七五六)二十二歳で若死した。建通は和宮降嫁奏請に尽力するなど公武合体派の公家として活躍した。日記には、『土右記』(師房)、『水左記』(俊房)、『長秋記』(俊房の子師時)、『雅実公記』、『雅兼卿記』(壬生雅兼)、『東行日記』(惟通)、『久世相国記』(具通)、『通誠公記』、『惟通公記』、『通兄公記』、『久我信通公武御用日記』、『神宮御用日記』(信通)、『建通公記』などがある。明治十七年(一八八四)通久のとき、叙爵内規により侯爵を授けられた。菩提所は大徳寺内清泉寺。『久我家譜』(東京大学史料編纂所架蔵、四一七五―二一六)。

雅定　まささだ　一〇九四―一一六二

康和4(一一〇二)・3・－殿上小舎人、長治2(一一〇五)・1・21叙爵(元服日)、1・27侍従、3・16遷任右少将(「右権少将」く)、1・5従五位上(少将労)、3・11兼周防介(同労)、嘉承2(一一〇七)・1・3正五位下(行幸院賞)、天仁2(一一〇九)・1・6従四位下(少将労)、6・19従四位上(皇后宮従内大臣第入内賞)、天永2(一一一一)・1・23兼美作権介、9・20正四位下(従内大臣第還御内裡賞)、永久3(一一一五)・8・13遷右中将(「右権中将」く)、永久4・1・30兼備中介、元永2(一一一九)・2・6参議(中将如元、右府辞大将替)、元永3・1・28美作権守、保安2(一一二一)・1・5従三位、保安3・12・21権中納言、大治4(一一二九)・1・7正三位、大治5・1・28兼右衛門督、天承1(一一三一)・5・29使別当、12・22転中納言、天承2・1・22転左衛門督、長承2(一一三三)・12・18辞別当、長承3・1・7従二位、保延2(一一三六)・3・23正二位、11・4権大納言、12・9勅授、保延6・10・26(「22日」ひ)蒙任大将兼宣旨、12・7兼左大将、永治1(一一四一)・12・27兼皇后宮大夫、久安5(一一四九)・7・28内大臣、久安6・8・21右大臣、仁平4(一一五四)・5・28出家、応保2(一一六二)・5・27薨去

［死没］応保2(一一六二)・5・27　［年齢］69　［父］久我雅実、二男　［母］郁芳門院女房散位藤原経忠女　［号］中院入道右府　［法名］蓮如　［公卿補任］1―385上

雅通　まさみち　一一一八―七五

大治4(一一二九)・1・7叙位(無品祐子内親王給)、長承3(一一三四)・4・2兵部権大輔、保延2(一一三六)・12・19昇殿、保延4・1・5従五位上(大輔労)、10・17正五位下(雅定卿石清水加茂行幸行事賞)、保延6・4・3(「23日」くし)左少将、保延7・1・29近江権介、12・7新帝昇殿、12・27皇后宮権亮、康治1(一一四二)・1・5従四位下(府)、康治2・2・－従四位上(皇后宮入内賞〈く〉)、康治2・4・7還昇、即聴禁色、11・14正四位下(悠紀〈旧〉)、天養1(一一四四)・1・24転権中将、久安2(一一四六)・1・22〈23日カ〉近江権介、久安3・1・19蔵人頭〈くし無〉、久安5・6・－服解(母)、・8・23〈3日カ〉止権亮(依院号也)、久安6・1・29参議、元左中将(「元右中将」しく)、不経頭(母服間)、12・12〈22日カ〉侍従(去中将)、久安7・2・2備後権守、仁平2(一一五二)・1・28右兵衛督、－・－止侍従、仁平4・9・11(「17日」く)奨学院別当、久寿2(一一五五)・11・20〈10日カ〉〈くし〉遷近江権守、11・22従三位、保元1(一一五六)・9・13権中納言、9・17転左兵衛督、保元2・8・21正三位、保元3・2・21転右衛門督、－・－使別当、

5・21転左衛門督、11・8被下督並別当辞状、永暦1(一一六〇)・1・21中宮権大夫、3・2帯剣、8・11権大納言、10・11従二位、永暦2・2・5止之(権大夫)、2・28正二位、6・1淳和院別当、8・17転大夫、9・13大納言、応保2(一一六二)・2・5止中宮大夫、仁安3(一一六八)・3・20皇太后宮大夫、8・10内大臣、8・12兼右大将、11・21止大将、12・16還任宣旨、仁安4・1・2右馬寮御監、承安4(一一七四)・7・8辞右大将、承安5・2・27薨去

[死没]承安5(一一七五)・2・27　[年齢]58　[父]中院雅定(実源顕通、一男)　[母]正二位大納言源能俊女　[号]久我内大臣　[公卿補任]1—427下

通親　みちちか　一一四九—一二〇二

保元3(一一五八)・8・5叙爵(氏爵未叙、除目次)、応保1(一一六一)・10・19治部権大輔[「権少輔」し]、長寛3(一一六五)・1・5従五位上、仁安1(一一六六)・11・13正五位下(大嘗会叙位次、父卿石清水加茂両社行幸行事賞)、仁安2・2・11遷任右少将[「右権少将」く]、-・-禁色、仁安3・1・5従四位下(少将労)、1・11兼加賀介(少将労)、2・19新帝昇殿、3・26従四位上(父卿皇太后宮入内賞譲之、依為大夫預賞者也)、8・4正四位下(朝覲行幸賞次、臨時叙之)、嘉応3(一一七一)・1・18転権中将、安元3(一一七七)・1・24兼加賀権介(中将労)、治承2(一一七八)・12・15春宮昇殿、治承3・1・19蔵人頭(超上臈中将清通朝臣)、12・24兼中宮権亮、治承4・1・28参議(元蔵人頭右中将中宮権亮加賀権介)、今日遷任左中将[「左権中将」く]、権亮如元、2・25新院別当、治承5・1・5従三位、3・26兼播磨権守、養和1(一一八一)・11・25止権亮、寿永2(一一八三)・1・7正三位、寿永3・1・20権中納言、文治3(一一八七)・1・23従二位、文治4・7・-淳和院奨学院別当、文治5・1・7正二位、7・10兼右衛門督、建久1(一一九〇)・7・17中納言、7・18兼左衛門督、-・-別当、建久2・2・1辞別当、建久4・12・9辞督、建久6・11・10権大納言、建久9・1・5両院別当、建久10・1・20兼任右近大将、正治1(一一九九)・6・18任大臣召仰、6・22内大臣、正治2・4・12〈15日カ〉兼東宮傅、建仁2(一二〇二)・10・21〈し〉薨去

[死没]建仁2(一二〇二)・10・21　[年齢]54　[父]久我雅通、一男　[母]美福門院女房典薬助藤原長信女　[号]土御門内大臣　[公卿補任]1—492上　[大日本史料]4—7—597、4—17—補617

通宗　みちむね　一一六八—九八

安元2(一一七六)・1・7叙爵、治承3(一一七九)・10・9侍従、養和1(一一八一)・1・5従五位上(簡一)、寿永2(一一八三)・12・19正五位下(臨時)、文治3(一一八七)・5・4禁色、文治4・3・22左少将、10・14従四位下、文治5・1・18兼播磨介、建久1(一一九〇)・1・5従四位上(覲子内親王当年御給)、建久2・2・1転左中将[「左権中将」く]、12・30正四位下、建久5・1・30播磨権介[「播磨介」し]、建久8・1・30蔵人頭、建久9・1・11新帝蔵人頭、新院別当、1・30参議(元蔵人頭)、左中将如元、建久9・5・6薨去

[死没]建久9(一一九八)・5・6　[年齢]31　[父]源通親、一男　[母]太政大臣従一位藤原忠雅女　[号]土御門宰相中将　[公卿補任]1—538下　[大日本史料]4—5—829

通光　みちみつ　一一八七—一二四八

文治4(一一八八)・1・6叙爵(式子内親王給)、建久1(一一九〇)・7・18加賀守、建久3・1・5従五位上(宣陽門院給)、建久5・1・30侍従、正治1(一一九九)・1・5正五位下(院御給)、6・23禁色、9・23右少将、正治2・1・5従四位下(従三位源朝臣給)、1・25丹波介、4・1従四位上(八条院去建久六年御給)、4・15兼春宮権亮、8・3服解(母)、10・11復任、10・26転中将[「権中将」く]、建仁1(一二〇一)・1・6正四位下(従三位源朝臣給)、4・22従三位(内大臣造鳥羽殿賞)、右中将如元、建仁2・1・21尾張守、7・13〈23日カ〉正三位、10・19従二位、建仁4・4・12権中納言、4・14帯剣、元久2(一二〇五)・2・2兼左衛門督、4・3正二位、11・24中納言、建永2(一二〇七)・2・10権大納言、承元2(一二〇八)・8・8兼皇后宮大夫、〔承元3・4・25止大夫カ〕、建保5(一二一七)・1・28兼右大将、3・22右馬寮御監、建保6・10・8大納言、建保7・3・4内大臣、承久3(一二二一)・

‐・‐〈「7月3日」く追〉上表、安貞2（一二二八）・3・20朝覲行幸時始出仕、寛元4（一二四六）・12・14兼宣旨、12・24太政大臣、‐・‐従一位、宝治2（一二四八）・1・17上表、1・18薨去

［死没］宝治2（一二四八）・1・18 ［年齢］62 ［父］土御門通親、三男 ［母］従三位藤原範兼女従三位則子 ［号］後久我太政大臣 ［公卿補任］1―548下 ［大日本史料］5―25―49

通平　みちひら　一二〇三―二六

元久2（一二〇五）・3・9従五位下（臨時）、承元2（一二〇八）・12・9侍従（散位）、承元4・1・6従五位上（春花門院当年御給）、12・24正五位下（新院御給）、建暦2（一二一二）・1・13遠江権介、建保2（一二一四）・10・28右少将、12・13禁色、建保3・12・15左中将〔右中将カ〕、従四位下（承明門院去年御給）、建保4・1・13因幡権介、建保5・1・6従四位上、建保6・1・5正四位下、11・26兼春宮権亮、承久1（一二一九）・11・13従三位、右中将如元、承久3・1・13兼越後権守、貞応1（一二二二）・11・26正三位、貞応2・6・‐於高野出家、嘉禄2（一二二六）・‐・‐薨去

［死没］嘉禄2（一二二六）・8 ［年齢］24 ［父］久我通光、一男 ［母］正二位権大納言藤原宗頼女 ［公卿補任］2―33上 ［大日本史料］5―3―366

通忠　みちただ　一二一六―五〇

建保6（一二一八）・1・5五位（氏）、承久2（一二二〇）・1・22従五位上（承明門院御給）、4・6侍従、嘉禄1（一二二五）・4・26正五位下、12・22右少将、嘉禄3・1・5四位（労）、3・10禁色、安貞1（一二二七）・12・25左中将、安貞2・2・1兼加賀介、安貞3・1・5従四位上、寛喜2（一二三〇）・3・12兼中宮権亮、3・14正四位下（中宮入内）、10・25従三位、元左中将中宮権亮、中将如元、寛喜4・1・30兼因幡権守、貞永2（一二三三）・1・6正三位、文暦2（一二三五）・8・30参議、嘉禎2（一二三六）・2・30権中納言、5・22帯剣、嘉禎3・1・29従二位、嘉禎4・閏2・27正二位、7・20中納言、暦仁2（一二三九）・1・24権大納言、仁治2（一二四一）・10・3辞退、仁治3・2・21本座、寛元2（一二四四）・6・13還任、宝治2（一二四八）・3・10兼右近大将、建長2（一二五〇）・5・17大納言、5・27補淳和院別当、12・24〈「11月」百錬抄〉薨去

［死没］建長2（一二五〇）・12・24 ［年齢］35 ［父］久我通光、二男 ［母］従二位権中納言藤原範光女 ［号］久我右大将 ［公卿補任］2―73上 ［大日本史料］5―34―30

雅忠　まさただ　一二二八―七二

嘉禎3（一二三七）・11・3侍従、嘉禎4・1・5従五位上、延応1（一二三九）・10・28右少将、11・6遷左少将、延応2・1・22兼下野介、仁治1（一二四〇）・11・12正五位下（臨時）、仁治3・1・5従四位下（府労）、1・7少将如元、10・18転右中将、寛元2（一二四四）・1・5従四位上（府労）、寛元3・1・13兼因幡権介、寛元4・1・5正四位下（臨時）、宝治1（一二四七）・12・8補蔵人頭、宝治2・3・7復任（父）、10・29従三位、元蔵人頭右中将、中将如元、建長3（一二五一）・1・5正三位、建長4・11・13参議、12・4兼左衛門督、‐・‐使別当、建長5・9・2従二位、建長6・1・13権中納言、8・4辞督別当、康元2（一二五七）・1・29兼中宮権大夫、2・7正二位、弘長1（一二六一）・3・27権大納言、8・20兼中宮大夫、文永5（一二六八）・12・‐止大夫、文永8・3・27大納言、文永9・8・3薨去

❖建長二年より「因幡権守」、文永七年より「淳和奨学院別当」

［死没］文永9（一二七二）・8・3 ［年齢］45 ［父］久我通光、四男 ［母］従二位権中納言藤原顕光女 ［号］河崎・中院 ［公卿補任］2―141下

通基　みちもと　一二四〇―一三〇八

建長7（一二五五）・2・13〔従三位〕、左中将如元、康元2（一二五七）・2・22正三位、正嘉3（一二五九）・9・28参議、正元2（一二六〇）・3・29権中納言、4・6帯剣、文応1（一二六〇）・11・15従二位、弘長3（一二六三）・1・6正二位、文永5（一二六八）・12・2中納言、文永6・3・27権大納言、建治4（一二七八）・2・25右大将、弘安1（一二七八）・8・20御監宣下、弘安8・8・11大納言、弘安10・6・5止右大将、10・4右大将如元之由宣下、正応1（一二八八）・6・27蒙任大臣兼宣旨、7・11内大臣、9・12為奨学院別当並氏長者、10・27止両職、永仁5（一二九七）・10・

1従一位、延慶1(一三〇八)・11・29薨去
[死没]延慶1(一三〇八)・11・29 [年齢]69 [父]久我通忠、一男 [母]正四位下右近衛中将源通時女 [号]後久我内大臣 [公卿補任]2—166下

通雄　みちお　一二五七—一三二九
正嘉2(一二五八)・1・5叙爵、正元1(一二五九)・1・22侍従、文応1(一二六〇)・4・8従五位上、弘長2(一二六二)・6・20禁色、弘長3・2・19正五位下(朝覲行幸、大宮院御給)、文永1(一二六四)・1・13三河権介、文永2・1・30右少将、文永4・1・5従四位下、1・7右少将如元、文永5・1・29加賀介、文永6・12・7転右中将、文永7・2・1従四位上、文永8・10・15正四位下、文永9・7・10信乃権介、文永11・1・17従三位(元右中将信乃権介)、中将如元、文永12・1・18美作権守、建治3(一二七七)・1・5正三位、弘安1(一二七八)・11・18従二位、弘安2・12・12右中将、弘安6・4・5権中納言、弘安7・1・6正二位、正応1(一二八八)・7・11中納言、10・27権大納言、正応5・5・15辞退権大納言、12・25還任、-・-兼左大将、永仁4(一二九六)・1・18淳和院別当、永仁5・10・16内大臣、11・13補奨学院別当、12・-辞大将、永仁6・6・12止職、正和2(一三一三)・9・6従一位、元応1(一三一九)・10・18太政大臣、-・-兼宣旨、11・3為奨学院別当並源氏長者、元亨2(一三二二)・6・29宣聴輦車、元亨3・5・2上表、元徳1(一三二九)・12・11薨去
[死没]元徳1(一三二九)・12・11 [年齢]73 [父]久我通基、一男 [母]正二位権大納言姉小路顕朝女 [号]中院太政大臣 [公卿補任]2—239下

通嗣　みちつぐ　一二七六—一三五三
弘安3(一二八〇)・1・5叙爵(愷子内親王当年御給)、弘安6・3・28侍従、12・16従五位上、弘安7・1・13右少将、弘安9・1・5正五位下、1・13兼近江介、弘安11・1・5従四位下、1・11少将如元、2・8禁色、3・6転中将、正応2(一二八九)・1・5従四位上、正応3・6・18正四位下、正応5・5・15参議、元右中将兼之、閏6・16従三位、永仁2(一二九四)・1・6正三位、3・27兼備中権守、永仁6・11・14兼丹波権守、永仁7・1・5従二位、正安4(一三〇二)・1・5正二位、嘉元1(一三〇三)・8・28辞権中納言、文和2〈正平8〉(一三五三)・2・10薨去
※正安四年より「権中納言」
[死没]文和2(一三五三)・2・10 [年齢]78 [父]久我通基、三男 [公卿補任]2—313上 [大日本史料]6—17—698

長通　ながみち　一二八〇—一三五三
弘安9(一二八六)・2・29叙爵、正応1(一二八八)・1・5従五位上、4・7侍従、11・25正五位下、正応3・9・5従四位下、正応5・2・27左少将、正応6・1・5従四位上、4・8転中将、永仁2(一二九四)・1・6正四位下、3・27兼信乃介、永仁5・閏10・5従三位、左中将如元、永仁6・10・10正三位、永仁7・3・24兼但馬権守、正安3(一三〇一)・11・18従二位、正安4・9・25参議、乾元1(一三〇二)・11・23〈12月22日ともあり〉〈「11日」イ〉権中納言、延慶1(一三〇八)・11・8正二位、延慶2・8・10権大納言、正和2(一三一三)・9・6辞権大納言、元亨3(一三二三)・9・28大納言、-・-補奨学院別当、元徳1(一三二九)・9・26還任、左近大将〔左大将ともあり〕、元徳2・2・22復任、2・26内大臣、3・5辞両職、従一位、元徳3・2・1右大臣、11・8兼東宮傅、正慶1〈元弘2〉(一三三二)・7・13辞両職、正慶2〈元弘3〉・6・12還任宣下、建武1(一三三四)・2・22辞(右大臣)、12・17刑部卿、建武4〈延元2〉・7・20止卿、暦応3〈興国1〉(一三四〇)・12・27太政大臣、暦応4〈興国2〉・1・18為奨学院別当氏長者、暦応5〈興国3〉・2・29辞職、観応2〈正平6〉(一三五一)・12・-任太政大臣〈やしひ〉、文和2〈正平8〉(一三五三)・8・27薨去
[死没]文和2(一三五三)・8・27 [年齢]74 [父]久我通雄、一男 [母]家女房(実従五位上源仲基女) [号]後中院太政大臣 [公卿補任]2—339上 [大日本史料]6—18—316

通材　みちき　?—一三一三
文永2(一二六五)・1・5叙爵、文永4・11・8侍従、文永5・1・29従五位上、文永8・1・5正五位下、文永9・1・5従四位下、弘安2(一二七九)・1・5従四位上、4・17右少将、弘安3・3・12加賀介、

12·12転中将、弘安6·1·5正四位下、正安1(一二九九)·12·17従三位、元右中将、正安2·12·22左中将、応長2(一三一二)·2·-止中将、正和2(一三一三)·4·-薨去
[死没]正和2(一三一三)·4　[父]久我通基、三男　[母]正二位権大納言姉小路顕朝女　[公卿補任]2—350上

通定　みちさだ　一三一一—?

正和1(一三一二)·4·10叙爵、5·28侍従、11·18従五位上、正和2·11·24正五位下、正和5·1·5従四位下、1·26侍従如元、11·18左中将(不経少将)、文保1(一三一七)·3·27周防介、文保2·1·5従四位上(不労)、3·26正四位下、元応1(一三一九)·8·5従三位、左中将如元、皇后宮権亮、周防介、元亨1(一三二一)·3·11正三位、嘉暦1(一三二六)·11·4参議、嘉暦2·1·5従二位、3·24権中納言、-·19勅授、嘉暦4·6·28〈7月28日ともあり〉中納言、元徳1(一三二九)·-·-奨学院別当、元徳2·2·26辞中納言、建武2(一三三五)·8·2出家
[父]久我通雄、二男　[公卿補任]2—477下　[大日本史料]6—2—513

通宣　みちのぶ　一二九六—一三五二

永仁7(一二九九)·1·5叙爵、文保1(一三一七)·3·27侍従、元徳1(一三二九)·8·21従五位上、元徳3·1·5正五位下、元亨2(一三二二)·12·2右少将、元亨4·3·14従四位下、少将如元、正中2(一三二五)·1·27兼加賀介、嘉暦2(一三二七)·3·24従四位上、嘉暦4·2·12転右中将、元徳1(一三二九)·12·8正四位下(嘉暦三正五叙正四下云々〈堀川本〉)、元徳2·2·26参議、3·1更右中将、4·7辞退、従三位、正慶2〈元弘3〉(一三三三)·11·8正三位、観応3〈正平7〉(一三五二)·2·26薨去
[死没]観応3(一三五二)·2·26　[年齢]57　[父]久我通基、四男　[公卿補任]2—526上　[大日本史料]6—16—121

通相　みちまさ　一三二六—七一

嘉暦4(一三二九)·1·5従五位下、8·4侍従、元徳2(一三三〇)·2·11従五位上、11·16正五位下、元徳3·1·5従四位下、元弘1(一三三一)·10·28左少将、正慶1〈元弘2〉(一三三二)·2·26従四位上、3·12兼加賀権介、12·26右近中将、元弘3(一三三三)·6·-停本位、6·12左中将、11·8従四位上、12·7兼中宮権亮、元弘4·1·13兼信濃権介、建武1(一三三四)·7·9正四位下、建武2·1·27去権亮、建武3〈延元1〉·11·14兼春宮権亮、建武4〈延元2〉·12·4従三位(左中将如元)、暦応2〈延元4〉(一三三九)·1·13兼陸奥権守、暦応3〈興国1〉·12·27権中納言、12·29帯剣、暦応5〈興国3〉·1·5正三位、貞和2〈正平1〉(一三四六)·2·21従二位、貞和3年〈正平2年〉·9·16権大納言、観応1〈正平5〉(一三五〇)·-·-大嘗会検校、観応2〈正平6〉·4·-辞申職、文和3〈正平9〉(一三五四)·4·15兼右近大将、11·12為氏長者並奨学淳和両院別当、文和4〈正平10〉·8·13正二位、延文1〈正平11〉(一三五六)·7·21内大臣、8·10更為奨学院別当、為氏長者、延文5〈正平15〉·9·30止両職、貞治1〈正平17〉(一三六二)·12·27右大臣、貞治2〈正平18〉·4·20従一位、貞治5〈正平21〉·8·29太政大臣、応安1〈正平23〉(一三六八)·3·21上表、応安4〈建徳2〉(一三七一)·7·14薨去
[死没]応安4(一三七一)·7·14　[年齢]46　[父]久我長通　[母]正三位園基顕女　[号]千種太政大臣　[法名]旨尊　[公卿補任]2—570下　[大日本史料]6—34—221

具通　ともみち　一三四二—九七

康永3〈興国5〉(一三四四)·1·5叙爵、7·29侍従、康永4〈興国6〉·8·16従五位上、貞和3〈正平2〉(一三四七)·1·5正五位下(臨時)、貞和4〈正平3〉·4·17従四位下(元侍従)、12·24左少将、観応1〈正平5〉(一三五〇)·3·29兼出羽介、文和2〈正平8〉(一三五三)·4·23従四位上、文和3〈正平9〉·10·22正四位下、文和4〈正平10〉·-·-去介(秩満)、8·13転右中将、文和5〈正平11〉·1·6従三位(右中将如元)、-·-補淳和院別当、延文3〈正平13〉·3·30兼任信乃権守、延文5〈正平15〉·3·13権中納言、康安2〈正平17〉(一三六二)·5·7正三位、貞治3〈正平19〉(一三六四)·

1・5従二位、貞治4〈正平20〉・12・30権大納言、応安3〈建徳1〉(一三七〇)・1・6正二位、応安6〈文中2〉・12・27淳和奨学院別当、至徳1〈元中1〉(一三八四)・3・23兼右大将、12・27御監事宣下、嘉慶2〈元中5〉(一三八八)・5・26右大臣、嘉慶3〈元中6〉・2・－辞大将、明徳2〈元中8〉(一三九一)・1・6従一位、明徳5・3・28辞右大臣、応永2(一三九五)・6・3太政大臣、応永3・2・3辞太政大臣、2・25出家、応永4・3・16薨去〈く追〉

[死没]応永4(一三九七)・3・16 [年齢]56 [父]久我通相 [母]正二位権大納言藤原長隆女 [号]久世太政大臣 [法名]紹侃 [日記]久世相国記・具通公記(一三六六) [公卿補任]2—654上 [大日本史料]7—2—772

通宣 みちのぶ 一三七三—一四三三

至徳4〈元中4〉(一三八七)・1・6従三位、左中将如元、明徳2〈元中8〉(一三九一)・3・26兼陸奥権守、明徳4・1・28権中納言、応永3(一三九六)・1・5正三位、7・24権大納言、9・－淳和院別当、応永5・5・5従二位、応永6・4・26辞権大納言、応永10・12・9還任、応永11・1・6正二位、応永12・3・17止職、7・18還任(権大納言)、応永22・1・6兼右大将、3・16御監、11・28被止大将大納言、応永26・7・10出家、永享5(一四三三)・8・15薨去

[死没]永享5(一四三三)・8・15 [年齢]61 [父]久我具通 [母]内大臣従一位徳大寺公清女 [号]久世 [法名]道英 [公卿補任]3—15下

清通 きよみち 一三九三—一四五三

応永20(一四一三)・8・28従三位、右中将如元、応永21・3・16兼尾張権守、応永25・6・2権中納言、応永26・1・6正三位、応永27・1・5従二位、応永28・12・21権大納言、応永32・1・5正二位、1・30右大将、応永35・閏3・18奨学淳和両院別当宣下、正長2(一四二九)・3・29左大将、8・4内大臣、止大将、永享4(一四三二)・7・25辞内大臣、嘉吉1(一四四一)・11・2氏長者、12・23補奨学院別当、嘉吉2・1・5従一位、宝徳4(一四五二)・10・8太政大臣、享徳2(一四五三)・2・－〈「2日」く〉辞太政大臣、9・5薨去

[死没]享徳2(一四五三)・9・5 [年齢]61 [父]久我通宣 [母]家女房 [前名]清尚 [号]後久世太政大臣 [公卿補任]3—79上

通博 みちひろ 一四二六—八二

永享4(一四三二)・3・16加賀権介(従四上、右少将兼任)〈さし〉、嘉吉2(一四四二)・1・10従三位、右近中将如元、嘉吉3・3・16兼尾張権守、文安1(一四四四)・3・29権中納言、文安3・1・5正三位、文安5・1・29権大納言、宝徳3(一四五一)・1・5従二位、享徳3(一四五四)・1・5正二位、寛正2(一四六一)・8・11内大臣、寛正4・6・2辞大将、寛正5・1・－辞内大臣、11・28右大臣、寛正7・1・6従一位、1・16辞右大臣、文明5(一四七三)・－・－改名字於通博、文明13(一四八一)・7・26太政大臣、文明14・10・7薨去

[死没]文明14(一四八二)・10・7 [年齢]57 [父]久我清通 [前名]通尚・通行 [号]東久世太政大臣 [公卿補任]3—144上 [大日本史料]8—14—673

嗣通 つぐみち ?—一四六六

宝徳2(一四五〇)・1・5叙爵〈し〉、宝徳3・3・26侍従(従五位下)〈し〉、長禄3(一四五九)・3・23石見権介(右少将兼－)〈し〉、右近中将(従四下、元少将)〈し〉、寛正3(一四六二)・8・5従三位、右中将如元、寛正4・3・28信乃権守、寛正6・3・24権中納言、文正1(一四六六)・7・19薨去

[死没]文正1(一四六六)・7・19 [父]久我通博、一男 [母]正三位宮内卿橘以盛女 [法名]等蓮・蓮道 [公卿補任]3—205上

豊通 とよみち 一四五九—一五三六

文明8(一四七六)・3・16従三位、右中将如元、文明9・4・20権中納言、文明13・3・1正三位、文明17・8・28権大納言、延徳3(一四九一)・1・16兼左近大将、12・－辞大将、明応2(一四九三)・1・5正二位、明応6・6・18内大臣、明応8・5・28右大臣、明応9・3・30辞右大臣、文亀1(一五〇一)・6・23従一位、永正15(一五一八)・3・26本座、大永6(一五二六)・4・－出家

※長享三年(一四八九)より「従二位」、永正十六年(一五一九)に「両院別当」の記載あり

〔死没〕天文5（一五三六）・6・3　〔年齢〕78　〔父〕久我通博、二男　〔母〕正三位宮内卿橘以盛女　〔号〕志禅院右大臣　〔道号〕玉峯　〔法名〕蓮道　〔公卿補任〕3―247上

通言　みちこと　一四八七―一五四三
長享3（一四八九）・6・7叙爵、延徳3（一四九一）・6・7侍従、延徳4・3・6〈くし〉従五位上、明応1（一四九二）・10・7正五位下、明応2・3・25左少将、明応3・1・6従四位下、明応4・3・22右中将、明応8・10・27従四位上、文亀1（一五〇一）・4・23正四位下、文亀2・2・21従三位、後日賜件日位記、依忠輔卿上階也、右近中将如元、永正3（一五〇六）・10・22権中納言、永正5・2・8正三位、永正11・2・27権大納言、永正12・閏2・-〈「22日」く追〉従二位、永正14・9・22正二位、永正18・3・28〈「26日」さ〉兼右近大将、大永1（一五二一）・12・-御監宣下、大永3・3・9内大臣、大永4・12・26辞大将、享禄1（一五二八）・8・20転任右大臣、-・-・-辞退右大臣（不許猶為当職）、天文4（一五三五）・11・10従一位、天文5・閏10・8出家、天文12・2・-〈やさ〉薨去
〔死没〕天文12（一五四三）・2　〔年齢〕57　〔父〕久我豊通　〔母〕家女房　〔号〕陽春院　〔道号〕柏仲　〔法名〕大悦　〔公卿補任〕3―308上

邦通　くにみち　一五〇七―三一
永正4（一五〇七）・-・-誕生、永正6（一五〇九）・4・29〈くしさ〉叙爵、永正7・4・23侍従〈くしさ〉、永正12・2・10従五位上、永正13・4・17左少将、-・-正五位下、永正15・6・5従四位下、永正17・-・-従四位上、-・-・-〈「永正18年7月1日」さ〉転中将〈さ〉、大永1（一五二一）・11・2〈「10月」さ〉〔「元服」さ〕、正四位下、大永2・1・5従三位、左中将如元、3・29兼尾張権守、大永3・3・9権中納言、大永4・7・10正三位、7・12帯剣、享禄1（一五二八）・9・14権大納言、享禄4（一五三一）・6・8薨去
〔死没〕享禄4（一五三一）・6・8　〔年齢〕25　〔父〕久我通言　〔母〕太政大臣従一位徳大寺実淳女　〔法名〕大悦　〔公卿補任〕3―359上

晴通　はれみち　一五一九―七五
天文2（一五三三）・12・26叙爵、侍従、禁色、元服、天文3・2・30正五位下（越階）、7・5右少将、12・2従四位下（少将如元）、天文4・3・3従四位上、6・9右中将、7・28正四位下、天文5・1・5従三位、右中将如元、3・6権中納言、11・22〈「21日」さ〉奨学院別当氏長者、天文7・1・5正三位、天文9・1・25従二位、天文12・7・28権大納言、天文13・8・25正二位、天文22・閏1・1兼右大将、4・8出家
※天文十一年より「淳和奨学（両）院別当」
〔死没〕天正3（一五七五）・3・3　〔年齢〕57　〔父〕久我通言、二男　〔母〕徳大寺実淳女　〔号〕後久我　〔法名〕宗入・宗元　〔公卿補任〕3―393上

通堅　みちかた　一五四一―七五
天文10（一五四一）・-・-誕生、天文11（一五四二）・3・1従五位下、閏3・10侍従、天文12・1・7従五位上、天文13・1・6正五位下〈く追〉、3・19兼備前権介、天文14・1・5従四位下、天文15・1・5従四位上、天文16・1・5正四位下、11・22転左中将、禁色、昇殿、天文19・3・9従三位、左中将如元、天文20・3・27兼備前権守、天文21・1・5正三位、天文24・1・6従二位、4・26権中納言、弘治2（一五五六）・1・6氏長者、弘治3・7・23権大納言、永禄1（一五五八）・3・8兼右大将、永禄3・1・15正二位、永禄8・12・30改名通俊、永禄11・-・-勅勘解官〈やくま〉、元亀1（一五七〇）・-・-勅勘〈やくま〉、改通堅、天正3（一五七五）・4・6薨去
※永禄九年より「従二位」〔永禄三年叙正二位、今年以後又従二位未審〕
〔死没〕天正3（一五七五）・4・6　〔年齢〕35　〔父〕久我晴通、一男　〔母〕従三位大膳大夫武田信光女　〔前名〕通興・通俊　〔公卿補任〕3―428上

敦通　あつみつ　一五六五―一六二三
永禄8（一五六五）・-・-誕生、永禄9・9・28叙位（于時吉通）、永禄12・12・12〈やくま〉従五位上☆、天正2（一五七四）・1・5正五位下、侍従、天正3・1・30従四位下、侍従如元、2・23元服☆、2・30左少将、禁色、12・23改季通、天正4・1・5

従四位上、12・9正四位下〔年中両度〕、天正5・1・5渡右中将〔「渡」く無〕、天正6・1・6従三位、右中将如元、本名吉通又改敦通〈くま〉、天正7・7・4権中納言、天正8・12・7正三位、天正10・1・12権大納言、天正11・12・19従二位☆、天正13・-・-〔改敦通カ〕、天正15・12・29正二位、慶長4(一五九九)・-・-勅勘出奔権大納言正二位
〔死没〕寛永1(一六二三)・12・22　〔年齢〕59　〔父〕久我通堅、一男　〔前名〕吉通・季通　〔一字名〕橘　〔号〕久我　〔公卿補任〕3—480上

通前　みちさき　一五九一—一六三五

天正19(一五九一)・10・4〈「9月」く〉誕生☆、元和1(一六一五)・7・19叙爵、元服、昇殿、侍従、元和2・1・5従五位上、1・11右近少将、元和3・1・5正五位下、元和5・12・25従四位下、元和6・1・11左中将、閏12・22従四位上、寛永1(一六二四)・11・28兼中宮権亮(立后)、寛永3・1・5正四位下、寛永4・1・5従三位、中宮権亮左中将如元、寛永6・11・9止中宮権亮、寛永7・1・11権中納言、寛永8・1・6正三位、寛永12・10・24薨去☆
〔死没〕寛永12(一六三五)・10・24　〔年齢〕45　〔父〕久我敦通、二男　〔母〕家女房　〔公卿補任〕3—564上

広通　ひろみち　一六二六—七四

寛永3(一六二六)・4・5誕生、寛永4・1・5叙爵、寛永7・1・5従五位上、寛永16・5・15正五位下、侍従、寛永17・11・23元服、国母御執奏〈くま〉、禁色、従四位下〈くま〉、昇殿、12・20左少将、寛永18・1・5従四位上、12・5右中将、正四位下〔年中両度〕、寛永19・1・5従三位〈くま〉、1・11中将如元〈くま〉、正保3(一六四六)・3・13権中納言、5・26帯剣、7・26聴直衣、正保4・12・7〈賜去正月五日正三位々記〉正三位、承応3(一六五四)・12・22〈賜去慶安四年口宣案〉従二位〈ま〉☆、12・28〈賜去正月五日口宣案〉正二位〈ま〉、明暦1(一六五五)・1・25権大納言、明暦2・12・17補嘉遐親王勅別当、明暦3・3・27兼任右近大将、6・26神宮伝奏、万治1(一六五八)・1・28補識—親王勅別当、2・2伝奏辞退、寛文1(一六六一)・9・23内大臣、寛文3・2・16辞内大臣☆、寛文5・1・11右大臣、1・15賜兵仗、3・5辞右大臣、延宝2(一六七四)・4・12〈「13日」ま〉薨去
〔死没〕延宝2(一六七四)・4・12　〔年齢〕49　〔父〕久我通前、二男　〔母〕侍従従五位下堀秀治女　〔号〕妙雲院　〔公卿補任〕3—598下

通名　みちな　一六四七—一七二三

正保4(一六四七)・-・-誕生☆、明暦3(一六五七)・7・21〈「27日」ま〉叙爵☆、万治2(一六五九)・1・5従五位上、万治3・1・11侍従、万治4・1・5正五位下☆、寛文2(一六六二)・12・7従四位下、12・16元服、昇殿、禁色、寛文3・2・16従四位上☆、10・3左中将、寛文4・1・6正四位下☆、寛文5・3・5従三位〔左中将如元〕、寛文6・12・12権中納言、寛文7・1・5帯剣、7・13聴直衣、寛文10・12・12〈10月ともあり〉辞権中納言、寛文13・4・17〈「12月」ま〉出家☆
〔死没〕享保8(一七二三)・8・27　〔年齢〕77　〔父〕久我広通　〔法名〕如西　〔公卿補任〕4—10上

通誠　みちのぶ　一六六〇—一七一九

万治3(一六六〇)・1・27誕生、寛文3(一六六三)・10・3叙爵、寛文5・12・13〈「23日」ま〉従五位上☆、寛文6・12・17正五位下☆、寛文7・1・5従四位下、1・11侍従、寛文10・12・27従四位上、寛文12・12・7〈ま〉元服、禁色、雑袍、昇殿、左中将、12・28正四位下、寛文13・9・6改通縁〔元時通〕、延宝3(一六七五)・11・18〔従三位〕〔左中将如旧〕☆、延宝8・-・-正三位〈旧〉、12・26権中納言、天和1(一六八一)・11・21従二位、天和3・8・13為師永親王家勅別当、貞享1(一六八四)・9・15改通誠、11・17為尚仁親王家勅別当、12・23権大納言、貞享2・6・21神宮伝奏、元禄6(一六九三)・12・28辞伝奏、元禄7・2・12〈去正月五日分〉正二位☆、元禄8・12・14為邦永親王家勅別当〈ま〉、元禄11・11・27為盛永親王家勅別当、宝永5(一七〇八)・2・27中宮大夫、12・19右大将、宝永6・3・18内大臣、4・23辞大将、宝永8・2・25辞内大臣、2・29従一位☆、享保4(一七一九)・7・7薨去
〔死没〕享保4(一七一九)・7・7　〔年齢〕60　〔父〕久我

広通、二男　［母］伏見宮貞清親王女　［前名］時通・通縁・通規　［号］得自性寺　［日記］通誠公記（一六六四―一七一九）　［公卿補任］4―43下

惟通　これみち　一六八七―一七四八

貞享4（一六八七）・10・30誕生、元禄6（一六九三）・12・25〈去正五分〉叙爵、元禄8・1・5従五位上☆、元禄10・1・5正五位下、1・11侍従、元禄11・1・5従四位下☆、12・11元服、昇殿、左少将、禁色、元禄12・12・17左中将、元禄13・12・25従四位上、元禄14・1・5正四位下、元禄15・1・28従三位（左中将如元）☆、元禄17・3・2権中納言、宝永1（一七〇四）・12・9帯剣、宝永2・1・20〈去五日分〉正三位、宝永5・9・29為正仁親王家勅別当、12・9改惟通、宝永6・6・1〈去五月廿五日分〉従二位、宝永7・4・27為庶康親王家勅別当、正徳1（一七一一）・3・13神宮伝奏、12・23辞伝奏、正徳4（一七一四）・5・12権大納言、享保3（一七一八）・1・23為直仁親王家勅別当、享保6・1・22〈去五日分〉正二位、享保11・12・26為儲君親王家勅別当、享保12・12・14右大将、12・18右馬寮御監、享保15・7・22内大臣、9・26辞右大将、随身兵仗、享保20・3・21為院執事、元文1（一七三六）・1・23辞内大臣・随身兵仗等〈ま〉、寛保3（一七四三）・6・29従一位、延享2（一七四五）・5・16右大臣、随身兵仗〈ま〉、閏12・16辞右大臣〈ま〉、寛延1（一七四八）・9・29薨去

［死没］寛延1（一七四八）・9・29　［年齢］62　［父］久我通誠　［母］従二位権大納言千種有維女　［前名］輔通　［号］後志禅院　［日記］惟通公記（一七二一―四八）　［公卿補任］4―154上

通兄　みちえ　一七〇九―六一

宝永6（一七〇九）・11・4誕生、享保3（一七一八）・12・18〈去十四分〉叙爵、享保5・5・16従五位上、12・28正五位下、享保6・10・12従四位下、12・24侍従、享保7・1・25元服、禁色、昇殿、12・13従四位上、享保8・6・5左中将、正四位下、享保9・閏4・21従三位（左中将如旧）、享保12・8・6権中納言、11・2帯剣、11・6直衣〈ま〉、享保13・12・21正三位、享保16・12・25権大納言、享保17・12・27従二位、元文5（一七四〇）・6・28為恒子内親王家勅別当、寛保3（一七四三）・9・4為典仁親王家別当、延享1（一七四四）・7・13正二位、延享3・12・24為儲君親王勅別当、延享4・5・2院司（執事）、寛延3（一七五〇）・1・9右大将、1・22右馬寮御監〈ま〉、8・10内大臣、11・18辞右大将、賜随身兵仗、12・20辞内大臣・辞随身兵仗、宝暦4（一七五四）・5・14右大臣、11・26従一位、宝暦5・1・28辞右大臣随身兵仗、宝暦11・5・19薨去

❖享保二十年より「譲位伝奏」

［死没］宝暦11（一七六一）・5・19　［年齢］53　［父］久我惟通　［母］従四位下左近衛権少将細川綱利女　［号］含化光寺前右大臣　［日記］通兄公記（一七三一―六一）　［公卿補任］4―263下

敏通　としみち　一七三五―五六

享保20（一七三五）・1・27誕生、元文2（一七三七）・9・22〈「23日」ま〉叙爵、元文4・1・8〈去五日分〉従五位上、寛保2（一七四二）・1・10〈去五分〉正五位下、寛保3・8・29従四位下、寛保4・2・15侍従、延享2（一七四五）・3・22従四位上、9・24元服、禁色、雑袍、昇殿、左少将、延享3・2・17左中将、延享4・5・10正四位下、寛延1（一七四八）・2・1〈ま〉従三位（左中将如故）、寛延3・12・24権中納言、寛延4・1・19帯剣、5・13聴直衣、宝暦1（一七五一）・12・7改敏通、宝暦2・12・22正三位、宝暦3・3・4権大納言、宝暦6・2・25辞権大納言、薨去

［死没］宝暦6（一七五六）・2・25　［年齢］22　［父］久我通兄　［母］家女房　［前名］俊通　［公卿補任］4―388下

信通　のぶみち　一七四四―九五

延享1（一七四四）・9・6誕生、宝暦6（一七五六）・11・4為通兄公子〈ま〉、12・21〈ま〉叙爵、宝暦7・5・15従五位上、宝暦8・1・5正五位下、9・25侍従、宝暦9・1・24従四位下、2・6元服、禁色、昇殿、宝暦10・2・17左権少将、3・27拝賀、6・21従四位上、宝暦11・3・5左権中将、5・19服解（父）、7・11除服出仕復任、宝暦12・6・18拝賀〈ま〉、9・24正四位下、宝暦13・1・5〔従三位〕（中将如元）、明和1（一七六四）・6・4正三位、

明和4・11・30権中納言、12・22帯剣、12・27聴直衣、明和5・7・5春宮権大夫、12・19従二位、明和7・11・24止春宮権大夫、明和8・4・18権大納言、安永2(一七七三)・1・9正二位、安永4・閏12・11院執権、安永9・12・13為欣子内親王勅別当、寛政1(一七八九)・8・22右大将、10・13右馬寮御監、10・28直衣始、寛政3・11・28内大臣、12・6直衣始、寛政4・1・6辞両官、寛政7・9・13薨去

[死没]寛政7(一七九五)・9・13 [年齢]52 [父]久我通兄、二男(実広幡長忠、二男) [母]家女房 [号]惟克念院前内大臣 [日記]久我信通公武御用日記(一七八〇-八一) [公卿補任]4—470下

通明　みちあき　一七八〇—一八五五

安永9(一七八〇)・1・16誕生、天明5(一七八五)・10・3為信通公子、12・26従五位下、天明6・8・27従五位上、天明7・1・5正五位下、12・19侍従、天明8・12・2従四位下、天明9・12・14従四位上、寛政2(一七九〇)・12・11正四位下、寛政4・11・24元服、禁色、昇殿、寛政5・3・28左権少将、4・28拝賀、寛政6・1・28右権中将、6・20〈「28日」ま〉(従三位)(中将如旧)、寛政9・1・22〈去年十二月十九日分〉正三位、寛政12・2・5従二位、享和1(一八〇一)・7・20権中納言、9・3帯剣、9・4聴直衣、直衣始、享和3・3・7正二位、文化7(一八一〇)・9・7権大納言、10・24直衣始、文化8・5・16為盛仁親王家別当、8・10院御厩別当、文化10・12・16賜後桜町院御服、文政7(一八二四)・5・18内大臣、右大将・右馬寮御監、6・4辞大臣大将御監、文政8・2・11〈従一位〉、安政2(一八五五)・12・2薨去

[死没]安政2(一八五五)・12・2 [年齢]76 [父]久我信通(実中院通維) [母]一条道香女(実家女房) [公卿補任]5—97上

建通　たけみち　一八一五—一九〇三

文化12(一八一五)・2・1誕生、文政5(一八二二)・3・22従五位下、5・15侍従、9・20従五位上、文政6・1・5正五位下、7・25従四位下、閏8・11従四位上、文政8・1・25正四位下、4・21元服、禁色、昇殿、左権少将、拝賀、文政9・7・26権中将、8・24〈従三位〉、左中将如故、9・-拝賀、直衣始、文政10・1・5正三位、天保3(一八三二)・2・11権中納言、3・17帯剣、3・22直衣、12・19従二位、天保5・1・25正二位、天保11・3・14兼春宮権大夫、弘化3(一八四六)・2・13去権大夫、嘉永1(一八四八)・4・4権大納言、5・15直衣始、嘉永2・2・16為熾仁親王家別当、嘉永5・6・14為順子内親王家別当、安政5(一八五八)・3・24右大将・右馬寮御監、12・11直衣始、文久2(一八六二)・1・4内大臣、4・29直衣始、8・25辞両官御監等、8・27出家、慶応3(一八六七)・12・10還俗

[死没]明治36(一九〇三)・9・28 [年齢]89 [父]久我通明、二男(実一条忠良、一男) [母]細川治年二女就 [日記]建通公記(一八四二-七八) [公卿補任]5—312上

通久　みちつね　一八四一—一九二五

天保12(一八四一)・11・28誕生、嘉永1(一八四八)・12・7従五位下、嘉永2・1・22従五位上、嘉永3・3・4正五位下、嘉永4・10・28従四位下、嘉永5・3・27従四位上、10・11侍従、嘉永6・8・21正四位下、嘉永7・閏7・19元服、禁色、昇殿、左権少将、拝賀、安政4(一八五七)・12・19右権中将、安政5・1・7拝賀、1・11〈従三位〉(権中将如故)、安政6・1・5正三位、慶応3(一八六七)・1・27賜大行天皇御当色、2・2賜御素服、9・27権中納言、9・28帯剣、慶応4・2・2権大納言

[死没]大正14(一九二五)・1・12 [年齢]85 [父]久我建通 [母]鷹司政通三女麗子 [公卿補任]5—518上

堀川家(絶家)1

師仲　もろなか　一一一八—七二

天承2(一一三二)・1・5従五位下(一品宮御給)、長承2(一一三三)・1・2従五位上(朝覲行幸次、散位)、保延2(一一三六)・3・23正五位下(鳥羽勝光

明院供養行幸日、女院御給)、12・21侍従、保延4・1・22左近権少将、保延5・1・5従四位下(女院御給)、1・24更任左近権少将(去正月五日四品叙之後還任)、保延6・1・20従四位上(女院御給)、3・27兼播磨権介、康治1(一一四二)・11・26正四位下(新院御給)、康治3・1・24転右近権中将、久安3(一一四七)・1・28兼備前権介、久寿3(一一五六)・2・5蔵人頭、保元1(一一五六)・4・6参議(元蔵人頭右中将)、9・13従三位、故太政大臣家土御門亭為春宮御所之時御着袴賞、入道右府譲之畢、依朝隆伊実等叙従三位也云々、保元2・1・24越前権守、4・26辞権守、保元3・11・26正三位、保元4・4・6権中納言、平治1(一一五九)・12・28解官、永暦1(一一六〇)・3・11配流下野、永万2(一一六六)・3・29召返、仁安1(一一六六)・10・21復本位、11・18許本座、仁安2・1・28従二位、承安2(一一七二)・5・16〈「15日」原イ〉薨去

[死没]承安2(一一七二)・5・16 [年齢]55 [父]源師時、三男 [母]中宮大夫源師忠女又源俊綱女 [号]伏見源中納言 [公卿補任]1—437上

有通　ありみち

仁安3(一一六八)・1・12叙位(高松院合爵)、文治5(一一八九)・9・16侍従、建久2(一一九一)・1・5従五位上(簡一、改盛房為有通)、建久4・1・29兼越中権介、建久6・12・10正五位下、建久9・12・9右近少将、正治1(一一九九)・1・30兼加賀権介、建仁2(一二〇二)・1・5従四位下、-・21還任少将、建仁3・9・30復任(母)、元久1(一二〇四)・1・13兼出雲介、建永1(一二〇六)・1・5従四位上、承元2(一二〇八)・1・20転権中将、承元3・1・13正四位下、承元4・1・14内蔵頭、7・21従三位、建暦1(一二一一)・5・14出家

[父]源有房 [母]平清盛或平忠盛女 [公卿補任]1—576下

俊信　としのぶ　一一六七—?

文治3(一一八七)・12・4兵部権少輔、建久2(一一九一)・1・5従五位上、建久5・1・20兼紀伊介、4・7〈や〉正五位下(罷兵部権少輔叙之)、建仁3(一二〇三)・7・8加賀守(泰通卿知行)、承久3(一二二一)・11・16従四位下(臨時)、嘉禎2(一二三六)・12・16従四位上(募去寛治五稲荷祇園両社行幸行事左中弁師頼朝臣賞叙之)、宝治2(一二四八)・-・-従三位、建長1(一二四九)・-・-出家

[父]源師光 [母]安芸 [前名]泰光 [公卿補任]2—141上 [大日本史料]5—32—5

有教　ありのり　一一九二—一二五四

建久3(一一九二)・2・8叙爵、正治2(一二〇〇)・12・28下総守、元久3(一二〇六)・1・13遷刑部少輔、建暦1(一二一一)・10・29従五位上、建保3(一二一五)・7・12正五位下(止少輔)、建保5・12・12右少将、承久2(一二二〇)・1・5従四位下、1・22更右少将、貞応1(一二二二)・1・24従四位上、嘉禄2(一二二六)・4・19正四位下、嘉禄3・1・26右中将、寛喜2(一二三〇)・6・26進怠状、去十九日依行幸還御不供奉也、8・2返給怠状、嘉禎2(一二三六)・7・20従三位、即任兵部卿、元右中将、暦仁2(一二三九)・1・28正三位、宝治2(一二四八)・1・6従二位、建長4(一二五二)・12・4遷大蔵卿、建長6・8・6薨去

[死没]建長6(一二五四)・8・6 [年齢]63 [父]源有通、二男 [母]丹波重長女(院女房) [公卿補任]2—94上

堀川家

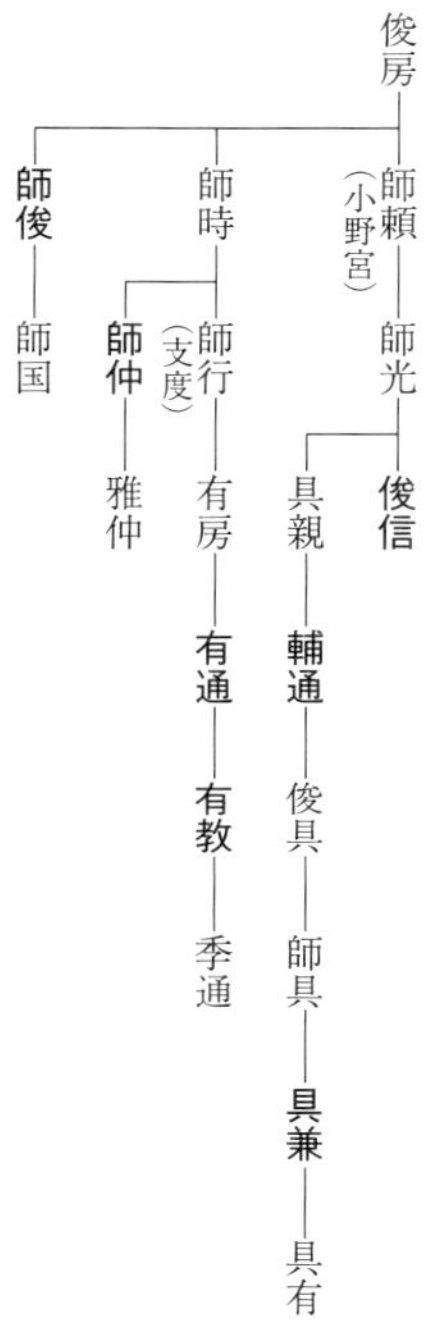

輔通　すけみち　一二〇四―四九

承元4(一二一〇)・1・6叙爵(天暦御後)、嘉禄2(一二二六)・11・4侍従、寛喜2(一二三〇)・1・24兼安芸権介、貞永1(一二三二)・12・15兼信濃守、貞永2・1・6従五位上(侍従労)、文暦2(一二三五)・1・23左少将、嘉禎2(一二三六)・12・18正五位下、嘉禎3・4・9遷右少将、従四位下、10・27転右中将、暦仁2(一二三九)・1・5従四位上(府労)、寛元1(一二四三)・4・9正四位下(承明院大嘗会御給)、宝治2(一二四八)・6・16従三位(去中将)、建長1(一二四九)・6・7薨去

[死没]建長1(一二四九)・6・7　[年齢]46　[父]源具親　[母]従四位下陸奥相模守平重時女　[公卿補任]2―141下　[大日本史料]5―30―382

具兼　ともかね

正応6(一二九三)・1・13叙爵、永仁7(一二九九)・4・12侍従、正安4(一三〇二)・1・20従五位上、正和1(一三一二)・12・30〈や〉右少将、文保1(一三一七)・1・5従四位下、5・22辞少将(去正月五叙従四位下未叙留、而今日辞退如何、左少将者藤原具兼也、無辞退之由具良卿後日語之由、清家除書注也)、文保2・11・21左中将(宣下)、文保3・1・5従四位上、元応2(一三二〇)・5・10辞左中将、正中2(一三二五)・1・29正四位下、元徳2(一三三〇)・6・7右兵衛督、11・6従三位、右兵衛督如元

※元弘元年(一三三一)非参議従三位[以後不見]

[父]源師具、二男　[公卿補任]2―531下

京極家(絶家)

京極家

雅俊―顕親―俊光―家俊―資俊―教俊

家俊　いえとし

応保2(一一六二)・1・5叙位(氏)、仁安3(一一六八)・11・20従五位上(父近江介俊光朝臣大嘗会国司賞譲)、嘉応1(一一六九)・3・5侍従(父俊光譲)、承安3(一一七三)・1・21出雲介、安元2(一一七六)・1・5正五位下、寿永1(一一八二)・12・30左少将、寿永2・1・22加賀介、12・19従四位下(去少将)、文治1(一一八五)・6・10従四位上、文治5・11・13宮内卿、建久1(一一九〇)・7・18正四位下、正治1(一一九九)・3・23讃岐守、建仁4(一二〇四)・3・6従三位、宮内卿如元、承元3(一二〇九)・2・18出家

[父]源俊光、一男カ　[母]従五位下源雅光女　[公卿補任]1―557下　[大日本史料]4―10―517

資俊　すけとし　一一八三―一二四一

建久2(一一九一)・1・5叙爵(氏)、元久3(一二〇六)・1・13侍従、建永2(一二〇七)・4・10従五位上、承元4(一二一〇)・1・14備前介、6・17復任、建保2(一二一四)・3・28淡路守、建保4・1・5正五位下、1・13美作守、承久1(一二一九)・8・4越中守、12・13左少将、承久3・1・5従四位下、嘉禄1(一二二五)・12・22還任左少将、嘉禄3・1・5従四位上、寛喜2(一二三〇)・1・22正四位下、嘉禎4(一二三八)・1・22左中将、仁治1(一二四〇)・10・24辞中将、以男侍従教俊申任左少将、12・18従三位元前左中将〈や〉、仁治2・12・-出家

[死没]仁治2(一二四一)・2・3　[年齢]59　[父]源家俊　[母]正五位下源光遠女　[公卿補任]2―112上　[大日本史料]5―13―911

坊城家(絶家)

顕信　あきのぶ　?―一二〇七

久安2(一一四六)・5・19従五位下(無品統子内親王[「去」くし]康治二年未給)、保元2(一一五七)・10・22従五位上(父伊賀守信時造宮長橋廊賞譲)、永暦2(一一六一)・8・13民部少輔、応保2(一一六二)・1・27少納言(元民部少輔)、永万2(一一六六)・1・12正五位下(少納言労)、4・6左少将(元少納言)、仁安2(一一六七)・1・30兼美作介[「守」く]、仁安3・1・5従四位下、嘉応2(一一七〇)・1・5従四位上(皇嘉門院仁安四年未給)、承

安2(一一七二)・1・23兼播磨権介(少将重兼国)、安元2(一一七六)・1・30治部卿(元右少将〈「元左少将」く〉)、安元3・1・24正四位下、寿永2(一一八三)・4・9従三位、治部卿如元、建久1(一一九〇)・1・24美作権守、建久2・12・18正三位、建仁2(一二〇二)5・-〈「23日」猪隅関白記〉出家 [死没]承元1(一二〇七) [父]源信時 [母]従四位下美乃介源俊輔女 [前名]国時 [公卿補任]1―504下 [大日本史料]4―9―880

清信　きよのぶ　?―一二一七

承安3(一一七三)・1・16叙位(皇后宮去仁安三年御給)、養和2(一一八二)・3・8侍従、文治1(一一八五)・1・6従五位上(簡一)、文治2・2・30因幡権介、文治3・-・-服解(母)、8・5復任、建久2(一一九一)・1・5正五位下、正治1(一一九九)・12・9左少将、正治2・1・22駿河介、建仁1(一二〇一)・1・6従四位下、6・23還任少将、元久2(一二〇五)・1・19周防権介、元久3・1・6従四位上、承元1(一二〇七)・-・-服解(父)、5・3復任、承元2・12・9転右中将、承元3・1・5正四位下(臨時)、1・13土左介、承元4・1・14美作権介、建保2(一二一四)・1・5従三位、建保5・9・-薨去 [死没]建保5(一二一七)・9・2 [父]源顕信 [母]正四位下修理権大夫源雅国女 [公卿補任]2―14下 [大日本史料]4―14―456

坊城家

国信―信時―顕信―清信―顕平―資平―顕資―資栄―資具
資平―親平―国資―資忠
資平―親教―教時

顕平　あきひら　一一八八―一二四八

正治2(一二〇〇)・3・10五位(琮子合)、承元4(一二一〇)・12・20少納言、建暦2(一二一二)・11・11従五位上、建保3(一二一五)・4・11右少将、建保4・1・13兼紀伊権介、建保5・1・6正五位下(臨時)、承久1(一二一九)・11・13四位(労)、承久2・1・20転左、貞応1(一二二二)・1・6従四位上(臨時)、1・24内蔵頭、貞応2・2・30正四位下、嘉禄2(一二二六)・1・13加賀権守、寛喜1(一二二九)・7・13従三位(元内蔵頭加賀権守)、文暦2(一二三五)・9・10左兵衛督、嘉禎2(一二三六)・12・19正三位、嘉禎4・7・20参議、8・28止督、-・-従二位、暦仁2(一二三九)・1・24美乃権守、延応1(一二三九)・9・9〈や〉帯剣、仁治2(一二四一)・7・26正二位、寛元2(一二四四)・1・23遷丹波権守、宝治1(一二四七)・12・8辞参議、宝治2・5・24薨去 [死没]宝治2(一二四八)・5・24 [年齢]61 [父]源清信、一男 [母]憲顕女 [公卿補任]2―69下 [大日本史料]5―26―215

資平　すけひら　一二一三―八四

元仁2(一二二五)・1・5〈や〉叙位(氏)、安貞2(一二二八)・9・6侍従、寛喜4(一二三二)・1・5従五位上(鷹司院当年御給)、1・30兼讃岐権介、嘉禎3(一二三七)・10・27正五位下、延応1(一二三九)・3・18右少将、延応2・1・22兼甲斐権介、寛元4(一二四六)・2・23播磨権介、宝治2(一二四八)・4・8従四位下(府労)、12・4内蔵頭、建長6(一二五四)・1・13正四位下、建長8・1・22備後権守、正嘉1(一二五七)・11・19左兵衛督、正元1(一二五九)・7・2蔵人頭(去督)、7・7禁色、8・7宮内卿、弘長1(一二六一)・3・27〈「2月」や〉参議(元蔵人頭宮内卿)、今日去卿、9・28従三位、弘長2・1・19兼美乃権守、弘長3・1・6正三位、文永4(一二六七)・2・1兼丹波権守、文永6・11・7従二位、文永8・4・7権中納言、8・12帯剣、10・13辞権中納言、10・22列本座、建治2(一二七六)・1・5正二位、弘安3(一二八〇)・10・1按察使、弘安5・12・19配流越前国、弘安6・3・11帰京、3・17復本位、還任按察使、弘安7・9・22出家、9・23薨去 [死没]弘安7(一二八四)・9・23 [年齢]62 [父]源顕平、一男 [公卿補任]2―186下

顕資　あきすけ　?―一三一七

建長7(一二五五)・1・5叙爵、康元2(一二五七)・1・26従五位上、正嘉2(一二五八)・1・13侍従、正嘉3・3・8正五位下(院御給)、弘長4(一二六四)・1・17兼越前権介、文永2(一二六五)・10・25右少将、文永4・1・5従四位下(少将如元)、文永7・1・5従四位上、6・18転中将、文永8・10・13正四位下、

文永11·2·20兼陸奥介、弘安8(一二八五)·6·26復任、正応6(一二九三)·2·18宮内卿、蔵人頭(今日去中将)、2·23禁色、6·24従三位(元蔵人頭宮内卿)、永仁4(一二九六)·4·13正三位、嘉元3(一三〇五)·12·30参議、嘉元4·2·5兼宮内卿、3·30兼備中権守、徳治2(一三〇七)·3·2止卿、4·3辞参議、延慶2(一三〇九)·3·23従二位、正和4(一三一五)·1·6正二位、文保1(一三一七)·5·2薨去

❖嘉元三年に「美作権守」の記載あり

[死没]文保1(一三一七)·5·2　[父]源資平　[母]源重助女　[公卿補任]2—321上

親平　ちかひら　一二五五—?

康元1(一二五六)·10·23従五位下、隠岐守(父資平卿給)、正元1(一二五九)·6·10侍従、文応1(一二六〇)·1·5従五位上、文永4(一二六七)·11·10正五位下、文永8·1·5従四位下、11·4還任侍従、文永11·2·20右少将、建治3(一二七七)·1·7従四位上、弘安3(一二八〇)·12·7正四位下、弘安5·11·25左少将、弘安7·9·23喪(父)、弘安8·6·26復任、弘安9·1·13左中将、弘安10·1·13少納言、弘安11·2·21止少納言(在綱任之)、正応2(一二八九)·4·29還任左中将、正応3·-·-長門権介、6·2可為右之由宣下、永仁4(一二九六)·3·9復任(母)、永仁6·8·10春宮昇殿(立坊日)、正安3(一三〇一)·1·21新帝昇殿(譲位日)、嘉元1(一三〇三)·10·29従三位(元右中将)、嘉元2·3·22左兵衛督、閏10·21〈嘉元3年3月8日にもあり〉止督、延慶2(一三〇九)·2·19正三位、9·1右衛門督、延慶3·3·9止督、応長2(一三一二)·2·13従二位、正和2(一三一三)·8·7参議、9·6辞参議、9·20聴本座、文保1(一三一七)·5·30出家

[父]源資平、二男　[母]従二位権中納言藤原親季女　[法名]円聖　[公卿補任]2—372上

資栄　すけひで　?—一三一七

弘安4(一二八一)·1·5叙爵(氏)、正応1(一二八八)·4·7従五位上、5·5侍従、正応5·8·14正五位下、正応6·6·24左少将、永仁4(一二九六)·1·5従四位下(府労)、乾元2(一三〇三)·2·6〈「1年」イ〉還任左少将(「右少将」やイ)、嘉元2(一三〇四)·3·7兼甲斐権介、嘉元3·11·16〈賜去正安三十一十八日位記〉従四位上(除目次宣下)、嘉元4·1·5正四位下、2·5転右中将、応長1(一三一一)·5·26遷宮内卿、補蔵人頭(止中将)、正和1(一三一二)·4·10参議、元蔵人頭宮内卿、7·5従三位、正和2·8·7辞退(参議)、文保1(一三一七)·6·9薨去

[死没]文保1(一三一七)·6·9　[父]源顕資　[公卿補任]2—423上

親教　ちかのり

正応3(一二九〇)·1·5正四位下、元亨1(一三二一)·7·26従三位、元前大蔵卿、嘉暦3(一三二八)·-·-出家

[父]源資平、三男　[母]源重助女　[前名]師教·師親　[公卿補任]2—489上

国資　くにすけ

永仁6(一二九八)·4·9従五位下(于時信資)、嘉元3(一三〇五)·11·16右兵衛権佐(于時国資)、嘉元4·1·5従五位上、徳治2(一三〇七)·9·17止権佐、9·25右少将、徳治3·5·9正五位下、延慶3(一三一〇)·1·6従四位下、1·7少将如元、応長1(一三一一)·閏6·9従四位上、12·21転左中将、正和2(一三一三)·3·9渡右中将、正和3·1·5正四位下、元応1(一三一九)·9·20還任左中将、元亨4(一三二四)·11·11宮内卿、補蔵人頭、正中3(一三二六)·2·19参議(元蔵人頭)、宮内卿如元、嘉暦2(一三二七)·11·10従三位、-·-去卿、嘉暦3·3·16兼越前権守、6·13止之(越前権守)、9·23辞参議、元徳2(一三三〇)·1·5正三位

❖建武二年(一三三五)前参議正三位〔以後不見〕

[父]源親平　[前名]信資　[公卿補任]2—505下

久我家(絶家)

成経　なりつね　一二二二—?

-·-·-叙爵、嘉禎2(一二三六)·7·20宮内少輔、

4・9従五位上(罷少輔叙之)、仁治1(一二四〇)・8・28常陸介(左大将分国)、仁治2・1・5正五位下(臨時)、仁治7・3・7〈3年カ〉従四位下、建長7(一二五五)・2・18従四位上(嘉陽門院当年御給)、正元1(一二五九)・11・16中務大輔、文応1(一二六〇)・10・20止大輔(可勤仕御禊行幸侍従代之処、依服解被改任之)、弘長3(一二六三)・1・6正四位下(正親町院当年御給)、文永1(一二六四)・10・15土佐守(左大臣分国)、文永3・2・1得替、弘安5(一二八二)・4・8従三位(元前土左守)、弘安7・5・25出家

[父]源重房 [前名]信朝 [法名]道杲 [公卿補任]2—268上

顕綱 あきつな

文永1(一二六四)・11・9叙爵、近江守、文永3・4・21従五位上、文永5・4・7去守、文永8・7・2正五位下、文永10・12・8〈「11日」や〉少納言、建治3(一二七七)・1・7従四位下(少納言如元)、弘安3(一二八〇)・12・12〈賜去七日位記〉従四位上、弘安6・12・20辞少納言、弘安7・1・5正四位下、正応1(一二八八)・7・16治部卿、正応2・10・18去卿、正応3・11・21従三位(元前治部卿)、永仁2(一二九四)・1・29出家

[父]源成経 [公卿補任]2—306上

久我家

信雅—雅仲—有雅—信定—重房—成経

成経—顕綱—雅綱

成経—顕行—顕国

顕行 あきゆき

文永2(一二六五)・1・5従五位下(正親町院当年御給)、11・17宮内少輔、建治2(一二七六)・1・23兵部少輔、弘安2(一二七九)・1・5従五位上、1・24兼豊後介、弘安7・12・17正五位下(罷兵部少輔叙之)、弘安11・3・6中務大輔、-・-止大輔〈や〉、正応2(一二八九)・4・2従四位下、正応5・12・30従四位上、永仁3(一二九五)・1・28正四位下、嘉元2(一三〇四)・5・5左京大夫、嘉元3・11・16止大夫、徳治3(一三〇八)・3・4従三位、元前左京大夫、正和2(一三一三)・2・6正三位

❖文保元年(一三一七)非参議正三位〈以後不見〉

[父]源成経、二男 [公卿補任]2—400上

壬生家(絶家)

雅頼 まさより 一一一七—九〇

天承1(一一三一)・12・24〈くし〉修理亮(雅兼卿二合)、12・27遷大膳亮(下名次、修理亮依無其闕也)、天承2・1・22式部少丞、長承2(一一三三)・3・4従五位下(一品禎子内親王給)、長承4・1・28治部大輔、保延7(一一四一)・1・7従五位上(大輔労)、久安5(一一四九)・3・20正五位下(延勝寺供養、皇太后宮御給)、久寿2(一一五五)・8・23蔵人、久寿3・9・17左少弁、保元2(一一五七)・8・21権右中弁、10・22従四位下(造宮行事)、保元3・8・10左中弁、装束使、保元4・1・6従四位上(父卿去天永三平野大原野行幸行事)、1・29兼伊勢権守(装束使労)、永暦1(一一六〇)・4・3正四位下(父卿天永三平野大原野行幸行事)、両度用一賞、8・24斎内親王装束司、10・3右大弁、蔵人頭、応保3(一一六三)・1・24遠江権守、長寛2(一一六四)・1・21参議、右大弁遠江権守等如元(元蔵人頭)、永万1(一一六五)・8・17左大弁、10・2勘長官、仁安2(一一六七)・1・30備中権守、2・11従三位、仁安3・3・11正三位、嘉応1(一一六九)・12・30権中納言、治承3(一一七九)・11・18辞権中納言、治承4・1・-被聴本座出仕、治承5・1・5従二位、寿永2(一一八三)・2・21正二位、文治3(一一八七)・7・5出家

[死没]建久1(一一九〇)・8・3 [年齢]64 [父]源雅兼、三男 [母]正二位大納言源能俊女 [前名]雅仲 [号]壬生・綾小路・猪熊元中納言 [日記]雅頼記(一一六四) [公卿補任]1—456上 [大日本史料]4—3—177、4—16—補216

定房 さだふさ 一一三〇—八八

保延3(一一三七)・1・5従五位下(無品禎子内親

壬生家

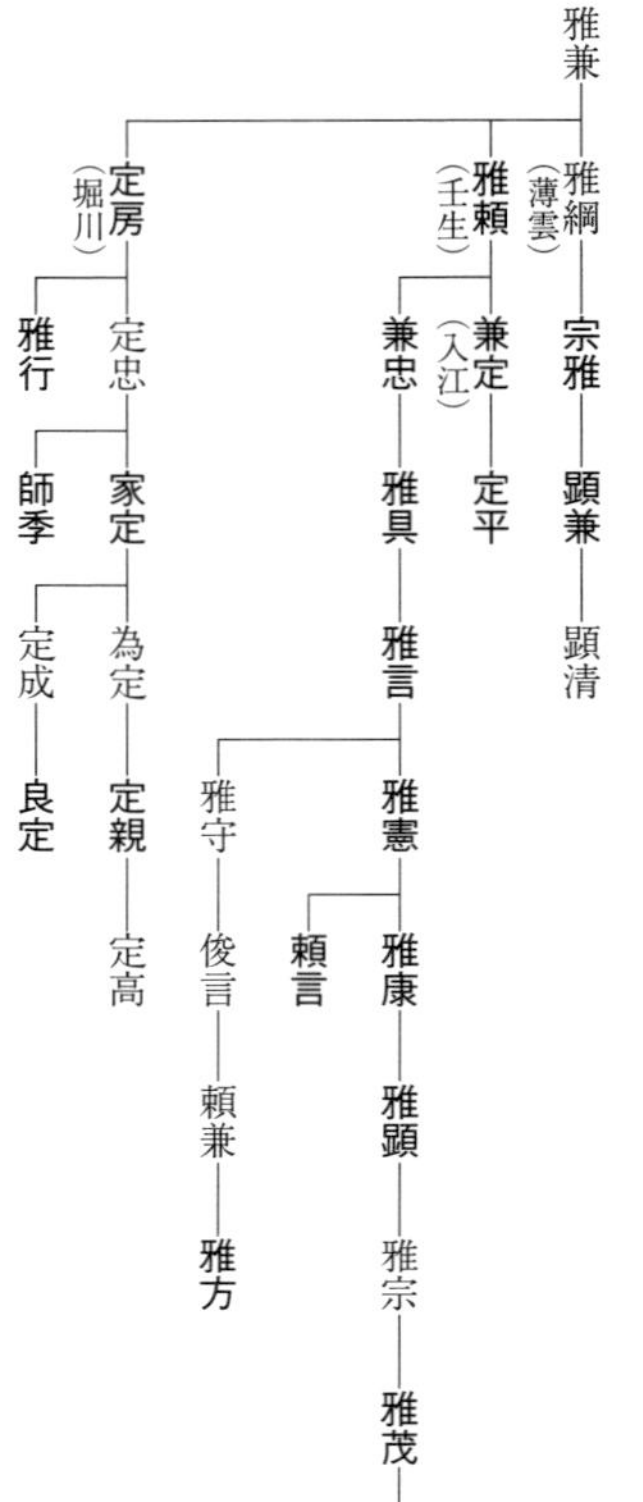

王御給)、康治2(一一四三)・1・6従五位上(簡一)、康治3・1・24侍従、久安4(一一四八)・7・17正五位下(皇后宮御給、法性寺行幸行事賞)、11・13右近権少将、久安5・3・18讃岐介(兼)、4・15転左近権少将(元右、可勤賀茂祭使之処有仮服事遷之)、久安6・1・6従四位下(左少将労)、仁平1(一一五一)・7・24転右近少将(元左)、仁平2・1・3従四位上(行幸院賞、女院御給)、仁平4・1・23兼備中権守(兼備中権介)、久寿2(一一五五)・1・6正四位下(美福門院御給)、9・23兼春宮権亮、保元1(一一五六)・9・17転左近権中将、11・28蔵人頭(兼中将)、保元2・10・27参議、左中将春宮権亮如元、元蔵人頭(公通任権中将言替)、保元3・1・27美作権守、8・11止之、12・17従三位、保元4・4・2解官、永暦1(一一六〇)・1・21更任、更左中将、8・11権中納言、永暦2・1・25正三位、長寛2(一一六四)・8・19帯剣、長寛3・1・23従二位、永万2(一一六六)・6・6兼左衛門督、7・15権大納言、仁安1(一一六六)・10・15〈11月4日カ〉正二位、仁安3・8・10〈8月11日ともあり〉転大納言、承安2(一一七二)・2・10皇后宮権大夫、承安3・8・15止権大夫、文治4(一一八八)・6・19出家、7・17薨去

❖長寛二年より「中宮権大夫」

[死没]文治4(一一八八)・7・17 [年齢]59 [父]源雅兼、四男 [養父]源雅定 [母]正二位大納言源能俊女 [号]堀川大納言 [公卿補任]1—439下 [大日本史料]4—2—394、4—16—補101

宗雅　むねまさ　一一三四?—一二〇四

保延5(一一三九)・1・5叙位(中宮御給)、久安6(一一五〇)・6・25治部少輔、仁平3(一一五三)・1・5従五位上(簡一〈くし〉)、応保1(一一六一)・10・8正五位下(自東三条遷幸土御門殿賞)、応保2・4・15民部権少輔、7・17兼越後守、治承4(一一八〇)・1・28遷左馬権頭、養和1(一一八一)・12・29従四位下(辞頭叙之)、寿永2(一一八三)・1・27従四位上、文治2(一一八六)・12・15刑部卿、文治5・11・13正四位下、建仁3(一二〇三)・3・2従三位、刑部卿如元、10・24以刑部卿譲男顕兼、建仁4・3・7出家

[死没]元久1(一二〇四)・7・14 [年齢]71カ [父]源雅綱、二男 [母]正五位下左衛門尉藤原惟信女 [公卿補任]1—554上 [大日本史料]4—8—71

兼定　かねさだ　一一四九—一二一六

保元1(一一五六)・11・28叙位、応保1(一一六一)・1・23民部大輔(改雅能為兼房)、治承1(一一七七)・11・15復任(母、改房為定)、寿永2(一一八三)・1・5正五位下(高松院安元二年御給)、建久1(一一九〇)・10・9木工頭、建久5・1・30兼越前権介、建久-・1・30〈8年カ〉補蔵人、元久1(一二〇四)・4・12左少弁、木工頭如元、元久2・1・5従四位下、建永1(一二〇六)・1・5従四位上、10・10転権右中弁、承元1(一二〇七)・10・29転右中弁(頭如元)、承元2・7・9転左中弁、12・9正四位下、承元3・1・13去弁頭等、任治部卿、以男家兼申任左近権少将、承元4・6・17従三位、治部卿如元、建保4(一二一六)・6・15出家、6・16薨去

[死没]建保4(一二一六)・6・16 [年齢]68 [父]源雅頼、一男 [母]源成定女又源盛経女 [前名]雅能・兼房 [公卿補任]1—576上 [大日本史料]4—14

―41

兼忠 かねただ 一一六一―一二〇九

長寛2(一一六四)・10・20叙爵(前美福門院保元二[「元」く」未給)、仁安3(一一六八)・11・20従五位上(父卿大嘗会国司備中権守賞)、承安2(一一七二)・10・26侍従(養父俊定譲)、安元2(一一七六)・1・30備中権介、治承3(一一七九)・1・5正五位下(中宮去年御給)、11・18右少弁(父権中納言雅頼辞職申任之)、治承4・6・29兼大和守、養和2(一一八二)・4・9右宮城使、寿永2(一一八三)・12・10転左少弁(大和守無兼字)、元暦1(一一八四)・9・18転権右中弁、11・7近江権介(右宮城使)、11・17従四位下(大嘗会国司、越左少弁基親右少弁定長)、文治1(一一八五)・10・10兼近江守(兼権右中弁、元権介)、12・29転右中弁、蔵人頭(去守)、文治2・4・6従四位上(上西門院去年御給)、12・15転左中弁、文治3・9・15左宮城使、12・4正四位下、文治4・10・14参議、元蔵人頭左中弁、文治5・1・18加賀権守〈くし〉、建久1(一一九〇)・10・9復任、建久4・12・9従三位、建久5・1・30兼周防権守、建久9・8・21補大嘗会検校、11・9備中権守、11・21正三位、建仁2(一二〇二)・7・23権中納言、建仁3・4・25辞権中納言、承元3(一二〇九)・-・-出家、3・-薨去

[死没]承元3(一二〇九)・3・17 [年齢]49 [父]源雅頼、二男 [母]正二位中納言藤原家成女 [公卿補任]1―516上 [大日本史料]4―10―526

顕兼 あきかね ?―一二一五

仁安3(一一六八)・12・13叙位、(皇嘉門院保延三年御給)、承安1(一一七一)・1・18加賀権守、寿永1(一一八二)・3・8従五位上(簡一、改兼綱為顕兼)、元暦1(一一八四)・3・27左兵衛佐、文治4(一一八八)・1・6正五位下(佐労)、1・24従四位下、建久3(一一九二)・1・5従四位上(殷富門院御給)、建久9・1・5正四位下(殷富門院御給)、建仁1(一二〇一)・9・5斎宮寮頭、建仁3・5・4以寮頭譲男行兼、10・27刑部卿(父宗雅卿譲)、承元1(一二〇七)・1・13兼丹波権守、承元2・1・20従三位、刑部卿如元、12・9辞卿、承元5・3・3出家

[死没]建保3(一二一五)・2 [父]源宗雅 [母]石清水八幡別当光清女 [前名]兼綱 [公卿補任]1―570上 [大日本史料]4―13―512

雅行 まさゆき 一一六八―?

治承1(一一七七)・10・27叙位、治承3・1・19侍従、養和1(一一八一)・1・5従五位上(父大納言源朝臣平野大原野行幸行事賞譲)、寿永1(一一八二)・3・9右少将、寿永2・1・22兼備後介、4・9正五位下、文治1(一一八五)・1・6従四位下(少将如元)、文治4・1・21兼丹波介、7・17服解(父)、8・20復任、建久1(一一九〇)・1・5従四位上、建久2・2・1正四位下、建久5・1・30転中将、建久6・2・2兼尾張介、建久9・1・19遷左中将、建仁1(一二〇一)・1・29兼備後介、建暦2(一二一二)・6・20復任(母)、建暦3・1・13従三位、元左中将、嘉禄2(一二二六)・8・-恐懼、嘉禎2(一二三六)・10・8出家

[父]源定房、一男 [母]正二位中納言藤原家成女 [公卿補任]2―11下 [大日本史料]5―10―881

雅具 まさとも 一一八四―?

-・-・-叙位、-・-・-従五位上、承元3(一二〇九)・1・13侍従、建暦2(一二一二)・11・11正五位下(承明門院御給)、承久2(一二二〇)・1・22左少将、承久3・1・13兼出雲介、従四位下、嘉禎3(一二三七)・1・24従四位上、暦仁2(一二三九)・1・24治部卿、仁治1(一二四〇)・11・12正四位下(嘉陽門院御給)、仁治3・6・16復任(治部卿)、寛元3(一二四五)・6・26蔵人頭、10・29従三位、元蔵人頭、治部卿如元、寛元4・2・23兼加賀権守、宝治2(一二四八)・11・2遷大蔵卿、建長2(一二五〇)・1・5正三位、1・13参議、建長3・1・22兼遠江権守、建長4・12・4権中納言、建長5・4・8従二位、建長6・1・13辞権中納言、正嘉1(一二五七)・閏3・27正二位、8・21出家

[父]源兼忠、二男 [法名]蓮円 [公卿補任]2―131上

師季 もろすえ 一一八八―?

建久7(一一九六)・1・6叙爵(八条院臨時内給)、

正治1(一一九九)・12・9侍従、建仁3(一二〇三)・4・25近江守、10・24止守、従五位上、元久2(一二〇五)・1・20右少将、10・-解任、承元3(一二〇九)・4・14還任右少将、建暦1(一二一一)・1・14兼備中権介(府労)、建暦2・4・9正五位下、建保2(一二一四)・1・5従四位下、建保5・1・28左少将、建保6・1・13兼播磨介(府労)、承久1(一二一九)・1・5従四位上(宣陽門院御給)、1・22転中将、承久3・1・13正四位下(臨時)、嘉禄1(一二二五)・1・23兼美作介(府労)、寛喜4(一二三二)・1・30従三位(元左中将)、嘉禎2(一二三六)・2・30侍従、嘉禎4・12・23正三位、延応2(一二四〇)・1・22周防権守、寛元1(一二四三)・5・22出家〈一代要記〉

[父]源定忠、一男　[母]正二位権大納言藤原定能女　[公卿補任]2―79下　[大日本史料]5―16―237

定平　さだひら　?―一二五二

承元3(一二〇九)・5・22叙爵、近江守、建暦1(一二一一)・10・12侍従(兼定卿辞治部卿申任之)、建保4(一二一六)・8・9復任(父)、建保6・12・9従五位上、承久1(一二一九)・12・13右少将、承久2・1・22兼下総権介、3・8遷左少将、11・16正五位下、貞応2(一二二三)・1・6従四位下(労)、1・27更任左近少将、安貞1(一二二七)・1・5従四位上(臨時)、寛喜2(一二三〇)・1・5正四位下(後白川院治承四御即位御給)、文暦1(一二三四)・12・21右近中将、建長2(一二五〇)・4・9従三位、元右中将、建長4・1・5薨去

[死没]建長4(一二五二)・1・5　[父]源兼定　[公卿補任]2―150上

家定　いえさだ　一二〇三―?

-・-・-叙爵、承久2(一二二〇)・12・15侍従、承久3・4・16従五位上、貞応1(一二二二)・2・27左少将、貞応2・1・6正五位下、1・27兼播磨権介、嘉禄1(一二二五)・1・5従四位下(府労)、1・23還任左少将、安貞2(一二二八)・2・1兼越前介、寛喜2(一二三〇)・1・5従四位上(府労)、天福2(一二三四)・1・21正四位下(嘉陽門院御給)、嘉禎3(一二三七)・1・24転左近中将、仁治2(一二四一)・2・1兼越前権介、寛元2(一二四四)・1・22復任、寛元4・2・23兼美作権介、建長2(一二五〇)・1・5従三位(臨時)、元左中将、正嘉3(一二五九)・閏10・15正三位、文永10(一二七三)・-・-出家

[父]源定忠　[母]正二位権大納言藤原定能女　[公卿補任]2―149上

雅言　まさこと　一二二七―一三〇〇

嘉禎4(一二三八)・6・7叙爵、仁治1(一二四〇)・9・26侍従、仁治3・3・15従五位上(簡一)、寛元-・-・1・23左少将、寛元4(一二四六)・1・7正五位下、宝治2(一二四八)・1・23甲斐権介、建長5(一二五三)・1・13兼讃岐守(院分)、建長6・1・13遷任右少弁(父卿辞権中納言申之)、康元1(一二五六)・2・22正五位上、正嘉1(一二五七)・11・19左少弁、正嘉2・1・13権右中弁、従四位下、11・6従四位上、正元1(一二五九)・1・6正四位下(正親町院当年御給)、閏10・15兼左京大夫(「右京大夫」当作)、弘長1(一二六一)・3・27右中弁(服暇中)、9・26右宮城使、弘長2・12・21転右大弁、正四位上(石清水賀茂行幸行事賞)、12・26〈や〉右京大夫如元之由宣下、弘長3・8・30復任(母)、文永1(一二六四)・6・6蔵人頭(弁大夫如元)、文永2・閏4・25転左大弁、5・26兼造東大寺長官、文永3・2・1参議(元蔵人頭左大弁右京大夫)、左大弁如元、去大夫、文永4・2・1兼備中権守、文永5・12・2権中納言、12・25帯剣、文永6・1・5正三位、文永7・1・21辞退(権中納言)、按察使、1・23聴本座、12・4従二位、文永10・12・8遷任大宰権帥、文永12・1・6正二位、建治3(一二七七)・9・13辞帥、弘安5(一二八二)・4・8民部卿、弘安8・8・11権大納言、10・10〈11月11日ともあり〉辞権大納言、11・12本座、正安2(一三〇〇)・10・26薨去

[死没]正安2(一三〇〇)・10・26　[年齢]74　[父]源雅具　[母]従五位下高階業国女　[日記]雅言卿記(一二五五―七〇)　[公卿補任]2―205下

雅憲　まさのり　?―一三二六

建長8(一二五六)・1・6叙爵(于時為世)、正嘉2(一二五八)・1・5従五位上(神仙門院御給)、正元1(一二五九)・10・10侍従(于時為世〔「兼世」当作〕)、11・22正五位下(朔旦叙位、神仙門院御給)、文永

2(一二六五)・1・30遷左衛門佐、文永7・1・21兼豊前権介(于時雅憲)、2・1蔵人(父卿辞権中納言申之)、文永11・1・16更補蔵人(受禅日)、4・5権右少弁(去蔵人)、9・10左少弁、建治1(一二七五)・12・26権右中弁、従四位下、建治2・2・－補記録所勾当、2・2兼内蔵頭、12・20止頭、建治3・5・14右中弁、従四位上、9・13補右宮城使、弘安2(一二七九)・1・5正四位下、弘安3・2・16左中弁、4・6左宮城使、補装束使、補率分所勾当、弘安4・3・26伊勢権守、弘安6・3・28左大弁、5・29造東大寺長官、7・20従三位、左大弁如元(超三木為世並基俊蔵人頭左中将経氏春宮亮定藤等〈や〉)、本名兼世、弘安8・3・6山城権守、弘安9・－・－正三位カ、弘安10・9・2止長官、12・10参議、－・－去弁、12・30〈「20日」イ〉兼侍従、正応2(一二八九)・1・13兼遠江権守、6・2従二位、正応3・6・8権中納言、6・18帯剣、正応4・4・6辞退(権中納言)、5・29本座、7・17正二位、永仁2(一二九四)・12・24還任(権中納言)、永仁4・4・13辞権中納言、正中2(一三二五)・2・3出家、正中3・2・5薨去

［死没］正中3(一三二六)・2・5　［父］源雅言、二男　［母］正四位上陰陽頭安部惟範女　［前名］兼世　［法名］蓮勝　［公卿補任］2―272下

雅康　まさやす　一二八六―一三四七

弘安9(一二八六)・1・9従五位下(神仙門院当年御給)、正応1(一二八八)・3・6従五位上、11・16侍従、正応2・8・7正五位下、永仁6(一二九八)・3・24下総介、嘉元1(一三〇三)・10・29蔵人、11・8禁色、嘉元3・11・16従四位下、任右近少将(元蔵人)、徳治2(一三〇七)・2・9従四位上(辞少将)、延慶1(一三〇八)・12・10左中弁、兼左宮城使、延慶2・2・19右大弁、3・23兼右京大夫、4・14正四位下、7・25兼造東大寺長官、9・26正四位上(辞大夫)、延慶3・3・9左大弁、従三位、11・11止弁、応長1(一三一一)・12・26参議、応長2・1・13周防権守、正和2(一三一三)・7・12兼大蔵卿、11・24止卿、正和3・1・5正三位、正和5・1・5従二位、7・22〈7月23日ともあり〉権中納言、11・18辞退(権中納言)、11・27聴本座、文保1(一三一七)・2・5兵部卿、元応3(一三二一)・1・5正二位、元亨2(一三二二)・1・26治部卿、嘉暦2(一三二七)・3・14止之(治部卿)、貞和3〈正平2〉(一三四七)・－・－〈「2月21日」し〉出家、2・22薨去

［死没］貞和3(一三四七)・2・22　［年齢］62　［父］源雅憲　［法名］蓮覚　［公卿補任］2―415上　［大日本史料］6―10―535

頼言　よりこと

正応1(一二八八)・10・18叙爵、正応3・7・21従五位上、正応4・3・21木工頭、正応5・3・29正五位下、永仁2(一二九四)・4・13従四位下、永仁3・3・4去頭、永仁4・1・7従四位上、永仁5・11・14正四位下、正安3(一三〇一)・10・5左京大夫、嘉元1(一三〇三)・10・29去大夫、正和2(一三一三)・4・10従三位、前左京大夫、嘉暦1(一三二六)・8・15出家

［父］源雅言　［公卿補任］2―434上

定親　さだちか　一二九二―？

正安2(一三〇〇)・閏7・14従五位下、9・10侍従、嘉元2(一三〇四)・3・7従五位上、嘉元4・4・14右少将、徳治2(一三〇七)・1・5正五位下(臨時)、延慶3(一三一〇)・－・－辞官、延慶4・3・15右少将、4・15従四位下、元徳1(一三二九)・10・10従四位上(于時定親)、建武4〈延元2〉(一三三七)・12・24正四位下、暦応1〈延元3〉(一三三八)・12・1左中将、暦応2年〈延元4年〉・1・13遷任右中将、貞和2〈正平1〉(一三四六)・2・21従三位、元右中将(本名守忠)、観応3〈正平7〉(一三五二)・閏2・24出家

［父］源為定　［前名］守忠　［公卿補任］2―610上　［大日本史料］6―16―286

雅顕　まさあき　一三〇六―四九

延慶2(一三〇九)・2・19従五位下、延慶4・1・17従五位上、正和3(一三一四)・6・3正五位下、文保1(一三一七)・4・16侍従、嘉暦2(一三二七)・3・24阿波介、建武4〈延元2〉(一三三七)・7・20右少弁、暦応1〈延元3〉(一三三八)・2・17右中弁、暦応2〈延元4〉・1・5従四位下、4・18左中弁、装束使並率分所勾当、暦応3〈興国1〉・4・24修理左宮城使、暦応4〈興国2〉・1・6従四位上、康永

1〈興国3〉(一三四二)・3・30備中権守、装束使労、9・7正四位下、12・21右大弁、康永2〈興国4〉・8・12左大弁、12・22従三位、左大弁如元、康永3〈興国5〉・1・24為造東大寺長官、12・29参議、康永4〈興国6〉・12・30去権守、貞和2〈正平1〉(一三四六)・4・22辞退(参議)、貞和5〈正平4〉・5・12薨去
[死没]貞和5(一三四九)・5・12　[年齢]44　[父]源雅康　[公卿補任]2—597上　[大日本史料]6—12—652

良定　よしさだ
建武4〈延元2〉(一三三七)・7・20止能登権守
❖建武四年従三位(初見)〔去年叙従三位カ〕
[父]源定成　[後名]定平　[公卿補任]2—569上

雅方　まさかた
応安2(一三六九)・11・12従三位〈や〉、元右中将、永和3〈天授3〉(一三七七)・-・-出家
[父]源頼兼　[公卿補任]2—700上

雅茂　まさしげ
応永34(一四二七)・1・5正三位、永享3(一四三一)・3・29参議、7・-出家
❖応永二十九年非参議従三位(初見)
[父]源雅宗　[前名]雅秀　[公卿補任]3—101下

唐橋家(絶家)

通資　みちすけ　?—一二〇五
保元3(一一五八)・4・6叙爵(暲子内親王御給)、長寛3(一一六五)・5・9侍従(源俊長朝臣辞右京権大夫申任之)、永万1(一一六五)・12・30昇殿、永万2・1・12従五位上(簡一)、仁安3(一一六八)・8・4正五位下(朝覲行幸賞之次、臨時)、仁安4・1・11阿波権介、嘉応1(一一六九)・4・16左少将、嘉応2・11・9従四位下(建春門院当年御給)、嘉応3・1・18兼丹波権介、承安2(一一七二)・1・23従四位上、承安5・1・22美作介(少将重兼国)、4・27復任(父、右少将美作介)、治承2(一一七八)・1・5正四位下(臨時)、養和1(一一八一)・11・28転左中将、養和2・3・8兼加賀権介、寿永2(一一八三)・12・10蔵人頭、元暦1(一一八四)・10・-〈「10日」し〉禁色、文治1(一一八五)・6・10参議(元蔵人頭)、左中将如元、文治2・2・30兼周防権守、文治3・1・23従三位、文治6・1・24丹波権守、建久1(一一九〇)・7・17権中納言、12・14正三位、建久4・11・21帯剣、建久6・4・7従二位、建久8・12・15左衛門督、-・-使別当、建久9・9・12大嘗会御禊次第司御前長官、正治1(一一九九)・6・22権大納言、正治2・1・5正二位、元久2(一二〇五)・7・8薨去
[死没]元久2(一二〇五)・7・8　[父]源雅通、二男　[母]典薬助藤原行兼女　[公卿補任]1—509下　[大日本史料]4—8—598

雅親　まさちか　一一八〇—一二四九
寿永1(一一八二)・12・30叙爵(八条院臨時御給)、元暦1(一一八四)・12・9従五位上(八条院御給)、文治5(一一八九)・4・13侍従、建久2(一一九一)・1・5正五位下(八条院御給)、建久4・1・29讃岐権介、建久6・2・2左少将、建久7・1・6従四位下(八条院御給)、建久8・1・30備前権介、建久9・2・26従四位上(八条院御給)、4・18禁色(依勤賀茂祭使也)、正治1(一一九九)・1・29播磨介、3・14〈23日カ〉正四位下、正治2・4・15春宮昇殿、建仁1(一二〇一)・1・-播磨介、〈正治2年ともあり〉10・26転中将〔「権中将」く〕、建仁2・8・26〈7月23日カ〉蔵人頭、閏10・20参議(元蔵人頭)、左中将如元、建仁3・1・13美作権守、10・24従三位、元久2(一二〇五)・1・19正三位、建永2(一二〇七)・1・13土佐権守、承元1(一二〇七)・12・9権中納言、建暦1(一二一一)・4・1従二位、建保2(一二一四)・2・11兼右兵衛督〔左カ〕、3・21正二位、11・1〈12月カ〉転右衛門督、建保3・4・11辞別当、12・10中納言、建保4・3・28止督、承久2(一二二〇)・1・22権大納言、4・22帯剣、寛喜3(一二三一)・4・26大納言、文暦2(一二三五)・-・-大嘗会検校、嘉禎2(一二三六)・6・10為淳和院別当、嘉禎3・-・-奨学院別当、嘉禎4・3・7

唐橋家

通資┬雅親—通頼—通村
　　└雅清

辞大納言、3・17本座、仁治1(一二四〇)・10・20還任(大納言)、建長1(一二四九)・12・5薨去

[死没]建長1(一二四九)・12・5 [年齢]70 [父]源通資、一男 [母]従三位藤原長輔女 [号]唐橋
[公卿補任]1—550下 [大日本史料]5—31—331

雅清 まさきよ 一一八二—一二三〇

-・-・-従五位下、建久7(一一九六)・3・20侍従、建久8・1・6従五位上(八条院当年御給)、正治2(一二〇〇)・1・22備中権介、正治3・1・6正五位下(八条院当年御給)、1・29備後守(兼)、建仁2(一二〇二)・1・21右少将、建仁3・1・13近江介、元久1(一二〇四)・1・5従四位下(未公文備後)、留右少将、8・16復任(父)、承元2(一二〇八)・12・28復任、承元3・1・13従四位上、10・30右中将、承元4・1・13能登介、建暦3(一二一三)・4・26正四位下(法勝寺九重塔供養、院御給)、建保3(一二一五)・1・13播磨権介、承久2(一二二〇)・1・22蔵人頭、承久3・4・16参議、元蔵人頭、右中将如元、11・16従三位(臨時)、承久4・1・24備中権守、貞応1(一二二二)・10・20転左、11・22正三位、元仁1(一二二四)・12・8出家、寛喜2(一二三〇)・4・2薨去

[死没]寛喜2(一二三〇)・4・2 [年齢]49 [父]源通資、二男 [母]従三位藤原長輔女 [公卿補任]2—38上 [大日本史料]5—5—695

堀川家(絶家)2

通具 みちとも 一一七〇—一二二七

元暦1(一一八四)・11・17叙爵、文治1(一一八五)・12・29因幡守、建久1(一一九〇)・1・24重任、建久2・1・5従五位上(親子内親王給)、建久4・12・9右少将(「右権少将」く)、建久5・1・30延任一年、10・23正五位下(造興福寺国司賞)、建久6・2・2止守、建久8・1・5従四位下(祖父内大臣仁安三朝覲行幸賞)、6・13伊与権守(くし無)、建久9・12・9遷左中弁(「権右」く「権左」し)(守如元)、正治1(一一九九)・11・27従四位上、正治2・3・6遷左中将(「左権中将」く)、蔵人頭、12・29正四位下、建仁1(一二〇一)・8・19参議(元蔵人頭)、左中将如元、建仁2・1・21備中権守、10・29従三位、建仁3・11・23兼右衛門督、-・-・-検別当、12・20正三位、元久2(一二〇五)・4・10権中納言、元久3・2・-辞督別当(旧)、4・3従二位、建永1(一二〇六)・5・17帯剣、承元2(一二〇八)・12・9正二位、承元4・1・17兼中宮権大夫、3・19止之、建暦1(一二一一)・10・4中納言、建暦2・6・29権大納言、承久3(一二二一)・8・21奨学院別当、貞応1(一二二二)・8・13大納言、嘉禄3(一二二七)・9・2薨去

[死没]嘉禄3(一二二七)・9・2 [年齢]58 [父]堀川通親、二男 [母]平通盛女(高倉院女房) [号]堀川大納言 [公卿補任]1—547下 [大日本史料]5—4—98

具定 ともさだ 一二〇〇—一二二六

建永1(一二〇六)・1・6従五位下(氏)、承元1(一二〇七)・1・5従五位上(承明門院御給)、4・10侍従、承元4・2・26正五位下(修明門院御給)、建暦2(一二一二)・1・7従四位下(承明門院御給)、建保2(一二一四)・1・7従四位上(新院御給)、建保5・1・18但馬介、建保6・3・11正四位下(父卿日吉行幸行事賞譲)、承久3(一二二一)・11・16従三位、11・19侍従如元、嘉禄1(一二二五)・12・8正三位、嘉禄2(一二二六)・3・5薨去

[死没]嘉禄2(一二二六)・3・5 [年齢]37 [父]堀川通具、一男 [母]藤原俊成女或前尾張守隆頼女 [公卿補任]2—40下 [大日本史料]5—10—626

具実 ともざね 一二〇三—?

承元2(一二〇八)・1・5従五位下(承明門院臨時御給)、承元4・1・6従五位上(鳥羽院久寿元年御給)、1・14侍従、建暦1(一二一一)・1・5正五位下(新院当年御給)、建保2(一二一四)・1・13安芸権介、建保3・12・15左少将、建保4・1・13石見権介、遷右、建保5・1・6従四位下、

堀川家

- 通具
  - 具定―俊定―基定
  - 具実―基具
    - 具守―具俊
      - 具親
        - 具雅
        - 具孝
        - 具信―具言
        - 具言―具世―具茂
      - 顕基
    - 基俊―基明

建保6・1・5従四位上〈新院当年御給〉、1・13復任、承久1(一二一九)・1・22右中将、承久2・1・6正四位下〈前坊門院建暦元御給〉、1・22近江介、承久3・4・16蔵人頭、4・19禁色、8・29参議、元蔵人頭、右中将如元、承久4・1・24兼加賀権守、1・29従三位、貞応3(一二二四)・1・29正三位、嘉禄(一二二五)・12・22権中納言、嘉禄2・2・29勅授、嘉禄3・2・8兼左衛門督、安貞2(一二二八)・3・20従二位、貞永1(一二三二)・閏9・27〈や〉正二位、天福1(一二三三)・6・20皇后宮権大夫、8・-辞〈権大夫〉、天福2・10・29兼大夫、文暦2(一二三五)・9・10検別当、嘉禎1(一二三五)・9・20御禊行幸次第司長官、12・2〈10ともあり〉転中納言、嘉禎3・1・24辞督別当、12・25権大納言、兼皇后宮大夫、延応1(一二三九)・11・11〈12日カ〉止大夫、仁治1(一二四〇)・10・20大納言、建長1(一二四九)・12・11奨学院別当、建長2・4・29蒙任大臣兼宣旨、5・17内大臣、5・27辞淳和奨学院等別当、11・28上表辞退、建長3・3・4出家

〔父〕堀川通具、二男　〔母〕後鳥羽院女房按察局能円法師女　〔号〕岩倉内大臣　〔法名〕法乗

〔公卿補任〕2―38下　〔大日本史料〕5―35―137

基具　もととも　一二三二―？

嘉禎3(一二三七)・1・5叙爵(氏)、暦仁1(一二三八)・12・20侍従、仁治1(一二四〇)・10・24従五位上〈臨時〉、仁治2・4・23右近少将、仁治3・1・5正五位下〈臨時〉、3・7兼備前介〈や〉、12・25従四位下〈や〉、12・26少将如元、寛元2(一二四四)・1・5従四位上〈大納言源朝臣去年石清水加茂行幸行事賞譲〉、4・5右近中将、寛元4・1・5正四位下〈臨時〉、2・23兼尾張介、宝治1(一二四七)・9・27兼中宮権亮、宝治2・10・29蔵人頭、遷左近中将、建長2(一二五〇)・1・13参議元蔵人頭、左中将如元、4・9従三位、建長3・1・22兼讃岐権守、建長4・11・13権中納言、建長6・1・5従二位、建長7・9・19兼左衛門督、正嘉2(一二五八)・1・5正二位、弘長1(一二六一)・3・27中納言、・11・4権大納言、文永8(一二七一)・3・27大納言、文永9・8・-淳和奨学院等別当、文永11・4・28大嘗会検校、-・-辞検校、8・23更補検校、-・-又辞之、弘安6(一二八三)・12・20従一位、弘安7・1・13辞大納言、-・-准大臣、正応2(一二八九)・8・24兼宣旨、8・29太政大臣、正応3・3・13〈3月15日ともあり〉上表、永仁4(一二九六)・11・3出家

❖建長四年より「正三位」

〔父〕堀川具実　〔母〕正四位下右馬頭藤原公佐女　〔号〕堀河太政大臣　〔公卿補任〕2―147上

具守　ともり　一二四九―一三一六

建長2(一二五〇)・1・5叙爵、建長5・1・5従五位上〈臨時〉、1・13侍従、建長7・5・4禁色、康元1(一二五六)・1・6正五位下〈院当年御給〉、正嘉2(一二五八)・1・5従四位下、1・21春宮権亮、-・-兼右少将、4・14転中将〈亮如元〉、正元2(一二六〇)・1・5正四位下〈院当年御給〉、3・29信乃介、文永3(一二六六)・2・1因幡介、文永4・1・5従三位〈元右中将因幡介〉、1・7中将如元、文永6・12・7参議、文永7・2・1正三位、文永8・10・13従二位、文永11・7・-権中納言、建治1(一二七五)・11・5兼春宮権大夫、12・26兼左衛門督、建治4・1・6正二位、弘安7(一二八四)・1・13権大納言、1・16帯剣、弘安10・10・21止権大夫、正応1(一二八八)・9・8淳和奨学院別当、9・12止奨学院別当、正応3・4・18奨学院別当、6・8大納言、正応5・4・1止両院別当、9・-更補淳和院別当、永仁3(一二九五)・12・29辞退〈大納言〉、永仁6・5・23還任〈大納言〉、淳和院別当、永仁7・4・12従一位、乾元1(一三〇二)・4・11奨学院別当、嘉元2(一三〇四)・-・-奨学院別当、嘉元4・4・14右大将、延慶2(一三〇九)・10・24転左

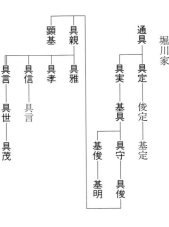

大将、延慶3・4・24辞大将、12・28辞大納言、正和2(一三一三)・12・26内大臣、賜兵杖、正和3・閏3・-辞兵杖、12・2〈「正和4年3月22日」史〉辞内大臣、正和5・1・19出家、-・-薨去
❖文永八年より「加賀権守」
[死没]正和5(一三一六)　[年齢]68　[父]堀川基具、一男　[母]参議正二位平惟忠女　[号]堀河内大臣　[法名]覚乗　[公卿補任]2―212上

基俊　もととし　一二六一―一三一九

文永4(一二六七)・10・3爵、10・5侍従、文永5・1・5従五位上、1・29左少将、文永6・3・27兼石見権介、文永7・1・5正五位下、文永8・1・5従四位下、2・1還任左少将、文永11・2・21美作権介、建治1(一二七五)・10・17〈可賜去八日位記云々〉従四位上(為藤良宗被超越訴申云々〈や〉)、建治2・12・20正四位下、建治3・1・29転左中将、弘安3(一二八〇)・3・12尾張権介、弘安4・4・2禁色、弘安6・3・28参議(左中将如元)、9・8従三位、弘安7・1・13兼出雲権守、弘安8・4・10兼左兵衛督、-・-検別当、弘安9・9・2権中納言、10・28正三位、-・-辞督別当、正応2(一二八九)・1・5従二位、正応3・11・27正二位、正応4・7・29権大納言、正応5・3・29辞権大納言、文保3(一三一九)・4・3薨去
[死没]文保3(一三一九)・4・3　[年齢]59　[父]堀川基具、二男　[母]参議正二位平惟忠女　[日記]基俊卿記(一二八三)　[公卿補任]2―270上

具俊　ともとし　一二七三―一三〇三

弘安7(一二八四)・閏4・24叙爵、7・26侍従、弘安8・12・29従五位上、弘安9・7・11左少将、弘安11・3・8正五位下、正応2(一二八九)・1・5禁色、2・24従四位下、少将如元、3・26従四位上、6・2転中将、正応3・10・27正四位下、正応5・10・28従三位、左中将如元、永仁4(一二九六)・1・5正三位、永仁6・6・23参議、7・13兼左衛門督、-・-使別当、正安1(一二九九)・3・24兼讃岐権守、4・26〈20日ともあり〉権中納言、兼左衛門督使別当、6・6止別当、7・8従二位、正安3・4・5止督、9・10御禊次第司御前長官、乾元2(一三〇三)・1・28兼左衛門督、1・30兼字被仰下、5・18止督、嘉元1(一三〇三)・9・-〈「10月26日」イ〉薨去
[死没]嘉元1(一三〇三)・9　[年齢]31　[父]堀川具守　[公卿補任]2―316下

具親　ともちか　一二九四―?

永仁6(一二九八)・1・5従五位下(永福門院御給)、8・28侍従、永仁7・1・5従五位上、正安2(一三〇〇)・1・5正五位下、3・6左少将、正安3・3・14兼備前介、3・16従四位下(遊義門院御給、御即位叙位次)、4・5還任左少将、乾元2(一三〇四)・10・26喪父、嘉元3・1・5従四位上(加叙)、嘉元4・1・5正四位下(遊義門院御給)、3・30兼出羽権介、4・-禁色、6・12左中将、延慶1(一三〇八)・11・14従三位(院御給)、11・24左中将如元、延慶2・3・23兼伊与権守、延慶3・12・11権中納言、延慶4・1・5正三位、1・17左衛門督、-・-別当、応長1(一三一一)・7・8止別当、正和1(一三一二)・10・12従二位、止督、正和4・1・10恐懼、正和5・11・18正二位、文保2(一三一八)・3・9兼春宮権大夫、4・-大嘗会検校、8・8〈「18日」や〉解官宣下、元応1(一三一九)・閏7・5還任、10・18中納言、元応2・9・22淳和院別当、9・23被止之、元亨3(一三二三)・11・30権大納言、12・29帯剣、嘉暦1(一三二六)・-・-恐懼、3・30止権大夫、嘉暦3・7・20辞退(権大納言)、嘉暦4・8・4還任、元徳2(一三三〇)・11・16大納言、建武1(一三三四)・5・16奨学院別当並源氏長者、8・10兼按察使、10・9止使、建武2・8・30兼春宮大夫、建武4〈延元2〉・1・16止大夫、建武5・10・19兼右近大将、暦応2〈延元4〉(一三三九)・12・27内大臣、暦応3〈興国1〉・7・8辞両職、-・-出家
❖建武三〈延元元〉年より「中宮大夫」
[父]堀川具俊、二男　[養父]堀川具守　[母]参議従二位藤原為雄女　[号]大宮大納言・堀河内大臣　[公卿補任]2―401下　[大日本史料]6―6―225

基明　もとあき　?―一三一九

永仁7(一二九九)・1・5叙爵(春宮御給)、2・6侍従、正安2(一三〇〇)・9・10従五位上、乾元2(一三〇三)・7・5〈「5月28日」イ〉左少将、嘉元2(一三〇

四)・1・7〈賜去乾元二七位記〉正五位下、嘉元3・1・5従四位下(元左少将、府労)、徳治2(一三〇七)・4・3従四位上、延慶2(一三〇九)・6・12正四位下、応長2(一三一二)・1・5従三位、元前左少将、1・13更任右中将(「左中将」や)、文保2(一三一八)・8・4正三位、文保3・10・30解官、元応1(一三一九)・-・-〈元応2年にもあり〉薨去

[死没]元応1(一三一九)　[父]堀川基俊　[公卿補任]2―427上

顕基　あきもと　一二九二―?

正安2(一三〇〇)・1・5従五位下(氏)、徳治2(一三〇七)・7・2侍従、応長2(一三一二)・3・15従五位上、5・28右少将、正和4・1・5正五位下(府労)、正和5・1・5従四位下、文保1(一三一七)・2・5左中将、文保2・1・5正四位下、5・15被止現任、元徳1(一三二九)・12・14右中将、正慶1〈元弘2〉(一三三二)・12・26従三位、元左中将、正慶2〈元弘3〉・1・3更任左中将、5・17詔止官位、-・-・-〈元弘3年5月カ〉復本位本官

[父]堀川具俊　[母]従二位藤原能基女　[公卿補任]2―544上

具雅　ともまさ　一三一〇―四〇

元亨2(一三二二)・1・5〈元亨1年ともあり〉従五位下(万秋門院当年御給)、元亨3・1・5従五位上(春宮御給)、元亨4・4・17正五位下(賀茂行幸賞、春宮権大夫行事賞譲)、正中3(一三二六)・1・5従四位下、嘉暦1(一三二六)・8・6侍従、11・4左近少将、嘉暦2・3・24従四位上、嘉暦3・1・5正四位下、3・16兼石見権介、11・17兼春宮権亮、元徳1(一三二九)・12・13左近中将、権亮如元、元弘1(一三三一)・9・20止権亮(依践祚也)、10・28従三位、左中将如元、元弘2・3・12参議、兼陸奥権守、正慶2〈元弘3〉(一三三三)・5・17止官位、詔止上階、元弘3(一三三三)・6・-止三木已下、建武4〈延元2〉(一三三七)・1・7参議、兼右兵衛督、3・6別当、7・20転右衛門督、10・8従二位、暦応1〈延元3〉(一三三八)・6・12出家

[死没]暦応3(一三四〇)・7・2　[年齢]21　[父]堀川具親　[母]家女房　[公卿補任]2―538上・566上　[大日本史料]6―6―212

具孝　ともたか　一三二六―?

元徳2(一三三〇)・1・5従五位下(西花門院当年御給)、正慶1〈元弘2〉(一三三二)・8・17従五位上、元弘3(一三三三)・12・20侍従、暦応2〈延元4〉(一三三九)・1・13讃岐権介、12・30左少将、正五位下、暦応3〈興国1〉・11・30従四位下、康永1〈興国3〉(一三四二)・12・21従四位上、康永2〈興国4〉・5・11正四位下、康永3〈興国5〉・1・14去権介、3・21左中将、7・29参議、左中将如元、9・23右兵衛督(可書今日除目之由被仰云々)、貞和2〈正平1〉(一三四六)・1・6従三位、2・21播磨権守、貞和5〈正平4〉・-・-改具孝、8・13権中納言、10・16左衛門督、-・-検非違使別当、観応1〈正平5〉(一三五〇)・12・-辞別当、文和2〈正平8〉(一三五三)・8・6止左衛門督、文和3〈正平9〉・7・21出家

[父]堀川具親、二男　[前名]具貫　[公卿補任]2―598下　[大日本史料]6―19―113

具信　とものぶ　一三三二―一三五六

建武2(一三三五)・1・5叙爵(氏)、康永4〈興国6〉(一三四五)・4・16従五位上、8・16左近少将、貞和2〈正平1〉(一三四六)・12・5正五位下、貞和3〈正平2〉・11・16従四位下、-・22左少将如元、文和2〈正平8〉(一三五三)・4・23従四位上、文和3〈正平9〉・3・28兼近江権介、10・22正四位下、文和4〈正平10〉・8・13転左中将、12・8参議(左中将如元、元近江権介)、文和5〈正平11〉・1・6従三位、1・28兼加賀権守、8・5補淳和院別当、延文1〈正平11〉(一三五六)・11・7薨去

[死没]延文1(一三五六)・11・7　[年齢]25　[父]堀川具親　[公卿補任]2―649上　[大日本史料]6―20―909

具言　ともこと　?―一四一八

永和5〈天授5〉(一三七九)・1・6参議、正四位下、右中将如元、永徳2〈弘和2〉(一三八二)・1・6従三位、12・27辞(参議)、至徳1〈元中1〉(一三八四)・4・16還任(参議)、至徳2〈元中2〉・3・27兼土左権守、至徳3〈元中3〉・1・6正三位、嘉慶2〈元中5〉(一三八八)・12・30権中納言、明徳1〈元

中7〉(一三九〇)・4・16辞権中納言、応永11(一四〇四)・3・17権大納言、応永12・1・6従二位、応永13・8・17辞権大納言、応永15・1・5正二位、応永23・4・-出家、応永25・11・-薨去

[死没]応永25(一四一八)・11・30　[父]堀川具親(実堀川具信)　[公卿補任]2—731上　[大日本史料]7—31—317

具世　ともよ

永享11(一四三九)・3・18参議、左中将如元〔や無〕、永享12・1・6従三位、3・30兼任加賀権守、嘉吉1(一四四一)・3・16辞参議、文安3(一四四六)・1・5正三位

❖享徳元年(一四五二)前参議正三位〔以後不見〕

[父]堀川具信　[公卿補任]3—137下

具茂　ともしげ

応仁1(一四六七)・3・27参議、左中将如元、10・19従三位、文明2(一四七〇)・12・24辞退(参議)

❖文明十六年より「正三位」、〔文明十八年至明応九年迄不見〕、永正九年前参議正三位〔以後不見〕

[父]堀川具世　[公卿補任]3—221上

土御門家(絶家)1

定通　さだみち　一一八八—一二四七

文治5(一一八九)・1・5叙爵(氏)、建久6(一一九五)・1・5従五位上(宣陽門院御給)、建久7・12・25侍従、正治1(一一九九)・1・5正五位下(宣陽門院御給)、1・22阿波権介、6・14従四位下(行幸内大臣中院第賞)、10・29禁色、正治2・1・5従四位上(宣陽門院御給)、建仁1(一二〇一)・1・29右中将、4・24正四位下(内大臣造鳥羽殿賞)、5・20兼春宮権亮、建仁2・8・26蔵人頭、閏12・22〈24日カ〉復任(父)、10・29従三位(元蔵人頭)、右中将如元、建仁4・1・13兼美乃権守、10・26正三位、承元1(一二〇七)・12・9参議、承元2・1・20兼加賀権守、7・23左衛門督、-・-兼検別当、承元3・4・10権中納言、4・16左衛門督別当、11・4督別当辞之、承元5・1・19従二位、建暦1(一二一一)・10・4中納言、建保2(一二一四)・2・14正二位、建保6・10・8権大納言、元仁1(一二二四)・12・25大納言、嘉禎2(一二三六)・5・27兼宣旨、6・9内大臣、嘉禎3・12・18辞内大臣、宝治1(一二四七)・9・28薨去

[死没]宝治1(一二四七)・9・28　[年齢]60　[父]土御門通親、四男　[養父]源通宗　[母]従三位藤原範兼女　[号]土御門　[公卿補任]1—552上　[大日本史料]5—22—501

顕定　あきさだ　一二一五—八三

承久1(一二一九)・1・5従五位下(氏)、承久3・1・20従五位上(権大納言源朝臣石清水賀茂行幸行事賞譲)、貞応3(一二二四)・4・7侍従、嘉禄2(一二二六)・1・5正五位下(臨時)、嘉禄3・10・4右少将、安貞2(一二二八)・1・5従四位下(少将如元)、寛喜2(一二三〇)・閏1・4右中将、10・25中宮権亮、寛喜4・1・5従四位上(中将労)、貞永2(一二三三)・1・6正四位下(中宮御給)、1・24伊与権介、嘉禎2(一二三六)・2・20補蔵人頭、嘉禎3・3・8従三位(元蔵人頭)、右中将如元、12・25参議、嘉禎4・1・22越前権守、4・20正三位、延応1(一二三九)・9・9右衛門督別当、11・6権中納言、仁治1(一二四〇)・10・24辞別当督、仁治2・2・1従二位、3・14勅授、仁治3・4・9権大納言、仁治4・閏7・27正二位、建長2(一二五〇)・12・-補淳和奨学院等別当、建長7・4・12〈「3月3日」イ〉出家、弘安6

土御門家

定通—**顕定**—**定実**—**雅房**—**雅長**
　　　　　　　　　└**親定**—**親賢**
　　└**顕親**
　　└**顕良**
顕実—**通房**—**定具**—定冬—定守
定長—有通

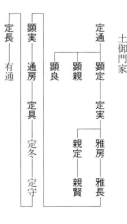

(一二八三)・8・12薨去〈つ〉
[死没]弘安6(一二八三)・8・12 [年齢]69 [父]土御門定通、一男 [母]右馬助源成実女(承明門院女房左衛門佐元侍従) [号]高野入道 [公卿補任]2—97下

顕親 あきちか 一二一〇—?
貞応1(一二二二)・1・23叙爵(于時輔通)、嘉禄3(一二二七)・1・26侍従(改顕親)、安貞3(一二二九)・1・5従五位上、寛喜3(一二三一)・1・26正五位下、1・29備前介、貞永1(一二三二)・閏9・27左少将、貞永2・1・6従四位下(従一位藤原朝臣給、少将如元)、1・23長門介、嘉禎1(一二三五)・11・19従四位上、嘉禎2・4・14左中将、12・18禁色、嘉禎3・1・24美作介、4・24正四位下、嘉禎4・1・5従三位、左中将如元、暦仁2(一二三九)・1・7正三位カ、仁治2(一二四一)・4・23参議、6・7従二位、9・24右衛門督、-・-補別当、仁治3・3・7権中納言、5・27辞別当、6・15還左、9・10大嘗会御禊次第司御前長官、寛元1(一二四三)・12・25辞督、12・-帯剣、寛元2・12・8兼春宮権大夫、寛元4・1・29止権大夫、宝治1(一二四七)・6・2出家
❖仁治元年より「近江権守」
[父]土御門定通、二男 [母]従四位下右京権大夫平義時女 [前名]輔通 [法名]顕阿 [公卿補任]2—103上 [大日本史料]5—22—65

顕良 あきよし 一二二六—?
嘉禄2(一二二六)・1・5叙爵(氏)、寛喜3(一二三一)・3・25侍従、嘉禎3(一二三七)・1・5従五位上、暦仁1(一二三八)・12・20左少将、暦仁2・1・24上野権介、延応1(一二三九)・10・28正五位下、仁治1(一二四〇)・10・4従四位下(宣陽門院当年御給)、少将如元、仁治2・10・16〈や〉左中将、仁治3・3・1禁色、8・9兼中宮権亮、11・12従四位上、仁治4・2・1兼加賀介、寛元1(一二四三)・10・25正四位下、寛元4・2・5従三位、元左中将中宮権亮、2・7左中将如元、建長1(一二四九)・12・24参議、建長2・10・14正三位、建長3・1・22権中納言、建長5・1・28従二位、正嘉1(一二五七)・6・6正二位、文応1(一二六〇)・8・28権大納言、弘長1(一二六一)・11・4辞権大納言、弘長2・閏7・23還任、文永6(一二六九)・3・27辞退権大納言、弘安2(一二七九)・-・-出家
❖建長元年より「伊与権守」、建長二年より「越前権守」
[父]土御門定通、三男 [母]従四位下右京権大夫平義時女 [公卿補任]2—134上

定実 さだざね 一二四一—一三〇六
建長6(一二五四)・12・7(従三位)、右中将如元、正嘉1(一二五七)・6・6正三位、正嘉2・1・13参議、正嘉3・4・17権中納言、弘長2(一二六二)・3・29正二位、文永3(一二六六)・10・24権大納言、文永4・8・29兼皇后宮大夫、文永5・8・24辞大夫、8・25兼春宮権大夫、文永8・3・27転大夫、文永10・12・10大納言、文永11・1・26止大夫、弘安7(一二八四)・2・11補淳和院別当、正応1(一二八八)・9・12辞大納言、正応5・3・29還任、4・1補淳和奨学院別当、8・14従一位、去大納言両院別当、永仁4(一二九六)・12・27内大臣、永仁5・10・16止職、正安3(一三〇一)・5・29兼宣旨、6・2太政大臣、正安4・7・-上表、10・22出家、嘉元4(一三〇六)・3・30薨去
❖文応元年(一二六〇)より「従二位」、永仁元年より「准大臣」
[死没]嘉元4(一三〇六)・3・30 [年齢]66 [父]土御門顕定 [母]正二位大納言源雅親女 [号]土御門太政大臣 [法名]円理 [公卿補任]2—163下

雅房 まさふさ 一二六二—一三〇二
文永2(一二六五)・4・25従五位下、文永4・1・5従五位上、2・1侍従、文永5・1・21正五位下、文永7・閏9・4従四位下(侍従如元)、文永8・7・2従四位上、文永9・7・11備前権守、文永10・12・8右少将、文永11・10・3左少将、12・20還右中将、文永12・1・6正四位下、建治2(一二七六)・1・23伊与権介〈や〉、閏3・14禁色、弘安1(一二七八)・4・19従三位(大納言定坊官賞譲)、4・21右中将如元、弘安2・1・7正三位、1・24兼越前権守、弘安6・3・28参議、弘安7・1・13兼左兵衛督、-・-補使別当、兼備前権守、弘安

8・1・5従二位、3・6権中納言、3・19辞督幷別当〈や〉、弘安9・1・5正二位、正応1(一二八八)・10・27辞退権中納言、永仁3(一二九五)・12・29権大納言、永仁5・10・16大納言、12・2補淳和院別当、永仁6・5・-止別当、8・10兼春宮大夫、正安3(一三〇一)・1・21止大夫、正安4・2・28兼弾正尹、9・28薨去

[死没]正安4(一三〇二)・9・28　[年齢]40　[父]土御門定実、一男　[母]周防守平政平女　[公卿補任]2—255下

親定　ちかさだ　一二六七—一三一五

文永4(一二六七)・1・5叙爵、文永8・1・5従五位上、文永11・2・20侍従、建治2(一二七六)・1・23右少将、建治3・1・7正五位下、1・29兼備後権介、弘安1(一二七八)・7・17従四位下、兼春宮権亮(少将如元)、弘安2・3・2転中将、弘安4・1・5従四位上、弘安6・3・28兼上野権介、10・20正四位下、弘安10・10・28止権亮(依受禅也)、正応3(一二九〇)・1・5従三位、正応4・1・7正三位、右中将如元、永仁2(一二九四)・12・24参議、永仁3・6・23兼左衛門督、-・-・-補使別当、12・29権中納言、永仁4・1・5従二位、3・9辞督別当、永仁5・11・14正二位、永仁6・6・23辞権中納言、嘉元3(一三〇五)・1・22〈21日ともあり〉権大納言、12・30辞権大納言、正和4(一三一五)・7・1薨去

[死没]正和4(一三一五)・7・1　[年齢]49　[父]土御門定実、二男　[母]正二位権大納言平時継女　[公卿補任]2—305上

雅長　まさなが　一二八七—一三一六

弘安11(一二八八)・1・5叙爵(氏)、正応2(一二八九)・1・5従五位上(大宮院当年御給)、正応3・2・7正五位下、正応4・2・26侍従、3・25従四位下(大宮院当年御給)、4・2侍従如元、正応6・1・5従四位上(新院当年御給)、1・14右少将、1・17止少将、為侍従、永仁2(一二九四)・1・6正四位下(新院当年御給)、3・25兼讃岐介、永仁3・3・4左中将(元侍従)、3・5可為右云々、3・13禁色、永仁4・4・13兼春宮権亮、永仁6・4・9従三位、右中将如元、正安1(一二九九)・6・6正三位、正安2・-・-還任右衛門督、正安3・3・16宣賜去永仁七年正月五日従二位位記之由宣下、正安4・9・25参議、-・-・-止督、更任右中将、嘉元1(一三〇三)・8・28権中納言、徳治2(一三〇七)・12・2兼中宮権大夫、延慶1(一三〇八)・9・19遷兼春宮権大夫、12・10正二位、延慶2・10・15中納言、応長2(一三一二)・4・10権大納言、正和5(一三一六)・6・29薨去

※乾元元年(一三〇二)より「近江権守」

[死没]正和5(一三一六)・6・29　[年齢]30　[父]土御門雅房、一男　[母]左近衛中将時経女　[公卿補任]2—343上

親賢　ちかかた　一二九七—一三五〇

永仁6(一二九八)・10・10叙爵(春宮御給)、正安2(一三〇〇)・3・6従五位上、正安3・12・30侍従、嘉元2(一三〇四)・1・7正五位下(春宮御給)、徳治2(一三〇七)・4・24従四位下、12・12右少将、延慶2(一三〇九)・2・19従四位上、延慶3・9・4転左中将、延慶4・1・17正四位下、正和3(一三一四)・10・21従三位、左中将如元、元応1(一三一九)・8・21正三位、10・27渡右(右中将)、正中2(一三二五)・9・9参議、兼侍従、正中3・2・19兼讃岐権守、嘉暦2(一三二七)・7・16兼左中将、嘉暦3・11・27従二位、辞参議、嘉暦4・6・28〈9月26日ともあり〉権中納言、元徳1(一三二九)・12・13辞権中納言、元徳2・6・13本座、正慶2〈元弘3〉(一三三三)・5・17詔復従二位、元弘4(一三三四)・1・7正二位、観応1〈正平5〉(一三五〇)・2・13薨去

[死没]観応1(一三五〇)・2・13　[年齢]54　[父]土御門親定　[母]亀山院女房右衛門佐局(源重遠女)　[公卿補任]2—440下　[大日本史料]6—13—435

顕実　あきざね　一三〇一—一二九

正安3(一三〇一)・11・18叙爵(氏)、嘉元3(一三〇五)・12・30侍従、嘉元4・1・5従五位上、徳治1(一三〇六)・12・30正五位下、徳治2・4・24従四位下、延慶2(一三〇九)・2・19従四位上、延慶3・4・7右少将、5・11転中将、延慶4・1・17正四位下、正和2(一三一三)・9・17〈「20日」イ〉禁色、正和3・10・21従三位、右中将如元〈や〉、正和5・1・13兼尾張権守、11・18参議、文保2(一三一八)・8・2止権守、8・24権中納言、文保3・1・5

正三位、元応3(一三二一)・1・5従二位、正中3(一三二六)・2・9〈2月19日ともあり〉権大納言、嘉暦2(一三二七)・7・16兼中宮大夫、11・10正二位、嘉暦3・3・16辞権大納言、嘉暦4・3・19薨去
[死没]嘉暦4(一三二九)・3・19　[年齢]29　[父]土御門雅長　[母]家女房　[公卿補任]2―440下

通房　みちふさ　一三一八―四五

元応1(一三一九)・1・5従五位下(談天門院当年御給)、元亨2(一三二二)・1・5従五位上(臨時)、12・25侍従、嘉暦1(一三二六)・1・5正五位下、嘉暦3・1・5従四位下、元徳1(一三二九)・1・13左近少将、11・24復任(父)、12・8転左中将、元徳2・1・5従四位上、1・13兼尾張介(于時重服)、10・21正四位下、正慶1〈元弘2〉(一三三二)・10・15従三位、10・21左近中将如元、元弘3(一三三三)・6・-還本位(正四位下)、暦応2〈延元4〉(一三三九)・8・12参議、左中将如元、暦応3〈興国1〉・4・1従三位、暦応5〈興国3〉・3・30兼越前権守、康永4〈興国6〉(一三四五)・1・29薨去
[死没]康永4(一三四五)・1・29　[年齢]28　[父]土御門顕実　[公卿補任]2―576下　[大日本史料]6―8―720

定具　さだとも　一三四〇―九八

貞治1〈正平17〉(一三六二)・12・30参議、元備中介、左近中将如元、貞治2〈正平18〉・1・28権備中権守、4・20従三位、貞治6〈正平22〉・2・13権中納言、応安2〈正平24〉(一三六九)・11・12正三位、応安6〈文中2〉・12・26従二位、永和3〈天授3〉(一三七七)・8・14辞権中納言、永和4〈天授4〉・8・27還任(権中納言)、12・13辞(権中納言)、永徳3〈弘和3〉(一三八三)・12・29還任(権中納言)、至徳2〈元中2〉(一三八五)・3・6〈「1月」し〉正二位、至徳3〈元中3〉・8・27辞権中納言、応永2(一三九五)・7・23権大納言、閏7・20淳和院別当、応永3・7・24辞権大納言、応永5・2・20薨去
[死没]応永5(一三九八)・2・20　[年齢]59　[父]土御門通房　[母]正二位権大納言柳原資明女　[号]土御門　[公卿補任]2―675上　[大日本史料]7―3―207

定長　さだなか　一四一〇―?

永享10(一四三八)・9・4参議、左中将如元、永享11・3・18兼土左権守、永享13・1・6従三位、嘉吉1(一四四一)・7・18出家
[父]土御門定守　[公卿補任]3―135下

土御門家(絶家)2

通行　みちゆき　一二〇二―七〇

建仁4(一二〇四)・1・5叙爵(天暦御後、于時通継)、建保4(一二一六)・1・5従五位上(承明門院去年御給)、建保5・12・12侍従、安貞1(一二二七)・12・25左近少将(于時通行)、安貞2・2・1上総権介、安貞3・4・13正五位下、寛喜2(一二三〇)・1・5従四位下、1・24更任左少将、貞永2(一二三三)・1・24能登介、文暦2(一二三五)・1・23従四位上、嘉禎3(一二三七)・1・24正四位下、嘉禎4・2・6左中将、仁治2(一二四一)・3・1参河介、仁治3・3・7補蔵人頭、12・25参議、元蔵人頭、左中将如元、仁治4・2・2兼遠江権守、寛元1(一二四三)・閏7・27従三位、宝治2(一二四八)・1・13兼讃岐権守、7・17正三位、建長2(一二五〇)・1・13権中納言、-・-帯剣、建長3・1・5従二位、1・22兼右衛門督、-・-補検非違使別当、建長4・12・8辞督使別当、建長6・12・25権大納言、正二位、正嘉3(一二五九)・4・17辞権大納言、文永7(一二七〇)・6・30薨去
[死没]文永7(一二七〇)・6・30　[年齢]69　[父]源通親、六男　[前名]通継　[公卿補任]2―118上

通持　みちもち　一二三三―七六

・・・・叙爵、仁治4(一二四三)・2・5侍従、寛元2(一二四四)・1・5従五位上(臨時)、4・5兼丹波守(前内大臣通光公給)、7・16止守、寛元4・1・5正五位下(臨時)、12・17右少将、宝治2(一二四八)・5・5従四位下(臨時)、5・7少将如元、建長2(一二五〇)・2・13兼皇后宮権亮、9・16右中将(権亮如元)、建長3・1・5従四位上(承明門院当年御給)、3・27止権亮(依院号也)、建長6・1・5正四位下(承明門院当年御給)、正嘉1(一二五七)・6・22因幡守、正元1(一二五九)・4・17〈や〉蔵人頭、4・29禁色、5・19止守、弘長1(一二六一)・3・27参議(元蔵人頭左中将)、4・7更任中将、9・26従三位、弘長2・1・19兼加賀権守〈や〉、弘長3・1・6正三位、文永4(一二六七)・2・1辞退両職(権辞退云々)、文永8・8・21本座、10・13従二位、建治2(一二七六)・閏3・15薨去

[死没]建治2(一二七六)・閏3・15 [年齢]45 [父]土御門通行、一男 [母]正三位源師季女 [公卿補任]2―186上

時通　ときみち

徳治3(一三〇八)・2・7従三位、元右中将、延慶3(一三一〇)・2・8正三位、正和5(一三一六)・・改時通云々、元亨1(一三二一)・・・改通時、元亨2・3・17〈6月ともあり〉参議、元亨3・1・13辞参議、備中権守

※元徳元年(一三二九)前参議正三位(以後不見)

[父]土御門通持 [前名]顕孝・通尚 [号]小坪三位 [公卿補任]2―400上

土御門家

通行――通持――時通

中院家(絶家)1

雅光　まさみつ　一二二六―六七

安貞2(一二二八)・1・5叙爵(氏)、貞永2(一二三三)・1・25侍従、嘉禎1(一二三五)・1・23兼伯耆権介、11・19従五位上(宣陽門院御給)、嘉禎2・2・30右少将、嘉禎3・1・24兼尾張権介、嘉禎4・9・17正五位下、仁治1(一二四〇)・10・24従四位下(臨時、右少将如元)、仁治2・10・13右中将、11・9禁色、仁治3・5・5従四位上(臨時)、3・7兼伊興権介、仁治4・2・9正四位下(臨時)、寛元1(一二四三)・4・9従三位、右中将如元(超三木源通行)、寛元2・1・23兼肥前権守(「越前権守」ともあり)、寛元3・10・29正三位、宝治1(一二四七)・12・8参議、宝治3・1・24兼備前権守、2・8左兵衛督、・・補検非違使別当、建長1(一二四九)・12・24権中納言、建長2・2・2辞督別当等、7・5帯剣、10・14従二位、建長4・12・4辞権中納言、建長7・1・5正二位、文永4(一二六七)・6・17薨去

[死没]文永4(一二六七)・6・17 [年齢]42 [父]久我通光、七男 [母]家女房 [公卿補任]2―124上

雅相　まさすけ

建長6(一二五四)・1・5(臨時)叙爵、康元2(一二五七)・1・6従五位上、1・22侍従、正元1(一二五九)・11・16左少将、11・21正五位下(大嘗会叙位、正親町院御給)、弘長1(一二六一)・2・29従四位下、弘長4・1・5従四位上(臨時)、12・21還任少将〈や〉、文永4(一二六七)・5・7転中将、文永6・1・5正四位下、3・27越後介、文永11・2・20伊与介、正応2(一二八九)・閏10・14従三位、左中将如元、応長2(一三一二)・2・・止中将

※文保元年(一三一七)非参議従三位(以後不見)

[父]久我雅光 [公卿補任]2―300上

中院家

雅光――雅相

愛宕家(絶家)

具房　ともふさ　一二三八―八九

寛元1(一二四三)・4・23叙爵(于時雅良、依通仁明

愛宕家

具房—俊通—具宣—長具—具顕—
具秀—忠具

天皇御諱字、有其沙汰改之)、寛元3・10・29侍従(于時雅緒)、寛元4・11・23従五位上(承明門院御給)、建長1(一二四九)・2・8左少将、建長2・1・5正五位下、10・14従四位下、11・24遭父喪、建長3・10・24従四位上、5・19転右中将(元前左少将、四位之後無還任)、6・-改名具房、建長6・1・13兼美作権介、建長7・1・5正四位下(承明門院当年御給)、正嘉3(一二五九)・1・21相模権介、文永4(一二六七)・2・23補蔵人頭、文永5・12・2参議(元蔵人頭右中将)、中将如元、文永6・1・5加叙次叙従三位、3・27兼備中権守、文永8・1・5正三位、文永11・1・20兼讃岐権守、9・10兼左大弁、12・20兼侍従、文永12・1・18勘解由長官、建治1(一二七五)・12・22権中納言、建治2・1・5従二位、12・26帯剣、弘安3(一二八〇)・1・5正二位、弘安5・12・19依興福寺訴配流安芸国、弘安6・3・11帰京、3・17復本位〈や〉、弘安9・9・2権大納言、正応1(一二八八)・7・11辞退権大納言、7・23本座、正応2・12・15薨去

［死没］正応2(一二八九)・12・15　［年齢］52　［父］久我通忠、二男　［母］家女房　［前名］雅良・雅緒　［号］愛宕　［公卿補任］2—214下

俊通　としみち　一二五六—一三〇四

寛元3(一二四五)・1・5叙爵(氏)、寛元4・3・8従五位上、文永6(一二六九)・7・19侍従、文永8・2・17正五位下、文永10・3・25兼備中権介、11・8右少将、建治2(一二七六)・1・7従四位下(少将如元)、弘安3(一二八〇)・3・12従四位上、弘安6・4・18正四位下、弘安7・1・13兼加賀介、弘安8・6・13転中将、正応2(一二八九)・10・18従三位、右中将如元、12・15服解(父)、正応4・1・7正三位、正応6・1・13近江権守、永仁6(一二九八)・3・22兼下総権守、嘉元2(一三〇四)・5・12薨去

［死没］嘉元2(一三〇四)・5・12　［年齢］49　［父］正二位権大納言久我具房　［号］中院　［公卿補任］2—299下

長具　ながとも　?—一三七三

応安2〈正平24〉(一三六九)・11・12従三位〈し〉、元右中将、応安4〈建徳2〉・3・12左兵衛督〈し〉、応安6〈文中2〉・4・-止督、11・26〈「23日」し〉薨去

［死没］応安6(一三七三)・11・26　［父］愛宕具宣(実久我長房)　［公卿補任］2—700上　［大日本史料］6—38—369

忠具　ただとも

長禄2(一四五八)・7・20従三位

※文明十三年(一四八一)非参議従三位〔以後不見〕

［父］愛宕具秀　［公卿補任］3—192上

中院家　なかのいんけ

村上源氏の一流。久我家の支流。土御門内大臣通親の五男土御門大納言通方を家祖とする。中院の称は、土御門右大臣師房に始まる賜姓源氏が中院流とされることに因み、嫡流久我家の四代雅定は中院右大臣と号した。通方は土御門と号し、その子通成は三条とも坊門とも号したが、のち中院入道内大臣と称された。中院の家名が定着するのはこの頃のことであろう。また実名に通の字を冠するを通例とした。家格は大臣家。内々の家。四箇の大事・有職故実を家職とした。江戸時代の家領は初め二百石、元和元年(一六一五)に加増百石、元禄十六年(一七〇三)に加増二百石、都合五百石。通方の父通親は、後白河法皇・後鳥羽上皇の時代、それらの側近として辣腕をふるい、その権勢他に並ぶ者なく、世に源博陸と称された。生母は高倉従三位範兼の女範子。初め平能円(清盛室時子の舎兄)の室、能円子の在子をつれ子して通親室となった。久我家嫡となる通光、土御門家祖となる定通、そして中院家を起こす通方、いずれもこの同腹の兄弟で、在子が通親養女として後鳥羽天皇の

後宮に入ったので、通方等は土御門天皇の外舅となる。通親が建仁二年(一二〇二)十月に五十四歳で没した時、通方の異腹舎弟の通行は僅かに一歳であったが、兄弟いずれもが高位高官に昇り、かつ別流を起こしたのは、在子(承明門院)の外舅であったからであろう。通方は、建久五年(一一九四)六歳で叙爵、建暦元年(一二一一)蔵人頭より上階し、建保三年(一二一五)参議。権中納言・中納言を経て、寛喜三年(一二三一)四十三歳で権大納言に昇り、嘉禎四年(一二三八)七月大納言に転正し、同十二月五十歳で没した。一男通氏は二十余歳で頓死したので、二男通成が家督を嗣ぎ、舎弟の雅家・顕方・通世いずれも蔵人頭を経て公卿に列し、かつ別流を起した。通氏は、元仁二年(一二二五)四歳で叙爵し、仁治三年(一二四二)二十歳年上の叔父、上臈の頭中将通行を超越して二十一歳で上階し、翌年参議に列し中将を兼ね、権中納言を経て建長四年(一二五二)三十一歳で権大納言、同六年正二位に昇り、正元二年(一二六〇)淳和院幷奨学院別当、文永六年(一二六九)内大臣に昇り両別当を辞した。同年十一月内大臣を上表し、弘安九年(一二八六)十二月六十五歳で没した。そしてその次の通成一男の通頼が准大臣従一位に昇り、この通方・通成・通頼三代の官歴が家例となり、内大臣従一位を先途とする家格となる。のち正親町三条家・三条西家と共に、大将を兼ねずに大臣に任ぜられる、三大臣家の一つとなる。通躬は、霊元院歌壇における活躍の功により従一位右大臣にも昇った。なお、南北朝時代、通冬は任槐せず従一位大納言で終ったが、南北朝前半期の動向をうかがう上で重要な日記、『中院一品記』で知られる。また、戦国時代初めの代表的日記の一つである『十輪院内府記』は通秀の日記である。通秀は歌人としても知られ、牡丹花肖柏は通秀の舎弟である。文明十五年(一四八三)二月より将軍足利義尚が廷臣等を召致して和歌の打聞を編集した際に、特にその中心の一人として義尚からの編集委嘱を受けている(『十輪院内府記』)。また、南北朝時代の名記として知られる洞院公賢の日記『園太暦』が散逸の恐れがあったのを惜しみ、これを一括買取ってこれを研究し、その内容目録を採っている。同十七年正月より始め、八月に終功している。『園太暦目録』四巻がこれである。なお『園太暦』正記百二十三巻は、文亀三年(一五〇三)四月に至り養嗣子通世により売却され、三条西実隆の取持ちにより御物となった(『実隆公記』)。但し、現存するのは正記一巻、通秀編の目録四巻のみである。通秀には嗣子なく、本家の久我前右大臣通博の三男通世を養子としたものであるが、従三位申請の際、また従二位の際も「過分」のこととされたり、時には天皇の「逆鱗」をうけ、「不可然」とされての勅許で(『十輪院内府記』『公卿補任』)、長く在国していたこともあって、従二位権中納言で終った。戦国時代、中院家は加賀国八田荘・同額田荘・上野国衙領等を家領とし、通世・通胤・通為の

中院家

通方─┬通氏(中院、絶家)
　　　├通成─┬通頼─┬通重─┬通顕─┬通冬─┬通氏─通守─通淳
　　　│　　　│　　　│　　　│　　　│　　　└通敏
　　　│　　　│　　　│　　　│　　　└通持
　　　│　　　│　　　│　　　└通時
　　　│　　　└通教(中院、絶家)
　　　├雅家(北畠、絶家)
　　　├顕方(土御門、絶家)
　　　└通世

通秀＝通世─通胤─通為─通勝─通村─通純─┬通茂─通躬＝通枝
　　　　　　　　　　　　　　　　　　　　　└通福(愛宕)

通維＝通古─通知─通繫＝通富(伯爵)

三代、いずれもしばしば加賀国に下向し、在国すること数年に及ぶこともあり、通世はついに加賀国で没した。帰洛して官位の叙任に預かり、また下向するという具合で、通為などは晩年の永禄八年(一五六五)八月、加賀在国のまま、万里小路権大納言惟房を通して「所労危急」の故を以て任槐を嘆き申し、勅許を得ている。ただし、もし本復すれば召返すこと、逝去すればその日を以て任日とすべしとの条件が付され、九月三日加賀国で没したので、都ではその日を以て任内大臣の宣下がなされたという(『公卿補任』)。通為の三男で、家督を嗣いだのが、歌人・古典学者として著名な通勝である。生母は三条西右大臣公条の女で、弘治三年(一五五七)二歳で叙爵。永禄十一年(一五六八)元服し、禁色昇殿を聴され、翌年左少将となる。元亀元年(一五七〇)以降地方の生活を切りあげ帰京した伯父の三条西権大納言実枝に近侍し(『継芥記』)、実枝が天正七年(一五七九)没するまで師事して『源氏物語』などの研究を吸収する。同三年参議に列し、五年従三位、七年権中納言、正三位に昇り、八年正月辞任した。同年六月に至り勅勘を蒙り逐電した。この原因の詳細は不明であるが、『お湯殿の上の日記』天正八年六月二十二日条に、「中院前中納言くせ事ありて、御せいはいの事、をの〳〵としてせいはいいたしてしんすへきとて、廿一人ないない・とさませいしてまいる、又いよとのおやたんせう入道所へ四つし大納言御つかいにて、いよとのこんとのしんたいくせ事にてあるほとに、あいの御せいはいあるへきよしおほせらる、」とあり、伊豫は下臈の官女、女蔵人の頭のことで、勅勘を蒙ったのは官女との密通嫌疑によるのであろう。丹後国に出奔し、同十四年八月十三日出家した。法名を素然、也足軒と号した(『公卿補任』)。当時、丹後田辺城には、実枝より古今伝授を受け二条家歌学の正統をつたえ、九条稙通より『源氏物語』の奥義を授けられるなど、当代屈指の文化人である細川幽斎が隠居していた。素然はこの幽斎に長年に亘って師事し、古今伝受を受け、歌道・古典学の奥義をきわめた。慶長四年(一五九九)十二月勅免あり帰京し、それより後陽成院歌壇の中心的存在となり、同十五年三月に五十三歳で没した。通勝の代表的著作で、『源氏物語』の諸註釈書を大成した『岷江入楚』五十五巻は、幽斎から物心両面の援助を受け、苦節十余年の末に慶長三年六月に完成させたものである。家集に『中院通勝集』がある。通勝の業績を踏まえ、江戸時代の中院家は和歌の家として多くの歌人を輩出した。ことに通村・通茂・通躬、および通枝は世に知られた歌人である。通村は、慶長二十年上階し、元和三年(一六一七)正三位権中納言となり、同九年十月武家伝奏に補され、寛永六年(一六二九)十一月には権大納言に昇った。しかしこの直後に後水尾天皇は俄かに女一宮興子内親王(明正天皇)に譲位のことあり、これを承知しながら幕府に注進しなかったのは武家伝奏として不埒との咎を受け、翌七年九月武家伝奏を免ぜられた。そして同十二年三月江戸に召喚され、十月まで上野に幽閉されたが、僧天海の哀訴により免され帰京した。三条西実条・烏丸光広と共に後水尾院歌壇の中心的存在となり、寛永十年代の中葉に実条・光広が相次いで没すると、通村が歌壇運営の指導に当った。正保四年(一六四七)内大臣に任槐し、承応二年(一六五三)二月に六十六歳で没した。父通勝より古今伝授を受け、家集を『後十輪院集』という。世尊寺流の書も能くした。孫の通茂は、後水尾天皇より万治三年(一六六〇)伊勢物語の伝受を受け、寛文四年(一六六四)五月には後西天皇・日野弘資・烏丸資慶と共に古今伝受を受け、霊元院歌壇の中心となった。家集を『老槐和歌集』という。通躬は、古今伝受を父通茂より受け、元禄十五年(一七〇二)十二月三部抄の伝受を霊元天皇より受けた。家集に『通躬公集』がある。これら通村・通茂・通躬三代の類題和歌を集めたものが『三槐和歌集類題』(一七九六年刊)である。通村・通茂・通躬の三代は武家伝奏に補された。また通茂の舎弟通福は新家の愛宕家を起した。日記には、『中院一品記』(通冬)、『通氏卿記』、『通守卿記』、『十輪院内府記』(通秀)、『継芥記』(通勝)、『後十輪院内府記』(通村)、『通茂公記』、『中院通躬記』、『中院通枝記』、『中院通維記』、『中院通知記』、『中院通繋記』、『中院通富記』、『完用記』(通富)がある。明治十七年(一八八四)通富のとき、叙爵内規により伯爵を授けられた。菩提所は廬山寺。『中院家譜』(東京大学史料編纂所架蔵、四一七五―二六七)。

通方　みちかた　一一八九―一二三八

建久5(一一九四)・1・6従五位下(天暦御後)、建久6・2・2因幡守、建久9・2・26従五位上(簡一)、正治2(一二〇〇)・6・14正五位下(行幸内大臣中院亭賞)、10・11復任(母)、建仁1(一二〇一)・12・22左少将(元因幡守)、建仁2・1・5従四位下(院御給)、1・8還任左少将、10・21服解(父公〔「卿」や〕)、閏10・24復任(左少将)、建仁3・1・17従四位上(承明門院当年御給)、1・29兼土左介(少将兼国)、元久2(一二〇五)・1・5正四位下(院当年御給)、承元1(一二〇七)・10・29右中将、建暦1(一二一一)・9・8蔵人頭、建暦2・12・30従三位、右中将如元、建暦3・1・13兼讃岐権守、建保3(一二一五)・12・10参議、12・15右中将、建保5・1・28正三位、建保6・1・12丹波権守、建保7・4・8右衛門督、検別当、承久2(一二二〇)・1・22権中納言、2・9恐懼、4・22帯剣、承久3・12・12従二位、貞応2(一二二三)・12・17正二位、嘉禄3(一二二七)・4・9中納言、寛喜2(一二三〇)・2・16兼中宮権大夫、寛喜3・3・25権大納言、4・29正大夫、貞永2(一二三三)・4・1止之(中宮大夫)、嘉禎4(一二三八)・7・20大納言、12・27出家、12・28薨去

[死没]嘉禎4(一二三八)・12・28　[年齢]50　[父]源通親、五男　[母]藤原範兼女従三位藤原範子　[号]土御門大納言　[公卿補任]2―8下　[大日本史料]5―12―108

通成　みちなり　一二二二―八六

元仁2(一二二五)・1・5叙爵(臨時)、嘉禄3(一二二七)・1・21侍従、安貞2(一二二八)・1・5従五位上、寛喜2(一二三〇)・1・6正五位下(中宮御給)、1・29周防介、寛喜4・1・30左少将、貞永2(一二三三)・1・6従四位下(少将如元)、1・24美乃介、文暦2(一二三五)・6・17皇后宮権亮、嘉禎1(一二三五)・11・19従四位上(皇后宮御給)、嘉禎2・6・13左中将、嘉禎3・7・24正四位下(臨時)、仁治3(一二四二)・3・7兼美乃介、補蔵人頭、4・9従三位、元蔵人頭、左中将如元(超上臈頭中将通行朝臣)、寛元1(一二四三)・閏7・27参議、8・7兼中宮権大夫、10・25兼右衛門督、-・-検別当、寛元2・1・13兼備後権守、寛元3・1・5正三位、宝治1(一二四七)・12・8権中納言、-・-辞使別当、宝治3・1・5従二位、建長3(一二五一)・1・22転左衛門督、建長4・11・13権大納言、建長6・1・5正二位、文永2(一二六五)・10・5大納言、文永6・3・28蒙任大臣兼宣旨、4・23内大臣、官次宣下、11・9上表、文永7・12・13出家、弘安9(一二八六)・12・23薨去〈く追〉

❖文応元年(一二六〇)より「淳和奨学院等別当」

[死没]弘安9(一二八六)・12・23　[年齢]65　[父]中院通方、二男　[母]従二位権中納言藤原能保女　[号]中院　[法名]性乗　[公卿補任]2―120下

通世　みちよ

正嘉1(一二五七)・11・19参議、元蔵人頭、左中将如元、正嘉2・1・5従三位、正嘉3・1・22正三位、弘長2(一二六二)・3・29従二位、弘長3・1・28兼備中権守、文永3(一二六六)・1・5正二位、1・7辞退(参議)、文永7・-・-出家

❖文応元年(一二六〇)より「美乃権守」

[父]中院通方、五男　[公卿補任]2―170下

通頼　みちより　一二四二―一三一二

正嘉1(一二五七)・1・6〈「21日」つ〉〔従三位〕、左中将如元、正嘉2・5・14正三位、正元2(一二六〇)・3・29参議、-・-信乃権守、弘長1(一二六一)・3・27権中納言、4・10帯剣、11・4兼左衛門督、弘長2・1・5従二位、閏7・23別当、弘長3・2・19正二位、文永5(一二六八)・12・2中納言、文永6・3・27権大納言、弘安10(一二八七)・1・13辞権大納言、弘安11・4・7本座、永仁5(一二九七)・10・1従一位、10・16蒙准大臣宣旨、永仁6・7・15奨学院別当、正安3(一三〇一)・6・7止別当、嘉元2(一三〇四)・10・29出家、正和1(一三一二)・8・8

薨去〈や〉
[死没]正和1(一三一二)・8・8 [年齢]71 [父]中院通成、一男 [母]検校宇都宮頼綱女 [号]中院 [法名]性心 [公卿補任]2—172上

通重　みちしげ　一二七〇—一三一二

文永8(一二七一)・1・5叙爵、文永11・11・18従五位上、文永12・4・13侍従、建治3(一二七七)・1・5正五位下、弘安1(一二七八)・4・19従四位下、閏10・28禁色、12・27左少将、弘安2・1・24兼甲斐介、弘安3・12・13従四位上、弘安6・10・30正四位下、弘安7・1・13美作介、6・23転中将、弘安8・3・8従三位(左中将如元)、弘安10・1・13参議、10・10兼左衛門督並使別当等、弘安11・2・10兼備中権守、3・8正三位、正応1(一二八八)・8・20兼中宮権大夫、10・27権中納言、12・20辞督並別当、正応2・7・16従二位、正応4・1・6正二位、正応5・閏6・16転権大納言、中宮大夫、7・10帯剣、永仁6(一二九八)・8・21止大夫、正安3(一三〇一)・8・24兼春宮大夫、徳治2(一三〇七)・11・1辞退(権大納言)、延慶2(一三〇九)・10・15還任(権大納言)、正和2(一三一三)・12・23淳和院別当、正和4・3・16大納言、4・16奨学院別当、正和5・閏10・4辞大納言、-・-即叙従一位、元応1(一三一九)・閏7・28内大臣、9・1奨学院淳和院別当、10・18辞所職、元亨1(一三二一)・-・-〈2年9月15日」続史愚抄〉薨去☆
[死没]元亨1(一三二一)・9・15 [年齢]52 [父]中院通頼 [母]正二位権大納言姉小路顕朝女 [号]後中院 [法名]良乗 [公卿補任]2—280下

通時　みちとき　一二七三—?

建治1(一二七五)・10・8叙爵、建治3・11・5従五位上、弘安2(一二七九)・11・19正五位下(本家賞)、弘安4・11・5侍従、弘安6・1・5従四位下、弘安8・3・1従四位上、弘安9・1・13左少将、弘安10・1・13周防介、弘安11・4・7転右中将、11・21正四位下、正応4(一二九一)・1・3従三位(朝覲行幸日、臨時)、元右中将中宮権亮、4・2権亮如元、正応5・12・25止権亮、正応6・1・7正三位、永仁2(一二九四)・12・24右衛門督、永仁3・1・28左中将、12・29参議、永仁4・3・9兼左衛門督、-・-使別当、4・13権中納言、10・24辞督別当、11・3帯剣、永仁5・3・20従二位、永仁6・6・23辞退権中納言、正二位、正和1(一三一二)・9・21出家
[父]中院通頼 [母]正二位権大納言姉小路顕朝女 [公卿補任]2—310下

通顕　みちあき　一二九一—一三四三

正応5(一二九二)・2・27従五位下(于時通平)、永仁1(一二九三)・1・5従五位上(臨時)、永仁2・1・6正五位下(中宮当年御給、于時通真[「貞」や])、永仁4・1・5従四位下(于時通顕)、永仁5・11・14従四位上(中宮朔旦御給)、永仁6・5・22兼春宮権亮、7・22新帝昇殿(譲位日)、8・10止権亮(依受禅也[恐当作立坊日])、10・10正四位下(御即位永福門院御給)、正安1(一二九九)・4・12左中将、正安3・1・21新帝昇殿(譲位日)、3・14備中権介、8・24春宮昇殿(立坊日)、嘉元4(一三〇六)・3・30兼丹波介、徳治2(一三〇七)・3・3補蔵人頭、9・17従三位、元蔵人頭、左中将如元、11・1参議、徳治3・9・17〈閏8月」イ〉左衛門督補使別当、延慶1(一三〇八)・12・10権中納言、延慶2・2・23辞別当、9・1止督、9・7帯剣、11・23正三位、延慶4・1・5従二位、応長2(一三一二)・3・3正二位、正和5(一三一六)・9・12中納言、10・8淳和奨学院別当、文保2(一三一八)・8・24権大納言、11・3辞退権大納言、元応1(一三一九)・8・5還任(権大納言)、10・18〈27日、また天応2年9月1日ともあり〉止之(淳和院別当)、元徳3(一三三一)・2・21還任(権大納言)、元弘1(一三三一)・10・28大納言、11・8兼春宮大夫、正慶1〈元弘2〉(一三三二)・7・7奨学院別当、10・14内大臣、正慶2〈元弘3〉(一三三三)・5・8出家、康永2(一三四三)・12・20薨去〈く追〉
[死没]康永2(一三四三)・12・20 [年齢]53 [父]中院通重 [母]右近衛少将久我通能女 [前名]通平・通真 [号]如法三宝院 [法名]空乗 [公卿補任]2—392下 [大日本史料]6—7—828

通持　みちもち　一三〇〇—?

文保2(一三一八)・12・10従三位、左中将如元、元応1(一三一九)・10・27渡右中将、暦応1〈延元3〉(一

三八）・7・2出家

[父]中院通重、二男　[母]久我通能女　[公卿補任]2―469下　[大日本史料]6―4―847

顕隆　あきたか

元亨2（一三二二）・6・17参議、其身在関東、時通

[前名]通時カ　[公卿補任]2―493上

❖系譜不明なれど、便宜ここに収む。

通冬　みちふゆ　一三一五―六三

正和5（一三一六）・1・5叙爵（氏）、正和4・4・13侍従、閏10・4従五上、文保2（一三一八）・3・25正五位下、元亨2（一三二二）・12・25左少将、元亨4・1・5従四位下、正中3（一三二六）・3・8転左中将、嘉暦2（一三二七）・7・16正四位下、嘉暦4・1・5従三位、左中将如元、6・28渡右中将、元徳2（一三三〇）・2・11〈10日ともあり〉参議、元徳3・1・5正三位、1・13兼備後権守、1・15左衛門督、-・-使別当、元弘2（一三三二）・3・12権中納言、正慶2〈元弘3〉（一三三三）・5・17復本職（参議）、-・-止左衛門督、使別当春宮権大夫、建武2（一三三五）・11・26還任（参議）、兼任左中将、建武3〈延元1〉・8・15辞（参議）、暦応1〈延元3〉（一三三八）・9・19〈10月ともあり〉権中納言、12・29帯剣、暦応2〈延元4〉・2・2兼左衛門督、12・27淳和院別当、暦応3〈興国1〉・1・3淳和院別当、4・1従二位、5・20遷任按察使、7・19奨学院別当、12・27権大納言、暦応4〈興国2〉・1・14〈「18日」やイ〉止奨学院別当、暦応5〈興国3〉・1・5正二位、3・28奨学院別当氏長者、康永3〈興国5〉（一三四四）・12・29還任（権大納言）、康永4〈興国6〉・1・6奨学淳和両院別当氏長者、貞和5〈正平4〉（一三四九）・9・13大納言、観応1〈正平5〉（一三五〇）・6・2大嘗会検校、観応2〈正平6〉・12・26参南方、文和3〈正平9〉（一三五四）・閏10・25辞退大納言、康安1〈正平16〉（一三六一）・3・29本座、貞治2〈正平18〉（一三六三）・閏1・24従一位、閏1・25薨去

[死没]貞治2（一三六三）・閏1・25　[年齢]49　[父]中院通顕　[母]白拍子明一　[日記]中院一品記（一三二六―四九）　[公卿補任]2―523下　[大日本史料]6―24―929

通氏　みちうじ　一三四八―九五

貞治4〈正平20〉（一三六五）・12・30参議、右中将如元、貞治5〈正平21〉・1・5従四位上、12・7正四位下、貞治6〈正平22〉・2・13兼備前権守、応安1〈正平23〉（一三六八）・4・19従三位、応安3〈建徳1〉・11・19権中納言、応安5〈文中1〉・4・18正三位、永和3〈天授3〉（一三七七）・4・12従二位、至徳2〈元中2〉（一三八五）・1・6正二位、明徳1〈元中7〉（一三九〇）・4・1辞権中納言、4・14還任（権中納言）、12・24権大納言、応永2（一三九五）・7・6薨去

[死没]応永2（一三九五）・7・6　[年齢]48　[父]中院通冬　[母]少将内侍　[前名]通治　[日記]通氏卿記（一三八九）　[公卿補任]2―685上　[大日本史料]7―2―69

通敏　みちとし

永徳1〈弘和1〉（一三八一）・7・23参議、右中将如元（やし無）、永徳2〈弘和2〉・8・14辞参議

❖応永十六年（一四〇九）前参議正四位下（以後不見）

[父]中院通冬、二男　[前名]通清　[公卿補任]2―737下

通守　みちもり　一三七七―一四一八

応永6（一三九九）・5・2参議、右中将如元、応永7・3・28兼土左権守、応永8・1・5正四位下、応永9・1・6従三位、応永11・3・17権中納言、応永13・1・6正三位、応永17・1・5従二位、10・15辞権中納言、10・26還任（権中納言）、応永21・3・16辞権中納言、12・30権大納言、応永22・3・28辞権大納言、応永23・1・6正二位、応永24・3・26還任（権大納言）、応永25・2・10薨去

[死没]応永25（一四一八）・2・10　[年齢]42　[父]中院通氏　[母]准大臣従一位万里小路仲房女　[号]三条坊門大納言　[日記]通守卿記（一四一〇）　[公卿補任]3―46上　[大日本史料]7―30―63

通淳　みちあつ　一三八九―一四五一

応永26（一四一九）・12・5参議、右中将如元、応永

27・1・5正四位下、3・26兼遠江権守、応永28・1・5従三位、応永31・3・17権中納言、応永32・1・5正三位、1・30辞権中納言、6・7還任（権中納言）、応永35・3・11辞権中納言、永享9（一四三七）・1・5従二位、永享10・3・30権大納言、嘉吉1（一四四一）・12・23淳和院別当、文安1（一四四四）・4・3正二位、文安2・10・25辞退権大納言、11・7還任（権大納言）、文安5・-・-辞権大納言、12・8還任権大納言、宝徳2（一四五〇）・3・29辞退権大納言、宝徳3・-・-従一位、11・19准大臣、11・24出家、11・28薨去

［死没］宝徳3（一四五一）・11・28　［年齢］63　［父］中院通守　［母］家女房　［号］延命院　［法名］妙通　［公卿補任］3―93上

通秀　みちひで　一四二八―九四

永享10（一四三八）・-・-叙爵〈さし〉、永享11・6・21侍従〈さし〉、嘉吉2（一四四二）・12・27従五位上〈さし〉、嘉吉3・3・16左近少将（従五上、于時通時）〈さし〉、文安1（一四四四）・3・29兼加賀介〈さし〉、文安2・1・5正五位下〈さし〉、文安4・1・5従四位下〈さし〉、宝徳2（一四五〇）・3・29参議、左近中将如元、-・-正四位下、宝徳3・3・26兼備前権守、享徳2（一四五三）・2・-従三位、12・29権中納言、康正2（一四五六）・-・-辞権中納言、4・9正三位、寛正3（一四六二）・8・28権大納言、寛正4・6・27辞権大納言、寛正5・1・13還任（権大納言）、寛正6・1・5従二位、6・5辞権大納言、6・8還任（権大納言）、文明1（一四六九）・9・26正二位、文明8・3・21辞権大納言、文明11・10・5還任（権大納言）、文明13・1・7従一位、辞退（権大納言）、文明17・3・25内大臣、3・27辞内大臣、長享2（一四八八）・6・2出家

［死没］明応3（一四九四）・6・22　［年齢］67　［父］中院通淳　［母］参議正四位下源通敏女　［前名］通時　［号］十輪院　［法名］妙益　［日記］十輪院内府記（一四七三―八八）　［公卿補任］3―163上

通世　みちよ　一四六五？―一五一九

文明6（一四七四）・1・20叙爵、6・17侍従、文明9・4・25従五位上、文明11・6・11正五位下、文明12・3・29周防介、文明13・1・13元服、1・23左少将、8・19従四位下、少将如元、文明15・8・24従四位上、文明16・6・13右中将、文明17・11・17正四位下、長享3（一四八九）・5・10参議、右近中将如元、延徳2（一四九〇）・1・22従三位、明応2（一四九三）・1・13権中納言、明応4・1・5正三位、文亀1（一五〇一）・12・20賜去八月十八日従二位位記、永正1（一五〇四）・閏3・16辞権中納言、永正16・12・26〈「22日」イ及くさ〉薨去於賀州

［死没］永正16（一五一九）・12・26　［年齢］55カ　［父］中院通秀（実久我通博）　［公卿補任］3―278上　［大日本史料］9―10―62

通胤　みちたね　一四九九―一五三〇

明応8（一四九九）・-・-誕生、永正7（一五一〇）・12・22〈「23日」さ〉叙爵（于時通泰）、永正8・2・6〈さ〉侍従、聴禁色〈さ〉、永正9・3・18従五位上、于時改通胤〈「永正7年12月23日」さ〉、4・30左少将、永正10・10・12〈さく追〉正五位下、永正11・12・30〈「20日」さ〉従四位下、永正13・12・14右中将、永正14・9・11〈「6月26日」さ〉従四位上、永正16・6・29参議（隆永替）、右中将如元、12・26喪父、則賀州下向、永正17・1・2下向賀州、大永2（一五二二）・2・17辞退参議（于時在賀州）、7・13自加州上洛〈さ〉、9・23〈さ〉〈10月2日ともあり〉正四位下、10・2還任参議、大永3・4・10〈さ〉賀州下向、大永5・10・3上洛〈さ〉、12・5〈「4日」さ〉従三位、大永7・4・21権中納言、享禄1（一五二八）・8・20勅授〈さ〉、閏9・29着直衣参内〈さ〉、享禄3・8・5出家、薨去

［死没］享禄3（一五三〇）・8・5　［年齢］32　［父］中院通世　［母］内大臣従一位中院通秀女　［前名］通泰　［日記］通胤卿記（一五二八）　［公卿補任］3―349下

通為　みちため　一五一七―六五

永正14（一五一七）・11・24誕生、大永1（一五二一）・9・1叙爵（于時通右）、大永4・9・7従五位上、大永6・10・5侍従、大永7・12・19正五位下、享禄4（一五三一）・4・19従四位下（今日元服）、閏5・22左少将、天文2（一五三三）・11・24転中将（于時通量、又改通為）、天文3・2・6従四位上、2・21参議、左中将如元、天文4・2・6正四位下、天文5・

4・10従三位、天文6・6・8〈さ〉下向賀州、天文7・3・8兼備前権守(在国)、天文9・6・-〈「6日」く追〉辞退(参議)云々 (在国)、天文10・9・5〈「8月」さ〉上洛、12・-還任(参議)、天文11・閏3・6給去天文九年正月六日正三位位記、閏3・10権中納言、天文12・3・25兼侍従、11・12在国(賀州)、天文14・3・25辞退(権中納言)(在国)、天文24・9・12賜去天文十四正五従二位位記、弘治2(一五五六)・1・6正二位、9・11権大納言、永禄1(一五五八)・9・-為近臣、永禄2・11・3下向賀州、永禄8・9・3内大臣〈や〉、於賀州薨

〔死没〕永禄8(一五六五)・9・3 〔年齢〕49 〔父〕中院通胤 〔母〕参議正三位姉小路藤原済継女 〔前名〕通右・通量 〔号〕慈西院 〔公卿補任〕3—387下

通勝 みちかつ 一五五六—一六一〇

弘治3(一五五七)・12・27叙位、永禄5(一五六二)・1・5従五位上、永禄10・12・21侍従、永禄11・8・11〈「19日」イ〉正五位下、12・27元服、禁色、昇殿、永禄12・1・10左少将、元亀1(一五七〇)・12・30従四位下、元亀3・12・12従四位上☆、12・29転中将、天正3(一五七五)・12・30〈20日ともあり〉〈「20日」歴名土代〉参議☆、左中将如元、天正4・5・27〈賜去正月五日位記〉正四位下、天正5・1・11〈賜去年十二月卅日従三位々記〉従三位、天正6・6・28直衣始、天正7・11・17権中納言、11・19侍従、11・23正三位、天正8・1・17辞権中納言、6・18逐電、天正14・8・13出家〈く〉、天正15・-・-依勅勘在国、慶長4(一五九九)・12・7勅免出頭〈く〉、慶長15・3・25薨去〈く〉

〔死没〕慶長15(一六一〇)・3・25 〔年齢〕55 〔父〕中院通為、三男 〔母〕右大臣正二位三条西公条女 〔一字名〕券・槇・菊 〔号〕也足軒 〔法名〕竹渓院前拾遺黄門素然智空 〔日記〕継芥記(一五六五—七九) 〔公卿補任〕3—472下 〔大日本史料〕12—7—104

通村 みちむら 一五八八—一六五三

天正15(一五八七)・1・26誕生☆、慶長5(一六〇〇)・5・10叙位(于時通貫、即日改通村)、12・27侍従、12・28元服、禁色、昇殿、慶長6・3・20兼加賀介、慶長7・1・6従五位上、慶長12・1・6正五位下、慶長13・1・6従四位下、侍従如元、慶長14・1・11〈「6日」く〉左少将、慶長16・12・30従四位上、慶長18・1・6正四位下、1・12転任右中将、慶長19・12・29〈30日ともあり〉〈「30日」く〉参議☆、右中将如元、元和1(一六一五)・1・5従三位〈く〉、元和3・1・5正三位、1・11権中納言、元和6・閏12・28従二位、寛永1(一六二四)・11・28兼中宮権大夫〈く〉、寛永6・11・2〈く〉権大納言、11・9止権大夫、寛永8・12・11正二位、寛永19・12・22辞権大納言、正保4(一六四七)・7・28内大臣、11・18辞内大臣、承応2(一六五三)・-・-従一位〈く〉、2・29薨去

❖寛永元年より「武家伝奏」

〔死没〕承応2(一六五三)・2・29 〔年齢〕66 〔父〕中院通勝、二男 〔母〕細川藤孝女(実一色義次女) 〔前名〕通貫 〔一字名〕菊・山・水 〔号〕後十輪院 〔日記〕後十輪院内府記(一六一三—三七) 〔公卿補任〕3—541下

通純 みちずみ 一六一二—五三

慶長17(一六一二)・8・28誕生、慶長18・1・6叙位、元和3(一六一七)・1・5従五位上、元和5・12・28〈くま〉侍従、元和6・1・5〈くま〉正五位下、寛永1(一六二四)・12・22〈くま〉元服、従四位下、寛永4・1・5従四位上、1・11左少将、寛永7・1・5正四位下、1・11左中将、寛永8・12・6参議、左中将如元、寛永14・11・1権中納言、12・20帯剣、寛永16・12・29〈去十三年正月五日正三位々記〉正三位、寛永18・1・5〔従二位〕、正保3(一六四六)・3・13辞権中納言、正保4・12・21権大納言、承応1(一六五二)・10・12正二位、承応2・4・8薨去

❖正保元年より「賀子内親王勅別当」

〔死没〕承応2(一六五三)・4・8 〔年齢〕42 〔父〕中院通村 〔母〕参議従四位下豊臣秀勝女 〔公卿補任〕3—571下

通茂 みちとお 一六三一—一七一〇

寛永8(一六三一)・4・13誕生、寛永9・1・5叙爵、寛永12・1・5従五位上、寛永14・1・11侍従、寛永16・1・5正五位下、寛永20・9・21元服、従四位下、昇殿、正保2(一六四五)・1・11右権少将〈「左権少将」くま〉☆、正保4・1・5従四位上、9・

10禁色、正保5・1・5正四位下、1・11左近衛権中将、承応4(一六五五)・1・14参議(嗣孝辞替)、左中将如元、明暦1(一六五五)4・13拝賀着陣、6・25従三位、明暦3・8・26権中納言、万治1(一六五八)・1・27聴直衣、万治2・1・5正三位、万治3・12・26〈24日ともあり〉権大納言、万治4・3・9神宮伝奏、寛文8(一六六八)・12・22従二位、寛文10・9・10辞権大納言☆、延宝1(一六七三)・12・26正二位☆、延宝3・-・-辞武家伝奏、元禄17(一七〇四)・2・23内大臣、2・26辞内大臣☆、宝永2(一七〇五)・1・20〈去正五分〉従一位、宝永7・3・21薨去

※延宝二年より「武家伝奏」

[死没]宝永7(一七一〇)・3・21 [年齢]80 [父]中院通純 [母]正二位権大納言高倉永慶女 [一字名]水・老 [号]渓雲院 [日記]通茂公記(一六六八-八二) [公卿補任]3—639上

通躬 みちみ 一六六八—一七三九

寛文8(一六六八)・5・12誕生、寛文9・1・5叙爵、寛文13・1・5従五位上、延宝2(一六七四)・5・7侍従、延宝4・1・5正五位下、延宝8・1・21元服、昇殿、従四位下、天和2(一六八二)・2・10左少将、天和3・1・5従四位上、貞享1(一六八四)・12・23左中将、貞享2・12・24正四位下、貞享5・7・13参議(中将如元)、8・7拝賀着陣、元禄1(一六八八)・12・26従三位、聴直衣、元禄5・12・29権中納言、帯剣、元禄6・12・25〈ま〉〈去正月五日分〉正三位、元禄10・12・23辞権中納言、元禄13・8・21寛敦親王家勅別当〈ま〉、元禄14・10・23還任権中納言、12・23従二位、宝永1(一七〇四)・9・21権大納言、宝永4・5・18秋子内親王家勅別当、宝永5・閏1・23神宮伝奏、7・28辞伝奏、12・21辞権大納言、正徳1(一七一一)・7・24正二位、享保4(一七一九)・12・10還任権大納言、享保5・11・4為儲君親王家勅別当、享保9・2・8辞権大納言、享保11・9・18内大臣、9・21辞内大臣、享保13・2・1従一位、元文3(一七三八)・8・16右大臣、8・19辞右大臣、元文4・12・3薨去

※正徳元年より「改元伝奏」

[死没]元文4(一七三九)・12・3 [年齢]72 [父]中院通茂 [母]板倉重矩女(実小笠原政信女) [号]歓喜光院 [日記]右槐御記(一七〇五-二二) [公卿補任]4—93上

通枝 みちえだ 一七二二—五三

享保7(一七二二)・11・29誕生、享保13・1・5叙爵(于時茂栄)、享保17・2・13為通躬公子〈ま〉、4・5従五位上、12・27侍従、享保18・11・1元服、禁色、雑袍、昇殿、正五位下、享保19・4・8改通枝、10・21従四位下、享保20・2・18左少将、12・24従四位上、元文2(一七三七)・2・19左中将、正四位下、10・21喪養母、閏11・21除服出仕復任、元文4・12・3喪養父、元文5・1・24除服出仕復任、寛保3(一七四三)・6・29参議(左中将如元)、同夜拝賀、7・8着陣、延享1(一七四四)・5・25従三位、延享2・1・21権中納言、2・7帯剣〈ま〉☆、延享4・2・1正三位、3・16春宮権大夫☆、5・2止権大夫、寛延1(一七四八)・5・24左衛門督補使別当、宝暦1(一七五一)・12・11辞左衛門督使別当、宝暦2・3・17辞権中納言、宝暦3・5・19薨去

[死没]宝暦3(一七五三)・5・19 [年齢]32 [父]中院通躬(実久世通夏、二男) [母]飛鳥井雅章女(実家女房) [前名]茂栄 [日記]中院通枝記(一七三一-五三) [公卿補任]4—359上

通古 みちふる 一七五〇—九五

寛延3(一七五〇)・12・9誕生、宝暦10(一七六〇)・5・27為養子、7・21従五位下、宝暦12・閏4・6侍従、10・22従五位上、宝暦13・9・28元服、昇殿〈ま〉、禁色、宝暦14・1・13右近衛権少将、2・17拝賀、3・24正五位下、明和3(一七六六)・1・5従四位下、明和5・1・9従四位上、明和7・1・10正四位下、明和8・1・10転左近衛権中将、1・16拝賀、安永6(一七七七)・7・30参議、9・20拝賀着陣、9・24聴直衣、安永7・1・10従三位、安永8・5・4正三位、天明1(一七八一)・12・11権中納言、12・19帯剣、12・25聴直衣、天明2・3・8従二位、天明5・9・30正二位、天明7・5・26権大納言、8・5聴直衣、寛政1(一七八九)・8・22辞権大納言、寛政7・10・21薨去

[死没]寛政7(一七九五)・10・21 [年齢]46 [父]中院通維(実久世栄通、二男) [養父]久我通兄

［母］正二位権大納言久世通夏女　［公卿補任］4—552下

通知　みちとも　一七七一—一八四六

明和8（一七七一）・11・6誕生、安永3（一七七四）・3・4従五位下、安永5・12・19従五位上、安永7・6・22正五位下、安永8・8・28侍従、天明1（一七八一）・9・4元服、昇殿、従四位下、天明2・1・15左近衛権少将、2・17拝賀、天明3・1・5従四位上、天明4・12・25為故通兄［「通古」当作］公猶子、天明5・1・14禁色、2・25正四位下、8・17転権中将（小除目）、天明6・1・16拝賀、寛政4（一七九二）・10・27蔵人頭（小除目）、拝賀従事、寛政7・1・26辞蔵人頭、10・21服解（父）、12・13除服出仕復任、文化1（一八〇四）・12・18内教坊別当、文化8・4・27服解（母）、6・18除服出仕復任、文化12・4・1参議、左中将如故、4・19拝賀着陣、4・20聴直衣、直衣始、9・17従三位、文化14・4・12正三位、12・21権中納言、文化15・2・5聴直衣、直衣始、4・14帯剣、文政2（一八一九）・1・25〔従二位〕、文政4・12・19正二位、文政7・6・4権大納言、閏8・4直衣始、弘化1（一八四四）・12・16辞権大納言、弘化3・4・4薨去

［死没］弘化3（一八四六）・4・4　［年齢］76　［父］中院通古　［養父］中院通兄　［母］家女房　［日記］中院通知記（一七九四—一八四六）　［公卿補任］5—232下

通富　みちとよ　一八二三—八五

文政6（一八二三）・9・23誕生、天保7（一八三六）・5・23従五位下、11・27従五位上、12・26侍従、天保8・3・25元服、昇殿、正五位下、天保9・3・21従四位下、天保10・1・4従四位上、天保12・2・4正四位下、8・29右権少将、天保13・1・1拝賀、天保14・5・17服解（実母）、7・8除服出仕復任、弘化3（一八四六）・3・4賜仁孝天皇御当色、3・7賜同御素服、4・4除服宣下、嘉永4（一八五一）・7・28転権中将、9・16拝賀、安政4（一八五七）・5・15兼参議（小除目）、5・25拝賀着陣、5・27聴直衣、直衣始、9・18従三位、安政6・2・11正三位、文久3（一八六三）・9・2権中納言、9・24帯剣、9・25聴直衣、直衣始、11・28従二位、慶応1（一八六五）・9・27正二位、慶応4・2・2権大納言

❖安政四年より「右中将」

［死没］明治18（一八八五）・6・19　［年齢］63　［父］中院通繫（実徳大寺実堅、二男）　［母］従四位下信濃守鍋島治茂女（実正二位権大納言醍醐輝久女信子）　［日記］完用記（一八四〇—四一）・中院通富記（一八四〇—八五）　［公卿補任］5—507上

中院家（絶家）2

通氏　みちうじ　？—一二三八

承久1（一二一九）・1・5叙爵、承久2・4・6侍従、承久4・1・6従五位上、貞応3（一二二四）・1・23遠江介、嘉禎2（一二三六）・1・5正五位下、安貞2（一二二八）・1・5〈や〉従四位下（侍従如元）、寛喜1（一二二九）・10・5右少将、寛喜2・1・20讃岐介、寛喜4・1・5従四位上、貞永2（一二三三）・1・28正四位下、文暦1（一二三四）・12・21右中将、文暦2・1・23兼讃岐介、嘉禎4（一二三八）・1・5従三位（元右中将）、7・25薨去（赤痢）

［死没］嘉禎4（一二三八）・7・25　［父］中院通方、一男　［母］正三位権中納言藤原長兼女　［号］土御門大納言　［公卿補任］2—103上　［大日本史料］5—11—922

具氏　ともうじ　一二二三—七五

寛元4（一二四六）・10・15叙爵、11・14侍従、宝治1（一二四七）・1・5従五位上（簡一）、12・8左少将、宝治2・1・6正五位下（臨時）、1・23兼三川守、建長1（一二四九）・1・24従四位下、2・1還任（臨

中院家

通氏——**具氏**——具顕——具忠

時宣下)、建長3・1・5従四位上(皇后宮当年御給)、建長4・1・13転右中将、建長5・1・13兼備前介、建長6・1・5正四位下(院当年御給)、建長7・12・13兼播磨守(院御分)、康元1(一二五六)・12・13止守、弘長3(一二六三)・2・27復任(母)、文永2(一二六五)・10・22補蔵人頭、文永4・2・23参議(元蔵人頭左中将)、2・27更兼任中将、11・8従三位、文永5・1・29備後権守、文永7・9・4正三位、文永10・3・22兼備中権守、文永12・1・6従二位、建治1(一二七五)・9・14薨去
[死没]建治1(一二七五)・9・14 [年齢]44 [父]中院通氏 [母]法印政喜女 [公卿補任]2―209下

北畠・木造・大河内家(絶家)

雅家 まさいえ　一二一五―七四
宝治1(一二四七)・12・8参議、元蔵人頭、右中将如元、宝治2・1・7従三位、1・23兼備後権守、建長2(一二五〇)・10・14正三位、建長3・1・22辞三木中将等、-・-・-従二位、建長4・11・13権中納言、建長8・4・5正二位、正元2(一二六〇)・3・29権大納言、弘長1(一二六一)・10・25兼皇后宮大夫、弘長2・7・16辞大夫、11・21辞退、-・-・-従三位、文永5(一二六八)・10・5出家、文永11・3・22薨去〈く追〉
[死没]文永11(一二七四)・3・22 [年齢]60 [父]中院通方 [母]正二位権中納言源雅頼女 [号]北畠 [法名]如覚 [公卿補任]2―136上

師親 もろちか
寛元1(一二四三)・1・5叙爵(臨時)、宝治2(一二四八)・1・23従五位上、建長2(一二五〇)・11・9侍従、建長4・1・5正五位下(臨時)、建長6・1・6従四位下(正親町院当年御給)、1・7侍従如元、1・13備前介、4・7左少将、建長8・1・5従四位上(臨時)、正嘉1(一二五七)・6・22転左中将、正嘉2・1・5正四位下(正親町院御給)、弘長2(一二六二)・12・21従三位(元左中将)、還[「遷」や傍注、「兼」く追]任右衛門督(父卿辞権大納言申両事)、文永4(一二六七)・1・5正三位、文永6・3・27参議、4・10補別当、11・28権中納言、12・2更兼右衛門督、-・-・-補別当、文永7・1・21辞督別当等、9・4従二位、10・-帯剣、文永8・3・27兼左衛門督、文永10・5・3止督、建治2(一二七六)・1・5正二位、弘安6(一二八三)・3・28権大納言、弘安7・1・13辞権大納言、1・21本座、正応2(一二八九)・9・7出家
[父]北畠雅家、一男 [母]正二位中納言鷹司頼平女 [法名]覚円 [公卿補任]2―193下

師行 もろゆき　?―一二九六
文永3(一二六六)・1・5叙爵(正親町院当年御給)、2・1因幡守、文永4・11・8侍従、文永6・11・23従五位上、文永7・9・4右少将、文永8・10・13正五位下、建治3(一二七七)・1・5従四位下、4・20右少将如元、弘安3(一二八〇)・11・13従四位上、弘安4・12・29左中将、弘安6・7・20正四位下、正応6(一二九三)・6・18停中将、永仁3(一二九五)・8・5従三位(元前左中将)、永仁4・4・3薨去
[死没]永仁4(一二九六)・4・3 [父]北畠雅家、二男 [母]正五位下兵庫頭平信繁女 [公卿補任]2―330上

師重 もろしげ　一二七〇―?
文永8(一二七一)・1・5叙爵(正親町院当年御給)、文永11・7・20石見守、建治3(一二七七)・1・5従五位上、10・23辞守、建治4・1・24〈給去六日位記〉正五位下、弘安2(一二七九)・12・29左少将、弘安4・1・7従四位下(少将如元)、弘安8・1・5従四位上、7・10転中将、正応1(一二八八)・11・21正四位下(大宮院御給)、正応2・7・22止中将、正応4・3・25従三位(新院当年御給)、元前左中将、正応5・12・30右衛門督、正応6・1・13正三位〈や〉、永仁2(一二九四)・12・24参議、-・-・-兼左中将、永仁3・12・29権中納言、永仁4・10・24兼左衛門督、11・29補使別当、永仁5・12・17辞別当、永仁6・1・5従二位、3・24辞督、永仁7・1・5正二位、乾元1(一三〇二)・11・23〈22日ともあり〉中納言、嘉元1(一三〇三)・8・28権大納言、嘉元3・12・30辞権大納言、9・27賜御素服、11・6除服、12・30辞職、徳治2(一三〇七)・7・28出

家

[父]北畠師親　[法名]経覚又深覚　[公卿補任]2―311上

親房　ちかふさ　一二九三―一三五四

永仁1(一二九三)・6・24従五位下、永仁2・1・6従五位上、永仁5・2・18正五位下(宣賜去正月廿九位記宣下、公量資親等朝臣)、永仁6・5・23従四位下、正安2(一三〇〇)・1・5従四位上(新院御給)、閏7・14兵部権大輔、嘉元1(一三〇三)・1・20左少将、12・17正四位下、12・30右中将、嘉元3・11・18権左少弁、徳治1(一三〇六)・12・22左少弁、徳治2・11・1辞弁、弾正大弼(頼俊朝臣加弁間腹立之余云々)、延慶1(一三〇八)・11・8従三位、弾正大弼如元、延慶3・3・9正三位、12・17〈「11日」や〉参議、延慶4・1・17兼左中将、3・30止弼、応長1(一三一一)・7・20左兵衛督、-・-為使別当、12・26〈21日ともあり〉権中納言、応長2・3・15止別当督、正和1(一三一二)・8・10従二位、正和4・4・17止権中納言、正和5・1・5正二位、文保2(一三一八)・12・10還任、文保3・8・5中納言、元応2(一三二〇)・10・21補淳和院別当、元亨2(一三二二)・4・5右衛門督、-・-補使別当、元亨3・1・13権大納言、5・-補奨学院別当、6・15兼按察使、正中2(一三二五)・1・7補内教坊別当、正中3・2・9辞使、元徳2(一三三〇)・9・17出家

※正中二年より「大納言」

[死没]正平9(一三五四)・4・17　[年齢]62　[父]北畠師重　[養父]正二位権大納言北畠師親　[母]左少将某隆重女　[号]一品准后覚空　[法名]宗玄　[公卿補任]2―401下　[大日本史料]6―19―24

雅行　まさゆき　一二八六―?

永仁2(一二九四)・12・24叙爵、因幡守、永仁5・-・-29従五位上、7・22去守任侍従、永仁7・3・24左少将、7・27正五位下、正安2(一三〇〇)・10・27解却、正安3・4・5従四位下、4・12還任少将、嘉元3(一三〇五)・12・30転中将、徳治2(一三〇七)・1・5従四位上(府労)、延慶2(一三〇九)・9・1正四位下、賜去四月十四位記(為親房伊家等被超越云々)、応長2(一三一二)・2・15渡右中将、正和2(一三一三)・12・28少納言、正和3・閏3・25還左中将、補蔵人頭、9・22従三位(元蔵人頭左中将)、正和4・3・13右衛門督、8・26止督、文保1(一三一七)・4・16参議、文保2・1・22辞参議、文保3・1・5正三位、正中3(一三二六)・3・11本座、元徳2(一三三〇)・8・4従二位、-・-出家

[父]北畠師行　[公卿補任]2―439下

具行　ともゆき　一二九〇―一三三二

-・-・-従五位下、正安3(一三〇一)・3・14右馬頭、10・24従五位上、正安4・3・23止頭、4・17左少将、嘉元4(一三〇六)・1・5正五位下(左少将労)、延慶3(一三一〇)・1・5従四下(春宮当年御給)、正和3(一三一四)・4・12還任左少将、8・11従四位上、正和5・閏10・19辞、文保2(一三一八)・3・12右中将、11・21正四位下、文保3・-・9兼美作介、元応1(一三一九)・8・9左中将、元応2・12・29少納言、元亨1(一三二一)・8・13兼右衛門佐、元亨2・

北畠・木造・大河内家

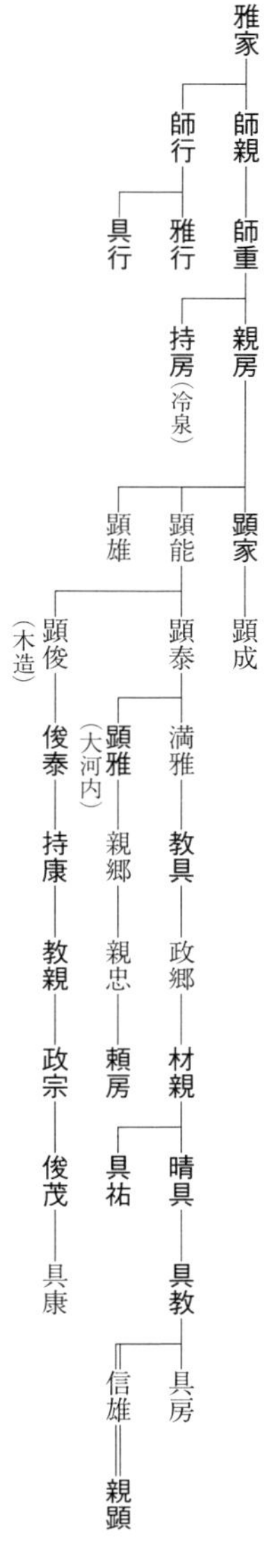

5・23左衛門佐（兼少納言）、12・29辞少納言、元亨3・1・13右馬頭（去佐）、3・29兼少納言還任、正中1（一三二四）・1・13兼摂津権守〈や〉（少納言兼国）、9・2蔵人頭、-・-・-去右馬頭、正中2・1・19左中将（去少納言）、9・9兼少納言、正中3・2・19参議（元蔵人頭左中将少納言）、嘉暦1（一三二六）11・4従三位、辞参議、嘉暦3・2・2本座、11・27還任、嘉暦4・1・5正三位、1・13兼侍従並山城権守、元徳2（一三三〇）・8・4権中納言、元弘1（一三三一）・1・5従二位、8・24主上供奉歟、正慶1〈元弘2〉（一三三二）・5・-下向関東、6・19薨去
※嘉暦三年より「伊与権守」
［死没］正慶1（一三三二）・6・19　［年齢］43　［父］北畠師行、二男　［公卿補任］2—505下

持房　もちふさ　一二九六—？
永仁4（一二九六）・1・5叙爵（延政門院御給）、永仁5・5・4従五位上（于時師国）、永仁6・10・10正五位下（院御給、御即位叙位、于時持房）、正安3（一三〇一）・3・16従四位下（一院御給）、9・27侍従、嘉元3（一三〇五）・1・22兼安芸権介、延慶2（一三〇九）・1・6従四位上（院当年御給〈イ〉）、延慶4・1・5正四位下（院当年御給）、応長2（一三一二）・2・13左少将、正和3（一三一四）・10・21従三位、元右少将（左少将ともあり）」、正和4・2・21賜件日位記、正和5・4・12侍従、文保2（一三一八）・7・7〈12月7日ともあり〉参議、8・24正三位、文保3・3・9兼越前権守、元応1（一三一九）・閏7・5従二位、8・3〈5日ともあり〉辞（参議）、元応2・3・24止権守、9・5右衛門督、元亨2（一三二二）・4・5止督、元徳3（一三三一）・7・5出家
［父］北畠師重　［母］参議従三位藤原忠継女
［前名］師国　［号］冷泉　［公卿補任］2—440下

顕家　あきいえ　一三一八—三八
元応3（一三二一）・1・5叙爵、元亨2（一三二二）・1・5従五位上（永陽門院当年御給）、元亨4・4・9正五位下（按察使源朝臣石清水行幸行事賞譲）、正中2（一三二五）・12・30侍従（可書入之由翌年正月二日宣下）、正中3・1・5従四位下（中宮当年御給）、2・19右少将、嘉暦2（一三二七）・3・24兼武蔵介、従四位上、嘉暦3・1・5正四位下、3・16少納言、4・19転左少将、11・9中宮権亮、去少納言、元徳2（一三三〇）・4・6権左中弁、10・5転左中弁、元徳3・1・5正四位上（中宮当年御給）、1・13参議、1・16兼左中将（元左中弁、不経蔵人頭）、元弘1（一三三一）・11・5辞両職〈や〉、則従三位〈や〉、正慶1〈元弘2〉（一三三二）・12・26〈22日ともあり〉還任、更任左近中将、正慶2〈元弘3〉・5・17止上階、6・12兼弾正大弼、8・5更叙従三位、兼陸奥守、9・10止弼、10・10正三位、建武1（一三三四）・12・17従二位、建武2・11・12鎮守府将軍、建武3〈延元1〉・2・4兼右衛門督、-・-・-為使別当、3・2権中納言、-・-・-辞督并別当、12・-解官、建武5（一三三八）・5・22薨去、於泉州堺浦合戦場害死
［死没］建武5（一三三八）・5・22　［年齢］21　［父］北畠親房　［公卿補任］2—533上　［大日本史料］6—4—807、6—5—補12

顕雅　あきまさ
嘉吉1（一四四一）・8・3従三位、-・-・-出家
［父］北畠顕泰　［号］大河内　［公卿補任］3—142下

俊泰　としやす
応永10（一四〇三）・8・24参議、8・29兼任左中将、応永11・3・17兼土佐権守、応永12・1・6従三位、3・17権中納言、4・26帯剣、応永14・1・5正三位、応永18・1・5従二位、応永23・11・4権大納言、応永24・1・5正二位、応永27・3・26辞権大納言、出家
［父］木造顕泰或俊通男　［号］木造　［公卿補任］3—55下

持康　もちやす　？—一四五一
永享12（一四四〇）・12・25参議、元右近中将（今日去之）、永享13・1・6従三位、1・11兼任右中将、嘉吉1（一四四一）・3・16兼任備中権守、文安1（一四四四）・11・23権中納言、文安3・1・5正三位、3・29兼任左衛門督、文安5・6・-権大納言、文安6・2・15辞権大納言、2・16還任（権大納言）、宝徳2（一四五〇）・1・7従二位、宝徳3・3・26辞権大納言、4・5〈3日ともあり〉出家、-・-・-薨

去
［死没］宝徳3(一四五一)　［父］木造俊康　［号］木造　［公卿補任］3—139上

教具　のりとも　一四一三—七一

宝徳3(一四五一)・-・-参議、右中将如元、宝徳4・1・5従三位、3・28辞参議、享徳2(一四五三)・-・-正三位、康正2(一四五六)・3・29権中納言、康正3・3・29辞権中納言、長禄2(一四五八)・-・-従二位、文明1(一四六九)・8・28権大納言、文明3・3・23薨去
［死没］文明3(一四七一)・3・23　［年齢］59　［父］北畠満雅　［号］北畠　［法名］金剛宝寺殿興運常感大居士　［公卿補任］3—166上　［大日本史料］8—4—469

教親　のりちか　一四二四—六八

享徳1(一四五二)・10・8参議、右中将如元、享徳2・1・5正四位下、3・25〈や〉兼土左権守、享徳3・2・11従三位、長禄2(一四五八)・1・5正三位、3・24兼備中権守、12・21権中納言、寛正6(一四六五)・1・5従二位、応仁1(一四六七)・8・23相伴義視卿没落勢州云々、応仁2・12・-薨去
［死没］応仁2(一四六八)・12・2　［年齢］45　［父］木造持康　［号］木造　［公卿補任］3—169下　［大日本史料］8—2—343

材親　きちか　一四六八—一五一七

文明8(一四七六)・12・26叙爵、文明18・4・10右少将(于時具方)、長享3(一四八九)・7・8従五位上〈く追〉、-・-・-正五位下〈く追〉、-・-・-従四位下〈く追〉、-・-・-右中将〈く追〉、明応4(一四九五)・1・5従四位上〈く追〉、文亀2(一五〇二)・8・23参議、右近中将如元、永正2(一五〇五)・10・4正四位下、10・7取闕、永正3・3・28従三位、4・5権中納言、永正6・10・10正三位、永正7・9・16権大納言、永正8・3・2出家
［死没］永正14(一五一七)・12・13　［年齢］50　［父］北畠政具　［前名］具方　［号］北畠　［法名］金国寺殿月山　［公卿補任］3—306下　［大日本史料］9—7—258

政宗　まさむね　一四六三—?

文明12(一四八〇)・-・-叙爵、4・29侍従、-・-・-従五位上、長享3(一四八九)・7・2正五位下、-・-・-右中将、延徳2(一四九〇)・1・-従四位下、延徳3・9・-右中将、明応3(一四九四)・11・-従四位上、文亀1(一五〇一)・2・12参議、左近権中将如元、永正1(一五〇四)・5・-辞参議、7・19出家
［父］木造教親　［号］木像　［法名］宗威(イ宗成或宗盛)　［公卿補任］3—304上

俊茂　とししげ　一四九五—?

明応9(一五〇〇)・6・16叙位、永正2(一五〇五)・1・10侍従、永正6・12・18従五位上、-・-・-左少将、永正9・2・9正五位下、永正11・8・29従四位下、永正12・9・13左中将、永正16・11・13従四位上、大永2(一五二二)・8・11正四位下、大永6・2・20参議、〈「同日」さ〉左中将如元、2・25拝賀、享禄3(一五三〇)・12・29従三位、天文2(一五三三)・-・-出家
［父］木造政宗　［公卿補任］3—368下

晴具　はれとも　一五〇三—六三

文亀3(一五〇三)・-・-〈やさ〉誕生、永正7(一五一〇)・10・12叙爵(于時親平)、-・-・-侍従、永正13・12・10従五位上(于時具国)、永正15・-・-左中将、大永5(一五二五)・12・30正五位下(于時晴具)、大永8・2・29従四位下、3・6〈「7日」さ〉参議、武家伝奏〈さ〉、左中将如元〔「之由今日宣下、本名具国」さ〕、天文5(一五三六)・-・-出家
［死没］永禄6(一五六三)・9・17　［年齢］61　［父］北畠材親　［前名］親平・具国　［号］北畠　［公卿補任］3—374下

具祐　ともすけ

大永2(一五二二)・12・19叙爵(于時具房)、大永3・11・1侍従、-・-・-左少将、天文7(一五三八)・8・7左中将、天文8・12・2従五位上(于時具種)、-・-・-正五下、天文13・-・-従四位下、天文14・1・27参議、3・25兼播磨権守(乍在伊勢国)、天文17・-・-出家
［父］北畠材親　［前名］具房・具種　［号］北畠　［法

名天全 ［公卿補任］3—414下

頼房　よりふさ　一五一〇—一五五七

天文12（一五四三）・6・-従三位、天文13・12・14参議、天文14・3・25兼備前権守、天文15・4・22正三位、12・27権中納言、天文21・-・-改頼房〈天文22年にもあり〉、弘治3（一五五七）・11・-薨去

❖天文十四年より「在国」

［死没］弘治3（一五五七）・11 ［年齢］48 ［父］大河内親忠 ［前名］親泰・秀長 ［号］大河内 ［公卿補任］3—410下

具教　とものり　一五二八—七六

天文6（一五三七）・6・23叙爵、6・26侍従、天文14・2・26従五位上、2・28左中将、天文16・3・23美乃介、天文18・2・28正五位下、天文21・2・22従四位下、12・28参議、左中将如元、天文22・1・5従四位上、天文23・1・5正四位下、3・25権中納言、-・-・-従三位、弘治3（一五五七）・8・2正三位、永禄6（一五六三）・9・17服解（父）、元亀1（一五七〇）・5・-出家、天正4（一五七六）・11・26薨去〈く追〉

［死没］天正4（一五七六）・11・26 ［年齢］49 ［父］北畠晴具、一男 ［母］従四位下右京大夫細川高国女 ［号］北畠 ［公卿補任］3—431上

親顕　ちかあき　一六〇三—三〇

慶長8（一六〇三）・9・28誕生、慶長12・1・6叙爵、慶長17・12・28元服、昇殿、侍従従五位上、慶長20・1・5正五位下、1・11左近少将、元和5（一六一九）・12・25従四位下、元和8・1・5従四位上、1・11左中将☆、寛永3（一六二六）・8・12正四位下☆、寛永4・9・24参議、北畠流相続〈く〉、左中将如元、寛永7・8・3薨去

［死没］寛永7（一六三〇）・8・3 ［年齢］28 ［父］北畠具教（実中院通勝、二男） ［号］北畠 ［公卿補任］3—563下

土御門家（絶家）3

顕方　あきかた

建長3（一二五一）・1・22蔵人頭〈つ〉、建長4・1・13参議（元蔵人頭）、右中将如元、12・4従三位、建長6・12・25権中納言、正嘉2（一二五八）・1・15従二位、11・1兼右衛門督、文応1（一二六〇）・8・28止督、正二位、弘長1（一二六一）・3・27中納言、弘長2・12・21権大納言、弘長3・10・26辞退、文永3（一二六六）・12・5本座、文永5・12・17出家

［父］中院通方、四男 ［養父］土御門定通 ［母］家女房 ［公卿補任］2—155下

土御門家

顕方—**顕実**—親実
　├雅方—**顕俊**—俊方
　└通継—**雅成**

顕実　あきざね　?—一二七九

建長2（一二五〇）・2・13叙爵、建長7・9・19従五位上、康元1（一二五六）・12・13侍従、正嘉2（一二五八）・8・4正五位下、正元1（一二五九）・4・17従四位下、弘長2（一二六二）・1・5従四位上（仙花門院当年御給）、弘長3・1・28左少将（元侍従）、文永2（一二六五）・9・4転中将、文永3・2・2美作権介、4・3正四位下、文永9・7・11下野権介〈下野権守ともあり〉、建治1（一二七五）・1・6従三位（元左中将下野権守）、建治3・9・13正三位、弘安2（一二七九）・9・15薨去

［死没］弘安2（一二七九）・9・15 ［父］土御門顕方 ［母］正二位権中納言藤原親俊女 ［公卿補任］2—244下

顕俊　あきとし　一二六六—一三三一

弘安11（一二八八）・3・8叙爵、3・12〈諸家伝〉侍従、正応1（一二八八）・11・8従五位上、正応2・11・5右少将、正応3・1・13伯耆権介、9・6正五位下、正応5・2・27従四位下、10・28還任少将、永仁4（一二九六）・12・30左中将、正安1（一二九九）・9・30正

四位下、延慶2（一三〇九）・1・6従三位、元左中将、正和4（一三一五）・6・13正三位、元弘2（一三三二）・3・－薨去

［死没］元弘2（一三三二）・3　［年齢］67　［父］源雅方　［養父］土御門顕親　［公卿補任］2―406下

雅成　まさなり

正安3（一三〇一）・11・18正四位下、元応2（一三二〇）・5・23従三位（元前右中将）

❖元亨元年（一三二一）非参議従三位〔以後不見〕

［父］土御門通行　［公卿補任］2―483下

中院家（絶家）3

通教　みちのり　一二四六―？

宝治2（一二四八）・1・6叙爵（氏）、建長3（一二五一）・1・22侍従、12・22従五位上、建長6・閏5・15正五位下、9・6右少将、建長7・2・13信乃介、康元1（一二五六）・1・6従四位下、1・7少将如元、正嘉1（一二五七）・閏3・27転左中将、正嘉2・4・6従四位上、正元1（一二五九）・1・6正四位下〈や〉、弘長2（一二六二）・1・17加賀権介〈や〉、文永4（一二六七）・1・5従三位（元左中将）、文永6・2・17左中将、11・28〈12月7日ともあり〉参議、12・2更任左中将、文永7・1・21兼讃岐権守、2・1正三位、8・14兼左兵衛督、－・－使別当、文永8・4・7兼右衛門督、10・13従二位、文永10・9・25辞別当、12・8止督、文永11・4・5権中納言、10・7帯剣、建治2（一二七六）・12・20正二位、弘安7（一二八四）・1・13辞権中納言、弘安10・－・－出家

［父］中院通成、二男　［母］正三位藤原頼綱女　［公卿補任］2―212上

通藤　みちふじ

文永8（一二七一）・1・5従五位下（氏）、正応3（一二九〇）・10・27従五位上、正応4・12・22備中守、正応5・2・27正五位下、永仁2（一二九四）・1・6従四位下、永仁3・1・28還任右少将、永仁5・1・29従四位上、永仁6・7・13転左中将、12・18正四位下、嘉元2（一三〇四）・5・5解却中将、延慶2（一三〇九）・9・1左兵衛督、12・9従三位、正和3（一三一四）・1・5正三位、元応2（一三二〇）・－・－出家

［父］中院通教　［公卿補任］2―408下

中院家

通教――**通藤**

六条家　ろくじょうけ

村上源氏の一流。久我家の支流。後久我太政大臣通光の五男右少将通有を家祖とする。家格は羽林家。外様の家。有職故実を家職とした。江戸時代の家領は二百六十五石。通有は久我家を嗣いだ二男通忠、舎弟の六男雅忠と同腹の兄弟で、生母は高倉権中納言範光の女。父の久我通光が宝治元年（一二四七）十二月に遺産の相続に関して置文を遺し、その中で子供と認知している四人の内、通忠等同腹三人のなかで通有のみが子息として認められていない（『久我家文書』第一巻三〇（一）号）。その理由は明らかでないが、通有が正四位下左中将で終っていることとも関連があろう。いずれにしても、六条家は実質的な堂上家としての創りは二代目の有房からといえよう。有房は、『公卿補任』では上階したときの記載が見えず、正安元年（一二九九）分の非参議従三位条に初めて「六条源有房」と見え、「十二月卅日叙正三位（可書入今夜簿由追被仰下之云々）」と注されている。なお、上階はこの前年の永仁六年（一二九八）七月二十一日のこと（『諸家伝』）。正安三年に五十一歳で左大弁・参議、乾元三年（一三〇四）従二位・権中納言に進み、嘉元三年（一三〇五）には後宇多上皇の院使として鎌倉に赴き、朝幕間の交渉にあたってもいる。徳治三年（一三〇八）権大納言、文保二年（一三一八）従一位に昇進し、元応元年（一三一九）六月二十八日には「病急」に依り前権大納言より内大臣に任槐した。『公卿補任』に注する如

く、口宣を以て陣の宣下に依ってで、「大臣於陣宣下例」とされる。五十歳頃からの急速な昇進であったが、後宇多法皇から格別の信任を得ていたからであったことは、やはり同記の注に、「七月一日、太上法皇臨幸、乍臥拝龍顔、辞申所職、同二日午刻入滅、六十九、(一日出家、法名有真)」、と見えることで明らかである。没する前日に法皇の臨幸があり、臥しながら龍顔を拝したというのである。後宇多天皇の恩遇が六条家の創立ともなったのであろう。有房は能書・和歌を以て聞こえ、和歌は二条派の二条為世について歌学を学び、『増鏡』には「才賢くて末の世にまでもてなされ」と、その才能を賛えられている。『新後撰和歌集』『玉葉和歌集』などに多くの歌が採録されている。また、有房の子有忠も能書家として知られる。正二位権中納言に昇り、以後これが六条家の先途となる。有忠の舎弟光忠、有光の舎弟忠顕が傍流を起こし、前者は中院、後者は千種と号したが、いずれも室町時代の中頃に絶家となった。有定には嗣なく、傍流の千種権大納言具定の息有継が養嗣子となったが、永正九年(一五一二)伊勢国に於て八十八歳で没し、やはり嗣なく中絶する。中絶すること六十余年を経て、天正四年(一五七六)に至り再興のことが実現する。『言経卿記』同年七月二十三日条に、「中院来談了、匂鏡被返了、名字之事談合也、下冷泉侍従俊久改名、六条相続云々、彼家中院一門也、此間竹内長治朝臣相続云々、不甘心也」と見え、冷泉参議為純の四男侍従俊久が源姓に改め六条家の家督を相続したことが知られる。時に十三歳。有親と改名し、のち有広と改める。元服、昇殿、任侍従は前年の三年十二月のことで、俊久の名乗から初めは別の家の養子となることが内定していたことを窺わせる。また、六条家の相続者についても初めは清和源氏の竹内兵衛督長治が候補に上がっていたという。長治の父季治は初め久我家の諸大夫で、昇殿を聴され正三位に進み、永禄三年(一五六〇)足利将軍義輝の執奏により堂上に加えられたが、織田信長を侮蔑する戯言を吐き、元亀二年(一五七一)九月信長の成敗をうけ近江国で横死(『日本耶蘇会年報』『言継卿記』)。子長治には咎めなく、竹内家を相続していた。そして六条家継承のことが持ち上がったようであるが、すでに年齢三十八歳、父季治のこともあってであろう、「不甘心」ということで不成就となったといえよう。有広の孫有和の後は、初め一男有綱、次いで二男房忠が家嫡としての官位昇進をみたが、いずれも長病により途中より以後官位の申請はせず嗣子であることを辞し、三男有藤が家督を嗣いだ。有栄が議奏、有庸が議奏・武家伝奏、有容が議奏に補された。日記には、『有庸卿記』・『公武御用日記』・『東行記』(有庸)、『有言卿記』等がある。明治十七年(一八八四)有濈のとき、叙爵内規により子爵を授けられた。菩提所は百万遍 源光院。『六条家譜』(東京大学史料編纂所架蔵、四一七五—三二八)。

六条家

通有—**有房**—**有忠**—**有光**—有孝—**有定**＝**有継**(中絶)　**有広**—**有純**—**有和**—
　有房—光忠(中院、絶家)
　有房—**季光**
　有忠—忠顕(千種、絶家)
有和—有綱
有和—房忠＝**有藤**—**有起**＝**有栄**—**有庸**＝**有家**＝**有言**—**有容**—有義—有濈(子爵)
有和—有藤
　有藤—有栄
　有栄—有家

有房　ありふさ　一二五一—一三一九

正安1(一二九九)・12・30正三位(可書入今夜簿由

追被仰下之云々)、正安3・3・18兼左大弁、4・5〈8月5日ともあり〉参議、正安4・1・20周防権守、乾元1(一三〇二)・12・14兼侍従、乾元2・1・28権中納言、従二位、4・26〈16日ともあり〉辞権中納言、嘉元3(一三〇五)・3・4〈「8日」や〉還任(権中納言)、9・27賜御素服、11・8為院御使下関東、嘉元4・12・22辞退権中納言、正二位、徳治3(一三〇八)・1・5権大納言、-・-・-勅授、8・2辞権大納言、8・5本座、文保2(一三一八)・1・11従一位、元応1(一三一九)・6・28内大臣、7・1辞内大臣、出家、7・2薨去

※正安元年非参議従三位(初見)

[死没]元応1(一三一九)・7・2　[年齢]69　[父]六条通有　[母]従五位上伊賀守藤原清定女　[号]六条内府・中院　[法名]有真　[公卿補任]2—349上

有忠　ありただ　一二八一—一三三八

弘安9(一二八六)・10・28叙爵、永仁3(一二九五)・4・8侍従、永仁5・12・17左少将、正安1(一二九九)・1・5従五位上(府労)、正安3・10・5正五位下、正安4・8・11従四位下、嘉元1(一三〇三)・12・24右中将、嘉元2・3・7播磨介、嘉元3・12・30従四位上、嘉元4・4・14左中将、9・2正四位下、延慶2(一三〇九)・1・6従三位(東宮当年御給)、元右中将、正和3(一三一四)・4・12正三位、文保2(一三一八)・4・15〈25日ともあり〉参議、5・28兼右中将、10・6兼宮権大夫、10・17渡左近、11・21従二位、文保3・3・9権中納言、元応1(一三一九)・閏7・5辞官(権中納言)、元亨2(一三二二)・1・3正二位、正中2(一三二五)・閏1・8下向関東、嘉暦1(一三二六)・-・-出家、暦応1〈延元3〉(一三三八)・12・27薨〈く追〉

[死没]暦応1(一三三八)・12・17　[年齢]58　[父]六条有房　[号]六条・中院・禅林寺　[法名]賢忠　[公卿補任]2—407上　[大日本史料]6—5—206

有光　ありみつ　一三一〇—?

正和3(一三一四)・10・21従五位下、正和5・1・5〈や〉従五位上、文保3(一三一九)・1・5正五位下(春宮当年御給)、元応1(一三一九)・8・21左少将、元応2・5・10従四位下(可書入之由同十二日被仰之)、少将如元、正中2(一三二五)・1・29兼上野権介、正中3・1・5従四位上(春宮当年御給)、嘉暦4(一三二九)・1・5正四位下(院当年御給)、元徳2(一三三〇)・2・10転左中将、元徳3・2・14宣下、賜去嘉暦三正五正四位下位記伴日為源具雅(具親卿男)被超了、元弘1(一三三一)・7・17参議、元左中将、8・12兼右中将、元弘2・6・8従三位、3・12兼丹波権守、正慶2〈元弘3〉(一三三三)・5・17止上階〈や〉、建武2(一三三五)・1・5従三位、建武5・1・5正三位、暦応1〈延元3〉(一三三八)・12・21〈1日ともあり〉辞(参議)、暦応5〈興国3〉・3・30還任参議、更任右中将、康永2〈興国4〉(一三四三)・8・13権中納言、康永3〈興国5〉・2・5帯剣、9・5淳和奨学院別当、12・29辞退権中納言、貞和2〈正平1〉(一三四六)・1・6従二位

※延元元年(一三三六)より「備中権守」、延文二年(一三五七)前権中納言従二位(以後不見)

[父]六条有忠　[母]参議正三位藤原実俊女　[号]六条・禅林寺　[公卿補任]2—533下　[大日本史料]6—21—276

季光　すえみつ

-・-・-叙爵、正和3(一三一四)・12・29侍従(于時季忠)、正和4・1・7従五位上(春宮当年御給)、文保1(一三一七)・3・27右少将、文保2・3・22正五位下(御即位叙位)、10・24転左少将(宣下)、元応1(一三一九)・6・14従四位下、6・16左少将如元宣下、9・20左少将復任(父)、元応2・5・23従四位上、正中2(一三二五)・1・29右少将、12・18転右中将、嘉暦1(一三二六)・9・4正四位下(于時季光)、元徳1(一三二九)・9・26辞中将、11・24従三位、前右中将、本名季忠、暦応2〈延元4〉(一三三九)・9・6出家

[父]六条有房、三男　[前名]季忠　[公卿補任]2—524上　[大日本史料]6—5—722

有定　ありさだ　一三八五—一四四八

永享5(一四三三)・7・24従三位、元左中将(やし無)、永享7・3・12参議、永享8・3・12兼左中将、兼任加賀権守、永享10・1・5正三位、嘉吉2(一四四二)・3・28兼任相模権守、嘉吉3・3・16権中納

言、嘉吉4・1・6従二位、文安3(一四四六)・3・29辞退権中納言、文安5・－・－権大納言、10・18薨去
[死没]文安5(一四四八)・10・18　[年齢]64　[父]六条有孝　[母]官女　[公卿補任]3―127下

有継　ありつぐ　一四三五―一五一二
享徳1(一四五二)・8・8従四位下〈し〉、康正2(一四五六)・1・5従四位上(右中将、加賀介)〈し〉、康正3・3・29美作介(従四上、右中将兼－)〈し〉、長禄3(一四五九)・4・15参議、右中将如元、長禄4・3・24兼播磨権守、寛正2(一四六一)・12・8従三位、寛正6・3・24兼阿波権守、文正1(一四六六)・3・29〈27日ともあり〉辞参議、11・13還任(参議)、文正2・1・5正三位、文明1(一四六九)・－・－〔辞参議カ〕文亀2(一五〇二)・9・1従二位、永正3(一五〇六)・4・15正二位、永正7・10・16権中納言、永正9・－・－〈10月日〉「諸家伝」辞権中納言、－・－薨去
※寛正七年より「左中将」
[死没]永正9(一五一二)　[年齢]78　[父]六条有定(実千草具定)　[公卿補任]3―193下　[大日本史料]9―4―314

有広　ありひろ　一五六四―一六一六
天正3(一五七五)・12・17叙爵、12・18元服、昇殿、侍従、天正4・12・17左少将、天正5・1・5従五位上、天正9・4・9正五位下、天正12・2・13従四位下、天正15・12・17左中将、12・27従四位上、天正16・12・27正四位下、天正19・7・5従三位、六条院相続本名俊久又改有親〈く〉、文禄5(一五九六)・10・25参議、慶長3(一五九八)・－・－勅勘、在国〈く〉、慶長5・4・29帰京、慶長7・1・6正三位、慶長18・1・6従二位、1・18〈「12日」く諸家伝〉権中納言☆、元和2(一六一六)・5・19薨去☆
[死没]元和2(一六一六)・5・19　[年齢]53　[父]六条有継(実冷泉為純、四男)　[前名]俊久・有親　[公卿補任]3―503上　[大日本史料]12―25―38

有純　ありすみ　一六〇四―四四
元和1(一六一五)・7・23叙爵、7・25元服、昇殿、侍従、元和3・1・5従五位上、元和5・1・11右少将☆、元和7・1・6正五位下☆、寛永3(一六二六)・11・18従四位下、寛永6・1・5従四位上、寛永9・1・5正四位下、寛永13・1・5従三位、寛永16・閏11・24参議、閏11・29中将、12・4辞参議、寛永18・1・5正三位、寛永21・7・13薨去
[死没]寛永21(一六四四)・7・13　[年齢]41　[父]六条有広　[母]家女房　[一字名]坎・久・欠・屯　[公卿補任]3―583上

有和　ありかず　一六二三―八六
元和9(一六二三)・11・14誕生、寛永5(一六二八)・1・5叙爵、寛永12・12・29元服、従五位上、寛永15・1・11右近衛権少将(後年任之)☆、寛永16・1・5正五位下(翌年叙之)☆、寛永19・1・5従四位下、寛永21・1・11右近中将、正保2(一六四五)・1・5従四位上、正保5・1・5正四位下、承応4(一六五五)・2・8従三位(元中将、去之)、明暦2(一六五六)・12・26参議、12・28兼中将、万治2(一六五九)・1・5正三位、万治3・12・24権中納言、寛文2(一六六二)・11・7辞権中納言、貞享3(一六八六)・閏3・23薨去
[死没]貞享3(一六八六)・閏3・23　[年齢]64　[父]六条有純　[母]帯刀戸田為春女　[公卿補任]3―641上

有藤　ありふじ　一六七二―一七二九
寛文12(一六七二)・7・2誕生、延宝8(一六八〇)・1・5叙爵、元禄2(一六八九)・6・28元服、昇殿、侍従、元禄3・3・8従五位上、12・1改有慶(元雅共)、元禄4・1・6正五位下☆、元禄5・1・5従四位下☆、元禄8・12・23従四位下、元禄11・12・27従四位上、元禄14・1・5正四位下☆、宝永1(一七〇四)・2・13従三位、宝永4・5・2改有藤、12・12参議、左中将、12・27聴直衣、宝永6・8・27正三位、正徳4(一七一四)・5・22権中納言、6・28帯剣、12・26従二位、享保2(一七一七)・9・15辞権中納言、享保11・12・24正二位、享保14・閏9・14薨去
[死没]享保14(一七二九)・閏9・14　[年齢]58　[父]六条房忠(実六条有和)　[母]家女房　[前名]雅共・有慶　[公卿補任]4―164下

有起　ありおき　一七〇一—七八

元禄14(一七〇一)・11・23誕生、元禄16・1・5叙爵、宝永7(一七一〇)・12・24元服、昇殿、侍従従五位上、正徳2(一七一二)・12・25正五位下、正徳4・12・26左少将☆、享保1(一七一六)・12・23従四位下、享保4・12・26従四位上、享保5・12・28左中将、享保7・10・28正四位下、享保11・5・16従三位、享保18・12・27正三位、元文2(一七三七)・8・21参議、8・24左中将、元文3・4・21(「11日」ま)聴直衣、9・24近江権守、寛保2(一七四二)・8・25権中納言☆、10・21(「25日」ま)帯剣、寛保3・6・29従二位、延享3(一七四六)・2・17辞権中納言、宝暦3(一七五三)・12・22正二位、宝暦9・2・12権大納言、4・13辞権大納言、安永7(一七七八)・9・9薨去

〔死没〕安永7(一七七八)・9・9　〔年齢〕78　〔父〕六条有藤　〔母〕正三位権中納言広橋貞光女　〔公卿補任〕4—273上

有栄　ありひで　一七二七—八七

享保12(一七二七)・9・12誕生、享保19・12・24叙爵、寛保2(一七四二)・1・7為有起卿子☆、12・9元服☆、昇殿☆、侍従☆、従五位上☆、寛保3・10・6改有栄(元忠貞)☆、延享2(一七四五)・3・23右少将、閏12・16正五位下、寛延1(一七四八)・2・1従四位下、寛延3・12・24兼讃岐介(御推任〈ま〉)、宝暦1(一七五一)・1・26従四位上、宝暦3・2・5服解(実母)〈ま〉、3・26除服出仕復任、5・15左中将、6・9拝賀〈ま〉、宝暦4・2・19正四位下(小除目次〈ま〉)、宝暦7・9・19従三位、宝暦8・10・2参議、宝暦9・5・20左権中将、9・13聴直衣、宝暦12・9・24正三位、宝暦13・12・4権中納言、12・24帯剣、12・25聴直衣、明和3(一七六六)・1・18従二位、明和4・11・30辞権中納言、安永4(一七七五)・閏12・2正二位、天明5(一七八五)・8・17権大納言、天明6・8・22辞権大納言、天明7・6・9薨去

〔死没〕天明7(一七八七)・6・9　〔年齢〕61　〔父〕六条有起(実六条有藤)　〔母〕家女房(実権大納言山本公尹女)　〔前名〕忠貞　〔公卿補任〕4—437下

有庸　ありつね　一七五二—一八二九

宝暦2(一七五二)・10・5誕生、宝暦4・1・5従五位下、宝暦10・11・20元服、昇殿、侍従、従五位上、宝暦12・2・26右権少将、3・12拝賀、宝暦13・1・16正五位下、明和2(一七六五)・10・2従四位下、明和5・1・9従四位上、明和7・1・10正四位下、12・19転権中将、12・28拝賀、安永1(一七七二)・11・26〔従三位〕、安永5・11・28正三位、天明6(一七八六)・8・8参議、天明7・5・26左近衛権中将、6・1院別当、寛政1(一七八九)・1・10従二位、3・22聴直衣、寛政4・2・18権中納言、3・7帯剣、3・24聴直衣、直衣始、寛政6・1・28正二位、寛政8・4・24辞権中納言、文化6(一八〇九)・8・7権大納言、8・28直衣始、文化7・10・16辞権大納言、文政9(一八二六)・12・19従一位、文政12・3・23薨去

〔死没〕文政12(一八二九)・3・23　〔年齢〕78　〔父〕六条有栄　〔母〕正二位権中納言山本実観女　〔日記〕有庸卿記(一七七一—九三)・公武御用日記(一八一〇—一三)　〔公卿補任〕4—526下

有家　ありいえ　一七七〇—一八一五

明和7(一七七〇)・3・30誕生、寛政4(一七九二)・11・24為有庸卿子、12・11〈ま〉元服、従五位下、昇殿、寛政6・12・21従五位上、寛政8・2・10正五位下、4・24侍従(小除目)、寛政12・3・10右権少将、3・14拝賀、3・27従四位下、寛政13・1・14従四位上、享和3(一八〇三)・1・17正四位下、4・25服解(実母)、6・17除服出仕復任、文化2(一八〇五)・6・23転権中将、8・7拝賀、文化6・3・22〔従三位〕、文化10・7・11参議、10・22兼右権中将、12・16賜後桜町院御服、文化11・3・2正三位、9・24聴直衣、直衣始、文化12・2・26権中納言、3・7帯剣、3・8聴直衣、直衣始、8・6辞権中納言、薨去

〔死没〕文化12(一八一五)・8・6　〔年齢〕46　〔父〕六条有庸(実有栄、四男)　〔母〕正二位権中納言山本実観女　〔公卿補任〕5—195上

有言　ありあや　一七九一—一八四六

寛政3(一七九一)・7・4誕生、寛政11・12・22従五位下、文化3(一八〇六)・11・25為有家子、11・26改名

有言(元栄保)、12・7元服、昇殿、従五位上、文化5・4・5正五位下、文化6・1・17侍従、文化7・1・10従四位下、文化9・2・21左近衛権少将、5・7拝賀、文化10・6・4従四位上、文化12・1・5正四位下、8・6服解(父)、9・26除服出仕復任、10・16服解(母)、12・10除服出仕復任、文化13・12・23服解(実父)、文化14・2・13除服出仕復任、文政2(一八一九)・12・18転権中将、12・27拝賀、文政7・10・15院別当(院宣)、10・27院司慶、文政12・6・3(従三位)、天保4(一八三三)・1・23正三位、天保8・5・22参議、9・27従二位、天保9・7・16右中将、9・21聴直衣、直衣始、天保11・12・20賜太上天皇御服、弘化2(一八四五)・5・22辞両官(参議・右中将)、弘化3・2・19薨去

[死没]弘化3(一八四六)・2・19 [年齢]56 [父]六条有家(実久世通根、三男) [母]家女房(実山本公達女) [前名]栄保 [日記]有言卿記(一八〇九—一一) [公卿補任]5—330下

有容　ありおさ　一八一四—九〇

文化11(一八一四)・4・10誕生、文化13・12・21従五位下、文政3(一八二〇)・12・18元服、昇殿、従五位上、文政5・1・25正五位下、文政7・11・19侍従、12・19従四位下、文政10・7・29従四位上、文政12・12・21正四位下、天保2(一八三一)・12・19院別当、12・27院司慶、天保3・3・4左近衛権少将、3・17拝賀、12・19兼讃岐権介、天保8・12・13秩満、天保11・12・20賜太上天皇御服、天保12・1・20除服宣下、弘化3(一八四六)・2・19服解(父)、4・25除服出仕復任、嘉永4(一八五一)・12・4転権中将、12・15拝賀、12・24(従三位)、安政2(一八五五)・1・22正三位、安政6・2・11参議、万延1(一八六〇)・12・4従二位、万延2・2・11左中将、文久1(一八六一)・10・29聴直衣、直衣始、文久3・9・2権中納言、11・25帯剣、11・29聴直衣、直衣始、元治1(一八六四)・12・19〈去四日分〉正二位、慶応1(一八六五)・6・11賀茂下上社伝奏、慶応2・12・22辞伝奏、12・24賀茂下上社伝奏、慶応3・4・17辞伝奏、慶応4・1・17辞権中納言

[死没]明治23(一八九〇)・3・19 [年齢]77 [父]六条有言 [母]家女房 [公卿補任]5—473下

中院家(絶家)4

光忠　みつただ　一二八四—一三三一

永仁5(一二九七)・11・14従五位下(朔旦、従一位藤相子給)、永仁6・12・18侍従、正安3(一三〇一)・3・16従五位上(東二条院御給)、10・15左少将、乾元2(一三〇三)・7・5正五位下、嘉元3(一三〇五)・1・5従四位下、1・22還任、嘉元4・9・28止四品位記、補蔵人(左少将)、徳治2(一三〇七)・1・19兼下野介、延慶1(一三〇八)・12・12止蔵人、12・30〈賜去嘉元三正五位記〉従四位下、延慶2・1・3左少将如元、1・6従四位上(今日兄有忠叙三品)、3・9兼春宮権亮、延慶4・1・17正四位下、正和1(一三一二)・4・10止権亮、12・19還任権亮(本官如元)、正和5・11・18左中将、文保2(一三一八)・2・29補蔵人頭、元応1(一三一九)・5・15参議、元蔵人頭、上野権介、左中将如元、7・2服解(父)、9・29京官除目次復任、元応2・2・9従三位、5・10遷右中将、正中2(一三二五)・9・16帯剣、12・18辞権中納言、正中3・1・14、本座、嘉暦2(一三二七)・1・5従二位、嘉暦4・10・10弾正尹、元徳2(一三三〇)・11・7権大納言、元弘1(一三三一)・1・5正二位、2・18薨去

※正中二年より「権中納言」

[死没]元弘1(一三三一)・2・18 [年齢]48 [父]六条有房、二男 [公卿補任]2—473上

中院家

光忠——**親光**——**光顕**‖雅光

親光　ちかみつ　?—一三七七

徳治2(一三〇七)・1・5従五位下(于時光房、従三位藤原朝臣忠子当年給)、正和3(一三一四)・1・7従五位上、文保2(一三一八)・3・26正五位下、8・2侍従(于時親光)、元応2(一三二〇)・5・22〈去年八月十八日位記〉従四位下、5・23左少将(元右)、元応3・1・13兼相模介、正中2(一三二五)・1・29従四位上、嘉暦1(一三二六)・11・4左中将、

嘉暦2・7・16正四位下(追被書入)、8・1中宮権亮、嘉暦3・9・23蔵人頭、嘉暦4・2・12参議、元蔵人頭、3・14兼左中将、元徳2(一三三〇)・3・22従三位、11・7辞(参議)、正慶2〈元弘3〉(一三三三)・10・10正三位、建武4〈延元2〉(一三三七)・-・-武家召捕之、暦応5〈興国3〉(一三四二)・1・7従二位、観応2〈正平6〉(一三五一)・-・-参南山、12・-権中納言(於南山)、貞治2〈正平18〉(一三六三)・11・18権中納言、12・26辞退(権中納言)、貞治3〈正平19〉・1・5正二位、応安5〈文中1〉(一三七二)・8・13権大納言、応安7〈文中3〉・12・13辞退、永和3〈天授3〉(一三七七)・4・-薨去

[死没]永和3(一三七七)・4　[父]中院光忠　[母]従二位藤原雅平女　[前名]光房　[公卿補任]2―520上　[大日本史料]6―49―310

光顕　みつあき　?―一四〇四

応永2(一三九五)・12・30参議、右中将如元(や無)、応永3・1・5正四位下、1・28兼近江権守、応永4・12・23従三位、応永6・1・5正三位、5・2権中納言、応永11・1・9薨去

[死没]応永11(一四〇四)・1・9　[父]中院親光　[前名]光国　[公卿補任]3―35下　[大日本史料]7―6―584

千種家(絶家)

忠顕　ただあき　?―一三三六

-・-・-叙従五下、正中1(一三二四)・11・11従五位上、元徳2(一三三〇)・6・7左少将(や)、7・17正五位下、元弘1(一三三一)・10・14解却見任、元弘3・3・3従四位下、8・5正四位下、頭左中将云々、正慶2〈元弘3〉(一三三三)・9・10従三位、元蔵人頭左中将、弾正大弼、11・8参議、還任左中将、建武3〈延元1〉(一三三六)・1・-出家

※建武元年より「丹波守」

[死没]建武3(一三三六)・6・7　[父]六条有忠、二男　[公卿補任]2―550上　[大日本史料]6―3―469

雅光　まさみつ　?―一四二〇

応永21(一四一四)・11・28参議、左中将如元、応永22・4・2従三位、応永24・3・26〈やし〉辞退(参議)、応永27・1・28権中納言、1・29薨去

※応永二十三年より「周防権守」

[死没]応永27(一四二〇)・1・29　[父]千草顕経　[公卿補任]3―80下

千種家

忠顕―顕経―**雅光**―**具定**

具定　ともさだ　一三九五―一四六六

永享2(一四三〇)・12・30参議、右近中将如元、永享3・9・-従三位、永享10・1・5正三位、3・30辞参議、永享11・3・18権中納言、嘉吉1(一四四一)・12・7辞権中納言、嘉吉4・1・6従二位、享徳1(一四五二)・10・8権大納言、12・20辞退権大納言、享徳4・閏4・7出家、文正1(一四六六)・7・-薨去

※永享五年より「出雲権守」、享徳元年より「正二位」

[死没]文正1(一四六六)・7　[年齢]72　[父]千種雅光　[前名]光清　[公卿補任]3―120上

岩倉家　いわくらけ

村上源氏の一流。久我家の庶流。久我右大将晴通の四男桜井木工頭具堯を家祖とする。初め桜井と号し、二代具起より岩倉と号す。岩倉の称は、鎌倉時代中期に嫡家の久我通光舎兄の通具に創まる堀川家二代の岩倉内大臣具実が用いた(『公卿補任』建長三年条)佳名に因むのであろう。家格は羽林家、新家。元和期に創立。内々の家。有職故実を家職とした。一条家の家礼。家領百五十石。家祖具堯は、初め相国寺に入り僧となった。のち還俗し昇

岩倉家

具堯—具起—具詮＝乗具—恒具
　　　└有能（千種）
尚具＝広雅＝具選—具集＝具慶
具視＝具綱＝具定（公爵）
　└具定

殿を聴されたが、病に罹り出家、蕣庵と号し、寛永十年(一六三三)九月没した。その家督を嗣いだ具起は一男で、二男は彦山座主権僧正となる有清、三男は西賀茂霊源寺・丹波法常寺等の開基で仏頂国師の諡号で知られる一絲文守。四男有能は千種家を起した。具起は、元和五年(一六一九)十九歳で叙爵、翌六年十二月元服し昇殿を聴され、侍従に任ぜられた。右中将を経て、寛永十九年四十二歳のとき従三位に昇り、正保元年(一六四四)参議に列し中将を兼ね、承応元年(一六五二)従二位・権中納言に昇進、万治三年(一六六〇)二月、六十歳で没した。以後、岩倉家は従二位権中納言を先途としたが、宝永六年(一七〇九)より享保三年(一七一八)まで議奏を勤めた乗具は正二位権大納言に昇った。恒具・尚具父子は朝権の回復を志して宝暦事件に坐した。堀河権中納言康親の三男で天保九年(一八三八)十四歳で右中将具慶の養嗣子となった具視は、明治維新に大功あり、維新後も旧公家では三条実美とともに新政府の枢位にとどまり、しかも右大臣として重きをなした。贈太政大臣、のち贈正一位。日記には、『対岳公日記』がある。明治十七年(一八八四)具定のとき、父具視偉勲により公爵を授けられた。菩提所は清光寺。『岩倉家譜』(東京大学史料編纂所架蔵、四一七五—三四九)。

具起　ともおき　一六〇一—六〇

元和5(一六一九)・10・2叙爵、元和6・閏12・23侍従☆、昇殿☆、元和8・1・11少将、元和9・1・5従五位上、寛永4(一六二七)・1・5正五位下、寛永8・1・6従四位下、寛永12・1・5従四位上、寛永17・1・5正四位下、寛永19・1・5従三位、正保1(一六四四)・12・27参議、12・29兼任中将☆、正保2・5・17辞参議☆、正保4・12・7〈賜去正月五日正三位々記〉正三位☆、承応1(一六五二)・10・12〈賜去年正月五日従二位口宣案〉従二位、11・30権中納言、明暦2(一六五六)・12・2辞権中納言、万治3(一六六〇)・2・6薨去

[死没]万治3(一六六〇)・2・6　[年齢]60　[父]桜井具堯　[母]正四位上左近衛中将園基継女　[一字名]己・起・具　[号]曹源院祖月文昇　[法名]文昇　[公卿補任]3—598下

具詮　ともあき　一六三〇—八〇

寛永7(一六三〇)・10・27誕生、寛永9・1・5叙爵、寛永16・5・3元服、従五位上、侍従、寛永20・1・5正五位下、11・17右少将、正保4(一六四七)・1・5従四位下、慶安2(一六四九)・1・12右中将、慶安4・1・5従四位上、承応4(一六五五)・1・5正四位下、万治2(一六五九)・1・5従三位、寛文5(一六六五)・9・21改具詮、12・23〈去年正月六日分〉正三位☆、寛文6・12・17参議、12・22兼任右中将、寛文7・閏2・12辞参議、延宝5(一六七七)・閏12・11〈去正月五日分〉従二位、延宝8(一六八〇)・4・16薨〈家譜〉

[死没]延宝8(一六八〇)・4・16　[年齢]51　[父]岩倉具起　[母]従四位上右近衛少将小倉季藤女　[前名]具家　[一字名]房　[号]瑞応院雪岑文堆　[公卿補任]3—655上

乗具　のりとも　一六六六—一七三〇

寛文6(一六六六)・8・29誕生、延宝8(一六八〇)・4・8叙爵、4・17当家相続、11・27元服、昇殿、侍従、天和4(一六八四)・1・5従四位上、貞享1(一六八四)・12・23右少将、貞享5・1・6正五位下、元禄5(一六九二)・1・5従四位下☆、元禄6・12・25右中将、元禄9・1・5従四位上、元禄10・8・17〈ま〉喪母、10・7除服出仕復任、元禄13・1・5正四位下☆、元禄16・1・11従三位、宝永4(一七〇七)・6・23改具偁、10・11参議、11・11右中将、宝永5・1・26聴直衣、閏1・17正三位、12・9辞両官、正徳3(一七一三)・9・25権中納言、11・7帯剣、12・23従二位、正徳5・8・6辞権中納言、享保4(一七一九)・5・6改乗具、享保9・3・

21権大納言、4・24辞権大納言、享保10・12・25〈去十一月六日公緒卿同日分〉正二位、享保15・8・23薨去

[死没]享保15(一七三〇)・8・23 [年齢]65 [父]岩倉具詮(実千草有維) [母]家女房 [前名]具統・具偶 [号]覚樹院白翁文清 [公卿補任]4—159下

恒具 つねとも 一七〇一—六〇

元禄14(一七〇一)・7・24誕生、元禄17・12・26〈去正五分〉叙爵、正徳4(一七一四)・11・26元服、昇殿、侍従、従五位上、享保3(一七一八)・1・20〈去五分〉正五位下、享保4・5・6改恒具(元具備)、享保5・12・28左少将、享保6・12・24従四位下、享保10・3・25従四位上、享保11・11・23右中将、享保14・1・16〈去五分〉正四位下、享保15・8・23喪父、10・15除服出仕復任、享保17・1・15〈去五分〉従三位、寛保1(一七四一)・3・24正三位、延享2(一七四五)・3・23参議、延享3・12・24左中将、12・28聴直衣、延享4・3・10辞参議・辞左中将、宝暦2(一七五二)・10・3従二位、宝暦3・3・12権中納言、3・26帯剣、11・25辞権中納言、宝暦10・7・29薨去

[死没]宝暦10(一七六〇)・7・29 [年齢]60 [父]岩倉乗具、二男 [母]家女房 [前名]具脩・具備 [号]覚円院珠徳文燿 [公卿補任]4—302上

具選 とものぶ 一七五七—一八二四

宝暦7(一七五七)・1・4誕生、宝暦13・2・25叙爵(于時淳吉)、明和6(一七六九)・10・27当家相続、明和7・11・18元服、昇殿、弾正少弼、従五位上、12・19改家具、明和9・5・26侍従、安永2(一七七三)・1・9院判官代、安永3・1・8正五位下、安永4・4・13右権少将、5・20奏慶、安永6・1・5従四位下、安永8・5・4兼近江権介(小除目)、安永9・1・19従四位上、1・24〈ま〉院別当、3・19拝賀、天明3(一七八三)・1・13〈ま〉正四位下、1・20秩満、天明7・12・19右権中将、12・25奏慶、天明8・1・5従三位、寛政2(一七九〇)・12・22改具選、寛政8・8・25永蟄居〈ま〉、寛政9・8・12出家

[死没]文政7(一八二四)・7・7 [年齢]68 [父]岩倉広雅(実柳原光綱) [母]家女房(実織田信恒女) [前名]淳吉・家具 [号]受福院深淵可汲 [法名]可汲 [公卿補任]5—57上

具集 ともあい 一七七八—一八五三

安永7(一七七八)・9・7誕生、安永9・2・5従五位下、寛政4(一七九二)・2・5元服、昇殿、従五位上、寛政7・1・20正五位下、寛政8・4・24弾正少弼(小除目)、寛政10・1・28従四位下、寛政12・8・28侍従、寛政13・1・14〈去五日分〉従四位上、享和2(一八〇二)・5・1右近衛権少将、6・5拝賀、文化1(一八〇四)・2・18正四位下、4・19院別当、4・22拝賀、文化6・4・8転権中将、5・7拝賀、文化7・12・21〈去月四日分〉(従三位)、文化10・12・16賜後桜町院御服、文化11・4・10正三位、文政8(一八二五)・1・29参議、8・29左中将、10・27聴直衣、直衣始、文政10・10・28従二位、天保2(一八三一)・5・16辞参議、天保10・12・19正二位、弘化4(一八四七)・7・21権中納言、8・21帯剣、8・23聴直衣、直衣始、12・17辞権中納言、嘉永2(一八四九)・1・22権大納言、2・25直衣始、3・29辞権大納言、嘉永6・5・16薨去

[死没]嘉永6(一八五三)・5・16 [年齢]76 [父]岩倉具選 [母]正二位権大納言綾小路有美女 [号]雲樹院玉幹清蔭 [公卿補任]5—202下

具慶 ともやす 一八〇七—七三

文化4(一八〇七)・2・4誕生、文政3(一八二〇)・10・26従五位下、11・27元服、昇殿、文政6・8・28従五位上、文政7・6・4信濃権介(小除目)、文政10・10・3正五位下、天保2(一八三一)・3・28従四位下、天保5・4・16従四位上、天保6・1・21侍従、天保7・12・19右近衛権少将、12・27拝賀、天保9・1・21正四位下、天保11・2・20服解(養母)、4・14除服出仕復任、弘化4(一八四七)・11・12賜前新朔平門院御服、12・14除服宣下、嘉永3(一八五〇)・6・27転左近衛権中将、7・22拝賀、12・19(従三位)、嘉永7・11・11正三位、慶応4(一八六八)・閏4・21参議、9・14右中将

〔死没〕明治6（一八七三）・2・13　〔年齢〕67　〔父〕岩倉具集（実大原重成、二男）　〔母〕家女房　〔公卿補任〕5―466上

具視　ともみ　一八二五―八三

文政8（一八二五）・-・-〈「9月15日」家譜〉誕生、天保9（一八三八）・10・28従五位下、12・11元服、昇殿、天保12・6・14従五位上、弘化2（一八四五）・2・18〈去正五分〉正五位下、嘉永7（一八五四）・3・20侍従、6・10従四位下、安政4（一八五七）・1・25従四位上、万延1（一八六〇）・12・29右近衛権少将、万延2・1・5正四位下、1・16拝賀、文久2（一八六二）・5・15転左近衛権中将、8・20辞権中将、蟄居、8・22出家、慶応4（一八六八）・2・2右兵衛督、〔従三位〕

〔死没〕明治16（一八八三）・7・20　〔年齢〕59　〔父〕岩倉具慶　〔母〕家女房　〔号〕対岳　〔法名〕友山　〔日記〕対岳公日記（一八六二）　〔公卿補任〕5―591上

久世家　くぜけ

村上源氏の一流。久我家の庶流。久我権大納言敦通の二男右少将通式を家祖とする。久世の称は、室町時代に嫡家の久我家で家領久世荘に別業を営み、久世太政大臣具通、久世右大将通宣などと号した佳例に因む。江戸時代の家領も山城乙訓郡下久世村で二百石を宛行われた。家格は羽林家、新家。元和期に創立。外様の家。有職故実を家職とした。家祖通式は、元和二年（一六一六）二十四歳で叙爵、同年十二月元服し昇殿を聴され、侍従に任ぜられた。同四年右少将となり、寛永四年（一六二七）従四位下に昇り、翌五年五月、三十五歳で没した。中院内大臣通茂の三男で、通音の養嗣子に入った通夏は正二位権大納言に昇った。また、通夏は歌人として知られ、宝永三年（一七〇六）九月通茂より古今伝受を受けた。幕末期、通凞は万延元年（一八六〇）八月から文久二年（一八六二）九月、同三年十二月から慶応三年（一八六七）四月議奏を務めた。日記には、『通夏卿日記抜書』、『通理卿記』、『通凞卿記』、『久世通凞卿議奏加勢日記』等がある。明治十七年（一八八四）通章のとき、叙爵内規により子爵を授けられた。菩提所は真如院。『久世家譜』（東京大学史料編纂書架蔵、四一七五―二一二）。

久世家

通式―通俊―**通音**＝**通夏**＝**栄通**
　┗**通根**―**通理**―**通凞**―通章（子爵）

通音　みちおと　一六四七―八八

正保4（一六四七）・12・6誕生、慶安4（一六五一）・1・5叙爵、万治1（一六五八）・12・25元服、昇殿、侍従、従五位上、寛文2（一六六二）・1・5正五位下、寛文3・11・26左少将☆、寛文6・12・17従四位下、寛文7・12・17左中将、寛文10・1・5従四位上、延宝2（一六七四）・1・5正四位下、天和2（一六八二）・12・24〈去正月五日分〉従三位☆、号久世、元禄1（一六八八）・2・16薨去

〔死没〕元禄1（一六八八）・2・16　〔年齢〕42　〔父〕久世通俊　〔母〕家女房　〔号〕久世　〔公卿補任〕4―68上

通夏　みちなつ　一六七〇―一七四七

寛文10（一六七〇）・6・23誕生、延宝4（一六七六）・1・5叙爵、6・1当家相続☆、天和2（一六八二）・10・19改通清☆（元顕長）、11・2元服、昇殿、侍従、12・24従五位上、貞享3（一六八六）・1・7正五位下、11・15〈貞享4年カ〉左少将☆、元禄3（一六九〇）・1・5従四位下、7・11左中将☆、元禄7・12・25〈去正五分〉従四位上、元禄10・8・18喪母、10・11除服出仕復任、元禄11・1・5正四位下、元禄14・12・1〈ま〉改通夏（元通清）☆、元禄15・12・23従三位、宝永7（一七一〇）・10・24〈去二月廿八日分〉正三位☆、享保2（一七一七）・12・19参議、享保4・6・1辞参議、享保5・5・16従二位、享保12・7・21権中納言、7・24帯剣、7・27直衣、8・4辞権中納言、享保19・12・24正二位、元文1（一七三六）・12・13権大納言、12・15辞権大納言、延享4（一七四七）・9・23薨去

[死没]延享4(一七四七)・9・23 [年齢]78 [父]久世経式(実中院通茂、三男) [母]従五位下左衛門佐小笠原政信女 [前名]顕長・通清 [日記]通夏卿日記抜書(一六八五―一七四七) [公卿補任]4―154上

栄通　ひでみち　一七二〇―八〇

享保5(一七二〇)・1・10誕生☆、享保9・12・1叙爵、享保20・12・26当家相続、元文1(一七三六)・1・28元服、昇殿、侍従、従五位上、3・8改栄通(元光条)、元文5・2・2大炊頭、6・10正五位下、寛保3(一七四三)・8・29右京大夫(御推任〈ま〉)、延享1(一七四四)・1・5従四位下、延享2・3・23左少将☆(小除目〈ま〉)、延享4・9・23服解(養父〈ま〉)、11・19除服出仕復任、寛延1(一七四八)・12・26従四位上、宝暦2(一七五二)・2・26〈去正五分〉正四位下、宝暦6・5・10左中将(小除目〈ま〉)、宝暦7・1・20従三位、宝暦12・12・19正三位、明和6(一七六九)・8・19参議、明和8・12・4辞参議、明和9・6・1従二位、安永1(一七七二)・12・7権中納言、12・25帯剣、12・28聴直衣〈ま〉、安永2・1・9辞権中納言、安永8・2・7権大納言、2・18帯剣、3・8辞権大納言、安永9・7・20薨去

[死没]安永9(一七八〇)・7・20 [年齢]61 [父]久世通夏(実広橋兼廉、二男) [母]家女房 [前名]光条 [公卿補任]4―437下

通根　みちね　一七四五―一八一六

延享2(一七四五)・7・9誕生、寛延2(一七四九)・12・24従五位下、宝暦7(一七五七)・3・27元服、昇殿、従五位上、宝暦8・1・18左兵衛権佐、宝暦11・1・13〈作日宣〉正五位下、宝暦12・10・25右権少将、宝暦13・8・27拝賀、明和1(一七六四)・8・25兼近江権介、明和2・1・5従四位下、明和4・12・19秩満、明和6・1・5従四位上、明和8・12・4転左権中将、12・18拝賀、安永2(一七七三)・12・19正四位下、安永4・2・14〔従三位〕、安永9・3・4正三位、寛政4(一七九二)・12・2従二位、5・25参議、寛政8・4・23辞参議、寛政10・12・19権中納言、12・27帯剣、12・28聴直衣、寛政11・3・15辞権中納言、享和3(一八〇三)・1・17〔正二位〕、文化2(一八〇五)・6・11権大納言、6・27直衣始、8・20辞権大納言、文化13・12・23薨去

[死没]文化13(一八一六)・12・23 [年齢]72 [父]久世栄通 [母]従二位権大納言久世通夏女 [公卿補任]4―543上

通理　みちあや　一七八二―一八五〇

天明2(一七八二)・1・5誕生、天明6・1・8従五位下、寛政2(一七九〇)・9・26元服、昇殿、従五位上、寛政6・1・13〈「22日」ま〉〈去五分〉正五位下、2・15侍従、寛政9・12・26従四位下、寛政11・3・16右権少将(小除目)、5・17拝賀、寛政13・1・5従四位上、文化1(一八〇四)・2・18正四位下、文化4・9・22儲君親王家司、文化5・12・19転左権中将、12・28拝賀、文化6・1・5〔従三位〕、文化10・2・7正三位、文政7(一八二四)・10・28参議、11・11辞参議、文政8・1・25〔従二位〕、天保8(一八三七)・12・26正二位、天保11・12・20賜太上天皇御服、天保13・12・22権中納言、12・28帯剣、12・29聴直衣、天保14・12・13辞権中納言、弘化4(一八四七)・8・28権大納言、9・7直衣始、嘉永1(一八四八)・1・21辞権大納言、嘉永3・1・5薨去

[死没]嘉永3(一八五〇)・1・5 [年齢]69 [父]久世通根 [母]家女房(実飛鳥井雅重女) [日記]通理卿記(一八〇四) [公卿補任]5―194下

通凞　みちさと　一八一八―七五

文政1(一八一八)・9・8誕生、文政3・1・28従五位下、文政8・3・28元服、昇殿、従五位上、文政12・1・25正五位下、天保4(一八三三)・11・27侍従、12・19従四位下、天保8・1・5従四位上、天保9・4・26右近衛権少将、5・2拝賀、天保10・8・9服解(母)、9・30除服出仕復任、天保12・閏1・4正四位下、閏1・27太上天皇諡号誄人(卿代)並諸陵使、嘉永2・2・12着本陣、嘉永3・1・5服解(父)、2・27除服出仕復任、嘉永4(一八五一)・3・4転左近衛権中将、3・21拝賀、4・16〔従三位〕、安政2(一八五五)・1・5正三位、文久1(一八六一)・12・19参議、文久2・10・28辞参議、元治1(一八六四)・11・23〔従二位〕、慶応1(一八六五)・8・29還任参議、9・27右中将、11・4聴直衣、

慶応2・2・3辞両官
[死没]明治8(一八七五)・11・6 [年齢]58 [父]久世通理 [母]鍋島治茂十二女晟 [日記]通凞卿記
(一八三五―六六) [公卿補任]5―472上

東久世家　ひがしくぜけ

村上源氏の一流。久我家の庶流。久我権大納言通堅の孫参議通廉を家祖とする。東久世の称は、戦国時代に嫡家の久我通博が東久世太政大臣と号した佳例に因むのであろう。家格は羽林家、新家。寛永期に創立。外様の家。有職故実を家職とした。家禄三十石三人扶持。通堅の子、通廉の父は祖秀といい、元亀元年(一五七〇)に生まれ、鹿苑寺の僧となったが、天正十六年(一五八八)肥後の加藤清正の許に赴きその食客となり、還俗して下津棒庵と号し賄料として三千石を給され、寛永八年(一六三一)五月、肥後国に於いて六十二歳で没した。翌九年加藤氏改易により、嫡子宗正は肥後にて細川越中守光高に仕え下津内記と号し、庶子通尹及び通廉は上洛した。通尹は同十三年十一歳で叙爵、十七年十一月元服し昇殿を聴され、亀谷《かめがやつ》と号し、院参衆となり兵部大輔・正五位下に進んだが、慶安二年(一六四九)病により辞官・位記返上し、肥後国に赴き隠遁し道也と号し、貞享三年(一六八六)八月六十一歳で没した。通廉は、父棒庵が亡くなったとき僅かに二歳であったが、遺領三千石の内八百石を宛行われた。加藤氏改易により生母は通廉をともない上洛し、後水尾天皇の中宮東福門院に仕え女嬬となり中川と号した。そして寛永十二年七月、通廉も女院に召され童形勤仕し(御児・御稚児)、漸く成長するにより公家たるべきか武家たるべきか一族相議るべしとの女院仰せあり、公家を願うにより、二十年十四歳のとき後水尾院に院中御児として近侍し、徳丸と号し、御児料として三十石三人扶持を給された。翌年十一月元服し昇殿を聴され、女院執奏により新家に取立てられ、叙爵し中務大輔に任ぜられた。元服後も新地家領は不賜、御児料を以てそのまま賜った。同日、久我家直庶流、号して東久世となる。なお、これが後にいたるまで東久世家の家禄となる。院中御部屋に居住し、慶安四年(一六五一)射場町に於いて宅地を買得しこれを住居とした。累進して寛文九年(一六六九)四十歳のとき従三位に進んだ。十三年十二月新殿渡御祝儀を関東へ伝えるべく後水尾法皇の本院使として江戸に下向した。延宝七年(一六七九)正三位に昇り、貞享元年(一六八四)二月近習となり、年寄衆(議奏)に加えられ、役料高百石を賜わった。同年九月二十二日参議に任ぜられたが、同日辞退、翌日五十五歳で没した。通廉の例により童形(御児)出仕は東久世家の家例となったようで、博高は寛文十年(一六七〇)本院御所(後水尾法皇)に、博胤は元禄九年(一六九六)院御所(霊元上皇)に、通積は正徳五年(一七一五)禁中(中御門天皇)に、通岑は享和三年(一八〇三)禁中(光格天皇)に、通禧は天保十三年(一八四二)東宮御所・禁中(孝明天皇)に、大体三歳から六歳頃までに叙爵した上で、十歳前後に童形出仕し、十五歳頃に元服昇殿し従五位上に叙せられるのを例とした。その後禁中ないし院に勤仕、近習となるのを常とし、家禄は三十石三人扶持、家督継承以前には方領二十石を給され、大体三十歳の中頃に従三位に上階した。通積は延享四年(一七四七)より宝暦八年(一七五八)まで議奏に補され、その間参議・従二位・権中納言に昇進し、通岑も参議・従二位に昇った。なお、通廉の女博子(幼名留)は貞享二年(一六八五)十四歳のとき禁中に出仕し内侍に補され、四年霊元天皇譲位により改めて院中﨟となり源中将と称された。第十皇子徳宮・第十一皇子力宮を生んだが、いずれも夭

東久世家

通廉―博高―┬通胤＝通積―通武―通庸―通岑―通徳―通禧(伯爵)
　　　　　　└通積

折した。正徳六年（一七一六）上﨟となり大宮と名を改め、享保十七年（一七三二）法皇御所退散後薙髪し、宝暦二年（一七五二）三月八十一歳で没した。幕末期、通禧は尊攘派の公家として活躍した。文久三年（一八六三）八月の政変により三条実美等とともに長州へ落ち（七卿落ち）、王政復古とともに許されて帰洛し、新政府で重用され、外国事務総督・北海道開拓使長官・侍従長・元老院副議長・枢密院副議長などの要職を歴任した。『東久世日記』（一八五四—一八八二）がある。明治十七年、勲功により伯爵を授けられた。菩提所は光明寺。『東久世家譜』（東京大学史料編纂所架蔵、四一七五—二八八）。

通廉　みちかど　一六三〇—八四

寛永7（一六三〇）・6・15誕生、寛永19・10・15叙爵☆、寛永20・11・20元服☆、昇殿☆、中務大輔従五位上☆、慶安4（一六五一）・1・5正五位下、承応4（一六五五）・1・5従四位下☆、12・5杢頭、万治2（一六五九）・1・5従四位上、寛文3（一六六三）・1・6正四位下、寛文9・12・24〈去正月五日分〉従三位、号東久世、延宝7（一六七九）・12・17〈去正月五日分〉正三位、貞享1（一六八四）・9・22参議、辞参議、薨去

〔死没〕貞享1（一六八四）・9・22　〔年齢〕55　〔父〕久我祖秀　〔母〕家女房（瀧野氏女）　〔幼名〕琳徳　〔号〕東久世　〔院中号〕徳丸　〔公卿補任〕4—24上

博高　ひろたか　一六五九—一七二四

万治2（一六五九）・9・12誕生、-・-・-叙爵、寛文13（一六七三）・1・29元服、昇殿、勘解由次官、従五位上、6・1木工頭、延宝6（一六七八）・1・5正五位下☆、天和3（一六八三）・1・5従四位下☆、貞享3（一六八六）・12・9右少将、貞享4・1・5従四位上、元禄1（一六八八）・2・29右中将、元禄3・4・1改博高（元博意）、元禄4・1・5正四位下☆、元禄9・8・2従三位、宝永2（一七〇五）・12・28〈去正月五日分〉正三位、正徳3（一七一三）・8・28出家

〔死没〕享保9（一七二四）・9・28　〔年齢〕66　〔父〕東久世通廉　〔母〕家女房（寺井氏）　〔幼名〕琳丸　〔前名〕博意　〔一字名〕意　〔法名〕善応幽海　〔公卿補任〕4—127下

通積　みちつむ　一七〇八—六四

宝永5（一七〇八）・9・6誕生、正徳3（一七一三）・8・28叙爵、享保5（一七二〇）・11・27元服、昇殿、侍従、従五位上、享保9・1・14〈去六分〉正五位下、5・11右権少将、9・28喪父、11・18除服出仕復任、享保13・2・1従四位下、享保16・3・2転右権中将、享保17・4・11〈去正五分〉従四位上、元文1（一七三六）・1・5正四位下、元文2・1・14〈「4月」ま〉院別当、1・18〈「14日」ま〉拝賀、元文6・1・14〈去五日宣〉従三位、延享4（一七四七）・4・14〈去三月十日賞雅卿同日分〉正三位、寛延4（一七五一）・12・16参議、宝暦3（一七五三）・5・12辞参議、宝暦7・10・9従二位、12・25権中納言、12・29帯剣、宝暦8・1・5聴直衣、1・6辞権中納言、宝暦10・10・28出家

〔死没〕明和1（一七六四）・8・21　〔年齢〕57　〔父〕東久世博高、二男　〔母〕家女房　〔幼名〕五十丸　〔法名〕思寛　〔公卿補任〕4—350下

通武　みちたけ　一七四八—八八

延享5（一七四八）・10・13誕生、宝暦2（一七五二）・5・1叙爵、宝暦10・11・26元服、昇殿、刑部権大輔、従五位上、宝暦14・1・10正五位下、8・21服解（父）、10・12除服出仕復任、明和5（一七六八）・1・9従四位下、明和8・8・1左近衛権少将、10・8拝賀、明和9・1・5従四位上、12・19兼美乃権介、安永4（一七七五）・11・9転左権中将（権介如旧）、11・16拝賀、安永5・1・9正四位下、安永8・5・4〔従三位〕、天明5（一七八五）・1・5正三位、天明8・12・10薨去

〔死没〕天明8（一七八八）・12・10　〔年齢〕41　〔父〕東久世通積　〔母〕家女房　〔幼名〕捨丸　〔公卿補任〕4—570下

通庸　みちいさ　一七六九—一八一八

明和6（一七六九）・4・7誕生、安永2（一七七三）・1・5従五位下、安永9・12・22元服、昇殿、治部大輔、従五位上、天明2（一七八二）・1・18侍従、天明4・12・19正五位下、天明8・8・1〈去正五分〉

従四位下、12·10服解(父)、寛政1(一七八九)2·1除服出仕復任、寛政4·1·10従四位上、寛政6·2·6左権少将〈ま〉、2·17拝賀、寛政8·2·4正四位下、寛政11·3·16転右権中将(小除目)、3·28拝賀、寛政12·1·5〔従三位〕、文化1(一八〇四)·2·18正三位、文政1(一八一八)·9·17薨去

[死没]文政1(一八一八)·9·17　[年齢]50　[父]東久世通武　[母]正二位権大納言清水谷実栄女　[幼名]伯丸　[前名]通正　[公卿補任]5—138上

通岑　みちみね　一七九二—一八四八

寛政4(一七九二)·9·6誕生、寛政6·5·20従五位下、文化3(一八〇六)·12·19元服、昇殿、治部権大輔、従五位上、文化6·3·4正五位下、文化8·5·26服解(母)、7·17除服出仕復任、文化9·6·5従四位下、文化10·6·10侍従、文化12·1·14従四位上、文化15·2·5正四位下、9·17服解(父)、12·1除服出仕復任、文政2(一八一九)·12·24左近衛権少将、12·28拝賀、文政5·7·11転権中将、8·7拝賀、11·25〔従三位〕、文政9·1·21正三位、天保11(一八四〇)·12·20賜太上天皇御服、弘化5(一八四八)·1·27参議、嘉永1(一八四八)·5·9辞参議、6·9従二位、6·11薨去

[死没]嘉永1(一八四八)·6·11　[年齢]57　[父]東久世通庸　[母]従一位権大納言甘露寺篤長女敬子　[幼名]俶丸　[公卿補任]5—284下

千種家　ちぐさけ

村上源氏の一流。久我家庶流岩倉家の傍流。久我右大将晴通の孫権大納言有能を家祖とする。千種の称は、遠祖の具平親王がその邸宅に因み千種殿と称され、南北朝時代に嫡家の久我通相が千種太政大臣と号し、また家名としては六条権中納言有忠の三男参議忠顕が別流を起こし、千種と号した佳例に因むのであろう。家格は羽林家、新家。寛永期に創立。内々の家。有職故実を家職とした。一条家の家礼。家領百五十石。家祖有能の従父兄弟にあたる女性に久我右大将通堅の女、岡というのがいて、岡は六条有広と婚し一子有清を儲けたが、侍従従五位上まで昇ったところで夭折する。岡は父通堅舎弟具堯の四男有能を以て有清の養子とし、六条家の嫡子としようとしたが、有広は家女房との間に生れた有純を家督とし、岡は有広と離別することになる。その後、岡は後水尾天皇中宮東福門院に仕え、上臈となり新大納言局と称される。そして岡の女院への願いにより、女院の執奏により有能は久我左中将通前の養子として新家取立となった。なお、新大納言局は女院御所退散後、上雲院と号し、慶安三年(一六五〇)十一月十四日に没した。黒谷金戒光明寺に葬られ、これより先、同寺の寺中に一院を建立、自号を以て上雲院と称し、同院の開祖となった。家祖有能は、元和九年(一六二三)九歳で叙爵、寛永二年(一六二五)元服し、侍従。昇進し右中将を経て、慶安二年(一六四九)三十五歳で従三位。権大納言、正二位まで昇り、貞享四年(一六八七)三月、七十三歳で没した。以後、正二位権大納言を先途とした。有能が議奏·武家伝奏に補され、有維は議奏、有政は議奏·武家伝奏を務めた。ことに有政は両役の勤仕二十三年間に及んだ。有功は歌人として知られ、幕末期の有文は公武合体を促進させるため朝幕間を奔走し、和宮降嫁の実現に尽力したが、尊攘派の批判大きく四奸の一人とされ、文久二年(一八六二)辞官、落飾を命ぜられた。慶応三年(一八六七)赦免され還俗し、明治元年(一八六八)新政府に出仕、二年従三位に叙せられた。同十七年、叙爵内規により子爵を授けられた。菩提所は黒谷上雲院。『千種家譜』(東京大学史料編纂所架蔵、四一七五—二五三)。

千種家

有能─┬─有維═有敬═有補─有政─有条─有功─有文─有任(子爵)
　　　└─雅永(植松)

有能　ありよし　一六一五—八七

元和9(一六二三)・7・1従五位下、寛永2(一六二五)・11・26元服、侍従、寛永4・12・7従五位上、寛永9・1・11右少将、寛永11・1・6正五位下、寛永17・3・5〈去寛永十五正五従四位下位記〉従四位下、〈去寛永十五正十一右中将宣旨〉右中将、寛永18・1・5従四位上、正保2(一六四五)・10・18正四位下☆、慶安2(一六四九)・1・12〈去五日位記〉従三位☆、号千種、承応4(一六五五)・1・5正三位、2・8参議、明暦2(一六五六)・7・11辞参議、寛文5(一六六五)・8・28権中納言、12・5帯剣、寛文6・4・24聴直衣、12・17従二位、寛文9・12・18辞権中納言、延宝3(一六七五)・5・18武家伝奏、延宝4・2・12権大納言、2・18辞権大納言、延宝5・閏12・11正二位、天和3(一六八三)・11・27辞武家伝奏、貞享3(一六八六)・2・5〈「3日」ま家譜〉出家

[死没]貞享4(一六八七)・3・1　[年齢]73　[父]久我晴通、四男(実桜井具堯、四男)　[養父]久我通前　[母]正四位上左近衛中将園基継女　[号]千種　[法名]源翁文興　[公卿補任]3—621下

有維　ありこれ　一六三八—九二

寛永15(一六三八)・9・22誕生、寛永18・1・5叙爵、正保3(一六四六)・3・13元服、昇殿、侍従従五位上、慶安3(一六五〇)・1・5正五位下、承応2(一六五三)・2・23〈「12月23日」家譜「7月22日」ま〉左少将☆、承応3・1・5従四位下、明暦2(一六五六)・10・2〈「12月26日」家譜「12月2日」ま〉右中将☆、明暦4・1・5従四位上☆、寛文2(一六六二)・1・5正四位下、寛文6・12・17〔従三位〕、延宝4(一六七六)・12・23〈去正月五日分〉正三位、延宝7・1・14〈24日ともあり〉参議☆、7・27右中将、12・17聴直衣、貞享1(一六八四)・1・11辞参議、9・28武家伝奏、10・1権中納言、貞享2・11・7従二位☆、12・21帯剣〈ま〉、貞享4・2・29辞権中納言、元禄4(一六九一)・4・13権大納言、元禄5・11・22辞権大納言、11・29薨去

[死没]元禄5(一六九二)・11・29　[年齢]55　[父]千種有能　[母]正三位権中納言久我通前女　[公卿補任]4—14上

有敬　ありたか　一六八七—一七三八

貞享4(一六八七)・9・10誕生、元禄4(一六九一)・12・21叙爵、元禄5・11・23当家相続、元禄11・2・12元服、昇殿、侍従、従五位上、12・25改有統(旧具広)、元禄15・1・5正五位下、元禄16・12・22右少将、宝永3(一七〇六)・1・10〈去五分〉従四位下、12・23左中将、宝永7・2・28従四位上☆、正徳4(一七一四)・2・6正四位下、享保2(一七一七)・4・3従三位、享保7・12・25正三位、享保11・5・8改有敬、享保12・7・15参議、7・19〈去十五日分〉左中将☆、9・14直衣、享保18・12・19辞参議・左中将、享保19・12・2従二位、享保20・2・26権中納言、3・11帯剣、元文2(一七三七)・9・18辞権中納言、元文3・3・15権大納言、3・17辞権大納言、3・30薨去

[死没]元文3(一七三八)・3・30　[年齢]52　[父]千種有維(実岩倉乗具)　[母]家女房　[前名]具広・有統　[公卿補任]4—227下

有補　ありすけ　一七一七—六二

享保2(一七一七)・8・19誕生、享保16・1・12為有敬卿子、1・25叙爵、2・6元服、昇殿、侍従、享保18・10・2右少将、享保20・1・10〈去六分〉従五位上、元文2(一七三七)・5・8賜院素服、6・9除服宣下、元文3・3・30服解(養父〈ま〉)、5・21除服出仕復任、元文4・12・25正五位下、元文5・3・17服解(実父〈ま〉)、5・9除服出仕復任、寛保3(一七四三)・1・12〈去六分〉従四位下、9・3服解(実母〈ま〉)、10・23除服出仕復任、延享4(一七四七)・2・1〈去正五分〉従四位上、寛延3(一七五〇)・12・24右中将、宝暦1(一七五一)・2・25拝賀〈ま〉、3・12〈ま〉正四位下☆、宝暦5・6・15従三位、宝暦8・9・25参議、宝暦9・1・24右権中将、2・16聴直衣、12・24甲斐権守、宝暦10・12・26正三位、宝暦12・9・24辞三官、9・25薨去

[死没]宝暦12(一七六二)・9・25　[年齢]46　[父]千種有敬(実梅溪通条)　[母]家女房　[公卿補任]4—426下

有政　ありまさ　一七四三―一八一二

寛保3(一七四三)・4・8誕生、延享4(一七四七)・12・26従五位下、宝暦2(一七五二)・6・10元服、昇殿、従五位上、宝暦3・6・7右兵衛佐(推任)、宝暦6・12・21正五位下、宝暦10・3・7従四位下、宝暦11・6・27左権少将、10・25拝賀、宝暦13・12・4転左権中将、12・24拝賀、宝暦14・1・10従四位上、明和1(一七六四)・8・25兼丹波介、明和4・1・-〈「15日」家譜〉秩満、明和5・1・9正四位下、明和8・1・5(従三位)、安永5(一七七六)・1・9正三位、天明5(一七八五)・12・8参議、天明6・12・19従二位、天明7・5・26左近衛権中将、9・30聴直衣、直衣始、寛政3(一七九一)・11・28権中納言、12・5聴直衣、直衣始、12・15帯剣、寛政4・10・25辞権中納言、寛政9・12・26(正二位)、文化7(一八一〇)・1・10権大納言、1・17直衣始、5・18辞権大納言、文化9・11・5薨去

[死没]文化9(一八一二)・11・5　[年齢]70　[父]千種有補　[母]従二位権大納言千草有敬女　[公卿補任]4―519下

有条　ありえだ　一七六三―一八一三

宝暦13(一七六三)・4・18誕生、明和7(一七七〇)・1・5従五位下、安永1(一七七二)・12・6元服、昇殿安永2・11・19喪母、安永3・1・18除服出仕、安永3・9・20侍従、12・19従五位上、安永7・1・10正五位下、安永10・3・18左権少将、天明2(一七八二)・1・16拝賀、2・7従四位下、天明6・8・8〈去二三分〉従四位上、寛政2(一七九〇)・9・25正四位下、寛政4・10・27転右権中将(小除目)、11・11拝賀、寛政5・5・23(従三位)、寛政10・1・5正三位、文化10(一八一三)・4・25薨去

[死没]文化10(一八一三)・4・25　[年齢]51　[父]千種有政　[母]従一位右大臣久我通兄女　[公卿補任]5―90下

有功　ありこと　一七九六―一八五四

寛政9(一七九七)・11・9〈8年カ〉誕生、文化4(一八〇七)・12・19従五位下、文化7・12・5元服、昇殿、文化8・5・10従五位上、文化10・4・25喪父、6・18除服出仕、文化12・1・5正五位下、文化13・3・19侍従、文化15・2・5従四位下、文政4(一八二一)・1・20従四位上、文政5・12・21左近衛権少将、文政6・1・1拝賀、文政8・1・5正四位下、文政10・5・27転権中将、閏6・2拝賀、文政11・1・5(従三位)、天保3(一八三二)・12・19正三位、嘉永7(一八五四)・8・28薨去

[死没]嘉永7(一八五四)・8・28　[年齢]59　[父]千種有条、二男　[母]家女房　[字]子教　[号]千々廼舎　[法名]雲誉・賢道　[公卿補任]5―324下

梅溪家　うめたにけ

村上源氏の一流。久我家の庶流。久我左中将通世の男参議季通を家祖とする。梅溪の称は、久我通親の四男後土御門内大臣の曾孫右少将定宗が梅溪と号したことが『尊卑分脈』に見え、これを佳例としたことによるか。家格は羽林家、新家。寛永期に創立。内々の家。有職故実を家職とした。鷹司家の家礼。家領百五十石。江戸時代の初め嫡家の久我家では一大事があり、慶長四年(一五九九)九月権大納言敦通は勅勘を蒙り出仕を停められ、京都を出奔した。その事情については、『言経卿記』同年八月二十四日条に、「子細去々月歟久我亜相ト長橋局ト密談有之、長橋退出了、後行衛不知之由也、久我亜相者申理ニテ非別儀了、徳大寺馳走也」とあり、『鹿苑日録』同年七月二十一日条に、「久我大納言殿勅諚左遷ト云々、不行之故也、長橋御局故之由有風聞、雖然不知虚実」とあり、勾当内侍と密通の風聞あり、勅勘を蒙ったようである。時に敦通は三十五

梅溪家

季通―**英通**―**通条**―**通仲**―**通賢**
―通同―**行通**―通修＝**通善**(子爵)

歳。息の従四位下左中将は十六歳であったが、これも父に座して出仕を停められた。父子が勅免を蒙るのは、元和元年(一六一五)七月のことであった。将軍徳川秀忠の執奏によるもので、実に十七年ぶりの放免であったが、通世は家督となることはえず、舎弟の通前が嗣子となり、同年七月十九日に二十五歳で叙爵し、同日元服昇殿し侍従に任ぜられた(『言緒卿記』)。しかし通世には幸いにも同年三月二十九日一子が出生したので、特に新家取立てが勅許され、寛永元年(一六二四)十歳で叙爵し、六年正月元服し勘解由次官に任ぜられた。季通がこれである。左中将を経て、承応元年(一六五二)参議に列し中将を兼ね、翌年上階、明暦四年(一六五八)二月、四十四歳で没した。その嗣子英通は従二位権大納言にまで昇った。日記には、『行通卿記』、『梅溪通善日記抄録』等がある。明治十七年(一八八四)通喜のとき、叙爵内規により子爵を授けられた。菩提所は大徳寺昌林院。『梅溪家譜』(東京大学史料編纂所架蔵、四一七五―一七四)。

季通　すえみち　一六一五―五八

慶長20(一六一五)・3・29誕生、寛永1(一六二四)・4・16叙爵、寛永6・1・14元服、勘解由次官、従五位上、寛永11・1・6正五位下、寛永15・1・5従四位下、寛永18・1・5従四位上、寛永20・11・4左少将、正保2(一六四五)・1・6正四位下、1・12中将、承応1(一六五二)・11・12参議、中将如元、号梅溪、承応3・12・21〈賜去年正月五日従三位口宣案〉従三位、明暦1(一六五五)・5・18辞参議、万治1(一六五八)・2・2薨去

〔死没〕万治1(一六五八)・2・2　〔年齢〕44　〔父〕久我通世　〔母〕家女房　〔号〕梅溪　〔法名〕宗心　〔公卿補任〕3―628上

英通　ひでみち　一六五〇―一七一八

慶安3(一六五〇)・4・5〈「15日」ま〉誕生☆、明暦3(一六五七)・12・7従五位下〈ま〉、万治3(一六六〇)・12・5叙爵☆、寛文3(一六六三)・12・11元服、昇殿、侍従、従五位上、寛文7・1・5正五位下、寛文8・12・14左少将、寛文10・12・21〈「11年1月5日」ま〉従四位下☆、〈「寛文12年8月19日」ま〉左中将☆、延宝3(一六七五)・1・5従四位上、延宝7・5・21〈「1月5日」ま〉〈去正五分〉正四位下、天和3(一六八三)・8・23〔従三位〕、元禄3(一六九〇)・3・12〈去年正月七日分〉正三位☆、元禄5・12・29参議、左近中将、元禄6・2・1聴直衣、2・5辞両官、元禄14・12・23〈去正月五日分〉従二位、宝永2(一七〇五)・12・22権中納言、12・25辞権中納言、享保3(一七一八)・7・22薨去☆

〔死没〕享保3(一七一八)・7・22　〔年齢〕69　〔父〕梅溪季通　〔母〕家女房　〔一字名〕央　〔公卿補任〕4―71下

通条　みちえだ　一六七二―一七四〇

寛文12(一六七二)・12・11誕生、天和1(一六八一)・11・21叙爵、貞享1(一六八四)・12・23元服、昇殿、侍従、貞享2・1・6従五位上、元禄2(一六八九)・1・5正五位下☆、左少将、元禄6・12・25〈去正五分〉従四位下、元禄7・12・25左中将、元禄10・12・27改通条(元量通)、元禄11・1・5従四位上、元禄15・1・5正四位下、宝永3(一七〇六)・1・21〈去五日分〉従三位、宝永7・6・4〈去二月廿八日〉正三位、享保3(一七一八)・7・3参議、享保4・11・5直衣、享保8・7・5辞両官、12・26従二位、享保13・12・11権中納言、12・16辞権中納言、元文5(一七四〇)・2・29正二位、3・17薨去

〔死没〕元文5(一七四〇)・3・17　〔年齢〕69　〔父〕梅溪英通　〔母〕参議正四位上甘露寺嗣長女　〔前名〕量通　〔公卿補任〕4―173下

通仲　みちなか　一六九八―一七三七

元禄11(一六九八)・11・11誕生、元禄15・1・5叙爵☆、宝永7(一七一〇)・12・23元服、昇殿、侍従従五位上、正徳3(一七一三)・12・23左少将、正徳4・2・24正五位下、享保3(一七一八)・1・20〈去五分〉従四位下、4・24左中将、享保6・12・24〈去五廿一分〉従四位上、享保10・1・6〈去五分〉正四位下、享保14・1・9〈去五日分〉従三位、元文2(一七三七)・6・17〈ま〉薨去

⌘享保十九年より「正三位」

［死没］元文2（一七三七）・6・17　［年齢］40　［父］梅溪　通条　［母］家女房　［公卿補任］4―288上

通賢　みちかた　一七三五―一六五

享保20（一七三五）・3・5誕生、元文4（一七三九）・2・21従五位下、元文6・9・26〈「25日」ま〉元服、昇殿、右京権大夫、寛保3（一七四三）・6・29従五位上（小除目次〈ま〉）、延享4（一七四七）・4・14正五位下、寛延4（一七五一）・1・5従四位下、11・24服解（母）、宝暦2（一七五二）・1・16除服出仕復任、宝暦5・2・20従四位上、宝暦6・5・10右権少将（小除目〈ま〉）、5・25拝賀、宝暦9・1・24正四位下、宝暦12・2・13左権中将、3・5拝賀〈ま〉、明和1（一七六四）・1・5〔従三位〕、明和2・5・23薨去

［死没］明和2（一七六五）・5・23　［年齢］31　［父］梅溪　通仲　［母］家女房　［公卿補任］4―477上

行通　ゆきみち　一七八一―一八二四

天明1（一七八一）・10・10誕生、天明8・10・27従五位下、寛政4（一七九二）・3・28元服、昇殿、従五位上、寛政8・2・10正五位下、寛政11・3・16大膳大夫（小除目）、寛政12・1・5従四位下、享和3（一八〇三）・12・19従四位上、文化3（一八〇六）・6・22侍従、文化4・11・26左権少将、12・11拝賀、12・19正四位下、文化9・12・19転権中将、文化10・1・1拝賀、文政4（一八二一）・5・6〈ま〉左近府年預、9・13服解（母）、11・22除服出仕復任、文政7・6・2再為左近府年預、6・4参議（小除目）、6・6辞参議、薨去

［死没］文政7（一八二四）・6・6　［年齢］44　［父］梅溪　通同　［母］家女房　［前名］泰通　［日記］行通卿記（一八一二）　［公卿補任］5―295上

通善　みちたる　一八二一―九九

文政4（一八二一）・7・19誕生、天保5（一八三四）・3・16叙爵、12・18元服、昇殿、天保8・2・18従五位上、天保11・12・20賜故院御服、天保12・1・20除服宣下、3・30〈去後正四分〉正五位下、天保14・6・18侍従、天保15・5・6従四位下、弘化3（一八四六）・2・19服解（実父）、4・25除服出仕復任、7・2服解（父）、8・23除服出仕復任、弘化4・2・13従四位上、嘉永3（一八五〇）・12・19右近衛権少将、12・28拝賀、嘉永4・1・5正四位下、安政5（一八五八）・12・10着本陣、文久2（一八六二）・2・15転権中将、3・23拝賀、元治1（一八六四）・8・29参議（右中将如元、推任、先般宇佐使勤仕、不容易時勢遠境下向之賞）、10・22拝賀着陣、10・22聴直衣、直衣始、12・4従三位、慶応4（一八六八）・3・20正三位

［死没］明治32（一八九九）・10・12　［年齢］79　［父］梅溪　通修（実六条有言、二男）　［母］家女房　［日記］梅溪通善日記抄録（一八五六―七三）　［公卿補任］5―556下

愛宕家　おたぎけ

村上源氏の一流。久我家支流中院家の庶流。中院権大納言通淳猶子の権大納言通福を家祖とする。愛宕の称は、鎌倉時代末に嫡家久我通忠の二男権大納言具房が別流を起し、愛宕と号した佳例に因むのであろう。通福は実は岩倉家の祖具堯二男の彦山座主権僧正有清の二男であり、通純の猶子となったので、中院家の庶流とされる。家格は羽林家、新家。正保期に創立。内々の家。有職故実を家職とした。家領百三十石。家祖通福は、寛永二十年（一六四三）十歳で叙爵、正保四年（一六四七）元服昇殿し、侍従・従五位上に叙任。寛文八年（一六六八）従三位、左中将を経て参議に列し、中将を兼ねた。従二位権中納言にまで昇り、元文二年（一七三七）十月六十六歳で没した。通福女の福子は、霊元天皇の内侍となり、源内侍と称された。寛文十二年九月皇子を出産した。二宮と称され、天和三年（一六八三）八月親王宣下があり、仁和寺に入室得度した。

愛宕家

通福―通晴＝通貫＝通敬―通直
　―通典―通祐＝通致（子爵）

入道一品覚寛親王である。通福の家督を嗣いだのは福子の舎弟の通晴で、権中納言従二位まで昇った。通晴には嗣子なく英彦山前座主大僧正相有の末子通貫を養子とした。宝永五年（一七〇八）十二歳で叙爵、翌年元服昇殿し、享保十六年（一七三一）四月従三位に叙せられたとき、霊元上皇の内意により通福の例を以て前内大臣中院通躬の猶子となった。正二位権大納言まで昇り、明和元年（一七六四）閏十二月、六十八歳で没した。通福・通晴・通貫の三代、霊元院の信頼厚く高い家格となった。通福は貞享元年（一六八四）より元禄十二年（一六九九）まで十五年に亘り議奏を勤めた。明治四年（一八七一）通致養子の通旭は新政府の方針に不満を抱き、旧公家の失権恢復等を志し京都還幸をはかり政体を一変しようと公家の外山光輔等と画策し、発覚して同年十二月ともに位記を奪われ、自刃を命ぜられた。明治十七年叙爵内規により、子爵を授けられた。菩提所は法常寺。『愛宕家譜』（東京大学史料編纂所架蔵、四一七五―一八六）。

通福　みちとみ　一六三四―九九

寛永11（一六三四）・11・14誕生、寛永20・6・16叙爵、正保4（一六四七）・9・20元服、昇殿、侍従、従五位上、慶安4（一六五一）・1・5正五位下、明暦1（一六五五）・12・15左少将、明暦3・1・11〈「2年1月5日」家譜〉従四位下☆、万治3（一六六〇）・1・5従四位上、寛文1（一六六一）・12・24左中将☆、寛文4・1・6正四位下、寛文8・1・6従三位、号愛宕、延宝3（一六七五）・2・22〈去正月五日分〉正三位、天和1（一六八一）・11・21参議、天和2・12・24辞参議、貞享4（一六八七）・10・7権中納言、10・26帯剣、貞享5・3・9辞権中納言、元禄7（一六九四）・2・12〈去正月五日分〉従二位、12・19権大納言☆、元禄8・11・16辞権大納言☆、元禄12・9・8薨去

〔死没〕元禄12（一六九九）・9・8　〔年齢〕66　〔父〕英彦山座主権僧正有清、二男　〔養父〕中院通純　〔母〕従一位左大臣花山院定好女　〔一字名〕佐・保　〔号〕愛宕　〔公卿補任〕4―20上

通晴　みちはれ　一六七三―一七三八

延宝1（一六七三）・8・2誕生、延宝7・12・25叙爵☆、貞享3（一六八六）・12・2元服、昇殿、侍従、従五位上、元禄3（一六九〇）・12・26〈去正月五日分〉正五位下、元禄4・12・21左少将、元禄7・12・25従四位下、元禄10・11・27右中将、元禄11・12・15改通晴（元通統）、12・27〈去正五分〉従四位上、元禄12・9・8喪父、12・1〈「12月29日」家譜〉除服出仕復任、元禄15・12・23〈去正五分〉正四位下、宝永3（一七〇六）・2・11従三位、正徳3（一七一三）・2・18正三位、享保7（一七二二）・5・2参議、5・18左中将、11・13直衣、享保10・6・22〈去五月十六日為信卿同日分〉従二位、9・19辞両官、享保13・8・21権中納言、10・11帯剣、11・13直衣、享保14・6・12辞権中納言、元文3（一七三八）・10・2薨去☆

〔死没〕元文3（一七三八）・10・2　〔年齢〕66　〔父〕愛宕通福　〔母〕正二位権大納言千草有能女　〔前名〕通統　〔公卿補任〕4―174上

通貫　みちつら　一六九七―一七六四

元禄10（一六九七）・6・13誕生、宝永5（一七〇八）・1・20〈去五分〉叙爵、宝永6・4・11元服、昇殿、侍従、正徳2（一七一二）・12・25従五位上、正徳4・12・28喪実父、正徳5・3・9除服復任、享保1（一七一六）・12・23左少将、〈去正五分〉正五位下、享保5・1・12〈去五分〉従四位下、享保7・12・25右中将、享保8・6・5〈去四二分〉従四位上☆、享保12・1・21正四位下、享保16・4・27従三位、元文5（一七四〇）・12・24正三位〈ま〉、寛延1（一七四八）・12・27参議、宝暦1（一七五一）・12・11辞参議、宝暦2・10・3従二位、宝暦4・11・24権中納言、12・7帯剣、12・22聴直衣、宝暦5・1・27辞権中納言、宝暦9・12・12権大納言、宝暦10・2・16辞権大納言、宝暦13・3・24正二位、明和1（一七六四）・閏12・19薨去

〔死没〕明和1（一七六四）・閏12・19　〔年齢〕68　〔父〕愛宕通晴（実英彦山座主大僧正僧相有、末子）　〔養父〕中院通躬　〔母〕家女房（実従一位権大納言清閑寺凞定女）　〔公卿補任〕4―297下

通敬　みちたか　一七二四―八七

享保9(一七二四)・5・23〈「23日」ま〉誕生、享保17・12・27叙爵、元文4(一七三九)・12・2為通貫卿子☆、元文5・6・1改通敬(元熙孝)☆、6・12元服☆、昇殿☆、兵部権大輔☆、従五位上☆、寛保1(一七四一)・12・28右馬頭、延享1(一七四四)・9・14〈去正五分〉正五位下、延享5・1・5従四位下、寛延3・4・9服解(実母)、5・17〈「14日」ま〉除服出仕復任、12・24右少将、寛延4・2・8拝賀、宝暦2(一七五二)・2・26〈去正廿二分〉従四位上、宝暦6・1・6〈昨日宣〉正四位下、宝暦10・3・7左中将、3・24拝賀、宝暦11・1・5〔従三位〕、明和4(一七六七)・1・9正三位、安永8(一七七九)・5・4参議、安永9・1・23左近衛権中将、4・17辞両官、11・27従二位、天明5(一七八五)・12・2権中納言、12・5聴直衣、12・6辞権中納言、天明7・9・1薨去

〔死没〕天明7(一七八七)・9・1　〔年齢〕64　〔父〕愛宕通貫(実清閑寺治房、末子)　〔母〕正三位権中納言勧修寺尹隆女(実従一位右大臣中院通躬女)　〔前名〕凞孝　〔公卿補任〕4―458下

通直　みちなお　一七四七―一八一七

延享4(一七四七)・11・28誕生、宝暦10(一七六〇)・12・26叙爵、宝暦11・12・10元服、昇殿、宮内少輔、宝暦14・1・10従五位上、明和5(一七六八)・1・25〈去九宣〉正五位下、2・26民部大輔、明和9・1・5従四位下、安永2(一七七三)・閏3・22右権少将、8・28奏慶、安永5・1・9従四位上、安永9・1・13正四位下、安永10・1・26右権中将、2・17奏慶、天明4(一七八四)・1・24従三位、寛政2(一七九〇)・1・5正三位、寛政11・12・22参議、寛政12・2・5右権中将、2・24聴直衣、直衣始、3・28辞両官、12・22従二位、文化2(一八〇五)・閏8・3権中納言、閏8・22帯剣、閏8・23聴直衣、直衣始、閏8・27辞権中納言、文化8・8・3権大納言、8・28直衣始、9・2辞権大納言、文化9・1・20正二位、文化14・7・19薨去

〔死没〕文化14(一八一七)・7・19　〔年齢〕71　〔父〕愛宕通敬　〔母〕家女房　〔公卿補任〕5―32上

通典　みちおき　一七七五―一八三九

安永4(一七七五)・10・23誕生、安永8・1・11従五位下、天明7(一七八七)・8・7元服、昇殿、治部権少輔、従五位上、寛政3(一七九一)・1・5正五位下、寛政7・1・20従四位下、寛政10・1・28従四位上、享和1(一八〇一)・8・10左近衛権少将、9・3拝賀、享和2・1・14〈去五分〉正四位下、文化5(一八〇八)・1・28権中将、8・27拝賀、12・1〔従三位〕、文化10・2・7正三位、文政8(一八二五)・4・27参議、6・13右中将、6・24聴直衣、直衣始、文政9・12・19従二位、天保2(一八三一)・3・28辞参議、天保4・8・10権中納言、9・23帯剣、9・25聴直衣、直衣始、10・2辞権中納言、天保8・12・26正二位、天保10・11・2薨去

〔死没〕天保10(一八三九)・11・2　〔年齢〕65　〔父〕愛宕通直　〔母〕出羽守植村家道女　〔公卿補任〕5―188下

通祐　みちやす　一七九九―一八七五

寛政11(一七九九)・1・17誕生、享和3(一八〇三)・3・7従五位下、文化8(一八一一)・9・24元服、昇殿、左京権大夫、従五位上、文化12・1・5正五位下、2・26宮内大輔(小除目)、文化15・2・29従四位下、文政4(一八二一)・2・30従四位上、文政8・12・19正四位下、文政11・12・26侍従、天保2(一八三一)・6・1左近衛権少将、6・30拝賀、天保7・12・19右権中将、12・27拝賀、天保9・12・22〔従三位〕、天保13・12・22正三位、文久3(一八六三)・9・20参議、12・29右中将、文久4・1・8聴直衣、直衣始、従二位、元治1(一八六四)・3・10〈3月20日ともあり〉辞両官、慶応3(一八六七)・12・27権中納言、慶応4・1・15帯剣、1・17聴直衣、直衣始、閏4・21辞権中納言

〔死没〕明治8(一八七五)・12・2　〔年齢〕77　〔父〕愛宕通典　〔母〕正三位桜井供敦女　〔公卿補任〕5―388上

通致　みちずみ　一八二八―八六

文政11(一八二八)・2・27誕生、天保12(一八四一)・12・22従五位下、天保13・1・28元服、昇殿、天保15・11・25従五位上、弘化5(一八四八)・1・11正五位下、5・18右京権大夫(小除目)、嘉永4(一八五一)・3・

4〈去正十八分〉従四位下、嘉永7・1・22従四位上、安政5(一八五八)・1・11正四位下、安政6・12・30服解(実母)、安政7・2・21除服出仕復任、文久3(一八六三)・4・28侍従、元治1(一八六四)・9・23右少将、10・5拝賀、12・14儲君親王家司、慶応2(一八六六)・3・14右中将、3・27拝賀、明治1(一八六八)・9・14〔従三位〕

[死没]明治19(一八八六)・11・10　[年齢]59　[父]愛宕通祐(実庭田重基)　[母]家女房　[公卿補任]5―591下

植松家　うえまつけ

村上源氏の一流。久我家庶流岩倉家傍流千種家の又傍流。千種権大納言有能の三男三位雅永を家祖とする。家格は羽林家、新家。寛文期に創立。内々の家。有職故実を家職とした。一条家の家礼。家領百三十石。雅永は、寛文三年(一六六三)十歳で叙爵、七年十二月元服昇殿し、従五位上・侍従に叙任。右中将を経て、貞享五年(一六八八)参議を暫時拝任、宝永四年(一七〇七)十二月、五十四歳で没した。雅永の息正三位宮内卿雅孝の養嗣子となった賞雅は、岩倉権大納言乗具の三男で、宝暦十二年(一七六二)より明和二年(一七六五)まで議奏を務め、従二位権中納言まで昇った。また、華道松月堂古流の家元としても名がある。明治十七年(一八八四)雅徳のとき、叙爵内規により子爵を授けられた。菩提所は黒谷上雲院。『植松家譜』(東京大学史料編纂所架蔵、四一七五―一七〇)。

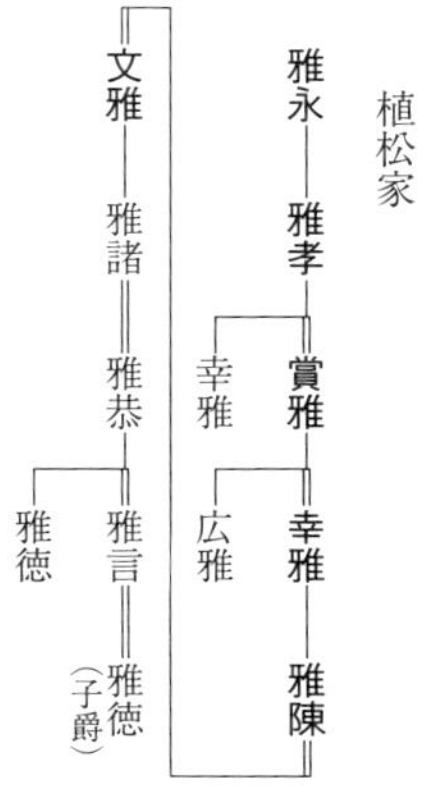

雅永　まさなが　一六五四―一七〇七

承応3(一六五四)・10・23誕生、寛文3(一六六三)・1・5叙爵、寛文7・12・12元服、昇殿、侍従従五位上、寛文11・12・22〈「23日」ま〉正五位下☆、寛文12・12・22右少将、延宝4(一六七六)・5・23従四位下☆、延宝6・12・19右中将、延宝8・12・23〈去正五分〉従四位上、貞享1(一六八四)・12・23〈去正五分〉正四位下、元禄1(一六八八)・12・26〈去正月六日分〉従三位☆、号植松〈ま〉、元禄7・12・25〈去正月五日分〉正三位、元禄14・12・23参議、12・25辞参議、宝永4(一七〇七)・12・16薨去

[死没]宝永4(一七〇七)・12・16　[年齢]54　[父]千種有能　[母]正三位権中納言久我通前女　[号]植松　[一字名]誠・貞　[公卿補任]4―96下

雅孝　まさたか　一六八七―一七三〇

貞享4(一六八七)・8・26誕生、元禄4(一六九一)・12・28〈去正六分〉叙爵、元禄13・2・16元服、昇殿、侍従従五位上、宝永1(一七〇四)・12・26右少将、〈去正五分〉正五位下、宝永4・1・23〈去五分〉従四位下、12・16喪父、宝永5・閏1・6除服出仕復任、宝永6・3・16左中将、正徳1(一七一一)・2・11〈去正五分〉従四位上、正徳5・1・11〈去五分〉正四位下、享保4(一七一九)・1・11〈去五日分〉従三位、享保9・閏4・2正三位、享保11・7・1改雅孝、享保13・2・1任宮内卿、享保15・9・24辞宮内卿、薨去

[死没]享保15(一七三〇)・9・24　[年齢]44　[父]植松雅永　[母]家女房　[前名]雅康　[公卿補任]4―238上

賞雅　よしまさ　一七〇五―八五

宝永2(一七〇五)・7・24誕生、正徳3(一七一三)・12・23叙爵(于時具全)、享保5(一七二〇)・12・28為雅孝卿子☆、享保6・1・25元服☆、昇殿☆、侍従従五位上☆、6・10改賞雅☆、享保9・7・21右権少将、享保10・2・1〈去正五分〉正五位下、享保13・11・27従四位下、享保15・8・23喪実父、9・24喪養父、11・15除服出仕復任、享保17・4・16〈去正五分〉従四位上、転右権中将、元文1(一七三六)・3・8正四位下、寛保1(一七四一)・1・14〈去五分〉〔従三位〕、延享4(一七四七)・3・10正三位、

宝暦4(一七五四)・5・1参議、5・16辞参議、宝暦7・10・9従二位、明和5(一七六八)・11・26〈「27日」ま〉権中納言、12・3帯剣、12・4聴直衣、辞権中納言、天明5(一七八五)・10・26薨去
[死没]天明5(一七八五)・10・26 [年齢]81 [父]植松雅孝(実岩倉乗具、三男) [母]家女房 [前名]具全 [公卿補任]4—351上

幸雅 ゆきまさ 一七二一—七七

享保6(一七二一)・11・11誕生☆、享保18・11・27〈「12月」き〉叙爵☆、享保20・1・9為賞雅卿子、2・12元服、侍従、昇殿、元文2(一七三七)・2・12〈「12月22日」ま〉従五位上☆、元文5・2・2内蔵権頭、元文6・12・21正五位下、寛保3(一七四三)・8・29〈「19日」ま〉右兵衛権佐(推任)、延享2(一七四五)・3・23備前介〈「備後介」ま〉☆、5・27従四位下、延享5・12・27〈「11月」ま〉兼上総権介(小除目〈ま〉)、寛延2(一七四九)・12・24従四位上、寛延4・2・8服解(実母)、3・29除服出仕復任、宝暦2(一七五二)・12・22辞権介☆、宝暦3・1・5正四位下、5・8左権少将、5・19拝賀、宝暦7・1・26左権中将、2・20拝賀、宝暦8・1・5〈「3月」ま〉従三位、宝暦10・12・25出家
[死没]安永6(一七七七)・9・5 [年齢]57 [父]植松賞雅(実植松雅孝、二男) [母]家女房 [法名]幽水 [公卿補任]4—443上

雅陳 まさつら 一七五〇—八六

寛延3(一七五〇)・2・16誕生、宝暦4(一七五四)・閏2・24叙爵、宝暦11・2・5元服、昇殿、大蔵権大輔従五位上、明和2(一七六五)・5・19〈去二八宣〉正五位下、明和6・1・22〈去九宣〉従四位下、安永2(一七七三)・2・4〈「3月」ま〉右権少将、3・18奏慶、12・19〈去十十八宣〉従四位上、安永4・閏12・19兼河内権介、安永6・1・29正四位下、5・16右権中将(権介如旧)、安永6・5・26奏慶、9・5服解(父)、10・25除服出仕復任、安永8・1・10〈「20日」ま〉秩満、安永10・2・3〈賜去正月十二日位記〉従三位、天明6(一七八六)・4・20薨去
[死没]天明6(一七八六)・4・20 [年齢]37 [父]植松幸雅 [母]白川雅富女従五位下佐子(実滋野井実全女) [公卿補任]5—14上

文雅 あやまさ 一七七一—一八一五

明和8(一七七一)・6・8誕生、天明6(一七八六)・5・25雅陳卿子、12・19従五位下、寛政3(一七九一)・12・24元服、昇殿、従五位上、寛政7・1・20正五位下、2・26治部大輔、寛政10・1・28従四位下、享和2(一八〇二)・1・14〈去五分〉従四位上、12・19右権少将、享和3・1・1拝賀、文化3(一八〇六)・1・18正四位下、文化8・12・21転左権中将、文化9・1・1拝賀、1・20〔従三位〕、11・5喪実父、12・25除服出仕、文化12・8・12薨去
[死没]文化12(一八一五)・8・12 [年齢]45 [父]植松雅陳(千種有政、二男) [母]家女房(実久我通兄女) [公卿補任]5—215上

宇多源氏　うだげんじ

宇多天皇の孫に始まる二世賜姓源氏の一流。宇多天皇の一世賜姓は女子二人のみであったが、二世は男子はすべて源姓を賜っている。その中で最も栄えたのは、九男の敦実親王（仁和寺宮）の流れで、それ以外は多くが数伝して絶え、納言にまで至ったのは僅かである。敦実親王の一男雅信、二男重信はいずれも左大臣にまで昇った。宇多源氏で任槐したのはこの二人のみで、この二流が栄えることになる。重信の流は、さらに数流に分かれ公卿も六、七輩出したが、いずれも平安時代末頃に断絶した。雅信は、左大臣藤原時平の女を母として生まれ、源姓を賜わり臣籍降下。承平三年（九三三）十四歳で昇殿し、同六年直叙従四位下。右中将・蔵人頭を経て、天暦五年（九五一）参議に列し、累進して天禄三年（九七二）には権大納言となり、貞元二年（九七七）右大臣、翌年左大臣、永観二年（九八四）従一位に昇った。正暦四年（九九三）七月、七十四歳で没した。名臣の聞え高く、管絃・郢曲にもことのほか堪能であった。一条左大臣と号し、右大臣労二年、左大臣労十六年により、正一位を贈られた。雅信の女倫子は御堂関白道長の室となり、宇治関白（頼通）・大二条関白（教通）・上東門院（彰子）などを生む。倫子は道長の栄華をもたらし、また雅信の家の繁栄を招いた。一男の時中は、『尊卑分脈』の当該条に、「絃管歌舞達者」と注されている如く、龍笛・和琴・郢曲・舞曲・蹴鞠等に堪能で、この技能はこの系流の伝統として伝えられ、家職となった。時中の舎弟の扶義は、近江・河内等の守となり公卿に列して参議正三位にまで昇ったが、近江国蒲生郡佐々木荘に土着し、武士化して近江源氏の佐々木一流の祖となった。宇多源氏仁和寺宮流の嫡流が庭田家であり、支流に綾小路家・五辻家があり、新家として庭田家の庶流に大原家、五辻家の庶流に慈光寺家がある。家紋は、村上源氏の六条家等と同様で、いずれも龍胆紋を用いた。

庭田家　にわたけ

宇多源氏の一流。仁和寺宮流の嫡流。宇多天皇の皇子式部卿敦実親王の子一条左大臣雅信の裔。その嫡男綾小路大納言時中を家祖とする。庭田の称は南北朝時代初め重資の頃から家名として定着する。家格は羽林家。内々の家。有職故事・神楽を家職とした。一条家の家礼。江戸時代の家領は三百五十石。家祖時中は、天徳元年（九五七）十六歳で昇殿、右中将等を経て、寛和二年（九八六）皇太后宮権大夫、従三位、参議に進み、正暦三年（九九二）権中納言、二年後に転正、翌年大納言、長保二年（一〇〇〇）従二位というように急速に昇進を遂げ、翌三年大納言を辞すること両度に及んだが許されず、同年十二月三十日病により出家し、翌日六十歳で没した。これにより致仕大納言と称された。御堂関白道長室の従一位倫子は時中の妹にあたる。時中は「絃管歌舞達者」として知られる。これがこの一流の家職となり、師匠家となったようである。そのことが知られる早い例として、『玉葉』承安五年（一一七五）正月四日条に、「抑主上（高倉天皇）令吹御笛給事、近古例、寛治三年（一〇八九）正月十一日、堀川院御歳十一、始有御笛事、政長朝臣為御師匠、仍其息有賢被免昇殿、当座被仰歟」と見える。なお、ここで政長に対する賞としてその子有賢が昇殿を聴されたとあるが、恐らくこれは家として堂上家に列せられたということであろう。時中の子済政、孫の資通、曾孫の政長、いずれも六位蔵人からの昇進で、政長の子有賢からは右少将を経ての羽林家としての昇進であるのはそれがためであろう。因みに、有賢は承暦三年（一〇七九）二十歳で叙爵し、寛治三年（一〇八九）昇殿し、右少将・宮内卿等を経て従三位に昇る。その子資賢は保安四年（一一二三）十一歳で叙爵し、正四位下左少将から従三位に昇る。二度にわたり大相国平清盛の命により解官されながらも、正二位権大納言にまで昇り、寿永元年（一一八二）辞官・出家した。『吉記』に、「正二位前大納言源資賢卿落餝出家、生年七十、現世栄望過分之人也」とある如く、後白河天皇の郢曲の師であったからであろう、栄達を極め、この官位がその後の庭田家の先途となった。なお、資賢が没するのはこの六年後の文治四年（一一八九）のことである。資賢の後は、一男の通家が父に先立ち頓死したので二男時賢が嗣ぐ。通家の息の系統は別流となり岡崎と号し、のち佐々木野と称したが、南北朝時代に断絶した。時賢の息有資は、後深草・亀山・伏見三代の天皇の郢曲師範を勤め、世に鈴虫中納言とも称された。鈴虫の如き美声を以て今様催馬楽等を謡ったことによるのであろう。『尊卑分脈』に拠れば、有資の子女には政仲・経資・有経・信有・伏見院女房堀川局がいたことが知られる。このうち、有資の後嗣となったのは経資。信有は別流の綾小路家を起こした。経資は実は従二位藤原公直一男、母は有資の女というから、有資の孫にあたる。有資の養嗣子となった事情は明らかでないが、『庭田家譜』に拠れば、「正元元年二月十二日転左少将、十九歳、為外祖父有資子、嗣家改名経資」とあり、正元元年（一二五九）のことであったという。信有は上階した時の記載はなく、正安元年（一二九九）従三位・右兵衛督等の記載が初見で、年齢の記載もないが、『綾小路家譜』に拠れば、正元元年生れであるとする。そして永仁六年（一二九八）四十歳のとき従三位右兵衛督に叙任のことを記し、更に「以継神楽催馬楽郢曲、可為家督有　院宣、年月日不詳、郢曲和琴　伏見院御師範、年月日不詳、正安元年正月二十三日任兼修理大夫、四十一才、同年六月六日止右兵衛督、同年十二月卅日叙正三位」としてある。以上に拠れば、有資が養嗣子となったのと信有の出生は同年の正元元年で、信有が綾小路家を起こすことになった事情が推測される。この年、有資は五十八歳、子の政仲・有経はいずれも官位の具合から見ると、すでに夭折していたか家督として然るべしとはされなかったからのいずれかであろう、孫の有資を養嗣子としたところ、信有が出生し、しかも『尊卑分脈』の注記によれば、経資は「不相承家業云々」とされているのに対し、信有は「相伝家業、郢曲・和琴　伏見院郢曲御師　以継催馬楽家可為家督之由、有院宣云々」という状況から、庭田家とは別に綾小路家を起すことになったというのが実情であったのであろう。経資の子茂賢はあまり振わなかったが、その子重資は、女の資子が崇光天皇の典侍となり、栄仁親王（伏見宮始祖）を生み、建武三年（一三三六）二十一歳で蔵人頭より参議に列し、延文四年（一三五九）には正二位。四代にわたり権中納言にとどまっていた官も、嘉慶三年（一三八九）には家例に復し、権大納言に昇り、家格を再興させた。八十五歳。崇光上皇の後は足利将軍家より擁立された後光厳天皇が北朝を再興し、栄仁親王・貞成親王はともに皇位につく運に恵まれなかったが、庭田家が伏見宮家に近侍して変らぬ奉公の労を尽していることを、貞成親王はその子後花園天皇に『椿葉記』の中で、「崇光院以来この御所奉公の人々、まつ近習につきて申、綾小路ちかくは重資卿、老後に大納言になりて四代中絶の家を興せり、そのむすめ、崇光院位の御時、典侍にわたりて按察典侍殿とてさふらふ、加階して三位殿杉殿と申、とて親王（大通院）の御母、おもき人にて侍き、前宰相経兼卿は大納言の嫡孫にてあり、伽のためも、父母の恩をは不肖なりともおほしめしわするへからす」とある。資子は按察典侍と号し、杉殿と称され、従三位に叙せられた。大通院が第一皇子の栄仁親王で、経兼は資子の兄で、別流の田向家を起した資蔭の子。資蔭の舎弟で庭田家を嗣いだのが経有で、従四位下右少将で頓死した。経有女の幸子は貞成親王室となり、後花園天皇を生み、院号宣下あり敷政門院と称された。舎弟の重有は応永三十三年（一四二六）四十六歳で上階し、永享七年（一四三五）正三位、同十二年六月権大納言に昇り、翌七月六十歳で没した。従一位を贈られた。また、後花園天皇外祖父の故を以て、文安五年（一四四八）五月六日、故右少将経有の三十三年忌に当り、従一位左大臣が贈られた。出家の人に贈官位宣下は希有の例とされる。重有女の盈子は貞常親王室となり、邦高親王等を生み、従二位に叙せられ、孫の朝子は後土御門天皇の典侍となり、後柏原天皇を生み、皇太后を贈られた。また曾孫の源子も後柏原天皇の典侍となり、仁和寺宮覚道法親王等を生み、従二位を贈られた。このように庭田家は皇室および伏見宮家と深い関係を有した。そして、盈子の舎弟長賢は蔵人頭を経ず四位参議となり、正二位権大納言に昇り、内大臣を贈られ、朝子の舎兄雅行は従一位権大納言となり、源子の舎兄重経は三歳で叙爵し、正四位上蔵人頭を経て参議に列し、三十七歳、正三位で没した。権大納言重具の女具子は後陽成天皇の典侍となり、知恩院宮良純法親王の生母となり、重秀の女秀子が後光明天皇の典侍となった。また、重条の猶子栄顕が分流の大原家を起した。幕末、重胤は、尊皇攘夷派の公家として活躍したことで知られる。議奏加勢・国事御用掛となり、文久三年(一八六三)八月十八日政変により議奏格となった。権大納言重能の女嗣子は孝明天皇の典侍となり宰相と号し、皇女和宮親子内親王が将軍徳川家慶に降嫁する際に扈従して東下、江戸で没した。重條は議奏・院伝奏・武家伝奏、重孝は議奏に補された。日記には、『都黄記』(有資)、『重保朝臣記』、『庭田重条日記』、『庭田重孝日記』、『庭田重嗣日記』、『庭田重基日記』、『庭田重胤日記』、『庭田嗣子

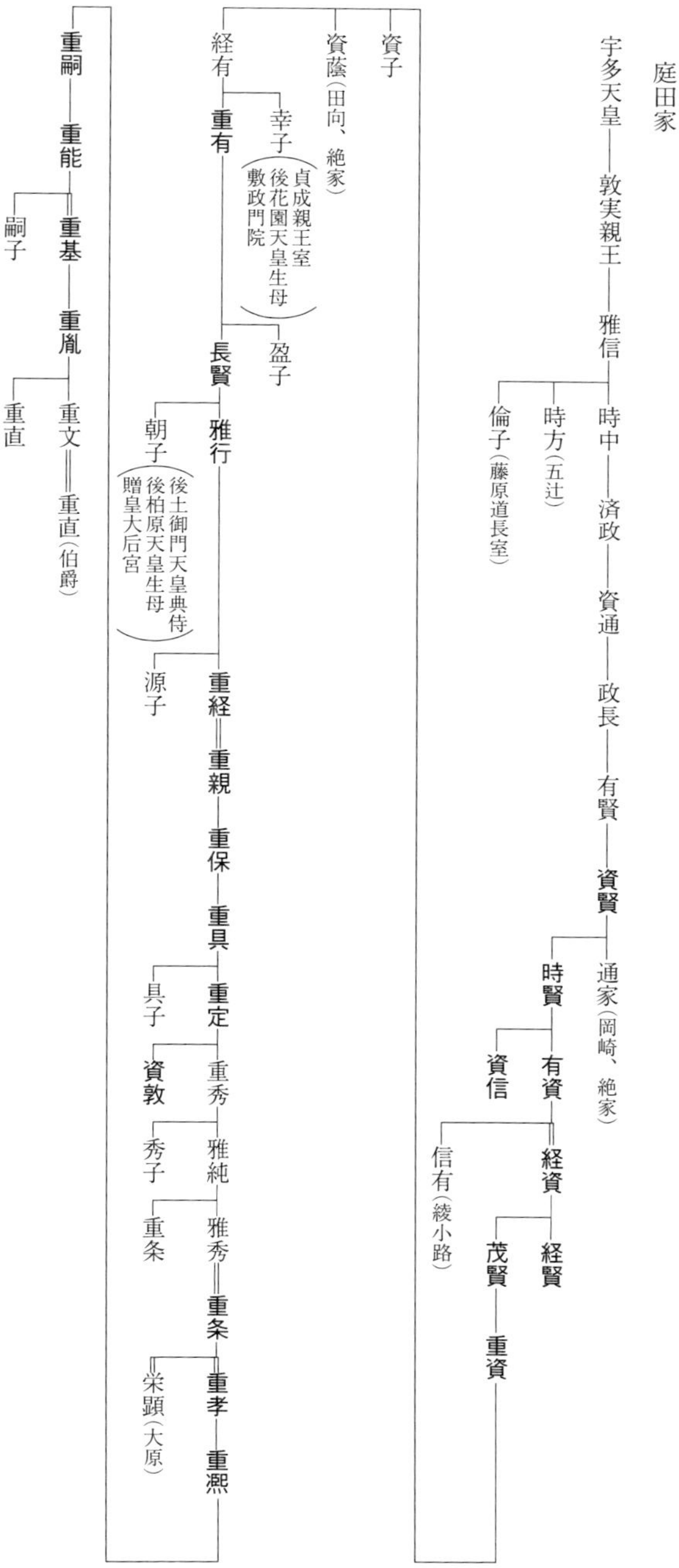

日記』、『和宮御側日記』などがある。明治十七年(一八八四)重直のとき、叙爵内規により伯爵を授けられた。菩提所は黒谷 龍光院。『庭田家譜』(東京大学史料編纂所架蔵、四一七五―二八〇)。

資賢　すけかた　一一一三―八八

保安4(一一二三)·11·14従五位下(禧子内親王給)、保安5·1·22丹波守(院分、進納大嘗会間女房四十人装束功)、天承1(一一三一)·12·24三川守、左兵衛権佐(兼)、天承2·4·10斎院長官、長承2(一一三三)·1·5従五位上(佐)、保延2(一一三六)·1·22重任(三川、兼佐)、保延3·1·5正五位下(佐)、4·16兼左少将、12·16越中守、保延5·1·5四位(少将労)、10·26従四位上(前斎院御給、成勝寺供養)、康治2(一一四三)·1·3正四位下(朝観行幸、院司)、久安2(一一四六)·1·23〈「22日」し〉備後守(得替年任之)、久安5·3·18上総介(造進新御願寺一字金輪堂功)、保元1(一一五六)·11·28辞上総介、以男中賢申任、保元2·1·24宮内卿(元前上総)、保元3·3·13修理大夫(去卿)、永暦2(一一六一)·1·27従三位(行幸院賞、別当)、修理大夫如元(旧)、応保2(一一六二)·6·2有事解官〈くし〉、-·-·-除名、6·23配流信乃国〈くし〉、永万1(一一六五)·6·5本位、永万2·7·15参議、仁安1(一一六六)·8·27兼近江権守〈くし〉、10·24帯剣〈くし〉、11·14正三位〈くし〉、嘉応2(一一七〇)·12·30権中納言、承安3(一一七三)·10·19従二位、承安4·1·21按察使、安元1(一一七五)·11·28中納言、安元2·3·6正二位、12·5被下辞状(中納言)、治承2(一一七八)·4·5中納言、治承3·-·-権大納言、11·17解官、-·-·-被出宮城、治承4·7·8被免勅勘、7·13入洛云々、養和1(一一八一)·-·-被聴朝参、12·4権大納言、寿永1(一一八二)·8·8〈3月カ〉辞退権大納言、3·20出家、文治4(一一八八)·2·26薨去〈く追〉

[死没]文治4(一一八八)·2·26　[年齢]76　[父]源有賢、一男　[母]備中守高階為家女　[法名]圓空　[公卿補任]1―452上　[大日本史料]4―2―321

時賢　ときかた　一一七六―一二五六

文治2(一一八六)·12·6五位、建久1(一一九〇)·1·20中務権少輔、建仁1(一二〇一)·1·5従五位上、元久1(一二〇四)·10·26右少将、元久2·1·29兼越後介、建永2(一二〇七)·1·5正五位下、承元3(一二〇九)·1·5四位、1·13安芸介、建暦1(一二一一)·1·18転中将、11·9近江介、11·11従四位上、建保4(一二一六)·5·9正四位下(中宮「御給」く追))、貞応1(一二二二)·1·6従三位(元右中将)、貞永1(一二三二)·12·2正三位、嘉禎3(一二三七)·1·5従二位、仁治2(一二四一)·9·-出家

[死没]康元1(一二五六)·4·16　[年齢]81　[父]源資賢、三男　[母]右大臣正二位徳大寺公能女　[号]綾小路　[公卿補任]2―46上

有資　ありすけ　一二〇四―七二

元久3(一二〇六)·1·6叙爵(女御琮子給)、建保4(一二一六)·12·14侍従、承久1(一二一九)·1·5従五位上、承久2·1·22阿波権介、4·6右少将、承久3·11·16正五位下(中宮御給、朔旦)、貞応2(一二二三)·1·6従四位下、2·1更任左少将、元仁2(一二二五)·1·27丹後権介、安貞1(一二二七)·1·5従四位上(宣陽門院御給)、寛喜2(一二三〇)·1·5正四位下(鷹司院御給)、1·24越中介(少将重兼国)、10·25転左中将、嘉禎4(一二三八)·2·27遷右兵衛督、3·7従三位、右兵衛督如元、暦仁2(一二三九)·1·28正三位、宝治2(一二四八)·1·23従二位、建長1(一二四九)·12·24参議、-·-·-去督、建長2·1·13兼備前権守、4·29帯剣、建長4·1·13辞参議、建長6·9·6正二位、文永5(一二六八)·1·29権中納言、2·30辞退(権中納言)、22聴本座、11·9按察使、文永7·1·21辞按察使、文永9·7·11出家、7·20薨去

[死没]文永9(一二七二)·7·20　[年齢]69　[父]源時賢、一男　[母]佐々木定綱女　[時人号]鈴虫中納言　[法名]阿寂　[日記]都黄記(一二三九)　[公卿補任]2―104上

資信　すけのぶ

承久1(一二一九)·8·16叙爵、12·13侍従、貞応2(一二二三)·1·27兼伊与介、嘉禄3(一二二七)·1·5従五位上、文暦1(一二三四)·12·21正五位下(前坊門院

永〔マゝ〕元年御給)、嘉禎4(一二三八)・1・5従四位下、1・7侍従如元、延応1(一二三九)・10・28従四位上、仁治3(一二四二)・12・25左近少将、寛元1(一二四三)・閏7・27正四位下(臨時)、寛元2・12・17転左中将、寛元4・2・23兼美乃守(院御分国)、建長2(一二五〇)・1・5従三位(承明門院当年御給)、元左中将、建長3・6・1出家

〔養父〕源時賢、三男 〔公卿補任〕2―149下 〔大日本史料〕5―35―214

経資 つねすけ 一二四一―?

寛元1(一二四三)・10・25叙爵(于時藤実泰)、寛元4・11・23従五位上(宣陽門院仁治年御給)、宝治1(一二四七)・7・16侍従(于時実泰、後改有忠云々)、建長7(一二五五)・2・18右少将(于時藤實連、先之有忠、或本元実泰後改実信云々)、建長8・1・6正五位下(従一位貞子当年給)、正嘉2(一二五八)・1・5従四位下(府労)、8・4還任、正嘉3・2・12転左少将(于時実連)、文応1(一二六〇)・11・7兼備中介(于時源経資)、11・15従四位上(大嘗会国司賞)、弘長1(一二六一)・9・26左中将、文永4(一二六七)・2・1正四位下、文永9・9・27復任(父有資卿也)、建治4(一二七八)・1・6従三位(元左中将)、元藤実泰心、改経連、又改源経資、弘安6(一二八三)・4・5正三位、正応1(一二八八)・9・12従二位、10・27参議、11・10兼近江権守、12・10勅授、正応2・1・13辞退(参議)、1・21聴本座、正応4・7・17正二位、正応5・閏6・16権中納言、12・30辞権中納言、正応6・1・12本座、永仁6(一二九八)・6・23按察使、嘉元2(一三〇四)・7・16出家、依後深草院御事出家

〔父〕庭田有資(実藤原公直、二男) 〔母〕正二位権中納言源有資女 〔前名〕実泰・有忠・実連・実清・実信・経連 〔号〕綾小路前按察使 〔法名〕生覚 〔公卿補任〕2―255上

経賢 つねかた

文永11(一二七四)・11・18従五位下(東二条院御給)、-・-・-従五位上、弘安9(一二八六)・8・5侍従、弘安11・1・7正五位下、正応1(一二八八)・7・16右少将、11・21従四位下(近江権守父経資譲)、正応2・3・18右少将還任、正応3・1・13兼美作介、2・7従四位上、正応5・11・5正四位下、12・25右中将、延慶1(一三〇八)・10・12従三位、元右中将、12・10宮内卿、延慶3・2・8兵部卿、4・7正三位、12・11止卿、正和3(一三一四)・-・-従二位、元亨1(一三二一)・5・-出家

〔父〕綾小路経資 〔法名〕田向 〔公卿補任〕2―401上

茂賢 しげかた ?―一三二五

弘安11(一二八八)・2・10叙爵、正応5(一二九二)・12・30従五位上、正応6・2・18侍従、永仁3(一二九五)・1・28正五位下、永仁4・4・13左少将、永仁5・閏10・23従四位下、永仁7・3・24〈「28日」イ〉従四位上、正安3(一三〇一)・1・6正四位下(新院御給)、徳治3(一三〇八)・9・17右馬頭(元前左少将)、延慶4(一三一一)・3・30兼備後介、4・15還左中将(去頭)、応長2(一三一二)・3・3従三位、元左中将、元亨3(一三二三)・-・-出家、正中2(一三二五)・6・3卒〈く追〉

〔死没〕正中2(一三二五)・6・3 〔父〕綾小路経資、二男 〔母〕正三位中山基雅女 〔公卿補任〕2―427上

重資 しげすけ 一三〇六―八九

-・-・-従五位下、延慶3(一三一〇)・1・5従五位上(加叙、玄輝門院御給)、延慶4・2・3右兵衛権佐〈やし〉、応長1(一三一一)・5・10還右馬頭、正和1(一三一二)・7・6正五位下、正和3・6・3遷左近少将、正和5・4・13従四位下、11・25還任左少将、元応2(一三二〇)・5・23辞少将、元亨2(一三二二)・1・5従四位上(院当年御給)、嘉暦2(一三二七)・7・16還右少将、嘉暦3・3・16正四位下、元徳1(一三二九)・9・26転中将、元弘1(一三三一)・10・28転左、元徳2(一三三〇)・11・7去中将、建武3〈延元1〉(一三三六)・8・15蔵人頭、内蔵頭、建武4〈延元2〉・3・29参議(元蔵人頭、内蔵頭)、10・13勅授帯剣、建武5・1・5従三位、暦応1〈延元3〉(一三三八)・12・12辞(参議)、暦応2〈延元4〉・1・9本座、12・27還任(参議)、暦応5〈興国3〉・3・30兼越後権守、康永2〈興国4〉(一三四三)・4・12正三位、康永3〈興国5〉・7・29権中納言、康永4〈興国6〉・8・25辞退(権中

納言)、貞和4〈正平3〉(一三四八)・4・12従二位、延文4〈正平14〉(一三五九)・4・21〈16日ともあり〉正二位、貞治5〈正平21〉(一三六六)・4・20賜去延文四年四月廿日今日位記、康応1〈元中6〉(一三八九)・8・13権大納言、薨去

〔死没〕康応1(一三八九)・8・13　〔年齢〕84　〔父〕庭田茂賢、一男　〔号〕庭田・綾小路　〔公卿補任〕2—566下

重有　しげあり　一三七八—一四四〇

応永33(一四二六)・1・6従三位、元右中将、永享4(一四三二)・3・-〈「3日」く追〉参議、永享7・1・5正三位、永享9・10・15勅授、永享10・3・30権中納言、永享12・6・27権大納言、-・-出家、7・20薨去

〔死没〕永享12(一四四〇)・7・20　〔年齢〕63　〔父〕庭田経有、一男　〔公卿補任〕3—110下

長賢　ながかた　一四〇八—八七

永享3(一四三一)・3・29左近少将(于時重賢、従五上、元侍従)〈さし〉、文安6(一四四九)・3・28参議元左中将(今日止之)、8・23奏慶〈さし〉、宝徳2(一四五〇)・3・21従三位、3・29兼安芸権守、宝徳3・3・12被下正三位位記、享徳2(一四五三)・3・24〈25日ともあり〉辞参議、10・8権中納言、康正2(一四五六)・3・29辞権中納言、寛正3(一四六二)・8・21権大納言、8・28出家

※参議叙任年に「正四位下」の記載あり、康正二年より「従二位」、宝徳四年のみ「成賢」、享徳二年より「長賢」

〔死没〕文明19(一四八七)・1・18　〔年齢〕80　〔父〕庭田重有、一男　〔前名〕重賢・政賢　〔号〕蒼玉院　〔法名〕祐紹　〔公卿補任〕3—160上　〔大日本史料〕8—19—715

雅行　まさゆき　一四三四—九五

宝徳3(一四五一)・3・26越後介(従四下、右少将兼-)〈し〉、右近中将(元少将)〈し〉、康正2(一四五六)・3・29参議、元蔵人頭左中将(止中将)、-・-兼中将、7・20従三位、康正3・3・29兼美乃権守、寛正6(一四六五)・10・3権中納言、12・14正三位、文明5(一四七三)・12・14従二位、文明7・1・28権大納言、文明9・9・6正二位、明応2(一四九三)・2・7兼按察使、明応3・12・5辞権大納言、明応4・1・23従一位、2・20薨去

※参議叙任時は「正四位上」、寛正六年より「相模権守」

〔死没〕明応4(一四九五)・2・20　〔年齢〕62　〔父〕庭田長賢　〔前名〕重行　〔公卿補任〕3—182下

重経　しげつね　一四六五—一五〇一

文正2(一四六七)・1・5叙爵(「叙位」や)、文明15(一四八三)・-・-従五位上、-・-侍従、文明16・12・30右少将、文明19・-・-正五位下、長享2(一四八八)・4・17従四位下(連年〔や無〕)、延徳2(一四九〇)・4・17右中将、-・-・-従四上、延徳-・-・-正四下、延徳-・-・-〈「延徳4年1月22日」く追〉蔵人頭、明応1(一四九二)・7・-正四位上、明応5・8・19参議、元蔵人頭右中将、中将如元、明応6・8・13従三位、文亀1(一五〇一)・2・29正三位、10・25薨去

※明応八年〈「七年」やく〉より「左中将」

〔死没〕文亀1(一五〇一)・10・25　〔年齢〕37　〔父〕庭田雅行、一男　〔一字名〕真　〔法名〕真経　〔公卿補任〕3—293上

重親　しげちか　一四九五—一五三三

文亀1(一五〇一)・12・26叙爵、永正2(一五〇五)・1・20侍従、永正3・1・24従五位上、永正5・1・11右少将、永正7・1・21正五位下、永正9・4・30従四位下、永正10・5・18転中将、永正14・2・10従四位上、永正18・3・17正四位下、6・27蔵人頭、7・6禁色、8・13正四位上、大永2(一五二二)・3・29兼武蔵権守、大永4・1・26参議、1・27中将如元、元蔵人頭右中将、7・12奏慶、12・25〈「28日」さ〉従三位、享禄1(一五二八)・9・8権中納言、享禄3・12・29正三位、天文2(一五三三)・12・13下向南都、12・24〈「23日」さ〉薨去

〔死没〕天文2(一五三三)・12・24　〔年齢〕39　〔父〕庭田重経(実中山宣親)　〔母〕法印蓮如光寿女　〔一字名〕貞　〔公卿補任〕3—363上

重保　しげやす　一五二五—九五

大永5(一五二五)・7・23誕生、享禄2(一五二九)・12・29

叙爵、天文3(一五三四)・12・27侍従☆、天文4・12・28従五位上、天文7・3・8安芸権介、7・28右少将、天文8・1・5正五位下、天文11・1・3従四位下、天文12・3・25甲斐権介、天文13・7・5従四位上、天文14・3・25転中将、天文16・3・23蔵人頭、4・29正四位下、7・9正四位上、天文23・2・17〈「27日」や〉美乃権守☆、天文24・8・13参議(元蔵人頭)☆、右中将如元、9・13従三位、弘治3(一五五七)・1・12正三位、永禄1(一五五八)・3・18権中納言、4・19勅授、永禄4・1・29従二位、天正3(一五七五)・4・11権大納言、天正4・1・5正二位、6・-蟄居、11・-出仕、天正10・2・17辞権大納言、天正12・12・16按察使、文禄4(一五九五)・8・26薨去☆

〔死没〕文禄4(一五九五)・8・26　〔年齢〕71　〔父〕庭田重親　〔母〕正二位権大納言今出川季孝女　〔法名〕良祐　〔日記〕重保朝臣記(一五四八)　〔公卿補任〕3—438上

重具　しげとも　一五四七—九八

天文16(一五四七)・2・20誕生、天文18・6・23叙爵〈于時重頼〉、天文19・10・2改重通、天文20・3・27侍従、天文23・3・19従五位上、弘治2(一五五六)・1・13元服、昇殿、弘治3・1・5正五位下、永禄4(一五六一)・1・5従四位下、永禄6・7・6従四位上、7・23蔵人頭右中将、12・29正四位下〈年中両度〉、永禄12・6・1正四位上、元亀3(一五七二)・12・28参議(元蔵人頭)、右中将如元、天正2(一五七四)・1・5従三位、7・13直衣始、天正4・6・-蟄居、12・28権中納言☆、天正5・6・29勅授、11・17〈「16日」くま〉正三位☆、天正7・11・2辞権中納言、天正8・12・22〈「21日」くま〉従二位、天正9・3・10還任権中納言、天正13・1・6正二位、文禄5(一五九六)・8・29改重具、慶長2(一五九七)・2・2権大納言、慶長3・1・17〈「6」く拙記〉薨去

〔死没〕慶長3(一五九八)・1・17　〔年齢〕52　〔父〕庭田重保、一男　〔母〕内大臣従一位広橋兼秀女　〔前名〕重頼・重通　〔法名〕良貞　〔公卿補任〕3—467上

重定　しげさだ　一五七七—一六二〇

天正5(一五七七)・-・-誕生、天正6・12・27叙爵、天正9・12・29侍従、天正11・12・17従五位上(童形)、12・18元服、侍従〈く無〉、昇殿、天正14・1・15正五位下、天正16・4・12右少将、文禄2(一五九三)・閏9・4従四位下、少将如元、慶長6(一六〇一)・1・6従四位上、慶長11・1・6正四位下、慶長16・4・21転任右中将、慶長17・1・11参議、右中将如元、慶長18・1・6従三位、7・19去参議、元和1(一六一五)・12・6〈16日ともあり〉権中納言☆、元和2・12・3辞権中納言、元和6・7・29薨去

〔死没〕元和6(一六二〇)・7・29　〔年齢〕44　〔父〕庭田重具、一男　〔母〕権僧都純恵女　〔号〕信田院峯月良珍　〔法名〕良珍　〔公卿補任〕3—536下　〔大日本史料〕12—34—148

資敦　すけあつ　一六一八—六二

元和4(一六一八)・1・2誕生、寛永2(一六二五)・10・5叙爵、寛永9・3・28元服、木工頭、寛永10・1・5従五位上☆、寛永13・1・5正五位下、寛永17・1・5従四位下、寛永21・1・5従四位上、正保5(一六四八)・1・5正四位下、承応1(一六五二)・12・7従三位、号佐々木野、承応4・1・5治部卿☆、明暦3(一六五七)・1・5正三位、寛文2(一六六二)・-・-薨去

〔死没〕寛文2(一六六二)　〔年齢〕45　〔父〕庭田重定、二男　〔母〕家女房　〔号〕佐々木野　〔公卿補任〕3—630下

重条　しげえだ　一六五〇—一七二五

慶安3(一六五〇)・2・14誕生、万治3(一六六〇)・9・28叙爵、元服、12・1大膳権大夫☆〈于時伏見宮殿上人〈ま〉〉、寛文5(一六六五)・12・18為雅秀子、従五位上、侍従、昇殿、寛文7・12・12右少将☆、寛文9・12・24〈去正五分〉正五位下、寛文11・10・21従四位下☆、延宝2(一六七四)・12・17右中将☆、延宝3・10・2〈去正五分〉従四位上☆、延宝5・閏12・11蔵人頭☆、延宝6・1・5正四位下☆、6・13正四位上☆、延宝8・7・29辞職被止出仕、延宝9・2・14勅免、天和1(一六八一)・11・21還補、11・23禁色、天和2・2・10左中将、12・24参議(左中将如元)、天和3・8・28〈「27日」ま〉〈去正月五日分〉従三位、貞享1(一六八四)・12・

23権中納言、貞享4・2・29〈去々年正月六日分〉正三位、12・29辞権中納言、元禄7（一六九四）・12・25〈去正月五日分〉従二位、元禄10・7・25権大納言、8・23辞権大納言、宝永1（一七〇四）・12・26正二位、享保3（一七一八）・閏10・1従一位、12・20出家

[死没]享保10（一七二五）・7・16 [年齢]76 [父]庭田雅秀男（実庭田雅純、二男） [母]家女房 [一字名]正・則 [法名]堯祐 [日記]庭田重条日記（一六八九―一七二〇） [公卿補任]4―65下

重孝 しげたか 一六九二―一七四五

元禄5（一六九二）・10・25誕生、元禄12・1・5叙爵、宝永3（一七〇六）・3・27当家相続、4・5改源重孝（旧藤幸親）、4・13侍従、従五位上（童形）、4・29元服、昇殿、宝永5・12・11正五位下、宝永6・9・28右少将、宝永7・12・25従四位下、正徳2（一七一二）・12・25従四位上、正徳3・1・15右中将、正徳5・6・6正四位下、12・1蔵人頭、12・5禁色、12・10〈「7日」ま〉正四位上、享保1（一七一六）・9・6〈ま〉喪実父、10・26除服出仕復任、享保3（一七一八）・6・4参議（中将如旧）、10・24拝賀着陣、12・26従三位、享保7・5・18権中納言、6・3帯剣、6・7直衣、享保8・12・26正三位、享保14・2・16従二位、享保16・2・10権大納言、享保19・6・11正二位、享保20・2・25辞権大納言、延享2（一七四五）・閏12・19薨去

[死没]延享2（一七四五）・閏12・19 [年齢]54 [父]庭田重条（実中山篤親、二男） [母]参議従二位花園実満女 [前名]幸親 [日記]庭田重孝日記（一七〇八―二三） [公卿補任]4―229下

重熈 しげひろ 一七一七―八九

享保2（一七一七）・9・21誕生、享保4・1・9〈去五日分〉叙爵☆、享保6・2・20侍従（童形）、享保7・3・21従五位上、享保8・11・18元服、昇殿、享保9・12・26正五位下、享保12・10・30右少将、享保13・12・21従四位下、享保17・4・23兼春宮権亮、閏5・2拝賀、7・13従四位上、転右中将（権亮如旧）、享保18・12・24転亮、2・27拝賀〈ま〉、享保20・3・21止亮（依受禅）、元文2（一七三七）・3・7〈去正六分〉正四位下、9・23蔵人頭、9・28拝賀従事、11・7禁色、12・22正四位上（年中二ヶ度）、元文3・2・9神宮奉行、12・7免神宮奉行、元文4・11・14〈ま〉兼美作権守☆、元文5・1・28参議（中将権守如旧）、2・27拝賀着陣、寛保1（一七四一）・12・21従三位、寛保2・12・28止権守、寛保3・11・1近江権守、延享3（一七四六）・4・2権中納言、12・30帯剣、延享4・1・8聴直衣、2・1正三位、5・27兼皇太后宮権大夫（立后日）、延享5・7・28庶盛親王家勅別当、寛延三年（一七五〇）・6・26止権大夫、宝暦2（一七五二）・6・14〈去年十月一日規長卿同日分〉従二位、宝暦6・5・10権大納言、閏11・25正二位、宝暦10・12・6辞権大納言、安永8（一七七九）・5・29〈去四月十四日位記〉〔従一位〕、天明4（一七八四）・3・14出家、寛政1（一七八九）・8・12薨去☆

[死没]寛政1（一七八九）・8・12 [年齢]73 [父]庭田重孝、一男 [母]正三位権中納言野宮定基女 [法名]堯真 [公卿補任]4―342下

重嗣 しげつぐ 一七五七―一八三一

宝暦7（一七五七）・1・30誕生、宝暦9・2・12従五位下、宝暦12・1・28従五位上、宝暦13・8・4侍従、宝暦14・9・13元服、昇殿、12・15正五位下、明和3（一七六六）・1・5従四位下、明和5・12・19従四位上☆、明和6・1・29右権少将、3・27拝賀、11・20服解（母）、明和7・1・18除服出仕復任、明和8・1・5正四位下、安永2（一七七三）・閏3・16転左権中将、8・28拝賀、安永4・閏12・2右兵衛督、安永5・1・5従三位、安永6・9・14参議、左近衛権中将☆、安永7・1・10正三位、天明7（一七八七）・4・28大嘗会検校、寛政1（一七八九）・5・22権中納言、6・6帯剣☆、6・8直衣始、12・19従二位、寛政9・3・30権大納言、5・17直衣始、8・5貞敬親王家別当、寛政10・1・5正二位、5・7兼按察使、5・25直衣始、享和1（一八〇一）・4・19辞権大納言、文化2（一八〇五）・12・8辞按察使、文政3（一八二〇）・6・15従一位、文政7・3・14出家

[死没]天保2（一八三一）・4・5 [年齢]75 [父]庭田重熈 [母]参議正二位唐橋在廉女 [法名]祐真 [日記]庭田重嗣日記（一七七九―八〇七） [公卿補任]4―548下

重能　しげよし　一七八二―一八四二

天明2(一七八二)・6・3誕生、天明3・8・22従五位下、天明5・1・14従五位上、天明7・1・25正五位下、寛政4(一七九二)・8・20元服、昇殿、侍従、従四位下、拝賀、寛政6・1・28従四位上、2・6左近衛権少将、2・24拝賀、寛政8・12・26内教坊別当、寛政9・1・4正四位下、享和1(一八〇一)・3・23転権中将(別当如旧)、3・25拝賀、12・2院別当、12・5拝賀、文化1(一八〇四)・2・11左近府年預、4・16蔵人頭(院別当如旧)、4・18禁色、4・19拝賀従事、4・25宿侍始、5・3正四位上、文化2・5・27着本陣、文化4・3・10左近府年預、11・5神宮奉行、文化5・3・10参議(左中将如元)、3・30拝賀着陣、4・2聴直衣、直衣始、4・7還補院別当、4・26〈「28日」ま〉拝賀、12・19従三位、文化7・1・10正三位、文化10・4・28権中納言、5・19聴直衣、直衣始、12・16賜後桜町院御服、文化11・1・27従二位、文化12・3・23賀茂下上社伝奏、文化13・3・7免伝奏、12・22忠道親王家勅別当、文化14・3・22院別当、文政1(一八一八)・5・28〔正二位〕、6・5帯剣、文政6・11・28権大納言、12・8直衣始、文政10・3・25彰信親王家別当、文政11・2・2辞権大納言、天保2(一八三一)・12・18辞別当、天保13・8・19〈去十七日分〉従一位、薨去

[死没]天保13(一八四二)・8・19　[年齢]61　[父]庭田重嗣、一男　[母]参議正三位高倉永範女　[公卿補任]5―185上

重基　しげもと　一七九九―一八四〇

寛政11(一七九九)・8・22〈ま〉誕生、寛政12・10・21従五位下、享和3(一八〇三)・1・5従五位上、文化3(一八〇六)・2・7正五位下、文化4・2・2侍従、2・15元服、昇殿、拝賀、文化5・1・5従四位下、文化7・2・1従四位上、文化8・12・21右近衛権少将、文化9・1・1拝賀、文化10・1・5正四位下、文政4(一八二一)・4・26転左権中将、5・10拝賀、文政7・6・4着本陣、6・5左近府年預、文政10・12・25蔵人頭、12・27禁色、12・28拝賀従事、12・29申行宿侍後朝之儀、文政11・1・20正四位上、5・28神宮奉行、文政12・3・16辞神宮奉行、天保1(一八三〇)・12・19兼美作権守、天保2・12・19神宮奉行、院別当、12・25院司慶、天保3・1・27参議、左中将美作権守等如故、3・7拝賀着陣、3・10聴直衣、直衣始、閏11・21従三位、天保5・4・16正三位、天保11・2・17薨去

[死没]天保11(一八四〇)・2・17　[年齢]42　[父]庭田重能(実中山愛親、九男)　[母]従一位右大臣大炊御門家孝女　[日記]庭田重基日記(一八二八―三三)　[公卿補任]5―347下

重胤　しげたね　一八二一―七三

文政4(一八二一)・8・16誕生、文政8・12・19従五位下、文政10・12・19従五位上、文政12・12・21正五位下、天保2(一八三一)・6・14侍従、7・17元服、昇殿、拝賀、8・28従四位下、天保4・1・23従四位上、天保5・8・4左権少将、8・28拝賀、天保7・1・15正四位下、天保11・2・17服解(父)、4・14除服出仕復任、天保13・8・19服解(祖父)、10・10除服出仕復任、天保14・2・8兼近江権介、弘化2(一八四五)・5・30転右中将(権介如故)、6・24拝賀、弘化3・6・13服解(母)、8・23除服出仕復任、弘化4・12・30秩満、嘉永3(一八五〇)・3・11蔵人頭、3・17禁色、拝賀従事、3・20申行宿侍後朝儀、5・2正四位上、嘉永6・5・15参議(権中将如元)、8・27拝賀着陣、8・28聴直衣、直衣始、11・25従三位、安政2(一八五五)・1・5正三位、文久2(一八六二)・1・23権中納言、2・24聴直衣、直衣始、4・25従二位、文久3・4・5帯剣、慶応1(一八六五)・12・27正二位、慶応3・9・27権大納言

[死没]明治6(一八七三)・6・29　[年齢]53　[父]庭田重基、一男　[母]家女房　[日記]庭田重胤日記(一八五〇―六七)　[公卿補任]5―482上

岡崎家(絶家)

雅賢　まさかた　?―一一九二

永暦1(一一六〇)・12・29叙爵(前無品聡子内親王

合爵)、上総介、応保2(一一六二)・6・15解官、永万2(一一六六)・8・24土佐守(止家光任之)、仁安2(一一六七)・8・18復任、仁安3・11・20従五位上(資賢卿大嘗会国司近江権守賞)、12・13右兵衛権佐(兼土佐守)、嘉応2(一一七〇)・7・26右少将(兼守)、嘉応3・1・13正五位下(朝覲行幸賞、院御給)、4・7土左守(重任宣旨)、4・21遷備中守、承安3(一一七三)・1・5従四位下(少将守等如元)、承安5・1・22備中守(重任)、安元2(一一七六)・12・5従四位上(除目次)、治承3(一一七九)・11・17解官、11・18出境外、治承5・5・26還任右少将、養和2(一一八二)・3・8正四位下(臨時)、転右中将(祖父資賢卿辞権大納言申任之)、寿永2(一一八三)・8・16播磨守(院分)、11・28解官、寿永3・4・7還任右中将、元暦2(一一八五)・6・10蔵人頭、文治1(一一八五)・12・29参議(元蔵人頭右中将、平親宗朝臣解官替〈く〉)、文治2・2・30讃岐権守、文治3・11・8従三位、建久1(一一九〇)・11・24〈10月26日カ〉辞退(参議)、建久3・3・15出家、9・-薨去

[死没]建久3(一一九二)・9　[父]源通家　[養父]源資方　[母]皇嘉門院雑仕真木屋　[公卿補任]1—510上　[大日本史料]4—4—174、4—16—補372

岡崎家

通家——雅賢——有雅——資雅——為雅

為守——守賢——守長

有雅　ありまさ　一一七六—一二二一

-・-・-叙位、文治5(一一八九)・12・30侍従、建久1(一一九〇)・10・26右少将(父卿辞三木申任之)、建久8・1・6従五位上(簡一)、建久9・1・19美濃守、正治1(一一九九)・11・27正五位下、建仁1(一二〇一)・12・22従四位下、建仁3・1・5従四位上(臨時)、10・24転権中将、元久1(一二〇四)・11・1正四位下、承元2(一二〇八)・7・9補蔵人頭、承元3・1・13参議、元蔵人頭、右中将如元、承元4・1・5従三位、建暦1(一二一一)・6・22正三位、建暦2・1・13右兵衛督、-・-為検別当、6・29権中納言、建保2(一二一四)・2・11辞別当、12・1転左、建保3・8・12辞退権中納言、-・-・-従二位、12・3帯剣、建保5・-・-辞督、建保6・1・5正二位、11・19聴本座、承久3(一二二一)・6・-出家、7・-被召下関東、7・29薨去

[死没]承久3(一二二一)・7・29　[年齢]46　[父]源雅賢　[母]但馬守某信綱女　[公卿補任]1—572上　[大日本史料]5—1—140

資雅　すけまさ　一二〇一—?

元久2(一二〇五)・11・29叙爵(臨時)、承元3(一二〇九)・10・30侍従、承元4・12・26従五位上(簡一)、建保1(一二一三)・1・13兼周防権介(侍従労)、建保2・1・5正五位下(修明門院御給)、建保4・12・14左少将、建保5・1・28兼丹後介(府)、建保6・1・5従四位下、承久2(一二二〇)・1・22右中将、12・18従四位上、承久3・1・13兼伊与権介、貞応1(一二二二)・11・22正四位下、嘉禄2(一二二六)・1・23兼丹波介(府労)、貞永1(一二三二)・閏9・27従三位(元蔵人頭右中将)、貞永2・1・30蔵人頭、仁治3(一二四二)・-・-出家〈一代要記〉

※寛元元年(一二四三)非参議従三位〔以後不見〕

[父]源有雅、一男　[母]従二位権中納言藤原範光女　[公卿補任]2—80上　[大日本史料]5—15—541

為守　ためもり

弘安9(一二八六)・6・3叙爵、正応2(一二八九)・1・19従五位上、正応3・9・21侍従、正応4・12・21兵衛権佐、正応5・11・23正五位下、永仁2(一二九四)・4・13右少将、永仁3・8・18解却見任、永仁4・1・5従四位下、永仁5・6・25還任少将、正安1(一二九九)・7・27従四位上、正安3・11・4近江介(大嘗会国司)、11・18正四位下(国司賞)、嘉元2(一三〇四)・10・7辞少将、正和5(一三一六)・1・5従三位、元前右少将、嘉暦2(一三二七)・8・21出家

[父]源為雅　[母]亀山院大輔局　[法名]本智　[公卿補任]2—454上

守賢　もりかた

延応3・8・2〈延慶3年カ〉叙爵、正和1(一三一二)・4・10従五位上、元亨2(一三二二)・2・25侍従、元亨3・1・13遷右兵衛佐、正中2(一三二五)・8・

1去佐、嘉暦2(一三二七)·12·16正五位下、元徳2(一三三〇)·3·22従四位下、元弘3(一三三三)·8·23右近少将、元弘4·1·13兼下野権介、建武1(一三三四)·12·17従四位上、建武2·4·7兼右馬頭、建武4〈延元2〉·1·9去頭、建武5·-·-去権介(秩満)、-·-·-去少将、暦応2〈延元4〉(一三三九)·1·5正四位下、暦応3〈興国1〉·4·1右中将、文和2〈正平8〉(一三五三)·12·17従三位(宣下)(元右中将、為御即位右親王代勤仕之)、12·26兵部卿、文和3〈正平9〉·10·22止兵部卿、文和4〈正平10〉·3·13出家
[父]源為守　[法名]顕円　[公卿補任]2—643下

田向家(絶家)

資蔭　すけかげ　?—一三九二
明徳3〈元中9〉(一三九二)·閏10·14薨去
❖永徳三年(一三八三)非参議従三位(初見)
[死没]明徳3(一三九二)·閏10·14　[父]庭田重資　[前名]資凞　[法名]賢円·性宗　[公卿補任]3—4上　[大日本史料]7—1—17

経兼　つねかね
応永18(一四一一)·12·14従三位、元右中将、応永28·7·20参議、応永29·1·5正三位、3·27辞参議、永享4(一四三二)·-·-改経兼、永享8·-·-出家
❖永享二年より「従二位」
[父]田向資蔭　[前名]経良　[公卿補任]3—73上

長資　ながすけ
永享5(一四三三)·7·24従三位、嘉吉2(一四四二)·1·5正三位、嘉吉3·3·16参議、文安3(一四四六)·3·29権中納言、文安4·1·5従二位、文安6·3·27〈28日ともあり〉辞権中納言
❖寛正三年(一四六二)前権中納言従二位〈く追〉〔以後不見〕
[父]田向経兼　[公卿補任]3—127下

経家　つねいえ　?—一四六一
康正2(一四五六)·1·5従三位、但申子細返上位記、賜去年八月廿一日記、康正3·3·29参議、-·-·-辞参議、寛正2(一四六一)·6·-薨去
[死没]寛正2(一四六一)·6　[父]田向長資　[公卿補任]3—184下

重治　しげはる　一四五二—一五三五
長享2(一四八八)·9·17従三位、左兵衛督如元、延徳2(一四九〇)·6·21参議、延徳4·2·24〈給去年十二月十八日叙正三位位記〉正三位、明応8(一四九九)·4·8権中納言、文亀1(一五〇一)·8·26〈賜去十八日従二位位記〉従二位、永正3(一五〇六)·10·19辞権中納言、永正4·2·16兵部卿、永正11·9·9〈「5月」さ〉補按察使、永正14·11·28正二位、天文4(一五三五)·7·21薨去
[死没]天文4(一五三五)·7·21　[年齢]84　[父]田向経秀　[公卿補任]3—277上

田向家
資蔭——経兼——長資——経家——重治

綾小路家　あやのこうじけ

宇多源氏の一流。庭田家の支流。庭田権中納言有資の五男綾小路権中納言信有を家祖とする。綾小路の称は、庭田家の祖時中が初めて号した。家格は羽林家。内々の家。有職故実·神楽·雅楽(琵琶·箏·笛·篳篥)·蹴鞠を家職とした。九条家の家礼。江戸時代の家領は二百石。家祖信有は、絃管歌舞等の技能を以て家職とする庭田家の家職継承の安定を図るために分流し家を起した。父有資は後深草·亀山·伏見三代の天皇の郢曲師範を勤め、その美声を以て世に鈴虫中納言と称され、文永九年(一二七二)七月に六十九歳で没したが、その後嗣は孫の経資。実は従二位藤原公直一男。母が有資の女。養嗣子となったのは『庭田家譜』に拠れば、正元元年(一二五九)のことで、時に有資五十八歳、経資は左少将、十九歳で実連と称

していた。『尊卑分脈』に拠れば、有資には他に政仲・有経という二子もあったが、その官位の具合から見ると、すでに夭折していたか家督として然るべしとはされなかったかのいずれかで、実連養子ということが早くから決められていたのであろう。しかし有資に新たに実子の信有が生まれ、種々の状況に変化をみることになったようである。信有の官歴については『公卿補任』によって知られるが、上階のことが明記されず、正安元年(一二九九)従三位・右兵衛督等の記載が突然見え、上階時の記載がないため、これに付随して記載される「尻付」も無い。年齢の付記も見えない。しかし、『綾小路家譜』に拠れば、信有の出生は経資が庭田家の嗣子・改姓・改名した同年の正元元年、上階は永仁六年(一二九八)のことであったことが知られる。『尊卑分脈』の注記に拠れば、庭田有資の養子経資には「不相承家業云々」、信有に「伏見院郢曲御師　相伝家業本譜等　郢曲　和琴　以継催馬楽家、可為家督之由、有院宣云々」とあることからすれば、庭田家に伝承されてきた郢曲・和琴等の技能を継承する上で、信有が別流の家祖となることが期待された事情が浮び上がってくる。そして綾小路家はこれらを家職とする家として引継がれていくことになる。『尊卑分脈』の注によれば、信有一男有時には「鞠　郢曲　左兵衛督　正三位　参議左中将」、二男で嫡子の有頼には「後伏後醍郢曲御師　郢曲　和琴　左中将正三　参議右兵督」、孫の敦有には「崇光院郢曲御師　郢曲　右兵衛左中将　参議正三位」、曾孫の信俊には「同院和琴勅弟　郢曲　和琴　従二左中将」、玄孫の有俊には「郢曲和琴篳篥　権中正二」等と見え、家職が代々継承され、官位はおおよそ参議中将を経て従二位権中納言を先途としたことを示している。有俊の子俊量は、正四位下右兵衛督を経て文明十五年従三位に上り、十八年には参議に列した。官位の昇進としては家例からすれば良い方であったが、経済的には極めて厳しいものがあったようである。『十輪院内府記』文明十八年三月二日条に、「及晩楽林入来、彼息源宰相依窮困可出家也、其趣調申状欲遣伝奏、此文章談合、書与草案了、郢曲道断絶之基、歎而有餘也」とあり、楽林有播(綾小路有俊)は、前内大臣中院通秀を訪い、息の源宰相(俊量)が窮困により出家を望んでいて、これを止むべきは幕府の援助を受けるより他なしとしてであろう、通秀は郢曲道の断絶を憂い嘆願文作成の依頼に応じ執筆している。これが成就した可能性は薄いが、その後俊量は曲りなりにも廷臣としての勤めを果し、長享三年(一四八九)には権中納言となり、位階も文亀三年(一五〇三)には正二位に昇ったが、永正十一年(一五一四)五月六十四歳で出家し、同十五年七月没した。時にその子資能は、従四位上右中将、二十五歳。十八年正四位下、大永二年(一五二二)三月丹後介となったが、窮困に依るか否かは判然としないが、その後出家し、相続の人もなく、ここに家名中絶することになる。それより九十余年、慶長十八年(一六一三)七月に至り、同族の五辻従三位之仲の四男高有により綾小路の家名が再興された。このとき高有は十九歳、叙爵し元服昇殿を聴され侍従に任ぜられた。『綾小路家譜』に拠れば、元和元年(一六一五)九月二十三日家禄百石を賜い、同五年十月十二日家禄百石加増と見えるが、江戸時代中期の状況を示す『禁裡御所并宮家公家御領地記』には、「一、百石　城州乙訓郡西土川村、一、九拾弐石五斗　同寺戸村、一、七石四斗　同上久世村、高合弐百石」とあるから、領地の給付であったのであろう。高有は参議正三位、その子俊景、孫の有胤は従二位権中納言となり、曾孫の俊宗は正二位に昇り、宝暦八年(一七五九)九月権大納言(暫時)となり、これがこの家の先途となる。その子有美は議奏も勤めたこともあり、やはり正二位前権中納言から寛政元年(一七八九)四月権大納言に転じ、翌月辞した。同五年九月病気危急に及び、「先年議奏役勤仕、且家業毎度再興賞」として本座を聴され、同日七十二歳で没した。日記には、『有頼卿記』、『敦有卿記』、『信俊卿記』、『有俊卿記』がある。明治十七年(一八八四)有良のとき、叙爵内規により子爵を授けられた。菩提所は洛東 西方寺。『綾小路家譜』(東京大学史料編纂所架蔵、四一七五―一五六)。

信有　のぶあり　一二五八?―一三二四

永仁7(一二九九)・1・23兼修理大夫、正安1(一二九九)・6・6止督、12・30正三位、嘉元3(一三〇五)・12・30刑部卿、嘉元4・2・5去卿、徳治3(一三〇八)・2・7還任修理大夫、延慶1(一三〇八)・12・10従二位、延慶2・3・23参議、11・18近江権守、11・23正二位、延慶3・2・8辞参議、応長1(一三一一)・5・26権中納言、6・12帯剣、閏6・26〈閏6月9日ともあり〉辞権中納言、閏6・11本座、正和2(一三一三)・10・17出家

※正安元年非参議従三位(初見)、この年に「右兵衛督」の記載あり

[死没]正中1(一三二四)・9・10　[年齢]67カ　[父]庭田有資　[法名]了念　[公卿補任]2―349下

綾小路家

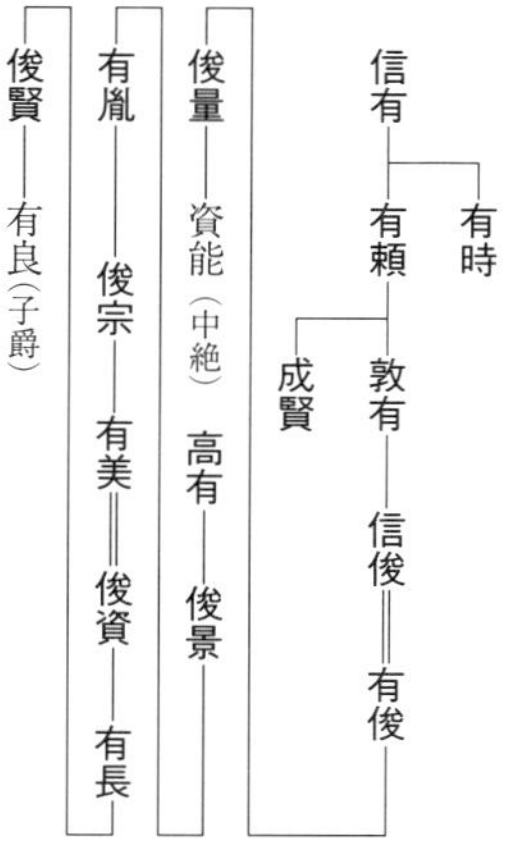

有時　ありとき　?―一三一八

弘安11(一二八八)・2・21叙爵、正応3(一二九〇)・7・21従五位上、11・21侍従、正応5・12・25遷右馬頭(父信有譲)、正応6・1・13正五位下、永仁3(一二九五)・12・9従四位下、永仁5・3・24〈「永仁6年」イ〉兼伯耆介、永仁6・11・19従四位上(大嘗会叙位、玄輝門院御給)、正安2(一三〇〇)・1・11正四位下(朝覲行幸、東二条院御給)、正安3・3・14去頭、乾元2(一三〇三)・2・6右京大夫、嘉元2(一三〇四)・10・11遷左少将(去大夫)、嘉元3・1・22兼丹波権介、3・8〈や〉更兼右京大夫、嘉元4・2・5転右中将(去大夫)、延慶2(一三〇九)・9・26右京大夫、応長1(一三一一)・8・7去大夫、応長2・1・5従三位、元右中将、正和2(一三一三)・9・6左兵衛督、正和4・3・13参議、7・29帯剣、正和5・1・5正三位〈正二位ともあり〉、1・13周防権守、4・13辞退(参議)、4・21聴本座、文保2(一三一八)・11・14薨去

[死没]文保2(一三一八)・11・14　[父]綾小路信有　[母]正四位下右近衛中将源教俊女　[公卿補任]2―426下

有頼　ありより　一二九五―一三二九

永仁4(一二九六)・3・9叙爵、永仁6・10・10従五位上、徳治3(一三〇八)・9・17正五位下、延慶2(一三〇九)・2・19越前守、延慶3・1・5従四位下、3・9右少将(兼越前守)、応長1(一三一一)・閏6・9従四位上、8・7兼右京大夫、正和2(一三一三)・8・7右中将、正和3・1・5正四位下、正和5・閏10・4右兵衛督、文保1(一三一七)・4・16左兵衛督(元前右兵衛督)、元応2(一三二〇)・12・29従三位(元前左兵衛督)、正中3(一三二六)・4・23右京大夫、嘉暦1(一三二六)・11・22参議、嘉暦2・3・24兼備中権守、止大夫、6・16辞(参議)、嘉暦3・3・16正三位、6・8本座、嘉暦4・7・18薨去

[死没]嘉暦4(一三二九)・7・18　[年齢]35　[父]信有、二男　[母]家女房　[日記]有頼卿記(一三一三―二九)　[公卿補任]2―483下

敦有　あつあり　一三二二―一四〇〇

・・・・従五位下、嘉暦2(一三二七)・6・16従五位上、嘉暦3・9・30侍従、元徳1(一三二九)・11・24〈12月カ〉正五位下、建武1(一三三四)・12・17従四位下(侍従不叙留カ)、暦応2〈延元4〉(一三三九)・1・5従四位上、暦応5〈興国3〉・1・5正四位下、延文2〈正平12〉(一三五七)・4・15従三位、右兵衛督如元、延文3〈正平13〉・3・16〈「8月12日」さ〉止督、延文4〈正平14〉・8・11参議、延文5〈正平15〉・3・19帯剣、延文6〈正平16〉・3・27兼安芸権守、康安2〈正平17〉(一三六二)・・・辞退(参議)、4・14聴本座、貞治5〈正平21〉(一三六六)・1・5正三位、永和2〈天授2〉(一三七六)・1・6従二位、康暦2〈天授6〉(一三八〇)・4・28出家

[死没]応永7(一四〇〇)・2・15 [年齢]79 [父]綾小路有頼 [母]正四位下右馬権頭藤原光久女 [法名]了禅 [日記]敦有卿記(一三四一-九八) [公卿補任]2—657下 [大日本史料]7—4—449

成賢 なりかた ?—一三九一

-・-・- 叙爵、-・-・- 侍従、暦応3〈興国1〉(一三四〇)・4・26従五位上、暦応5〈興国3〉・1・10左少将、貞和3〈正平2〉(一三四七)・1・5正五位下、貞和6〈正平5〉・1・5従四位下、文和2〈正平8〉(一三五三)・12・21従四位上、文和3〈正平9〉・3・28伊与権介、文和4〈正平10〉・12・27左近権中将、文和5〈正平11〉・1・6正四位下、貞治5〈正平21〉(一三六六)・4・19〈やし〉従三位、応安4〈建徳2〉(一三七一)・1・5正三位、応安7〈文中3〉・12・20参議、永和1〈天授1〉(一三七五)・3・29兼遠江権守、永和2〈天授2〉・2・12辞参議、康暦1〈天授5〉(一三七九)・1・6従二位、明徳2〈元中8〉(一三九一)・4・5薨去

[死没]明徳2(一三九一)・4・5 [父]綾小路有頼 [公卿補任]2—690上

信俊 のぶとし 一三五五—一四二九

応永14(一四〇七)・-・- 〈「1月5日」く追〉従三位、応永19・1・5正三位、4・17参議、応永20・2・1兼讃岐権守、応永21・3・- 〈「16日」く追〉辞参議、4・7本座、応永27・1・5従二位、応永35・3・30権中納言〈やし〉、正長1(一四二八)・11・3辞権中納言〈やし〉、永享1(一四二九)・6・18薨去

[死没]永享1(一四二九)・6・18 [年齢]75 [父]綾小路敦有 [母]従四位上丹波守藤原光遠女 [法名]了信 [日記]信俊卿記(一三九二-一四二九) [公卿補任]3—64下

有俊 ありとし 一四一九—?

応永29(一四二二)・8・3叙爵、応永30・-・-侍従、永享2(一四三〇)・8・6左少将、永享3・1・6正五位下、嘉吉2(一四四二)・1・5従四位下、嘉吉3・3・-右中将、文安3(一四四六)・4・-給去二九日従四位上位記、4・-兼丹波権介、文安4・-・-正四位下、文安5・8・27右兵衛督、宝徳2(一四五〇)・3・21従三位、左兵衛督如元、4・17被下件位記、宝徳3・3・26参議、12・30帯剣、宝徳4・3・23兼讃岐権守、6・13辞参議、享徳2(一四五三)・11・18賜去宝徳三年三月廿日正三位々記、康正1(一四五五)・8・27権中納言、康正2・3・29辞権中納言、長禄1(一四五七)・12・15賜去康正元八月一日従二位々記、長禄2・7・22按察使、8・3辞之、寛正6(一四六五)・1・5正二位、応仁2(一四六八)・8・27出家

※康正二年は従二位

[父]綾小路信俊(実山科行有) [法名]有播 [日記]有俊卿記(一四五三-八二) [公卿補任]3—164下 [大日本史料]8—2—62

俊量 としかず 一四五一—一五一八

長禄4(一四六〇)・2・21叙爵、寛正2(一四六一)・3・28侍従(童体)、12・25〈「22日」くイ〉元服、寛正3・1・2昇殿、寛正6・3・24兼出雲権介、5・6従五位上、8・6右近少将、応仁1(一四六七)・3・22正五位下、文明2(一四七〇)・12・8従四位下、文明3・9・30転任左近衛権中将、文明5・4・25従四位上、11・21喪母、文明6・1・20復任、文明9・12・13正四位下、文明12・3・29兼丹波権介、文明13・7・26右兵衛督(去中将)、文明15・4・12従三位、右兵衛督如元、文明17・4・-〈「20日」く追〉参議、長享2(一四八八)・9・17辞参議、12・19〈く〉正三位、長享3・2・23権中納言、明応2(一四九三)・-・-辞権中納言、明応3・1・6従二位、文亀3(一五〇三)・6・5正二位、永正11(一五一四)・5・-辞使、9・28出家、永正15・7・10薨去

※明応七年より「按察使」、長享元年は左近中将

[死没]永正15(一五一八)・7・10 [年齢]68 [父]綾小路有俊 [法名]景琇 [日記]俊量日記 [公卿補任]3—264下 [大日本史料]9—8—67

高有 たかあり 一五九五—一六四四

慶長18(一六一三)・7・13従五位下、7・14元服、昇殿、7・15侍従、慶長19・1・11右少将、元和3(一六一七)・1・5従五位上〈くま〉、元和6・1・5正

五位下、寛永2(一六二五)・1・5従四位下、寛永4・1・26右中将、寛永5・2・10従四位上、寛永9・1・5正四位下、寛永13・1・5従三位、綾小路流相続、寛永18・1・5〔正三位〕、寛永20・9・15参議、10・15辞参議、寛永21・1・25薨去

〔死没〕寛永21(一六四四)・1・25　〔年齢〕50　〔父〕五辻之仲、二男　〔公卿補任〕3—582下

俊景　としかげ　一六三二—八八

寛永9(一六三二)・1・2誕生、寛永12・1・5従五位下、寛永17・12・19元服、従五位上、侍従、正保2(一六四五)・1・6正五位下、正保3・1・11右少将、正保5・1・5従四位下、慶安5(一六五二)・1・5従四位上、1・11右中将、明暦1(一六五五)・11・26正四位下、万治2(一六五九)・1・5従三位、本俊良、寛文5(一六六五)・12・23正三位、寛文8・2・27参議☆、寛文12・12・26〈去八年十二月廿二日分〉従二位☆、12・28権中納言、寛文13・1・9帯剣、延宝2(一六七四)・12・15聴直衣、延宝4・12・23辞権中納言、天和2(一六八二)・12・5正二位、元禄1(一六八八)・6・17薨去

〔死没〕元禄1(一六八八)・6・17　〔年齢〕57　〔父〕綾小路高有　〔母〕権大納言正三位冷泉為満女　〔前名〕俊良　〔法名〕有理　〔公卿補任〕3—655下

有胤　ありたね　一六六四—一七四二

寛文4(一六六四)・10・12誕生、寛文8・1・6叙爵、延宝2(一六七四)・11・8元服☆、昇殿☆、侍従、従五位上☆、延宝6・1・5正五位下☆、12・19右少将、天和3(一六八三)・1・5従四位下、12・27右中将、貞享3(一六八六)・閏3・27従四位上☆、貞享4・5・21正四位下(御代始御神楽俊景卿秘曲賞讃)、貞享5・6・17喪父、8・12〈「11日」家譜〉除服出仕復任、元禄4(一六九一)・12・21〈去正月六日分〉従三位、元禄12・12・28〈去年正月五日定経公韶卿同日分〉正三位、元禄16・12・28右兵衛督、宝永2(一七〇五)・6・19参議、宝永3・12・23〈去正月五日分〉従二位、正徳3(一七一三)・12・23辞両官、享保3(一七一八)・4・24権中納言、5・1直衣、辞権中納言、寛保2(一七四二)・9・6薨去

〔死没〕寛保2(一七四二)・9・6　〔年齢〕79　〔父〕綾小路俊景　〔母〕従二位権中納言藤谷為賢女　〔公卿補任〕4—107下

俊宗　としむね　一六九〇—一七七〇

元禄3(一六九〇)・3・8誕生、元禄7・12・25〈去正五分〉叙爵、元禄16・2・28元服、昇殿、侍従、従五位上、宝永3(一七〇六)・1・21〈去五分〉正五位下、5・29右少将、宝永6・3・16〈去正五分〉従四位下、9・28右中将、正徳2(一七一二)・12・25従四位上、正徳5・1・11〈去五分〉正四位下、享保4(一七一九)・1・9〈去五日分〉従三位、享保8・1・23右兵衛督、享保9・閏4・2正三位、享保10・2・19参議、享保15・12・26辞両官、享保18・5・24権中納言、6・28帯剣、7・5聴直衣、享保19・10・25〈去廿一日分〉従二位、元文2(一七三七)・2・19辞権中納言、元文3・7・21按察使、延享4(一七四七)・2・1正二位、宝暦8(一七五八)・9・14権大納言、9・19聴直衣、9・21辞権大納言、明和7(一七七〇)・9・1薨去

〔死没〕明和7(一七七〇)・9・1　〔年齢〕81　〔父〕綾小路有胤　〔母〕家女房　〔公卿補任〕4—237下

有美　ありよし　一七二二—九三

享保7(一七二二)・8・28誕生、享保10・1・6〈去五分〉叙爵☆、享保20・1・28元服、昇殿、侍従、従五位上、2・20服解(「母」〈ま〉)、閏3・12除服出仕復任、享保21・5・1正五位下、元文3(一七三八)・12・24右少将、元文4・2・1従四位下、寛保2(一七四二)・12・24従四位上、寛保3・10・1兼上野権介、延享2(一七四五)・閏12・16正四位下、延享3・12・24兼肥後権介、延享4・4・14左中将(権介如故)、寛延1(一七四八)・5・24従三位(去年三ヶ夜内侍所〔ま〕御神楽父俊宗卿秘曲賞讃)、寛延3・8・7右兵衛督、宝暦3(一七五三)・9・17正三位、宝暦4・2・19参議、3・29帯剣、宝暦5・3・3安芸権守、宝暦10・3・9辞参議、3・10権中納言、3・29直衣〈ま〉、12・26従二位、宝暦13・9・14按察使、12・19正二位、明和1(一七六四)・7・28辞権中納言、安永8(一七七九)・12・12賜後桃園院御服、安永9・12・11還任権中納言、天明1(一七八一)・11・25辞権中納言、寛政1(一七八九)・4・5権大納言、4・28直衣始、5・11辞権大納言、

寛政5・9・15薨去

[死没]寛政5(一七九三)・9・15 [年齢]72 [父]綾小路俊宗 [母]正二位権大納言久世通夏女 [公卿補任]4―389上

俊資 としすけ 一七五八―一八三三

宝暦8(一七五八)・11・4誕生、宝暦13・8・28為有美卿子、10・14叙爵、明和2(一七六五)・3・16元服、昇殿、侍従、明和3・1・9従五位上、明和4・9・3服解(養母)、閏9・24除服出仕復任、明和6・1・9正五位下、11・20服解(実母)、明和7・1・18除服出仕復任、8・29従四位下(祖父俊宗卿多年曲預勤労賞譲)、明和8・12・8右権少将、12・18奏慶、安永3(一七七四)・5・23〈去四十七宣〉従四位上、安永4・1・5補院別当、1・13奏慶、安永5・9・1左権中将、9・4奏慶、安永6・1・9正四位下、安永9・1・19従三位、天明4(一七八四)・9・16〈賜去正月八日位記〉正三位、天明7・5・26宮内卿、寛政8(一七九六)・3・1参議、4・21帯剣、寛政10・12・19〈賜去年正月廿二日位記〉従二位、寛政12・6・15辞両官、7・1権中納言、7・20聴直衣、直衣始、享和4(一八〇四)・1・11辞権中納言、文化2(一八〇五)・12・19任按察使、文化4・12・19正二位、文政7(一八二四)・7・1権大納言、7・21直衣始、7・26辞権大納言、天保4(一八三三)・11・17薨去

[死没]天保4(一八三三)・11・17 [年齢]76 [父]綾小路有美(実庭田重熈、二男) [母]正二位藤谷和忠女(実参議正二位唐橋在廉女) [公卿補任]5―7上

有長 ありなが 一七九二―一八八一

寛政4(一七九二)・10・4誕生、寛政9・12・26従五位下、寛政11・3・11元服、昇殿、3・16侍従(小除目)、寛政12・1・8従五位上、享和3(一八〇三)・1・17正五位下、文化3(一八〇六)・3・16〈去正十八分〉従四位下、文化6・1・25左近衛権少将、2・27拝賀、3・22〈去正十七分〉従四位上、文化9・1・20〈去四分〉正四位下、文化11・6・18転権中将、7・24拝賀、文化12・12・19〔従三位〕12・27着本陣、文化14・12・21正三位、天保3(一八三二)・3・13参議、3・25帯剣、12・19近江権守、天保4・6・26従二位、天保11・12・20賜太上天皇御服、弘化5(一八四八)・2・27権中納言、嘉永1(一八四八)・3・5帯剣、3・7聴直衣、4・4正二位、2・27権中納言、4・20辞権中納言、5・15任按察使、安政5(一八五八)・3・24権大納言、4・11聴直衣、5・2辞権大納言、安政6・4・24任按察使、慶応3(一八六七)・1・27賜大行天皇御当色、2・2賜御素服

[死没]明治14(一八八一)・2・12 [年齢]90 [父]綾小路俊資 [母]広幡前秀養女忠子 [公卿補任]5―237上

俊賢 としかた 一八二四―五四

文政7(一八二四)・閏8・23誕生、文政10・11・26従五位下、天保2(一八三一)・3・29元服、昇殿、従五位上、天保4・11・17正五位下(祖父俊資卿累年曲所預勤労賞譲、推叙)、天保7・5・23侍従、12・19従四位下、12・29従四位上、天保13・1・5正四位下、弘化4(一八四七)・1・13兼常陸権介、嘉永2(一八四九)・12・19左権少将(権介如旧)、12・27拝賀、嘉永3・12・19権中将、12・24拝賀、嘉永4・1・5〔従三位〕、安政1(一八五四)・閏7・10薨去

[死没]安政1(一八五四)・閏7・10 [年齢]31 [父]綾小路有長 [母]家女房 [公卿補任]5―471下

五辻家　いつつじけ

宇多源氏の一流。庭田家の支流。一条左大臣雅信の四男大原右少将時方を家祖とする。時方は、庭田家の家祖で長保三年(一〇〇一)六十歳で没した時中の舎弟にあたる。時方の生没年は不明。二代仲舒以来、名乗は仲の字を通字とする。時方以来、蔵人あるいは院上北面などを勤仕したが、諸仲が、天文七年(一五三八)従三位に叙せられてより、堂上の列に加えられた。家格は半家。内々の家。神楽を家職とした。九条家の家礼。江戸時代の家領は二百石六斗余。時方の玄孫仲親の後、光遠舎弟が別流を起し、家名を春日と称したが、

室町時代の前期に断絶した。なお、この流は江戸時代の初め仲見により春日の家名が再興される。また、仲貞の舎弟仲清は慈光寺家を起した。初めて公卿に列した諸仲には嗣子なく、滋野井権中納言季国の二男為仲を養子としている。『兼秀卿記』天文十五年(一五四六)六月十三日条に「源為仲任中務大丞」とあるのによれば、これ以前に養嗣子となり改姓・改名がなされていたといえる。永禄二年(一五五九)三十歳で叙爵し、任阿波守。翌三年従五位上、四年正五位下、連年昇叙あり、六年従四位下、左衛門佐。次いで治部卿。天正四年(一五七六)従三位に上階し、のち大蔵卿となり従二位まで昇り、十三年六月五十六歳で没した。為仲の一男は八歳のとき、伯父の滋野井権中納言公古に養われて嗣子となり、実藤と名乗り、永禄八年(一五六五)十月公古没するにより遺跡を相続したが、いかなる事情によるか不明ながら、同十二年八月五辻家に復帰し、逆退して源元仲と改名し、六位蔵人に補され禁色昇殿を聴された。これにより滋野井家は家名中絶することになるが、慶長五年(一六〇〇)に至って、元仲の一男冬隆(のち季吉)が故公古の猶子として十五歳で叙爵し、元服昇殿を聴され、滋野井家を再興した。元仲は慶長五年に之仲と改名、正三位右兵衛督となり、寛永三年(一六二六)十一月に六十九歳で没した。之仲の二男高有は綾小路右中将資能の後、九十余年に及び中絶していた綾小路家を再興し、四男済仲が五辻家の家督を嗣いだ。盛仲は議奏に補され、幕末に安仲は尊攘派の公家として活躍したことで知られる。日記には、『源之仲記』、『五辻安仲手記』がある。明治十七年(一八八四)安仲のとき、叙爵内規により子爵を授けられた。菩提所は洛東 西方寺。『五辻家譜』(東京大学史料編纂所架蔵、四一七五―一六四)。

五辻家

時方―仲舒―仲頼―仲棟―仲親―光遠―仲兼―遠兼―仲貞―時仲‖
　（仲親より）仲康(春日、絶家)
　（遠兼より）仲清(慈光寺)
‖基仲―資仲‖朝仲―教仲―重仲―泰仲―富仲―**諸仲**‖**為仲**―**之仲**
―済仲‖俊仲‖英仲―仲賢‖**広仲**―**盛仲**―**順仲**―**豊仲**‖**高仲**‖継仲
―安仲(子爵)

諸仲 もろなか 一四八七―一五四〇

長享1(一四八七)・-・-誕生、-・-・-蔵人、-・-・-禁色昇殿、-・-・-左近将監、-・-・-中務丞、大永3(一五二三)・1・24叙爵、1・26阿波権守、11・-左兵衛権佐、大永4・12・12従五位上、大永6・7・22左衛門佐〈やさ〉、12・26正五位下、大永8・2・28従四位下、享禄3(一五三〇)・3・3従四位上、天文3(一五三四)・1・6正四位下、2・12左京大夫、4・29治部卿、天文7・12・27従三位、元治部卿、天文9・10・28薨去

[死没]天文9(一五四〇)・10・28 [年齢]54 [父]五辻富仲 [法名]実際宗真 [公卿補任]3―398上

為仲 ためなか 一五三〇―八五

天文7(一五三八)・-・-補蔵人、左近将監、禁色、昇殿、-・-・-中務大丞、永禄2(一五五九)・11・11従五位下、阿波守、還昇、永禄3・12・8従五位上(連年〈くま〉)、-・-・-左兵衛権佐〈くま在于還昇次〉、永禄4・12・5正五位下(連年〈くま〉)〈くま〉、永禄6・1・5従四位下、権佐如元、1・15左衛門佐、永禄11・7・1従四位上、7・13〈「7月」衍カ〉治部卿、元亀2(一五七一)・11・11正四位下、天正4(一五七六)・12・28従三位、天正10・12・30正三位、天正11・1・24大蔵卿、天正13・-・-従二位、6・17薨去

[死没]天正13(一五八五)・6・17 [年齢]56 [父]五辻諸仲(実滋野井季国、二男) [母]滋野井公古女(実冷泉為和女) [法名]宗木 [公卿補任]3―475上 [大日本史料]11―16―146

之仲　ゆきなか　一五五八―一六二六

永禄8(一五六五)・10・22叙爵(于時実藤、故公古卿為子)、永禄12・8・20逆退、為〔「改」く〕源元仲、六位蔵人、禁色、左近将監、昇殿、天正5(一五七七)・1・5兼左馬助、天正8・-・-〈「10月1日」〉従五位下☆、11・1〈「10月1日」く〉左馬頭、天正9・12・13従五位上、天正11・12・30正五位下、天正14・-・-従四位下、左馬頭如元、文禄4(一五九五)・12・30従四位上、慶長5(一六〇〇)・12・29〈く〉改名之仲、慶長9・8・1正四位下、慶長14・1・6従三位、慶長16・3・21右兵衛督、慶長19・1・5正三位、寛永3(一六二六)・11・25薨去

[死没]寛永3(一六二六)・11・25　[年齢]69　[父]五辻為仲　[養父]滋野井公古　[前名]実藤・元仲　[日記]源之仲記(一六〇九)　[公卿補任]3―531上

広仲　ひろなか　一六八七―一七五〇

貞享4(一六八七)・7・5誕生、元禄12(一六九九)・12・28叙爵☆、元禄13・12・27元服、昇殿、弾正少弼、宝永1(一七〇四)・2・13〈去正五分〉従五位上、宝永5・閏1・17〈去正五分〉正五位下、正徳2(一七一二)・1・20〈去六分〉従四位下、享保1(一七一六)・1・13〈去五分〉従四位上、享保2・9・29喪実父、11・20除服出仕復任、享保5・1・12〈去年六一尚賢朝臣同日分〉正四位下、享保8・1・19〈去五日分〉従三位、享保13・12・21正三位、享保15・12・26宮内卿、延享4(一七四七)・2・1従二位、寛延3(一七五〇)・9・8薨去

[死没]寛延3(一七五〇)・9・8　[年齢]64　[父]五辻仲賢(実葛岡宣慶、二男)　[母]家女房　[公卿補任]4―256下

盛仲　もりなか　一七一〇―六二

宝永7(一七一〇)・12・13誕生、享保2(一七一七)・1・21叙爵☆、享保8・12・24元服、昇殿、治部権大輔、従五位上、享保12・1・5正五位下☆、享保13・5・2右衛門佐、享保16・5・3従四位下、享保20・1・6従四位上☆、元文4(一七三九)・2・1正四位下、延享1(一七四四)・4・4従三位、寛延2(一七四九)・12・24正三位、宝暦4(一七五四)・9・20治部卿、宝暦12・9・24辞治部卿、9・25薨去

[死没]宝暦12(一七六二)・9・25　[年齢]53　[父]五辻広仲　[母]家女房　[公卿補任]4―366下

順仲　よりなか　一七四五―一八〇六

延享2(一七四五)・11・19誕生、宝暦2(一七五二)・1・5叙爵、宝暦7・2・7元服、右馬権頭、11・25従五位上、宝暦8・9・30右衛門佐、宝暦11・1・13正五位下、宝暦12・9・25喪父、11・17除服出仕復任、明和2(一七六五)・1・19従四位下、明和6・1・9従四位上、安永2(一七七三)・1・9正四位下、安永6・1・5従三位、安永7・1・9治部卿、天明2(一七八二)・1・5正三位、寛政6(一七九四)・1・23辞治部卿、寛政9・8・19出家

[死没]文化3(一八〇六)・6・10　[年齢]62　[父]五辻盛仲　[母]従三位平松時春女　[法名]行寿　[公卿補任]4―556上

豊仲　とよなか　一七八七―一八五七

天明7(一七八七)・11・15誕生、寛政6(一七九四)・12・21従五位下、寛政10・12・16元服、昇殿、大蔵大輔、従五位上、享和2(一八〇二)・1・14正五位下、文化2(一八〇五)・7・8左衛門佐、文化3・1・18従四位下、6・10服解(父)、8・2除服出仕復任、文化7・2・1〈去正十分〉従四位上、文化11・1・27〈去二十分〉正四位下、文化15・1・22〈去五日分〉〔従三位〕、文政6(一八二三)・1・5正三位、弘化1(一八四四)・9・15従二位、安政4(一八五七)・4・27薨去

[死没]安政4(一八五七)・4・27　[年齢]71　[父]五辻順仲、三男　[母]家女房　[公卿補任]5―257上

高仲　たかなか　一八〇七―八六

文化4(一八〇七)・12・22誕生、文政3(一八二〇)・12・21従五位下、文政4・1・28元服、昇殿、4・12右馬権頭、文政7・1・2従五位上、文政10・1・21左兵衛佐、文政11・1・20正五位下、天保3(一八三二)・1・5従四位下、天保7・1・15従四位上、天保11・1・22正四位下、弘化1(一八四四)・12・22〔従三位〕、嘉永2(一八四九)・1・5正三位、元治1(一八六四)・10・22従二位

[死没]明治19(一八八六)・6・5　[年齢]80　[父]五辻豊仲(実庭田重能、三男)　[母]家女房　[公卿

補任]5—423上

春日家（絶家）

行直 ゆきなお ?—一三四二

延慶1(一三〇八)・12・12従五位下、延慶3・8・2従五位上、正和3(一三一四)・9・21正五位下、‥‥‐讃岐権守、文保2(一三一八)・3・26大膳大夫、11・3去大夫、元応1(一三一九)・1・5従四位下、元亨1(一三二一)・4・6宮内卿、元亨2・2・11去卿、正中1(一三二四)・4・27従四位上(宇智院造営賞)、嘉暦1(一三二六)・11・22因幡守、12・30兼木工頭(護国寺造営賞)、嘉暦2・3・24去頭、元徳1(一三二九)・1・5正四位下、12・8去守、元弘3(一三三三)・11・8大蔵大輔、建武1(一三三四)・11・1従三位(護国寺造国司賞云々)、元前宮内卿〈や〉、康永1〈興国3〉(一三四二)・8・21薨去

[死没]康永1(一三四二)・8・21 [父]源親直 [公卿補任]2—555下 [大日本史料]6—7—306

春日家

仲康—仲衡—仲朝—仲直—親直—**行直**—泰直—雅直

仲朝—仲基—仲経—直国—**仲興**—**仲重**

仲興 なかおき ?—一四〇六

応永13(一四〇六)・1・6従三位、元宮内卿、1・26薨去

[死没]応永13(一四〇六)・1・26 [父]源直国 [公卿補任]3—62下 [大日本史料]7—7—812

仲重 なかしげ

寛正4(一四六三)・2・13従三位

※寛正六年非参議従三位〔以後不見〕

[父]源仲興 [公卿補任]3—208下

大原家 おおはらけ

宇多源氏の一流。庭田家の庶流。庭田権大納言重條の猶子従四位下左少将栄顕を家祖とする。家格は羽林家、新家。宝永期に創立。内々の家。有職故実・神楽を家職とした。一条家の家礼。家禄は蔵米三十石三人扶持。栄顕の父は重條の二男で、庭田家分流葛岡家の祖宣之であり、栄顕はその四男。宝永四年(一七〇七)十二月、十二歳のとき東山天皇の後宮に御児として近侍し、翌年叙爵。同六年三月勅旨を以て大原を称し、同五月また勅旨を以て庭田前大納言重条の猶子とされ、同月元服し昇殿を聴され、侍従に任ぜられた。そして同七年五月廩米三十石三人扶持を賜い、これを家禄とすることとされた。正徳元年(一七一一)四月、邸地を下立売門内西殿町に賜った。三年十八歳のとき左少将、累進して享保五年(一七二〇)従四位下に進み、翌六年正月儲君親王(桜町天皇)に勤仕し、同十一月儲君親王家司に補され、将来が属望されたが、同八年九月に二十八歳で没した。実子なく、伯父宣易の子栄敦が養嗣子となった。三代重度は議奏を務め、正二位権中納言となり、これが大原家の先途となった。六代重徳は、幕末維新期に大いに活躍した。重徳は、大原権中納言重尹の五男。重尹一男は夭折し、家嫡の二男重和は寛政六年十一歳で没したあと、後桜町天皇後宮に勤仕していた富小路正三位良直の二男重成が同八年二月、勅により重尹の養嗣子となり叙爵、同十二月十四歳で元服し昇殿を聴された。しかし、享和二年(一八〇二)重徳が出生したので、重尹は重成の後嗣には重徳を立てることとし、文化二年(一八〇五)四月、重尹の養嗣子として重徳は叙爵。時に五歳、翌五月重尹は病気危急に依り権中納言となり、その翌日四十八歳で没した。重徳は同六年十二月、光格天皇の後宮に御児として

大原家

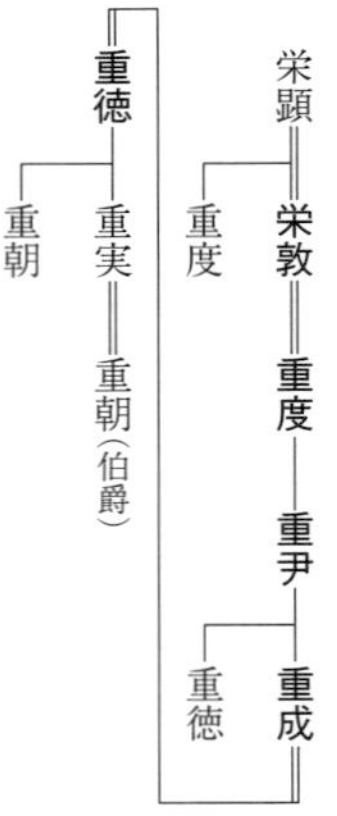

近侍し、同十二年十二月元服し昇殿を聴され、大和権介に任ぜられた。天保元年三十歳のとき右少将となり、同年院別当に補され、翌二年三位中将となり、同六年正三位に昇り、同九年八月重成没するにより家督を相続した。嘉永元年（一八五三）の米国使節ペリー来航以来、もっぱら攘夷論を主張し、安政五年（一八五八）日米修好通商条約締結問題が朝幕間に緊張をもたらした時、前水戸藩主徳川斉昭と志を通ずべく大坂城代を介して水戸に赴こうとし、五月秘かに大坂に至ったが、目的を達することが出来なかったばかりか、許可なく出京したことで厳科に処せられそうになったが、特に勅旨を以て罪を許された。時に五十八歳、重徳の攘夷公家としての名を高めた。文久二年（一八六二）朝廷は島津久光の献言により勅使を幕府に派遣することになり、五月重徳は勅使を命ぜられ、そのため左衛門督に推任された。六月江戸に下向し、幕政を改革し攘夷の方策を整うべき旨の叡慮を将軍家茂に伝えた。これによって一橋慶喜の将軍後見職、松平慶永の政事総裁職就任が実現した。帰京し国事御用掛となったが、薩長融和をはかるため勅諚を改竄したことを責められ、同三年二月落飾・閉門を命ぜられた。翌元治元年（一八六四）正月復飾。のち王政復古派公家として活躍し、慶応三年（一八六七）十二月参与となり、明治二年（一八六八）議定となり、さらに上局議長に転じ、また集議院長官に任ぜられた。明治十七年（一八八四）重朝のとき、叙爵内規により子爵を授けられたが、同二十一年正月祖父重徳の勲功により特に伯爵を陞授された。菩提所は元盧山寺町　徳寿院。『大原家譜』（東京大学史料編纂所架蔵、四一七五—一四六）。

栄敦　ひであつ　一七〇四—五八

元禄17（一七〇四）・7・25誕生、享保8（一七二三）・11・5〈「25日」ま〉家督相続、12・18叙爵、12・24元服、昇殿、侍従、享保12・1・21従五位上、享保13・12・21左少将、享保15・10・2服解〈ま〉、12・16除服出仕復任〈ま〉、享保16・1・25〈去五分〉正五位下☆、享保20・閏3・10従四位下、享保21・2・19左中将、5・5服解〈ま〉、7・9除服出仕復任〈ま〉、元文4（一七三九）・3・30従四位上、寛保2・1・8服解（実父〈ま〉）、2・29除服出仕復任、寛保3（一七四三）・6・29正四位下☆、寛延1（一七四八）・1・5従三位、号大原〈ま〉、宝暦3（一七五三）・3・4正三位、宝暦8・12・2〈ま〉薨去

［死没］宝暦8（一七五八）・12・2　［年齢］55　［父］庭田栄顕、一男（実葛岡宣易、一男）　［母］家女房　［号］大原　［公卿補任］4—388下

重度　しげよし　一七二五—九三

享保10（一七二五）・1・26誕生、享保16・12・25叙爵、元文1（一七三六）・2・24元服、昇殿、侍従、12・29従五位上、元文4・12・30右馬頭☆、元文5・12・24正五位下、寛保1（一七四一）・12・28左馬頭、寛保4・1・5従四位下、寛延2（一七四九）・12・24従四位上、寛延3・8・7右権少将、11・28拝賀、宝暦3（一七五三）・1・5正四位下、宝暦5・1・21左権中将、2・2拝賀、宝暦8・12・2服解（父）、宝暦9・1・24除服出仕復任、宝暦9・3・25〈従三位〉、宝暦13・1・5正三位、明和2（一七六五）・6・11参議、6・19辞参議、明和6・1・9権中納言、1・16帯剣、1・17聴直衣、1・18辞権中納言、安永2（一七七三）・3・2〈去月廿二分〉従二位、寛政1（一七八九）・5・22正二位、寛政5・6・8薨去

［死没］寛政5（一七九三）・6・8　［年齢］69　［父］大原栄敦、一男（実庭田栄顕、一男）　［母］家女房　［公卿補任］4—448下

重尹　しげのぶ　一七五七—一八〇五

宝暦7（一七五七）・12・5誕生、宝暦11・10・26叙爵、宝暦14・9・13元服、昇殿、木工頭、明和2（一七六五）・2・24従五位上、明和6・12・18正五位下、安

永2(一七七三)・1・25従四位下、安永5・1・19右権少将1・27奏慶、安永6・1・9従四位上、安永10・1・5正四位下、天明5(一七八五)・1・20左権中将、1・28奏慶、8・17従三位(小除目次)、寛政1(一七八九)・12・19正三位、寛政3・1・25刑部卿、寛政12・8・28参議、12・17辞参議、12・22従二位、文化2(一八〇五)・5・28権中納言、5・29辞権中納言、薨去

〔死没〕文化2(一八〇五)・5・29　〔年齢〕49　〔父〕大原重度、一男　〔母〕正四位下少納言唐橋在秀女

〔公卿補任〕5—39下

重成　しげなり　一七八三—一八三八

天明3(一七八三)・6・9誕生、寛政8(一七九六)・2・10従五位下、12・16元服、昇殿、寛政10・12・19備後権介、寛政11・2・30従五位上、寛政12・1・13院判官代、1・22拝賀、享和2(一八〇二)・1・14正五位下、文化2(一八〇五)・1・26従四位下、5・29服解(父)、7・21除服出仕復任、文化5・1・17従四位上、2・21左権少将、3・30拝賀、文化6・4・8兼大和権介、文化8・閏2・4正四位下、文化10・12・16賜後桜町院御服、文化11・1・16除服宣下、12・11秩満、文政1(一八一八)・5・28右権中将(小除目)、8・28拝賀、12・19〔従三位〕、文政5・1・25正三位、天保9(一八三八)・8・28薨去

〔死没〕天保9(一八三八)・8・28　〔年齢〕56　〔父〕大原重尹、三男(実富小路貞直、二男)　〔母〕唐橋在家女光子(実庭田重熈女カ)　〔公卿補任〕5—257下

重徳　しげとみ　一八〇一—七九

享和1(一八〇一)・10・16誕生、文化2(一八〇五)・4・7従五位下、文化12・12・19元服、昇殿、大和権介、従五位上、文化15・1・22正五位下、文政3(一八二〇)・3・19左馬頭、文政4・1・22従四位下、文政7・1・12従四位上、文政9・8・30侍従、文政10・1・21正四位下、文政13・4・8右近衛権少将、5・10拝賀、天保1(一八三〇)・12・9院別当、12・25院司慶、天保2・9・20転権中将、10・7拝賀、12・19〔従三位〕、天保6・4・23正三位、天保11・12・20賜太上天皇御服、文久2(一八六二)・5・9左衛門督、9・22直衣始、文久3・2・23出家、2・24辞、元治1(一八六四)・1・9還俗、慶応3(一八六七)・9・27参議、10・23従二位、慶応4・3・20権中納言

〔死没〕明治12(一八七九)・4・1　〔年齢〕79　〔父〕大原重成、一男(実大原重尹、五男)　〔母〕家女房(実唐橋在家女カ)　〔公卿補任〕5—345上

慈光寺家　じこうじけ

宇多源氏の一流。五辻家の傍流。五辻左衛門尉遠兼の四男宮内権大輔仲清を家祖とする。

戦国時代、仲時頃までは三木と号し、三木を改め慈光寺と号するのは一時中絶していた家名が江戸時代初めに冬仲によって再興されてからである。五辻家同様、名乗は仲の字を通字とする。院上北面あるいは蔵人などに勤仕したが、江戸時代中・後期に祖父仲学及び澄仲の極﨟勤仕、三代のうち三度極﨟の賞として堂上に列した。家格は半家、新家。外様の家。神楽を家職とした。近衛家の家礼、家禄三十石三人扶持。家祖仲清は、上北面、蔵人・宮内権大輔・加賀守等を歴任し、従四位下に叙せられ、また安嘉門院・後高倉院(守貞親王)女に勤仕したという。生没年は明らかにしえないが、舎兄の五辻仲貞の子時仲が後深草院落髪に従い正応三年(一二九〇)二月出家したというから、家の創立はほぼ鎌倉時代の終り頃であったといえよう。歴代、上北面や蔵人を勤め、戦国時代、永正十八年(一五二一)従四位下に叙せられ、のち従四位上・刑部大輔となった仲康の時には伏見宮家に仕え、その子仲明は「伏見森郷領地居住」に因み、森の割字を以て三木と号したという。仲明は天文十三年(一五四四)九月正五位下・兵部少輔に叙任されている。その孫康善は、永禄十一年(一五六八)四月後葆光院(貞康親王)の死去に伴い出家し、その子善仲の代になって家名断絶に至ったようである。再興されるのは江戸時代に入って、冬仲によってである。冬仲は善仲

慈光寺家

仲清―仲澄―仲方―仲経―仲蔭
光仲―師仲―持経―定仲―仲康
仲明―明卿―康善―善仲(中絶)冬仲
貫仲＝仲学―房仲＝澄仲
仲学―澄仲
具仲―尚仲―**実仲**―家仲＝有仲(子爵)
有仲

の子で、寛永六年(一六二九)誕生。明暦元年(一六五五)二月叙正六位上、同三年七月従五位下・刑部少輔に叙任。逆退して寛文二年(一六六二)七月六位蔵人・右近将監。翌八月昇殿・禁色等を聴され、延宝四年(一六七六)従五位下・中務権大輔に叙任され、のち従四位下まで昇った。三木の家名を慈光寺と改めた。その子仲学は、元禄二年(一六八九)二月二十四歳のとき六位蔵人に補され、宝永六年(一七〇九)六月極臈となり、享保二年(一七一七)二月従五位下・民部権少輔に叙任され、翌三年九月五十三歳で没した。そしてその孫澄仲が享保十年九月元服、禁色昇殿を聴されるとともに六位蔵人に補され、延享三年(一七四六)十月には極臈となった。翌年五月新帝蔵人に補され、宝暦十二年(一七六二)九月更に極臈となった。六位蔵人は、新蔵人・氏蔵人・差次蔵人・極臈と進み、普通一段ずつ上るのに十年程を要し、極臈を勤め上げて新蔵人に返り、再び極臈まで進むという方式をとり、我身一代に三度極臈を勤めるか、父子孫三代続いて極臈を勤めれば、その功労により堂上家に取立てられる例となっていたから、ここに祖父仲学の一度、澄仲の二度、引続き三度極臈を勤めたことにより、慈光寺家は堂上に列することになったのである。これにより、澄仲は明和九年(一七七二)正月従三位に昇り、同八年近臣小番御免之列に加えられ、安永四年(一七七五)三月には神楽御人数に加えられた。なお、これについては、『慈光寺家譜』に、「神楽御人数之事、雖不容易、今度一家之輩企願、其家旧家之儀ニ候得者、格別之以　叡慮被加之旨、被仰出(両役列座、曲所持明院宗時)、然而依老年不出仕、男具仲相譲奉仕之」と見える。同年後十二月正三位、同七年正月従二位に叙せられ、寛政七年(一七九五)七月八十三歳で没した。日記には、『慈光寺有仲日録』がある。明治十七年(一八八四)有仲のとき、叙爵内規により子爵を授けられた。菩提所は二条川東 常念寺。『慈光寺家譜』(東京大学史料編纂所架蔵、四一七五―二一七)。

澄仲　すみなか　一七一三―九五

正徳3(一七一三)・4・13誕生、享保10(一七二五)・9・13元服、蔵人、左将監正六位上、禁色、昇殿、享保12・閏1・15中務大丞(左将監如故)、享保13・6・1兼春宮権少進、享保20・3・9辞左近将監、3・21院判官代、元文4(一七三九)・1・20除服出仕復任(父)、延享3(一七四六)・3・16儲君親王蔵人、延享4・5・2院判官代、寛延3(一七五〇)・11・29除服出仕復任(母)、宝暦6(一七五六)・9・28辞蔵人、9・30補蔵人、10・2禁色、昇殿、明和1(一七六四)・閏12・13左馬権頭、従五位下、還昇、明和2・10・19従五位上(連年)、11・29儲君親王職事、明和3・1・9正五位下(連年)、明和4・1・5従四位下(連年)、明和6・1・9従四位上、明和7・1・10正四位下(連年)、明和9・1・9従三位、安永4(一七七五)・閏12・2正三位、安永7・1・10従二位、寛政7(一七九五)・7・23薨去

[死没]寛政7(一七九五)・7・23　[年齢]83　[父]慈光寺房仲(実慈光寺仲学)　[母]家女房　[公卿補任]4―526上

実仲　さねなか　一七八七―一八六一

天明7(一七八七)・8・8誕生、享和2(一八〇二)・12・10元服、昇殿、勘解由判官、正六位上、文化1(一八〇四)・12・4従五位下、文化2・7・22大蔵大輔、文化5・1・17従五位上、文化9・12・19正五位下、文化10・6・4左馬権頭、文化13・1・5従四位下、文政2・1・11服解(父)、3・2除服出仕復任、文政3(一八二〇)・1・28〈去四分〉従四位上、文政7・1・5正四位下、文政11・1・20〔従三位〕、天保4(一八三三)・1・23正三

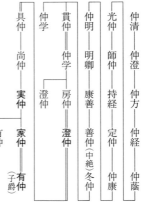

位、弘化4（一八四七）・1・13従二位、文久1（一八六一）・9・6薨去

［死没］文久1（一八六一）・9・6 ［年齢］75 ［父］慈光寺尚仲 ［母］家女房 ［公卿補任］5—325上

家仲 いえなか 一八一四—六八

文化11（一八一四）・8・7誕生、文政10（一八二七）・4・7従五位下、4・21元服、昇殿、天保2（一八三一）・1・17従五位上、天保6・1・14〈去五分〉正五位下、天保9・5・6左京大夫、天保10・1・24従四位下、天保14・1・14〈去五分〉従四位上、弘化4（一八四七）・6・10〈去正四分〉正四位下、嘉永4（一八五一）・1・5〔従三位〕、安政3（一八五六）・1・5正三位、明治1（一八六八）・11・12薨去

［死没］明治1（一八六八）・11・12 ［年齢］55 ［父］慈光寺実仲 ［母］大宮盛季長女賞子（実家女房） ［公卿補任］5—471下

有仲 ありなか 一八二八—九八

文政11（一八二八）・1・1誕生、天保9（一八三八）・4・26従五位下、天保12・12・7元服、昇殿、天保13・2・20従五位上、天保14・2・8大膳大夫、弘化2（一八四五）・10・8右馬頭、弘化3・1・5正五位下、嘉永3（一八五〇）・1・17従四位下、嘉永7・1・5従四位上、安政5（一八五八）・1・5正四位下、文久2（一八六二）・3・24〔従三位〕、慶応2（一八六六）・3・10大宰大弐、慶応3・3・23正三位

［死没］明治31（一八九八）・10・6 ［年齢］71 ［父］慈光寺家仲（実慈光寺実仲） ［母］家女房 ［公卿補任］5—543下

花山源氏　かざんげんじ

花山天皇皇子の清仁親王の子延信王に始まる二世賜姓源氏。延信王は、万寿二年(一〇二五)三月、父親王の奏によって源姓を賜い、永承元年(一〇四六)三月神祇伯に任ぜられた。これが、この系流れが神祇伯との関係をもつ初めである。そして、その子康資王が祖父親王の子に擬せられて、康平二年(一〇五九)十月神祇伯に任ぜられた。形式上、王氏となったからであろう、その子顕康は時の有力者であった村上源氏の右大臣顕房の猶子となって源姓を称した。康資王ののちは数代他家の人の任神祇伯のことがあったが、顕康子の顕広王が、長寛三年(一一六五)正月、七十一歳で神祇伯となり、安元二年(一一七六)十二月、八十二歳まで十一年余在任し、次いでその子仲資王が、父の譲りをうけて、同十二月、二十歳で神祇伯に任ぜられた。それより二十二年在任し、建久九年(一一九八)十二月伯を辞したが、その間、元暦元年(一一八四)神祇官八神殿造営の賞によって正四位下に、建久元年(一一九〇)神祇官殿舎修造の賞により、この流として初めて従三位に昇る。辞伯後も、元久二年(一二〇五)正三位に昇叙され、承元元年(一二〇七)兵部卿に任ぜられ、やがて出家する。神祇伯は仲資王よりその子の業資王に譲られ、ここにこの流が代々神祇伯を世襲する慣例となる。のち家名を白川と号したので、白川家のことを神祇伯家、或いは白川伯家、単に伯家とも称された。花山源氏はこの白川家一流のみである。鎌倉時代の初め嫡庶二流に分かれ、南北朝時代に嫡流が更に二流に分かれ、一時は三流鼎立状況が続き、神祇伯は交互に任ぜられたが、室町時代の初め、嫡流の資忠王が神祇伯に任ぜられて以降、伯職は資忠の子孫が歴代任じられることになり、白川家に世襲され幕末期に及んだ。

白川家　しらかわけ

花山源氏の嫡流。花山天皇の皇子弾正尹清仁親王の子延信王を家祖とする。平安時代末期より神祇伯職を世襲した。王氏でもあり源氏でもあり、神祇伯在任中は王名を称し、その前後は源姓を称するを例とした。白川の称は、鎌倉時代中期の資邦王の頃に定着したのであろう。『勘仲記』弘安七年(一二八四)閏四月三日条に「松尾使白川源三位資邦卿」とあるのが早い例とされる。家格は半家。内々の家。神祇伯を世襲し、神祇官の事を統べ、且つ宮中の内侍所及び神祇官八神殿を管掌し、天皇及び摂籙へ神拝作法の伝授を行うと共に、天皇が毎朝の御拝に障りある際にはその「御代官」を勤めることを家職とした。これにより神祇伯家、白川伯家、単に伯家とも称された。二条家の家礼。江戸時代の家領は二百石。また伯家の女は、天皇即位式において褰帳女王を勤仕する例となっていた。褰帳女王は即位式で高御座に着御される際、南面の御帳をかかげる所役で、左右より女王二人が勤仕するものであったが、冷泉天皇の時より左を女王、右を典侍が勤仕する通例となり、伯家に褰帳女王に該当する人なき時は、宮親王の息女を女王とするか、左大臣の女を伯の養女として勤仕することになっていた(『家説略記』)。延信王流に神祇伯が世襲の官となったことについては、康資王の孫顕広王が長寛三年(一一六五)正月に伯となり、王氏に復帰するの例を開いたのに始まるとされる。これは、『尊卑分脈』に見える顕広王の注に「賜源姓後、始而帰王氏」とあるのに拠っているようである。しかし、『顕広王記』にはこのことに関する記載はない。すなわち、同記長寛三年正月二十三日条に、「今暁参賀茂祈所望事、已有感応、可云利生也、鶏鳴有任神祇伯之由其告、随拝任了、是依奉公之労、被抽譜第也、但於本性嬾、強不奔走、任天道之処、浴朝恩之条、可云神徳也」とあり、その裏書には、「今日任伯于従五位上、正親正也、五位伯始之歟、歴一年、仁安元年十一月大嘗会賞、叙正五位下、是可云奇代」とあり、かねて念願し賀茂社に祈願していた伯職のことが成就したことを喜び、神徳の賜物であるとしている。そして後年の追記裏書に拠り、任伯以前は正親正従五位下であったことが知られる。また、任伯の翌年の仁安元年（一一六六）には正五位下に昇叙したことなども記し、奇代のこととしている。伯が従四位下相当であったからであろうが、任伯に関し重要であったはずの、王氏復帰の記載は見えない。それのみならず、これより二十三年も遡る康治元年（一一四二）、『本朝世紀』同年正月二十三日条に「除目、（中略）正親正従五位下顕広王」、同年三月一日条に「被立伊勢賀茂両社奉幣使、（中略）正親正顕広王（中略）為伊勢使、顕広王賜右馬寮御馬也」とある如く、顕広王は正親正としてすでに王号を称している。正親正という官は、皇親名籍を掌する官で、『官職秘鈔』には「近代五位王氏任之」とある如く、鎌倉時代初期には王氏の専任の官となっていたようである。以上により考えれば、『顕広王記』の任伯記事に王号復帰のことが見えないのは当然ということになり、例の『尊卑分脈』の記載にこそ問題があったということになろう。顕広王は上階しなかったが、その子仲資王、孫の業資王は上階し、『公卿補任』の当該尻付によりそれまでの前歴が知られるが、王号復帰のことは見えない。但し、業資王舎弟の資宗王の嘉禄二年（一二二六）の上階のところにはそれが見える。「元久二八九賜姓、任侍従、（中略）貞応元正廿四従四位上、元仁元閏七廿八帰王氏、任神祇伯」とあるのがそれである。延信王流は顕広王・仲資王のあと、業資王と資宗王の二流に分かれ、『公卿補任』に庶流の祖となる資宗王のところにこの記載が見えるのには一定の意味があるのであろう。まず、この分流の事情を見ると、業資王は建久九年（一一九八）神祇伯に任ぜられて以来、在任二十六年の長きにわたり、その間従三位に叙せられたが、元仁元年（一二二四）閏七月、四十一歳で没した。四男の資光が家督を嗣いだが、伯となるにはまだ若年であったので、業資王の舎弟資宗王が伯となった。資光子の資邦王の永仁六年（一二九八）四月十一日付訴状（『伯家記録考』所載）に、「業資卿他界之刻、嫡男資光資邦父、幼少童形之間、成人之後、可申補之由、約諾于舎弟資宗卿之処、彼卿背舎兄之遺命」とある如く、資光が成人の後に伯を譲るという約束のもとに資宗が伯に就任したにもかかわらず、舎兄の遺命に背き、資宗王は仁治二年（一二四一）十月伯を辞すも、これをその子資基王に譲った。この時資宗王は五十三歳、資基王は十六歳であった。資光の年齢は不明であるが、二、三十歳と考えられる。更にそれより十四年後の康元元年（一二五六）十二月、伯は資基王より僅か七歳の資緒王に譲られ、ついに資光は伯職に就くことなく文永五年（一二六八）没した。鬱憤やる方ない思いの一生であったようで、資光の子資邦も亡父の意をうけ、伯職嫡流復帰に多年尽力し、諸方へ訴え続け努力したにもかかわらず、資宗流は代を重ね、正応二年（一二八九）資緒王は四十歳にして十七歳になる実子資茂王に伯を譲った。しかし、資茂王はその二年後の正応四年九月辞し、嫡流の資邦王が念願の伯に任ぜられた。資邦王の諸方への訴えが功を奏したのであろう。仲継ぎの約束であった筈の資宗王が実子の資基王に伯を譲った時点からいえば、実に二代に亘り五十年が経っていた。嫡流の業資王流が白川を家の称号とするのも、この資邦王の頃からのようである。なお、資宗王流の称号は明確ではない。嫡庶二流はこれ以後数年交代で伯職に就くことになり、業資王流は資邦王・業顕王・資清王と次第し、資宗王流は資茂王・資継王・顕方王・資方王と次第した。その間、建武中興瓦解の後、建武三年（一三三六）十一月、資継王が伯を辞し、代って嫡流資清王の子業清王が神祇伯に任ぜられた。業清王には舎兄資英があり、資英王が神祇伯に任ぜられるのはこれよりかなり後の文和元年（一三五二）のことである。兄弟の伯職任官逆転の事情は不明であるが、ここに業資王流は南北朝時代に資英王流と業清王流の二流に分かれ、三流鼎立し順次任伯する状

白川家

花山天皇―清仁親王―延信―康資
　延信‖康資王―顕康―顕広王―**仲資王**―**業資王**―資光王―**資邦王**―**業顕王**―**資清王**
　仲資王―資宗王（白川、絶家）
資清王―**資英王**―**顕邦王**―**資忠王**―**雅兼王**―**資益王**―**資氏王**―雅業
　資英王―業清王（白川、絶家）
　顕邦王―**顕英**
　雅兼王―**忠富王**‖**雅業王**‖**雅朝王**―**雅陳王**―**雅喬王**―**雅光王**‖**雅冬王**‖**雅富王**―**資顕王**
　雅朝王―顕成王
　雅喬王―雅冬王
　雅富王―雅辰王
資顕王―**資延王**‖雅寿王‖資敬王―**資訓**（子爵）

況となるが、明徳元年（一三九〇）資宗王流の資方王が辞任したのち、この流から伯に任官することはなく、次いで伯となった業清王流の業定王も応永元年（一三九四）に伯を辞し、この流からの任伯の最後となった。そして業定王の後に神祇伯に任ぜられた資英王孫の資忠王が三十四年に亘って在職し、ここに嫡流による伯職の固定化を見る。資忠王ののち、雅兼王・資益王・資氏王と父子相承し、資氏王ののちは、その子雅業がまだ幼少であったので、資益王舎弟の忠富王が延徳二年（一四九〇）神祇伯となり、二十年に亘り在職した。この次に任伯したのは雅業王で、永正七年（一五一〇）二十三歳のとき任伯し、永禄三年（一五六〇）に没するまで五十年の在任に及んだ。近世の伯家は雅業王の養子雅朝王から始まる。雅朝王は雅業王の外孫で、中院権大納言通為の二男。十五歳の永禄十二年（一五六九）神祇伯となり、以来三十六年の間在任した。五十一歳の慶長十年（一六〇五）、子の顕成王二十二歳にこれを譲った。しかし、顕成王は在任十三年、元和四年（一六一八）十一月、三十五歳という壮年で頓死した。他に嗣子なく、一時は家職を譲って退隠していた雅朝王が伯職に就いたが、元和八年に故高倉権中納言永孝二男を養嗣子に迎え、伯を譲った。雅陳王がこれで、雅朝王は寛永元年（一六二四）三月に至り七十歳で参議に任ぜられた。白川家において前後に例を見ない昇進であった。雅朝王は同八年正月没し、雅陳王は同十五年五十一歳のとき伯を辞するまで二十年間在任し、その後を嗣ぎ任伯したのが雅喬王である。雅喬王は、伯家の記録・伝承を後代に伝え、やがて伯家神道というべき独自の神道説を形成していく上で大きな足跡を遺したことで知られる。家説を集成した『家説略記』は延宝八年（一六八〇）六月の著作である。近世初頭の学問興隆の風潮、吉田神道の教学的隆盛のなかで、雅朝王や雅陳王などによって次第に高められた伯家の自覚、その職掌を整備する努力により纏められたものが『家説略記』といえようが、その奥書にも「尤可有漏脱事、猶遂吟味事、部類而可書改」とある如く、未定稿のものであった。そして、この意識はその子雅光王に受け継がれ、吉田神道への対抗のため同家に初めて学頭を置き、臼井雅胤をして学説の組織・充実化をはからせ、更に垂加神道の影響を受けた孫の雅富王の代の宝暦四年（一七五四）には、伯家の記録の集成ともいうべき『伯家部類』が編纂された。そして、資顕王・資延王の代には教学の拡充と布教により、これまで松

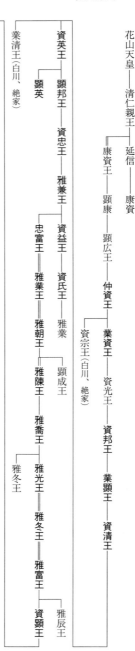

尾・稲荷・大原野・広田・日御碕などを配下にしているに過ぎない伯家であったが、教線の拡大をはかり、諸国に配下の諸社や入門者も激増し、吉田家と同様に種々の許状類も多く出すに至る。資延王のとき、文化十三年（一八一六）伯王の名を以て記された『神祇伯家学則』は伯家神道の大要を記したものである。更に資敬王の代の天保十一年（一八四〇）には平田篤胤を学頭に委嘱し、伯家神道の充実を図ったが、これは一面国学の色彩をも帯びさせることにもなったといえよう。資訓王の時に明治維新を迎え、明治二年（一八六九）六月の神祇制度の改変により、伯王の称号は自然に停廃した。平安時代末期の顕広王より幕末期の資訓王に至るまで、二十三世五十一代を累ねた。白川伯家は神祇伯に任ぜられると王氏に帰する例が踏襲されてきたが、これは『尊卑分脈』の注記に拠り顕広王以来のこととするが、これには疑義あり、その孫で別流の祖となる資宗王以降のことというべきであり、任伯後の王氏復帰の制は、庶子が神祇伯に任官するためにとられた変則的な制であったといえよう。さらに云えば、『公卿補任』には「改王氏」「帰王氏」「為王氏」など表記は一定しなく、王氏とはいうが、氏でも、もちろん姓でもなく、要するに王を付す名前を用いるという格であり、これは神祇官の事を統べるという職掌によるというより、天皇への神拝作法の伝授を行うという特殊な位置づけによるのであろう。日記には、『顕広王記』、『仲資王記』、『業資王記』、『業顕王記』、『資忠王記』、『資益王記』、『忠富王記』、『雅喬王記』、『雅光王記』、『雅冬王記』、『資延王記』、『雅寿王記』、『資敬王記』、『資訓王記』があり、総称して「伯家記録」という。他に、白川家雑掌の筆録にかかる『白川家日記』がある。明治十七年（一八八四）資訓のとき、叙爵内規により子爵を授けられた。菩提所は盧山寺。『白川家譜』（東京大学史料編纂所架蔵、四一七五—一三三五）。

仲資王　なかすけおう　?—一二二二

永暦2（一一六一）・1・5叙爵（寛和御後、本名顕順）、承安3（一一七三）・1・5従五位上（信子女王褰帳賞譲）、安元2（一一七六）・12・5神祇伯（父王譲）、治承3（一一七九）・1・19播磨権守〈「因幡権守」く〉（伯労）、養和1（一一八一）・11・28正五位下（伯労、重服也）、寿永1（一一八二）・4・9従四位下、11・27〈「12月」く〉従四位上、元暦1（一一八四）・3・27正四位下（造神祇官八神殿賞）、建久1（一一九〇）・10・26従三位（修造神祇官殿舎賞）、建久9・12・9以男業資申任神祇伯、正治2（一二〇〇）・1・22大皇太后宮権大夫、建仁1（一二〇一）・12・-止権大夫、元久2（一二〇五）・1・5正三位、建永2（一二〇七）・1・13兵部卿、7・28出家

※建久九年に「十二月九日以男業資申任神祇伯」

〔死没〕貞応1（一二二二）　〔父〕顕広王、二男　〔母〕正五位下右少弁藤原能忠女　〔前名〕顕順　〔日記〕仲資王記（一一七一—一二二三）　〔公卿補任〕1—522下　〔大日本史料〕5—1—667

業資王　なりすけおう　一一八四—一二二四

文治1（一一八五）・1・6従五位下（氏、于時名字康家、後日改名）、建久9（一一九八）・12・9神祇伯（元散位、父仲資王譲）、正治2（一二〇〇）・1・5従五位上（父神祇伯仲資王建久九大嘗会賞譲）、正治3・1・6正五位下（臨時）、1・29兼因幡権守（伯兼国）、建仁3（一二〇三）・1・5従四位下、承元3（一二〇九）・1・13従四位上、建暦2（一二一二）・1・5正四位下、10・28復任、建保4（一二一六）・1・5従三位（臨時）、神祇伯如元、貞応3（一二二四）・閏7・15薨去

〔死没〕貞応3（一二二四）・閏7・15　〔年齢〕41　〔父〕仲資王、一男　〔母〕近江守卜部基仲女　〔前名〕康家　〔日記〕業資王記（一一九九—一二一八）　〔公卿補任〕2—20下　〔大日本史料〕5—2—365

資邦王　すけくにおう　?—一二九八

嘉禎3（一二三七）・1・5叙爵（寛和御後、五男）、宝治1（一二四七）・3・16侍従（于時王氏）、建長3（一二五一）・1・5従五位上（簡一、于時源氏）、建長4・3・27左少将、建長5・1・13兼石見介、建長6・10・1正五位下、康元1（一二五六）・1・6従四位下（労）、3・6〈「3月」や〉還任少将、正嘉1（一

一二五七)・11・1可渡右之由宣下、文応1(一二六〇)・3・29伯耆介、弘長1(一二六一)・1・5従四位上(府労)、文永5(一二六八)・1・5正四位下(罷少将叙之)、文永6・3・29還任左少将、7・17復任(父)、弘安2(一二七九)・4・17罷所帯左少将、以男侍従業顕申任之、弘安5・12・26従三位(元前左少将)、正応3(一二九〇)・3・6正三位、正応4・9・9神祇伯、-・-・-止姓、永仁2(一二九四)・3・26兼播磨権守、4・30従二位、11・10止伯、永仁6・12・2薨去

[死没]永仁6(一二九八)・12・2　[父]資光王　[母]藤原左京権大夫信実女　[公卿補任]2—268上

業顕王　なりあきおう　一二六六—一三二〇

文永7(一二七〇)・1・-叙爵(于時源、神仙門院当年御給)〈旧〉、建治2(一二七六)・3・6侍従〈旧〉、建治4・1・6従五位上(簡一)〈旧〉、弘安2(一二七九)・4・17遷任左近少将(父左将資邦朝臣罷職申任之)〈旧〉、弘安3・10・1正五位下、6・5従四位下(府労)、2・22還任少将、9・11従四位上、正応3(一二九〇)・1・5正四位下、正応3・1・5正四位下〈旧〉、永仁6(一二九八)・3・24兼出羽権介〈旧〉、11・14左少将(以上源朝臣)〈旧〉、正安2(一三〇〇)・11・2遷任神祇伯(于時止源朝臣、為王氏)〈旧〉、12・22従三位、嘉元1(一三〇三)・10・29侍従、嘉元2・3・7兼美乃権守、6・2止伯、徳治2(一三〇七)・11・1正三位、延慶2(一三〇九)・12・19還任神祇伯、延慶3・4・7従二位、文保1(一三一七)・1・9止伯、文保2・2・11下名次任侍従、元応2(一三二〇)・12・27薨去

[死没]元応2(一三二〇)・12・27　[年齢]55　[父]資邦王　[母]藤原定氏女　[日記]業顕王記(一三〇一)　[公卿補任]2—355下

資清王　すけきよおう　一二八九—一三三〇

正応6(一二九三)・1・5叙爵(寛和御後)、2・18侍従、永仁5(一二九七)・11・14従五位上、正安1(一二九九)・7・27正五位下、乾元2(一三〇三)・5・18右少将、嘉元2(一三〇四)・1・5従四位下、1・19還任少将、徳治1(一三〇六)・11・14従四位上、延慶3(一三一〇)・3・9正四位下、9・4右中将、正和6(一三一七)・1・9神祇伯、文保1(一三一七)・12・22従三位、神祇伯如元、文保2・4・25止伯、元徳2(一三三〇)・1・13正三位、5・11薨去

[死没]元徳2(一三三〇)・5・11　[年齢]42　[父]業顕王　[日記]資清王記(一三一七)　[公卿補任]2—462上

資英王　すけひでおう　一三〇九—六六

応長2(一三一二)・1・5叙爵(寛和御後王氏)、正和3(一三一四)・1・5従五位上(賜源姓)、正和4・6・13侍従、元弘4(一三三四)・3・15遷任信乃守、建武2(一三三五)・4・7去守、建武3〈延元1〉・12・13左少将、建武4〈延元2〉・1・7正五位下、4・13渡右、建武5・1・5従四位下(臨時、少将如元)、暦応2〈延元4〉(一三三九)・8・12転左中将、暦応4〈興国2〉・4・16兼弾正大弼、4・19渡右、暦応5〈興国3〉・1・5従四位上、3・30去大弼、貞和2〈正平1〉(一三四六)・12・26転左中将、貞和3〈正平2〉・1・5正四位下(臨時)、文和1〈正平7〉(一三五二)・12・17遷任神祇伯(此時改源姓為王氏)、文和2〈正平8〉・1・26去伯、12・21従三位、前神祇伯、延文3〈正平13〉(一三五八)・8・12正三位、延文5〈正平15〉・11・17従二位、貞治5〈正平21〉(一三六六)・5・26薨去

[死没]貞治5(一三六六)・5・26　[年齢]58　[父]資清王　[公卿補任]2—644上　[大日本史料]6—27—304

顕邦王　あきくにおう　一三三八—九三

応安3〈建徳1〉(一三七〇)・4・13従三位、応安6〈文中2〉・12・26正三位、永和1〈天授1〉(一三七五)・3・29兼信乃権守、-・-・-従二位、康暦1〈天授5〉(一三七九)・9・-止伯、応永1(一三九四)・-・-薨去

※従三位叙位年に「神祇伯」の記載あり

[死没]明徳4(一三九四)・3・13　[年齢]56　[父]資英王　[公卿補任]2—703上　[大日本史料]7—1—781

顕英　あきひで　?—一三九七

応永2(一三九五)・6・3従三位、応永4・4・-出家、10・-薨去

[死没]応永4(一三九七)・10　[父]資英王　[公卿補任]3—37下　[大日本史料]7—2—891

資忠王　すけただおう　一三七二—一四四〇
応永9（一四〇二）・1・6従三位、応永16・1・5正三位、応永22・1・6従二位、応永35・-・-正二位、正長1（一四二八）・8・18出家
※従三位叙位年に「神祇伯」「美乃権守」の記載あり
[死没]永享12（一四四〇）・1・21 [年齢]69 [父]顕邦王 [日記]資忠王記（一三九八—一四一八） [公卿補任]3—54上

雅兼王　まさかねおう
永享3（一四三一）・-・-従三位、永享10・1・5正三位、嘉吉3（一四四三）・1・6従二位、文安2（一四四五）・6・-出家
※従三位叙位年に「神祇伯」「信乃権守」の記載あり
[父]資忠王 [公卿補任]3—123上

資益王　すけますおう　一四一七—八四
嘉吉3（一四四三）・3・16備前介（従四位下、左中将兼任）〈さし〉、文安5（一四四八）・7・20従三位、神祇伯如元、宝徳3（一四五一）・1・5正三位〈さし〉、享徳2（一四五三）・4・25従二位、応仁2（一四六八）・8・-正二位、文明16（一四八四）・8・21薨去
[死没]文明16（一四八四）・8・21 [年齢]68 [父]雅兼王 [日記]資益王記（一四五一—八四） [公卿補任]3—158下 [大日本史料]8—16—268

忠富王　ただとみおう　一四二八—一五一〇
応仁1（一四六七）・4・26従三位、元左中将、応仁2・-・-民部卿、文明2（一四七〇）・6・23正三位、文明8・1・2従二位、延徳2（一四九〇）・6・30神祇伯、延徳3・1・25正二位、永正7（一五一〇）・1・25依所労譲任伯職於男雅業王畢、2・1薨去
[死没]永正7（一五一〇）・2・1 [年齢]83 [父]雅兼王、二男 [日記]忠富王記（一四九六—一五〇五） [公卿補任]3—223上 [大日本史料]9—2—409

資氏王　すけうじおう　一四五六—一五〇四
-・-・-叙位、寛正6（一四六五）・12・14従五位上、-・-・-侍従、文明2（一四七〇）・10・29正五位下、-・-・-左少将、文明7・1・23従四位下、文明7・-・-左中将、文明8・1・6従四位上、文明13・11・18正四位下、文明16・6・20神祇伯、文明17・-・-従三位、神祇伯如元、延徳2（一四九〇）・-・-辞伯〈や〉、永正1（一五〇四）・4・14薨去
※延徳三年より「源白川資氏」
[死没]永正1（一五〇四）・4・14 [年齢]49 [父]資益王 [公卿補任]3—269下

雅業王　まさなりおう　一四八八—一五六〇
長享2（一四八八）・-・-誕生、明応9（一五〇〇）・12・26叙爵、侍従（于時雅益）、文亀1（一五〇一）・7・19従五位上（于時改雅業）、12・3左少将、永正3（一五〇六）・閏11・9正五位下、永正6・1・9従四位下、永正7・1・25神祇伯、-・-・-転中将、-・-・-〈「2月1」く追〉服解（父）、永正9・1・7従四位上、永正12・1・24正四位下、永正15・6・23〈「30日」イ及さ〉従三位、神祇伯如元、左中将去之、大永2（一五二二）・1・5正三位、3・29兼信乃権守、享禄2（一五二九）・2・17従二位、天文3（一五三四）・11・-上洛〈さ〉、天文5・2・21正二位、天文8・3・23兼信濃権守〈やさ〉、永禄3（一五六〇）・9・12薨去
[死没]永禄3（一五六〇）・9・12 [年齢]73 [父]忠富王（実資氏王） [母]本願寺蓮如女祐心 [前名]雅益王 [法名]乗品 [日記]雅業王記（一五一〇） [公卿補任]3—348上

雅朝王　まさともおう　一五五五—一六三一
天文24（一五五五）・1・17誕生、永禄4（一五六一）・1・5叙位、1・6侍従、元服、永禄8・12・24従五位上、永禄12・12・27神祇伯、元亀1（一五七〇）・7・18左少将、元亀2・1・6正五位下、-・-・-改雅朝、天正2（一五七四）・12・23従四位下、伯少将如元、天正3・12・18左中将、天正5・2・20従四位上、天正8・1・5正四位下、天正13・1・6従三位、本名雅英〈くま〉、神祇伯如元、文禄4（一五九五）・12・20〈「30日」く〉兵部卿、文禄5・6・6民部卿、慶長2（一五九七）・1・5正三位、慶長6・3・19兼信乃権守、慶長7・1・6従二位、慶長10・11・17止伯辞譲与男侍従顕成、慶長11・1・11民部卿、慶長16・3・21兼左衛門督、〈く〉止卿、慶長19・

1·5正二位、止督、元和6(一六二〇)·4·26神祇伯再任、元和7·1·28辞神祇伯☆、寛永1(一六二四)·3·15参議、寛永8·1·23薨去
[死没]寛永8(一六三一)·1·23 [年齢]77 [父]雅業王(実中院通為、二男) [母]家女房(実白川雅業王女) [前名]雅英王 [日記]雅朝王記(一五八三–八六) [公卿補任]3—492下

雅陳王　まさのぶおう　一五九二—一六六三
元和5(一六一九)·9·26叙位、侍従、昇殿、元和7·1·5従五位上、元和8·12·28神祇伯、寛永3(一六二六)·11·23正五位下、寛永5·1·6従四位下☆、寛永6·1·11左少将、寛永8·11·6従四位上、寛永10·12·12左中将、寛永11·1·6正四位下、寛永14·1·5従三位、〔神祇伯脱カ〕、寛永19·1·5正三位、3·17辞伯、承応1(一六五二)·10·12〈賜去年正月五日従二位口宣案〉従二位、寛文3(一六六三)·2·16薨去
[死没]寛文3(一六六三)·2·16 [年齢]72 [父]雅朝王、二男(実高倉永孝、二男) [母]正二位内大臣三条西実枝女 [公卿補任]3—585上

雅喬王　まさたかおう　一六二〇—八八
元和6(一六二〇)·12·26誕生、寛永1(一六二四)·1·5叙爵、寛永8·5·9元服、侍従、11·6従五位上、寛永13·1·5正五位下、寛永17·1·5従四位下、1·11左少将、寛永19·1·11中将、3·17神祇伯、寛永20·1·5従四位上、正保3(一六四六)·1·5正四位下、承応3(一六五四)·12·21〈賜去年正月五日口宣案〉従三位、神祇伯(如元〈ま〉)、万治1(一六五八)·1·6正三位、寛文7(一六六七)·12·7従二位☆、延宝1(一六七三)·12·26正二位☆、延宝7·1·21辞伯☆、元禄1(一六八八)·10·15薨去
[死没]元禄1(一六八八)·10·15 [年齢]69 [父]雅陳王 [一字名]代 [日記]雅喬王記(一六四三–八六) [公卿補任]3—636上

雅光王　まさみつおう　一六六〇—一七〇六
万治3(一六六〇)·12·16誕生、寛文4(一六六四)·1·5叙爵、寛文8·11·13(「12日」ま「23日」家譜)元服☆、昇殿☆、侍従☆、従五位上☆、寛文12·1·6正五位下、延宝3(一六七五)·2·22左少将☆、延宝5·1·5従四位下、延宝7·1·21神祇伯(少将如元)☆、延宝8·12·23左中将、延宝9·1·5従四位上、天和4(一六八四)·1·5正四位下、貞享5(一六八八)·1·14〈去六日分〉従三位(神祇伯如元)、元禄7(一六九四)·12·25〈去正月五日分〉正三位、元禄11·6·3辞伯、宝永1(一七〇四)·9·17再任神祇伯、宝永2·12·18〈去八月卅日分〉従二位、宝永3·10·9辞神祇伯、10·10薨去
[死没]宝永3(一七〇六)·10·10 [年齢]47 [父]雅喬王 [母]正二位権大納言四辻公理女 [前名]雅元王 [一字名]花·時 [日記]雅光王記(一六七九–一七〇六) [公卿補任]4—95下

雅冬王　まさふゆおう　一六七九—一七三四
延宝7(一六七九)·1·12(「15日」ま家譜)誕生☆、貞享2(一六八五)·12·24叙爵、元禄10(一六九七)·2·7元服、昇殿、侍従、閏2·12(「13日」家譜)従五位上、元禄11·6·3神祇伯(侍従如旧)、元禄13·12·25正五位下、元禄14·12·14改雅冬(元康起)、12·23左少将(神祇伯如旧)☆、元禄16·12·20(「22日」家譜)従四位下☆、宝永1(一七〇四)·9·17辞神祇伯、宝永2·7·6喪実母、8·28除服出任復任、宝永3·10·9還任神祇伯、10·10喪養父、宝永4·2·3除服出任復任、宝永4·12·5右中将(神祇伯如旧)、12·18従四位上、正徳1(一七一一)·2·11〈去正月五日分〉正四位下、正徳5·12·9従三位(神祇伯如旧)、正徳6·2·4聴直衣、享保7(一七二二)·12·25正三位、享保10·12·23止伯、享保19·11·9薨去
[死没]享保19(一七三四)·11·9 [年齢]56 [父]雅光王(実雅喬王、二男) [母]東園基賢女(実四辻公理女) [前名]康起王 [日記]雅冬王記(一六九九–一七三三) [公卿補任]4—218上

雅富王　まさとみおう　一七〇二—五九
元禄15(一七〇二)·3·12誕生、宝永5(一七〇八)·1·20〈去七日分〉叙爵☆、享保1(一七一六)·11·24当家相続、12·21元服、昇殿、侍従、従五位上、享保3·11·8喪実母、12·29除服出任復任、享保5·12·28正五位下、享保9·1·26〈去年十二

月廿六日分〉従四位下、享保10・12・23神祇伯（「侍従如旧」ま）、享保11・12・24右近衛権少将（伯如元）、享保13・3・23改雅富（元英方）、12・21従四位上、享保15・6・26左権中将（伯如旧）、享保17・12・27正四位下、元文1（一七三六）・1・16従三位（伯如元〈ま〉）、元文2・2・11直衣、元文5・1・8〈去六日宣〉正三位、2・29辞神祇伯、寛保1（一七四一）・4・16還任神祇伯、宝暦2（一七五二）・1・22従二位、宝暦9・3・19辞神祇伯、5・17薨去

［死没］宝暦9（一七五九）・5・17 ［年齢］58 ［父］雅冬王（実梅渓通条、二男） ［養父］中院通茂 ［前名］英方王 ［公卿補任］4—324上

資顕王 すけあきおう 一七三一—八五

享保16（一七三一）・8・26誕生、元文5（一七四〇）・12・24叙爵、延享4（一七四七）・7・22元服、昇殿、侍従、従五位上、延享5・7・21右少将、寛延3（一七五〇）・12・24正五位下、宝暦2（一七五二）・9・27辞右少将、石見介、10・18還任右少将（推叙）、10・19介如故、10・28拝賀、宝暦3・1・5従四位下、宝暦6・2・5従四位上、4・13服解（母〈ま〉）、6・4叙服出仕復任、宝暦7・9・22左中将、9・25拝賀、宝暦9・2・12〈去正五分〉正四位下、3・19神祇伯（推任、中将如故）、5・6拝賀、5・17服解（父〈ま〉）、7・9叙服出仕復任、宝暦12・1・28従三位（神祇伯如旧〈ま〉）、宝暦13・12・19直衣〈ま〉、明和3（一七六六）・12・19正三位、安永3（一七七四）・9・20従二位、天明1（一七八一）・4・5辞伯、天明2・3・6神祇伯、天明4・12・29辞伯、〈賜昨廿八日位記〉正二位、天明5・1・6薨去

［死没］天明5（一七八五）・1・6 ［年齢］55 ［父］雅富王、二男 ［母］正三位雅冬王女 ［公卿補任］4—464上

資延王 すけのぶおう 一七七〇—一八二四

明和7（一七七〇）・11・10誕生、安永3（一七七四）・12・3従五位下、安永10・3・27元服、昇殿、侍従、従五位上、4・5神祇伯（侍従如元、推任）、9・25拝賀、天明2（一七八二）・3・6辞伯（侍従如元）、天明4・12・19〈去正十五分〉正五位下、12・29〈昨廿八分〉還任伯（侍従如元）、天明5・1・6服解（父）、2・26叙服出仕復任、天明5・8・17右権少将（伯如旧、小除目）、天明6・11・22拝賀、天明7・1・5従四位下、寛政2（一七九〇）・5・2服解（母）、6・23除服出仕復任、12・18〈去正廿八分〉従四位上、寛政5・12・19正四位下、寛政9・2・13左権中将（伯如元）、3・24拝賀、4・5着本陣、8・28〔従三位〕（伯如元）、享和1（一八〇一）・12・18正三位、文化3（一八〇六）・12・19聴直衣、文化7・12・21従二位、文政2（一八一九）・5・7辞伯、文政7・1・12正二位、1・13薨去

［死没］文政7（一八二四）・1・13 ［年齢］55 ［父］資顕王、二男 ［母］家女房 ［日記］資延王記（一七六五-一八二三） ［公卿補任］5—116下

資訓王 すけのりおう 一八四一—一九〇六

天保12（一八四一）・11・15誕生、弘化2（一八四五）・12・3従五位下、嘉永2（一八四九）・3・29元服、昇殿、従五位上、嘉永4・8・14神祇伯、9・19服解（父）、11・23除服出仕復任、嘉永5・10・24正五位下、10・27拝賀、安政1（一八五四）・12・18侍従兼、安政2・2・17従四位下、安政4・5・15右近衛権少将（小除目）、6・23拝賀、安政5・2・22従四位上、万延2（一八六一）・1・5正四位下、元治1（一八六四）・8・29転権中将（伯如元）、10・7拝賀、11・23〔従三位〕（伯如元）、慶応1（一八六五）・11・28聴直衣、慶応4・3・20正三位

［死没］明治39（一九〇六）・12・7 ［年齢］66 ［父］資敬王 ［母］家女房 ［日記］資訓王記（一八五九-九一） ［公卿補任］5—560上

王家（絶家）

資宗王 すけむねおう 一一八七—？

元暦1（一一八四）・7・14〈「24日」イ〉叙位（氏、大嘗会）、元久2（一二〇五）・8・9賜任侍従、建永2（一二〇七）・1・5従五位上（簡一）、承元2（一二〇八）・5・26解官、於殿上放言頭光親朝臣之故也、12・13還任、承元3・1・13兼加賀権介、建保3（一

王氏

資宗王—資基王—┬資顕
　　　　　　　　├資緒王—資茂王—資継王—顕方—資方王—資繁
　　　　　　　　└康仲

二一五)・1・5正五位下、建保6・12・12四位(侍従如元)、承久1(一二一九)・12・17右少将、貞応1(一二二二)・1・24従四位上、元仁1(一二二四)・閏7・28帰王氏、任神祇伯、嘉禄1(一二二五)・1・25〈「5日」イ〉正四位下(父豊後国重任功)、嘉禄2・1・5従三位、神祇伯如元、嘉禄3・1・26美乃権守、天福2(一二三四)・1・23正三位、暦仁1(一二三八)・12・20従二位、仁治2(一二四一)・10・13譲伯於男資基王、寛元2(一二四四)・2・19出家、依年来素懐也

[父]仲資王、二男　[母]近江守卜部基仲女　[公卿補任]2—60下　[大日本史料]5—17—266

資基王　すけもとおう　一二二六—六四

-・-・-叙爵、貞永2(一二三三)・1・28侍従、改王氏賜源姓、嘉禎1(一二三五)・11・19従五位上、嘉禎3・1・5正五位下(鷹司院当年御給)、1・24兼安芸権介、延応2(一二四〇)・4・5左少将、仁治1(一二四〇)・閏10・28従四位下、12・18更任左少将、仁治2・2・1兼駿河権介、10・13遷神祇伯、仁治3・3・15従四位上(臨時)、仁治4・2・2正四位下、寛元2(一二四四)・1・23兼因幡権守、宝治2(一二四八)・4・8従三位(去年大嘗会)、康元1(一二五六)・12・13譲伯於男資緒、正嘉2(一二五八)・1・13正三位、賜源姓、弘長2(一二六二)・1・19兼安芸権守、12・2従二位、文永1(一二六四)・12・6出家、12・7薨去

[死没]文永1(一二六四)・12・7　[年齢]39　[父]資宗王　[母]丹波守藤原盛実女　[公卿補任]2—141下

資緒王　すけつぐおう　一二五〇—?

-・-・-叙爵、建長6(一二五四)・1・13侍従、建長7・8・12左少将(臨時宣下)、康元1(一二五六)・1・-従五位上、1・21兼武蔵介、12・13遷神祇伯(父譲、于時王氏)、正嘉2(一二五八)・2・27正五位下、正元1(一二五九)・1・21兼因幡権守、2・21従四位下、文応1(一二六〇)・10・10従四位上、弘長1(一二六一)・1・5正四位下(大礼賞)、文永8(一二七一)・10・13従三位、弘安6(一二八三)・1・5正三位、正応1(一二八八)・8・25従二位、正応2・4・29以伯譲男資通王、正応4・5・29恐懼、永仁5(一二九七)・12・27出家

[父]資基王　[母]大炊助大友親秀女　[公卿補任]2—229下

資顕　すけあき　?—一三〇二

建長8(一二五六)・1・6叙爵(王氏、于時博仲王)、建治3(一二七七)・1・29侍従(于時源資顕)、弘安1(一二七八)・11・18従五位上、弘安2・12・2右少将、弘安5・12・26正五位下、弘安7・1・5従四位下、弘安8・5・22還任右少将、弘安11・1・5従四位上、正応3(一二九〇)・2・7正四位下、9・21復任(母)、11・21転中将、正応4・1・27解官、依恐懼也(源空上人一拝之理也云々)、正安1(一二九九)・6・6従三位、元前右中将、乾元1(一三〇二)・11・21〈「28日」やイ〉薨去、号三条

[死没]乾元1(一三〇二)・11・21　[父]資基王、二男　[前名]博仲王　[号]三条　[公卿補任]2—349下

康仲　やすなか　一二五八—一三〇六

康元-・-・-従五位上、弘長2(一二六二)・1・26兵部少輔、12・2止少輔、—・5・4・8左少将、—7・1・13正五位下、—9・1・5〈や〉従四位下(府労)、—10・10・24新帝昇殿、正応1(一二八八)・6・21従四位上、正応3・9・21復任、10・29正四位下、正応4・3・25兼上野権介、永仁5(一二九七)・4・10右中将、嘉元1(一三〇三)・11・21〈「17日」イ〉解却中将、嘉元3・4・19従三位、元前左中将、嘉元4・6・16薨去

[死没]嘉元4(一三〇六)・6・16　[年齢]49　[父]資基王、三男　[母]大炊助大友親秀女　[号]三条源三位　[公卿補任]2—383上

資茂王　すけしげおう　?—一三二七
文永11(一二七四)·1·5従五位下(氏、于時康家)、正応1(一二八八)·4·7侍従(賜源姓)、正応2·4·29神祇伯(帰王氏、父譲補之、于時資通)、正応3·1·5従五位上、正応4·9·9止伯(去五月日父自関東依恐懼事)、永仁2(一二九四)·11·11還任伯(宣下)、永仁3·1·28〈「25日」やイ〉正五位下、永仁4·4·21〈「22日」イ〉従四位下(伯如元)、永仁6·3·24兼因幡権守、7·23〈「9月」やイ〉正四位下、正安2(一三〇〇)·11·2止伯、嘉元2(一三〇四)·6·2還任伯、3·14服解(父)、嘉元4·4·5(下名)従三位、重服中也、本名康家、延慶2(一三〇九)·12·19止伯、文保2(一三一八)·4·25神祇伯、-·-·-改資茂、11·21正三位、元応2(一三二〇)·2·9従二位、嘉暦2(一三二七)·8·18薨去
[死没]嘉暦2(一三二七)·8·18　[父]資緒王　[母]家女房　[前名]康家·資通王　[公卿補任]2—388上

資継王　すけつぐおう　一二九九—一三七一
永仁5(一二九七)·10·14叙爵(于時定仲)、嘉元3(一三〇五)·1·20侍従、徳治2(一三〇七)·11·1従五位上、文保2(一三一八)·10·6右少将(于時資継)、元応2(一三二〇)·10·22正五位下、正中1(一三二四)·3·22左少将、正中2·8·17神祇伯(元左少将)、正中3·2·19従四位下、嘉暦1(一三二六)·8·6左中将、12·16従四位上、嘉暦3·5·8正四位下、嘉暦4·2·12従三位、本名定仲、元徳2(一三三〇)·1·13播磨権守、元徳3·10·28止伯、正慶2〈元弘3〉(一三三三)·5·17詔神祇伯如元、元弘4(一三三四)·1·5正三位、建武3〈延元1〉(一三三六)·11·25止伯、康永1〈興国3〉(一三四二)·7·14還任神祇伯、康永2〈興国4〉·8·27従二位、観応2〈正平6〉(一三五一)·10·-止職、延文2〈正平12〉(一三五七)·閏7·10還補神祇伯、貞治6〈正平22〉(一三六七)·1·6辞伯、応安4〈建徳2〉(一三七一)·4·-〈「24日」し〉薨去
[死没]応安4(一三七一)·4·24　[年齢]73　[父]資茂王　[前名]定仲　[公卿補任]2—523下

鼎王　じょうおう　?—一三三八
正慶2〈元弘3〉(一三三三)·5·24従三位、元無位無官、6·12弾正尹、8·5兼治部卿、建武1(一三三四)·12·17止卿、建武2·1·5正三位、暦応1〈延元3〉(一三三八)·-·-出家、6·-薨去
[死没]暦応1(一三三八)·6　[公卿補任]2—550上　[大日本史料]6—4—846
※系譜不明なれど、便宜ここに収む。

資方王　すけかたおう　?—一三九八
永徳3〈弘和3〉(一三八三)·12·15従三位、康応2〈元中7〉(一三九〇)·3·-止伯、応永5(一三九八)·-·-薨去
※永徳三年に「神祇伯」「信濃権守」の記載あり
[死没]応永5(一三九八)　[父]土御門顕方　[公卿補任]3—4上　[大日本史料]7—3—622

白川家(絶家)

業定王　なりさだおう　?—一四二一
永和3〈天授3〉(一三七七)·1·5従三位、前神祇伯、4·24侍従、至徳1〈元中1〉(一三八四)·3·23兼安芸権守、明徳4(一三九三)·1·5従二位、1·28兼美乃権守、応永1(一三九四)·10·28止伯、応永28·11·-薨去
※至徳2(一三八五)より「正三位」
[死没]応永28(一四二一)·11　[父]業清王　[公卿補任]2—726上

定兼　さだかね
文安4(一四四七)·9·9従三位、文安6·-·-侍従、宝徳2(一四五〇)·1·7正三位、宝徳3·4·11兵部卿、享徳2(一四五三)·4·25従二位、寛正6(一四六五)·-·-出家
[父]源定清　[公卿補任]3—156上

白川家
業清王——**業定王**——定清——**定兼**

清和源氏　せいわげんじ

清和天皇に始まる賜姓源氏の一流。清和天皇の一世賜姓は五人であるが、親王の子も二世すべて源姓を賜わった。源氏の諸流は多く、江戸時代初期までに成立した源氏は十七流を数え、更に多くの分流をなしたが、その大半をなすのがこの清和源氏であり、源氏といえば清和源氏というべき程に多い。そして清和源氏の中で、清和天皇の第六皇子貞純親王の子経基の系統が最も栄えた。ことに経基の玄孫の義家流からは、後に武家の棟梁となる鎌倉幕府の創始者源頼朝、室町幕府の足利尊氏、江戸幕府の徳川家康、いずれもこの流から出て、著名な源氏の一流、武家を代表する一流として位置づけられることになる。清和源氏は平安時代末期までは官位は四位どまりの下級貴族であり、公卿に列したのは、経基孫の源光流の源三位頼政ただ一人である。武家が主体を占める清和源氏の中で、もと地下であったが堂上に列し江戸時代末に及んだ家に竹内家があり、これは義家の舎弟義光の子盛義の末裔である。

竹内家　たけのうちけ

清和源氏の一流。新羅三郎義光の裔。その四男平賀冠者盛義を家祖とする。初め大内などを号したが、竹内を称するのは季治の時からのこと。もと久我家の諸大夫、秀治のとき昇殿を聴され、次の季治の時の弘治二年（一五五六）十一月昇殿を聴され、翌三年二月四十歳のとき上階し、永禄三年（一五六〇）正月足利将軍義輝の執奏により堂上に加えられた。家格は半家。外様の家。弓箭と笙を家職とした。近衛家の家礼。江戸時代の家領は百八十七石九斗余。義光は大治二年（一一二七）十月に没したことが知られるが、家祖の盛義については、『尊卑分脈』により刑部四郎、また平賀冠者と号し、左兵衛尉となったことが知られるのみである。また、その子義信は大内四郎と号し、従五位下・駿河守・武蔵守となり、孫惟義は駿河守・武蔵守・相模守を歴任、正四位下修理権大夫まで昇進し、院昇殿を聴され、文治元年（一一八五）八月十四日の「源氏六人受領之内」であったことが注されている。この六人受領のことは、『百錬抄』の同日条に記載があり、「今日有除目、義経兼伊予守、伊豆守源義範、相模守同惟義、上総介同義兼、信濃守同遠光、越後守同義賢」とあり、これらは「平氏追討」の賞としての官職授与で、惟義が名だたる武将であったことが知られる。因みに、義経は兄頼朝より面会を拒絶され帰洛した直後のことで、この二ヵ月には後白河法皇より頼朝追討の院宣を得た。また義範は新田氏の祖、義兼は足利氏の祖、遠光は小笠原氏の祖となり、ひとり惟義の末裔が堂上家として存続したことは特異なことといえよう。惟義ののち、惟信・惟時・信治と次第したことが『尊卑分脈』によって知られ、それ以降は『竹内家譜』によって知られるが、履歴の詳細のみならず没年も明らかでなく、少し詳しい官歴等がわかるのは室町時代初期の豊治以降のことである。因みに、豊治は応永二十九年（一四二二）従五位上となり、累進して長禄二年（一四五八）正四位下まで昇り、官は大膳大夫・民部卿、刑部卿となっている。その子に基治がいる。『竹内家譜』には基治の舎兄として幸治（播磨守）を掲げ、『系図纂要』には豊治の子には基治以外には記載がないが、実は上階までした舎兄がいたことが『公卿補任』文明元年（一四六九）分の記載によって知られる。すなわち、「従三位　源為治　二月七日叙」とあり、その尻付に「父故従四位上重治朝臣」と見え、それまでの官歴の中に、応永三十二年「蔵人左近将監（十三才）」の記載があるから、為治は竹内重治を父として応永二十年に生まれ、この時五十七歳であったことになる。為治が家例のない上階を遂げたのは、久我家の雑掌として尽力し、主家の推挙によるものであったのであろう。雑掌としての活動は『久我家文書』所収のいくつかの文書によって確認できる。早いものでは、宝徳元年(一四四九)五月十九日付前内大臣久我清通家御教書案で雑掌として連署に加わっている(『久我家文書』一、二〇三号)。寛正六年(一四六五)十一月、久我右大臣通尚は弾正大弼(為治)に対し自筆の証文を与え、近年不知行になっていた譜代の家領である尾張石榑庄等のことにつき籌策を廻したことを賞し、石榑庄の預所とし、彼得分の外千疋を給している(同二四二号)。為治は『公卿補任』には文明七年まで散位従三位の項に記載があるが(六十三歳)、それ以後は見えなく、没年等は不明である。舎弟にあたる基治は享徳二年(一四五三)二月叙爵(年齢不明)、累進して明応七年(一四九八)三月従四位上まで進んだ(『歴名土代』)。やはり久我家に仕え(同二九七号)、その子秀治は永正四年(一五〇七)十二歳で叙爵し、累進して天文十六年(一五四七)正月正四位下に進み、同十二月昇殿を聴された(『歴名土代』)。また、同年大膳大夫となり、翌々十八年に五十四歳で没した。この秀治の子季治は、永正十八年二月に四歳で叙爵した。堂上家と遜色ない年齢で、季治もまたその力量を発揮し、天文二十年三十四歳で正四位下に進み、弘治二年(一五五六)十一月昇殿を聴され、同三年二月上階し、永禄三年(一五六〇)正月将軍足利義輝の執奏に依り堂上に加えられた。これまでは地下、久我家の雑掌であったが、同家の家礼となったようである(同六三八号)。同五年正三位に昇り、同十年五月、五十歳で出家し真滴と号した。それより四年程のち、元亀二年(一五七一)九月、織田信長の美濃帰国に際し、真滴は将軍義昭の命により捕らえられ織田勢に召具され、近江永原にて生害させられた。その理由については、『言継卿記』同九月十六日条に、「晩景竹内三位入道真滴、佐久間宿ニ被召籠云々、上意云々、不知其故」と記し、同十八日条に、「竹内三位入道真滴織田召具於江州永原生害云々、五十四才、不便々々、不可説々々」と記すのみである。国内の史料には多くこれに触れていないが、却って欧文史料の『日本耶蘇会年報』に詳細な記事が見える。季治が極めて熱心な仏教者で、「我等の主の教を反駁罵詈する事を努め」る、デウスの教えの仇敵という存在であったため、季治が主の報いを受ける前に自滅したとの意を含ませながら、「彼は公方様の面前に於て、信長を侮辱する戯言を吐き、信長の勝利、勢力及び地位は、其極に達したれば、熟したる無花果の如く、木より地上に落つる外なしと言へり、此事に付き、直ちに彼を訴へし者あり、信長当地に来りし時、彼を捕へしめたり」と記している。このようなことは我国の記録に書き留められなかったのも不思議ではない。これが事実であったとして憶測を逞しゅうすれば、当時、将軍義昭と信長は不和となり、義昭の周辺には反信長の雰囲気があり、義昭舎兄の将軍義輝の時にその執奏により堂上に列した季治は、反信長の意を口にすることで義昭への親密度を深めようとしたのではなかっ

竹内家

清和天皇―貞純親王―経基王―満仲―┬頼光(源、絶家)
　└頼信―頼義―┬義家―義国(源、足利、絶家)
　└義光―盛義―義信―惟義―惟信―惟時―信治―氏治―仲治―清治―重治―┬**為治**
　└豊治―基治―秀治―**季治**―**長治**―**孝治**―俊治―**惟庸**＝**惟永**―**惟重**―**惟久**―**惟栄**―**惟徳**＝**惟和**―治則(子爵)

たか。しかし、状況がどうであったにせよ、季治にとって不覚の吐言であったといえよう。季治は厳罰に処されたが、勅により幕府をして家族に累が及ぶのを止めしめられたので(『お湯殿の上の日記』)、その子従四位上長治三十六歳はことなきを得た。ただし、久我家より季治への扶持分等の跡式は、久我家より細川藤孝へ与えられた(『久我家文書』六七九号)。引続いて長治は久我家と深い関係を保っていたが(同六八三～七号)、天正十三年(一五八五)上久我村堤井料分事等の進退を廻り久我家と争い、これを民部卿法印前田玄以に訴えている(同七一〇号)。具体的な状況は不明であるが、これが機となり、久我家との関係が切れたのであろう。江戸時代には竹内家は近衛家の家礼となる。長治の子孝治は家例として初めて従二位に進む。その曾孫の惟永は藤谷従三位為茂二男で、元禄五年(一六九二)十月養子に入り、惟庸の家督を相続した。明治十七年(一八八四)治則のとき、叙爵内規により子爵を授けられた。菩提所は洛東正行寺。『竹内家譜』(東京大学史料編纂所架蔵、四一七五—二四九)。

経治　つねはる

❖建武四年(一三三七)非参議正三位(初見)、同年に「左中将」の記載あり、暦応元〈延元三〉年非参議正三位〈以後不見〉

[公卿補任]2—568下

盛治　もりはる

長禄2(一四五八)・10・9従三位、長禄3・-・-出家

[公卿補任]3—192下

為治　ためはる

応永28(一四二一)・-・-叙位、-・-・-信乃権守、応永32・-・-蔵人、左近将監、永享10(一四三八)・1・-中務丞、嘉吉1(一四四一)・5・-従五位下、12・29従五位上、-・-・-能登守、-・-・-右馬頭、-・-・-弾正大弼、-・-・-正四位下〈や〉、文明1(一四六九)・2・7従三位

❖文明七年非参議従三位〈以後不見〉

[父]源重治　[公卿補任]3—229下

季治　すえはる　一五一八—七一

大永-・-・-叙爵、-・-・-近江守、天文-・-・-従五上、天文8(一五三九)・3・22宮内少輔、天文12・8・-正五位下、天文16・11・19従四位下、天文8・5・13服解(父)、-・-・-復任、天文20・1・6従四位上、3・27大膳大夫、天文24・1・6正四位下、弘治2(一五五六)・11・11昇殿、弘治3・2・18従三位(元大膳大夫)、永禄5(一五六二)・1・5正三位、永禄10・5・19出家〈やくま〉、元亀2(一五七一)・9・18薨去〈く追〉

[死没]元亀2(一五七一)・9・18　[年齢]54　[父]源秀治、一男　[号]日釈院真滴　[法名]真滴　[公卿補任]3—442下　[大日本史料]10—6—908

長治　ながはる　一五三六—八六

-・-・-蔵人、-・-・-左近将監〈くま〉、永禄6(一五六三)・4・21叙位、4・22近江守、8・20左兵衛佐、永禄7・12・30従五位上(連年〈くま〉)、永禄8・12・24正五位下(連年〈くま〉)、永禄10・10・9従四位下(佐如元)、元亀1(一五七〇)・8・1従四位上、天正2(一五七四)・11・20〈「12月」くま〉左兵衛督〈「転督」くま〉、天正4・8・4正四位下、天正7・11・27〈「12月」くま〉辞督、天正8・1・5従三位、1・7兼刑部卿、天正13・-・-正三位、天正14・7・7〈くま〉薨去

[死没]天正14(一五八六)・7・7　[年齢]51　[父]竹内季治　[前名]家治　[公卿補任]3—484下

孝治　たかはる　一五八六—一六六〇

天正14(一五八六)・3・18誕生、慶長3(一五九八)・11・1蔵人、〈「-・-・-」く〉左近将監、慶長9・8・1中務大丞、慶長16・3・28従五位下、4・25刑部少輔、慶長17・12・28従五位上(連年)、慶長18・1・6正五位下、元和5(一六一九)・1・6従四位下☆、元和9・1・5従四位上、寛永5(一六二八)・1・7正四位下、寛永9・1・5従三位、寛永11・1・11刑部卿、寛永14・1・5〈寛永16年にもあり〉正三位、正保4(一六四七)・12・7〈賜去正月五日従二位々記〉従二位、明暦3(一六五七)・11・20止卿、

万治3(一六六〇)・10・12薨去

［死没］万治3(一六六〇)・10・12 ［年齢］75 ［父］竹内長治 ［母］従四位下弾正忠松永久秀女 ［一字名］台 ［法名］浄円 ［公卿補任］3—574下

惟庸　これつね　一六四〇—一七〇四

寛永17(一六四〇)・9・2誕生、承応3(一六五四)・3・22元服、式部大丞、正六位上、明暦3(一六五七)・8・24蔵人、左近将監、明暦4・10・16改当治(元能治)、寛文2(一六六二)・12・14中務大丞、寛文7・12・17叙爵、12・25〈「29日」あ〉宮内少輔、寛文8・1・6従五位上、寛文9・12・24〈去五分〉正五位下、寛文12・1・5従四位下、5・26弾正大弼、延宝2(一六七四)・11・26改惟庸(元当治)☆、延宝4・1・5従四位上、延宝7・5・21〈去正五分〉正四位下☆、天和3(一六八三)・8・23従三位☆、貞享2(一六八五)・9・23刑部卿、元禄3(一六九〇)・3・12〈去年正月七日分〉正三位、元禄8・12・23辞卿、元禄14・2・17〈去正月五日分〉従二位、宝永1(一七〇四)・7・19薨去

［死没］宝永1(一七〇四)・7・19 ［年齢］65 ［父］竹内孝治 ［母］家女房 ［前名］能治・当治 ［一字名］佳・斎 ［公卿補任］4—72上

惟永　これなが　一六七八—一七五四

延宝6(一六七八)・1・9誕生、天和4(一六八四)・1・5叙爵、元禄5(一六九二)・10・18当家相続、改藤原為源、11・27元服☆、昇殿☆、弾正大弼☆、元禄6・1・5従五位上、2・9改惟永(元相孝)、元禄11・1・5正五位下、元禄15・1・5従四位下、宝永1(一七〇四)・7・19喪養父、9・22除服出仕復任、宝永3(一七〇六)・12・9〈去正五分〉従四位上、宝永7・2・28正四位下☆、正徳5(一七一五)・2・14従三位、享保6(一七二一)・12・24正三位、元文2(一七三七)・12・22従二位、宝暦4(一七五四)・6・26薨去

［死没］宝暦4(一七五四)・6・26 ［年齢］77 ［父］竹内惟庸(実藤谷為茂、二男) ［母］家女房 ［前名］相孝 ［公卿補任］4—217下

惟重　これしげ　一七〇九—四五

宝永6(一七〇九)・1・21誕生、正徳6(一七一六)・12・23〈去正五分〈ま〉〉叙爵、享保5(一七二〇)・11・24元服、昇殿、民部権少輔、享保6・2・6〈去正五日分〉従五位上、享保10・12・25正五位下、享保13・9・16喪母、11・29除服出仕復任、享保14・12・24従四位下、享保18・10・18〈ま〉従四位上、享保19・1・15弾正大弼、元文2(一七三七)・2・19正四位下、寛保2(一七四二)・4・28従三位、延享2(一七四五)・8・10薨去

［死没］延享2(一七四五)・8・10 ［年齢］37 ［父］竹内惟永 ［母］従二位竹内惟庸女 ［公卿補任］4—356下

惟久　これひさ　一七三六—七〇

享保21(一七三六)・3・29誕生、寛保4(一七四四)・12・22〈ま〉叙爵、延享3(一七四六)・11・27元服、昇殿、民部権少輔、寛延2(一七四九)・1・25従五位上、宝暦2(一七五二)・1・22正五位下、宝暦3・4・14止官、蟄居、8・25出仕、12・22民部権少輔、宝暦5・3・3弾正大弼、宝暦7・1・20従四位下、宝暦11・1・12従四位上、明和1(一七六四)・10・17左兵衛佐、明和2・1・10正四位下、明和6・1・14〔従三位〕、明和7・7・20薨去

［死没］明和7(一七七〇)・7・20 ［年齢］35 ［父］竹内惟重 ［母］家女房 ［公卿補任］4—506上

惟栄　これひで　一七六一—九九

宝暦11(一七六一)・8・8誕生、明和5(一七六八)・1・5従五位下(于時懋敬)、明和9・11・27元服、昇殿、弾正少弼、従五位上、12・6改惟栄、安永5(一七七六)・4・8正五位下、安永9・1・19従四位下、天明2(一七八二)・12・22左馬頭、天明4・1・15従四位上、天明8・1・15〈去五日分〉正四位下、寛政4(一七九二)・2・2〔従三位〕、寛政10・10・4正三位、寛政11・3・21薨去

［死没］寛政11(一七九九)・3・21 ［年齢］39 ［父］竹内惟久 ［母］堀親威女 ［前名］懋敬 ［公卿補任］5—84上

惟徳　これのり　一七八七—一八二一

天明7(一七八七)・8・2誕生、寛政5(一七九三)・1・20従五位下、寛政10・11・26元服、昇殿、刑部少輔、従五位上、寛政11・3・21服解(父)、5・11

除服出仕復任、享和2(一八〇二)・1・14正五位下、文化3(一八〇六)・1・18従四位下、1・26弾正大弼、文化7・1・10従四位上、文化11・1・20正四位下、文化15・1・22〈去五日分〉(従三位)、3・17大蔵卿、5・10拝賀、文政4(一八二一)・11・25辞、薨去

[死没]文政4(一八二一)・11・25　[年齢]35　[父]竹内惟栄　[母]家女房　[公卿補任]5―257上

惟和　これかず　一八二二―五七

文政5(一八二二)・1・15誕生、文政11・1・12為故惟徳卿子相続、12・3叙爵、天保5(一八三四)・12・4元服、昇殿、治部大輔、従五位上、天保9・7・16正五位下、天保13・1・5従四位下、天保14・8・15服解(寛父)、閏9・7除服出仕復、弘化3(一八四六)・1・18〈去五日分〉従四位上、弘化4・12・28服解(実母)、弘化5・2・19除服出仕復任、嘉永3(一八五〇)・2・21〈去正五分〉正四位下、嘉永7・1・22(従三位)、安政4(一八五七)・2・1薨去

[死没]安政4(一八五七)・2・1　[年齢]36　[父]竹内惟徳(実藤谷為脩、二男)　[母]従二位吉田良連女(実正三位竹内惟栄女)　[公卿補任]5―491下

源家(絶家)1

頼政　よりまさ　一一〇四―八〇

-・-・-白河院判官代、保延2(一一三六)・4・17蔵人、6・13従五位下(女御道子未給)、仁平3(一一五三)・2・-美福門院昇殿、久寿2(一一五五)・10・22兵庫頭、保元3(一一五八)・12・-院昇殿(御即位日、捕進狂人賞)、保元4・1・28従五位上(去年御即位之時兵庫寮功)、-・1・―介、仁安1(一一六六)・10・21罷所帯兵庫頭、正五位下、12・30内昇殿(六条院)、仁安2・1・30従四位下(臨時給〈く無〉)、仁安3・11・20従四位上(大嘗会、院御給)、嘉応2(一一七〇)・1・14右京権大夫、承安1(一一七一)・12・9正四位下(院御給)、安元2(一一七六)・2・5罷所帯職以男仲綱申叙正五位下、治承2(一一七八)・12・24従三位(臨時〈く〉)、治承3・11・28出家、治承4・5・26薨去

[死没]治承4(一一八〇)・5・26　[年齢]77　[父]源仲政、一男　[母]従五位下勘解由次官藤原友実女　[公卿補任]1―488上

源家

頼光―頼国―頼綱―仲政―**頼政**

└兼綱―顕綱

源家(絶家)2

頼朝　よりとも　一一四七―九九

保元3(一一五八)・2・3皇后宮権少進(上西門院立后日)、保元4・1・29兼右近将監、2・13止少進、補上西門院蔵人(本宮院号日)、3・1服解(母)、6・28蔵人、12・14右兵衛権佐、12・28解官、永暦1(一一六〇)・3・11配流伊豆国、寿永2(一一八三)・10・9復本位、寿永3・3・27正四位下(元従五位下、追討前伊与守源義仲賞、其身不上洛、猶在相模国鎌倉)、元暦2(一一八五)・4・27従二位〈くし〉、前右兵衛権佐(召進前内大臣平朝臣賞、其身在相摸国)〈くし〉、文治5(一一八九)・1・5正二位、建久1(一一九〇)・11・9権大納言、勅授、11・24兼右大将、12・4辞両職、建久3・7・12征夷大将軍、正治1(一一九九)・1・11出家、1・13薨去

[死没]正治1(一一九九)・1・13　[年齢]53　[父]源義朝　[母]熱田大宮司藤原季範女　[公卿補任]1―510下　[大日本史料]4―6―17、4―17―補381

頼家　よりいえ　一一八二―一二〇四

建久8(一一九七)・12・15従五位上、右少将(「右権少将」〈く〉)、建久9・1・30讃岐権介、11・21正五位下(院御給)、正治1(一一九九)・1・20左中将(「左

源家

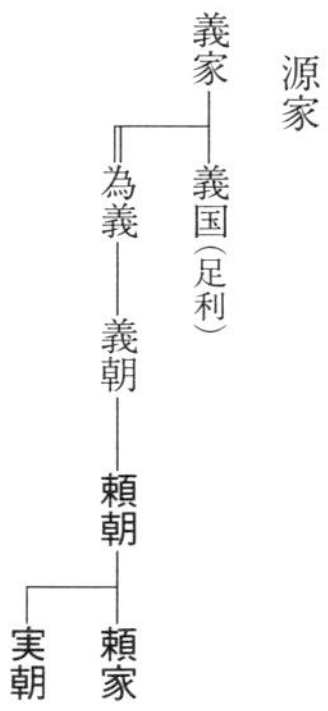

権中将」く」、正治2・1・5従四位上(院御給)、今日聴禁色、10・26従三位(元従四上)、左衛門督、建仁1(一二〇一)・12・ - 〈「15日」吾妻鏡〉止督辞状、建仁2・1・23正三位、7・23従二位、建仁3・9・7出家

［死没］元久1(一二〇四)・7・18　［年齢］23　［父］源頼朝、一男　［母］北条時政女北条政子　［公卿補任］1―546上

実朝　さねとも　一一九二―一二一九

建仁3(一二〇三)・9・7叙位、任征夷大将軍、10・24右兵衛佐、元久1(一二〇四)・1・5従五位上(臨時)、3・6右少将、元久2・1・5正五位下、1・29兼加賀介、転権中将、建永1(一二〇六)・2・22従四位下、承元1(一二〇七)・1・5従四位上、承元2・12・9正四位下、承元3・4・10従三位、5・26更任右中将、承元5・1・5正三位、1・18兼美作権守〈吾妻鏡〉、建暦2(一二一二)・12・10従二位、建暦3・2・27正二位、建保4(一二一六)・6・20権中納言、7・20転左、建保6・1・13権大納言、3・6兼左大将、左馬寮御監、10・9内大臣、12・2右大臣、建保7・1・27薨去

［死没］建保7(一二一九)・1・27　［年齢］28　［父］源頼朝、二男　［母］北条時政女北条政子　［号］鎌倉右大臣　［公卿補任］1―573下　［大日本史料］4―14―995

足利家(絶家)

尊氏　たかうじ　一三〇五―五八

元応1(一三一九)・10・10従五位下、治部大輔、元応2・9・5去大輔、正慶1〈元弘2〉(一三三二)・6・8従五位上、元弘3(一三三三)・6・12従四位下(越階、去五日聴内昇殿)〔「為鎮守府将軍」く追〕、左兵衛督(于時高氏)、正慶2〈元弘3〉(一三三三)・8・5従三位、元左兵衛督従四位下、今日以高字為尊、兼武蔵守、元弘4(一三三四)・1・5正三位、建武1(一三三四)・9・4〈「14日」当作〉参議、建武2・8・30従二位、11・27〈26日カ〉止職、建武3〈延元1〉・11・25権大納言、建武5・8・11正二位、遷補征夷大将軍、観応2〈正平6〉(一三五一)・10・ - 権大納言、正三位、延文3〈正平13〉(一三五八)・4・30薨去、6・3贈左大臣、従一位

［死没］延文3(一三五八)・4・30　［年齢］54　［父］足利貞氏　［母］上杉頼重女従三位清子　［前名］高氏　［号］等持院殿妙義仁山大居士　［公卿補任］2―550上　［大日本史料］6―21―806

足利家

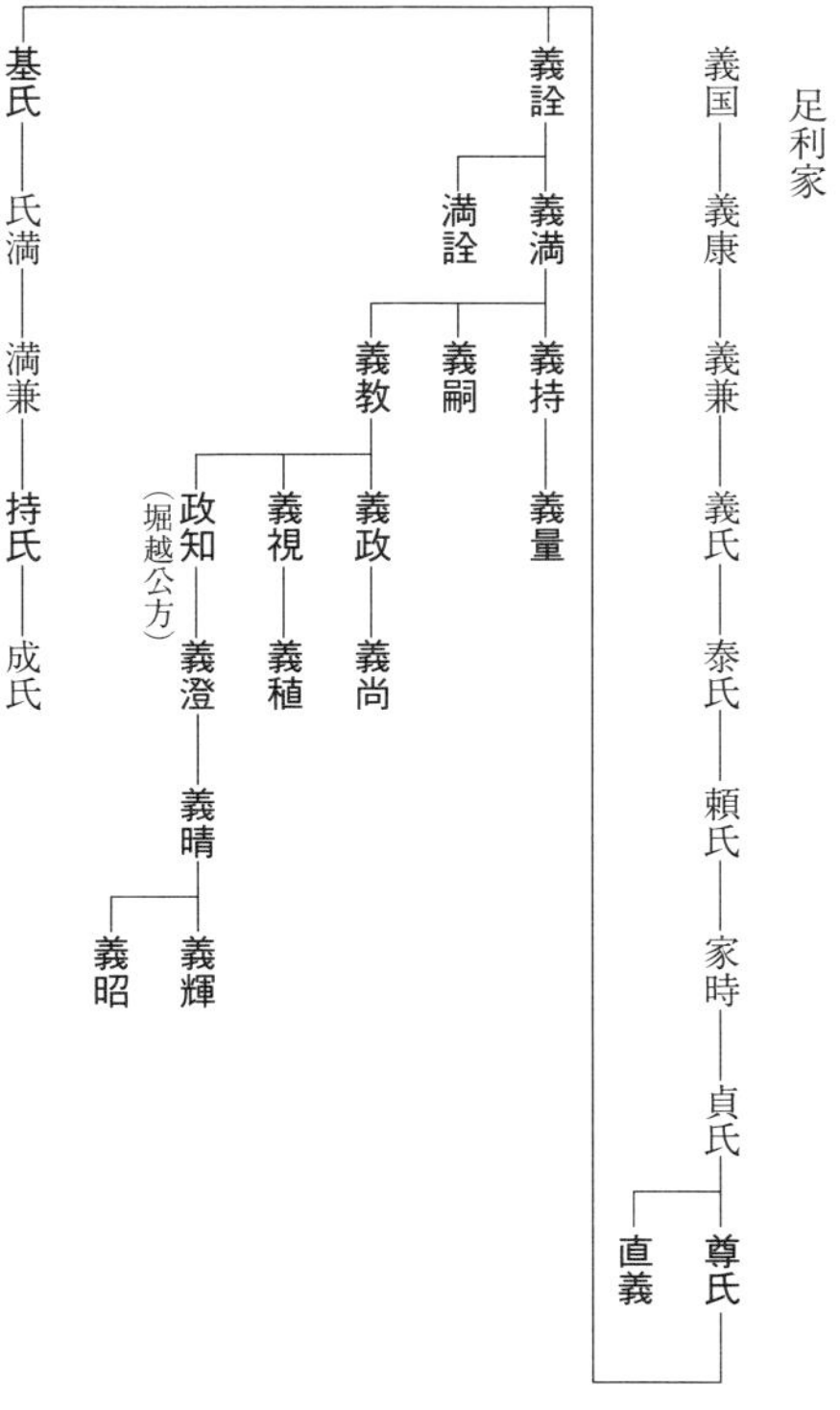

直義　ただよし　一三〇六―五二

嘉暦1(一三二六)・5・26兵部大輔、叙爵、元弘3(一三三三)・6・12左馬頭(去大輔)、10・10正五位下(于時直義)、11・8相模守、建武1(一三三四)・7・9従四位下(権大納言源朝臣義貞追討賞譲)、康永1〈興国3〉(一三四二)・12・23喪母、康永2・4・23復任、暦応1〈延元3〉(一三三八)・8・11左兵衛督、従四位上、康永3〈興国5〉・9・23従三位(二階)、相模守左兵衛督如元、本名忠義、貞和5〈正平4〉(一三四九)・9・-辞督、12・8出家

[死没]文和1(一三五二)・2・26　[年齢]47　[父]足利貞氏、二男　[母]上杉頼重女従三位清子　[前名]忠義　[号]三条殿・錦小路殿・高倉殿　[法名]大休院・恵源・古山　[公卿補任]2―601下　[大日本史料]6―16―122

義詮　よしあきら　一三三〇―六七

建武2(一三三五)・4・7叙爵、康永3〈興国5〉(一三四四)・3・16正五位下(越階)、3・18左馬頭、貞和2〈正平1〉(一三四六)・11・3従四位下、観応1〈正平5〉(一三五〇)・8・22参議(勲功賞)、兼左近中将(元左馬頭)、延文1〈正平11〉(一三五六)・8・28従三位、延文3〈正平13〉・12・18征夷大将軍、延文4〈正平14〉・2・4(「5日」さ)兼武蔵守、貞治2〈正平18〉(一三六三)・1・28権大納言、7・29従二位、貞治4〈正平20〉・5・4上表、貞治6〈正平22〉・1・5正二位、12・7薨去

[死没]貞治6(一三六七)・12・7　[年齢]38　[父]足利尊氏　[母]北条久時女贈従一位登子　[幼名]千寿王　[号]宝篋院　[道号]瑞山　[法名]道権　[公卿補任]2―627上　[大日本史料]6―28―560

基氏　もとうじ　一三四〇―六七

貞治3〈正平19〉(一三六四)・4・14従三位、貞治6〈正平22〉・4・26薨去

※従三位叙位年に「左兵衛督」の記載あり

[死没]貞治6(一三六七)・4・26　[年齢]28　[父]足利尊氏、二男　[母]北条久時女贈従一位登子　[号]瑞泉寺　[公卿補任]2―684上　[大日本史料]6―27―1015

義満　よしみつ　一三五八―一四〇八

応安6〈文中2〉(一三七三)・11・20(「25日」やし)参議、兼左中将、永和1〈天授1〉(一三七五)・11・20従三位、永和4〈天授4〉・3・24権大納言、8・27兼右大将、永和5〈天授5〉・1・6御監、康暦2〈天授6〉(一三八〇)・1・5従一位、永徳1〈弘和1〉(一三八一)・7・23内大臣、永徳2〈弘和2〉・1・26左大臣、閏1・19為蔵人所別当、3・28聴牛車、4・21為院執事、永徳3〈弘和3〉・1・16為奨学院淳和院等別当、6・26宜准三宮之由宣下、至徳1〈元中1〉(一三八四)・3・10辞大将、嘉慶2〈元中5〉(一三八八)・5・26辞左大臣、明徳3〈元中9〉(一三九二)・12・26還任(左大臣)、明徳4・8・11兵杖、9・17辞大臣、応永1(一三九四)・12・25太政大臣、応永2・6・3〈6月日ともあり〉辞退太政大臣、6・20出家、応永15・5・6薨去〈く追〉

※永徳3(一三八三)より「源氏長者〈く追〉」

[死没]応永15(一四〇八)・5・6　[年齢]51　[父]足利義詮、二男　[母]石清水善法寺通清女従一位紀良子　[幼名]春王　[前名]義茂　[号]鹿苑院　[道号]天山　[法名]道有・道義　[公卿補任]2―710下　[大日本史料]7―10―7

義持　よしもち　一三八六―一四二八

応永1(一三九四)・12・17叙品(正五下)、左中将、補征夷大将軍、禁色、応永2・6・3従四位下、応永3・1・28兼美作権守、4・20正四位下、9・12参議、左中将如元、応永4・1・5従三位、3・29権中納言、応永5・1・5正三位、応永7・1・5従二位、応永8・3・24権大納言、応永9・1・6正二位、11・19従一位、応永13・8・17兼右大将、応永14・1・5御監宣下、応永16・7・23〈3月カ〉内大臣、応永19・5・-辞大将、5・-為院執事〈く追〉、8・7兵杖宣下、12・22奨学淳和両院別当〈く追〉、12・23為源氏長者〈く追〉、応永20・10・22為奨学院淳和院別当、応永26・8・29〈9月日ともあり〉辞内大臣、応永30・3・18大将軍譲補息子、4・25出家、応永35・1・18薨去〈く追〉、1・23贈太政大臣〈く追〉

[死没]応永35(一四二八)・1・18　[年齢]43　[父]足利義満　[母]安芸法眼女贈従一位藤原慶子

[号]勝定院　[法名]道詮　[公卿補任]3—38下

満詮　みつあきら　一三六四—一四一八

応永9(一四〇二)・3・28参議、元右兵衛督、8・21従三位、8・22辞参議、応永10・6・14権中納言、12・3権大納言、従二位、12・7出家、応永25・5・4薨去

[死没]応永25(一四一八)・5・14　[年齢]55　[父]足利義詮、二男　[母]石清水善法寺通清女従一位紀良子　[号]養徳院　[道号]勝山　[法名]道智　[公卿補任]3—53上　[大日本史料]7—30—228

義嗣　よしつぐ　一三九四—一四一八

応永15(一四〇八)・3・4叙爵、3・24左馬頭、正五位下(越階)、3・28従四位下、3・29左中将、4・25元服、参議、左中将如元、従三位、5・6喪父、6・11復任、応永16・閏3・23兼加賀権守、7・23権中納言、応永17・1・5正三位、応永18・11・21従二位、11・25権大納言、応永21・1・5正二位、応永23・10・-出家

[死没]応永25(一四一八)・1・24　[年齢]25　[父]足利義満、二男　[母]摂津能秀女従三位春日局　[号]林光院道純或円修院殿孝山道純　[公卿補任]3—65下　[大日本史料]7—30—16

持氏　もちうじ　?—一四三九

永享10(一四三八)・10・-出家、永享11・2・-薨去

❖応永二十七年(一四二〇)非参議従三位(初見)、この年に「左兵衛督」の記載あり

[死没]永享11(一四三九)・2・10　[年齢]42　[父]足利満兼　[公卿補任]3—97上

義量　よしかず　一四〇七—二五

応永31(一四二四)・10・13参議、右近(「近」やし無)中将如元、応永32・1・12正四位下、2・27薨去

❖参議叙任年に「征夷大将軍」「美作権守〈しく追〉」

[死没]応永32(一四二五)・2・27　[年齢]19　[父]足利義持　[母]日野資康女従一位栄子　[号]長寿院　[公卿補任]3—105上

義教　よしのり　一三九四—一四四一

応永35(一四二八)・3・11〈「12日」官位記〉従五位下、左馬頭、4・14従四位下(越階)、正長2(一四二九)・3・9元服、-・-〈「3月9日」官位記〉禁色宣下、3・15参議、元義宣、左近中将征夷大将軍等兼之、元左馬頭、3・29権大納言、従三位(官位記)、永享2(一四三〇)・1・6右馬寮御監宣下、10・17従一位、永享3・12・11移徙室町新亭、永享4・6・24任大臣召仰事、7・25内大臣、8・28左大臣、12・-〈「9日」官位記〉補淳和院別当奨学院別当並殿上別当院大別当〈や〉、永享5・8・9辞大将上表、永享9・10・10賜兵杖随身、永享10・8・28辞左大臣、嘉吉1(一四四一)・6・24薨去、6・晦日贈太政大臣、道号善山

[死没]嘉吉1(一四四一)・6・24　[年齢]48　[父]足利義満　[母]安芸法眼女贈従一位藤原慶子　[前名]義宣　[法名]道慧　[号]普広院　[公卿補任]3—118上

義政　よしまさ　一四三五—九〇

永享7(一四三五)・1・2誕生、文安3(一四四六)・4・26御読書始、4・29乗馬始、12・13御名字被定之(被染震筆、自右府被伝進之)、12・15従五位上(於陣宣下)、文安4・2・7正五位下、侍従、文安5・12・26左馬頭(非陣宣下)、文安6・3・11移徙北小路万里小路亭、4・16御元服(加冠細川武蔵守勝元朝臣、理髪同陸奥守教経)、4・27評定始、4・29征夷大将軍、禁色宣下、-・-御判始、宝徳1(一四四九)・8・25御弓場始、8・28御参内(御衣冠)、参議、兼任中将、従四位下、被行小除目幷叙位(上卿権大納言通尚卿、三木左大弁俊秀朝臣)、御昇進之外無任叙人、宝徳2・1・5従三位、3・29権大納言、6・27従二位、7・5直衣始、享徳2(一四五三)・3・26従一位、6・13改義政、12・29奨学院淳和院等別当並源氏長者〈く追〉、康正1(一四五五)・8・27右近衛大将、康正2・1・5右馬寮御監、長禄2(一四五八)・7・25内大臣、長禄4・8・27左大臣、12・15聴牛車〈し〉、寛正2(一四六一)・8・9辞大将、寛正5・8・19兵杖宣下、11・28准后宣下、応仁1(一四六七)・9・2〈「9月2日」く追〉辞左大臣、文明5(一四七三)・12・19譲任大樹於厳息羽林義尚、文明17・6・15出家、延徳2(一四九〇)・1・7薨去〈く追〉、

2・17贈太政大臣〈く追〉
※寛正六年より「院執事」
[死没]延徳2(一四九〇)・1・7 [年齢]56 [父]足利義教 [母]日野重光女従一位日野重子 [幼名]千寿王丸・三春 [一字名]桐 [前名]義成 [号]慈照院殿准三官贈大相国一品喜山大禅定門 [法名]道慶・道禎 [日記]義政公記(一四五六―一四五八) [公卿補任]3―160下 [大日本史料]8―34―82

義視　よしみ　一四三九―九一

寛正5(一四六四)・12・2還俗(元浄土寺門主)、左馬頭、従五位下、寛正6・1・5従四位下(越階)、左馬頭如元、2・25御馬弓並御判始等、11・20於左相府御亭元服、-・- 禁色宣下、11・25参議、12・17権大納言、-・-従三位、寛正7・1・6従二位、文正2(一四六七)・1・5正二位、応仁1(一四六七)・8・23夜竊没落、(応仁2・12・-解却)、長享3(一四八九)・4・27出家
[死没]延徳3(一四九一)・1・7 [年齢]53 [父]足利義教、三男 [母]家女房(小宰相) [号]大智院 [法名]道存 [公卿補任]3―214上

義尚　よしひさ　一四六五―八九

寛正6(一四六五)・11・23誕生〈く追〉、文明5(一四七三)・12・19元服(加冠厳親)、今日正五位下任左中将聴禁色昇殿為征夷大将軍(昇殿之外悉於陣宣下)、文明6・6・10〈「19日」官位記〉従四位下、文明7・4・19正四位下(越階)、9・17参議、左中将如元、文明8・1・6従三位、文明9・1・6正三位、文明11・1・5従二位、文明12・3・29権大納言、文明15・3・21〔22カ〕従一位〈く追〉、文明16・12・-為両院別当〈く追〉、文明17・8・28兼右近衛大将、文明18・1・5陣宣両院別当馬寮御監、文明19・1・25直衣始、長享2(一四八八)・9・17内大臣、長享3(一四八九)・3・26薨去、3・27贈太政大臣〈く追〉
※文明八年より「美作権守」、長享二年より「義熈〈く追〉」
[死没]長享3(一四八九)・3・26 [年齢]25 [父]足利義政 [母]日野重政女(従一位日野富子) [後名]義熈 [号]常徳院 [道号]悦山・道治 [公卿補任]3―243上 [大日本史料]8―27―48

政知　まさとも　一四三五―九一

長禄1(一四五七)・12・26還俗(元禅僧、香厳院)、従五位下、文明7(一四七五)・9・9従三位、左兵衛督如元、延徳3(一四九一)・-・-薨去
[死没]延徳3(一四九一)・4・5 [年齢]57 [父]足利義教 [公卿補任]3―244下

義稙　よしたね　一四六六―一五二三

文正1(一四六六)・7・29誕生〈く追〉、長享1(一四八七)・8・29叙爵、左馬頭、延徳2(一四九〇)・7・5従四位下、右中将、禁色、参議、征夷大将軍、元左馬頭従五位下、今日四品右中将、先有将軍禁色等宣下、次被行小除目叙位等、文亀1(一五〇一)・-・-辞参議、永正5(一五〇八)・4・27着和泉堺、6・8入洛、7・1従三位、権大納言、征夷大将軍、12・27従二位、永正10・3・18出奔江東甲可山中、5・3帰洛、-・-〈「11月9日」拾介記〉改名義稙、永正16・9・27補源氏長者淳和奨学両院別当、大永1(一五二一)・3・7出奔〈さ〉、12・25止将軍(于時在四国)、大永3・4・9〈大永4年にもあり〉薨去於阿州、天文4(一五三五)・4・8贈太政大臣、従一位
※永正四年より「義尹」
[死没]大永3(一五二三)・4・9 [年齢]58 [父]足利義政(実足利義視) [母]日野重政女贈従一位某(妙音院) [前名]義材・義尹 [法名]道舜 [公卿補任]3―280下 [大日本史料]9―19―258

義澄　よしずみ　一四八〇―一五一一

明応2(一四九三)・4・28叙爵(于時義遐)〈くし〉、明応3・11・24正五位下(越階)〈くし〉、左馬頭(于時義高)〈くし〉、12・27征夷大将軍〈くし〉、文亀2(一五〇二)・7・12従四位下(于時義澄)、参議、兼任左近中将(元正五位下左馬頭)、征夷大将軍(消息宣下、今日御参内、内々儀也)、7・21御改名義澄、文亀3・1・14従三位、永正5(一五〇八)・4・16出奔、永正8・8・-〈「8月14日」官位記〉薨去〈く追〉
[死没]永正8(一五一一)・8・14 [年齢]32 [父]足利政知、二男 [養父]足利義政 [母]武者小路隆光女 [前名]義遐・義高 [号]法住院・朝日山

[法名]清晃 [公卿補任]3—306下 [大日本史料]9—3—415

義晴 よしはる 一五一一—五〇

永正8(一五一一)・3・5誕生、永正18(一五二一)・7・6自播州御上洛〈さ〉、岩栖院為御里第〈さ〉、7・26御読書始(孝経、清三位宣賢候之)〈さ〉、7・28叙爵(於陣宣下)、上卿中御門大納言宣秀、奉行職事頭中将重親朝臣)、御名字義晴(関白申請宸筆、以廣橋大納言被進之、和長卿勘進之分也云々、位記大内記為康、聞書師象朝臣持参云々)〈さ〉、大永1(一五二一)・8・9御歯黒目〈さ〉、11・25正五位下(越階)、〈「12月25日」さ〉左馬頭、12・24〔「於三條御亭」〈さ〉〕御元服(加冠管領武蔵守高国朝臣、理髪細川陸奥守〈さ〉)、12・25征夷大将軍、禁色、昇殿、大永2・2・17従四位下、参議(通亂替)、令兼左中将給(御推任也〈さ〉)、元〔「従五位上」さ〕左馬頭、2・23御参内始〈さ〉、10・12拝賀〈さ〉、隋身四人〈さ〉、如木一人〈さ〉、小雑色―〈さ〉、諸大夫一人〈さ〉、享禄3(一五三〇)・1・20権大納言、従三位、大永7(一五二七)・-・-赴江州、-・-・-〈10月13日カ〉上洛、享禄1(一五二八)・5・28下向比叡坂本〈さ〉、天文3(一五三四)・6・29着御坂本〈さ〉、9・3入洛〈さ〉、天文15・12・20右大将、息義藤朝臣与奪将軍、天文19・5・4薨去、5・7贈左大臣従一位陣宣下

[死没]天文19(一五五〇)・5・4 [年齢]40 [父]足利義澄 [母]家女房(御末者阿与) [号]万松院 [公卿補任]3—357下

義輝 よしてる 一五三六—六五

天文5(一五三六)・3・10誕生、天文15(一五四六)・7・27従五位下、11・19正五位下(越階)、左馬頭、12・19元服、12・20征夷大将軍、従四位下、聴禁色、昇殿、天文16・2・17参議、征夷大将軍如元、左中将、天文22・8・1出奔、天文23・2・12改義藤為義輝、永禄8(一五六五)・5・19薨去、6・7贈左大臣、従一位

❖永禄元年(一五五八)に「在朽木」の記載あり

[死没]永禄8(一五六五)・5・19 [年齢]30 [父]足利義晴 [母]関白太政大臣従一位近衛尚通女(慶寿院) [前名]義藤 [号]光源院 [法名]融山道円 [公卿補任]3—419下

義昭 よしあき 一五三七—九七

天文6(一五三七)・11・3誕生、-・-・-従五位下〈く追〉、-・-・-左馬頭〈く追〉、永禄11(一五六八)・10・18参議、征夷大将軍左中将禁色昇殿従四位下等陣宣(小除目小叙位)、永禄12・6・22権大納言、従三位、天正5(一五七七)・-・-於備後国御他界云々〔やく抹当誤〕、天正16・-・-在大坂、1・13出家、慶長2(一五九七)・8・28薨去、道号昌山

❖天正三年より「在国」の記載あり

[死没]慶長2(一五九七)・8・28 [年齢]61 [父]足利義晴、二男 [母]関白太政大臣従一位近衛尚通女(慶寿院) [号]霊陽院 [道号]昌山 [法名]道慶 [公卿補任]3—461上

正親町源氏　おおぎまちげんじ

平安時代初期の嵯峨源氏に始まる源氏十七流のうち、最後の賜姓源氏。正親町天皇の曾孫に始まる三世賜姓源氏。正親町天皇の孫八条宮智仁親王の三宮である忠幸を家祖とする広幡家がこれである。

広幡家　ひろはたけ

正親町源氏。正親町天皇孫の八条宮智仁親王三男の忠幸を家祖とする。寛文三年（一六六三）創立。家格は清華家、新家。内々の家。四箇の大事・有職故実を家職とした。家領は五百石。いずれにも家礼しなかったが、近衛家に近く、前豊・忠礼は近衛家の猶子となった。八条宮は正親町天皇の皇子誠仁親王（陽光太上天皇）の六宮智仁親王に始まる。親王は幼名古佐丸といい、豊臣秀吉の猶子となり関白職を譲られる約諾がなされていたが、天正十七年（一五八九）秀吉が一子（鶴松）を儲けたことにより、新たに親王家創立となり、翌々十九年九月親王宣下あり、八条家が創立された。後陽成天皇の舎弟で親任あつく、天皇が慶長三年（一五九八）十月健康上の理由から譲位しようとした時、皇嗣と目されたのは智仁親王であったが、秀吉の猶子の前歴あることなどを理由に徳川家康の諫奏により取止めになった経緯がある。なお、八条宮家は、のち京極宮、常磐井宮、ついで桂宮と称される。忠幸は、智仁親王の三男で、智忠親王、曼殊院入道良尚親王の舎弟。寛永元年（一六二四）出生。幸丸と称した。同十一年尾張大納言義直の猶子となり、慶安三年（一六五〇）正月、二十七歳で元服。翌年二月、尾張に赴いて義直女の糸子（鶴姫、のち京姫）と婚姻。寛文三年十一月、尾張中納言光友の願うところにより、堂上となる。清華家に列し、源朝臣の姓を賜う。また禁色・雑袍・昇殿を聴され、直叙任正四位下・左近衛権中将。同四年五月従三位、同八月権中納言。のち正三位権大納言となり、同九年閏十月、四十六歳で没した。室糸子は忠幸没後は尾張に帰り、延宝二年（一六七四）八月、同地に於いて四十九歳で没した。忠幸の後は、久我権中納言通名の子で養嗣子となった豊忠。寛文十年四歳で叙爵し、延宝六年二月元服、禁色昇殿を聴され任左中将。のち三位中将、参議を経ずに権中納言となり、権大納言兼右大将となる。内大臣に任槐し従一位の極位に昇り、元文二年（一七三七）七月、七十二歳で没した。以後、この内大臣従一位を先途とした。前豊は院執権となり、基豊・忠礼は議奏に補された。日記には、『豊忠公記』、『長忠卿記』、『前豊公記』、『経豊公記』、『基豊公記』、『広幡家女房日記』、『広幡家諸大夫詰所日記』がある。明治十七年（一八八四）忠礼のとき、叙爵内規により侯爵を授けられた。菩提所は相国寺。『広幡家譜』（東京大学史料編纂所架蔵、四一七五―一五〇）。

広幡家

正親町天皇―誠仁親王―智仁親王
―**忠幸**＝**豊忠**―**長忠**―**前豊**―**前秀**
―**経豊**―**基豊**―**忠礼**（侯爵）

忠幸　ただゆき　一六二四―六九

寛文4（一六六四）・5・2従三位（左中将如元）、8・25権中納言、号広幡、寛文7・1・5正三位、寛文8・12・24権大納言、寛文9・閏10・16薨去

［死没］寛文9（一六六九）・閏10・16　［年齢］46　［父］智仁親王、三男　［母］従四位下侍従京極高知女　［号］祥光院　［公卿補任］4―7下

豊忠　とよただ　一六六六―一七三七

寛文6（一六六六）・6・26誕生、寛文9・閏10・16為忠幸卿子、寛文10・1・5叙爵、寛文12・5・26従五位上、延宝4（一六七六）・1・5正五位下、1・11侍従、延宝6・2・3元服、禁色、昇殿、従四位下、延宝7・11・26左少将、延宝8・12・23従四位上、天

和2(一六八二)・2・10中将、12・29正四位下、天和3・2・14兼中宮権亮(立后日)、貞享1(一六八四)・12・23〔従三位〕(左中将権亮等如旧)、貞享3・6・25権中納言、貞享4・2・3聴直衣☆、12・23〔正三位カ〕、元禄5(一六九二)・12・25権大納言、元禄7・2・12〈去正月五日分〉従二位、宝永1(一七〇四)・9・17辞権大納言、12・26正二位、宝永7・閏8・9還任権大納言、享保4(一七一九)・12・10右大将、12・27右馬寮御監、享保5・1・12辞権大納言・右大将、享保8・2・4内大臣、2・8辞内大臣、享保11・11・23従一位、元文2(一七三七)・8・1〈「7月29日」家譜〉薨去

〔死没〕元文2(一七三七)・8・1　〔年齢〕72　〔父〕広幡忠幸(実久我通名)　〔母〕徳川義直女(実西園寺公満女)　〔号〕自浄光院　〔日記〕豊忠公記(一六九六―一七三〇)　〔公卿補任〕4―77上

長忠　ながただ　一七一一―七一

宝永8(一七一一)・4・4誕生、享保5(一七二〇)・12・11従五位下、享保7・12・25侍従従五位上、享保8・12・24正五位下、享保9・閏4・21従四位下、9・24元服、禁色、雑袍、昇殿、左少将、享保10・2・18従四位上、11・6左中将、享保11・1・26正四位下、享保13・2・1〈去正月五日分〉従三位(左中将如元)、享保15・8・10権中納言、11・9帯剣、享保16・1・12聴直衣、2・28春宮権大夫、12・25正三位、享保20・3・21止権大夫、5・22権大納言、元文1(一七三六)・3・8従二位、延享1(一七四四)・12・22正二位、延享2・2・1公仁親王勅別当、延享4・6・18辞権大納言、宝暦6(一七五六)・2・11出家

〔死没〕明和8(一七七一)・9・27　〔年齢〕61　〔父〕広幡豊忠　〔母〕家女房　〔号〕圓照院　〔法名〕承恵　〔日記〕長忠卿記(一七三一―四七)　〔公卿補任〕4―283下

前豊　さきとよ　一七四二―八三

寛保2(一七四二)・2・20誕生、延享2(一七四五)・1・5従五位下、延享4・2・1従五位上、延享5・9・25正五位下、寛延2(一七四九)・1・25侍従、12・24従四位下、寛延4・6・22〈去五十六宣〈ま〉従四位上、宝暦1(一七五一)・11・7為左大臣内前公猶子、12・5元服、禁色、雑袍、昇殿、宝暦2・1・5正四位下、宝暦3・5・17右権少将、6・25〈ま〉拝賀、12・16右権中将、10・8拝賀〈ま〉、12・22〔従三位〕(右中将如旧〈ま〉)、宝暦6・5・10権中納言、5・15帯剣、9・18直衣〈ま〉、12・21正三位、宝暦9・12・24従二位、宝暦10・2・17権大納言、宝暦13・10・16美仁親王家勅別当、11・28正二位、明和1(一七六四)・8・24大嘗会検校、明和6・8・19右大将、10・16右馬寮御監、明和7・11・24院執権、明和8・5・9皇太后宮大夫〈ま〉、7・9止皇太后宮大夫、安永2(一七七三)・6・4改前豊、安永3・12・25辞院執権、安永4・閏12・2内大臣、閏12・11辞内大臣随身兵仗、天明1(一七八一)・6・4従一位、天明3・12・19薨去

〔死没〕天明3(一七八三)・12・19　〔年齢〕42　〔父〕広幡長忠　〔養父〕近衛内前　〔母〕家女房(実醍醐冬凞女)　〔前名〕輔忠　〔号〕楽園樹院　〔日記〕前豊公記(一七五四―六四)　〔公卿補任〕4―414上

前秀　さきひで　一七六二―一八〇八

宝暦12(一七六二)・12・2誕生、安永3(一七七四)・1・15従五位下、3・4侍従、8・8従五位上、安永4・3・6正五位下、安永5・1・22従四位下、6・29従四位上、安永6・1・9正四位下、2・13元服、禁色、昇殿、4・16右近衛権少将、9・14転右近衛権中将、10・10拝賀、安永7・1・5従三位(中将如元)、6・25権中納言、10・19帯剣、10・24聴直衣、安永8・5・4正三位、安永10・3・15皇太后宮権大夫〈ま〉、天明2(一七八二)・3・8従二位、天明3・10・12止権大夫〈ま〉、天明6・2・17〈賜去正月十四日位記〉正二位、天明8・8・13改前秀、寛政1(一七八九)・5・22権大納言、閏6・28直衣始、文化5(一八〇八)・3・4詔仁親王家別当、6・19辞権大納言、薨去

〔死没〕文化5(一八〇八)・6・19　〔年齢〕47　〔父〕広幡前豊　〔養父〕近衛内前　〔母〕伏見宮貞建親王女　〔前名〕前基　〔号〕広楽教院　〔公卿補任〕4―563下

経豊　つねとよ　一七七九―一八三八

安永8(一七七九)・6・25誕生、寛政2(一七九〇)・10・17従五位下、寛政3・1・25従五位上、寛政4・2・2正五位下、7・8侍従、寛政5・1・5従四位下、1・25元服、禁色、昇殿、6・11左権少将、11・

2拝賀、寛政6・1・28転右権中将〈ま〉、3・5拝賀、3・7兼中宮権亮(立后日)、拝賀、3・19従四位上、閏11・4正四位下、寛政7・1・20(従三位)、右中将中宮権亮等如元、寛政8・12・19正三位、享和2(一八〇二)・4・7権中納言、5・13帯剣、文化1(一八〇四)・3・1従二位、文化5・1・5正二位、文化8・8・3中宮権大夫、文化9・12・19権大納言、12・27直衣始、文化14・2・14邦家親王家別当、文政3(一八二〇)・3・14転皇太后、10・26転大夫、文政5・8・22明道親王家別当、文政7・6・4内大臣、-・-随身兵仗、6・7直衣始、6・28辞大臣随身兵仗、文政8・10・28従一位、天保9(一八三八)・8・23薨去

[死没]天保9(一八三八)・8・23 [年齢]60 [父]広幡前秀 [養父]近衛経熈 [母]家女房(実稲葉正諶二女) [号]瑞応華院 [日記]経豊公記(一八三一—三〇) [公卿補任]5—103上

基豊　もととよ　一八〇〇—五七

寛政12(一八〇〇)・4・22誕生、享和2(一八〇二)・1・5従五位下、享和3・1・5従五位上、文化1(一八〇四)・12・18正五位下、文化2・3・10従四位下、7・8侍従、文化3・4・5従四位上、文化7・12・21正四位下、文化8・2・18元服、昇殿、拝賀、12・21右権少将、12・27拝賀、文化10・5・18転権中将、7・4(従三位)(中将如元)、8・11拝賀、文化12・2・26正三位、文政1(一八一八)・5・28権中納言、7・22帯剣、9・13従二位、9・23聴直衣、直衣始、文政4・2・30正二位、文政6・10・23清保親王家別当、天保2(一八三一)・5・19権大納言、6・8直衣始、天保6・9・18儲君親王勅別当、天保7・3・5節仁親王家別当、天保13・9・15淑子内親王家別当、弘化4(一八四七)・7・14皇太后宮大夫、10・13止大夫、嘉永1(一八四八)・3・23貞教親王家別当、4・24大嘗会検校、嘉永2・1・22右大将、2・3右馬寮御監、2・14直衣始、安政4(一八五七)・2・8内大臣賜随身兵杖、2・12直衣始、5・15辞大臣随身兵杖、5・28従一位、5・29薨去

[死没]安政4(一八五七)・5・29 [年齢]58 [父]広幡経豊 [養父]近衛基前 [母]今出川実種女寿栄君(実日野資矩女) [号]大宝蔵院 [日記]基豊公記(一八二五—五三)・広幡家女房日記(一八四九)・広幡家諸大夫詰所日記(一八三三—五四) [公卿補任]5—222下

忠礼　ただあや　一八二四—九七

文政7(一八二四)・6・28誕生、文政9・1・5従五位下、文政10・1・5従五位上、文政11・1・20正五位下、文政12・1・5従四位下、文政13・閏3・24従四位上、天保2(一八三一)・1・17侍従、天保5・3・16正四位下、12・7元服、禁色、昇殿、天保7・5・10右近衛権少将、12・7拝賀、天保10・3・29内大臣忠熈公猶子、天保11・2・24転左権中将、3・4(従三位)、左中将如故、4・27拝賀、天保12・12・22正三位、弘化3(一八四六)・3・4賜仁孝天皇御当色、3・7賜御素服、嘉永3(一八五〇)・12・12権中納言、12・28帯剣、12・29聴直衣、嘉永4・2・4従二位、嘉永6・2・4正二位、安政4(一八五七)・5・15権大納言、安政5・7・21直衣始、10・25能久親王家別当、慶応3(一八六七)・11・30内大臣、右大将、-・-右馬寮御監

[死没]明治30(一八九七)・2・18 [年齢]74 [父]広幡基豊 [母]関白従一位鷹司政熈女皐子 [公卿補任]5—398上

醍醐源氏　だいごげんじ

醍醐天皇に始まる賜姓源氏の一流。醍醐天皇の一世賜姓は八人、二世では三人が源姓を賜わった。この内、第三皇子の二品中務卿代明親王の系統が最も栄え、その子重光・保光・延光いずれも納言にまで昇り、ことに重光の子孫は数人公卿に列したなり、二世賜姓源氏となり、ことに重光の子孫は数人公卿に列したが、三流ともに平安時代末期頃までに断絶した。醍醐源氏の中で最も著名なのは、西宮左大臣などと称され、有職故実書としての『西宮記』の著作で知られる高明であるが、安和二年（九六九）いわゆる安和の変に連座し、大宰権帥に左遷され、政界に復帰することなく、この一代で終った。下級官人ながら後々にまで伝流したのは、盛明親王流で、親王は十五宮と号され、先ず源姓を賜い後に親王となった。上野大守となり寛和二年（九八六）没した。この裔は、子の則忠が上階した他は、いずれも正四位下を先途とし、戦国時代に至り康俊および長盛が上階したが、やがて断絶した。

醍醐源氏

醍醐天皇―盛明親王―則忠―道成
兼長―清長―俊兼―季兼―季長
　　　　　　　　　　　└季広
長俊―有長―兼賢―行長―兼胤
光長―兼邦―周長―兼益―**長盛**
周可
兼時―兼教―則長―則任―季成
季任―則氏―季賢―**康俊**―久任

長盛　ながもり

❖天文二十二年（一五五三）非参議従三位（初見）、二十三年非参議従三位〔以後不見〕

［父］源兼益　［公卿補任］3―434下

康俊　やすとし

❖文明二年（一四七〇）非参議従三位（初見）、修理大夫、丹後守、宮内卿

［父］源季賢　［前名］則俊　［公卿補任］3―232上

順徳源氏　じゅんとくげんじ

順徳天皇に始まる賜姓源氏の一流。順徳天皇の二世賜姓、三世賜姓各一流がある。前者は順徳天皇第二皇子岩蔵宮忠成王の二男彦仁が源姓を賜い、その子忠房が乾元元年(一三〇二)上階し、嘉元四年(一三〇六)権中納言に直任。文保三年(一三一九)二月、無品親王となった。その子彦良は従二位まで昇ったが、孫彦忠は上階せず、やがて絶家となる。後者は第四皇子四辻宮善統親王の男尊雅王の子善成が文和五年(一三五六)正月、従三位に叙せられると共に、源姓を賜った。四辻宮善成、四辻善成の名を以て知られ、永徳元年(一三八一)従一位、応永元年(一三九四)内大臣となり、同二年七月には左大臣に任ぜられたが、親王宣下を望んでかなえられなかったため、即日辞任し、同年八月出家して法名を常勝と号した。同九年九月に七十七歳で没した。歌人・古典学者としてもよく知られており、貞治年間に「正六位上物語博士源惟良」の筆者で著わした『河海抄』(二十巻)は『源氏物語』の最初の本格的な注釈書である。

源家

順徳天皇──忠成王──**源彦仁**──**忠房親王**──**源彦良**──彦忠
　　　　└─善統親王──尊雅王──**善成**

源彦仁　みなもとのひこひと　?──一二九八
永仁4(一二九六)・12・30従四位下、侍従、永仁5・2・19禁色、4・10従四位上、6・25従三位、6・26侍従如元、11・14正三位、永仁6・3・23薨去〈や〉
[死没]永仁6(一二九八)・3・23　[父]忠成王　[母]右馬頭藤原範能女　[公卿補任]2―338下

忠房親王　ただふさしんのう
正安3(一三〇一)・12・15正五位下、即元服、禁色昇殿、12・18左少将、正安4・1・5従四位下(遊義門院当年御給)、4・17従四位上、7・21従三位(越階)、左少将如元、嘉元3(一三〇五)・1・5正三位、嘉元4・9・2転中将、徳治1(一三〇六)・12・22権中納言、延慶2(一三〇九)・2・19辞権中納言、正和5(一三一六)・11・23従二位、文保3(一三一九)・2・18無品親王、元亨4(一三二四)・7・29出家
[父]源彦仁　[母]関白従一位二条良実女　[公卿補任]2―366下

源彦良　みなもとのひこよし
元弘3(一三三三)・10・10従四位下(本位不見)、左少将如元、11・8転左中将、建武1(一三三四)・1・5従四位上、1・13兼安芸権介、7・9従三位、左中将如元、暦応5〈興国3〉(一三四二)・1・5正三位、貞和5〈正平4〉(一三四九)・2・15参議、9・13辞参議、12・21従二位、永和3〈天授3〉(一三七七)・-・-出家
[父]忠房親王　[母]正二位権大納言藤原実教女　[公卿補任]2―555上

善成　よしなり　一三二六―一四〇二
康永2〈興国4〉(一三四三)・3・6叙爵(王氏)、左少将、文和5〈正平11〉(一三五六)・1・6従三位(左少将如元)、(叙爵以後位階無所見)、賜源姓、左中将、延文3〈正平13〉(一三五八)・1・7〈さ〉正三位、延文4〈正平14〉・8・11左中将、延文6〈正平16〉・3・27従二位、兼播磨権守、貞治2〈正平18〉(一三六三)・4・20正二位、貞治6〈正平22〉・6・29権中納言、8・18帯剣、応安3〈建徳1〉(一三七〇)・11・19権大納言、応安4〈建徳2〉・3・11辞退(権大納言)、永徳1〈弘和1〉(一三八一)・12・24従一位、嘉慶1〈元中4〉(一三八七)・12・8准大臣、明徳5(一三九四)・6・5内大臣、12・25辞内大臣、応永2(一三九五)・7・20〈6月20日ともあり〉左大臣、-・-辞左大臣、8・29出家
[死没]応永9(一四〇二)・9・3　[年齢]77　[父]尊雅王　[号]四辻・清閑寺　[法名]松巌寺殿大憧常勝大居士　[公卿補任]2―654下　[大日本史料]7―5―650

後嵯峨源氏　ごさがげんじ

後嵯峨天皇の第一皇子宗尊親王の子惟康が源朝臣の姓を賜わった。惟康は、岡屋関白近衛兼経の女宰子を母として文永元年（一二六四）出生。三歳で従四位下・征夷大将軍・左中将に叙任。同七年十二月二十日従三位に叙せられ、同日源朝臣姓を賜わった。弘安十年（一二八七）六月、二十四歳のとき中納言兼右大将に任ぜられ、同十月四日二品親王となった。四子がいたが、いずれも僧籍に入り、後嵯峨源氏は惟康一人で終った。

後嵯峨源氏

後嵯峨天皇──宗尊親王──**惟康**
　　　　　　　　　　　　├真覚──**宗治**
　　　　　　　　　　　　└瑞子（後宇多天皇後宮　永嘉門院）

惟康　これやす　一二六四─？
文永3（一二六六）・7・24従四位下、征夷大将軍、文永7・12・20賜源朝臣姓、従三位（元従四位下）、左中将、文永8・2・1尾張権守、文永9・1・5従二位、文永12・3・5復任、建治2（一二七六）・1・23兼讃岐権守、弘安2（一二七九）・1・7正二位、弘安10・6・5中納言〔権中納言ともあり〕、兼右大将、10・4為二品親王
［父］宗尊親王　［母］太政大臣従一位近衛兼経女　［公卿補任］2─225下

宗治　むねはる　一三一九─四五
建武3〈延元1〉（一三三六）・1・26従三位、左中将如元、康永4〈興国6〉（一三四五）・2・－薨去
［死没］康永4（一三四五）・2　［年齢］27　［父］眞覚　［養父］後醍醐天皇　［公卿補任］2─564上　［大日本史料］6─8─857

後深草源氏　ごふかくさげんじ

後深草天皇に始まる賜姓源氏。後深草天皇の第三皇子久明親王の一男守邦親王、及び二男久良親王の猶子宗明が源姓を賜わった。宗明は関白二条道平の子という(『尊卑分脈』)。建武五年(一三三八)八月従四位下に叙せられ、同日源姓を賜わり、暦応四年(一三四一)四月、十二歳のとき従三位に昇り、従一位権大納言を最後に康暦元年(一三七九)五十歳で出家し、後深草源氏はこの人で終った。

久良親王　ひさよししんのう　一三一〇—?

・・・・於関白(道平)亭有元服事、加冠関白、理髪頭宮内卿光継朝臣、無品久良王宣賜源朝臣姓、嘉暦3(一三二八)・6・13従三位、右中将、10・14喪父、嘉暦4・11・24転左、元徳2(一三三〇)・2・11親王宣下

[父]一品征夷大将軍久明親王　[母]冷泉為相女　[公卿補任]2—518下

後深草源氏

後深草天皇—久明親王—┬守邦親王
　　　　　　　　　　　└**久良親王**═**宗明**

宗明　むねあき　一三三五—一四〇四

建武5(一三三八)・8・11従四位下、賜源氏姓、侍従、暦応2〈延元4〉(一三三九)・4・18左近中将、暦応3〈興国1〉・7・19正四位下(二階)、暦応4〈興国2〉・4・16従三位、左中将如元、康永4〈興国6〉(一三四五)・2・18権中納言、貞和4〈正平3〉・4・12従二位、12・24権大納言、文和3〈正平9〉(一三五四)・10・22辞退(権大納言)、文和4〈正平10〉・8・13正二位、延文5〈正平15〉(一三六〇)・4・-従一位、康暦1〈天授5〉(一三七九)・-・-出家

[死没]応永11(一四〇四)　[年齢]70　[父]久良親王(実二条道平)　[号]土御門一位入道　[公卿補任]2—587上　[大日本史料]7—6—874

菅原氏　すがわらし

土師宿禰古人を始祖とする一流。『続日本紀』天応元年(七八一)六月壬子条によると、土師宿禰古人等十五人が、土師の先祖は天穂日命から出ており、十四世の孫野見宿禰が「殉埋之礼殊乖仁政、非益国利人之道」として、土部三百余人を率いて、殉死者の代りに埴輪を作って功績をあげたことを理由に、「因居地名、改土師以為菅原姓」を望み請い、居地によって菅原氏とすることの勅許を得たことから始まる。菅原は今の奈良市菅原町である。はじめ姓《かばね》は宿禰であったが、延暦九年(七九〇)十二月朝臣を賜わった(『続日本紀』)。これは桓武天皇の外祖母が土師氏であったことによるところが大きいとされる。菅原氏は古人以来歴代の侍読を勤め、紀伝の儒者として著名な人々が輩出した。古人は桓武天皇に侍読として仕え、その功によって清公ら四人の遺児に学資が給され、清公は年少より経史に通じ、延暦十七年二十九歳で文章得業生となり、大学少允として官途についた。同二十一年遣唐判官兼近江権掾、翌々年入唐。大使は藤原葛野麻呂で、最澄・空海・橘逸勢らが同行、翌二十四年帰朝、叙爵して大学助となる。その後、尾張介・左京亮・大学頭・左少弁・式部少輔等を歴任。弘仁九年(八一八)朝廷の儀式諸制を唐制に擬するの詔が下り、清公はこの議に関与、翌十年文章博士を兼ね、『文選』を侍講、同十二年式部大輔となる。その後、右中弁・弾正大弼・播磨権守等に任じ、承和六年(八三九)正月七十歳のとき従三位に昇り公卿に列した。「儒門之領袖」といわれ(『三代実録』元慶四年八月三十日条)、『令義解』『凌雲集』『文華秀麗集』『経国集』の編纂に関与した。その子是善は、清公のすぐれた後継者として儒門の要職を歴任し、文章道の家学を拡充し、また清公の任ぜられなかった参議に昇り重用されたことも菅家の門葉の強化に資した。文徳天皇・清和天皇に『文選』『漢書』『群書治要』等を進講、『貞観格式』や『日本文徳天皇実録』の編纂に従事した。「上卿良吏、儒士詞人、多是門弟子也」と言われた父是善の後を受けて、菅原家の学業の継承者たるべき期待のうちに生れ育った道真は、幼少から研鑽につとめ、その門戸を強化した。菅原家の私塾は菅家廊下、山陰亭と呼ばれているが、その盛熾の有様は「秀才進士、出自此局者、首尾略計近百人、故学者自此局為龍門、又号山陰亭」(『菅家文草』巻第七)といわれている。道真は、貞観元年(八五九)十五歳で元服し、同九年文章得業生となり、正六位下下野権少掾を振り出しに、十六年三十歳で叙爵、一時讃岐守となり地方官に転じ辛酸をなめることもあったが、やがて中央官に復し、寛平三年(八九一)蔵人頭・式部少輔・左中弁に任ぜられるなど、文人出身の官吏としては異例の栄進を遂げ、宇多天皇の信任を得て一躍政治の中枢部に関与し、参議・式部大輔・左大弁・中納言等を歴任し、位は従三位、同九年六月には権大納言兼右大将にまで昇った。まさに破格の昇進であり、大納言左大将の藤原時平と肩を並べ政界の重鎮となった。同年七月醍醐天皇が践祚。同月、道真は正三位に昇叙され、次いで中宮大夫を兼ね、翌々昌泰二年(八九九)二月、右大臣(兼右大将)に任ぜられた。時平は同日に左大臣となる。道真は同月より翌三月中、上表三度に及んだが返されたのみならず、同四年正月七日時平と相並んで従二位に叙せられたが、同月二十五日、突如として大宰権帥に左遷された。左遷の理由は『政事要略』巻二十二所収の宣命によれば、寒門の出自ながら宇多上皇の恩遇により人臣を極めたにもかかわらず、止足の分を知らず専権の心あり、佞諂の情をもって前上皇を欺いたこと、廃立を行って父子の慈を離間し、兄弟の愛を破ろうとしたということである。後者については、道真がその女を室に納れていた皇弟斉世親王を擁立して天皇に代えようとの陰謀を企てたものとの意であろう。真相は不明であるが、関係者への尋問糺明の手続き等もなく抜切ち的な断罪、宣命のはなはだ抽象的な内容、いずれも不審の多いものであった。宇多上皇の格別の信任を蒙り、学儒としては異例の栄進を重ねてきた道真は、藤原氏や皇親系諸臣の嫉視反発を誘発し、ついに大臣の座から讒により排除されたのであり、敏速内密に運ばれた道真断罪に、上皇は手をほどこすすべもなかったようである。道真は大宰府の謫居で寂寥たる生活と帰京の日を夢見ながら、歳月を送ること二年、延喜三年(九〇三)二月、その五十九年の生涯を閉じた。著作に、『菅家文草』十二巻、『菅家後集』一巻他があり、修史事業にも顕著な功績がある。六国史の最後の『日本三代実録』は、その奏進が道真左遷後のことで、撰者に名を連ねていないが、寛平五年(八九三)の編纂事業開始以来、一貫してその実務にあずかったのは道真であったとされる。また、六国史の記事を事項別に分類して再編集し、検索の便に供した『類聚国史』二百巻(うち六十二巻が現存)は宇多天皇の勅により編纂したものである。没後、数々の異変が起り道真の怨霊の祟りと一般に信ぜられ、神に祭られ、天満大自在天神・天満宮天神などとして朝野の信仰を集めるようになる。怨霊の恐れは年とともに広がり、没後二十年を経た延喜二十三年三月には、皇太子保明親王も二十一歳の若さで亡くなったので、天皇ももはやすてておくことはできなかった。『日本紀略』には、「挙世云、菅師霊魂宿忿所為也」とある。この年四月二十日詔して、道真を本官の右大臣に復し、重ねて正二位を贈り、道真左遷の詔である昌泰四年正月二十五日の詔書を破棄させた。そして改元して、この年を延長元年とした。しかし不幸はまだやむことなく、北野に神社が創立され、一条天皇の永延元年(九八七)には初めて官幣に預って祭祀を行い、ついで正暦四年(九九三)五月二十日、道真は正一位・左大臣を贈られたが、それでも北野天満宮天神の神霊は安んじないというので、同年閏十月二十日、重ねて太政大臣が贈られた。そして、北野社は後には古来の大社にまじって二十二社の一にも加えられた。天神信仰は時代とともに広がり、ことに学問の神として多くの崇敬をあつめ、天神を文道の神とした考えは、室町時代の特殊な社会相によって、渡唐天神という不思議な信仰にも発展した。天神は渡宋して径山の無準に参禅したというものである。禅儒一致の理想から出たもので、渡唐天神画像は近世に亘り主要な画題の一つとして流布した。道真以後も、菅原家は多くの学者を輩出し、紀伝道の世襲的な家門であり続けた。菅原氏は藤氏長者と同様に氏長者を立てていて、菅氏長者といい、北野長者とも呼ばれた。『尊卑分脈』の菅原氏系図によれば、その初めは是善・道真から。なお、道真にはその実名を掲げるのを憚避し、「菅家」と記されている。のち嫡流は家名を高辻と称し、支流に五条・唐橋の二家、五条の庶流に東坊城があり、江戸時代に新家として五条から分流した清岡・桑原の二家がある。公卿まで出しながら断絶した家に、高辻・唐橋家分流に各三家、五条・東坊城家両流に各一家がある。唐橋家の創立は早く、高辻家祖是綱の舎弟である在良を家祖とするが、近世に及んだのは鎌倉時代に分流の庶家で、家格は東坊城に及ばない。菅氏長者は、室町時代に至っても直系相承の形態に至らず、同族諸家の然るべき人物、すなわち官位第一の人が補任されていた。菅原氏は、五条家を除く五家はいずれも梅鉢を家紋に用いた。

高辻家　たかつじけ

菅原氏の嫡流。贈正一位太政大臣菅原道真の裔。贈従一位菅原定義二男菅原大学頭卿是綱を家祖とする。道真の子は、『北野天神御伝』には男女二十三人あったとするが、『尊卑分脈』の菅原系図に名をとどめているのは、男十一人・女三人の計十四人である。延喜元年(九〇一)の道真左遷のことにより、息男のなかで任官していた一男大学頭高視は土佐介に、式部丞景行は駿河権介に、右衛門尉景茂は飛驒権掾に、秀才淳茂は播磨にと、五ヵ所に分かちやられた。高視は貞観十八年(八七六)の生まれで、博学治聞といわれ、文章得業生より従五位下に叙せられ、大学頭となり右少弁を兼ねた。大学頭のとき父の事件に連座して土佐介となったが、延喜六年に召還され、本官に復し従四位上に叙せられたが、同十三年三十九歳の壮齢で没した。景行などは地方官で終ったが、淳茂は兵部丞・式部権大輔・大学頭・右中弁を歴任し文章博士となり、延長四年（九二六）没した。淳茂ののちも在躬・輔正・忠貞などの文章博士を出したが、この流れは平安時代の後期頃には絶え、子孫が栄え菅原の学統を永く伝えたのは高視ののちである。高視には四子があったが、そのうち学統を継承したのは一男雅規、三男文時の二流である。文時は、天徳元年（九五七）十二月村上天皇に奏上した「封事三箇条」によって人口に膾炙する。四歳の時、祖父の左遷に遭って一家離散し、幼少より辛苦の生活を送り、三十五歳で文章生、次いで文章得業生となり、天慶五年（九四二）四十四歳のとき対策に及第。内記・弁官を歴任し、天徳元年六月文章博士に任ぜられ、次いで大学頭・式部大輔となり、天元四年（九八一）正月従三位に昇った。道真以後菅原氏で公卿に列した初めで、菅三品と称された。同年九月、八十三歳で没した。孫の宣義も文章生となり、大内記・式部権大輔を歴任し、侍読・長者にもなったが、宣義の子義明は地方官で終わり、紀伝道の家としての文時の流れはここに絶えた。雅規の流が菅家の学統を伝えることになるのである。雅規は、対策せずに成業、文章博士・山城守・左少弁を歴任、天元二年（九七九）六十一歳で没した。その子資忠は、文章博士・大学頭・大内記・右中弁等となり、従四位下に昇り、永延三年（九八九）五十四歳で没した。資忠の子が孝標で、上総介・常陸介、従四位下となり、地方官で終ったが、その子定義は、民部少輔・少内記・大学頭・文章博士を歴任し、従四位上に昇り、菅氏長者となり、康平七年（一〇六四）十一月五十三歳で没した。『更級日記』の著者菅原孝標女は、この定義の姉にあたる。定義の子には七子があり、二男是綱、四男在良、六男輔方、この三人の子孫が高辻家・唐橋家・菅原家である。定義はこれら三流の祖と崇められたからであろう、寿永三年（一一八四）三月二十六日贈従三位、乾元元年（一三〇二）十二月十日贈正二位、元徳二年（一三三〇）十一月二十四日贈従一位となった。高辻家が嫡流とされるが、他の二流とさして家格の差はなく、侍読はいずれの流からもこれを勤めた。侍読はおおむね高位高官に昇り、菅氏長者も家として定まることなく、三流いずれからもこれに就いた。『尊卑分脈』の記載から一例を掲げると、後円融天皇の侍読は菅原高嗣・菅原長嗣・東坊城長綱・高辻長衡・東坊城秀長が勤め、これらはいずれも正二位にまで昇った（長衡は正三位）。菅氏長者の三流分散状況は、学問の研鑽と天皇の侍読を勤めることを家業とする紀伝道の家の特殊性によるのであろう。高辻家は、家格は半家。外様の家。紀伝道および詩文を掌ることを家職とし、代々文章博士となり、侍読となるを例とした。一条家の家礼。江戸時代には家領二百石。高辻の号は、鎌倉時代後期、長宣の頃からで、遠祖道真の邸宅のあったところの地名に因むのであろう。『拾芥抄』に拠れば、道真の京都の邸として紅梅殿と天神御所を掲げる。いずれも五条坊門通りの後者はその南、高辻北、町尻西、西洞院東の一保に在った。家祖是綱は、相模権守・武蔵守・文章博士・大学頭を歴任し、正四位下に昇り、菅氏長者となり、嘉承二年（一一〇七）七十八歳で没した。是綱の曾孫為長は従三位・式部大輔となり、文暦二年（一二三五）家例として初めての参議に列し、延応二年（一二四〇）には正二位に昇り、寛元四年（一二四六）三月八十九歳で没した。為長の後は、一男長貞、二男公長、三男長成、四男高長、五男長明の五流に分かれた。概して官位も高く、長者・侍読も多く出したのは二男公良の流で、この流が嫡流であったようであるが、室町時代の初期に絶家となった。四男高長の流は後に五条を称し、三男長成の流が高辻である。南北朝時代、長成の玄孫長衡は従三位から左大弁となる例を開き、その曾孫継長は従三位・左大弁・参議・正二位に進み、

高辻家

宇庭―古人―清公―是善―道真―高視―雅規―資忠―孝標―定義―是綱―宣忠＝長守―**為長**―**長成**―**清長**―**長宣**
　定義―在良（唐橋）
　定義―輔方（菅原、絶家）
　為長―長貞（菅原、絶家）
　為長―公長（粟田口、絶家）
　為長―高長（五条）

長宣―**国長**―**長衡**―**久長**―**長郷**―**継長**―**長直**―**章長**―**長雅**（中絶）**遂長**―長純＝**豊長**＝長量―**総長**―冬長＝**家長**―**胤長**―**福長**
　総長―家長

福長―**為成**
　　―**俊長**＝**以長**―**修長**（子爵）
　　―以長

文明二年（一四七〇）十一月権大納言に昇り、以後は正二位権大納言が高辻家の極位極官となった。そしてその孫の章長は文章博士のまま従三位となる三位博士例を開き、その子長雅は参議博士例、権中納言博士例をも開いた。後はおおむね壮年に達するまでに、大内記・少納言・文章博士を勤め、ついで弁官を経て式部大輔・参議・権中納言に進み、老年に至って権大納言になるのを通例とした。しかし、戦国時代の高辻家は経済的な事情からしばしば地方に下向し、継長は文明七年七月加賀在国中に六十二歳で没し、その孫の章長も大永五年（一五二五）正月、越前国一乗谷において五十七歳で没した。章長は文明十年十歳で穀倉院学問料を給され、同年文章得業生となった。『後法興院記』文明十六年正月二十一日条には、「月次和漢会始也、歌韵章長令勤執筆、今年十六歳云々、器用者也、菅孺再興歟」とあり、章長は近衛家和漢聯句会始の執筆を務め、前関白近衛政家より菅公の子の再来かと評されている。越前への下向は朝倉氏の庇護を受けるためであったのであろう、その死没について、『二水記』大永五年正月十四日条には「伝聞、当月定日可尋、高辻前中納言章長於越前国逝去云々、勤学雖有其誉、堪忍依不事行、数年寓彼国、不幸短命可惜可哀」と見え、困窮により在国していたことが窺われる。その子長雅も秀才の誉れ高く、文章得業生・式部大輔となり、享禄四年（一五三一）には十七歳で従四位下・大内記・文章博士に叙任され、最晩年の天正八年（一五八〇）権大納言にまで進み、同年九月六十六歳で没した。長雅には嗣子なく、生前に一門の贈権大納言五条為康の子貞長を養って嗣とした。『諸家伝』の五条為名の伝に「為康卿男、元貞長（中略）長雅卿依養子也、後帰本家而改為名、又為良、又為経」とあり、高辻の養嗣子となり貞長といい、五条に帰家して為名と改名したことが知られる。帰家した時期については、『言継卿記』元亀二年（一五七一）十一月二十七日条に「五条相続為名初出仕、於議定所御対面」とあるから、元亀二年二十歳の時で、父為康はすでに永禄六年（一五六三）に没

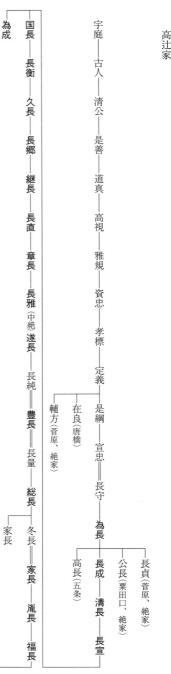

していて、それより八年を経ており実家五条家を相続しようとしたのも、もっとものことであった。紀伝道の家は家学の継承なくして家督たりえず、後嗣なきまま長雅は没し、天正八年以後この家名は一旦断絶する。高辻家が再興されるのは、それより五十五年を経た寛永十一年(一六三四)のことで、かつて為名と称した贈権大納言五条為経の三男遂長が長雅の遺跡を相続した。時に二十五歳。なお、遂長はそれまで東坊城家の傍流で再興された西坊城家を嗣いでいたが、高辻家の家督となることで、西坊城家は再び断絶することになった。その子長純は、文章博士・従四位上・少納言まで進んだところで、慶安元年(一六四八)四月、関東に使して下野国日光山において三十歳でにわかに没した。その後を嗣いだ豊長は、東坊城前権大納言長維の二男で、後水尾院の院参衆となっていて、名を良長、家名を滋岡と号し、正保五年(一六四八)正月には正五位下に叙さられていたが、慶安二年四月家例として文章得業生に補され、逆退して従五位下に叙せられた。なお、滋岡もこれで断絶する。日記には、『為長卿記』、『豊長卿記』がある。明治十七年(一八八四)修長のとき、叙爵内規により子爵を授けられた。菩提所は浄福寺常照院。『高辻家譜』(東京大学史料編纂所架蔵、四一七五—一二四五)。

為長　ためなが　一一五八—一二四六

寿永2(一一八三)・1・26穀倉院学問料、元暦2(一一八五)・1・20秀才、文治2(一一八六)・2・20越前掾、文治3・1・16献策、1・23大舎人助、5・4右衛門少尉、即蒙使宣旨、12・29叙爵、建久1(一一九〇)・10・26兵部少輔、建久4・1・21従五位上(策労)、建久6・2・2遠江権介、12・9遷式部少輔、正治1(一一九九)・1・5正五位下(策労)、1・30越後権守〈や〉、正治2・10・11大内記、建仁2(一二〇二)・1・21阿波介、建仁3・12・28復任(父)、建仁4・1・13文章博士、元久1(一二〇四)・4・12従四位下、元久2・12・-加御侍読、承元2(一二〇八)・1・5従四位上(八条院御給)、承元4・1・5正四位下(臨時)、建暦1(一二一一)・12・17〈承元四年カ〉式部権大輔、12・2従三位、式部権大輔如元、建暦2・1・13兼備後権守、建保2(一二一四)・1・13辞権大輔、建保3・4・11大蔵卿、建保5・1・28兼長門権守、承久3(一二二一)・1・13正三位、閏10・18兼式部大輔、承久4・1・24豊前権守、安貞2(一二二八)・2・1兼甲斐権守、寛喜1(一二二九)・11・-御師読(侍読カ)、文暦2(一二三五)・1・23参議、6・17兼勘解由長官、-・-・-大嘗会検校、嘉禎2(一二三六)・2・29兼播磨権守、嘉禎3・12・25辞参議、-・-・-更任大蔵卿、12・25従二位、暦仁2(一二三九)・1・24兼越後権守、延応1(一二三九)・4・23辞長官、仁治1(一二四〇)・11・12正二位、寛元4(一二四六)・3・28薨去

〔死没〕寛元4(一二四六)・3・28　〔年齢〕89　〔父〕高辻長守、一男　〔前名〕忠親　〔日記〕為長卿記(一二〇六—四〇)　〔公卿補任〕2—5下　〔大日本史料〕5—20—135

長成　ながしげ　一二〇五—八一

建長5(一二五三)・1・13〔従三位〕(元文章博士侍読)、正嘉3(一二五九)・1・21正三位、弘長1(一二六一)・2・29式部大輔、9・26従二位、弘長2・1・19兼豊前権守、弘長3・12・-辞大輔、文永7(一二七〇)・1・5正二位、文永8・4・7参議、10・13辞退、弘安4(一二八一)・12・15薨去

〔死没〕弘安4(一二八一)・12・15　〔年齢〕77　〔父〕高辻為長、三男　〔母〕弁暁法印女　〔公卿補任〕2—160下

清長　きよなが　一二三七—一三〇三

建長2(一二五〇)・4・-補蔵人、建長4・1・13越中大掾、2・6賜学問料、建長6・3・25文章得業生、建長7・1・5叙爵(蔵人)、康元1(一二五六)・10・23少納言、康元2・1・22兼安芸権守、正元1(一二五九)・12・20辞少納言、弘長4(一二六四)・1・5正五位下(策)、文永2(一二六五)・1・30従四位下、文永6・12・9左馬権頭、文永8・1・5従四位上(策)、10・13遷右京大夫、文永9・10・26去大夫、弘安3(一二八〇)・3・12正四位下、弘安11・1・5従三位(元前右京大夫)、正応3(一二九〇)・6・18兵部卿、正応5・8・14正三位、永仁3(一二九五)・3・

4従二位、・・止卿、乾元2(一三〇三)・7・26薨去

[死没]乾元2(一三〇三)・7・26 [年齢]67 [父]高辻長成 [公卿補任]2—294下

長宣　ながのぶ　一二七一—一三三五

建治4(一二七八)・2・10〈「弘安1年1月」イ〉越中掾〈文章生今日補之〉、弘安10(一二八七)・12・30奉方略宣旨、正応1(一二八八)・2・19献策(賀重明、叙神綱)、3・6従五位下、8・25治部権大輔、正応3・4・17皇后宮少進、正応4・8・12止少進(依本宮院号也)、正応5・10・28従五位上、永仁5(一二九七)・11・23〈賜去十四位記〉正五位下、正安2(一三〇〇)・1・5従四位下(策労、加叙)、嘉元4(一三〇六)・1・5従四位上、延慶1(一三〇八)・12・22左馬頭、延慶2・9・26正四位下〈や〉、延慶4・3・30越前権介、応長1(一三一一)・5・10従三位、元左馬頭、文保2(一三一八)・2・11下名叙正三位、正中2(一三二五)・7・17薨去

[死没]正中2(一三二五)・7・17 [年齢]55 [父]高辻清長 [母]源仲遠女 [号]高辻 [公卿補任]2—421下

国長　くになが　一二九四—一三七〇

延慶3(一三一〇)・4・28文章生、5・18方略宣、6・3献策、題詳洪化賀遐算、問頭大蔵卿藤原俊範朝臣、6・9判、6・27〈「29日」や〉従五位下、応長2(一三一二)・1・13美作守、正和2(一三一三)・5・28去守、正和3・4・12従五位上、文保2(一三一八)・9・26左馬頭、元応2(一三二〇)・2・9去頭、10・10〈賜去三月廿四日位記〉正五位下、嘉暦2(一三二七)・1・5従四位下、元徳3(一三三一)・1・5従四位上、建武4〈延元2〉(一三三七)・3・29大膳大夫、暦応2〈延元4〉(一三三九)・1・5正四位下(加叙)、(有誤脱)同月二日去大夫、貞和3〈正平2〉(一三四七)・4・23〈追賜今日位記〉従三位、前大膳大夫、延文6〈正平16〉(一三六一)・1・5正三位、貞治2〈正平18〉(一三六三)・4・20従二位、応安3〈建徳1〉(一三七〇)・3・16〈「12月」し〉薨去

[死没]応安3(一三七〇)・3・16 [年齢]77 [父]高辻長宣 [公卿補任]2—614下 [大日本史料]6—32—55

為成　ためなり　?—一三六四

延慶3(一三一〇)・4・28補文章生、正和1(一三一二)・7・17蒙方略宣旨、正和3・1・26献策、題(詳琴談簸叙詩宴)、問頭散位藤原秀範朝臣、正和4・2・8判、4・10叙爵、正和5・12・14従五位上、文保1(一三一七)・12・22治部権少輔、元亨2(一三二二)・12・25去権少輔、元亨4・1・5正五位下、元徳2(一三三〇)・1・5従四位下(策)、建武5(一三三八)・1・5従四位上(策)、貞和1〈興国6〉(一三四五)・11・29正四位下、文和3〈正平9〉(一三五四)・6・15従三位(宣下)、貞治3〈正平19〉(一三六四)・・・薨去

[死没]貞治3(一三六四) [父]高辻長宣、二男 [公卿補任]2—647上 [大日本史料]6—26—435

長衡　ながひろ　一三三二—八九

応安5〈文中1〉(一三七二)・4・18従三位、前右京大夫、康暦1〈天授5〉(一三七九)・9・6左大弁、至徳2〈元中2〉(一三八五)・1・6正三位、康応1〈元中6〉(一三八九)・8・16薨去

[死没]康応1(一三八九)・8・16 [年齢]69 [父]高辻国長 [母]三位東坊城茂長女 [公卿補任]2—709下

久長　ひさなが　?—一四一四

応永15(一四〇八)・3・4従三位、元左京大夫、応永20・11・・式部権大輔、応永21・3・16兼土佐権守、7・7薨去

[死没]応永21(一四一四)・7・7 [年齢]50 [父]高辻長衡 [公卿補任]3—66下 [大日本史料]7—20—238

長郷　ながさと　?—一四五五

永享9(一四三七)・8・29従三位、嘉吉1(一四四一)・1・6正三位、嘉吉2・10・29〈11月4日ともあり〉参議、嘉吉3・3・16兼遠江権守、文安2(一四四五)・1・5従二位、文安3・3・29辞退参議

※享徳三年(一四五四)前参議従二位(以後不見)

[死没]享徳4(一四五五) [父]高辻久長 [前名]長広・長興・長則 [後名]長広 [公卿補任]3—134上

継長　つぎなが　一四一四—七五

宝徳3(一四五一)・5・25従三位、元少納言文章博士、宝徳4・3・-左大弁、享徳1(一四五二)・10・7辞、享徳4・6・2参議、康正2(一四五六)・3・29兼播磨権守〈や〉、4・-正三位〈や〉、長禄2(一四五八)・閏1・16辞之(文章博士)、10・9還任(参議)、長禄3・4・13権中納言、寛正7(一四六六)・1・6正二位、応仁1(一四六七)・3・27辞権中納言、文明2(一四七〇)・11・7〈12月ともあり〉権大納言、文明5・5・-辞退権大納言、文明7・7・3薨去

※長禄三年より「従二位」

[死没]文明7(一四七五)・7・3　[年齢]62　[父]高辻長郷　[公卿補任]3—167下　[大日本史料]8—8—257

長直　ながただ　一四四一—一五二二

長禄3(一四五九)・12・27従五位上、寛正6(一四六五)・12・8従四位下、文明1(一四六九)・5・25従四位上、文明8・1・6正四位下、文明17・4・10従三位、元少納言、長享2(一四八八)・9・20参議、長享3・2・5兼式部大輔、延徳3(一四九一)・12・18正三位、明応1(一四九二)・9・21権中納言、明応8・-・-辞退権中納言、文亀1(一五〇一)・2・26式部大輔、-・-・-従二位、永正3(一五〇六)・8・10権大納言、永正8・3・20正二位、永正11・2・-辞権大納言、大永2(一五二二)・9・6薨去

※永正十五年より「氏長者」

[死没]大永2(一五二二)・9・6　[年齢]82　[父]高辻継長　[法名]阿盛　[公卿補任]3—269下　[大日本史料]9—16—302

章長　あきなが　一四六九—一五二五

文明10(一四七八)・-・-給穀倉院学問料、-・-・-文章得業生、長享2(一四八八)・2・17課試及第(題文達交君臣、詩人等尊卑)、問頭従四位下少納言兼侍従文章博士式部少輔菅原在数、4・-〈「19日」く追〉従五位下、4・25侍従、延徳2(一四九〇)・1・28〈くし〉少納言、延徳3・12・-従五位上、明応2(一四九三)・3・25式部少輔、明応3・8・-文章博士(博士菅原在数朝臣依軽服、水無瀬宮神号之宣命草与奪之日、博士同譲任畢)、12・-正五位下(超越長胤)、明応6・12・30従四位下、明応10・1・28従四位上、文亀3(一五〇三)・12・29正四位下、永正3(一五〇六)・12・5始補侍読、永正4・3・26於書御座奉授五帝本紀、4・17従三位、文章博士如元、11・27右大弁(博士兼任之)、永正5・1・5去大弁去博士、3・11式部大輔、永正6・10・10参議、永正9・1・-正三位、-・-・-直衣御免、永正11・5・27自越州上洛、永正12・12・18権中納言、永正13・12・23下向越前国〈さ〉、永正15・12・7出仕、12・10賜去正月六日従二位位記、永正16・9・27兼式部大輔、永正18・4・3直衣始、5・18〈「17日」さ〉辞退権中納言、5・23下向北国、大永5(一五二五)・1・4薨去(於越前国)

[死没]大永5(一五二五)・1・4　[年齢]57　[父]高辻長直　[法名]慶学　[公卿補任]3—319下

長雅　ながまさ　一五一五—八〇

永正12(一五一五)・8・25誕生、永正18(一五二一)・-・-学問料学生、文章得業生及第、元服、昇殿、4・2叙爵、4・8侍従、大永3(一五二三)・2・2従五位上、大永6・12・26正五位下、享禄3(一五三〇)・1・20式部大輔、享禄4・1・7従四位下、享禄5・7・4大内記、7・17文章博士、天文2(一五三三)・7・27少納言、侍従、天文3・1・6従四位上、天文5・1・12辞大内記、2・21正四位下、3・9還補大内記、天文7・3・8兼加賀権介、10・-被罷正四位下大内記等、天文8・12・19正四位下、天文9・5・8〈やひ〉大内記、6・8服解(母)、8・1除服復任、天文13・3・19兼紀伊権守、天文16・2・24従三位、左大弁(元大内記)、文章博士如元、天文17・3・23任三木、4・2更兼文章博士、天文18・8・14正三位、天文20・3・27兼大学頭、天文22・1・13従二位、天文24・2・3権中納言、10・8文章博士、永禄2(一五五九)・1・6正二位、11・10式部大輔、-・-・-去博士、永禄3・2・18為御侍読、永禄5・11・1辞権中納言、永禄8・6・5勅免、6・7出仕、天正8(一五八〇)・1・20権大納言、9・10薨去

※永禄七年より「氏長者」

[死没]天正8(一五八〇)・9・10　[年齢]66　[父]高辻

章長 〔母〕正二位権大納言町広光女 〔前名〕為名・為良・為経 〔号〕空寂院 〔法名〕才林 〔公卿補任〕3—421上

遂長 すいなが 一六〇〇—四二

慶長5(一六〇〇)・4・25誕生、慶長18・10・27給穀倉院学問料、12・12〈「16日」くイ〉元服☆、12・17文章得業生☆、12・21献策、12・23従五位下、慶長19・1・11侍従、慶長20・1・5従五位上、元和4(一六一八)・1・-正五位下、元和5・12・25少納言、元和9・1・5従四位下☆、寛永5(一六二八)・1・6従四位上、寛永9・1・5正四位下、1・11大内記、寛永13・1・5〈く〉従三位、高辻流相続、寛永14・12・30辞大内記〈く〉、寛永16・12・11大蔵卿、寛永18・1・5〔正三位〕☆、12・29参議、寛永19・2・5辞参議、2・20〈「22日」く〉辞博士☆、12・29薨去

〔死没〕寛永19(一六四二)・12・29 〔年齢〕43 〔父〕五条為経 〔号〕専照院 〔法名〕秀松 〔公卿補任〕3—582上

豊長 とよなが 一六二五—一七〇二

寛永2(一六二五)・8・4誕生☆、寛永17・12・28叙爵、寛永20・11・14元服、主計頭(于時号滋岡)☆、寛永21・1・5従五位上、正保5(一六四八)・1・5正五位下、慶安2(一六四九)・4・7給穀倉院学問料(依高辻家相続也)、4・12文章得業生、4・17叙爵、5・5侍従、慶安3・11・18文章博士、慶安5・1・5従五位上、承応3(一六五四)・12・21少納言、大内記(侍従博士等如旧)、承応4・1・9改豊長(元良長)、1・25正五位下、明暦3(一六五七)・1・5従四位下、寛文3(一六六三)・1・6従四位上、6・11式部権大輔、寛文5・12・23正四位下、辞文章博士、寛文10・11・9〈去正月五日分〉〔従三位〕、延宝2(一六七四)・7・11〈「13日」ま〉参議☆、延宝3・2・22〈去正月五日分〉正三位☆、延宝5・閏12・11権中納言☆、閏12・26〈ま〉式部大輔、延宝8・12・22〈23日ともあり〉従二位〈家譜〉、天和1(一六八一)・11・21辞権中納言、貞享1(一六八四)・4・3権大納言☆、12・23辞権大納言、元禄7(一六九四)・2・12〈去正月五日分〉正二位、元禄15・6・22薨去

〔死没〕元禄15(一七〇二)・6・22 〔年齢〕78 〔父〕高辻長純(実高辻長継、二男) 〔母〕正二位権大納言広橋総光女 〔前名〕良長 〔一字名〕三・長 〔号〕真光院 〔日記〕豊長卿記(一六四九—六八) 〔公卿補任〕4—27下

総長 ふさなが 一六八八—一七四一

貞享5(一六八八)・7・21誕生、元禄6(一六九三)・7・19給穀倉院学問料、元禄10・8・16元服、昇殿、文章得業生、元禄15・12・16献策、10・8侍従、従五位下、元禄16・12・22文章博士、宝永1(一七〇四)・1・23〈去五分〉従五位上、宝永3・1・21〈去五分〉正五位下、宝永5・1・25〈「20日」ま家譜〉〈去五分〉従四位下☆、2・16兼東宮学士(立坊日)、8・28少納言(侍従博士等如旧)、12・29兼大内記、宝永6・6・21止学士(依受禅也)、正徳1(一七一一)・12・23〈去正五分〉従四位上、正徳3・12・26正四位下(御読書始侍読賞)、正徳5・7・6辞大内記、享保1(一七一六)・12・25従三位、12・26博士如旧、享保2・12・8右大弁、享保3・6・12左大弁、享保4・2・14正三位、11・27辞大弁、享保9・6・6参議、享保13・5・21〈「22日」ま〉辞文章博士、8・21権中納言、10・15帯剣、10・26直衣、享保14・2・16従二位、享保15・10・15兼式部大輔、享保19・10・8辞権中納言、11・27〈去六月十一日分〉正二位、寛保1(一七四一)・5・3辞式部大輔、薨去

〔死没〕寛保1(一七四一)・5・3 〔年齢〕54 〔父〕高辻長量 〔母〕正二位権大納言高辻豊長女 〔号〕恭清院 〔公卿補任〕4—222下

家長 いえなが 一七一五—七六

正徳5(一七一五)・11・2誕生、享保21(一七三六)・4・8賜穀倉院学問料、5・26元服、昇殿、文章得業生、6・8献策☆、6・11侍従、従五位下、元文3(一七三八)・1・6〈去五分〉従五位上、元文4・12・25兼文章博士〈ま〉、元文5・12・24少納言(侍従博士等如元)、元文6・5・3服解(父)、6・23除服出仕復任、12・21正五位下、寛保4(一七四四)・1・5従四位下、延享2(一七四五)・閏12・18大内記、延享4・1・5従四位上、3・16東宮学士(立坊日)、5・2止学士(依受禅

也)、延享5・2・1辞博士、寛延3(一七五〇)・3・4正四位下、寛延4・6・8侍読(御書始)、宝暦3(一七五三)・1・22〔従三位〕、5・15参議、6・7聴直衣、10・22右大弁、宝暦4・1・26辞大弁、11・20〈昨日分〉辞参議、宝暦6・10・28権中納言、11・13帯剣、12・21正三位、宝暦10・9・27辞権中納言、宝暦11・8・28従二位、明和1(一七六四)・9・14権大納言、9・25辞権大納言、明和2・2・8正二位、式部大輔、12・7辞大輔、明和3・1・20出家

[死没]安永5(一七七六)・7・15 [年齢]62 [父]高辻総長 [母]正二位権大納言埋小路共方女 [号]安楽寿院 [法名]香海 [公卿補任]4—413下

胤長 たねなが 一七四〇—一八〇三

元文5(一七四〇)・11・27誕生、延享2(一七四五)・8・22賜穀倉院学問料、延享5・5・21元服、昇殿、補文章得業生、9・29献策、10・2侍従、従五位下、寛延3(一七五〇)・1・5従五位上、寛延4・6・8正五位下(父家長朝臣侍読賞譲)、宝暦3(一七五三)・1・28文章博士、宝暦4・1・5従四位下、宝暦7・3・10従四位上、10・28少納言(侍従博士等如元)、11・8拝賀、宝暦10・3・19兼大内記〈ま〉、12・26正四位下、宝暦13・12・19〔従三位〕(博士如元)、明和2(一七六五)・12・19式部大輔、明和5・1・9〈去五日分〉正三位、12・4右大弁、安永4(一七七五)・4・13参議、安永5・3・14改胤長、安永6・12・19従二位、安永8・5・4権中納言、5・10帯剣、5・22聴直衣、安永10・1・5正二位、天明5(一七八五)・8・17辞権中納言、寛政8(一七九六)・12・24権大納言、12・30直衣始、寛政9・2・17辞権大納言、享和3(一八〇三)・3・28薨去

[死没]享和3(一八〇三)・3・28 [年齢]64 [父]高辻家長 [母]家女房(木村氏) [幼名]九万麿 [前名]世長 [号]文良院 [公卿補任]4—471下

福長 とみなが 一七六一—一八一九

宝暦11(一七六一)・10・13誕生、安永2(一七七三)・3・17給穀倉院学問料、6・5元服、昇殿、補文章得業生、安永3・3・28献策、3・30従五位下、9・25侍従、安永5・1・9従五位上、安永7・1・10正五位下、院判官代、1・14拝賀、安永9・6・14従四位下、天明2(一七八二)・12・22少納言(侍従如元)、12・30拝賀、天明3・2・2従四位上、天明4・1・16兼大内記(侍従如旧)、天明5・12・26兼文章博士(侍従内記如旧)、天明6・2・3正四位下、寛政1(一七八九)・2・2従三位(博士如元)、5・22式部権大輔(博士如元)、6・30拝賀、寛政7・2・4〈去正月廿日分〉正三位、寛政8・4・24右大弁、寛政12・閏4・28参議、享和1(一八〇一)・12・13辞博士、享和2・12・19〈賜去年十一月廿四日位記〉従二位、享和3・閏1・20辞参議、文化8(一八一一)・9・17権中納言、10・19帯剣、10・20聴直衣、直衣始、文化9・1・20〔正二位〕、文化10・4・10辞権中納言、文政2(一八一九)・5・7薨去

[死没]文政2(一八一九)・5・7 [年齢]59 [父]高辻胤長 [母]五条為成長女千代子 [幼名]勝麿 [号]孝靖院 [公卿補任]5—65上

俊長 としなが 一七七九—一八一一

安永8(一七七九)・12・14誕生、天明7(一七八七)・12・25賜穀倉院学問料、寛政3(一七九一)・3・26元服、昇殿、文章得業生、9・26服解(母)、11・22除服出仕復任、寛政4・11・27課試〈ま〉、12・3献策、12・10従五位下、寛政7・1・5〈去年十二廿一分〉従五位上、寛政8・3・25〈去二十日分〉正五位下、寛政9・10・3〈「10月2日」ま「9年12月1日」家譜〉侍従、寛政10・1・28従四位下、寛政11・2・10少納言(侍従如旧)、3・8拝賀、寛政13・1・14従四位上、享和2(一八〇二)・2・20兼大内記(侍従如旧)、享和4・1・5正四位下、12・23兼文章博士(侍従大内記等如旧)、文化2(一八〇五)・1・26辞大内記、文化3・2・7兼式部権大輔(侍従博士等如旧)〈ま〉、3・13拝賀、文化4・12・19〔従三位〕(式部如旧)、文化7・1・10正三位、6・5転大輔、文化8・1・5辞大輔、薨去

[死没]文化8(一八一一)・1・5 [年齢]33 [父]高辻福長 [母]土御門泰邦長女泰子 [幼名]万麿 [号]敬恩院 [公卿補任]5—182上

以長　もちなが　一七九九―一八五九
寛政11(一七九九)・3・19誕生、文化9(一八一二)・10・21賜穀倉院学問料、12・1元服、昇殿、補文章得業生、文化10・2・24課試宣旨、2・27献策、3・4従五位下、文化12・2・26従五位上(小除目次)、文化14・4・12正五位下、文政2・5・7喪祖父、6・27除服出仕、文政3(一八二〇)・1・12侍従、2・14従四位下、文政6・1・28従四位上、12・19少納言(侍従如故)、12・28拝賀、文政9・2・29正四位下、文政10・12・19兼文章博士(侍従如故)、文政11・5・19兼大内記(侍従博士等如故)、文政12・12・27〔従三位〕、文章博士如故、文政13・8・30式部権大輔、天保2(一八三一)・8・13辞博士、天保3・5・20正三位、天保4・7・9大学頭、嘉永5(一八五二)・5・28転大輔、安政6(一八五九)・8・20辞(大輔)、薨去
〔死没〕安政6(一八五九)・8・20　〔年齢〕61　〔父〕高辻俊長(実高辻福長)　〔母〕正二位土御門泰邦女泰子　〔幼名〕槌麿　〔号〕温厚院　〔公卿補任〕5―331上

修長　おさなが　一八四〇―一九一二
天保11(一八四〇)・11・29誕生、弘化4(一八四七)・8・29賜穀倉院学問料、嘉永5(一八五二)・3・16元服、昇殿、補文章得業生、嘉永6・6・5賜課試宣旨、6・12献策、6・22叙爵、安政2(一八五五)・2・17(去正五分)従五位上、安政4・1・25正五位下、安政5・10・28少納言、11・9拝賀、12・19兼侍従、安政6・4・24従四位下、同年8・20服解(父)、10・14除服出仕復任、万延1(一八六〇)・12・4兼文章博士(侍従如元)、文久2(一八六二)・1・5従四位上、文久3・1・22兼大内記(侍従博士等如元)、元治2(一八六五)・1・5正四位下、慶応2(一八六六)・4・25辞大内記、明治1(一八六八)・9・8免紫組懸緒、9・14〔従三位〕
〔死没〕大正10(一九二一)・6・20　〔年齢〕82　〔父〕高辻以長、三男　〔母〕中院通知長女知子　〔幼名〕興麿　〔公卿補任〕5―591下

菅原家(絶家)1

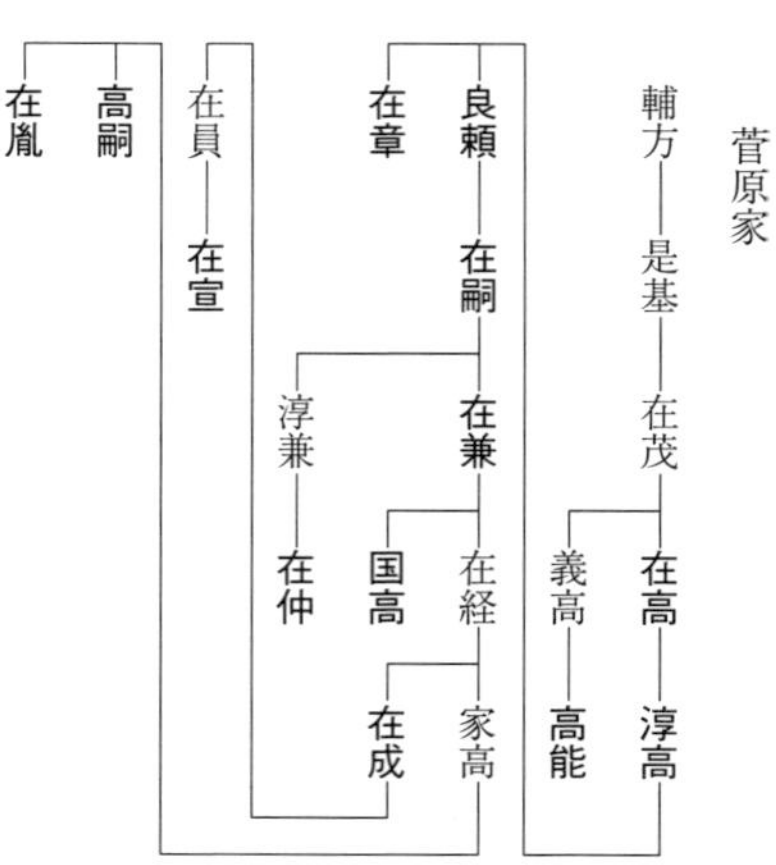

在高　ありたか　一一五九―一二三一
安元2(一一七六)・1・20賜穀倉院学問料、治承2(一一七八)・1・26補秀才、治承3・1・19兼加賀掾、10・10上西門院判官代、8・8昇殿、11・18左衛門尉、治承5・5・30蔵人、養和1(一一八一)・9・25蒙使宣旨、11・28従五位下、寿永3(一一八四)・3・27刑部大輔、文治3(一一八七)・1・5従五位上、文治5・9・16正五位下(前上西門院元暦元大嘗会御給)、建久3(一一九二)・1・5従四位下(策)、1・29還任大輔、建久9・1・5従四位上(策)、正治2(一二〇〇)・10・11復任、10・26文章博士、正治3・1・29兼越後介、建仁4(一二〇四)・1・13大学頭、元久2(一二〇五)・1・29兼周防介、4・10正四位下(淳高治国賞)、元久3・4・3式部大輔、建永2(一二〇七)・1・13兼周防権守〈くし〉、承元4・12・20従三位、元式部大輔〈くし〉、建保7(一二一九)・1・5正三位、承久1(一二一九)・10・5兵部卿、元仁2(一二二五)・1・5従二位、嘉禄1(一二二五)・12・25辞卿、貞永1(一二三二)・9・23薨去、氏長者三十一年
〔死没〕貞永1(一二三二)・9・23　〔年齢〕74　〔父〕菅原在茂　〔母〕従五位下刑部卿藤原家基女　〔公卿補任〕1―577上　〔大日本史料〕5―8―228

淳高　あつたか　一一七六―一二五〇
寿永1(一一八二)・12・26文章生、文治4(一一八八)・1・23越前大掾、文治6・-・-今宮侍者、建久6(一

一九五)・5・27穀倉院学問料、建久9・3・12蔵人、6・8文章得業生、建久10・1・3献策、1・5叙爵(蔵人)、3・23尾張権守、正治3(一二〇一)・1・-〈や〉丹後守(範光譲)、建仁3(一二〇三)・1・13得替解任、元久2(一二〇五)・1・5従五位上(策)、承元2(一二〇八)・10・27院昇殿、承元5・1・5正五位下(策)、1・18式部少輔、建暦2(一二一二)・1・13兼下総権守、2・2新院昇殿、建保2(一二一四)・1・5従四位下(策)、建保4・1・19治部大輔、建保6・1・5従四位上(権中納言親経卿興福寺供養行事賞譲)、12・12豊前守(治国労)、承久1(一二一九)・1・26正四位下、4・28文章博士、承久2・1・22兼越中権介、承久3・11・-院昇殿、貞応2(一二二三)・1・-御侍読、元仁2(一二二五)・4・26兼左京権大夫、12・22遷刑部卿(父卿罷兵部卿)、寛喜3(一二三一)・1・29兼備中介、3・25改任出雲権守、10・28兼東宮学士、寛喜4・2・27従三位(元刑部卿東宮学士)、父喪内未復、天福1(一二三三)・7・5復任(父)、嘉禎2(一二三六)・6・13正三位、暦仁2(一二三九)・1・24安芸権守、延応1(一二三九)・11・6従二位、仁治3(一二四二)・3・7辞権大輔、寛元4(一二四六)・4・10兼式部大輔、建長2(一二五〇)・5・24薨去

❖宝治二年(一二四八)より「長門権守」

[死没]建長2(一二五〇)・5・24　[年齢]75　[父]菅原在高、一男　[公卿補任]2—80上　[大日本史料]5—33—155

良頼　よしより　一一九四—一二七八

建長6(一二五四)・9・6〔従三位〕、元文章博士、正嘉3(一二五九)・11・20正三位、弘長3(一二六三)・1・28従二位、12・21式部大輔、弘長4・1・13兼長門権守、文永8(一二七一)・2・1辞大輔、弘安1(一二七八)・8・24薨去

[死没]弘安1(一二七八)・8・24　[年齢]85　[父]菅原淳高　[母]従四位下兵庫頭藤原範綱女　[公卿補任]2—163下

在章　ありあき　一二〇六—六八

貞応3(一二二四)・4・16給穀倉院学問料、元仁2(一二二五)・1・20補文章得業生〈や〉、嘉禄2(一二二六)・1・23兼越後権少掾、嘉禄3・5・4献策(祝瑶図、沢器量、大学頭藤原孝範為問頭)、5・8判(中上第)、5・26民部少輔、嘉禄2・-・26〈3年カ〉従五位下(臨時)、寛喜1(一二二九)・4・18少弼、寛喜4・2・7従五位上(止少弼叙之)、嘉禎4(一二三八)・5・5正五位下(策)、5・22民部少輔(父淳高任権大輔)、暦仁1(一二三八)・12・25辞少輔、暦仁2・1・24少納言、延応2(一二四〇)・5・22紀伊権守、仁治1(一二四〇)・11・12従四位下(策労、去少納言)、仁治3・3・7修理権大夫(父卿辞民部大輔申任之)、寛元4(一二四六)・1・5従四位上(策労)、建長2(一二五〇)・9・13復任(父)、9・16大学頭(去権大夫)、建長4・1・13紀伊権介、12・4正四位下、建長5・1・13文章博士、建長6・5・13越後介、正嘉3(一二五九)・1・21兼越中介、文応1(一二六〇)・9・8従三位、元文章博士、建長8・2・26復任(母)、弘長3(一二六三)・1・28式部権大輔、弘長4・1・13兼備後権守、文永2(一二六五)・3・28正三位、文永5・5・13従二位、7・29出家

[死没]文永5(一二六八)・12・6　[年齢]63　[父]菅原淳高、二男　[公卿補任]2—184上

高能　たかよし　?—一二八八

嘉禎3(一二三七)・9・20賜穀倉院学問料、-・-・-文章得業生、仁治2(一二四一)・1・10課試、4・7叙爵(左近将監如元)、寛元1(一二四三)・7・8弾正少弼(去将監)、寛元5・1・5従五位上(策)、宝治2(一二四八)・12・17式部少輔、建長5(一二五三)・1・5正五位下(策)〈や〉、建長8・1・6従四位下(策)、弘長2(一二六二)・1・5従四位上、文永9(一二七二)・7・11大学頭、文永10・3・25兼周防介、建治1(一二七五)・10・8正四位下〈や〉、弘安10(一二八七)・6・23遷式部権大輔〈や〉、8・5辞権大輔、弘安11・1・5従三位、元式部大輔、3・14薨去

[死没]弘安11(一二八八)・3・14　[父]菅原義高　[公卿補任]2—293下

在嗣　ありつぐ　一二二一—一三〇八

寛元2(一二四四)・1・23能登大掾、-・-・-文章得業生、建長1(一二四九)・12・20課試、建長2・1・

5従五位下〈蔵人〉、1・13筑後守、建長3・1・22遷民部少輔、建長8・1・21従五位上、文応1(一二六〇)・8・28式部権少輔、弘長2(一二六二)・3・1正五位下、弘長3・1・28転少輔、12・21去少輔、文永2(一二六五)・1・5従四位下、文永8・1・5従四位上、建治3(一二七七)・2・14文章博士、‐・‐・‐辞博士、弘安2(一二七九)・8・25文章博士、12・14正四位下〈重服〉、弘安3・7・20復任、弘安11・3・8従三位〈元文章博士〉、正応2(一二八九)・10・18大蔵卿、正応4・3・25越後権守、正三位、永仁2(一二九四)・4・13従二位、永仁4・4・13参議、5・15兼式部大輔、10・24辞参議、12・30止大輔、‐・‐正二位、正安2(一三〇〇)・3・6大蔵卿、正安3・3・18〈正安4年7月21日にもあり〉止卿、徳治3(一三〇八)・4・12薨去

[死没]徳治3(一三〇八)・4・12　[年齢]77　[父]菅原良頼　[号]土御門　[公卿補任]2—294上

在兼　ありかね　一二四九—一三二一

弘長1(一二六一)・‐・‐給穀倉院学問料、弘長3・‐・‐文章得業生、文永1(一二六四)・2・25兼越中権少掾、文永2・10・3於博陸第読史記五帝本紀、10・8献策〈袍曹歳叙百年〉、従四位上行文章博士茂範朝臣問、10・11判〈中上第〉、7・22掃部少允、7・25可為助云々、7・26従五位下、文永3・11・2中務少輔、文永7・1・5従五位上〈式部大輔罷職申叙之、後日式部大輔如元、在兼加階可為臨時之由内々被仰下〉、6・‐昇殿、文永8・2・1式部少輔、文永9・7・11兼因幡権守、文永11・5・10辞式部少輔、建治2(一二七六)・1・5正五位下〈策〉、建治3・12・8東宮学士〈依受禅也〉、弘安2(一二七九)・1・16従四位下〈策〉、1・24兼武蔵権介、弘安8・1・5従四位上〈策〉、弘安10・10・‐止学士〈依受禅也〉、12・10左京大夫、正応2(一二八九)・6・2兼東宮学士、正応3・2・7兼大学頭、9・5正四位下、正応4・3・25兼紀伊権介、4・6還任左京大夫〈頭学士如元〉、12・21兼文章博士〈止頭、余官如元〉、永仁1(一二九三)・12・13辞博士、永仁2・4・30止東宮学士、以男在経申任之、永仁5・12・25止大夫、12・17刑部卿、永仁6・11・2止卿、12・18右京大夫、正安2(一三〇〇)・12・30勘解由長官、正安4・1・5従三位〈新院当年御給〉、勘解由長官如元、延慶1(一三〇八)・11・8正三位、応長1(一三一一)・閏6・9兼左大弁、応長2・2・13従二位、正和5(一三一六)・7・22兼民部卿、12・7正二位、文保3(一三一九)・3・9止卿、元応2(一三二〇)・9・9兼式部大輔、10・22還任民部卿、元亨1(一三二一)・3・11参議、6・‐辞職、6・24薨去

[死没]元亨1(一三二一)・6・24　[年齢]73　[父]菅原在嗣　[公卿補任]2—365下

在仲　ありなか　一二八五—一三三八

応長2(一三一二)・1・5正四位下、元亨1(一三二一)・4・6従三位〈元前刑部卿讃岐守〉、元徳3(一三三一)・3・18正三位、暦応1〈延元3〉(一三三八)・9・‐薨去

[死没]暦応1(一三三八)・9　[年齢]54　[父]菅原淳兼　[公卿補任]2—489上　[大日本史料]6—5—78

国高　くにたか　一二八六—一三五四

‐・‐・‐従五下〈非成業〉、延慶2(一三〇九)・1・30土左守、2・19従五位上、去守、応長2(一三一二)・2・13民部権大輔、11・18正五位下、正和2(一三一三)・7・2去権大輔、正和5・4・13従四位下、建武2(一三三五)・1・5従四位上〈加叙〉、建武5・4・27宮内卿、暦応2〈延元4〉(一三三九)・1・13去卿、2・2正四位下、貞和3〈正平2〉(一三四七)・11・16従三位、前宮内卿、文和3〈正平9〉(一三五四)・1・5薨去

[死没]文和3(一三五四)・1・5　[年齢]69　[父]菅原在兼　[前名]高経　[公卿補任]2—614下　[大日本史料]6—18—698

在成　ありしげ　一二九八—一三五二

延慶2(一三〇九)・3・27給穀倉院学問料、延慶3・4・28文章生、5・20蒙方略宣旨、6・2献策、題問頭、6・3判、6・29従五位下、12・28兵部権少輔、正和2(一三一三)・7・12去権少輔、正和3・4・27〈賜去十二日位記〉従五位上、正和5・2・29式部権少輔、元応1(一三一九)・6・14〈やしひ〉去権少輔、閏7・5三川守、元応2・4・15〈賜去月廿四位記〉正五位下、嘉暦2(一三二七)・1・5従四位下、嘉暦3・6・29大学頭、元徳3

(一三二一)・1・5従四位上、1・13東宮学士、紀伊介、7・17文章博士、去頭、9・20去学士(依践祚也)、建武2(一三三五)・1・13式部少輔、去博士、建武3〈延元1〉・11・25還任大学頭、建武4〈延元2〉・7・20去少輔、建武5・8・13東宮学士、暦応2〈延元4〉(一三三九)・1・5正四位下、1・13治部卿、越後介、5・7去頭、暦応4〈興国2〉・4・16去卿、康永2〈興国4〉(一三四三)・8・12勘解由長官、康永3〈興国5〉・1・24武蔵権介、康永4〈興国6〉・4・16従三位、元東宮学士武蔵権介、貞和5〈正平4〉(一三四九)・9・13左大弁、-・-追賜長官兼字、観応1〈正平5〉(一三五〇)・3・29兼能登権守、8・16去大弁、観応3〈正平7〉・-・-辞長官、文和1〈正平7〉(一三五二)・10・9〈19やさ〉薨去

[死没]文和1(一三五二)・10・9 [年齢]55 [父]従四位上大学頭菅原在経 [養父]参議正二位菅原在兼 [公卿補任]2—606上 [大日本史料]6—17—104

高嗣 たかつぐ ?—一三八一

嘉暦3(一三二八)・5・8従五位下、-・-・-従五位上、元弘4(一三三四)・1・13式部少輔〈「元権少」さ〉、兼越後介(権少輔兼国)〈さ無〉、1・23東宮学士〈さ無〉、建武4〈延元2〉(一三三七)・3・29右兵衛権佐〈さ無〉、康永2〈興国4〉(一三四三)・1・5従四位下〈さ〉、貞和5〈正平4〉(一三四九)・1・5従四位上〈さ〉、2・15越前権介(文章博士兼国)〈さ〉、観応2〈正平6〉(一三五一)・6・22宮内卿(和仲成-替)、延文3〈正平13〉(一三五八)・8・12従三位、勘解由長官、応安1〈正平23〉(一三六八)・-・-〈「2月21日」し〉正三位、応安6〈文中2〉・1・6従二位、康暦3〈弘和1〉(一三八一)・1・6正二位、永徳1〈弘和1〉(一三八一)・2・-薨去

[死没]永徳1(一三八一)・2 [父]菅原家高 [公卿補任]2—662上

在胤 ありたね ?—一三八〇

永和1〈天授1〉(一三七五)・3・29従三位、元文章博士、永和3〈天授3〉・3・6大蔵卿、康暦2〈天授6〉(一三八〇)・-・-薨去

[死没]康暦2(一三八〇) [父]菅原家高、三男 [公卿補任]2—719下

在宣 ありのぶ ?—一四二〇

応永4(一三九七)・1・5従三位、応永15・1・5正三位、応永17・1・5従二位、応永24・7・17参議、応永25・3・27辞参議、応永27・6・15薨去

[死没]応永27(一四二〇)・6・15 [父]菅原在員 [公卿補任]3—42下

菅原家(絶家)2

長員 ながかず 一二七三—一三五二

応長2(一三一二)・1・5正四位下、元応3(一三二一)・1・5従三位、元前大学頭、元長国、元亨2(一三二二)・12・25左京大夫、正中2(一三二五)・12・30止之、元徳2(一三三〇)・1・13正三位、10・21式部大輔、元徳3・1・13長門権守、康永1〈興国3〉(一三四二)・7・-辞大輔、12・10還任大輔、康永2〈興国4〉・1・5従二位、1・28兼豊前権守、観応3〈正平7〉(一三五二)・6・23薨去

[死没]観応3(一三五二)・6・23 [年齢]80 [父]菅原宗長 [前名]長国・長憲 [公卿補任]2—489上 [大日本史料]6—16—593

周長 ちかなが ?—一三八〇

応安5〈文中1〉(一三七二)・4・18従三位、元前兵部少輔、康暦2〈天授6〉(一三八〇)・-・-薨去〈やし〉

[死没]康暦2(一三八〇) [父]菅原長員 [公卿補任]2—709下

菅原家

長貞——宗長——**長員**——**周長**

栗田口家(絶家)

忠長　ただなが　一二七三―一三三二

弘安5(一二八二)・4・25給料、弘安7・6・28文章得業生、弘安9・1・12兼加賀権掾、2・12献策(詳師賞、叙鳥樹)、正四位下行式部権大輔明範朝臣問、3・9判甲科、10・28従五位下、正応1(一二八八)・9・12兵部権少輔、正応4・3・25兼筑前権介、正応5・3・29従五位上(策労)、4・13去権少輔、永仁5(一二九七)・11・23〈や〉〈賜去十四日位記〉正五位下、正安2(一三〇〇)・1・5従四位下(策)、嘉元4(一三〇六)・1・5従四位上(策)、延慶2(一三〇九)・9・26正四位下、延慶4・3・30従三位、前兵部権大輔、元弘1(一三三一)・9・-薨去

※元応元年(一三一九)より「正三位」

[死没]元弘1(一三三一)・9　[年齢]59　[父]菅原長経、二男　[公卿補任]2—421上

栗田口家

公良―公長―長輔―**忠長**＝**長嗣**

豊長―**長方**

長嗣　ながつぐ　?―一三八六

元応2(一三二〇)・2・9加賀権掾、12・29従五位下(元文章生)、-・-・-兵部少輔、嘉暦2(一三二七)・1・5従五位上、建武2(一三三五)・1・5正五位下、暦応2〈延元4〉(一三三九)・1・5従四位下、1・20式部少輔、延文3〈正平13〉(一三五八)・1・7従三位、前文章博士〈さ〉、貞治6〈正平22〉(一三六七)・7・25正三位、応安4〈建徳2〉(一三七一)・4・14従二位、永和1〈天授1〉(一三七五)・3・29兼豊前権守、永和2〈天授2〉・1・6正二位、永徳3〈弘和3〉(一三八三)・4・22参議、〔12・29辞参議カ〕、至徳3〈元中3〉(一三八六)・5・20薨去〈やし〉

[死没]至徳3(一三八六)・5・20　[父]菅原忠長　[公卿補任]2—661下

豊長　とよなが

永徳1〈弘和1〉(一三八一)・6・7従三位、元前少納言、至徳3〈元中3〉(一三八六)・-・-出家

[父]菅原長嗣　[公卿補任]2—740上

長方　ながかた　一三六一―一四二二

応永21(一四一四)・1・12従三位、応永24・1・5正三位、応永29・3・11薨去

[死没]応永29(一四二二)・3・11　[年齢]62　[父]菅原淳嗣　[公卿補任]3—81下

五条家　ごじょうけ

菅原氏の一流。高辻家の支流。高辻参議為長の四男坊城式部大輔高長を家祖とする。初め坊城と称し、鎌倉時代後期、高長の曾孫為視の時から五条と号した。五条の称は、遠祖菅原道真の邸宅のあった地名に因むのであろう。道真の京都での邸として『拾芥抄』には紅梅殿と天神御所の二つを記すが、いずれも五条坊門通り北と南に位置していた。家格は半家。外様の家。紀伝道および詩文を掌ることを家職とした。一条家の家礼。江戸時代には家領百七十一石四斗余。家祖高長は、後々にまで存続すれば嫡流となったであろう公良より十五歳下の弟、高辻家の祖長成より二歳下の弟。元仁元年(一二二四)十四歳で文章生となり、翌年穀倉院学問料を給され、嘉禄三年(一二二七)文章得業生に補され、安貞二年(一二二八)叙爵。仁治三年(一二四二)大内記、建長六年(一二五四)大学頭、文応元年(一二六〇)文章博士となり、弘長二年(一二六二)五十三歳のとき従三位に昇り、公卿に列した。のち式部大輔となり従二位まで昇り、弘安七年(一二八四)十一月七十五歳で没した。その子長経は正二位参議まで昇り、その六代孫の為賢は長禄二年(一四五八)没する直前、家例

として初めての権中納言に昇った。その孫の為学は五条家でも出色の儒者で、文明十六年(一四八四)十三歳のとき穀倉院学問料を給され、長享元年(一四八七)元服、文章得業生に補され、同三年叙爵。少納言・大内記を経て、文亀元年(一五〇一)文章博士。十一年従三位に昇り、十三年参議に列し、十五年には正三位に昇るとともに、十六年九月には文章博士を兼ね、更に十八年には大学頭をも兼ねた。三位博士・参議博士の例である。その後、権中納言・正二位に進み、天文十年(一五四一)権大納言まで昇る。これにより以後は正二位権大納言が五条家の極位極官となった。同十二年六月七十二歳で没した。その子為康は、権中納言・正二位まで進み、永禄六年(一五六三)十月六十三歳で頓死した。ときに一男為治は一門の東坊城前権中納言長淳の遺跡を嗣いでおり(盛長と改名)、二男貞長はやはり一門の高辻権中納言長雅に養われ嗣子となっていて、他には子なく、ここに一時家名は中絶することになる。それより八年後の元亀二年(一五七一)十一月、貞長は帰家して為康の遺跡を相続した(『言継卿記』同月二十七日条)。なお、これにより高辻家は相続者を失い、寛永十一年(一六三四)為経の三男遂長が長雅の遺跡を相続し、高辻が再興されるまで五十五年間中絶することになる。江戸時代初期、為庸の時、三男長時と四男長義が新家を起こし、清岡及び桑原を称した。為定は、嘉永五年(一八五二)九月二十二日降誕の孝明天皇第二皇子の名を祐宮と勘進した。後の明治天皇である。なお、五条家は江戸時代後期頃から相撲との関係をもつ。相撲取のうち諸侯召抱者以外の浪人相撲は京都の桑原家・飛鳥井家・五条家に願い、人馬駄賃帳を貰受け旅行をすることになっていたことが、老中松平周防守よりの問合せに返答した文政十年(一八二七)十月の覚によって知られ(『徳川禁令考』前集第五、三三二六号)、文化十一年(一八一四)七月興田吉従録上になる『諸家々業記』にも「五条家を相撲之家之様に申候、右ハ菅家にて野見宿禰之後胤たるを以、自然に其様に心得来候由」と見える。菅原氏はいずれも野見宿禰の後裔で、五条家がいかなる事情から相撲との関りをもち権益を得ることになるかは不明である。桑原家は五条家の傍流で、相撲興行・巡行が盛んになるなかで旅行に要する書付・権威付けなどから堂上家との結びつきが生じ、恐らくもとは桑原家との関わりから発展したものであろう。『年々改正雲上明覧大全』にも、天保期から五条家のところに「相撲之御家」と明記されるようになる。日記には、『拾芥記』(為学)、『為経卿記』、『為範卿改元記』、『菅葉』(為定)、『為栄朝臣記』がある。明治十七年(一八八四)為栄のとき、叙爵内規により子爵を授けられた。菩提所は浄福寺常照院。『唐橋家譜』(東京大

五条家

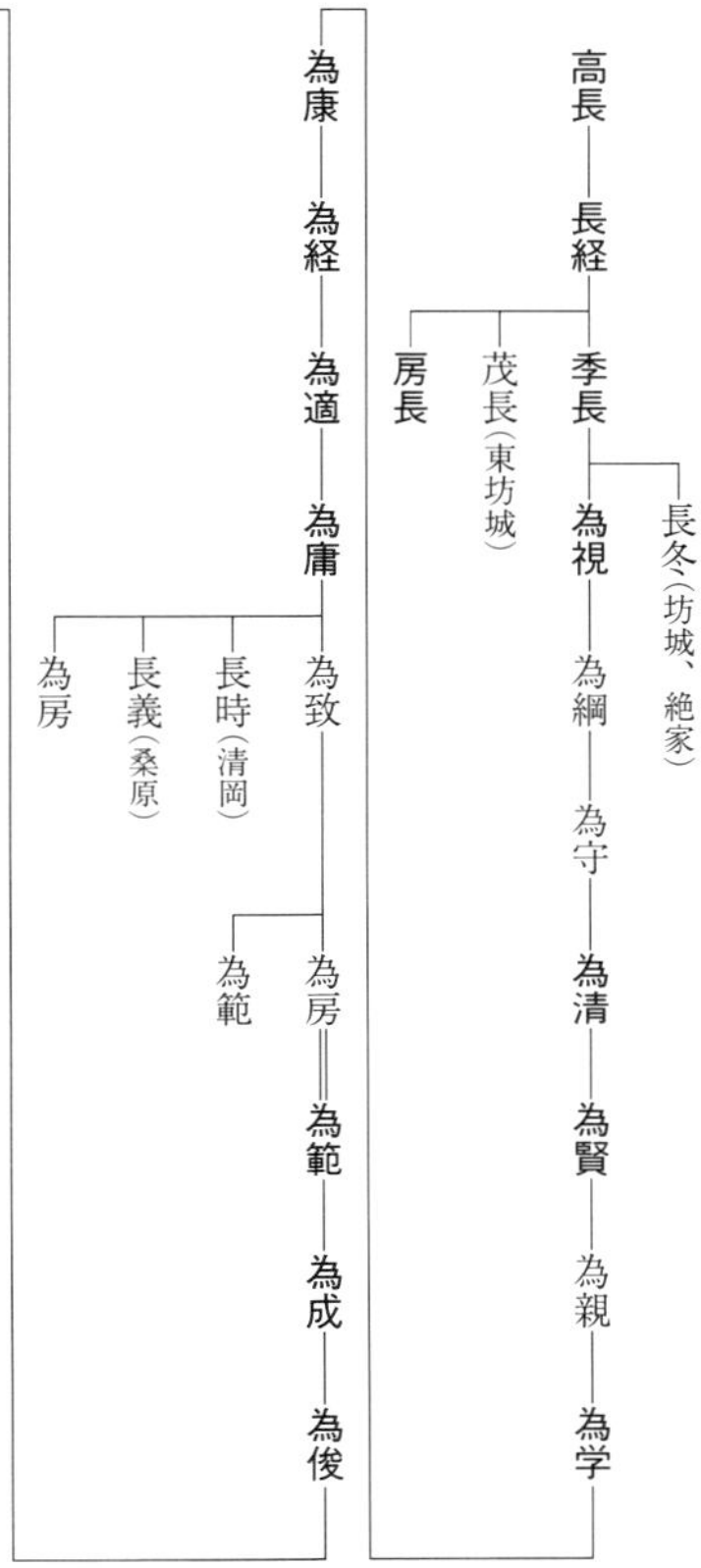

学史料編纂所架蔵、四一七五—一九八）、『東坊城家譜』（同上架蔵、四一七五—二九〇）。

高長　たかなが　一二〇八—八四

承久2（一二二〇）・7・‐宮直内御書所、貞応3（一二二四）・1・26補蔵人、元仁1（一二二四）・12・2補文章生、元仁2・1・20給穀倉院学問料、嘉禄3（一二二七）・2・6補文章得業生〈や〉、安貞2（一二二八）・1・4献策（叙廉、諱弁）、正四位下行左京権大夫藤原長倫問〈や〉、1・5叙爵（蔵人一﨟労）、2・1甲斐権守、天福1（一二三三）・12・15兵部少輔、文暦1（一二三四）・2・21従五位上（労）、嘉禎1（一二三五）・9・13補御禊次第司御後次官、仁治1（一二四〇）・1・6正五位下（労）、1・22阿波介、仁治3・3・7大内記、10・3長門守、寛元1（一二四三）・7・8従四位下、宝治2（一二四八）・4・8従四位上、建長3（一二五一）・11・‐加判、建長6・9・6大学頭、康元1（一二五六）・1・21正四位下、文応1（一二六〇）・10・10文章博士、弘長2（一二六二）・12・21従三位（元文章博士）、文永4（一二六七）・11・8正三位、文永8・2・1式部大輔、7・2従二位、文永9・7・11兼豊前権守、建治1（一二七五）・10・8辞大輔、弘安7（一二八四）・11・27薨去

［死没］弘安7（一二八四）・11・27　［年齢］77　［父］坊城為長、四男　［母］法印弁暁女　［公卿補任］2—193下

長経　ながつね　一二四二—一三一五

康元2（一二五七）・2・8文章得業生、正嘉2（一二五八）・1・13兼因幡大掾、正嘉3・2・15策試、4・17式部少丞、4・28叙爵、正元2（一二六〇）・4・8上総介、弘長1（一二六一）・7・21去守（介カ）、弘長2・10・13還任上総介、弘長4・1・7従五位上（簡一）、文永6（一二六九）・4・10去守（介カ）、12・7正五位下、建治4（一二七八）・1・6従四位下、弘安7（一二八四）・1・5従四位上、弘安9・9・2刑部卿、弘安10・1・13去卿、弘安11・2・8正四位下、正応3（一二九〇）・1・13従三位、元前上総介、永仁2（一二九四）・4・20正三位、永仁5・4・10従二位、延慶2（一三〇九）・9・1正二位、応長1（一三一一）・5・10参議、5・26辞参議、正和4（一三一五）・2・28薨去

［死没］正和4（一三一五）・2・28　［年齢］74　［父］坊城高長　［公卿補任］2—305上

季長　すえなが　一二六五—一三一三

建治4（一二七八）・2・12方略、弘安4（一二八一）・2・10従五位下、弘安9・6・3宮内少輔、弘安11・2・22従五位上、正応2（一二八九）・8・7大内記、8・21辞退、正応3・3・6正五位下、11・22少納言、正応4・3・25兼紀伊権守、正応5・10・28辞少納言、正応6・1・5従四位下、永仁3（一二九五）・12・29従四位上、永仁4・1・1被止位記、3・9従四位上、‐・7・2修理権大夫、永仁3・12・29止権大夫、永仁6・11・14（「14日」や）宮内卿、永仁7・3・28止卿、正安1（一二九九）・6・6正四位下、嘉元3（一三〇五）・1・23従三位、元前宮内卿、11・16被止従三位、文章博士淳範敦嗣等朝臣依為上﨟申子細、此外数輩上首在之云々、徳治3（一三〇八）・2・7従三位、延慶3（一三一〇）・1・5正三位、10・2大蔵卿、応長1（一三一一）・閏6・29止卿、正和1（一三一二）・5・28従二位、正和2・3・2薨去

［死没］正和2（一三一三）・3・2　［年齢］49　［父］坊城長経　［母］河野辺入道女　［公卿補任］2—382下

房長　ふさなが　？—一三四五

正安2（一三〇〇）・2・25給穀倉院料、‐・‐・‐文章生、嘉元4（一三〇六）・2・10転文章得業生、2・22罷秀才、‐・‐・‐蒙方略宣、‐・‐・‐非蔵人、2・10式部少丞、3・18〈嘉元4年カ〉対策及第、題叙時興詳服域、問頭正四下行文章博士藤原朝臣淳範、3・21判埣、9・28従五位下、延慶3（一三一〇）・2・8従五位上、延慶4・4・7民部権少輔、応長1（一三一一）・7・20正五位下（臨時）、去権少輔、8・‐・‐仙籍、正和3（一三一四）・2・1右馬頭、正和4・8・20従四位下、12・30左馬権頭、正和6・9・‐罷職、元応1（一三一九）・6・14式部権少輔〈や〉（于時在基）、元応3・3・7従四位上（策労、于時房長）、建武4〈延元2〉（一三三七）・10・8正四位下、暦応2〈延元4〉（一三三九）・12・30右京大夫、暦応4〈興国2〉・5・26止職、康永2〈興国4〉（一三四三）・11・6従三位、元右馬頭、本名種長、次

在長、次房長、貞和1〈興国6〉(一三四五)・7・24薨去

[死没]貞和1(一三四五)・7・24 [父]坊城長経、三男 [前名]種長・在長 [公卿補任]2―596下 [大日本史料]6―9―158

為視　ためみ　一二九一―一三六二

乾元2(一三〇三)・8・5文章生、嘉元2(一三〇四)・3・-内蔵人、式部少丞、嘉元4・3・23蒙方略宣、3・18対策及第、題叙殿閣袴琴尋、問頭正四下行文章博士藤原朝臣淳範、同判、徳治2(一三〇七)・1・5従五位下、蔵人、1・29紀伊権守、延慶1(一三〇八)・11・8兵部権少輔、延慶3・3・28従五位上、11・3罷職、応長2(一三一二)・1・7正五位下(臨時)、正和3(一三一四)・3・-昇殿、正和4・8・20右兵衛権佐、10・-院司、正和5・1・5従四位下(策労)、去権佐、元亨4(一三二四)・1・5従四位上(策労)、元弘2(一三三二)・3・18正四位下、元弘3・6・-還本位、建武4〈延元2〉(一三三七)・10・8更正四位下、暦応3〈興国1〉(一三四〇)・8・13弾正大弼、4・16罷大弼、康永2〈興国4〉(一三四三)・12・22従三位、元前弾正大弼、文和2〈正平8〉(一三五三)・12・21正三位、延文2〈正平12〉(一三五七)・8・24為長者、延文3〈正平13〉・1・6従二位、康安2〈正平17〉(一三六二)・7・29薨去

[死没]康安2(一三六二)・7・29 [年齢]72 [父]坊城季長、二男 [公卿補任]2―596下 [大日本史料]6―24―366

為清　ためきよ　?―一四四二

永享9(一四三七)・8・29従三位、大蔵卿、侍読、直衣、永享11・3・28〈18日カ〉兼越後権守、嘉吉1(一四四一)・8・19左大弁、-・-止卿、嘉吉2・1・5正三位、10・29参議、薨去

[死没]嘉吉2(一四四二)・10・29 [父]五条為守 [公卿補任]3―134上

為賢　ためかた　?―一四五八

康正1(一四五五)・8・21従三位、康正2・4・5参議、康正3・3・29兼土左権守、長禄2(一四五八)・5・14辞参議、8・14権中納言、8・15薨去

[死没]長禄2(一四五八)・8・15 [父]五条為清 [公卿補任]3―181上

為学　ためざね　一四七二―一五四三

文明16(一四八四)・6・20給学問料、長享1(一四八七)・11・21首服補非蔵人(縫腋袍也、平絹差貫垂纓冠〈さ〉)、閏11・29補秀才、長享3・2・16献策〈さ〉、6・26〈さ〉叙爵、7・3侍従、延徳3(一四九一)・1・19左兵衛佐、12・15従五位上、明応3(一四九四)・12・11正五位下、明応5・1・20少納言、明応8・4・13従四位下、12・17大内記、文亀1(一五〇一)・3・30文章博士、文亀2・1・29従四位上、永正2(一五〇五)・3・4正四位下、永正11・5・13従三位、永正13・2・6参議、永正15・3・3正三位、永正16・9・9〈く追〉兼文章博士、大永1(一五二一)・-・-兼大学頭、8・-去博士、大永2・3・29兼山城権守、大永3・12・24従二位、大永6・2・19〈さ〉辞退参議、大永7・5・7〈さ〉権中納言、大永8・5・24正二位、天文8(一五三九)・3・23辞退権中納言、天文10・1・12権大納言、3・18〈「17日」さ〉辞退(権大納言)、天文12・6・30薨去

❖享禄三年(一五三〇)より「氏長者」

[死没]天文12(一五四三)・6・30 [年齢]72 [父]五条為親 [日記]拾芥記(一四八四―一五二一) [公卿補任]3―337上

為康　ためやす　一五〇一―一五六三

永正9(一五一二)・2・15灯燭料学生、永正11・1・9諸道得業生、-・-・-大内記〈く追〉、永正18・4・2従五位下、5・18少納言、侍従、8・-文章博士、大永2(一五二二)・3・29因幡介、大永3・2・2従五位上、大永6・12・24正五位下、享禄2(一五二九)・2・2従四位下、享禄4・1・-辞大内記、6・28従四位上、天文4(一五三五)・1・5正四位下、天文7・3・8兼紀伊権守、12・20再任大内記、天文9・5・8従三位、元大内記少納言紀伊権守、12・30式部大輔、天文10・3・27兼長門権守、天文15・3・21参議、天文16・1・5正三位、3・23兼山城権守、天文20・1・6従二位、天文21・1・2権中納言、天文24・3・4兵部卿、弘治2(一五五六)・1・6正二位、永禄4(一五六一)・8・

24被補闕、永禄6・10・22薨去、天正14（一五八六）・10・22贈権大納言〈く追〉

※天文二十三年より「氏長者」

[死没]永禄6（一五六三）・10・22 [年齢]63 [父]五条為学 [公卿補任]3―403上

為経 ためつね 一五五二―一六一五

天文23（一五五四）・12・24〈「給」く〉穀倉院学問料、－・－・－文章得業生、天正3（一五七五）・8・18大内記、天正4・11・16及第、11・18叙爵、侍従、天正6・1・6従五位上、天正8・12・21文章博士、天正9・2・11正五位下、天正10・1・9従四位下☆、天正12・1・5従四位上、12・13少納言、天正15・1・5正四位下☆、文禄3（一五九四）・5・2改名為経〈く〉、慶長10（一六〇五）・11・30従三位☆、文章博士如元、本名貞長改為良又改為経〈く〉、慶長12・1・11参議〈ま〉、慶長16・12・6兼式部大輔、慶長17・1・11権中納言、慶長18・1・6正三位、元和1（一六一五）・7・23薨去、元和7・7・23贈権大納言〈く〉

[死没]元和1（一六一五）・7・23 [年齢]64 [父]五条為康、二男 [養父]高辻長雅 [前名]定良・為名・為良 [日記]為経卿記（一五八四―一六〇〇） [公卿補任]3―524下 [大日本史料]12―22―273

為適 ためゆき 一五九七―一六五二

慶長2（一五九七）・4・22誕生、慶長10・11・7給穀倉院学問料、慶長16・11・22〈「21日」く〉元服、今日文章得業生、12・11聖廟神前献策、12・30従五位下、慶長18・1・12侍従、7・19従五位上、慶長19・1・11少納言、1・16文章博士（大内記長維重服、今日節会調宣命）、元和2（一六一六）・1・5正五位下、元和6・1・5従四位下、寛永2（一六二五）・1・5従四位上、寛永5・1・7正四位下、4・13大内記、寛永9・1・5従三位、11・12兼大蔵卿、文章博士如元、寛永16・2・23参議、12・19辞大蔵卿☆、12・29〈去年正月五日正三位位記〉正三位、寛永17・12・9辞博士、寛永20・10・26辞参議、正保4（一六四七）・12・7〈賜去正月五日従二位々記〉従二位、慶安1（一六四八）・12・22権中納言、慶安2・1・12帯剣、慶安5・2・24薨去

[死没]慶安5（一六五二）・2・24 [年齢]56 [父]五条為経 [母]高田専修寺大僧正尭恵女 [公卿補任]3―575上

為庸 ためのぶ 一六一九―七七

元和5（一六一九）・6・23誕生、寛永4（一六二七）・12・13給穀倉院学問料、寛永8・11・28元服、文章得業生、12・15献策、12・18従五位下、侍従、寛永10・1・5従五位上、寛永14・1・5正五位下、寛永17・12・9文章博士〈くま〉、寛永18・1・5従四位下〈くま〉、1・11少納言（侍従如元）〈くま〉、寛永19・2・20辞博士〈くま〉、大内記〈くま〉、寛永20・11・15御侍読〈く〉、11・28賜冠組懸緒（侍読賞）〈く〉、寛永21・1・5〈くま〉従四位上、正保5（一六四八）・1・5正四位下、承応3（一六五四）・5・28式部権大輔☆、12・21〈賜去年正月五日口宣案〉従三位、式部権大輔如元☆、承応4・1・25兼任大学頭、明暦4（一六五八）・1・6正三位、万治2（一六五九）・1・11参議、寛文3（一六六三）・6・11辞権大輔〈ま〉、寛文6・12・23権中納言、寛文7・1・13帯剣、寛文8・1・6従二位、延宝1（一六七三）・12・2聴直衣、12・26正二位☆、延宝2・12・28兼式部大輔、12・29辞権中納言☆、延宝5・7・24〈去六月廿四日分〉権大納言、8・9辞権大納言、11・2薨去☆

[死没]延宝5（一六七七）・11・2 [年齢]59 [父]五条為適 [母]掃部頭従五位下福島高晴女 [公卿補任]3―636下

為範 ためのり 一六八八―一七五四

元禄1（一六八八）・8・29誕生、元禄9・12・26給穀倉院学問料、元禄14・9・27元服、昇殿、文章得業生、元禄15・12・16献策、12・18侍従、従五位下、宝永1（一七〇四）・1・23〈去五分〉従五位上、宝永3・1・21〈去五分〉正五位下、宝永5・1・21〈「25日」ま〉従四位下、正徳3（一七一三）・2・18〈去年十二廿五分〉従四位上、兼文章博士、12・18少納言（侍従博士如旧）、正徳5・2・15〈去正五分〈ま〉〉正四位下、7・7兼大内記、享保4（一七一九）・12・26従三位（文章博士如旧）、享保7・4・24右大弁、7・23辞右大弁、享保8・12・24大蔵卿、享保9・閏4・21正三位、享保10・2・19参議、享

保16・2・28左大弁、12・25権中納言、享保17・1・12帯剣、12・21聴直衣、享保19・10・21従二位、享保20・閏3・27辞権中納言、寛保1(一七四一)・6・15式部大輔、延享4(一七四七)・4・14正二位、12・26権大納言、延享5・1・22辞権大納言、宝暦3(一七五三)・8・29辞大輔、11・19出家
[死没]宝暦4(一七五四)・閏2・21 [年齢]67 [父]五条為房(実五条為致) [母]家女房 [法名]芳山文清 [公卿補任]4―238上

為成 ためなり　一七一六―五九
享保1(一七一六)・8・1誕生、享保9・12・12給穀倉院学問料、享保13・8・27元服、昇殿、文章得業生、9・27献策、10・7従五位下、侍従、享保15・1・5従五位上、享保17・4・20正五位下、享保19・12・24従四位下、享保20・5・24文章博士(侍従如旧)、元文2(一七三七)・1・14従四位上、元文3・12・27少納言(侍従博士等如元)、元文4・12・15大内記(侍従少納言等如元〈ま〉)、12・17辞博士〈ま〉、寛保1(一七四一)・12・21正四位下、延享2(一七四五)・閏12・16〔従三位〕、寛延1(一七四八)・12・28右大弁、寛延3・12・24正三位、宝暦3(一七五三)・5・15参議、6・7聴直衣、10・22辞大弁、宝暦6・12・21従二位、宝暦8・1・8権中納言、1・16帯剣、宝暦9・10・22辞権中納言、薨去
[死没]宝暦9(一七五九)・10・22 [年齢]44 [父]五条為範 [母]正二位権大納言園基勝女 [公卿補任]4―371下

為俊 ためとし　一七四一―八三
元文6(一七四一)・3・30誕生、寛延2(一七四九)・12・24賜穀倉院学問料、宝暦3(一七五三)・8・27元服、昇殿、補文章得業生、9・8課試、9・17従五位下、侍従、宝暦5・1・5従五位上、宝暦8・1・5正五位下、宝暦9・10・22服解(父)、12・24除服出仕復任、宝暦11・1・12〈去五日宣〉従四位下、宝暦13・5・17式部権大輔、12・19少納言(権大輔如故)、宝暦14・1・7拝賀、8・7兼侍従、10・17兼文章博士、10・20兼大内記、閏12・19〈去正月十日宣〉従四位上、明和4(一七六七)・1・9正四位下、12・19辞博士、明和5・2・19兼東宮学士、明和7・11・24止学士(学禅日)、11・27〔従三位〕、安永2(一七七三)・1・25任式部大輔、8・5正三位、安永7・5・8改為俊、天明2(一七八二)・6・8右大弁、天明3・5・8辞両官、薨去
[死没]天明3(一七八三)・5・8 [年齢]43 [父]五条為成 [母]正二位権中納言高辻総長女 [前名]為璞 [公卿補任]4―512上

為徳 ためえ　一七六三―一八一三
宝暦13(一七六三)・11・18誕生、安永6(一七七七)・10・1給穀倉院学問料、12・10元服、昇殿、文章得業生、12・14課試〈ま〉、12・18献策、12・19従五位下、安永7・閏7・5侍従、安永8・3・19従五位上、12・12賜後桃園院御服、12・28除服宣下、安永10・1・26正五位下、天明2(一七八二)・12・22〈ま〉少納言(侍従如元)、12・30拝賀、天明3・2・2従四位下、5・8服解(父)、6・28除服出仕復任、天明6・1・14兼文章博士(侍従如元)、2・3従四位上、天明9・1・5正四位下、2・7兼大内記、寛政4(一七九二)・1・5〔従三位〕(文章博士如元)、2・2式部大輔(博士如元)、2・26拝賀、寛政7・1・28正三位、寛政12・9・27参議、享和1(一八〇一)・1・14長門権守、11・24〔従二位〕、文化1(一八〇四)・3・4右大弁、3・13聴直衣、直衣始、3・27辞右大弁、文化9・6・5権中納言、6・19帯剣、6・21聴直衣、直衣始、文化10・4・10辞権中納言、6・4〔正二位〕、文政3(一八二〇)・10・26権大納言、11・13直衣始、11・22辞権大納言、文政4・10・21式部大輔、文政6・8・23辞大輔、薨去
[死没]文政6(一八二三)・8・23 [年齢]61 [父]五条為俊 [母]家女房 [公卿補任]5―84上

為定 ためさだ　一八〇四―六二
文化1(一八〇四)・6・6誕生、文化8・2・3賜穀倉院学問料、3・26元服、昇殿、補文章得業生、4・15課試宣旨、4・18対策及第、5・10従五位下、12・21東宮学士、文化10・4・28従五位上、文化12・1・5正五位下、文化14・3・22止東宮学士(受禅日)、9・18文章博士、12・21従四位下、文化15・1・22侍従(博士如故)、文政3(一八二〇)・

1・4従四位上、文政5・12・21少納言(侍従博士等如故)、12・27兼大内記(侍従博士等如故)、文政6・1・1拝賀、8・13服解(祖父)、10・4除服出仕復任、文政6・12・19正四位下、文政10・4・7〔従三位〕、文章博士如故、文政11・10・27辞博士、文政13・2・10正三位、天保4(一八三三)・3・4式部大輔、嘉永4(一八五一)・8・9参議、11・27従二位、嘉永5・5・8右大弁、5・19聴直衣、直衣始、9・17辞大弁、安政2(一八五五)・12・15権中納言、12・23帯剣、12・24聴直衣、直衣始、安政4・4・18辞権中納言、文久2(一八六二)・2・4薨去

〔死没〕文久2(一八六二)・2・4　〔年齢〕59　〔父〕五条為貴(実壬生家尹、二男)　〔母〕家女房　〔日記〕菅葉(一八三三―六二)　〔公卿補任〕5―318下

坊城家(絶家)

坊城家

長冬――康長――長敏――家長

長冬　ながふゆ　?―一三三九

永仁3(一二九五)・3・10補文章生、補蔵人、補秀才、蒙二年策宣、-・1・29献策、文章博士淳範朝臣問〔「問」や〕、1・30判、-・-・- 任左近将監、永仁4・3・10従五位下(臨時、将監如元宣下、于時長冬)、6・25宮内少輔(依勤舞人也)、閏10・15去職、正安2(一三〇〇)・閏7・14従五位上(臨時)、嘉元1(一三〇三)・12・24少納言、嘉元2・3・7安芸権守、嘉元4・1・5正五位下(策)、9・28辞少納言、延慶2(一三〇九)・2・19従四位下(可書入之由翌日朝被仰之〈や〉)、延慶4・4・15右馬頭、応長1(一三一一)・5・10止頭、正和1(一三一二)・12・24従四位上、正和3・4・12左京大夫、正和4・1・6正四位下、6・24止大夫、元徳2(一三三〇)・3・5従三位(元前左京大夫)、正慶1〈元弘2〉(一三三二)・10・25修理大夫、正慶2〈元弘3〉・1・5正三位、5・17詔復本位、-・-・- 止大夫、暦応1〈延元3〉(一三三八)・10・19正三位、暦応2〈延元4〉・12・23薨去

〔死没〕暦応2(一三三九)・12・23　〔父〕坊城季長　〔前名〕長能　〔公卿補任〕2―530下　〔大日本史料〕6―5―858

康長　やすなが　?―一三六六

正和3(一三一四)・12・22補文章生、正和4・12・- 蒙方略宣旨、12・26献策、題(詳楼殿叙雉鶏)、問頭散位藤原遠範、12・28判、正和5・2・1叙爵、文保2(一三一八)・3・22従五位上、正中2(一三二五)・8・1安芸守、正中3・1・5正五位下(策)、2・19少納言、嘉暦3(一三二八)・3・16遷任中宮少進、9・23転権大進、元徳2(一三三〇)・1・5従四位下(元中宮権大進)、建武5(一三三八)・1・5従四位上、暦応4〈興国2〉(一三四一)・12・22宮内卿、康永1〈興国3〉(一三四二)・9・7去卿、貞和2〈正平1〉(一三四六)・10・16正四位下、文和3〈正平9〉(一三五四)・10・22従三位、延文1〈正平11〉(一三五六)・4・21治部卿、延文6〈正平16〉・3・27止卿、康安2〈正平17〉(一三六二)・5・7正三位、貞治5〈正平21〉(一三六六)・1・5従二位、6・9薨去

〔死没〕貞治5(一三六六)・6・9　〔父〕坊城長冬、一男　〔母〕従二位高辻清長女　〔公卿補任〕2―647上　〔大日本史料〕6―27―316

長敏　ながとし　一三四六―一四二四

応永10(一四〇三)・1・6従三位、元前治部卿、応永13・3・24勘解由長官、応永16・1・5正三位、応永18・1・5従二位、応永19・1・28任兵部卿、応永23・11・4式部権大輔、応永24・3・26兼豊前権守、応永25・3・27参議、応永26・3・10辞参議、応永29・7・8正二位、応永30・8・27式部大輔、応永31・12・11薨去

〔死没〕応永31(一四二四)・12・11　〔年齢〕79　〔父〕坊城康長　〔公卿補任〕3―56下

家長　いえなが

永享9(一四三七)・8・29従三位

❖永享十年非参議従三位〔以後不見〕

〔父〕坊城長敏　〔公卿補任〕3―134上

唐橋家　からはしけ

菅原氏の一流。高辻家の支流。贈従一位菅原定義の四男菅原式部大輔在良を家祖とする。初め坊城と称し、唐橋と号するのは鎌倉時代後期、在雅の時から。家格は半家。外様の家。紀伝道および詩文を掌ることを家職とした。九条家の家礼。江戸時代には家領百八十二石。家祖在良は、高辻家祖の是綱より十三歳下の弟。大内記・式部少輔・文章博士・摂津守を歴任し、康和三年(一一〇一)従四位上に叙せられ、天永二年(一一一一)昇殿を聴された。同年後鳥羽天皇の侍読となり、式部大輔に任ぜられた。保安三年(一一二二)十月八十歳で没した。元徳二年(一三三〇)十二月二十四日、贈従三位。北野三位社はこれである。『続古事談』に次の如き説話を載せる。「式部大輔在良トイフ人、三条壬生ニナンスミケル、コレハ天神昔スミ給ケル所ナリ、其後人スムコトナシ、在良申ウケテヰタリケリ、夢ニミルヤウ、汝ハヰルトモ子孫ハスムベカラズ、在良老ニ臨テ病ツキテ後、此家焼ニケリ、夢ノツゲムナシカラズ、ヲソロシキ事也」。『尊卑分脈』によれば、在良の後は数流に分かれるが、記伝道の家として栄えたのは三男時登と四男清能の二流で、前者は時登・公賢二代に亘り菅氏長者ともなり、更に諸流に分かれたが、いずれも振わず、鎌倉時代後期に在宗・資宗の二代続けて公卿に列したが、やがて絶家となったようである。清能は壬生坊城と号し、この流から唐橋家は出る。この流もやはり鎌倉時代後期、公輔の一男在公と二男公氏の二流に分かれた。在公は、菅原氏の嫡流と目されていた公良の猶子となって家格を保ち、数代長者ともなったが、これも戦国時代に絶家となる。公氏の後は更に一男公頼と二男公業の二流に分かれ、公業の流の方が本流であったようであるが玄孫在実の代で絶家となった。公頼の末が唐橋家であり、在良以来何度も分流・庶流を重ね、公頼以来は嫡子相続されることになるが、歴代当主のうち早世した者も続き、かなり家格を落とすことになったようである。室町時代中期、在数の時には摂家九条家の家司となっていた。在数は、文章得業生に補され、文明十四年(一四八二)三十五歳のとき献策、同年叙爵し、少納言・式部少輔・大内記を経て、同十九年文章博士となり、明応元年(一四九二)大学頭に転じ、同三年には正四位下に昇った。その翌々五年の正月七日、御家門の九条前関白第において殺害された。この事件は、公家社会において異例の一大事件で、当時の多くの日記に記載が見えるが、『実隆公記』正月八日条には、「昨夕酉刻許事歟、在数朝臣於九条亭被殺害云々、仍彼亭触穢、可得其意云々、言語道断次第也、凡彼朝臣為彼家門之雑務執事毎事緩怠至極、不義之子細連続、准后近日無対面之処、押而出仕、俄及此儀云々、事之次第不穏便、尤以不便之次第也、今年四十九歳歟、無常転変不可驚相驚者也」とあり、在数が九条家の「雑務執事」でありながら「毎事緩怠至極」で、「不義之子細連続」で、准后(政基)は近日対面を許さなかったが、押して出仕したので殺害されたという。政基の子で現任の権大納言尚経を娘婿とする三条西実隆の第一印象でも「不穏便」「不便之次第」とするように、全く常軌を逸したものであった。菅原一門の五条為学の『拾芥記』正月十六日条には、「年来九条殿家礼之処、号有緩怠、九条前関白・御子大将手ニ討之」とあり、在数は九条家の家礼でもあった。家礼・家司であっても、在数は廷臣でもあったから、朝廷で詮議されることは当然のことであった。このとき菅原一門は、九条家門を弾劾し、これを処罰して菅家一流の愁欝を散ぜんために速やかに聖断を蒙るよう、権中納言菅原長直(高辻)・少納言菅原和長(東坊城)・同章長(高辻)・同為学(五条)四人が連署して申状を差出している(『後法興院記』)。長直が菅氏長者であり、奇しくも菅家一門の結束を示すことになった。在数朝臣は、紀伝の儒業を継ぎ、後花園・後土御門両朝に勤任し、久しく近臣同列の勤功を致す者であり、その罪は「家門堅固之私

唐橋家

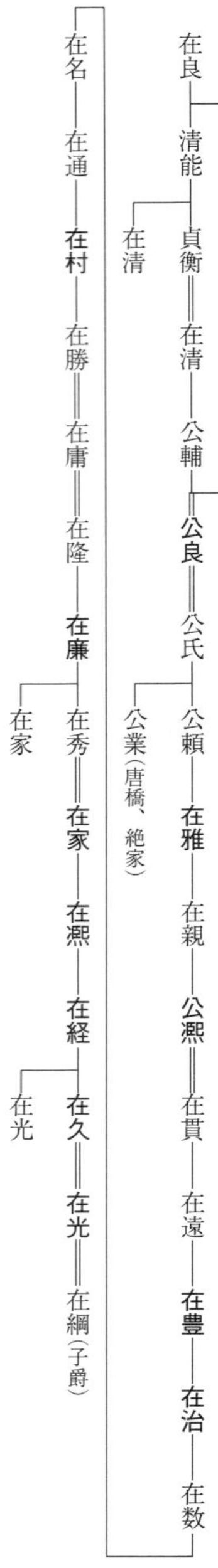

儀」、その身は「朝廷重職之器量」、何を以て私の儀を以て敢えて「朝之器」を毀つのか、家礼・家司といえ、それに対し放埓の儀に及ぶのは後臣・後日の儀もなきことであり、この度の儀は「且者背公家刑罰之法、且者非摂関仁義之道」等と述べて、厳しく批判している。朝廷の詮議において、尚経を解官すべきの意見もあったが、摂家解官の治承・寿永の例がないわけではないが、卒爾の成敗は朝家零落の基との意見もあり、勅勘分にて出仕を止めるということに治定した。閏二月の初めのことである。事件が起ってから約二ヵ月、朝廷における困惑ぶりを示すものであった。なお、尚経に勅免が下るのは、翌々七年十二月のことであった。ここに在数殺害事件は一応の決着をみたのであったが、唐橋家にとっては後遺症は続いたようである。『実隆公記』明応八年六月十六日条には「故在数朝臣遺跡実子出仕被召進六位者、彼昇進事可有御沙汰也、今之儀可為如何哉之由可相尋下官之由勅定云々、(中略)所詮当月中彼朝臣遺跡首服之条勿論之由、先日俊通朝臣相語之」とあり、在数実子の六位出仕、元服のことが問題とされている。『唐橋家譜』『系図纂要』等に拠れば、在数の子には在名・以緒がいて、以緒は橘(薄)以重の養嗣子となり、天文十八年(一五四九)正月五十六歳で従三位に昇り、のち参議正三位まで進んだ。明応三年生れで、在数の遺跡を嗣いだ在名はその舎兄であったようであるから、明応八年には大体十歳位にはなっていたのであろう。『唐橋家譜』には年次の記載はないが、正六位上・左近将監・極臈・従五位下・兵部少輔・少納言に叙任し、永禄十年(一五六七)に没したことを記す。その子在忠は蔵人に補され、その後は在名二男、永禄八年生れの在通が嗣ぎ、天正六年(一五七八)四月十四歳のとき元服、正六位上文章得業生となり、従五位上民部少輔にまで昇り、慶長二十年(一六一五)七月五十一歳で没した。唐橋家が旧来の如き紀伝道の家に復するのは、在通の子在村の頃からで、在村は慶長十六年二十歳のとき文章得業生に補され、民部少輔・従三位に昇り、老齢に及び従二位、参議となり、延宝三年(一六七五)七月八十四歳で没した。以後、文章得業生・文章博士・式部少輔・大内記・少納言・大学頭を歴任し、式部権大輔、参議に進むのを例とし、正二位を先途とした。在家および在凞は正二位権大納言にまで昇った。日記には、『在凞卿記』、『大内記在久日記』がある。明治十七年(一八八四)在綱のとき、叙爵内規により子爵を授けられた。菩提所は久遠院。『唐橋家譜』(東京大学史料編纂所架蔵、四一七五—一九八)。

公良　きんよし　一一九五—一二六〇

建暦3(一二一三)・1・12給穀倉院学問料、建保5(一二一七)・1・11文章得業生、建保6・1・13越前権大掾、建保7・1・6献冊(分琴碁、辞鶺鴒)、従四下行出雲権介蔵原朝臣長倫問、1・10判(中上第)、1・22右衛門少尉、即被下使宣旨、3・28叙爵(臨時、去十九日忠範叙爵宣旨、依訴申被召返其宣旨、今日共被下宣旨)、12・13中宮少進、承久3(一二二一)・3・25去少進(依院号也)、即為院司、元仁2(一二二五)・1・5従五位上(労)、寛喜2(一二三〇)・2・8左京権大夫(公輔与長倫相転而任之)、寛喜3・1・6正五位下(労)、2・5遷大内記、貞永2(一二三三)・1・25兼阿波権介、天福2(一二三四)・2・24長門守(為長卿為造北野社賜之、去十四日炎上之故也〈や〉)、嘉禎2(一二三六)・2・30従四位下、暦仁2(一二三九)・1・24従四位上、仁治2(一二四一)・1・21加老儒、仁治3・1・5正四位下(募猶子公久式部巡年)、寛元1(一二四三)・3・30大学頭、寛元2・4・5遷文章博士、寛元4・6・20復任、建長2(一二五〇)・9・16従三位、元文章博士、建長3・1・27式部権大輔、正嘉3(一二五九)・1・6正三位、文応1(一二六〇)・7・17薨去

❖文応元年より「備後権守」

[死没]文応1(一二六〇)・7・17　[年齢]66　[父]坊城公輔(実高辻為長)　[母]正五位下大学助教中原師茂女　[公卿補任]2—150上

在雅　ありまさ　一二七八—一三五七

正応2(一二八九)・3・-補文章生、永仁3(一二九五)・10・-補内蔵人、永仁5・3・9蒙方略宣、3・16献策、題叙明徳詳佳遊、3・18判、3・19左近将監(臨時宣下)、永仁6・10・10従五位下(御即位叙位)、12・-兵部権少輔、正安3(一三〇一)・3・14去権少輔、嘉元2(一三〇四)・1・5従五位上(加叙)、延慶2(一三〇九)・10・12少納言、延慶3・1・5正五位下(策)、応長1(一三一一)・2・3去少納言、正和2(一三一三)・4・10従四位下(策労)、文保1(一三一七)・6・1右兵衛佐、12・22兵部権少輔、去佐、文保2・1・22上総介、去少輔、元徳2(一三三〇)・2・11正四位下、6・7大膳大夫、元弘1(一三三一)・6・28去大夫、元弘2〈正慶1〉・1・16〈「2月26日」ともあり〉従三位、元弘3〈正慶2〉・3・3還本位、5・17詔止上階、暦応5〈興国3〉(一三四二)・4・11正三位、文和2〈正平8〉(一三五三)・12・21従二位、延文2〈正平12〉(一三五七)・7・24薨去

[死没]延文2(一三五七)・7・24　[年齢]80　[父]坊城公頼　[養父]菅原在輔　[号]唐橋・万里小路　[公卿補任]2—569下　[大日本史料]6—21—332

公淵　きんひら　?—一三八一

永和5〈天授5〉(一三七九)・1・6従三位、永徳1〈弘和1〉(一三八一)・-・-薨去

[死没]永徳1(一三八一)　[父]唐橋在親　[公卿補任]2—733下

在豊　ありとよ　一三九一—一四六四

嘉吉4(一四四四)・1・6従三位、1・29参議、元大学頭大内記、権官譲任息在治、文安2(一四四五)・3・23兼任備前権守、文安3・12・12辞参議歟、宝徳4(一四五二)・3・18従二位、3・25兼甲斐権守、康正2(一四五六)・3・29辞権中納言、長禄4(一四六〇)・4・2権大納言、4・5辞権大納言、寛正5(一四六四)・7・-薨去

❖文安四年より「式部権大輔〈「少輔」やし〉」、康正二年より「権中納言」

[死没]寛正5(一四六四)・7　[年齢]74　[父]唐橋在遠　[公卿補任]3—148下

在治　ありはる　一四一四—八九

康正2(一四五六)・-・-従三位、康正3・-・-参議、長禄2(一四五八)・3・24兼能登権守、4・19辞参議、寛正2(一四六一)・11・-還任(参議)、寛正4・3・28兼土左権守、寛正6・-・-辞参議、12・14〈同7年1月6日にもあり〉正三位、文明12(一四八〇)・3・29権中納言、文明14・-・-辞権中納言、延徳1(一四八九)・9・1薨去

❖寛正二年より「式部大輔」、文明七年より「従二位」

[死没]延徳1(一四八九)・9・1　[年齢]76　[父]唐橋在豊　[公卿補任]3—184下　[大日本史料]8—28—306

在村　ありむら　一五九二—一六七五

天正20(一五九二)・11・12誕生、慶長14(一六〇九)・7・12元服、秀才☆、元和6(一六二〇)・1・5従五位下、1・11民部少輔☆、寛永5(一六二八)・1・5従五位上、寛永9・1・5正五位下、寛永13・1・5従四位下、寛永17・1・5従四位上、寛永21・1・5正四位下、慶安1(一六四八)・12・22〈去正月五日従三

位々記〉従三位☆、承応4(一六五五)・1・5正三位☆、寛文5(一六六五)・12・23従二位☆、寛文9・12・18参議、12・24辞参議、延宝3(一六七五)・7・21薨去

[死没]延宝3(一六七五)・7・21 [年齢]84 [父]唐橋在通 [公卿補任]3—618上

在廉 ありかど　一六八七—一七五〇

貞享4(一六八七)・5・22誕生、元禄12(一六九九)・12・28給穀倉院学問料、元禄14・9・29元服、昇殿、文章得業生、元禄15・12・16献策、12・18侍従従五位下、宝永1(一七〇四)・1・23〈去五分〉従五位上、宝永3・2・11〈去正五分〉正五位下、宝永6・3・22〈去正五分〉従四位下、正徳3(一七一三)・12・23〈去正五分〉従四位上☆、享保1(一七一六)・12・26少納言(侍従如旧)、享保2・4・3正四位下、享保4・12・27大内記、享保6・12・24従三位、享保7・12・25大学頭、享保10・6・22文章博士、享保12・3・21正三位、享保13・8・25辞博士、享保17・1・15式部権大輔、享保19・10・24参議、元文3(一七三八)・12・18辞参議、延享1(一七四四)・1・6〈去年十二廿七分〉従二位、寛延3(一七五〇)・8・20正二位、8・21辞権大輔、薨去

[死没]寛延3(一七五〇)・8・21 [年齢]64 [父]唐橋在隆 [母]家女房 [公卿補任]4—246下

在家 ありいえ　一七二九—九一

享保14(一七二九)・6・7誕生、寛保1(一七四一)・8・21賜穀倉院学問料、12・3元服、昇殿、文章得業生、寛保3・11・1献策、12・12侍従、従五位下、延享2(一七四五)・3・23従五位上(小除目次)、延享4・3・16春宮少進(立坊日)、5・2去少進(依受禅)、寛延1(一七四八)・2・1正五位下寛延3・8・21服解(父)、10・12除服出仕復任、宝暦1(一七五一)・6・22文章博士、7・21従四位下、宝暦2・2・26兼上総介、宝暦3・1・22少納言(侍従博士介等如故)、2・8拝賀、宝暦4・1・5従四位上、5・1兼大内記(推任、侍従博士等如故)、宝暦5・11・22改在家(元在富〈ま〉)、宝暦6・4・30辞文章博士、宝暦7・7・16正四位下、宝暦9・閏7・14服解(母)、9・13除服出仕復任、宝暦10・3・10従三位、8・4式部権大輔9・17拝賀、宝暦11・1・30右大弁、明和1(一七六四)・10・22参議、閏12・19正三位、明和2・1・27式部権大輔、12・9辞権大輔、明和3・8・30辞参議、明和5・12・19式部大輔、安永2(一七七三)・1・9権中納言、1・15帯剣、1・17聴直衣、1・25辞権中納言、安永5・1・9正二位、安永8・1・11権大納言、1・16帯剣、1・17聴直衣、2・3辞権大納言、天明3(一七八三)・9・16式部大輔、天明5・12・26辞大輔、寛政3(一七九一)・9・29薨去

[死没]寛政3(一七九一)・9・29 [年齢]63 [父]唐橋在廉、四男 [母]家女房 [前名]在富 [公卿補任]4—453下

在凞 ありひろ　一七五七—一八一二

宝暦7(一七五七)・11・28誕生、明和2(一七六五)・12・19給穀倉院学問料、明和3・3・28元服、昇殿、文章得業生、5・20蒙課試宣旨、5・26献策、5・27従五位下、明和5・1・9従五位上、3・8喪母、4・29除服出仕、明和6・8・20侍従、明和7・1・29正五位下、明和9・1・9従四位下、安永4(一七七五)・1・9従四位上、5・26兼文章博士、安永7・6・5少納言(侍従博士等如元)、6・15奏慶、閏7・5兼大内記(侍従博士等如元)、安永8・1・11正四位下(去五宣)、天明2(一七八二)・12・10〈ま〉天皇御書始侍読、12・22従三位(文章博士如元)、天明5・12・26式部権大輔、天明6・2・17〈賜去正月十四日位記〉正三位、寛政1(一七八九)・5・22右大弁、12・19聴直衣、寛政4・10・27参議、11・3聴直衣、直衣始、寛政8・5・17辞参議、寛政11・1・27従二位、享和4(一八〇四)・1・11権中納言、1・15帯剣、1・17聴直衣、直衣始、文化1(一八〇四)・2・17辞権中納言、4・1式部大輔、文化3・1・4(正二位)、文化7・5・28権大納言、6・11聴直衣、直衣始、8・21辞権大納言、文化9・2・30薨去

[死没]文化9(一八一二)・2・30 [年齢]56 [父]唐橋在家 [母]甲斐守従五位下黒田長貞女 [日記]在凞卿記(一七八九) [公卿補任]5—20下

在経　ありつね　一七八二―一八三四

天明2(一七八二)・8・20誕生、寛政2(一七九〇)・9・26給穀倉院学問料、寛政3・3・26元服、昇殿、文章得業生、寛政4・11・27課試、12・3献策、12・10従五位下、寛政7・1・20〈去年十二廿一分〉従五位上、寛政8・5・10〈去二十分〉正五位下、寛政10・3・27侍従、8・27〈去三月廿七分〉従四位下、寛政12・3・26為儲君親王家司、寛政13・1・14従四位上、享和4(一八〇四)・1・23正四位下、文化1(一八〇四)・12・23少納言(侍従如旧)、文化2・1・7拝賀、2・1・25兼大内記(侍従如元)、文化4・3・26兼文章博士(侍従内記等如元)、文化5・5・10〔従三位〕(博士如元)、文化8・2・1式部大輔、文化9・1・4正三位、文化10・12・16賜後桜町院御服、文化13・5・26右大弁、文政7(一八二四)・4・7辞、天保4(一八三三)・10・18参議、12・19従二位、天保5・6・19辞参議、薨去

〔死没〕天保5(一八三四)・6・19　〔年齢〕53　〔父〕唐橋在熈　〔母〕正二位吉田良延女　〔公卿補任〕5―188下

在久　ありひさ　一八〇九―五〇

文化6(一八〇九)・2・30誕生、文政1(一八一八)・9・28賜穀倉院学問料、文政4・4・28元服、昇殿、文章得業生、11・22課試宣旨、11・28献策、11・29従五位下、文政5・4・6喪母、5・27除服出仕、文政7・1・5従五位上、文政9・1・21〈去五分〉正五位下、文政12・12・27少納言、12・30拝賀、文政13・4・8兼侍従、6・10兼文章博士、8・30従四位下、天保3(一八三二)・1・11兼大内記(侍従博士等如故)、天保4・1・5従四位上、天保5・6・19服解(父)、8・11除服出仕復任、天保7・12・19正四位下、天保8・7・21辞大内記、天保11・3・14兼東宮学士(立坊日)、拝賀、12・20賜太上天皇御服、天保12・1・20除服宣下、天保14・2・23東宮御書始侍読、弘化1(一八四四)・12・22〔従三位〕、文章博士如故、弘化4・10・4辞博士、嘉永1(一八四八)・9・25正三位、嘉永3・2・20薨去

〔死没〕嘉永3(一八五〇)・2・20　〔年齢〕42　〔父〕唐橋在経　〔母〕甲斐守従五位下黒田長舒女　〔日記〕大内記在久日記(一八三六―三七)　〔公卿補任〕5―422下

在光　ありてる　一八二七―七四

文政10(一八二七)・9・9誕生、天保4(一八三三)・6・14賜穀倉院学問料、天保10・12・5元服、昇殿、補文章得業生、天保11・3・4賜課試宣旨、3・10献策、3・27従五位下、天保13・4・14従五位上、天保15・5・6正五位下、弘化1(一八四四)・12・28東宮学士、弘化3・2・13去東宮学士(依践祚)、弘化4・12・23大内記、12・27従四位下、嘉永3(一八五〇)・1・5従四位上、2・20服解(父)、4・24除服出仕復任、嘉永6・1・4正四位下、1・21兼文章博士、12・19兼少納言、侍従(内記博士等如元)、12・27拝賀、嘉永7・閏7・24辞大内記、安政3(一八五六)・12・22〔従三位〕(文章博士如旧)、安政6・10・21式部大輔、安政7・1・5正三位、万延1(一八六〇)・10・7辞博士

〔死没〕明治7年(一八七四)・6・9　〔年齢〕48　〔父〕唐橋在久　〔母〕内大臣従一位広幡経豊女起子　〔公卿補任〕5―503下

菅原家(絶家)3

在宗　ありむね　一一九九―一二八〇

・・・・承明門院判官代、元仁1(一二二四)・12・2文章生、元仁2・1・23能登掾、安貞3(一二二九)・2・3給穀倉院学問料、寛喜4(一二三二)・2・5文章得業生、貞永2(一二三三)・1・25丹後少掾、天福2(一二三四)・2・13献冊、従四位下行大学頭藤原光兼朝臣問、2・28判、4・2式部丞、10・29叙爵(臨時)、嘉禎2(一二三六)・8・9(父)、延応1(一二三九)・9・9式部少輔、延応2・1・6従五位上、1・22兼因幡権守、寛元1(一二四三)・閏7・27

菅原家

時登――公賢――良盛――資高――**在宗**

資宗

大内記、寛元4・1・5正五位下、宝治2(一二四八)・-・-辞大内記(依病)、宝治3・1・5従四位下、建長5(一二五三)・10・-加判、建長7・1・5従四位上、文応1(一二六〇)・10・10大学頭、弘長2(一二六二)・1・5正四位下、1・19兼周防権介、文永5(一二六八)・-・-従三位、弘安3(一二八〇)・6・2薨去
〔死没〕弘安3(一二八〇)・6・2　〔年齢〕82　〔父〕菅原資高、二男　〔公卿補任〕2—217下

資宗　すけむね　一二四八—一三〇二
正嘉3(一二五九)・2・20給穀倉院学問料〈旧〉、弘長1(一二六一)・3・28文章得業生〈旧〉、弘長3・1・4献策〈旧〉、1・6叙爵(臨時)〈旧〉、文永5(一二六八)・12・16大内記〈旧〉、文永6・1・5従五位上(臨時)〈旧〉、文永7・1・21兼出雲介〈旧〉、12・20止大内記〈旧〉、文永12・1・6正五位下(策)〈旧〉、4・7少納言〈旧〉、聴新院昇殿〈旧〉、弘安-・2・8〈「1年」脱カ〉兼摂津権守〈旧〉、5・11従四下(止少納言)〈旧〉、5・22昇殿(依日吉臨時祭使兼任)〈旧〉、弘安3(一二八〇)・6・2遭父喪〈旧〉、弘安7・1・6従四位上(策労)〈旧〉、弘安11・4・7文章博士〈旧〉、正応2(一二八九)・1・13兼越中介〈旧〉、閏10・4兼東宮学士〈旧〉、正応3・7・21正四位下〈旧〉、正応4・12・21遷任大学頭〈旧〉、永仁1(一二九三)・1・13土佐介〈旧〉、永仁4・5・15遷任式部権大輔〈旧〉、永仁6・3・14止大輔〈旧〉、豊前権守〈旧〉、7・21止学士(依受禅也)〈旧〉、正安2(一三〇〇)・閏10・11〈「7月」当作〉従三位、正安4・6・30薨去
〔死没〕正安4(一三〇二)・6・30　〔年齢〕55　〔父〕菅原在宗　〔公卿補任〕2—355上

壬生坊城家(絶家)

壬生坊城家

在公—在輔—在登═在淳—在敏
　　　　　├在淳
　　　　　└在富
在直—在綱—在永

在公　ありきみ　?—一二八七
元仁1(一二二四)・12・1〈や〉文章生、元仁2・1・23越前掾、寛喜2(一二三〇)・1・22給穀倉院学問料(父朝臣罷所帯職申補之)、貞永2(一二三三)・1・24文章得業生、天福2(一二三四)・1・21越前権少掾、文暦2(一二三五)・3・25献策(関河料学)、従四位上行弾正大弼藤原保綱朝臣問〈や〉、4・30(没日也)、8・30縫殿権助、嘉禎1(一二三五)・10・19爵(東一条院合爵)、仁治1(一二四〇)・12・12従五位上(策労六ヶ年)、寛元1(一二四三)・閏7・27式部少輔、寛元2・1・23兼紀伊権守、寛元4・1・5正五位下、宝治2(一二四八)・12・17遷大内記、宇治3・1・5従四位下(策労)、建長7(一二五五)・1・5従四位上(策)、弘長2(一二六二)・12・21文章博士、弘長3・1・28兼越前介、文永6(一二六九)・10・6正四位下、1・21兼越中介、弘長4・3・26〈「21日」イ〉式部権大輔、弘安8(一二八五)・3・6従三位(元式部権大輔)、弘安10・4・19薨去
〔死没〕弘安10(一二八七)・4・19　〔父〕菅原公輔　〔養父〕菅原公良　〔号〕若江　〔公卿補任〕2—280上

在輔　ありすけ　一二四七—一三二〇
弘長1(一二六一)・3・28方略宣下〈旧〉、弘長3・1・4献策(方略、于時在行)〈旧〉、1・28任大膳亮〈旧〉、弘長4・1・5叙爵(臨時)〈旧〉、文永7(一二七〇)・1・5従五位上(策労)〈旧〉、-・-・-名為在輔、建治2(一二七六)・1・5正五位下(策)〈旧〉、弘安1(一二七八)・3・14式部権少輔〈旧〉、11・20従四位下(策労、朔旦冬至)〈旧〉、弘安2・1・24止権少輔(策労)〈旧〉、弘安7・1・6従四位上〈旧〉、9・2昇殿〈旧〉、3・9〔恐有誤脱〕列判儒、正応1(一二八八)・12・20大学頭〈旧〉、正応2・1・13兼土左介〈旧〉、正応3・2・7遷任文章博士〈旧〉、9・5正四位下〈旧〉、正応6・1・13兼越前権介〈旧〉、永仁-・3・24遷式部権大輔〈旧〉、永仁7(一二九九)・3・24兼豊後権守〈旧〉、正安2(一三〇〇)・11・2従三位、本名在行、正安3・3・14右京大夫、正安4・7・21止大輔、乾元2(一三〇三)・6・6止大夫、刑部卿、嘉元1(一三〇三)・12・29式部大輔、嘉元3・1・23兼駿河権守、徳

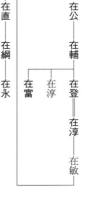

治2(一三〇七)・1・5正三位、延慶2(一三〇九)・9・26従二位、正和5(一三一六)・11・23正二位、元応2(一三二〇)・11・9薨去

※嘉元二年より「駿河権守」

[死没]元応2(一三二〇)・11・9　[年齢]74　[父]菅原在公　[前名]在行　[公卿補任]2—355上

在登　ありのり　一二七二—一三五〇

応長2(一三一二)・2・13正四位下、元亨1(一三二一)・4・6従三位、元文章博士、元亨2・1・26式部権大輔、元亨3・9・28兼修理大夫〈権大夫ともあり〉、嘉暦1(一三二六)・10・10止大夫、嘉暦2・9・21兼修理権大夫〈大夫ともあり〉、嘉暦3・3・16転大輔、嘉暦4・1・13兼筑前権守、元徳1(一三二九)・12・24去大夫、元徳2・3・22兼勘解由長官、10・25〈21日カ〉左大弁、12・-止大弁、元徳3・3・18正三位、建武3〈延元1〉(一三三六)・11・25止長官、貞和3年〈正平2年〉(一三四七)・11・16従二位、観応1〈正平5〉(一三五〇)・3・22罷従二位々記、-・-復正三位、4・20参議、5・16薨去

※正中二年(一三二四)より「甲斐権守」

[死没]観応1(一三五〇)・5・16　[年齢]79　[父]菅原在輔　[公卿補任]2—489上　[大日本史料]6—13—661

在淳　ありあつ　一三〇六—五四

徳治2(一三〇七)・6・-文章生、延慶2(一三〇九)・1・-蒙方略宣旨、1・26献策、題問頭、1・28判、4・14従五位下、9・26兵部権少輔、延慶3・12・28〈やし〉辞権少輔、応長2(一三一二)・1・5従五位上(簡一)、正和5(一三一六)・8・1正五位下、文保2(一三一八)・3・26少納言、10・22右兵衛権佐、文保3・1・5従四位下(策)、元応2(一三二〇)・4・12東宮学士、元亨1(一三二一)・6・6〈し〉大学頭、元弘4(一三二四)・1・13武蔵権介、正中2(一三二五)・4・2中宮権大進、5・5還任学士、正中3・4・12弾正大弼、嘉暦2(一三二七)・1・5従四位上(策)、8・14文章博士、嘉暦3・-・-去権介(秩満)、嘉暦4・1・13民部大輔、元徳2(一三三〇)・1・13左馬頭、建武2(一三三五)・1・13少納言、大学助、延元1(一三三六)・3・2土左権守、建武4〈延元2〉(一三三七)・12・4去少納言、建武5・1・5正四位下、暦応3〈興国1〉(一三四〇)・7・19文章博士、宮内卿、暦応4〈興国2〉・12・22去卿、暦応5〈興国3〉・3・30越後権介、治部卿、康永4〈興国6〉(一三四五)・3・19従三位、元文章博士越後権守、貞和4〈正平3〉(一三四八)・7・10兼式部権大輔、10・26去卿、貞和5〈正平4〉・2・15兼武蔵権守、文和1〈正平7〉(一三五二)・9・27還任式部権大輔、文和3〈正平9〉・1・7正三位、5・18薨去

[死没]文和3(一三五四)・5・18　[年齢]49　[父]菅原在登(実菅原在輔)　[前名]在嗣　[公卿補任]2—605下　[大日本史料]6—19—53

在富　ありとみ　?—一三七五

文保3(一三一九)・2・1従五位下〈さ〉、元弘4(一三二四)・4・16右馬権頭〈さ〉、正中3(一三二六)・1・5従五位上〈さ〉、延文3〈正平13〉(一三五八)・1・6従三位(追被書入)、貞治5〈正平21〉(一三六六)・12・7正三位、応安4〈建徳2〉(一三七一)・1・5従二位、永和1〈天授1〉(一三七五)・4・16薨去

[死没]永和1(一三七五)・4・16　[父]菅原在輔、二男　[公卿補任]2—661下　[大日本史料]6—43—303

在直　ありなお　一三七一—一四五七

応永29(一四二二)・1・5従三位、元文章博士、応永31・1・5正三位、応永32・4・11式部大輔、4・29長者拝堂、応永33・3・29兼豊前権守、正長2(一四二九)・1・5従二位、3・29参議、8・4辞参議、永享9(一四三七)・10・-民部卿、永享11・1・5正二位、嘉吉3(一四四三)・-・-止卿、長禄1(一四五七)・10・11薨去

[死没]長禄1(一四五七)・10・11　[年齢]87　[父]菅原在敏　[公卿補任]3—101下

在綱　ありつな　?—一四八一

永享10(一四三八)・3・30美作権介(従四位上、文章博士兼任)〈さし〉、嘉吉4(一四四四)・1・18従三位、文安3(一四四六)・12・12参議、文安4・3・17兼丹波権守、文安5・1・29辞参議、宝徳3(一四五一)〔正三位カ〕、享徳1(一四五二)〔従二位カ〕、長禄4(一

四〇)・9・8権中納言、9・10辞権中納言、寛正5(一四六四)・7・-為長者、文明9(一四七七)・12・-勅免、文明13・-・-薨〈宣胤卿記〉
※文安三年より「大蔵卿」，文明十二年前権中納言正二位〔以後不見〕
〔死没〕文明13(一四八一)・4・28　〔父〕唐橋在直　〔前名〕在敬　〔号〕慈恩院　〔公卿補任〕3—148下・152下　〔大日本史料〕8—13—279

在永　ありなが　?—一四八八
文明17(一四八五)・4・10従三位、元少納言、5・20式部大輔、文明19・1・26参議、長享2(一四八八)・9・5薨去
〔死没〕長享2(一四八八)・9・4　〔父〕唐橋在綱　〔後名〕在長　〔号〕法薗院　〔公卿補任〕3—269下　〔大日本史料〕8—23—96

唐橋家（絶家）

公時　きんとき　一二八四—一三四二
正安3(一三〇一)・12・4内非蔵人(于時公兼)、正安4・3・4転蔵人、嘉元1(一三〇三)・8・5文章生、11・1蒙方略宣旨、11・5献策、題叙徳詳文、12・3判、嘉元3・3・-式部少輔、5・5従五位下、嘉元4・1・4宮内権少輔、徳治1(一三〇六)・12・30去権少輔、徳治2・9・17式部権少輔、9・27去権少輔、延慶2(一三〇九)・1・6〈同十二日賜今日位記〉従五位上、延慶4・1・5正五位下、正和1(一三一二)・4・10大学頭、正和3・4・12従四位下(于時公時)、正和5・1・13兼讃岐介、文保1(一三一七)・4・6宮内卿(去大学頭)、文保2・2・11去卿、文保3・1・5〈同十三日賜今日位記〉加従四位上、元応2(一三二〇)・3・24文章博士、5・5去博士、元亨1(一三二一)・7・26還任博士、元亨2・1・9為記録所寄人、元亨4・1・13兼越後権介、6・13去文章博士、嘉暦1(一三二六)・8・6東宮学士、2・12昇殿、嘉暦3・3・16兼武蔵権介、元徳2(一三三〇)・4・6正四位下、10・21宮内卿、元弘1(一三三一)・9・20止学士(依受禅也)、10・5大蔵卿、元弘2・2・26従三位、正慶1(一三三二)・10・21右大弁、元徳3(一三三一)・6・-還本位(正四下、前宮内卿)、建武3〈延元1〉(一三三六)・11・25勘解由長官、建武4〈延元2〉・7・20従三位、元勘解由長官、康永1〈興国3〉(一三四二)・7・24兼式部大輔、9・22辞両職、10・22薨去
〔死没〕康永1(一三四二)・10・22　〔年齢〕59　〔父〕唐橋公業　〔養父〕菅原在兼　〔前名〕公兼　〔公卿補任〕2—570上　〔大日本史料〕6—7—374

唐橋家
公業—**公時**—時兼—在保—**在行**
　　　　　└**時親**

時親　ときちか　?—一三七八
応安5〈文中1〉(一三七二)・4・18従三位、元治部卿、永和2〈天授2〉(一三七六)・2・-兼越中権守、永和4〈天授4〉・3・19薨去
※永和二年より「治部卿」
〔死没〕永和4(一三七八)・3・19　〔父〕唐橋公時、二男　〔前名〕任豊　〔公卿補任〕2—709下

在行　ありゆき
嘉吉4(一四四四)・1・18従三位、文安3(一四四六)・12・9参議、12・12辞参議カ
※宝徳三年(一四五一)前参議従三位〔以後不見〕
〔父〕唐橋在保　〔公卿補任〕3—148下

東坊城家　ひがしぼうじょうけ

菅原氏の一流。五条家の庶流。菅原参議長経の二男東坊城治部卿茂長を家祖とする。本流五条家の祖高良は坊城と号し、東坊城の祖茂長もまた坊城と号し、茂長孫秀長の時、東坊城と号し、その舎弟言長は西坊城と号した。家格は半家。外様の家。紀伝道および詩文を掌ることを家職とし、代々文章博士となり、侍読となるを例とした。一条家の家礼。江戸時代には家領三百一石。家祖茂長は、五条家

三代季長より十九歳下の弟。正応三年（一二九〇）七歳のとき文章生、翌年穀倉院学問料を給され、同六年文章得業生に補された。兵部少輔・中務大輔・治部卿を歴任し、元徳二年（一三三〇）四十七歳のとき従三位に昇り公卿に列し、のち正三位治部卿となり、康永二年（一三四三）二月出車中頓死したという。歳六十。その子長尚夭折により二男長綱が家督を嗣ぐ。長綱は蔵人・大内記・少納言・大学頭・文章博士・刑部卿を歴任し、従三位に昇り、大蔵卿・左大弁・兵部卿・正二位に叙任、参議・式部大輔となり、明徳三年（一三九二）六月七十九歳で没した。文和四年（一三五五）五月後光厳天皇の侍読となり、同年六月昼御座に於いて『五帝本紀』を進講、同五年正月黒戸に於いて『後漢書』、延文二年（一三五七）正月同所にて『貞観政要』、同三年正月『孝文本紀』、同四年正月『五帝本紀』、貞治二年（一三六三）三月『孝景本紀』、同三年正月『孝景本紀』、同四年正月『孝文本紀』を進講した。そして応安四年（一三七一）五十八歳の時より後円融天皇の侍読、永徳三年（一三八三）七十歳の時より後小松天皇の侍読を勤めた。以後、参議正二位が東坊城家の先途となり、長綱の曾孫益長が正二位権大納言にまで昇ってより、これが先途となった。五条家の庶流ながら、長綱・秀長・和長・長淳が菅氏長者となった。ことに和長は多くの紀伝道の故実書をまとめ、漢詩人・歌人・連歌作者としても知られる。なお、和長は年来一条禅閤兼良・関白冬良父子の家礼であったが、永正十一年（一五一四）冬良の没後に至って一条家の家礼であることを罷めている。このことについて和長は中御門権中納言宣秀に仲介斡旋を依頼していたことが、その父の日記『宣胤卿記』永正十四年（一五一七）十月五日条に見える。「一、大蔵卿辞家礼事、無殊所存之由、去夏属中納言申之、申入事令斟酌之間、付他人令申歟」とあり、大蔵卿和長は家礼辞退のことを、やはり当時一条家の家礼であった宣秀に斡旋を頼んでいたが、はかばかしく取次がなかったので、別の然るべき人を介して一条家に申出て家礼を辞退してしまったというのである。ここに至った事情は不明であるが、家礼の変更は当時は決して珍しいことではなかったようで、中御門家ものち一条家の家礼であることを罷めており（『宣胤卿記』）、江戸時代には二条家の家礼として知られる。宣秀の子長淳は後年に一旦近衛尚通に家礼したことが、『後法成寺関白記』享禄五年（一五三二）七月五日条に、「晴也、長淳従今日致家礼、度々儀間得其意之由、令返答、両種一荷進上之」と見える。その後また移動があり、東坊城家は江戸時代には一条家の家礼の家筋として知られている。長淳には嗣子なく、五条参議為康の一男為治を養嗣子（盛長と改名）とし、盛長の後もまた舎弟五条為経の三男長維が養子に入って家督を嗣いだ。綱忠の子輝長は宝暦十四年（一七六四）二十九歳で頓死したので、広橋権大納言兼胤の二男保資十九歳が明和二年（一七六五）正月五日綱忠の養嗣子となった。保資はすでに五歳で叙爵していたので位記を返上、同年二月元服し昇殿を聴され文章得業生に補され、また保資を益良と改名した。その孫の聡長は、本流の五条参議為徳の三男で、文化二年（一八〇五）七歳のとき尚長の養嗣子となった。十一歳で東宮学士、三十六歳のとき仁孝天皇の侍講となり、併せて儲君祗候を仰付られ儲君御諱を勘申。天保十二年（一八四一）十二月には格別の叡慮あり、直衣を聴された。その仰詞は、「研精紀伝之継業、候経史之講筵賞、依有非参議大弁聴直衣之旧例、其他思召之儀、被聴直衣、不可為後例之事」というものであった。弘化二年（一八四五）五月参議

東坊城家

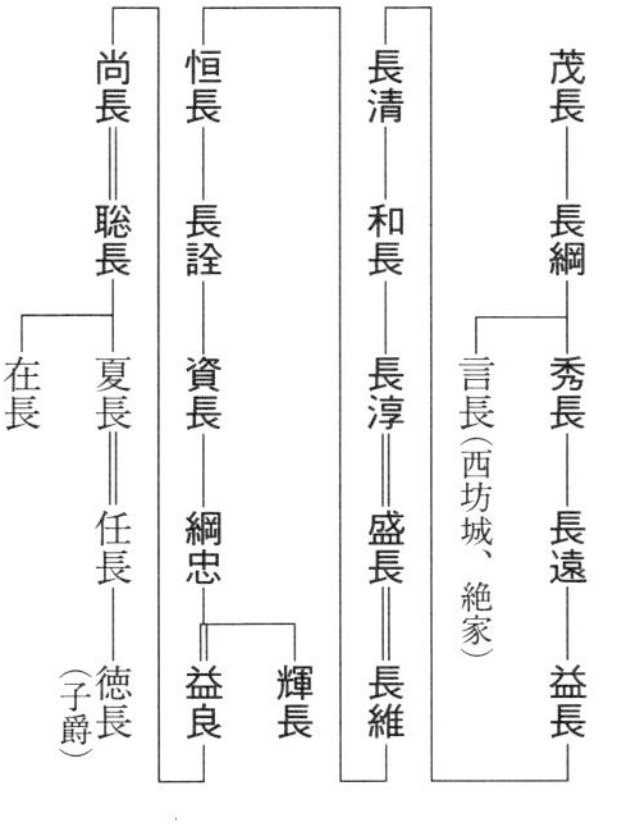

に列し、同十月には参議に補され、翌十一月学習院学頭兼奉行となった。のち従二位・権中納言に昇り、嘉永四年(一八五一)七月五十三歳のとき、権大納言に推任された。その仰詞は、「両朝侍講筵、幷御諡号、且学習院建学以来、又役外励勤之賞、有家例之間、被推任之事」というものであった。同十二月辞退。同七年六月武家伝奏に補された。将軍継嗣問題・日米通商条約問題など国論大いに分かれ、種々山積する重要案件に忙殺され、ことに安政五年(一八五八)三月には、条約に対しては幕府一任もやむなしとする関白九条尚忠の勅答案、これに反対し改作を主張するいわゆる八十八人の列参公家衆の間にあって、武家伝奏として聡長は進退きわまり、同月十三日重任に堪えない状を具申して退役を請い(『尚忠公記』)、同十七年聴許された(『菅葉』)。役務上、両者の板挟みになったのみならず、幕府へ妥協の手続きを取計ったとして批判をうけ、翌六年四月二十二日、伝奏中の過失を以て永蟄居を命ぜられた(『言渡』)。勅免されるのは、翌々文久元年(一八六一)十一月六十三歳で没する日のことであった。日記には、『迎陽記』(秀長)、『益長卿記』、『和長卿記』、『東坊城綱忠日記』、『東坊城聡長日記』、『東坊城聡長卿公武御用日記』、『東坊城夏長日記』、『東坊城任長日記』がある。明治十七年(一八八四)任長のとき、叙爵内規により子爵を授けられた。菩提所は浄福寺。『東坊城家譜』(東京大学史料編纂所架蔵、四一七五―一二九〇)。

茂長　しげなが　一二八四―一三四三

正応3(一二九〇)・3・28文章生、正応4・2・7給穀倉院料、正応6・2・13文章得業生、永仁2(一二九四)・3・1因幡権小掾、永仁3(一二九五)・2・13献策(詳台閣〔「間」や〕、叙松水)、式部少輔藤重範問、2・14判、2・16叙爵(俊長)、閏2・14宣下、停去月十六日位記、可同月十九日位記云々、永仁4・10・24兵部少輔、永仁6・8・28止職、正安1(一二九九)・4・12従五位上(于時茂長)、嘉元2(一三〇四)・10・21中務大輔、嘉元3・1・5正五位下(策)、延慶2(一三〇九)・1・6従四位下(策)、12・30止大輔、正和1(一三一二)・3・3木工頭、8・10従四位上、正和2・2・6治部卿、去木工頭、8・7止卿、正和3・9・21正四位下、元徳2(一三三〇)・3・5従三位(元前治部卿)、正慶1〈元弘2〉(一三三二)・12・26正三位、正慶2〈元弘3〉・5・17詔復本位、建武4〈延元2〉(一三三七)・7・20治部卿、建武5・1・7正三位、康永2〈興国4〉(一三四三)・2・2薨去

[死没]康永2(一三四三)・2・2　[年齢]60　[父]坊城長経、二男　[前名]俊長　[公卿補任]2―530下　[大日本史料]6―7―557

長綱　ながつな　?―一三九二

-・-・-文章生、元徳-・-・-蔵人、7・10禁色、元徳2(一三三〇)・3・5少内記、3・22兼春宮権少進、-・-・-弾正忠、10・5兼左衛門尉、元弘3(一三三三)・12・7中宮権少進、建武1(一三三四)・9・4兼西市正(中章有替、于時少内記)、9・14式部丞(于時西市正、蔵人)、-・-・30〈「1年12月」さ〉兼大内記(于時蔵人、西市正、忠、中宮少進)、建武3〈延元1〉・3・2兼采女正、暦応-・-・-〈「2年2月2日」さ〉従五位下、-・-・-右衛門佐、暦応3(一三四〇)・4・1従五位上、暦応5・-・-〈「3月30日」さ〉権守〔「紀伊権守」さ〕、康永1〈興国3〉(一三四二)・11・6還任大内記(于時正五位下)、康永2〈興国4〉・1・-東市正、文和2〈正平8〉(一三五三)・4・23従四位上、〈「文和4年」さ〉10・29大学頭、-・-・-正四位下〔さ無〕、文和4〈正平10〉・8・13文章博士、延文3〈正平13〉(一三五八)・8・12従三位、刑部卿、延文6〈正平16〉・3・27大蔵卿、貞治2〈正平18〉(一三六三)・1・28止卿、貞治6〈正平22〉・2・13兼越中権守、応安1〈正平23〉(一三六八)・2・21正三位、応安6〈文中2〉・1・6従二位、応安7〈文中3〉・12・13左大弁、永和1〈天授1〉(一三七五)・3・29兼周防権守、8・5造東大寺長官〈く追〉、10・2兵部卿、-・-・-去弁、永和3〈天授3〉・3・26兼式部権大輔、康暦3〈弘和1〉(一三八一)・1・6正二位、永徳3〈弘和3〉(一三八三)・12・29参議、至徳1〈元中1〉(一三八四)・3・23兼備前権守、至徳2〈元中2〉・3・27辞参議、至徳4〈元中4〉・7・27式部大輔、康応2〈元中7〉(一三九〇)・2・1

兼豊前権守、明徳3〈元中9〉(一三九二)・6・15薨去

[死没]明徳3(一三九二)・6・15　[父]坊城茂長　[公卿補任]2―662下

秀長　ひでなが　一三三八―一四一一

永徳3〈弘和3〉(一三八三)・3・28従三位、元少納言大学頭文章博士、右大弁、12・20止右大弁、嘉慶3〈元中6〉(一三八九)・1・26正三位、明徳1〈元中7〉(一三九〇)・12・24参議、明徳4・1・5従二位、明徳5・3・21兼式部大輔、応永2(一三九五)・3・29兼備後権守、応永8・3・24兼因幡権守、応永9・1・6正二位、応永14・3・5辞参議、応永18・8・6薨去

[死没]応永18(一四一一)・8・6　[年齢]74　[父]東坊城長綱　[号]東坊城・迎陽　[法名]宗観(親)　[日記]迎陽記(一三六四―一四一〇)　[公卿補任]3―4上　[大日本史料]7―14―402

❖明徳四年より「土佐権守」

長遠　ながとお　一三六五―一四二二

応永18(一四一一)・12・14従三位、元少納言文章博士、応永19・1・28大蔵卿、応永21・1・5正三位、3・16右大弁、4・16辞右大弁、応永24・1・5従二位、応永26・3・10参議、応永27・3・6兼豊前権守、応永29・7・28正二位、応永29・7・19薨去

[死没]応永29(一四二二)・7・19　[年齢]58　[父]東坊城秀長　[法名]宗遠　[公卿補任]3―73上

益長　ますなが　一四〇七―七四

永享4(一四三二)・3・16駿河権守(従四位下、少納言兼任)〈さし〉、嘉吉4(一四四四)・1・18従三位、-・-左大弁、文安2(一四四五)・3・23兼任山城権守、文安3・12・7止大弁、12・12参議、文安6・3・27土左権守、7・1正三位、宝徳2(一四五〇)・-・-辞参議、宝徳4・2・9権中納言、享徳1(一四五二)・閏8・18従二位、康正2(一四五六)・-・-権大納言、-・-正二位、長禄2(一四五八)・6・12辞権大納言、文明6(一四七四)・12・18薨去

[死没]文明6(一四七四)・12・18　[年齢]68　[父]東坊城長遠　[法名]宗麟　[日記]益長卿記(一四四一―一四四四)　[公卿補任]3―148下　[大日本史料]8―7―643

長清　ながきよ　一四四〇―七一

康正2(一四五六)・10・22正五位下、長禄2(一四五八)・1・5従四位下、6・11少納言、長禄3・3・23遠江権守、寛正2(一四六一)・7・17〈く〉従四位上、-・-・-正四位下〈やく〉、応仁1(一四六七)・10・19従三位、応仁2・4・15参議、文明3(一四七一)・1・4薨去

[死没]文明3(一四七一)・1・4　[年齢]32　[父]東坊城益長　[号]宗鏡　[公卿補任]3―223上　[大日本史料]8―4―345

❖応仁二年より「大蔵卿」

和長　かずなが　一四六〇―一五二九

文明8(一四七六)・2・13給穀倉院学問料、是非父祖之挙、又非儒宗之挙、以自解申給之、自幼而孤独之謂也(有例)、文明11・4・22文章得業生、翰林菅原長直同為親等挙(依受両博士之試也)、文明14・9・19蒙課試宣旨、9・27給問題宣旨、10・2対策及第(綿蕝于宮司西廳之旧趾為課試之場)、題二条(替諌〔「課」し〕説、賀夢瑞)、以正四位下行少納言兼侍従文章博士式部少輔越後権守菅原朝臣長直為問頭儒、(方策、丙科)、菅原在数同長胤等合策(試衆三人問儒一人、有例)、文明15・3・6叙爵(超越菅原長胤、于時殿上蔵人)、3・10侍従、文明18・6・16少納言(侍従如元、但不及宣下)、11・15従五位上、文明19・4・28兼任文章博士(五位博士近代邂逅、依改元事被推任)、長享3(一四八九)・7・29正五位下、延徳4(一四九二)・1・6従四位下、明応2(一四九三)・2・3越中権介、明応4・1・5従四位上、明応5・1・11兼大内記、明応7・8・26正四位下(自身作位記)、明応8・8・26補大学頭(諸官皆兼任)、明応9・10・25聴当代之昇殿(践昨日)、文亀1(一五〇一)・2・17従三位、文章博士如旧之由宣下(上卿侍従大納言)、文章博士如元、3・18参議(任大臣陣宣下之日同任、止博士)、永正3(一五〇六)・10・13正三位、永正4・4・9権中納言、永正6・2・27兼任大蔵卿、永正12・8・10辞権中納言、8・25従二位、永正15・

1・-本座、12・10正二位、永正17・1・18〈「20日」原イさく追〉権大納言、大永2(一五二二)・9・6氏長者、12・9〈「10日」さ〉辞退権大納言、12・-本座、享禄2(一五二九)・12・20薨去
[死没]享禄2(一五二九)・12・20 [年齢]70 [父]東坊城長清 [号]栖竹 [法名]宗鳳 [日記]和長卿記(一四九一—一五二九) [公卿補任]3—305下

長淳 ながあつ　一五〇六—四八

永正3(一五〇六)・-・-誕生、永正9(一五一二)・6・9灯燭料学生、永正18・4・2従五位下、4・8侍従、大永2(一五二二)・3・29近江介、大永3・2・2従五位上、12・20少納言(侍従如元)、大永6・12・24正五位下、享禄2(一五二九)・2・2従四位下、享禄4・1・8大内記、6・28従四位上、享禄5・7・-〈「7日」く追〉辞内記、天文4(一五三五)・1・5正四位下、天文5・1・11再任大内記、2・26辞少納言、3・-辞内記、4・9式部大輔、天文6・12・30従三位(大輔如元)、式部大輔如元、天文7・2・22兼大学頭、3・8山城権守、3・28左大弁、12・17参議、天文10・1・5正三位、10・13〈「11月」さ〉下向越前国、天文11・6・-上洛、天文12・3・25権中納言、天文13・5・18辞退(権中納言)、大蔵卿、天文14・1・5従二位、天文16・11・28〈「12月日」さ〉下向九州〔「西国」さ〕、天文17・3・23薨去(於長門国)
[死没]天文17(一五四八)・3・23 [年齢]43 [父]東坊城和長、二男 [公卿補任]3—395下

盛長 もりなが　一五三八—一六〇七

天文16(一五四七)・2・24大内記(于時為治)、永禄2(一五五九)・11・15叙位、11・16少納言、侍従、-・-・-改盛長〔くま在于永禄上〕、永禄3・3・9文章博士、永禄8・12・24従五位上、永禄12・1・5正五位下、元亀2(一五七一)・11・8従四位下、博士大内記少納言侍従等如元、天正2(一五七四)・1・5従四位上、天正3・8・18去大内記〈くま〉、式部少輔、天正5・1・23正四位下、天正8・1・5従三位、博士如元〈くま〉、9・-氏長者、12・21参議、天正10・1・19式部大輔、天正11・1・5正三位、天正12・12・30権中納言、天正14・1・5従二位、慶長11(一六〇六)・1・6正二位、1・9辞権中納言、慶長12・12・23薨去☆
[死没]慶長12(一六〇七)・12・23 [年齢]70 [父]東坊城長淳(実五条為康、一男) [前名]為治 [法名]叔恵 [公卿補任]3—484下 [大日本史料]12—5—213

長維 ながこれ　一五九四—一六五九

文禄3(一五九四)・4・14誕生、慶長3(一五九八)・11・8給穀倉院学問料、慶長10・11・10元服、文章得業生、12・11於聖廟神前献策、慶長14・1・6叙位、慶長15・閏2・13大内記、慶長16・3・21少納言、3・24侍従、慶長18・1・6〈くま〉従五位上、元和2(一六一六)・1・5正五位下、元和5(一六一九)・12・25従四位下、元和8・1・5従四位上、寛永4(一六二七)・1・5正四位下、寛永5・4・13辞大内記、寛永8・1・6従三位、寛永10・11・12式部大輔、寛永12・1・15参議、寛永16・9・19権中納言、12・29〈去十二年正月五日正三位々記〉正三位☆、寛永17・1・5従二位、寛永19・12・22辞権中納言、寛永20・11・28聴直衣御読書始賞〈く〉、正保2(一六四五)・1・12権大納言、慶安1(一六四八)・12・22辞権大納言、慶安2・4・3〈賜去年正月五日正二位々記〉正二位、万治2(一六五九)・3・13薨去
[死没]万治2(一六五九)・3・13 [年齢]66 [父]東坊城盛長(実五条為経) [法名]秀雲 [公卿補任]3—572下

恒長 つねなが　一六二一—一七〇〇

元和7(一六二一)・12・18誕生、寛永2(一六二五)・1・5給穀倉院学問料、寛永8・4・2元服、4・12文章得業生、4・18於聖廟神前献策、4・19従五位下、6・17侍従、寛永10・1・6従五位上、寛永14・1・5正五位下、12・29大内記、寛永16・1・11少納言、寛永18・1・5従四位下☆、寛永19・2・20文章博士、辞大内記、寛永21・1・5従四位上、正保5(一六四八)・1・5正四位下、承応3(一六五四)・12・21〈賜去年正月五日口宣案〉従三位、文章博士如元、明暦4(一六五八)・1・6正三位☆、1・12参議、万治4(一六六一)・4・13式部大輔、寛文2(一六六二)・12・14権中納言、寛文3・1・10帯剣☆、寛文6・12・17辞権中納言、寛文8・1・6従二位☆、延宝1(一六七

三)・12・8聴直衣、12・26正二位☆、延宝2・2・10権大納言、5・3辞権大納言☆、元禄13(一七〇〇)・10・12薨去☆
[死没]元禄13(一七〇〇)・10・12 [年齢]80 [父]東坊城長維 [母]正二位権大納言広橋総光女 [前名]知長 [公卿補任]3—636上

長詮 ながあき 一六四六—一七一一
正保3(一六四六)・12・16〈「11月」家譜〉誕生、寛文3(一六六三)・5・26給穀倉院学問料、6・8元服、昇殿、6・11文章得業生、寛文4・11・26献策、12・6侍従従五位下、寛文6・12・17従五位上、寛文7・12・13文章博士、寛文9・1・5正五位下、寛文12・1・6従四位下、12・28式部少輔(博士如旧)、延宝2(一六七四)・8・3少納言、兼侍従、延宝3・10・2〈去正五分〉従四位上、延宝6・9・16大内記、延宝7・5・21〈去正五分〉正四位下、天和3(一六八三)・8・23従三位(文章博士如旧)、－・－・－〈「11月20日」家譜〉博士辞〈ま〉、－・－・－〈「11月26日」家譜〉式部権大輔〈ま〉、貞享1(一六八四)・12・23参議、貞享5・2・2〈去年十二廿三分〉正三位☆、元禄1(一六八八)・12・26権中納言、元禄2・1・15帯剣、元禄8・3・29辞権中納言、12・23従二位、元禄15・11・29式部大輔、宝永2(一七〇五)・12・18〈去正月五日分〉正二位、宝永7・6・25権大納言、7・3辞権大納言☆、宝永8・3・12〈「11日」家譜〉薨去☆
[死没]宝永8(一七一一)・3・12 [年齢]66 [父]東坊城恒長、三男 [母]家女房 [一字名]全・長 [公卿補任]4—72上

資長 すけなが 一六七九—一七二四
延宝7(一六七九)・6・4誕生、元禄6(一六九三)・7・19給穀倉院学問料、元禄10・3・28元服、昇殿、文章得業生、元禄13・2・14献策、3・27侍従従五位下、8・8大内記、元禄15・11・29〈去正五分〉従五位上、文章博士(侍従大内記如旧)、宝永2(一七〇五)・6・19〈去正五分〉正五位下、宝永3・2・20少納言(侍従大内記博士等如旧)、宝永4・1・23〈去五分〉従四位下、宝永5・2・16兼東宮学士(立坊日)、12・29辞大内記、宝永6・6・21止学士(依受禅也)、宝永7・6・4〈去二廿八分〉従四位上、正徳1(一七一一)・3・11喪父、5・218辞少納言、大学頭(侍従如旧)、正徳3・2・2辞文章博士、12・除服出仕復任、12・23正四位下、享保1(一七一六)・12・23〈去二月十六日分〈ま〉〉従三位、享保4・2・12〈去正月五日分〉正三位、享保6・12・24式部大輔、享保7・12・18参議、12・23辞参議(不去大輔)、享保9・12・1権中納言、12・22直衣、12・24〈12月14日ともあり〉辞権中納言(大輔如旧)☆、12・25薨去
[死没]享保9(一七二四)・12・25 [年齢]46 [父]東坊城長詮 [母]家女房 [公卿補任]4—222下

綱忠 つなただ 一七〇六—八一
宝永3(一七〇六)・10・25誕生☆、宝永8・2・28給穀倉院学問料、享保5(一七二〇)・8・7元服、昇殿、文章得業生、享保6・11・19〈ま〉献策、11・22従五位下、侍従、享保8・4・2従五位上、享保9・12・25喪父、享保10・2・15除服出仕復任、8・7正五位下、8・21兼大内記(侍従如旧)、享保12・1・21〈去五日分〉従四位下、享保13・6・11兼東宮学士(立坊日)、7・23兼文章博士、享保14・12・24少納言(侍従博士学士等如旧)、享保15・3・12〈去二月十一日宗長朝臣同日分〉従四位上、享保18・1・23〈去五日分〉正四位下、享保20・3・21止東宮学士(依受禅也)、元文1(一七三六)・1・27従三位(文章博士如旧)、2・30遷任大学頭、元文3・8・27参議、元文5・12・16正三位、延享1(一七四四)・3・23辞参議、延享2・閏12・16従二位、寛延3(一七五〇)・9・24式部権大輔、宝暦2(一七五二)・4・27権中納言、6・1帯剣、拝賀着陣、6・2聴直衣、6・3辞権中納言、宝暦3・8・29式部大輔、12・22正二位、宝暦8・9・14権大納言、11・28改綱忠、宝暦9・1・14辞権大納言、明和2(一七六五)・1・28辞大輔、天明1(一七八一)・6・26薨去
[死没]天明1(一七八一)・6・26 [年齢]76 [父]東坊城資長 [母]従二位権大納言池尻勝房女 [前名]長誠 [日記]東坊城綱忠日記(一七二八—七九) [公卿補任]4—324上

輝長 てるなが 一七三六—六四
享保21(一七三六)・8・11誕生、寛保4(一七四四)・10・7

賜穀倉院学問料、延享3(一七四六)・9・22元服、昇殿、文章得業生、延享5・9・29献策、10・2侍従従五位下、寛延3(一七五〇)・1・5従五位上、宝暦2(一七五二)・3・17兼紀伊権介、宝暦3・1・22正五位下、宝暦4・12・26大学頭(侍従権介等如元)、宝暦6・1・6〈昨五宣〉従四位下、5・10兼文章博士、宝暦9・1・24従四位上、宝暦10・3・19少納言(侍従博士等如元)、宝暦12・12・19正四位下、宝暦13・12・19兼大内記(侍従博士等如元)、明和1(一七六四)・10・16辞文章博士、10・20辞大内記(侍従如元)、10・22(従三位)、10・23薨去

[死没]明和1(一七六四)・10・23　[年齢]29　[父]東坊城綱忠　[母]家女房　[公卿補任]4—478上

益良　ますよし　一七四七—九一

延享4(一七四七)・3・10誕生、宝暦1(一七五一)・12・22従五位下(于時保資)、明和2(一七六五)・1・5為綱忠卿子、1・10返上位記、1・25賜穀倉院学問料、2・26元服、昇殿、文章得業生、2・30改益良、3・4賜課試宣旨、3・10献策、3・11侍従従五位下、12・19兼文章博士、明和4・1・9従五位上、明和5・2・19東宮学士、拝賀、明和6・1・9正五位下、明和7・11・24止学士(受禅日)、院判官代、拝賀、11・28兼大内記(侍従博士等如元)、明和8・3・24従四位下、5・19御書始尚復、安永3(一七七四)・1・5従四位上、安永4・5・18〈去十六日分〉少納言(侍従大内記等如元)、6・17拝賀、11・9辞少納言、喪養母、12・29除服出仕復任、安永5・1・9正四位下(推叙)、安永7・閏7・4(従三位)、8・9勘解由長官、11・24拝賀、安永10・1・12正三位、天明5(一七八五)・12・26右大弁、天明6・2・17式部大輔、寛政3(一七九一)・12・20辞、12・21薨去

[死没]寛政3(一七九一)・12・21　[年齢]45　[父]東坊城綱忠(実広橋兼胤)　[母]従二位五辻広仲女(実成瀬正幸女)　[前名]保資　[公卿補任]4—563下

尚長　ひさなが　一七七八—一八〇五

安永7(一七七八)・10・22誕生、天明2(一七八二)・12・19穀倉院学問料、天明7・5・13元服、昇殿、文章得業生、拝賀、寛政1(一七八九)・4・7賜課試宣旨、4・17献策、5・1従五位下、5・22大学頭(小除目)、6・30拝賀、寛政3・11・28侍従(賜兼字、小除目)、12・21服解(父)、寛政4・2・13除服出仕復任、閏2・26従五位上、寛政5・1・16拝賀、寛政6・12・21少納言(侍従大学頭等如旧)、寛政7・1・10拝賀、1・25〈去年正月五日分〉正五位下、寛政8・2・4従四位下、寛政10・2・15兼大内記(侍従如旧)、寛政11・1・5従四位上、享和1(一八〇一)・12・18兼文章博士(侍従大内記等如旧)、享和2・2・18辞大内記〈ま〉、4・7正四位下、文化1(一八〇四)・12・18(従三位)、文化2・閏8・22薨去

[死没]文化2(一八〇五)・閏8・22　[年齢]28　[父]東坊城益良　[母]正二位権大納言小倉宜季女　[公卿補任]5—164下

聡長　としなが　一七九九—一八六一

寛政11(一七九九)・12・26誕生、文化2(一八〇五)・9・15故尚長卿子、12・17賜穀倉院学問料、文化4・11・27元服、昇殿、文章得業生、文化5・11・5賜課試宣旨、11・11対策及第、11・21従五位下、文化6・3・24東宮学士(立坊日)、拝賀、文化7・1・10従五位上、文化8・閏2・14為尚復、12・21大内記(学士如元)、12・27服解(母)、文化9・2・19除服出仕復任、10・23正五位下、文化11・2・20従四位下、文化12・9・22侍従(内記学士等如故)、文化13・6・20兼文章博士(内記学士等如故)、文化14・1・4従四位上、3・22去学士(受禅日)、文化15・1・22少納言(侍従内記博士等如元)、2・5拝賀、文政3(一八二〇)・1・12〈去四分〉正四位下、文政5・12・21(従三位)(博士如元)、文政7・6・4勘解由長官、文政8・12・19正三位、文政10・12・19辞博士、文政11・7・19右大弁、天保12(一八四一)・12・12〈「22日」ま〉聴直衣、弘化2(一八四五)・5・20〈5月30日ともあり〉参議、弘化3・4・4従二位、弘化5・1・11権中納言、1・16帯剣、拝賀着陣、1・17聴直衣、直衣始、嘉永4(一八五一)・7・20権大納言、8・28拝賀着陣、8・29直衣始、12・23辞権大納言、安政4(一八五七)・5・15正二位、安政6・4・22永蟄居、文久1(一八六一)・11・9免永蟄

居、薨去
[死没]文久1(一八六一)・11・9 [年齢]63 [父]東坊城尚長(実五条為徳、二男) [母]家女房(実家女房) [日記]東坊城聡長日記(一八二三-五八)・東坊城聡長卿公武御用日記(一八四九-五八) [公卿補任]5―285上

西坊城家(絶家)

長政 ながまさ ?―一四五三
永享9(一四三七)・8・29従三位、嘉吉1(一四四一)・1・6正三位、12・7参議、嘉吉2・3・28兼任能登権守、10・-辞参議、嘉吉4・1・6従二位〈やさし〉、享徳2(一四五三)・1・5正二位、-・-薨去
[死没]享徳2(一四五三) [父]西坊城言長 [号]西坊城少納言 [公卿補任]3―134上

顕長 あきなが ?―一五一一
応仁1(一四六七)・10・19従三位、応仁2・6・25参議、文明5(一四七三)・8・17兼大蔵卿、文明7・1・28兼能登権守、3・10正三位、9・17辞参議、文明11・8・28還任(参議)、文明12・-・-出家
[死没]永正8(一五一一)・12・14 [父]西坊城長政(実菅原在豊、二男) [号]楽水軒 [法名]知雄 [公卿補任]3―223上 [大日本史料]9―3―618

西坊城家
言長═**長政**═**顕長**―長光―定雄

清岡家 きよおかけ

菅原家の一流。五条家の傍流。五条権大納言為庸の三男清岡参議長時を家祖とする。家格は半家、新家。延宝期に創立。外様の家。紀伝道および詩文を掌ることを家職とした。一条家の家礼。家禄三十石三人扶持。家祖長時は、延宝五年(一六七七)二十一歳で叙爵、元服し昇殿を聴され、清岡と号する。内匠頭・宮内権大輔・中務大輔・式部権大輔を歴任し、元禄十四年(一七〇一)従三位に昇る。翌十五年十二月、「可為本家並官位、如本家可昇進」の勅定を蒙る。宝永二年(一七〇五)七月暫時参議に列し、のち従二位まで昇り、享保三年(一七一八)四月六十二歳で没した。以後、おおむね官位の昇進は、文章得業生より出身して、多く文章博士・大内記となり、また大学頭・少納言・式部権大輔に任じられるのを家例とした。三代長香、六代長親、八代長熈はいずれも本流五条家から養子に入って家督を嗣いだ。明治十七年(一八八四)長説のとき、叙爵内規により子爵を授けられた。菩提所は浄福寺。『清岡家譜』(東京大学史料編纂所架蔵、四一七五―二〇九)。

清岡家
長時―致長═長香―貞長═輝忠
　　　　　　　　└輝忠
═**長親**―**長材**―**長熈**―**長説**(子爵)

長時 ながとき 一六五七―一七一八
明暦3(一六五七)・9・25誕生☆、延宝5(一六七七)・12・18元服、昇殿、内匠頭、従五位下、天和1(一六八一)・1・5従五位上☆、天和2・12・24宮内権大輔、貞享2(一六八五)・5・6正五位下☆、貞享3・9・8中務大輔、元禄2(一六八九)・1・7従四位下☆、元禄6・1・5従四位上☆、元禄10・2・8〈去正五分〉正四位下☆、元禄12・12・28式部権大輔、元禄14・1・12〈去五日分〉従三位、式部権大輔如元、号清岡、宝永1(一七〇四)・12・15辞権大輔、宝永2・7・28参議、8・30辞参議、12・28〈去正月五日分〉正三位、宝永4・12・10式部権大輔、正徳1(一七一一)・10・3従二位、正徳3・8・27辞権大輔、8・28出家
[死没]享保3(一七一八)・4・24 [年齢]62 [父]五条為庸、二男 [母]家女房 [号]清岡 [一字名]榎 [法名]恵雲 [公卿補任]4―150上

長親　ながちか　一七七二—一八二一

安永1(一七七二)・4・8誕生、天明5(一七八五)・11・9為輝忠朝臣養子、11・19穀倉院学問料、12・18元服、昇殿、文章得業生、天明6・3・23賜課試宣旨、3・27献策、4・6紀伊権守、従五位下、天明9・1・10従五位上、5・22宮内大輔(小除目)、寛政4(一七九二)・2・2大内記、閏2・26正五位下、寛政7・1・20従四位下、寛政8・4・24兼式部権大輔(小除目)、4・27拝賀、寛政10・1・28従四位上、2・5辞大内記、寛政12・10・21文章博士、享和2(一八〇二)・1・5正四位下、文化1(一八〇四)・12・14服解(実母)、文化2・2・5除服出仕復任、文化3(一八〇六)・1・26少納言(博士如旧)、2・7兼侍従(博士如旧)、2・20拝賀、2・22辞少納言侍従、3・1〔従三位〕、博士如旧、文化4・2・28勘解由長官、文化7・1・10正三位、文化13・閏8・2式部大輔、文政4(一八二一)・9・28辞、薨去

[死没]文政4(一八二一)・9・28　[年齢]50　[父]清岡輝忠(実五条為俊、二男)　[母]善法寺大僧正統清女(実岡山藩番頭土肥経平女)　[公卿補任]5—176下

長材　ながき　一七九七—一八六〇

寛政9(一七九七)・12・2誕生、文化8(一八一一)・4・15給穀倉院学問料、11・24元服、昇殿、文章得業生、11・26課試宣旨、12・5献策、12・21大学頭、従五位下、文化11・1・20従五位上、文化13・12・22忠道親王家司、文化14・1・4正五位下、文政3(一八二〇)・1・12従四位下、文政4・9・28服解(父)、11・22除服出仕復任、文政6・1・12従四位上、10・28式部権大輔、12・22拝賀、文政9・1・21正四位下、文政10・4・11大内記(権大輔如故)、文政11・5・2辞内記、12・18兼文章博士、文政13・4・2少納言(権大輔如故)、4・27兼侍従(権大輔如故)、5・1拝賀、6・26辞少納言侍従、7・26止官永蟄居、天保6(一八三五)・2・16免永蟄居、天保7・10・28〔従三位〕、天保11・3・4正三位、嘉永5(一八五二)・9・24式部権大輔、嘉永7・9・16辞、万延1(一八六〇)・11・29薨去

[死没]万延1(一八六〇)・11・29　[年齢]64　[父]清岡長親　[母]六角光通女(実北小路祥光女)　[公卿補任]5—375上

長熈　ながてる　一八一四—七三

文化11(一八一四)・2・30誕生、文政10(一八二七)・1・26給穀倉院学問料、2・17元服、昇殿、文章得業生、11・2課試宣旨、11・7献策、11・26大膳大夫、従五位下、文政13・1・21従五位上、天保3(一八三二)・12・19式部少輔、天保4・3・26正五位下、天保7・8・9従四位下、天保8・7・29大内記(少輔如故)、天保9・12・22少納言(内記如故)、12・30拝賀、天保10・5・30従四位上、天保11・1・22兼侍従(内記如故)、天保13・6・14補文章博士(侍従如故)、12・22〈去十一廿七分〉正四位下、弘化4(一八四七)・12・23〔従三位〕、文章博士如故、嘉永3(一八五〇)・2・21辞博士、嘉永5・11・24〈去年十二月廿四日分〉〔正三位〕、嘉永7・10・14式部権大輔

[死没]明治6(一八七三)・10・1　[年齢]60　[父]清岡長材　[母]家女房　[公卿補任]5—443下

長説　ながつく　一八三二—一九〇三

天保3(一八三二)・1・24誕生、弘化2(一八四五)・11・21賜穀倉院学問料、11・25元服、昇殿、補文章得業生、11・16献策、11・17大膳大夫、従五位下、弘化5・1・11従五位上、嘉永3(一八五〇)・2・21兼文章博士、嘉永4・1・18正五位下、嘉永5・12・19大学頭、嘉永7・8・25従四位下、安政4(一八五七)・閏5・20従四位上、安政5・8・16大内記(頭如元)、万延1(一八六〇)・3・25正四位下、10・29大学頭、文久2(一八六二)・3・24兼少納言侍従、12・29辞大内記、元治1(一八六四)・12・19〔従三位〕、明治1(一八六八)・9・14正三位

[死没]明治36(一九〇三)・4・28　[年齢]72　[父]清岡長熈　[母]家女房　[公卿補任]5—560下

桑原家　くわはらけ

菅原氏の一流。五条家の傍流。五条権大納言

為庸の四男桑原権中納言長義を家祖とする。家格は半家、新家。延宝期に創立。外様の家。紀伝道および詩文を掌ることを家職とした。一条家の家礼。家禄三十石三人扶持。家祖長義は、延宝元年(一六七三)十三歳のとき元服し、院昇殿を聴され、同五年従五位下・大膳大夫に叙任、昇殿を聴された。累進して元禄十四年(一七〇一)従三位に昇る。宝永三年(一七〇六)正三位に叙せられ、正徳三年(一七一三)九月には式部権大輔に任ぜられ、翌十月「子孫官位昇進可為本家並之由」の院の仰せを蒙り、翌年六月権大輔のまま参議に列した。享保三年(一七一八)参議を辞し(権大輔如元)、翌四年従二位、同十年権中納言に昇り、同十三年式部大輔に任ぜられ、同十九年には正二位に昇叙、元文二年(一七三七)十二月七十七歳で没した。以後、おおむね文章得業生より出身して、多く大学頭・少納言となり、また大内記・文章博士・式部大輔に任ぜられるのを家例とし、正二位権中納言を先途とした。長義の後は嫡子適長が享保十五年二月正五位下侍従の時二十歳で早世したので、同十七年四月、本流の五条権中納言為範四男為視が長義の遺跡を相続した。為視は長病により三十歳の時の宝暦七年(一七五七)十月宮内権大輔を辞官、菅原嫡流の高辻権中納言家長の四男を引取り実子としたきことを願い、その通り許容された(『広橋兼胤公武御用日記』七)。こうして為彬が同八年三月桑原家を相続し、同十二年には従五位下・大学頭に叙任したが、同十四年正月に夭折したので、同じく家長の男忠長が為彬の遺跡を相続した。その子為顕は光格天皇の侍読となった。明治十七年(一八八四)輔長のとき、叙爵内規により子爵を授けられた。菩提所は浄福寺。『桑原家譜』(東京大学史料編纂所架蔵、四一七五―二一四)。

桑原家

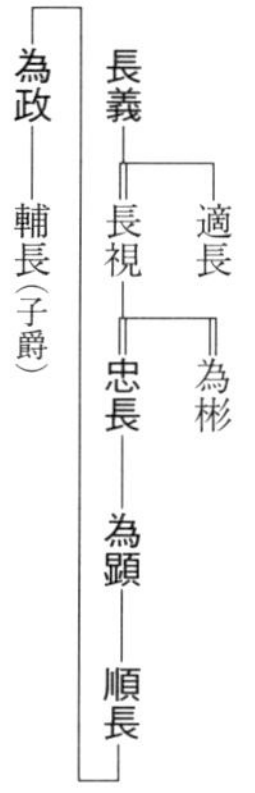

長義　ながよし　一六六一―一七三七

寛文1(一六六一)・8・27誕生、延宝1(一六七三)・11・19元服、昇殿(院)、延宝5・閏12・11大膳大夫、従五位下、内昇殿、延宝9・1・5従五位上☆、貞享4(一六八七)・2・29〈去々年十二廿四分〉民部大輔、〈去々年十二廿四分〉正五位下、元禄2(一六八九)・1・7従四位下☆、元禄6・1・5従四位上☆、元禄10・1・5正四位下☆、元禄14・2・17〈去正月五日分〉従三位☆、号桑原、宝永3(一七〇六)・2・15〈去正月五日分〉正三位、正徳3(一七一三)・9・5式部権大輔、正徳4・6・26参議、享保3(一七一八)・6・14辞参議☆、享保4・12・26従二位、享保10・1・18権中納言、2・11帯剣☆、10・13直衣☆、12・13辞権中納言、享保13・2・1式部大輔、享保15・6・26辞大輔、享保19・12・13〈去六月十一日分〉正二位、元文2(一七三七)・12・22薨去

[死没]元文2(一七三七)・12・22　[年齢]77　[父]五条為庸、四男　[母]家女房　[号]桑原　[一字名]柏　[公卿補任]4―150上

忠長　ただなが　一七五三―一八三五

宝暦3(一七五三)・8・20誕生、宝暦14・3・19当家相続、明和1(一七六四)・閏12・19給穀倉院学問料、明和2(一七六五)・2・28元服、昇殿、文章得業生、9・22蒙課試宣旨、9・27献策〈ま〉、10・2紀伊権守、従五位下、12・19大学頭(権守如旧)、明和4・12・10従五位上、明和7・1・10正五位下、明和8・9・19〈ま〉遷兼長門守、安永2(一七七三)・1・9従四位下、安永4・1・9秩満、安永5・1・15〈ま〉従四位上、7・15服解(父)、9・13除服出仕復任、安永8・2・1正四位下、天明2(一七八二)・2・7兼文章博士、12・10為天皇御書始尚復、12・22大内記(博士如旧)、天明4・1・15従三位(文章博士如故)、天明5・12・8辞博士、天明8・1・5正三位、寛政1(一七八九)・5・22勘解由長官、文化4(一八〇七)・2・13参議、11・26従二位、文化5・1・26辞参議、文化7・7・5式部権大輔、文化9・6・4辞権大輔、文化14・2・25権中納言、3・17帯剣、3・19聴

直衣、直衣始、12・14辞権中納言、12・21〔正二位〕、文政2(一八一九)・12・24改忠長、天保6(一八三五)・4・22薨去
〔死没〕天保6(一八三五)・4・22 〔年齢〕83 〔父〕桑原長祖(実高辻家長、二男) 〔前名〕為弘 〔公卿補任〕5—31下

為顕 ためあき　一七七五—一八五五
安永4(一七七五)・閏12・11誕生、天明2(一七八二)・12・22賜穀倉院学問料、天明7・5・19元服、昇殿、文章得業生、寛政1(一七八九)・4・7賜課試宣旨、4・17献策、5・1周防権介、従五位下、寛政4・閏2・26従五位上、寛政7・3・19正五位下、寛政10・1・28従四位下、2・30大学頭、享和2(一八〇二)・1・5従四位上、文化2(一八〇五)・2・15〈去正廿六分〉正四位下、文化4・12・19少納言、12・25兼侍従、12・27拝賀、文化5・1・8辞両官、5・11大内記、閏6・-〈「1日」家譜〉兼文章博士、文化6・3・24兼東宮学士(立坊日)、拝賀、文化8・閏2・14東宮御書始侍読、12・21〔従三位〕、文章博士如故、文化9・6・15式部権大輔、文化12・1・5正三位、文化14・9・13辞博士、文政6(一八二三)・9・20転大輔、天保4(一八三三)・2・30辞大輔、天保5・7・8参議、12・22従二位、天保9・5・3辞参議、弘化4(一八四七)・12・23権中納言、12・29帯剣、12・30聴直衣、直衣始、嘉永1(一八四八)・9・25正二位、12・17〈27日ともあり〉辞権中納言、安政2(一八五五)・9・10薨去
〔死没〕安政2(一八五五)・9・10 〔年齢〕81 〔父〕桑原忠長 〔母〕藤井充武女(家女房) 〔公卿補任〕5—208下

順長 あやなが　一八〇三—六五
享和3(一八〇三)・9・15誕生、文化9(一八一二)・10・27給穀倉院学問料、12・17元服、昇殿、補文章得業生、文化10・2・24課試宣旨、2・27献策、3・4従五位下、文化12・2・26大膳大夫(小除目)、5・8従五位上、文化15・1・5正五位下、文政4(一八二一)・1・4従四位下、文政7・5・7〈去正十二分〉従四位上、6・4大学頭(小除目)、文政10・5・21〈去正廿一分〉正四位下、文政12・12・27大内記(頭如故)、天保2(一八三一)・8・28兼文章博士(去頭)、天保3・1・5〔従三位〕、文章博士如故、天保7・1・4正三位、天保13・5・15辞博士、慶応1(一八六五)・8・27薨去
〔死没〕慶応1(一八六五)・8・27 〔年齢〕63 〔父〕桑原為顕 〔母〕正二位権中納言中園実綱女綱子 〔公卿補任〕5—351上

為政 ためおさ　一八一五—六五
文化12(一八一五)・6・14誕生、文政10(一八二七)・1・26給穀倉院学問料、3・22元服、昇殿、文章得業生、11・2賜試宣旨、11・7献策、11・26従五位下、文政13・1・21従五位上、11・21伊予権介、天保4(一八三三)・4・27正五位下、天保7・10・28従四位下、天保10・11・27従四位上、天保11・3・14兼東宮学士(立坊日)、拝賀、天保13・7・5大内記(学士如旧)、11・27正四位下、天保14・2・23為尚復、弘化1(一八四四)・12・23少納言(内記学士如旧)、12・28拝賀、弘化2・1・18兼侍従、1・21〈去十八日分〉大内記東宮学士等如故、弘化4・12・17兼文章博士(侍従如旧)、嘉永2(一八四九)・11・27〔従三位〕(博士如旧)、安政1(一八五四)・12・18〈去年十二月十九日分〉〔正三位〕、文久3(一八六三)・9・16辞、慶応1(一八六五)・11・28薨去
〔死没〕慶応1(一八六五)・11・28 〔年齢〕51 〔父〕桑原順長 〔母〕家女房 〔公卿補任〕5—459上

平氏　へいし

平朝臣の姓を与え臣籍に降した、皇族賜姓の一つで、天長二年(八二五)桓武天皇の皇子葛原親王の子高棟王が平朝臣の姓を与えられたのが最初。桓武平氏のほかに、仁明天皇の皇子本康親王、文徳天皇の皇子惟彦親王、光孝天皇の皇子是忠親王の後裔も平姓が授けられ、それぞれ仁明平氏、文徳平氏、光孝平氏の名で呼ばれた。源朝臣とともに皇族賜姓の代表的なものであるが、源朝臣が天皇皇子に下賜される姓であるのに対し、平朝臣は二世王以下のそれであった。平氏のうち、やがて主流となったのは桓武平氏で、これには葛原親王流・万多親王流・仲野親王流・賀陽親王流の四流があるが、このうちもっとも活躍したのは葛原親王の流であり、それはさらに平高棟と高見王の子平高望の二系統に分れて別個の道を歩んだ。高棟の系統は、高棟が賜姓ののち正三位大納言に昇り、その子惟範は『延喜式』の編纂にも関与し、従三位中納言となるなど、子孫はいずれも中央の貴族、公卿としての地位を維持した。ことに惟範の曾孫親信、その孫範国、その弟の行親、行親子の定家、範国孫の知信、知信の子の時信等は実務官僚として、蔵人・弁官など枢要の任につき、貴重な日記を遺しており、「日記の家」といわれる。『親信日記』、『範国記』、『行親記』、『定家朝臣記』、『知信朝臣記』、『時信記』の六種の日記は、後世、総称して「平記」といわれる。また、定家の子時範には、因幡守として任地に赴き、平安時代後期の国務執行の実際の姿を窺うに足る日記として知られる『時範記』がある。時信の女時子は平相国清盛室で、同滋子は後白河天皇の女御、高倉天皇の生母(建春門院)となった。時子実弟、滋子舎兄の権大納言時忠は清盛の側近として権勢をふるった。時信舎弟の兵部卿信範は、摂関家家司・諸院院司・弁官・蔵人頭を歴任し、従三位兵部卿となるが、その間詳細な日記を遺している。諸儀式や摂関家の家政を知る最重要史料として著名な『兵範記』(『人車記』ともいう)がこれである。このように、高棟の系統は中流貴族の道を歩んだが、高望の系統は武士階級として発展し、桓武平氏の主流となった。高望は寛平元年(八八九)に平朝臣の姓をうけたといわれ、それより遠くない時期に上総介となり任国に土着、その子国香・良兼・良将・良文・良茂らは近隣の国衙の官人となって関東に勢力を扶植した。承平五年(九三五)良将の子将門は叔父国香を殺し、承平・天慶の乱を起したが、天慶三年(九四〇)国香の子貞盛らに鎮定された。貞盛の子維衡は、十世紀頃には伊勢国に所領を獲得していたが、やがて伊勢守になるとその任国を根拠地として勢力を拡大し、伊勢平氏の祖となった。その曾孫正盛は白河上皇に接近して北面武士となって以来中央政界に進出、その子忠盛は院政の軍事的支柱となり政界での地歩を築いた。忠盛の子が清盛で、父祖の築いた地盤を踏まえ保元・平治の乱を勝ち抜き、武力を背景に躍進、ついに仁安二年(一一六七)太政大臣に昇り、治承三年(一一七九)には軍事的強権を以て院政を停止し、女徳子(建礼門院)所生の安徳天皇を擁立し、史上初の武家政権である平氏政権を樹立した。しかし、驕る平家久しからずとなり、寿永四年(一一八五)伊勢平氏の一門は長門の壇ノ浦で滅び去った。一方、貞盛の子で維衡舎兄の維将の子孫は伊豆北条を根拠に北条氏を起し、時政は伊豆配流中の源頼朝に女政子を嫁がせ、鎌倉幕府の成立とともに重要な位置を占めるに至った。国香舎弟の良文・良茂等の後裔も東国に勢力を張って、上総・千葉・三浦・土肥・秩父・大庭・梶原・長尾等の諸氏に分流した。これらは豪族的領主に成長したが、源氏の東国経営が進展するなかでその勢力下に組織され、鎌倉幕府の成立とともに、御家人の中核となった。後世に至るまで堂上家として遺るのは、信範の系統で、二男信基の子孫は烏丸・安居院などの分流を作りながら室町時代に至る。西洞院家である。江戸時代に平松家・長谷家・交野家・石井家の四庶流家が分流した。家紋は、西洞院・

平松・石井三家が丸に揚羽蝶、長谷・交野両家が揚羽蝶を用いた。

西洞院家 にしのとういんけ

桓武平氏の嫡流。桓武天皇の皇子葛原親王の子高棟の裔。平従三位行高の二男西洞院参議行時を家祖とする。高棟の玄孫親信をはじめ範国・行親・定家・知信・時信を記主とする六種の日記は平記と総称され、いずれも実務官僚として蔵人・弁官など枢要の任にあり、また範国の如く永年に亘って摂関家の家司として尽瘁したものもあり、平安時代中期から末期に至る政治・社会を知る重要な史料となっている。諸儀式や摂関家の家政を知る上で著名な『兵範記』も一族の日記であり、高棟流は「日記の家」として数々の貴重な日記を遺している。平記の記主の一人でもある時信の女時子は平相国清盛の室で、その妹滋子は後白河天皇の女御(建春門院)、時子実弟の権大納言時忠は清盛の側近として権勢をふるった。時信は高倉天皇の外祖父となるにより正一位左大臣を贈られた。『兵範記』の記主信範は時信の舎弟で、西洞院家はこの信範の末裔である。信範の後は、一男少納言信国、二男内蔵頭信基、三男少納言信実の三流に主に分流し、三流いずれも実務官僚として昇進し、公卿にまで昇ったものも少なくなかったが、信国・信実両流とも室町時代の初期には絶家となった。信基の流は、その子従三位左大弁親輔の後、一男権中納言範輔、従三位右中弁時高の二流に分流し、前者は烏丸と号し、この方が嫡流であったようであるが、南北朝時代までに絶家となる。時高の流は、その玄孫の従三位左大弁行高の後、また一男従三位宮内卿行兼、二男参議行時の二流に分流し、前者は安居院と号し、やはりこの流が嫡流であったようであるが、室町時代中期頃に絶家となった。行時は、その居所に因み西洞院と号した。西洞院家は平安時代前期の高棟、同末期の信範の裔であり、その後多くの分流を経ながら、しかも多くが庶流としての流れのなかで伝統してきて、直接の家祖というべきは南北朝時代の行時となる。西洞院家は、家格は名家。内々の家。近衛家の家礼。江戸時代には家領二百六十石。家祖行時は、観応元年(一三五〇)二十七歳のとき蔵人となり、翌二年権右少弁に転じ、延文六年(一三六一)蔵人頭、康安二年(一三六二)従三位に昇り、貞治六年(一三六七)参議に列した。翌七年正三位に昇り、応安二年(一三六九)十一月四十六歳で没した。時盛・知高・時基の三代はいずれも正四位下で終わり上階しなかったが、その次の時兼は従二位にまで昇り、時顕・時長の二代ともに右兵衛督・参議となり、位階は正三位、従二位に昇る。以後、参議従二位、兵衛府か衛門府の督となる家例となった。時長の子時当は永禄二年(一五五九)二十九歳のとき左兵衛督となり、翌三年従三位に昇ったが、同九年四月三十六歳で頓死した。嗣子なく家名中絶するが、天正三年(一五七五)四月に至り、河鰭公虎が西洞院家に入って時当の遺跡を相続し、時通と改名するが、これが後の時慶である。時慶は、飛鳥井入道権大納言雅綱の孫、権大納言雅春舎兄の安居院僧正覚澄の子で、幼名を千代丸といったが、永禄七年(一五六四)十三歳の時、太閤近衛稙家の肝煎により故河鰭権中納言実治の遺跡を相続することになり、同十二月二十二日近衛殿で元服し公虎と名乗り(『言継卿記』)、侍従に任ぜられ昇殿を聴された。そして天正二年三月左少将となったが、同三年四月にこれを辞し、改めて右兵衛佐に任ぜられた。時当の遺跡を相続することになったためで、同月藤原姓を改め、平時通となったのである。『お湯殿の上の日記』同四月十四日条に「かははたにしのとうゐんにならる丶、かいみやうありて、ときみつとなのりあり」と見える。時当は近衛家の家礼であったのみならず、同家の殿上人の位置にあり、永禄四年近衛前嗣(前久)が関白当職のまま越後に下向した際も扈従した。時当が没してから九年目にしての後嗣の決定、西洞院家の再興であった。近衛家が肝煎して河鰭家に入れた公虎を引き抜いての相続となったわけで、これには相当の問題があったであろうが、西洞院家の相続を第一義としてこれを決断したのは前嗣その人であったのであろう。なお、ここに河鰭家は一時的ながら家名が中絶することになる。時慶と改名した時期は不明であるが、天正十九年、四十歳のとき上階し、『公卿補任』の記載ではすでに時慶と見えている。慶長五年（一六〇〇）参議に列し、翌六年正三位に進み、遠江権守を兼ね、同十六年には右衛門督を兼ね、従二位に昇った。元和六年（一六二〇）督を辞し男時直に譲ったが、寛永元年（一六二四）八月出家するまで、二十五年に亘り参議に勤めた。法名を円空という。同十六年十一月八十八歳で没した。時慶は桓武平氏の唯一の堂上家としての西洞院家の家格の安泰に導くとともに、多くの分流を起した。一男時直が家督を継承し、二男時庸が平松家、五男忠康が長谷家、六男時貞が交野家の家祖となった。また、女の時子は慶長五年八月後陽成天皇の掌侍となり、平内侍、勤解由小路局と称され、同十四年五月第七皇女永宗女王（大聖寺宮）を産み、翌十五年八月第十一皇子高雲院を産んだ（同十七年八月夭折）。その妹は後陽成天皇生母新上東門院の上﨟となり、新中納言局と称され、その妹の行子は、後水尾天皇の皇后東福門院（徳川秀忠女、和子）の上﨟となり、宣旨局、また石井局と称された。行子は、承応三年（一六五四）後水尾法皇・東福門院の思召により一家創

西洞院家

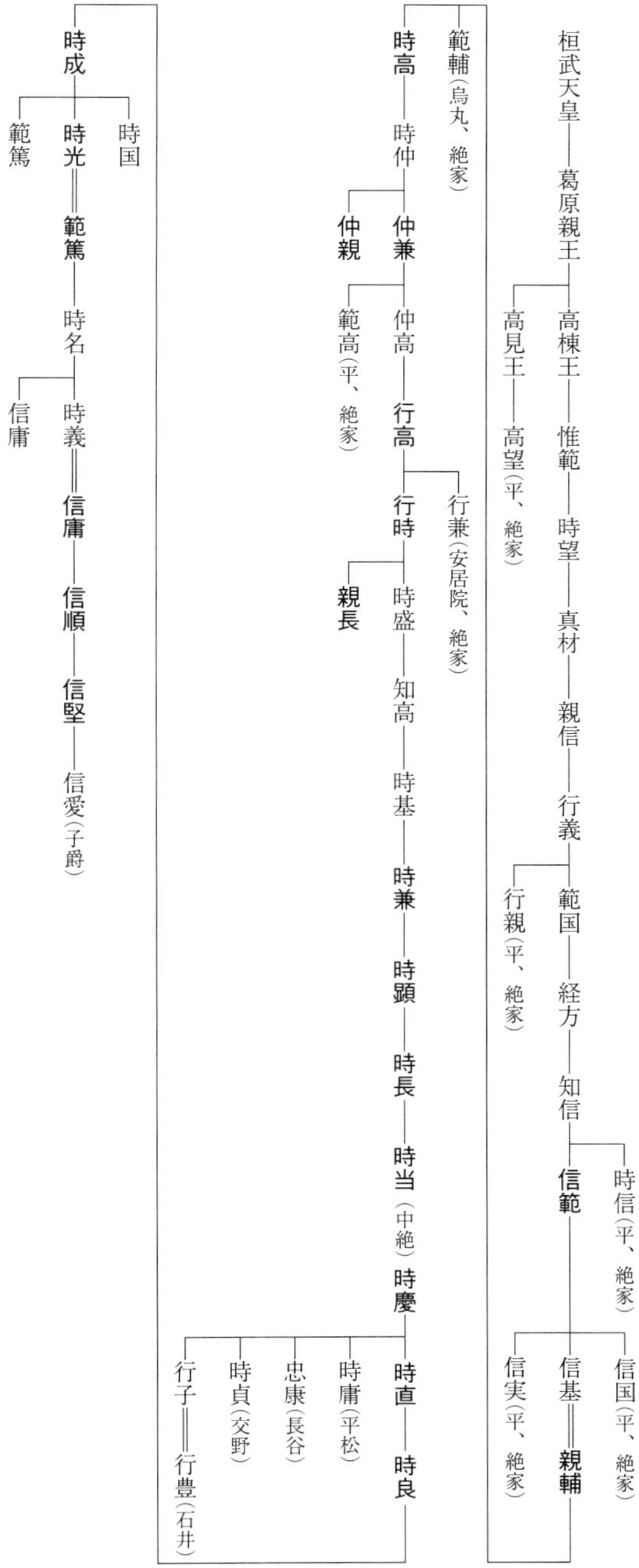

立を許され、平松少納言時量の三男行豊を養子として新家を創立した。行豊は寛文六年(一六六六)元服し、新家を起し家名を石井と号するが、これは行子の石井局に因むという(『石井家譜』)。時慶曾孫の時成は家例として初めて権大納言となった。時名は宝暦五年(一七五五)二十六歳のとき正四位上に昇り、桃園天皇の近習として勤仕し、竹内式部に神道・儒学を学び、朝権の回復に志したが、同八年七月宝暦事件に座して止官・永蟄居の処分を受け、同十年五月にさらに落飾を命ぜられ、法名を風月と称した。安永七年(一七七八)赦免され、明治二十四年(一八九一)贈正三位。日記には、『範国記』、『知信朝臣記』、『兵範記』(信範)、『時慶卿記』がある。明治十七年(一八八四)信愛のとき、叙爵内規により子爵を授けられた。菩提所は十念寺。『西洞院家譜』(東京大学史料編纂所架蔵、四一七五―二七六)。

信範　のぶのり　一一一二―八七

保安2(一一二一)・3・23文章生(字平能)、天治2(一一二五)・1・28能登大掾、天承2(一一三二)・1・22中宮権少進、長承3(一一三四)・4・2蔵人、長承4・3・14修理亮(蔵人〈く〉)、保延3(一一三七)・12・16左兵衛尉、保延4・1・22左衛門少尉、即使宣旨、保延5・1・5叙爵、1・24甲斐権守(蔵人労〈く〉)、天養2(一一四五)・1・5従五位上(高陽院〔「当年」く〕御給)、久安6(一一五〇)・1・12正五位下(高陽院当年御給、散位〈く〉)、保元1(一一五六)・11・28少納言(元散位〈く〉)、保元3・1・27安芸権守、永暦1(一一六〇)・10・4〈「8月12日」く〉補蔵人、応保1(一一六一)・9・15左京権大夫(止〔「元」く〕蔵人少納言)、長寛3(一一六五)・1・23兼備後権守、永万1(一一六五)・8・17右少弁(権大夫如元)、永万2・1・12辞権大夫、以男〔「散位」く〕信季申任刑部権大輔、仁安2(一一六七)・1・30権右中弁(元右少〈く〉)、従四位下(鳥羽院去保安五―〔「元年」く〕御給)、2・11蔵人頭、4・10従四位上(臨時)、仁安3・1・6正四位下(臨時)、2・19新帝蔵人頭(践祚〔「太子受禅日」く〕)、9・7補大嘗会御禊装束司次官、嘉応1(一一六九)・12・28解所職配流備後国、嘉応2・2・6召返、12・9復本位、嘉応3・1・18従三位(元前蔵人頭)、前権右中弁〈旧〉、承安3(一一七三)・1・21兵部卿、安元2(一一七六)・3・6正三位、安元3・7・5出家

〔死没〕文治3(一一八七)・2・12　〔年齢〕76　〔父〕平知信、二男　〔母〕正五位下主殿頭藤原惟信女

〔日記〕兵範記(一一三一―八四)　〔公卿補任〕1―474下　〔大日本史料〕4―1―833、4―16―補57

親輔　ちかすけ

安元3(一一七七)・1・24左近将監、-・-・-補一院判官代、寿永2(一一八三)・1・7補蔵人、9・22従五位下(先朝蔵人、左近将監)、元暦1(一一八四)・10・6兵部少輔、文治3(一一八七)・1・5従五位上、5・20復任、文治5・1・18長門介(兵部少輔兼国)、建久1(一一九〇)・10・26正五位下(辞少輔叙之)、正治2(一二〇〇)・1・1勘解由次官、建仁3(一二〇三)・1・13兼越後権介、建永1(一二〇六)・10・20蔵人、10・22禁色、承元1(一二〇七)・10・29右少弁(元次官、即止蔵人)、承元2・11・2転左少弁(顕俊右中弁替)、承元3・1・13右中弁、1・17従四位下、4・14左中弁、4・21装束使、4・27兼左宮城使、承元4・1・14伊世権守(装束使兼国)、8・22従四位上(春日行幸賞)、9・8右大弁、建暦1(一二一一)・1・18左大弁、10・12治部卿、蔵人頭、建暦2・1・5正四位下、5・21従三位、元蔵人頭、治部卿如元、建保3(一二一五)・12・22出家

〔父〕平信基(実平信季)　〔公卿補任〕2―8下

〔大日本史料〕4―13―860

時高　ときたか　一一九六―一二五四

承元3(一二〇九)・6・-補蔵人、9・18叙爵(蔵人)、建保3(一二一五)・12・15刑部権大輔(于時範実)、建保6・1・5従五位上(于時知時)、貞応3(一二二四)・4・7中宮権大進(于時時高)、嘉禄2(一二二六)・1・5正五位下、1・23転大進、貞永2(一二三三)・4・8備中守、嘉禎3(一二三七)・12・28皇后宮大進、蔵人、嘉禎4・閏2・27右少弁、4・20左少弁、7・20権右中弁、従四位下、暦仁2(一二三九)・1・27従四位上、延応1(一二三九)・10・28正四位下、仁治2(一二四一)・2・1右中弁、2・18兼修理右宮

城使、仁治3・3・7左中弁、4・9蔵人頭、寛元1(一二四三)・閏7・27左宮城使、8・9兼中宮亮、寛元3・1・13兼美作権守、6・26従三位(元頭左中弁兼中宮亮)、建長1(一二四九)・4・7正三位、建長6・1・5従二位、3・26薨去
[死没]建長6(一二五四)・3・26 [年齢]59 [父]平親輔、二男 [母]中納言藤原実教女 [前名]範実・知時 [公卿補任]2―130下

仲兼 なかかね 一二四八―一三一二
正嘉1(一二五七)・5・7叙爵、正元1(一二五九)・12・30民部大輔、文応2(一二六一)・1・5従五位上、弘長3(一二六三)・1・6正五位下、文永11(一二七四)・12・20兼甲斐守〈や〉、建治2(一二七六)・1・23遷勘次官(元民部大輔)、建治3・5・14左衛門権佐、蒙使宣旨、9・13為防鴨河使、建治4・2・8去守、弘安3(一二八〇)・6・27五位蔵人、7・11遷兵部権大輔(元権佐)、弘安8・3・6右少弁(元蔵人)、弘安9・7・11正五位上、弘安10・12・10左少弁、従四下、正応1(一二八八)・10・27権右中弁、11・8従四位上、正応2・1・13左中弁、正四下、2・24為左宮城使、10・18右大弁、10・27正四位上、正応3・2・8左大弁、2・18造東大寺長官、9・21兼中宮亮、11・21蔵人頭(中宮亮)、11・27禁色、正応5・2・5参議(宣下)、元蔵人頭、中宮亮兼之、5・15従三位、12・25止亮、12・30辞退(参議)、正応6・1・24本座、永仁2(一二九四)・7・2正三位、永仁3・1・28大宰大弐、永仁7・4・12従二位、正安2(一三〇〇)・12・12止大弐、乾元2(一三〇三)・4・16権中納言、5・18辞権中納言、嘉元3(一三〇五)・3・2出家
[死没]応長2(一三一二) [年齢]65 [父]平時仲 [母]正五位下筑前守惟宗行貞女 [法名]覚浄 [公卿補任]2―313上

仲親 なかちか
文永2(一二六五)・1・5正五位下、閏4・25辞少納言、建治2(一二七六)・9・28下総守(新陽明門院御分国)、弘安8(一二八五)・3・8勘解由次官、正応2(一二八九)・8・7蔵人、10・18春宮権大進(止次官、蔵人如元)、正応3・11・27転大進、正応5・11・23右少弁(止蔵人)、永仁3(一二九五)・6・13従四位下、刑部卿、永仁4・1・5従四位上、永仁5・11・14〈や〉朔旦正四位下、嘉元3(一三〇五)・4・5権左中弁、4・19右宮城使、11・16左中弁、閏12・17左宮城使、徳治1(一三〇六)・12・22右大弁、徳治2・9・17補蔵人頭、即任治部卿、止弁、徳治3・2・12遭母喪、5・9復任、従三位、元治部卿蔵人頭、即止督云々、延慶2(一三〇九)・11・23正三位、正和1(一三一二)・7・5従二位、正和2・9・6参議、10・11辞退(参議
※正和三年前参議従二位(以後不見)
[父]平時仲、二男 [母]正五位下筑前守惟宗行貞女 [公卿補任]2―400下

行高 ゆきたか
永仁7(一二九九)・1・5従五位下(臨時)、徳治2(一三〇七)・9・17右兵衛権佐、徳治3・9・17従五位上、延慶2(一三〇九)・3・23正五位下、延慶4・2・3勘解由次官(今日去権佐)、正和1(一三一二)・10・12遷右衛門権佐、止次官、蒙使宣旨、12・19復任(父仲兼卿実祖父也)、正和4・2・21転左衛門権佐、3・24為防鴨河使、5・18還任勘解由次官、止権佐、補蔵人、文保2(一三一八)・-・-止蔵人(依代始也)、3・26受禅、蔵人次官如元、3・29兵部権大輔、去次官、6・28辞職、不及出仕(依左府御事也)、元応1(一三一九)・9・20兵部権少輔、還補蔵人、元応2・3・24左少弁、兼中宮大進、-・-止蔵人、4・12従四位下、9・5権右中弁、元応3・1・5従四位上、元亨1(一三二一)・4・6転右中弁、6・6為右宮城使、元亨4・2・17復任(父)、4・17正四位下、4・27転左中弁、10・29転右大弁、元徳2(一三三〇)・3・22従三位、元前右大弁、元弘2(一三三二)・1・7正三位、正慶1〈元弘2〉(一三三二)・10・21左大弁、正慶2〈元弘3〉・5・17詔復従三位、建武3〈延元1〉(一三三六)・5・-出家
[父]平仲高 [養父]平仲兼 [公卿補任]2―531上 [大日本史料]6―3―464

行時 ゆきとき 一三一四―六九
康安2〈正平17〉(一三六二)・5・7従三位(元蔵人頭

宮内卿)、貞治6〈正平22〉(一三六七)・12・24参議、応安1〈正平23〉(一三六八)・2・21兼遠江権守、8・13正三位、応安2〈正平24〉・11・4薨去
[死没]応安2(一三六九)・11・4 [年齢]46 [父]平行高、二男 [公卿補任]2—677上 [大日本史料]6—31—101

親長 ちかなが
応永9(一四〇二)・1・6従三位、前治部卿、応永11・7・26出家
[父]西洞院行時、二男 [公卿補任]3—54上

時兼 ときかね ?—一四六八
康正1(一四五五)・-・-従三位、寛正2(一四六一)・1・5正三位、文正2(一四六七)・1・5従二位、応仁2(一四六八)・-・-薨去
[死没]応仁2(一四六八) [父]西洞院時基 [公卿補任]3—181上 [大日本史料]8—2—370

時顕 ときあき 一四三四—九三
延徳1(一四八九)・12・28従三位、元右兵衛督、延徳2・1・25右兵衛督、明応2(一四九三)・1・5正三位、閏4・4参議、7・25薨去
[死没]明応2(一四九三)・7・25 [年齢]60 [父]西洞院時兼 [前名]時足 [公卿補任]3—279下

時長 ときなが 一四九二—?
文亀1(一五〇一)・7・29叙爵、9・7甲斐守〈く追〉、永正2(一五〇五)・6・14右兵衛佐、永正5・4・-従五位上、-・-・-〈「永正8年」く追〉正五位下、永正11・8・10従四位下、永正15・1・19従四位上、永正18・5・15右兵衛督、大永3(一五二三)・3・7正四位下、天文6(一五三七)・8・17従三位、右兵衛督如元、天文8・3・23転左、天文9・7・13参議、天文10・1・5正三位、3・27兼遠江権守、天文14・1・5従二位、天文16・3・23兼近江権守、天文20・3・27兼備中権守、弘治2(一五五六)・9・26出家
※天文十七年より「遠江権守」
[父]西洞院時顕 [公卿補任]3—395下

時当 ときまさ 一五三一—六六
天文5(一五三六)・2・21叙爵、天文9・12・7元服、甲斐守、昇殿、天文10・3・26右兵衛権佐、天文11・1・5従五位上、天文15・1・5正五位下、3・24但馬権守、天文16・3・23少納言、侍従、天文17・3・23遠江権守、天文18・3・14従四位下、天文21・1・5従四位上、弘治2(一五五六)・1・6正四位下、永禄2(一五五九)・11・14左兵衛督、永禄3・8・17従三位、左兵衛督如元、永禄4・-・-〈永禄5・6年にもあり〉改時当、永禄9・4・19薨去
[死没]永禄9(一五六六)・4・19 [年齢]36 [父]西洞院時長 [前名]時秀 [公卿補任]3—448上

時慶 ときよし 一五五二—一六三九
天文21(一五五二)・11・5誕生、永禄7(一五六四)・12・10従五位下(于時公虎)、12・22元服、侍従、昇殿、永禄11・1・5従五位上、天正1(一五七三)・11・27正五位下、天正2・3・28左少将、天正3・4・14辞少将、右兵衛佐、4・17改名時慶☆(改藤原姓為平改名時通〈く〉)、天正4・1・11従四位下、佐如元、天正8・閏3・26従四位上、佐如元、天正12・1・6正四位下、天正19・7・21〈5日ともあり〉従三位☆、元名公虎改時通又改時慶〈く〉、右兵衛佐如元、慶長5(一六〇〇)・1・11参議、慶長6・1・6正三位、3・19兼遠江(権脱カ)守、慶長16・3・21〈く〉兼右衛門督、3・27従二位☆、元和6(一六二〇)・1・21督辞以男時直譲、寛永1(一六二四)・8・26出家、寛永16・11・20薨去〈く〉
[死没]寛永16(一六三九)・11・20 [年齢]88 [父]西洞院時当(実安居院僧正覚澄) [養父]飛鳥井雅春 [前名]公虎・時通 [一字名]木 [法名]圓空 [日記]時慶卿記(一五九一—一六三九) [公卿補任]3—503上

時直 ときなお 一五八四—一六三六
天正13(一五八五)・12・28叙位☆、天正20・1・5元服、侍従、従五位上、慶長5(一六〇〇)・2・10正五位下、慶長6・3・22少納言、慶長12・1・6〈くま〉従四位下、慶長16・3・21従四位上、慶長20・1・5正四位下☆、元和5(一六一九)・1・6従三位、元名

時康〈く追〉、元和6・1・21右衛門督、元和10・1・15正三位、寛永3（一六二六）・12・7参議、寛永8・11・6従二位、寛永11・3・26止右衛門督、寛永13・10・- 辞参議、10・9薨去
⌘寛永六年より「周防権守」
〔死没〕寛永13（一六三六）・10・9　〔年齢〕53　〔父〕西洞院時慶　〔母〕家女房　〔前名〕時康　〔一字名〕旦・寸　〔公卿補任〕3—552下

時良　ときよし　一六〇九—五三

慶長14（一六〇九）・11・21誕生、慶長16・3・22叙位☆、元和4（一六一八）・9・20元服、侍従、従五位上、元和9・1・5正五位下、寛永4（一六二七）・1・5従四位下、寛永5・1・11右兵衛権佐、寛永8・1・6従四位上、寛永9・1・11少納言、寛永12・1・5正四位下、寛永18・1・5従三位、承応2（一六五三）・2・7薨去
〔死没〕承応2（一六五三）・2・7　〔年齢〕45　〔父〕西洞院時直　〔母〕川勝秀氏女　〔一字名〕久　〔公卿補任〕3—595下

時成　ときなり　一六四五—一七二四

正保2（一六四五）・12・6誕生、慶安2（一六四九）・1・5叙爵、承応2（一六五三）・12・10元服☆、昇殿☆、侍従、従五位上☆、明暦3（一六五七）・1・5正五位下、1・23少納言（侍従如元）、万治4（一六六一）・1・5従四位下、寛文5（一六六五）・12・23従四位上、寛文9・1・5正四位下、延宝2（一六七四）・7・10〈「7日」ま〉従三位、延宝7・5・21右衛門督、延宝7・12・17〈去正月五日分〉正三位、天和1（一六八一）・12・21参議、元禄3（一六九〇）・1・12辞督、5・9解官、9・13還任参議、12・29辞参議、元禄13・12・25〈去々年正月五日分〉従二位、元禄14・3・21権中納言、4・30帯剣、10・16辞権中納言、元禄15・12・21直衣、宝永3（一七〇六）・1・26〈去五日分〉正二位、正徳3（一七一三）・10・2権大納言、12・23辞権大納言、享保9（一七二四）・閏4・9薨去
〔死没〕享保9（一七二四）・閏4・9　〔年齢〕80　〔父〕西洞院時良　〔母〕家女房　〔一字名〕牧　〔公卿補任〕4—40下

時光　ときみつ　一六七四—一七〇九

延宝2（一六七四）・6・29誕生☆、延宝8・12・23叙爵、貞享3（一六八六）・閏3・26元服、昇殿、侍従、11・9従五位上、元禄1（一六八八）・12・27少納言（侍従如元）、元禄3・1・5正五位下、5・9解官閉門、9・13出仕、還任少納言侍従、元禄7・12・25従四位下☆、元禄11・12・27〈去正五分〉従四位上、元禄15・1・28〈去五分〉正四位下、宝永3（一七〇六）・2・15〈去十一日分〉従三位、12・15右衛門督、宝永5・12・23辞督、宝永6・4・10薨去
〔死没〕宝永6（一七〇九）・4・10　〔年齢〕36　〔父〕西洞院時成、二男　〔母〕家女房　〔公卿補任〕4—174上

範篤　のりあつ　一七〇四—三八

宝永1（一七〇四）・9・9誕生、宝永5・4・25従五位下、正徳3（一七一三）・1・26元服、昇殿、侍従、6・13従五位上☆、正徳5・9・6喪母、10・27除服出仕復任、正徳5・11・25当家相続（元長谷）、享保2（一七一七）・4・3〈去年十二廿五雅香同日分〉正五位下、享保4・3・2〈去正五定俊朝臣同日分〉従四位下、12・27少納言☆、12・28〈昨廿七分〉侍従如元、享保7・2・3〈去正六分〉従四位上、享保9・閏4・9喪父、6・2除服出仕復任、享保10・2・1〈去正五分〉正四位下、享保14・12・24従三位、享保15・12・26右兵衛督、享保19・1・28正三位、元文2（一七三七）・閏11・22右衛門督☆、元文3・7・5辞右衛門督、薨去
〔死没〕元文3（一七三八）・7・5　〔年齢〕35　〔父〕西洞院時成　〔母〕家女房　〔号〕長谷　〔公卿補任〕4—288上

信庸　のぶつね　一七五八—一八〇〇

宝暦8（一七五八）・10・8誕生、宝暦14・閏12・19叙爵、明和5（一七六八）・3・15元服、昇殿、遠江権守、従五位上、明和7・11・27正五位下、明和8・1・10少納言、兼侍従、1・16拝賀、安永2（一七七三）・1・9従四位下、安永5・1・9従四位上、安永8・1・5正四位下、天明2（一七八二）・12・22〈ま〉従三位、天明5・1・14正三位、寛政1（一七八九）・5・22左兵衛督、寛政8・2・10参議、

寛政9・4・24従二位、寛政12・8・13辞両官、薨去

〔死没〕寛政12(一八〇〇)・8・13 〔年齢〕43 〔父〕西洞院時名 〔母〕従五位下安藤次由女 〔公卿補任〕5—21上

信順 のぶあや 一七八七—一八二一

天明7(一七八七)・2・1誕生、天明9・1・10従五位下、寛政9(一七九七)・12・2元服、昇殿、肥後権守、従五位上、寛政11・12・22正五位下、寛政12・8・13服解(父)、10・4除服出仕復任、享和2(一八〇二)・1・14従四位下、文化2(一八〇五)・1・5従四位上、文化3・2・25少納言、3・1兼侍従、3・19拝賀、文化5・1・17正四位下、文化8・7・10〔従三位〕、文化10・1・28出家

〔死没〕文政4(一八二一)・8・4 〔年齢〕35 〔父〕西洞院信庸 〔母〕久我信通二女従子 〔法名〕田浄観月 〔公卿補任〕5—208上

信堅 のぶかた 一八〇四—九一

文化1(一八〇四)・10・2誕生、文化7・12・21従五位下、文化13・11・5元服、昇殿、甲斐権守、従五位上、文政1(一八一八)・12・19正五位下、文政4・2・30従四位下、文政5・8・10侍従、文政7・2・13〈去正五分〉従四位上、文政9・1・30少納言(侍従如故)、3・7拝賀、文政10・1・5正四位下、文政13・閏3・24〔従三位〕、天保4(一八三三)・1・5正三位、天保11・12・20賜太上天皇御服、弘化1(一八四四)・10・5左兵衛督、慶応4(一八六八)・2・2参議、8・22辞両官、権中納言

〔死没〕明治24(一八九一)・12・4 〔年齢〕88 〔父〕西洞院信順 〔母〕家女房 〔公卿補任〕5—337下

平家(絶家)1

清盛 きよもり 一一一八—八一

大治4(一一二九)・1・6五位(齋院御給、元院非蔵人)、1・24左兵衛佐、大治6・1・5従五位上(労)、長承4(一一三五)・1・5正五位下、8・21従四位下(父忠盛搦進海賊賞、兵衛佐如元)、保延2(一一三六)・4・7中務大輔(-・-・-〔「父」く〕譲)、保延3・1・30兼肥後守(造進熊野本宮賞)、保延6・11・14〈「17日」くし〉従四位上(中宮自小六条行啓三条殿賞)、久安2(一一四六)・2・1正四位下(朝覲行幸賞、院御給)、2・2安芸守(兼大輔)、保元1(一一五六)・7・11播磨守(元安藝守、勲功)、保元3・8・10大宰大弐、永暦1(一一六〇)・6・20正三位(二階、元正四下、太宰大弐如元、行幸六波羅賞)、8・11参議(大弐如元)、9・2右衛門督、12・30辞大弐、永暦2・1・23近江権守、別当、9・13権中納言、応保2(一一六二)・1・9被下督別当辞書、閏2・9督別当如旧之由宣下、4・7兼皇太后宮権大夫、8・20従二位、9・-又辞督別当、10・3勅授、長寛3(一一六五)・1・23兼兵部卿、永万1(一一六五)・8・17権大納言、永万2・6・6正二位、仁安1(一一六六)・10・1〈10日カ〉春宮大夫、11・11内大臣、仁安2・2・11太政大臣、従一位、5・17上表、5・-辞太政大臣幷兵仗輦車、8・10賜官符、仁安3・2・11出家、治承4(一一八〇)・6・10准三宮宣旨、治承5・閏2・4薨去

平家

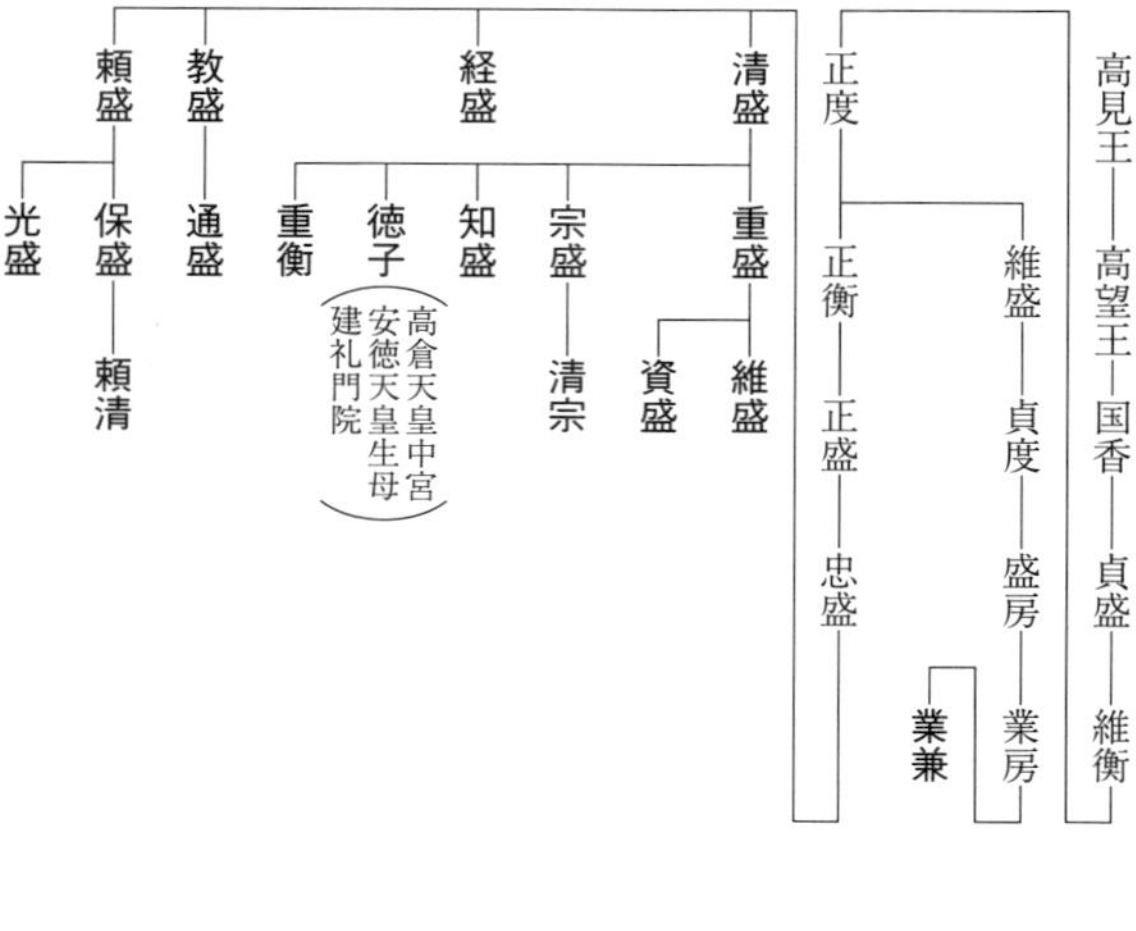

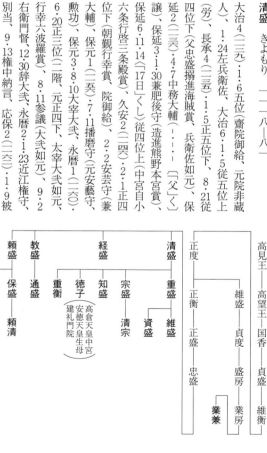

［死没］養和1（一一八一）・閏2・4　［年齢］64　［父］平忠盛、一男　［号］六波羅太政大臣・平相国　［法名］清蓮・浄海　［公卿補任］1―450上

頼盛　よりもり　一一三一―八六

久安2（一一四六）・4・11皇后宮権少進、久安3・8・23蔵人、10・14〈くし〉従五位下（無品統子内親王久安元未給）、久安5・6・4常陸介、久安6・10・2従五位上（美福門院金泥一切経供養行事賞）、仁平3（一一五三）・1・5正五位下（美福門院御給、下名加）、保元1（一一五六）・閏9・22安芸守、保元2・1・24兼右兵衛佐、10・22従四位下（造貞観殿賞）、10・27中務権大輔、保元3・8・10兼常陸介、10・3三川守（兼）、11・26従四位上、平治1（一一五九）・12・27兼尾張守（勲功）、永暦3・2・28〈2年カ〉正四下、4・7兼太皇大后宮亮、応保1（一一六一）・10・29右馬頭（兼、権大輔亮守如元）、応保2・4・7兼内蔵頭（右馬頭大宮亮尾張守如元）、7・17修理大夫（去右馬頭内蔵頭、亮守等如元）、応保3・1・24辞尾張守、以男保盛申任越前守、永万2（一一六六）・7・15兼大宰大弐、仁安1（一一六六）・8・27従三位（赴任賞）、修理大夫太宰大弐如元、10・8赴任、10・21兼皇太后宮権大夫（両官如元）、仁安2・1・28正三位、4・17依召自西府上洛、仁安3・3・-〈11日カ〉止権大夫、7・3右兵衛督、10・18参議、11・28解却所職、嘉応1（一一六九）・11・16本座、12・30還任、嘉応2・1・18尾張権守、7・26右兵衛督、承安5（一一七五）・1・22遠江権守、安元2（一一七六）・12・5権中納言、治承3（一一七九）・1・19左兵衛督、10・9右衛門督、11・17止督、治承4・1・23被聴出仕、4・21従二位、6・4正二位、養和2（一一八二）・3・8兼陸奥出羽按察使、寿永1（一一八二）・10・3中納言、寿永2・4・5権大納言、4・9更任按察使、8・6解官、10・19向関東、元暦1（一一八四）・5・-自関東入洛、6・5還任、12・20辞退、12・29本座、元暦2・5・29出家、文治2（一一八六）・6・2薨去

［死没］文治2（一一八六）・6・2　［年齢］55　［父］平忠盛、五男　［母］従四位上修理権大夫藤原宗兼女（池禅尼）　［公卿補任］1―462下　［大日本史料］4―1―421、4―16―補10

教盛　のりもり　一一二八―八五

久安4（一一四八）・1・28左近将監（府奏、院判官代）、2・5蔵人、4・26叙爵（前大宮合爵）、仁平1（一一五一）・2・2淡路守（蔵人巡、父忠盛辞播守任、越上臈数十人）、仁平3・1・5従五位上（新院御給）、保元2（一一五七）・10・22正五位下（造陰明門功）、保元3・4・2兼左馬権頭、12・29遷大和守（権頭如元）、保元4・1・3従四位下（行幸院判官代）、平治1（一一五九）・12・27遷越中守（勲功、権頭如元）、永暦1（一一六〇）・1・21遷常陸介（権頭如元）、6・3従四位上（兄清盛朝臣追討肥前国住人通能賞）、10・11正四位下（行幸院、院司）、応保1（一一六一）・9・15解却所職、応保2・7・17能登守（募申可進御祈（「料」く）米一万石之由）、長寛2（一一六四）・2・8兼内蔵頭、永万1（一一六五）・12・2辞能登守、以男通盛申任常陸介、仁安1（一一六六）・10・10兼春宮亮、仁安3・2・19止亮（践祚）、蔵人頭、8・10参議（元蔵人頭内蔵頭）、8・12正三位（坊官賞、一階、超親範家通実綱）、仁安4・1・11（「16日」く）兼丹波権守、承安4（一一七四）・1・21丹波権守、養和1（一一八一）・12・4権中納言、養和2・3・8〈くし〉従二位、寿永2（一一八三）・4・5転中納言、8・26解官

［死没］文治1（一一八五）・3・24　［年齢］58　［父］平忠盛、三男　［母］正四位下皇大后宮権大夫藤原家隆女　［公卿補任］1―466下

経盛　つねもり　一一二四―八五

久安6（一一五〇）・6・25叙爵（前大宮康治元（「二年」く）未給）、保元1（一一五六）・9・17安芸守（兄清盛朝臣申任之）、閏9・22遷常陸介、保元2・10・22従五位上（造淑景舎（「造内裏国司淑景舎」く））、保元3・8・10辞介、平治1（一一五九）・12・27伊賀守（勲功）、永暦1（一一六〇）・4・3正五位下（皇寿門院御給）、4・7兼大宮権大進、8・14従四位下（上西門院御給）、応保1（一一六一）・9・15左馬権頭（教盛解官替〈く〉）、10・8従四位上（自東三條遷高倉第賞）、10・19若狭守（権頭如元）、応保2・7・17転大宮亮（権頭守如元）、長寛1（一一六三）・12・20〈くし〉正四位下（上西門院未給）、永万1（一一六五）・10・2（「21日」原イ及

く〉以左馬権頭譲男経正、永万2・1・12重任、仁安3(一一六八)・8・12内蔵頭(亮守如元)、嘉応2(一一七〇)・1・18守秩満、以猶子経光申任之〈し〉、12・30従三位(大宮亮如元)、元内蔵頭、嘉応3・1・18讃岐権守、安元2(一一七六)・2・5止亮、安元3・1・24正三位、治承2(一一七八)・1・28大宮権大夫、治承3・11・17兼修理大夫、養和1(一一八一)・12・4参議、養和2・3・8兼備中権守、寿永2(一一八三)・8・6解官

[死没]文治1(一一八五)・3・24　[年齢]62　[父]平忠盛　[母]正四位下左近衛少将源信雅女　[公卿補任]1―472下

重盛　しげもり　一一三八―七九

久安6(一一五〇)・12・30蔵人(元一院蔵人)、久安7・1・1五位(善子内親王未給)、久寿2(一一五五)・7・22中務少輔、保元2(一一五七)・1・24従五位上(清盛朝臣召進忠貞賞)、9・19権大輔、10・22正五位下(清盛朝臣造仁寿殿譲)、10・27左衛門佐、保元3・8・10兼遠江守、平治1(一一五九)・12・27伊与守(勲功、佐如元)、平治2・1・6四位(院当年御給)、永暦1(一一六〇)・1・27左馬頭(兼)、10・11従四位上(朝覲行幸、院司)、11・30内蔵頭(左馬如元)、応保2(一一六二)・1・5正四位下(清盛卿〈「朝臣」く〉平野大原野行幸行事賞)、1・27辞内蔵頭、10・28右兵衛督(元左馬頭)、応保3・1・5従三位(臨時、右兵衛督元)、長寛2(一一六四)・2・17正三位、長寛3・5・9参議、永万2(一一六六)・1・12近江権守、4・6転左兵衛督、7・15権中納言、転右衛門督、仁安1(一一六六)・9・15次第司御前長官、12・2春宮大夫、仁安2・1・28従二位、2・11権大納言、-・-帯剣、仁安3・2・19止大夫、12・13辞退(権大納言)、仁安4・1・5〈「6日」く〉正二位、嘉応2(一一七〇)・4・21更任権大納言、12・30重辞之、嘉応3・1・11本座、承安1(一一七一)・12・8更任権大納言、承安4・7・8右大将、安元1(一一七五)・11・28転任大納言、安元3・1・24左大将、3・5内大臣、6・5辞大将、治承2(一一七八)・2・8辞退(内大臣)、6・-返給上表、治承3・3・11上表、7・28出家、8・1薨去

[死没]治承3(一一七九)・8・1　[年齢]42　[父]平清盛、一男　[母]右近将監高階基章女　[号]小松内大臣　[公卿補任]1―454下

宗盛　むねもり　一一四七―八五

保元2(一一五七)・10・22叙爵、平治1(一一五九)・12・27遠江守(勲功)、永暦1(一一六〇)・1・21遷淡路守、4・3兼権右兵衛〈「権」原イ及く〉佐、永暦2・1・27従五位上〈「行幸院賞」くし〉〈くし〉、応保2(一一六二)・1・27〈くし〉遷左兵衛佐(守如元)、10・28遷左馬頭(守如元)、長寛1(一一六三)・12・20遷美作守(頭如元)、長寛2・11・18正五位下(朔旦加叙、臨時)、永万1(一一六五)・7・25従四位下(御即位、中宮御給)、永万2・8・27従四位上、仁安1(一一六六)・11・14正四位下(大賞倉叙位院御給〈くし〉)、12・30辞左馬頭、譲弟重衡、仁安2・1・7右中将(守如元)、1・9禁色、閏10・12〈「閏7月カ」〉止守、8・1参議、右中将如元、12・13従三位(白川院去保安元年未給、超上首三人)、仁安3・1・11兼越前権守、3・20兼皇太后宮権大夫、3・28正三位、9・7御禊次第司御後長官、嘉応1(一一六九)・4・12止大夫〈く〉、嘉応2・12・30権中納言、右衛門督、承安3(一一七三)・10・21〈「11月」く無恐衍〉従二位、安元1(一一七五)・-・-〔転左督カ〕、安元2・12・5辞権中納言、安元3・1・24還任(権中納言)、兼任右大将、治承2(一一七八)・1・4正二位、4・5権大納言、7・10辞大将、12・8今上一宮勅別当、12・15兼春宮大夫、治承3・1・-辞大夫、2・26辞権大納言並大将、寿永1(一一八二)・9・4還任権大納言、10・3内大臣、10・7賜左右近衛番長各一人近衛各四人為随身兵仗、寿永2・1・21従一位、2・27上表、8・6除名

[死没]文治1(一一八五)・6・21　[年齢]39　[父]平清盛、三男　[母]正五位下兵部権大輔平時信女　従二位時子　[公卿補任]1―464上

知盛　とももり　一一五二―八五

平治1(一一五九)・1・7蔵人(元院判官代)、1・21叙爵(中宮職去保元三-御給)、永暦1(一一六〇)・2・28武蔵守、応保2(一一六二)・9・28兼左兵衛権佐、長寛2(一一六四)・1・5従五位上(佐労)、仁安1(一一六六)・8・27正五位下(臨時)、10・10兼春

宮大進(今上立坊日)、10・21遷中務権大輔(去佐、大進守等如元)、2・11(仁安2年脱カ)従四下(少将守如元、去大進〈くし〉)、同12・30止守、以平知重任之、仁安3・1・6従四位上(従三位平盛子当年御給)、2・19新帝昇殿、3・23転中将(「権中将」く)、8・4正四位下(行幸院賞、院御給)、治承1(一一七七)・1・24従三位左中将如元、治承2・1・28兼丹波権守、治承3・1・19春宮権大夫、右兵衛督、8・-辞権大夫、9・5正三位、10・9遷兼左兵衛督、治承4・2・21止春宮権大夫、2・25補新院別当、-・-・-御厩別当、治承5・2・-辞督〈くし〉、3・26参議、-・-・-左兵衛督復任、養和1(一一八一)・9・23辞三木、養和2・3・8辞督、寿永1(一一八二)・10・3権中納言、10・6帯剣、11・23従二位、寿永2・8・6解官

[死没]文治1(一一八五)・3・24　[年齢]34　[父]平清盛、四男　[母]正五位下兵部権大輔平時信女従二位時子　[公卿補任]1―486上

通盛　みちもり　?―一一八四

平治2(一一六〇)・1・16補蔵人(本名公盛)、2・17従五位下(中宮去年大嘗会御給)、長寛2(一一六四)・1・23中務大輔(元散位)、永万1(一一六五)・10・2兼常陸介(教盛朝臣辞能登守申任)、12・30従五位上、仁安1(一一六六)・10・21兼左兵衛佐(常陸介、元中務権大輔)、仁安3・3・15正五位下、5・13遷能登守(佐如元、元常陸介)、8・4従四位下(朝覲行幸賞、院判官代)、承安2(一一七二)・1・19従四位上(朝覲行幸、建春門院御給)、3・29正四位下(日吉行幸行事三木教盛卿譲)、安元2(一一七六)・1・20遷越前守(元能登守)、治承3(一一七九)・10・9遷能登守(元越前)、10・21兼中宮亮、11・18更任越前守(停藤原季能)、養和1(一一八一)・8・15辞越前守、以舎弟前近江守親房任之、寿永2(一一八三)・2・21従三位(行幸院賞、建礼門院別当)、8・6除名依赴西海也

[死没]寿永3(一一八四)・2・7　[父]平教盛　[母]従四位下下野守藤原資憲女　[前名]公盛　[公卿補任]1―504上

重衡　しげひら　一一五七―八五

応保2(一一六二)・12・23従五位下(除目次、臨時)、応保3・1・24尾張守(頼盛朝臣名替)、仁安1(一一六六)・11・18従五位上(大嘗会、中宮御給)、12・30左馬頭(去尾張守)、仁安3・1・6正五位下(春宮朝覲行啓大上皇御在所賞、母儀従三位平滋子給)、8・4従四位下(天皇始行幸太上皇御所賞之次、臨時叙之)、嘉応3(一一七一)・1・6従四位上(建春門院当年御給)、承安2(一一七二)・2・10兼任中宮亮(立后日)、2・17正四位下(本宮立后之後始入内賞)、治承2(一一七八)・12・15遷兼春宮亮(去中宮亮、左馬頭如元)、治承3・1・19左近権中将(去左馬頭)、1・22賜春宮亮兼字(下名之次)、12・14辞中将(亮如元)、治承4・1・28補蔵人頭(元本官)、2・21更新帝頭(止春宮亮、依践祚也)、治承5・閏2・-〈旧〉服解(父入道大相国)、5・16〈26日カ〉従三位、元蔵人頭、5・26還任左近衛権中将、寿永1(一一八二)・3・8兼但馬権守、寿永2・1・7正三位、8・6解官

[死没]文治1(一一八五)・6・23　[年齢]29　[父]平清盛、五男　[母]正五位下兵部大輔平時信女従二位時子　[公卿補任]1―497上

保盛　やすもり

応保2(一一六二)・10・9叙位(上西門院保元二年御給)、長寛1(一一六三)・1・24右兵衛佐並越前守、永万1(一一六五)・1・5従五位上、仁安1(一一六六)・12・20尾張守(佐如元)、仁安2・閏7・12昇殿、仁安3・1・11正五位下、嘉応2(一一七〇)・12・5遷左衛門佐、承安3(一一七三)・1・21従四位下(左衛門佐如元)、治承2(一一七八)・1・5従四位上(八条院御給)、12・30中宮亮、寿永1(一一八二)・11・23正四位下、承元3(一二〇九)・1・5従三位、承元4・12・17正三位、建暦1(一二一一)・8・14出家

[父]平頼盛、一男　[公卿補任]1―573上　[大日本史料]4―11―186

資盛　すけもり

仁安1(一一六六)・11・21従五位下、12・30越前守、仁安4・1・5従五位上(皇太后宮当年御給)、嘉応3(一一七一)・4・7重任、承安4(一一七四)・12・4

兼侍従、承安5・1・22得替、安元1(一一七五)・12・8正五位下、治承2(一一七八)・12・24右権少将(元侍従)、治承3・1・2従四位下(行幸院賞、上西門院御給)、治承4・4・8従四位上(新院御幸福原賞)、治承5・5・26正四位下(上西門院当年御給)、養和1(一一八一)・10・12辞右権少将、10・29右権中将、寿永2(一一八三)・1・22補蔵人頭、7・3従三位、元蔵人頭、右中将如元、8・6解官依赴西海也〈く〉

[死没]元暦2(一一八五)・3・24 [父]平重盛 [母]下野守藤原親方女 [公卿補任]1―505上

維盛 これもり

仁安2(一一六七)・2・7従五位下(春宮当年御給)、美乃権守、仁安4・1・5従五位上(皇后宮去年大嘗会御給)、嘉応2(一一七〇)・12・30右近権少将(父卿辞大納言申任之)、嘉応3・1・18兼丹波権介、4・7正五位下(臨時)、承安2(一一七二)・2・10兼中宮権亮(立后日)、承安3・3・9従四位下(臨時、少将如元)、安元2(一一七六)・1・30兼伊予権介(労)、12・5従四位上(臨時)、治承2(一一七八)・12・15兼春宮権亮(止中宮権亮)、12・28正四位下(春宮始御入内賞)、-・-・-被聴禁色、治承4・2・21止春宮権亮(御譲位)、4・27昇殿(御譲位日依父公服暇不聴昇殿)、治承5・6・10転任権中将、補蔵人頭(一人除目)、養和1(一一八一)・12・4従三位、元蔵人頭右近中将、中将如元、頭労七ヶ月、寿永1(一一八二)・3・8伊与権守、寿永2・8・6解官

[父]平重盛、一男 [公卿補任]1―497下

清宗 きよむね 一一七一―八五?

承安2(一一七二)・1・5従五位下(建春門当年御給)、-・-・-元服(於一院御所加之)、内昇殿、即〔「被」〈く〉〕聴禁色雑袍、承安3・1・5従五位上(中宮当年給)、承安4・1・23侍従(剰闕)、安元2(一一七六)・1・5正五位下(中宮当年御給)、治承2(一一七八)・1・28兼備前介(侍従労)、治承3・1・3従四位下(朝覲行幸賞、院御給、侍従如元)、12・16従四位上(春宮行啓入道相国八条亭賞、治承4・5・30従三位、侍従如元(二階)、元従四上(父卿追討源以光並頼政卿法師等賞)、寿永1(一一八二)・4・9正三位、寿永2・1・22右衛門督、8・6解官

[年齢]15カ [父]平宗盛、一男 [母]正五位下兵部大輔平時信女 [公卿補任]1―493上

光盛 みつもり 一一七二―一二二九

安元2(一一七六)・1・30叙爵(八条院安元元年御給)、治承2(一一七八)・1・28従五位上(八条院御給)、治承3・1・19侍従、養和1(一一八一)・4・10正五位下(自権中納言平朝臣八条第行幸閑院賞)、寿永2(一一八三)・1・22讃岐介、8・7解官、元暦1(一一八四)・6・5遷任〔還任カ〕、12・20右少将、文治1(一一八五)・1・6従四位下、6・29備前守、文治3・1・23復任、文治4・1・24従四位上(八条院御給)、建久2(一一九一)・1・5正四位下、建久5・1・30辞少将、元久2(一二〇五)・1・29従三位、承元5(一二一一)・1・5正三位、承久4(一二二二)・1・6従二位、安貞3(一二二九)・1・19出家、寛喜1(一二二九)・7・20薨去

[死没]寛喜1(一二二九)・7・20 [年齢]58 [父]平頼盛、二男 [母]寛雅法師女(八条院女房大納言) [公卿補任]1―560下 [大日本史料]5―5―212

業兼 なりかね

寿永2(一一八三)・1・26大膳亮、文治1(一一八五)・1・20叙爵、美乃守、文治2・1・5従五位上、11・27民部権大輔、文治5・1・5正五位下、建久3(一一九二)・1・5従四位下、建久6・12・9従四位上(罷民部少輔(権大輔カ)叙之)、建久9・1・5正四位下、建仁2(一二〇二)・閏10・24治部卿、元久2(一二〇五)・1・29従三位、治部卿如元、承元3(一二〇九)・1・13辞卿、5・13出家

[父]平業房 [母]澄雲女従二位高階栄子 [前名]業隆 [公卿補任]1―561上 [大日本史料]4―10―569

頼清 よりきよ ?―一二六六?

建長7(一二五五)・1・7〔従三位〕、元右馬頭、文永3(一二六六)・-・-薨去カ

[死没]文永3(一二六六)カ [父]平保盛 [公卿補任]2―166下

平家（絶家）2

範家　のりいえ　一一一四―六一

大治5（一一三〇）・11・29補蔵人、前白河院蔵人、待賢門院判官代、大治6・4・19従五位下、長承3（一一三四）・2・22治部少輔（元散位）、閏12・30兼相模守（父実親辞任国淡路守申任）、保延5（一一三九）・8・17補春宮権大進、保延7・1・6従五位上（加輔労少々〔「少輔労」し〕）、永治1（一一四一）・12・2辞相模守、12・26正五位下（坊官）、補五位蔵人、天養2（一一四五）・4・15木工頭、久安3（一一四七）・1・28兼勘解由次官、木工頭如元（下名加）、久安4・10・13右少弁（木工頭如元）、久安6・4・28転左少弁、10・20兼右衛門権佐（三事）、仁平2（一一五二）・8・28辞右衛門権佐（以男親範申任勘解由次官）、久寿1（一一五四）・12・28転権右中弁（元左少）、久寿2・1・6従四位下2・-直物（被付兼字）、（弁労、末公文）、久寿3・4・6転右中弁、保元1（一一五六）・9・13補蔵人頭、9・17転右大弁（兼木工頭如元）、従四位上（祖父時範朝臣尊勝寺行事賞）、11・28正四位下（臨時、除目次）、保元2・9・9辞右大弁、以男親範申任右少弁、10・27従三位（臨時）、元蔵人頭木工頭、保元4・3・13出家、応保1（一一六一）・9・7薨去

〔死没〕応保1（一一六一）・9・7　〔年齢〕48　〔父〕平実親、一男　〔母〕参議従三位藤原為隆女　〔公卿補任〕1―440下

親範　ちかのり　一一三七―一二二〇

久安1（一一四五）・11・21蔵人（元鳥羽院判官代）、12・30叙爵（前女御基子未給）、久安4・1・28伯耆守、仁平2（一一五二）・8・28勘次官（父辞延尉申之）、久寿2（一一五五）・1・5従五位上（院御給）、久寿3・1・27停伯耆、保元2（一一五七）・1・24補蔵人、8・21右少弁（父辞右大辞申之）、10・22正五位下（造宮賞、伯耆守仲経譲）、保元3・2・3皇后宮大進、2・21左少弁、8・5正五位上（臨時）、8・10権右中弁、8・11新帝蔵人、11・26右中弁、即四位（白川〔「河」くし〕院去保安四未給）、平治1（一一五九）・2・13止大進（院号）、永暦1（一一六〇）・8・27従四位上（八幡賀茂行幸行事）、10・3左中弁、応保1（一一六一）・10・21正四位下（松尾北野行幸行事）、長寛1（一一六三）・9・7服解（父）、12・20復任、長寛2・1・21蔵人頭（重服間也）、永万1（一一六五）・1・23参議（元蔵人頭左中弁）、永万2・1・12讃岐権守、仁安3（一一六八）・3・11従三位、嘉応3（一一七一）・1・18近江権守、4・7民部卿、承安1（一一七一）・4・27正三位、承安4・6・5出家、承久2（一二二〇）・9・28薨去

〔死没〕承久2（一二二〇）・9・28　〔年齢〕84　〔父〕平範家、一男　〔母〕正二位権中納言藤原清隆女　〔号〕毘沙門堂民部入道・円智坊・想蓮坊　〔公卿補任〕1―457下　〔大日本史料〕4―15―625

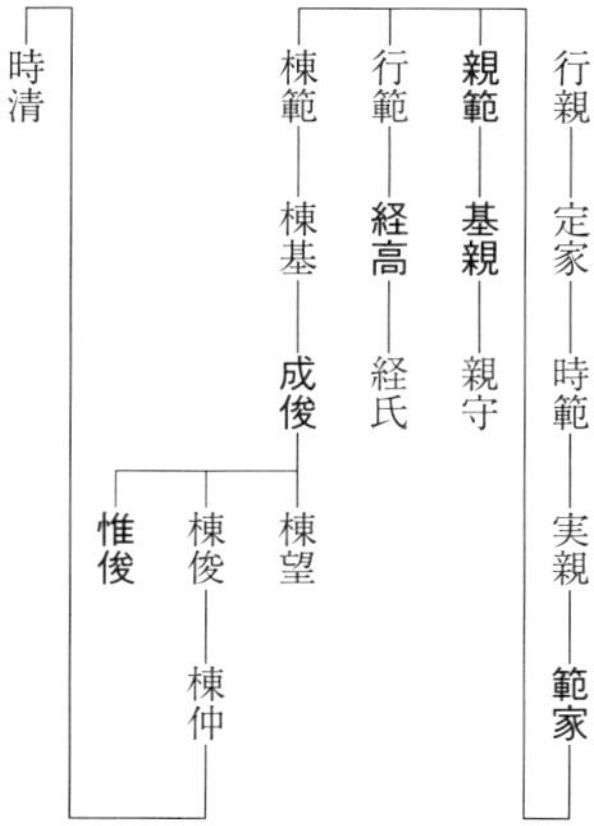

基親　もとちか

保元3（一一五八）・1・-〔「7日」くし〕補蔵人（元所雑色）、1・16叙爵（前女御基子給）、4・2出雲守、平治1（一一五九）・閏5・28遷伯耆守、元出雲守〔く〕）、永暦1（一一六〇）・4・7従五位上（父八省行事賞）、永万2（一一六六）・8・27得替、仁安2（一一六七）・1・30勘次官（元伯耆守〔く〕）、仁安3・8・4正五位下（朝覲行幸賞、院司判官代）、承安2（一一七二）・2・10中宮大進（徳子册命日）、安元1（一一七五）・12・8補蔵人（次官）、治承3（一一七九）・10・9右少弁（蔵人中宮大進如元）、11・17解官（依入道太政大臣訴也）、寿永2（一一八三）・12・10還任右少弁、元暦1（一一八四）・9・18左少弁、文治1（一一八五）・12・29権右中弁、文治2・2・30従四位下、12・15右中弁、文治3・9・15〔「修理」く〕

右宮城使、文治4・1・6従四位上、10・14右大弁、文治5・1・5正四位下(父卿応保二造二条内裡行事賞)、7・10転左大弁、建久1(一一九〇)・10・27従三位、元左大弁、今日兵部卿、建永1(一二〇六)・―・―出家

[父]平親範、一男 [母]若狭守従五位下高階泰重女 [公卿補任]1―523上 [大日本史料]4―9―400

経高 つねたか 一一八〇―一二五五

文治3(一一八七)・5・4大舎人助(于時経房卿猶子云々)、文治6・1・24五位(皇太后給〔「令」や〕、于時平)、建久2(一一九一)・2・1紀伊守、建久6・2・2重任、建久9・1・5従五位上(後白川院承安四〔や無〕)、建久10・10・―皇后宮権大進、建仁3(一二〇三)・1・13正五位下〈や〉、元久1(一二〇四)・10・26春宮権大進、元久2・4・10右衛門権佐(権大進如元)、承元3(一二〇九)・4・14蔵人(佐大進)、承元5・1・18右少弁(去佐)、建暦1(一二一一)・9・8左少弁、10・12権右中弁、10・19四位、建保2(一二一四)・1・5従四位上、12・1右中弁、建保4・1・5正四位下(春日行幸)、建保6・1・13左中弁、12・12左宮城使、建保7・1・23右大弁、承久2(一二二〇)・1・22蔵人頭(去弁)、3・22宮内卿承久3・1・―服解(父)、4・16止頭(依譲位也)、貞応2(一二二三)・2・25兼中宮亮(立后)、元仁1(一二二四)・12・21従三位宮内卿並中宮亮如元、前蔵人頭、嘉禄2(一二二六)・1・23参議、2・23本座、嘉禄3・1・26兼備前権守、安貞2(一二二八)・3・20正三位、寛喜4(一二三二)・1・30近江権守、2・7従二位、文暦2(一二三五)・1・23辞参議、嘉禎4(一二三八)・1・5正二位、延応2(一二四〇)・1・30民部卿、建長2(一二五〇)・9・16止卿、建長7・6・―薨去

[死没]建長7(一二五五)・6 [年齢]76 [父]平行範 [前名]時平 [日記]平戸記(一一九六―一二四六) [公卿補任]2―53上

成俊 なりとし 一二一七―九二

嘉禎3(一二三七)・1・24豊後守、叙爵(于時藤原、散位定俊為子故也)、仁治4(一二四三)・1・5従五位上、寛元1(一二四三)・9・9春宮少進(于時平)、寛元2・3・6宮内少輔、宝治2(一二四八)・1・23勘次官、宝治3・10・29正五位下、建長3(一二五一)・3・16蔵人、建長6・1・13左少弁、建長8・2・22正五位上、正嘉1(一二五七)・11・9転権右中弁、従四位下、正嘉2・1・13右中弁、7・9従四位上、8・20右宮城使、正元1(一二五九)・1・6正四位下、4・17春宮亮、弘長1(一二六一)・2・8中宮亮、3・27左中弁、4・7補蔵人頭、8・20皇后宮亮、9・26左宮城使、弘長2・12・21参議(元蔵人頭左中弁皇后宮亮)、弘長3・1・28兼備前権守、文永1(一二六四)・6・2従三位、文永3・10・24辞退(参議)、文永5・1・7正三位、文永7・12・4従二位、文永8・10・13還任参議、建治2(一二七六)・4・16〈14日ともあり〉辞参議、建治3・9・13大宰大弐、弘安3(一二八〇)・1・5正二位、弘安6・4・―止帥歟、正応4(一二九一)・4・6権中納言、7・29辞退、8・―出家、正応5・閏6・28薨去

※建治元年より「伊与権守」

[死没]正応5(一二九二)・閏6・28 [年齢]76 [父]平棟基 [公卿補任]2―190下

惟俊 これとし

文永7(一二七〇)・8・14従五位下、文永12・1・6従五位上、1・18三河守、建治1(一二七五)・11・5兼春宮少進(立坊日)、弘安1(一二七八)・2・8止少進、正応2(一二八九)・12・15治部大輔、正応3・7・21正五位下、正応4・7・29勘解由次官、正応5・3・15従四位下、6・2止次官、正安1(一二九九)・6・6従四位上、嘉元1(一三〇三)・3・8正四位下、嘉元3・1・22従三位、元前勘解由次官前三川守、自関東挙申歟、将軍御乳父云々、延慶2(一三〇九)・9・26正三位

※元亨二年(一三二二)非参議正三位(正中二年(一三二五)条不見)

[父]平成俊 [公卿補任]2―382上

俊範 としのり

宝徳3(一四五一)・1・18従三位、大蔵卿、宝徳4・3・23兼長門権守、―・―改俊範、享徳4(一四五五)・1・5正三位

※文明元年(一四六九)非参議正三位〔以後不見〕、

系譜不明であるが、成俊の親族と考えられるので便宜ここに収む。
［前名］有政　［号］堀河　［公卿補任］3―167下

平家（絶家）3

時忠　ときただ　一一三〇―八九

久安2（一一四六）・3・16非蔵人、久安3・1・7補蔵人、4・11大学助、11・14左兵衛尉、12・21左衛門尉（除目右、下名左）、久安4・1・28使宣旨、久安5・4・1叙爵（一品聴子内親王合爵）、保元2（一一五七）・9・9兵部権大輔、保元3・11・26従五位上、平治1（一一五九）・閏5・25刑部大輔、永暦1（一一六〇）・4・3右衛門権佐、即使宣旨、10・3兼右少弁、永暦2・4・1正五位下（前待賢門院大治五・未給）、9・15解官、応保2（一一六二）・6・23配流出雲国、永万1（一一六五）・9・14召返、永万2・3・27復本位、4・6左少弁（元前右少弁）、6・6右中弁、兼左衛門権佐、6・8使宣旨、6・19補蔵人、7・12（「修理」く）右宮城使、8・27従四位下、仁安1（一一六六）・11・3従四位上（東宮自東三条行啓土御門亭賞）、11・16蔵人頭、仁安2・1・5正四位下（臨時）、1・30転右大弁、2・11参議（元蔵人頭右大弁）、兼右兵衛督（去弁）、12・13従三位（鳥羽院未給）、12・16止位記（依申請也）、仁安3・1・11能登権守、2・17従三位、7・3右衛門督、別当、8・4正三位、8・10権中納言、8・12更兼右衛門督使別当、9・7御禊次第司御前長官、嘉応1（一一六九）・12・28解見任、－・－配流出雲国、嘉応2・2・6召返（未到配所〈く〉）、12・8〈「3月」原イく〉復本位、承安1（一一七一）・4・21更任（権中納言）、5・1帯剣、承安2・2・10中宮権大夫、承安4・1・11従二位、安元1（一一七五）・11・12〈12月カ〉右衛門督、－・－使別当、安元2・12・8辞別当、安元3・1・24遷任左督、治承2（一一七八）・7・26転任大夫、治承3・1・7正二位、1・19更為検別当、治承4・2・25新院別当、養和1（一一八一）・4・28進別当辞状、11・25止中宮大夫、養和2・5・5〈9月カ〉大嘗会御禊装束使長官、寿永1（一一八二）・10・3中納言、寿永2・1・22権大納言、8・16解官、文治5（一一八九）・2・24薨去〈東鏡〉
［死没］文治5（一一八九）・2・24　［年齢］60　［父］平時信、一男　［公卿補任］1―464上　［大日本史料］4―2―562

平家

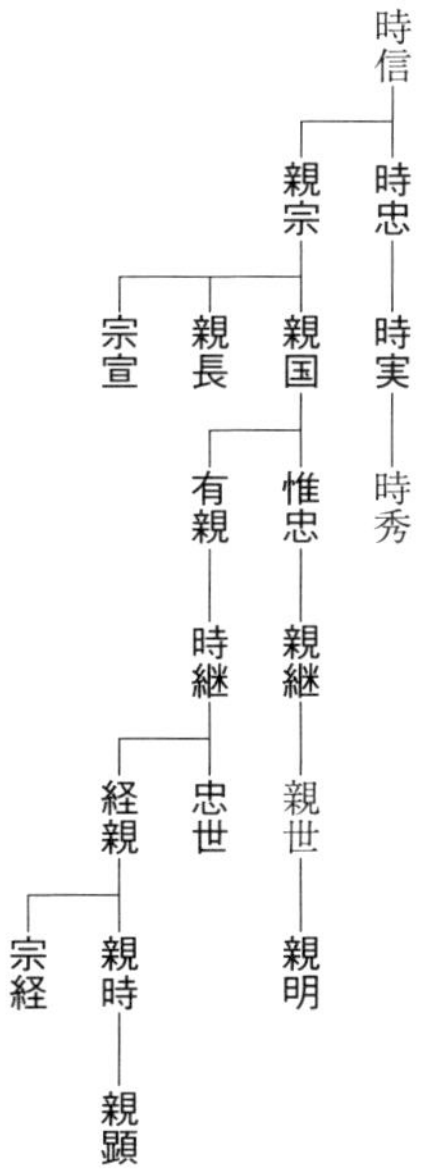

親宗　ちかむね　一一四四―九九

永暦1（一一六〇）・9・27補蔵人（元一院判官代）、10・22従五位下（蔵人）、永万2（一一六六）・4・6兵部権少輔（蔵人大夫（如元カ））、仁安2（一一六七）・1・28従五位上（朝覲行幸、院司）、2・7兼伯耆守、仁安3・3・20皇太后宮権大進、8・4正五位下（朝覲行幸、皇太后宮御給）、9・4辞兵部権少輔、仁安4・1・21停伯耆守、嘉応1（一一六九）・3・16勘解由次官、嘉応2・1・26讃岐守（次官如元）、7・26補蔵人（元讃岐守、勘解由次官如元）、承安2（一一七二）・2・23右少弁（元次官、蔵人如元）、承安3・8・18兼右衛門権佐（三司）、検非違使、安元1（一一七五）・12・8転権右中弁（元右少弁、超任日位階上臈兼光）、即従四位下、12・10為率分勾当、治承2（一一七八）・1・5従四位上（臨時）、治承3・10・9転右中弁（勾当如元）、10・21修理右宮城使、11・17解却、養和1（一一八一）・9・23左中弁（元前右中弁）、12・4転右大弁、即補蔵人頭、養和2・3・8正四位下（承安二年稲荷祇園行幸事賞)、寿永2(一一八三)・1・22参議元蔵人頭、右大弁如元、12・28解却両職、寿永3・3・27従三位、元暦1(一一八四)・9・18還任(参議)、元暦2・1・20讃岐権守、文治1(一一八五)・12・29解官、文治3・1・23還任(参議)、5・4左大弁、文治4・1・23兼丹波権守、文治5・1・5正三位、7・10権中納言、建久5(一一九四)・1・6従二位、建久9・9・12補大嘗会御禊装束司長官、10・16被止長官、正治1(一一九九)・1・5正二位、6・22中納言、7・17〈「27日」明月記〉薨去

[死没]正治1(一一九九)・7・17 [年齢]56 [父]平時信、二男 [母]正四位下大膳大夫藤原家範女 [日記]親宗卿記(一一八八―九〇) [公卿補任]1―502上 [大日本史料]4―6―225

時実 ときざね　一一五一―一二一三

仁安1(一一六六)・8・27叙位、今日越後守、仁安3・6・29計歴、8・4従五位上、嘉応1(一一六九)・4・28正五位下(朝覲行幸賞、建春門院御給)、12・30解任、嘉応2・7・26讃岐守、承安2(一一七二)・1・23左少将(守如元)、承安3・1・5従四位下(少将如元)、安元2(一一七六)・12・5従四位上、寿永1(一一八二)・3・28正四位下(臨時)、寿永2・4・9転中将、8・7解官、文治1(一一八五)・5・20配流周防国、文治5・閏4・15帰京、建暦1(一二一一)・7・28従三位、建暦3・1・28薨去

[死没]建暦3(一二一三)・1・28 [年齢]63 [父]平時忠、一男 [公卿補任]2―5上 [大日本史料]4―12―255

親国 ちかくに　?―一二〇八

嘉応2(一一七〇)・12・29叙位、今日任伊賀守、承安1(一一七一)・1・18遷阿波守、安元2(一一七六)・12・5従五位上、治承1(一一七七)・6・28加賀守、養和1(一一八一)・10・28治部大輔、寿永1(一一八二)・12・7勘解由次官、寿永2・1・5正五位下、建久1(一一九〇)・1・24補蔵人、建久6・11・12権右少弁、12・9転右少弁、建久9・3・5皇后宮大進、12・9転左少弁、建仁1(一二〇一)・8・19転右中弁、12・22従四位下(皇后宮建久九年御即位御給)、建仁2・閏10・24兼修理右宮城使、元久1(一二〇四)・1・5正四位下、4・12遷皇后宮亮、補蔵人頭、建永1(一二〇六)・10・20従三位(元蔵人頭皇后宮亮)、承元2(一二〇八)・1・7薨去

[死没]承元2(一二〇八)・1・7 [父]平親宗、一男 [前名]範国 [公卿補任]1―564上 [大日本史料]4―9―934

親長 ちかなが

安元2(一一七六)・2・18五位(新院嘉応二御給、名字親季)、寿永2(一一八三)・8・16越中守、11・28解官、元暦1(一一八四)・3・17還任、文治1(一一八五)・12・29止守、建久1(一一九〇)・1・24上総介(改名親長)、建久4・8・25治部権大輔、建久5・1・6正五位下(七条院)、正治1(一一九九)・1・23右衛門権佐(即使)、9・23復任(父)、建仁1(一二〇一)・8・19転左佐、元久1(一二〇四)・-・-解官、建暦1(一二一一)・9・8木工頭、建暦2・1・7四位、1・9止位記、承久1(一二一九)・9・20中宮大進、承久3・8・29蔵人、貞応1(一二二二)・4・13右少弁、12・21左少弁、元仁1(一二二四)・2・29四位、10・16権右中弁、嘉禄1(一二二五)・7・6転右中弁、12・22左中弁、嘉禄2・7・5従四位上(臨時)、7・27兼左宮城使、安貞2(一二二八)・1・5正四位下(臨時)、10・4蔵人頭(止弁)、10・21治部卿、寛喜2(一二三〇)・閏1・4従三位(元蔵人頭)、治部卿如元、寛喜4・1・10〈「13日」イや〉正三位、天福1(一二三三)・5・24出家

[父]平親宗、二男 [前名]親季 [法名]真智 [日記]親長卿記 [公卿補任]2―72下 [大日本史料]5―9―10

宗宣 むねのぶ　一一七七―一二三一

文治3(一一八七)・4・25従五位下(女御琮子)、建久5(一一九四)・1・30和泉守、9・22〈や〉従五位上(興福寺供養)、建久7・1・28兼少納言、建久9・10・-止吏務(春日神人訴)、12・16流播磨国、建仁1(一二〇一)・3・13召返、建仁2・閏10・24兵部大輔、復本位、建仁3・1・7正五位下(止大輔叙之)、1・13還任少納言、建仁4・1・13遷宮内少輔、1・29勘次官(改信字為宣)、建暦1(一二一一)・9・8蔵人、建保2(一二一四)・12・30除籍止蔵人(昨日於殿上兼〈為カ〉中宮大夫兼隆被陵礫之故云云)、建保6・3・6四位、承久3(一二二一)・

閏10・18修理権大夫、11・16従四位上(臨時)、貞応1(一二二二)・10・16正四位下(止権大夫)、安貞2(一二二八)・2・1従三位(元前修理権大夫辞下総国叙之〈ヤ〉)、寛喜3(一二三一)・1・14〈「11日」明月記〉出家、5・17〈「11日」分脈〉薨去

[死没]寛喜3(一二三一)・5・17 [年齢]55 [父]平親宗、三男 [前名]宗信 [日記]宗信卿記 [公卿補任]2―67上 [大日本史料]5―6―575

有親 ありちか 一一九三―一二六一

建仁1(一二〇一)・1・6叙位(女御琮子給)、12・22皇后宮少進、建仁2・4・15転権大進、建仁3・12・28復任、建保3(一二一五)・4・11中宮権大進、建保4・1・5従五位上(簡一)、3・28辞権大進、承久3(一二二一)・8・29勘次官、閏10・-蔵人、貞応1(一二二二)・4・13正五位下、貞応3・1・23但馬介(次官労)、嘉禄1(一二二五)・7・6右少弁、12・22権右中弁、嘉禄2・1・5従四位下、嘉禄3・10・4左中弁、12・25従四位上、安貞2(一二二八)・2・1武蔵介(装束使労)、2・7左宮城使、寛喜2(一二三〇)・2・23正四位下、寛喜3・3・25遷内蔵頭、補蔵人頭、10・28兼春宮亮、貞永1(一二三二)・12・15参議(元蔵人頭内蔵頭)、本名知親、貞永2・1・24備中権守、天福1(一二三三)・12・15従三位、嘉禎1(一二三五)・11・19正三位、嘉禎4・1・22備中権守(「備前権守」当作)、閏2・27辞参議、6・20従二位、延応2(一二四〇)・6・14出家、文応2(一二六一)・1・4薨去

[死没]文応2(一二六一)・1・4 [年齢]69 [父]平親国、二男 [母]正二位権中納言藤原光隆女 [前名]知親 [法名]真浄 [公卿補任]2―77下

惟忠 これただ 一一八七―一二六三

-・-・-叙爵、承久4(一二二二)・1・29従五位上(嘉陽門院当年御給)、貞応1(一二二二)・8・28少納言、嘉禄3(一二二七)・1・5正五位下、寛喜1(一二二九)・9・5斎宮寮頭、天福1(一二三三)・6・20皇后宮権大進、嘉禎2(一二三六)・12・29転大進、嘉禎4・3・7従四位下、暦仁1(一二三八)・12・30備中守、暦仁2・1・5従四位上(嘉陽門院当年御給)、仁治1(一二四〇)・10・24修理権大夫、仁治2・1・5正四位下(式乾門院当年御給)、仁治3・3・7内蔵頭、12・25兼摂津守、寛元4(一二四六)・2・23遷大宰大弐、11・23従三位(院御給)、大宰大貳如元、建長3(一二五一)・1・22参議、12・22正三位、建長4・12・4辞参議、建長6・1・5従二位、8・9大蔵卿、正嘉1(一二五七)・9・8正二位、弘長3(一二六三)・1・21薨去

[死没]弘長3(一二六三)・1・21 [年齢]77 [父]平親国 [公卿補任]2―134下

親継 ちかつぐ ?―一二六五

安貞3(一二二九)・1・5叙爵、寛喜2(一二三〇)・閏1・4薩摩守、9・5伊世守、文暦2(一二三五)・6・17若狭守、嘉禎2(一二三六)・2・30皇后宮少進、嘉禎3・4・21従五位上(皇后宮当年御給)、延応1(一二三九)・8・19斎宮寮頭、仁治3(一二四二)・1・5正五位下、寛元2(一二四四)・1・23左衛門佐、7・16丹波守、宝治3(一二四九)・3・11辞佐、建長4(一二五二)・12・4左衛門権佐、即蒙使宣旨、正嘉1(一二五七)・11・9内蔵頭、従四位下、正嘉2・11・6従四位上、正元1(一二五九)・4・17正四位下、弘長2(一二六二)・12・16従三位(元内蔵頭)、文永2(一二六五)・-・-薨去

[死没]文永2(一二六五) [父]平惟忠、一男 [公卿補任]2―193下

時継 ときつぐ 一二二二―九四

建長4(一二五二)・12・4補蔵人頭〈つ〉、元正四位下治部卿〈つ〉、建長7・2・2参議、元蔵人頭宮内卿、正嘉1(一二五七)・11・10正三位、文応1(一二六〇)・11・7近江権守、11・15従二位、文永1(一二六四)・10・12復任、文永3・4・27正二位、文永6・5・1権中納言、11・28辞退権中納言、12・4本座、正応2(一二八九)・10・18権大納言、10・24帯剣、正応3・1・13辞退(権大納言)、1・15本座、2・11出家、永仁2(一二九四)・7・10薨去

[死没]永仁2(一二九四)・7・10 [年齢]73 [父]平有親 [公卿補任]2―164下

忠世 ただよ ?―一二九一

建長3(一二五一)・1・5叙爵(臨時)、建長8・1・6従五位上、正嘉1(一二五七)・3・29左兵衛佐、正嘉2・1・5正五位下、8・7春宮少進、11・6転

権大進、弘長2(一二六二)・12・2皇后宮権大進、文永1(一二六四)・5・17丹波守、10・26転大進、文永8・11・29右衛門権佐、蒙使宣旨、文永10・5・3転左権佐、蔵人、7・1防鴨河使、文永11・9・10兼右少弁、建治1(一二七五)・12・22左少弁、建治3・1・24正五位上(朝覲行幸勧賞)、5・14転権右中弁、従四位下、弘安2(一二七九)・1・5従四位上、弘安3・2・16右中弁、4・6右宮城使、弘安4・4・6正四位下、弘安6・3・26右大弁、弘安7・1・6正四位上、1・13遷大蔵卿、蔵人頭、弘安8・3・6参議(元蔵人頭大蔵卿)、6・13従三位、弘安9・1・13兼備後権守、弘安11・4・7正三位、正応1(一二八八)・10・27権中納言、正応2・8・7従二位、10・18〈8日ともあり〉辞退権中納言、10・23聴本座、正応4・10・21出家、10・24薨去

[死没]正応4(一二九一)・10・24 [父]平時継 [母]従二位高階経雅女 [公卿補任]2―278上

経親 つねちか

正元1(一二五九)・7・2叙爵(安嘉門院令爵)、文永9(一二七二)・1・5従五位上、文永10・5・3甲斐守、文永11・4・5遷丹波守、11・18正五位下、建治2(一二七六)・2・14右兵衛佐、弘安2(一二七九)・10・23兼丹波守、弘安3・11・12辞守、弘安8・8・19〈や〉皇后宮権大進、10・27左衛門権佐、弘安9・2・25為防鴨河使、弘安11・1・5従四位下(権佐如元)、8・30中宮亮、正応2(一二八九)・1・13左少弁(中宮亮、去権佐)、3・26従四位上、10・18転権右中弁、正応3・1・13正四位下、6・8転右中弁、6・18右宮城使、11・21左中弁、正応4・3・25辞弁、10・15正四位上、正応5・2・5右大弁、2・25記録所寄人、11・5補蔵人頭、正応6・1・18参議、元蔵人頭右大弁去之〈や〉、6・24従三位、永仁2(一二九四)・12・24辞退(参議)、永仁3・-・-還任参議、永仁4・1・5正三位、永仁6・3・22兼駿河権守、9・22補大嘗会御禊次第司御後長官、正安1(一二九九)・6・6兼左大弁、7・24従二位、正安2・4・7権中納言、11・14〈24日ともあり〉辞退権中納言、延慶2(一三〇九)・1・6正二位、正和2(一三一三)・9・6権大納言、11・7辞退、11・17本座、文保1(一三一七)・9・4出家

[父]平時継、二男 [母]従二位高階経雅女 [法名]浄空 [日記]経親卿記(一三〇九) [公卿補任]2―318上

親時 ちかとき 一二八四―一三三九

正応1(一二八八)・11・21叙爵(東二条院御給、于時惟親)、正応5・3・29従五位上(于時経望)、4・13遷春宮権大夫(「大進」く追)、永仁2(一二九四)・1・6正五位下、永仁5・4・10兵部権大輔(去権大進)、正安2(一三〇〇)・3・6兼備中介、閏7・14止権大輔、11・1尾張守(于時親時)、正安3・3・14去守、8・24兼春宮権大進、徳治3(一三〇八)・2・7転大進、8・26止大進(依受禅也)、12・10右衛門権佐(前坊大進〈や〉)、使宣旨、12・22補蔵人、延慶2(一三〇九)・2・19転左権佐、延慶3・12・11左少弁(三事)、延慶4・1・17従四位下(去蔵人権佐)、応長2(一三一二)・2・13従四位上、正和1(一三一二)・10・12転権右中弁、正和2・1・16正四位下、8・7転右中弁、9・20兼修理右宮城使、正和3・9・21転左中弁、10・19補装束使並正蔵率分所勾当、10・21転左宮城使、11・19転右大弁、正和4・1・6正四位上、2・21転左大弁、補蔵人頭、3・22兼造東大寺長官、4・10参議(元蔵人頭左大弁)、8・26兼右大弁〈や〉、正和5・1・5従三位、1・13兼備中権守、文保1(一三一七)・2・5権中納言、4・16辞権中納言、文保2・1・5正三位、元応3(一三二一)・1・5従二位、元徳2(一三三〇)・10・21正二位、正慶1〈元弘2〉(一三三二)・12・26権大納言、正慶2〈元弘3〉・5・17詔命止職(権大納言)、暦応2〈延元4〉(一三三九)・11・11出家、11・15薨去

[死没]暦応2(一三三九)・11・15 [年齢]56 [父]平経親 [前名]惟親・経望 [公卿補任]2―442下 [大日本史料]6―5―800

宗経 むねつね 一二九四―一三四九

永仁5(一二九七)・1・29叙爵〈や〉、正安1(一二九九)・11・4下総守〈や〉、正安2・1・5従五位上〈や〉、-・-止守〈や〉、3・6木工頭〈や〉、正安3・3・14止頭〈や〉、延慶2(一三〇九)・2・19正五位下〈や〉、延慶3・10・25弾正少弼(元前木工頭)

〈や〉、正和5(一三一六)・5・28弁弼〈や〉、7・2〈「22日」職補〉左馬頭〈や〉、補蔵人(超一門忠望)〈や〉、11・18従四位下(頭如元)〈や〉、文保2(一三一八)・9・26去頭〈や〉、元応2(一三二〇)・7・17従四位上(追被書入之)〈や〉、元亨1(一三二一)・4・6正四位下〈や〉、嘉暦4(一三二九)・8・4右中弁(元前左馬頭)〈や〉、9・26補右宮城使〈や〉、元徳2(一三三〇)・4・6兼宮内卿〈や〉、補蔵人頭辞弁〈や〉、7・20辞卿〈や〉、遷任修理大夫〈や〉、元徳3・1・13参議、元蔵人頭修理大夫、2・1辞(参議)、元弘1(一三三一)・11・5還任、宮内卿、12・29従三位、元弘2・3・12兼信乃権守、正慶2〈元弘3〉(一三三三)・5・17詔為前三木、-・-・-止上階、9・10更叙従三位、建武5(一三三八)・1・7正三位、暦応3〈興国1〉(一三四〇)・4・11権中納言、暦応4〈興国2〉・12・22〈「21日」やし〉〈「27日」ともあり〉辞(権中納言)、康永3〈興国5〉(一三四四)・1・5従二位、12・29還任権中納言、貞和5〈正平4〉(一三四九)・2・13薨去

[死没]貞和5(一三四九)・2・13 [年齢]56 [父]平経親、二男 [公卿補任]2—533上 [大日本史料]6—12—458

親明　ちかあき　一二九四—一三五四

永仁5(一二九七)・11・14叙爵(延政門院御給、朔旦)、徳治3(一三〇八)・9・17三川守、延慶2(一三〇九)・9・1遷民部少輔、延慶3・1・5従五位上、延慶4・4・10去少輔、応長1(一三一一)・12・21正五位下、正和3(一三一四)・閏3・25治部権少輔、文保1(一三一七)・12・22去権少輔、元応1(一三一九)・6・14少納言、元応2・12・29去少納言、暦応2〈延元4〉(一三三九)・1・9従四位下、康永2〈興国4〉(一三四三)・1・5従四位上、貞和2〈正平1〉(一三四六)・1・6正四位下、貞和4〈正平3〉・3・20左少弁、8・10転右中弁、12・30転左中弁、観応1〈正平5〉(一三五〇)・6・19従三位(元左中弁)、文和3〈正平9〉(一三五四)・6・8薨去

[死没]文和3(一三五四)・6・8 [年齢]61 [父]平親世、二男 [母]宗像大宮司某女 [公卿補任]2—631上 [大日本史料]6—19—79

親顕　ちかあき　一三一七—七八

延文5〈正平15〉(一三六〇)・4・16参議、元蔵人頭右大弁延文6〈正平16〉・1・5従三位、3・27兼備後権守、康安2〈正平17〉(一三六二)・5・7辞退(参議)、貞治3〈正平19〉(一三六四)・12・28権中納言、貞治6〈正平22〉・1・16帯剣、2・13辞退、応安1〈正平23〉(一三六八)・2・21正三位、応安2〈正平24〉・11・16〈やし〉本座、応安4〈建徳2〉・4・14従二位、12・27還任、応安7〈文中3〉・12・20辞権中納言、永和1〈天授1〉(一三七五)・3・29正二位、永和4〈天授4〉・4・4薨去

[死没]永和4(一三七八)・4・4 [年齢]62 [父]平親時 [公卿補任]2—668上

平家(絶家)4

時兼　ときかね　一一六八—一二四九

治承2(一一七八)・8・29縫殿権助、12・15春宮権少進、治承4・4・21叙爵、6・29伊豆守(坊官賞)、-・-・-得替(高陽院天養元給)、承元4(一二一〇)・1・7従五位上、建暦1(一二一一)・10・29正五位下、建保4(一二一六)・3・20兵部権少輔、承久3(一二二一)・8・29兼日向守(旧史巡)、嘉禄1(一二二五)・4・26兼勘解由次官、8・19蔵人、嘉禄2・7・24以任国譲兼親、安貞1(一二二七)・10・4左少弁、12・17従四位下(春日行幸行事賞)、安貞2・3・30従四位上〈や〉、寛喜2(一二三〇)・3・20権右中弁〈や〉、貞永1(一二三二)・4・29右中弁〈や〉、10・20補修理右宮城使、貞永2・1・6正四位下(鷹司院御給)、1・28従三位、元右中弁、被推叙成怨不出仕、暦仁2(一二三九)・1・24右京大夫、仁治3(一二四二)・3・7〈寛元1年にもあり〉兼三川権守、建長1(一二四九)・-・-出家、5・17薨去

[死没]建長1(一二四九)・5・17 [年齢]82 [父]平信国 [養父]平時忠 [公卿補任]2—83下 [大日本史料]5—30—306

平家

信国—時兼—兼親—高兼—惟継

兼親　かねちか

建長4(一二五二)·12·9〔従三位〕、元宮内卿、建長6·8·7出家

〔父〕平時兼　〔公卿補任〕2—157下

高兼　たかかね　一二一九—八一

安貞2(一二二八)·12·20叙爵、但馬守、貞永2(一二三三)·4·8治部権少輔、嘉禎2(一二三六)·12·19従五位上、仁治2(一二四一)·1·7正五位下、正元1(一二五九)·4·17以権少輔譲任子息兼俊、閏10·15治部卿、従四下、文応1(一二六〇)·8·3復任、文応2·1·5従四位上、弘長2(一二六二)·1·5正四位下(正親町院当年御給)、文永4(一二六七)·11·10従三位(元前治部卿)、文永9·12·20右京大夫、文永12·1·18三川権守、建治3(一二七七)·10·23権守得替、建治4·1·6正三位、弘安3(一二八〇)·1·5従二位、弘安4·7·5薨去

❖弘安四年より「侍徒」

〔死没〕弘安4(一二八一)·7·5　〔年齢〕63　〔父〕平兼親　〔公卿補任〕2—213上

惟継　これつぐ　一二六六—一三四三

-·-·-叙爵、弘安7(一二八四)·12·29従五位上(于時惟兼)、正応2(一二八九)·9·23正五位下、永仁5(一二九七)·閏10·23中務権少輔(于時惟継)、永仁6·11·14遷宮内権大輔、正安3(一三〇一)·11·12止権大輔、正安4·2·28兵部権大輔、嘉元3(一三〇五)·1·22止権大輔、3·22中宮権大進(下名次)、11·16勘解由次官、徳治3(一三〇八)·2·15補五位蔵人、3·4遷修理権大夫、9·17止蔵人(依新帝受禅也)、11·8従四位下、去権大夫、-·-·-従四位上、4·4·15正四位下、正和2(一三一三)·2·6従三位、前修理大夫、文保2(一三一八)·12·10正三位、元応2(一三二〇)·12·9勘解由長官、元亨2(一三二二)·4·5大宰大弐、-·-·-止長官、元亨3·6·15〈「16日」ともあり〉参議、正中2(一三二五)·1·29兼刑部卿、嘉暦3(一三二八)·3·16兼左大弁、嘉暦4·1·5従二位、元徳2(一三三〇)·1·13止長官、2·26権中納言、3·1兼大宰権帥、3·22辞(権中納言)、兼刑部卿、11·22正二位、元弘1(一三三一)·12·1止権帥、正慶1〈元弘2〉(一三三二)·10·25止之、正慶2〈元弘3〉·5·17詔止刑部卿、大宰権帥、建武1(一三三四)·4·4辞卿、建武2·1·13文章博士、建武3〈延元1〉·3·2兼大宰権帥、11·25止帥、建武4〈延元2〉·3·-止博士、暦応5〈興国3〉(一三四二)·1·25〈或2月11日云々〉出家、康永2〈興国4〉(一三四三)·4·18薨去〈やし〉

❖建武元年より「大蔵卿」

〔死没〕康永2(一三四三)·4·18　〔年齢〕78　〔父〕平高兼　〔前名〕惟兼　〔法名〕安儀　〔公卿補任〕2—433下　〔大日本史料〕6—7—615

平家(絶家)5

兼有　かねあり

弘安6(一二八三)·3·28従五位下、出雲守、12·20少納言(去守)、弘安7·-·-昇殿、9·24従五位上、弘安8·8·11兼春宮少進、弘安9·3·23正五位下、弘安11·4·7従四位下(少納言如元)、正応2(一二八九)·4·25止少進、6·2従四位上、正応5·2·27正四位下、永仁1(一二九三)·3·14辞少納言、永仁5·12·17宮内卿、永仁6·5·23更兼少納言(宮内卿如元)、10·19辞少納言、11·14去宮内卿、応長1(一三一一)·閏6·9従三位、元前宮内卿、正和1(一三一二)·8·15出家

〔父〕平輔兼　〔法名〕寂縁　〔公卿補任〕2—421下

惟清　これきよ　一三一八—六九

-·-·-叙爵、建武4〈延元2〉(一三三七)·1·5従五位上、建武5·4·27少納言、暦応2〈延元4〉(一三三九)·4·18正五位下、貞和5〈正平4〉(一三四九)·12·23右衛門佐、観応1〈正平5〉(一三五〇)·10·12従四位下、文和2〈正平8〉(一三五三)·12·21

平家

信実——宗清——時輔——輔兼——**兼有**

└清有——**惟清**——**惟有**

従四位上、延文1〈正平11〉(一三五六)・9・4正四位下、延文3〈正平13〉・8・12宮内卿、貞治5〈正平21〉(一三六六)・4・19従三位、応安2〈正平24〉(一三六九)・6・11薨去
[死没]応安2(一三六九)・6・11 [年齢]52 [父]平清有 [公卿補任]2—690上 [大日本史料]6—30—470

惟有　これあり　?—一四一九

応永26(一四一九)・1・-従三位、元少納言、2・23薨去
[死没]応永26(一四一九)・2・23 [父]平惟清 [公卿補任]3—94下 [大日本史料]7—33—422

烏丸家(絶家)

範輔　のりすけ　一一九二—一二三五

建永1(一二〇六)・11・-蔵人、11・7五位、承元4(一二一〇)・1・17治部少輔、建暦2(一二一二)・10・18遷兵部権少輔、建保1(一二一三)・1・6従五位上、建保6・1・5正五位下(家宣春日行幸行事賞譲)、3・6勘次官、承久3(一二二一)・閏10・18右衛門権佐(即使)、12・1皇后宮権大進(兼)、貞応1(一二二二)・5・-蔵人、12・21兼右少弁、貞応2・4・10転兼大進、元仁1(一二二四)・10・16左少弁、嘉禄1(一二二五)・1・5従四位下、7・6権右中弁、12・8従四位上(両社行幸、超中弁親長)、12・22補蔵人頭、轉右大弁、嘉禄2・1・23兼遠江権守、7・24正四位下、7・29兼中宮亮、12・16参議(元蔵人頭)、右大弁並中宮亮遠江権守等如元、嘉禄3・1・5従三位、寛喜1(一二二九)・4・18止之(中宮亮)、寛喜2・1・24加賀権守、寛喜3・4・29左大弁、10・12兼勘長官、寛喜4・1・5正三位、天福2(一二三四)・12・21権中納言、文暦2(一二三五)・閏6・23辞権中納言、閏6・27出家、7・25薨去
[死没]文暦2(一二三五)・7・25 [年齢]44 [父]平親輔、一男 [日記]範輔卿記(一二三四—三三) [公卿補任]2—59上 [大日本史料]5—10—194

範賢　のりかた　?—一二八二

嘉禎3(一二三七)・1・5叙爵(于時範忠)、仁治3(一二四二)・11・6兵部少輔、寛元3(一二四五)・1・5従五位上、寛元4・2・22筑前介、10・15辞少輔、建長2(一二五〇)・1・13少納言、5・20皇后宮権大進、10・14正五位下(朝覲行幸、摂政家司賞)、建長3・1・22紀伊権守、3・27止権大進(依号院也)、正嘉1(一二五七)・11・10辞少納言、弘長3(一二六三)・11・21中宮権大進、文永10(一二七三)・11・17内蔵頭、従四位下、9・27辞頭(以男信忠申任刑部権大輔)、文永11・4・5従四位上、建治2(一二七六)・1・5正四位下(臨時)、2・23還任内蔵頭、弘安2(一二七九)・1・24兼肥前権守、弘安3・12・7従三位、本名範忠、弘安5・9・15薨去
[死没]弘安5(一二八二)・9・15 [父]平範頼 [前名]範忠 [公卿補任]2—262上

烏丸家

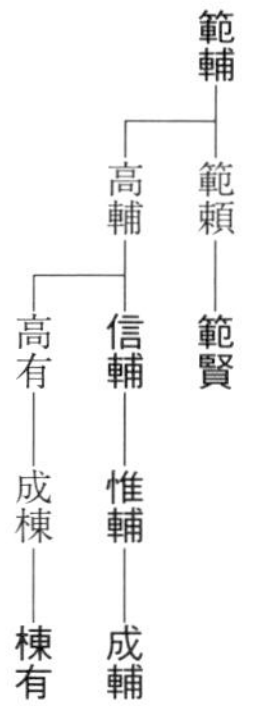

信輔　のぶすけ　?—一二九六

建長3(一二五一)・1・5叙爵、4・3備後守、12・27元服、建長8・1・7従五位上(嘉陽門院御給)、正嘉2(一二五八)・12・14春宮少進、正嘉3・1・6正五位下、2・3内院昇殿、4・17兼越中守、11・26止少進(受禅日)、新帝昇殿、弘長2(一二六二)・4・8右兵衛佐、6・9兼皇后宮権大進、11・14辞宮司並佐、文永4(一二六七)・4・9中宮権大進、文永5・12・6止権大進(本宮院号)、文永6・10・14更皇后宮権大進、文永7・11・22服解(父)、文永9・7・-還任皇后宮権大進(三度任之)、8・9停権大進、文永11・10・3兵部権少輔、補五位蔵人、建治1(一二七五)・11・26勘解由次官、建治2・1・23宮内少輔(去次官)、建治3・5・14〈や〉右少弁(去蔵人)、弘安3(一二八〇)・2・16転左少弁、3・12従四位下、弘安6・3・28右中弁、従四位上、5・29兼右宮城使、弘安7・1・13左中弁、正四位下、1・14為装束使並正蔵率分所

勾当、5・6左宮城使、弘安8・3・6右大弁、4・10正四位上(従一位藤原朝臣九十賀院司賞)、弘安9・1・13治部卿、-・-補蔵人頭(去大弁)、12・18左京大夫、弘安10・10・21新帝頭(受禅日也)、12・10内蔵頭、正応1(一二八八)・7・11〈「10日」や〉参議(元蔵人頭内蔵頭)、9・12〈5月12日ともあり〉辞退、従三位、5・28本座、正応3・10・27正三位、永仁4(一二九六)・4・13従二位、6・25薨去

［死没］永仁4(一二九六)・6・25　［父］平高輔　［日記］信輔卿記(一二七七)　［公卿補任］2―290下

惟輔　これすけ　一二七二―一三三〇

建治4(一二七八)・1・6従五位下(臨時)、弘安2(一二七九)・4・6越前守(新陽明門院御分国)、弘安3・11・13得替、弘安4・4・6春宮少進、弘安6・2・27従五位上、弘安8・2・30正五位下(春宮御給、宣下)、8・11転大進、弘安9・閏12・29辞大進、弘安10・1・13治部権少輔、弘安11・5・5右兵衛佐、正応4(一二九一)・7・17右衛門佐、正応5・7・28兼中宮権大進、8・14止佐、永仁4(一二九六)・6・26服解(父)、8・23復任、永仁5・7・22左衛門権佐、使宣旨、7・24賜権大進兼字、8・25防鴨河使、永仁6・7・21補蔵人(権介如元)、7・22新帝蔵人如元、8・10春宮昇殿(立坊日)、8・28遷任兵部少輔(蔵人如元)、即止大進(依院号也)、正安2(一三〇〇)・1・22正五位上(去十一日為光方被越之間、申子細賜同日位記、宣下)、正安3・1・21新帝蔵人如元、4・21〈「5日」や〉右少弁、乾元1(一三〇二)・1・28左少弁、嘉元1(一三〇三)・8・28右中弁、従四位下、右宮城使、9・24兼中宮亮(立坊日)、9・28従四位上(中宮入内賞)、嘉元3・3・8補蔵人頭(亮如元、去弁)、嘉元4・1・5正四位下、徳治2(一三〇七)・4・3参議(元蔵人頭、中宮亮如元)、徳治3・5・9辞参議、従三位、5・14本座、延慶2(一三〇九)・8・10還任(参議)、11・18兼丹波権守、11・23正三位、応長1(一三一一)・-・-止督〔止守カ〕、応長2・1・13兼備後権守、7・5従二位、正和2(一三一三)・4・9止権守、正和4・3・13権中納言、正和5・1・5正二位、4・13辞退(権中納言)、4・21本座、元徳2(一三三〇)・2・7薨去

［死没］元徳2(一三三〇)・2・7　［年齢］59　［父］平信輔　［母］法印増栄女　［公卿補任］2―389下

成輔　なりすけ　一二九一―一三三二

元亨4(一三二四)・4・11正四位下、4・27中宮亮、蔵人頭、-・-〈「11月10日」職補〉辞頭、嘉暦2(一三二七)・3・24更補頭、即任治部卿、7・16参議、元蔵人頭、8・14兼大弼、嘉暦3・1・5従三位、3・16丹波権守、嘉暦4・1・13止弼、9・26止卿、元徳2(一三三〇)・1・5正三位、2・11辞参議、正慶1〈元弘2〉(一三三二)・5・22薨去

［死没］正慶1(一三三二)・5・22　［年齢］42　［父］平惟輔　［公卿補任］2―510下

棟有　むねあり　?―一三八九

永和2〈天授2〉(一三七六)・1・6従三位、元前刑部卿、康応1〈元中6〉(一三八九)・-・-薨去

［死没］康応1(一三八九)　［父］平成棟　［公卿補任］2―723上

平家(絶家)6

範高　のりたか

正応2(一二八九)・12・29叙爵、正応3・9・21従五位上、正応5・2・27正五位下、永仁5(一二九七)・1・29刑部権少輔、永仁6・3・24転権大輔、正安1(一二九九)・6・6転大輔、嘉元3(一三〇五)・12・30中宮権大進、徳治3(一三〇八)・3・4勘解由次官、延慶1(一三〇八)・12・22辞次官、正和4(一三一五)・7・21従四位下、正和5・12・14治部卿、文保2(一三一八)・1・20止卿、2・11従四位上、文保3・3・27皇后宮亮(立后次、元前治部卿)、元応1(一三一九)・9・28正四位下(皇后宮御入内賞)、12・15止亮(依院号也)、元応2・10・22春宮亮(元前皇后宮亮)、元亨2(一三二二)・閏5・23止亮、嘉暦2(一三二七)・11・10右中弁、嘉暦3・4・1可行法勝寺由宣下、嘉暦4・1・11転権左中弁、2・13去弁、左京権大夫、即補蔵人頭、元徳1(一三二九)・9・

西洞院家

範高——信兼

26遷宮内卿、11・9止頭、従三位(元蔵人頭宮内卿)、卿如元、元徳2・4・7止卿、元弘2(一三三二)・1・7正三位、正慶2〈元弘3〉(一三三三)・5・17詔復従三位、建武3〈延元1〉(一三三六)・5・-出家

［父］平仲兼、二男　［公卿補任］2—523下　［大日本史料］6—3—464

信兼　のぶかね　?—一三八一

貞治4〈正平20〉(一三六五)・8・13参議、貞治5〈正平21〉・4・19辞退、貞治6〈正平22〉・1・5〈し〉従三位、応安6〈文中2〉(一三七三)・12・30還任(参議)、応安7〈文中3〉・1・15賜去年正月六日正三位々記、12・20辞退(参議)、永徳1〈弘和1〉(一三八一)・-・-薨去

［死没］永徳1(一三八一)　［父］平範高　［公卿補任］2—685上

安居院家(絶家)

行兼　ゆきかね　一三一六—五二

正和6(一三一七)・1・5(加叙)従五位下〈し〉、元応1(一三一九)・9・26従五位上〈し〉、正中2(一三二五)・12・18中務大輔〈し〉、正中3・2・19遷任民部大輔〈し〉、嘉暦2(一三二七)・2・23正五位下〈し〉、嘉暦4・1・13去大輔〈し〉、2・12木工頭〈し〉、3・14遷任少納言〈し〉、9・11去少納言〈し〉、元徳3(一三三一)・3・18右衛門権佐〈し〉、蒙使宣旨〈し〉、元弘3(一三三三)・-・-去権佐〈し〉、建武3〈延元1〉(一三三六)・10・8補五位蔵人〈し〉、11・24左京権大夫〈し〉、12・30去蔵人〈し〉、建武4〈延元2〉・7・20還補五位蔵人〈し〉、建武5・8・2還任少納言〈し〉、暦応2〈延元4〉(一三三九)・1・13兼紀伊権守〈し〉、4・18権左少弁〈し〉、-・-去蔵人〈し〉、8・12罷権弁〈し〉、康永2〈興国4〉(一三四三)・8・12権右中弁〈し〉、康永3〈興国5〉・1・5従四位上〈し〉、貞和1〈興国6〉(一三四五)・11・14転権左中弁〈し〉、貞和2〈正平1〉・1・6正四位下〈し〉、貞和3〈正平2〉・7・10転左中弁〈し〉、12・27補蔵人頭〈し〉、遷任宮内卿〈し〉、貞和4〈正平3〉・10・7従三位、元蔵人頭、12・24去卿、観応3〈正平7〉(一三五二)・8・22薨去

［死没］観応3(一三五二)・8・22　［年齢］37　［父］平行高　［号］安居院　［公卿補任］2—619下　［大日本史料］6—16—787

安居院家

行兼——行知——知輔——仲信——知俊

行知　ゆきとも

建武4〈延元2〉(一三三七)・10・8叙爵〈し〉、暦応1〈延元3〉(一三三八)・12・1左兵衛権佐〈し〉、暦応2〈延元4〉・1・5従五位上〈し〉、康永1〈興国3〉(一三四二)・11・1正五位下〈し〉、-・-・-右衛門佐、文和3〈正平9〉(一三五四)・10・22兵部権少輔〈し〉、文和5〈正平11〉・1・23勘解由次官〈し〉、補五位蔵人〈し〉、延文4〈正平14〉(一三五九)・3・25丹波権介〈し〉、4・21右少弁〈し〉、6・26記録所寄人〈し〉、延文5〈正平15〉・11・17従四位下〈し〉、延文6〈正平16〉・3・27右中弁〈し〉、-・-記録所勾当〈し〉、貞治2〈正平18〉(一三六三)・4・20左中弁〈し〉、従四位下〈し〉、貞治3〈正平19〉・4・14従四位上〈し〉、貞治4〈正平20〉・8・20左京大夫〈し〉、蔵人頭〈し〉、貞治5〈正平21〉・1・5正四位下〈し〉、貞治6〈正平22〉・4・13参議、元蔵人頭、11・6解官、応安2〈正平24〉(一三六九)・11・12従三位、応安4〈建徳2〉・12・9還任、応安6〈文中2〉・4・26辞退参議、応安7〈文中3〉・12・5〈「11月」や〉配流播磨国、応安8・1・17辞配所帰京、永和3〈天授3〉(一三七七)・1・1正三位、康暦1〈天授5〉(一三七九)・8・24権中納言、永徳1〈弘和1〉(一三八一)・3・10辞権中納言、永徳2〈弘和2〉・1・6従二位、至徳3〈元中3〉(一三八六)・4・8出家

［父］安居院行兼　［公卿補任］2—691下

知輔　ともすけ　?―一三九二
明徳3〈元中9〉（一三九二）・8・22参議、元頭大蔵卿、閏10・1従三位、12・23薨去
［死没］明徳3（一三九二）・12・23　［父］安居院行知　［公卿補任］3―27下　［大日本史料］7―1―54

平松家　ひらまつけ

桓武平氏の一流。西洞院家の庶流。西洞院参議時慶の二男平松権中納言時庸を家祖とする。家格は名家、新家。慶長期に創立。内々の家。近衛家の家礼。家領二百石。家祖時興は、慶長十二年（一六〇七）九歳で叙爵、同十八年元服、昇殿。寛永七年（一六三〇）時興を時庸と改名。翌八年少納言、同十一年右衛門督となり、同二十年参議（督如元）に列し、正保四年（一六四七）従二位に昇殿、慶安元年（一六四八）両職を辞したが、承応三年（一六五四）七月十二日病気危急により権中納言に推任あり、同日五十六歳で没した。以後、従二位権中納言を先途とした。時行および時章が議奏に補され、次いで院伝奏となった。日記には、『時春卿記』、『平松時厚在職中日記』がある。明治十七年（一八八四）の時厚とき、叙爵内規により子爵を授けられた。菩提所は十念寺。

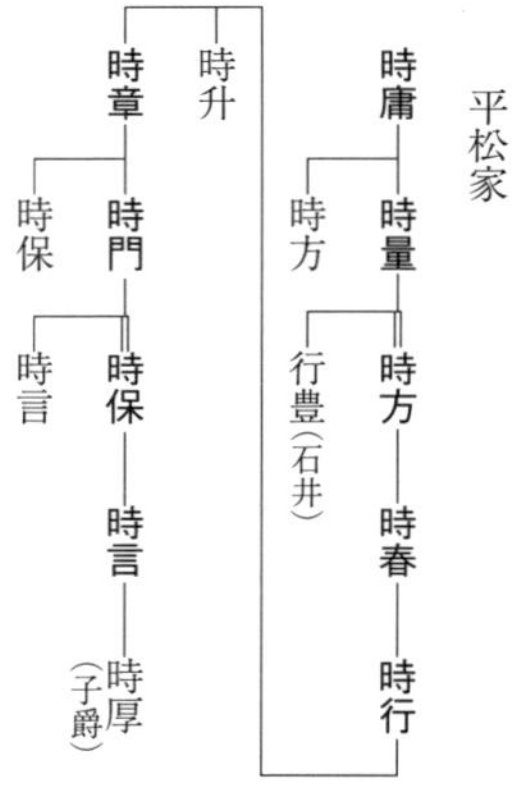

『平松家譜』（東京大学史料編纂所架蔵、四一七五―二九三）。

時庸　ときつね　一五九九―一六五四
慶長4（一五九九）・4・28誕生、慶長12・1・15叙位、慶長18・2・23元服、昇殿、2・24従五位上、侍従☆、元和2（一六一六）・1・5正五位下、元和6・1・5従四位下、寛永1（一六二四）・1・5従四位上、寛永5・1・5正四位下、寛永9・1・5従三位、元名時興、寛永11・3・26右衛門督、寛永16・12・20〔29日カ〕〈去年正月五日位記〉正三位、正三位、寛永20・11・7参議、正保4（一六四七）・12・7〈賜去正月五日従二位位記〉従二位、慶安1（一六四八）・6・28辞両職、承応3（一六五四）・7・12権中納言、辞権中納言、薨去
［死没］承応3（一六五四）・7・12　［年齢］56　［父］西洞院時慶、二男　［前名］時興　［一字名］辰　［公卿補任］3―574下

時量　ときかず　一六二七―一七〇四
寛永4（一六二七）・2・15誕生☆、寛永8・11・6従五位下、寛永11・6・6元服、昇殿、侍従、寛永14・1・5従五位上、寛永19・1・6〈「5日」くま〉正五位下☆、正保2（一六四五）・1・6従四位下、慶安1（一六四八）・7・8少納言、侍従如元、慶安2・1・5従四位上、承応2（一六五三）・1・5正四位下、明暦3（一六五七）・1・5従三位、元少納言侍従、寛文1（一六六一）・4・2参議、4・9右衛門督、寛文3・1・12正三位、寛文12・12・29〈去八年十二月廿二日分〉従二位、延宝2（一六七四）・7・5権中納言、11・4帯剣、延宝6・8・21辞権中納言、天和2（一六八二）・12・24正二位、元禄14（一七〇一）・2・23出家
［死没］宝永1（一七〇四）・8・12　［年齢］78　［父］平松時庸　［母］家女房　［一字名］圭　［法名］嘯月　［公卿補任］3―648下

時方　ときかた　一六五一―一七一〇
慶安4（一六五一）・-・-〈「9月24日」家譜〉誕生、明暦3（一六五七）・6・13叙爵、寛文8（一六六八）・2・15元服、昇殿、侍従、従五位上、寛文11・12・21正五位下☆、延宝2（一六七四）・1・6〈「5日」家譜〉従四位下、延宝5・閏12・11少納言（侍従如元）、延宝7・1・5従四位上、天和3（一六八三）・1・5正四位下、貞享4（一六八七）・7・10従三位、元禄3（一六九〇）・1・12右衛門督、元禄4・12・30参議☆、元

禄6・12・25〈去正月五日分〉正三位、元禄14・10・23権中納言、11・26帯剣、12・23従二位、元禄15・1・14聴直衣、元禄16・2・6賀茂伝奏、宝永1(一七〇四)・4・24辞伝奏、10・25辞権中納言、宝永7・7・27薨去

[死没]宝永7(一七一〇)・7・27　[年齢]60　[父]平松時量、二男　[母]従一位権大納言飛鳥井雅章女　[公卿補任]4—90下

時春　ときはる　一六九三—一七五四

元禄6(一六九三)・9・11誕生、元禄10・1・5叙爵、元禄13・2・9元服、昇殿、侍従、元禄14・1・5従五位上、宝永1(一七〇四)・1・5正五位下、宝永2・12・22少納言(侍従如旧)、宝永4・1・23従四〈去五分〉位下、宝永7・7・27喪父、閏8・18除服出仕復任、正徳1(一七一一)・12・23〈去正五分〉従四位上、正徳5・1・11〈去五分〉正四位下、享保4(一七一九)・1・11〈去五日分〉従三位、享保12・12・2出家

[死没]宝暦4(一七五四)・1・4　[年齢]62　[父]平松時方　[母]裏松資清女　[法名]夕可　[日記]時春卿記(一七一三)　[公卿補任]4—238上

時行　ときゆき　一七一四—八六

正徳4(一七一四)・2・2誕生、享保4(一七一九)・3・20叙爵☆、享保8・2・21元服、昇殿、侍従、従五位上、享保11・1・12〈去五分〉正五位下、享保13・6・11兼春宮少進(立坊日)、享保14・1・9〈去五分〉従四位下(少進如故)、享保17・4・23転大進、閏5・2拝賀、享保18・1・8〈去五分〉従四位上、享保20・3・21止大進(受禅日)、元文1(一七三六)・1・6少納言(侍従如故)、2・5拝賀、元文2・1・6正四位下、寛保1(一七四一)・12・21従三位、延享4(一七四七)・4・27正三位、宝暦3(一七五三)・12・16参議、宝暦4・10・22辞参議、宝暦7・4・20還任参議、宝暦8・10・7右衛門督、宝暦10・12・26従二位、宝暦11・2・16権中納言、3・16帯剣、3・17聴直衣、明和4(一七六七)・8・5辞権中納言、安永5(一七七六)・12・19正二位、天明6(一七八六)・9・16薨去

[死没]天明6(一七八六)・9・16　[年齢]73　[父]平松時春　[母]正三位交野時香女　[公卿補任]4—351上

時章　ときき　一七五四—一八二八

宝暦4(一七五四)・7・11誕生、宝暦8・1・5叙爵、宝暦11・12・10元服、昇殿、甲斐権介、宝暦12・12・19〈ま〉従五位上、宝暦13・2・11転権守、宝暦14・10・22少納言、10・24兼侍従、10・28奏慶、明和3(一七六六)・1・9正五位下、明和7・1・5従四位下、安永3(一七七四)・1・8従四位上、安永4・5・15弾正大弼、安永5・9・26右兵衛権佐、安永7・1・5正四位下、安永9・12・13欣子内親王家司、天明2(一七八二)・1・14従三位、天明8・1・5正三位、寛政8(一七九六)・4・24右衛門督、寛政10・9・23参議、寛政11・1・27従二位、享和2(一八〇二)・1・22権中納言、2・18聴直衣、直衣始、享和4・1・23辞権中納言、文化4(一八〇七)・12・19正二位、文化10・5・18権大納言、5・28直衣、6・1辞権大納言、12・16賜後桜町院御服、文政11(一八二八)・9・19薨去

[死没]文政11(一八二八)・9・19　[年齢]75　[父]平松時行　[母]家女房　[公卿補任]5—20上

時門　ときかど　一七八七—一八四五

天明7(一七八七)・9・20誕生、寛政7(一七九五)・4・8従五位下、寛政9・12・11元服、昇殿、安芸権守、寛政11・1・5従五位上、享和3(一八〇三)・1・5正五位下、文化2(一八〇五)・2・7院判官代、5・17拝賀、文化3・1・18従四位下、文化5・5・27少納言(権守如故)、6・16兼侍従(権守如旧)、6・19拝賀、文化7・1・10従四位上、8・4服解(母)、9・24除服出仕復任、文化9・2・2秩満、文化10・12・16賜後桜町院御服、文化11・1・16除服宣下、3・14正四位下、文化15・1・5〔従三位〕、文政6(一八二三)・12・19正三位、天保10(一八三九)・11・27参議、天保11・3・15辞参議、弘化2(一八四五)・5・19薨去

[死没]弘化2(一八四五)・5・19　[年齢]59　[父]平松時章(実平松時行、五男)　[母]正三位竹屋光予女　[公卿補任]5—257上

時保　ときより　一八〇二—五二

享和2(一八〇二)・12・14誕生、文化12(一八一五)・12・19

従五位下、文化13・3・7元服、昇殿、安芸権守、拝賀、文政2(一八一九)・1・4従五位上、文政6・1・5正五位下、文政9・1・21従四位下、文政10・4・11少納言、5・27拝賀、6・10兼侍従、文政13・1・21従四位上、天保5(一八三四)・1・13正四位下、天保9・12・3〔従三位〕、天保14・1・5正三位、嘉永5(一八五二)・閏2・1薨去

〔死没〕嘉永5(一八五二)・閏2・1　〔年齢〕51　〔父〕平松時門(実平松時章)　〔母〕勧修寺経逸女福子　〔公卿補任〕5―387下

時言　ときこと　一八一三―八三

文政6(一八二三)・8・13誕生、文政12・2・14叙爵、天保3(一八三二)・3・17元服、昇殿、安芸権守、天保4・1・5従五位上、天保8・1・21正五位下、天保11・1・4従四位下、12・20賜太上天皇御服、天保12・1・20除服宣下、天保15・1・5従四位上、嘉永1(一八四八)・8・28正四位下、嘉永2・12・4少納言、12・15拝賀、嘉永3・8・9兼侍従、嘉永5・閏2・1服解(父)、3・22除服出仕復任、12・19〔従三位〕、安政4(一八五七)・12・8正三位

〔死没〕明治16(一八八三)・10・26　〔年齢〕61　〔父〕平松時保(実平松時門)　〔母〕黒田長紹養女遂姫　〔公卿補任〕5―480上

長谷家　ながたにけ

桓武平氏の一流。西洞院家の庶流。西洞院参議時慶の五男長谷正三位忠康を家祖とする。家格は名家、新家。寛永期に創立。外様の家。近衛家の家礼。家禄三十石三人扶持。家祖忠康は、寛永七年(一六三〇)十九歳で叙爵、同日元服昇殿、累進して明暦二年(一六五六)従三位に昇り、のち正三位に昇叙し、寛文九年(一六六九)五十八歳で没した。忠康の子時茂・時充・忠能相次いで家督継承し、忠能の後は西洞院参議時成の五男範成(のち範量)が養子に入って家督を嗣いだ。範量の後は、初め同時成の末子範篤が宝永五年(一七〇八)養子となり叙爵し、正徳三年元服し、侍従に任ぜられたが、本家西洞院家の嫡子時光が宝永六年に三十六歳で頓死し、後継を欠いたので、正徳五年十一月本家に帰り家督を相続した。これにより故河鰭権大納言実陳の三男範昌が養嗣子となった。範昌の子範高は明和元年(一七六四)六月四十四歳のとき、正三位に叙せられたが、同年十二月事情あって位記を返上した。この後は、平松権中納言時行の末子時息が継いだが、明和六年正月十四歳で没したので、改めて石井権中納言行忠の三男信昌が養嗣子となった。信篤は実は高倉権大納言永雅の子で、文久三年(一八六三)正三位、四十六歳の時、議奏に補され、学習院学頭となった。日記には、『長谷信篤日記』がある。明治十七年(一八八四)の信篤とき、叙爵内規により子爵を授けられた。菩提所は十念寺。『長谷家譜』(東京大学史料編纂所架蔵、四一七五―二六六)。

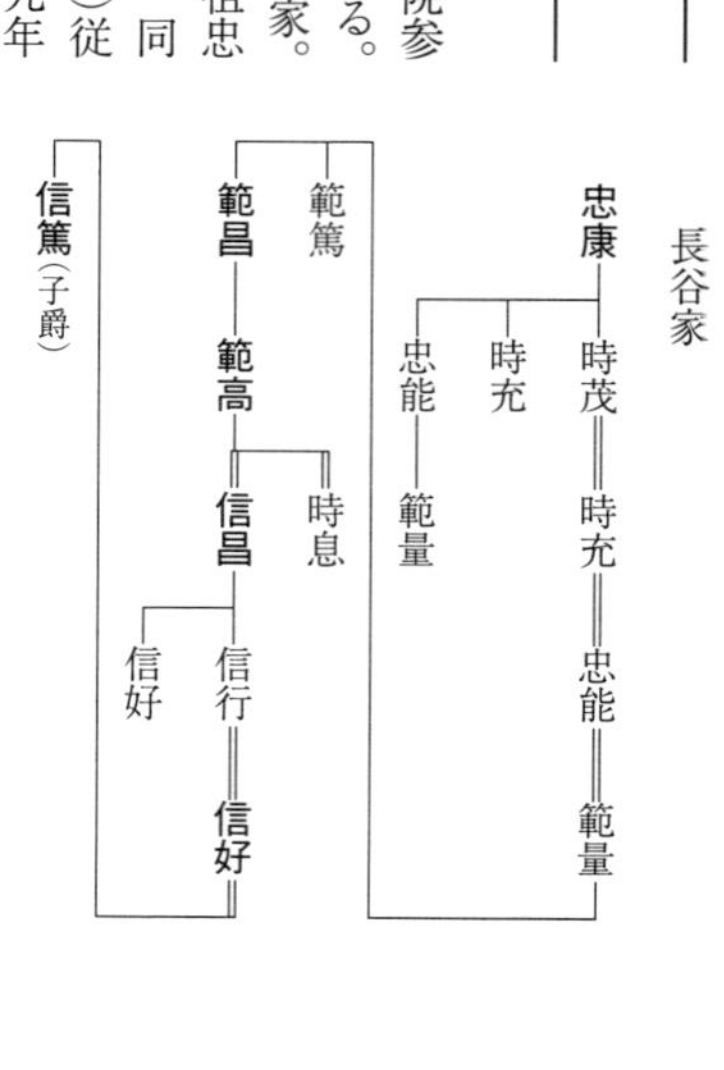

忠康　ただやす　一六一二―六九

慶長17(一六一二)・6・17誕生☆、寛永7(一六三〇)・12・21従五位下☆、元服、民部大輔、寛永12・1・5従五位上、寛永16・1・5正五位下、寛永19・1・5〈くま〉従四位下☆、正保3(一六四六)・1・5従四位上☆、慶安4(一六五一)・1・5正四位下、明暦2(一六五六)・1・5従三位、元民部大輔、号長谷、寛文1(一六六一)・1・5正三位、寛文9・8・27薨去

〔死没〕寛文9(一六六九)・8・27　〔年齢〕58　〔父〕西洞

院時慶、五男　〔号〕長谷　〔公卿補任〕3―645上

範昌　のりまさ　一六九五―一七四八

元禄8（一六九五）・7・28誕生、正徳5（一七一五）・12・2叙爵、正徳6・1・25元服、昇殿、侍従、享保4（一七一九）・1・11〈去五日分〈ま〉〉従五位上、享保7・3・21正五位下、享保10・2・1従四位下、9・24少納言（侍従如旧）、享保14・2・16〈去正五分〉従四位上、享保18・1・23〈去五分〉正四位下、元文3（一七三八）・12・24従三位、寛延1（一七四八）・10・23正三位、閏10・15薨去

〔死没〕寛延1（一七四八）・閏10・15　〔年齢〕54　〔父〕長谷範量（実河鰭基季二男桜田宗淳）　〔養父〕西洞院時成　〔公卿補任〕4―336下

範高　のりたか　一七二一―？

享保6（一七二一）・1・23誕生、享保11・12・5叙爵、享保19・11・7元服☆、侍従☆、昇殿☆、12・24従五位上、元文3（一七三八）・7・10正五位下、元文5・2・15主計頭、寛保2（一七四二）・7・1従四位下、延享3（一七四六）・2・17従四位上、延享5・閏10・15服解（父〈ま〉）、12・6除服出仕復任、寛延3（一七五〇）・3・4正四位下、12・18改名範高、寛延4・5・3大膳大夫、宝暦8（一七五八）・11・24従三位、元範栄、明和1（一七六四）・6・4正三位、閏12・11返上位記

〔父〕長谷範昌　〔母〕家女房　〔前名〕範栄　〔公卿補任〕4―443上

信昌　のぶまさ　一七六二―一八二四

宝暦12（一七六二）・11・11〈ま〉誕生、明和6（一七六九）・2・27当家相続、3・25従五位下、明和7・3・29元服、昇殿、周防権介、安永2（一七七三）・1・9従五位上、安永6・1・5正五位下、安永10・1・12従四位下、天明5（一七八五）・1・5従四位上、寛政1（一七八九）・2・7少納言、兼侍従、3・14拝賀、5・1〈去正五分〉正四位下、寛政6・12・21〈去正月十三日分〉〔従三位〕、寛政12・1・5正三位、文化3（一八〇六）・1・18治部卿、文化10・12・16賜後桜町院御服、文化13・閏8・2参議、閏8・16辞参議、文化14・11・22従二位、文政7（一八二四）・8・25薨去

〔死没〕文政7（一八二四）・8・25　〔年齢〕63　〔父〕西洞院時名（実石井行忠）　〔養父〕長谷範高　〔母〕家女房　〔公卿補任〕5―97下

信好　のぶよし　一八〇一―五〇

享和1（一八〇一）・9・19誕生、文化11（一八一四）・9・26従五位下、12・14元服、昇殿、阿波権守、文化15・1・22従五位上、文政5（一八二二）・1・5正五位下、文政7・8・25服解（祖父）、9・16除服出仕復任、文政8・10・28従四位下、文政12・1・5従四位上、文政13・7・28少納言、8・30兼侍従、9・16拝賀、天保4（一八三三）・1・23〈去五分〉正四位下、天保8・12・26〔従三位〕、天保13・12・22正三位、弘化2（一八四五）・2・18刑部卿、嘉永3（一八五〇）・11・19辞、薨去

〔死没〕嘉永3（一八五〇）・11・19　〔年齢〕50　〔父〕長谷信行　〔母〕家女房　〔公卿補任〕5―381下

信篤　のぶあつ　一八一八―一九〇二

文化15（一八一八）・2・24誕生、天保2（一八三一）・12・19叙爵、天保3・2・8元服、昇殿、美作権介、天保6・3・28従五位上、天保10・1・24正五位下、天保11・12・20賜太上天皇御服、天保12・1・20除服宣下、天保13・3・16従四位下、弘化3（一八四六）・1・18従四位上、嘉永1（一八四八）・5・18大膳権大夫（小除目）、嘉永3・1・5正四位下、11・19服解（父）、嘉永4・1・17除服出仕復任、嘉永5・12・19少納言、兼侍従、嘉永6・1・1拝賀、安政1（一八五四）・12・18〔従三位〕、安政6・2・11正三位、慶応4（一八六八）・2・2参議

〔死没〕明治35（一九〇二）・12・26　〔年齢〕85　〔父〕長谷信好　〔母〕播州白鳥神主猪熊内匠慶歓妹　〔日記〕長谷信篤日記（一六八三）　〔公卿補任〕5―492上

交野家　かたのけ

桓武平氏の一流。西洞院家の庶流。西洞院参議時慶の六男大膳大夫時貞を家祖とする。家格は名家、新家。慶安期に創立。外様の家。近衛家の家礼。家禄三十石三人扶持。家祖時

交野家

時貞─┬─時久
　　　└─時香═惟粛═時永─時利═時雍─┬─時誠
　　　　　　　　　　　　　　　　　　　└─時晃─時万（子爵）

貞は、寛永八年（一六三一）十八歳で叙爵、慶安二年（一六四九）元服し昇殿を聴され、同日大膳大夫に任ぜられた。承応三年（一六五四）には従四位下に昇ったが、長患いに依ってか承応年中に出家し、可心と号した。天和元年（一六八一）六十八歳で没した。時貞の家督は故西洞院少納言時良の二男時久が嗣ぎ、寛文三年（一六六三）元服昇殿。同十年正五位下内匠頭まで昇進したところで、二十四歳で夭折した。これにより平松参議時量の四男時香が養嗣子となった。その後も養子相続が続き、惟粛は裏松権中納言意光の末男、時永は長谷正三位範高の二男、実利は時永の実子であるが、その次の時雍は広橋准大臣伊光の四男、時晃は広橋権大納言胤定の八男である。時永および時利が参議従二位にまで昇った。明治十七年（一八八四）時万のとき、叙爵内規により子爵を授けられた。菩提所は十念寺。『交野家譜』（東京大学史料編纂所架蔵、四一七五―一九二）。

時香　ときか　一六六四―一七一一

寛文4（一六六四）・12・7誕生、寛文12・10・23叙爵、延宝4（一六七六）・11・16元服、昇殿、主計頭、延宝5・11・16従五位上☆、延宝6・1・11弾正少弼、天和1（一六八一）・9・21喪父、11・17除服出仕復任、天和2・1・5正五位下☆、貞享3（一六八六）・1・7従四位下☆、貞享4・2・29左兵衛権佐☆、元禄3（一六九〇）・1・5従四位上☆、元禄7・12・25正四位下☆、元禄11・12・27従三位☆（去九日泰福卿同日分）、元禄16・8・20宮内卿、宝永2（一七〇五）・12・18〈去正月五日分〉正三位、正徳1（一七一一）・2・2薨去

［死没］正徳1（一七一一）・2・2　［年齢］48　［父］交野時貞（実平松時量）　［母］家女房　［号］覚性院　［公卿補任］4―137上

惟粛　これかた　一七〇六―三九

宝永3（一七〇六）・8・10誕生、正徳2（一七一二）・12・18叙爵、正徳6・9・13元服、昇殿、民部権大輔、12・25従五位上、享保4（一七一九）・12・27左兵衛権佐、享保5・12・28正五位下、享保9・1・26〈去六日分〉従四位下、享保11・2・5改惟粛（元時度）、享保13・12・21従四位上、享保17・2・16正四位下、享保18・7・25少納言、享保19・12・24兼侍従、元文1（一七三六）・1・5従三位、元文4・2・17薨去

［死没］元文4（一七三九）・2・17　［年齢］34　［父］交野時香（実裏松意光、二男）　［母］従二位権中納言山本実富女　［前名］時度　［号］温光院　［公卿補任］4―323下

時永　ときなが　一七三二―八五

享保16（一七三一）・6・29誕生、元文4（一七三九）・3・6為惟粛卿子、12・25従五位下、寛保2（一七四二）・5・24元服、昇殿、兵部権少輔、寛保3・6・29従五位上（小除目次）、8・29木工頭（推任）、延享4（一七四七）・1・5正五位下、延享5・閏10・15服解（実父）、12・26除服出仕復任、寛延4（一七五一）・1・5従四位下、宝暦4（一七五四）・1・26治部大輔、宝暦5・2・20従四位上、宝暦9・1・24正四位下、11・6少納言、11・12侍従、11・13拝賀、明和1（一七六四）・12・15〈ま〉（従三位）、明和4・3・28大蔵卿、明和6・12・18左兵衛督、明和7・11・27〈ま〉正三位、明和9・10・9辞督、安永1（一七七二）・11・18参議、12・6辞参議、安永5・1・9従二位、安永6・1・26権中納言、2・24帯剣、2・25聴直衣、8・20辞権中納言、天明5（一七八五）・11・7薨去

［死没］天明5（一七八五）・11・7　［年齢］55　［父］交野惟粛（実長谷範昌、二男）　［母］家女房（実家女房）　［号］円通院　［公卿補任］4―478上

時利　ときとし　一七六六―一八三〇

明和3（一七六六）・8・28誕生、明和7・2・28従五位下、安永6（一七七七）・12・18元服〈ま〉、昇殿、上野権介、従五位上、安永7・閏7・11服解（母）、

9・13除服出仕復任、天明1(一七八一)・9・2正五位下、天明5・1・14従四位下、9・19〈ま〉大膳権大夫、11・7服解(父)、12・28除服出仕復任、天明9・1・10従四位上、寛政5(一七九三)・1・20正四位下、寛政6・12・21少納言、兼侍従、寛政7・1・10拝賀、寛政11・1・27〔従三位〕、文化2(一八〇五)・1・26正三位、文政8(一八二五)・1・25参議、2・16辞参議、文政13・1・4薨去

[死没]文政13(一八三〇)・1・4 [年齢]65 [父]交野時永 [母]家女房 [号]観明光院 [公卿補任]5—131下

時雍　ときやす　一七八五—一八三五

天明5(一七八五)・11・11誕生、寛政3(一七九一)・5・12従五位下、寛政12・1・15時利卿子、11・26元服、昇殿、左馬頭、従五位上、寛政13・1・5改名時雍、享和3(一八〇三)・2・3兼中宮少進(推任)、2・28拝賀、7・19服解(養母)、9・13除服出仕復任、文化4(一八〇七)・1・23正五位下、2・13院判官代、2・27拝賀、文化5・1・17従四位下、文化7・2・28右衛門佐、文化9・2・2〈去正二十分〉従四位上、文化10・12・16賜後桜町院御服、文化11・1・16除服宣下、文化13・3・19少納言、4・14拝賀、10・15正四位下、文化14・4・12兼侍従、文政4(一八二一)・1・4〔従三位〕、文政10・1・5正三位、天保6(一八三五)・閏7・12薨去

[死没]天保6(一八三五)・閏7・12 [年齢]51 [父]交野時利(実広橋伊光、三男) [母]従二位藤井充行女(参議従二位堀河康実女) [幼名]寅麻呂 [前名]匡直 [号]慶雲院 [公卿補任]5—278上

時晃　ときあきら　一八一八—六一

文化15(一八一八)・2・12誕生、文政13(一八三〇)・7・28叙爵、天保2(一八三一)・10・26元服、昇殿、大和権守、天保5・10・27従五位上、天保6・閏7・12服解(父)、9・13除服出仕復任、10・30皇太后宮少進(権守如元)、天保9・3・21正五位下、天保12・閏1・22止皇太后宮少進、新清和院判官代、天保13・1・14蓁子内親王家司、1・22左馬頭、2・20従四位下、弘化3(一八四六)・1・5従四位上、弘化4・12・22少納言、12・29拝賀、嘉永2(一八四九)・12・27兼侍従、嘉永3・1・5正四位下、安政1(一八五四)・12・3〔従三位〕、安政5・10・7宮内卿、安政6・2・11正三位、文久1(一八六一)・8・10辞、薨去

[死没]文久1(一八六一)・8・10 [年齢]44 [父]交野時雍(実広橋胤定) [母]家女房 [号]無量光院 [公卿補任]5—492上

時万　ときつむ　一八三二—一九一四

天保3(一八三二)・5・19誕生、天保8・5・22従五位下、天保13・11・27元服、昇殿、伊予権守、従五位上、弘化3(一八四六)・5・28正五位下、嘉永2(一八四九)・2・28左馬権頭、嘉永3・2・3従四位下、嘉永7・1・22従四位上、12・18少納言、12・24拝賀、12・25兼侍従、安政5(一八五八)・1・5正四位下、文久1(一八六一)・8・10服解(父)、10・2除服出仕復任、文久2(一八六二)・3・5〔従三位〕、慶応2(一八六六)・1・15左京大夫、3・27帯剣、慶応3・3・23正三位

[死没]大正3(一九一四)・1・17 [年齢]83 [父]交野時晃 [母]家女房 [公卿補任]5—543下

石井家　いわいけ

桓武平氏の一流。西洞院家の庶流。西洞院参議時慶の女行子は後水尾天皇の中宮東福門院の上臈となり、宣旨局、また石井局と称されていたが、承応三年(一六五四)後水尾法皇・東福門院の思召により一家創立を許され、甥にあたる平松少納言時量の三男行豊を養子として創立した新家。家格は半家。寛文期に創立。内々の家。近衛家の家礼。初め家禄三十石三人扶持、寛文八年(一六六八)より家領百三十石。行豊は、万治二年(一六五九)七歳で叙爵、寛文六年元服し昇殿を聴され、従五位上・右衛門佐に叙任。新家創立を『石井家譜』では万治二年叙爵の時とし、『禁中御定』の記載では寛文期創立の新家とする。累進して貞享五年(一六八八)三十六歳で上階し、宮内卿・右衛門督を経て、元禄十四年参議に列し(督如元)、のち従二位に昇り、正徳元年(一七一

石井家

行豊—行康—行忠═行宣—行弘
　　　　　　　　└行文
行遠═行光—行知—行昌(子爵)

一)権中納言に昇る。同二年辞退、同三年二月六十一歳で没した。その子行康は正二位権中納言に昇り、これが石井家の先途となった。権中納言行忠は安永六年(一七七七)十一月六十二歳で没し、子は早世あるいは他家養子に出し嗣子なきにより、明和八年(一七七一)樋口前権中納言基康の末子行宣を養嗣子とした。行豊・行康・行忠が議奏に補され、行豊は、議奏ののち院伝奏となった。また近衛基凞の信任を得、「三部抄」の伝授を受けた。明治十七年(一八八四)行昌のとき、叙爵内規により子爵を授けられた。菩提所は十念寺。『石井家譜』(東京大学史料編纂所架蔵、四一七五—一五九)。

行豊　ゆきとよ　一六五三—一七一三

承応2(一六五三)・5・22誕生、万治2(一六五九)・1・5叙爵、寛文6(一六六六)・11・18元服、昇殿、右衛門佐、従五位上、寛文10・1・5正五位下、延宝2(一六七四)・2・8〈「3月」ま〉従四位下、延宝8・12・23〈去年正五分〉従四位上、12・17少納言侍従、天和4(一六八四)・1・5正四位下、元禄1(一六八八)・12・26〈去正月六日分〉従三位、号石井〈あ〉、元禄6・11・18宮内卿☆、元禄8・12・23〈去年正月五日分〉正三位☆、元禄14・10・24右衛門督、12・26参議、宝永2(一七〇五)・12・18〈去正月五日分〉従二位、宝永3・12・15辞参議・右衛門督、宝永8・3・6権中納言、正徳1(一七一一)・9・13帯剣、10・5直衣、正徳2・1・21辞権中納言、正徳3・2・12薨去

[死没]正徳3(一七一三)・2・12　[年齢]61　[父]平松時量、二男　[母]従一位権大納言飛鳥井雅章女　[養母]後水尾天皇皇后東福門院上臈石井局(参議従二位西洞院時慶女行子)　[号]石井　[公卿補任]4—96下

行康　ゆきやす　一六七三—一七二九

寛文13(一六七三)・7・2誕生、延宝8(一六八〇)・1・5叙爵、貞享2(一六八五)・11・27元服、昇殿、侍従、12・24従五位上、元禄2(一六八九)・1・7正五位下、元禄6・12・25〈去正五分〉従四位下☆、元禄11・12・27〈去正五分〉従四位上☆、元禄13・12・25少納言(侍従如元)、元禄15・1・22〈去五分〉正四位下、宝永3(一七〇六)・2・15〈去十一日分〉従三位、宝永8・2・28右衛門督、正徳2(一七一二)・12・25正三位☆、享保2(一七一七)・3・8参議、享保4・9・15辞参議・右衛門督、享保8・11・26権中納言、12・24帯剣、12・28聴直衣、享保9・2・8辞権中納言、10・3従二位、享保14・3・4正二位(御推叙)、3・8薨去

[死没]享保14(一七二九)・3・8　[年齢]57　[父]石井行豊　[母]家女房　[公卿補任]4—174上

行忠　ゆきただ　一七一六—七七

享保1(一七一六)・9・27誕生、享保7・2・3〈去正六分〉叙爵☆、享保10・3・7元服、昇殿、侍従、享保11・1・12従五位上、享保10・3・7元服昇殿侍従、享保11・1・12〈去五分〉従五位上、享保14・3・8服解(父〈ま〉)、4・28除服出仕復任、享保15・10・3正五位下☆、享保16・4・23兼春宮少進☆、閏5・2拝賀〈ま〉、享保19・1・7〈去六分〉従四位下、享保20・3・21止春宮少進(依受禅)、元文3(一七三八)・7・10〈去二六分〉従四位上、元文4・12・30兵部大輔、寛保3(一七四三)・6・29正四位下、延享2(一七四五)・閏12・18少納言、閏12・28侍従、延享3・1・4拝賀〈ま〉、寛延1(一七四八)・12・26従三位、宝暦4(一七五四)・閏2・24正三位、宝暦6・5・10左兵衛督、宝暦10・11・17参議、宝暦13・12・3辞参議、明和3(一七六六)・12・19従二位、明和5・2・3権中納言、2・13帯剣、2・14聴直衣、明和6・1・8辞権中納言、安永6(一七七七)・1・5正二位〈ま〉、11・29〈ま〉薨去

[死没]安永6(一七七七)・11・29　[年齢]62　[父]石井行康　[母]家女房　[公卿補任]4—389上

行宣　ゆきのぶ　一七六二—一八三八

宝暦12(一七六二)・4・14誕生、明和4(一七六七)・8・24

従五位下(于時伊康)、明和8・6・9為行忠卿子、12・18改行宣、安永1(一七七二)・12・15元服、昇殿、美作権介、従五位上、安永5・1・9正五位下、安永6・11・29服解(父)、安永7・1・8〈「七日」ま〉喪実母、2・28除服出仕復任、安永9・1・13従四位下、6・27服解(実父)、8・19除服出仕復任、10・22転権守、天明3(一七八三)・1・13少納言、2・16拝賀、天明4・1・15従四位上、天明5・8・17兼侍従(小除目)、天明7・8・24服解(母)、10・16除服出仕復任、天明8・1・10〈去五日分〉正四位下、寛政4(一七九二)・1・5〔従三位〕、寛政8・2・10左京大夫、寛政10・1・5正三位、文化5(一八〇八)・1・28参議、文化6・1・5従二位、文化7・1・26辞両官、文政4(一八二一)・4・12権中納言、5・26帯剣、5・28聴直衣、直衣始、12・19正二位、文政5・8・10辞権中納言、天保9(一八三八)・8・7薨去

〔死没〕天保9(一八三八)・8・7 〔年齢〕77 〔父〕石井行忠(実樋口基康) 〔母〕芝山広豊女(実家女房) 〔前名〕伊康 〔公卿補任〕5—83下

行弘 ゆきひろ 一七八五—一八五九

天明5(一七八五)・7・6誕生、寛政3(一七九一)・1・25従五位下、寛政8・2・17元服、昇殿、大膳権大夫、従五位上、拝賀〈ま〉、寛政12・1・5正五位下、享和4(一八〇四)・1・5従四位下、文化5(一八〇八)・1・5従四位上、6・16少納言、7・11兼侍従7・28拝賀、12・2差控〈ま〉、12・23勅免出仕〈ま〉、文化9・1・4正四位下、文化10・12・26賜後桜町院御服、文化11・1・16除服宣下、文化13・3・2〈去正月廿八日分〉〔従三位〕、文政5(一八二二)・1・5正三位、天保14(一八四三)・6・24参議、10・26〔従二位〕、弘化3(一八四六)・7・23賜前新清和院御服、弘化4・12・14辞参議、嘉永4(一八五一)・12・24権中納言、12・29帯剣、嘉永5・1・20聴直衣、直衣始、4・30辞権中納言、9・24正二位、安政6(一八五九)・7・19薨去

※文政六年より「弾正大弼」

〔死没〕安政6(一八五九)・7・19 〔年齢〕75 〔父〕石井行宣 〔母〕烏丸光祖、一女 〔公卿補任〕5—243下

行遠 ゆきとお 一八〇一—五八

享和1(一八〇一)・2・19誕生、文化11(一八一四)・10・26従五位下、12・26元服、昇殿、美作権守、文化13・4・8右衛門佐、文化14・7・8兼中宮少進、2・1拝賀、文化15・1・22従五位上、文政2(一八一九)・5・24服解(母)、7・15除服出仕復任、文政3・3・14転皇太后宮少進(冊命日)、文政5・1・25正五位下、文政9・1・5従四位下、文政13・1・5従四位上、8・24弘保親王家司、天保5(一八三四)・1・5正四位下、天保8・12・26少納言、天保9・1・1拝賀、天保9・2・3兼侍従、12・3〔従三位〕、天保14・12・22正三位、弘化2(一八四五)・1・18宮内卿、安政5(一八五八)・9・5〈昨日分〉辞、薨去

〔死没〕安政5(一八五八)・9・5 〔年齢〕58 〔父〕正二位権中納言石井行弘 〔母〕正二位権大納言下冷泉為訓女 〔公卿補任〕5—387下

行光 ゆきてる 一八一五—七九

文化12(一八一五)・5・4誕生、文政2(一八一九)・12・18従五位下、12・28元服、昇殿、民部大輔、従五位上、文政13・2・10兼皇太后宮少進、3・15拝賀、天保2(一八三一)・1・17正五位下、12・26拝賀、天保6・3・28従四位下、天保9・12・22少納言、天保10・1・24従四位上、2・29兼侍従、天保13・4・18服解(母)、6・9除服出仕復任、天保14・2・8〈去正十四分〉正四位下、弘化4(一八四七)・12・23〔従三位〕、嘉永5(一八五二)・5・8正三位、文久3(一八六三)・3・1左衛門督

〔死没〕明治12(一八七九)・4・20 〔年齢〕65 〔父〕石井行遠 〔母〕園基理二女槙子 〔公卿補任〕5—443下

清原氏　きよはらし

天武天皇の皇子舎人親王の後裔で、清原真人の姓を賜った一流。清原真人の賜姓の初例は夏野とされる(『清原系図』)。『日本後紀』延暦二十三年(八〇四)六月甲子(二十一日)条に拠れば、舎人親王の孫とされる正五位下小倉王が上表して、その息内舎人繁野等に清原真人の姓を賜り、繁野を改めて夏野となさんことを請い許されたという。清原氏の系図には、『尊卑分脈』所収のもの、『群書類従』所収のもの一篇、『続群書類従』所収のもの七篇その他があるが、それぞれ異同がある。例えば、続群の第一・第二篇では舎人親王の子御原王、その子小倉王、その子夏野、また房則子業恒、業恒舎弟深養父とあるところ、第四篇では御原王を舎人親王の舎弟、第六篇は深養父を海雄の子、房則の舎弟、とするなど、基本的な部分でも所々に異同が見られ、清原氏の系譜を一義的に明確にしがたいところがある。しかし、系譜上に異説を生じているとはいえ、この氏から平安時代前期に右大臣にまで昇り、『日本後紀』の編集に加わり『令義解』の撰述の中心となった夏野、同中期に歌人の深養父、同孫で三十六歌仙の一人として知られる元輔、その女で『枕草子』で著名な清少納言などが出ている。また、広澄系の清原氏は明経道の家、局務を世襲する家として続き、平安時代末期に大儒頼業、鎌倉時代に教隆、南北朝時代に良賢、室町時代の前期に業忠、同後期に宣賢らの名儒を輩出し、秀賢に至って舟橋を家名とした。なお、頼業五世の孫頼元は南朝の懐良親王に仕え、その子孫は筑前にとどまって五条を家名とした。

舟橋家　ふなはしけ

清原氏の嫡流。天武天皇の皇子舎人親王の裔。大外記広澄を家祖とする一流。略称して清家《せいけ》ともいう。広澄は寛弘元年(一〇〇四)十二月海《あまの》宿禰を改め清原真人を賜ったという(『尊卑分脈』)。室町時代初期、頼季の時、家名を高倉と号したが、江戸時代初期、秀賢の時、慶長六年(一六〇一)十二月、左大臣近衛信尹の執奏により堂上たるべきの勅許を得、「称号代々高倉雖相構、高倉他家有之、粉敷被思召之由」を以て、称号を舟橋と称すべきこととされた(『慶長日件録』)。『お湯殿の上の日記』同月二十五日条には、「こんゑ殿御きもいりにて、きよくら人(極﨟)とうしよ(堂上)になさるる」と見える。家格は半家。外様の家。明経道・儒道を家職とした。近衛家の家礼。江戸時代には家領四百石。清原氏の系図は、『尊卑分脈』所収のもの、『群書類従』・『続群書類従』所収のものなど多数が知られるが、所々に異同が見られ、『系図纂要』所収のものは校異が著しいので、ここでは『舟橋家譜』所収の系図に拠ることとする。また、家祖についても、小倉王の五男で初めて清原真人の姓を賜い、従二位右大臣兼左大将となり、その別邸の双岡山荘《ならびがおかさんそう》に因み比岡大臣、比大臣《ならびのおとど》と称された夏野《なつの》、あるいは夏野の曾孫で歌人として著名な深養父《ふかやぶ》の舎兄左大史業恒を充てることも出来ようが、太政官の庶務を奉行した外記の最上首である大外記となり、明経博士となった初めてである広澄を充てるのが妥当であろう。広澄の玄孫が明経道《みょうぎょうどう》の清原家中興の祖とされる頼業である。頼業は、大外記祐隆の子で、幼少のころから明経道の家学の伝習に励んで学才をもって称せられ、康治元年(一一四二)二十一歳のとき叙爵し少外記に任ぜられ、世襲の職である局務にあたり、内大臣藤原頼長の殊遇を得て近侍し経学を講じ、その推挙により久安六年(一一五〇)直講《ちょっこう》に補された。保元元年(一一五六)助教に昇進、仁安元年(一一六六)大外記に任ぜられ、安元元年(一一七五)には明経博士となり、ついで高倉天皇の侍読となった。また、この前後から右大臣九条兼実より格別の信任を得、「吐和漢才、詎敢比肩、誠是国之大器、道之棟梁也」

(『玉葉』治承元年五月十二日条)とまで評され、「頼業於明経道不恥上古之名士」と見込まれて、寿永二年(一一八三)十一月よりは兼実息の右大将良通十七歳、左中将良経十五歳に尚書を教授し(同寿永二年十一月十四日条)、兼実が文治二年(一一八六)三月摂政となり政局の中枢につくと、頼業は家司に補され常時補佐を勤めた。卓越した実務能力と学識とを兼ね備え、明経道における清原氏の地位を確固たるものにし、紀伝道の下に甘んじてきた明経道が有用の学として隆盛に向かうのに大きな貢献をし、文治五年閏四月に六十八歳で没した。京都嵯峨の車折《くるまざき》神社は大外記清原頼業の霊廟で、世に五道冥官降臨の地と称する。以後、大外記を世襲し、位階は四位、五位にとどまったが、南北朝時代の良賢は少納言・大外記・明経博士を歴任し、内昇殿を聴され、後光厳天皇等三天皇の侍読ともなり、永享四年(一四三二)十月没するが、その十三回忌にあたる文安元年(一四四四)十月に従三位を追贈された。その曾孫の業忠は、大外記・少納言を経て、享徳四年(一四五五)六月家例として初めて現存上階し、長禄二年(一四五八)三月正三位に昇り、同五月真人を改め朝臣を賜り、これを機に同十月官を辞して剃髪し、応仁元年(一四六七)四月五十九歳で没した。後花園・後土御門・後柏原三朝の侍講を勤め、公卿廷臣のみならず将軍足利義政・細川勝元らの武家、天隠竜沢などの五山禅僧が業忠の儒典講釈を聴聞した。『碧山日録』長禄三年四月二十三日条には、「積精深思、通達其旨、頃日大開講肆、議説論語・尚書・左氏伝及諸典、其弁翻波、天下学者皆師之、以公出故、清家之学大興也」とあり、多くの人が業忠の講席に列し、天下の学者の師と目され清家の学大いに興ったという。業忠孫の宣賢は、吉田神祇権大副兼倶の三男で、宗賢の養嗣子となり、永正十八年(一五二一)四月上階し、正三位にまで昇り、享禄二年(一五二九)二月致仕し剃髪した。致仕後も公卿廷臣・五山僧等の依頼で諸儒典を講じ、また能登守護畠山氏、若狭守護武田氏、越前守護朝倉氏らに招かれて下向し講義を行った。天文十九年(一五五〇)七月越前一乗谷で七十六歳で没した。宣賢の学風は儒学のほかに和学・神道にも及ぶもので、実父兼倶以来の神儒仏三教融合論を継承・発展させて、新古折衷学派の始祖となった。宣賢の子兼右は出でて吉田兼満の後嗣となり、明経道清原氏と神祇道吉田氏との関係が深まるなかで、宣賢の孫枝賢、曾孫国賢いずれも家学である儒学に関する著作のほかに多くの神道に関する著述も行い、近世神儒一致説の源流を起こすことになる。国賢の子が初めて舟橋の家名を称することになる秀賢である。後陽成天皇・後水尾天皇の侍読を勤め、また『慶長日件録』の記主として知られる。以後、歴代おおむね明経博士となり、少納言・式部少輔に任ぜられるのを例とし、正二位を先途とした。秀賢の二男賢忠は分流し伏原と号し、伏原家より澤家が分流した。日記には、『頼

舟橋家

天武天皇―舎人親王―御原王―小倉王―夏野―海雄―房則―業恒
　　　　　　　　　　　　　　　　　　　　　　　　　　深養父

広澄＝頼隆―定滋―定康―祐隆―頼業―良業―頼尚―良季―良枝
宗尚―良兼―宗季―良賢―頼季―宗業―**業忠**―**宗賢**＝**宣賢**―**良雄**
頼元(五条)
枝賢―**国賢**―秀賢―**秀相**―**相賢**＝**弘賢**＝**尚賢**―親賢＝本賢―**則賢**
　　　　　　　賢忠(伏原)
師賢―**在賢**―**康賢**―遂賢(子爵)

業記』、『良業記』、『良季記』、『良枝記』、『良賢真人記』、『宗賢卿記』、『宣賢卿記』、『枝賢卿記』、『慶長日件録』(秀賢)がある。明治十七年(一八八四)遂賢のとき、叙爵内規により子爵を授けられた。菩提所は嵯峨 車折神社。『舟橋家譜』(東京大学史料編纂所架蔵、四一七五―三〇〇)。

業忠　なりただ　一四〇九―六七

宝徳1(一四四九)・11・19少納言(元大外記)〈し〉、昇殿(先例如此)〈し〉、頭右中弁冬房朝臣御沙汰也、同廿一日子息宗賢任大外記〈し〉、享徳4(一四五五)・6・21従三位(現存上階初例)、本名良宣〈や〉、長禄2(一四五八)・3・-正三位、5・15改真人賜朝臣、10・25出家

※長禄二年より「大蔵卿」

[死没]応仁1(一四六七)・4・28 [年齢]59 [父]清原宗業 [前名]良宣 [法名]常忠・後宝寿院正三品言翁忠公禅定門神儀 [公卿補任]3―181上 [大日本史料]8―1―192

宗賢　むねかた　?―一五一三

文明5(一四七三)・4・15従三位、大蔵卿如元、-・-・-辞卿、文明9・5・20正三位、文明10・6・25侍従、長享2(一四八八)・12・20出家、永正10(一五一三)・-・-薨去〈く追〉、永正12(一五一五)・10・29贈従二位〈く追〉

[死没]永正10(一五一三) [父]清原業忠 [法名]常盛 [日記]宗賢卿記(一四五〇―八九) [公卿補任]3―239上

宣賢　のぶかた　一四七五―一五五〇

文明12(一四八〇)・3・29主水正、文明16・9・5大炊頭、文明18・7・12蔵人、明応9(一五〇〇)・6・28従五位下、明応10・1・20直講、文亀1(一五〇一)・閏6・26少納言(大炊頭主水正直講)、文亀3・6・1従五位上、永正1(一五〇四)・3・3昇殿(代々少納言拝任当日也、聊有子細遅々、不可為例)、永正3・5・20正五位下、永正-・7・-従四位下、永正10・1・14従四位上、永正13・12・19〈くさ〉正四位下、永正18・4・2従三位、元少納言、去之、大永2(一五二二)・3・29侍従、大永6・11・14正三位、享禄2(一五二九)・2・11出家、2・16下向越前〈さ〉、天文19(一五五〇)・7・12薨去(於越前国一乗谷〈や〉)

[死没]天文19(一五五〇)・7・12 [年齢]76 [父]清原宗賢(実吉田兼倶、三男) [号]環翠軒 [法名]宗尤 [日記]宣賢卿記(一四九一) [公卿補任]3―356上

良雄　よしお　一四九九―一五六六

文亀2(一五〇二)・4・12大炊頭、主水正、永正3(一五〇六)・5・20従五位下、永正8・8・10従五位上、永正12・1・24大外記、3・25正五位下、永正18・3・17正五位上、大永2(一五二二)・3・29備前権介、大永6・1・25従四位下、享禄2(一五二九)・2・10穀倉院別当、享禄3・1・20従四位上、天文3(一五三四)・1・8正四位下、天文4・12・4兼下総守、天文5・2・26少納言、侍従、天文7・3・8兼武蔵権介、天文11・閏3・10〈や〉従三位、元少納言侍従〈や〉、天文18・-・-改良雄、天文19・1・5正三位、永禄9(一五六六)・11・3〈くま〉薨去

※天文十六年より「在国〈さ〉」

[死没]永禄9(一五六六)・11・3 [年齢]68 [父]清原宣賢、一男 [前名]業賢 [公卿補任]3―408下

枝賢　えだかた　一五二〇―九〇

大永5(一五二五)・2・15大炊頭、主水正、享禄4(一五三一)・6・20叙位、天文4(一五三五)・7・29従五位上、元服、大外記、12・30助教、天文5・2・2穀倉院別当、天文7・3・8備後介、天文8・1・5正五位下、天文9・3・20博士、天文11・1・5正五位上、天文13・3・19伊勢権守、天文15・7・23従四位下(大外記以下如元)、天文17・3・23伊与介、天文19・1・7従四位上、天文23・6・30正四位下、永禄2(一五五九)・-・-弾正少弼、11・11少納言侍従、永禄6・7・28宮内卿、天正4(一五七六)・6・29従三位、本名頼賢〈くま〉、天正9・4・9正三位〈くま〉、4・11〈くま〉出家、天正18・11・15薨去〈くま〉、11・18贈従二位〈く〉

[死没]天正18(一五九〇)・11・15 [年齢]71 [父]清原良雄 [前名]頼賢 [号]道白 [法名]雪庵 [日記]枝賢卿記(一五四三) [公卿補任]3―475上

国賢　くにかた　一五四四—一六一四

天文18（一五四九）・3・25主水正〈く〉、大炊頭〈く〉、永禄6（一五六三）・7・1蔵人〈く〉、左近将監〈く〉☆、7・28少納言〈く〉、侍従〈く〉、天正3（一五七五）・8・6従五位上〈く〉、天正6・1・14正五位下〈く〉、天正10・12・7従四位下〈く〉、天正16・12・26従四位上〈く〉、慶長12（一六〇七）・11・27〈く〉従三位、元大蔵卿〈く〉、出家〈慶長日件録〉

※慶長十六年非参議従三位〔以後不見〕

[死没]慶長19（一六一四）・12・18　[年齢]71　[父]清原枝賢　[公卿補任]3—528上　[大日本史料]12—17—9

秀相　ひですけ　一六〇〇—四七

慶長20（一六一五）・6・24従五位下、式部少輔、元和6（一六二〇）・1・5従五位上、元和9・1・5正五位下、1・11明経博士、寛永5（一六二八）・1・5従四位下、寛永9・1・11少納言、寛永10・1・6従四位上、1・12侍従、少納言如元、寛永14・1・5正四位下、寛永20・9・15辞少納言、正保3（一六四六）・11・27〈賜去正月五日位記〉従三位、正保4・9・15薨去

[死没]正保4（一六四七）・9・15　[年齢]48　[父]舟橋秀賢　[母]六角義賢女　[前名]秀雄　[公卿補任]3—611下

相賢　すけかた　一六一八—八九

元和4（一六一八）・2・23誕生、寛永4（一六二七）・12・10従五位下、寛永5・2・7元服、左兵衛佐、寛永10・1・6従五位上、11・12式部少輔、寛永14・1・5正五位下、寛永18・1・5明経博士、寛永19・12・22従四位下、正保4（一六四七）・1・5従四位上、慶安4（一六五一）・1・5正四位下、承応3（一六五四）・12・27少納言☆、侍従☆、明暦2（一六五六）・2・5〈賜去正月五日口宣案〉従三位☆、元少納言侍従、万治3（一六六〇）・12・24刑部卿、万治4・1・5正三位、天和2（一六八二）・12・18従二位、元禄2（一六八九）・10・16薨去

[死没]元禄2（一六八九）・10・16　[年齢]72　[父]舟橋秀相　[母]正四位下左兵衛佐吉田兼治女　[二字名]柳　[公卿補任]3—645上

弘賢　ひろかた　一六四八—一七一四

正保5（一六四八）・2・9誕生、延宝9（一六八一）・8・22叙爵、10・3元服☆、昇殿☆、右兵衛佐☆、天和3（一六八三）・11・26兼明経博士、12・15式部少輔、貞享2（一六八五）・1・6従五位上、貞享4・1・5正五位下☆、4・10少納言、兼侍従（式部少輔如元）、元禄3（一六九〇）・1・5従四位下☆、12・21改弘賢（元相起）☆、元禄7・12・25従四位上、元禄11・1・5正四位下、元禄13・12・25辞少納言侍従等（式部少輔博士如元）、元禄14・2・17〈去正月五日分〉従三位、元禄16・12・28刑部卿、宝永2（一七〇五）・12・18辞刑部卿、正三位、正徳2（一七一二）・12・25従二位、正徳4・9・18正二位☆、10・7薨去

[死没]正徳4（一七一四）・10・7　[年齢]67　[父]舟橋相賢（実舟橋秀相）　[母]家女房　[前名]相起　[公卿補任]4—150下

尚賢　ひさかた　一六八二—一七二六

天和2（一六八二）・3・19誕生、元禄13（一七〇〇）・12・25叙爵、宝永3（一七〇六）・3・27当家相続、4・7改尚賢（元兼尚）、4・29元服、昇殿、式部少輔、5・6従五位上、5・29兼明経博士、宝永5・1・29正五位下（儲君御読書始侍読父卿賞譲）、宝永7・閏8・9兼主水正、正徳2（一七一二）・12・18〈去正五分〉従四位下、正徳4・10・7喪養父、11・27除服出仕復任、享保1（一七一六）・12・25従四位上、享保4・1・14少納言侍従（博士主水正等如旧）、12・26〈去六一分〉正四位下☆、享保8・1・19〈去五日分〉従三位、享保11・6・10薨去

[死没]享保11（一七二六）・6・10　[年齢]45　[父]舟橋弘賢（吉田兼敬、二男）　[母]家女房　[前名]兼尚　[公卿補任]4—257上

則賢　のりかた　一七五八—九七

宝暦8（一七五八）・8・25誕生、宝暦14・1・5叙爵、明和5（一七六八）・3・16元服、昇殿、式部少輔、従五位上、明和6・1・29左兵衛佐、明和8・4・30正五位下、安永3（一七七四）・1・8従四位下、

安永4・11・9少納言、11・10兼侍従、11・16奏慶、安永6・1・9従四位上、安永7・6・5兼明経博士、安永9・1・19正四位下、天明3(一七八三)・1・5従三位(明経博士如故)、天明7・5・26正三位、寛政7(一七九五)・1・20従二位、寛政9・閏7・21薨去

[死没]寛政9(一七九七)・閏7・21 [年齢]40 [父]舟橋本賢 [母]正二位前権中納言石井行忠女 [公卿補任]5—26上

師賢 もろかた　一七八三—一八三二

天明3(一七八三)・10・26誕生、天明7・1・25従五位下、寛政3(一七九一)・12・4元服、昇殿、武蔵権介、従五位上、寛政6・1・13正五位下、寛政7・1・28兼明経博士、寛政9・1・22従四位下、閏7・21服解(父)、9・13除服出仕復任、寛政12・1・5従四位上、享和1(一八〇一)・3・23左兵衛佐(博士如旧)、享和3・1・5正四位下、1・17少納言(博士如旧)、閏1・8拝賀、2・23主水正(博士如旧)、8・28兼侍従(正博士等如旧)、文化3(一八〇六)・1・18〔従三位〕(博士如元)、文化7・1・4正三位、文化11・7・8侍従、文政1(一八一八)・12・19従二位、天保3(一八三二)・5・14正二位、5・15〈ま〉薨去

[死没]天保3(一八三二)・5・15 [年齢]50 [父]舟橋則賢 [母]正二位権大納言冷泉為村女 [公卿補任]5—176上

在賢 あきかた　一八〇四—六四

文化1(一八〇四)・7・2誕生、文化4・3・26従五位下、文化7・9・15元服、昇殿、武蔵権守、文化8・8・17主水正(権守如故)、9・17従五位上、文化11・1・20正五位下、文化14・1・4従四位下、文政3(一八二〇)・1・12〈去四日分〉従四位上、文政4・1・20少納言(正如故)、2・30兼侍従(正如故)、3・13拝賀、文政6・1・5正四位下、12・19兼明経博士(侍従正等如故)、文政9・1・21〔従三位〕、明経博士如故、文政13・1・21正三位、天保9(一八三八)・3・21従二位、嘉永2(一八四九)・12・19直衣、嘉永7・閏7・15正二位、元治1(一八六四)・2・4薨去

[死没]元治1(一八六四)・2・4 [年齢]61 [父]舟橋師賢 [母]冷泉為章二女常子 [公卿補任]5—312上

康賢 みちかた　一八四一—七九

天保12(一八四一)・11・24誕生、弘化1(一八四四)・12・22従五位下、嘉永1(一八四八)・10・6元服、昇殿、従五位上、嘉永4・1・18正五位下、嘉永6・12・19讃岐権守、兼明経博士、嘉永7・1・22従四位下、安政3(一八五六)・12・22少納言、兼侍従(博士如元)、12・28拝賀、安政4・1・25〈去四日分〉従四位上、安政7・1・5正四位下、文久3(一八六三)・9・20兼主水正(侍従博士等如元)、12・27〔従三位〕(侍従博士等如元)、慶応3(一八六七)・3・23正三位

[死没]明治12(一八七九)・12・26 [年齢]39 [父]舟橋在賢、二男 [母]今城定成妹たお [公卿補任]5—552上

伏原家　ふしはらけ

清原氏の一流。舟橋家の庶流。舟橋従四位上式部少輔秀賢の二男伏原従二位大蔵卿賢忠を家祖とする。家格は半家、新家。寛永期に創立。外様の家。明経道・儒道を家職とした。九条家の家礼。家領二百三十石。家祖賢忠は、元和元年(一六一五)七月に十四歳で元服し、正六位上・蔵人・左近将監に叙任。寛永六年(一六二九)後水尾院の思召により新家取立、叙爵し主計頭に任ぜられた。少納言・主水正を歴任し、承応元年(一六五二)十月従三位に昇り、明暦元年(一六五五)大蔵卿に任ぜられ、翌々三年正三位に進み、没する前々日には従

伏原家

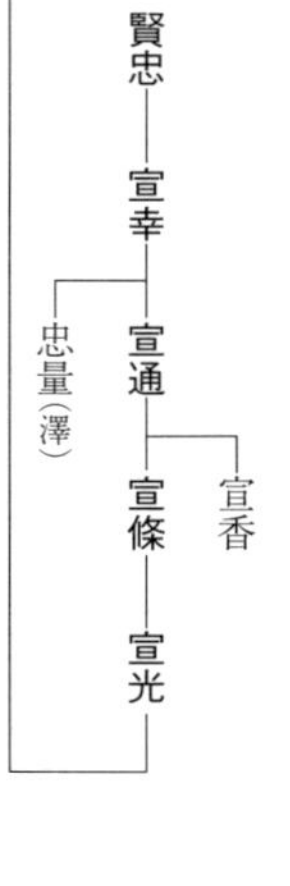

二位に昇り、寛文六年（一六二九）九月六十五歳で没した。後光明天皇の侍読を勤仕したほか、代々多くが侍読を勤め、少納言・主水正・明経博士・大蔵卿等に任ぜられるのを例とし、正二位を先途とした。近習小番に加えられたものも多く、宣明は祐宮（明治天皇）の侍読を勤めた。明治十七年（一八八四）宣足のとき、叙爵内規により子爵を授けられた。菩提所は報恩寺。『伏原家譜』（東京大学史料編纂所架蔵、四一七五—二九四）。

賢忠 まさただ 一六〇二—一六六六

慶長7（一六〇二）・5・2誕生、元和1（一六一五）・7・25〈く〉元服、正六位上、蔵人、左近将監、寛永6（一六二九）・10・6〈「7日」ま「20日」く〉叙爵☆、主計頭☆、寛永8・11・6従五位上、寛永10・1・6正五位下、寛永15・1・5従四位下、寛永19・1・5従四位上、寛永20・9・30少納言、侍従、寛永21・12・12辞少納言、正保3（一六四六）・1・5正四位下、1・11主水正、承応1（一六五二）・10・12〈賜去年正月五日正〔従カ〕三位口宣案〉従三位☆、号伏原、承応4・1・11大蔵卿、明暦3（一六五七）・1・5正三位、寛文6（一六六六）・9・4従二位、9・6薨去

［死没］寛文6（一六六六）・9・6 ［年齢］65 ［父］舟橋秀賢、二男 ［号］伏原 ［公卿補任］3—630上

宣幸 のぶゆき 一六三七—一七〇五

寛永14（一六三七）・5・6誕生☆、承応3（一六五四）・9・3叙爵（去周易御伝授父卿賞譲）、12・19〈ま〉元服、昇殿、右衛門佐、明暦2（一六五六）・2・1少納言、兼侍従、明暦3・4・1兼主水正、万治2（一六五九）・1・5従四位上〔従五位上カ〕☆、寛文3（一六六三）・1・6正五位下、1・12明経博士、寛文8・1・6従四位下、寛文13・2・20従四位上☆、延宝5（一六七七）・12・11辞少納言☆、辞侍従☆、大蔵卿☆、主水正明経博士如元、延宝6・1・5正四位下、天和2（一六八二）・12・18従三位（東宮御侍読賞、大蔵卿如元）、貞享5（一六八八）・7・25〈去年正月六日分〉正三位、元禄11（一六九八）・12・27従二位、・・・去卿、宝永2（一七〇五）・7・28正二位、8・1薨去

［死没］宝永2（一七〇五）・8・1 ［年齢］69 ［父］伏原賢忠 ［母］家女房 ［公卿補任］4—67下

宣通 のぶみち 一六六七—一七四一

寛文7（一六六七）・8・25誕生、延宝4（一六七六）・12・25正六位上、延宝5・1・26元服、昇殿、蔵人、禁色、大学助、天和2（一六八二）・12・24主水正、貞享4（一六八七）・12・14〈「12日」ま〉従五位下（主水正如元）☆、12・24左衛門佐（正如元）、貞享5・4・9従五位上、元禄2（一六八九）・7・25〈去正七分〉正五位下、元禄5・12・13〈去正五分〉従四位下、元禄7・10・5少納言、侍従（正如元）、元禄10・12・26〈去正五分〉従四位上、元禄14・2・17〈去正五分〉正四位下、2・27明経博士、宝永2（一七〇五）・8・1喪父、9・24除服出仕復任、12・15辞少納言、辞侍従、大蔵卿（正博士等如元）、12・18従三位（大蔵卿如元）、宝永7・12・25〈去二月廿八日分〉正三位、享保7（一七二二）・12・2従二位、享保12・3・25直衣☆、元文6（一七四一）・2・7正二位☆、2・14薨去☆

［死没］元文6（一七四一）・2・14 ［年齢］75 ［父］伏原宣幸 ［母］家女房 ［公卿補任］4—169下

宣條 のぶえだ 一七二〇—九一

享保5（一七二〇）・9・14〈「24日」ま〉誕生、享保18・12・5従五位下、12・24元服、昇殿、図書頭、享保20・3・2右兵衛権佐、3・21院判官代（脱履日）、元文2（一七三七）・5・8賜中御門院御服、元文3・10・15従五位上、元文5・2・2兼主水正、元文6・2・14服解（父〈ま〉）、寛保1（一七四一）・4・5除服出仕復任、寛保2（一七四二）・8・25〈ま〉正五位下、寛保3・8・29治部大輔（正如元）、10・28明経博士、延享3（一七四六）・4・2従四位下、寛延1（一七四八）・12・27少納言（少輔博士等如元〈ま〉）、12・28兼侍従（少納言正博士等如旧〈ま〉）、寛延2・1・1拝賀〈ま〉、寛延3・4・5従四位上、宝暦4（一七五四）・2・19正四位下、宝暦6・11・22従三位（推叙〈ま〉）、宝暦11・12・24正三位〈ま〉、宝暦12・8・25賜桃園院御服〈ま〉、明和3（一七六六）・5・15従二位、安永6（一七七七）・6・

16正二位、安永8・12・12賜後桃園院御服、寛政1(一七八九)・12・19聴直衣、寛政3・9・17薨去
[死没]寛政3(一七九一)・9・17　[年齢]72　[父]伏原宣通、二男　[母]家女房　[公卿補任]4—432下

宣光　のぶみつ　一七五〇—一八二七

寛延3(一七五〇)・2・9誕生、宝暦5(一七五五)・3・3従五位下、宝暦11・1・26元服、昇殿、民部少輔、3・15従五位上、宝暦13・12・19正五位下(父宣条卿侍読賞譲)、宝暦14・1・10兼主水正、明和4(一七六七)・1・5従四位下、10・27少納言、兼侍従、11・7拝賀、明和8・4・30従四位上、兼明経博士、安永4(一七七五)・1・5正四位下、安永7・5・19(従三位)、安永9・4・18侍従、天明2(一七八二)・1・14正三位、寛政12(一八〇〇)・3・14従二位、文化8(一八一一)・閏2・4正二位、文政5(一八二二)・2・24聴直衣、文政10・12・20薨去
[死没]文政10(一八二七)・12・20　[年齢]78　[父]伏原宣條　[母]従一位権大納言柳原光綱女　[公卿補任]4—563下

宣武　のぶたけ　一七七四—一八三三

安永3(一七七四)・5・13誕生、安永7・3・8従五位下、天明3(一七八三)・2・26元服、昇殿、従五位上、治部大輔、天明4・1・16兼主水正、天明7・5・26正五位下(小除目次)、寛政3(一七九一)・1・5従四位下、寛政4・2・2少納言(正如旧)、2・6兼侍従、2・30拝賀、寛政6・1・28改宣武(元長賢)、寛政8・3・1(去年正月廿五日分(「五日」ま)従四位上、寛政11・1・5正四位下、享和3(一八〇三)・1・5(従三位)、文化4(一八〇七)・1・4正三位、3・26修理権大夫、文化9・11・27止官、遠慮(ま)、文政7(一八二四)・12・19従二位、天保4(一八三三)・8・9薨去
[死没]天保4(一八三三)・8・9　[年齢]60　[父]伏原宣光　[母]従一位権大納言柳原光綱女　[前名]長賢　[公卿補任]5—157上

宣明　のぶはる　一七九〇—一八六三

寛政2(一七九〇)・4・1誕生、寛政10・8・27従五位下、享和3(一八〇三)・3・10元服、昇殿、備前権介、従五位上、文化3(一八〇六)・2・7主水正(権介如元)、文化4・6・1正五位下、文化8・2・1(去正十八分)従四位下、8・3少納言、8・17兼侍従、9・1拝賀、文化12・1・28(去五分)従四位上、文政2(一八一九)・1・5正四位下、8・19兼明経博士(侍従如故)、文政6・12・19(従三位)、文政10・2・8正三位、天保14(一八四三)・11・25従二位、嘉永7(一八五四)・閏7・15正二位、文久3(一八六三)・1・4聴直衣、2・14薨去
[死没]文久3(一八六三)・2・14　[年齢]74　[父]伏原宣武　[母]家女房　[継母]冷泉為章女　[公卿補任]5—291上

宣諭　のぶさと　一八二三—七六

文政6(一八二三)・12・3誕生、文政10・11・26叙爵、天保2(一八三一)・12・8元服、昇殿、大和権介、従五位上、天保6・1・5正五位下、天保9・12・22兼明経博士、天保10・1・24従四位下、天保12・8・29主水正(博士如故)、天保14・1・5従四位上、弘化4(一八四七)・1・4正四位下、12・23少納言(正博士等如故)、12・27拝賀、兼侍従、嘉永6(一八五三)・12・19(従三位)、安政4(一八五七)・1・4正三位、9・30蟄居、安政5・5・10免蟄居、慶応3(一八六七)・1・27賜大行天皇御当色、2・2賜御素服
[死没]明治9(一八七六)・8・21　[年齢]54　[父]伏原宣明　[母]家女房　[公卿補任]5—485下

澤家　さわけ

清原氏の一流。伏原家の傍流。伏原正二位宣幸の二男澤従二位忠量を家祖とする。家格は半家、新家。宝永期に創立。外様の家。明経道・儒道を家職とした。九条家の家礼。家禄三十石三人扶持。家祖忠量は、元禄二年(一六八九)十七歳で正六位上に叙せられ、元服し禁色昇殿を聴され、蔵人・大学助に任ぜられた。宝永五年(一七〇八)正月叙爵し、享保十三年(一七二八)四月上階し、のち従二位まで昇り、宝暦四年(一七五四)八月八十二歳で没した。以後、従二位を先途とした。宣嘉は、姉小路

澤家

忠量―宣成―宣維―久量―量行
為量（子爵）―宣嘉＝宣種＝宣量（子爵のち伯爵）
宣種
宣量

権中納言公遂の三男で、嘉永五年（一八五二）十八歳のとき澤従三位為量の養子となった。三条実美らの尊攘派公家や諸藩尊攘志士と交遊し攘夷論を高唱、文久三年（一八六三）八月の政変により実美らとともに長州に下り（七卿落ち）、ついで平野国臣らと但馬国生野に挙兵した（生野の乱）。宣嘉の西走により、父為量は息宣種を家嫡とし、慶応四年（一八六八）の戊辰戦争では奥州鎮撫副総督として出陣した。宣嘉は王政復古により帰京し、明治六年（一八七三）九月没した。同九年為量は宣種を廃嫡して再相続し、宣嘉の男宣量を家嫡とした。同十七年（一八八四）為量のとき、叙爵内規により子爵を授けられ、同二十四年四月に至り子爵澤宣量に祖父の勲功により伯爵に陞叙された。菩提所は蛸薬師　浄雲院。『系図纂要』号外五所収「澤系図」参照。

忠量　ただかず　一六七三―一七五四

延宝1（一六七三）・4・13誕生、元禄2（一六八九）・12・21正六位上、元服、禁色、昇殿、蔵人、大学助、宝永2（一七〇五）・8・1喪父、9・24除服出仕復任、宝永5・1・29従五位下（儲君御読書始宣通卿尚復賞譲）、修理権大夫、正徳1（一七一一）・2・28〈去年十二廿九兼充同日分〉従五位上、正徳2・12・25〈「22日」ま〉〈去年正五分〉正五位下、右衛門佐、正徳5・7・7従四位下、享保4（一七一九）・1・28〈去五分〉従四位上、享保5・9・16喪母、11・11除服仕復任、享保8・4・2〈去正廿三季敦朝臣同日分〉正四位下、享保13・4・22従三位、号沢、元文3（一七三八）・3・17正三位、宝暦2（一七五二）・1・22従二位、宝暦4・8・28薨去

［死没］宝暦4（一七五四）・8・28　［年齢］82　［父］伏原宣幸、二男　［母］家女房　［号］澤　［公卿補任］4―283下

宣成　のぶなり　一七一一―八一

正徳1（一七一一）・6・2誕生、享保5（一七二〇）・5・16叙爵、享保7・1・26元服、昇殿、式部少輔、享保9・1・6従五位上☆、享保13・1・5正五位下、享保18・4・7従四位下、元文2（一七三七）・12・22従四位上、寛保1（一七四一）・12・21正四位下、延享4（一七四七）・2・1従三位、宝暦8（一七五八）・12・28〈去正月十八日分〉正三位、天明1（一七八一）・8・17〈ま〉従二位、8・25薨去

［死没］天明1（一七八一）・8・25　［年齢］71　［父］澤忠量　［母］家女房　［公卿補任］4―382下

宣維　のぶこれ　一七四九―九五

寛延2（一七四九）・10・12誕生、宝暦6（一七五六）・10・20叙爵、宝暦13・9・28元服、昇殿、式部権少輔、12・19従五位上、明和4（一七六七）・2・8〈去正九宣〉正五位下、明和6・3・24転少輔、明和8・6・29従四位下、安永4（一七七五）・1・19従四位上、安永6・1・9右衛門佐、安永8・2・1正四位下、安永9・10・22兼主水正、天明1（一七八一）・8・25服解（父）、10・28除服出仕復任、天明4・1・8従三位、寛政7（一七九五）・1・5正三位、6・23薨去

［死没］寛政7（一七九五）・6・23　［年齢］47　［父］澤宣成　［母］家女房　［公卿補任］5―31下

久量　ひさかず　一七七三―一八三八

安永2（一七七三）・3・4誕生、安永7・3・8従五位下、天明5（一七八五）・4・6元服、昇殿、宮内大輔、従五位上、12・2治部権大輔、天明9・1・10正五位下、寛政5（一七九三）・1・20従四位下、寛政7・6・23服解（父）、8・16除服出仕復任、寛政9・3・8服解（母）、4・27除服出仕復任、12・23〈去正廿二宣〉従四位上、寛政13・1・14正四位下、文化3（一八〇六）・1・18〔従三位〕、文化11・5・25正三位、天保9（一八三八）・3・7従二位、3・8薨去

［死没］天保9（一八三八）・3・8　［年齢］66　［父］澤宣維　［母］家女房　［公卿補任］5―175下

為量　ためかず　一八一二―八九

文化9（一八一二）・3・14誕生、文政4（一八二一）・12・19

従五位下、文政8・12・15元服、昇殿、武蔵権介、従五位上、文政9・1・30主水正(権介如旧)、天保1(一八三〇)・12・19正五位下、天保6・12・7従四位下、天保9・3・8服解(祖父)、4・29除服出仕復任、天保10・1・24従四位上、4・8民部大輔、天保14・1・14正四位下、嘉永1(一八四八)・10・25〔従三位〕(推叙)、安政2(一八五五)・1・22正三位

〔死没〕明治22(一八八九)・8・9　〔年齢〕78　〔父〕澤量行　〔母〕家女房　〔公卿補任〕5—452上

安倍氏　あべし

安倍氏、阿部氏とも記す。孝元天皇の皇子大彦命を遠祖とする古代氏族の一つ(『日本書紀』)。七世紀の中頃、大化の改新の頃には布勢・引田・許曾倍・狛などと称する数流に分かれ、初め主流は引田臣であったようであるが、やがて布勢臣系がこの氏族の中心となり、持統八年(六九四)正月、布勢朝臣御主人《みうし》が氏上《うじのかみ》となり、安倍朝臣を称した。この流れから平安時代中期に、有名な陰陽家安倍晴明が出て、これを家祖とし、いわゆる陰陽道《おんみょうどう》の家、三位以上に昇る家となり、戦国時代ごろからその居宅に因んで家名を土御門と称した。この一流は安倍と記すのが通例である。晴明に至る系譜は、年代的に矛盾する部分もあり疑点はあるが、『尊卑分脈』や『土御門家譜』では、御主人―広庭―嶋丸―粳虫―道守―兄雄―春材―益材―晴明とする。鎌倉時代初期、泰親のあと五流に分流し、三男泰茂の流が嫡流となり、一男季弘の流には三位以上の者も出したが、他の三流と同様に断絶した。また、室町時代初期、泰吉の舎弟泰宣が別流を起こし、この流からも堂上に列した者は二、三にとどまらなかったが、戦国時代に断絶した。江戸時代に入り、泰重の舎弟泰吉が一家を起こし、倉橋を称した。家紋は土御門家が揚葉蝶、倉橋家が蝶を用いた。

土御門家　つちみかどけ

安倍氏の嫡流。安倍大膳大夫益材の子安倍左京権大夫晴明を家祖とする。晴明はわが国第一の陰陽家として知られ、晴明神社に祭神として祀られている。晴明の裔は多く、その一流が土御門家で、その称の起こりについては諸説あるが、室町時代中期から戦国時代に至る頃であろう。晴明の邸宅のあったところの地名に因むようで、晴明亭は『中右記』などに拠り土御門大路に面する南西の角と推定されている。家格は半家。外様の家。陰陽道を家職とした。近衛家の家礼。江戸時代には家領百七十七石六斗。陰陽道は、古代中国に発生しわが国に伝わった陰陽・五行の思想が律令官制における陰陽寮を基盤として、十世紀中頃に日本独自なものとして発展を遂げたもので、これに大きな功績を果たしたと思われる安倍晴明が確かな史料にあらわれるようになるのもほぼこの頃のことである。『中右記』嘉保元年(一〇九四)十一月二日条に見える、節刀に関する記事中、天徳四年(九六〇)九月の内裏焼亡の時に、天文得業生であった晴明が宣旨を奉じ勘申したことが見える。これが晴明に関する史料の初見で、以後、天文博士・主計権助などを歴任し、従四位下に昇り(『尊卑分脈』)、長保六年(一〇〇四)二月左京権大夫と見え、寛弘二年(一〇〇五)三月を最後に活動のあとが見えなくなる(『小右記』)。一説に同年九月二十六日没とし、これが安倍晴明社の例祭日となっている。年齢は『尊卑分脈』に八十五歳とする。晴明は暦博士・天文博士の賀茂保憲を師として天文道を伝え、天文密奏を奉仕し、天皇はじめ小野宮実資・御堂関白道長を初めとする諸家の陰陽道諸祭や占に従事し、名声きわめて高く、その技倆については『大鏡』『今昔物語』『古今著聞集』などに見える。古くから神秘的な説話が数多く伝えられているが、経歴その他については不明な点が多い。なお、保憲より暦道はその子光栄に伝えられという。『帝王編年記』巻十七(一条)永延元年(九八七)条に、「安倍晴明是時人也、掌天文暦数事、昔者一家兼両道、而賀茂保憲暦道伝其子光栄、以天文道伝弟子晴明、自此已後、両道相分」と見える。晴明以後、代々陰陽道・天文道を家職として朝廷に仕え、陰陽頭・陰陽博士・天文博士などに任ぜられるのを通例とした。平安時代後期の泰親はことに著名で、占がよく的中したので指御子《さしのみこ》と呼ばれたことなどが『平家物語』に見える。室町時代、将軍義満のとき活躍した有世は従二位にまで昇り、以後は地下の家ながら従三位以上となり、公卿に列することとなる。戦国時代、有世曾孫の有宣の頃からは、所領の若狭国名田荘上村に在住することが多くなり、ついに本拠を名田荘に移し、必要に応じて上洛、下国を繰り返すようになる。ために、禁裏小番はもとより勘文作法など朝儀にも支障を生ずることも出来し、例えば天文十一年(一五四二)正月、二月の御楽始の日時勘申のときも陰陽頭有春・有脩父子ともに在国しているということで、賀茂二位(勘解由小路在富)が代行するということもあった(『言継卿記』)。その在富は陰陽頭・左馬権頭・宮内卿・暦博士を歴任、正二位まで昇ったが、永禄八年(一五六五)八月七十六歳で没し、一時家名断絶することになる。暦道が絶えることを恐れ、勅命を以て土御門従二位有春の二男在高十三歳をして在富の遺跡を相続させた(同上)。同十年二月のことであるが、ここに実質的に暦道をも土御門が所管することになる。近世陰陽道宗家としての土御門家の基盤をつくる上で、有脩の存在は大きい。有脩は、天文二年に七歳で叙爵し、治部少輔を経て同十一年閏三月陰陽頭に任ぜられ、同十二月には昇殿を聴された。これまで土御門は従三位以上に昇り公卿に列することはあったが、地下身分であったところ、堂上家とされたということであった。正五位下、従四位下、左京大夫、従四位上と昇進し、永禄元年(一五五八)には正四位下に昇る。同三年漏刻博士、同十一年刑部卿となり、天正元年(一五七三)従三位に昇った。そして翌々三年十一月には織田信長より新地として山城国上鳥羽内にて十石を宛行われている。また既に没していた在富(勘解由小路)分として同所にて二十石を宛行われている(『土御門文書』)。都合三十石、土御門家が暦道の勘解由小路家を確実に支配下においていたことを示すものである。同五年正月、有脩は五十一歳で没するが、ときにその子久脩は十七歳であった。久脩は元亀三年(一五七二)十一月、十三歳のとき元服・昇殿し、翌天正元年十二月には陰陽頭に任ぜられていたが、有脩は没する前年の十月、陰陽道の将来を危ぶみ、朝廷へ懇願するところがあった。『言継卿記』天正四年十月二十四日条に、「以大典侍殿、久脩存分披露、有脩所労之間、久脩ニ学文又道之儀申聞可励稽古之由、堅被仰出候様与申入候、然者御心得候、然者有脩ニ得其意可申聞之由也、則有脩卿所へ罷向申聞、所労之様道三大典侍殿へ申入、被聞召及、賀・安両家之内有脩一人ニ悉相残之処、令所労、定軈雖可為本復候、自然之儀有之者、陰陽道可為断絶、歎思召之間、久脩雖為若年、道之儀早々可致相伝、又久脩於無稽古者、可被思召計段、堅父子ニ申聞、忝之段兎角難申述、其旨存之由得其意、父子共可言上之由返答、一盞有之、則参内、様躰令披露、次乍父子此方へ来、尚々能々可披露之由申了」とあり、有脩は病気危急に及び、息久脩に学問・陰陽道に励み稽古すべきを朝廷より堅く仰せ出だされるよう、その斡旋を山科権大納言言継に依頼し、言継は大典侍を以てこの旨を披露し、朝廷でも、賀茂・安倍両家のうち有脩一人相伝あり、万一に有脩にことあらば陰陽道は断絶してしまう、ということで、有脩には道の儀を早々に相伝し、久脩は稽古に励むべく、言継を以て勅旨が伝えられ、父子共に勅旨を履行する旨返答したというのである。このようにして陰陽道は有脩より久脩へ確かな相伝がなされ、翌五年十一月には信長より、若狭領知分につき父有脩当知行の旨に任せ安堵し、家業に専心すべき旨を下命された(『土御門文書』)。そして同八年には正五位下・天文博士に叙任され、秀吉時代になり、同十四年五月、山城国西岡寺戸内において二十石を宛行われ、同十五年十月に丹波舟井郡熊崎村の替地として六十石、同十六年四月の聚楽第行幸に際し近江高島郡において五十石、同十九年九月洛中地子替地として山城吉祥院村において十七石余を宛行われた(以上『土御門文書』)。しかし、その後、出奔することになったようである。『公卿補任』の上階の際の尻付には「ー ー ー出奔違武命」とあり、その年次・事情については明かでないが、一説には文禄四年(一五九五)の秀次事件に連座し、秀吉の勘気を蒙ったことによるという(『風俗見聞録』巻二)。慶長五年(一六〇〇)十一月、若狭を退去し京都に移住し(『土御門家譜』)、通常の朝廷出仕をし、同六年正月後陽成天皇の天曺地府祭を執行し、同十六年従四位下に昇叙した。元和三年(一五一七)九月将軍徳川秀忠より知行百七十七石六斗を宛行われ、同四年十一月後水尾天皇の天曺地府祭を執行した。しかし、翌年秀忠の女和子入内のからみで「武家沙汰」として、いわゆる万里小路事件が出来し、五年九月天皇の近臣とおよつ御寮人の兄弟等の処罰が奏請され、万里小路光房等三名が流罪に処せられ、久脩も他二名と共に出仕停止となった。翌六年九月秀忠の奏請により罪を免され出仕し、七年正月上階し、寛永二年(一六二五)六月六十六歳で没した。久脩の子が『泰重卿記』により一般にも知られている泰重で、明正・後光明・後西の三天皇の天曺地府祭を執行し、その舎弟泰吉は新家取立により倉橋家を起こした。万里小路事件の影響は土御門家に数代にわたって続き、幕府への遠慮からか、泰重・泰広の二代は陰陽頭に任ぜられず、その間賀茂氏庶流の幸徳井家が陰陽頭となっていた。そのため陰陽頭をめぐって土御門泰福と陰陽頭幸徳井友伝との確執は寛文十年(一六七〇)九月の友伝による訴訟へと発展する。その後の長い抗争のなかで陰陽頭現任の友伝が天和二年(一六八二)十二月に没し、同月泰福が陰陽頭に任ぜられ、ひとまず土御門家への陰陽頭奪回の宿願を達した。そして翌三年五月には、諸国陰陽道支配勅許の霊元天皇綸旨を受けることに成功した。「陰陽道支配事、自今以後所被付安家也、存此旨可令下知諸国給」という文面のもので、これは同年九月の将軍綱吉の判物によっても保証された。ここに土御門家は陰陽道宗家たることの公武の公認を得て、全国陰陽道の組織編成に乗り出す。そのための理論づけとしたのが、やはり泰福の創始した天社神道(土御門神道)であり、配下陰陽道師を戒めるために家道である陰陽道の掟を述べた「御家道規則記」によれば、陰陽道は別に天社神道ともいい、天神地祇八百万神を祀り、泰山府君神を主神とし、天下太平・国家安全・五穀成就・万民豊饒、殊には水火災妖解除の祈念を専ら精誠勤行するものであるとする。この方策をもとに、宝暦十二年(一七六二)泰邦のとき武家伝奏を通して陰陽道支配の全国触を幕府に願い、その後再三出願し、ついに泰栄のときの寛政三年(一七九一)幕府によって全国触が出され(『祠曹雑識』巻六十)、諸国陰陽師の編成組織化は拡大充実した。晴雄のとき明治維新を迎え、その子晴栄のとき明治三年(一八七〇)陰陽道が廃止となった。日記には、『阿倍泰親朝臣記』、『有宣卿記』、『泰重卿記』、『泰福卿記』、『泰誠朝臣記』、

土御門家

晴明―吉平―時親―有行―泰長―泰親┬季弘(安倍、絶家)
　└泰茂―泰忠―泰盛―有弘―長親―泰世┬泰宣(安倍、絶家)
　└泰吉―**有世**┬**有仲**
　└**有盛**―**有季**
有宣＝**有春**―**有脩**―**久脩**┬泰吉(倉橋)
　└**泰重**┬隆俊―泰福
　└泰広＝**泰福**┬泰邦
　├泰連―泰兄
　└泰誠＝**泰連**＝**泰邦**＝泰兄＝泰信＝**泰栄**―**晴親**―**晴雄**―晴栄(子爵)
有春

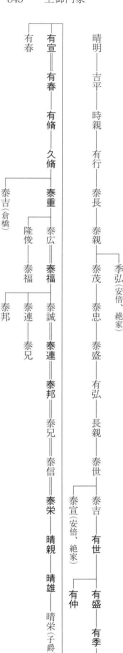

『泰連卿記』、『泰豊朝臣記』、『泰邦卿記』、『泰栄卿記』、『泰胤卿記』『晴親卿記』、『晴雄卿記』がある。明治十七年(一八八四)晴栄のとき、叙爵内規により子爵を授けられた。菩提所は梅林寺。『土御門家譜』(東京大学史料編纂所架蔵、四一七五—二五四)。

有世　ありよ　一三二七—一四〇五

永徳4〈元中1〉(一三八四)・1・5従三位、元権天文博士、康応2〈元中7〉(一三九〇)・2・1兼丹波権守、明徳1〈元中7〉(一三九〇)・9・23正三位、応永6(一三九九)・1・5従二位、応永12・1・29薨去

❈嘉慶二年(一三八七)より「刑部卿」

[死没]応永12(一四〇五)・1・29　[年齢]79　[父]安倍泰吉　[公卿補任]3—7上　[大日本史料]7—7—15

有盛　ありもり　?—一四三三

応永31(一四二四)・1・5従三位、元天文博士、本名泰継、永享5(一四三三)・11・‐〈「1日」く追〉薨去

[死没]永享5(一四三三)・11・1　[父]安倍有世　[前名]泰継　[公卿補任]3—106上

有仲　ありなか

永享11(一四三九)・1・5従三位、元正四位上、文安4(一四四七)・1・5正三位

❈享徳元年(一四五二)非参議正三位(以後不見)

[父]安倍有世、二男　[前名]有重　[公卿補任]3—138上

有季　ありすえ　?—一四六五

康正2(一四五六)・1・30従三位、長禄2(一四五八)・6・26正三位、寛正6(一四六五)・12・15薨去

[死没]寛正6(一四六五)・12・15　[父]安倍有盛　[公卿補任]3—184下

有宣　ありのぶ　一四三三—一五一四

文明5(一四七三)・12・19従三位、不経陰陽頭、文明11・1・11正三位、長享2(一四八八)・2・21従二位、永正11(一五一四)・2・13薨去

[死没]永正11(一五一四)・2・13　[年齢]82　[父]安倍有季　[日記]有宣卿記(一四九九)　[公卿補任]3—239上　[大日本史料]9—5—93

有春　ありはる　一五〇一—六九

永正‐・‐・‐叙爵、永正10(一五一三)・6・14従五位上、永正16・12・26正五位下、大永2(一五二二)・3・29中務大輔、大永5・3・3陰陽頭、大永6・2・25従四位下、享禄3(一五三〇)・7・17従四位上、天文2(一五三三)・12・19正四位下、天文3・12・14〈や〉修理大夫(頭如元)、天文9・3・24兼丹波権介、天文11・閏3・7従三位、元陰陽頭修理大夫、大夫如元、天文12・7・28治部卿、天文13・‐・‐在国(若州)、天文16・1・5正三位、天文21・11・3従二位、永禄9(一五六六)・10・8上洛、12・13又下国、永禄10・1・29上洛、5・‐〈やくま〉下国、10・‐上洛、永禄12・6・19薨去

[死没]永禄12(一五六九)・6・19　[年齢]69　[父]安倍有宣(実安倍有季)　[公卿補任]3—408下　[大日本史料]10—2—755

有脩　ありなが　一五二七—七七

天文2(一五三三)・12・14叙爵、天文6・2・19治部大輔、天文10・2・5従五位上、天文11・閏3・10陰陽頭、12・29昇殿、天文14・1・5正五位下、天文18・1・8従四位下(頭如元)、天文22・6・15服解(母)、10・3除服復任、10・5兼左京大夫、12・14従四位上、永禄1(一五五八)・12・28正四位下、永禄3・1・‐兼漏尅博士、永禄11・1・5刑部卿、‐・‐・‐正四上、天正1(一五七三)・10・23従三位(元陰陽頭刑部卿)、天正5・1・2薨去

[死没]天正5(一五七七)・1・2　[年齢]51　[父]安倍有春　[公卿補任]3—470上

久脩　ひさなが　一五六〇—一六二五

永禄5(一五六二)・1・5〈くま〉叙爵、元亀3(一五七二)11・28元服、治部少輔、天正1(一五七三)・12・28陰陽頭、天正2・2・28転大輔☆、天正3・10・10従五位上☆、左馬助☆、天正8・12・23正五位下、天文博士、‐・‐・‐出奔違武命、慶長5

(一六〇〇)・11・5出仕、慶長16・3・21従四位下、7・3兼左衛門権佐、慶長18・1・6従四位上、慶長19・1・11転佐、元和2(一六一六)・1・6正四位下☆、元和7・1・5従三位☆、寛永2(一六二五)・1・18薨去

[死没]寛永2(一六二五)・1・18 [年齢]66 [父]安倍有脩 [後名]在綱 [姓]改賀茂 [公卿補任]3―555下

泰重 やすしげ 一五八六―一六六一

天正14(一五八六)・1・8誕生☆、慶長8(一六〇三)・3・1元服、蔵人、禁色、昇殿、右近将監〈く〉、正六位上、慶長17・12・28中務大丞〈く〉、慶長19・1・5従五位下☆、12・3中務少輔、慶長20・1・5従五位上、元和3(一六一七)・1・5正五位下、元和6・1・5従四位下☆、寛永3(一六二六)・11・19左衛門佐、寛永4・1・5従四位上、寛永8・1・6正四位下、寛永12・1・5〈く〉従三位、寛永17・1・5正三位、寛永21・12・12左兵衛督、慶安2(一六四九)・4・24従二位、明暦1(一六五五)・10・20辞督、寛文1(一六六一)・8・19薨去

[死没]寛文1(一六六一)・8・19 [年齢]76 [父]土御門久脩 [母]家女房 [法名]霊光 [日記]泰重卿記(一六一五―四九) [公卿補任]3―580上

泰福 やすとみ 一六五五―一七一七

明暦1(一六五五)・6・20誕生、寛文10(一六七〇)・11・26元服、正六位上蔵人、禁色、昇殿、左近衛将監、延宝8(一六八〇)・7・16従五位下、7・21兵部少輔、天和1(一六八一)・11・21従五位上、天和2・12・29兼陰陽頭、天和3・1・5正五位下、2・9兼春宮少進、貞享3(一六八六)・12・28〈「22日」あ〉従四位下、貞享4・1・13〈「元禄4年」家譜〉辞少進、元禄3(一六九〇)・1・5従四位上、元禄7・12・25正四位下、元禄11・12・9従三位、宝永2(一七〇五)・12・18〈去正月五日分〉正三位、正徳4(一七一四)・2・6従二位、享保2(一七一七)・6・17薨去

[死没]享保2(一七一七)・6・17 [年齢]63 [父]土御門泰重(実土御門隆俊男) [母]細川忍斎女 [日記]泰福卿記(一六七六―一七〇八) [公卿補任]4―136下

泰連 やすつら 一六八五―一七五二

貞享2(一六八五)・6・27誕生、元禄11(一六九八)・12・9叙爵、12・16元服、昇殿、兵部少輔、陰陽頭、元禄15・1・5従五位上、宝永2(一七〇五)・7・22喪母、9・24除服出仕復任、宝永3・12・23〈去正五分〉正五位下、宝永5・2・16兼春宮少進(立坊日)、宝永6・6・21止少進(依受禅也)、宝永7・6・4〈去二廿八分〉従四位下、正徳5(一七一五)・7・7〈去年十二廿六分〉従四位上、享保2(一七一七)・6・17喪父、8・9除服出仕復任、享保3・12・23正四位下、享保5・12・28治部卿(頭如旧)、享保7・12・25従三位、享保14・12・24正三位、延享4(一七四七)・2・1従二位、宝暦2(一七五二)・7・27薨去

[死没]宝暦2(一七五二)・7・27 [年齢]68 [父]土御門泰福、二男 [母]家女房 [日記]泰連卿記(一七〇〇―一五) [公卿補任]4―252上

泰邦 やすくに 一七一一―八四

正徳1(一七一一)・8・8誕生、享保7(一七二二)・12・13叙爵、12・24元服、昇殿、修理大夫、12・28陰陽頭☆、享保11・12・24従五位上、享保16・1・9〈去五分〈ま〉〉正五位下、享保20・1・23従四位下、元文6(一七四一)・12・21〈去正五分〉従四位上、延享2(一七四五)・閏12・16正四位下、寛延3(一七五〇)・1・10従三位、8・7治部卿、11・24拝賀、宝暦4(一七五四)・8・27陰陽頭、11・20〈昨日分〉辞陰陽頭、宝暦6・12・21天文博士、宝暦8・3・6〈去十二月廿五日分〉正三位、宝暦9・2・27陰陽頭、明和5(一七六八)・2・3従二位、明和8・1・16兵部卿、11・24正二位、天明4(一七八四)・5・9薨去

[死没]天明4(一七八四)・5・9 [年齢]74 [父]土御門泰連(実土御門泰福、二男) [母]家女房 [日記]泰邦卿記(一七三三―七四) [公卿補任]4―398下

泰栄 やすなが 一七五八―一八〇六

宝暦8(一七五八)・10・4誕生、明和4(一七六七)・2・4従五位下、明和9・1・22元服、昇殿、左馬頭、従五位上、安永3(一七七四)・8・6〈ま〉為泰邦卿子、12・19宮内権大輔、安永4・6・22兼陰陽頭、

安永5・12・19正五位下、安永6・4・16服解(母)、6・17除服出仕復任、安永9・1・19従四位下、天明4(一七八四)・1・15右衛門佐(頭如旧)、1・24従四位上、5・9服解(養父)、6・30除服出仕復任、7・24服解(実父)、9・16除服出仕復任、天明8・1・5正四位下、寛政2(一七九〇)・12・26〔従三位〕「造内裏遷幸等日時勘文御用毎度参仕且依方忌之事謝祭勤修賞」ま」、12・27陰陽頭如旧、寛政6・1・28治部卿、12・25聴直衣、寛政7・1・20正三位、寛政8・10・4〈「3日」ま「5日」家譜〉〈昨日分〉辞治部卿、寛政9・12・26修理大夫、文化1(一八〇四)・12・18従二位、文化2・12・19天文博士、文化3・12・24辞博士、12・25正二位、薨去

〔死没〕文化3(一八〇六)・12・25　〔年齢〕49　〔父〕土御門泰邦(実倉橋有儀、一男)　〔母〕家女房(正二位土御門泰邦女)　〔日記〕泰栄卿記(一七六九—一八〇五)　〔公卿補任〕5—70下

晴親　はれちか　一七八七—一八四二

天明7(一七八七)・12・8誕生、寛政10(一七九八)・7・22従五位下、寛政11・2・11元服、昇殿、右兵衛権佐、享和2(一八〇二)・1・14従五位上、文化1(一八〇四)・12・23兼陰陽頭、文化3・1・18正五位下、12・25服解(父)、文化4・2・16除服出仕復任、文化7・1・4従四位下、文化11・2・5〈去正廿七分〉従四位上、文化14・5・29服解(母)、7・21除服出仕復任、文化15・3・17正四位下、文政3(一八二〇)・12・21〔従三位〕(推叙)、陰陽頭如故、文政8・1・5正三位、天保6(一八三五)・12・18〈去正十四分〉〔従二位〕、天保13・6・20正二位、辞(陰陽頭)、6・28薨去

〔死没〕天保13(一八四二)・6・28　〔年齢〕56　〔父〕土御門泰栄、二男　〔母〕家女房　〔日記〕晴親卿記(一八〇一—四二)　〔公卿補任〕5—271上

晴雄　はれたけ　一八二七—六九

文政10(一八二七)・6・5誕生、天保4(一八三三)・10・18叙爵、天保10・12・5元服、昇殿、大膳大夫、従五位上、天保13・6・20陰陽頭(晴親卿辞頭、此節寮務繁ニ付)、6・28服解(父)、8・11除服出仕復任、天保14・2・8正五位下、弘化4(一八四七)・1・4従四位下、嘉永2(一八四九)・12・27右兵衛佐(頭如旧)、嘉永4・1・5従四位上、安政2(一八五五)・1・5正四位下、安政6・3・14〔従三位〕(頭如旧)、8・23民部卿(頭如旧)、10・18拝賀、文久3(一八六三)・12・27聴直衣、元治1(一八六四)・1・20正三位、明治1(一八六八)・12・19辞卿

〔死没〕明治2(一八六九)・10・6　〔年齢〕43　〔父〕土御門晴親　〔母〕家女房　〔日記〕晴雄卿記(一八四四—五二)　〔公卿補任〕5—525上

安倍家(絶家)1

守経　もりつね　?—一四二二

応永22(一四一五)・1・5従三位、前右京大夫、応永25・3・27治部卿、応永27・1・5正三位、応永29・閏10薨去

〔死没〕応永29(一四二二)・閏10　〔公卿補任〕3—84上

安倍家

季弘—孝重＝季尚—業氏—淳房
└親宣—淳光—**守経**—有重

安倍家(絶家)2

泰宣　やすのぶ　?—一四〇一

明徳3(一三九二)・2・7従三位、元天文博士、応永8(一四〇一)・・・薨去

〔死没〕応永8(一四〇一)　〔父〕安倍泰世　〔公卿補任〕3—29上　〔大日本史料〕7—5—179

安倍家

泰宣—有茂—**泰家**—**有郷**—**泰清**
　　　　　　　　└有家

泰家 やすいえ ?—一四一七

応永23(一四一六)・1・6従三位〈やし〉、元陰陽頭〈やし〉、応永24・3・26宮内卿、7・16薨去

[死没]応永24(一四一七)・7・16 [父]安倍有茂 [公卿補任]3—86下 [大日本史料]7—27—240

有富 ありとみ

文安2(一四四五)・1・5従三位

[公卿補任]3—150下

※文安五年(一四四八)非参議従二位(以後不見)、系譜不明であるが、泰家の親族と推定されるので、便宜ここに掲げる

有郷 ありさと ?—一四六四

宝徳3(一四五一)・-・- (正三位カ)、長禄2(一四五八)・5・9従二位、寛正5(一四六四)・6・-薨去

文安四年(一四四七)非参議従三位(初見)

[死没]寛正5(一四六四)・6 [父]安倍泰家、一男 [前名]有清 [号]西洞院 [公卿補任]3—155下

泰清 やすきよ ?—一五一一

文明5(一四七三)・3・12従三位(元陰陽頭天文博士)、博士如元、文明9・6・15賜去月廿日叙正三位位記、永正8(一五一一)・12・14薨去

※文明十四年より従二位

[死没]永正8(一五一一)・12・14 [父]安倍有郷 [公卿補任]3—239上 [大日本史料]9—3—618

倉橋家 くらはしけ

安倍氏の一流。土御門家の庶流。土御門従三位久脩の二男倉橋従二位泰吉を家祖とする。倉橋の称は、安倍氏の遠祖、大化改新政府の左大臣である阿倍倉梯麻呂(阿倍内麻呂)が大鳥大臣とも、安倍倉橋大臣とも称されたことに因むのであろう。家格は半家、新家。慶長期に創立。外様の家。陰陽道を家職とした。一条家の家礼。家領百五十石。家祖泰吉は、慶長十七年(一六一二)十二月十四歳のとき元服し、同日禁色昇殿を聴され、正六位上・蔵人・左近将監に叙任された。寛永五年(一六二八)叙爵、慶安二年(一六四九)上階し、同年民部卿に任ぜられ、ついで正三位に昇り、寛文五年(一六六五)従二位に昇叙、同十年九月七十二歳で没した。以後、従二位を先途とした。四代の泰孝は寛延二年(一七四九)二月三十五歳のとき病気危急に及び特例を以て従三位に昇り、その二日後の九日に没した。嗣子なく、綾小路前権中納言俊宗の二男有儀が養子に入り遺跡を相続した。明治十七年(一八八四)泰顕のとき、叙爵内規により子爵を授けられた。菩提所は真如堂。『倉橋家譜』(東京大学史料編纂所架蔵、四一七五—二一三)。

倉橋家

泰吉—泰房—泰貞—泰章—泰孝=
=有儀—泰行—泰聡—泰顕(子爵)

泰吉 やすよし 一五九九—一六七〇

慶長4(一五九九)・2・26誕生、慶長17・12・13元服、蔵人、左近将監、寛永5(一六二八)・1・6従五位下、1・11左馬助、寛永6・1・5従五位上、寛永9・1・5正五位下、寛永13・1・5従四位下、寛永17・1・5従四位上、寛永21・1・5正四位下、慶安2(一六四九)・1・12〈賜去五日位記〉従三位、号倉橋、2・4任民部卿、承応4(一六五五)・1・5正三位、明暦3(一六五七)・11・22止卿、寛文5(一六六五)・12・23従二位、寛文10・9・17薨去

[死没]寛文10(一六七〇)・9・17 [年齢]72 [父]土御門久脩、二男 [母]従五位下民部大輔織田信重女 [号]倉橋 [公卿補任]3—621上

泰貞 やすさだ 一六六八—一七四八

寛文8(一六六八)・1・16誕生、延宝7(一六七九)・12・25元服、昇殿、蔵人、中務大丞、正六位上、禁色、天和3(一六八三)・2・9兼春宮権少進、貞享4(一六八七)・3・21止権少進、元禄1(一六八八)・5・6兼陰陽助、7・26辞助、元禄2・2・5叙爵、左兵衛佐、元禄3・1・5従五位上、元禄4・1・6正五位下、元禄9・1・5従四位下、元禄13・12・25〈去正五分〉従四位上、宝永1(一七〇四)・1・23〈去五分〉正

四位下、宝永2・2・4修理大夫、宝永5・1・20〈去五日分〉従三位、享保1（一七一六）・12・25正三位、享保13・12・11従二位、寛延1（一七四八）・10・25薨去
［死没］寛延1（一七四八）・10・25 ［年齢］81 ［父］倉橋泰吉（実倉橋泰房） ［母］家女房 ［公卿補任］4―184上

泰章 やすあき　一六八七―一七五三
貞享4（一六八七）・3・21誕生、元禄13（一七〇〇）・12・11元服、昇殿、正六位上、左馬権助、宝永5（一七〇八）・閏1・18蔵人、禁色、大学助、宝永6・1・13叙爵、民部少輔、宝永8・2・28従五位上、正徳6（一七一六）・1・24〈去年十二廿七分〉正五位下、享保4（一七一九）・1・28〈去五分〉従四位下、6・6中務権大輔、享保8・2・13従四位上、享保12・1・21〈去五分〉正四位下☆、享保16・1・5従三位☆、元文3（一七三八）・12・24〈去三月十七日宣〉正三位、寛延3（一七五〇）・12・24従二位、宝暦3（一七五三）・9・14薨去
［死没］宝暦3（一七五三）・9・14 ［年齢］67 ［父］倉橋泰貞 ［母］従二位土御門泰福女 ［公卿補任］4―297上

泰孝 やすたか　一七一五―四九
正徳5（一七一五）・1・22誕生、享保9（一七二四）・1・26従五位下、享保13・11・18元服、昇殿、民部少輔、12・21従五位上、享保18・4・1正五位下、享保20・8・13中務少輔、元文2（一七三七）・2・19〈去七分〉従四位下、寛保1（一七四一）・6・15〈去三廿四分〉従四位上、延享2（一七四五）・3・23中務権大輔（小除目）、閏12・16正四位下、延享3・12・24中務大輔、寛延2（一七四九）・3・7従三位☆、3・9薨去
［死没］寛延2（一七四九）・3・9 ［年齢］35 ［父］倉橋泰章 ［母］正二位権大納言西洞院時成女 ［公卿補任］4―393下

有儀 ありよし　一七三八―八四
元文3（一七三八）・6・4誕生、延享4（一七四七）・1・5叙爵、寛延4（一七五一）・9・22為泰章卿子、宝暦1（一七五一）・11・27元服、昇殿、左京権大夫、12・22従五位上、宝暦3・9・14服解（養父）、11・28除服出仕復任、宝暦5（一七五五）・2・20正五位明和7・9・1服解（実父）、10・22除服出仕復任下、宝暦9・1・5従四位下、宝暦10・12・27中務権少輔、宝暦13・1・16従四位上、明和4（一七六七）・12・13弾正大弼、明和5・12・19正四位下、安永2（一七七三）・10・10辞官、天明1（一七八一）・4・8喪養母、5・29除服出仕復任〈ま〉、天明4（一七八四）・7・22従三位、7・24薨去
［死没］天明4（一七八四）・7・24 ［年齢］47 ［父］倉橋泰章、三男（実綾小路俊宗、二男） ［母］西洞院時成女（実家女房） ［公卿補任］5―32下

泰行 やすゆき　一七七九―一八五八
安永8（一七七九）・6・17誕生、天明4（一七八四）・12・19従五位下、寛政1（一七八九）・3・25元服、昇殿、右馬頭、従五位上、寛政5・1・20〈去五分〉正五位下、寛政6・9・16中務権少輔、寛政7・12・29賜前恭礼門院御服、寛政8・1・20除服宣下、寛政9・1・4従四位下、寛政12・6・18服解（母）、8・10除服出仕復任、享和1（一八〇一）・7・20〈去正五分〉従四位上、享和2・1・14転中務少輔、文化2（一八〇五）・1・5正四位下、文化6・3・22〈従三位〉、文化9・12・19刑部卿、文化10・12・16賜後桜町院御服、文化12・1・14正三位、天保11（一八四〇）・12・20賜太上天皇御服、天保13・12・5従二位、安政5（一八五八）・12・19正二位、12・20薨去
［死没］安政5（一八五八）・12・20 ［年齢］80 ［父］倉橋有儀、二男 ［母］正二位権大納言愛宕通貫女 ［公卿補任］5―195上

泰聡 やすとし　一八一五―八一
文化12（一八一五）・2・2誕生、文政3（一八二〇）・1・4従五位下、文政12・12・15元服、昇殿、丹波権介、従五位上、天保3（一八三二）・1・15院判官代、1・23院司慶、1・27右馬頭、閏11・21正五位下、天保6・6・28従四位下、天保9・2・24従四位上、天保11・4・28服解（母）、6・21除服出仕復任、12・20賜太上天皇御服、天保12・1・20除服宣下、

12・22正四位下、弘化2(一八四五)・1・18〔従三位〕、弘化3・7・23賜前新清和院御服、弘化4・11・12賜前新朔平門院御服、嘉永3(一八五〇)・8・9任治部卿、嘉永4・1・5正三位、慶応4(一八六八)・3・2大蔵卿

〔死没〕明治14(一八八一)・9・14　〔年齢〕67　〔父〕倉橋泰行　〔母〕参議従二位西洞院信庸女順子　〔公卿補任〕5―428下

泰顕　やすてる　一八三五―一九一〇

天保6(一八三五)・7・29誕生、天保13・1・5従五位下、弘化2(一八四五)・12・13元服、昇殿、因幡権介、弘化3・1・18従五位上、弘化4・12・17左馬頭、嘉永3(一八五〇)・1・5正五位下、嘉永7・1・5従四位下、安政5(一八五八)・1・5従四位上、文久2(一八六二)・1・5正四位下、慶応2(一八六六)・1・15〔従三位〕

〔死没〕明治43(一九一〇)・8・19　〔年齢〕76　〔父〕倉橋泰聡　〔母〕浅野道博四女篤　〔公卿補任〕5―573上

大中臣氏　おおなかとみし

天児屋命を遠祖とする主に祭祀のことを掌った古代氏族の一つ。もと中臣氏。群書類従本『中臣氏系図』には、延喜六年（九〇六）六月八日に神祇大副大中臣朝臣安則等より撰進の「延喜本系帳」という中臣氏の古伝を伝える逸文を載せているが、そのうち中臣常磐大連公に注し、「右大連、始賜中臣連姓、磯城嶋宮御宇天国押開広庭天皇之代、特蒙令誉、恪勤供奉者、今案、苦節匪躬之忠、当時無出右者」とあり、欽明天皇（五三一―七〇）に中臣連を賜姓し、恪勤供奉したとする。後世、大中臣氏の正統として神祇大副と祭主職を世襲する藤波家では、この常磐大連を始祖とする。中臣という名称の由来については、諸説があるが、本居宣長は『古事記伝』十五之巻の中で、「万葉十七の歌に奈加等美と書り、名義は中執臣なり」と記し、神と人との間に立ち、両者の中を執り持つという氏族の職掌から発生したものとしている。常磐大連の子は可多能祜大連、そしてその子に三子あり、一男を御《み》食子《けこ》大連、二男を国子《くにこ》大連、三男を糠手子《ぬかてこ》大連といい、それぞれが一流を起し、一門・二門・三門の祖となる。大化の改新で大きな功績を立てた中臣鎌子は一門の御食子の子であり、天智天皇の内臣として終生国政に携わり、天智八年（六六九）十月七日没する前日、その功績を賞され大織冠と大臣の位を授けられ、姓を賜い藤原氏と為された。天武十三年（六八四）十一月、八色の姓が制定され、大三輪君など五十二臣が朝臣の姓を賜り、中臣連もこれに含まれ、これより中臣朝臣となった。藤原氏はこの賜姓には含まれていなかったが、鎌足の子不比等への朝臣賜姓のことは、『日本書紀』持統三年（六八九）二月二十六日条に「藤原朝臣史」と見えることで知られ、一方中臣氏から藤原氏への改姓も進み、二門の中臣国子の孫意美麻呂は、朱鳥元年（六八六）十月一日条に「大舎人中臣朝臣臣麻呂」と見え、持統三年二月一日条には「中臣朝臣臣麿」と見えるが、同七年六月四日条には「葛（藤）原朝臣臣麿」と見えるのはその一班を示す。このような状況のなかで、藤原氏と中臣氏の氏姓を明確に分化させたのが、文武二年（六九八）八月十九日の詔で（『続日本紀』）、これは藤原朝臣の姓はその子不比等が継承し、意美麻呂等は神事に奉仕するにより本姓中臣に復すべし、というものであった。ここに藤原氏と中臣氏は職掌と立場とを異にすることになり、中臣氏は専ら神祇の道を掌る一方、太政官人としての道は閉ざされ、藤原氏の後塵を拝することをやむなくさせられる。令制神祇官の長官である神祇伯に初めて任ぜられたのは、三門出身の中臣大島。次いで二門の意美麻呂、その子広見、一門の名代が任ぜられ、中臣氏の内部での継承がなされたが、名代が天平十二年（七四〇）に起きた大宰少弐藤原広嗣の乱に連座して流罪に処せられ、それより数代は他氏族が神祇伯に任ぜられた。ようやくにして伯を中臣氏に取り戻したのが恵美麻呂の子清麻呂で、称徳天皇・光仁天皇の信任を得て公卿に列したのみならず、右大臣正二位にまで昇った。中臣氏が大中臣の姓を賜ったのも、この清麻呂のとき、神護景雲三年（七六九）のことで、のち多くの大中臣改姓があり、神祇官人大中臣氏の一大氏族が形成される。

藤波家　ふじなみけ

大中臣氏の嫡流。中臣常磐大連の裔。中臣中納言兼神祇伯意美麻呂の七男大中臣右大臣清麻呂を家祖とする。はじめ岩出と称した。藤波の称はかつて先祖が居住した伊勢の岩出の地と宮川を挟んだ対岸の藤の花の美しい景勝地、藤波の里の故地に因むもののようで、称号としては室町初め頃から用いられているが、家名として定着するの江戸時代初期、寛文元年（一六六一）に祭主となった景忠のときからである。家格は半家。外様の家。神宮祭主と神祇大副を世襲した。一条家の家礼。江戸時代には家領百七十二石一斗余。祭主は大神宮司の上にあって神宮一切の政務を総摂した職で、惣官とも称した。その起源については、『職原抄』上、神祇官条に、「垂仁天皇御宇、天照太神鎮坐伊勢国度会郡五十鈴川上之時、命中臣祖大鹿島命為祭主、其後代々為祭主」とある如く、天児屋命九世の孫大鹿嶋命を嚆矢とする。但し祭主というのは後代の称で、このときは祭官と称されていた如くで(『二所大神宮例文』)、『続日本後紀』嘉祥三年三月三日条の散位従四位上大中臣朝臣淵魚卒伝に「自弘仁六年至承和九年、都廿八ヶ年、兼掌伊勢大神宮祭主」とあるのが祭主の初見とされる。その職掌は、『延喜式』巻四、神祇四・伊勢太神宮条に「其年中四度使、祭主供之」とある如く、祈年祭・両月次祭・神嘗祭の四祭に勅使として祝詞を奏上することなど。祭主職は京官が兼務し、平基親の『官職秘鈔』上、神祇官・祭主に「大中臣二門流中、居副祐為祭主、重代者任之、雖六位補之」とある如く、本書が成立した十二世紀末にはすでに大中臣氏の二門流の者で、神祇官の副ないし祐にあった者が祭主となる通例であったことが知られる。家祖清麻呂は、天平十二年(七四〇)三十九歳のとき神祇大祐兼式部大丞となり、祭主の宣旨を蒙り、同十四年少副に転じ、翌十五年叙爵し大副に転じた。同十九年祭主・大副を辞したが、同二十一年祭主に還補、天年勝宝六年(七五四)に大副に復任、天平宝字八年(七六四)には神祇伯に転じた。伯は神護景雲四年従二位権大納言に叙任されるまで勤仕、祭主は宝亀三年(七七二)に辞すまで、実に二十四年の長きに亘り勤仕した。伯としての清麻呂が『続日本紀』に初見するのは、天平神護元年(七六五)十一月二十三日条で、この日称徳天皇の大嘗祭辰日節会が行われ、清麻呂はその名の如く「清慎勤労」し、しきりに神祇のことに勤めたことが、「誠有嘉」と評され、賞として正四位下より従三位に昇叙された。時に六十四歳、復姓以後の中臣氏出身者としては最高の地位に昇る。そしてそれにとどまらず、天皇の深い信頼を受けて神護景雲二年に正三位権中納言に叙任、翌三年六月には大中臣姓を賜った。その詔は、「神語有言大中臣、而中臣朝臣清麻呂、両度任神祇官、供奉无失、是以賜姓大中臣朝臣」というもので、ここに二門は中臣氏のなかで卓越した本宗ともいうべき位置につくことになる。さらに光仁天皇からの信任も得て、前述の如く従二位権大納言に昇り、宝亀二年正月他戸《おさべ》親王の東宮傅を兼ね、同三月には右大臣に任ぜられるという破格の昇進を蒙り、翌三年二月には位階も正二位に昇った。同十一年六月致仕し、延暦七年(七八八)七月に八十七歳で没した。清麻呂により築かれた中臣氏二門の卓越した地位は、その子諸魚・子老により継承されたが、諸魚が延暦十六年に没すると、一門の中臣朝臣鷹主、二門の中臣朝臣宅成が、清麻呂に准じ大中臣に改姓することを出願し、同年十月に定成等四十八名、翌十七年六月に船長等三十七名がこぞって官符によって大中臣への改姓が許され、少し時代は下るが三門の糠手子裔の伊度も元慶五年(八八一)十二月、「伊度人等、与大中臣氏、本源雖同、姓氏以異、至于末代、必須疎遠、仍擬請加大字」と願い出て、大中臣に改姓を許された(『中臣氏系図』)。ここに、重度なる他流中臣氏の改姓により、大中臣氏は神祇官人として一大氏族となる。藤波家は清麻呂の六男今麿にはじまる。今麿は宝亀九年(七七八)叙爵したが、舎兄の諸魚・子老等が父清麻呂と同様に神祇官人としての道を進み、祭主・伯となったのに対し、大宰大判事にとどまり、その後の四代、常麿・雄良・岡良・輔道はいずれも地方官の五位・六位で終わったが、輔道の子頼基は四条と号し、天慶二年(九三九)正六位上神祇権少副より祭主となり、のち大副に転じ、天暦五年(九五一)には従四位下に昇った。同十年に六十三歳で没するが、祭主在任十八年に及び、これ以後、代々祭主を世襲することになる。また、頼基は歌人としても知られ、三十六歌仙の一人。宇多上皇に厚遇され、和歌の詠進を命ぜられ、『頼基集』は三十首、屏風歌・賀歌・行幸供奉歌など公的な詠進歌が大部分

藤波家

清麿―今麿―常麿―岡良―輔道―頼基―能宣―輔親―輔隆―輔経―親定―親仲―**親章**
　　　　　　　　└雄良(大中臣、絶家)
　　　　　　　　　　　　　　　　　　└宣理(大中臣、絶家)
　　　　　　　　　　　　　　　　　　　　　　　　　　　└親康(大中臣、絶家)
　　　　　　　　　　　　　　　　　　　　　　　　　　　　　　└**親隆**

能隆―**隆通**―**隆世**―**定世**―**定忠**―**親忠**―**親世**―**清世**―**清忠**―**秀忠**―**伊忠**―**朝忠**―康忠―慶忠―種忠―友忠
　　　　　└隆蔭(大中臣、絶家)
　　　　　　　　　　　　　　　　　　　　　　　　└**敏忠**

景忠―**徳忠**―**和忠**＝**季忠**―**寛忠**―**光忠**―**教忠**(子爵)

である。その後多く歌人を出し、頼基は能宣・輔親・伊勢大輔など六代にわたる大中臣家歌人の祖ともされる。神祇の家として上階し、当流繁栄の基を築いたのは、頼基の孫輔親で、長保三年(一〇〇一)四十四歳のとき祭主となり、長暦二年(一〇三八)六月に月次祭使として参向の途中にわかに発病し、伊勢の岩出館において八十五歳で没するまで、在任三十八年に及んだ。頼親は四条と号し、また岩出とも号したが、これは伊勢度会郡の岩出(現玉城町岩出)に居宅を構えたことに因むのであろう。藤波の家名が定着する前はこの岩出が家名となっていた。祈禱に卓越し、長和五年(一〇一六)六月炎旱疫癘のため祈雨祈禱に奉仕し、天の感応を得たことが、『御堂関日記』『小右記』などに見え、神祇官人として高い評価を受け、治安二年(一〇二二)には大中臣氏としては絶えてなかった神祇伯となり、長元七年(一〇三四)先祖清麻呂以来は家例のない上階を遂げ、翌々九年には後朱雀天皇の大嘗祭の寿詞奏上の功により、さらに正三位に昇った。しかし、この輔親流、岩出流が祭主職を確実に世襲するまでには至ってはおらず、輔親の孫で、父輔隆が早世のため輔親の養嗣子となった輔経は、延久三年(一〇七一)六十三歳にして祭主となり、承暦四年(一〇八〇)従四位上に昇った頃は老衰甚しく、これを機に祭主を子息三十八歳の従五位上親定に譲ろうとしたが、二門他流の競望により叶わず、翌年の永保元年(一〇八一)七十三歳で没した。親定は寛治五年(一〇九一)四十九歳で祭主となると共に、同年神祇少副より大副に転じ、天仁元年(一一〇八)の鳥羽天皇大嘗祭の寿詞奏上の賞として従三位に上階し、天永二年(一一一一)に神祇伯に就任し、保安元年(一一二〇)二月に八十歳で没するまで、祭主三十二年、伯十年の間在任した。親定のこの任伯が大中臣氏最後のものとなった。親定の孫親隆も祭主在任のまま神祇大副となり、正三位まで昇り、平安時代末・鎌倉時代初め頃からは岩出流が祭主を世襲していくことになり、親隆の子能隆は承久四年(一二二二)家例として初めて従二位に昇った。こうして岩出流は、二位、三位に昇る祭主家として、京都と伊勢の岩出の両方に邸宅を構えていたが、織豊時代の慶忠のときには京都に定住するようになる。慶忠は永禄四年(一五六一)四歳で叙爵し、元亀三年(一五七二)神祇権少副に任ぜられ、同年従五位上に昇叙、祭主となり、天正五年(一五七七)には従四位下・権大副に叙任。同十四年には従四位上に昇叙されたが、翌々十六年二月十九日逆退して従五位下に叙せられ、同月二十二日内昇殿を聴された。これまで歴代二位あるいは三位に昇る家であったが、身分は地下であった。岩出に在って堂上家として勤むべき禁裏小番等を果しえなかったから当然のことであったが、京都常住となったことで堂上家となったといえよう。しかし、慶忠は慶長三年(一五九八)従五位下のまま四十一歳で没した。ときにその子種忠は十一歳。同年十

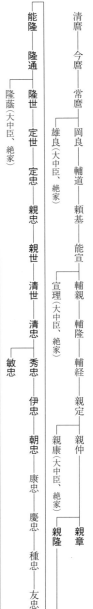

一月二十二日除服出仕、翌日正五位下に叙せられ昇殿・禁色を聴された。同日蔵人・左近将監に任ぜられ、翌四年二月祭主に補された。その後正五位下まで進んだが、元和九年（一六二三）後水尾天皇の勅勘を蒙り、これにより地下身分に引戻されることになる。祭主職は翌十年息の友忠が補されたが、友忠も神宮の正権禰宜等の総位階復旧問題で勅勘を蒙り、幕府の沙汰により佐渡に流罪に処せられた。それより寛文五年（一六六五）三月に友忠が赦免されるまで、その在島は十三年に及ぶ。友忠流罪により、祭主職は一門流の大宮司河辺定長が補されたが、明暦二年（一六五六）二十三歳の若さで没し、その後任について難航し、跡役が決まらないまま五年が過ぎ、友忠の代で断絶しかけた大中臣祭主家は、祭主継承者の不在という幸運に助けられて、友忠の子景忠により再興されることとなり、万治四年（一六六一）二月に十五歳で叙爵し、神祇権少副に任ぜられ、翌三月祭主に補された。そして延宝六年（一六七八）十一月後三位・権大副に叙任し、公卿に列したが、地下身分であることに変りはなかった。そこで、御家門の一条家を通し、長年に亘り堂上復帰を願い続け、天和四年（一六八四）二月これが叶うことになり、まず逆退して正四位下に叙され、昇殿を聴された。貞享二年（一六八五）九月従三位に昇叙し、同四年大副・正三位となり、ついに享保五年（一七二〇）には正二位にまで昇り、同十二年五月八十一歳で没した。このように景忠は大中臣祭主家を堂上家に復帰することに成功すると共に、時には名乗られていた藤波の号を家名として定着させるのである。次の徳忠以降は、おおむね幼少のとき叙爵し、十歳前後で元服、昇殿を聴され、神祇権大副、祭主となり、従二位ないし正二位に叙せられるのを家例とした。季忠は下冷泉前権中納言宗家の三男で、寛延四年（一七五一）養子に入った。教忠が藤波家最後の祭主・神祇大副で、明治四年（一八七一）の伊勢神宮の制度改革により、祭主は皇族（あるいは公爵）が任ぜられることとなった。日記には、『教忠卿記』がある。明治十七年教忠のとき、叙爵内規により子爵を授けられた。菩提所は浄福寺。『藤波家譜』（東京大学史料編纂所架蔵、四一七五—二九九）。

親章　ちかあき　?—一一六一

—・—・—五位永久3（一一一五）・1・29山城守（造太神宮功）、大治6（一一三一）・1・5従五位上（治国）、1・21河内守（任中第一）、保延2（一一三六）・1・27正五位下（除目次、造豊受太神）、康治2（一一四三）・12・15神祇少副（元前山城、募申可造進斎宮寮二个院之由任之）、久安6（一一五〇）・6・25権大副、仁平4（一一五四）・1・—四位（造斎宮寮中院功）、8・9従四位上（九月十一日造宮使賞）、久寿2（一一五五）・11・22正四位下（下名次）、保元2（一一五七）・8・14蒙祭主宣旨、9・9大副、平治1（一一五九）・11・22従三位（大嘗会）、祭主、永暦2（一一六一）・1・—薨去〈旧〉

〔死没〕永暦2（一一六一）・1　〔父〕大中臣親仲　〔号〕四条　〔公卿補任〕1—447上

親隆　ちかたか　一一〇五—八七

保延2（一一三六）・1・22神祇〈「権」く〉少祐、保延5・1・7〈「5日」く〉従五位下（皇后宮御給）、永治2（一一四二）・1・27権大祐（除目次、兼継任之、依為位次上﨟下名次止被任之）、保元1（一一五六）・11・28権少副、永暦2（一一六一）・1・25従五位（度々御祈賞）上、1・30少副、長寛1（一一六三）・7・7〈「10日」く〉正五位下（御祈賞）、5・29〈「6月2日」く〉従四位下（御祈十社奉幣次）、長寛3・5・6祭主（師親解却替）、仁安1（一一六六）・11・18〈「19日」く〉従四位上（大嘗会祝申賞）、仁安2・12・16権大副〈「加三人」く〉、仁安3・11・22正四位下（大嘗会祝申賞）、嘉応3（一一七一）・1・18従三位、治承4（一一八〇）・1・28転大副、治承5・3・29正三位、寿永1（一一八二）・12・3辞祭主並大副、12・7得替、寿永3・2・—出家

〔死没〕文治3（一一八七）・9・29　〔年齢〕83　〔父〕親仲、三男　〔母〕従五位上石見守橘宗季女　〔号〕三条・岩出・山幡　〔公卿補任〕1—474下　〔大日本史料〕4—2—56

能隆 よしたか　一一四六—一二三四
仁安2(一一六七)・12・13神祇少祐(外祖父卜部兼支辞権大副申任之)、仁安3・7・19叙爵(九條院令〔合カ〕爵)、治承2(一一七八)・1・30従五位上(父卿御祈賞〔「祭主親隆卿」く〕)、治承3・3・11正五位下(修造〔「理」し〕大神宮神服麻続両機殿賞)、寿永1(一一八二)・12・7神祇権少副(父卿辞大副申任之)、元暦1(一一八四)・10・6従四位下(造大神宮賞功〔く無〕)、文治1(一一八五)・11・25補祭主(親俊卿卒替)、文治2・4・6神祇権大副(祭主神祇権大副大中臣親俊卿卒替、超少副公定為定)、4・29復任、11・27従四位上(御祈賞)、文治3・12・4復任(父)、文治5・11・13正四位下(御祈賞)、建久1(一一九〇)・7・18転神祇大副(卜部兼支辞替)、建久9・11・21従三位(祭主神祇権〔「権」恐衍〕大副如元)、承元4(一二一〇)・2・19正三位、建保4(一二一六)・1・19辞大副、承久4(一二二二)・2・26還補祭主、貞応1(一二二二)・11・22従二位、寛喜2(一二三〇)・4・17譲祭主於男隆通、貞永1(一二三二)・7・13〈「1月22日」イ〉出家
〔死没〕天福2(一二三四)・4　〔年齢〕89　〔父〕岩出親隆、二男　〔母〕神祇少副卜部兼支時女　〔号〕岩出　〔公卿補任〕1—540上　〔大日本史料〕5—9—540

隆通 たかみち　一二〇八—四九
建保4(一二一六)・1・13神祇権少副(能隆止大副任之)、1・20従五位下、4・20従五位上、建保5・1・5正五位下、承久2(一二二〇)・1・26従四位下(御祈賞)、貞応2(一二二三)・2・1従四位上、貞応3・4・7神祇権大副、嘉禄3(一二二七)・1・5正四位下、安貞2(一二二八)・12・9正四位上、延応1(一二三九)・11・6従三位(御祈賞)、仁治3(一二四二)・11・27正三位、寛元4(一二四六)・12・4従二位、宝治2(一二四八)・5・21辞祭主、建長1(一二四九)・8・15出家、8・30薨去
〔死没〕建長1(一二四九)・8・30　〔年齢〕42　〔父〕岩出能隆、七男　〔母〕右中弁平棟範女　〔号〕岩出　〔法名〕阿蓮　〔公卿補任〕2—108下　〔大日本史料〕5—31—120

隆世 たかよ　一二二四—五九
建長6(一二五四)・1・13〔従三位〕、祭主神祇大副如元、正嘉3(一二五九)・7・21出家、8・27薨去
〔死没〕正嘉3(一二五九)・8・27　〔年齢〕36　〔父〕岩出隆通　〔号〕岩出　〔法名〕入円　〔公卿補任〕2—163下

定世 さだよ　一二四七—九七
宝治3(一二四九)・2・18叙爵(令爵)、建長3(一二五一)・12・22従五位上、建長6・12・12神祇権少副、康元2(一二五七)・2・17正五位下、正嘉2(一二五八)・11・6従四位下、正元1(一二五九)・閏10・29復任(父)、文応1(一二六〇)8・3復任、文応1(一二六〇)・11・10転権大副、弘長2(一二六二)・10・16従四位上(祭主隆蔭卿辛酉御祈賞譲)、弘安3(一二八〇)・3・24更補祭主、弘安10・6・30正四位下、正応1(一二八八)・12・4従三位、正応4・12・17更任祭主、永仁2(一二九四)・11・24転大副、永仁5・12・13薨去
〔死没〕永仁5(一二九七)・12・13　〔年齢〕51　〔父〕大中臣隆世　〔号〕岩出　〔公卿補任〕2—295下

定忠 さだただ　一二七一—一三一六
弘安4(一二八一)・12・5従五位下、弘安5・4・27従五位上、弘安6・5・25〈「29日」イ〉正五位下、弘安8・8・7従四位下、弘安9・5・7従四位上、弘安10・6・12神祇権少副、正応1(一二八八)・8・25正四位下、10・19止正四位下位記、-・-・-補祭主〈や無〉、永仁2(一二九四)・10・29正四位上、永仁6・4・24復任(父)、永仁7・2・22補祭主、乾元2(一三〇三)・1・28〈「嘉元2年」イ〉兼伊勢権守、徳治1(一三〇六)・12・22転大副、延慶2(一三〇九)・12・9従三位(大嘗会寿詞奏賞)、延慶3・6・1刑部卿、11・20辞卿、正和1(一三一二)・-・-止祭主、正和2・11・10還補祭主、正和5・1・17出家、1・24薨去
〔死没〕正和5(一三一六)・1・24　〔年齢〕46　〔父〕岩出定世　〔母〕大中臣隆蔭女　〔号〕岩出・藤波　〔公卿補任〕2—408下

親忠 むつただ　一二九五—一三五二
永仁7(一二九九)・3・28従五位下、嘉元2(一三〇四)・5・5従五位上、延慶1(一三〇八)・11・8正五位下、延慶2・12・30従四位下、延慶3・1・28上野権介、

応長1(一三一一)・1・5従四位上、正和2(一三一三)・2・6神祇権大副、4・10正四位下、元徳3(一三三一)・3・12従三位(宣下)、元弘1(一三三一)・-・-為祭主、正慶1〈元弘2〉(一三三二)・12・-正三位、正慶2〈元弘3〉・5・17詔止祭主、建武3〈延元1〉(一三三六)・-・-為祭主、建武4〈延元2〉・3・29転大副、暦応1〈延元3〉(一三三八)・12・1正三位、貞和4〈正平3〉(一三四八)・4・17従二位、-・-去祭主、観応1〈正平5〉(一三五〇)・6・19還任大副、観応3〈正平7〉・-・-〈「2月29日」家譜薨去〈観応2年にもあり〉

〔死没〕観応3(一三五二)・2・29　〔年齢〕58　〔父〕大中臣定忠　〔号〕岩出・三条　〔公卿補任〕2―537下　〔大日本史料〕6―16―153

親世　むつよ　一三一九―八三

康安1〈正平16〉(一三六一)・11・28従三位、永徳3〈弘和3〉(一三八三)・-・-薨去

※従三位叙位年に「神祇権大副」の記載あり

〔死没〕永徳3(一三八三)　〔年齢〕65　〔父〕岩出親忠　〔号〕岩出　〔公卿補任〕2―673下

清世　きよよ　一三四五―一四〇九

応永7(一四〇〇)・4・2従三位、応永15・8・3転正(神祇大副)、応永16・11・-薨去

※従三位叙位年に「祭主」「神祇大副〔権脱カ〕」の記載あり

〔死没〕応永16(一四〇九)・12・5　〔年齢〕65　〔父〕岩出親世、二男　〔号〕岩出　〔法名〕正祐　〔公卿補任〕3―49下　〔大日本史料〕7―12―257

清忠　きよただ　?―一四六九

永享11(一四三九)・3・18転大副、宝徳2(一四五〇)・-・-祭主(再任)、長禄4(一四六〇)・8・8従二位

※永享三年「非参議正三位、神祇権大副・祭主〈や〉」(初見)、文明元年(一四六九)「非参議従二位神祇大福・祭主」〔以降不見〕

〔死没〕文明1(一四六九)　〔父〕岩出清世　〔前名〕清宣　〔号〕藤波・岩出　〔公卿補任〕3―123上　〔大日本史料〕8―3―132

秀忠　ひでただ　?―一四九一

寛正2(一四六一)・2・2従三位、9・5内造宮使〈し〉、文明4(一四七二)・1・10正三位〈く〉、文明10・3・4従二位〈内宮引付〉、文明18・-・-従二位〈家譜〉、延徳3(一四九一)・-・-薨去

※従三位叙位年に「神祇権大副」の記載あり、文明二年より「神祇大副」「祭主」、長享元年(一四八七)より「従二位」

〔死没〕延徳3(一四九一)　〔父〕岩出清忠、一男　〔前名〕清定・秀直　〔号〕岩出　〔公卿補任〕3―202上

清国　きよくに

寛正2(一四六一)・2・2従三位

※従三位叙位年に「神祇権大副」「外造宮使〈やし〉」の記載あり、文明元年非参議従三位〔以後不見〕(前項秀忠と同一人カ)

〔公卿補任〕3―202上

敏忠　としただ

※文亀元年(一五〇一)非参議従三位(初見)、文亀元年に「神祇権大副」の記載あり、大永三年(一五二三)非参議従三位〔以後不見〕

〔父〕岩出清忠、二男　〔公卿補任〕3―305上

伊忠　これただ　一四五八―一五二二

永正3(一五〇六)・9・11従三位、永正8・1・29正三位、大永2(一五二二)・2・-従二位、9・2譲補祭主於二男大副朝忠、9・10〈「11日」さ〉薨去

※従三位叙位年に「神祇大副」の記載あり、永正四年より「祭主」

〔死没〕大永2(一五二二)・9・10　〔年齢〕65　〔父〕岩出秀忠、三男　〔前名〕輔忠　〔号〕岩出　〔前名〕輔忠　〔公卿補任〕3―317下　〔大日本史料〕9―16―308

朝忠　あさただ　一四九八―一五七〇

天文5(一五三六)・4・1従三位、天文12・2・9正三位、天文17・1・24従二位、元亀1(一五七〇)・11・26薨去

※天文六年より「神祇大副」、天文七年より「祭主」

〔死没〕元亀1(一五七〇)・11・26　〔年齢〕73　〔父〕岩出伊忠、二男　〔公卿補任〕3―393下　〔大日本史料〕10―5―119

景忠　かげただ　一六四七—一七二七

正保4(一六四七)・4・16誕生、万治4(一六六一)・2・21叙爵、2・25神祇権少副、3・12〈「2月」あ〉祭主、寛文2(一六六二)・12・14従五位上、寛文4・1・5正五位下、寛文7・2・23従四位下、寛文9・12・24従四位上、寛文13・3・2正四位下、延宝6(一六七八)・11・21従三位、神祇権大副、天和4(一六八四)・2・9鵠退正四位下、2・11昇殿、2・15刑部大輔、貞享2(一六八五)・2・8兵部大輔、9・10〔従三位〕(去年東宮大殿祭申行賞)、神祇権大副如元〈ま〉、貞享4・2・24大副、11・24正三位、元禄11(一六九八)・12・27従二位、正徳4(一七一四)・8・30辞祭主、享保2(一七一七)・3・7辞大副、享保5・6・2正二位、享保12・5・11薨去

〔死没〕享保12(一七二七)・5・11　〔年齢〕81　〔父〕岩出友忠　〔母〕家女房　〔号〕藤波　〔公卿補任〕4—81上

徳忠　のりただ　一六七〇—一七二七

寛文10(一六七〇)・4・4〈ま〉誕生、延宝2(一六七四)・6・1叙爵、貞享1(一六八四)・3・12元服、昇殿、左京権大夫、11・29〈「10月」ま〉従五位上、貞享4・2・29神祇権大副、元禄1(一六八八)・12・26〈去正六分〈「五」ま〉〉正五位下、元禄5・12・23〈去正五分〉従四位下、元禄8・12・23従四位上、元禄11・12・9左京大夫、元禄12・1・5正四位下、元禄16・1・8〈去五日分〉従三位(権大副如元)、宝永6(一七〇九)・6・1〈去正月五日分〉正三位、正徳4(一七一四)・8・30祭主、享保2(一七一七)・4・3大副、享保7・12・13〈去二日分〉従二位、享保12・閏1・21辞祭主神祇大副、3・24辞造宮使〈あ〉、3・22薨去

〔死没〕享保12(一七二七)・3・22　〔年齢〕58　〔父〕藤波景忠　〔母〕家女房　〔公卿補任〕4—159下

和忠　かずただ　一七〇七—六五

宝永4(一七〇七)・1・9誕生、宝永8・2・12〈去正五分〉叙爵、正徳5(一七一五)・11・16元服、昇殿、左京大夫、12・27従五位上、享保2(一七一七)・5・10神祇権大副(左京大夫如元)、享保3・12・26正五位下、享保7・2・3〈去正五分〉従四位下、享保11・5・28〈去年十二廿五分〉従四位上、享保12・閏1・21祭主転神祇大副(左京大夫如元)、閏1・24改補両宮造宮使、3・22喪父、7・6除服出仕復任、9・23喪母、11・18除服出仕復任、享保13・10・7還補造営使、享保14・1・16正四位下、享保18・1・23〈去五日経業同日分〉従三位(神紙大副如元)、元文3(一七三八)・11・23正三位、元文5・2・27伊勢権守、寛保2(一七四二)・2・6造宮使、延享1(一七四四)・7・13辞伊勢権守、寛延1(一七四八)・11・21従二位、宝暦12(一七六二)・1・22辞祭主、明和1(一七六四)・10・2辞大副、明和2・12・5〈去四日分〉正二位、12・6薨去

〔死没〕明和2(一七六五)・12・6　〔年齢〕59　〔父〕藤波徳忠　〔母〕家女房　〔公卿補任〕4—307上

季忠　すえただ　一七三九—一八一三

元文4(一七三九)・1・26誕生、寛延4(一七五一)・9・25為和忠卿子、12・22従五位下、宝暦2(一七五二)・2・24元服、昇殿、左京大夫、7・1神祇権大副、宝暦5・3・3従五位上、宝暦9・1・24正五位下、宝暦12・1・22祭主(父卿譲〈ま〉)、2・8造両太神宮使、宝暦13・1・5従四位下、2・11伊勢権守(権大副如元)、10・30従四位上(践祚日大殿祭賞〈ま〉)、明和1(一七六四)・10・6神祇大副(大夫権守如故)、11・13正四位下(奏壽詞賞)、明和2・5・25服解(母)、7・26〈「12日」ま「16日」家譜〉除服出仕復任、12・6服解(父)、明和3・1・27除服出仕復任、12・10秩満、明和4・1・13還補造両太神宮使、明和4・1・16〔従三位〕(大副如元)、明和8・11・24正三位、安永6(一七七七)・11・13従二位、11・16大副、安永7・9・26辞祭主〈ま〉、天明2(一七八二)・2・15〈「25日」ま〉両太神宮造営使、9・3辞両太神宮造営史、天明6・6・19辞大副、天明7・12・2聴直衣、寛政10(一七九八)・4・22正二位、享和2(一八〇二)・2・-両太神宮造営使〈ま〉、3・2辞造営使〈ま〉、7・21再補造営使〈ま〉、享和3・8・30辞使〈ま〉、文化6(一八〇九)・2・7造両太神宮使、文化7・5・17辞造両太神宮使、文化10・2・15薨去

〔死没〕文化10(一八一三)・2・15　〔年齢〕75　〔父〕藤波和忠(実下冷泉宗家、一男)　〔母〕従四位下侍従牧野英成女(実従二位権大納言清閑寺凞定

女）　[公卿補任]4―492下

寛忠　ひろただ　一七五九―一八二四

宝暦9(一七五九)・1・25誕生、明和4(一七六七)・1・5叙爵、明和8・12・9元服、昇殿、右京権大夫、従五位上、安永3(一七七四)・12・3正五位下、安永4・4・14神祇権大副(権大夫如元)、安永5・1・15左兵衛権佐(権大副如旧)、安永6・8・28従四位下、安永7・9・26祭主(父季忠卿譲)、12・20辞左兵衛権佐、安永9・4・18従四位上、11・13正四位下(践祚大殿祭勤仕賞)、天明2(一七八二)・12・5造両太神宮使、天明3・1・13従三位(神祇権大副如旧)、天明6・6・22転大副、天明7・12・2正三位、寛政6(一七九四)・3・13聴直衣〈ま〉、寛政10・12・19従二位、享和2(一八〇二)・3・2造宮使〈ま〉、3・23辞造宮使〈い〉、享和3・8・30造宮使〈ま〉、文化1(一八〇四)・9・21辞造宮使〈ま〉、文化3・8・11辞祭主、文化4・9・1辞造宮使、文化15・1・22正二位、文政7(一八二四)・11・18辞大副、11・24薨去

[死没]文政7(一八二四)・11・24　[年齢]66　[父]藤波季忠(実藤波和忠)　[母]藤波和忠女伊子(実家女房)　[公卿補任]5―26下

光忠　みつただ　一七九二―一八四四

寛政4(一七九二)・閏2・19誕生、寛政8・5・10従五位下、寛政12・9・28元服、昇殿、神祇権大副、従五位上、享和3(一八〇三)・2・3正五位下、8・10右兵衛佐(権大副如旧)、文化3(一八〇六)・1・18従四位下、8・11祭主(父卿申譲)、文化4・9造両太神宮使、文化6・1・17従四位上、2・7辞造宮司、服解(母)、3・27除服出仕復任、8・7正四位下(祖父季忠卿立坊後大殿祭勤仕賞譲)、文化9・1・20〔従三位〕(神祇権大副如旧)、文化13・12・8正三位、文政1(一八一八)・11・25聴直衣、文政7・1・5還補造両太神宮使、5・27辞造両太神宮使、9・1還造両太神宮使、11・19転大副、11・24辞造両太神宮使、文政8・12・23還補造宮使、文政11・8・12辞造宮使、11・13還補造宮使、天保2(一八三一)・12・1従二位、天保10・8・11辞神宮祭主、天保15・6・22辞大副、6・30薨去

[死没]天保15(一八四四)・6・30　[年齢]53　[父]藤波寛忠、二男　[母]中山愛親女祇予子　[公卿補任]5―215下

教忠　のりただ　一八二三―九一

文政6(一八二三)・8・19誕生、文政10・5・21従五位下、天保2(一八三一)・5・28元服、昇殿、神祇権大副、従五位上、天保5・3・16正五位下、天保8・1・5従四位下、天保10・8・11祭主(父卿申譲)、天保11・1・22従四位上、天保12・3・11右兵衛権佐(権大副如故)、天保13・2・5両宮造宮使、2・29辞造宮使、6・8還補両宮造宮使、天保14・6・18正四位下、天保15・6・29転大副(権佐如故)、6・30辞造宮使、服解(父)、8・21除服出仕復任、弘化2(一八四五)・7・9還補両宮造宮使、弘化3・1・18〔従三位〕、神祇大副如故、弘化4・3・3正三位、嘉永1(一八四八)・11・25聴直衣、嘉永2・7・5伊勢権守、文久1(一八六一)・12・5従二位

[死没]明治24(一八九一)・1・31　[年齢]69　[父]藤波光忠　[母]従五位下下総守市橋長昭女　[日記]教忠卿記(一八二七―六一)　[公卿補任]5―435上

大中臣家(絶家)1

清親　きよちか　?―一一五七

永長2(一〇九七)・-・-叙位、元永2(一一一九)・7・30肥前守、保安5(一一二四)・1・-〈「5月」く〉得替、天承1(一一三一)・8・17神祇少副、長承4(一一三五)・1・28従五位上(造大神宮賞、男清宣譲)、保延2(一一三六)・1・27〈「17日」し〉正五位下(造大神宮賞)、保延4・1・22従四位下(去年八月祈雨賞)、8・11従四位上(募造大神宮功)、12・30祭主、保延5・1・24転大副、保延7・1・29正四位下(造太神宮功)、永治2(一一四二)・1・7正四

大中臣家

雄良――頼観――永頼――宣輔――永輔

永清――輔清――**清親**――清宣

位上(御祈賞)、康治1(一一四二)・11・14従三位(大嘗会叙位)、久寿2(一一五五)・11・16〈26日カ〉正三位、保元2(一一五七)・8・7薨去
[死没]保元2(一一五七)・8・7　[父]大中臣輔清、一男　[公卿補任]1―418下

大中臣家(絶家)2

為継　ためつぐ　一二二一?―一三〇八

-・-・-叙爵、嘉禎2(一二三六)・6・13従五位上(本宮)、嘉禎4・8・28神祇権少副、延応1(一二三九)・9・9正五位下、建長6(一二五四)・1・5従四位下(八幡殿御装束功)、正嘉2(一二五八)・1・15従四位上、正嘉3・1・21転権大副、弘長2(一二六二)・10・13正四位下、正応1(一二八八)・9・12従三位、正応2・11・28還補祭主、正応4・12・17止祭主、正応5・-・-止権大副、永仁6(一二九八)・2・30転大副、12・29補祭主、永仁7・3・-止祭主、嘉元4(一三〇六)・7・3出家、徳治3(一三〇八)・6・-〈「5月22日」系図〉薨去
[死没]徳治3(一三〇八)・6　[年齢]88カ　[父]大中臣宣理

大中臣家

宣理―為信―宣衡―宣房―仲房
為仲―為季―為茂―**為継**―為連

為茂　[号]粥見　[公卿補任]2―295上

大中臣家(絶家)3

親俊　ちかとし　?―一一八五

康治2(一一四三)・12・30叙爵(故一品聡子内親王合爵)、仁安2(一一六七)・1・30従五位上(造大神宮外院賞)、仁安3・1・15正五位下(父親康造斎宮寮内院賞)、承安4(一一七四)・1・5従四位下、安元2(一一七六)・1・30皇太后宮権大進、安元3・1・24従四位上(造離宮院賞)、養和1(一一八一)・11・28神祇権大副(新任加五人)、寿永2(一一八三)・12・6〈寿永1年カ〉祭主(大進如元)、1・5正四位下(御祈賞)、元暦1(一一八四)・7・13辞大進、以男国親申任権少進、11・17従三位(大嘗会御祈[「禊」く]賞)、文治1(一一八五)・11・-薨去
[死没]文治1(一一八五)・11　[父]大中臣親康　[公卿補任]1―508下

大中臣家

親康―**親俊**―国親

大中臣家(絶家)4

隆蔭　たかかげ　?―一二七九

貞永2(一二三三)・2・25叙爵(鷹司院御給)、嘉禎2(一二三六)・11・23〈や〉従五位上(造外車宿)、嘉禎4・9・17正五位下、暦仁2(一二三九)・1・24神祇権少副、仁治3(一二四二)・11・16従四位下(父卿大嘗会御禊御祈賞)、建長1(一二四九)・10・13復任、建長8・6・9従四位上(御祈賞)、正嘉1(一二五七)・3・29転権大副、正元1(一二五九)・7・17補祭主、文応1(一二六〇)・6・14転大副(越位次上﨟権大副大中臣仲宣、同親継、卜部兼世、大仲臣頼親、卜部兼佐等)、11・10正四位下(大嘗会御禊御祈賞)、11・15従二位〔や無〕、11・15従三位(去十日除正四下)、建治1(一二七五)・12・26正三位、弘安2(一二七九)・12・21薨去
[死没]弘安2(一二七九)・12・21　[父]大中臣隆通、二男　[号]粥見　[公卿補任]2―184下

大中臣家

隆蔭┬**隆直**―**蔭直**―親直―**忠直**
　　└**隆実**
基直―**通直**―**宗直**―輔直

隆直　たかなお　?—一二九八

建長3(一二五一)・4・16叙爵、正嘉2(一二五八)・4・6従五位上、文応1(一二六〇)・12・9尾張守、弘長1(一二六一)・7・21得替、弘長2・2・2正五位下(臨時)、弘長3・5・24従四位下(宣下)、文永1(一二六四)・7・10神祇権大副(外宮聴院半分功)、文永2・2・7従四位上(太神宮外院子良宿館修造功)、文永5・9・14正四位下、弘安1(一二七八)・10・14兼修理権大夫、弘安2・12・21遭父喪、弘安3・7・20復任、弘安7・7・26止権大夫、正応1(一二八八)・12・19補祭主、正応2・12・24止祭主、永仁1(一二九三)・9・12正四位上、永仁5・12・30還補祭主、永仁6・10・19従三位、12・25薨去

[死没]永仁6(一二九八)・12・25　[父]大中臣隆蔭　[母]神祇権少副正四位下卜部兼頼宿禰女　[公卿補任]2—344上

蔭直　かげなお　?—一三三七

文保2(一三一八)・11・5従三位、元正四位上、神祇権大副、祭主、元応2(一三二〇)・5・15神祇大副、正中2(一三二五)・12・14賜去十廿六正三位々記、元徳2(一三三〇)・-・-賜去嘉暦四正五叙従二位隆実卿同日位記、建武2(一三三五)・1・-為祭主、建武3〈延元1〉・3・2兼伊世守、-・-止祭主、建武4〈延元2〉・12・-薨去

[死没]建武4(一三三七)・12　[父]大中臣隆直　[号]土御門　[法名]法阿　[公卿補任]2—469下　[大日本史料]6—4—451

隆実　たかざね　?—一三三五

正和3(一三一四)・1・24神祇権大副、延慶4(一三一一)・4・21正四位上、元亨1(一三二一)・8・6従三位(多賀宮御祈賞)、祭主、正中2(一三二五)・10・26正三位、嘉暦4(一三二九)・1・7従二位、正慶2〈元弘3〉(一三三三)・-・-詔為祭主、建武2(一三三五)・1・23薨去

※元亨三年より「伊勢守」

[死没]建武2(一三三五)・1・23　[父]大中臣隆通、三男(大中臣隆蔭、四男トモ)　[母]大中臣長有女　[公卿補任]2—489下　[大日本史料]6—2—250

忠直　ただなお　一三四〇—一三七七

永和1〈天授1〉(一三七五)・12・14従三位、永和3〈天授3〉・8・2薨去

※従三位叙位年に「神祇権大副」の記載あり

[死没]永和3(一三七七)・8・2　[年齢]38　[父]大中臣親直　[公卿補任]2—719下

基直　もとなお　?—一三九三

明徳4(一三九三)・12・23薨去

※明徳三年非参議従三位(初見)、この年に「神祇大副」の記載あり

[死没]明徳4(一三九三)・12・23　[父]大中臣忠直　[公卿補任]3—29上　[大日本史料]7—1—371

通直　みちなお　?—一四二八

応永25(一四一八)・4・-正三位、応永35・4・20薨去

※応永二十三年非参議従三位(初見)、この年正三位叙位以前について本文に「神祇大副」の記載あり

[死没]応永35(一四二八)・4・20　[父]大中臣基直　[公卿補任]3—86下

宗直　むねなお　?—一四五〇

文安4(一四四七)・閏2・9従三位、宝徳2(一四五〇)・1・-薨去

※従三位叙位年に「神祇権大副」「祭主」「造内宮使」の記載あり

[死没]宝徳2(一四五〇)・1　[父]大中臣通直　[公卿補任]3—156上

卜部氏　うらべし

卜兆の職掌に携わった古代の氏族。占部にも作る。斉衡三年(八五六)九月、卜部雄貞・業基等が卜部宿禰の姓を賜わった(『文徳天皇実録』)。諸国に分布していたが、そのうち伊豆・壱岐・対馬の三国の卜術優長者二十人が宮主として神祇官に出仕し、卜占や祓に従事した。『延喜式』神祇三、臨時祭に「凡宮主取卜部堪事者任之、其卜部取三国卜術優長者、(伊豆五人、壱岐五人、対馬十人)」と見える。のち吉田神道の本所となる卜部吉田家は、伊豆の卜部で、神祇官の卜部として出仕し要職を歴任して宮主となった。その卒伝が『日本三代実録』元慶五年(八八一)十二月五日条に次の如く見える。「従五位下行丹波介卜部宿禰平麿卒、平麿者伊豆国人也、幼而習亀卜之道、為神祇官之卜部、揚火作亀、決義疑多効、承和之初、遣使聘唐、平麿以善卜術、備於使下、使還之後、為神祇大史、嘉祥三年転少祐、斉衡四年授外従五位下、天安二年拝権大祐、兼為宮主、貞観八年遷参河権介、十年授従五位下、累歴備後丹波介、卒時年七十五」。三国の卜部は、いずれも宿禰―直―卜部の構成をもっていたと考えられていて、ともに中央に出仕し、神祇官の宮主・卜部・史・祐などに任ぜられていた。これら卜部は、後世天児屋命十二世の孫とされる雷大臣命の流れに結びつけられることになるが、中臣氏に率いられ祭祀に加わったことによるのであろう。平麿の裔は代々神祇大副・権大副等に任じ、平野社・吉田社等の預りとなり、嫡流は吉田を称するが、兼親舎弟の兼国は分流して平野社預家となり平野(猪熊)と称し、兼政舎弟の兼季は梅宮社々務家の祖となり、近世に入り兼治の一男で祖父兼見の猶子となった兼従は堂上家の萩原家を起し、兼従の孫従久は堂上家錦織家を起した。また、平野流からは、兼衡舎弟兼清が粟田宮俗別当堀川流を起し、平野家は近世に入り兼充が堂上家の藤井家を起した。近世の卜部姓堂上四家はいずれも家紋に柏の葉を用い、吉田及び藤井は抱き鬼柏、萩原・錦織は丸に三つ柏である。

吉田家　よしだけ

卜部氏の嫡流。天児屋命十二世の孫雷大臣命の裔とする、卜部平麿を家祖とする。初め冷泉・室町などを称したが、吉田の称は南北朝時代、兼凞のときから。代々預職を世襲した吉田神社、吉田山に因む。家格は半家。外様の家。神祇道を家職とした。近衛家の家礼。江戸時代の家領は七百六十六石九斗。家祖平麿は伊豆国出身で、幼にして亀卜の道を習い、神祇官の卜部として出仕、要職を歴任して宮主となり、従五位下丹波介を最後に、元慶五年(八八一)十二月に七十五歳で没した。卒伝が『日本三代実録』に見える。吉田家の家伝として明瞭な形をとったものとしては、吉田神道の根本を記した『唯一神道名法要集』に付載の「唯受一流血脈」があるが、これには天児屋命十二世孫の雷大臣命に「仲哀天皇御宇賜卜部姓、当流姓氏之元始也」と注し、この裔鎌足―意美麿―清麿―諸魚―智治麿―日良麿と次第したとする。そして日良麿に注して、「為神道大業之賞、賜平野社執務、自爾以降改平麿、〇改大中臣復元始之姓卜部、承和四年渡唐、同六年帰朝、詔賜卜部姓也」とある。大織冠鎌足を経て卜部の祖とされる平麿に至る系図については古くより疑義がもたれ、吉見幸和・平田篤胤等が吉田神道批判のなかで述べている如く、後世に創作されたものであることは否定しがたい。平麿の曾孫は兼延といい、やはり「唯受一流血脈」に拠れば、「一条院御宇、以大織冠御諱鎌片字可置名字頭之由、被染宸筆以降、当流用兼字者也」とし、この説明にも疑義があるが、兼延以降、歴代が兼を通字として江戸時代後期に至り、兼雄・兼隆父子のとき、安永八年(一七七九)践祚の光格天皇の諱が兼仁であったので、兼の字を避け、それぞれ良延・良倶と改名し、それ以降、良を通字とした。平安時代後期、卜部神祇大副兼忠のあと、兼親・兼国の二流に分かれ、のち兼親の流が吉田と称し、兼国の流は平野社預家となり平野(猪熊)と称し、卜部氏長者も二流が交替で受け継ぎ、またともに『日本書紀』などの古典の研究に造詣深く、吉田流では鎌倉時代前期の兼直、平野流では同中期の兼頼・兼文・兼方の三代が著名で、ことに兼方は『日本書紀』の注釈書である『釈日本紀』の著者として一般にも知られる。卜部吉田家の神祇官人としての地位を不動のものとしたのは、南北朝時代・室町時代初期の兼煕で、応安八年(一三七五)二月卜部宿禰を改め朝臣の姓を賜り、家名もこれまで邸宅のある地に因み、冷泉あるいは室町を称していたが、永和四年(一三七八)四月足利義満の花御所の築造にあたり、敷地と室町の称号を譲り、吉田神社の預に因み吉田を家名とした。神祇大副に任ぜられ、更に弾正大弼を兼ね、至徳三年(一三八六)正月家例として初めての従三位に昇ったのみならず、明徳元年(一三九〇)九月正三位に昇叙され、応永九年(一四〇二)五月、五十五歳で没した。吉田家中興の祖とされる。兼煕曾孫の兼名は神祇権大副のまま正三位に昇り、長禄四年(一四六〇)八月病気危急に及び上臈の正三位神祇大副大中臣清忠を超越して従二位に昇った。兼名の子が唯一神道(吉田神道)を確立、発展させたことで史上名高い兼倶である。応仁文明の乱中・乱後の世相混乱のなかで、六百年来伝えられてきた家業・家学をもとに活発な活動を展開した。文明八年(一四七六)頃から「神祇管領勾当長上」「神祇長上」「神道長上」などと称して神道界の首長であることを公言し、『中臣祓』『日本書紀』の神代巻の講釈をしばしば開催してその教線の拡大をはかり、仏教・儒教の根元が神道であると説く独自の神道説を創唱するとともに、教理の表象的場として、同十六年には吉田山に斎場所太元宮を大規模に再興し、文明末年には、根本伝書の『唯一神道名法要集』『神道大意』等を著作した。延徳元年(一四八九)には皇大神宮の神器が吉田山に降臨したと密奏する事件を起こし、神宮の神主方より猛烈な批判を蒙り、兼倶は神宮の神敵とされることになる(『神敵吉田兼倶謀計記』)。兼倶の没したとき、子兼致はすでに没していたから孫兼満が後を継いだが、やがて兼倶の二男で平野社預平野家を嗣いだ兼永との間に唯一神道の正統をめぐって激しい相論が展開されることになる。意のままにならず自暴自棄となった兼満は、自宅と付近の在家を焼払って出奔してしまうという不甲斐なさであった。大永五年(一五二五)三月のことである。そこで吉田家では急拠兼倶三男清原宣賢の二男を養嗣子とし、宣賢が後見役となって吉田神道の道統が継承された。兼右《かねみぎ》がこれであり、ときに十歳であった。兼永は再び訴論を展開してきたが、天文三年(一五三四)十一月一応の決着をつけ(『お湯殿の上の日記』)、積極的に諸国の神社・神職に働きかけを行っていき、自ら地方にもよく出張もし、兼倶以来の神道説を宣揚した。吉田家特有の文書様式である宗源宣旨や神道裁許状などが盛んに発給されるようになるのは、この兼右の時代からである。兼右の後を嗣いだのが兼見であり、その日記『兼見卿記』は安土桃山時代の第一級の史料として著名である。天下者である織田信長・明智光秀・豊臣秀吉と順次直接交渉をもち、島津義久・細川藤孝などを初めとする諸大名との結びつきをも深め、政治権力と結びつくことにより吉田神道の権威づけをも行った。天正七年(一五七九)十一月、前右大臣信長の執奏により内昇殿を聴され、堂上家に列することになった(『兼見卿記』)。また十八年には神祇官の八神殿を吉田山の斎場所に建立することに成功し(『同』)、慶長十四年(一六〇九)九月には伊勢一社奉幣発遣日時定が行われるにあたり、八神殿のある吉田山の斎場所を以て神祇官代となし、奉幣発遣の儀が行われた(『お湯殿の上の日記』)。これにより神祇官代を管掌する吉田家は事実上、神祇官を代表する形となり、その神道を弘通する上で非常な便宜を得ることになった。さらに慶長四年(一五九九)豊臣秀吉を祀る豊国社が創建されたとき、兼見および舎弟の梵舜はこの創建に奔走したこ

吉田家

卜部宿禰 平麿―豊宗―好真―兼延―兼忠―兼親―兼政―兼俊―兼康―兼貞―兼茂―兼直―兼藤―兼益―兼夏―兼豊

（兼忠―）兼国（平野、のち藤井）

（兼豊―）**兼煕**―兼敦＝兼富―**兼名**―**兼倶**―兼致―**兼満**＝**兼右**―**兼見**―兼治―兼英―兼起―**兼敬**―兼章―**良延**―**良倶**

（兼煕―）兼富

（兼煕―）**兼任**

（兼名―）**兼昭**

（兼治―）兼従（萩原）

（良倶―）**良連**―**良長**―良煕―**良義**（子爵）

とにより、兼見は社務職、梵舜は社僧、兼見の孫兼従は預に補され、兼従は兼見の養子として同十三年には萩原家という一家をも起した。同十六年九月兼見は七十六歳で没した、その子兼治は病弱で、吉田家を支えたのは梵舜で、江戸の徳川氏と大坂の豊臣氏の困難な緊張関係の中にあって、吉田神道の勢力維持、豊国社の安泰のために尽力したが、豊国社は豊臣氏の滅亡により元和元年（一六一五）七月その廃絶は決定的となる。翌二年四月家康が没し、その神号を大明神とするか大権現とするかが問題となり、梵舜の大明神説は破れ、南光坊天海の大権現説に決定され、下野日光における東照社の造営は、山王一実神道を以てなされることになる。唯一宗源神道を以て武家社会の教学として定着発展しようと意図したことの挫折でもあった。梵舜の後、沈滞した吉田家を支えたのは萩原兼従で、吉田家は弟の兼英が当主となり、次いでその子兼起が家を嗣いだが、父子ともに病弱で充分な活動が出来ず、後見人として兼従が事実上家政を管理し、吉田家の将来を兼起の子の兼連（のち兼敬）に期待したが、養父兼見から継承した吉田家一子相伝の神道の道統を伝授するにはまだ幼なすぎたため、成長後に「返伝授」をさせるべく、一旦これを弟子の吉川惟足に伝授したことは著名なことである。ときに明暦二年（一六五六）、兼連四歳のときであった。そして十三歳のときの寛文五年（一六六五）七月十一日付で江戸幕府より「神社条目」五ヶ条を受けた。同日付で出された「寺院条目」九ヶ条、「寺院下知状」五ヶ条とともに、幕府の寺社統制の根本法令となったもので、従来「諸社禰宜神主等法度」の称で知られていたもので、「神社条目」の写は全国に触渡されたが、将軍の朱印が捺された正本は吉田家に下付され、しかも将軍の代替り毎に「神社条目」も書改められ、領知朱印状と一組で吉田家に与えられたのである。この条目の、第二条の「社家位階、従前々以伝　奏遂昇進輩者、弥可為其通事」、第三条の「無位之社人、可着白張、其外之装束者、以吉田之許状、可着之事」の二ヶ条は、吉田家にとって極めて有利な条文であった。これより吉田家はこの「神社条目」と家伝の文書を挺子に諸国の神社・神職をその支配下におくべく、神道裁許状の交付、官位の執奏等を通してその推進をはかった。吉田家の当主は神職としては吉田神社預であり、吉田神道においては本所、そしてまた堂上公家でもあり、堂上方門弟の管領でもあった。堂上方門弟は吉田家の宗源殿において執行される天度祓百二十座の行事に参加することになっており、門弟は元文・寛保期（一七三六―四四）を例にとると、風早・六条・萩原・錦織・樋口・豊岡・姉小路・裏辻・外山・堤・

大宮・石井・甘露寺・富小路・梅小路の家々である。このうち毎回十人前後が天度祓の執行に加わっている。吉田家は神祇大副を先途とし、神祇伯家の白川家の下位にあったが、神社界はもとより堂上界においても隠然たる勢力を有する存在であった。しかし江戸時代も時代が下がるにつれ、白川家が伯家としての伝統の上に吉田家とも対抗して驥足を伸ばしてゆき、白川家の所管社・諸門人の増加により、各地で吉田家配下の社家等との紛争、いわゆる伯卜《はくぼく》論争が展開されていくことになり明治維新に至る。日記に、『兼熙卿記』、『兼敦朝臣記』、『兼致朝臣記』、『兼右卿記』(以上、『吉田家日次記』と総称)、『兼見卿記』、『舜旧記』(梵舜)、『卜部兼起日記』、『卜部兼敬日記』、『卜部兼隆日記』(良倶)、『卜部兼業日記』(良連)、『卜部良長日記』、『卜部良芳日記』(良熙)、『卜部良義日記』、『吉田家御広間雑記』などがある。明治十七年(一八八四)良義のとき、叙爵内規により子爵を授けられた。『吉田家譜』(東京大学史料編纂所架蔵、四一七五—三三一五)。

兼熙 かねひろ 一三四八—一四〇二

至徳3〈元中3〉(一三八六)・1・6従三位、元神祇大副弾正大弼、嘉慶2〈元中5〉(一三八八)・1・1侍従、明徳1〈元中7〉(一三九〇)・9・15正三位、明徳2〈元中8〉・3・26兼讃岐権守、応永9(一四〇二)・5・3薨去

〔死没〕応永9(一四〇二)・5・3 〔年齢〕55 〔父〕兼豊 〔一字名〕季 〔日記〕兼熙卿記(一三六六—七二) 〔号〕室町・吉田・神光大明神 〔公卿補任〕3—13上 〔大日本史料〕7—5—502

兼名 かねな ?—一四六〇

享徳1(一四五二)・12・-従三位、康正3(一四五七)・1・5正三位、長禄4(一四六〇)・8・8従二位、10・28薨去

⌘享徳二年より「神祇権大副」、康正二年より「侍従」

〔死没〕長禄4(一四六〇)・10・28 〔父〕吉田兼富、二男 〔公卿補任〕3—171下

兼任 かねとう

長禄3(一四五九)・1・5従三位

⌘寛正元年(一四六〇)非参議従三位(以後不見)

〔公卿補任〕3—195下

⌘系譜不明であるが、叙任の年次から便宜ここに掲げる。

兼倶 かねとも 一四三五—一五一一

文明4(一四七二)・10・27従三位、神祇権大副侍従等如元、本名兼敏、文明12・-・-従二位、明応2(一四九三)・閏4・14転任大副、永正8(一五一一)・2・19薨去

〔死没〕永正8(一五一一)・2・19 〔年齢〕77 〔父〕吉田兼名 〔前名〕兼敏 〔号〕神龍大明神 〔日記〕兼倶卿記(一四八六) 〔公卿補任〕3—236下 〔大日本史料〕9—3—218

兼昭 かねあき

享徳2(一四五三)・1・5叙爵、-・-・-神祇権大副、-・-・-従五位上、-・-・-正五位下、文明1(一四六九)・9・18従四位下、文明9・12・24従四位上、文明13・8・10正四位下、文亀2(一五〇二)・4・24従三位、〔永正11年月日正三位カ〕

⌘永正元年より「神祇権大副」、永正十二年より「正三位」、永正十七年非参議正三位(以後不見)

〔父〕吉田兼名 〔前名〕兼照 〔公卿補任〕3—308上

兼満 かねみつ 一四八五—一五二八

永正10(一五一三)・1・15従四位上、永正13・12・22正四位下、大永3(一五二三)・3・19従三位、3・20侍従如元、神祇権大副、大永5・3・18夜吉田館自放火出奔云々、大永6・12・10帰任、12・29出仕、享禄1(一五二八)・11・3薨去

⌘大永五年より「吉田社預」

〔死没〕享禄1(一五二八)・11・3 〔年齢〕44 〔父〕吉田兼致 〔号〕後神龍霊神 〔公卿補任〕3—361下

兼右 かねみぎ 一五一六—七三

永正13(一五一六)・4・20誕生、大永6(一五二六)・5・6叙爵、神祇少副、享禄2(一五二九)・3・-兼侍従、享禄3・11・27従五位上、天文2(一五三三)・8・10正

五位下、天文5・2・21従四位下、3・1転神祇権大副、天文9・1・6従四位上、天文10・3・27兼筑前権介、天文14・1・5正四位下、天文15・8・13兼左兵衛佐、天文16・3・23兼丹波守、天文21・10・9従三位、神祇権大副如元、12・24右兵衛督、弘治2（一五五六）・12・17正三位、元亀1（一五七〇）・12・21転大副、元亀2・10・26従二位、11・27下向芸州、元亀3・4・1自芸州上洛、元亀4・1・10薨去

［死没］元亀4（一五七三）・1・10　［年齢］58　［父］吉田兼満（実船橋宣賢、二男）　［号］唯心院殿宗一大居士・唯神霊神　［日記］兼右卿記（一五三三－七二）　［公卿補任］3－432上　［大日本史料］10－13－44

兼見　かねみ　一五三五－一六一〇

天文6（一五三七）・7・5叙爵、天文11・3・23元服、神祇少副、昇殿、天文19・9・13侍従〈くま〉、天文20・3・19従五位上、弘治2（一五五六）・1・28正五位下、永禄6（一五六三）・3・27従四位下、元亀1（一五七〇）・6・15従四位上、天正1（一五七三）・8・8正四位下、神祇大副〔「権大副」くま〕、天正3・7・28右衛門督、天正7・11・20加堂上〔「内昇殿」くま〕（前右府執奏也〔「前右大臣信長公」くま〕）☆、天正10・5・3従三位、神祇大副右衛門督等如元、天正14・-・-改兼見、11・6〈「11日」く〉正三位☆、慶長2（一五九七）・2・24〈「1月5日」イ〉従二位〈く〉、慶長15・8・20〈「9月2日」家譜時慶卿記〉薨去☆

［死没］慶長15（一六一〇）・8・2　［年齢］76　［父］吉田兼右　［前名］兼和　［号］豊神霊神　［日記］兼見卿記（一五七〇－一六一〇）　［公卿補任］3－488上　［大日本史料］12－7－624

兼敬　かねゆき　一六五三－一七三一

承応2（一六五三）・10・22誕生、寛文2（一六六二）・2・15叙爵、6・3元服、昇殿、侍従、寛文6・1・5従五位上、寛文9・12・26正五位下、延宝2（一六七四）・12・28従四位下、延宝7・12・17従四位上、天和3（一六八三）・1・5正四位下、貞享1（一六八四）・12・22〈「23日」ま「13日」家譜〉左兵衛督（侍従如元）、貞享4・8・21神祇権大副（督侍従等如元）、元禄1（一六八八）・1・28〈去六日分〉従三位（左兵衛督侍従等如元）、元禄8・12・23正三位、元禄10・12・18改兼敬、12・24辞督、宝永3（一七〇六）・1・26従二位、正徳2（一七一二）・12・25辞侍従、享保14（一七二九）・12・24正二位、享保16・12・17薨去☆

［死没］享保16（一七三一）・12・17　［年齢］79　［父］吉田兼起　［母］従一位前権大納言飛鳥井雅章女（実正三位権中納言烏丸光賢女）　［前名］兼連　［一字名］英　［号］妙応霊神　［日記］卜部兼敬日記（一六六二）　［公卿補任］4－96上

良延　よしのぶ　一七〇五－八七

宝永2（一七〇五）・1・14誕生☆、宝永6・6・1〈去正五分〉叙爵、正徳3（一七一三）・11・12元服、昇殿、侍従、12・23従五位上、享保2（一七一七）・12・10〈去正廿一分〉正五位下、享保6・5・21従四位下、享保9・3・25左衛門佐（侍従如旧）、享保10・1・6〈去五分〉従四位上、享保13・1・9〈去五分〉正四位下、享保14・10・21喪母、12・12除服出仕復任、享保17・4・5従三位（侍従如旧）、元文2（一七三七）・12・7右兵衛督、元文3・1・24〈去年十二月廿二日宣〉〈元文2年にもあり〉正三位、7・25神祇権大副、寛保2（一七四二）・10・27辞督〈ま〉、延享4（一七四七）・11・26辞侍従、寛延1（一七四八）・9・25大蔵卿、寛延3・12・24侍従、宝暦2（一七五二）・2・26〈去正月廿二日分〉従二位☆、宝暦5・1・28侍従、7・25辞侍従、明和1（一七六四）・8・4辞権大副、11・12聴直衣〈ま〉、明和2・8・2神祇権大副、明和6・12・18正二位、安永8（一七七九）・11・25改良延、天明7（一七八七）・8・19辞権大副、8・20薨去

［死没］天明7（一七八七）・8・20　［年齢］83　［父］吉田兼章　［母］従二位権大納言清閑寺凞定女　［前名］兼雄　［号］恵存霊社　［公卿補任］4－302上

良倶　よしとも　一七三九－九六

元文4（一七三九）・12・19誕生、寛保2（一七四二）・1・10〈去五分〉従五位下、延享4（一七四七）・11・30元服、昇殿、侍従、12・26従五位上、寛延3（一七五〇）・9・24左衛門佐、寛延4・1・26正五位下、宝暦5（一七五五）・5・6〈去二廿分〉従四位下、7・29侍従、宝暦6・閏11・12辞侍従、宝暦7・4・17侍従、宝暦9・1・5従四位上、宝暦12・1・5正四位下、

明和1(一七六四)・8・7神祇権大副(侍従如元)、明和3・1・9〔従三位〕、明和7・8・4正三位、安永3(一七七四)・9・20従二位、安永4・3・29辞神祇権大副、安永8・11・25改良倶、天明6(一七八六)・7・11神祇権大副、寛政6(一七九四)・11・20聴直衣、寛政8・2・23正二位、2・24辞権大副、薨去

[死没]寛政8(一七九六)・2・24　[年齢]58　[父]吉田良延　[母]伊与守従五位下本多忠統女　[前名]兼隆　[号]後豊神霊神　[日記]卜部兼隆日記(一七五三-五五)　[公卿補任]4—488上

良連　よしつら　一七六二—一八一三

宝暦12(一七六二)・12・16誕生、明和2(一七六五)・1・5叙爵(于時兼業)、明和8・2・27元服、昇殿、従五位上、11・24正五位下(推宣下、祖父卿大嘗会四ヶ度勤仕賞譲)、安永4(一七七五)・5・18侍従、〈去十六宣〉従四位下、安永8・2・1〈去正十一宣〉従四位上、11・25改良連、天明2(一七八二)・1・5正四位下、天明6・1・8従三位(侍従如旧)、天明7・8・19神祇権大副、寛政3(一七九一)・9・26正三位、文化2(一八〇五)・1・26〈去年十二月十八日分〉従二位、文化10・6・7辞権大副、6・12薨去

[死没]文化10(一八一三)・6・12　[年齢]52　[父]吉田良倶　[母]従一位権大納言柳原光綱女　[前名]兼業　[号]神涯霊神　[日記]卜部兼業日記(一七七一-一八一〇)　[公卿補任]5—45上

良長　よしおさ　一七九二—一八四〇

寛政4(一七九二)・9・10誕生、寛政12・10・5従五位下、享和1(一八〇一)・3・24元服、昇殿、拝賀、享和2・1・5従五位上、文化3(一八〇六)・1・18正五位下、文化7・10・23侍従、11・1拝賀、12・21従四位下、文化10・6・10〈ま〉神祇権大副(侍従如旧)、6・12服解(父)、8・3除服出仕復任、文化11・1・27従四位上、文化14・12・21正四位下、文政4(一八二一)・1・20従三位(権大副侍従等如旧)、文政8・1・25正三位、天保6(一八三五)・1・14従二位、天保11・11・25辞権大副、11・26薨去

[死没]天保11(一八四〇)・11・26　[年齢]49　[父]吉田良連　[母]従五位下隠岐守本多康伴女　[号]神寛霊神　[日記]卜部良長日記(一八一三-四〇)　[公卿補任]5—278上

良熈　よしひろ　一八一〇—六八

文化7(一八一〇)・5・11誕生、文政4(一八二一)・1・4従五位下、文政6・12・10元服、昇殿、文政8・2・11従五位上、文政12・1・5正五位下、天保8(一八三七)・5・22侍従、8・11拝賀、10・24従四位下、天保11・11・26服解(父)、天保12・1・20除服出仕復任、2・4従四位上、12・22神祇権大副(侍従如故)、天保15・1・5正四位下、弘化2(一八四五)・8・20服解(母)、10・11除服出仕復任、弘化4・5・23〔従三位〕(推叙)、神祇権大副侍従如故、嘉永4(一八五一)・1・5正三位、嘉永5・12・19聴直衣、嘉永6・3・1改良熈、安政3(一八五六)・2・4辞侍従、慶応4(一八六八)・4・1辞権大副、4・2薨去

[死没]慶応4(一八六八)・4・2　[年齢]59　[父]吉田良長　[母]仙石久道三女鶴子　[前名]良芳　[日記]卜部良芳日記(一八三四-四二)　[公卿補任]5—443下

良義　なかよし　一八三七—九〇

天保8(一八三七)・3・9誕生、嘉永2(一八四九)・12・19叙爵、嘉永3・9・28元服、昇殿、嘉永6・1・4従五位上、安政1(一八五四)・12・18正五位下(新嘗御祈良熈卿依所労勤仕之賞、推叙)、安政3・2・5侍従、2・25従四位下(昨年新嘗御祈勤仕之賞、推叙)、安政7・1・5従四位上、文久3(一八六三)・1・5正四位下、慶応1(一八六五)・12・23〔従三位〕(侍従如元、推叙、嘉永七年元治元年等後院御鎮守御預精勤之賞《侍従如旧》、被推叙、不可為後例)、慶応3・8・26神祇権大副

[死没]明治23(一八九〇)・3・4　[年齢]54　[父]吉田良熈　[母]石川総安女　[日記]卜部良義日記(一八五三-六七)　[公卿補任]5—567上

萩原家　はぎわらけ

卜部氏の一流。吉田家の庶流。吉田従二位神

祇大副兼見の猶子萩原従五位下兼従を家祖とする。家格は半家、新家。慶長期に創立。内内の家。神祇道を家職とした。近衛家の家礼。家領は三百五十九石二斗余、のち豊後国速見郡朝見荘立石村にて千石。『萩原家譜』に拠れば天正十七年(一五八九)生まれ(『神道大系・卜部神道』上所収「卜部家系譜」は天正十八年生まれとある)。慶長三年(一五九八)豊臣秀吉が亡くなり、翌年秀吉を祀る豊国社が創建されたとき、吉田兼見・神龍院梵舜の兄弟がこの創建に奔走したことにより、兼見は社務職、梵舜は社僧、兼見の孫兼従は預(神主)に補された。兼従は、兼見一男の吉田左兵衛佐兼治の一男であるが、祖父兼見の猶子となり、慶長十三年十一月二十歳のとき叙爵し、一家を起こし萩原と号した。兼見は同十六年九月七十六歳で没し、豊国社は豊臣氏の滅亡により元和元年(一六一五)七月その廃絶は決定的となり、兼従は失職した。梵舜は兼見没後の吉田家を支え、寛永九年(一六三二)梵舜が没した後は兼従が吉田家のために尽力した。兼従が別家した後の吉田家は、弟の兼英が当主となり、次いでその子兼起が家を嗣いだが、兼英・兼起父子はともに病弱で充分な活動が出来ず、家を出た兼従が事実上後見人として吉田家の家政を管理した。兼従は吉田家の将来を兼起の子兼連に期待したが、養父兼見から継承した吉田家一子相伝の神道の道統を伝授するには幼なすぎたので、兼連の成長後に「返伝授」をさせるべく、一旦これを弟子の吉川惟足に伝授したことは著名なことである。ときに明暦二年(一六五六)兼連が四歳のときで、兼従は万治三年(一六六〇)八月に七十三歳で没した。兼従には嗣子なく、富小路従三位頼直の三男信成を養嗣子とした。信成は後西天皇の後宮に御児として近侍し、明暦元年十二月十一歳で叙爵した。同三年十月兼従の養子となり員従と改名した。卜部と藤原はもと一姓たるにより改姓に及ばず、暫く藤原たるべき由の仰せを蒙る。同十一月元服・昇殿を聴され堂上に列し、左衛門佐に任ぜられた。寛文五年(一六六五)吉田侍従兼連が江戸に下向し幕府より「神社条目」を受領する際、後見として同道下向した(『吉田家御広間雑記』)。貞享四年(一六八七)二月上階し、のち正三位まで昇り、宝永七年(一七一〇)四月六十六歳で没した。後嗣は油小路前大納言隆貞の二男が養子に入り兼澄と名乗った。その子兼武のとき、正徳元年(一七一一)五月藤原を卜部に改姓した。なお、員従は元禄九年(一六九六)五十一歳のとき実子従久が出生。霊元天皇の後宮に御児として近侍し、宝永八年新に一家を起すことを聴され、錦織家が創立する。兼武は従三位に叙せられ、その子員領は正二位にまで昇り、以後これを先途とした。明治十七年(一八八四)員光のとき、叙爵内規により子爵を授けられた。菩提所は玉圓庵。『萩原家譜』(東京大学史料編纂所架蔵、四一七五―二八二)。

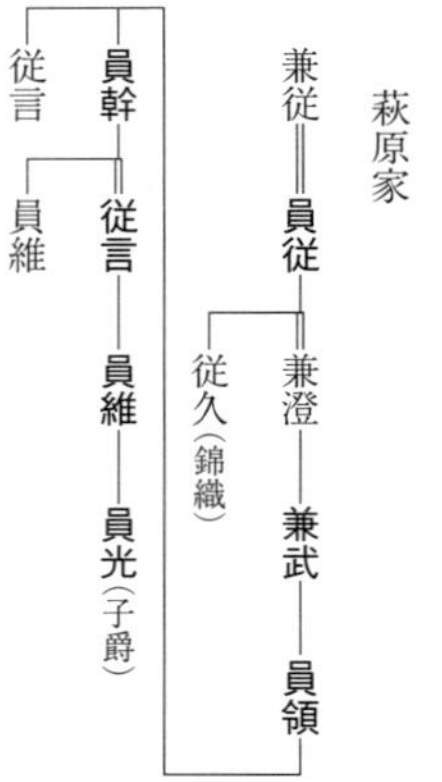

員従　かずつぐ　一六四五―一七一〇

正保2(一六四五)・6・8誕生、明暦1(一六五五)・12・15叙爵、明暦3・10・28改員従(元信康)、11・2〈「12月」あ〉元服、昇殿、左衛門佐、万治3(一六六〇)・12・24〈去正五分〉従五位上☆、寛文6(一六六六)・1・5正五位下、寛文10・1・5従四位下、延宝4(一六七六)・1・5従四位上、延宝9・1・5正四位下、貞享4(一六八七)・12・23従三位、元禄15(一七〇二)・12・23〔正三位〕、宝永7(一七一〇)・4・4薨去　[死没]宝永7(一七一〇)・4・4　[年齢]66　[父]萩原兼従(実富小路頼直)　[母]従四位下左近衛中将持明院基久女(実内大臣従一位清閑寺共房女)　[前名]信成　[一字名]村　[号]神従院　[公卿補任]4―90下

兼武　かねたけ　一六九三―一七六五

元禄6(一六九三)・11・2誕生、元禄14・3・3叙爵、3・26元服、昇殿、民部大輔、宝永3(一七〇六)・

11・2〈去正五分〉従五位上、宝永7・10・24〈去二廿八分〉正五位下、正徳1(一七一一)・5・18改藤原姓為卜部、正徳5・7・7〈去年十二廿六分〉従四位下、享保3(一七一八)・6・24従四位上、享保7・3・21〈去正六師季実武等朝臣同日分〉正四位下、享保12・12・27従三位、享保18・4・7刑部卿、享保20・3・24正三位、宝暦2(一七五二)・6・14従二位、明和2(一七六五)・4・25薨去

[死没]明和2(一七六五)・4・25　[年齢]73　[父]萩原兼澄　[母]松平定重女　[公卿補任]4―278上

員領　かずみね　一七一八―八四

享保3(一七一八)・2・4誕生、享保8・1・19〈去五分〉叙爵、享保13・3・16元服、昇殿、民部大輔、12・21〈ま〉従五位上、享保17・4・16左衛門佐、12・27正五位下、享保21・1・27〈ま〉従四位下☆、元文6(一七四一)・1・14〈去五分〉従四位上、延享2(一七四五)・閏12・16正四位下、寛延3(一七五〇)・8・7〈去正十分〉従三位、宝暦8(一七五八)・3・6正三位、宝暦12・10・25宮内卿、明和5(一七六八)・1・9左兵衛督、明和6・12・18従二位、安永8(一七七九)・11・25改員領、天明4(一七八四)・3・16正二位、10・21薨去

[死没]天明4(一七八四)・10・21　[年齢]67　[父]萩原兼武　[母]内大臣従一位松木宗顕女　[前名]兼領　[公卿補任]4―399下

員幹　かずもと　一七四〇―一八二八

元文5(一七四〇)・7・1誕生、寛延2(一七四九)・2・27従五位下、寛延4・10・24元服、昇殿、左馬頭、宝暦3(一七五三)・12・22従五位上、宝暦7・12・25正五位下、宝暦11・1・5従四位下、7・17右兵衛佐、明和2(一七六五)・11・20従四位上、明和6・1・9正四位下、安永2(一七七三)・1・5〔従三位〕、安永5・9・22刑部卿、安永8・1・5正三位、11・25改員幹、天明7(一七八七)・8・16辞刑部卿、寛政1(一七八九)・5・22還任刑部卿、寛政2・12・18従二位、文化1(一八〇四)・6・8正二位、文政11(一八二八)・5・2薨去

[死没]文政11(一八二八)・5・2　[年齢]89　[父]萩原員領　[母]倉橋泰章女　[前名]兼幹　[公卿補任]4―531上

従言　つぐこと　一七五六―一八二九

宝暦6(一七五六)・11・24誕生、明和2(一七六五)・3・8従五位下、安永8(一七七九)・6・19〈ま〉為員幹卿子、安永9・12・16元服、昇殿、宮内大輔、従五位上、安永10・3・15皇太后宮少進、拝賀、天明2(一七八二)・2・7右兵衛権佐(小進如元)、天明3・10・12被停皇太后宮少進(依院号也)、天明4・1・8正五位下、10・21服解(実父)、12・13除服出仕復任、天明7・8・19従四位下、寛政3(一七九一)・1・5従四位上、寛政7・1・5正四位下、寛政11・1・27〔従三位〕、文化2(一八〇五)・1・5正三位、文化10・12・16賜後桜町院御服、文化12・2・26大蔵卿、文化15・2・29従二位、文政12(一八二九)・2・12薨去

[死没]文政12(一八二九)・2・12　[年齢]74　[父]萩原員幹(実萩原員領)　[母]真教院了観女(実従二位倉橋泰章女)　[号]神在院　[公卿補任]5―132上

員維　かずただ　一七八三―一八六五

天明3(一七八三)・7・15誕生、天明8・1・10従五位下、寛政4(一七九二)・3・18元服、昇殿、左馬頭、従五位上、寛政8・2・4正五位下、寛政12・2・5左兵衛権佐、3・28〈去正五分〉従四位下、8・20服解（母）、10・11除服出仕復任、享和4(一八〇四)・1・5従四位上、文化5(一八〇八)・1・17正四位下、文化9・1・20〔従三位〕、文化15・1・22正三位、天保3(一八三二)・12・19従二位、弘化4(一八四七)・1・4正二位、慶応1(一八六五)・2・23薨去

[死没]慶応1(一八六五)・2・23　[年齢]83　[父]萩原従言　[母]甘露寺規長六女祺子(実家女房)　[公卿補任]5―215下

員光　かずみつ　一八二二―一九〇二

文政4(一八二一)・1・12誕生、文政8・12・19従五位下、文政10・3・23元服、昇殿、文政12・1・25従五位上、天保4(一八三三)・1・23正五位下、天保7・12・7遠江権介、天保8・1・21従四位下、天

保11・12・20賜太上天皇御服、天保12・1・20除服宣下、6・14従四位上、天保13・1・22右兵衛佐、弘化2(一八四五)・1・18正四位下、嘉永2(一八四九)・12・19〔従三位〕、嘉永4・1・18刑部卿、安政2(一八五五)・1・22正三位、慶応3(一八六七)・3・17〈去年十二月廿四日分〉従二位
〔死没〕明治35(一九〇二)・7・25　〔年齢〕82　〔父〕萩原員維　〔母〕従二位侍従吉田良連女連子　〔公卿補任〕5—459上

錦織家　にしごりけ

卜部氏の一流。萩原家の傍流。萩原正三位員従の末男錦織従二位従久を家祖とする。家格は半家、新家。宝永期に創立。外様の家。近衛家の家礼。家禄三十石三人扶持。家祖従久は、元禄九年(一六九六)員従五十一歳のときに生まれ、幼にして霊元天皇の後宮に御児として近侍し、元禄十五年十二月に叙爵した。勅旨を以て新家を起こすことを聴され、父員従が萩原家の養嗣子となった際に改姓した藤原姓を卜部姓に復した。同年六月元服・昇殿を聴された。享保十九年(一七三四)正月三十九歳のとき上階し、宝暦五年(一七五五)七月二十六日従二位に昇り、翌日六十歳で没した。後嗣の従房は、本家の萩原正三位兼武の末男

錦織家

従久＝従房―従縄―従平＝久雄―久隆―教久(子爵)

で、寛延二年(一七四九)七歳のとき養子に入った。明治十七年(一八八四)教久のとき、叙爵内規により子爵を授けられた。菩提所は玉圓庵。『錦織家譜』(東京大学史料編纂所架蔵、四一七五—二七五)。

従久　つぐひさ　一六九六—一七五五

元禄10(一六九七)・12・1〈「9年」当作〉誕生☆、元禄15・12・22〈「23日」ま家譜〉叙爵☆、宝永8(一七一一)・5・18改藤原姓為卜部、6・2元服、昇殿、左馬頭、正徳2(一七一二)・1・20〈去六日分〉従五位上、正徳6・12・25弾正大弼正五位下、享保6(一七二一)・1・22〈去五日分〉従四位下、享保10・5・16従四位上、享保14・2・16〈去正五分〉正四位下、享保19・1・7〈去六日分〉従三位、号錦織、寛保2(一七四二)・7・1正三位、宝暦5(一七五五)・7・26従二位、7・27薨去
〔死没〕宝暦5(一七五五)・7・27　〔年齢〕60　〔父〕萩原員従、二男　〔母〕家女房　〔号〕錦織　〔公卿補任〕4—312上

久雄　ひさお　一八〇一—五〇

享和1(一八〇一)・6・20誕生、文化4(一八〇七)・12・19従五位下、文化11・12・17元服、昇殿、修理権大夫、従五位上、文化14・7・8中務権少輔、11・27正五位下、文政4(一八二一)・1・4従四位下、文政8・1・5従四位上、文政12・1・25正四位下、12・27転少輔、天保5(一八三四)・12・22〔従三位〕、天保9・6・22治部卿、天保11・12・20賜太上天皇御服、天保12・12・22正三位、嘉永3(一八五〇)・7・5辞、薨去
〔死没〕嘉永3(一八五〇)・7・5　〔年齢〕50　〔父〕錦織従平(実萩原従言、二男)　〔母〕家女房　〔公卿補任〕5—363下

久隆　ひさたか　一八二〇—八二

文政3(一八二〇)・9・8誕生、文政8・12・19叙爵、文政10・3・22元服、昇殿、文政12・6・3従五位上、天保4(一八三三)・1・23正五位下、天保7・10・28肥後権介、天保8・3・22従四位下、天保12・6・14従四位上、天保13・1・22中務権大輔、弘化2(一八四五)・3・23転大輔、5・30正四位下、嘉永3・7・5服解(父)、8・26除服出仕復任、安政2(一八五五)・1・22服解(母)、3・14除服出仕復任、安政5・12・19〔従三位〕、元治1(一八六四)・11・23正三位、慶応3(一八六七)・3・28刑部卿
〔死没〕明治15(一八八二)・6・18　〔年齢〕63　〔父〕錦織久雄　〔母〕正四位下藪公師女　〔公卿補任〕5—518上

藤井家　ふじいけ

卜部氏の一流。吉田家の庶流。卜部神祇大副兼忠の二男卜部神祇大副兼国を家祖とする。平安時代後期、卜部神祇大副兼忠のあと、兼親・兼国の二流に分かれ、のち兼親の流の卜部嫡流として吉田を称したのに対し、兼国の流は平野社預、神祇大副あるいは同権大副を世襲し、平野あるいは猪熊と称し、江戸時代中期にその裔の兼充のとき堂上に列し、称号猪熊を藤井と改めた。家格は半家、新家。宝永期に創立。外様の家。鷹司家の家礼。家禄三十石三人扶持。平野家は『日本書紀』などの古典研究に造詣深く、多くの古典学者・神道家を輩出し、日本書紀の家といわれた。ことに鎌倉時代中期の兼頼・兼文・兼方の三代が著名で、兼方は卜部平野家の家学を集大成するとともに、『日本書紀』の注釈書である『釈日本紀』の著作を成し遂げている。室町時代中期、兼緒は父祖の業を継ぎ平野社預・神祇権大副となったが、いかなる事情あってか不明であるが、若くして突如遁世したので、後継に吉田兼倶の二男兼永を養子に迎えた。兼永は永正九年(一五一二)十月には従三位に昇った。平野預上階の初例である。同十五年神祇権大副となり、永正十六年十二月正三位に昇り、大永三年(一五二三)三月大副に転じた。兼永は父兼倶より神道の学を相伝されたが、やがて父子不和となり義絶し、神道家の嫡庶正統の争いの原因となる。相論は兼倶孫の兼右の代にまで及んだが、天文三年(一五三四)十一月幕府の沙汰により吉田に敗訴した。それのみならず、その翌々年の五年八月延暦寺衆徒等が洛中の法華宗の寺々等に攻撃を加えたいわゆる法華の乱に兼永も巻き込まれ横死した。正三位の神祇大副現任、七十歳であった。兼永の子兼隆以降も平野社預・神祇大副等を勤めたが、戦国時代に平野社は次第に衰頽、兼雄・兼古父子の諸方への援助を請うも空しく、ついに平安時代以来の世襲の職であった平野社の預職を兼古の代に罷めることになった。一方、兼古は讃岐高松藩主松平頼重の請に任せ藩内の白鳥宮神主職を兼ね、藩内の諸社の神主等へ神道の伝授を行った。また、伊予宇和島藩主の請により讒死した藩士山家清兵衛の霊鎮魂・奉斎を執行した。夏祭の牛鬼で著名な和霊神社がこれである。兼古の孫兼慶は白鳥宮神主職を専業することになり、貞享三年(一六八六)家督を舎弟の兼充に譲り、居も京都より讃岐に移し、家名はこれまで同様の猪熊の号を用い、本家を継承した兼充は称号を藤井と改めたのである。そして、幸いなことに長年に亘り六位蔵人を勤めた功労により宝永六年(一七〇九)堂上に列した。『藤井家譜』には、「為蔵人二帝ニ歴事スル事三十六年、勤慎積労ヲ以テ、宝永六年六月十八日擢テ民部権大輔ニ任シ、始テ堂上ニ列ス」と記してある。兼光の孫兼矩、曾孫兼祥は光格天皇の御諱を避け、充行・充武と改名。ともに従二位まで昇り、以後従二位を先途とした。明治十七年(一八八四)行道のとき、叙爵内規により子爵を授けられた。菩提所は浄福寺。『藤井家譜』(東京大学史料編纂所架蔵、四一七五―二九五)。

藤井家

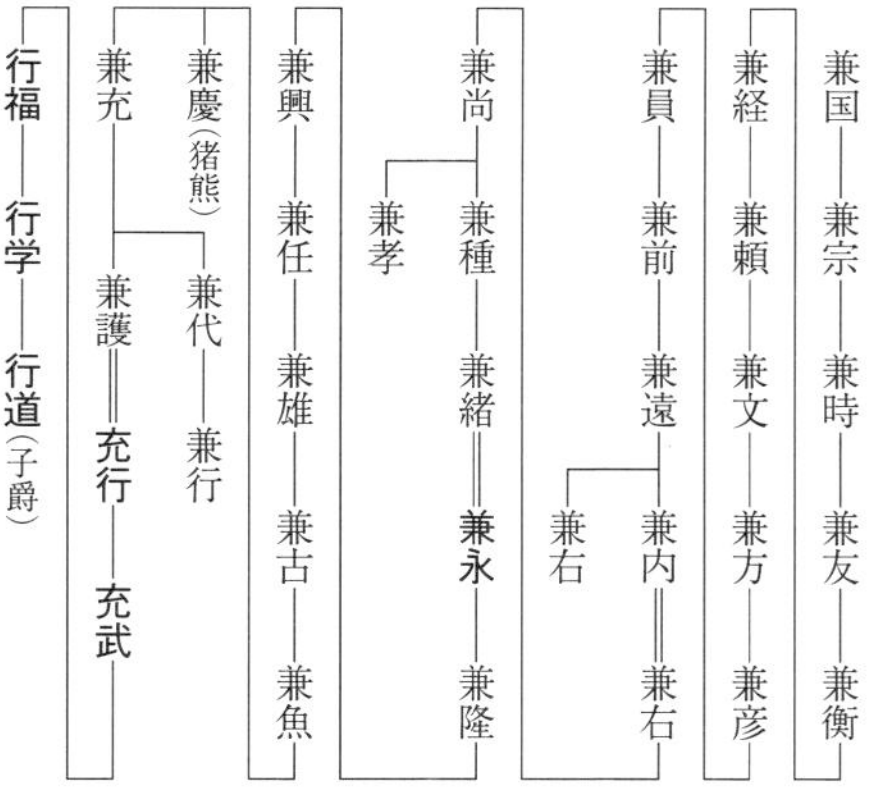

兼永　かねなが　一四六七―一五三六

永正3(一五〇六)・9・17正四位下、永正9・10・5従三位(平野社預上階初例)、永正16・12・25正三

位、大永3(一五二三)・3・13転大副、天文5(一五三六)・3・1丹波権守、天文5・7・27〈や〉薨去
※永正十五年より「神祇権大副」
[死没]天文5(一五三六)・7・27 [年齢]70 [父]猪熊兼緒(実吉田兼倶) [公卿補任]3―332上

充行 みつゆき 一七二二―九二
享保7(一七二二)・11・28誕生、享保19・11・28元服、昇殿、内匠助、正六位上、享保20・3・18〈ま〉蔵人、〈ま〉式部大丞〔「民部大丞」ま〕、〈ま〉禁色、〈ま〉拝賀従事、3・21新帝蔵人(受禅日)、延享4(一七四七)・5・2新帝蔵人(受禅日)、12・26治部権少輔、従五位下、還昇、寛延3(一七五〇)・3・4従五位上、宝暦1(一七五一)・12・22民部大輔、宝暦4・1・26正五位下、宝暦8・1・5従四位下、5・7右京権大夫、宝暦12・1・28従四位上、明和3(一七六六)・1・9正四位下、明和7・8・4〔従三位〕、安永5(一七七六)・1・9正三位、安永8・11・25改充行、寛政1(一七八九)・12・19従二位、寛政4・4・24薨去
[死没]寛政4(一七九二)・4・24 [年齢]71 [父]藤井兼護(実藤井兼代) [母]家女房 [前名]兼矩 [公卿補任]4―511下

充武 みつたけ 一七四九―一八〇九
寛延2(一七四九)・8・6誕生、明和3(一七六六)・12・18元服、右馬頭、正六位上、昇殿(于時兼祥)、明和4・1・16蔵人(推補)、1・29式部大丞、禁色、拝賀従事、明和5・1・9大蔵少輔、-・-従五位下、還昇、明和8・3・11従五位上、安永3(一七七四)・12・19正五位下、安永6・1・13右兵衛佐、安永7・1・10従四位下、安永8・11・25改充武、天明3(一七八三)・3・3従四位上、天明7・7・24正四位下、寛政2(一七九〇)・8・18服解(母)、10・10除服出仕復任、寛政3・9・13〔従三位〕、寛政9・12・26正三位、文化6(一八〇九)・7・17従二位、7・18薨去
[死没]文化6(一八〇九)・7・18 [年齢]61 [父]藤井充行 [母]正三位桜井氏敦女 [前名]兼祥 [公卿補任]5―76下

行福 ゆきとみ 一七七四―一八三五
安永3(一七七四)・2・11誕生、天明4(一七八四)・11・11従五位下、天明5・2・26元服、昇殿、右馬権頭、天明8・1・10従五位上、寛政4(一七九二)・2・2正五位下、寛政5・2・19兵部大輔、寛政8・3・25従四位下、寛政11・2・10中務権大輔、寛政12・3・14従四位上、享和4(一八〇四)・1・11正四位下、文化1(一八〇四)・10・28転大輔、文化6・7・18服解(父)、9・13除服出仕復任、文化8・1・5〔従三位〕、文化14・2・7正三位、天保6(一八三五)・1・14従二位、3・8薨去
[死没]天保6(一八三五)・3・8 [年齢]62 [父]藤井充武 [母]家女房 [公卿補任]5―208上

行学 ゆきひさ 一八〇三―六八
享和3(一八〇三)・1・7誕生、文化10(一八一三)・4・28従五位下、文化13・3・23元服、昇殿、肥後権介、文化14・11・27従五位上、文政3(一八二〇)・12・21正五位下、文政4・2・30中務権大輔、文政7・1・5従四位下、12・26転大輔、文政11・4・5従四位上、天保6(一八三五)・3・8服解(父)、4・28除服出仕復任、8・23正四位下、弘化2(一八四五)・3・5〔従三位〕、嘉永4(一八五一)・1・18〈去五日分〉正三位、文久3(一八六三)・6・9従二位、明治1(一八六八)・7・7薨去
[死没]明治1(一八六八)・7・7 [年齢]66 [父]藤井行福 [母]正三位沢宣維女 [公卿補任]5―429上

行道 ゆきみち 一八二五―九一
文政8(一八二五)・9・28誕生、天保6(一八三五)・12・18従五位下、天保9・5・7元服、昇殿、常陸権介、天保10・12・19従五位上、天保13・12・22正五位下、弘化2(一八四五)・4・25中務権大輔、弘化3・5・28従四位下、嘉永3(一八五〇)・2・21従四位上、嘉永7・1・22正四位下、安政6(一八五九)・12・19〔従三位〕、慶応1(一八六五)・1・5正三位
[死没]明治24(一八九一)・7・9 [年齢]67 [父]藤井行学 [母]従一位権大納言鷲尾隆純女茂理子 [公卿補任]5―525下

丹波氏　たんばし

東漢《やまとのあや》氏系渡来の氏族。後漢霊帝の後裔と称する。姓は史《ふひと》。『丹波氏系図』(『群書類従』第五輯)に拠れば、後漢霊帝の裔で坂上氏を賜わった志拏直が、丹波国に居住したことに因み、その孫孝日王が丹波史の祖であると伝承される。丹波史については、『続日本紀』和銅四年(七一一)十二月壬寅(二日)条に、「大初位上丹波史千足」の名が見える。また、別本の『丹波氏系図』(『続群書類従』第七輯下)に拠れば、康頼は医博士・針博士・左衛門佐を歴任し、従五位上に昇り、初めて丹波宿禰姓を賜い、孫の忠明は典薬頭・権針博士・医博士を歴任し、従四位下に昇り、宿禰を改め朝臣を賜わったとする。この真偽はともかくとして、康頼は医学に精通し、永観二年(九八四)十一月医薬総合事典である『医心方』三十巻を撰して、公家(花山天皇)へ進上した。以後代々典《てん》薬頭《やくのかみ》・施薬院使《やくいんし》などに任ぜられ医薬の家となった。嫡流は戦国時代の盛直ののち中絶し、江戸時代中期に頼庸により再興され、家名を錦小路と称し、その養嗣子尚秀のとき堂上家に取立てられた。

錦小路家　にしきこうじけ

丹波氏の嫡流。丹波宿禰康頼の裔。小森典薬頭頼季の子錦小路典薬頭頼庸を家祖とする。家格は半家、新家。享保期に創立。外様の家。医道を家職とした。近衛家の家礼。家禄三十石三人扶持。康頼は医博士・針博士となり医学に精通し、医薬総合事典である『医心方』三十巻を永観二年(九八四)十一月に撰進したこととともに世に知られる。延慶本『医心方』には「長徳元年(九九五)四月十九日逝去、歳八十四」とあるのによれば、逆算して延喜十二年(九一二)の生まれ。康頼の玄孫重康ののち、重頼の舎弟重忠は別流を起こし、重頼の孫の代に頼基舎弟の経基および知基が別流を起こした。鎌倉時代後期、正四位上典薬頭篤基の子長直が主税頭・宮内大輔・侍医・典薬頭・施薬院使を歴任し、元徳三年(一三三一)六月丹波家として初めて上階を遂げると共に、家名を錦小路と号した。その子篤直も従三位に叙せられ、その子篤忠は正三位にまで昇った。篤忠の曾孫盛直も、家例により施薬院使・典薬頭・侍医を歴任し、天文五年(一五三六)には正四位下・刑部卿に叙任し、同十年従三位に昇ったが、同十七年正月相模国において五十六歳で没し、以後家名断絶する。江戸中期に至り、丹波氏知基流の末裔の小森典薬頭頼季の子頼庸が元禄十二年(一六九九)六位蔵人に補され、宝永四年(一七〇七)儲君(のち中御門天皇)の蔵人も兼ね、同年小森の号を錦小路と改めた。享保二年(一七一七)極﨟に転じ、長年に亘る六位蔵人勤続の功に依って、堂上に取立てられる方向となる。同五年十月岡崎前参議国久の子尚秀を養嗣子とし、同八年頼庸は極﨟を辞して叙爵し、その跡を尚秀が蔵人に補され、次第に昇進を遂げ同十一年には極﨟となった。同年、頼庸は錦小路盛直の遺跡を継承することの勅旨を受ける。頼庸自身は同十三年従四位上に昇り、同二十年正月六十九歳で没したが、その翌々三月尚秀は堂上列に加えられ、玄米三十石三人扶持を賜わり、累進して宝暦元年(一七五一)正四位下に昇り、没する直前の同六年九月従三位に叙せられ、翌々八日五十二歳で没した。その子頼尚は正三位に昇り、これが先途となった。幕末期、頼徳は攘夷派の公家として国事に奔走し、文久三年(一八六三)三条実美らと長州に走って翌年客死し、維新後正四位を追贈された。なお、頼庸の実家小森家は歴代典薬頭、あるいは典薬助に任ぜられるとともに、六位蔵人を勤め来り、錦小路家の如く六位蔵人長年勤続により堂上に列する機会もあったが、蔵人役料百石との関連により地下にとどまった。華族令制定により明治十七年(一八八四)一斉

錦小路家

康頼―重明―忠明―雅忠―重康―重頼―基康―頼基―長基―頼季―光基―篤基―**長直**＝**篤直**―重直―**幸基**―**篤忠**―定基―季直―**盛直**(中絶)頼庸＝**尚秀**―**頼尚**―**頼理**―頼易＝頼徳＝頼言＝益子＝在明(子爵)

- 重康―重忠(丹波、絶家)
- 基康―経基(丹波、絶家)
- 基康―知基(丹波・小森)
- 篤基―篤直
- 長直―**直房**

に爵位が授与された際、女戸主であったので、同三十一年三月に至り、在明に子爵が授けられた。菩提所は東山 高雲寺。『錦小路家譜』(東京大学史料編纂所架蔵、四一七五―二七四)。

長直　ながなお　一二七七―一三四二

弘安3(一二八〇)・1・5従五位下(臨時、于時長高)、-・-・-・-典薬権助、正応2(一二八九)・8・7従五位上、永仁4(一二九六)・4・13正五位下、永仁5・6・25権侍医(元前典薬権助)、嘉元3(一三〇五)・5・7従四位下(宣下、于時長職)、徳治1(一三〇六)・4・5主税頭(于時長直)、延慶3(一三一〇)・4・7従四位上、応長1(一三一一)・12・21宮内大輔(元権侍医)、応長2・1・13正四位下(院御療治賞、越忠守)、正和3(一三一四)・閏3・25止大輔、-・-転侍医、元応3(一三二一)・1・13兼典薬頭、元亨2・6・17止頭、-・-・-・-典薬頭(侍医如元)、-・-・-・-止頭、元徳2(一三三〇)・4・3施薬院使、元徳3・6・12従三位(宣下)、(主上御療治賞)、元施薬院使、康永1〈興国3〉(一三四二)・7・17出家、7・20薨去

[死没]康永1(一三四二)・7・20　[年齢]66　[父]錦小路篤基　[前名]長高・長職　[法名]信寂　[公卿補任]2―537下　[大日本史料]6―7―255

篤直　あつなお　一三〇五―八二

永和2〈天授2〉(一三七六)・3・23従三位、元前典薬頭、永徳2〈弘和2〉(一三八二)・10・17薨去

[死没]永徳2(一三八二)・10・17　[年齢]78　[父]錦小路篤基　[公卿補任]2―723上

直房　なおふさ

応永10(一四〇三)・12・24従三位、元前大弼、応永11・-・-出家

[父]錦小路長直　[公卿補任]3―56下

幸基　ゆきもと

永享3(一四三一)・3・24出家

❖永享元年非参議従三位(初見)

[父]錦小路重直　[法名]性通　[公卿補任]3―119上

篤忠　あつただ

長禄4(一四六〇)・1・6従三位、寛正5(一四六四)・-・-正三位、寛正6・10・20出家

[父]錦小路幸基　[公卿補任]3―199上

盛直　もりなお　一四九三―一五四八

明応4(一四九五)・12・26従五位下、永正2(一五〇五)・12・29刑部少輔、永正5・12・22従五位上、永正9・12・8正五位下、永正13・12・23従四位下、永正17・12・8従四位上、永正18・4・3施薬院使、大永3(一五二三)・4・12典薬頭、12・27侍医、天文5(一五三六)・5・-正四位下、刑部卿、天文10・-・-従三位、刑部卿如元、天文17・1・-於相模国薨去

❖天文十二年より「在国(相州)」

[死没]天文17(一五四八)・1　[年齢]56　[父]錦小路季直　[公卿補任]3―405下

尚秀　ひさひで　一七〇五―五六

宝永2(一七〇五)・9・1誕生、享保5(一七二〇)・10・11

為頼庸朝臣養子、享保8・11・18元服、正六位上、式部大丞、蔵人、禁色、昇殿、享保9・10・3兼典薬助、享保11・12・5転頭、享保20・1・10喪父、2・18除服出仕、享保20・3・9辞典薬頭、10・8従五位下、図書頭、昇殿、10・21院判官代（御譲位日〈ま〉）、元文1（一七三六）・1・5従五位上、元文2・1・6正五位下、寛保2（一七四二）・1・4服解（母〈ま〉）、2・15除服出仕復任、7・1従四位下、延享4（一七四七）・2・1従四位上、宝暦1（一七五一）・12・24正四位下、宝暦2・6・21服解（実父〈ま〉）、8・12除服出仕復任、宝暦6・9・6従三位、9・8薨去

[死没]宝暦6（一七五六）・9・8　[年齢]52　[父]錦小路頼康（実岡崎国久、二男）　[母]家女房　[公卿補任]4—432下

頼尚　よりなお　一七四三—九七

寛保3（一七四三）・10・5誕生、宝暦7（一七五七）・6・26元服、正六位上、式部大丞、蔵人、禁色、昇殿、拝賀、12・25兼典薬助、宝暦9・5・15兼親王蔵人、宝暦11・9・28転典薬頭、明和1（一七六四）・12・13転極臈、明和2・11・20図書頭、従五位下（典薬頭如故〈ま〉）、明和3・1・9従五位上（連年）、明和4・1・9正五位下（連年）、3・28中務少輔（頭如故）、明和6・1・9従四位下（中一年）、明和8・1・10従四位上（中一年）、明和9・10・2中務大輔（頭如故）、安永2（一七七三）・12・19正四位下（中一年）、安永5・3・24辞典薬頭、安永6・-・-修理大夫、4・28（従三位）（大夫如故）、天明2（一七八二）・1・14正三位、寛政9（一七九七）・10・8薨去

[死没]寛政9（一七九七）・10・8　[年齢]55　[父]錦小路尚秀、一男　[母]右京権大夫国該女　[公卿補任]4—557上

頼理　よりただ　一七六七—一八二七

明和4（一七六七）・2・9誕生、安永3（一七七四）・11・25元服、昇殿、民部大丞、正六位上、11・29蔵人、〈「12月15日」ま〉禁色、12・15拝賀従事、安永4・11・18治部権大輔、従五位下、還昇、安永5・3・26兼典薬頭、5・18辞典薬頭、9・16右馬頭、安永8・3・19従五位上、天明3（一七八三）・1・13正五位下、天明4・9・7服解（母）、10・28除服出仕復任、天明6・12・19従四位下、天明8・3・16中務権少輔、寛政2（一七九〇）・1・5従四位上、寛政5・2・19正四位下、寛政6・6・20転中務大輔、9・18服解（父）、11・28除服出仕復任、寛政11・1・5（従三位）、文化1（一八〇四）・7・28正三位、文化2・1・26修理大夫、文政10（一八二七）・3・22辞大夫、薨去

[死没]文政10（一八二七）・3・22　[年齢]61　[父]錦小路頼尚、一男　[母]日野資枝女（実家女房）　[公卿補任]5—131下

丹波家（絶家）1

長世　ながよ

明徳3〈元中9〉（一三九二）・2・7従三位、元前刑部卿、応永2（一三九五）・3・24補施薬院使、-・-・-出家

[父]丹波長氏　[公卿補任]3—29上　[大日本史料]7—2—189

重世　しげよ　?—一四三八

応永21（一四一四）・1・5従三位、元典薬頭、永享10（一四三八）・-・-薨去

[死没]永享10（一四三八）　[父]丹波長世　[公卿補任]3—81下

丹波家

重忠—重長—康長—康隆—重氏

典長—長氏—**長世**—**重世**

丹波家（絶家）2

盛長　もりなが　?—一四五七

宝徳3（一四五一）・1・5従三位、刑部卿、前典薬頭、

丹波家

経基―経長―尚長―行長―尚康
└知長―嗣長―定長―**盛長**―**重長**
　└利長―保長

享徳3(一四五四)・1・5正三位、3・23丹波権守、康正3(一四五七)・4・11薨去
［死没］康正3(一四五七)・4・11　［父］丹波定長　［前名］雅長　［公卿補任］3―167下

重長　しげなが　?―一四九〇
延徳1(一四八九)・-・-従三位、延徳2・1・-出家、5・8薨去
［死没］延徳2(一四九〇)・5・8　［父］丹波盛長　［前名］成長　［公卿補任］3―279下　［大日本史料］8―37―8

丹波家(絶家)3

治康　はるやす　?―一四六三
寛正4(一四六三)・1・5従三位、5・-出家、薨去
［死没］寛正4(一四六三)・5　［父］丹波有康　［公卿補任］3―208下

丹波家

知基―基兼―基定―利康―冬康
└師康―兼康―定康―有康―**治康**
　　　　└頼豊(丹波・小森)
　　　　　　　　　└**親康**―宗泰―秀康

親康　ちかやす
永正10(一五一三)・-・-従三位〈家譜〉、永正17・3・3出家
❖永正十年非参議従三位(初見)
［父］丹波治康　［公卿補任］3―334上

小森家　こもりけ

頼量　よりかず　一四七三―一五二九
永正18(一五二一)・4・1従三位、後日賜今日之位記、元典薬頭、去之、大永6(一五二六)・-・-正三位、-・-・-〈「10月」さ〉出家、享禄2(一五二九)・4・-〈「享禄4年4月2日」さ〉薨去
［死没］享禄2(一五二九)・4　［年齢］57　［父］丹波頼秀　［法名］道清　［公卿補任］3―356上

小森家

頼豊―頼秀―**頼量**―**頼直**―頼景
└頼慶―頼元―頼中―頼重―頼房
　└頼季(小森)―頼方―頼亮―頼只―量亮
　　└頼望―頼之―頼永

頼直　よりなお　一五〇一―四四
永正-・-・-叙爵、永正12(一五一五)・12・29従五位上、永正16・12・27正五位下、大永3(一五二三)・4・22施薬院〔施薬院使カ〕、大永6・2・26従四位下、享禄4(一五三一)・6・14従四位上、享禄5・2・7典薬頭、天文4(一五三五)・-・-正四位下、天文9・3・24越前権介、天文12・9・26〈や〉従三位(元典薬頭〈や〉)、天文13・10・-薨去
［死没］天文13(一五四四)・10　［年齢］44　［父］丹波頼量　［公卿補任］3―410下

大江氏　おおえし

平安時代に多くの文人を出した菅原氏と並び称される氏族。菅原氏の菅家《かんけ》に対して江家《ごうけ》と称された。その先祖は土師氏。延暦九年（七九〇）十二月、桓武天皇は即位十年にあたって外祖母土師宿禰真妹に正一位を追贈するとともに、土師氏を改めて大枝朝臣となした（『続日本紀』）。その土師氏は四流あり、真妹の毛受流は大枝朝臣を賜わり、自余の三流は秋篠朝臣、あるいは菅原朝臣となったとする（同）。大枝の称は『和名類聚抄』の山城国乙訓郡の大枝郷に因むとされる。貞観八年（八六六）十月、参議大枝音人《おとんど》らは上表して、「以大枝為姓、誠非本枝長固子孫無彊之義也」の意を以て枝を江に改めることを請い、勅許された（『日本三代実録』）。音人は江相公と称され、清和天皇の侍読、摂政藤原良房の家司となり顧問に備わった。また『貞観格式』撰定の中心となり、『日本文徳天皇実録』の編纂にも参与し、文人社会における大江氏の地位を確立し、江家の始祖と称された。孫の維時は醍醐・朱雀・村上三天皇の侍読となり、従三位権中納言にまで昇り、世に江納言《ごうなごん》と称され、その孫匡衡は、一条天皇の侍読となり、藤原道長・行成・公任らのために文章の代作等もし、名儒比肩するものなしといわれた。中古三十六歌仙の一人で、古来、『栄花物語』正篇の作者に擬せられている女流歌人赤染衛門は匡衡の室で、挙周らはその腹である。そして挙周の孫が博学多才をもって聞えた平安時代後期の学者にして政治家、匡房である。後三条・白河・堀河の三天皇の侍読となり、従二位権中納言に昇り、大宰権帥を経て正二位大蔵卿となり、天永二年（一一一一）十一月七十一歳で没し、江帥・江大府卿などと称された。朝廷の儀式・行事の次第をまとめた『江次第』をはじめとする多くの著作があり、その日記を『江記』という。鎌倉幕府の公文所・政所の別当となった大江広元は匡房の曾孫で、大江家の家学を世襲したのが広元の舎兄にあたる匡範の一流で、のち北小路を称した。

北小路家1　きたこうじけ

大江氏の嫡流。大江大蔵卿匡房の曾孫左京大夫匡範の裔。北小路従三位俊宣を家祖とする。家格は半家、新家。弘化期に地下より堂上家に列した。外様の家。近衛家の家礼。家禄六十石。紀伝道・文章道の家である大江氏は、匡範の子周房が大学頭・文章博士、孫の信房は文章博士となり、曾孫の重房は大内記・式部権大輔等を歴任し従三位に昇り、その孫の維房も大学頭となり、家学の継承がなされてきたようである。室町時代前期の俊宣以降は、近衛家諸大夫となり、初代宮内卿俊宣、二代宮内卿俊泰、四代大膳大夫俊直はいずれも従三位にまで昇ったが、永禄末年より天正初年にかけて近衛家当主の前久が一時京都を出奔したため、俊直の嫡子慶忠は、前久の庶兄聖護院道澄の縁によってであろう聖護院坊官となる。その子快俊も同坊官となり、寛永十八年（一六四一）十月没した。快俊の一男俊祇は元和六年（一六二〇）三月非蔵人となり、これ以降代々非蔵人、六位蔵人を勤めることになる。二男俊記は近衛家諸大夫家となる。俊祇の一男俊真の後が嫡流家で、二男俊光が別流を起こし、北小路庶流家となる。俊真は、慶安四年（一六五一）十二月正六位上・非蔵人となり、院蔵人に進み、元禄十三年（一七〇〇）上北面に転じ、従五位下・筑前守に叙任、宝永三年（一七〇六）四月六十八歳で没した。俊真六世の孫俊常のとき、弘化四年（一八四七）、多年に亘る六位蔵人勤仕の功労により、堂上の列に加えられた。祖父俊名、父俊幹いずれも六位蔵人の上臈である極臈を勤め、弘化元年に俊常も極臈となり、親子三代に亘り極臈を勤めれば堂上に列格しえるという特例によるものであった。明治十七年（一八八四）俊親のとき、叙爵内規により子爵を授けられた。

北小路家

音人―千古―維時―重光―匡衡―挙周―成衡―匡房―維順―維光
―匡範―周房―信房―**重房**―信俊―維房―凞房―匡重―俊宣―**俊泰**‖
―俊永―**俊定**
　　　―**俊直**―慶忠―快俊―俊祇―俊真―俊包―俊民―俊盛―俊名‖
　　　　　　　　　　　　　　　　―俊光（北小路）
―俊幹―俊常‖俊方
―俊周‖**俊常**―俊方
　　　　　　―俊堅‖俊久‖俊長―俊義‖俊親（子爵）
　　　　　　―俊長
　　　　　　―俊親

菩提所は本満寺。『北小路家譜』（東京大学史料編纂所架蔵、四一七五―二〇四）。

重房　しげふさ　？―一二九二
建長2（一二五〇）・1・9賜学問料、建長7・5・16補文章得業生、建長8・1・21兼因幡権少掾、－・－補蔵人、康元2（一二五七）・1・5課試、2・22少内記、4・11叙爵、12・15民部権少輔、弘長3（一二六三）・1・28兼越中介、3・2従五位上、文永2（一二六五）・1・30遷大内記、文永4・4・9止大内記（依重服也）、文永6・3・27正五位下、12・9式部権少輔、文永9・1・5従四位下（策）、7・11去権少輔、文永11・12・20左京権大夫、建治3（一二七七）・1・29兼備前権介、建治4・1・6従四位上、弘安5（一二八二）・8・6去権大夫、弘安7・1・5正四位下、弘安10・8・5式部権大輔、弘安11・2・10兼駿河権守、正応3（一二九〇）・1・19従三位、元式部権大輔、正応5・3・11出家、3・12薨去
［死没］正応5（一二九二）・3・12　［父］大江信房　［母］源泰総女　［公卿補任］2―305上

俊泰　としやす　一四六三―？
永正18（一五二一）・3・26従三位、元宮内卿、去之、大永6（一五二六）・6・－出家
［父］北小路俊宣　［公卿補任］3―356上

俊定　としさだ　一五〇八―？
大永5（一五二五）・2・9叙爵、2・10丹後守、享禄1（一五二八）・9・24従五位上、9・26宮内少輔、享禄5・5・3正五位下、天文4（一五三五）・1・5従四位下、天文5・－・－弾正大弼、天文8・5・23従四位上、天文13・1・6正四位下、天文17・3・23備後守、元亀2（一五七一）・1・27従三位、－・－賜去永禄三正五位記、天正2（一五七四）・7・－出家
［養父］北小路俊永　［公卿補任］3―466上

俊直　としなお　一五三〇―八六
享禄3（一五三〇）・－・－誕生、天文4（一五三五）・6・9叙爵、越前守、天文8・1・5従五位上（相国御給）、天文14・1・5正五位下、天文17・3・23従四位下、天文22・閏1・8従四位上、天文23・－・－〈やくま〉大膳大夫、弘治3（一五五七）・1・23正四位下、永禄6（一五六三）・3・27従三位、大膳大夫如元、天正14（一五八六）・12・24薨去
［死没］天正14（一五八六）・12・24　［年齢］57　［父］北小路俊永　［公卿補任］3―453下

俊常　としつね　一七八一―一八五三
天明1（一七八一）・12・26誕生、寛政1（一七八九）・7・17元服、寛政4・10・19正六位上、木工助、院蔵人、文化1（一八〇四）・12・11蔵人、主税助、12・14禁色、昇殿、12・16拝賀従事、文化4・9・22為親王侍者（立親王日、）文化6・3・24去親王侍者（立坊日）、兼春宮権少進（立坊日）、同日拝賀、文化11・9・13左兵衛大尉（権少進如旧、推任）、

文化14・3・22新帝蔵人、拝賀従事、10・27民部大丞(尉如旧)、文政2(一八一九)・11・10院判官代、11・16拝賀、文政3・2・27服解(実父)、4・25除服出仕復任、文政5・2・20為一﨟、申下御衣、天保3(一八三二)・2・18辞蔵人、蔵人(鷁退)、還任中務大丞、禁色、昇殿、院判官代、2・24拝賀従事、天保6・9・18親王蔵人(立親王日)、拝賀、天保11・3・14春宮権少進(立坊日)、拝賀、天保12・12・16為一﨟、申下御衣、弘化4(一八四七)・12・17従五位下、弾正大弼、還昇、嘉永1(一八四八)・4・4従五位上、嘉永2・1・5正五位下、嘉永3・1・5従四位下、嘉永4・1・5従四位上、嘉永5・1・4正四位下、嘉永6・12・29(従三位)、薨去

[死没]嘉永6(一八五三)・12・29　[年齢]73　[父]大江俊周(実大江俊幹)　[母]聖護院宮坊官法印誉香女(実家女房)　[公卿補任]5—485下

北小路家2　きたこうじけ

大江氏の一流。北小路家の庶流。北小路山城守俊祇の二男北小路大膳権大夫俊光を家祖とする。下の北小路家と俗称される。家格は半家、新家。天保期に創立、一時地下に引落されたが、天保期に地下より堂上家に列した。外様の家。近衛家の家礼。俊光は、明暦三年(一六五七)十月非蔵人となり、宝永六年(一七〇九)正六位上・大学助・蔵人に叙任。享保二年(一七一七)三月蔵人を辞し、同十月従五位下・大膳権大夫に叙任、同三年十一月七十七歳で没した。代々、非蔵人、六位の蔵人を勤め、俊光五世の孫俊矩のとき、病気危急に及び、天保二年(一八三一)十二月に多年に亘る六位蔵人勤仕の功労により、堂上の列に加えられた。曾祖父俊章、父俊冬の極﨟に続いて、俊矩も極﨟となり、且つ蔵人在勤二十五年に及ぶことを賞されてのもので、本家の北小路よりも早い堂上列格であった。俊矩はこの翌三年正月六十九歳で没するが、後嗣に恵まれず堂上の家格を維持できなかった。俊矩の子ですでに差次蔵人となっていた俊迪は同十一年十月四十七歳で没し、その跡は一男の俊文が嗣ぐが、俊文も同年十一月に十九歳で没したので、二男の俊康が後継者となった。しかし俊康も翌十二年二月に十六歳で没し、三男俊威が後嗣となったが、これもまた同十四年正月に八歳で没したので、本家の北小路俊常の五男俊昌が家督をついだ。この後継問題により、再び地下の家に降下される結果となるが、俊昌が極﨟となったのを機に、慶応三年(一八六七)再び堂上に列格した(但し『公卿補任』には記載を闕く)。最後の堂上家取立て(再興)であり、堂上家の総数は百三十九家を数えることになる。明治十七年(一八八四)俊昌のとき、叙爵内規により男爵を授けられた。同三十四年三月、俊昌の子俊岳のとき爵位が返上された。『北小路俊昌家記』(東京大学史料編纂所架蔵、四一七五—一一九五)。

北小路家

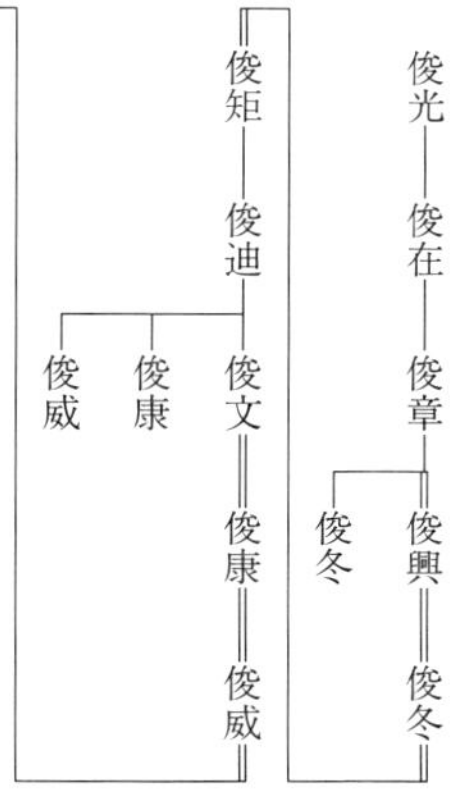

橘氏　たちばなし

敏達天皇の曾孫美努王の子井手左大臣橘諸兄《もろえ》を始祖とする氏族。源平藤橘《げんぺいとうきつ》と総称されるわが国四大姓の一つ。和銅元年(七〇八)元明女帝即位の大嘗会に際し、県犬養橘三千代《あがたいぬかいのたちばなのみちよ》(藤原不比等の妻)が天武朝以来後宮に仕えた功労を賞せられ、坏に浮かぶ橘にちなんで橘宿禰の姓を賜わったのに創まる。その由来は「橘は菓子《くだもの》の長上にして、人の好む所なり、柯《えだ》は霜雪を凌《しの》ぎて繁茂《しげ》り、葉は寒暑を経て彫《しぼ》まず、珠玉と共に光に競ひ、金・銀に交《まじ》りて逾《いよいよ》美《うるわ》し、是を以て、汝の姓は橘宿禰を賜う」(原漢文)というものであった(『続日本紀』)。天平五年(七三三)三千代は没したが、同八年その遺子葛城王・佐為《さい》王兄弟が亡母の「橘氏之殊名」を継がんことを奏請して許され、橘《たちばなの》諸兄《もろえ》、同佐為と名のった。佐為は翌九年正月四位下で没したが、諸兄は藤原武智麻呂以下四卿が相ついで亡くなったあとの政界を領導した。すなわち同九年九月大納言、同十年正月に正三位右大臣、ついで同十五年五月従一位に昇叙し、左大臣となった。天平勝宝元年(七四九)四月に正一位。同二年正月には朝臣の姓を賜うなど極盛期をむかえたが、藤原大納言仲麻呂の擡頭とともにその権勢は傾き、同八年致仕し、翌九年正月失意のうちに七十四歳の生涯を閉じた。その直後、子の左大弁奈良麻呂は仲麻呂の勢力に反撥して政変を企てたが却って失敗して投獄され、ここに橘氏はおおむね逼塞した。しかし奈良麻呂の孫娘嘉智子は才媛の誉れ高く、嵯峨天皇の皇后となり、その長子正良親王は天長十年(八三三)淳和天皇の譲位を受けて践祚して仁明天皇となり、橘氏は外戚として昔日の栄光を取戻し、皇后の舎弟氏公は右大臣にまで昇り、また氏院の学館院を建てるなど橘氏の興隆に尽くした。氏爵の特権を得るのもこの頃のこととされる。しかし、承和九年(八四二)の承和の変で橘逸勢が失脚し、同十四年氏公が没し、嘉祥三年(八五〇)嘉智子が亡くなると、同氏の勢力は急速に衰えた。氏公の子峯継は正三位中納言まで昇ったが、貞観二年(八六〇)没したあとはこの一流には人材に欠け、氏公の叔父嶋田麻呂の一流から参議広相《ひろみ》、子の中納言公頼、孫の大納言好古など公卿が出たが、同流の参議恒平が永観元年(九八三)に没すると、公卿にまで昇る者は全く絶えてしまう。そのため、氏爵のことは姻戚の藤原氏の是《ぜ》定《じょう》(氏定)の手に移った。寛和の頃(九八五―八七)、中関白(道隆)が宣旨を蒙り橘氏是定となったのが初めである(『玉葉』安元三年六月五日条)。橘氏の氏長者はなお残るが、橘氏一流はみな是定の家に帰属したから、是定は事実上橘氏の氏長者となった。五摂家の分立後は九条・一条両家当主が橘氏是定となり、鎌倉時代後期頃よりは多く九条家当主が補任されることとなる。橘氏の嫡流は、平安時代末期、好古五世の孫広房ののち、以長・以実の二流に分かれた。以長は筑前守・大膳亮、従五位上に任叙、氏長者となり嘉応元年(一一六九)に没した。その子以政以下はいずれも以を通字とし、位階はおおむね正四位下まで昇り、氏長者となり、室町時代に及んだ。一方、以実の子は知宣といい、この一流の歴代はいずれも知を通字として次第し、鎌倉時代末期の知尚は左京大夫・刑部卿を歴任し、没する前年の応長元年(一三一一)には従三位に昇った。六位蔵人から実務官僚として累進したもののようで、天禄三年(九七二)に没した大納言好古以来、十一代ぶりの上階であった。その後、舎兄の知顕の子知任、その子知繁も上階したが、室町時代初期、知繁の孫正四位下知興を最期に絶家となったようである。以長以来、以を通字とする一流の方も、室町時代初期に活躍した以基が左馬頭・中務大輔を歴任し、応永十九年(一四一二)には従三位に叙せられ公卿に列した。家名を薄と号するのもこの頃であろう。以基は同二十一年に没し、子の以盛、孫の以量いずれも上階し、正四位下文章博士唐橋在数の息で以量の養嗣子となった以緒は、天文十八年(一五四九)正四位下宮内卿より五十六歳で従三位に昇り（卿如元）、同二十一年正三位、弘治元年（一五五五）六十二歳で没する前日付で参議に列した。『公卿補任』には「大納言好古已来十五代中絶」と注されている。実子なく、園左中将基国の息以清が養嗣子となったが、弘治二年（一五五六）従五位上、十八歳のとき没し、次いで山科前権中納言言継の二男鶴松丸が養嗣子となり、同三年四月叙爵し、同十一月元服して薄以継と名乗り、永禄六年（一五六三）十一月諸光と改名した。天正十三年（一五八五）十月、左衛門権佐正五位下のとき、内府秀吉折紙を謀書し諸国の牛に役銭を賦課した罪により、秀吉の命により生害させられた（『兼見卿記』）。ときに諸光三十九歳。これにより橘氏の嫡流薄家は断絶した。

橘・薄家

諸兄―奈良麻呂―島田麿―真材―峯範―広相―公材―好古―敏政―則隆―成任―以綱―広房
奈良麻呂―清友―氏公
清友―嘉智子（嵯峨天皇皇后 仁明天皇生母）
広房―以長―以政―以経―以良―以隆―以材―以季―以基（薄）―以盛―以量＝以緒―諸光
広房―以実（橘）＝知宣―知仲―知茂―知嗣―知顕―知任―以繁―知季―知興
知嗣―知尚

橘・薄家（絶家）

知尚 ともなお　?―一三一一

弘安4（一二八一）・7・2蔵人（元大宮院蔵人）、右衛門尉、弘安7・3・26従五位下（臨時）、5・6丹波守（父知嗣朝臣知行）弘安10・7・10従五位上、正応1（一二八八）・8・27去守、正応4・1・6〈「5日」イ〉正五位下、正応5・6・-喪父、永仁2（一二九四）・3・4刑部権大輔（兵部権大輔翌日可為刑部権大輔之由仰下〈イ〉）、8・5辞権大輔、正安3（一三〇一）・7・13大膳大夫、10・5兼伯耆守、正安4・2・28止守、従四位下〔-・-・-・-従四位下〈イ〉〕、2・18止四品位記、2・29大膳大夫、10・24従四下、嘉元1（一三〇三）・10・29遷任左京大夫、嘉元2・5・5辞大夫、6・2従四位上、徳治1（一三〇六）・12・30刑部卿、徳治3・2・7正四位下、3・4辞卿、延慶4（一三一一）・4・15従三位、前刑部卿、応長1（一三一一）・8・21出家、応長2・1・-薨去

［死没］応長2（一三一二）・1　［父］橘知嗣、二男　［母］宗像六郎入道浄恵女　［法名］観知　［公卿補任］2―421上

知任 ともとう　一二九五―一三六一

-・-・-・-従五下、-・-・-・-従五上、-・-・-・-三川守、建武2（一三三五）・4・7木工頭、建武4〈延元2〉・3・29〈追賜今日位記、暦応二八宣下〉正五位下、建武5・7・1更任木工頭、暦応3〈興国1〉（一三四〇）・4・1従四位下、貞和4〈正平3〉（一三四八）・4・12従四位上、観応2〈正平6〉（一三五一）・3・28刑部卿（重顕之替、于時従四位上）、文和4〈正平10〉（一三五五）・8・12正四位下、延文3〈正平13〉（一三五八）・4・1従三位（宣下〈さ〉）、

前刑部卿、延文6〈正平16〉・3・27薨去
［死没］延文6（一三六一）・3・27　［年齢］67　［父］橘知顕　［公卿補任］2—662上　［大日本史料］6—23—522

以繁　もちしげ　一三一九—七九
応安7（一三七四）・12・26従三位、前刑部卿、康暦1〈天授5〉（一三七九）・10・9薨去
［死没］康暦1（一三七九）・10・9　［年齢］51　［父］橘知任　［公卿補任］2—716上

以基　もちもと　?—一四一四
応永19（一四一二）・8・25従三位、彼橘家始而叙之（十二代中絶）、応永21・7・-薨去
［死没］応永21（一四一四）・7　［父］橘以季　［前名］以範・範基　［公卿補任］3—75上　［大日本史料］7—20—258

以盛　もちもり
宝徳3（一四五一）・3・26宮内卿（正四位下、元修理大夫）〈さし〉、宝徳4・1・5従三位、元宮内卿、長禄1（一四五七）・-・-正三位、応仁2（一四六八）・10・28譲以量、-・-出家〈やく〉
❖応仁二年より「氏長者」
［養父カ］薄以基　［公卿補任］3—171下　［大日本史料］8—2—370

以量　もちかず　一四三六—九六
明応5（一四九六）・4・23従三位、5・5薨去
［死没］明応5（一四九六）・5・5　［年齢］61　［父］薄以盛　［公卿補任］3—294上

以緒　もちつぐ　一四九四—一五五五
明応3（一四九四）・8・9誕生、永正7（一五一〇）・2・10蔵人（今日元服）、禁色、昇殿、左近将監、大永3（一五二三）・1・-式部大丞、天文6（一五三七）・2・8叙爵、2・10美乃守、7・3右兵衛権佐、天文7・1・5従五位上、1・14左衛門佐、天文8・1・5正五位下、天文9・3・26従四位下、10・8宮内卿、天文11・1・5従四位上、天文13・1・6正四位下、天文18・1・5従三位、宮内卿如元、天文21・1・9正三位、天文24・5・27参議、5・28薨去
［死没］天文24（一五五五）・5・28　［年齢］62　［父］薄以量（実萓在数）　［法名］永秀　［公卿補任］3—425下

高階氏 たかしなし

天武天皇の皇子高市皇子《たけちのみこ》の後裔氏族。姓は真人、のち朝臣。高市皇子の孫安宿王《あすかべ》が宝亀四年(七七三)十月に高階真人の姓を賜わったのを初見とするが(『続日本紀』)、六国史には他に賜姓記事が三件みえる。承和十年(八四三)六月に五世孫春枝王の子岑正王・是子女王・貞子女王と秋枝王の子の原雄王の四人(『続日本後紀』)、嘉祥元年(八四八)七月に天武天皇の後裔にあたる豊野真人沢野の兄弟姉妹十人(『同』)、貞観十五年(八七三)に成相王・後相王が(『日本三代実録』)、いずれも高階真人の姓を賜わっている。また、『高階氏系図』(『群書類従』所収)に拠れば、承和十一年(八四四)に長屋王の玄孫峯緒が高階真人の姓を賜わっている。いずれも高市皇子の流れをくむ王族への賜姓である。高階氏の中でも最も活躍したのはこの峯緒の一流で、平安中期、玄孫の成忠・敏忠の両流に分れる。成忠の女貴子は円融天皇に仕え高内侍《こうのないし》と称され、のち藤原道隆の室となり、伊周・隆家・定子を生み、定子が一条天皇中宮となり、外祖父たるにより成忠は正暦二年(九九一)九月朝臣姓を賜わった。また、成忠の子積善《もりよし》は、藤原道長を中心とした宮廷官僚諸人たちの漢詩文を総集した『本朝麗藻』の撰者に擬されており、孫の経重は歌人として知られる。高階氏が大きな広がりをなすのは敏忠の裔で、敏忠の子業遠のあと、業敏・成章・成佐・成経などの諸流に分かれ、大国の国守となる者も多く、受領として蓄えた財力を背景に摂関家の家司となるものも少なからず、さらに院政期には院の権力のもとで「院司受領」として権勢を振う者さえも出た。「我身より始まり子に至り三四人、同時に受領と成る」(原漢文、『中右記』大治四年七月十五日条裏書)の評そのままに、父子ともに多くが同時に大国の国守に任じた為章はその典型である。康和五年(一一〇三)十二月二十日に没し、その卒伝が『本朝世紀』に見え、「為章は白河法皇寵遇の人也、時に因幡守藤原隆時同じく近臣たり、世語に寵臣は此二人を称するのみ、卒する時春秋四十五」(原漢文)と記してある。後白河天皇の近臣となり、やがて政界の中心人物となる藤原通憲も高階氏と関りが深い。通憲は南家の藤原実兼の子で、幼にして父の急死にあい、高階業敏の孫経敏の養子となるが、高階氏が裕福な受領の家であったことによるという。室も高階重仲の女。康治二年(一一四三)に日向守から少納言に任ぜられたが、それ以上の出世は望めぬことから藤原姓に復し、三十九歳で出家。法名を円空、ついで信西と名乗る。その出家後の活動は目覚ましく、鳥羽法皇にますますの信任を得て鳥羽院政の政治的顧問格となった。博識多才で、『本朝世紀』『法曹類林』などの多数の書物を著わした。同じく、後白河法皇の寵妃、覲子内親王(宣陽門院)の生母で、丹後局の名を以て知られる栄子も高階氏出身。成章の玄孫にあたる。丹後局の朝廷内での発言力は強大で、右大臣九条兼実に「近日朝務偏在彼唇吻」(『玉葉』文治元年十二月二十八日条)と評されるほどの権勢を振ったことで知られる。成経の一流も国守に任じ、四位、五位で終ったが、泰経は蔵人・少納言・大蔵卿・皇后宮亮等の京官、河内・出羽・摂津・伊予の受領を歴任し、また後白河院近臣として活躍し、寿永二年(一一八三)二月上階し、のち正三位に昇り、子の経仲も正三位内蔵頭となり、孫の経雅は従二位修理大夫にまで昇った。鎌倉時代中期、経雅のあとは邦経・邦仲兄弟の二流に分かれ、両流とも従三位以上となったが、いずれも南北朝時代頃に絶家となったようである。なお、足利尊氏の執事高師直も高階業遠の子筑前守成佐の後裔であり(『尊卑分脈』)、高は高階に由来するのであろう。

高階家(絶家)

泰経　やすつね　一一二九—一二〇一

・・・補文章生、久安6(一一五〇)・2・27補非蔵人、仁平1(一一五一)・9・28補蔵人、仁平3・3・28大膳亮(蔵人文章生)、久寿2(一一五五)・1・28左衛門少尉(蔵人、元大膳亮)、2・25蒙使宣旨(剰闕)、7・27補新帝蔵人、10・23従五位下(御即位、蔵人)、久寿3・1・27河内守(蔵人)、保元2(一一五七)・3・26兼左馬権助、10・22従五位上(造宮賞、西面廊七間)、・・・辞左馬権助、保元3・5・6遷出羽守(元河内守)、応保1(一一六一)・9・13遷摂津守(元出羽守)、永万2(一一六六)・4・28少納言(元前摂津守)、仁安2(一一六七)・4・28正五位下(朝覲行幸、院御給)、承安1(一一七一)・12・28〈「8日」く〉従四位下〔(「元」)〕少納言、承安2・1・22従四位上、承安5・4・7正四位下(院永万二年御給)、安元1(一一七五)・12・8右京大夫(前少納言)、安元2・12・5伊与守(兼右京大夫)、治承2(一一七八)・11・24大蔵卿、11・28賜右京大夫伊与守兼字、治承3・12・17解却右京大夫大蔵卿伊与守、治承5・5・26更任、養和2(一一八二)・3・8大蔵卿(前伊与守)、寿永1(一一八二)・8・11兼皇后宮亮、寿永2・2・21従三位(行幸院賞、別当)、元皇后宮亮大蔵卿如元、11・28解官、寿永3・3・27還任大蔵卿、元暦2(一一八五)・1・20兼備後権守、文治1(一一八五)・12・27解官、12・29配流伊豆国、建久2(一一九一)・12・13正三位、建久8・9・6出家

［死没］建仁1(一二〇一)・11・23　［年齢］73　［父］高階泰重　［母］従四位上修理権大夫藤原宗兼女
［公卿補任］1—504上　［大日本史料］4—7—212

高階家

高市皇子—長屋王—桑田王—磯部王—石見王—峰緒—茂範—師尚—良臣

良臣—成忠—明順
成忠—積善
成忠—貴子(藤原道隆室)
良臣—敏忠—業遠—業敏—経成—経敏‖通憲
業遠—成章—章行—章尋—澄雲—栄子(後白河法皇妃丹後局)
成章—為家—為章—宗章—清章
業遠—成経—泰仲—重仲—泰重—**泰経**—**経仲**—**経雅**

経雅—**邦経**—**重経**—**寛経**—茂経
邦経—**泰継**
邦経—**成房**
経雅—**邦仲**—**雅仲**—邦雅—邦茂

経仲　つねなか　一一五七—?

永万2(一一六六)・1・12大膳亮(本名業仲)、仁安3(一一六八)・2・20〈3月カ〉兼皇太后宮権少進、8・26蔵人、9・4右近衛将監、9・13従五位下(将監如元)、嘉応2(一一七〇)・1・18兼石見守(献者将監如元)、承安1(一一七一)・12・8遷常陸介(将監如元)、承安2・4・11従五位上(罷申賞)、承安4・1・21遷兼右衛門佐、治承2(一一七八)・12・15兼春宮権大進(立坊日)、治承3・1・5正五位下(佐労)、治承4・11・17〈「4年」或衍〉解却所

帯三官、寿永2(一一八三)・8・25従四位下、元暦1(一一八四)・7・2従四位上(皇后宮入内賞)、9・18右馬頭、文治1(一一八五)・12・17解官、文治6・1・5正四位下(臨時)、建久1(一一九〇)・10・27播磨守(院御分)、建久2・閏12・4〈くし〉兼内蔵頭、建久10・1・5従三位、元内蔵頭播磨守、宣旨播磨守如元、3・23止守、元久1(一二〇四)・1・5正三位、建保4(一二一六)・3・‐出家

[父]高階泰経、一男 [母]従五位下大舎人助藤原行広女 [前名]業仲 [公卿補任]1―543上 [大日本史料]4―13―980

経雅 つねまさ

文治6(一一九〇)・1・24和泉守、今日従五位下、建久5(一一九四)・1・30但馬守、正治2(一二〇〇)・1・5従五位上(殷富門院当年御給)、正治3・1・29右衛門佐、元久1(一二〇四)・11・1正五位下(止佐叙之)、元久2・1・29左衛門佐、建永2(一二〇七)・1・5従四位下、建暦1(一二一一)・1・18従四位上(殷富門院御即位御給)、建暦2・12・10美乃守(院分)、建保2(一二一四)・6・13内蔵頭(兼)、建保3・4・11正四位下、建保6・1・‐去守、建保7・1・22従三位、元内蔵頭、寛喜3(一二三一)・2・5正三位、文暦2(一二三五)・8・30修理大夫、嘉禎4(一二三八)・7・20従二位、仁治3(一二四二)・10・12改経雅、建長5(一二五三)・12・5止修理大夫、建長6・2・‐出家

[父]高階経仲 [母]従二位藤原範季女 [前名]経時 [公卿補任]2―32上

邦経 くにつね 一二三一―?

仁治1(一二四〇)・1・‐補内蔵人、2・18叙爵(臨時)、4・5出雲守、仁治2・2・8右兵衛権佐、仁治3・1・5正五位下[従五位上カ]、(宣仁門院当年御給)、[寛元‐・‐・‐正五位下カ]、宝治1(一二四七)・4・8従四位下(府労)、閏12・29美乃守(院分)、建長5(一二五三)・1・5従四位上、建長7・12・24正四位下、康元1(一二五六)・12・13播磨守(院分)、弘長2(一二六二)・12・16内蔵頭、文永1(一二六四)・12・21左京大夫、文永2・9・4皇后宮亮、文永3・12・27従三位(元前皇后宮亮)、文永8・3・27正三位、建治2(一二七六)・12・15治部卿、建治4・1・6従二位、弘安4(一二八一)・4・6遷任大蔵卿、弘安6・3・28兼長門権守、弘安7・1・13遷任修理大夫、正応2(一二八九)・4・2止大夫、正応4・8・12出家

[父]高階経雅、三男 [母]修理権大夫源兼持女 [公卿補任]2―208下

邦仲 くになか ?―一二八九

宝治3(一二四九)・3・11叙爵、建長2(一二五〇)・2・13備後守、建長6・8・5左衛門佐、建長8・7・20従五位上、正嘉2(一二五八)・1・5正五位下、正元1(一二五九)・8・7従四位下、文永2(一二六五)・6・24従四位上〈や〉、10・22左京大夫、文永6・7・19正四位下、建治2(一二七六)・1・27播磨守、弘安9(一二八六)・1・5従三位、播磨守如元、正応2(一二八九)・5・21薨去

[死没]正応2(一二八九)・5・21 [父]高階経雅、二男 [公卿補任]2―284上

重経 しげつね 一二五七―一三三一

文永3(一二六六)・1・5叙爵、12・15従五位上、文永8・11・29左兵衛権佐、文永9・7・11兼遠江守、文永12・1・6正五位下、建治3(一二七七)・2・14従四位下、8・10木工頭、弘安3(一二八〇)・3・12従四位上、弘安6・7・20正四位下、弘安7・5・6辞頭、10・27治部卿、弘安9・1・13遷宮内卿、正応3(一二九〇)・9・5遷左京大夫、正応4・4・6辞大夫、正応5・3・29従三位(元前左京大夫)、永仁4(一二九六)・10・24正三位、正安4(一三〇二)・7・21大蔵卿、嘉元1(一三〇三)・12・晦日〈「30日」や〉〈嘉元2年にもあり〉治部卿、嘉元3・1・22従二位、‐・‐・‐去卿、9・27賜御素服、徳治2(一三〇七)・9・17大蔵卿、徳治3・11・8止卿、応長1(一三一一)・8・19出家、9・14薨去

[死没]応長1(一三一一)・9・14 [年齢]55 [父]高階邦経 [法名]了意 [公卿補任]2―316下

経茂 つねしげ

宝治3(一二四九)・1・24左兵衛尉〈旧〉、‐・‐・‐室町院蔵人〈旧〉、建長6(一二五四)・12・17右近将監、叙爵〈旧〉、正嘉2(一二五八)・1・5従五位上〈旧〉、正元1(一二五九)・7・25遷任刑部権大輔

〈旧〉、正元2・3・29罷権大輔、以父前筑後守経邦叙正五位下〈旧〉、文永4(一二六七)・4・9正五位下〈旧〉、建治2(一二七六)・5・5従四位下(臨時)〈旧〉、弘安7(一二八四)・-・26修理権大夫〈旧〉、弘安8・8・11従四位上〈旧〉、正応1(一二八八)・6・28正四位下、止修理大夫叙之云々〈旧〉、正応4・2・25左京権大夫〈旧〉、正応5・2・-室町神仙門両院昇殿〈旧〉、2・25内昇殿〈旧〉、11・23遭父喪、12・30止権大夫〈旧〉、正安2(一三〇〇)・3・6従三位、5・4出家(室町院依去夜崩也)

※経茂は高階氏なるも系譜不明のため便宜叙任順をもって掲げる。

[父]某経邦　[法名]顕信　[公卿補任]2―354下

泰継　やすつぐ

建治2(一二七六)・1・5叙爵、4・14丹波守(父邦経卿知行)、弘安2(一二七九)・8・25復任(母)、10・19得替、弘安5・6・25従五位上、弘安6・4・5右衛門佐、弘安8・1・5正五位下、11・3右衛門佐、正応1(一二八八)・5・5従四位下、正応3・6・8従四位上、永仁1(一二九三)・1・5正四位下、正安2(一三〇〇)・9・10治部卿、正安4・11・4止卿、嘉元3(一三〇五)・4・15春宮亮、嘉元4・9・28止亮、延慶2(一三〇九)・6・12従三位、元前治部卿、正和4(一三一五)・2・21正三位、文保2(一三一八)・1・22従二位

元徳二年(一三三〇)非参議従二位〔以後不見〕

[父]高階邦経、二男　[公卿補任]2―407下

雅仲　まさなか　一二七六―?

弘安10(一二八七)・1・5叙爵(于時惟仲)、正応1(一二八八)・8・25美作守、正応2・4・29〈「3年2月7日」イ〉止守、正応3・12・30従五位上、正応6・6・24正五位下、永仁4(一二九六)・1・5従四位下、永仁5・3・20木工頭、永仁7・2・6〈「正安元年」「13日」イ〉従四位上、〈「正安2年」イ〉3・6止頭、9・10正四位下、延慶2(一三〇九)・9・26治部卿、延慶3・9・4止卿、正和5(一三一六)・1・5従三位、元前治部卿、元弘1(一三三一)・12・1正三位、正慶1〈元弘2〉(一三三二)・10・21大蔵卿、正慶2〈元弘3〉・5・17詔止卿、建武4〈延元2〉(一三三七)・1・7大蔵卿、暦応2〈延元4〉(一三三九)・1・13兼長門権守、暦応3〈興国1〉・7・19従二位、観応3〈正平7〉(一三五二)・3・20出家

[父]高階邦仲　[前名]惟仲　[法名]順空　[日記]高大府記(一三四五)　[公卿補任]2―453下　[大日本史料]6―16―372

成房　なりふさ

延慶4(一三一一)・1・5正四位下、嘉暦3(一三二八)・11・27従三位、嘉暦4・1・13大蔵卿、元徳3(一三三一)・1・13兼越後権守、3・18正三位、元弘1(一三三一)・11・-出家

[父]高階邦経　[法名]本恵　[公卿補任]2―519上

寛経　ひろつね　一二九四―一三五五

永仁7(一二九九)・1・5従五位下(無品誉子内親王当年御給、于時従貞)、乾元1(一三〇二)・2・28木工頭(于時寛経)、徳治2(一三〇七)・1・29越前権介、4・3中宮権大進、4・24従五位上、-・-・-少納言、延慶1(一三〇八)・9・17去少納言、延慶3・2・8正五位下、文保2(一三一八)・7・7従四位下、元亨1(一三二一)・2・11従四位上、嘉暦3(一三二八)・7・20修理権大夫、元徳1(一三二九)・8・4正四位下、8・10去権大夫、元徳2・3・1右衛門権佐、8・4去佐、康永2〈興国4〉(一三四三)・4・12従三位、貞和5〈正平4〉(一三四九)・12・21正三位、文和4〈正平10〉(一三五五)・12・28薨去

[死没]文和4(一三五五)・12・28　[年齢]62　[父]高階重経　[前名]従貞　[公卿補任]2―596上　[大日本史料]6―20―121

賀茂氏　かもし

平安時代中期以降、陰陽家として家職を継承した一流。『尊卑分脈』では吉備麿の後裔。五世の孫忠行から陰陽家として知られる。『貞信公記』天慶二年(九三九)十二月三十日条に「召賀茂忠行仰、若有功者、殊可賞之事」とあるのが確実な史料に見える初見。忠行は従五位下丹波権介となり、その子保憲は穀倉院別当・暦博士・天文博士・陰陽頭を歴任し、従四位上まで昇り、貞元二年(九七七)二月六十歳で没した(『尊卑分脈』、『賀茂系図』)。父忠行より早く叙爵した保憲は、天暦六年(九五二)四月自らの昇進の際、栄爵を父忠行に譲りたき旨の申文を差出している(『朝野群載』巻九)。時に保憲従五位下行暦博士、忠行は正六位上。父に栄爵を譲る希有な例でもある。そしてそれより五年後の天徳元年(九五七)には保憲が陰陽頭にのぼりつめていたことは、『九暦』同年八月十七日条に「令陰陽頭保憲鎮坊城家」とあるによって知られる。陰陽道・暦道の家としての基を築いたのが、忠行・保憲父子であったことは『今昔物語』巻二十四にも見える。「今ハ昔、賀茂忠行ト云陰陽師有ケリ、道ニ付テ古ニモ不耻ヂ、当時モ肩ヲ並ブ者无シ、然レバ、公・私ニ此ヲ止事无キ者ニ被用ケル」と忠行が陰陽師として古今稀なる者であることを記した上で、その子保憲はそれ以上の者であり、十歳ばかりの頃にすでに鬼神を見る才があったとし、「然レバ、祖ノ思ケルニ不違ハ、保憲ハ止事无キ者ニテ、公・私ニ仕ヘテ聊モ弊《つたな》キ事无クテゾ有ケル、然レバ、其子孫于今栄ヘテ陰陽ノ道ニ並无シ、亦暦ヲ作ル事モ此流ヲ離テハ敢テ知ル人无シ」と見える。また、『帝王編年記』には「安倍晴明是時人也、掌天文暦数事、昔者一家兼両道、而賀茂保憲以暦道伝其子光栄、以天文道伝弟子晴明、自此已後、両道相分」とあり(巻十七(一条)、永延元年(九八七)条)、元来は暦・天文両道は兼帯であったが、保憲は暦道はその子光栄に伝え、天文道は安倍晴明に伝えたという。保憲の著に『暦林』十巻があり、後世陰陽家の指標となった。家学を伝えられた光栄は、暦博士に任ぜられ従四位上まで進み、長和四年(一〇一五)十月に七十七歳で没した。勘解由小路家の中興の祖とされる。これ以後、暦博士を世襲し、また陰陽頭にも任ぜられ、室町時代初期に至り、在弘《あきひろ》が陰陽博士・暦博士・修理大夫を歴任し、応永十三年(一四〇六)に上階し、さらに正三位にまで昇った。その子在方も陰陽頭・宮内卿となり正三位に昇り、その子在貞は陰陽頭・宮内卿・大膳大夫等を歴任し、従二位まで昇った。在貞が没するのは文明五年(一四七三)のことであるが、勘解由小路の家名が定着するのも、この在貞のころのようである。そして代を重ねて戦国時代の陰陽頭在富に至る。天文十七年(一五四八)、在富は一族の在康の子在種を養嗣子としたが、在種は同二十三年十月に二十一歳で横死した。『尊卑分脈』には「父卿殺害之」と記す。永禄八年(一五六五)八月、正二位前陰陽頭在富は七十六歳で没し、ここに暦道の家は断絶することになる。暦道の絶えることを恐れた朝廷は、勅命を以って従二位陰陽頭土御門有春の二男在高十三歳をして在富の遺跡を相続させた。同十年二月のことであるが(『言継卿記』)、ここに実質的に暦道は土御門家により所管されることになる。江戸時代になり、賀茂周平の流れをくむ幸徳井家の十代という友幸が元和二年(一六一六)九月後陽成天皇女御近衛前子の下命により、土御門泰重より暦道のことを習学し、泰重の執奏により幸徳井家が暦道の家となることが聴許された。『泰重卿記』同年九月十八日条に、「暦作者奈良衆、時日国母之仰ニテ、書様之法ナト指南申候、一乗院ニテ初而会申候、今朝礼ニ来被申候」とあり、同十九日条に、「暦之事、此中御理申入候処、聞召分ラレ、余人ニ被仰付、満足申候、当家努々非役トイヘトモ、勅命難背故、此中ハ不及是非候、此以後者此者可為賀家造暦云々」とある如く、ここに幸徳井家が賀茂家・暦道家とされる。この幸徳井家とは、平安時代末期の賀茂成平の子である従四位漏刻博士周平の裔で、その九世の孫陰陽助定弘の養子となった友幸(のち友兼)を祖とする。友幸は安倍一流の友氏二男で、応永二十六年(一四一九)に養子入りしたという。その住所が南都奈良の幸町で、往古神水の井あり幸徳井といったことに因むという。南都において造暦にたずさわった幸徳井は、初代友幸から江戸時代中期の十三代友親までは本拠を幸町に構えていて、用があれば京都に出向いていて、『京都御役所大概覚書』六にも「宮内(友親)住宅南都、御用有之節者出京いたし候、塔之壇幸神町に屋敷致所持候、知行者三拾石被下候由」と見える。友幸がいかにして出世したのかは具体的には不明であるが、上階し寛正五年(一四六四)には正三位にまで昇った。そして、幸徳井家は江戸時代に数代陰陽頭にもなり、陰陽助・暦博士を世襲して幕末に及んだ。なかでも保暠・保教は従三位に叙せられ、公卿に列した。ただし、幸徳井家は地下家であり、堂上家の勘解由小路家が再興されたということではもちろんない。日記に、『賀茂定平朝臣記』、『在盛卿記』がある。

勘解由小路家(絶家)

在弘　あきひろ　?—一四一九

応永13(一四〇六)・1・6従三位、前修理大夫、応永19・2・9任刑部卿、応永21・閏7・8止卿、応永26・4・28正三位、5・1薨去　[死没]応永26(一四一九)・5・1　[父]勘解由小路在実　[公卿補任]3—62下

在方　あきかた　?—一四四四

応永29(一四二二)・11・18従三位、元宮内卿、応永31・-・-止卿、応永33・1・6正三位、文安1(一四四四)・-・-薨去　[死没]文安1(一四四四)　[父]勘解由小路在弘　[公卿補任]3—102上

在康　あきやす

文安5(一四四八)・2・3従三位

❖享徳元年(一四五二)より「正三位」、寛正三年(一四六二)非参議正三位(以後不見)　[父]勘解由小路在基(実勘解由小路定世)　[公卿補任]3—158下

在貞　あきさだ　一三八八—一四七三

長禄2(一四五八)・12・19従二位、長禄3・3・9去年十二月十九日位記賜同五月九日位記

❖文安二年(一四四五)非参議従三位(初見)　[死没]文明5(一四七三)・11・12　[年齢]86　[父]勘解由小路在方　[号]大本　[法名]遲性　[公卿補任]3—150下　[大日本史料]8—7—44

在長　あきなが

康正2(一四五六)・1・29従三位、本名在豊、又在成、長禄2(一四五八)・6・26正三位

❖文明十五年(一四八三)非参議正三位(以後不見)　[父]勘解由小路在方、三男　[前名]在豊・在成　[公卿補任]3—184下

在盛　あきもり　一四一〇—七八

康正2(一四五六)・1・30従三位、長禄2(一四五八)・6・26正三位、文明6(一四七四)・3・20従二位、文明10・-・-〈8月19日ともあり〉薨去　[死没]文明10(一四七八)・8・19　[年齢]69　[父]勘解由小路在貞　[日記]在盛卿記(一四三一—八一)　[公卿補任]3—184下　[大日本史料]8—11—624

在宗　あきむね

文明10(一四七八)・7・28従三位

❖文明十五年非参議従三位(以後不見)　[父]勘解由小路在貞、二男　[公卿補任]3—252上

在通　あきみち　一四三二—一五一二
文明11(一四七九)・-・-従三位、文明16・12・-正三位、永正3(一五〇六)・1・10従二位、永正9・1・11薨去
[死没]永正9(一五一二)・1・11 [年齢]82 [父]勘解由小路在盛 [前名]在栄 [公卿補任]3—255上 [大日本史料]9—3—849

在基　あきもと　?—一五二九
永正11(一五一四)・5・19従三位、大永2(一五二二)・4・20正三位、享禄2(一五二九)・-・-薨去
[死没]享禄2(一五二九) [父]勘解由小路在長、二男 [公卿補任]3—337上

在重　あきしげ　一四五九—一五一七
永正11(一五一四)・10・18従三位、永正14・8・21薨去
[死没]永正14(一五一七)・8・21 [年齢]59 [父]勘解由小路在通男(実菅原在宗) [公卿補任]3—337上 [大日本史料]9—7—58

在富　あきとみ　一四九〇—一五六五
延徳2(一四九〇)・2・5〈「長享2年」やさ〉誕生、永正4(一五〇七)・2・3従五位下(于時在秀)、2・4兵部少輔、永正7・12・14左馬頭(去少輔、于時在富)、-・-・-従五位上、永正9・2・10暦博士、永正11・6・7陰陽頭(博士如元)、6・28正五位下、永正14・8・5従四位下(頭博士如元)、8・21服解(父)、10・26除服復任、永正15・3・8兼任漏剋博士、永正16・10・7兼任左馬権頭、永正18・2・16従四位上、4・11兼任丹波介、辞権頭、大永2(一五二二)・1・25兼任宮内卿、辞退[「退」や無]陰陽頭、大永8・4・27正四位下、享禄4(一五三一)・3・24従三位、宮内卿如元、暦博士漏剋博士等如元〈や〉、天文4(一五三五)・3・3正三位、天文5・12・1従二位、天文6・1・20去卿、天文20・10・8正二位、永禄8(一五六五)・8・10薨去
[死没]永禄8(一五六五)・8・10 [年齢]76 [父]勘解由小路在重 [母]正三位町顕郷女 [前名]在秀 [公卿補任]3—382上

在康　あきやす　一四九一—?
文亀3(一五〇三)・6・26叙爵、10・25権暦博士、永正3(一五〇六)・8・6兵部大輔、永正7・11・2従五位上、12・14図書頭、永正12・1・27正五位下、永正17・5・29従四位下、享禄4(一五三一)・3・29暦博士、閏6・27従四位上、享禄5・2・18刑部卿、天文3(一五三四)・5・22正四位下、天文5・12・1従三位(元暦博士前刑部卿)、朔旦追賞、天文6・-・-出家
[父]勘解由小路在基(実勘解由小路在重、二男) [母]正三位町顕郷女 [公卿補任]3—393下

勘解由小路家

忠行—保憲—光栄—守道—道平—成平
宗憲—在憲—在宣—在継—在清—在秀—在冬—在実—**在弘**—**在方**—**在貞**—**在盛**—**在通**═**在重**—**在富**═在種
　（在富）—在高
　（在貞）—**在宗**
　（在方）—**在長**—**在基**═**在康**—在理
周平═憲定—定平—定保—定名—定員—定統—定秀═定守—定弘═友兼(幸徳井)
　（定統）—定守

幸徳井家（絶家）

友兼　ともかね

寛正4（一四六三）・1・28正三位

※寛正五年非参議正三位〔以後初見〕

［父］勘解由小路定弘（実安倍友氏）　［前名］友幸　［公卿補任］3―208上

保暠　やすたか　一七三〇―一八〇二

享和2（一八〇二）・3・5〔従三位〕、3・8薨去

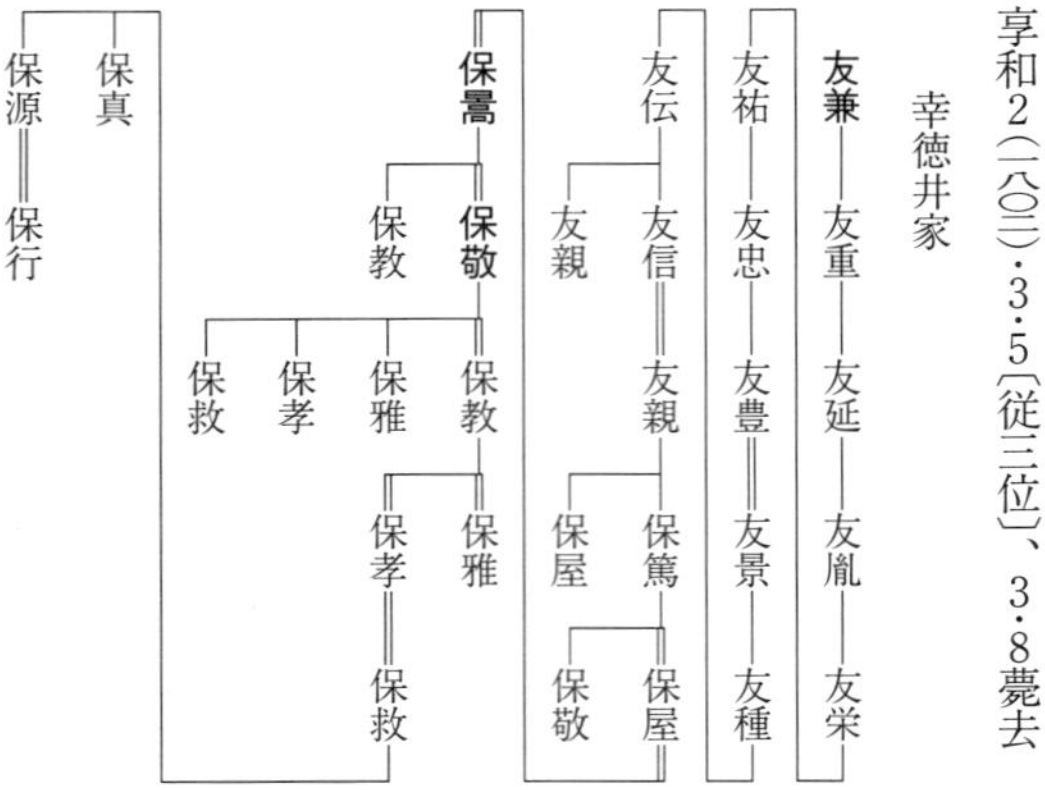

［死没］享和2（一八〇二）・3・8　［年齢］73　［父］幸徳井保篤　［母］伏見宮家司民部大輔則光女　［公卿補任］5―151上

保敬　やすたか　一七四四―一八一九

文化11（一八一四）・8・25〔従三位〕、文政2（一八一九）・3・1薨去

※従三位叙位年に「陰陽寮」の記載あり

［死没］文政2（一八一九）・3・1　［年齢］76　［父］幸徳井保暠（実幸徳井保篤）　［公卿補任］5―229下

和気氏 わけし

垂仁天皇の皇子鐸石別命《ぬでしわけのみこと》を祖とする氏族。和気氏の祖先伝承は、吉備氏のように、記紀には見えず、『日本後紀』所載の和気清麻呂の卒伝、延暦十八年(七九九)二月二十一日条の「贈正三位行民部卿兼造宮大夫美作備前国造和気朝臣清麻呂」卒伝にはじめて登場する。それによると、鐸石別命三世の孫弟彦王が神功皇后に従い新羅に征し凱旋の明年、忍熊別皇子《おしくまわけのみこと》を針間・吉備の境の山に誅した功によって藤原県に封ぜられたが、これが今の美作・備前両国にあたるという。高祖父は佐波良、曾祖父は波伎豆、祖は宿奈、父は乎麻呂であったという。『新撰姓氏録』右京皇別和気朝臣の項にも、類似の伝承があり、天平神護元年(七六五)三月、右兵衛少尉で吉備藤野和気真人の姓を賜わり、同二年十一月従五位下に昇叙した。そして卒伝によれば、近衛将監に遷り、特に封五十戸を賜わったという。清麻呂の姉に広虫があり、孝謙(称徳)女帝に近侍し、清麻呂も初めはその引きによって兵衛として出仕したとされる。広虫・清麻呂ともに称徳天皇に重用され、神護景雲三年(七六九)道鏡即位の宇佐八幡神託一件が起り、清麻呂は姉に代ってこれを確かめるべく宇佐に使し、神託を受けて僧道鏡の謀策を阻した。そのため、清麻呂は因幡員外介に貶され、姓名を分別穢麻呂《わけべのきたなまろ》と改められ、さらに除名され大隅国に配され、姉もまた除名され備後国に流された。称徳天皇崩御、光仁天皇即位により、宝亀元年(七七〇)九月ともに京に召された。翌二年三月和気公清麻呂をして本位従五位下に復し、同五年九月朝臣姓を賜わった(『続日本紀』)。また卒伝によれば、この頃故高祖父佐波良ら四人とともに美作備前両国国造とされ、天応元年(七八一)従四位に昇叙、民部大輔・摂津大夫・中宮大夫・民部卿を歴任。そして延暦十五年従三位に昇り、同十八年二月に六十七歳で没し、正三位を追贈された。桓武天皇の側近として活躍し、長岡京の造営に陰の役割を果たし、平安京造営には造営大夫として事業を担い、『民部省例』二十巻を撰し、桓武天皇生母の高野新笠の家譜『和氏譜』などを撰した。人となり高直、匪躬の節ありと評された。六男三女があり、広世・真綱・仲世らは中央政界で活躍し、同時に美作・備前両国国造として在地豪族の地位を保ち、同族は藤野郡大領でもあり、祖先以来の墳墓も本郷にあった。広世が私墾田百町を故郷八郡の百姓の賑救田にあてたのも父の志をついだもので、和気氏の大学別曹として弘文院をたてたのも、広世が父の遺志を実現したものという。その後の和気氏を特色づけるものに、道鏡事件に端を発する宇佐使があ

和気・半井家

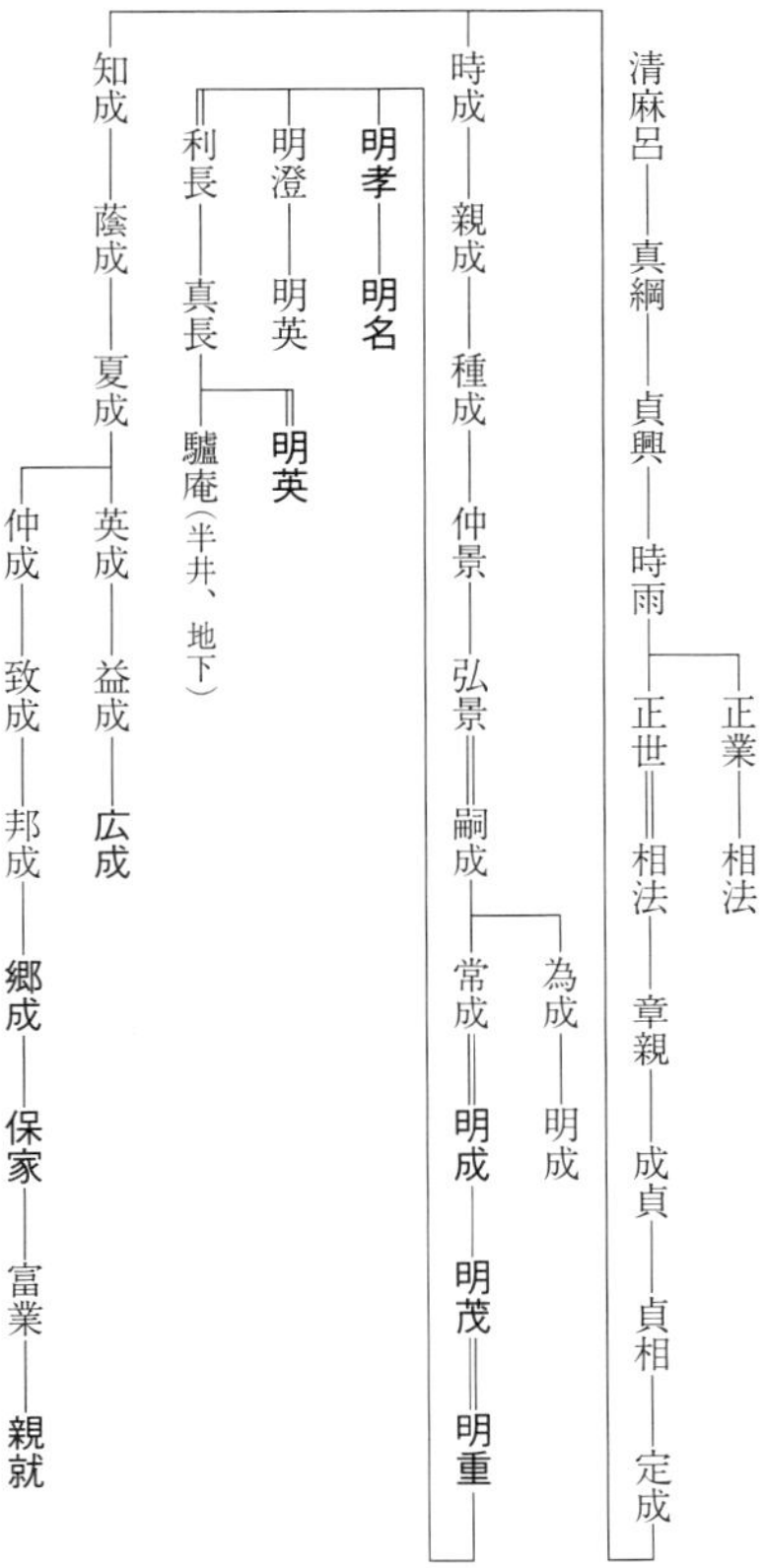

り、天皇の即位奉告などのために宇佐神宮に派遣された宇佐使は、和気氏の嫡流となる清麻呂の五男真綱以降、代々和気氏が補される通例となり、元亨年間(一三二一―二四)に及んだ。また清麻呂の曾孫時雨《ときふる》が針博士・医博士・侍医となり、天暦十一年(九五七)正月典薬頭となる。時雨が医道に関わることになるのは、『尊卑分脈』や『和気氏系図』によれば、母方の氏族典薬頭宮利名に由来するもののようで、それ以来和気氏は医道を家学とし、丹波氏と並んで医道の家として中世・近世に及び、近世には半井《なからい》(地下家)の名を以て知られる。ことに半井驢庵は安土桃山時代の名医として著名である。但し、和気氏は、戦国時代、明茂が文明十五年(一四八三)七月に八十二歳で没したところで一時中絶したもののようで、そのあと驢庵に至るまでは系図により異同が多い。和気系図については、『尊卑分脈』には明茂より後は明重―明孝―明名とする。他に「和気氏系図」が『群書類従』に一本、『続群書類従』に四本が収載され、他に江戸幕府撰になる『寛永諸家系図伝』『寛政重修諸家譜』所収のもの、『系図纂要』本などがある。ことに丹波重長の子で和気氏の養子に入った明重、明重の弟子利長、和気氏の血統の明英の位置が大きく異っているところに大きな特色があるといえよう。いま便宜、『公卿補佐』の明重・明孝・明名・明英の叙従三位の尻付、『尊卑分脈』を主にして勘案した系図を掲げておく。

和気1・半井家(絶家)

明成　あきなり　?―一四三三

応永24(一四一七)・11・28従三位、前刑部卿

※正長元年(一四二八)非参議従三位〔以後不見〕

[死没]正長6(一四三三)・10・9　[父]和気常成(実和気為成)　[法名]常信　[公卿補任]3―89上

明茂　あきしげ　一四〇二―八三

宝徳3(一四五一)・1・5従三位、前典薬頭、前治部卿、享徳3(一四五四)・1・5正三位、文正2(一四六七)・1・11従二位、文明8(一四七六)・12・27出家

[死没]文明15(一四八三)・7・6　[年齢]82　[父]和気明成　[前名]茂成　[号]半井　[法名]常茂　[公卿補任]3―167下　[大日本史料]8―15―463

明重　あきしげ

永正4(一五〇七)・6・-従三位、元典薬頭、出家、後年以出家已前日付宣下云々

[父]和気明茂(実丹波重長)　[号]半井　[公卿補任]3―320上

明孝　あきたか　一四九〇―一五五九

明応4(一四九五)・12・26従五位下、文亀2(一五〇二)・5・12甲斐守、文亀3・12・28従五位上、永正3(一五〇六)・2・4宮内大輔、永正5・12・-正五位下、永正8・1・5従四位下、永正11・12・29従四位上、永正12・9・22施薬院〔施薬院使カ〕、永正15・1・19正四位下、永正17・-・-兵庫頭、永正18・4・3典薬頭、大永6(一五二六)・8・10従三位、元前典薬頭、12・17治部卿、大永7・6・-下向越前〈さ〉、天文3(一五三四)・4・28辞卿、11・11正三位、11・-於越前国出家云々〈やさ〉、永禄2(一五五九)・10・4薨去〈やさ〉

[死没]永禄2(一五五九)・10・4　[年齢]70　[父]半井明重、一男　[号]半井　[法名]宗乗　[公卿補任]3―370上

明英　あきひで　一五〇六―?

永正15(一五一八)・-・-兵庫助、元服、大永3(一五二三)・12・27従五位下、享禄3(一五三〇)・10・19宮内大輔、享禄5・1・13従五位上、天文5(一五三六)・4・3正五位下、天文14・9・21従四位下、天文19・1・5従四位上、天文21・8・26修理大夫、天文22・2・12正四位下、4・5従三位(皇女御療治賞、後日如此)、元修理大夫、4・7出家

[父]半井明澄　[養父]半井明重　[母]正二位権大納言藤原為広女　[号]半井　[法名]寿琳　[公卿補任]3―434下

明名　あきな

大永6(一五二六)・8・26叙位、享禄5(一五三二)・1・3権侍医、1・5従五位上、天文5(一五三六)・3・1正五位下、3・8施薬院使、天文13・1・12従四位下、天文17・4・13従四位上、天文21・11・3正四位下、天文23・1・3治部卿、永禄7(一五六四)・1・19従三位、治部卿如元、永禄12・-・-止治部卿、天正4(一五七六)・4・-上洛、天正5・-・-出家〈天正17年にもあり〉

[父]半井明孝　[号]半井　[公卿補任]3—455上

和気家(絶家)2

広成　ひろなり　?—一三九一

明徳2(一三九一)・1・6従三位、元施薬院使、-・-・-薨去

[死没]明徳2(一三九一)　[父]和気益成　[日記]明徳二年記録(一三九一)　[公卿補任]3—26下

郷成　さとなり　一三八一—一四三七

永享7(一四三五)・1・5従三位、元正四位上、永享9・8・12薨去

[死没]永享9(一四三七)・8・12　[年齢]57　[父]和気邦成　[公卿補任]3—131上

保家　やすいえ　一四〇六—?

長禄3(一四五九)・1・5従三位、寛正4(一四六三)・1・25正三位、2・15出家

[父]和気郷成　[公卿補任]3—195下

親就　ちかなり　一四六三—?

永正14(一五一七)・1・28従三位、元前典薬頭、-・-・-刑部卿、大永4(一五二四)・2・24正三位、大永6・4・-出家

[父]和気富就　[法名]宗成　[公卿補任]3—344下

中原氏　なかはらし

安寧天皇の皇子磯城《しき》津《つ》彦命《ひこのみこと》の後裔と伝える律令官人氏族の一つ。十市首大宰少典勝良を始祖とし、その孫の博士有象・助教以忠等が天禄二年(九七一)九月中原宿禰姓を賜わり、天延二年(九七四)十二月宿禰を改めて朝臣を賜わったことが『中原系図』(『続群書類従』)の冒頭に見える。そしてこれに続けて「凡当氏事、得本姓之名称、号一流之分流之輩繁多也、然而元祖之相承、本源之余流、未得伝来正説、尤可尋討哉」とある如く、分流も数多く繁多であり、かつ種々不明な点も少なくない。このうち大外記を世襲し、のちに外記の最上首である局務を独占世襲する押小路家は、有象の孫師任・曾孫師平の裔で、平安時代末期の中原師元を家祖とする。外記は、少納言の下にあって、中務省の内記の作成した詔書を考勘し、太政官の奏文を勘造するのをはじめ、朝儀・公事の先例を上申し、これらにつき上卿の指揮をうけて奉行すると共にその記録にあたり、更に人事関係の手続を分担した要職で、大・少外記各二人を定員とした。本来相当位はともに七位であったが、職務の重要性・繁劇により正六位上、正七位上に昇格し、その後さらに地位の上昇をみ、平安時代中期以降には五位に昇進する大外記も現われ、大夫外記と称された。とくにその上首は局務と称して、外記局官人を統率し、明経道出身の清原・中原両氏が永くこれを世襲した。清原氏は、室町時代以降は少納言に進み、侍読を勤仕し三位に昇るのを官途とするようになり、家名を舟橋と称した秀賢のとき、慶長六年(一六〇一)堂上家に列するに至ったので、江戸時代以降は中原氏押小路家が局務を独占世襲した。大外記を世襲した中原氏は歴代、明経《みょうぎょう》道を修めて助教・博士等に任ぜられるのを通例とし、平安時代後期の師平が大炊寮の頭を兼ねて以来、室町時代中期までは頭または助を世襲し、師平の孫師元が掃部頭を兼ね、鎌倉時代後期の師宗が造酒正を兼ねて以来、幕末に至るまでこれらを兼任するのを通例とした。また鎌倉時代以降、局務は穀倉院別当を兼任するのが常例化し、さらに局務就任と同時に補任されるようになったため、穀倉院領は局務渡領と称されるに至った(『康富記』)。なお、局務は小槻氏壬生家の官務と並称され、地下官人の棟梁として両局と称され、また蔵人所出納《すいのう》を世襲した平田家と併せて三催ともいい、地下官人を三分して支配した。近世に押小路家は中原氏の嫡流として局務を世襲するが、局務となるのは戦国時代の師廉のときからで、それ以前をたどっても官務の例はなく、嫡流であったとはいい難い。中原氏は平安時代末期以来多くの分流を重ねてきた。師任ののちは、俊光・師平・貞親の三流に分かれ、俊光の子範政は明法博士となり、明法家坂上一流の祖となった。貞親の流は外記の家として大外記を出すこともあったが、南北朝時代に断絶した。嫡流師平の孫の代にまた、師安・師清・師元の三流に分かれた。師安・師業父子はともに局務となるが、その後はあまり振わなかったようである。師清は直講・少外記にとどまったが、その子師直は局務となり、この流は何代も局務を出し、家名を西大路と称し、師清はその家祖とされる。師元が押小路家の家祖で、『尊卑分脈』の「中原系図」の師元のところに、「為家嫡 賜師業文書以下」とあり、局務師業家に伝来した家伝の文書以下を家嫡として継承したとされているが、大外記となるが局務にはなっていない。師元の養子に祐安があり、その子が蔵人所出納を代々勤めた三催の一つ平田家の祖職国である。師元の後は子の師尚が継承し、師尚の後、また一男師綱と三男師重の二流に分かれた。師綱の後が押小路家で、師重が六角家の祖となる。師綱は永万元年(一一六五)大外記となり、直講・大炊頭・助教を歴任し、建久元年(一一九〇)越中介となり、翌二年十二月、四十四歳で没したので、舎弟の師重が家嫡となり、建久九年大外記、のち局務となる。その子師兼は大外記にとどまったが、孫の師顕は局務となり、師顕の後は師富・師古の二流に、師古の子師右の後は師茂・師守の二流に分かれるというように、師重流は分流を重ねたが、局務はこの一流が継承した。ことに師守は南北時代の重要な日記『師守記』の記主であり、小《しょう》宗《そう》押小路家の祖とされる。師守子の師豊、孫の師勝、曾孫の師藤いずれも局務となり、室町時代にはこの流が局務家というべき位置にあったが、師藤孫の大外記師村が大永七年（一五二七）八月八日に横死したことにより断絶し（『言継卿記』）、他の各流も衰退し、最終的に大外記を世襲してきた師綱の流が明経道の

押小路家

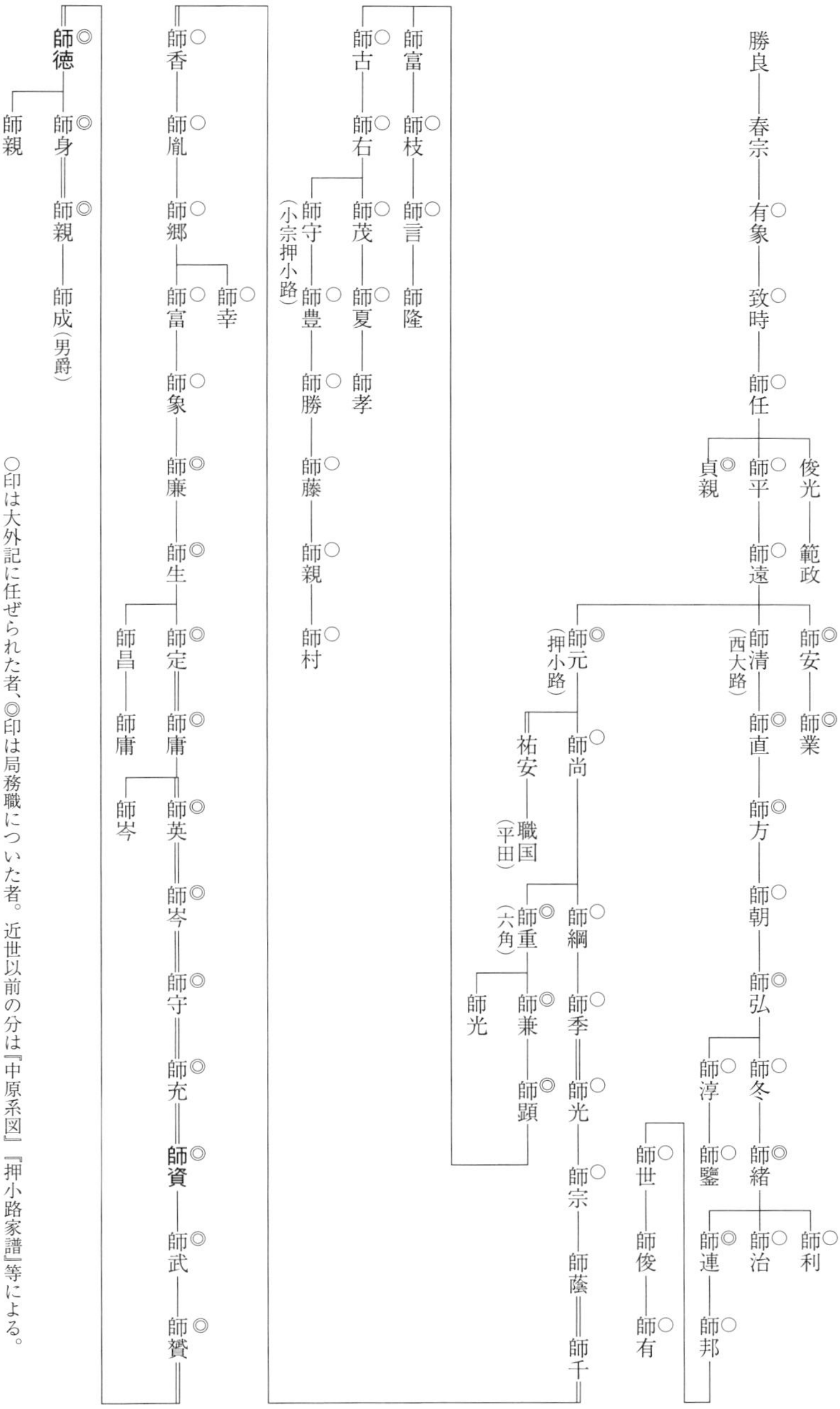

○印は大外記に任ぜられた者、◎印は局務職についた者。近世以前の分は『中原系図』『押小路家譜』等による。

博士家として家学を伝え、中原氏の嫡流となり、師富のころより家名を押小路と号するのである。

押小路家　おしこうじけ

中原氏の嫡流。太政官の外記の最上首である局務を世襲した地下官人の棟梁家。十市首大宰少典勝良を始祖とし、中原朝臣隠岐守兼主殿頭明経博士師遠の三男大外記兼大炊頭明経博士師元を家祖とする。押小路の称は、室町時代後期、師富の頃からのようである。家祖の師元は、元永二年(一一一九)十一歳のとき元服、保安二年(一一二一)権少外記より少外記に転じ、のち大外記となり、天治二年(一一二五)叙爵。久寿元年(一一五四)直講より助教に転じ、保元二年(一一五七)掃部頭、永暦元年(一一六〇)大外記に再任。穀倉院別当・明経博士・大炊頭を歴任。仁安元年(一一六六)出羽守・正四位下に任叙、同年院上北面を聴され、承安二年(一一七二)正四位上に昇叙し、安元元年(一一七五)五月、六十七歳で没した。『尊卑分脈』の「中原系図」の師元の処に、局務師業より家伝の文書以下を家嫡として継承した旨の記載が見える。但し、師元の流は大外記を世襲するが、ついに戦国時代の師廉に至るまで局務は出しておらず、局務は師清を祖とする西大路流、師元の孫師重を祖とする六角流から出ている。その意味で師廉は局務押小路家の初代といえる。師廉は享禄四年(一五三一)五歳で叙爵、天文四年(一五三五)掃部頭・従五位上に任叙。造酒正・山城権介を歴任し、同九年正五位下・大外記に叙任し、累進して天正四年(一五七六)正四位上に昇り、同二十年八月、六十六歳で没した。『押小路家譜』に「永禄四年給穀倉院渡領」とあることから、局務となったことが知られる。江戸時代には師生以下十三代を数えるが、その内八代が養嗣子。師庸が叔父の嗣、師岑および師親が兄の嗣となったもので、師英は栗原水円なる者の子。他の四代は官務壬生家から養子に入った。因みに、師守は章弘の二男、師充は盈春の二男、師資は盈春の八男、師徳は知音二男正路の三男である。家禄は七十六石。大外記押小路家の催《もようし》沙汰《ざた》を受けて朝廷の公事・儀式に参勤した外記方に属する地下官人諸家は、江戸時代末期に六十余家、その家禄は合計百四十石であった。享和元年(一八〇一)六月、元大外記師資が五十八歳で没する前日、中原氏として初めて従三位に昇り、その曾孫の元大外記師徳も、弘化三年(一八四六)正月、四十八歳で没する前々日、地下ながら家例により従三位に昇った。中原氏の日記には『師元記』、『師光記』、『師兼記』(六角流)、『師宗記』、『師右記』(六角派)、『師守記』(小宗押小路流)、『師夏記』(六角流)、『康富記』(系譜不明)、『師郷記』、『師富記』、『師象記』、『師廉記』、『中原師生母日記』、『師定朝臣記』、『師庸記』、『師英記』、『師岑記』、『師定記』、『師充記』、『師資記』、『師武記』、『師賛記』、『師徳記』、『師身記』、『師親記』などがある。師親は明治十二年(一八七九)特旨を以て華族に列せられ、同十七年師成のとき、叙爵内規により男爵を授けられた。『(中原)押小路家譜』(東京大学史料編纂所架蔵、四一七五―三六四)。

師資　もろすけ　一七四四―一八〇一

享和1(一八〇一)・6・26〔従三位〕、元大外記、6・27薨去

〔死没〕享和1(一八〇一)・6・27　〔年齢〕58　〔父〕押小路師充(実壬生盈春、八男)　〔母〕西大路隆業女　〔公卿補任〕5―146上

師徳　もろのり　一七九九―一八四六

弘化3(一八四六)・1・16〔従三位〕、元大外記、1・18薨去

〔死没〕弘化3(一八四六)・1・18　〔年齢〕48　〔父〕押小路師資(実壬生正路、一男)　〔母〕農神吉治郎左衛門女　〔公卿補任〕5―435上

小槻氏　おづきし

垂仁天皇の皇子於知別命の後裔と伝える律令官人氏族の一つ。近江国栗太郡の豪族小槻山《おづきやま》公今雄《のきみいまお》を始祖とする。『日本三代実録』貞観十五年(八七三)十二月二日条に「近江国栗太郡人正六位上行左少史兼算博士小槻山公今雄・主計算師大初位下小槻山公有緒等、改本居貫左京四条三坊」とあり、今雄等が近江の栗太郡の出身で、小槻山公と称し、この時本拠を京都に移して、名実ともに中央の官人となったことを物語っている。また、同記の同十七年十二月二十七日条には「左京人右大史正六位上兼行算博士小槻山公今雄(中略)等並賜姓阿保親臣、息速別命之後也」とあり、本拠を京都に移した翌々年には今雄等が改氏姓し阿保《あほ》朝臣の姓を賜ったことが知られる。息《いこ》速別命《はやわけのみこと》の後であるからというが、允恭天皇より阿保君、さらに阿保朝臣を賜った息速別命と小槻山君の祖落別命とは異母兄弟とはいえ、直接繋がらなく、朝臣姓をうるために同族の系譜を仮冒したもののようである。今雄は二年前の右少史より十七年の段階には右大史に昇進しており、元慶三年(八七九)には勘解由次官兼算博士但馬介で、外従五位下より内階に入って従五位下に進んでいる。今雄に三子あり、この姓は一男経覧に継がれ、主計助・算博士・主殿頭を歴任し、左大史となった。

壬生・大宮家

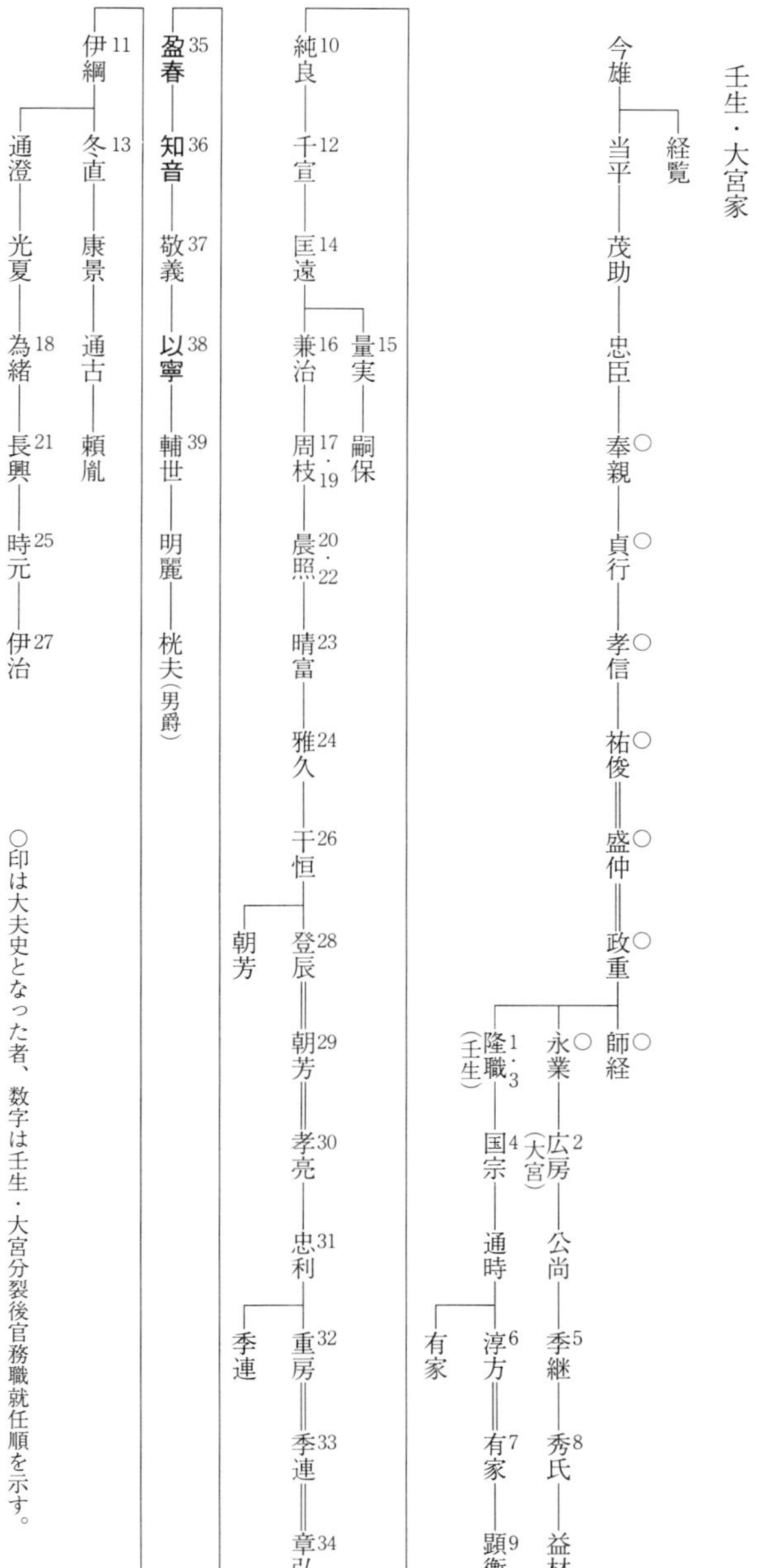

○印は大夫史となった者、数字は壬生・大宮分裂後官務職就任順を示す。

二男当平は算博士・主計助となり、左大史に進んだ。三男糸平は穀倉院別当・主計頭・算博士を歴任し、当平・糸平の二人は本姓に復し、小槻宿禰を称した。当平の流れが嫡流で、以後累代この姓を称し、後に官務を世襲するようになると、官務家、禰家《でいけ》の別称もおこった。小槻氏が代々職を奉じた太政官弁官局は、元来左右二局あり、それぞれ二人の大史がいたが、平安時代以降、政治の形式化にともない、先例を重んずることが多くなると、文書勘例を掌る史には記録・口伝を伝える譜代が重んじられるようになり、左右に分れていた弁官局も、上首の左大史(一の史)が統率するようになり、その史は官務と称されるようになった。史となる氏族は小槻氏のほかにも阿刀宿禰、尾張宿禰など多数見られたが、一族をあげて官局に奉仕する小槻氏が次第に官務を独占するようになった。最初の官務となったのは今雄の玄孫の奉親《ともちか》で、系譜にも「初奉官務」と注記されている。左大史の相当位は正六位上であるが、平安中期には、上首の左大史一人が五位に叙せられるのが慣例となっていく(『小右記』寛弘八年二月四日条)。五位史は大夫史と呼ばれる。鎌倉時代初期、平基親の著わした『官職秘鈔』の「大夫史」の項には、「近代以小槻氏必居此職、往年強不然」とある如く、平安末期以後には小槻氏の官務家としての地位が確立していたことが知られる。今雄等が本貫を京都に移した貞観十五年から数えると、ほぼ三百年に近い年月を経ている。今雄が算博士、有緒が主計算師であり、今雄の後も殆どみな算道より中央官人の地位を得ていることから知られる如く、近江豪族を出身とする小槻氏は算術という技能を世襲の家業とし、算道修業者を次々と中央の政府機関に送り込み、ついで漸次活動の中心を太政官に移し、中央下級官人の上首としての位置につき、官務家への道を進み、これを確立したのである。

壬生家　みぶけ

小槻氏の嫡流。太政官の史の最上首である官務を世襲した地下官人の棟梁家。小槻山公今雄を始祖とし、小槻宿禰左大史兼算博士政重の三男左大史隆職《たかもと》を家祖とする。北畠親房の『職原鈔』の中で史について、「中古以来、小槻宿禰為一史、行官中事、謂之官務、多是五位也、其余彼一族及門徒等、依器量任之、凡官務者、太政官文書悉知之、枢要之重職也、小槻氏称禰家、宿禰之義也」と記す如く、大史は位階相当は正六位上であったが、平安中期からその上首を五位に叙し、これを官務と称し、小槻氏がこれを世襲して官務家となり、禰家《でいけ》が官務家の別称となる。壬生の称は、鎌倉初期に小槻氏が分裂してからの称。官務となった最初とされる奉親より五代の孫にあたる政重の後、官務には師経・永業・隆職の三兄弟が続いて就任し、小槻氏は永業・隆職の二流に大きく分かれることになる。長寛二年(一一六四)正月二十三日の宣旨により、隆職流は官務職を相続し、永業流は算博士を相続すべきことが勅定されたが(『図書寮叢刊壬生家文書』一、二一号)、隆職は文治元年(一一八五)十月源義経の要請で発給された頼朝追討宣旨に携わったことが咎められ、頼朝の沙汰により官務を解任され、後任には永業の子広房が補された。建久二年(一一九一)隆職は還補されたが、以後、隆職流と広房流の両流が交互に官務に就くことになる。「官務職相続の次第写」(同上一七号)に、「官務職事、当流譜代職也、然中古隆職千時先祖、文治元年十二月二十九日解官、子細者頼朝可追討　宣旨奉行科也、此時初而広房、時元先祖被任官職了、雖然、建久二年二月一日隆職被還任者也、次国宗千恒先祖、次季継時元先祖、次淳方千恒先祖」とあるのはそれを示す。また、両流の住した地名に因み、壬生・大宮の家名も生じた。その具体的な住居については、長禄二年(一四五八)成立の『公武大体略記』に、「官長者職の事、小槻氏累代相続也、晨照宿禰・同晴富、五条の坊門壬生に居住す、是は前官務也、当官務長興宿禰は綾小路大宮に私宅あり、近来は土御門大宮也」と見える。ここにいう官長者とは、官務となると氏の長者となったことによる称である。両流は次第に官務・官長者の相続につき争いがおこってきて、室町時代中期、壬生家の晨照・晴富、大宮家の長興のときにはその極に達したようである。晨照は永享七年(一四三五)左大史に任ぜられて官務・氏長者となり、同十一年従四位上、文安二年(一四四五)には正四位上に昇った。しかし、かねてより同族の大宮長興の懇望あるにより、同二月左大史を辞せざるを得なかった。そして長興が官務・氏長者となったが、やがて免ぜられた。以後交代が繰り返され、宝徳元年(一四四九)には長興が、寛正六年(一四六五)には晨照が官務に就き、晨照が応仁二年(一四六八)没するときには官務はその息晴富に譲られるという具合であった。その後も相論は続いたが、大宮長興の孫伊治が周防国山口の大内義隆の許に寄寓中の天文二十年(一五五一)、義隆が陶晴賢に襲われ滅ぼされた時、大内陣にあって同じく討死し、大宮流は絶えた。以後、官長者は再び一流に戻り、壬生家は官務家として明治維新に至った。史の職掌は公文の勘造、先例の勘申で、太政官文書を収蔵する官文殿ができると、その公文を勾当するようになり、小槻家が官務を世襲するようになると、職責を全うするため、文書記録を手許に集め保管するようになった。このようにして平安時代末には官庫文庫と称されるものを形成したという。また、これら官務文書は、天養元年(一一四四)政重が子孫のうち家を継ぎ奉公する者がこれを進退すると定めたという(『壬生家文書』、三九号)。そして、嘉禄二年(一二二六)八月官文殿が焼亡し、累代文書全てが焼失し(『百錬抄』)、その後再建されることなく、官務文庫をもって代わりとされるに至った。壬生家が文書の相伝と文庫の保全に意を用いたことは、文永十年(一二七三)七月の小槻有家起請案(『壬生家文書』、三九号)に、「文籍記録積兮在于家、披兮仕于朝、末代之重宝不可過斯、就中、嘉禄官文殿回禄之時、累代文書併以焼失之後、弥以私家之文書、可為公務之明鏡歟、於文書相伝之仁者、朝家殊可被重、全非被重其身、為令重文書也、匪啻被重文書、偏是為　朝家也」とあることに如実に示されており、文書あっての官務家であり、文書の重視はひとえに朝家のためであるということであった。左大史壬生家の催沙汰を受けて朝廷の公事・儀式に参勤した官方《かんがた》に属する地下官人諸家は、江戸時代末期に約八十家、その家禄は合計二百二十三石九斗余で、壬生家の百石を最高とする。盈春は宝暦九年(一七五九)九月五十歳で没する前日従三位に叙せられ、その子知音および孫の以寧も没する直前、地下ながら家例により従三位に叙せられた。小槻氏の日記には、『匡遠宿禰記』、『兼治宿禰記』、『晴富宿禰記』、『雅久宿禰記』、『于恒宿禰記』、『孝亮宿禰日次記』、『忠利宿禰記』、『重房宿禰記』、『季連宿禰記』、『章弘宿禰記』、『盈春宿禰記』、『知音宿禰記』、『敬義宿禰記』、『以寧宿禰記』、『輔世宿禰記』、『明麗宿禰記』がある。明治二年(一八六九)二月、輔世は従三位に叙せられ、翌三年十二月には華族に列し、現米二十五石を終身禄として下賜された。同九年十一月永世華族に列せられ、同十七年桄夫のとき、叙爵内規により男爵を授けられた。『壬生家譜』(東京大学史料編纂所架蔵、四一七五—三一七)。

盈春　みつはる　一七一〇—五九

宝暦9(一七五九)・9・13〈「12日」ま〉〔従三位〕、元左大史、9・14薨去

〔死没〕宝暦9(一七五九)・9・14　〔年齢〕50　〔父〕壬生章弘　〔母〕正四位下主殿頭小槻季連女　〔前名〕智長　〔号〕明眼院体道玄空　〔公卿補任〕4—448下

知音　ともね　一七二九—七六

安永5(一七七六)・11・9〔従三位〕、元左大史、11・11薨去

〔死没〕安永5(一七七六)・11・11　〔年齢〕48　〔父〕壬生盈春　〔母〕広橋貞光養女亀子(実西大路隆業女)　〔号〕台嶠院玉泉清流　〔公卿補任〕4—549下

以寧　しげやす　一七九三―一八四七

弘化4（一八四七）・1・21〈「3月」ま〉〔従三位〕、元左大史、4・4弾正大弼、4・6薨去

〔死没〕弘化4（一八四七）・4・6　〔年齢〕55　〔父〕壬生敬義　〔母〕西大路入道狐雲女　〔号〕含章院貞従成終　〔公卿補任〕5―443下

武家　ぶけ

室町時代以後、歴代の足利将軍が公卿となることが通例となるなかで、有力武将のなかでも公卿に列することが起ってくる。豊臣秀吉が関白太政大臣になったことなどは顕著な例である。室町時代から江戸時代初めにかけて、『公卿補任』に登載のいわゆる武家公卿は、都合三十五人である。武家の官位は、元和元年(一六一五)の「禁中并公家中諸法度」第七条に、「一、武家之官位者、可為公家当官之外事」の規定にある如く、これまでの官位制とは全く別のものとなる。『公卿補任』に武家の官位は元和五年まで登載されるが、六年より載せられなくなる。しかし、武家公卿は武家官位の序列の頂点として存続し続けた。武家官位の頂点は征夷大将軍であり、大臣以上となるのは将軍のみであった。因みに、将軍の世子はまず中将となり従二位・大納言まで昇進して後、将軍宣下をうけた。御三家のうち尾張・紀伊の両家は従二位大納言、水戸家及び御三卿は従三位中納言を極位極官とするが、以上の徳川一門は格別で、大名で従三位宰相まで進んだのは加賀前田家のみであった。他の大名は中将以下である、しかも、その大半が従五位下に相当する「諸大夫」であった。

畠山家　はたけやまけ

清和源氏流に属し、足利氏の一門で、足利義兼の子義純より始まる。義純が畠山重忠没後に畠山氏の名跡を継ぐ。その子泰国は関東御家人として活動したが、その後諸流に分かれ、義深が越前守護となり、その子基国は将軍足利義満の信任をえて越中・能登・河内・紀伊守護を兼ね、応永五年(一三九八)管領に起用され、管領畠山家の初代になる。その孫持国は、嘉吉元年(一四四一)従三位に昇り、細川氏との対立抗争のなかで二度管領となった。義子政長と実子義就との家督争いが起り、応仁の乱の一因となり、乱後も両畠山の相克は続き衰退し、この末裔は江戸幕府の高家として家名を継承して幕末に及んだ。

持国　もちくに　一三九八—一四五五

嘉吉1(一四四一)・2・27従三位、元従四位下、‐・‐出家

❖従三位叙位年に「元従四位下」の記載あり

[死没]享徳4(一四五五)・3・26　[年齢]58　[父]畠山満家、一男　[法名]徳本　[公卿補任]3—142下

畠山家

満家——**持国**┬義就
　　　　　　　└政長

赤松家　あかまつけ

村上源氏流に属し、鎌倉初期に則景が播磨国佐用荘地頭に補され、則村以後に同国の豪族として名を馳せるようになる。足利尊氏に党して足利政権の樹立に尽力し、則村は播磨守護となり、次の則祐のとき播磨・備前両国守護、その子義則の時には美作を加えた三国守護となって、その領国支配を拡大すると共に、幕府の四職家の一つとして侍所の所司ともなった。義則の子満祐は嘉吉元年(一四四一)嘉吉の乱を起し、ために幕府軍の追討を受け没落したが、一族の政則が家運を再興し三国守護に復し、明応五年(一四九六)には従三位に叙せられた。しかしその養嗣子義村が大永元年(一五二一)家臣の浦上氏に害され、以後庶流家がわずかに命脈を保ったが、関ヶ原の戦いで西軍に属して敗れ、家名は断絶した。

赤松家

則祐——義則┬満祐
　　　　　　└義雅——性存——**政則**┐
　　　　　　　　　　　　　　　　　　義村

政則 まさのり 一四五五—九六
明応5(一四九六)・閏2・29従三位、4・25薨去
[死没]明応5(一四九六)・4・25 [年齢]42 [父]赤松時勝 [公卿補任]3—294上

大内家 おおうちけ

百済聖明王の末裔で朝鮮半島から渡来し、鉄の製錬技術を以て聖徳太子に仕え、大内県《おおうちのあがた》・多々良の姓を賜ったと伝える。平安時代末には周防在庁の有力者で、周防権介を世襲し大内介を称した。鎌倉時代には関東御家人。中期以降六波羅評定衆となる。南北朝時代初期の弘世の時、西中国に勢力を拡大し本拠を山口におく。その子の義弘は勢いに乗じて応永六年(一三九九)応永の乱を起して戦死、一時勢力を削減されたが、次第に勢力を回復し、戦国時代に義興・義隆父子は周防・長門・安芸・石見・備後・豊前・筑前七ヵ国の守護を兼ね、西国随一の勢力を誇った。天文二十年(一五五一)家臣陶晴賢の謀反により義隆は殺害され、その後を相続した義長は弘治元年(一五五五)毛利元就と厳島に戦って敗死し、同三年大内氏は滅亡した。

大内家

弘世—┬—義弘—持世
　　　└—盛見—教弘—政弘—**義興**—**義隆**＝義長

義興 よしおき 一四七七—一五二八
永正9(一五一二)・3・26従三位(去年八月軍功)、左中将如元、永正15・8・2〈「20日」さ〉下向本国、大永六年非参議従三位〔以後不見〕
[死没]享禄1(一五二八)・12・20 [年齢]52 [父]大内政弘 [幼名]亀童丸 [号]凌雲院 [法名]義秀 [公卿補任]3—332上

義隆 よしたか 一五〇七—五一
永正4(一五〇七)・-・-誕生、-・-・-叙爵、-・-・-左京大夫、享禄2(一五二九)・12・23従五位上、天文1(一五三二)・10・29正五位下、周防介、天文3・4・30従四位下、天文5・5・16大宰大弐、12・28左兵衛権佐(大弐如元)、天文6・1・6従四位上、天文7・3・8周防介、6・-兵部権大輔(去佐、大弐如元)、天文8・1・5正四位下、天文9・3・24伊予介、天文10・12・27従三位(大弐如元)、天文13・1・5侍従、天文14・-・-正三位、天文16・3・19兼兵部卿(両職如元)、天文17・-・-従二位、天文20・9・2薨去
[死没]天文20(一五五一)・9・2 [年齢]45 [父]大内義興 [母]長門守護代内藤弘矩女 [幼名]亀童丸 [号]隆福寺 [法名]殄天 [公卿補任]3—406上

織田家 おたけ

平重盛の子資盛の流れをくみ、初め近江国津田荘に住し、のち越前国織田荘の剣神社の神官の養子となり織田氏を称したと伝える。越前守護の斯波氏に仕え、斯波氏が守護を兼ねる尾張国に守護代として赴任した。その後、守護代家は分立し、その又代家として台頭したのが信秀で、子の信長は尾張の戦国大名として近国を押え、永禄十一年(一五六八)室町幕府を再興し、実質的権力を握り、のちこれを滅した。天下統一の途なかば、天正十年六月本能寺の変で家臣明智光秀に弑された。一男の三位中将信忠はやはり本能寺の変のとき二条城で没し、二男信雄は秀吉時代の同十五年従三位となり、大坂の陣後、五万石の大名となった。信忠遺子秀信は織田氏の継嗣となり、慶長元年(一五九六)従三位に叙せられたが、関ヶ原の戦で西軍に属して敗れ、高野山に幽閉された。江戸時代、信雄の子孫が出羽天童藩主家、丹波柏原藩主家、信長弟の長益の子孫が大和芝村藩主家・同柳本藩主家として家名を継承した。

織田家

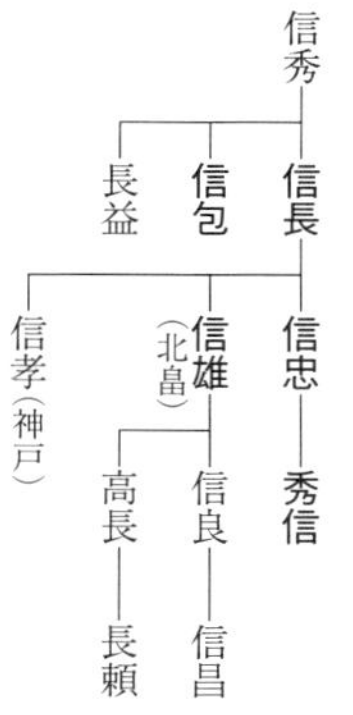

信長　のぶなが　一五三四―八二
天正2（一五七四）・3・18参議、従三位、元弾正忠、天正3・11・4権大納言、11・7右大将、天正4・11・13正三位、11・21内大臣、天正5・11・16従二位、11・20右大臣、天正6・1・6正二位、4・9辞両職、天正10・6・2薨去
〔死没〕天正10（一五八二）・6・2　〔年齢〕49　〔父〕織田信秀　〔母〕下総守土田政久女　〔幼名〕吉法師　〔号〕総見院　〔道号〕華厳　〔法名〕泰巌　〔公卿補任〕3―471上

信忠　のぶただ　一五五七―八二
天正-・-・-叙爵、天正3（一五七五）・3・28出羽介、6・1正五位下、11・7遷任秋田城介、天正4・1・5従四位下、8・4従四位上、天正5・1・5正四位下、10・15従三位、左中将、天正10・6・2薨去
〔死没〕天正10（一五八二）・6・2　〔年齢〕26　〔父〕織田信長　〔母〕生駒家宗女吉乃　〔幼名〕奇妙　〔号〕大雲院　〔法名〕仙巌　〔公卿補任〕3―478上

信雄　のぶかつ　一五五八―一六三〇
天正13（一五八五）・-・-権大納言、-・-正三位、天正14・-・-従二位、天正15・8・8正二位、11・19内大臣、天正18・8・-出家☆、寛永7（一六三〇）・4・30薨去
〔死没〕寛永7（一六三〇）・4・30　〔年齢〕73　〔父〕織田信長　〔母〕生駒家宗女吉乃　〔幼名〕茶筅　〔号〕徳元院　〔法名〕実巌　〔公卿補任〕3―491下

秀信　ひでのぶ　一五八四―一六〇五
文禄5（一五九六）・-・-権中納言
※文禄5年従三位
〔死没〕慶長10（一六〇五）・5・8　〔年齢〕22　〔父〕織田信忠　〔幼名〕三法師　〔号〕大善院松貞圭岩大居士　〔公卿補任〕3―509下　〔大日本史料〕12―3―187

信包　のぶかね　?―一六一四
※慶長9年（一六〇四）前参議従四位下（初見）、慶長11年前参議従四位下〔以後不見〕
〔死没〕慶長19（一六一四）・7・17　〔父〕織田信秀　〔号〕老犬　〔法名〕真珠院心岩　〔公卿補任〕3―523上

豊臣家　とよとみけ

豊臣秀吉は、織田氏の足軽の子として生まれたという。織田信長に仕え、功により立身出世し名を改め、初め木下藤吉郎秀吉、次いで羽柴秀吉と称した。信長の京都進出後は近江長浜の城主となり、天正五年（一五七七）より中国地方の攻略に着手、同十年の本能寺の変には備中高松に在って毛利氏の属城を攻略中であったが、和議を結び東上して明智光秀と山崎の戦で亡君の仇を討ち、次いで清洲会議で織田家臣団の中で有利な立場を確保し、賤ヶ岳の戦以降、全国制覇を押し進めた。十三年七月摂家の近衛前久の養子、藤原秀吉として関白職につき、翌月新に撰んだ豊臣の姓に改めることを奏請し、九月豊臣朝臣《とよとみのあそん》への改姓が勅許された。この後、秀吉は弟秀長・甥秀次をはじめ、前田利家・宇喜田秀家その他の家臣に豊臣姓を与え、羽柴氏を名乗らせた。秀吉晩年の子である秀頼は、慶長三年（一五九八）六歳で従二位権中納言となり、関ヶ原

豊臣家

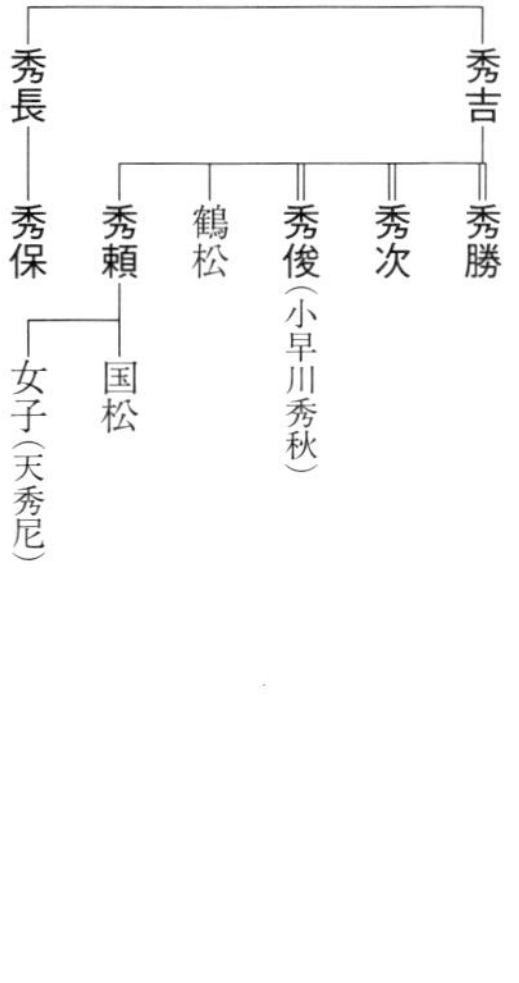

の戦以後も正二位、内大臣・右大臣と昇進したが、二十年五月大坂夏の陣で敗死し、豊臣氏は断絶した。

秀吉　ひでよし　一五三七―九八

天正10（一五八二）・10・3従五位下、左少将、天正11・-・-参議、天正12・11・22権大納言、従三位、天正13・3・10〈4月ともあり〉内大臣、7・11関白、改平姓為藤原、従一位、天正14・-・-改藤原姓為豊臣云々、12・19太政大臣、天正19・-・-〈「12月18日」史〉辞関白、慶長3・8・18薨去、慶長4（一五九九）・4・18号豊国大明神

［死没］慶長3（一五九八）・8・18　［年齢］62　［父］木下弥右衛門　［一字名］松　［号］豊国大明神　［公卿補任］3―489上

秀次　ひでつぐ　一五六八―九五

天正14（一五八六）・11・25参議、右中将如元、天正15・11・22〈天正16年にもあり〉権中納言、従三位、天正16・4・19従二位、天正19・2・11権大納言、正二位、12・4内大臣、12・28関白、天正20・1・29左大臣、文禄4（一五九五）・7・8出家、7・15薨去

［死没］文禄4（一五九五）・7・15　［年齢］28　［父］三好吉房　［母］木下弥右衛門女日秀　［号］高厳寺　［公卿補任］3―493下

秀長　ひでなが　?―一五九一

天正14（一五八六）・1・5参議、従三位、10・4権中納言、11・5正三位、天正15・8・8権大納言、従二位、天正19・1・-薨去

［死没］天正19（一五九一）・1　［父］竹阿弥　［公卿補任］3―493下

秀俊　ひでとし　?―一六〇三

天正19（一五九一）・11・8参議、天正20・7・10権中納言、従三位、9・2辞権中納言、慶長8（一六〇三）・-・-薨去

［死没］慶長8（一六〇三）　［父］小早川隆景（実木下家定）　［母］杉原七郎左衛門家次女　［公卿補任］3―502下

秀保　ひでやす　?―一五九五

天正19（一五九一）・11・8参議、天正20・6・7権中納言、従三位、6・28辞権中納言、文禄4（一五九五）・4・-薨去

［死没］文禄4（一五九五）・4　［父］豊臣秀長（実三好吉房）　［母］木下弥右衛門女日秀　［公卿補任］3―502下

秀勝　ひでかつ　?―一五九二

天正20（一五九二）・6・7参議、従四位下、9・-卒去

［死没］天正20（一五九二）・9　［父］豊臣秀吉（実三好吉房）　［母］木下弥右衛門女日秀　［公卿補任］3―504上

秀頼　ひでより　一五九三―一六一五

慶長3（一五九八）・4・20権中納言従二位、慶長6・3・27権大納言、慶長7・1・6正二位、慶長8・4・22内大臣、慶長10・4・13（12日カ）右大臣、慶長12・1・11辞退右大臣、元和1（一六一五）・5・8薨去〈く〉

［死没］元和1（一六一五）・5・8　［年齢］23　［父］豊臣秀吉　［母］浅井長政女淀殿　［公卿補任］3―513上　［大日本史料］12―20―1

徳川家　とくがわけ

清和源氏流に属し、上野国新田荘世良田郷徳川村に源義家孫の新田義重が土着し、徳川四郎と称したことにはじまるという。親氏のとき三河国加茂郡松平郷に移り松平氏を称し、数代の後、家康の祖父清康に至って大いに発展し、岡崎に築城し、ほぼ三河一国を勢力下におさめ、家康に至り三河の戦国大名として織田氏との関係を深めながら勢力を発展させた。豊臣秀吉の全国統一に協力し、天正十八年（一五九〇）小田原の北条氏滅亡後、関八州を領する大々名となり、豊臣秀吉亡き後、天

徳川家

家康―信康（岡崎）
　　―秀康（結城）―忠直（松平）
　　―秀忠―家光（将軍家）
　　―義直（尾張徳川家）
　　―頼宣（紀伊徳川家）
　　―頼房（水戸徳川家）

下人としての地位を固め、慶長八年（一六〇三）二月征夷大将軍となり、江戸幕府を開いた。三子の秀忠が二代将軍となり、七男義直が尾張徳川家、八男頼宣が紀伊徳川家、九男頼房が水戸徳川家の祖となった。二男結城秀康は越前藩祖となり、その子忠直は家名を松平に復した。

家康　いえやす　一五四二―一六一六

永禄9（一五六六）・12・29叙爵、三河守、永禄11・-・-左京大夫、天正14（一五八六）・-・-参議、-・-〈「天正12年2月27日」実紀〉従三位、10・4権中納言、11・5正三位、天正15・8・8権大納言、従二位、文禄5（一五九六）・5・11〈「8日」く実紀〉内大臣、正二位、慶長7（一六〇二）・1・6従一位、慶長8・2・12右大臣、征夷大将軍氏長者奨学淳和院等別当牛車兵仗八人等宣下、10・16〈11月ともあり〉辞右大臣、慶長10・4・16辞退将軍、元和2（一六一六）・3・27任太政大臣〈実紀〉、4・17薨去

〔死没〕元和2（一六一六）・4・17　〔年齢〕75　〔父〕松平広忠　〔母〕於大之方（水野右衛門大夫忠政女）　〔号〕東照大権現　〔法名〕安国院殿徳蓮社崇誉道和大居士　〔公卿補任〕3―493下　〔大日本史料〕12―24―325

秀忠　ひでただ　一五七九―一六三二

天正19（一五九一）・11・8参議、左中将、天正20・9・9権中納言、従三位、文禄3（一五九四）・2・13辞権中納言、慶長6（一六〇一）・3・27権大納言、慶長8・11・7兼右大将、慶長10・4・16内大臣、征夷大将軍、-・-・-淳和奨学院別当、-・-・-正二位、慶長11・-・-辞退内大臣、慶長19・3・8〈「9日」史〉右大臣、従一位

〔死没〕寛永9（一六三二）・1・24　〔年齢〕54　〔父〕徳川家康、三男　〔母〕西郷局（西郷弾正左衛門女）　〔法名〕台徳院殿興蓮社徳誉入西大居士　〔公卿補任〕3―502下

秀康　ひでやす　一五七四―一六〇七

慶長2（一五九七）・9・28参議、慶長8・1・11辞退参議、2・25〈「12日」徳川実紀〉従三位、慶長10・7・26権中納言、慶長11・1・10辞退権中納言、慶長12・閏4・8薨去〈徳川実紀〉

〔死没〕慶長12（一六〇七）・閏4・8　〔年齢〕34　〔父〕結城晴朝（実徳川家康、二男）　〔母〕於万之方（永見志摩守女）　〔法名〕孝顕院殿三品黄門吹毛月珊大居士　〔公卿補任〕3―511下　〔大日本史料〕12―4―806

義直　よしなお　一六〇〇―五〇

慶長16（一六一一）・3・-〈「20日」実紀〉参議（左中将如元）、元和3（一六一七）・7・19権中納言、従三位、7・20辞権中納言

〔死没〕慶安3（一六五〇）5・7　〔年齢〕51　〔父〕徳川家康、九男　〔母〕於亀之方（志水甲斐守宗清女）　〔号〕源敬公　〔公卿補任〕3―533下

頼宣　よりのぶ　一六〇二―七一

慶長16（一六一一）・3・-〈「20日」実紀〉参議（左中将如元）、元和3（一六一七）・7・20権中納言、従三位、7・21辞権中納言

〔死没〕寛文11（一六七一）・1・10　〔年齢〕70　〔父〕徳川家康、十男　〔母〕お万之方（蔭山刑部女）　〔法名〕南龍院殿従二位前亜相顗永天晃大居士　〔公卿補任〕3―533下

忠直　ただなお　一五九五―一六五〇

元和1（一六一五）・閏6・19参議、左中将如元

〔死没〕慶安3（一六五〇）・9・10　〔年齢〕56　〔父〕結城秀康　〔母〕中川某女　〔号〕西巌院殿前越前大守源三位相公相誉蓮友大居士　〔公卿補任〕3―543下

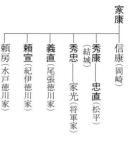

宇喜多家　うきたけ

備前国児島を本貫地とする豪族で、初め三宅を称したといい、宇喜多氏の名が確かな文献に見えるようになるのは室町中期からのこととされる。応仁の乱後、能家が赤松氏の備前守護代浦上氏の被官となっていたが、孫直家のとき浦上氏を滅ぼして備前・美作の大半を制し、本拠を岡山に構える。羽柴秀吉の中国地方攻略に際しては、毛利氏に属し最前線にあってその進出を阻んだが、天正七年(一五七九)秀吉に帰順した。その子家氏は秀吉の殊遇を得てその偏諱を受け、秀家と名乗った。十五年参議に列し、慶長三年(一五九八)豊臣氏の五大老となった。同五年関ヶ原の戦に西軍に属して敗れ、同十一年八丈島に流刑され、宇喜多家は断絶した。

秀家　ひでいえ　一五七二—一六五五

天正10(一五八二)・-・-従五位下、侍従、-・-・-左少将、-・-・-従四位下、-・-・-転任左中将、天正15・8・8参議、左中将如元、今日従三位、天正19・10・20〈11月20日ともあり〉辞参議、文禄3(一五九四)・5・20権中納言、7・29辞権中納言、慶長十一年前権中納言従三位〈今年四月八丈島配流〉

[死没]明暦1(一六五五)・11・20　[年齢]84　[父]宇喜多直家　[母]円融院　[公卿補任]3—496上

宇喜多家

宗家——久家——能家——興家——直家——**秀家**——秀高

上杉家　うえすぎけ

藤原氏勧修寺流に属し、高藤十一代の孫重房の時、丹波国何鹿郡上杉荘を領し、上杉を称したと伝える。この家を継承した景虎はもと長尾氏を称し、家内抗争に勝利し、更に越後国内を押さえたのみならず、関東の諸将の要請をうけて関東へも出陣し、武田氏・北条氏等と戦った。のち上杉謙信と名乗るが、これは関東管領の山内上杉氏(憲政)の家督を相続したことによる。謙信は天正五年(一五七七)に没し、養子景勝は御館の乱で同じく養子の景虎を滅ぼし家督を継ぎ、織田信長との対立抗争等を経、また豊臣秀吉への臣従を余儀なくされ、同十六年上洛し、参議従三位に叙任された。慶長三年(一五九八)会津国替を命ぜられ、越後春日山九十万石より会津若松百二十万石の大々名として移封されたが、五年の

上杉家(米沢藩主)

輝虎(謙信)═**景勝**——定勝——綱勝═綱憲……茂憲(伯爵)

関ヶ原の戦で西軍に属して敗れ、出羽米沢三十万石に減封され、明治維新に及んだ。家格は国持大名、大広間松之間詰。明治十七年(一八八四)茂憲のとき、叙爵内規により伯爵を授けられた。

景勝　かげかつ　一五五五—一六二三

天正16(一五八八)・4・10参議、文禄3(一五九四)・8・18権中納言、慶長3(一五九八)・4・18辞権中納言、元和五年前権中納言従三位

[死没]元和9(一六二三)・3・20　[年齢]69　[父]長尾政景　[母]信濃守従五位下長尾為景女仙桃院　[法名]覚上院殿法印権大僧都宗心　[公卿補任]3—497下

毛利家　もうりけ

土師氏の流れをくみ、鎌倉幕府の初代政所別当の大江広元の四男季光が相模国毛利荘に住したため、毛利氏を称したという。その後、安芸国吉田荘に本拠を移し、国人領主に成長

を遂げ、元就のとき安芸・備後両国を制し、大内氏を滅ぼして周防・長門・石見三ヶ国を加えて西国五ヵ国の大大名となった。元就孫の輝元は織田信長と敵対し、石山本願寺とも結び信長の部将羽柴秀吉と戦ったが、のち豊臣政権に屈し、天正十六年（一五八八）上洛し、参議となった。輝元養子の宮松丸は同十八年元服して秀元と称し、これも参議となった。関ヶ原の戦で西軍に属して敗れ、周防・長門の二国に減封された。松平の称号を許され、家格は国持大名、石高は長門萩三十六万九千石、大広間松之間詰。明治十七年（一八八四）元徳のとき、偉勲により公爵を授けられた。

輝元　てるもと　一五五三―一六二五

天正16（一五八八）・4・10参議、慶長2（一五九七）・3・10権中納言、従三位、慶長3・4・18辞権中納言、慶長5・10・- 於大坂出家云々

[死没]寛永2（一六二五）・4・27　[年齢]73　[父]毛利隆元、一男　[母]従二位兵部卿大内義隆女（実内藤興盛女）　[一字名]本　[公卿補任]3―497下

毛利家（長州藩主）

元就―隆元―**輝元**―秀就―綱広
元就―元春（吉川）
元就―隆景（小早川）
元就―元清（穂田）―**秀元**
……元徳（公爵）

秀元　ひでもと　一五七九―一六五〇

※慶長9（一六〇四）・-・- 前参議従四位下（初見）

[死没]慶安3（一六五〇）・10・3　[年齢]72　[父]毛利輝元（実穂田元清）　[母]来島通康女　[公卿補任]3―523上

前田家　まえだけ

加賀藩の初代前田利家を祖とする。利家ははじめ尾張国愛知郡荒子を領し、織田信長、次いで豊臣秀吉に仕え、天正十八年（一五九〇）参議となり、のち権大納言に昇る。豊臣政権の中枢にあり、五大老の一人として徳川家康と並び称された。その子利長も秀吉の殊遇をうけ羽柴姓、豊臣姓を許され、慶長二年（一五九六）参議、翌年父の隠居により家督を継ぐとともに、権中納言従三位となり、四年利家没後五大老に列した。関ヶ原の戦の後、加賀・能登・越中三ヶ国百十九万二千七百石を領有した。三百諸侯中最大の大名。松平の称号を許された。城地は加賀金沢、家格は国持大名。参議従三位を先途とし、大廊下下之部屋詰。明治十七年（一八八四）利嗣のとき、叙爵内規により侯爵を授けられた。

前田家（加賀藩主）

利家―**利長**＝利常―光高―綱紀
利家―利常
……利嗣（侯爵）

利家　としいえ　一五三八―九九

天正18（一五九〇）・1・21参議、正四位下〈晴季書〉、天正19・10・20〈11月ともあり〉辞参議、文禄3（一五九四）・1・5従三位〈晴季書〉、4・1〈「7日」晴季書〉、権中納言、5・20辞権中納言、慶長2（一五九七）・1・11権大納言、1・16辞権大納言、慶長3・-・- 薨去

[死没]慶長4（一五九九）閏3・3　[年齢]62　[父]前田利昌、四男　[母]竹野氏女　[号]高徳院　[公卿補任]3―501上

利長　としなが

慶長2（一五九七）・9・28参議、慶長3・4・20権中納言、従三位、慶長4・12・20辞権中納言

※慶長十一年前権中納言従三位〔以後不見、去年退老〕

[死没]慶長19（一六一四）5・20　[年齢]53　[父]前田利家　[母]篠原某女　[前名]利勝　[号]瑞龍院　[公卿補任]3―511下

利常 としつね 一五九三—一六五八
慶長20(一六一五)・閏6・19参議、-・-辞参議
[死没]万治1(一六五八)10・12 [年齢]66 [父]前田利家 [前名]利光 [公卿補任]3—543下

細川家 ほそかわけ

清和源氏流に属し、足利氏の支流。室町幕府管領細川家の分流で、和泉半国守護家。藤孝(幽斎)のとき近世大名へと脱皮した。その息忠興は藤孝とともに織田信長、豊臣秀吉に仕えた。慶長元年(一五九六)従三位参議に叙せられた。関ヶ原の戦では東軍に属し、戦後の論功行賞で豊前中津城三十九万九千石が与えられ、まもなく小倉の地に新城を築いたが、その子忠利の時、寛永九年(一六三二)加藤忠広改易の後をうけて肥後熊本五十四万石に封ぜられた。家格は国持大名、大廊下松之間詰。明治十七年(一八八四)護久のとき、叙爵内規により侯爵を授けられた。

忠興 ただおき 一五六三—一六四五
慶長9(一六〇四)・-・-前参議従四位下(初見)
[死没]正保2(一六四五)・12・2 [年齢]83 [父]細川藤孝 [母]上野介沼田光兼女 [号]宗立・三斎 [公卿補任]3—523上

細川家(熊本藩主)
藤孝—**忠興**—忠利—光尚—綱利
……護久(侯爵)

京極家 きょうごくけ

宇多源氏流に属し、近江佐々木氏の一流で、室町幕府の侍所所司に補される四職家の一つ。佐々木信綱の三男泰綱が京中の六角東洞院に館をかまえ六角を称したのに対し、四男氏信が京極高辻に館をかまえ京極と称したのに始まり、両氏は近江守護職を半国ずつ分有した。戦国時代には家臣浅井氏に実権を奪われ衰微し、高吉のとき織田信長の勢力に抗しえず近江上平寺城に隠栖し没した。その子高次は、信長に仕えたが、本能寺の変の際、明智光秀の誘に応じ京極氏復興のため挙兵し、羽柴秀吉の本拠長浜城を囲んだ。光秀没後、秀吉の追求を逃れ各地に潜伏したが、妹が秀吉の側室(松丸殿)になるに及び、許されて近江大津で六万石を与えられた。関ヶ原の戦では居城大津城に籠城して西軍に抗したが、開城を余儀なくされ、宇治に退いた。戦後、論功行賞により若狭国小浜八万五千石を与えられ、孫高和の時、播磨国館野に移され、万治元年(一六五八)讃岐国丸亀六万石に移封された。家格は城主、柳之間詰。明治十七年(一八八四)高徳のとき、叙爵内規により子爵を授けられた。

京極家(丸亀藩主)
高吉—**高次**—忠高=高和—高豊
……高徳(子爵)

高次 たかつぐ 一五六三—一六〇九
※慶長9年(一六〇四)前参議従四位下(初見)、慶長11年前参議従四位下[以後不見]
[死没]慶長14(一六〇九)・5・3 [年齢]47 [父]京極高吉 [母]下野守浅井久政女 [法名]通閑 [公卿補任]3—523上

丹羽家 にわけ

藤原氏水無瀬流に属し、武蔵国児玉党の流れをくみ、尾張国丹羽郡に住したため、丹羽氏を称したという。長秀は織田信長に仕え、重臣となり惟住の姓を与えられた。天正十年(一五八二)本能寺の変後、織田氏の後継をめぐって開かれた清洲会議の結果、若狭一国と近江国滋賀・高島の二郡を領することになり、

丹羽家（二本松藩主）

長政——長秀——**長重**——光重——長次
……………長裕（子爵）

大溝に居城した。翌年の賤ヶ岳の戦いで長秀は息長重と出陣、その論功行賞により長秀は越前・若狭両国に加賀半国が与えられ北庄城主、長重は越前府中城主となる。十三年四月長秀が没し、長重が遺領を継いだが、種々不始末等により減封や加増あり、慶長三年（一五九八）加賀国能美・石川両郡十二万五千石の領主、小松城主となり、参議に叙せられ、豊臣姓を与えられ小松宰相と呼ばれた。その後転封を重ね、その子光重は寛永二十年（一六四三）陸奥国二本松城十万石に転封となり、幕末に及んだ。家格は准国持大名、大広間松之間詰。明治十七年（一八八四）長裕のとき、叙爵内規により子爵を授けられた。

長重　ながしげ　一五七一—一六三七

※慶長12年（一六〇七）前参議従四位下（初見）

[死没]寛永14（一六三七）・3・4　[年齢]67　[父]丹羽長秀　[母]従五位下大隅守織田信広女　[公卿補任]3—527下

伊達家　だてけ

中納言藤原山蔭の五代孫実宗が常陸国伊佐荘中村に住するがゆえ、伊佐あるいは中村を称したが、その四代孫朝宗が文治五年（一一八九）源頼朝による奥州合戦において戦功を立て、陸奥国伊達郡を与えられ、伊達氏を称したと伝える。伊達郡地頭として勢力を伸ばし、室町時代に入ると上洛して将軍の偏諱を受けるほどになり、政宗の曾祖父稙宗は将軍義稙、祖父晴宗は義晴、父輝宗は義輝より諱の一字を受けた。政宗は奥州探題家の正統性の主張のもと急速に領土の拡大を図ったが、時に豊臣秀吉の全国統一の最終段階にあり、天正十八年（一五九〇）小田原の役に参陣し、秀吉に臣従した。羽柴姓を与えられ、関ヶ原の戦には徳川方として上杉景勝の軍を白石城などに攻めた。戦の直前、徳川家康から刈田・伊達・信夫・長井その他都合四十九万余石を約する判物を与えられ、その後幾度か加増があり、寛永十一年（一六三四）伊達六十二万石を確定させた。城地は陸奥仙台。家格は国持大名。大広間松之間詰。明治十七年（一八八四）宗基のとき、叙爵内規により伯爵を授けられた。

伊達家（仙台藩主）

政宗——秀宗（宇和島藩主）
　　└忠宗——綱宗——綱村＝吉村
……………宗基（伯爵）

政宗　まさむね　一五六七—一六三六

慶長20（一六一五）・閏6・19参議

[死没]寛永13（一六三六）・5・24　[年齢]70　[父]伊達輝宗　[母]従四位上修理大夫最上義守女義姫　[法名]貞山利光　[公卿補任]3—543下

福島家　ふくしまけ

尾張国住人から身を起こし、正則一代で安芸国広島藩主にまで栄達した。正則の父は福島市兵衛正信、母は豊臣秀吉の伯母木下氏と伝える。幼時より秀吉に仕え、多くの戦いに戦功を顕わし、天正十一年（一五八三）の賤ヶ岳の戦では一番槍、一番首の殊勲をたて、五千石の所領を与えられた。いわゆる七本槍の面々はいずれも三千石であり、その功績抜群の評を受けたもの。その後も秀吉家臣団のなかで武断派の中心となる。文治派の石田三成

福島家

正信——**正則**——正利

との反目から、秀吉没後は徳川家康と好みを通じ、慶長五年（一六〇〇）関ヶ原の戦では東軍の先峰となって西上して軍功をあげ、戦後の論功行賞により安芸・備前二ヵ国四十九万八千石を与えられ広島藩主となった。元和三年（一六一七）参議従四位下となった。同五年無届けで城修築を行ったことを咎められ、両国を没収され、越後魚沼郡等で四万五千石を与えられ信濃高井野邑に蟄居し、寛永元年（一六二四）その地で没し、のち四男正利が遺領のうち三千石を与えられ寄合に列したが、同十四年没し、家名断絶した。

正則　まさのり　一五六一―一六二四

元和3（一六一七）・6・21参議（従四位下）、11・2辞退（参議）、元和5・-・-出家

[死没]寛永1（一六二四）・7・13　[年齢]64　[父]福島正信　[母]木下某女　[公卿補任]3―547下

島津家　しまづけ

『島津氏系譜』によれば、初代忠久は源氏であったが、母の姓を冒して惟宗氏となり、のち藤原氏に改め、光久に至り源氏に復したという。忠久は源頼朝の殊遇をうけ、薩摩・大隅・日向国の守護兼惣地頭職に補されたとされる。建仁三年（一二〇三）の比企氏の乱に縁座し同職を失ったが、まもなく薩摩国の分のみ復した。在鎌倉の御家人として活躍したが、三代久経は建治元年（一二七五）蒙古襲来に備え幕命により九州に下向し、やがて大隅・日向両国守護職に復し、南九州の経営にあたる。多くの分流を作り同族間の抗争を続けながら戦国時代に至り、薩摩・大隅・日向三ヵ国での島津氏一族・国人の割拠と本宗守護の弱体化のなかで、大永六年（一五二六）相州家の貴久が勝久の養子となり、守護職継承に絡む対抗勢力を克服する。そして、その子義久・義弘は薩隅両国を統一し、日向を領国化したが、天正十五年（一五八七）全国統一をめざす豊臣秀吉の九州征伐をうけて降り、薩隅両国及び日向諸県郡などを安堵された。慶長五年（一六〇〇）関ヶ原の戦で義弘は西軍に属したが、義久・家久らは一切関与しなかった旨を釈明し、旧領を安堵された。幕末期の薩摩藩の活動は目ざましく明治維新の原動力となり、また牽引した。江戸時代の城地石高は薩摩鹿児島七十七万八百石。家格は国持大名、大広間松之間詰。明治十七年（一八八四）、久光および忠義がともに偉勲により公爵を授けられた。

島津家（薩摩藩主）

貴久―義弘―**家久**―光久―
……斉興―斉彬＝忠義（公爵）
　　　　└久光（公爵）

家久　いえひさ　一五七六―一六三八

元和3（一六一七）・7・18参議、10・5辞参議

[死没]寛永15（一六三八）・2・23　[年齢]63　[父]島津義弘　[母]広瀬助宗女（実園田実明女）　[前名]忠恒　[号]慈眼院　[道号]琴月　[法名]花心　[公卿補任]3―547下

社家　しゃけ

江戸時代には、新たに堂上家に取立てられた「新家」に加え、神社の神職、摂家等の諸大夫が非参議従三位に叙せられることも増え、現任・散位の公卿の数は次第に増大した。その増加の中心をなしたのが、神職の非参議従三位である。その一つの画期は元禄・宝永・正徳頃の十八世紀前後、第二の画期は天明・寛政・享和期の十九世紀前後である。中世までの神職の官位叙任は、多くが四位・五位どまりであり、上階するものは伊勢の神宮、春日社にほぼ限られていて、『公卿補任』に見られる神職の従三位例は三十七人が知られるが、その内訳は神宮の祭主等大中臣氏二十人、春日社預および神主の中臣・大中臣氏十人、鴨社祝梨木家一人、賀茂社県主家一人、日吉社祝部氏三人、住吉神主津守家二人である。神宮は全て内宮、日吉・住吉の場合は特例中の特例である。神宮および賀茂下上社の神職の官位については、毎年の初めに行われる神宮奏事始や賀茂奏事始の基本事項の一つともなっていた。また室町時代頃から神宮伝奏・賀茂伝奏が常設され、社家の官位等の執奏を行い、また春日社は南都伝奏がこれを行った。また他にも執奏家を持った社家もあり、これを通して官位の叙任がなされたが、多くが四位・五位にとどまったのである。しかし、江戸時代になると、社家の官位叙任は卜部吉田家の執奏等により全国的に飛躍的に増大し、しかも神宮・春日社以外のこれまで全く上階の例のなかった神社の社家も上階することが起ってくる。全て二百八十三人を数える。その内訳は、伊勢の神宮内宮四十二人、外宮三十四人、春日社の大中臣氏三十九人、中臣氏三十五人、鴨社二十八人、賀茂社二十五人、稲荷社十七人、日吉社十七人、松尾社十二人、平野社十人、住吉社八人、以下大原野社が三人、梅宮社・宇佐宮・南都八幡宮・日前国懸宮が各二人、石清水社・吉田社・日御碕社・阿蘇社・鹿児島諏方社各一人である。いわゆる二十二社の社家の一部に地方大社宇佐・日御碕・阿蘇・南都八幡宮・日前国懸宮が加わった形であるが、鹿児島諏方社の叙任については全く特異である。三位社家の掲載順は『社家次第』掲載の神社順とし、その他は都からの遠近に従う。伊勢の神宮(内宮・外宮)、石清水神社、鴨社(賀茂御祖神社)、賀茂社(賀茂別雷神社)、松尾神社、平野神社、稲荷神社、春日神社、大原野神社、住吉神社、日吉神社、梅宮神社、吉田神社、南都八幡宮、日前国懸宮、日御碕神社、宇佐宮、阿蘇神社、鹿児島諏方神社とした。また、略系譜は、主として東京大学史料編纂所架蔵の系譜類に従った。ただし、神宮については、『荒木田系図』(架番号二〇七五—四八六)、『度会系図』(同二〇七五—四七七)があるが、いずれも所載人名が江戸末期にまで及んでおらず、他にも然るべきものが無いので、遺憾ながら省略に従った。また、確定出来ない社家の分も省いた。以下各社の社家及びその略系譜について若干の説明を加えておく。幕末の文久三年(一八六三)分の『社家次第』に拠れば、神宮の概要は、内宮は大宮司(一人、従三位、大中臣氏)、禰宜(従二位一人、従三位三人、正四位上・従五位下各一人、荒木田氏)、権禰宜(正四位上〜従四位下三十七人、正五位下〜従五位下二十三人、荒木田氏・宇治土公氏)、都合六十一人。外宮は禰宜(従三位四人、正四位下〜従四位下四人、正五位下二人、度会氏)、権禰宜(正四位上〜従四位下三十三人、正五位下〜従五位下四十人、同氏)、都合七十三人。石清水神社は、その職制に検校・前検校・別当・権別当があり、その下に所司及び神官が位置した。神官は俗別当・神主・検知があり、俗別当は紀氏が世襲した。鴨社は、その社職は正禰宜・正祝・権祝・権禰宜・新権祝・新権禰宜、比良木社・貴布禰社・三所社の各祝・禰宜・権祝・権禰宜から成り、鴨県主が奉職。正禰宜・正祝まで昇れた社家は泉亭・梨木および鴨脚《いちょう》と称する二家(一方は秀、他方は光を通字)であった。系譜は『鴨県主家伝』一〜四(二〇七五—八九九)に拠った。賀茂社は、賀茂県主が奉職し、二十一人の社務と氏人百四十人が勤仕した。社務は神主・正禰宜・正祝・権禰宜・権祝、片岡社・貴布禰社・新宮社・太田社・若宮社・奈良社・澤田社・氏神社の各禰宜・祝をいう。賀茂県主氏族は氏・平・清・能・久・俊・直・成・重・幸・季・保・宗・弘・顕・経の十六流に分かれていて、このうち神主職にまで昇れたのは久の一流、重の一流、季の一流、保の一流に属する、松下・森・梅辻・富野・林・鳥居大路・岡本の七家であった。略系図は「賀茂禰宜神主系図」(賀茂県主同族会所蔵、別名「賀茂十六流系図」)に拠った。なお、省略本は『神道大系(神社編賀茂)』に収載。松尾神社は、その社職は神主・正禰宜・正祝・権神主・権禰宜・権祝、松室社・櫟谷社の各禰宜・祝、旅所預から成り、秦氏が奉職。各家松尾を称し、十四家あり、名前は相を通字とした。本家は東を称し第一分家は南を称し、この両家により神主職が世襲された。略系図は、東相遠編『東家系譜要説』に拠った。平野神社は、その社職は正禰宜・正祝・権禰宜・権祝から成り、藤原氏伊藤、中臣氏鈴鹿、大中臣氏中西の各家が奉職。稲荷神社は、その社職は下社神主・中社神主・上社神主・御殿預・目代・正禰宜・正祝・権禰宜・権祝等から成り、神主・禰宜・祝は秦氏、御殿預・目代は荷田氏が世襲した。秦氏は十一家あるが、主家は大西・松本・森の三家である。略系図は『伏見稲荷大社年表』に拠った。春日神社は、その社職は神主・正預・権神主・次権預・前権神主・新権神主・権預・加任預・新預・神宮預・前正預・若宮神主から成り、社家は十七家である。神主職は大中臣氏、中東・奥・奥田・正真院・西・向井・中・中西の八家、預職は中臣氏、辰市・大東・千鳥・今西・東地井・辰巳・富田・大西・南の九家。略系図は大東延篤編『新修春日社社司補任記』に拠った。大原野神社は、狛氏中澤家が神主職を世襲した。住吉神社は、神主職を津守家が世襲し、明治十七年(一八八四)国美のとき、叙爵内規により男爵を授けられた。略系譜は、『津守家譜』(四一七五—四三三)に拠った。日吉神社は、その社職は正禰宜惣官・正祝・権禰宜・権祝等から成り、祝部氏の生源寺家・樹下家各二家が世襲した。略系図は『日吉社司祝部系図』(二〇七五—二〇八)に拠った。刊本の『官幣大社日吉神社大年表』所収の「日吉社祝部氏系譜」とは所々に異同がある。梅宮神社は、その社職は神主・正禰宜・権禰宜・正祝から成り、橘氏橋本家が世襲した。吉田神社は、その社職は預・神主・権預・正禰宜・権禰宜・正祝・権祝等から成り、預・神主は堂上家の吉田家が、権預以下は中臣氏鈴鹿家、卜部吉田家が世襲した。略系図は「鈴鹿連胤家伝」(鈴鹿紀氏所蔵)に拠った。南都八幡宮(手向山八幡宮)は、紀氏上司家が神主職を世襲し、神主初代は末延。縦系図を伝える。略系図は「上司系図」(二〇七五—六七五)に拠った。日前国懸宮は紀伊国造家の紀家が神主職を世襲した。略系図は『紀家譜』(四一七五—二〇〇)に拠った。刊本には「紀伊国造系図」(『続群書類従』七輯下)があるが、所々に異同がある。明治十七年俊尚のとき、叙爵内規により男爵を授けられた。日御碕神社は、歴代小野氏が検校職を勤めた。尊久ははじめ政矩と称し、寛永元年(一六二四)四月白川参議雅富王の執奏により継席受職し、このとき政矩を尊久と改名。以来、白川神道となり、尊の字を通字とすることになる。明治十七年尊光のとき、叙爵内規により男爵を授けられた。略系図は『小野家譜』(四一七五—三六六)に拠った。宇佐八幡宮は、宇佐氏が大宮司職を務め来ったが、南北朝時代、宇佐公世の長子公敦が宮成《みやなり》家を称し、弟の公連は到津《いとうず》家を称して南朝方となった。室町時代以降は、宮成・到津・安心院・出光の各家が大宮司職に補されたが、江戸時代には宮成・到津の嫡流のみが大宮司に補任され、両大宮司家と称された。明治十七年宮成は公矩、到津は公誼が叙爵内規により男爵を授けられた。略系図は『到津家譜』(四一七五—一六二)に拠る。阿蘇神社は阿蘇国造阿蘇氏が大宮司家となり、これを世襲した。略系図は「阿蘇系図」(『神道大系(神社編阿蘇・英彦山)』)に拠った。明治十七年惟敦のとき、叙爵内規により男爵を授けられた。

伊勢内宮禰宜荒木田氏

経盛　つねもり　一六一八―九四
貞享4(一六八七)・4・28〔従三位〕、元禄2(一六八九)・3・18正三位、元禄7・10・26薨去
※従三位叙位年に「内宮禰宜」の記載あり
〔死没〕元禄7(一六九四)・10・26　〔年齢〕77　〔公卿補任〕4―90上

守宗　もりむね　一六一九―九八
元禄2(一六八九)・4・4従三位、元禄7・12・19正三位、元禄11・11・4薨去
※従三位叙位年に「内宮禰宜」の記載あり
〔死没〕元禄11(一六九八)・11・4　〔年齢〕80　〔公卿補任〕4―100下

守洪　もりひろ　一六四一―一七〇五
元禄8(一六九五)・1・19従三位、元禄11・11・28正三位、宝永2(一七〇五)・閏4・11薨去
※従三位叙位年に「内宮禰宜」の記載あり
〔死没〕宝永2(一七〇五)・閏4・11　〔年齢〕65　〔父〕薗田守員　〔公卿補任〕4―123上

経冬　つねふゆ　一六四八―一七〇四
元禄12(一六九九)・1・20従三位、宝永1(一七〇四)・4・13薨去
※従三位叙位年に「内宮禰宜」の記載あり
〔死没〕宝永1(一七〇四)・4・13　〔年齢〕57　〔公卿補任〕4―141上

守相　もりすけ　一六五二―一七一八
宝永1(一七〇四)・6・1従三位、宝永3・1・29正三位、正徳5(一七一五)・1・15従二位、享保3(一七一八)・閏10・9薨去
※従三位叙位年に「内宮禰宜」の記載あり
〔死没〕享保3(一七一八)・閏10・9　〔年齢〕67　〔公卿補任〕4―165上

氏貞　うじさだ　一六四九―一七一二
宝永2(一七〇五)・6・1従三位、宝永8・2・28正三位、正徳2(一七一二)・9・12薨去
※従三位叙位年に「内宮禰宜」の記載あり
〔死没〕正徳2(一七一二)・9・12　〔年齢〕64　〔公卿補任〕4―169上

経晃　つねあきら　一六五〇―一七二四
正徳2(一七一二)・11・20従三位、享保3(一七一八)・11・3正三位、享保9・11・16薨去
※従三位叙位年に「内宮禰宜」の記載あり
〔死没〕享保9(一七二四)・11・16　〔年齢〕75　〔公卿補任〕4―205上

永親　ながちか　一六五三―一七三〇
享保3(一七一八)・11・3従三位、享保10・2・13正三位、享保15・8・24薨去
※従三位叙位年に「内宮禰宜」の記載あり
〔死没〕享保15(一七三〇)・8・24　〔年齢〕78　〔公卿補任〕4―233上

守世　もりよ　一六七〇―一七二六
享保10(一七二五)・2・19従三位、享保11・3・22薨去
※従三位叙位年に「内宮禰宜」の記載あり
〔死没〕享保11(一七二六)・3・22　〔年齢〕57　〔公卿補任〕4―268上

経豊　つねとよ　一六七六―一七四一
享保11(一七二六)・6・28従三位、享保15・9・28正三位、元文3(一七三八)・12・18従二位、寛保1(一七四一)・3・24薨去
※従三位叙位年に「内宮禰宜」の記載あり
〔死没〕寛保1(一七四一)・3・24　〔年齢〕66　〔公卿補任〕4―273上

守敬　もりたか　一六八九―一七五二
享保15(一七三〇)・12・1従三位、寛保1(一七四一)・4・16正三位、宝暦2(一七五二)・9・19〈「29日」ま〉薨去
※従三位叙位年に「内宮禰宜」の記載あり

〔死没〕宝暦2(一七五二)・9・19　〔年齢〕64　〔公卿補任〕4—293上

守秀　もりひで　一六九六—一七七三

寛保1(一七四一)・4・16従三位、宝暦2(一七五二)・11・17正三位、明和8(一七七一)・11・24従二位、安永2(一七七三)・6・21薨去

※従三位叙位年に「内宮禰宜」の記載あり

〔死没〕安永2(一七七三)・6・21　〔年齢〕78　〔公卿補任〕4—351上

経林　つねしげ　一六九九—一七六二

宝暦2(一七五二)・11・17〔従三位〕、宝暦12・4・2薨去

※従三位叙位年に「内宮禰宜」の記載あり

〔死没〕宝暦12(一七六二)・4・2　〔年齢〕64　〔公卿補任〕4—409下

守和　もりかず　一七〇五—七三

宝暦13(一七六三)・11・27〔従三位〕、安永2(一七七三)・8・8正三位、10・21薨去

※従三位叙位年に「内宮二禰宜」の記載あり

〔死没〕安永2(一七七三)・10・21　〔年齢〕69　〔公卿補任〕4—471上

守浮　もりうき　一七一八—八一

安永2(一七七三)・8・8〔従三位〕、12・3正三位、天明1(一七八一)・6・27薨去

※従三位叙位年に「内宮二禰宜」の記載あり

〔死没〕天明1(一七八一)・6・27　〔年齢〕64　〔公卿補任〕4—531下

守脩　もりおさ　一七二六—八一

安永2(一七七三)・12・3〔従三位〕、安永10・3・22薨去

※従三位叙位年に「内宮二禰宜」の記載あり

〔死没〕安永10(一七八一)・3・22　〔年齢〕56　〔公卿補任〕4—531下

氏彦　うじひこ　一七二五—八一

天明1(一七八一)・5・23従三位、7・28正三位、9・8薨去

※従三位叙位年に「内宮一〈ま〉禰宜」の記載あり

〔死没〕天明1(一七八一)・9・8　〔年齢〕57　〔公卿補任〕5—14下

経高　つねたか　一七三六—一八一〇

天明1(一七八一)・7・4〔従三位〕、11・19正三位、寛政11(一七九九)・8・13従二位、文化7(一八一〇)・10・22薨去

※従三位叙位年に「内宮一〈ま〉禰宜」の記載あり

〔死没〕文化7(一八一〇)・10・22　〔年齢〕75　〔公卿補任〕5—14下

氏倫　うじみち　一七四四—一八〇一

天明1(一七八一)・9・26〔従三位〕、寛政6(一七九四)・2・11辞職、享和1(一八〇一)・8・7薨去

※従三位叙位年に「内宮二〈ま〉禰宜」の記載あり

〔死没〕享和1(一八〇一)・8・7　〔年齢〕58　〔公卿補任〕5—14下

経相　つねすけ　一七四〇—九七

天明6(一七八六)・3・15従三位〈ま〉、寛政9(一七九七)・7・27薨去

※従三位叙位年に「内宮禰宜」の記載あり

〔死没〕寛政9(一七九七)・7・27　〔年齢〕58　〔公卿補任〕5—45上

定綱　さだつな　一七四二—一八一三

天明6(一七八六)・3・15従三位〈ま〉、文化3(一八〇六)・4・14正三位、文化9・1・16従二位、文化10・7・3薨去

※従三位叙位年に「内宮禰宜」の記載あり

〔死没〕文化10(一八一三)・7・3　〔年齢〕72　〔公卿補任〕5—45上

経雅　つねただ　一七四二—一八〇五

寛政6(一七九四)・3・23〔従三位〕、文化2(一八〇五)・3・13薨去

※従三位叙位年に「内宮四禰宜」の記載あり

〔死没〕文化2(一八〇五)・3・13 〔年齢〕64 〔公卿補任〕5―97上

氏式 うじのり 一七五八―一八〇一
寛政9(一七九七)・8・7〔従三位〕、享和1(一八〇一)・10・27薨去
※従三位叙位年に「内宮四禰宜」の記載あり
〔死没〕享和1(一八〇一)・10・27 〔年齢〕44 〔公卿補任〕5―116下

守緒 もりお 一七五八―一八一二
享和2(一八〇二)・1・21〔従三位〕、文化9(一八一二)・8・13薨去
※従三位叙位年に「内宮四禰宜」の記載あり
〔死没〕文化9(一八一二)・8・13 〔年齢〕55 〔公卿補任〕5―151上

経陰 つねかげ 一七六一―一八三〇
文化2(一八〇五)・4・5〔従三位〕、文化11・2・20正三位、文政4(一八二一)・3・9従二位、文政13・3・30薨去
※従三位叙位年に「内宮四禰宜」の記載あり
〔死没〕文政13(一八三〇)・3・30 〔年齢〕70 〔公卿補任〕5―170下

守訓 もりくに 一七六七―一八四二
文化8(一八一一)・1・27〔従三位〕、天保2(一八三一)・1・28正三位、天保13・9・13薨去
※従三位叙位年に「内宮四禰宜」の記載あり
〔死没〕天保13(一八四二)・9・13 〔年齢〕76 〔公卿補任〕5―208上

経竿 つねかず 一七七〇―一八四四
文化10(一八一三)・5・8〔従三位〕、文政4(一八二一)・6・-改名経竿、天保14(一八四三)・3・25正三位、弘化1(一八四四)・4・13薨去
※従三位叙位年に「内宮四禰宜」の記載あり
〔死没〕弘化1(一八四四)・4・13 〔前名〕経綸 〔年齢〕75 〔公卿補任〕5―222下

守民 もりたみ 一七八八―一八四二
文政4(一八二一)・2・3従三位、天保13(一八四二)・8・7薨去
※従三位叙位年に「内宮四禰宜」の記載あり
〔死没〕天保13(一八四二)・8・7 〔年齢〕55 〔公卿補任〕5―278下

守雅 もりまさ 一七九六―一八五八
天保2(一八三一)・1・28〔従三位〕、弘化3(一八四六)・4・21〔正三位〕、安政5(一八五八)・5・18薨去
※従三位叙位年に「内宮四禰宜」の記載あり
〔死没〕安政5(一八五八)・5・18 〔年齢〕63 〔公卿補任〕5―345上

氏養 うじやす 一八〇一―五五
天保13(一八四二)・11・10〔従三位〕、安政2(一八五五)・12・14薨去
※従三位叙位年に「内宮四禰宜」の記載あり
〔死没〕安政2(一八五五)・12・14 〔年齢〕55 〔公卿補任〕5―410下

経美 つねよし 一七九八―一八五六
天保13(一八四二)・11・10〔従三位〕、安政3(一八五六)・8・8薨去
※従三位叙位年に「内宮五禰宜」の記載あり
〔死没〕安政3(一八五六)・8・8 〔年齢〕59 〔公卿補任〕5―410下

氏朝 うじとも 一八〇三―?
天保15(一八四四)・6・8〔従三位〕、安政6(一八五九)・1・29正三位、文久2(一八六二)・12・24従二位
※従三位叙位年に「内宮五禰宜」の記載あり
〔公卿補任〕5―422下

守重 もりしげ 一八二六―?
安政4(一八五七)・5・29〔従三位〕
※従三位叙位年に「内宮三禰宜」の記載あり
〔公卿補任〕5―511上

定制 さだのり 一八二六―六二
安政4(一八五七)・5・29〔従三位〕、文久2(一八六二)・6・30薨去
※従三位叙位年に「内宮四禰宜」の記載あり
〔死没〕文久2(一八六二)・6・30 〔年齢〕37 〔公卿補任〕

5—511上

守堅 もりかた 一八二九—?

文久2(一八六二)・9・25〔従三位〕

※従三位叙位年に「内宮三禰宜」の記載あり

〔公卿補任〕5—544上

守宣 もりのぶ 一八二三—八七

文久2(一八六二)・9・25〔従三位〕

※従三位叙位年に「内宮四禰宜」の記載あり

〔死没〕明治20(一八八七)・3・10 〔年齢〕65 〔公卿補任〕5—544上

伊勢内宮大宮司大中臣氏

長矩 ながのり 一七一九—七六

延享4(一七四七)・9・21非参議従三位、寛延1(一七四八)・8・10辞少副〈ま〉、10・-更補神祇少副〈ま〉、宝暦7(一七五七)・4・5正三位、宝暦13(一七六三)・10・6辞皇太神宮司〈ま〉、明和6(一七六九)・11・11辞少副〈ま〉、安永5(一七七六)・11・5薨去

※従三位叙位年に「内宮大宮司」「神祇少副〈ま〉」の記載あり

〔死没〕安永5(一七七六)・11・5 〔年齢〕58 〔公卿補任〕4—382下

長堯 ながあき 一七四〇—一八〇六

明和5(一七六八)・2・22非参議〔従三位〕、明和6・11・16〈ま〉少副、安永6(一七七七)・10・26正三位、天明2(一七八二)・9・3補両太神宮造宮使、12・4辞両太神宮造宮使、天明8・11・7辞皇太神宮司、寛政4(一七九二)・2・3辞少副、寛政12・3・26従二位、文化3(一八〇六)・8・19薨去

※従三位叙位年に「伊勢大宮司」「神祇権少副」の記載あり

〔死没〕文化3(一八〇六)・8・19 〔年齢〕67 〔公卿補任〕4—500上

長都 ながと 一七六六—一八〇七

寛政6(一七九四)・1・22〔従三位〕、2・16神祇少副如旧(去正月二十二日分)、享和2(一八〇二)・3・23補造宮使、7・21辞使、文化1(一八〇四)・6・10正三位、文化4・9・21薨去

※従三位叙位年に「伊勢大宮司」「神祇少副」の記載あり

〔死没〕文化4(一八〇七)・9・21 〔年齢〕42 〔公卿補任〕5—96下

長祥 ながよし 一七九一—一八三三

文政2(一八一九)・1・22〔従三位〕、神祇少副如旧、文政12・8・20正三位、天保4(一八三三)・2・28薨去

※従三位叙位年に「伊勢大宮司」の記載あり

〔死没〕天保4(一八三三)・2・28 〔年齢〕43 〔公卿補任〕5—264上

都盛 つもり 一七九三—一八四九

嘉永2(一八四九)・閏4・29〔従三位〕、神祇権大副如旧、9・14薨去

※従三位叙位年に「伊勢大宮司」の記載あり

〔死没〕嘉永2(一八四九)・9・14 〔年齢〕57 〔公卿補任〕5—458下

長量 ながかず 一八三七—六七

文久1(一八六一)・5・28〔従三位〕、慶応3(一八六七)・8・21薨去

※従三位叙位年に「伊勢大宮司」の記載あり

〔死没〕慶応3(一八六七)・8・21 〔年齢〕31 〔公卿補任〕5—536下

伊勢外宮禰宜度会氏

常和 つねかず 一六一七—一七〇〇

天和3(一六八三)・-・- 〔従三位〕、貞享4(一六八七)・4・28正三位、元禄11(一六九八)・-・-〔12月27日カ〕従二位〈旧〉、元禄13・8・13薨去

※貞享四年に「外宮禰宜」の記載あり

〔死没〕元禄13(一七〇〇)・8・13 〔年齢〕84 〔父〕度会

〔死没〕貞次 〔公卿補任〕4—89下

常有　つねあり　一六四二—一七二三
貞享4(一六八七)・4・28〔従三位〕、元禄13(一七〇〇)・9・3正三位、宝永8(一七一一)・2・28従二位、享保8(一七二三)・7・8薨去
※従三位叙位年に「外宮禰宜」の記載あり
〔死没〕享保8(一七二三)・7・8　〔年齢〕82　〔父〕度会貞晨　〔母〕山田大路某女　〔公卿補任〕4—90上

末彦　すえひこ　一六四四—一七〇八
元禄13(一七〇〇)・9・3従三位、宝永5(一七〇八)・1・16薨去
※従三位叙位年に「外宮禰宜」の記載あり
〔死没〕宝永5(一七〇八)・1・16　〔年齢〕65　〔父〕度会集彦　〔公卿補任〕4—145上

親彦　ちかひこ　一六五二—一七一六
宝永5(一七〇八)・3・8従三位、享保1(一七一六)・7・29薨去
※従三位叙位年に「外宮禰宜」の記載あり
〔死没〕享保1(一七一六)・7・29　〔年齢〕65　〔父〕度会満彦(実度会全彦)　〔公卿補任〕4—184下

貞命　さだなが　一六五九—一七四六
享保1(一七一六)・8・20従三位、享保8・9・2正三位、元文3(一七三八)・12・18従二位、延享3(一七四六)・11・24薨去
※従三位叙位年に「外宮禰宜」の記載あり
〔死没〕延享3(一七四六)・11・24　〔年齢〕88　〔父〕度会常基　〔公卿補任〕4—222下

貞盈　さだみつ　一六六五—一七二七
享保9(一七二四)・1・12従三位、享保12・1・20薨去
※従三位叙位年に「外宮禰宜」の記載あり
〔死没〕享保12(一七二七)・1・20　〔年齢〕63　〔父〕度会常生　〔公卿補任〕4—263上

条彦　えだひこ　一六七五—?
享保12(一七二七)・2・3従三位
※従三位叙位年に「外宮禰宜」の記載あり、延享二年(一七四五)非参議従三位〔以後不見〕
〔父〕度会親彦(実度会福彦)　〔公卿補任〕4—277下

智彦　ともひこ　一六七九—一七五二
延享3(一七四六)・2・17〔従三位〕、延享4・1・29正三位、宝暦2(一七五二)・12・10薨去
※従三位叙位年に「外宮禰宜」の記載あり
〔死没〕宝暦2(一七五二)・12・10　〔年齢〕74　〔父〕度会直彦　〔公卿補任〕4—376下

貞憲　さだのり　一六八〇—一七四九
延享4(一七四七)・1・29従三位、寛延2(一七四九)・-・-薨去
※従三位叙位年に「外宮禰宜」の記載あり
〔死没〕寛延2(一七四九)　〔年齢〕70　〔父〕度会常和　〔公卿補任〕4—382下

高彦　たかひこ　一六八六—一七五三
寛延2(一七四九)・11・5〈ま〉従三位、宝暦2(一七五二)・2・1〈宝暦3年にもあり〉正三位、宝暦3・8・8薨去
※従三位叙位年に「外宮禰宜〈ま〉」の記載あり
〔死没〕宝暦3(一七五三)・8・8　〔年齢〕68　〔父〕度会因彦　〔公卿補任〕4—393下

知仲　ともなか　一六八七—一七五三
宝暦2(一七五二)・2・1〈宝暦3年にもあり〉〔従三位〕、宝暦3・10・2正三位、10・4薨去
※従三位叙位年に「外宮禰宜」の記載あり
〔死没〕宝暦3(一七五三)・10・4　〔年齢〕67　〔父〕度会寿彦　〔公卿補任〕4—409下

常倚　つねより　一七〇七—七七
宝暦3(一七五三)・10・2〔従三位〕、宝暦4・2・8正三位、明和8(一七七一)・11・29従二位、安永6(一七七七)・9・5薨去
※従三位叙位年に「外宮禰宜」の記載あり、宝暦九年より「外宮一禰宜」
〔死没〕安永6(一七七七)・9・5　〔年齢〕71　〔父〕度会貞命(実度会常固)　〔公卿補任〕4—414上

意彦　おきひこ　一七二三—六七
宝暦4（一七五四）・2・6〈「閏2月16日」ま〉従三位、明和4（一七六七）・5・26薨去
※従三位叙位年に「外宮禰宜」の記載あり、宝暦九年より「外宮二禰宜」
［死没］明和4（一七六七）・5・26　［年齢］45　［父］度会条彦　［公卿補任］4—420上

常之　つねゆき　一七一〇？—八一
明和4（一七六七）・8・24〔従三位〕、安永6（一七七七）・10・1正三位、天明1（一七八一）・8・26薨去
※従三位叙位年に「外宮二禰宜」の記載あり、安永七年より「外宮一禰宜」
［死没］天明1（一七八一）・8・26　［年齢］72？　［父］度会定悳　［公卿補任］4—493上

貞根　さだね　一七二七—八五
安永6（一七七七）・11・19〔従三位〕、天明1（一七八一）・9・26正三位、天明5・5・20薨去
※従三位叙位年に「外宮三禰宜」の記載あり、安永七年より「外宮二禰宜」、天明二年より「外宮一禰宜」
［死没］天明5（一七八五）・5・20　［年齢］59　［父］度会常広　［公卿補任］4—557下

常陳　つねのぶ　一七三二—九一
天明1（一七八一）・12・14〔従三位〕、天明5・6・13正三位、寛政3（一七九一）・8・16薨去
※従三位叙位年に「外宮二〈ま〉禰宜」の記載あり、天明七年より「外宮一禰宜」
［死没］寛政3（一七九一）・8・16　［年齢］60　［父］度会常惇　［公卿補任］5—14下

栄彦　ひでひこ　一七四〇—九七
天明5（一七八五）・6・13従三位、寛政4（一七九二）・3・24正三位、寛政9・12・6薨去
※従三位叙位年に「外宮二禰宜」の記載あり、寛政四年より「外宮一禰宜」
［死没］寛政9（一七九七）・12・6　［年齢］58　［父］度会圭彦　［公卿補任］5—39上

言彦　ことひこ　一七四三—一八一七
天明6（一七八六）・3・15従三位〈ま〉、享和1（一八〇一）・11・22正三位、文化2（一八〇五）・1・28〈「26日」〈ま〉〉従二位、文化13・7・22辞社職、文化14・9・2薨去
※従三位叙位年に「外宮禰宜」の記載あり、天明七年より「外宮四禰宜」、寛政四年（一七九二）より「外宮三禰宜」、寛政十年より「外宮二禰宜」、享和二年より「外宮一禰宜」
［死没］文化14（一八一七）・9・2　［年齢］75　［父］度会卓彦　［公卿補任］5—45下

常古　つねふる　一七四七—一八〇一
天明6（一七八六）・3・15〈ま〉従三位、寛政10（一七九八）・2・4正三位、享和1（一八〇一）・6・20〈ま〉薨去
※従三位叙位年に「外宮禰宜」の記載あり、天明七年より「外宮三禰宜」、寛政四年より「外宮二禰宜」、寛政十年より「外宮一禰宜」
［死没］享和1（一八〇一）・6・20　［年齢］55　［父］度会貞代　［公卿補任］5—45下

朝栄　ともひで　一七四五—一八二五
寛政3（一七九一）・10・13〔従三位〕、文化3（一八〇六）・5・7正三位、文政3（一八二〇）・7・8従二位、文政8・11・4薨去
※従三位叙位年に「外宮四禰宜」の記載あり、寛政十年より「外宮三禰宜」、享和二年（一八〇二）より「外宮二禰宜」、文化十四年より「外宮一禰宜」
［死没］文政8（一八二五）・11・4　［年齢］81　［父］度会知仲　［公卿補任］5—76下

常典　つねのり　一七五〇—一八〇四
寛政10（一七九八）・5・25〔従三位〕、文化1（一八〇四）・2・23薨去
※従三位叙位年に「外宮四禰宜」の記載あり、享和二年（一八〇二）より「外宮三禰宜」
［死没］文化1（一八〇四）・2・23　［年齢］55　［父］度会貞根　［公卿補任］5—124下

算彦　かずひこ　一七六七—一八一四
享和2（一八〇二）・2・2〔従三位〕、文化11（一八一四）・

2・10薨去
※従三位叙位年に「外宮四禰宜」の記載あり、文化二年（一八〇五）より「外宮三禰宜〈ま〉」
[死没]文化11（一八一四）・2・10　[年齢]48　[父]度会言彦　[公卿補任]5—151上

常全　つねたけ　一七七一—一八一九
文化1（一八〇四）・3・27〔従三位〕、文政2（一八一九）・5・10薨去
※従三位叙位年に「外宮四禰宜」の記載あり、文化十二年より「外宮三禰宜」、文化十四年より「外宮二禰宜」
[死没]文政2（一八一九）・5・10　[父]度会常陳（実河崎延尚）　[年齢]49　[公卿補任]5—164下

範彦　のりひこ　一七七三—一八三五
文化11（一八一四）・5・24〔従三位〕、文政9（一八二六）・6・8正三位、天保3（一八三二）・7・25辞社職、天保6・閏7・9薨去
※従三位叙位年に「外宮四禰宜」の記載あり、文化十四年より「外宮三禰宜」、文政三年より「外宮二禰宜」、文政九年より「外宮一禰宜」
[死没]天保6（一八三五）・閏7・9　[年齢]63　[父]度会栄彦　[公卿補任]5—229下

常名　つねな　一七六五—一八四四
文化14（一八一七）・1・30〔従三位〕、天保6（一八三五）・2・9正三位、弘化1（一八四四）・11・5辞社職、11・14薨去
※従三位叙位年に「外宮四禰宜」の記載あり、文政三年（一八二〇）より「外宮三禰宜」、文政九年より「外宮二禰宜」、天保四年より「外宮一禰宜」
[死没]弘化1（一八四四）・11・14　[年齢]80　[父]度会貞丘　[公卿補任]5—250下

貞度　さだのり　一七八四—一八三一
文政2（一八一九）・6・13〔従三位〕、天保2（一八三一）・1・23薨去
※従三位叙位年に「外宮五禰宜」の記載あり、文政三年より「外宮四禰宜」、文政九年より「外宮三禰宜」
[死没]天保2（一八三一）・1・23　[年齢]48　[父]度会常古　[公卿補任]5—264上

朝喬　ともたか　一七八七—一八六一
文政9（一八二六）・11・26〔従三位〕、弘化3（一八四六）・4・21〔正三位〕、嘉永3（一八五〇）・4・4従二位、文久1（一八六一）・2・7薨去
※従三位叙位年に「外宮四禰宜」の記載あり、天保三年（一八三二）より「外宮三禰宜」、天保四年より「外宮二禰宜」、弘化二年より「外宮一禰宜」
[死没]文久1（一八六一）・2・7　[年齢]75　[父]度会朝栄　[公卿補任]5—312下

常達　つねたつ　一七八八—一八五〇
天保2（一八三一）・2・20〔従三位〕、嘉永3（一八五〇）・9・7薨去
※従三位叙位年に「外宮四禰宜」の記載あり、天保四年より「外宮三禰宜」、弘化二年（一八四五）より「外宮二禰宜」
[死没]嘉永3（一八五〇）・9・7　[年齢]63　[父]度会常忠　[公卿補任]5—345上

常代　つねしろ　一七九〇—一八五一
天保3（一八三二）・8・24〔従三位〕、嘉永4（一八五一）・12・28薨去
※従三位叙位年に「外宮四禰宜」の記載あり、弘化二年（一八四五）より「外宮三禰宜」、嘉永四年より「外宮二禰宜」
[死没]嘉永4（一八五一）・12・28　[年齢]62　[父]度会貞賀　[公卿補任]5—351下

常善　つねよし　一八〇二—六二
天保15（一八四四）・10・20〔従三位〕、文久2（一八六二）・3・5正三位、4・22薨去
※従三位叙位年に「外宮五禰宜」の記載あり、弘化二年（一八四五）より「外宮四禰宜」、嘉永四年（一八五一）より「外宮三禰宜」、嘉永六年より「外宮二禰宜」、文久二年より「外宮一禰宜」
[死没]文久2（一八六二）・4・22　[年齢]61　[父]度会貞度　[公卿補任]5—422下

常庸　つねやす　一八一七—?
嘉永3（一八五〇）・9・22〔従三位〕、文久3（一八六三）・

8・4正三位
※従三位叙位年に「外宮四禰宜」の記載あり、嘉永五年より「外宮三禰宜」、文久二年より「外宮二禰宜」、文久三年より「外宮一禰宜」
［父］度会常全　［公卿補任］5―466上

貞董　さだただ　一八〇七―?
嘉永5（一八五二）・1・17〔従三位〕
※従三位叙位年に「外宮四禰宜」の記載あり、文久二年（一八六二）より「外宮三禰宜」、文久三年より「外宮二禰宜」
［公卿補任］5―479下

常伴　つねとも　一八一七―?
文久1（一八六一）・5・21〔従三位〕
※従三位叙位年に「外宮五禰宜」の記載あり、文久二年より「外宮四禰宜」、文久三年より「外宮三禰宜」
［父］度会常達　［公卿補任］5―536下

朝彦　ともひこ　一八二七―八九
文久2（一八六二）・5・9〔従三位〕
※従三位叙位年に「外宮五禰宜」の記載あり、文久三年より「外宮四禰宜」
［死没］明治22（一八八九）・7　［年齢］63　［父］度会範彦　［公卿補任］5―543下

石清水神社俗別当紀氏

清規　きよのり　一七九四―?
文久3（一八六三）・4・11〔従三位〕（推叙、行幸勧賞）
※従三位叙位年に「石清水社俗別当」の記載あり
［父］紀清貞　［公卿補任］5―552上

鴨社社家鴨県主泉亭・梨木家

祐有　すけあり
応永2（一三九五）・7・18従三位〔以後不見〕
［父］鴨祐尚　［公卿補任］3―37下

永祐　ながすけ
延宝5（一六七七）・4・12従三位
※従三位叙位年に「鴨社禰宜」の記載あり、貞享三年（一六八六）非参議従三位〔以後不見〕
［父］鴨祐直（実鴨祐俊）　［母］鴨豊子女　［公卿補任］4―50下

久祐　ひさすけ　一六五七―一七一六
宝永3（一七〇六）・4・1従三位、享保1（一七一六）・7・19辞職、7・20薨去
※従三位叙位年に「鴨社禰宜」の記載あり
［死没］享保1（一七一六）・7・20　［年齢］60　［父］鴨祐陽　［公卿補任］4―174下

祐之　すけゆき　一六六〇―一七二四
享保1（一七一六）・-・-〈初見〉非参議従三位、享保8・12・26正三位、享保9・1・28辞職、1・29薨去
※従三位叙位年に「鴨社禰宜」の記載あり
［死没］享保9（一七二四）・1・29　［年齢］65　［父］鴨永祐　［母］藤堂某女　［公卿補任］4―222下

俊永　としなが　一七一一―八五
寛延2（一七四九）・1・25従三位、宝暦2（一七五二）・1・12〔22日カ〕正三位、安永6（一七七七）・7・25従二位、安永7・6・5辞社職、天明5（一七八五）・2・18薨去
※従三位叙位年に「御祖社正禰宜」の記載あり
［死没］天明5（一七八五）・2・18　［年齢］74　［公卿補任］4―393下

俊春　としはる　一七三四―八五
明和7（一七七〇）・2・25〔従三位〕、安永7（一七七八）・6・5正禰宜、安永8・6・11正三位、天明5（一七

(六五)・11・23辞職、11・28薨去
※従三位叙位年に「御祖神宮権禰宜」の記載あり
[死没]天明5(一七八五)・11・28　[年齢]52　[公卿補任]4―511下

祐喜　すけよし　一七三三―?
安永8(一七七九)・1・22従三位、天明5(一七八五)・11・24〈去廿三日宣〉正禰宜、天明8・1・21〈「11日」ま〉正三位、寛政2(一七九〇)・4・25辞職返上位記
※従三位叙位年に「御祖社権禰宜」の記載あり
[父]鴨綱祐　[母]竹田某女　[公卿補任]4―570下

鴨県主泉亭・梨木家

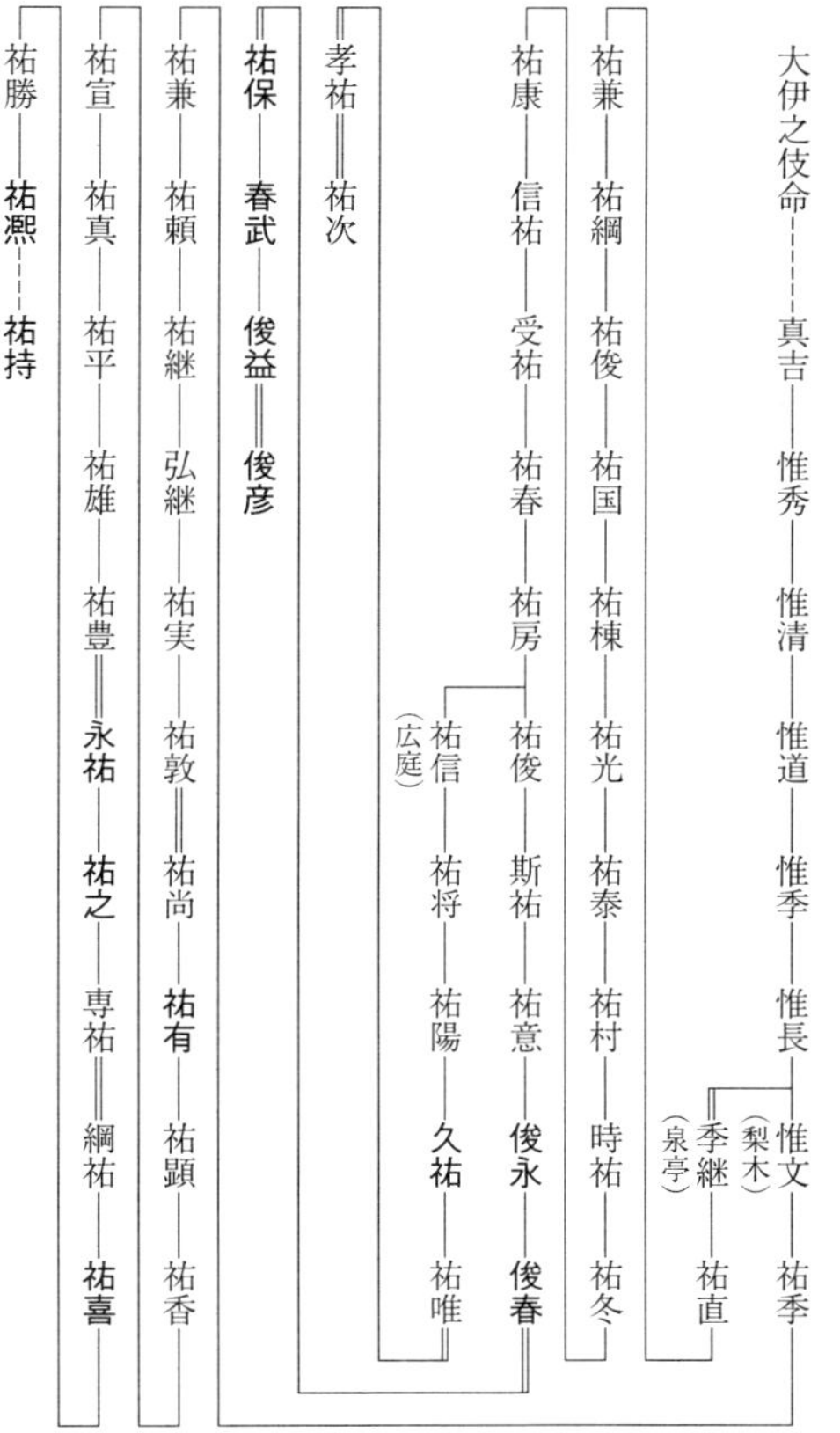

祐保　すけやす　一七四一―一八一一
寛政1(一七八九)・4・5従三位〈ま〉、寛政2・4・25〈「28日」ま〉転正禰宜、寛政7・1・21正三位、寛政11・2・-改名祐保、文化8(一八一一)・5・13辞社職、5・18薨去
※従三位叙位年に「御祖社権禰宜」の記載あり
[死没]文化8(一八一一)・5・18　[年齢]71　[前名]広宇　[公卿補任]5―65上

春武　はるたけ　一七七〇―一八二八
文化11(一八一四)・2・11〔従三位〕、文政8(一八二五)・1・12正三位、文政11・10・12辞職、10・14薨去
※従三位叙位年に「御祖社正禰宜」の記載あり
[死没]文政11(一八二八)・10・14　[年齢]59　[公卿補任]5―229下

祐澂　すけひろ　一七七〇―一八二二
文政5(一八二二)・4・26〔従三位〕、4・28辞社職、4・29薨去
※従三位叙位年に「鴨社権禰宜」の記載あり
[死没]文政5(一八二二)・4・29　[年齢]53　[公卿補任]5―284上

祐持　すけもち　一七七七―一八五七
文政11(一八二八)・12・18〔従三位〕、天保6(一八三五)・1・12正三位、安政3(一八五六)・4・7従二位、安政4・9・7辞社職、9・10薨去
※従三位叙位年に「御祖社正禰宜」の記載あり
[死没]安政4(一八五七)・9・10　[年齢]81　[公卿補任]5―325下

俊益　とします　一七九七―?
天保8(一八三七)・9・13〔従三位〕、嘉永5(一八五二)・1・12正三位、安政4(一八五七)・9・18正禰宜、文久3(一八六三)・3・11従二位
※従三位叙位年に「御祖社権禰宜」の記載あり
[公卿補任]5―381下

俊彦 としひこ 一八二三―?

元治1(一八六四)・7・10〔従三位〕

※従三位叙位年に「御祖社権禰宜」の記載あり

〔公卿補任〕5―560上

鴨社社家鴨県主鴨脚家1

鴨県主鴨脚家

春秀―真永―伊信―伊職―伊輔
惟明―輔光―光継―光兼―光家
光基―光信―光清―光高―光遠
光敦―秀顕―光将―光数―秀郷
秀澄―秀行―秀延―豊秀―**秀政**
秀治―**秀久**―**秀隆**―**秀長**＝**秀豊**…
‥‥**秀静**‥‥**秀文**

秀政 ひでまさ

延宝1(一六七三)・12・29〔従三位〕

※従三位叙位年に「鴨社祝」の記載あり、延宝三年非参議従三位〔以後不見〕

〔父〕鴨豊秀 〔公卿補任〕4―37上

秀治 ひではる 一六二四―八八

貞享4(一六八七)・2・29〔従三位〕、元禄1(一六八八)・1・15辞祝、1・16薨去

※従三位叙位年に「鴨社祝」の記載あり

〔死没〕元禄1(一六八八)・1・16 〔年齢〕65 〔父〕鴨秀政 〔公卿補任〕4―90上

秀久 ひでひさ 一六五六―一七三七

元文1(一七三六)・11・21従三位、元文2・11・8薨去

※従三位叙位年に「鴨社祝」の記載あり

〔死没〕元文2(一七三七)・11・8 〔年齢〕82 〔父〕鴨秀治 〔公卿補任〕4―324下

秀隆 ひでたか 一六七九―一七五八

元文3(一七三八)・12・24従三位、寛延2(一七四九)・2・27正三位、宝暦8(一七五八)・10・27〈「25日」ま〉辞祝、10・30薨去

※従三位叙位年に「鴨社祝」の記載あり、延享四年(一七四七)より「鴨社正祝」

〔死没〕宝暦8(一七五八)・10・30 〔年齢〕80 〔父〕鴨秀久 〔公卿補任〕4―336下

秀長 ひでなが 一七二〇―一八〇七

宝暦14(一七六四)・3・24〔従三位〕、明和6(一七六九)・12・18正三位、寛政12(一八〇〇)・3・28従二位、文化4(一八〇七)・2・1辞社職、2・4薨去

※従三位叙位年に「御祖社正祝」の記載あり

〔死没〕文化4(一八〇七)・2・4 〔年齢〕88 〔父〕鴨秀隆 〔公卿補任〕4―477下

秀豊 ひでとよ 一七五六―一八三七

寛政5(一七九三)・3・28〔従三位〕、享和1(一八〇一)・12・16正三位、文化4(一八〇七)・2・2正祝、天保6(一八三五)・2・19従二位、天保8・7・26辞職、7・27薨去

※従三位叙位年に「御祖社権祝」の記載あり

〔死没〕天保8(一八三七)・7・27 〔年齢〕82 〔父〕鴨秀長(実鴨光条) 〔公卿補任〕5―90下

秀静 ひでしず 一八〇七―?

天保14(一八四三)・1・12〔従三位〕、嘉永5(一八五二)・3・27正三位、文久3(一八六三)・3・11従二位

※従三位叙位年に「御祖社正祝」の記載あり

〔公卿補任〕5―416上

秀文 ひでふみ 一八二三―?

元治1(一八六四)・7・10〔従三位〕

※従三位叙位年に「河合社祝」の記載あり

〔公卿補任〕5―560上

鴨社社家鴨県主鴨脚家２

春光　はるみつ

天和１(一六八一)・８・10〔従三位〕

※従三位叙位年に「鴨社祝」の記載あり、貞享三年(一六八六)非参議従三位〔以後不見〕

〔父〕鴨光久(実鴨豊秀)　〔公卿補任〕４―64上

光行　みつゆき　一六五〇―一七三六

元禄15(一七〇二)・３・16従三位、正徳２(一七一二)・２・25正三位、元文１(一七三六)・８・５薨去

※従三位叙位年に「鴨社祝」の記載あり

〔死没〕元文１(一七三六)・８・５　〔年齢〕87　〔父〕鴨春光　〔公卿補任〕４―154上

光条　みつなが　一七二七―八八

明和８(一七七一)・８・20〔従三位〕、天明８(一七八八)・９・22正三位、９・23〈昨日宣〉辞社職、９・24薨去

※従三位叙位年に「御祖社権祝」の記載あり

〔死没〕天明８(一七八八)・９・24　〔年齢〕62　〔父〕鴨光紹　〔母〕従五位下鴨光繁女　〔公卿補任〕４―519下

鴨県主鴨脚家

光吉―光政＝光綱―光久＝**春光**
光行―光紹―**光条**―光増―**光陳**
相光―光倫―光納＝光秋＝**光連**
光暉┄**光寛**

光陳　みつのぶ　一七八一―一八三六

文政９(一八二六)・１・12〔従三位〕、天保６(一八三五)・１・12正三位、天保７・８・３辞職、８・５薨去

※従三位叙位年に「御祖社権祝」の記載あり

〔死没〕天保７(一八三六)・８・５　〔年齢〕56　〔父〕鴨光増　〔公卿補任〕５―312上

光連　みつつら　一七六五―一八四二

天保13(一八四二)・７・５〔従三位〕、７・10薨去

※従三位叙位年に「御祖社前権祝」の記載あり

〔死没〕天保13(一八四二)・７・10　〔年齢〕78　〔父〕鴨信真　〔日記〕下鴨社祠官光連日記(一七八七―八九)　〔公卿補任〕５―410下

光寛　みつひろ　一八一四―六四

嘉永３(一八五〇)・12・19〔従三位〕、安政５(一八五八)・１・12正三位、元治１(一八六四)・２・14辞社職、２・15薨去

※従三位叙位年に「御祖社権神主」の記載あり、嘉永四年より「御祖社権祝」

〔死没〕元治１(一八六四)・２・15　〔年齢〕51　〔公卿補任〕５―466上

鴨社社家鴨県主鴨脚家３

惟貞　これさだ　一六三九―九六

元禄６(一六九三)・４・15従三位、元禄７・閏５・４辞職、元禄９・６・12薨去

※従三位叙位年に「鴨社祝」の記載あり

〔死没〕元禄９(一六九六)・６・12　〔年齢〕58　〔父〕鴨秀清　〔公卿補任〕４―115下

鴨県主鴨脚家

光時―昭清＝秀清―**惟貞**―惟春
惟承

賀茂社社家賀茂県主

定延　さだとも　？―一五五二

天文17(一五四八)・１・19従三位、天文21・・薨去

〔死没〕天文21(一五五二)　〔公卿補任〕３―423下

賀茂県主

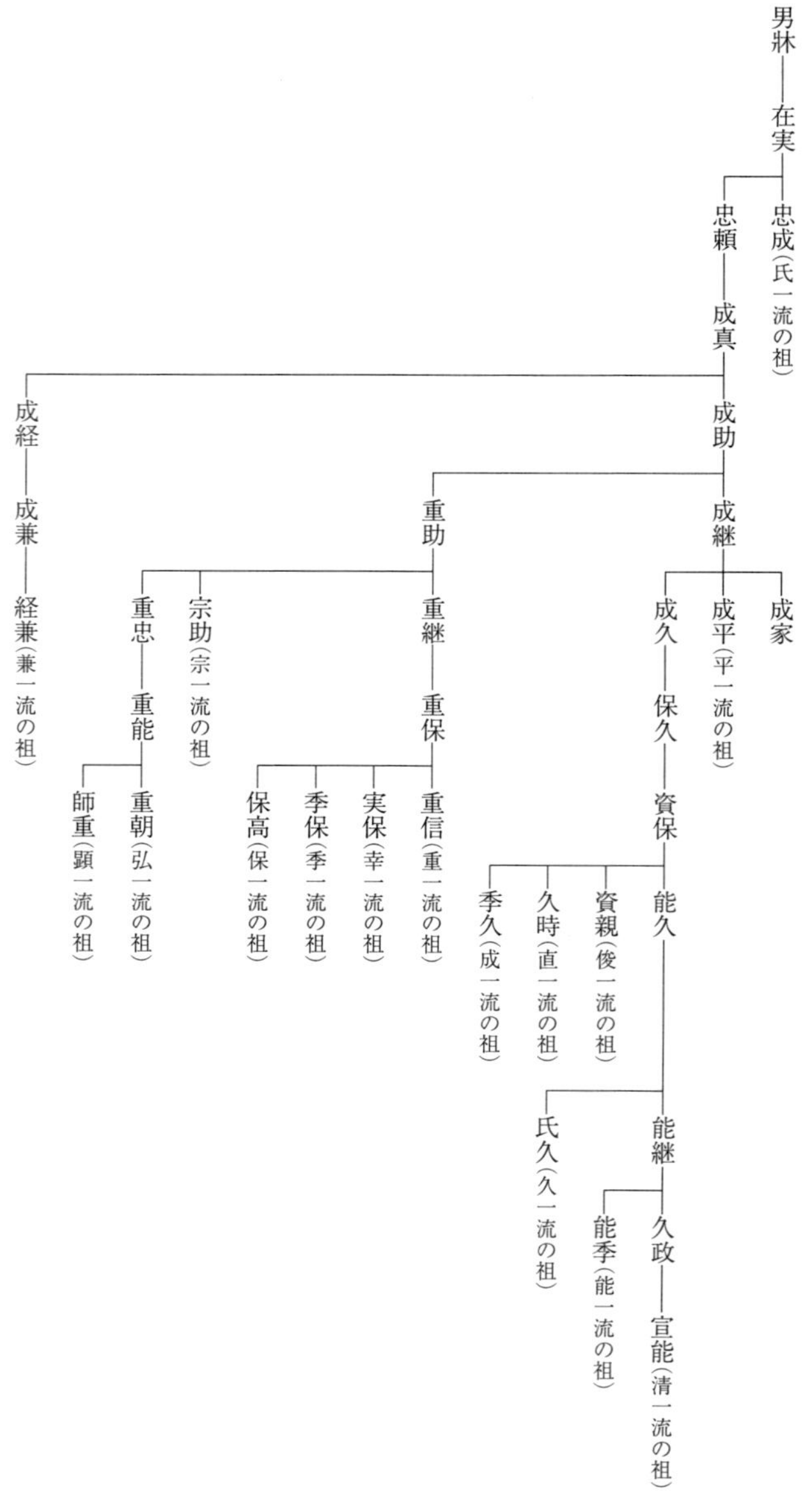

起久　おきひさ　一六一七―八九

延宝4（一六七六）・2・2〔従三位〕、元禄1（一六八八）・11・2正三位、元禄2・3・8薨去

※従三位叙位に「賀茂社前神主」の記載あり

〔死没〕元禄2（一六八九）・3・8　〔年齢〕73　〔父〕賀茂与久、二男　〔前名〕矩久カ　〔号〕備後・梅辻　〔公卿補任〕4―46下

維久　しげひさ　一六三二―九〇

元禄2（一六八九）・4・9従三位、元禄3・6・29薨去

※従三位叙位年に「賀茂神社」の記載あり

〔死没〕元禄3（一六九〇）・6・29　〔年齢〕59　〔父〕賀茂盈久　〔公卿補任〕4―100下

職久　もとひさ　一六四二―一七〇一

元禄7（一六九四）・3・12従三位、元禄13・1・28辞職、元禄14・3・22〈「23日」ま〉正三位、薨去

※従三位叙位に「賀茂社神主」の記載あり

〔死没〕元禄14（一七〇一）・3・22　〔年齢〕60　〔父〕賀茂起久　〔公卿補任〕4―119下

就久 なりひさ 一六三八—一七二一
元禄13(一七〇〇)・4・18〈「28日」あ〉従三位、宝永8(一七一一)・2・28辞職、正徳2(一七一二)・4・1正三位、享保6(一七二一)・-・- 被坐事
※従三位叙位に「賀茂社神主」の記載あり
[死没]享保6(一七二一) [年齢]84 [父]賀茂寛久 [公卿補任]4—145上

重豊 しげとよ 一六四四—一七一六
元禄15(一七〇二)・7・26従三位、享保1(一七一六)・9・11薨去
※従三位叙位年に「賀茂社正祝〈ま〉」の記載あり
[死没]享保1(一七一六)・9・11 [年齢]73 [父]賀茂重副 [公卿補任]4—154上

順久 まさひさ 一六五一—一七二〇
元禄15(一七〇二)・3・16従三位、享保5(一七二〇)・5・7薨去
※従三位叙位年に「賀茂社前神主」の記載あり
[死没]享保5(一七二〇)・5・7 [年齢]70 [父]賀茂矩久 [公卿補任]4—154上

保喬 やすたか 一六六九—一七一九
正徳6(一七一六)・4・11従三位、享保4(一七一九)・11・25辞賀茂社神主、薨去
※従三位叙位に「賀茂社神主」の記載あり
[死没]享保4(一七一九)・11・25 [年齢]51 [父]賀茂保可 [公卿補任]4—222下

重統 しげつな 一六六三—一七三〇
享保12(一七二七)・12・19従三位、享保15・9・18辞賀茂社神主、11・27薨去
※従三位叙位年に「賀茂社神主」の記載あり
[死没]享保15(一七三〇)・11・27 [年齢]68 [父]賀茂重副 [公卿補任]4—278上

督久 まさひさ 一六七二—一七四〇
元文5(一七四〇)・4・23〈従三位〉、5・24辞賀茂社神主〈ま〉、5・25薨去
※従三位叙位年に「賀茂社神主」の記載あり
[死没]元文5(一七四〇)・5・25 [年齢]69 [父]賀茂慶久、三男 [前名]信久 [公卿補任]4—345下

(久一流)

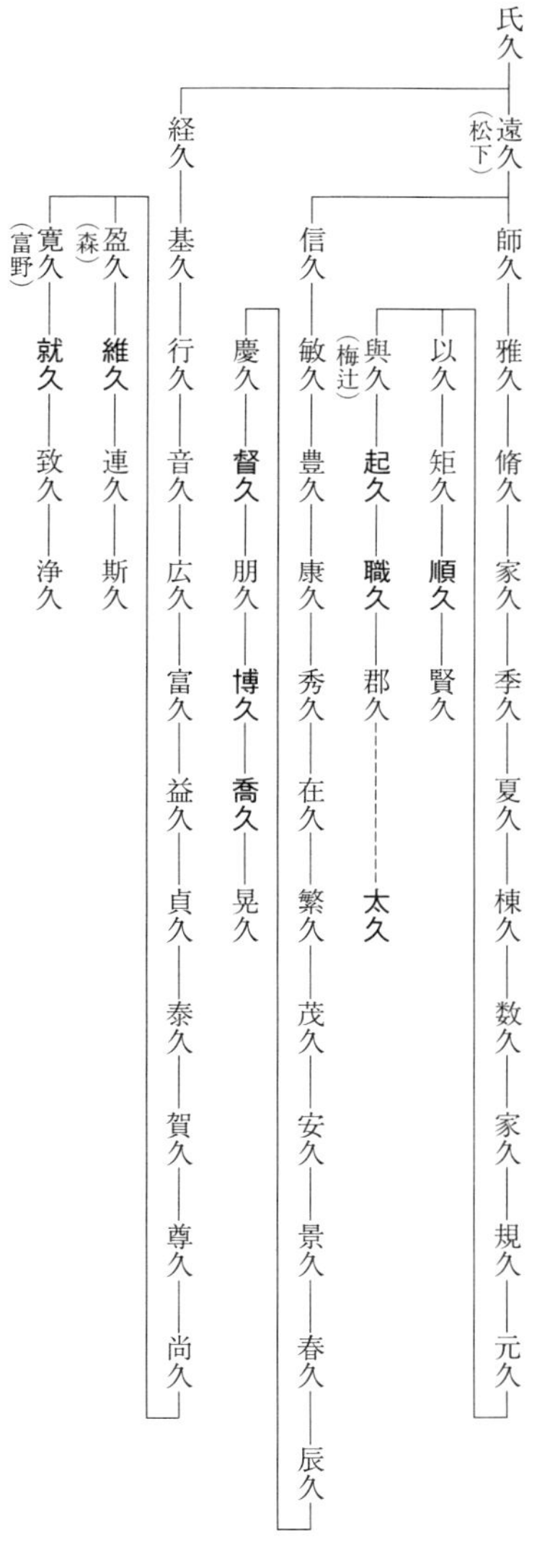

（重一流）

重信—重定—重通—重春—重員—重冬—重賢—重親—重俊—重基—重藤—重秋—重賢—重能—重邦—重副（林）

重副—**重豊**
重副—**重統**—重治—**重殖**—重固
重統—**賞久**—**業久**—**望久**
業久—**孝久**—資久
重副—重宥—重成—典久—威久—**径久**

応平 まさひら 一七〇一—六七
宝暦9（一七五九）・3・4〔従三位〕、明和2（一七六五）・1・12正三位、明和4・9・22薨去
※従三位叙位年に「別雷社前神主」の記載あり
［死没］明和4（一七六七）・9・22 ［年齢］67 ［父］賀茂親久、二男 ［前名］延季 ［公卿補任］4—448下

正久 ただひさ 一七一二—七八
明和1（一七六四）・閏12・19〔従三位〕、明和6・12・18正三位、安永7（一七七八）・2・9薨去
※従三位叙位年に「別雷社前神主」の記載あり
［死没］安永7（一七七八）・2・9 ［年齢］67 ［父］賀茂親久、三男 ［前名］正季 ［公卿補任］4—478下

保韶 やすあき 一七三一—一八〇七
明和6（一七六九）・3・25〔従三位〕、文化4（一八〇七）・11・9薨去
※従三位叙位年に「別雷社神主」の記載あり、安永四年（一七七五）より「正三位」
［死没］文化4（一八〇七）・11・9 ［年齢］77 ［父］賀茂保礼 ［公卿補任］4—506下

賞久 よしひさ 一七一五—八一
明和8（一七七一）・8・20〔従三位〕、安永6（一七七七）・7・30正三位、安永10・3・12薨去
※従三位叙位年に「別雷社前正禰宜」の記載あり
［死没］安永10（一七八一）・3・12 ［年齢］67 ［父］賀茂重元 ［公卿補任］4—519下

業久 なりひさ 一七四〇—一八一二
安永6（一七七七）・2・1〔従三位〕、天明2（一七八二）・12・22正三位、寛政4（一七九二）・12・2神主、享和3（一八〇三）・12・－辞社職〈ま〉、文化9（一八一二）・10・15薨去
※従三位叙位年に「別雷社正禰宜」の記載あり
［死没］文化9（一八一二）・10・15 ［年齢］73 ［父］賀茂賞久 ［公卿補任］4—556下

（季一流）

季保—重敏—季継—時重—季時—季光—久季—季頼—季知—季広—季実—季理—季辰—季満—季蔵—季求—季隆（富野）—**応平**（鳥居大路）—命平—和平—**信平**—如平
季隆—**正久**

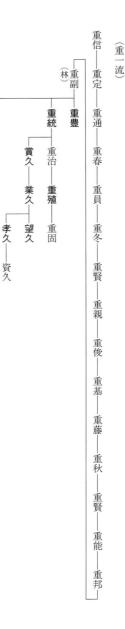

博久 ひろひさ 一七四一—八二
安永6(一七七七)・2・1〔従三位〕、安永10・1・12正三位、天明1(一七八一)・8・17辞職、天明2・4・12〈「1月」ま〉正三位、8・24薨去
※従三位叙位年に「別雷社神主」の記載あり
〔死没〕天明2(一七八二)・8・24 〔年齢〕42 〔父〕賀茂朋久 〔公卿補任〕4—556下

保麗 やすよし 一七五二—一八一九
天明5(一七八五)・3・20従三位、寛政3(一七九一)・3・22正三位、寛政4・11・28辞職、寛政12・8・28補正禰宜、文化11(一八一四)・12・2補神主、文政2(一八一九)・1・13辞神主、薨去
※従三位叙位年に「別雷社神主」の記載あり
〔死没〕文政2(一八一九)・1・13 〔年齢〕68 〔父〕賀茂保韶 〔公卿補任〕5—39上

喬久 たかひさ 一七五八—一八〇〇
寛政9(一七九七)・3・30〔従三位〕、寛政12・8・17辞職〈ま〉、薨去
※従三位叙位年に「別雷社正禰宜」の記載あり
〔死没〕寛政12(一八〇〇)・8・17 〔年齢〕43 〔父〕賀茂博久 〔公卿補任〕5—116下

重殖 しげたね 一七五三—一八二七
文化4(一八〇七)・3・26〔従三位〕、文化10・3・22正三位、文政7(一八二四)・2・8辞社職、文政10・閏6・23〈「22日」ま〉薨去
※従三位叙位年に「別雷社正祝」の記載あり
〔死没〕文政10(一八二七)・閏6・23 〔年齢〕75 〔父〕賀茂重治 〔公卿補任〕5—182上

信平 のぶひら 一七七五—一八三八
文政3(一八二〇)・1・12〔従三位〕、天保2(一八三一)・1・16辞神主、天保6・3・28正三位、天保8・8・25還補神主、天保9・9・18辞神主、薨去
※従三位叙位年に「別雷社神主」の記載あり
〔死没〕天保9(一八三八)・9・18 〔年齢〕64 〔父〕賀茂和平 〔前名〕信持カ 〔公卿補任〕5—271上

望久 もちひさ 一七八〇—一八三七
文政5(一八二二)・1・12〔従三位〕、天保2(一八三一)・1・17補神主、天保6・5・29正三位、天保8・8・9辞社職、薨去
※従三位叙位年に「賀茂社正禰宜」の記載あり
〔死没〕天保8(一八三七)・8・7 〔年齢〕58 〔父〕賀茂業久 〔公卿補任〕5—283下

孝久 たかひさ 一七九一—一八五七
天保10(一八三九)・4・8〔従三位〕、弘化1(一八四四)・1・12正三位、嘉永4(一八五一)・12・17辞社職、安政4(一八五七)・1・28薨去
※従三位叙位年に「別雷社神主」の記載あり
〔死没〕安政4(一八五七)・1・27 〔年齢〕67 〔父〕賀茂業久、二男 〔公卿補任〕5—392下

径久 みちひさ 一八一五—九四
嘉永5(一八五二)・3・27〔従三位〕、万延1(一八六〇)・10・3辞社職、文久3(一八六三)・6・9還補社職、元治1(一八六四)・7・10正三位、11・1辞社職

（保一流）
保高—保盛—保弘—保成—保能—保教—保内—保能—保春—保輔—保茂—保成—保望—保用—保意
└保可（岡本）—**保喬**—保礼—**保韶**—**保麗**—保吉
　　　　　　　　　　　　└保永—保虎—保篤
　　　　　　　　　　　　　　　　　└**保盛**

※従三位叙位年に「別雷社神主」の記載あり
[死没]明治27(一八九四)・7・18　[年齢]80　[父]賀茂威久　[公卿補任]5―480上

太久　ふとひさ　一八一五―八六
文久1(一八六一)・3・27〔従三位〕、文久3・7・27改太久、元治1(一八六四)・11・2補神主、慶応2(一八六六)・1・12正三位
※従三位叙位年に「別雷社正禰宜」の記載あり
[死没]明治19(一八八六)・5・3　[年齢]62　[父]賀茂孝久、二男　[前名]光久　[公卿補任]5―536下

保盛　やすもり　一八二五―七七
万延2(一八六一)・1・12〔従三位〕、文久3(一八六三)・3・11正三位、6・8辞社職
※従三位叙位年に「別雷社神主」の記載あり
[死没]明治10(一八七七)・11・30　[年齢]53　[父]賀茂保虎、二男　[公卿補任]5―536下

松尾神社神主秦氏松尾家

相看　すけみ　一六四七―一七一五
宝永3(一七〇六)・6・17従三位、正徳5(一七一五)・12・29薨去
※従三位叙位年に「松尾社神主」の記載あり

秦氏松尾家

秦河勝(中略)相季―相通―相兼―相言―相行―相郷―相種―相冬―相豊―相光―相房―相秀―相景―相行―(東)**相看**―**相道**―**相崇**―**相養**―**相村**―**相命**―**相愛**
相光―相頼―相朝―相賢―相章―(南)**相忠**―相広―**相栄**―**栄忠**―**栄親**―**栄祐**―勝栄

[死没]正徳5(一七一五)・12・29　[年齢]69　[父]秦相行　[公卿補任]4―174下

相忠　すけただ　一六六一―一七三五
享保5(一七二〇)・12・28従三位、享保20・3・28薨去
※従三位叙位年に「松尾社神主」の記載あり
[死没]享保20(一七三五)・3・28　[年齢]75　[父]秦相章　[公卿補任]4―242下

相道　すけみち　一六七六―一七三九
享保20(一七三五)・12・24従三位、元文4(一七三九)・6・28〈「18日」ま〉薨去
※従三位叙位年に「松尾社神主」の記載あり
[死没]元文4(一七三九)・6・28　[年齢]64　[父]秦相宥　[公卿補任]4―317下

相栄　すけひで　一七二九―八八
明和4(一七六七)・8・8〔従三位〕、安永3(一七七四)・1・8正三位、天明8(一七八八)・3・23薨去
※従三位叙位年に「松尾社神主」の記載あり
[死没]天明8(一七八八)・3・23　[年齢]60　[父]秦相広　[公卿補任]4―493上

相崇　すけたか　一七一八―八一
明和7(一七七〇)・1・29〔従三位〕、天明1(一七八一)・5・17薨去
※従三位叙位年に「松尾社前神主」の記載あり
[死没]天明1(一七八一)・5・17　[年齢]64　[父]秦相道　[公卿補任]4―511下

相養　すけやす　一七四七―九三
天明4(一七八四)・12・19従三位、天明8・4・3補神主、寛政5(一七九三)・5・23正三位、9・10薨去
※従三位叙位年に「松尾社正禰宜」の記載あり
[死没]寛政5(一七九三)・9・10　[年齢]47　[父]秦相崇　[公卿補任]5―32下

栄忠　ひでただ　一七五三―一八一四

天明5(一七八五)・3・11〈「13日」ま〉従三位、天明8・5・24転正禰宜、寛政5(一七九三)・9・25神主、10・10正三位、文化1(一八〇四)・8・20辞社職、文化11・10・29薨去

⌘従三位叙位年に「松尾社正祝」の記載あり

〔死没〕文化11(一八一四)・10・29　〔年齢〕62　〔父〕秦相栄　〔公卿補任〕5―39上

相村　すけむら　一七八一―一八二九

文化11(一八一四)・12・19〔従三位〕、文政12(一八二九)・10・29正三位、薨去

⌘従三位叙位年に「松尾社神主」の記載あり

〔死没〕文政12(一八二九)・10・29　〔年齢〕49　〔父〕秦相養　〔公卿補任〕5―230上

栄親　ひでちか　一七八八―一八三七

文化13(一八一六)・2・24〔従三位〕、文政13(一八三〇)・8・30正三位、天保8(一八三七)・2・9薨去

⌘従三位叙位年に「松尾社正禰宜」の記載あり、文政十三年より「松尾社神主」

〔死没〕天保8(一八三七)・2・9　〔年齢〕50　〔父〕秦栄忠　〔公卿補任〕5―243下

相命　すけなが　一八〇〇―?

天保1(一八三〇)・12・19〔従三位〕、天保8・2・18補神主、天保10・12・19正三位

⌘従三位叙位年に「松尾社正禰宜」の記載あり

〔父〕秦相村　〔公卿補任〕5―338上

栄祐　ひですけ　一八二〇―?

嘉永3(一八五〇)・10・30〔従三位〕、元治1(一八六四)・3・11正三位

⌘従三位叙位年に「松尾社正禰宜」の記載あり

〔父〕秦栄親　〔公卿補任〕5―466上

相愛　すけなる　一八三八―?

慶応2(一八六六)・1・15〔従三位〕

⌘従三位叙位年に「松尾社正祝」の記載あり

〔父〕秦相命　〔公卿補任〕5―573上

平野神社禰宜伊藤家

家貞　いえさだ　一六五二―一七二二

享保4(一七一九)・12・26従三位、享保7・9・23薨去

⌘従三位叙位年に「平野社禰宜」の記載あり

〔死没〕享保7(一七二二)・9・23　〔年齢〕71　〔公卿補任〕4―238下

伊藤家

祐寿―**祐昌**―**祐貞**―祐祖―祐順

祐寿　すけとし　一六九九―一七七八

宝暦5(一七五五)・7・29従三位、宝暦9・5・29禰宜、安永7(一七七八)・閏7・21薨去

⌘従三位叙位年に「平野社祝」の記載あり

〔死没〕安永7(一七七八)・閏7・21　〔年齢〕80　〔公卿補任〕4―426下

祐昌　すけまさ　一七四六―一八〇八

寛政10(一七九八)・12・19〔従三位〕、文化5(一八〇八)・6・8薨去

⌘従三位叙位年に「平野社正禰宜」の記載あり

〔死没〕文化5(一八〇八)・6・8　〔年齢〕63　〔公卿補任〕5―125上

祐貞　すけさだ　一七八一―一八三五

天保4(一八三三)・11・19〈「12月」ま〉〔従三位〕、天保6・2・25薨去

⌘従三位叙位年に「平野社正禰宜」の記載あり

〔死没〕天保6(一八三五)・2・25　〔年齢〕55　〔公卿補任〕5―357下

平野神社禰宜中西家

久富 ひさとみ 一六二三—一七〇八
元禄13(一七〇〇)・12・25従三位、宝永5(一七〇八)・2・9薨去
※従三位叙位年に「平野社禰宜」の記載あり
[死没]宝永5(一七〇八)・2・9 [年齢]86 [公卿補任]4—145下

鈴鹿家
益親——並親——直親

平野神社禰宜鈴鹿家

宣保 のぶやす 一六七三—一七五八
享保16(一七三一)・12・25従三位、延享4(一七四七)・12・26正三位、宝暦8(一七五八)・2・25薨去
※従三位叙位年に「平野社禰宜」の記載あり。鈴鹿の確証を得ないが、同じ中臣姓につき仮にここに収める
[死没]宝暦8(一七五八)・2・25 [年齢]86 [公卿補任]4—298上

益親 ますちか 一七〇〇—六〇
宝暦9(一七五九)・12・24〔従三位〕、宝暦10・2・20薨去
※従三位叙位年に「平野社祝」の記載あり
[死没]宝暦10(一七六〇)・2・20 [年齢]61 [公卿補任]4—448下

並親 なみちか 一七四九—一八一八
享和1(一八〇一)・12・18〔従三位〕、文化7(一八一〇)・10・28転平野社正禰宜、文化12・10・15辞社職、文化14・3・17正三位、文政1(一八一八)・6・28薨去
※従三位叙位年に「平野社正祝」の記載あり
[死没]文政1(一八一八)・6・28 [年齢]70 [公卿補任]5—146上

直親 なおちか 一七九四—一八五五
弘化2(一八四五)・5・30〔従三位〕、安政2(一八五五)・10・9薨去
※従三位叙位年に「平野社正禰宜」の記載あり
[死没]安政2(一八五五)・10・9 [年齢]62 [公卿補任]5—429上

直保 なおやす 一八一八—五九
安政4(一八五七)・12・8〔従三位〕、安政6・9・7薨去
※従三位叙位年に「平野社正禰宜」の記載あり
[死没]安政6(一八五九)・9・7 [年齢]42 [公卿補任]5—511下

稲荷神社神主秦氏諸家

親友 ちかとも 一六六九—一七五一
元文3(一七三八)・2・17従三位、寛延4(一七五一)・閏6・27正三位、閏6・29薨去
※従三位叙位年に「稲荷下社神主」の記載あり
[死没]寛延4(一七五一)・閏6・29 [年齢]83 [父]秦親光 [母]吉田某女 [公卿補任]4—336上

公広 きんひろ 一六七三—一七五二
寛延4(一七五一)・10・1〈「10日」ま〉従三位、宝暦2(一七五二)・4・3薨去〈ま〉
※従三位叙位年に「稲荷下社神主」の記載あり
[死没]宝暦2(一七五二)・4・3 [年齢]80 [父]秦公村 [母]従四位下長門守秦公建女 [公卿補任]4—404下

為胤 ためたね 一六八七—一七五五
宝暦2(一七五二)・6・10〔従三位〕、宝暦5・3・12薨去
※従三位叙位年に「稲荷下社神主」の記載あり
[死没]宝暦5(一七五五)・3・12 [年齢]69 [父]秦為恒 [公卿補任]4—409下

親安　ちかやす　一六九一—一七六一

宝暦9（一七五九）・12・24（従三位）、宝暦11・9・30薨去

※従三位叙位年に「稲荷下社神主」の記載あり

［死没］宝暦11（一七六一）・9・30　［年齢］71　［父］秦親夏　［母］安田義員女　［公卿補任］4—448下

親盛　ちかもり　一七〇三—七八

明和4（一七六七）・5・19（従三位）、安永7（一七七八）・7・6正三位、7・11薨去

※従三位叙位年に「稲荷下社神主」の記載あり

［死没］安永7（一七七八）・7・11　［年齢］76　［父］秦親友（実安田親夏）　［母］安田義員女　［公卿補任］4—493上

為雄　ためお　一七一四—八〇

安永7（一七七八）・閏7・4（従三位）、安永9・7・23薨去

※従三位叙位年に「稲荷社神主」の記載あり

［死没］安永9（一七八〇）・7・23　［年齢］67　［父］秦為勝　［公卿補任］4—564上

秦氏諸家

山陰（大西）—陰満—陰高—高積—清高—忠清—親清—親行—親氏—親勝—親高—元親—親成—親景—親森

親清—清良（東大西）—定良—親経—親朝—親村—経村—親藤—経次

陰満—為高（松本）—為賢—忠賢—忠弘＝為清—為定—親忠—親憲—為憲—親尚—親継—為継—為当

忠賢—公賢（森）—正盛—公時—公頼—公弘—公憲—憲弘—公継—公富—公為公為—公常—為重—重高—公慶—公吏—公村—**公広**＝公高＝**公林**＝公府＝公麻＝公杓＝公昌＝公種

為当—親為—為経—為安—為紀—高経—為穀—為起＝為量—昌為—為寛—**為勝**—**為房**—**為縞**—為邑—為鎮

為紀—為俊（南松本）—為豊—為恒—**為胤**—高誠—為重—為以＝為廉—**為弼**—為名

為俊—為賢（中津瀬）＝為利＝為親＝為長＝為次＝為勝＝**為雄**—**忠凞**—**忠絢**—忠紀

忠紀—忠勝—忠養

経次—之経＝親之—親教—教高＝親明—親栄—親孝—親定—親方＝**親業**—親寧—**親典**＝親禎—親愛

親森—親潔—親世—長種—継長—親尚—親修—親宣＝親光—**親友**＝**親盛**—**親臣**—**親憲**—親禹—親篤—親真—親保

親尚—親賢（祓川）—幸親（安田）—親夏—**親安**＝親元—親久—親栄＝親和—親俊

為勝　ためかつ　一七二二—八六

天明2(一七八二)・3・11従三位、天明6・5・17〈「27日」ま〉辞職、6・4薨去

※従三位叙位年に「稲荷下社神主」の記載あり

［死没］天明6(一七八六)・6・4　［年齢］65　［父］秦為寛　［母］手島某女　［公卿補任］5—20上

親臣　ちかおみ　一七三五—一八〇六

天明6(一七八六)・2・17従三位、6・1転下社神主、文化1(一八〇四)・6・8正三位、文化3・10・19辞社職、10・29薨去

※従三位叙位年に「稲荷中社神主」の記載あり

［死没］文化3(一八〇六)・10・29　［年齢］72　［父］秦親盛　［母］修理権大夫入江則信女　［公卿補任］5—45上

公林　きんよし　一七三六—八九

天明7(一七八七)・2・27従三位、寛政1(一七八九)・10・3辞職、10・9薨去

※従三位叙位年に「稲荷中社神主」の記載あり

［死没］寛政1(一七八九)・10・9　［年齢］54　［父］秦公高(実秦高任)　［公卿補任］5—52上

親業　ちかなり　一七四九—一八一〇

文化4(一八〇七)・12・19〔従三位〕、文化7・5・30辞職、6・5薨去

※従三位叙位年に「稲荷下社神主」の記載あり

［死没］文化7(一八一〇)・6・5　［年齢］62　［父］秦親方(実秦親盛)　［母］野村保尹女　［公卿補任］5—182上

忠凞　ただひろ　一七五〇—一八一一

文化8(一八一一)・閏2・4〔従三位〕、7・9辞社職、7・11薨去

※従三位叙位年に「稲荷下社神主」の記載あり

［死没］文化8(一八一一)・7・11　［年齢］62　［父］秦為雄　［母］佐竹義格女　［公卿補任］5—208上

為房　ためふさ　一七五六—一八二七

文化8(一八一一)・12・21〔従三位〕、文政10(一八二七)・4・3辞職、4・17薨去

※従三位叙位年に「稲荷下社神主」の記載あり

［死没］文政10(一八二七)・4・17　［年齢］72　［父］秦為勝　［母］松本憲之女　［公卿補任］5—209上

親憲　ちかのり　一七五九—一八二一

文化11(一八一四)・10・26〔従三位〕、文政4(一八二一)・11・25辞社職、12・5薨去

※従三位叙位年に「稲荷中社神主」の記載あり

［死没］文政4(一八二一)・12・5　［年齢］63　［父］秦親臣　［母］吉見某女　［公卿補任］5—229下

為弼　ためすけ　一七六九—一八二八

文政11(一八二八)・12・9〔従三位〕、12・13辞職、12・22薨去

※従三位叙位年に「稲荷下社神主」の記載あり

［死没］文政11(一八二八)・12・22　［年齢］60　［父］秦為廉　［母］井上某女　［公卿補任］5—325上

忠絢　ただあや　一七七七—一八三八

文政12(一八二九)・3・4〔従三位〕、天保9(一八三八)・4・30辞神主、閏4・16薨去

※従三位叙位年に「稲荷下社神主」の記載あり

［死没］天保9(一八三八)・閏4・16　［年齢］62　［父］秦忠凞　［母］小川某女　［公卿補任］5—330下

為縞　ためしま　一七八六—？

天保6(一八三五)・12・18〔従三位〕、天保9・閏4・10稲荷下社神主、安政2(一八五五)・2・17正三位

※従三位叙位年に「稲荷中社神主」の記載あり

［父］秦為稿　［母］藤原某女　［公卿補任］5—369下

親典　ちかのり　一七八九—？

安政3(一八五六)・2・5〔従三位〕

※従三位叙位年に「稲荷中社神主」の記載あり

［父］秦親寧　［公卿補任］5—503上

春日神社神主大中臣諸家

時徳　ときのり　?—一四〇〇
応永6(一三九九)・1・26従三位、応永7・-・-薨去
※従三位叙位年に「春日社神主」の記載あり
［死没］応永7(一四〇〇)・5・2　［父］大中臣時実　［公卿補任］3—47下　［大日本史料］7—4—568

師盛　もろもり　?—一四二四
応永6(一三九九)・3・11従三位、応永24・9・9刑部卿、応永31・6・14薨去
※従三位叙位年に「春日社権神主」の記載あり、応永二十三年より「正三位カ」とあり
［死没］応永31(一四二四)・6・14　［父］大中臣時俊　［日記］至徳二年記(一三八五)　［公卿補任］3—47下

家統　いえもち　一四五六—一五四三
享禄4(一五三一)・8・7正三位、天文12(一五四三)・1・19薨去
※享禄三年非参議従三位(初見)、この年に「春日社神主」の記載あり
［死没］天文12(一五四三)・1・19　［年齢］88　［父］大中臣家胤　［公卿補任］3—380上

家賢　いえかた　一四八四—一五五三
天文13(一五四四)・3・9従三位、天文20・3・-正三位、天文22・1・11薨去、非参議、正三位
※従三位叙位年に「春日社神主」の記載あり
［死没］天文22(一五五三)・1・11　［年齢］70　［父］大中臣家統　［公卿補任］3—413下

師重　もろしげ　一四九二—一五六六
天文22(一五五三)・2・27従三位、10・20正三位(春日社正遷宮賞)、永禄9(一五六六)・9・-薨去
※従三位叙位年に「春日社神主」の記載あり
［死没］永禄9(一五六六)・9　［年齢］75　［父］大中臣師和　［公卿補任］3—434下

時具　ときとも　一四九〇—一五五九
延徳2(一四九〇)・-・-誕生、-・-・-叙爵、-・-・-大蔵少輔、天文5(一五三六)・12・14従五位上、天文8・1・13正五位下、天文10・12・23従四位下、大蔵卿、天文12・1・19任新権神主、1・28従四位上、天文17・12・21正四位下、天文22・1・16転権神主、天文23・2・11従三位、永禄2(一五五九)・3・5薨去
※従三位叙位年に「春日社権神主」の記載あり
［死没］永禄2(一五五九)・3・5　［年齢］70　［父］大中臣時殖(実大中臣師種)　［公卿補任］3—436下

経栄　つねひで　一五〇三—八一
永正-・-・-叙爵、天文10(一五四一)・12・15従五位上、天文22・1・16補春日社新権神主、1・22正五位下、天文23・10・14従四位下、弘治4(一五五八)・2・21従四位上、永禄2(一五五九)・3・-転春日社権神主、4・18正四位下、永禄9・9・29転春日社神主、11・8従三位、天正6(一五七八)・4・10正三位、天正9・10・-薨去
※従三位叙位年に「春日社神主」の記載あり
［死没］天正9(一五八一)・10　［年齢］79　［父］大中臣経頼　［公卿補任］3—458下

時宣　ときのぶ　一五〇四—?
永正-・-・-叙爵、天文10(一五四一)・12・15従五位上、天文15・3・24正五位下、天文22・1・22従四位下、天文24・1・21従四位上、永禄2(一五五九)・2・8正四位下、3・-補春日社新権神主、永禄9・9・29春日社権神主、11・9従三位、天正9(一五八一)・10・-転神主
※従三位叙位年に「春日社神主」の記載あり。天正十六年非参議従三位〔以後不見〕
［父］大中臣時就　［公卿補任］3—458下

経就　つねなり　一六〇四—八四
延宝4(一六七六)・2・9〔従三位〕、延宝8・3・4正三位、天和1(一六八一)・12・21〔叙位事既見前年条〕正三位、貞享1(一六八四)・11・6薨去

※従三位叙位年に「春日社神主」の記載あり
〔死没〕貞享1(一六八四)・11・6　〔年齢〕81　〔父〕大中臣経長　〔公卿補任〕4—46下

時康　ときやす　一六一一—八五
延宝7(一六七九)・5・21〔従三位〕、貞享2(一六八五)・1・28正三位、10・8薨去
※従三位叙位年に「春日社権神主」の記載あり
〔死没〕貞享2(一六八五)・10・8　〔年齢〕75　〔父〕大中臣時昌　〔公卿補任〕4—57下

師直　もろなお　一六一六—九七
貞享2(一六八五)・1・28〔従三位〕、貞享5・4・21正三位、元禄3(一六九〇)・6・18辞職、元禄10・3・5薨去
※従三位叙位年に「春日社権神主」の記載あり
〔死没〕元禄10(一六九七)・3・5　〔年齢〕82　〔父〕大中臣師勝　〔公卿補任〕4—80下

時雅　ときまさ　一六二四—一七〇五
元禄1(一六八八)・4・21従三位、元禄3・6・21補神主、元禄6・2・5正三位、宝永2(一七〇五)・11・6薨去
※従三位叙位年に「春日社権神主」の記載あり
〔死没〕宝永2(一七〇五)・11・6　〔年齢〕72　〔父〕大中臣時氏　〔公卿補任〕4—96上

家知　いえとも　一六二六—九五
元禄6(一六九三)・2・5従三位、元禄8・1・5〈元禄9年にもあり〉薨去
※従三位叙位年に「春日社権神主」の記載あり
〔死没〕元禄8(一六九五)・1・5　〔年齢〕70　〔父〕大中臣家光(実大中臣師勝)　〔公卿補任〕4—115下

師尋　もろひろ　一六三五—一七一〇
元禄9(一六九六)・1・26従三位、宝永2(一七〇五)・11・9神主、宝永3・2・11正三位、宝永7・3・11薨去
※従三位叙位年に「春日社権神主」の記載あり
〔死没〕宝永7(一七一〇)・3・11　〔年齢〕76　〔父〕大中臣師信(実富田延知)　〔公卿補任〕4—127下

経賢　つねかた　一六四一—一七二五
宝永3(一七〇六)・2・11従三位、宝永7・3・14転神主、3・15正三位、享保10(一七二五)・7・17薨去
※従三位叙位年に「春日社権神主」の記載あり
〔死没〕享保10(一七二五)・7・17　〔年齢〕85　〔父〕大中臣経就　〔公卿補任〕4—174下

時真　ときざね　一六四三—一七一九
宝永7(一七一〇)・3・15従三位、享保4(一七一九)・6・4薨去
※従三位叙位年に「春日社権神主」の記載あり
〔死没〕享保4(一七一九)・6・4　〔年齢〕77　〔父〕大中臣時康　〔公卿補任〕4—195上

経憲　つねのり　一六四八—一七二九
享保4(一七一九)・6・11従三位、享保10・7・20補神主、8・7正三位、享保14・9・23辞神主、9・24薨去
※従三位叙位年に「春日社権神主」の記載あり
〔死没〕享保14(一七二九)・9・24　〔年齢〕82　〔父〕大中臣経元　〔公卿補任〕4—238上

時資　ときとも　一六七一—一七三五
享保10(一七二五)・8・7従三位、享保14・9・24転神主、11・26正三位、享保20・11・4薨去
※従三位叙位年に「春日社権神主」の記載あり
〔死没〕享保20(一七三五)・11・4　〔年齢〕65　〔父〕大中臣時雅　〔公卿補任〕4—268上

時令　ときのり　一六七二—一七五二
享保14(一七二九)・10・22従三位、享保20・11・6転神主、11・8正三位、宝暦2(一七五二)・2・29薨去
※従三位叙位年に「春日社権神主」の記載あり
〔死没〕宝暦2(一七五二)・2・29　〔年齢〕81　〔父〕大中臣時福(実中臣延相)　〔公卿補任〕4—288上

師興　もろおき　一六八一—一七四四
享保20(一七三五)・11・8従三位、延享1(一七四四)・12・2辞社職〈ま〉、12・5薨去
※従三位叙位年に「春日社権神主」の記載あり

［死没］延享1（一七四四）・12・5　［年齢］64　［父］大中臣師言　［公卿補任］4—317下

時方　ときかた　一六八五—一七六〇

延享1（一七四四）・12・5従三位、宝暦2（一七五二）・3・3転神主、正三位、宝暦10・4・17辞神主、薨去　※従三位叙位年に「春日権神主」の記載あり　［死没］宝暦10（一七六〇）・4・17　［年齢］76　［父］大中臣時厚　［公卿補任］4—367上

大中臣諸家

恒滝（中東）—時用—理平—兼興—惟基—忠時—時経

経基（中東）—時盛—時弘—時定—時継—時家—時実—**時徳**—時有—時元—時憲＝時就—**時宣**

（時定）経定（正真院）—時国—兼時—経清—経春—経有—経康＝家久—家益—経頼—**経栄**

（時家）時尚（西）—師俊—時俊—**師盛**—師秀—師光—師淳—師順—師清

（時俊）師久（向井）—師行—師種—師和—**師重**—師秋

（時有）時繁（中）—時勝—時長—時殖＝**時具**—時英

経久—経治—経長—**経就**—**経賢**—経季—経厚—**経芳**＝経休＝成祐—経逵—経利＝経時

師定—師隆—師信＝**師尋**—師魚＝師福＝師屋＝**師典**—師康＝**種敷**—**師証**—師政＝師潔

師孝—師治—師勝—**師直**—師言—**師興**—師周—師亮—**師孟**—**師寿**—**師応**—師香

時家—時重—時直＝時福＝**時令**—**時廉**＝時美—時完—時若＝**時真**—時邦—時喜

時基（中東）—時広—時昌—**時康**—**時真**—時厚＝**時方**—**時貞**—時邑＝時春—時正＝時理＝**時芳**—時賢＝**時副**—時庸

時盛（中西）—時久—時氏—**時雅**—**時資**—**時成**＝時亮—**時啻**＝時憲—時敬

経房（奥）—泰時—泰房—成房—成忠—成親＝成茂—成道—成家＝経成—家房—家徳—家興

家統—**家賢**—家種—家綱＝経元＝**経憲**—経公—家治—**成隆**—**成卿**—成章＝経貞

家康（奥田）—家政—家光（中絶）**家知**＝**成紀**＝**成職**＝成訓—成季

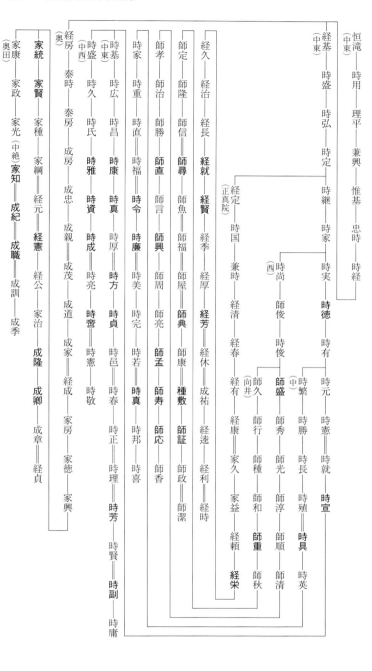

時成　ときなり　一六九九―一七五九
宝暦2(一七五二)・3・3〔従三位〕、宝暦9・12・13薨去
※従三位叙位以年に「春日社権神主」の記載あり
[死没]宝暦9(一七五九)・12・13　[年齢]61　[父]大中臣時資　[公卿補任]4―409下

時貞　ときさだ　一七〇八―六八
宝暦9(一七五九)・12・13〈「17日」ま〉非参議〔従三位〕、宝暦10・4・17補神主、正三位、明和5(一七六八)・3・12辞神主〈ま〉、3・14薨去
※従三位叙位年に「春日社権神主」の記載あり
[死没]明和5(一七六八)・3・14　[年齢]61　[父]大中臣時方　[公卿補任]4―448下

経芳　つねよし　一七〇九―六六
宝暦10(一七六〇)・4・17従三位、明和3(一七六六)・3・22辞権神主〈ま〉、3・24薨去
※従三位叙位年に「春日社権神主」の記載あり
[死没]明和3(一七六六)・3・24　[年齢]58　[父]大中臣経厚　[公卿補任]4―454上

時廉　ときかど　一七二八―八三
明和3(一七六六)・3・22〔従三位〕、明和5・3・16転神主、正三位、天明3(一七八三)・7・6薨去
※従三位叙位年に「春日社権神主」の記載あり
[死没]天明3(一七八三)・7・6　[年齢]56　[父]大中臣時令　[公卿補任]4―488下

師典　もろのり　一七一一―七〇
明和5(一七六八)・3・16〔従三位〕、明和7・9・7薨去
※従三位叙位年に「春日社権神主」の記載あり
[死没]明和7(一七七〇)・9・7　[年齢]59　[父]大中臣師屋　[公卿補任]4―500上

成紀　なりのり　一七一二―七九
明和7(一七七〇)・9・9〔従三位〕、安永8(一七七九)・5・10辞権神主、5・13薨去
※従三位叙位年に「春日社権神主」の記載あり
[死没]安永8(一七七九)・5・13　[年齢]57　[父]大中臣家知　[公卿補任]4―512上

時啻　ときただ　一七三六―九二
安永8(一七七九)・5・13〔従三位〕、天明3(一七八三)・7・10転神主、正三位、寛政4(一七九二)・6・8薨去
※従三位叙位年に「春日社権神主」の記載あり
[死没]寛政4(一七九二)・6・8　[年齢]57　[父]大中臣時亮　[公卿補任]4―571下

成隆　なりたか　一七三七―一八一〇
天明3(一七八三)・7・10従三位、補春日社権神主、寛政4(一七九二)・6・10転神主、6・13正三位、文化7(一八一〇)・8・1辞神主、8・5薨去
[死没]文化7(一八一〇)・8・5　[年齢]74　[父]大中臣家治　[公卿補任]5―27上

師孟　もろたけ　一七三八―一八〇七
寛政4(一七九二)・6・13〔従三位〕、文化4(一八〇七)・9・19辞社職、9・25薨去
※従三位叙位年に「春日社権神主」の記載あり
[死没]文化4(一八〇七)・9・25　[年齢]70　[父]大中臣師亮　[公卿補任]5―85上

種敷　たねのぶ　一七五三―一八一五
文化4(一八〇七)・9・24〔従三位〕、文化7・8・1転神主〈ま〉、8・3〈「2日」ま〉正三位、文化12・1・2薨去
※従三位叙位年に「春日社権神主」の記載あり
[死没]文化12(一八一五)・1・2　[年齢]63　[父]大中臣師康(実大中臣師周)　[公卿補任]5―182上

成卿　なりさと　一七六〇―一八二七
文化7(一八一〇)・8・3〔従三位〕、文化12・1・11転神主、1・14正三位、文政10(一八二七)・6・19辞職、6・21薨去
※従三位叙位年に「春日社権神主」の記載あり
[死没]文政10(一八二七)・6・21　[年齢]68　[父]大中臣成隆　[公卿補任]5―202下

成職　なりもと　一七六七―一八二二
文化12(一八一五)・1・14〔従三位〕、文政5(一八二二)・-・-辞社職、9・19薨去
※従三位叙位年に「春日社権神主」の記載あり
［死没］文政5(一八二二)・9・19　［年齢］56　［父］大中臣成紀　［公卿補任］5―236下

師寿　もろとし　一七七三―一八四四
文政5(一八二二)・10・5〔従三位〕、文政10・閏6・19転神主、6・10正三位、弘化1(一八四四)・8・27辞社職、8・28薨去
※従三位叙位年に「春日社権神主」の記載あり
［死没］弘化1(一八四四)・8・28　［年齢］72　［父］大中臣師孟　［公卿補任］5―284下

師証　もろあき　一八〇〇―三八
文政10(一八二七)・閏6・10〔従三位〕、天保9(一八三八)・4・13薨去
※従三位叙位年に「春日社権神主」の記載あり
［死没］天保9(一八三八)・4・13　［年齢］39　［父］大中臣種敷　［公卿補任］5―318下

時芳　ときよし　一八〇〇―五三
天保9(一八三八)・4・26従三位、天保10・12・23辞社職、嘉永6(一八五三)・12・29薨去
※従三位叙位年に「春日社権神主」の記載あり
［死没］嘉永6(一八五三)・12・29　［年齢］54　［父］大中臣時理　［公卿補任］5―387上

時真　ときざね　一八〇二―?
天保11(一八四〇)・1・22〔従三位〕、天保15・8・27転神主、9・15正三位、慶応2(一八六六)・4・7〔従二位〕
※従三位叙位年に「春日社権神主」の記載あり
［父］大中臣時若　［公卿補任］5―398上

師応　もろまさ　一八一二―六四
弘化2(一八四五)・9・24〔従三位〕、元治1(一八六四)・2・27薨去
※従三位叙位年に「春日社権神主」の記載あり
［死没］元治1(一八六四)・2・27　［年齢］53　［父］大中臣師寿　［公卿補任］5―429上

時副　ときそえ　一八二三―?
元治1(一八六四)・3・28〔従三位〕
※従三位叙位以年に「春日社権神主」の記載あり
［父］大中臣時賢　［公卿補任］5―560上

春日神社預中臣諸家

祐恩　ゆうをん　一四七九―一五六一
天文22(一五五三)・10・20従三位(去七月春日社正遷宮賞)、天文24・1・26正三位、永禄4(一五六一)・2・-薨去
※従三位叙位年に「春日社正預」の記載あり
［死没］永禄4(一五六一)・2　［年齢］83　［父］中臣祐遠　［日記］中臣祐恩記(一五一七)　［公卿補任］3―434下

祐礒　すけいそ　一五〇七―?
大永-・-・-叙位、天文11(一五四二)・11・12従五位上、天文15・1・11正五位下、天文23・10・14従四位下、永禄3(一五六〇)・1・9従四位上、永禄9・11・9正四位下、天正5(一五七七)・12・12従三位
※従三位叙位年に「春日社正預」の記載あり、天正十六年非参議従三位〔以後不見〕
［父］中臣祐恩　［公卿補任］3―478下

延知　のぶとも　一六〇九―八〇
寛文13(一六七三)・2・5従三位、延宝7(一六七九)・5・21正三位、延宝8・2・4薨去
※従三位叙位年に「春日社正預」の記載あり
［死没］延宝8(一六八〇)・2・4　［年齢］72　［父］中臣

中臣諸家

大宗—時風(辰市)—時兼—有影—時理—景忠—助延—祐頼—祐清—祐忠—祐尚—祐氏—祐家—祐永

助延—近助(千鳥)—祐房—祐重—祐明‖祐定—祐賢

大宗—秀行(大東)—秀基—助満—信清—有近—有忠—延遠—遠忠—延忠—延秀—延親—延茂—延朝—延基—延祐

延雅—延光—延有—延能‖延通—**延種**—**延相**—**延致**—**延栄**—**延樹**‖延賢‖**延陳**—延暉‖延章‖延定‖延慶

延光—延久(富田)‖延時—延清—延実—**延知**—**延英**—**延晴**—**延庸**—**光知**—**光泰**—**光和**—光道‖光美—光務

延通—延高(大西)‖**延尚**‖**延雄**—**延長**—**延弘**

祐常—祐有—祐時—祐里—祐藤—祐梁—祐次—祐金—祐叙—祐繁—祐泰‖祐員

祐有—祐遠(辰巳)—**祐恩**—**祐磯**(中絶)祐蒿—**祐諄**—**祐年**

祐時—祐仲(新)—祐松—祐嗣—祐称—祐岩—祐久—祐為—**祐俊**—祐察—**祐処**—**祐至**—祐晴—祐規

祐枝(東地井)—祐員—祐雄—祐弥—祐園—祐父—祐範‖祐長—祐言‖祐宣—祐孝—祐意‖**祐薫**‖祐純‖祐氏—**祐延**

‖祐長(辰市)—祐言—**祐用**—祐智—**祐兄**—祐睢—祐興—祐斐

祐隆(辰市)—**祐当**—祐実—祐守—祐族—**祐明**—祐永—祐之—祐愛

祐春—祐臣—祐任—祐右—祐深—祐富—祐村—祐勝—祐智—祐資—祐根—祐尚—祐栄

祐忠—祐之—祐景‖祐白‖祐頼‖祐字—**祐益**—**祐雅**—祐納‖**祐誠**—**祐道**—祐順

祐友(南)—祐安‖祐寛—祐胤‖**祐丕**—佑之

祐世(今西)—祐秋—祐成‖祐位—祐生—祐風—祐維—祐庭—祐国—祐途—祐定—祐舎‖祐是‖祐雪—**祐木**‖**祐嵩**

延実　[公卿補任]4―37上

延種　のぶたね　一六〇六―一六七八

寛文13(一六七三)・2・5従三位、延宝6(一六七八)・12・28薨去

※従三位叙位年に「春日社権預」の記載あり

[死没]延宝6(一六七八)・12・28　[年齢]73　[父]中臣延通　[公卿補任]4―37上

祐俊　すけとし　一六二八―九七

天和2(一六八二)・12・5〈1月カ〉従三位、貞享5(一六八八)・4・21正三位、元禄3(一六九〇)・6・18辞職、元禄10・9・26薨去

※従三位叙位年に「春日社正預」の記載あり

[死没]元禄10(一六九七)・9・26　[年齢]70　[父]中臣祐為　[公卿補任]4―67上

延相　のぶすけ　一六三六―一七〇二

元禄1(一六八八)・4・21従三位、元禄3・6・21春日社正預、元禄6・2・5正三位、元禄15・10・4〈「14日」ま「24日」あ〉薨去

※従三位叙位年に「春日社権預」の記載あり

[死没]元禄15(一七〇二)・10・4　[年齢]67　[父]中臣延種　[公卿補任]4―96上

延英　のぶひで　一六三八―一七一九

元禄6(一六九三)・2・5従三位、元禄15・10・7補春日社正預、元禄16・3・28正三位、享保4(一七一九)・11・10薨去

※従三位叙位年に「春日社加任権預」の記載あり

[死没]享保4(一七一九)・11・10　[年齢]82　[父]中臣延知　[公卿補任]4―115下

延尚　のぶなお　一六四〇―一七二三

元禄16(一七〇三)・3・28従三位、享保4(一七一九)・11・13春日社正預、12・28正三位、享保8・11・18薨去

※従三位叙位年に「春日社権預」の記載あり

[死没]享保8(一七二三)・11・18　[年齢]84　[父]中臣延高　[公卿補任]4―159下

祐用　すけもち　一六五五―一七二〇

享保4(一七一九)・12・28従三位、享保5・9・3薨去

※従三位叙位年に「春日社新預」の記載あり

[死没]享保5(一七二〇)・9・3　[年齢]66　[父]中臣祐言　[日記]祐用記(一七〇六―一七〇九)　[公卿補任]4―238下

祐当　すけまさ　一六六二―一七三二

享保5(一七二〇)・10・23従三位、享保8・11・20春日社正預、11・25正三位、享保17・1・2薨去

※従三位叙位年に「春日社新預」の記載あり

[死没]享保17(一七三二)・1・2　[年齢]71　[父]上中臣祐隆　[公卿補任]4―242下

延致　のぶむね　一六六八―一七三二

享保8(一七二三)・11・25従三位、享保16・10・28辞春日社権預、11・2薨去

※従三位叙位年に「春日社権預」の記載あり

[死没]享保16(一七三一)・11・2　[年齢]64　[父]中臣延相　[公卿補任]4―258上

延晴　のぶはる　一六六九―一七五一

享保16(一七三一)・11・11従三位、享保17・1・6春日社正預、1・27正三位、宝暦1(一七五一)・12・3辞春日社正預、12・7薨去〈ま〉

※従三位叙位年に「春日社神宮預」の記載あり

[死没]宝暦1(一七五一)・12・7　[年齢]83　[父]中臣延英　[公卿補任]4―298上

延庸　のぶつね　一六九二―一七五七

享保17(一七三二)・1・27従三位、宝暦1(一七五一)・12・5春日社正預、正三位、宝暦7・8・16薨去

※従三位叙位年に「春日社権預」の記載あり

[死没]宝暦7(一七五七)・8・16　[年齢]66　[父]中臣延晴　[公卿補任]4―302上

祐益　すけます　一七一一―七二

寛延3(一七五〇)・2・1従三位、明和9(一七七二)・10・24辞春日社若宮神主、薨去

※従三位叙位年に「春日若宮神主」の記載あり

[死没]明和9(一七七二)・10・24　[年齢]62　[父]中臣

祐字〔公卿補任〕4―399上

延栄　のぶひで　一六九五―一七六七
宝暦1(一七五一)・12・5従三位、宝暦7・8・18補春日社正預、8・25正三位、明和4(一七六七)・11・12辞正預、11・14薨去
※従三位叙位年に「春日社権預」の記載あり
〔死没〕明和4(一七六七)・11・14〔年齢〕73〔父〕中臣延致〔公卿補任〕4―404下

祐処　すけおり　一七〇九―六五
宝暦7(一七五七)・8・25従三位、明和2(一七六五)・1・2〈「6日」ま〉薨去
※従三位叙位年に「春日社次預」の記載あり
〔死没〕明和2(一七六五)・1・2〔年齢〕57〔父〕中臣祐察〔公卿補任〕4―437下

延雄　のぶお　一七一五―七二
明和2(一七六五)・1・19〔従三位〕、明和4・11・12輔春日社正預、正三位、安永1(一七七二)・7・28薨去
※従三位叙位以年に「春日社権預」の記載あり
〔死没〕安永1(一七七二)・7・28〔年齢〕58〔父〕中臣延致〔公卿補任〕4―484上

延樹　のぶき　一七二〇―九〇
明和4(一七六七)・11・12〔従三位〕、安永1(一七七二)・7・28春日社正預、正三位、寛政2(一七九〇)・7・13薨去
※従三位叙位年に「春日社神宮預」の記載あり
〔死没〕寛政2(一七九〇)・7・13〔年齢〕71〔父〕中臣延栄〔公卿補任〕4―493上

光知　みつとも　一七二〇―九〇
明和9(一七七二)・7・28〔従三位〕、寛政2(一七九〇)・7・15春日社正預、7・27正三位、10・11辞職、10・18薨去
※従三位叙位年に「春日社加任預」の記載あり
〔死没〕寛政2(一七九〇)・10・18〔年齢〕71〔父〕中臣延庸〔公卿補任〕4―526上

祐雅　すけまさ　一七三五―九〇
天明3(一七八三)・2・2従三位、寛政2(一七九〇)・7・5辞職、7・24薨去
※従三位叙位年に「春日社若宮神主」の記載あり
〔死没〕寛政2(一七九〇)・7・24〔年齢〕56〔父〕中臣祐益〔公卿補任〕5―27上

祐薫　すけかお　一七二一―九一
寛政2(一七九〇)・7・27従三位、10・11転春日社正預、寛政3・8・14薨去
※従三位叙位年に「春日社権預」の記載あり
〔死没〕寛政3(一七九一)・8・14〔年齢〕71〔父〕中臣祐意〔公卿補任〕5―70下

光泰　みつやす　一七四六―九七
寛政2(一七九〇)・10・17従三位、寛政3・11・1転春日社正預、11・23正三位、寛政9・12・20薨去
※従三位叙位年に「春日社権預」の記載あり
〔死没〕寛政9(一七九七)・12・20〔年齢〕52〔父〕中臣光知〔公卿補任〕5―70下

祐至　すけよし　一七四二―一八〇六
寛政3(一七九一)・11・23〔従三位〕、文化3(一八〇六)・9・22薨去
※従三位叙位年に「春日社神宮預」の記載あり
〔死没〕文化3(一八〇六)・9・22〔年齢〕65〔父〕中臣祐処〔公卿補任〕5―76下

祐木　すけもく　一七五六―一八二一
寛政10(一七九八)・1・28〔従三位〕、寛政11・12・22正三位、文化8(一八一一)・9・8止社職、文政4(一八二一)・8・25薨去
※従三位叙位年に「春日社正預」の記載あり
〔死没〕文政4(一八二一)・8・25〔年齢〕66〔父〕中臣祐雪〔公卿補任〕5―124上

祐兄　すけえ　一七四五―一八一六
文化3(一八〇六)・10・17〔従三位〕、文化8・9・13転春日社正預、9・17正三位、文化13・8・11辞社職、8・12薨去
※従三位叙位年に「春日社権預」の記載あり

〔死没〕文化13（一八一六）・8・12　〔年齢〕72　〔父〕中臣祐智　〔公卿補任〕5―176下

延陳　のぶのり　一七七一―一八二二

文化8（一八一一）・9・17〔従三位〕、文化13・8・11転春日社正預、閏8・2正三位、文政5（一八二二）・・・辞社職〈ま〉、10・1薨去

※従三位叙位年に「春日社権預」の記載あり

〔死没〕文政5（一八二二）・10・1　〔年齢〕52　〔父〕中臣延賢（実中臣延香）　〔公卿補任〕5―208下

光和　みつかず　一七九〇―一八四二

文政3（一八二〇）・2・4〔従三位〕、文政5・10・19春日社正預、11・25正三位、天保13（一八四二）・4・15辞社職、4・20薨去

※従三位叙位年に「春日社加任預」の記載あり

〔死没〕天保13（一八四二）・4・20　〔年齢〕53　〔父〕中臣光泰　〔公卿補任〕5―271上

祐丕　すけひ　一七七〇―一八三八

文政6（一八二三）・1・28〔従三位〕、天保9（一八三八）・6・12辞社職、6・14薨去

※従三位叙位年に「春日社権預」の記載あり

〔死没〕天保9（一八三八）・6・14　〔年齢〕69　〔父〕中臣祐胤　〔公卿補任〕5―290下

祐誠　すけまさ　一七八二―？

天保8（一八三七）・12・26〔従三位〕

※従三位叙位以年に「春日社若宮神主」の記載あり、嘉永四年（一八五一）非参議従三位〔以後不見〕

〔父〕中臣祐納（実中臣祐胤）　〔公卿補任〕5―381下

祐延　すけのぶ　一七九一―一八四九

天保10（一八三九）・4・8〔従三位〕、天保13・4・15転正預、5・3正三位、天保15・6・6辞社職、嘉永2（一八四九）・10・11薨去

※従三位叙位年に「春日社神宮〔権脱カ〕預」の記載あり

〔死没〕嘉永2（一八四九）・10・11　〔年齢〕59　〔父〕中臣祐氏　〔公卿補任〕5―392下

延長　のぶなが　一七八六―一八六三

天保13（一八四二）・8・18〈「28日」ま〉〔従三位〕、天保15・6・6転正預、6・10正三位、文久3（一八六三）・5・20辞社職、7・14薨去

※従三位叙位年に「春日社権預」の記載あり

〔死没〕文久3（一八六三）・7・14　〔年齢〕78　〔父〕中臣延賢　〔公卿補任〕5―410下

祐明　すけあき　一七九二―一八六〇

天保15（一八四四）・6・10〔従三位〕、万延1（一八六〇）・4・23薨去

※従三位叙位年に「春日社次権預」の記載あり

〔死没〕万延1（一八六〇）・4・23　〔年齢〕69　〔父〕中臣祐族　〔公卿補任〕5―422下

祐嵩　すけたか　一七九四―？

万延1（一八六〇）・5・7〔従三位〕、文久3（一八六三）・5・20辞社職

※従三位叙位年に「春日社権預」の記載あり

〔父〕富田光泰　〔公卿補任〕5―530下

祐諄　すけあつ

文久3（一八六三）・9・20〔従三位〕、文久4・1・20正三位

※従三位叙位年に「春日社正預」の記載あり

〔父〕中臣祐嵩　〔公卿補任〕5―552上

祐道　すけみち　一八一五―六八

元治1（一八六四）・3・28〔従三位〕、慶応4（一八六八）・3・10辞社職、3・13薨去

※従三位叙位以年に「春日社若宮神主」の記載あり

〔死没〕慶応4（一八六八）・3・13　〔年齢〕54　〔父〕中臣祐誠　〔公卿補任〕5―560上

大原野神社神主狛氏中沢家

精房　きよふさ　一六五二―一七二七
享保11(一七二六)・12・24従三位、享保12・5・22薨去
❖従三位叙位年に「大原野社神主」の記載あり
[死没]享保12(一七二七)・5・22　[年齢]76　[公卿補任]4―273上

宗房　むねふさ　一六九六―一七六四
宝暦12(一七六二)・12・19従三位、明和1(一七六四)・5・9薨去
❖従三位叙位年に「大原野社神主」の記載あり
[死没]明和1(一七六四)・5・9　[年齢]69　[公卿補任]4―464下

郡房　くにふさ　一七二七―八六
天明5(一七八五)・12・26従三位、天明6・9・21薨去
❖従三位叙位年に「大原野社神主」の記載あり
[死没]天明6(一七八六)・9・21　[年齢]60　[公卿補任]

中沢家

精房┄宗房┄郡房┄千房┬是房
　　　　　　　　　　└時房

津守家

手搓足尼┄津守豊吾田┄国基―宣基―盛宣―国盛―長盛―国長―経国―国平―国助―国冬＝国道＝国夏―**国量**―如国―国秀―国清＝国豊―国博―国昭―国則―国賢―国順＝国繁―国崇―国家＝国通―国貞＝国治―**国教**―国該＝**国輝**＝**国条**―国頼―**国礼**―**国福**―**国美**(男爵)

5―39下

住吉神社神主津守家

国量　くにかず　一三三八―一四〇二
応永5(一三九八)・12・21〈「5月5日」家譜〉、応永9・-・-薨去
❖従三位叙位年に「住吉神主」の記載あり
[死没]応永9(一四〇二)・1・27　[年齢]65　[父]津守国夏　[母]下郷元政女　[幼名]加護今　[公卿補任]3―44下　[大日本史料]7―5―374

忠重　ただしげ
文安4(一四四七)・12・12従三位
❖享徳元年(一四五二)非参議従三位〔正三位カ〕〔以後不見〕
[公卿補任]3―156上

国教　くにのり　一六六二―一七三〇
享保3(一七一八)・12・13従三位、享保15・11・3薨去
❖従三位叙位年に「住吉社神主」の記載あり
[死没]享保15(一七三〇)・11・3　[年齢]69　[父]津守国治　[母]津守国貞女　[公卿補任]4―233上

国輝　くにてる　一六九五―一七五七
宝暦5(一七五五)・12・24従三位、宝暦7・6・29辞社職、7・2薨去
❖従三位叙位年に「住吉社神主」の記載あり
[死没]宝暦7(一七五七)・7・2　[年齢]63　[父]津守国教　[母]正二位伏原宣幸女　[公卿補任]4―426下

国条　くにえだ　一七一七―六三
宝暦13(一七六三)・8・12〔従三位〕〈ま〉、8・13辞神主〈ま〉、8・14薨去〈ま〉
❖従三位叙位年に「住吉社神主〈ま〉」の記載あり

〔死没〕宝暦13（一七六三）・8・14　〔年齢〕47　〔父〕津守国輝（実津守国該）　〔母〕正二位伏原宣通女　〔公卿補任〕4―470下

国礼　くにあや　一七七三―一八四六

文化10（一八一三）・4・7〔従三位〕、文政5（一八二二）・10・22辞社職、弘化1（一八四四）・12・22正三位、弘化3・8・14薨去

※従三位叙位年に「住吉社神主」の記載あり

〔死没〕弘化3（一八四六）・8・14　〔年齢〕74　〔父〕上津守国頼（実綾小路頼尚、二男）　〔母〕正二位権大納言下冷泉宗家女カ　〔公卿補任〕5―222下

国福　くにふく　一八〇〇―六八

天保12（一八四一）・10・6従三位、嘉永3（一八五〇）・8・7辞社職、慶応1（一八六五）・閏5・12正三位

※従三位叙位年に「住吉社神主」の記載あり

〔死没〕明治1（一八六八）・10・14　〔年齢〕69　〔父〕津守国礼　〔公卿補任〕5―403下

国美　くによし　一八三〇―一九〇一

慶応2（一八六六）・7・5〔従三位〕（中置未満、雖不容易懇願之趣難被黙止、且年来数御祈勤修之労有之、旁此度限被宥許）

※従三位叙位年に「住吉社神主」の記載あり

〔死没〕明治34（一九〇一）・5・8　〔年齢〕72　〔父〕津守国福　〔母〕堤広長長女道子（実鷹司政煕女）　〔公卿補任〕5―573下

日吉神社禰宜祝部生源寺・樹下家

教成　のりなり

応安7〈文中3〉（一三七四）・9・6従三位

※永和三〈天授3〉年（一三七七）非参議従三位〔以後不見〕

〔公卿補任〕2―716上

友世　ともよ　一四八一―一五六二

天文4（一五三五）・6・27従三位、永禄5（一五六二）・-・-薨去

〔死没〕永禄5（一五六二）　〔年齢〕82　〔父〕祝富世　〔公卿補任〕3―390下

成純　なりずみ

天文6（一五三七）・5・18従三位

〔父〕祝成胤　〔公卿補任〕3―395下

行茂　ゆきしげ　一六五三―一七三七

享保4（一七一九）・6・25従三位、元文2（一七三七）・10・14薨去

※従三位叙位年に「日吉社司」の記載あり

〔死没〕元文2（一七三七）・10・14　〔年齢〕85　〔父〕祝行富　〔公卿補任〕4―238上

資光　すけみつ　一六七七―一七四五

元文3（一七三八）・2・17従三位、延享2（一七四五）・4・4薨去

※従三位叙位年に「日吉社司」の記載あり

〔死没〕延享2（一七四五）・4・4　〔年齢〕69　〔父〕祝資範　〔公卿補任〕4―336下

業明　なりあき　一六七一―？

元文4（一七三九）・7・10従三位〈ま〉

※従三位叙位年に「日吉社司〈ま〉」の記載あり、宝暦元年（一七五一）非参議従三位〔以後不見〕

〔父〕祝資光　〔公卿補任〕4―341上

友治　ともはる　一七〇二―六二

宝暦6（一七五六）・3・27従三位、宝暦12・10・14薨去

※従三位叙位年に「日吉社社司」の記載あり

〔死没〕宝暦12（一七六二）・10・14　〔年齢〕61　〔父〕祝尚俊　〔公卿補任〕4―432下

業徳　なりのり　一七〇二―七四

宝暦7（一七五七）・3・29従三位、安永3（一七七四）・9・-薨去

※従三位叙位年に「日吉社社司」の記載あり

〔死没〕安永3（一七七四）・9　〔年齢〕73　〔父〕祝業明　〔公卿補任〕4―437下

生源寺・樹下家

宇志麿（中略）安国─┬─希遠（生源寺）─頼永─頼基═実永─友家─友能─友行─行国─行言─┬─行氏─行親─行有─行直─行恒─国忠─盛意─行貴─行丸─行広─┬─行長─行隆─行実═**業明**─**業徳**─業福─**業蕃**─**業雅**─業永─業親
　　　　　　　　　│　　　　　　　　　　　　　　　　　　　　　　　　　　　　　　└─友久─友憲─冨世─**友世**─年時
　　　　　　　　　│　　　└─行正─行冨─**行茂**─行侶─行光─行整─希聲═**希烈**─**希璵**─希琥
　　　　　　　　　└─成遠（樹下）─成信─成房─成実─成仲─┬─親成─資成─忠成─成時─資長─国長─忠長─広成─資明─資村─資通─資成─資清─資熙─資孝─資吉─資和─資次─資盛─資範─**資光**─永成─成伝─**成範**─**成光**─**成節**─成言─成行
　　　　　　　　　　　　　　　　　　　　　　　　　　　　└─允仲─成茂─成賢─成良─成久─成国─┬─成光─成胤─**成純**─成保─成慶─成前─成信─成康─尚俊─**友治**─**茂慶**─**茂仲**─茂国═茂保
　　└─**教成**

茂慶　しげよし　一七四五―一八二四
文化6（一八〇九）・4・28〔従三位〕、文政4（一八二一）・12・19正三位、文政7・2・23薨去
※従三位叙位年に「日吉社司」の記載あり
〔死没〕文政7（一八二四）・2・23　〔年齢〕80　〔父〕祝友治　〔公卿補任〕5―195下

成範　なりのり　一七四〇―一八二八
文化7（一八一〇）・4・24〔従三位〕、文政5（一八二二）・4・26正三位、文政11・5・10薨去
※従三位叙位年に「日吉社司」の記載あり
〔死没〕文政11（一八二八）・5・10　〔年齢〕89　〔父〕祝成伝　〔公卿補任〕5―202上

業蕃　なりしげ　一七七一―一八三〇
文政9（一八二六）・5・25〔従三位〕、文政13・1・18薨去
※従三位叙位年に「日吉社司」の記載あり
〔死没〕文政13（一八三〇）・1・18　〔年齢〕60　〔父〕祝業福　〔公卿補任〕5―312上

希烈　まれつら　一七八五―一八六三
天保7（一八三六）・4・6〔従三位〕、嘉永2（一八四九）・12・19正三位、文久3（一八六三）・2・26薨去
※従三位叙位年に「日吉社司」の記載あり
〔死没〕文久3（一八六三）・2・26　〔年齢〕79　〔父〕祝希聲（実祝行整）　〔公卿補任〕5―375上

成光　なりみつ　一七八八—一八六〇
天保10(一八三九)・4・8〔従三位〕、嘉永6(一八五三)・5・8正三位、万延1(一八六〇)・1・26薨去
※従三位叙位年に「日吉社司」の記載あり
［死没］万延1(一八六〇)・1・26　［年齢］73　［父］祝成範　［公卿補任］5—392下

茂仲　しげなか　一七九二—一八六五
天保14(一八四三)・5・12〔従三位〕、安政4(一八五七)・5・11正三位、慶応1(一八六五)・2・14薨去
※従三位叙位年に「日吉社司」の記載あり
［死没］慶応1(一八六五)・2・14　［年齢］74　［父］祝茂慶　［公卿補任］5—416下

業雅　なりまさ　一七八七—一八五六
嘉永2(一八四九)・-・-〔去年カ〕従三位、安政3(一八五六)・3・13薨去
※従三位叙位年に「日吉社司」の記載あり
［死没］安政3(一八五六)・3・13　［年齢］70　［父］祝業蕃　［公卿補任］5—458下

希璵　まれよ　一八〇七—?
安政5(一八五八)・3・24〔従三位〕
※従三位叙位年に「日吉社司」の記載あり
［父］祝希烈　［母］今村某女　［公卿補任］5—518上

成節　なりよ　一八〇八—?
安政6(一八五九)・4・3〔従三位〕
※従三位叙位年に「日吉社司」の記載あり
［父］祝成光　［公卿補任］5—525上

梅宮社神主橘氏橋本家

順福　まさとみ　一七七〇—一八四八
天保14(一八四三)・6・18〔従三位〕、弘化5(一八四八)・1・5辞社職、薨去
※従三位叙位年に「梅宮神主」の記載あり
［死没］弘化5(一八四八)・1・5　［年齢］79　［公卿補任］5—416下

定栄　さだひで　一八一〇—?
慶応1(一八六五)・閏5・12〔従三位〕
※従三位叙位年に「梅宮社神主」の記載あり
［公卿補任］5—566下

吉田社権預鈴鹿家

連胤　つらたね　一七九五—?
慶応2(一八六六)・4・7〔従三位〕(推叙、昨年殿舎并二季之祭礼被復古、格別出精其労不少、殊及老年之間、厚以思召、雖無家例、今度被推叙、猥不可為後例)
※従三位叙位年に「吉田社権預」の記載あり
［公卿補任］5—573下

鈴鹿家
中臣金連男吉子連‐‐‐‐‐満英—勝正—┐
┌和通—和之—連直—連重—雄賢—┐
└隆冬—隆芳—**連胤**—長存—義鯨

南都八幡宮神主上司家

延夏　のぶなつ　一七一七—一八〇一
寛政4(一七九二)・12・19〔従三位〕、享和1(一八〇一)・1・5薨去
※従三位叙位年に「南都八幡宮神主」の記載あ

上司家

末延—好延—国延—重延—延久—延氏—延俊—延家—延広—延世—延光—延泰—延誅—延隆—延経—延村—延胤—延義—延満—延貞—延親—**延夏**—**延興**—延寅—延紘—延賀

り、寛政六年より「東大寺八幡宮神主〈ま〉」
〔死没〕享和1(一八〇一)・1・5　〔年齢〕85　〔公卿補任〕5—85上

延興　のぶおき　一七五六—一八二八

文政3(一八二〇)・9・13〔従三位〕、文政11・7・-薨去
※従三位叙位年に「南都八幡宮神主」の記載あり
〔死没〕文政11(一八二八)・7　〔年齢〕73　〔公卿補任〕5—271上

日前国懸宮神主紀家

俊長　としなが

応永4(一三九七)・1・5従三位、応永5・1・7侍従、応永12・3・-出家
〔父〕紀親文　〔母〕正四位下左近衛中将山科教行女　〔公卿補任〕3—42下

行文　ゆくぶみ

※永享元年(一四二九)非参議従三位(初見)、永享十年非参議従三位(以後不見)
〔父〕紀俊長　〔公卿補任〕3—119上

紀伊国造家

長谷雄—淑光—文煥—行儀—教経—教弘—経佐—淑守—淑宣—宣俊—宣保—宣親—淑文—淑氏—俊文—親文—**俊長**—**行文**—行長—行孝═親弘═俊連═俊調—光雄—忠雄—忠光—昌長—俊弘—俊範—豊文—俊敬—慶俊—三冬—俊和—尚長—俊尚(男爵)

日御碕社検校小野家

尊安　たかやす　一八一三—八〇

元治1(一八六四)・6・8〔従三位〕
※従三位叙位年に「出雲国日御碕社検校」の記載あり
〔死没〕明治13(一八八〇)・12・7　〔年齢〕68　〔父〕小野尊信(実小野尊道、二男)　〔公卿補任〕5—560上

小野家

政近—政泰—政家—政吉═政村—政支—政高═清政—直政—貞政—政継—政忠—宗政—政光—政久—元政—高政═尊久—尊俊═尊矩—尊春═尊賀═尊常—尊賢—尊道—尊信═**尊安**—尊光(男爵)

宇佐八幡宮大宮司到津家

公古 きみふる 一七三四—一八〇二

寛政11(一七九九)・5・8(従三位)、享和2(一八〇二)・1・23薨去

※従三位叙位年に「宇佐八幡宮前大宮司」の記載あり

[死没]享和2(一八〇二)・1・23 [年齢]69 [父]宇佐公箇 [公卿補任]5—132上

公悦 きみえつ 一七五三—一八二一

文化10(一八一三)・10・22(従三位)、文政4(一八二一)・9・21薨去

※従三位叙位年に「宇佐八幡宮前大宮司」の記載あり

[死没]文政4(一八二一)・9・21 [年齢]69 [父]宇佐公古 [公卿補任]5—223上

到津家

宇佐公武雄----公世—公連—公利
公規—公貞 公増—公兼—公弘
公世—公正—公治—公澄—公憲
公吉—公兼=公村—公峯=公著
公箇—**公古**—**公悦**—公章—公椒
公誼(男爵)

阿蘇神社大宮司阿蘇家

惟馨 これか 一七七三—一八二〇

文化14(一八一七)・8・19(従三位)、文政3(一八二〇)・4・3薨去

※従三位叙位年に「阿蘇宮大宮司」の記載あり

[死没]文政3(一八二〇)・4・3 [年齢]48 [父]阿蘇惟典 [母]三宅某女 [公卿補任]5—250下

阿蘇家

速瓶玉命----平田麿—武男—安足
継村—建人—共直—友成—友仲
友孝—友真—友房—惟俊—惟宣
資永—惟安—惟継—惟義—惟景
惟国—惟時=惟澄—惟武—惟村
惟郷—惟忠=惟歳—惟家—惟憲
惟豊—惟種—惟善—惟真—惟伸
惟栄—惟典—**惟馨**—惟治—惟敦(男爵)

薩摩国鹿児島諏方大明神神主藤原家

親徳 ちかのり 一八〇〇—六五

安政4(一八五七)・11・20(従三位)、慶応1(一八六五)・2・29薨去

※従三位叙位年に「薩摩国鹿児嶋諏方大明神大宮司」の記載あり

[死没]慶応1(一八六五)・2・29 [年齢]66 [公卿補任]5—511上

諸大夫　しょだいふ

諸大夫は、ほんらい地下《じげ》の四位・五位の廷臣をいうが、やがてその身分・家柄を指す呼称ともなり、江戸時代には親王家や摂家・清華家などに仕える家司の職名となり、また武家においても、五位の大名および大々名の五位の家老等の呼称となった。「諸大夫・侍」と並べて記されることも多いが、この場合、諸大夫は五位以上、侍は六位以下を指すことが多い。もっとも「五位侍」ということもあり、諸家恪勤の家柄のものについては、六位ばかりでなく、五位のものについても侍といわれる場合もあった。諸大夫は、主家の家格、また家の由緒、時代により事情を異にするが、『地下家伝』に登載分でいえば、四親王家のうち伏見宮家は殿上人の若江家があり、諸大夫は津田家以下七軒あり、桂宮家は七軒、有栖川宮家は九軒、閑院宮家は四軒である。五摂家の諸大夫は、摂籙家の重鎮であるばかりでなく、朝廷の公事儀式をはじめ官位御沙汰など摂家がかかわる全てのことに深く関与し、人事の下詮衡なども行う要職であった。近衛家には古代からの由緒をもつ進藤家・斎藤家を初めとする九軒を数え、九条家にも古代以来の信濃小路家・石井家など十軒があり、二条家は隠岐家・北小路家など十三軒、一条家は難波家・保田家・入江家の三軒、鷹司家は青木家を初めとする五軒があった。清華家など諸大夫を置く家例を有した家は、三条・西園寺・徳大寺・今出川・花山院・大炊御門・久我・醍醐・広幡・中院・正親町三条・三条西・中山の各家で、家数は五軒前後である。官位昇進の次第は、家により初叙・中置年数に差異があるが、おおよそ正六位下立ち、従五位下となり、従五位上・正五位下と次第の昇進をして正四位下に到り、ときにより非参議従三位に昇ったのである。江戸時代に従三位以上に昇った摂家等に勤仕した諸大夫は二十七人、家数にして二十二軒である。それらの時期は中期以降。近衛家諸大夫進藤筑後守長房が享保三年(一七一八)三月十一日、七十七歳のとき、正四位下より中置三十年にして上階したのが最初である。なお、長房はその翌月没した。次いで、桂宮家諸大夫生嶋玄蕃頭永盛が同十一年二月二十三日、七十七歳のとき、正四位下より中置二十一年にして上階した。没する直前のことである。以後、寛延~安永期(一七四八—八一)に七例、天明~文政期(一七八一—一八三〇)に十三例、天保~安政期(一八三〇—六〇)に四例である。なお、このうち、鷹司家諸大夫高橋大隅守俊信および桂宮家諸大夫生嶋大蔵権大輔宣由は正三位にまで昇った。

伏見宮家諸大夫田中家(小野氏)

雅胤　まさたね　一七四七—一八二九

文政10(一八二七)・5・21〔従三位〕、元候伏見家、文政12・7・19薨去

〔死没〕文政12(一八二九)・7・19　〔年齢〕83　〔父〕小野雅見　〔公卿補任〕5—318下

伏見宮家諸大夫田中家

雅見——**雅胤**——雅雄——雅惟——雅善

桂宮家諸大夫生嶋家(平氏)

永盛　ながもり　一六五〇—一七二六

享保11(一七二六)・2・23従三位、2・26薨去(京極宮諸大夫)

〔死没〕享保11(一七二六)・2・26　〔年齢〕77　〔父〕生嶋宣盛　〔公卿補任〕4—272下

秀清　ひできよ　一七〇九—八二

安永6(一七七七)・1・10〔従三位〕〈安永7年にもあり〉、元候京極宮、天明2(一七八二)・12・12薨去

桂宮家諸大夫生嶋家

秀盛―秀成―宣盛―**永盛**―治孝
秀将―秀就―秀清
儀重―成房―秀貫―秀喬
美盛＝**秀清**―**宣由**―秀叙―秀益

〔死没〕天明2(一七八二)・12・12　〔年齢〕74　〔父〕生嶋秀就　〔公卿補任〕4―556下

儀重　よししげ　一七四四―一八一六
文化10(一八一三)・6・4〔従三位〕、元候桂家、文化13・閏8・13薨去
〔死没〕文化13(一八一六)・閏8・13　〔年齢〕73　〔父〕生嶋秀清　〔公卿補任〕5―222下

宣由　のぶよし　一七六〇―一八四一
文政12(一八二九)・2・14〔従三位〕元候桂家、天保12(一八四一)・3・30正三位、7・29薨去
〔死没〕天保12(一八四一)・7・29　〔年齢〕82　〔父〕生嶋秀清　〔公卿補任〕5―330下

桂宮家諸大夫尾崎家(大伴氏)

積興　つみおき　一七四七―一八二七
文政8(一八二五)・2・11〔従三位〕、元候桂家、文政10・閏6・7薨去
〔死没〕文政10(一八二七)・閏6・7　〔年齢〕81　〔父〕尾崎正殖　〔公卿補任〕5―306上

桂宮家諸大夫尾崎家

宥朔―長尚―忠興―兄興―庸兄
正殖―**積興**―春房―以樹―一興
正之―正康

有栖川宮諸大夫粟津家(藤原氏)

義清　よしきよ　一七五〇―一八二九
文政11(一八二八)・12・18〔従三位〕、元候有栖川家、文政12・3・15薨去
〔死没〕文政12(一八二九)・3・15　〔年齢〕80　〔父〕粟津清直(実某)　〔公卿補任〕5―325上

有栖川宮家諸大夫粟津家

清直＝**義清**―義穀―清穀―義節

近衛家諸大夫進藤家(藤原氏)

長房　ながふさ　一六四二―一七一八
享保3(一七一八)・3・11従三位、8・6薨去、近衛家諸大夫
〔死没〕享保3(一七一八)・8・6　〔年齢〕77　〔父〕進藤長定　〔公卿補任〕4―232下

近衛家諸大夫進藤家

長泰―長英―長治―長滋―長定
長房＝長之―長富＝長寔―長興
長徒＝長詮―長伝

近衛家諸大夫斎藤家（藤原氏）

叙胤　のぶたね　一七六四―一八三一

天保2（一八三一）・12・10〔従三位〕、元侯近衛家、12・11薨去

〔死没〕天保2（一八三一）・12・11〔年齢〕68〔父〕斎藤叙昌〔公卿補任〕5―345上

叙定　のぶさだ　一七八七―一八六五

安政3（一八五六）・12・1〔従三位〕、元侯近衛家、慶応1（一八六五）・11・28正三位、11・30薨去

〔死没〕慶応1（一八六五）・11・30〔年齢〕79〔父〕斎藤叙胤〔公卿補任〕5―503上

近衛家諸大夫斎藤家

久盛―重隆―昌盛―本盛―俊盛
‖明宣―成章―房清‖昌全―昌賢
‖叙昌―**叙胤**―**叙定**―叙泰‖叙光

九条家諸大夫信濃小路家（橘氏）

長可　ながよし　一六九四―一七六一

宝暦11（一七六一）・9・21〔従三位〕、元侯九条家、9・22薨去

〔死没〕宝暦11（一七六一）・9・22〔年齢〕68〔父〕信濃小路長恒（実某）〔公卿補任〕4―459上

九条家諸大夫信濃小路家

宗増―宗道―宗勝‖長恒‖**長可**
‖長尚‖長起‖行晃―長裕‖季重
‖季周

九条家諸大夫矢野家（藤原氏）

数紀　かずのり　一六八三―一七五三

宝暦2（一七五二）・1・22〔従三位〕、元侯九条家、宝暦3・9・11〈「12日」ま〉薨去

〔死没〕宝暦3（一七五三）・9・11〔年齢〕71〔父〕藤原顕長（実藤原正春）〔公卿補任〕4―409上

九条家諸大夫矢野家

秀政―利長―輔長‖顕長‖**数紀**
‖辰長―紀以―数美―正興―泰興

九条家諸大夫芝家（源氏）

和広　かずひろ　一七〇七―七五

安永4（一七七五）・閏12・2〔従三位〕、元侯九条家、閏12・14薨去

〔死没〕安永4（一七七五）・閏12・14〔年齢〕69〔父〕源季鑑（実某）〔公卿補任〕4―543下

九条家諸大夫芝家

光信―信忠―季柄―季福―季鑑
‖**和広**―秀陣―寛貞―寛寧―広光

九条家諸大夫朝山家（源氏）1

寛親　ひろちか　一七一四―八〇

安永9（一七八〇）・9・22従三位〈ま〉、元候九条家〈ま〉、9・23薨去〈ま〉

［死没］安永9（一七八〇）・9・23　［年齢］67　［父］朝山茂雅（実慈光寺極臈仲学）　［公卿補任］5―7上

九条家諸大夫朝山家

久綱―幸綱―吉信―宗信―宗辰

宗雅＝**寛親**―有綱―季綱―茂修

九条家諸大夫朝山家（源氏）2

義連　よしつら　一七三九―一八〇六

文化3（一八〇六）・1・18〔従三位〕、元候九条家、1・19〈「18日」ま〉薨去

［死没］文化3（一八〇六）・1・19　［年齢］68　［父］朝山敬長　［公卿補任］5―175下

九条家諸大夫朝山家

敬長―**義連**―常清―義延―常順

二条家諸大夫北小路家（大江氏）

俊芳　としよし　一六九九―一七七一

明和4（一七六七）・10・27〔従三位〕、元候二条家、明和8・9・6薨去

［死没］明和8（一七七一）・9・6　［年齢］73　［父］北小路俊恒　［公卿補任］4―493上

二条家諸大夫北小路家

俊臣―俊俗―俊恒―俊喬―**俊芳**

俊望―俊雄―俊正＝俊隼―俊有

俊秀

二条家諸大夫松波家（藤原氏）

資邑　すけさと　一七一三―九二

天明4（一七八四）・1・24従三位、元候二条家、寛政4（一七九二）・7・1〈「21日」ま〉薨去

［死没］寛政4（一七九二）・7・1　［年齢］80　［父］松波光篤　［公卿補任］5―32上

二条家諸大夫松波家

資邑―光華―資施―光休

一条家諸大夫難波家（藤原氏）

愛敬　なるたか　一七六六―一八四一

天保6（一八三五）・1・14〔従三位〕、元候一条家、天保12・4・23薨去

［死没］天保12（一八四一）・4・23　［年齢］76　［父］難波定倫　［公卿補任］5―369下

一条家諸大夫難波家

定次―定慶＝常定―定矩―定直

定倫―**愛敬**―常成―有常―常敬

一条家諸大夫入江家（藤原氏）

則韶 のりあき　一七三八―一八〇六

文化3（一八〇六）・1・18〔従三位〕、元候一条家、6・11薨去

〔死没〕文化3（一八〇六）・6・11　〔年齢〕69　〔父〕入江則明　〔公卿補任〕5―175下

一条家諸大夫入江家

則昌═則量―則具―則定―則信
則明―**則韶**―則敬―則恭―則賢

鷹司家諸大夫高橋家（藤原氏）

俊信 としのぶ　一六七一―一七六二

寛延3（一七五〇）・1・10従三位、元鷹司家諸大夫、宝暦10（一七六〇）・1・27正三位、宝暦12・9・3薨去

〔死没〕宝暦12（一七六二）・9・3　〔年齢〕92　〔父〕高橋俊知　〔公卿補任〕4―399上

鷹司家諸大夫高橋家

俊知―**俊信**―俊秀═俊国═俊澄
俊寿―俊彦―俊璹―俊美

俊寿 としひさ　一七五三―一八一七

文化14（一八一七）・6・17〔従三位〕、元候鷹司家、6・19薨去

〔死没〕文化14（一八一七）・6・19　〔年齢〕65　〔父〕高橋俊澄　〔公卿補任〕5―250下

醍醐家諸大夫高津家（藤原氏）

康遠 やすとお　一七一四―九六

寛政4（一七九二）・5・1〔従三位〕、元候醍醐家、寛政8・3・24薨去

〔死没〕寛政8（一七九六）・3・24　〔年齢〕83　〔父〕高津時芳　〔公卿補任〕5―84下

醍醐家諸大夫高津家

時貞―時芳―**康遠**―時光═康時
═求遠

三条家諸大夫森家（源氏）

常政 つねまさ　一七二七―一八〇九

文化4（一八〇七）・10・24〔従三位〕、元候九条家、文化6・10・12薨去

〔死没〕文化6（一八〇九）・10・12　〔年齢〕83　〔父〕森常良　〔公卿補任〕5―182上

三条家諸大夫森家

常勝―常良―**常政**―常倫―常安
―常邦

今出川家諸大夫山本家（平氏）

親臣 ちかおみ　一七二九―一八〇七

文化3（一八〇六）・2・25〔従三位〕、元候今出川家、文化4・2・16薨去

〔死没〕文化4（一八〇七）・2・16　〔年齢〕79　〔父〕山本勝嘉　〔公卿補任〕5―176下

今出川家諸大夫山本家

家正―家久―家勝―長勝―宗勝‖
‖家次―勝宣―勝嘉―**親臣**―順親
親師―周親‖親道‖親寛

花山院家諸大夫桧山家（藤原氏）

久術　ひさやす　一七一七―九三

寛政5（一七九三）・10・10〔従三位〕、元候花山院家、10・11薨去

〔死没〕寛政5（一七九三）・10・11　〔年齢〕77　〔父〕桧山久繁　〔公卿補任〕5―91上

花山院家諸大夫桧山家

時久―久保―久長―久昌‖久繁
久術―久以‖久要―久敬

久我家諸大夫春日家（源氏）

仲章　なかあきら　一七〇七―八五

安永4（一七七五）・閏12・19〔従三位〕、元候久我家、天明5（一七八五）・6・25薨去

〔死没〕天明5（一七八五）・6・25　〔年齢〕79　〔父〕春日仲義　〔公卿補任〕4―543下

久我家諸大夫春日家

正光―仲条―仲見―仲量‖仲義
仲条―仲義
仲章―仲香―仲恭―仲褒

広幡家諸大夫上田家（源氏）

元貞　もとさだ　一七七一―一八四八

嘉永1（一八四八）・1・27〔従三位〕、元候広幡家、5・23薨去

〔死没〕嘉永1（一八四八）・5・23　〔年齢〕78　〔父〕上田元珍　〔公卿補任〕5―452上

広幡家諸大夫上田家

元定‖元行―元診―**元貞**―元頼
元泰―定愛

付録

1 異本公卿補任（広橋家本）
2 天皇
3 女院
4 摂政・関白
5 官位相当表
6 文久改正内裏御絵図（部分）

1　異本公卿補任（広橋家本）

略解題

ここに翻刻する異本「公卿補任」は、旧伯爵広橋家に伝来したもので、正親町天皇の弘治四年（一五五八）より永録十一年（一五六八）に至る十一年分を収録する、刊本とは別系統の累本である。記載の様式は、現任公卿の摂政・関白、大臣、大中納言、参議の項を立て、それぞれ序列順に位階・姓名を列挙し、各人の下に兼官やその年中の位階・官職の変動を注記し、その次に公卿の前官者および非参議を列挙し、同じく注記を施していること、全て『（新訂増補）国史大系』本の『公卿補任』と同様であるが、記載事項が所々に異同が見られる。まずその相違点のいくつかを掲げると、該本では一部の年であるが、年初の袖書というべき部分に刊本には見られない詳細な記載が見られること、本文においても、姓名の下の注記の部分等により詳しい記載があり、在国などの注記も国名まで記したところも多い。本書を異本とする所以である。

袋綴本。紙縒りの二箇所綴。一冊。縦二三・六センチ、横二〇・八センチ。楮紙。紙数は原表紙を含め四十八枚。紙背文書がある。原表紙の上部中央に「公卿補任當今」とあり、表紙裏の袖部分に「弘治四永禄元　永禄二　同三　同四　同五　同六　同七　同八　同九」と記す。本文は永禄十一年まで存する。弘治四年より永禄十年までが一筆と認められ、同十一年分は異筆のようである。弘治四年より永禄九年分までがまず書かれ、同十年分が同人により追記され、十一年分が別人により書かれたと考えるべきであろう。紙背文書は、仮名消息・書状・証文・覚・包紙等であるが、そのうち二十余通が仮名消息である。永禄三年、同四年の年紀を有する文書も見える。書状等の宛所に多く見られる清兵庫、速水右京大夫は、広橋家の家司であるから、実質的には時の当主である広橋兼秀宛のものであろう。『兼秀公記』の永禄八年九月―十二月記の紙背文書にも兵庫や右京大夫宛の文書が多く見られるのと共通性をもち、兼秀が来信の書状等を翻して料紙に用いたものと理解し得、筆蹟も『兼秀公記』と同筆を鑑られるものであるので、「異本公卿補任」は広橋兼秀自筆のものと結論づけられよう。尚、永禄十一年分は後人の追筆としておきたい。

『（新訂増補）国史大系』本の『公卿補任』は、後西天皇寛文二年（一六六二）分までは宮内庁書陵部所蔵の御系譜掛本を底本とし、山科本などによって校訂を加えたものである。山科本は、山科言継が享禄二年（一五二九）二月頃より本書の書写を始め、同四年までに二十六冊を書写し、その後もなお書写を続け、天文二十二年（一五五三）に至ってほぼ終え、さらに永禄十三年(一五七〇)に欠漏分一冊を補って書写の功を終え四十九冊となったことが、『言継卿記』および本書言継書写本の奥書等によって知られる。そして、この山科本の祖本となったものの大部分(大凡五分の四)が広橋本であった。例えば、後柏原天皇分の本奥書には、「此一冊、借右中弁兼秀本、従去月十四日染筆、今日終功畢、依所労遅々也、/享禄二年五月朔日/内蔵頭兼右少将藤言継判/墨印 朱印 墨印」と見えている。また兼秀は家蔵本の貸与の便を計らったのみならず、助筆して協力し、享禄二年三月には宇多天皇・醍醐天皇分一冊、同年九月には朱雀天皇・村上天皇分一冊の書与などしている。また奥書によれば、兼秀は言継が公卿補任の書写を始める前、少くとも三年前の大永六年(一五二六)三月には三条天皇より冷泉天皇に至る四代の「公卿補任」を禁裏より借り受けて書写をしており、言継が「公卿補任」の書写を始めた以降の享禄三年三月にも禁裏本の堀河天皇分を借用書写している。そして言継はこの広橋本より天文二十二年二月に書写を行っていることが知られる。広橋家による「公卿補任」の書写事業は、少くとも兼秀の祖父兼顕の時代にまで溯り、『兼顕卿記』および山科本の奥書により、文明八(一四七六)―十年の頃、しばしば正親町公兼から洞院本を祖本とする正親町本を借り受けて書写していることが知られ、「公卿補任」の書写、闕失部分の補写は広橋家が名家としての職掌上、家の伝統として兼秀の代に至ったといえよう。そして言継本の大部分がこの広橋本を兼秀から借写したものであったけれども、祖本の方はいつしか失われ、これまで知られていたのは、現在国立歴史民俗博物館に所蔵される、享禄三年に兼秀が禁裏本を書写した承暦四年(一〇八〇)―嘉承二年(一一〇七)の一巻のみであった。

兼秀は内大臣従一位にまで昇り、永禄十年八月五日に六十二歳で没している。この兼秀自筆の「異本公卿補任」は当該時代のものであり、取捨抹削した部分も目立ち単なる書写の境を越えたものであることからいえば毎年の作成になる補歴《ふりやく》(補略)を基に兼秀により纒められたものというべきであろう。恐らく、永禄九年までは一括して成し、内十年分は最晩年に成し、同十一年分は後人により補筆されたもので、そのためもあろう記事もいたって簡単である。

凡　例

一、『公家事典』の付録として、広橋家伝来の「異本公卿補任」を翻刻付載する。

二、本書は、正親町天皇の弘治四年（一五五八）から永禄十一年（一五六八）に及ぶ「公卿補任」で、広橋兼秀（一五〇六―六七）の自筆にかかる。

一、翻刻にあたっては、原本の体裁は努めてこれを存したが、空白部分に対しては、二行分以上の場合もすべて一行明きとし、間々見られる散位分の改丁は採らず、一様に二行明きで統一した。

一、原本の丁替りは、紙面の終りにあたる箇所に」を付して示し、その丁付け及び表裏を1ｵ1ｳの如く標示した。

一、原本に用いられている古体・異体・略体等の文字は、正体若しくは現時通用の字体に改めたが、そのまま使用した異体・略体文字の中、主なものは次の通りである。

　莭（節）　哥（歌）　処（處）

一、古体・異体・略体等の文字を正体若しくは現時通用の字体に改めたものの中、主なるものは、次の通りである。

　将（將）　兼（兼）　豊（豐）　祐（祐）　継（繼）

一、原本に缺損文字がある場合には、その字数を計って、□或は［　　　　　　］を挿入した。

一、抹消文字には一様に左傍に抹消符を付し、判読不能の塗抹文字には、その字数を計って□或は［　　　］を挿入した。

一、文字の上に更に別字を重ね書きした箇所にあっては、後に書かれた文字を本文として採り、その左傍に、下の字に相当する数の・を付し、且つ判読し得る限り、×を冠してこれらの文字を傍注した。例えば、「下」の上に「上」と重ね書きした所を「上（×下）」として示した類である。

一、校訂にあたって、本文中に読点（、）と並列点（・）及び句点（。）を重ねた。

一、校訂者の加えた文字には、すべて〔　〕、または（　）を付した。前者は本文に置き換える文字を注するのに用い、後者はそれ以外の参考又は説明のための注に用いた。

一、本書の翻刻に当り、所蔵本の使用を許された廣橋興光氏に対して深く謝意を表する。

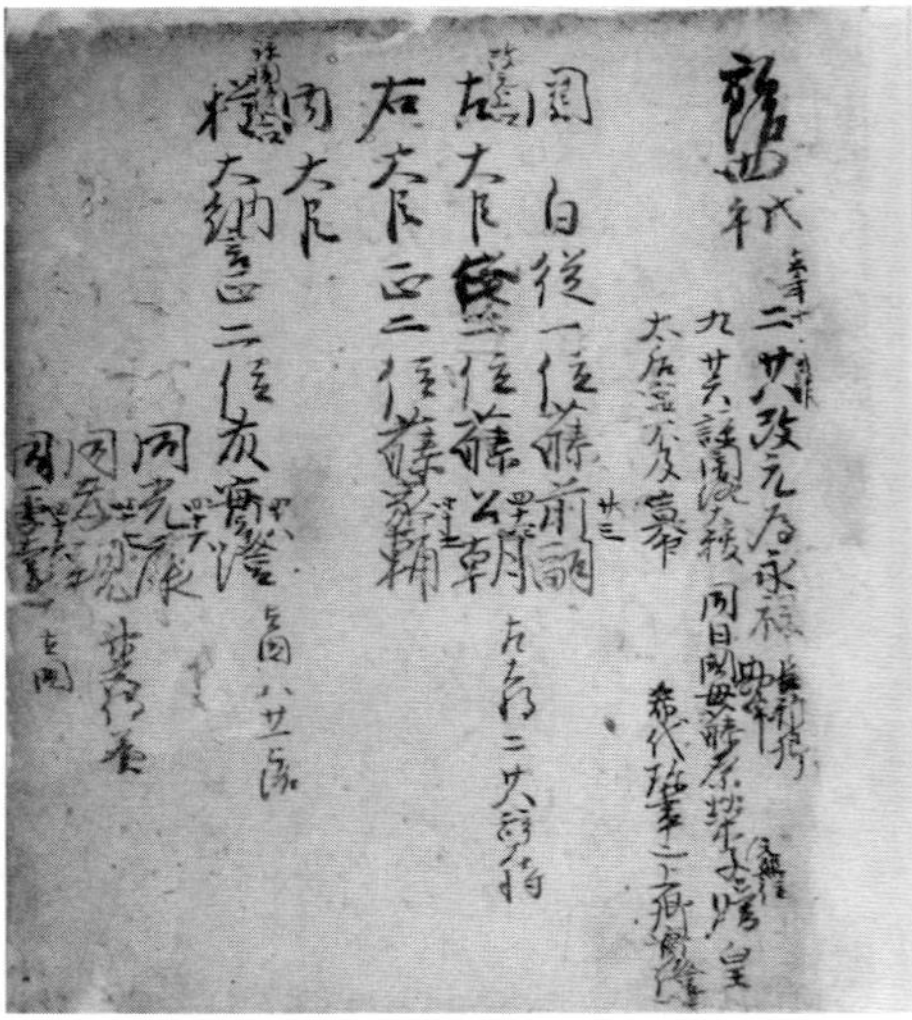

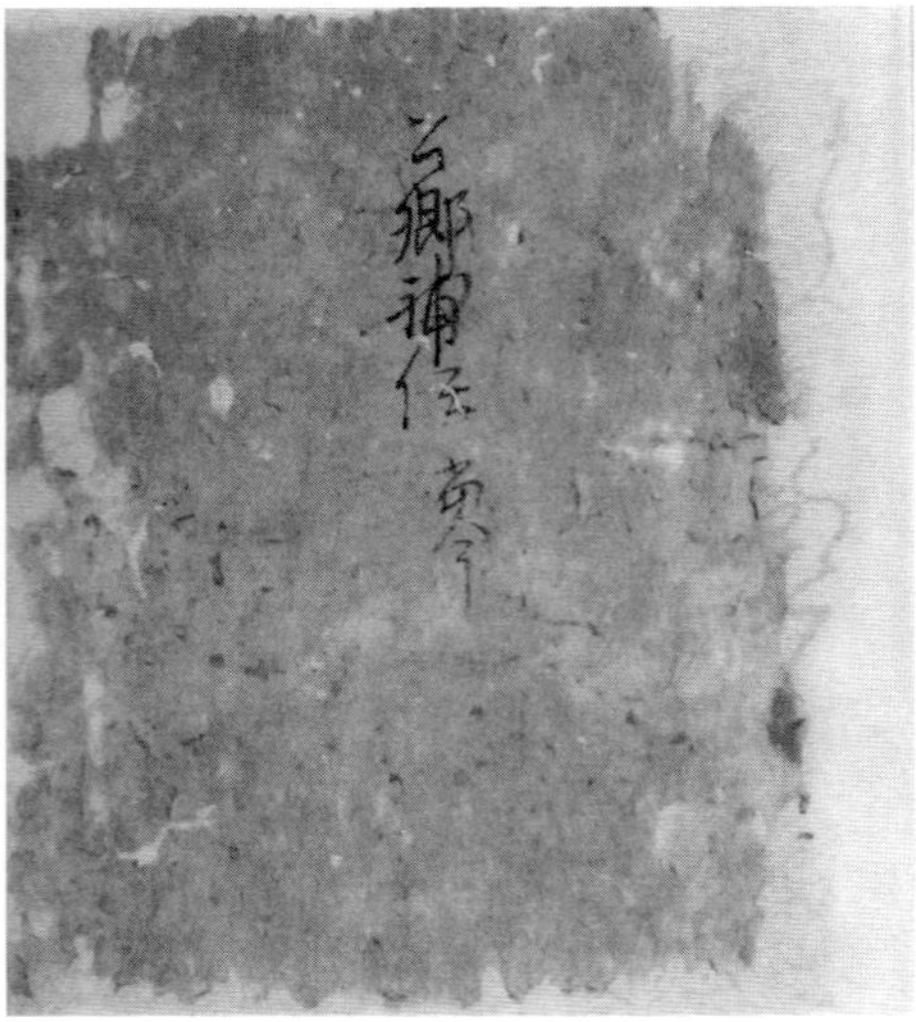

1オ　弘治４年　　　　　　　　　　　　原 表 紙

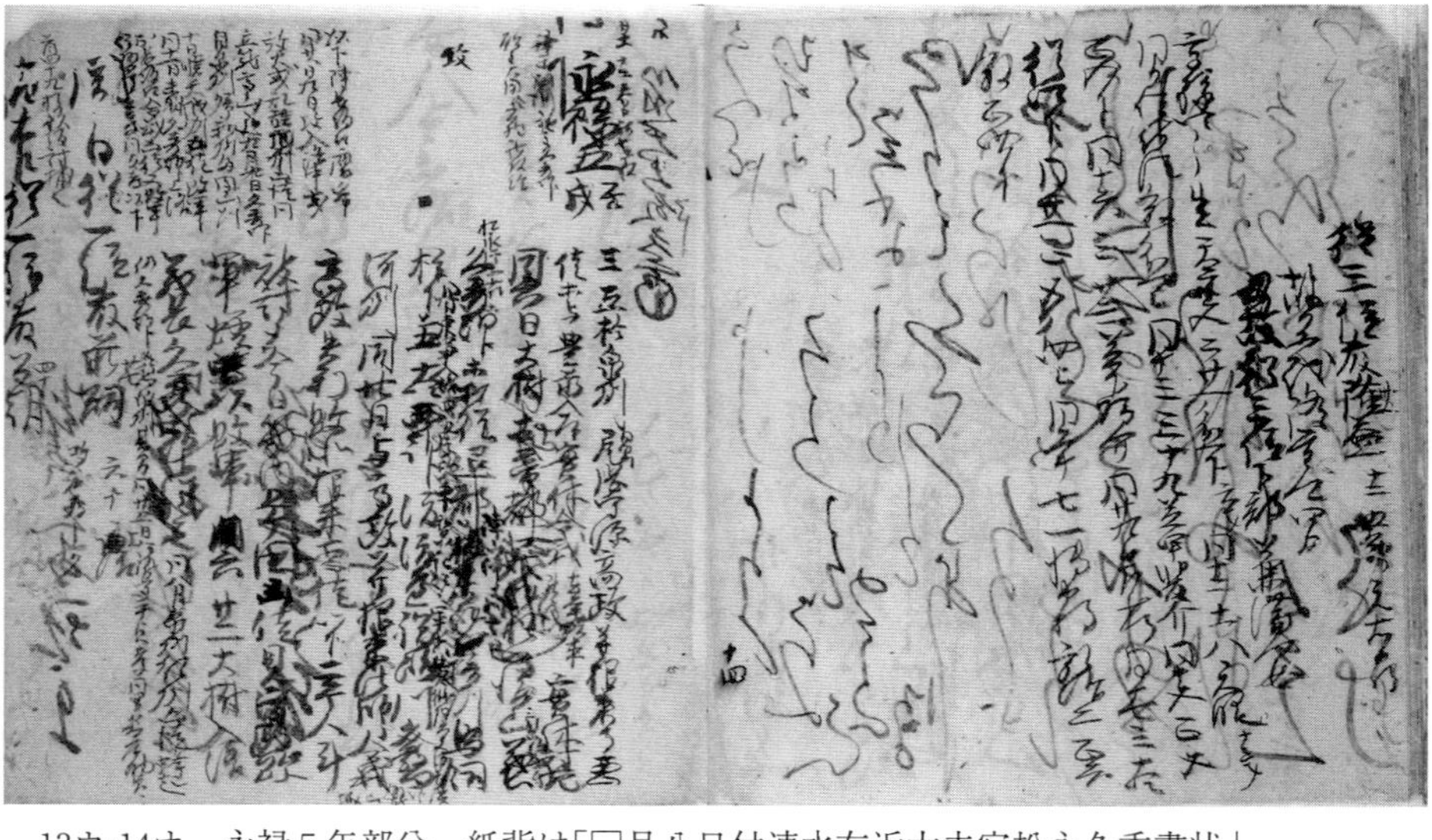

13ウ·14オ　永禄５年部分　紙背は「□月八日付速水右近大夫宛松永久秀書状」

（表紙）

公卿補任

当今

弘治四永禄元

永禄二

同三

同四

同五

同六

同七

同八

同九

弘治四戊午　去年十月(一カ)□踐祚二、廿八改元、爲永祿。(高辻)長雅卿勘申。　九、廿六諒闇終大祓。　同日國母藤原榮子(万里小路賢房女、吉徳門院)元無位。〇贈皇太后宮。不及宣命、希代珎事也。上卿實澄(三条西)卿。

關　白　從一位　(近衛)藤前嗣　廿三

改元上卿
左大臣　(×從)•正二位　(西園寺)藤公朝　四十四　左大將。二、廿八辭大將。

右大臣　正二位　(花山院)藤家輔　四十二

內大臣

諒闇終上卿
權大納言　正二位　(三条西)藤實澄　四十八　在國。八、廿一上洛。

(烏丸)同光康　四十六

(中山)同孝親　四十七　神宮傳奏。

(四辻)同季遠　四十六　在國。

(中院)源通爲　四十二

從二位　(広橋)藤國光　卅二　武家傳奏。

1オ

同晴季（今出川）廿　右大將。三、□八轉左。　未拝賀
源通興（久我）十八　三、八兼右大將。　未也

權中納言

正二位　菅爲康（五条）五十八　兵部卿。氏長者。　未
從二位　藤爲益（上冷泉）四十二　民部卿。　未
菅長雅（高辻）四十四　文章博士。
正三位　藤晴秀（勧修寺）卅六　後六、廿二敍從二位。
同公維（徳大寺）廿二　後六、廿二敍從二位。　未
源具教（北畠）卅一　在國。　未
從三位　藤宣綱（中御門）四十八　在國。
正三位 位公維下　源重保（庭田）卅四　三、十八任。四、十九勅授。
藤親氏（水無瀬）四十五

參議

從二位　同雅教（飛鳥井）卅九　左衛門督。十二、廿八拜賀。

1ウ

正上三位　(庭田)源重保 卌四　右中將。三、十八任權中納言。

従三位　(滋野井)藤公古 卌九　右中將。

従四位上　(正親町三条)藤實福 廿三　右中將。在國。

従四位下　(足利)源義ー(輝)廿三　征夷大将軍。左中將。

従三位　(持明院)藤基孝 卌九　十二、廿三任。元大藏卿。同廿八日拜賀。

散位

前太政大臣　従一位　(近衛)藤稙家 五十七　准三后。前關白。

前左大臣　従一位　(二条)藤晴良 卌三　前關白。

(今出川)同公彦 五十三

前權大納言　従一位　(柳原)藤資定 六十四

(勧修寺)同尹豊 五十六　賀茂社傳奏。

正二位　(飛鳥井)藤雅綱 七十

」2オ

（万里小路）同惟房　四十六

前權中納言　正二位

（山科）藤言繼　五十二　七、十三任大〔太〕宰權帥。

非參議　正二位

雅業王　七十一　神祇伯。

（勘解由小路）賀在冨　六十九　六十　在國。

正三位

清良雄　在國。

從二位

（難波）大中朝忠　六十一　祭主。神祇大副。

（土御門）安有春　五十八　在國。若州。

正三位

（舟橋）清良雄　六十　在國。防州。

大中師重　六十七　春日神主。

中臣祐恩　七十一　春日正預。

（吉田）卜兼右　四十三　神祇權大副。右兵衛督。

從三位

（下冷泉）藤爲豐　五十五　侍從。在國。播州。

（一条）同兼定十六　左少將。在國。土州。

上〱同基孝卅九　大藏卿。十二、廿三任參議。

大中時具六十九　春日權神主。

（竹內）源季治四十一

3オ

3ウ

永祿二 己未

四方拜。初度。小朝拜。同。三節會。初度。不慮。敍除不行之。

十一、十六御即位日時幷擬侍從定　十二、十一由奉幣。今度任永正天文例為一社奉幣。

關白　從一位　（近衛）藤前嗣 廿四

踏哥内弁 左大臣　正二位　（西園寺）藤公朝 四十五　正、六敍從一位。

右大臣　正二位　（花山院）藤家輔・四十三

白馬内弁 初度 權大納言　正二位　（三条西）藤實澄・四十九　五、廿六下向駿河國。

（烏丸）同光康 四十七　在國。攝州。

元日内弁 第四度　（中山）同孝親 四十八　神宮傳奏。

（四辻）同季遠 四十七　十、廿七自甲州上洛。

（中院）源通為 四十三　十一、三下向賀州。

御即位日時□ □定上卿　從二位　（広橋）藤國光 卅三　正、七《六》敍正二位。八、廿八輕服。同日除服

（今出川）藤晴季 廿一　左大將。　未

（久我）源通興 十九　右大將。　未

伊勢奉幣上卿十二、十一
位通爲上
正二位　藤惟房（万里小路）四十七　十二、二還任。同十一日拜賀。着陣。
正二位　菅爲康（五条）五十九　兵部卿。氏長者。　未
權中納言
從二位　藤爲益（上冷泉）四十三　民部卿。正、六敍正二位。同十六日拜賀。着陣。
菅長雅（高辻）四十五　文章博士。正、六敍正二位。十一、十兼式部大輔。去博士。
藤晴秀（勧修寺）卌七　八、廿八輕服。
同公維（徳大寺）廿三
正三位　源重保（庭田）卌五〔二カ〕　四、三服解。母。五、廿除服復任。
同具教（北畠）卌三　在國。勢州。
從三位　藤宣綱（中御門）四十九　在國。駿州。
位晴秀上
從二位　藤雅敎（飛鳥井）四十　正、十八任。左衛門督如元。六、七下向濃州。八、三上洛。
參　議
從二位　藤親氏（水無瀬）四十六
上
同雅敎（飛鳥井）四十　左衛門督。正、十八任權中納言。

従三位　（持明院）藤基孝　四十　正、六敍正三位。

　　　　（滋野井）同公古　四十　右中將。十、十五敍正三位。

従四位上　・（正親町三条）藤實福　廿四　右中將。九、廿三自甲州上洛。

従四位下　（足利）源義ー（輝）廿四　征夷大將軍。左中將。

散位

前太政大臣　従一位　（近衛）藤稙家　五十八　准三后。前關白。

前左大臣　従一位　（二條）藤晴良　卅四　前關白。

　　　　（今出川）同公彥　五十四　五、五服解。母九十才。　同十一日出家。法名龍空。

前權大納言　従一位　（柳原）藤資定　六十五　九、爲賀茂傳奏。

　　　　（勧修寺）同尹豐　五十七　賀茂傳奏。八、廿八喪父。（勧修寺尚顕）止賀茂傳奏。十、十七除服出仕。

正二位　（飛鳥井）藤雅德　七十一　六、十、在國。

5オ

前權中納言　正二位　（万里小路）同惟房　四十七　十二、二還任。

正二位　（山科）藤言繼　五十三　權帥。

非參議　正二位　雅業王　七十二　神祇伯。

（勘解由小路）賀在冨　七十

從二位　（藤波）大中朝忠　六十二　祭主。神祇大副。

（土御門）安有春　五十九　在國。

正三位　（舟橋）清良雄　六十一　在國。

大中師重　六十八　春日神主。

中臣祐恩　七十二　春日正預。

（吉田）卜兼右　四十四　神祇權大副。右兵衛督。

從三位　（下冷泉）藤爲豐　五十五〔六カ〕　侍從。

（一条）同兼定　十七　左少將。

5ウ

〻大中時具（ママ）七十一　春日権神主。三、五卒。
（竹内）源季治　四十二

永禄三 庚申

節會敍除不行之。

正、廿七 御卽位。 二、四 被行內侍所御神樂。當代初度。

二、十八 御讀始。侍讀長雅卿（高辻）。於晝御座。

正、十九礼服御覽着座 直衣
關白　從一位　（近衛）藤前嗣 廿五　七、廿六服解。母（久我晴通女）從二位源慶子　九、十六復任。
不除服執柄重喪不出仕例也。　同十九日下向越後國。

御卽位內弁 同敍位執筆五、十五
左大臣　從一位　（西園寺）藤公朝 四十六

右大臣　正二位　（花山院）藤家輔 四十四

內大臣

權大納言　正二位　（三条西）藤實澄 五十　在國。

（烏丸）同光康 四十八　在國。

御卽位外弁　（中山）同孝親 四十九　神宮傳奏。

同　（四辻）同季遠 四十八

（万里小路）同惟房 四十八

御卽位傳奏三人之內　（中院）源通爲 四十四　在國。賀州。

6ウ

礼服御覧 敘位参仕

（広橋）藤國光 卌四 武家傳奏。

從一位 （今出川）藤晴季 廿二 左大將。正、十五敘正一位。

（久我）源通興 廿 右大將。

（徳大寺）藤公維 廿四 四、十九任。

權中納言 正二位 （五条）菅爲康 六十 兵部卿。氏長者。二、十八爲侍讀。未

（上冷泉）藤爲益 四十四 民部卿。

（高辻）菅長雅 四十六 式部大輔。二、十八爲侍讀。同、、袴直衣。同□冠懸。

敘位参仕 從二位 （飛鳥井）藤雅敎 四十一 左衞門督。 未

御卽位外弁 宣命使 （勧修寺）同晴秀 卌八 正、十八勅授。同日奏慶。

御卽位外弁 上 （徳大寺）同公維 廿四 四、十九任權大納言。

正三位 （庭田）源重保 卌六

（北畠）同具敎 卌三 在國。

7オ

從三位　（中御門）藤宣綱　五十　在國。

叙位清書 初度
参　議

御即位外弁　從二位　（水無瀬）藤親氏　四十七
御即位外弁　正三位　（持明院）藤基孝　四十一
同親王代　（滋野井）同公古　四十一　右中將。
同　從三位　（正親町三条）藤實福　廿五　右中將。正、五叙從三位。正四下叙位不見如何。
從四位下　（足利）源義ー　（輝）廿五　征夷大將軍。左中將。」7ウ
位實福下　正四位上　（葉室）藤頼房　卅四　二、五任。元藏人頭。左大弁。弁如元。同六日叙從三位。
故參議右大弁頼繼卿男。
母故從一位宣秀（中御門）卿女。
大永七、四、七生。享祿二、六、卅從五下。三才。天文四、正、廿[redacted]元服。九才。同日任兵部權少輔。叙從五上。聽昇殿。同年三、廿一右衞門佐。同六、正、六叙正五下。同七、二、八兼信乃權介。同年十二、十九權右少弁。同八、正、十叙正五上。同十、三、廿七五位藏人。同年十二、廿九左少弁。同十六、三、廿三右中弁。同廿日右宮城使。同十七、三、九装束司（使カ）。同十九、十、廿三從四下。廿四才。同廿九日從四上。[redacted]一ケ月兩度。同年十二、廿三正四下。年中三度。同卅日左中弁。同廿、正、六叙正四位上。同年三、廿七左宮城使。同年九、十六補藏人頭。同廿四、九、廿八右大弁。同年十、十四左大弁。」8オ

散位

前太政大臣　従一位　（近衛）藤稙家　五十九　准三宮。前關白。

前左大臣　従一位　（二条）同晴良　卅五　前關白。

御即位傳奏三人ノ内　但隨一ニ候
前權大納言　従一位　（柳原）藤資定　六十六　賀茂社傳奏。

御即位傳奏三人ノ内　先例一人也　今度執筆初例也
（勧修寺）同尹豊　五十八

正二位　（飛鳥井）藤雅綱　七十二　在國。

前權中納言　正三位　（山科）藤言繼　五十四　權帥。

非參議　正二位　〵雅業王　七十三　神祇伯。九、十二卒。七十三才。

（勘解由小路）賀在冨　七十一

従二位　（藤波）大中朝忠　六十三　祭主。神祇大副。

（土御門）安有春　六十　在國。

正三位　（舟橋）清良雄　六十二　在國。

大中師重　六十九　春日神主。

|8ウ

中臣祐恩 七十三 春日正預。

（吉田）卜兼右 四十五 神祇權大副。右兵衛督。

従三位

（下冷泉）藤爲豊 五十七 侍從。八、出家。法名宗湯。

同五、二、二卒。五十九才。八イ

（一条）同兼定 十八 左少將。

（竹内）源季治 四十三 正、武家執奏 初堂上

従三位

（九条）藤兼孝 八才 正、十五敍。左中將如元。

入道前關白 稙通公 男。實前關白 （二条）晴良公 一男。

母中務卿貞敦親王（伏見宮）女。

天文廿二、、誕生。弘治三、四、五正五下。直敍。五才。同日元服ワ聽禁色雜袍。同日任左少將。〻〻〻〻任左少將。今日非陣定以消息宣下。同年十
二、廿七従四下。少將如元。永祿二、七、二ワ敍正四下。轉中將 越階 七才。〻〻同日

従三位

（一条）藤内基 十三 正、十五敍。左中將如元。

故關白 兼冬公 男。

實 祖父 故ワ准三后前關白 房通公 末子。

母家女房。

天文十七、、誕。弘治四、正、六敍正五下。直敍。陣宣。十一才。同日ワ禁色。元服。同七日右少將。同日聽昇殿。一昨日被
申請之処、宣下之儀御衰日之由、後七日出來、両条今日宣下。同年六、廿従四下。少將如元。永祿二、七、二敍正四下。同日左中將。

従三位　（高倉）藤永相　廿才　二、六敍。右衞門督如元。

入道權大納言永家卿二男。

母故伊勢守平（伊勢）貞陸女。

享祿四、、生。天文七、六、七從五下。八才。同八、十二、廿七元服。九才。同日任侍從。昇殿。同九、正、六從五上。同年八、廿九右衞門佐。同十、三、廿四り《兼》筑前介。同十三、三、廿九正五下。十四才。同十七、正、五敍從四下。佐如元。十八才。同廿一、正、五敍從四上。同廿二、閏正、九右衞門督。弘治二、正、六敍正四下。


従三位　（西洞院）平時秀　廿才　九、十八敍。左兵衞督如元。

同十九日下向越後國。依關白下向也。

故入道參議從二位時長卿男。母。

享祿四、、生。天文五、二、廿一從五下。六才。同九、十二、七元服。十才。同年〻日甲斐守。同日昇殿。同十、三、廿六任右兵衞權佐。守如元。同十一、正、五從五上。十二才。同十五、正、五敍正五下。十六才。同年三、廿四兼但馬權守。同十六、三、廿三任少納言。兼侍從。去權佐權守等。同十七、三、十四敍從四下。十八才。同廿三日兼遠江權守。同廿一、正、五從四上。廿二才。弘治二、正、六敍正四下。永祿二、十一、十四任左兵衞督。去權也。

永禄四 辛酉

當年辛酉不及沙汰、仍無改元。延喜以來曽以無如此之例。七、廿八江東軍兵佐々木左京大夫源義賢入道法名紹貞・同四郎（義治）居陣於東山。勝軍山。山門悪徒令同心也。筑前守（三好）源義長（義興）朝臣・彈正少弼（松永）源久秀朝臣等防戰之。十、廿八・十一、廿四兩度合戰。東軍不利、軍士數多討捕云々。

關白　従一位　（近衛）藤前嗣　廿六　在國。上野國。

左大臣　従一位　（西園寺）藤公朝　四十七

右大臣　正二位　（花山院）藤家輔　四十五

内大臣

權大納言　正二位　（三条西）藤實澄　五十一　在駿河國。

（烏丸）同光康　四十九　在攝州。

（中山）同孝親　五十　神宮傳奏。

（四辻）同季遠　四十九

（万里小路）同惟房　四十九

10ウ

(中院)源通爲 四十五 在賀州。

(広橋)藤國光 卅五 武家傳奏。

(今出川)同晴季 廿三 左大將。 未

(久我)源通興 廿一 右大將。 未

從二位

(徳大寺)藤公維 廿五

權中納言

正二位

(五条)菅爲康 六十一 兵部卿。氏長者。八、廿五辭。

(上冷泉)藤爲益 四十五 民部卿。

(高辻)菅長雅 四十七 式部大輔。

從二位

(飛鳥井)藤雅敎 四十二 左衞門督。三、六辭督。・六月下向出羽國。伴息少將雅敦云々。

(勧修寺)同晴秀 卅九

正三位

(庭田)源重保 卅七 正、廿九敍從二位。七、五輕服。妹。

(北畠)同具敎 卅四 在勢州。

参議

従三位　（中御門）藤宣綱　五十二　在駿河國。

位宣綱上
正三位　（滋野井）〃藤公古　四十二　三、八任。同九、辭。　未拜賀

従三位　（九条）藤兼孝　九　三、任。左中將如元。

（一条）同内基　十四　八、廿五（×四）任。左中將如元。

従二位　（水無瀬）藤親氏　四十八　八、五服解。母。九、廿八除服。

正三位　（持明院）藤基孝　四十二

上
〃同公古　四十二　右中將。三、八任權中納言。

従三位　（正親町三条）藤實福　廿六　右中將。

（葉室）同頼房　卅五　左大弁。

四
従三位下　（足利）源義〻（輝）　廿六　征夷大將軍。左中將。

従三位　（高倉）藤永相　卅一　二、一任。元右衞。

散位

前太政大臣　従一位　(近衛)藤稙家・六十　准三后。前關白。

前左大臣　従一位　(二条)藤晴良　卅六　前關白。

前権大納言　従一位　(柳原)藤資定〔六十七〕　賀茂傳奏。

(勧修寺)同尹豊　五十九

正二位　(飛鳥井)藤雅綱　七十三　在國。三、上洛。

前権中納言　正二位　(山科)藤言繼　五十五　権帥。

(五条)菅爲康　六十一　兵部卿。、、辭。

正三位　(滋野井)藤公古　四十二　十、辭。

非参議　正二位　(勘解由小路)賀在冨・・・七十二

従二位　(藤波)大中朝忠　六十四　祭主。神祇大副。

(土御門)安有春　六十一　在若州。

12オ

正三位

（舟橋）清良雄 六十三　在防州。

大中師重 七十　春日神主。

中臣祐恩 八十四〔七カ〕　春日正預。二、卒。

（吉田）卜兼右 四十六　神祇權大副。右兵衛督。

藤爲豐 五十八　侍從。在播州。去年出家候。

従三位

（一条）同兼定 十九　左少將。在土左〔佐〕國。

（竹内）源季治 四十四

（九条）藤兼孝 九　左中將。、、任權中納言。

（一条）同內基 十四　左中將。八、廿四任權中納言。

上（高倉）同永相 卅一　右衛門督。二、一任參議。

（西洞院）平時秀 卅一　左兵衛督。在上野國。

従三位

（四条）藤隆益 卅一　十二、五敍。元左中將。

故參議隆重卿男。

母故従三位卜部（吉田）兼滿卿女。

享祿四、、生。天文五、二、廿一従五下。六才。同十二、十一、八元服。十三才。同日任侍従、敍従五上。同十三、三、十九兼甲斐介。同十五、正、五正五下。同十六、三、廿三兼下野介。同廿九日左少將。同十七、三、十四従四下。同廿一、正、五従四上。同年七、一轉中將。弘治二、正、六敍正四下。

13ウ

永禄五壬戌　同十一十三春日社七夜神楽［　］施主久秀朝臣願主大閤於令見物社頭給。

三、五於泉州　尾張守《畠山》源高政幷根來寺悪徒等与豊前入道實休（三好義賢）合戰。去年以來度々也。實休討死。同六日大樹（足利義輝）去帝都。江州［　］八幡山義長《三好筑前守》・久秀《松永彈正少弼》朝臣等相從退都。ウ［　］《陣山崎》攝州鳥飼柱下［　］《東軍入洛》ウ五、十四《四五度》兩朝臣［　］《山城》渡渡邊福嶋川發向河州、同廿日与高政幷根來法師合戰、高政失利敗北。根來悪徒以下二千人計被討云々。今日畿內五ケ國凶徒見高政敗軍煙■以敗軍。同六、廿二大樹入洛。義長・久秀朝臣從之。同八月泉州・紀州凶徒蜂起。仍久秀朝臣發向泉州。其間同廿五日伊勢守平貞孝（伊勢）、同男兵庫助貞（貞良）、以下陣［　］鷹峯。同廿八日、九日攻入洛中。或放火、或亂族城州凶徒同立籠高山処、九月九日久秀朝臣自泉州歸和州多聞山。則十日曉天城州凶徒敗軍。同十一日未明久秀朝臣上洛。於長坂口合戰。凶徒又敗軍。伊勢守兵庫・同貞孝以下首四十九於杉坂討捕之。

關　白　從一位　藤前嗣（近衛）　廿七　六、十《上》歸洛。

左大臣　從一位　藤公朝（西園寺）　四十八　改名爲ー久。

右大臣　正二位　藤家輔（花山院）　四十六

內大臣

權大納言　正二位　藤實澄（三条西）　五十二　在駿州。

同光康（烏丸）　五十　在攝州

14オ

(中山)同孝親 五十一 神宮傳奏。
(四辻)同季遠 五十
(万里小路)同惟房 五十
(中院)源通爲 四十六 在賀州。
(広橋)藤國光 卅六 武家傳奏。
(今出川)同晴季 廿四 左近大將。 未拜賀

從二位
(久我)源通興 廿二 右近大將。 同
(德大寺)藤公維 廿六

權中納言

正二位
(上冷泉)藤爲益 四十六 民部卿。十二、廿六辭。去年以來不仕、今辭職云々。就哥道之儀有所持改歟。
(高辻)菅長雅 四十八 式部大輔。十一、三辭。

從二位
(飛鳥井)藤雅敎 四十三 在出羽國云。九、上洛。
(勧修寺)同晴秀 四十 七、廿六輕服。妹前典侍尹子。卅六才
十一、十二輕服□□廿七才

（庭田）源重保　卌八　十、十六下向攝州大坂。

正三位 （北畠）源具教　卌五　六■■伊勢國□□■也。　未拜賀

従三位 （中御門）藤宣綱　五十二　在駿州。

（九条）同兼孝　十　左近中將。　未ーー

（一条）同內基　十五　左近中將。　同

位兼孝上 （正親町三条）同實福　廿七　正、十九任。自七、七不出仕。是非勅与、尹豊卿（勧修寺）□□丸、七始出仕。十一、三還任。故也、（山科）堵長□為春日祭參行云々。　同

參議

還任第三度 春日祭上卿第三度 十一十五正二位 （山科）藤言繼　五十六　同九日奏慶。（山科）內藏頭言経朝臣・（薄諸光）左兵衛佐相伴等扈従。

従二位 （水無瀬）藤親氏　四十九

正三位 （持明院）藤基孝　四十三

上 従三位 （正三条）藤實福　廿七　右近中將。正、十九任權中納言。

（葉室）同賴房　卌六　左大弁。十一、九奏慶。　未

（高倉）同永相　卌二　同

從四位下 (足利)(義輝)源義ー 廿七 征夷大將軍。左近中將。三、六去帝都。陣八幡。六、廿二入洛。

」16オ

散位

前太政大臣 從一位 (近衛)藤稙家 六十一 准三后。前關白。

前左大臣 從一位 (二条)藤晴良 卅七 前關白。

前權大納言 從一位 (柳原)藤資定 六十八 賀茂傳奏。、、辭賀茂傳奏。

(勧修寺)同尹豐 六十 武家傳奏。七、廿六輕服。息女卒。七、廿被止出仕。就山門之儀、有私曲之故也。九、一勅免。

正二位 (飛鳥井)藤雅綱 七十四 六、廿敍從一位。於家初例。

前權中納言 正二位 (山科)藤言繼 五十六 權帥。十一、三還任。

(五条)菅爲康 六十二 兵部卿。氏長者。

正三位 (滋野井)藤公古 四十三

正二位 位爲康下 (高辻)菅長雅 四十八 十一、三辭。式部大輔。

」16ウ

位爲康下

（上冷泉）藤爲益〔四十六カ〕　十二、廿六辭。民部卿。

非參議

正二位　（勘解由小路）賀在冨　七十三

從二位　（藤波）大中朝忠　六十五　祭主。神祇大副。

（土御門）安有春　六十二　在若州。

正三位　（舟橋）清良雄　六十四　在防州。

大中師重　七十一　春日神主。

（吉田）卜兼右　四十七　神祇權大副。右兵衛督。

從三位　（一条）藤兼定　廿　右近少將。在土州。

（竹内）源季治　四十五　正、五敍正三位。

（西洞院）平時秀　卅二　左兵衛督。在上野國。改名｜當。六、十上洛。

（四条）藤隆益　卅二

」17う　」17オ

永禄六 癸亥

關白　從一位　(近衛)藤前久 廿八 本名晴嗣。又前ー(嗣)。

太政大臣

左大臣　從一位　(西園寺)藤公朝 四十九

右大臣　•正二位　(花山院)藤家輔 四十七

內大臣

權大納言　正二位　(三条西)藤實澄 五十三 十二、二服解。七十七才入道右大臣公條公。薨。上洛□州。

(烏丸)同光康 五十一 □

(中山)藤孝親 五十二 神宮傳奏。十、八輕服。□□慈承法印。

(四辻)同季遠 五十一

(万里小路)同惟房 五十一 十一、十二服解。父入道前內臣秀房公。薨。七十二才。閏十二、四復任。同、辭敷奏。仍以輔房朝臣被召加云々

(中院)源通爲 四十七 在國。

18オ

（広橋）藤國光 卅七　武家傳奏。十二、十三下向和州。

（今出川）同晴季 廿五　左近大將。

従二位　（久我）源通興 廿三　右近大將。

（徳大寺）藤公維 廿七

春日祭上卿三十八第四度
権中納言　正二位　（山科）藤言繼 五十七　大宰権帥。

同爲益 四十七　〃〃〃民部卿。

従二位　（飛鳥井）藤雅敎 四十四

（勧修寺）同晴秀 四十一

十二廿一
立親王　宣下上卿（伏見宮）貞康親王　尊朝法親王（青蓮院）

（庭田）（×同）・源重保 卅九　十二、廿一着陣。

正三位　（北畠）源具敎 卅六　〃〃〃〃八、十一服解。　〃〃〃晴具卒。　在國。

従三位　（中御門）藤宣綱 五十三　在國。

（正親町三条）同實福 廿八

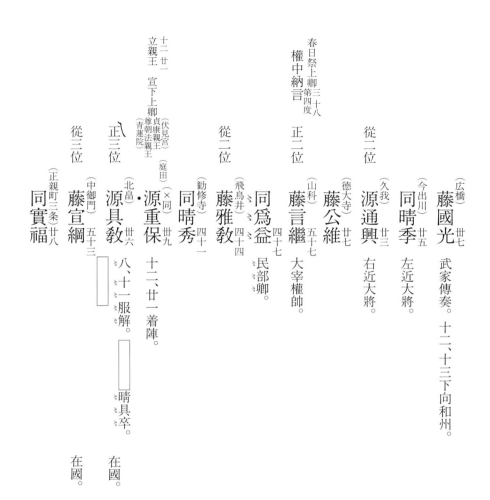

(九条)同兼孝 十二〔一カ〕 左近中將。三、十敍正三位。
三、廿六輕服。□□式部卿邦輔親王(伏見宮)薨。五十一才。

(一条)同内基 十六 左近中將。六、七敍正三位。
十二、十□服解。母。

位最末
(葉室)同頼房 廿七 六、廿七任。元第三參議。勞四年。

參議

從二位 (水無瀬)藤親氏 五十

正三位 (持明院)藤基孝 四十四

從三位 藤頼房 上 廿七 左大弁。任權中納言。

(高倉)同永相 廿三 ■

從四位下 (足利)源義ー (輝) 征夷大將軍。左近中將。

位永相下
從三位 (三木)藤嗣頼 三、十二任。武家執奏。
七、廿二辭。爲上被執闕云々。

希代儀也
十二廿一始行維摩會勅使

正四位上 (柳原)藤淳光 廿三 七、六任。元藏人頭。左大弁。
十二、十七奏慶有。大弁氏院別當如元。
從一位資定(柳原)卿男。本名将ー。實權中納言資將(町)卿男。
母故大藏卿光繼(竹屋)卿女。
天文十、、生。同十一、閏三、十從五下。于時將ー。二才。同十六、六、廿六元服。七才。同日任宮內大輔、敍從五上。聽昇殿。同年閏七、三左兵衛權佐。同十七、三、廿三兼越中介。同十九、二、十九、權左少弁。同廿日敍正五下。十才。同年十二、十九敍正五上。同卅日轉左少弁。同[redacted]廿、九、十九改名爲淳ー。依資定卿養子也。同廿三、正、四補五位藏人。同十四日轉右中弁。同廿四、九、廿轉左中弁、永祿二、十、十一從四下。同日藏人頭。十九才。同年十二、廿二從四上。同三、正、十五敍正四下。同年二、六敍正四上。同十五日轉右大弁。廿才。同六、六、廿七轉左大弁。

正四位上　(万里小路)藤輔房　廿二　七、六任。元藏人頭。右大弁。大弁如元。十一、十二輕服。祖父。十二、五除服。閏十二、三被加□。

權大納言惟房卿男。母大隅守源(畠山)統俊女。

天文十一、、生。同十三、正、六從五下。三才。同十六、六、廿七元服。六才。同日　禁色昇殿。同廿八日右兵衛佐。同日從五上。同十七、三、廿七兼加賀介。同十九、十二、卅敍正五下。九才。同廿、八、一右少弁。十才。同年九、十九敍正五上。同廿三、正、十七左少弁。十九才。同廿四、六、廿七五位藏人。同年九、廿八右中弁。永祿三、二、六敍從四下。同日藏人頭。二十九才。同十五日左中弁。同年三、一從四上(×下)。同年、、正四下。年中三ケ度。同四、正、五敍正四上。廿才。同六、六、廿七轉右大弁。

布衣侍一人□□一人
御隨身二人□□□四□
仕丁一人

從三位　位永相下　(四条)藤隆益(×五)　廿三　七、廿二任。嗣頼替。八、六奏慶。兼右衛門督
同日奏慶。

正四位下　位義ー上　(四辻)藤公遠　廿四　七、廿二任。左中將如元。

權大納言季遠卿男。母得選。

天文九、、生。天文十、十二、十二從五下。同十四、三、廿五侍從。同元服。同十五、三、一兼美作介。同年八、從五上。同、、元服。七才。同十八、正、五敍正五下。同年三、廿五左少將。同廿、三、廿一兼美作權介。侍從兼國之時美作介也。又同國權介□□。同廿三、三、廿二從四下。十五才。

同廿四、七、廿二轉中將。弘治二、十一、廿六服解。母。同三、正、十七復任。永祿元、十二、從四上。十九才。
同四、三、七敘正四下。

散位

前太政大臣　從一位　(近衛)藤稙家 六十二 准三后。前關白。
前左大臣　從一位　(ママ)(二条)晴良 卅八 前關白。
前權大納言　從一位　(柳原)藤資定 六十九
(勸修寺)同尹豐 六十一 賀茂傳奏。武家傳奏。
(飛鳥井)同雅綱 七十五 八、廿一出家。法名
〃〃〃正二位　藤實澄 〃〃〃 十二、二服解。〃〃〃于時駿州
前權中納言　正二位　(五条)菅爲康 六十三 兵部卿。氏長者。十、廿二頓死。
(上冷泉)藤爲益 四十七 民部卿。
(高辻)菅長雅 四十九 式部大輔。十、廿二爲氏長者。

21オ

正三位　（滋野井）藤公古　四十四　正、廿七任大藏卿。

「（北畠）（挿入）源具教　八、十七服解。」

前參議

従三位　（三木）藤嗣頼　七、廿二辭。

非參議

正二位　・（勘解由小路）賀在冨　七十四

従二位　（藤波）大中朝忠　六十六　祭主。神祇大副。

（土御門）安有春　六十三　在國

正三位　（舟橋）清良雄　六十五　同

大中師重　七十二　春日神主。

（吉田）卜兼右　四十八　神祇權大副。右兵衞督。

・（竹内）源季治　四十六　五、輕服。息女。

従三位　・（一条）藤〻源兼延〻　廿一定　左近少将。　在國

（西洞院）平時當　卅三　左兵衞督。本丨秀。

|22オ　|21ウ

上
（四条）藤隆益 卅三　七、廿二任参議。
従三位　大江俊直 卅四　三、廿七叙。元大膳大夫。
故従三位俊泰卿孫。故正四位下行
大膳大夫俊永朝臣男。母。
天文四、六、九叙従五位下。同日任越前守。今日元服。六才。同八、正、五叙従五上。太政大臣當年給。十才。、、、任
刑部権少輔。同十四、正五叙正五位下。十六才。同十七、三、廿三叙従四位下。十九。同廿二、後正、八叙従
四上。廿四才。同年、、任大膳権大夫。弘治三、正、廿三叙正四位下。廿八才。同年六、廿五転大夫。
22ウ
上
従三位　藤嗣頼 本良ー。　正、十二叙。元飛驒守。従四下。
越二階。武家執奏。
三、十二任参議。
父
母
永禄三、二、十六従五下。同日任飛驒守。于時良頼。
23オ
当年薨、右之外
式部卿（勧修寺） 二品 （伏見宮）邦輔親王　三、廿六未刻薨。五十一才。酒損候。
無品寛欽法親王　十一月十一日入滅。
入道前右大臣　正二位藤（三条西）公條　法名仍覚、十二、二薨。七十七才。号称名院。入道右大臣。

入道前内大臣　正二位藤秀房（万里小路）　法名等貴。號能證院。十一、十二薨。七十二才。

入道権中納言　従三位源晴具（北畠）　八、十七薨。

武家輩

細川 入道右京大夫従五下源晴元　法名一清。三、一卒。五十才。去年以来腫物所労也。

同 右京大夫従五下　源氏綱　十二、廿卒。四十九才。

三好 従四位下行筑前守源義興　八、廿五卒。廿二才。

上野 民部大輔従五下源信孝　四、廿九、午刻卒。五十才。去□廿六日令出家候。

毛利 大膳大夫従四下大江隆元　、、横死。

法中　東□

権僧正興紹・二尊院　四、十三為夜盗被害。五十八才。

法印□□慈承。尊勝院。十、八入滅。四十八才。

岌長上人　知恩寺　碩学人也。八月二日入滅。五十六才。

連歌法師宗養　卅九才。

23ウ

永禄七甲子

當年不及甲子仗議幷改元。仍而辛酉不可然云々。武家度々雖奏聞、不被執上云々。希代珎事也。是儒家ゟ《依》不勤仕■云々。併逆臣等申沙汰不宜候故也。

關白　従一位　(近衛)藤前久　廿九　元晴嗣。又前ー。氏長者。

太政大臣

左大臣　従一位　(西園寺)藤公朝　五十

右大臣　正二位　(花山院)藤家輔　四十八

內大臣　闕

權大納言　正二位　(三条西)藤實澄　五十四　在駿州。二、三除服復任。

(烏丸)同光康　五十二　在攝州。

(中山)同孝親　五十三　神宮傳奏。

(四辻)同季遠　五十二

(万里小路)同惟房　五十二

（中院）源通爲 四十八 在賀州。

（広橋）藤國光 卌八 武家傳奏。在奈良。五、一輕服 姉前典侍□子卒 六、廿五除服復任。

（今出川）同晴季 廿六 左大将。

從二位 （久我）源通興 廿五 右大将。敍正二位敷〔詳カ〕 敍日不祥。

（徳大寺）藤公維 廿八

權中納言 第四度春日祭參行 三 六
正二位 （山科）藤言繼〔五十八〕 大宰權帥。
從二位 （飛鳥井）藤雅敎 四十五
（勧修寺）同晴秀 四十二 十一、廿四服解。母。
（庭田）源重保 四十
正三位 （九条）藤兼孝 十二 左中将。
（一条）同內基 十七 左中将。
從三位 （中御門）藤宣綱 五十四 在國。

（正親町三条）同實福　廿九　六、二敍正三位。

（葉室）同頼房　卅八　十二、廿七敍正三位。

參議

從二位　（水無瀬）藤親氏　五十一

正三位　（持明院）藤基孝　四十五

從三位　（高倉）藤永相　卅四

（四条）同隆益　卅四　右衛門督。

維摩會勅使勤行十二　十三

正四位上　（柳原）藤淳光　卅四　左大弁。氏院別當。

（万里小路）同輔房　廿三　右大弁。十二、

正四位下　（四辻）藤公遠　廿五　左中將。

從四位下　（足利）源義｜　廿九　征夷大將軍。左中將。

五月十九日有事薨。御母儀

同日□侍者□

□六七贈左大臣従一位

號廣厳院。道號融山。法名道圓。

25オ

25ウ

散位

前太政大臣　従一位　（近衛）藤稙家　六十三　准三后。前関白。

前左大臣　従一位　（二条）藤晴良　卅九　前関白。

前権大納言　従一位　（柳原）藤資定　七十

（勧修寺）同尹豊　六十二　賀茂傳奏。武家傳奏。

六、為御使下向伊勢國。

十一、廿四輕服。妻女。十二、廿八名除服出仕。

正二位　藤實澄　五十四　在國■州。

前権中納言　正二位　（上冷泉）藤爲益　四十八　民部卿。

（高辻）菅長雅　五十　式部大輔。

正三位　（滋野井）藤公古　四十五　大藏卿。

（北畠）源具教　卅七

前參議

非參議

従三位　(三木)藤嗣頼

正二位　(勘解由小路)賀在富　七十五

従二位　(藤波)大中朝忠　六十七　祭主。神祇大副。

従二位　(土御門)安有春　六十四

正三位　(×大中 清)・清良雄　六十六

・大中師重　七十三　神祇權大副。春日神主。

(吉田)卜兼右　四十九・　神祇權大副。

(竹内)源季治　四十七

従三位　(一条)藤兼定　廿二　左少將。

(西洞院)平時當　卅四　左兵衛督。

(北小路)江俊直　卅六・五　大膳大夫。

従三位　(半井)和明名　四十　正、十九叙。元治部卿。施藥院使。卿如元。九、輕服長男施藥院使明慶卒。十六才。

27オ

故入道正三位明孝卿男。母家女房。

大永六、八、廿六従五位下。二才。享禄四、十二、元服。七才。享禄五、正、三任権侍醫。八才。同五日叙従五上。同年月二、兼甲斐守。天文五、二、兼兵庫頭。同年三、一叙正五位下。同八日為施薬院使。去頭。侍醫如元。十三才。同十一、閏三、廿七兼大和介。権侍醫兼國。同十三、正、十二叙従四下。使侍醫如元。廿一才。同十七、四、十三従四上。同廿一、十一、三叙正四下。同廿三、正、二兼治部卿。卅才。永禄二、十、四服解。父。同三、四、廿六除服復任。

永禄八丁丑

關白　従一位　(近衛)藤前久(×前嗣)卅　元晴嗣。又前嗣。氏長者。

太政大臣

左大臣　従一位　(西園寺)藤公朝　五十一

右大臣　正二位　(花山院)藤家輔　四十九

內大臣

權大納言　正二位　(三条西)藤實澄　五十五　在駿河國。

(烏丸)同光康　五十三　在攝州大坂。

(中山)同孝親　五十四　神宮傳奏。五、九輕服。□八、辭神宮傳奏。十二、廿七辭。□□十七□□歟。

(四辻)同季遠　五十三

(万里小路)同惟房　五十三

(中院)源通爲　四十九　在加賀國。九、三於件國薨。腫物所勞起居候処、自越前亂入令放火候間、燒死云々。希代也。

同十年九、贈內大臣

贈官宣下上卿
権中納言

（広橋）藤國光　卅九　武家傳奏。在奈良（×南）。

（今出川）同晴季　廿七　左大將。八、爲神宮傳奏。　未拝賀

（久我）源通興　廿五　右大將。　未拝賀

従二位
（徳大寺）藤公維　廿九

正三位
（九条）藤兼孝　十三（×四）　十一、廿一任。

（一条）同内基　十八　十二、廿九任。孝親替。

正二位
（山科）藤言繼　五十九　大宰權帥。六（×五）、七着陣。

従二位
（飛鳥井）藤雅敎　四十六

（勧修寺）同晴秀　四十三

（庭田）源重保　四十一

正三位
上（九条）藤兼孝　十三（×四）　左中將。十一、廿一任權大納言。

上（一条）同内基　十八　左中將。十二、廿九任權大納言。

」29オ

(正親町三条)同實福 卅

從三位 (中御門)藤宣綱 五十五 在駿河國。

(葉室)同頼房 卅九

参議

從二位 (水無瀬)藤親氏 五十二

正三位 (持明院)藤基孝 四十六

從三位 (高倉)藤永相 卅五

(四条)同隆益 卅五 右衛門督。

維摩會勅使十二□参向十三自今日修行

正四位上 (柳原)藤淳光 廿五 左大弁。氏院別當。造東大寺長官。

(万里小路)同輔房 廿四 右大弁。

正四位下 (四辻)藤公遠 廿六 左中將。

從四位下 (足利)源義ー 卅 征夷大將軍。右中將。

五、十九有事薨。巳刻

六、七贈左大臣。從一位。陣定。

上卿帥中納言。(山科言継)職事頭中将重通朝臣。(庭田)

(慶寿院)今日母儀幷(鹿苑寺周嵩)舎弟侍者同

有事

」29ウ

少納言兼文章博士（大内記）菅原（東坊城）盛長。持向
宣命外相國寺。
號光厳院。道號融山。法名道圓。

|30オ

散位

前太政大臣　従一位　（近衛）藤稙家　六十四　准三后。前關白。

前左大臣　従一位　（二条）藤晴良　四十　前關白。

前權大納言　従一位　（柳原）藤資定　七十一

（勧修寺）同尹豐　六十三　賀茂社傳奏。武家傳奏。二、廿六下向藝州。

正二位　（中山）藤孝親　五十四　十二、廿七辭。

前權中納言　正二位　（上冷泉）藤爲益　四十九　民部卿。九、十五下向駿州。

（高辻）菅長雅　五十一　式部大輔。氏長者。五、七勅免出仕。九、十三長者後拜堂。

正三位　（滋野井）藤公古　四十六　大藏卿。十、廿四薨。腫物。

（北畠）源具教　廿八　在勢州。

|30ウ

前参議　従三位　（三木）藤嗣頼　在飛州。

非参議　正二位　（勘解由小路）賀在冨　七十六　八、九卒。腫物。

従二位　（藤波）大中朝忠　六十八　祭主。神祇大副。

（土御門）安有春　六十四　在若州。

正三位　（舟橋）清良雄　六十七　在藝州。

大中師重　七十四　春日神主。

（吉田）卜兼右　五十　神祇権大副。

（竹内）源季治　四十八　十二、廿七喪母。

従三位　（一条）藤兼定　廿三　左少將。在土州。

（西洞院）平時當　卅五　左兵衛督。

（北小路）江俊直　卅六　大膳大夫。

（半井）和明名　四十一　治部卿。在越前。

永禄九丙寅

關白　従一位　（近衛）藤前久　卅一　氏長者。前左大臣。三、八輕服。祖母。
本ー晴嗣、次前嗣。
七、十服解。□

太政大臣

左大臣　従一位　（西園寺）藤公朝　五十二

右大臣　正二位　（花山院）藤家輔　五十

內大臣

權大納言　正二位　（三条西）藤實澄　五十六　在駿河國。

（烏丸）同光康　五十四　在攝州大坂。

（中山）同孝親　五十五　去年辭退。

（四辻）同季遠　五十四

（万里小路）同惟房　五十四

32ウ

32オ

（広橋）同國光　四十　武家傳奏。在和州。

（今出川）同晴季　廿八　左近大將。神宮傳奏。　未拝賀

（久我）同通興　廿六　右近大將。三、八輕服。祖母。　未拝賀

從二位　（徳大寺）藤公維　卅　未拝賀

正三位　（九条）藤兼孝　十四　未拝賀

（一条）同内基　十九　未拝賀

權中納言

正二位　（山科）藤言繼　六十　大宰權帥。

從二位　（飛鳥井）藤雅敎　四十七　未拝賀

十二廿八小敍位上卿　（勧修寺）同晴秀　四十四　十二、廿八着陣。

（庭田）源重保　四十二

正三位　藤内基　十九　左近大將

（正親町三条）同實福　卅一　未拝賀

33オ

（葉室）同頼房　四十

従三位　（中御門）藤宣綱　五十六　在駿河國。

33ウ

参議

従二位　（水無瀬）藤親氏　五十三　在水無瀬（攝州）。

十二廿八小敍位執筆

正三位　（持明院）藤基孝　四十七

従三位　（高倉）藤永相　卅六　未

（四条）同隆益　卅六　右衛門督。

正四位上　（柳原）藤淳光　廿六　左大弁。氏院別當。九、三敍従三位。

34オ

（万里小路）藤輔房　廿五　右大弁。九、三敍従三位。　未

正四位下　（四辻）藤輔遠　公（×房）廿七　左中將。

34ウ

散位

前太政大臣　従一位　（近衛）藤稙家　六十五　准三后。前關白。三、八喪母。従一位藤原維子（徳大寺実淳女）。八十六才。七、十、酉刻薨。同十八日於東福寺葬禮。號恵雲院。法名大圓。道號覺天。

前左大臣　従一位　(二条)藤晴良 四十一　前關白。
前權大納言　従一位　(柳原)藤資定 七十二
(勧修寺)同尹豐 六十四　賀茂傳奏。在安藝國。後八、上洛。
正二位　(中山)藤孝親 五十五
前權中納言　正二位　(上冷泉)藤爲益 五十　民部卿。在駿河國。
(高辻)菅長雅 五十二　式部大輔。氏長者。
」35オ
正三位　(北畠)・源具教 卅九　在伊勢國。
前參議　従三位　(三木)藤嗣頼　在飛驒國。
非參議　従二位　(藤波)大中臣朝忠 六十九　祭主。神祇大副。
(土御門)安有春 六十五　在若狹國。
正三位　(舟橋)清良雄 六十八　在安藝國。
〈大中臣師重 七十五　春日神主。後八、廿五卒。
」35ウ

（吉田）卜兼右　五十一　神祇權大副。右兵衛督。

（竹内）源季治　四十九

従三位

（一条）藤兼定　廿四　左少將。在土佐國。

（西洞院）平時當　廿六　左兵衛督。二、上洛。四、十八卒。

（北小路）江俊直　廿七　大膳大夫。

（半井）和明孝　四十二　治部卿。在越前國。

36オ

36ウ

永禄十年丁卯

關白　従一位　（近衛）藤前久　卅二　氏長（ママ）。前左大臣。

太政大臣

左大臣　従一位　（西園寺）藤公朝　五十三

右大臣　正二位　（花山院）藤家輔　五十一

內大臣

權大納言　正二位　（三条西）藤實澄　五十七　在駿河國。

（烏丸）同光康　五十五

（四辻）藤季遠　五十五

（万里小路）同惟房　五十五　正、九服解。

（広橋）同國光　四十一

（今出川）同晴季　廿九　左近大將。

37オ

（久我）源通興 廿七　右近大將。、、勅勘。
從二位　（德大寺）藤公維 卅一
正三位　（九条）藤兼孝 十五
（一条）同内基 廿

權中納言
正二位　（山科）藤言繼 六十一
從二位　（飛鳥井）藤雅敎 四十八
（勧修寺）同晴秀 四十五
（庭田）源重保 四十三
正三位　（正親町三条）藤實福 卅二　、、勅勘。
（葉室）同頼房 四十一
從三位　（中御門）藤宣綱 五十七　在駿河國。

參議
從二位　（水無瀬）藤親氏 五十四

|37ウ　|38オ

正三位 （持明院）藤基孝 四十八
従三位 （高倉）藤永相 卌七
（四条）同隆益 卌七 右衞門督。
（柳原）同淳光 廿七 左大弁。氏院別當。
（万里小路）同輔房 廿六 右大弁。正、九輕服。祖母。
38ウ
正四位下 （四辻）同公遠 廿八 左中將。正、五敍従三位。
39オ
散位
前左大臣 従一位 （二条）藤晴良 四十二 前關白。
前權大納言 従一位 （柳原）藤資定 七十三
（勧修寺）同尹豊 六十五 賀茂傳奏。
正二位 （中山）藤孝親 五十六

前權中納言　正二位　（上冷泉）藤爲益　五十一　民部卿。在駿河國。

（高辻）菅長雅　五十三　式部大輔。氏長者。

正三位　（北畠）源具敎　卅九〔四十カ〕　在伊勢國。

前參議　從三位　（三木）藤嗣頼　在飛驒國。

非參議　從二位　（藤波）大中朝忠　七十　祭主。神祇大副。

（土御門）安有春　六十六　在若狹國。

正三位　（舟橋）清良雄　六十九　在安藝國。

（吉田）卜兼右　五十二　神祇權大副。右兵衛督。

（竹内）源季治　五十　、、出家。

從三位　（一条）藤兼定　廿五　左少將。在土佐國。

（北小路）江俊直　卅八　大膳大夫。

（半井）和明名　四十三　治部卿。在越前國。

39ウ　40オ　40ウ

永禄十一年戊辰

關白 從一位 （近衛）藤前久 卌三 氏長者。前左大臣。

太政大臣

左大臣 從一位 （西園寺）藤公朝 五十四

右大臣 正二位 （花山院）藤家輔 五十一

內大臣

權大納言 正二位 （三条西）藤實澄 五十八 在駿河國。

（烏丸）同光康 五十六 正、五敍從一位。

（四辻）同季遠 五十六

（万里小路）同惟房 五十六

（広橋）同國光 四十二 在和州。

（今出川）同晴季 卌 左近大將。

41オ

（久我）源通興 廿八　右近大將。
従二位　（徳大寺）藤公維 卅二 」41ウ
正三位　（九条）藤兼孝 十六
（一条）同内基 廿一

権中納言
正二位　（山科）藤言繼 六十二
従二位　（飛鳥井）藤雅敎 四十九
（勧修寺）同晴秀 四十六
（庭田）源重保 四十四
正三位　（正親町三条）藤實福 卅三　正、廿五薨。先父公。
（葉室）同頼房 四十二 」42オ
（中御門）同宣綱 五十八　在駿河國。

参議
従二位　（水無瀬）藤親氏 五十五

正三位　(持明院)藤基孝　四十九
従三位　(高倉)藤永相　卌八
(四辻)同隆益　卌八　右衛門督。
(柳原)同淳光　廿八　左大辨。氏院別當。
(万里小路)同輔房　廿七　右大辨。
(四辻)同公遠　廿九　左中將。

42ウ

43オ

散位

前左大臣　従一位　(二条)藤晴良　四十三　前關白。
前權大納言　従一位　(柳原)藤資定　七十四
(勧修寺)同尹豐　六十六　賀茂傳奏。
正二位　(中山)藤孝親　五十七

前権中納言　正二位　（上冷泉）藤爲益　五十二　民部卿。

正三位　（高辻）菅長雅　五十四　式部大輔。氏長者。

|43ウ

（北畠）源具教　四十　在伊勢國。

前参議　従三位　（三木）藤嗣頼　在飛驒國。

非参議　従二位　（藤波）大中朝忠　七十一　祭主。神祇大副。

（土御門）安有春　六十七　在若狹國。

正三位　（舟橋）清良雄　七十　在安藝國。

（吉田）卜兼若　五十三　神祇権大副。右兵衛督。

|44オ

（一条）藤兼定　廿六　左少将。在土佐國。

従三位　（北小路）江俊直　卅九　大膳大夫。

（半井）和明名　四十四　治部卿。在越前國。

|44ウ

（以下45オ〜47ウ本文記載ナシ）

2 天皇

㈠天皇の諡号・追号・名(諱)の表記は帝国学士院編『帝室制度史』六所載の「御歴代天皇御名諡号追号表」により、別称については適宜選択して掲げた。

㈡持統天皇以前の記載は、便宜、『古事記』『日本書紀』などによった。

㈢南北朝期の天皇は践祚の年次に従って配列した。

諡号・追号	名・別称	父	母	在位(年数)	生没(年齢)	年号	陵号
神武天皇	神日本磐余彦 始馭天下之天皇	鸕鷀草葺不合尊	玉依姫	神武天皇元・正・一 - 神武天皇七六・三・一一 (76)	庚午・正・一 - 神武天皇七六・三・一一 (127)		畝傍山東北陵 (奈良県)
綏靖天皇	神渟名川耳	神武天皇	媛蹈鞴五十鈴媛	綏靖天皇元・正・八 - 綏靖天皇三三・五・一〇 (33)	神武天皇二九 - 綏靖天皇三三・五・一〇 (84)		桃花鳥田丘上陵 (同)
安寧天皇	磯城津彦玉手看	綏靖天皇	五十鈴依媛	綏靖天皇三三・七・三 - 安寧天皇三八・一二・六 (39)	綏靖天皇五 - 安寧天皇三八・一二・六 (67)		畝傍山西南御陰井上陵 (同)
懿徳天皇	大日本彦耜友	安寧天皇	渟名底仲媛	懿徳天皇元・二・四 - 懿徳天皇三四・九・八 (34)	綏靖天皇二九 - 懿徳天皇三四・九・八 (77)		畝傍山南纖沙渓上陵 (同)
孝昭天皇	観松彦香殖稲	懿徳天皇	天豊津媛	孝昭天皇元・正・九 - 孝昭天皇八三・八・五 (83)	懿徳天皇五 - 孝昭天皇八三・八・五 (114)		掖上博多山上陵 (同)
孝安天皇	日本足彦国押人	孝昭天皇	世襲足媛	孝安天皇元・正・七 - 孝安天皇一〇二・正・九 (102)	孝昭天皇四九 - 孝安天皇一〇二・正・九 (137)		玉手丘上陵 (同)
孝霊天皇	大日本根子彦太瓊	孝安天皇	押媛	孝霊天皇元・正・一二 - 孝霊天皇七六・二・八 (76)	孝安天皇五一 - 孝霊天皇七六・二・八 (128)		片丘馬坂陵 (同)
孝元天皇	大日本根子彦国牽	孝霊天皇	細媛	孝元天皇元・正・一四 - 孝元天皇五七・九・二 (57)	孝霊天皇一八 - 孝元天皇五七・九・二 (116)		剣池嶋上陵 (同)
開化天皇	稚日本根子彦大日日	孝元天皇	鬱色謎	孝元天皇五七・一一・一二 - 開化天皇六〇・四・九 (61)	孝元天皇七 - 開化天皇六〇・四・九 (111)		春日率川坂上陵 (奈良市)
崇神天皇	御間城入彦五十瓊殖 御肇国天皇	開化天皇	伊香色謎	崇神天皇元・正・一三 - 崇神天皇六八・一二・五 (68)	開化天皇一〇 - 崇神天皇六八・一二・五 (119)		山辺道勾岡上陵 (奈良県)
垂仁天皇	活目入彦五十狭茅	崇神天皇	御間城姫	垂仁天皇元・正・二 - 垂仁天皇九九・七・一四 (99)	崇神天皇二九・正・一 - 垂仁天皇九九・七・一四 (139)		菅原伏見東陵 (奈良市)
景行天皇	大足彦忍代別	垂仁天皇	日葉酢媛	景行天皇元・七・一一 - 景行天皇六〇・一一・七 (60)	垂仁天皇一七 - 景行天皇六〇・一一・七 (143)		山辺道上陵 (奈良県)
成務天皇	稚足彦	景行天皇	八坂入姫	成務天皇元・正・五 - 成務天皇六〇・六・一一 (60)	景行天皇一四 - 成務天皇六〇・六・一一 (107)		狭城盾列池後陵 (奈良市)
仲哀天皇	足仲彦	日本武尊	両道入姫	仲哀天皇元・正・一一 - 仲哀天皇九・二・六 (9)	- 仲哀天皇九・二・六		恵我長野西陵 (大阪府)
応神天皇	誉田別	仲哀天皇	気長足姫 (神功皇后)	応神天皇元・正・一 - 応神天皇四一・二・一五 (41)	仲哀天皇九・一二・一四 - 応神天皇四一・二・一五 (111)		恵我藻伏岡陵 (同)
仁徳天皇	大鷦鷯	応神天皇	仲姫	仁徳天皇元・正・三 - 仁徳天皇八七・正・一六 (87)	神功皇后摂政五七 - 仁徳天皇八七・正・一六 (143)		百舌鳥耳原中陵 (同)

諡号・追号	名・別称	父	母	在位(年数)	生没(年齢)	年号	陵号
履中天皇	大兄去来穂別	仁徳天皇	磐之媛	履中天皇元・二・一-履中天皇六・三・一五(6)	-履中天皇六・三・一五		百舌鳥耳原南陵(大阪府)
反正天皇	多遅比瑞歯別	同	同	反正天皇元・正・二-反正天皇五・正・二三(5)	-反正天皇五・正・二三		百舌鳥耳原北陵(同)
允恭天皇	雄朝津間稚子宿禰	同	同	允恭天皇元・一二-允恭天皇四二・正・一四(42)	-允恭天皇四二・正・一四		恵我長野北陵(同)
安康天皇	穴穂	允恭天皇	忍坂大中姫	允恭天皇四二・一二・一四-安康天皇三・八・九(4)	履中天皇二-安康天皇三・八・九(56)		菅原伏見西陵(奈良市)
雄略天皇	大泊瀬幼武	同	同	安康天皇三・一一・一三-雄略天皇二三・八・七(24)	允恭天皇七・一二-雄略天皇二三・八・七(62)		丹比高鷲原陵(大阪府)
清寧天皇	白髪武広国押稚日本根子	雄略天皇	葛城韓媛	清寧天皇元・正・一五-清寧天皇五・正・一六(5)	允恭天皇三三-清寧天皇五・正・一六(41)		河内坂門原陵(同)
顕宗天皇	弘計・来目稚子	市辺押磐皇子	蟻臣荑媛	顕宗天皇元・正・一-顕宗天皇三・四・二五(3)	允恭天皇三九-顕宗天皇三・四・二五(38)		傍丘磐坏丘南陵(奈良県)
仁賢天皇	億計・大脚・大為・嶋郎	同	同	仁賢天皇元・正・五-仁賢天皇一一・八・八(11)	允恭天皇三八-仁賢天皇一一・八・八(50)		埴生坂本陵(大阪府)
武烈天皇	小泊瀬稚鷦鷯	仁賢天皇	春日大郎皇女	仁賢天皇一一・一二-武烈天皇八・一二・八(9)	仁賢天皇二-武烈天皇八・一二・八(18)		傍丘磐坏丘北陵(奈良県)
継体天皇	男大迹・彦太	彦主人王	三国振媛	継体天皇元・二・四-継体天皇二五・二・七(25)	允恭天皇三九-継体天皇二五・二・七(82)		三島藍野陵(大阪府)
安閑天皇	勾大兄 広国押武金日	継体天皇	尾張目子媛	継体天皇二五・二・七-安閑天皇二・一二・一七(5)	雄略天皇一〇-安閑天皇二・一二・一七(70)		古市高屋丘陵(同)
宣化天皇	檜隈高田 武小広国押盾	同	同	安閑天皇二・一二-宣化天皇四・二・一〇(5)	雄略天皇一一-宣化天皇四・二・一〇(73)		身狭桃花鳥坂上陵(奈良県)
欽明天皇	天国排開広庭	同	手白香皇女	宣化天皇四・一二・五-欽明天皇三二・四・一五(33)	継体天皇三-欽明天皇三二・四・一五(63)		檜隈坂合陵(同)
敏達天皇	訳語田渟中倉太珠敷	欽明天皇	石姫皇女	敏達天皇元・四・三-敏達天皇一四・八・一五(14)	宣化天皇三-敏達天皇一四・八・一五(48)		河内磯長中尾陵(大阪府)
用明天皇	大兄 橘豊日	同	蘇我堅塩媛	敏達天皇一四・九・五-用明天皇二・四・九(3)	欽明天皇元-用明天皇二・四・九(48)		河内磯長原陵(同)
崇峻天皇	泊瀬部	同	蘇我小姉君	用明天皇二・八・二-崇峻天皇五・一一・三(6)	-崇峻天皇五・一一・三		倉梯岡上陵(奈良県)
推古天皇	額田部 豊御食炊屋姫	同	蘇我堅塩媛	崇峻天皇五・一二・八-推古天皇三六(六二八)・三・七(37)	欽明天皇一五-推古天皇三六(六二八)・三・七(75)		磯長山田陵(大阪府)
舒明天皇	田村 息長足日広額	押坂彦人大兄皇子	糠手姫皇女	舒明天皇元(六二九)・正・四-舒明天皇一三(六四一)・一〇・九(13)	推古天皇元(五九三)-舒明天皇一三(六四一)・一〇・九(49)		押坂内陵(奈良県)

諡号・追号	名・別称	父	母	在位(年数)	生没(年齢)	年号	陵号
皇極天皇	宝 天豊財重日足姫	茅渟王	吉備姫王	皇極天皇元(六四二)・正・一五-皇極天皇四(六四五)・六・一四(4)	推古天皇二(五九四)-斉明天皇七(六六一)・七・二四(68)		越智崗上陵(奈良県)
孝徳天皇	軽 天万豊日	同	同	皇極天皇四(六四五)・六・一四-白雉五(六五四)・一〇・一〇(10)	推古天皇四(五九六)-白雉五(六五四)・一〇・一〇(59)	大化・白雉	大阪磯長陵(大阪府)
斉明天皇	(皇極天皇重祚)			斉明天皇元(六五五)・正・三-斉明天皇七(六六一)・七・二四(7)			
天智天皇	葛城・中大兄 天命開別	舒明天皇	宝皇女(皇極天皇)	天智天皇七(六六八)・正・三-天智天皇一〇(六七一)・一二・三(称制7・在位4)	推古天皇三四(六二六)-天智天皇一〇(六七一)・一二・三(46)		山科陵(京都市)
弘文天皇	伊賀・大友	天智天皇	伊賀釆女宅子	天智天皇一〇(六七一)・一二・五-天武天皇元(六七二)・七・二三(2)	大化四(六四八)-天武天皇元(六七二)・七・二三(25)		長等山前陵(大津市)
天武天皇	大海人 天渟中原瀛真人	舒明天皇	宝皇女(皇極天皇)	天武天皇二(六七三)・二・二七-朱鳥元(六八六)・九・九(14)	-朱鳥元(六八六)・九・九	朱鳥	檜隈大内陵(奈良県)
持統天皇	鸕野讃良 高天原広野姫・大倭根子天之広野日女尊	天智天皇	蘇我遠智娘	持統天皇四(六九〇)・正・一-持統天皇一一(六九七)・八・一(称制4・任位8)	大化元(六四五)-大宝二(七〇二)・一二・二二(58)		同
文武天皇	珂瑠 天之真宗豊祖父天皇・倭根子豊祖父天皇	草壁皇子(岡宮天皇)	阿閇皇女(元明天皇)	文武天皇元(六九七)・八・一-慶雲四(七〇七)・六・一五(11)	天武天皇一二(六八三)-慶雲四(七〇七)・六・一五(25)	大宝・慶雲	檜隈安古岡上陵(同)
元明天皇	阿閇 日本根子天津御代豊国成姫天皇	天智天皇	蘇我姪娘	慶雲四(七〇七)・七・一七-和銅八(七一五)・九・二(9)	斉明天皇七(六六一)-養老五(七二一)・一二・七(61)	慶雲・和銅	奈保山東陵(奈良市)
元正天皇	氷高・新家 日本根子高瑞浄足姫天皇	草壁皇子(岡宮天皇)	阿閇皇女(元明天皇)	霊亀元(七一五)・九・二-養老八(七二四)・二・四(10)	天武天皇九(六八〇)-天平二〇(七四八)・四・二一(69)	霊亀・養老	奈保山西陵(同)
聖武天皇	首 天璽国押開豊桜彦尊・勝宝感神聖武皇帝	文武天皇	藤原宮子	神亀元(七二四)・二・四-天平感宝元(七四九)・七・二(26)	大宝元(七〇一)-天平勝宝八(七五六)・五・二(56)	神亀・天平・天平感宝	佐保山南陵(同)
孝謙天皇	阿倍 宝字称徳孝謙皇帝・高野天皇	聖武天皇	藤原安宿媛(光明皇后)	天平勝宝元(七四九)・七・二-天平宝字二(七五八)・八・一(10)	養老二(七一八)-神護景雲四(七七〇)・八・四(53)	天平勝宝・天平宝字	高野陵(同)
淳仁天皇	大炊 淡路廃帝	舎人親王(崇道尽敬皇帝)	当麻山背	天平宝字二(七五八)・八・一-天平宝字八(七六四)・一〇・九(7)	天平五(七三三)-天平神護元(七六五)・一〇・二三(33)	天平宝字	淡路陵(兵庫県)

諡号・追号	名・別称	父	母	在位（年数）	生没（年齢）	年号	陵号
称徳天皇	（孝謙天皇重祚）			天平宝字八（七六四）・一〇・九－神護景雲四（七七〇）・八・四（7）	－	天平宝字・天平神護・神護景雲	
光仁天皇	白壁　天宗高紹天皇	施基親王（春日宮天皇）	紀橡姫	宝亀元（七七〇）・一〇・一－天応元（七八一）・四・三（12）	和銅二（七〇九）・一〇・一三－天応元（七八一）・一二・二三（73）	宝亀・天応	田原東陵（奈良市）
桓武天皇	山部　日本根子皇統弥照尊・柏原帝	光仁天皇	高野新笠	天応元（七八一）・四・三－延暦二五（八〇六）・三・一七（26）	天平九（七三七）－延暦二五（八〇六）・三・一七（70）	天応・延暦	柏原陵（京都市）
平城天皇	小殿・安殿　日本根子天推国高彦尊・奈良帝	桓武天皇	藤原乙牟漏	大同元（八〇六）・五・一八－大同四（八〇九）・四・一（4）	宝亀五（七七四）・八・一五－天長元（八二四）・七・七（51）	延暦・大同	楊梅陵（奈良市）
嵯峨天皇	神野	同	同	大同四（八〇九）・四・一－弘仁一四（八二三）・四・一六（15）	延暦五（七八六）・九・七－承和九（八四二）・七・一五（57）	大同・弘仁	嵯峨山上陵（京都市）
淳和天皇	大伴　日本根子天高譲弥遠尊・西院帝	同	藤原旅子	弘仁一四（八二三）・四・一六－天長一〇（八三三）・二・二八（11）	延暦五（七八六）－承和七（八四〇）・五・八（55）	弘仁・天長	大原野西嶺上陵（同）
仁明天皇	正良　深草帝	嵯峨天皇	橘嘉智子（檀林皇后）	天長一〇（八三三）・二・二八－嘉祥三（八五〇）・三・二一（18）	弘仁元（八一〇）－嘉祥三（八五〇）・三・二一（41）	天長・承和・嘉祥	深草陵（同）
文徳天皇	道康　田邑帝	仁明天皇	藤原順子	嘉祥三（八五〇）・三・二一－天安二（八五八）・八・二七（9）	天長四（八二七）・八－天安二（八五八）・八・二七（32）	嘉祥・仁寿・斉衡・天安	田邑陵（同）
清和天皇	惟仁　水尾帝	文徳天皇	藤原明子	天安二（八五八）・八・二七－貞観一八（八七六）・一一・二九（19）	嘉祥三（八五〇）・三・二五－元慶四（八八〇）・一二・四（31）	天安・貞観	水尾山陵（同）
陽成天皇	貞明	清和天皇	藤原高子	貞観一八（八七六）・一一・二九－元慶八（八八四）・二・四（9）	貞観一〇（八六八）・一二・一六－天暦三（九四九）・九・二九（82）	貞観・元慶	神楽岡東陵（同）
光孝天皇	時康　小松帝	仁明天皇	藤原沢子	元慶八（八八四）・二・四－仁和三（八八七）・八・二六（4）	天長七（八三〇）－仁和三（八八七）・八・二六（58）	元慶・仁和	後田邑陵（同）
宇多天皇	定省　寛平帝・亭子院	光孝天皇	班子女王	仁和三（八八七）・八・二六－寛平九（八九七）・七・三（11）	貞観九（八六七）・五・五－承平元（九三一）・七・一九（65）	仁和・寛平	大内山陵（同）
醍醐天皇	維城・敦仁　延喜帝	宇多天皇	藤原胤子	寛平九（八九七）・七・三－延長八（九三〇）・九・二二（34）	元慶九（八八五）・正・一八－延長八（九三〇）・九・二九（46）	寛平・昌泰・延喜・延長	後山科陵（同）
朱雀天皇	寛明	醍醐天皇	藤原穏子	延長八（九三〇）・九・二二－天慶九（九四六）・四・二〇（17）	延長元（九二三）・七・二四－天暦六（九五二）・八・一五（30）	延長・承平・天慶	醍醐陵（同）
村上天皇	成明　天暦帝	同	同	天慶九（九四六）・四・二〇－康保四（九六七）・五・二五（22）	延長四（九二六）・六・二－康保四（九六七）・五・二五（42）	天慶・天暦・天徳・応和・康保	村上陵（同）
冷泉天皇	憲平	村上天皇	藤原安子	康保四（九六七）・五・二五－安和二（九六九）・八・一三（3）	天暦四（九五〇）・五・二四－寛弘八（一〇一一）・一〇・二四（62）	康保・安和	桜本陵（同）
円融天皇	守平	同	同	安和二（九六九）・八・一三－永観二（九八四）・八・二七（16）	天徳三（九五九）・三・二－正暦二（九九一）・二・一二（33）	安和・天禄・天延・貞元・天元・永観	後村上陵（同）

諡号・追号	名・別称	父	母	在位(年数)	生没(年齢)	年号	陵号
花山天皇	師貞	冷泉天皇	藤原懐子	永観二(九八四)・八・二七－寛和二(九八六)・六・二三(3)	安和元(九六八)・一〇・二六－寛弘五(一〇〇八)・二・八(41)	永観・寛和	紙屋上陵(京都市)
一条天皇	懐仁	円融天皇	藤原詮子(東三条院)	寛和二(九八六)・六・二三－寛弘八(一〇一一)・六・一三(26)	天元三(九八〇)・六・一－寛弘八(一〇一一)・六・二二(32)	寛和・永延・永祚・正暦・長徳・長保・寛弘	円融寺北陵(同)
三条天皇	居貞	冷泉天皇	藤原超子	寛弘八(一〇一一)・六・一三－長和五(一〇一六)・正・二九(6)	天延四(九七六)・正・三－寛仁元(一〇一七)・五・九(42)	寛弘・長和	北山陵(同)
後一条天皇	敦成	一条天皇	藤原彰子(上東門院)	長和五(一〇一六)・正・二九－長元九(一〇三六)・四・一七(21)	寛弘五(一〇〇八)・九・一一－長元九(一〇三六)・四・一七(29)	長和・寛仁・治安・万寿・長元	菩提樹院陵(同)
後朱雀天皇	敦良	同	同	長元九(一〇三六)・四・一七－寛徳二(一〇四五)・正・一六(10)	寛弘六(一〇〇九)・一一・二五－寛徳二(一〇四五)・正・一八(37)	長元・長暦・長久・寛徳	円乗寺陵(同)
後冷泉天皇	親仁	後朱雀天皇	藤原嬉子	寛徳二(一〇四五)・正・一六－治暦四(一〇六八)・四・一九(24)	万寿二(一〇二五)・八・三－治暦四(一〇六八)・四・一九(44)	寛徳・永承・天喜・康平・治暦	円教寺陵(同)
後三条天皇	尊仁	同	禎子内親王(陽明門院)	治暦四(一〇六八)・四・一九－延久四(一〇七二)・一二・八(5)	長元七(一〇三四)・七・一八－延久五(一〇七三)・五・七(40)	治暦・延久	円宗寺陵(同)
白河天皇	貞仁 六条帝	後三条天皇	藤原茂子	延久四(一〇七二)・一二・八－応徳三(一〇八六)・一一・二六(15)	天喜元(一〇五三)・六・一九－大治四(一一二九)・七・七(77)	延久・承保・承暦・永保・応徳	成菩提院陵(同)
堀河天皇	善仁	白河天皇	藤原賢子	応徳三(一〇八六)・一一・二六－嘉承二(一一〇七)・七・一九(22)	承暦三(一〇七九)・七・九－嘉承二(一一〇七)・七・一九(29)	応徳・寛治・嘉保・永長・承徳・康和・長治・嘉承	後円教寺陵(同)
鳥羽天皇	宗仁	堀河天皇	藤原苡子	嘉承二(一一〇七)・七・一九－保安四(一一二三)・正・二八(17)	康和五(一一〇三)・正・一六－保元元(一一五六)・七・二(54)	嘉承・天仁・天永・永久・元永・保安	安楽寿院陵(同)
崇徳天皇	顕仁 讃岐院	鳥羽天皇	藤原璋子(待賢門院)	保安四(一一二三)・正・二八－永治元(一一四一)・一二・七(19)	元永二(一一一九)・五・二八－長寛二(一一六四)・八・二六(46)	保安・天治・大治・天承・長承・保延・永治	白峯陵(香川県)
近衛天皇	体仁	同	藤原得子(美福門院)	永治元(一一四一)・一二・七－久寿二(一一五五)・七・二三(15)	保延五(一一三九)・五・一八－久寿二(一一五五)・七・二三(17)	永治・康治・天養・久安・仁平・久寿	安楽寿院南陵(京都市)
後白河天皇	雅仁	同	藤原璋子(待賢門院)	久寿二(一一五五)・七・二四－保元三(一一五八)・八・一一(4)	大治二(一一二七)・九・一一－建久三(一一九二)・三・一三(66)	久寿・保元	法住寺陵(同)
二条天皇	守仁	後白河天皇	藤原懿子	保元三(一一五八)・八・一一－永万元(一一六五)・六・二五(8)	康治二(一一四三)・六・一七－永万元(一一六五)・七・二八(23)	保元・平治・永暦・応保・長寛・永万	香隆寺陵(同)
六条天皇	順仁	二条天皇	伊岐氏	永万元(一一六五)・六・二五－仁安三(一一六八)・二・一九(4)	長寛二(一一六四)・一一・一四－安元二(一一七六)・七・一七(13)	永万・仁安	清閑寺陵(同)
高倉天皇	憲仁	後白河天皇	平滋子(建春門院)	仁安三(一一六八)・二・一九－治承四(一一八〇)・二・二一(13)	永暦二(一一六一)・九・三－治承五(一一八一)・正・一四(21)	仁安・嘉応・承安・安元・治承	後清閑寺陵(同)
安徳天皇	言仁	高倉天皇	平徳子(建礼門院)	治承四(一一八〇)・二・二一－寿永四(一一八五)・三・二四(6)	治承二(一一七八)・一一・一二－寿永四(一一八五)・三・二四(8)	治承・養和・寿永	阿弥陀寺陵(山口県)

諡号・追号	名・別称	父	母	在位（年数）	生没（年齢）	年号	陵号
後鳥羽天皇	尊成 隠岐院・顕徳院	高倉天皇	藤原殖子 （七条院）	寿永二（一一八三）・八・二〇－建久九（一一九八）・正・一一（16）	治承四（一一八〇）・七・一四－延応元（一二三九）・二・二二（60）	寿永・元暦・文治・建久	大原陵 （京都市）
土御門天皇	為仁 土佐院・阿波院	後鳥羽天皇	源在子 （承明門院）	建久九（一一九八）・正・一一－承元四（一二一〇）・一一・二五（13）	建久六（一一九五）・一二・二－寛喜三（一二三一）・一〇・一一（37）	建久・正治・建仁・元久・建永・承元	金原陵 （京都府）
順徳天皇	守成 佐渡院	同	藤原重子 （修明門院）	承元四（一二一〇）・一一・二五－承久三（一二二一）・四・二〇（12）	建久八（一一九七）・九・一〇－仁治三（一二四二）・九・一二（46）	承元・建暦・建保・承久	大原陵 （京都市）
仲恭天皇	懐成 九条廃帝	順徳天皇	藤原立子 （東一条院）	承久三（一二二一）・四・二〇－承久三（一二二一）・七・九（1）	建保六（一二一八）・一〇・一〇－天福二（一二三四）・五・二〇（17）	承久	九条陵 （同）
後堀河天皇	茂仁	守貞親王 （後高倉院）	藤原陳子 （北白河院）	承久三（一二二一）・七・九－貞永元（一二三二）・一〇・四（12）	建暦二（一二一二）・二・一八－天福二（一二三四）・八・六（23）	承久・貞応・元仁・嘉禄・安貞・寛喜・貞永	観音寺陵 （同）
四条天皇	秀仁	後堀河天皇	藤原竴子 （藻璧門院）	貞永元（一二三二）・一〇・四－仁治三（一二四二）・正・九（11）	寛喜三（一二三一）・二・一二－仁治三（一二四二）・正・九（12）	貞永・天福・文暦・嘉禎・暦仁・延応・仁治	月輪陵 （同）
後嵯峨天皇	邦仁	土御門天皇	源通子	仁治三（一二四二）・正・二〇－寛元四（一二四六）・正・二九（5）	承久二（一二二〇）・二・二六－文永九（一二七二）・二・一七（53）	仁治・寛元	嵯峨南陵 （同）
後深草天皇	久仁	後嵯峨天皇	藤原姞子 （大宮院）	寛元四（一二四六）・正・二九－正元元（一二五九）・一一・二六（14）	寛元元（一二四三）・六・一〇－嘉元二（一三〇四）・七・一六（62）	寛元・宝治・建長・康元・正嘉・正元	深草北陵 （同）
亀山天皇	恒仁	同	同	正元元（一二五九）・一一・二六－文永一一（一二七四）・正・二六（16）	建長元（一二四九）・五・二七－嘉元三（一三〇五）・九・一五（57）	正元・文応・弘長・文永	亀山陵 （同）
後宇多天皇	世仁	亀山天皇	藤原佶子 （京極院）	文永一一（一二七四）・正・二六－弘安一〇（一二八七）・一〇・二一（14）	文永四（一二六七）・一二・一－元亨四（一三二四）・六・二五（58）	文永・建治・弘安	蓮華峯寺陵 （同）
伏見天皇	熙仁	後深草天皇	藤原愔子 （玄輝門院）	弘安一〇（一二八七）・一〇・二一－永仁六（一二九八）・七・二二（12）	文永二（一二六五）・四・二三－文保元（一三一七）・九・三（53）	弘安・正応・永仁	深草北陵 （同）
後伏見天皇	胤仁	伏見天皇	藤原経子	永仁六（一二九八）・七・二二－正安三（一三〇一）・正・二一（4）	弘安一一（一二八八）・三・三－建武三（一三三六）・四・六（49）	永仁・正安	同
後二条天皇	邦治	後宇多天皇	源基子 （西華門院）	正安三（一三〇一）・正・二一－徳治三（一三〇八）・八・二五（8）	弘安八（一二八五）・二・二－徳治三（一三〇八）・八・二五（24）	正安・乾元・嘉元・徳治	北白河陵 （同）
花園天皇	富仁	伏見天皇	藤原季子 （顕親門院）	徳治三（一三〇八）・八・二六－文保二（一三一八）・二・二六（11）	永仁五（一二九七）・七・二五－貞和四（一三四八）・一一・一一（52）	徳治・延慶・応長・正和・文保	十楽院上陵 （同）
後醍醐天皇	尊治	後宇多天皇	藤原忠子 （談天門院）	文保二（一三一八）・二・二六－延元四（一三三九）・八・一五（22）	正応元（一二八八）・一一・二－延元四（一三三九）・八・一六（52）	文保・元応・元亨・正中・嘉暦・元徳・元弘・建武・延元	塔尾陵 （奈良県）
（北朝） 光厳天皇	量仁	後伏見天皇	藤原寧子 （広義門院）	元弘元（一三三一）・九・二〇－正慶二（一三三三）・五・二五（3）	正和二（一三一三）・七・九－貞治三（一三六四）・七・七（52）	元弘・正慶	山国陵 （京都府）

諡号・追号	名・別称	父	母	在位（年数）	生没（年齢）	年号	陵号
（北朝）光明天皇	豊仁	後伏見天皇	藤原寧子（広義門院）	建武三(一三三六)・八・一五－貞和四(一三四八)・一〇・二七(13)	元亨元(一三二一)・一二・一一－康暦二(一三八〇)・六・二四(60)	建武・暦応・康永・貞和	大光明寺陵（京都市）
後村上天皇	憲良・義良	後醍醐天皇	藤原廉子（新待賢門院）	延元四(一三三九)・八・一五－正平二三(一三六八)・三・一一(30)	嘉暦三(一三二八)－正平二三(一三六八)・三・一一(41)	延元・興国・正平	檜尾陵（大阪府）
（北朝）崇光天皇	益仁・興仁	光厳天皇	藤原秀子（陽禄門院）	貞和四(一三四八)・一〇・二七－観応二(一三五一)・一一・七(4)	建武元(一三三四)・四・二二－応永五(一三九八)・正・一三(65)	貞和・観応	大光明寺陵（京都市）
（北朝）後光厳天皇	弥仁	同	同	観応三(一三五二)・八・一七－応安四(一三七一)・三・二三(20)	建武五(一三三八)・三・二－応安七(一三七四)・正・二九(37)	観応・文和・延文・康安・貞治・応安	深草北陵（同）
長慶天皇	寛成 慶寿院	後村上天皇	藤原氏（嘉喜門院）	正平二三(一三六八)・三－弘和三(一三八三)・一〇以後(16)	興国四(一三四三)－応永元(一三九四)・八・一(52)	正平・建徳・文中・天授・弘和	嵯峨東陵（同）
（北朝）後円融天皇	緒仁	後光厳天皇	紀仲子（崇賢門院）	応安四(一三七一)・三・二三－永徳二(一三八二)・四・一一(12)	延文三(一三五八)・一二・一二－明徳四(一三九三)・四・二六(36)	応安・永和・康暦・永徳	深草北陵（同）
後亀山天皇	熙成	後村上天皇	藤原氏（嘉喜門院）	弘和三(一三八三)・一〇以後－元中九(一三九二)・閏一〇・五(10)	－応永三一(一四二四)・四・一二	弘和・元中	嵯峨小倉陵（同）
後小松天皇	幹仁	後円融天皇	藤原厳子（通陽門院）	永徳二(一三八二)・四・一一－応永一九(一四一二)・八・二九(31)	永和三(一三七七)・六・二七－永享五(一四三三)・一〇・二〇(57)	永徳・至徳・嘉慶・康応・明徳・応永	深草北陵（同）
称光天皇	躬仁・実仁	後小松天皇	藤原資子（光範門院）	応永一九(一四一二)・八・二九－正長元(一四二八)・七・二〇(17)	応永八(一四〇一)・三・二九－正長元(一四二八)・七・二〇(28)	応永・正長	同
後花園天皇	彦仁 後文徳院	伏見宮貞成親王（後崇光院）	源幸子（敷政門院）	正長元(一四二八)・七・二八－寛正五(一四六四)・七・一九(37)	応永二六(一四一九)・六・一七－文明二(一四七〇)・一二・二七(52)	正長・永享・嘉吉・文安・宝徳・享徳・康正・長禄・寛正	後山国陵（京都府）
後土御門天皇	成仁	後花園天皇	藤原信子（嘉楽門院）	寛正五(一四六四)・七・一九－明応九(一五〇〇)・九・二八(37)	嘉吉二(一四四二)・五・二五－明応九(一五〇〇)・九・二八(59)	寛正・文正・応仁・文明・長享・延徳・明応	深草北陵（京都市）
後柏原天皇	勝仁	後土御門天皇	源朝子	明応九(一五〇〇)・一〇・二五－大永六(一五二六)・四・七(27)	寛正五(一四六四)・一〇・二〇－大永六(一五二六)・四・七(63)	明応・文亀・永正・大永	同
後奈良天皇	知仁	後柏原天皇	藤原藤子（豊楽門院）	大永六(一五二六)・四・二九－弘治三(一五五七)・九・五(32)	明応五(一四九六)・一二・二三－弘治三(一五五七)・九・五(62)	大永・享禄・天文・弘治	同
正親町天皇	方仁	後奈良天皇	藤原栄子	弘治三(一五五七)・一〇・二七－天正一四(一五八六)・一一・七(30)	永正一四(一五一七)・五・二九－文禄二(一五九三)・正・五(77)	弘治・永禄・元亀・天正	同
後陽成天皇	和仁・周仁	誠仁親王（陽光院）	藤原晴子（新上東門院）	天正一四(一五八六)・一一・七－慶長一六(一六一一)・三・二七(26)	元亀二(一五七一)・一二・一五－元和三(一六一七)・八・二六(47)	天正・文禄・慶長	同
後水尾天皇	政仁	後陽成天皇	藤原前子（中和門院）	慶長一六(一六一一)・三・二七－寛永六(一六二九)・一一・八(19)	文禄五(一五九六)・六・四－延宝八(一六八〇)・八・一九(85)	慶長・元和・寛永	月輪陵（同）
明正天皇	興子 女一宮	後水尾天皇	源和子（東福門院）	寛永六(一六二九)・一一・八－寛永二〇(一六四三)・一〇・三(15)	元和九(一六二三)・一一・一九－元禄九(一六九六)・一一・一〇(74)	寛永	同

諡号・追号	名・別称	父	母	在位（年数）	生没（年齢）	年号	陵号
後光明天皇	紹仁 素鵞宮	後水尾天皇	藤原光子 （壬生院）	寛永二〇（一六四三）・一〇・三－承応三（一六五四）・九・二〇（12）	寛永一〇（一六三三）・三・一二－承応三（一六五四）・九・二〇（22）	寛永・正保・慶安・承応	月輪陵 （京都市）
後西天皇	良仁 秀宮・桃園宮・花町宮	同	藤原隆子 （逢春門院）	承応三（一六五四）・一一・二八－寛文三（一六六三）・正・二六（10）	寛永一四（一六三七）・一一・一六－貞享二（一六八五）・二・二二（49）	承応・明暦・万治・寛文	同
霊元天皇	識仁 高貴宮	同	藤原国子 （新広義門院）	寛文三（一六六三）・正・二六－貞享四（一六八七）・三・二一（25）	承応三（一六五四）・五・二五－享保一七（一七三二）・八・六（79）	寛文・延宝・天和・貞享	同
東山天皇	朝仁 五宮	霊元天皇	藤原宗子 （敬法門院）	貞享四（一六八七）・三・二一－宝永六（一七〇九）・六・二一（23）	延宝三（一六七五）・九・三－宝永六（一七〇九）・一二・一七（35）	貞享・元禄・宝永	同
中御門天皇	慶仁 長宮	東山天皇	藤原賀子 （新崇賢門院）	宝永六（一七〇九）・六・二一－享保二〇（一七三五）・三・二一（27）	元禄一四（一七〇一）・一二・一七－元文二（一七三七）・四・一一（37）	宝永・正徳・享保	同
桜町天皇	昭仁 若宮	中御門天皇	藤原尚子 （新中和門院）	享保二〇（一七三五）・三・二一－延享四（一七四七）・五・二（13）	享保五（一七二〇）・正・一－寛延三（一七五〇）・四・二三（31）	享保・元文・寛保・延享	同
桃園天皇	遐仁 八穂宮・茶地宮	桜町天皇	藤原定子 （開明門院）	延享四（一七四七）・五・二－宝暦一二（一七六二）・七・一二（16）	寛保元（一七四一）・二・二九－宝暦一二（一七六二）・七・一二（22）	延享・寛延・宝暦	同
後桜町天皇	智子 以茶宮・緋宮	同	藤原舎子 （青綺門院）	宝暦一二（一七六二）・七・二七－明和七（一七七〇）・一一・二四（9）	元文五（一七四〇）・八・三－文化一〇（一八一三）・閏一一・二（74）	宝暦・明和	同
後桃園天皇	英仁 二宮	桃園天皇	藤原富子 （恭礼門院）	明和七（一七七〇）・一一・二四－安永八（一七七九）・一〇・二九（10）	宝暦八（一七五八）・七・二－安永八（一七七九）・一〇・二九（22）	明和・安永	同
光格天皇	師仁・兼仁 祐宮	閑院宮典仁親王 （慶光天皇）	大江磐代	安永八（一七七九）・一一・二五－文化一四（一八一七）・三・二二（39）	明和八（一七七一）・八・一五－天保一一（一八四〇）・一一・一九（70）	安永・天明・寛政・享和・文化	後月輪陵 （同）
仁孝天皇	恵仁 寛宮	光格天皇	藤原婧子 （東京極院）	文化一四（一八一七）・三・二二－弘化三（一八四六）・正・二六（30）	寛政一二（一八〇〇）・二・二一－弘化三（一八四六）・正・二六（47）	文化・文政・天保・弘化	同
孝明天皇	統仁 熙宮	仁孝天皇	藤原雅子 （新待賢門院）	弘化三（一八四六）・二・一三－慶応二（一八六六）・一二・二五（21）	天保二（一八三一）・六・一四－慶応二（一八六六）・一二・二五（36）	弘化・嘉永・安政・万延・文久・元治・慶応	後月輪東山陵 （同）
明治天皇	睦仁 祐宮	孝明天皇	中山慶子	慶応三（一八六七）・正・九－明治四五（一九一二）・七・三〇（46）	嘉永五（一八五二）・九・二二－明治四五（一九一二）・七・三〇（61）	慶応・明治	伏見桃山陵 （同）
大正天皇	嘉仁 明宮	明治天皇	柳原愛子	大正元（一九一二）・七・三〇－大正一五（一九二六）・一二・二五（15）	明治一二（一八七九）・八・三一－大正一五（一九二六）・一二・二五（48）	大正	多摩陵 （東京都）
昭和天皇	裕仁 迪宮	大正天皇	九条節子 （貞明皇后）	昭和元（一九二六）・一二・二五－昭和六四（一九八九）・一・七（64）	明治三四（一九〇一）・四・二九－昭和六四（一九八九）・一・七（87）	昭和	武蔵野陵 （同）
（上皇）	明仁 継宮	昭和天皇	良子女王 （香淳皇后）	昭和六四（一九八九）・一・七－平成三一（二〇一九）・四・三〇（30）	昭和八（一九三三）・一二・二三－	平成	
（今上天皇）	徳仁 浩宮	上皇	正田美智子 （上皇后）	令和元（二〇一九）・五・一－	昭和三五（一九六〇）・二・二三－	令和	

（天皇系図）

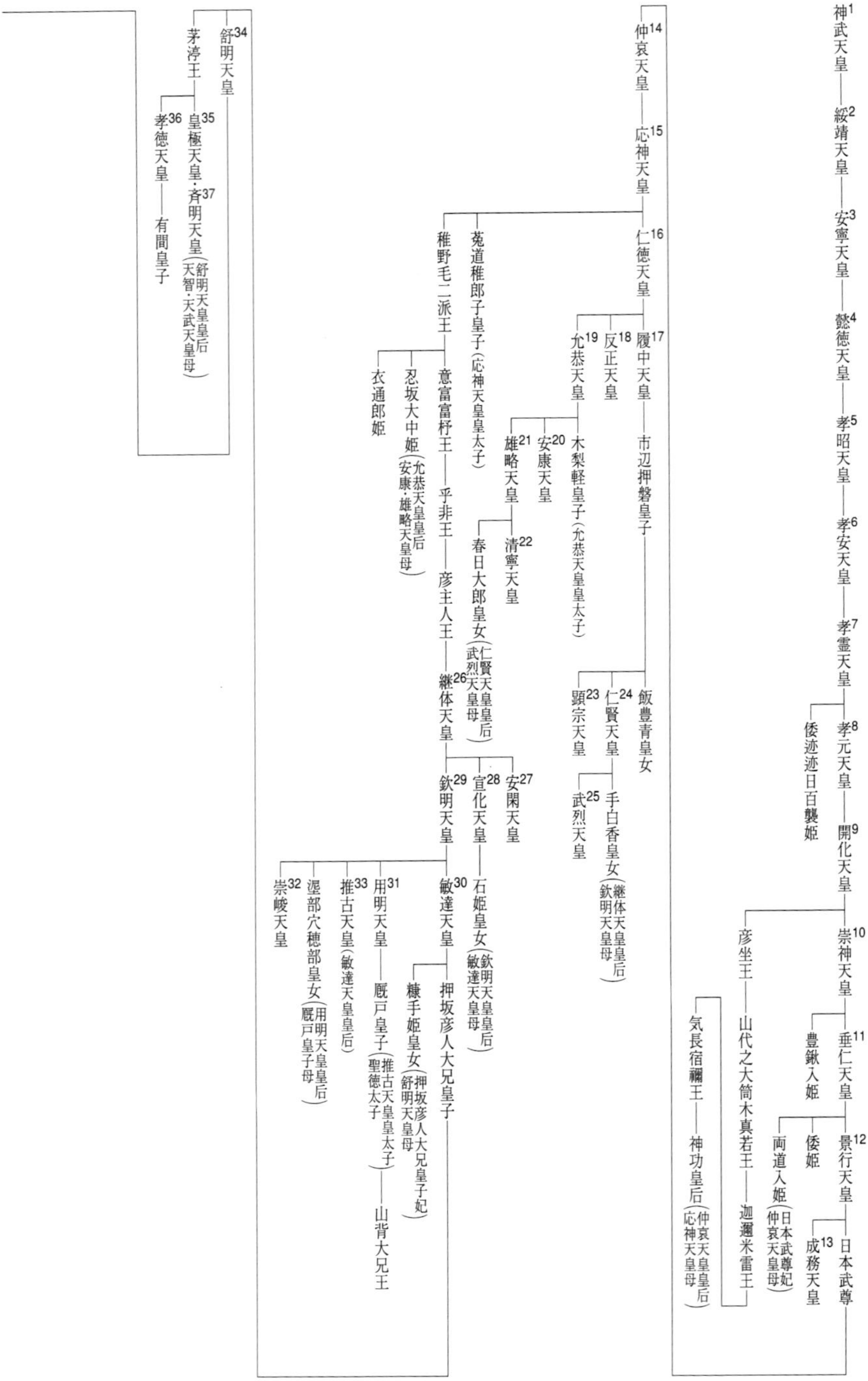
1 神武天皇
2 綏靖天皇
3 安寧天皇
4 懿徳天皇
5 孝昭天皇
6 孝安天皇
7 孝霊天皇
倭迹迹日百襲姫
8 孝元天皇
9 開化天皇
10 崇神天皇
彦坐王
山代之大筒木真若王
迦邇米雷王
気長宿禰王
神功皇后（仲哀天皇皇后 応神天皇母）
11 垂仁天皇
豊鍬入姫
12 景行天皇
倭姫
両道入姫（日本武尊妃 仲哀天皇母）
日本武尊
13 成務天皇
14 仲哀天皇
15 応神天皇
16 仁徳天皇
菟道稚郎子皇子（応神天皇皇太子）
稚野毛二派王
17 履中天皇
18 反正天皇
19 允恭天皇
市辺押磐皇子
木梨軽皇子（允恭天皇皇太子）
20 安康天皇
21 雄略天皇
22 清寧天皇
春日大郎皇女（仁賢天皇皇后 武烈天皇母）
飯豊青皇女
24 仁賢天皇
23 顕宗天皇
手白香皇女（継体天皇皇后 欽明天皇母）
25 武烈天皇
意富富杼王
忍坂大中姫（允恭天皇皇后 安康・雄略天皇母）
衣通郎姫
乎非王
彦主人王
26 継体天皇
27 安閑天皇
28 宣化天皇
29 欽明天皇
石姫皇女（欽明天皇皇后 敏達天皇母）
30 敏達天皇
押坂彦人大兄皇子
糠手姫皇女（押坂彦人大兄皇子妃 舒明天皇母）
31 用明天皇
厩戸皇子（推古天皇皇太子 聖徳太子）
山背大兄王
33 推古天皇（敏達天皇皇后）
埿部穴穂部皇女（用明天皇皇后 厩戸皇子母）
32 崇峻天皇
34 舒明天皇
茅渟王
35 皇極天皇・37 斉明天皇（舒明天皇皇后 天智・天武天皇母）
36 孝徳天皇
有間皇子

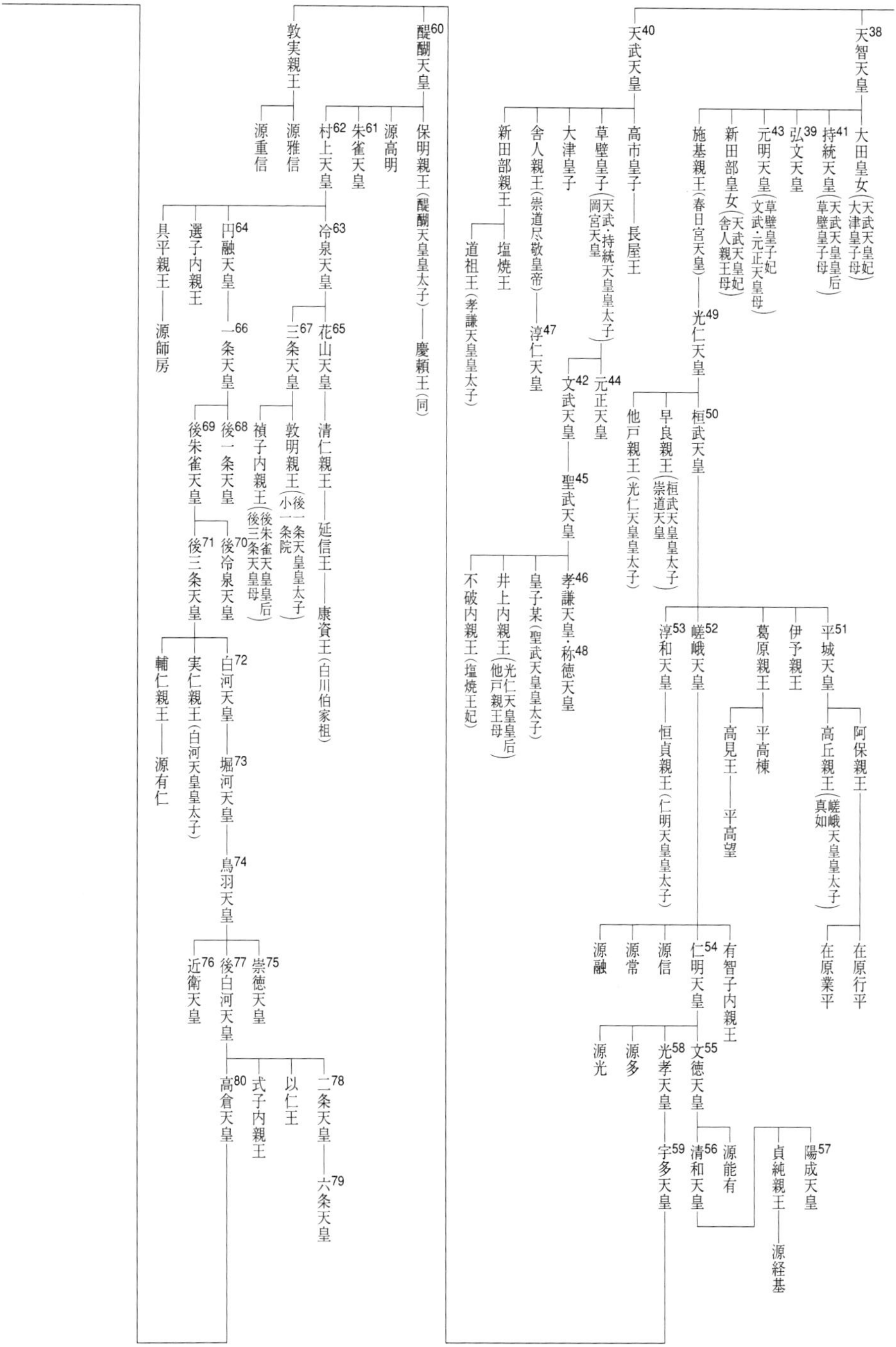
天智天皇38
大田皇女（天武天皇妃 大津皇子母）
持統天皇41（天武天皇皇后 草壁皇子母）
弘文天皇39
元明天皇43（草壁皇子妃 文武・元正天皇母）
新田部皇女（天武天皇妃 舎人親王母）
施基親王（春日宮天皇）
光仁天皇49
桓武天皇50
早良親王（桓武天皇皇太子 崇道天皇）
他戸親王（光仁天皇皇太子）
平城天皇51
阿保親王
在原行平
在原業平
高丘親王（嵯峨天皇皇太子 真如）
伊予親王
葛原親王
平高棟
高見王
平高望
嵯峨天皇52
淳和天皇53
恒貞親王（仁明天皇皇太子）
有智子内親王
仁明天皇54
源信
源常
源融
文徳天皇55
光孝天皇58
源多
源光
宇多天皇59
源能有
清和天皇56
陽成天皇57
貞純親王
源経基
天武天皇40
高市皇子
長屋王
草壁皇子（天武・持統天皇皇太子 岡宮天皇）
元正天皇44
文武天皇42
聖武天皇45
孝謙天皇46・称徳天皇48
皇子某（聖武天皇皇太子）
井上内親王（光仁天皇皇后 他戸親王母）
不破内親王（塩焼王妃）
大津皇子
舎人親王（崇道尽敬皇帝）
淳仁天皇47
新田部親王
塩焼王
道祖王（孝謙天皇皇太子）
醍醐天皇60
保明親王（醍醐天皇皇太子）
慶頼王（同）
源高明
朱雀天皇61
村上天皇62
冷泉天皇63
花山天皇65
清仁親王
延信王
康資王（白川伯家祖）
三条天皇67
敦明親王（小一条院 後一条天皇皇太子）
禎子内親王（後朱雀天皇皇后 後三条天皇母）
円融天皇64
一条天皇66
後一条天皇68
後朱雀天皇69
後冷泉天皇70
後三条天皇71
白河天皇72
堀河天皇73
鳥羽天皇74
崇徳天皇75
後白河天皇77
近衛天皇76
二条天皇78
六条天皇79
以仁王
式子内親王
高倉天皇80
実仁親王（白河天皇皇太子）
輔仁親王
源有仁
選子内親王
具平親王
源師房
敦実親王
源雅信
源重信

- 81 安徳天皇
- 守貞親王（後高倉院）— 86 後堀河天皇 — 87 四条天皇
- 82 後鳥羽天皇
  - 83 土御門天皇 — 88 後嵯峨天皇
    - 宗尊親王（鎌倉将軍）— 惟康親王（同）
    - 89 後深草天皇
      - 92 伏見天皇
        - 93 後伏見天皇
          - 北① 光厳天皇
            - 北③ 崇光天皇 — 栄仁親王（伏見宮家祖）
            - 北④ 後光厳天皇 — 北⑤ 後円融天皇 — 100・北⑥ 後小松天皇
              - 一休宗純
              - 101 称光天皇
          - 北② 光明天皇
        - 95 花園天皇 — 直仁親王（崇光天皇皇太子）
      - 久明親王（鎌倉将軍）— 守邦親王（同）
    - 90 亀山天皇 — 91 後宇多天皇
      - 94 後二条天皇 — 邦良親王（後醍醐天皇皇太子）— 康仁親王（光厳天皇皇太子）
      - 96・南① 後醍醐天皇
        - 護良親王
        - 宗良親王
        - 恒良親王（後醍醐天皇皇太子）
        - 成良親王（光明天皇皇太子）
        - 懐良親王
        - 97・南② 後村上天皇
          - 98・南③ 長慶天皇
          - 99・南④ 後亀山天皇
          - 泰成親王（後亀山天皇皇太子）
  - 84 順徳天皇 — 85 仲恭天皇

（両統迭立）

- 貞成親王（後崇光院）— 102 後花園天皇 — 103 後土御門天皇 — 104 後柏原天皇 — 105 後奈良天皇 — 106 正親町天皇 — 誠仁親王（陽光院）
  - 107 後陽成天皇
    - 108 後水尾天皇
      - 109 明正天皇
      - 110 後光明天皇
      - 111 後西天皇 — 幸仁親王（高松宮を継承 有栖川宮と改称）
      - 112 霊元天皇
        - 113 東山天皇
          - 114 中御門天皇 — 115 桜町天皇
            - 116 桃園天皇 — 118 後桃園天皇
            - 117 後桜町天皇
          - 直仁親王（閑院宮家祖）— 典仁親王（慶光天皇）— 119 光格天皇
            - 120 仁孝天皇
              - 121 孝明天皇 — 122 明治天皇 — 123 大正天皇
                - 124 昭和天皇
                  - 125 （上皇）
                    - 126 （今上天皇）
                    - 文仁親王（秋篠宮）
                  - 正仁親王（常陸宮）
                - 雍仁親王（秩父宮）
                - 宣仁親王（高松宮）
                - 崇仁親王（三笠宮）
              - 親子内親王（和宮 静寛院宮 徳川家茂室）
            - 盛仁親王（京極宮を継承 桂宮と改称）
        - 文仁親王（八条宮を継承 京極宮と改称）
    - 好仁親王（高松宮 有栖川宮家祖）
  - 智仁親王（八条宮 桂宮家祖）

（一）天皇に付した数字は、即位したとされる順序を示す。
（二）南北朝時代は、南朝は「南」、北朝は「北」を別途付す。

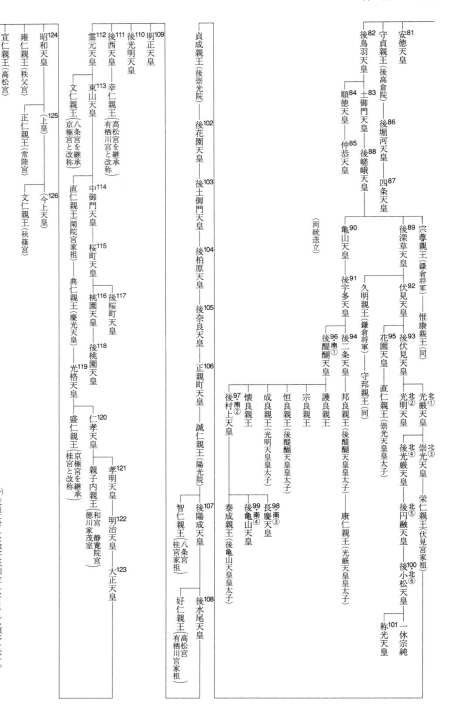

3　女院

院号	名	配偶	所生	父	院号宣下	宣下時身位	死没(年齢)	類	別
東三条院	藤原詮子	円融天皇	一条天皇	藤原兼家	正暦二(九九一)・九・一六	皇太后	長保三(一〇〇一)・閏一二・二二(40)	A	殿邸
上東門院	藤原彰子	一条天皇	後一条・後朱雀天皇	藤原道長	万寿三(一〇二六)・正・一九	太皇太后	承保元(一〇七四)・一〇・三(87)	A	殿邸
陽明門院	禎子内親王	後朱雀天皇	後三条天皇	三条天皇	延久元(一〇六九)・二・一七	太皇太后	嘉保元(一〇九四)・正・一六(82)	A	宮城
二条院	章子内親王	後冷泉天皇		後一条天皇	承保元(一〇七四)・六・一六	太皇太后	長治二(一一〇五)・九・一七(80)	B	殿邸
郁芳門院	媞子内親王		(堀河天皇准母)	白河天皇	寛治七(一〇九三)・正・一九	皇后(中宮)	永長元(一〇九六)・八・七(21)	B	宮城
待賢門院	藤原璋子	鳥羽天皇	崇徳・後白河天皇	藤原公実	天治元(一一二四)・一一・二四	皇后(中宮)	久安元(一一四五)・八・二二(45)	A	宮城
高陽院	藤原泰子	同		藤原忠実	保延五(一一三九)・七・二八	皇后	久寿二(一一五五)・一二・一六(61)	B	殿邸
美福門院	藤原得子	同	近衛天皇	藤原長実	久安五(一一四九)・八・三	皇后	永暦元(一一六〇)・一一・二三(44)	A	宮城
皇嘉門院	藤原聖子	崇徳天皇		藤原忠通	久安六(一一五〇)・二・二七	皇太后	養和元(一一八一)・一二・五(60)	B	宮城
上西門院	統子内親王			鳥羽天皇	平治元(一一五九)・二・一三	皇后	文治五(一一八九)・七・二〇(64)	B	宮城
八条院	暲子内親王		(二条天皇准母)	同	応保元(一一六一)・一二・一六	准三宮	建暦元(一二一一)・六・二六(75)	b	殿邸
高松院	姝子内親王	二条天皇		同	応保二(一一六二)・二・五	皇后(中宮)	安元二(一一七六)・六・一三(36)	B	殿邸
九条院	藤原呈子	近衛天皇		藤原伊通	仁安三(一一六八)・三・一四	皇太后	安元二(一一七六)・九・一九(46)	B	殿邸
建春門院	平滋子	後白河天皇	高倉天皇	平時信	嘉応元(一一六九)・四・一二	皇太后	安元二(一一七六)・七・八(35)	A	内裏
建礼門院	平徳子	高倉天皇	安徳天皇	平清盛	養和元(一一八一)・一一・二五	皇后(中宮)	建保元(一二一三)・一二・一三(59)	A	内裏
殷富門院	亮子内親王		(安徳天皇准母)	後白河天皇	文治三(一一八七)・六・二八	皇后	建保四(一二一六)・四・二(70)	B	宮城
七条院	藤原殖子	高倉天皇	後鳥羽天皇	藤原信隆	建久元(一一九〇)・四・二二	准三宮	安貞二(一二二八)・九・一六(72)	a	殿邸
宣陽門院	覲子内親王			後白河天皇	建久二(一一九一)・六・二六	准三宮	建長四(一二五二)・六・八(72)	b	内裏
宜秋門院	藤原任子	後鳥羽天皇		九条兼実	正治二(一二〇〇)・六・二八	皇后(中宮)	暦仁元(一二三八)・一二・二八(66)	B	内裏
承明門院	源在子	同	土御門天皇	土御門通親	建仁二(一二〇二)・正・一五	准三宮	正嘉元(一二五七)・七・五(87)	a	内裏
坊門院	範子内親王		(土御門天皇准母)	高倉天皇	建永元(一二〇六)・九・二	皇后	承元四(一二一〇)・四・一二(34)	B	殿邸
修明門院	藤原重子	後鳥羽天皇	順徳天皇	藤原範季	承元元(一二〇七)・六・七	准三宮	文永元(一二六四)・八・二九(83)	a	内裏
春華門院	昇子内親王			後鳥羽天皇	承元三(一二〇九)・四・二五	皇后	建暦元(一二一一)・一一・八(17)	B	内裏
陰明門院	藤原麗子	土御門天皇		大炊御門頼実	承元四(一二一〇)・三・一九	皇后(中宮)	寛元元(一二四三)・九・一八(59)	B	内裏
嘉陽門院	礼子内親王			後鳥羽天皇	建保二(一二一四)・六・一〇	准三宮	文永一〇(一二七三)・八・二(74)	b	内裏
東一条院	藤原立子	順徳天皇	仲恭天皇	九条良経	貞応元(一二二二)・三・二五	皇后(中宮)	宝治元(一二四七)・一二・二一(56)	A	殿邸
北白河院	藤原陳子	後高倉院	後堀河天皇	持明院基家	貞応元(一二二二)・七・一一	准三宮	暦仁元(一二三八)・一〇・三(66)	a	殿邸
安嘉門院	邦子内親王		(後堀河天皇准母)	後高倉院	元仁元(一二二四)・八・四	皇后	弘安六(一二八三)・九・四(75)	B	宮城
安喜門院	藤原有子	後堀河天皇		三条公房	安貞元(一二二七)・二・二〇	皇后	弘安九(一二八六)・二・六(80)	B	内裏
鷹司院	藤原長子	同		近衛家実	寛喜元(一二二九)・四・一八	皇后(中宮)	建治元(一二七五)・二・一一(58)	B	殿邸
藻璧門院	藤原竴子	同	四条天皇	九条道家	天福元(一二三三)・四・三	皇后(中宮)	天福元(一二三三)・九・一八(25)	A	宮城

院号	名	配偶	所生	父	院号宣下	宣下時身位	死没(年齢)	類	別
明義門院	諦子内親王			順徳天皇	嘉禎二(一二三六)・一二・二一	准三宮	寛元元(一二四三)・三・二九(27)	b	内裏
式乾門院	利子内親王		(四条天皇准母)	後高倉院	延応元(一二三九)・一一・一二	皇后	建長三(一二五一)・正・二(55)	B	内裏
宣仁門院	藤原彦子	四条天皇		九条教実	寛元元(一二四三)・二・一三	准三宮	弘長二(一二六二)・正・五(36)	b	内裏
正親町院	覚子内親王			土御門天皇	寛元元(一二四三)・六・二六	准三宮	弘安八(一二八五)・八・二三(73)	b	殿邸
室町院	暉子内親王			後堀河天皇	寛元元(一二四三)・三・一四	准三宮	正安二(一三〇〇)・五・三(73)	b	殿邸
大宮院	藤原姞子	後嵯峨天皇	後深草・亀山天皇	西園寺実氏	宝治二(一二四八)・六・一八	皇后(中宮)	正応五(一二九二)・九・九(68)	A	殿邸
仙華門院	曦子内親王			土御門天皇	建長三(一二五一)・三・二七	皇后	弘長二(一二六二)・八・二一(39)	B	内裏
永安門院	穠子内親王			順徳天皇	建長三(一二五一)・一一・一三	准三宮	弘安二(一二七九)・二・二一(64)	b	内裏
神仙門院	体子内親王	後嵯峨天皇		後堀河天皇	康元元(一二五六)・二・七	准三宮	正安三(一三〇一)・三・一七(71)	b	内裏
東二条院	藤原公子	後深草天皇		西園寺実氏	正元元(一二五九)・一二・一九	皇后(中宮)	嘉元二(一三〇四)・正・二一(73)	B	殿邸
和徳門院	義子内親王			仲恭天皇	弘長元(一二六一)・三・八	准三宮	正応二(一二八九)・三・七(56)	b	内裏
月華門院	綜子内親王			後嵯峨天皇	弘長三(一二六三)・七・二七	准三宮	文永六(一二六九)・三・一(23)	b	内裏
今出河院	藤原嬉子	亀山天皇		西園寺公相	文永五(一二六八)・一二・六	皇后(中宮)	文保二(一三一八)・四・二五(67)	B	殿邸
京極院	藤原佶子	同	後宇多天皇	洞院実雄	文永九(一二七二)・八・九	皇后	文永九(一二七二)・八・九(28)	A	殿邸
新陽明門院	藤原位子	同		近衛基平	建治元(一二七五)・三・二八	准三宮	永仁四(一二九六)・正・一二(35)	b	(新)
延政門院	悦子内親王			後嵯峨天皇	弘安七(一二八四)・二・二八	准三宮	元弘二(一三三二)・二・一〇(74)	b	内裏
玄輝門院	藤原愔子	後深草天皇	伏見天皇	洞院実雄	正応元(一二八八)・一二・一六	准三宮	元徳元(一三二九)・八・三〇(84)	a	内裏
五条院	懌子内親王	亀山天皇		後嵯峨天皇	正応二(一二八九)・一二・一〇	准三宮	永仁二(一二九四)・一一・二五(33)	b	殿邸
遊義門院	姈子内親王	後宇多天皇		後深草天皇	正応四(一二九一)・八・一二	皇后	徳治二(一三〇七)・七・二四(38)	B	内裏
永陽門院	久子内親王			同	永仁二(一二九四)・二・七	准三宮	貞和二(一三四六)・四・二五(75)	b	八省
昭慶門院	憙子内親王			亀山天皇	永仁四(一二九六)・八・一一	准三宮	正中元(一三二四)・三・一二(52)	b	八省
永福門院	藤原鏱子	伏見天皇		西園寺実兼	永仁六(一二九八)・八・二一	皇后(中宮)	康永元(一三四二)・五・七(72)	B	八省
昭訓門院	藤原瑛子	亀山天皇		同	正安三(一三〇一)・三・一九	准三宮	建武三(一三三六)・六・二六(65)	b	八省
永嘉門院	瑞子女王	後宇多天皇		宗尊親王	乾元元(一三〇二)・正・二〇	准三宮	元徳元(一三二九)・八・二九(57)	b	八省
陽徳門院	媖子内親王			後深草天皇	乾元元(一三〇二)・三・一五	准三宮	正平七(一三五二)・八・一一(65)	b	豊楽
章義門院	誉子内親王			伏見天皇	徳治二(一三〇七)・六・一二	准三宮	建武三(一三三六)・一〇・一〇	b	八省
西華門院	源基子	後宇多天皇	後二条天皇	堀川具守	延慶元(一三〇八)・一二・二	准三宮	文和四(一三五五)・八・二六(87)	a	八省
広義門院	藤原寧子	後伏見天皇	光厳・光明天皇	西園寺公衡	延慶二(一三〇九)・正・一二	准三宮	延文二(一三五七)・閏七・二二(66)	a	八省
章善門院	永子内親王			後深草天皇	延慶二(一三〇九)・二・三	准三宮	暦応元(一三三八)・三	b	八省
朔平門院	璹子内親王			伏見天皇	延慶二(一三〇九)・六・二七	准三宮	延慶三(一三一〇)・一〇・八(24)	b	内裏
長楽門院	藤原忻子	後二条天皇		徳大寺公孝	延慶三(一三一〇)・一二・一九	皇后(中宮)	正平七(一三五二)・二・一(70)	B	内裏
延明門院	延子内親王			伏見天皇	正和四(一三一五)・二・一四	准三宮		b	豊楽

院号	名	配偶	所生	父	院号宣下	宣下時身位	死没（年齢）	類	別
談天門院	藤原忠子	後宇多天皇	後醍醐天皇	藤原忠継	文保二(一三一八)・四・一二	准三宮	元応元(一三一九)・一一・一五 (52)	a	宮城
達智門院	奨子内親王			後宇多天皇	元応元(一三一九)・一一・一五	皇后	貞和四(一三四八)・一一・二 (63)	B	宮城
万秋門院	藤原頊子	後二条天皇		一条実経	元応二(一三二〇)・二・二六	准三宮	暦応元(一三三八)・三・二六 (71)	b	豊楽
寿成門院	媄子内親王			後二条天皇	元応二(一三二〇)・八・二三	准三宮	貞治元(一三六二)・五・二〇 (61)	b	八省
顕親門院	藤原季子	伏見天皇	花園天皇	洞院実雄	嘉暦元(一三二六)・二・七	准三宮	建武三(一三三六)・二・一三 (72)	a	八省
崇明門院	禖子内親王	邦良親王		後宇多天皇	元弘元(一三三一)・一〇・二五	准三宮		b	内裏
礼成門院	藤原禧子	後醍醐天皇		西園寺実兼	元弘二(一三三二)・五・二〇	皇后(中宮)	元弘三(一三三三)・一〇・一二 (31)	B	豊楽
後京極院					元弘三(一三三三)・一〇・一二	皇太后			(後)
宣政門院	懽子内親王	光厳天皇		後醍醐天皇	建武二(一三三五)・二・二	准三宮		b	八省
章徳門院	璜子内親王			後伏見天皇	建武三(一三三六)・四・二	准三宮		b	八省
新室町院	珣子内親王	後醍醐天皇		同	延元二(一三三七)・正・一六	皇后(中宮)	延元二(一三三七)・五・一二 (27)	B	(新)
徽安門院	寿子内親王	光厳天皇		花園天皇	建武四(一三三七)・二・七	准三宮	延文三(一三五八)・四・二 (41)	b	内裏
宣光門院	藤原実子	花園天皇		正親町実明	暦応元(一三三八)・四・二八	准三宮	延文五(一三六〇)・九・五 (64)	b	八省
新待賢門院	藤原廉子	後醍醐天皇	後村上天皇	阿野公廉	正平六(一三五一)・一二・二八	皇太后	正平一四(一三五九)・四・二九 (59)	A	(新)
陽禄門院	藤原秀子	光厳天皇	崇光・後光厳天皇	三条公秀	文和元(一三五二)・一〇・二九	准三宮	文和元(一三五二)・一一・二八 (42)	a	豊楽
嘉喜門院	（藤原氏）	後村上天皇	長慶・後亀山天皇			（女御）		(a)	八省
新宣陽門院	（一品宮）			後村上天皇		（内親王）		(b)	(新)
崇賢門院	紀仲子	後光厳天皇	後円融天皇	紀通清	永徳三(一三八三)・四・二五	准三宮	応永三四(一四二七)・五・二〇 (89)	a	豊楽
通陽門院	藤原厳子	後円融天皇	後小松天皇	三条公忠	応永三(一三九六)・七・二四	准三宮	応永一三(一四〇六)・一二・二七 (55)	a	八省
北山院	藤原康子	（足利義満）	（後小松天皇准母）	日野資康	応永一四(一四〇七)・三・五	准三宮	応永二六(一四一九)・一一・一一 (51)	(b)	殿邸
光範門院	藤原資子	後小松天皇	称光天皇	日野西資国	応永三二(一四二五)・七・二九	准三宮	永享三(一四三一)・九・八 (57)	a	八省
敷政門院	源幸子	後崇光院	後花園天皇	庭田経有	文安五(一四四八)・三・四	准三宮	文安五(一四四八)・四・一三 (59)	a	内裏
嘉楽門院	藤原信子	後花園天皇	後土御門天皇	藤原孝長	文明一三(一四八一)・七・二六	准三宮	長享二(一四八八)・四・二八 (78)	a	豊楽
豊楽門院	藤原藤子	後柏原天皇	後奈良天皇	勧修寺教秀	天文四(一五三五)・正・一二	准三宮	天文四(一五三五)・正・一二 (72)	a	豊楽
新上東門院	藤原晴子	陽光院	後陽成天皇	勧修寺晴右	慶長五(一六〇〇)・一二・二九	准三宮	元和六(一六二〇)・二・一八 (68)	a	(新)
中和門院	藤原前子	後陽成天皇	後水尾天皇	近衛前久	元和六(一六二〇)・六・二	准三宮	寛永七(一六三〇)・七・三 (56)	a	内裏
東福門院	源和子	後水尾天皇	明正天皇	徳川秀忠	寛永六(一六二九)・一一・九	皇后(中宮)	延宝六(一六七八)・六・一五 (72)	A	八省
壬生院	藤原光子	同	後光明天皇	園基任	承応三(一六五四)・八・一八	准三宮	明暦二(一六五六)・二・一一 (55)	a	殿邸
新広義門院	藤原国子	同	霊元天皇	園基音	延宝五(一六七七)・七・五	准三宮	延宝五(一六七七)・七・五 (54)	a	(新)
逢春門院	藤原隆子	同	後西天皇	櫛笥隆致	貞享二(一六八五)・五・一七	准三宮	貞享二(一六八五)・五・一三 (82)	a	豊楽
新上西門院	藤原房子	霊元天皇		鷹司教平	貞享四(一六八七)・三・二五	皇后(中宮)	正徳二(一七一二)・四・一四 (60)	B	(新)
承秋門院	幸子女王	東山天皇		有栖川宮幸仁親王	宝永七(一七一〇)・三・二一	皇后(中宮)	享保五(一七二〇)・二・一〇 (41)	B	豊楽

院号	名	配偶	所生	父	院号宣下	宣下時身位	死没(年齢)	類	別
新崇賢門院	藤原賀子	東山天皇	中御門天皇	櫛笥隆賀	宝永七(一七一〇)・三・二六(贈)	准三宮(贈)	宝永六(一七〇九)・三・二九 (35)	a	(新)
敬法門院	藤原宗子	霊元天皇	東山天皇	松木宗条	正徳元(一七一一)・三・二三	准三宮	享保一七(一七三二)・八・三〇 (76)	a	八省
新中和門院	藤原尚子	中御門天皇	桜町天皇	近衛家熈	享保五(一七二〇)・正・二〇	准三宮	享保五(一七二〇)・正・二〇 (19)	a	(新)
礼成門院	孝子内親王			後光明天皇	享保一〇(一七二五)・六・二六	准三宮	享保一〇(一七二五)・六・二六 (76)	b	豊楽
青綺門院	藤原舎子	桜町天皇	後桜町天皇	二条吉忠	寛延三(一七五〇)・六・二六	皇太后	寛政二(一七九〇)・正・二九 (75)	A	豊楽
開明門院	藤原定子	同	桃園天皇	姉小路実武	宝暦一三(一七六三)・二・一〇	(三位局)	寛政元(一七八九)・九・二三 (73)	(a)	豊楽
恭礼門院	藤原富子	桃園天皇	後桃園天皇	一条兼香	明和八(一七七一)・七・九	皇太后	寛政七(一七九五)・一一・三〇 (53)	A	内裏
盛化門院	藤原維子	後桃園天皇		近衛内前	天明三(一七八三)・一〇・一三	皇太后	天明三(一七八三)・一〇・一三 (25)	B	八省
新皇嘉門院	藤原繋子	仁孝天皇		鷹司政熙	文政六(一八二三)・四・六(贈)	准三宮	文政六(一八二三)・四・三 (26)	b	(新)
新清和院	欣子内親王	光格天皇		後桃園天皇	天保一二(一八四一)・閏正・一二	皇太后	弘化三(一八四六)・六・二〇 (68)	B	(新)
東京極院	藤原婧子	同	仁孝天皇	勧修寺経逸	弘化元(一八四四)・二・一三(贈)	准三宮(贈)	天保一四(一八四三)・三・二一 (64)	a	殿邸
新朔平門院	藤原祺子	仁孝天皇		鷹司政熙	弘化四(一八四七)・一〇・一三	皇太后	弘化四(一八四七)・一〇・一三 (37)	B	(新)
新待賢門院	藤原雅子	同	孝明天皇	正親町実光	嘉永三(一八五〇)・二・二七	准三宮	安政三(一八五六)・七・六 (54)	a	(新)

(一) 類別欄の上段は性格による分類で、Aは国母后宮、aは国母准后、Bは非国母后宮、bは非国母准后を示し、下段は院号の由緒による分類で、「殿邸」は殿邸名、「宮城」は宮城門号、「内裏」は内裏門号、「八省」は八省院門号、「豊楽」は豊楽院門号を、また「(新)」は旧号に「新」字を冠したもの、「(後)」は旧号に「後」字を冠したものであることを示す。

(二) 上東門院の院号は、元来、殿邸名に由来するが、結果的に宮城門号と一致し、門院号の初例ともされる。また、後醍醐天皇皇后の藤原禧子が二度院号宣下をうけたのは、元弘動乱時の変例である。

4 摂政・関白

天皇	摂政	在職	関白	在職
推古天皇	厩戸皇子(皇太子)	推古天皇元(五九三)・四・一〇－推古天皇三〇(六二二)・二・二二		
斉明天皇	中大兄皇子(皇太子)	斉明天皇元(六五五)・正・三－斉明天皇七(六六一)・七・二四		
天武天皇	草壁皇子(皇太子)	天武天皇一〇(六八一)・二・二五－朱鳥元(六八六)・九・九		

天皇	摂政	在職	関白	在職
清和天皇	藤原良房(太政大臣)	貞観八(八六六)・八・一九－貞観一四(八七二)・九・二		
陽成天皇	藤原基経(右大臣)	貞観一八(八七六)・一一・二九－元慶八(八八四)・二・四		
宇多天皇			藤原基経(太政大臣)	仁和三(八八七)・一一・二一－寛平二(八九〇)・一二・一四
朱雀天皇	藤原忠平(左大臣)	延長八(九三〇)・九・二二－天慶四(九四一)・一一・八	藤原忠平(太政大臣)	天慶四(九四一)・一一・八－天慶九(九四六)・四・二〇
村上天皇			同(同)	天慶九(九四六)・五・二〇－天暦三(九四九)・八・一四
冷泉天皇			藤原実頼(左大臣)	康保四(九六七)・六・二二－安和二(九六九)・八・一三
円融天皇	藤原実頼(太政大臣)	安和二(九六九)・八・一三－天禄元(九七〇)・五・一八		
同	藤原伊尹(右大臣)	天禄元(九七〇)・五・二〇－天禄三(九七二)・一〇・二三		
同			藤原兼通(太政大臣)	天延二(九七四)・三・二六－貞元二(九七七)・一〇・一一
同			藤原頼忠(左大臣)	貞元二(九七七)・一〇・一一－永観二(九八四)・八・二七
花山天皇			同(太政大臣)	永観二(九八四)・八・二七－寛和二(九八六)・六・二三
一条天皇	藤原兼家(右大臣)	寛和二(九八六)・六・二三－正暦元(九九〇)・五・五	藤原兼家(太政大臣)	正暦元(九九〇)・五・五－正暦元(九九〇)・五・八
同			藤原道隆(内大臣)	正暦元(九九〇)・五・八－正暦元(九九〇)・五・二六
同	藤原道隆(内大臣)	正暦元(九九〇)・五・二六－正暦四(九九三)・四・二二	同(前内大臣)	正暦四(九九三)・四・二二－長徳元(九九五)・四・三
同			藤原道兼(右大臣)	長徳元(九九五)・四・二七－長徳元(九九五)・五・八
後一条天皇	藤原道長(左大臣)	長和二(一〇一三)・正・二九－寛仁元(一〇一七)・三・一六		
同	藤原頼通(内大臣)	寛仁元(一〇一七)・三・一六－寛仁三(一〇一九)・一二・二二	藤原頼通(内大臣)	寛仁三(一〇一九)・一二・二二－長元九(一〇三六)・四・一七
後朱雀天皇			同(左大臣)	長元九(一〇三六)・四・一七－寛徳二(一〇四五)・正・一六
後冷泉天皇			同(同)	寛徳二(一〇四五)・正・一六－治暦三(一〇六七)・一二・五
同			藤原教通(左大臣)	治暦四(一〇六八)・四・一七－治暦四(一〇六八)・四・一九
後三条天皇			同(同)	治暦四(一〇六八)・四・一九－延久四(一〇七二)・一二・八
白河天皇			同(前太政大臣)	延久四(一〇七二)・一二・八－承保二(一〇七五)・九・二五
同			藤原師実(左大臣)	承保二(一〇七五)・一〇・一五－応徳三(一〇八六)・一一・二六
堀河天皇	藤原師実(前左大臣)	応徳三(一〇八六)・一一・二六－寛治四(一〇九〇)・一二・二〇	同(前太政大臣)	寛治四(一〇九〇)・一二・二〇－嘉保元(一〇九四)・三・九
同			藤原師通(内大臣)	嘉保元(一〇九四)・三・九－康和元(一〇九九)・六・二八
同			藤原忠実(右大臣)	長治二(一一〇五)・一二・二五－嘉承二(一一〇七)・七・一九
鳥羽天皇	藤原忠実(右大臣)	嘉承二(一一〇七)・七・一九－永久元(一一一三)・一二・二六	同(前太政大臣)	永久元(一一一三)・一二・二六－保安二(一一二一)・正・二二
同			藤原忠通(内大臣)	保安二(一一二一)・三・五－保安四(一一二三)・正・二八
崇徳天皇	藤原忠通(左大臣)	保安四(一一二三)・正・二八－大治四(一一二九)・七・一	同(前太政大臣)	大治四(一一二九)・七・一－永治元(一一四一)・一二・七
近衛天皇	同(前太政大臣)	永治元(一一四一)・一二・七－久安六(一一五〇)・一二・九	同(同)	久安六(一一五〇)・一二・九－久寿二(一一五五)・七・二三
後白河天皇			同(同)	久寿二(一一五五)・七・二四－保元三(一一五八)・八・一一
同			藤原基実(右大臣)	保元三(一一五八)・八・一一

天皇	摂政	在職	関白	在職
二条天皇			藤原基実(右大臣)	保元三(一一五八)・八・一一―永万元(一一六五)・六・二五
六条天皇	藤原基実(前左大臣)	永万元(一一六五)・六・二五―仁安元(一一六六)・七・二六		
同	藤原基房(左大臣)	仁安元(一一六六)・七・二七―仁安三(一一六八)・二・一九		
高倉天皇	同　(前左大臣)	仁安三(一一六八)・二・一九―承安二(一一七二)・一二・二七	藤原基房(前太政大臣)	承安二(一一七二)・一二・二七―治承三(一一七九)・一一・一五
同			藤原基通(内大臣)	治承三(一一七九)・一一・一五―治承四(一一八〇)・二・二一
安徳天皇	藤原基通(内大臣)	治承四(一一八〇)・二・二一―寿永二(一一八三)・八・二〇		
後鳥羽天皇	同　(前内大臣)	寿永二(一一八三)・八・二〇―寿永二(一一八三)・一一・二一		
同	藤原師家(内大臣)	寿永二(一一八三)・一一・二一―元暦元(一一八四)・正・二二		
同	藤原基通(前内大臣)	元暦元(一一八四)・正・二二―文治二(一一八六)・三・一二		
同	九条兼実(右大臣)	文治二(一一八六)・三・一二―建久二(一一九一)・一二・一七	九条兼実(前太政大臣)	建久二(一一九一)・一二・一七―建久七(一一九六)・一一・二五
同			藤原基通(前内大臣)	建久七(一一九六)・一一・二五―建久九(一一九八)・正・一一
土御門天皇	藤原基通(前内大臣)	建久九(一一九八)・正・一一―建仁二(一二〇二)・一二・二五		
同	九条良経(左大臣)	建仁二(一二〇二)・一二・二五―建永元(一二〇六)・三・七		
同	近衛家実(左大臣)	建永元(一二〇六)・三・一〇―建永元(一二〇六)・一二・八	近衛家実(左大臣)	建永元(一二〇六)・一二・八―承元四(一二一〇)・一一・二五
順徳天皇			同　(前左大臣)	承元四(一二一〇)・一一・二五―承久三(一二二一)・四・二〇
仲恭天皇	九条道家(左大臣)	承久三(一二二一)・四・二〇―承久三(一二二一)・七・八		
後堀河天皇	近衛家実(前左大臣)	承久三(一二二一)・七・八―貞応二(一二二三)・一二・一四	近衛家実(前太政大臣)	貞応二(一二二三)・一二・一四―安貞二(一二二八)・一二・二四
同			九条道家(前左大臣)	安貞二(一二二八)・一二・二四―寛喜三(一二三一)・七・五
同			九条教実(左大臣)	寛喜三(一二三一)・七・五―貞永元(一二三二)・一〇・四
四条天皇	九条教実(左大臣)	貞永元(一二三二)・一〇・四―嘉禎元(一二三五)・三・二八		
同	九条道家(前左大臣)	嘉禎元(一二三五)・三・二八―嘉禎三(一二三七)・三・一〇		
同	近衛兼経(左大臣)	嘉禎三(一二三七)・三・一〇―仁治三(一二四二)・正・九		
後嵯峨天皇			近衛兼経(前太政大臣)	仁治三(一二四二)・正・二〇―仁治三(一二四二)・三・二五
同			二条良実(左大臣)	仁治三(一二四二)・三・二五―寛元四(一二四六)・正・二八
同			一条実経(左大臣)	寛元四(一二四六)・正・二八―寛元四(一二四六)・正・二九
後深草天皇	一条実経(左大臣)	寛元四(一二四六)・正・二九―宝治元(一二四七)・正・一九		
同	近衛兼経(前太政大臣)	宝治元(一二四七)・正・一九―建長四(一二五二)・一〇・三		
同	鷹司兼平(左大臣)	建長四(一二五二)・一〇・三―建長六(一二五四)・一二・二	鷹司兼平(前太政大臣)	建長六(一二五四)・一二・二―正元元(一二五九)・一一・二六
亀山天皇			同　(同)	正元元(一二五九)・一一・二六―弘長元(一二六一)・四・二九
同			二条良実(前左大臣)	弘長元(一二六一)・四・二九―文永二(一二六五)・閏四・一八
同			一条実経(左大臣)	文永二(一二六五)・閏四・一八―文永四(一二六七)・一二・九
同			近衛基平(左大臣)	文永四(一二六七)・一二・九―文永五(一二六八)・一二・一九

天皇	摂政	在職	関白	在職
亀山天皇			鷹司基忠(左大臣)	文永五(一二六八)・一二・一〇－文永一〇(一二七三)・五・五
同			九条忠家(前右大臣)	文永一〇(一二七三)・五・五－文永一一(一二七四)・正・二六
後宇多天皇	九条忠家(前右大臣)	文永一一(一二七四)・正・二六－文永一一(一二七四)・六・二〇		
同	一条家経(左大臣)	文永一一(一二七四)・六・二〇－建治元(一二七五)・一〇・二一		
同	鷹司兼平(前太政大臣)	建治元(一二七五)・一〇・二一－弘安元(一二七八)・一二・七	鷹司兼平(前太政大臣)	弘安元(一二七八)・一二・七－弘安一〇(一二八七)・八・一一
同			二条師忠(左大臣)	弘安一〇(一二八七)・八・一一－弘安一〇(一二八七)・一〇・二一
伏見天皇			同(同)	弘安一〇(一二八七)・一〇・二一－正応二(一二八九)・四・一三
同			近衛家基(右大臣)	正応二(一二八九)・四・一三－正応四(一二九一)・五・二七
同			九条忠教(左大臣)	正応四(一二九一)・五・二七－永仁元(一二九三)・二・二五
同			近衛家基(前右大臣)	永仁元(一二九三)・二・二五－永仁四(一二九六)・六・一九
同			鷹司兼忠(左大臣)	永仁四(一二九六)・七・二四－永仁六(一二九八)・七・二二
後伏見天皇	鷹司兼忠(前左大臣)	永仁六(一二九八)・七・二二－永仁六(一二九八)・一二・二〇		
同	二条兼基(左大臣)	永仁六(一二九八)・一二・二〇－正安二(一三〇〇)・一二・一六	二条兼基(前太政大臣)	正安二(一三〇〇)・一二・一六－正安三(一三〇一)・正・二一
後二条天皇			同(同)	正安三(一三〇一)・正・二一－嘉元三(一三〇五)・四・一二
同			九条師教(左大臣)	嘉元三(一三〇五)・四・一二－延慶元(一三〇八)・八・二五
花園天皇	九条師教(前左大臣)	延慶元(一三〇八)・八・二六－延慶元(一三〇八)・一一・一〇		
同	鷹司冬平(左大臣)	延慶元(一三〇八)・一一・一〇－応長元(一三一一)・三・一五	鷹司冬平(太政大臣)	応長元(一三一一)・三・一五－正和二(一三一三)・七・一二
同			近衛家平(左大臣)	正和二(一三一三)・七・一二－正和四(一三一五)・九・二二
同			鷹司冬平(前太政大臣)	正和四(一三一五)・九・二二－正和五(一三一六)・八・二三
同			二条道平(左大臣)	正和五(一三一六)・八・二三－文保二(一三一八)・二・二六
後醍醐天皇			同(前左大臣)	文保二(一三一八)・二・二六－文保二(一三一八)・一二・二九
同			一条内経(内大臣)	文保二(一三一八)・一二・二九－元亨三(一三二三)・三・二九
同			九条房実(左大臣)	元亨三(一三二三)・三・二九－正中元(一三二四)・一二・二七
同			鷹司冬平(太政大臣)	正中元(一三二四)・一二・二七－嘉暦二(一三二七)・正・一九
同			二条道平(前左大臣)	嘉暦二(一三二七)・二・一二－元徳二(一三三〇)・正・二六
同			近衛経忠(右大臣)	元徳二(一三三〇)・正・二六－元徳二(一三三〇)・八・二五
同			鷹司冬教(左大臣)	元徳二(一三三〇)・八・二五－元弘元(一三三一)・九・二〇
光厳天皇			同(前左大臣)	元弘元(一三三一)・九・二〇－元弘三(一三三三)・五・一七
光明天皇			近衛経忠(左大臣)	建武三(一三三六)・八・一五－建武四(一三三七)・四・一六
同			近衛基嗣(前左大臣)	建武四(一三三七)・四・一六－暦応元(一三三八)・五・一九
同			一条経通(左大臣)	暦応元(一三三八)・五・一九－康永元(一三四二)・正・二六
同			九条道教(左大臣)	康永元(一三四二)・正・二七－康永元(一三四二)・一一・一三

天皇	摂政	在職	関白	在職
光明天皇			鷹司師平(右大臣)	康永元(一三四二)・一一・一八－貞和二(一三四六)・二・二九
同			二条良基(右大臣)	貞和二(一三四六)・二・二九－貞和四(一三四八)・一〇・二七
崇光天皇			同　(左大臣)	貞和四(一三四八)・一〇・二七－觀応二(一三五一)・一一・七
後村上天皇			二条師基(前左大臣)	正平六(一三五一)・三・二八－？
後光厳天皇			二条良基(前左大臣)	文和元(一三五二)・八・一七－延文三(一三五八)・一二・二九
同			九条経教(左大臣)	延文三(一三五八)・一二・二九－康安元(一三六一)・一一・九
同			近衛道嗣(左大臣)	康安元(一三六一)・一一・九－貞治二(一三六三)・六・一六
同			二条良基(前左大臣)	貞治二(一三六三)・六・二七－貞治六(一三六七)・八・二七
同			鷹司冬通(左大臣)	貞治六(一三六七)・八・二七－応安二(一三六九)・一一・四
同			二条師良(右大臣)	応安二(一三六九)・一一・四－応安四(一三七一)・三・二三
後円融天皇			同　(同)	応安四(一三七一)・三・二三－永和元(一三七五)・一二・二七
同			九条忠基(左大臣)	永和元(一三七五)・一二・二七－康暦元(一三七九)・八・二三
同			二条師嗣(左大臣)	康暦元(一三七九)・八・二五－永徳二(一三八二)・四・一一
後小松天皇	二条良基(太政大臣)	永徳二(一三八二)・四・一一－嘉慶元(一三八七)・二・七		
同	近衛兼嗣(右大臣)	嘉慶元(一三八七)・二・七－嘉慶二(一三八八)・三・二六		
同	二条良基(前太政大臣)	嘉慶二(一三八八)・四・八－嘉慶二(一三八八)・六・一二	二条良基(前太政大臣)	嘉慶二(一三八八)・六・一二
同			二条師嗣(前左大臣)	嘉慶二(一三八八)・六・一三－応永元(一三九四)・一一・六
同			一条経嗣(左大臣)	応永元(一三九四)・一一・六－応永五(一三九八)・三・九
同			二条師嗣(前左大臣)	応永五(一三九八)・三・九－応永六(一三九九)・四・一七
同			一条経嗣(前左大臣)	応永六(一三九九)・四・一九－応永一五(一四〇八)・四・二〇
同			近衛忠嗣(左大臣)	応永一五(一四〇八)・四・二〇－応永一六(一四〇九)・二・二一
同			二条満基(内大臣)	応永一六(一四〇九)・三・四－応永一七(一四一〇)・一二・二七
同			一条経嗣(前左大臣)	応永一七(一四一〇)・一二・三〇－応永一九(一四一二)・八・二九
称光天皇			同　(同)	応永一九(一四一二)・八・二九－応永二五(一四一八)・一二・一七
同			九条満教(左大臣)	応永二五(一四一八)・一二・二－応永三一(一四二四)・四・二〇
同			二条持基(左大臣)	応永三一(一四二四)・四・二〇－正長元(一四二八)・七・二〇
後花園天皇	二条持基(左大臣)	正長元(一四二八)・七・二八－永享四(一四三二)・八・一三		
同	一条兼良(左大臣)	永享四(一四三二)・八・一三－永享四(一四三二)・一〇・二六		
同	二条持基(太政大臣)	永享四(一四三二)・一〇・二六－永享五(一四三三)・三・二三	二条持基(前太政大臣)	永享五(一四三三)・三・二三－文安二(一四四五)・一一・三
同			近衛房嗣(左大臣)	文安二(一四四五)・一一・三－文安四(一四四七)・六・一五
同			一条兼良(太政大臣)	文安四(一四四七)・六・一五－享徳二(一四五三)・三・二八
同			二条持通(右大臣)	享徳二(一四五三)・四・二八－享徳三(一四五四)・六・三〇

天皇	摂政	在職	関白	在職
後花園天皇			鷹司房平(左大臣)	享徳三(一四五四)・七・一―康正元(一四五五)・六・二
同			二条持通(前左大臣)	康正元(一四五五)・六・五―長禄二(一四五八)・一二
同			一条教房(左大臣)	長禄二(一四五八)・一二・五―寛正四(一四六三)・四
同			二条持通(前太政大臣)	寛正四(一四六三)・四・三―寛正五(一四六四)・七・一九
後土御門天皇			同(同)	寛正五(一四六四)・七・一九―応仁元(一四六七)・五・九
同			一条兼良(前太政大臣)	応仁元(一四六七)・五・九―文明二(一四七〇)・七・一九
同			二条政嗣(左大臣)	文明二(一四七〇)・八・一〇―文明八(一四七六)・五・一三
同			九条政基(左大臣)	文明八(一四七六)・五・一五―文明一一(一四七九)・二・二七
同			近衛政家(右大臣)	文明一一(一四七九)・二・三〇―文明一五(一四八三)・二・二四
同			鷹司政平(前左大臣)	文明一五(一四八三)・二・二五―長享元(一四八七)・二・九
同			九条政忠(前内大臣)	長享元(一四八七)・二・九―長享二(一四八八)・八・一三
同			一条冬良(内大臣)	長享二(一四八八)・八・二八―明応二(一四九三)・三・二八
同			近衛尚通(右大臣)	明応二(一四九三)・三・二八―明応六(一四九七)・六・七
同			二条尚基(右大臣)	明応六(一四九七)・六・一八―明応六(一四九七)・一〇・一〇
同			一条冬良(前太政大臣)	明応六(一四九七)・一〇・一三―明応九(一五〇〇)・九・二八
後柏原天皇			同(同)	明応九(一五〇〇)・一〇・二五―文亀元(一五〇一)・六・二七
同			九条尚経(右大臣)	文亀元(一五〇一)・六・二九―永正一〇(一五一三)・一〇・五
同			近衛尚通(前左大臣)	永正一〇(一五一三)・一〇・七―永正一一(一五一四)・八・二四
同			鷹司兼輔(右大臣)	永正一一(一五一四)・八・二九―永正一五(一五一八)・三・二七
同			二条尹房(内大臣)	永正一五(一五一八)・三・三〇―大永五(一五二五)・四・四
同			近衛稙家(右大臣)	大永五(一五二五)・四・五―大永六(一五二六)・四・七
後奈良天皇			同(同)	大永六(一五二六)・四・二九―天文二(一五三三)・二・五
同			九条稙通(内大臣)	天文二(一五三三)・二・五―天文三(一五三四)・一一・二一
同			二条尹房(前左大臣)	天文三(一五三四)・一一・一四―天文五(一五三六)・閏一〇・二一
同			近衛稙家(前左大臣)	天文五(一五三六)・一一・一―天文一一(一五四二)・二・二五
同			鷹司忠冬(左大臣)	天文一一(一五四二)・三・二六―天文一四(一五四五)・六・二
同			一条房通(左大臣)	天文一四(一五四五)・六・二―天文一七(一五四八)・一二・二七
同			二条晴良(左大臣)	天文一七(一五四八)・一二・二七―天文二二(一五五三)・正・二〇
同			一条兼冬(右大臣)	天文二二(一五五三)・正・二二―天文二三(一五五四)・二・一
同			近衛前久(右大臣)	天文二三(一五五四)・三・二―弘治三(一五五七)・九・五
正親町天皇			同(前左大臣)	弘治三(一五五七)・一〇・二七―永禄一一(一五六八)・一二
同			二条晴良(前左大臣)	永禄一一(一五六八)・一二・一六―天正六(一五七八)・四・四

天皇	摂政	在職	関白	在職
正親町天皇			九条兼孝(前左大臣)	天正六(一五七八)・一二・一三－天正九(一五八一)・四・二九
同			一条内基(左大臣)	天正九(一五八一)・四・二九－天正一二(一五八四)・一二
同			二条昭実(左大臣)	天正一三(一五八五)・二・一二－天正一三(一五八五)・七・一一
同			豊臣秀吉(内大臣)	天正一三(一五八五)・七・一一－天正一四(一五八六)・一一・七
後陽成天皇			同(同)	天正一四(一五八六)・一一・七－天正一九(一五九一)・一二・二八
同			豊臣秀次(内大臣)	天正一九(一五九一)・一二・二八－文禄四(一五九五)・七・八
同			九条兼孝(左大臣)	慶長五(一六〇〇)・一二・一九－慶長九(一六〇四)・一一・一〇
同			近衛信尹(左大臣)	慶長一〇(一六〇五)・七・二三－慶長一一(一六〇六)・一一・一一
同			鷹司信房(左大臣)	慶長一一(一六〇六)・一一・一一－慶長一三(一六〇八)・一二・二六
同			九条忠栄(右大臣)	慶長一三(一六〇八)・一二・二六－慶長一六(一六一一)・三・二七
後水尾天皇			同(同)	慶長一六(一六一一)・三・二七－慶長一七(一六一二)・七・二五
同			鷹司信尚(右大臣)	慶長一七(一六一二)・七・二五－元和元(一六一五)・七・二七
同			二条昭実(前左大臣)	元和元(一六一五)・七・二八－元和五(一六一九)・七・一四
同			九条忠栄(前左大臣)	元和五(一六一九)・九・一四－元和九(一六二三)・閏八・一六
同			近衛信尋(左大臣)	元和九(一六二三)・閏八・一六－寛永六(一六二九)・八・一
同			一条昭良(右大臣)	寛永六(一六二九)・八・二八－寛永六(一六二九)・一一・八
明正天皇	一条昭良(左大臣)	寛永六(一六二九)・一一・八－寛永一二(一六三五)・九・二六		
同	二条康道(左大臣)	寛永一二(一六三五)・一〇・一〇－寛永二〇(一六四三)・一〇・三		
後光明天皇	同(前左大臣)	寛永二〇(一六四三)・一〇・三－正保四(一六四七)・正・三		
同	九条道房(左大臣)	正保四(一六四七)・正・五－正保四(一六四七)・正・一〇		
同	一条昭良(前左大臣)	正保四(一六四七)・三・二八－*正保四(一六四七)・七・二七	一条昭良(前左大臣)	*正保四(一六四七)・七・二七－慶安四(一六五一)・九・二七
同			近衛尚嗣(左大臣)	慶安四(一六五一)・一二・八－承応二(一六五三)・七・一七
同			二条光平(左大臣)	承応二(一六五三)・九・二一－承応三(一六五四)・九・二〇
後西天皇			同(同)	承応三(一六五四)・一一・二八－寛文三(一六六三)・正・二六
霊元天皇	二条光平(前左大臣)	寛文三(一六六三)・正・二六－寛文四(一六六四)・九・一七		
同	鷹司房輔(左大臣)	寛文四(一六六四)・九・二七－寛文八(一六六八)・三・一六	鷹司房輔(前左大臣)	寛文八(一六六八)・三・一六－天和二(一六八二)・二・一八
同			一条冬経(右大臣)	天和二(一六八二)・二・二四－貞享四(一六八七)・三・二一
東山天皇	一条冬経(前右大臣)	貞享四(一六八七)・三・二一－元禄二(一六八九)・三・二七	同(前右大臣)	元禄二(一六八九)・三・二七－元禄三(一六九〇)・正・一三
同			近衛基熈(左大臣)	元禄三(一六九〇)・正・一三－元禄一六(一七〇三)・正・一四
同			鷹司兼熈(左大臣)	元禄一六(一七〇三)・正・一四－宝永四(一七〇七)・一一・二七
同			近衛家熈(左大臣)	宝永四(一七〇七)・一一・二七－宝永六(一七〇九)・六・二一
中御門天皇	近衛家熈(前左大臣)	宝永六(一七〇九)・六・二一－正徳二(一七一二)・八・二八		

天皇	摂政	在職	関白	在職
中御門天皇	九条輔実(左大臣)	正徳二(一七一二)・八・二六－享保元(一七一六)・一一・一	九条輔実(前左大臣)	享保元(一七一六)・一一・一－享保七(一七二二)・正・一三
同			二条綱平(左大臣)	享保七(一七二二)・正・一三－享保一一(一七二六)・六・一
同			近衛家久(左大臣)	享保一一(一七二六)・六・一－享保二〇(一七三五)・三・二一
桜町天皇			同(前太政大臣)	享保二〇(一七三五)・三・二一－元文元(一七三六)・八・二七
同			二条吉忠(左大臣)	元文元(一七三六)・八・二七－元文二(一七三七)・八・三
同			一条兼香(右大臣)	元文二(一七三七)・八・二九－延享三(一七四六)・三・一五
同			一条道香(左大臣)	延享三(一七四六)・三・一五－延享四(一七四七)・五・二
桃園天皇	一条道香(左大臣)	延享四(一七四七)・五・二－宝暦五(一七五五)・二・一九	同(前左大臣)	宝暦五(一七五五)・二・一九－宝暦七(一七五七)・三・一六
同			近衛内前(左大臣)	宝暦七(一七五七)・三・一六－宝暦一二(一七六二)・七・一三
後桜町天皇	近衛内前(前左大臣)	宝暦一二(一七六二)・七・二七－明和七(一七七〇)・一一・二四		
後桃園天皇	同(太政大臣)	明和七(一七七〇)・一一・二四－安永元(一七七二)・八・三	近衛内前(太政大臣)	安永元(一七七二)・八・三－安永七(一七七八)・二・八
同			九条尚実(左大臣)	安永七(一七七八)・二・八－安永八(一七七九)・一〇・二九
光格天皇	九条尚実(前左大臣)	安永八(一七七九)・一一・二五－天明五(一七八五)・二・一九	同(前太政大臣)	天明五(一七八五)・二・一九－天明七(一七八七)・三・一
同			鷹司輔平(左大臣)	天明七(一七八七)・三・一－寛政三(一七九一)・八・二〇
同			一条輝良(左大臣)	寛政三(一七九一)・八・二〇－寛政七(一七九五)・一〇・一四
同			鷹司政熙(左大臣)	寛政七(一七九五)・一一・一六－文化一一(一八一四)・九・一六
同			一条忠良(左大臣)	文化一一(一八一四)・九・一六－文化一四(一八一七)・三・二三
仁孝天皇			同(前左大臣)	文化一四(一八一七)・三・二三－文政六(一八二三)・三・一九
同			鷹司政通(左大臣)	文政六(一八二三)・三・一九－弘化三(一八四六)・正・二六
孝明天皇			同(太政大臣)	弘化三(一八四六)・二・一三－安政三(一八五六)・八・八
同			九条尚忠(左大臣)	安政三(一八五六)・八・八－文久二(一八六二)・六・二三
同			近衛忠熙(前左大臣)	文久二(一八六二)・六・二三－文久三(一八六三)・正・二三
同			鷹司輔熙(前右大臣)	文久三(一八六三)・正・二三－文久三(一八六三)・一二・二三
同			二条斉敬(左大臣)	文久三(一八六三)・一二・二三－慶応二(一八六六)・一二・二五
明治天皇	二条斉敬(左大臣)	慶応三(一八六七)・正・九－慶応三(一八六七)・一二・九		
大正天皇	裕仁親王(皇太子)	大正一〇(一九二一)・一一・二五－大正一五(一九二六)・一二・二五		

(一)『皇室制度史料』摂政一所収の「摂政表」、および同摂政二所収の「関白表」をもとに作成。

(二)＊印を付した正保四年七月二十七日は、一条昭良の摂政を停め関白とした詔書の日付で、実際には昭良は翌五年閏正月二十二日まで摂政の任にあり、同日に日付をさかのぼらせて詔が下された。

5　官位相当表

官	司	正・従一位	正・従二位	正三位	従三位	正四位上	正四位下	従四位上	従四位下	正五位上	正五位下	従五位上	従五位下
官	神祇								伯				大副
官	太政	太政大臣	左大臣 右大臣	大納言				左大弁 右大弁		左中弁 右中弁	左少弁 右少弁		少納言
省	中務					卿				大輔		少輔	侍従 大監物
省	式部 治部 民部 兵部 刑部○ 大蔵◎ 宮内						卿				大輔 大判事○		少輔
職	中宮								大夫				亮
職	左京 右京 大膳○ 摂津									大夫			亮
春宮坊						皇太子傅			大夫				亮 皇太子学士
寮	左大舎人 右大舎人 大学○ 木工 雅楽 玄蕃 主計 主税 図書 左馬◎ 右馬◎ 左兵庫 右兵庫											頭	
寮	内蔵○ 縫殿 大炊 散位 陰陽◎ 主殿 典薬●												頭
司	正親○ 内膳 造酒 兵馬○ 鍛冶○ 造兵○ 画工◉ 典鋳○ 掃部 内薬 東市 西市 官奴 鼓吹○ 園池 諸陵 贓贖○ 囚獄○												
司	内兵庫 土工 葬儀 采女 主船 漆部 縫部 織部○ 隼人 内礼												
司	主水 主油 内掃部 筥陶 内染○												
司	主鷹												
監	舎人 主膳 主蔵												
署	主殿 主書 主漿 主工 主兵 主馬												
弾正台								尹			弼		
府	衛門 左衛士 右衛士									督			佐
府	左兵衛 右兵衛											督	
大宰府					帥					大弐			少弐
国	大											守	
国	上												守
国	中												
国	下												
家司													一品家令 職事一位家令

正八位		従七位		正七位		従六位		正六位	
下	上	下	上	下	上	下	上	下	上
大史						少祐	大祐		少副
			少外記		大外記 左弁少史 右弁少史				左弁大史 右弁大史
	少内記 少録 少主鈴	大典鑰		少監物 大主鈴	中内記 大録		少丞 中監物	大丞	大内記
治部大解部 刑部中解部 判事少属○	少録 典革○	刑部大解部 大蔵少主鑰		判事大属○	大録	少判事○ 大蔵大主鑰	少丞	大丞 中判事○	
大属						少進	大進		
大属				主醤○ 主菓餅○	少進	大進			
大属						少進	大進		
			少允 音博士○ 書博士○ 算博士○	大允 大学助教				助 大学博士	
按摩博士◉	内蔵少主鑰 呪禁師◉ 針師◉ 薬園師◉ 典履○	医師◉ 漏剋博士○ 針博士◉	允 陰陽師 暦博士○ 呪禁博士◉	医博士◉ 陰陽博士 天文博士○	内蔵大主鑰		助		
		佑 内膳典膳						内薬侍医	正 内膳奉膳
	佑							正	
佑							正		
						正			
佑							正		
						首			
	少疏			巡察	大疏			少忠	大忠
大志 医師					少尉	大尉			
			少尉	大尉				佐	
	少典 陰陽師 医師 少工 算師 防人佑 主船 主厨	大宰博士		主神	大工 少判事 大典 防人正	大判事	少監	大監	
			少掾	大掾				介	
			掾				介		
	掾							守	
						守			
三品家従 三品文学 四品文学 職事二位家従		一品家少従 二品家従 二品文学 四品家扶 職事一位家少従 職事従三位家令	一品家大従 一品文学 三品家扶 職事一位家大従 職事正三位家令		二品家扶 四品家令		一品家扶 三品家令 職事一位家扶 職事二位家令		二品家令

官司		従八位上	従八位下	大初位上	大初位下	少初位上	少初位下
官	神祇	少史					
官	太政						
省	中務	**少典鑰**					
省	式部 治部 民部 兵部 刑部○ 大蔵◎ 宮内		**刑部少解部** **治部少解部**				
職	中宮	少属					
職	左京 右京 大膳○ 摂津	少属					
春宮坊		少属					
寮	左大舎人 右大舎人 大学○ 木工 雅楽 玄蕃 主計 主税 図書 左馬◎ 右馬◎ 左兵庫 右兵庫	大属 **雅楽諸師** **馬医**◎	少属 **主計算師** **主税算師**				
寮	内蔵○ 縫殿 大炊 散位 陰陽◎ 主殿 典薬◉	**按摩師**◉	大属		少属		
司	正親○ 内膳 造酒 兵馬○ 鍛冶○ 造兵○ 画工◎ 典鋳○ 掃部 内薬 東市 西市 官奴 鼓吹○ 園池 諸陵 贓贖○ 囚獄○			大令史○ 令史 **画師**◎	少令史○		
司	内兵庫 土工 葬儀 采女 主船 漆部 縫部 織部○ 隼人 内礼				令史 **挑文師**○		
司	主水 主油 内掃部 筥陶 内染○					令史 **染師**○	
司	主鷹						令史
監	舎人 主膳 主蔵					令史	
署	主殿 主書 主漿 主工 主兵 主馬						令史
弾正台							
府	衛門 左衛士 右衛士	少志					
府	左兵衛 右兵衛	大志 **医師**	少志				
大宰府				**判事大令史**	**判事少令史** **防人令史**		
国	大	大目	少目				
国	上		目				
国	中				目		
国	下					目	
家司		**四品家従**	**一品家大書史** **職事一位家大書史**	**一品家少書史** **二品家大書史** **職事一位家少書史**	**二品家少書史**	**三品家書史** **四品家書史** **職事二位家大書史** **職事二位家少書史**	**職事三位家書史**

(一)本表は『養老令』官位令によって作成した。その後の変遷および令外官については、煩瑣にわたるので割愛した。

(二)親王一品＝太政大臣、二品＝左大臣・右大臣、三品・四品＝大納言・大宰帥・八省卿は、表示方式にやや差があるので、ここに示すことにする。

(三)後宮・女司関係は、官位相当がないと認められるので、表示には加えない。

(四)官司の配列順序は原則として官位令の順としたが、便宜、職・寮・司などでまとめたため、配列の前後した個所がある。

(五)四等官名は明朝体で示し、その他の官名は細ゴチ体とした。ただし、太政官の内部は諸機関の複合した構造をとり、その四等官制へのあてはめが困難で、諸説がある。いま連坐制適用の場合に限定して表示した。なお、太政大臣は厳密な意味の「官」と認められないので、四等官からはずした。

㈥官名のうち、特定の官司のみに所属するものは、官司名と官名にそれぞれ対応する記号を付した。ただし、名称より所属官司の明らかな場合は省略した。

㈦官位令には、正三位—勲一等、従三位—勲二等、正四位—勲三等、従四位—勲四等、正五位—勲五等、従五位—勲六等、正六位—勲七等、従六位—勲八等、正七位—勲九等、従七位—勲十等、正八位—勲十一等、従八位—勲十二等を載せるが、比当関係にすぎず、官位相当の関係ではない。

6　文久改正内裏御絵図（部分）

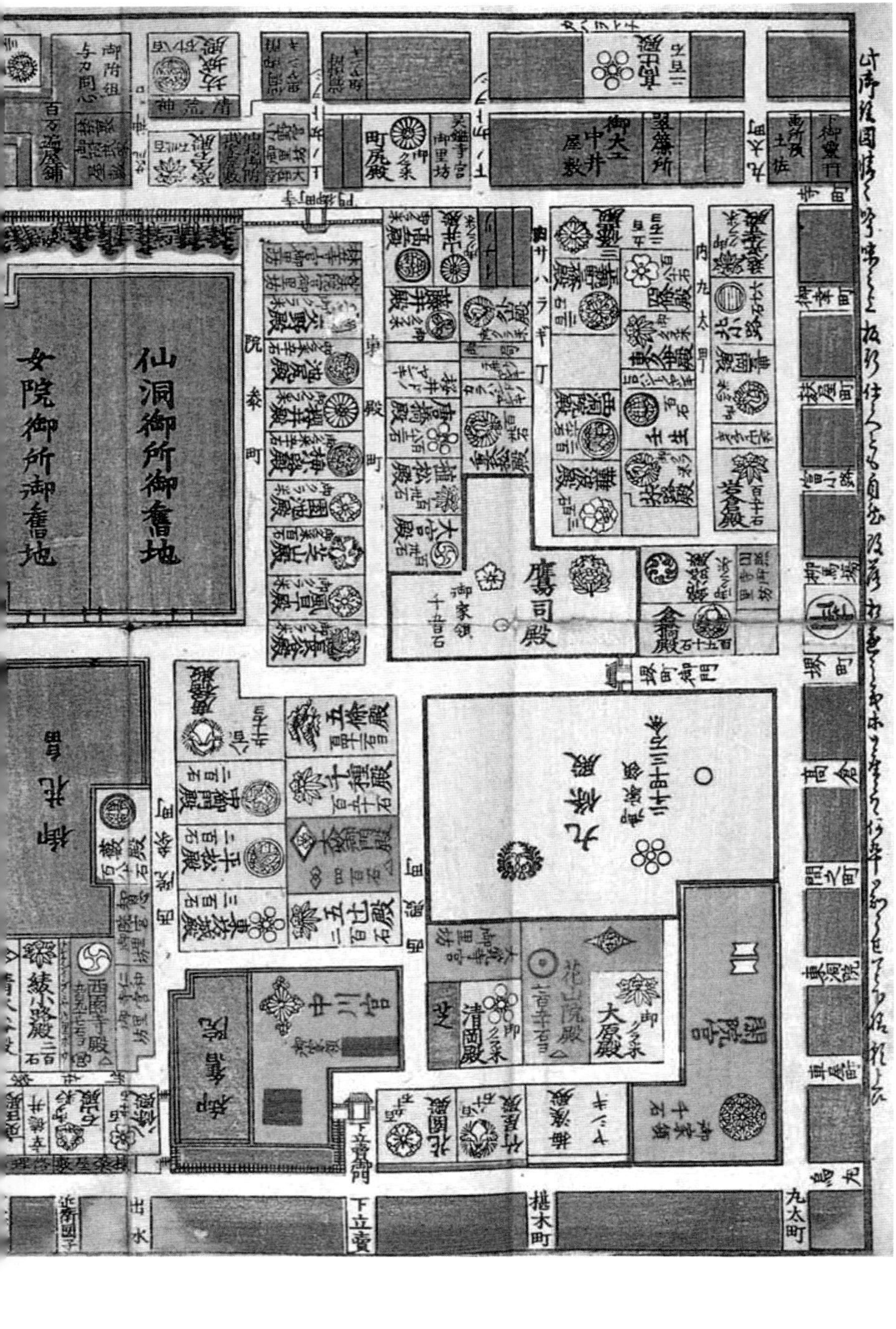

索　引

1)本索引は，家名と人名に分けて掲載した．
2)配列は五十音順とし，人名は見出しに示した読みと音読みを掲載した．
3)家名には，その属する系統を注記し，同一家名と区別した．
4)人名には，その属する家名を注記し，同一人名と区別した．

家　名

あ

赤松家(武家)　901
安居院家(平氏絶家)　825
朝山家(九条家諸大夫)1　951
朝山家(九条家諸大夫)2　951
足利家(清和源氏絶家)　753
飛鳥井家(花山院流)　329
阿蘇家(阿蘇神社大宮司)　947
姉小路家(閑院流)　210
姉小路家(水無瀬流絶家)　614
阿野家(閑院流)　239
阿野家(閑院流絶家)　244
油小路家(四条流)　599
安倍家(安倍氏絶家)1　848
安倍家(安倍氏絶家)2　848
安倍氏　843
綾小路家(宇多源氏)　725
荒木田氏(伊勢内宮禰宜)　913
粟田口家(勧修寺流絶家)　504
粟田口家(菅原氏絶家)　778
粟田口家(摂家流絶家)　33
粟津家(有栖川宮家諸大夫)　949

い

生嶋家(桂宮家諸大夫)　948
池尻家(勧修寺流)　554
石山家(中御門流)　386
泉亭家(鴨社社家)　920
一条家(摂家)　72
一条家(中御門流絶家)　366
鴨脚家(鴨社社家)1　922
鴨脚家(鴨社社家)2　923
鴨脚家(鴨社社家)3　923
五辻家(宇多源氏)　730
五辻家(花山院流絶家)　295
伊藤家(平野神社禰宜)　929
到津家(宇佐八幡宮大宮司)　947
今城家(花山院流)　340
今小路家(摂家流二条家絶家)　70
今出川家(閑院流)　174
今出川家(閑院流絶家)　144
入江家(一条家諸大夫)　952
入江家(御子左流)　409
石井家(平氏)　831
岩蔵家(勧修寺流絶家)　504
岩倉家(村上源氏)　699
石野家(中御門流)　384

う

上杉家(武家)　906
上田家(広幡家諸大夫)　953
植松家(村上源氏)　713
宇喜多家(武家)　906
宇治家(摂家流形成以前の絶家)　120
宇多源氏　715
梅小路家(勧修寺流)　556
梅園家(閑院流)　255
梅溪家(村上源氏)　708
裏辻家(閑院流)　252
卜部氏　862
裏松家(日野流)　458

お

王家(花山源氏絶家)　745
大炊御門家(花山院流絶家)　315
大炊御門家(閑院流絶家)　170
大炊御門家(御子左流絶家)　398
大内家(武家)　902
大江氏　877
正親町家(閑院流)　227
正親町源氏　758
正親町三条家(閑院流)　181
大河内家(村上源氏絶家)　688
大中臣家(大中臣氏絶家)1　859
大中臣家(大中臣氏絶家)2　860
大中臣家(大中臣氏絶家)3　860
大中臣家(大中臣氏絶家)4　860
大中臣氏　852
大中臣氏(伊勢内宮大宮司)　916
大中臣諸家(春日神社神主)　933
大原家(宇多源氏)　733
大宮家(閑院流)　257
大宮家(閑院流絶家)　145
大宮家(四条流絶家)　578
岡崎家(宇多源氏絶家)　723
岡崎家(勧修寺流)　553
岡崎家(閑院流絶家)　279
小倉家(閑院流)　245
小倉家(閑院流絶家)　250
御子左家　→「み」行をみよ
尾崎家(桂宮家諸大夫)　949
押小路家(閑院流)　262
押小路家(中原氏)　896
織田家(武家)　902
愛宕家(村上源氏)　710
愛宕家(村上源氏絶家)　677
小槻氏　897
小野家(日御碕社検校)　946
小野宮家(摂家流形成以前の絶家)　107

か

海住山家(勧修寺流絶家)　482
快楽院家(日野流絶家)　427
加賀家(閑院流絶家)　134
風早家(閑院流)　261
花山源氏　738
花山院家(花山院流)　285
花山院流　285
勧修寺家(勧修寺流)　512
勧修寺家(勧修寺流絶家)　522
勧修寺流　466
春日家(宇多源氏絶家)　733
春日家(久我家諸大夫)　953
春日家(四条流絶家)　573
交野家(平氏)　829
勘解由小路家(賀茂氏絶家)　888
勘解由小路家(日野流)　456
鎌倉将軍家(摂家流九条家絶家)　56
上司家(南都八幡宮神主)　945
紙屋河家(四条流絶家)　573
鴨脚家　→「い」行をみよ
賀茂県主(賀茂社社家)　923
賀茂氏　887
烏丸家(花山院流絶家)　298
烏丸家(日野流)　438
烏丸家(平氏絶家)　823
唐橋家(菅原氏)　785
唐橋家(菅原氏絶家)　792
唐橋家(村上源氏絶家)　668
河鰭家(閑院流)　233
河原家(閑院流絶家)　170
閑院家(閑院流絶家)1　134
閑院家(閑院流絶家)2　135
閑院流　122
甘露寺家(勧修寺流)　467

き

紀家(日前国懸宮神主)　946
紀氏(石清水神社俗別当)　920
北小路家(大江氏)1　877
北小路家(大江氏)2　879
北小路家(摂家流近衛家絶家)　37
北小路家(二条家諸大夫)　951
北小路家(日野流)　464
北畠家(村上源氏絶家)　688
衣笠家(摂家流近衛家絶家)　36
京極家(閑院流絶家)　144
京極家(武家)　908
京極家(御子左流絶家)　403
京極家(村上源氏絶家)　660
清岡家(菅原氏)　799
清原氏　834

く

久我家　→「こ」行をみよ
櫛笥家(四条流)　603
九条家(閑院流絶家)　191
九条家(四条流絶家)　573
九条家(摂家)　40
久世家(村上源氏)　702
倉橋家(安倍氏)　849
桑原家(菅原氏)　800

け

源家(清和源氏絶家)1　752
源家(清和源氏絶家)2　752

こ

小一条流姉小路家(摂家流形成以前の絶家)　107
高津家(醍醐家諸大夫)　952
幸徳井家(賀茂氏絶家)　890
久我家(村上源氏)　644
久我家(村上源氏絶家)　662
後嵯峨源氏　763
五条家(菅原氏)　778
五条家(御子左流絶家)　399
木造家(村上源氏絶家)　688
近衛家(閑院流絶家)　170
近衛家(摂家)　20
近衛岡本家(摂家流絶家)　39
後深草源氏　764
小森家(丹波氏)　876

さ

西園寺家(閑院流)　123
西園寺家(閑院流絶家)　147
斎藤家(近衛家諸大夫)　950
桜井家(水無瀬流)　624
実兼裔(閑院流絶家)　277
澤家(清原氏)　840
三条家(花山院流絶家)　311
三条家(閑院流)　147
三条家(閑院流絶家)1　159
三条家(閑院流絶家)2　190
三条家(閑院流絶家)3　192
三条西家(閑院流)　192

し

式家(摂家流形成以前の絶家)　102
滋野井家(閑院流)　198
慈光寺家(宇多源氏)　735
四条家(勧修寺流絶家)　479
四条家(四条流)　562
四条家(四条流絶家)　580, 581
四条流　561
七条家(水無瀬流)　621
信濃小路家(九条家諸大夫)　950
芝家(九条家諸大夫)　950
芝山家(勧修寺流)　551
島津家(武家)　910
清水谷家(閑院流)　205
清水谷家(閑院流絶家)　136
持明院家(中御門流)　359
持明院家(中御門流絶家)　368, 371
樹下家(日吉神社禰宜)　943
順徳源氏　762
准藤原氏　641
生源寺家(日吉神社禰宜)　943
正親町家　→「お」行をみよ
白川家(花山源氏)　738
白川家(花山源氏絶家)　747
進藤家(近衛家諸大夫)　949

す

菅原家(菅原氏絶家)1　774
菅原家(菅原氏絶家)2　777
菅原家(菅原氏絶家)3　789
菅原氏　765
鈴鹿家(平野神社禰宜)　930
鈴鹿家(吉田社権領)　945
薄家(橘氏絶家)　881

せ

清閑寺家(勧修寺流)　532
清和源氏　748
世尊寺家(摂家流形成以前の絶家)　109

そ

園家(中御門流)　372
園家(中御門流絶家)1　377
園家(中御門流絶家)2　378
園池家(閑院流)　266

た

醍醐家(摂家)　94
醍醐源氏　761
大福寺家(日野流絶家)　423
高丘家(閑院流)　283
高倉家(閑院流絶家)　281
高倉家(高倉流)　628
高倉家(高倉流絶家)　635
高倉流　627
高階家(高階氏絶家)　884
高階氏　883
鷹司家(花山院流絶家)1　301
鷹司家(花山院流絶家)2　313
鷹司家(摂家)　84
鷹司家(水無瀬流絶家)　615
高辻家(菅原氏)　766
高野家(摂家流絶家)　101
高野家(中御門流)　383
高橋家(鷹司家諸大夫)　952
高松家(閑院流)　264
竹内家(清和源氏)　748
竹屋家(日野流)　452
橘家(橘氏絶家)　881
橘氏　880
伊達家(武家)　909
田中家(伏見宮家諸大夫)　948
田向家(宇多源氏絶家)　725
丹波家(丹波氏絶家)1　875
丹波家(丹波氏絶家)2　875
丹波家(丹波氏絶家)3　876
丹波家(水無瀬流絶家)　620
丹波氏　873

ち

千種家(村上源氏)　706
千種家(村上源氏絶家)　699
竹林院家(閑院流絶家)　146
知足院三条家(閑院流絶家)　158

つ

月輪家(摂家流九条家絶家)　55
土御門家(安倍氏)　843
土御門家(日野流絶家)　451
土御門家(村上源氏絶家)1　673
土御門家(村上源氏絶家)2　676
土御門家(村上源氏絶家)3　692
堤家(勧修寺流)　557
津守家(住吉神社神主)　942

と

洞院家(閑院流絶家)　138
徳川家(武家)　904
徳大寺家(閑院流)　160
徳大寺家(閑院流絶家)　170
土佐一条家(摂家流一条家絶家)　83
富小路家(准藤原氏)　641
外山家(摂家流九条家絶家)　54
外山家(日野流)　461
豊岡家(日野流)　463
豊臣家(武家)　903

な

中沢家(大原野社神主)　942
中園家(閑院流)　281
長谷家(平氏)　828
中臣諸家(春日神社預)　937
中西家(平野神社禰宜)　930
中院家(村上源氏)　678
中院家(村上源氏絶家)1　667
中院家(村上源氏絶家)2　687
中院家(村上源氏絶家)3　693
中院家(村上源氏絶家)4　698
中御門家(勧修寺流)　537
中御門家(勧修寺流絶家)　485
中原氏　894
中御門流　344
中山家(花山院流)　315
中山家(勧修寺流絶家)　477
半井家(和気氏絶家)　892
梨木家(鴨社社家)　920
成季裔(閑院流絶家)　273
難波家(一条家諸大夫)　951
難波家(花山院流)　324

に

西大路家(四条流)　590
錦小路家(丹波氏)　873
錦織家(卜部氏)　870
西洞院家(平氏)　804
西坊城家(菅原氏絶家)　799
二条家(摂家)　58
二条家(御子左流絶家)　399
二条家(水無瀬流絶家)　620
西四辻家(閑院流)　265
丹羽家(武家)　908
庭田家(宇多源氏)　715

の

野宮家(花山院流)　336

は

萩原家(卜部氏)　867
橋本家(梅宮社神主)　945
橋本家(閑院流)　222
畠山家(武家)　901
秦氏諸家(稲荷神社神主)　930
八条家(勧修寺流絶家)　500
八条家(閑院流絶家)　237
八条家(四条流)　605
八条家(四条流絶家)　571
八条家(摂家流九条家絶家)　54
八条家(高倉流絶家)　634
花園家(閑院流)　250
葉室家(勧修寺流)　489
葉室家(勧修寺流絶家)1　504
葉室家(勧修寺流絶家)2　510
葉室家(勧修寺流絶家)3　511

ひ

東久世家(村上源氏)　704
東園家(中御門流)　378
東坊城家(菅原氏)　792
樋口家(高倉流)　639
日野家(日野流)　412
日野家(日野流絶家)1　425
日野家(日野流絶家)2　426
日野流　411
日野西家(日野流)　454
日野西家(日野流絶家)　427
日野町家(日野流絶家)　451
桧山家(花山院家諸大夫)　953
平松家(摂家流形成以前の絶家)　114
平松家(平氏)　826
広橋家(日野流)　428
広幡家(正親町源氏)　758

ふ

福島家(武家)　909
藤井家(卜部氏)　871
藤井家(摂家流近衛家絶家)　36
藤江家(花山院流絶家)　336
藤谷家(御子左流)　407
藤波家(大中臣氏)　852
伏原家(清原氏)　838
藤原家(薩摩国鹿児島諏方大明神神

主）　947
舟橋家（清原氏）　834

へ

平家（平氏絶家）1　810
平家（平氏絶家）2　815
平家（平氏絶家）3　817
平家（平氏絶家）4　821
平家（平氏絶家）5　822
平家（平氏絶家）6　824
平氏　803

ほ

坊城家（勧修寺流）　544
坊城家（菅原氏絶家）　784
坊城家（村上源氏絶家）　660
坊門家（中御門流絶家）　353
坊門家（水無瀬流絶家）　616
細川家（武家）　908
菩提院家（閑院流絶家）　173
法性寺家（摂家流形成以前の絶家）　119
穂波家（勧修寺流）　559
堀川家（中御門流絶家）　359
堀川家（村上源氏絶家）1　658
堀川家（村上源氏絶家）2　669
堀河家（花山院流絶家）1　299
堀河家（花山院流絶家）2　311
堀河家（勧修寺流絶家）　504
堀河家（高倉流）　636

ま

前田家（武家）　907
町家（勧修寺流絶家）　522
町尻家（水無瀬流）　622
松尾家（松尾神社神主）　928
松崎家（勧修寺流絶家）　477
松殿家（摂家流絶家）　97
松波家（二条家諸大夫）　951
松木家（中御門流）　345
万里小路家（勧修寺流）　523

み

御子左家（御子左流絶家）1　399
御子左家（御子左流絶家）2　399
御子左流　390
水無瀬家（水無瀬流）　608
水無瀬流　608
壬生家（小槻氏）　898
壬生家（摂家流形成以前の絶家）　104
壬生家（中御門流）　381
壬生家（村上源氏絶家）　663
壬生坊城家（菅原氏絶家）　790
三室戸家（日野流）　460

む

武者小路家（閑院流）　258
武者小路家（日野流絶家）　450
村上源氏　644
室町家（閑院流絶家）1　220
室町家（閑院流絶家）2　221
室町家（摂家流形成以前の絶家）　117
室町家（摂家流絶家）　37

も

毛利家（武家）　906
森家（三条家諸大夫）　952

や

柳原家（日野流）　443
矢野家（九条家諸大夫）　950
藪家（閑院流）　268
山科家（四条流）　581
山科家（四条流絶家）1　588
山科家（四条流絶家）2　589
山科家（四条流絶家）3　589
山科家（四条流絶家）4　590
山井家（水無瀬流）　625
山本家（今出川家諸大夫）　952
山本家（閑院流）　253
楊梅家（摂家流形成以前の絶家）　111

よ

吉田家（卜部氏）　862
吉田家（勧修寺流絶家）1　485
吉田家（勧修寺流絶家）2　521
吉田家（勧修寺流絶家）3　521
四辻家（閑院流）　214
四辻家（閑院流絶家）　221

り

霊山家（勧修寺流絶家）　481

れ

冷泉家（勧修寺流絶家）1　478
冷泉家（勧修寺流絶家）2　488
冷泉家（四条流絶家）1　579
冷泉家（四条流絶家）2　588
冷泉家（高倉流絶家）　636
冷泉家（御子左流）　391
冷泉家（下冷泉）（御子左流）　403

ろ

六条家（四条流絶家）　573
六条家（村上源氏）　693
六角家（中御門流）　387

わ

和気家（和気氏絶家）1　892
和気家（和気氏絶家）2　893
和気氏　891
鷲尾家（四条流）　595
度会氏（伊勢外宮禰宜）　916

人　　名

あ

愛徳(花山院)　294
顕家(岩蔵)　508
顕家(北畠)　690
顕家(六条)　575
顕氏(紙屋河)　576
顕雄(紙屋河)　577
顕香(紙屋河)　578
在方(勘解由小路)　888
在賢(舟橋)　838
顕方(土御門)　692
顕兼(壬生)　665
顕邦王(白川)　742
在貞(勘解由小路)　888
顕定(土御門)　673
顕郷(町)　522
昭実(二条)　67
顕実(土御門，1279没)　692
顕実(土御門，1329没)　675
在重(勘解由小路)　889
明茂(和気)　892
明重(和気)　892
顕資(坊城)　661
顕輔(六条)　573
明孝(和気)　892
顕孝(葉室)　499
顕隆(中院)　683
顕親(土御門)　674
顕嗣(八条)　503
顕綱(久我)　663
顕言(山科)　584
顕時(中山)　477
顕俊(岩蔵)　505
顕俊(土御門)　692
在富(勘解由小路)　889
顕朝(八条)　503
明豊(中御門)　541
明名(和気)　893
顕名(紙屋河)　577
在長(勘解由小路)　888
哲長(堤)　559
章長(高辻)　771
顕長(西坊城)　799
顕長(八条)　500
明成(和気)　892
顕成(冷泉)　580
顕信(坊城)　660
明範(成季裔)　275
顕教(紙屋河)　578
顕範(春日)　577
明英(和気)　892
顕英(白川)　742
顕平(坊城)　661
在弘(勘解由小路)　888
昭房(岡崎)　553
顕雅(大河内)　690
顕雅(四条)　480
在通(勘解由小路)　889
顕道(勧修寺)　519
韶光(勘解由小路)　457
在宗(勘解由小路)　888
在基(勘解由小路)　889
顕基(堀川)　672
顕基(町)　522
在盛(勘解由小路)　888
在康(勘解由小路，15世紀)　888
在康(勘解由小路，16世紀)　889
顕保(油小路)　600
顕行(久我)　663
顕世(堀河)　508
昭良(一条)　80
顕良(土御門)　674
朝方(冷泉)　478
朝隆(冷泉)　478
朝忠(藤波)　857
敦有(綾小路)　727
敦国(式)　104
淳高(菅原)　774
篤忠(錦小路)　874
篤親(中山)　321
敦継(式)　103
篤直(錦小路)　874
淳範(成季裔)　275
篤凞(石山)　387
充房(万里小路)　528
淳房(万里小路)　529
淳光(柳原)　446
敦通(久我)　655
随資(豊岡)　464
順長(桑原)　802
文雅(植松)　714
在章(菅原)　775
在淳(壬生坊城)　791
有言(六条)　697
在家(唐橋)　788
有家(六条，1216没)　575
有家(六条，1815没)　697
有条(千種)　708
有起(六条)　697
有容(六条)　698
有和(六条)　696
在廉(唐橋)　788
在兼(菅原)　776
在公(壬生坊城)　790
有清(坊門)　618
有功(千種)　708
有維(千種)　707
有定(六条)　695
有郷(安倍)　849
在成(菅原)　776
有成(水無瀬)　614
有季(土御門)　846
在輔(壬生坊城)　790
有資(庭田)　718
有補(千種)　707
有純(六条)　696
在高(菅原)　774
有敬(千種)　707
有忠(六条)　695
在胤(菅原)　777
有胤(綾小路)　729
有親(平)　819
在嗣(菅原)　775
有継(六条)　696
在綱(壬生坊城)　791
在経(唐橋)　789
有庸(六条)　697
在光(唐橋)　789
有時(綾小路)　727
有俊(綾小路)　728
在富(壬生坊城)　791
有富(安倍)　849
在豊(唐橋)　787
在直(壬生坊城)　791

在仲(菅原)　776
有仲(慈光寺)　737
有仲(土御門)　846
在永(壬生坊城)　792
有長(綾小路)　730
有脩(土御門)　846
在宣(菅原)　777
有宣(土御門)　846
在登(壬生坊城)　791
有教(堀川)　659
有範(成季裔)　276
在治(唐橋)　787
有春(土御門)　846
在久(唐橋)　789
有栄(六条)　697
在凞(唐橋)　788
有広(六条)　696
有房(六条)　694
有藤(六条)　696
在雅(唐橋)　787
有政(千種)　708
有雅(岡崎)　724
有通(坊門)　358
有通(堀川)　659
有光(快楽院)　427
有光(六条)　695
在宗(菅原)　789
在村(唐橋)　787
有盛(土御門)　846
在行(唐橋)　792
有世(土御門)　846
有美(綾小路)　729
有能(実兼裔)　278
有能(世尊寺)　110
有能(千種)　707
有儀(倉橋)　850
有頼(綾小路)　727

い

家明(四条)　565
家厚(花山院)　295
家尹(壬生)　382
家賢(春日神社大中臣)　933
家賢(堀河)　300
家清(坊門)　619
家清(六条)　576
家信(大炊御門，1885没)　311
家定(花山院)　290
家定(壬生)　666
家貞(平野神社伊藤)　929
家理(花山院)　295
家実(近衛)　26
家季(春日)　576
家相(持明院(正嫡))　370
家輔(花山院)　292
家輔(月輪)　56
家孝(大炊御門)　310
家隆(壬生)　106
家尹(月輪)　56
家胤(持明院)　365
家親(中山)　318
家嗣(大炊御門)　306
家綱(小一条流姉小路)　108
家経(一条)　76
家経(五辻)　295
家時(小一条流姉小路)　107
家時(持明院(正嫡))　369
家俊(京極)　660
家俊(清閑寺)　533
家知(春日神社大中臣)　934
家倫(式)　103
家豊(山科)　584
家仲(慈光寺)　737
家長(花山院)　289
家長(高辻)　772
家長(坊城)　784
家成(四条)　564
家信(大炊御門，14世紀)　315
家信(室町)　118
家宣(日野)　415
家教(花山院)　290
家久(近衛)　32
家久(島津)　910
家秀(快楽院)　427
家秀(持明院)　363
家平(近衛岡本)　39
家衡(六条)　575
家凞(近衛)　31
家房(一条)　77
家房(清閑寺)　533
家房(松殿)　97
家藤(持明院)　371
家雅(鷹司)　301
家通(近衛)　26
家通(坊門)　355
家光(日野)　415
家宗(大炊御門)　305
家統(春日神社大中臣)　933
家基(近衛)　27
家康(徳川)　905
家行(持明院)　362
家良(衣笠)　36

う

氏敦(桜井)　624
氏興(山井)　626
氏貞(伊勢内宮荒木田)　913
氏孝(水無瀬)　613
氏全(桜井)　625
氏忠(大炊御門)　307
氏種(日野)　427
氏暉(山井)　626
氏朝(伊勢内宮荒木田)　915
氏成(水無瀬)　613
氏信(水無瀬)　613
氏式(伊勢内宮荒木田)　915
氏彦(伊勢内宮荒木田)　914
氏栄(山井)　626
氏衡(大宮)　146
氏房(海住山)　484
氏倫(伊勢内宮荒木田)　914
氏養(伊勢内宮荒木田)　915
内家(一条)　77
内前(近衛)　32
内実(一条)　76
内嗣(一条)　78
内経(一条)　77
内光(日野)　418
内基(一条)　80

え

枝賢(舟橋)　836
条彦(伊勢外宮度会)　917

お

意彦(伊勢外宮度会)　918
起久(賀茂社賀茂)　924
修長(高辻)　774

か

景勝(上杉)　906
景忠(藤波)　858
蔭直(大中臣)　861
量輔(町尻)　623
和忠(藤波)　858
員維(萩原)　869
員従(萩原)　868
和長(東坊城)　795
篤長(甘露寺)　475
数紀(九条家諸大夫矢野)　950

量原(町尻)　623
算彦(伊勢外宮度会)　918
和広(九条家諸大夫芝)　950
量聡(町尻)　623
和通(六角)　388
員光(萩原)　869
量光(柳原)　446
員領(萩原)　869
員幹(萩原)　869
方長(甘露寺)　474
賢房(万里小路)　527
陳光(三室戸)　461
和資(豊岡)　463
勝忠(山本)　253
勝長(甘露寺)　476
勝房(池尻)　555
勝光(日野)　418
兼昭(兼照)(吉田)　865
兼顕(広橋)　432
兼有(平)　822
兼純(醍醐)　95
兼雄(花山院)　292
兼量(町尻)　622
兼賢(広橋)　434
兼勝(広橋)　434
兼廉(広橋)　435
兼邦(楊梅)　114
兼定(花山院)　291
兼定(土佐一条)　83
兼定(壬生)　664
兼郷(広橋)　432
兼実(九条)　45
兼重(町尻)　623
兼季(今出川)　175
兼季(中山)　318
兼輔(鷹司)　90
兼輔(室町)　38
兼孝(九条)　50
兼高(八条)　502
兼高(楊梅)　113
兼武(萩原)　868
兼忠(鷹司)　87
兼忠(壬生)　665
兼忠(室町)　38
兼胤(広橋)　435
兼親(平)　822
兼親(中山)　322
兼親(楊梅)　113
兼嗣(近衛)　28
兼嗣(松殿)　99
兼綱(広橋)　430
兼経(近衛)　27
兼輝(一条)　81
兼任(吉田)　865
兼俊(式)　104
兼俊(水無瀬)　613
兼供(桜井)　624
兼倫(式)　103
兼倶(吉田)　865
兼豊(水無瀬)　613
兼名(吉田)　865
兼仍(山井)　626
兼仲(広橋)　430
兼永(藤井)　871
兼長(宇治)　121
兼長(甘露寺)　472
兼成(水無瀬)　612
兼信(堀河)　300
兼宣(広橋)　431
兼教(近衛)　27
兼晴(九条)　51
兼秀(広橋)　433
兼平(鷹司)　86
兼凞(鷹司)　91
兼凞(吉田)　865
兼房(高野)　101
兼冬(一条)　80
兼冬(鷹司)　88
兼雅(花山院)　288
兼見(吉田)　866
兼右(吉田)　865
兼光(日野)　414
兼満(吉田)　865
謙光(裏松)　459
兼宗(中山)　317
兼基(二条)　63
兼基(室町)　37
兼行(楊梅)　112
兼敬(吉田)　866
兼良(一条)　78
兼良(高野)　101
兼香(一条)　81
兼頼(烏丸)　298

き

材親(北畠)　691
公悦(宇佐八幡宮到津)　947
公修(三条)　157
公尹(西四辻)　266
公恪(西四辻)　266
公古(宇佐八幡宮到津)　947
清国(藤波)　857
清季(八条)　238
清季(八条)　572
清隆(壬生)　104
清忠(藤波)　857
清忠(坊門)　619
清親(大中臣)　859
清長(甘露寺)　472
清長(高辻)　769
清長(霊山)　481
清信(坊城)　661
清規(石清水神社紀)　920
清房(海住山)　484
清房(坊門)　619
精房(大原野神社中沢)　942
清雅(鷹司)　301
清通(久我)　654
清通(坊門)　355
清宗(平)　814
清盛(平)　810
清世(藤波)　857
公亨(四辻)　219
公明(九条)　191
公明(大炊御門)　171
公晃(西園寺)　132
公詮(今出川)　179
公聡(姉小路)　214
公韶(四辻)　218
公顕(今出河)　144
公明(正親町)　232
公充(三条)　156
公敦(近衛)　172
公敦(三条)　154
公敦(三条)　192
公理(裏辻)　253
公有(清水谷)　207
公有(徳大寺)　166
公績(四辻)　220
公純(徳大寺)　169
公氏(正親町三条)　183
公兄(正親町三条)　187
公條(三条西)　195
公雄(風早)　262
公雄(小倉)　247
公興(今出川)　177
公統(正親町三条)　188
公音(押小路)　263
公景(姉小路)　213
公蔭(正親町)　229

公蔭(清水谷)　137
公量(姉小路)　213
公量(近衛)　172
公麗(滋野井)　204
公数(洞院)　143
公業(阿野)　242
公賢(滋野井)　200
公賢(洞院)　140
公遂(姉小路)　214
公勝(清水谷)　207
公廉(正親町三条)　188
公兼(正親町)　230
公兼(西園寺)　147
公兼(三条)　156
公兼(清水谷)　137
公清(河鰭)　235
公清(徳大寺)　164
公国(河原)　171
公国(三条西)　196
公国(橋本)　225
公言(今出川)　179
公維(徳大寺)　167
公定(清水谷)　136
公定(洞院)　142
公祐(高松)　265
公茂(三条)　152
公重(竹林院)　146
公重(四辻)　216
公遂(西園寺)　132
公相(西園寺)　127
公潔(西園寺)　133
公澄(正親町)　230
公澄(滋野井)　203
公孝(徳大寺)　164
公高(正親町三条)　188
公敬(滋野井)　204
公隆(閑院)　134
公尹(洞院)　140
公忠(三条)　153
公胤(徳大寺)　166
公種(小倉)　248
公為(阿野)　241
公為(知足院三条)　158
公親(三条)　152
公親(徳大寺)　162
公継(徳大寺)　163
公緒(阿野)　242
公綱(正親町三条)　186
公綱(三条)　190
公経(西園寺)　126
公積(正親町三条)　189
公連(小倉)　249
公連(洞院)　144
公陳(河鰭)　237
公貫(正親町三条)　183
公遠(四辻)　218
公時(唐橋)　792
公時(三条西)　194
公時(滋野井)　200
公説(四辻)　219
公俊(知足院三条)　158
公俊(徳大寺)　165
公敏(洞院)　141
公富(今出川)　177
公富(三条)　155
公福(三条西)　196
公全(徳大寺)　168
公朝(姉小路)　212
公倫(阿野)　243
公朝(西園寺)　131
公豊(正親町三条)　185
公名(大宮)　145
公名(西園寺)　130
公正(清水谷)　209
公直(今出川)　176
公直(河原)　172
公仲(一条)　368
公仲(正親町)　230
公仲(正親町三条)　187
公永(西園寺)　129
公長(風早)　261
公長(山科)　588
公隆(武者小路)　260
公脩(小倉)　247
公夏(橋本)　225
公迪(徳大寺)　169
公燕(花園)　251
公縄(阿野)　243
公音(橋本)　224
公音(四辻)　217
公根(小倉)　248
公野(武者小路)　260
公叙(正親町)　231
公信(徳大寺)　167
公信(室町)　221
公宣(姉小路)　211
公宣(三条)　154
公規(今出川)　178
公則(正親町三条)　189
公教(三条)　150
公治(正親町三条)　186
公春(四辻)　216
公晴(花園)　251
公彦(今出川)　177
公彦(室町)　221
公久(今出川)　180
公寿(清水谷)　209
公尚(滋野井)　202
公秀(正親町三条)　184
公衡(西園寺)　128
公衡(菩提院)　173
公煕(唐橋)　787
公広(稲荷神社秦氏)　930
公広(三条)　155
公広(清水谷)　138
公寛(阿野)　244
公煕(阿野)　241
公房(三条)　151
公藤(西園寺)　130
公藤(清水谷)　206
公文(姉小路)　213
公翰(園池)　268
公冬(一条)　367
公冬(今出河)　145
公冬(三条)　154
公古(滋野井)　203
公尹(山本)　254
公理(四辻)　218
公益(河鰭)　236
公益(西園寺)　131
公益(八条)　238
公雅(正親町三条)　185
公雅(閑院)　135
公雅(三条)　159
公萬(四辻)　219
公躬(正親町三条)　184
公誠(阿野)　244
公通(正親町)　232
公通(西園寺)　126
公達(山本)　254
公光(加賀)　135
公光(滋野井)　201
公満(西園寺)　132
公睦(三条)　158
公宗(西園寺)　129
公宗(洞院)　139
公城(徳大寺)　168
公持(清水谷)　206
公望(西園寺)　134
公元(風早)　262

公基(京極)　144
公守(洞院)　139
公屋(園池)　267
公保(三条西)　194
公保(徳大寺)　170
公泰(三条)　159
公泰(洞院)　141
公行(今出川)　176
公行(室町)　220
公世(八条)　238
公良(唐橋)　786
公林(稲荷神社秦氏)　932
公香(今出川)　179
公賀(四辻)　220
公能(徳大寺)　162
公頼(河鰭)　235
公頼(三条, 1551没)　154
公頼(三条, 15世紀)　192
公頼(洞院)　143
公頼(山科)　583

く

国礼(住吉神社津守)　943
国条(住吉神社津守)　942
国量(住吉神社津守)　942
国賢(舟橋)　837
国資(坊城)　662
国高(菅原)　776
邦綱(壬生)　105
邦経(高階)　885
国輝(住吉神社津守)　942
国俊(吉田)　522
国豊(芝山)　552
国豊(日野西)　455
邦仲(高階)　885
国長(甘露寺)　475
国長(高辻)　770
国成(岡崎)　554
国教(住吉神社津守)　942
国久(岡崎)　553
国栄(岡崎)　554
国広(岡崎)　553
国福(住吉神社津守)　943
国房(岡崎)　554
国房(吉田)　521
郡房(大原野神社中沢)　942
邦通(久我)　655
国通(坊門)　357
国光(広橋)　433
国盛(日野西)　427
国美(住吉神社津守)　943

こ

言家(御子左)　399
言彦(伊勢外宮度会)　918
説久(町尻)　623
説光(北小路)　465
惟有(平)　823
伊家(坊門)　358
惟馨(阿蘇神社阿蘇)　947
惟和(竹内)　752
惟方(栗田口)　504
惟粛(交野)　830
惟清(平)　822
伊定(坊門)　357
伊実(坊門)　355
惟重(竹内)　751
伊季(今出川)　179
惟貞(鴨社鴨脚)　923
伊輔(坊門)　356
惟輔(烏丸)　824
伊忠(藤波)　857
伊忠(楊梅)　112
惟忠(平)　819
惟継(平)　822
惟庸(竹内)　751
伊時(坊門)　357
伊俊(坊門)　358
惟俊(平)　816
伊長(甘露寺)　473
惟永(竹内)　751
伊成(三条)　313
維成(冷泉)　588
惟徳(竹内)　751
惟久(竹内)　751
惟栄(竹内)　751
伊平(鷹司)　313
惟房(万里小路)　528
伊通(坊門)　353
惟通(久我)　657
伊光(広橋)　436
伊宗(坊門)　358
伊基(三条)　313
維盛(平)　814
惟康(後嵯峨源氏)　763
伊頼(鷹司)　314

さ

前豊(広幡)　759
前久(近衛)　30
前秀(広幡)　759
定家(冷泉)　393
定功(野宮)　340
定興(今城)　342
定兼(白川)　747
定矩(梅小路)　556
定国(今城)　342
貞維(富小路)　642
定実(土御門)　674
定成(今城)　342
定季(平松)　114
貞季(大宮)　258
定資(勧修寺)　514
定輔(二条)　620
定淳(今城)　341
定孝(池尻)　556
定喬(梅小路)　557
定高(海住山)　483
定隆(壬生)　105
定忠(藤波)　856
貞董(伊勢外宮度会)　920
定種(今城)　341
定親(中山)　319
定親(壬生)　667
定親(冷泉)　489
定嗣(花山院)　292
定嗣(葉室)　506
定綱(伊勢内宮荒木田)　914
定経(今城)　341
定経(甘露寺)　469
定俊(野宮)　338
定福(梅小路)　557
定具(土御門)　676
定延(賀茂社賀茂)　923
定豊(芝山)　551
定長(土御門)　676
定祥(野宮)　339
定長(鷹司)　301
定長(霊山)　481
貞命(伊勢外宮度会)　917
定業(野宮)　339
貞根(伊勢外宮度会)　918
定誠(花山院)　293
定制(伊勢内宮荒木田)　915
定教(花山院)　290
定教(花山院)　293
貞度(伊勢外宮度会)　919
貞恵(伊勢外宮度会)　917
定逸(野宮)　338
定晴(野宮)　339

定栄(梅宮社橋本)　945
定平(壬生)　666
定凞(花山院)　293
定房(甘露寺)　471
定房(壬生)　663
定藤(葉室)　507
定章(今城)　342
定雅(花山院)　289
定通(土御門)　673
貞光(広橋)　435
貞盈(伊勢外宮度会)　917
定宗(中山)　318
定基(野宮)　338
定之(野宮)　339
定肖(梅小路)　557
貞随(富小路)　643
定世(藤波)　856
定好(花山院)　293
定能(平松)　114
定縁(野宮)　338
定頼(八条)　503
祥光(北小路)　465
郷成(和気)　893
実明(正親町)　229
実明(閑院)　135
実秋(清水谷)　208
実昭(正親町三条)　188
実顕(阿野)　242
実顕(今出河)　145
実顕(西園寺)　128
実顕(三条)　156
実麗(橋本)　226
実淳(徳大寺)　166
実敦(阿野)　244
実敦(西園寺)　147
実徳(正親町)　233
実兄(梅園)　256
実順(今出川)　180
実有(正親町三条)　187
実有(清水谷)　206
実家(一条)　76
実家(河原)　170
実勲(三条西)　197
実氏(西園寺)　127
実材(清水谷)　207
実條(三条西)　196
実岳(武者小路)　260
実起(小倉)　248
実起(三条)　157
実興(正親町三条)　186
実興(八条)　239
実揖(清水谷)　209
実音(三条)　192
実香(近衛)　172
実香(三条)　154
実陰(武者小路)　260
実景(裏辻)　252
実蔭(正親町三条)　183
実量(三条)　154
実雄(洞院)　138
実廉(阿野)　241
実廉(花園)　251
実廉(八条)　239
実兼(西園寺)　128
実材(西園寺)　128
実枝(三条西)　195
実清(梅園)　255
実清(三条西)　194
実清(八条)　238
実清(八条)　572
実国(滋野井)　199
実邦(梅園)　256
実紀(梅園)　257
実惟(阿野)　243
実維(徳大寺)　167
実前(滋野井)　201
実定(徳大寺)　162
実郷(橋本)　224
実茂(河原)　173
実茂(四辻)　217
実重(三条)　152
実右(小倉)　248
実祐(河鰭)　237
実輔(西園寺)　132
実好(梅園)　257
実澄(橋本)　224
実孝(徳大寺)　164
実隆(河鰭)　235
実隆(三条西)　195
実全(滋野井)　203
実武(姉小路)　213
実建(武者小路)　260
実尹(今出川)　175
実忠(三条)　153
実達(園池)　268
実胤(正親町)　231
実種(今出川)　180
実種(風早)　261
実種(西園寺)　147
実種(八条)　239
実為(四辻)　216
実福(山本)　255
実親(三条)　151
実次(姉小路)　212
実継(正親町三条)　184
実嗣(徳大寺)　164
実韶(西園寺)　133
実綱(大炊御門)　172
実綱(正親町)　230
実綱(三条，1180没)　151
実綱(三条，1581没)　155
実綱(中園)　283
実則(徳大寺)　169
実経(一条)　75
実萬(三条)　157
実積(風早)　262
実連(正親町)　232
実連(三条西)　194
実連(清水谷)　207
実暉(中園)　283
実任(閑院)　136
実任(三条)　190
実任(清水谷)　208
実遠(一条)　368
実遠(小倉)　250
実遠(西園寺)　130
実時(清水谷)　137
実時(徳大寺)　165
実利(河鰭)　237
実俊(西園寺)　129
実俊(橋本)　224
実俊(八条)　237
実美(三条)　158
実富(姉小路)　213
実富(今出川)　176
実富(押小路)　263
実富(山本)　254
実福(正親町三条)　187
実同(正親町三条)　189
実朝(源)　753
実豊(正親町)　232
実豊(正親町三条)　185
実豊(河鰭)　235
実名(小倉)　248
実尚(姉小路)　212
実直(阿野)　241
実直(今出川)　176
実仲(九条)　191
実仲(慈光寺)　736
実仲(四辻)　217

実永(西園寺) 130
実永(三条) 159
実長(三条) 150
実長(四辻) 219
実長(竹林院) 147
実夏(洞院) 142
実業(清水谷) 208
実誠(橋本) 226
実秋(風早) 262
実愛(正親町三条) 189
実信(洞院) 143
実宣(西園寺) 130
実宣(滋野井) 200
実陳(河鰭) 236
実教(小倉) 247
実教(三条西) 196
実教(山科) 582
実典(阿野) 244
実縄(梅園) 256
実憲(徳大寺) 168
実治(阿野) 241
実治(河鰭) 236
実治(九条) 191
実治(三条) 156
実晴(西園寺) 131
実久(正親町三条) 188
実久(清水谷) 208
実久(徳大寺) 167
実久(橋本) 226
実尚(大宮) 146
実秀(正親町) 230
実秀(三条) 155
実秀(清水谷) 138
実英(八条) 238
実栄(清水谷) 209
実紐(阿野) 243
実平(京極) 144
実平(三条) 152
実衡(西園寺) 129
実凞(洞院) 143
実房(三条) 150
実藤(阿野) 242
実藤(四辻) 216
実文(姉小路) 212
実文(阿野) 241
実文(正親町) 229
実文(橋本) 225
実章(花園) 251
実冬(三条) 153
実冬(滋野井) 201
実古(三条) 160
実雅(一条) 367
実雅(正親町三条) 185
実理(橋本) 225
実益(河鰭) 236
実益(西園寺) 131
実益(滋野井) 202
実松(橋本) 225
実祖(徳大寺) 168
実躬(正親町三条) 183
実躬(閑院) 136
実堅(徳大寺) 169
実覩(山本) 254
実通(一条) 82
実通(徳大寺) 166
実路(花園) 252
実光(正親町) 233
実光(近衛) 171
実満(花園) 251
実岑(押小路) 263
実宗(西園寺) 126
実村(橋本) 225
実持(清水谷) 137
実望(正親町三条) 186
実本(裏辻) 252
実基(徳大寺) 163
実守(園池) 267
実守(洞院) 141
実守(菩提院) 173
実盛(三条) 159
実盛(徳大寺) 165
実保(徳大寺) 170
実泰(洞院) 139
実行(三条) 149
実世(姉小路) 212
実世(洞院) 142
実世(八条) 239
実良(一条) 82
実称(三条西) 197
実能(徳大寺) 161
実義(正親町三条) 189

し

重有(庭田) 720
重家(六条) 574
重氏(紙屋河) 576
重条(庭田) 721
茂賢(庭田) 719
重兼(楊梅) 113
重清(高倉) 635
重定(庭田) 721
重季(高松) 264
重資(庭田) 719
重孝(庭田) 722
重殖(賀茂社賀茂) 927
重胤(庭田) 723
重親(庭田) 720
重嗣(庭田) 722
重統(賀茂社賀茂) 925
重経(高階) 885
重経(庭田) 720
重徳(大原) 735
重具(庭田) 721
重豊(賀茂社賀茂) 925
重豊(芝山) 552
重直(富小路) 642
茂仲(日吉神社樹下) 945
茂長(東坊城) 794
重長(丹波) 876
重成(大原) 735
重尹(大原) 734
茂範(成季裔) 274
重治(田向) 725
維久(賀茂社賀茂) 924
重衡(平) 813
重凞(庭田) 722
栄房(池尻) 555
重房(北小路) 878
繁右(山科) 589
茂通(坊門) 357
重通(坊門) 354
茂光(柳原) 447
重光(日野) 418
重基(庭田) 723
重盛(平) 812
以寧(壬生) 900
重保(庭田) 720
重世(丹波) 875
茂慶(日吉神社樹下) 944
重良(二条) 69
重度(大原) 734
重能(庭田) 723
鼎王(王) 747

す

遂長(高辻) 772
季顕(四辻) 217
季顕(中園) 282
季顕(平松) 116
季雄(小倉) 250

季起(高丘)　284
季興(八条)　239
季賢(四辻)　218
季兼(水無瀬)　612
季国(滋野井)　202
季定(中園)　282
季実(高松)　265
季孝(今出川)　177
季隆(八条)　571
季尹(月輪)　56
季忠(藤波)　858
季種(小倉)　248
季昵(高松)　264
季親(中園)　282
季継(四辻)　218
季綱(阿野)　242
季経(四辻)　221
季経(六条)　574
季遠(阿野)　241
季遠(四辻)　217
季俊(正親町)　231
季俊(四辻)　217
季福(裏辻)　252
季知(三条西)　197
季豊(中園)　282
季長(小倉)　248
季長(五条)　780
季隆(中園)　283
季成(加賀)　134
季範(春日)　576
季治(竹内)　750
季春(四辻)　221
季晴(三条)　157
末彦(伊勢外宮度会)　917
季秀(正親町)　231
季衡(大宮)　145
季房(万里小路)　525
季通(梅渓)　709
季光(六条)　695
季村(河鰭)　236
季持(今出川)　178
季保(梅園)　255
季保(四辻)　221
季行(室町)　220
季行(楊梅)　111
季吉(滋野井)　203
季能(八条)　572
季頼(葉室)　493
祐明(春日神社中臣)　941
資顕(王)　746
資顕(吉田)　521
資顕王(白川)　745
資明(柳原)　444
祐諄(春日神社中臣)　941
資敦(庭田)　721
祐有(鴨社梨木)　920
資家(土御門)　451
資家(平松)　115
輔家(九条)　53
祐礒(春日神社中臣)　937
資氏王(白川)　743
祐兄(春日神社中臣)　940
祐処(春日神社中臣)　940
祐薫(春日神社中臣)　940
資蔭(田向)　725
相賢(舟橋)　837
資賢(庭田)　718
資方王(王)　747
資勝(日野)　419
資廉(柳原)　447
資兼(平松)　117
資枝(日野)　421
資清(裏松)　458
資董(烏丸)　442
資清王(白川)　742
資国(日野西)　427
資邦王(白川)　741
祐貞(平野神社伊藤)　929
資定(清閑寺)　533
資定(日野)　415
資定(柳原)　446
資邑(二条家諸大夫松波)　951
資実(日野)　414
輔実(九条)　51
資茂(日野)　420
資茂王(王)　747
資季(平松)　115
相崇(松尾神社松尾)　928
祐嵩(春日神社中臣)　941
資高(平松)　116
資敬(日野西)　455
相忠(松尾神社松尾)　928
資忠(勘解由小路)　456
資忠王(白川)　743
資胤(中御門)　542
資親(快楽院)　427
資親(平松)　117
資継(平松)　117
輔嗣(九条)　53
資継王(王)　747
資緒王(王)　746
資綱(柳原)　445
資矩(日野)　421
資経(甘露寺)　470
資任(烏丸)　439
資遠(平松)　117
資時(日野)　420
祐寿(平野神社伊藤)　929
祐俊(春日神社中臣)　939
資俊(京極)　660
資俊(武者小路)　450
資朝(日野)　417
資名(日野)　416
資直(富小路)　642
相永(入江)　410
相命(松尾神社松尾)　929
資長(東坊城)　797
資長(日野)　413
相愛(松尾神社松尾)　929
資愛(日野)　422
祐延(春日神社中臣)　941
資信(小野宮)　107
資信(庭田)　718
資宣(日野)　416
資延王(白川)　745
資教(快楽院)　427
資訓王(白川)　745
祐丕(春日神社中臣)　941
相尚(入江)　409
相栄(松尾神社松尾)　928
資栄(坊城)　662
資英王(白川)　742
資平(坊城)　661
資衡(柳原)　445
輔平(鷹司)　92
祐凞(鴨社梨木)　921
資広(日野町)　452
資凞(中御門)　543
輔凞(鷹司)　93
資房(清閑寺)　533
輔房(万里小路)　528
資藤(日野町)　451
資藤(平松)　116
資冬(平松)　117
祐当(春日神社中臣)　939
祐昌(平野神社伊藤)　929
祐雅(春日神社中臣)　940
祐誠(春日神社
中臣)　941
資将(日野町)　452

資順(三室戸)　460
資雅(岡崎)　724
輔政(鷹司)　93
祐益(春日神社中臣)　939
資益王(白川)　743
相看(松尾神社松尾)　928
相道(松尾神社松尾)　928
祐道(春日神社中臣)　941
資通(万里小路)　524
輔通(堀川)　660
資光(日吉神社樹下)　943
資光(広橋)　432
資宗(菅原)　790
資宗(日野)　422
資宗(日野西)　428
資宗王(王)　745
相村(松尾神社松尾)　929
祐木(春日神社中臣)　940
祐用(春日神社中臣)　939
祐持(鴨社梨木)　921
資基王(王)　746
資盛(平)　813
相保(持明院(正嫡))　369
相養(松尾神社松尾)　928
祐保(鴨社泉亭)　921
資康(日野)　417
祐之(鴨社梨木)　920
資行(柳原)　447
資世(武者小路)　450
祐至(春日神社中臣)　940
祐喜(鴨社梨木)　921
資能(実兼裔)　279
資善(勘解由小路)　457
資慶(烏丸)　440
資頼(葉室)　493
資頼(堀河)　312
澄仲(慈光寺)　736
静康(樋口)　640

た

高顕(勧修寺)　519
隆明(西大路)　594
隆顕(四条(嫡流))　580
隆敦(鷲尾)　596
隆礼(八条)　606
高有(綾小路)　728
隆生(四条)　570
隆有(西大路)　593
隆家(油小路)　600
尊氏(足利)　753
隆枝(西大路)　594
隆音(四条)　569
隆蔭(油小路)　600
隆蔭(大中臣)　860
隆師(四条)　570
隆量(鷲尾)　597
隆賢(冷泉)　580
高兼(平)　822
隆兼(櫛笥)　605
隆兼(冷泉)　580
高清(海住山)　484
隆清(坊門)　617
隆前(油小路)　602
高定(堀河)　507
隆貞(油小路)　601
隆祐(八条)　607
隆郷(四条)　568
隆量(四条)　568
高実(外山)　54
隆実(大中臣)　861
隆真(油小路)　601
孝重(松崎)　477
隆重(四条)　569
敬季(高丘)　284
隆季(四条)　564
隆右(鷲尾)　596
隆資(四条(嫡流))　580
隆輔(八条)　606
隆純(鷲尾)　599
隆建(鷲尾)　598
隆尹(鷲尾)　598
隆忠(松殿)　97
孝親(中山)　320
隆親(四条)　566
高次(京極)　908
高嗣(菅原)　777
隆嗣(鷲尾)　596
隆継(油小路)　601
隆綱(西大路)　591
高経(甘露寺)　471
隆遠(鷲尾)　597
敬言(山科)　587
堯言(山科)　586
隆富(西大路)　593
隆文(四条)　570
隆朝(九条)　578
隆朝(櫛笥)　604
隆豊(七条)　621
隆名(四条)　567
隆声(八条)　607
隆尚(鷲尾)　597
隆直(大中臣)　861
隆直(四条)　568
高仲(五辻)　732
隆仲(西大路)　593
隆仲(冷泉)　579
高長(五条)　780
隆永(四条)　569
隆長(甘露寺)　471
隆長(鷲尾)　598
隆夏(油小路)　601
隆成(櫛笥)　604
隆業(西大路)　594
隆信(油小路)　601
隆叙(四条)　570
隆典(油小路)　602
隆教(九条)　578
隆範(西大路)　594
孝治(竹内)　750
高彦(伊勢外宮度会)　917
孝久(賀茂社賀茂)　927
隆久(西大路)　592
喬久(賀茂社賀茂)　927
隆英(八条)　606
隆栄(西大路)　594
隆衡(四条)　566
隆広(鷲尾)　596
隆博(九条)　577
隆凞(鷲尾)　598
孝房(万里小路)　528
隆房(四条)　565
隆冬(四条)　568
隆政(西大路)　592
隆雅(四条)　566
隆益(四条)　569
高通(坊門)　356
隆通(四条)　581
隆術(四条)　569
隆通(藤波)　856
隆彭(油小路)　602
隆光(柳原)　449
隆宗(四条)　566
隆宗(四条)　567
隆持(西大路)　593
隆望(櫛笥)　605
高基(小一条流姉小路)　108
隆基(油小路)　601
隆職(鷲尾)　596
隆盛(四条)　567
隆盛(四条)　568

隆安（四条）　569
隆保（四条）　565
隆康（西大路）　592
隆康（鷲尾）　597
尊安（日御碕社小野）　946
隆行（西大路）　592
隆世（藤波）　856
高能（一条）　366
高能（菅原）　775
隆良（西大路）　594
隆良（鷲尾）　596
隆賀（櫛笥）　604
隆頼（鷲尾）　597
建房（万里小路）　530
建通（久我）　658
雄光（三室戸）　461
忠明（中山）　318
忠顕（千種）　699
忠顕（松殿）　100
忠絢（稲荷神社秦氏）　932
忠礼（広幡）　760
忠家（九条）　47
忠氏（五辻）　297
忠興（細川）　908
忠順（醍醐）　96
忠香（一条）　82
忠量（澤）　841
忠方（八条）　503
忠兼（楊梅）　112
忠定（粟田口）　35
忠定（花山院）　291
忠定（中山）　318
忠重（住吉神社津守）　942
忠季（正親町）　229
忠輔（粟田口）　35
忠輔（一条）　76
忠輔（花山院）　292
尹隆（勧修寺）　519
忠孝（松殿）　100
忠高（海住山）　483
忠隆（姉小路）　614
忠親（中山）　317
忠継（五辻）　296
忠嗣（九条）　47
忠嗣（近衛）　29
忠嗣（松殿）　100
忠経（花山院）　288
忠言（山科）　587
忠富王（白川）　743
忠具（愛宕）　678
忠朝（烏丸）　298
尹豊（勧修寺）　517
忠直（大中臣）　861
忠直（徳川）　905
忠長（粟田口）　778
忠長（海住山）　483
忠長（桑原）　801
忠成（水無瀬）　614
忠信（坊門）　617
忠教（九条）　47
正久（賀茂社賀茂）　926
忠秀（柳原）　445
忠凞（稲荷神社秦氏）　932
忠凞（近衛）　33
尹房（二条）　66
忠房（近衛）　33
忠房（松殿）　98
忠房親王（順徳源氏）　762
忠藤（堀河）　300
忠冬（鷹司）　90
忠冬（松殿）　99
忠尹（中山）　323
忠順（堀河）　638
忠雅（花山院）　288
忠通（近衛）　25
忠光（柳原）　445
忠基（九条）　49
忠基（月輪）　56
忠基（外山）　55
忠基（難波）　325
忠能（中山）　323
忠康（長谷）　828
忠行（楊梅）　111
忠幸（広幡）　758
忠世（平）　819
忠良（粟田口）　33
忠良（一条）　82
忠能（鷹司）　615
直義（足利）　754
忠頼（花山院）　289
忠頼（中山）　323
稙家（近衛）　30
胤定（広橋）　436
胤長（高辻）　773
種敷（春日神社大中臣）　936
種範（日野）　426
胤房（池尻）　556
稙房（万里小路）　529
稙通（九条）　50
稙基（九条）　52
胤保（広橋）　437
為明（二条）　401
為顕（桑原）　802
為敦（八条）　634
為敦（藤谷）　408
為家（冷泉）　394
為氏（御子左）　399
為徳（五条）　783
為条（藤谷）　407
為雄（稲荷神社秦氏）　931
為雄（御子左）　400
為起（冷泉）　406
為政（桑原）　802
為香（藤谷）　408
為和（冷泉）　395
為量（澤）　841
為方（中御門）　486
為賢（五条）　781
為賢（藤谷）　407
為勝（稲荷神社秦氏）　932
為兼（京極）　403
為清（五条）　781
為兄（藤谷）　409
為定（五条）　783
為定（二条）　402
為訓（冷泉）　406
為実（五条）　400
為学（五条）　781
為茂（藤谷）　407
為重（二条）　402
為縞（稲荷神社秦氏）　932
為季（八条）　634
為相（冷泉）　394
為弼（稲荷神社秦氏）　932
為輔（坊門）　618
為純（冷泉）　405
為孝（冷泉）　405
為全（冷泉）　398
為忠（二条）　402
為理（冷泉）　398
為胤（稲荷神社秦氏）　930
為善（入江）　410
為親（二条）　401
為頼（冷泉）　396
為知（藤谷）　409
為継（大中臣）　860
為継（八条）　634
為嗣（五条）　402
為綱（冷泉）　396
為経（甘露寺）　470

為経(五条) 782
為経(冷泉) 405
為遠(二条) 402
為俊(五条) 783
為俊(中御門) 486
為富(冷泉) 395
為豊(冷泉) 405
為名(坊門) 620
為尚(今城) 341
為脩(藤谷) 408
為仲(五辻) 731
為長(高辻) 769
為成(五条) 783
為成(高辻) 770
為成(冷泉) 394
為信(八条) 634
為信(藤谷) 408
為庸(五条) 782
為則(冷泉) 397
為教(京極) 403
為範(五条) 782
為治(竹内) 750
為治(中御門) 487
為久(冷泉) 396
為秀(冷泉) 395
為栄(冷泉) 406
為広(冷泉) 395
為房(稲荷神社秦氏) 932
為藤(二条) 401
為章(冷泉) 397
為尹(冷泉) 395
為理(八条) 634
為益(冷泉) 396
為視(五条) 781
為通(坊門) 354
為満(冷泉) 396
為村(冷泉) 397
為守(岡崎) 724
為盛(八条) 634
為保(八条) 634
為泰(冷泉) 397
為康(五条) 781
為行(中御門) 487
為適(五条) 782
為世(二条) 400
為良(入江) 410

ち

親明(平) 821
親章(藤波) 855
親顕(平) 821
親顕(北畠) 692
親家(楊梅) 114
親氏(五辻) 297
親臣(稲荷神社秦氏) 932
親臣(今出川家諸大夫山本) 952
親方(堀河) 509
親賢(土御門) 675
親兼(水無瀬) 611
親国(平) 818
親定(土御門) 675
親定(二条) 621
親実(大宮) 579
親実(堀河) 638
周茂(岡崎) 281
親季(平松) 116
親輔(西洞院) 806
親輔(坊門) 617
親隆(四条) 479
親隆(藤波) 855
親忠(水無瀬) 611
親忠(法性寺) 120
親継(平) 819
親継(法性寺) 120
親綱(中山) 321
親経(大福寺) 423
親時(平) 820
親俊(岩蔵) 506
親俊(大中臣) 860
親友(稲荷神社秦氏) 930
親朝(岩蔵) 507
親仲(水無瀬) 611
周長(菅原) 777
親長(甘露寺) 473
親長(平) 818
親長(西洞院) 808
親長(法性寺) 120
親就(和気) 893
親業(稲荷神社秦氏) 932
親業(大福寺) 425
親信(水無瀬) 610
親信(法性寺) 120
親典(稲荷神社秦氏) 932
親教(坊城) 662
親徳(薩摩国鹿児島諏方大明神藤原) 947
親範(平) 815
親憲(稲荷神社秦氏) 932
親春(法性寺) 120
親彦(伊勢外宮度会) 917
親平(坊城) 662
親房(北畠) 689
親房(四条) 479
親雅(四条) 479
親雅(中山) 319
親通(中山) 320
親光(中院) 698
親宗(平) 817
親宗(法性寺) 120
親盛(稲荷神社秦氏) 931
親安(稲荷神社秦氏) 931
親康(丹波) 876
親康(法性寺) 120
親行(楊梅) 114
親世(法性寺) 120
親能(平松) 114
親賀(堀河) 638
親頼(岩蔵) 507

つ

継長(高辻) 771
嗣章(藪) 272
嗣家(藤井) 36
嗣雄(大炊御門) 307
嗣賢(藤井) 36
従言(萩原) 869
嗣実(藤井) 36
紹季(高丘) 284
嗣孝(藤井) 36
嗣孝(藪) 272
嗣尹(藤井) 36
嗣長(甘露寺) 474
従久(錦織) 870
嗣房(粟田口) 35
嗣房(万里小路) 526
嗣通(久我) 654
嗣良(藪) 272
綱忠(東坊城) 797
継長(堤) 559
綱平(二条) 68
綱光(広橋) 432
経顕(勧修寺) 515
経晃(伊勢内宮荒木田) 913
常有(伊勢外宮度会) 917
経有(飛鳥井) 332
経家(近衛岡本) 39
経家(田向) 725
経家(月輪) 55
経家(六条) 574
経氏(五辻) 296

経條(穂波)　560
経雄(大福寺)　425
経音(大炊御門)　310
経陰(伊勢内宮荒木田)　915
経尚(穂波)　559
常和(伊勢外宮度会)　916
経竿(伊勢内宮荒木田)　915
経量(町)　522
経賢(春日神社大中臣)　934
経賢(庭田)　719
経賢(吉田)　485
経方(勧修寺)　515
経兼(田向)　725
経定(花山院)　291
経定(堀河)　311
経郷(勧修寺)　517
経林(伊勢内宮荒木田)　914
経茂(勧修寺)　523
経茂(高階)　885
経重(勧修寺)　515
常代(伊勢外宮度会)　919
経季(今出川)　178
経季(中御門)　539
経季(楊梅)　112
経相(伊勢内宮荒木田)　914
経資(庭田)　719
経輔(一条)　78
経孝(大炊御門)　309
経高(伊勢内宮荒木田)　914
経高(平)　816
経隆(冷泉)　489
常全(伊勢外宮度会)　919
経尹(世尊寺)　110
経忠(近衛岡本)　39
経雅(伊勢内宮荒木田)　914
常達(伊勢外宮度会)　919
経胤(醍醐)　95
経親(平)　820
経継(中御門)　539
経嗣(一条)　78
経任(中御門)　485
経俊(勧修寺)　514
常伴(伊勢外宮度会)　920
経朝(世尊寺)　109
恒具(岩倉)　701
経豊(伊勢内宮荒木田)　913
経豊(勧修寺)　516
経豊(広幡)　759
経名(大炊御門)　309
常名(伊勢外宮度会)　919
経尚(大炊御門)　311
経直(勧修寺)　522
経仲(高階)　884
恒長(東坊城)　796
経長(甘露寺)　470
経成(勧修寺)　516
経就(春日神社大中臣)　933
経業(大福寺)　424
経業(水無瀬)　614
常陳(伊勢外宮度会)　918
経宣(中御門)　539
常典(伊勢外宮度会)　918
経則(勧修寺)　521
経度(穂波)　560
経教(九条)　48
経教(二条)　63
経範(成季裔)　274
経憲(春日神社大中臣)　934
経逸(勧修寺)　520
経治(竹内)　750
経久(大炊御門)　311
経秀(大炊御門)　310
経栄(春日神社大中臣)　933
経平(衣笠)　37
経平(近衛)　28
経広(勧修寺)　518
経熈(近衛)　32
経房(甘露寺)　469
経冬(伊勢内宮荒木田)　913
常古(伊勢外宮度会)　918
常政(三条家諸大夫森)　952
常雅(花山院)　294
経雅(高階)　885
経通(一条)　77
経通(二条)　63
経通(坊門)　356
経光(大炊御門)　310
経光(広橋)　429
経宗(大炊御門)　304
経元(甘露寺)　473
経守(中御門)　486
経盛(伊勢内宮荒木田)　913
経盛(平)　811
常庸(伊勢外宮度会)　919
経康(高倉(正嫡))　635
常之(伊勢外宮度会)　918
経之(中御門)　544
経行(丹羽)　620
常善(伊勢外宮度会)　919
経良(粟田口)　34
経芳(春日神社大中臣)　936
経美(伊勢内宮荒木田)　915
経敬(勧修寺)　519
常倚(伊勢外宮度会)　917
経頼(大炊御門)　309
経頼(冷泉)　488
積興(桂宮家諸大夫尾崎)　949
都盛(伊勢内宮大中臣)　916
連胤(吉田社鈴鹿)　945

て

輝季(河鰭)　237
輝資(日野)　419
輝長(東坊城)　797
輝久(醍醐)　95
輝弘(醍醐)　95
暉房(池尻)　555
輝光(日野)　420
輝元(毛利)　907
輝良(一条)　81

と

祗定(清閑寺)　536
永季(高丘)　284
延光(日野西)　455
時顕(西洞院)　808
時晃(交野)　831
言緒(山科)　585
時香(交野)　830
時量(平松)　826
時方(春日神社大中臣)　935
時方(平松)　826
時賢(庭田)　718
時門(平松)　827
時廉(春日神社大中臣)　936
時兼(平)　821
時兼(西洞院)　808
時章(平松)　827
言国(山科)　584
時言(平松)　828
時貞(春日神社大中臣)　936
時実(平)　818
時真(春日神社大中臣，1719没)　934
時真(春日神社大中臣，19世紀)　937
時副(春日神社大中臣)　937
時高(西洞院)　806
時忠(平)　817
時啻(春日神社大中臣)　936

時親(唐橋) 792
言継(山科) 585
時継(平) 819
言綱(山科) 585
言経(山科) 585
時庸(平松) 826
時万(交野) 831
時利(交野) 830
言知(山科) 587
時具(春日神社大中臣) 933
時資(春日神社大中臣) 934
言縄(山科) 588
時直(西洞院) 808
時永(交野) 830
時長(西洞院) 808
言成(山科) 587
時成(春日神社大中臣) 936
時成(西洞院) 809
時宣(春日神社大中臣) 933
言範(成季裔) 276
時令(春日神社大中臣) 934
時徳(春日神社大中臣) 933
時春(平松) 827
言総(山科) 586
時房(万里小路) 526
時当(西洞院) 808
時雅(春日神社大中臣) 934
時通(土御門) 677
時光(西洞院) 809
時光(日野) 417
時雍(交野) 831
時康(春日神社大中臣) 934
言行(山科) 586
時行(平松) 827
時良(西洞院) 809
時芳(春日神社大中臣) 937
時慶(西洞院) 808
時保(平松) 827
俊昌(坊城) 547
俊顕(坊城) 547
俊明(坊城) 549
利家(前田) 907
俊氏(五辻) 297
俊臣(中御門) 543
俊景(綾小路) 729
俊量(綾小路) 728
俊方(坊城) 548
俊賢(綾小路) 730
俊克(坊城) 550
俊兼(楊梅) 113
俊清(坊城) 548
俊言(御子左) 401
俊完(坊城) 547
俊定(勧修寺) 514
俊定(北小路) 878
俊実(坊城) 545
俊茂(木造) 691
俊季(橋本) 224
俊資(綾小路) 730
俊輔(中御門) 540
俊政(坊城) 550
敏忠(藤波) 857
俊親(坊城) 549
俊親(坊門) 619
利常(前田) 908
俊常(北小路) 878
俊経(大福寺) 423
俊任(坊城) 546
俊名(坊城) 547
俊直(北小路) 878
代長(堤) 558
利長(前田) 907
俊永(鴨社泉亭) 920
俊長(高辻) 773
俊長(日前国懸宮紀) 946
聡長(東坊城) 798
俊成(冷泉) 393
俊信(鷹司家諸大夫高橋) 952
俊信(堀川) 659
俊憲(実兼裔) 277
俊範(平) 816
俊範(成季裔) 275
俊逸(坊城) 549
俊春(鴨社泉亭) 920
俊彦(鴨社泉亭) 922
俊寿(鷹司家諸大夫高橋) 952
俊秀(坊城) 546
俊平(壬生) 382
俊広(坊城) 547
俊冬(坊城) 546
俊将(坊城) 548
俊雅(五辻) 297
俊益(鴨社泉亭) 921
俊通(愛宕) 678
俊通(堀川) 359
敏通(久我) 657
俊光(日野) 416
俊宗(綾小路) 729
俊宗(武者小路) 450
俊盛(八条) 571
俊泰(北小路) 878
俊泰(木造) 690
俊芳(二条家諸大夫北小路) 951
福長(高辻) 773
具集(岩倉) 701
具詮(岩倉) 700
基明(堀川) 671
供敦(桜井) 624
知家(九条) 575
具氏(中院) 687
共条(池尻) 555
具起(岩倉) 700
共方(梅小路) 557
友兼(幸徳井) 890
具兼(堀川) 660
具兼(水無瀬) 612
具言(堀川) 672
具定(千種) 699
具定(堀川) 669
共福(清閑寺) 536
具実(堀川) 669
具茂(堀川) 673
知輔(安居院) 826
具祐(北畠) 691
共孝(池尻) 554
具孝(堀川) 672
具隆(水無瀬) 612
朝喬(伊勢外宮度会) 919
具親(堀川) 671
共綱(清閑寺) 534
知任(橘) 881
具俊(堀川) 671
知尚(橘) 881
知仲(伊勢外宮度会) 917
知音(壬生) 899
具信(堀川) 672
具選(岩倉) 701
具教(北畠) 692
具範(成季裔) 275
友治(日吉神社樹下) 943
智彦(伊勢外宮度会) 917
朝彦(伊勢外宮度会) 920
供秀(桜井) 625
朝栄(伊勢外宮度会) 918
共房(清閑寺) 534
具房(愛宕) 677
供文(桜井) 625
具雅(鷹司) 302
具雅(堀川) 672
具視(岩倉) 702

知通(六角)　388
具通(久我)　653
知盛(平)　812
具守(堀川)　670
具慶(岩倉)　701
具行(北畠)　689
友世(日吉神社生源寺)　943
具世(堀川)　673
具良(水無瀬)　612
豊季(小倉)　249
豊忠(広幡)　758
豊仲(五辻)　732
豊長(粟田口)　778
豊長(高辻)　772
豊房(清閑寺)　537
豊房(万里小路)　526
豊通(久我)　654
豊光(烏丸)　439

な

仍敦(山井)　626
尚季(今出川)　180
直親(平野神社鈴鹿)　930
尚経(九条)　50
正房(万里小路)　531
直房(錦小路)　874
均光(柳原)　448
直保(平野神社鈴鹿)　930
長堯(伊勢内宮大中臣)　916
長詮(東坊城)　797
長顕(葉室)　511
仲章(久我家諸大夫春日)　953
永敦(高倉)　632
長淳(東坊城)　796
永家(高倉)　631
長氏(八条)　573
仲興(春日)　733
長員(菅原)　777
長量(伊勢内宮大中臣)　916
長方(粟田口)　778
長方(八条)　501
長賢(庭田)　720
仲兼(西洞院)　807
長兼(八条)　502
長材(清岡)　800
長清(八条)　573
長清(東坊城)　795
長維(東坊城)　796
永定(高倉(正嫡))　635
永貞(富小路)　642
長定(花山院)　291
永祜(高倉)　633
長郷(高辻)　770
仲重(春日)　733
長成(高辻)　769
長重(丹羽)　909
永季(高倉)　630
長季(八条)　573
永相(高倉)　631
永祐(鴨社梨木)　920
長相(持明院(正嫡))　369
長資(田向)　725
長輔(八条)　571
仲資王(白川)　741
永孝(高倉)　631
長隆(葉室)　494
長忠(烏丸)　298
長忠(葉室)　495
長忠(広幡)　759
長直(高辻)　771
永胤(高倉)　633
仲親(西洞院)　807
永親(伊勢内宮荒木田)　913
永親(冷泉)　636
長親(清岡)　800
長親(葉室)　512
長説(清岡)　800
永継(高倉)　631
長嗣(粟田口)　778
長綱(東坊城)　794
仲経(水無瀬)　611
永経(高倉)　630
長経(五条)　780
長経(八条)　572
長凞(清岡)　800
長都(伊勢内宮大中臣)　916
長遠(東坊城)　795
長時(清岡)　799
永俊(高倉)　630
長敏(坊城)　784
長順(葉室)　500
長具(愛宕)　678
長倫(式)　102
長朝(八条)　502
永豊(高倉)　631
長直(錦小路)　874
永宣(冷泉)　636
長宣(高辻)　770
永範(高倉)　633
永範(成季裔)　273
長矩(伊勢内宮大中臣)　916
脩範(実兼裔)　278
長治(竹内)　750
永秀(高倉)　633
長凞(花山院)　294
長衡(高辻)　770
仲房(万里小路)　525
永房(高倉)　632
長房(海住山)　482
長房(近衛家諸大夫進藤)　949
永藤(高倉)　630
長藤(葉室)　495
長冬(坊城)　784
永雅(高倉)　633
長政(西坊城)　799
長雅(鷹司)　301
長雅(高辻)　771
長通(久我)　652
仲光(広橋)　431
長光(葉室)　495
長宗(葉室)　495
永基(冷泉)　636
長基(烏丸)　298
永盛(桂宮家諸大夫生嶋)　948
長盛(醍醐源氏)　761
永康(高倉(正嫡))　635
永康(高倉)　631
永行(高倉)　630
長世(丹波)　875
良義(吉田)　867
永福(高倉)　632
永慶(高倉)　632
長可(九条家諸大夫信濃小路)
950
長祥(伊勢内宮大中臣)　916
長義(桑原)　801
並親(平野神社鈴鹿)　930
業明(日吉神社生源寺)　943
業顕王(白川)　742
成家(御子左)　399
済家(小一条流姉小路)　108
業家(大福寺)　425
済氏(小一条流姉小路)　108
成賢(綾小路)　728
業兼(平)　814
業定王(白川)　747
成卿(春日神社大中臣)　936
成実(大宮)　579
業蕃(日吉神社生源寺)　944
成輔(烏丸)　824

業資王(白川) 741
成純(日吉神社樹下) 943
成隆(春日神社大中臣) 936
成隆(葉室) 495
業忠(舟橋) 836
成親(大宮) 578
済継(小一条流姉小路) 109
成経(大宮) 579
成経(久我) 662
成経(清水谷) 138
成俊(平) 816
成長(霊山) 482
齊信(二条) 69
成紀(春日神社大中臣) 936
成範(実兼裔) 277
成範(日吉神社樹下) 944
業徳(日吉神社生源寺) 943
就久(賀茂社賀茂) 925
業久(賀茂社賀茂) 926
成房(高階) 886
成冬(今小路) 71
業雅(日吉神社生源寺) 945
成通(坊門) 354
齊通(二条) 69
成光(日吉神社樹下) 945
成職(春日神社大中臣) 937
齊敬(二条) 70
成節(日吉神社樹下) 945
成能(実兼裔) 279
成頼(葉室) 492
愛敬(一条家諸大夫難波) 951
愛親(中山) 322
愛長(甘露寺) 476
尚資(豊岡) 463

の

宣明(中御門) 540
宣顕(中御門) 543
信篤(長谷) 829
信順(西洞院) 810
信有(綾小路) 727
信家(坊門) 618
宣條(伏原) 839
延雄(春日神社中臣) 940
延興(南都八幡宮上司) 946
信量(大炊御門) 308
信方(七条) 621
信堅(西洞院) 810
宣方(栗田口) 504
宣方(中御門) 540
宣賢(舟橋) 836
信雄(織田) 903
信包(織田) 903
信兼(平) 825
信兼(坊門) 618
延樹(春日神社中臣) 940
信清(坊門) 616
宣維(澤) 841
信定(坊門) 617
叙定(近衛家諸大夫斎藤) 950
宣諭(伏原) 840
廷季(三条西) 197
誠季(今出川) 179
延相(春日神社中臣) 939
信輔(烏丸) 823
信孝(樋口) 639
信隆(坊門) 616
宣武(伏原) 840
信全(七条) 622
信忠(織田) 903
信尹(近衛) 30
宣忠(中御門) 542
延種(春日神社中臣) 939
叙胤(近衛家諸大夫斎藤) 950
宣胤(中御門) 541
宣親(中山) 320
信嗣(大炊御門) 306
宣綱(中御門) 542
延庸(春日神社中臣) 939
信経(大炊御門) 315
信経(大福寺) 425
信庸(西洞院) 809
宣経(五辻) 295
信時(小一条流姉小路) 107
信俊(綾小路) 728
宣俊(中御門) 540
延知(春日神社中臣) 937
宣豊(芝山) 551
延尚(春日神社中臣) 939
延長(春日神社中臣) 941
信長(織田) 903
延夏(南都八幡宮上司) 945
信成(水無瀬) 611
宣成(澤) 841
延陳(春日神社中臣) 941
信範(西洞院) 806
延晴(春日神社中臣) 939
信元(七条) 622
宣明(伏原) 840
信尚(鷹司) 91
延英(春日神社中臣) 939
延栄(春日神社中臣) 940
宣秀(中御門) 541
信平(賀茂社賀茂) 927
信平(法性寺) 119
信尋(近衛) 31
延房(池尻) 556
信房(鷹司) 90
宣房(万里小路) 524
信藤(坊門) 620
信昌(長谷) 829
信雅(丹羽) 620
宣順(中御門) 543
信通(久我) 657
宣通(伏原) 839
宣光(伏原) 840
誠光(三室戸) 460
延致(春日神社中臣) 939
信宗(大炊御門) 308
宣持(岡崎) 553
信盛(大福寺) 424
信康(樋口) 639
宣保(平野神社鈴鹿) 930
信行(坊門) 619
宣幸(伏原) 839
信好(長谷) 829
信良(坊門) 618
信能(一条) 366
宣由(桂宮家諸大夫生嶋) 949
信頼(姉小路) 615
則韶(一条家諸大夫入江) 952
教顕(三条) 313
範篤(西洞院) 809
教家(九条) 46
範家(平) 815
教氏(紙屋河) 578
教氏(山科) 588
範氏(岡崎) 280
範雄(岡崎) 280
教興(山科) 584
則賢(舟橋) 837
範賢(烏丸) 823
範兼(藪) 270
教国(滋野井) 202
範国(岡崎) 281
教定(飛鳥井) 331
教定(山科) 589
範定(冷泉) 636
教実(九条) 46
教繁(山科) 589

範茂(藪)　271
教季(今出川)　177
範季(藪)　270
教輔(一条)　80
範輔(岡崎)　281
範輔(烏丸)　823
範高(平)　824
範高(長谷)　829
教忠(松殿)　98
教忠(葉室)　496
教忠(藤波)　859
徳忠(藤波)　858
教親(木造)　691
慶親(中山)　321
教嗣(九条)　49
範嗣(岡崎)　281
教経(粟田口)　35
教遠(山科)　589
教言(山科)　583
範時(藪)　271
乗具(岩倉)　700
教具(北畠)　691
範朝(岡崎)　280
規長(甘露寺)　474
教長(難波)　326
教成(山科)　583
教成(日吉神社樹下)　943
範春(藪)　272
範彦(伊勢外宮度会)　919
範久(藪)　272
教秀(勧修寺)　516
教平(鷹司)　91
教広(滋野井)　203
教房(一条)　79
範房(高倉)　281
教藤(山科)　584
範藤(藪)　271
教冬(山科)　590
範昌(長谷)　829
教光(武者小路)　450
徳光(北小路)　464
範光(岡崎)　279
範宗(実兼裔)　278
教基(近衛)　29
範基(岡崎)　280
教盛(平)　811
則康(堀河)　637
範保(実兼裔)　279
範世(高倉)　281
教良(二条)　62
範能(実兼裔)　278

は

治季(西園寺)　133
治資(豊岡)　464
治孝(二条)　69
春武(鴨社泉亭)　921
治房(清閑寺)　535
春房(万里小路)　527
春光(鴨社鴨脚)　923
治康(丹波)　876
晴季(今出川)　178
晴右(勧修寺)　517
晴雄(土御門)　848
晴親(土御門)　848
晴具(北畠)　691
晴豊(勧修寺)　518
晴宣(穂波)　560
晴通(久我)　655
晴光(日野)　419
晴良(二条)　67

ひ

彦仁(順徳源氏)　762
彦良(順徳源氏)　762
尚明(穂波)　560
尚顕(勧修寺)　517
久雄(錦織)　870
久量(澤)　841
尚賢(舟橋)　837
尚実(九条)　52
久季(梅園)　256
久祐(鴨社泉亭)　920
久隆(錦織)　870
尚忠(九条)　53
尚嗣(近衛)　31
久富(平野神社中西)　930
久長(高辻)　770
久脩(土御門)　846
尚長(甘露寺)　474
尚長(東坊城)　798
尚秀(錦小路)　874
尚房(万里小路)　529
尚通(近衛)　30
尚基(二条)　66
久術(花山院家諸大夫桧山)　953
寿康(樋口)　640
尚良(中御門)　542
久良親王(後深草源氏)　764
栄敦(大原)　734
秀家(宇喜多)　906
秀勝(豊臣)　904
英兼(水無瀬)　612
秀清(桂宮家諸大夫生嶋)　948
秀定(清閑寺)　535
秀静(鴨社鴨脚)　922
栄祐(松尾神社松尾)　929
秀相(舟橋)　837
秀隆(鴨社鴨脚)　922
栄忠(松尾神社松尾)　929
秀忠(徳川)　905
秀忠(藤波)　857
英親(中山)　321
栄親(中山)　322
栄親(松尾神社松尾)　929
秀次(豊臣)　904
秀俊(豊臣)　904
秀豊(鴨社鴨脚)　922
秀直(富小路)　642
秀長(鴨社鴨脚)　922
秀長(豊臣)　904
秀長(東坊城)　795
秀信(織田)　903
秀治(鴨社鴨脚)　922
栄彦(伊勢外宮度会)　918
秀久(鴨社鴨脚)　922
秀房(万里小路)　527
秀文(鴨社鴨脚)　922
秀政(鴨社鴨脚)　922
栄通(久世)　703
英通(梅溪)　709
秀元(毛利)　907
秀保(豊臣)　904
秀康(徳川)　905
秀吉(豊臣)　904
秀頼(豊臣)　904
弘賢(舟橋)　837
凞定(清閑寺)　535
寛季(西園寺)　133
凞季(小倉)　249
弘資(日野)　420
博高(東久世)　705
寛忠(藤波)　859
寛親(九条家諸大夫朝山)　951
寛経(高階)　886
広豊(芝山)　552
広仲(五辻)　732
広長(堤)　558
広成(和気)　893
広範(成季裔)　275

博久(賀茂社賀茂)　927
博房(万里小路)　531
熈房(清閑寺)　534
広通(久我)　656
広通(坊門)　358
広光(日野町)　452
明光(裏松)　459

ふ

房家(土佐一条)　83
房実(九条)　48
房季(園池)　268
房輔(鷹司)　91
房高(岩蔵)　509
房嗣(近衛)　29
房経(一条)　78
房任(四条)　568
房名(四条)　567
総直(富小路)　643
房長(五条)　780
総長(高辻)　772
房教(粟田口)　35
房範(成季裔)　276
房平(鷹司)　90
房衡(四条)　581
房熈(鷹司)　92
房冬(土佐一条)　83
房通(粟田口)　35
房通(一条)　79
総光(広橋)　434
房基(土佐一条)　83
藤朝(岩蔵)　509
藤長(甘露寺)　472
藤範(成季裔)　276
藤房(万里小路)　525
太久(賀茂社賀茂)　928
冬家(鷹司)　89
冬氏(大炊御門)　307
冬香(醍醐)　95
冬方(甘露寺)　472
冬兼(室町)　38
冬定(松木)　349
冬実(一条)　77
冬実(近衛岡本)　39
冬季(滋野井)　201
冬輔(大炊御門)　306
冬輔(松殿)　100
冬忠(大炊御門)　306
冬経(鷹司)　88
冬俊(竹屋)　453
冬信(大炊御門)　307
冬教(鷹司)　88
冬平(鷹司)　87
冬熈(醍醐)　94
冬房(松殿)　99
冬房(万里小路)　527
冬雅(鷹司)　302
冬通(鷹司)　89
冬通(二条)　64
冬光(烏丸)　439
冬宗(大炊御門)　308
冬基(醍醐)　94
冬基(鷹司)　88
冬泰(滋野井)　204
冬康(樋口)　640
冬良(一条)　79
冬良(衣笠)　37

ま

政顕(勧修寺)　516
雅秋(室町)　119
雅章(飛鳥井)　334
雅顕(壬生)　667
雅敦(飛鳥井)　333
雅有(飛鳥井)　331
昌家(小一条流姉小路)　109
政家(近衛)　29
雅家(飛鳥井)　332
雅家(北畠)　688
雅香(飛鳥井)　334
雅方(壬生)　668
雅賢(岡崎)　723
雅兼(室町)　119
雅兼王(白川)　743
雅清(唐橋)　669
雅国(室町)　119
雅言(壬生)　666
雅定(久我)　649
雅茂(壬生)　668
雅重(飛鳥井)　335
昌季(大宮)　257
政季(大宮)　258
雅季(清水谷)　208
政資(日野)　418
雅相(中院)　677
雅孝(飛鳥井)　331
雅孝(植松)　713
雅隆(壬生)　106
雅喬王(白川)　744
雅威(飛鳥井)　335
政忠(九条)　49
雅忠(久我)　651
賢忠(伏原)　839
雅胤(伏見宮家諸大夫田中)　948
政為(冷泉)　405
雅親(飛鳥井)　332
雅親(唐橋)　668
政嗣(二条)　66
雅継(五辻)　296
雅継(室町)　118
雅綱(飛鳥井)　333
雅経(飛鳥井)　331
雅庸(飛鳥井)　334
雅陳(植松)　714
雅任(四条)　481
雅遠(室町)　119
雅俊(飛鳥井)　333
雅俊(四条)　480
順福(梅宮社橋本)　945
雅富王(白川)　744
政知(足利)　756
雅具(壬生)　665
雅朝(室町)　119
雅朝王(白川)　743
雅豊(飛鳥井)　334
雅豊(室町)　119
政直(富小路)　643
雅仲(高階)　886
政長(花山院)　292
雅永(飛鳥井)　332
雅永(植松)　713
雅長(土御門)　675
雅長(室町)　118
雅成(土御門)　693
雅業王(白川)　743
雅宣(飛鳥井)　334
雅陳王(白川)　744
正則(福島)　910
政則(赤松)　902
雅典(飛鳥井)　336
雅教(室町)　117
雅憲(壬生)　666
雅春(飛鳥井)　333
雅春(室町)　118
順久(賀茂社賀茂)　925
雅久(飛鳥井)　336
督久(賀茂社賀茂)　925
応平(賀茂社賀茂)　926
政平(鷹司)　90
雅平(法性寺)　119

政凞(鷹司)　92
政房(一条)　79
政房(万里小路)　530
雅房(土御門)　674
雅房(万里小路)　529
雅藤(四条)　480
雅藤(室町)　119
雅冬王(白川)　744
政通(鷹司)　93
雅通(久我)　649
雅光(飛鳥井)　335
雅光(千種)　699
雅光(中院)　677
雅光(日野)　417
雅光王(白川)　744
政宗(木造)　691
政宗(伊達)　909
雅宗(飛鳥井)　332
雅望(飛鳥井)　336
政基(九条)　50
雅康(飛鳥井)　333
雅康(壬生)　667
雅行(北畠)　689
雅行(庭田)　720
雅行(壬生)　665
雅世(飛鳥井)　332
雅良(藤江)　336
雅縁(飛鳥井)　332
雅顔(壬生)　663
益親(平野神社鈴鹿)　930
益長(東坊城)　795
益房(清閑寺)　535
益通(六角)　388
益光(裏松)　458
益光(烏丸)　439
益良(東坊城)　798
希烈(日吉神社生源寺)　944
希璵(日吉神社生源寺)　945

み

通明(久我)　658
通顕(中院)　682
道昭(松殿)　100
通淳(中院)　683
通理(久世)　703
道家(九条)　46
通庸(東久世)　705
通氏(中院，1238没)　687
通氏(中院，1394没)　683
通兄(久我)　657
通条(梅溪)　709
通枝(中院)　686
通雄(久我)　652
通典(愛宕)　712
通音(久世)　702
道香(一条)　81
通堅(久我)　655
通賢(梅溪)　710
通方(中院)　681
康賢(舟橋)　838
通勝(中院)　685
通廉(東久世)　705
通材(久我)　652
通言(久我)　655
通前(久我)　656
道前(九条)　53
通定(花山院)　291
通定(久我)　653
通凞(久世)　703
通重(中院)　682
通資(唐橋)　668
通輔(松殿)　99
通純(中院)　685
通致(愛宕)　712
通敬(愛宕)　712
道孝(九条)　54
通武(東久世)　705
通忠(久我)　651
通胤(中院)　684
通為(中院)　684
通善(梅溪)　710
通親(久我)　650
道嗣(北小路)　38
通嗣(久我)　652
道嗣(近衛)　28
通久(久我)　658
道経(北小路)　37
通積(東久世)　705
通貫(愛宕)　711
通茂(中院)　685
通時(中院)　682
通敏(中院)　683
通福(愛宕)　711
通知(中院)　687
通具(堀川)　669
通富(中院)　687
通名(久我)　656
通直(大中臣)　861
通直(愛宕)　712
通仲(梅溪)　709
道良(二条)　62
通夏(久世)　702
通成(中院)　681
通根(久世)　703
通宣(久我，1352没)　653
通宣(久我，1433没)　654
通誠(久我)　656
通教(中院)　693
道教(九条)　48
通晴(愛宕)　711
径久(賀茂社賀茂)　927
通秀(中院)　684
通平(久我)　651
道平(二条)　63
通博(久我)　654
通房(土御門)　676
道房(九条)　51
通藤(中院)　693
通冬(中院)　683
通古(中院)　686
通雅(花山院)　289
通相(久我)　653
通躬(中院)　686
通光(久我)　650
通岑(東久世)　706
通宗(久我)　650
通村(中院)　685
通持(土御門)　677
通持(中院)　682
通基(久我)　651
通守(中院)　683
通盛(平)　813
通祐(愛宕)　712
通行(土御門)　676
通世(中院，13世紀)　681
通世(中院，1519没)　684
通頼(中院)　681
光顕(外山)　462
光顕(中院)　699
光顕(葉室)　510
満詮(足利)　755
光有(竹屋)　454
満家(九条)　49
光徳(烏丸)　443
光雄(烏丸)　441
光宙(勘解由小路)　457
光香(北小路)　464
光和(春日神社中臣)　941
光和(外山)　462
光方(中御門)　487

光賢(烏丸)　440
光兼(式)　102
光兼(竹屋)　454
光潔(勘解由小路)　457
光国(日野)　415
光定(葉室)　508
光実(外山)　462
光成(広橋)　437
貢季(小倉)　249
満季(洞院)　143
光隆(壬生)　105
光全(豊岡)　463
充武(藤井)　872
光忠(大炊御門)　304
光忠(竹屋)　453
光忠(中院)　698
光忠(葉室)　496
光忠(藤波)　859
光胤(烏丸)　441
光親(堀河)　505
満親(中山)　319
光継(竹屋)　453
光継(堀河)　510
光綱(柳原)　448
光経(海住山)　484
光連(鴨社鴨脚)　923
光暉(日野西)　456
光俊(大炊御門)　398
光棣(竹屋)　454
光知(春日神社中臣)　940
光豊(勧修寺)　518
光条(鴨社鴨脚)　923
光長(海住山)　482
光長(竹屋)　453
光成(大炊御門)　399
光業(広橋)　430
光愛(柳原)　449
光宣(烏丸)　440
光陳(鴨社鴨脚)　923
光祖(烏丸)　442
光範(成季裔)　273
光施(外山)　462
盈春(壬生)　899
光久(竹屋)　453
光栄(烏丸)　441
光平(二条)　68
光広(烏丸)　440
光寛(鴨社鴨脚)　923
光藤(堀河)　509
満冬(今小路)　70
光政(烏丸)　442
光雅(堀河)　504
光通(六角)　388
光村(三室戸)　461
満基(二条)　65
光盛(平)　814
光泰(春日神社中臣)　940
光泰(堀河)　508
光康(烏丸)　439
光行(鴨社鴨脚)　923
充行(藤井)　872
光豫(竹屋)　454
光能(大炊御門)　398
光慶(日野)　419
光親(外山)　463
光頼(葉室)　491

む

親忠(藤波)　856
親世(藤波)　857
宗明(後深草源氏)　764
宗明(山科)　583
宗顕(葉室)　511
宗顕(松木)　352
宗有(難波)　327
棟有(烏丸)　824
宗家(松木)　348
宗家(冷泉)　406
宗氏(大炊御門)　308
宗氏(五辻)　297
宗条(松木)　351
宗量(難波)　327
宗賢(舟橋)　836
宗兼(松木)　350
宗城(難波)　328
宗清(難波)　327
宗実(大炊御門)　308
宗実(松木)　349
宗重(松木)　350
致季(西園寺)　132
宗輔(堀川)　359
宗享(難波)　328
宗隆(八条)　501
宗建(難波)　328
宗種(難波)　327
宗親(五辻)　296
宗継(松木)　351
宗嗣(鷹司)　314
宗緒(難波)　327
宗綱(松木)　351
宗経(平)　820
宗経(吉田)　485
宗時(持明院)　365
宗朝(園池)　267
宗直(大中臣)　861
宗長(難波)　326
宗長(松木)　352
宗業(日野)　425
宗宣(平)　818
宗宣(松木)　350
宗教(難波)　327
宗徳(松木)　353
宗治(後嵯峨源氏)　763
宗尚(難波)　328
宗秀(難波)　327
宗平(鷹司)　314
宗平(松木)　348
宗弘(難波)　328
宗凞(二条)　68
宗房(大原野神社中沢)　942
宗房(八条)　502
宗藤(松木)　351
宗冬(松木)　349
宗雅(鷹司)　302
宗雅(松木)　349
宗雅(壬生)　664
宗満(松木)　351
宗基(二条)　69
宗盛(平)　812
宗泰(松木)　350
宗行(中山)　477
宗美(松木)　352
宗能(松木)　347
宗頼(葉室)　492

も

持氏(足利)　755
以量(薄)　882
持国(畠山)　901
持実(花山院)　294
以緐(橘)　882
持季(正親町)　230
持忠(花山院)　292
持為(冷泉)　404
以緒(薄)　882
持言(山科)　586
持俊(山科)　590
持豊(芝山)　552
基豊(広幡)　760
以長(高辻)　774

望久（賀茂社賀茂）　927
持房（北畠）　690
持冬（今小路）　71
持通（二条）　66
以基（薄）　882
持基（二条）　65
以盛（薄）　882
持康（木造）　690
基顕（石野）　384
基顕（園）　374
基理（園）　377
基有（園）　375
基家（持明院）　362
基家（月輪）　55
基氏（足利）　754
基氏（園）　373
基標（石野）　385
基楨（東園）　380
基雄（持明院）　364
基雄（持明院（正嫡））　370
基起（壬生）　382
基香（園）　376
基量（東園）　379
基賢（園）　378
基賢（月輪）　56
基賢（東園）　379
基勝（園）　376
基清（持明院）　363
基前（近衛）　33
元貞（広幡家諸大夫上田）　953
基定（園）　378
基定（三条）　312
基定（持明院）　364
基貞（東園）　381
基実（近衛）　25
基茂（園）　377
基重（園）　377
基輔（北小路）　38
基輔（持明院）　364
基輔（坊門）　617
基澄（持明院（正嫡））　370
基孝（持明院）　363
基孝（持明院（正嫡））　370
基高（松殿）　100
基隆（園）　374
基武（持明院）　365
基忠（鷹司）　87
基忠（松殿）　98
元親（中山）　321
基親（持明院）　363
基親（平）　815
基嗣（近衛）　28
基嗣（松殿）　98
基綱（石野）　385
基綱（小一条流姉小路）　109
基陳（石山）　387
基貫（壬生）　382
基輝（鷹司）　92
基任（園）　375
基辰（東園）　380
基時（持明院）　364
基俊（堀川）　671
基富（園）　375
基福（園）　376
基具（堀川）　670
基名（石山）　386
基直（大中臣）　861
基仲（東園）　380
元長（甘露寺）　473
基長（式）　102
基長（持明院）　371
基成（園）　374
基音（園）　376
基延（持明院）　365
基信（持明院）　363
元範（成季裔）　277
基教（北小路）　38
基教（鷹司）　89
基規（持明院）　363
基春（持明院）　363
基春（園）　378
職久（賀茂社賀茂）　924
基秀（河鰭）　236
基秀（園）　375
基平（近衛）　27
基衡（園）　376
基凞（近衛）　31
基房（松殿）　97
基藤（園）　374
基文（石山）　387
基冬（今小路）　70
基冬（園）　378
基政（持明院）　365
基雅（中山）　318
基雅（東園）　380
基通（近衛）　26
紀光（柳原）　448
基光（持明院（正嫡））　369
基光（園）　375
基宗（持明院）　362
基棟（石野）　385
基安（石野）　385
基保（持明院（正嫡），13世紀）　368
基保（持明院（正嫡），1490没）　371
基康（樋口）　639
基行（持明院）　362
基行（壬生）　106
基幸（石野）　385
基敬（東園）　381
基世（園）　375
基良（粟田口）　34
盛家（六条）　577
守浮（伊勢内宮荒木田）　914
守緒（伊勢内宮荒木田）　915
守脩（伊勢内宮荒木田）　914
守和（伊勢内宮荒木田）　914
守堅（伊勢内宮荒木田）　916
守賢（岡崎）　724
盛兼（楊梅）　112
守訓（伊勢内宮荒木田）　915
守重（伊勢内宮荒木田）　915
盛季（大宮）　258
盛季（平松）　116
守相（伊勢内宮荒木田）　913
守敬（伊勢内宮荒木田）　913
守民（伊勢内宮荒木田）　915
盛親（楊梅）　113
守経（安倍）　848
盛経（大福寺）　424
盛直（錦小路）　874
盛仲（五辻）　732
盛長（丹波）　875
盛長（八条）　573
盛長（東坊城）　796
守宣（伊勢内宮荒木田）　916
盛治（竹内）　750
守秀（伊勢内宮荒木田）　914
守洪（伊勢内宮荒木田）　913
守雅（伊勢内宮荒木田）　915
守光（広橋）　433
守宗（伊勢内宮荒木田）　913
守世（伊勢内宮荒木田）　913
師証（春日神社大中臣）　937
師家（松殿）　97
師興（春日神社大中臣）　934
師香（石山）　386
師賢（舟橋）　838

師賢(堀河)　300
師言(小一条流姉小路)　109
師重(春日神社大中臣)　933
師重(北畠)　688
師季(西園寺)　134
師季(壬生)　665
師資(押小路)　896
師孝(九条)　52
師孟(春日神社大中臣)　936
師忠(二条)　62
師親(北畠)　688
師嗣(二条)　65
師継(堀河)　299
師経(大炊御門)　305
師寿(春日神社大中臣)　937
師直(春日神社大中臣)　934
師仲(堀川)　658
諸仲(五辻)　731
師長(宇治)　121
師成(水無瀬)　614
師信(堀河)　299
師典(春日神社大中臣)　936
師教(九条)　47
師徳(押小路)　896
師平(鷹司)　89
師尋(春日神社大中臣)　934
師藤(堀河)　299
師冬(今小路)　70
師応(春日神社大中臣)　937
師光(北小路)　465
師基(二条)　64
師盛(春日神社大中臣)　933
師行(北畠)　688
師世(小一条流姉小路)　108
師良(一条)　76
師良(二条)　65

や

保韶(賀茂社賀茂)　926
泰章(倉橋)　850
保有(持明院(正嫡))　370
保家(持明院(正嫡))　368
保家(和気)　893
泰家(安倍)　849
保香(高野)　383
泰清(安倍)　849
泰邦(土御門)　847
泰貞(倉橋)　849
保実(高松)　265
康実(堀河)　637
泰重(土御門)　847
保季(藪)　273
保季(六条)　575
保右(高野)　384
保喬(賀茂社賀茂)　925
保敬(幸徳井)　890
保暠(幸徳井)　890
泰孝(倉橋)　850
康隆(堀河)　638
康胤(堀河)　637
康親(中山)　320
康親(堀河)　638
泰継(高階)　886
康綱(堀河)　637
泰経(高階)　884
泰連(土御門)　847
泰顕(倉橋)　851
康遠(醍醐家諸大夫高津)　952
泰聡(倉橋)　850
康俊(醍醐源氏)　761
泰福(土御門)　847
康仲(王)　746
泰栄(土御門)　847
康長(坊城)　784
泰宣(安倍)　848
保春(高野)　383
康凞(樋口)　639
保藤(持明院(正嫡))　369
保冬(持明院(正嫡))　371
泰通(坊門)　355
康道(二条)　67
保光(高野)　383
保光(土御門)　451
能光(三室戸)　461
綏光(広橋)　434
保宗(山科)　589
保盛(賀茂社賀茂)　928
保盛(平)　813
泰行(倉橋)　850
泰吉(倉橋)　849
康能(実兼裔)　279
保美(高野)　384
保麗(賀茂社賀茂)　927

ゆ

祐恩(春日神社中臣)　937
行有(山科)　590
行家(九条)　576
幸家(九条)　51
行氏(日野)　426
行兼(安居院)　825
行茂(日吉神社生源寺)　943
行季(世尊寺)　111
行高(西洞院)　807
行尹(世尊寺)　110
行忠(石井)　832
行忠(世尊寺)　110
幸経(九条)　53
行光(石井)　833
行遠(石井)　833
行時(西洞院)　807
行俊(世尊寺)　110
行福(藤井)　872
行知(安居院)　825
行豊(石井)　832
行豊(世尊寺)　110
行直(春日)　733
之仲(五辻)　732
敬長(堤)　558
行宣(石井)　832
幸教(九条)　52
行学(藤井)　872
行弘(石井)　833
幸房(清閑寺)　534
幸雅(植松)　714
行通(梅溪)　710
行道(藤井)　872
行光(日野)　426
恭光(裏松)　459
幸基(錦小路)　874
行康(石井)　832
行康(世尊寺)　111
行能(世尊寺)　109
行文(日前国懸宮紀)　946

よ

良顕(勧修寺)　520
義昭(足利)　757
義詮(足利)　754
良雄(舟橋)　836
義興(大内)　902
良長(吉田)　867
義量(足利)　755
能清(一条)　367
義清(有栖川宮諸大夫粟津)　949
良定(花山院)　290
良定(壬生)　668
良実(二条)　62
儀重(桂宮家諸大夫生嶋)　949
良季(大宮)　258

宜季(小倉)　249
能季(平松)　115
賞季(西園寺)　133
良輔(八条)　54
義資(日野)　418
義澄(足利)　756
能隆(藤波)　856
義隆(大内)　902
吉忠(二条)　68
良忠(月輪)　56
良忠(二条)　64
能忠(平松)　115
義稙(足利)　756
良嗣(松殿)　99
義嗣(足利)　755
良経(九条)　45
良連(吉田)　867
義連(九条家諸大夫朝山)　951
義輝(足利)　757
良倶(吉田)　866
良豊(二条)　67
良直(富小路)　643
貞直(富小路)　643
義直(徳川)　905
栄長(堤)　558
能成(鷹司)　615
善成(順徳源氏)　762
良延(吉田)　866
良教(粟田口)　34
義教(足利)　755
義晴(足利)　757
義尚(足利)　756
賞久(賀茂社賀茂)　926
良平(外山)　54
良凞(吉田)　867
良冬(今小路)　70
義政(足利)　755
賞雅(植松)　713
義視(足利)　756
良通(九条)　45
能通(六角)　389
意光(裏松)　458
義満(足利)　754
良宗(大炊御門)　306
義持(足利)　754
良基(月輪)　55
良基(二条)　64
能基(一条)　367
宜康(樋口)　640
能保(一条)　366
良頼(小一条流姉小路)　109
良頼(菅原)　775
頼家(源)　752
頼氏(一条)　367
頼量(丹波)　876
頼兼(堀河)　299
頼清(平)　814
頼国(大炊御門)　309
頼言(壬生)　667
頼定(堀河)　312
頼定(冷泉)　488
頼実(大炊御門)　305
頼重(葉室)　497
頼季(壬生)　106
頼資(広橋)　429
頼輔(難波)　326
頼孝(葉室)　497
頼隆(岩蔵)　506
頼隆(冷泉)　488
頼理(錦小路)　875
頼胤(葉室)　498
頼親(葉室)　493
頼嗣(鎌倉将軍)　56
頼継(鷹司)　314
頼継(葉室)　496
頼経(鎌倉将軍)　56
頼任(葉室)　494
頼言(山科)　586
頼時(葉室)　512
頼朝(源)　752
頼尚(錦小路)　875
頼直(丹波)　876
頼直(富小路)　642
順仲(五辻)　732
頼長(宇治)　120
頼成(冷泉)　588
頼業(葉室)　497
頼宣(徳川)　905
頼宣(葉室)　496
頼教(葉室)　510
頼範(成季裔)　274
頼寿(葉室)　499
頼平(鷹司)　313
頼凞(葉室)　498
頼房(大河内)　692
頼房(葉室，14世紀)　510
頼房(葉室，1576没)　496
頼房(堀河)　312
頼房(万里小路)　526
頼藤(葉室)　494
頼政(源)　752
随光(北小路)　465
縁光(武者小路)　451
頼基(小一条流姉小路)　108
頼基(鷹司)　314
頼盛(平)　811
頼要(葉室)　498

人　　名（音読み）

あ

愛敬（一条家諸大夫難波）　951
愛親（中山）　322
愛長（甘露寺）　476
愛徳（花山院）　294

い

以基（薄）　882
以緒（薄）　882
以盛（薄）　882
以長（高辻）　774
以寧（壬生）　900
以繁（橘）　882
以量（薄）　882
伊家（坊門）　358
伊季（今出川）　179
伊基（三条）　313
伊光（広橋）　436
伊時（坊門）　357
伊実（坊門）　355
伊俊（坊門）　358
伊成（三条）　313
伊宗（坊門）　358
伊忠（楊梅）　112
伊忠（藤波）　857
伊長（甘露寺）　473
伊通（坊門）　353
伊定（坊門）　357
伊平（鷹司）　313
伊輔（坊門）　356
伊頼（鷹司）　314
為尹（冷泉）　395
為胤（稲荷神社秦氏）　930
為栄（冷泉）　406
為益（冷泉）　396
為遠（二条）　402
為家（冷泉）　394
為学（五条）　781
為季（八条）　634
為起（冷泉）　406
為久（冷泉）　396
為教（京極）　403
為訓（冷泉）　406
為兄（藤谷）　409
為経（冷泉）　405
為経（甘露寺）　470
為経（五条）　782
為継（八条）　634
為継（大中臣）　860
為兼（京極）　403
為賢（藤谷）　407
為賢（五条）　781
為顕（桑原）　802
為広（冷泉）　395
為行（中御門）　487
為孝（冷泉）　405
為香（藤谷）　408
為康（五条）　781
為綱（冷泉）　396
為縞（稲荷神社秦氏）　932
為氏（御子左）　399
為視（五条）　781
為嗣（五条）　402
為実（五条）　400
為守（岡崎）　724
為秀（冷泉）　395
為脩（藤谷）　408
為重（二条）　402
為俊（中御門）　486
為俊（五条）　783
為純（冷泉）　405
為尚（今城）　341
為章（冷泉）　397
為勝（稲荷神社秦氏）　932
為条（藤谷）　407
為信（藤谷）　408
為信（八条）　634
為親（二条）　401
為世（二条）　400
為成（冷泉）　394
為成（高辻）　770
為成（五条）　783
為政（桑原）　802
為清（五条）　781
為盛（八条）　634
為全（冷泉）　398
為善（入江）　410
為相（冷泉）　394
為則（冷泉）　397
為村（冷泉）　397
為泰（冷泉）　397
為治（中御門）　487
為治（竹内）　750
為知（藤谷）　409
為仲（五辻）　731
為忠（二条）　402
為長（高辻）　769
為通（坊門）　354
為定（二条）　402
為定（五条）　783
為適（五条）　782
為藤（二条）　401
為徳（五条）　783
為敦（藤谷）　408
為敦（八条）　634
為範（五条）　782
為弼（稲荷神社秦氏）　932
為富（冷泉）　395
為保（八条）　634
為輔（坊門）　618
為方（中御門）　486
為豊（冷泉）　405
為房（稲荷神社秦氏）　932
為満（冷泉）　396
為名（坊門）　620
為明（二条）　401
為茂（藤谷）　407
為雄（御子左）　400
為雄（稲荷神社秦氏）　931
為庸（五条）　782
為頼（冷泉）　396
為理（冷泉）　398
為理（八条）　634
為良（入江）　410
為量（澤）　841
為和（冷泉）　395
惟永（竹内）　751
惟栄（竹内）　751
惟久（竹内）　751
惟継（平）　822
惟馨（阿蘇神社阿蘇）　947
惟康（後嵯峨源氏）　763
惟重（竹内）　751
惟粛（交野）　830

惟俊(平)　816
惟清(平)　822
惟忠(平)　819
惟通(久我)　657
惟貞(鴨社鴨脚)　923
惟徳(竹内)　751
惟輔(烏丸)　824
惟方(粟田口)　504
惟房(万里小路)　528
惟有(平)　823
惟庸(竹内)　751
惟和(竹内)　752
意彦(伊勢外宮度会)　918
意光(裏松)　458
維久(賀茂社賀茂)　924
維成(冷泉)　588
維盛(平)　814
維長(堤)　559
尹豊(勧修寺)　517
尹房(二条)　66
尹隆(勧修寺)　519
胤長(高辻)　773
胤定(広橋)　436
胤保(広橋)　437
胤房(池尻)　556
員維(萩原)　869
員幹(萩原)　869
員光(萩原)　869
員従(萩原)　868
員領(萩原)　869
蔭直(大中臣)　861

え

永胤(高倉)　633
永家(高倉)　631
永雅(高倉)　633
永季(高丘)　284
永季(高倉)　630
永基(冷泉)　636
永経(高倉)　630
永継(高倉)　631
永慶(高倉)　632
永祜(高倉)　633
永行(高倉)　630
永孝(高倉)　631
永康(高倉)　631
永康(高倉(正嫡))　635
永秀(高倉)　633
永俊(高倉)　630
永親(冷泉)　636
永親(伊勢内宮荒木田)　913
永盛(桂宮家諸大夫生嶋)　948
永宣(冷泉)　636
永相(高倉)　631
永定(高倉(正嫡))　635
永貞(富小路)　642
永藤(高倉)　630
永敦(高倉)　632
永範(成季裔)　273
永範(高倉)　633
永福(高倉)　632
永豊(高倉)　631
永房(高倉)　632
永祐(鴨社梨木)　920
英兼(水無瀬)　612
英親(中山)　321
英通(梅渓)　709
栄彦(伊勢外宮度会)　918
栄親(中山)　322
栄親(松尾神社松尾)　929
栄忠(松尾神社松尾)　929
栄長(堤)　558
栄通(久世)　703
栄敦(大原)　734
栄房(池尻)　555
栄祐(松尾神社松尾)　929
盈春(壬生)　899
益光(烏丸)　439
益光(裏松)　458
益親(平野神社鈴鹿)　930
益長(東坊城)　795
益通(六角)　388
益房(清閑寺)　535
益良(東坊城)　798
延英(春日神社中臣)　939
延栄(春日神社中臣)　940
延夏(南都八幡宮上司)　945
延光(日野西)　455
延興(南都八幡宮上司)　946
延種(春日神社中臣)　939
延樹(春日神社中臣)　940
延尚(春日神社中臣)　939
延晴(春日神社中臣)　939
延相(春日神社中臣)　939
延知(春日神社中臣)　937
延致(春日神社中臣)　939
延長(春日神社中臣)　941
延陳(春日神社中臣)　941
延房(池尻)　556
延雄(春日神社中臣)　940
延庸(春日神社中臣)　939
縁光(武者小路)　451

お

応平(賀茂社賀茂)　926

か

家尹(月輪)　56
家尹(壬生)　382
家胤(持明院)　365
家雅(鷹司)　301
家季(春日)　576
家基(近衛)　27
家凞(近衛)　31
家久(近衛)　32
家久(島津)　910
家教(花山院)　290
家経(一条)　76
家経(五辻)　295
家賢(堀河)　300
家賢(春日神社大中臣)　933
家光(日野)　415
家行(持明院)　362
家孝(大炊御門)　310
家厚(花山院)　295
家康(徳川)　905
家綱(小一条流姉小路)　108
家衡(六条)　575
家嗣(大炊御門)　306
家時(小一条流姉小路)　107
家時(持明院(正嫡))　369
家実(近衛)　26
家秀(持明院)　363
家秀(快楽院)　427
家俊(清閑寺)　533
家俊(京極)　660
家信(室町)　118
家信(大炊御門，14世紀)　315
家信(大炊御門，1885没)　311
家親(中山)　318
家成(四条)　564
家清(六条)　576
家清(坊門)　619
家宣(日野)　415
家宗(大炊御門)　305
家相(持明院(正嫡))　370
家知(春日神社大中臣)　934
家仲(慈光寺)　737
家長(花山院)　289
家長(高辻)　772

家長（坊城）　784
家通（近衛）　26
家通（坊門）　355
家定（花山院）　290
家定（壬生）　666
家貞（平野神社伊藤）　929
家統（春日神社大中臣）　933
家藤（持明院）　371
家平（近衛岡本）　39
家輔（月輪）　56
家輔（花山院）　292
家豊（山科）　584
家房（一条）　77
家房（松殿）　97
家房（清閑寺）　533
家明（四条）　565
繁右（山科）　589
家理（花山院）　295
家隆（壬生）　106
家良（衣笠）　36
家倫（式）　103
雅威（飛鳥井）　335
雅胤（伏見宮家諸大夫田中）　948
雅永（飛鳥井）　332
雅永（植松）　713
雅遠（室町）　119
雅縁（飛鳥井）　332
雅家（飛鳥井）　332
雅家（北畠）　688
雅季（清水谷）　208
雅久（飛鳥井）　336
雅教（室町）　117
雅喬王（白川）　744
雅業王（白川）　743
雅具（壬生）　665
雅経（飛鳥井）　331
雅継（室町）　118
雅継（五辻）　296
雅兼（室町）　119
雅兼王（白川）　743
雅賢（岡崎）　723
雅憲（壬生）　666
雅顕（壬生）　667
雅言（壬生）　666
雅光（飛鳥井）　335
雅光（日野）　417
雅光（中院）　677
雅光（千種）　699
雅光王（白川）　744
雅行（壬生）　665
雅行（北畠）　689
雅行（庭田）　720
雅孝（飛鳥井）　331
雅孝（植松）　713
雅香（飛鳥井）　334
雅康（飛鳥井）　333
雅康（壬生）　667
雅綱（飛鳥井）　333
雅国（室町）　119
雅秋（室町）　119
雅重（飛鳥井）　335
雅俊（飛鳥井）　333
雅俊（四条）　480
雅春（室町）　118
雅春（飛鳥井）　333
雅章（飛鳥井）　334
雅親（飛鳥井）　332
雅親（唐橋）　668
雅世（飛鳥井）　332
雅成（土御門）　693
雅清（唐橋）　669
雅宣（飛鳥井）　334
雅宗（飛鳥井）　332
雅相（中院）　677
雅仲（高階）　886
雅忠（久我）　651
雅長（室町）　118
雅長（土御門）　675
雅朝（室町）　119
雅朝王（白川）　743
雅陳（植松）　714
雅陳王（白川）　744
雅通（久我）　649
雅定（久我）　649
雅典（飛鳥井）　336
雅冬王（白川）　744
雅藤（室町）　119
雅藤（四条）　480
雅敦（飛鳥井）　333
雅任（四条）　481
雅富王（白川）　744
雅平（法性寺）　119
雅方（壬生）　668
雅豊（室町）　119
雅豊（飛鳥井）　334
雅房（万里小路）　529
雅房（土御門）　674
雅望（飛鳥井）　336
雅茂（壬生）　668
雅有（飛鳥井）　331
雅庸（飛鳥井）　334
雅頼（壬生）　663
雅隆（壬生）　106
雅良（藤江）　336
寛季（西園寺）　133
寛経（高階）　886
寛親（九条家諸大夫朝山）　951
寛忠（藤波）　859

き

希璵（日吉神社生源寺）　945
希烈（日吉神社生源寺）　944
季尹（月輪）　56
季遠（四辻）　217
季遠（阿野）　241
季起（高丘）　284
季吉（滋野井）　203
季経（四辻）　221
季経（六条）　574
季継（四辻）　218
季兼（水無瀬）　612
季賢（四辻）　218
季顕（平松）　116
季顕（四辻）　217
季顕（中園）　282
季光（六条）　695
季行（楊梅）　111
季行（室町）　220
季孝（今出川）　177
季綱（阿野）　242
季興（八条）　239
季衡（大宮）　145
季国（滋野井）　202
季持（今出川）　178
季実（高松）　265
季昵（高松）　264
季種（小倉）　248
季秀（正親町）　231
季俊（四辻）　217
季俊（正親町）　231
季春（四辻）　221
季親（中園）　282
季成（加賀）　134
季晴（三条）　157
季村（河鰭）　236
季治（竹内）　750
季知（三条西）　197
季忠（藤波）　858
季長（小倉）　248
季長（五条）　780

季通(梅溪)　709
季定(中園)　282
季能(八条)　572
季範(春日)　576
季福(裏辻)　252
季保(四辻)　221
季保(梅園)　255
季豊(中園)　282
季房(万里小路)　525
季雄(小倉)　250
季頼(葉室)　493
季隆(中園)　283
季隆(八条)　571
紀光(柳原)　448
起久(賀茂社賀茂)　924
基安(石野)　385
基延(持明院)　365
基音(園)　376
基家(月輪)　55
基家(持明院)　362
基雅(中山)　318
基雅(東園)　380
基貫(壬生)　382
基起(壬生)　382
基規(持明院)　363
基熈(近衛)　31
基輝(鷹司)　92
基教(北小路)　38
基教(鷹司)　89
基具(堀川)　670
基敬(東園)　381
基賢(月輪)　56
基賢(園)　378
基賢(東園)　379
基顕(園)　374
基顕(石野)　384
基光(持明院(正嫡))　369
基光(園)　375
基行(壬生)　106
基行(持明院)　362
基孝(持明院)　363
基孝(持明院(正嫡))　370
基幸(石野)　385
基香(園)　376
基高(松殿)　100
基康(樋口)　639
基綱(小一条流姉小路)　109
基綱(石野)　385
基衡(園)　376
基氏(園)　373
基氏(足利)　754
基嗣(近衛)　28
基嗣(松殿)　98
基時(持明院)　364
基実(近衛)　25
基秀(河鰭)　236
基秀(園)　375
基重(園)　377
基俊(堀川)　671
基春(持明院)　363
基春(園)　378
基勝(園)　376
基辰(東園)　380
基信(持明院)　363
基親(持明院)　363
基親(平)　815
基世(園)　375
基成(園)　374
基政(持明院)　365
基清(持明院)　363
基前(近衛)　33
基宗(持明院)　362
基仲(東園)　380
基忠(鷹司)　87
基忠(松殿)　98
基長(式)　102
基長(持明院)　371
基澄(持明院(正嫡))　370
基直(大中臣)　861
基陳(石山)　387
基通(近衛)　26
基定(三条)　312
基定(持明院)　364
基定(園)　378
基貞(東園)　381
基楨(東園)　380
基冬(今小路)　70
基冬(園)　378
基棟(石野)　385
基藤(園)　374
基任(園)　375
基標(石野)　385
基富(園)　375
基武(持明院)　365
基福(園)　376
基文(石山)　387
基平(近衛)　27
基保(持明院(正嫡), 13世紀)　368
基保(持明院(正嫡), 1490没)　371
基輔(北小路)　38
基輔(持明院)　364
基輔(坊門)　617
基豊(広幡)　760
基房(松殿)　97
基名(石山)　386
基明(堀川)　671
基茂(園)　377
基有(園)　375
基雄(持明院)　364
基雄(持明院(正嫡))　370
基理(園)　377
基隆(園)　374
基良(粟田口)　34
基量(東園)　379
規長(甘露寺)　474
暉房(池尻)　555
熈季(小倉)　249
熈定(清閑寺)　535
熈房(清閑寺)　534
輝季(河鰭)　237
輝久(醍醐)　95
輝元(毛利)　907
輝弘(醍醐)　95
輝光(日野)　420
輝資(日野)　419
輝長(東坊城)　797
輝良(一条)　81
宜季(小倉)　249
義輝(足利)　757
義教(足利)　755
義興(大内)　902
義視(足利)　756
義嗣(足利)　755
義資(日野)　418
義持(足利)　754
義尚(足利)　756
義昭(足利)　757
義政(足利)　755
義清(有栖川宮諸大夫粟津)　949
義晴(足利)　757
義詮(足利)　754
義澄(足利)　756
義直(徳川)　905
義稙(足利)　756
義満(足利)　754
義隆(大内)　902
義量(足利)　755
義連(九条家諸大夫朝山)　951

儀重（桂宮家諸大夫生嶋）　949
吉忠（二条）　68
久季（梅園）　256
久脩（土御門）　846
久術（花山院家諸大夫桧山）　953
久長（高辻）　770
久富（平野神社中西）　930
久祐（鴨社泉亭）　920
久雄（錦織）　870
久隆（錦織）　870
久良親王（後深草源氏）　764
久量（澤）　841
共孝（池尻）　554
共綱（清閑寺）　534
共条（池尻）　555
共福（清閑寺）　536
共方（梅小路）　557
共房（清閑寺）　534
供秀（桜井）　625
供敦（桜井）　624
供文（桜井）　625
恭光（裏松）　459
教遠（山科）　589
教家（九条）　46
教季（今出川）　177
教基（近衛）　29
教具（北畠）　691
教経（粟田口）　35
教顕（三条）　313
教言（山科）　583
教広（滋野井）　203
教光（武者小路）　450
教興（山科）　584
教国（滋野井）　202
教氏（紙屋河）　578
教氏（山科）　588
教嗣（九条）　49
教実（九条）　46
教秀（勧修寺）　516
教親（木造）　691
教成（山科）　583
教成（日吉神社樹下）　943
教盛（平）　811
教忠（松殿）　98
教忠（葉室）　496
教忠（藤波）　859
教長（難波）　326
教定（飛鳥井）　331
教定（山科）　589
教冬（山科）　590
教藤（山科）　584
教繁（山科）　589
教平（鷹司）　91
教輔（一条）　80
教房（一条）　79
教良（二条）　62
郷成（和気）　893
喬久（賀茂社賀茂）　927
堯言（山科）　586
業家（大福寺）　425
業雅（日吉神社生源寺）　945
業久（賀茂社賀茂）　926
業兼（平）　814
業顕王（白川）　742
業資王（白川）　741
業忠（舟橋）　836
業定王（白川）　747
業徳（日吉神社生源寺）　943
業蕃（日吉神社生源寺）　944
業明（日吉神社生源寺）　943
均光（柳原）　448

く

具雅（鷹司）　302
具雅（堀川）　672
具起（岩倉）　700
具教（北畠）　692
具慶（岩倉）　701
具兼（水無瀬）　612
具兼（堀川）　660
具言（堀川）　672
具行（北畠）　689
具孝（堀川）　672
具氏（中院）　687
具視（岩倉）　702
具実（堀川）　669
具守（堀川）　670
具集（岩倉）　701
具俊（堀川）　671
具信（堀川）　672
具親（堀川）　671
具世（堀川）　673
具詮（岩倉）　700
具選（岩倉）　701
具通（久我）　653
具定（堀川）　669
具定（千種）　699
具範（成季裔）　275
具房（愛宕）　677
具茂（堀川）　673
具祐（北畠）　691
具隆（水無瀬）　612
具良（水無瀬）　612
郡房（大原野神社中沢）　942

け

径久（賀茂社賀茂）　927
経逸（勧修寺）　520
経尹（世尊寺）　110
経胤（醍醐）　95
経陰（伊勢内宮荒木田）　915
経栄（春日神社大中臣）　933
経音（大炊御門）　310
経家（近衛岡本）　39
経家（月輪）　55
経家（六条）　574
経家（田向）　725
経雅（高階）　885
経雅（伊勢内宮荒木田）　914
経季（楊梅）　112
経季（今出川）　178
経季（中御門）　539
経熈（近衛）　32
経久（大炊御門）　311
経教（九条）　48
経教（二条）　63
経郷（勧修寺）　517
経業（大福寺）　424
経業（水無瀬）　614
経敬（勧修寺）　519
経継（中御門）　539
経兼（田向）　725
経賢（吉田）　485
経賢（庭田）　719
経賢（春日神社大中臣）　934
経憲（春日神社大中臣）　934
経顕（勧修寺）　515
経元（甘露寺）　473
経広（勧修寺）　518
経光（大炊御門）　310
経光（広橋）　429
経行（丹羽）　620
経孝（大炊御門）　309
経晃（伊勢内宮荒木田）　913
経高（平）　816
経高（伊勢内宮荒木田）　914
経康（高倉（正嫡））　635
経竿（伊勢内宮荒木田）　915
経之（中御門）　544
経氏（五辻）　296

経嗣(一条)　78
経資(庭田)　719
経守(中御門)　486
経秀(大炊御門)　310
経就(春日神社大中臣)　933
経重(勧修寺)　515
経俊(勧修寺)　514
経尚(大炊御門)　311
経尚(穂波)　559
経條(穂波)　560
経親(平)　820
経成(勧修寺)　516
経盛(平)　811
経盛(伊勢内宮荒木田)　913
経宣(中御門)　539
経宗(大炊御門)　304
経相(伊勢内宮荒木田)　914
経則(勧修寺)　521
経治(竹内)　750
経仲(高階)　884
経忠(近衛岡本)　39
経長(甘露寺)　470
経朝(世尊寺)　109
経直(勧修寺)　522
経通(二条)　63
経通(一条)　77
経通(坊門)　356
経定(花山院)　291
経定(堀河)　311
経度(穂波)　560
経冬(伊勢内宮荒木田)　913
経任(中御門)　485
経範(成季裔)　274
経美(伊勢内宮荒木田)　915
経平(近衛)　28
経平(衣笠)　37
経輔(一条)　78
経方(勧修寺)　515
経芳(春日神社大中臣)　936
経豊(勧修寺)　516
経豊(広幡)　759
経豊(伊勢内宮荒木田)　913
経房(甘露寺)　469
経名(大炊御門)　309
経茂(勧修寺)　523
経茂(高階)　885
経有(飛鳥井)　332
経雄(大福寺)　425
経頼(大炊御門)　309
経頼(冷泉)　488
経隆(冷泉)　489
経良(粟田口)　34
経量(町)　522
経林(伊勢内宮荒木田)　914
敬季(高丘)　284
敬言(山科)　587
敬長(堤)　558
景勝(上杉)　906
景忠(藤波)　858
継長(高辻)　771
慶親(中山)　321
建通(久我)　658
建房(万里小路)　530
兼胤(広橋)　435
兼永(藤井)　871
兼雅(花山院)　288
兼季(今出川)　175
兼季(中山)　318
兼基(室町)　37
兼基(二条)　63
兼凞(鷹司)　91
兼凞(吉田)　865
兼輝(一条)　81
説久(町尻)　623
兼供(桜井)　624
兼教(近衛)　27
兼郷(広橋)　432
兼倶(吉田)　865
兼経(近衛)　27
兼敬(吉田)　866
兼見(吉田)　866
兼賢(広橋)　434
兼顕(広橋)　432
兼光(日野)　414
兼行(楊梅)　112
兼孝(九条)　50
兼香(一条)　81
兼高(楊梅)　113
兼高(八条)　502
兼綱(広橋)　430
兼嗣(近衛)　28
兼嗣(松殿)　99
兼実(九条)　45
兼秀(広橋)　433
兼重(町尻)　623
兼俊(式)　104
兼俊(水無瀬)　613
兼純(醍醐)　95
兼昭(兼照)(吉田)　865
兼勝(広橋)　434
兼仍(山井)　626
兼信(堀河)　300
兼親(楊梅)　113
兼親(中山)　322
兼親(平)　822
兼成(水無瀬)　612
兼晴(九条)　51
兼宣(広橋)　431
兼宗(中山)　317
兼仲(広橋)　430
兼忠(室町)　38
兼忠(鷹司)　87
兼忠(壬生)　665
兼長(宇治)　121
兼長(甘露寺)　472
兼定(土佐一条)　83
兼定(花山院)　291
兼定(壬生)　664
兼冬(一条)　80
兼冬(鷹司)　88
兼任(吉田)　865
兼武(萩原)　868
兼平(鷹司)　86
兼輔(室町)　38
兼輔(鷹司)　90
兼邦(楊梅)　114
兼豊(水無瀬)　613
兼房(高野)　101
兼満(吉田)　865
兼名(吉田)　865
兼右(吉田)　865
兼有(平)　822
兼雄(花山院)　292
兼頼(烏丸)　298
兼良(一条)　78
兼良(高野)　101
兼量(町尻)　622
兼倫(式)　103
兼廉(広橋)　435
賢忠(伏原)　839
賢房(万里小路)　527
謙光(裏松)　459
顕英(白川)　742
顕家(岩蔵)　508
顕家(六条)　575
顕家(北畠)　690
顕雅(四条)　480
顕雅(大河内)　690
顕基(町)　522
顕基(堀川)　672

顕教（紙屋河）　578
顕郷（町）　522
顕兼（壬生）　665
顕言（山科）　584
顕行（久我）　663
顕孝（葉室）　499
顕香（紙屋河）　578
顕綱（久我）　663
顕氏（紙屋河）　576
顕嗣（八条）　503
顕資（坊城）　661
顕時（中山）　477
顕実（土御門，1279没）　692
顕実（土御門，1329没）　675
顕俊（岩蔵）　505
顕俊（土御門）　692
顕信（坊城）　660
顕親（土御門）　674
顕世（堀河）　508
顕成（冷泉）　580
顕長（八条）　500
顕長（西坊城）　799
顕朝（八条）　503
顕定（土御門）　673
顕道（勧修寺）　519
顕範（春日）　577
顕平（坊城）　661
顕保（油小路）　600
顕輔（六条）　573
顕方（土御門）　692
顕邦王（白川）　742
顕名（紙屋河）　577
顕雄（紙屋河）　577
顕隆（中院）　683
顕良（土御門）　674
元親（中山）　321
元長（甘露寺）　473
元貞（広幡家諸大夫上田）　953
元範（成季裔）　277
言家（御子左）　399
言経（山科）　585
言継（山科）　585
言彦（伊勢外宮度会）　918
言行（山科）　586
言綱（山科）　585
言国（山科）　584
言緒（山科）　585
言縄（山科）　588
言成（山科）　587
言総（山科）　586
言知（山科）　587
言範（成季裔）　276
彦仁（順徳源氏）　762
彦良（順徳源氏）　762

こ

公為（知足院三条）　158
公為（阿野）　241
公維（徳大寺）　167
公尹（洞院）　140
公尹（山本）　254
公尹（西四辻）　266
公胤（徳大寺）　166
公蔭（清水谷）　137
公蔭（正親町）　229
公永（西園寺）　129
公益（西園寺）　131
公益（河鰭）　236
公益（八条）　238
公悦（宇佐八幡宮到津）　947
公遠（四辻）　218
公燕（花園）　251
公屋（園池）　267
公音（四辻）　217
公音（橋本）　224
公音（押小路）　263
公夏（橋本）　225
公賀（四辻）　220
公雅（閑院）　135
公雅（三条）　159
公雅（正親町三条）　185
公恪（西四辻）　266
公貫（正親町三条）　183
公寛（阿野）　244
公翰（園池）　268
公基（京極）　144
公規（今出川）　178
公凞（阿野）　241
公凞（唐橋）　787
公久（今出川）　180
公躬（正親町三条）　184
公亨（四辻）　219
公教（三条）　150
公業（阿野）　242
公兄（正親町三条）　187
公経（西園寺）　126
公敬（滋野井）　204
公景（姉小路）　213
公継（徳大寺）　163
公潔（西園寺）　133
公兼（清水谷）　137
公兼（西園寺）　147
公兼（三条）　156
公兼（正親町）　230
公賢（洞院）　140
公賢（滋野井）　200
公顕（今出河）　144
公元（風早）　262
公言（今出川）　179
公彦（今出川）　177
公彦（室町）　221
公古（滋野井）　203
公古（宇佐八幡宮到津）　947
公広（清水谷）　138
公広（三条）　155
公広（稲荷神社秦氏）　930
公光（加賀）　135
公光（滋野井）　201
公行（今出川）　176
公行（室町）　220
公孝（徳大寺）　164
公香（今出川）　179
公晃（西園寺）　132
公高（正親町三条）　188
公綱（正親町三条）　186
公綱（三条）　190
公興（今出川）　177
公衡（西園寺）　128
公衡（菩提院）　173
公国（河原）　171
公国（三条西）　196
公国（橋本）　225
公根（小倉）　248
公氏（正親町三条）　183
公持（清水谷）　206
公時（三条西）　194
公時（滋野井）　200
公時（唐橋）　792
公守（洞院）　139
公種（小倉）　248
公寿（清水谷）　209
公秀（正親町三条）　184
公修（三条）　157
公脩（小倉）　247
公充（三条）　156
公重（竹林院）　146
公重（四辻）　216
公俊（知足院三条）　158
公俊（徳大寺）　165
公春（四辻）　216

公純(徳大寺)　169
公緒(阿野)　242
公叙(正親町)　231
公尚(滋野井)　202
公勝(清水谷)　207
公韶(四辻)　218
公條(三条西)　195
公城(徳大寺)　168
公縄(阿野)　243
公信(徳大寺)　167
公信(室町)　221
公親(三条)　152
公親(徳大寺)　162
公遂(西園寺)　132
公遂(姉小路)　214
公数(洞院)　143
公世(八条)　238
公正(清水谷)　209
公清(徳大寺)　164
公清(河鰭)　235
公晴(花園)　251
公誠(阿野)　244
公積(正親町三条)　189
公績(四辻)　220
公説(四辻)　219
公宣(三条)　154
公宣(姉小路)　211
公詮(今出川)　179
公全(徳大寺)　168
公宗(西園寺)　129
公宗(洞院)　139
公相(西園寺)　127
公聡(姉小路)　214
公則(正親町三条)　189
公泰(洞院)　141
公泰(三条)　159
公逵(山本)　254
公治(正親町三条)　186
公仲(正親町三条)　187
公仲(正親町)　230
公仲(一条)　368
公忠(三条)　153
公長(風早)　261
公長(山科)　588
公朝(西園寺)　131
公朝(姉小路)　212
公澄(滋野井)　203
公澄(正親町)　230
公直(河原)　172
公直(今出川)　176
公陳(河鰭)　237
公通(西園寺)　126
公通(正親町)　232
公定(清水谷)　136
公定(洞院)　142
公迪(徳大寺)　169
公冬(今出河)　145
公冬(三条)　154
公冬(一条)　367
公統(正親町三条)　188
公藤(西園寺)　130
公藤(清水谷)　206
公敦(三条)　154
公敦(近衛)　172
公敦(三条)　192
公能(徳大寺)　162
公敏(洞院)　141
公富(三条)　155
公富(今出川)　177
公福(三条西)　196
公文(姉小路)　213
公保(徳大寺)　170
公保(三条西)　194
公豊(正親町三条)　185
公房(三条)　151
公望(西園寺)　134
公睦(三条)　158
公萬(四辻)　219
公満(西園寺)　132
公名(西園寺)　130
公名(大宮)　145
公明(大炊御門)　171
公明(九条)　191
公明(正親町)　232
公茂(三条)　152
公野(武者小路)　260
公有(徳大寺)　166
公有(清水谷)　207
公祐(高松)　265
公雄(小倉)　247
公雄(風早)　262
公頼(洞院)　143
公頼(三条, 15世紀)　192
公頼(三条, 1551没)　154
公頼(河鰭)　235
公頼(山科)　583
公理(四辻)　218
公理(裏辻)　253
公隆(閑院)　134
公隆(武者小路)　260
公良(唐橋)　786
公量(近衛)　172
公量(姉小路)　213
公林(稲荷神社秦氏)　932
公倫(阿野)　243
公麗(滋野井)　204
公連(洞院)　144
公連(小倉)　249
公廉(正親町三条)　188
広光(日野町)　452
広成(和気)　893
広仲(五辻)　732
広長(堤)　558
広通(坊門)　358
広通(久我)　656
広範(成季裔)　275
広豊(芝山)　552
弘賢(舟橋)　837
弘資(日野)　420
光愛(柳原)　449
光胤(烏丸)　441
光栄(烏丸)　441
光雅(堀河)　504
光寛(鴨社鴨脚)　923
光暉(日野西)　456
光久(竹屋)　453
光業(広橋)　430
光経(海住山)　484
光継(竹屋)　453
光継(堀河)　510
光慶(日野)　419
光潔(勘解由小路)　457
光兼(式)　102
光兼(竹屋)　454
光賢(烏丸)　440
光顕(外山)　462
光顕(葉室)　510
光顕(中院)　699
光広(烏丸)　440
光行(鴨社鴨脚)　923
光香(北小路)　464
光康(烏丸)　439
光綱(柳原)　448
光国(日野)　415
光施(外山)　462
光実(外山)　462
光俊(大炊御門)　398
光条(鴨社鴨脚)　923
光親(外山)　463
光親(堀河)　505

光成（大炊御門）　399
光成（広橋）　437
光政（烏丸）　442
光盛（平）　814
光宣（烏丸）　440
光全（豊岡）　463
光祖（烏丸）　442
光村（三室戸）　461
光泰（堀河）　508
光泰（春日神社中臣）　940
光知（春日神社中臣）　940
光宙（勘解由小路）　457
光忠（大炊御門）　304
光忠（竹屋）　453
光忠（葉室）　496
光忠（中院）　698
光忠（藤波）　859
光長（竹屋）　453
光長（海住山）　482
光陳（鴨社鴨脚）　923
光通（六角）　388
光定（葉室）　508
光棣（竹屋）　454
光藤（堀河）　509
光徳（烏丸）　443
光能（大炊御門）　398
光範（成季裔）　273
光平（二条）　68
光方（中御門）　487
光豊（勧修寺）　518
光有（竹屋）　454
光雄（烏丸）　441
光豫（竹屋）　454
光頼（葉室）　491
光隆（壬生）　105
光連（鴨社鴨脚）　923
光和（外山）　462
光和（春日神社中臣）　941
行尹（世尊寺）　110
行遠（石井）　833
行家（九条）　576
行学（藤井）　872
行季（世尊寺）　111
行兼（安居院）　825
行弘（石井）　833
行光（日野）　426
行光（石井）　833
行高（西洞院）　807
行康（世尊寺）　111
行康（石井）　832
行氏（日野）　426
行時（西洞院）　807
行俊（世尊寺）　110
行宣（石井）　832
行知（安居院）　825
行忠（世尊寺）　110
行忠（石井）　832
行直（春日）　733
行通（梅溪）　710
行道（藤井）　872
行能（世尊寺）　109
行福（藤井）　872
行文（日前国懸宮紀）　946
行豊（世尊寺）　110
行豊（石井）　832
行茂（日吉神社生源寺）　943
行有（山科）　590
孝久（賀茂社賀茂）　927
孝重（松崎）　477
孝親（中山）　320
孝治（竹内）　750
孝房（万里小路）　528
幸家（九条）　51
幸雅（植松）　714
幸基（錦小路）　874
幸教（九条）　52
幸経（九条）　53
幸房（清閑寺）　534
恒具（岩倉）　701
恒長（東坊城）　796
貢季（小倉）　249
高基（小一条流姉小路）　108
高経（甘露寺）　471
高兼（平）　822
高顕（勧修寺）　519
高彦（伊勢外宮度会）　917
高嗣（菅原）　777
高次（京極）　908
高実（外山）　54
高清（海住山）　484
高仲（五辻）　732
高長（五条）　780
高通（坊門）　356
高定（堀河）　507
高能（一条）　366
高能（菅原）　775
高有（綾小路）　728
康胤（堀河）　637
康遠（醍醐家諸大夫高津）　952
康凞（樋口）　639
康賢（舟橋）　838
康綱（堀河）　637
康実（堀河）　637
康俊（醍醐源氏）　761
康親（中山）　320
康親（堀河）　638
康仲（王）　746
康長（坊城）　784
康道（二条）　67
康能（実兼裔）　279
康隆（堀河）　638
綱光（広橋）　432
綱忠（東坊城）　797
綱平（二条）　68
国栄（岡崎）　554
国輝（住吉神社津守）　942
国久（岡崎）　553
国教（住吉神社津守）　942
国賢（舟橋）　837
国広（岡崎）　553
国光（広橋）　433
国高（菅原）　776
国資（坊城）　662
国俊（吉田）　522
国条（住吉神社津守）　942
国成（岡崎）　554
国盛（日野西）　427
国長（甘露寺）　475
国長（高辻）　770
国通（坊門）　357
国美（住吉神社津守）　943
国福（住吉神社津守）　943
国豊（日野西）　455
国豊（芝山）　552
国房（吉田）　521
国房（岡崎）　554
国量（住吉神社津守）　942
国礼（住吉神社津守）　943

さ

在胤（菅原）　777
在永（壬生坊城）　792
在家（唐橋）　788
在雅（唐橋）　787
在基（勘解由小路）　889
在凞（唐橋）　788
在久（唐橋）　789
在経（唐橋）　789
在兼（菅原）　776
在賢（舟橋）　838

在公(壬生坊城)　790
在弘(勘解由小路)　888
在光(唐橋)　789
在行(唐橋)　792
在高(菅原)　774
在康(勘解由小路，15世紀)　888
在康(勘解由小路，16世紀)　889
在綱(壬生坊城)　791
在嗣(菅原)　775
在重(勘解由小路)　889
在淳(壬生坊城)　791
在章(菅原)　775
在成(菅原)　776
在盛(勘解由小路)　888
在宣(菅原)　777
在宗(菅原)　789
在宗(勘解由小路)　888
在村(唐橋)　787
在治(唐橋)　787
在仲(菅原)　776
在長(勘解由小路)　888
在直(壬生坊城)　791
在通(勘解由小路)　889
在貞(勘解由小路)　888
在登(壬生坊城)　791
在富(壬生坊城)　791
在富(勘解由小路)　889
在輔(壬生坊城)　790
在方(勘解由小路)　888
在豊(唐橋)　787
在廉(唐橋)　788
材親(北畠)　691
算彦(伊勢外宮度会)　918

し

之仲(五辻)　732
氏栄(山井)　626
氏暉(山井)　626
氏彦(伊勢内宮荒木田)　914
氏孝(水無瀬)　613
氏興(山井)　626
氏衡(大宮)　146
氏式(伊勢内宮荒木田)　915
氏種(日野)　427
氏信(水無瀬)　613
氏成(水無瀬)　613
氏全(桜井)　625
氏忠(大炊御門)　307
氏朝(伊勢内宮荒木田)　915
氏貞(伊勢内宮荒木田)　913
氏敦(桜井)　624
氏房(海住山)　484
氏養(伊勢内宮荒木田)　915
氏倫(伊勢内宮荒木田)　914
枝賢(舟橋)　836
師応(春日神社大中臣)　937
師家(松殿)　97
師季(西園寺)　134
師季(壬生)　665
師基(二条)　64
師教(九条)　47
師経(大炊御門)　305
師継(堀河)　299
師賢(堀河)　300
師賢(舟橋)　838
師言(小一条流姉小路)　109
師光(北小路)　465
師行(北畠)　688
師孝(九条)　52
師香(石山)　386
師興(春日神社大中臣)　934
師嗣(二条)　65
師資(押小路)　896
師寿(春日神社大中臣)　937
師重(北畠)　688
師重(春日神社大中臣)　933
師証(春日神社大中臣)　937
師信(堀河)　299
師親(北畠)　688
師尋(春日神社大中臣)　934
師世(小一条流姉小路)　108
師成(水無瀬)　614
師盛(春日神社大中臣)　933
師仲(堀川)　658
師忠(二条)　62
師長(宇治)　121
師直(春日神社大中臣)　934
師典(春日神社大中臣)　936
師冬(今小路)　70
師藤(堀河)　299
師徳(押小路)　896
師平(鷹司)　89
師孟(春日神社大中臣)　936
師良(二条)　65
師良(一条)　76
嗣尹(藤井)　36
嗣家(藤井)　36
嗣賢(藤井)　36
嗣孝(藤井)　36
嗣孝(藪)　272
嗣実(藤井)　36
嗣章(藪)　272
嗣長(甘露寺)　474
嗣通(久我)　654
嗣房(粟田口)　35
嗣房(万里小路)　526
嗣雄(大炊御門)　307
嗣良(藪)　272
資愛(日野)　422
資胤(中御門)　542
資蔭(田向)　725
資英王(白川)　742
資栄(坊城)　662
資益王(白川)　743
資延王(白川)　745
資遠(平松)　117
資家(平松)　115
資家(土御門)　451
資雅(岡崎)　724
資季(平松)　115
資基王(王)　746
資凞(中御門)　543
資教(快楽院)　427
資矩(日野)　421
資訓王(白川)　745
資経(甘露寺)　470
資敬(日野西)　455
資継(平松)　117
資継王(王)　747
資慶(烏丸)　440
資兼(平松)　117
資賢(庭田)　718
資顕(吉田)　521
資顕(王)　746
資顕王(白川)　745
資広(日野町)　452
資光(広橋)　432
資光(日吉神社樹下)　943
資行(柳原)　447
資高(平松)　116
資康(日野)　417
資綱(柳原)　445
資衡(柳原)　445
資国(日野西)　427
資氏王(白川)　743
資枝(日野)　421
資時(日野)　420
資実(日野)　414
資俊(武者小路)　450
資俊(京極)　660

資順（三室戸）　460
資緒王（王）　746
資将（日野町）　452
資勝（日野）　419
資信（小野宮）　107
資信（庭田）　718
資親（平松）　117
資親（快楽院）　427
資世（武者小路）　450
資清（裏松）　458
資清王（白川）　742
資盛（平）　813
資宣（日野）　416
資善（勘解由小路）　457
資宗（日野）　422
資宗（日野西）　428
資宗（菅原）　790
資宗王（王）　745
資忠（勘解由小路）　456
資忠王（白川）　743
資長（日野）　413
資長（東坊城）　797
資朝（日野）　417
資直（富小路）　642
資通（万里小路）　524
資定（日野）　415
資定（柳原）　446
資定（清閑寺）　533
資冬（平松）　117
資董（烏丸）　442
資藤（平松）　116
資藤（日野町）　451
資敦（庭田）　721
資任（烏丸）　439
資能（実兼裔）　279
資平（坊城）　661
資方王（王）　747
資邦王（白川）　741
資房（清閑寺）　533
資名（日野）　416
資明（柳原）　444
資茂（日野）　420
資茂王（王）　747
資邑（二条家諸大夫松波）　951
資頼（堀河）　312
資頼（葉室）　493
資廉（柳原）　447
持為（冷泉）　404
持季（正親町）　230
持基（二条）　65
持言（山科）　586
持康（木造）　690
持国（畠山）　901
持氏（足利）　755
持実（花山院）　294
持俊（山科）　590
持忠（花山院）　292
持通（二条）　66
持冬（今小路）　71
持豊（芝山）　552
持房（北畠）　690
時永（交野）　830
時雅（春日神社大中臣）　934
時具（春日神社大中臣）　933
時継（平）　819
時慶（西洞院）　808
時兼（西洞院）　808
時兼（平）　821
時賢（庭田）　718
時顕（西洞院）　808
時言（平松）　828
時光（日野）　417
時光（西洞院）　809
時行（平松）　827
時香（交野）　830
時晃（交野）　831
時高（西洞院）　806
時康（春日神社大中臣）　934
時啻（春日神社大中臣）　936
時資（春日神社大中臣）　934
時実（平）　818
時春（平松）　827
時章（平松）　827
時真（春日神社大中臣，1719没）　934
時真（春日神社大中臣，19世紀）　937
時親（唐橋）　792
時成（西洞院）　809
時成（春日神社大中臣）　936
時宣（春日神社大中臣）　933
時忠（平）　817
時長（西洞院）　808
時直（西洞院）　808
時通（土御門）　677
時貞（春日神社大中臣）　936
時当（西洞院）　808
時徳（春日神社大中臣）　933
時副（春日神社大中臣）　937
時保（平松）　827
時方（平松）　826
時方（春日神社大中臣）　935
時芳（春日神社大中臣）　937
時房（万里小路）　526
時万（交野）　831
時門（平松）　827
時庸（平松）　826
時雍（交野）　831
時利（交野）　830
時良（西洞院）　809
時量（平松）　826
時令（春日神社大中臣）　934
時廉（春日神社大中臣）　936
実愛（正親町三条）　189
実為（四辻）　216
実惟（阿野）　243
実維（徳大寺）　167
実尹（今出川）　175
実胤（正親町）　231
実陰（武者小路）　260
実蔭（正親町三条）　183
実永（西園寺）　130
実永（三条）　159
実英（八条）　238
実栄（清水谷）　209
実益（西園寺）　131
実益（滋野井）　202
実益（河鰭）　236
実遠（西園寺）　130
実遠（小倉）　250
実遠（一条）　368
実音（三条）　192
実夏（洞院）　142
実家（一条）　76
実家（河原）　170
実雅（正親町三条）　185
実雅（一条）　367
実岳（武者小路）　260
実紀（梅園）　257
実起（三条）　157
実起（小倉）　248
実基（徳大寺）　163
実暉（中園）　283
実凞（洞院）　143
実義（正親町三条）　189
実久（徳大寺）　167
実久（正親町三条）　188
実久（清水谷）　208
実久（橋本）　226
実躬（閑院）　136

実躬（正親町三条）　183
実教（三条西）　196
実教（小倉）　247
実教（山科）　582
実郷（橋本）　224
実業（清水谷）　208
実勲（三条西）　197
実兄（梅園）　256
実経（一条）　75
実景（裏辻）　252
実継（正親町三条）　184
実建（武者小路）　260
実兼（西園寺）　128
実堅（徳大寺）　169
実憲（徳大寺）　168
実顕（西園寺）　128
実顕（今出河）　145
実顕（三条）　156
実顕（阿野）　242
実古（三条）　160
実光（近衛）　171
実光（正親町）　233
実好（梅園）　257
実行（三条）　149
実孝（徳大寺）　164
実香（三条）　154
実香（近衛）　172
実綱（三条，1180没）　151
実綱（三条，1581没）　155
実綱（大炊御門）　172
実綱（正親町）　230
実綱（中園）　283
実興（正親町三条）　186
実興（八条）　239
実衡（西園寺）　129
実国（滋野井）　199
実材（西園寺）　128
実材（清水谷）　207
実氏（西園寺）　127
実枝（三条西）　195
実嗣（徳大寺）　164
実次（姉小路）　212
実持（清水谷）　137
実時（清水谷）　137
実時（徳大寺）　165
実守（洞院）　141
実守（菩提院）　173
実守（園池）　267
実種（西園寺）　147
実種（今出川）　180
実種（八条）　239
実種（風早）　261
実秀（清水谷）　138
実秀（三条）　155
実秀（正親町）　230
実秋（清水谷）　208
実秋（風早）　262
実重（三条）　152
実俊（西園寺）　129
実俊（橋本）　224
実俊（八条）　237
実淳（徳大寺）　166
実順（今出川）　180
実尚（大宮）　146
実尚（姉小路）　212
実松（橋本）　225
実昭（正親町三条）　188
実称（三条西）　197
実章（花園）　251
実韶（西園寺）　133
実條（三条西）　196
実縄（梅園）　256
実岑（押小路）　263
実信（洞院）　143
実親（三条）　151
実世（洞院）　142
実世（姉小路）　212
実世（八条）　239
実清（三条西）　194
実清（八条）　238
実清（梅園）　255
実清（八条）　572
実盛（三条）　159
実盛（徳大寺）　165
実晴（西園寺）　131
実誠（橋本）　226
実積（風早）　262
実宣（西園寺）　130
実宣（滋野井）　200
実全（滋野井）　203
実前（滋野井）　201
実祖（徳大寺）　168
実宗（西園寺）　126
実則（徳大寺）　169
実村（橋本）　225
実泰（洞院）　139
実達（園池）　268
実治（三条）　156
実治（九条）　191
実治（河鰭）　236
実治（阿野）　241
実仲（九条）　191
実仲（四辻）　217
実仲（慈光寺）　736
実忠（三条）　153
実紐（阿野）　243
実長（竹林院）　147
実長（三条）　150
実長（四辻）　219
実朝（源）　753
実澄（橋本）　224
実直（今出川）　176
実直（阿野）　241
実陳（河鰭）　236
実通（一条）　82
実通（徳大寺）　166
実定（徳大寺）　162
実典（阿野）　244
実覩（山本）　254
実冬（三条）　153
実冬（滋野井）　201
実藤（四辻）　216
実藤（阿野）　242
実同（正親町三条）　189
実徳（正親町）　233
実敦（西園寺）　147
実敦（阿野）　244
実任（閑院）　136
実任（三条）　190
実任（清水谷）　208
実能（徳大寺）　161
実美（三条）　158
実富（今出川）　176
実富（姉小路）　213
実富（山本）　254
実富（押小路）　263
実武（姉小路）　213
実福（正親町三条）　187
実福（山本）　255
実文（姉小路）　212
実文（橋本）　225
実文（正親町）　229
実文（阿野）　241
実平（京極）　144
実平（三条）　152
実保（徳大寺）　170
実輔（西園寺）　132
実邦（梅園）　256
実豊（正親町三条）　185
実豊（正親町）　232

実豊（河鰭）　235
実房（三条）　150
実望（正親町三条）　186
実本（裏辻）　252
実萬（三条）　157
実満（花園）　251
実名（小倉）　248
実明（閑院）　135
実明（正親町）　229
実茂（河原）　173
実茂（四辻）　217
実右（小倉）　248
実有（正親町三条）　187
実有（清水谷）　206
実祐（河鰭）　237
実揖（清水谷）　209
実雄（洞院）　138
実利（河鰭）　237
実理（橋本）　225
実隆（三条西）　195
実隆（河鰭）　235
実良（一条）　82
実量（三条）　154
実麗（橋本）　226
実連（三条西）　194
実連（清水谷）　207
実連（正親町）　232
実廉（八条）　239
実廉（阿野）　241
実廉（花園）　251
実路（花園）　252
守雅（伊勢内宮荒木田）　915
守訓（伊勢内宮荒木田）　915
守経（安倍）　848
守敬（伊勢内宮荒木田）　913
守堅（伊勢内宮荒木田）　916
守賢（岡崎）　724
守光（広橋）　433
守洪（伊勢内宮荒木田）　913
守秀（伊勢内宮荒木田）　914
守脩（伊勢内宮荒木田）　914
守重（伊勢内宮荒木田）　915
守緒（伊勢内宮荒木田）　915
守世（伊勢内宮荒木田）　913
守宣（伊勢内宮荒木田）　916
守宗（伊勢内宮荒木田）　913
守相（伊勢内宮荒木田）　913
守浮（伊勢内宮荒木田）　914
守民（伊勢内宮荒木田）　915
守和（伊勢内宮荒木田）　914
種範（日野）　426
種敷（春日神社大中臣）　936
寿康（樋口）　640
秀家（宇喜多）　906
秀吉（豊臣）　904
秀久（鴨社鴨脚）　922
秀元（毛利）　907
秀康（徳川）　905
秀次（豊臣）　904
秀俊（豊臣）　904
秀勝（豊臣）　904
秀信（織田）　903
秀政（鴨社鴨脚）　922
秀清（桂宮家諸大夫生嶋）　948
秀静（鴨社鴨脚）　922
秀相（舟橋）　837
秀治（鴨社鴨脚）　922
秀忠（藤波）　857
秀忠（徳川）　905
秀長（東坊城）　795
秀長（豊臣）　904
秀長（鴨社鴨脚）　922
秀直（富小路）　642
秀定（清閑寺）　535
秀文（鴨社鴨脚）　922
秀保（豊臣）　904
秀豊（鴨社鴨脚）　922
秀房（万里小路）　527
秀頼（豊臣）　904
秀隆（鴨社鴨脚）　922
周長（菅原）　777
周茂（岡崎）　281
修長（高辻）　774
脩範（実兼裔）　278
就久（賀茂社賀茂）　925
充行（藤井）　872
充武（藤井）　872
充房（万里小路）　528
重尹（大原）　734
重胤（庭田）　723
重家（六条）　574
重季（高松）　264
重基（庭田）　723
重凞（庭田）　722
重具（庭田）　721
重経（庭田）　720
重経（高階）　885
重兼（楊梅）　113
重光（日野）　418
重孝（庭田）　722
重衡（平）　813
重氏（紙屋河）　576
重嗣（庭田）　722
重資（庭田）　719
重条（庭田）　721
重殖（賀茂社賀茂）　927
重親（庭田）　720
重世（丹波）　875
重成（大原）　735
重清（高倉）　635
重盛（平）　812
重治（田向）　725
重長（丹波）　876
重直（富小路）　642
重通（坊門）　354
重定（庭田）　721
重度（大原）　734
重統（賀茂社賀茂）　925
重徳（大原）　735
重能（庭田）　723
重保（庭田）　720
重豊（芝山）　552
重豊（賀茂社賀茂）　925
重房（北小路）　878
重有（庭田）　720
重良（二条）　69
従久（錦織）　870
従言（萩原）　869
俊逸（坊城）　549
俊永（鴨社泉亭）　920
俊益（鴨社泉亭）　921
俊雅（五辻）　297
俊完（坊城）　547
俊季（橋本）　224
俊経（大福寺）　423
俊景（綾小路）　729
俊兼（楊梅）　113
俊賢（綾小路）　730
俊憲（実兼裔）　277
俊顕（坊城）　547
俊言（御子左）　401
俊彦（鴨社泉亭）　922
俊広（坊城）　547
俊光（日野）　416
俊克（坊城）　550
俊氏（五辻）　297
俊資（綾小路）　730
俊実（坊城）　545
俊寿（鷹司家諸大夫高橋）　952
俊秀（坊城）　546

俊春(鴨社泉亭)　920
俊昌(坊城)　547
俊将(坊城)　548
俊常(北小路)　878
俊臣(中御門)　543
俊信(鷹司家諸大夫高橋)　952
俊親(坊城)　549
俊親(坊門)　619
俊成(冷泉)　393
俊政(坊城)　550
俊清(坊城)　548
俊盛(八条)　571
俊宗(武者小路)　450
俊宗(綾小路)　729
俊泰(木造)　690
俊泰(北小路)　878
俊長(高辻)　773
俊長(日前国懸宮紀)　946
俊直(北小路)　878
俊通(堀川)　359
俊通(愛宕)　678
俊定(勧修寺)　514
俊定(北小路)　878
俊冬(坊城)　546
俊任(坊城)　546
俊範(成季裔)　275
俊範(平)　816
俊平(壬生)　382
俊輔(中御門)　540
俊方(坊城)　548
俊芳(二条家諸大夫北小路)　951
俊名(坊城)　547
俊明(坊城)　549
俊茂(木造)　691
俊量(綾小路)　728
春光(鴨社鴨脚)　923
春武(鴨社泉亭)　921
春房(万里小路)　527
淳光(柳原)　446
淳高(菅原)　774
淳範(成季裔)　275
淳房(万里小路)　529
順久(賀茂社賀茂)　925
順仲(五辻)　732
順長(桑原)　802
順福(梅宮社橋本)　945
諸仲(五辻)　731
叙胤(近衛家諸大夫斎藤)　950
叙定(近衛家諸大夫斎藤)　950
尚季(今出川)　180
尚基(二条)　66
尚経(九条)　50
尚賢(舟橋)　837
尚顕(勧修寺)　517
尚嗣(近衛)　31
尚資(豊岡)　463
尚実(九条)　52
尚秀(錦小路)　874
尚忠(九条)　53
尚長(甘露寺)　474
尚長(東坊城)　798
尚通(近衛)　30
尚房(万里小路)　529
尚明(穂波)　560
尚良(中御門)　542
昌家(小一条流姉小路)　109
昌季(大宮)　257
昭実(二条)　67
昭房(岡崎)　553
昭良(一条)　80
祥光(北小路)　465
章長(高辻)　771
紹季(高丘)　284
勝光(日野)　418
勝忠(山本)　253
勝長(甘露寺)　476
勝房(池尻)　555
韶光(勘解由小路)　457
賞雅(植松)　713
賞季(西園寺)　133
賞久(賀茂社賀茂)　926
仍敦(山井)　626
条彦(伊勢外宮度会)　917
乗具(岩倉)　700
常倚(伊勢外宮度会)　917
常雅(花山院)　294
常古(伊勢外宮度会)　918
常之(伊勢外宮度会)　918
常政(三条家諸大夫森)　952
常全(伊勢外宮度会)　919
常善(伊勢外宮度会)　919
常代(伊勢外宮度会)　919
常達(伊勢外宮度会)　919
常陳(伊勢外宮度会)　918
常典(伊勢外宮度会)　918
常伴(伊勢外宮度会)　920
常名(伊勢外宮度会)　919
常有(伊勢外宮度会)　917
常庸(伊勢外宮度会)　919
常和(伊勢外宮度会)　916
蝨王(王)　747
職久(賀茂社賀茂)　924
信尹(近衛)　30
信家(坊門)　618
信雅(丹羽)　620
信経(大炊御門)　315
信経(大福寺)　425
信兼(坊門)　618
信兼(平)　825
信堅(西洞院)　810
信元(七条)　622
信好(長谷)　829
信行(坊門)　619
信孝(樋口)　639
信康(樋口)　639
信嗣(大炊御門)　306
信時(小一条流姉小路)　107
信俊(綾小路)　728
信順(西洞院)　810
信尚(鷹司)　91
信昌(長谷)　829
信尋(近衛)　31
信成(水無瀬)　611
信清(坊門)　616
信盛(大福寺)　424
信全(七条)　622
信宗(大炊御門)　308
信忠(織田)　903
信長(織田)　903
信通(久我)　657
信定(坊門)　617
信藤(坊門)　620
信篤(長谷)　829
信能(一条)　366
信範(西洞院)　806
信平(法性寺)　119
信平(賀茂社賀茂)　927
信輔(烏丸)　823
信方(七条)　621
信包(織田)　903
信房(鷹司)　90
信有(綾小路)　727
信雄(織田)　903
信庸(西洞院)　809
信頼(姉小路)　615
信隆(坊門)　616
信良(坊門)　618
信量(大炊御門)　308
親安(稲荷神社秦氏)　931
親家(楊梅)　114

親賀（堀河）　638
親雅（中山）　319
親雅（四条）　479
親季（平松）　116
親教（坊城）　662
親業（大福寺）　425
親業（稲荷神社秦氏）　932
親経（大福寺）　423
親継（法性寺）　120
親継（平）　819
親兼（水無瀬）　611
親賢（土御門）　675
親憲（稲荷神社秦氏）　932
親顕（北畠）　692
親顕（平）　821
親彦（伊勢外宮度会）　917
親光（中院）　698
親行（楊梅）　114
親康（法性寺）　120
親康（丹波）　876
親綱（中山）　321
親国（平）　818
親氏（五辻）　297
親時（平）　820
親実（大宮）　579
親実（堀河）　638
親就（和気）　893
親俊（岩蔵）　506
親俊（大中臣）　860
親春（法性寺）　120
親章（藤波）　855
親臣（稲荷神社秦氏）　932
親臣（今出川家諸大夫山本）　952
親信（法性寺）　120
親信（水無瀬）　610
親世（法性寺）　120
親世（藤波）　857
親盛（稲荷神社秦氏）　931
親宗（法性寺）　120
親宗（平）　817
親仲（水無瀬）　611
親忠（法性寺）　120
親忠（水無瀬）　611
親忠（藤波）　856
親長（法性寺）　120
親長（甘露寺）　473
親長（西洞院）　808
親長（平）　818
親朝（岩蔵）　507
親通（中山）　320
親定（二条）　621
親定（土御門）　675
親典（稲荷神社秦氏）　932
親徳（薩摩国鹿児島諏方大明神藤原）　947
親能（平松）　114
親範（平）　815
親平（坊城）　662
親輔（坊門）　617
親輔（西洞院）　806
親方（堀河）　509
親房（四条）　479
親房（北畠）　689
親明（平）　821
親友（稲荷神社秦氏）　930
親頼（岩蔵）　507
親隆（四条）　479
親隆（藤波）　855

す

遂長（高辻）　772
綏光（広橋）　434
随光（北小路）　465
随資（豊岡）　464
数紀（九条家諸大夫矢野）　950

せ

正久（賀茂社賀茂）　926
正則（福島）　910
正房（万里小路）　531
成家（御子左）　399
成紀（春日神社大中臣）　936
成経（清水谷）　138
成経（大宮）　579
成経（久我）　662
成卿（春日神社大中臣）　936
成賢（綾小路）　728
成光（日吉神社樹下）　945
成実（大宮）　579
成俊（平）　816
成純（日吉神社樹下）　943
成職（春日神社大中臣）　937
成親（大宮）　578
成節（日吉神社樹下）　945
成長（霊山）　482
成通（坊門）　354
成冬（今小路）　71
成能（実兼裔）　279
成範（実兼裔）　277
成範（日吉神社樹下）　944
成輔（烏丸）　824
成房（高階）　886
成頼（葉室）　492
成隆（葉室）　495
成隆（春日神社大中臣）　936
齊敬（二条）　70
齊信（二条）　69
齊通（二条）　69
政為（冷泉）　405
政家（近衛）　29
政季（大宮）　258
政基（九条）　50
政凞（鷹司）　92
政顕（勧修寺）　516
政嗣（二条）　66
政資（日野）　418
政宗（木造）　691
政宗（伊達）　909
政則（赤松）　902
政知（足利）　756
政忠（九条）　49
政長（花山院）　292
政直（富小路）　643
政通（鷹司）　93
政平（鷹司）　90
政房（一条）　79
政房（万里小路）　530
清雅（鷹司）　301
清季（八条）　238
清季（八条）　572
清規（石清水神社紀）　920
清国（藤波）　857
清信（坊城）　661
清親（大中臣）　859
清世（藤波）　857
清盛（平）　810
清宗（平）　814
清忠（坊門）　619
清忠（藤波）　857
清長（甘露寺）　472
清長（霊山）　481
清長（高辻）　769
清通（坊門）　355
清通（久我）　654
清房（海住山）　484
清房（坊門）　619
清隆（壬生）　104
済家（小一条流姉小路）　108
済継（小一条流姉小路）　109
済氏（小一条流姉小路）　108

盛家(六条)　577
盛季(平松)　116
盛季(大宮)　258
盛経(大福寺)　424
盛兼(楊梅)　112
盛親(楊梅)　113
盛治(竹内)　750
盛仲(五辻)　732
盛長(八条)　573
盛長(東坊城)　796
盛長(丹波)　875
盛直(錦小路)　874
晴季(今出川)　178
晴具(北畠)　691
晴光(日野)　419
晴親(土御門)　848
晴宣(穂波)　560
晴通(久我)　655
晴豊(勧修寺)　518
晴右(勧修寺)　517
晴雄(土御門)　848
晴良(二条)　67
誠季(今出川)　179
誠光(三室戸)　460
精房(大原野神社中沢)　942
静康(樋口)　640
積興(桂宮家諸大夫尾崎)　949
説光(北小路)　465
宣維(澤)　841
宣胤(中御門)　541
宣経(五辻)　295
宣賢(舟橋)　836
宣顕(中御門)　543
宣光(伏原)　840
宣幸(伏原)　839
宣康(樋口)　640
宣綱(中御門)　542
宣持(岡崎)　553
宣秀(中御門)　541
宣俊(中御門)　540
宣順(中御門)　543
宣條(伏原)　839
宣親(中山)　320
宣成(澤)　841
宣忠(中御門)　542
宣通(伏原)　839
宣武(伏原)　840
宣保(平野神社鈴鹿)　930
宣方(栗田口)　504
宣方(中御門)　540
宣豊(芝山)　551
宣房(万里小路)　524
宣明(中御門)　540
宣明(伏原)　840
宣諭(伏原)　840
宣由(桂宮家諸大夫生嶋)　949
前久(近衛)　30
前秀(広幡)　759
前豊(広幡)　759
善成(順徳源氏)　762

そ

宗家(松木)　348
宗家(冷泉)　406
宗雅(鷹司)　302
宗雅(松木)　349
宗雅(壬生)　664
宗基(二条)　69
宗凞(二条)　68
宗享(難波)　328
宗教(難波)　327
宗業(日野)　425
宗経(吉田)　485
宗経(平)　820
宗継(松木)　351
宗建(難波)　328
宗兼(松木)　350
宗賢(舟橋)　836
宗顕(松木)　352
宗顕(葉室)　511
宗弘(難波)　328
宗行(中山)　477
宗綱(松木)　351
宗氏(五辻)　297
宗氏(大炊御門)　308
宗嗣(鷹司)　314
宗時(持明院)　365
宗実(大炊御門)　308
宗実(松木)　349
宗種(難波)　327
宗秀(難波)　327
宗重(松木)　350
宗緒(難波)　327
宗尚(難波)　328
宗条(松木)　351
宗城(難波)　328
宗親(五辻)　296
宗清(難波)　327
宗盛(平)　812
宗宣(松木)　350
宗宣(平)　818
宗泰(松木)　350
宗治(後嵯峨源氏)　763
宗長(難波)　326
宗長(松木)　352
宗朝(園池)　267
宗直(大中臣)　861
宗冬(松木)　349
宗藤(松木)　351
宗徳(松木)　353
宗能(松木)　347
宗美(松木)　352
宗平(鷹司)　314
宗平(松木)　348
宗輔(堀川)　359
宗房(八条)　502
宗房(大原野神社中沢)　942
宗満(松木)　351
宗明(山科)　583
宗明(後深草源氏)　764
宗有(難波)　327
宗頼(葉室)　492
宗隆(八条)　501
宗量(難波)　327
相愛(松尾神社松尾)　929
相永(入江)　410
相栄(松尾神社松尾)　928
相看(松尾神社松尾)　928
相賢(舟橋)　837
相尚(入江)　409
相崇(松尾神社松尾)　928
相村(松尾神社松尾)　929
相忠(松尾神社松尾)　928
相道(松尾神社松尾)　928
相保(持明院(正嫡))　369
相命(松尾神社松尾)　929
相養(松尾神社松尾)　928
総光(広橋)　434
総長(高辻)　772
総直(富小路)　643
聡長(東坊城)　798
則賢(舟橋)　837
則康(堀河)　637
則韶(一条家諸大夫入江)　952
尊安(日御碕社小野)　946
尊氏(足利)　753

た

太久(賀茂社賀茂)　928
泰栄(土御門)　847

泰家（安倍）　849
泰吉（倉橋）　849
泰経（高階）　884
泰継（高階）　886
泰顕（倉橋）　851
俊信（堀川）　659
泰行（倉橋）　850
泰孝（倉橋）　850
泰重（土御門）　847
泰章（倉橋）　850
泰清（安倍）　849
泰宣（安倍）　848
泰聡（倉橋）　850
泰通（坊門）　355
泰貞（倉橋）　849
泰福（土御門）　847
泰邦（土御門）　847
泰連（土御門）　847
代長（堤）　558

ち

治季（西園寺）　133
治孝（二条）　69
治康（丹波）　876
治資（豊岡）　464
治房（清閑寺）　535
知音（壬生）　899
知家（九条）　575
知尚（橘）　881
知盛（平）　812
知仲（伊勢外宮度会）　917
知通（六角）　388
知任（橘）　881
知輔（安居院）　826
致季（西園寺）　132
智彦（伊勢外宮度会）　917
仲経（水無瀬）　611
仲兼（西洞院）　807
仲光（広橋）　431
仲興（春日）　733
仲資王（白川）　741
仲重（春日）　733
仲章（久我家諸大夫春日）　953
仲親（西洞院）　807
仲房（万里小路）　525
忠尹（中山）　323
忠家（九条）　47
忠雅（花山院）　288
忠季（正親町）　229
忠基（九条）　49
忠基（外山）　55
忠基（月輪）　56
忠基（難波）　325
忠凞（近衛）　33
忠凞（稲荷神社秦氏）　932
忠教（九条）　47
忠具（愛宕）　678
忠経（花山院）　288
忠継（五辻）　296
忠兼（楊梅）　112
忠絢（稲荷神社秦氏）　932
忠顕（松殿）　100
忠顕（千種）　699
忠言（山科）　587
忠光（柳原）　445
忠行（楊梅）　111
忠孝（松殿）　100
忠幸（広幡）　758
忠香（一条）　82
忠高（海住山）　483
忠康（長谷）　828
忠興（細川）　908
忠氏（五辻）　297
忠嗣（近衛）　29
忠嗣（九条）　47
忠嗣（松殿）　100
忠秀（柳原）　445
忠重（住吉神社津守）　942
忠順（醍醐）　96
忠順（堀河）　638
忠信（坊門）　617
忠親（中山）　317
忠世（平）　819
忠成（水無瀬）　614
忠長（海住山）　483
忠長（粟田口）　778
忠長（桑原）　801
忠朝（烏丸）　298
忠直（大中臣）　861
忠直（徳川）　905
忠通（近衛）　25
忠定（粟田口）　35
忠定（花山院）　291
忠定（中山）　318
忠冬（鷹司）　90
忠冬（松殿）　99
忠藤（堀河）　300
忠能（中山）　323
忠能（鷹司）　615
忠富王（白川）　743
忠輔（粟田口）　35
忠輔（一条）　76
忠輔（花山院）　292
忠方（八条）　503
忠房（近衛）　33
忠房（松殿）　98
忠房親王（順徳源氏）　762
忠明（中山）　318
忠頼（花山院）　289
忠頼（中山）　323
忠隆（姉小路）　614
忠良（粟田口）　33
忠良（一条）　82
忠量（澤）　841
忠礼（広幡）　760
長維（東坊城）　796
長員（菅原）　777
長遠（東坊城）　795
長可（九条家諸大夫信濃小路）　950
長雅（鷹司）　301
長雅（高辻）　771
長季（八条）　573
長基（烏丸）　298
長凞（花山院）　294
長凞（清岡）　800
長義（桑原）　801
長郷（高辻）　770
長堯（伊勢内宮大中臣）　916
長矩（伊勢内宮大中臣）　916
長具（愛宕）　678
長経（八条）　572
長経（五条）　780
長兼（八条）　502
長賢（庭田）　720
長顕（葉室）　511
長光（葉室）　495
長綱（東坊城）　794
長衡（高辻）　770
長材（清岡）　800
長氏（八条）　573
長嗣（粟田口）　778
長資（田向）　725
長時（清岡）　799
長重（丹羽）　909
長淳（東坊城）　796
長順（葉室）　500
長祥（伊勢内宮大中臣）　916
長親（葉室）　512
長親（清岡）　800

長世(丹波)　875
長成(高辻)　769
長政(西坊城)　799
長清(八条)　573
長清(東坊城)　795
長盛(醍醐源氏)　761
長説(清岡)　800
長宣(高辻)　770
長詮(東坊城)　797
長宗(葉室)　495
長相(持明院(正嫡))　369
長治(竹内)　750
長忠(烏丸)　298
長忠(葉室)　495
長忠(広幡)　759
長朝(八条)　502
長直(高辻)　771
長直(錦小路)　874
長通(久我)　652
長定(花山院)　291
長都(伊勢内宮大中臣)　916
長冬(坊城)　784
長藤(葉室)　495
長敏(坊城)　784
長輔(八条)　571
長方(八条)　501
長方(粟田口)　778
長房(海住山)　482
長房(近衛家諸大夫進藤)　949
長隆(葉室)　494
長量(伊勢内宮大中臣)　916
長倫(式)　102
祀定(清閑寺)　536
朝栄(伊勢外宮度会)　918
朝喬(伊勢外宮度会)　919
朝彦(伊勢外宮度会)　920
朝忠(藤波)　857
朝方(冷泉)　478
朝隆(冷泉)　478
澄仲(慈光寺)　736
直義(足利)　754
直親(平野神社鈴鹿)　930
直保(平野神社鈴鹿)　930
直房(錦小路)　874
稙家(近衛)　30
稙基(九条)　52
稙通(九条)　50
稙房(万里小路)　529
陳光(三室戸)　461

つ

通為(中院)　684
通胤(中院)　684
通音(久世)　702
通夏(久世)　702
通雅(花山院)　289
通貫(愛宕)　711
通基(久我)　651
通凞(久世)　703
通久(久我)　658
通躬(中院)　686
通教(中院)　693
通具(堀川)　669
通兄(久我)　657
通敬(愛宕)　712
通堅(久我)　655
通賢(梅溪)　710
通顕(中院)　682
通言(久我)　655
通古(中院)　686
通光(久我)　650
通行(土御門)　676
通根(久世)　703
通材(久我)　652
通氏(中院，1238没)　687
通氏(中院，1394没)　683
通枝(中院)　686
通嗣(久我)　652
通資(唐橋)　668
通持(土御門)　677
通持(中院)　682
通時(中院)　682
通守(中院)　683
通秀(中院)　684
通重(中院)　682
通純(中院)　685
通淳(中院)　683
通勝(中院)　685
通条(梅溪)　709
通岑(東久世)　706
通親(久我)　650
通世(中院，13世紀)　681
通世(中院，1519没)　684
通成(中院)　681
通盛(平)　813
通晴(愛宕)　711
通誠(久我)　656
通積(東久世)　705
通宣(久我，1352没)　653
通宣(久我，1433没)　654
通前(久我)　656
通善(梅溪)　710
通宗(久我)　650
通相(久我)　653
通村(中院)　685
通知(中院)　687
通致(愛宕)　712
通仲(梅溪)　709
通忠(久我)　651
通直(愛宕)　712
通直(大中臣)　861
通定(花山院)　291
通定(久我)　653
通典(愛宕)　712
通冬(中院)　683
通藤(中院)　693
通博(久我)　654
通敏(中院)　683
通富(中院)　687
通武(東久世)　705
通福(愛宕)　711
通平(久我)　651
通輔(松殿)　99
通方(中院)　681
通房(土御門)　676
通名(久我)　656
通明(久我)　658
通茂(中院)　685
通祐(愛宕)　712
通雄(久我)　652
通庸(東久世)　705
通頼(中院)　681
通理(久世)　703
通廉(東久世)　705

て

廷季(三条西)　197
定逸(野宮)　338
定栄(梅宮社橋本)　945
定延(賀茂社賀茂)　923
定縁(野宮)　338
定家(冷泉)　393
定雅(花山院)　289
定季(平松)　114
定基(野宮)　338
定凞(花山院)　293
定教(花山院)　290
定教(花山院)　293
定喬(梅小路)　557

定業（野宮）　339
定矩（梅小路）　556
定具（土御門）　676
定経（今城）　341
定経（甘露寺）　469
定兼（白川）　747
定功（野宮）　340
定好（花山院）　293
定孝（池尻）　556
定高（海住山）　483
定綱（伊勢内宮荒木田）　914
定興（今城）　342
定国（今城）　342
定之（野宮）　339
定嗣（花山院）　292
定嗣（葉室）　506
定資（勧修寺）　514
定実（土御門）　674
定種（今城）　341
定俊（野宮）　338
定淳（今城）　341
定肖（梅小路）　557
定祥（野宮）　339
定章（今城）　342
定親（中山）　319
定親（冷泉）　489
定親（壬生）　667
定世（藤波）　856
定成（今城）　342
定制（伊勢内宮荒木田）　915
定晴（野宮）　339
定誠（花山院）　293
定宗（中山）　318
定忠（藤波）　856
定長（鷹司）　301
定長（霊山）　481
定長（土御門）　676
定通（土御門）　673
定藤（葉室）　507
定能（平松）　114
定福（梅小路）　557
定平（壬生）　666
定輔（二条）　620
定豊（芝山）　551
定房（甘露寺）　471
定房（壬生）　663
定頼（八条）　503
定隆（壬生）　105
貞維（富小路）　642
貞盈（伊勢外宮度会）　917
貞季（大宮）　258
貞光（広橋）　435
貞根（伊勢外宮度会）　918
貞随（富小路）　643
貞直（富小路）　643
貞度（伊勢外宮度会）　919
貞董（伊勢外宮度会）　920
貞悳（伊勢外宮度会）　917
貞命（伊勢外宮度会）　917
哲長（堤）　559

と

都盛（伊勢内宮大中臣）　916
冬家（鷹司）　89
冬雅（鷹司）　302
冬季（滋野井）　201
冬基（鷹司）　88
冬基（醍醐）　94
冬凞（醍醐）　94
冬教（鷹司）　88
冬経（鷹司）　88
冬兼（室町）　38
冬光（烏丸）　439
冬香（醍醐）　95
冬康（樋口）　640
冬氏（大炊御門）　307
冬実（近衛岡本）　39
冬実（一条）　77
冬俊（竹屋）　453
冬信（大炊御門）　307
冬宗（大炊御門）　308
冬泰（滋野井）　204
冬忠（大炊御門）　306
冬通（二条）　64
冬通（鷹司）　89
冬定（松木）　349
冬平（鷹司）　87
冬輔（松殿）　100
冬輔（大炊御門）　306
冬方（甘露寺）　472
冬房（松殿）　99
冬房（万里小路）　527
冬良（衣笠）　37
冬良（一条）　79
棟有（烏丸）　824
藤長（甘露寺）　472
藤朝（岩蔵）　509
藤範（成季裔）　276
藤房（万里小路）　525
道家（九条）　46
道教（九条）　48
道経（北小路）　37
道孝（九条）　54
道香（一条）　81
道嗣（近衛）　28
道嗣（北小路）　38
道昭（松殿）　100
道前（九条）　53
道平（二条）　63
道房（九条）　51
道良（二条）　62
督久（賀茂社賀茂）　925
徳光（北小路）　464
徳忠（藤波）　858
篤凞（石山）　387
篤親（中山）　321
篤忠（錦小路）　874
篤長（甘露寺）　475
篤直（錦小路）　874
敦継（式）　103
敦国（式）　104
敦通（久我）　655
敦有（綾小路）　727

な

内家（一条）　77
内基（一条）　80
内経（一条）　77
内光（日野）　418
内嗣（一条）　78
内実（一条）　76
内前（近衛）　32

の

能季（平松）　115
能基（一条）　367
能光（三室戸）　461
能成（鷹司）　615
能清（一条）　367
能忠（平松）　115
能通（六角）　389
能保（一条）　366
能隆（藤波）　856

は

博久（賀茂社賀茂）　927
博高（東久世）　705
博房（万里小路）　531
範家（平）　815
範季（藪）　270

範基(岡崎)　280
範久(藪)　272
範兼(藪)　270
範賢(烏丸)　823
範彦(伊勢外宮度会)　919
範光(岡崎)　279
範高(平)　824
範高(長谷)　829
範国(岡崎)　281
範氏(岡崎)　280
範嗣(岡崎)　281
範時(藪)　271
範春(藪)　272
範昌(長谷)　829
範世(高倉)　281
範宗(実兼裔)　278
範朝(岡崎)　280
範定(冷泉)　636
範藤(藪)　271
範篤(西洞院)　809
範能(実兼裔)　278
範保(実兼裔)　279
範輔(岡崎)　281
範輔(烏丸)　823
範房(高倉)　281
範茂(藪)　271
範雄(岡崎)　280

ひ

敏忠(藤波)　857
敏通(久我)　657

ふ

福長(高辻)　773
文雅(植松)　714

へ

並親(平野神社鈴鹿)　930

ほ

保家(持明院(正嫡))　368
保家(和気)　893
保季(藪)　273
保季(六条)　575
保喬(賀茂社賀茂)　925
保敬(幸徳井)　890
保光(高野)　383
保光(土御門)　451
保香(高野)　383
保嵩(幸徳井)　890
保実(高松)　265
保春(高野)　383
保韶(賀茂社賀茂)　926
保盛(平)　813
保盛(賀茂社賀茂)　928
保宗(山科)　589
保冬(持明院(正嫡))　371
保藤(持明院(正嫡))　369
保美(高野)　384
保右(高野)　384
保有(持明院(正嫡))　370
保麗(賀茂社賀茂)　927
輔家(九条)　53
輔凞(鷹司)　93
輔嗣(九条)　53
輔実(九条)　51
輔政(鷹司)　93
輔通(堀川)　660
輔平(鷹司)　92
輔房(万里小路)　528
方長(甘露寺)　474
邦経(高階)　885
邦綱(壬生)　105
邦仲(高階)　885
邦通(久我)　655
豊季(小倉)　249
豊光(烏丸)　439
豊仲(五辻)　732
豊忠(広幡)　758
豊長(高辻)　772
豊長(粟田口)　778
豊通(久我)　654
豊房(万里小路)　526
豊房(清閑寺)　537
房家(土佐一条)　83
房季(園池)　268
房基(土佐一条)　83
房凞(鷹司)　92
房教(粟田口)　35
房経(一条)　78
房高(岩蔵)　509
房衡(四条)　581
房嗣(近衛)　29
房実(九条)　48
房長(五条)　780
房通(粟田口)　35
房通(一条)　79
房冬(土佐一条)　83
房任(四条)　568
房範(成季裔)　276
房平(鷹司)　90
房輔(鷹司)　91
房名(四条)　567
望久(賀茂社賀茂)　927

ま

末彦(伊勢外宮度会)　917
満家(九条)　49
満季(洞院)　143
満基(二条)　65
満親(中山)　319
満詮(足利)　755
満冬(今小路)　70

め

明英(和気)　892
明光(裏松)　459
明孝(和気)　892
明重(和気)　892
明成(和気)　892
明範(成季裔)　275
明豊(中御門)　541
明名(和気)　893
明茂(和気)　892

も

茂慶(日吉神社樹下)　944
茂賢(庭田)　719
茂光(柳原)　447
茂仲(日吉神社樹下)　945
茂長(東坊城)　794
茂通(坊門)　357
茂範(成季裔)　274

ゆ

友兼(幸徳井)　890
友世(日吉神社生源寺)　943
友治(日吉神社樹下)　943
有維(千種)　707
有胤(綾小路)　729
有栄(六条)　697
有家(六条，1216没)　575
有家(六条，1815没)　697
有雅(岡崎)　724
有季(土御門)　846
有起(六条)　697
有儀(倉橋)　850
有教(堀川)　659
有郷(安倍)　849
有敬(千種)　707

有継（六条）　696
有言（六条）　697
有功（千種）　708
有広（六条）　696
有光（快楽院）　427
有光（六条）　695
有資（庭田）　718
有時（綾小路）　727
有脩（土御門）　846
有俊（綾小路）　728
有春（土御門）　846
有純（六条）　696
有条（千種）　708
有親（平）　819
有世（土御門）　846
有成（水無瀬）　614
有政（千種）　708
有清（坊門）　618
有盛（土御門）　846
有宣（土御門）　846
有仲（慈光寺）　737
有仲（土御門）　846
有忠（六条）　695
有長（綾小路）　730
有通（坊門）　358
有通（堀川）　659
有定（六条）　695
有藤（六条）　696
有能（世尊寺）　110
有能（実兼裔）　278
有能（千種）　707
有範（成季裔）　276
有美（綾小路）　729
有富（安倍）　849
有補（千種）　707
有房（六条）　694
有容（六条）　698
有庸（六条）　697
有頼（綾小路）　727
有和（六条）　696
祐益（春日神社中臣）　939
祐延（春日神社中臣）　941
祐恩（春日神社中臣）　937
祐雅（春日神社中臣）　940
祐喜（鴨社梨木）　921
祐凞（鴨社梨木）　921
祐礒（春日神社中臣）　937
祐薫（春日神社中臣）　940
祐兄（春日神社中臣）　940
祐之（鴨社梨木）　920
祐至（春日神社中臣）　940
祐持（鴨社梨木）　921
祐寿（平野神社伊藤）　929
祐嵩（春日神社中臣）　941
祐俊（春日神社中臣）　939
祐諄（春日神社中臣）　941
祐処（春日神社中臣）　940
祐昌（平野神社伊藤）　929
祐誠（春日神社中臣）　941
祐貞（平野神社伊藤）　929
祐当（春日神社中臣）　939
祐道（春日神社中臣）　941
祐丕（春日神社中臣）　941
祐保（鴨社泉亭）　921
祐木（春日神社中臣）　940
祐明（春日神社中臣）　941
祐有（鴨社梨木）　920
祐用（春日神社中臣）　939
雄光（三室戸）　461

ら

頼胤（葉室）　498
頼家（源）　752
頼季（壬生）　106
頼基（小一条流姉小路）　108
頼基（鷹司）　314
頼凞（葉室）　498
頼教（葉室）　510
頼業（葉室）　497
頼経（鎌倉将軍）　56
頼継（鷹司）　314
頼継（葉室）　496
頼兼（堀河）　299
頼言（山科）　586
頼言（壬生）　667
頼孝（葉室）　497
頼国（大炊御門）　309
頼氏（一条）　367
頼嗣（鎌倉将軍）　56
頼資（広橋）　429
頼時（葉室）　512
頼実（大炊御門）　305
頼寿（葉室）　499
頼重（葉室）　497
頼尚（錦小路）　875
頼親（葉室）　493
頼成（冷泉）　588
頼政（源）　752
頼清（平）　814
頼盛（平）　811
頼宣（葉室）　496
頼宣（徳川）　905
頼長（宇治）　120
頼朝（源）　752
頼直（富小路）　642
頼直（丹波）　876
頼定（堀河）　312
頼定（冷泉）　488
頼藤（葉室）　494
頼任（葉室）　494
頼範（成季裔）　274
頼平（鷹司）　313
頼輔（難波）　326
頼房（堀河）　312
頼房（葉室，14世紀）　510
頼房（葉室，1576没）　496
頼房（万里小路）　526
頼房（大河内）　692
頼要（葉室）　498
頼理（錦小路）　875
頼隆（冷泉）　488
頼隆（岩蔵）　506
頼量（丹波）　876

り

利家（前田）　907
利常（前田）　908
利長（前田）　907
隆安（四条）　569
隆尹（鷲尾）　598
隆蔭（油小路）　600
隆蔭（大中臣）　860
隆永（四条）　569
隆英（八条）　606
隆栄（西大路）　594
隆益（四条）　569
隆遠（鷲尾）　597
隆音（四条）　569
隆夏（油小路）　601
隆家（油小路）　600
隆賀（櫛笥）　604
隆雅（四条）　566
隆季（四条）　564
隆基（油小路）　601
隆凞（鷲尾）　598
隆久（西大路）　592
隆教（九条）　578
隆郷（四条）　568
隆業（西大路）　594
隆継（油小路）　601

隆建(鷲尾)　598
隆兼(冷泉)　580
隆兼(櫛笥)　605
隆賢(冷泉)　580
隆顕(四条(嫡流))　580
隆広(鷲尾)　596
隆光(柳原)　449
隆行(西大路)　592
隆康(西大路)　592
隆康(鷲尾)　597
隆綱(西大路)　591
隆衡(四条)　566
隆枝(西大路)　594
隆師(四条)　570
隆嗣(鷲尾)　596
隆資(四条(嫡流))　580
隆持(西大路)　593
隆実(大中臣)　861
隆重(四条)　569
隆術(四条)　569
隆純(鷲尾)　599
隆叙(四条)　570
隆尚(鷲尾)　597
隆職(鷲尾)　596
隆信(油小路)　601
隆真(油小路)　601
隆親(四条)　566
隆世(藤波)　856
隆生(四条)　570
隆成(櫛笥)　604
隆声(八条)　607
隆政(西大路)　592
隆清(坊門)　617
隆盛(四条)　567
隆盛(四条)　568
隆前(油小路)　602
隆宗(四条)　566
隆宗(四条)　567
隆仲(冷泉)　579
隆仲(西大路)　593
隆忠(松殿)　97
隆長(甘露寺)　471
隆長(鷲尾)　598
隆朝(九条)　578
隆朝(櫛笥)　604
隆直(四条)　568
隆直(大中臣)　861
隆通(四条)　581
隆通(藤波)　856
隆貞(油小路)　601
隆典(油小路)　602
隆冬(四条)　568
隆敦(鷲尾)　596
隆博(九条)　577
隆範(西大路)　594
隆富(西大路)　593
隆文(四条)　570
隆保(四条)　565
隆輔(八条)　606
隆彭(油小路)　602
隆豊(七条)　621
隆房(四条)　565
隆望(櫛笥)　605
隆名(四条)　567
隆明(西大路)　594
隆右(鷲尾)　596
隆有(西大路)　593
隆祐(八条)　607
隆頼(鷲尾)　597
隆良(西大路)　594
隆良(鷲尾)　596
隆量(四条)　568
隆量(鷲尾)　597
隆礼(八条)　606
良延(吉田)　866
良季(大宮)　258
良基(月輪)　55
良基(二条)　64
良凞(吉田)　867
良義(吉田)　867
良教(粟田口)　34
良倶(吉田)　866
良経(九条)　45
良顕(勧修寺)　520
良嗣(松殿)　99
良実(二条)　62
良宗(大炊御門)　306
良忠(月輪)　56
良忠(二条)　64
良長(吉田)　867
良直(富小路)　643
良通(九条)　45
良定(花山院)　290
良定(壬生)　668
良冬(今小路)　70
良平(外山)　54
良輔(八条)　54
良豊(二条)　67
良雄(舟橋)　836
良頼(小一条流姉小路)　109
良頼(菅原)　775
良連(吉田)　867
量原(町尻)　623
量光(柳原)　446
量聡(町尻)　623
量輔(町尻)　623

れ

連胤(吉田社鈴鹿)　945

わ

和広(九条家諸大夫芝)　950
和資(豊岡)　463
和忠(藤波)　858
和長(東坊城)　795
和通(六角)　388

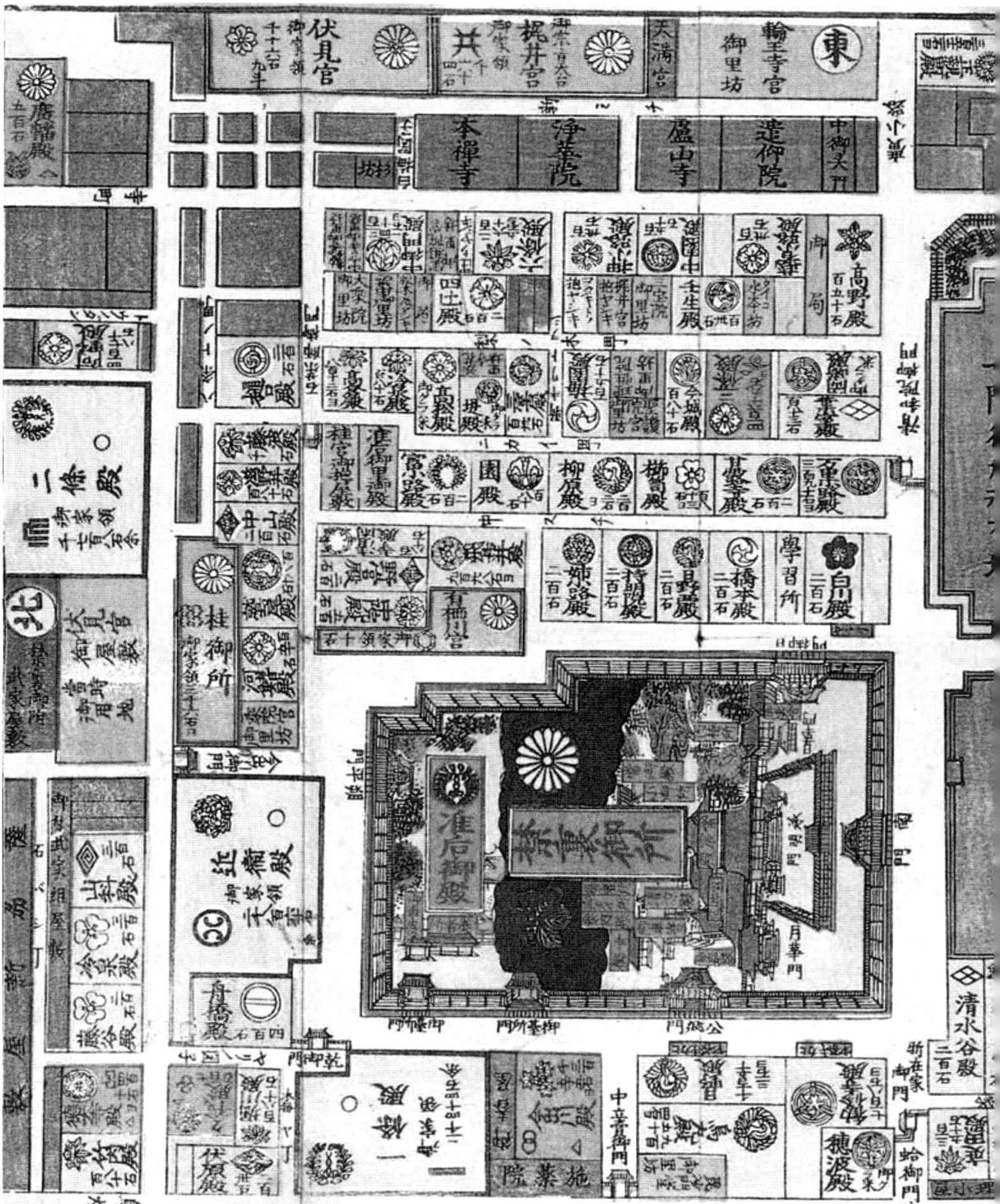
伏見宮
梶井宮
天満宮
輪王寺宮
御里坊
東
本禅寺
浄華院
盧山寺
遣迎院
中御門
高野殿
二條殿
北
伏見宮
學習所
白川殿
橋本殿
園殿
柳原殿
中山殿
有栖川宮
桂御所
禁裏御所
准后御殿
近衛殿
山科殿
冷泉殿
月華門
公卿門
乾御門
一條殿
施薬院
中立売御門
清水谷殿
蛤御門
今出川
一条
中立売
上長者町

編著者略歴

橋本政宣

昭和十八年(一九四三)　福井県鯖江市に生まれる
昭和四十年　國學院大學文学部史学科卒業
昭和四十四年　國學院大學大学院文学研究科博士課程中退
東京大学史料編纂所所員
昭和五十七年　東京大学助教授(史料編纂所)
平成五年(一九九三)　東京大学教授(史料編纂所)
平成十六年　東京大学教授退官
現在　東京大学名誉教授、博士(歴史学)
舟津神社宮司

〔主要著書〕

『近世公家社会の研究』吉川弘文館、平成十四年
『舟津神社本殿造営史』舟津神社史刊行会、平成二十四年
『近世武家官位の研究』(編著)続群書類従完成会、平成十一年
『神主と神人の社会史』(共編著)思文閣出版、平成十年
『神道史大辞典』(共編)吉川弘文館、平成十六年
『社家文事の地域史』(共編著)思文閣出版、平成十七年
『後陽成天皇』(編著)宮帯出版社、令和六年

公家事典　新訂版

二〇二五年(令和七)一月十日　第一刷発行

編著者　橋《はし》本《もと》政《まさ》宣《のぶ》

発行者　吉川道郎

発行所　株式会社　吉川弘文館
郵便番号一一三―〇〇三三
東京都文京区本郷七丁目二番八号
電話〇三―三八一三―九一五一(代)
振替口座〇〇一〇〇―五―二四四番
https://www.yoshikawa-k.co.jp/

印刷＝株式会社 東京印書館
製本＝誠製本株式会社
装幀＝清水良洋・宮崎萌美

ISBN978-4-642-01483-0